Handbuch Chroniken des Mittelalters

Handbuch Chroniken des Mittelalters

Herausgegeben von
Gerhard Wolf und Norbert H. Ott

DE GRUYTER

ISBN 978-3-11-099549-7
e-ISBN (PDF) 978-3-11-034171-3
e-ISBN (EPUB) 978-3-11-038255-6

Library of Congress Cataloging-in-Publication Data
A CIP catalog record for this book has been applied for at the Library of Congress.

Bibliografische Information der Deutschen Nationalbibliothek
Die Deutsche Nationalbibliothek verzeichnet diese Publikation in der Deutschen Nationalbibliografie; detaillierte bibliografische Daten sind im Internet über http://dnb.dnb.de abrufbar.

Dieser Band ist text- und seitenidentisch mit der 2016 erschienenen gebundenen Ausgabe.
Druck und Bindung: CPI books GmbH, Leck

♾ Gedruckt auf säurefreiem Papier
Printed in Germany

www.degruyter.com

Inhalt

Gerhard Wolf
Einleitung — 1

Lateinische Chroniken vom Früh- bis zum Spätmittelalter

Alheydis Plassmann
Lateinische Stammes- und Volksgeschichtsschreibung im frühen und hohen Mittelalter — 47

Roman Deutinger
Lateinische Weltchronistik des Hochmittelalters — 77

Heike Johanna Mierau
Die lateinischen Papst-Kaiser-Chroniken des Spätmittelalters — 105

Deutschsprachige Chroniken vom Hochmittelalter bis zur Frühen Neuzeit

Stephan Müller
Anfänge deutschsprachiger Chronistik im 11. und 12. Jahrhundert — 129

Mathias Herweg
Erzählen unter Wahrheitsgarantie – Deutsche Weltchroniken des 13. Jahrhunderts — 145

Norbert H. Ott
Kompilation und Offene Form – Die *Weltchronik* Heinrichs von München — 181

Gesine Mierke
Norddeutsche Reimchroniken – *Braunschweigische* und *Mecklenburgische* *Reimchronik* — 197

Joachim Schneider
Dynastisch-territoriale Geschichtsschreibung in Bayern und Österreich: Texte und Entstehungsbedingungen – Herkunftsgeschichten und Gründungsmythen — 225

Regula Schmid
Schweizer Chroniken — 267

Arno Mentzel-Reuters
Deutschordenshistoriographie — 301

Peter Johanek
Das Gedächtnis der Stadt – Stadtchronistik im Mittelalter — 337

Gerhard Wolf
Adlige Hauschroniken des Mittelalters und der Frühen Neuzeit — 399

Thomas Martin Buck
Die *Konstanzer Konzilschronik* Ulrich Richentals — 447

Thomas Alexander Bauer
Die Darstellung der Landshuter Fürstenhochzeit von 1475 und des Landshuter Erbfolgekriegs (1504–1505) in zeitgenössischen Quellentexten — 483

Visualisierte Chronik

Tobias Tanneberger
Visualisierte Genealogie – Zur Wirkmächtigkeit und Plausibilität genealogischer Argumentation — 521

Europäische Chroniken

Sverre Bagge
Skandinavische Chroniken (1100–1500) — 543

Geert H. M. Claassens
Niederländische Chronistik im Mittelalter — 577

Graeme Dunphy
Die mittelalterliche Chronikliteratur in Irland, England, Wales und Schottland — 609

Brigitte Burrichter
Die französischsprachige Geschichtsschreibung — 663

Cristian Bratu
Chroniken im mittelalterlichen Italien – Ein Überblick — 707

Heidi R. Krauss-Sánchez
***Mater Hispania* – Legitimation und Differenzerfahrung als Grundlage eines ‚Spanienbildes' in den mittelalterlichen Chroniken der Iberischen Halbinsel — 743**

Ryszard Grzesik
Mittelalterliche Chronistik in Ostmitteleuropa — 773

Márta Font
Die Chronistik der Ostslawen — 805

Sergei Mariev
Byzantinische Chronistik — 837

Arabische und indo-persische Chroniken

Kurt Franz
Arabische Chronistik — 867

Stephan Conermann
Indo-Persische Chronistik — 951

Anhang

Abkürzungsverzeichnis — 991

Personen- und Werkregister — 995

Sachregister — 1035

Gerhard Wolf

Einleitung

1 Gegenstand

1.1 Antike Vorläufer

Schriftliche Aufzeichnungen, in denen vergangenes Geschehen nach der Zeitfolge festgehalten wird, lassen sich bereits für den Alten Orient nachweisen.[1] So belegen die Annalensteine des Alten und Mittleren Reiches[2] oder die Chroniken der Ptolemäer[3], dass in Altägypten schon ab der frühdynastischen Zeit (ca. 3100 – 2686 v. Chr.) Königslisten mit den Namen und der Regierungszeit des jeweiligen Pharaos geführt werden, aus denen sich eine regelmäßige Jahreszählung entwickelt. Auf den Steintafeln, deren fragmentarische Abschriften erhalten sind, wird die jährliche Nilfluthöhe festgehalten, was wichtig für die Bestimmung des Zeitpunkts der Aussaat war, finden sich Hinweise auf wichtige politische Ereignisse, Tempelstiftungen, Handelsexpeditionen etc. Diese Königsannalen kennen keine narrative Gestaltung und auch die Herstellung eines geschichtlichen Zusammenhangs ist ihnen fremd, vielmehr werden einzelne Daten mehr oder minder zusammenhanglos nebeneinandergestellt.[4]

Auch für Mesopotamien geht man davon aus, dass seit dem 24. Jahrhundert v. Chr. Listen mit einer eponymen Jahreszählung angelegt werden. Diese Eponymenlisten legen die Grundlagen für die späteren assyrisch-babylonischen Königslisten und Annalen,[5] in denen die Herrscherjahre verzeichnet sind. Mesopotamien weist eine breite, kontinuierliche und variantenreiche, bis in die

---

1 Zur antiken Geschichtsschreibung vgl. einführend Josef Lössl: [Art.] Classical historical writing. In: EMC 1, S. 466 – 473.

2 Benannt werden die Annalensteine nach ihrem jeweiligen Aufbewahrungsort (z. B. *Palermostein, Kairostein*); vgl. dazu Toby A. H. Wilkinson: Royal Annals of Ancient Egypt. The Palermo Stone and its associated fragments, London/New York 2000, besonders S. 18 – 28. Diese Überlieferungstradition wurde noch im Mittleren Reich weiter gepflegt, wie der Annalenstein Amenemhets II., eines Pharaos der 12. Dynastie, belegt.

3 Vgl. dazu die *Aegyptiaca* des sog. Manetho, die allerdings verloren gegangen ist und aus der Verwendung durch spätere Autoren nur unzureichend rekonstruiert werden kann. Vermutlich hatte Manetho Zugang zu Archiven, in denen sich Texte aus pharaonischer Zeit befanden.

4 Eberhard Otto: Annalistik und Königsnovelle. In: Handbuch der Orientalistik. Abt. 1: Der Nahe und der Mittlere Osten. Bd. 1: Ägyptologie, 2. Abs.: Literatur. Hrsg. von Hermann Kees/ Wolfgang Helck, Leiden/Köln ²1970, S. 169 – 179, hier insbesondere S. 172.

5 Manfred Krebernik: Götter und Mythen des Alten Orients, München 2012, S. 28.

Seleukidenzeit reichende Chroniktradition auf;[6] zu ihr gehören Werke, die bereits jene für die späteren Gattungsvertreter typische Vermischung heterogener Merkmale und Funktionen aufweisen: Sie enthalten praktische Hinweise zum besten Zeitpunkt für die Aussaat, Informationen über Handelsbeziehungen oder Anweisungen für den richtigen Ablauf religiöser Kulthandlungen, verzeichnen bedeutende Jahresereignisse und bewerten – wie die *Weidner Chronik*[7] oder die *Tummal Chronik*[8] – die Handlungen des Königs im Hinblick auf ihren politischen oder religiösen Nutzen. Die deutende, mitunter auch moralische Bewertung geschichtlicher Ereignisse erfolgt aus der Perspektive des jeweiligen Herrschers, der damit die Erinnerung an seine Erfolge sichern, seine leiblichen Nachfahren und seine Untertanen gleichermaßen beeindrucken, verpflichten und belehren will. Dazu reicht die bloße Auflistung von Ereignissen nicht mehr aus, die Vergangenheit muss vielmehr narrativ präsentiert werden. Als Konsequenz daraus wird bereits hier der Übergang zwischen Chronik und Epos fließend.[9] Ein Grund hierfür könnte die Erkenntnis gewesen sein, dass die Verankerung der eigenen Leistungen im ‚kulturellen Gedächtnis' des Volkes eher mittels der narrativen Strukturen gelingt, auf denen auch die lang anhaltende Rezeptionswirkung von Epen beruht.

Königsannalen als die älteste Form der Vergewisserung der Vergangenheit eines Volkes kannten ebenso die Hethiter, die von der Mitte des 20. bis zum 13. Jahrhundert v. Chr. in Kleinasien herrschten. Anders als in ihren altägyptischen Pendants werden hier nicht nur einzelne Ereignisse aneinandergereiht, sondern die Vergangenheit final auf die Gegenwart bezogen, was eine Reflexion über den Zusammenhang von Vergangenheit und Gegenwart erfordert.[10]

---

6 Vgl. dazu umfassend Jean-Jacques Glassner: Mesopotamian Chronicles. Hrsg. von Benjamin R. Forster, Atlanta 2004 (Writings from the Ancient World 19); mit Edition und Übersetzung der Chroniken Mesopotamiens bis zur Seleukidenzeit (S. 117 – 292).

7 Die *Weidner Chronik* wird „aufgrund eines neuen Textfundes aus der Bibliothek des Šamaš-Tempels in Sippar nun als literarischer Brief identifiziert"; Beate Pongratz-Leisten: Überlegungen zum Epos in Mesopotamien am Beispiel der Kutha-Legende. In: Von Göttern und Menschen erzählen. Formkonstanzen und Funktionswandel vormoderner Epik. Hrsg. von Jörg Rüpke, Stuttgart 2001 (Potsdamer Altertumswissenschaftliche Beiträge 4), S. 12 – 41, hier S. 25, Anm. 86; auf die Gemeinsamkeiten zwischen der *Weidner Chronik* und der Geschichtsschreibung im Alten Testament weist hin Bill T. Arnold: The *Weidner Chronicle* and the Idea of History in Israel and Mesopotamia. In: Faith, Tradition, and History. Old Testament Historiography in Its Near Eastern Context. Hrsg. von A. R. Millard/James K. Hoffmeier/David W. Baker, Winona Lake, Ind. 1994, S. 129 – 148.

8 Krebernik (Anm. 5), S. 28. Die sumerische *Tummal Chronik* verzeichnet die Arbeiten der Könige am Tummalheiligtum; siehe Glassner (Anm. 6), S. 156 – 159.

9 Vgl. Pongratz-Leisten (Anm. 7), S. 30 f.

10 Hubert Cancik: Grundzüge der hethitischen und alttestamentlichen Geschichtsschreibung, Wiesbaden 1976 (Abhandlungen des Deutschen Palästina-Vereins 4), S. 101 f.

In Palästina entstehen zwischen dem 6. und dem 1. Jahrhundert v.Chr. die ‚Geschichtsbücher' des Alten Testaments,[11] die jedoch keine Chroniken in der Art der altorientalischen Werke sind. Sie verzeichnen die Abfolge der Ereignisse nicht nach Jahren, sondern bieten zusammenfassende Erzählungen über Ereignisse aus der Zeit der jüdischen Königreiche (z.B. 1. und 2. Buch der Könige; 1. und 2. Buch der Chronik). Die Autoren beschränken sich keineswegs auf die politische Geschichte, sondern verzeichnen auch kulturell und rituell bedeutsame Begebenheiten. Nicht notwendigerweise im Auftrag des Königtums verfasst, bieten sie gleichermaßen affirmative wie kritische Sichtweisen auf die jeweiligen Herrscher und ihre Politik. Autor oder mögliche Auftraggeber verschwinden hinter dem Text, die Entstehung wird indirekt als Erfüllung eines göttlichen Auftrags begründet und der Herrscher auf die Erfüllung der göttlichen Gebote verpflichtet[12] – und daran gemessen. Wegen der kanonischen Bedeutung der Bibel ist der Einfluss dieser Geschichtsbücher auf die mittelalterlichen Chronisten nicht zu unterschätzen, die hier auch mit der Tatsache konfrontiert wurden, dass über ein und dasselbe Ereignis unterschiedliche Versionen existieren konnten. Eine vergleichbar heterogene Quellenlage in den vier Evangelien war bekanntlich einer der Gründe für die Entstehung der christlichen Theologie und analog dazu kann man sagen, dass auch die protowissenschaftliche Beschäftigung mit der Geschichte im frühen Mittelalter ihren Anfang in dem Versuch nahm, die unter einer heterogenen Überlieferung verschüttete historische Wahrheit wieder ans Licht zu bringen.

Im antiken Griechenland setzt die schriftliche Überlieferung chronologischer Daten im 7. Jahrhundert ein, wobei es analoge Erscheinungen zu den altorientalischen Überlieferungsformen in den Listen der Olympiasieger (ab 776 v.Chr.), den spartanischen Ephorenlisten (ab 754/3 v.Chr.) und den griechischen Königslisten gibt. Ob die griechische Polis eine Form der chronikalischen Aufzeichnung kannte, bleibt angesichts der spärlichen Überlieferungslage bis zur Mitte des 7. Jahrhunderts v.Chr. ungewiss. Dagegen spricht, dass sich die griechische Geschichtsschreibung des 5. Jahrhunderts v.Chr. auf keine derartigen Quellen bezieht, sondern sich für die Rekonstruktion dieser Vergangenheit rationalistischer Mythendeutungen und ähnlicher Spekulationen bedient. Die im 5. Jahrhundert v.Chr. gleich auf sehr hohem inhaltlichen und ästhetischen Niveau einsetzende Geschichtsschreibung verfolgt dann eine ganz andere Tendenz als die Tradierung von Namen und Fakten: Ziel ist die Herstellung eines Sinnzusammenhangs der Vergangenheit, aus dem heraus sich die Wirkungszusammenhänge der Geschichte

11 Vgl. dazu auch die Beiträge in dem Sammelband ‚Faith, Tradition, and History' (Anm. 7), insbesondere den Beitrag A. R. Millards: Story, History, and Theology (S. 37–64).

12 5. Mose 18–20; vgl. dazu Jeffrey J. Niehaus: The Warrior an His God. In: Faith (Anm. 7), S. 299–312, hier S. 306.

erklären lassen und so dem Rezipienten die Gründe für die Verhältnisse seiner Gegenwart vermittelt werden können. Verbunden ist diese Entwicklungsstufe bekanntlich mit dem Namen Herodots, der in seinen *Ἱστορίαι* (Historiai; „Erkundigungen") zunächst die Geschichte der Perserkriege schreiben will, sich aber dann mit der Geschichte der alten orientalischen Hochkulturen befasst und sein Werk durch die Aufnahme zahlreicher systematischer Themen zu einer Universalgeschichte ausweitet. Sein Versuch Kausalbeziehungen, gar allgemeine Gesetzmäßigkeiten in der Geschichte aufzuzeigen und dem Leser Handlungsanweisungen zu geben, verlangt nach persuasiven rhetorischen Techniken und damit auch nach einer Anpassung an die ästhetischen Erwartungen des Publikums. In diesem Zusammenhang ist es verständlich, dass Herodot auch manch Unglaubwürdiges, sofern es nur originell ist, in sein Werk aufnimmt und sein eigenes Urteil über das Berichtete „gern hinter Novellen und Anekdoten verschiedener Art [verbirgt], weil sein Ziel nicht die terminologische Fixierung des Geschehens [ist], sondern dessen Wiederbelebung in der Erzählung."[13] Die daraus resultierende Janusköpfigkeit der *Ἱστορίαι* zeigt sich schon in der ambivalenten Bewertung durch Cicero, der Herodot zwar in einem berühmten Diktum als ‚Vater der Geschichtsschreibung' rühmt, der aber die Kehrseite einer solchen Methode nicht verschweigt, wenn er ihn gleichzeitig als ‚Erfinder' *innumerabiles fabulae* („unzähliger Geschichten") bezeichnet.

Mit seinen methodologisch in sich widersprüchlichen *Ἱστορίαι* hat Herodot ein Spannungsverhältnis zwischen Wahrheitsparadigma und literarisch geprägter Präsentation mit moralischer Zielrichtung begründet, innerhalb dessen sich seine Nachfolger positionieren mussten. Anders als Herodot versucht Thukydides (5. Jahrhundert v. Chr.) in seinem *Peloponnesischen Krieg* nicht nur auf der Basis einer quasi protowissenschaftlichern Methode die historische Wahrheit zu erschließen, sondern orientiert an anthropologischen Kriterien die Ursachen des Krieges und die Gründe für die katastrophale Niederlage Athens im Jahr 404 analytisch zu erfassen.[14] Xenophon (5./4. Jahrhundert), der in seiner *Ἑλληνικά* (Hellenika) das Werk des Thukydides fortsetzt und so eine kontinuierliche Zeitgeschichte begründet, bedient sich wiederum einer an literarischen Mustern orientierten, mitunter stark biographisch orientierten Schreibweise.

Chroniken aus der Zeit des Hellenismus sind zwar kaum überliefert, aber aus den wenigen Inschriftentafeln wie dem *Chronicum Parium* („Parische Chronik")

---

13 Hartmut Erbse: Fiktion und Wahrheit im Werk Herodots, Göttingen 1991 (Nachrichten der Akademie der Wissenschaften in Göttingen. Phil.-hist. Kl. 4), S. 12.

14 Eine vergleichende Studie der Werke beider Autoren bietet jetzt Wolfgang Will: Herodot und Thukydides. Die Geburt der Geschichte, München 2015; zur sog. *Pathologie* des Thukydides siehe S. 207–210.

lässt sich einerseits eine Tendenz zur Universalchronik, mit der die eigene Geschichte in eine mythische Vorvergangenheit zurückverlegt wird, erkennen, andererseits kann auch von der Existenz einer ziemlich umfangreichen Lokalchronistik, die zumeist aus Inschriftentafeln bestand, ausgegangen werden. In der Spätphase des Hellenismus entsteht dann das Werk eines Autors, der neben Herodot und Thukydides zum ‚Dreigestirn' der griechischen Geschichtsschreibung gehört: die 40 Bände umfassende Universalgeschichte *Ἱστορίαι* (Historiai) des Polybios. Orientiert an der Methode des Thukydides schafft Polybios ein Werk, das man bereits als „wissenschaftlich im modernen Sinne"[15] charakterisieren kann, weil Urkunden herangezogen, Quellen geprüft, Widersprüche benannt sowie Kausalzusammenhänge hergestellt werden und eine leitende sachliche Fragestellung das ganze Werk dominiert: die Erforschung der Gründe für den Aufstieg Roms zur Weltmacht. Polybios sind dabei rhetorische Argumentationsstrategien und literarische Darstellungsweisen wohl vertraut. Er setzt sie ein, um die Griechen von den Gründen für die Überlegenheit der Römer und die Legitimität ihrer Machtposition zu überzeugen, die er in der ‚Verfassung' der römischen Republik und der Organisation des römischen Heeres sieht. Der Versuch des Polybios, Wahrheitsanspruch mit politischer Belehrung zu verbinden, hat für die nachfolgende Geschichtsschreibung geradezu normativen Charakter.

Die römische Republik kennt wahrscheinlich bereits seit dem 4. Jahrhundert v. Chr. die jahrweise Aufzeichnung wichtiger Ereignisse wie „Vorzeichen und Mißbildungen, Opferhandlungen und Triumphe"[16], die auf mit Gips überzogenen, weißen Holztafeln unter dem Namen des jeweiligen *Pontifex Maximus* aufgeschrieben wurden und die man dann später als *annales* bezeichnete. Im 3. Jahrhundert v. Chr. entwickelt sich mit Quintus Fabius Pictor eine breiter angelegte Geschichtsschreibung, die ‚Ältere Annalistik',[17] deren Autoren zunächst griechisch, später lateinisch schreiben und neben der Aufzeichnung historischer Geschehnisse auch politische Ziele verfolgen. Wird schon hier die Quellenkritik vernachlässigt und kaum zwischen historischem und mythischem Geschehen unterschieden, so nähert sich ab dem 1. Jahrhundert v. Chr. eine ‚Jüngere Annalistik' nach Stil und Inhalt noch stärker literarischen Werken an. Zugleich tritt

---

15 Karl Christ: Römische Geschichte. Einführung, Quellenkunde, Bibliographie, Darmstadt 1976 (Die Altertumswissenschaft), S. 48.

16 Christ (Anm. 15), S. 40.

17 Der Begriff *annales* wurde auf die ersten, zunächst griechisch verfassten, ausführlichen römischen Geschichtswerke übertragen; sie lieferten keineswegs nur ein dürres Faktengerüst, sondern interpretierten die jüngste Vergangenheit und instrumentalisierten sie für politische Zwecke. Insofern war die mittelalterliche Verwendung des *annales*-Begriffs für umfangreiche Chroniken durch seinen ambiguen Gebrauch in der römischen Historiographie bereits vorgeprägt.

neben die Annalistik eine Form der Auseinandersetzung mit der Vergangenheit, die unter dem Einfluss des Polybios steht. Zu dieser Richtung ist vor allem Sallust zu zählen, der sich von dem annalistischen Stil weitgehend löst. Zu Beginn der Kaiserzeit hält man zwar noch an dem Schema der ‚Jüngeren Annalistik' fest, wie die Werke Livius' und Tacitus' zeigen; aber die Werke beider Autoren belegen auch eine zunehmende Tendenz der Instrumentalisierung der Geschichte für politische Ideologien: So begründet der eine die römische Vorherrschaft über die bekannte Welt mit einer überlegenen Ethik und Moral, der andere zieht aus dem bisherigen Verlauf der Geschichte pessimistische Schlussfolgerungen.

1.2 Die Geburt der christlichen Chronistik in der Spätantike

Der Beginn der christlichen Chronistik[18] wird in der Regel mit den im ersten Viertel des 3. Jahrhunderts verfassten *Χρονογραφίαι* (Chronographiai; „Chronologien") des Sextus Julius Africanus (ca. 160/170 – nach 240) angesetzt.[19] Der möglicherweise in Jerusalem geborene Autor verfügte über eine geradezu enzyklopädische Kenntnis der Literatur seiner Zeit und hatte deswegen von Kaiser Severus Alexander (222 – 235) den Auftrag erhalten, im Pantheon eine Bibliothek einzurichten. Seine *Χρονογραφίαι* bestanden aus fünf Büchern und sind nur noch fragmentarisch bzw. in Bearbeitungen anderer Schriftsteller erhalten. Ihr Abfassungszeitpunkt erscheint erstaunlich früh, wenn man bedenkt, dass es in der ersten Hälfte des 3. Jahrhunderts im Römischen Reich immer noch sporadische Christenverfolgungen gibt, lässt aber vermuten, dass hier bereits das ideologische Potential

---

18 Zu den spätantiken Wurzeln der frühmittelalterlichen Geschichtsschreibung vgl. die Beiträge in dem Sammelband ‚Jenseits der Grenzen. Beiträge zur spätantiken und frühmittelalterlichen Geschichtsschreibung'. Hrsg. von ANDREAS GOLTZ/HARTMUT LEPPIN/HEINRICH SCHLANGE-SCHÖNINGEN, Berlin/New York 2009 (Millennium-Studien 25) und hier insbesondere die Beiträge von GIUSEPPE ZECCHINI: Ende und Erbe der lateinisch-heidnischen Geschichtsschreibung (S. 91 – 105) und HARTWIN BRANDT: *Historia magistra vitae*? Orosius und die spätantike Historiographie (S. 121 – 133).

19 *Sextus Iulius Africanus Chronographiae.* The Extant Fragments. Hrsg. von MARTIN WALLRAFF, übersetzt von WILLIAM ADLER, Berlin 2007; vgl. dazu: Julius Africanus und die christliche Weltchronistik. Hrsg. von MARTIN WALLRAFF, Berlin/New York 2006 (Texte und Untersuchungen zur Geschichte der altchristlichen Literatur 157). Neuerdings wird auch die erst kürzlich veröffentlichte sogenannte *Leipziger Weltchronik*, die bereits Ende des 2. Jahrhunderts entstanden ist, einem christlichen Autor zugeschrieben. Allerdings bleibt dies aufgrund der stark fragmentarischen Überlieferung Spekulation. Aus einer Notiz bei Eusebius erfahren wir, dass ein gewisser Judas eine christliche Weltchronik geschrieben haben soll; von diesem Werk ist aber nichts überliefert (*Sextus Iulius*, S. XXX).

einer Chronik als Legitimationsinstrument für die eigene Religion erkannt worden ist. Julius Africanus bricht gezielt mit der Tradition der klassischen lateinischen Geschichtsschreiber, da er keine systematische Methode verfolgt, die an einem spezifischen Erkenntnisinteresse ausgerichtet ist. Im Gegensatz zur romzentrierten Geschichtsschreibung, die *ab urbe condita* beginnt, reicht sein Werk bis zur Erschaffung der Welt, als deren Zeitpunkt das Jahr 5500 errechnet wird, zurück und orientiert sich für den weiteren Verlauf an der Chronologie der Bibel und ihrer genealogischen Bücher. Damit grenzt sich das Werk dezidiert vom römischen Gründungsmythos ab, der durch den christlichen Schöpfungsmythos konterkariert wird. Anders als die griechisch-römische ist die christliche Geschichtsschreibung nicht nur auf einen Anfang, sondern auf ein Ende ausgerichtet, das Julius Africanus für das Jahr 6000 nach der Schöpfung prognostiziert. Das Ziel der *Χρονογραφίαι* ist also nicht eine kritische Durchdringung der Geschichte, ihrer Abläufe und kausalen Zusammenhänge, sondern die Festlegung der seit der Schöpfung verstrichenen Zeit. Dazu bedient sich der Autor neben den biblischen Quellen auch jüdischer, griechischer und römischer Geschichtswerke mit dem Ziel, durch eine möglichst korrekte Berechnung des jetzigen Zeitpunkts auch die restliche Zeitspanne bis zum Anbruch der Endzeit bestimmen zu können. Nach seiner Berechnung hätte demnach die Welt noch etwa 280 Jahre existiert.

Diese neue Form der Geschichtsdarstellung, für die im 19. Jahrhundert der Begriff der Heilsgeschichte geprägt werden wird, steht im fundamentalen Gegensatz zu den antiken Religionen mit ihren anthropomorphisierten Götterwelten, denen ein festgelegter Verlauf der Geschichte fremd ist. Innerhalb der spätantiken Eschatologie wird vielmehr von der Vorstellung ausgegangen, dass die Universalgeschichte einem, vom Einzelnen jedoch nicht klar erkennbaren, göttlichen Plan folgt und Gott immer wieder auf der Grundlage seines Heilsplanes in die weltliche Geschichte eingreift.[20] Ziel dieses Planes sei – so nahm man an – die Verherrlichung Gottes. Eine chronologische Aufzeichnung der Weltgeschichte oder deren analytische Durchdringung diente also nicht dazu, konkrete künftige Ereignisse vorherzusagen oder politische Handlungsanweisungen zu formulieren, denn dies würde dem Dogma der Allmacht Gottes und der Nichtvorhersehbarkeit seines Handelns widersprechen. Vielmehr geht es darum, den genauen Platz der eigenen Existenz innerhalb des Heilsplans zu bestimmen. Für die weitere Entwicklung der Gattung waren die *Χρονογραφίαι* maßstabgebend darin, dass Chronistik zunächst immer als Welt- oder Universalchronistik[21] verstanden wird,

---

20 Helge Stadelmann: Glaube und Geschichte. Heilsgeschichte als Thema der Theologie, Gießen/Basel/Wuppertal 1986, S. 37.

21 Zur Gattung vgl. Karl-Heinrich Krüger: Die Universalchroniken, Turnhout 1976 (Typologie des sources du moyen âge occidental 16).

sich also auf die gesamte Schöpfung erstrecken muss und nicht auf Einzelereignisse oder die Geschichte einzelner Völker bzw. der von ihnen beherrschten Territorien beschränken darf.

Dem Maßstab einer Weltchronik versucht auch der Theologe und Geschichtsschreiber Eusebius von Caesarea (260/64–339/340) in seinem synchronistischen Abriss der Weltgeschichte gerecht zu werden, der von der Schöpfung bis zum Jahr 324 reicht und in dem die ganze historische Literatur seiner Zeit verarbeitet wird. Diese heute nur noch in späteren Abschriften fragmentarisch überlieferte Chronik entfaltet in Spätantike und Frühmittelalter ihre volle Wirkung durch ihre Übersetzungen, insbesondere ihres zweiten Teils durch den Kirchenvater Hieronymus (347–420), und wurde auf diesem Weg zu der am weitesten verbreiteten Universalchronik der Spätantike und des Frühmittelalters. Seinen Nachruhm als Historiker begründete Eusebius aber nicht mit der Chronik. Den Titel eines Vaters der Kirchengeschichtsschreibung brachte ihm vielmehr sein Werk *Ἐκκλησιαστικὴ ἱστορία* (Ecclesiastice historia; „Kirchengeschichte“) ein, in dem er autoritativ-selbstbewusst die Geschichte der Kirche von Christi Geburt bis zu seiner Gegenwart schildert. Eusebius weiß, dass er mit seinem Werk historiographisches Neuland betritt. In teils chronologischer, teils systematischer Form behandelt er die Geschichte der einzelnen Bistümer, vermerkt die Abfolge der Bischöfe, erwähnt wichtige Ereignisse wie Christenverfolgung und innerkirchliche theologische Konflikte. Für seine Arbeit kann er sich offenbar auf Quellen aus den Archiven Kaiser Konstantins stützen, die er in der Regel ungeprüft übernimmt. Sein Ziel geht weit über die Anlage der üblichen chronikalischen Verzeichnisse hinaus, in durchaus propagandistischer Absicht will er die rasante, aber an sich unwahrscheinliche Entwicklung des Christentums von den unscheinbaren Anfängen bis zur ‚Staatskirche‘ Konstantins begreifbar machen. Durch die Aufbereitung einer an sich sehr kurzen Vergangenheit versucht er ein institutionelles Gedächtnis zu etablieren, das auf dem Mythos einer höchst prekären Gründungsphase beruht, die letztlich nur mit göttlicher Hilfe glücklich bewältigt werden konnte. Ähnlich wie seine Weltchronik für die säkulare Chronistik ist die *Ἐκκλησιαστικὴ ἱστορία* Vorbild und zugleich ‚Initialzündung‘ für die Kirchen-, Bistums- und Klostergeschichtsschreibung des Mittelalters.

Neben dem Werk des Eusebius hat aber noch ein weiteres Werk der Spätantike erheblichen Einfluss auf die Entwicklung der christlichen Historiographie des Mittelalters, die 417/18 verfassten *Historiae adversus paganos* („Geschichte gegen die Heiden“) des Orosius.[22] Während Eusebius in seiner Chronik eine eigenstän-

22 Orosius. Die antike Weltgeschichte in christlicher Sicht, 2 Bde. Hrsg. und übersetzt von ADOLF LIPPOLD, München/Zürich 1985/1986. Von dem Werk sind über 200 Manuskripte erhalten, es

dige christliche ‚Zeitrechnung' entwickelte und in seiner *Ἐκκλησιαστικὴ ἱστορία* eine Identitätsstiftung für die christliche Kirche betrieb, verbindet Orosius diese Ansätze mit der römischen Geschichtsschreibung, die die Vergangenheit gleichermaßen systematisch, analytisch, philosophisch und unter politischen Prämissen tendenziös beschrieben hat. Orosius verfolgt das Ziel, den Vorwurf zu widerlegen, die Eroberung Roms durch Alarich im Jahr 410 sei dem Abfall der Römer von den alten Göttern zuzuschreiben und stellt konsequenterweise die ganze bisherige römische Geschichte als eine Abfolge von Katastrophen dar. Eine solche ‚Katastrophenchronik' mit ihrer Perspektivenverschiebung instrumentalisiert die Vergangenheit als Mittel der Rechtfertigung der Gegenwart, und gleichzeitig erscheint Gott als der Herr der Geschichte, der sie im Interesse seines Volkes lenkt. In den *Historiae adversus paganos* findet man jene für die christlichen Werke der Spätantike typische Tendenz, chronologische Abrisse mit analytischen Betrachtungen der Geschichte und einer konkreten politisch-kulturellen Belehrung zu verbinden.[23] Man wird das Werk nicht der Chronikgattung zuordnen, sondern es als Hybridform zwischen Chronik, Historiographie und politisch-religiösem Traktat klassifizieren. Denn auch wenn die chronologischen Partien einen großen Umfang besitzen, so gilt ihnen nicht das Hauptinteresse Orosius', haben sie gegenüber dem eigentlichen ideologischen Schreibanlass einen substituären Charakter. Die eigentliche Wirkung der *Historiae* für die mittelalterlichen Historiographen bestand darin, dass sie nun verstärkt nach sich wiederholenden Mustern in der Geschichte suchten und als Ziel der Geschichtsdarstellung die Deutung und Analyse der Vergangenheit, nicht nur deren autoritäre Setzung, definierten.

1.3 Die Tradition der *Origines gentis*

Wenn auch die christliche Historiographie der Spätantike mit der Universalchronik eine eigene Gattung und mit der Heilsgeschichte einen eigenen religiösen Metatext entwickelt hatte, so bedeutet dies nicht, dass damit die Traditionslinien zur antiken Geschichtsschreibung aufgegeben wurden. Christliche Autoren bedienten sich bis ins Mittelalter bei den Lebensbeschreibungen ihrer Heiligen und Märtyrer[24] bei den Vorbildern der römischen Antike, wie sie etwa Sueton mit

---

wurde während des ganzen Mittelalters rezipiert und schon früh ins Altenglische und Arabische übersetzt.

23 Vgl. dazu Brandt (Anm. 18).

24 Dieter Hoster: Die Form der frühesten lateinischen Heiligenviten von der *Vita Cypriani* bis zur *Vita Ambrosii* und ihr Heiligenideal, Köln 1963.

seinen *De viris illustribus* geprägt hat. Zwar als Gattungsbegriff in der Forschung[25] nicht unumstritten, aber dennoch naheliegend ist die Herkunft der neben der Universalchronik zweiten wichtigen Chronikgattung des Frühmittelalters, die der *Origo gentis.*[26] Ethnozentrische Literatur war bereits in der Antike ein bekanntes und beliebtes Sujet,[27] Herodot brachte den Griechen in seinen *Ἱστορίαι* Sitten und Gebräuche der ‚Barbaren' an der Randzone der Oikumene näher, Tacitus stellte in seiner *Germania* den Römern die Stämme im Norden Europas vor.[28] Während jedoch die *Germania* im Mittelalter fast nicht rezipiert wurde,[29] blieben die *Ἱστορίαι* bis ins 7. Jahrhundert ein den Gelehrten bekannter Text, von dem dann ab dem 10. Jahrhundert wieder neue Handschriften angefertigt wurden. Ethnozentrische Passagen, in denen von der Herkunft einzelner Völker die Rede ist, findet man im Frühmittelalter in historiographischen Werken. Gregor von Tours (538–594) etwa integrierte in seine umfangreiche, die Zeit von der Schöpfung bis zu seiner Gegenwart umfassende Universalgesichte (*Decem libri historiarum*) eine ausführliche Darstellung von Herkunft und Geschichte der Franken.[30] Paulus Diaconus (720–799) bezieht in seine *Historia Langobardorum*, für die er sich u. a. auf die ethnologischen Passagen bei Plinius d. Ä. stützt, auch die Geschichte anderer Völker mit ein. Da er dem Rezipienten explizit mehr bieten will als eine reine Chronologie der Geschichte der Langobarden, beschreibt er deren machtpolitischen Erfolg systematisch und versucht ihn zu erklären. Rudolf von Fulda († 8.3.865) befasst sich mit der Herkunft der Sachsen, der Geschichte der Sachsenkriege und den Gründen für ihre Niederlagen gegen die Franken.[31] Bei beiden Autoren ist die Erforschung der Vergangenheit dieser Völker funktional an deren Integration in die christliche Heilsgeschichte orientiert.

---

25 ALHEYDIS PLASSMANN: *Origo gentis.* Identitäts- und Legitimitätsstiftung in früh- und hochmittelalterlichen Herkunftserzählungen, Berlin 2006 (Orbis mediaevalis 7), S. 13–27.

26 Vgl. dazu grundsätzlich PLASSMANN (Anm. 25).

27 Bei den Griechen war die Ethnographie eine bevorzugte Gattung. Vgl. KLAUS MEISTER: Die griechische Geschichtsschreibung. Von den Anfängen bis zum Ende des Hellenismus, Stuttgart/Berlin/Köln 1990, S. 199–205; zu Herodots in der Antike breit rezipierten und in der Frühen Neuzeit ins Lateinische übersetzten Völkerbeschreibungen vgl. KLAUS E. MÜLLER: Geschichte der antiken Ethnographie und ethnologischen Theoriebildung. Bd. 1: Von den Anfängen bis auf die byzantinischen Historiographen, Wiesbaden 1972, S. 101–131.

28 PLASSMANN (Anm. 25), S. 12.

29 Zur Ausnahme siehe unten Anm. 31.

30 Siehe REINHOLD KAISER/SEBASTIAN SCHOLZ: Quellen zur Geschichte der Franken und Merowinger. Vom 3. Jahrhundert bis 751, Stuttgart 2012, S. 134–150.

31 Rudolphus Fuldensis: *Translatio S[ancti] Alexandri.* Landesbibliothek Hannover Ms. I, 186. Mit einer Einführung von HELMAR HÄRTEL, Hildesheim 1979 (Facsimilia Textuum Manuscriptorum 5). Rudolf ist der einzige frühmittelalterliche Autor, der die *Germania* des Tacitus benutzt hat (S. VIII).

Die sich aus diesen Anfängen entwickelnde Gattung der *Origines gentis*[32] blieb auf die Tradition römischer Herrschaftslegitimation bezogen. Unmittelbare Aufgabe der betreffenden Werke war es, den nach der Völkerwanderung neu entstandenen Herrschaftsbereichen, eine Tradition zu verschaffen,[33] die mit der der römischen Herkunftsmythen konkurrieren konnte und die Form der Eroberung des römischen Gebietes beschrieb.[34] Ein wichtiges Element der *Origines gentis* war zudem – analog zur *Origo gentis Romanae* bzw. zu alttestamentarischen Vorbildern – die Konstruktion eines Ursprungsmythos mit einem ‚Spitzenahn'. Dies war – wie die zeitgenössische Diskussion um die Herkunft der Franken zeigt – offenbar für die Begründung einer gemeinsamen ‚Volksidentität' von großer Bedeutung.[35] Dementsprechend bilden die Autoren der *Origines* natürlich keine Identitäten ab, sondern konstruieren sie erst und versuchen sie gegen konkurrierende Konstruktionen durchzusetzen.[36] Da, wie schon bei den Merowingern und Karolingern, Stamm und Herrschergeschlecht miteinander identifiziert wurden, überrascht es nicht, dass sich sehr früh Ansätze zu einer fortlaufenden Genealogie der Herrschergeschlechter entwickelten,[37] die gegen Ende der Karolingerzeit als

---

32 Vgl. dazu HERWIG WOLFRAM: Auf der Suche nach den Ursprüngen. In: Die Suche nach den Ursprüngen. Von der Bedeutung des frühen Mittelalters. Hrsg. von WALTER POHL, Wien 2004 (Österreichische Akademie der Wissenschaften. Phil.-hist. Kl. Denkschriften 322. Forschungen zur Geschichte des Mittelalters 8), S. 11 – 22 sowie den Aufsatz von PLASSMANN in diesem Band.

33 Dazu bediente man sich maßgeblich eines vorwissenschaftlichen etymologischen Verfahrens, das auf Isidors von Sevilla eigenwillige Namensdeutungen – wie die Ableitung der Goten von Gog und Magog – zurückgeht und im Mittelalter große Nachwirkung entfaltete; vgl. WOLFRAM (Anm. 32), S. 12 f.

34 Im Mittelalter gab es dazu zwei konkurrierende Theorien: Entweder haben die Franken die Römer in Gallien unterworfen oder beide Völker seien Verbündete gewesen, weil sie beide von den Trojanern abstammten; vgl. KAISER/SCHOLZ (Anm. 30), S. 13.

35 Nach WOLFRAM (Anm. 32, S. 15) bildeten Stammbäume „die Grundlage für das Zusammengehörigkeitsgefühl der Eliten und damit für die Entstehung größerer politischer Einheiten" (S. 19). Da der gemeinsamen Geschichte ein erhebliches Motivationspotenzial zugeschrieben wurde, waren Streitigkeiten um die ‚wahre' Vergangenheit nur konsequent – woran sich bis in die Gegenwart nicht viel geändert hat, wie die Diskussion um die ‚fränkische Landnahme' (KAISER/SCHOLZ [Anm. 30], S. 12 – 29) zeigt. Zu den psychosozialen Mechanismen vgl. MICHAEL TOMASELLO: Eine Naturgeschichte des menschlichen Denkens, Frankfurt a. M. 2014, S. 125 – 130.

36 HELMUT REIMITZ: Die Konkurrenz der Ursprünge in der fränkischen Historiographie. In: Die Suche nach den Ursprüngen (Anm. 32), S. 191 – 209, hier S. 209.

37 Vgl. schon ALFRED HÖNGER: Die Entwicklung der literarischen Darstellungsform der Genealogie bei den germanischen Stämmen bis in die Karolingerzeit, Groitzsch i. S. 1912. HÖNGER (S. 51) identifiziert familiengeschichtliche Ansätze bereits in der Überlieferung der Merowinger und der Karolinger. So hätten die Karolinger die Chronik des Fredegar abschreiben und ergänzen lassen, um so eine „Familienchronik amtlichen Charakters" (ebd.) zu erhalten. Zu Entstehung und Inhalt

bildliche Darstellung in Form von Stammbäumen fassbar wird.[38] Spätere Formen dieser Herkunftsfiktionen finden sich dann in den Genealogien des Spätmittelalters[39] und den adligen Hauschroniken der Frühen Neuzeit.

2 Chronikbegriff

2.1 Wort- und Begriffsgeschichte

Der Begriff ‚Chronik' leitet sich ab vom griechischen Wort *χρόνος* (chronos; „Zeit"),[40] dessen Plural *χρόνοι* (chronoi) bereits im 3. Jahrhundert v. Chr. im Sinne einer Sammlung geschichtlicher Daten verwendet wird. Das zugehörige Adjektiv *χρονικός* taucht im Kontext einer Werksbeschreibung spätestens im 1. Jahrhundert v. Chr. bei Diodor Siculus auf, der damit eine chronologische Zusammenstellung von Ereignissen bezeichnet.[41] Um die Zeitenwende verwendet Dionysios von Halikarnassos dafür den Begriff *χρονικαὶ γραφαὶ* (chronikai graphai).[42] Diese wenigen, verstreuten Beispiele dürfen aber nicht darüber hinwegtäuschen, dass die großen griechischen Geschichtsschreiber sich einer anderen Begrifflichkeit bedienten. Die historische Semantik des Begriffs *Ἱστορίαι* bei Herodot wurde bereits erwähnt.[43] Xenophon verwendet den Zeitbegriff überhaupt nicht, er bezeichnet seine griechische Geschichte schlicht als *Ἑλληνικά* (Hellenika). Wenn man dennoch in der Forschung überraschend oft auf den Begriff *Χρονικά* (chronika) trifft, dann ist zu berücksichtigen, dass es sich dabei um keine originalen Benennungen handelt, sondern fragmentarisch überlieferte, antike Quellen heute gern mit diesem Begriff bezeichnet werden, weil damit modernen Kategorisie-

---

der Fredegar-Chronik vgl. jetzt umfassend Roger Collins: Die Fredegar-Chroniken, Hannover 2007 (MGH Studien und Texte 44).

38 Vgl. Hönger (Anm. 37, S. 43 f.). Die nach neueren Datierungsversuchen ca. 510 entstandene *Fränkische Völkertafel* kennt bereits die Ableitung der Völker von einem Stammvater nach alttestamentarischem Vorbild; Joachim Andraschke: 1500 Jahre Ersterwähnung der Baiern und die sogenannte *Fränkische Völkertafel*. Eine programmatische Stabreimdichtung am Hofe Theoderichs des Großen nebst Überlegungen zur frühen bairischen Siedlungsgeschichte, Burgrain 2012, S. 8; vgl. auch Johann Friedrich: Die sogenannte *Fränkische Völkertafel*, München 1910 (Sitzungsbericht der Königlich Bayerischen Akademie der Wissenschaften 1910, 11).

39 Vgl. dazu den Aufsatz von Tanneberger in diesem Band.

40 Mit dem Begriff wird in der griechischen Mythologie auch der Gott der Zeit bezeichnet, der jedoch nicht mit dem Vater des Zeus, Kronos, verwechselt werden darf.

41 Graeme Dunphy: [Art.] Chronicles (terminology). In: EMC 1, S. 274 – 282, hier S. 274 f.

42 Dunphy (Anm. 41), S. 275.

43 Vgl. oben S. 4.

rungsbestrebungen Rechnung getragen wird – so geschehen beim Werk des Apollodorus von Athen, der in der 2. Hälfte des 2. Jahrhunderts v.Chr. eine Geschichte der griechischen Welt von der Zerstörung Trojas bis zum Jahr 119 in jambischen Trimetern geschrieben hat.[44]

Auch wenn sich der latinisierte Begriff *chronica* in verschiedenen Formen bei römischen Schriftstellern wie Plinius d. Ä. und Aulus Gellius findet, ist er keinesfalls als eingeführter Gattungsbegriff zu verstehen, da mit ihm auch gänzlich ‚unliterarische' Listen wie Kalendertafeln, Jahres- und Beamtenverzeichnisse bezeichnet werden können. Nach Graeme Dunphy wäre kein Autor der klassischen Zeit auf die Idee gekommen, sein Werk als *chronica* zu bezeichnen und es waren spätantike Kirchenväter und Theologen wie Hieronymus, Augustinus und Rufinus von Aquilea, die im 4./5. Jahrhundert den Begriff übernahmen und in der christlichen Literatur etablierten.[45]

Der entscheidende Schritt hin zum Gattungsbegriff erfolgt erst bei Isidor von Sevilla (ca. 560 – 636), der in seiner *Etymologiae* (I,41) unter Rückgriff auf die Geschichtswerke des Eusebius und Hieronymus definiert: *Chronica Graece dicitur quae Latine temporum series appellatur, qualem apud Graecos Eusebius Caesariensis episcopus edidit, et Hieronymus presbyter in Latinam linguam convertit Χρόνος enim Graece, Latine tempus interpretatur.*[46] Hier bleibt freilich unklar, was mit dem Begriff *temporum series* gemeint ist, denn er suggeriert eine Nähe zur älteren Annalistik, die vorrangig nur chronikalische Daten aufzeichnet. Wichtiger für die Begriffsdefinition – und auch eindeutiger – ist Isidors begriffliche Abgrenzung der *chronica* von der *historia*, die er dezidiert als eine literarische Tätigkeit umschreibt: *Historia est narratio rei gestae, per quam ea, quae in preterito facta sunt, dinoscuntur.*[47] Isidor setzt demnach für den Autor einer *historia* eine Erkenntnis- und Darstellungsfähigkeit voraus, mit der die Vergangenheit beob-

---

44 Vgl. dazu Eduard Schwartz: Griechische Geschichtsschreiber, Leipzig ²1959, S. 253 – 281.

45 Dunphy (Anm. 41), S. 275.

46 Zit. nach Yvonne Dellsperger: Lebendige Historien und Erfahrungen. Studien zu Sebastian Francks *Chronika Zeitbuoch vnnd Geschichtsbibell* (1531/1536), Berlin 2008 (Philologische Studien und Quellen 207), S. 25 („Wozu man im Griechischen Chronik sagt, wird im Lateinischen Zeitfolge genannt; das griechische Wort *χρόνος*, das der Bischof Eusebius von Caesarea benutzt hat, überträgt der Kirchenvater Hieronymus ins Lateinische mit dem Wort *tempus*."). Kritische Ausgabe: Isidor von Sevilla: *Etymologiarum sive originum*. Hrsg. von Wallace Martin Lindsay, 2 Bde., Oxford 1911. Internet: http://archive.org/stream/isidori01isiduoft#page/n3/mode/2up (eingesehen: 20.11.2014); Die Enzyklopädie des Isidor von Sevilla. Übersetzt und mit Anmerkungen versehen von Lenelotte Möller, Wiesbaden 2008.

47 Isidor (Anm. 46), 1,41; vgl. dazu auch Goetz (Anm. 63), S. 98 („Die Geschichte ist eine Erzählung von Ereignissen, durch welche diejenigen Dinge, die sich in der Vergangenheit ereigneten, erkannt werden.").

achtbar und erschließbar wird. Die eigentliche Abgrenzung gegenüber einer nur aufzählenden, zeitlich geordneten Darstellung, wie sie insbesondere die Annalen bieten, besteht demnach darin, dass in der *historia* mittels eines heuristischen Verfahrens die Vergangenheit geordnet und narrativ aufbereitet wird.[48] Damit nimmt Isidor für den Begriff der *historia* eine eingrenzende Setzung vor, denn im bisherigen Gebrauch changiert er semantisch zwischen Geschehnisablauf, dessen Erkenntnis und seiner literarischen Aufzeichnung.[49] Hinsichtlich der Selbstbezeichnung ihrer Werke fiel den Autoren lateinischer Geschichtswerke die Wahl zwischen den historischen Großgruppen *annales* bzw. *chronica* und *historia* offenbar leicht; am häufigsten verwendeten sie für die Bezeichnung ihrer eigenen Werke den Begriff *historia*[50], vielleicht weil er für die Bezeichnung der biblischen Geschichte benutzt wurde und deswegen eine höhere Reputation unter den Gelehrten genoss.

Anfangs des 12. Jahrhunderts bemühte sich Sigebert von Gembloux um eine normierende Definition von Chronik und legte fest, man solle in ihr nur *pauca, sed eminentiora* („Weniges, aber Bedeutendes") aufnehmen, *ut habeatur secundum legem chronicae rerum gestarum breviter digesta veritas* („sodass man gemäß dem Gesetz der Chronik der Ereignisse die Wahrheit kurz zusammengefasst erhält").[51] Sigebert erläutert nicht, was unter dieser Kürze zu verstehen sei, ob damit tabellarische Aufzeichnungen oder kürzere zusammenhängende Texte gemeint sind. Ein wichtiger Etappenschritt in der Begriffsgeschichte ist dann am Ende des Jahrhunderts die begriffliche Trennung zwischen *chronica* und *historia* bei Gervasius von Canterbury, der die These formuliert, es gebe zwei Sorten von Autoren historiographischer Werke, wobei der *historicus diffuse et eligenter incedit, cronicus vero simpliciter graditur et breviter* („der Historiker selektiv und ausführlich be-

---

48 Eine tragfähige Abgrenzung der *historia* nahm Isidor letztlich nur gegenüber den Annalen vor, deren Gegenstand er als Vergangenheits-, den der *historia* als Zeitgeschichte verstanden wissen wollte. Freilich hat sich diese Unterscheidung nicht durchsetzen können; vgl. Goetz (Anm. 63), S. 100.

49 Goetz (Anm. 63) S. 98. Anders hingegen Laetitia Boehm: Der wissenschaftstheoretische Ort der *historia* im früheren Mittelalter. Die Geschichte auf dem Wege zur ‚Geschichtswissenschaft'. In: *Speculum historiale.* Geschichte im Spiegel von Geschichtsschreibung und Geschichtsdeutung. Hrsg. von Clemens Bauer/Laetitia Boehm/Max Müller, Freiburg/München 1965, S. 663–693. Boehm benennt drei verschiedene Kriterien für die Verwendung des *Historia*-Begriffs (S. 672–675): „Erkenntnisweise", „literarisches Genos", „das wirklich Geschehene" (S. 675).

50 Oliver Plessow: Die umgeschriebene Geschichte. Spätmittelalterliche Historiographie in Münster zwischen Bistum und Stadt, Köln/Weimar/Wien 2006 (Münstersche Historische Forschungen 14), S. 102.

51 Sigebert von Gembloux: *Chronica cum continuatibus.* Hrsg. von Ludwig Konrad Bethmann, Hannover 1844 (MGH SS 6), S. 386.

richtet, der Chronist aber einfach und kurz").[52] Es ist nicht ganz klar, ob Gervasius hier nur im Rahmen einer Selbstbescheidung *pro domo* argumentiert, um so die relative Kürze seines Werkes zu rechtfertigen.[53] Man könnte die Passage aber auch so deuten, dass er sein eigenes Werk als wahrhaft und solide von denen der aufgeplusterten und selbstverliebten *historici* positiv abgrenzen will. Unabhängig von dieser Funktionalisierung lässt sich jedoch sagen, dass für Gervasius das charakterisierende Element einer *historia* ihre Narrativität ist, ein Argument, mit dem er auf Isidor von Sevilla zurückgreift,[54] der *historia* als ‚Ereigniserzählung' definiert hat.[55] Von Isidor und Gervasius aus nahm dann die Vorstellung ihren Ausgang, die Geschichtsschreibung der Vormoderne ließe sich differenzieren nach ihrer primär ‚erzählenden' (*historia*) oder ‚zählenden' (*chronica*) Orientierung.[56]

Diese Differenzierung der Geschichtsschreibung in zwei Gruppen hat sich jedoch nicht durchgesetzt und aufs Ganze gesehen überwog weiterhin ein diffuser Begriffsgebrauch. Dies zeigt sich noch im 14. Jahrhundert im Werk Jean Froissarts, der zwar zwischen einer oberflächlicheren, nur Daten präsentierenden Chronik und einer tief in die Materie und ihre Ursachen einsteigenden Historie begrifflich unterscheidet, aber diese Differenzierung nicht konsequent verfolgt.[57] Noch in der *Zimmerischen Chronik* aus der zweiten Hälfte des 16. Jahrhunderts ist die Situation unverändert, werden beide Begriffe synonym gebraucht. Allerdings zeichnet sich hier partiell schon eine qualitative Differenzierung ab: So benennt der Autor Froben von Zimmern sein eigenes Werk durchwegs als *historia*. Den Begriff *chronica* hingegen verwendet er selten und uneinheitlich und zwar einerseits für

---

52 The Historical Works of Gervase of Canterbury. Hrsg. von WILLIAM STUBBS, 2 Bde., London u. a. 1879 – 1880 (Rerum Britannicarum medii aevi scriptores 73,1 – 2), Bd. 1, S. 87 f. Auf Gervasius von Canterbury und seine Definitionen bezieht sich vor allem die englischsprachige Forschung, wogegen ihm die deutsche Forschung weniger Gewicht beimisst. So verweist GOETZ (Anm. 63), S. 100, Anm. 280 darauf, dass Gervasius „nicht einmal zwischen Chronik und Historie, sondern zwischen dem Erzählstil eines *chronicus* und eines *historicus* [unterschied]."

53 So DUNPHY (Anm. 41), S. 279.

54 Isidor von Sevilla (Anm. 46), I,41; MÖLLER (Anm. 46), S. 81.

55 GOETZ (Anm. 63), S. 98.

56 SCHMALE (Anm. 93), S. 110. Nach SCHMALE gibt es „[z]wischen einem liturgischem *officium* für den Festtag eines Heiligen, das als *historia* bezeichnet werden kann, der *Historia de duabus civitatibus* Ottos von Freising, der *Historia Welforum* und der *Historia expeditionum in terram sanctam* [...] über das erzählende (narrative) Momenent hinaus keine Besonderheiten, die eine derartige ‚historia' als *historia* von einer *vita* oder einem *chronicon* usw. als besonderes und engeres Genus unterscheiden ließen" (S. 110 f.).

57 Vgl. DUNPHY (Anm. 41), S. 279.

Quellen, die für ihn reichlich Alterspatina angesetzt haben,[58] andererseits für die zeitgenössischen Werke eines Matthäus von Pappenheim, Gallus Oehem oder Johannes Stumpf.[59] Bei letzteren dürfte der Grund darin gelegen haben, dass sie diesen Begriff in der Titulatur ihrer Werke verwenden. Eine begriffliche Unterscheidung hinsichtlich der Faktizität der erzählten Ereignissen kennt Froben im Übrigen nicht, beides ist für ihn *historia.* [60]

Ihre eigentliche Wirkung entfaltet die Differenzierung des Gervasius erst in der neuzeitlichen Geschichtswissenschaft, die zwischen einer faktenorientierten Chronik und einer von narrativen Strategien dominierten *historia* trennt. Damit geht unausgesprochen der Gegensatz zwischen einer mehr oder minder zuverlässigen, quellengebundenen Überlieferung und einer narrativen Aufbereitung der Vergangenheit einher. In modifizierter Form hat diese idealtypische Unterscheidung noch Eingang in die beiden entsprechenden Artikel des ‚Reallexikon der deutschen Literaturwissenschaft' von GERD MELVILLE gefunden, der trotz der Einsicht in die Unschärfe des Chronikbegriffs für das Mittelalter differenziert zwischen einer *chronographia*, die kontinuierlich die Ereignisse in der Zeitenfolge darstellt und bei der „das stoffliche Bezugsfeld grundsätzlich nie als abgeschlossen angesehen werden darf"[61], und einer *historiographia*, die „sich vom diachronen Raster lösen kann", „strikt nach Sachbezügen selektier[t]" und der es vor allem um die Erkundung geschichtlicher Ereignisse ginge.[62] Für die Unterscheidung von Chronik und Historie bedeutet dies nach MELVILLE, dass die Chronik den Verlauf der Zeiten darstellt, während die *historia* breit, narrativ – und wie man ergänzen möchte: diskursiv – angelegt ist. Indessen ist dies eine Definition *post festum,* denn noch die Renaissance verwendet einen unspezifischen Chronikbegriff, mit dem alle Formen historischer Texte bezeichnet werden können. Daher lässt sich sagen, dass eine Differenzierung zwischen *chronica* und *historia* anachronistisch ist und nicht „als Ausdruck eines bestimmten Geschichtsbewusstseins"[63] gedeutet werden kann.

---

58 *Zimmerische Chronik.* Hrsg. von KARL AUGUST BARACK, 4 Bde., Freiburg/Tübingen ²1881–1882, Bd. 1, S. 12,18; 15,1; 36,12; 164,29. Als *cronica* bezeichnet Froben die *Schwäbische Chronik* Thomas Lirers, obwohl er sie für *erdichte*[t] hält (Bd. 3, 24,23; 24,31, 41,1).

59 *Zimmerische Chronik* (Anm. 58), Bd. 1, 36,12; 59,20; 141,32; 150,11; 162,26.

60 GERHARD WOLF: Von der Chronik zum Weltbuch. Sinn und Anspruch südwestdeutscher Hauschroniken am Ausgang des Mittelalters, Berlin/New York 2002 (Quellen und Forschungen zur Literatur- und Kulturgeschichte. N.F. 18), S. 152–155.

61 GERD MELVILLE: [Art.] Chronik. In: RL 3, S. 304–307, hier S. 305.

62 GERD MELVILLE: [Art.] Historie. In: RL 2, S. 49–52, hier S. 51.

63 HANS-WERNER GOETZ: Geschichtsschreibung und Geschichtsbewußtsein im hohen Mittelalter, Berlin ²2008 (Orbis mediaevalis 1), S. 113.

Der wichtigste Einwand gegen die begriffliche Trennung von *chronica* und *historia* kommt aus der Überlieferung selbst. Denn so schlüssig die Differenzierung auf den ersten Blick erscheinen mag, so wenig praktikabel ist sie für eine Kategorisierung mittelalterlicher Geschichtstexte, denn danach wären die meisten Texte letztlich Hybridformen. Die Chronikautoren wollen aber in der Regel nicht nur Informationen über die Vergangenheit sammeln, sondern durch Vor- und Rückgriffe auf den geschichtlichen Prozess Kausalzusammenhänge herstellen und so ihre eigene historische Kompetenz demonstrieren, wenn sie sich nicht ohnehin der antiken Maxime einer Belehrung der Nachwelt verpflichtet fühlen. Die gewünschte Differenzierung der mittelalterlichen historiographischen Werke kann noch nicht einmal anhand der Kategorisierung nach der verwendeten Sprache, nach Prosa oder Vers gelingen, denn in nicht wenigen Werken wird sowohl zwischen Latein und Volkssprache gewechselt als auch Prosa und Vers miteinander kombiniert.[64]

Das bekannteste Beispiel, das bei der Diskussion über die Abgrenzung zwischen Chronik und *historia* immer wieder erwähnt wird, ist Ottos von Freising Hauptwerk, die *Chronica sive Historia de duabus civitatibus*. Sicher kann dieser Titel sowohl als Indiz dafür herangezogen werden, dass beide Begriffe synonym gebraucht wurden, als auch dafür, dass es das Bewusstsein eines begrifflichen Unterschieds zwischen *chronica* und *historia* gab. Geht man jedoch vom Inhalt aus, so wird man die inhaltliche Differenzierung nach Isidor dort nicht wiederfinden; vielmehr legt die Dominanz des geschichtstheologischen Inhalts dieses Werkes – Otto schreibt ja sogar ‚Zukunftsgeschichte' – den Gedanken nahe, dass die begriffliche Differenzierung im Titel nur insoweit von Belang ist, als damit ein Publikum angesprochen wird, welches die von Isidor getroffene Unterscheidung kennt und dem Otto sowohl eine chronographische Reihung der Geschichte wie auch deren theologische Deutung in Aussicht stellt.[65]

Selbst dort, wo man annimmt, es habe sich bereits im Mittelalter eine feste Gattungsterminologie etabliert, ist Vorsicht geboten. So vertritt etwa DUNPHY die Ansicht, nach Beda habe sich der Begriff *Historia ecclesiastica* für die Kirchen-

---

64 Vgl. dazu etwa das im Mittelalter enorm einflussreiche *Pantheon* Gottfrieds von Viterbo mit den darin enthaltenen *Gesta Heinrici VI*; SIMONE FINKELE: [Art.] Gottfried of Viterbo. In: EMC 1, S. 722–724, hier S. 723 f.

65 Vgl. dazu auch MARKUS MÜLLER: Die spätmittelalterliche Bistumsgeschichtsschreibung. Überlieferung und Entwicklung, Köln/Weimar/Wien 1998 (Beihefte zum Archiv für Kulturgeschichte 44). MÜLLER stellt fest, dass die „mittelalterliche Gattungstheorie [...] im wesentlichen nicht über die Unterscheidung zwischen einer chronographisch-reihenden *chronica* und einer thematisch ausgerichteten narrativen *historia* hinausgekommen [ist], die zudem nur auf eine Geschichtsschreibung mit literarischem Anspruch bezogen war" (S. 2).

geschichtsschreibung eingebürgert.[66] Ein Blick in die von MARKUS MÜLLER erstellten Verzeichnisse der Bistumsgeschichtsschreibung legt eher das Gegenteil nahe, denn dort lauten die Selbstbenennungen in den entsprechenden Schriften *catalogi*, *chronica*, *chronicon* bzw. *gesta pontificorum.*[67] Ähnlich verhält es sich bei den Kreuzzugschroniken, für die eben nicht einheitlich der Begriff *Historia Hirosolymitanae* verwendet wird, sondern die oftmals als *gesta* tituliert werden,[68] wie auch schon das bekannteste Beispiel, die *Gesta Francorum et aliorum Hierosolimitanorum*,[69] belegt.

In diesem Zusammenhang ist auch die Frage nach dem Verhältnis zwischen der Geschichte als vergangenem (*res gestae*) und als dargestelltem Geschehen (*historia*, *chronica*) kurz zu erwähnen. Nach HANS-WERNER GOETZ ist aufgrund einer „Vielzahl der hochmittelalterlichen Belege" davon auszugehen, dass man im Mittelalter zwischen beidem sehr wohl zu trennen wusste. Demnach war also „bereits dem mittelalterlichen Verständnis von Geschichte bewußt, daß erst die Darstellung ‚Geschichte' macht".[70] Allerdings sei man im hohen Mittelalter noch nicht zu der modernen Erkenntnis durchgedrungen, wonach man die Vergangenheit immer unter der Perspektive der Spiegelung der eigenen Realität wahrnehme und beschreibe. GOETZ beschäftigt sich ausschließlich mit dem hohen Mittelalter, es kann aber für die Frühe Neuzeit angenommen werden, dass gerade durch die Interferenzen von Literatur und Geschichtsschreibung ein Bewusstsein von der Konstruktivität jeder Vergangenheitsdarstellung entstanden ist.[71]

Neben dem Verhältnis von *chronica* zu *historia* ist auch das zu den *annales* für die Begriffsbestimmung von Belang. Diese Selbstbezeichnung[72] findet sich für die im Früh- und Hochmittelalter in Klöstern, Domkapiteln oder weltlichen Kanzleien getätigten Aufzeichnungen über wichtige Begebenheiten, seien sie meteorologischer, ökonomischer, sakraler, biographischer oder politischer Natur. Diese mittelalterlichen Annalen, „meist anonym, ohne Titel, ohne Vorwort und Widmung, ohne literarischen Anspruch, oft von vielen Händen durch Generationen fortge-

---

66 DUNPHY (Anm. 41), S. 278.

67 Vgl. z. B. MÜLLER (Anm. 65), S. 91, 106 f., 130–134.

68 Fulcheri Carnotensis *Historia Hierosolymitanae.* Hrsg. von HEINRICH HAGENMEYER, Heidelberg 1913, S. 19 f.

69 BEATA SPIERALSKA: [Art.] *Gesta Francorum et aliorum Hierosolimitanorum.* In: EMC 1, S. 697.

70 GOETZ (Anm. 63), S. 99.

71 Vgl. dazu etwa WOLF (Anm. 60), S. 424–433.

72 Die Namensgebung in mittelalterlichen Handschriften erfolgte in „Überschrift, Incipit, Nennung im ersten Textabschnitt (gerne nach einer Devotionsformel), Nennung im letzten Textabschnitt, Explicit" (PLESSOW [Anm. 50], S. 100).

führt“ sind „die eigenwüchsigste Form mittelalterlicher Geschichtsschreibung“[73] und haben – lässt man einige spätantike Vorläufer wie die römischen Konsulatslisten (*fasti consulares*) außer Betracht – keine unmittelbaren Vorbilder.

Diese Aufzeichnungen fanden den Weg in die Chroniken – üblicherweise als (nicht gekennzeichnete) Quelle, manchmal auch in Form einer unmittelbaren Abschrift – und mit ihnen auch ihre Bezeichnung. Dadurch kam es zu Gattungsvermischungen. So finden sich in mittelalterlichen Chroniken chronologisch geordnete Datensammlungen ohne narrativen oder ästhetischen Anspruch am Anfang eines Werkes, die dann umstandslos zu einer historiographischen Darstellung übergehen. Ein Beispiel hierfür sind etwa die Annalen Lamperts von Hersfeld,[74] die sich zwar bis zum Jahr 1039 am annalistischen Muster orientieren, dann aber die Geschichte der eigenen Zeit in einer an Livius und Sallust als Vorbilder angelehnten Darstellung behandeln. An diesen Mischformen zeigt sich, dass begriffsgeschichtliche Überlegungen oder Gattungsdiskussionen wenig konkrete Bedeutung für die Autoren hatten und „in medieval usage, the terms *annales* and *chronica* appear to be used without differentiation.“[75] Typische Beispiele aus dem deutschen Sprachraum hierfür sind Twinger von Königshofen[76] oder Johannes Aventin, der sein Werk zur bayerischen Geschichte in der lateinischen Version *Annales ducum Boiariae*, in der deutschen *Baierische Chronik* nennt, ungeachtet dessen, dass er sich für sein Werk schon der (früh-)wissenschaftlichen Methoden des Humanismus bedient.[77]

Warum sämtliche mittelalterliche Klassifizierungsversuche auf theoretische Überlegungen beschränkt blieben und sich keine klaren Gattungsabgrenzungen entwickeln konnten, hängt auch mit der Entstehungspraxis historischer Werke zusammen. Wenn etwa im Früh- und Hochmittelalter ein Geistlicher die Absicht

---

73 Grundmann (Anm. 84), S. 25. Ein Beispiel hierfür sind etwa die *Annales Corbeienses* („Corveyer Annalen“), die neben dem Inkarnationsjahr weitere zeitliche Angaben wie den Indiktionszyklus, den Mondzyklus oder das Osterdatum, auch kurze Nachrichten über wichtige das Kloster betreffende Ereignisse enthalten; *Annalium Corbeiensium continuatio saeculi XII et Historia Corbeiensis Monasterii annorum MCXLV-MCXLVII cum additamentis* (Cronographus Corbeiensis). Bearbeitet und übersetzt von Irene Schmale-Ott, Münster 1989 (Veröffentlichungen der Historischen Kommission für Westfalen 41,2. Fontes Minores 2), S. 46–97.

74 Graham A. Loud: [Art.] Lambert of Hersfeld. In: EMC 2, S. 992 f.

75 Dunphy (Anm. 41), S. 278. Auch Gervasius behauptet, man würde die Annalen *alio nomine cronica* benennen (ebd.).

76 Melville (Anm. 61), S. 306.

77 Zur Bedeutung des Humanismus für die frühneuzeitliche Landeschronistik siehe etwa Dieter Mertens: Landeschronistik im Zeitalter des Humanismus und ihre spätmittelalterlichen Wurzeln. In: Deutsche Landesgeschichtsschreibung im Zeichen des Humanismus. Hrsg. von Franz Brendle u. a., Stuttgart 2001 (Contubernium 56), S. 19–31.

hatte, die Geschichte seines Klosters- oder Bistums in einen längeren historischen Zusammenhang zu stellen, war dieser auf die Quellen seiner Klosterbibliothek – Urkunden, Verzeichnisse der Jahresereignisse (*annales*) und andere Datensammlungen – angewiesen, die er oft nur abschrieb. Sobald sich das Werk der eigenen Zeit näherte, konnte sich der Autor auf einen wesentlich breiteren Quellenstrom und die mündlichen Berichte seiner Zeitgenossen stützen, was dann mitunter eine breitere, narrativ ausgefeiltere Ausschmückung und eine Diskursivierung der Vergangenheit zur Folge hatte. Auf diesem Weg vollzog sich dann allmählich der Wechsel in ein neues Genus. Erschien die Einordnung der Lokalgeschichte in die Heilsgeschichte wichtig, griff man auf die vorhandenen Welt- bzw. Universalchroniken zurück, deren Darstellung man von der Schöpfung bis zum Einsetzen der vorhandenen Überlieferung dem eigenen Werk voranstellte. Angesichts des nonchalanten Umgangs mit den Quellen und ihren verschiedenen Formen und Inhalten leuchtet es ein, wenn die Autoren auf die Bezeichnung ihrer Werke offenbar wenig Gedanken verschwendeten und deswegen bis zum Ausgang des Mittelalters viele Werke gänzlich ohne Titel bleiben oder neben *annales, chronica, chronicon, res gestae, gesta* auch als *fundatio, catalogus, vita, genealogia*[78] oder sogar nur schlicht als *liber* bezeichnet werden.

2.2 Moderne Kategorisierungen

Die Geschichtswissenschaft hat seit dem 19. Jahrhundert intensiv an der Kategorisierung mittelalterlicher Geschichtsquellen gearbeitet.[79] Neben dem allgemeinen heuristischen Interesse dieser Zeit ist dafür maßgeblich, dass es im Zeitalter des Positivismus für eine an der Suche nach Wahrheit orientierte Wissenschaft bedeutsam war, sich mit dieser Diskussion von dem impliziten Verdacht zu lösen, keinen eigenen Wahrheitsbegriff zu haben und mit den mittelalterlichen Chroniken Texte heranzuziehen, die hinsichtlich ihrer Form und ihres Wahrheitsgehalts eher literarischen Erzählungen zuzuordnen wären.[80] Deshalb trieb die Geschichtswissenschaft die Klassifizierung der mittelalterlichen historischen Quellen nach ihrem Wahrheitsgehalt, dem Grad der Literarisierung, Belehrung

78 Vgl. Plessow (Anm. 50), S. 102.

79 Diese auch heute noch nicht abgeschlossene Diskussion kann hier nicht im einzelnen nachgezeichnet werden. Einen umfassenden Überblick gibt Goetz (Anm. 63), S. 97–159; vgl. dazu auch aus anglistischer Sicht und mit Hinweisen auf die wichtigste, aktuelle Literatur zum Thema Dunphy (Anm. 41), S. 279–282.

80 Hier sticht etwa die Kritik Aventins an der *Bayerischen Chronik* Ulrich Füetrers heraus; vgl. unten Anm. 141.

oder Erbauung des Publikums voran.[81] Noch die auf früheren Arbeiten von Johannes Spörl[82] und Werner Kaegi[83] aufbauende systematische Übersicht Herbert Grundmanns[84] aus den 1950er Jahren orientiert sich an dieser Differenzierung, wenn hier die einzelnen Gattungen der Geschichtsschreibung nach ihrer Form und Funktion unterschieden werden. Eigentlich ausschlaggebend ist für Grundmann jedoch das Problem der Abgrenzung zwischen historischen und literarischen Quellen,[85] weil er nur so die Frage beantworten zu können glaubt, welcher Überlieferung bzw. welchem Autor man trauen konnte. Als wirklich zuverlässig gelten ihm nur die Annalen, weil sie fortlaufende Jahresereignisse (manchmal ausgehend von dem Ostertermin) festhalten, also eben keine Vergangenheitsgeschichte bieten. Für Grundmann bestimmen dabei die Zeitumstände die Form der Geschichtsaufzeichnung. Annalen waren für ‚ruhigere Zeiten' geeignet, die in Zeiten politischer Konflikte „umfassenderen oder polemischen Werke[n]"[86] weichen mussten, womit Grundmann die anderen „Gattungen der Geschichtsüberlieferung" (Volkssprachliche Geschichtsdichtung, Volksgeschichte, Weltchroniken, Vitae, Gesta, Landes- und Stadtchroniken, Lateinische Geschichtsdichtung)[87] meint. All diesen Werken gesteht er nur einen begrenzten historischen Erkenntniswert zu, weil hier produktions- oder rezeptionsästhetische Intentionen maßgebend für die Darstellung sind. So stellt er etwa für die von ihm zur volkssprachlichen Geschichtsdichtung[88] gezählten Reimchroniken fest, dass

---

81 Vgl. Georg Waitz: Über die Entwicklung der deutschen Historiographie im Mittelalter. In: Zeitschrift für Geschichtswissenschaft 2 (1844), S. 39 – 58, 97 – 144; 4 (1845), S. 97 – 112, hier 2 (1844), besonders S. 113 f. und 4 (1845), S. 97 – 112.

82 Johannes Spörl: Grundformen hochmittelalterlicher Geschichtsanschauung. Studien zum Weltbild der Geschichtsschreiber des 12. Jahrhunderts, München 1935.

83 Werner Kaegi: *Chronica mundi*. Grundformen der Geschichtsschreibung seit dem Mittelalter, Einsiedeln 1954.

84 Herbert Grundmann: Geschichtsschreibung im Mittelalter. Gattungen – Epochen – Eigenart, Göttingen ³1978.

85 Vgl. Grundmann (Anm. 84), S. 25. Ähnlich stellt sich das Problem für Anna-Dorothee von den Brincken, die bei den lateinischen Weltchroniken zwischen dem Typus der *series temporum*, der nur reale Ereignisse berücksichtigt, und dem des *mare historiarum*, bei dem die Vergangenheit narrativiert wird, unterscheidet (Die lateinische Weltchronistik. In: Mensch und Weltgeschichte. Zur Geschichte der Universalgeschichtsschreibung. Hrsg. von Alexander Randa, München/Salzburg 1969 (Forschungsgespräche des Internationalen Forschungszentrums für Grundfragen der Wissenschaften in Salzburg 7), S. 43 – 86, hier S. 47).

86 Grundmann (Anm. 84), S. 28.

87 Grundmann (Anm. 84), S. 4.

88 Die Altgermanistik übernahm diese Gattungsbezeichnung von Grundmann und klassifizierte folglich die Weltchroniken als ‚Geschichtsdichtung'; vgl. etwa Helmut de Boor: Die deutsche Literatur im späten Mittelalter. 1250 – 1350. Teil 1: Epik, Lyrik, Didaktik, geistliche und histori-

in ihnen „der Ton gefunden [war], in dem die klerikale Geschichtskenntnis auch den ritterlichen und bürgerlichen Laien erzählt und mit ihrer eigenen fabelreichen Überlieferung verschmolzen werden konnte."[89]

Abgesehen davon, dass GRUNDMANNS Kategorisierungssystem schon deswegen untauglich ist, weil hier Form und Gegenstand miteinander vermischt werden, mal „die Sprache, mal eine bestimmte Darbietungsform, mal der behandelte Gegenstand bzw. das Entstehungsumfeld zum Namensgeber der Gattung [wird]"[90] und auch Incipits oder Selbstbezeichnungen der Texte für eine Klassifizierung wenig taugen, kann man die mittelalterlichen historischen ‚Gattungen' nicht sinnvoll nach Geschichtsschreibung und -dichtung trennen.[91] Die „Fabulierlust"[92], die sich in der ‚unzuverlässigen' lateinischen Geschichtsdichtung Gottfrieds von Viterbo findet, oder die unterhaltenden Erzählungen der volkssprachlichen Reimchroniken haben auch Eingang in die vermeintlich seriöse Geschichtsschreibung gefunden, vor allem aber enthalten die vermeintlich literarischen Genres zahllose plausible historische Angaben.

Weil ihm GRUNDMANNS Kategorien als gar zu verwirrend erschienen, verzichtet FRANZ-JOSEF SCHMALE[93] bei seiner Klassifizierung der historiographischen Genera auf Auswertung der Selbstbezeichnungen der mittelalterlichen Autoren und orientiert sich primär am Stil der Texte. Er legt seiner Arbeit die Definition des Gervasius von Canterbury zugrunde, der differenziert zwischen dem *historicus* und dem *chronicus*, wobei die „*chronici*, die Jahre, Monate, Tage zählten und die wichtigsten in sie fallenden Taten der Könige und Fürsten sowie deren Folgen darlegten[,] [d]ie *historici* dagegen legten Taten, Haltung und Lebensführung derjenigen, die sie beschrieben, genauer und in gehobenem Stil dar."[94] Dement-

---

sche Dichtung. 5. Aufl., neu bearbeitet von JOHANNES JANOTA, München 1997 (Geschichte der deutschen Literatur III/1), S. 164–191; zum ungeklärten Begriff ‚Geschichtsdichtung bzw. -epik' vgl. HANS-JOACHIM BEHR: [Art.] Geschichtsepik. In: RL 1 (1997), S. 712–714.

89 GRUNDMANN (Anm. 84), S. 11.

90 PLESSOW (Anm. 50), S. 54.

91 ULRICH MUHLACK (Theorie oder Praxis der Geschichtsschreibung. In: Formen der Geschichtsschreibung. Hrsg. von REINHART KOSELLECK/HEINRICH LUTZ/JÖRN RÜSEN, München 1982 [Theorie der Geschichte. Beiträge zur Historik 4], S. 607–620) geht davon aus, dass sich jede Art von Geschichtserzählung literarischer Techniken bedienen muss. Sein Unterscheidungskriterium liegt auf der Autorseite und zwar darin, dass der Autor eine historische Erkenntnis vermitteln will. Will er dies nicht, führen „[d]ieselben Erzähltechniken [...] ohne diese Zweckbindung zur Dichtung" (S. 619; vgl. auch S. 609). Allerdings bleibt offen, worin diese Erkenntnis besteht und warum sie nicht auch z. B. vom Alexanderroman vermittelt werden kann.

92 GRUNDMANN (Anm. 84), S. 51.

93 FRANZ-JOSEF SCHMALE: Funktionen und Formen mittelalterlicher Geschichtsschreibung, Darmstadt 1985 (Die Geschichtswissenschaft), S. 107.

94 SCHMALE (Anm. 93), S. 109. Vgl. dazu auch GOETZ (Anm. 70), S. 111–113.

sprechend subsumiert er die Weltchroniken, Annalen und andere Überlieferungen, die in der Regel „ohne kausale Erklärungsversuche in einfachem, affirmativem und asyndetischem, d. h. reihendem Stil [erzählen]"[95], in der einen Rubrik und grenzt davon die „‚erzählende Geschichtsschreibung'"[96] ab. SCHMALE verkennt dabei nicht die sich bei diesem Klassifizierungssystem ergebenden vielfältigen Mischformen, aber wenn etwa dem chronikalischen Bericht ein analytischer Vorspann vorausgeht, ist für ihn das Schwergewicht des „jeweils authentischen Hauptteil[s]"[97] maßgeblich. Für die Autorseite unterscheidet SCHMALE zwischen dem Chronographen, der ausschließlich mit schriftlichen Quellen arbeitet, daher objektiver verfährt und nur selten ins Erzählen gerät, und dem erzählenden Geschichtsschreiber, dessen Fokus von vorneherein nicht auf die Zeit, sondern das Geschehen gerichtet ist, der ein bestimmtes Geschichtsbild vermitteln will und sich dazu erzählender Parteien bedient.[98] Auch diese Differenzierung ist jedoch idealtypischer Natur und SCHMALES Verquickung der Wahrheitsproblematik mit Qualitätskriterien ist problematisch, weil man den Eindruck gewinnt, dass der Wahrheitsgehalt einer Chronik im umgekehrt proportionalen Verhältnis zu ihrer literarischen Qualität steht.

Schon seit geraumer Zeit ist der positivistische Wahrheitsbegriff innerhalb der Geschichtswissenschaft in die Kritik geraten und mit ihm die Abgrenzung von Literatur und Historiographie. In dieser Diskussion, die unter anderem mit den Namen HAYDEN WHITE, ARTHUR C. DANTO oder JOHANNES FRIED verbunden ist, ist die enge Abhängigkeit der Kommunikation von Geschichte von den Restriktionen der Sprache, der gesellschaftlichen Sprach- und Erkenntnismuster oder des Gedächtnisses herausgearbeitet worden. WHITE hat in mehreren Arbeiten gezeigt,[99] wie eng verwandt die Tätigkeit des Historikers mit der des Autors eines literarischen Textes ist: Der Historiker findet Ereignisse vor, die er in eine zeitliche Reihenfolge bringt und zu einer *story* macht, die auf die implizite oder explizite Frage antwortet, warum ein Geschehen so stattgefunden hat, wie er es erzählt und welcher Sinn daraus abgeleitet werden kann. WHITE nimmt drei verschiedene

---

95 SCHMALE (Anm. 93), S. 110. Hinsichtlich der Annalen ist jedoch zu bemerken, dass SCHMALE diese sehr nahe an die Chroniken heranrückt, wodurch es zu Missverständnissen kommt.

96 SCHMALE (Anm. 93), S. 110.

97 SCHMALE (Anm. 93), S. 120.

98 Vgl. SCHMALE (Anm. 93), S. 118 – 121.

99 Vgl. vor allem HAYDEN WHITE: Auch Klio dichtet oder Die Fiktion des Faktischen. Studien zur Tropologie des historischen Diskurses, Stuttgart 1986 (Sprache und Geschichte 10); DERS.: Die Bedeutung der Form. Erzählstrukturen in der Geschichtsschreibung, Frankfurt a. M. 1990; DERS.: Metahistory. Die historische Einbildungskraft im 19. Jahrhundert in Europa, Frankfurt a. M. 1994, besonders S. 177 – 346.

Möglichkeiten an, dem Publikum diesen Sinn einer Geschichte zu vermitteln – entweder durch formale Schlussfolgerungen, durch ideologische Erläuterungen oder durch die spezifische Ausgestaltung eines Ereignisses mittels eines typischen Handlungsschemas (*emplotment*). Im Rückgriff auf eine Typologie NORTHROP FRYES definiert WHITE vier verschiedene Handlungsmuster, die einen quasi archetypischen Charakter haben: Romanze, Tragödie, Komödie und Satire. Da WHITE davon ausgeht, dass diese vier Archetypen in jeder geschichtlichen Erzählung zu finden sind, muss man sie bei der Rezeption immer zu erschließen versuchen.

Auch wenn WHITE mit sehr abstrakten Kategorien arbeitet und man – wenn überhaupt – von einer Vermischung dieser archetypischen Formen ausgehen muss, hat er mit seinem Ansatz die Einbeziehung narratologischer Prämissen für die Analyse historiographischer Texte als nicht zu hintergehende Aufgabenstellung etabliert. Dies wird zwar von vielen Historikern mittlerweile respektiert,[100] und GOETZ hat sogar die These aufgestellt, es bedürfe für die Analyse mittelalterlicher Geschichtsschreibung weniger einer Geschichts-, als einer Erzähltheorie,[101] aber für die Klassifizierung der historiographischen Literatur hat das auch bei ihm keine Auswirkung. So unterscheidet er in seinem Gattungsüberblick[102] zwischen Welt- und Reichschronistik, Kaiser-Papstkatalogen, Kirchengeschichte, Landes- bzw. Territorial-, Bistums-, Kloster- und Kreuzzugschronistik, aber die Abgrenzung erfolgt nur vom Gegenstand her, lässt also nicht auf ein differenziertes Gattungsbewusstsein und auch nur bedingt auf ein je eigenes Geschichtsbewusstsein schließen. Da abgesehen von den „Amtsträgerlisten“ oder den Annalen mit ihren „dürftigen Notizen“[103] jede Chronik[104] zugleich *historia*, also Geschichtserzählung, ist, erübrigt sich für GOETZ eine Abgrenzung zu einer ‚wissenschaftlichen Historiographie‘, die es im Mittelalter aber noch nicht gab. Letztlich erscheint GOETZ die gesamte Gattungsdiskussion als obsolet, weil sie für die Interpretation des Einzeltextes wenig Ertrag verspricht. Wichtig ist für

---

100 Auf die gesamte, noch lange nicht beendete Diskussion der Abgrenzung von ‚Fakten‘ und ‚Fiktionen‘ kann hier nicht eingegangen werden. Wichtig ist in diesem Zusammenhang, dass es ein Entweder-oder nicht gibt und es sich bei dieser Unterscheidung im Grunde um eine Scheinproblematik handelt; vgl. OTTO GERHARD OEXLE: Im Archiv der Fiktionen. In: Rechtshistorisches Journal 18 (1999), S. 511 – 525.

101 GOETZ (Anm. 63), S. 100.

102 GOETZ (Anm. 63), S. 110 – 124.

103 GOETZ (Anm. 63), S. 117.

104 GOETZ ([Anm. 63], S. 115 f.) führt hier eine Unterscheidung zwischen Kurz- und Langchronik ein, wobei er unter der ersten Kategorie jene weit verbreiteten Geschichtsüberblicke im Anschluss an die *Imago mundi* des Honorius versteht, die in zahlreiche andere Geschichtswerke integriert wurden.

ihn nur die Abgrenzung zwischen Historiographie und fiktionaler Dichtung,[105] die er im Wahrheitsanspruch des Autors begründet sieht.[106] Fraglich bleibt freilich, ob der Wahrheitsanspruch des Autors diese Beweislast tragen kann. Denn dieses Kriterium erscheint nicht selten auch in fiktionalen Texten,[107] in denen versucht wird, einen Wahrheitsanspruch durchzusetzen.[108]

Insgesamt scheint in den letzten Jahren das Interesse an einer Klassifikation jener mittelalterlichen Werke, die sich mit der Aufzeichnung, Erforschung und Deutung der Vergangenheit befassen, erlahmt zu sein. Man hat erkannt, dass man weder aus den Selbstbeschreibungen der Werke noch aus ihren Inhalten ein stabiles Gattungssystem entwickeln kann – auch wenn immer noch versucht wird, eine „Klassifikation a posteriori und historische Verhältnisse miteinander in Einklang zu bringen" – wie Oliver Plessow zu Recht kritisiert.[109] Gelingen kann dies auch deswegen nicht, weil sich „einerseits feste Aufschreibeformen gerade erst auszubilden beginnen, andererseits neue Anforderungen und ein ausgeweiteter Schriftgebrauch eine permanente Diversifizierung begünstigten".[110] Aus diesem Grund lässt sich heute in der Geschichtswissenschaft die Tendenz beobachten, Gattungsdiskussionen ad acta zu legen und unabhängig von der Gestalt

---

105 Die eigentliche Abgrenzung gegenüber der Fiktion liegt darin, dass der Geschichtsschreiber „in chronologischer Folge die Erinnerung an wahre, denkwürdige Taten [festhält]"; Goetz (Anm. 63), S. 148.

106 Nach Goetz ([Anm. 63], S. 147) sind es „vor allem fünf Kriterien, die – zusammen – das Wesen der mittelalterlichen Geschichtsschreibung ausmachen und sie als eigenes Genre erscheinen lassen": der Gegenstand – die *memorabilia gesta*, worin Goetz die Abgrenzung vom wissenschaftlichen Schrifttum sieht –, der spezifische Blickwinkel auf die Vergangenheit, der Wille die *res gestae* der Nachwelt zu überliefern (*memoriae commendare*), die Darstellung in chronologischer Ordnung und der Wahrheitsanspruch.

107 Hartmann von Aue: *Iwein*. Hrsg. von Georg Friedrich Benecke/Karl Lachmann. Neu bearbeitet von Ludwig Wolff, Berlin [7]1968, V. 4–17; vgl. dazu etwa Walter Haug: Programmatische Fiktionalität. Hartmanns von Aue *Iwein*-Prolog. In: Ders.: Literaturtheorie im deutschen Mittelalter. Von den Anfängen bis zum Ende des 13. Jahrhunderts, Darmstadt [2]1992, S. 118–130.

108 Insgesamt gesehen wäre es anachronistisch, bei mittelalterlichen Werken Wahrheit gegen literarische Rhetorik auszuspielen, denn auch wenn etwa einer der großen englischen Geschichtsschreiber, Wilhelm von Malmesbury, die Vermittlung der Wahrheit als *lex historiae* postuliert, so lässt sich doch gerade an seinem Werk zeigen, dass die Vermittlung dieser ‚Wahrheit' literarischen Techniken unterworfen ist; vgl. auch Goetz (Anm. 63), S. 149, 154.

109 Plessow (Anm. 50), S. 90.

110 Plessow (Anm. 50) verweist ferner darauf, dass hier „der retrospektive Blick des Forschers, der Similaritäten wahrnimmt und diese einem festen Schema zuordnen möchte [...]" mit den „mittelalterlichen Kommunikationsumstände[n]" kollidiert (S. 90).

historischer Texte für sie den Metabegriff der Geschichtsschreibung[111] bzw. Historiographie (engl. ‚historiography'; frz. ‚historiographie') zu verwenden.[112]

2.3 Pragmatische Gattungsdefinition

Auch wenn man sich nicht erneut auf die Gattungsdiskussion oder die Abgrenzung von *chronica* und *historia* einlassen will, ist man im Rahmen eines Handbuches zur mittelalterlichen Chronistik nicht der Notwendigkeit enthoben, Rechenschaft über den verwendeten Chronikbegriff zu geben. Angesichts der Heterogenität der behandelten Werke kann dies jedoch nur in der sehr allgemeinen Form einer pragmatischen Gattungsdefinition versucht werden. Dabei sollen hier auf dem Wege eines ‚Extraktionsverfahrens' die Texte identifiziert werden, die sich eindeutig von einer Chronikgattung abgrenzen lassen bzw. bei denen angesichts einer hybriden Gestalt über die Zuordnung jeweils zu entscheiden ist. Dabei wird auf eine Berücksichtigung der Eigenbezeichnungen der mittelalterlichen Werke, die ja bekanntlich keine distinkte Qualität haben,[113] verzichtet.

Als Chronik wird für dieses Handbuch ganz allgemein ein Text definiert, in dessen Mittelpunkt (real-)historische Ereignisse stehen, deren wichtigste Umstände (Raum, Zeit, Personen) genannt werden, der die Vergangenheit als fortlaufendes Kontinuum, also nach der Abfolge der Zeiten, darbietet und in dem die berichteten Ereignisse nicht als isolierte Daten verstanden, sondern in einen übergeordneten Zusammenhang gestellt und eher narrativ, in Versform oder einer rhetorisch elaborierten Prosa, als analytisch-systematisch aufbereitet werden.[114] Die Funktionen dieser Werke richten sich nach den mitunter höchst unterschiedlichen Konstellationen der Auftragerteilung und des Entstehungsprozesses,

---

111 Davon abzugrenzen ist ohnehin der moderne abstrakte Begriff von Geschichte als Synonym von Vergangenheit, der dem Mittelalter noch fremd ist; vgl. JOACHIM KNAPE: Die Problematik unseres Geschichtsbegriffs fürs Mittelalter. In: Germanisch-romanische Monatsschrift 38 (1988), S. 15–34.

112 Vgl. dazu HANS ULRICH GUMBRECHT: Der Vorgriff: ‚Historiographie' – metahistorisch? In: La littérature historiographique des origines à 1500. Bd. I/1. Hrsg. von DERS./URSULA LINK-HEER/PETER-MICHAEL SPANGENBERG, Heidelberg 1987 (Grundriß der romanischen Literaturen des Mittelalters 11), S. 32–39.

113 Vgl. zu den Begriffen, mit denen Chronikautoren ihre Werke benannten, oben S. 12–17.

114 Über die Ordnungsmuster historischen Erzählens und die Interferenzen mit fiktionalen Texten informiert jetzt anhand der *Kaiserchronik* und der *Weltchronik* des Jans von Wien umfassend die Arbeit von GESINE MIERKE: Riskante Ordnungen. Von der *Kaiserchronik* zu Jans von Wien, Berlin/Boston 2014 (Deutsche Literatur. Studien und Quellen 18).

die zudem oft gar nicht überliefert sind. Allgemein ist den Texten, dass sie sowohl die historische Erinnerung auf Dauer bewahren, als sie aber auch konstruieren sollen. Sie entstehen oftmals dort, wo es zu einem geschichtlichen Wandel gekommen ist, in dessen Folge Identitäten brüchig geworden sind und man sich nun paradoxerweise über den Schritt in die Vergangenheit des Umstandes versichern will, dass das Neue im Grunde immer schon das Alte war.

Von diesem Chronikbegriff lassen sich am leichtesten die Annalen als eigenständige Gattung abgrenzen, die man allgemein nicht als ‚erzählende', sondern als ‚zählende' Geschichtsschreibung definiert.[115] Wie bereits erwähnt,[116] sind Annalen Kurzformen der Aufzeichnung von Jahresereignissen, in denen in der Regel auf jeden rhetorischen Schmuck verzichtet wird und nur die für die jeweilige Institution wichtigsten Vorkommnisse asyndetisch aufeinanderfolgen. Es liegt nahe, diese Gattung wegen ihrer fehlenden narrativen Anlage nicht in einem Handbuch zur mittelalterlichen Chronistik zu berücksichtigen. Als weitere benachbarte Textgruppe lassen sich die mittelalterlichen Viten[117] und ihre frühneuzeitliche Nachfolgerin, die Biographie bzw. Autobiographie, abgrenzen, da diese sich nicht auf ein geschichtliches Kontinuum oder Ereignis konzentrieren, sondern auf die spezifische Vita eines Menschen. In naher Verwandtschaft zu den Viten stehen die Gesta,[118] die im Frühmittelalter von den ‚Taten' einzelner weltlicher oder geistlicher Herrscher berichten.[119] Später wird der Begriff für die Aufzeichnung ganzer Völker (*Gesta Danorum*) oder herausragender Ereignisse

---

115 Schmale (Anm. 93), S. 110. Diese Unterscheidung geht bereits auf Isidor zurück; vgl. Boehm (Anm. 49), S. 672–675; vgl. oben S. 13 f.

116 Siehe oben S. 18 f.

117 Der Begriff erscheint zuerst in *De viris illustribus* des Cornelius Nepos. Maßstabsetzend für die mittelalterliche Literatur waren die Kaiserviten Suetons, die ihre christliche Adaptation in den Märtyrer-, Heiligen- und Bischofsviten fanden; Goetz (Anm. 63), S. 123; Grundmann (Anm. 84), S. 29 f. Demgegenüber finden sich Lebensbeschreibungen weltlicher Herrscher selten; Ausnahmen sind: Einhards *Vita Caroli Magni* und Adalbolds von Utrecht *Vita Heinrici II. imperatoris* (Hrsg. von Georg Waitz, Hannover 1841, Neudruck 1982 [MGH SS 4], S. 679–695. Rep. font. 2, 115).

118 Lateinisches *gesta* ist abgeleitet von *res gestae* und bezeichnete den ‚Tatenbericht' einer bedeutenden Person (*Res gestae divi Augusti*). Im Mittelalter entwickelt sich daraus der Begriff *gesta*, der machmal schon wie *chronica* als Femininum Singular verwendet wird. Er ist „im frühen Mittelalter die häufigste Bezeichnung für Geschichte überhaupt, wird dann aber meist für eine bestimmte Darstellungsform verwendet, die erzählerisch die Tatenberichte über Menschen, die einander in einem Amt folgten, aneinanderreiht, manchmal auch ein Einzelglied herauslöst, ohne es doch biographisch zur Vita abzurunden" (Grundmann [Anm. 84], S. 39). Im Deutschen wird der Begriff als Pluraliatantum verwendet.

119 Eine der frühesten Werke dieser Gattung sind die *Gesta episcoporum Mettensium* des Paulus Diaconus aus dem 8. Jahrhundert, die bis ins 13. Jahrhundert fortgeschrieben wurden; Grundmann (Anm. 84), S. 41.

(*Gesta Francorum et aliorum Hierosolimitanorum*) verwendet. Die meisten dieser so bezeichneten Werke sind Hybride, ihr Inhalt beschränkt sich bei weitem nicht auf die im ‚Titel' genannten Personen oder Institutionen, sondern in einer Gesta können Teile einer Welt- oder Reichschronik enthalten sein. In ihnen lassen sich ästhetisch anspruchsvolle Passagen zur Illustration des berichteten Geschehens finden, verarbeitet werden antike oder mittelalterliche Sagenstoffe und Mythen, aber es gibt auch solche, die schon quasi mit einer wissenschaftlichen Methodik vorgehen und insofern eine Verbindung zwischen der Chronistik und einer frühwissenschaftlichen, systematischen Historiographie darstellen. Ein propagandistischer Zweck dürfte bei den meisten der Texte unmittelbarer Anlass gewesen sein, aber viele sind auch um eine möglichst neutrale Darstellung bemüht. Wegen der fließenden Grenzen zur Chronistik ist es sinnvoll, die Gesta in diesem Handbuch zu berücksichtigen.

Obwohl es die Abgrenzung von einer an ‚realen' Fakten orientierten und einer fiktiven *historia*[120] im Mittelalter nicht gibt, Austauschprozesse in beide Richtungen funktionieren,[121] bleibt im vorliegenden Band das weite Feld der mittellateinischen und volkssprachlichen Geschichtsdichtung, wie sie durch das anonyme *Carmen de bello Saxonico*, den *Ligurinus* des Gunther von Pairis, die volkssprachliche Alexander- und Trojadichtung oder etwa die *Chanson de geste* repräsentiert ist, ausgeschlossen.[122] Die Nähe zwischen literarischer Fiktion und Geschichtsschreibung ist zwar gegeben durch ihre gemeinsame Ausrichtung an der Rhetorik[123] sowie einer Unterhaltungs- und Belehrungsintention; auch wurde – wie bereits erwähnt – *historia* allgemein als eine Form der *narratio* verstanden.[124] Gleichwohl lässt sich spätestens im 12. Jahrhundert das Bedürfnis nach einer Trennung zwischen beiden Formen identifizieren. Wenn Hugo von St. Viktor in

---

120 Vgl. zur Begriffsgeschichte ausführlich Joachim Knape: ‚Historie' in Mittelalter und früher Neuzeit. Begriffs- und gattungsgeschichtliche Untersuchungen im interdisziplinären Kontext, Baden-Baden 1984 (Saecula Spiritalia 10), S. 93 – 212.

121 So übernehmen etwa die mittelalterlichen Chronisten sagengeschichtliche Elemente aus der historischen Dietrichepik und umgekehrt wird Alexander der Große zur literarischen Figur. Zur Dietrichfigur in der *Kaiserchronik* vgl. Florian Kragl: Die Geschichtlichkeit der Heldendichtung, Wien 2010 (Philologica Germanica 32), S. 47 – 76.

122 Zur ungeklärten „Reichweite des Begriffs" vgl. Behr (Anm. 88), S. 713.

123 Vgl. dazu Eckhard Kessler: Das rhetorische Modell der Historiographie. In: Formen der Geschichtsschreibung. Hrsg. von Reinhart Koselleck/Heinrich Lutz/Jörn Rüsen, München 1982 (Theorie der Geschichte. Beiträge zur Historik 4), S. 37 – 85; vgl. auch Ders.: Petrarca und die Geschichte. Geschichtsschreibung, Rhetorik, Philosophie im Übergang vom Mittelalter zur Neuzeit, München ²2004 (Humanistische Bibliothek I/25), S. 182 – 197.

124 Gert Melville: Wozu Geschichte schreiben? In: Formen der Geschichtsschreibung (Anm. 123), S. 86 – 146, hier S. 90.

seinem *Didascalicon de studio legendi* („Anleitung zum Studium des Lesens und Auslegens")[125] für die *historia* die Forderung formuliert, in ihr seien die Personen, die Geschäfte, die Zeit und die Orte zu erforschen (*requierenda*), dann kann man im Kriterium der Verortung des berichteten Geschehens im Lauf der historischen Zeit den Wunsch nach dem Ausschluss von fiktiven Erzählungen sehen, die diesem Maßstab nicht entsprechen.

Eine ganz eigene Tradition von Geschichtsschreibung hat sich an der Schnittstelle von biblischer und profaner Geschichte in den sogenannten Historienbibeln[126] herausgebildet, von denen noch über 1000 Handschriften, oft reich bebildert,[127] erhalten sind. Das Interesse des Mittelalters an diesen Werken ist unverkennbar, sie waren für die Entwicklung eines Geschichtsbewusstseins bei den Laien wichtig, da in ihnen die Heilsgeschichte mit der Profangeschichte – etwa durch die Aufnahme der Geschichte Alexanders des Großen – parallelisiert wurde. Allerdings verfolgten die Historienbibeln nicht den Hauptzweck, „Geschichte historiographisch aufzuzeichnen, sondern das Wirken des göttlichen Heilsplanes für die Gegenwart zu aktualisieren."[128] Da in ihr die Anlehnung an die Bibel aber wichtiger ist als die Tradierung der Vergangenheit wurde die Gattung nicht eigens berücksichtigt.

Abzugrenzen ist die Chronistik schließlich von der scholastischen und der humanistischen Geschichtsschreibung. Im Allgemeinen wird von der modernen Geschichtsschreibung die Existenz einer wissenschaftlichen Historiographie, die den modernen Maßstäben einer methodengeleiteten Forschung, systematischer Erschließung, Modellbildung, analytischem Zugriff und der Gewinnung nach-

---

125 Hugo von St. Viktor. In: PL 176, Sp. 768. *Didascalicon de studio legendi*. lateinisch/deutsch. Hrsg. von THILO OFFERGELD, Freiburg/Breisgau 1997 (Fontes Christiani 27).

126 Nach der gültigen Definition HANS VOLLMERS (Ober- und Mitteldeutsche Historienbibeln, Berlin 1912 [Materialien zur Bibelgeschichte und religiösen Volkskunde des Mittelalters I/1], S. 5) sind Historienbibeln „deutsche Prosatexte, die in freier Bearbeitung den biblischen Erzählungsstoff, möglichst vollständig, erweitert durch apokryphe und profangeschichtliche Zutaten und unter Ausschluß oder doch Zurückdrängung der erbaulichen Glosse darbieten, ganz gleichgültig, ob dabei gereimte Quellen oder die *Vulgata*, *Historia scholastica*, das *Speculum historiale* oder sonstige die heilige in Verbindung mit profaner Geschichte behandelnde Texte als Vorlage dienten." – Am Beispiel der *Weltchronik* des Johannes de Utino weist TÜNDE RADEK (Zu den deutschsprachigen Handschriften der *Weltchronik* des Johannes de Utino aus dem 15. Jahrhundert. In: Zeitschrift für deutsches Altertum und deutsche Literatur 142 [2013], S. 45 – 55) auf die enge Verbindung zwischen spätmittelalterlicher Weltchronik und Historienbibel hin, da beide Gattungen eine „bibelersetzende Funktion" (S. 55) haben können.

127 Zum Gegenstand vgl. UTE VON BLOH: Die illustrierten Historienbibeln. Text und Bild in Prolog und Schöpfungsgeschichte der deutschsprachigen Historienbibeln des Spätmittelalters, Bern u. a. 1993 (Vestigia Bibliae 13/14); KdiH 7, Lieferung 1 – 2 (2008), S. 1 – 192.

128 VON BLOH (Anm. 127), S. 22.

prüfbarer Aussagen entspricht, für das Mittelalter ausgeschlossen und erst für das 16. Jahrhundert mit den Werken Flavius Blondus' und Francesco Guicciardinis angesetzt.[129] Allerdings weist SCHMALE mit Recht darauf hin, dass man in mittelalterlichen Geschichtswerken durchaus wissenschaftliche Methoden erkennen kann, wenn man sich von der Vorstellung löst, mit dem Maßstab neuzeitlicher Methodologie nach einer historischen Wissenschaft des Mittelalters zu suchen. Zu diesen Werken könnte man die *Chronica sive Historia de duabus civitatibus* Ottos von Freising, die viel eher eine systematische historische Abhandlung als eine Weltchronik ist, zählen oder die berühmte *Historia scholastica* des Petrus Comestor, eine bis ins 13. Jahrhundert immer wieder fortgesetzte und erweiterte „komprimierte Sammlung der geschichtlichen Fakten des Alten und Neuen Testaments in Kombination mit Profangeschichte und den wichtigsten Glossen"[130]. Für die dominikanische Geschichtsschreibung des 12. Jahrhundert stellt sogar SCHMALE fest, dass sie sich bereits als ‚wissenschaftliches' Unterrichtsfach verstanden hat;[131] zugleich orientierte sie sich aber auch an der Exegese und bediente sich entsprechend häufig der Allegorie und Tropologie. Trotz des auch für diese Werke benutzten *chronica*-Begriffes kann man insofern festhalten, dass in ihnen wissenschaftliche oder theologische Parameter eindeutigen Vorrang vor der narrativen Gestaltung haben.

Die Wende zu einer weltlichen Geschichtswissenschaft setzt man gemeinhin mit der italienischen Renaissance und dem zunehmenden Interesse der Geschichtsschreiber an methodologischen Fragen und der Reflexion über die Geschichte an. Mit der Hinwendung zur Antike hatte jetzt die Heilsgeschichte ihre normgebende Wirkung verloren und es rückte allmählich das menschliche Handeln in den Fokus der Gelehrten, die im Sinne der Maxime *historia magistra vitae* Geschichte als Reservoir begriffen, aus der man konkrete Handlungsanweisungen gewinnen konnte. Als sich im 15. und 16. Jahrhundert Recht und Herrschaft zunehmend durch schriftliche Traditionsnachweise legitimieren mussten, gewannen die Quellenforschung und – angesichts widerstreitender Befunde bzw. einer diesen Befunden entgegenstehenden Interessenslage – Quellenkritik und -fälschung zunehmend an Relevanz. Paradebeispiel hierfür

---

129 Zur negativen Beurteilung der oft ebenfalls als wissenschaftlich klassifizierten italienischen Geschichtsschreibung des Humanismus vgl. EDUARD FUETER: Geschichte der neueren Historiographie, München/Berlin 1936 (Handbuch der mittelalterlichen und neueren Geschichte. 1. Abt.), S. 1–70.

130 Historienbibel. Farbmikrofiche-Edition der Handschrift Hamburg, Staats- und Universitätsbibliothek, Cod. 8 in scrinio. Beschreibung der Handschrift und Anmerkungen zum Übersetzungswerk von ANNA KATHARINA HAHN, München 1997 (Codices illuminati medii aevi 47), S. 10.

131 SCHMALE (Anm. 94), S. 76.

sind die genealogischen ‚Forschungs- und Publikationsprojekte' Maximilians I. Mit der Reformation wurde dann die Interpretation der Vergangenheit zum Gegenstand religionspolitischer Kontroversen, instrumentalisierten protestantische und katholische Gelehrte die Geschichte zur Unterstützung ihrer eigenen Position. Auch im 16. Jahrhundert werden noch Chroniken geschrieben, aber sie lassen sich jetzt schon deutlich von jenen Werken unterscheiden, in denen nicht die narrative oder ästhetische Darstellung der Vergangenheit dominiert, sondern eine diskursive, mehr und mehr an methodischen Fragen – wie Quellenkritik, Wahrheitskriterien, Plausibilität, Logik und Kausalität – orientierte Geschichtsschreibung. Zwar gibt es zwischen beiden Formen im 16. Jahrhundert Interferenzen, aber insgesamt stellt auch die humanistische Geschichtsschreibung mit ihrer teilweise stark lehrhaften Ausrichtung[132] ein Sujet *sui generis* dar, das sich verhältnismäßig deutlich von der frühneuzeitlichen Chronistik unterscheiden lässt.

3 Zeitlicher, räumlicher und inhaltlicher Horizont

3.1 Zeitlicher Horizont

Wie bereits erwähnt, werden von der Forschung als ‚Gründungsdokument' der mittelalterlichen Chronistik die nur fragmentarisch erhaltenen *Χρονογραφίαι* des Sextus Julius Africanus angesehen; ein Text, der zeitlich noch eindeutig der Spätantike zuzuordnen ist. Dieses Werk[133] fand mit den Chroniken des Eusebius im 4. Jahrhundert bzw. der Übersetzung des Hieronymus seine abendländische, in der des Johannes Malalas (ca. 490 – nach 570) seine byzantinische Rezeption. Die daraus entstandenen Texte schufen dann die für die Entwicklung der mittelalterlichen Historiographie wichtige Verbindung zwischen der jüdisch-christlichen und der griechisch-römischen Geschichtsschreibung. Ursprünglich hätte denn auch das Handbuch mit einem Aufsatz eröffnet werden sollen, dessen Thema die

132 Zur sogenannten ‚Geschichtslehre' und zur allmähliche Etablierung neuer Formen der Historiographie im Humanismus vgl. immer noch den Überblick bei Hans Rupprich: Die deutsche Literatur vom späten Mittelalter bis zum Barock. 2. Tl.: Das Zeitalter der Reformation. 1520 – 1570, München 1973 (Geschichte der deutschen Literatur von den Anfängen bis zur Gegenwart IV/2), S. 415 – 427.

133 Vgl. oben S. 6 f. Zur Problematik möglicher Vorgänger vgl. die Diskussion um die sog. *Leipziger Weltchronik*; Alexander Weiss: Die *Leipziger Weltchronik* – die älteste christliche Weltchronik? In: Archiv für Papyrusforschung 56 (2010), S. 26 – 37; dagegen jedoch Richard W. Burgess: Another Look at the Newly-Discovered *Leipzig World Chronicle*. In: Archiv für Papyrusforschung 58 (2012), S. 16 – 25.

Ursprünge der mittelalterlichen (Welt-)Chroniken zwischen Eschatologie und römischer Annalistik gewesen wäre. Gefragt hätte werden sollen nach dem Anteil der biblischen und weltlichen Quellen, wie Widersprüche zwischen beiden behandelt werden, welchen Einfluss die augustinische Theologie später auf die Gattung nimmt, wie Bibelhandschriften als Geschichtsbücher verwendet werden, wie der Überlieferungsverbund von Bibeln und chronikalischen Texten zu bewerten ist, welchen Einfluss die Komputistik hat, welche ‚Meistererzählungen' der christlichen Weltchronistik sich hier entwickeln und wie sie von den späteren Werken Cassiodors, Isidors von Sevilla, Frechulfs oder Bedas tradiert werden. Das Fehlen eines entsprechenden Beitrags ist ein Desiderat, das entstand, weil der für diesen Beitrag verpflichtete Autor seine Arbeit zu einem Zeitpunkt abgebrochen hat, zu dem eine Neuvergabe nicht mehr möglich war.[134]

Während man sich hinsichtlich des Zeitpunkts der Entstehung der mittelalterlichen Chronistik relativ einig ist, fällt eine Bestimmung ihres Endes schwerer. Es wäre dem Gegenstand letztlich völlig unangemessen, würde man in Anlehnung an gängige Periodisierungsschemata der Geschichtswissenschaft eine Zäsur zwischen Mittelalter und Früher Neuzeit um 1500 ansetzen.[135] Denn viele Chronikgattungen entstehen ja gerade erst im Spätmittelalter[136] und sind in ihrer althergebrachten Form bis weit ins 16. Jahrhundert produktiv – im Bereich der islamischen Welt, für die man den Beginn der Neuzeit ohnehin erst wesentlich später ansetzt, sogar noch weit darüber hinaus.[137] Für die nach Form und Inhalt sehr ‚mittelalterliche' Gattung der adligen Hauschroniken ist das 16. Jahrhundert sogar die eigentliche Blütezeit und der wichtigste Überlieferungszeitraum.[138] Zudem erfreuen sich Gattungen wie die Weltchroniken noch in der Frühen Neuzeit so

---

134 Erfreulicherweise bieten jedoch die Beiträge von PLASSMANN, DEUTINGER, TANNEBERGER, DUNPHY und MARIEV auch einen Zugang zu den spätantiken Wurzeln der mittelalterlichen Chronistik.

135 So etwa in den neuesten Handbüchern zur Chronistik, in der ‚Encyclopedia of the Medieval Chronicle' (EMC) und dem ‚Chronicon' von JÁNOS M. BAK/IVAN JURKOVIČ, Turnhout 2013. Der dritte Band des ‚Deutschen Literatur-Lexikons' (DLL) bezieht die 1. Hälfte des 16. Jahrhunderts mit ein. In der geplanten 2. Auflage der EMC soll auch das 16. Jahrhundert Berücksichtigung finden.

136 Bezogen auf die Verhältnisse im Reich ist das Spätmittelalter ohnehin die produktivste Phase. So wurden für die Zeit „zwischen 1347 und 1517 im Reich unter Ausschluß der Niederlande, Böhmens und des Baltikums, unter Einschluß der deutschen Schweiz" ca. 250 Chroniken gezählt; SPRANDEL (Anm. 168), S. 227; vgl. auch DOROTHEA KLEIN: Durchbruch einer neuen Gattung. Volkssprachige Chroniken bis 1300. In: Eine Epoche im Umbruch. Volkssprachliche Literalität 1200–1300. Hrsg. von CHRISTA BERTELSMEIER-KIERST/CHRISTOPHER YOUNG, Tübingen 2003, S. 73–90.

137 Vgl. dazu die Beiträge von FRANZ (insbes. S. 938–946) und CONERMANN.

138 Vgl. KdiH 3 (2011), S. 131.

großer Beliebtheit, dass ihr – wie etwa die *Weltchronik* Hartmann Schedels zeigt – der Übergang in das neue Medium des Drucks gelingt. Das Ende der mittelalterlichen Chronistik erfogt daher nicht abrupt, einzelne Texttypen sind schon am Ende des 15. Jahrhunderts völlig außer Mode geraten, andere halten sich noch bis in die Neuzeit. Der Abschied von den traditionellen Chronikformen erfolgt schleichend, allmählich dringt humanistisches Gedankengut in die Texte ein, zunehmend werden Fragen der Zuverlässigkeit und Plausibilität von Quellen wichtiger, zu deren Beantwortung es wissenschaftlicher Methodik bedarf. Allerdings darf man den Gegensatz zwischen mittelalterlicher Chronistik und neuzeitlicher Geschichtsschreibung ohnehin nicht damit markieren, dass man dort eine primäre narrative, hier eine systematische und diskursive Aufbereitung der Geschichte diagnostiziert – denn bekanntlich hat Klio immer einen Hang zur Dichtung.[139] Aber dennoch wird man von einigen Residualformen und Regenerationsbemühungen abgesehen im christlichen Europa das Ende der traditionellen mittelalterlichen Chronistik mit dem Beginn des 17. Jahrhunderts ansetzen können, zumal nun im Barock andere, spektakulärere Formen der Repräsentation und Identitätsstiftung mittels Herkunft zum Einsatz kommen.[140]

Für die volkssprachlichen Chroniken des 16. Jahrhunderts trifft dies noch nicht zu. Diese Werke orientieren sich entweder noch ganz an der spätmittelalterlichen Gattungstradition oder bezeugen den langsamen Übergang zur Neuzeit. Beispiele hierfür sind die Arbeiten von Johannes Aventin (1477–1534), Wolfgang Lazius (1514–1565) oder Ägidius Tschudi (1505–1572), in denen sich das Nebeneinander von traditioneller Chronistik und protowissenschaftlicher humanistischer Historiographie gut beobachten lässt. Ausschlaggebend für die *longue durée* der alten Formen dürfte dabei nicht zuletzt das Interesse adliger Auftraggeber gewesen sein, denen es weniger um eine wissenschaftliche – und damit potentiell prekäre Auseinandersetzung mit der Vergangenheit – ging, als um die Herrschaftslegitimation durch Geschichte. So halten die Wittelsbacher trotz

---

139 So der deutsche Titel der Übersetzung von HAYDEN WHITEs Band ‚Tropics of Discourse. Essays in Cultural Criticism' (Baltimore 1978); vgl. oben Anm. 99.

140 Dazu gehörte die Verherrlichung der Vergangenheit in Steinplastiken, Gemälden und der bildkünstlerischen Ausgestaltung der neuen Schlossbauten; vgl. zum Wandel der Repräsentationsformen beim deutschen Adel allgemein den Artikel ‚Herkunft und Zukunft'. In: Höfe und Residenzen im spätmittelalterlichen Reich. Bd. 1: Ein dynastisch-topographisches Handbuch. Hrsg. von WERNER PARAVICINI, bearb. von JAN HIRSCHBIEGEL/JÖRG WETTLAUFER, Ostfildern 2003 (Residenzenforschung XV/1), S. 265–294; zur Ablösung der adligen Hauschronik aufgrund veränderter Bildungsverhältnisse siehe MARKUS MÜLLER: Hausgeschichte und Kuriosa. Adlige als Chronisten und Sammler. In: Schwabenspiegel. Literatur vom Neckar bis zum Bodensee. 1000–1800. Bd. 2: Aufsätze. Hrsg. von ULRICH GAIER/MONIKA KÜBLE/WOLFGANG SCHÜRLE, Ulm 2003, S. 79–88, hier S. 88.

Aventins Ablehnung der einer Quellenkritik oft nicht Stand haltenden Phantastereien eines Füetrer[141] an dessen Fiktionen fest und lassen ihre Vergangenheit auch weiterhin völlig unkritisch und unwissenschaftlich verherrlichen. Da ihnen die quasi mystische Einheit von Land, Einwohner und Herrschergeschlecht wichtig war, kam es ihnen politisch höchst gelegen bzw. dürfte ihrer impliziten Erwartungshaltung entsprochen haben, dass „die bayerische Historiographie das Schicksal Bayerns eng mit der herzoglichen Dynastie [verband], daß geradezu Bayerns Existenz an der Fortdauer der Herzogsreihe [hing]".[142] Die humanistischen Diskussionen um den Wahrheitsgehalt der Überlieferung wären für die regierenden Fürsten dann in erster Linie bloße Historikerquerellen gewesen, denen sie nicht zu viel Gewicht beigemessen haben dürften.

Besonders langlebig erwies sich die Gattung der Stadtchroniken, die in ihrer bisherigen Form bis weit in die Neuzeit fortgeführt wurden. So hat noch die von Eberhard Wassemberg verfasste und bis 1661 reichende Geschichte Regensburgs einen „chronikartigen Charakter"[143]. Die mittelalterliche Stadtchronik erlebte sogar noch im 19. Jahrhundert eine unvermutete Wiederbelebung, als im Zuge der romantischen Wiederentdeckung des Mittelalters König Ludwig I. von Bayern verfügte, dass die bayerischen Städte und Gemeinden eine Chronik anlegen sollten, die sich an diesen Vorbildern orientierte. In München ist dies 1845 dann tatsächlich auch geschehen. Diese fernen Nachfahren der mittelalterlichen Chroniken, die eigentlich schon zur Mittelalterrezeption zählten, werden freilich in diesem Handbuch nicht mehr berücksichtigt und der zeitliche Schnitt – wie in den Literaturwissenschaften üblich – an der Schwelle zum Barock gesetzt.

---

141 Aventin hat in das Werk seines Vorgängers im Amt des Hofhistoriographen an jenen Stellen, an denen dieser sich auf nicht historische Quellen beruft, diskriminierende Randbemerkungen eingefügt wie *lautter merl, ist nit war, poetisch dicht ding, ist narrenwerk, zaigt da an, da er als ding auß fabeln genumen hab, alls fabeln*; Ulrich Füetrer: Bayerische Chronik. Hrsg. von Reinhold Spiller, München 1909 (Quellen und Erörterungen zur bayerischen und deutschen Geschichte. N.F. II/2), S. 16–18. Aber gerade diese Stellen enthalten eben auch die notwendigen Elemente einer adligen Hauschronik: Spitzenahn, Treue gegenüber Kaiser und Papst, Stiftung von Klöstern, heilige Familienmitglieder, ‚schwarze Schafe', reuige Sünder.

142 Jean-Marie Moeglin: Dynastisches Bewußtsein und Geschichtsschreibung. Zum Selbstverständnis der Wittelsbacher, Habsburger und Hohenzollern im Spätmittelalter, München 1993 (Schriften des Historischen Kollegs. Vorträge 34), S. 20.

143 Andreas Kraus: Bayerische Wissenschaft in der Barockzeit (1579–1750). In: Handbuch der Bayerischen Geschichte. 2. Bd.: Das alte Bayern. Der Territorialstaat vom Ausgang des 12. Jahrhunderts bis zum Ausgang des 18. Jahrhunderts. Hrsg. von Max Spindler, München ^{2}1977, S. 811f.

3.2 Sprachlich-geographischer Horizont

Am Beginn der Gattung werden die Chroniken fast ausschließlich in den beiden Sprachen der gelehrten Welt, auf Griechisch und Lateinisch, verfasst. Eine volkssprachliche Chronistik entwickelte sich nachweisbar im englischen Sprachraum bereits im 9., im altnordischen, deutschen und französischen erst im 12. Jahrhundert. Chroniken in polnischer, tschechischer, russischer, ungarischer, italienischer und spanischer Sprache folgen dann im Spätmittelalter nach.

Mit einigen wenigen Ausnahmen liegt der Fokus des Handbuchs auf den Chroniken, die innerhalb der geographischen Grenzen Europas entstanden sind. Angesichts der Vielfalt der europäischen Sprachlandschaften konnten jedoch nicht alle Gebiete in gleichem Maße abgedeckt werden und es fanden schließlich nur die größeren europäischen Sprachräume Berücksichtigung.[144] Man darf also bei der Lektüre des Handbuchs nicht vergessen, dass Chroniken nicht nur in diesen, sondern auch in anderen Gebieten wie dem Balkan[145] oder dem ‚christlichen Osten'[146] entstanden sind. Mit vollem Recht könnte man zudem zur europäischen Chronistik des Mittelalters auch jene lateinischen Werke zählen, die in den christlichen Kreuzfahrerstaaten Palästinas verfasst worden sind.[147] Wenn all diesen Werken hier keine eigenständigen Kapitel gewidmet worden sind, dann liegt dies nicht daran, dass sie aus der Gattung der europäischen Chronistik ausgeschlossen werden sollen. Vielmehr waren für deren Nichtberücksichtigung ausschließlich pragmatische Gründe ausschlaggebend: Entweder war das entsprechende Textcorpus zu klein oder zu unbedeutend, werden die betreffenden Werke im Kontext anderer Artikel behandelt oder es konnte für sie kein geeigneter Bearbeiter gefunden werden. Ohne Berücksichtigung der genauen kontinentalen Provenienz werden die Chroniken des oströmischen, später byzantinischen Reiches aufgenommen, was sich mit der europäischen Orientierung und Fundierung dieser Reiche zwanglos rechtfertigen lässt.

---

144 Will man sich einen raschen Überblick über chronikalische Schriften in den verschiedenen europäischen und einigen außereuropäischen Regionen verschaffen, empfiehlt sich die Lektüre des ‚Chronicon' von Bak/Jurkovič (Anm. 135).

145 Bak/Jurkovič (Anm. 135), S. 356 f.

146 Bak/Jurkovič (Anm. 135), S. 250 – 258; vgl. dazu auch den einführenden Essay von István Perczel/Irma Karaulashvili: History Writing in the Christian East (S. 81 – 96). Die Autoren befassen sich u. a. mit der armenischen und syrischen Chroniktradition, die deswegen für den christlich-islamischen Kulturkontakt von Belang ist, weil aus ihr heraus Übersetzungen christlicher Werke ins Arabische entstanden sein könnten.

147 Bak/Jurkovič (Anm. 135), S. 358 – 368; zu den Kreuzzugschroniken vgl. unten S. 673 – 682.

Von einer vergleichbaren, europazentrierten Ausrichtung kann bei den arabischen Herrschaftsgebieten, die im Zuge der islamischen Expansion seit dem 8. Jahrhundert auf dem Boden der iberischen Halbinsel oder temporär in anderen Gebieten des europäischen Mittelmeerraumes entstanden, selbstverständlich nicht gesprochen werden. Trotzdem erschien es den Herausgebern richtig, die Fokussierung auf die europäische Gattungsentwicklung an dieser Stelle zu durchbrechen und zwei Beiträge zur islamischen Chronistik in dieses Handbuch aufzunehmen. Dafür lassen sich mehrere Gründe angeben. Hier ist zunächst zu bemerken, dass es seit dem frühen Mittelalter zahlreiche Berührungspunkte zwischen christlichem Okzident und islamischen Orient gab. Nach der raschen Ausbreitung des Islams im 7./8. Jahrhundert kam es in Palästina, Anatolien, später dann in Nordafrika, auf der iberischen Halbinsel, in Sizilien und Süditalien zu zahlreichen, eben nicht nur kriegerischen Begegnungen: Sehr bald setzte im Mittelmerraum wieder ein reger Handel zwischen Okzident und Orient ein, bei dem neben Waren bekanntlich auch Wissen und Kultur den Weg in die jeweils andere Sphäre fanden.[148] Bereits frühzeitig entstand dabei im islamischen Raum eine monumentale Geschichtsschreibung, die an Umfang und Qualität die frühmittelalterlichen christlichen Werke bei weitem in den Schatten stellt. Schon diese frühe islamische Chronistik und erst recht die späteren arabischen und indopersischen Chroniken weisen erstaunlich viele Parallelen zu den Chroniken des christlichen Europas auf.[149] So finden sich in beiden Bereichen Welt- bzw. Universal-, Regional-, Reichs- und Dynastiechroniken. Aber nicht nur die Genres ähneln sich: Auch islamische Chroniken haben eine heilsgeschichtliche Ausrichtung, sie entstehen an den Höfen großer Fürsten bzw. in deren ‚Beamtenapparat', ihre Autoren verfolgen politische, theologische, ethische und memoriale Absichten. Die literarische Gestaltung der Chroniken ist sichtbar durch höfische Konvention und vom jeweiligen höfischen Geschmack bestimmt. Ebenso fällt die in beiden Kulturkreisen zu beobachtende Vermischung von historischen ‚Fakten' mit „Legenden, Mythen und vor allem lehrreiche[n] und beispielhafte[n] Anekdoten"[150] auf. Nicht zuletzt verstehen es die Chronisten „im Hinblick auf die eigenen Belange [die berichteten Geschehnisse] auszuwählen und [...] entwickeln

148 Zu den Kontakten zwischen christlicher und islamischer Welt siehe den Überblick in: Christian-Muslim Relations. A Bibliographical History, bisher 7 Bde. Hrsg. von DAVID THOMAS u. a., Leiden 2009 ff.

149 So spricht CONERMANN im Hinblick auf die Texttypen der mogulzeitlichen Chronistik von einer „verblüffenden Übereinstimmung mit den vormodernen europäischen historiographischen *genera*" (unten S. 984) wobei es jedoch für eine nähere Bestimmung von Austauschprozessen zu früh sei, weil viele dieser Werke noch gar nicht erschlossen sind.

150 CONERMANN (Anm. 149), S. 986.

ein Gespür für die gegenwarts- und zukunftsprägende Wirkung der deutungsfähigen Ereignisse der Vergangenheit. [...] Die Autoren legen [...] ihren ganzen Ehrgeiz daran, dank veränderter Bedürfnisse aus denselben alten Quellen ständig neue und neuartige Werke zu kompilieren und neue Deutungen zu vermitteln".[151] Da man dies in ähnlicher Weise auch für die europäische Chronistik konstatieren kann, erhebt sich die Frage nach den literarischen und kulturellen Austauschbeziehungen zwischen Okzident und Orient.

Mit dieser Thematik hat sich die Forschung schon verschiedentlich beschäftigt, die einschlägigen arabischen Werke dabei jedoch weniger als Chroniken, sondern als Geschichtsschreibung gelesen. Beim Vergleich islamischer und christlicher Historiographie kam man dann zu dem Ergebnis, dass es angeblich eine unüberwindbare Mauer zwischen christlicher und muslimischer Historiographie gegeben habe. Repräsentativ für diese Vorstellung ist die immer noch von Geschichts- und Islamwissenschaftlern[152] häufig zitierte Ansicht BERTOLD SPULERS aus den fünfziger Jahren, wonach sich die „Historiographie [der] beiden Kulturkreise [...] völlig unabhängig voneinander [entwickelt und keine Seite] auf die andere [...] einen irgendwie fassbaren Einfluss in Methode und Weltschau ausgeübt" habe. Als Grund hierfür gibt SPULER an, dass einerseits der Islam nur das aus der Spätantike adaptiert habe, was für ihn verwertbar war und andererseits die christliche Geschichtsschreibung „nur Wissenschaften [übernommen habe], die in das christliche Weltbild irgendwie eingebaut werden konnten."[153] Gemeint sind damit Medizin und Naturwissenschaften, in einem weitaus geringeren Maß die Philosophie sowie die Kunst und Dichtung. Allerdings wird man sich heute fragen müssen, ob diese Ansicht einer gegenseitigen Abschottung der christlichen und islamischen Geschichtsschreibung aufrecht erhalten werden kann. Zwar ist in der Tat lediglich eine Übersetzung des Orosius ins Arabische gesichert,[154] aber auch unterhalb der Ebene ganzer Textübersetzungen oder präziser Quellenübernahmen[155] kann es verschiedene Formen einer Rezeption der Werke aus der jeweiligen Fremdkultur gegeben haben. Angesichts der zahlreichen Brühungen zwischen islamischer und christlicher Welt wäre es sogar eher verwunderlich,[156] wenn den arabischen Autoren die griechische Chroniktradition wie

151 CONERMANN (Anm. 149), S. 987.
152 Vgl. den Beitrag von FRANZ, S. 870.
153 BERTOLD SPULER: Islamische und abendländische Geschichtsschreibung. Eine Grundsatz-Betrachtung. In: Saeculum 6 (1955), S. 125–137, hier S. 133.
154 Vgl. den Beitrag von FRANZ, S. 870, Anm. 10.
155 Vgl. dazu auch unten Anm. 159.
156 So findet sich eine der frühesten Zeugnisse der islamischen Eroberungszüge in einer Chronik, die in Armenien entstanden ist; vgl. PERCZEL/KARAULASHVILI (Anm. 146), S. 93 f.

auch umgekehrt die vielfältige islamische Geschichtsschreibung den europäischen Chronisten gänzlich unbekannt geblieben wäre. Eine entscheidende Bedeutung bei der gegenseitigen Vermittlung kommt hier dem Vielvölkerreich von Byzanz zu, in dem vor der islamischen Eroberung eine arabisch sprechende Bevölkerung lebte und es deshalb wenig überraschen würde, wenn hier griechische Chroniken ins Arabische übersetzt worden wären.[157] In entgegengesetzter Richtung interessierten sich dann an der Wende vom 8. zum 9. Jahrhundert byzantinische Chronisten wie Georgios Synkellos oder Theophanes Homologetes für die arabische und persische Geschichte.[158] Auch während der Kreuzfahrerzeit ist der Kontakt zwischen den Gelehrten beider Seiten nicht abgebrochen, wie das Beispiel des syrischen Patriarchen Michael des Großen (1126 – 1199) zeigt, der in seiner Weltchronik offenbar arabische Texte rezipierte, aber seine Quellen nicht angab[159] – eine Strategie der ‚Konfliktvermeidung', die wahrscheinlich auch islamische Gelehrte anwendeten. Sicher übernahmen die christlichen Autoren des Ostens nach der islamischen Eroberung nicht das islamische Geschichts- und Weltbild, das – wie in dem monumentalen Werk aṭ-Ṭabarīs[160] zu beobachten ist – den geschichtlichen Verlauf vollständig als Ergebnis des göttlichen Willens betrachtet und folglich nicht nach den Ursachen und Gründen für die geschichtlichen Ereignisse fragt,[161] aber warum sollten sich wegen einer religiös-ideologischen Barriere die christlichen Autoren nicht mit diesen Werken beschäftigt und daraus inhaltliche oder formale Strukturelemente übernommen haben oder umgekehrt die islamischen Gelehrten ausgerechnet die reichhaltige antike und spätantike Historiographie, die sie in den Bibliotheken der neu eroberten Gebiete vorfanden, bei der Lektüre ausgespart haben? Vielleicht verläuft sogar ähnlich wie in Naturwissenschaft und Medizin ein Rezeptionsweg der antiken Chronistik über die arabische Geschichtsschreibung. Es wäre gut denkbar, wenn sich im frühmittelalterlichen Abendland mit seiner vergleichsweise unterentwickelten Chronistik[162] christliche Autoren aus der in einer ersten Hochblüte stehenden arabischen

---

157 Perczel/Karaulashvili (Anm. 146), S. 84 f.

158 Vgl. dazu unten S. 851 f.

159 Zu Michael dem Großen vgl. allgemein Dorothea Weltecke: Die *Beschreibung der Zeiten* von Mōr Michael dem Großen (1126 – 1199). Eine Studie zu ihrem historischen und historiographischen Kontext, Leuven 2003 (Corpus Scriptorum Christianorum Orientalium 594. Subsidia 110). Nach Weltecke werden „seit der muslimischen Eroberung [...] alle Bücher ‚anderer Völker' [...] sehr wohl gelesen, aber nicht mehr belegt" (S. 146).

160 Vgl. zu ihm unten S. 891 – 899.

161 David Waines/Heidi R. Krauss-Sânchez: [Art.] al-Tabarī. In: EMC 2, S. 1408 f., hier S. 1409.

162 Vgl. dazu die Beiträge von Plassmann und Deutinger in diesem Band.

Chronistik[163] Anregungen holten und sich auf deren Darstellungsformen in ihren Werken zwar nicht explizit beriefen, aber sie dennoch verarbeiteten. Ob es dann im weiteren Verlauf der geschichtlichen Entwicklung zu weiteren subkutanen Austauschprozessen zwischen christlicher und islamischer Chronistik gekommen ist, könnte Gegenstand künftiger vergleichender Untersuchungen werden. Lohnend wäre in diesem Zusammenhang auch die Frage nach Unterschieden und Gemeinsamkeiten in den Legitimationsstrategien der Chronisten hinsichtlich der islamischen und christlichen Herrschaftsstrukturen. Denn trotz des grundsätzlichen Unterschieds zwischen einem feudalen und tributarischen Herrschaftssystem scheint es Berührungspunkte insbesondere bei der Beschreibung gemeinsamer Figuren der Erinnerung in den Chroniken zu geben.

3.3 Inhaltlicher Horizont

Entsprechend der obigen Begriffsdefinition von Chronik[164] werden in diesem Handbuch in erster Linie (und bei den deutschsprachigen Texten in dieser Reihenfolge) Welt-,[165] Territorial-, Lokal-,[166] Ereignis- sowie Familien- bzw. Hauschroniken[167] behandelt.[168] Es liegt dabei in der Natur der Sache, dass je nach

163 In diesem Zusammenhang steht zu vermuten, dass die Werke Herodots oder Thukydides' als „im Westen des römischen Reiches die Kenntnis der griechischen Sprache zurückging[,] [...] im byzantinischen Reich archiviert und bewahrt" (Will [Anm. 14], S. 239) worden sind. Über die ‚anatolische Kontaktzone' könnten sie dann nach der islamischen Eroberung des Vorderen Orients den arabischen Gelehrten zur Kenntnis gelangt sein und mit ihnen das antike Geschichts- und Menschenbild in deren Chroniken eingedrungen sein.

164 Siehe oben S. 26–31.

165 Vgl. zur Gattung Krüger (Anm. 21).

166 Vgl. zur Territorial- und Lokalchronistik Elisabeth M. C. van Houts: Local and Regional Chronicles, Turnhout 1995 (Typologie des sources du moyen âge occidental 74).

167 Keine Berücksichtigung finden die spätmittelalterlichen Hausbücher, handschriftliche Kompendien praktischen bzw. enzyklpädischen Wissens (siehe dazu Dieter H. Meyer: [Art.] Hausbuch. In: RL 3, S. 12–14), auch wenn es bei verschiedenen Kolektaneen Überschneidungen gibt; vgl. etwa Birgit Studt: Haus- und Familienbücher. In: Quellenkunde der Habsburgermonarchie (16.–18. Jahrhundert). Hrsg. von Josef Pauser/Martin Scheutz/Thomas Winkelbauer, Wien/München 2004 (Mitteilungen des Instituts für Österreichische Geschichtsforschung. Ergbd. 44), S. 753–766.

168 Die zahlreichen Versuche einer Klassifikation der Überlieferung führten immer wieder zur Entstehung neuer Gattungsbegriffe wie „Vergangenheitsgeschichtsschreibung" oder „Zeitgeschichtschronistik"; vgl. zu letzterem Rolf Sprandel: Zweisprachige Zeitgeschichtschronistik im Spätmittelalter. In: Wissensliteratur im Mittelalter und in der Frühen Neuzeit. Bedingungen, Typen, Publikum, Sprache. Hrsg. von Horst Brunner/Norbert Richard Wolf, Wiesbaden 1993

Thema der Blick auch auf den historiographischen und literarischen Kontext erweitert wird. Weitgehend ausgespart bleibt allerdings innerhalb dieses Fokus die Chronistik, die in und für geistliche Institutionen entstanden und in Form von Universal- und Kirchengeschichte, Annalen und Chroniken, Bischofslisten, -viten, und -biographien überliefert ist. Ursprungstext ist hier die Kirchengeschichte des Eusebius von Caesarea, die von Sokrates Scholastikos, Sozomenos, Euagrios Scholastikos und anderen überarbeitet und von Rufinus ins Lateinische übersetzt worden ist. Der große Einfluss dieser Kirchengeschichte auf die Geschichtsschreibung des Mittelalters ist evident, allerdings versiegte diese Form einer universalen Kirchengeschichtsschreibung bereits im 7. Jahrhundert;[169] sie wurde revitalisiert im Spätmittelalter, jetzt jedoch in Form einer regionalen Kirchengeschichtsschreibung, die sich auf Bistümer, Klöster oder Orden konzentrierte. Für Bistümer charakteristisch sind dabei die Bischofskataloge, die häufig für den liturgischen Gebrauch gedacht waren. Aber es gibt auch eine Reihe von Chroniken, die ganz offensichtlich von den Bischöfen initiiert, ebenso wie ihre weltlichen Pendants den Zweck erfüllen sollen, „die eigene Leistung in ein Verhältnis zu der der Vorgänger zu setzen."[170] Müller, von dem das nach wie vor gültige Standardwerk für die deutschen Bistümer stammt, identifiziert für dieses Schrifttum drei wesentliche Entstehungszusammenhänge: die „Ausdifferenzierung des Verwaltungsschrifttums", „die Popularisierung historischer Zusammenstellungen in Katalogform" und das „politische Spannungsfeld zwischen Bischof und Domkapitel."[171] Im 16. Jahrhundert erregte dann die Bistumsgeschichte das Interesse der Humanisten, wie die monumentale, 1550 vollendete fünfbändige *Chronik des Erzstiftes Mainz und seiner zwölf Suffraganbistümer* Wilhelm Werners von Zimmern belegt.[172] Während die älteren Texte noch – sofern sie nicht ohnehin nur

(Wissensliteratur im Mittelalter. Schriften des SFB 226 Würzburg/Eichstätt 13), S. 227 – 236, hier S. 227; zur Aporie aller entsprechenden Klassifikationssysteme siehe hingegen Plessow (Anm. 110), S. 88 – 96.

169 Grundmann (Anm. 84), S. 44.

170 Müller (Anm. 65), S. 251.

171 Müller (Anm. 65), S. 252. Auch bei den Selbstbezeichnungen dieser Werke findet sich die Vielfalt mittelalterlicher Begrifflichkeit: „*chronicon, historia, vitae, gesta* oder *catalogus episcoporum*" (S. 3).

172 Nur die Chroniken zweier Bistümer sind bislang ediert: Die *Würzburger Bischofschronik* des Grafen Wilhelm Werner von Zimmern und die Würzburger Geschichtsschreibung des 16. Jahrhunderts. Hrsg. von Wilhelm Engel, Würzburg 1952 (Veröffentlichungen der Gesellschaft für fränkische Geschichte I/2); Die *Eichstätter Bischofschronik* des Grafen Wilhelm Werner von Zimmern. Hrsg. von Wilhelm Kraft, Würzburg 1956 (Veröffentlichungen der Gesellschaft für fränkische Geschichte I/3); vgl. dazu Andreas Bihrer: Die *Geschichte des Erzstiftes Mainz und*

Kataloge oder Annalen waren – der politischen bzw. religiösen Traktatliteratur nahestehen, schreibt Wilhelm Werner eine Chronik, die im Wesentlichen eine Aneinanderreihung der Viten der einzelnen Bischöfe ist. Sie wird zur Grundlage für die „gereimte [!] deutsche Würzburger Bischofschronik" des Iphofener Schulmeisters Johann Bischoff, der dafür vom Domkapitel „sieben Reichstaler als Geschenk" erhielt.[173]

Wie nicht weiter verwunderlich gibt es ähnlich wie bei den weltlichen Chroniken auch bei den im kirchlichen Bereich entstandenen eine breite Palette von Formen; sie reicht von einer „in höherem Maße literarisch geformte[n] und teilweise auch apologetisch bestimmte[n] Historiographie des frühen Mittelalters" über nur wenige Seiten umfassende, listenartige Bischofskataloge, personenzentrierte Bischofsviten und mehr oder minder ausführliche Bistumschroniken bis hin zu den schon von protowissenschaftlichem Interesse geleiteten Werken der Frühen Neuzeit.[174] Naturgemäß unterscheiden sich diese Werke auch inhaltlich erheblich voneinander. So verwenden etwa die *Gesta Hammaburgensis* „erzählende[.] Quellen" und „Zitate aus antiken Dichtungen",[175] was auf eine gewisse Literarisierungsabsicht schließen lässt, wohingegen es einem Autor wie Wilhelm Werner von Zimmern vor allem um die rationale Erforschung und nüchterne, an der historischen Wahrheit orientierten Darstellung der Vergangenheit zu tun war. Zwar sind die Bischofs-, Bistums-, Ordens- oder Klosterchroniken des Mittelalters und der Frühen Neuzeit durch die Arbeit MÜLLERS schon gut erschlossen, deren Analyse unter dem Aspekt ihrer rhetorisch-literarischen Gestaltung steht jedoch noch weitgehend aus. Deshalb wäre ein eigenständiger Beitrag zu dieser Thematik durchaus wünschenswert gewesen, er konnte jedoch aus pragmatischen Gründen in den vorliegenden Band nicht aufgenommen werden. Jedoch gewinnt man einen allgemeinen Zugang zu diesem Genre anhand des Beitrags von ARNO MENTZEL-REUTERS zur Deutschordenschronistik und auch in einigen anderen Beiträgen

---

seiner zwölf Suffraganbistümer Wilhelm Werners von Zimmern. In: Rottenburger Jahrbuch für Kirchengeschichte 26 (2007); S. 233 – 248.

173 Vgl. ENGEL (Anm. 172), S. 17. Die *Würzburger Bischofschronik* Wilhelm Werners bildete auch die Grundlage für die Bischofschroniken Kaspar Bruschs, Johannes Herolds und Lorenz Albrechts (S. 9 – 15, 19 – 23).

174 Vgl. MÜLLER (Anm. 65), S. 7 – 9, hier S. 7.

175 VOLKER SCIOR: Das Eigene und das Fremde. Identität und Fremdheit in den Chroniken Adams von Bremen, Helmolds von Bosau und Arnolds von Lübeck, Berlin 2002 (Orbis mediaevalis 4), S. 31. Dabei ist es in diesem Zusammenhang unerheblich, ob tatsächlich bereits Adam von Bremen, dem die *Gesta Hammaburgensis* zugeschrieben werden, die entsprechenden Passagen verfasst hat oder sie erst später hinzugefügt worden sind (vgl. S. 31 – 34).

wird die kirchliche Chronistik im Kontext des jeweiligen Hauptgegenstandes mitberücksichtigt.[176]

4 Zum Stand der Forschung

Bestrebungen, die schier unübersehbare Fülle der mittelalterlichen Geschichtsquellen zu katalogisieren und zu systematisieren, gibt es schon seit den Anfängen der neuzeitlichen Geschichtswissenschaft. Ein entscheidender Fortschritt wurde hier durch AUGUST POTTHAST 1862 mit seinem Werk ‚Bibliotheca Historica Medii Aevi. Wegweiser durch die Geschichtswerke des europäischen Mittelalters bis 1500‘ (2. Aufl., Berlin 1896, Nachdruck Graz 1954) erreicht. Mit dem auch heute noch nützlichen ‚Potthast‘ war die Entscheidung verbunden, die Urkunden als geschichtliche ‚Überreste‘ von allen anderen Geschichtswerken zu trennen und damit unberücksichtigt zu lassen. Aufgrund der stark gestiegenen Zahl neuer Quellenfunde und Forschungsergebnisse war eine fortlaufende Aktualisierung des ‚Potthast‘ bald nicht mehr sinnvoll, aber es dauerte bis 1953, als unter der Leitung des römischen ‚Instituto Storico Italiano per il Medio Evo‘ das europäische Gemeinschaftswerk eines ‚Repertorium fontium historiae medii aevi‘ aus der Taufe gehoben wurde. Das in lateinischer Sprache verfasste ‚Repertorium fontium‘ (Rep. font.) ist 2007 mit dem 11. Band abgeschlossen worden, allerdings hat sich erneut gezeigt, dass Aktualisierungen bei einem derartigen Mammutunternehmen, das die Koordination von 26 Nationalkomitees und zweier Spezialkomitees für arabische und byzantinische Quellen notwendig macht, einen nicht mehr vertretbaren Aufwand erfordern. Dementsprechend werden nun vermehrt nationale Quellenverzeichnisse in digitaler Form angelegt.[177] Diese Art der nationalen Quellenerschließung sowie die Fülle des gefundenen Materials erschweren nun wiederum den gesamteuropäischen Überblick, weswegen nicht zuletzt ein ent-

176 Vgl. hier insbesondere die Beiträge von JOHANEK (S. 392–394), DUNPHY (S. 654f.) und BRATU (S. 717–720).

177 Vgl. dazu etwa das Repertorium ‚Geschichtsquellen des deutschen Mittelalters‘ (http://www.geschichtsquellen.de/index.html; eingesehen: 12.2.2015), das von der Bayerischen Akademie der Wissenschaften betreut wird und auf den deutschen Quellen des ‚Repertorium Fontium‘ aufbaut. Die von den Universitäten Gent, Leuven und Groningen aufgebaute Datenbank ‚Narrative Sources from the Medieval Low Countries‘ (http://www.narrative-sources.be/colofon_nl.php; eingesehen: 12.2.2015) erfasst die erzählenden Quellen aus den mittelalterlichen Niederlanden; vgl. dazu JEROEN DEPLOIGE: The Database ‚Narrative Sources from the Medieval Low Countries. A short introduction followed by the ‚User's Guide‘. In: Medieval Narrative Sources. A Gateway into the Medieval Mind. Hrsg. von WERNER VERBEKE/LUDO MILIS/JEAN GOOSSENS, Leuven 2005 (Mediaevalia Lovaniensia I/34), S. 271–278.

sprechendes Findebuch, mit dem man wieder einen einfachen Zugang zur mittelalterlichen Chronistik gewinnt, unabdingbar wurde. Ein solches ‚Schlüsselwerk' liegt nun seit kurzem mit der ‚Encyclopedia of the Medieval Chronicle' (EMC), dem ‚Verfasserlexikon' der mittelalterlichen Chronistik, vor. Titel, Autoren, zeitliche Daten, Editionen und Übersetzungen verzeichnet das ‚Chronicon' von János M. Bak und Ivan Jurkovič.[178] Für die deutschsprachige Literatur sind nach wie vor die zweite Auflage des ‚Verfasserlexikons' (^{2}VL) und der dritte Band des ‚Deutschen Literatur Lexikons. Das Mittelalter' (DLL MA) heranzuziehen.

Auch eine systematische Gesamterschließung des immensen Stoffes wurde immer wieder in Angriff genommen. Für das Gebiet des Heiligen Römischen Reiches sind hier die bereits erwähnten Bände von Schmale und Goetz zu erwähnen, daneben existieren für die einzelnen Gattungen eigenständige Überblicksdarstellungen, wie etwa der Beitrag Karl-Heinrich Krügers[179] zu den Universalchroniken oder der Heinz Hoffmanns[180] zur lateinischen Historiographie. Insgesamt lässt sich feststellen, dass die Erforschung der Chroniken in den einzelnen Nationalwissenschaften sehr unterschiedlich weit fortgeschritten ist.[181] Während in Frankreich, England oder Deutschland die Erforschung dieser Texte schon seit über 100 Jahren betrieben wird, wird das Feld in anderen Ländern erst seit einiger Zeit intensiver beforscht, wobei jedoch hier wie dort der Fortschritt von den finanziellen Resourcen abhängig ist.

Die Chronistik ist ein Paradebeispiel für die Notwendigkeit interdisziplinärer und interkultureller Forschung: So erweist es sich immer als besonders fruchtbar, wenn sich – wie im deutschen Sprachraum – Historiker, Literatur-, Sprach und Kunstwissenschaftler gleichzeitig mit den Werken befassen. Um diese interdisziplinäre Arbeit zu verstetigen, wurde 1999 in Utrecht unter der Ägide von Erik Kooper die internationale ‚Medieval Chronicle Society' gegründet, die seitdem mit regelmäßigen Konferenzen und der Herausgabe des Jahrbuchs ‚The Medieval Chronicle' einen substantiellen Beitrag zur weiteren Erforschung der europäischen Chronistik leistet. Diesem Ziel soll auch das vorliegende Handbuch dienen, das erstmals einen Überblick über die verschiedenen Gattungen und Regionen der mittelalterlichen Chronistik in Europa und dem angrenzenden Orient gibt.

---

178 Vgl. oben Anm. 135.

179 Siehe oben Anm. 21.

180 Heinz Hofmann: Artikulationsformen historischen Wissens in der lateinischen Historiographie des hohen und späten Mittelalters. In: La littérature (Anm. 112), Bd. I/2, S. 367–387.

181 Die Forschungslage zu den einzelnen Gattungen und Regionen ist dem Fußnotenapparat und den Lektürehinweisen der Einzelbeiträge zu entnehmen.

Lektürehinweise:
Am Ende der Aufsätze finden sich Lektürehinweise in Form von Kurztiteln. Die eingeklammerten Zahlen beziehen sich auf die vollständige bibliographische Angabe in den Fußnoten des jeweiligen Artikels. Lexika werden nicht eigens erwähnt. Die Hinweise sind in drei Rubriken aufgeteilt:
1. Leicht zugängliche, in der Regel jüngere zweisprachige Textausgaben
2. Neuere Überblicksdarstellungen
3. Weiterführende Forschungsliteratur in Auswahl.

Lateinische Chroniken vom Früh- bis zum Spätmittelalter

Alheydis Plassmann

Lateinische Stammes- und Volksgeschichtsschreibung im frühen und hohen Mittelalter

1 Die Gattung

> Dieser Umblick zeigt, wie ein Volk nach dem andern, vom Süden über Westen und Osten nach Norden, ins Licht dieser Volksgeschichtsschreibung trat und sie sich zu eigen machte. Die späten Römer vermittelten sie an die Germanen und diese an ihre östlichen Nachbarn in einem großen Zug quer durch Europa, der die Kulturwanderung spiegelt. So sehr dabei literarische Traditionen wirksam sind, hat doch jede dieser Volksgeschichten ihr eigenes Gepräge, nimmt die heimische mündliche Überlieferung in sich auf und nährt daran den Stolz auf die eigene Geschichte.[1]

Diese hier bei HERBERT GRUNDMANN beispielhaft definierte wirkmächtige Klassifizierung einer Reihe höchst unterschiedlicher Geschichtswerke insbesondere des Frühmittelalters als eine Gattung geht letztlich auf ein Verständnis frühmittelalterlicher Kultur zurück, die man von einer ‚germanischen' mündlichen Tradition geprägt sah. Dies hat dazu verleitet, die Entstehung und Aufzeichnung von ‚Volksgeschichten', in denen die Herkunft des Volkes (*Origo gentis*) thematisiert wurde, als gleichsam natürliche Etappe bei der Volks- und Staatswerdung der frühmittelalterlichen *gentes* zu verstehen. Mit der zunehmenden Infragestellung des Forschungsparadigmas der ‚Germanen' und ihrer einheitlichen Kultur[2] ist auch die Vorstellung einer charakteristischen ‚Volksgeschichtsschreibung' zumindest in diesem Sinne überholt. Die Gattung der ‚Volksgeschichtsschreibung' ist daher schon seit längerem in den Blick genommen worden, gerade in dem

1 HERBERT GRUNDMANN: Geschichtsschreibung im Mittelalter. Gattungen – Epochen – Eigenart, Göttingen [2]1965, S. 16.

2 Dazu WALTER POHL: Vom Nutzen des Germanenbegriffes zwischen Antike und Mittelalter. Eine forschungsgeschichtliche Perspektive. In: Akkulturation. Probleme einer germanisch-romanischen Kultursynthese in Spätantike und frühem Mittelalter. Hrsg. von DIETER HÄGERMANN/ WOLFGANG HAUBRICHS/JÖRG JARNUT, Berlin/New York 2004 (Ergänzungsbände zum Reallexikon der Germanischen Altertumskunde 41), S. 18 – 35; JÖRG JARNUT: Germanisch. Plädoyer für die Abschaffung eines obsoleten Zentralbegriffs der Frühmittelalterforschung. In: Die Suche nach den Ursprüngen. Von der Bedeutung des frühen Mittelalters. Hrsg. von WALTER POHL, Wien 2004 (Denkschriften der Österreichischen Akademie der Wissenschaften. Philosophisch-Historische Klasse 322. Forschungen zur Geschichte des Mittelalters 8), S. 107 – 113.

Sinne, dass man unter ihr eine Gattung verstand, die die Verschriftlichung von mündlichen Traditionen eines Volkes und damit deren Bewahrung zum Zweck hatte. Den Anfang machte REINHARD WENSKUS mit seinen Forschungen,[3] in denen er die Wahrhaftigkeit der oftmals auch von den Quellen behaupteten mündlichen Überlieferung in Frage stellte und die Herkunftserzählungen der *gentes* aus dem Prozess der Ethnogenese verstand als Erzählungen, deren Zweck in der Selbstvergewisserung der Identität einer *gens* lag, deren Wahrheitsgehalt vor diesem Hintergrund in Frage zu stellen sei und die im Sinne einer Vereinheitlichung des Wir-Gefühls geradezu instrumentalisiert wurden. WENSKUS stellte also die *Origo gentis* als Teil der ‚Volksgeschichtsschreibung' in Bezug auf ihren Darstellungszweck in den Wirkzusammenhang eines Prozesses, durch den eigentlich erst erschaffen wurde, was durch die Texte als schon immer vorhanden vorausgesetzt wurde. Die *Origo gentis* verstand er als eine Art der Geschichtsschreibung, die außerhalb eines antiquarischen aufzeichnenden Interesses einer mündlichen Überlieferung liegt. Während WENSKUS den Rückbezug auf orale Überlieferung an sich noch nicht grundsätzlich für unmöglich hielt, hat die amerikanische Forschung, insbesondere aber WALTER GOFFART, gerade die mündliche gleichsam lückenlose Tradition als solche hinterfragt.[4] Beispielhaft an vier Autoren, Jordanes, Gregor von Tours, Beda Venerabilis und Paulus Diaconus, hat GOFFART die Ausrichtung dieser Autoren an literarischen Mustern wie der Satire oder der Komödie deutlich gemacht und sie damit konsequent literarisch und außerhalb postulierter ‚germanischer' mündlicher Muster interpretiert, hat aber dabei übersehen, dass die Ausrichtung an einer literarischen Form nicht schon Festlegung auf einen bestimmten Darstellungszweck bedeuten kann. Die Verortung

---

3 REINHARD WENSKUS: Stammesbildung und Verfassung. Das Werden der frühmittelalterlichen *gentes*, Köln/Graz 1961.

4 WALTER GOFFART: The Narrators of Barbarian History (A.D. 550 – 800). Jordanes, Gregory of Tours, Bede and Paul the Deacon, Princeton, N.J. 1988. Seiner Interpretation folgen zahlreiche seiner Schüler, etwa FLORIN CURTA: The Making of the Slavs. History and Archaeology of the Lower Danube Region c. 500 – 700, Cambridge 2001 (Cambridge Studies in Medieval Life and Thought. Fourth Series) oder ANDREW GILLET: Introduction. Ethnicity, History, and Methodology. In: On Barbarian Identity. Critical Approaches to Ethnicity in the Early Middle Ages. Hrsg. von DERS., Turnhout 2002 (Studies in the Early Middle Ages 4), S. 1 – 18. Im letztgenannten Sammelband ist als Vertreter der ‚Gegenseite' allein WALTER POHL (Ethnicity, Theory, and Tradition. A Response, S. 221 – 239) zu Wort gekommen. Zusammenfassend zu dieser wissenschaftlichen Diskussion, die zum Teil mit großer Hitze geführt wird, jetzt PETER J. HEATHER: Ethnicity, Group Identity, and Social Status in the Migration Period. In: Franks, Northmen, and Slavs. Identities and State Formation in Early Medieval Europe. Hrsg. von ILDAR H. GARIPZANOV/PATRICK GEARY/PRZEMYSŁAW URBAŃCZYK, Turnhout 2008, S. 17 – 49, der der ‚Wiener Schule' zuneigt, dennoch aber einen recht ausgewogenen Überblick gibt.

insbesondere der Herkunftsberichte innerhalb der ‚Volksgeschichtsschreibung' im literarischen Kontext der Spätantike hat kürzlich in den Forschungen von MAGALI COUMERT Früchte getragen, der der Nachweis gelang, dass viele der von der Forschung als mündliche Motive gedeuteten Erzählschemata, wie etwa die Herkunft einer *gens* aus Skandinavien, ihre Wurzeln in antiker und spätantiker Überlieferung haben und der wie auch immer geartete Beitrag von gentiler oraler Tradition außerhalb des römischen Einflusses entsprechend klein anzusetzen ist.[5] Weiterhin hat SUSAN REYNOLDS die identitätsstiftende Funktion der Herkunftserzählungen hervorgehoben und ihre Bedeutung an ihrem Darstellungszweck gemessen, der auf den Zusammenhalt einer Gemeinschaft gerichtet gewesen sei.[6] Die Volksgeschichtsschreibung als eine Gattung zu verstehen, die auch von den mittelalterlichen Autoren aus einer diffusen ‚germanischen' Weltanschauung her als solche gedacht wurde, ist also als verfehlt zurückzuweisen. Es ist indes fraglich, ob damit die Klassifizierung als Gattung gänzlich hinfällig wird.[7] Es lässt sich nämlich konstatieren, dass im Früh- und Hochmittelalter in bestimmten Kontexten offenbar ein Bedürfnis nach Vergewisserung des Wir-Gefühls über die Herkunft bestand, das zu ähnlichen Methoden und Ergebnissen führte, die über die bloße gemeinsame Verwendung von Motiven oder Motivelementen hinausgehen, und die gelegentlich auch zu Rückbezügen innerhalb der Gattung auf ähnliche Erzählungen führen konnten, etwa auf die bei Jordanes ausgeführte Skandinavien-Herkunft. Dabei ist hervorzuheben, dass eine Vergleichbarkeit der sogenannten ‚Volksgeschichtsschreibung' eben nur unter diesen von außen an sie herangetragenen Gemeinsamkeiten gegeben ist und nicht von einem Gattungsbewusstsein der jeweils einzelnen Autoren her. Wenn man die *Origo gentis* innerhalb eines Geschichtswerkes als Antwort auf eine Herausforderung an Identitätsstiftung und Legitimierung versteht, ist eine begriffliche Vereinheitlichung möglich, deren Konstruktion entscheidend an den Begriff der *gens* gekoppelt ist, die als Abstammungsgemeinschaft verstanden wird, ohne eine zu sein, und sich von den hochmittelalterlichen *nationes* dadurch unterscheidet, dass eine Bindung

---

5 MAGALI COUMERT: Origines des peuples. Les récits du Haut Moyen Âge occidental (550–850), Paris 2007 (Collection des Études Augustiniennes. Série Moyen Âge et Temps Modernes 42).
6 SUSAN REYNOLDS: Medieval Origines gentium and the Community of the Realm. In: History. The Journal of the Historical Association 68 (1983) S. 375–390.
7 Vgl. hierzu HANS HUBERT ANTON u.a.: [Art.] Origo Gentis. In: Reallexikon der Germanischen Altertumskunde 22, Berlin/New York 2003, S. 174–210, besonders HERWIG WOLFRAM [Art.]: Origo gentis. Allgemeines, S. 174–178; Zur Problematik der Gattung auch JOAQUÍN MARTÍNEZ PIZARRO: Ethnic and National History ca. 500–1000. In: Historiography in the Middle Ages. Hrsg. von DEBORAH MAUSKOPF DELIYANNIS, Leiden/Boston 2003, S. 43–87.

an ein bestimmtes territoriales *regnum* noch nicht in vollem Ausmaß gegeben ist.[8] Es liegt auf der Hand, dass die Übergänge zur Geschichtsschreibung der *nationes* trotzdem fließend sein können, zumal der Quellenbegriff *gens* oftmals nicht von dem der *natio* hinreichend zu unterschieden ist und die Anbindung von *gentes* an bestimmte Territorien graduell voranschreitet.[9] In einem solchen Zusammenhang der Identitätsstiftung und Legitimierung der *gentes* verliert die Frage nach der Verwendung literarischer oder mündlicher Traditionen an Bedeutung, da der Nachweis, aus welchem Kontext ein bestimmtes Erzählmuster genommen wurde, noch keine Aussage über die Einordnung des narrativen Musters unter einen Darstellungszweck zulässt. Die Herkunftserzählungen, die eine identitätsstiftende und legitimierende Funktion in der Gesellschaft haben, sind daher nicht, wie oftmals gerade auf der Suche nach wahrhaftiger mündlicher ‚germanischer' Überlieferung geschehen, aus dem Kontext des Gesamtwerkes zu lösen und als quasi einzelnes unabhängiges Werk zu interpretieren. Der Darstellungszweck eines bestimmten Herkunftsmotives wie z. B. der Trojaabstammung kann erst unter Berücksichtigung seiner Fortführung in der Schilderung des weiteren Verlaufs der Geschichte der *gens* enträtselt werden.[10] Eine in der *Origo gentis* behauptete Verwandtschaft mit den Römern über die Trojaner kann der Abgrenzung, der Betonung der Überlegenheit oder eben der Ansippung dienen. Das bloße Motiv der Verwandtschaft mit den Römern in der *Origo* einer *gens* kann uns noch keinen Aufschluss über den Zweck geben, dem das Motiv im Gesamtkontext des Werkes dient.[11] So wird man stärker als bisher bei aller Gemeinsamkeit von identitätsstiftender und herrschaftslegitimierender Funktion der Herkunftserzählung, Pauschalisierungen und Argumentationen aus dem überkommenen Gattungsbegriff heraus vermeiden müssen. So kann man zu folgender Definition gelangen: Im langwierigen Prozess der Transformation der römischen Welt und in seiner

---

8 Alheydis Plassmann: *Origo gentis.* Identitäts- und Legitimitätsstiftung in früh- und hochmittelalterlichen Herkunftserzählungen, Berlin 2006 (Orbis Medievalis. Vorstellungswelten des Mittelalters 7), S. 13 – 27.

9 Zur Geschichtsschreibung der *nationes* Norbert Kersken: Geschichtsschreibung im Europa der *nationes.* Nationalgeschichtliche Gesamtdarstellungen im Mittelalter, Köln/Weimar/Wien 1995 (Münstersche Historische Forschungen 8) sowie die jeweiligen Artikel in diesem Band.

10 Dazu Plassmann (Anm. 8), S. 32 – 35.

11 Dazu Alheydis Plassmann: Zu den Herkunfts- und Ursprungsvorstellungen germanischer *gentes.* In: Antike im Mittelalter. Fortleben – Nachwirken – Wahrnehmung. Hrsg. von Sebastian Brather u. a., Ostfildern 2014 (Archäologie und Geschichte 21), S. 355 – 370; Alheydis Plassmann: Das Wanderungsmotiv als Gründungsmythos in den frühmittelalterlichen *Origines gentium.* In: Gründungsmythen im Mittelalter. Hrsg. von Michael Bernsen/Matthias Becher/Elke Brüggen, Bonn 2013 (Gründungsmythen Europas in Literatur, Musik und Kunst 6), S. 61 – 77.

Nachfolge in Auseinandersetzung mit dem Frankenreich entstand in den einzelnen *gentes* Geschichtsschreibung aus der Feder romanischer, aber auch gentiler Autoren, die nach Christianisierung und Anpassung an Reste römischer respektive fränkischer Gegebenheiten für die Selbstvergewisserung und Legitimierung der *gentes* Herkunftserzählungen verwendeten und die dort herausgearbeiteten Muster auf den weiteren Verlauf der Geschichte der jeweiligen *gens* anwendeten. Unter einer ähnlichen Agenda standen die im Hochmittelalter, vor allem ab dem 12. Jahrhundert entstehenden Chroniken der *nationes*, die aber stärker auf ein bestimmtes territorial definiertes *regnum* fokussierten, wie sich etwa beispielhaft in England an Wilhelm von Malmesbury oder Heinrich von Huntingdon festmachen lässt. Die Entwicklung der vielfältigen *Origo-gentis*-Erzählungen kann nun an besonders markanten Eckpunkten verdeutlicht werden.

2 Cassiodor/Jordanes

Die erste überlieferte *Origo gentis* findet sich in der *Gotengeschichte* (*Getica*) des Jordanes, der selbst wohl Gote war.[12] Jordanes ist zugleich einer der am schwierigsten zu beurteilenden Quellen, was vor allen Dingen der Überlieferung und der Entstehungssituation des Textes geschuldet ist. Jordanes' *Getica* ist, wie er selbst schrieb, unter Verwendung einer verloren gegangenen *Gotengeschichte* des Senators und späteren Mönches Cassiodor entstanden[13] und wurde 551 zu einem Zeitpunkt verfasst,[14] als das Ostgotische Reich in Italien unter den Angriffen Justinians schon fast vollständig in die Knie gezwungen worden war. Insofern stellt sich grundsätzlich die Frage, was für ein Anteil an der *Gotengeschichte* wirklich Jordanes zuzuschreiben ist, und die Forschung hat darauf die unterschiedlichsten Antworten gefunden.[15] Einfacher für eine Beurteilung des Dar-

12 Jordanes: *Getica*. Hrsg. von Theodor Mommsen, Berlin 1882 (MGH Auctores Antiquissimi 5), S. 53–183, hier LX, 316, S. 138: *quasi ex ipsa trahenti originem* („weil ich von ihr selbst meinen Ursprung ableite"). Üblicherweise wird diese Stelle so verstanden. Zumindest die Selbstidentifikation des Jordanes mit den Goten dürfte unstrittig sein. – Mommsens Edition basiert auf Heidelbergensis 921 (zerstört) und Vatican, Biblioteca Apostolica Vaticana, Pal. Lat. 920. Die Handschrift Valenciennes, Bibliothèque Municipale 95 (9. Jahrhundert) ist Grundlage für die Edition von Francesco Giunta/Antonino Grillone: *Iordanis de origine actibusque Getarum*, Rom 1991 (Fonti per la Storia d'Italia 117).

13 Jordanes (Anm. 12), S. 53 f. [Proemium].

14 Zur nicht völlig unbestrittenen Datierung Brian Croke: Jordanes and the immediate Past. In: Historia. Zeitschrift für Alte Geschichte 54 (2005), S. 473–494.

15 Vgl. etwa ohne Anspruch auf Vollständigkeit Goffart (Anm. 4), S. 20–58; Dennis R. Bradley: *In altum laxare vela compulsus*. The *Getica* of Jordanes. In: Hermes 121 (1993), S. 211–

stellungszweckes ist eine weitgehende Zuschreibung zumindest der Inhalte an Cassiodor, weil dessen Gotengeschichte ganz offensichtlich den Zweck einer Legitimitätsstiftung für das von ihm unterstützte Regime Theoderichs des Großen hätte dienen können.[16] Ist die *Getica* indes hauptsächlich das Werk des Jordanes, stellt sich die Frage nach der Causa scribendi in größerer Dringlichkeit, weil ein Gegenwartsbezug nach dem Untergang des Ostgotenreiches sich sinnvoll allein auf das Oströmische Reich herstellen lässt. WALTER GOFFART hat deshalb die *Getica* als alleiniges Werk des Jordanes und als Komödie gedeutet, die mit der Heirat von Germanus und Mataswintha und der Geburt ihres Sohnes den römisch-gotischen Gegensatz überbrücke und den Ostgoten eine Perspektive unter der Herrschaft eines Prinzen aus ihrem Königsgeschlecht biete.[17] Der amalische Prinz mag für Jordanes durchaus ein Zeichen der Hoffnung gewesen sein, die Ausrichtung des ganzen Werkes auf ihn hin muss aber angesichts der Fülle des Materials doch zweifelhaft bleiben. Auch die von ANDREW GILLET befürwortete Verortung des Jordanes allein im Kontext spätantiker Geographien[18] kann den Kern nicht ganz treffen, da eine Übernahme spätantiker Topoi noch nichts über den Darstellungszweck aussagt, der doch wohl von einer Innensicht auf die Goten geprägt zu sein scheint. Das Verhältnis von Cassiodor zu Jordanes in der *Getica* ist daher ein Problem, das die Analyse des Gesamtwerkes erschwert, wenn nicht gar unmöglich macht. Während sich die Forschung inzwischen weitgehend einig ist, dass die von Jordanes behauptete gotische Herkunft aus Skandinavien als Topos einzuschätzen ist,[19] stellt sich die Frage nach wahrhaftiger Überlieferung oraler Traditionen hartnäckig auch für die Frühzeit der Goten. Sagenhafte Elemente wie

236; HERWIG WOLFRAM: Die Goten. Von den Anfängen bis zur Mitte des sechsten Jahrhunderts. Entwurf einer historischen Ethnographie, München [4]2001 (Frühe Völker), S. 15 f.; ARNE SØBY CHRISTENSEN: Cassiodorus, Jordanes and the History of the Goths. Studies in a Migration Myth, Kopenhagen 2002; ANDREW H. MERRILLS: History and Geography in Late Antiquity, Cambridge 2005, S. 100 – 169.

16 Dafür spricht Cassiodor: *Variae*. Hrsg. von THEODOR MOMMSEN, Berlin 1894 (MGH Auctores Antiquissimi 12), IX, 25, S. 292: *originem Gothicam historiam fecit esse Romanam*. Cassiodor habe also die gotische Geschichte zu einer römischen gemacht, was nur der Legitimitätsstiftung gedient haben kann.

17 GOFFART (Anm. 4), S. 68 – 84.

18 ANDREW GILLET: The Mirror of Jordanes. Concepts of the Barbarian, Then and Now. In: A Companion to Late Antiquity. Hrsg. von PHILIP ROUSSEAU, Chichester 2009 (Blackwell Companions to the Ancient World), S. 392 – 408.

19 Dazu schon HERMANN BOLLNOW: Die Herkunftssagen der germanischen Stämme als Geschichtsquelle. In: Baltische Studien 54 (1968) S. 14 – 25; außerdem WALTER GOFFART: Jordanes's *Getica* and the Disputed Authenticity of Gothic Origins from Scandinavia. In: Speculum 80 (2005b) S. 379 – 398; zur Diskussion um die Herkunft der Goten jetzt auch COUMERT (Anm. 5), S. 33 – 142.

die Erzählung vom Ostgotenkönig Ermanarich, seinem angeblich großen Reich und seinem Tod haben daher höchst unterschiedliche Deutungen erfahren. Die Erzählung von Ermanarich bietet ein gutes Beispiel für die unterschiedlichen Möglichkeiten der Interpretation der *Getica*, je nachdem, ob man von mündlicher Tradition oder literarischem Gestaltungswillen ausgeht. Noch OTTO GSCHWANTLER hat die Ermanarich-Erzählung in der *Getica* mit einem Motiv aus germanischen Sagen erklärt und in ihr den Reflex eines Heldenliedes gesehen.[20] PETER HEATHER indes erklärt sich das Auftauchen von Ermanarich in der *Getica* mit dem Versuch Cassiodors, einen in Ammianus Marcellinus vorgefundenen Gotenkönig zum Vorfahren der Ostgotenkönige seiner Zeit zu machen und ein langandauerndes Königsgeschlecht der Amaler von 17 Generationen zu konstruieren, das den Vorstellungen des senatorischen Adels seiner Zeit geschuldet ist.[21] Die lange postulierten Vorstellungen vom ‚Königsheil' einer amalischen Familie, das bei den Ostgoten in voritalischer Zeit eben nicht nachweisbar ist, müssen vor dem Hintergrund dieser Deutung in Zweifel gezogen werden. Das Amalergeschlecht ist in dieser Interpretation weder sich über mehrere Generationen erstreckendes Geschlecht noch das Produkt gotischer mündlicher Tradition, sondern das Ergebnis eines Romanisierungsversuches von Cassiodor, der mit dem Theoderich-Enkel Athalarich auf die Zukunft gerichtet ist und für die abstammungsbewussten senatorischen Adligen verständlich war. An anderer Stelle in der *Getica*, nämlich bei der Schilderung des Verwandtschaftsverhältnisses zu den Hunnen, die von in die Wildnis vertriebenen gotischen Hexen abstammen, ergibt die Erzählung, wie HERWIG WOLFRAM nachgewiesen hat, eher im gotischen Kontext Sinn, weil mit dieser Erzählung das Verhältnis von Ostgoten zu Hunnen, denen sie Jahrzehnte in die Kriege gegen Rom folgten, um sich nach dem Tod Attilas von ihnen loszusagen, in den Grundzügen getroffen wird.[22] Dass die Interpretation mal im römischen, mal im gotischen Kontext von Teilen der *Getica* mehr Sinn ergibt, mag auf Cassiodor respektive Jordanes bzw. auf ihre schriftlichen und vielleicht sogar mündlichen Quellen zurückzuführen sein. Man wird allerdings mit einer derar-

---

20 Zu Ermanarich (*Hermanaricus*) siehe Jordanes (Anm. 12), S. 88–91; OTTO GSCHWANTLER: Ermanrich, sein Selbstmord und die Hamdirsage. Zur Darstellung von Ermanrichs Ende in *Getica* 24, 129 f. In: Die Völker an der mittleren und unteren Donau im fünften und sechsten Jahrhundert. Berichte des Symposions der Kommission für Frühmittelalterforschung, 24. bis 27. Oktober 1978, Stift Zwettl, Niederösterreich. Hrsg. von HERWIG WOLFRAM/FALKO DAIM, Wien 1980 (Österreichische Akademie der Wissenschaften. Philosophisch-Historische Klasse. Denkschriften 145. Veröffentlichungen der Kommission für Frühmittelalterforschung 4), S. 187–204.

21 Jordanes (Anm. 12), S. 76 f.: Amalergenealogie; dazu PETER HEATHER: Cassiodorus and the Rise of the Amals: Genealogy and the Goths under Hun Domination. In: Roman Studies 79 (1989), S. 103–128.

22 WOLFRAM (Anm. 15), S. 259.

tigen Vermischung der durch Cassiodor in Bezug auf die Legitimierung der Goten aufgemöbelten spätantiken Überlieferung und eigenständigen Zusätzen des Jordanes rechnen müssen, sodass eine konsequente und konsistente Interpretation des Gesamtwerkes im einen oder anderen Sinne nicht möglich zu sein scheint, auch wenn sie oft versucht wurde.

3 Gregor von Tours, Fredegar und der *Liber Historiae Francorum*

Bis heute hält sich hartnäckig der irrige Titel „Frankengeschichte"[23] für das 593/4 vollendete Geschichtswerk des gallo-römischen Bischofs von Tours, seine *Historiarum libri decem*. Gregor von Tours stellt indes gerade nicht die *gens* der Franken in den Mittelpunkt, sondern schildert die Geschichte der gallischen Provinzen, die er in den Kontext einer gesamten Weltgeschichte ordnet. Obwohl er eine Herkunft der Franken in diesem Kontext nur in Ansätzen schildert, ist sein Werk doch deutlich von der Neuausrichtung Galliens unter fränkischer Herrschaft geprägt und steht so zu Recht im Zusammenhang der Auseinandersetzung von Geschichtsschreibung mit der neuen Situation der *gentes* im Nachleben des Römischen Reiches. Die Legitimierung der fränkischen Herrscher und die Frage, wie sich deren Herrschaft in Zusammenarbeit mit den Bischöfen auf eine gerechte Art realisieren lässt, steht im Mittelpunkt von Gregors Werk,[24] das sich so durchaus mit dem heilsgeschichtlichen Platz der fränkischen *gens* und ihrer Könige beschäftigt, ohne diese indes in einer *Origo*-Erzählung zu verankern. Die Herkunft der Franken ist Gregor nicht von vorrangiger Bedeutung, auch wenn er sich in der ihm vorliegenden schriftlichen Überlieferung offenbar auf die Suche machte und

23 Etwa noch MANFRED FUHRMANN: Klio schweigt. Zukunfts- und Herkunftslosigkeit im Chaos der Völkerwanderung. In: Gymnasium 104 (1997), S. 97 – 115, hier S. 110. Die Fehlinterpretation als *Historia Francorum* hält sich vor allen Dingen in den Nachbardisziplinen zur Frühmediävistik. Zu Gregors Eigenbewusstsein vgl. EDWARD JAMES: Gregory of Tours and the Franks. In: After Rome's Fall. Narrators and Sources of Early Medieval History. Essays presented to Walter Goffart. Hrsg. von ALEXANDER C. MURRAY, Toronto/Buffalo/London 1998, S. 51 – 66; IAN WOOD: The Individuality of Gregory of Tours. In: The World of Gregory of Tours. Hrsg. von KATHLEEN MITCHELL/ IAN WOOD, Leiden/Boston/Köln 2002 (Cultures, Beliefs and Traditions, Medieval and Early Modern Peoples 8), S. 29 – 46; allgemein zu Gregor auch GOFFART (Anm. 4), S. 112 – 234.

24 Dazu MARTIN HEINZELMANN: Gregor von Tours (538 – 594). ‚Zehn Bücher Geschichte'. Historiographie und Gesellschaftskonzept im 6. Jahrhundert, Darmstadt 1994; PLASSMANN (Anm. 8), S. 116 – 147.

zumindest von der Erhebung der ersten Merowingerkönige berichtet.[25] Für die Franken ist ihm die heilsgeschichtliche Vorbestimmung Chlodwigs zur Einigung der Galliae unter der Herrschaft eines katholischen Königs das definierende Element. Die Franken werden nicht durch ihre Herkunft legitimiert, sondern durch den Vollzug ihrer Herrschaft, ein Zusammengehörigkeitsgefühl, das sich eben nicht an einer *gens*, sondern an der Einheit der gallischen Provinzen festmachen lässt. Bezeichnenderweise bildet Gregor daher auch keine Traditionslinien durch seine Geschichte. Chlodwig ist zwar der heilsgeschichtlich für die Einigung der Galliae und die Bekehrung der Franken vorgesehene König, aber er ist nicht beispielhaft in dem Sinne, dass er als Gründer des Frankenreiches, als der er von Gregor eben gerade nicht stilisiert wird, nachzuahmen ist.[26] Vielmehr schildern die *Libri historiarum decem* am Beispiel der Nachfolger von Chlodwig, wie deren Herrschaft gelingt, wenn sie sich auf den Rat von Bischöfen einlassen, und wie sie nicht gelingt, wenn sie die Vorgaben der Bischöfe und die Ansprüche der Heiligen nicht erfüllen.[27] Von daher ist Gregor von Tours ein gutes Beispiel sowohl für die Fehlinterpretationen, die sich aus einer Einordnung in die ‚Volksgeschichten' ergeben können, aus der heraus man Gregor als Sprachrohr einer fränkischen Identität gesehen hat,[28] als auch der Spannbreite an Möglichkeiten, die für Identitätsstiftung und Legitimierung zur Verfügung standen. Da für Gregor die Verfasstheit der Galliae nicht in Frage stand, geht es für ihn nur um die Frage nach dem „Wie?" der Herrschaft, die bei ihm im korrekten Vollzug eine Rechtfertigung erhält, es geht nicht um das „Woher?" der Franken, die er ohnehin nur als Teil der Gemeinschaft sieht, über die er schreibt. Legitimierung war also auch ohne Herkunftserzählung möglich, eine Identitätsstiftung wird von Gregor gar nicht erst

---

25 Gregor von Tours: *Historiarum libri decem*. Hrsg. von Bruno Krusch/Wilhelm Levison, Hannover ^{2}1951 (MGH Scriptores rerum Merovingicarum 1,1), II, 9, S. 57: *ibique iuxta pagus vel civitates regis crinitos super se creavisse de prima et ut ita dicam nobiliore suorum familia* („dort hätten sie in Pagus und Civitates gelockte Könige über sich gesetzt aus ihrer ersten und sozusagen edelsten Familie") – Die ältesten drei Fragmente stammen aus dem 7. Jahrhundert (Cambrai, Bibliothèque Municipale 624; Brüssel, KBR 9403; Paris, Bibliothèque nationale de France, lat. 17655). Alle zehn Bücher gemeinsam sind erstmals in Montecassino, Archivio della Badia, MC 275 (11. Jahrhundert) überliefert.

26 Zum Chlodwigbild bei Gregor Ian Wood: Gregory of Tours and Clovis. In: Revue belge de philologie 63 (1985), S. 249–272; Plassmann (Anm. 8), S. 132–137; Matthias Becher: Chlodwig I. Der Aufstieg der Merowinger und das Ende der antiken Welt, München 2011, S. 14–22.

27 Grundsätzlich dazu Ian Wood: The Secret Histories of Gregory of Tours. In: Revue belge de philologie 71 (1993) S. 253–270; Heinzelmann (Anm. 24); Avril Keely: Early Medieval Narrative. The Political Ideas of Gregory of Tours. In: Parergon 14 (1997), S. 129–141; Plassmann (Anm. 8), S. 116–147.

28 Etwa Grundmann (Anm. 1), S. 13 f.

versucht, wohl weil ihm das Bewusstsein einer grundstürzend neuen Situation in Gallien schlichtweg gefehlt hat.

Eine ausführliche Herkunftserzählung der Franken, also eine *Origo gentis*, findet sich dann erst in der sogenannten *Fredegar-Chronik*, die um 642 mit Nachträgen bis 660 redigiert wurde. Während die Skandinavien-Herkunft der Goten bei Cassiodor/Jordanes lange Zeit für genuin gotische mündliche Überlieferung gehalten wurde, sieht man der bei Fredegar kolportierten Troja-Herkunft der Franken die literarische Tradition des Motivs selbstverständlich auf den ersten Blick an.[29] Fredegar lässt die Franken von Francio abstammen, einem *heros eponymos*, der aus Troja stammt.[30] Nun könnte man meinen, dass sich der Zweck der Troja-Erzählung in der damit erreichten verwandtschaftlichen Bindung an die von Aeneas stammenden Römer erschöpft, aber die weitere Geschichte der Franken macht deutlich, dass es Fredegar darauf ankam, zum einen die Eigenständigkeit und Gleichwertigkeit der Franken gegenüber den Römern zu beweisen und zum anderen eine Verknüpfung der Herkunft der Franken mit der politischen Verfasstheit der Franken zu bilden, die nicht allein auf das Königtum ausgerichtet ist.[31] Unter der Herrschaft von *duces* geraten die Franken in Abhängigkeit von den Römern, können aber ihre Unabhängigkeit aus eigener Kraft wiedergewinnen.[32]

---

29 Zur fränkischen Troja-Tradition etwa Ian Wood: Defining the Franks: Frankish Origins in Early Medieval Historiography. In: Concepts of National Identity in the Middle Ages. Hrsg. von Simon Forde/Lesley Johnson/Alan V. Murray, Leeds 1995 (Leeds Texts and Monographs. New Series 14), S. 47 – 57; Eugen Ewig: Troja und die Franken. In: Rheinische Vierteljahrsblätter 62 (1998), S. 1 – 16; Ders.: Trojamythos und fränkische Frühgeschichte. In: Die Franken und die Alemannen bis zur ‚Schlacht bei Zülpich' (496/497). Hrsg. von Dieter Geuenich, Berlin/New York 1998 (Ergänzungsbände zum Reallexikon der Germanischen Altertumskunde 19), S. 1 – 30; Hans Hubert Anton: Troja-Herkunft, *Origo gentis* und frühe Verfaßtheit der Franken in der gallisch-fränkischen Tradition des 5. bis 8. Jahrhunderts. In: Mitteilungen des Instituts für österreichische Geschichtsforschung 108 (2000), S. 1 – 30; zur Troja-Tradition allgemein: Ovidiu Olar: [Art.] Troja-Roman. In: EM 13 (2010), Sp. 957 – 965.

30 Fredegar: *Chronik*. Hrsg. von Bruno Krusch, Hannover 1888 (MGH Scriptores rerum Merovingicarum 2), S. 1 – 193, hier II, 4 – 6, S. 45 f. – Handschrift: Paris, Bibliothèque nationale de France, lat. 10910; zu Fredegar vgl. Plassmann (Anm. 8), S. 147 – 174; Coumert (Anm. 5), S. 295 – 324. Insgesamt zur fränkischen Historiographie als Spiegel der gesellschaftlichen Gegebenheiten des Verhältnisses von König und Großen vgl. Maximilian Diesenberger/Helmut Reimitz: Zwischen Vergangenheit und Zukunft. Momente des Königtums in der merowingischen Historiographie. In: Das frühmittelalterliche Königtum. Ideelle und religiöse Grundlagen. Hrsg. von Franz-Reiner Erkens, Berlin/New York 2005 (Ergänzungsbände zum Reallexikon der Germanischen Altertumskunde 49), S. 214 – 269. Eine Monographie zu Fredegar bereitet Andreas Fischer vor.

31 Dazu Plassmann (Anm. 8), S. 151 – 155 und 171 – 174.

32 Fredegar (Anm. 30), II, 6, S. 46.

Daher ist es nicht das merowingische Königsgeschlecht, das die Prosperität der Franken gewährleistet, sondern wie immer wieder deutlich wird, sind es die Großen der Franken, insbesondere die Hausmeier, die die Kontinuität der fränkischen Überlegenheit und eine gute Königsherrschaft garantieren, wenn der König auf ihre Ratschläge hört. Insofern ist bedeutsam, dass sich in der Herkunft und frühen Geschichte der Franken bereits die fränkische Unabhängigkeit und die Bedeutung der Großen manifestiert, die dann immer wieder mimetisch wiederholt wird.[33] Fredegar liefert uns nicht nur eine *Origo* der Franken, sondern auch eine Entstehungsgeschichte des Königsgeschlechtes der Merowinger, die sich ganz ähnlich wie im Falle der Amaler-Genealogie bei Cassiodor/Jordanes besser in der antiken Vorstellungswelt als in ‚germanischen' Traditionen verorten lässt. Die Frau des fränkischen Königs Childerich sei eines Tages am Meeresufer spazieren gegangen und dort von einer *bistea Neptuni Quinotauri similis* („einem Neptunbiest, ähnlich einem Quinotaurus") missbraucht worden, worauf sie den Sohn Merowech gebar, den Stammvater der Merowinger.[34] Alexander Murray sah hier eine Anspielung an den Minotaurus und hat die Erzählung als eine Reminiszenz an einen fränkischen Stierkult abgelehnt.[35] Viel bedeutsamer ist indes, dass die Könige hier mit einer *bistea* in Verbindung gebracht werden und dass diese Identifizierung sich auch in der Prophezeiung der Königin Basina für zukünftige Merowingergenerationen findet.[36] Die *Origo* der Merowinger ist also ein deutlicher Hinweis auf ihre Bestimmung, die gerade nicht positiv zu deuten ist und daher nicht als Legitimierung zu verstehen ist. Die Abwertung des Königsgeschlechtes in der *Origo* steht im Zusammenhang mit der Bedeutung der Hausmeier und der Großen für den fränkischen Erfolg, auf die immer wieder hingewiesen wird. Fredegar leistet also eine Identitätsstiftung der Franken in Anknüpfung an die Römer bei gleichzeitiger Betonung der fränkischen Unabhängigkeit und knüpft die Identität der Franken an die politische Verfasstheit, die die Königsherrschaft der durchaus negativ dargestellten Merowinger in ausreichendem Maße durch die Hausmeier und die Großen eingeschränkt und gelenkt sehen will.

Aufgenommen wird die Troja-Herkunft unabhängig von Fredegar auch im 727 entstandenen *Liber historiae Francorum*, allerdings wird die Verwandtschaft zu den Römern hier nicht explizit gemacht. Die Römer werden im *Liber* zu Gegnern

---

33 Plassmann (Anm. 8), S. 155–166.

34 Fredegar (Anm. 30), III, 9, S. 95.

35 Alexander Callander Murray: *Post vocantur Merohingii:* Fredegar, Merovech, and ‚Sacral Kingship'. In: After Rome's Fall Narrators and Sources of Early Medieval History. Hrsg. von Ders., Toronto/Buffalo/London 1998, S. 121–152.

36 Fredegar (Anm. 30), III, 12, S. 97: *ad instar canibus et minoribus bisteis* („nach Art von Hunden und geringerem Vieh"). Vgl. dazu Plassmann (Anm. 8), S. 159 f.

der Franken. Durch Auseinandersetzungen mit ihnen wird der Prozess des Werdens der Franken bestimmt. Nach der Flucht aus Troja erhalten die Franken ihren Namen vom spätantiken Kaiser Valentinian, als sie auf römischer Seite gegen die Alanen kämpfen und dabei ihre Tapferkeit unter Beweis stellen, die ihnen den Namen verschafft.[37] Es folgt die Geschichte einer Feindschaft mit den Römern, die erst der Frankenkönig Childerich für sich entscheiden kann.[38] Der *Liber* ist sehr viel weniger auf die spezifische Entstehungssituation seiner Zeit ausgerichtet als Fredegars Chronik und bietet eine allgemeingültigere Identitätsstiftung der Franken. Die Auseinandersetzung mit den Römern ist hier schon weniger dem wirklichen Bedürfnis nach Erklärung der Situation in der nachrömischen Welt geschuldet als vielmehr der Notwendigkeit einer gegnerischen *gens* für die Identitätsstiftung der Franken, an denen die Eigenständigkeit und Überlegenheit der *gens* exemplifiziert werden kann. Die Troja-Herkunft der Franken in der Fassung des *Liber* hat sich großer Beliebtheit erfreut und ist daher überaus wirkmächtig gewesen. In der Figur des sagenhaften Königs Faramund ist ihr Nachhall bis in die Genealogien der Habsburger zu vernehmen.[39]

4 Isidor von Sevilla

Ähnlich wie Gregor hat mit Isidor im spanischen Westgotenreich ein Bischof zur Feder gegriffen, um eine recht kurze Geschichte der Goten, der Sueben und Vandalen zu schreiben, die keinesfalls das wichtigste seiner Werke ist. Aber anders als Gregor hat Isidor eindeutig die germanischen *gentes* im Westgotenreich in den Mittelpunkt seiner Erzählung gestellt und so vom eingenommenen Standpunkt einer positiv bestimmten gotischen Innenperspektive geschrieben. Isidor

37 *Liber Historiae Francorum*. Hrsg. von Bruno Krusch, Hannover 1888 (MGH Scriptores rerum Merovingicarum 2), S. 215–328, hier cap. 2, S. 243. – Handschrift: Brüssel, Koninklijke Bibliotheek van Belgie/Bibliothèque Royale de Belgique 4560; vgl. zum *Liber* Richard A. Gerberding: The Rise of the Carolingians and the *Liber Historiae Francorum*, Oxford 1987 (Oxford Historical Monographs); Plassmann (Anm. 8), S. 174–188; Coumert (Anm. 5), S. 325–339.
38 *Liber Historiae Francorum* (Anm. 37), cap. 7, S. 248–250. Zur Funktion der Childerich-Erzählung vgl. Plassmann (Anm. 8), S. 180–182.
39 Dazu Gerd Althoff: Studien zur habsburgischen Merowingersage. In: Mitteilungen des Instituts für österreichische Geschichtsforschung 87 (1979), S. 71–100; Marianne Pollheimer: *Wie der jung weiß kunig die alten gedechtnus insonders lieb het.* Maximilian I., Jakob Mennel und die frühmittelalterliche Geschichte der Habsburger in der *Fürstlichen Chronik*. In: Texts and identities in the early Middle Ages. Hrsg. von Richard Corradini u. a., Wien 2006 (Denkschriften der Österreichischen Akademie der Wissenschaften. Philosophisch-historische Klasse 344, Forschungen zur Geschichte des Mittelalters 12), S. 165–176.

wurde vor allem von antiker Literatur beeinflusst, und es kann keine Rede davon sein, dass er gotische mündliche Traditionen verwendet hat. Für Isidor steht als Erklärung für die Entstehung des Westgotenreiches die Heilsgeschichte im Vordergrund. Seine Gleichsetzung der Goten mit den alttestamentarischen Gog und Magog stilisiert die Goten als Barbaren.[40] Da Magog gleichzeitig aber ein Sohn Noahs ist, ist die Erlösung der Goten in der Heilsgeschichte vorgesehen, wird aber erst erreicht, als sich die Arianer zum katholischen Christentum bekehren.[41] Die Skandinavien-Herkunft ist auch bei Isidor nicht Ausfluss einer germanischen Überlieferung, sondern lässt sich ohne weiteres in seinen Darstellungszweck der Goten als der zu bekehrenden Sünder einordnen. Die Herkunft aus dem Norden wird so zur Erfüllung einer Prophezeiung des Alten Testamentes, die Identität der Goten bestimmt sich aus ihrem Platz in der Heilsgeschichte. Im Unterschied zu Jordanes, wo die Skandinavien-Herkunft die Unterschiedlichkeit der Goten hervorheben kann, nutzt Isidor die Herkunft aus dem Norden zur biblischen Anknüpfung und damit zur Einpassung der Goten in das vertraute christliche Erklärungsmuster. Im Unterschied zur Selbstgenügsamkeit der fränkischen Erzählungen wird die Geschichte der Goten in Spanien so in einen weltgeschichtlichen Kontext gestellt. Die Goten werden am Muster der bekehrten Sünder ausgerichtet, sodass sie durch ihre Herkunft auf einen heilsgeschichtlichen Weg gebracht werden, der zum einen ermöglicht, Teile ihrer Geschichte als sündhaft zu erklären und sich damit davon zu distanzieren, gleichzeitig aber die Bekehrten als ein von Gott geliebtes Volk darzustellen, das wegen seiner skythischen Herkunft älter als die Römer ist und in der endgültigen Bekehrung zum Katholizismus unter Rekkared seine Bestimmung erfüllt. Die Geschichte der Sueben und Vandalen wird demgegenüber als die Geschichte eines Scheiterns verstanden.[42] Dass Isidor dafür antike geographische Traditionen der Skandinavien-Herkunft verwendete, bedeutet eben nicht, dass dies literarische Vorbild seine Vorstellung der Goten auch

---

40 Isidor von Sevilla: *Historia Gothorum, Vandalorum et Suevorum.* Hrsg. von Cristóbald Rodríguez Alsonso, Leon 1975, cap. 1, S. 172 und cap. 66, S. 282. – Handschriftliche Überlieferung: St. Gallen 133; Berlin, Staatsbibliothek – Preußischer Kulturbesitz, ms. Phill. 1885; Léon, Biblioteca de la Catedral, ms. 22; St. Petersburg, Russische Nationalbibliothek Q. I. 20. Zu Isidor vgl. Kersken (Anm. 9), S. 22 – 27; Luis A. García Moreno: *Urbs cunctarum gentium victrix gothicis triumphis victa.* Roma y el reino visigodo. In: Roma fra Oriente e Occidente. 19 – 24 aprile 2001, Spoleto 2002, S. 239 – 322; Merrills (Anm. 15), S. 170 – 228; Coumert (Anm. 5), S. 103 – 124; Ulrike Nagengast: *Gothorum florentissima gens.* Gotengeschichte als Heilsgeschichte bei Isidor von Sevilla, Frankfurt a. M. 2011 (Classica et neolatina 4).

41 Isidor (Anm. 40), cap. 52 – 56, S. 260 – 266. Rekkareds Herrschaft wird so eindeutig zum Höhepunkt des gotischen Königtums.

42 Andrew H. Merrills: Comparative Histories – the Vandals, the Sueves and Isidore of Seville. In: Texts and Identities in the Early Middle Ages (Anm. 39), S. 35 – 45.

in deren Sinne beeinflusst hätte und auch nicht, dass er sie in demselben Sinne gebrauchte wie Jordanes.

5 Beda Venerabilis

Während die Wanderungen der Goten und Franken von verschiedenartigen Überlieferungen überformt wurden, ist sich die Forschung einig, dass der bei Beda in seinem Alterswerk, der *Historia ecclesiastica gentis Anglorum*, behaupteten Wanderung mehrerer germanischer *gentes* nach Britannien, die man mit dem Kunstbegriff ‚Angelsachsen' belegt, eine tatsächliche Wanderung zugrunde liegt. Für die historische Forschung ist die Erzählung des vielfältig tätigen anglischen Gelehrten, die um 731 im Kloster Jarrow in Northumbrien entstand, und seine Identifizierung der Einwanderer mit Angeln, Sachsen und Jüten überaus wirkmächtig gewesen. Inzwischen hat man auch in diesem Fall die Aussagen der *Origo* relativiert und geht heute von zahlreichen unterschiedlichen Ethnien aus, die nach Britannien einwanderten und deren Zusammengehörigkeitsgefühl erst sehr viel später ernsthaft Gestalt annahm. Ohnehin ist Bedas Erzählung von der Ankunft der Angelsachsen in Britannien in den Kontext seines Gesamtkonzeptes zu stellen, das eindeutig auf die heilsgeschichtliche Bestimmung der Angeln zur Bekehrung ausgerichtet ist, die von Beda in einem durchdachten Konzept dem Leser nahegebracht wird.[43] Vor dem Hintergrund der Bekehrung verliert die *Origo*-Erzählung über die Angeln, Sachsen und Jüten[44] an Bedeutung, sodass sich auch hier nachweisen lässt, dass der Darstellungszweck durch die Betrachtung der berichteten Herkunft der *gens* nicht erfasst werden kann. Die starke Unterwerfung fast sämtlicher Erzählungen Bedas unter sein Gesamtkonzept der zur Bekehrung bestimmten Angeln und seine Stilisierung dieser Traditionslinien in der Geschichte der *gens Anglorum*, lässt sich dann besonders gut beobachten, wenn *Bedas* Quellen bekannt sind. In der sogenannten *Whitby-Vita* des heiligen Gregor

43 Aus der vielfältigen Literatur zu Beda seien stellvertretend genannt: GOFFART (Anm. 4), S. 235–328; KERSKEN (Anm. 9), S. 144–158; MERRILLS (Anm. 15), S. 229–309; PLASSMANN (Anm. 8), S. 51–85, COUMERT (Anm. 5), S. 403–439; Dies schließt natürlich eine Kontextualisierung von Bedas Erzählung im Umfeld der Geschehnisse in seinem heimischen Northumbrien nicht aus. Dazu NICHOLAS J. HIGHAM: (Re-)reading Bede. The Ecclesiastical History in Context, London u. a. 2006.

44 Beda Venerabilis: *Historia ecclesiastica gentis Anglorum*. Hrsg. von BERTRAM COLGRAVE/R. A. B. MYNORS, Oxford 1969 (Oxford Medieval Texts), I, 15, S. 50. – Die vier besten Handschriften: London, British Library, Cotton Tiberius ms. A xiv & Cii; Cambridge, University Library, kk.v. 16; Namur, Bibliothèque de la Ville, ii; Altenglische Übersetzung: Oxford, Bodleian Library, Tanner 10 (siehe unten Abb. 1).

findet sich die bekannte Erzählung, wie der große Papst auf dem Sklavenmarkt in Rom auf *Angli* aus dem Norden Britanniens traf und bei ihrem Anblick den Beschluss zur Mission auf der fernen Insel fasste. Beda hat diese Erzählung und alle ihre Wortspiele übernommen, hat sie aber so modifiziert, dass die heilsgeschichtliche Ausrichtung der *Angli* als zukünftige *Angeli* auf das Himmelreich sehr viel deutlicher wird.[45] Auch die ebenfalls aus der *Whitby-Vita* übernommene Bekehrung des Königs Edwin von Northumbria führt sich bei ihm nicht auf ein irdisches Siegversprechen gegen die Gegner des Königs zurück, sondern wird durch den Hinweis auf das jenseitige Leben deutlich mehr transzendiert, als es in seiner Quelle der Fall ist.[46] Ebenfalls wird die in der *Vita Wilfridi* geschilderte Synode von Whitby im Jahr 664 von einer Erzählung, die die intellektuelle und autoritative Überlegenheit des Heiligen schildert, zu einem Bericht über die gemeinsame Anstrengung aller Anwesenden, den gläubigen Christen den Zugang zum Himmelreich zu ermöglichen.[47] Vor diesem heilsgeschichtlichen Hintergrund verblassen auch die heidnischen Brüder Hengist und Horsa vor dem von Gregor entsandten Missionar Augustinus, der bei Beda ebenso wie Hengist und Horsa nach anderer Überlieferung auf der Insel Thanet vor der britischen Küste landet.[48] Bei Beda wird der Prozess der Christianisierung zu einem Prozess des Zusammenwachsens einer *gens Anglorum* stilisiert, für die eine gemeinsame Herkunft unbedeutend ist und die sich durch die Annahme der Christianisierung und der Anpassung an die Gepflogenheiten der römischen Kirche für eine Herrschaft über die Insel Britannien prädestiniert.[49]

Bedas Kirchengeschichte hatte ein reiches Nachleben: Unter Alfred dem Großen wurde sie ins Altenglische übersetzt und ist vielfältig rezipiert worden.[50]

---

45 *Vita Gregorii* (Whitby). Hrsg. von Bertram Colgrave, Cambridge 1968, cap. 9, S. 90; Beda (Anm. 44), II, 1, S. 132.

46 *Vita Gregorii* (Anm. 45), cap. 16, S. 100 und Beda (Anm. 44), II, 12, S. 176/178. Dazu Alheydis Plassmann: Beda Venerabilis – Verax Historicus. Bedas Vera lex historiae. In: Wilhelm Levison – Ein jüdisches Forscherleben zwischen wissenschaftlicher Anerkennung und politischem Exil. Hrsg. von Matthias Becher/Yitzak Hen/Alheydis Plassmann, Bonn 2009, S. 123–143, hier S. 131f.

47 *Vita Wilfridi.* Hrsg. von. Bertram Colgrave, Cambridge 1927, cap. 10, S. 20/22 und bei Beda (Anm. 44), III, 25, S. 294–308; Plassmann (Anm. 46), S. 134–137.

48 Beda (Anm. 44), I, 15, S. 72; *Historia Brittonum*, Hrsg. von Theodor Mommsen, Berlin 1898 (MGH Auctores Antiquissimi 13), S. 111–212, hier cap. 31, S. 171.

49 Plassmann (Anm. 8), S. 51–85.

50 Patrick Wormald: Engla Land: The Making of an Allegiance. In: Journal of Historical Sociology 7 (1994), S. 1–24; Sarah Foot: The making of *Angelcynn.* English Identity before the Norman Conquest. In: Transactions of the Royal Historical Society. 6th series 6 (1996), S. 25–49; Stephen J. Harris: The Alfredian *World History* and Anglo-Saxon Identity. In: Journal of English and Germanic Philology 100 (2001), S. 482–510.

Bedas Konzept der *gens Anglorum* und ihrer heilsgeschichtlichen Bestimmung sowie die Bedeutung Gregors des Großen hat daher in großem Maß auf das historische Eigenbewusstsein der entstehenden Einheit der *gens Anglorum* unter den westsächsischen Königen gewirkt. Die Bestimmung der *gens* für ein christliches Leben wurde zu einem zentralen Anliegen Alfreds in den Wirren der Wikingerüberfälle, und die Erklärung der Überfälle und anderer politischer Probleme aus dem Versagen am Anspruch einer christlichen *gens* war noch für die normannische Eroberung Englands eine für die Zeitgenossen plausible Erklärung. Aber Bedas Kirchengeschichte wurde auch von den normannischen Historiographen des 12. Jahrhunderts aufgenommen und als Vorbild verwendet,[51] sodass hier eine Meistererzählung der angelsächsischen Landnahme entstand, die erst durch die archäologischen Befunde im 20. Jahrhundert in Frage gestellt und als literarische Stilisierung der Ereignisse erkannt wurde, die eine kohärente Entstehung einer *gens* im Prozess der Christianisierung mehr behauptete als berichtete.[52]

6 Paulus Diaconus

Bei der bis 796 geschriebenen *Historia Langobardorum* des Paulus Diaconus handelt es sich wie bei Jordanes und Beda um die Geschichte einer *gens*, die aus der Feder eines Mitgliedes der Gemeinschaft stammt, über die er schreibt.[53] Ähnlich wie bei Jordanes ist die Langobardengeschichte des Paulus schon deshalb problematisch, weil die Entstehung der Geschichte nach dem Fall des Langobardenreiches 774 einen Darstellungszweck für die Legitimierung des Langobardenreiches von vornherein unwahrscheinlich macht. Erschwerend kommt hinzu,

---

51 Etwa bei Wilhelm von Malmesbury: *Gesta regum Anglorum*. Hrsg. von Reginald A. B. Mynors, completed by Rodney M. Thomson/Michael Winterbottom, Oxford 1998 (Oxford Medieval Texts), Prolog, S. 14 und Heinrich von Huntingdon: *Historia Anglorum*. Hrsg. von Diana A. Greenway, Oxford 1996 (Oxford Medieval Texts), Prolog, S. 6. Zu den englischen Chroniken vgl. Kersken (Anm. 9), S. 169 – 225 und den Beitrag von Graeme Dunphy in diesem Band.

52 Zur Einordnung von Bedas Konversionsgeschichte vgl. Nicholas Brooks: From British to English Christianity. Deconstructing Bede's Interpretation of the Conversion. In: Conversion and Colonization in Anglo-Saxon England. Bd. 2. Hrsg. von Catherine E. Karkov/Nicholas Howe, Tempe, Ariz. 2006 (Medieval and Renaissance Texts and Studies 318. Essays in Anglo-Saxon Studies 2), S. 1 – 30.

53 Zu Paulus seien stellvertretend für viele folgende Werke genannt: Goffart (Anm. 4); Walter Pohl: Paulus Diaconus und die *Historia Langobardorum*. Text und Tradition. In: Historiographie im frühen Mittelalter. Hrsg. von Anton Scharer/Georg Scheibelreiter, München 1994 (Veröffentlichungen des Instituts für Österreichische Geschichtsforschung 32), S. 375 – 405; Plassmann (Anm. 8), S. 191 – 242; Coumert (Anm. 5), S. 215 – 240.

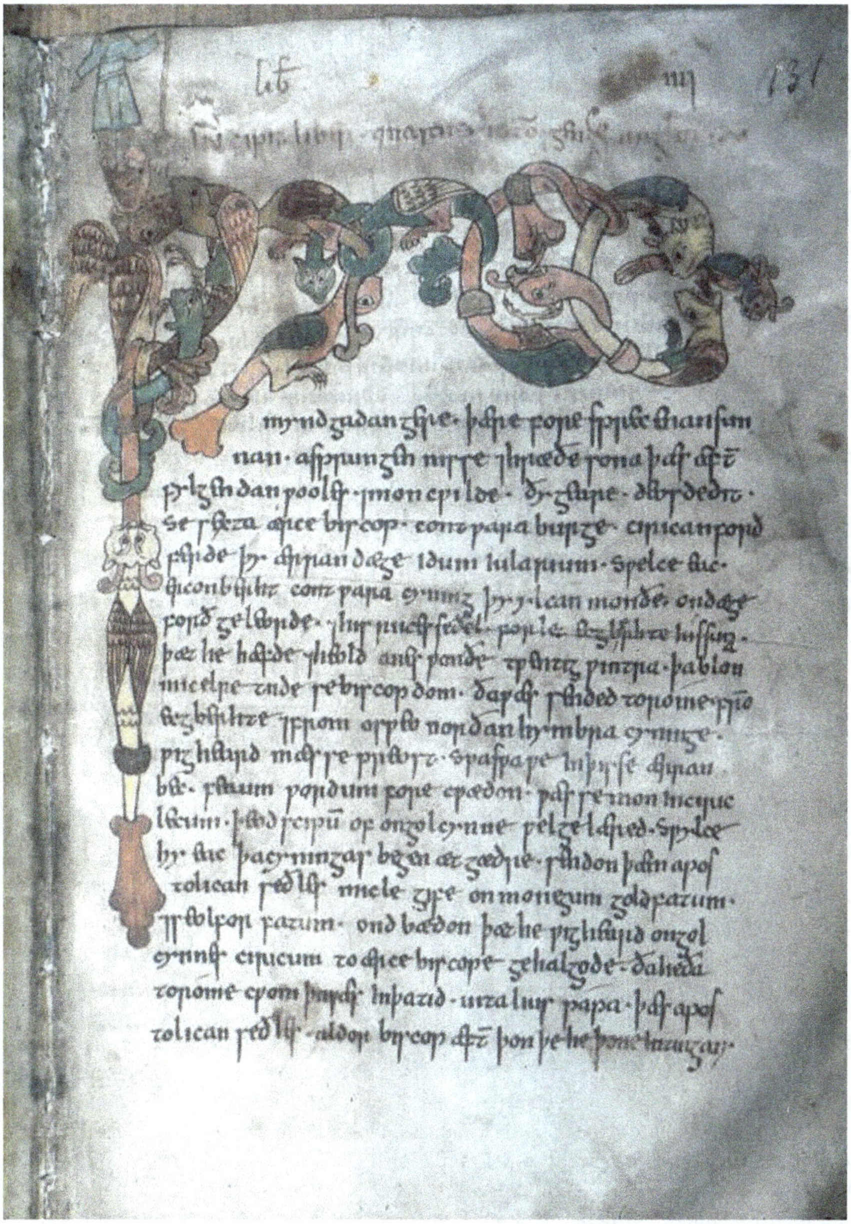

Abb. 1: Beda Venerabilis, Historia ecclesiastica gentis Anglorum. Oxford, Bodleian Library, MS Tanner 10, f. 68r: Zoomorphe Darstellung der Initiale ‚Þ‘, bestehend aus ineinander verschlungenen geflügelten Löwen und Drachen sowie einer menschlichen Figur (mit fehlendem Kopf), die gerade in einem Rachen zu verschwinden scheint.

dass sich die Forschung nicht einig ist, ob die Langobardengeschichte vollendet ist oder nicht. Die Argumente für die Vollständigkeit der *Historia Langobardorum* speisen sich oft aus dem erschlossenen Darstellungszweck. Ist die *Historia Langobardorum* vollendet, dann deshalb, weil die Herrschaft Liutprands als Höhepunkt der Langobardengeschichte gelten muss, über die hinaus Paulus Diaconus den Verlust der Eigenständigkeit des langobardischen Königtums und das Aufgehen im Herrschaftsbereich des Frankenkönigs nicht mehr schildern wollte.[54] Als weitere Möglichkeit ist in Betracht gezogen worden, dass Paulus das Herzogtum Benevent als legitimen Nachfolger der langobardischen Erbschaft stilisieren wollte, das in der Tat in der Langobardengeschichte einen recht prominenten Platz einnimmt.[55] Werkimmanente Argumente für die Unvollständigkeit des Werkes, wie der Hinweis auf Ereignisse nach dem Tod Liutprands 744 und vor allem der nichtvollendete Erzählbogen von Liutprands Nachfolger Ratchis, der wie auch sonst für die Könige üblich schon im Buch über Liutprand vorgestellt wird, sind nicht vollständig zwingend, sondern nur plausibel und daher nur von Teilen der Forschung akzeptiert.[56] Eine Unvollständigkeit der Langobardengeschichte wirft vor allem die Frage auf, wie Paulus zur Eroberung durch Karl den Großen gestanden hätte. An Karls Hof hielt Paulus sich zeitweise als geachtetes Mitglied auf, aber eben nicht zur Zeit der Abfassung der Langobardengeschichte. Das Argument, dass Paulus als Langobarde die Eroberung negativ gesehen haben muss, ist als nationalistisch vorgeprägt zurückzuweisen, aber eine Deutung der *Historia Langobardorum* als legitimationsstiftend für die Franken wird nur von Teilen der Forschung befürwortet.[57] Wenig Aufschluss in dieser Frage geben uns auch die früheren Werke des Paulus. In der *Historia Romana* berichtet er nur bis zu

---

54 Hierzu etwa GUSTAVO VINAY: Un mito per sopravvivere. L'*Historia Langobardorum* di Paolo Diacono. In: Storici e storiografia del medioevo italiano: antologia di saggi. Hrsg. von GABRIELE ZANELLA, Bologna 1984 (Il mondo medievale. Sez. di storia delle istituzioni, della spiritualità e delle idee 14), S. 55 – 78; DONALD BULLOUGH: Ethnic History and the Carolingians. An Alternative Reading of Paul the Deacon's *Historia Langobardorum*. In: The Inheritance of Historiography. 350 – 900. Hrsg. von CHRISTOPHER HOLDSWORTH/T. P. WISEMAN, Exeter 1986 (Exeter Studies in History 12), S. 85 – 105; ansatzweise auch bei HANS-WERNER GOETZ: Vergangenheitswahrnehmung, Vergangenheitsgebrauch und Geschichtssymbolismus in der Geschichtsschreibung der Karolingerzeit. In: Ideologie e pratiche del reimpiego nell'alto medioevo. 16 – 21 aprile 1998, Spoleto 1999 (SSCI 46), S. 177 – 225, hier S. 210 f. und bei ROSAMOND MCKITTERICK: Paul the Deacon and the Franks. In: Early Medieval Europe 8 (1999), S. 319 – 339, hier S. 327 – 330.

55 Etwa KARL-HEINRICH KRÜGER: Zur ‚beneventanischen' Konzeption der Langobardengeschichte des Paulus Diaconus. In: Frühmittelalterliche Studien 15 (1981), S. 18 – 35; GOFFART (Anm. 4), S. 329 – 431.

56 Zusammenfassend dazu PLASSMANN (Anm. 8), S. 197 – 199.

57 MCKITTERICK (Anm. 54); PLASSMANN (Anm. 8), S. 239 – 242.

den Gotenkriegen im 6. Jahrhundert, sodass die Langobarden dort gar nicht in Erscheinung treten. In der als Auftragswerk entstandenen *Gesta archiepiscoporum Mettensium* nimmt er einen wenig überraschenden prokarolingischen Standpunkt ein,[58] während in seinen Gedichten eine Kritik an Karl dem Großen und seinem Hof ausgemacht wurde.[59] Da diese Werke vor der *Historia Langobardorum* entstanden, ist ohnehin nicht auszuschließen, dass Paulus gegen Ende seines Lebens eine andere Meinung vertreten haben könnte. Die *Historia Langobardorum* ist daher ein schwer zu beurteilendes, vielschichtiges Werk, das sich kaum auf einen Darstellungszweck reduzieren lässt,[60] sodass sich eine Stellungnahme für die Franken durchaus mit einer Stilisierung Liutprands als idealem König und der Region Italien als eigentlichem Mittelpunkt der Erzählung in Einklang bringen lässt.

Erklärungsbedürftig sind in Bezug auf die Herkunftsgeschichte der Langobarden, wie Paulus sie schildert, insbesondere die Unterschiede zu der früheren Version, wie sie in der *Origo gentis Langobardorum* aus der Mitte des 7. Jahrhunderts überliefert ist. In der *Origo gentis Langobardorum* wird die Benennung der Langobarden als ‚Langbärte' durch den heidnischen Gott Wodan positiv identitätsstiftend stilisiert (Abb. 2), da sich hier sowohl Mut als auch List der Langobarden offenbart,[61] während Paulus gleichsam skeptischen Abstand zu der Geschichte einnimmt, die er als „lächerliches Märchen" (*ridicula fabula*) einstuft.[62] Dies ist als Unverständnis des gläubigen Christen für heidnische Erzählungen

58 Zu den *Gesta* Walter Goffart: Paul the Deacons *Gesta episcoporum Mettensium* and the Early Design of Charlemagne's Succession. In: Traditio 42 (1986), S. 59–93; Damien Kempf: Paul the Deacon's *Liber de episcopis Mettensibus* and the role of Metz in the Carolingian realm. In: Journal of Medieval History 30 (2004), S. 279–299.

59 Florian Hartmann: *Vitam litteris ni emam, nihil est, quod tribuam.* Paulus Diaconus zwischen Langobarden und Franken. In: Frühmittelalterliche Studien 43 (2009), S. 71–93.

60 Dazu Walter Pohl: Paolo Diacono e la costruzione dell'identità longobarda. In: Paolo Diacono. Uno scrittore fra tradizione longobarda e rinnovamento carolingio. Atti del Convegno Internazionale di Studi Cividale del Friuli – Udine. 6–9 maggio 1999. Hrsg. von Paolo Chiesa, Udine 2000, S. 413–426.

61 *Origo gentis Langobardorum.* Hrsg. von Annalisa Bracciotti, Rom 1998 (Biblioteca di Cultura Romanobarbarica diretta da Bruno Luiselli 2), cap. 1, S. 106f. – Handschriftliche Überlieferung der *Origo gentis Langobardorum:* Modena, Biblioteca Capitolare, 0.1.2; Cava de' Tirreni, Archivio della Badia, 4; Madrid, Biblioteca Nacional de Espana 413.

62 Paulus Diaconus: *Historia Langobardorum.* Hrsg. von Ludwig Carl Bethmann/Georg Waitz, Hannover 1878 (MGH Scriptores rerum Germanicarum 48), I, 8, S. 58. – Handschriftliche Überlieferung: St. Gallen, Stiftsbibliothek 635; [Codex Foroiuliensis:] Cividale del Friuli, Museo Archeologico Nazionale, ms. XXVIII; Vatican, Biblioteca Apostolica Vaticana, vat. Lat. 4917; erste Hinweise finden sich auf Palimpsest: Assisi, Biblioteca Communale, San Francesco 585.

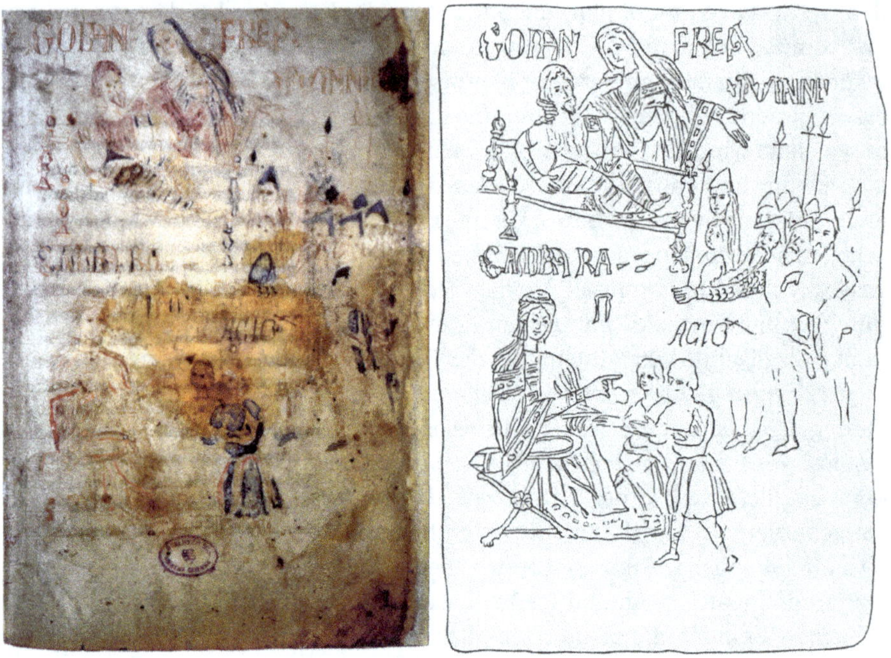

Abb. 2: Origo gentis Langobardorum. Cava de' Tirreni, Biblioteca del Monumento Nazionale Badia di Cava, Cod. Cav. 4, c. 2r: Die Göttin Freia dreht mit ihrer rechten Hand den Kopf des Gottes Wodan zu einer Schar von Kriegern, die durch das über ihren Köpfen stehende Lemma als Winniler gekennzeichnet sind und denen die Götter den Namen Langobarden verleihen werden. Unten berät sich die langobardische Königin Gambara mit ihren Söhnen Ybor und Agio. Die Nachzeichnung ist entnommen dem Ausstellungskatalog ‚Die Langobarden'. Hrsg. von Ralf Busch, Neumünster 1988, S. 8; der Abdruck erfolgt mit der freundlichen Genehmigung des Herausgebers und des Wachholtz-Verlags, Hamburg.

gedeutet worden,[63] stünde dann aber im Kontrast zur recht unbekümmerten Übernahme antiker, schriftlich überlieferter und daher vielleicht glaubwürdigerer Legenden, etwa der Amazonen oder der Kynokephali. Auffällig ist, dass eine Zurückhaltung des Paulus, die sich im Abstand gegenüber den Geschehen durch Einschübe subjektiver Elemente wie indirekte Rede, Zweifel an Augenzeugen und Ähnlichem zeigt, gegenüber wie auch immer geartetem himmlischen Eingreifen immer dann manifestiert, wenn der Eindruck entstehen könnte, dass Gott, Heilige

63 Herwig Wolfram: Einleitung oder Lügen mit der Wahrheit. Ein historiographisches Dilemma. In: Historiographie im frühen Mittelalter. Hrsg. von Anton Scharer/Georg Scheibelreiter, München/Wien 1994 (Veröffentlichungen des Instituts für Österreichische Geschichtsforschung 32), S. 11–25, hier S. 21.

oder auch nur himmlische Zeichen zugunsten der Langobarden und ihrer Könige wirken.[64] Die einzige wunderbare Erzählung, die uns Paulus über einen Frankenkönig bietet, der Traum des Guntchramn nämlich, wird von ihm im Gegensatz dazu als glaubwürdig stilisiert.[65] Ein explizites Eingreifen Gottes für die Herrschaft eines Langobardenkönigs erwähnt Paulus allein für Liutprand.[66] Dieser Befund lässt sich mit der Einschätzung der *Origo* der Langobarden als *ridicula fabula* in Einklang bringen, wenn man keine Identitätsstiftung für die Langobarden, sondern eine Legitimierung der fränkischen Einmischung und Eroberung als einen Darstellungszweck annimmt. Trotz vielfältiger Elemente, die Paulus identitätsstiftend hätte einsetzen können, steht bei ihm nicht das Wir-Bewusstsein der Langobarden im Mittelpunkt, das selbstverständlich in der *Historia Langobardorum* als vorhanden anzusehen ist, sondern die Legitimierung und vielleicht auch nur Erklärung des status quo, der sich durch das Eingreifen Karls 774 entscheidend gewandelt hatte. Das Nachleben der Langobardengeschichte ist nicht von dieser subtilen Infragestellung gängiger Legitimationsmuster geprägt, sondern ergibt sich vor allem aus der Fülle an legendärem Material nicht nur zu den Langobarden selbst, sondern auch zu italienischen Regionen und Städten, die in ihrer Geschichtsschreibung in der Langobardengeschichte einen willkommenen Anknüpfungspunkt fanden.[67]

7 Widukind von Corvey

Die *Res gestae Saxonicae libri tres* des Widukind von Corvey werden zur gentilen Geschichtsschreibung gerechnet, bieten aber bereits Übergänge zur einer Geschichtsschreibung, die sich mehr an einem bestimmten *regnum* und der dort regierenden Familie orientiert. Der anekdotische Stil Widukinds ist zu Recht daraufhin gedeutet worden, dass ein Zweck seines Werkes ganz sicherlich die Unterhaltung seiner Leser und wohl auch Hörer war, da die gefälligen Abschnitte

64 Aufstellung bei Plassmann (Anm. 8), S. 215–233.

65 Paulus (Anm. 62), III, 34, S. 139

66 Paulus (Anm. 62), VI, 22, S. 221: *Quod Dei omnipotentis nutu factum fuisse, qui eum ad regni gubernacula praeparabat, dubium non est* („Dass dies mit dem Einverständnis des allmächtigen Gottes geschah, der ihn zur Herrschaft über das Reich vorbereitete, steht außer Zweifel“) und V, 2, S. 183; Gottes Wirken wird hier für Grimuald beansprucht, bezeichnenderweise aber nur, um ihn von einer Sünde abzuhalten.

67 Hierzu Paolo Chiesa: Caratteristiche della trasmissione dell'Historia Langobardorum. In: Paolo Diacono e il Friuli altomedievale (secc VI-X). Atti del XIV Congresso internazionale di studi sull'Alto Medioevo. Cividale del Friuli. Bottenicco di Moimacco 24–29 settembre 1999, Spoleto 2001, S. 45–66.

sich für den mündlichen Vortrag eigneten.[68] Ganz offensichtlich hat Widukind auch mündliche Überlieferungen herangezogen, wie etwa in der Erzählung von Iring, in der man die Reste eines germanischen Heldenliedes sah, den Geschichten um Erzbischof Hatto und auch noch bei den Taten Ottos des Großen, was die Glaubwürdigkeit des Mönches in der positivistisch geprägten Geschichtswissenschaft beeinträchtigte.[69] Die moderne Forschung zu Widukind hat durch die 1950 erschienene Untersuchung von HELMUT BEUMANN ganz entscheidende Anstöße erhalten, da BEUMANN den Geschichtsschreiber erstmals nicht als Aufzeichner von sächsischen und liudolfingischen Traditionen verstand, sondern Darstellungen und Intentionen herausarbeitete, die zu großen Teilen auch heute noch von der Forschung anerkannt sind.[70] Es muss demnach betont werden, dass Widukind mit seinem Werk auch andere Zwecke verfolgte, als lediglich den der Unterhaltung, den er auch selber nennt.[71] Die *Res gestae Saxonicae* sind uns in drei Versionen überliefert, die die Forschung sowohl unterschiedlich datiert als auch unterschiedlichen Darstellungszwecken zugeordnet hat. Die erste Version entstand vor 968 (sogenannte Klosterfassung), die zweite wohl während der Abwesenheit Ottos des Großen von 966 – 972 in Italien, da diese Version der teilweise als Regentin tätigen Tochter Mathilde gewidmet ist, und die dritte Version entstand

68 LARS BOJE MORTENSEN: Stylistic Choice in a Reborn Genre. The National Histories of Widukind of Corvey and Dudo of St. Quentin. In: Dudone di San Quintino. Hrsg. von PAOLO GATTI/ANTONELLA DEGL'INNOCENTI, Trient 1995 (Labirinti. Collona del Dipartimento di Scienze Filologiche e Storiche 16), S. 77 – 102.

69 Zu Iring HILKERT WEDDIGE: Heldensage und Stammessage. Iring und der Untergang des Thüringerreiches in Historiographie und heroischer Dichtung, Tübingen 1989 (Hermaea. N.F. 61); zu den Geschichten über Hatto GERD ALTHOFF: Verformungen durch mündliche Tradition. Geschichten über Erzbischof Hatto von Mainz. In: Iconologia sacra. Mythos, Bildkunst und Dichtung in der Religions- und Sozialgeschichte Alteuropas. Festschrift für Karl Hauck zum 75. Geburtstag. Hrsg. von HAGEN KELLER/NIKOLAUS STAUBACH, Berlin/New York 1994 (Arbeiten zur Frühmittelalterforschung 23), S. 438 – 450.

70 HELMUT BEUMANN: Widukind von Korvei. Untersuchungen zur Geschichtsschreibung und Ideengeschichte des 10. Jahrhunderts, Weimar 1950 (Abhandlungen über Corveyer Geschichtsschreibung 3).

71 Widukind von Corvey: *Res gestae Saxonicae*. Hrsg. von HANS-EBERHARD LOHMANN/PAUL HIRSCH, Hannover 1935 (MGH Scriptores Rerum Germanicarum 60), Vorrede (an Mathilde), S. 2: *ut ea legendo animum oblectes, curas releves, pulchro otio vaces* („damit Du beim Lesen das Gemüt erfreust, die Sorgen vergisst und Dich der schönen Muße hingibst"). – Handschriftliche Überlieferung: Version A: Dresden, Sächsische Landesbibliothek ms. J38; Version B und C: London, The British Library, Additional 31109; Montecassino, Archivio della Badia, 298 und Berlin, SB, Latin octavo 198.

nach 973.[72] Gelegentlich deutet Widukind Kritik am Herrscherhaus an, die in Teilen auch der des sächsischen Adels entsprochen haben mag. So schildert er etwa einen sächsischen Rebellen gegen Otto den Großen teilweise positiv,[73] propagiert den in Corvey ansässigen heiligen Vitus als wirkmächtiger als Mauritius aus dem gegen Widerstände neu gegründeten Magdeburg[74] und berichtet gelegentlich davon, dass Befehle des Königs missachtet worden seien.[75] Dies sollte indes nicht darüber hinwegtäuschen, dass Widukind grundsätzlich das liudolfingische Herrscherhaus unterstützte und die Geschichte der sächsischen *gens* eng mit ihm verbunden sah. Dies wird insbesondere daran deutlich, dass der Aufstieg der Liudolfinger von Herzog Otto über König Heinrich I. bis zu Kaiser Otto dem Großen eng mit der Tüchtigkeit der Sachsen in Verbindung gebracht wird.[76] Im Gegensatz zu den *Origo gentis*-Erzählungen, die in den Nachwehen der Transformation der römischen Welt entstanden sind, hat Widukind schon deutlich Abstand zu den Römern, die bei ihm für die Identität der Sachsen und ihre Legitimierung keine entscheidende Rolle mehr spielen. Es sind vielmehr die Franken, gegen die sich die Sachsen als deren Nachfolger bewähren müssen und die sie schließlich in der Übernahme der Herrschaft über das *regnum Francorum* überflügeln.[77] Die *Origo* der Sachsen wird von Widukind anders geschildert als bei

72 Zu Widukind seien genannt GERD ALTHOFF: Widukind von Corvey. Kronzeuge und Herausforderung. In: Frühmittelalterliche Studien 27 (1993), S. 253 – 272; SVERRE BAGGE: Kings, Politics, and the Right Order of the World in German Historiography c. 950 – 1150, Leiden/Boston/Köln 2002 (Studies in the History of Christian Thought 103), S. 23 – 94; MATTHIAS BECHER: Rex, Dux und Gens. Untersuchungen zur Entstehung des sächsischen Herzogtums im 9. und 10. Jahrhundert, Husum 1996 (Historische Studien 444), S. 35 – 41; JOHANNES FRIED: Die Königserhebung Heinrichs I. Erinnerung, Mündlichkeit und Traditionsbildung im 10. Jahrhundert. In: Mittelalterforschung nach der Wende. Hrsg. von MICHAEL BORGOLTE, München/Wien 1995 (Historische Zeitschrift. Beihefte. N.F. 20), S. 267 – 318; JOHANNES LAUDAGE: Widukind von Corvey und die Deutsche Geschichtswissenschaft. In: Von Fakten und Fiktionen. Mittelalterliche Geschichtsdarstellungen und ihre kritische Aufarbeitung. Hrsg. von DERS., Köln/Wien 2003, S. 193 – 224; PLASSMANN (Anm. 8), S. 265 – 289.

73 Die Schilderung von Wichmanns Tod bei Widukind (Anm. 71), III, 69, S. 143 – 145.

74 Widukind (Anm. 71), I, 34, S. 46 – 48 und MATTHIAS BECHER: Vitus von Corvey und Mauritius von Magdeburg. Zwei sächsische Heilige in Konkurrenz. In: Westfälische Zeitschrift 147 (1997), S. 235 – 249.

75 Etwa Widukind (Anm. 71), III, 70, S. 147f.: Die Anweisungen in einem Brief des Königs werden missachtet; III, 75, S. 152: Gerüchte über Rebellion in Sachsen wegen der Abwesenheit des Königs werden indessen zurückgewiesen (aber erwähnt).

76 Zu Herzog Otto Widukind (Anm. 71), I, 16, S. 26f.; zum Aufstieg Heinrichs, I, 25 und 26, S. 37 – 40; zu Otto dem Großen II, 1, S. 63.

77 Widukind (Anm. 71), I, 9, S. 16: *qui* [die Sachsen] *Francorum imperium quandoque destruerent* („Sie wären es, die dereinst die Vorherrschaft der Franken zerstören würden").

Beda, den er als Quelle benutzt, ohne sein Konzept zu übernehmen, und auch anders als in der kurzen Version der *Translatio S. Alexandri* des Rudolf von Fulda.[78] Konsequent werden den Sachsen von Beginn an die Eigenschaften der Tapferkeit und der listigen Durchsetzung zugeschrieben, die an verschiedenen Punkten der sächsischen Geschichte immer wieder mimetisch zum Vorschein kommen und sich bewähren, sei es in Auseinandersetzung mit den zunächst als Erzfeinden geschilderten Thüringern, sei es im Bündnis und in Auseinandersetzung mit den Franken.[79] Auch später werden andere benachbarte slawische *gentes* und Ungarn konsequent zur Schärfung des sächsischen Profils eingesetzt. Bei aller gelegentlich aufscheinenden Kritik gerade an der Politik Ottos des Großen wird daher das Schicksal der sächsischen *gens* eng mit dem Herrscherhaus verwoben, das in der Abwehr der äußeren Feinde der Ungarn die *pax* nach außen hin sichert und auf die innere *concordia* hinarbeitet. So weist Widukind auf der einen Seite Züge auf, die sich deutlich in Verbindung mit der frühmittelalterlichen gentilen Geschichtsschreibung bringen lassen, leistet aber auch ähnlich wie sein Zeitgenosse Dudo von Saint-Quentin eine Verknüpfung von seiner eigenen *gens* mit dem von ihr beherrschten Gebiet und einer Königsdynastie und benutzt als Fokus der Identität nicht die Römer, sondern die für die Geschichte der Sachsen wesentlich wichtigeren Franken. Die identitätsstiftenden und legitimierenden Muster werden von Widukind also deutlich der eigenen Situation angepasst und erweisen sich an diesem Prüfstein als flexible Elemente, die eine wirkliche Gattungsdefinition erschweren.

8 Cosmas von Prag

Die *Chronica Boemorum* („Chronik der Böhmen") entstand zwischen 1110 und 1125 aus der Feder eines Prager Domdekans und bietet wie bei Beda und Widukind von Corvey eine Innensicht. Cosmas stellt indes eindeutig nicht mehr allein seine *gens* in den Mittelpunkt, sondern legt den Schwerpunkt auf das Herrschergeschlecht der Přemysliden, das zur Herrschaft in der *terra Boemiae* prädestiniert ist. Zunächst hatte Cosmas offenbar nicht vor, sein Werk bis in die eigene Zeit fortzuführen, hat aber vielleicht auf Zureden von außen hin doch auch noch die zeitgenössische Geschichte geschildert.[80] Cosmas beruft sich explizit auch auf

---

78 Widukind (Anm. 71), I, 1 – 7, S. 4 – 7 und I, 9 – 14, S. 10 – 25. Abänderung von Beda: I, 8, S. 8 – 10.

79 Plassmann (Anm. 8), S. 269 – 282.

80 Cosmas von Prag: *Chronica Boemorum.* Hrsg. von Bertold Bretholz, Berlin ^{2}1955 (MGH Scriptores rerum Germanicarum. N.S. 2) III, 28, S. 197 f. – Handschriftliche Überlieferung der

mündliche Überlieferung, richtet seine Darstellung aber auch an biblischen und klassischen Vorbildern aus. Die *gens* der Böhmen erreicht unter einem Vorvater Boemus das unkultivierte, aber fruchtbare Land, wobei Cosmas deutlich auf biblische und römische Parallelen verweist.[81] Die so von Anbeginn an geknüpfte Einheit von *gens* und *terra* wird durch das vorherbestimmte Herrschergeschlecht noch enger verbunden, auf das sich Cosmas dann konzentriert. In der sogenannten Libuše-Erzählung, in der Cosmas die Herkunft der Přemysliden zum Thema macht, finden sich sehr ungewöhnliche Elemente, die erweisen, dass auch im Hochmittelalter noch neue Muster für Herkunftserzählungen zur Anwendung kamen. Auffällig ist insbesondere, dass Herrschaft nicht als eindeutig positiv verstanden wird: In zwei Erzählungen warnt die bis dato als Richterin tätige Libuše die Böhmen davor, einen Herrscher einzusetzen. Wenn die Böhmen sich einen Herrscher wählen, sei das mit den Tauben zu vergleichen, die sich ausgerechnet den Falken als Anführer aussuchen oder den Fröschen, die die Wasserschlange zu ihrem König machen.[82] Trotz dieser Warnung wollen die Böhmen in Anlehnung an Samuel[83] einen König, den Libuše dann in der Person von Přemysl für sie findet. Ein weiteres ungewöhnliches Element ist die bescheidene Herkunft des Přemysl, der vom Pflug weggeholt wird. Den Beweis für diese Wurzeln in einer bäurischen Umgebung des Přemysl will Cosmas selbst noch in Form von dessen alten Bastschuhen gesehen haben, die bezeichnenderweise als mahnendes Erbstück im böhmischen Herzogshaus aufbewahrt worden sein sollen.[84] Die nicht-adlige

---

Cosmas-Chronik: Prag, Knihovna Národního Muzea, VIII F 69; Leipzig, UB, ms. 1324; Stockholm, Kungliga Biblioteket, A 148; Wien, Österreichische Nationalbibliothek, cod. 508. Deutschsprachige Literatur zu Kosmas findet sich bei Kersken (Anm. 9), S. 573–582; Marie Bláhová: Die Anfänge des böhmischen Staates in der mittelalterlichen Geschichtsschreibung. In: Von Sacerdotium und Regnum. Geistliche und weltliche Gewalt im frühen und hohen Mittelalter. Festschrift für Egon Boshof zum 65. Geburtstag. Hrsg. von Franz-Reiner Erkens/Hartmut Wolff, Köln/Weimar/Wien 2002 (Passauer Historische Forschungen 12), S. 67–76; Plassmann (Anm. 8), S. 321–356; Martin Wihoda: Macht und Struktur der Herrschaft im Herzogtum Böhmen. Grundlagen, Legitimierung und zeitgenössische Vorstellungen. In: Macht und Spiegel der Macht – Herrschaft in Europa im 12. und 13. Jahrhundert vor dem Hintergrund der Chronistik. Konferenz des Deutschen Historischen Instituts in Warschau in Kooperation mit dem Historischen Seminar der Universität Hamburg. Hrsg. von Norbert Kersken/Grischa Vercamer, Wiesbaden 2013, S. 341–358.

81 Cosmas (Anm. 80), I, 2, S. 5–7.

82 Cosmas (Anm. 80), I, 4, S. 11f. und I, 5, S. 14f.

83 Vgl. 1. Kg 8, 3; Ezech 26.

84 Cosmas (Anm. 80), I, 6, S. 15–17. Zu diesem Motiv vgl. auch Jacek Banaszkiewicz: Königliche Karrieren von Hirten, Gärtnern und Pflügern. Zu einem mittelalterlichen Erzählschema vom Erwerb der Königsherrschaft [die Sagen von Johannes Agnus, Premysl, Ina, Wamba und Dagobert]. In: Saeculum 33 (1982), S. 265–286.

Herkunft der Přemysliden ist allerdings nur in der Entwicklungsgeschichte der *Origo gentis* ungewöhnlich, da zeitgenössisch zu Cosmas auch in Gallus Anonymus' *Chronica Polonorum* der erste Piast als armer Bauer stilisiert wird.[85] Die zukünftige Einheit Böhmens unter einem přemyslidischen Herrscher wird von Přemysl in einem Zeichen vorhergesagt. Die in der *Origo* angelegte ambivalente Beurteilung der Herzogsherrschaft zieht sich durch das gesamte Werk des Cosmas. Immer wieder geraten Herzöge in Versuchung, die anfangs als Schreckbild beschworene Tyrannei auszuüben, immer wieder gerät durch die umstrittene Senioratsfolge die Einheit Böhmens unter einem Herzog in Gefahr. Die Ursprungserzählung bietet also die Erklärung für den nicht immer stringenten Verlauf der Geschichte der Přemysliden. Wenn die Herzöge tyrannischen Tendenzen erliegen und nicht mehr auf Berater wie den Bischof von Prag hören, ist dies eine ebenso große Gefahr wie die Abweichung vom Prinzip der Senioratsfolge. Die Legitimität der Přemysliden leitet sich also durchaus von ihrem Ursprung her, ist aber niemals selbstverständlich, sondern stets zu verteidigendes Gut. Die Přemysliden sind zur Herrschaft vorherbestimmt, ohne dass ihre Vertreter aber mit wenigen Ausnahmen als Ideal stilisiert werden. Besonders positiv wird Břetislav I. geschildert, der als Begründer der Senioratsfolge gelten kann; der von Heinrich IV. zum König erhobene Vratislav hingegen weist oftmals tyrannische Züge auf.[86] Die Kritik an weltlicher Herrschaft, die bei Cosmas so offen zu Tage tritt, ist im Kontext der legitimitätsstiftenden Ursprungserzählung durchaus ungewöhnlich und bezeichnenderweise wird im Nachleben der Libuše-Erzählung dieser Aspekt in der Rezeption oftmals vernachlässigt.[87]

Kristallisationspunkt der böhmischen Identität ist weiterhin das Bistum Prag, dessen Bischöfe nicht nur die wichtige Aufgabe haben, dem Herzog zu helfen, sondern auch in der Gestalt des heiligen Adalbert den ‚Nationalheiligen' der Böhmen stellen. Cosmas berichtet ausführlich, dass die Böhmen die Gebeine

---

85 Gallus Anonymus: *Chronica Polonorum*. Hrsg. von KAROL MALECZÝNSKI, Krakau 1952 (MPH N.S. 2), I, 1 und 2, S. 9 – 11. – Handschrifliche Überlieferung: Warschau, Polska Biblioteca Naradowa, BOZ, cim 28; Krakau, Biblioteka Czartoryskich, ms. 1310; Warschau, Polska Biblioteca Naradowa, BOZ cim 8006.

86 Vgl. PLASSMANN (Anm. 8), S. 333 – 335.

87 Zur dieser ungewöhnlichen Kritik an Herrschaft vgl. WIHODA (Anm. 80). Zum Kontext der Herrschaftskritik: WOLFGANG STÜRNER: Peccatum und Potestas. Der Sündenfall und die Entstehung der herrscherlichen Gewalt im mittelalterlichen Staatsdenken, Sigmaringen 1987 (Beiträge zur Geschichte und Quellenkunde des Mittelalters 11) und BERNHARD TÖPFER: Urzustand und Sündenfall in der mittelalterlichen Gesellschafts- und Staatstheorie, Stuttgart 1999 (Monographien zur Geschichte des Mittelalters 45). Zur Libuše-Erzählung BOHUSLAV BENEŠ: [Art.] Libussa. In: EM 8 (1996), Sp. 1025 – 1029 und PATRICK GEARY: Cur in feminas tamdiu perseverat? In: Die Suche nach den Ursprüngen (Anm. 2), S. 37 – 44.

Adalberts erst dann aus Gnesen nach Prag zurücküberführen können, als sie eine ausführliche Selbstverpflichtung auf künftiges tugendhaftes Benehmen eingegangen sind.[88] Auch beim *bellum civile* zwischen Vratislav und seinem Sohn Břetislav greift Adalbert zusammen mit Wenzel ein, um eine Aussöhnung zu bewirken.[89] Eine identitätsstiftende Abgrenzung zu anderen *gentes* findet in der *Chronica Boemorum* durchaus statt, ist aber nur im Fall der Polen durchweg negativ. Die deutschen Kaiser müssen bei Cosmas oft als Beispiel für die tyrannische Geldgier herhalten, insgesamt halten sich die positiven und negativen Berichte über die *Teutonici* in ihrer Gesamtheit und einzelne Deutsche, vor allem Prager Bischöfe, die Waage.[90] Cosmas steht also ähnlich wie sein Zeitgenosse Gallus Anonymus mit seiner *Chronica Polonorum* am Schnittpunkt eines Wandels der *Origo*-Erzählung. Die Identität fokussiert bei ihm nicht auf die *gens* allein, sondern auf die Herrscherdynastie und das beherrschte Land, sodass man an ihm den Übergang von der gentilen Geschichtsschreibung zur landesgeschichtlich geprägten dynastischen Geschichtsschreibung festmachen kann.

9 Saxo Grammaticus

Saxo Grammaticus schrieb seine *Gesta Danorum* um 1200, beendete sie wohl 1216/19 und widmete sie dem Bischof von Lund. Das in 16 Bücher eingeteilte umfangreiche Werk begann Saxo wohl im Auftrag des Bischofs Absalon, dessen Andenken er die *Gesta* widmete. Da uns das Werk vollständig nur in der Editio princeps von 1514 überliefert ist, ist schon die bloße Einteilung der Bücher nicht unstrittig.[91] Saxo nahm Bezug auf die Ursprungserzählungen anderer Geschichtsschreiber vor ihm, insbesondere Jordanes und Dudo von Saint-Quentin, und teilweise ist sein Werk als das Ergebnis einer bewussten Auseinandersetzung mit den Deutungsmustern anderer Autoren zu deuten. Ähnlich wie Paulus Diaconus bietet Saxo indes mit seinem sehr ausführlichen Werk mehrere Möglichkeiten, ihm sinnvoll Darstellungszwecke zuzuschreiben, von denen hier aber nur

---

88 Cosmas (Anm. 80), II, 3–5, S. 84–91.
89 Cosmas (Anm. 80), II, 47, S. 154.
90 Hierzu Anna Aurast: Wir und die Anderen. Identität im Widerspruch bei Cosmas von Prag. In: Das Mittelalter 10 (2005), S. 28–37; Plassmann (Anm. 8), S. 338–342.
91 Thomas Riis: Einführung in die *Gesta Danorum* des Saxo Grammaticus, Odense 2006, S. 30–39. Aus der vielfältigen Literatur zu Saxo seien stellvertretend folgende genannt: Kersken (Anm. 9), S. 444–457; Thomas Foerster: Vergleich und Identität. Selbst- und Fremddeutung im Norden des hochmittelalterlichen Europa, Berlin 2009 (Europa im Mittelalter 14), S. 115–150. Vgl. zu Saxo auch den Beitrag von Sverre Bagge in diesem Band.

die berücksichtigt werden sollen, die für die Verbindung zur gentilen Geschichtsschreibung von Bedeutung sind. Entscheidend für die Darstellung der *Gesta Danorum* ist die Betonung der Eigenständigkeit, die von Saxo unter Zuhilfenahme mehrerer Motive herausgearbeitet wird, für die er sich bewusst mit den *Origo*-Erzählungen als Genre auseinandersetzt. Ungewöhnlich ist die von Saxo herausgearbeitete autochthone Herkunft der Dänen, denen er zwar einen *heros eponymos* Dan zugesteht, für den er aber die mögliche biblische Anknüpfung an den Sohn Jakobs gerade nicht nutzt.[92] Saxo schien eine autochthone Herkunft eine deutlichere Betonung der Eigenständigkeit zu ermöglichen. Dennoch wollte er offenbar wie Dudo in seiner Normannengeschichte eine Überlegenheit der Dänen über die Römer beweisen und gleichzeitig die Dänen als ein besonderes, auserwähltes Volk stilisieren, was ihm aber im Gegensatz zu Dudo nicht durch verwandtschaftliche Anknüpfung an die Römer gelingt, sondern durch Parallelisierung erreicht wird. Zur Zeit von Christi Geburt etwa, als in Rom Augustus regierte, herrschte in Dänemark König Frothe, der ebenso für Frieden sorgte und als Gesetzesvater der Dänen vorgestellt wird.[93] So gelingt Saxo zugleich eine Anbindung an die christliche Heilsgeschichte als auch eine Gleichrangigkeit mit dem römischen Vorbild. Die 16 Bücher des Saxo lassen sich in vier Perioden unterteilen, die sich aus dem Voranschreiten des Christentums ergeben und zugleich an den Kardinaltugenden ausgerichtet sind. Die ersten vier Bücher behandeln die Zeit vor Christi Geburt, die nächsten vier die Zeit bis zum ersten Kontakt mit dem Christentum, weitere vier die Christianisierung und die letzten vier die Vollendung der kirchlichen Organisation,[94] parallel zu den Tugenden der *Fortitudo*, *Temperantia*, *Iustitia* und *Prudentia/Pietas*.[95] Wichtiger Bestandteil der Darstellung der *gens Danorum* als eigenständiger, selbstbewusster *gens* ist insbesondere die Abwehr der imperialen Ansprüche des römisch-deutschen Reiches, sicher auch einer der Gründe für Saxo, eine unrömische *Origo* einer Trojasage vorzuziehen.

---

92 Saxo Grammaticus: *Gesta Danorum: Danmarkshistorien*. Hrsg. von Karsten Friis-Jensen, übers. von Peter Zeeberg, 2 Bde., Kopenhagen 2005, Bd. 1, S. 86 f. – Handschrifliche Überlieferung: Fragment: Kopenhagen, Kongelige Bibliotek, NKS 869 g 4° [Fragment]; Die Editio princeps wurde hrsg. von Christiern Pedersen, Paris 1514. Vgl. zu Saxo Grammaticus Lars Boje Mortensen: Saxo Grammaticus' View of the Origin of the Danes and his Historiographical Models. In: Cahiers de l'institut du moyen-âge grec et latin 55 (1987), S. 169 – 183, hier S. 171 – 174.

93 Saxo (Anm. 92), V/1, Bd. 1, S. 276 – 285.

94 Inge Skovgaard-Petersen: Saxo's History of the Danes: An Interpretation. In: Scandinavian Journal of History 13 (1988), S. 87 – 93.

95 Kurt Johanneson: Order in *Gesta Danorum* and Order in the Creation. In: Saxo Grammaticus. A Medieval Author Between Norse and Latin Culture. Hrsg. von Karsten Friis-Jensen, Kopenhagen 1981, S. 95 – 104.

Während die Einflüsse klassischer und biblischer Topoi auf Saxo offensichtlich sind, ist die Frage nach der Verwendung genuin skandinavischer Kulturelemente und Überlieferung durchaus umstritten. Sind etwa die zahlreichen Gedichte vom Prosimetrum bei Dudo von Saint-Quentin inspiriert? Sind sie Versuche Saxos, der klassischen Tradition eine eigene entgegenzustellen, oder entstammen die Verse aus einer skandinavischen Kultur von schmähender Rede und Gegenrede? Saxo selbst hat isländische Quellen erwähnt, in welchem Umfang er sie benutzt hat, ist indes bisher nicht schlüssig beantwortet worden.[96] Inzwischen hat man die vielfältigen Anknüpfungen an klassische Muster bei Saxo deutlich in den Vordergrund gestellt und deutet ihn als einen Autor mit Gestaltungswillen, dessen Hinweise auf mündliche Traditionen viel eher dazu dienen, die Dänen als eigenständig zivilisierte *gens* abzugrenzen, die auf die Römer nicht angewiesen ist, als dem Wunsch nach Bewahrung oraler Überlieferung entspringen. Mit seiner Betonung des Zusammenhangs zwischen der *gens Danorum*, dem Königtum und den ratgebenden Großen, insbesondere den Bischöfen, steht Saxo am Übergang zu den Nationalgeschichten des Hochmittelalters,[97] ist aber vor allem wegen seiner Auseinandersetzung mit anderen *Origo*-Erzählungen als letzter Ausläufer einer Gattung zu zählen, der allerdings nur er sich erstmals bewusst wird.

Lektürehinweise:

1. Beda: Kirchengeschichte des englischen Volkes. Übers. von GÜNTER SPITZBART, 2 Bde., Darmstadt ²1997 (Texte zur Forschung 34); Gregor von Tours: Zehn Bücher Geschichten. Auf Grund der Übersetzung WILHELM GIESEBRECHTS neu bearbeitet von RUDOLF BUCHNER, 2 Bde., Darmstadt 1955–1956 (FSGA 2 und 3); Isidor von Sevilla: *Enzyklopädie*. Übers. von LENELOTTE MÖLLER Wiesbaden 2008; Jordanes: Die *Gotengeschichte*. Übers. von DIES., Wiesbaden 2012; Paulus Diaconus: *Historia Langobardorum*. Lateinisch/Deutsch. Hrsg. und übers. von WOLFGANG F. SCHWARZ, Darmstadt 2009; Quellen zur Geschichte des 7. und 8. Jahrhunderts. Die vier Bücher der Chroniken des sogenannten Fredegar. Hrsg. von ANDREAS KUSTERNIG/HERMANN HAUPT, Darmstadt 1982 (FSGA 4a); Quellen zur karolingischen Reichsgeschichte. Tl. 1: Die Reichsannalen. Hrsg. von ALBERT BAUER/REINHOLD RAU, Berlin 1955, Nachdruck Darmstadt 2008 (FSGA 8).
2. KERSKEN 1995 (9); WENSKUS 1961 (3); WOLFRAM 1994 (63).
3. COUMERT 2007 (5); Die Suche nach den Ursprüngen 2004 (2); Franks 2008 (4); GEARY 2004 (87); GOFFART 1988 (4); HEATHER 2008 (4); MERRILLS 2005 (15); On Barbarian Identity 2002 (4); PIZZARO 2003 (7); PLASSMANN 2006 (8).

96 BJARNI GUDNASON: The Icelandic sources of Saxo Grammaticus. In: Saxo Grammaticus (Anm. 95), S. 79–93; zusammenfassend zu Saxos Quellen auch RIIS (Anm. 91), S. 41–94.
97 Zu diesen vor allem KERSKEN (Anm. 9).

Roman Deutinger

Lateinische Weltchronistik des Hochmittelalters

1 Definitionen

Von anderen Formen der Geschichtsschreibung unterscheidet sich die hochmittelalterliche Chronistik zunächst durch ihre äußere Gestalt, nämlich durch die streng chronologische Gliederung in aufeinander folgende Jahresberichte, während sich die Historiographie im engeren Sinn im Gegensatz dazu als fortlaufende, zusammenhängende Erzählung darbietet, die, wenn überhaupt, in Kapitel, bei größerem Umfang auch in Bücher gegliedert ist. Und während sich die Historien in der Regel einem bestimmten Thema widmen, sei dies nun die Geschichte einer Institution wie Bistum, Kloster oder Stift, eines besonderen Ereignisses oder (selten) einer einzelnen Person, weisen Chroniken einen breiteren und vielfältigeren Berichtshorizont auf. Gerade die Aneinanderreihung von in sich knappen, aus den verschiedensten Bereichen genommenen und allein durch ihr zeitliches Zusammentreffen verbundenen Nachrichten ist für sie charakteristisch. Bezeichnend für die zentrale Funktion der Chronologie als verbindendes Element der Geschichtsdarstellung in diesen Werken ist die Beobachtung, dass in ihnen die Jahreszahlen stets konsequent durchgezählt werden, selbst wenn ihnen überhaupt keine historischen Nachrichten zugeordnet werden. Allerdings werden manche Chronisten, wenn sie sich ihrer eigenen Gegenwart nähern, in ihrer Darstellung so ausführlich, dass die Grenze zur Historiographie zu verschwimmen beginnt.

Eher theoretisch sinnvoll als im Einzelfall durchführbar ist hingegen die Unterscheidung zwischen Chroniken als rückblickend verfassten, an einem bestimmten Zeitpunkt endenden Chroniken und fortlaufend Jahr für Jahr geführten Annalen. Zum einen sind nämlich auch letztere meistens als Weiterführung einer bereits vorhandenen oder eigens zu diesem Zweck verfassten retrospektiven Chronik angelegt, zum andern wurden auch bei Annalen die einzelnen Jahresberichte nicht immer zeitgleich zu den jeweiligen Ereignissen eingetragen, sondern in einem Zug für mehrere Jahre oder gar Jahrzehnte, sodass der Unterschied zu den Chroniken eher graduell als grundsätzlich erscheint. Zudem sind die heute geläufigen Titel den einzelnen Werken ganz überwiegend erst von ihren modernen

Herausgebern mit einer gewissen Willkür gegeben worden und folglich kein zuverlässiger Anzeiger für den Charakter der Darstellung.[1]

Innerhalb der großen Menge von Chroniken und Annalen bilden die Weltchroniken eine besondere Gruppe, definiert durch ihren umfassenden zeitlichen Zugriff von der Erschaffung der Welt bis zur Gegenwart des jeweiligen Autors. In aller Regel wird dabei einem mit Abraham, mit Christi Geburt oder auch noch später beginnenden chronistischen Teil ein mehr oder weniger ausführlicher Überblick über die vorausgehende Weltgeschichte in historiographischer Form vorausgeschickt, wofür meistens die einschlägigen, überwiegend tabellarisch gestalteten Darstellungen von Hieronymus († 420), Isidor von Sevilla († 636) und Beda († 735) entweder als Vorbild oder sogar als direkte Vorlage dienen. Eine Zählung der Jahre vor Christi Geburt kommt dagegen erst im 13. Jahrhundert auf.[2] Entsprechend diesem universalen Zugriff bilden – nach mittelalterlichem Verständnis – universalhistorisch bedeutsame Phänomene den inhaltlichen Schwerpunkt des Berichtsinteresses: bis Christi Geburt die biblischen Patriarchen und die Weltreiche der Antike, danach das römische Kaisertum und die Päpste. Zwar enthalten auch Weltchroniken oft Nachrichten von lokalem oder regionalem Charakter, diese aber eher als Einsprengsel in der großen Erzählung der Weltgeschichte, nicht als ihr Hauptaugenmerk. Sie werden allerdings mehr, sobald die Darstellung zu einem fortlaufenden annalistischen Bericht über zeitgenössische Ereignisse übergeht; die Chroniken spiegeln dann in weitaus höherem Maß als in ihrem retrospektiven Teil die Persönlichkeit, das Interesse und den Informationshorizont ihrer Verfasser.

Der folgende Überblick beschränkt sich auf Weltchroniken des späten 10. bis frühen 13. Jahrhunderts aus dem deutschsprachigen Raum. Das hat nicht nur arbeitsökonomische Gründe, sondern ist auch deshalb sinnvoll, weil die Gattung

---

1 ANNA-DOROTHEE VON DEN BRINCKEN: Studien zur lateinischen Weltchronistik bis in das Zeitalter Ottos von Freising, Düsseldorf 1957; KARL-HEINRICH KRÜGER: Die Universalchroniken, Turnhout 1976 (Typologie des sources du moyen âge occidental 16); dazu DERS.: Die Universalchroniken. Mis à jour, Turnhout 1985; FRANZ-JOSEF SCHMALE: Funktion und Formen mittelalterlicher Geschichtsschreibung. Eine Einführung, Darmstadt 1985; KARL FERDINAND WERNER: Gott, Herrscher und Historiograph. Der Geschichtsschreiber als Interpret des Wirkens Gottes in der Welt und Ratgeber der Könige (4. bis 12. Jahrhundert). In: *Deus qui mutat tempora*. Menschen und Institutionen im Wandel des Mittelalters. Festschrift für Alfons Becker. Hrsg. von ERNST-DIETER HEHL u. a., Sigmaringen 1987, S. 1–31; HANS-WERNER GOETZ: Die Zeit als Ordnungsfaktor in der hochmittelalterlichen Geschichtsschreibung. In: Rhythmus und Saisonalität. Kongreßakten des 5. Symposions des Mediävistenverbandes in Göttingen 1993. Hrsg. von PETER DILG, Sigmaringen 1995, S. 63–74.

2 ANNA-DOROTHEE VON DEN BRINCKEN: Beobachtungen zum Aufkommen der retrospektiven Inkarnationsära. In: Archiv für Diplomatik 25 (1979), S. 1–20.

in diesem Zeitraum besonders im Gebiet des Deutschen Reichs gepflegt wurde. Hier verstand man das Kaisertum der Ottonen, Salier und Staufer als Fortsetzung des römischen Kaisertums der Antike, ihr Reich als Fortsetzung des Römischen Reichs und im Rahmen der Theorie von den vier Weltreichen demzufolge als notwendigen Teil des göttlichen Heilsplans, der die gesamte Weltgeschichte lenkt. In Ländern ohne dieses imperiale Selbstverständnis war das Bedürfnis nach umfassenden Darstellungen dieser historischen Tradition offenbar weniger ausgeprägt. Hinzu kommt, dass die deutsche Chronistik dieser Zeit kaum Berührungen mit der Chronistik anderer Länder aufweist, während die Verflechtungen innerhalb des Reichs ausgesprochen vielfältig sind. Deshalb lassen sich die Chroniken aus dem Reich als ein zusammengehöriges und relativ klar nach außen abgrenzbares Korpus identifizieren. Geordnet ist die Darstellung nicht chronologisch oder nach Regionen, sondern nach wirkungsgeschichtlichen Gruppen, denn die hochmittelalterliche Chronistik im Deutschen Reich lässt sich zum allergrößten Teil auf einige wenige Ausgangspunkte zurückführen. Die Hauptwerke innerhalb dieser Gruppen werden etwas ausführlicher vorgestellt, die bloß von ihnen abgeleiteten müssen sich aufgrund ihres epigonalen Charakters mit einer kürzeren Erwähnung begnügen.[3]

2 Hersfeld und Hildesheim

Die hochstehende Annalistik der Karolingerzeit mit den hofnahen *Annales regni Francorum* („Fränkische Reichsannalen") und deren späteren Verzweigungen fand im 10. Jahrhundert keine Fortsetzung; sie endet fast gleichzeitig im West- und Ostfrankenreich 900/901. Auch die 908 abgeschlossene, mit dem Jahr 906 endende Weltchronik (*Chronicon*) Reginos von Prüm († 915) erhielt erst nach jahrzehntelanger Pause eine Weiterführung bis zum Jahr 967 durch Adalbert († 981), Abt des Klosters Weißenburg im Elsass, einen ehemaligen Trierer Mönch.[4] Zwar

3 Grundlegend für alle hier behandelten Werke sind die einschlägigen Quellenkunden: Wilhelm Wattenbach/Robert Holtzmann/Franz-Josef Schmale: Deutschlands Geschichtsquellen im Mittelalter. Die Zeit der Sachsen und Salier, 3 Bde., Köln/Graz 1967–1972; Wilhelm Wattenbach/Franz-Josef Schmale: Deutschlands Geschichtsquellen im Mittelalter. Vom Tode Kaiser Heinrichs V. bis zum Ende des Interregnum. Bd. 1, Darmstadt 1976; Encyclopedia of the Medieval Chronicle. Hrsg. von Graeme Dunphy, 2 Bde., Leiden/Boston 2010. Ausführliche bibliographische Nachweise zu den einzelnen Chroniken einschließlich Übersetzungen bietet das Online-Repertorium ‚Geschichtsquellen des deutschen Mittelalters' (www.geschichtsquellen.de). Die Literaturhinweise im folgenden Beitrag sind deshalb bewusst knapp gehalten.

4 *Reginonis abbatis Prumiensis Chronicon cum continuatione Treverensi.* Hrsg. von Friedrich Kurze, Hannover 1890 (MGH SS rer. Germ. in usum schol. 50), S. 154–179.

wurden in relativ vielen Klöstern und Stiften im sich formierenden Deutschen Reich knappe Annalen geführt, oft als Randeinträge zu Ostertafeln und meist in Fortsetzung einer karolingerzeitlichen Anlage, von denen eine ganze Reihe noch im Original erhalten ist. Universalhistorischen Zuschnitt oder gar eine übergreifende Darstellungskonzeption hatte indes keine dieser unzusammenhängenden Notizensammlungen, auch wenn sie sich in Einzelfällen, wie etwa in St. Gallen, seit der Jahrhundertmitte zu einer fortlaufenden Berichterstattung weiterentwickelten.

Vielmehr stellte es einen völligen Neuansatz dar, als in den 970er Jahren im Kloster Hersfeld erstmals seit Regino wieder eine umfassende Weltchronik konzipiert wurde, anscheinend aufgrund einer Anregung des bücherliebenden Abtes Gozbert (970 – 984). Ihr Text hat sich nicht erhalten, ihre Gestalt lässt sich aber aus verschiedenen Ableitungen recht genau bis in den Wortlaut hinein rekonstruieren. Demnach bestand die Chronik aus einem historiographischen und einem annalistischen Teil. Der erste war hauptsächlich aus den Chroniken Isidors und Bedas geschöpft und wurde von einer kurzen Definition der sechs Weltalter eröffnet. Darauf folgte eine Generationenfolge der biblischen Patriarchen und der Könige von Israel von Adam bis Sedechias, die zunehmend durch die griechisch-römische Geschichte ergänzt und im fünften Weltalter dann ganz abgelöst wurde, schließlich ein Katalog der römischen Kaiser von Augustus bis Konstantin IV. († 685). Mit dem Jahr 702 begann der annalistische Teil, der fast nur noch die fränkische, von 843 an ostfränkische Geschichte behandelte und seine Informationen überwiegend von einem etwas älteren, ebenfalls verlorenen Annalenwerk aus dem nahegelegenen Kloster Fulda bezog. Neben dem Handeln der Herrscher, das bis zur Gegenwart des Autors in gleichmäßig knappen Worten geschildert wird, kommt im gesamten Werk kaum etwas anderes zur Sprache; lokale Hersfelder Bezüge werden nur ganz sporadisch eingeflochten. Die Ausrichtung ist somit tatsächlich universal sowohl in zeitlicher wie in inhaltlicher Hinsicht, und dies dürfte der Grund dafür sein, weshalb man sich nicht nur am Abfassungsort selbst für diese Weltchronik interessiert hat. Nirgends jedoch übernahm man den Text der *Hersfelder Annalen* unverändert, weshalb er heute mühsam aus seinen Ableitungen erschlossen werden muss.

Die Darstellung dieser als *Hersfelder Annalen* geläufigen, aber eher *Hersfelder Weltchronik* zu nennende Geschichtskompilation endet mit dem Jahr 974, was man wohl auch als Zeitpunkt der Abfassung anzusehen hat. Sehr bald danach wurde das Werk dann in Hildesheim übernommen und zunächst nur geringfügig ergänzt. Als man jedoch eine Generation später am selben Ort daranging, eine neue, eigenständige Weltchronik zusammenzustellen, griff man auf die Hersfelder Vorlage nur noch zurück, um ihr Informationen für das 9. und 10. Jahrhundert zu entnehmen. Die vorausgehende Zeit, hier sogar noch vor Adam bis zum ersten

Schöpfungstag zurückgehend, übernahm man aus der Chronik Isidors, überbrückte dann hundert Jahre mit einem dürren Katalog der Päpste und Kaiser und schrieb für die folgende fränkische Zeit einfach eine Lorscher Vorlage ab. Auch als man in den folgenden Jahrzehnten die Chronik schubweise bis 1137 ergänzte, blieb es stets bei direkten Übernahmen aus anderen Werken, sodass diese jüngeren *Annales Hildesheimenses* („Hildesheimer Jahrbücher") insgesamt bloß eine Aneinanderreihung verschiedener Chronikblöcke darstellen und eine durchgängige eigene Konzeption vermissen lassen.[5] Völlig anders verfuhr man gleichzeitig im Kanonissenstift Quedlinburg. Hier übernahm man die Hersfelder Vorlage beziehungsweise ihre erste Hildesheimer Bearbeitung ohne nennenswerte Einschränkungen, fügte allerdings fast von Anfang an Ergänzungen hinzu. Sobald sich die Verfasserin ihrer eigenen Gegenwart näherte, baute sie ihre Chronik zu einer detaillierten Schilderung der zeitgenössischen Ereignisse aus, wobei die Geschichte der ottonischen Familie und der ostsächsischen Umgebung des Stifts ihr Hauptinteresse bildeten.[6]

100 Jahre lang blieb die *Hersfelder Weltchronik* dann unbeachtet, ehe sie in den 1070er Jahren gleich mehrfach die Vorlage für neue Chroniken abgab. Freilich beschränkte man sich im elsässischen Weißenburg und im bayerischen Niederaltaich darauf, den annalistischen Teil ab 708 zu übernehmen, und ließ den vorausgehenden historiographischen Abschnitt unbeachtet, ignorierte also letztlich die Konzeption des Hersfelder Werks als Weltchronik. In Weißenburg schickte man den Annalen aber immerhin eine schlichte Liste der römischen Kaiser und der merowingischen Könige voraus, wodurch man den Anschluss an die Chronik des Hieronymus mit ihren Regentenlisten herstellte und auf diese Weise eine aus mehreren verschiedenen Teilen zusammengesetzte Weltchronik gewann. Ob man auch in Niederaltaich ähnlich verfahren ist, bleibt unbekannt, weil das von dort stammende Annalenwerk nur in später und unvollständiger Überlieferung erhalten ist.[7] Als man schließlich Anfang des 12. Jahrhunderts entweder in Hersfeld selbst oder in seiner Tochtergründung Hasungen wieder eine mit Adam beginnende Weltchronik abfasste, verließ man sich für die Frühzeit lieber auf die *Historia Romana* des Paulus Diaconus aus dem 8. Jahrhundert und zog die ältere *Hersfelder Weltchronik* nur ergänzend heran, was folglich auch für

5 *Annales Hildesheimenses*. Hrsg. von Georg Waitz, Hannover 1878 (MGH SS rer. Germ. in usum schol. 8).

6 Die *Annales Quedlinburgenses*. Hrsg. von Martina Giese, Hannover 2004 (MGH SS rer. Germ. in usum schol. 72).

7 *Annales Weissemburgenses*. Hrsg. von Oswald Holder-Egger, Hannover/Leipzig 1894 (MGH SS rer. Germ. in usum schol. 38), S. 9–57; *Annales Altahenses maiores*. Hrsg. von Edmund L. B. von Oefele, Hannover 1891 (MGH SS rer. Germ. in usum schol. 4).

alle späteren Bearbeitungen dieses jüngeren Hersfeld-Hasunger Annalenwerks gilt.[8]

Einen nochmals anderen Weg beschritt im Jahr 1077 der Hersfelder Mönch Lampert. Er übernahm die alte Hersfelder Vorlage samt ihrer Hildesheimer Weiterführung ohne einschneidende Veränderungen, betrachtete diesen universalhistorischen Teil seines Werks allerdings nur als eine Art Einleitung zu dem, was ihn eigentlich interessierte, nämlich seine eigene Zeit, die er in bis dahin ungekannter Ausführlichkeit dokumentierte. So beanspruchen schon die letzten zehn Jahre seines Berichts zwei Drittel des Gesamtwerks, allein der Jahresbericht zu 1075 umfasst fünfzig Druckseiten. Schließlich kapitulierte Lampert, wie er selbst am Ende eingesteht, vor der Stofffülle und brach die Darstellung mit dem März 1077 ab, obwohl er selber an dieser Stelle keinerlei historischen Einschnitt erkennen konnte. Da er sich auch inhaltlich ganz auf die Auseinandersetzungen König Heinrichs IV. mit den Sachsen und mit Papst Gregor VII. konzentriert, ist sein Werk letztlich gar nicht universalhistorisch ausgerichtet, auch wenn es sich formal als Weltchronik präsentiert.[9]

3 Reichenau

Völlig unabhängig von diesem Hersfeld-Hildesheimer Traditionsstrang und auch ohne unmittelbare andere Vorbilder entstand im Süden des Reichs auf der Reichenau um 1040 eine Weltchronik, die nach einem knappen Vorspann zur vorchristlichen Geschichte karge Daten zur Geschichte der römischen Kaiser und später der fränkischen und deutschen Könige zusammentrug, gegliedert nach den jeweiligen Herrscherjahren.[10] Dieser Reichenauer Materialkern, der in seiner ursprünglichen Form nicht überliefert ist, hat dann sehr bald unterschiedliche Bearbeitungen erfahren. Die erste davon war die bis 1043 reichende sogenannte *Schwäbische Weltchronik* (auch *Reichenauer Kaiserchronik*, früher irreführend

---

8 MARTINA GIESE: Die sogenannten *Annales Ottenburani*. In: Deutsches Archiv für Erforschung des Mittelalters 58 (2002), S. 69 – 121.

9 *Lamperti Hersfeldensis Annales*. Hrsg. von OSWALD HOLDER-EGGER, Hannover/Leipzig 1894 (MGH SS rer. Germ. in usum schol. 38), S. 3 – 304.

10 Zur Reichenauer Chronistik siehe – gegen ältere, etablierte Ansichten – RUDOLF POKORNY: Das *Chronicon Wirziburgense*, seine neuaufgefundene Vorlage und die Textstufen der Reichenauer Chronistik des 11. Jahrhunderts. In: Deutsches Archiv für Erforschung des Mittelalters 57 (2001), S. 63 – 93 und S. 451 – 499. Die ältere Sicht zusammengefasst bei FRANZ-JOSEF SCHMALE: Die Reichenauer Weltchronistik. In: Die Abtei Reichenau. Neue Beiträge zur Geschichte und Kultur des Inselklosters. Hrsg. von HELMUT MAURER, Sigmaringen 1974, S. 125 – 158.

Epitome Sangallensis genannt), die das vorhandene Material um Daten zur fränkischen Geschichte und zu den Päpsten ergänzte.[11] Auf dieser erweiterten Grundlage entwarf dann wenig später der Reichenauer Mönch Hermann der Lahme († 1054) eine Weltchronik von ganz neuartiger Konzeption.[12] Im Vorfeld hatte er sich intensiv mit Komputistik beschäftigt, sogar aufgrund eigener astronomischer Beobachtungen verbesserte chronologische Tabellen erstellt und dazu mehrere Abhandlungen verfasst. Sein Ziel war es, jedes historische Ereignis einem genauen Datum in der christlichen Weltära zuzuordnen und umgekehrt für jedes Jahr seit Christi Geburt mindestens ein zugehöriges Ereignis zu ermitteln. Zu diesem Zweck hat er sich, anders als beispielsweise sein Hersfelder ‚Kollege', nicht auf die Auswertung einiger weniger geläufiger Chroniken beschränkt, sondern eine große Zahl historischer Werke herangezogen. Dabei war es gar nicht immer einfach, aus diesen Vorlagen präzise Datierungen zu gewinnen, was ja eines von Hermanns Hauptanliegen darstellte, und trotz beachtlicher Leistungen auf diesem Gebiet ist es ihm nur eingeschränkt gelungen.

Hermanns Chronik ist von Anfang an konsequent annalistisch aufgebaut, beginnt jedoch erst mit der Geburt Christi, die auf das 42. Regierungsjahr Oktavians, das 28. Jahr seit dem Tod der Kleopatra, das 752. Jahr seit der Gründung Roms, das dritte Jahr der 193. Olympiade und das 3952. Jahr (bzw. nach der *Septuaginta* das 5199. Jahr) seit der Erschaffung der Welt datiert und damit in universalhistorische Zusammenhänge eingebettet wird. Hermanns Darstellungshorizont ist nach damaligem Verständnis durchaus weltumspannend, indem der Schwerpunkt auf die beiden universalen Größen der spätantik-frühmittelalterlichen Geschichte gelegt wird, auf das römische Kaisertum und auf das Christentum, zunehmend repräsentiert durch die römischen Päpste. Die diversen Reichsbildungen der Völkerwanderungszeit werden – was keineswegs selbstverständlich ist – umfassend einbezogen; erst vom 8. Jahrhundert an dominiert die fränkische, später die ostfränkisch-deutsche Geschichte, sodass sich der Horizont im Fortgang des Werks zunehmend verengt. Dazu passt, dass von 724 an regel-

---

11 Johann Sichard: *En Damus Chronicon Divinum Plane Opus Eruditissimorum Autorum ...*, Basel 1529, fol. 167v–200v [vollständig unter dem Namen Hermanns von Reichenau]; *Chronicon Suevicum universale.* Hrsg. von Harry Bresslau, Hannover 1881 (MGH SS [in Folio] 13), S. 63–72; noch von Ian Stuart Robinson: Die Chronik Hermanns von Reichenau und die Reichenauer Kaiserchronik. In: Deutsches Archiv für Erforschung des Mittelalters 36 (1980), S. 84–136 als nachträgliche Kurzfassung der Chronik Hermanns des Lahmen identifiziert.

12 *Hermanni Augiensis Chronicon.* Hrsg. von Georg Heinrich Pertz, Hannover 1844 (MGH SS [in folio] 5), S. 74–133; vgl. Brigitte Englisch: Zum Spannungsfeld von Chronographie und Autobiographie in der Weltchronistik des Hermann von Reichenau. In: Das Mittelalter 5/2 (2000), S. 17–29; Walter Berschin/Martin Hellmann: Hermann der Lahme. Gelehrter und Dichter (1013–1054), Heidelberg 2004 (Reichenauer Texte und Bilder 11).

mäßig Reichenauer Betreffe eingeflochten sind und man schließlich sogar auf autobiographische Nachrichten über Hermann und seine Familie stößt. Sind die Jahresberichte zu den ersten tausend Jahren gleichmäßig lakonisch gehalten, so werden sie zum 11. Jahrhundert immer ausführlicher und entwickeln sich schließlich zu einem fortlaufenden detaillierten Bericht über die zeitgenössischen Ereignisse, der erst abgebrochen wird, als der Tod am 24.9.1054 Hermann die Feder aus der Hand nimmt. Ähnlich wie bei Lampert von Hersfeld ändert das Werk also gegen Ende seinen Charakter. Doch anders als bei ihm bildet der universalhistorische Teil bei Hermann nicht nur einen ohne viel Aufwand rasch hergestellten Vorspann zum Hauptgegenstand der Darstellung, sondern im Gegenteil die größere historiographische Leistung und den eigentlichen Kern des Werks, von dem sich der zeitgeschichtliche Teil geradezu unorganisch abhebt. Das Gewicht der beiden Teile ist somit im Vergleich zu Lampert genau umgekehrt.

Die Chronik Hermanns stellte im Vergleich zu anderen zeitgenössischen Werken zwar eine reife Forschungsleistung dar, die zweifellos jahrelange Vorarbeiten erforderte, hat sich aber dennoch oder auch vielleicht gerade deswegen nur in wenigen Exemplaren erhalten. Die weitaus kargere *Schwäbische Weltchronik* war da erfolgreicher: Selbst Hermanns Reichenauer Schüler Berthold († 1088) legte seiner eigenen Chronik das Werk seines Lehrers nur für die Jahre 1044 bis 1054 zugrunde und hielt sich für die vorausgehende Zeit ganz an die kürzere *Schwäbische Weltchronik*. Sein eigentliches Anliegen war jedoch, wie dasjenige Lamperts, die detaillierte Weiterführung der Darstellung bis zum Jahr 1080, und dies gilt auch für die bald danach erstellte Neubearbeitung des ehemals Sanblasianer, mittlerweile in das Kloster Allerheiligen in Schaffhausen eingetretenen Mönchs Bernold, welche dieser dann bis zu seinem Tod im Jahr 1100 als fortlaufenden Bericht weiterschrieb.[13]

Auf der *Schwäbischen Weltchronik* basiert zudem die gesamte österreichische Annalistik des Hoch- und Spätmittelalters, die ihren Ausgangspunkt im Benediktinerkloster Melk nahm.[14] Dort stellte man im Jahr 1123 – so hält es der Codex

---

13 Die Chroniken Bertholds von Reichenau und Bernolds von Konstanz 1054–1100. Hrsg. von Ian S. Robinson, Hannover 2003 (MGH SS rer. Germ. N. S. 14).

14 Alphons Lhotsky: Quellenkunde zur mittelalterlichen Geschichte Österreichs Graz/Köln 1963 (Mitteilungen des Instituts für Österreichische Geschichtsforschung. Ergbd. 19), S. 173–203; Franz-Josef Schmale: Die österreichische Annalistik im 12. Jahrhundert. In: Deutsches Archiv für Erforschung des Mittelalters 31 (1975), S. 144–203; Siegfried Haider: Die schriftlichen Quellen zur Geschichte des österreichischen Raumes im frühen und hohen Mittelalter. In: Die Quellen der Geschichte Österreichs. Hrsg. von Erich Zöllner, Wien 1982, S. 26–49, hier S. 35–40; Alexander Beihammer: Die alpenländische Annalengruppe (AGS) und ihre Quellen. In: Mitteilungen des Instituts für österreichische Geschichtsforschung 106 (1998), S. 253–327.

ausdrücklich fest – eine Weltchronik in Form von knappen Annalen seit Christi Geburt zusammen, wobei man sich praktisch ausschließlich auf die Reichenauer Vorlage stützte, jedenfalls so weit diese reichte. Danach wird der Bericht selbständig, und von 1123 an gestaltet er sich als Jahr für Jahr fortlaufende Darstellung. Dabei war der gleichmäßig geringe Umfang der einzelnen Jahresberichte dadurch vorgegeben, dass der Schreiber des Jahres 1123 alle Jahreszahlen bis 1300 vorausgeschrieben und damit den zugehörigen Raum für eventuelle Einträge einheitlich festgelegt hat.[15] Die *Annales Mellicenses* („Melker Annalen") wurden dann zu verschiedenen Zeitpunkten in zahlreichen Klöstern und Stiften Österreichs übernommen, bearbeitet und selbständig weitergeführt, teilweise bis ins 16. Jahrhundert, sodass diese Kurzfassung der *Schwäbischen Weltchronik* schließlich im ganzen Südosten des Deutschen Reichs verbreitet war.

Die langfristig größte Wirkung hat aber weder die *Schwäbische Weltchronik* noch die Chronik Hermanns des Lahmen entfaltet, sondern eine andere Bearbeitung des ursprünglichen Reichenauer Materialkerns. Eine leicht gekürzte Abschrift aus dem Jahr 1043 hat nämlich den Bodenseeraum verlassen und wurde an einem anderen Ort, vielleicht in Regensburg, geringfügig ergänzt und bis 1057 geführt. Diese Bearbeitung wurde erst vor wenigen Jahren in einer neuzeitlichen Überlieferung entdeckt und aufgrund der Provenienz dieser Überlieferung aus der Sammlung des André Du Chesne (1584–1640) provisorisch mit dem Titel *Chronicon Duchesne* versehen.[16] Von Regensburg gelangte der Text nach Würzburg oder Bamberg und wurde erneut ergänzt und weitergeführt, diesmal unter einem spezifisch mainfränkischen Blickwinkel.[17] Dieses *Chronicon Wirziburgense* wiederum nahm man sich dann im Mainzer Kloster St. Alban zum Vorbild für eine eigene, magere Chronik, die in der erhaltenen Gestalt allerdings nur die Jahre 687 bis 1101 umfasst.[18]

---

15 *Annales Mellicenses.* Hrsg. von WILHELM WATTENBACH, Hannover 1851 (MGH SS [in Folio] 9), S. 484–536.

16 Siehe oben Anm. 10.

17 *Chronicon Wirziburgense.* Hrsg. von GEORG WAITZ, Hannover 1844 (MGH SS [in Folio] 6), S. 17–32.

18 *Annales S. Albani.* Hrsg. von GEORG HEINRICH PERTZ, Hannover 1829 (MGH SS [in Folio] 2), S. 239–247 [unter dem Titel *Annales Wirziburgenses* nach dem damals vermuteten Entstehungsort].

4 Frutolf von Michelsberg und Ekkehard von Aura

Alle diese sukzessiven Bearbeitungsstufen des Reichenauer Materialkerns reichen in ihrer Bedeutung aber längst nicht an das Werk des Mönchs Frutolf († 1103) aus dem Bamberger Kloster Michelsberg heran, die umfassendste und durchdachteste Weltchronik ihrer Zeit, die uns heute noch in ihrem Autograph (vgl. Abb. 2) vorliegt.[19] Da man lange Zeit nur spätere Bearbeitungen davon kannte, hat man sie als *Chronicon Urspergense* tituliert oder für eine Arbeit Ekkehards von Aura gehalten; erst 1896 konnte HARRY BRESSLAU den tatsächlichen Autor ermitteln.[20] Nach einem kurzen komputistischen Vorspann setzt die Darstellung mit der Erschaffung der Welt ein. Getreu dem Vorbild des Hieronymus beginnt dann die fortlaufende Jahreszählung mit der Geburt Abrahams, die in das 43. Regierungsjahr des assyrischen Königs Ninus datiert wird, und sie orientiert sich ebenfalls an Hieronymus, wenn in Tabellenform mehrere Ären parallel aufgeführt werden. Von Christi Geburt an werden neben den Inkarnationsjahren nur noch die Regierungsjahre des jeweiligen Herrschers gezählt. Ungewöhnlich detailliert wird die biblische und antik-heidnische Geschichte behandelt, die sich dann immer mehr auf das Römische Reich fokussiert. Ganz im Sinn der – hier sogar explizit formulierten – Theorie von der *translatio imperii* steht danach das fränkische, schließlich das deutsche Reich im Mittelpunkt der Darstellung. Von Anfang an sind die einzelnen Jahresberichte unterschiedlich ausführlich, je nachdem, welche Quellen dem Autor gerade zur Verfügung standen. Diese Ungleichmäßigkeit prägt auch noch die Darstellung der Zeitgeschichte des 11. Jahrhunderts: Zwar werden die Jahresberichte insgesamt länger, unterscheiden sich aber dadurch nicht substantiell von denen zu früheren Zeiten. Unterbrochen wird der chronikalische Durchgang zudem durch exkursartige historiographische Einsprengsel zu Alexander den Großen, den frühen Päpsten, zur Herkunft der Franken, zur Geschichte der Goten, der Amazonen, der Langobarden und Sachsen und Karls des Großen. Zu diesen Gegenständen standen Frutolf so detaillierte Quellen zur Verfügung, dass er ein Durchbrechen der rein annalistischen Darstellung für

---

19 Ediert als *Ekkehardi Chronicon universale* in einer Mischfassung von GEORG WAITZ, Hannover 1844 (MGH SS [in Folio] 6), S. 33 – 223; der Schlussteil ab dem Jahr 1001 sollte besser nach dem Autograph (vgl. dazu auch Abb. 2, unten S. 101) benutzt werden (abgedruckt in: Frutolfs und Ekkehards Chroniken und die anonyme *Kaiserchronik:* Hrsg. von FRANZ-JOSEF SCHMALE/IRENE SCHMALE-OTT, Darmstadt 1972 [FSGA 15], S. 48 – 120); vgl. dazu FABIAN SCHWARZBAUER: Geschichtszeit. Über Zeitvorstellungen in den Universalchroniken Frutolfs von Michelsberg, Honorius' Augustodunensis und Ottos von Freising, Berlin 2005 (Orbis mediaevalis 6).

20 HARRY BRESSLAU: Die Chroniken des Frutolf von Bamberg und des Ekkehard von Aura. In: Neues Archiv der Gesellschaft für ältere deutsche Geschichtskunde 21 (1896), S. 197 – 234.

angebracht hielt. So ist der Autor zwar nicht wie andere der Versuchung erlegen, die Weltgeschichte bloß als Vorspann zum Bericht über die eigene Zeit abzuhandeln, hat aber in seinem Bemühen, möglichst viele Informationen aufzunehmen, in Kauf genommen, dass sein Werk insgesamt recht uneinheitlich wirkt, zumal er regelmäßig den Wortlaut seiner Quellen direkt übernimmt.

Der für damalige Verhältnisse außerordentliche Inhaltsreichtum von Frutolfs Chronik war zweifellos der Grund, weshalb sie ausgesprochen häufig von späteren Chronisten ausgeschlachtet wurde. Allerdings wurde sie nicht in ihrer ursprünglichen Fassung bekannt, sondern in verschiedenen Bearbeitungen aus der Feder von Frutolfs Bamberger Schüler Ekkehard, der 1108 Abt des neugegründeten Klosters Aura an der Saale wurde († nach 1125).[21] In mehreren Etappen hat Ekkehard das Werk Frutolfs fortgeführt, zunächst bis 1106, dann bis 1114, nochmals bis 1117 und schließlich bis 1125. Die so entstandenen verschiedenen Fassungen hat er jeweils verschiedenen Empfängern zugeeignet, darunter Kaiser Heinrich V. und Abt Erkembert von Corvey. Die letzte Version von 1125 ist dabei diejenige, die am breitesten rezipiert worden ist.

Relativ gering war die Wirkung des Werks im Norden des Deutschen Reichs; sie ging anscheinend überwiegend vom Corveyer Exemplar aus. Leitquelle war Ekkehards Chronik zwar für die *Annales Magdeburgenses*, die 1176 oder wenig später im Benediktinerkloster Berge bei Magdeburg angelegt wurden,[22] und für eine nur fragmentarisch erhaltene Weltchronik aus dem Kloster St. Michael in Hildesheim, die ebenfalls noch aus dem 12. Jahrhundert stammt, doch haben beide Werke eher kompilatorischen Charakter.[23] Dasselbe kann man auch über eine Weltchronik sagen, die im Auftrag Herzog Heinrichs des Löwen († 1195) an seinem Braunschweiger Hof verfasst worden ist.[24] Sie ist uns nur in einigen

---

21 Edition wie Waitz (Anm. 19); für die Jahre ab 1096 ist besser Schmale/Schmale-Ott (Anm. 19, S. 124–376) heranzuziehen; vgl. Thomas Frenz: Ekkehard von Aura. In: Fränkische Lebensbilder XI, Neustadt a.d. Aisch 1984, S. 1–10; Hartmut Hoffmann: Bamberger Handschriften des 10. und des 11. Jahrhunderts, Hannover 1995 (MGH Schriften 39), S. 55–62; Ekkehard von Aura. Hrsg. von Werner Eberth, Bad Kissingen 2005 [Neudruck verschiedener älterer Beiträge].

22 *Annales Magdeburgenses*. Hrsg. von Georg Heinrich Pertz, Hannover 1859 (MGH SS [in Folio] 16), S. 107–196.

23 Edition der Fragmente bei Klaus Nass: Die Reichschronik des Annalista Saxo und die sächsische Geschichtsschreibung im 12. Jahrhundert, Hannover 1996 (MGH Schriften 41), S. 412–419; vgl. dazu ebd., S. 400–411.

24 Nur eines der Exzerpte ediert als *Annalium s. Aegidii Brunsvicensium excerpta* von Lothar von Heinemann, Hannover 1896 (MGH SS [in Folio] 30/1), S. 7–15; vgl. Klaus Nass: Geschichtsschreibung am Hofe Heinrichs des Löwen. In: Die Welfen und ihr Braunschweiger Hof im hohen

spätmittelalterlichen Exzerpten erhalten und reicht darin bis 1173. Immerhin lässt sich daraus erschließen, dass die Chronik ihre historischen Daten zum allergrößten Teil aus der Chronik Ekkehards entnommen hat, für die Zeit nach 1125 aus verschiedenen sächsischen Annalenwerken.

Bemerkenswerter im Hinblick auf die Darbietung des historischen Materials ist die *Kölner Königschronik* vom Ende des 12. Jahrhunderts, von der man nicht sicher sagen kann, ob sie in Köln selbst oder im nahegelegenen Kloster Siegburg entstanden ist.[25] In ihrem älteren Teil, der von Christi Geburt bis zum Jahr 1106 – dem Ende der Ekkehard-Chronik in ihrer ersten Fassung – reicht, ist sie zunächst kaum mehr als eine Kurzfassung dieser Vorlage, die aus wenigen anderen Quellen geringfügig ergänzt wurde. Ab 1144 sind die Jahresberichte ganz selbstständig aufgezeichnet. Der Verfasser verfolgte dabei zwar eine nicht grundsätzlich von seinem Vorbild abweichende, aber doch noch deutlicher auf ein bestimmtes Leitthema fokussierte Konzeption: Das Werk versteht sich selbst dezidiert als eine Chronik der Könige und Kaiser; kaum etwas kommt vor, was über den Gesichtskreis des Römischen, später Fränkischen und zuletzt Deutschen Reiches hinausreicht, und auch Kölner Lokalnachrichten werden nur sporadisch eingeflochten. Die Geschichte wird hier ganz auf die Taten der Herrscher zugespitzt; das Reich als Abstraktum personalisiert sich gewissermaßen in seinem jeweiligen Regenten.

Setzte die *Kölner Königschronik* erst mit der Geburt Christi ein, so wurde sie im Jahr 1237 im Kölner Kloster St. Pantaleon zu einer echten Weltchronik erweitert. In ihrem Kern lediglich eine Kurzfassung der älteren Vorlage, bettet die *Chronica Sancti Pantaleonis* diese doch in eine neue, umfassendere Konzeption ein, indem sie dem mit Christi Geburt beginnenden Teil eine Geschichte seit der Erschaffung der Welt vorausschickt, die aus verschiedenen Quellen kompiliert ist und ihr Interesse vornehmlich auf die Abfolge der vier Weltreiche legt. Dementsprechend bleibt auch dort, wo die Chronik von St. Pantaleon im späteren Teil über ihre Vorlage hinausgeht, durchweg die Perspektive des römisch-deutschen Imperiums erhalten. Sinnfälligen Ausdruck findet die dominante inhaltliche Ausrichtung auf die Herrscherpersönlichkeiten dadurch, dass einigen Handschriften Herrscherbilder von Nimrod bis Friedrich II. sowie Stammtafeln der fränkischen und

---

Mittelalter. Hrsg. von Bernd Schneidmüller, Wiesbaden 1995 (Wolfenbütteler Mittelalter-Studien 7), S. 123–161.

25 *Chronica regia Coloniensis* (*Annales maximi Colonienses*). Hrsg. von Georg Waitz, Hannover 1880 (MGH SS rer. Germ. in usum schol. 18); vgl. Norbert Breuer: Geschichtsbild und politische Vorstellungswelt in der *Kölner Königschronik* sowie der *Chronica Sancti Pantaleonis*, Düsseldorf 1966; Manfred Groten: Klösterliche Geschichtsschreibung: Siegburg und die Kölner Königschronik. In: Rheinische Vierteljahrsblätter 61 (1997), S. 50–78.

deutschen Könige beigegeben (Abb. 1) sind.[26] Den reichs- und damit aus Sicht des Verfassers weltgeschichtlichen Horizont behält auch noch die Weiterführung der Darstellung bis zum Abfassungsjahr der Chronik 1237 bei; erst eine spätere Fortsetzung des Werks, die bis 1249 reicht, löst sich von der imperialen Perspektive und richtet ihre Aufmerksamkeit ganz auf kölnische bzw. niederrheinische Angelegenheiten.

Eine ganz eigentümliche Veränderung hat Ekkehards Chronik durch einen Mönch aus dem im südlichen Harzvorland gelegenen Benediktinerkloster Pöhlde erfahren.[27] Seine im Original erhaltenen, bis 1182 reichenden *Pöhlder Annalen* – die richtiger *Pöhlder Weltchronik* zu nennen wären – beginnen mit einem Prolog, in dem auf die Bedeutung der Chronik des Eusebius bzw. ihrer lateinischen Bearbeitung durch Hieronymus sowie deren Fortsetzung durch Hydatius für die Herstellung einer korrekten Chronologie hingewiesen wird; diese sei nämlich durch falsche Berechnungen späterer Chronisten oft entstellt worden. Folgerichtig werden eventuelle Abschreiber des Werks zu sorgfältiger Arbeit ermahnt, um künftige Leser nicht in die Irre zu führen. Der Prolog endet mit einer aus der *Imago mundi* des Honorius Augustodunensis († um 1150) entnommenen Weltbeschreibung und leitet damit über zur eigentlichen chronikalischen Darstellung. Diese beginnt mit der Erschaffung der Welt und folgt in ihrem älteren Teil (bis 1125) ganz überwiegend der Chronik Ekkehards; wie ihre Vorlage stellt sie ausdrücklich den Gedanken der *translatio imperii* in das Zentrum der Konzeption. Von ihrem Vorbild und von anderen zeitgenössischen Weltchroniken unterscheiden sich die *Pöhlder Annalen* allerdings auffällig durch das häufige Einflechten von Erzählungen über Prophezeiungen, Vorzeichen und Wunder sowie besonders von Anekdoten über die deutschen Könige, was dem Werk eine wenig schmeichelhafte Charakterisierung als ‚Sagenchronik' eingebracht hat. Doch verdanken sich diese Einschübe, deren aus heutiger Sicht fiktionaler Charakter meist offensichtlich ist, keineswegs bloßer Lust am Fabulieren. Vielmehr enthalten sie meistens eine moralische Botschaft und verleihen dadurch dem Werk insgesamt eine ethische Dimension,

---

26 Claudia Annette Meier: *Chronicon pictum.* Von den Anfängen der Chronikenillustration zu den narrativen Bilderzyklen in den Weltchroniken des Hohen Mittelalters, Mainz 2005, S. 47 – 70.
27 *Annales Palidenses.* Hrsg. von Georg Heinrich Pertz, Hannover 1859 (MGH SS [in Folio] 16), S. 51 – 96; Korrekturen zum Text bei Georg Waitz: Reise nach England und Frankreich im Herbst 1877. In: Neues Archiv der Gesellschaft für ältere deutsche Geschichtskunde 4 (1879), S. 9 – 42, hier S. 29. Vgl. Hans-Werner Goetz: ‚Konstruktion der Vergangenheit'. Geschichtsbewußtsein und ‚Fiktionalität' in der hochmittelalterlichen Chronistik, dargestellt am Beispiel der *Annales Palidenses.* In: Von Fakten und Fiktionen. Mittelalterliche Geschichtsdarstellungen und ihre kritische Aufarbeitung. Hrsg. von Johannes Laudage, Köln/Weimar/Wien 2003, S. 225 – 257.

Abb. 1: *Chronica S. Pantaleonis* (13. Jh.). Wolfenbüttel, Herzog-August-Bibliothek, Cod. Guelf. 74.3 Aug. fol. 114^{v}: Stammtafel der Ottonen, Salier und Staufer von Graf Liudolf († 866) bis Kaiser Friedrich II. († 1250).

die über die auch sonst geläufige Belehrungsabsicht historischer Darstellungen hinausweist.

Einer der letzten norddeutschen Chronisten, der sich intensiv mit dem Werk Frutolfs und Ekkehards auseinandergesetzt hat, war Albert, Abt des Benediktinerklosters in Stade, der sein Amt 1240 niederlegen musste und daraufhin in den Franziskanerorden eintrat. Seine Weltchronik (*Annales Stadenses*), die er kurz danach begonnen und bis zum Jahr 1256 geführt hat, ist ganz aus dem Gefühl der Verbitterung über den erzwungenen Rücktritt heraus verfasst.[28] Schon im Prolog beklagt Albert die Schlechtigkeit seiner eigenen Zeit, und er betont den belehrenden Effekt der Geschichtsschreibung: Die Leser und Hörer sollen „aus der Güte der Guten Nutzen ziehen und durch die Bosheit der Bösen vorsichtig werden“[29]. Die Darstellung der Geschichte, die mit der Erschaffung der Welt beginnt, orientiert sich, auch in der Verwendung synoptischer Tabellen, ganz an der Chronik Ekkehards, die nur mit Hilfe von einigen wenigen anderen Geschichtswerken ergänzt wird. Anders als bei den meisten anderen Ekkehard-Bearbeitungen steht bei Albert von Stade jedoch nicht so sehr die Reichs- als vielmehr die Kirchengeschichte im Mittelpunkt der Darstellung; dementsprechend legt der Autor weniger Wert auf die Abfolge der vier irdischen Weltreiche als auf die sechs heilsgeschichtlichen Weltalter. In nachchristlicher Zeit verdichtet sich die Kirchengeschichte bei ihm in der Geschichte der Päpste, und so mag es durchaus konsequent erscheinen, wenn in die Weltchronik als scheinbare Fremdkörper ein Papstkatalog und eine Routenbeschreibung für Pilgerreisen nach Rom und Jerusalem eingefügt sind. Das besondere Interesse Alberts gilt – wenngleich der universalhistorische Anspruch durchaus aufrechterhalten wird – der Geschichte Norddeutschlands und des Ostseeraumes, was verstärkt im eigenständig verfassten Teil zu beobachten ist. Erkennen kann man daran, wie wenig das römisch-deutsche Imperium des 13. Jahrhunderts mit seinen schwäbisch-sizilischen Regenten von diesem norddeutschen Chronisten noch als eine weltgeschichtliche Größe wahrgenommen wurde.

Intensiver als im Norden war die Wirkung der Frutolf-Ekkehard-Chronik in Süddeutschland, hier überwiegend auf der Grundlage der letzten Fassung von 1125. Allerdings verlief die Rezeption seltener durch unmittelbare Benutzung dieser Vorlage als durch einige wenige Schlüsselwerke, die ihrerseits weite Verbreitung gefunden und großen Einfluss auf die spätere Geschichtsschreibung genommen haben.

---

28 *Chronicon Alberti, abbatis Stadensis, a condito orbe usque ad auctoris aetatem*, Helmstedt 1587 [einzige vollständige Edition]; *Annales Stadenses*. Hrsg. von Johann Martin Lappenberg. Hannover 1859 (MGH SS [in Folio] 16), S. 283–378 [unvollständig].

29 *Annales Stadenses* (Anm. 28), S. 284.

Weniger bedeutsam war dabei eine Bearbeitung, welche die Chronik um 1150 in Thüringen erfahren hat, vielleicht im Kloster Reinhardsbrunn. Hier hat die Vorlage lediglich einige Ergänzungen sowie eine Weiterführung bis 1149 erhalten, die in unserem Zusammenhang beide bloß insofern zu erwähnen sind, als sie ihrerseits in der späteren Chronistik aus Erfurt und Pegau verwertet worden sind.[30] Bemerkenswerter ist die Weiterführung von Ekkehards Chronik durch Burchard, den Propst des schwäbischen Prämonstratenserstifts Ursberg († 1231).[31] Zwar hat auch er seine Vorlage weitgehend unverändert übernommen, lediglich den Anfangsteil übersprungen, eine Lücke in dem ihm zur Verfügung stehenden Exemplar anhand anderer Quellen ergänzt sowie sporadisch weitere Informationen hinzugefügt. In zwei Vorworten zu Anfang der gesamten Chronik und am Beginn des eigenständigen Teils beschreibt er jedoch sein Anliegen genauer: Zum einen geht es ihm darum, die komplizierte tabellarische Anlage der Chronik des Eusebius bzw. Hieronymus zu vereinfachen (was natürlich nur für den Anfangsteil relevant ist), zum andern darum, die „Taten der Könige und besonders des römischen Reichs"[32] darzustellen, wie auch schon viele vor ihm „über Königreiche und Könige und die jeweiligen Zeitläufte"[33] geschrieben hätten. Burchards umfangreiche Fortsetzung zu Ekkehards Chronik, die mit einem Rückblick auf die salischen Kaiser einsetzt und bis zum Jahr 1230 geführt wird, wechselt in der Präsentation des Materials auffällig zwischen annalistischer und historiographischer Darstellung, letztere in Form von Gesta der römischen Könige. Das entspricht zwar in gewisser Weise Burchards auf die Herrscherpersönlichkeiten gerichteter Darstellungsabsicht, stellt aber einen formalen Bruch mit dem vorausgehenden, aus Ekkehard entnommenen Teil dar. Somit lässt das Werk letztlich eine durchgängige Konzeption vermissen, bildet in gewissem Sinne gar keine einheitliche Weltchronik, sondern eine detaillierte Darstellung der Zeitgeschichte, die zwar von der umfassenden Bildung und den weitgespannten Interessen ihres Verfassers

---

30 *S. Petri Erphesfurtensis auctarium et continuatio chronici Ekkehardi.* In: Monumenta Erphesfurtensia saec. XII. XIII. XIV. Hrsg. von Oswald Holder-Egger, Hannover/Leipzig 1899 (MGH SS rer. Germ. in usum schol. 42), S. 25 – 44 [nur die Ergänzungen].

31 Die Chronik des Propstes Burchard von Ursberg (*Burchardi praepositi Urspergensis Chronicon*). Hrsg. von Oswald Holder-Egger/Bernhard von Simson, Hannover/Leipzig 1916 (MGH SS rer. Germ. in usum schol. 16) [ohne den aus Ekkehard übernommenen Teil]; vgl. Wolfgang Wulz: Der spätstaufische Geschichtsschreiber Burchard von Ursberg. Persönlichkeit und historisch-politisches Weltbild, Stuttgart 1982 (Schriften zur südwestdeutschen Landeskunde 18); Michael Oberweis: Die Interpolationen im *Chronicon Urspergense*. Quellenkundliche Studien zur Privilegiengeschichte der Reform-Orden in der Stauferzeit, München 1990 (Münchener Beiträge zur Mediävistik und Renaissance-Forschung 40).

32 Die Chronik des Propstes Burchard von Ursberg (Anm. 31), S. 3.

33 Die Chronik des Propstes Burchard von Ursberg (Anm. 31), S. 1.

zeugt, aber bloß äußerlich durch die Kombination mit dem älteren Werk zu einer Weltchronik erweitert worden ist – ein Ungleichgewicht, wie es schon bei Lampert von Hersfeld zu beobachten war. Das mag der Grund dafür sein, dass Burchards Chronik keine nennenswerte Nachwirkung entfaltet hat und nur wenige, zudem späte Überlieferungen von ihr vorliegen, darunter sogar nur eine einzige vollständige.

Weitaus wichtiger für die weitere Wirkungsgeschichte der Frutolf-Ekkehard-Chronik wurde die Bearbeitung, die nochmals eine Generation später Abt Hermann aus dem bayerischen Benediktinerkloster Niederaltaich (1242–1273, † 1275) verfertigte. Als Grundlage diente ihm ein etwas älteres Exemplar von Ekkehards Chronik in der bis 1106 geführten Fassung, das im Text bereits eine Reihe von ergänzenden Nachrichten enthielt.[34] An dieses schloss Hermann einen umfangreichen Abschnitt aus der (nachher noch ausführlicher zu behandelnden) Chronik Ottos von Freising für die Jahre 1106 bis 1146 an.[35] Diesem wiederum fügte er seine eigenen Annalen hinzu, die er bis zu seiner Abdankung 1273 führte.[36] Hermanns Annalen werden als Geschichtsquelle heute hoch geschätzt, war ihr Verfasser doch ein aufmerksamer, gut informierter Beobachter seines Zeitgeschehens. Das kann jedoch nicht darüber hinwegtäuschen, dass seine Weltchronik – so präsentiert sich das Werk ja nach außen hin – in ihrer Gesamtanlage bloß notdürftig aus disparaten Teilen zusammengefügt ist und eines übergreifenden Entwurfs folglich entbehrt. Mit der Übernahme von Partien aus der Chronik Ottos von Freising wurde sogar das annalistische Ordnungsprinzip in diesem Abschnitt aufgegeben. Dennoch bleibt Hermanns Chronik auch in unserem Zusammenhang bedeutsam, bildete sie doch die Grundlage für die gesamte bayerische Chronistik des Spätmittelalters, sowohl in annalistischer wie in historiographischer Form.[37]

---

34 Die Zusätze als *Auctarium Ekkehardi Altahense* ediert von Philipp Jaffé, Hannover 1861 (MGH SS [in Folio] 17), S. 360–365.

35 *Ottonis episcopi Frisingensis Chronica* (siehe unten Anm. 38), S. 323–369; mit weiteren Zusätzen Hermanns ebd., S. 481–485.

36 *Hermanni Altahensis Annales*. Hrsg. von Philipp Jaffé, Hannover 1861 (MGH SS [in Folio] 17), S. 381–408; vgl. Michael Müller: Die Annalen und Chroniken im Herzogtum Bayern 1250–1314, München 1983 (Schriftenreihe zur bayerischen Landesgeschichte 77), S. 5–80; Ludwig Holzfurtner: Hermann von Niederaltaich und die Anfänge der bayerischen Landesgeschichtsschreibung. In: Studien zur bayerischen Landesgeschichtsschreibung in Mittelalter und Neuzeit. Festgabe für Andreas Kraus zum 90. Geburtstag. Hrsg. von Alois Schmid/Ludwig Holzfurtner, München 2012 (Zeitschrift für bayerische Landesgeschichte, Beiheft 41), S. 95–115.

37 Vgl. Müller (Anm. 36).

5 Otto von Freising

Eine besondere Stellung innerhalb der Chroniken, die auf den Arbeiten Frutolfs und Ekkehards aufbauen, nimmt die bereits erwähnte, im Jahr 1146 vollendete *Historia de duabus civitatibus* („Geschichte der zwei Staaten") des Bischofs Otto von Freising († 1158) ein.[38] Sie verdient daher eine eingehendere Würdigung. Wie schon dem Titel des Werks zu entnehmen ist, handelt es sich in formaler Hinsicht streng genommen gar nicht um eine Chronik, sondern um eine Geschichtserzählung, die sich einem bestimmten Gegenstand widmet, nämlich dem Antagonismus zwischen Gottesstaat und irdischem Staat, wie er vom heiligen Kirchenvater Augustinus zu Beginn des 5. Jahrhunderts als Modell für das Verständnis der Weltgeschichte entwickelt worden ist. Dass Otto sich von diesem Modell nicht nur wie andere Chronisten allgemein inspirieren lässt, sondern es explizit zum grundlegenden Ordnungsprinzip seines Werks macht, ist die erste Besonderheit. Die zweite besteht darin, dass er diesen Antagonismus über Augustinus hinaus historisch weiterverfolgt bis in seine eigene Zeit, ja sogar vom Anbeginn der Welt bis zu ihrem Ende. Denn da sich das Weltende in seiner Vorstellung genau so abspielen wird, wie es in den prophetischen Schriften der Bibel vorhergesagt ist, kann er die Darstellung über das Ende der Zeiten, das zugleich den endgültigen Sieg des guten Gottesstaates über den bösen irdischen Staat bedeutet, an den Schluss seines Werks setzen.

Das augustinische Modell hat Otto von Freising aber nicht nur chronologisch, sondern auch inhaltlich erweitert. Für Augustinus war nämlich der Gottesstaat eine rein überirdisch-außerweltliche Sphäre, ein vollkommener Zustand, der auf Erden niemals erreicht werden kann, sondern allein im Jenseits existiert. Alle Formen irdischer Herrschaft ordnete der Kirchenvater dem bösen Erdenstaat zu, auch das Römische Reich, denn aus seiner Lebenserfahrung war dieses Reich

---

38 *Ottonis episcopi Frisingensis Chronica sive Historia de duabus civitatibus*. Hrsg. von Adolf Hofmeister, Hannover/Leipzig 1912 (MGH SS rer. Germ. in usum schol. 45); vgl. grundlegend Hans-Werner Goetz: Das Geschichtsbild Ottos von Freising. Ein Beitrag zur historischen Vorstellungswelt und zur Geschichte des 12. Jahrhunderts, Köln/Wien 1984 (Archiv für Kulturgeschichte, Beiheft 19); seither besonders Nikolaus Staubach: Geschichte als Lebenstrost. Bemerkungen zur historiographischen Konzeption Ottos von Freising. In: Mittellateinisches Jahrbuch 23 (1988), S. 46–75; Schwarzbauer (Anm. 19); Peter Segl: *Felix qui potuit rerum cognoscere causas*. Bemerkungen zu den Vorstellungen Ottos von Freising vom Wesen des Menschen und den Gesetzen der Weltgeschichte. In: Geschichtsvorstellungen. Bilder, Texte und Begriffe aus dem Mittelalter. Festschrift für Hans-Werner Goetz zum 65. Geburtstag. Hrsg. von Steffen Patzold/Anja Rathmann-Lutz/Volker Scior, Köln/Weimar/Wien 2012, S. 178–202; Joachim Ehlers: Otto von Freising. Ein Intellektueller im Mittelalter. Eine Biographie, München 2013.

ein unchristlicher, um nicht zu sagen antichristlicher Staat, der das Christentum lange Zeit bekämpft und verfolgt hatte. Für Otto von Freising dagegen konnte das Römische Reich, das der auch ihm geläufigen Theorie von der *translatio imperii* zufolge ja immer noch existierte, nicht schlechthin böse sein, war doch das Christentum in diesem Reich seit dem 4. Jahrhundert gewissermaßen Staatsreligion, das römische Kaisertum die eigentliche Schutzmacht der römischen Kirche. Naturgemäß war das Reich nicht der vollkommene Gottesstaat selbst, aber immerhin eine *civitas permixta*, in der die Übel des Weltstaates durch die Einwirkung des Gottesstaates weitgehend neutralisiert wurden. Notwendige Voraussetzung für diese *civitas permixta* war freilich das einträchtige Zusammenwirken von Kirche und weltlicher Macht, das jedoch im Investiturstreit ein jähes Ende gefunden hatte. Wenn aber nach dem Auseinanderbrechen von Kirche und Staat zu Ottos eigener Zeit das Ende des Römischen Reichs als *civitas permixta* drohte, so stand gemäß der Lehre von den vier Weltreichen nunmehr auch das Ende der Welt bevor. Dementsprechend verortet Otto sich selbst und seine Zeitgenossen ganz am Ende der Weltgeschichte.

Somit ist Otto von Freising letztlich gar nicht so sehr ein Geschichts-Schreiber, wenngleich seine *Historia de duabus civitatibus* unzählige historische Informationen enthält und gerade für die Zeitgeschichte des 12. Jahrhunderts eine herausragende Quelle darstellt; schließlich war Bischof Otto als Sohn des österreichischen Markgrafen Leopold III., als Reichsfürst sowie als Halbbruder König Konrads III. in das politische Geschehen seiner Zeit intensiv eingebunden. Im Gegensatz zu anderen Chronisten verstand sich Otto aber viel eher als ein Geschichts-Deuter, der dem Ablauf der historischen Ereignisse eine tiefere Bedeutung abzuringen versucht. Die Beschäftigung mit der Geschichte, mit ihrem Auf und Ab, mit dem ständigen Kampf zwischen Gut und Böse, bei dem keineswegs immer das Gute die Oberhand behält, hat in Otto eine ziemlich resignierte Sicht auf die Welt hervorgerufen. Er hat an seiner Zeit gelitten, vor allem an den ständigen Kriegen, in die er selbst und sein Bistum immer wieder hineingezogen wurden. Deshalb enthält sein Werk die eindeutige Botschaft, sich auf dieses irdische Spiel nicht einzulassen, nicht den Menschen gefallen zu wollen, sondern sein ganzes Streben auf Gott, das Ziel aller Geschichte, auszurichten. Mögen entsprechende Auffassungen als Subtext auch in anderen Chroniken vorhanden sein, so werden sie doch nirgends so sehr in das Zentrum der Darstellung gerückt wie bei Otto von Freising. Durchaus treffend hat man ihn deshalb einen Moralisten genannt, dessen Forderung nach grundsätzlicher Weltverachtung einen „depressiven Außenposten im wissenschaftlichen Optimismus der Frühscholastik“[39] darstellt.

---

39 Ehlers (Anm. 38), S. 265.

Dennoch hat sein Werk schon im 12. und 13. Jahrhundert eine erstaunlich breite Rezeption erfahren, zumindest in Süddeutschland. Freilich wurde seine *Historia* von den Zeitgenossen eher als historische Materialsammlung verstanden denn als moralisch-theologischer Entwurf, namentlich auch in einer umfangreichen Fortführung bis zum Jahr 1209 durch den Mönch Otto von St. Blasien im Schwarzwald, die zwar unmittelbar an den Text Ottos von Freising anknüpft, aber das Kernanliegen des Vorgängers in keiner Weise in die eigene Darstellung aufnimmt.[40] Durchschlagender Erfolg war Ottos universaler Geschichtsdeutung erst im Humanismus beschieden.[41]

6 Sigebert von Gembloux und Honorius Augustodunensis

Nur wenige hochmittelalterliche Weltchroniken aus dem Deutschen Reich stehen außerhalb der beiden Darstellungstraditionen, die ihre Ausgangspunkte Ende des 10. Jahrhunderts in Hersfeld und Mitte des 11. Jahrhunderts auf der Reichenau beziehungsweise am Ende des Jahrhunderts auf dem Bamberger Michelsberg genommen haben. Lässt man Werke wie das *Pantheon* Gottfrieds von Viterbo († nach 1191) beiseite, das zwar die gesamte Weltgeschichte behandelt, aber nicht chronikalisch, sondern in Form eines Prosimetrums,[42] oder die Werke des in Mainz lebenden irischen Inklusen Marianus Scottus († 1082)[43] und des Kanonikers Heimo

---

40 *Ottonis de S. Blasio Chronica.* Hrsg. von Adolf Hofmeister, Hannover/Leipzig 1912 (MGH SS rer. Germ. in usum schol. 47).

41 Brigitte Schürmann: Die Rezeption der Werke Ottos von Freising im 15. und frühen 16. Jahrhundert, Stuttgart 1987 (Historische Forschungen 12).

42 *Pantheon sive Universitatis libri qui chronici appellantur XX, omnes omnium seculorum et gentium tam sacras quam prophanas historias complectentes, per V. C. Gottofridum Viterbiensem ... conscripti.* Hrsg. von Johannes Herold, Basel 1559 [einzige vollständige Ausgabe]; *Gotifredi Viterbiensis Pantheon.* Hrsg. von Georg Waitz, Hannover 1872 (MGH SS [in Folio] 22), S. 107–305 [mit vielen Auslassungen]; vgl. Friederike Boockmann: Studien zum Pantheon des Gottfried von Viterbo, Diss. München 1985 [gedruckt 1992]; Loren J. Weber: The Historical Importance of Godfrey of Viterbo. In: Viator 25 (1994), S. 153–191.

43 *Mariani Scotti Chronicon.* Hrsg. von Georg Waitz. In: Hannover 1844 (MGH SS [in Folio] 5), S. 495–562 [unvollständig]; The Codex Palatino-Vaticanus No. 830. Texts, Translations, and Indices. Hrsg. von Bartholomew MacCarthy, Dublin 1892 (Todd Lecture Series 3); vgl. Peter Verbist: Reconstructing the Past: the Chronicle of Marianus Scottus. In: Peritia 16 (2002), S. 284–334; Ders.: Duelling with the Past. Medieval Authors and the Problem of the Christian Era, c. 990–1135, Turnhout 2010, S. 85–146; Wojciech Baran-Kozłowski: Chronicon by Marianus Scotus – between Computistic and Historiography: World Chronicles and the Search for a Suitable Chronology of History. In: Quaestiones medii aevi novae 13 (2008), S. 313–347.

von Bamberg († 1139),[44] die beide eher komputistisch als historisch ausgerichtet sind, dann sind an dieser Stelle eigentlich nur noch zwei Namen zu nennen: Sigebert von Gembloux und Honorius Augustodunensis.

Sigebert († 1112) war schon als Kind in das Kloster Gembloux in der Diözese Lüttich eingetreten und hat in reifem Alter dort eine Vielzahl von Werken unterschiedlichster Genres verfasst, darunter auch eine Weltchronik, die er in mehreren Schüben bis zum Jahr 1111 führte.[45] So dezidiert wie keine andere versteht sich dieses Werk als Fortsetzung zur Chronik des Hieronymus; wie bei diesem ist Sigeberts Anliegen vornehmlich die Synchronisierung der Geschehnisse in den verschiedenen Teilen der Welt. Nach einem kurzen Vorspann über die Entstehung der einzelnen Völker knüpft er mit dem Jahr 381 unmittelbar an das Ende der Chronik des Hieronymus an und führt dessen System, die Herrscherjahre in den verschiedenen Reichen parallel zu zählen, konsequent weiter, auch dort, wo andere Weltchroniken sich längst auf die Zählung der Inkarnationsjahre beschränken. Während er von diesen nur jedes zehnte vermerkt, gliedert er seine Darstellung in bis zu neun Spalten und zählt jeweils die Herrscherjahre in den Reichen der Römer und der Franken (die als *gens nostra* angesehen werden), seit der Kaiserkrönung des Frankenkönigs Karl im Jahr 800 dann beide gemeinsam. Das Hunnenreich berücksichtigt er bis 520, die Vandalen bis 533, die Ostgoten bis 548, die Westgoten bis 720, die Angelsachsen bis 735 und erneut ab der normannischen Eroberung 1066. Das Perserreich wird ab 632 durch die Sarazenen ersetzt und die Zählung dann bis zum Jahr 820 geführt; neu hinzu kommen 680 bis 820 die Bulgaren, 801 bis 977 das Byzantinische Reich, ab 844 das Westfränkische Reich und ab 1100 schließlich das Königreich Jerusalem, sodass am Schluss der Chronik im Jahr 1111 neben der Zählung der Inkarnationsjahre noch (oder besser gesagt: wieder) vier Spalten parallel geführt werden. Die Zählung endet entweder mit dem Ende des betreffenden Reichs oder im Fall von Angelsachsen, Sarazenen

44 Heimo von Bamberg. *De decursu temporum*. Hrsg. von Hans Martin Weikmann, Hannover 2004 (MGH Quellen zur Geistesgeschichte 19).

45 *Sigeberti Gemblacensis Chronographia*. Hrsg. von Ludwig Bethmann, Hannover 1844 (MGH SS [in Folio] 6), S. 300–374; vgl. Jutta Beumann: Sigebert von Gembloux und der Traktat *de investitura episcoporum*, Sigmaringen 1976 (Vorträge und Forschungen, Sonderband 20); Anna-Dorothee von den Brincken: *Contemporalitas regnorum*. Beobachtungen zum Versuch des Sigebert von Gembloux, die Chronik des Hieronymus fortzusetzen. In: Historiographia Mediaevalis. Studien zur Geschichtsschreibung und Quellenkunde des Mittelalters. Festschrift für Franz-Josef Schmale zum 65. Geburtstag. Hrsg. von Dieter Berg/Hans-Werner Goetz, Darmstadt 1988, S. 199–211; Mireille Chazan: L'Empire et l'histoire universelle de Sigebert de Gembloux à Jean de Saint-Victor (XIIe-XIVe siècle), Paris 1999; Dies.: Le récit du passé et le temps de la mémoire dans la Chronique de Sigebert de Gembloux. In: La mémoire du temps au Moyen Âge. Hrsg. von Agostino Paravicini Bagliani, Firenze 2005, S. 37–58.

und Bulgaren, wie Sigebert freimütig eingesteht, weil ihm von da an keine brauchbaren Informationen mehr über diese Völker zur Verfügung standen.

Die Nachrichten, die der Autor aus einer Vielzahl verschiedener Quellen geschöpft hat, sind jeweils für sich genommen durchweg sehr knapp formuliert, machen die Chronik aber allein durch ihre große Zahl ziemlich umfangreich. Ungewöhnlich große Aufmerksamkeit widmet Sigebert dem Leben und Wirken der Heiligen; dass sich darin tatsächlich ein persönliches Interesse des Autors spiegelt, liegt nahe, schließlich hat er auch eine ganze Reihe von hagiographischen Werken selbst verfasst. Sigeberts Chronik hat von allen hochmittelalterlichen Weltchroniken geographisch den weitesten Horizont, berücksichtigt sie doch sogar die außereuropäische und nichtchristliche Welt, soweit von ihr Kunde zu erlangen war. Dem Römischen Reich wird freilich gegenüber den anderen Reichen eindeutig Priorität eingeräumt; schon in seiner Vorrede betont Sigebert dessen heilsgeschichtliche Stellung im Rahmen der Lehre von den vier Weltreichen. Dadurch erhält die Darstellung vor dem Hintergrund der Auseinandersetzungen zwischen Kaisern und Päpsten im Investiturstreit eine politische Komponente, die auch bei der Behandlung einzelner historischer Ereignisse spürbar wird: Das Reich ist für Sigebert eine eigenständige Größe, die gegenüber dem Papsttum durchaus Vorrang genießt. Allerdings präsentiert er diese Aussage in seiner Weltchronik wesentlich subtiler als in seinen publizistischen Stellungnahmen gegen die Gregorianer. Spätere Generationen hat die Zeitgebundenheit von Sigeberts Priorisierungen offenbar nicht gestört, jedenfalls hat sein Werk eine ausgesprochen starke Nachwirkung entfaltet. Allerdings fand diese fast ausschließlich außerhalb des Reichs (besonders in Nordfrankreich) statt, vielleicht gerade deshalb, weil Sigeberts Darstellung weniger als die anderen besprochenen Chroniken auf das römisch-deutsche Imperium fixiert ist und viel stärker als jene auch die westeuropäischen Reiche in den Blick nimmt.

Honorius Augustodunensis († um 1150) ist als Person kaum zu fassen, zumal es sich bei seinem Namen um ein von ihm selbst gewähltes Pseudonym zu handeln scheint. Sicher ist nur, dass er sich längere Zeit in England aufgehalten hat und dann jahrzehntelang in Regensburg lebte, vielleicht als Inkluse im dortigen Klösterchen Weih-St. Peter. Honorius, der ansonsten vornehmlich als Exeget und als Autor kirchenpolitischer Traktate hervorgetreten ist, hat gleich zwei Weltchroniken von sehr verschiedenem Zuschnitt verfasst. Die bis zum Jahr 1133 reichende und folglich kurz danach geschriebene *Summa totius de omnimoda historia* legt in ungewöhnlicher Weise ihren Schwerpunkt auf die biblische Geschichte der vorchristlichen Zeit, die sie in einzigartiger, geradezu ermüdender

Detailfülle schildert.[46] Für die folgende, wesentlich knapper behandelte christliche Epoche ist sie ganz auf das Römische (seit dem Ende der Antike Oströmische) Reich fokussiert; selbst die Datierung nach der Gründung Roms wird bis ins 8. Jahrhundert beibehalten, und auch danach zählt der Autor konsequent nur die jeweiligen Regierungsjahre der römisch-deutschen Herrscher, nicht die Inkarnationsjahre. Allerdings verstrickt er sich hinsichtlich der Chronologie, die ihm offensichtlich weniger wichtig war als in der Gattung üblich, mehrfach in Widersprüche, und überhaupt macht die Chronik eher den Eindruck einer unfertigen Materialsammlung als den eines durchdacht konzipierten Werks. Das mag neben der ungewöhnlichen Schwerpunktsetzung der Grund dafür sein, dass sie nur in sehr wenigen, durchweg österreichischen Handschriften verbreitet wurde und bis heute unediert geblieben ist.

Völlig anders präsentiert sich die zweite Weltchronik desselben Autors. In mehreren Fassungen zwischen 1110 und 1150 hat Honorius einen „Weltspiegel" namens *Imago mundi* niedergeschrieben, ein enzyklopädisches Lehrbuch, das im ersten Teil eine geographisch-ethnographische Beschreibung der Welt bietet, im zweiten komputistische Fragen behandelt, im dritten dann die Weltgeschichte von Adam bis zur Gegenwart.[47] Ganz im Gegensatz zur weitschweifigen *Summa totius* werden in der *Imago mundi* denkbar knapp nur die wichtigsten Ereignisse der Weltgeschichte aufgeführt. Passagenweise hat man bloß eine listenhafte Aneinanderreihung von Namen und Daten vor sich, der bis auf die grobe Gliederung in die sechs Weltalter auch jedes chronologische Gerüst fehlt. Dennoch oder vielleicht gerade deswegen wurde ausgerechnet dieses dürre Faktenkompendium mit einer Überlieferung in mindestens 300 Handschriften zur mit Abstand erfolgreichsten Weltchronik des gesamten Hochmittelalters, obwohl es in seiner Anlage für die Gattung eher untypisch und in der gedanklichen Durchdringung des historischen Materials auf keinen Fall mit den Chroniken Hermanns von Reichenau oder Frutolfs von Michelsberg zu vergleichen ist.

7 Resümee

An den Schluss dieses kurzen Überblicks über die hochmittelalterlichen Weltchroniken aus dem Gebiet des deutschen Reichs seien noch einige allgemeine, übergreifende Beobachtungen gestellt. Dass die Autoren durchweg Geistliche

46 Eine Ausgabe fehlt noch; vgl. SCHWARZBAUER (Anm. 19).

47 VALERIE I. J. FLINT: Honorius Augustodunensis. *Imago mundi*. In: Archives d'histoire doctrinale et littéraire du Moyen Âge 49 (1982), S. 7 – 153; vgl. SCHWARZBAUER (Anm. 19).

waren, kann nicht überraschen, aber auffällig ist, dass die Gattung ganz überwiegend in Benediktinerklöstern gepflegt wurde, kaum an Dom- oder Stiftskirchen. Der Prämonstratenser Burchard von Ursberg bildet ebenso eine Ausnahme wie die anonyme Quedlinburger Kanonisse oder der Franziskaner Albert von Stade, der allerdings zuvor Abt eines Benediktinerklosters gewesen war. Bischof Otto von Freising, der vor seiner Bischofserhebung Zisterzienser gewesen war und die Mönchskutte bis an sein Lebensende weiter trug, ist der einzige Autor aus dem hochadligen Milieu, während die Verfasser von Weltchroniken ansonsten eher unter den einfachen Mönchen zu suchen sind. Nur ein einziges Mal lässt sich mit Heinrich dem Löwen ein weltlicher Auftraggeber namhaft machen und somit ein höfischer Rahmen für die Entstehung einer Chronik, wenngleich die Autoren auch in diesem Fall am ehesten wiederum der Hofgeistlichkeit angehörten. Bemerkenswert mag es vielleicht erscheinen, dass im 11. Jahrhundert gelegentlich und seit dem 12. Jahrhundert sogar in den meisten Fällen die Namen der Autoren bekannt sind und damit wenigstens in Ansätzen die Persönlichkeiten hinter den Werken erkennbar werden.

Die Darbietung des historischen Materials folgt meist etablierten Mustern. Da für die früheste Geschichte keine präzisen Daten vorlagen, beginnen alle Weltchroniken zunächst mit einem mehr oder weniger ausführlichen historiographischen Überblick. Der Übergang zum annalistischen Schema erfolgt nach dem Vorbild des Hieronymus bei Frutolf von Michelsberg und in den von ihm abhängigen Chroniken mit der Geburt Abrahams. Besonders in der von Frutolf begründeten Darstellungstradition bestimmen von da an, wie bei Hieronymus, Tabellen mit der parallelen Zählung von Herrscherjahren in den verschiedenen Reichen der Erde das äußere Erscheinungsbild (Abb. 2); Sigebert von Gembloux ist allerdings der einzige, der dieses Schema bis zu seiner eigenen Gegenwart weiterführt. Die Geburt Christi wird zwar in allen Weltchroniken durchweg als epochales Ereignis verstanden, doch schlägt sich das nur relativ selten in einem Wechsel der formalen Darbietung nieder. Die Zählung der Inkarnationsjahre setzt teilweise erst viel später ein, in den *Hersfelder Annalen* und den von ihnen abhängigen Weltchroniken erst mit dem Jahr 702, bei Honorius Augustodunensis sogar erst mit dem Jahr 726.

Während es zu den Definitionsmerkmalen der Gattung gehört, dass die Weltgeschichte von der Erschaffung der Erde bzw. der des Menschen an abgehandelt wird, ist es doch auffällig, dass die Darstellung ausnahmslos bis zur eigenen Gegenwart der Verfasser geführt wird. Die Geschichte der Welt wird also in allen Werken als ein fortlaufendes Kontinuum aufgefasst, keines davon kennt einen historischen Einschnitt, der ein Beenden der Darstellung zu einem früheren Zeitpunkt rechtfertigen würde. Der Wechsel von einem der sechs heilsgeschichtlichen Weltalter zum nächsten wird zwar ebenso regelmäßig vermerkt wie das

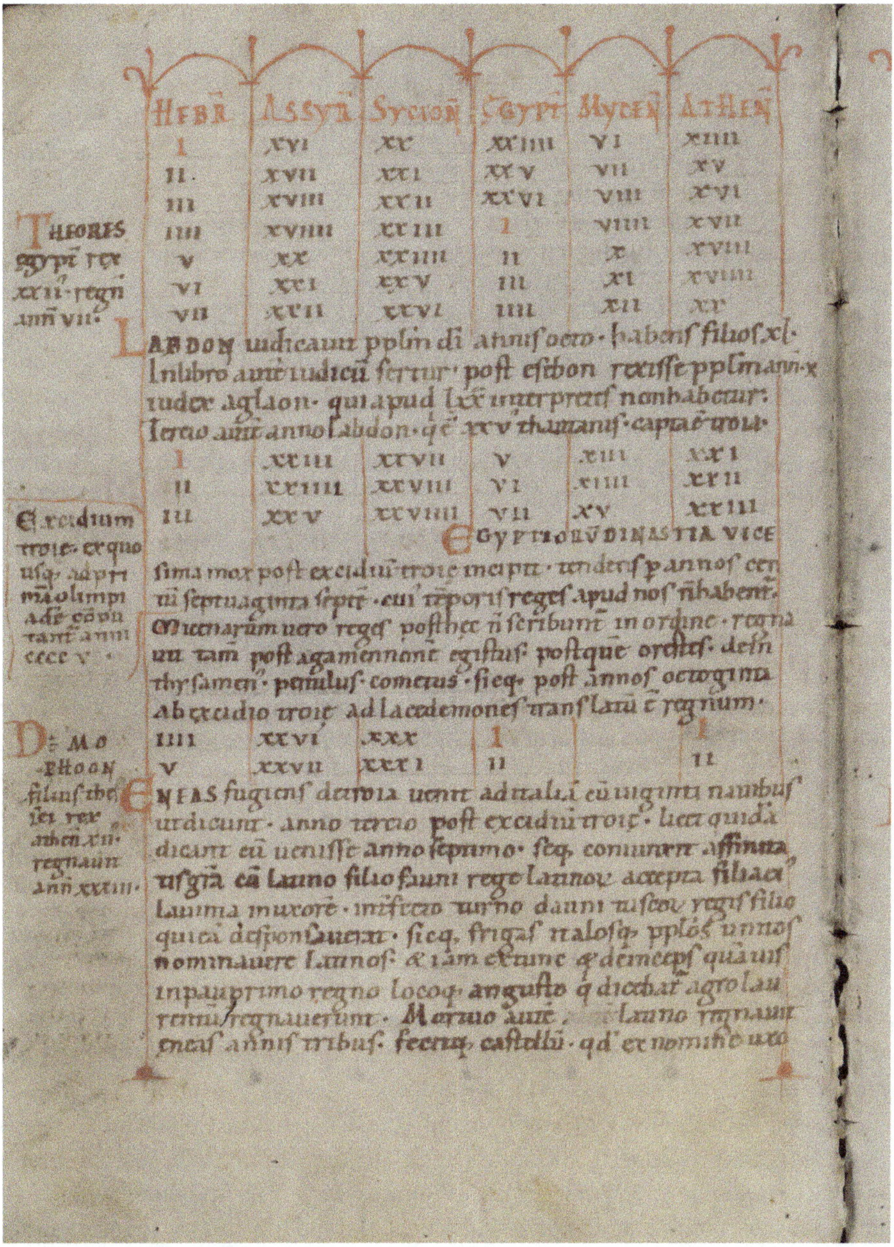

Abb. 2: Frutolf von Michelsberg, *Weltchronik*. Jena, UB, Ms. Bose q. 19, fol. 25v (Autograph): Herrschertabellen zur vorchristlichen Geschichte, durchsetzt mit historischen Nachrichten (hier: Fall Trojas und Flucht des Aeneas).

Ende eines Weltreichs oder die Translation der Kaiserherrschaft von einem Volk auf ein anderes, doch eine epochale Wende wird damit in der Regel nicht verbunden, meistens nicht einmal eine Veränderung in der Präsentationsweise. Als einziger ist Otto von Freising so weit gegangen, in seiner Darstellung die Geschichte sogar bis zum künftigen Weltende weiterzudenken, doch liegt das in der speziellen Konzeption seines Geschichtswerks begründet.

Der Umgang mit der eigenen Zeitgeschichte fällt hingegen sehr unterschiedlich aus. Meistens werden die Autoren umso ausführlicher, je mehr sie sich ihrer eigenen Gegenwart nähern, was letztlich aber recht banal durch die größere Fülle ihnen zur Verfügung stehender Informationen zu erklären ist. Das Extrem auf der einen Seite bilden Lampert von Hersfeld und Burchard von Ursberg, die im Grunde nur detailliert das aktuelle Geschehen ihrer Zeit beschreiben wollen, bei Lampert zudem in klar polemischer Absicht, während die Darstellung der vorausgehenden Weltgeschichte zu einer bloßen, in beiden Fällen mit wenig Aufwand erstellten Vor-Geschichte zur Gegenwart der Autoren degradiert wird. Den Gegenpol dazu bilden die *Annales Mellicenses*, in denen die strenge Vorgabe des Raums für künftige Eintragungen durch denjenigen Mönch, der im Jahr 1123 den Codex angelegt hat, eine gleichmäßig knappe Berichterstattung über mehrere Jahrhunderte hinweg geradezu erzwingt.

Die meisten Weltchroniken weisen keine eigenständige, von ihrem Verfasser neu erdachte Konzeption auf, sondern sind lediglich eine – verkürzende oder erweiternde – Bearbeitung und chronologische Weiterführung eines vorhandenen Werks. Die jeweilige Vorlage wurde also mehr oder weniger gründlich auf die eigenen Bedürfnisse zugeschnitten, und man kann darüber diskutieren, ob und inwieweit solchen Bearbeitungen überhaupt der Charakter eines eigenen Werks zukommt. Einige Weltchroniken erscheinen aus ganz verschiedenen Teilen regelrecht zusammengestückelt und bilden ohne durchgängige inhaltliche Konzeption nur äußerlich eine von Adam bis zur Gegenwart reichende Einheit. Bemerkenswert bleibt, dass auch an solchen rein mechanischen Kompilationen ein Interesse bestand, oder anders formuliert: dass das Bedürfnis nach Universalgeschichte im deutschen Reich des Hochmittelalters offenbar größer war als die Möglichkeiten, sie angemessen zu bewältigen.

Dieses Bedürfnis wurde anscheinend vom 10. bis zum 13. Jahrhundert aus dem Bewusstsein gespeist, dass die Herrschaft der ottonischen, salischen und staufischen Könige eine Fortsetzung des Römischen Reichs und damit einer welt- und heilsgeschichtlichen Größe darstellte. Daraus entsprang einerseits der Wunsch, die eigene Geschichte – und Gegenwart – in solche universalen Zusammenhänge einzubetten; andererseits führte dasselbe Bewusstsein umgekehrt auch dazu, dass man unter Universalgeschichte vornehmlich die Geschichte der fränkischen und deutschen Könige verstand und kaum etwas in die Darstellung aufnahm, was über diesen politischen Rahmen hinausweist. Erst im Verlauf des 13. Jahrhunderts verlor das Imperium als universalhistorische Ordnungsgröße allmählich an Attraktivität und das Interesse der Chronisten verlagerte sich zunehmend auf die regionale Geschichte, wie man etwa am Beispiel der gleichzeitig um die Jahrhundertmitte schreibenden Mönche Albert von Stade im Norden und Hermann von Niederaltaich im Süden beobachten kann. In der Darstellung der Universalgeschichte hingegen wurden seit der zweiten Hälfte des 13. Jahrhunderts neue Wege beschritten.

Lektürehinweise:

1. Wattenbach/Holtzmann/Schmale 1967–1972 (3); Wattenbach/Schmale 1976 (3).
2. von den Brincken 1957 (1); Krüger 1976 (1); Schmale ^{2}1993 (1).
3. Goetz 1995 (1); Schwarzbauer 2005 (19); Werner 1987 (1).

Heike Johanna Mierau

Die lateinischen Papst-Kaiser-Chroniken des Spätmittelalters

1 Einleitung

Die Papst-Kaiser-Chroniken des Spätmittelalters, die in ihrer Struktur der Heilsgeschichte verpflichtet sind, stellen eine Spezialform der Universalchronistik dar.[1] Unter Benutzung und Verarbeitung der früh- und hochmittelalterlichen Universalchroniken, denen die zu berichtenden Inhalte entnommen wurden, vollzogen die Geschichtsschreiber in struktureller Form eine Ablösung von den Vorlagen, indem parallele Kaiser- und Papstreihen gebildet wurden, um die Geschichte der Christenheit seit Christi Geburt darzustellen. Die Systematisierung des Wissens sollte einen schnelleren Zugriff auf die Daten ermöglichen und die Genauigkeit der Zuordnung zum Zeitgerüst garantieren. Auf die Strukturgebung wurde bei der Herstellung besonderer Wert gelegt. Angesichts der Pluralität der Universalgeschichtswerke bis ins 13. Jahrhundert ist diese Fixierung auf die Gattung mit einer festen Strukturierung nach Päpsten und Kaisern ein signifikantes Zeugnis für die spätmittelalterlichen Vorstellungen von der Bipolarität des Geschichtsverlaufs.

Die früh- und hochmittelalterlichen Werke wurden in der Folgezeit auch für die älteren Berichtshorizonte nur in geringem Maße weiter benutzt. Signifikant ist beispielsweise, dass der *Liber pontificalis* zur Papstgeschichte seit Einführung der Papst-Kaiser-Chronistik eine wesentlich geringere Resonanz erfahren hat als zuvor, wie die Dichte der Handschriftenüberlieferung und die Häufigkeit der Benutzung in anderen Werken zu erkennen gibt.[2] Auch die bewusst gegen die Papst-Kaiser-Chroniken konzipierte *Historia ecclesiastica* des Tholomäus von Lucca, die als Papstgeschichte strukturiert ist, konnte sich nicht allgemein durchsetzen,

---

1 Rolf Sprandel: World Historiography in the late Middle Ages. In: Historiography in the Middle Ages. Hrsg. von Deborah Mauskopf Deliyannis, Leiden 2003, S. 157–179; Peter Johanek: Weltchronistik und regionale Geschichtsschreibung im Spätmittelalter. In: Geschichtsschreibung und Geschichtsbewußtsein im späten Mittelalter. Hrsg. von Hans Patze, Sigmaringen 1987 (Vorträge und Forschungen 31), S. 287–330.

2 *Liber pontificalis*. Hrsg. von Louis Duchesne, 2 Bde., Paris 1886–1892; *Liber pontificalis*. Hrsg. von Theodor Mommsen, Hannover 1898 (MGH Gesta pontificum Romanorum); *Liber pontificalis* nella recensione di Pietro Guglielmo OSB e del card. Pandolfo glossato da Pietro Bohier OSB, vescovo di Orvieto. Hrsg. von Oldrich Přerovský, 3 Bde., Rom 1978 (Studia Gratiana 21–23). Zur Überlieferung vgl. die Aufstellung unter http://www.chronica.msstate.edu/search.php?type=city&q=.

sondern verblieb in kurialen Kreisen.[3] Werke, die nur die Kaisergeschichte bzw. die Geschichte der Kaiser und Könige des *Imperium Romanum* bieten, wie Engelbert von Admont mit der Schrift *De ortu, progressu et fine imperii Romani*,[4] Dietrich von Nieheim mit dem *Viridarium imperatorum et regum Romanorum*[5] oder die *Historia imperatorum et regum Romanorum Spirae sepultorum* des Nikolaus Burgmann fanden keine allgemeine Beachtung.[6] Universalhistorische Werke wie die *Chronologia magna* des Paulinus Minorita,[7] in der nicht nur Papst- und Kaisergeschichte, sondern die Geschichte der verschiedenen Weltreiche parallelisiert werden, blieben in ihrer Wirkung weit hinter den Papst-Kaiser-Chroniken zurück.

Die neue Gattung der Papst-Kaiser-Chroniken, die Geschichte nach bipolarem Konzept ordnete, boomte bis zum Ende des Mittelalters. Vor allem in der Mitte des 15. Jahrhunderts ist eine große Zahl von Abschriften nachzuweisen. Diese Chroniken repräsentierten das allgemeine Wissen um die Vergangenheit unangefochten. Außer den biblischen Büchern, der frühchristlichen Historiographie, etwa der Übersetzung der Chronik des Eusebius[8] und der des Orosius[9], sowie dem Kirchenrecht hat kaum ein anderes Textkorpus eine so breite, gleichermaßen in allen Teilen des lateinischen Europa nachweisbare Rezeption erfahren. Die bis-

---

3 Tholomeus von Lucca: *Historia ecclesiastica nova* nebst Fortsetzungen bis 1329. Hrsg. von Ottavio Clavuot nach Vorarbeiten von Ludwig Schmugge, Hannover 2009 (MGH Scriptores 39).

4 Gaspar Bruschius: Engelberti Abbatis Admontensis, qui sub Rudolpho Habspurgio floruit, *de Ortu et fine Romani Imperii Liber*, Basileae 1553; Max Schmitz: Zur Verbreitung der Werke Engelberts von Admont (ca. 1250 – 1331). In: Codices manuscripti 71/72 (2009), S. 1 – 26 (http://www.geschichtsquellen.de/repOpus _02097.html).

5 Dietrich von Nieheim: *Viridarium imperatorum et regum Romanorum*. Hrsg. von Alphons Lhotsky/Karl Pivec, Stuttgart 1956 (MGH Staatsschriften des späteren Mittelalters V,1); Ders.: *Historie de gestis Romanorum Principum*. Hrsg. von Katharina Colberg/Joachim Leuschner (†), Stuttgart 1980 (MGH Staatsschriften des späteren Mittelalters V,2), S. 1 – 142; Ders.: *Cronica*. In: Ebd., S. 143 – 292.

6 Vgl. http://www.geschichtsquellen.de/repPers_104274557.html und http://www.geschichtsquellen.de/repOpus _00743.html.

7 Anna-Dorothee von den Brincken: Paulinus Minorita of Venice (Fra Paolino Veneto; Paulinus Minorita) (c. 1275 – 1344). In: Trade, travel, and Exploration in the Middle Ages. An encyclopedia. Hrsg. von John Block Friedman/Kristen Mossler, New York u. a. 2000, S. 470 – 472.

8 Eusebius: Die *Kirchengeschichte* mit der lateinischen Übersetzung des Rufinus. Hrsg. von Eduard Schwartz/Theodor Mommsen, 2. unveränderte Aufl. hrsg. von Friedhelm Winkelmann, Berlin 1999 (Die griechischen christlichen Schriftsteller der ersten drei Jahrhunderte. N.F. VI, 1 – 3).

9 Pauli Orosii *Historiarum adversum paganos libri VII*. Hrsg. von Karl Zangemeister, Wien 1882 (CSEL V) und Leipzig 1889 (Bibliotheca scriptorum Graecorum et Romanorum Teubneriana); Pauli Orosii *Historiarum adversum paganos libri VII*. Hrsg. von Marie-Pierre Arnaud-Lindet, Paris 1990 – 1991 (Collection de universités de France s. l. 296 – 297).

herige Forschung hat bereits ca. 1000 Handschriften dokumentieren können,[10] die Zeugnisse der Papst-Kaiser-Chronistik überliefern. Bei fast jeder Neuerschließung einer bislang nicht verzeichneten Bibliothek mit lateinischen Handschriften kommen neue Textzeugen hinzu. Wegen der großen und vielfältigen Überlieferung ist die Forschung von einer systematischen Erfassung aller Einzelbefunde noch weit entfernt.

2 Zur Struktur der Werke

Die ununterbrochene Reihung der Päpste und Kaiser von der Geburt Christi an bis in die jeweils eigene Gegenwart kennzeichnet die Struktur der Vergangenheitsschilderung in allen Chroniken der Gattung.[11] In der Regel kennen sie darüber hinaus keine weiteren Gliederungseinheiten etwa in Bücher oder Epochen. Die Vorstellungen von der Gestalt des Reiches flossen in die Anlage der Chroniken ein.[12] So setzte man die Idee von der *translatio imperii* konsequent um. Die Kaiserreihe ist in diesen Werken einsträngig von Augustus bis ins Spätmittelalter geführt und spaltet sich nicht mit dem Jahr 800 in oströmische und weströmische Kaiser auf. Innerhalb der Weltgeschichtsschreibung festigte der Typus Papst-Kaiser-Chronik die Vorstellung von einem Kontinuum des Römischen Reiches seit der Antike.[13] Die Papst-Kaiser-Chroniken boten dabei eine Nebeneinanderordnung der beiden Gewalten, keine Unterordnung des Kaisertums unter die päpstliche *auctoritas* oder des Papsttums unter die Kaisermacht.

Innerhalb der Gattung der Papst-Kaiser-Chroniken sind zwei Stränge zu verzeichnen: Einerseits sind Texte zu finden, die eine Beschränkung auf die Zeit *sub gratia* aufweisen, also den vorchristlichen Teil nicht selbst darstellen. In diesen Werken wird darauf verwiesen, dass diese Zeit bereits in hinreichend strukturierten Werken zur Verfügung stehe. Andererseits wird im Stil der früheren Uni-

---

10 Vgl. Heike Johanna Mierau: Handschriftenliste zu den spätmittelalterlichen Papst-Kaiser-Chroniken, 2006 bereitgestellt auf der Webpage der MGH (www.mgh.de/datenbanken/papst-und-kaiserchroniken).

11 Anna-Dorothee von den Brincken: Zu Herkunft und Gestalt der Martins-Chroniken. In: Deutsches Archiv 37 (1981), 694–735 und Heike Johanna Mierau/Antje Sander-Berke/Birgit Studt: Studien zur Überlieferung der *Flores temporum* (MGH Studien und Texte 14), Hannover 1996, S. 22–27.

12 Heike Johanna Mierau: Das Reich, politische Theorien und die Heilsgeschichte. Zur Ausbildung eines Reichsbewußtseins durch die Papst-Kaiser-Chroniken des Spätmittelalters. In: Zeitschrift für Historische Forschung 32 (2005), S. 543–574, insbesondere Anm. 141.

13 Heike Johanna Mierau: Die Einheit des *imperium Romanum* in den Papst-Kaiser-Chroniken des Spätmittelalters. In: Historische Zeitschrift 282 (2006), S. 281–312.

Abb. 1: Enguerrand Quarton, Schutzmantelmadonna der Familie Cadard. Chantilly, Musée Condé.

versalchroniken das Muster der Sechs-Weltalter-Chroniken als Grundlage gewählt, bei denen dann im sechsten Weltalter die neue Strukturgebung angewendet wird.

Das Schema begünstigte die Konzentration auf das Wesentliche und erleichterte eine Gesamtsicht auf die eigene Geschichte. Die spätantiken Bischöfe von Rom wurden in diesen Geschichtswerken als Päpste geführt, bevor sich die Betitelung in den Zeitdokumenten durchgesetzt hatte. Insofern passen diese Chroniken die Vergangenheit an das gewählte Schema an. Die bis ins Hochmittelalter dominante regionale Eigenständigkeit der christlichen Kirchen gemäß der Diözesanstruktur trat hinter die Einheit der papstgelenkten Weltkirche zurück, als deren identitätsstiftende Mitte in den Chroniken von Beginn an das Papsttum galt. Durch die Papst-Kaiser-Chroniken wurden darüber hinaus die römisch-antiken, byzantinischen, fränkischen und deutschen Kaiser in das europäische Geschichtsbewusstsein eingeschrieben und zugleich die Vorstellung von der Übertragung von Kaiserherrschaft aufgrund von Verdienst und Gnade propagiert. Selbst als im Spätmittelalter keine Kaiser erhoben wurden, blieb das formale Prinzip in Anwendung. Nur in wenigen der zweiseitig angelegten Handschriften wurde am Ende des Berichtszeitraums, also in der Zeit des Interregnums, die Papstgeschichte recto und verso geschrieben. In erstaunlicher Zahl finden sich jedoch Handschriften, die dieses Fehlen strukturell ignorieren, indem sie zunächst Seiten unter dem Kopftitel *vacante imperio* einrichten, auf denen geschildert wird, dass es keine Kaisererhebungen gab, und dann Leerseiten in der Kaisersukzession akzeptieren, welche die aufklaffende Lücke in der gegenwärtigen Zeit sinnfällig zum Ausdruck brachten.

Die Fixierung auf die Reihen von Päpsten und Kaisern veränderte die Darstellungshorizonte der Universalchronistik des 6. Weltalters in wesentlichen Aspekten. Soweit möglich wurden die Amtszeiten der Päpste und Kaiser tagesscharf notiert. Die Stufen der Amtseinführung wurden verzeichnet und die wesentlichen Amtshandlungen aufgelistet. Die regionale und soziale Herkunft der Amtsträger schien den Chronisten bedeutsam. Sterbe- und Begräbnisorte wurden mitgeteilt. Wichtige politische Ereignisse in den Amtszeiten der Päpste und Kaiser überdeckten andere Berichtshorizonte, etwa zu den nichtchristlichen Nachbarn, wenn nicht Kaiser und Päpste in diese Geschehnisse involviert waren.

Universalgeschichtliche Informationen jenseits der Papst-Kaiser-Geschichte wurden zwar nicht gänzlich verdrängt, erfuhren aber eine Abwertung, da sie wie Nachrichten zur Kultur- und Geistesgeschichte, zu göttlichen Zeichen in Form von Naturereignissen und Wundern oder zu Heiligen als Anlagerung zum Grundbestand verstanden wurden. Wegen derartiger Erweiterungen, die mit Anekdoten und Exempeln für das Predigeramt ausgeschmückt wurden, standen die Chroniken in der Neuzeit in Verruf, denn die intendierte Welterklärung entsprach nicht den Rationalitätsvorstellungen der Moderne. Eine vorurteilsfreie Analyse offenbart, dass die Aufnahme unerklärter Naturphänomene erfolgte, um das Wirken Gottes in der Welt zu dokumentieren.

Die geographische Beschreibung der Welt haben die Chronisten, die Papst-Kaiser-Geschichte schrieben, hingegen nicht zu ihrem Thema gemacht. Die Verortung der Ereignisse setzt beim Leser eigene Kenntnisse voraus. Dass dies von den Nutzern nicht selten als Manko empfunden wurde, beweisen Zusammenführungen der Papst-Kaiser-Chroniken mit geographischen Schriften in den Handschriften. Während die frühen Vertreter der Gattung sich eng an das Strukturprinzip hielten, weisen spätere Chronisten individuelle Ergänzungen zum Papst-Kaiser-Schema etwa mit Blick auf die Regionalgeschichte, auf die Schismengeschichte, die Konstantinische Schenkung oder anderes auf.

3 Die Vertreter der Gattung

Schon für das 11. Jahrhundert lassen sich schematische Übersichten und knappe Datenreihen finden, die nach dem Muster von Papst-Kaiser-Reihen aufgebaut sind. An ihnen konnte die Gleichzeitigkeit kaiserlicher und päpstlicher Führung abgelesen werden.[14] Der Pariser Gelehrte Hugo von St. Viktor hat neben zahlreichen anderen Werken auch einen Papst-Kaiser-Katalog hergestellt. Er trägt nur rudimentäre Informationen zu den Amtszeiten, die ohne literarischen Anspruch aufgelistet wurden. Otto von Freising hat in der Mitte des 12. Jahrhunderts seiner Weltgeschichte einen Katalog der Päpste und Kaiser beigefügt, diese aber noch nicht danach strukturiert.[15] Robert von Auxerre ergänzte in seinen *Compendia chronici* die regionale Geschichte um Universalgeschichte, wobei er das Papst-Kaiser-Schema benutzte.[16] Gilbert Romanus, über dessen Lebenswirklichkeiten

---

14 *Catalogus pontificum et imperatorum saec. XI.* Hrsg. von Georg Waitz. In: MGH Scriptores 24, Hannover 1879, S. 81 – 85; *Catalogus pontificum et imperatorum Amiatinus.* Hrsg. von Ders. In: Ebd., S. 833 – 836; *Catalogus imperatorum et pontificum Romanorum Cencianus.* Hrsg. von Ders. In: Ebd., S. 102 – 107; *Catalogus ponificum Romanorum, imperatorum et regum Francorum auctore monacho S. Gregorii:* Hrsg. von Ders. In: Ebd., S. 85 – 87; *Chronica pontificum et imperatorum Mantuana* mit Fortsetzungen. Hrsg. von Ders. In: Ebd., S. 214 – 220; *Catalogus pontificum et imperatorum ex Casinensi sumptus.* Hrsg. von Georg Heinrich Pertz. In: MGH Scriptores 22, Hannover 1872, S. 359 – 367; *Continuatio Ratisponensis.* Hrsg. von Philipp Jaffé. In: MGH Scriptores 17, Hannover 1861, S. 416 – 420. Digitalisate der MGH-Bände finden sich unter www.mgh.de.

15 Ottonis episcopi Frisingensis *Chronica sive historia de duabus civitatibus.* Hrsg. von Adolf Hofmeister, Hannover 1912 (MGH Scriptores rerum Germanicarum 45).

16 Carol L. Neel: Man's Restoration. Robert of Auxerre and the writing of history in the early thirteenth century. In: Traditio 44 (1988), S. 253 – 274.

bislang nichts bekannt ist, stellte um 1220 ein *Chronicon pontificum et imperatorum* zusammen, das eine größere Breite an Nachrichten enthielt.[17] Thomas Tuscus nahm das Konzept in seinem *Chronicon pontificum et imperatorum* ebenfalls auf.[18] Im kastilischen Reich verfasste Rodrigo Jiménez de Rada in der ersten Hälfte des 13. Jahrhunderts sein *Chronicon pontificum et imperatorum* in Ergänzung zu seinen iberischen Geschichtswerken. Zu Ehren des Staufers Manfred verfasste der Römer Johannes Ruffus ein Chronicon mit dem Titel *Liber de Istoriis.*[19]

Die Chronik Martins von Troppau normierte dann nach diesem Schema mit kurzen Informationen über die Regierungszeiten, wichtige Gesetzesänderungen, bestehende Konflikte und allgemein über die wichtigen Ereignisse der Christenheit das abendländische Geschichtsbewusstsein.[20] Der im Prager Umfeld ausgebildete Dominikaner Martin von Troppau, der in Rom in der päpstlichen Poenitentiarie nachgewiesen ist, wurde als Jurist zum Chronisten, weil er die Kenntnis des Geschichtswissens bei Juristen und Theologen für unabdingbar hielt. Selbstverständlich wählte er für diesen Rezipientenkreis die lateinische Sprache.

Das Werk ist in drei Rezensionen zwischen 1268 und 1277 entstanden.[21] Die Darstellung seines *Chronicon pontificum et imperatorum* setzt mit der Geburt Christi ein und reicht bis auf die Päpste seiner eigenen Zeit und das Interregnum bzw. die Wahl Rudolfs von Habsburg. Die dritte Rezension unterscheidet sich von den beiden Erstfassungen durch einen Vorspann zur römischen Geschichte und mehrere papstkritische Einfügungen, etwa der ersten Nachricht zu der Päpstin Johanna innerhalb der abendländischen Überlieferung. Martin von Troppau wurde offenbar nach Beendigung der Umarbeitung 1278 von Papst Martin IV. zum Erzbischof von Gnesen designiert. Er machte sich auf die Reise ins politisch zerstrittene Polen, legte aber zunächst in Bologna Station ein, wo er starb, noch

---

17 Gilbertus Romanus: *Chronicon pontificum et imperatorum Romanorum* mit Fortsetzungen. Hrsg. von Oswald Holder-Egger. In: MGH Scriptores 24 (Anm. 14), S. 117 – 140; vgl. http://www.geschichtsquellen.de/repPers_104348852.html.

18 Thomas Tuscus: *Gesta imperatorum et pontificum.* Hrsg. von Ernst Ehrenfeuchter. In: MGH Scriptores 22 (Anm. 14), S. 483 – 528.

19 Andrea Sommerlechner: Eine stadtrömische Kaiser-Papst-Geschichte zu Ehren von König Manfred. Der *Liber de istoriis* des *frater* Johannes Ruffus. In: Römische Historische Mitteilungen 42 (2000), S. 245 – 306.

20 Martini Oppaviensis *Chronicon pontificum et imperatorum.* Hrsg. von Ludwig Weiland. In: MGH Scriptores 22 (Anm. 14), S. 377 – 475; neu hrsg. von Anna-Dorothee von den Brincken, http://www.mgh.de/ext/epub/mt (eingesehen: 24.11.2015).

21 Anna-Dorothee von den Brincken: Studien zur Überlieferung der Chronik des Martin von Troppau. Erfahrungen mit einem massenhaft überlieferten historischen Text. Teil I. In: Deutsches Archiv 41 (1985), S. 460 – 531; Teil II. In: Deutsches Archiv 45 (1989), S. 551 – 591; Nachträge. In: Deutsches Archiv 50 (1994), S. 611 – 613.

bevor er sein Amt antreten konnte. In mittelalterlichen Testimonien und – bis heute – in Bibliothekskatalogen findet sich vielfach der Name Martinus Polonus.

Signifikant für die Chronik Martins von Troppau sind formal exakt angelegte Handschriften, in denen die Fakten gewissermaßen in eine Tafel mit Zeitleiste eingetragen wurden, wobei für jedes Jahr genau eine Zeile zur Verfügung stand. Ein Blatt wurde für genau fünfzig Jahre vorbereitet. Der Textraum war also klar definiert und streng reglementiert. Die Unabhängigkeit beider Stränge von Papst- und Kaiser-Reihe ist bei diesen als Tabellenhandschriften bezeichneten Bänden besonders deutlich und wird dadurch unterstrichen, dass die Zeitleiste auf beiden Seiten angebracht wurde. Jeder Herrscher erhielt in diesen Spalten einen Abschnitt, der in einer neuen Zeile im Jahr seiner Erhebung beginnt. Der Name wurde in der Regel durch Auszeichnungsschrift hervorgehoben, daran schlossen sich die Angaben über die Dauer der Amtszeit mit Zählung der Jahre, Monate und Tage an. Beim Blick in die Handschriften fällt deshalb die schnelle Sukzession der Päpste besonders auf. Oft stand für die Darstellung nur eine einzige Zeile zur Verfügung, was weitere Angaben verhinderte. Auch bei den Herrschern mit längerer Amtszeit mussten die Informationsbestände sorgsam ausgewählt werden, um ein Ausufern des Textes über den vorgegebenen Schriftraum hinaus zu verhindern.

Kommunikationstechnisch ist dieses Anordnungsprinzip sehr anspruchsvoll. Der Platz auf der Seite ist exakt verplant und duldet eigentlich keine Ausnahmen. Schon die unter der Obhut Martins von Troppau eingerichteten Tabellen hatten jedoch mit Zuordnungsproblemen zu kämpfen. Gleich am Anfang des Chroniktextes wäre das Konzept aus dem Ruder gelaufen, wenn nicht eine weitere Teilung der Spalten vollzogen worden wäre, bei welcher der Bericht über einen neuen Herrscher zur richtigen Zeit einsetzte, für ihn aber nur die halbe Spalte verwendet wurde, weil sein Vorgänger nach einem klaren vertikalen Doppelstrich noch Platz beanspruchte. Im Prinzip hat das System mit dieser mit Blick auf den Gesamttext seltenen Hilfskonstruktion funktioniert, wie ein ganzes Bündel von Tabellenhandschriften belegt, die nach Martins Vorlagen hergestellt wurden.

Neben Martin von Troppau ist die als *Flores temporum* bezeichnete Papst-Kaiser-Chronik der zweitwichtigste Text der Gattung.[22] Er wurde in Süddeutschland am Ende des 13. Jahrhunderts von einem anonymen, wohl schwäbischen Minoriten unter Kenntnis der Chronik Martins von Troppau verfasst. Der Autor bezeichnet sich selbst als Franziskanermönch, nennt allerdings weder seinen Namen noch seine Wirkungsstätte. Die Herkunft des Verfassers und der Konvent, in dem er arbeitete, sind bislang nicht aus anderen Zeugnissen sicher zu erschließen. Einzelne Nachrichten mit starken regionalen Bezügen am Ende der

22 Mierau/Sander-Berke/Studt (Anm. 11).

Chronik sprechen für die Entstehung im Südwesten Deutschlands. Das Minoritenkloster in Esslingen bei Stuttgart – ein bereits 1237 gegründeter Konvent – gilt als möglicher Entstehungsort, doch sprach sich der Editor OSWALD HOLDER-EGGER dagegen aus. Mit Trutwins *Esslinger Annalen* haben wir einen positiven Nachweis für das Geschichtsinteresse vor Ort. Möglich erscheinen auch andere Häuser der Franziskaner in der Region etwa in Reutlingen oder Tübingen.[23] Aufgrund der Tendenz der Minoriten zu räumlicher Mobilität ist die Suche nach dem Entstehungsort allerdings zu relativieren. Es entsprach der Lebenspraxis, von Konvent zu Konvent zu ziehen, sodass die Urfassung der Chronik entweder an verschiedenen Orten entstanden sein kann oder zwar ortsfest verblieb, aber von Informationen eines umherziehenden Minoritenpredigers und seiner Mitbrüder befruchtet wurde.

Die *Flores temporum* bieten eine nach dem Prinzip der sechs Weltalter konzipierte Universalgeschichte. Die ersten fünf Weltalter werden bewusst neu ausformuliert. Die Nachrichten zu den Päpsten und Kaisern im sechsten Weltalter konzentrieren sich nicht ganz so stark auf die wichtigsten Daten und Ereignisse. Da das Prinzip der Zeittafel nicht übernommen wurde, war der Schriftraum nicht durch die Anlage vorgegeben. Die Darstellung ist in der Kaiserreihe bis zum Regierungswechsel von Rudolf von Habsburg auf Adolf von Nassau geführt. Bis zu Nikolaus IV. reicht die Papstreihe (Textstufe 1). Am Ende wurde die Vorlage also eigenständig bis zur eigenen Abfassungszeit ergänzt. Zusätzlich erscheinen im Vergleich zu Martin von Troppau mehr Exempel und vor allem Informationen aus Legenden von Heiligen, denn der Verfasser verfolgte programmatisch das Ziel, die Heiligen als Blüten ins Dornengestrüpp der weltlichen Herrscher einzuflechten. Im Prolog begründet der anonyme Minorit sein Ansinnen damit, dass er bei der Vorbereitung seiner Predigten habe wissen wollen, zu welcher Zeit einzelne Heilige gelebt hätten. Deshalb habe er selbst zahlreiche Chroniken gelesen *scire desiderans, quibus temporibus quilibet sanctus super terram floruit, Chronica diversa et multa studiose perlegi*[24] („weil ich wissen wollte, zu welchen Zeiten welcher Heilige auf der Erde lebte, habe ich zahlreiche verschiedene Chroniken sehr aufmerksam durchgelesen"). Als Quellen führt er neben Martin von Troppau auch die biblische Geschichte und die Chronik des Orosius an. Anders als die Chronik Martins von Troppau war die Zwecksetzung der *Flores temporum* durch diesen Prolog auf die Predigtvorbereitung ausgerichtet. Dieses Werk zielte, nimmt man eine weitere Aussage des Verfassers ernst, nach innen: Er nennt *clerici et fratres*,

---

23 KLAUS GRAF (Die *Flores temporum* und Balingen; in voller Länge bereitgestellt auf http://archiv.twoday.net.stories/34628773) präferiert Reutlingen (mit Dank für die Zusendung).

24 *Flores temporum*. Hrsg. von OSWALD HOLDER-EGGER. In: MGH Scriptores 24 (Anm. 14), S. 226–250, hier S. 230.

auch wenn ein laikales Publikum dadurch nicht gänzlich ausgeschlossen wird. Auf jeden Fall schien die lateinische Sprache auch für das hier intendierte Publikum geeigneter als die Volkssprache.

Über diese grundlegenden Werke des 13. Jahrhunderts hinaus sind im Reich einzelne eigenständige Neuschöpfungen des 14. und 15. Jahrhunderts zu nennen, die je für sich im beschränkten Rahmen und mit klaren regionalen Schwerpunkten Resonanz gefunden haben. Heinrich von Herford stellte in der Mitte des 14. Jahrhunderts sein nach Päpsten und Kaisern strukturiertes Geschichtswerk im Stile dominikanischer Gelehrsamkeit neben naturkundliche und theologische Schriften.[25] Hier ist das Vorbild der Werke des Vincenz von Beauvais spürbar. Entgegen der sonstigen Mobilität im Dominikanerorden verblieb Heinrich nach Eintritt ins Dominikanerkloster in Soest (vor 1328) meist im Mindener Konvent. Heinrich von Herford führt seine Darstellung bis zum Jahr 1355. Er ist sehr stark an der chronologischen Einordnung der berichteten Ereignisse interessiert. Jenseits der allgemeinen Gepflogenheiten zählt er nicht nur die Jahre nach Christi Geburt und der Schöpfung, sondern aufwendig auch nach Noah, Abraham, David und der Vertreibung der Juden. Zudem führt er die Jahre nach dem Fall Trojas und der Gründung Roms an. Ebenso ist die Zeit nach der *translatio imperii ad Francos* verzeichnet. Darüber hinaus gibt er die Amtszeiten der englischen und französischen Könige an. Entgegen der sonstigen Praxis sind hier zusätzlich zu den Papst-Kaiser-Abschnitten ergänzende Zwischenüberschriften und damit eine zusätzliche Gliederung eingefügt.

Sigfrid von Balnhausen († nach 1306) nutzte das Formprinzip der Papst-Kaiser-Reihen für seine Universalchronik.[26] Petrus de Herenthals († 1391) erarbeitete ein *Compendium Chronicorum de imperatoribus et pontificibus Romanorum.*[27] Gobelinus Person († 1421), ein aus dem Paderborner Bürgertum stammender Kleriker, schrieb seine *Cosmidromus* genannte, in der zweiten Fassung bis 1418 geführte Weltchronik nach dem Sechs-*aetates*-Schema, wobei das sechste Weltalter dem

---

25 Heinricus de Hervordia: *Liber de rebus memorabilioribus sive chronicon.* Hrsg. von August Potthast, Göttingen 1859; Rolf Sprandel: Studien zu Heinrich von Herford. In: Person und Gemeinschaft. Karl Schmid zum 65. Geburtstag. Hrsg. von Gerd Althoff u. a., Sigmaringen 1988, 557 – 571; Anette Baumann: Weltchronistik im ausgehenden Mittelalter. Heinrich von Herford. Gobelinus Person. Dietrich Engelhus, Frankfurt a. M. u. a. 1995 (Europäische Hochschulschriften 3. Geschichte und ihre Hilfswissenschaften 653). Vincentius Bellovacensis: *Speculum maius.* Bd. 4: *Speculum historiale*, Dovai 1624.

26 Sifridi presbyteri de Balnhusin *compendium historiarum.* Hrsg. von Oswald Holder-Egger. In: MGH Scriptores 25, Hannover 1880.

27 Nicolas Mazeure: [Art.] Petrus de Herenthals. In: EMC 2, S. 1203 – 1204.

Papst-Kaiser-Schema unterliegt.[28] Der Verfasser hatte seit 1383 in der Apostolischen Kammer der Kurie gearbeitet, war aber wenige Jahre später zurück nach Paderborn gegangen und musste schließlich wegen Streitigkeiten nach Warburg wechseln. Die Papst-Kaiser-Abschnitte seines Geschichtswerkes sind inhaltlich ergänzt mit westfälischer Regionalgeschichte und der Geschichte des Königreichs Neapel, über die er im Zuge seines Italienaufenthalts Kenntnisse erhielt.

Jakob Twinger von Königshofen sammelte an der Wende vom 14. zum 15. Jahrhundert zunächst in lateinischer Sprache die Informationen zur Weltgeschichte seit der Schöpfung.[29] Wegen des großen Interesses in nicht lateinkundigen Kreisen hat Jakob Twinger auch eine deutschsprachige Version erstellt. In beiden Sprachen hatte das Werk, das bis 1393/1415 reicht, großen Erfolg. Es basiert auf der Chronik von Fritsche Closener, der ebenfalls aus Straßburg stammt. Das Thema ist neben der Papst- und Kaisergeschichte auch die Straßburger Bistums- und Stadtgeschichte. Zweisprachig ist das im ersten Drittel des 15. Jahrhunderts verfasste Werk Andreas' von Regensburg. Der Regularkanoniker aus dem Chorherrenstift St. Mang in Regensburg verfasste neben Regionalchroniken zur bayerischen Geschichte im Umfeld des bayerischen Herzogs auch eine *Chronica summorum pontificum et imperatorum*, die in Bayern auf großes Interesse stieß.[30] Diese Chronik wurde von ihm 1422 abgeschlossen, dann aber bis 1438 fortgesetzt. Fortsetzungen Dritter zu Andreas' Werk reichen bis zum Ausgang des 15. Jahrhunderts. Thomas Ebendorfer erarbeitete als Gelehrter der Universität Wien für Kaiser Friedrich III. eine Kaiserchronik, die er selbstständig durch eine Papstchronik ergänzte.[31] Das Interesse an diesen Werken blieb gering. Auch die Neukonzeption des Erhard Wintergerst fand nur wenige Kopisten.[32] Noch zogen Martin von Troppau und die *Flores temporum* die meisten Leser und Abschreiber an.

---

28 Gobelinus Person: *Cosmidromius*, mit Anhang *Processus translacionis et reformationis monasterii Budecensis*. Hrsg. von Max Jansen, Münster 1900 (Veröffentlichungen der Historischen Kommission der Provinz Westfalen 7); Baumann (Anm. 25).

29 Jakob Twinger von Königshofen: *Chronik*. Hrsg. von Carl Hegel. In: Die Chroniken der oberrheinischen Städte 1, Leipzig 1870 (Die Chroniken der deutschen Städte 8), S. 153–498; Die Chroniken der oberrheinischen Städte 2, Leipzig 1871 (Die Chroniken der deutschen Städte 9), S. 499–917; http://www.geschichtsquellen.de/repPers_119152355.html.

30 Andreas von Regensburg: *Chronica pontificum et imperatorum Romanorum*. In: Ders.: Sämtliche Werke. Hrsg. von Georg Leidinger, München 1903, Nachdruck Aalen 1969 (Quellen und Erörterungen zur bayerischen und deutschen Geschichte. N.F. 1).

31 Thomas Ebendorfer: *Chronica pontificum Romanorum*. Hrsg. von Harald Zimmermann, München 1994 (MGH Scriptores rerum Germanicarum. N.S. 16); *Chronica regum Romanorum*. Hrsg. von Ders., München 2003 (MGH Scriptores rerum Germanicarum. N.S. 18).

32 http://www.geschichtsquellen.de/repOpus_04654.html.

Dies änderte sich erst mit Werner Rolevinck († 1502), der das Medium des Drucks für die Verbreitung seines Werkes nutzte.[33] Der Kartäuser von St. Barbara in Köln strukturierte die Papst-Kaiser-Reihen in seinem in vielen Inkunabelausgaben verbreiteten Werk *Fasciculus temporum* um. Er teilte die Seiten nicht vertikal, sondern horizontal und wies den Päpsten die obere Seitenhälfte, den Kaisern die untere zu. Das Datierungsband verläuft als ‚Linea Christi' in der Mitte der Seite. Die Nachrichten sind nicht mehr so datenfixiert. Die Inhalte wurden kritisch durchgesehen und insgesamt etwas gekürzt.

Auch in Frankreich wurde das Konzept der Papst-Kaiser-Chronik aufgenommen. Der vor allem als Inquisitor bekannte Dominikaner Bernard Gui ergänzte in der Zeit Johannes' XXII. die Chronik Martins von Troppau allerdings um die französische Königsgeschichte und setzte das Werk in mehreren Redaktionen bis 1331 fort.[34] Papst-Kaiser-Geschichte ist bei ihm ein Strukturmuster neben anderen, denn sein historiographisches Œuvre beschränkt sich nicht auf das systematisch angelegte Werk. Im 15. Jahrhundert wandte sich Sébastien Mamerot der Gattung zu. Für Reichsitalien sind neben Martinabschriften auch die neubearbeiteten Papst-Kaiser-Chroniken von Riccobald von Ferrara, der seiner *Compilatio Chronologica* diese inzwischen schon etablierte Struktur gab, von Landulf de Colonna und von Albertus Miliolus mit seinem *Liber de temporibus* heranzuziehen.[35] Auf der iberischen Halbinsel benutzte man zwar Martin, aber es kam nicht zu Neuschöpfungen.

Neben den mit einem klaren Autoren- oder wenigstens einem festen Werktitel versehenen Werken sind häufig ausführliche Papst-Kaiser-Chroniken, Papst-Kaiser-Kataloge mit knappen Informationen und bloße Namenlisten der Päpste und Kaiser in den Handschriften des Spätmittelalters zu finden, deren Verfasser anonym bleiben. Die Forschung behilft sich zur Differenzierung oft mit Bezugnahmen auf die regionalen Kontexte der Entstehung. Von gewisser Verbreitung war die ca. 1343 verfasste Chronik des Anonymus Leobiensis, deren Entstehungssituation auf den Ort Leoben in Österreich verweist.[36] Auch die *Königsberger Weltchronik* ist vom Papst-Kaiser-Schema geprägt.[37] Bislang noch unklar ist die Entstehungsge-

33 http://www.geschichtsquellen.de/repPers_118749536.html.

34 Anne-Marie Lamarrigue: Bernard Gui (1261 – 1331). Un historien et sa méthode, Paris 2000 (Études d'histoire médiévale 5); zu den Bezugnahmen auf Martin von Troppau siehe S. 100 – 102.

35 Ricobaldi Ferrariensis: *Compilatio Chronologica.* Hrsg. von A. Teresa Hankey, Rom 2000 (Istituto storico Italiano, Fonti per la storia dell'Italia medievale, Rerum italicarum scriptores 4).

36 http://www.handschriftencensus.de/werke/5663 und http://www.geschichtsquellen.de/repOpus_00480.html.

37 Jürgen Wolf: Die sächsische Weltchronik im Spiegel ihrer Handschriften. Überlieferung, Textentwicklung, Rezeption, München 1997 (Münstersche Mittelalter-Schriften 75), S. 67 – 69.

schichte etlicher anderer anonymer Einzeltexte der Gattung, die im Zuge der systematischen Handschriftenkatalogisierung ins Bewusstsein getreten sind.

4 Fortsetzung als Strukturprinzip

Die Anlage der Papst-Kaiser-Chroniken hat zu Fortsetzungen geradezu verpflichtet, denn das Ziel war ein Handbuch für die Geschichte bis in die jeweils eigene Zeit. Diese Aufgabe war auch dadurch zu erfüllen, dass man ohne Modifikationen am Basistext Ergänzungen am Ende anfügte, welche die Zeit seit dem Versiegen der zugrunde liegenden Chronik abdeckten. Als Gestaltungsprinzip für die Fortsetzungen kamen sowohl die strikte Nachahmung der Papst-Kaiser-Reihen als auch eine annalistische oder thematisch-chronikale Form in Frage. Viele Abschriften der weit verbreiteten Papst-Kaiser-Chroniken wurden mehrfach und unabhängig voneinander mit Fortsetzungen versehen.[38] In einigen Handschriften finden sich Sequenzen von Fortsetzungen, die auf die Notwendigkeit beständiger Aktualisierung hinweisen.[39] Martin von Troppau war zunächst selbst um die Aktualisierung seines Werkes bemüht. Die Chronik erfuhr aber auch in den Folgejahren nicht nur in Rom immer wieder aktuelle Ergänzungen.[40] Wer diese manchmal sehr kurzen und literarisch nicht ambitioniert verfassten Zusätze verantwortete, ist meistens nicht bekannt. Namentlich zu fassen ist der Historiograph Galvanus Flamma OP († ca. 1344), dessen Beschäftigung mit der Martins-

---

38 Die Editionslage der Fortsetzungen ist unübersichtlich und unbefriedigend. Nur für die in England aufbewahrten Handschriften der Chronik Martins von Troppau gibt es eine moderne Edition: Fortsetzungen zur Papst- und Kaiserchronik Martins von Troppau aus England. Hrsg. von Wolfgang-Valentin Ikas, München 2003; ²2004 (MGH Scriptores rerum Germanicarum. N.S. 19); vgl. dazu Heike Johanna Mierau: [Rezension]. In: Editionen in der Kritik 2 (2008), S. 258–267. Die Gestalt der Fortsetzungen ist exemplarisch dargestellt in Heike Johanna Mierau: Zur Diversität bei der Wahrnehmung von Ereignissen. Die Berichte zum Jahr 1308 in den Papst-Kaiser-Chroniken des Spätmittelalters. In: 1308. Eine Topographie historischer Gleichzeitigkeit. Hrsg. von Andreas Speer/David Wirmer (Veröffentlichungen des Thomas-Instituts der Universität zu Köln 35), Berlin 2010, S. 557–584.

39 Vgl. Heike Johanna Mierau: Continuationes. Die Fortsetzungen zu Papst-Kaiser-Chroniken des späten Mittelalters. In: Die Geschichtsschreibung in Mitteleuropa. Hrsg. von Jarosław Wenta, Toruń 1999 (Subsidia Historiographica 1), S. 167–201 und Dies.: Liste der Fortsetzungen zur Papst-Kaiser-Chronik Martins von Troppau und zu den *Flores temporum* (nach bekannten Enddaten), 2009 bereitgestellt auf der Webpage der MGH (www.mgh.de/datenbanken/papst-und-kaiserchroniken).

40 Kurt-Ulrich Jäschke: Imperator Heinricus. Ein spätmittelalterlicher Text über Kaiser Heinrich VII. in kritischer Beleuchtung, Luxemburg 1988 (Beiheft zu Hémecht).

Chronik sich in ein breites Œuvre einfügt.[41] Die Dominanz des Verfassers verhinderte bei der Martins-Chronik allerdings oft die namentliche Nennung von Fortsetzern.

Bei den *Flores temporum* nennen die Autoren häufiger ihre Namen, wobei es passieren konnte, dass auch der Basistext Veränderungen erfuhr und damit die Leistung des ursprünglichen Verfassers überdeckt wurde. Zwei dieser bearbeitenden Fortsetzungen wurden wiederum ihrerseits zum Ausgangspunkt neuer Überlieferungszweige, die erneut bearbeitet und fortgesetzt wurden.[42] Eine Version, die in der älteren Forschung als Regensburger Papst-Kaiser-Chronik bezeichnet wurde, was die nahe Verwandtschaft zu den *Flores temporum* verdeckt, entstand nach dem Tod Heinrichs VII. (Textstufe 2).[43] Im Textbestand finden sich seit dem Bericht zu Friedrich I. umfangreiche Erweiterungen. Die Darstellung endet im Jahr 1313. Vermutlich ist diese bearbeitende Fortsetzung im benediktinischen Umfeld entstanden. Die zweite, noch wirkmächtigere Überarbeitung beruht ebenfalls direkt auf Textstufe 1 und reicht bis in die Mitte des 14. Jahrhunderts (Textstufe 3).[44] Es liegen verschiedene Redaktionen vor.[45] Die am häufigsten kopierte nennt den Minoriten Hermannus Gygas als Verfasser, der allerdings nicht mit einer historischen Person identifiziert werden kann. An der Selbstbezeichnung als Minorit ist allerdings nicht zu zweifeln, sodass hier ein Indiz vorliegt, dass die Chronik auch im 14. Jahrhundert in Kreisen der Bettelorden auf Interesse stieß.

Heinrich Taube von Selbach knüpfte ebenfalls an die Textstufe 1 der *Flores temporum* an. In seiner Chronik bleibt die Grundstruktur maßgeblich, doch setzte

---

41 Vgl. Paolo Tomea: Per Galvano Flamma. In: Italia medioevale e umanistica 39 (1996), S. 77–120.

42 Vgl. Heike Johanna Mierau: Geschichte als Ergänzungsform. Das Editionskonzept für die *Flores temporum.* In: Editionswissenschaftliche Kolloquien 2003/2004: Historiographie, Briefe und Korrespondenzen. Editorische Methoden. Hrsg. von Matthias Thumser/Janusz Tandecki, Toruń 2005 (Publikationen des Deutsch-Polnischen Gesprächskreises für Quellenedition 3), S. 51–68.

43 Vgl. Mierau/Sander-Berke/Studt (Anm. 11), S. 76.

44 *Flores temporum.* Hrsg. von Johann Georg Eccard. In: Corpus historicum medii aevi sive scriptores res in orbe universo praecipue in Germania, a temporibus maxime Caroli M. imperatoris usque ad finem seculi post C.N.XV. gestas, enarrantes aut illustrantes. E variis codicibus manuscriptis per multos annos collecti 1, Leipzig 1723, Sp. 1551–1640; Hermanni Gygantis ordinis fratrum minorum *Flores temporum.* Hrsg. von Johann Gerhard Meuschen, Leiden 1743, ^{2}1750. Der Text ist ab 1292 auch ediert bei Rolf Sprandel: Chronisten als Zeitzeugen. Forschungen zur spätmittelalterlichen Geschichtsschreibung in Deutschland, Köln 1994 (Kollektive Einstellungen und sozialer Wandel im Mittelalter. N.F. 3), S. 1*-63*.

45 Mierau/Sander-Berke/Studt (Anm. 11), S. 38f.

er regionale Nachrichten hinzu.[46] Eigenheiten in der Darstellung weisen auch die Fortsetzungen zu den *Flores temporum* von Albertus Monachus,[47] Johannes Fistenport,[48] Nikolaus Gerung von Blauenstein,[49] Johannes Kraus, Hermann Sack,[50] Johannes Spies[51] und anderen auf, die sich intensiv mit den *Flores temporum* befasst und bis auf ihre eigene Gegenwart ergänzt haben. Heinrich Steinhöwel hat die Chronik für die Ausgabe eines Druckes unter dem Titel *Blumen der Zeiten* übersetzt und bis in seine Zeit fortgesetzt.[52] Ein weiterer Fortsetzer des 16. Jahrhunderts ist Michael Eisenhard, der lateinisch schrieb.[53]

Durch die Selbsteinlassungen der Autoren sind auch Werke, die in der modernen Forschung gewöhnlich als eigenständige Werke geführt werden, als Fortsetzungen zu Papst-Kaiser-Chroniken auszumachen. Johannes von Winterthur († 1349?) hat als Minorit im Lindauer Konvent eine frei gestaltete Fortsetzung zur Papst-Kaiser-Chronistik verfasst, die bereits bei Friedrich II. einsetzt, klaren thematischen Fragestellungen wie dem Revenantenphänomen verpflichtet ist und sich gegen Prophetien über das nahe Weltende wendet.[54] Seine zeithistorischen Nachrichten konzentrieren sich auf das Oberrheingebiet und Österreich. Ein weiteres Beispiel dafür, dass Zeitgeschichte in der bewussten Anknüpfung an die Papst-Kaiser-Chronistik geschrieben wurde, ist Matthias von Neuenburg († 1364?), der nach dem Studium in Bologna (1315/16) und der Tätigkeit am Baseler Gericht

---

46 Die Chronik Heinrichs Taube von Selbach. Hrsg. von HARRY BRESSLAU, Berlin 1922, Neudruck München 1980 (MGH Scriptores rerum Germanicarum. N.S. 1).

47 Die Weltchronik des Mönchs Albert 1273/77 – 1454/56. Hrsg. von ROLF SPRANDEL, Hannover 1994 (MGH Scriptores rerum Germanicarum. N.S. 17).

48 Johannes Fistenport: *Continuatio Chronici ab Hermanno Ianuensi scripti*. Hrsg. von D. S. F. HAHN. In: DERS., Collectio monumentorum veterum et recentium ineditorum 1, Braunschweig 1724, S. 397 – 405.

49 AUGUST BERNOULLI: Des Kaplans Nikolaus Gerung genannt Blauenstein Fortsetzung der *Flores temporum* 1417 – 1475. In: Basler Chroniken 7, Leipzig 1915, S. 21 – 87.

50 SPRANDEL (Anm. 44).

51 JOSEF RIEDMANN: Die Fortsetzung der *Flores temporum* durch Johannes Spies, Prior der Augustiner-Eremiten in Rattenberg, Wien 1970 (Österreichische Akademie der Wissenschaften. Philosophisch-historische Klasse. Sitzungsberichte 266/4).

52 *Flores temporum* übersetzt von Heinrich Steinhöwel, Ulm 1473; fortgesetzt von Jakob Köbel, Frankfurt 1531.

53 MEUSCHEN (Anm. 44) S. 140 – 163.

54 Die Chronik des Johannes von Winterthur. Hrsg. von FRIEDRICH BAETHGEN in Verbindung mit CARL BRUN, Berlin 1924 (MGH Scriptores rerum Germanicarum. N.S. 3). Zu den Inhalten vgl. HEIKE JOHANNA MIERAU: Eine Kampfschrift gegen die Vorstellungen von der Wiederkehr Friedrichs II.; Zur Interpretation der Chronik des Johannes von Winterthur. In: Der weite Blick des Historikers. Einsichten in Kultur-, Landes- und Stadtgeschichte. Festschrift für Peter Johanek zum 65. Geburtstag. Hrsg. von WILFRIED EHBRECHT u. a., Köln/Weimar/Wien 2002, S. 555 – 576.

im Dienst des Straßburger Bischofs Berthold von Buchegg eine Fortsetzung zur Chronik Martins von Troppau verfasste, die neben der Reichsgeschichte auch die Entwicklungen in den europäischen Königreichen im Blick behält. Die Papstgeschichte geriet bei der Darstellung deutlich ins Hintertreffen. Die Geschichte der Bischöfe und Erzbischöfe im Reich nördlich der Alpen gewinnt dagegen an Gewicht. Die Strukturierung von Papst- und Kaiser- bzw. Königsabschnitten wurde aufgegeben und dafür wurden thematische Zwischenüberschriften eingefügt. Wegen dieser Unübersichtlichkeit wurde in der Wiener Handschrift des Textes (ÖNB, cvp 578) ein Register für die Päpste und Kaiser in alphabetischer Reihenfolge angelegt (132a – 133b).

5 Gesamteuropäische Rezeption: Die Übersetzung in die Volkssprachen

Das Interesse an den Papst-Kaiser-Chroniken war aber nicht nur im Kerngebiet des Reiches, sondern offenbar in ganz Europa groß, denn die verschiedenen Werke wurden nicht nur immer wieder aktualisiert, sondern auch in unterschiedliche Volkssprachen übersetzt. Besonders breit ist die Palette der Übersetzungen bei Martin von Troppau. Hier liegen Übersetzungen ins Deutsche (Abb. 2), Französische, Englische, verschiedene Dialekte des Italienischen, ins Tschechische, Kastilische sowie ins Persische und Armenische vor.

Die *Flores temporum* hingegen wurden nur ins Deutsche übersetzt. Die Papst-Kaiser-Chronik Bernard Guis wurde von Jean Golein ins Französische übersetzt. Das Schema der Papst-Kaiser-Abschnitte hat im Reich auch auf die volkssprachliche Weltchronistik des Spätmittelalters gewirkt: So sind die ebenfalls viel gelesene *Sächsische Weltchronik* und die *Chronik von den 95 Herrschaften* auf diese Art strukturiert.[55] Deutschsprachige Versionen bieten ferner die *Weihenstephaner Chronik*[56] und *Konstanzer Weltchronik*.[57] Von reger Benutzung der Gattung zeugt auch eine ganze Reihe von unabhängigen Exzerpten aus den verschiedenen Werken. Um die Effizienz der Lektüre zu steigern, wurden in den Handschriften *tabulae* mit alphabetischen Papst- und Kaiserverzeichnissen eingebunden, die ein

55 Zur *Sächsischen Weltchronik* vgl. http://www.geschichtsquellen.de/repOpus_02217.html; zur *Chronik von den 95 Herrschaften* http://www.geschichtsquellen.de/repOpus_01146.html.

56 Sigrid Krämer: Die sog. *Weihenstephaner Chronik*. Text und Untersuchung, München 1972 (Münchner Beiträge zur Mediävistik und Renaissance-Forschung 9).

57 Theodor von Kern: Eine Konstanzer Weltchronik aus dem Ende des 14. Jahrhunderts. In: Zeitschrift der Gesellschaft für Beförderung der Geschichts-, Alterthums- und Volkskunde von Freiburg 1 (1867/69), S. 179 – 235 und http://www.handschriftencensus.de/werke/2937.

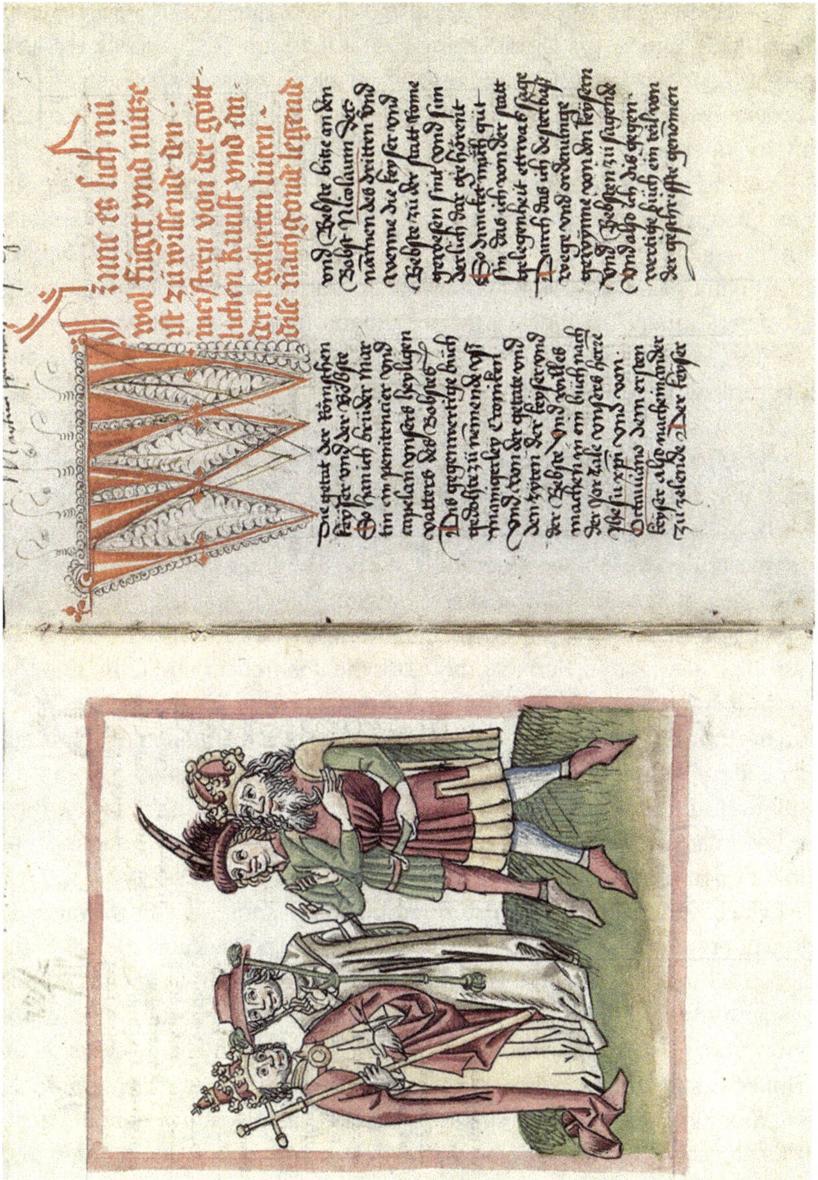

Abb. 2: Martin von Troppau, *Chronicon pontificum et imperatorum, deutsch.* Heidelberg, Universitätsbibliothek, Cod. Pal. germ. 137, 4^v–5^r, Werkstatt Diebold Lauber.

leichteres Auffinden ermöglichten.[58] Ergänzt wurden die Verzeichnisse durch thematische Marginalien zur Orientierung fortlaufend am Text. Das aktive Eingreifen in die Texte zur Vervollständigung des Geschichtswissens spiegelt sich in mehr oder weniger umfangreichen Zusätzen an den Rändern oder auf eingehefteten Zetteln wider.

Die Bettelordensgelehrsamkeit hat die Gattung in ihrer Entstehung geformt und sie ist auch für die Verbreitung wichtig. Der Kreis der Interessenten weitete sich schnell aus. Etliche frühe Abschriften der Chronik Martins von Troppau weisen unabhängig vom heutigen Aufbewahrungsort auf die Universitätsschriftlichkeit der berühmten Juristenfakultät in Bologna hin, wo Martin von Troppau seinen letzten Lebensabschnitt verbrachte. Dort wurde Martins Chronik als Hilfsmittel zur zeitlichen Einordnung von Päpsten und Kaisern rasant aufgenommen. Der Ausgangspunkt ist hier die letzte Überarbeitungsstufe der Rezensionen C bzw. Cc, der deutlich papstkritische Elemente eigen waren. Dieser Grundstock von weitgehend gleichlautenden, weil im professionellen universitären Handschriftenbetrieb entstandenen Texten bildete zusammen mit den schon in Rom hergestellten Vorab-Versionen den Startpunkt einer fast dreihundertjährigen Erfolgsgeschichte. Die Chroniken gelangten, ob zusammen mit den Studenten oder auf eigenen Wegen ist in den wenigsten Fällen abschließend zu klären, an die bedeutenden Herrscherhöfe, an die aufstrebenden Städte und die berühmten Klöster alter und neuer Ordensgemeinschaften. Die Schnelligkeit der Rezeption beeindruckt noch heute. Sie basierte auf handschriftlichen Abschriften, deren Herstellung bald keiner Bürokontrolle oder Zensur mehr unterlag, was vor allem außerhalb Italiens in Einzelfragen, also bei der Darstellung einzelner historischer Ereignisse und ihrer Bewertung, nicht aber im bipolaren Grundkonzept zu Modifikationen führte.

Die gewachsenen und durch historiographisches Konstrukt als gewachsen stilisierten Interdependenzen zwischen Papsttum und Kaisertum, die im Spätmittelalter zu zahlreichen Konflikten führten, fokussieren den Blick auf das fraglos positive Spannungsverhältnis der Gewaltentrennung, das im Grunde nicht angezweifelt wurde. Dabei konzentrierte sich die Rezeption nicht in erster Linie auf die Höfe der Kaiser und Päpste. Sie pflegten vielmehr ein Geschichtsbild, bei dem die Reduktion auf jeweils nur eine Hälfte der Reihe, also entweder auf Papst- oder auf Kaisergeschichte dominierte. Vielmehr waren es neben den Städten und

---

58 Anna-Dorothee von den Brincken: Tabula alphabetica. Von den Anfängen alphabetischer Registerarbeiten zu geschichtlichen Werken (Vincenz von Beauvais OP, Johannes von Hautfuney, Paulinus Minorita OFM). In: Festschrift für Hermann Heimpel zum 70. Geburtstag. Hrsg. von den Mitarbeitern des Max-Planck-Instituts für Geschichte Göttingen 1972 (Veröffentlichungen des Max-Planck-Instituts für Geschichte 36) S. 900–923.

Klöstern die Höfe der europäischen Machthaber und der Fürsten des Reiches, die sich um die Kenntnis der Papst-Kaiser-Geschichte bemühten und dazu die vorhandenen Texte nicht nur erwarben, sondern auch bearbeiten und durch ihre eigenen Historiographen partiell umgestalten ließen.[59] Die Dominanz der Gattung in den Reichsgebieten ist dabei klar erkennbar. Die eigene partikulare Geschichte wurde dadurch zum Bestandteil der Heilsgeschichte, die sich in der Abfolge von Päpsten und Kaisern konkretisierte. Die Papst-Kaiser-Chronistik wurde zur ‚fundierenden Geschichte' für einen als zusammengehörig gedachten Raum und gab allen Gliedern eine glorreiche Geschichte. Das globale Denken im *Imperium Romanum* des Mittelalters ist anhand dieser Geschichtsüberlieferung zu erkennen, für welche die lateinische Sprache ein zentraler Identitätsanker blieb.

Innerhalb der Gattung hat die Rezeption der Martins-Chronik den breitesten geographischen Raum erfasst. Von der iberischen Halbinsel bis nach Osteuropa reicht die mittelalterliche Verbreitung innerhalb der westlichen lateinischen Christenheit. Übersetzungen in außereuropäische Sprachen verweisen auf die große Normierungskraft, die von diesem Werk ausging. Geschichte des christlichen Abendlandes wurde sowohl intern als auch bei der Außenwahrnehmung von den Informationen dieses Werkes geprägt. Auf das Geschichtsverständnis im Reich nördlich der Alpen und selbst auf das Geschichtsverständnis in Polen nahmen die *Flores temporum* als eine südwestdeutsche Überarbeitung der Martins-Chronik bis zum Ausgang des Mittelalters ebenfalls starken Einfluss. An vielen Orten waren mehrere Werke der Gattung in ihrer Textgestalt bekannt und wirkten aufeinander ein. Dies belegen mittelalterliche Bibliothekskataloge und Besitzvermerke, die offenbaren, dass in den Reichsgebieten nördlich der Alpen und in Osteuropa in zahlreichen Bibliotheksbeständen sowohl die *Flores temporum* in den verschiedenen Versionen als auch die Chronik Martins von Troppau nebeneinander standen; die übrigen Teile des alten Kontinents paarten die Martins-Chronik mit eigenen Um- und Überarbeitungen. Die konzeptionelle Globalität

59 Jean-Marie Moeglin: Dynastisches Bewußtsein und Geschichtsschreibung. Zum Selbstverständnis der Wittelsbacher, Habsburger und Hohenzollern im Spätmittelalter, München 1993 (Schriften des Historischen Kollegs, Vorträge 34); Ders.: Das Bild Ludwigs des Bayern in der deutschen Geschichtsschreibung des Spätmittelalters (ca. 1370 – ca. 1500). In: Kaiser Ludwig der Bayer. Konflikte, Weichenstellungen und Wahrnehmung seiner Herrschaft. Hrsg. von Hermann Nehlsen/Hans-Georg Hermann, Paderborn u. a. 2002 (Quellen und Forschungen aus dem Gebiet der Geschichte. N.F. 22), S. 199 – 260; Heike Johanna Mierau: Papst-Kaiser-Chroniken an den Höfen des Spätmittelalters. Benutzungsformen und Rezeptionsmotive. In: Die Hofgeschichtsschreibung im mittelalterlichen Europa. Hrsg. von Rudolf Schieffer/Jarosław Wenta, Toruń 2006 (Subsidia Historiographica 3), S. 191 – 219.

der Papst-Kaiser-Chroniken blieb überall tragfähig und die Erinnerung an die zentrale Grundlage der Gattung in der Chronik Martins von Troppau lebendig.

Nicht nur durch die klare Strukturierung in Papst- und Kaiserreihe war die Darbietung von Geschichte in den spätmittelalterlichen Papst-Kaiser-Chroniken ein Anordnungsprozess. Die gleichen Textbestände und Papst-Kaiser-Abschnitte konnten in unterschiedlichen Anordnungsformen dargeboten werden, die trotz der Verschiedenheit die grundsätzliche Trennung von päpstlicher und kaiserlicher Geschichte bei gleichzeitiger Gleichrangigkeit vor Augen stellten. Als erster Typus ist die strenge Parallelität von Papst- und Kaisergeschichte in zwei chronologisch übereinstimmenden Spalten nach dem Muster Martins von Troppau zu nennen.[60] Die Spalten wurden in der Regel mit den Kopftiteln *pontifices / imperatores* bzw. *de pontificibus / de imperatoribus* versehen, um selbst beim flüchtigen Lesen sofort die Einordnung zur Papst- oder Kaisergeschichte zu ermöglichen. Bei der Realisierung der zeitlichen Parallelität in zwei Spalten wurde das Buch entweder quer gelegt oder, was häufiger war, es wurden die Berichtsstränge auf zwei Seiten des aufgeschlagenen Buches verteilt, um eine ausreichende Spaltenbreite zu gewährleisten.

Die Konkurrenz des zweigleisigen Ordnungssystems, das bei der Anlage der Geschichtswerke die Problematik der zwei Gewalten widerspiegelt,[61] zwang die Chronisten zu einer Entscheidung, auf welcher Seite die Päpste und Kaiser erscheinen. Der Befund der Handschriften lässt sich so interpretieren, dass es im Urteil der spätmittelalterlichen Chronisten keinen eindeutigen Sieger im Streit zwischen Kaisertum und Papsttum gab. Die Platzierung war in den Handschriften jedenfalls nicht unumstößlich fixiert. Die aufgrund der Lesepraxis für die Orientierung sorgende Verso-Seite wurde aber häufiger den Päpsten als den Kaisern zugewiesen. Hinzuweisen ist auf das gelegentlich zu beobachtende Phänomen, dass mitten in der Darstellung die Seiten für Papst und Kaiser wechselten. Bei der Abschrift der Martins-Chronik in der Handschrift Vatikan, Barb. lat. 2743 wurde beispielsweise bei Herakleios die zuvor übliche Aufteilung, bei der die Päpste die linke Seite erhalten hatten, verändert und den Kaisern diese Position zugewiesen. Der Hintergrund wird nicht explizit ausgeführt, dürfte aber in der Wiedergewinnung des wahren Kreuzes zu suchen sein, die geschildert wird. Hier hat sich ein

60 Anna-Dorothee von den Brincken: *In una pagina ponendo pontifices, in alia pagina imperatores*. Das Kopieren der tabellarischen Papst-Kaiser-Chronik des Martin von Troppau OP († 1278). In: Revue d'histoire des textes 18 (1988), S. 109 – 135.

61 Arno Borst: Der Streit um das weltliche und das geistliche Schwert. In: Barbaren, Ketzer und Artisten. Welten des Mittelalters, München/Zürich ²1990, S. 99 – 122; Heike Johanna Mierau: Kaiser und Papst im Mittelalter, Köln 2010.

Abschreiber von Papst-Kaiser-Chroniken in die tradierte Formgestaltung eingemischt.

Die zweiseitige Anlage ist das gängige Prinzip gerade in den Handschriften des beginnenden 14. Jahrhunderts, die der italienischen Universitätsschriftlichkeit bzw. der dominikanischen Handschriftengestaltung verpflichtet sind. Die professionellen Kopisten waren in der Lage, den anspruchsvollen Anordnungstypus beizubehalten. Das Verfahren bereitete aber sichtlich Mühe und wurde deshalb schon seit dem 13. Jahrhundert immer öfter durch die flexible Anordnung der Papst-Kaiser-Abschnitte abgelöst.

Bei dem zweiten Typus wurde die strenge Parallelität aufgegeben und je nach Textumfang verfahren. Das aufgeschlagene Buch wurde in vier Spalten beschrieben, die je nach Anforderung aufgrund des Textumfangs unterschiedlich aufgeteilt wurden: Drei Spalten für die Päpste konnten neben einer Spalte für die Kaiser stehen oder vice versa. Einigen Kopisten war auch dieses Verfahren zu kompliziert, sodass sie sich für eine strickte Trennung der beiden Reihen entschieden, diese aber nacheinander als Verbund gruppierten. Hier scheint auf den ersten Blick eine Papstchronik neben einer Kaiserchronik zu stehen, doch der Text entstammt zweifelsfrei den Vorlagen mit parallelisierten Reihen. In der Gesamtüberlieferung sind Reduktionen auf nur eine Hälfte der Chronik, also entweder auf den Papst- oder nur den Kaiserteil, die ja entgegen der eigentlichen Intention stehen würde, sehr selten.

Pragmatismus, den eine zügige Handschriftenherstellung forderte, ist zu verzeichnen, wenn kürzere zeitliche Blöcke gebildet wurden, in denen alternierend Berichte zu Päpsten und Kaisern erscheinen. Dabei wurden keine Epochen fixiert, sondern es entsteht der Eindruck, dass hier pragmatisch aus einer parallel angelegten Handschrift kopiert wurde und die Seitenfüllung der Vorlage den Wechsel der Berichtsblöcke definierte. Die alternierende Abfolge ist bei den Textzeugen der Chronik Martins von Troppau erst in den Handschriften des 15. Jahrhunderts häufiger zu verzeichnen. Bei den übrigen Papst-Kaiser-Chroniken lässt sich dieser Typ schon im 14. Jahrhundert vermehrt nachweisen. Die Popularität der Texte an sich wurde dadurch wesentlich erhöht. Die Überschriften – sei es als Kolumnentitel bei zweispaltiger Anlage, bei der Trennung oder beim Wechsel von Papst- und Kaiserblöcken in alternierender Folge – schärften ein, dass die Geschichte des Abendlandes seit Christi Geburt zumindest zu einer Hälfte Papstgeschichte, zur anderen Kaisergeschichte war. Die *Imperatores Romani* waren für den Ablauf der Heilsgeschichte in gleicher Weise verantwortlich wie die Päpste.

Die älteren Abschriften der Chronik Martins von Troppau sind als Einzelbände in den Bibliotheken erhalten. Anders als das umfangreiche *Speculum historiale* des Vincenz von Beauvais sind die übrigen Papst-Kaiser-Chroniken und auch

Martin-Abschriften seit der 2. Hälfte des 14. Jahrhunderts in der Regel in historiographischen Sammelhandschriften zu finden,[62] in denen neben anderen regionalen Geschichtswerken auch vielfach anonyme historische Notate, Exzerpte, Kurztraktate, Herrscherkataloge, Tabellen, graphische Lehrschemata und andere Übersichten über historische Ereignisse vereint sind.[63] Die Papst-Kaiser-Chroniken bilden dabei den normierenden Grundstock der Heilsgeschichte seit Christi Geburt, denen in signifikanter Kombination zur Ergänzung und Erschließung weiteres Material beigefügt wurde. Als Beispiel sei auf die Handschrift Berlin, SPK, Lat. quart. 4 verwiesen, in der eine Papst-Kaiser-Chronik mit der Chronik des Lewold von Northoff, einem Lütticher Bischofskatalog und einem Kölner Erzbischofskatalog verbunden wurde. Derartige Kombinationen wurden – jeweils angepasst an die regionalen Interessen mit wechselnden regionalen Geschichtswerken – zur gängigen Überlieferungsform der Papst-Kaiser-Chroniken des 14. und 15. Jahrhunderts und damit zum Muster für historiographisches Arbeiten und das allgemeine Geschichtsbewusstsein.

Lektürehinweise:
2. Johanek 1987 (1); Mierau 1999 (39); Mierau 2005 (12); Mierau 2006 (59); Mierau 2010 (61).
3. Baumann 1995 (25); von den Brincken 1972 (58); Melville 1980 (62); Moeglin 1993 (59); Studt 1999 (63).

62 Gert Melville: Spätmittelalterliche Geschichtskompendien. Eine Aufgabenstellung. In: Römische Historische Mitteilungen 22 (1980), S. 51 – 104.
63 Birgit Studt: Zwischen historischer Tradition und politischer Propaganda. Zur Rolle der ‚kleinen Formen' in der spätmittelalterlichen Geschichtsüberlieferung. In: Schriftlichkeit und Lebenspraxis im Mittelalter. Erfassen, Bewahren und Verändern. Hrsg. von Hagen Keller/Christel Meier/Thomas Scharff, München 1999, S. 203 – 218.

Deutschsprachige Chroniken vom Hochmittelalter bis zur Frühen Neuzeit

Stephan Müller

Anfänge deutschsprachiger Chronistik im 11. und 12. Jahrhundert

Texte über die eigene Vergangenheit – und dazu gehören auch jene der Heldensage, von der wir aus der deutschen Frühzeit schriftlich jedoch nur das *Hildebrandslied*[1] besitzen – finden sich wohl in jeder literarischen Tradition. In althochdeutscher Zeit werden im *Ludwigslied* (881/882) und im *De Heinrico* (um 1000)[2] historische Ereignisse zum Gegenstand von literarischen Texten. Man hat diese beiden Zeitdichtungen in einen Zusammenhang mit dem späteren *Annolied* gestellt,[3] aber dadurch werden mehr die Unterschiede denn die Gemeinsamkeiten deutlich. Die erste Spur eines deutschen Textes, der einer historiographischen Systematisierung folgt, ist der aus dem Lateinischen übersetzte Prolog zur althochdeutschen Bearbeitung der *Consolatio Philosophiae* des Boethius durch Notker den Deutschen aus dem ersten Viertel des 11. Jahrhunderts.[4] Notker übersetzte und kommentierte dabei diesen Klassiker der spätantiken Philosophie auf der Grundlage der gelehrten lateinischen Kommentartradition und stellte damit eines der bekanntesten Bücher des Mittelalters für den klösterlichen Schulunterricht in einer lateinisch-deutschen Mischsprache zur Verfügung. Der Prolog, der kaum von Notker, aber auch nicht von Boethius stammt, handelt vom Untergang des Römischen Reiches. Ausgangspunkt ist dabei der zweite Thessalonikerbrief (II Th 2, 1–7), in dem Paulus von etwas spricht, das die Ankunft Christi aufhalte, was in der Exegese so gedeutet wird, dass der Bestand des Römischen Reiches die Ankunft des Antichrist hinauszögere. Der Text schildert die Ablösung der römischen Herrschaft in Italien durch Odoaker, Theoderich und Athalerich, das Ende des Gotenreichs, die folgende Langobardenherrschaft, die schließlich von den Karolingern und dann von den aktuellen sächsischen Herrschern übernommen wurde. Darin sieht der Prolog das Pauluswort zwar erfüllt, aber zieht nicht explizit die Konsequenz, dass das Ende der Welt nun bald komme. Der Prolog sortiert das Werk des Boethius lediglich historisch in eine Situation des Umbruchs ein und hebt dabei das Junktim zwischen Weltende und Ende des

---

1 STEPHAN MÜLLER: Althochdeutsche Literatur. Eine kommentierte Anthologie, Stuttgart 2007 (RUB 18491), S. 28–33.

2 MÜLLER (Anm. 1), S. 72–79.

3 MATHIAS HERWEG: *Ludwigslied, De Heinrico, Annolied.* Die deutschen Zeitdichtungen des frühen Mittelalters im Spiegel ihrer wissenschaftlichen Rezeption und Erforschung, Wiesbaden 2002 (Imagines Medii Aevi 13).

4 MÜLLER (Anm. 1), S. 34–37.

Römischen Reiches scheinbar auf. Die ersten deutschsprachigen Texte, die man in einem engeren Sinne als ‚chronikalisch' bezeichnen könnte, sind dann aber erst das *Annolied* und die *Kaiserchronik*.

1 Das *Annolied*[5]

1.1 Entstehung, Überlieferung, Inhalt

Das *Annolied* (=AL) ist im Kern eine frühmittelhochdeutsche, in (noch sehr unrein) paargereimten, vierhebigen Kurzversen verfasste Lebensbeschreibung des heiligen Erzbischofs Anno II. von Köln (um 1010 – 1075). Es ist wohl nach März 1077 und vor Dezember 1081 entstanden. Grund für die Datierung ist, dass das *Annolied* in den 1101 entstandenen *Gesta Treverorum* benutzt und Mainz als Ort der Königsweihe (AL 30,13) erwähnt wird. Zwischen Annos Tod und der Entstehung der *Gesta Treverorum* war Mainz indes nur von der Krönung Rudolfs von Rheinfelden (März 1077) bis zur Krönung Hermanns von Salm im Dezember 1081 Krönungsort. Früher erwogenen späteren Datierungen wird man kaum mehr folgen. Die Sprache des Textes ist sehr uneinheitlich und in der Forschung ist umstritten, wie es zu dieser Dialektmischung kam; reizvoll ist die Annahme, dass die Schreibsprache des *Annoliedes* sich einem überregionalen Publikum zugewandt haben könnte.[6] Man darf von einer Entstehung des Liedes in Siegburg, einem von Anno gegründeten Reformkloster, oder in Köln, Annos Bischofssitz, ausgehen.

Überliefert ist das *Annolied* in einem Druck der Frühen Neuzeit durch Martin Opitz[7] (= *O) und in einem Teilabdruck (AL 2,1 – 5,4) durch Bonaventura Vulcanius[8] (= *V). Für die Handschrift, die Opitz vorlag, führt die Spur nach Breslau: Im

5 Zitiert nach: Das *Annolied.* Mittelhochdeutsch/Neuhochdeutsch. Übersetzt und kommentiert von EBERHARD NELLMANN, Stuttgart 1996 (RUB 1416). Grundlegend zum *Annolied* ist der Artikel von EBERHARD NELLMANN in: ²VL 1 (1978), Sp. 366 – 371; Nachträge ²VL 11 (2004), Sp. 108. Die komplette Forschungsliteratur bis 2002 zum *Annolied* weist HERWEG (Anm. 3) nach; für die Zeit bis 2007 bietet UTA GOERLITZ (Anm. 28) einen guten Überblick; vgl. dazu auch GESINE MIERKE: [Art.] *Annolied.* In: DLL MA 3 (2012), Sp. 88 – 93.

6 THOMAS KLEIN: Zur Sprache und Herkunft des *Annoliedes.* In: Bickelwort und *wildiu mære.* Festschrift für Eberhard Nellmann. Hrsg. von DOROTHEA LINDEMANN/BERNDT VOLKMANN/KLAUS-PETER WEGERA, Göppingen 1995 (Göppinger Arbeiten zur Germanistik 618), S. 1 – 36.

7 Martin Opitz: *Incerti Poetae Teutonici Rhythmus de Sancto Annone Colon. Archiepiscopo*, Danzig 1639. Ins Englische übersetzt und kommentiert von R. GRAEME DUNPHY: Opitz's Anno. The Middle High German *Annolied* in the Edition of Martin Opitz, Glasgow 2003 (Scottish Papers in Germanic Studies 11).

8 Bonaventura Vulcanius: *De Literis et Lingua Getarum sive Gothorum*, Leiden 1597, S. 61 – 64.

15. Jahrhundert war das *Annolied* dort in der Stadtbibliothek einer Handschrift der Hoheliedparaphrase des Williram von Ebersberg (Cod. R 347, jetzt verschollen) beigebunden. Da Opitz im Kommentar seiner Ausgabe aus dem Breslauer Williram zitiert, ist zu vermuten, dass Opitz sich den Text in Breslau besorgt hatte, vielleicht sogar aus der Handschrift herauslöste oder auslieh. Das Verschwinden der Handschrift könnte sich dadurch erklären, dass Opitz die Ausgabe kurz vor seinem Tod im August 1639 fertig stellte und sie danach so abhanden kam, wie andere große Teile seines Nachlasses. Die Handschrift, die Bonaventura Vulcanius benutzte, kann kaum dieselbe gewesen sein, auch wenn das strikt behauptet wurde:[9] Es fehlt der Prolog, es finden sich drei Zusatzverse (AL 2,7a-c) und die Abschnittsgliederung unterscheidet sich von jener bei Opitz. Bei Opitz umfasst das *Annolied* 878 Verse und ist in 49 Strophen gegliedert, die vielleicht schon in der Handschrift römisch nummeriert waren.

Inhaltlich ist das Lied deutlich dreigeteilt: Nach einem Prolog, der sich in *V nicht findet und sehr uneinheitlich bewertet wird,[10] wird in den Abschnitten 2–7, ausgehend von dem Prolog des Johannesevangeliums, der Verlauf der Heilsgeschichte vom Anbeginn der Welt (*der werilde aneginne* AL 2,1) erzählt: Schöpfung, Engelssturz, Sündenfall, Christus, bis hin zu Anno von Köln. Danach setzt der Text neu ein und erzählt den Verlauf der Weltgeschichte (*der burge aneginne* AL 8,1) in den Abschnitten 8–33: Die Erzählung folgt dem Schema der vier Weltreiche nach dem Traum Daniels,[11] wobei die vier deutschen Hauptstämme (Bayern, Sachsen, Schwaben und Franken) jeweils mit diesen Weltreichen in Verbindung gebracht werden. Das gegenwärtige vierte Weltreich ist mit den Deutschen verknüpft, indem erzählt wird, dass Caesar diese zwar unterwirft, doch mit ihrer Hilfe die römische Herrschaft erringt: Mit Hilfe von Heeren aus *Gallia unti Germânia* (AL 25,3) besiegt Caesar Pompeius und *sidir wârin diutschi man ci Rôme lîf unti wertsam* (AL 28,17 f.; „Seither waren die deutschen Männer in Rom beliebt und angesehen."). Das aktuelle Reich steht also in der Sichtweise des *Annoliedes* – ohne Konstruktion einer aufwendigen *translatio imperii* – in einer direkten Tradition mit dem antiken Römischen Kaiserreich. Auch diese Weltgeschichte mündet in Strophe 33 bei Anno von Köln, der dort als 33. Bischof gefeiert wird. Diese Koinzidenz der Zahlen, wie auch die Tatsache, dass Anno als der siebte Bischof von Köln genannt wird, der heilig ist (AL 33,11), und das Lied ihn am Ende des heilsgeschichtlichen Teils gerade in der siebten Strophe nennt, hat dazu geführt, eine zahlensymbolische

---

9 Carl Kraus: [Rezension] Das *Annolied*. Hrsg. von Max Roediger. In: Zeitschrift für die österreichischen Gymnasien 47 (1896), S. 227–231.

10 Siehe unten S. 133 f.

11 *Biblia Sacra iuxtam vulgatam versionem*. Hrsg. von Roger Gryson u. a., Stuttgart [4]2007, Dn 2 und 7.

Komposition zu vermuten; doch sollte man dabei nicht vergessen, dass in *V der Prolog fehlt und die Strophenzählung deshalb abweicht. Der dritte Teil (AL 34–49) erzählt von Annos herausragendem Leben, von seinem Tod und von Wundern nach seinem Tod. Eine solche Verbindung von Heils- und Weltgeschichte wies Doris Knab[12] auch in Heiligenviten, Bistums- und Klosterchroniken des Rhein-Maas-Gebiets nach, an die sich das *Annolied* anzuschließen scheint. Für die dreiteilige Anlage ließ sich allerdings kein direktes Vorbild finden. Sie galt lange als Ausdruck eines verfehlten und brüchigen Aufbaus des Textes, inzwischen diskutiert man sie jedoch als spezifische strukturelle Leistung des Liedes.

Mit Blick auf die Quellen, auf die das *Annolied* zurückgreift, erweist sich der Autor als ungewöhnlich gelehrt. Neben der genannten Kenntnis der aktuellen Historiographie sind als Auswahl folgende Werke zu nennen: Der Danielkommentar des Hieronymus (AL 11–17), die *Historia de preliis* (AL 14–15; Geschichte Alexanders), die *Aeneis* (AL 22–23) und Lucan (AL 25–27 und 40). Für Annos Leben gibt es deutliche Parallelen zu einer *Vita Annonis* von 1105. Das früher entstandene *Annolied* hat hier eine ältere, verlorene – aber von Carl Erdmann nachgewiesene – Vita des Reginhard von Siegburg benutzt,[13] von der inzwischen auch Fragmente aufgetaucht sind.[14] Diese ältere *Vita Annonis* wurde bald nach Annos Tod geschrieben und in ihr wurden die *Annalen* des Lampert von Hersfeld benutzt. Besonders spektakulär ist die Verwendung einer Homilie von Johannes Scottus Eriugena zum Prolog des Johannesevangeliums in Strophe 2, auf die Alois M. Haas[15] 1966 hinwies und die die hohe Gelehrtheit des Annoliedautors besonders unterstreicht. Bei den deutschen Stammessagen (AL 19–22) geht das *Annolied* teils mit bekannten Herkunftssagen zusammen, für die *origo* der Schwaben und Bayern ist es dabei das älteste Zeugnis. Die Quellensituation ist vorbildlich und oft durch Beigabe von Materialien in Nellmanns Ausgabe nachgewiesen.

Das *Annolied* wurde im Mittelalter kaum rezipiert. Umfangreich benutzt wurde es aber in der Regensburger *Kaiserchronik* (V. 247–667), wobei die Vermittlung wohl durch Kuno von Siegburg erfolgte, der nach seiner Zeit als Abt von Siegburg Bischof von Regensburg wurde (1126–1132), wobei ich es nach wie vor für nicht

---

12 Doris Knab: Das *Annolied.* Probleme seiner literarischen Einordnung, Tübingen 1962 (Hermaea 11).

13 Carl Erdmann: Studien zur Briefliteratur Deutschlands im 11. Jahrhundert, Leipzig 1938 (MGH Schriften 1).

14 Heinz Thomas: Ein Quellenfund zum *Annolied.* Die Fragmente von Reginhards *Vita Annonis.* In: Zeitschrift für deutsche Philologie 97 (1978), S. 403–414.

15 Alois M. Haas: Der Mensch als *dritte werilt* im *Annolied.* In: Zeitschrift für deutsches Altertum und deutsche Literatur 95 (1966), S. 271–281.

unmöglich halte, dass *Annolied* und *Kaiserchronik* aus einer gemeinsamen Quelle schöpfen.[16]

1.2 Aspekte einer Deutung des *Annoliedes*

Das *Annolied* steht mit dem *Ezzolied* für den ‚Wiederbeginn' der deutschen Literatur im 11. Jahrhundert, auch wenn man diesen ‚Wiederbeginn' weniger euphorisch bewerten sollte, als das die Forschung tat, denn die Überlieferung deutscher Texte und Glossen reißt so wenig ab, wie die Produktion deutschsprachiger Werke im Kontext monastischer Bildung.[17] Konzeptionell ist das *Annolied* ein Ding für sich. Die aktuellen Interpretationen verfolgen (schon immer gestellte) Fragen nach der Funktion des Liedes und wie damit die singuläre Form und der Inhalt korrespondieren. Von besonderem Interesse ist dabei, wie historiographische Schemata und geistliche Denkformen die Geschichte einer Stadt und einer Person in einen übergeordneten Deutungsrahmen stellen[18] und welches ‚Geschichtsbild' sich dabei greifen lässt. Gefragt wird auch nach dem literarischen Status des Textes, dem HARTMUT BLEUMER[19] mit guten Gründen eine gewisse ästhetische Autonomie zuschreibt. Im Einzelnen sind folgende Deutungsansätze und -aufgaben hervorzuheben:

Der Prolog wurde in der Forschung oft – und wohl fälschlich – als Kritik gegenüber der Heldensage bewertet. Tatsächlich beziehen sich die Eingangsverse (*VVir hôrten dikke singen von alten dingen*, AL 1,1 f.; „Wir hörten sehr oft singen von alten Begebenheiten") wohl auf eine mündliche Tradition der Heldensage (sowie vielleicht auch auf die antike Epik, die im Lied ja benutzt wird), aber diese Traditionen werden nicht abgelehnt, auch wenn das in zeitgenössischen lateinischen Texten gut nachweisbar ist. Vielmehr inkludiert sich der Autor, wenn er *VVir* sagt, in das Publikum der alten Geschichten, in denen von Heldenkämpfen, der Zerstörung von Städten und dem Ende von Freundschaften und Königen erzählt wird. Wenn der Prolog danach auffordert *nû* (AL 1,7) an das eigene Ende zu denken und

16 STEPHAN MÜLLER: Vom *Annolied* zur *Kaiserchronik*. Zu Text- und Forschungsgeschichte einer verlorenen deutschen Reimchronik, Heidelberg 1999 (Beiträge zur älteren Literaturgeschichte).
17 Deutsche Texte der Salierzeit. Neuanfänge und Kontinuitäten im 11. Jahrhundert. Hrsg. von STEPHAN MÜLLER/JENS SCHEIDER, München 2010 (Mittelalter Studien 19), S. 7–10.
18 ANSELM HAVERKAMP: Kölnische Welt. Das Heil der Stadt im frühmittelhochdeutschen *Annolied*. In: Diesseits der Oder. Frankfurter Vorlesungen. Hrsg. von DERS., Berlin 2008, S. 99–114.
19 HARTMUT BLEUMER: Das *Annolied* als ästhetisches Objekt. In: Das fremde Schöne. Dimensionen des Ästhetischen in der Literatur des Mittelalters. Hrsg. von MANUEL BRAUN/CHRISTOPHER JOHN YOUNG, Berlin/New York 2007 (Trends in Medieval Philology 12), S. 255–280.

sich dabei von den Zeichen Christi ermahnen zu lassen, von denen viele durch den *heiligen bischof* (AL 1,13) Anno bewirkt wurden, dann sind damit die alten vorchristlichen Geschichten nicht erledigt. Vielmehr sind sie aus der Perspektive des Christentums so neu zu bewerten, wie im Konzept des *Annoliedes* auch der antiken, vorchristlichen Geschichte im neuen christlich-römischen Reich eine neue Bedeutungsdimension zugeschrieben wird. Natürlich gilt die christliche Herrschaft als Überwindung des Alten, aber das neue Königreich, das mit Christi Geburt beginnt (AL 31,15), ist ganz in die Kontinuität des im *Annolied* entworfenen Geschichtsverlaufes eingebunden.[20] Gerade darin liegt die Pointe des Liedes: Die deutschen Stämme tauchen vor der Geburt Christi in den Kreis der römischen Geschichte und spielen ihre Rolle in christlicher Zeit weiter – nur eben *mit bezzirimo wîge* (AL 33,3), also in Form eines besseren Kampfes.

Die Dreiteiligkeit, für die sich keine Quelle finden ließ, hat immer die Aufmerksamkeit der Forschung auf sich gezogen. Zunächst hielt man diesen Aufbau für verfehlt, inzwischen gilt er als Schlüssel zum Sinnentwurf des Liedes. Schon MAX ITTENBACH[21] hat den doppelten (heils- und weltgeschichtlichen) Ansatz als Strategie des Liedes gesehen, Anno als herausragende Figur sowohl der Heils- als auch der Weltgeschichte zu exponieren. Ausgangspunkt der aktuellen Erklärungen ist jetzt die zweite Strophe, von der man seit HAAS[22] weiß, dass sie aus einer Homilie des Johannes Scottus Eriugena (9. Jahrhundert) zum Prolog des Johannesevangeliums schöpft. Dort wird der Mensch als ‚dritte Welt' bezeichnet. Diese sei ein vermittelndes Prinzip der spirituellen und der körperlichen Welt, das sich im Menschen insofern verwirkliche, als der Körper die körperliche Welt und die Seele die spirituelle Welt umfasse. Alle Geschöpfe seien im Menschen vereint und deshalb beziehe sich der Missionsbefehl im Markusevangelium auf alle Geschöpfe (*euntes in mundum universum praedicate evangelium omni creaturae*; „Gehet hin in alle Welt und predigt das Evangelium allen Geschöpfen")[23] – und nicht wie etwa bei Matthäus 28,19 auf alle Völker (*omnes gentes*). Zwar wird dabei gesagt, dass der Mensch so einen einzigen Kosmos erschaffe, aber das heißt nicht zwangsläufig, dass damit dem *Annolied* ein Verhältnis von Mikro- und Makrokosmos zugrunde liegt, auch wenn dieses Modell Johannes Scottus vorgeschwebt haben mag. Wie aber geht dies mit der Struktur des Liedes zusammen? MATHIAS HERWEG[24] hat mit

---

20 Vgl. auch MATHIAS HERWEG: Civitas permixta und *dritte werilt*. Die ‚Programmstrophen' des *Annolieds*. In: Zeitschrift für deutsche Philologie 123 (2004), S. 1–18.

21 MAX ITTENBACH: Deutsche Dichtung der salischen Kaiserzeit und verwandte Denkmäler, Würzburg-Aumühle 1937.

22 HAAS (Anm. 15).

23 *Biblia Sacra* (Anm. 11), Mk 16,15.

24 HERWEG (Anm. 20).

aller Vorsicht und Einschränkungen eine geschichtsanthropologische Lektüre vorgeschlagen: Die Körper-Geist-Mixtur verleihe dem Menschen das Vermögen, ein diesseitig-vorzeitbezogenes *singen* (von *alten dingen,* AL 1,1) und ein zukunft- und jenseitsbezogenes *dencken* (AL 1,7) zu vermitteln, was aber m. E. formal nicht gut die Dreiteiligkeit des Liedes zu erklären vermag. In Betracht sollte man auch die Idee SUSANNE BÜRKLES ziehen, die ein Konzept von Wiederholung und Anhäufung sich eigentlich widersprechender Ursprungserzählungen beschreibt.[25] Mir scheint die formale Heterogenität des Liedes geradezu das Signum seiner literarhistorischen Position zu sein: Historiographische Muster und gelehrt-geistliche Denkformen werden (teilweise sehr wild) kombiniert und dabei wird eher *ad hoc* die Geltung dieser Traditionen ausgeschöpft, denn eine in sich geschlossene Argumentation aufgebaut. Eine konzeptionelle Kohärenz sollte man nicht um jeden Preis suchen, denn man darf nicht vergessen, dass es ein eigentümliches Erlebnis gewesen sein muss, die deutschen Verse zu hören – im Erstaunen über die neue Form mögen sich die Denkfiguren und Episoden des Liedes zu einem Ganzen gefügt haben.

Bereits erwähnt wurden die Spekulationen über die Zahlensymbolik des Liedes, die in diesem Text eine sehr gute Grundlage zu haben scheinen: Anno wird in der 33. Strophe als 33. Bischof von Köln genannt (AL 33,9) und er sei der siebte Heilige unter diesen Bischöfen (AL 33,11), wozu perfekt zu passen scheint, dass Annos Bischofsweihe in der siebten Strophe erzählt wird. Das alles geht indes nur in der Fassung von Opitz auf, während der Prolog bei Bonaventura Vulcanius ja fehlt. Alle weiteren wilden zahlensymbolischen Spekulationen[26] wird man nicht mehr ernst nehmen. Es ist mir nicht ganz klar, wie diese Symbolik ihre Wirkung entfaltet haben sollte, auch wenn die Handschrift, die Opitz vorlag, mit römischen Ziffern versehen gewesen sein sollte. Trotz aller Skepsis werden die reizvollen Zahlenkorrespondenzen um Strophe 33 die Forschung wohl weiterhin beschäftigen.

Am intensivsten aber arbeitet man am Geschichtsbild des *Annoliedes*. Den stärksten Anstoß, an dem sich die aktuelle Forschung orientiert, bot hier HEINZ THOMAS in seinem Beitrag ‚Julius Caesar und die Deutschen' von 1992.[27] Aus-

---

25 SUSANNE BÜRKLE: Erzählen vom Ursprung. Mythos und kollektives Gedächtnis im *Annolied*. In: Präsenz des Mythos. Hrsg. von UDO FRIEDRICH/BRUNO QUAST, Berlin/New York 2004 (Trends in Medieval Philology 2), S. 99 – 130.

26 Zusammengefasst bei MÜLLER (Anm. 16), S. 172 – 182.

27 HEINZ THOMAS: Julius Caesar und die Deutschen. Zu Ursprung und Gehalt eines deutschen Geschichtsbewußtseins in der Zeit Gregors VII. und Heinrichs IV. In: Die Salier und das Reich. Bd. 3: Gesellschaftlicher und ideengeschichtlicher Wandel im Reich der Salier. Hrsg. von STEFAN WEINFURTER unter Mitarbeit von HUBERTUS SEIBERT, Sigmaringen 1992, S. 245 – 277.

gangspunkt seiner Überlegungen ist die Rolle der Deutschen als Helfer Caesars, die also an der Herausbildung des römischen Kaisertums aktiv teilnehmen. THOMAS leitet daraus ein „deutsches Geschichtsbewußtsein“ ab, wobei es für ihn wesentlich ist, dass *diutsch* (das im Lied öfter verwendet wird; davor nur bei Notker dem Deutschen) im Text nicht nur als Sprachbezeichnung verwendet wird. Sicher ist, dass die Stammessagen, die im *Annolied* vereint sind und der gemeinsame Bezug auf das Römische Reich die Stämme in einen gemeinsamen Horizont rücken und damit die vier großen deutschen *gentes* des Reiches zusammengedacht werden – auch wenn später nur die Franken besonders herausgehoben werden. Sehr zurückhaltend sollte man dagegen gegenüber „national“ gedachten Einheitsentwürfen sein, die das Geschichtsbild zu stark retrospektiv bewerten. UTA GOERLITZ spricht zu Recht von der literarischen Konstruktion „(vor-)nationaler Identität“[28], wobei mir die Klammern sogar verzichtbar zu sein scheinen. Auch wenn das Lied mit dieser Erfindung – denn für die Geschichte von Caesar und den Deutschen ließ sich keine Quelle finden – und der ‚politischen‘ Verwendung von *diutsch* auf „Gregors VII. Attacke auf den römisch-imperialen Anspruch von Heinrichs IV. Königtum“[29] reagiert, sollte man von einer deutsch-nationalen Dimension dieser Idee absehen. Was aber bleibt, ist ein autonomer, deutender Geschichtsentwurf, der die zeitgenössischen politischen Verhältnisse auch in einer heilsgeschichtlichen Dimension mit dem Leben des verstorbenen Bischofs verbindet.

2 Die *Kaiserchronik*[30]

2.1 Entstehung, Überlieferung, Inhalt

Die *Kaiserchronik* – sie selbst nennt sich *crônicâ* (V. 17), was man als die erste Selbstbetitelung eines deutschsprachigen Werkes bezeichnen könnte – ist eine

28 UTA GOERLITZ: Literarische Konstruktion (vor-)nationaler Identität seit dem *Annolied*. Analysen und Interpretationen zur deutschen Literatur des Mittelalters (11.–16. Jahrhundert), Berlin/New York 2007 (Quellen und Forschungen zur Literatur- und Kulturgeschichte 45 [279]).

29 THOMAS (Anm. 27).

30 *Kaiserchronik* eines Regensburger Geistlichen. Hrsg. von EDWARD SCHRÖDER, Hannover 1892, Nachdruck München 1984 (MGH Deutsche Chroniken 1,1); Die *Kaiserchronik* – eine Auswahl. Mittelhochdeutsch/Neuhochdeutsch. Übers., kommentiert und mit einem Nachwort versehen von MATHIAS HERWEG, Stuttgart 2014 (RUB 19270). Grundlegend für die *Kaiserchronik* ist EBERHARD NELLMANN: [Art.] *Kaiserchronik*. In: ^{2}VL 4 (1983), Sp. 949–964 sowie die Nachträge in ^{2}VL 11 (2004), Sp. 825. Einen guten Überblick zur Sekundärliteratur bietet GOERLITZ (Anm. 28); vgl. dazu auch GESINE MIERKE: [Art.]: *Kaiserchronik*. In: DLL MA 3 (2012), Sp. 145–153.

in paargereimten, vierhebigen Kurzversen abgefasste frühmittelhochdeutsche Reimchronik aus der Mitte des 12. Jahrhunderts. Sie ist als Abfolge der römischen Herrscher (nach Romulus und Remus von Caesar bis Konrad III.) angelegt. Den Kaiserviten sind zahlreiche „Sagen und Legenden"[31] beigegeben, wobei die *Kaiserchronik* ausgiebig bereits vorhandene Texte integriert. Eine sehr hilfreiche Inhaltsübersicht bietet DIETER KARTSCHOKE.[32] Die Entstehung in Regensburg gilt aus sprachlichen Gründen und lokalen Anspielungen als gesichert, auch wenn man das verwendete Bairisch nicht mehr so deutlich als den Stadtdialekt Regensburgs bewerten wird, wie man das im Anschluss an SCHRÖDERS Ausgabe[33] tat. Umstritten ist, ob der anonym überlieferte Text von einem oder mehreren Verfassern stammt. Die Frage ist kaum zu klären: Die erzählerische und reimtechnische Heterogenität könnte auf die verschiedenen Quellen zurückgehen, und ob man V. 10624 als Nachruf auf einen verstorbenen Mitautor lesen darf, ist nicht abzusichern. Die Entstehungszeit ist nicht genau zu bestimmen. Sicher ist nur, dass an der Chronik bis 1147 geschrieben wurde, da sie mit der Kreuznahme König Konrads III. an Weihnachten 1146 endet. Dass die Fortsetzung des Projekts im Kreuzzugsgeschehen unterging, ist gut möglich. Auch die Frage nach dem Auftraggeber ist nicht definitiv zu klären.

Die *Kaiserchronik* ist mit 50 nachweisbaren Handschriften ungewöhnlich häufig überliefert, sie ist – wie auch ihre Rezeption zeigt – so etwas wie der erste ‚Bestseller' der deutschen Literaturgeschichte. Im Feld der Überlieferung sind drei Redaktionen zu unterscheiden: A ist die ursprüngliche Redaktion, die nach 17283 Versen mit Konrad III. endet. B ist eine (kürzende) Bearbeitung in bairischer Sprache, die am Anfang des 13. Jahrhunderts entstand. C ist eine Überarbeitung, die nach 1250 entstand, den Prolog neu fasst, den Text (unabhängig von B) überarbeitet und bis zum Tod Friedrichs II. fortsetzt.[34] Eine schwäbische Überarbeitung, die zu Redaktion C gehört, führt bis ins Jahr 1274 fort.[35] Im 13. Jahrhundert wird die Reimchronik in Prosa aufgelöst, so in der Fassung C der *Sächsischen Weltchronik* (um 1260) und in der *Prosakaiserchronik* (nach 1275), die als historische Einleitung zum *Schwabenspiegel* diente. Es existieren aber auch anscheinend davon unabhängige Fassungen in Prosa. Darüber hinaus wurden

---

31 FRIEDRICH OHLY: Sage und Legende in der *Kaiserchronik*. Untersuchungen über Quellen und Aufbau der Dichtung, Münster 1940, Nachdruck Darmstadt 1968 (Forschungen zur deutschen Sprache und Dichtung 10).

32 DIETER KARTSCHOKE: Geschichte der deutschen Literatur im frühen Mittelalter, München ^{3}2000 (Geschichte der deutschen Literatur im Mittelalter 1).

33 *Kaiserchronik* eines Regensburger Geistlichen (Anm. 30), S. 52.

34 Vgl. *Kaiserchronik* eines Regensburger Geistlichen (Anm. 30), Anhang I.

35 Vgl. *Kaiserchronik* eines Regensburger Geistlichen (Anm. 30), Anhang II.

einzelne Episoden der *Kaiserchronik* separat überliefert. Die genaue Klärung des Verhältnisses der Redaktionen zueinander und eine neue Edition der *Kaiserchronik* ist eine noch zu leistende Aufgabe der Forschung.[36]

Inhaltlich ist die *Kaiserchronik*, anders als die meisten Chroniken des Mittelalters, die als ‚Weltchroniken' meist an der Abfolge aller Weltreiche oder Weltalter orientiert sind, eine Geschichte nur des Römischen Reiches – genauer, des Weströmischen Reiches, da im Text das Oströmische Reich auffällig (und für das Mittelalter ganz untypisch) marginalisiert wird und wichtige oströmische Herrscher, wie Heraclius und Justinian, zu Weströmern gemacht werden. Schon von Anfang an spielen dabei die Deutschen eine wichtige Rolle: Wie im *Annolied* kommt Caesar mit deutscher Hilfe an die Macht und wichtige Herrscher, wie Conlatinus und Constantinus, sind deutscher Herkunft. Die Fortführung des Weströmischen Reiches durch die deutschen Kaiser ergibt sich damit wie selbstverständlich, ohne aufwendig eine *translatio imperii* konstruieren zu müssen. Die Abfolge der 36 römischen und 19 deutschen Kaiser gibt sich als historisch verbürgt – wie das etwa die (nur scheinbar) genauen Angaben der Regierungszeit im Anschluss an jede Herrschervita nahelegen. Tatsächlich weicht die *Kaiserchronik* jedoch stark selbst von groben historischen Fakten ab: Bis zu Kaiser Trajan folgt das Werk der realen Herrscherreihenfolge, es werden mit Faustinian (V. 1219–4082) und Tarquinius (V. 4301–4834) aber zwei ahistorische Kaiser eingeschoben, an deren Herrschaftszeit jedoch mit der Faustinianlegende und der Lucretiasage besonders imposante sagenhafte Erzählungen gebunden sind. Nach Trajan wird die Zahl der Herrscher radikal reduziert und die Reihenfolge stark umgestellt: 11 Herrscher sind es bis Kaiser Constantin und danach 8 bis zu Karl dem Großen. Die Reihenfolge der deutschen Herrscher stimmt dann wieder mit der historischen Chronologie überein und ist erzählerisch ohne größere Einschübe viel stringenter.[37] Ob hinter dieser kuriosen Abfolge der Herrscher ein einheitliches Konzept steckt, ist zu bezweifeln.

Die Herrscherviten sind als exemplarische Erzählungen zu verstehen, die teilweise regelrecht den Charakter von Fürstenspiegeln haben, an denen man sich *pilide nemen* solle (V. 5680 und 6084), und führen vor, wie das Recht von den Regenten umzusetzen ist. *In nuce* wird diese Bewertung tendenziell im Tod der

---

36 Als Projekt begonnen von Mark Chinca, Christopher Young und Jürgen Wolf. Die von der University of London angekündigte komplette Neuausgabe soll zugleich eine englische Parallelübersetzung enthalten und den Online-Zugriff auf die gescannten Manuskripte ermöglichen.

37 Monika Pohl: Untersuchungen zur Darstellung mittelalterlicher Herrscher in der deutschen *Kaiserchronik* des 12. Jahrhunderts. Ein Werk im Umbruch von mündlicher und schriftlicher Tradition, Diss. München 2004 (online publiziert: http://edoc.ub.uni-muenchen.de/5592/1/Pohl_Monika.pdf).

Herrscher zum Ausdruck gebracht: Die guten entschlummern sanft, die bösen sterben qualvoll. Dass der exemplarische Charakter der *guoten und ubelen* (V. 20) Herrscher besonders zur Darstellung einer angestrebten idealen Rechtspraxis im Rahmen der jeweiligen Regierung dienen sollte, das zeigt auch die Verwendung der Prosaauflösung als Einleitung zur Rechtssammlung des *Schwabenspiegels.*[38] Die Diskussion von guter und böser Herrschaft wird wesentlich auch anhand der eingeflochtenen Sagen und Legenden entwickelt, auch wenn man dabei nicht von einem „typologischen" Bezug der vorchristlichen Sagenhelden – wie Jovinus, Lucretia und Odnatus – zu den Taten der christlichen Heiligen ausgehen muss, wie das FRIEDRICH OHLY[39] tat. Deutlich ist aber, dass das unvollkommene römisch-heidnische Kaisertum in einer christlichen Herrschaft aufgeht und von ihr überwunden wird. Darin liegt die Kernaussage des Textes, der – trotz aller faktengeschichtlichen Freiheiten – historisch verbindliche Geltung für sich beansprucht haben wird. Zentral ist dabei das Zusammenspiel von Kaiser und Papst: Constantin wird durch den Papst gekrönt, Karl der Große und Papst Leo sind Brüder; folgerichtig wird deshalb auch der Investiturstreit unterschlagen.

Abgesehen von dieser geschichtsdeutenden Dimension hat die *Kaiserchronik* große Bedeutung als die erste deutschsprachige weltliche Großerzählung. Sie gleicht indes nicht den kurz danach folgenden weltlichen Texten wie dem *Rolandslied*, der sogenannten Spielmannsdichtung oder der Antiken- oder gar Artusepik. Auch wenn sie in einzelnen Passagen höfische Kultur widerspiegelt, so bleiben das nur Andeutungen. Ritterliche Kämpfe und Kampfspiele oder die *minne* erscheinen eher als heidnische Formen des Zeitvertreibs, keinesfalls als höfisch repräsentative Handlungen. Doch auch wenn kein in sich geschlossener Idealentwurf höfischen Lebens zu greifen ist, ist der Text doch eine Quelle für das Aufkommen einer ritterlichen Kultur und zahlreicher höfischer Praktiken; vieles (wie auch das Adjektiv *hövesch* selbst) begegnet hier zum ersten Mal in einem epischen Text und sehr wahrscheinlich richtet sich der Text (zumindest auch) an die Träger dieser aufkommenden Kultur.

Die *Kaiserchronik* kompiliert dabei eine ungeheure Menge an Quellen, die wesentlich von OHLY[40] erschlossen wurden. Hervorzuheben sind dabei Ovids *Fasten* (Lucretiasage), die pseudoclementinischen Recognitionen (Faustinianlegende), die *Historia tripartita* des Cassiodor (Tharsillasage), aber auch deutsche

---

38 STEPHAN MÜLLER: *Schwabenspiegel* und *Prosakaiserchronik*. Textuelle Aspekte einer Überlieferungssymbiose am Beispiel der Geschichte Karls des Großen. In: Wolfram Studien 19 (2006), S. 233–253.

39 OHLY (Anm. 31).

40 OHLY (Anm. 31).

Quellen, wie das *Annolied*. Die Quellen wurden dabei sehr frei behandelt und oft ist eine direkte Benutzung durch die *Kaiserchronik* fraglich.

So wie die *Kaiserchronik* sehr frei und punktuell mit den Quellen umgeht, so wird auch mit der *Kaiserchronik* umgegangen. Die Überlieferung belegt zwar ihren hohen Bekanntheitsgrad, doch jenseits der umfänglicheren Benutzung in anderen Chroniken (vor allem in der C-Fassung der *Sächsischen Weltchronik*, in Jans Enikels *Weltchronik* und in der Chronik des Jakob Twinger von Königshofen) wird die *Kaiserchronik* nur sporadisch benutzt. Einigermaßen gesichert ist ihre Verwendung im *Rolandslied*, im *Trierer Sylvester*, im *St. Veit*, in der *Siebenzahl* des Priester Arnold, in Ottes *Eraclius* und bei Frauenlob. Auch Wolfram von Eschenbach benutzt die *Kaiserchronik* im *Willehalm* und vielleicht auch im *Parzival*. Daneben stehen zahlreiche vage Parallelen, für die die *Kaiserchronik* letztlich nicht als Quelle abzusichern ist.

2.2 Aspekte einer Deutung der *Kaiserchronik*

Zentral für die Deutung der *Kaiserchronik* ist die Tatsache, dass es sich um die erste Großerzählung in deutscher Sprache handelt, die nicht Bibelepik ist. Da der Text (vielleicht nur kurz) vor dem *Rolandslied*, Veldekes *Eneit*, den sogenannten Spielmannsepen und der frühen Artusepik entstand, hat man ihn als Vorläufer dieser Texte lesen wollen; für das *Rolandslied* hat man sogar lange Zeit an denselben Autor gedacht. Die Differenzen und das Fehlen einer Auseinandersetzung mit der beginnenden höfischen Kultur setzen den Text aber deutlich von diesen Traditionen ab. Es liegt nahe daran zu denken, dass die Kenntnis des *Annoliedes* das Erzählprojekt anregte; sein historisches Konzept jedenfalls wird aufgegriffen und der Autor (oder die Autoren) verklammern auf dieser Grundlage eine Kette von Episoden ganz unterschiedlicher Natur. Ein epischer Erzählentwurf entsteht so nicht, und HERMANN SCHNEIDER hat das Produkt treffend als „Aggregatepik“ [41] gekennzeichnet; trotzdem könnte sich eine umfassende Würdigung der Erzähltechnik(en) und der Figurenzeichnung der *Kaiserchronik* lohnen, wie sie in letzter Zeit anhand einzelner Aspekte bereits angegangen wurde.[42] Dies zumal das Gerüst

41 HERMANN SCHNEIDER: Heldendichtung – Geistlichendichtung – Ritterdichtung, Heidelberg 1925 (Geschichte der Deutschen Literatur 1), S. 168.

42 Zum Beispiel ALMUT SUERBAUM: Erzählte Geschichte. Dialog und Dialogizität in der *Kaiserchronik*. In: Wolfram-Studien 16 (2000), S. 235–255; JÜRGEN WOLF: Narrative Historisierungsstrategien in Heldenepos und Chronik – vorgestellt am Beispiel von *Kaiserchronik* und *Klage*. In: Wolfram Studien 18 (2004), S. 323–346; CHRISTOPH PETERSEN: Zeit, Vorzeit und die Narrativierung von Geschichte in der *Kaiserchronik*. In: Zeitschrift für deutsche Philologie 126 (2007),

der Herrscherviten der *Kaiserchronik* oft Raum gibt, in dem sich immer wieder eine gewisse Erzählfreude entfaltet und die eingewobenen Sagen und Legenden sicher nicht immer für den Geschichtsentwurf des Werkes unabdinglich und oft nur locker narrativ eingebunden sind.[43] Man darf nicht vergessen, dass es zur Entstehungszeit des Werkes keine buchfüllenden weltlichen Texte in deutscher Sprache gibt und dass es auch lange noch keine volkssprachigen weltlichen Sammelhandschriften geben wird. Episoden, wie die von Lucretia, Crescentia oder vom Bayernherzog Adelger, finden hier eine erzählerische Heimat und einen Ort schriftlicher Überlieferung, wie er bis dahin kaum zur Verfügung stand. Die *Kaiserchronik* ist vielleicht gerade deshalb auch ein Ort, an dem Formen (auch höfischer) Textpraxis vorgeführt und reflektiert werden.[44] Vergessen sollte man nicht, dass die *Kaiserchronik* als Projekt mit seinen Produktions-, Rezeptions- und Verbreitungsmodalitäten im selben Kontext steht wie die folgende (früh-)höfische Epik. Zu untersuchen wäre hier besonders die Fassungsproblematik, denn spätestens am Anfang des 13. Jahrhunderts entstehen Überarbeitungen und Fortsetzungen, die in jenen Skriptorien entstanden sein werden, in denen auch die höfische Dichtung aufs Pergament gebracht wurde. Dabei lösen sich die Fassungen nicht ab, sondern existieren nebeneinander;[45] wenn diese Fassungen editionsphilologisch aufgearbeitet sind, sollte ein intensiver, auch inhaltlicher, Vergleich beginnen. Die Chronik scheint sich jedenfalls verschiedenen Kontexten anzupassen, wie sich das am deutlichsten beim Zusammengehen der Prosafassung mit dem *Schwabenspiegel* zeigt, mit dem die Chronik auch inhaltlich und konzeptionell verzahnt ist.[46] Kurz: Die literarhistorische Stellung des Werkes könnte noch viel genauer herausgearbeitet werden, doch oft wird die Chronik von der Forschung ebenso nur als Steinbruch verwendet, wie dies schon die mittelalterlichen Autoren taten.

S. 321–353; Christian Kiening: Versuchte Frauen. Narrative Muster und kulturelle Konfiguratio nen. In: Text und Kontext. Hrsg. von Jan-Dirk Müller, München 2007, S. 77–98; umfassender jetzt Matthews Alastair: The *Kaiserchronik.* A Medieval Narrative, Oxford 2012.

43 Armin Schulz: Fremde Kohärenz. Narrative Verknüpfungsformen im *Nibelungenlied* und in der *Kaiserchronik.* In: Historische Narratologie – mediävistische Perspektiven. Hrsg. von Harald Haferland/Matthias Meyer, Berlin 2010 (Trends in Medieval Philology 19), S. 339–60.

44 Ludger Lieb/Stephan Müller: Situationen literarischen Erzählens. Systematische Skizzen am Beispiel von *Kaiserchronik* und Konrad Flecks *Flore und Blanscheflur.* In: Wolfram Studien 18 (2004), S. 33–57.

45 Jürgen Wolf: Die Kaiserchronikfassungen A, B und C oder Die Gleichzeitigkeit des Ungleichzeitigen. In: Interdisziplinäre Germanistik im Schnittpunkt der Kulturen. Hrsg. von Michael Szurawitzki/Christopher M. Schmidt, Würzburg 2008, S. 91–108.

46 Müller (Anm. 38).

Dreh- und Angelpunkt des näheren Interesses der Forschung aber war natürlich das Geschichtsbild des Werkes. Als Chronik ist sie eine der ganz wenigen, die sich auf das Römische, genauer[47] auf das Weströmische Kaiserreich beschränkt. Was dadurch in den Hintergrund rückt, ist eine heilsgeschichtliche Dimension, wie sie im *Annolied* noch viel deutlicher spürbar ist. Auch ist der Text nicht von einem strikt eschatologischen Telos geprägt. Vielmehr läuft er auf eine potentiell unendliche Verlängerung zu, auf eine Zukunft, die sich als Überwindung des Alten versteht. Den Schritt hinein in die Gegenwart, auf die das Werk zusteuert, sollte man noch genauer untersuchen. Allein die Feststellung, dass die Geschichte nach Karl dem Großen nicht mehr durch Sagen und Legenden ausgeschmückt ist und das Erzähltempo drastisch steigt, beschreibt das Phänomen kaum angemessen. Auch das Phänomen der Fortsetzungen ist nicht nur ein erzähltechnischer Effekt, sondern Ausdruck des Geschichtsbildes des Werkes: Es ist ein positives Bild des neuen Römischen Reiches, in dessen Tradition man sich lebendig stilisiert und das so selbstverständlich zum eigenen geworden ist, wie das im *Annolied* mit der Verbindung von Julius Caesar und den Deutschen schon angelegt ist.

Annolied und *Kaiserchronik*, so unterschiedlich die beiden Werke auch sind, ziehen am selben Strang. Das ‚Erzählen von der' und das ‚Nachdenken über die' eigene Vergangenheit wird programmatisch aufgegriffen und beide Werke setzen dabei bei einer dominant mündlichen Tradition der Heldensage an. Das *Annolied* erinnert an die Gesänge von *alten dingen* (AL 1,2), die *Kaiserchronik* setzt sich von den *scophelîchen* („erdichteten"; V. 31) und lügnerischen Worten der volkssprachigen, mündlichen Dichtung ab. Und doch entziehen sich die beiden Texte diesen Traditionen nicht ganz, sondern problematisieren sie oder formulieren sie um.[48] Die längst etablierte Schriftkultur der Klöster greift also eine volkssprachige Tradition auf und erzählt auf Grundlage lateinischer Schriftlichkeit sowie monastischer Gelehrsamkeit von der eigenen Vergangenheit neu und alternativ – und dies für einen sich verändernden Rezipientenkreis, der bald seine eigene literarische Tradition ausbilden wird. Zünftige Geschichtsschreibung, soweit man davon für das 11. und 12. Jahrhundert überhaupt sprechen kann, ist das nicht. Wohl ist das aber eine Mischung von – gelehrten und ‚volkstümlichen' – Diskursen, die dem Erzählen von der eigenen Vergangenheit als Medium kultureller Identitäts-

---

47 Mit einer geradezu anti-griechischen Tendenz Ohly (Anm. 31).

48 Ernst Hellgardt: Dietrich von Bern in der deutschen *Kaiserchronik*. Zur Begegnung mündlicher und schriftlicher Traditionen. In: Deutsche Literatur und Sprache von 1050–1200. Festschrift für Ursula Hennig zum 65. Geburtstag. Hrsg. von Annegret Fiebig/Hans-Jochen Schiewer, Berlin 1995, S. 93–110.

stiftung nun auch in der Volkssprache eine Form gibt, die sich in der Folge enorm und erfolgreich weiterentwickeln wird.

Lektürehinweise:
1. *Annolied* 2005 (5); *Kaiserchronik* 1892/1984 (30); *Kaiserchronik* 2014 (30); MÜLLER 2007 (1).
2. GOERLITZ 2007 (28); HERWEG 2002 (3); KARTSCHOKE 2000 (32).
3. Deutsche Texte der Salierzeit 2010 (17); MÜLLER 1999 (16); PETERSEN 2007 (42); POHL 2004 (37).

Mathias Herweg

Erzählen unter Wahrheitsgarantie – Deutsche Weltchroniken des 13. Jahrhunderts

1 Die volkssprachige Weltchronistik und ihre Vorbilder

Trotz einer vergleichsweise geringen Zahl an Texten[1] und namentlich bezeugten Autoren spielt die Weltchronistik im volkssprachigen Gattungssystem des Spätmittelalters eine zentrale Rolle, die mit dem gleichzeitigen Ende der produktiven Phase des höfischen Versromans um 1300 korreliert.[2] Das Genre markiert Verschiebungen innerhalb des volkssprachigen Literaturbetriebs und reflektiert (und befördert) die Ausweitung des Deutschen auf bislang dem Lateinischen reservierte Kommunikations- und Diskursfelder. Bis an die Schwelle der Neuzeit wird es zum wichtigsten Medium der Tradierung klerikaler Wissensbestände an Laien (vor allem gilt dies für Bibelwissen, doch auch für Geographie, Naturkunde, Mythologie und Philosophie). Noch die vor allem ihrer Bildschätze wegen berühmte *Weltchronik* des Nürnberger Arztes und Humanisten Hartmann Schedel (Dr. 1493, verdeutscht von Georg Alt) steht in der bruchlosen Tradition der Gattungsanfänge[3], während sich das Spektrum des *genus historicum* sonst auch in der Volkssprache stark ausdifferenziert hatte – der vorliegende Band spiegelt die Profilbreite wider.

---

1 Im Kern sind es vier eigenständige Texte – Rudolfs von Ems und Jans' von Wien *Weltchroniken*, die *Christherre-Chronik* und die *Sächsische Weltchronik* (beide anonym, letztere in Prosa) –, sowie die hauptsächlich auf diesen fußende, unter dem Namen ‚Heinrich von München' geführte Chronikkompilation. Zur ersten Orientierung sei auf die jeweiligen Lemmata in der zweiten Auflage des ‚Verfasserlexikons' (²VL) und in der ‚Encyclopedia of the Medieval Chronicle' (EMC) verwiesen; dort auch Verzeichnisse der Ausgaben und weiterführende Literatur. Eine (sehr kleine) Textauswahl aus den drei erstgenannten Reimchroniken bietet mit englischer Übersetzung GRAEME DUNPHY: History as Literature. German World Chronicles of the Thirteenth Century in Verse. Excerpts, Kalamazoo 2003 (Medieval German texts in bilingual editions 3).

2 Vgl. MATHIAS HERWEG: Wege zur Verbindlichkeit. Studien zum deutschen Roman um 1300, Wiesbaden 2010 (Imagines Medii Aevi 25), S. 440–443.

3 Vgl. KURT GÄRTNER: Die Tradition der volkssprachigen Weltchronistik in der deutschen Literatur des Mittelalters. In: Pirckheimer-Jahrbuch 9 (1994), S. 57–71, hier S. 70f.

Im Fokus dieses Beitrags stehen die Anfänge, präziser: zwei gleichermaßen produktive, doch höchst unterschiedliche Anfänge deutschsprachiger Textualisierung von Geschichte als Schöpfungs-, d. h. Weltwissen: die 1250/54 im Auftrag des Stauferhofes entstandene *Weltchronik* des schwäbischen Ministerialen Rudolf von Ems und die nach 1272 für städtisch-patrizische Rezipientenkreise bestimmte *Weltchronik* des Wieners Jans (auch: Jans Enikel). Beide bedienen sich formal noch des vierhebigen Reimpaarverses, was für die volkssprachige epische Dichtung der Zeit üblich, aber eher ungewöhnlich für eine Chronik war: Die lateinische Historiographie und die Bibel – das ‚Geschichtsbuch' schlechthin – gaben die Prosaform vor, und auch im Deutschen verzichteten wissensvermittelnde oder -diskursive Texte wie der *Lucidarius* (und vielleicht, je nach Datierungsansatz die *Sächsische Weltchronik*)[4] schon früher auf die poetisch gebundene Form, der die letztgenannten Werke nur im Prolog noch Rechnung tragen.

Schon der Formbefund wirft für die gereimte mittelhochdeutsche Weltchronistik die Frage nach Vorbildern auf – sie ist von der nach konkreten Quellen zu trennen. Er indiziert zugleich eine erste Antwort: Die gelehrte Chronistik in lateinischer Prosa, die seit der Spätantike ein breites Formenspektrum entwickelt hatte,[5] tritt als unmittelbares Modell für die deutschen Verstexte (bei der *Sächsischen Weltchronik* verhält es sich anders) zurück. Wohl stellte sie, mit ihren tradierten Gliederungsstrukturen (Weltreiche und Weltalter, Zweistaaten-, Dreistadienmodell),[6] Untertypen (*series temporum, imago mundi, mare historiarum*),[7] theologisch-teleologischen Zugriffen auf Zeit und Geschichte und grundlegenden stofflichen Prävalenzen (biblische Heils-, antike Reichsgeschichte), die fundamentalen ‚Systemdominanten' bereit. Konkreter aber zeichnen sich Einflüsse der

---

4 Die Datierung des Werks um 1230 oder nach 1260 hängt von der Priorisierung seiner drei Fassungen ab; vgl. hierzu unten S. 173 mit Anm. 77.

5 Vgl. im Überblick Alfred Ebenbauer: Historiographie zwischen der Spätantike und dem Beginn volkssprachlicher Geschichtsschreibung im Mittelalter. In: La littérature historiographique des origines à 1500. Bd. 1,1. Hrsg. von Hans Robert Jauss u. a., Heidelberg 1986 (Grundriss der romanischen Literaturen des Mittelalters XI/1,1), S. 57 – 70. Das lateinische Gattungsumfeld im Hochmittelalter umreißt Heinz Hofmann: Artikulationsformen historischen Wissens [2. Welt- und Universalgeschichtsschreibung; 3. Spätmittelalterliche Enzyklopädistik und Universalgeschichtsschreibung]. In: La littérature historiographique des origines à 1500. Bd. 1,2. Hrsg. von Hans Ulrich Gumbrecht u. a., Heidelberg 1987 (Grundriss der romanischen Literaturen des Mittelalters XI/1,2), S. 383 – 413.

6 Für die hier einschlägigen Texte vgl. im Fortgang; weiterführend Karl Heinrich Krüger: Die Universalchroniken im Mittelalter, Turnhout 1976 (Typologie des Sources du Moyen Age Occidental 16), S. 23 – 30 und Ders.: Die Universalchroniken. Mis à jour, Turnhout 1985, S. 3 – 6.

7 Zur Abgrenzung vgl. Krüger (Anm. 6), S. 21 – 23; Anna-Dorothee von den Brincken: Studien zur lateinischen Weltchronistik bis in das Zeitalter Ottos von Freising, Düsseldorf 1957.

frühmittelhochdeutschen Bibel- und Antikenepik ab, wobei Texte wie die *Mittelfränkische Reimbibel* und Überlieferungsverbünde wie der Vorauer Codex 276 in seiner markanten Symbiose biblischer, antiker und zeithistorischer Stoffe[8] bereits ‚universaldiachrone' Anlagen erkennen lassen. Mit diesen Vorläufern hat die mittelhochdeutsche Weltchronistik schon stofflich manches gemein: Biblische und antike Überlieferung machen den Hauptteil auch ihrer *matière* aus, zumal viele Chronisten entweder nicht (weit) über die biblisch-antike Zeitgrenze hinausgelangten oder danach recht kursorisch verfuhren. In der (vor-)höfischen Bibel- und Geschichtsepik scheinen überdies das sprachlich-stilistische und formale Profil und die narrativen Verfahren vorgeprägt, hierher rühren die ‚mediaevalisierte' Konzeption biblisch-antiker Figuren und Konstellationen, der zurückgenommene Ornat in der historischen Erzählung[9] bei zugleich hohem poetischem Anspruch in den autoreferenziellen Passagen oder die Neigung zur Auflockerung des Berichtstils durch Dialog und Figurenrede.

Eine weitere volkssprachige Referenzgröße für die um 1250 neu auftretende Gattung stellen die zwar schon chronistisch, aber noch nicht universal angelegten Entwürfe des *Annolieds*[10] und der *Kaiserchronik*[11] dar – dieses eine Legende mit vorangestelltem heils- und welthistorischem ‚Doppelkursus' (um 1080), jene eine Geschichte des Römischen Reiches in 54 Kaiserviten von Caesar bis Konrad III. (um 1147). Ungeachtet konkreter Quelleneinflüsse (die im Fall der *Kaiserchronik* zumindest für Jans feststehen) bahnten schon diese Texte der lateinischen Gattung und ihren Strukturen den Weg ins Deutsche.[12] Hinzu kommt ihre Impulswirkung für die Emanzipation fiktional-epischen Erzählens: Während das *Annolied* die epischen Kerne der später so wirkmächtigen Antikentrias um Troja, Aeneas und Alexander zum ersten Mal in deutscher Volkssprache, wiewohl noch

---

8 Zum ‚Struktursinn' der Handschrift vgl. im Überblick Kurt Gärtner: [Art.] Vorauer Handschrift 276. In: ²VL 10 (1999), Sp. 516–521.

9 Er zeigt sich besonders deutlich, wo ein Dichter auf beiden Feldern wirkte, so im Vergleich der *Weltchronik* Rudolfs von Ems mit seinen höfischen Romanen.

10 Das *Annolied*. Mittelhochdeutsch und Neuhochdeutsch. Hrsg., übersetzt und kommentiert von Eberhard Nellmann, Stuttgart ⁴1996.

11 *Kaiserchronik* eines Regensburger Geistlichen. Hrsg. von Edward Schröder, Berlin 1892, Nachdruck Dublin/Zürich 1964 (MGH Deutsche Chroniken I,1); Die *Kaiserchronik* – eine Auswahl. Mittelhochdeutsch/Neuhochdeutsch. Übers., kommentiert und mit einem Nachwort versehen von Mathias Herweg, Stuttgart 2014.

12 Die *Kaiserchronik* (Anm. 11) bezieht im Prolog (V. 17) bezeichnenderweise auch den lateinischen Gattungsbegriff auf sich: *crônicâ*.

sehr knapp, präsentiert,[13] integriert die *Kaiserchronik* bereits eine Fülle fiktiver Erzählplots, die zwar noch sinnstiftend im historischen Rahmen ‚aufgehoben' und legitimiert sind, nach Stoff und Darbietung aber bereits genuin romanhafte Züge tragen.[14] Folgerichtig wurden einzelne dieser Plots später eigenständig weiter- und ‚wiedererzählt' (vgl. Crescentia, Silvester, Eraclius).

Die *Kaiserchronik* aber bietet eben noch keine u n i v e r s a l e Geschichte, das skizzenhaft-selektive *Annolied* noch keine universale G e s c h i c h t e, wenn man dabei von einer ‚großen Erzählung', nicht nur von einem konzisen Gerüst ausgeht. Beiden Vorbildern fehlen denn auch die polyhistorisch-enzyklopädischen Akzente, die ein Jahrhundert später Rudolfs von Ems *Weltchronik* aufweist: Geographie, Völker- und Naturkunde sind für die partikulare Legende bzw. Reichschronik weder relevant noch anschlussfähig, weshalb in dem vielschichtigen Quellenreservoir, aus dem beide Dichter schöpften, die Plinius-Solinus-Isidor-Tradition keine nennenswerte Rolle spielt.

2 Die *Weltchronik* Rudolfs von Ems

2.1 Autor, Text, Kontext

Im Rückbezug auf die genannten generischen Muster begründete somit erst Rudolf von Ems um 1250 die universalhistorische Linie deutscher Chronistik. Das Universale gewinnt erst bei ihm eine mehrfache, nämlich zeitliche, räumliche, stoffliche sowie (in der Vielfalt der Schöpfungserscheinungen und menschlichen Hervorbringungen) theo- und anthropologische, Dimension.

Der Autor ist urkundlich nicht bezeugt; wie bei fast allen volkssprachigen Dichtern seiner Zeit, und im Unterschied zu lateinischen ‚Kollegen' wie Otto von Freising, tritt sein Profil nur aus seinen Werken, aus Selbst- und Fremdnennungen sowie Gönneradressen hervor.[15] Der Name erscheint als Akrostichon in mehreren seiner Werke, so auch in den Eingangsversen der *Weltchronik*; er wird auch von

13 Vgl. Mathias Herweg: *Ludwigslied, De Heinrico, Annolied.* Die deutschen Zeitdichtungen des frühen Mittelalters im Spiegel ihrer wissenschaftlichen Rezeption und Erforschung, Wiesbaden 2002 (Imagines Medii Aevi 13), S. 271 – 292.

14 Zu Erzähltechnik und Struktur vgl. grundlegend immer noch Friedrich Ohly: Sage und Legende in der *Kaiserchronik.* Untersuchungen über Quellen und Aufbau der Dichtung, Münster 1940, Nachdruck Darmstadt 1968; Tibor Friedrich Pézsa: Studien zu Erzähltechnik und Figurenzeichnung in der deutschen *Kaiserchronik*, Frankfurt a. M. u. a. 1993.

15 Vgl. zur Beleglage Wolfgang Walliczek: [Art.] Rudolf von Ems. In: ²VL 8 (1992), Sp. 322 – 345, hier Sp. 322.

deren Fortsetzer genannt. Im Einklang mit der Selbstbezeichnung als *dienstman zu Muntfort* (*Willehalm von Orlens*, V. 15629) verweist er auf ein Ministerialengeschlecht mit Sitz in Hohenems (Vorarlberg). Eine herausragende Schulbildung machte Rudolf zu einem der gelehrtesten Autoren des volkssprachigen Mittelalters: Das Werk weist ihn als sprachkundigen (Latein, Französisch), theologisch, rhetorisch und poetisch gleichermaßen versierten Autor aus, der den Auftrag zu seiner *Weltchronik* dazu nutzte, einem höfischen Laienpublikum Zugang zu den gelehrten Fragen der Zeit und Teilhabe am „Bildungswissen der lateinischen Scholastik"[16] zu verschaffen. Literarisch war Rudolf zu dieser Zeit schon seit gut drei Jahrzehnten tätig gewesen. Mit dem dritten seiner fünf erhaltenen Werke (eine Legendendichtung über den heiligen Eustachius ging verloren) war er in den 1230er Jahren in Beziehung zum staufischen Königshof getreten, der unter der Patronage des Reichsschenken Konrad von Winterstetten mehrere deutschsprachige Lyriker und Epiker (hier neben Rudolf vor allem Ulrich von Türheim) an sich zog.[17] In diesem Umfeld verfasste er zwei (aus moderner Sicht pseudo-)historische Romane, die virtuoses höfisches Erzählen im Wettstreit mit den ‚Klassikern' mit narrativer Fürstenunterweisung und ständisch-historischer Standortsicherung für die eigene Gegenwart verbinden. Beim *Willehalm von Orlens* und beim *Alexander*, zwei fiktiven Viten realer Gestalten (Wilhelm der Eroberer bzw. Alexander der Große), wirkte noch der Reichsschenk als Mäzen; nach dessen Tod (1243) übernahm König Konrad IV. selbst diese Rolle: Ihm ist der monumentale Torso von Rudolfs *Weltchronik* gewidmet.[18]

Rudolfs Œuvre und sein kulturpolitisches Umfeld, die sich hier lediglich andeuten ließen, bieten ein in dieser Schärfe für seine Zeit rares Profil volkssprachig-literarischer Interessenbildung.[19] Am ehesten den lateinischen Zeitgenossen Gott-

---

16 Hubert Herkommer: Der St. Galler Kodex als literarhistorisches Monument. Die *Weltchronik* des Rudolf von Ems. In: Rudolf von Ems, *Weltchronik*. Der Stricker, *Karl der Große*. Kommentar zu Ms. 302 Vad. Hrsg. von der Kantonsbibliothek (Vadiana) St. Gallen und der Editionskommission, Luzern 1987, S. 127–240, hier S. 240.

17 Die Verflechtungen poetologisch wie institutionell überfordernd, sah die ältere Forschung einen regelrechten ‚Dichterkreis'; so u. a. Edward Schröder: Rudolf von Ems und sein Litteraturkreis. In: Zeitschrift für deutsches Altertum und deutsche Literatur 67 (1930), S. 209–251. Zum *Spiritus rector* vgl. das Biogramm von Norbert Kruse: Schenk Konrad von Winterstetten – Stifter des Klosters Baindt. In: Baindt. Hortus floridus. Geschichte und Kunstwerke der früheren Zisterzienserinnen-Reichsabtei. Festschrift zur 750-Jahrfeier der Klostergründung 1240–1990. Hrsg. von Otto Beck, München/Zürich 1990, S. 24–30.

18 Siehe dazu unten S. 158 f.

19 Zum Ansatz vgl. den Sammelband: Literarische Interessenbildung im Mittelalter. DFG-Symposion 1991. Hrsg. von Joachim Heinzle, Stuttgart/Weimar 1993; zu Rudolf in diesem Zusammenhang Helmut Brackert: Rudolf von Ems. Dichtung und Geschichte, Heidelberg 1968; Mathias Herweg: Konrad IV. und die *Weltchronik* Rudolfs von Ems. *Ewiclich memorial* und im-

fried von Viterbo und Gervasius von Tilbury vergleichbar,[20] lassen sich an ihnen literarische, ideengeschichtliche und dynastisch-politische Prozesse in spezifischer Konvergenz studieren. Dazu tritt speziell bei Rudolf der Zeugniswert für den Terraingewinn, den das Deutsche im staufischen Jahrhundert auf vielen Feldern, darunter eben auch auf dem offiziöser Historiographie, gegenüber dem tradierten Latein erzielt hatte. Als Autor ein ausgesprochener *poeta doctus*, zugleich profunder Kenner der volkssprachigen Epik in der ganzen Breite ihrer Traditionen,[21] hatte Rudolf den Weg zum (poly-)historischen Erzähler schon mit dem (ebenfalls Torso gebliebenen) *Alexander* beschritten. Mit seinem letzten Werk aber wurde die biblische Heilsgeschichte selbst, qualifiziert als die höchste *wârheit* und ergiebigste *lêre*, zu seiner *matière* – spätere Epochen lasen die Chronik zwar verkürzt, doch nicht ohne Grund (auch) als ‚Reimbibel'.[22]

Für Rudolf aber war noch ein anderer Verständnisakzent bestimmend: Zu Beginn des fünften Weltalters, das bei ihm die Zeit von König David bis zum Ende des Alten Bundes umfasst, spricht er von einem *eweclih memorial* (V. 21697), das er der *keiserlichi*[*n*] *werdeckeit und kúniglichi*[*n*] *herschaft* seines Auftraggebers Konrad IV. setzen wolle.[23] Der panegyrisch-memoriale Aspekt wird zum Fluchtpunkt der historischen Erzählung, im Widmungsempfänger laufen die seit Babel getrennten Stränge der (tradierten und erzählten) Geschichte wieder zusammen. Da freilich die Chronik noch zur Zeit König Salomos abbricht, ließ sich dieses Zeiten und Räume auf eine Person der Gegenwart hin fokussierende Programm nur im (insofern in gewisser Weise analeptischen) Binnenprolog zur fünften *aetas* explizit realisieren.

---

periale Agenda vor neuem Quellenhorizont. In: Zeitschrift für deutsche Philologie 128 (2009), S. 397 – 420.

20 Vgl. Herweg (Anm. 19), S. 401 – 403; zu Gervasius auch Eckart Conrad Lutz: Anschauung der Welt und vergnügliche Bildung. Die *Otia imperialia* des Gervasius von Tilbury für Kaiser Otto IV. In: Innenräume in der Literatur des deutschen Mittelalters. XIX. Anglo-German Colloquium, Oxford 2005. Hrsg. von Burkhard Hasebrink u. a., Tübingen 2008, S. 383 – 408.

21 Das Spektrum umreißen die Literaturkataloge des *Willehalm von Orlens* (V. 2173 – 2270) und des *Alexander* (V. 3063 – 3309).

22 Vgl. Kurt Gärtner: Überlieferungstypen mhd. Weltchroniken. In: Geschichtsbewußtsein in der deutschen Literatur des Mittelalters. Tübinger Colloquium 1983. Hrsg. von Christoph Gerhardt/Nigel F. Palmer/Burghart Wachinger, Tübingen 1985 (Publications of the Institute of Germanic Studies, University of London 34), S. 110 – 118, hier S. 110. Auch Herkommer fasste Rudolfs Werk als „höfisierende Geschichtsbibel oder chronikalischen Bibelroman" auf (Anm. 16, S. 195) – ein Verständnismodus, der in diesem Fall leicht möglich ist, bei Jans Enikel dagegen relativ schwierig wäre.

23 Zitiergrundlage hier und im Folgenden: Rudolfs von Ems *Weltchronik*. Aus der Wernigeroder Handschrift hrsg. von Gustav Ehrismann, Berlin 1915, Nachdruck 1967 (DTM 20).

2.2 Quellen und Struktur

Schon der Eingangsprolog zum Gesamtwerk (mit Namensakrostichon des Dichters, V. 1–7) enthält nach der exordialtopischen Inspirationsbitte eine der exegetischen Tradition folgende Verlaufsskizze der sechs Weltalter, die hier auch als Inhaltsvorschau fungiert (V. 75–146). Rudolf wandelt das Schema in der späteren Ausführung an zwei Positionen ab, um jede *aetas* mit einer einschlägigen Leitgestalt beginnen zu lassen: Adam, Noah, Abraham, Moses (statt zuvor, der Tradition nach, David), David (statt der Babylonischen Gefangenschaft), Christus bzw. abschließend Konrad (diese *aetas* ist nicht mehr verwirklicht).

Makrostrukturell und konzeptionell ist damit das seit der Patristik (vgl. besonders Augustins *De civitate Dei* XXII, 30) geläufigste universalhistorische Epochenschema aufgerufen, und Rudolfs Impuls sollte die deutsche Gattungsgeschichte bis zu Hartmann Schedel verbindlich begleiten.[24] Die *sex aetates* strukturieren aber nicht nur. Sie unterlegen der Geschichte zugleich, analog zum Sechstagewerk der Schöpfung und zu den (antiken) Lebensaltern des Menschen, eine Richtung. Alle Weltalter werden bei Rudolf in diesem Sinne durch kunstvolle Prologe mit Akrosticha der jeweiligen Leitgestalten markiert und zäsuriert. Konzeptionell noch wichtiger ist, dass der Abfolge nicht nur eine Richtung, sondern auch eine S t e i g e r u n g innewohnt, mit anderen Worten – ein Fortschrittskonzept:

> *Ein welt heizit an irn meren*
> *(das wilich iuh beweren)*
> *swenne al der welte schôpfer Got*
> *und sin gotlich gebot*
> *wolte mit núwin sachin*
> *der welte ein núwes machin,*
> *das ê vor dén ziten nie*
> *geschah noh ê davor irgie:*
> *das hiez dú scrift ein welt iesa*
> *und eine wandelunge* [...]. (V. 3830–3839)

Jede Epoche wird demnach durch eine von Gott gewollte und ins Werk gesetzte Veränderung eröffnet, die Worte *underscheit* und *wandelunge* (Wechsel bzw. Wandel) werden zu Signaturen der Geschichte auf ihrem Weg durch die sechs Zeiten.

---

24 Vgl. Roderich Schmidt: *Aetates mundi.* Die Weltalter als Gliederungsprinzip der Geschichte. In: Zeitschrift für Kirchengeschichte 67 (1955/1956), S. 288–317; zur Aneignung bei Rudolf (und hier vor allem zur theologisch brisanten Überhöhung in der Kategorie des ‚Neuen') Herkommer (Anm. 16), S. 175–181.

Der Konrad-Prolog nimmt mit den Vorgaben der früheren (Binnen-)Prologe auch diese Fortschrittsidee wieder auf:

Ih han iuh ê hie vor geseit
nah der schrift mit underscheit
das îe ein welt were anders niht
wand wandelunge einir geschiht,
so Gotis kraft gedahte
ein núwis und das brahte
der welte das nie was geschehin. (V. 21524 – 21530)

Zugleich konkretisiert er das Werkprogramm: Geplant ist die Darstellung der Weltgeschichte im Längsschnitt der biblischen Heils- und der profanen (de facto aber ebenfalls, nämlich über den Propheten Daniel, biblisch rückgebundenen) ‚Reichegeschichte' von der Schöpfung bis *an úns her* (V. 21702). Anders als Rudolfs höfisch-historische Epik, die Fürsten- und Herrschaftslehre noch im Gewand historisierender Fiktion vermittelt hatte, bietet das letzte Werk rückhaltlos *gewere*, nach den Maßstäben der Epoche auch quellenkritisch verbürgte *dinge*. Der Stil ist darauf abgestimmt: An die Stelle der raffinierten Poetik, die Rudolfs Romane in der Nachfolge vor allem Gottfrieds von Straßburg demonstrierten, tritt nun der *sermo humilis* der Bibel, der dem programmatischen Bekenntnis zur *brevitas* (*chúrzze*) das Ideal schnörkelloser Geradlinigkeit (*slihte*) als Garant der *wârheit* zur Seite stellt (zu den Ausnahmen vgl. unten). In hier fast paradox anmutendem Selbstbewusstsein formuliert der Dichter seine Ansprüche auch auf diesem Gebiet im Binnenprolog zur 4. *aetas* (mit *Moises*-Akrostichon):

Min zunge hat mit warheit
Ortfrúmmechliche her geseit
In rehter slihte mit warheit
Swas dú scrift úns hat geseit
Endehafter warheit. (V. 8798 – 8802)

Die Diskrepanz zwischen dem ambitionierten Plan, wie ihn zuletzt noch der Prolog zur fünften *aetas* umreißt, und der dahinter zurückbleibenden Ausführung, hängt gewiss auch mit Rudolfs publizistischer *causa scribendi* zusammen,[25] die nach dem frühen Tod König Konrads unerwartet schnell obsolet wurde (ob Rudolf selbst laut Fortsetzerangaben noch 1254 in Italien starb, ist strittig; jedenfalls ist die Annahme

25 Vgl. Horst Wenzel: Höfische Geschichte. Literarische Tradition und Gegenwartsdeutung in den volkssprachigen Chroniken des hohen und späten Mittelalters, Bern/Frankfurt a. M./Las Vegas 1980 (Beiträge zur älteren deutschen Literaturgeschichte 5), S. 85 – 87; Herweg (Anm. 19).

nicht zwingend).[26] Sie ergibt sich freilich ebenso sehr aus dem spezifischen Chronikkonzept und dem in dessen Konsequenz liegenden Verfahren. Die (biblische) Geschichte dient Rudolf ‚nur' als Maßstab und Zeitachse, an die sich in Darstellung, Allegorese und Exegese allerlei Fachwissen aus Geographie, Ethnologie, Naturkunde digressiv anlagert. Ein solcher polyhistorisch-summierender Impetus, der den oben erwähnten *poeta doctus* erforderte und am ehesten dem *imago mundi*-Typus der lateinischen Gattung entspricht, ließ sich selbst unter der Maßgabe programmatischer Kürze kaum zügig fortschreitend realisieren, was doch die Voraussetzung für eine (auch nur im Ansatz) diachrone Totalität gewesen wäre. Das Ideal der Kürze wird durch das der Totalität konterkariert. Im Binnenprolog zur fünften *aetas* ist zugleich mit dem zeitlichen Universalitätsanspruch ein solcher der Dinge, Erscheinungen und Wissensfelder formuliert: Thema sei, *wie dú dinc in dien landen / sint an úns her gestanden / mit manegis wundirs undirscheit* (V. 21701–21703). Der mhd. *wunder*-Begriff bezeichnet, anders als seine nhd. Entsprechung, im Wortsinn ‚merk-würdige' Tat(sach)en, und der ‚unterscheidend'-zergliedernde Zugriff betrifft virtuell alle Lebens- und Wissensbereiche. Die Chronik weitet sich damit zur Enzyklopädie – ein Anspruch, den sie letztlich nur als Torso halbwegs einlösen konnte, oder an dem sie scheitern musste.

Gleichwohl gibt es Abstufungen und Grenzen im universalen Konzept, die schon den Quellen geschuldet sind. Rudolfs Hauptgewährstext, quantitativ wie qualitativ, ist die geoffenbarte Heilsgeschichte, Hieronymus' lateinische Bibelübersetzung (*Vulgata*). Mit Akzent auf deren historischen Büchern leistet der Chronist hier, was bis zum Einsetzen einer volkssprachigen Übersetzungstradition der Bibel sonst Desiderat blieb: die Vermittlung von Bibelwissen auf breiter außerliturgischer Basis und in narrativ und rhetorisch eingängiger Form.[27] Seine Hauptquelle behandelt Rudolf mit großem Respekt, selbst in Details kaum etwas ändernd.[28] Was er ihr freilich, wie all seinen Quellen, zumutet, ist eine mediaevalisierende Aktualisierung. Als parabiblischer Orientierungsrahmen stellt sich der *Vulgata* die *Historia scholastica* des

---

26 Vgl. Roy Wisbey: Zur relativen Chronologie und Entstehungsgeschichte von Rudolfs Alexander. In: Zeitschrift für deutsches Altertum und deutsche Literatur 87 (1956/57), S. 65–80, hier S. 76; daran anschließend Brackert (Anm. 19), S. 186. Rudolf hätte sich demnach nach dem Tod des Gönners wieder dem *Alexander* zugewandt und wäre dann über diesem Werk gestorben.
27 Der vorzeitige Abbruch erübrigt die vom Programm her naheliegende Frage, welche Leitquelle für die nachbiblische Ära vorgesehen gewesen wäre.
28 Freilich selegiert und kürzt er planvoll: Innerhalb des *Pentateuch* liegt das Hauptgewicht auf den Büchern *Genesis* und *Exodus*, die folgenden, auf das altjüdische Gesetz konzentrierten Bücher dagegen sind stark gerafft adaptiert. In der Entstehungs- bzw. Überlieferungsgeschichte der biblischen Texte begründete Redundanzen sind meist getilgt – so gibt es z. B. nur eine Version der Erschaffung Evas oder des Zugs durch das Rote Meer.

Petrus Comestor zur Seite, eine zu Rudolfs Zeit weitverbreitete ‚Geschichtsfibel'[29], die die biblische Zeitleiste jeweils mit wichtigen Daten und Gestalten der Profanhistorie (*incidentia*) synchronisiert. Rudolf greift das Verfahren modifiziert auf, indem er die Inzidentien zu größeren Blöcken bündelt und am Ende des jeweiligen Weltalters als historischen ‚Nebenstrang' anfügt. Zwischen der *Vulgata* und Petrus Comestor macht Rudolf keinen erkennbaren Unterschied, als Quellen biblischen Materials sind sie ihm offenbar gleichwertig und ebenbürtig. Petrus' Werk ergänzt den Bibeltext, wo dieser für einen chronistische Universalität reklamierenden Autor zu selektiv, für einen historische Präzision fordernden zu unpräzise verfuhr:

> The main function of the *Historia scholastica* [...] is to provide extra details and background information to corroborate the main account according to the *Vulgate*. Rudolf adds names, locations and descriptions from Comestor to make his account more historical.[30]

Zur weiteren Füllung des durch die biblischen Quellen gegebenen Ereignisgerüstes dient ein weites Spektrum lateinischen Fach- und Sachschrifttums; Gottfrieds von Viterbo *Pantheon*, Isidors von Sevilla *Etymologiae* und die *Imago mundi* des Honorius Augustodunensis ragen daraus hervor, letztere zumal als Hauptquelle für den Geographieexkurs nach dem Turmbau von Babel.[31]

Zur Strukturierung der gewaltigen Stoff- und Quellenfülle bedient sich der Autor neben dem makrostrukturell bestimmenden *aetates*-Schema der Abfolge der biblischen Bücher und anderer tradierter Gliederungssysteme chronistischer Provenienz.[32] Da sie alle Linearität und Finalität implizieren, sind sie untereinander und mit der prioritären Weltalterfolge voll kompatibel. Die im *Annolied* und in der *Kaiserchronik* noch prägende Weltreichefolge (Assyrer und Babylonier, Meder und Perser, Makedonen, Römer; nach *Daniel*, Kap. 2 und 7, mit Hieronymus' einschlägiger

29 Eine ausführliche Untersuchung der Rezeptionsgeschichte des Werks bzw. des Verhältnisses von *Vulgata*, *Historia* und *Weltchronik* bietet Maria C. Sherwood-Smith: Studies in the Reception of the *Historia scholastica* of Peter Comestor. The *Schwarzwälder Predigten*, the *Weltchronik* of Rudolf von Ems, the *Scolastica* of Jacob van Maerlant and the *Historiebijbel van 1360*, Oxford 2000 (Medium Aevum Monographs 20).

30 Sherwood-Smith (Anm. 29), S. 131.

31 Zu Quellen und zur Quellenverarbeitung vgl. im Grundriss Brackert (Anm. 19), S. 172 – 182, detailliert zu Petrus Comestor Sherwood-Smith (Anm. 29), S. 84 – 132 [mit weiterführender Literatur]; zu Honorius immer noch Otto Doberentz: Die Erd- und Völkerkunde in der *Weltchronik* des Rudolf von Hohen-Ems. In: Zeitschrift für deutsche Philologie 12 (1881), S. 257 – 301 und 387 – 454, sowie in: Zeitschrift für deutsche Philologie 13 (1882), S. 29 – 57 und 165 – 223; vgl. auch Rudolf Simek: Die Wundervölker in der *Weltchronik* des Rudolf von Ems und der *Christherrechronik*. In: Österreichische Zeitschrift für Volkskunde 92 (1989), S. 37 – 44.

32 Vgl. Krüger (Anm. 6), S. 24 – 30.

Exegese)[33] tritt allerdings zurück: Rudolf kennt sie zwar (vgl. V. 1869 – 1872), doch adaptiert er sie nicht, wohl auch, weil die Chronik vor deren bedeutendsten Protagonisten Alexander und Caesar abbricht.[34] Oberhalb der Ebene der *aetates* und der *regna* wirken die Heilsgeschichtsepochen *ante legem, sub lege* und *sub gratia* – mit den Zäsurgrößen Moses und Christus; die Zeit *sub gratia* ist analeptisch im Konrad-Prolog sowie in wiederholten Vergleichen alttestamentarischer mit zeitgenössischen Rechts- und Glaubensnormen präsent – und die seit der Zerstreuung der Sprachen und Völker binnengliedernd eingesetzte Zweisträngigkeit von Heils- und Profangeschichte strukturbildend: In produktiv vereinfachender Adaptation des augustinischen Konzepts der ‚zwei Staaten' steht *Gotis stat* als historisch-genealogische Größe neben (bzw. hierarchisch über) der *weltlich stat* (vgl. V. 3752 bzw. 3789). Erstere, *grosso modo* die Geschichte des Volkes Israel,[35] beansprucht als *rehter mere rehte ban* (V. 3103, vgl. auch V. 3116/3118, 3783/3786) den Hauptstrang. Sie steht quantitativ im Vordergrund und gibt die Zeitkoordinaten vor.[36] Die profanen Abrisse bilden den *nebinganc* oder die *bîwege* zu dieser Geschichte (V. 3117/3114, 3782). Exemplarisch für diese Priorisierung kann hier die Einleitung des umfangreichen Passus über Troja und Rom stehen:

Von der mere rehter ban
suln wir die biwege dan
hie keren mit dén meren
und sagen wer die weren
und wie si werin genant
die ubir heidinschú lant
die gewaltigosten waren
von der rihteren jaren

---

33 Vgl. grundlegend Edgar Marsch: Biblische Prophetie und chronographische Dichtung. Stoff- und Wirkungsgeschichte der Vision des Propheten Daniel nach Dan. VII, Berlin 1972 (Philologische Studien und Quellen 65); Ulrike Krämer: *Translatio imperii et studii*. Zum Geschichts- und Kulturverständnis in der französischen Literatur des Mittelalters und der frühen Neuzeit, Bonn 1996 (Abhandlungen zur Sprache und Literatur 98), S. 8 – 14.

34 Ihren Platz hätte die Monarchienlehre vielleicht bei Behandlung des Propheten Daniel oder im Prolog zum 6., dem ‚römischen' Weltalter gefunden. Für die Prominenz der Idee im Hochmittelalter sorgte vor allem Otto von Freising mit seiner *Chronica* (um 1150), die das Translationskonzept von einem Reich auf das je nächste bis zur Ablösung des letzten, römischen, durch die Wirren der Endzeit mit dem Theorem einer Westdrift der Religion, Kultur und Herrschaft vom Zweistromland über Byzanz bis nach Rom bzw. Frankreich verband. Es ist strittig, ob Rudolf Ottos Werk als Quelle nutzte.

35 Im nicht ausgeführten nachchristlichen Teil hätte sich hieran wohl diejenige des christianisierten Römerreichs und der Kirche angeschlossen.

36 Eine typische Überleitungsphrase lautet: „Als Xx Richter resp. König in Israel war, herrschte in Athen Yy."

biz uf die tage und an die zit
das der edil kúnig David
wart kúnig gewaltecliche
ubir israhelschú riche. (V. 26379 – 26390)

2.3 Höfische Geschichte: Die Rolle des Erzählers

Trotz des erwähnten Maßnehmens am Stil der Bibel und der Geschichtsschreibung (*sermo humilis*; bei Rudolf: *slihte, chúrzze*) weist sich der frühere Epiker auch in der Rolle des Chronisten als *höfischer*, für ein anspruchsvolles Hofpublikum schreibender Autor aus. Auf die in diesem Zusammenhang besonders auffälligen selbstreferenziell-poetologischen Passagen ist gesondert zurückzukommen, doch gilt die Feststellung auch für die Akzentuierung und Ausgestaltung der historischen *narratio*. Die Prägekraft höfischer Kategorien wie *minne*, *âventiure* und festlicher *vröide* für den Gang der Geschichte, die Frequenz ausgefeilter Ekphrasen, die mediaevalisierende Adaptation nichtmittelalterlicher Stoffe machen insgesamt die Spezifik der *Weltchronik* Rudolfs auch und gerade im Rahmen der durch sie eröffneten Gattungsgeschichte aus.[37] Allerdings schlossen sich Höfisierung und historisches Erzählen schon vor Rudolf nicht aus – es gibt also auch für diesen Befund Vorbilder. Die Anfänge des volkssprachigen Romans beim Pfaffen Lambrecht standen im Zeichen der *historia* (Rudolf greift diese Linie in seinem *Alexander* direkt auf), auf der anderen Seite sind (früh-)höfische Züge auch der *Kaiserchronik* nicht fremd (so in dem Minnegespräch zwischen Almenia und Totila vor dem belagerten Viterbo, V. 4563 – 4644). Rudolfs ‚höfische Geschichte' bedeutete in diesem Kontext keinen Neuimpuls oder Traditionsbruch, sondern die konsequente Fortschreibung der höfisch-historischen Symbiose in ein (seiner biblisch-heilsgeschichtlichen Substanz wegen allerdings im Vergleich zum historisierenden Roman prekäreres) neues ‚Gattungsformat'.

37 Über die Intensität und Tragweite der höfischen Adaptation der Geschichte besteht in der Forschung kein Konsens. So wertete Brackert (Anm. 19) die *Weltchronik* innerhalb des Dichterœuvres als bewusste Abkehr vom höfischen Roman, ihre stilistische Schlichtheit als Ausdruck des neuen historischen Lehr- und Wahrheitsanspruchs des Dichters. Xenja von Ertzdorff (Rudolf von Ems. Untersuchungen zum höfischen Roman im 13. Jahrhundert, München 1967) dagegen interpretierte die Chronik als Versuch, die Errungenschaften des höfischen Erzählens für die Wahrheit der Geschichte in Dienst zu nehmen, für ein höfisches Publikum den höfischen Roman also gewissermaßen ethisch-didaktisch und heilsdiskursiv weiterzuentwickeln. Wenzel (Anm. 25) versuchte, zwischen den Polen vermittelnd, Geschichtsdichtung und höfische Dichtung in organischem Einklang zu sehen: Rudolf habe sich von den Darstellungsformen der *lateinischen* Historiographie emanzipiert und die Geschichte Leitbildern höfischer Dichtung, vor allem aber deren Sprach- und Stilnormen, anverwandelt.

Für die signifikant höfische Konzeption und Lesart der *Weltchronik*, d. h. auch für ihre organische Verwurzelung in Rudolfs Gesamtwerk, lassen sich mehrere Indizien und Interpretamente geltend machen:[38]

- Protagonisten als struktureller Fokus: Der Natur der *matière* nach hat eine Weltchronik keinen (einzelnen) Helden, sofern man Gott nicht im eigentlichen Sinne als solchen begreift. Doch zeigt sich die „Konzentration des Geschehens auf eine Zentralfigur, die des [!] *mæres herre* ist",[39] allenthalben auf kleinräumigerer Ebene. Um jeder *aetas* einen ‚eponymen' Helden zuzuweisen, schreckt der Chronist auch vor nachträglichen Eingriffen in die tradierte Weltalterordnung nicht zurück,[40] und innerhalb der *aetates* bündelt er zahllose größere oder kleinere Episoden(stränge) um ihrerseits jeweils plotbildende Zentralfiguren.
- Erzählerinstanz: Stets vermittelt ein Erzähler zwischen dem Geschehen (sc. der Geschichte) und dem impliziten Publikum. Er kommentiert und bewertet, schafft durch Rückschauen und Vorausdeutungen Orientierung. Auch dies sind genuine Stilzüge eines selbstbewusst höfischen Erzählens in der Tradition der für Rudolfs Œuvre im Ganzen vorbildgebenden ‚Klassiker' – Stilzüge im Übrigen, die das *summa facti*-Prinzip und den *brevitas*-Anspruch der Programmpassagen oft genug konterkarieren oder schlicht vergessen machen.
- Höfische Motive und ‚Emplotments': Viele Episoden bieten Minne- und Aventiureerzählungen *in nuce*. Ihre wechselnden Protagonisten verkörpern höfische Tugenden wie Salomo, leisten Minnedienst wie Jakob (um seine künftige Frau Rachel, V. 6121–6238; *ex negativo* auch Dalilas Werber oder David bei Bathseba), ziehen auf Aventiure wie Jason und Theseus, kämpfen als ‚vorzeitige Kreuzritter' gegen die *vreche* und *virworhte heidinschaft* (vgl. V. 20867 bzw. 30705) wie Samson und David[41]. Höfische Minnelehre und ihre Topoi – Symptome von Krankheit und *sin*-Verlust, das Motivdreieck von

38 Vgl. zum Folgenden namentlich WENZEL (Anm. 25), S. 75–82; HERKOMMER (Anm. 16), S. 189–196.

39 Vgl. VON ERTZDORFF (Anm. 37), S. 380.

40 Statt der im Prolog annoncierten Babylonischen Gefangenschaft eröffnet David erwähntermaßen die fünfte *aetas*, in der vierten rückt Moses an seine Stelle. Eine weitere Erklärung für diese Modifikation bietet HERKOMMER (Anm. 16), S. 176.

41 Vgl. HERKOMMER (Anm. 16), S. 191; WENZEL (Anm. 25), S. 80, sieht hier konkret Chansonadaptationen wie Ulrichs von Türheim *Rennewart* aufgerufen: „Die leidvolle Klage der Heiden [...], die Doppelung der Schlachtbegegnung [...], der endliche Sieg der Christen mit dem Anklang heilgeschichtlichen Triumphes [...] sind Grundmuster mittelalterlicher Kreuzzugsdichtung." Diese freilich nährt sich ihrerseits aus jenen biblisch-alttestamentarischen Quellen, die Rudolf direkt nutzte.

Minnedienst, Minnelohn und Minne-*wân*, der Typus des Minnesklaven – sind in der Chronik so präsent wie in Rudolfs Romanen, und „der Vergleich mit der *Vulgata* [...] [zeigt allenthalben], wie offenkundig sich die [...] Ausarbeitung der biblischen Geschichte an der zeitgenössischen weltlichen Dichtung orientiert.“[42]

- Höfische Deskriptionskunst: Als Paradebeispiele für breite, die *brevitas*-Programmatik überspielende Ekphrasen seien nur die nach allen Regeln virtuoser Rhetorik ausgeführten Passagen zu Hofhaltung, Tempel- und Palastbau des Königs Salomo genannt (V. 32319–32380, 32441–32970). Hier inszeniert ein Dichter sein Ideal höfisch-aristokratischer Repräsentation – und im gleichen Atemzug sein Wissen und Können auf diesem genuin künstlerisch-ästhetischen Feld.
- Last, not least, der selbstreferenzielle ‚Überschuss‘:[43] Namentlich im Prolog zur fünften *aetas* setzt Rudolf in einem Prunkpassus, dessen Anlass das Lob des Auftraggebers Konrad ist, neben dem König sich selbst ein *ewiclich memorial*. Hier überragt und unterminiert die demonstrative, im Chronikrahmen sonst untypische Sprachartistik jede Selbstverpflichtung auf *sermo humilis* und *brevitas*. Der Herrscher- und Gönnerpreis wird so recht eigentlich zur Manifestation der Könnerschaft eines traditionsbewussten Dichters, der sich an exponierter Stelle auch den Finessen geblümter Rede gewachsen zeigt. Schon im Gesamtprolog hatte Rudolf subtil seine Rolle als bloßer Traditor einer *matière*, auf welche allein es ankomme, dementiert, indem er dem Preis des *Richter Got herre* qua Akrostichon seinen eigenen Namen einschrieb (V. 1–7). In suggestiver Prägnanz hatte er sich damit nicht allein als Schöpfer eines Geschichts- und Geschichtenbuches, sondern als Herold des göttlichen Heilstuns exponiert, der sich kraft göttlicher Inspiration dazu bestimmt sieht, im Erzählprozess die Schöpfung quasi ein zweites Mal, dichterisch, nachzuformen:

Got herre, sit daz nu din chunst
bi dir ie was ane begunst
und anegenge nie gewan,
und doh wol mag und machin kan
anegenge und endis zil,
alse din gebot gebietin wil:
so wil ich bittin dich dastu
begiezest mine sinne nu

42 So Wenzel (Anm. 25), S. 79.
43 Zum Folgenden vgl. vertieft Herweg (Anm. 19), S. 417–420; für den Hauptprolog auch Herkommer (Anm. 16), S. 172–175.

mit dem brunnin dinir wisheit,
der ursprinc allir witze treit;
und schoffe ein anegenge mir,
wan ih beginnen wil mit dir
ze sprechinne und ze tihtinne,
ze bescheidenne und ze berihtinne. (V. 61–74)

Im Konrad-Prolog nun tritt zu dieser Selbstreflexion des *poeta re-creans* das Kalkül zeitloser *memoria* in eigener Sache. Der Gönnerpreis wird durch sie weder relativiert noch reduziert, eher komplementiert: Konrad und Rudolf gehen eine Symbiose ein, in der beider Rang und Status, hier als König, dort als Künstler und Künder, sich wechselseitig steigern. Der Dichter setzt vor dem Publikum den imperialen *genius* seines Herrn in Szene, offenbart dabei aber vor allem seine eigene Exklusivität als Dichter. Er zeigt, dass *dieser* Auftraggeber und seine singuläre Stellung auf Erden nur *diesen* Preisredner verdienten. Im Kernpassus des Konradhymnus (V. 21663–21726) summieren sich Alliterationen (*kúnig, Chůnrat, keisirs kint, kristenheit, kronigge*), Anaphern und Epiphern, Parallelismen und Chiasmen, Iterationen mit leitmotivischer Wirkung (*warheit, kraft, herschaft, gewalt, ufgend, werde, hoh, guete, leit, erbeit* und entsprechende Derivate), Pleonasmen (*rehte warheit, werder pris, nidiz haz, vrie vriheit*), Synonymketten, Polyptota (*vernemin unde hortin lesin*; *geboten, bete, biten*), Isotopien (hier signifikant solche unverdienter Anfechtung und verdienter *memoria: erbeit, leit, nit, haz*; *gehúgede, memorial, danchin* [‚gedenken' oder ‚danken']) und andere Stil- und Sprachfiguren zu einem poetischen Feuerwerk, dessen Wirkung den Hörer schwerlich verfehlte. Alle rhetorischen und mnemotechnischen Register ziehend und deren Effekte addierend, um den Mäzen *eweclich* präsent zu halten, tritt Rudolf aus seiner auftragsgemäßen Rolle heraus und errichtet ein Denkmal auch seiner selbst.

Doch es muss konstatiert werden: Solcherart Virtuosität bleibt aufs Ganze gesehen ein Ausnahmetatbestand in überschaubaren Dimensionen, begrenzt auf einige para- und metanarrative Partien, funktional rückgebunden an den übergeordneten Schöpferpreis – und hier auch noch explizit von Gott inspiriert.[44] Das Höfische, auch das rhetorisch Kalkulierte bleibt also dem (Heils-)Geschichtlichen in jedem Fall mediatisiert. Zur höfischen Erzählung nach Art des *Willehalm von Orlens* wird die über weite Strecken hin tatsächlich derhetorisierte Chronik also nicht.

44 Diese Einschränkung impliziert mein Verständnis des oben gebrauchten Begriffs des *poeta re (!)-creans*; anders Moritz Wedell: Poetische *willekür.* Historiographie zwischen Inspiration und rhetorischer Produktion in Rudolfs von Ems *Weltchronik.* In: Zeitschrift für deutsche Philologie 132 (2013), S. 1–28, hier bes. S. 27 f.

2.4 Zeit im Raum: Enzyklopädisches Erzählen

Weit über spätere volkssprachige Autoren hinaus münzt Rudolf den universalchronistischen Anspruch der neuen Gattung in eine ‚Poetik enzyklopädischen Erzählens' um. Infolgedessen treten naturkundlich-geographische Themen so stark mit in den Fokus, dass die fachkundige Wissensvermittlung den historisch-erzählenden Fortschritt streckenweise hemmt oder ganz aufhält. Zum neben der Zeit zentralen, ihrem Supremat aber durchaus unterworfenen Moment der Strukturierung wird dabei der Raum der Ökumene. Schon der Gesamtprolog macht die universalgeographische Perspektive zum Bestandteil der universalhistorischen, was der Eingang zur zweiten *aetas* noch einmal aufgreift (V. 153–160 bzw. 886–894): Ihre Legitimität und ihren konkreten Ort im Geschehen bezieht diese Perspektive aus der (biblischen) Aufteilung der Welt unter Noahs Söhnen und aus der Entstehung der Sprachen und Völker im Gefolge des Turmbaus zu Babel – beides grundlegende Ereignisse für das Verständnis von Herrschafts- und Standesverhältnissen sowie vom Fremden bzw. von der Fremde schlechthin im Mittelalter. So folgt auf die Erzählung vom Turmbau eine im fernen Osten mit dem irdischen Paradies beginnende, textualisierte *Mappa mundi*, die der *Imago mundi* des Honorius Augustodunensis folgt (V. 1353–3065).[45] Zunächst wird der fernheidnische Orient mit seiner realphantastischen Völker-, Pflanzen- und Tierwelt umrissen (vgl. besonders V. 1417–1848), wobei die Quelle großzügig erweitert, ihre eher auf- als erzählende Faktur zugleich narrativ aufgelockert wurde. Das Resultat ist die umfangreichste mittelhochdeutsche Abhandlung über die Ethnographie der Erde und ihrer Randzonen.[46] Neben kartographisch-enzyklopädischen Bezügen weist diese auch solche zur Erzählliteratur auf (Alexanderroman, *Herzog Ernst*, *Brandan*[47], *Physiologus*), und viele Epiker zogen sie später ihrerseits als Quelle heran.[48] Die Topoi und Motive standen bereits bei Honorius in einer ehrwürdigen enzyklopädischen Tradition. Über Plinius' *Historia naturalis*, Solinus' *Collectanea rerum memorabilium* und christlich-spätantike Vermittler waren sie ins lateinische, dann volkssprachige Mittelalter gelangt, und überall erhoben sie den Anspruch, verbürgter „Bestandteil der gottgewollten Schöpfung"[49] zu sein. Noch Hartmann Schedel, Zeitgenosse großer Weltfahrer und Entdecker, präsentiert die Wundervölker des Orients in Text und Bild als so groteske wie (genrekonstitutiv) geglaubte Realität. Und wenngleich bereits dem Kirchenlehrer Au-

45 Vgl. eingehend Herkommer (Anm. 16), S. 219-240.

46 Hierzu Simek (Anm. 31).

47 Auf den legendären Abt und Weltreisenden wider Willen verweist explizit V. 3060.

48 Vgl. Herweg (Anm. 2), S. 261 und 264–267.

49 Herkommer (Anm. 16), S. 230.

gustinus manches phantastisch anmutende Geschöpf eher der menschlichen Phantasie als dem Schöpferwillen entstiegen schien, so konzedierte er doch, dass dergleichen existiere und dass das Wissen um die *wunder* der Erde die Erkenntnis der Heilswahrheit fruchtbar befördere. Unter dieser Prämisse wurden Absonderlichkeiten zu *monstra*, d. h. im Wortsinn zu ‚Zeigern' – und dies sind sie auch noch bei Rudolf. In einer Art ‚verräumlichter Diachronie' Schöpfungstheologie, Geschichte, Exegese und Geographie kombinierend, stellt sich die *Weltchronik* in diesem Bereich tatsächlich als „Imago mundi aus dem Geiste mittelalterlicher Bibelwissenschaft"[50] dar.

Speziell die *descriptio* Europas zeigt aber auch profanere Intentionen. Wenn sich der Überblick hier rasch auf eine (auf die Zeitmarke ‚Babel' bezogen doch relativ ‚anachrone') Lobsequenz rheinischer Städte konzentriert (V. 2245–2394), dann liegt darin weniger Schöpfer- als selbstbewusstes Heimatlob. Wenn bei der Bestandsaufnahme Italiens der gesamte Süden der Halbinsel bis vor die Tore Roms – *Calabrie, Pûlle, Terre de labûr / und Capis das principat* (V. 2605 f.) – als zu Sizilien gehörig verbucht wird, so weist dies schon auf das Lob Kaiser Heinrichs VI. (1190–97) im Konrad-Prolog voraus, das im Erwerb dieses auch vom Papst beanspruchten Territoriums gerade die entscheidende Leistung des großen Staufers, des Vorfahren von Rudolfs Gönner, sieht. Und wenn des römischen Ursprungs und Namens bestimmter Orte, dazu ihrer Lage und politisch-religiösen Bedeutung (Speyer als Königsgrablege, der Trifels als ‚Tresor' der Reichskleinodien, Köln als Heimstatt der drei Magier usw.) gedacht wird, dann verdichtet sich das Große, Universale suggestiv im Kleinen und Partikularen – und dies in einer Weise, dass der Erzähler selbst mögliche Irritationen zu dämpfen versucht:

> *Swem niht behagt der paragraf*
> *und von dem Rine dirre klaf,*
> *der sol das ze lone han:*
> *er sol ez ungelesin lan.* (V. 2390–2393)

Diese Klarstellung passt zu einem Projekt, das eben mehr sein will als ‚nur' biblische, ‚nur' Volks- oder Reichegeschichte[51] – wie sie zugleich indiziert, dass Teile des Publikums sich unter einer volksprachigen Verschronik offenbar am ehesten eine Art poetischer Bibelparaphrase vorzustellen vermochten.

Ein weiterer Bereich neben der Geo- und Ethnographie, in dem profane Wissensbestände, nun außerhalb des Geographieexkurses bevorzugt im Rahmen der Inzidentien, breiten Raum gewinnen, sind die pagan-heroischen Mythen des

50 Herkommer (Anm. 16), S. 220.
51 Krüger (Anm. 6), S. 19.

alten Ägypten, Griechenland und Rom, mit Streifblicken in die altorientalischen Reiche. Namen und Zuständigkeiten der Götter (so V. 3200–3246 für die griechischen) füllen lange Listen; Lebensskizzen von Königen, Heroen und Erfindern eröffnen mehr oder minder verschlungene, oft aitiologisch angelegte Pfade abseits des biblischen Hauptgangs, im Einzelfall nehmen profane Stoffe sogar großepische Dimensionen an (vgl. zu Troja: V. 19656–20381).[52] Dabei sind im Umgang mit paganen Sujets auch die geläufigen (Um-)Deutungsverfahren zu registrieren. Vor allem werden, gut euhemeristisch, antike Götter zu Urhebern bahnbrechender Zivilisationsleistungen erklärt, wobei erst die dankbare Mit- und Nachwelt diese Heroen törichterweise zu kultischen Ehren erhoben hätte (V. 3173–3182) – ein Verfahren, das die *abgot* theologisch entschärft und im gleichen Atemzug kulturhistorisch-aitiologisch stark aufwertet; beispielhaft sei nur Ceres für den Ackerbau genannt (V. 19723–19725).

Neuerungen, an deren Anfang dergestalt gern Götter oder gottgleich verehrte Heroen stehen, breiten sich über die Denkfigur der *translatio studii* (bzw. *artium*)[53] fortan in der *humanitas* aus. (Neues) Wissen, so namhaft auch sein (Er-)Finder sein mag, wird mithin erst im Transfermodus bedeutsam, und dies auf der Vermittlungsebene zwischen Dichter und Publikum ebenso wie im Geschehen, der *histoire*, selbst.[54] Und im zweiten Fall überschreiten die Transfer- und Imitationsprozesse offenbar programmatisch alle ethno-geographischen, sprachlichen und ständisch-sozialen Barrieren. Saturnus, Bacchus, Medea und die Trojaflüchtlinge führen ihr Wissen mit sich in die Fremde und machen es dort fruchtbar, Fürst Triptolemos gibt die von Ceres erworbene Kunde des Feldbaus an seine Untertanen weiter (V. 19717–19726), König Latinus verleiht der von seiner Mutter erfundenen neuen Sprache nicht nur seinen Namen, sondern lehrt sogleich auch sein Volk, sich ihrer zu bedienen (V. 20081–20087). Wissen ist bei Rudolf – auch das gehört zu der für ihn spezifischen Poetik enzyklopädischen Erzählens, die sich so weder bei Jans noch sonst in der Gattung wiederfindet! – nie statisch gedacht, sondern mobil und ‚gerichtet': Erst einmal individuell entdeckt oder entwickelt, wird es sogleich zum ‚Bildungsauftrag', mit dem Ziel möglichst universaler Verfügbarkeit.

52 Ebenfalls auf die *summa facti* reduziert, wird der kriegerische Stoffkern so umfassend mit zeitlich oder sachlich naheliegenden Nachbar- oder Spross-Sujets (Argonauten, Theseus, Hercules etc.) verknüpft, dass geradezu von einer trojanischen Sagenenzyklopädie gesprochen werden darf. Als Begründung lieferte schon der Prolog die Vorläuferschaft Trojas für Rom (V. 166–173).

53 Vgl. Franz Josef Worstbrock: *Translatio artium*. Über die Herkunft und Entwicklung einer kulturhistorischen Theorie. In: Archiv für Kulturgeschichte 47 (1965), S. 1–22; zur Aneignung bei Rudolf Herkommer (Anm. 16), S. 196–199.

54 Zum Konzept von Wissensursprung und Wissenstransfer bei Rudolf ist ein eigenständiger Beitrag geplant, der die folgenden Überlegungen kontextualisiert und vertieft.

So initiiert Rudolf mit seiner Chronik Wissenstransfer und Wissensvermittlung – und inszeniert zugleich historische Präzedenzfälle, die sein Ideal des rechten Umgangs mit Wissen in der *longue durée* der Wissens- und ‚Zivilisationsgeschichte' verankern und beglaubigen.

3 Die *Weltchronik* des Jans von Wien (Jans Enikel)

3.1 Das Programm und seine Umsetzung

Jans von Wien zeigt, dass man mit dem neuen volkssprachigen Genre auch anders verfahren konnte. Seine im Umfang vergleichbare *Weltchronik* (daneben verfasste Jans das landesgeschichtliche *Fürstenbuch*) liest sich in fast jeder Hinsicht konträr zu der Rudolfs – und bietet doch im Verständnis der Zeit nichts genuin anderes, nämlich gleichermaßen einen auf Wahrheit referierenden, Wahrheit beanspruchenden Geschichtsbericht.

Der um 1230/40 geborene Ritterbürger aus Wien, Enkel eines Gleichnamigen (worauf der früher gebräuchliche Name ‚Jans Enikel' abhebt)[55], setzt sich schon mit der Themenansage im Prolog von Rudolfs Plan ab: Der *künclîchen lêr* (gemeint ist die Bibel) folgend, will er über die Reiche und Könige der heidnischen und christlichen Welt unterrichten und dabei namentlich das Römerreich herausheben. Der inhaltliche Fokus zielt also weniger auf die Weltalter als auf die vier Reiche und läuft hier konzise auf das letzte, noch bestehende zu. Das Konzept folgt der Einsicht, dass die Vielgestalt und Fülle der Schöpfung durch Menschensinne ohnehin nicht angemessen aufzunehmen und wiederzugeben sei:

Wan ich weiz von der wârheit wol,
dâ von ich ez sagen sol,
daz aller griez und alliu loup
und swaz ie geflouc oder stoup,
wærn daz allez zungen gar,
die möhten niht in tûsent jâr
gar gesagen diu wunder,

55 Vgl. die Selbstvorstellung in der *Weltchronik: Der ditz getiht gemachet hât, / der sitzt ze Wienn in der stat / mit hûs und ist Johans genant. / an der korôniken er ez vant. / der Jansen enikel sô hiez er. / von dem buoch nam er die lêr* (V. 83 – 88). Ausgabe: Jansen Enikels *Weltchronik.* In: Jansen Enikels Werke. Hrsg. von Philipp Strauch, Hannover/Leipzig (1891-)1900, Nachdruck München 1980 (MGH Deutsche Chroniken 3), S. 1 – 596. – Die biographisch-soziale Herkunft bilanziert Graeme Dunphy: *Daz was ein michel wunder.* The Presentation of Old Testament Material in Jans Enikel's *Weltchronik*, Göppingen 1998 (GAG 650), S. 18 – 26.

diu got alliu besunder
mit sîner kraft beschaffen hât
an einer ieslîchen stat. (V. 13–22)

Die praktische Konsequenz aus dieser Einsicht ist die Rückführung des universalen ‚Auftrags' der Gattung auf Ausschnitte, ja: Stückwerk. Jans geht es auch nicht, wie Rudolf, vornehmlich um die *lêre* (aus) der *historia*, nicht um Einsicht in ihre Struktur(en), nicht um Geschichtstheologie oder -philosophie. Er will (obzwar durchaus mit dem Kredit des Chronisten) „unterhalten, in Erstaunen versetzten, Unerhörtes, Einmaliges, Neuartiges [...] erzählen."[56] So löst sich die historische Linie bei ihm in Episoden und Aperçus auf, (ver-)schwindet Größe im Kleinen, schmilzt Weltgeschichte zu ‚Allerweltsgeschichten' am Rande der großen Erzählungen der Bibel und der ihr angesippten Reiche zusammen.[57] Hatte Rudolf sein Stil- und Strukturvorbild in der *Vulgata* und frühmittelhochdeutschen Bibelepik gefunden, so greift Jans dezidiert auf die additiv-disjunkte Episodenstruktur der *Kaiserchronik* zurück, die ihm zugleich als Hauptquelle für die römische Kaiserzeit diente. Nur den spezifisch heilsgeschichtlichen Zug dieses Vorbilds, der sich in einer Vielzahl religiös-erbaulicher Exempla ausdrückt, hütete er sich mit zu übernehmen: Stofflich konnte er ihn kaum brauchen, und konzeptionell liegen Welten zwischen der Legenden- und Mirakelpoetik des Regensburger Anonymus und der oft subversiv-frivolen Leichtigkeit Jans' im Umgang mit frommen Traditionen und ihren institutionellen Bewahrern (Abb. 1).

Bei gleichem Gattungsmodell wirkten sich dergestalt Jans' städtischer Rezeptionshintergrund[58] und Rudolfs klerikaler Bildungs- und höfischer Auftragskontext auf die konkrete Ausführung des jeweiligen Werks ganz unterschiedlich aus. Jans favorisiert eine Narrativierung der Geschichte, die ‚novellistisch' genannt werden kann: Statt der großen Konstanten, die Rudolf betont hatte, bietet er ‚Geschichte in Geschichten' – ein bekanntlich bis heute wirkmächtiges Konzept unterhaltend-belehrender Geschichtskonstruktion, dem freilich vom Standpunkt derer, die die Disziplin professionell(er) betreiben, bis heute auch alle Makel fehlender Seriosität anhaften.

56 Fritz Peter Knapp: Die Literatur des Spätmittelalters in den Ländern Österreich, Steiermark, Kärnten, Salzburg und Tirol von 1273 bis 1439, Graz 1999 (Geschichte der Literatur in Österreich von den Anfängen bis zur Gegenwart II,1), S. 234–263, hier S. 235 f.

57 Vgl. die Belege bei Hartmut Kugler: Jans Enikel und die Weltchronisten im späten Mittelalter. In: Einführung in die deutsche Literatur des 12.–16. Jahrhunderts. Bd. 2. Hrsg. von Winfried Frey u.a., Opladen 1982, S. 216–252. Problematisch mit Blick auf den sozialhistorischen ‚Ort' des Dichters und Werks scheint mir die an die Befundlage geknüpfte These vom „Erfahrungshorizont des ‚einfachen Bürgers'", der Jans Darstellung leite (S. 239).

58 Ein konkreter Auftraggeber ist indes nicht genannt.

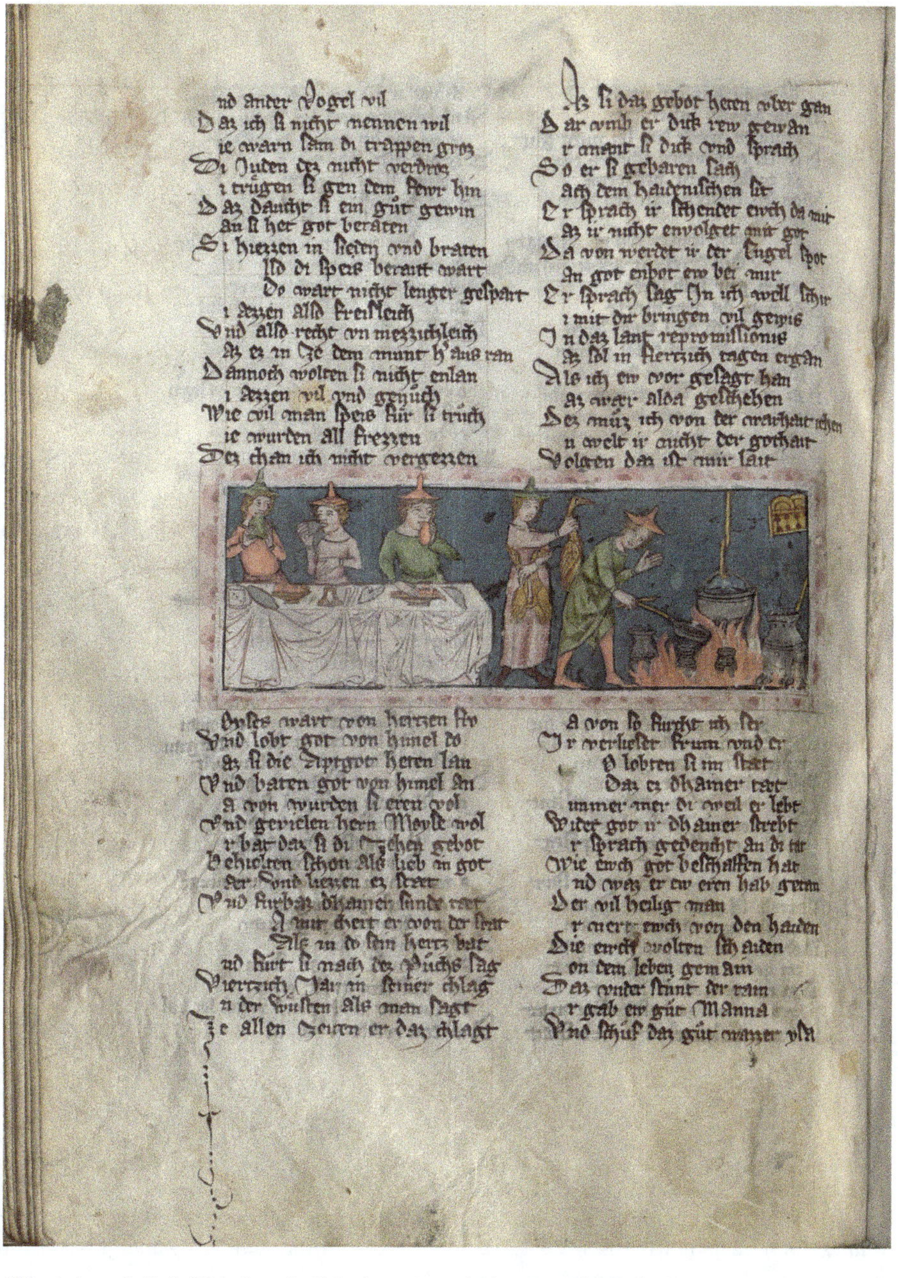

Abb. 1: Jans Enikel, *Weltchronik.* München, Bayerische Staatsbibliothek, cgm 11, 50ᵛ: Das Wachtelwunder (1. Mos. 11,31–35).

3.2 Struktur- und Zeitkonzept

Schon bei kursorischer Lektüre stechen die (meist narrativ überspielten) Brüche und Sprünge ins Auge, durch die der nur im makrostrukturellen Rahmen gewahrte universalhistorische Bogen bei Jans erkauft ist. Von Moses' Tod eilt der Chronist in die israelitische Königszeit, die sich im wesentlichen auf vier Herrscher beschränkt (Saul, David, Salomon, Roboam); unter Aussparung des Neuen Testaments (mit nur knappem Hinweis auf Christi Geburt) lenkt ein recht eigenwilliger Trojabericht zur Geschichte Roms hinüber. Hier angelangt, geht es noch kurioser zu: Auf Konstantin folgt direkt Karl der Große (in diesem Bereich war sogar die *Kaiserchronik* präziser), auf Karl Saladin, auf diesen ein namenloser Reussenherrscher mit einer zeitnah auch in Romanform bearbeiteten Inzest- und Brautwerbungsfabel.[59] An sie alle schließen in knapper Prosa zuletzt die römisch-deutschen Kaiser und Könige bis Otto IV. an. Landesgeschichte fließt mit ein (Genealogie der Babenbergerherzöge in Prosa), die eigentlich universale Papstgeschichte beschränkt sich auf eine Namenliste von Petrus bis Gregor X. und eine Sequenz fiktiver Papstanekdoten. Selbst die Zeitgeschichte ist in dieser eklektizistischen Weise erfasst (vgl. die Anekdoten über Friedrich II.).[60]

Im Vergleich mit Rudolfs linearem Konzept, das die Planhaftigkeit der Geschichte zwischen Schöpfung und Endzeit abbildet, vermittelt Jans' Darstellung ein Mosaik grell-fragmentierter Bilder, Szenen und Figuren, das die Geschichten kollektiver und individueller, namhafter und namenloser, verbürgter und erfundener Akteure akkumuliert und nur scheinbar chronologisch verfugt. Vollständigkeit fehlt hier nicht mehr im Sinn eines Torsos wie bei Rudolf: Schöpfung und Gegenwart markieren ja die Pole. Vollständigkeit fehlt bei Jans strukturell und kompositorisch; und mit ihr verliert auch die Zeit ihr Profil als Kontinuum, als referenzielle Größe und als historische Ordnungskategorie. Sie ist kein konstantes Interpretament mehr wie in der lateinischen Tradition und bei Rudolf. Damit erübrigte sich für Jans auch von vornherein Rudolfs intrikate Reflexion des Zeitbegriffs – *wandelunge* und *underscheit* als Antrieb, *wundir* als ‚Maßeinheit', Gottes *zuokunft* als Telos. Die Suche nach der heilsgeschichtlichen Position der eige-

59 Der Plot folgt dem Schema des hellenistischen Liebes- und Abenteuerromans und entspricht weitgehend dem des bairisch-österreichischen Minne- und Herrschaftsromans *Mai und Beaflor* (um 1270); vgl. Strauch (Anm. 55), S. 520 f., Anm. 1; Knapp (Anm. 56), S. 239 und 332 – 341. Im Roman ist der Reussenkönig ein Römerkaiser.

60 Verwiesen sei auf die Inhaltsübersicht am Ende der Ausgabe von Strauch (Anm. 55), S. 812 – 814. Zum Konzept vgl. u. a. Kugler (Anm. 57), Dunphy (Anm. 55) und Knapp (Anm. 56), S. 234 – 247.

nen Gegenwart, das „ureigenste Anliegen jeder mittelalterlichen Weltchronik“[61], scheint bei Jans obsolet geworden.

Dies hat Folgen im Großen wie im Detail: Die Weltalter und Weltreiche spielen als Strukturschemata keine nennenswerte Rolle, wiewohl sie anzitiert, Jans also geläufig sind. Die *rehte ban* der Bibel und profane, meist fabulöse *bîwege* (in Rudolfs Terminologie, die bei Jans bezeichnenderweise kein Äquivalent besitzt) stehen qualitativ und quantitativ auf einer Stufe. Auch die biblisch-kirchliche ‚Ereignisgeschichte‘ erhält eine durchweg novellistische Prägung zulasten religiöser Eckdaten und Lehren, zugunsten *sub specie salutis* bedenklicher ‚Sensationen‘ (Papstanekdoten), Gewagtheiten (Geschichte vom Teufel in der Arche, Dyadamias Schwangerschaft, Virgilsagen), kasuistischer Zuspitzungen (Samson und Dalila) oder ‚zentrifugaler‘ Romanplots (Reussenkönig).

3.3 Lesen, Hören, Erinnern: Jans' Umgang mit Quellen

Wenig von alledem ist schlicht erfunden, auch wenn die Referenzen oft nicht mehr konkretisierbar sind oder bis zur Unkenntlichkeit verändert wurden. Zumindest der alttestamentliche Teil ist neuerdings gut untersucht,[62] sodass sich daraus ein Bild von Jans' heuristisch-‚quellenkritischer‘ Methode insgesamt ableiten lässt. Viele für Jans markante Motive sind außerhalb seines Œuvres so selten, verstreut und inkonstant überliefert, dass mit mündlicher Vermittlung zu rechnen ist; dies gilt etwa für Fälle wie die Cyrus-Sagen oder die Frühversion der Lessingschen Ringparabel zu Saladin.[63] Philologisch nicht weiter zugänglich, wird diese Quellenkategorie zuweilen auch explizit gemacht:

Die red hât mir tân bekant
ein pfaff, der ez [!] *geschriben vant,*
der ist genant Friderîch,

61 DOROTHEA KLEIN: Durchbruch einer neuen Gattung: Volkssprachige Weltchroniken bis 1300. Für Hubertus Menke zum 60. Geburtstag. In: Eine Epoche im Umbruch. Volkssprachliche Literalität 1200 – 1300. Cambridger Symposium 2001. Hrsg. von CHRISTA BERTELSMEIER-KIERST/ CHRISTOPHER YOUNG, Tübingen 2003, S. 73 – 90, hier S. 85.

62 Vgl. DUNPHY (Anm. 55); sonst bietet nach wie vor die Edition STRAUCHs Orientierung (Einleitung S. LXIII-LXIX; fortlaufender Stellenkommentar; Anm. 55).

63 Zur Erzählung und (möglichen) Quellen vgl. FULVIO FERRARI: Der *frum heiden* und sein kostbarer Tisch. Jans Enikels Erzählung um Saladins Tod und die Darstellung des muslimischen Ostens in der deutschen Literatur des Mittelalters. In: Religiöse Toleranz im Spiegel der Literatur. Eine Idee und ihre ästhetische Gestaltung. Hrsg. von BERND F. W. SPRINGER/ALEXANDER FIDORA, Zürich u. a. 2009 (Literatur: Forschung und Wissenschaft 18), S. 83 – 91.

ze Bêheim sitzt er sicherlîch.
er ist vil gar gewær,
ze Wonawicz ist er pfarrær. (V. 8813 – 8818)

Mündliche Gewährsleute wie der hier genannte böhmische Geistliche standen Jans in Wien zahlreich zur Verfügung; zu den institutionell oder urkundlich fassbaren Notabeln gehörten sie aber nicht, was ihre bildungssoziale, gar prosopographische Verortung erschwert. Ähnliches gilt für zahlreiche Motive mutmaßlich jüdischer Provenienz: Zu Jans' Zeit besaß Wien eine einflussreiche jüdische Gemeinde mit engen Kontakten in höhere Kreise. Fraglos verdankt Jans einige der im lateinischen Kontext ungewöhnlichsten, für ihn daher besonders typischen Notate dem direkten Austausch mit Mitgliedern dieser Gemeinde – doch wer genau zu seinen Informanten zählte, bleibt offen.[64]

Die zahllosen Umdeutungen und Missverständnisse, die sich bei Jans auch auf verbreitete, quellenmäßig leicht zu erschließende Wissensbestände erstrecken, verlangen eine gesonderte Erklärung. Am einfachsten scheint die Vermutung, dass Jans auch schriftliche Quellen nicht direkt, sondern aus der Erinnerung wiedergab. Dass er Schriftquellen nutzte, steht indes außer Zweifel; die Bibliothek des Wiener Schottenklosters, dessen Abt er kannte,[65] dürfte das Nötige geliefert haben. In erster Linie sind es Quellen, über die bereits Rudolf verfügte (wobei gerade das unterschiedliche Ergebnis zeigt, wie wenig die Quellenwahl an sich besagt): die *Vulgata*, die *Imago mundi* des Honorius (hier in erster Linie deren der Weltgeschichte gewidmetes drittes Buch, während Rudolf für seinen Geographie-Exkurs das erste ausschrieb), vielleicht Petrus Comestor (signifikante Spuren finden sich nicht, doch liegt die Kenntnis der notorischen Schulbibel nahe). Für die römische Kaiserzeit, zu der Rudolf nicht mehr gelangt war, nutzte Jans ausgiebig, wie erwähnt, die *Kaiserchronik* in der um 1200 redigierten B- (nicht der ihm zeitlich näheren C-) Fassung.

Die Frequenz rarer Stoffe und Stoffversionen wie Jans' durchweg sorgloser Umgang mit Daten (auch solchen, die für einen Bibliotheksnutzer leicht überprüfbar waren, etwa durch omnipräsente Papst-, Kaiser- und Konsullisten)[66] zeigen aber auf Schritt und Tritt, dass es dem Autor bei aller Belesenheit, die ein

---

64 Vgl. Martin Przybilski: *di juden jehent.* Die Aufnahme jüdischer Erzählstoffe in der *Weltchronik* des Jans von Wien. In: Ashkenas 14 (2004), S. 83 – 99; Ders.: Kulturtransfer zwischen Juden und Christen in der deutschen Literatur des Mittelalters. Berlin/New York 2010 (Quellen und Forschungen 61), S. 221 – 229; Dunphy (Anm. 55), Registereinträge zur ‚Jewish exegetical tradition'.

65 Im *Fürstenbuch* teilt Jans mit, der Abt des bedeutenden Klosters habe ihn in seinem chronikalischen Bemühen mit Rat und Tat unterstützt (V. 1089 – 1091).

66 Vgl. die Beispiele bei Knapp (Anm. 56), besonders S. 238.

Werk solchen Zuschnitts voraussetzt, kaum um das vermittelnde Sammeln und Ausschreiben der einschlägigen *auctoritates* ging und dass er ohne Vorbehalte auch (vom Chronistenstandpunkt gesehen) höchst trübe Quellen anzapfte, die ihm das Wiener ‚Literatursoziotop' denn auch in besonderer Fülle bot. Mit der romanhaften Geschichte vom inzestuösen Reussenfürsten, mit dem Schwank um Noahs Sexualitätstabu in der Arche,[67] mit der jüdisch-apokryphen Erzählung vom hilfreichen Wurm Tamyr[68] oder der Antilegende der namenlosen Päpstin (sonst bekannt als Johanna) betrat Jans daher zwar nie absolutes Neuland, dehnte aber den Rahmen des in der deutschen Chronistik von Rudolf bis Hartmann Schedel respektive Georg Alt Üblichen weit in die Domäne des Fabulösen, Narrativen, fast ausnahmslos Fiktiven und tendenziell Fiktionalen hin aus. Dabei verzichtete er (auch gegenüber der sonst vorbildgebenden *Kaiserchronik*) ganz auf den Trumpf des ‚Legendenwahren', der solchen Makel sonst üblicherweise zu neutralisieren half.

3.4 Novellistische Geschichte: Zur Rolle des Erzählers

Den zuletzt erörterten Befunden entspricht Jans' entschiedener Verzicht auf die von Rudolfs Erzähler ausstrahlende Aura enzyklopädischer Gelehrsamkeit, wie übrigens auch auf die vom Anonymus der hier nicht näher behandelten *Christherre-Chronik* adaptierte Rolle des Theologen und Exegeten:[69] Jans Erzähler unterhält auch da, wo er deutet und kommentiert. Im Vergleich zu Rudolfs Erzählkontinuum, das sich in die Typenlinien chronistischer *series temporum* und (was die Verknüpfung zeitlicher und räumlicher Universalität angeht) enzyklopädischer *imago mundi* stellt, erweist sich Jans Episodenerzählung als Sammelbecken von ‚Stories' heterogener Provenienz und Stilhöhe – ein narratives *mare historiarum* im buchstäblichen Sinn.[70] Als Orientierungsstifter und skrupulöser Ver-

67 Vgl. DUNPHY (Anm. 55), S. 99–107.

68 Vgl. DUNPHY (Anm. 55), S. 226 f.; PRZYBILSKI, Kulturtransfer (Anm. 64), S. 239 f.; DERS.: Salomos Wunderwurm. Stufen der Adaptation eines talmudischen Motivs in lateinischen und deutschen Texten des Mittelalters. In: Zeitschrift für deutsche Philologie 123 (2004), S. 19–39.

69 Vgl. dazu DOROTHEA KLEIN: Heinrich von München und die Tradition der gereimten deutschen Weltchronistik. In: Studien zur *Weltchronik* Heinrichs von München. Bd. 1. Hrsg. von HORST BRUNNER, Wiesbaden 1998 (Wissensliteratur im Mittelalter 29), S. 1–112, hier S. 9–20; NORBERT H. OTT: [Art.] *Christherre-Chronik*. In: ²VL 1 (1978), Sp. 1213–1217 und ²VL 11 (2004), Sp. 317.

70 Zu den durchaus nicht trennscharfen Merkmalen der drei genannten Typen vgl. KRÜGER (Anm. 6), S. 21–23. Wie für die ebd. fokussierten lateinischen Beispiele gilt auch im deutschen Bereich, dass „jede bedeutende Weltchronik Züge jeden Typs" aufweise, sodass es auch hier nur um die profilprägende Dominante geht. In der *series temporum* bestimmt die Chronologie die Ordnung

mittler von Bildungswissen fungiert der Erzähler nirgends, eine konstante Engführung der Geschichte(n) mit der externen Zeit fehlt, Plots und Personen werden (notfalls unter Weglassung charakterisierender Namen wie bei der Päpstin, dem Reussenkönig) verschieblich und austauschbar. An die Stelle syntagmatisch-textorganisierender Verweise oder zäsurierender Pro- und Epiloge wie bei Rudolf tritt ein paradigmatisch und additiv organisiertes *mixtum compositum*, das vor allem Jans' unverwechselbarer Stil zusammenhält. Man hat diesen Stil, der hier nachgerade zum Habitus wird, mit Schlagworten wie Dramatisierung, ‚Sensationalisierung' und Rationalisierung beschrieben,[71] doch fallen all diese Phänomene letztlich zusammen und steht über allen ein nicht schlechterdings städtisch-bürgerlich zu nennender, jedenfalls aber der Gattung ganz un-affiner Sinn für das Komische, Derbe und Groteske, zuweilen Zotige; ein Humor, der mitunter ins Schwankhafte ausschlägt wie beim unfreiwillig entblößten Hintern des Königs Saul oder bei Virgils Frauenrache (V. 10388 – 10398, 23779 – 24138), mitunter parodistisch inspiriert scheint wie in der Minnesangpersiflage des Dialogs zwischen Dalila und ihrem Galan (V. 12571 – 12610).[72]

Konzeptionell korreliert diese Stimmlage mit einer Geschichtssicht, die die universalen Wirkmächte Gottesvolk, Kirche und Reich relativiert und eine Neigung zur ‚Doppelbesetzung' historischer Positionen und Wendemarken begünstigt: Neben den Großen der Bibel und der antiken und mittelalterlichen Historiographie stricken anonyme Individuen oder Gruppen lustvoll am Weltlauf mit, und oft genug wird das ‚Machtwissen' der Edlen und Gebildeten durch das Erfahrungswissen und die List des ‚kleinen Mannes' ausgehebelt (vgl. das Beispiel im Folgeabschnitt). Dies wäre, als Zug zu ständischer Totalisierung, zuletzt auch ein Phänomen von Enzyklopädisierung, freilich eines, das dem von Rudolf vertretenen diametral widerstrebt. Wie wenig Jans von einer mit Rudolf verstandenen Enzyklopädisierung hielt, manifestiert sich in seiner Version der babylonischen Sprachverwirrung: Dem Turmbau folgt hier keine kartographisch gedeckte *descriptio mundi* mehr, sondern eine frei assoziierende Völkerschau mit teils (schein-)empirischen, teils schlicht skurrilen Informationen, die proportionslos

des Erzählten (z. B. nach Regna, Generationen oder biblischen Büchern), die *imago mundi* verbindet zeitliche und enzyklopädische Welterfassung, beim *mare historiarum* geht das chronologische Erzählen häufig mit „‚stories' zur moralischen Belehrung und *ad usus delectabiles*" einher (Krüger [Anm. 6], S. 22).

71 So DUNPHY (Anm. 55), S. 282 – 288.

72 Vgl. DUNPHY (Anm. 55), S. 305 – 310; MARIA DOBOZY: Historical Narrative and Dialogue. The Serious and the Burlesque in Jans der Enikel's *Weltchronik*. In: Current Topics in Medieval German Literature. Texts and Analyses (Kalamazoo Papers 2000 – 2006). Hrsg. von SIBYLLE JEFFERIS, Göppingen 2008 (GAG 748), S. 151 – 168.

und beliebig aneinandergereiht sind. An Griechen, Böhmen und Polen grenzen da Schotten, Armenier, Mohren, Franzosen und Ungarn, und der Informationswert gleitet nicht nur bei den *kleybaschen* und *kochen* der heimatnahen Schwaben (V. 27429 – 27456) in den Bereich bloßer Küchenkomik ab.

3.5 Geschichte ganz unten, oder Geschichte von unten – Ein Plot in drei Versionen

Zu Beginn des letzten, der römischen Ära gewidmeten Werkdrittels erzählt Jans eine Episode aus der Zeit Caesars (V. 20943 – 21536): Im Kapitolspalast zu Rom regiert ein Rat von 72 *werden man* (gemeint ist der Senat). Zur Überwachung der Geschehnisse in den eroberten Ländern des Reiches hat er eine Apparatur aus Standbildern und Schellen einrichten lassen: Sobald sich ein Land gegen Rom erhebt, erklingt die ihm zugewiesene Schelle. Dies geschieht, als am fernen Rhein der Feldherr Crassus im Kampf gegen *die Diutschen* fällt. Im Auftrag des Senats zieht daraufhin der *houbtman* Julius (Caesar) nach Norden und unterwirft nacheinander die Schwaben, Franken, Polen und Baiern, um sodann gegen mirabiliöse Völker wie Skiapoden (*platfüeze*) und Zyklopen weiterzuziehen, die die antike und mittelalterliche Enzyklopädik, und mit ihr Rudolf, üblicherweise im fernen Orient ansiedelt, während sie Jans Erzählung durch Caesar erst dorthin (genauer: nach Indien) vertrieben werden lässt. Nach vollbrachtem Krieg betätigt sich Caesar in den besiegten Landstrichen als Kolonisator und Städtegründer, kehrt sieben Jahre später nach Rom zurück und erkämpft mit Hilfe der ihm nun verbündeten Deutschen die Alleinherrschaft, dergestalt das Kaisertum begründend. Obwohl seither in Rom geschätzt und geachtet, werden die deutschen *fürsten* der römischen Macht nach unbestimmter Zeit überdrüssig und dingen einen *kundigen meister*, der unter Ausnutzung der römischen Gier nach angeblich vergrabenen Schätzen unter dem Senatspalast diesen samt Alarmapparat und Senatoren vernichtet. Die Deutschen feiern ihren namenlosen Befreier.[73]

Jans hat diesen Plot, so wenig Rückhalt in antiken Quellen er findet, nicht erfunden. Der Vergleich mit der direkten Vorlage ermöglicht es, die Eigenheiten der Chronik und, allgemeiner, des Jans'schen Zugriffs auf (die) Geschichte noch einmal präzise am Text zu erhellen. Den vagen historischen Rahmen der referierten Episode bieten Caesars *Bellum Gallicum* und sein Aufstieg zur Alleinherrschaft im Gefolge des Bürgerkriegs, wobei aus Gallie(r)n German(i)en und aus dem Bürgerkrieg der erste Romzug der ‚Deutschen' wird. Für beides gibt es sehr

73 Vgl. den Abriss bei KUGLER (Anm. 57), S. 233 – 236.

vage, später produktiv missverstandene Andeutungen beim antiken Epiker Lucan (gest. 65 n. Chr.).

Schon zweihundert Jahre vor Jans hatte das *Annolied* das Motiv der Alarmschellen, die die römischen *altheirrin* (hier korrekt lehnübersetzt: Senatoren) von Aufständen an Rhein und Donau unterrichten, sowie die Klitterung von Caesars Germanienzug aufgebracht (c. 18).[74] So ahistorisch schon diese Version ist, so deutlich unterscheidet sie sich doch von derjenigen Jans': Ihr Stil ist nüchtern und auf (vermeintliche) Fakten konzentriert, von Ausgriffen zu den Polen, Platthufen und Kyklopen ist keine Rede, erst recht nicht von der listigen Zerstörung des Alarmsystems, in die der Plot bei Jans so spektakulär mündet. Hier bot sich dem Dichter Raum für die oben angesprochene historische Komplementärperspektive ‚von unten', den er gern nutzte. So erhält die Erzählung neben Caesar mit dem namenlosen *meister* nun einen zweiten Helden und Sieger, dem gegen die römische Allmacht einzig, doch hocheffizient, seine überlegene List zu Gebote steht.

Dem mythopoetischen Sinn und Ziel des *Annolieds*, die *diutiscen lant* schon von der Gründung an in Verbindung mit dem Römerreich zu setzen, läuft Jans' Umgestaltung der Passage diametral zuwider – am Ende der Vorlagensequenz sind die ‚Deutschen' ja gerade nicht ‚frei' von Rom, sondern Teilhaber und Mitträger, später legitime Erben des römischen *rîche*. Nur zu diesem Zweck hatte der *Annolied*-Dichter die vier nordalpinen *gentes* in die Caesargeschichte verwoben und wohl zugleich noch auf je eines der vier Weltreiche zurückbezogen. Diese konzise, bei aller Faktenferne ‚geschichtsphilosophisch' überzeugende Gründungsgeschichte eines von Beginn an römischen u n d deutschen Reiches gibt Jans' anekdotisch zugespitzte Plotsequenz, die weniger erklärt als erzählt, entschieden preis.

Vorschub geleistet hatte dieser komplexitätsreduzierenden Narrativierung aber schon das noch fehlende Glied in der Überlieferungskette: die chronologisch wie generisch zwischen dem *Annolied* und Jans stehende *Kaiserchronik*, Jans' direkte Quelle für den einschlägigen Abschnitt. Die Umwandlung der *historia* in eine diskursiv defizitäre, doch erzählerisch desto effektvollere ‚Story' (so sind nun auch Einzelhelden tätig, wo im *Annolied* nur gentile Kollektive agierten) hatte der ältere Chronist bereits vollzogen – allerdings fehlte bei ihm noch die Perspektive ‚von unten' in Jans' zündender Idee von der Rache der Besiegten im triumphalen Sabotageakt gegen Rom.

---

74 Vgl. Mathias Herweg: Er kam, sah – und fand Verwandte. Caesar, die trojanischen Franken und die ‚römischen Deutschen'. In: Das diskursive Erbe Europas. Antike und Antikerezeption. Hrsg. von Dorothea Klein/Lutz Käppel, Frankfurt a. M. 2008, S. 306–326, hier S. 312–322.

4 Noch ein Sonderfall – Die *Sächsische Weltchronik*

Die frühe Ausdifferenzierung des neuen großepischen Genres bestätigt schließlich auch die *Sächsische Weltchronik*, der hier nur noch ein Ausblick gelten kann.[75] Unterscheiden sich schon die mhd. Reimchroniken signifikant voneinander (wobei neben die ausführlich erörterten auch die eingangs erwähnte *Christherre-Chronik* tritt)[76], so stellt der in drei Fassungen überlieferte und je nach deren Priorisierung um 1230 oder nach 1260[77] entstandene Prosatext schon formal ein generisches Novum dar. Im deutschen *genus historicum* noch unüblich, indiziert die Prosa eine markante Distanz zur höfischen Epik, die die Verschronisten gerade nicht suchten, sondern im Gegenteil mieden, und knüpft programmatisch an den lateinisch-klerikalen Gattungsstrom an. Überdies sind Anlage und Inhalt der *Sächsischen Weltchronik* nur auf den ersten Blick universal. Ihr Hauptinteresse gilt (vergleichbar der deutschen *Kaiserchronik*, die auch hier als Quelle diente) dem vierten, römisch-deutschen Weltreich, der Kirchen- und Papstgeschichte. Die Geschichte der ersten drei Reiche und der ersten fünf *aetates*, die gesamte alttestamentarische Epoche mithin, reduziert sich auf 13 von rund 400 Abschnitten. So wird eben das zu einer auf das Nötigste verknappten Exposition, worüber Rudolf in 33000 Versen stofflich gar nicht hinauskam und wofür Jans rund zwei Drittel seines Werks aufwandte. Mit der römisch-republikanischen Frühe beginnt schon in c. 14 die Fokussierung der (erst vom Editor LUDWIG WEILAND so genannten) *Weltchronik* auf das letzte *rîche*. Die Bezeichnung in den Handschriften trägt diesem Befund Rechnung: *Romisch kroniken*, *Cronica romanorum imperatorum*, *zal der romischen kunige* oder gar *Historia Romanensis* lauten die über-

---

75 Dies trägt dem inhaltlichen und formalen Sonderstatus des Werks wie der gattungsgeschichtlich wichtigen Tatsache Rechnung, dass die *Sächsische Weltchronik* nicht, wie die Reimchroniken, in der beide Genres belebenden Konkurrenz- und Wechselbeziehung zum (spät-)höfischen Roman steht. Ausgabe: *Sächsische Weltchronik* [des Eike von Repgow]. Hrsg. von LUDWIG WEILAND, Hannover 1877, Nachdruck München 2001 (MGH Deutsche Chroniken 2).

76 Keine von ihnen vertritt letztlich ein Paradigma oder die ‚Reinform' des Genres, und bei Lichte betrachtet gibt es *nur* Sonderfälle bzw. „Fremdkörper" (so KLEIN, Anm. 61, S. 87, allein für die *Sächsische Weltchronik*). Das intendiert mehrdeutige ‚noch' in der Überschrift gilt daher nicht nur der verfrühten Prosa.

77 HUBERT HERKOMMER vertrat mit der Priorität der Fassung C zugleich den Spätansatz 1260/75 (Überlieferungsgeschichte der *Sächsischen Weltchronik*. Ein Beitrag zur deutschen Geschichtsschreibung des Mittelalters, München 1972); MICHAEL MENZEL (Die sächsische Weltchronik. Quellen und Stoffauswahl, Sigmaringen 1985 [Vorträge und Forschungen, Sonderband 34], S. 176 – 182) votierte mit der Priorität der Fassung A für den Frühansatz 1225/29. Zusammenfassend HUBERT HERKOMMER: [Art.] *Sächsische Weltchronik*. In: ^{2}VL 8 (1991), Sp. 473 – 500, hier Sp. 482 f.

lieferungs- und rezeptionsgeschichtlich einschlägigen Titel.[78] Dem anonymen Autor, wohl einem „im welfischen Einflussbereich oder Auftrag arbeitende[n] Franziskaner“[79], ging es demnach nicht, wie Rudolf, um die Vermittlung biblisch-klerikalen Wissens an Laienkreise. Vielmehr wird solches Wissen bereits vorausgesetzt und durch ihn nur noch aktualisiert bzw. summarisch erinnert (Abb. 2).[80] Dies deutet auf ein entsprechend vorgebildetes, vielleicht geistliches Publikum hin.

Auch der Quellenrückhalt ist dezidiert klerikal und historiographisch: Von der unverzichtbaren *Vulgata* und Petrus Comestor abgesehen, kennt und nennt der Chronist explizit eine ganze Reihe lateinischer *auctoritates*, darunter (zum Teil sekundär) Lucan, Orosius, Flavius Josephus, Gregor d. Gr., Helmold von Bosau. Aus dem volkssprachigen Bereich wird nur *der keisere tale* (c. 35), das ist die *Kaiserchronik*, mit herangezogen. Als Hauptquelle aber diente die im 12./13. Jahrhundert vielgenutzte (so auch schon durch die *Kaiserchronik*) *Chronica* Frutolfs von Michelsberg in der Bearbeitung und Fortsetzung Ekkehards von Aura, die nicht nur das Material, sondern mit dem annalistischen Verfahren und der Orientierung an den Regierungszeiten der Herrscher auch das Strukturschema bot. In ähnlicher Weise gingen die *Pöhlder Annalen* und die *Weltchronik* Alberts von Stade in den niederdeutschen Text ein. Diese Vorlagen sind schon deshalb nicht zu unterschätzen, weil die *Sächsische Weltchronik* auf genrekonstitutive Schemata wie die Weltalter- und Weltreichelehre verzichtet (und, blickt man auf die stoffliche Selektion, sinnvollerweise verzichten muss). So inspirierten die Quellen mit ihren synchronisierenden Tabellen und Zeitberechnungen kleinteiligere Verfahren, um die chronologische Ordnung auch ohne makrostrukturelles System transparent zu halten.

Konzeptionell hebt sich die *Sächsische Weltchronik* von den gereimten Pendants vor allem dadurch ab, dass sie der weltlichen Geschichte fast ebenso viel Raum gewährt wie dem biblisch-kirchlichen Hauptstrom. Auch dies schlägt sich in der Struktur nieder: Legenden finden ihre Entsprechungen in Herrscheranekdoten, Kaiser- und Papst- oder Heiligenviten laufen jeweils synchron. Hier stellt sich der Autor näher zu Jans und zum Verfasser der *Kaiserchronik* als zum nüchternen Rudolf, noch näher als zu allen Genannten aber zur lateinischen Chronistik, die er

---

78 Vgl. HERKOMMER, *Sächsische Weltchronik* (Anm. 77), Sp. 474. Auch die ältere Forschung gebrauchte noch Titel ohne den ‚universalisierenden‘ Zusatz: *Niederdeutsche* oder *Sächsische Kaiserchronik*, *Sachsenchronik* u. ä.

79 HERKOMMER, *Sächsische Weltchronik* (Anm. 77), Sp. 484. Die lange unterstellte Verfasseridentität mit dem Laien Eike von Repgow, Verfasser des *Sachsenspiegel*, ist überholt; sie verträgt sich auch kaum mit der dezidiert geistlichen Tönung des Werks.

80 Vgl. auch KLEIN (Anm. 61), S. 87.

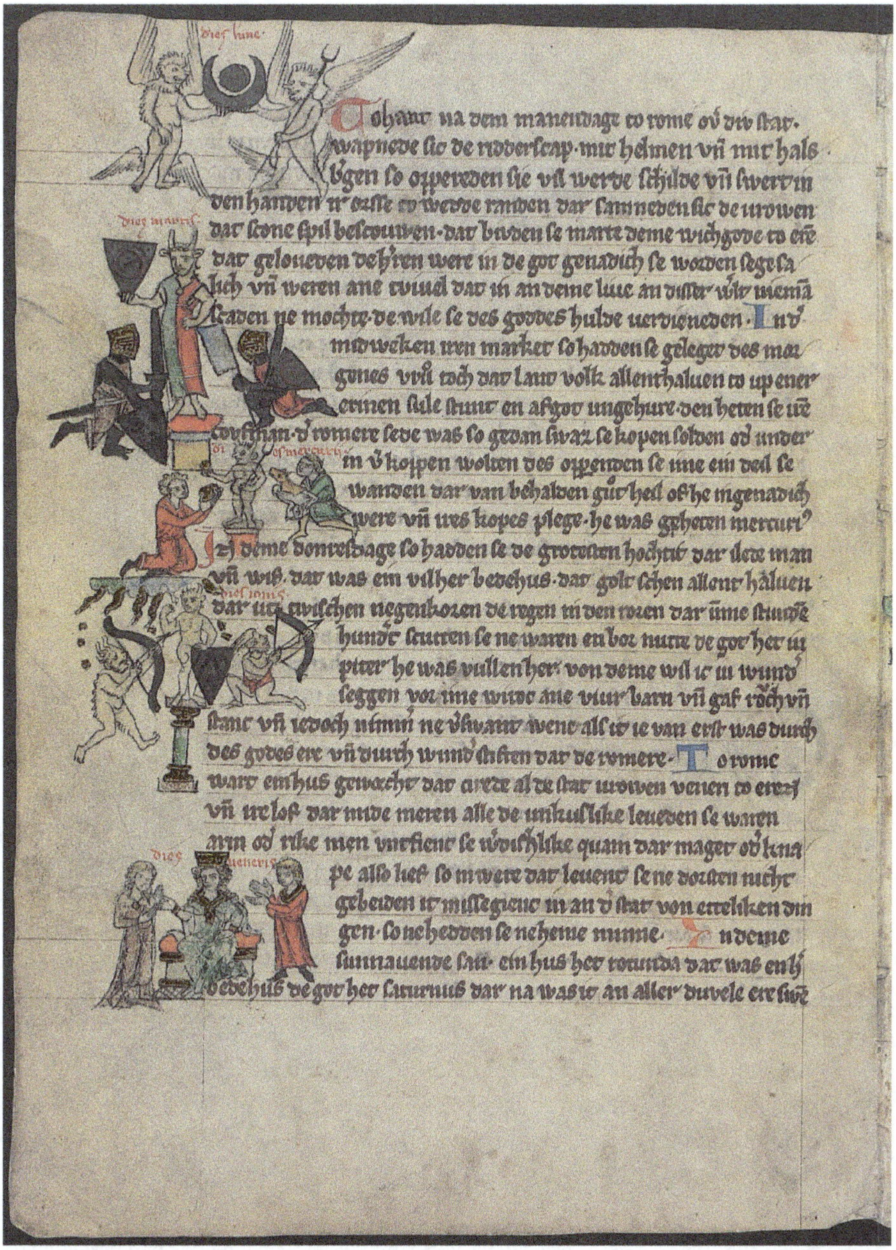

Abb. 2: *Sächsische Weltchronik.* Gotha, Forschungs- und Landesbibliothek, Ms. Memb. I 90, 19v: Die römischen Tagesgötter.

recht eigentlich ins Deutsche ‚verlängert'. Phänotypisch markiert er die Mitte zwischen dem ‚imperialen' Konzept der *Kaiserchronik* und dem universalen Rudolfs, genotypisch steht er in einer Linie mit Frutolf. Sein Werk versteht sich

> als Reichschronik, jedoch nicht wie die *Kaiserchronik* mit einem fast ausschließlich auf die Kaiserzeit eingeschränkten Horizont, sondern in einem sogar noch über das *Imperium Romanum* hinausreichenden universalen Zusammenhang.[81]

Viel mehr als die *Kaiserchronik* auch um Solidität bemüht, bevorzugt der Chronist seriöse Quellen, bändigt den (durchaus nicht fehlenden) novellistischen Ehrgeiz, strebt nach Kontinuität, weshalb etwa auch die römische Königszeit und Republik, die Goten und merowingischen Franken als ‚missing links' zwischen den großen Repräsentanten der Reiche berücksichtigt sind, während der Kaiserchronist selbst in der so leicht verifizierbaren römischen Kaiserreihe eine erstaunliche Willkür hatte walten lassen. Im Übergang zur deutschen Geschichte tritt dann noch ein ausgeprägtes Interesse an der sächsischen Volks- und Lokalgeschichte hinzu, das freilich immer an den römisch-imperialen Rahmen zurückgebunden bleibt.

5 Wirkungsgeschichtlicher Ausblick

Der Wirkung und Überlieferung nach hatte auch das im Vergleich ‚elitäre' Konzept der (sog.) *Sächsischen Weltchronik* großen Erfolg. Formal gehörte ihr bald auch in der deutschsprachigen Historiographie, und um einiges später auch im Roman, die Zukunft (beide Gattungen gingen im 14./15. Jahrhundert zur Prosa über). Der Text selbst liegt in drei Rezensionen vor und erfuhr sieben dialektübergreifende Fortsetzungen;[82] er erhielt wechselnde Ergänzungen – Zeittafeln und Listen, Appendices zur Herkunft der Sachsen, zur Genealogie der Welfen und der Grafen von Flandern – und wirkte in spätmittelalterlicher Epik (*Lohengrin*, *Karlmeinet*), Reichs-, Dynastie-, Stadt- und Landesgeschichte wie kaum ein anderes deutschsprachiges Geschichtswerk fort.[83]

Den Reimchronisten blieb diese Dauer und Reichweite versagt. Doch geht mit ihnen eine markante literarhistorische Zäsur einher. Der am Beginn der höfisch-laikalen Literatur stehende Übergang von der *historia* zum Roman, den die *Kai-*

81 Manfred Zips: Die *Sächsische Weltchronik* im Spannungsfeld von Intention und Rezeption (I). In: Jahrbuch des Vereins für Niederdeutsche Sprachforschung 119 (1996), S. 7–60, hier S. 18.
82 Vgl. umfassend Jürgen Wolf: Die sächsische Weltchronik im Spiegel ihrer Handschriften. Überlieferung, Textentwicklung, Rezeption, München 1997 (MMS 75).
83 Vgl. Herkommer, *Sächsische Weltchronik* (Anm. 77), Sp. 486–497.

serchronik als erste volkssprachige, doch noch nicht universale Chronik im Deutschen zugleich anbahnte und im Ansatz auch schon bezeugt, wiederholte sich in den Jahrzehnten zwischen Rudolf und Jans, und zumal nach der Wende zum 14. Jahrhundert, in umgekehrter Richtung: Spätestens mit dem Tod Konrads von Würzburg (1287) war auf Kosten des höfischen Romans die Reimchronistik zum Leitgenre volkssprachiger Großepik aufgestiegen[84] – wie dieser imstande, auf hohem ästhetisch-formalem Niveau und im tradierten Medium des Erzählens, dem vierhebigen Reimvers, anspruchsvolle Publika zu unterhalten, zugleich und anders als der Roman aber auch geeignet, das seit dem Ende der ‚Blütezeit' gewachsene Bedürfnis nach historisch-religiöser Orientierung durch volkssprachliche Schriftlichkeit zu befriedigen.[85] Die einschlägigen Texte des 13. Jahrhunderts, Rudolfs und Jans' *Weltchronik*, die *Christherre-Chronik* sowie in anderer Weise die *Sächsische Weltchronik*, gingen nun direkt in die Text- und Überlieferungsgeschichte neuer Werkkomplexe ein. Für den Erfolg ihres diskursiv-belehrenden und zugleich höfisch-narrativen Konzepts, das schon bei Rudolf und Jans differenziert genug war, um unterschiedliche Interessen(gruppen) anzusprechen, bürgt daher nicht so sehr die kleine Zahl überlieferter Werke als vielmehr die Zahl und Verbreitung ihrer (meist wenig ‚authentischen') Textzeugen. Man muss von der Gesamtüberlieferung des Genres, einschließlich Heinrichs von München, ausgehen, wobei sich, anders als beim höfischen Roman, keine klaren Grenzen zwischen rezeptivem und produktivem Fortleben ziehen lassen, da die meisten Handschriften Fortschreibungen, Mischredaktionen oder Textsynthesen des Vorhandenen (*continuationes, compilationes*) bieten. Für die vier großen Reimcorpora – Rudolf, Jans, *Christherre-Chronik* und Heinrich von München[86] – sind dergestalt über 180 Textzeugen erhalten.[87] Kein zeitgenössischer Roman erreicht

---

84 Vgl. JOACHIM HEINZLE: Vom hohen zum späten Mittelalter. Wandlungen und Neuansätze im 13. Jahrhundert (1220/30 – 1280/90), Frankfurt a. M. 1984 (Geschichte der deutschen Literatur von den Anfängen bis zum Beginn der Neuzeit II/2), S. 135.

85 Vgl. den einschlägigen Titel von JOHANNES JANOTAS Literaturgeschichte des ausgehenden 13. und 14. Jahrhunderts: Vom späten Mittelalter bis zum Beginn der Neuzeit. Orientierung durch volkssprachliche Schriftlichkeit, Tübingen 2004 (Geschichte der deutschen Literatur von den Anfängen bis zum Beginn der Neuzeit III/1); weiters HERWEG (Anm. 2), S. 440 – 443.

86 Das heißt, ohne die noch nicht universale *Kaiserchronik*, die eine eigene, ihrerseits beachtliche Wirkungsgeschichte mit Übergängen zur Prosa aufweist (50 Hss. nach dem ‚Marburger Handschriftencensus', April 2012), und ohne die nicht gereimte *Sächsische Weltchronik* mit gleichfalls enormer Überlieferung (53 Hss. nach dem ‚Marburger Handschriftencensus', April 2012), Rezeption und Wirkung.

87 Addition nach den Ziffern bei KLEIN (Anm. 69), S. 74 – 112 bzw. S. 35 – 42. Der ‚Marburger Handschriftencensus' (April 2012) führt für Rudolf 87, für Jans 26, für die *Christherre-Chronik* 63,

vergleichbare Ziffern, die zum Teil sehr erfolgreichen Erzähltexte Rudolfs von Ems und Konrads von Würzburg mit eingeschlossen.

Die Zusammensicht von Überlieferungs- und Textgeschichte offenbart ein dem universalen Thema und Anspruch korrelierendes Kriterium für den Gattungserfolg: die gerade im Kontext (auch spät-)höfischer Epik bemerkenswerte Offenheit der Texte.[88] Ihr steht die Geschlossenheit des gattungstypischen Weltbilds nicht im Wege. Auf das universale, letztlich unabschließbare Geschehen und auf den virtuell[89] bis in das ‚Nochnichtgeschehen' des Eschaton ausgreifenden heilsgeschichtlichen Anspruch reagiert eine kumulative, schon bei Rudolf über die Zeitdimension hinaus auch geographisch und im Ansatz disziplinär ins Enzyklopädische ausgreifende, wenn auch nie einer streng enzyklopädischen Systematik gehorchende Poetik. Die Texte sind daher – ein nur scheinbar oberflächlicher Befund – durchwegs sehr umfangreich (knapp 25000 bzw. rund 30000 Verse bei *Christherre-Chronik*, Rudolf und Jans, bis zu 100000 bei Heinrich von München), bleiben trotz ihres Umfangs aber in je unterschiedlicher Weise und aus je unterschiedlichen Gründen durchweg Stückwerk. Während Rudolf (wegen Gönnertods?) weit vor dem anvisierten Endpunkt abbrach, erreichte Jans die Zeitgeschichte nur um den Preis waghalsiger Sprünge und Lücken. Die *Sächsische Weltchronik* wiederum, die als einzige die Ansprüche linearer Kontinuität und Vollständigkeit bis zur Gegenwart zu verbinden scheint, geht so kursorisch über die frühen Reiche und Weltalter hinweg, dass ihr eigentliches Profil nicht das einer Welt-, sondern das einer römisch-deutschen Reichs- und Zeitgeschichtschronik mit regionalen Inzidentien ist.

Da jeder Text und Chronist zudem individuelle Schwerpunkte setzt, widerspricht auch die immanente Poetik subtil dem Universalitätsanspruch der Gattung. Rudolf akzentuiert die biblische Geschichte und ihre zentralen antiken Parallelläufe, legt zudem Wert auf Geo- und Ethnographie sowie auf kulturhistorische Wandel- und Transferprozesse (*primi inventores*, *translationes artium*). Jans zeigt anekdotische Präferenzen, selegiert nach Sensationswert, relativiert die

für den Heinrich von München-Komplex 28 Textzeugen auf; die hier etwas höhere Summe ergibt sich aus Mischredaktionen.

88 Hierzu am Beispiel der Rudolf-Überlieferung, die sie als „fortwährende Textkonstitution" beschreibt (S. 271), DANIELLE JAURANT: Rudolfs *Weltchronik* als offene Form. Überlieferungsstruktur und Wirkungsgeschichte, Tübingen u. a. 1995 (Bibliotheca Germanica 34), besonders S. 282–286; zurückhaltender GABRIELE VON OLBERG: Offene Formen? Funktionen mittelalterlicher und frühneuzeitlicher Textallianzen im Zusammenhang der Weltchroniküberlieferungen. In: Textallianzen am Schnittpunkt der germanistischen Disziplinen. Hrsg. von ALEXANDER SCHWARZ/ LAURE ABPLANALP LUSCHER, Bern u. a. 2001 (Tausch 14), S. 273–290.

89 Mitunter, wie bei Otto von Freising (Buch VIII der *Chronica*), gilt dies sogar realiter.

‚große Geschichte' durch ‚Geschichtchen' oder reduziert sie auf denarrativierte Listen. Die *Christherre-Chronik* schließlich (um sie im Ausblick noch einmal mit einzublenden) bevorzugt theologische Aspekte und präsentiert sich in Stoffwahl und Diktion weithin als kommentierte Reimbibel.

Alle Universalchronisten strebten so in je eigener Weise nach diskursiver ‚Einhegung' und Perspektivierung jener Weltfülle, die sie genreprogrammatisch propagierten. Noch am ehesten erreicht die Kompilation des Heinrich von München die angepeilte Totalität, doch nur um den Preis eines jenseits der Fassungen nicht mehr als Einheit identifizierbaren Werks: Die Handschriften ‚montieren' in unterschiedlicher Wahl und Auswahl Exzerpte aus Vorgängertexten (neben Chroniken auch Epen und Romane) und verknüpfen bzw. ergänzen das Entlehnte nur noch.[90] Hier rechtfertigt auch die Faktur den (rein deskriptiv, nicht wertend, verstandenen) Stückwerk-Begriff.

Die Vielzahl geschlossen narrativer Inserte wies aber schon bei Rudolf und Jans in eine ähnliche Richtung: Die Textualität der Geschichte, ihre narrative Struktur und Konstruiertheit – seit Hayden White als postmoderne Antworten auf die ‚großen Erzählungen' der historiographischen Tradition aus guten Gründen vielerörterte Kategorien[91] – demonstrieren auch sie in ihren so unterschiedlichen Zugriffen auf die gleiche *matière* so unverstellt wie nur denkbar.

Lektürehinweise:
1. Dunphy 2003 (1).
2. Brackert 1994 (3); Krüger 1976 (6).
3. Brackert 1968 (19); von den Brincken 1957 (7); Ebenbauer 1986 (5); Gärtner 1983 (22); Herkommer 1972 (77); Herkommer 1987 (16); Herweg 2002 (13); Hofmann 1987 (5); Klein 1998 (69); Marsch 1972 (33); Schmidt 1955/1956 (24); Sherwood-Smith 2000 (29); Wenzel 1980 (25).

90 Vgl. umfassend die von Horst Brunner herausgegebenen Studien zur *Weltchronik* Heinrichs von München (Anm. 69).

91 Der berühmt gewordene deutsche Titel von Whites ‚Tropics of Discourse' (1978) lautet programmatisch: ‚Auch Klio dichtet oder die Fiktion des Faktischen' (Stuttgart 1986); zur kritischen Rezeption vgl. u. a. Gerhild Scholz-Williams: Geschichte und die literarische Dimension: Narrativik und Historiographie in der anglo-amerikanischen Forschung der letzten Jahrzehnte. Ein Bericht. In: Deutsche Vierteljahresschrift für Literaturwissenschaft und Geistesgeschichte 63 (1989), S. 315 – 392; Richard T. Vann: The Reception of Hayden White. In: History and Theory 37/2 (1998), S. 143 – 161. Eine mediaevistische Klärung des Terrains sucht Hans-Werner Goetz: Textualität, Fiktionalität, Konzeptionalität. Geschichtswissenschaftliche Anmerkungen zur Vorstellungswelt mittelalterlicher Geschichtsschreiber und zur Konstruktion ihrer Texte. In: Mittellateinisches Jahrbuch 41 (2006), S. 1 – 21.

Norbert H. Ott

Kompilation und Offene Form – Die *Weltchronik* Heinrichs von München

Jn dem moned iunius an dem dreizehenden tag [...] *als man zelt von christes gepurd tausend iar drew hundert iar vnd in dem vier vnd newntzigstem Jar* [hat] *Haintz Sentlinger von Muenichen* [...] *An der Etsch auf dem Runckelstain pei meinem herren Niclas Dem vintler*[1] die Niederschrift eines dreispaltigen, 306 Pergamentblätter im Format von 45,3 × 33 cm umfassenden Codex[2] von gut 100.000 Versen eines Texts abgeschlossen, der in der Forschung als *Weltchronik* Heinrichs von München firmiert, die sich vor allem dadurch auszeichnet, dass sie zahlreiche Passagen aus (pseudo-)historischen Erzähltexten unverändert in ihren Text aufnimmt. Fünf Jahre später, am 6. Februar 1399, beendete der gleiche Schreiber eine zweite Handschrift dieser monumentalen Geschichtskompilation, nun ein zweispaltig beschriebenes Papiermanuskript[3] von nur 266 Blättern in etwas kleinerem Format.[4] Auftraggeber ist Leopold Vintler, Neffe des Adressaten der 1394 abgeschlossenen Handschrift, seit 1392 Inhaber der Zollstelle *an dem lůg* – also am Brenner –, wo auch *Ditz půch* [...] *geschriben* [*ist*], wie Sentlinger im Kolophon auf Bl. 266vb vermerkt. Offensichtlich wollte Leopold hinter seinem Onkel nicht zurückstehen und ein ebensolches Geschichts- und Geschichtenbuch wie Niklaus besitzen. Mit Heinz Sentlinger, der dem Münchner Patriziergeschlecht der Sendlinger entstammte[5] und spätestens seit 1394 im Dienst des ein Jahr zuvor geadelten

---

1 Zitiert nach dem Kolophon der Handschrift München, Bayerische Staatsbibliothek, Cgm 7330, Bl. 306^{v}.

2 Beschreibung der Handschrift von Norbert H. Ott: [Art.] Heinrich von München, *Weltchronik*. In: Schloss Runkelstein. Die Bilderburg [Ausstellungskatalog]. Hrsg. von der Stadt Bozen unter Mitwirkung des Südtiroler Kulturinstituts, Bozen 2000, S. 683 f.; dort weitere Literatur. Die erste Analyse der Handschrift stammt von Paul Gichtel: Die *Weltchronik* Heinrichs von München in der Runkelsteiner Handschrift des Heinz Sentlinger, München 1937 (Schriftenreihe zur bayerischen Landesgeschichte 28).

3 Wolfenbüttel, Herzog August Bibliothek, Cod. Guelf. 1.16 Aug. 2°. Beschreibung in: Schloss Runkelstein (Anm. 2), S. 684 f. mit weiterer Literatur. Die Handschrift befand sich im 15. Jahrhundert im Besitz von Ulrich Putsch, seit 1427 Bischof von Brixen, und ging nach seinem Tod 1437 an die mit Putsch verwandte Augsburger Patrizierfamile Mülich über.

4 38,7 × 28,5 cm.

5 Zu Sentlinger siehe Hans Lanzhammer: Geschichte des Geschlechts der Sendlinger. In: Ders.: Alt-Sendling und seine Beziehungen zu München. Ein Beitrag zur Orts- und Schulgeschichte Sendlings, München 1926, S. 33 – 39 sowie Gisela Kornrumpf: [Art.] Sentlinger, Heinz. In: ^{2}VL 8 (1992), Sp. 1102 – 1105. Dort weitere Literatur.

Niklaus Vintler stand, hatte er einen Experten gefunden, der seine Erfahrung als Schreiber und Redaktor einer Weltchronik bereits bewiesen hatte.[6] Sentlingers Dienstherr und Gönner Niklaus war mit Immobiliengeschäften und Weinhandel zu beachtlichem Vermögen gekommen und hatte – als Statussymbol seines neuen Standes – 1385 zusammen mit seinem Bruder Franz die Burg Runkelstein bei Bozen erworben und mit Fresken höfischer Tradition ausmalen lassen.[7]

Die Chronik, die Sentlinger Leopold lieferte, unterscheidet sich jedoch in Ausstattung, Umfang und Anlage grundlegend von der 1394 auf Runkelstein niedergeschriebenen Version. Schon das Äußere – Papier statt Pergament, Zweispaltigkeit statt der für deutsche Handschriften seltenen Dreispaltigkeit, keine Illustrationen, deren der Cgm 7330 immerhin zwei enthält (vgl. Abb. 1),[8] kleineres Format und nur gut die Hälfte der Verszahl – verweist auf ein gegenüber dem älteren Codex eher zurückgenommenes Anpruchsniveau. Vollends in Inhalt und Struktur vertreten beide vom gleichen Schreiber verantwortete Handschriften nicht nur zwei voneinander abweichende Fassungen von Heinrichs von München *Weltchronik*, sondern jeder Codex scheint ein Geschichtswerk mit je eigenem Werkcharakter zu repräsentieren.

Der Text des Cgm 7330 reicht von der biblischen Schöpfungsgeschichte bis zur Zeit Kaiser Friedrichs II. und räumt der Profangeschichte neben den in der Bibel geschilderten Ereignissen ungewöhnlich viel Platz ein. Umfangreiche Auszüge aus

---

6 Sentlinger hatte bereits 1390, wohl auch für Niklaus Vintler, eine Handschrift der *Rechtssumme* Bertholds von Freiburg geschrieben (Innsbruck, Universitätsbibliothek, Cod. 549), Beschreibung in: Schloss Runkelstein (Anm. 2), S. 682. Siehe auch Helmut Weck: Die ‚Rechtssumme' Bruder Bertholds. Eine deutsche abcedarische Bearbeitung der *Summa Confessorum* des Johannes von Freiburg. Die handschriftliche Überlieferung, Tübingen 1982 (Texte und Textgeschichte 6).

7 Dazu mehrere Beiträge in: Schloss Runkelstein (Anm. 2) sowie Walter Haug u. a.: Runkelstein. Die Wandmalereien des Sommerhauses, Wiesbaden 1982.

8 Alter und des Neuer Bund werden mit je einer kolorierten Federzeichnung der Gewährsleute eingeleitet, die die Wahrheit des biblischen und historischen Wissens garantieren. Bl. 1^{vab} zeigt in einem rautengemusterten, rot, grün und blau lavierten Bildfeld zwanzig Halbfiguren mit Spruchbändern in Händen, in die die Namen *Moses, Josue, Dauid, Salmon, Estras, Sirach, Machabeo, Josephus, Dyonisius, Oresius, Egespus, Zwetonius, Solinus, Julius, Affricanus, Serosus, Mamenot, Moebus, Estius, pfaff Goetfrid* eingeschrieben sind. Die blau, rot, braun, olivgrün und violett kolorierte Federzeichnung Bl. 215^{vabc} zitiert mit der Darstellung der Anna Selbdritt im Bildzentrum, umgeben von den im nebenstehenden Text erwähnten Kirchenvätern und Evangelisten, den Beginn der *Neuen Ee* – eine Schilderung der Herkunft und des Lebens Mariens – herbei. In einer fünfstöckigen Arkadenarchitektur sind dargestellt: die vier Evangelisten mit leeren Spruchbändern und Namensbeischriften (1. Reihe) sowie mit beschrifteten Rotuli *Augustinus* und *Jeronimus* (2. Reihe), *Ambrosius* und *Gregorius* (3. Reihe), *Johannes der guldein mund, Epiphanias* und *Bede* (4. Reihe), *Remigius, Magnus Albertus, Jacobus de Freigine* [de Voragine], *Orienus, Josephus* und *Valerius* (5. Reihe).

Abb. 1: Heinrich von München, *Weltchronik*. München, Bayerische Staatsbibliothek, Cgm 7330, Bl. 1v: Titelminiatur zur Alten Ee.

Ulrichs von Etzenbach *Alexandreis* und aus den *Gesta Romanorum* werden inseriert; im neutestamentlichen Teil sind Abschnitte aus dem *Passional* verwendet.

Auf die schon im historiographischen Basistext eingefügte Trojageschichte, in anderen Heinrich-von-München-Handschriften ausführlich berücksichtigt, geht Sentlinger jedoch nur kursorisch ein, kürzt die dort häufig tradierten, auf Strickers Karlsepos beruhenden Erzählungen über Karl den Großen stark und unterschlägt die sonst unter Ludwig dem Frommen mit Exzerpten aus der *Willehalm*-Trilogie erzählten Taten Guilleaumes von Orange völlig. An mehreren Stellen gliedert Sentlinger den Textbestand neu: Das Buch Esra wird zweigeteilt, die Makkabäer-Bücher setzen – wie in der Bibel in I Mcc 1 – mit Alexander dem Großen ein statt, wie in dem der *Historia Scholastica* folgenden chronistischen Basistext, mit Mattathias. Die jüngere Handschrift in Wolfenbüttel hingegen formt die Weltchronik zu einer zweiteiligen, je mit einem detaillierten Inhaltsverzeichnis eingeleiteten Reimbibel um. Die *Alte Ee* schließt mit dem Einzug der Israeliten ins Gelobte Land und in Jerusalem; das 6. Weltalter – die *Neue Ee* – beginnt mit Julius Caesar, der in der älteren Handschrift noch zur *Alten Ee* gehört, und schließt mit dem Wiederaufbau des von Titus zerstörten Tempels unter Hadrian. Die Profangeschichte wird stark zurückgedrängt, doch werden auch neue Quellen herangezogen, etwa für die *Neue Ee* der *Jüngere Titurel* des Albrecht und stärker als in der älteren Handschrift das *Passional*.

Die geradezu Werkcharakter beanspruchenden, starken Textdifferenzen dieser beiden Fassungen der *Weltchronik* Heinrichs von München, beide für miteinander verwandte Auftraggeber vom gleichen Schreiber geschrieben, sind Gattungsmerkmal dieses monumentalen universalhistorischen Entwurfs. Sentlinger ist – wie es wohl auch die Schreiber der anderen Codices dieser *Weltchronik* sind – auch Redaktor seiner Fassungen, die die je spezifische Interessenlage ihres Publikums an dem in ihrem Auftrag geschriebenen und kompilierten Text spiegeln. Im Kolophon der Runkelsteiner Handschrift behauptet Sentlinger, das Buch nicht nur *geschriben vnd volpracht*, sondern *auch ain tail getichtet* zu haben,[9] womit er auf eben diese redaktionelle Tätigkeit anspielt. Doch schon lange vor Heinrichs von München Kompilation ist, trotz des dezidierten Wahrheitsanspruchs der volkssprachlichen Historiographie, die Variabilität ihrer Fassungen Überlieferungsmerkmal. Kaum eine der über 100 Handschriften der an den Staufer Konrad IV. gerichteten *Weltchronik* Rudolfs von Ems tradiert das Werk in reiner Textgestalt, sondern verschränkt es vielmehr mit der dem Thüringer Landgrafen Heinrich III. von Meißen gewidmeten *Christherre-Chronik* und/oder der *Weltchronik* des Wiener Stadtbürgers Jans Enikel, von denen ebenfalls kaum ein rein überlieferter Text existiert; vielmehr sind oft stark voneinander abweichende Mischhandschriften aller drei Texte die Regel. Die Verbindlichkeit für das Publi-

9 Wie Anm. 1.

kum lag wohl weniger in der je spezifischen Autorkonzeption, sondern in der Summe aller historischen ‚Wahrheiten', so widersprüchlich diese auch sein mochten.[10]

* * *

Die für die Gattung ‚Weltchronik' spezifische Gebrauchssituation ermöglichte schließlich gegen die Mitte des 14. Jahrhunderts im bayrisch-österreichischen Raum ein Unternehmen wie jenes umfangreichste gereimte Geschichtskompendium des deutschsprachigen Mittelalters, das unter der Autorsigle des sonst unbekannten Heinrich von München überliefert ist. Und es ist nicht von ungefähr, dass dieser Kompilation mit der sog. *Erweiterten Christherre-Chronik* eine jener die Überlieferung bestimmenden Weltchronik-Mischredaktionen als Basistext zugrunde liegt. Der in zwei Handschriften des 14. und einer des 15. Jahrhunderts überlieferten,[11] bis Vers 24.304 des *Christherre-Chronik*-Text reichenden und durch Einschübe aus Jans Enikels *Weltchronik* aufgeschwellten Version, vermutlich in aufeinander folgenden Kompilationsstufen entstanden, wurde eine auf Rudolfs von Ems *Weltchronik* basierende Fortsetzung angefügt und ebenfalls mit Enikel-Passagen durchschossen. An mehreren Stellen sind Versifizierungen lateinischer Prosatexte, vor allem der *Vulgata* und der *Historia Scholastica* des Petrus Comestor, eingefügt; das *Buch der Könige alter ê* wurde benutzt und dem biblischen *Buch der Richter* eine offenbar schon kompiliert vorliegende, durch sechs Verse aus dem *Göttweiger Trojanerkrieg* eingeleitete und den Troja-Teil von Jans Enikels *Weltchronik* mit Passagen aus Konrads von Würzburg *Trojanerkrieg* verschränkende Geschichte Trojas inseriert.[12] In diese Vorstufe seiner Großkompilation baut Heinrich von München – bzw. bauen die Schreiber und Redaktoren der einzelnen Handschriften – Abschnitte aus anderen volkssprachlichen Chroniktexten ein – der *Kaiserchronik* und der in Versform umgesetzten *Sächsischen Weltchronik* –, vor

10 Eine ähnliche Situation bestimmt die Überlieferung der *Willehalm*-Epen, bei der das Publikum wohl weniger am literarisch herausragenden Werk Wolframs von Eschenbach, der sich bewusst gegen die Zyklenkonzeption der französischen Chanson-Überlieferung entschieden hatte, sondern an der Trilogie mit den Vor- und Nachgeschichten Ulrichs von dem Türlin und Ulrichs von Türheim interessiert war, und das Werk damit im Rezeptionsprozess wieder an die französische Tradition anschloss.

11 Linz, Bundesstaatliche Studienbibliothek, Cod. 472. Pergament, illustriert, bairisch, 4. Viertel 14. Jahrhundert; Wien, Österreichische Nationalbibliothek, Cod. ser. nov. 2642. Pergament, illustriert, schwäbisch nach bairischer Vorlage, um 1380; Wien, Österreichische Nationalbibliothek, Cod. 3060. Papier, bairisch, 1426 (bricht mit V. 1374 von Konrads *Trojanerkrieg* ab).

12 Vgl. GISELA KORNRUMPF: Die *Weltchronik* Heinrichs von München. Zu Überlieferung und Wirkung. In: Festschrift für Ingo Reiffenstein zu seinem 60. Geburtstag. Hrsg. von PETER K. STEIN/ ANDREAS WEISS/GEROLD HAYER, Göppingen 1988 (GAG 478), S. 493–509.

allem aber – und das unterscheidet Heinrichs Großkompilation von allen anderen Reimchroniken – meist kaum bearbeitete, oft umfangreiche, aber zuweilen auch nur ein Verspaar umfassende Abschnitte aus (pseudo-)historischen Versepen, hauptsächlich Antikenroman und Chanson de geste: Ulrichs von Etzenbach *Alexandreis*, Konrads von Würzburg *Trojanerkrieg* – auch schon in Heinrichs Vorlage enthalten –, Ottes *Eraclius*, den *Karl* des Stricker, die *Willehalm*-Trilogie. Die Exempla aus Heinrichs von Beringen *Schachzabelbuch* oder aus den *Gesta Romanorum* liefern gelehrte Anekdoten aus der römischen Geschichte.

Als Grundbestand für die Geschichte der *Neuen Ee* fügt der Kompilator diesem mit Ausschnitten aus – im weitesten Sinne – Geschichtsdichtungen durchsetzten, wohl schon im 13. Jahrhundert entstandenen historiographischen Text das ebenfalls als Geschichtswerk verstandene *Marienleben* des Karthäusers Philipp[13] an, das wiederum mit unveränderten Passagen aus Fremdwerken durchschossen wird: dem *Passional*[14], Gundackers von Judenburg *Christi Hort*, Heinrichs von Hesler *Evangelium Nicodemi*, Konrads von Heimesfurt *Urstende* und Heinrichs von Neustadt *Gottes Zukunft* – allesamt Texte, die schon intentional, erst recht aber in ihrem Gebrauch, geschichtliche – und das heißt: heilsgeschichtliche – Wahrheit vermitteln. Die Anfügung von neutestamentlicher Bibeldichtung an einen Chroniktext signalisiert ein im christlichen Heilsgeschichtskonzept noch immer wirkmächtiges, jüdischer Tradition verpflichtetes Verständnis von Bibel als Geschichte. Der Geschichtsverlauf des Alten Testaments wird fortgesetzt und erfüllt sich im heilsgeschichtlich fokussierten Neuen. Diese Auffassung manifestiert sich bereits in der Überlieferung von Bruder Philipps *Marienleben* außerhalb der Heinrich-von-München-Kompilation: Nicht wenige Handschriften von Weltchronik-Mischredaktionen überliefern den historiographischen Text zusammen mit Philipps *Marienleben.*[15] Doch auch die historischen Romane nach antiken Stoffen und solchen der karolingischen Reichsgeschichte scheinen den gleichen historischen, wenn nicht gar historiographischen, Wahrheitsanspruch zu vertreten wie die ins heilsgeschichtliche Modell eingebundene Geschichte: Der bis Bl. 103vb reichenden, unvollständigen *Weltchronik* Rudolfs von Ems im Wiener Cod. 2690 aus der ersten Hälfte des 14. Jahrhunderts folgt auf den Blättern 104ra – 145vb der ebenfalls bruchstückhafte *Trojanerkrieg* Konrads von Würzburg. Cod. 302 der St. Galler Vadiana-Bibliothek wie das Fragment Ms. germ. fol. 623 der Staatsbi-

13 Vgl. Kurt Gärtner: Philipps *Marienleben* und die *Weltchronik* Heinrichs von München. In: Wolfram-Studien 8 (1984), S. 199 – 218.

14 Vgl. Kurt Gärtner: Zur Überlieferungsgeschichte des *Passionals*. In: Zeitschrift für deutsche Philologie 104 (1985), S. 35 – 69.

15 Augsburg, Universitätsbibliothek, Oettingen-Wallerstein I. 3 fol. II; München, Bayerische Staatsbibliothek, Cgm 250 und 279; Stuttgart, Württembergische Landesbibliothek, HB XII 6.

bliothek Preußischer Kulturbesitz Berlin – zwei mit Illustrationen höchsten Anspruchs ausgestattete Codices – schließen an die *Weltchronik* das Karlsepos des Stricker an.

Die mit der Autorsigle Heinrich von München bezeichnete Geschichtskompilation aus historiographischen Texten, neutestamentlicher Bibeldichtung und pseudo-historischen Romanen bleibt jedoch im Zuge der Überlieferung keineswegs konstant, sondern variiert in den 18 bekannten, aus dem 14. und 15. Jahrhundert stammenden Handschriften[16] so stark, dass man, obgleich sich grundsätzlich zwei Hauptredaktionen α und β unterscheiden lassen,[17] jeder Handschrift

16 Berlin, Staatsbibliothek zu Berlin, Preußischer Kulturbesitz, Ms. germ. fol, 1107, Papier, 1387, Fassung β2.1, Leerräume für 137 Illustrationen; ebd., Ms. germ. fol. 1416, Pergament, um 1400/1410, Fassung α1, 220 kolorierte Federzeichnungen, davon 46 Bilder im *Willehalm*-Inserat (vgl. Abb. 2). – Erfurt-Gotha, Universitäts- und Forschungsbibliothek Gotha, Cod. Chart. A3, Papier, 1398, Fassung β2, neun historisierte Initialen zu Beginn der Bibelbücher und Weltalter. – Graz, Universitätsbibliothek, Cod. 470, Pergament, 1415, Fassung β1, nicht illustriert. – München, Bayerische Staatsbibliothek, Cgm 279. Papier, 1. Hälfte 15. Jahrhundert, Fassung β1, nicht illustriert; ebd., Cgm 3632, Papier, 1. Viertel 15. Jahrhundert, fragmentiert, Fassung β1, nicht illustriert; ebd., Cgm 7330, Pergament, 1394, Fassung β1, zwei kolorierte Federzeichnungen; ebd., Cgm 7364, Papier, 1449, Fassung β2.1, 238 kolorierte Federzeichnungen; ebd., Cgm 7377, Pergament, Ende 14. Jahrhundert, Fassung β1, 155 meist unkolorierte Federzeichnungen (Abb. 3) dazu gehört das Fragment Berlin, Staatsbibliothek zu Berlin, Preußischer Kulturbesitz, Ms. germ. quart. 1724. – New York, The Pierpont Morgan Library, M 769, Pergament, Ende 14. Jahrhundert, Fassung α1, 243 gerahmte Deckfarbenminiaturen mit Gold- und Silberverwendung. – Stockholm, Kungliga Biblioteket, Cod. Vu. 74a, Pergament und Papier, um 1400, Fassung α3, 228 kolorierte Federzeichnungen. – Wien, Österreichische Nationalbibliothek, Cod. 2768, Pergament, 1439. Fassung β2, 226 gerahmte Deckfarbenminiaturen; ebd., Cod. 2782, Pergament, 1439; Fassung α3, Leerräume für 224 Illustrationen; ebd., Cod. 12470, Papier, 1462, Fassung β1, nicht illustriert; ebd., Cod. 13704, Papier, Anfang und Schluss fehlen, 2. Hälfte 15. Jahrhundert, Fassung α1, 52 Illustrationen erhalten; ebd., Cod. ser. nov. 9470, Papier, nach 1372, Fassung α3, 208 gerahmte Deckfarbenminiaturen mit Pinselgold. – Wolfenbüttel, Herzog August Bibliothek, Cod. Guelf. 1.5.2 Aug. 2°, Pergament, 3. Drittel 14. Jahrhundert, 167 kolorierte Federzeichnungen; ebd., Cod. Guelf. 1.16. Aug. 2°, Papier, 1399, Fassung β1, nicht illustriert. – Dazu stellen sich mehrere Fragmente, deren Zuordnung zu Heinrich von München zuweilen unsicher ist, sowie eine Handschrift von 1397/98 (Wien, Österreichische Nationalbibliothek, Cod. 2921), in der die *Weltchronik* des Jans Enikel (Bl. 5ra – 292rb) durch Heinrich von München (Bl. 1ra – 4vb) eingeleitet wird. Siehe dazu ANDREA SPIELBERGER: Die Überlieferung der *Weltchronik* Heinrichs von München. In: Studien zur *Weltchronik* Heinrichs von München. Bd. 1: Überlieferung, Forschungsbericht, Untersuchungen, Texte. Hrsg. von HORST BRUNNER, Wiesbaden 1998 (Wissensliteratur im Mittelalter 29), S. 113 – 198; DOROTHEA KLEIN: Die wichtigsten Textfassungen in synoptischer Darstellung. In: Studien zur *Weltchronik* Heinrichs von München. Bd. 3/2. Hrsg. von HORST BRUNNER, Wiesbaden 1998 (Wissensliteratur im Mittelalter 31/2).

17 Siehe dazu KORNRUMPF (Anm. 12); JOHANNES RETTELBACH: Studien zur *Weltchronik* Heinrichs von München. Bd. 2/1: Von der *Erweiterten Christherre-Chronik* zur Redaktion α, Wiesbaden 1998

gleichsam Werkcharakter zubilligen könnte. Die Variationen betreffen zunächst einmal das unterschiedliche Ende der Chronik in den einzelnen Überlieferungszeugen: Sechs Heinrichs von München Kompilation zugeordnete Handschriften schließen mit dem Wiederaufbau Jerusalems unter Hadrian, vier enden mit Karl dem Großen, drei mit Ludwig dem Frommen, zwei mit Karl III. (dem Dicken) und vier reichen bis Friedrich II. Der Grazer Cod. 470 enthält nur die *Neue Ee*, im Münchener Cgm 279 ist Bruder Philipps *Marienleben* unverändert, ohne Inserate und unvollständig angefügt worden. Das New Yorker Ms. M 769 tradiert bis zum 3. Buch der Könige weitgehend eine mit Rudolfs von Ems *Weltchronik* fortgesetzte *Christherre-Chronik*, Heinrichs von München Version beginnt erst mit IV Rg. Im Stockholmer Cod. Vu. 74a und in den Wiener Codices 2782 und ser. nov. 9470 beschränkt sich die *Neue Ee* auf eine knappe Darstellung von Christi Geburt als Beginn des 7. Weltalters; weitere neutestamentliche Ereignisse werden nicht berichtet. Hauptverantwortlich für den stark differierenden Umfang der einzelnen Codices ist jedoch eher der Anteil und der Umfang des inserierten Erzählguts, so dass der Textbestand je Handschrift zwischen 30.000 und 100.000 Versen schwanken kann: Aus Konrads von Würzburg *Trojanerkrieg* wurden in den Rudolfs Version des Richterbuchs folgenden historiographischen Basistext, zum Teil mit Jans-Enikel-Passagen verschränkt, im Umfang stark variierende Abschnitte eingefügt: 14.000 Verse im Münchener Cgm 7377, dem Berliner Ms. germ. fol. 1416 und dem Wolfenbütteler Cod. Guelf. 1.5.2 Aug. 2°, nur etwa 200 im Cgm 7330 der Bayerischen Staatsbibliothek.[18] Von unterschiedlicher Länge sind auch die der *Alexandreis* Ulrichs von Etzenbach entnommenen Erzählblöcke, die im umfänglichsten Inserat fast ein Drittel von Ulrichs Text ausmachen, zuweilen auch mit Passagen aus Seifrits *Alexander* durchschossen sind und mitunter an einer Stelle, an der Ulrich nur knapp referiert, mit 460 Versen aus dem Märe *Alexander und Anteloye* ersetzt werden.[19] Dem *Karl* des Stricker wurden meist Passagen aus dem Beginn des Epos – zu Karls Ahnen und Taten – entnommen und in den Chro-

---

(Wissensliteratur im Mittelalter 30/1); DERS.: Studien zur *Weltchronik* Heinrichs von München. Bd. 2/2: Von der *Erweiterten Christherre-Chronik* zur Redaktion α. Texte, Wiesbaden 1998 (Wissensliteratur im Mittelalter 30/2); DOROTHEA KLEIN: Studien zur *Weltchronik* Heinrichs von München. Bd. 3/1: Text- und überlieferungsgeschichtliche Untersuchungen zur Redaktion β, Wiesbaden 1998 (Wissensliteratur im Mittelalter 31/1).

18 Vgl. ELISABETH LIENERT: Die Überlieferung von Konrads von Würzburg 'Trojanerkrieg'. In: Die deutsche Trojaliteratur des Mittelalters und der Frühen Neuzeit. Materialien und Untersuchungen. Hrsg. von HORST BRUNNER, Wiesbaden 1990 (Wissensliteratur im Mittelalter 3), S. 325–406.

19 Eine Kurzfassung des Märe wurde schon v o r der Inserierung von *Alexandreis*-Passagen in Heinrichs von München Kompilation in Ulrichs Text eingefügt, vgl. dazu DAVID J. A. ROSS: [Art.] *Alexander und Anteloye*. In: ^{2}VL 1 (1978), Sp. 210–212.

niktext inseriert,[20] so in den Manuskripten Wolfenbüttel Cod. Guelf. 1.5.2. Aug. 2, Berlin Ms. germ fol 1416 und München Cgm 7377 (vgl. Abb. 3). Die gleichen Handschriften enthalten auch Abschnitte aus dem *Willehalm*, und zwar sowohl aus Wolframs von Eschenbach Text als auch aus der *Arabel* Ulrichs von dem Türlin und dem *Rennewart* Ulrichs von Türheim.[21] Der Umfang der inserierten Passagen kann dabei in den verschiedenen Handschriften stark variieren – die Verbindlichkeit der einzelnen durch die Codices repräsentierten Fassungen wird offensichtlich durch den je aktuellen Gebrauch der Textzeugen und die sich darin ausdrückenden Erwartungshaltungen des Publikums bestimmt. Die Gothaer Handschrift, mit 100.000 Versen neben dem Münchener Cgm 7330 die umfangreichste überhaupt, übernimmt das gesamte Karlsepos des Stricker ab Vers 447 bis zum Schluss.[22] Dieser auf 1398 datierte bairische Codex enthält im Übrigen auch den gesamten *Eraclius* des Otte bis auf die Einleitung, während in die meisten anderen Heinrich-von-München-Handschriften nur etwa 20 Verse aus dieser mit der Biographie des Kaisers Heraclius verschränkten Kreuzauffindungslegende eingefügt sind, die sich zur Verwendung in einer heilsgeschichtlich orientierten Universalchronik geradezu anbot, da ihr Autor gegenüber seiner Quelle, dem *Eracle* des Gaultier d'Arras, die Historizität des Stoffs besonders betont und das Leben des Eraclius in den Deutungshorizont einer real- wie heilsgeschichtichen Totalität einrückt. Dies hat möglicherweise dazu geführt, dass dieser 5.392 Verse umfassende Text nie allein, sondern stets in Textgemeinschaften von graduell verschiedener Dichte überliefert worden ist, immer gemeinsam mit Chroniken oder Erzähltexten historischen Wahrheitsanspruchs: Außer als Inserat in der Gothaer Heinrich-von-München-Handschrift wurde der gesamte Text an passender Stelle – nach Kaiser Julianus – in die *Kaiserchronik* des Wiener Cod. 2693

20 Zum *Karl* in Heinrichs von München Kompilation siehe Frank Shaw: Die Darstellung Karls des Großen in der *Weltchronik* Heinrichs von München. In: Zur deutschen Literatur und Sprache des 14. Jahrhunderts. Dubliner Colloquium 1981. Hrsg von Walter Haug/Timothy Jackson/Johannes Janota, Heidelberg 1983 (Reihe Siegen 45), S. 173 – 207.

21 Zu den Wolfram-Inseraten siehe Werner Schröder: Die Exzerpte aus Wolframs *Willehalm* in sekundärer Überlieferung, Wiesbaden 1980 (Akademie der Wissenschaften und Literatur Mainz. Abh. der geistes- und sozialwiss. Klasse 1980/1); zu *Arabel*-Inseraten Betty C. Bushey: Neues Gesamtverzeichnis der Handschriften der *Arabel* Ulrichs von dem Türlin. In: Wolfram-Studien 7 (1982), S. 228 – 286. Abdruck der Inserate aus Wolframs *Willehalm* in: Die Exzerpte aus Wolframs *Willehalm* in der *Weltchronik* Heinrichs von München. Hrsg. von Werner Schröder. Berlin/New York 1981 (Texte und Untersuchungen zur *Willehalm*-Rezeption 2).

22 Abdruck der *Karls*-Passagen nach Gotha und München Cgm 7377 bei Friedrich Wilhelm: Die Geschichte der handschriftlichen Überlieferung von Strickers Karl dem Großen, Amberg 1904, S. 236 – 261.

eingefügt und im Münchener Cgm 57 nahtlos an Heinrichs von Veldeke Antikenroman *Eneide* angeschlossen.[23]

Aus der Offenheit des kompilatorischen Verfahrens einerseits wie der rezeptiven Verfügbarkeit über die Kompilationsbestandteile andererseits, die sich wohl einer je unterschiedlichen Auftraggeber- und Konsumenten-Intention verdanken, wie die beiden von Sentlinger geschriebenen Codices vorführen, resultiert der quasi ‚Werkcharakter' beanspruchende variable Textbestand jeder einzelnen Heinrich-von-München-Handschrift. Zwar gibt es Schreiber, die weniger stark in die ihnen zur Verfügung stehende Vorlage eingegriffen haben – der Textbestand des Stockholmer Cod. Vu. 74a und des Wiener Cod. 2782 z. B. ist nächstverwandt –, doch Redaktoren wie Sentlinger, der schließlich im Kolophon der Runkelsteiner Handschrift selbstbewusst betont, *auch ain tail* der Chronik *getichtet* zu haben,[24] waren sicher „nicht bloß für Zusätze neuen Inhalts, sondern für redaktionelle Eingriffe größeren Ausmaßes [...] verantwortlich."[25] Sein Dichtungsbegriff bezieht sich dabei wohl vor allem auf Neugliederungen, Umstellungen, Kürzungen und Streichungen, wohl auch auf den zuweilen nötigen Austausch von Reimwörtern an Nahtstellen zwischen zwei Inseraten und auf die die Einschübe verbindenden Gelenkverse. Auch die Versifizierung volkssprachlicher Prosatexte wie der *Sächsischen Weltchronik* ist wohl von den Redaktoren verantwortet. Im Oberdeutschen ungebräuchliche oder unverständliche Wörter werden ersetzt, die eher lakonische Schilderung der niederdeutschen Vorlage wird mit Füllversen durchschossen, wobei es, auch aus Reimgründen, zu Doppelungen der Aussage kommen kann. So benötigt der Verseschmied für die knappe Erwähnung in der *Sächsischen Weltchronik*, dass niemand den Ort kenne, an dem Attilas Sarg versenkt worden sei – *darvan ne wet noch neman* (133,16)[26] –, vermutlich auch, um ein Reimwort zu finden, ein Verspaar: *Da von noch niemant waiz / veber al der werlt chraiz.*[27] Der diese Unkenntnis aber erst begründende und erklärende Halbsatz, dass alle am Begräbnis Beteiligten getötet wurden – *und dodeden alle de damide waren* (133,16) –, wird unterschlagen.

Heinrichs von München *Weltchronik* nimmt nicht nur größere Erzählblöcke und im Extremfall nahezu vollständige Werke unverändert auf. An vielen Stellen sind die zur Verfügung stehenden Texte auch ganz kleinteilig aneinander gefügt, ineinander verschränkt und in den Basistext eingebaut, wie beispielhaft die

23 Vgl. Otte: *Eraclius*. Hrsg. von Winfried Frey, Göppingen 1983 (GAG 348).

24 Wie Anm. 1.

25 Kornrumpf (Anm. 5), Sp. 1104.

26 Zitiert nach: Die *Sächsische Weltchronik*. Hrsg. von Ludwig Weiland, Hannover 1877, Nachdruck 1971 (MGH Deutsche Chroniken 2), S. 1–384.

27 Cgm 7330 (Anm. 1), Bl. 295ra.

Abb. 2: Heinrich von München, *Weltchronik*. Berlin, Staatsbibliothek zu Berlin, Preußischer Kulturbesitz, Ms. germ. fol. 1416, Bl. 280r: *Willehalm*-Inserat. Willehalm zwingt die Schiffsbesatzung zum Gehorsam.

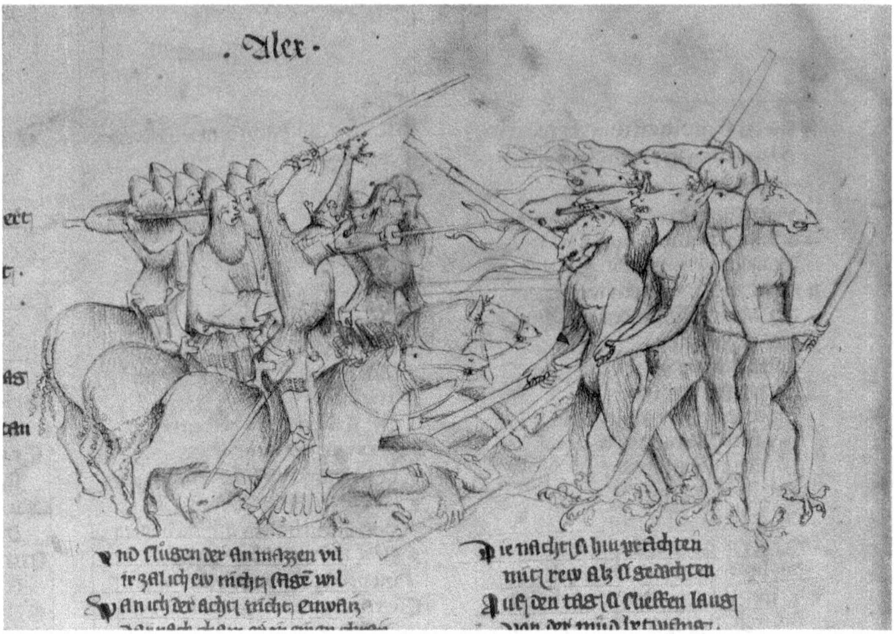

Abb. 3: Heinrich von München, *Weltchronik*. München, Bayerische Staatsbibliothek, Cgm 7377, Bl. 212^{v}: *Alexandreis*-Inserat. Alexander der Große kämpft mit den Cynocephaloi.

Passage über Christus vor Pilatus auf Bl. 252^{r+v} der Runkelsteiner Handschrift zeigt, in der Verse aus Gundackers von Judenburg *Christi Hort*, Heinrichs von Hesler *Evangelium Nicodemi* und Konrads von Heimesfurt *Urstende* in den Basistext der *Neuen Ee*, Bruder Philipps *Marienleben* – das in diesem Abschnitt jedoch den geringsten Anteil am Textbestand hat – inseriert wurden. Der Abschnitt beginnt mit vier Versen aus dem *Evangelium Nicodemi*, wobei der Anfangsvers *Do pflagen sie al geliche* (V. 835)[28] umgestaltet wird in *Nu waz aldo gewondleich.* Mit zwei Plusversen, die den Inhalt der acht Folgeverse aus dem inserierten Text referieren, wird der Anschluss an eine weitere Passage aus Heinrichs von Hesler Text hergestellt, worauf dann ein Abschnitt aus Gundackers von Judenburg *Christi Hort* folgt, an den sich 14 Verse aus Konrads von Heimesfurt *Urstende* anschließen, gefolgt wieder von 18 Versen aus *Christi Hort*. Um den Übergang zum Inserat aus Konrads *Urstende* herzustellen, wird aus Reimgründen ein Plusvers eingeschoben – *vnd praitt sein tuchel vnder in* –, da der *Christi-Hort*-Text mit dem ersten Vers des

28 Zitiert nach: Heinrich von Hesler: *Evangelium Nicodemi*. Hrsg. von Karl Helm, Tübingen 1902 (StLV 224).

Verspaars schließt: *er weist in shône als ê hin* (V. 1553),[29] in der Chronik leicht verändert zu *Er weist in mit na hin.* Wenige Verse später wird dieses Verfahren noch einmal praktiziert, nun aber, um ein Reimwort auf den zweiten Vers des Verspaars des Folgetexts, Konrads *Urstende*, zu finden: *Die schefft vnd die man nider lagen* (Plusvers) / *nu huob sich aber ein newez pagen* (als leicht variierte Übernahme des *Urstende*-Verses 196, 69: *do huob sich aber ein pagen*[30]).

Mit welchen Mitteln der Kompilator die aus Fremdtexten übernommenen Passagen angleicht, Unebenheiten glättet oder durch bloße, unbearbeitete Übernahme möglicherweise verursachte Verständnisschwierigkeiten verhindert, zeigt ein Blick auf eine ebenfalls aus *Christi Hort*, *Evangelium Nicodemi*, *Urstende* und *Marienleben* zusammengefügte Passage auf Bl. 248rb (Z. 45) bis Bl. 248^{vc} (Z. 34) des Cgm 7330. Nahezu wörtlich übernommen werden zu Beginn des mit einer dreizeiligen Initiale eingeleiteten Abschnitts die vier Verse 1305–08 – *Alerst will ich nu tichten / vnd die leut berichten / von deiner marter suezer christ / wie ez allez ergangen ist*[31] – aus Gundackers *Christi Hort.* Darauf folgen zehn Verse aus dem *Evangelium Nicodemi*, die die Vorlage leicht variieren: Aus *Diese rede schribet Lucas / der ein ewangeliste was, / Johannes, Marcus, Mattheus* bei Heinrich von Hesler (V. 673–675), wird in der Chronik *Die red hat geschriben sus / Marcus Johannes Lucas Matheus*[32]. In Zeile 7 der ersten Spalte von Bl. 248^{v} wird der in Konrads *Urstende*, woraus hier drei Verse benutzt werden, nicht erwähnte *Nicodemus* hinzugefügt; wurde dort nur Eneas als Gewährsmann genannt, heißt es nun: *Eneas vnd Nicodemus / die berichten vnz alsus.*[33] Das Übersetzer-Ich des *Christi-Hort*-Texts ist in Zeile 15 sinnvollerweise anonymisiert: *Ein man ez ebreisch geschriben vand / Der ez in latein pracht zehand / Von latein ist ez nu vol pracht / in Dæutsch mit solcher andacht* lauten die vier *Christi-Hort*-Verse 1375–78, die durch das nicht aus der Quelle stammende Schwell-Verspaar *Vnd mit gerechten worten / vil gar an allen orten* mit den beiden Folgeversen 1379 f. *Daz got nu do von werd /gelobt hie auf erd* des Gundacker-Texts verbunden werden. Zwei weitere vom Kompilator stammende Zusatzverse – *Daz pit wir sein marter hie / nu hort wie sich die an vie* – unterbrechen die *Christi-Hort*-Versfolge, bevor mit den unmittelbaren Folgeversen 1381–94 ein neuer, durch eine zweizeilige Lombarde markierter Erzählabschnitt – *Ditz ist geschehen zwar / an dem newnzehenden iar / Pei dem Chaiser Tiberio* – einsetzt, der mit Passagen aus Konrads

29 Zitiert nach: Gundacker von Judenburg: *Christi Hort.* Hrsg von J. Jaschke, Berlin 1910 (DTM 18).

30 Zitiert nach: Konrad von Heimesfurt, *Diu Urstende.* Hrsg. von Kurt Gärtner/Werner I. Hoffmann, Tübingen 1989 (ATB 99).

31 Zitiert nach Cgm 7330 (Anm. 1), Bl. 248rb, Z. 45–48.

32 Cgm 7330 (Anm. 1), Bl. 248rb, Z. 49 f.

33 Cgm 7330 (Anm. 1), Bl. 248va, Z. 7 f.

Urstende, V. 104,9 – 15, fortgesetzt wird. Füllwörter garantieren das rechte Versmaß, Reimwörter werden ersetzt, um die Nahtstellen zwischen den verschiedenen Inseraten zu glätten: Das *geseit* der Vorlage (*Urstende*, V. 104,15) wird gegen *chunt getan*[34] ausgetauscht, das auf *man* des Folgeverses reimt. Das *tichten*, dessen der Redaktor Sentlinger sich rühmt, bezieht sich also im Wesentlichen auf Austausch, Zusatz oder auch Weglassen einzelner Wörter im Vers, den Ersatz des Personalpronomens, wo nötig, durch Namen, mitunter auf die Umstellung der Verse im Verspaar, die Kontamination mehrerer Verse, die Versifizierung von Prosa-Vorlagen und auf Plusverse, vor allem an Nahtstellen zwischen den einzelnen Inseraten.

* * *

Die Texte jener literarischen Gattungen, die Eingang in die Weltchronik-Kompilation Heinrichs von München finden, bilden vielfach auch sonst Überlieferungsgemeinschaften mit historiographischen Werken. Das gilt, wie schon erwähnt, für Philipps *Marienleben* als Basistext für die *Neue Ee*, aber auch für den Antikenroman – Troja- und Alexanderstoff – und die Epen der karolingischen Reichsgeschichte, *Karl der Große* und *Willehalm*, die sämtlich als Vermittler historischer Wahrheit rezipiert werden. Die innige Verschmelzung genuin historiograpischer Werke mit (pseudo-)historischen Romanen in Heinrichs Weltchronik ist strukturell bereits angelegt in der kontextualen Überlieferung dieser Gattungen, vorgebildet durch die Faszination an der Stoff-Summe und einem spezifischen Wahrheitsanspruch der Werke.

Nur eingeschränkt trifft dies auf eine dritte epische Gattung zu, die ihren Stoff aus Geschichte im weitesten Sinn bezieht: die germanisch-deutsche Heldensage. Zwar berichtet Heinrichs Chronik auch über Dietrich von Bern,[35] doch der entscheidende Unterschied zu Antikenroman und französisch-deutscher Chanson de geste ist der, dass hier kaum Inserate aus Werken der betreffenden Gattungen in den Chroniktext eingebaut werden – bis auf einen Abschnitt aus *Dietrichs Flucht* sowie ein *Nibelungenlied*-Resümee. Die Dietrich-Figur gerät vielmehr über genuin historiographische Werke, vor allem die *Kaiserchronik* und die *Sächsische Weltchronik*, in Heinrichs Kompilation. Und dort ist Dietrich-Theoderich keine positiv besetzte Figur, sondern ein kirchlicher Propaganda ausgelieferter arianischer

34 Cgm 7330 (Anm. 1), Bl. 248va, Z. 45.

35 Dazu Gisela Kornrumpf: Heldenepik und Historie im 14. Jahrhundert. Dietrich und Etzel in der *Weltchronik* Heinrichs von München. In: Geschichtsbewußtsein in der deutschen Literatur des Mittelalters. Tübinger Colloquium 1983. Hrsg von Christoph Gerhardt/Nigel F. Palmer/Burghart Wachinger, Tübingen 1985, S. 88 – 109.

Ketzer, der sich nicht ins heilgeschichtliche Programm der Universalchronistik einpassen lässt.

Was überhaupt nicht in die *Weltchronik* des Heinrich von München aufgenommen wird, sind Passagen und Textblöcke aus dem höfischen Roman. Dort, wo Artus im Zusammenhang mit den Kaisern Marc Aurel und Lucius erwähnt wird, ist es die *hochvart* des britischen Königs, die Lucius zu dem Kriegszug verführt, in dem er schließlich fällt. Der Abschnitt enthält ziemlich verworrene Anklänge an Geoffreys von Monmouth *Historia Regum Britanniae:* Es ist jedenfalls nicht der Artus des höfischen Romans, der in Heinrichs Kompilation eine – eher beiläufige – Rolle spielt. Die in den Wolfenbütteler Cod. Guelf. 1.16. Aug. 2 aufgenommene Genealogie des Gralsgeschlechts wurde vermutlich über Albrechts *Jüngeren Titurel* vermittelt, den ‚historiographischsten' Text der Gattung höfischer Roman.[36] An zwei Stellen der Chronik – nach der Schilderung des Kainsmord und der Erwähnung von Adams Töchtern – wurde Wolframs von Eschenbach *Parzival* als Quelle benutzt: Die Verse 463,23–465,10 über die Jungfräulichkeit der Erde und 518,1–26 mit einer Kräuterkunde wurden seinem Text entnommen – nicht gerade gattungstypische Stellen des höfischen Romans, zu deren kompilatorischer Verwendung wohl eher die Laiengelehrsamkeit des Autors Anlass bot. Der höfische Roman und speziell der Artusroman fand grundsätzlich keinen Eingang in die mit zahlreichen Fremdtexten operierende Großkompilation Heinrichs. Dem heilsgeschichtlichen Modell der Weltchronik wurden vielmehr ausschließlich Textpassagen aus literarischen Werken integriert, denen ein spezifisch historischer Wahrheitsanspruch immanent ist, nicht aber aus dem Artusroman.

Auch in der sammelhandschriftlichen Überlieferung, in der Antikenroman und karolingische Reichsgeschichte – der mittelalterliche „Staatsroman" mit einem Terminus Hugo Kuhns[37] – mit Chroniken vergemeinschaftet werden konnte, wird der Artusroman beiseite gelassen. Dies legt den Schluss nahe auf ein Bewusstsein des deutschsprachigen Publikums vom ‚historischen Wahrheitsanspruch' literarischer Gattungen. Anders als Antiken- und Reichsgeschichtsepen wird der höfische Roman offenbar als fiktional begriffen. In Frankreich hingegen scheint der Artusroman eher zwischen historischer Wahrheit und Fiktionalität zu oszillieren, wie seine Überlieferungssituation nahelegt. Der *Brut* wird gemeinsam mit Chroniken tradiert, so z. B. im ms. fr. 794 der Bibliothèque nationale de France; andererseits werden mitunter Chrétiens de Troyes Romane in den *Brut* inseriert wie im ms. fr. 1450. Die Pariser Handschrift ms. fr. 12603 vom Anfang

36 Siehe dazu Gisela Kornrumpf: König Artus und das Gralsgeschlecht in der *Weltchronik* Heinrichs von München. In: Wolfram-Studien 8 (1948), S. 178–198.

37 Hugo Kuhn: Tristan, Nibelungenlied, Artusstruktur. In: Ders.: Liebe und Gesellschaft. Kleine Schriften 3. Hrsg. von Wolfgang Walliczek, Stuttgart 1980, S. 12–35, hier S. 30f.

des 14. Jahrhunderts enthält den Antikenroman *Eneas*, Artusepik wie den *Yvain*, Chansons de geste der Matière de France wie die *Enfances Ogier* und den *Fierabras* – und den zwischen Chronik und Roman oszillierenden *Brut* des Wace. Dahinter mag der gleiche Zwang zur Summe stehen – hier jedoch mit Einschluss des Artusromans –, der die deutschen Chronik-Sammelhandschriften und schließlich Heinrichs von München Großkompilation veranlasste, dort aber ohne die Gattung des höfischen Romans. Es ist bezeichnend genug, dass dessen Auftreten in der deutschen Literatur chronologisch umklammert wird von zwei Epochen, in denen das Publikum sein Interesse und seine durch Literatur vermittelten Ideologievorstellungen hauptsächlich mit historischen Stoffen befriedigte, und in denen auch die Chronistik eine zentrale Rolle spielte: Auf *Annolied* und *Kaiserchronik*, auf den *Alexander* des Pfaffen Lambrecht und das *Rolandslied* des Pfaffen Konrad folgt mit Hartmann von Aue, Gottfried von Straßburg und Wolfram von Eschenbach die geschichtslose Gesellschaftsutopie des höfischen Romans, um dann wieder von einer neuen Historisierung der Literatur überschichtet zu werden: Die Stoffe um Troja und Alexander, um Karl, Roland und Guilleaume d'Orange werden wieder neu bearbeitet, Chroniken werden in allen Formen und Gebrauchsumkreisen weiter tradiert und neu geschaffen. Diesem neuerwachten Interesse an Geschichte verdankt auch die monumentale Kompilation der *Weltchronik* Heinrichs von München ihr Entstehen, die nicht nur, wie in der Chroniküberlieferung üblich, historiographische Quellen aller möglichen Herkunftsbereiche in offener Aneinanderfügung miteinander verband, sondern die Grenzen zwischen den literarischen Gattungen durchbrach, indem sie den Anspruch bestimmter Werke, auch der ‚unterhaltenden' Erzählliteratur, auf historische Wahrheit in ihr Geschichtskonzept integrierte.

Lektürehinweise:
3. Gärtner 1984 (13); Gichtel 1937 (2); Kornrumpf 1984 (36); Kornrumpf 1988 (12); Shaw 1983 (20); Studien zur *Weltchronik* Heinrichs von München. Bd. 1, Bd. 2/1,2, Bd. 3/1,3. Hrsg. von Horst Brunner, Wiesbaden 1998 (Wissensliteratur im Mittelalter 29–31).

Gesine Mierke

Norddeutsche Reimchroniken – *Braunschweigische* und *Mecklenburgische Reimchronik*

1 Einleitung – Prosa, Vers, Wahrheit

Für die volkssprachlichen Reimchroniken ist die Bewertung, wie sie LUDWIG WEILAND 1877 in Bezug auf die *Braunschweigische Reimchronik* (1279) äußerte, symptomatisch. WEILAND resümierte, dass ihr historischer Wert „nur darin besteh[e], dass uns in ihr der inhalt verlorener quellen erhalten [sei]“[1]. Seit ihrer editorischen Erschließung im 19. Jahrhundert gelten die Verschroniken[2] als Texte, die zu wenig „historischen Wert“[3] besitzen oder als „geschichtenbücher“[4], die unterhalten wollen. Sie fanden in der wissenschaftlichen Auseinandersetzung lange Zeit wenig Beachtung, da sie sowohl von der Geschichts- als auch von der Literaturwissenschaft gering geschätzt wurden.[5] Die Versuche, die Texte dem einen oder anderen Fach zuzuschlagen, lassen sich am Beispiel der *Braunschweigischen Reimchronik* nachzeichnen und geben Aufschluss über Forschungsprämissen. Während WILFRIED HERDERHORST (1965) den „literarischen Charakter“[6]

---

1 *Braunschweigische Reimchronik.* Hrsg. von LUDWIG WEILAND, Hannover 1877 (MGH Deutsche Chroniken 2), S. 430–574, hier S. 430.

2 Den Begriff hat RALF PLATE in die Diskussion gebracht; vgl. RALF PLATE: Wie fängt die Bibel an? Zu den Vorstufen der *Weltchronik* Heinrichs von München am Beispiel der Schöpfungsgeschichte. In: Metamorphosen der Bibel. Beiträge zur Tagung ‚Wirkungsgeschichte der Bibel im deutschsprachigen Mittelalter‘ vom 4. bis 6. September 2000 in der Bibliothek des Bischöflichen Priesterseminars Trier. Hrsg. von RALF PLATE/ANDREA RAPP, Berlin u. a. 2004 (Vestigia Bibliae 24/25), S. 229–246, hier S. 229.

3 So äußert sich PHILIPP STRAUCH über die Werke Jans’ von Wien in seiner Einleitung zur Edition. Vgl. Jansen Enikels Werke. *Weltchronik* und *Fürstenbuch*. Hrsg. von PHILIPP STRAUCH, Hannover/Leipzig 1900 (MGH Deutsche Chroniken 3), S. LXXVII.

4 Jansen Enikels Werke (Anm. 3), S. LXXVII.

5 Vgl. STEFANIE HÖLSCHER: *Braunschweigische Reimchronik.* Ein Ausdruck welfischer Machtlegitimation. In: Jahrbuch der Oswald von Wolkenstein Gesellschaft 10 (1998), S. 181–190, hier S. 181; HERBERT GRUNDMANN: Geschichtsschreibung im Mittelalter. Gattungen – Epochen – Eigenarten, Göttingen 1965, S. 11.

6 „In der Verwendung dichterischer Gestaltungsmittel unterscheidet sich gerade die *Braunschweigische Reimchronik* von Faktensammlungen lokalgeschichtlicher Art. Es kommt darauf an, die Wirkungsweise dieser Mittel zu erkennen. Die ihnen innewohnenden und vom Dichter bewußt

des Werkes betonte, sah HANS PATZE (1986) den Autor als einen „primäre[n] Geschichtsschreiber von ungewöhnlicher Qualität“, der „sein Werk nicht nach literarischen Gesichtspunkten komponiert hat, sondern nach historischen.“[7] Dass Auswahl und Anordnung sowie die ästhetische Gestaltung des Stoffes aufs Engste zusammenhängen und jegliche Erzählung beeinflussen, scheint hier noch unberücksichtigt. Vielmehr offenbaren sich strenge Fächergrenzen, die eigentlich bereits durch die Gattungsbezeichnung ‚Reimchronik‘ unterlaufen werden. Allerdings haftet der Bezeichnung jene Geringschätzung an, die sich auf den seit Platon tradierten Vorwurf vom Lügen der Dichter bezieht. Demnach haben die Reimchronisten die geforderte Wahrhaftigkeit der Texte zugunsten des Verses aufgegeben. Die Übersetzung lateinischer Quellen, die Kürzung oder Erweiterung des Stoffes sowie die gereimte Darstellung, so die Kritik, bergen die Gefahr, den ‚Wahrheitsgehalt‘ zu mindern.[8]

Insbesondere die semipoetische Form grenzt auch die norddeutschen Reimchroniken von den Prosachroniken ab und gibt ihnen (zumindest scheinbar) die Berechtigung historische Fakten mythisch aufzubereiten und literarisch zu überhöhen.[9] Dass die Geschichtsschreiber in der Praxis das Geschehene, um Sinnvolles zu vermitteln, mithilfe ästhetischer Mittel zur Darstellung bringen, ist kein Novum der gereimten Geschichtserzählungen, die ab dem 12. Jahrhundert stetig zunehmend auf der Basis der lateinischen Chronistik entstehen und bis zum

---

genutzten Gestaltqualitäten verleihen der *Braunschweigischen Reimchronik* einen literarischen Charakter.“ (WILFRIED HERDERHORST: Die *Braunschweigische Reimchronik* als ritterlich-höfische Geschichtsdichtung. In: Niedersächsisches Jahrbuch für Landesgeschichte. N.F. der Zeitschrift des Historischen Vereins für Niedersachsen 37 [1965], S. 1–34, hier S. 6).

7 Im Ganzen übt PATZE Kritik an HERDERHORST: „Die Feststellung Herderhorsts, man sei sich über die literarische Komposition der Reimchronik noch nicht einig geworden, geht am Problem vorbei. Das Werk ist nicht nach Erfordernissen einer epischen Gestaltung aufgebaut, hier werden nicht Bauelemente einer epischen Handlung entwickelt, es wird vielmehr ein sich über Jahrhunderte erstreckender Geschichtsverlauf wiedergegeben, allerdings in einer bestimmten Auswahl aus einer großen Menge verfügbarer Fakten und mit einer bestimmten Absicht. [...] Er [der Autor, G.M.] ist primär ein Geschichtsschreiber von hoher Qualität, sein poetisches Vermögen rangiert erst an zweiter Stelle.“ (HANS PATZE: Mäzene der Landesgeschichtsschreibung im späten Mittelalter. In: Geschichtsschreibung und Geschichtsbewusstsein im späten Mittelalter. Hrsg. von DERS., Sigmaringen 1987 [Vorträge und Forschungen 31], S. 331–370, hier S. 338).

8 Vgl. PETER JOHANEK: Die Wahrheit der mittelalterlichen Historiographen. In: Historisches und fiktionales Erzählen im Mittelalter. Hrsg. von FRITZ PETER KNAPP/MANUELA NIESNER, Berlin 2002 (Schriften zur Literaturwissenschaft 19), S. 9–25, hier S. 18.

9 Vgl. dazu auch URSULA LIEBERTZ-GRÜN: [Art.] Reimchroniken. In: LMA 7 (2003), Sp. 649–651, hier Sp. 650.

15. Jahrhundert zu den erfolgreichsten Werktypen avancieren.[10] Am Ende des 13. Jahrhunderts wird die Verschronistik zu einer beliebten Gattung, wovon sowohl universalchronistische Texte (Rudolf von Ems *Weltchronik* um 1250; Jans von Wien *Weltchronik* um 1280), reichsgeschichtliche Darstellungen (Ottokar von Steiermark *Steirische Reimchronik*) als auch Chroniken mit regionaler Zuspitzung, wie die *Braunschweigische Reimchronik* (um 1275) und die *Mecklenburgische Reimchronik* (1379) Ernsts von Kirchberg, die in den norddeutschen Raum gehören, zeugen. Die Reimchroniken zeichnen sich im Allgemeinen durch jenes spezifische Erzählen aus, das Literarisches und Historisches von vornherein miteinander verbindet. Chronistische Texte „infiltrieren" demnach nicht nur „literarische Modellierungen"[11], sondern die Texte sind, wie auch ihre lateinischen Vorgänger, auf die Verzahnung von Fakt und Fiktion angelegt.[12] Der ihnen eingeschriebene literarische Bedeutungsüberschuss dient dazu, ihre Aussagen zu unterstützen und vermittelbar aufzubereiten. So lässt sich erklären, dass die Chronisten in den Prologen der Texte auf die vermeintliche Ambivalenz zwischen Geschichtsschreibung und Dichtung Bezug nehmen. Jans von Wien etwa lässt seine *Weltchronik* (um 1280) konzeptionell dem Aufbau mittelalterlicher Chroniken folgen, stellt sich aber in die Nachfolge der deutschen Dichter und bittet am Beginn des Textes:

> *ir tihter über tiutschiu lant* [...]
> *von dem mer hinz an den Rîn,*
> *die lâzen mich irn diener sîn,* [...]. (*Weltchronik*, V. 101–107)

Der Verfasser verarbeitet historischen Stoff mithilfe literarischer Methoden. Dass das Bewusstsein einer literarischen Gattung, der Geschichtserzählung, (zumindest theoretisch) bereits existierte und die mittelalterlichen Autoren dies für ihre Sinn-

10 Vgl. Dorothea Klein: Studien zur *Weltchronik* Heinrichs von München. Bd. 3/1: Text- und überlieferungsgeschichtliche Untersuchungen zur Redaktion β, Wiesbaden 1998 (Wissensliteratur im Mittelalter 31/1); Dies.: Die wichtigsten Textfassungen in synoptischer Darstellung. Bd. 3/2, Wiesbaden 1998 (Wissensliteratur im Mittelalter 31/2); Ralf Plate: Die Überlieferung der *Christherre-Chronik*, Wiesbaden 2005 (Wissensliteratur im Mittelalter 28); Kurt Gärtner: Die Tradition der volkssprachlichen Weltchronistik in der deutschen Literatur des Mittelalters. In: Pirckheimer-Jahrbuch 9 (1994), S. 57–72.

11 Beate Kellner: Ursprung und Kontinuität. Studien zum genealogischen Wissen im Mittelalter, München 2004, S. 388.

12 Vgl. Gesine Mierke: Riskante Ordnungen. Von der Kaiserchronik zu Jans von Wien, Berlin 2014 (Deutsche Literatur. Studien und Quellen 18).

deutungen nutzten, wurde von der Forschung herausgestellt.[13] In diesem Zusammenhang ist auch auf die intensive Diskussion um das Verhältnis zwischen *fabula* und *historia* zu verweisen, wobei eine klare Zuordnung der Texte zu der einen oder anderen Gattung schwierig bleibt, da die mittelalterlichen Autoren mit dem dichterischen Handwerk aufgrund ihrer rhetorischen Ausbildung vertraut waren, Weltgeschichte immer als Heilsgeschichte zu lesen war und auch der Historiker sich, um verstanden zu werden, dichterischer Mittel bedienen konnte.[14]

Die Berufung auf Quellen, die Einordnung in die Tradition, die Anrufung Gottes, die zahlreichen Hinweise auf unspezifische mündliche bzw. existierende schriftliche Quellen und andere Autoritäten dienten demnach immer der Rechtfertigung des Werkes,[15] aber auch der Darstellung der eigenen Methode, einer sich andeutenden Quellenkritik und der Hierarchisierung der Quellen. Da die mittelalterlichen Chronisten nicht mehr die geforderte Augenzeugenschaft für sich in Anspruch nehmen konnten, waren sie auf die vorhandene Überlieferungen angewiesen.[16] Letzteres findet sich beispielsweise im Prolog der *Braunschweigischen Reimchronik*,

---

13 Vgl. Laetitia Boehm: Der wissenschaftstheoretische Ort der *historia* im früheren Mittelalter. Die Geschichte auf dem Wege zur Geschichtswissenschaft. In: Speculum historiale. Geschichte im Spiegel von Geschichtsschreibung und Geschichtsdeutung. Festschrift Johannes Spörl. Hrsg. von Clemens Bauer/Laetitia Boehm/Max Müller, Freiburg/München 1965, S. 663 – 693, hier S. 672 f.

14 Vgl. dazu grundlegend Fritz Peter Knapp: Historie und Fiktion in der mittelalterlichen Gattungspoetik, 2 Bde., Heidelberg 1997 – 2005; Historisches und fiktionales Erzählen im Mittelalter. Hrsg. von Fritz Peter Knapp/Manuela Niesner, Berlin 2002 (Schriften zur Literaturwissenschaft 19); vertiefend Walter Haug: Die Wahrheit der Fiktion. Studien zur weltlichen und geistlichen Literatur des Mittelalters und der frühen Neuzeit, Tübingen 2003; Hans Robert Jauss: Der Gebrauch der Fiktion in Formen der Anschauung und Darstellung der Geschichte. In: Formen der Geschichtsschreibung. Hrsg. von Reinhart Koselleck/Heinrich Lutz/Jörn Rüsen, München 1982 (Beiträge zur Historik 4), S. 415 – 451; Peter von Moos: *Poeta* und *historicus* im Mittelalter. Zum Mimesis-Problem am Beispiel einiger Urteile über Lucan. In: Beiträge zur Geschichte der deutschen Sprache und Literatur (Tübingen) 98 (1976), S. 93 – 130; Alfred Ebenbauer: Das Dilemma mit der Wahrheit. Gedanken zum ‚historisierenden Roman' des 13. Jahrhunderts. In: Geschichtsbewusstsein in der deutschen Literatur des Mittelalters. Tübinger Colloquium 1983. Hrsg. von Christoph Gerhardt/Nigel F. Palmer/Burghart Wachinger, Tübingen 1985, S. 52 – 71.

15 Vgl. Albrecht Hagenlocher: Quellenberufungen als Mittel der Legitimation in deutschen Chroniken des 13. Jahrhunderts. In: Jahrbuch des Vereins für niederdeutsche Sprachforschung 102 (1979), S. 15 – 71.

16 Klaus Grubmüller hat am Beispiel der *Nibelungenklage* auf den „Umschlag der traditionellen Beglaubigungsstrategien" hingewiesen, der Augenzeugenbericht werde schriftlich fixiert und die „Glaubwürdigkeitslücken" des rein mündlichen Berichts geschlossen. Klaus Grubmüller: Mündlichkeit, Schriftlichkeit und Unterricht. Zur Erforschung ihrer Interferenzen in der Kultur des Mittelalters. In: Der Deutschunterricht 41/1 (1989), S. 41 – 54, hier S. 43.

in dem der Erzähler erklärt, dass er wie ein *leytehunt* (*BR*, V. 66) den Quellen nachgespürt habe, um die Wahrheit zu finden:

> *hi han ich vil ab ghehort*
> *und began iz vragen unte sůchen*
> *her und dhar an mengen bůchen,*
> *daz iz mir wurthe khunt.*
> *ich rant sam eyn leytehunt,*
> *dher dha volghet uph dem spore.* (*BR*, V. 62–67)[17]

Mit dem Bild des *leytehuntes* beschreibt der Erzähler die Recherchearbeit für seine Geschichte, die von der Familie (*kunne* [*BR*, V. 59]) und dem Geschlecht (*geslechte* [*BR*, V. 59]) eines im Prolog zunächst verschlüsselt erwähnten Fürsten handelt. Mit diesem ist, wie die Auflösung des Kryptogramms (*BR*, V. 53–55) zeigt,[18] Herzog Albrecht I. zu Braunschweig-Lüneburg (*BR*, V. 1252–1279) gemeint, auf den die gesamte Darstellung zuläuft, dessen Auserwähltsein und Herrschaftskompetenz es dem Verfasser herauszustellen gilt und mit dessen umfangreicher Totenklage die gesamte Chronik abgeschlossen wird. Der Erzähler lässt sich dabei, folgt man den zitierten Versen, wie der Jagdhund am Seil führen. Die Richtung geben ihm die überlieferten Quellen, die Faktisches vermitteln. Die Metapher umschreibt eine beschwerliche Suche, die den Umtriebigen auf die *Romeschen kroneken* stoßen ließ, deren Aussagen er mühevoll, *von vil stucken mit arbeyte* (*BR*, V. 91), zusammenbrachte.

Der explizite Hinweis auf ‚quellenkritisches' Vorgehen ist allerdings kein Alleinstellungsmerkmal der *Braunschweigischen Reimchronik* und macht sie auch nicht zu einem „moderne[n] historische[n] Werk", wie Rudolf Koenig 1911 konstatierte.[19] Auch Jans von Wien gibt zur gleichen Zeit Auskunft über seine Methode und stellt seinem Publikum die Schwierigkeiten im Umgang mit unterschiedlichen

---

17 Im Folgenden verwende ich die Abkürzungen BR für die *Braunschweigische Reimchronik* und MR für die *Mecklenburgische Reimchronik*.

18 In V. 53–55 heißt es (Kryptogramm erscheint recte): in bru*nste* ne*ymanne* swich her / tzo ghe*vend* al*leine* brecht*en* dher / er*dhe* stey*ne* im sil*bers* ghe*mezeliche*. Vgl. dazu ausführlich Karl Stackmann: Kleine Anmerkung zu einer Ehrung für Albrecht den Großen. In: Zeitschrift für deutsches Altertum und deutsche Literatur 106 (1977), S. 16–24.

19 Rudolf Koenig: Stilistische Untersuchungen zur *Braunschweigischen Reimchronik*, Halle a. d. S. 1911, S. 60. Noch Hans Patze hält fest, dass die „zahlreichen Berufungen des Dichters auf die benutzten Quellen und seine Wahrheitsbeteuerungen [...] für einen mittelalterlichen Dichter ungewöhnlich" seien; Hans Patzke/Karl-Heinz Ahrens: Die Begründung des Herzogtums Braunschweig im Jahre 1235 und die *Braunschweigische Reimchronik*. In: Blätter für deutsche Landesgeschichte 122 (1986), S. 67–89, hier S. 77.

Quellen vor.[20] Während Jans seinen Text im Prolog jedoch an die Literaten bindet, betont der Erzähler der *Braunschweigischen Reimchronik* seine Quellengebundenheit und benennt seine Vorlagen.[21] Als finale Motivation nennt er: *ich will iz teylen unte snovren, / daz me iz baz vorstê* (*BR*, V. 76 f.), und verweist damit darauf, dass er die Fakten, um sie verständlicher zu machen, neu (an)ordnet.

Die Chronisten wollen, der Aufgabe des Historiographen gemäß, die Ereignisse der Geschichte auslegen. Dabei wird die ganze Bandbreite an Quellenberufungen durchgespielt. Entsprechend sind in den Chroniken jene allgemeinen Wendungen zu finden, die formelhaft auf mündliche und schriftliche Quellen Bezug nehmen, aber von einem spezifischen Umgang mit den Quellen und einem Bewusstsein für die Hierarchie von Quellen Zeugnis geben. Der Braunschweiger Chronist beruft sich, um seine Darstellung nach allen Seiten abzusichern, auch auf den Augenzeugen,[22] der der Tradition nach als der zuverlässigste gilt. Für das Jahr 1252 fügt er beispielsweise an: *so mir seyte, dhe iz sach* (*BR*, V. 7775), für 1135: *diz sagen al dhe dhabinnen gegenwartich waren* (*BR*, V. 2429) oder für 1194: *daz wizzen dhe dha weren* (*BR*, V. 4378) etc. Diese Berufungen suggerieren zwar eine unmittelbare und authentische Darstellung, dennoch haben die schriftlichen Quellen zu diesem Zeitpunkt bereits an Bedeutung gewonnen. Schriftlichen lateinischen Quellen ist demnach grundsätzlich mehr Vertrauen zu schenken als volkssprachlichen, darauf nehmen die rechtfertigenden Hinweise in den Prologen Bezug. Der rhetorischen Tradition gemäß werden zu Beginn eines Werkes Stoff und Methode dargestellt und legitimiert. Der Verweis auf Autoritäten und die Auseinandersetzung mit dem Dogma der drei heiligen Sprachen in den Prologen sind dem grundlegenden Problem, Gottes Schöpfung in der Volkssprache zu lo-

---

20 An verschiedenen Stellen des Textes weist Jans auf die unterschiedlichen Aussagen seiner Quellen hin, vgl. Jansen Enikels Werke (Anm. 3), V. 11324 – 11339.

21 Nachweisbare Quellen des Textes sind: Eberhards Reimchronik von Gandersheim. Hrsg. von Ludwig Weiland, Hannover 1877 (MGH Deutsche Chroniken 2), S. 385 – 429; *Sächsische Weltchronik*. Hrsg. von Ders., Hannover 1877 (MGH Deutsche Chroniken 2), S. 1 – 384; *Annales Stederburgenses auctore Gerhardo praeposito a. 1000 – 1195*. Hrsg. von Georg Heinrich Pertz, Hannover 1859 (MGH Scriptores [in Folio] 16), S. 197 – 231; *Chronicae principum Brunsvicensium fragmentum* [*Braunschweigische Fürstenchronik*]. Hrsg. von Oswald Holder-Egger, Hannover 1896 (MGH Scriptores [in Folio] 30,1), S. 21 – 27; Martin von Troppau: *Chronica, Martini Oppaviensis Chronicon pontificum et imperatorum*. Hrsg. von Ludwig Weiland (MGH Scriptores [in Folio] 22). Hannover 1872), S. 377 – 475; *Vita Ludgeri*. Hrsg. von Georg Heinrich Pertz, Hannover 1829 (MGH Scriptores [in Folio] 2), S. 403 – 425; vgl. ferner: *Translatio sancti Auctoris*, *Annales Lundenses*, *Aachener Karlsvita* (*De sanctitate meritorum et gloria miraculorum beati Karoli magni ad honorem et laudem nominis dei*); siehe dazu Carl Kohlmann: Die *Braunschweiger Reimchronik* auf ihre Quellen geprüft, Kiel 1876; Hagenlocher (Anm. 15), S. 38 – 41.

22 Eine Auflistung der Quellenverweise liefert Koenig (Anm. 19), S. 60 – 62.

ben, geschuldet. Den Autoren geht es um die Darstellung der Welt-, Reichs- oder Lokalgeschichte als Auslegung der göttlich gewirkten Geschichte. Letzte Referenz ist Gott, dessen Anrufung begleitet von den bekannten Unzulänglichkeitstopoi am Beginn der Texte steht. Es soll also im Folgenden nicht darum gehen, nach historischen und literarischen Traditionen zu suchen mit dem Ziel, die Texte der einen oder anderen Gattung zuzuschlagen, sondern vielmehr soll die spezifische Gestaltung, das Wie der Darstellung der *Braunschweigischen* und *Mecklenburgischen Reimchronik* im Mittelpunkt stehen.

2 Die *Braunschweigische Reimchronik*

> *so merke eyn vurste waz tugent si:*
> *bi gewalte truwe und wisheyt,*
> *recht, milte, gut gerichte, vride und manheyt.* (*BR*, V. 131–133)

Diese Aufforderung an den Fürsten, sich die aufgeführten Tugenden gut zu merken, stellt der Verfasser an den Beginn seines Werkes,[23] gibt damit das Thema des Textes vor und wendet sich einem bestimmten Publikum zu. Die Chronik, die im letzten Viertel des 13. Jahrhunderts vermutlich im Auftrag Albrechts des Großen entstand, richtet sich an die Söhne des Herzogs von Braunschweig-Lüneburg, gibt ihnen Herrschaftshinweise aus der Geschichte.[24] Diese sind eingebunden in die Geschichte des Herrscherhauses, die mit Blick auf die Reichsgeschichte erzählt wird und in der Errichtung des Herzogtums Braunschweig-Lüneburg 1235 sowie der Herrschaft Albrechts I. mündet. Der Rezipient erhält aber nicht nur Informationen zur Geschichte der Dynastie, sondern zugleich wird die Vorstellung von richtiger Herrschaft, von fürstlichem Handeln und ritterlichen Taten eingebunden in das historische Kontinuum vermittelt.

23 Der Verfasser, der in den geistlichen Kreisen des Fürstenhauses zu suchen ist, ist unbekannt. Vgl. *Braunschweigische Reimchronik* (Anm. 1), S. 431. Verschiedentlich wurde Brun, Kleriker am Stift St. Blasien, als Verfasser wahrscheinlich gemacht. Vgl. EDWARD SCHRÖDER: Bruno von Braunschweig und Bruno von Schönebeck. In: Zeitschrift für deutsches Altertum und deutsche Literatur 60 (1923), S. 151 f.; FEDOR BECH: Zur *Braunschweigischen Reimchronik*. In: Germania 23 (1878), S. 142–155, hier S. 149 f.; so auch KOENIG (Anm. 19), S. 105–109; THOMAS SANDFUCHS: [Art.] *Braunschweigische Reimchronik*. In: ^{2}VL 1 (1978), Sp. 1007–1010; ^{2}VL 11 (2004), Sp. 282; jüngst auch dazu HÖLSCHER (Anm. 5), S. 185.

24 LUDWIG WEILAND vermutete bereits, dass die Hamburger Handschrift „den söhnen herzog albrechts des großen als handexemplar dienen sollte“ (Anm. 1, S. 453).

Als „Modell der Textorganisation“[25] wurde der Stammbaum für die gesamte Chronik beschrieben. An vielen Stellen (*dher was ein zelge disses boumes* [*BR*, V. 621]; *Brun dhes boumes andere ram* [*BR*, V. 890]) nimmt der Autor darauf Bezug und rekurriert damit auf seine eingangs formulierte Aussage, die Geschichte eines tugendhaften Fürsten und seiner Familie erzählen zu wollen. Die Metapher des Baumes liefert dabei nicht nur das Strukturmodell des Textes, sondern auch sein Programm. *Eynen boum han ich irsên* (V. 148) heißt es im Prolog der *Braunschweigischen Reimchronik*, und der Erzähler nimmt damit die Rolle des Visionärs ein. Das *ersehen* meint die visionäre Schau, die Erkenntnis vermittelt: Hier wird dem Rezipienten die Erkenntnis des wahren Herrschergeschlechts zugesagt. Im Rekurs auf die Wurzel Jesse, die in engem Zusammenhang mit dem Kreuz Christi zu sehen ist, wird auf das heilbringende Geschlecht verwiesen. Der Baum Jesse geht auf die Ankündigung des Propheten Jesaja zurück, in der es heißt (Jes 11,1): *Und des wird eine Rute aufgehen von dem Stamm Isais und ein Zweig aus seiner Wurzel Frucht bringen. Auf welchem wird ruhen der Geist des Herrn.* Diese heiligende Funktion hat auch das Bild des Baumes in der *Braunschweigischen Reimchronik.* Der Stammbaum bildet die Genealogie des Herrschergeschlechtes ab, legitimiert die Familie und stellt durch Ansippung an vornehme Ahnen Kontinuität her.

> *von zwen wurzelen uz gesprozzen*
> *und hat sich obermittes ir geslozzen,*
> *daz her is wurten wider eyn.* (*BR*, V. 154–156)

Den Abschluss des Jesse-Baumes bildet das Bild Christi – den Abschluss des Baumes in der *Braunschweigischen Chronik* bildet durch Zusammenschluss der beiden Wurzeln Heinrich der Stolze, der genealogisch Billunger und Brunonen vereint: *hi hat sich dher boum erslozen* (*BR*, V. 2586). Von hier aus wird die Linie weitergeführt und der Baum veredelt: Albrecht der Große, der als edelster Spross an der Spitze des Baumes und damit am Ende des Textes steht, kann sich auf Vorfahren zurückführen, die eine wichtige Rolle in der Reichsgeschichte spielten. Mit dieser Konstruktion wird auch die Rechtmäßigkeit seines Erbes unter Beweis gestellt und die „Errichtung des Herzogtums Braunschweig-Lüneburg“ als notwendige Folge aus einem „historischen Prozess“[26] gezeigt.[27] Der Ausgangspunkt für diese Argumentation liegt wiederum am Beginn des Prologs, in dem die Einsetzung der weltlichen Herrscher, die als irdische Stellvertreter regieren, durch

25 Kellner (Anm. 11), S. 383.
26 Patze (Anm. 19), S. 598.
27 Vgl. Kellner (Anm. 11), S. 389.

Gott beschrieben wird: *her wollte doch, daz eyn houbetman / eyn mensche der anderen were* (V. 14 f.). Die Herrscher müssen bestimmte Qualitäten aufweisen, die sie zur Herrschaft befähigen und die im Folgenden benannt werden: *werdichheit*, *bort* und *edhelcheyt* lassen die Fürsten diese Position einnehmen. Die göttliche Ordnung sieht die Platzierung des Einzelnen vor – die Tugendhaften hat Gott zu Fürsten erklärt, in deren Nachfolge stehen alle Nachgeborenen.[28] Diese Argumentationskette führt zu dem im Akrostichon angesprochenen Albrecht dem Großen, auf den das gesamte Konstrukt zuläuft. Er ist dem mittelalterlichen Modell des *rex iustus et pacificus* gemäß der perfekte Herrscher. Am Beispiel seines Geschlechts wird paradigmatisch die Frage nach dem ‚guten Herrscher' durchgespielt, werden Herrschertugenden beschrieben und schließlich die Frage beantwortet, wie ein Fürst regieren soll:

so kerre islich vurste sine list
darzo und al sine witze,
daz her dhe herscap so besitze
mit tugent, dhe im ist gelegen,
daz her dher ewigen muze phlegen [...]. (*BR*, V. 135–139)

Als wichtigstes Vorbild erscheint Karl der Große, mit dessen Porträt die Anbindung an Welt- und Reichsgeschichte gelingt, sodass die Darstellung nicht auf landesgeschichtlicher Ebene stehen bleibt.[29] Der Chronist betont vor allem Karls Erfolg bei der Missionierung der Sachsen, wobei Widukind nicht als sein Widersacher gezeichnet wird, sondern als heidnischer Fürst gilt, der nach *vurstelichem site* (*BR*, V. 228) herrschte, dem *tugent* (*BR*, V. 229) und *wisheyt* (*BR*, V. 229) beiwohnten und der durch den Heiligen Geist christliche Erleuchtung fand. Karl rückt hier in die Position des geistlichen *compater*[30], was die gesamte Verwandtschaft des sächsischen Stammes heiligt und Anbindung an das Reich herstellt. Zudem wird die Übertragung des Reiches von Ost- nach Westrom durch Karl den Großen betont, die Vorstellung der *Translatio imperii* zitiert und Karl in die Position des einigenden Kaisers gerückt. Auf seine Vorbildlichkeit und seine Errungenschaften wird in Kapitel 58 erneut Bezug genommen und die Aufgaben des Kaisers beschrieben. Er soll der *heyligen kerken / fridhe helte[n] an allen werken / und dher*

---

28 Ich sehe grundsätzlich keine Spannung zwischen Geburts- und Tugendadel. In der Nachfolge der benannten ‚ersten Fürsten' ist man durch Geburt zum Adel bestimmt, muss Herrscherpflichten übernehmen und -tugenden lernen; dagegen Kellner (Anm. 11), S. 379.

29 Vgl. auch Kellner (Anm. 11), S. 380. Kellner widerspricht sich in diesem Punkt zum Teil, denn an anderer Stelle heißt es: „Da die Landeschronik im Unterschied zur Weltgeschichtsschreibung [...]" (S. 378).

30 Vgl. dazu auch Kellner (Anm. 11), S. 380 f.

paphen vriheyt (V. 6535 – 6537), mit allen Sinnen über den Frieden wachen, ein gerechter Richter sein, rechten Glauben üben und sich gegen die Feinde der Christenheit wenden.

Die enge Verbindung zum Reich und zum Weltgeschehen wird in der Chronik vor allem auch formal unterstützt, wie die Handschrift Cod. 18 in scrin. der Staatsbibliothek Hamburg zeigt (Abb. 1). Hier laufen am oberen Seitenrand Papst- und Kaisernamen mit, geben so den äußeren Rahmen für die Darstellung der historischen Ereignisse vor[31] und binden die lokalgeschichtlichen Ereignisse in die Weltgeschichte ein.[32] Auch, wenn der Autor nicht dezidiert, wie die meisten Weltgeschichten, auf Weltalter und -reiche Bezug nimmt, so ist der universalhistorische Rahmen in dieser Handschrift auf den ersten Blick sichtbar. Die Genealogie des Hauses Braunschweig-Lüneburg wird über die einzelnen einander im Aufbau ähnelnden Herrscherporträts fortgesetzt und die hervorragende Prokreation der Fürsten auserzählt. Zunächst wird die Tugendhaftigkeit der Herrscher mit wiederkehrenden Epitheta wie *othmůte* (*BR*, V. 417), *scone*, *kusche*, *reyne* (*BR*, V. 7717) beschrieben. Dabei tauchen häufig Pflanzenmetaphern auf: *her was aller vursten blůme* (V. 712); *dhe blome ist an werde purpurvar* (V. 7818). Die Frau wird als *consors regni* an der Seite des Mannes[33] ebenfalls mit höfischen Attributen beschrieben. Sie richtet ihre Tätigkeit auf den Dienst an Gott und tritt als Stifterin hervor. Von Ute, der Frau Graf Ludolfs von Sachsen, heißt es beispielsweise, dass sie *all ir herze zo gothe karte* und auch ihren Mann dazu aufforderte. Sie zeichnete sich durch große Freigiebigkeit aus und bewirkte die Gründung des Stifts *ze Bronteshusen* (*BR*, V. 486), das Johannes dem Täufer und dem heiligen Stephanus geweiht wurde. Um Gottes Segen für die Gründung zu erlangen, begaben sich Ludolf und Ute auf Bittwallfahrt nach Rom, wo sie der Papst von ihren Sünden lossprach und ihnen Reliquien der Heiligen Innocentius und Anastasius schenkte, die die Sakralität der Gründung steigerten. Zu Ehren Gottes gründete der Herzog das Stift Gandersheim. Der Gründungsakt wird mit der Überführung des Landes von einem wilden in einen kulturellen Zustand gleichgesetzt: *groze boume unte*

---

31 Die *Braunschweigische Reimchronik* ist in zwei Handschriften überliefert: Hamburg, Staatsbibliothek, Cod. 18 in scrin. (um 1300) und Wolfenbüttel, Herzog August Bibliothek Wolfenbüttel, Cod. 81.14 Aug. 2° (1464).

32 Dagegen vgl. Horst Wenzel: Höfische Geschichte. Literarische Tradition und Gegenwartsdeutung in den volkssprachigen Chroniken des hohen und späten Mittelalters, Bern/Frankfurt a. M./Las Vegas 1980 (Beiträge zur älteren deutschen Literaturgeschichte 5), S. 118.

33 Vgl. dazu: Kunigunde – *consors regni*. Vortragsreihe zum tausendjährigen Jubiläum der Krönung Kunigundes in Paderborn (1002 – 2002). Hrsg. von Stefanie Dick/Jörg Jarnut/Matthias Wemhoff, Paderborn 2004 (MittelalterStudien des Instituts zur Interdisziplinären Erforschung des Mittelalters und seines Nachwirkens, Paderborn 5), S. 49.

dorn / leyz her da rodhen nidher (*BR*, V. 540 f.). Hatmut, Ludolfs Tochter, wird als Äbtissin des Stifts eingesetzt, anschließend übernehmen weitere Töchter das Amt. Am Ende des Porträts wird der Tod des Herzogs beklagt, der große Trauer über ganz Sachsen brachte. Abschließend bittet der Erzähler um das Seelenheil des Fürsten:

ich hoffe, her hab iz nu irvunden,
daz her sich in allen stunden
hotte vor scanden und vor sunden. (*BR*, V. 613 – 615)

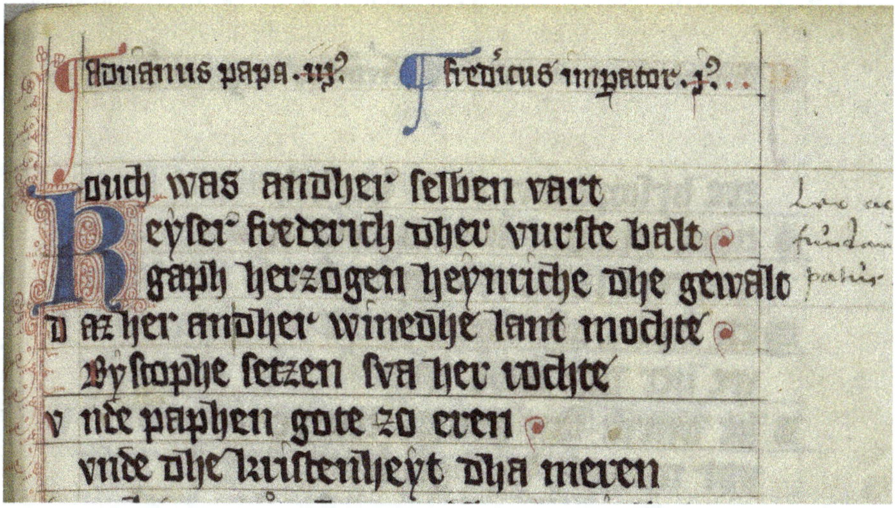

Abb. 1: *Braunschweigische Reimchronik.* Hamburg, StB, Cod. 18 in scrin., fol. 64r.

Die Beschreibung der Todesumstände und die Totenklage auf den Herrscher bilden in der *Braunschweigischen Reimchronik* das Ende des Porträts und werden durch die Fürbitte des Erzählers abgeschlossen. Die Trauerrede weist epideiktisch noch einmal auf die Vorbildlichkeit des Herrschers hin und preist seine Vorzüge: Mit der Bitte um das Seelenheil des Verstorbenen, wie etwa bei Otto von Sachsen (*ich hophe doch, daz her sunden vri; / sin sele gote wone bi* [*BR*, V. 806 f.]) oder Otto I., richtet sich der Erzähler direkt an Gott und schließt das Publikum in das Gebet mit ein:

got von hymelriche
untphahe sine sele,
dhes edhelen fursten, unte teile

mit im sines vater riche.
dhes bitte wir algeliche. (*BR*, V. 1019 – 1023)

Die Aufforderung zum gemeinsamen Gebet und die ausführliche Klage um die Toten sind als gedächtnisstiftende Handlungen wesentliche Intention des Textes. Die ähnliche Struktur der Herrscherbeschreibungen erleichtert es dem Rezipienten, wichtige Informationen des Einzelnen zu behalten.

Im Ganzen kulminiert die Chronik in der Darstellung Albrechts I., in dessen Porträt Bezüge zur höfischen Literatur durch Motivübernahmen und intertextuelle Verweise hergestellt werden,[34] sodass der Fürst als höfischer Ritter und vorbildlicher Herrscher erscheint. Die Episode beginnt, um seine Idoneität darzustellen, dem literarischen Modell entsprechend mit dem Schönheitspreis des Herrschers. Der Vorstellung der Kalokagathie gemäß sind äußeres Erscheinungsbild und Handeln miteinander verbunden: *er war eyn scone, groz man* (*BR*, V. 7826). Dem antiken *vir bonus*-Ideal folgend war er *zo dher werlt wolredhene* (*BR*, V. 7827), *wis und von sconem gebere*. Resümierend wird seine Herrschaftsfähigkeit festgestellt: *daz her wol mit grozer ere / herre kunde wesen* (*BR*, V. 7829 – 7830). Als friede- und heilbringender Fürst (*BR*, V. 7843) wird er in eine Reihe mit Augustus gestellt. Seine Vita entspricht der eines höfischen Ritters: *âventiure*-Fahrt, Schwertleite, höfische Feste, Brautwerbung, ritterliche Kämpfe und Turniere stehen in jener Abfolge, wie sie für den Aufstieg der Protagonisten höfischer Romane typisch ist. Die Auseinandersetzungen mit den Zeitgenossen erscheinen als höfisch-ritterliche Kämpfe, die der Bewährung dienen. Neben der Erprobung im Kampf steht die Bewährung im Frauendienst: Albrecht rettet die dänische Königin, die ihn brieflich um Hilfe bittet. Diese Handlung wird nicht aus der Logik der historischen Ereignisse begründet, sondern als Frauendienst dargestellt:

dhâ wart vil wol offenbar
waz manliches mannes mut
durch wibe lon und durch pris tut. (*BR*, V. 8243 – 8245)

Albrecht wird als Löwe apostrophiert, seine Kämpfe mit denen Alexanders und Darius' (*BR*, V. 3486 f.) verglichen, seine Feste gleichen denen König Artus', der die herausragende Ritterschaft an seinem Hof versammelt (*BR*, V. 7881 – 7932). Die literarischen Anspielungen dienen durch die Bezugnahme auf bekannte Motive

34 Hier wird direkt aus Wolframs *Parzival* zitiert. In der *Braunschweigischen Reimchronik* heißt es: *Kundrye zu dhem Grale icht so wunderlich gereyte reyt* (V. 8974 f.). Vgl. *Parzival*, 312, 1 – 18. Zitiert nach der Studienausgabe, mhd. Text nach der 6. Ausgabe von Karl Lachmann, übers. von Peter Knecht, Berlin/New York [2]2003.

der Stilisierung Albrechts, idealisieren seine Herrschaft und geben Aufschluss über das zeitgenössische Selbstverständnis. Die Gestaltung von Versen mit Hilfe literarischer Stilfiguren wie der Alliteration (*manliches mannes mut* [*BR*, V. 8245] oder *manlicher mut* [*BR*, V. 8475]) stehen nicht nur für die literarische Versiertheit des Verfassers, sondern markieren durch ihre kunstvolle Gestaltung besonderes Lob.

Im Mittelpunkt steht das im Prolog angekündigte Gedächtnis für den Herrscher, denn nachdem der Erzähler im Kryptogramm auf Albrecht hingewiesen hat, fordert er sein Publikum auf: *nennet dicke gotte von himelriche / vor sine sele, durch dhen ich beginne diz mere* [...] (*BR*, V. 56 f.). Dieser Gedanke wird nach der Geschichte der Dynastie, am Ende des Textes, in der umfassendsten Totenklage der Chronik wieder aufgegriffen. Dort wird auch das Lernen aus den Exempla der Geschichte betont und die Sinnhaftigkeit der Darstellung für die nachfolgenden Generationen implizit ausgestellt. In Bezug auf Albrecht heißt es:

> *merke, sich und widher sich,*
> *wer dirre furste habe gewesen,*
> [...]
> *waz men habe, dhes weyz men kleyne,*
> *ê dhan men is wirt eyne;*
> *zohant, swen iz ist vorlorn,*
> *so wirt, waz men hatte, irkorn.* (*BR*, V. 9268–9278)

Albrecht stirbt aufgrund einer Krankheit am Tag der Himmelfahrt Mariä. In Kapitel 74 folgt eine umfangreiche Totenklage, die Albrecht als den Besten herausstellt. Sein Name, der an der Spitze des Baumes steht und der zu Beginn des Textes nur versteckt auftaucht, wird nun genannt, mit Bedeutung gefüllt und ausgelegt. Die Etymologie soll sich dem Rezipienten einprägen und *dher junge nach dem alten* sollen sich merken, dass das Dunkle verschwinden und das Weiße bleiben soll,[35] denn nur dann, so der Erzähler, werde das Lob klar und eben. In der Bedeutung des Namens scheint der Inhalt der Chronik in nuce noch einmal zusammengefasst: Albrecht ist das Abbild des guten Herrschers, wie es im Prolog entworfen wurde. Seine Taten sollen der Nachwelt im Gedächtnis bleiben, und seine Söhne sollen nach seinem Vorbild handeln.

Unter Rückgriff auf die *colores rhetorici* und die Einbindung von Metaphern aus dem Bereich der Gartenallegorie schließen sich erneut lobpreisende Verse auf Albrecht an, werden seine Qualitäten wiederholt beschrieben: *albe recht was iz an*

35 Zur Lesart der Verse folge ich dem Vorschlag STACKMANNS (Anm. 18), S. 23 f.

im (*BR*, V. 9225). Albrecht sei die Quelle des *wurzgartens*,[36] des Paradiesgartens, und damit Inbegriff von Reinheit und Klarheit. Dieses Bild findet in der Literatur vor allem für Maria Verwendung, die als vornehme Herrscherin im Mittelalter zum Vorbild adliger Abstammung wird.[37] Auch mit dem süßen Geschmack wird eine Parallele zu Heiligenbeschreibungen hergestellt. Der personifizierte Tod hat als Gärtner die purpurfarbene Blume,[38] die als königsfarbene Blüte am Baum der Braunschweigischen Linie wuchs, zerstört. Mit den Herrschertugenden (*truwe, zucht, milte, ere* [*BR*, V. 9258]), die anschließend für Albrecht zitiert werden, wird wiederum auf das Baummotiv des Prologs rekurriert. Albrecht erscheint als *rex iustus et pacificus*. Am Ende des Planctus wird vom Erzähler zum Gedächtnis für den Fürsten, zum Gedenken an seine Verwandten, zur Besinnung auf seine Herkunft aufgerufen, auf die Grundlagen adligen Selbstverständnisses verwiesen, die Vergänglichkeit beklagt und zur Erinnerung des Vergangenen gemahnt:

> *merke, sich und widher sich,*
> *wer dirre vurste habe gewesen*
> *von dhem wir haben gelesen,*
> *und wem her zo sibbe stunde.* (*BR*, V. 9268–9271)

Abschließend wird Maria für das Seelenheil des Verstorbenen angerufen.[39] Das Bild des Baumes strukturiert den gesamten Text, vermittelt genealogisches Wissen an die Nachfahren und produziert die Vorstellung des einen „Sippenkörpers“[40], durch den sich hervorragende Eigenschaften und Tugenden sowie die Fähigkeit zur Herrschaft von Generation zu Generation reproduzieren. Herrschaftskompetenz zeigt sich in den Porträts der *Braunschweigischen Chronik* durch die Taten der Herrscher, durch Städte-, Klostergründungen und den Ausbau von Städten. Demgemäß sind die Erwähnung der Gründung des Klosters Gandersheim, St. Michaelis in Lüneburg etc. nicht nur den geistlichen Interessen des Autors ge-

---

36 Der *wurzgarten* tritt häufig als Bezeichnung für den *locus amoenus* auf, in dem sich verschiedene Motive wiederfinden: Häufig steht ein Baum in der Mitte des Gartens, auch eine Quelle oder ein Brunnen kann das Zentrum des Gartens bilden. Vgl. ausführlich Dietrich Schmidtke: Studien zur dingallegorischen Erbauungsliteratur des Spätmittelalters. Am Beispiel der Gartenallegorie, Tübingen 1982 (Hermaea. N.F. 43), S. 82 f., S. 324 f.

37 Vgl. Kellner (Anm. 11), S. 48.

38 Die Gleichsetzung Albrechts mit einer purpurfarbenen Blume kommt im Text zweimal vor: *dhe blome ist an werde purpurvar* (V. 7818); *war is nu dhe blôme zart, / purpurvar in aller tugent* (V. 9236).

39 Stackmann (Anm. 18), S. 18.

40 Armin Schulz: Erzähltheorie in mediävistischer Perspektive. Hrsg. von Manuel Braun/Alexandra Dunkel/Jan-Dirk Müller, Berlin/Boston 2012, S. 97.

schuldet, sondern Ausweis der Herrschaftsfähigkeit des beschriebenen Fürsten. Mehrfach nimmt der Erzähler auf die Gründung Braunschweigs Bezug.[41] Dabei wird auf die Topik der *laus urbium* zurückgegriffen.[42] Der Name der Stadt und die Gründung der Burg Dankwarderode werden auf Herzog Brun zurückgeführt:

> *dhe ouch herzogen Brunes vater was,*
> *dher zo ersten, als ich las,*
> *dhe veste buwen began,*
> *daz dhen namen Bruneswich sint gewan.*
> *dhe borch men do Thanquardherodhe jach.*
> *eyn dorph dha nahe bi lach,*
> *dha nu ist dhe Alde Wich,*
> *daz heyz men dho Bruneswich.*
> *darnach de alde stat began,*
> *dhe nuwe unde dhe Haghe, daz sint gewan*
> *dhen namen, als ich gesprochen han.* (*BR*, V. 1400 – 1410)[43]

Die Stadt wird durch ihre Herrscher territorial erweitert und monumental ausgebaut, ebenso Altes überformt. Bedeutsam für Braunschweig ist der Einzug der Heiligen: Gertrud von Braunschweig (*BR*, V. 1060 – 1117), Gemahlin Heinrichs von Northeim, erscheint der heilige Auctor und fordert sie auf, seine Gebeine nach Braunschweig zu überführen. Vor der *Translatio* ist die Stadt eine unzivilisierte Gegend:

> *sus bracht in dhe vrowe gar gemeyt*
> *an vroudhen und an werdicheyt*
> *unz an dhe stete und daz blich,*
> *daz nu genant ist Bruneswich.*
> *daz was dannoch waldes riche,* [...]. (*BR*, V. 2032 – 2036)

Im Rahmen der christlichen Kultivierung werden weitere Gotteshäuser in der Stadt geweiht. Vor allem Heinrich der Stolze vergrößert die Fläche und befestigt die

---

41 In der *Braunschweigischen Reimchronik* heißt es: *von dhem werdhen vorsten von Saxen, / dhe ouch herzogen Brunes vater was, / dher zo ersten, als ich las, / dhe veste buwen began, / dhaz den namen Bruneswich sint gewan. / dhe borch men do Thanquardherodhe jach.* (BR, V. 1399 – 1404).

42 Zu den Elementen des Stadtlobs vgl. Quintilian: *Institutionis oratoriae* III,7. Hrsg. und übers. von Helmut Rahn, Darmstadt 1972 – 1975 (Texte zur Forschung 2/3), S. 349 – 361; Priscian: *Praeexercitamina rhetorica*. In: Rhetores Latini Minores. Hrsg. von Carl Halm, Leipzig 1863, Nachdruck Frankfurt a. M. 1964, S. 551 – 560, hier S. 556 f.; Hartmut Kugler: Die Vorstellung der Stadt in der deutschen Literatur des Mittelalters, München/Zürich 1986 (Münchener Texte und Untersuchungen zur deutschen Literatur des Mittelalters 88), S. 26 – 36.

43 Ähnlich auch V. 625 f.

Anlage: *er heyz mit howe und mit slage / iz buwen unte vesten, / daz iz vor argen gesten / sicher were osten, westen* (*BR*, V. 2.679–2681). Insbesondere Albrecht I. wird rege Bautätigkeit zugeschrieben:

von Bruneswich herzogen Otten kint
leyz buwen an dher borch,
an milte harte unkorch,
gheseze und gebuwe
an menger sconheyt nuwe. (*BR*, V. 7887–7891)

Seine Taten stellen seine Herrschaftsfähigkeit unter Beweis. Andererseits steht sein Lob mit dem Lob der Stadt Braunschweig in enger Verbindung, was nicht zuletzt auch die Anspielung auf den Ort in der Auslegung des Namens zum Ausdruck bringt: *swich daz brune albe recht* (*BR*, V. 9223). Etymologie und Genealogie werden miteinander verbunden. Durch den Rückgriff auf den Stadtnamen wird das Lob der Person in den Vordergrund gestellt. Auch dies ist sicher als Ausweis der poetischen Fähigkeiten des Autors zu sehen, dessen Erzählung durch Rückbezüge und wiederkehrende Muster die Einzelporträts kohärent miteinander verbindet. Die Chronik ist ein Geflecht aus Fakt und Fiktion: Historische Figuren werden literarisiert, indem sie bestimmte Rollen (des Minneritters, des kämpfenden Ritters etc.) ausfüllen, womit intertextuell auf die höfische Dichtung verwiesen wird.[44] Diese Verquickung unterstützt die Intention der Chronik und ihre propagandistische Intention, das Haus Braunschweig-Lüneburg als vorbildlich in den Vordergrund zu rücken.

3 Ernst von Kirchbergs *Mecklenburgische Reimchronik*

Ähnlich wie der Chronist der Braunschweigischen Chronik macht auch Ernst von Kirchberg, wie sich der Verfasser der *Mecklenburgischen Reimchronik* im Prolog des Werkes selbst nennt,[45] Aussagen über den Umgang mit seinen Quellen.

44 Vgl. KOENIG (Anm. 19), S. 83–89.

45 Ausgaben: ERNST JOACHIM VON WESTPHALEN: *Monumenta inedita rerum Germanicarum praecipue Cimbricarum et Megapolensium* IV, Leipzig 1745, Sp. 593–840; Ernst von Kirchberg: *Mecklenburgische Reimchronik*. Hrsg. von CHRISTA CORDSHAGEN/RODERICH SCHMIDT, Köln/Weimar/Wien 1997. Zum Forschungsüberblick vgl. grundlegend MICHAELA SCHEIBE: Dynastisch orientiertes Geschichtsbild und genealogische Fiktion in der mecklenburgischen Reimchronik des Ernst von Kirchberg. In: Studien zum südlichen Ostseeraum vom 12. bis zum 16. Jahrhundert. Hrsg. von MATTHIAS THUMSER, Köln/Weimar/Wien 1997 (Mitteldeutsche Forschungen 115), S. 23–61, hier S. 25, Anm. 5.

Dabei stellt er die *Chronica Slavorum* Helmolds von Bosau[46] an die Spitze der verwendeten Vorlagen und betont seine Schwierigkeiten bei der Übertragung des lateinischen Textes. Als Quellen sind neben der freien Übersetzung der *Chronica Slavorum* („Slawenchronik") die *Sächsische Weltchronik* (Rez. C), die *Braunschweigische Reimchronik*, die Fortsetzung der *Slawenchronik* durch Arnold von Lübeck, urkundliche Überlieferungen aus Doberan sowie das *Protocollum* des Augustinus von Stargard (1346) nachgewiesen.[47] Wo die *Chronica* abbricht, folgt Ernst von Kirchberg nach eigener Aussage weiteren mündlichen und schriftlichen Zeugnissen:

> *wo hern Helmoldes getichte want,*
> *da suchte ich vorbaz,*
> *da ich vant me croniken sunder lassin,*
> *der Romer und der Sassin*
> *und der von Thenemarkin rich,*
> *dy mich underwysetetn glich* [...]. (*MR*, V. 95–100)

Anschließend beschreibt der Erzähler eine Arbeit in zwei Schritten: a) die Suche nach den Fakten, bei der er auch auf mündlich Weitergetragenes zurückgreift,[48] und b) die dichterische Umsetzung, für die er Gott um Gelingen bittet:

> *Almechtig god gib mir virnunst,*
> *daz ich des volkumme nu*
> *mit dutschen worte bringe zu*
> *ryme vnd zu gutem sinne.* (*MR*, V. 46–49)

Dabei macht er deutlich, dass er sich der Veränderung seiner Vorlagen bewusst ist und eine neue Sinnhaftigkeit vermitteln will. Obwohl er bis Kapitel 95 Helmolds Darstellung folgt,[49] ist bereits hier durch die eigenen Einschübe die Konstruktion

---

46 Helmholds *Slavenchronik*. Hrsg. von Bernhard Schmeidler, Hannover 1937 (MGH Script. rer. Germ. in usum schol. 32).

47 Vgl. Werner Knoch: Ernst von Kirchberg, seine Herkunft und seine Auseinandersetzung mit der Sprache in der *Mecklenburgischen Reimchronik*. In: Mecklenburgische Jahrbücher 104 (1940), S. 1–100, hier S. 3 f.; Roderich Schmidt: Zur *Mecklenburgischen Reimchronik* des Ernst von Kirchberg. In: Gedenkschrift für Reinhold Olesch. Hrsg. von Hans Rothe/Roderich Schmidt/Dieter Stellmacher, Köln/Wien 1990 (Mitteldeutsche Forschungen 100), S. 71–101, hier S. 77; Scheibe (Anm. 45), S. 30.

48 V 113–115: *der ich wielt zu manchir stunde, / von man zu manne, von munt zu munde, / von buchin hyn zu buchin.*

49 Abweichungen finden sich beispielsweise in Kap. 100–103.

des Textes erkennbar.[50] Gerade die literarisierte Gestaltung historischer Ereignisse sowie die Einbindung „genealogischer Fiktionen"[51] geben Aufschluss über die Intention des Textes, seine Adressatengebundenheit und Zweckgerichtetheit.[52]

Die *Mecklenburgische Reimchronik*, die in nur einer prunkvoll ausgestatteten Handschrift überliefert ist,[53] wurde 1378/79 im Auftrag Herzog Albrechts II. zu Mecklenburg (1318 – 1379) verfasst. Ernst von Kirchberg, der vermutlich aus einem thüringisch-hessischen Geschlecht stammte und im Gefolge der zweiten Frau Albrechts, Adelheid von Honstein, an den mecklenburgischen Herzogshof kam,[54] erzählt in noch 26 000 überlieferten von ursprünglich 28 000 Versen die Geschichte Mecklenburgs von der Zeit Karls des Großen bis zum Tod Heinrichs II. von Mecklenburg im Jahr 1329. Die Darstellung bricht, vermutlich aufgrund des plötzlichen Todes Albrechts,[55] ohne das zu erwartende Porträt des Herrschers ab.

Wie die *Braunschweigische Reimchronik* verfolgt auch die Chronik Ernsts von Kirchberg ein genealogisches Anliegen, denn im Mittelpunkt stehen die Verherrlichung des mecklenburgischen Herzogshauses mit Albrecht II. an der Spitze und seine Ansippung an den obotritischen König Billugh.[56] Dies wird zusätzlich durch

---

50 Vgl. Scheibe (Anm. 45), S. 29 – 32; Oliver Auge: Mittelalterliche und frühneuzeitliche Geschichtsschreibung als verlängerter Arm der Politik? Eine Spurensuche bei Ernst von Kirchberg, Albert Krantz und Nikolaus Marschalk. In: Mecklenburgische Jahrbücher 123 (2008), S. 33 – 60, hier S. 40.

51 Scheibe (Anm. 45), S. 47.

52 Vgl. Gerd Althoff: Genealogische und andere Fiktionen in mittelalterlicher Historiographie. In: Fälschungen im Mittelalter. Internationaler Kongreß der ‚Monumenta Germaniae Historica', München, 16.–19. September 1986. Teil 1: Kongreßdaten und Festvorträge. Literatur und Fälschung, Hannover 1988 (MGH Schriften 33, I), S. 417 – 441, hier S. 419.

53 Schwerin, Landeshauptarchiv, 1.12 – 1 Chroniken; KdiH 3, 26 A.11.1, S. 220 – 223. Von den 61 geplanten Miniaturen sind 15 ausgeführt, die Herrscherporträts zeigen. Zu den Miniaturen vgl. Helga Baier-Schröcke: Die Buchmalerei in der Chronik des Ernst von Kirchberg im Landeshauptarchiv Schwerin. Ein Beitrag zu ihrer kunstgeschichtlichen Erforschung, Schwerin 2007 (Findbücher, Inventare und kleine Schriften des Landeshauptarchivs Schwerin 13); Digitalisat: http://ub-goobi-pr2.ub.uni-greifswald.de/viewer/image/PPNLHArchivChronik_001/4/#head (eingesehen: 19.02.13).

54 Über die Herkunft des Autors ist viel gehandelt worden; vgl. zusammenfassend dazu: Schmidt (Anm. 46), S. 77 f., 87; Auge (Anm. 50), S. 38; Jürgen Petersohn: [Art.] Ernst von Kirchberg. In: ²VL 2 (1980), Sp. 618 – 620, ²VL 11 (2001), Sp. 418. Noch Georg Christian Friedrich Lisch legte eine Herkunft des Verfassers aus der Familie von Kerkberg nahe, deren Stammgüter im märkischen Prignitz lagen. Vgl. Georg Christian Friedrich Lisch: Ueber Ernst von Kirchberg. Verfasser der mecklenburgischen Reimchronik vom Jahre 1378. In: Jahrbücher des Vereins für mecklenburgische Geschichte und Altertumskunde 12 (1847), S. 36 – 58, hier S. 56.

55 Vgl. Schmidt (Anm. 47), S. 76.

56 So vor allem Scheibe (Anm. 45), S. 30 f., besonders S. 47.

das Programm der überlieferten Miniaturen unterstrichen. Billugh wird im Text zum König gemacht:

> *Vnder ym* [Billugh] *hatte her lande vil,*
> *als ich se hy nennen will:*
> *dy Winthi, Czirzipani,*
> *Tolensi, Stoderani*
> *dy Warnani vnd von Custin,*
> *von Obotriten, von Kissin,*
> *von Polabin, von Wagiren,*
> *ubir dy lant kunde her dominiren.*
> *Her was der konig der Wende.* (*MR*, Cap. 10, V. 11–19)

Als Herrscher über das Volk der Wenden regiert er über Menschen und Territorien. Die Rückführung auf ein königliches Geschlecht dient nicht nur dazu, Herkunft zu legitimieren,[57] sondern hat auch politische Implikationen und ist für die Dynastie der Mecklenburger entscheidend: Mit Billugh gelingt es, die mecklenburgischen Herrscher als Abkömmlinge des obotritischen Königsgeschlechts auf eine Ebene mit Dänemark und dem Imperium zu stellen und dabei die eigentliche Lehensbindung an Sachsen gänzlich auszublenden.[58] Die Unterwerfung durch Heinrich den Löwen und der damit einhergehende Verlust des Königstitels finden bewusst keine Berücksichtigung. Vielmehr erhält das Königtum durch die Anbindung an ein altes Geschlecht größere Dignität. Die Chronik dient damit nicht nur der Vermittlung genealogischen Wissens, sondern vor allem der Repräsentation des mecklenburgischen Fürstenhauses, seiner Anbindung an das Reich und der selbstbewussten Integration in das internationale Mächtespiel:

> *Alse Magnus Otto hielt das rich*
> *zu Rome vnd konig Harolt glich*
> *des riches Thenemarken wielt,*
> *der Wende konigrich do hielt*
> *Billug by den yaren* [...]. (*MR*, Cap. 10, V. 4–7)

Die Darstellung bleibt nicht auf der Ebene der Landesgeschichte stehen, sondern verleiht dem Haus Königswürde im Kontext des Imperiums und betont die Gleichrangigkeit mit den skandinavischen Mächten. Entsprechend vermittelt die

---

57 Vgl. SCHEIBE (Anm. 45), S. 51, 55.

58 Vgl. RODERICH SCHMIDT: Die Herrschaft in Mecklenburg. Ihre Darstellung und Deutung in der Reimchronik des Ernst von Kirchberg. In: DERS.: Weltordnung – Herrschaftsordnung im europäischen Mittelalter. Darstellung und Deutung durch Rechtsakt, Wort und Bild, Goldbach 2004 (Bibliotheca eruditorum 14), S. 319–350, hier S. 349.

erste Miniatur des Codex das Programm des Textes (Abb. 2), denn hier überreicht Herzog Albrecht II., dem es zu Lebzeiten gelang, den Herzogstitel und die Reichsunmittelbarkeit Karl IV. abzugewinnen, seinem Sohn Albrecht das Banner mit den drei Kronen. Diese stehen für das Königreich Schweden, dessen Herrschaft Albrecht an seinen Sohn übergibt.[59]

Albrecht II., unter dem das mecklenburgische Territorium erheblich erweitert wurde, ist in der Miniatur im Königsornat und ausgestattet mit den königlichen Attributen Reichsapfel und Krone dargestellt, und hält zudem die Fahnen für Mecklenburg, die Herrschaft Rostock und die Grafschaft Schwerin in der Hand. Als Introitus zeigt die Miniatur den Sohn Albrechts, der, da er die Geschicke des Landes übernimmt, als primärer Adressat des Textes infrage kommt.[60] Der in Text und Bild festgeschriebene Machtanspruch sollte als Hinweis an den Sohn die Ziele der zukünftigen Politik nachdrücklich vermitteln. Es geht weniger darum, mit der Darstellung ins ‚politische Tagesgeschäft' einzugreifen, als vielmehr einen Anspruch auf Dauer zu formulieren.

Die Chronik hat vor allem repräsentative, legitimierende und gedächtnisstiftende Funktion. Letztere wird durch die Bezüge zum Zisterzienserkloster Doberan im abschließenden Drittel des Textes deutlich. Vor diesem Hintergrund ist häufig betont worden, dass Ernst von Kirchberg, vermutlich in seiner Position als Kanzleibeamter, Zugriff auf die Bibliothek und die dortigen Bestände historiographischer Texte hatte.[61] Das Doberaner Kloster wird als sakrale Heimstätte der Mecklenburger inszeniert. Insbesondere am Beispiel Pribislaus' wird die Bedeutung, die die Religion für das mittelalterliche Herrschaftsverständnis hatte, hervorgehoben, indem er stellvertretend für die wendischen Fürsten christlich inthronisiert wird. Unter seiner Herrschaft wird das Kloster Doberan gegründet und im Text fortan die Geschichte des Klosters, seine Heiligkeit und die Abfolge der Äbte mit der politischen Geschichte verknüpft. Dem memorialen Zug des Textes entspricht es, dass Doberan bis ins 14. Jahrhundert Grablege der mecklenburgischen Herrscher war.[62] Mit Pribislaus werden gemäß der mittelalterlichen Herrschaftsvorstellung Religion und weltliche Macht zusammengeführt. Entsprechend wird seine Herrschaft in die christliche Zeitrechnung integriert und läuft auf die Gründung Doberans zu:

---

59 Vgl. auch Baier-Schröcke (Anm. 53), S. 17.

60 Schmidt nimmt an, dass der Text „nicht für ein breites Publikum bestimmt war, sondern für den Hof" gedacht war (Schmidt [Anm. 58], S. 90).

61 Vgl. Knoch (Anm. 47), S. 64; Scheibe (Anm. 45), S. 31.

62 Vgl. Scheibe (Anm. 45), S. 31.

Abb. 2: *Mecklenburgische Reimchronik.* Schwerin, Landeshauptarchiv, 1.12 – 1 Chroniken, fol. 1^{v}: Albrecht II. überreicht seinem Sohn das Banner mit den drei Kronen.

Do man schreib der iare czal
nach godes geburt recht ubiral
eylfhundirt vier vnd seszig bas
yn des meyen dritten kalendas,
von godes genaden, sundir pyn,
ubir Obotrid, Czirczipan, Kissyn
vnd andirs ubir dy Wende ia

der erbar konih Pribisla,
der abgode eyn virterber
vnd godes dinstes werber
allir guder tad fliszig irwelt [...]. (*MR*, Cap. 104, V. 1–11)

Referenzpunkt für die zeitliche Verortung sind hier nicht mehr, wie an vielen anderen Stellen, andere Könige und Königreiche, sondern das temporäre Verhältnis zur Geburt Christi. Mit Pribislaus' Taufe beginnt die christliche Zeitrechnung. Seine Konversion ist aus der Logik der historischen Ereignisse herausgelöst und wird narratologisch durch seine Frau motiviert, die ihn zum christlichen Bekenntnis führt:

Mit allen yren listen
dy frowe dar nach dachte,
wy sy czum glouben brachte
iren herren Prybilsauus. (*MR*, Cap. 103, V. 30–34)

Pribislaus und sein Bruder nehmen den *rechtin geloubin* (*MR*, Cap. 103, V. 42) an, lassen sich taufen und setzen sich für das Bistum Mecklenburg ein. Mit dem christlichen Bekenntnis werden sie zu vorbildlichen Fürsten:

Dy czwene fursten fro gemeyd
warin zur barmherczikeyd
vnd bliben sunder wider strebin
gude Cristen al ir leben.
Gerechtikeyt zu godes phlicht
sy nummer me virgaszin nicht. (*MR*, Cap. 103, V. 129–134)

Pribislaus wird schließlich im Kloster Doberan *mit groszin eren wirdiglich / als es eyme konige vugete sich* (*MR*, Cap. 116, V. 43–46) beigesetzt. Die Überführung seiner Gebeine von Lüneburg nach Doberan gleicht der Erhebung der Gebeine Karls des Großen durch Friedrich II., die einige Kapitel vorher beschrieben und mit der Gründung Doberans in Zusammenhang gebracht wird. Pribislaus stiftet Doberan zu Ehren Marias, deren Patronat für Aachen ebenfalls betont wird. Über die Translation Karls heißt es:

In den selbin cziden glich
der do waz keysir Frederich,
der brachte daz gebeyne
des groszin Karles reyne,
der eyn romisch keysir waz,
wirdig geyn Ache sundir haz [...]. (*MR*, Cap. 105, V. 11–16)

Die inszenierte Verbindung zwischen Karl und Pribislaus dürfte dem geübten mittelalterlichen Rezipienten aufgefallen sein. Die Darstellung Pribislaus' als Postfiguration Karls schreibt ihm nachdrücklich die Rolle des christlichen Herrschers zu, der auch für ein vereintes Reich steht. Vor diesem Hintergrund sind die folgenden Erzählungen über die Teilungen des wendischen Reiches als Kritik des Autors zu lesen, der im letzten Drittel des Textes die Geschichte des Klosters mit der Dynastie- und Reichsgeschichte zu verbinden versucht.

Ernst von Kirchberg entwirft, wie im Prolog angekündigt, eine eigene Darstellung der Geschichte und gibt den Mecklenburgern eine Genealogie, die sie nicht nur auch in der Vergangenheit zum Königsgeschlecht macht, sondern ihre Herkunft bis auf mythische Ahnen zurückführt: Bereits in der *Slawenchronik* erscheint der Mythos um die Stadt Vineta. Diesen greift Ernst von Kirchberg auf und verlängert die Geschichte der Wenden bis in mythische Urzeiten. Vineta wird in der Reimchronik, der Beschreibung Helmolds und Adams von Bremen folgend,[63] als reiche Handelsstadt, die *wol dy groste in Europa* (*MR*, Cap. 2, V. 35f.) war, bezeichnet. Während Vineta bei Helmold Aufenthaltsort nichtchristlicher Völker ist, zeichnet sich die Stadt in der *Mecklenburgischen Reimchronik* vor allem durch kulturelle und religiöse Offenheit, *dar ynne wonete manig stam / von heyden, Juden vnd von Cristin* (*MR*, Cap. 2, V. 38 f.) aus und erscheint als Ursprungssitz der Slawen. Der mythische Urzustand wird erst durch die Römer kultiviert. Nach der Zerstörung Vinetas durch die Dänen gründet Caesar die Stadt neu, was der Chronist zusätzlich durch die Etymologie des Stadtnamens unterstreicht:[64]

Als Wynneta wart virstord,
ich hans gelesin vnd gehord,
daz sy widder buwete sus
mechtig der keysir Julius

---

63 In der *Chronica slavorum I*, Cap. II heißt es: *In cuius ostio, qua Balthicum alluit pelagus, quondam fuit noblissima civitas Iumneta, prestans celeberrimam stacionem barbaris et Grecis, qui sunt in circuitu. De cuius preconio urbis, quia magna quaedam et vix credibilia recitantur, libet aliqua commemorare digna relate. Fuit sane maxima omnium, quas Europa claudit, civitatum, quam incolunt Slavi cum alliis gentibus permixtis, Grecis et barbaris* („An seiner Mündung in das Baltische Meer lag einst die sehr angesehene Stadt Vineta, welche den rings wohnenden Barbaren und Griechen einen weitberühmten Stützpunkt bot. Weil zum Preise dieser Stadt viele, oft kaum glaubliche Geschichten umgehen, sei es erlaubt, an Einiges Erwähnenswerte zu erinnern. Unter allen Städten, die Europa umfaßt, war sie gewiß die größte, von Slawen vermischt mit anderen Griechen- und Barbarenvölkern bewohnte."); vgl. Helmhold von Bosau: *Chronica slavorum* I, Cap. II, S. 40, neu übertragen und erläutert von Heinz Stoob, Berlin 1963 (FSGA 19).

64 Zur Etymologie vgl. Roderich Schmidt: Jumne – Vineta – Wollin. In: Ders.: Das historische Pommern. Personen – Orte – Ereignisse, Köln u. a. 2007 (Forschungen zur Pommerschen Geschichte 41), S. 70–72.

vnd nante sy do Julyn;
du nennet man sy Wolyn. (*MR*, Cap. 17, V. 99–104)

Ernst von Kirchberg nimmt damit der mittelalterlichen Tradition gemäß auf die Vorstellung von der Abfolge der Weltreiche Bezug und erzählt die Geschichte der Wenden als Geschichte des letzten Reiches vor dem Jüngsten Gericht. Die Wenden, und damit sind Ost- und Westwenden gemeint, werden ihrem Ursprung nach bis auf die Stadt Vineta zurückgeführt - bis hierher reicht die „genealogische Fiktion"[65], die über die Linie der Nakoniden und Niklotiden bis zu Albrecht II. fortgeführt wird.

Die Chronik ist nicht nur eine „Landes- und Fürstenchronik"[66], wie vielfach behauptet wurde, denn der Autor versucht durch verschiedene Episoden und Formulierungen die Anbindung an das Reich herzustellen. PETER JOHANEK hat auf die enge Verflechtung universal-, reichs- und regionalgeschichtlicher Aspekte in der Chronistik hingewiesen und eine „völlig isolierte Darstellung territorialer Geschichte"[67] bezweifelt. Zu Beginn des 101. Kapitels der *Mecklenburgischen Reimchronik*, in dem die Bekehrung Pribislaus' beschrieben wird, heißt es beispielsweise:

Du man screib nach Godes Geburd
Eylf hundirt vierundseszig vurd,
do regirte wirdiglich
von Swobin Keysir Frederich,
und Woldemar, sant Kanutes Son,
trug zu Thenemarkin Cron,
der junge Hinrich Leo,
waz Herzoge der Sassin do,...
Wer mag der Wende König syn?
Der waz dy Czyd genant alsus
Der strenge Prybislanus,
der dy Czid began mit Witzen
syns Vatir Rich besitzen. (*MR*, Cap. 103, V. 1–16)

65 MICHAELA SCHEIBE hat die Ansippung an König Billugh und seine Königserhebung als „genealogische Fiktion" bezeichnet, die aber m. E. weiter zurückreicht. Vgl. SCHEIBE (Anm. 45), S. 47.
66 SCHMIDT (Anm. 58), S. 319.
67 PETER JOHANEK: Weltchronistik und regionale Geschichtsschreibung. In: Geschichtsschreibung und Geschichtsbewusstsein im späten Mittelalter. Hrsg. von HANS PATZE, Sigmaringen 1987 (Konstanzer Arbeitskreis für mittelalterliche Geschichte. Vorträge und Forschungen 31), S. 287–330, hier S. 291.

Mit der Nennung des Kaisers und der anderen Könige wird nicht nur die Gleichrangigkeit der Wenden proklamiert, sondern das Haus Mecklenburg in das Reich integriert und in dessen politische Aktionen eingebunden. Obwohl die *Mecklenburgische Reimchronik* zweifellos eine landeshistorische Dimension hat, erstreckt sich ihre Wirkung nicht allein auf die Erzählung mecklenburgischer Dynastiegeschichte, sondern versucht, das Haus als ernstzunehmenden Partner in der Reichspolitik und als gleichrangige Macht im internationalen Ränkespiel zu etablieren. Vor diesem Hintergrund bleibt die Zuordnung zu dem einen oder anderen Genre der Geschichtsschreibung schwierig, da die landeshistorischen Ereignisse immer im Kontext des Reiches zu sehen sind.

4 Resümee

Die Landeschroniken lösten die Weltchroniken nicht ab, denn die umfassenden Weltchronik-Kompilationen, wie etwa die Heinrichs von München (um 1370/1380), zeigen zeitgleich, dass über diese enzyklopädisch ausgerichteten Texte theologisches und historisches Grundwissen an ein laikales Publikum vermittelt wurde. Die Weltchronikerzählungen, wie etwa die des Jans von Wien, weisen darauf hin, dass gegen Ende des 13. Jahrhunderts Ausdifferenzierungen im Bereich der Wissensvermittlung stattfanden, deren Ergebnis sowohl die umfangreichen Historienbibeln als auch eine territoriale Geschichtsschreibung war. Die Darstellung von Weltgeschichte mit holistischem Anspruch blieb weiterhin aktuell, wie nicht zuletzt der *Liber chronicarum* Hartmann Schedels am Ende des 15. Jahrhunderts zeigt. Auffällig ist freilich, dass die gereimte Form große Resonanz erfuhr und sich Reimchroniken gegen Prosadarstellungen wie etwa die *Sächsische Weltchronik* durchsetzten. Der Reim ist nicht nur Ausdruck dafür, dass die Autoren sich an die „gehobenen, höfischen Ansprüche"[68] anpassten, sondern die Form macht nach außen sichtbar – was viele Autoren in ihren Prologen darlegen – dass die Darstellungen einem Wahrhaftigkeitsanspruch genügen wollten und dabei dem Stoff eigene Sinnhaftigkeit verliehen. Letzteres ist für den Blick auf die jeweilige Konstruktion der Geschichtserzählung entscheidend, will man sie nicht zur Unterhaltungsliteratur reduzieren.

Während die Weltchroniken ihre Aussagen stärker mithilfe literarischer Muster und Motive zur Darstellung bringen und unter Rückgriff auf Legendarisches und Exempla erzählen, sind die landeshistorisch orientierten Texte eher an den historischen Ereignissen orientiert. Weltchroniken vermitteln, eingebettet in

---

68 PETERSOHN (Anm. 54), Sp. 620.

universalhistorische Zusammenhänge, Handlungsanleitungen auf der Ebene des *sensus moralis*. Die darin erzählten Geschichten von Kaisern und Päpsten geben Einblicke in Herrschaftsvorstellungen und verfolgen ethische Interessen. Weltchroniken strukturieren den zeitlichen Ablauf mithilfe der Weltalter und gliedern räumliche Gegebenheiten durch die Weltreiche.[69] Sie setzen unterschiedliche thematische Akzente,[70] bezeugen jedoch mit ihrer zunehmenden Verbreitung ab dem 13. Jahrhundert ein größeres Interesse an historischen und ethnologischen Konstellationen, biblischer Grundbildung, im Ganzen generieren sie ‚Weltwissen' für Laien. Chroniken mit landeshistorischer Ausrichtung wie die *Braunschweigische* und die *Mecklenburgische Reimchronik* hingegen haben häufig legitimatorische Funktion und unterliegen zeitgenössischen politischen Interessen. Die wenigen überlieferten Handschriften der beiden besprochenen Texte zeigen, wie stark ihre Rezeption zunächst auf einen engen, regionalgeschichtlich interessierten, Kreis begrenzt war. Die *Braunschweigische Reimchronik* hat vor allem in Konrad Botes *Cronecken der Sassen* (1489–1491) Niederschlag gefunden, in der neben der Geschichte der Städte Braunschweig und Magdeburg die Perspektive auf die gesamten niedersächsischen Lande erweitert wird. Im Mittelpunkt des Textes stehen Erzählungen historischer Ereignisse, die durch detaillierte Genealogien unterfüttert werden.

Auf die Kirchberg-Chronik haben die Humanisten Albert Krantz in seiner *Wandalia* (gedr. 1519) und Nikolaus Marschalk in seinen *Annales Herulorum ac Vandalorum* (1521)[71] zurückgegriffen und die Geschichte der Mecklenburger in ihren komplexen historiographischen Werken in gelehrter Manier der Zeit bis zu jenem sagenhaften König Anthyrius verlängert, der als Hauptmann unter Alexander dem Großen gedient haben soll.[72] Neben den *Annales* und mit der Unter-

---

69 Zur allgemeinen Merkmalbeschreibung vgl. JOHANEK (Anm. 67), S. 297; KARL HEINRICH KRÜGER: Die Universalchroniken, Turnhout 1976 (Typologie des sources du moyen âge occidental 16), S. 13.

70 Vgl. DOROTHEA KLEIN: Volkssprachige Chroniken bis 1300. In: Eine Epoche im Umbruch. Volkssprachliche Literalität 1200–1300. Hrsg. von CHRISTA BERTELSMEIER-KIERST/CHRISTOPHER YOUNG, Tübingen 2003, S. 73–90, S. 89 f.

71 Nikolaus Marschalk: Annalium Herulorum ac Vandalorum libri septem, Rostock 1521 [VD16 M 1111; VD16 ZV 18228], Nachdruck ERNST JOACHIM VON WESTPHALEN: Monumenta inedita rerum Germanicarum praecipue Cimbricarum et Megapolensium I, Leipzig 1739, Sp. 165–340.

72 Vgl. AUGE (Anm. 50), S. 45–57; ULRICH ANDERMANN: Albert Krantz. Landesgeschichtliche Bezüge eines frühen Werkes der deutschen Nationalgeschichtsschreibung. In: Deutsche Landesgeschichtsschreibung im Zeichen des Humanismus. Hrsg. von FRANZ BRENDLE u. a., Stuttgart 2001 (Contubernium. Tübinger Beiträge zur Universitäts- und Wissenschaftsgeschichte 56), S. 51–67, hier S. 62; CHRISTA CORDSHAGEN: Der Einfluß der Kirchberg-Chronik auf die Ge-

stützung Herzog Heinrichs V. hat Marschalk mit dem *Chronicon der mecklenburgischen Regenten*, den *Vitae Obetritarum sive rerum ab Obetritis gestarum libri quinque* und dem *[A]ustzog der Meckelburgischen Chronicken*, drei weitere Werke verfasst, in denen er sich der Geschichte des mecklenburgischen Fürstenhauses widmet.

Die landeshistorische Perspektive wurde damit im Hinblick auf genealogische Konstruktionen um ein Erhebliches intensiviert. Die mecklenburgischen Herzöge werden in der Rolle der ‚Landesväter', als kluge Feldherren, als *miles christiani* vor allem aber in absoluter Königsnähe gezeigt.[73] Auch die Darstellungen der mittelalterlichen Chronisten sind mikropolitische bzw. -historische Studien, die eine Dynastie sowie ihren Herrschaftssitz in den Mittelpunkt stellen und ihnen Kontinuität verleihen, um Herrschaftsansprüche festzuschreiben. Die Texte sind an historischen Ereignissen orientiert, die in genealogische Konstruktionen eingebettet werden. Letztere vermitteln genealogisches Wissen an die Nachkommen und sichern als „prospektive Memoria"[74] Fama und Gloria der Vorfahren für die Zukunft. Die Geschichtserzählungen sind an einen Ort und einen Rezipientenkreis gebunden, was ihre geringe Verbreitung bestätigt. Weltchroniken hingegen sind überregional ausgerichtet, da sie allgemeingültige Aussagen transportieren, die für ein größeres Publikum Relevanz besitzen.

Die *Braunschweigische Reimchronik* erzählt ‚vom Ende her': Die Darstellung beginnt (verschlüsselt) bei Albrecht II. und läuft auf ihn zu. Der Tod des Herrschers, die Totenklage und der Aufruf zu Fürbitte und Erinnerung als „retrospektive Erinnerung"[75] an die Toten und ihre Taten (Kloster- und Stadtgründungen etc.) stehen im Mittelpunkt. Der Autor verwendet mit dem Bild des Stammbaums und der Etymologie Muster, die den Text strukturieren und ihn zusammenhalten, und vermittelt aufs Ganze gesehen eine Fürstenlehre, die sich an die Nachkommen richtet und den Herrscher in ein christliches Herrschaftskonzept einbindet. Die Nähe des vermutlich geistlichen Verfassers zum Fürstenhof ist unmissverständlich, da sein Bericht der Herrschaftslegitimation dient.

---

schichtsschreibung, insbesondere die Reimchronik Nicolaus Marschalks. In: Mecklenburgische Jahrbücher 115 (2000), S. 25–41.

73 Vgl. Auge (Anm. 50), S. 52f.

74 Klaus Graf hat zwischen einer ‚retrospektiven Memoria', die die Erinnerung an die Toten und ihre Taten wachhält und einer ‚prospektiven Memoria', die den Ruhm der Vorfahren bis in alle Ewigkeit festschreibt, unterschieden. Vgl. Klaus Graf: Fürstliche Erinnerungskultur. Eine Skizze zum neuen Modell des Gedenkens in Deutschland im 15. und 16. Jahrhundert. In: Les princes et l'histoire du XIVe au XVIIIe siècle. Hrsg. von Chantal Grell u. a., Bonn 1998 (Pariser Historische Studien 47), S. 1–11.

75 Graf (Anm. 74), S. 2.

In der mecklenburgischen Chronik sind die politischen Implikationen stärker als die memorialen. Ernsts von Kirchberg Darstellung läuft zwar auf die Beschreibung der Herrschaft Albrechts von Mecklenburg zu. Grundsätzlich geht es indes um die Errichtung der wendischen Herrschaft und um die königliche Ebenbürtigkeit mit anderen Mächten. HANS PATZE hat zu Recht das „dynastische Prinzip“[76] als bestimmend für die *Mecklenburgische* und die *Braunschweigische Reimchronik* beschrieben. Dennoch bestehen im Hinblick auf die ästhetische Gestaltung und die Verarbeitung des Stoffes Unterschiede zwischen den Texten. Das Urteil PATZES jedoch, dass die *Mecklenburgische Reimchronik* „streckenweise eher ein Spiegel spätmittelalterlicher Ritterkultur als ein Geschichtswerk“ sei und „was die historische Substanz anlangt“ der Text gegenüber der *Braunschweigischen Reimchronik* „stark abfalle“[77], greift den gehaltlosen Streit, ob die Chroniken nun eher Geschichtswerke oder Dichtungen sind, auf, wird aber ihrer spezifischen Sinnkonstruktion nicht gerecht. Die Texte produzieren durch intertextuelle Bezüge und spezifisch literarische Handlungslogiken einen literarischen Bedeutungsüberschuss, der ihre politischen Aussagen unterstützt, Erinnerung und Identität stiftet sowie der Legitimation dient. Um zu legitimieren, wird auf historische Ereignisse zurückgegriffen. Rechtfertigung ist damit notwendig an Erinnerung gebunden, die vermittelt werden muss. Sowohl die *Braunschweigische* als auch die *Mecklenburgische Reimchronik* dienen der Legitimation ihrer Fürstenhäuser. Die Genealogien transportieren historisch gewachsene Autorität und Dignität, was auf die Adressaten, die sich in beiden Fällen vermutlich aus den unmittelbaren Nachkommen zusammensetzten, belehrend wirken sollte.

Lektürehinweise:

1. Helmhold von Bosau 1963 (63).
2. HAGENLOCHER 1979 (15); JOHANEK 1987 (57); KLEIN 2003 (70).
3. ALTHOFF 1986 (52); AUGE 2008 (50); BAIER-SCHRÖCKE 2007 (53); HÖLSCHER 1998 (5); KELLNER 2004 (11); PATZE 1986 (19); PATZE 1987 (7); SCHEIBE 1997 (45); SCHMIDT 1990 (47); SCHMIDT 2004 (58).

76 PATZE (Anm. 7), S. 347.
77 PATZE (Anm. 7), S. 349.

Joachim Schneider

Dynastisch-territoriale Geschichtsschreibung in Bayern und Österreich: Texte und Entstehungsbedingungen – Herkunftsgeschichten und Gründungsmythen

1 Einführung

1.1 Entstehungsrahmen und Funktionen

Die historische Fundierung von Identität sowie die Legitimation von Träger- bzw. Adressatengruppen waren zentrale Funktionen vormoderner Geschichtsschreibung. Die im Folgenden näher analysierte dynastisch-territoriale Geschichtsschreibung, die häufig im Umfeld von Fürstenhöfen entstanden ist, liefert hierfür zahlreiche Beispiele.[1]

Zur historischen Konstruktion von Identität von Herrscherdynastien, eines Volksstamms, einer Adelsgruppe bzw. einzelner Adelsfamilien oder auch einer Stadt und ihrer Führungsgruppen wurden im späteren Mittelalter von Chronisten häufig prestigeträchtige Ursprungsgeschichten konstruiert, ausgearbeitet oder fortgeschrieben. Daneben konnten Erzählungen über vorbildliches Verhalten von Vorfahren in wichtigen Schlüsselsituationen, in denen die gruppenbildenden

---

1 Zu den Funktionen höfisch-dynastischer Geschichtsschreibung siehe BIRGIT STUDT: Hofgeschichtsschreibung. In: Höfe und Residenzen im spätmittelalterlichen Reich. Hof und Schrift. Hrsg. von WERNER PARAVICINI, Ostfildern 2007 (Residenzenforschung 15.3), S. 373–390; ausgehend von einem Beispiel vgl. den Überblick über einschlägige Texte aus dem spätmittelalterlichen Reich bei JOACHIM SCHNEIDER: Die Chroniken des Wigand Gerstenberg im Kontext der zeitgenössischen Historiographie. In: Wigand Gerstenberg von Frankenberg 1457–1522. Die Bilder aus seinen Chroniken. Thüringen und Hessen. Stadt Frankenberg. Hrsg. von URSULA BRAASCH-SCHWERSMANN/AXEL HALLE, Marburg 2007 (Untersuchungen und Materialien zur Verfassungs- und Landesgeschichte 23), S. 105–122; zur Hofchronistik im europäischen Rahmen die Beiträge in dem Sammelband: Die Hofgeschichtsschreibung im mittelalterlichen Europa. Projekte und Forschungsprobleme. Hrsg. von RUDOLF SCHIEFFER/JAROSŁAW WENTA, Toruń 2006 (Subsidia Historiographica 3); zur Texttypologie dynastisch-territorialer bzw. regionaler Geschichtsschreibung im Reich siehe unten S. 228–230.

Ideale und Normen der Adressaten bestätigt wurden, als didaktische Exempla dienen. Herkommenserzählungen und Exempla waren damit zwei komplementäre Varianten historiographischer identitätsstiftender Erzählung.[2]

Mit Identitätsvorstellungen eng verbunden sind die Interessen von Akteuren. Diese Interessen wurden in der Historiographie symbolisch legitimiert zum Beispiel durch eine prestigebehaftete Vorgeschichte, die den Nachfahren einen Ansehensvorsprung gegenüber Konkurrenten verschaffte. Eine stärker instrumentelle Legitimationsfunktion lag vor, wenn konkrete, aktuelle Rechts- und Herrschaftsansprüche mit historischen Argumenten untermauert wurden.

Welche Art von Historiographie entsprach diesen Anforderungen im späten Mittelalter am besten? Die im Früh- und Hochmittelalter im Milieu der kirchlich-klösterlichen Bildungsinstitutionen entstandene, heilsgeschichtlich ausgerichtete Universalhistoriographie hatte eine christlich gedeutete Weltgeschichte von der Schöpfung bis zur Gegenwart und weiter bis zum Jüngsten Tag entworfen. Die Geschichte des christlich-lateinischen Abendlands wurde dabei unter den Regierungszeiten der römischen Päpste und Kaiser subsumiert. Wenn aber nun im Spätmittelalter mit Klöstern und Städten, Fürsten und Adel eine Vielzahl von Akteuren mit eigenständigen politischen Ambitionen und mit einem eigenen kulturellen Repräsentationsbedarf auf die Bühne traten, so musste dies für die Historiographie bedeuten, dass nun auch auf diese Akteure fokussierte historische Erzählungen und damit neue Modelle der Geschichtsschreibung entwickelt werden mussten. Denn die je eigenen Interessen und Identitäten waren im Rahmen der herkömmlichen Weltgeschichtsschreibung – im rein technischen Sinne wie auch konzeptionell – nur bedingt unterzubringen.[3]

Die Entwicklung neuer historiographischer Formen im Spätmittelalter vollzog sich dabei jeweils in einem bestimmten politischen Kontext: Während sich die westeuropäischen Monarchien zunehmend zentralisierten und von daher neue monarchisch-nationale Ordnungsmuster der Geschichtsschreibung entstanden, erlebte das Reich im Spätmittalter eine Entwicklung hin zu einem dezentral or-

---

2 Instruktiver konzeptioneller Aufriss mit Querverweisen auf die Erzähl- und die Gedächtnisforschung bei Klaus Graf: Ursprung und Herkommen. Funktionen vormoderner Gründungserzählungen. In: Geschichtsbilder und Gründungsmythen. Hrsg. von Hans-Joachim Gehrke/Wolfgang Reinhard, Würzburg 2001 (Identitäten und Alteritäten 7), S. 23 – 36.

3 Peter Johanek: Weltchronistik und regionale Geschichtsschreibung im Spätmittelalter. In: Geschichtsschreibung und Geschichtsbewußtsein im späten Mittelalter. Hrsg. von Hans Patze, Sigmaringen 1987 (Vorträge und Forschungen 61), S. 287 – 330; Rolf Sprandel: World Historiography in the late middle ages. In: Historiography in the middle ages. Hrsg. von Deborah Mauskopf Delyannis, Leiden/Boston 2003, S. 157 – 179; siehe dazu auch die Beiträge von Roman Deutinger und Mathias Herweg in diesem Band.

ganisierten Personenverband. Dessen letzte legitimierende Instanz war zwar weiterhin der König bzw. Kaiser. Dieser aber kam nicht, wie in den anderen großen Monarchien, aufgrund Erbrechts, sondern durch eine Kurfürstenwahl ins Amt und konnte auch im weiteren nur im Konsens mit den Reichsgliedern Wirkung entfalten. Die Fürstenhöfe mit dem jeweiligen Herrscher sowie dem auf diesen ausgerichteten Personenverband bildeten vielmehr die Machtzentren dieses dezentral und locker gefügten Reiches. Die materielle Basis von Fürst, Dynastie und Hof bestand dabei aus den herkömmlichen Herrschaftsrechten, die der Fürst ausübte, und zwar in der Regel im Rahmen eines im Reich anerkannten Fürstentums, mit adligen Vasallen und abhängigen Bauern, mit eigenen Grundherrschaften, der Wahrnehmung von Gerichtsrechten und der Sicherstellung von Frieden und Recht – mithin durch eine herrschaftliche Integrationsleistung über Menschen und Raum, die es historisch zu begründen und zu legitimieren galt.[4] Der Fürst leitete seine Legitimation, abgesehen von der Belehnung durch das Reichsoberhaupt und der Anerkennung im übrigen Hochadel des Reiches, vor allem aus der rechtmäßigen Abstammung aus einer etablierten Fürstendynastie ab.

Diese spezifische, dezentrale politische Konstellation im Reich beförderte in besonderem Maße die Entstehung einer entsprechenden ‚partikularen' Geschichtsschreibung mit jeweils eigenen Erzählungen, Akzentuierungen und Periodisierungen von Geschichte. Man hat hier in Anlehnung an westeuropäische Vorbilder gar von ‚nationaler' Geschichtsschreibung auf fürstlicher Ebene sprechen wollen.[5] Die Legitimität fürstlicher Herrschaft wurde dabei historisch vor allem durch die genealogische Kontinuität der Fürstendynastie begründet. Doch blieb, auch wenn die weltgeschichtliche Einleitung weitgehend entfiel und die Reichsgeschichte zurücktrat, eine legitimierende Einbindung der partikularen Geschichte in die Reichsgeschichte fast immer sichtbar. Diese Einbindung erfolgte dabei in einer engeren oder eher lockeren, in jedem Falle aber in einer ganz spezifischen, den je eigenen Identitätsdiskursen und Legitimationsinteressen entsprechenden Weise.

---

4 Vgl. zur Einführung Ernst Schubert: Fürstliche Herrschaft und Territorium im späten Mittelalter, München ²2006 (Enzyklopädie deutscher Geschichte 35).

5 Jean-Marie Moeglin: La formation d'une histoire nationale en Autriche au moyen âge. In: Journal des savants 1983, S. 169–218, hier besonders S. 210; Ders. (Anm. 22), S. 234: „La généalogie des Wittelsbach me paraît ainsi avoir été la matrice où s'est engendrée une historie nationale, s'il est vrai que l'histoire d'un peuple est celle des princes qui le gouvernent." („Die Genealogie der Wittelsbacher scheint mir die Matrix gewesen zu sein, innerhalb derer sich eine nationale Geschichte entwickelt hat, wenn es richtig ist, dass die Geschichte eines Volkes jene der Fürsten ist, die es regieren.").

Innerhalb der vielfältigen historiographischen Texte, die die Geschichte partikularer, regional verankerter Gruppen, Länder, Fürstentümer thematisierten, ist es sinnvoll, trotz mancher Übergangsfälle zwischen einer Gruppe von hier im Folgenden näher analysierten dynastisch-territorialen, zumeist hoforientierten Chroniken einerseits und einer regionalen, eher hoffernen Landeschronistik andererseits zu unterscheiden.[6] Bei dieser, im spätmittelalterlichen Reich weniger verbreiteten Form wird eine historische Landschaft mit einer Vielzahl von Herrschaftsträgern behandelt.[7] Bei der dynastisch-territorialen Geschichtsschreibung dagegen verbanden sich, mit unterschiedlicher Schwerpunktsetzung bei Dynastie oder Territorium, die Geschichte einer Dynastie bzw. einer Dynastienfolge sowie des von dieser bzw. diesen beherrschten Fürstentums miteinander, wobei zumeist die dynastische Geschichte die Erzählung strukturierte. Die Historiographie spiegelte dabei in der Regel das Interesse der Herrscher und des Hofes wider, die Geschichte der Herrscherdynastie mit Land und Fürstentum als ihrer materiellen Basis und ihrer Herrschaftslegitimation historisch zu verschmelzen.

Ältere Ansatzpunkte bzw. Vorläufer dieser partikularen, hofnahen Geschichtsschreibung des Spätmittelalters wurden in höfischen Romanen,[8] dynastischen Genealogien[9] und mündlich überlieferten Traditionen erkannt. Den wichtigsten Ausgangspunkt sieht die Forschung jedoch in der hochmittelalterli-

6 Diese Begriffsbildung folgt Günter Werner: Ahnen und Autoren. Landeschroniken und kollektive Identitäten um 1500 in Sachsen, Oldenburg und Mecklenburg, Husum 2002 (Historische Studien 467), hier S. 36–46.

7 Zur Funktionalität regionaler Geschichtsschreibung an einem aufschlussreichen Beispiel: Klaus Graf: Geschichtsschreibung und ‚Landesdiskurs' im Umkreis Graf Eberhards im Bart von Württemberg (1459–1496). In: Blätter für deutsche Landesgeschichte 129 (1993), S. 165–193; zu den Impulsen des Humanismus Johannes Helmrath: Probleme und Formen nationaler und regionaler Historiographie des deutschen und europäischen Humanismus um 1500. In: Spätmittelalterliches Landesbewußtsein in Deutschland. Hrsg. von Matthias Werner, Ostfildern 2005 (Vorträge und Forschungen 61), S. 333–392; vgl. auch die Beiträge in diesem Band zu den regionalen Chroniken aus der Schweiz (Regula Schmid) und dem Deutschordensland (Arno Mentzel-Reuters).

8 Vgl. Mathias Herweg: Wege zu Verbindlichkeit. Studien zum deutschen Roman um 1300, Wiesbaden 2010 (Imagines Medii Aevi 25); den Transfer von Erzählstoffen zwischen verschiedenen Textformen und Medien im Kontext dynastisch-territorialer Geschichtsschreibung deutet an Evemarie Clemens: Luxemburg-Böhmen, Wittelsbach-Bayern, Habsburg-Österreich und ihre genealogischen Mythen im Vergleich, Trier 2001.

9 Gert Melville: Vorfahren und Vorgängen. Spätmittelalterliche Genealogien als dynastische Legitimation zur Herrschaft. In: Die Familie als historischer und sozialer Verband. Untersuchungen zum Spätmittelalter und zur frühen Neuzeit. Hrsg. von Peter-Johannes Schuler, Sigmaringen 1987, S. 203–309.

chen Klostergeschichtsschreibung.[10] Auch diese hatte bereits ‚partikularistische' Tendenzen gezeigt: Denn neben der traditionellen Weltgeschichte hatten die Mönche stets auch die Geschichte ihres jeweiligen Klosters im Blick gehabt. Die Geschichte der Region und der dort bestimmenden Kräfte, insbesondere die Förderer und die Feinde des Klosters kamen hier ins Blickfeld der Chronisten, so in Form von Einschüben in die Weltgeschichte oder im Rahmen eigenständiger Klosterannalen.

Zur Entstehung einer neuen Historiographie wäre es freilich nicht gekommen, wenn es nicht auch einen Prozess der Diversifizierung und Verbreitung von Bildung und Schriftlichkeit – mithin von Kultur – in neue, bisher von Bildung und Schriftlichkeit nicht erschlossene soziale Räume hinein gegeben hätte. Nur unter dieser Voraussetzung konnten die partikularen politischen Akteure und ihre Höfe einen eigenen Anspruch auf Gleichrangigkeit mit den alten Zentren, dem Königshof und den kirchlich-monastischen Zentren stellen. Eine eigene Geschichtsschreibung war ein Teil dieses Gesamtanspruchs. Die Autoren[11] entstammten dabei zunehmend nicht mehr nur dem Klerus und den Klöstern, sondern auch den weltlichen Gruppen selbst, für die sie schrieben, sie waren Adlige und Bürger im Umfeld der regionalen Höfe und der Residenzstädte, und sie schrieben dabei spätestens seit dem 15. Jahrhundert häufig auch in der Volkssprache. Die Geschichtsschreibung rückte gewissermaßen an ihr Publikum heran. Die Chancen für eine direkte Rezeption dieser Historiographie durch deren Adressatengruppen stiegen damit merklich an. Handschriftenbesitz bei Hof und Adel sowie ein Wechselspiel zwischen handschriftlicher und monumentaler Überlieferung im öffentlichen Raum sowie die Illustration von Handschriften sind Indizien dieser Rezeption.[12]

---

10 Hans Patze: Adel und Stifterchronik. Frühformen territorialer Geschichtsschreibung im hochmittelalterlichen Reich. In: Blätter für deutsche Landesgeschichte 100 (1964), S. 8 – 81 und 101 (1965), S. 67 – 128.

11 Peter Johanek: Die Schreiber und die Vergangenheit. Zur Entfaltung einer dynastischen Geschichtsschreibung an den Fürstenhöfen des 15. Jahrhunderts. In: Pragmatische Schriftlichkeit im Mittelalter. Erscheinungsformen und Entwicklungsstufen. Hrsg. von Hagen Keller/Klaus Grubmüller/Nikolaus Staubach, München 1992 (Münstersche Mittelalter-Schriften 65), S. 195 – 209; Norbert Kersken: Auf dem Weg zum Hofhistoriographen. Historiker an spätmittelalterlichen Fürstenhöfen. In: Mittelalterliche Fürstenhöfe und ihre Erinnerungskulturen. Hrsg. von Carola Fey/Steffen Krieb/Werner Rösener, Göttingen 2006 (Formen der Erinnerung 27), S. 107 – 139.

12 Siehe den Überblick bei Rolf Sprandel: Chronisten als Zeitzeugen. Forschung zur spätmittelalterlichen Geschichtsschreibung in Deutschland, Köln/Weimar/Wien 1994 (Kollektive Einstellungen und sozialer Wandel im Mittelalter. N.F. 3), hier besonders S. 5 – 30.

Insgesamt bewegte sich die dynastisch-territoriale wie auch die regionale Geschichtsschreibung in einem Wahrnehmungs- bzw. Interessenfeld, das mit der Geschichte von Regionen, Fürstendynastien und Territorien zugleich die Geschichte von Adel und Untertanen, die Geschichte von Kirche und Städten, von regionalen Nachbarn und Reich in einem zeitübergreifenden Handlungsrahmen in den Blick nahm. Welche Gesichtspunkte, welche Akteure, welche Gruppen und welche historischen Kontinuitäts- und Legitimationsmuster dabei in der Historiographie welchen Stellenwert erhielten und wie stark dabei noch die Welt- und Reichsgeschichte zur Geltung kam, ist jeweils die Folge individueller und zum Entstehungszeitpunkt aktueller Faktoren – und die Vielfalt dieser Faktoren macht auch die Vielfalt der Texte aus.

1.2 Die historisch-politische Konstellation im Südosten des Reiches im Spätmittelalter

Die dynastisch-territorialen wie auch die allgemeinen politischen Koordinaten waren im Südosten des Reiches eindeutig gesetzt: Mit den Wittelsbachern und Habsburgern waren hier, abgesehen von den 1437 in männlicher Linie aussterbenden Luxemburgern, zwei der drei damals im Reich königsfähigen Großdynastien des späten Mittelalters ansässig.[13] Räumliche Nähe und ähnlicher Machtanspruch hatten eine fortwährende, zumindest latente Rivalität zur Folge, während für weitere Konkurrenten und kleinere Herrschaftsträger in dieser Region praktisch kein Spielraum blieb.

Die Wittelsbacher[14] herrschten seit 1180 im Herzogtum Bayern. Dieses ging allerdings, bei zumindest partieller territorialer Kontinuität, bis in die Zeit des frühen Frankenreichs im 6. Jahrhundert zurück, als Vertreter des Geschlechts der Agilulfinger von den Merowingerkönigen als Herzöge eingesetzt wurden. Weitere historische Zäsuren sind die Absetzung des letzten Agilulfingerherzogs Tassilo durch Karl den Großen 788 sowie die Entmachtung eines weiteren, sich im 9. Jahrhundert etablierenden einheimischen Herzogsgeschlechts, der Luitpoldinger, durch Otto den Großen in der Mitte des 10. Jahrhunderts. Erst mit Otto von Wittelsbach sollte 1180 dann wieder ein einheimisches bayerisches Adelsgeschlecht zur Herzogswürde aufsteigen. Im 13. Jahrhundert gelang es den Wit-

---

13 Peter Moraw: Von offener Verfassung zu gestalteter Verdichtung. Das Reich im späten Mittelalter 1250 bis 1490, Berlin 1985 (Propyläen Geschichte Deutschlands 3).

14 Ludwig Holzfurtner: Die Wittelsbacher in acht Jahrhunderten. Staat und Dynastie, Stuttgart 2005; Handbuch der bayerischen Geschichte. Bd. 2: Das Alte Bayern. Der Territorialstaat. Begründet von Max Spindler, hrsg. von Andreas Kraus, München [2]1988.

telsbachern, andere Hochadelsdynastien im Bereich des bayerischen Herzogtums weitgehend auszuschalten. Das 14. und 15. Jahrhundert waren dann durch wiederholte Herrschaftsteilungen geprägt, während derer die regionalen Eliten als Gewährsleute bzw. als Schlichter bei innerdynastischen Konflikten ins Spiel kamen.

Deutlich anders war die Ausgangsposition der Habsburger[15] charakterisiert: Etwa 100 Jahre später als die Wittelsbacher kamen sie, damals noch gräflichen Standes, aus Schwaben als Landfremde in den Südosten des Reiches. Mit Österreich und der Steiermark übernahmen die Habsburger hier zwei Territorien, die erst im 12. Jahrhundert zu Herzogtümern erhoben worden waren. Beide Länder waren ein Produkt der hochmittelalterlichen deutschen Ostsiedlung und dabei ursprünglich als Grenzmarken vom ‚Mutterland' Bayern abhängig gewesen. 1282 konnte Rudolf I. von Habsburg allerdings bereits seine 1273 errungene königliche Stellung nutzen, als er die beiden Länder Österreich und Steiermark nach Niederringung Ottokars von Böhmen als heimgefallene Lehen an seine beiden Söhne verlieh. Im 14. Jahrhundert gelang es den Habsburgern dann, mit Kärnten, Krain und schließlich mit Tirol weitere angrenzende Fürstentümer bzw. Grafschaften in einer größeren habsburgischen Ländergruppe zu akkumulieren, während sie zugleich ihre Stammgüter in Schwaben zumindest zum Teil halten konnten. Die Phase der Instabilität der östlichen Länder im Herrschaftsübergang von den Babenbergern bzw. den Meinhardinern zu den Habsburgern dürfte den inneren Zusammenhalt dieser Länder unter Führung ihrer jeweiligen regionalen Eliten gefördert haben, sodass eigenständige regionale Traditionen und die Zuordnung zur neuen Habsburger Gesamtherrschaft in einem gewissen Spannungsverhältnis standen.

Gemeinsamkeiten zwischen Bayern und den Habsburger Ländern lagen in ihrer politischen Geschichte und kulturellen Prägung, die sich auch im Spätmittelalter noch in ähnlichen politisch-verfassungsmäßigen Gegebenheiten niederschlug. Kennzeichen derselben waren eine flächig-territoriale und rechtliche Integrität sowie die enge Verbindung von Herzogsherrschaft, Fürstentum, Landeseinwohnern und Landesrecht innerhalb der früh verdichteten Länder – jenes Modell, das der Historiker Otto Brunner vornehmlich am Beispiel Österreichs

15 Karl-Friedrich Krieger: Die Habsburger im Mittelalter, Stuttgart ²2004; Alois Niederstätter: Die Herrschaft Österreich. Fürst und Land im Spätmittelalter, Wien 2001 (Österreichische Geschichte 1278–1411); Ders.: Das Jahrhundert der Mitte. An der Wende vom Mittelalter zur Neuzeit, Wien 1996 (Österreichische Geschichte 1400–1522).

herausgearbeitet hat.[16] Die zeitgenössischen Definitionskriterien von ‚Land' im späten Mittelalter,[17] das heißt das Herrschaftsgebiet eines Landesherrn, der Geltungsbezirk eines bestimmten Landrechts und die Rechts- und Friedensgemeinschaft der Bewohner stimmten damit in diesem Raum in besonderem Maße miteinander überein. Anderswo im Reich, im schwäbischen oder sächsischen Rechtskreis etwa, gab es hingegen traditionelle landesbezogene Identifikationen auch über fürstliche Herrschaftsgrenzen hinaus. Zudem wurden fürstliche Territorien im Spätmittelalter auch oft erst allmählich aus Herrschaftskonglomeraten verschiedenen Ursprungs in einem längeren dynastisch-politischen Prozess zu neuen fürstlich dominierten Herrschaftsräumen eingeschmolzen.[18] Diese Aufgabe stellte sich auch für die Habsburger Gesamtherrschaft, innerhalb derer einstweilen eine Reihe von gewachsenen territorialen Einheiten mit ihren adligen Personenverbänden nebeneinander bestanden.[19]

2 Die Texte: Überblick über die dynastisch-territoriale Geschichtsschreibung und deren Entstehungsumstände im Herrschaftsbereich der Habsburger und der Wittelsbacher

Der knappe vergleichende Blick auf die historischen Konstellationen im Wittelsbacher bzw. im Habsburger Herrschaftsraum hat gezeigt, dass die Historiographen jeweils vor durchaus unterschiedlichen Darstellungsaufgaben standen. Geht man, wie eingangs erläutert, von Legitimation und Identitätsstiftung als dem Grundinteresse einer dynastisch-territorialen Historiographie aus, so musste es deren Aufgabe im Falle der Wittelsbacher sein, die lange Kontinuität des bayerischen Herzogtums einerseits mit den mehrfachen Dynastiewechseln andererseits zu synchronisieren. Im Falle der Habsburger Historiographie stellte sich hingegen die Aufgabe, zwischen jeweiliger Eigengeschichte der Länder und dynastisch-politisch gewolltem Gesamtzusammenhang der Ländergruppe eine Balance herzu-

---

16 Otto Brunner: Land und Herrschaft, Wien ^{5}1965, Neudruck Darmstadt 1984; siehe zur Abgrenzung der von Brunner beschriebenen, besonderen Gegebenheiten Südostdeutschlands Schubert (Anm. 4), S. 60.

17 Dazu Enno Bünz: Das Land als Bezugsrahmen von Herrschaft, Rechtsordnung und Identitätsbildung. Überlegungen zum spätmittelalterlichen Landesbegriff. In: Spätmittelalterliches Landesbewußtsein (Anm. 7), S. 53 – 92, hier besonders S. 73 – 88.

18 Schubert (Anm. 4), S. 59 f.

19 Vgl. dazu Christian Lackner: Das Haus Österreich und seine Länder im Spätmittelalter. Dynastische Integration und regionale Identitäten. In: Fragen der politischen Integration im mittelalterlichen Europa. Hrsg. von Werner Maleczek, Ostfildern 2005 (Vorträge und Forschungen 63), S. 273 – 301.

stellen sowie angesichts der späten Begründung der Ausbauländer und des noch späteren Machtantritts und folgenden Aufstiegs der Habsburger dem Fürstenhaus wie auch den Herrschaftseliten einen ‚attraktiven', integrierenden Plot anzubieten.

Im Fall der österreichisch-habsburgischen Historiographie hat die jüngere Geschichtsforschung das Augenmerk insbesondere auf die Anzeichen des Weiterlebens eines partikularen Landesbewusstseins gerichtet, das in dialektischer Spannung, aber nicht im Widerspruch zur Legitimation des habsburgischen Gesamtanspruchs gestanden habe.[20] Ein weiteres Interesse gilt der Frage, inwiefern die Historiographie die dynastische Selbstinterpretation der Habsburger als ‚Haus Österreich' im 15. Jahrhundert widerspiegelte bzw. propagierte und inwieweit dieser Integrationsbegriff auch als Gesamtbezeichnung der habsburgischen Ländergruppe bzw. des übergreifenden habsburgischen Herrschaftsanspruchs erscheint.[21]

Im Falle der bayerischen Historiographie hat die Forschung in letzter Zeit vor allem den Gesichtspunkt der Betonung der dynastisch-herrscherlichen Kontinuität der Wittelsbacher im Herzogtum Bayern sowie der Verschmelzung der Herrschergeschichte mit der Geschichte des Herzogtums herausgestellt – weit über 1180 hinaus, ja zum Teil bis in die frühesten Anfänge des Herzogtums zurückgehend.[22] Andererseits wurde aber auch auf eine verhältnismäßig geringe emphatische Konnotation dynastischer Geschichte hingewiesen und es wurden stattdessen Elemente eines von der Wittelsbacher Herrscherdynastie unabhängigen bayerischen ‚Landesbewusstseins' in der Historiographie hervorgehoben.[23]

---

20 Winfried Stelzer: Landesbewußtsein in den habsburgischen Ländern östlich des Arlbergs. In: Spätmittelalterliches Landesbewußtsein (Anm. 7), S. 157 – 222.

21 Lackner (Anm. 19), hier besonders S. 285 – 288; Günther Hödl: Das ganze Haus Österreich. Elemente eines österreichischen Landesbewußtseins im Spätmittelalter. In: Brennpunkt Mitteleuropa. Festschrift für Helmut Rumpler zum 65. Geburtstag. Hrsg. von Ulfried Burz/Michael Derndarsky/Werner Drobesch, Klagenfurt 2000, S. 157 – 172; Erich Zöllner: Der Österreichbegriff. Formen und Wandlungen in der Geschichte, Wien 1988, hier S. 35 – 40.

22 Grundlegend Jean-Marie Moeglin: Les ancêtres du prince, Genève 1985 (Hautes études médiévales et modernes 54); demnächst zu diesem Aspekt Joachim Schneider: Legitimation durch Kontinuität: Die Geschichtsschreibung über die Wittelsbacher und das Herzogtum Bayern im Spätmittelalter. In: Legitimation von Fürstendynastien in Polen und dem Reich. Identitätsbildung im Spiegel schriftlicher Quellen (12. – 15. Jahrhundert). Hrsg. von Grischa Vercamer/Ewa Włókiewicz (Quellen und Studien des Deutschen Historischen Instituts in Warschau) [im Druck].

23 Stefan Dicker: Landesbewusstsein und Zeitgeschehen. Studien zur bayerischen Chronistik des 15. Jahrhunderts, Köln/Weimar/Wien 2009 (Norm und Struktur 30).

Doch dürfte unstrittig sein, dass die Dynastie bzw. die Herzogsfolge in allen Texten das Grundgerüst der Darstellung bildet.

In den beiden folgenden Abschnitten wird nun zunächst ein knapper Überblick über die wichtigsten einschlägigen Texte aus den Habsburger bzw. Wittelsbacher Ländern geboten. Dabei kann nur kurz auf Entstehungsbedingungen und thematische Akzentuierungen bzw. die Struktur der Texte eingegangen werden. Im dritten Teil sollen dann exemplarisch in den Texten erscheinende Herkunftsmythen für die Auffassung bzw. die Verbindung von Dynastie, Volk und Land in den Texten ausgewertet werden.

2.1 Die Chronistik der Habsburger Länder

Frühe Ansatzpunkte dynastisch-territorialer Geschichtsschreibung Österreichs sind, wie dies häufig der Fall ist,[24] in lateinischen Klosterannalen anzutreffen. Neben den *Annales Vindobonenses* („Wiener Annalen"), einer aus Wien oder Umgebung stammenden, prohabsburgisch akzentuierten Sammlung von Nachrichten zur österreichischen Geschichte zwischen 1267 und 1302,[25] ist hier vor allem eine gegen Ende des 13. Jahrhunderts entstandene lateinische Annalenkompilation mit dem Titel *Continuatio praedicatorum Vindobonensium* („Fortsetzung der Wiener Dominikaner") zu nennen, die die wichtigsten Daten der österreichischen Geschichte zwischen 1025 und 1283 verzeichnete. Diese Kompilation ist nur in einer aus dem Wiener Dominikanerkloster stammenden Überarbeitung überliefert. Die Klostergeschichte erscheint hier in die allgemeine Landesgeschichte eingebettet. Der ursprüngliche Text entstand kurz nach der Übernahme der Herrschaft durch Albrecht von Habsburg. Bemerkenswert ist, dass bereits diese früheste ‚Landesgeschichte' Österreichs ins Deutsche übersetzt wurde. Als Publikum dieser Übersetzung kommt neben Hof und Adel auch das Wiener Bürgertum in Frage.[26]

---

24 Siehe oben Anm. 10.

25 *Annales Vindobonenses.* In: Repertorium fontium historiae medii aevi, 11 Bde., Rom 1962–2007, Bd. 2 (1967), S. 346 [http://www.geschichtsquellen.de/repOpus_00441.html; eingesehen: 14.03.2014]; Fritz Peter Knapp: Die Literatur des Spätmittelalters in den Ländern Österreich, Steiermark, Kärnten, Salzburg und Tirol von 1273 bis 1439. 1. Halbbd.: Die Literatur in der Zeit der frühen Habsburger bis zum Tod Albrechts II. 1358, Graz 1999 (Geschichte der Literatur in Österreich 2.1), S. 53 f.; Stelzer (Anm. 20), S. 174, 181.

26 *Annales Praedicatorum Vindobonensium.* In: Repertorium fontium (Anm. 25), Bd. 2 (1967), S. 346 [http://www.geschichtsquellen.de/repOpus_00442.html; eingesehen: 14.03.2014]; Knapp (Anm. 25), S. 56; Stelzer (Anm. 20), S. 180 f.

Etwa gleichzeitig trat in Wien mit Jans Enikel bzw. Jans von Wien ein Autor aus dem Kreis der Wiener Ritterbürger auf, der in den 1270er/80er Jahren ein umfangreiches deutschsprachiges historisches Oeuvre verfasst hat. Sein unvollendetes, 1246 abbrechendes *Fürstenbuch*[27] beschreibt in 4258 Versen die Geschichte der Fürsten von Österreich und der Steiermark, wobei die Babenberger Markgrafen bzw. Herzöge im Mittelpunkt stehen; aber auch die Wiener Hofgesellschaft, die Stadt Wien und die Wiener Ritterbürger kommen in den Blick. Jans' *Fürstenbuch* kann als erste eigenständige erzählende Landesgeschichte Österreichs bewertet werden – wie die etwa gleichzeitigen Annalen zu deuten als eine Reaktion auf die Krisen in Österreich in der zweiten Hälfte des 13. Jahrhunderts.[28] Typisch für die Entstehung dynastisch-territorialer Geschichtsschreibung ist, dass der Autor zuvor eine *Weltchronik*[29] in mehr als 25.000 Versen verfasst hatte, aus der er dann den regionalgeschichtlichen Text gewissermaßen herauslöste. Die Reimform wie auch die vielen pointierten Anekdoten verweisen auf die Unterhaltungsabsicht beider Texte. Die gereimte Geschichtsschreibung Jans' verwendet Erzählformeln, die gleichermaßen auch im Versroman und in der Heldenepik erscheinen.[30]

Dies gilt auch für ein weiteres gereimtes Geschichtswerk der Region, die *Steirische Reimchronik* Ottokars aus der Gaal (ca. 1260/65–1319/21), die in den ersten beiden Jahrzehnten des 14. Jahrhunderts entstanden ist.[31] Ottokar entstammte der steirischen Ritterfamilie von Strettweg und stand in enger Beziehung zu dem steirischen Landherrn Otto II. von Liechtenstein. In mehr als 98.000 volkssprachlichen Versen erzählt die von 1250 bis 1309 reichende Chronik Reichsgeschichte, in die die Geschichte der Länder Österreich und Steiermark seit dem Aussterben der Babenberger eingebettet ist – mithin die dramatischen Jahre

---

27 Jans Enikel: *Fürstenbuch*. In: Jansen Enikels Werke. *Weltchronik. Fürstenbuch*. Hrsg. von Philipp Strauch, Hannover 1900, Neudruck München 2001 (MGH Deutsche Chroniken 3), S. 597–679.

28 Moeglin (Anm. 5), S. 172–180.

29 Jans Enikel: *Weltchronik*. In: Jansen Enikels Werke (Anm. 27), S. 1–596.

30 Knapp (Anm. 25), S. 234–255 [S. 236 zur Diskussion um die bis heute umstrittene Namensform, S. 247–253 zum *Fürstenbuch*]; Jans Enikel. In: Repertorium fontium (Anm. 25), Bd. 6 (1990), S. 514 [http://www.geschichtsquellen.de/repOpus_03091.html; eingesehen: 14.03. 2014]; umfassende Bibliographie zum Autor siehe: http://www.dunphy.de/ac/je/bib.htm [eingesehen: 27.03.2014]; Diskussion des *Fürstenbuchs* als Zeugnis des österreichischen Landesbewusstseins bei Stelzer (Anm. 20), S. 181–183.

31 Titel der Ausgabe: Ottokars *Österreichische Reimchronik*. Hrsg. von Joseph Seemüller, 2 Halbbände, Hannover 1890–1893, Neudruck München 1980 (MGH Deutsche Chroniken 5,1/2); zur umfangreichen Literatur siehe: *Steirische Reimchronik*. In: Repertorium fontium (Anm. 25), Bd. 8 (2001), S. 424 [http://www.geschichtsquellen.de/repOpus_03768.html; eingesehen: 26.03.2014]; zusammenfassend Helmut Weinacht: [Art.] Ottokar von Steiermark [aus der Geul]. In: ²VL 7 (1989), Sp. 238–245; Knapp (Anm. 25), S. 371–382.

des Übergangs von der babenbergisch-staufischen zur habsburgischen Epoche der Länder Steiermark und Österreich und des Schicksals König Ottokars von Böhmen. Der Dichter und Chronist wurzelte im Milieu einer bestimmten Gruppe des steirischen Landesadels, für die er schrieb. In fingierten Szenen und Reden wird das Geschehen dramatisiert, die Schilderungen von Festen, Turnieren, Hochzeiten und Totenfeiern spiegeln adlige Lebensformen und höfisches Szenarium und zeigen zugleich den Einfluss Wolframs von Eschenbach, Konrads von Würzburg und anderer Vorbilder.[32] Die Chronik liefert Zeugnisse deutschen wie steirischen Bewusstseins, aber auch von Zuneigung zu den Habsburgern, deren Machtantritt als Nachfolger der Babenberger in Österreich und Steiermark gerechtfertigt wird.[33]

1335 fiel auch Kärnten endgültig an die Habsburger. Der *Liber certarum historiarum* („Buch verbürgter Geschichten") Johanns von Viktring liefert aus Kärntner Perspektive die historische Rechtfertigung für den territorienübergreifenden Herrschaftsanspruch der Dynastie.[34] Johann stammte aus dem bayerisch-österreichischen Raum und war von 1312 bis zu seinem Tod 1345/47 Abt des Zisterzienserklosters Viktring bei Klagenfurt. Zunächst noch im Dienst des Meinhardinerherzogs Heinrich, ging er nach dessen Tod 1335 zu dem Habsburger Albrecht II. über. In der Chronik behandelte er, unter Einbeziehung des Reiches, die Geschichte der seit 1335 in der Hand der Habsburger vereinigten Länder Österreich, Steiermark und Kärnten sowie kursorisch auch der Herrschaft Krain. Mehrere Fassungen sind überliefert, die 1230, 1217 und in letzter Version schon in der Karolingerzeit einsetzen, ihren Schwerpunkt aber in der Zeitgeschichte haben. Dazu verwendet Johann als Hauptquelle die deutsche Reimchronik Ottokars aus der Gaal, deren Erzählungen hier aber zu einer moralisierend-gelehrten Geschichtsdarstellung transformiert werden. Auch Johann von Viktring hat sein Werk an der habsburgischen Herzogsdynastie orientiert, wie dies nicht nur die Vorworte, sondern auch die dynastisch akzentuierten Titelrubriken deutlich machen, die in den kürzlich aufgefundenen Melker Fragmenten überliefert sind. Die Berufung zum Kaplan Albrechts II. verweist auf die Nähe des Autors zum neuen Habsburger Herzog. Mehrfach spricht Johann vom Geschlecht der Habs-

---

32 Weinacht (Anm. 31), Sp. 242f.

33 Vgl. dazu Ottokars *Österreichische Reimchronik* (Anm. 31), 1. Halbbd., V. 12012 – 12049; Stelzer (Anm. 20), S. 177f., 184 – 186 hebt das in der Chronik prononcierte eigenständige Landesbewusstsein der Steirer hervor.

34 Iohannis abbatis Victoriensis: *Liber certarum historiarum*. Hrsg. von Fedor Schneider, Hannover 1910 (MGH Scriptores Rerum Germanicarum in usum scholarum); Iohannes Victoriensis, [http://www.geschichtsquellen.de/repPers_119559552.html; eingesehen: 14.03.2014]; Knapp (Anm. 25), S. 395 – 411.

burger als *heredes* bzw. *domini naturales* („natürliche Erben" bzw. „Herren"), die ihre verschiedenen Länder und deren Untertanen, die insgesamt als *Australes* („Österreicher") zusammengefasst werden, unter ihrer einzigen *ditio* („Herrschaft") zusammenhalten. Die Forschung vertritt die Ansicht, die Chronik habe die Politik Albrechts II. unterstützen und legitimieren sollen, die verschiedenen Länder bzw. deren Eliten unter der Klammer der habsburgischen Herrschaft immer mehr zusammen zu führen, ohne doch deren jeweils eigene Vorgeschichte und Eigenständigkeit zu übergehen. Johanns von Viktring Werk hat, vermittelt durch die Überlieferung des sogenannten Anonymus Leobiensis, in den Texten des Thomas Ebendorfer und des Aeneas Silvius Piccolomini aus der Mitte des 15. Jahrhundert nachgewirkt.[35]

Die *Chronik von den 95 Herrschaften*,[36] das spätmittelalterliche Schlüsselwerk der österreichischen Geschichte, entstand wohl gegen Ende der 1380er Jahre, stützte sich hingegen nicht auf Johann von Viktring, sondern auf andere, deutschsprachige Quellen: das *Fürstenbuch* des Jans Enikel für die Babenberger Geschichte, die *Steirische Reimchronik* für die frühhabsburgische Zeit und die *Königsfeldener Chronik*[37] für die Habsburger Geschichte der folgenden Jahrzehnte des 14. Jahrhunderts. Zahlreiche Autorenzuschreibungen wurden für die *Chronik von den 95 Herrschaften* erwogen. Zuletzt wurde der Verfasser entweder mit Leopold von Wien, einem Hofkaplan Albrechts III., identifiziert oder nur noch als ‚Österreichischer Prosachronist' bezeichnet.[38] Die Chronik gilt als das bedeutendste mittelalterliche Geschichtswerk aus Österreich. Mit über 50 Handschriften, von denen der „überwiegende Anteil [...] illustriert [ist]"[39] (Abb. 1), sprengt sie die üblichen Dimensionen für eine Rezeption mittelalterlicher Chronistik. Die ‚Innovation' dieser Chronik bestand darin, dass mit der Fiktion von 81 fabulösen Herrschern von nun an eine kontinuierliche österreichische Geschichte vom

---

35 STELZER (Anm. 20), S. 197–200 [mit Quellenzitaten und der aktuellen Literatur] sowie S. 188–193.

36 *Österreichische Chronik von den 95 Herrschaften.* Hrsg. von JOSEPH SEEMÜLLER, Hannover 1906–1910, Neudruck München 1980 (MGH Deutsche Chroniken 6).

37 ERICH KLEINSCHMIDT: [Art.] *Königsfeldener Chronik.* In: ^{2}VL 5 (1985), Sp. 106 f.

38 *Chronik von den 95 Herrschaften, Österreichische.* In: Repertorium fontium (Anm. 25), Bd. 7 (1997), S. 196 [http://www.geschichtsquellen.de/repOpus_01146.html?pers_PND=PND102828725; eingesehen: 27.03.2014]; FRITZ PETER KNAPP: Die Literatur des Spätmittelalters in den Ländern Österreich, Steiermark, Kärnten, Salzburg und Tirol von 1273 bis 1439. 2. Halbbd.: Die Literatur zur Zeit der habsburgischen Herzöge von Rudolf IV. bis Albrecht V. (1358–1439), Graz 2004 (Geschichte der Literatur in Österreich 2.2), S. 285–299, S. 286 f. KNAPP plädiert aufgrund inhaltlicher und sprachlicher Erwägungen für „Österreichischer Prosachronist" bzw. „Österreichische Chronik".

39 KdiH 3, S. 244.

Jahr 859 nach der Sintflut bis in die Gegenwart vorlag. Anders als die Chronistik Johanns von Viktring oder Ottokars aus der Gaal, die die Geschichte der Habsburger Ländergruppe mit einem besonderen Steirer bzw. Kärntner Fokus in die allgemeine Geschichte einbetteten, stellte die *Chronik von den 95 Herrschaften* allein die herausragende und uralte Geschichte Österreichs in den Mittelpunkt ihrer Erzählung.[40] Diese historiographische Strategie berührte sich mit der Politik Herzog Rudolfs IV., der das Herzogtum Österreich zum prestigeträchtigen, besonders privilegierten Kernland der Habsburger zu machen suchte.[41]

Die beiden wichtigsten dynastisch-territorialen Chroniken des habsburgischen Herrschaftsbereichs aus dem 15. Jahrhundert stammen beide von zeitweiligen Mitarbeitern Kaiser Friedrichs III., doch zeigen sie ein sehr unterschiedliches inhaltliches Profil. Thomas Ebendorfer (1388 – 1464), Autor einer *Cronica Austriae* („Chronik Österreichs"),[42] ist ab 1408 an der Universität Wien nachweisbar, studierte dort Artes und Theologie, lehrte später an der dortigen theologischen Fakultät und hatte mehrere Pfarreien vor allem im Umkreis Wiens inne. In den 1440er Jahren war er Gesandter und Ratgeber König Friedrichs III. auf mehreren Reichstagen und blieb dem Herrscher auch später noch, trotz einer gewissen Distanzierung, verbunden. Friedrich III. entstammte der steirisch-kärntischen Linie der Habsburger, übte aber als Ältester des Hauses ab 1439 auch die Vormundschaft über den nachgeborenen Sohn der österreichischen Linie, Ladislaus Postumus aus. Für Friedrich verfasste Ebendorfer ab etwa 1449 eine Weltgeschichte der römischen Könige in sieben Büchern. Das letzte Buch sollte die österreichische Geschichte darstellen. Dieses arbeitete Ebendorfer ab 1450 als eigenständiges Werk aus, das nun seinerseits aus vier Büchern besteht. Die Einschnitte zwischen den Büchern sind aufschlussreich: Das erste Buch behandelt die Urgeschichte Österreichs bis zur Christianisierung, das zweite den Zeitabschnitt bis zum Regierungsantritt der Habsburger – weithin fußend auf der *Chronik von den 95 Herrschaften*, von der Ebendorfer eine lateinische Übersetzung besaß bzw. selbst anfertigte. Der dritte Teil reicht bis zur Gegenwart Ebendorfers. Später fügte er noch einen vierten Teil mit der Geschichte des letzten Habsburgers der albertinischen Linie, Ladislaus Postumus, an, der 1457 starb. Ein fünfter Teil mit wenigen persönlichen Einträgen hatte eher tagebuchartigen Charakter und blieb unvollendet. Ebendorfer verfolgte mit seinem Werk einen belehrenden und im

---

40 Dies betont MOEGLIN (Anm. 5), S. 180 – 198 als den entscheidenden Schritt zur ‚histoire nationale' der österreichischen Geschichtsschreibung.

41 Dazu NIEDERSTÄTTER (Anm. 15), S. 145 – 171; zur Chronik STELZER (Anm. 20), S. 218 f. [mit weiterer Literatur].

42 Thomas Ebendorfer: *Cronica Austriae*. Hrsg. von ALPHONS LHOTSKY, Berlin/Zürich 1967 (MGH Scriptores rerum Germanicarum. N.S. 13).

Abb. 1: *Chronik von den 95 Herrschaften.* München, Bayerische Staatsbibliothek, Cgm 1134, S. 35: Zwei Phantasiewappen (43. und 44. Herrschaft). Wappen werden hier und in anderen illustrierten Chroniken nicht nur als wichtiges Zeichen von Herrschaftsrepräsentation, sondern auch als Ordnungs- und Strukturierungselement im Text eingesetzt.

Rahmen der Zeit wissenschaftlichen Anspruch, indem er verschiedene Quellen gegeneinander hielt und ‚Irrtümer' seiner Vorgänger zu berichtigen suchte.[43]

Ebendorfer steht dabei am Ende einer Traditionskette von Berichten über den epochalen Regierungsantritt der Habsburger in Österreich und Steiermark, die nach der erstmaligen deutschen Ausarbeitung durch Ottokar aus der Gaal bei der *Chronik von den 95 Herrschaften* eine deutsche Prosaauflösung und mit den Werken Johanns von Viktring und Ebendorfers zweimal einen Transfer vom Deutschen ins Lateinische umfasste. Der Charakter der dichterisch ausgreifenden Erzählungen Ottokars wurde im Zuge von Komprimierungen, die auf den historischen Plot im engeren Sinne abzielten, angesichts einer nur teilweise gegebenen sprachlichen Komplementarität und unterschiedlichen Gattungserwartungen im Verlauf der Traditionskette stark verändert.[44]

Eine gegenüber Ebendorfer und den anderen Vorgängern neue historiographische Arbeitsweise tritt dann in der *Historia Austrialis*[45] des Piccolomini (1405–1464) entgegen, die als erste humanistische Landesgeschichte außerhalb Italiens gilt. Piccolomini, der spätere Papst Pius II., stand zwischen 1442 und 1455 in den Diensten Friedrichs III.[46] Ein erster Entwurf der Chronik von 1453/54 behandelte zunächst nur die aktuellen Auseinandersetzungen Friedrichs III. Eine zweite Fassung, an der Piccolomini bis 1455 arbeitete, setzt mit einer österreichischen Landesbeschreibung ein und würdigt in breitem Bericht auch die Staufer sowie die österreichischen Babenberger des 13. Jahrhunderts. Nach seiner Abreise aus Deutschland im Mai 1455 arbeitete Piccolomini bis 1458 den Stoff in einer dritten Fassung der *Historia Austrialis* nochmals um und erweiterte den Text dabei.[47] Da aber der erste Zeitabschnitt weiterhin im 13. Jahrhundert endete, blieb zwischen

---

43 Karl Uiblein: [Art.] Ebendorfer, Thomas. In: ²VL 2 (1980), Sp. 253–265; 11 (2004), Sp. 389.

44 Rolf Sprandel: Übersetzungs- und Rezeptionsprobleme am Beispiel der *Steirischen Reimchronik*. In: Ders.: Chronisten als Zeitzeugen (Anm. 12), S. 129–144.

45 Eneas Silvius Piccolomini: *Historia Austrialis*. 2 Tle. Hrsg. von Julia Knödler/Martin Wagendorfer, Hannover 2009 (MGH Scriptores Rerum Germanicarum. N.S. 24).

46 Überblick: Franz-Josef Worstbrock: [Art.] Piccolomini, Aeneas Silvius. In: ²VL 7 (1989), Sp. 634–669, zur *Historia Austrialis* Sp. 656 f.; Alphons Lhotsky: Aeneas Silvius und Österreich. In: Ders.: Historiographie. Quellenkunde. Wissenschaftsgeschichte, München 1972 (Aufsätze und Vorträge 3), S. 26–71; Martin Wagendorfer: Studien zur *Historia Austrialis* des Aeneas Silvius de Piccolominibus, Wien/München 2003 (Mitteilungen des Instituts für Österreichische Geschichtsforschung. Ergbd. 43); Claudia Märtl: Anmerkungen zum Werk des Eneas Silvius Piccolomini (*Historia Austrialis, Pentalogus, Dialogus*). In: König und Kanzlist, Kaiser und Papst. Friedrich III. und Enea Silvio Piccolomini in Wiener Neustadt. Hrsg. von Franz Fuchs/Paul-Joachim Heinig/Martin Wagendorfer, Wien/Köln/Weimar 2013 (Forschungen zur Kaiser- und Papstgeschichte des Mittelalters. Beihefte 32), S. 1–30.

47 *Historia Austrialis* (Anm. 45), S. XVII-XXI.

der auslaufenden Babenbergerepoche und der Herrschaftszeit Friedrichs III. auch in dieser letzten Fassung eine große Lücke, in die auch der Habsburger Regierungsantritt in Österreich und der Steiermark fiel. Sechs der sieben Bücher waren nun allein der Geschichte Friedrichs III. gewidmet. Die Erfindungen der *Chronik von den 95 Herrschaften* zur frühen österreichischen Geschichte kritisierte Piccolomini in Buch I von Redaktion 2 und 3 vernichtend.[48]

Blicken wir auf das Ende des 15. Jahrhunderts: Zwei je auf ihre Weise originelle, deutschsprachige Werke stammen von Jakob Unrest, einem Priester zu Maria Saal in Kärnten († 1500).[49] Die *Kärntner Chronik*,[50] abgeschlossen 1490, wurde aufgrund ihres kompilatorischen Charakters lange Zeit unterschätzt. Doch präsentiert sie insofern eine eigenständige Leistung, als hier zum ersten Mal der Versuch gemacht wurde, die spezifische Geschichte des Landes Kärnten seit der Christianisierung im 8. Jahrhundert herauszuarbeiten. Das Problem der mehrfachen Dynastiewechsel und damit die Frage nach dem Gesamtzusammenhang der Geschichte Kärntens hat Unrest dadurch gelöst, dass er das Ritual der Herzogseinsetzung durch die Untertanen des Landes zum entscheidenden Identitäts- und Integrationselement Kärntens vom 8. Jahrhundert an bis zur Gegenwart stilisierte. Die *Kärntner Chronik* Unrests tendiert damit deutlich zum Typus einer territorialen Geschichtsschreibung, bei der die Einwohner des Landes gegenüber der Herrscherdynastie in den Vordergrund rücken. Noch einen Schritt weiter zur regionalen Geschichtsschreibung geht die *Österreichische Chronik* Unrests (fortgesetzt bis 1499),[51] die die zeitgeschichtlichen Ereignisse in den Habsburger Ländern der zweiten Hälfte des 15. Jahrhunderts thematisiert und dabei auf eine Vorgeschichte dieser Länder ganz verzichtet, sondern dafür auf die *Chronik von den 95 Herrschaften* verweist. Diese war auch für Veit Arnpeck, den Freisinger Geschichtsschreiber, in seinem 1494/95 verfassten *Chronicon Austriacum* („Österreichische Chronik“) das Maß der Dinge und er verwendete eine lateinische Fassung derselben, ähnlich wie Ebendorfer,[52] ohne explizite Kritik für die Frühzeit der Geschichte Österreichs.[53]

---

48 Siehe dazu unten S. 262.

49 Winfried Stelzer: [Art.] Unrest, Jakob. In: ²VL 10 (1999), Sp. 85–88; Jean-Marie Moeglin: Jakob Unrests *Kärntner Chronik* als Ausdruck regionaler Identität in Kärnten am Ausgang des 15. Jahrhunderts. In: Regionale Identität und soziale Gruppen im deutschen Mittelalter. Hrsg. von Peter Moraw, Berlin 1992 (Zeitschrift für Historische Forschung. Beiheft 14), S. 165–191.

50 Jakob Unrest: *Chronicon Carinthiacum*. Bd. 1. Hrsg. von Simon Friedrich Hahn. In: Collectio monumentorum veterum et recentium ineditorum. Bd. 1. Braunschweig 1724, S. 479–536.

51 Jakob Unrest: *Österreichische Chronik*. Hrsg. von Karl Grossmann, Weimar 1957 (MGH Scriptores rerum Germanicarum. N.S. 11).

52 Vgl. unten Anm. 126.

53 Veit Arnpeck: *Chronocon austriacum*. In: Arnpeck (Anm. 68), S. 707–845; dazu Einleitung S. CIVf., CXIIIf.; der Rückgriff auf diese Chronik ist umso auffälliger, als Arnpeck andererseits in

Auch die österreichischen Hofchroniken des späteren 15. Jahrhunderts sind noch in starkem Maße von der *Chronik von den 95 Herrschaften* beeinflusst.[54] Dies gilt für die Fürstenchronik des Freiburger Universitätslehrers und Kaplans Heinrich Gundelfingen (1440/45 – 1490) von 1476[55] ebenso wie für diejenige des Hofkaplans Kaiser Friedrichs III. und Dekans des Schweizer Klosters Einsiedeln, Albrecht von Bonstetten (1441/45 – 1504) von 1491/92.[56] Erst unter Kaiser Maximilian wurde ein historiographisches Modell entwickelt, das ganz neue Wege ging. Die Hofhistoriographie konzentrierte sich nun vorwiegend auf den Lobpreis der derzeit regierenden Habsburgerdynastie und ihrer Repräsentanten, während das Herzogtum Österreich hier nur mehr als eines der vielen Länder unter Habsburger Herrschaft figurierte. So schuf Jakob Mennel, Freiburger Stadtschreiber, später Rechtslehrer an der dortigen Universität und seit 1505 Rat Maximilians mit dem offiziellen Auftrag zur Sammlung von Zeugnissen für die Geschichte der Habsburger, eine große, fünfbändige *Fürstliche Chronik* (beendet 1518).[57] Darin ließ er Maximilians Ahnenreihe mit Hektor von Troja beginnen und zeigte dann, wie die Habsburger mit praktisch allen großen europäischen Dynastien verschwägert waren, wodurch sie dementsprechend auch zu Anwärtern auf fast alle europäischen Länder und Königreiche wurden. Die Geschichte Österreichs trat in einer solchen Chronik notwendigerweise stark zurück.

---

seiner *Bayerischen Chronik* die etablierte Karolingerabstammung der Wittelsbacher fallen lässt (vgl. Anm. 104).

54 Jean-Marie Moeglin: Dynastisches Bewußtsein und Geschichtsschreibung. Zum Selbstverständnis der Wittelsbacher, Habsburger und Hohenzollern im Spätmittelalter. In: Historische Zeitschrift 256 (1993), S. 593 – 635, hier S. 620; Alphons Lhotsky: Quellenkunde zur mittelalterlichen Geschichte Österreichs, Graz/Köln 1963 (Mitteilungen des Instituts für Österreichische Geschichtsforschung. Ergbd. 19), S. 317 f.

55 Heinrich von Gundelfingen: *Austriae principum chronici epitome triplex* [gedruckt unter dem Titel *Historia Austriaca*]. Hrsg. von Adam Franz Kollár von Kereszten. In: Analecta monumentorum omnis aevi Vindobonensia. Bd. 1, Wien 1761, Sp. 727 – 824 [Teilabdruck]; vgl. Dieter Mertens: [Art.] Gundelfingen, Heinrich. In: ²VL 3 (1981), Sp. 306 – 310.

56 Albrecht von Bonstetten: *Historia Domus Austriae*. In: Geschichte der österreichischen Klerisey. Tl. 2, Bd. 4. Hrsg. von Marian Fidler, Wien 1782, S. 90 – 180. Von der deutschen Fassung des Werkes ist nur das Vorwort gedruckt: Albrecht von Bonstetten: Briefe und ausgewählte Schriften. Hrsg. von Albert Büchi, Basel 1893 (Quellen zur Schweizer Geschichte 13), S. 127 – 133.

57 Zum ungedruckten Werk und dem Autor siehe Karl Heinz Burmeister/Gerhard F. Schmidt: [Art.] Mennel (Manlius), Jakob. In: ²VL 6 (1987), Sp. 389 – 395, hier Sp. 392 sowie ²VL 11 (2004), Sp. 991 f.; Dieter Mertens: Geschichte und Dynastie – zu Methode und Ziel der *Fürstlichen Chronik* Jakob Mennels. In: Historiographie am Oberrhein im späten Mittelalter und in der Frühen Neuzeit. Hrsg. von Kurt Andermann, Sigmaringen 1988 (Oberrheinische Studien 7), S. 121 – 153; Clemens (Anm. 8), S. 280 – 291.

2.2 Die Chronistik über das Herzogtum Bayern und die Wittelsbacher

Markanter als im Falle Österreichs sind die Anfänge regionaler Geschichtsschreibung in der zweiten Hälfte des 13. Jahrhunderts im Falle Bayerns mit zwei wichtigen Klöstern des Landes verbunden – mit Niederaltaich in Niederbayern und mit Scheyern in Oberbayern.

In Niederalteich wurde der dortige Abt Hermann (1242–1275) zum Begründer einer Geschichtsschreibung, die weit über das eigene Kloster hinaus auf die spätmittelalterliche bayerische Chronistik wirken sollte.[58] Texte zur Reichs- und Klostergeschichte erscheinen bei ihm zunächst als Einfügungen in klösterliche Verwaltungskodices. Die Übernahme der Vogtei des Klosters durch die Wittelsbacher im Jahr 1242 gab dann Gelegenheit, eine Genealogie des Herzogs und seiner Gemahlin aufzunehmen.

Bereits von Anbeginn seiner Geschichte war hingegen das oberbayerische Kloster Scheyern mit den Wittelsbachern eng verbunden. Denn hier lag der frühere Stammsitz der Wittelsbacher, bevor diese ihn um 1100 aufgaben und 1119 ein von ihnen zuvor gegründetes Kloster hierher transferierten, das in der Folge einen beachtlichen ökonomischen und kulturellen Aufschwung nahm. Wohl Abt Konrad von Luppurg verfasste zwischen 1206 und 1225 das *Chronicon Schyrense* („Chronik von Scheyern"), das die Gründung des Klosters in Verbindung mit einer Geschichte der herzoglichen Gründerfamilie, der Scheyern-Wittelsbacher darstellt.[59]

Anders als weiter östlich in den Habsburger Ländern blieben diese frühen Ansätze der bayerischen Geschichtsschreibung zunächst auf das klösterliche Milieu beschränkt. Zudem dauerte es bis gegen Ende des 14. Jahrhunderts, bis,

---

58 *Hermanni Altahenses Annales.* Hrsg. von Philipp Jaffé Hannover 1861 (MGH Scriptores 17), S. 360–416: Genealogie der Wittelsbacher S. 376f., Frühgeschichte der Herzöge von Bayern S. 365; Hermann Glaser: Geschichtsschreibung. In: Handbuch der bayerischen Geschichte (Anm. 14), Bd. 2, S. 841–860, hier S. 842–844 [mit Literatur]; Katharina Colberg: [Art.] Hermann von Niederaltaich O.S.B. In: ²VL 3 (1981), Sp. 1076–1080; jüngst: Ludwig Holzfurtner: Hermann von Niederaltaich und die Anfänge der bayerischen Landesgeschichtsschreibung. In: Studien zur bayerischen Landesgeschichtsschreibung in Mittelalter und Neuzeit. Festgabe für Andreas Kraus zum 90. Geburtstag. Hrsg. von Alois Schmid/Ludwig Holzfurtner, München 2012 (Zeitschrift für bayerische Landesgeschichte. Beiheft 41), S. 95–115; Jean-Marie Moeglin: Von Hermann von Niederaltaich zu Aventin. Die Entwicklung der bayerischen Landesgeschichtsschreibung im gesamtdeutschen und europäischen Kontext und Vergleich. In: Ebd., S. 117–149.

59 *Chounradi Chronicon Schirense.* Hrsg. von Philipp Jaffé, Hannover 1861 (MGH Scriptores 17), S. 615–623; Übersetzung: Die Chronik des Abtes Konrad von Scheyern (1206–1225) über die Gründung des Klosters Scheyern und die Anfänge des Hauses Wittelsbach. Hrsg. von Pankraz Fried, Weißenhorn 1980, S. 19–36; Franz-Josef Worstbrock: [Art.] Konrad von Scheyern (Conradus Schirensis). In: ²VL 5 (1985), Sp. 252–254.

erneut im Kloster Scheyern, an der dynastischen Geschichtsschreibung weiter gearbeitet wurde. Die nunmehr deutschsprachige *Scheyerner Fürstentafel* überliefert die örtliche Klostertradition und verbindet diese mit einer kurzen Genealogie der wittelsbachischen Herzöge bis zu Herzog Ludwig dem Strengen (1253–1294).[60] Der relativ kurze Text der Chronik wurde auf eine Holztafel aufgebracht und diese wurde in der Fürstenkapelle der Klosterkirche aufgehängt. Der Tafeltext diente hier als Erläuterung eines Zyklus von Herzogsbildern, der sich seit Ende des 14. Jahrhunderts in der dortigen herzoglichen Grablege befand. Doch wurde der Text auch vielfach abgeschrieben. Bei einer beachtlichen Überlieferung von 19 Handschriften allein zwischen 1451 und 1480 wird eine Rezeption sowohl im klösterlichen wie auch im laikalen Publikum erkennbar und die *Scheyerner Fürstentafel* wurde damit zum Schlüsseltext der späteren bayerischen Landeschronistik des 15. Jahrhunderts – vergleichbar darin mit der freilich viel umfangreicheren österreichischen *Chronik von den 95 Herrschaften.* Gesteuert wurde die Verbreitung der Fürstentafel vor allem durch die wittelsbachischen Hausklöster Scheyern und Andechs.[61] Zentrale Aussagen der Chronik waren, dass die Scheyern-Wittelsbacher von Karl dem Großen abstammten und bis 1180 nur vorübergehend aus Bayern verdrängt, dann aber als legitime Herzogsdynastie dorthin zurückgekehrt seien.[62]

Im 15. Jahrhundert verlagerte sich dann der Schwerpunkt auch der bayerischen Historiographie aus den Klöstern zu den Höfen und in die Städte – und nun wurde auch hier wie in den Habsburger Ländern die Mehrzahl der Texte in der Volkssprache verfasst. Am Übergang steht noch der Augustinerchorherr Andreas (Müller/Molitoris) aus dem Kloster St. Mang gegenüber Regensburg (um 1375/80 bis 1442/1447). Spätestens zur Zeit des Konstanzer Konzils begann er mit der Sammlung historischen Materials. Eine lateinische Weltchronik führte er zunächst bis 1422. Daraus ging dann eine 1428 fertig gestellte lateinische bayerische Fürstenchronik hervor, die *Chronica de principibus terrae Bavarorum.* Mit der annähernd zeitgleich entstandenen deutschen Übersetzung, der *Chronik von den Fürsten in Bayern*, beabsichtigte Andreas wohl, ein weiteres Publikum bei Hofe

---

60 *Tabula Perantiqua Schirensis.* Hrsg. von Albert Siegmund (†)/Franz Genzinger. In: Wittelsbach und Bayern. Die Zeit der frühen Herzöge. Von Otto I. zu Ludwig dem Bayern. Bd. I/1. Hrsg. von Hubert Glaser, München 1980, S. 153–163.

61 Birgit Studt: [Art.] *Scheyerer Fürstentafel.* In: ²VL 8 (1992), Sp. 656–659; vgl. dazu auch den Beitrag von Tobias Tanneberger in diesem Band.

62 Moeglin (Anm. 22), besonders S. 85–90; Ders. (Anm. 54), hier S. 599 f.; demnächst dazu auch Schneider (Anm. 22).

und in den Städten zu erreichen.[63] Mit Herzog Ludwig von Bayern-Ingolstadt (1368 – 1447) stand er in Kontakt, ihm widmete er neben einer Genealogie der Wittelsbacher auch die bayerische Chronik, die eine Erzählung über die Herrscher Bayerns bis in die Gegenwart präsentierte. Andreas' Werke sind relativ rasch verbreitet worden. Doch auffällig ist, dass die bayerische Chronik zunächst vor allem in ihrer lateinischen Fassung Aufnahme fand, wobei noch immer die Klöster als Interessenten und Sammler zu Buche schlagen.

Bei den Texten aus der zweiten Jahrhunderthälfte sollte sich dies ändern. Schon der nächste Chronist, Hans Ebran von Wildenberg (ca. 1425/35 – 1501/03), verfasste seine *Chronik von den Fürsten aus Bayern* ausschließlich in deutscher Sprache.[64] Aus dem niederbayerischen Landesadel stammend war er Richter und herzoglicher Rat, später Hofmeister der Gemahlin Georgs des Reichen in Burghausen. In zweiter Fassung arbeitete Hans Ebran an dem Werk bis um 1475. Die angeblich von Karl dem Großen abstammenden Scheyern-Wittelsbacher bildeten die letzte der vier Dynastien, die nach Ebran in der Geschichte des Herzogtums aufeinander folgten.[65] In der jüngsten Epoche der Teilungen des Herzogtums durch die Wittelsbacher gliederte er seine Darstellung systematisch nach Generationen und innerhalb derselben nach den verschiedenen Linien (Pfalz, München, Ingolstadt, Landshut, Straubing). Historiographische Portraits der einzelnen Herzöge mit den jeweils bemerkenswerten Ereignissen ihrer Regierungszeit sowie des Öfteren mit belehrenden Hinweisen im Stile eines Fürstenspiegels bilden, neben einer Neigung zur Gliederung des Stoffes entlang der dynastischen Geschichte, das besondere Profil dieser Herzogschronik.

Einer der ersten Benutzer der Chronik Hans Ebrans war der Münchner Wappenmaler und Dichter Ulrich Füetrer (ca. 1420 – ca. 1496). Wahrscheinlich überließ ihm Hans Ebran selbst eines seiner Manuskripte zur Verwendung. Füetrer

63 Edition aller genannten Werke: Andreas von Regensburg: Sämtliche Werke. Hrsg. von Georg Leidinger, München 1903, Neudruck Aalen 1969 (Quellen und Erörterungen zur bayerischen und deutschen Geschichte. N.F. 1); Claudia Märtl: Zur Biographie des bayerischen Geschichtsschreibers Andreas von Regensburg. In: Regensburg und Bayern im Mittelalter. Festschrift Kurt Reindel, Regensburg 1987 (Studien und Quellen zur Geschichte Regensburgs 4), S. 33 – 56; Joachim Schneider: Neue Aspekte zu Auftrag, Strategie und Erfolg einer zweisprachigen Dynastiegeschichte des 15. Jahrhunderts: Die *Bayerische Chronik* des Andreas von Regensburg lateinisch und deutsch. In: Zweisprachige Geschichtsschreibung im spätmittelalterlichen Deutschland. Hrsg. von Rolf Sprandel, Wiesbaden 1993 (Wissensliteratur im Mittelalter 14), S. 129 – 172; Dicker (Anm. 23), S. 30 – 81.

64 Hans Ebran von Wildenberg: *Chronik von den Fürsten aus Bayern*. Hrsg. von Friedrich Roth, München 1905, Neudruck Aalen 1969 (Quellen und Erörterungen zur bayerischen und deutschen Geschichte. N.F. 2.1); Dicker (Anm. 23), S. 82 – 112.

65 Vgl. Hans Ebran von Wildenberg (Anm. 64), S. 52 sowie unten S. 251 f.

war bürgerlicher Herkunft aus Landshut und verfasste die *Bayerische Chronik* ebenfalls von vornherein auf Deutsch.[66] Die Welt des Adels und des Bürgertums war sein Publikum in München. Seine Chronik entstand in den ersten beiden Fassungen 1478/81 und ist stark durch seine dichterische Tätigkeit beeinflusst, wodurch auch Exzerpte aus literarischen Texten und Geschichtsdichtung wie aus dem *Karl* des Strickers, dem *Rolandslied*, *Herzog Ernst*, *Lohengrin* oder *Jüngerem Titurel* Eingang in dieses Werk gefunden haben. Die Geschichte Bayerns ist bei Füetrer eine Sammlung von oft literarisch ausgestalteten Geschichten der regierenden Herzöge im Rahmen der allgemeinen Reichsgeschichte bis in die Gegenwart des Autors. Alle Herzöge gehören bei ihm – anders als noch bei Ebran – einer einzigen legitimen Dynastie an und die Geschichte Bayerns verschmilzt so mit der Geschichte dieser einen, ununterbrochen regierenden Dynastie.[67]

Der letzte bedeutende Chronist des 15. Jahrhunderts, der bayerische Geschichte schrieb, war der Kleriker Veit Arnpeck (vor 1440 – 1496). Nach einem Studium 1454 – 1457 in Wien war er Kaplan an St. Georg in Amberg, später Pfründeninhaber in Landshut und in seiner Vaterstadt Freising. Dem dortigen Bischof Sixtus von Tannberg widmete er seine *Chronica Baioariorum* („Chronik der Bayern"). In diesem um 1493 abgeschlossenen, umfangreichen lateinischen Werk, gegliedert in fünf Bücher, versammelte Arnpeck praktisch das gesamte Material der bayerischen Chroniken des 15. Jahrhunderts. Etwa zur selben Zeit beendete Arnpeck auch eine deutsche Fassung, die *Bayerische Chronik*.[68] Als erster der bayerischen Chronisten benutzte Arnpeck Werke von Frühhumanisten bzw. auch gedruckte Chroniken wie die Weltchroniken des Antoninus von Florenz oder des Jakob Philipp von Bergamo (*Supplementum Chronicarum*), die *Europa* und die *Historia Bohemica* („Böhmische Geschichte") des Piccolomini oder die *Weltchronik* des Hartmann Schedel. Ohne zu einer tiefer reichenden Rezeption des

---

66 Ulrich Füetrer: *Bayerische Chronik*. Hrsg. von REINHOLD SPILLER, München 1909, Neudruck Aalen 1969 (Quellen und Erörterungen zur bayerischen und deutschen Geschichte. N.F. 2.2); vgl. jüngst DICKER (Anm. 23), S. 112 – 134; ANTJE THUMSER: Die *Bayerische Chronik* des Ulrich Fuetrer († um 1496). Neue Überlegungen zur Überlieferungsgeschichte. In: Editionswissenschaftliche Kolloquien 2005/2007. Methodik – Amtsbücher – Digitale Edition – Projekte. Hrsg. von MATTHIAS THUMSER/JANUSZ TANDECKI, Toruń 2008, S. 303 – 322; umfangreiche Bibliographie: *Bairische Chronik*. In: Repertorium fontium (Anm. 25), Bd. 4 (1976), S. 594 [http://www.geschichtsquellen.de/repOpus_02347.html; eingesehen: 04. 04. 2014].

67 MOEGLIN (wie Anm. 22), S. 172 – 209.

68 Veit Arnpeck: Sämtliche Werke. Hrsg. von GEORG LEIDINGER, München 1915, Neudruck Aalen 1969 (Quellen und Erörterungen zur bayerischen und deutschen Geschichte. N.F. 3); Bibliographie zum Autor mit Querverweisen zum Werk: Arnpeck, Veit [http://www.geschichtsquellen.de/repPers_118645943.html; eingesehen: 30. 12. 2013]; vgl. auch die Analyse bei DICKER (Anm. 23), S. 134 – 186.

Humanismus vorzustoßen, gaben diese Vorlagen dem Werk aber doch ein gelehrtes, ‚aktualisiertes' Aussehen und stellten Bayern in den Rahmen der älteren Weltgeschichte. Angelegenheiten des Landes, der Stände erhielten in diesem Werk ein etwas größeres Gewicht als in den zuvor angeführten Texten, doch blieb auch dieses Werk an der Dynastie und ihrer Genealogie orientiert. Durch die Materialauswahl und durch die Bearbeitungsweise der deutschen Fassung stellte sich Arnpeck hier auf das deutschsprachige Publikum ein.[69]

3 Ethnische und dynastische Herkunftsgeschichten in den bayerischen und österreichischen Chroniken des Spätmittelalters

Ursprungs- und Herkunftsmythen, Landnahme- und Gründungsgeschichten spielten im europäischen Frühmittelalter eine zentrale Rolle für das Selbstverständnis zunächst von Ethnien bzw. frühen Königreichen, seit dem Hochmittelalter dann mehr und mehr auch von Dynastien und regionalen Adelseliten, von Klöstern und schließlich auch von Städten. Die Forschung hat inzwischen Übereinstimmung darüber erzielt, dass diesen Erzählungen kaum etwas über die eigentliche Ethnogenese bzw. die Herkunft einer Dynastie oder einen realen Gründungsakt, viel jedoch über das Selbstverständnis der betreffenden Gruppen zum jeweiligen Entstehungszeitpunkt der Erzählungen zu entnehmen ist. Diese wirkten integrierend und identitätsstiftend, indem sie die Selbstverortung in der allgemeinen Weltgeschichte ermöglichten im Wettbewerb mit Nachbarn und Konkurrenten, die sich auf verwandte oder auch auf alternative Ursprungsmythen beriefen. Die eigentliche *Origo*, der mythische Beginn, verband sich dem klassischen, antiken Modell folgend mit Aussagen über Sitten und Taten des betreffenden Volkes, über die Sprache und die geographische Lage des Siedlungsgebiets. Zu einem Kulturvolk wurde ein Volk, wenn Könige dieses regierten, deren Herrschaftszeit die gentile Existenz garantierte und die Geschichte strukturierte.[70]

---

69 Vgl. dazu unten Anm. 102.

70 Überblick: Herwig Wolfram u. a.: [Art.] *Origo gentis*. In: RGA 22 (2003), S. 174–210, hier besonders § 1. Allgemeines, S. 174–178; vgl. jetzt am Beispiel der Sachsen-*Origo:* Alheydis Plassmann: *Origo gentis*. Identitäts- und Legitimitätsstiftung in früh- und hochmittelalterlichen Herkunftserzählungen, Berlin 2006; zur langfristigen Wirkung dieser Stoffe František Graus: Lebendige Vergangenheit. Überlieferung im Mittelalter und in den Vorstellungen vom Mittelalter, Köln/Wien 1975; aktuelle forschungsorientierte Sammelbände: Geschichtsbilder und Gründungsmythen (Anm. 2); Gründungsmythen Europas im Mittelalter. Hrsg. von Michael Bernsen/Matthias Becher/Elke Brüggen, Bonn 2013.

Als besonders einflussreich erwies sich die fränkische *Origo* mit ihrem Trojamythos, da die häufig gesuchte Ansippung an die Karolinger bzw. an Karl den Großen zugleich den Anschluss an die fränkische Troja-*Origo* mit sich brachte.[71]

Kaum wurde bisher das Weiterleben der gentilen Herkunftsgeschichten im Kontext dynastisch-territorialer Herkunftsgeschichten im Spätmittelalter untersucht. Im folgenden Abschnitt soll danach gefragt werden, in welcher Weise die spätmittelalterlichen dynastisch-territorialen Chroniken aus dem Wittelsbacher und dem Habsburger Umfeld ältere Ursprungs- und Herkunftsmythen rezipierten, bearbeiteten und fortschrieben und wie dabei ethnische und dynastische Geschichte zusammengefügt wurde.

3.1 Die bayerischen Chroniken

Ein Landnahme- und Gründungsmythos der Bayern[72] wurde erstmals im Hochmittelalter aufgeschrieben. Der Entstehungszeitpunkt dieser Erzählung – bereits in der Zeit der Ethnogenese im frühen oder erst im hohen Mittelalter – ist bis heute umstritten,[73] doch ist diese Frage in unserem Zusammenhang unerheblich. Der Verfasser des sogenannten Norikerkapitels in der Tegernseer *Passio Quirini* („Passion des heiligen Quirin“) entwarf gegen Ende des 12. Jahrhunderts unter Verwendung von Elementen, die bereits in etwas älteren Heiligenviten und Epen des 12. Jahrhunderts erscheinen, eine erste zusammenhängende Erzählung über die Herkunft der Bayern und die Anfänge des Herzogtums.[74] Danach stammten die

71 Wolfram u.a. (Anm. 70), § 4 Franken, S. 189 – 195; Gert Melville: Troja. Die integrative Wiege europäischer Mächte im ausgehenden Mittelalter. In: Europa 1500. Hrsg. von Ferdinand Seibt/Winfried Eberhard, Stuttgart 1987, S. 415 – 432.

72 Die Ethnogenese der Bayern ist im Einzelnen umstritten, hat aber im Frühmittelalter, auch ohne dass eine Gründungsgeschichte überliefert wäre, jedenfalls stattgefunden – vgl. jetzt den Band: Die Anfänge Bayerns. Von Raetien und Noricum zur frühmittelalterlichen Baiovaria. Hrsg. von Hubert Fehr/Irmtraut Heitmeier, St. Ottilien 2012 (Bayerische Landesgeschichte und europäische Regionalgeschichte 1); Wilhelm Störmer: Die Baiuwaren. Von der Völkerwanderung bis Tassilo III., München 2002; Die Bajuwaren. Von Severin bis Tassilo 488 – 788. Hrsg. von Hermann Dannheimer/Heinz Dopsch, Korneuburg 1988.

73 Zu den verschiedenen Versionen sowie zur Forschung siehe die folgende Anm. 74; mit vorsichtigem Plädoyer für eine späte Datierung jüngst Alheydis Plassmann: Zur *Origo*-Problematik unter besonderer Berücksichtigung der Baiern. In: Die Anfänge Bayerns (Anm. 72), S. 163 – 182.

74 Grundlegend Johann Weissensteiner: Tegernsee, die Bayern und Österreich. Studien zu Tegernseer Geschichtsquellen und der bayerischen Stammessage, Wien 1983 (Archiv für österreichische Geschichte 133), S. 256 – 259 (Text) und S. 167 – 184 (Kommentar); Michael Müller: Die Bayerische ‚Stammessage‘ in der Geschichtsschreibung des Mittelalters. In: Zeitschrift für bayerische Landesgeschichte 40 (1977), S. 341 – 471, hier S. 348 – 354; Wilhelm Störmer:

Bayern aus Armenien und hätten sich an den Ufern der Donau angesiedelt. Ihre Bezeichnung als Noriker hätten sie von ihrem Anführer Norix erhalten, einem Sohn des Herkules, der das Land erobert habe. Damit war die seit dem 9. Jahrhundert in der lateinischen Überlieferung für *Bavaria* synonym verwendete Bezeichnung *Noricum*[75] durch Einführung eines *Heros eponymos*, eines namengebenden Stammvaters, erklärt. Die etwas ältere, im niederösterreichischen Göttweig entstandene *Vita Altmanni* hatte auch für die zweite Stammesbezeichnung einen *Heros eponymos* namens Bavarus geliefert,[76] wodurch eine Art doppelte Landnahme der Bayern angelegt war. Durch die Goten wurden die Noriker bzw. Bayern, so weiter die *Passio Quirini*, zwar noch einmal vorübergehend aus ihrem Territorium vertrieben. Aber ihr Herzog Theodo habe sie dorthin zurückgeführt.[77] Unter dem Namen Theodo erscheint hier der erste Vertreter der historischen, seit Mitte des 6. Jahrhunderts belegbaren bayerischen Agilolfingerherzöge[78] – freilich in einem historisch ganz anderen, römischen Umfeld. Theodo habe sich geweigert, einen geforderten Zins zu zahlen und die Römer schließlich bei Ötting, dem Sitz seines Herzogtums, vernichtend geschlagen. Anschließend blieben die Bayern als einzige im Römischen Reich verhältnismäßig selbständig, ja hatten sogar einen königsgleichen Rang inne – eine Tradition, die ebenfalls bis ins Spätmittelalter weiter wirken sollte.[79] Die Reihe ihrer Könige bzw. Herzöge sei seither nicht unterbrochen worden. Die wichtige Rolle der Bayern im Vergleich zu anderen Stämmen wird etwa dadurch hervorgehoben, dass betont wird, sie hätten die deutsche Sprache mitgebracht und eingeführt. Gegenüber den Schwaben und

---

Beobachtungen zu Aussagen und Intentionen der Bayerischen ‚Stammessage' des 11./12. Jahrhunderts. Fiktionen – Sage – ‚Geschichtsklitterung'. In: Fälschungen im Mittelalter. Internationaler Kongreß der ‚Monumenta Germaniae Historica', 3 Bde., Hannover 1988 (MGH Schriften 33/1–3), Bd. 1, S. 451–470, hier S. 453–458; Jan P. Niederkorn: *Tum Bavvarica velut nova generatio venit vel rediit.* Überlegungen zu Stammessage und Stammesbildung der Bayern. In: Zeitschrift für bayerische Landesgeschichte 68 (2005), S. 191–216.

75 Irmtraud Heitmeier: Die spätantiken Wurzeln der bairischen Noricum-Tradition. In: Die Anfänge Bayerns (Anm. 72), S. 463–550.

76 Müller (Anm. 74), S. 342–344.

77 Zum Typus dieses Rücksiedlungsmythos Graus (Anm. 70), S. 109–111.

78 Weissensteiner (Anm. 74), S. 174f.; zu den historischen Agilolfingern Wilhelm Störmer: Das Herzogsgeschlecht der Agilolfinger. In: Die Bajuwaren (Anm. 72), S. 141–152.

79 Wilhelm Volkert: *Bairn – vor zeitn ain konigreich gewesen.* Das bayerische ‚Evokationsprivileg' von 1362. In: Fälschungen im Mittelalter (Anm. 74), Bd. 3, S. 501–533, S. 514 [über Verfälschungen des Evokationsprivilegs Karls IV. von 1362 aus der Zeit um 1490 mit der auf die Agilolfinger Garibald und Thassilo bezogenen Behauptung, die Herzöge von Bayern seien Könige bzw. das Herzogtum Bayern sei Königreich gewesen]; vgl. die Edition S. 529–533, hier S. 530 b-b; ähnliche Aussagen bei Andreas von Regensburg (Anm. 63), S. 13–15, S. 594–596; Ulrich Füetrer (Anm. 66), S. 25–27; Hans Ebran von Wildenberg (Anm. 64), S. 33, 41 Var. c, 52f.

den Sachsen, die seinerzeit kriegerischer als die Bayern gewesen seien, hätten sich letztere durch Tugenden wie Gläubigkeit und Friedfertigkeit ausgezeichnet.

Für Ursprungsmythen typische Elemente dieser Geschichte sind die mit einer Gründergestalt operierende Etymologie des Volksnamens der Noriker sowie die mythische Abstammung des Gründers, Angaben zu Herkunft und Landnahme, die Verortung in der biblischen Weltgeschichte – mit Armenien wurde implizit auf den Ankerplatz der Arche Noahs Bezug genommen – und damit die Einreihung in die tradierte Völkertafel[80] mitsamt dem Anspruch auf ein unvordenklich hohes Alter, ethnische Eigenheiten, die Gleichberechtigung bzw. Vorrang gegenüber anderen Ethnien begründen. Wegweisend für die dynastisch-territoriale Geschichtsschreibung des Spätmittelalters waren zudem der hier bereits formulierte Autonomieanspruch der Bayern gegenüber den mit dem Reich zu identifizierenden ‚Römern' und der Hinweis auf die kontinuierliche Herzogsreihe mit königsgleichem Anspruch.[81]

Andreas von Regensburg war im 15. Jahrhundert der erste Chronist, der die Landnahme und Frühgeschichte des bayerischen Volkes mit einer umfassenden Geschichte der Herzöge bis zur Gegenwart zu verbinden suchte. Doch so reichhaltig Andreas' dynastisch-territoriale Geschichte Bayerns und seiner Herzöge für das Spätmittelalter war, so musste er sich für die bayerische Landnahme und die ersten Herzöge auf wenige und unzusammenhängende Angaben beschränken,[82] da ihm die meisten älteren Annalen- und Vitentexte zur bayerischen Geschichte nicht oder nur rudimentär zur Verfügung standen. Erst in der zweiten Fassung der lateinischen Herzogschronik findet sich der Hinweis auf eine Einwanderung der Bayern unter Bavarus aus Armenien und auf die gleichzeitige Vertreibung des zuvor ansässigen Bauernvolks, sowie die Erwähnung des ebenfalls namengebenden Herzogs Norix, des Sohns des Herkules. Diese Notizen über eine doppelte Landnahme durch Bavarus und Norix, ihrerseits schon nicht ganz folgerichtig, stehen unverbunden neben der darauf folgenden Einführung der sagenhaften Herzöge Boemundus und Ingrammus, die zur Zeit von Christi Geburt ebenfalls aus Armenien gekommen seien – ihre Taten bleiben allerdings unklar. Der höchstwahrscheinlich in Regensburg entstandenen *Kaiserchronik* zufolge hatten sie Julius Caesar energischen Widerstand geleistet. Und auch über die Herzöge Adelgerus und Theodo, zwei Namensvarianten für eigentlich ein und denselben Herzog, der ebenfalls der *Kaiserchronik* bzw. der *Passio Quirini* zufolge dem Kaiser

---

80 Matthias Springer: [Art.] Völkertafel, frk. In: LMA 8 (1997), Sp. 1821 f.

81 Vgl. Wolfram u. a. (Anm. 70).

82 Andreas von Regensburg (Anm. 63), S. 507 bzw. S. 592 f., vgl. Einleitung S. LXXX; Moeglin (Anm. 22), S. 108 – 111; zur Herkunft der im Folgenden behandelten Erzählmotive bei Andreas vgl. Müller (Anm. 76), S. 342 f., 346 f., 349 und Weissensteiner (Anm. 74), S. 168 f.

Septimius Severus große Probleme bereitete, habe Andreas seinen eigenen Worten zufolge nichts Näheres in den Schriften finden können. Die ersten Vertreter der Agilolfinger sind für Andreas bloße Namen früher bayerischer Herzöge ohne Geschichte.

Auch der nächste Autor in der Reihe der bayerischen Chronisten des 15. Jahrhunderts, Ebran von Wildenberg, konnte substanziell in etwa nur das wiederholen, was schon Andreas von Regensburg an Informationen zusammen getragen hatte, knüpfte aber verschiedene interessante Schlussfolgerungen an seine Gründungsgeschichten:[83] Er erwähnt wie Andreas die Einwanderung aus Armenien unter Bavarus, die spätere Eroberung durch Norix und die Kämpfe des Boemundus und des Ingeromandus, die vermutlich ebenfalls aus Armenien gekommen seien und das erste bayerische Herzogsgeschlecht begründet hätten, gegen Julius Caesar und die Römer, die als Gegner der Bayern bei Ebran hier ein deutlicheres Profil gewinnen. Theodo habe nach seinem Sieg 508, als er mit Hilfe des bayerischen Volks die Römer vertrieben habe, nach Boemundus und Ingeromandus die zweite bayerische Herzogsdynastie begründet. Der dritte Stamm sei durch Odilo – gemeint sind hier die Luitpoldinger –, der vierte durch Karl den Großen begründet worden, der das Herzogtum Bayern nach Absetzung Tassilos selbst übernommen habe und auf den die Scheyern-Wittelsbacher zurückgingen, wie Ebran zu Beginn der Chronik in einem Ausblick erläutert.[84]

Die schon von Andreas beklagten Überlieferungsprobleme hinsichtlich der frühen bayerischen Herzöge erklärte Ebran damit, die Besatzungsmacht habe römische Landvögte eingesetzt, sodass dadurch Lücken in der Herzogsreihe entstanden seien. Das Alter Bayerns war damit gerettet und zugleich ein Akkulturationsmythos ins Spiel gebracht: Deutsche und Römer hätten sich nämlich seinerzeit miteinander vermischt, weshalb bis zu Ebrans eigener Zeit etliche Hochadelsfamilien behaupteten, sie gingen auf römische Vorfahren zurück.[85] Dass eine Abkunft von den römischen Colonna im 15. Jahrhundert zeitweise auch den Habsburgern zugeschrieben wurde,[86] erwähnt Ebran zwar nicht ausdrücklich. Doch könnte es ihm möglicherweise mit dieser Anspielung auch darum gegangen sein, die seit der *Scheyerner Fürstentafel* in der bayerischen Geschichtsschreibung vertretene Abstammung der in Bayern herrschenden Dynastie der Scheyern-Wittelsbacher von Karl dem Großen umso heller erstrahlen zu lassen.[87]

---

83 Hans Ebran von Wildenberg (Anm. 64), S. 33 f., 41; vgl. Moeglin (Anm. 22), S. 148–150.
84 Hans Ebran von Wildenberg (Anm. 64), S. 5.
85 Hans Ebran von Wildenberg (Anm. 64), S. 35 f. bzw. S. 35 Var. h (1. Fassung).
86 Siehe unten Anm. 121.
87 Hans Ebran von Wildenberg (Anm. 64), S. 52.

Denn die Auseinandersetzung mit den österreichisch-habsburgischen Geschichtsentwürfen war ein weiteres wichtiges Thema der ersten Abschnitte von Ebrans Chronik. Eine kurze Einführung in die Weltgeschichte[88] führte den Chronisten dazu, anschließend die Behauptungen der *Chronik von den 95 Herrschaften*[89] von einer langen Vorgeschichte Österreichs anhand chronologischer und sachlicher Ungereimtheiten umfassend zurückzuweisen. Die Präzedenz Bayerns gegenüber Österreich, das erst durch Friedrich Barbarossa von Bayern abgetrennt wurde, war damit für ihn bewiesen.[90] Bayern habe vielmehr seit Beginn der deutschen Geschichte eine bedeutende Rolle im Reich gespielt: Es sei neben Schwaben, Franken und Sachsen eines *der vier grosser dewtzscher land gewesen in Germani, die man genent hat die vier hewser*, ursprünglich wie die anderen ein Königtum, bevor dann später jene anderen Häuser *zerbrochen* und eine größere Zahl von Fürstentümern und Grafschaften daraus gemacht wurden, um jeweils dem Reich mit fürstlichen Fahnlehen zu dienen, also die Vasallität des Reichs zu vergrößern. Das Herzogtum Bayern konnte demgegenüber in der Logik Ebrans für sich in Anspruch nehmen, die Dignität eines der vier ursprünglichen Herzogtümer bzw. Königreiche der Frühzeit des Reiches weiter zu führen. Aus Hoffart oder Reichtum hätten sich, so Ebran weiter, nun auch etliche der neu entstandenen Länder die Bezeichnung *hewser* zugelegt[91] – auch dies offensichtlich ein Seitenhieb auf die Habsburger, die um die Mitte des 15. Jahrhunderts damit begannen, sich als Haus Österreich zu bezeichnen bzw. die vom Haus Österreich als ihrem Herrschaftsraum sprachen.[92] Allerdings blieb der Hausbegriff bei Ebran und den anderen bayerischen Chroniken des späteren 15. Jahrhunderts, wie die Forschung jüngst festgestellt hat, im Wesentlichen auf einleitende bzw. diskursive Metatexte beschränkt. Und er bezeichnete, wie auch in dem eben zitierten Beispiel und anders als im offiziellen Sprachgebrauch,[93] wo er in Zeiten der Landesteilungen der Demonstration der dynastischen Einheit diente,[94] meist nicht die Dynastie, sondern den Raum des bayerischen Herzogtums bzw. dieses selbst.[95]

---

88 Hans Ebran von Wildenberg (Anm. 64), S. 7–25.

89 Siehe oben Anm. 36 und unten Anm. 111.

90 Hans Ebran von Wildenberg (Anm. 64), S. 26–32.

91 Hans Ebran von Wildenberg (Anm. 64), S. 25 f.

92 Vgl. dazu oben Anm. 21 und unten Anm. 119.

93 Franz Fuchs: Das ‚Haus Bayern' im 15. Jahrhundert. Formen und Strategien einer dynastischen ‚Integration'. In: Fragen der politischen Integration im mittelalterlichen Europa. Hrsg. von Werner Maleczek, Ostfildern 2005 (Vorträge und Forschungen 63), S. 303–324.

94 Reinhard Stauber: Herrschaftsrepräsentation und dynastische Propaganda bei den Wittelsbachern und Habsburgern um 1500. In: Principes. Dynastien und Höfe im späten Mittelalter. Hrsg. von Cordula Nolte/Karl-Heinz Spiess/Ralf-Gunnar Werlich, Stuttgart 2002 (Residenzenforschung 14), S. 371–402, hier S. 375 f.

Bei dem annähernd zeitgleich arbeitenden Chronisten Ulrich Füetrer ist, anders als noch zu Beginn der Chronik Ebrans oder des Andreas, von Leerstellen und chronologischen Schwierigkeiten nicht die Rede. Vielmehr präsentiert er auch für den frühen Zeitraum der bayerischen Geschichte eine lückenlose Herzogsreihe:[96] Füetrer lässt Bavarus und Norix, beide aus Armenien stammend, auf bayerischem Boden eine Familienfehde austragen, bei der Norix schließlich den Sieg davontrug und Regensburg gründete. Angesichts des fortdauernden Unfriedens kamen jedoch Vertreter des Landes (*die land*) auf beide zu und überzeugten ihre jeweiligen Herren von der Notwendigkeit, sich zu einigen. Dies geschah in der Weise, dass beide künftig denselben Helm, Schild und Namen trugen und sich gleichermaßen *Hertzogen von Bairen und auf dem Norigkaw* schrieben. Zugleich wurde eine Erbverbrüderung geschlossen (Abb. 2).[97] Bavarus überlebte, vereinigte die Länder erneut und unterwarf unter anderem Ostfranken, Burgund und Österreich. Boemundus und Igraminon waren Füetrer zufolge seine beiden Söhne, die erneut die Lande teilten. Beide bekämpften Julius Caesar, mussten aber schließlich doch dessen Herrschaft anerkennen und künftig als römische Verwalter fungieren. Ihre Söhne waren Adelgerus bzw. Theodo, der für seinen noch minderjährigen Vetter Adelgerus die Herrschaft führte. Nach einem Aufstand der deutschen Fürsten gegen Oktavian musste Theodo Bayern verlassen und zu den Goten fliehen. Erst sein Enkel Tassilo der Jüngere sollte nach Bayern zurückkehren können.

In diesen ersten Kapiteln wird die Erzähltechnik Füetrers sichtbar, die auch die weitere Chronik charakterisiert: Er präsentiert die Geschichte Bayerns als eine ununterbrochene dynastische Herrscherfolge. Die aus diversen Quellen entnommenen Informationspartikel über die Frühgeschichte des Herzogtums werden durch die Konstruktion einer lückenlosen Genealogie und bei Verwendung zeitgenössischer kultureller Muster bzw. Analogieschlüsse zu einer plausiblen Erzählung verdichtet, die Lesern und Hörern einleuchten konnte: Bruderkämpfe, Länderteilungen, Wappenwesen, Vormundschaften, Vermittlung durch Landstände und andere Elemente spätmittelalterlicher Politik werden ‚zitiert'. Die Protagonisten der Frühzeit agieren genauso, wie man es von den Protagonisten des 15. Jahrhunderts erwartete – sie waren wie man selbst, und diese Voorannahme

95 Dicker (Anm. 23), S. 107 f. (zu Ebran), S. 184 f. (zu Arnpeck), S. 316–321 zusammenfassend und kritisch gegenüber Moeglin (Anm. 54), S. 609–613, der eine deutliche Akzentuierung des Haus-Begriffs bei der Dynastie auch in der bayerischen Chronistik zu erkennen glaubt; vgl. die Belege aus dem Vorwort der Chronik Hans Ebrans bei Hans Ebran von Wildenberg (Anm. 64), S. 1 f.; dagegen eindeutig in dynastischer Verwendung bei Ulrich Füetrer (Anm. 66), S. 3, S. 214.

96 Ulrich Füetrer (Anm. 66), S. 5–19; vgl. Moeglin (Anm. 22), S. 175–185.

97 Ulrich Füetrer (Anm. 66), S. 8 f.

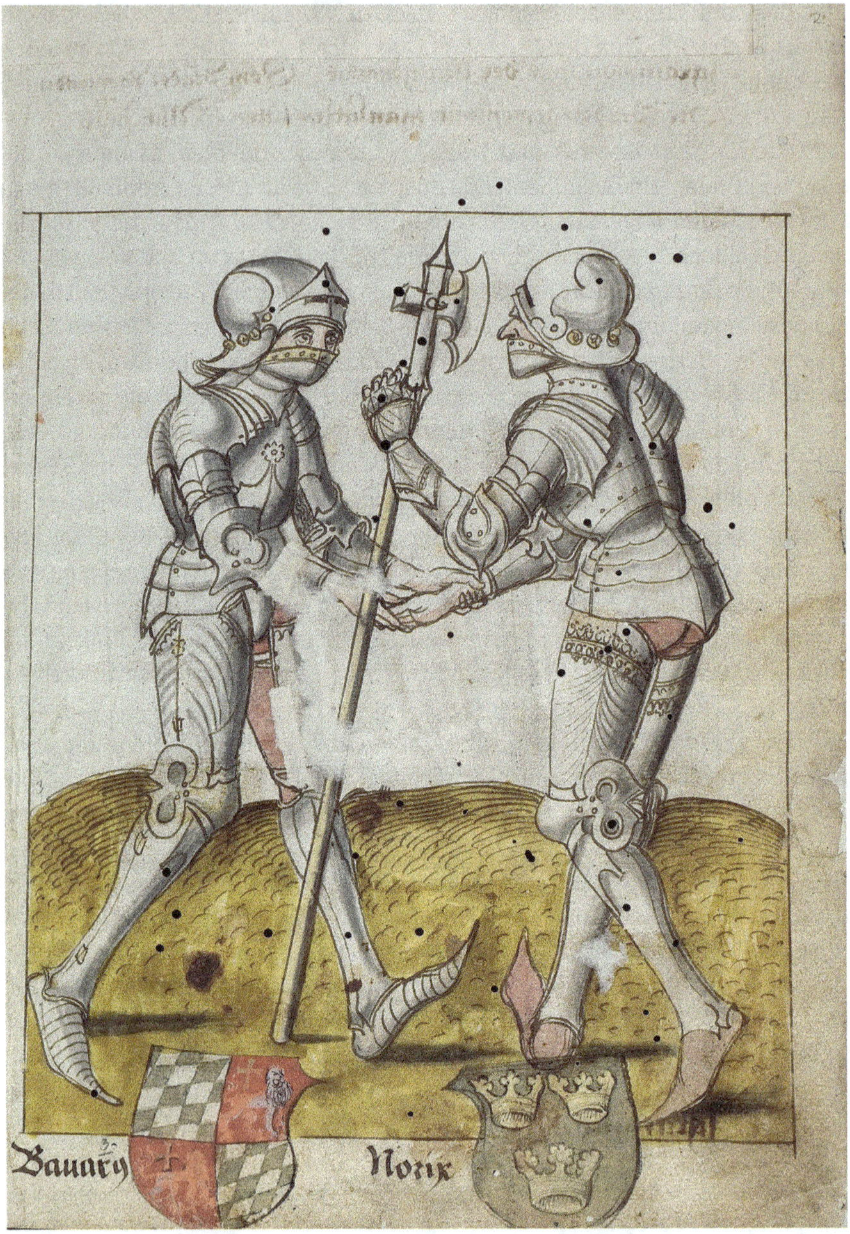

Abb. 2: Ulrich Füetrer: *Bayerische Chronik.* Dresden, Sächsische Landesbibliothek, Staats- und Universitätsbibliothek, Hs. P. 47, f. 2r: Norix und Bavarus schließen nach heftiger Fehde miteinander Frieden. Die Handschrift der SLUB Dresden ist eine autornahe, erste Version von Füetrers *Bayerischer Chronik* und wurde erst in jüngerer Zeit aufgefunden.

berechtigte Füetrer dazu, entsprechende Geschichten fast ohne Quellenvorlage in gegenwartsanalogen Situationen der bayerischen Frühgeschichte völlig neu zu erzählen. Füetrers Chronik rückt damit sehr nahe an das historisierende Erzählen spätmittelalterlicher Romane heran,[98] indem Reflexe der Zeitgeschichte sowie Wirklichkeitseffekte wie Namen, Ämter, Titel oder Rituale in für diese Gelegenheit völlig neu geschaffene Narrative eingehen. Füetrers Text steht damit, aber etwa auch mit dem Einbau eindeutig fiktionaler Stoffe in die Chronistik und mit seiner allgemeinen Geringschätzung der Chronologie, jedenfalls für die Frühgeschichte des bayerischen Herzogtums gleichermaßen diesseits wie auch jenseits der Grenze zwischen historischen Romanen und faktographischer Historiographie – damit vergleichbar etwa mit einigen Partien von Jans Enikels *Fürstenbuch* oder Ottokars aus der Gaal *Steirischen Reimchronik*, aber auch der *Chronik von den 95 Herrschaften.*

Bei Veit Arnpeck setzt die bayerische Chronik in der lateinischen Version erstmals nach dem Vorbild humanistischer Texte[99] mit einer geographischen Landes- und historischen Volksbeschreibung ein. Dabei greift Arnpeck auf die kurz vor Vollendung seines eigenen Werks gedruckte *Weltchronik* Hartmann Schedels von 1493 sowie auf ein Exemplar einer 1486 in Memmingen gedruckten Ausgabe der *Europa* des Piccolomini zurück.[100] Die geographische Ausdehnung Bayerns wird anhand der Nachbarländer, der in Bayern liegenden Bistümer sowie des Donauverlaufs erläutert. Weiterhin erscheint bei Arnpeck als erstem der bayerischen Chronisten die Herleitung des Landesnamens von den keltischen Boiern, wie sie auch Piccolomini behauptete. Damit verbunden ist ein Lob Bayerns als eines inzwischen überaus kultivierten Landstrichs mit vielen herausragenden Städten, nachdem die Bayern früher ein wilder und kriegswütiger Stamm gewesen seien. Die Geschichte von der Herkunft der Bayern aus Armenien und ihrem Herzog Bavarus präsentiert Arnpeck später unter Berufung auf andere Quellen als zweite Variante, doch hält er die Herleitung von den Boiern eigener Aussage zufolge auch unter chronologischen Überlegungen für wahrscheinlicher. Der Name

---

98 HERWEG (Anm. 8), besonders S. 20 – 27, 78 – 88 exemplarisch zu Chroniken als Grenzfällen zwischen historischer Wissensvermittlung und unterhaltendem Fiktionsangebot; siehe oben S. 235 f.

99 ALBERT SCHIRRMACHER: Was sind humanistische Landesbeschreibungen? Korpusfragen und Textsorten. In: Medien und Sprachen humanistischer Geschichtsschreibung. Hrsg. von JOHANNES HELMRATH, Berlin/New York 2009, S. 5 – 46.

100 Veit Arnpeck (Anm. 68), S. 18 – 22, zur Quellenverwendung: S. LII-LVI; Pius II.: *In Europam.* Hrsg. von Michael Christan, Memmingen: Albrecht Kunne [datiert vor 1491]; vgl. Gesamtverzeichnis der Wiegendrucke, Nr. M33717 [http://www.gesamtkatalogderwiegendrucke.de; eingesehen: 26.03.2014].

Noricum für Bayern sowie Norica für die Stadt Regensburg wird, wie üblich, auf den Sohn des aus Troja zuwandernden Herkules zurückgeführt, der seinen Sohn Norix hier allerdings erst in Regensburg zeugte – eine Variante, die zuerst bei Arnpeck erscheint.[101]

Die deutschsprachige Fassung Arnpecks ist demgegenüber deutlich anders charakterisiert: Arnpeck verzichtete hier auf die Landes- und Volksbeschreibung und auch auf die Boier-*Origo* des Piccolomini, wodurch eine eingängigere Version entstand. Stattdessen gibt Arnpeck hier den Erzählungen Füetrers breiteren Raum, was seiner Arbeitsweise entspricht, in der deutschen Fassung stärker auf deutsche Quellen zurückzugreifen.[102] So erscheint bei ihm auch die mit aktuellen Anleihen versehene Erzählung Füetrers über die Auseinandersetzungen zwischen Bavarus und Norix.[103] Doch verzichtet Arnpeck darauf, wie Füetrer eine durchgehende dynastische Herzogsfolge von den Anfängen bis zur Gegenwart zu konstruieren. Dies war offenbar mit seinem Selbstverständnis eines an den Quellen und der Chronologie orientierten Historiographen nicht vereinbar. Das betrifft zum Beispiel auch das Auftreten Theodos als Befreier Bayerns, der nicht mit Boemundus und Inngeromandus genealogisch verbunden wird, wie auch die Herzöge aus dem Hause Scheyern, die bei ihm – anders als in allen bayerischen Chroniken seit der *Scheyerner Fürstentafel* – nicht mehr an die Karolinger angesippt werden.[104]

3.2 Die österreichischen Chroniken

Anders als im Falle Bayerns hatte in Österreich und den anderen habsburgischen Ländern keine eigenständige Ethnogenese im frühen Mittelalter stattgefunden, da diese Regionen, soweit schon deutsch besiedelt, Teil der bayerischen Geschichte waren. Bestes Indiz für diese Konstellation sind die hochmittelalterlichen Klosterannalen dieses Raumes, die gleichermaßen als Überlieferungsträger der bayerischen *Origo* wie die angrenzenden Klöster des Herzogtums Bayern erscheinen.[105] Und dennoch musste es doch auch in Österreich eine Geschichte vor der Besiedlung des Raumes durch die Bayern gegeben haben.

101 Veit Arnpeck (Anm. 68), S. 22–25.

102 Veit Arnpeck (Anm. 68), S. 447 f.; zur entsprechenden Arbeitsweise Arnpecks im zeitgeschichtlichen Teil der Chronik siehe Dieter Rödel: Veit Arnpeck. Publikumsbezogene Zweisprachigkeit bei *Chronica Baioariorum* und *Bayerischer Chronik*. In: Zweisprachige Geschichtsschreibung (Anm. 63), S. 227–270.

103 Vgl. oben S. 253.

104 Veit Arnpeck (Anm. 68), S. 113 f.; Moeglin (Anm. 22), S. 210–229.

105 Moeglin (Anm. 54), S. 616–618.

Das *Fürstenbuch* des Jans Enikel offenbart das Dilemma. Denn es geht zwar wie selbstverständlich von einer frühen Geschichte Österreichs in der Römerzeit und vor der Christianisierung aus. Doch Konkretes kann der Autor über die Begründung des Landes und die Herkunft der Bewohner nicht erzählen. In heidnischer Zeit sei das Land noch klein und schwach gewesen. Doch weiß Enikel einiges über die frühen Zeiten seiner Heimatstadt Wien zu berichten, die er im Gefolge des hochmittelalterlichen Chronisten und Bischofs Otto von Freising mit dem römischen Faviana identifiziert.[106] Der Babenberger Albrecht – das heißt der 1055 gestorbene Adalbert – ist bei ihm der erste Herzog.[107] Enikel folgt dabei einer Fürstenreihe, die er schon für seine *Weltchronik* zusammen getragen und in diese en bloc eingefügt hatte.[108] Für diesen ersten, ihm bekannten Herzog Albrecht kann er jedoch nur den Namen und die Dauer seiner Herrschaft angeben. Dagegen kennt er weder seine Taten, wie er ausdrücklich vermerkt, noch kann er ihn chronologisch verorten. Auch über die Herkunft seiner Dynastie weiß er nichts zu sagen. Was die Anfänge Österreichs angeht, wird in Enikels Fürstenbuch damit sehr deutlich, dass sich mit dem Verlust der bayerischen Vorgeschichte einstweilen eine Leerstelle auftat. Noch in der zweiten Hälfte des 12. Jahrhunderts war in Admont, einem österreichisch-steirischen Kloster, die Frühgeschichte Bayerns einschließlich des Norikerkapitels der *Passio Quirini* mit einem exakten chronologischen Gerüst versehen worden. In den österreichischen Klosterannalen des 13. Jahrhunderts, die die Nachrichten zur österreichischen Geschichte sammelten und die auch das Informationsarsenal für Jans Enikel bereit stellten,[109] war dieser Weg zu einer bayerischen Vorgeschichte Österreichs bereits abgeschnitten bzw. nicht mehr opportun.

Die angesprochene Lücke blieb auch zunächst offen, da es weder das Ziel der *Steirischen Reimchronik* Ottokars noch des *Liber certarum historiarum* Johanns von Viktring war, eine Ursprungsgeschichte Österreichs, Kärntens oder der Steiermark zu erzählen. Vielmehr stand der Übergang dieser Länder in die Hand der Habsburger im 13. und 14. Jahrhundert und die Legitimation der dynastischen Verbindung dieser Länder im Fokus der Autoren.[110]

Die fehlende Ursprungsgeschichte für das Kernland Österreich lieferte erst die sogenannte *Chronik von den 95 Herrschaften*. In kühnem Entwurf, aber dabei wohl in Abstimmung mit dem regierenden Herzog Albrecht III., dem der Autor nahe stand, stellte dieser 81 frei erfundene Herrscher an den Anfang der österreichi-

106 Jans Enikel (Anm. 27), S. 599 – 601; vgl. zu Faviana S. 600, Anm. 1.
107 Jans Enikel (Anm. 27), S. 601 f.
108 Jans Enikel (Anm. 27), S. 544 – 548.
109 Vgl. oben Anm. 26.
110 Vgl. oben S. 235 – 237.

schen Geschichte. Diese begann mit *Abraham von Temonaria, ain rittermäzziger man*, der mit seiner ebenfalls aus rittermäßigem Geschlecht stammenden Frau Susanna im Jahr 859 nach der Sintflut aus seiner Heimat, der *Terra Ammiracionis*, jenseits des Meeres gelegen, in das weitgehend menschenleere, *Judeisapta* genannte *land bey der Tunaw* einwanderte, sich dort an einer passenden Stadt niederließ und das umliegende Land zu einer Markgrafschaft machte, zu deren erstem Herrscher er selbst wurde.[111] Im weiteren Verlauf veränderten sich der Name der Herrschaft des späteren Österreich sowie deren Wappen noch mehrmals. Auch Rangveränderungen, Dynastiewechsel, Landesteilungen und Eheverbindungen der Herrscher mit benachbarten Ländern vermeldet die Chronik – vergleichbar mit dem Vorgehen Füetrers[112] – wie in der realen, zeitgenössischen Geschichte des Landes im 13. und 14. Jahrhundert.[113]

Die historische Kontinuität des Landes beruht in diesem Entwurf damit weder auf der genealogischen Kontinuität einer Dynastie noch auf der ethnischen Kontinuität einer Landesgemeinde, sondern sie wird, ähnlich wie bei einer kirchlichen Bischofssukzession, auf einer seit der Einwanderung eines ersten Herrschers ununterbrochenen Abfolge von Herrschaften und damit auf der Kontinuität von landesherrlicher Herrschaft schlechthin gegründet. Mit dem Einsetzen der Nachrichten über die ersten bekannten Babenberger folgt der Autor dann ab der 82. Herrschaft[114] der Herrscherfolge, wie er sie der Chronik Enikels entnehmen konnte.

Eine Folge dieser Konstruktion der österreichischen Geschichte in der *Chronik von den 95 Herrschaften* ist, dass der Dynastiewechsel von den Babenbergern zu den Habsburgern nur einer von vielen war. Erschien angesichts dessen nicht die Verbindung der aktuell herrschenden Habsburgerdynastie mit dem Land als allzu locker? Erst in der allerletzten Phase der Geschichte Österreichs waren die Habsburger ins Land gekommen. Die Ansippung der Habsburger an die Babenberger aber wurde offensichtlich nicht gesucht, auch wenn sie ohne große Probleme möglich gewesen wäre.[115] Doch vertrat die *Chronik von den 95 Herrschaften* ein anderes Modell, das auf eine historisch-ideologische Verschmelzung zwischen Dynastie und Land über den Plot einer weit zurückreichenden Kontinuitätsbeziehung verzichtete.

---

111 *Österreichische Chronik* (Anm. 36), S. 25 f.
112 Vgl. oben Anm. 96.
113 Stelzer (Anm. 20), S. 218.
114 *Österreichische Chronik* (Anm. 36), S. 88.
115 Moeglin (Anm. 54), hier S. 624 f.

Jean-Marie Moeglin hat als Erklärung für diesen Weg der österreichischen Historiographie die These aufgestellt,[116] dass man im höfischen Umfeld der Habsburger und ihrer Chronisten im 14. und im 15. Jahrhundert den eigenen Herrschaftsanspruch deshalb nicht allein mit der Geschichte des Herzogtums Österreich verbinden wollte, weil man weiter gehende Ambitionen auf das Kaisertum verfolgte und sich dabei nicht allein mit dem Herzogtum Österreich identifizieren wollte.

Rudolf, der erste Habsburger König, stand allerdings deutlich wahrnehmbar im Blickpunkt der *Chronik von den 95 Herrschaften* – nicht als ein Messias sicherlich, doch als die historische Figur, als derjenige königliche Habsburger, durch den, als er ins Land kam, die österreichische Geschichte die entscheidende Wende erfuhr, die direkt zur Gegenwart der Leser der Chronik hinführte. So wurde die Gestalt Rudolfs in der Komposition des Gesamtwerks der Chronik markant hervorgehoben.[117] Seine Geschichte bildet mitsamt der Geschichte des von ihm als Herzog in Österreich eingesetzten Sohnes Albrecht nach den vorangegangenen Wirren in der Zeit der letzten Babenberger, der Staufer und Ottokars von Böhmen den Höhe- und Schlusspunkt des vierten Buches. Im fünften Buch wird die regierende Habsburger Dynastie dann als der *edel sam diser fürsten ze Österreich* gerühmt.[118]

Ambitionen auf das römisch-deutsche Königtum sowie die Akkumulierung zahlreicher weiterer Länder und Herrschaftstitel, vielleicht aber auch eine weiter wirksame Selbstidentifikation mit der eigenen Herkunft aus Schwaben ließen es wohl für die Habsburger und ihr Umfeld nicht opportun erscheinen, sich historisch allzu exklusiv allein mit dem Herzogtum Österreich zu verbinden. Die Bezeichnung der Habsburger Dynastie bzw. ihres Herrschaftsraums als ‚Haus Österreich' knüpfte dann zwar an ihrem ranghöchsten Fürstentum an, ging jedoch nicht mit einer historischen Verschmelzung mit der Gesamtgeschichte dieses einen Herzogtums einher. Nach nur vereinzelten Belegen im 14. Jahrhundert erscheint die Begriffsbildung ‚Haus Österreich' seit 1438/39 auf breiter Front in der Kanzleiüberlieferung und diente bald auch als Bezeichnung für den Gesamtbesitz, als ein Sammelbegriff für alle Herrschaftsrechte der Dynastie, bevor er sich seit dem 16. Jahrhundert wieder vornehmlich auf die Dynastie konzentrierte.[119] Die seit den späten 1440er Jahren entstandene *Cronica Austriae* Thomas Ebendorfers spiegelt bereits mit zahlreichen Belegen des Hausbegriffs – neben ‚Haus Öster-

116 Moeglin (Anm. 54), S. 621–630.
117 *Österreichische Chronik* (Anm. 36), S. 126–156.
118 *Österreichische Chronik* (Anm. 36), S. 180.
119 Vgl. die Literatur Anm. 21, insbesondere den Aufsatz von Lackner (S. 287 f.); zur Rezeption des Begriffs bei Thomas Ebendorfer vgl. die Edition von Lhotsky (Anm. 42).

reich' erscheint hier auch noch ‚Haus Habsburg' – diese neue politisch-dynastische Begrifflichkeit und damit das aktuelle Selbstverständnis der Habsburger Dynastie in jener Zeit, als diese nach langer Unterbrechung wieder die römisch-deutsche Königswürde übernahm. Die Chronik ist aber wohl auch ihrerseits ein Instrument der historischen Implementierung dieser Terminologie gewesen.

Neben der Propagierung dieser neuen dynastischen Terminologie führte Thomas Ebendorfer auch eine Abstammungsgeschichte der Habsburger in seine *Cronica Austrie* ein. Bereits seit der Zeit Rudolfs von Habsburg sind diverse Versuche greifbar, die Habsburger an die Trojaner oder an die Merowinger, an Julius Caesar oder andere römische Vorfahren anzusippen und damit die Habsburgerabstammung aufzuwerten. Doch hatte sich diese eher disparate Überlieferung nicht zu einem durchschlagenden Plot verdichtet. Die Belege finden sich vornehmlich in dichterischen Werken wie im Roman *Wilhelm von Österreich* Johanns von Würzburg sowie in einigen anderen, literarischen und außerliterarischen Spuren des 14. Jahrhunderts, allesamt aber nicht in der sonst alles beherrschenden *Chronik von den 95 Herrschaften.*[120] Die Identifizierung der Abstammung der Habsburger mit der Familie der römischen Colonna erscheint erstmals bei Thomas Ebendorfer – und auch hier keineswegs an einer zentralen Stelle.[121]

Die Abstammung von einer stadtrömischen Adelsfamilie war nun aber im 15. und 16. Jahrhundert sicher nicht mehr als ein überzeugendes Modell der Herkunftsgeschichte einer europaweit agierenden Spitzendynastie geeignet, die in Konkurrenz mit anderen Königsdynastien um symbolisches Prestige und politische Vorherrschaft stand. Als König Maximilian einige Jahrzehnte später mit Hilfe historiographischer Experten in einem vielschichtigen Geschichts- und Propagandawerk den Nachweis der europaweiten Verschwägerung der Habsburger führen ließ, um so deren Stellung innerhalb des verwandtschaftlichen Geflechts der Dynastien der großen Monarchien zu verankern,[122] trat die römische Herkunft hinter anderen Varianten ganz zurück. Weit passender war es da, wenn Jakob Mennel den Trojaner Hektor, die Personifizierung ritterlichen Heldentums, zum

---

120 Clemens (Anm. 8), S. 206–308.

121 Thomas Ebendorfer (Anm. 42), S. 352 f. [bei der Geschichte Herzog Albrechts V.]; Alphons Lhotsky: *Apis Colonna*. Fabeln und Theorien über die Abkunft der Habsburger. Ein Exkurs zur *Cronica Austrie* des Thomas Ebendorfer. In: Ders.: Das Haus Habsburg, München 1971 (Aufsätze und Vorträge 2), S. 7–102, hier S. 8–37.

122 Vgl. oben S. 242 f.; siehe auch zum größeren Zusammenhang der habsburgischen Erinnerungsbildung unter Kaiser Maximilian Jan-Dirk Müller: *Gedechtnus*. Literatur und Hofgesellschaft um Maximilian I., München 1982 (Forschungen zur Geschichte der älteren deutschen Literatur 2), S. 55–64 f., 265 f.; Moeglin (Anm. 54), S. 630.

Stammvater und Spitzenahn Kaiser Maximilians machte.[123] Auch die Herrschaft im Herzogtum Österreich wurde seit Maximilians ‚Gedächtniswerk' gelegentlich auf ältere dynastische Ansprüche zurückgeführt und der Herrschaftsantritt Rudolfs als ‚Rückkehr' in das angestammte Land interpretiert. Aber dies war nur ein ‚Forschungsergebnis' von Maximilians Historiographen unter vielen.[124]

Die verschiedenen Versionen der Habsburger Abstammungsgeschichten liefen also weitgehend unverbunden neben dem Plot der Frühgeschichte Österreichs her, wie ihn die *Chronik von den 95 Herrschaften* etabliert hatte. Als um die Mitte des 15. Jahrhunderts im Umkreis Kaiser Friedrichs III. Thomas Ebendorfer und Piccolomini fast gleichzeitig mit neuen, ambitionierten Werken zur Geschichte Österreichs hervortraten, stellte sich aber auch die Frage, wie mit diesem inzwischen weithin etablierten, weit ausgreifenden Modell zur Frühgeschichte Österreichs zu verfahren war. War dieses Modell noch zeitgemäß?

Thomas Ebendorfer stellte in seiner *Cronica Austriae* dem großen Geschichtsentwurf der österreichischen Chronik eine Herkunfts- und Siedlungsgeschichte der Bayern voran. Noricum, das Siedlungsgebiet der Bayern, habe sich bis zum Fluss Raab erstreckt und damit auch Österreich umfasst. Ebendorfer folgte darin Vorlagen der bayerischen Geschichtsschreibung vor allem des 13. Jahrhunderts, und in diesem Entwurf war bemerkenswerterweise die Vor- und Frühgeschichte Österreichs wieder zu einem Bestandteil der bayerischen Geschichte geworden.[125] Unmittelbar darauf folgend aber leitete Ebendorfer, ohne sich definitiv für eine der beiden Versionen zu entscheiden, zu einer relativ freien Bearbeitung der *Chronik der 95 Herrschaften* und ihrer autochthonen Frühgeschichte Österreichs über, bis er in der Karolingerzeit ohne nähere Abgrenzung zu anderen Vorlagen wechselte.[126] Ähnlich wie in Arnpecks lateinischer Version seiner bayerischen Chronik standen damit auch bei Ebendorfer zwei im Kern konträre Versionen einer *Origo* einander gegenüber.

Anders Piccolomini: Mit dem Impetus des Humanisten, der eine neue, ‚moderne' Geschichtsschreibung zu etablieren suchte, ging er entschlossen gegen die Erzählung der *Chronik von den 95 Herrschaften* vor. Setzte diese doch in herkömmlicher vorhumanistischer Weise auf die Kombination von Heilsgeschichte und Herrscherkontinuität – eine Geschichtsbetrachtung, die die Humanisten zu

---

123 Moeglin (Anm. 54), S. 629; anders Clemens (Anm. 8), S. 258, die wegen der kontinuierlichen Überlieferung annimmt, die römische Abstammung bzw. die Colonna-Fabel sei für die Identität der Habsburger wichtig gewesen; zu Mennel vgl. oben Anm. 57.

124 Vgl. Clemens (Anm. 8), S. 287.

125 Thomas Ebendorfer (Anm. 42), S. 3 – 6 bzw. S. 7 – 11 in zwei verschiedenen Versionen; zu den Quellen vgl. die dortigen Anmerkungen.

126 Thomas Ebendorfer (Anm. 42), S. 11 – 37.

überwinden trachteten.[127] So stellte Piccolomini in seiner *Chronica Austrialis* in zweiter und dritter Redaktion eine gegenüber Ebendorfer ausführlichere, humanistisch inspirierte Landesbeschreibung voran.[128] In deren Kontext ließ er offen, ob Österreich ursprünglich der östliche Teil Noricums, also Bayerns, oder aber der westliche Teil Pannoniens gewesen sei. Er deutet vielmehr eine historische Mischung der Ethnien und ihrer Kulturen an: Die Sprache verweise auf einen deutschen bzw. bayerischen, die Sitten und Gewohnheiten dagegen auf einen pannonischen Einfluss. Hinsichtlich der frühesten Bewohner des Landes habe er jedoch keine sicheren Quellen finden können. Die *Chronik von den 95 Herrschaften* überzog Piccolomini anschließend mit einer vernichtenden Kritik und schüttete seitenweise beißenden Spott über das Werk aus.[129] Damit nahm er allerdings in Kauf, in Gegensatz zu dem regierenden Habsburger Kaiser Friedrich III. zu geraten, der noch 1453 eine aus der *Chronik von den 95 Herrschaften* abgeleitete Wappenreihe in seiner Residenz Wiener Neustadt anbringen ließ.[130]

4 Schluss

Vom 13. bis zum 15. Jahrhundert hat sich sowohl im Herrschaftsbereich der Habsburger wie auch der Wittelsbacher eine jeweils aufeinander aufbauende, vielgestaltige dynastisch-territoriale Geschichtsschreibung entwickelt, die sich mehr und mehr aus der allgemeinen Weltgeschichte herauslöste und eine partikulare und jeweils eng mit den jeweiligen Herrscherdynastien verbundene Geschichte erzählte. Die Sammlung weltgeschichtlichen Materials und einschlägiger Klosterannalen verband sich mit fiktiven Erzählbausteinen, aktualisierenden Erzählmotiven und völlig neuen Entwürfen. Für das Herzogtum Bayern wie auch für das Herzogtum Österreich – kaum dagegen für Kärnten, Steiermark oder Tirol – lagen schließlich umfassende Erzählungen vor, die meist mit einer verhältnis-

127 Thomas Maissen: Worin gründete der Erfolg der humanistischen Historiographie? In: Historiographie des Humanismus. Literarische Verfahren, soziale Praxis, geschichtliche Räume. Hrsg. von Johannes Helmrath/Albert Schirrmeister/Stefan Schlelein, Berlin/Boston 2013 (Transformationen der Antike 12), S. 49 – 83, hier besonders S. 60 – 64 zu den historiographischen ‚Innovationen' der Humanisten, die den herkömmlichen, vorwiegend genealogisch geprägten Ursprungsmythen des Adels geo-ethnographische und zugleich historisch argumentierende Landesbeschreibungen entgegensetzten; vgl. oben S. 255 f. sowie Anm. 99.

128 *Historia Austrialis* (Anm. 45), Buch I, S. 244 – 286 (Red. 2) bzw. S. 245 – 285 (Red. 3); zu dem zwischen Bayern und Ungarn stehenden Charakter des Landes S. 244 – 246 bzw. S. 245.

129 *Historia Austrialis* (Anm. 45), Buch I, S. 286 – 306 (Red. 2) bzw. S. 287 – 307 (Red. 3).

130 *Österreichische Chronik* (Anm. 36), S. CCXCV f.; Thomas Ebendorfer (Anm. 42), S. XLIV; Lhotsky (Anm. 54), S. 317 f.

mäßig knappen *Origo*-Erzählung des jeweiligen Landes und seiner Bewohner einsetzten und bis zur Gegenwart führten. Von besonderer Bedeutung war auch die Einführung der jeweiligen Herrscherdynastie in die Geschichte des Landes, wobei die Dynastie bzw. deren Abfolge auch im Weiteren den Leitfaden der Darstellung bildete. Die Herrschaftskontinuität war hier wie dort ein Schlüsselgedanke, allerdings in unterschiedlicher Weise: Denn die fehlende eigene Vorgeschichte Österreichs führte in der *Chronik von den 95 Herrschaften* schließlich zur Fiktion einer sehr großen Zahl von Herrschern mit mehrfachen Dynastie- und Namenswechseln und zeitgeschichtlich geprägten Erzählmotiven, bis schließlich die Ankunft der königsfähigen Habsburger als eine letzte entscheidende Zäsur der Geschichte des Landes und seiner Herrscherfolge zu vermelden war. Die Ausarbeitung einer mythischen Vorgeschichte für die Habsburger erfolgte allerdings gegenüber den Wittelsbachern erst mit Verspätung und ohne besonderen historischen Bezug zu Österreich oder einem anderen Territorium des Geschlechts. Bei den Wittelsbachern hingegen arbeitete die Chronistik an dem Mythos, dass jene nicht nur auf das frühere Herzogsgeschlecht der Luitpoldinger, sondern dass diese ihrerseits eigentlich auf Karl den Großen zurückgingen, womit sie wiederum Anteil an der trojanischen Herkunftssage der Franken gewannen, bis im Falle Füetrers, in einer letzten Steigerung des Verschmelzungsgedankens von Dynastie und Territorium, die Karolinger ihrerseits zu einem Teil, einem ‚Seitenstrang', des bayerischen Herzogsgeschlechts wurden, das in ununterbrochener genealogischer Abfolge seit Beginn der bayerischen Geschichte im Herzogtum geherrscht hatte und direkt auf den mythischen Helden Herkules zurückging. Weniger einheitlich ist demgegenüber die habsburgisch-österreichische Geschichtsschreibung, für die um 1500 mit der *Chronik von den 95 Herrschaften* bis hin zu Thomas Ebendorfer, dem fragmentarischen humanistischen Entwurf des Piccolomini sowie dem Gedächtniswerk Kaiser Maximilians drei grundverschiedene Varianten vorlagen. Die bayerische Geschichtsschreibung war, trotz kleinerer Varianten, mit ihrem stark ausgeprägten Gedanken der Kontinuität und der Verschmelzung von Landes- und Herrschergeschichte um 1500 wesentlich homogener.

Interessant sind Vorgänge der gegenseitigen kritischen Bezugnahme zwischen den Historiographen. Gefördert wurde dies durch die überregionale Verbreitung von Handschriften, aber auch dadurch, dass im Zeitalter des Humanismus Chronisten wie Piccolomini, Veit Arnpeck oder auch Jakob Unrest über die Geschichte nicht nur eines, sondern mehrerer Länder und ihrer Dynastien schrieben. Die vernichtende Kritik des Piccolomini an der österreichischen *Chronik von den 95 Herrschaften* speiste sich aus einem spezifischen Anspruch an eine humanistisch inspirierte Landes- und Dynastiegeschichte. Die Kritik des bayerische Geschichte schreibenden Ebran von Wildenberg ergab sich hingegen aus der Konkurrenz zwischen bayerischem und österreichischem Patriotismus bzw. der betreffenden adligen Eliten um den zeitlichen Vorrang und das Prestige der je eigenen Geschichte. Einflüsse der österreichischen Chronistik auf Ebran von Wildenberg werden auch in seiner latent antihabsburgischen Diskussion des Hausbegriffs sowie in der konsequenten Zählung der angeblich vier aufeinander folgenden bayerischen Herzogsdynastien sichtbar, die an die Zählung der 95 Herrschaften auf österreichischer Seite erinnert. Auf einer anderen Ebene lag es hingegen, wenn ein Veit Arnpeck oder auch ein Thomas Ebendorfer verschiedene *Origo*-Versionen nebeneinander stellten oder einzelne historische Tatsachenbehauptungen ihrer Vorgänger aus ‚wissenschaftlichen Gründen' kritisierten, selbst wenn diese wie die Karolingerabstammung der Wittelsbacher im Falle Arnpecks für die eigene Seite äußerst prestigebehaftet waren. Allerdings war die *Bayerische Chronik* Arnpecks kaum verbreitet.

Sprachlich nutzten Chronisten bis zum Ende des 15. Jahrhunderts sowohl das Lateinische wie auch die Volkssprache. Besonders im Fall der habsburgernahen Geschichtsschreibung durchliefen die historischen Stoffe zum Teil mehrfache Sprachwechsel. Der Trend zunächst hin zum Deutschen kam gegen Ende unter dem Einfluss des Frühhumanismus zum Stillstand bzw. kehrte sich auch um. Lateinische und deutsche Fassungen der Chroniken weisen eine über das Sprachliche hinaus gehende differente kulturelle und inhaltliche Prägung auf. Die volkssprachlichen Reimchroniken, aber auch die *Chronik von den 95 Herrschaften* oder die Chronistik Füetrers bewegten sich in einem Grenzbereich zwischen Dichtung und Historiographie, wobei romanhafte Erzählmotive und Personen aus der Literatur in die Chronistik eindrangen und umgekehrt Motive und Begriffe der sozialen Realität der jeweiligen Gegenwart auf frei erfundene oder ausgestaltete Erzählungen aus einer weit entfernten Vergangenheit übergriffen. Hinsichtlich der Aufnahme aktueller politischer Begrifflichkeit und Propaganda wie etwa des zwischen Land und Dynastie schillernden Begriffs des ‚Hauses' folgt die Chronistik öfter von der offiziellen Terminologie abweichenden Verwendungsmustern – ein Punkt, der weitere Untersuchung verdient.

Abschließend sei hervorgehoben, dass der Auskunftswert der Chronistik nicht nur in ihrer faktographischen Überlieferung, sondern gerade für die älteren Epochen der dynastisch-territorialen Geschichte ebenso sehr in den hier aufscheinenden Vorstellungswelten liegt. Denn die meist hof- und dynastienahen Autoren der hier untersuchten Geschichtsschreibung projizierten die Vorstellungswelten ihrer Gegenwart auf die Geschichte und legitimierten anschließend die Verhältnisse der Gegenwart anhand der von ihnen passend aufbereiteten Geschichtsdarstellung. Jenseits dieses bemerkenswerten Relativismus vormoderner Historiographen bleibt festzuhalten, dass bei der Herauslösung eigenständiger, partikularer Geschichte(n) der jeweiligen Dynastien und Territorien aus der überkommenen Weltgeschichtsschreibung ein beachtlicher historiographischer

Impuls im Spätmittelalter erkennbar wird, der Grundlagen geschaffen hat, die in die Neuzeit weiter wirkten.

Lektürehinweise:
2. Geschichte schreiben. Ein Quellenhandbuch zur Historiographie (1350–1750). Hrsg. von Susanne Rau/Birgit Studt, Berlin 2010 [übergreifend, auch mit kurzen Textauszügen]; Höfe und Residenzen im spätmittelalterlichen Reich 2007 (1); Schubert 2006 (4); Sprandel 2003 (3).
3. Fragen der politischen Integration im mittelalterlichen Europa 2002 (93); Geschichtsbilder und Gründungsmythen 2001 (2); Gründungsmythen Europas im Mittelalter 2013 (70); Hofgeschichtsschreibung im mittelalterlichen Europa 2006 (1); Legitimation von Fürstendynastien in Polen und dem Reich [im Druck] (22); Mittelalterliche Fürstenhöfe 2006 (11).

Regula Schmid

Schweizer Chroniken

1 Definition und Entwicklungstendenzen

‚Schweizer Chroniken' ist ein Hilfsbegriff für eine Reihe inhaltlich, formal sowie bezüglich ihres Sitzes im Leben eng verwandter, monographischer Chroniken des 15. und der ersten Jahrzehnte des 16. Jahrhunderts, die in Städten und ländlichen Kommunen (‚Länder', ‚Talschaften') der schweizerischen Eidgenossenschaft entstanden sind.

Inhalt, politischer Bezugsrahmen, Autorentyp und Adressatengruppen sowie die aufwändige Ausstattung eines Großteils der Manuskripte mit Bildern (‚Schweizer Bilderchroniken') vereinen sich zu einem charakteristischen Profil, welches die Gruppe von der Produktion im Umfeld des kommunalen Bündnissystems der Eidgenossenschaft heraushebt. Die Entstehung dieser Werke ist unauflöslich mit dessen politisch-institutioneller Entwicklung verbunden. Die Chroniken entstanden nach der Mitte des 15. Jahrhunderts im Zeitraum von knapp 100 Jahren. Ausgerichtet auf die jeweiligen politischen Führungsgruppen sowie zunehmend auf die Eidgenossenschaft als Ganzes reflektieren sie den tief greifenden und unumkehrbaren Wandel der politischen Kräfteverhältnisse im Raum und tragen ihn mit, sowohl inhaltlich, indem sie diesen Wandel darstellen, wie auch als neue materielle Erscheinungen in einer veränderten Welt.[1]

Die Schweizer Chroniken erwachsen der kommunalen und insbesondere der städtischen Geschichtsschreibung, mit der üblichen inhaltlichen Ausrichtung auf das Entstehen und Werden der Stadt im herrschaftlichen Kontext, auf Autonomiebestrebungen, den Erwerb von Rechten und Gütern, innerstädtische Konflikte, die bauliche und soziale Veränderung etwa durch die Ansiedlung der Bettelorden, sowie auf denkwürdige Ereignisse wie Brände, Unwetter oder Erdbeben. Dabei zeichnen sich die Werke durch eine große soziale und politische Nähe der Autoren und Adressaten zueinander aus, welche sowohl als Ratsangehörige und Beamte die Geschicke der eigenen Kommune mitbestimmten wie auch in deren Namen im Rahmen des eidgenössischen Bündnissystems handelten. Die Chroniken finden ihren Anlass und thematischen Schwerpunkt in Ereignissen, welche von den verbündeten Städten und Ländern zusammen und im europäischen Kontext ge-

1 Eine allgemeine Charakterisierung findet sich im KdiH 3, 26 A.18–26 A.26.

tragen wurden: der ‚Alte Zürichkrieg' als Konflikt zwischen Zürich und Schwyz um das Erbe der Grafen von Toggenburg, der durch das Zusammengehen von Zürich mit Friedrich III. und den Einbezug von Frankreich einerseits, von Schwyz, Bern, Luzern, Uri, Unterwalden, Glarus, Zug und Appenzell andererseits eine überregionale Bedeutung erhielt (1439–1446/50),[2] die Auseinandersetzung mit Herzog Karl dem Kühnen von Burgund (1474–1477),[3] der Krieg gegen Maximilian I. von Habsburg und den Schwäbischen Bund (Schwaben- oder Schweizerkrieg, 1499)[4] und der Kampf um die Vorherrschaft in Norditalien in den sogenannten Mailänderkriegen (1494–1515).[5] Diese politische, in der Volkssprache gehaltene Geschichtsschreibung wird ab den 1470er Jahren um eine auf den eidgenössischen Bund insgesamt bezogene Gründungsgeschichte sowie eine eigentliche Landesgeschichtsschreibung humanistischer Prägung erweitert. Diese ist teilweise auf lateinisch geschrieben und richtet sich damit an ein gebildetes, ‚internationales' Publikum. Die Reformation erhält dann unter veränderten Vorzeichen ihre Behandlung in Fortsetzung der kommunal ausgerichteten Chroniken, indem die

---

2 Bernhard Stettler: Die Historiographie des Alten Zürichkriegs (15.–19. Jahrhundert). In: Ein ‚Bruderkrieg' macht Geschichte. Neue Zugänge zum Alten Zürichkrieg. Hrsg. von Peter Niederhäuser/Christian Sieber, Zürich 2006 (Mitteilungen der Antiquarischen Gesellschaft in Zürich 73), S. 23–42. Die Ereignisgeschichte zusammengefasst bei Christian Sieber: Die Reichsstadt Zürich zwischen der Herrschaft Österreich und der werdenden Eidgenossenschaft. In: Geschichte des Kantons Zürich. Bd. 1. Hrsg. von Niklaus Flüeler/Marianne Flüeler-Grauwiler, Zürich 1995, S. 471–498, vor allem S. 485–491.

3 Vgl. die von Klaus Graf wissenschaftlich betreute, umfassende Zusammenstellung der zeitgenössischen erzählenden Quellen: http://de.wikisource.org/wiki/Burgunderkriege (eingesehen: 7. Juni 2012) sowie Claudius Sieber-Lehmann: Spätmittelalterlicher Nationalismus. Die Burgunderkriege am Oberrhein und in der Eidgenossenschaft, Göttingen 1995 (Veröffentlichungen des Max-Planck-Instituts für Geschichte 116).

4 Andre Gutmann: Die Schwabenkriegschronik des Kaspar Frey und ihre Stellung in der eidgenössischen Historiographie des 16. Jahrhunderts, 2 Tle., Stuttgart 2010 (Veröffentlichungen der Kommission für Geschichtliche Landeskunde in Baden-Württemberg. Reihe B, Forschungen Band 176), S. 39–179; siehe darin auch das Kapitel: „Die eidgenössische Schwabenkriegshistoriographie bis zur Mitte des 16. Jahrhunderts. Zur Ereignisgeschichte", S. 21–38; Vom ‚Freiheitskrieg' zum Geschichtsmythos. 500 Jahre Schweizer- oder Schwabenkrieg. Hrsg. von Peter Niederhäuser/Werner Fischer, Zürich 2000.

5 Ernst Gagliardi: Der Anteil der Schweizer an den italienischen Kriegen. Bd. 1: Von Karls VIII. Zug nach Neapel bis zur Liga von Cambrai, 1494–1509 [mehr nicht erschienen]: Hrsg. von der Stiftung von Schnyder von Wartensee, Zürich 1919 (Schriftenreihe der Stiftung von Schnyder von Wartensee 22); Emil Usteri: Marignano. Das Schicksalsjahr 1515/1516 im Blickfeld der historischen Quellen, Zürich 1974. Im ‚Jubiläumsjahr' 2015 sind zahlreiche Publikationen erschienen, u. a.: Marignano 1515 – la svolta. Atti del congresso internazionale. Milano, 13 settembre 2014. Hrsg. von Marino Viganò, Mailand 2015 und Amable Sablon du Corail: 1515 Marignan, Paris 2015.

politischen Auswirkungen des Glaubenskampfes im Bundesgefüge besonders hervorgehoben werden. Die Darstellungen sind zudem geprägt von der Auseinandersetzung ihrer Autoren mit einer über den Raum hinausreichenden Pamphletistik sowie vom humanistischen Umgang mit neu erschlossenen Quellen.

Der Umschlagspunkt der (spät)mittelalterlichen Entwicklung ist durch die Publikation von Johannes Stumpfs zweibändigem Werk *Gemeiner loblicher Eydgnoschafft Stetten Landen vnd Völckeren Chronik wirdiger thaten beschreybung* im Jahr 1547/48 markiert.[6] In diesem reich illustrierten und mit zahlreichen Karten[7] versehenen Werk vereinen sich die chronikalischen Traditionen des ausgehenden Mittelalters mit der humanistischen Gelehrsamkeit des beginnenden 16. Jahrhunderts zu einer systematischen Darstellung der Geschichte von Land und Leuten in Auseinandersetzung mit Produkten des italienischen[8] und oberdeutschen[9] Humanismus. Stumpfs Darstellung weist stark panegyrische Züge auf und greift dabei auch zurück auf mittelalterliche Wappengedichte und das Städtelob des ausgehenden 15. Jahrhunderts.[10] Auf der Landesgeschichtsschreibung Jo-

---

6 Johannes Stumpf: *Gemeiner loblicher Eydgnoschafft stetten, landen und völckeren chronikwirdiger thaaten beschreybung*, 2 Bde., Zürich 1547/48; Hans Müller: Der Geschichtsschreiber Johannes Stumpf. Eine Untersuchung über sein Weltbild, Rapperswil 1945; Attilio Bonomo: Johannes Stumpf, der Reformator und Geschichtsschreiber, Diss. Zürich 1923; Richard Feller/Edgar Bonjour: Geschichtsschreibung der Schweiz vom Spätmittelalter zur Neuzeit. Bd. 1, Basel ²1979, S. 144–153; Christian Moser: [Art.] Stumpf, Johannes. In: HLS online. URL: http://www.hls-dhs-dss.ch/textes/d/D10869.php; Rudolf Schenda: Johannes Stumpf (1500–1577/78). In: Sagenerzähler und Sagensammler der Schweiz. Studien zur Produktion volkstümlicher Geschichte und Geschichten vom 16. bis zum frühen 20. Jahrhundert. Hrsg. von Rudolf Schenda/Hans ten Doornkaat, Bern 1988, S. 91–119.

7 Diese ‚Landtafeln' wurden 1548 auch separat als erster Atlas der Schweiz publiziert; vgl. dazu Arthur Dürst: Die Landkarten des Johannes Stumpf. Begleittext zur Faksimileausgabe, Gattikon 1975; Leo Weisz: Die Landkarten des Johann Stumpf. 1538–1547, Bern 1957.

8 Thomas Maissen: Ein *helvetisch Alpenvolck*. Die Formulierung eines gesamteidgenössischen Selbstverständnisses in der Schweizer Historiographie des 16. Jahrhunderts. In: Historiographie in Polen und in der Schweiz. Hrsg. von Krzysztof Baczkowski/Christian Simon, Krakau 1994 (Zeszyty naukowe Uniwersytetu Jagiellonskiego MCXLV – Prace historyczne. Zeszyt 113), S. 69–86, insbesondere S. 82–83.

9 Diese Ausrichtung wurde von historiographiegeschichtlicher Seite bislang kaum thematisiert. Die Auseinandersetzung mit der Landeschronik Johannes Nauclers wie auch mit Hartmann Schedels Geschichtswerk ist sowohl in den Texten wie auch durch die – bislang nicht untersuchte – Korrespondenz belegt. Einzelne Hinweise bei Regula Schmid: *Ego Wichardus et frater meus Rupertus*. Der Traditionsrodel des Klosters im Hof in der Geschichtsschreibung des 13. bis 16. Jahrhunderts. In: Jahrbuch der Historischen Gesellschaft Luzern 22 (2004), S. 42–58.

10 Der Zusammenhang von Städtelob und Lob der Eidgenossenschaft wird im Werk des Frühhumanisten Heinrich Gundelfingen (1440/45–1490) besonders deutlich. Es umfasst die verlorenen *Amoenitates urbis Lucernensis carminae descriptae* [vor 1482], eine *Topographia urbis*

hannes Stumpfs basierte in der Folge Josias Simlers (1530 – 1576) historisch begründende Staatstheorie,[11] welche bis weit in die Neuzeit auf internationale Resonanz stieß und die Eigenart des eidgenössischen politischen Gebildes in den politischen Diskurs der Aufklärung einführte. Neben diesen Formen der auf Land und politische Gemeinschaft bezogenen Geschichtsschreibung blieben traditionelle Formen der Stadt- und Klostergeschichtsschreibung bis in die Neuzeit hinein bestehen.[12]

Traditionell bezieht sich die Bezeichnung ‚Schweizer Chroniken' auf Werke des 15. und beginnenden 16. Jahrhunderts aus Kommunen, welche im um 1500 etablierten eidgenössischen Bündnissystem integriert waren. Im Einzelfall ist die Abgrenzung der durch die Kombination der genannten Faktoren definierten ‚Schweizer Chroniken' von anderen Werken aus dem politisch von der Eidgenossenschaft dominierten Raum (etwa aus den Klöstern Einsiedeln, Wettingen oder St. Gallen) problematisch. Diese Einschränkungen sind auch den folgenden Ausführungen zugrunde gelegt, wobei Hinweise zu den Wurzeln vor dem 14. Jahrhundert und zu Formen der Geschichtsschreibung im 16. Jahrhundert der Konturierung dienen.

Bernensis, ein *Elogium seu Descriptio, Confoederationis Helveticae*, das *Herkommen der Schwyzer und Oberhasler*, eine *Historia Austriaca ab initio regni usque ad a. 1476* (ausgelöst durch den Abschluss der Ewigen Richtung, 1474) sowie die erste Biographie Niklaus' von Flüe: *Nicolai Underwaldensis eremita historia*; siehe dazu Dieter Mertens: [Art.] Gundelfingen, Heinrich. In: ²VL 3 (1981), Sp. 306 – 310. Auch Glareans *Eidgenössisches Lob* (gedruckt 1515) baut auf einem Lob der einzelnen Kommunen auf: Henricus Glareanus: *Helvetiae Descriptio Panegyricum = Beschreibung der Schweiz: Lob der 13 Orte.* Hrsg. und übersetzt von Werner Näf, St. Gallen 1948; vgl. Regula Schmid: Liens forts. Symboles d'alliance dans l'espace suisse (13e-16e siècle). In: Ligues urbaines et espace à la fin du moyen âge / Städtebünde und Raum im Spätmittelalter. Hrsg. von Laurence Buchholzer/Olivier Richard, Strassburg 2012 (Sciences de l'histoire), S. 203 – 225.

11 Josias Simler: *De republica Helvetiorum*, Zürich: Christopher Froschauer 1577; vgl. dazu Maissen (Anm. 8).

12 Die Geschichtsschreibung der Schweiz in der *longue durée* und über die Epochengrenzen hinaus wurde nur punktuell untersucht. Eine sehr gute Übersicht bietet der Artikel ‚Geschichte' im Historischen Lexikon der Schweiz (Ernst Tremp/François Walter: [Art.] Geschichte. In: HLS online. URL: http://www.hls-dhs-dss.ch/textes/d/D8271.php). Die drei Handbücher zur Geschichtsschreibung der Schweiz sind allesamt in der Strukturierung des Gegenstands sowie in den Beurteilungen im Einzelfall veraltet, aber insgesamt nicht ersetzt: Georg von Wyss: Geschichte der Historiographie in der Schweiz, Zürich 1895; Feller/Bonjour (Anm. 6); Eduard Fueter: Geschichte der neueren Historiographie, München/Berlin 1936; mit einem Vorwort von Hans Conrad Peyer, 3., um einen Nachtrag vermehrte Aufl., besorgt von Dietrich Gerhard/Paul Sattler, Zürich/Schwäbisch Hall 1985 (Handbuch der mittelalterlichen und neueren Geschichte. Abt. 1: Allgemeines). Zum Spätmittelalter eine Übersicht bei Jean-Pierre Bodmer: Chroniken und Chronisten im Spätmittelalter, Bern 1976 (Monographien zur Schweizer Geschichte 10).

2 Die Kommune als Fokus und Entstehungsgrund

Die Schweizer Chroniken erwuchsen aus der städtischen Chronistik in den beiden dominierenden Städten der Eidgenossenschaft, Zürich und Bern.[13] Die Zürcher Chronistik des 14. Jahrhunderts ist in zahlreichen und vielfältig miteinander verbundenen Manuskripten fassbar, welche RUDOLF GAMPER in einer grundlegenden Studie in vier Redaktionen einteilte.[14] Sie bildet Verästelungen aus, die sich zu verschiedenen Gruppen verfestigen. Diese sind aufgrund der Auswahl der erzählten Ereignisse, der politischen Tendenz sowie der regionalen Verankerung deutlich voneinander unterschieden – so sehr, dass ihnen in der ‚Encyclopedia of the Medieval Chronicle' eigene Lemmata zugewiesen wurden.[15] Die zürcherische Chronistik sollte im 15. Jahrhundert neben den bekannten Enzyklopädien, Papst-Kaiser-Chroniken und den autochthonen Traditionen Chronisten u. a. in Obwalden, Bern, Glarus sowie im Umfeld der Stadt Rapperswil[16] als zentrale Quelle dienen.[17]

Nur wenige der Autoren und Rezipienten dieser Chroniken sind namentlich bekannt. Eine der wichtigsten Manuskriptgruppen verweist auf den aus einem ritterlichen Ratsgeschlecht stammenden Zürcher Schultheißen Eberhard Mülner (gest. 1372) als Auftraggeber einer um 1360/70 verfassten Chronik. Sie umfasst die Jahre 1350 bis 1355 und ist ganz auf das Wirken der Zürcher Regierung ausge-

13 In der virtuellen Bibliothek des in Freiburg (Schweiz) angesiedelten und laufend erweiterten Digitalisierungsprojekts mittelalterlicher Handschriften ‚e-codices' (http://www.e-codices.unifr.ch/de) sind zum gegenwärtigen Zeitpunkt (Mai 2015) auch die Digitalisate folgender Bilderchroniken einsehbar: Diebold Schilling d. Ä.: *Amtliche Chronik der Stadt Bern* (Anm. 58); Diebold Schilling d. Ä.: *Chronik für Rudolf von Erlach* (*Spiezer Schilling* [Anm. 60]); Diebold Schilling d. J.: *Luzerner Chronik* (Anm. 80); Werner Schodoler: *Eidgenössische Chronik* (Anm. 50); Christoph Silberysen: *Chronicon Helveticum.*

14 RUDOLF GAMPER: Die Zürcher Stadtchroniken und ihre Ausbreitung in die Ostschweiz, Zürich 1984 (Antiquarische Gesellschaft in Zürich. 148. Neujahrsblatt); vgl. auch GABRIEL VIEHHAUSER: [Art.] Chronik der Stadt Zürich. In: EMC 1, S. 431 – 432; Chronik der Stadt Zürich. Mit Fortsetzungen. Hrsg. von JOHANNES DIERAUER, Basel 1900 (Quellen zur Schweizer Geschichte 18).

15 GABRIEL VIEHHAUSER: [Art.] Chronicles of Glarus. In: EMC 1, S. 340 – 341; DERS.: [Art.] Chronik der Stadt Zürich (Anm. 14); DERS.: [Art.] *Chronik von Rapperswil vom Jahre 1000 bis zum Jahre 1388.* In: EMC 1, S. 402; DERS.: [Art.] *Kleine Toggenburger Chronik.* In: EMC 2, S. 969; DERS.: [Art.] *Rapperswiler Chronik.* In: EMC 2, S. 1257.

16 Die sogenannte *Klingenberger Chronik* des Eberhard Wüest, Stadtschreiber von Rapperswil. Hrsg. von BERNHARD STETTLER, St. Gallen 2007 (Mitteilungen zur vaterländischen Geschichte 53); KdiH 3 (Anm. 1), 26 A.23.

17 GAMPER (Anm. 14), S. 55 – 63 sowie S. 132 – 136; EMIL DÜRR: Die Chronik des Rudolf Mad. In: Basler Zeitschrift für Geschichte und Altertumskunde 9 (1910), S. 95 – 110.

richtet.[18] Ihren Auftakt findet die Chronistik in Zürich in der Beschäftigung mit den Daten der Welt- und Reichsgeschichte. Dieses Interesse gründet wiederum in der wichtigen Stellung Zürichs als Königsstadt (Gründung des königlichen Eigenklosters Fraumünster durch Ludwig den Deutschen, 853), der frühen Verehrung der lokalen Heiligen Felix und Regula, deren Viten um 800 schriftlich vorliegen,[19] sowie der überregional bedeutenden Stellung des Chorherrenstifts im Großmünster. Die Tradition der Zürcher Stadtchronistik bricht in der Mitte des 15. Jahrhunderts mit dem Alten Zürichkrieg ab, nicht nur weil die Stadt in der Folge auf die von Bern und Schwyz dominierte Politik eingeschworen wurde,[20] sondern auch weil potenzielle Initianten einer städtischen Chronistik wegfielen; sowohl der langjährige Bürgermeister Rudolf Stüssi wie auch Stadtschreiber Michel Stebler (Graf), auf den zahlreiche Neuerungen in der Schriftführung und die Einführung neuer Bücher zurückgehen, fielen in den Schlachten des Alten Zürichkriegs. Die Niederlage Zürichs verhinderte aber auch, dass die thematische Reflexion der neu etablierten Kräfteverhältnisse in der Eidgenossenschaft Teil der Chronistik Zürcher Provenienz werden konnte.

Im Gegensatz dazu ist die früheste in Bern[21] fassbare städtische Geschichtsschreibung mit der Gründerfigur, Herzog Berchtold von Zähringen, sowie dem Schlachtengedenken verknüpft. Sie erscheint im Anniversar der vom Deutschen Orden beschickten Berner Pfarrkirche, das mit *Cronica de Berno* überschriebene Annalen (um 1325 – 1344) und einzelne Randnotizen enthält,[22] sowie in einer von Justinger aufgenommenen, wohl im Zusammenhang mit der liturgischen Memoria der Stadtgemeinde entstandenen *Erzählung der Schlacht von Laupen* im Jahr 1339.[23] Aufgenommen und geradezu zu einer Zielform der Stadtchronik verdichtet

18 Gamper (Anm. 14), S. 77 – 84, Zitat S. 77.

19 Iso Müller: Die frühkarolingische Passio der Zürcher Heiligen. In: Zeitschrift für schweizerische Kirchengeschichte 65 (1971), S. 132 – 187.

20 Bernhard Stettler: Die Jahrzehnte zwischen dem Alten Zürichkrieg und den Burgunderkriegen. In: Aegidius Tschudi. *Chronicon Helveticum*, bearbeitet von Ders., 13. Teil, 1. Hälfte, Basel 2000 (QSG N.F. I, VII/13), S. 1* – 162*, hier S. 17* – 95*.

21 Digi-Bern, das Online-Portal zu Geschichte und Kultur von Stadt und Kanton Bern stellt ältere Editionen Berner Chroniken digitalisiert zur Verfügung. Zur Zeit (Mai 2015) sind verfügbar: Die *Berner-Chronik* des Conrad Justinger (Anm. 24); Die *Berner Chronik* des Diebold Schilling (Anm. 59) [Edition der *Großen Burgunderchronik* (Zürich, Zentralbibliothek: Ms. A5) mit den Varianten des 3. Bandes der amtlichen Chronik (Bern, Burgerbibliothek: Mss. h.h. I, 3)]; Schwinkhart (Anm. 99); Anshelm (Anm. 100).

22 Bern, Burgerbibliothek, Mss. h.h. I. 37; Regula Schmid: [Art.] Cronica de Berno. In: EMC 1, S. 306 – 307.

23 Die These einer eigenständigen, frühen Darstellung der Schlacht, die im Umfeld des Deutschen Ordens entstand, findet sich bei Regula Schmid: Geschichte im Dienst der Stadt. Amtliche Historie und Politik im Spätmittelalter, Zürich 2009, S. 60 – 62.

wird sie von Conrad Justinger (vor 1338–1438). Der ehemalige Stadtschreiber erhielt 1420 von der Berner Regierung den Auftrag, eine Chronik der Stadt Bern seit ihren Anfängen zu verfassen. Als Quellen dienten ihm neben der bernischen Überlieferung insbesondere die Chroniken von Jakob Twinger von Königshofen und die Zürcher Chronistik.[24] Für die spätere Entwicklung der Historiographie in Bern wegweisend war aber der extensive Gebrauch der städtischen Urkunden (die *briefe in der stat kisten*). Die Chronik Justingers beeinflusste die kommunale Historiographie im Raum der heutigen (Deutsch)Schweiz in höchstem Maß.[25]

Die Chronistik in den übrigen Kommunen des Raums besteht im 14. Jahrhundert aus gelegentlichen Notizen in den Stadtbüchern, welche in Basel und Luzern Ansätze zu einer über die annalistische Aneinanderreihung hinausgehende, literarische Gestaltung zeigen.[26] Teil dieser Stadtbuchchronistik sind Listen von Gefallenen, die im Kontext der kommunalen Schlachtenmemoria entstanden. Auch in den Ländern ist das Schlachtengedenken Ausgangspunkt von historiographischen Traditionen.[27]

---

24 Die *Berner-Chronik* des Conrad Justinger. Nebst vier Beilagen: 1) Chronica de Berno. 2) Conflictus Laupensis. 3) Die anonyme Stadtchronik oder der Königshofen-Justinger. 4) Anonymus Friburgensis. Hrsg. von Gottlieb Studer, Bern 1871; Kathrin Jost: Konrad Justinger (ca. 1364–1438). Chronist und Finanzmann in Berns großer Zeit, Ostfildern 2011 (Vorträge und Forschungen, Sonderband 56), S. 197–232; Aimée Perrin: Verzeichnis der handschriftlichen Kopien von Konrad Justingers *Berner Chronik*. In: Berner Zeitschrift für Geschichte und Heimatkunde (1950), S. 204–229; KdiH 3 (Anm. 1), 26 A.27.

25 Gamper (Anm. 14), S. 147–154 (Konrad Justinger und die Zürcher Chronistik); Klaus Kirchert: Städtische Geschichtsschreibung und Schulliteratur. Rezeptionsgeschichtliche Studien zum Werk von Fritsche Closener und Jakob Twinger von Königshofen, Wiesbaden 1993 (Wissensliteratur im Mittelalter 12).

26 In Basel in der ‚Chronik von 1339' auf Beschluss des Rates im Stadtbuch (Basel, Staatsarchiv, Ratsbücher A 1 [Rotes Buch], S. 144–147), in Luzern mit planvoll verfolgten Einträgen im ebenfalls 1357 angelegten Stadtbuch (Luzern, Staatsarchiv, COD 3655; Stadtschreiber Werner Hofmeyer und Johannes Fricker); Schmid (Anm. 23), S. 114–127; Gabriel Viehhauser: [Art.] *Chronikalien der Stadtbücher von Basel*. In: EMC 1, S. 452; Regula Schmid: [Art.] *Chronikalien der Stadtbücher von Luzern*. In: EMC 1, S. 453.

27 Die älteste sicher überlieferte historische Erzählung dieser Art enthält der sogenannte *Näfelser Fahrtbrief*, der für das Gedenken der Schlacht von Näfels (1388) wohl einige Jahrzehnte nach dem Geschehen in Glarus verfasst wurde: Die Rechtsquellen des Kantons Glarus. Bd. 1: Urkunden, Vereinbarungen und Gerichtsordnungen. Hrsg. von Fritz Stucki, Aarau 1983 (Sammlung Schweizerischer Rechtsquellen Abt. VII, 1.1), Nr. 48, Kopie vom Ende des 15. Jahrhunderts. Die Schlacht ist chronikalisch und vor allem im Lied breit abgedeckt; vgl. dazu Max Wehrli: Das Lied von der Schlacht bei Näfels. In: Schweizer Zeitschrift für Geschichte 9 (1959), S. 206–213; Rainer Hugener: Das älteste gedruckte Lied zur Schlacht bei Näfels. Kommentar und Edition. In: Schweizer Zeitschrift für Geschichte 59 (2009), S. 261–278; zu den Chroniken siehe Anm. 1 und

Im Raum der nachmaligen Eidgenossenschaft liegen mit St. Gallen und Einsiedeln zwei der wichtigsten Klöster des Reichs nördlich der Alpen. In St. Gallen wurde seit dessen Anfängen im 8. Jahrhundert eine sehr bedeutende Geschichtsschreibung gepflegt, die aber erst wieder mit der humanistischen Historiographie des 16. Jahrhunderts aufgenommen wurde und mit den Schweizer Chroniken im eingangs definierten Sinn nichts zu tun hat.[28] An der Wende zum 16. Jahrhundert trugen zwei Kanzlisten der Fürstabtei, Kaspar Frey und Niklaus Schradin, sowie der äbtische Notar Ulrich Huber[29] in Wil aus Anlass des Schwabenkriegs 1499 zur politischen Geschichtsschreibung der Eidgenossenschaft bei.

Ähnliches gilt für das Benediktinerkloster Einsiedeln: Hier entstand zwar mit dem epischen Gedicht *Cappella Heremitana* des Bruders Rudolf von Radegg 1318/19 ein literarisch gestaltetes Stück Geschichtsschreibung mit rechtlich-politischer Intention.[30] Geschrieben in lateinischen Distichen nach dem Vorbild des *Tobias* (1185) des Matthaeus Vindocinensis (de Vendôme) enthält das erste Buch der *Cappella Heremitana* die Geschichte des Klosters, das zweite ein Lob auf Abt Johannes von Schwanden, das dritte schildert aus persönlichem Erleben einen Überfall der Schwyzer auf das Kloster. Diese Darstellung erhielt allerdings erst im 19. Jahrhundert ihren Platz als Teil der Schweizer bzw. nationalen Geschichtsschreibung.[31] Einen wichtigen Anteil an der Formulierung eidgenössischer Geschichte hatte Einsiedeln dann ab Mitte des 15. Jahrhunderts durch das Wirken

---

jetzt ausführlich Ders.: Buchführung für die Ewigkeit. Totengedenken, Verschriftlichung und Traditionsbildung im Spätmittelalter, Zürich 2014, S. 174–216.

28 Ratpert: *St. Galler Klostergeschichten* (*Casus sancti Galli*). Hrsg. und übersetzt von Hannes Steiner, Hannover 2002 (MGH SS rer. Germ 75), S. 136–238; zur Wirkungsgeschichte ebd., S. 102–114; zur gelehrten Rezeption im 16. Jahrhundert ebd., S. 111–115; vgl. auch die Beiträge in: Vadian als Geschichtsschreiber. Hrsg. von Rudolf Gamper, St. Gallen 2006 (Vadian-Studien 17). Zur historiographischen Tätigkeit in St. Gallen siehe allgemein Ders.: Zu den Chronikhandschriften der Stiftsbibliothek. In: Geschichte und Hagiographie in Sanktgaller Handschriften: Katalog durch die Ausstellung in der Stiftsbibliothek St. Gallen. 2. Dezember 2002–9. November 2003. Hrsg. von Ernst Tremp/Karl Schmuki/Rudolf Gamper, St. Gallen 2003, S. 11–23.

29 Andre Gutmann: [Art.] Huber, Ulrich [Rüegger von Lichtensteig]. In: EMC 1, S. 814. Zu Frey und Schradin siehe unten S. 275, Anm. 34 und S. 290f.

30 Einsiedeln, Stiftsbibliothek, Cod. 1252 (ehem. Stiftsarchiv, EB 1). Rudolf von Radegg: *Cappella Heremitana*. Bearb. und übersetzt von Paul J. Brändli, Aarau 1975 (Quellenwerk zur Entstehung der Schweizerischen Eidgenossenschaft III/4).

31 Roger Sablonier: Innerschweizer Geschichte im 14. Jahrhundert. In: Innerschweiz und frühe Eidgenossenschaft. Hrsg. von Historischer Verein der fünf Orte, Bd. 2, Olten 1990, insbesondere S. 143–153; Ders.: Politischer Wandel und gesellschaftliche Entwicklung 1200–1350. In: Die Geschichte des Kantons Schwyz. Hrsg. von Historischer Verein des Kantons Schwyz, Bd. 1, Zürich 2012, vor allem S. 231–237 sowie S. 242–244.

seines Dekans, Albrecht von Bonstetten.[32] Bonstetten suchte sich mit seinen historischen Schriften in den Dienst der Mächtigen seines Umfelds zu stellen: Adressaten waren die Obrigkeiten der verbündeten Gemeinden sowie der König von Frankreich, der Papst, die Herzöge von Lothringen, Habsburg und Mailand u.a.m. Dass St. Gallen und Einsiedeln im Lauf des 15. Jahrhunderts zunehmend zur eidgenössischen Geschichtsschreibung beitrugen, ist kein Zufall, verbanden doch zahlreiche Bündnisse die beiden Fürstabteien mit den Städten und Ländern der Region. Als zentraler Verhandlungsort sowie im Rahmen von Schiedsgerichten übernahmen sie wichtige Funktionen für die sie umgebenden Kommunen. Verflechtungen der Mitglieder der Klostergemeinschaft mit den Führungsgruppen der Eidgenossenschaft waren selbstverständlich,[33] ebenso dass sich Amtsträger und Beamte in die sich über die einzelnen Kommunen spannenden Karrierewege einfügten.[34] Die wichtige Rolle klösterlicher Beamter in St. Gallen bei der frühen historiographischen Bewältigung des Schwabenkriegs ist schließlich auf die Lage des Klosters im unmittelbaren Kriegsgebiet zurückzuführen.

3 Denkwürdige Ereignisse und gemeinsames Erleben als Katalysatoren der Entwicklung

Die Ereignisgeschichtsschreibung ist neben der stadtbezogenen Historiographie der zweite Zubringer der Schweizer Chroniken, und tatsächlich werden die kommunalen Chroniken zu eidgenössischen durch die Darstellung des gemeinsam erlebten Geschehens.

Das wichtigste Ereignis für die sich ausprägende Eidgenossenschaft war der ‚Alte Zürichkrieg' in der Mitte des 15. Jahrhunderts. Er stand am Ausgangspunkt

---

32 Regine Schweers: Albrecht von Bonstetten und die vorländische Historiographie zwischen Burgunder- und Schwabenkriegen, Münster 2005 (Studien und Texte zum Mittelalter und zur frühen Neuzeit 6); Regula Schmid: [Art.] Albrecht of Bonstetten. In: EMC 1, S. 27.

33 Um nur ein Beispiel zu nennen: Albrecht von Bonstetten stammte aus einer Hochadelsfamilie aus dem Umfeld Zürichs, sein Bruder (Andreas) Roll, Herr zu Uster, war mit Johanna, Schwester des Berner Schultheißen Adrian von Bubenberg aus einem der Gründergeschlechter Berns verheiratet und mit Zürich verburgrechtet. Siehe dazu Ernst Baumeler: Die Herren von Bonstetten. Geschichte eines Zürcher Hochadelsgeschlechts im Spätmittelalter, Zürich 2010, S. 169–172 [Roll] und S. 172–176 [Albrecht].

34 Kaspar Frey war 1494–1499 Stadtschreiber der von den Eidgenossen gemeinsam verwalteten Kleinstadt Baden, stand 1499–1515 im Dienst des Abts von St. Gallen und war anschließend bis 1526 Stadtschreiber von Zürich sowie zuletzt Mitglied des Zürcher Rats. Niklaus Schradin stand seit 1491 im Dienst der äbtischen Kanzlei und trat 1500 in die Luzerner Stadtkanzlei über; vgl. Gutmann (Anm. 4), S. 44–58, S. 206–318.

zahlreicher historischer Darstellungen.[35] Während der Auseinandersetzung zwischen Schwyz und Zürich um das Erbe des 1436 kinderlos verstorbenen Grafen Friedrich von Toggenburg beriefen sich beide Parteien auf die sie betreffenden Bündnisverträge. Die kriegerischen und schiedsgerichtlichen Lösungsversuche gingen mit ausführlichen Verhandlungen und Rechtsgutachten einher. Sie führten zu einer Ausformulierung der an ein eidgenössisches Bündnisgeflecht herangetragenen Ansprüche und zur Festigung einer Vorstellung von ‚Eidgenossenschaft', welche den Bündniskreis um Schwyz als exklusives Gebilde eigener Prägung definierte.[36]

Die bedeutendste, breit rezipierte Chronik zum Alten Zürichkrieg wurde von Hans Fründ verfasst.[37] Fründ wurde in der Luzerner Kanzlei geschult, war während der Kriegshandlungen Landschreiber von Schwyz und ab 1461 erneut in Luzern tätig.[38] Er schildert die Ereignisse in großem Detail aus Sicht der Schwyzer und ihrer Verbündeten und auf der Basis von Akten, Urkunden und Augenzeugenberichten.[39] Seine Chronik bot deshalb auch eine umfassende Zusammenstellung von rechtlichen Argumenten, die für Rezipienten aus Kreisen der politischen Führungsgruppen im Einflussbereich der Eidgenossenschaft von hohem Interesse sein konnten. Inhaltlich, aber auch aufgrund der Nähe des Chronisten zu den Entscheidungsträgern besonders in Schwyz und Luzern sowie aufgrund der späteren Integration in die bedeutende Berner Chronistik ist Fründs sachlicher Bericht eine eidgenössische Chronik im engeren Sinn.

Erneut dem Bereich der Stadtchronistik zuzuordnen sind nach der Mitte des 15. Jahrhunderts Darstellungen innerstädtischer Konflikte, die allerdings aufgrund der Beteiligung von Verbündeten (vor allem in ihrer Rolle als Schiedsrichter, wie in den Bündnisverträgen vorgesehen) durchaus ‚eidgenössischen' Charakter annehmen konnten. Literarisch bedeutend ist die Beschreibung des sogenannten Twingherrenstreits (1470 – 1471) durch den Berner Stadtschreiber Thüring Fricker

35 Stettler (Anm. 2).

36 Bernhard Stettler: Die Eidgenossenschaft im 15. Jahrhundert. Die Suche nach einem gemeinsamen Nenner, Menzikon 2004, S. 181 – 183.

37 Älteste Kopie (Abschrift von Melchior Rupp, 1476): St. Gallen, Stiftsbibliothek, Cod. Sang. 644 (Digitalisat: http://www.e-codices.unifr.ch/de/csg/0644). Die Chronik des Hans Fründ, Landschreiber zu Schwytz. Hrsg. von Christian Immanuel Kind, Zürich 1875; Christian Sieber: ‚Unfreundliche' Briefe, Kriegserklärungen und Friedensverträge. Der Alte Zürichkrieg (1436 – 1450) im Spiegel der Biographie von Landschreiber Hans Fründ. In: Mitteilungen des Historischen Vereins des Kantons Schwyz 98 (2006), S. 11 – 37.

38 Konrad Wanner: Schreiber, Chronisten und Frühhumanisten in der Luzerner Stadtkanzlei des 15. Jahrhunderts. In: Jahrbuch der Historischen Gesellschaft Luzern 18 (2000), S. 2 – 44.

39 Sieber (Anm. 37).

(1429 – 1519).[40] Der universitär gebildete Fricker war zugleich ein gewiefter Kenner der Feinheiten städtischer Politik, einschließlich der Rechtspraxis. Seine unvollendet überlieferte Monographie über einen Machtkampf innerhalb der Berner politischen Führungsgruppe, der in einen Bauernaufstand überzuschwappen drohte, ist durch rhetorisch durchstrukturierte, hoch stilisierte Reden geprägt, die dennoch einen intimen Einblick in die Formen politischen Handelns in der bedeutendsten Stadt der Eidgenossenschaft der zweiten Hälfte des 15. Jahrhunderts ermöglichen.[41] Ihr Vorbild ist wohl nicht so sehr bei Sallust zu suchen, wie von der Forschung lange angenommen wurde, sondern in der zeitgenössischen Gerichtsrede und der universitären *disputatio.*[42]

Ganz anders die Stellung und das literarische Vermögen jenes anonymen Landmanns aus dem Zürich benachbarten Weinbauerndorf Höngg, der nach 1489 den Aufstand gegen den Zürcher Bürgermeister Hans Waldmann beschrieb und mit ungelenken, aber umso prägnanteren Zeichnungen ausschmückte.[43] Der *Höngger Bericht* weist den Autoren als Augenzeugen und Beteiligten an den Ereignissen aus, die zur Hinrichtung des Bürgermeisters führten, und belegt eine gewisse Vertrautheit mit den Formen, in die ‚wahre' Geschichte gemäß den Ansprüchen der mittelalterlichen Rhetorik gegossen werden sollte.

Die Eroberung des habsburgischen Aargau durch Bern, Zürich, Luzern, Schwyz und Unterwalden – auf Aufforderung des deutschen Königs Sigismund im Rahmen der Reichsacht gegen Herzog Friedrich IV. im Jahr 1415 – führte in den folgenden Jahrzehnten einerseits zu einer verstärkten Zusammenarbeit der Eidgenossen, die nun gemeinsam als Herrscher aufzutreten hatten, andererseits zu einer Verstärkung habsburgischer Revindikationsforderungen. Beide Seiten suchten ihren Standpunkt mit propagandistischen Schriften zu belegen. Auf habsburgischer Seite wurde das standeswidrige Verhalten der eidgenössischen ‚Bauern' angezeigt und Leopold III. von Habsburg angeführt, der (in der Schlacht

---

40 Thüring Fricker: *Twingherrenstreit.* Hrsg. von Gottlieb Studer, Basel 1877 (Quellen zur Schweizer Geschichte 1), S. 1 – 187, Glossar: S. 325 – 336, Nachträge und Verbesserungen: S. 337 – 341. Das älteste Manuskript (von 1611) und Basis der Edition ist: Bern, Burgerbibliothek, Ms. h.h. I. 40.

41 Regula Schmid: Reden, rufen, Zeichen setzen. Politisches Handeln im Berner Twingherrenstreit (1469 – 71), Zürich 1995.

42 Schmid (Anm. 41), S. 50 – 70.

43 Zürich, Staatsarchiv, X 225. Der Höngger Bericht 1489. Hans Waldmann – Bürgermeister, Feldherr und Staatsmann. Faksimile der Handschrift im Staatsarchiv Zürich. Hrsg. von Otto Sigg, Erlenbach 1989; Dokumente zur Geschichte des Bürgermeisters Hans Waldmann. Hrsg. von Ernst Gagliardi, Basel 1911 – 1913 (Quellen zur Schweizer Geschichte. N.F. II, 1 – 2).

von Sempach 1386) „in dem Seinen, mit den Seinen und von den Seinen“[44] erschlagen worden sei. Die eidgenössische Propaganda verwies dagegen auf die *frommen, edlen puren*, welche im Rahmen rechtmäßiger Vorgänge an Stelle des tyrannischen Adels treten mussten und deren Handeln von Gott gestützt wurde. Dieser Polemik kommt eine bedeutende Rolle in der Ausbildung eines gemeinsamen eidgenössischen Bewusstseins zu; zahlreiche argumentatorische Versatzstücke wurden dabei ausgebildet, die im 16. Jahrhundert in neuer Zusammensetzung den Kern des schweizerischen Selbstverständnisses bildeten.[45] Der bedeutendste Vertreter dieser mit historischen Argumenten polemisierenden Propaganda auf habsburgischer Seite ist der Zürcher *Doctor decretorum* (Bologna, 1424) Felix Hemmerli (Malleolus) (1388/89 – 1458/61). Im Anschluss an den Alten Zürichkrieg stellte er im juristischen Streitgespräch *De nobilitate et rusticitate dialogus* den ersten Bund um Schwyz als Rebellion gegen den rechtmäßigen Herrn dar und ließ im Friedrich III. gewidmeten *Processus iudicarius* die Toten Zürichs mit Karl dem Großen und den Stadtheiligen als Fürsprechern im Himmel gegen die Eidgenossen klagen.[46]

---

44 Vgl. Beat R. Jenny: Herzog Leopolds III. von Österreich Königsfelder Memoria. Zur Geschichte der Bildtafeln und der zugehörigen Inschrift. In: Aegidius Tschudi und seine Zeit. Hrsg. von Katharina Koller-Weiss/Christian Sieber, Basel 2002, S. 287 – 314, hier S. 313; die Phrase wird auch abweichend zitiert mit: „von den Seinen, auf dem Seinen, um das Seine“.

45 Guy P. Marchal: Die Antwort der Bauern. Elemente und Schichtungen des eidgenössischen Geschichtsbewusstseins am Ausgang des Mittelalters. In: Geschichtsschreibung und Geschichtsbewusstsein im späten Mittelalter. Hrsg. von Hans Patze, Sigmaringen 1987 (Vorträge und Forschungen 31), S. 757 – 790; Guy P. Marchal: Die ‚Alten Eidgenossen‘ im Wandel der Zeiten. Das Bild der frühen Eidgenossen im Traditionsbewusstsein und in der Identitätsvorstellung der Schweizer vom 15. bis ins 20. Jahrhundert. In: Innerschweiz und frühe Eidgenossenschaft. Jubiläumsschrift 700 Jahre Eidgenossenschaft. Bd. 2: Gesellschaft – Alltag – Geschichte. Hrsg. vom Historischen Verein der fünf Orte, Olten 1990, S. 309 – 403; Guy P. Marchal: Schweizer Gebrauchsgeschichte. Geschichtsbilder, Mythenbildung und nationale Identität, Basel ²2007; Matthias Weishaupt: Bauern, Hirten und *frume edle puren*. Bauern- und Bauernstaatsideologie in der spätmittelalterlichen Eidgenossenschaft und der nationalen Geschichtsschreibung der Schweiz, Basel 1992 (Nationales Forschungsprogramm 21: Kulturelle Vielfalt und nationale Identität). In: Helvetios – wider die Kuhschweizer. Fremd- und Feindbilder von den Schweizern in antieidgenössischen Texten aus der Zeit von 1386 bis 1532. Hrsg. von Claudius Sieber-Lehmann/Thomas Wilhelmi, Bern 1998 (Schweizer Texte. N.F.).

46 Die beiden Werke wurden 1493/1500 gedruckt. Bernhard Stettler: Tschudis Bild von der Befreiung der drei Waldstätte und dessen Platz in der schweizerischen Historiographie. In: Ägidius Tschudi: *Chronicon Helveticum*. 3. Teil. Hrsg. von Bernhard Stettler, Bern 1980 (QSG, NF 1 Abt. Chroniken VII/3), S. 9* – 192*, hier S. 39* – 42*; Feller/Bonjour (Anm. 6), S. 47 – 50; Kathari na Colberg: [Art.] Hemmerli, Felix. In: ²VL 3 (1981), Sp. 989 – 1001; Ulrich Mattejiet: [Art.] Hemmerlin, Felix. In: LMA 4 (1989), Sp. 2128 f.

1474, in einer veränderten europäischen politischen Wetterlage, schlossen Eidgenossen und Haus Habsburg die *Ewige Richtung*[47]. Dieser Vertrag sowie die gegen Karl den Kühnen geschlossene Koalition der eidgenössischen Verbündeten mit oberrheinischen Städten, den Bischöfen von Straßburg und Basel sowie mit Herzog Siegmund von Österreich (*Niedere Vereinigung*), schließlich das von Bern initiierte Zusammengehen mit dem französischen König Ludwig XI. signalisierten eine neue Richtung im Zusammenleben der Eidgenossen untereinander und markierten eine neue Rolle der Eidgenossenschaft innerhalb des europäischen Mächtegefüges. Dieser Wandel wurde auch von den Zeitgenossen wahrgenommen und historiographisch reflektiert.[48]

Die Veränderungen der politischen Konstellationen ab den 1460er Jahren, die *Ewige Richtung* und die Burgunderkriege bildeten den Schreibanlass für eine über die Ereignisgeschichtsschreibung[49] hinausgehende, Justinger weiterführende, amtliche Geschichtsschreibung in Bern. Die Geschichtswerke von Bendicht Tschachtlan, Heinrich Dittlinger und Diebold Schilling d. Ä. initiierten und beeinflussten weitere Chroniken in Luzern, Zürich und Freiburg sowie zu einem späteren Zeitpunkt in Bremgarten die Chronik des Werner Schodoler (1510–1535).[50] Die Rezeption der Berner Chronistik verband sich in diesen Städten mit einer autochthonen Darstellung der Ereignisse und wiederum der jeweiligen stadtgeschichtlichen Tradition.

Die Berner Chronistik zeichnet sich insgesamt durch eine große Nähe der Autoren zum Zentrum der Macht aus. Bendicht Tschachtlan (ca. 1420–1493) und Heinrich Dittlinger (ca. 1440–1479) verfassten ihre Berner Chronik gemeinsam

---

47 Claudius Sieber-Lehmann: [Art.] *Ewige Richtung.* In: HLS online. URL: http://www.hls-dhs-dss.ch/textes/d/D8886.php; Bastian Walter: Die Verhandlungen zur Ewigen Richtung (1469–1474/75). Das Schiedsgericht und die Diplomatie zwischen der Eidgenossenschaft, Frankreich und dem Hause Habsburg. In: Rechtsformen internationaler Politik 800–1800. Theorie, Norm und Praxis. Hrsg. von Martin Kintzinger u. a., Berlin 2011 (ZHF-Beiheft 45), S. 109–147.

48 Arnold Esch: Wahrnehmung sozialen und politischen Wandels in Bern an der Wende vom Mittelalter zur Neuzeit. In: Sozialer Wandel im Mittelalter. Wahrnehmungsformen, Erklärungsmuster, Regelungsmechanismen. Hrsg. von Jürgen Miethke/Klaus Schreiner, Sigmaringen 1994, S. 177–193.

49 Die Darstellungen der Burgunderkriege sind gesammelt in http://de.wikisource.org/wiki/Burgunderkriege (eingesehen: 21. Juni 2012) [Wissenschaftliche Betreuung: Klaus Graf].

50 KdiH 3 (Anm. 1), 26 A.22; Die *Eidgenössische Chronik* des Wernher Schodoler, um 1510 bis 1535. Faksimile-Ausgabe der dreibändigen Handschrift MS 62 in der Leopold-Sophien-Bibliothek Überlingen, MS 2 im Stadtarchiv Bremgarten, MS Bibl. Zurl. Fol. 18 in der Aargauischen Kantonsbibliothek Aaraug. Hrsg. von Walther Benz, Luzern 1983. Digitalisat: http://www.e-codices.unifr.ch/de/list/one/lsb/Ms0062.

zuhanden ihrer Familien.[51] Die Verantwortlichkeiten bei der Entstehung des Werks sind nicht klärbar, vielleicht war Tschachtlan als der ältere in der Hauptsache für die Ausformulierung des Texts zuständig. Tschachtlan wie auch Dittlinger gehörten der Regierung in wichtigen Funktionen an. Ihre Karrieren begannen 1448 (Tschachtlan) bzw. 1463 (Dittlinger) mit dem Eintritt in den Großen Rat. 1467 amteten beide als Umgeldner. Schon 1453 war Tschachtlan in den Kleinen Rat gelangt und hatte in den Jahren 1469 – 1473 als Venner der Metzgerzunft eines der höchsten städtischen Ämter inne, Dittlinger wurde 1470 in der Krise des *Twingherrenstreits* in das innere politische Gremium der Stadt gewählt.[52] Beide waren also 1470/71 auf der Höhe ihres Wirkens; die Beschreibung des innerstädtischen Konflikts dieser Jahre schließt ihre Chronik ab und datiert sie zugleich. Diese folgt im Übrigen zunächst Justinger mit der Erzählung von Ursprung und Machtgewinn Berns, fügt dann die aus Fründ gezogene Darstellung des Alten Zürichkriegs an, bevor dann Ereignisse bis 1468 berichtet werden. Diese ganze Erzählung wurde im Manuskript, das sich im gemeinsamen Besitz befand, mit 230 Bildern illustriert (mit Ausnahme der offensichtlich nach der Fertigstellung des Manuskripts noch angefügten Darstellung des *Twingherrenstreits*). Im Zentrum der Chronik steht Bern. Es handelt sich damit letztlich um eine Stadtchronik mit Familienbezug, welche eidgenössische Angelegenheiten gemäß der Interessenlage der Berner Führungsgruppen nach der Mitte des 15. Jahrhunderts einbezieht.

Die gegenseitigen Abhängigkeiten der Chronik Tschachtlans und Dittlingers sowie der Arbeiten des Berner Kanzleiangestellten Diebold Schilling (ca. 1439 – 1485) sind im Detail offen.[53] Es ist anzunehmen, dass die drei Männer auf einen gemeinsamen Fundus an Informationen zurückgriffen. Dies lässt sich nicht nur aus der hohen Übereinstimmung der berichteten Inhalte (bei durchaus abweichender Tendenz im Einzelfall)[54] ableiten, sondern vor allem auch aus der Tat-

---

51 *Tschachtlans Bilderchronik.* Faksimile-Ausgabe der Handschrift Ms. A 120 der Zentralbibliothek Zürich. Kommentarband mit Artikeln und Transkription. Hrsg. von Alfred A. Schmid, Luzern 1988; KdiH 3 (Anm. 1), 26 A.18.

52 Hans Michel: Die Chronisten Bendicht Tschachtlan und Heinrich Dittlinger im bernischen Staatsdienst. In: Tschachtlans Bilderchronik. Faksimile-Ausgabe der Handschrift Ms. A 120 der Zentralbibliothek Zürich. Kommentarband. Hrsg. von Alfred A. Schmid, Luzern 1988, S. 27 – 53; zur Darstellung des Twingherrenstreits Schmid (Anm. 41).

53 Ernst Walder: *Von raeten und burgern verhoert und corrigiert.* Diebold Schillings drei Redaktionen der *Berner Chronik* der Burgunderkriege. In: Berner Zeitschrift für Geschichte und Heimatkunde 48 (1986), S. 87 – 119.

54 Kathrin Utz Tremp: Die befleckte Handfeste. Die innerstädtischen Unruhen im Spiegel der spätmittelalterlichen bernischen Chronistik. In: Die Schweiz im Mittelalter in Diebold Schillings *Spiezer Bilderchronik.* Studienausgabe zur Faksimile-Edition der Handschrift Mss. hist. helv. I. 16

sache, dass Tschachtlan, Dittlinger und Schilling sich aufgrund der Zusammenarbeit im Rat und als Amtsträger persönlich sehr gut kannten.

Im Gegensatz zu den beiden Ratsherren lässt sich Schilling als professioneller Chronist beschreiben. Nach ersten Anstellungen in Luzern machte er ab 1461 in der Berner Kanzlei Karriere in verschiedenen Schreiberpositionen unter den Stadtschreibern Niklaus und vor allem Thüring Fricker (dem Autoren der Monographie zum *Twingherrenstreit*, Stadtschreiber seit 1465 zusammen mit seinem Vater, ab 1471 allein).[55] Als Chronist ist Schilling seit dieser Zeit tätig; zwei Manuskripte weisen auf ein chronikalisches Werk hin, das um 1468 zu datieren ist.[56] 1474 beauftragte ihn die Berner Regierung mit der Weiterführung der Stadtchronik Justingers. Evidenz vielleicht einer Vorarbeit ist die sogenannte *Kleine Burgunderchronik*, welche den Zeitraum von 1474 bis und mit zur Schlacht von Nancy im Januar 1477 umfasst und zu Ehren der Berner Regierung sowie, gemäß Prolog, auf Aufforderung interessierter Kreise zustande gekommen war.[57] 1483 übergab Schilling seine *Amtliche Chronik der Stadt Bern* dem Rat in drei prachtvoll bebilderten, pergamentenen Bänden.[58] Der erste Band basiert auf der Chronik Justingers und Ergänzungen, welche im Auftrag des Rats in dessen amtlichem Manuskript bis 1430 angebracht worden waren, der zweite Band entspricht in etwa der Chronik Fründs, ebenfalls mit bernischen Zusätzen, der dritte Band schließlich enthält die Darstellung der Jahre 1474 bis 1480 und führt in höchster Dramatik die siegreich bestandene Bewährungsprobe der Burgunderkriege vor Augen, welche Bern in kurzer Zeit als mächtigen Faktor der internationalen Politik positionierte.

Teilweise parallel zur amtlichen Chronik verfasste Schilling ein weiteres, einbändiges Werk, das sich auf die Burgunderkriege konzentriert. Da diese so-

---

der Burgerbibliothek Bern. Hrsg. von Hans Haeberli/Christoph von Steiger, Luzern 1991, S. 135 – 150; Schmid (Anm. 41).

55 Pascal Ladner: Diebold Schilling. Leben und Werk. In: Die Große Burgunder Chronik des Diebold Schilling von Bern. *Zürcher Schilling.* Kommentar zur Faksimile-Ausgabe der Handschrift Ms. A 5 der Zentralbibliothek Zürich. Hrsg. Alfred A. Schmid, Luzern 1985, S. 1 – 8.

56 Diebold Schilling's *Berner Chronik* von 1424 bis 1468. Hrsg. von Theodor von Liebenau. In: Archiv des Historischen Vereins des Kantons Bern 13 (1893), S. 431 – 562; Die Obersimmentaler Schilling-Chronik. Hrsg. von W[olfgang] F[riedrich] von Mülinen. In: Archiv des Historischen Vereins des Kantons Bern 13 (1893), S. 563 – 600.

57 Walder (Anm. 53).

58 Bern, Burgerbibliothek, Mss. h.h. I, 1 – 3; Digitalisat: http://www.e-codices.unifr.ch/en/list/one/bbb/Mss-hh-I0001; http://www.e-codices.unifr.ch/en/list/one/bbb/Mss-hh-I0002; http://www.e-codices.unifr.ch/en/list/one/bbb/Mss-hh-I0003; Diebold Schilling: *Berner Chronik.* Faksimile. Hrsg. von Hans Bloesch/Paul Hilber, 4 Bde., Bern 1942 – 1945; KdiH 3 (Anm. 1), 26 A.19.1.

genannte *Große Burgunderchronik*[59] (nach ihrem Aufbewahrungsort seit 1486 auch *Zürcher Schillling*) an einigen Stellen kritischere Töne anschlägt als die amtliche Chronik, wurde sie von der Forschung zunächst als ‚Zensurexemplar' angesprochen. Die Tatsache, dass auch dieses Manuskript mit Bildern ausgestattet ist sowie die Weiterführung der Erzählung bis ins Jahr 1484 weisen aber darauf hin, dass es sich hier durchaus um ein selbständiges Werk handelt, das vielleicht als Vorzeigestück der Verkaufspromotion gedient hat. Die Abhängigkeit der Textgestalt von der Ausrichtung an den Adressaten fällt beim letzten Werk Schillings besonders ins Auge: 1484/85 erstellte er eine Chronik im Auftrag und zuhanden von Rudolf von Erlach.[60] Rudolf von Erlach[61] konnte als Angehöriger einer der ältesten Familien Berns auf zahlreiche Vorfahren an der Spitze des Regiments zurückblicken. Im einbändigen Prunkmanuskript fasste Schilling die Geschichte Berns bis 1465 zusammen, indem er die Rolle der Angehörigen der Familie von Erlach für das Werden und Wachsen der Stadt besonders betonte. Illustriert mit 344 künstlerisch herausragenden Bildern (Abb. 1) und versehen mit Dedikation und einem doppelseitigen Stifterbild (Rudolf von Erlach mit seiner Ehefrau Barbara von Praroman sowie den sechs Kindern) bewahrt die *Chronik für Rudolf von Erlach* (oder *Spiezer Bilderchronik*) ihren Bezug zur Stadt, indem sie Panegyrik ist für eine jener Familien, welche die Stadt Bern ‚gemacht' hatten.[62]

Schillings Arbeiten wirkten auf die Chronikproduktion in allen Orten der Eidgenossenschaft ein, und zwar sowohl als textliche Vorlagen wie auch materiell als bebilderte Chronikbücher. Diese gemeinsame, textliche und formale Orientierung am Berner Modell einerseits, die Behandlung gemeinsamen Erlebens andererseits, führte zu jener einzigartigen Nähe der Texte und Manuskripte zu-

---

59 Zürich, Zentralbibliothek, Ms. A5. Die Große Burgunder Chronik des Diebold Schilling von Bern. *Zürcher Schilling.* Faksimile-Ausgabe der Handschrift Ms. A5 der Zentralbibliothek Zürich. Hrsg. von Alfred A. Schmid, Luzern 1985; Die *Berner Chronik* des Diebold Schilling 1468–1484. Hrsg. von Gustav Tobler, 2 Bde., Bern 1897–1901; KdiH 3 (Anm. 1), 26 A.21.

60 Bern, Burgerbibliothek, Mss. h.h. I.16; http://www.e-codices.unifr.ch/de/list/one/bbb/Mss-hh-I0016. Diebold Schillings *Spiezer Bilderchronik.* Faksimile-Ausgabe der Handschrift Mss. hist. helv. I. 16 der Burgerbibliothek Bern. Hrsg. von Hans Haeberli/Christoph von Steiger, Luzern 1991; KdiH 3 (Anm. 1), 26 A.19.2.

61 Anne-Marie Dubler: [Art.] Erlach, Rudolf von. In: HLS online. URL: http://www.hls-dhs-dss.ch/textes/d/D16678.php.

62 Regula Schmid: Turm, Tor und Reiterbild. Ansichten der Stadt in den Bilderchroniken des Spätmittelalters. In: Stadtbild der Neuzeit. 42. Arbeitstagung des Südwestdeutschen Arbeitskrei ses für Stadtgeschichtsforschung. Hrsg. von Bernd Roeck, Ostfildern 2006 (Stadt in der Geschichte. Veröffentlichungen des Südwestdeutschen Arbeitskreises für Stadtgeschichtsforschung 32), S. 65–83.

Abb. 1: Diebold Schilling, *Spiezer Chronik* (*Spiezer Schilling*). Bern, Burgerbibliothek, Mss. h.h. I.16, p. 282: Dankgebet auf dem Schlachtfeld nach dem Sieg vor Laupen [Urheber Foto: Codices Electronici AG, www.e-codices.ch].

einander, die erlaubt, die jeweils in den einzelnen Kommunen verankerten Chroniken als ‚Schweizer Chroniken' anzusprechen.

Das Bern benachbarte Freiburg im Üechtland war wie Bern eine zähringische Gründung. Während Bern vollständig an der deutschen Rechts- und Schreibkultur teilnahm, stand Freiburg bis nach der Mitte des 15. Jahrhunderts im Einflussbereich Savoyens sowie der vom Bistum Lausanne ausgehenden Schriftlichkeit. In Bern wurden bereits zu Beginn des 15. Jahrhunderts auch private Urkunden weitgehend in der städtischen Kanzlei ausgestellt, in Freiburg dagegen blieb das freie Notariat bestehen.[63] Die älteste städtische Chronistik wird denn weitgehend von Notaren getragen. Insbesondere Angehörige der Notars- und Stadtschreiberfamilie Cudrefin fügten annalistische Notizen in ihre Notariatsregister ein. Aus diesen erwuchs bei Hans Greierz, Notar mit Universitätsstudium und Sohn der angesehenen Tuchhändlerin Klara Greierz, geb. Cudrefin, und damit Enkel, Neffe und Cousin von Stadtschreibern, eine detaillierte Chronik des Savoyerkriegs in lateinischer Sprache.[64] Daneben sind Texte überliefert, die in den Bereich der privaten Memoirenliteratur sowie der persönlichen Rechtfertigung gehören.[65] Sehr früh war Freiburg über weitreichende, die Rechtssphäre der Bürger der beiden Städte beeinflussende Verträge (‚Burgrechte') mit Bern verbunden gewesen (ein Zustand, der von verschiedenen Kriegssituationen unterbrochen worden war, am einschneidendsten während des Laupenkriegs 1339 sowie im Savoyerkrieg 1447/48). Nach dem Friedensschluss und der Erneuerung des Bündnisses von Freiburg und Bern setzten gewichtige Angehörige der städtischen Elite nach der Mitte des 15. Jahrhunderts ganz auf eine Politik, die nicht nur auf Bern, sondern auch auf dessen Eidgenossen ausgerichtet war. 1474 verzichteten die Herzöge von Öster-

---

63 Urs Martin Zahnd: „... *zu ewigen zitten angedenck* ...". Einige Bemerkungen zu den bernischen Stadtchroniken aus dem 15. Jahrhundert. In: Berns große Zeit. Das 15. Jahrhundert neu entdeckt. Hrsg. von Ellen J. Beer u. a., Bern 1999, S. 187 – 191, hier S. 189 – 190; Kathrin Utz Tremp: Notariat und Historiografie. Die Freiburger Notarsfamilie Cudrefin und die Anfänge der freiburgischen Historiografie (Mitte 15. Jahrhundert). In: Freiburger Geschichtsblätter 88 (2011), S. 9 – 51.

64 Hans Greierz und seine Annalen (1441 – 1455). Hrsg. von Albert Büchi. In: Freiburger Geschichtsblätter 10 (1903), S. 1 – 54; Utz Tremp (Anm. 63). Hans Greierz war der Enkel des Notars und Stadtschreibers Peter Cudrefin († 1416) sowie der Großneffe und Teilhaber an der Kanzlei von Petermann Cudrefin († 1443). Petermann war Autor des französischen Versromans *Le pleur de sainte âme* (1426).

65 Albert Büchi: Die Chroniken und Chronisten von Freiburg im Üchtland. In: Jahrbuch für Schweizerische Geschichte 30 (1905), S. 197 – 326; Die Chronik des Nicod du Chastel (1433 – 1452). Hrsg. von Albert Büchi. In: Anzeiger für Schweizerische Geschichte 2 (1920), S. 106 – 128; Jeanne Niquille: Quelques renseignements biographiques sur Nicod du Chastel. In: Zeitschrift für Schweizerische Geschichte 14 (1934), S. 238 – 241; Freiburger Aufzeichnungen über die Jahre 1435 – 52. Hrsg. von Albert Büchi. In: Freiburger Geschichtsblätter 8 (1901), S. 1 – 31.

reich in der *Ewigen Richtung* auf alle ihre Ansprüche auch in Freiburg, ein Ereignis, das von Veit Weber in einem Lied (*Fryburg, du bist fry all tag, Bern lat dir beschen kein schlag!*) gefeiert wurde. In der folgenden Auseinandersetzung gegen Karl den Kühnen stand die Stadt Freiburg an der Seite ihres alten Verbündeten Bern, am 25. Oktober 1474 erklärte Bern dem Herzog von Burgund den Krieg auch im Namen Freiburgs. Im Sommer 1477 entließ Savoyen Freiburg aus seinem Untertanenverband, am 31. Januar 1478 wurde Freiburg vom Kaiser als reichsunmittelbar anerkannt und im Dezember 1481 erfolgte der Bundesschluss mit den ‚acht Orten' der Eidgenossenschaft, Zürich, Bern, Luzern, Uri, Schwyz, Unterwalden, Glarus, Zug.[66]

Die politische Entwicklung schlug sich unmittelbar in der Chronikproduktion wie überhaupt in einer ostentativen Imitation bernischer Vorbilder nieder.[67] 1478 schrieb Peter von Molsheim, Bürger Berns und Kaplan der Freiburger Johanniter und wie Thüring Fricker und Diebold Schilling Angehöriger der Berner Adelsgesellschaft ‚Zum Narren und Distelzwang',[68] eine *Freiburger Chronik der Burgunderkriege* auf der Basis der *Kleinen Burgunderchronik* Diebold Schillings.[69] Durch die Beifügung von zehn Kapiteln zu den Gründungen der Städte Freiburg und Bern durch die Herzöge von Zähringen (weitgehend auf der Basis von Justinger/Schilling) und zur Herrschaftsgeschichte Freiburgs sowie von Details zum Freiburger Anteil an den Kriegshandlungen richtete er seine Chronik auf sein Publikum aus. Die Regierung von Freiburg kaufte Molsheims Werk denn auch 1479.

Auch in Zürich veränderte sich die historiographische Landschaft durch das Wirken Schillings. Die *Große Burgunderchronik* gelangte einige Monate nach dem Tod des Berner Chronisten und wohl vor dem 16. März 1486 durch Kauf in die Limmatstadt. Die Beteiligung von Angehörigen der Zürcher Regierung ist anzu-

---

66 ALBERT BÜCHI: Freiburgs Bruch mit Österreich, sein Übergang zu Savoyen und Anschluss an die Eidgenossenschaft, Freiburg 1897 (Collectanea Friburgensia 7).

67 BÜCHI (Anm. 66).

68 FRANÇOIS DE CAPITANI: Adel, Bürger und Zünfte im Bern des 15. Jahrhunderts, Bern 1982 (Schriften der Berner Burgerbibliothek), S. 84 – 87; der Stubenrodel von 1476 ebd., S. 117 – 118. Als Stubengesellen sind im gleichen Jahr zudem aufgeführt: Roll von Bonstetten, Bruder des Einsiedler Dekans, Rudolf von Erlach, Auftraggeber u. a. einer Chronik Diebold Schillings, sowie der Autor der *Melusine*, Thüring von Ringoltingen.

69 KdiH 3 (Anm. 1), 26 A.20; Peter von Molsheim: *Freiburger Chronik der Burgunderkriege*. Hrsg. von ALBERT BÜCHI, Bern 1914; Ludwig Sterners Handschrift der Burgunderkriegschronik des Peter von Molsheim und der Schwabenkriegschronik des Johann Lenz mit den von Sterner beigefügten Anhängen. Hrsg. von FRIEDER SCHANZE, 2 Bde., Basel 2001/2006. Eine weitere Chronik, die in der städtischen Freiburger Tradition wurzelt, ist die deutsche Chronik von Hans Fries. Mit Schwerpunkt auf den Burgunderkriegen enthält sie Ereignisse der Jahre 1339 – 1499: Die Chronik von Hans Fries. Hrsg. von ALBERT BÜCHI. In: Die *Berner Chronik* des Diebold Schilling 1468 – 1484. Hrsg. von GUSTAV TOBLER, Bd. 2, Bern 1901, S. 391 – 441.

nehmen, ist doch das Berner Manuskript sogleich in den Händen von Gerold Edlibach nachzuweisen.[70] Dieser war der Stiefsohn des amtierenden Zürcher Bürgermeisters, Hans Waldmann. Edlibach hatte zu diesem Zeitpunkt bereits eine Zürcher Chronik begonnen, mit dem Werk Schillings in der Hand richtete er indes seine Erzählung (sowie die Illustrationen) ganz auf dieses Vorbild aus – selbstverständlich, indem er einen Zürcher Standpunkt vertrat.[71] Hätten nicht interne Ereignisse den Lauf der Dinge unterbrochen (1489 wurde die Regierung in einem gewaltsamen Machtwechsel gestürzt und Waldmann hingerichtet), so hätte Edlibachs Werk wohl in eine amtliche Chronik der Stadt Zürich – mit eidgenössischem Charakter – eingemündet: am 21. Oktober 1486 waren Hans Waldmann als Bürgermeister und zwei Kleinräte damit beauftragt worden, eine Chronik auf der Grundlage des Berner Texts herstellen zu lassen. 1507 kopierte und erweiterte ein der Regierung nahestehender Zürcher – die Schilderung freundeidgenössischer Festlichkeiten lässt einen Angehörigen des Großen Rats vermuten – Edlibachs Chronik entscheidend und bis zu seiner Gegenwart. Auch dieses Manuskript ist illustriert; Bild und Text zeugen vom nunmehr prominenten Einfluss des Buchdrucks und insbesondere der Chronik Niklaus Schradins.[72]

Auch in Luzern hatten die Burgunderkriege Anstoß zu einem erneuten Schub städtischer Geschichtsschreibung gegeben. Stadtschreiber Melchior Russ d. Ä. hielt die Ereignisse der Schlachten von Grandson und Murten (1476) fast zeitgleich in einem heute verschollenen Stadtbuch fest, wie dies seit Mitte des 14. Jahrhunderts üblich gewesen war.[73] Russ' Amtskollege war Johannes Schilling, Bruder des Berner Kanzlisten und Chronisten.[74] 1482 versuchte sich Melchior Russ Jr., der gleichnamige Sohn des Stadtschreibers, an einer der Obrigkeit der Stadt Luzern sowie den Angehörigen der *Niederen Vereinigung* gewidmeten Chronik.[75] Sie ba-

---

70 Zürich, Zentralbibliothek, Ms A 75; Schmid (Anm. 23), S. 85 – 87, S. 230 – 233 [hier auch die Angaben zur älteren Literatur].

71 Dies belegen Bemerkungen Edlibachs bei Gerold Edlibach: *Zürcher- und Schweizerchronik bis 1527*. Hrsg. von Johann Martin Usteri. In: Mitteilungen der Antiquarischen Gesellschaft in Zürich 4 (1847), S. 1 – 253, hier S. 126 und S. 181: *aber weller den gantzen handel wil lessen der fint es jn der grossen cronneck so min heren von Zürich von den von bern kouft hand lutter geschriben doch nüt gantz grecht* (im Manuskript Zürich, Zentralbibliothek, Ms A 75 vor fol. 419, Notiz vom 9. August 1486); *Als die von Strassburg den von Bern schriben.* [...] *als den jr eigen kronneck lutter jnhatt* (ebd. fol. 404).

72 Zürich, Zentralbibliothek, Ms A 77; Schmid (Anm. 62). Zu beiden Manuskripten: KdiH 3 (Anm. 1), 26 A.26; beide Manuskripte jetzt digital auf: http://www.e-manuscripta.ch.

73 Schmid (Anm. 23), S. 114 – 122.

74 Wanner (Anm. 38).

75 Luzern, Zentral- und Hochschulbibliothek, Ms. 1a fol.; Melchior Russ: *Cronica*. Eine Luzerner Chronik aus der Zeit um 1482. Hrsg. von Maya Vonarburg Züllig, Zürich 2009.

siert in weiten Teilen auf der Berner Überlieferung (der Wortlaut entspricht am ehesten Tschachtlan/Dittlinger), daneben nutzte der Chronist alle aktuellen Texte, auf die er Hand legen konnte: die in einer lateinischen und einer deutsch geschriebenen Fassung vorliegende *Beschreibung der Burgunderkriege* durch den Dekan von Einsiedeln, Albrecht von Bonstetten (1477),[76] die *Translatzen* des aus Bremgarten stammenden Niklaus' von Wyle (1478),[77] das heute verschollene Städtelob von Heinrich Gundelfingen *Amoenitates urbis Lucernensis carminae descriptae* (wohl vor 1480),[78] lokales Material zur Gründung Luzerns, das spätestens zu diesem Zeitpunkt in einen humanistischen Gelehrtendiskurs eingespiesen wurde,[79] sowie Ausführungen unbekannter Herkunft zur eidgenössischen Befreiungsgeschichte. Alles in allem ein (früh)humanistisches Programm, dem aber scheinbar keine weitere Wirkung beschieden war (das einzige Manuskript, das zur Bebilderung vorgesehen war, blieb unvollendet), aber einen wichtigen Zeugen in der Zusammenführung städtischer, eidgenössischer und humanistischer Stränge der schweizerischen Historiographie darstellt.

Auch nach der Wende zum 16. Jahrhundert wirkte das Berner Vorbild auf die Luzerner Chronistik ein. Ausschlaggebend für die Übernahme des Modells des bebilderten Chronikbuchs mit ereignisgeschichtlichem Zuschnitt waren persönliche Beziehungen. Der Autor der 1513 abgeschlossenen *Luzerner Chronik*[80] war Diebold Schilling d. J., Sohn des Luzerner Stadtschreibers Johannes und damit der Neffe des Berner Kanzlisten und Geschichtsschreibers Diebold Schilling d. Ä. Rund eine Generation nach den Chroniken seines Onkels übernahm der jüngere Schilling aber nicht so sehr inhaltliche oder strukturelle Elemente als das Modell der bebilderten Stadtchronik *à la bernoise* an sich, das er aber in durchaus eigener Weise umsetzte.

Zu einem Zeitpunkt, als in Luzern zwei gedruckte, eidgenössische Chroniken, nämlich die *Chronik des Schwabenkriegs* von Niklaus Schradin (gedr. 1500) und die *Eidgenössische Chronik* Petermann Etterlins (gedr. 1507) vorlagen,[81] stellte der Rückgriff auf die repräsentative Bilderchronik mit städtischem Zielpublikum ge-

---

76 Beschreibung der Burgunderkriege von Albert von Bonstetten, Dekan in Einsiedeln. In: Archiv für Schweizerische Geschichte 13 (1862), S. 283–324, Texte: S. 283–298 (Latein), S. 299–316 (Deutsch); Schweers (Anm. 32), S. 85–92; siehe dazu auch http://de.wikisource.org/wiki/Burgunderkriege#Albrecht_von_Bonstetten (eingesehen: 4. Juli 2012).

77 Rüdiger Zymner: [Art.] Niklaus von Wyle. In: HLS online. URL: http://www.hls-dhs-dss.ch/textes/d/D12414.php.

78 Rainer Hugener: [Art.] Gundelfingen, Heinrich von. In: EMC 1, S. 745–746; Dieter Mertens: [Art.] Gundelfingen, Heinrich von. In: ²VL 3 (1981), Sp. 306–310.

79 Schmid (Anm. 9).

80 Luzern, Zentral- und Hochschulbibliothek, Ms. S. 23 fol.; KdiH 3 (Anm. 1), 26 A.25.

81 Siehe unten S. 291 und 297 f.

radezu einen Anachronismus dar. Explizit grenzt Schilling seine Chronik von der gedruckten Chronik Etterlins ab – auch was dessen inhaltliche Ausrichtung auf die ‚Befreiungsgeschichte' angeht. Gerade vor dem Hintergrund des um die Wende zum 16. Jahrhundert vollzogenen Medienwandels lässt sich aber die hohe repräsentative Bedeutung der Prunkhandschrift überhaupt erst einschätzen. Die 443 Bilder basieren stark auf der eigenen Anschauung der realen Umwelt (Abb. 2), auch wenn der Gebrauch von Vorlagen nachgewiesen ist.[82] Der vermeintlich hohe Realismus der Darstellungen ist allerdings zu relativieren: Die Art der Bilddarstellung sowie Auswahl und Stil des Erzählten sind der Ausrichtung der Chronik auf die Luzerner Führungsgruppen geschuldet: Anekdoten, Bilddetails und Hinweise auf die gegenwärtige Situation ermöglichen die sofortige Identifikation von Orten und Personen durch den Luzerner Leser.[83] Zudem entfernt sich ausgerechnet der traditionell als besonders ‚realitätsnah' beurteilte erste Illuminator der *Luzerner Chronik* (Hand A) in zahlreichen Bildern von den Ereignisdarstellungen der bernischen Chroniken und findet eigene, symbolhafte Umsetzungen sprachlicher Aussagen.[84]

Die Chronik des jüngeren Schilling ist letztlich eine Stadtchronik, in der das Eidgenössische allerdings eine prominente Stellung erhält: Während die gedruckten Werke Schradins und Etterlins durch Titelgebung, Widmung, Dedikationsbild und durch die inhaltliche Ausgestaltung als eidgenössische Chroniken gekennzeichnet sind, setzte Schilling mit der Gründung Luzerns ein und dedizierte sein Werk (in Aufnahme des Vorbilds seines Onkels) der Luzerner Obrigkeit. Die Übergabe der Chronik an die Stadtoberen ist denn auch auf dem ersten Bild der Chronik eindrücklich und mit Rückgriff auf weit tradierte Bildmuster dargestellt.

Nach den Burgunderkriegen prägte der Schwaben- bzw. Schweizerkrieg als Ereignis die Historiographie.[85] Die von einigen äußerst blutigen Schlachten geprägten Auseinandersetzungen zwischen Januar und September 1499 wurden von

---

82 Alfred A. Schmid: Die Illustrationen. Stil und Meisterfrage. In: Die Schweizer Bilderchronik des Luzerners Diebold Schilling 1513. Sonderausgabe des Kommentarbandes zum Faksimile der Handschrift S. 23 fol. in der Zentralbibliothek Luzern. Hrsg. von Ders., Luzern 1981, S. 679 – 706; Carl Pfaff: Umwelt und Lebensform. In: Ebd., S. 603 – 678.

83 Schmid (Anm. 62), S. 81: hier als „Pakt der Insider" bezeichnet.

84 Regula Schmid: Symmetrie und Gleichgewicht: Gestik und Symbolsprache der Friedensdiplomatie in den Bilderchroniken Berns und Luzerns. In: Vom Krieg zum Frieden. Eidgenössische Politik im Spätmittelalter und das Wirken der Bubenberg. Hrsg. von André Holenstein/Georg von Erlach, Baden 2012 (Sonderausgabe der Berner Zeitschrift für Geschichte 74/2, 2012), S. 105 – 133; Schmid (Anm. 10).

85 Vgl. die Zusammenstellung der Chronistik in Gutmann (Anm. 4), S. 39 – 179. Die neuere Literatur mit Kommentaren listet auf: http://www.historicum.net/themen/schwabenkrieg/ (eingesehen: 25. Juni 2012) [wissenschaftliche Betreuung Klaus Graf].

Abb. 2: Diebold Schilling d. J., *Luzerner Chronik* (*Luzerner Schilling*). Luzern, Korporation Luzern, S. 23, fol., p. 248: In der großen Ratsstube des Luzerner Rathauses verhandelt der päpstliche Gesandte Gentilis de Spoleto über ein gegen die Türken gerichtetes Bündnis zwischen Papst Sixtus IV. und den Eidgenossen (oben). Der Legat, begleitet vom Propst Peter Brunnenstein, wird vor der Hofkirche feierlich empfangen (1479).

Chronisten vor allem der unmittelbar vom Geschehen betroffenen Nord- und Ostschweiz behandelt.[86] Auffällig ist, dass die Darstellungen des Schwabenkriegs mit einem gewissen Bruch der chronikalischen Traditionen koinzidieren. Er macht sich vor allem bezüglich der formalen Gestaltung sowie in der Verbreitung im Druck bemerkbar.

Erst vor Kurzem in das Bewusstsein der Historiographiegeschichte gerückt ist die Chronik Kaspar Freys.[87] Die Prosadarstellung des ab Juni 1499 bis 1515 im Dienst des Abts von St. Gallen stehenden Chronisten gleicht in ihrer differenzierten, faktische und rechtliche Argumente aufnehmenden Darstellung derjenigen Hans Fründs, des Chronisten des Alten Zürichkriegs. Freys literarische Darstellungsfähigkeit kommt in seinen lebhaften und detaillierten Beschreibungen des Alltagslebens im Krieg oder der Friedensverhandlungen in Basel voll zum Tragen. Die Chronik wurde unmittelbar nach dem Krieg geschrieben und war vor April 1500 vollendet. Das Werk ist nur in einem einzigen, nach der Mitte des 16. Jahrhunderts entstandenen Manuskript überliefert.[88] ANDRE GUTMANN konnte aber die Schlüsselstellung des Texts für die Ausbildung der historiographischen Tradition zum Schwabenkrieg nachweisen mit der Rezeption durch Niklaus Schradin, der anonymen *Zürcher Schwabenkriegschronik* (die wiederum die Arbeiten der bedeutendsten Zürcher Chronisten des 16. Jahrhunderts, Gerold Edlibach, Heinrich Brennwald und Heinrich Bullinger, beeinflusste) sowie den Fortsetzer der *Berner Chronik*, Valerius Anshelm (ab 1529).

In Saanen, dem Hauptort der mit ausgedehnten Rechten ausgestatteten Landschaft Saanen, die mit Bern verbündet war,[89] schrieb Schulmeister Johann Lenz in der ersten Hälfte des Jahres 1500 eine *Reimchronik des Schwabenkriegs* in 12000 Versen, welche nicht etwa die historiographischen Traditionen der Stadt- und Ereignischronik aufnimmt, sondern die Struktur des didaktischen Dialogs mit Motiven des höfischen Versromans vereint.[90] Diese ungewöhnliche Form erklärt sich vielleicht mit individuellen Merkmalen des um eine Anstellung im städti-

---

86 ANDRE GUTMANN: [Art.] Schwabenkrieg. In: HLS online. URL: http://www.hls-dhs-dss.ch/textes/d/D8888.php.

87 GUTMANN (Anm. 4).

88 Frauenfeld, Thurgauische Kantonsbibliothek, Y 149 (Nr. 1) [Manuskript von 1560/64].

89 GOTTFRIED AEBERSOLD: Studien zur Geschichte der Landschaft Saanen, Diss., Bern 1915.

90 KdiH 3 (Anm. 1), 26 A.24; FRIEDER SCHANZE: Ludwig Sterners Handschrift der Burgunderkriegschronik des Peter von Molsheim und der Schwabenkriegschronik des Johann Lenz mit den von Sterner beigefügten Anhängen, Ramsen 2006 (Illuminationen 7); RENÉ WETZEL: *Man sölts all zu ritter schlagen!* Die Freiburger Reimchronik des Hans Lenz zum Schwabenkrieg (1499). Deutung und Verklärung von Zeitgeschichte und Gesellschaft durch Literatur. In: Text im Kontext. Anleitung zur Lektüre deutscher Texte der frühen Neuzeit. Hrsg. von ALEXANDER SCHWARZ/LAURE APLANALP, Bern u. a. 1997, S. 319 – 332; GUTMANN (Anm. 4), S. 143 – 151.

schen Dienst bemühten Autors: Möglicherweise wollte er sich mit seiner Reimchronik als besonders gebildeter Mann ausweisen und für eine Beschäftigung anpreisen, die näher an der Zentrale der Macht gelegen war als Saanen. Vielleicht ist die Reimchronik aber auch Reflexion einer in Freiburg besonders gut belegten politischen Lied- und Theaterkultur; beides Textformen, die den Reim verlangen.[91] Jedenfalls dedizierte Lenz das Werk den Regierungen von Freiburg und Bern, die ihn für ihre Exemplare finanziell entschädigten.

Ebenfalls gereimt ist Niklaus Schradins *Chronik des Schwabenkriegs.*[92] Gedruckt auf den 1. September 1500 und ausgestattet mit zahlreichen Holzschnitten, lässt sich die polemische Schrift auch in die Tradition der politischen Ereignislieder einordnen. Die Arbeit entstand im Umfeld zunächst der Kanzlei des Abts von St. Gallen, der als Verbündeter der Eidgenossen sowie als unmittelbarer Anstößer direkt von den Kriegshandlungen betroffen war. Ab 1. Juni 1500 stand Schradin im Dienst der Stadt Luzern und wurde somit Kanzleigenosse von Etterlin, der die Reimchronik wiederum auf inhaltlicher und formaler Ebene direkt rezipierte. Schradins Werk ist *seinen gnädigen lieben Herren*, den Obrigkeiten der zehn Orte des *grossen alten punds hochtůtscher landen*, gewidmet. Diese Eidgenossenschaft ist in einem Dedikationsbild symbolisiert, das die von ihren Wappen umgebenen Repräsentanten der Orte zeigt, die ihrerseits mit dem ‚Schweizerdolch' als distinkte Waffe ausgezeichnet sind.

Die Positionierung der eigenen Familie zielt schließlich der Luzerner Stadtschreiber (ab 1493) Ludwig Feer mit seiner *Chronik des Schwabenkriegs* an.[93] Feer und seine drei Brüder sowie andere männliche Mitglieder der Familie standen als Krieger in führenden Stellungen im Dienst der Stadt Luzern. Prosa, die Beteuerung des Autors für Nutzen und Ehre der gegenwärtigen und künftigen Mitglieder des Rats zu schreiben sowie die auf Augenzeugenberichten basierende Berichterstattung, die durch die Insertion von fünf Auszügerlisten ergänzt wird, erweisen Feers Chronik wiederum als Werk der auf Stadt und Familie bezogenen Ereignisgeschichte.

---

91 Albert Büchi: Literarische Notizen aus den Freiburger Manualen und Seckelmeisterrechnungen (über Passions- und andere Spiele). In: Freiburger Geschichtsblätter 28 (1925), S. 222–232.

92 Niklaus Schradin: *Cronigk diß kiergs* [sic] *gegen dem allerdurchlüchtigisten hernn Romschen konig*, Sursee 1499; [Niklaus Schradin]: Der Schwabenkrieg vom Jahre 1499, besungen in teutschen Reimen durch Nicolaus S. In: Der Geschichtsfreund 4 (1847), S. 3–66; Wanner (Anm. 38); Gutmann (Anm. 4), S. 44–58, 566–581, 665–666.

93 Luzern, Zentral- und Hochschulbibliothek, Ms. 126 fol.; Jost V. Ostertag: *Ettliche Chronickwürdige sachen durch Ludwig Feeren der Zytt Stattschrybern zu Lucern beschriben, Anno 1499.* In: Der Geschichtsfreund 2 (1844), S. 131–145; Wanner (Anm. 38).

4 Chronisten und Chronistik im Einfluss von Buchdruck und Humanismus

Die Chronistik des letzten Jahrzehnts des 15. Jahrhunderts und der ersten Jahrzehnte des 16. Jahrhunderts blieb auf die Bewältigung aktueller politischer Ereignisse und des strukturellen Wandels, dem die Eidgenossenschaft unterworfen war, ausgerichtet. Ihr Charakter wandelte sich aber in einer Weise, welche die Herausarbeitung eindeutiger Tendenzen erschwert. Erstens wurde immer mehr Geschichte von mehr Leuten produziert, und die Resultate dieser Studien wurden für die Nachwelt aufbewahrt: Materialsammlungen, Entwürfe und korrigierte Fassungen sind ab nun Teil des Überlieferten. Die Autoren dieser Werke sind, zweitens, weiterhin vor allem in den Städten und in deren intellektuellen Zirkeln (d. h. bei den Schreibern, den Ratsangehörigen) zu suchen, doch gesellten sich zu ihnen jetzt universitär Gebildete, die dem geistlichen Stand angehörten. Als Chorherren, Kapläne oder Leutpriester stammten sie in der Regel aus Familien derjenigen Gemeinden, denen sie dienten. Entsprechend interessierten sie sich für die gleichen politischen Geschehnisse wie ihre Gesprächspartner in Rat und Kanzlei, verfügten aber durch ihre Ausbildung über weit über die Stadt und in andere Zirkel vorstoßende, persönliche Netzwerke sowie den Zugang zu internationalen Bildungsinhalten. Dies ermöglichte ihnen, Geschichte eingebettet in einen weiteren geographischen, politischen und inhaltlichen Kontext sowie unter Einbezug der aktuellsten wissenschaftlichen Anforderungen darzustellen. Drittens standen potenziellen Historikern nun zahlreiche gedruckte Werke – Einblattdrucke, *Newe Zeytungen*, Chroniken – zur Verfügung. Diese waren nicht nur deutscher Herkunft – etwa Hartmann Schedels *Weltchronik* –, sondern auch französischer und italienischer. Sie waren lateinisch und in den Volkssprachen geschrieben, waren als Kompendien gestaltet (z. B. Robert Gaguins *De origine et gestis Francorum compendium* von 1491/95) oder ergänzten die Informationen über Ereignisse, welche Angehörige der eidgenössischen Orte direkt interessieren mussten – etwa die 1518 gedruckte, in lateinischen Hexametern verfasste Beschreibung der Burgunderkriege des Lothringer Klerikers Pierre de Blarru (Petrus de Blarririvo), die ausführlich von Valerius Anshelm genutzt wurde.[94] Viertens waren sich auch nicht universitär gebildete Autoren der humanistischen Anforderungen an Geschichtsforschung und Geschichtsschreibung sehr wohl bewusst und richteten ihre eigene Tätigkeit in mehr oder weniger hohem Maß auf diese

---

94 *Petri de Blarrorivo Parisiani insigne Nanceidos opus de* [...] *bello Nanceiano. Hac primum exaratura elimatissime nuperrime in lucem emissum*, St. Nicolas 1518. Der Kanoniker Pierre de Blarru (1437 – 1508) stand im Dienst Renés von Lothringen und war Vorsteher des Spitals Nôtre Dame in Nancy. Der *Liber Nanceidos* entstand gegen 1508.

Vorbilder aus (und sei es nur als Anzitierung modischer Ausdrücke). Diese Faktoren fügten sich fünftens zusammen zur ‚Vergesellschaftung' der vorgängig vor allem auf die eigene Stadt ausgerichteten Autoren, die sich über ihre Tätigkeit zu definieren begannen. Die persönlichen Verbindungen zwischen den Autoren besonders nach der Wende zum 16. Jahrhundert sind wissenschaftlich nur punktuell aufgearbeitet. Sie sind deutlich erkennbar in den zahlreichen gegenseitigen Aufnahmen von Informationen und im Briefverkehr (der seinerseits zur Aufbewahrung bestimmt wurde). Sie zeigen sich auch in einer hohen Zahl heute anonymer Werke oder solcher mit unsicherer Zuschreibung, welche nur in ihrer Überarbeitung und Verwertung im 16. bis 18. Jahrhundert bekannt sind.

Die Geschichtsschreiber in der Eidgenossenschaft nahmen lebhaft teil an einem weit über den politischen Raum hinausreichenden, humanistischen, gelehrten Diskurs, der auch die Äufnung und Weitergabe von ‚Quellen' beinhaltete. So konnte zum Beispiel die intensive Diskussion um die als Gründungsdokument von Stadt und Kloster Luzern aufgefasste *Wichard-Urkunde* nachgewiesen werden, in die neben allen ‚schweizerischen' Historiographen von Rang und Namen des 16. Jahrhunderts (Johannes Stumpf, Heinrich Bullinger, Vadian, Aegidius Tschudi, Renwart Cysat u.a.m.) auch Johannes Nauclerus (Vergenhans), Kanzler der Universität Tübingen und Autor einer posthum publizierten Weltchronik,[95] involviert war.[96]

Inhaltlich sind die Chroniken durchaus weiterhin der Zeitgeschichte gewidmet, doch ist auch im Raum der heutigen Schweiz ein neu erstarktes Interesse an einer Weltgeschichtsschreibung fassbar.[97] Diese Tendenz ist für den Raum der heutigen Schweiz wissenschaftlich bislang nicht systematisch aufgearbeitet. Ein Beispiel ist aber Valerius Anshelm, der ab 1529 als angestellter Historiograph der Stadt die *Berner Chronik* weiterführte. Er hatte in den 1510er Jahren ein lateinisches Kompendium der ‚Weltgeschichte' verfasst, das er verschiedenen Herrschern Europas sowie seinen Herren von Bern widmete.[98] Auffälligstes Merkmal der Periode ist die Deutung der politischen Ereignisgeschichte durch den Heranzug

---

95 Johannes Nauclerus: *Memorabilivm omnis aetatis et omnivm gentivm chronici commentarii* [...], Tübingen 1516; Thomas Lehr: [Art.] Nauclerus, Johannes. In: Deutscher Humanismus. Verfasserlexikon 2 (2011), Sp. 401 – 408.

96 Schmid (Anm. 9).

97 Peter Johanek: Weltchronistik und regionale Geschichtsschreibung im Spätmittelalter. In: Geschichtsschreibung (Anm. 45), S. 287 – 330.

98 In wohl stark erweiterter Form 1540 (und erneut 1550) gedruckt: Valerius Anshelm: *Catalogus annorum et principum geminus ab homine condito, usque in praesentem, a nato Christo, millesimum quingentesimus & quadragesimum annum deductus & continuatus*, Bern 1540; Schmid (Anm. 23), S. 69 – 71, S. 103.

von Vorstellungen über Ursprung und Werden der Eidgenossenschaft und ihre Beurteilung auf der Basis von normativen Vorstellungen, die mit biblischen und antiken Exempla gestützt wurden.

5 Das Erschreiben der Eidgenossenschaft in der Geschichte nach 1500

Die politische Entwicklung nach 1490 bis ins Vorfeld der Reformation war vom Engagement der Eidgenossen in Norditalien geprägt. Ab 1494 waren die Eidgenossen im Kampf um das Herzogtum Mailand involviert. Die historiographische Bewältigung dieses Engagements, das zu heftigen internen Konflikten führte, wurde zwar in Chroniken aufgenommen, die in Arbeit waren, setzte in vollem Umfang aber erst nach der verheerenden Niederlage von Marignano (1515) und im Umfeld der Reformation richtig ein. So ist etwa die Jahre 1506–1521 umfassende *Chronik der Mailänderkriege* des Berner Großrats Ludwig Schwinkhart (1495–1522 in der Schlacht bei Bicocca) nur in einer Fassung von 1539 mit durch ihre reformierte Rhetorik deutlich vom Rest des Texts abgehobenen Einschlüssen überliefert.[99] Und die für die Erfassung des italienischen Engagements bedeutendste Chronik, die amtliche *Berner Chronik* Valerius Anshelms, entsteht erst ab 1529.[100]

Um 1500, nach dem Schwabenkrieg und der erfolgreichen Besetzung des Herzogtums Mailand, konnten sich die Eidgenossen (trotz aller interner Probleme) als Sieger präsentieren: Im März 1499 hatte Ludwig XII. von Frankreich mit den Eidgenossen auf 10 Jahre einen exklusiven Soldvertrag abgeschlossen, im September des Jahres eroberte er mit Hilfe der eidgenössischen Truppen Mailand. Mit dem siegreichen Pavierzug 1512 erhielten die Eidgenossen das effektive Protektorat über Mailand, die Schlacht von Novara 1513 sicherte diese Herrschaft vorläufig.

---

99 Bern, Burgerbibliothek, Mss.Mül.65; Ludwig Schwinkhart: *Chronik*. Hrsg. von Hans von Greyerz, Bern 1941. Auch Kaspar Frey war Autor einer Chronik der Kriege in Norditalien, welche den Zeitraum 1499 bis 1509 umfasst und wohl in Schüben zwischen 1500/03 und 1510/11 geschrieben wurde. Die Rezeptionsgeschichte dieser Chronik ist bislang nicht aufgearbeitet; vgl. Gutmann (Anm. 4), S. 547–563.

100 Bern, Burgerbibliothek, Mss. h.h. I, 47–50 [Entwurf]; Bern, Burgerbibliothek, Mss. h.h. I, 4–7 [Amtliche Abschrift]; Valerius Anshelm: *Berner Chronik*. Hrsg. von Emil Blösch, 6 Bde., Bern 1884–1901; Schmid (Anm. 23); Regula Schmid: Die Chronik im Archiv. Amtliche Geschichtsschreibung und ihr Gebrauchspotenzial im Spätmittelalter und in der frühen Neuzeit. In: Das Mittelalter 5 (2000), S. 115–138; Urs Martin Zahnd: *Wir sind willens ein kronick beschriben ze lassen*. Bernische Geschichtsschreibung im 16. und 17. Jahrhundert. In: Berner Zeitschrift für Geschichte und Heimatkunde 67 (2005), S. 37–61.

Es ist folgerichtig, dass im Jahr 1500 in breitem medialem Ausdruck eine exklusive eidgenössische Symbolik fassbar wird. Sie arbeitet mit heraldischen Mitteln, enthält historische Tiefe durch die Integration der mythischen Gründungsgeschichte um Wilhelm Tell und die ‚Befreiung' vom Joch Habsburgs, hat ein spezifisches rechtliches und normatives Vokabular vor allem um die Begriffe der ‚Verwandtschaft' und des ‚Bundes' ausgebildet und drückt sich in der Ausrichtung gedruckter Chroniken auf nunmehr die Führungsgruppen der Eidgenossenschaft aus.[101] Nicht Ereignisgeschichtsschreibung, sondern die Integration der Ereignisse seit dem ‚ersten Bund' in ein kohärentes Bild der Entwicklung der Eidgenossenschaft ist die wichtigste Folge der politischen Umwälzungen des 15. und beginnenden 16. Jahrhunderts.[102]

Die in der Kommune verankerte und das Ereignis verarbeitende Geschichtsschreibung wird in der zweiten Hälfte des 15. Jahrhunderts ergänzt und schließlich überlagert durch eine Gründungs- und Bewährungsgeschichte der ganzen Eidgenossenschaft. Mit ihren Protagonisten Wilhelm Tell, Walter Fürst, Werner Stauffacher und Arnold von Melchthal sowie der teleologischen Herleitung der politischen Kräfteverhältnisse nach 1470 aus einem ersten Bund der Leute von Uri, Schwyz und Unterwalden wurde sie ab dem beginnenden 16. Jahrhundert zum Kern des schweizerischen Geschichtsbildes und zum revolutionären Aufruf für Freiheitsdurstige Europas.

Für den Siegeszug der Geschichten um Rütlischwur, Tellenschuss und Burgenbruch verantwortlich waren allerdings nie nur Texte. Vielmehr lässt sich ihre politische und soziale Wirkungskraft nur erklären durch enge Wechselwirkungen zwischen der Historie und ihrem Ausdruck, zwischen geschriebener Erzählung, mündlicher Verwirklichung, handelnder Anwendung (etwa wenn sich ein aufrührerischer Bauer im 17. Jahrhundert nach einem erfolgreichen Attentat auf einen verhassten Beamten damit brüstet, er habe *den Tellenschuss getan*) und Reprä-

---

101 Vgl. die Angaben in Anm. 45 sowie Claudius Sieber-Lehmann: Neue Verhältnisse. Das eidgenössische Basel zu Beginn des 16. Jahrhunderts. In: Identità territoriali e cultura politica nella prima età moderna. Territoriale Identität und politische Kultur in der Frühen Neuzeit. Hrsg. von Marco Bellabarba/Reinhard Stauber, Bologna/Berlin 1998, S. 271–299; Regula Schmid: Die schweizerische Eidgenossenschaft – ein Sonderfall gelungener politischer Integration? In: Fragen der politischen Integration im mittelalterlichen Europa. Hrsg. von Werner Maleczek, Ostfildern 2005 (Vorträge und Forschungen 63), S. 413–448; Dies. (Anm. 10); Hans Conrad Peyer: Der Wappenkranz der Eidgenossenschaft. In: ‚Vom Luxus des Geistes'. Festschrift für Bruno Schmid zum 60. Geburtstag. Hrsg. von Felix Richner/Christoph Mörgeli/Peter Aerne, Zürich 1994, S. 121–138.

102 Zeichen der Freiheit. Das Bild der Republik in der Kunst des 16. bis 20. Jahrhunderts. Hrsg. von Dario Gamboni/Georg Germann, Bern 1991; Jean François Bergier: Guillaume Tell, Paris ^{2}2001.

sentation im Bild. Diese Wirkungsgeschichte wird im Folgenden weitgehend ausgeklammert[103] und die chronikalischen Ursprünge der Erzählung werden in den Mittelpunkt gestellt.

Zu Beginn der Entwicklung steht wiederum die kommunale, eng an die rechtliche Tätigkeit der Kanzlei geknüpfte Darstellung der eigenen *Origines* auch in den Talschaften. Uri, Schwyz und Unterwalden konnten im 15. Jahrhundert auf über 200 Jahre gemeinsames politisches Handeln zurückblicken. Entsprechend setzten sich in jeder dieser Talgemeinden zwar jeweils lokal ausgeprägte, aber eng miteinander verknüpfte Herkunftsgeschichten durch. Schwyz setzte auf die Vorstellung einer Herkunft der Schwyzer aus Schweden,[104] während in Obwalden die Ursprungserzählung mit einer Begründung der besonderen Stellung der Länder Reich und Herrschaft gegenüber verbunden wurde. Obwalden war seit 1309 reichsunmittelbar; in der ersten Hälfte des 15. Jahrhunderts setzte sich die Herrschaft des Landes gegenüber anderen Herrschaftsträgern durch. 1470 stellte dann der langjährige Landschreiber Hans Schriber im sogenannten *Weißen Buch von Sarnen* die Reichsprivilegien, Bündnisurkunden und andere Dokumente zusammen, welche die Gemeinde als Rechtssubjekt ausweisen.[105] Dieser Sammlung fügte er eine kurze Chronik an, welche zunächst erwähnt, dass Uri als erstes Land vom Römischen Reich die Erlaubnis erhalten hätte zu roden, worauf auch Unterwalden privilegiert worden sei. Hier hätten sich Römer angesiedelt, in Schwyz aber Schweden. Anschließend geht er auf die Umstände ein, die zur ‚Befreiung' von der Herrschaft (Habsburgs) sowie zum ersten Bund der Landleute von Unterwalden, Uri und Schwyz geführt hätten und schildert in knappen Abschnitten die ‚Zunahme' der Eidgenossenschaft, bei der mit der Zeit Luzern, Zürich, Bern, Glarus und Zug die Vorzüge der Bündnisse erkannt und sich dem Bund der drei Länder angeschlossen hätten. Aus dieser Darstellung wurde vor allem die sogenannte Befreiungstradition zum Kern schweizerischen Selbstverständnisses.

---

103 Die Wirkungsgeschichte bis in die aktuellen politischen Diskussionen hinein behandelt Guy P. Marchal: Medievalism, the Politics of Memory and Swiss National Identity. In: The Uses of the Middle Ages in Modern European States. History, Nationhood and the Search for Origins. Hrsg. von R. J. W. Evans/Guy P. Marchal, Basingstoke 2010, S. 197 – 220.

104 Guy P. Marchal: Die frommen Schweden in Schwyz. Das *Herkommen der Schwyzer und Oberhasler* als Quelle zum Schwyzerischen Selbstverständnis im 15. und 16. Jahrhundert, Basel 1976 (Basler Beiträge zur Geschichtswissenschaft 138); *Das Herkommen der Schwyzer und Oberhasler.* Hrsg. von Albert Bruckner, Aarau 1961 (Quellenwerk zur Entstehung der Eidgenossenschaft III/2,2).

105 Sarnen, Staatsarchiv des Kantons Obwalden, A.02.CHR.0003. Digitalisat: http://www.e-codices.unifr.ch/de/description/staow/A02CHR0003. *Das Weiße Buch von Sarnen.* Bearb. von Hans Georg Wirz, Aarau 1947 (Quellenwerk zur Entstehung der Schweizerischen Eidgenossenschaft III/1).

Während die Unterdrückung durch die ‚bösen Vögte', die zum Aufstand und damit zur ‚Befreiung' führten, schon in der *Berner Chronik* Justingers (um 1420) zu fassen sind, sind andere Elemente – der Landmann Tell will den vom bösen Vogt Gessler aufgestellten Hut nicht grüßen, wird gezwungen, einen Apfel vom Kopf seines Kindes zu schießen, wird verhaftet, entflieht und tötet zum Schluss den Vogt aus dem Hinterhalt – offensichtlich der Aneignung einer Wandersage geschuldet.[106] In der Folge löste sich die Befreiungstradition aus dem politischen und legitimatorischen Kontext des dritten Viertels des 15. Jahrhunderts, und insbesondere Tell wurde zu einer der wirkungsmächtigsten Symbolfiguren der Weltgeschichte. Die Kombination der Elemente im *Weißen Buch* aber erweist die Funktion der Darstellung als Teil einer rechtlichen Argumentation Obwaldens, die einerseits den um 1470 zunehmend akut werdenden Konflikt zwischen Eidgenossenschaft und der Herrschaft Habsburg betraf, andererseits auf die Stellung Obwaldens innerhalb des Bündnisgefüges einwirkte.

Im letzten Viertel des 15. Jahrhunderts erscheint die Befreiungstradition mit Variationen, aber stets eingebettet in die Bündnisgeschichte in verschiedenen Schriften, so u. a. im nach 1477 gedichteten und 1501 von Ludwig Sterner überlieferten *Lied von der Entstehung der Eidgenossenschaft* (vielleicht in Uri entstanden) und in der *Cronica* Melchior Russ' in Luzern (nach 1482). Nachhaltig verbreitet und in das Bewusstsein der Eliten aller eidgenössischen Orte sowie der deutschsprachigen Humanisten getragen wurde der Erzählkomplex schließlich durch Petermann Etterlin.

Etterlins 124 Folioseiten umfassende *Kronica von der loblichen Eydtgnoschaft, jr harkommen und sust seltzam strittenn und geschichten* erschien am 24. Dezember 1507 in Basel unter Beteiligung dortiger Humanistenkreise.[107] Sie enthält 13 verschiedene, zum Teil mehrfach verwendete Holzschnitte, darunter eine bedeutende heraldisch-symbolische Darstellung der Eidgenossenschaft, eine Simultandarstellung von Rodung, Besiedlung und Privilegierung der drei Länder sowie die später hundertfach aufgenommene Darstellung von Tells Apfelschuss. Obschon

---

106 Die wichtigsten Stationen der langen Forschungsgeschichte sind markiert in der Einleitung von Hans Georg Wirz in der Edition des *Weißen Buchs von Sarnen* (Anm. 105) sowie in der Einleitung von Max Wehrli zum *Lied von der Entstehung der Eidgenossenschaft* (*Das Lied von der Entstehung der Eidgenossenschaft.* Hrsg. von Ders., Aarau 1952 [Quellenwerk zur Entstehung der Schweizerischen Eidgenossenschaft III/2,1], S. 3 – 54); vgl. auch Walter Koller: Wilhelm Tell – ein humanistisches Märchen. In: Aegidius Tschudi (Anm. 44), S. 237 – 268.

107 Petermann Etterlin: *Kronica von der loblichen Eydtgnoschaft, jr harkommen und sust seltzam strittenn und geschichten.* Hrsg. von Eugen Huber, Aarau 1965 (Quellenwerk zur Entstehung der Schweizerischen Eidgenossenschaft III/3); Schmid (Anm. 23), S. 78 – 79; Gutmann (Anm. 4), S. 58 – 63.

Luzernisches auch den Inhalt dieser Chronik dominiert (Etterlin war Sohn des Stadtschreibers Egloff Etterlin und Schreiber in der Kanzlei von 1488 bis etwa 1494), machen nicht nur die Darstellungen, sondern auch der inhaltliche Aufbau ihre Ausrichtung auf die Eidgenossenschaft deutlich: Etterlin beginnt mit der Gründungsgeschichte des Klosters Einsiedeln (die *Meinradslegende* wurde bereits um 1466 erstmals gedruckt, Bonstetten hatte in den 1490er Jahren für eine Neufassung gesorgt und einen im Anschluss weit verbreiteten Druck)[108] und widmet seine Arbeit der Madonna von Einsiedeln. Diesem bedeutenden Gnadenbild galten gegen Ende des 15. Jahrhunderts offizielle eidgenössische Bittgänge. Erst dann fügte Etterlin die frühe Geschichte Luzerns an, das vor dem Beginn der Eidgenossenschaft existierte.[109]

Die *Kronica* belegt den oben geschilderten Zusammenfluss stadtgeschichtlicher, eidgenössischer und humanistischer Züge auch durch die herangezogenen Quellen: Etterlin kennt die *Chronikalien der Stadtbücher von Luzern*, vor allem aber Schradin, die Reichsgeschichte stammt aus Königshofen, Schedel und Thomas Lirer. Die Darstellung der Burgunderkriege basiert stark auf Augenzeugenberichten (wenn nicht auf einer verschollenen Darstellung des älteren Russ). Die Aufnahme des Humanismus ist belegt durch den Gebrauch der lateinischen Beschreibung der Eidgenossenschaft des Einsiedler Dekans Albrecht von Bonstetten und der *Meinradslegende*, Texten von Niccolò Niccoli sowie den Abdruck einer Korrespondenz zwischen Etterlin und dem Basler Humanisten Rudolf Huseneck, der den Text korrigierte und zum Druck brachte.

6 Geschichtsschreibung als Produkt und Reflexion politisch-sozialen Wandels

Die schweizerischen Chroniken des 15. und beginnenden 16. Jahrhunderts sind zugleich Produkte und Reflexion des politischen Wandels im Raum. Sie erhalten ihre spezifische Ausprägung aber auch durch die Beteiligung der Autoren an weit über den Raum hinausreichenden Diskursen. Formal und inhaltlich sind sie durch die kommunale Einbindung und das Geschehen, das die verbündeten Kommunen zusammen betraf, bestimmt. Innerhalb der Kommunen standen zunächst Gründung, Gründer und die Emanzipation von den adligen Herren und die legitime Übernahme von deren Herrschaftsrechten im Vordergrund. Das Gefühl eines mit

108 Romy Günthart: Deutschsprachige Literatur im frühen Basler Buchdruck (ca. 1470–1510), Münster 2007 (Studien und Texte zum Mittelalter und zur frühen Neuzeit 11), S. 160–186.
109 Der sechste Abschnitt der *Kronica* (Anm. 107, S. 52) trägt die Überschrift: *Wie vor anfang der Eidgnoschafft die statt Lutzern gewesen, wie und wa har die jr ursprung und erbuwung hat.*

Nachbarn und Verbündeten geteilten Schicksals drückten die kommunalen Führungsgruppen im Raum der heutigen Schweiz ab dem 14. Jahrhundert aus. Dies geschah zunächst bezogen auf Ereignisse und nicht nur im Rahmen chronikalischer Erzählung, sondern auch der Ereignisdichtung. Anfangs war diese Bezugnahme auf einzelne benachbarte Gemeinden beschränkt, die sich, bedingt durch gemeinsame Interessen, der gegenseitigen Hilfe schon früh vertraglich versichert hatten (Bern und Freiburg; Zürich und Luzern; Uri, Schwyz und Unterwalden). Nach der Mitte des 15. Jahrhunderts mündeten diese verschiedenen Geschichten ein in ein Geschichtsbild, das den Ursprung des nunmehr als ein einziger Bund wahrgenommenen politischen Gebildes ‚Eidgenossenschaft' im Befreiungskampf der Waldstätte gegen Habsburg lokalisierte und in einem ‚ersten Bund' von Uri, Schwyz und Unterwalden, dem sich sukzessive Luzern, Zürich, Bern, Glarus, Zug, Freiburg und Solothurn (1481), schließlich Basel und Schaffhausen (1501) und Appenzell (1513) angeschlossen hätten.

Befördert wurde diese Entwicklung durch die faktische politische Interaktion zwischen den Kommunen. Der Austausch von schreib- und geschichtskundigem Kanzleipersonal ebenso wie die Nähe der als Patrons potenzieller Chronisten auftretenden kommunalen Führungsgruppen sorgten für die Verbreitung von Inhalten und formalen Modellen der Geschichtsschreibung. Neben den umwälzenden Ereignissen des Spätmittelalters – insbesondere die Kriege gegen Karl den Kühnen von Burgund 1474 – 1477 und Maximilian von Österreich 1499 – wirkten Konkurrenz und Imitation als die Treibkräfte der Ausbreitung des Berner Chronikmodells. Begleitet und vertieft wurde die politische Bewusstseinswerdung der Eidgenossenschaft von der Ausbildung historischer ‚Meistererzählungen'. Sie postulierten hohes Alter, Reichs- bzw. Königsnähe und eine führende Rolle in einem politischen Raum, der in humanistischer Weise nach 1500 als Land gefasst wurde.

Parallel zu den in den Kommunen basierten, auf die politischen Führungsgruppen ausgerichteten Werke wurden damit seit den 1470er Jahren für eine breitere Öffentlichkeit vorgesehene, häufig in lateinisch und deutsch verfasste, an historischen Topographien und Landesgeschichtsschreibung ausgerichtete, die *origines* einbeziehende und in einen internationalen Gelehrtendiskurs eingebettete Werke geschaffen. Ihre Autoren gehörten dem neuen Gelehrtentyp an, und einige von ihnen versuchten sich sowohl den eidgenössischen Führungsgruppen anzudienen wie auch den Herrschern Europas: Bonstetten, der Einsiedler Dekan, wurde 1482 durch Kaiser Friedrich III. zum Hofpfalzgrafen und Hofkaplan, 1498 von Maximilian I. zum Doctor iur. utr. ernannt.[110] Valerius Anshelm ließ um 1520

---

110 Stefan Frey: *Uß gegebnem keiserlichem gewalt.* Der Einsiedler Klosterherr Albrecht von

Exemplare seines *Catalogus annorum* Papst Leo X., König Franz I. von Frankreich, Kaiser Karl V. sowie eine deutsche Übersetzung dem Berner Rat zusenden. 1515 erschien die *Helvetiae descriptio* von Heinrich Loriti – als Glarean *Poeta laureatus* Maximilians I. seit 1512. Die Werke dieser und weiterer, mehr oder weniger berühmter Gelehrter waren Teil der Geschichtsschreibung im Raum der Eidgenossenschaft, sie schöpften aus den älteren Darstellungen ebenso, wie sie als Modelle und Quellen dienten. Auf dieser Basis sollten dann ab den 1520er Jahren die großen Gesamtdarstellungen von Heinrich Brennwald, Johannes Stumpf, Aegidius Tschudi und Vadian entstehen – sowie zahllose kleinere und teilweise noch gar nicht in ihrer Bedeutung erkannte Werke.

Lektürehinweise:
1. Digi-Bern (21); e-codices (13).
2. Feller/Bonjour 1979 (6) [Handbuch, im Zugriff und in einzelnen Bewertungen veraltet, doch weiterhin unverzichtbares Hilfsmittel]; Gamper 1984 (14) [Beispielhafte Analyse der vielfältigen Chronistik im Raum Ostschweiz, welche letztlich auf Zürcher Texte des 14. Jahrhunderts zurückgeht sowie die Rekonstruktion der Überlieferungsstränge]; Marchal 2007 (45) [Zusammenfassende Darlegung zur Entwicklung von Geschichtsbildern und Geschichtsdenken in der spätmittelalterlichen Eidgenossenschaft und der modernen Schweiz].
3. Gutmann 2010 (4) [Breit kontextualisierende Edition eines eigenständigen, bislang nicht bekannten Werks der Ereignisgeschichtsschreibung; enthält zugleich ausführliche Darlegungen zur Chronistik zum Schwabenkrieg und ihren inneren Zusammenhängen]; Hugener 2014 (27) [Analyse mit umfassendem Katalog der für Traditionsbildung und ‚Geschichtskultur' in der Eidgenossenschaft zentralen Jahrzeitbücher (‚Gedenkaufzeichnungen')]; Schmid 2009 (23) [Vergleichende Darstellung der von städtischen Regierungen finanzierten Geschichtsschreibung und Geschichtsdarstellungen vom 13. bis 16. Jahrhundert im eidgenössischen Raum mit einem Schwerpunkt auf dem konkreten politischen Gebrauch von Geschichtswerken]; Sieber-Lehmann 1995 (3) [Die gesamte Geschichtsschreibung zu den Burgunderkriegen einbeziehende Darlegung der Entwicklung von Selbst- und Fremdbildern insbesondere am Oberrhein].

Bonstetten als Hofpfalzgraf und Wappenbriefaussteller. In: Äbte, Amtsleute, Archivare. Zürich und das Kloster Einsiedeln. Hrsg. von Peter Niederhäuser/Andreas Meyerhans, Zürich 2009 (Mitteilungen der Antiquarischen Gesellschaft in Zürich 76 [173. Neujahrsblatt]), S. 91–99.

Arno Mentzel-Reuters

Deutschordenshistoriographie

1 Grundzüge

Die Forschungen der letzten Jahrzehnte[1] haben die Problematik des Begriffs ‚Deutschordenshistoriographie'[2] aufgezeigt. Er unterstellt eine korporative Verfasserschaft, die in vormodernen Organisationsstrukturen unwahrscheinlich ist. So muss man auf Surrogate ausweichen, wie z. B. nachweisbare oder unterstellte Auftraggeberschaft durch einen Amtsinhaber des Deutschen Ordens oder die bloße Zugehörigkeit des Autors zum Orden. Doch sind, falls sie sich an den Interessen des Ordens orientieren, erzählende Quellen in die Betrachtung einzubeziehen, deren Autorschaft und/oder Auftraggeberschaft unklar ist. Das ist etwa bei der Historiographie innerhalb der preußischen Bistümer der Fall. Zusätzlich sind Werke zu berücksichtigen, in denen verlorene ältere ordensge-

---

1 Es sind drei divergierende Ansätze zu beobachten: Eine Thorner Gruppe bemüht sich um einen neuen textkritischen und prosopographischen Zugang vor allem zu Peter von Dusburg (Jarosław Wenta, Slavomir Wyszomirski), eine nicht ortsgebundene deutsche Gruppe geht in Fortführung der Studien von Udo Arnold von einem breit gefächerten geistigen Leben innerhalb des Deutschen Ordens aus (Arno Mentzel-Reuters, Ralf G. Päsler); eine dritte, in Regensburg konzentrierte, deutsche Forschergruppe bemüht sich um einen soziologisch-konfliktforschenden Ansatz (Edith Feistner, Gisela Vollmann-Profe, Michael Neecke).

2 Die wichtigsten Werke sind ediert in: *Scriptores rerum Prussicarum*. Die Geschichtsquellen der preußischen Vorzeit bis zum Untergange der Ordensherrschaft. Hrsg. von Theodor Hirsch/Max Töppen/Ernst Strehlke, Bde. 1 – 5, Leipzig 1861 – 1874; Bd 6. Hrsg. von Walther Hubatsch, bearbeitet von Udo Arnold, Frankfurt a. M. 1968. Zu den Personen: Altpreußische Biographie. Bd. 1 – 4, Königsberg, später Marburg 1941 – 1989 (im folgenden APB). Die grundlegende Literatur zur altpreußischen Historiographie stammt von Max Toeppen: Geschichte der Preußischen Historiographie von P. v. Dusburg bis auf K. Schütz. Oder: Nachweisung und Kritik der gedruckten und ungedruckten Chroniken zur Geschichte Preußens unter der Herrschaft des deutschen Ordens, Berlin 1853 (Neudruck Walluf bei Wiesbaden 1973). Neuere Zusammenfassungen bieten Erich Maschke: Die ältere Geschichtsschreibung des Preußenlandes. In: *Scriptores rerum Prussicarum*, Bd. 6, S. 1 – 21 sowie Udo Arnold: Studien zur preußischen Historiographie des 16. Jahrhunderts, Diss. Bonn 1967, S. 11 – 35 und S. 167 – 193; Hartmut Boockmann: Die Geschichtsschreibung des Deutschen Ordens. Gattungsfragen und ‚Gebrauchssituationen'. In: Geschichtsschreibung und Geschichtsbewußtsein im späten Mittelalter. Hrsg. von Hans Patze, Sigmaringen 1987 (Vorträge und Forschungen 31), S. 447 – 469; Arno Mentzel-Reuters: Von der Ordenschronik zur Landesgeschichte. In: Kulturgeschichte Ostpreußens in der Frühen Neuzeit. Hrsg. von Klaus Garber/Manfred Komoroski/Axel E. Walther, Tübingen 2001 (Frühe Neuzeit 56), S. 581 – 637.

schichtliche Werke verarbeitet wurden. Diese Textgruppe ist dennoch abzugrenzen von der städtischen Geschichtsschreibung, deren Interessen sich möglicherweise partiell mit jenen des Deutschen Ordens decken, aber in ihren Grundzügen städtischer und bürgerlicher Repräsentation dienen. Als zuverlässige Gesamtkriterien verbleiben die Fokussierung auf den Deutschen Orden bzw. sein Einflussgebiet und sein politisches und spirituelles Programm.

Die Eliten, die die Historiographie trugen, d.h. Auftraggeber und Zielpublikum,[3] wechseln im Verlauf der Ordensgeschichte. Insgesamt lassen sich drei Phasen unterscheiden:

a) Von den Anfängen bis etwa 1330 die Phase der spirituellen Selbstvergewisserung, in der der junge Ritterorden nach vorangehenden militärischen Misserfolgen in Palästina und dem Burzenland zu erklären versucht, wie er sich im Ostseeraum etablieren konnte. Frühe – d.h. insbesondere auf die Zeit vor 1291 bezogene – Quellen müssen fast alle rückerschlossen werden. Danach haben wir es mit öffentlichen Texten zu tun, die von Ordenspriestern im Auftrag von hohen Repräsentanten des Ordens geschaffen wurden. Seit Peter von Dusburg zielt Chronistik auf eine unlösbare, weil sakrale Bindung der Körperschaft an *das lant*, das ihm als von Gott verliehen erscheint,[4] also Preußen und Livland. Das Zielpublikum ist unter den eigenen Brüdern und/oder deren Familien bzw. allgemein den Urhebern frommer Stiftungen zugunsten des Ordens zu suchen (*familiares et benefactores ordinis*). Als Übergangsform ist die Heroldschronik des Wigand von Marburg anzusehen, die die Rekrutierung des deutschen Adels für Preußenlandfahrten[5] im Blick hat. In der Forschung wurde für diese Phase, insbesondere für die *Livländische Reimchronik* und Nikolaus von Jeroschin, eine Zweckbindung auf die von den Ordensstatuten vorgesehenen mittäglichen Tischlesungen betont, die seit HERBERT GRUNDMANN als Zweck der deutschsprachigen Literatur im

3 Widerspruch gegen eine allzu enge funktionale Festlegung zuletzt unter Berücksichtigung zuvor erhobener Einsprüche bei ARNO MENTZEL-REUTERS: Bartholomaeus Hoeneke. Ein Historiograph zwischen Überlieferung und Fiktion. In: Geschichtsschreibung im mittelalterlichen Livland. Hrsg. von MATTHIAS THUMSER, Münster 2012, S. 11–58, hier S. 40f., wo allgemein vor dem Hintergrund höfischer Literaturrezeption eine eigene, in den Statuten nicht geregelte, Literaturrezeption der Brüder postuliert wird und darüber hinaus eine Nutzung der Historiographie „im Adel von den Angehörigen der (u.U. längst verstorbenen) Kämpfer als Mittel zur Repräsentation der Familie“ diskutiert wird, da „ablassbegünstigte Stiftungen das finanzielle und militärische Rückgrat des Deutschen Ordens“ bildeten.

4 Diese Bindung scheint proportional zur administrativen Rolle des Ordens zu stehen: Sie ist in Preußen deutlicher ausgeprägt als in Livland.

5 Hierzu grundlegend WERNER PARAVICINI: Die Preußenreisen des europäischen Adels. Bde. 1–2, Sigmaringen 1989–1992 (Francia. Beihefte 17); Folgebände in Vorbereitung.

Orden gilt.[6] Edith Feistner deutet in diesem Kontext die *Reimchronik* und die *Kronike von Pruzinlant* als aggressive Selbststimulation der Ordensbrüder getreu dem „Konstrukt der kriegerischen Identität", das dem gesamten Orden zugrunde liege.[7] Das einzige direkte Zeugnis über die Rezeption historiographischer Texte dieser Phase gibt Peter von Dusburg, wenn er die Gottesmutter in einer Vision monieren lässt, dass bei den abendlichen *Collationes* von den Brüdern die Taten weltlicher Herrscher gepriesen und das Lob der Gottesmutter und ihres Sohnes vernachlässigt würden.[8]

b) Die Phase der juristisch bestimmten Apologetik (ca. 1330 – 1490), in der das Fortbestehen und die konkrete Organisationsform der Ordensherrschaft über die erfolgreiche Missionierung hinaus verteidigt werden. Die Texte werden in der Regel nicht öffentlich verbreitet, sondern gehören zu Verwaltungsdossiers, zu Gesandteninstruktionen und sonstigen archivalischen Faszikeln. Ihre Verfasser sind unter den Diplomaten und Verwaltungspraktikern des Ordens zu suchen, die nur noch teilweise dem Orden bzw. dem geistlichen Stand überhaupt angehören. Sie schreiben für den Eigenbedarf bzw. den Bedarf ihres Standes. Dadurch wird eine Scheidung zwischen Ordenschronik und von städtischen Amtsträgern, Schreibern oder Notaren getragener preußischer bzw. livländischer Landesgeschichte kaum mehr möglich.[9]

---

6 Herbert Grundmann: Deutsches Schrifttum im Deutschen Orden. In: Altpreußische Forschungen 18 (1941), S. 21 – 49.

7 Edith Feistner: Grundlegung. In: Krieg im Visier. Bibelepik und Chronistik im Deutschen Orden als Modell korporativer Identitätsbildung. Hrsg. von Edith Feistner/Michael Neecke/Gisela Vollmann-Profe, Tübingen 2008 (Hermea. N.F. 114), S. 1 – 46, hier S. 37; vorsichtiger, wenngleich in eine ähnliche Richtung weisend Marian Dygo: Die heiligen Deutschordensritter. Didaktik und Herrschaftstheologie im Deutschen Orden in Preußen um 1300. In: Die Spiritualität der Ritterorden im Mittelalter. Hrsg. von Zenon Hubert Nowak, Toruń 1993 (Ordines militares 7), S. 165 – 176. Zur Kritik siehe Udo Arnold: Krieg im Visier. Eine Standortbestimmung germanistischer Deutschordens-Mediävistik? In: Preußenland 47 (2009), S. 1 – 9; Arno Mentzel-Reuters: [Rezension]. In: Deutsches Archiv für Erforschung des Mittelalters 65 (2009), S. 234 f.; Jürgen Sarnowsky: [Rezension]. In: Arbitrium 29 (2011), S. 283 – 286.

8 Peter von Dusburg: *Chronica* lib. III cap. 81. *Kronika ziemi pruskiej = Chronica terrae prussiae.* Hrsg. von Jaroslaus Wenta/Slavomirus Wyszomirski, Kraków 2007 (MPH N.S. 13), S. 108; in der Edition Max Toeppens: *Scriptores rerum Prussicarum* (Anm. 2), Bd. 1, S. 95. Dass damit eine ordensinterne Diskussion legendenhaft wiedergegeben wird, vermutet Mentzel-Reuters (Anm. 3), S. 41 unter Verweis auf den Prolog der *Livländischen Reimchronik*, die sich ausdrücklich den Preis der Gottesmutter und ihres Sohnes zum Ziel setzt.

9 Udo Arnold: Geschichtsschreibung im Preußenland bis zum Ausgang des 16. Jahrhunderts. In: Jahrbuch für die Geschichte Mittel- und Ostdeutschlands 19 (1970), S. 74 – 126.

c) Ab 1490 bis zum Ende des preußischen Ordensstaates 1525 die Phase der vom Orden gesteuerten, aber nicht von Ordensmitgliedern verfassten, humanistischen Hochmeister- und Landeschroniken, die in gewisser Weise als humanistisch überformte Synthese aus den beiden früheren Stufen anzusehen ist.

Die seit dem späten 14. Jahrhundert erhaltenen Inventare preußischer Deutschordenshäuser zeigen ein eher verhaltenes Interesse an historiographischen Texten.[10] Dass diese gleichwohl als Gattung begriffen und rezipiert wurden, zeigt die Handschrift Cod. Pal. germ. 367 der UB Heidelberg aus dem 15. Jahrhundert. Sie überliefert nebeneinander die Dichtung Nikolaus' von Jeroschin und die *Livländische Reimchronik.*[11]

2 Sprachen

Die Deutschordenshistoriographie bedient sich bis auf wenige Ausnahmen der deutschen Volkssprache und dabei wiederum bis auf wenige Ausnahmen des Ostmitteldeutschen. Dieses lehnt sich an eine aus Thüringen übernommene literarische Sprache an;[12] Vorboten bzw. Spuren der ostpreußischen Mundart finden sich nur vereinzelt. Erst zu Beginn des 15. Jahrhunderts wird in der *Älteren Hochmeisterchronik* eine spezifisch regionale Dialektbildung in Wortform und Satzbau spürbar.

Lateinisch abgefasst sind neben der *Narratio de primordiis ordinis Theutonici* die Chronik des Peter von Dusburg, einige kleinere Annalen aus dem Umfeld der preußischen Domkapitel, wie der so genannte Canonicus Sambiensis, die Chronik des Laurentius Blumenau und – als einzige livländische Chronik im Umfeld des Ordens – das *Chronicon Livoniae* des Hermann von Wartberge. Die *Chronik* Wigands von Marburg ist originalsprachlich nur in wenigen Bruchstücken erhalten, während ihr Gesamtumfang aus einer latinisierten Fassung des

10 Belege bei MENTZEL-REUTERS (Anm. 2), S. 594–596.

11 Zur Handschrift siehe RICHARD LINDER: Zur älteren *Livländischen Reimchronik*, Diss. Leipzig 1891, S. 10f.

12 Die von KARL HELM und WALTHER ZIESEMER (Die Literatur des Deutschen Ritterordens, Gießen 1951 [Gießener Beiträge zur deutschen Philologie 94], S. 36–40) aufgestellte und oft wiederholte These einer Einheit von Kanzleisprache und literarischer Sprache im Deutschordensgebiet bedürfte einer gründlichen Revision, wie schon alleine daran zu ersehen ist, dass das – nach heutigem Forschungsstand ohne Bezug zum Orden um 1270 in Thüringen entstandene – Œuvre des Heinrich von Hesler in die Analyse mit einbezogen wurde.

15. Jahrhunderts erschlossen werden muss. Eine parallel erstellte lateinische Prosafassung des Nikolaus von Jeroschin ist demgegenüber als Quelle ohne Bedeutung.

Das Niederdeutsche wurde in den preußischen Kanzleien des Deutschen Ordens nicht verwendet. Der Danziger Rat setzte es nach dem Abfall vom Orden 1454 als Protestmittel gegen die bisherige administrative Praxis. In Livland war es infolge einer anderen Siedlerstruktur stark verbreitet und wurde im Alltag auch vom Landmeister verwendet; Briefe an die Ordenszentrale sind jedoch in Ostmitteldeutsch abgefasst.[13] Die *Livländische Reimchronik* ist im Ostmitteldeutsch des südlichen Thüringens geschrieben. Als einziges niederdeutsches Werk von größerem Umfang, das auf den Deutschen Orden Bezug nimmt, gilt seit den Studien von KONSTANTIN HÖHLBAUM die sogenannte *Jüngere Livländische Reimchronik* des Bartholomaeus Hoeneke. Sie ist jedoch nur in einer niederdeutschen Prosafassung des Bremer Humanisten Johannes Renner erhalten. Die Fragwürdigkeit dieser Hypothese wurde jüngst von ARNO MENTZEL-REUTERS herausgestellt und aufgezeigt, dass die Ableitung nicht zwingend ist; Renners Prosa kann einschließlich der darin erhaltenen mutmaßlichen Originalverse ebenso auf eine ostmitteldeutsche Vorlage zurückgehen.[14] Damit wäre davon auszugehen, dass das Niederdeutsche von der Deutschordenshistoriographie bewusst nicht verwendet worden ist.

3 Anfänge

Die älteste erhaltene darstellende Quelle zur Geschichte des Deutschen Ordens ist die sogenannte *Narratio de primordiis Ordinis Theutonici* („Bericht über die Ursprünge des Deutschen Ordens").[15] Ihre Niederschrift wird im Zusammenhang mit einem Rechtsstreit gegen die Johanniter um die Mitte des 13. Jahrhunderts vermutet.[16] Unlängst plädierte UDO ARNOLD jedoch für eine frühere eigenstän-

13 Vgl. DIETER HECKMANN: Die Ausstrahlung hochmeisterlicher Kanzleien auf die deutsche Sprache und Schriftlichkeit des Spätmittelalters. In: Die Rolle der Schriftlichkeit in den geistlichen Ritterorden des Mittelalters. Hrsg. von ROMAN CZAJA/JÜRGEN SARNOWSKY, Toruń 2009 (Ordines militares. Colloquia Torunensia Historica 15), S. 121 – 132, hier S. 122 f.

14 MENTZEL-REUTERS (Anm. 3).

15 Editionen des Textes finden sich bei KURT FORSTREUTER: Ein Traktat des Deutschen Ordens aus dem 14. Jahrhundert. In: Recht im Dienst der Menschenwürde. Festschrift für Herbert Kraus, Würzburg 1964, S. 445 – 462 sowie in *Scriptores rerum Prussicarum* (Anm. 2), Bd. 6, S. 22 – 29.

16 MAX PERLBACH: Über die *Narratio de primordiis Ordinis Theutonici*. In: Forschungen zur deutschen Geschichte 13 (1873), S. 387 – 392; BOOCKMANN (Anm. 2), S. 450 mit weiterfüh-

dige Entstehung und eine Sekundärnutzung in dieser Auseinandersetzung. Der Text der Quelle floss sowohl in den Prolog der Deutschordensstatuten wie in den Prolog der *Chronik* Peters von Dusburg ein; sie wurde auch in die Verteidigungsschrift des Bruders Ulrich an Papst Benedikt XII. inseriert. Die *Narratio* ist ein knapper dokumentarischer Bericht, der besonderen Wert auf die kaiserlichen Repräsentanten der Neugründung legt.

Bis zur *Livländischen Reimchronik* scheint damit das historiographische Bedürfnis des Deutschen Ordens gedeckt gewesen zu sein. Wir kennen keine Selbstdarstellung der Taten des Ordens in Palästina und auch keine zeitnahe Beschreibung der preußischen Landnahme, die man nach livländischem Vorbild Heinrichs von Lettland (1225 – 1227) erwarten würde.

Unklar ist, ab wann normative Listen der Würdenträger, insbesondere der Hochmeister und der livländischen Landmeister, aber auch von Bischöfen,[17] geführt und verbreitet wurden. Sie dienen in den frühen Chroniken, sowohl bei der *Livländischen Reimchronik* wie bei Peter von Dusburg, als strukturelles Element (bei Peter sogar doppelt: sowohl in der Haupterzählung wie in den an den Rand gesetzten Inzidenzien) und werden gegen Ende des Mittelalters zu ‚Hochmeisterchroniken' ausgebaut. Sie haben administrative Bedeutung (etwa bei der Auflösung von Datierungen), aber auch spirituelle Funktionen (Memorialhandlungen nach der Ordensliturgie) und werden für Raumprogramme und Raumausmalung herangezogen, z. B. im Kapitelsaal der Marienburg (14. Jahrhundert) und im Presbyterium des Doms von Marienwerder (15. Jahrhundert). Ihre Erforschung hat jedoch gerade erst begonnen.[18]

---

render Literatur; Udo Arnold: Entstehung und Frühzeit des Deutschen Ordens. Zu Gründung und innerer Struktur des deutschen Hospitals von Akkon und des Ritterordens in der ersten Hälfte des 13. Jahrhunderts. In: Die geistlichen Ritterorden Europas. Hrsg. von Josef Fleckenstein/Manfred Hellmann, Sigmaringen 1980 (Vorträge und Forschungen 26), S. 81 – 107; Udo Arnold: [Art.] *Narratio de primordiis Ordinis Theutonici.* In: ²VL 6 (1987), Sp. 857 – 859; Mike Malm: [Art.] *Narratio de primordiis Ordinis Theutonici.* In: DLL MA 3 (2012), Sp. 236 f.

17 Zum Typus allgemein siehe Markus Müller: Die spätmittelalterliche Bistumsgeschichtsschreibung. Überlieferung und Entwicklung, Köln/Weimar/Wien 1998 (Beihefte zum Archiv für Kulturgeschichte 44).

18 Antje Thumser: Livländische Amtsträgerreihen des Mittelalters. *Kleine Meisterchronik – Rigaer Bischofschronik – Series episcoporum Curoniae.* In: Geschichtsschreibung im mittelalterlichen Livland (Anm. 3), S. 201 – 254.

4 Deperdita

Das Schweigen über die eigene Geschichte vor der Eroberung des Prusenlandes ist verdächtig. So wurde über verlorene Chroniken – etwa als Quellen Peters von Dusburg – öfter spekuliert.[19] Die Urformen der Kataloge der Hochmeister und der Livländischen Landmeister[20] liegen im Dunkel; da sie dem frühmittelalterlichen Typus der *Gesta episcoporum* oder der *Gesta abbatum* („Amtshandlungen der Bischöfe" bzw. „der Äbte")[21] folgen, können sie auch für den Deutschen Orden recht früh angesetzt werden.

Es liegt jedoch der Verdacht nahe, dass die Umsiedlung der Ordenszentrale nach Preußen mit einem mehr oder minder geplanten Verlust der Memoria einherging, da die Neuorientierung des Ordens in den Ostseeraum nicht selbstverständlich war und auch nicht ohne Auseinandersetzungen verlief. Dies kann man auch daran erkennen, dass der Transfer der hochmeisterlichen Kanzlei aus Venedig zur Marienburg nur partiell vollzogen wurde.[22] Ottokar aus der Gaal hat in seiner *Steirischen Reimchronik* ein – auch separat und auch in Preußen – überliefertes sogenanntes *Buch von Akkon* eingeschlossen, dessen Quellen nicht erforscht sind.[23] Gerade hier sind die Taten der Deutschordensbrüder gegenüber jenen der Johanniter besonders ausführlich dargestellt. Auch (oder vielleicht gerade) wenn der Quellenwert solcher Berichte als niedrig einzustufen ist, ist eine Ableitung aus einer verlorenen Deutschordenschronik nicht unwahrscheinlich.

---

19 Gerard Labuda: Zu den Quellen der *Preußischen Chronik* Peters von Dusburg. In: Der Deutschordensstaat Preußen in der polnischen Geschichtsschreibung der Gegenwart. Hrsg. von Udo Arnold/Marian Biskup, Marburg 1982 (Quellen und Studien zur Geschichte des Deutschen Ordens 30), S. 133–164; dazu negativ Boockmann (Anm. 2), S. 469.

20 Hierzu Thumser (Anm. 18), S. 210.

21 Hierzu Thumser (Anm. 18), S. 203 (mit weiterführender Literatur).

22 Max Perlbach: Die Reste des Deutschordensarchives in Venedig. In: Altpreußische Monatsschrift 19 (1882) S. 630–650.

23 Vgl. Bettina Hatheyer: Das *Buch von Akkon*. Das Thema Kreuzzug in der *Steirischen Reimchronik* des Ottokar aus der Gaal. Untersuchungen, Übersetzung und Kommentar, Göppingen 2005 (Göppinger Arbeiten zur Germanistik 709); Separatüberlieferung des *Buches von Akkon*: St. Gallen, Stiftsbibliothek, Cod. Sang. 658 (geschrieben 1465). Ein Fragment einer preußischen Abschrift mit Versen aus dem *Buch von Akkon* wird heute im Geheimen Staatsarchiv Berlin, XX. HA Hs. 34, Bd. 5, aufbewahrt. Vgl. dazu: Katalog der mittelalterlichen deutschsprachigen Handschriften der ehemaligen Staats- und Universitätsbibliothek Königsberg. Nebst Beschreibungen der mittelalterlichen deutschsprachigen Fragmente des ehemaligen Staatsarchivs Königsberg, auf der Grundlage der Vorarbeiten Ludwig Deneckes, bearb. von Ralf G. Päsler, München 2000 (Schriften des Bundesinstituts für ostdeutsche Kultur und Geschichte 15), S. 202.

Möglicherweise floss einiges daraus in die ‚Inzidenzien' ein, die Peter von Dusburg seiner *Chronica Terrae Prussiae* beigab. Diese bestehen aus Auszügen aus der Weltchronik des Tholomaeus von Lucca, einer sehr knappen Hochmeisterliste und einigen Exkursen, häufig mit Bezügen auf das Heilige Land. Von besonderem Interesse sind darin Hinweise auf eine Legitimation des Deutschen Ordens durch Rückbezug auf die *Kreuzholz-Legende*. Kreuzauffindung und Kreuzerhöhung sind die Fundationslegenden der Grabeskirche und ihrer Kanoniker. Das Wahre Kreuz stellte dementsprechend die höchste Reliquie des Königreichs Jerusalem dar, sein Verlust und seine Wiedergewinnung galten als Menetekel der christlichen Herrschaft in Outremer.[24] Obschon das Fest der Kreuzerhöhung bis heute das höchste Fest der Deutschordensliturgie darstellt und im späten 14. Jahrhundert die Schlosskirche der Marienburg zwei kleinere Kreuzpartikel ihr Eigen nannte, ja das Südportal der St. Annenkapelle die Legende im Tympanon abbildet, greift die Ordenshistoriographie – mit Ausnahme der *Jüngeren Hochmeisterchronik* – nicht auf diese Legende zurück.

5 Autoren und Werke

5.1 Die *Livländische Reimchronik*

Die 1143 einsetzende und bald nach 1290 in ihrem Bericht abbrechende *Livländische Reimchronik*[25] ist innerhalb der Deutschordenshistoriographie ein Früh-

24 Stephan Borgehammar: How the Holy Cross was Found. From Event to Medieval Legend. With an appendix of texts, Stockholm 1991 (Bibliotheca theologica practicae 47); Holger A. Klein: Byzanz, der Westen und das ‚wahre' Kreuz. Die Geschichte einer Reliquie und ihrer künstlerischen Fassung in Byzanz und im Abendland, Wiesbaden 2004 (Spätantike, frühes Christentum, Byzanz B 17).

25 *Livländische Reimchronik*, mit Anmerkungen, Namensverzeichnis und Glossar. Hrsg. von Leo Meyer, Paderborn 1876. Englische Übersetzung: The Livonian Rhymed Chronicle. Übersetzt von Jerry Christopher Smith/William L. Urban, Bloomington 1977 (Uralic and Altaic Series 128). Mitteldeutsch-estnische Ausgabe: Liivimaa vanem riimkroonika, Tõlkinud ja kommenteerinud Urmas Eelmäe, Enn Tarvel, Talinn 2003. Neuere Forschungsliteratur: Helm/Ziesmer (Anm. 12), S. 147 – 149; Manfred Hellmann: Livländische Reimchronik. In: LMA 5 (1991), Sp. 2053; Mary Fischer: *Di Himmels Rote*. The Idea of Christian Chivalry in the Chronicles of the Teutonic Order, Göppingen 1991 (Göppinger Arbeiten zur Germanistik 525); Hartmut Kugler: Über die *Livländische Reimchronik*. Text, Gedächtnis und Topographie. In: Jahrbuch der Brüder-Grimm-Gesellschaft 2 (1992), S. 85 – 104; Ēvalds Mugurēvičs: Die ältere *Livländische Reimchronik* über die ethnische Situation im Baltischen Raum. In: Deutschsprachige Literatur des Mittelalters im östlichen Europa. Forschungsstand und Forschungsperspektiven. Hrsg. von Ralf G. Päsler/Dietrich Schmidtke, Heidelberg 2006, S. 267 – 274;

werk, das sich als Gegenkonzept zur höfischen Dichtung versteht und doch – ohne allzu viel an Metrik und Reim zu feilen[26] – deren Techniken verwendet. Sie umfasst 12017 Reimpaarverse und diente unzweifelhaft als Vorbild für Nikolaus von Jeroschin. Mit der *Livländischen Reimchronik* verwandt sein könnte auch die sicher vor 1305 entstandene *Kreuzfahrt Landgraf Ludwigs des Frommen*[27], die eine ähnliche Verwendung der höfischen Epik als formales Vorbild zeigt. In der älteren Literatur findet sich als Verfasser der Name eines angeblichen Revaler Komturs, Dittleb von Alnpeke.[28] Diese Zuschreibung beruht auf einem auf 1296 datierten Kolophon in der Haupthandschrift der Dichtung. Es muss sich um eine Fälschung handeln: Reval gehörte damals noch gar nicht zum Einflussgebiet des Deutschen Ordens.[29]

Die *Reimchronik* benutzt als Hauptquelle das um 1225 entstandene *Chronicon Livoniae* Heinrichs des Lettenpriesters (auch: Heinrich von Lettland)[30], wertet den Bericht aber zugunsten des Deutschen Ordens um, der bei Heinrich naturgemäß keine Rolle spielte. Im Gegenzug wird von der *Reimchronik* die Rolle der baltischen Bischöfe, vor allem des Erzbischofs von Riga, zur freundschaftlichen Heerfolge stilisiert.[31] Die Erzählung gliedert sich durch die Amtszeiten der Landmeister. Möglicherweise wurden als weitere Quellen annalistische Aufzeichnungen aus der Kanzlei des Landmeisters verwendet.[32] Der Quellenwert der *Livländischen Reimchronik* ist, insbesondere für die Ereignisse vor der Inkor-

---

Michael Neecke: Textfeld 1. Das 13. Jahrhundert. In: Krieg im Visier. Bibelepik und Chronistik im Deutschen Orden als Modell korporativer Identitätsbildung. Hrsg. von Edith Feistner/ Michael Neecke/Gisela Vollmann-Profe, Tübingen 2008 (Hermea 114), S. 79 – 104, S. 216 – 231; Mike Malm: [Art.] *Livländische Reimchronik*. In: DLL MA 3 (2012), Sp. 296 – 299.

26 Helm/Ziesmer (Anm. 12), S. 149 sprechen ohne Belege vom Autor als „tatenfrohe[m] Ritter [...], mehr Chronist als Dichter, aber im ganzen ein sympathischer Erzähler“, der „die ältere Dichtung kennt, namentlich das Volksepos und Wolfram“.

27 Die *Kreuzfahrt des Landgrafen Ludwigs des Frommen von Thüringen*. Hrsg. von Hans Naumann, Berlin 1923 (MGH Deutsche Chroniken 4,2). Zur Datierung ebd. in der Einleitung S. 193 f.; Naumanns Datierung „vor dem 9.11.1301“ scheint mir zu resolut. – Diese am schlesischen Herzogshof entstandene Chronik scheint eine – wie auch immer konkretisierbare – Verbindung zum Templerorden zu haben (ebd., S. 199 f.).

28 Die *Livländische Reimchronik* von Dittleb von Alnpeke, in das Hochdeutsche übertragen und mit Anmerkungen versehen von E. Meyer, Reval 1848; Saiva Klaustiņ: Atskaņu chronika. Ditleba Alnpeķes *Rīmju chronika*, Reval 1936.

29 Linder (Anm. 11), S. 3 – 10.

30 Vgl. Manfred Hellmann: Heinrich von Lettland. In: LMA 4 (2000), Sp. 2096 f.

31 *Livländische Reimchronik* (Anm. 25), V. 4567 – 4575, 5309 – 5318, 6167 – 6169 u. ö. In V. 6630 – 6637 werden die *phaffen* des Domkapitels noch weiter entwertet und als von Natur aus feige dargestellt: *mit vlîhen si sich gerne nern.*

32 Malm (Anm. 25), Sp. 297.

poration des Schwertbrüderordens in den Deutschen Orden (1237), umstritten. Die Ordensritter erscheinen mit Ausnahme der Gebietiger und weniger Einzelnennungen als anonymes Kollektiv, wohingegen Ortsbezeichnungen mit größter Genauigkeit genannt werden. Dies hat in der Forschung Anlass gegeben, wenigstens die zweite Hälfte der *Reimchronik* als ‚Augenzeugenbericht' zu werten. Doch sollten detaillierte Berichte über die Besitz- und Eigentumsverhältnisse im Erzbistum Riga und in Reval[33] auch im Hinblick auf die Spannungen zwischen dem Erzbistum Riga und dem Orden gesehen werden, die sich 1297 in einem Bürgerkrieg in Riga entluden, bei der die Ordensburg zerstört und der Komtur nebst 60 Brüdern erschlagen wurde.[34] 1305 erhob der franziskanische Erzbischof Friedrich von Pernstein[35] Klage vor der Kurie. Der Bischof bezichtigte den Orden diverser Kapitalverbrechen sowie der Annahme heidnischer (zauberischer) Gebräuche und der Misshandlung von Dominikanern und Minoriten. Vor diesem Hintergrund stellt sich die *Livländische Reimchronik* nicht etwa als triumphale Apotheose des Deutschen Ordens dar,[36] sondern als ein ostentatives Beharren auf der Rechtmäßigkeit seiner heftig angefochtenen Landesherrschaft, und die dem Werk attestierte ‚Kreuzzugsideologie' als Legitimationsversuch in einer juristischen Auseinandersetzung.

5.2 Peter von Dusburg

Peter von Dusburg übersandte 1326 mit seiner Chronik dem Hochmeister Werner von Orseln die bedeutendste Leistung der Ordenshistoriographie.[37] Sie ist

---

33 Vgl. *Livländische Reimchronik* (Anm. 25), V. 6673 – 6792.

34 Bernhart Jähnig: Verfassung und Verwaltung des Deutschen Ordens und seiner Herrschaft in Livland, Münster 2012 (Schriften der Baltischen Historischen Kommission 16), S. 48 – 50; Manfred Hellmann: Der Deutsche Orden und die Stadt Riga. In: Stadt und Orden. Das Verhältnis des Deutschen Ordens zu den Städten in Livland, Preußen und im Deutschen Reich. Hrsg. von Udo Arnold, Marburg 1993 (Quellen und Studien zur Geschichte des Deutschen Ordens 44), S. 1 – 33, hier S. 19 f. mit weiteren Literaturangaben.

35 Zur Person vgl. Bernhart Jähnig: [Art.] Friedrich von Pernstein (OFM) (um 1270 – 1341). 1304 – 1341 Erzbischof von Riga. In: Die Bischöfe des Heiligen Römischen Reiches 1198 – 1448. Ein biographisches Lexikon. Hrsg. von Erwin Gatz u. a., Berlin 2001, S. 651 – 652.

36 Zum inflationären Gebrauch dieses Interpretationsansatzes Arno Mentzel-Reuters: Apotheosestrategien des Deutschen Ordens? Zwei Monographien zu Heinrich von Hesler. In: Zeitschrift für Geschichte und Altertumskunde Ermlands 55 (2011), S. 123 – 134.

37 Herausgegeben durch Max Toeppen in: *Scriptores rerum Prussicarum* (Anm. 2), Bd. 1, S. 3 – 269; Petri de Dusburg: *Chronica terre Prussie*. Editio quam paraverat Max Toeppen textum denuo imprimendum curaverunt Klaus Scholz et Dieter Wojtecki, Darmstadt 1984 (Ausgewählte Quellen zur deutschen Geschichte des Mittelalters 25); *Kronika ziemi pruskiej*

gleichwohl schlecht überliefert; nicht eine Handschrift datiert vor 1550. Das wird zu einem erheblichen Teil darauf zurückzuführen sein, dass das lateinische Prosawerk nach nur wenigen Jahren durch Bearbeitungen in deutschen Reimpaarversen verdrängt wurde.

Der Autor gibt sich im Widmungsschreiben als Priesterbruder des Deutschen Ordens zu erkennen. Der Widmungsempfänger war zu diesem Zeitpunkt seit knapp zwei Jahren Hochmeister; mit seiner Wahl 1324 hatte sich die Fraktion im Deutschen Orden durchgesetzt, die das Zentrum des Ordens vom Mittelmeer nach Preußen verlegt sehen wollte. Werners Vorgänger Karl von Trier war nicht dieser Meinung gewesen und hatte – nach seiner Absetzung und Wiedereinsetzung 1318 – das Hochmeisteramt von Trier aus ausgeführt. Falls man also, wie oft geschehen, Werner von Orseln auch als Auftraggeber der Chronik Peters von Dusburg betrachten möchte, so müsste er diesen Auftrag nicht als Hochmeister, sondern in seiner Eigenschaft als Grosskomtur unter Karl von Trier erteilt haben.

Peters Beiname ‚von Dusburg' lässt eine Herkunft aus der Ballei Utrecht vermuten.[38] Weitere biographische Details sind nicht bekannt; eine sichere Identifikation in einer Urkunde war bislang nicht möglich. Ein zumindest zeitweiliger Aufenthalt in Preußen ist sicher anzunehmen, da Peter betont, dass er von den geschilderten Ereignissen einiges wenige selbst miterlebt habe (*pauca que vidi*), aber Augenzeugen befragt und vor allem aus „glaubwürdigen Berichten" geschöpft habe (*relacione veridica intellexi*). Dabei muss es sich um Quellen aus der pragmatischen Schriftlichkeit des Ordens bzw. seiner militärischen Operationen gehandelt haben, die vor allem in Preußen selbst anzutreffen

---

(Anm. 8). Ausführlich zur Problematik der Neuedition, an deren Verwendbarkeit „erhebliche Zweifel" bestehen, äußert sich ARNO MENTZEL-REUTERS: [Rezension]. In: Deutsches Archiv für Erforschung des Mittelalters 67 (2011), S. 223–225. Hingegen urteilt positiv über die Ausgabe REMIGIUS STACHOWIAK: Zum Editionsstand der *Chronica Terrae Prussiae* des Peter von Dusburg. In: Preußenland. N. F. 2 (2011), S. 77–90. Polnische Übersetzung: *Kronika ziemi Pruskiej*. Hrsg. von SLAWOMIR WYSZOMIRSKI, wstępem i komentarzem historycznym opatrzyl JAROSLAW WENTA, Toruń 2004; zum Text vgl. TOEPPEN (Anm. 2), S. 1–15; HELM/ZIESMER (Anm. 12), S. 149–151; JAROSŁAW WENTA: Studien über die Ordensgeschichtsschreibung am Beispiel Preußens, Toruń 2000 (Subsidia historiographica 2), S. 205–212; MENTZEL-REUTERS (Anm. 2), S. 593; BRUNO JAHN: [Art.] Peter von Dusburg. In: DLL MA 3 (2012), Sp. 340 f.; MARCUS WÜST: Zu Entstehung und Rezeption der *Chronik des Preußenlandes* Peters von Dusburg. In: Neue Studien (Anm. 50), S. 197–209; DERS.: Peter von Dusburg. Chronik des Preußenlandes – eine programmatisch-politische Schrift für die Kurie? In: Mrągowski Studia Humanistyczne 10 [im Druck].

38 JAHN (Anm. 37), Sp. 340. Diskussion weiterer Ortszuschreibungen bei JAROSŁAW WENTA: [Art.] Peter von Dusburg. In: ²VL 11 (2004), Sp. 1188–1192.

waren.[39] Doch bedeutet dies nicht zwingend, dass die Chronik in einem preußischen Ordenshaus oder Domkapitel abgefasst wurde.[40] Die in ungewöhnlicher Breite herangezogene geistliche Literatur und stilistische Ähnlichkeiten zu Caesarius von Heisterbach sind mit einer Abfassung in einer rheinischen Ordenszentrale (Utrecht, Köln oder Trier) besser in Einklang zu bringen als mit der Bibliothekssituation im Preußen des frühen 14. Jahrhunderts.

Peters *Chronik* bezieht sich fast ausschließlich auf die Taten der Ordensbrüder in Preußen. Selbst auf die Schwertmission in Livland wird kaum eingegangen. Nach einem kurzen Bericht über die Ordensgründung und allgemeinen spirituellen Ermahnungen (Lib. I) wird die Geschichte der Schwertmission gegen die Prusen bis zum Jahr 1230 berichtet (Lib. II). Der dritte und umfangreichste Teil beginnt mit einer kulturhistorisch bedeutenden Beschreibung des Landes und der Bräuche der Prusen und berichtet über die Prusenaufstände und die Besiedlung des Landes bis zum Jahr 1326. Als synoptische *incidentia* („Begebenheiten") sind der fortlaufenden Berichterstattung aus Preußen in einer eigenen Spalte chronikalische Aufzeichnungen weltgeschichtlicher Art beigegeben. Diese Anordnung wurde allerdings nur in einer einzigen Handschrift bewahrt; alle anderen stellen die Inzidenzien als separates viertes Buch hinter die Preußenchronik.[41]

Das Verschweigen der Ereignisse zwischen der Gründung und der Ankunft in Preußen muss im Lichte der heftigen internen Auseinandersetzungen um die Abkehr vom militärischen Einsatz in Palästina und die Verlegung des Hoch-

---

39 Karl residierte nach seiner Wiedereinsetzung 1318 in Trier: *post paucos annos in civitate Trevirensi apud fratres suos mortuus est sepultus* („wenige Jahren später starb er bei seinen Mitbrüdern in Trier und wurde dort begraben") schreibt Peter (*Scriptores rerum Prussicarum* [Anm. 2], Bd. 1, S. 178). Zumindest bis 1324 muss sich also auch ein Teil des hochmeisterlichen Archivs in Trier befunden haben und es muss ein intensivierter diplomatischer Reiseverkehr zwischen den Rheinlanden und Preußen bestanden haben, der nicht zuletzt mit Klerikern bestritten wurde.

40 Peters Arbeitsbedingungen untersucht SLAWOMIR WYSZOMIRSKI: Die Werkstatt Peters von Dusburg. In: Mittelalterliche Kultur und Literatur im Deutschordensstaat in Preussen. Leben und Nachleben. Hrsg. von JAROSŁAW WENTA/SIEGLINDE HARTMANN/GISELA VOLLMANN-PROFE, Toruń 2008 (Sacra bella septentrionalia 1), S. 501 – 511. Als Vorlagen werden nicht die zitierten Originalwerke sondern Prädikantenkompendien gedacht. Ein Aufenthalt des Autors außerhalb von Preußen wird nicht in die Überlegungen einbezogen. Auch WÜST, Entstehung (Anm. 37), S. 198 geht ohne Debatte davon aus, dass es sich bei Peter um einen preußischen Kleriker handelt.

41 Bei Nikolaus von Jeroschin sind die Inzidenzien in die fortlaufende Erzählung eingegliedert.

meistersitzes auf die Marienburg gesehen werden;[42] der Gedanke einer Auslassung „wegen fehlender Detailkenntnisse“ ist naiv.[43]

Peter gibt keinen Hinweis auf die anvisierte Leserschaft. Vom Hochmeister erwartet er eine inhaltliche Prüfung und Freigabe für eine *publicatio* („Veröffentlichung“), was im Gebrauch der Zeit die öffentliche Auslage eines oder mehrerer Normexemplare (z. B. in der Marienburg oder der Domkirche von Marienwerder) bedeutete, von denen Abschriften genommen werden konnten. An welche Leserschaft er dabei dachte, bleibt ungewiss. Die Abfassung der *Chronica* in lateinischer Sprache lässt auf ein klerikales Publikum schließen. Dies könnte die Priesterschaft des Ordens – einschließlich der Domkapitel – gewesen sein. Marcus Wüst hat unlängst die Kurie als Adressat ins Spiel gebracht.[44]

Obschon ihr Quellenwert von der neuzeitlichen Geschichtswissenschaft hoch eingeschätzt wird, hat die Chronik nicht die Darstellung faktischer Abläufe zum Ziel, sondern die „Erhaltung des strengen Charakters des Ordens“[45]. Die siegreichen Kämpfe werden nach alttestamentarischen Vorbildern[46] als Exempla für die Belohnung des aszetischen Lebenswandels der Brüder interpretiert; damit ist impliziert, dass ein Abweichen von dieser Lebensform den Verlust des Landes nach sich zieht (vgl. Ps. 105–106). In diesem Zusammenhang ist es möglicherweise nicht unerheblich, dass Werner von Orseln, dem Peter seine Chronik vorlegte, im Jahr 1330 von einem Ordensbruder ermordet wurde, gegen den er eine Disziplinarmaßnahme wegen Verstoßes gegen das Armutsgelübde verhängt hatte. Insofern sind Deutungsansätze problematisch, die die Botschaft der Chronik auf die Stärkung eines „Chorgeistes in der Truppe“ reduzieren.[47]

---

42 Vgl. Udo Arnold: Deutschmeister Konrad von Feuchtwangen und die ‚preußische Partei‘ im Deutschen Orden am Ende des 13. und zu Beginn des 14. Jahrhunderts. In: Aspekte der Geschichte. Festschrift für Peter Gerrit Thielen zum 65. Geburtstag am 12. Dezember 1989. Hrsg. von Udo Arnold/Josef Schröder/Günther Walzik, Göttingen/Zürich 1990, S. 22–42.

43 Scholz/Wojtecki (Anm. 37), S. 12.

44 Wüst, Entstehung (Anm. 37), S. 201 f.

45 Helmut Bauer: Peter von Dusburg und die Geschichtsschreibung des Deutschen Ordens im 14. Jahrhundert in Preußen, Berlin 1935 (Historische Studien 272), S. 31.

46 Janusz Trupinda: Ideologia krucjatowa w kronice Piotra z Dusburga, Gdańsk 1999 (Peribalticum meridionale 1), S. 33–36.

47 Michael Neecke: Literarische Strategien narrativer Identitätsbildung. Eine Untersuchung der frühen Chroniken des Deutschen Ordens, Frankfurt a. M. 2008 (Regensburger Beiträge zur deutschen Sprach- und Literaturwissenschaft B 94); kritisch dazu Arno Mentzel-Reuters: [Rezension]. In: Zeitschrift für deutsches Altertum und deutsche Literatur 140 (2011), S. 111–116.

5.3 Nikolaus von Jeroschin

Nicht lange nach dieser lateinischen Chronik erhielt der Hochmeisterkaplan Nikolaus von Jeroschin den Auftrag zu einer Übertragung des Werkes in die Volkssprache[48] – was zu diesem Zeitpunkt eine Metrifizierung einschloss. Nikolaus orientierte sich hierfür an den Regeln, die Heinrich von Hesler für seinen gereimten *Apokalypsenkommentar* aufstellte,[49] andere Autoren – und keineswegs nur Geistliche wie er selbst – folgen ihm und gestalten ein Corpus, das deshalb auch als „Hesler-Schule" umschrieben wurde.[50] Dieser Einfluss deutet sich in einer nur fragmentarisch überlieferten Vita des heiligen Adalbert[51] bereits an.

Nikolaus war Kaplan des Hochmeisters Dietrich von Altenberg (V. 147) und versah damit ein Amt, dessen Inhaber neben der Leitung der hochmeisterlichen Kanzlei bis ins späte 15. Jahrhundert hinein auch die Buchkultur des Ordens nachgerade zu gestalten hatte. Er arbeitete im Auftrage zweier Hochmeister:

48 Toeppen (Anm. 2), S. 15–18; Wenta (Anm. 37), S. 219–223; Nikolaus von Jeroschin: *Kronike von Pruzinlant. Chronik des Preußenlandes.* In Auswahl hrsg. mit einer Übertragung ins Neuhochdeutsche von Achim Masser, Berlin 1993; Nicolaus von Jeroschin: The chronicle of Prussia. A history of the Teutonic Knights in Prussia. 1190–1331. Übers. von Mary Fischer, Farnham [u.a.] 2010 (Crusade texts in translation 20); Gisela Vollmann-Profe: Kriegsberichterstattung und fromme Wundergeschichten in der *Kronike von Pruzinlant* des Nikolaus von Jeroschin. In: Zeitschrift für deutsches Altertum und deutsche Literatur 132 (2003), S. 295–306; Helm/Ziesmer (Anm. 12), S. 151–163; Bruno Jahn: [Art.] Nikolaus von Jeroschin. In: DLL MA 3 (2012), Sp. 341–345; Rainer Zacharias: Beobachtungen zur Theologie der Chronik-Literatur des Deutschen Ordens. Ein Quellenvergleich zwischen Peter von Dusburg und Nikolaus von Jeroschin. In: Neue Studien (Anm. 50), S. 211–227; Volker Honemann: Nikolaus von Jeroschin als Literat. In: Ebd., S. 247–263; Ralf G. Päsler: Die Handschriften der *Kronike von Pruzinlant* des Nikolaus von Jeroschin. Ein Beitrag zur Buchkultur und Literaturgeschichte des Deutschen Ordens. In: Ebd., S. 265–287 [mit Textproben].

49 Vgl. Arno Mentzel-Reuters: Heinrich von Hesler – von Thüringen nach Preußen. Facetten deutschsprachiger Bibeldichtung 1250–1350. In: Der deutsche Orden und Thüringen. Aspekte einer 800-jährigen Geschichte. Hrsg. von Thomas T. Müller, Petersberg 2013, S. 43–74; Mentzel-Reuters (Anm. 36).

50 Arno Mentzel-Reuters: Deutschordensliteratur im literarischen Kontext. In: Mittelalterliche Kultur und Literatur im Deutschordensstaat in Preussen (Anm. 40), S. 355–368, hier S. 363–368. Kritisch setzt sich der jüngst erschienene Band ‚Neue Studien zur Literatur im Deutschen Orden'. Hrsg. von Bernhart Jähnig/Arno Mentzel-Reuters, Stuttgart 2014 (Zeitschrift für deutsches Altertum und deutsche Literatur. Beiheft 19) mit dem ‚Mythos' einer ‚Deutschordensliteratur' auseinander. In dem Band wird anhand der dieser Gattung bislang von der Forschung zugeschriebenen Texte gezeigt, auf welch instabilem Untergrund eine derartige Gattungskonstitution bei genauerem Hinsehen steht.

51 *Scriptores rerum Prussicarum* (Anm. 2), Bd. 2, S. 423–428.

Zuerst habe er *bî meistir Lûdêre* [...] *diz bûch durch sîne bete* (V. 185–187) begonnen (also vor Luthers Tod am 8.4.1335), sei aber durch einen vage umschriebenen feindlichen Akt an der Weiterarbeit gehindert worden.[52] Erst der Hochmeister Dietrich von Altenburg (HM 1335–1341) habe das Projekt wiederbelebt.

Für die Zielrichtung des Werks muss der weit ausholende Prolog herangezogen werden: Nikolaus verwendet, wie zuvor Wolfram von Eschenbach und Heinrich von Hesler,[53] einen Preis der Trinität als Umschreibung geistigen Schaffens und paraklitischen Beistands. Doch anders als alle vergleichbaren Prologe[54] weist Nikolaus den drei Personen der Trinität gleich im Exordialsatz die Attribute *potestas – sapientia – bonitas* („Macht – Weisheit – Güte") zu, was letztlich auf Abaelard zurückgeht, hier aber wahrscheinlich von Hugo von St. Viktor übernommen ist.[55] Es zeigt sich eine in den vergleichbaren Prologen fehlende Offenheit für die zeitgenössische Mystik. Ihre Analyse im Hinblick auf die radikale Mystik der fast zeitgleich anzusetzenden *Theologia deutsch* eines aufgrund seiner Zugehörigkeit zur Deutschordenskommende Sachsenhausen als der ‚Frankfurter'[56] benannten Autors steht noch aus.

---

52 Nikolaus berichtet darüber nur in einer dunklen biblischen Anspielung: *dî von dem argen tîre / vortilgit wurdin, goteweiz! / Daz Josêphes roc zureiz* (V. 190–192). Die Forschung deutet dies vage als Klage über den „Neid der Brüder", vgl. *Scriptores rerum Prussicarum* (Anm. 2), Bd. 1, S. 292; HELM/ZIESEMER (Anm. 12), S. 154: „Wir erfahren wieder ein Stück persönlicher Fehde im Bereich der literarischen Kreise des Ordens". Die Stelle spielt auf die Ereignisse in Gn 37 an, wo Joseph von seinen Brüdern in die Sklaverei verkauft wird, während man dem Vater sein blutgetränktes Prachtgewand überbringt mit der Behauptung, ein wildes Tier (Gn 37,20 bzw. Gn 44,28; *fera pessima*) habe ihn zerrissen. Die Deutung des wilden Tiers als *invidia* („Neid") findet sich z. B. bei Helinand, Sermo IX. In: Patrologiae latinae cursus completes 212. Hrsg. von JEAN-JACQUES MIGNE, Paris 1855, Sp. 556 B.

53 Hierzu ausführlich MENTZEL-REUTERS (Anm. 49).

54 FRIEDRICH OHLY: Wolframs Gebet an den Heiligen Geist im Eingang des *Willehalm*. In: Zeitschrift für deutsches Altertum und deutsche Literatur 91 (1961/62), S. 1–37; INGRID OCHS: Wolframs *Willehalm*-Eingang im Lichte der frühmittelhochdeutschen geistlichen Dichtung. München 1968 (Medium Aevum 14); CHARLES STEVEN JAEGER: Der Schöpfer der Welt und das Schöpfungswerk als Prologmotiv in der mittelhochdeutschen Dichtung. In: Zeitschrift für deutsches Altertum und deutsche Literatur 107 (1978), S. 1–18.

55 Hugo de S. Victore: *De sacramentis*. In: Patrologiae latinae cursus completes 176. Hrsg. von JEAN-JACQUES MIGNE, Paris 1854, Sp. 208 C; *De eruditione didiascalica*. In: Ebd., Sp. 811 C. Hierzu, wie auch zu daraus gebildeten häretischen Ausweitungen, siehe KURT RUH: Geschichte der abendländischen Mystik. Bd. 2: Frauenmystik und Franziskanische Mystik der Frühzeit, München 1993, S. 33 f.

56 WOLFGANG VON HINTEN: *Der Franckforter (‚Theologia Deutsch')*. Kritische Textausgabe. München/Zürich 1982 (Münchener Texte zur deutschen Literatur des Mittelalters 78).

Nikolaus von Jeroschin hat ein belastbares Modell auch für große Reimwerke geschaffen. Er ist sich seiner literarischen Fähigkeiten bewusst und er handelt im Auftrag der Ordensleitung. Er kennt die Literatur genau und kann präzise aus dem Lateinischen übersetzen. Inwieweit er dabei den von Peter von Dusburg gelegten Gleisen folgt oder inwieweit trotz der Übernahme des Sachmaterials eine eigenständige Konzeption vorliegt, ist von der Forschung nicht ausdiskutiert.[57] Peters Inzidenzien sind in den Hauptstrang der Erzählung integriert und damit auch die doppelte Hochmeisterliste eliminiert.

Für die Jahre 1311 bis 1330 kann von einer eigenständigen Erzählung ausgegangen werden; inwieweit orale Überlieferung einfloss, inwieweit pragmatische Schriftlichkeit, ist kaum zu entscheiden.

5.4 Die Schrift des Bruders Ulrich

1335 wurde Papst Benedikt XII. (Papst 1335–1342) die lateinische Schrift eines Deutschordenspriesters namens Ulrich überreicht, über den wir weiter nichts wissen.[58] Zumindest ihre erste Hälfte wurde im 15. Jahrhundert ins Deutsche übertragen; diese Handschrift befindet sich noch heute in Deutschordensbesitz.[59] Das Werk wurde nicht für den Papst verfasst, sondern für ihn überarbeitet oder kompiliert. Der Autor spricht mehrfach ein Publikum als *fratres* („Brüder") an.[60] Gegenstand des Traktates ist eine allegorische Auslegung der Deutschordensregel; es handelt sich also weniger um eine historiographische Darstellung als um eine heilsgeschichtliche Deutung des Deutschen Ordens. Im ersten Buch wird der Orden unter Heranziehung des Ordensbuches mit dem irdischen Pa-

---

57 Gisela Vollmann-Profe (Ein Glücksfall in der Geschichte der preußischen Ordenschronistik. Nikolaus von Jeroschin übersetzt Peter von Dusburg. In: Forschungen zur deutschen Literatur des Spätmittelalters. Festschrift für Johannes Janota. Hrsg. von Horst Brunner/Werner Williams-Krapp, Tübingen 2003, S. 125–140) betont eine Emotionalisierung in der deutschsprachigen Verschronik; Zacharias (Anm. 48) erkennt insbesondere eine Verstärkung der Marienverehrung; Honemann (Anm. 48), S. 259f. macht eine sprachprägende Wirkung geltend.

58 Zu dieser von der Forschung vernachlässigten Schrift Boockmann (Anm. 2), S. 455; Hubert Houben: Eine Quelle zum Selbstverständnis des Deutschen Ordens im 14. Jahrhundert. Der Codex Vat. Ottobon. Lat. 528. In: Selbstbild und Selbstverständnis der geistlichen Ritterorden. Hrsg. von Roman Czaja/Jürgen Sarnowsky, Toruń 2005 (Ordines militares 13), S. 139–153.

59 Überliefert durch die Handschrift Deutschordenszentralarchiv Wien, Cod. 787. Die Provenienz ist unklar, die Makulatur weist auf Württemberg als Region des Buchbinders; vgl. mit einer Kurzbeschreibung Houben (Anm. 58), S. 140f. und S. 148, Anm. 6.

60 Houben (Anm. 58), S. 145.

radies, im zweiten mit dem himmlischen Jerusalem verglichen. Das dritte zeigt ihn als Streiter wider den Satan, der sich auch – und das ist der politische Hintergrund der aktuellen Zusammenstellung[61] – in kirchlichen Würdenträgern manifestiere. Die Kühnheit der Auslegung ist groß; der Orden sei eine gegen den Teufel gerichtete Schöpfung vor aller Zeit, die mit Hilfe der Templer und Johanniter ihren irdischen Kampf aufgenommen habe. Für das Geschichtsverständnis zumindest einzelner Ordensbrüder ist diese Schrift von enormer Bedeutung.

5.5 Bartholomaeus Hoeneke

Nur aus der Chronik des Bremer Notars Johannes Renner (um 1525 – 1583)[62] kennen wir eine die Jahre 1315 – 1348 umfassende Fortsetzung der *Livländischen Reimchronik*. Sie wird zur Unterscheidung von dieser als *Jüngere Livländische Reimchronik* bezeichnet; da die Schilderungen der letzten Jahre als besonders erlebnisnah empfunden werden, wird eine Entstehung bald nach 1350 angenommen. KONSTANTIN HÖHLBAUM versuchte 1871 eine Rekonstruktion der Chronik auf der Grundlage der niederdeutschen Prosafassung des späten 16. Jahrhunderts.[63] Dabei ging er davon aus, dass die ursprüngliche Reimfassung niederdeutsch war. Die Verfasserangabe „Bartholomaeus Hoeneke"[64] übernahm er von Renner und kontaminierte dessen Angaben mit unsicheren weiteren Quellen zu einer umfassenden Vita[65], die u. a. die These von einer niederdeutschen Bearbeitung der (älteren) *Livländischen Reimchronik* einschließt.[66]

61 Der Autor richtet sich nur vage gegen *huius pie domus theutonive impium inimicum* („den gottlosen Feind dieses gottergebenen Deutschen Hauses"); zit. nach HOUBEN (Anm. 58), S. 143. HOUBEN bezieht diese Formulierung auf die beim Papst von dem für Preußen zuständigen Metropoliten Friedrich von Riga erhobene Anklage gegen den Deutschen Orden (S. 139, 143).

62 Vgl. Johann Renners *Livländische Historien.* Hrsg. von RICHARD HAUSMANN/KONSTANTIN HÖHLBAUM, Göttingen 1876, S. VI; zu Renner und seinen Vorlagen siehe MICHAEL NEECKE: Textfeld 4. Prosaauflösungen im Reich. In: Krieg im Visier (Anm. 7), S. 216 – 234.

63 KONSTANTIN HÖHLBAUM: Joh. Renner's *livländische Historien* und die *jüngere livländische Reimchronik.* 1. Tl., Göttingen 1872; Edition: Die *jüngere livländische Reimchronik* des Bartholomäus Hoeneke. Hrsg. von KONSTANTIN HÖHLBAUM, Leipzig 1872.

64 Davon abweichend BRUNO JAHN: [Art.] Höneke, Bartholomäus. In: DLL MA 3 (2012), Sp. 387 f.

65 Zur Kritik an Namensform und biographischem Konstrukt vgl. MENTZEL-REUTERS (Anm. 3), S. 25 – 31.

66 Die *jüngere Livländische Reimchronik* des Bartholomäus Hoeneke (Anm. 63), S. XXI.

Zusätzliche Bruchstücke konnten aus der livländischen Chronistik des 16. Jahrhunderts mit mehr oder minder großer Sicherheit ermittelt werden; so wies etwa PAUL JOHANSEN nach, dass auch Balthasar Russow für seine 1578 gedruckte Chronik Hoeneke benutzt hat und gegenüber Renner einige zusätzliche Details bewahrte.[67] Komplizierter ist die Lage für den Bericht über die Hungersnot von 1315, die nach JOHANSENs Auffassung unabhängig von Hoeneke tradiert wurde;[68] diesen eigenständigen, gereimten Text dürften wir durch Textfunde von MAURICE OLIVIER im Ordensfolianten 295 des Geheimen Staatsarchivs Preußischer Kulturbesitz jetzt kennen.[69] Aufgrund dieser und eigener Beobachtungen gab SULEV VAHTRE den Text zusammen mit einer estnischen Übersetzung heraus.[70]

Die Belege für eine Abfassung von Hoenekes Chronik in Niederdeutsch sind nicht stichhaltig.[71] Ein ehemals Königsberger Fragment scheint zu untermauern, dass Hoeneke wie sein Vorbild ostmitteldeutsch schrieb.[72] Doch auch unabhängig von der Sprache ist zu vermerken, dass Renner für seine Paraphrase alle auf den Deutschen Orden verweisenden Spezifika getilgt haben dürfte: „Es ist nicht nur die literarische Gestalt der Chronik verloren [...], sondern auch die spirituelle Verortung. Renner überliefert uns nur ein leeres Handlungsgerüst,

67 PAUL JOHANSEN: Balthasar Rüssow als Humanist und Geschichtsschreiber. Aus dem Nachlass ergänzt und hrsg. von HEINZ VON ZUR MÜHLEN, Köln/Weimar/Wien 1996 (Quellen und Studien zur baltischen Geschichte 14), S. 24–28.

68 JOHANSEN (Anm. 67), S. 28–31; zustimmend NORBERT ANGERMANN: Die mittelalterliche Chronistik. In: Geschichte der deutschbaltischen Geschichtsschreibung. Hrsg. von GEORG VON RAUCH, Köln/Wien 1986 (Ostmitteleuropa in Vergangenheit und Gegenwart 20), S. 3–20, hier S. 14.

69 Vgl. MAURICE OLIVIER: Zwei Exzerpte aus der *Jüngeren Livländischen Reimchronik* des Bartholomaeus Hoeneke? In: Neue Studien (Anm. 50), S. 289–310; Textabdruck des 154 Verse umfassenden Fragmentes ebd. S. 304–307. Ob das von ihm an gleicher Stelle aufgefundene erste Exzerpt – offenkundig ein Prolog, vielleicht auch ein Epilog – Hoeneke zuzurechnen ist, wagt OLIVIER nicht endgültig zu entscheiden. Der Text trägt alle Merkmale einer Deutschordensdichtung und scheint von Nikolaus von Jeroschin beeinflusst.

70 Bartholomäus Hoeneke: *Liivimaa noorem riimkroonika* (1315–1348). Hrsg. von SULEV VAHTRE, Talinn 1960. Einen deutschsprachigen Überblick gibt SULEV VAHTRE: Die Darstellung des Estenaufstandes 1343 bis 1345 in Deutschordenschroniken. In: Aus der Geschichte Alt-Livlands. Festschrift für Heinz von zur Mühlen zum 90. Geburtstag. Hrsg. von BERNHART JÄHNIG/KLAUS MILITZER, Münster 2004, S. 55–69.

71 MENTZEL-REUTERS (Anm. 3), S. 31–37.

72 Abbildung und Abdruck bei MENTZEL-REUTERS (Anm. 3), S. 54–58, Kommentar ebd., S. 49–52.

aus dem alles entfernt wurde, was einem landesgeschichtlichen, lutherisch geprägten Interesse des 16. Jahrhunderts nicht entsprach."[73]

5.6 Canonicus Sambiensis[74]

Unter dem fingierten Titel *Epitome gestorum Prussie* („Abriss der Geschichte des Preußenlandes") gab MAX TOEPPEN, heute verlorene, annalistische Notate der Handschrift 1119 der Staats- und Universitätsbibliothek Königsberg heraus, die von König Herodes bis ins Jahr 1338 reichen. Sie ist in neun Kapitel unterteilt, deren letztes den Titel *De episcopatu Sambiensis* („Über das Bistum Samland") trägt. Wegen dieses Abschnitts wird der Autor als samländischer Domherr angesehen. Dessen Identifikation mit einem Bruder Konrad, der als Königsberger Pfarrer und ab 1331 als Scholasticus des Domkapitels nachgewiesen ist, bleibt spekulativ. Neben Nikolaus von Jeroschin wurde als Quelle u. a. Hermann von Reichenau herangezogen.[75]

Die Notizen sind thematisch und zeitlich unausgewogen. Es wird eine Liste der preußischen Landmeister und der Hochmeister sowie der vom Orden gegründeten Burgen und Städte gegeben; die samländische Geschichte wird insbesondere für die Jahre 1243–1303 beschrieben, die Kriegszüge des Ordens schwerpunktmäßig für 1322–1327.[76] Von besonderem Interesse sind Extravaganzen, wie Hinweise auf päpstliche Legaten und Kollektoren,[77] die Heilige Elisabeth[78] oder für 1325 die Aufführung eines Pfingstspieles (*ludus*) in Königsberg.[79]

5.7 *Kurze preußische Reimchronik* und Hochmeisterberichte

Die *Kurze preußische Reimchronik* ist nur in zwei textlich nicht zusammenhängenden Blättern mit insgesamt 246 Versen überliefert. Das Fragment wird heute

73 MENTZEL-REUTERS (Anm. 3), S. 53.
74 Edition in: *Scriptores rerum Prussicarum* (Anm. 2), Bd. 1, S. 273–299; TOEPPEN (Anm. 2), S. 26–28; MIKE MALM: [Art.] Canonicus Sambiensis. In: DLL MA 3 (2012), Sp. 354f.
75 So MAX TOEPPEN in: *Scriptores rerum Prussicarum* (Anm. 2), Bd. 1, S. 273.
76 TOEPPEN (Anm. 2), S. 27.
77 *Scriptores rerum Prussicarum* (Anm. 2), Bd. 1, S. 286.
78 TOEPPEN (Anm. 2), S. 26.
79 *Scriptores rerum Prussicarum* (Anm. 2), Bd. 1, S. 287.

in der Berliner Staatsbibliothek aufbewahrt.[80] Die beiden Blätter behandeln die Jahre 1252–1261 und 1330–1338. Die wenigen Verse lassen erkennen, dass Peters *Chronik* als Vorlage diente, jedoch partiell weitere Quellen hinzutraten. Als Ordnungskriterium scheint der Autor von einer Hochmeisterliste auszugehen; in den wenigen überlieferten Versen werden bereits acht Hochmeisternamen präsentiert. Die literarische Qualität liegt deutlich unter der von Nikolaus von Jeroschin.

Theodor Hirsch konnte als Vorlage für Ergänzungen, die die *Jüngere Hochmeisterchronik* gegenüber Peter von Dusburg vornimmt, zwei in Prosaform überlieferte Berichte aufweisen, die den Hochmeistern Hermann von Salza und Hartmann von Heldrungen zugeschrieben wurden.[81] Hirsch nahm eine ursprüngliche Abfassung in Reimpaarversen an.[82] Peter und Nikolaus scheinen als Quellen benutzt worden zu sein, sodass die erhaltene Textfassung frühestens Mitte des 14. Jahrhunderts entstanden sein kann.[83] Ferner muss es um 1400 ein Verzeichnis der Hochmeister gegeben haben, das in seinen frühen Teilen aus der *Chronica* Peters von Dusburg exzerpiert war. Wir finden es erstmals als Anhang zur Posilge-Chronik;[84] später wird es für die *Historia brevis magistrorum Ordinis Theutonici generalium* („Kurze Geschichte der Hochmeister des Deutschen Ordens") herangezogen.[85] Ihm voraus geht eine Reimdichtung, die wir nur aus dem Kapitelsaal der Marienburg (Abb. 1) kennen.[86] Hier war jedem Hochmeisterbild,

---

80 SBPK Berlin, Fragm. 38. Edition durch Ernst Strehlke in: *Scriptores rerum Prussicarum* (Anm. 2), Bd. 2, S. 1–8; zum Werk: Helm/Ziesmer (Anm. 12), S. 163 f.; Udo Arnold: [Art.] *Kurze preußische Reimchronik.* In: ²VL 5 (1985), Sp. 468 f.; Ralf G. Päsler: Deutschsprachige Sachliteratur im Preußenland bis 1500. Untersuchungen zu ihrer Überlieferung, Köln 2003 (Aus Archiven, Bibliotheken und Museen Mittel- und Osteuropas 2), S. 98; Bruno Jahn: [Art.] *Kurze preußische Reimchronik.* In: DLL MA 3 (2012), Sp. 388.

81 *Scriptores rerum Prussicarum* (Anm. 2), Bd. 5, S. 153–168 (Hermann von Salza über die Eroberung Preußens) und S. 168–172 (Hartmann von Heldrungen über die Vereinigung mit dem livländischen Schwertbrüderorden); vgl. Trupinda (Anm. 46), S. 68–77.

82 Theodor Hirsch (*Scriptores rerum Prussicarum* [Anm. 2], Bd. 5, S. 20) glaubt, „dass die Erzähler in beiden Schriften erdichtete Personen sind, dass die erzählten Thatsachen aber aus einer noch in frischer Erinnerung befindlichen Tradition geschöpft, im Zeitalter Dusborgs aufgezeichnet sind, und zwar wahrscheinlich nicht in der Form, in der wir sie vor uns haben, sondern in gereimten Versen, welche später in Prosa aufgelöst wurden."

83 Theodor Hirsch in: *Scriptores rerum Prussicarum* (Anm. 2), Bd. 5, S. 168.

84 Vgl.: http://www.handschriftencensus.de/werke/1168.

85 Max Toeppen in: *Scriptores rerum Prussicarum* (Anm. 2), Bd. 4, S. 256.

86 Walther Ziesemer: Deutsche Inschriften in der Marienburg. In: Zeitschrift für deutsches Alterthum und deutsche Litteratur 47 (1904), S. 280–283; Janusz Trupinda: Die Chronik von Peter von Dusburg als Quelle für die Interpretation der architektonischen Ausschmückung des sog. Kapitelsaals und der Schloßkapelle im Nordflügel des Hochschlosses in Marienburg. In:

das den Wandumlauf schmückte, eine Versgruppe beigegeben. Bei der Neugestaltung des Nordflügels des Hochschlosses waren die Bildnisse der bis dahin amtierenden Hochmeister angebracht worden; die Reihe wurde bis Ulrich von Jungingen fortgesetzt[87] und offenbar auch die Versdichtung ergänzt. Unter dem Namen jedes Hochmeisters folgen vier Reimpaarverse. Ob diese Reimdichtung eigens für den Kapitelsaal geschaffen wurde, wie WALTHER ZIESEMER annahm, oder auch eigenständig publiziert wurde, kann man nicht sicher entscheiden. Auf jeden Fall haben wir mit ihr das erste Zeugnis einer Kombination von Hochmeisterporträt und Chronistik – und zwar hundert Jahre vor der *Jüngeren Hochmeisterchronik*, weshalb man zurecht sagen kann, dass sie auf spätere Werke ausgestrahlt hat.

Abb. 1: Marienburg: Ansicht des Hochschlosses von der Landseite (um 1900).

Mittelalterliche Kultur und Literatur im Deutschordensstaat in Preussen (Anm. 40), S. 513 – 527 [Neuabdruck der Verse nach den Konservierungsarbeiten von 1992 – 2002 auf S. 517 f.]. Die von ZIESEMER betonte stilistische Nähe zu Nikolaus von Jeroschin ist nicht gegeben.

87 ZIESEMER (Anm. 86), S. 282.

5.8 Die *Oberrheinische Chronik*

Eine 1337 im Schweizer Raum entstandene Weltchronik (UB Freiburg Hs. 473)[88] wurde nach 1340 anscheinend von einem Ordensbruder[89] fortgesetzt.[90] Allerdings nimmt schon die voranstehende Chronik auffallend oft Bezug auf den Deutschen Orden, erwähnt die Bestätigung der Privilegien durch Coelestin III. (S. 12 = fol. 29v), die Ordensstiftung unter Heinrich VI.,[91] Kämpfe um Riga 1298[92] und einen Litauerzug des Jahres 1334.[93] Bemerkenswert sind ferner die Notizen über den Estenaufstand 1343[94] und die Litauenreise 1348, die ohne preußische Quellen nicht denkbar sind,[95] sowie die Vita des noch lebenden Bischofs und zeitweiligen Beuggener Deutschordenskomturs Berthold von Buchegg.[96] Die Templer und Johanniter werden gelegentlich erwähnt, jedoch ohne damit einen besonderen Schwerpunkt der Berichterstattung zu bilden. Eher fällt ein Interesse an den Nöten der jüdischen Landesbewohner auf.[97]

---

88 WINFRIED HAGENMAIER: Die deutschen mittelalterlichen Handschriften der Universitätsbibliothek und die mittelalterlichen Handschriften anderer öffentlicher Sammlungen, Wiesbaden 1988 (Kataloge der Universitätsbibliothek Freiburg im Breisgau 1,4), S. 116 f.; Digitalisat unter http://dl.ub.uni-freiburg.de/diglit/hs473.

89 Vgl. den Wechsel der Erzählung in die erste Person Plural: *wanne unser brůder nie sich so ùbele geforhtent, wenne got allein do hat gevohten daz wir nùt denne XL hant verlorn* (UB Freiburg, Hs. 473, fol. 72r = S. 38).

90 *Oberrheinische Chronik*, älteste bis jetzt bekannte in deutscher Prosa. Aus einer gleichzeitigen Handschrift zum erstenmal hrsg. von FRANZ KARL GRIESHABER, Rastatt 1850; zum Deutschordensanteil des zweiten Nachtrags siehe UB Freiburg Hs. 473, fol. 67v – 72v; vgl. KARL HELM: *Die Oberrheinische Chronik*. In: DERS.: Aufsätze zur Sprach- und Literaturgeschichte, Dortmund 1920 (Neudruck Wiesbaden 1988), S. 237 – 254; HELM/ZIESMER (Anm. 12), S. 163 f.; ERICH KLEINSCHMIDT: [Art.] *Oberrheinische Chronik*. In: ²VL 7 (1989), Sp. 7 f.; BRUNO JAHN: [Art.] *Oberrheinische Chronik*. In: DLL MA 3 (2012), Sp. 353 f.

91 UB Freiburg, Hs. 473, fol. 57v = *Oberrheinische Chronik* (Anm. 90), S. 22.

92 UB Freiburg, Hs. 473, fol. 59v – 60r = *Oberrheinische Chronik* (Anm. 90), S. 24.

93 UB Freiburg, Hs. 473, fol. 59r = *Oberrheinische Chronik* (Anm. 90), S. 31.

94 UB Freiburg, Hs. 473, fol. 68v = *Oberrheinische Chronik* (Anm. 90), S. 35.

95 UB Freiburg, Hs. 473, fol. 71v – 72v = *Oberrheinische Chronik* (Anm. 90), S. 38 f. Hier wechselt die Mundart – bei gleichem Schreiber! – vom Süddeutsch-Alemannischen ins Mitteldeutsche; vgl. HAGENMAIER (Anm. 88), S. 117.

96 UB Freiburg, Hs. 473, fol. 64r/v = *Oberrheinische Chronik* (Anm. 90), S. 30.

97 *In dem selbin iare di plage die sich ane hup an sancte Paulus bekerde sint her zhihit man die iuden, daz sie die bùrne vier gift hettent. Dar von sin sie in grossir forfthe und ist ir och vil tot zu francken Swaben und zů Niderlant und allenthalben* (UB Freiburg, Hs. 473, fol. 72v = *Oberrheinische Chronik* [Anm. 90], S. 39).

5.9 Pomesanische Annalistik

Wahrscheinlich haben alle Diözesen Aufzeichnungen zur eigenen Geschichte angelegt. Hier ist die Grenze zwischen Ordens- und Bistumshistoriographie kaum zu ziehen, da die Bistümer des Kulmer Landes, Pomesaniens und des Samlandes dem Deutschen Orden inkorporiert waren. Aus Kulm haben wir keinerlei Zeugnisse; aus dem Samland ist nur der bereits behandelte Canonicus Sambiensis bekannt. Breitere Überlieferung hat sich alleine aus Pomesanien erhalten, die jedoch kaum als eigenständige Historiographie anzusehen ist. Neben einer allgemeinen Bischofsliste für die Jahre 1249 – 1575, die über die Ordenszeit hinaus von mehreren Händen fortgesetzt wurde,[98] wurden die eigenhändigen Notate des Bischofs Johannes Mönch[99] in einer Privilegiensammlung des Domarchivs als *notae historicae de anno 1381* in Auswahl publiziert; richtiger wäre eine Betitelung als *Glossa in privilegia ecclesiae Pomensaniensis* („Kommentar zu den Privilegien der pomesanischen Kirche"). Die Notizen betreffen Details der Jahre 1240 – 1431. Bischof Johannes IV. Christiani von Lessen (Bischof ca. 1480 – 1501)[100] fügte im gleichen Codex wenige Notizen für die Jahre 1480 – 1501 hinzu.[101] Johannes Marienwerder veranlasste 1393 oder kurze Zeit später die Abfassung lateinischer Annalen für das pomesanische Domkapitel, die offenbar bereits 1398 eingestellt wurden.[102] Nicht zufriedenstellend erforscht sind die Notizen eines pomensanischen Domherren über den sogenannten ‚Reiterkrieg' von 1520, den letzten Versuch des Hochmeisters Albrecht von Brandenburg, den Konflikt mit Polen militärisch zu lösen.

---

98 *Series episcoporum Pmesaniensium*, ediert in: *Scriptores rerum Prussicarum* (Anm. 2), Bd. 5, S. 386 – 390; von diesem historiographischen Text unabhängige weitere Quelle, insbesondere Protokolle ebd., S. 390 – 410.

99 *Johannis I. Monachi notae historicae de anno 1381* nebst Fortsetzungen, ediert in: *Scriptores rerum Prussicarum* (Anm. 2), Bd. 5, S. 410 – 429; zur Person des Bischofs vgl. Hartmut Boockmann: [Art.] Mönch, Johannes. In: NDB 17 (1994), S. 660; Mario Glauert: Das Domkapitel von Pomesanien (1284 – 1527). Toruń 2003 (Prussia sacra 1), S. 471 – 476.

100 Glauert (Anm. 99), S. 504 – 507.

101 Johannis IV. de Lessen, Pomesaniensis episcopi, Notae historicae 1480 – 1501. In: *Scriptores rerum Prussicarum* (Anm. 2), Bd. 5, S. 434 f.

102 Ediert durch Ernst Strehlke und Max Toeppen als *Johannis Marienwerder Annales capituli Pomesaniensis 1391 – 1398*. In: *Scriptores rerum Prussicarum* (Anm. 2), Bd. 5, S. 430 – 434. Die umfangreiche Literatur zu Johannes Marienwerder konzentriert sich fast ausschließlich auf seine Betreuung der Dorothea von Montau in den Jahren 1391 – 1394.

Sie wurden in zwei Überlieferungsträgern gefunden, deren Verwandtschaft nicht untersucht ist.[103]

5.10 Johann von Posilge

Die Annalen,[104] die gemeinhin mit dem Namen des Johann von Posilge verbunden werden,[105] berichten über die Jahre 1360 bis 1419. Die Feldzüge, von denen sie handeln, dienten dem Versuch, Schameiten dem Ordensgebiet einzuverleiben und damit ein zusammenhängendes Territorium von der Neumark bis nach Livland zu gewinnen. Für wenige Jahre schien dieses Ziel erreicht. Der Vertrag von Sallinwerder 1398 und die Taufe der Bayoren von Schameiten am 9.1. 1401 auf der Marienburg schienen die Garanten des Friedens, für den – zumindest nach dem Annalisten der Posilge-Chronik – das Generalkapitel des Jahres 1400 das Fest Mariä Heimsuchung in der Ordensliturgie heraufstufte.

Die Geschichte der Chronik wurde erst in jüngster Zeit rekonstruiert. Johann von Posilge, ein 1409 verstorbener Offizial des pomesanischen Bischofs, setzte die lateinischen *Annales Resinburgenses* auf, die zu einem erheblichen Teil – nämlich mindestens bis 1393 – eine Bearbeitung des nicht aus Deutschordenskreisen stammenden Annalista Thorunensis waren. Daneben zog Johann eine Hauschronik der pomesanischen Kanzlei heran. Aus ihr stammen die schematischen Rubriken: (1) zum Wetter, (2) zu den Litauenfahrten, (3) zu Memorabilien allgemeiner Art, etwa dem Einbruch von Epidemien und den Besetzungen hoher kirchlicher Ämter. Zwischen Johanns Tod und der Ernennung Johanns von Reddin zum pomesanischen Offizial (1411) bestand der Zustand, den die Handschrift SBPK Berlin, Ms. Boruss. 2° 241 in ihrer Intitulatio beschreibt.[106] Als um 1420 – Arnold wagte die genaue Datierung auf „1422 (?)"[107] – die Annalen ins Deutsche übertragen und bis 1419 fortgesetzt wurden, wurde

103 Text ediert durch Ernst Strehlke und Max Toeppen als *Pomesaniensis canonici breve Chronicon belli de anno 1520*. In: *Scriptores rerum Prussicarum* (Anm. 2), Bd. 5, S. 435–439.
104 Toeppen (Anm. 2), S. 35–41; Bruno Jahn: [Art.] Johann von Posilge. In: DLL MA 3 (2012), Sp. 465 f.
105 Die ältere Forschung zusammenfassend Udo Arnold: [Art.] Johann von Posilge. In: ²VL 4 (1983), Sp. 710 f. Neuere Ansätze bei Jarosław Wenta: Verfasserschaft der sog. *Chronik* des Johann von Posilge. In: Preußenland 28 (1990) S. 1–9; Päsler (Anm. 80), S. 284–290.
106 [...] *hat her Johannes, officialis von Resinburg, beschrebin zcu Latino, unde wurdin gewandelt dornoch yn das Dutsche unde vortan beschrebin noch syme tode*; vgl. *Scriptores rerum Prussicarum* (Anm. 2), Bd. 3, S. 79.
107 Arnold (Anm. 105), S. 711.

ihre Intitulation wörtlich übersetzt sowie ein Hinweis auf den Tod des Autors und die deutsche Bearbeitung hinzugefügt.

Der Autor der deutschen Bearbeitung ist anonym. Die Chronik ist eine kollektive Leistung der Riesenburger Residenz und weniger eine individuelle Schöpfung. Ausgerechnet die Teile, die sich von der schablonenhaften Form der Vorlagen freimachen – insbesondere fast die gesamte hintere Hälfte des Textes mit den Ereignissen im und nach dem Großen Krieg von 1410 – stammen nicht einmal im Entwurf von Johann von Posilge, sondern vom anonymen deutschen Bearbeiter und ‚Fortsetzer'.

5.11 Hermann von Wartberge

Gegen Ende des vierzehnten Jahrhunderts entstand die *Livländische Chronik* des Hermann von Wartberge († nach 1380).[108] Hermann stammte aus dem heutigen Niedersachsen, wahrscheinlich aus Warburg. Er diente unter drei Landmeistern als Kaplan und wirkte möglicherweise auch als Diplomat.[109] Seine lateinische Chronik reicht bis 1378, von 1358 an wird sie als Schilderung von Selbsterlebtem interpretiert. Der Text bricht ohne Abrundung mit dem Jahr 1378 ab. Obschon die Rezeption in der späteren Historiographie beachtlich ist, ist das Werk nur in einer heute verlorenen Handschrift des Danziger Ratsarchivs überliefert.[110]

Als Hauptquelle wird das Archiv der livländischen Landmeister angenommen, zu dem Hermann als Kaplan Zugang hatte. Erst jüngst hat Anti Selart die Rolle der Chronik als Legitimationsschrift in den während des gesamten 14. Jahrhunderts andauernden Auseinandersetzungen mit dem Erzbistum Riga hervorgehoben;[111] als Vorstufen konnte er Dossiers des Landmeisterarchivs ausmachen, die innerhalb des Livländischen Urkundenbuchs publiziert wurden.[112]

---

108 Manfred Hellmann: Hermann von Wartberge. In: LMA 4 (1989), Sp. 2169 f. mit weiterführender Literatur; Anti Selart: Die *livländische Chronik* des Hermann von Wartberge. In: Geschichtsschreibung im mittelalterlichen Livland. Hrsg. von Matthias Thumser, Münster 2012, S. 59 – 83.

109 Selart (Anm. 108), S. 65.

110 Selart (Anm. 108), S. 78 f. bzw. S. 62 f.

111 Selart (Anm. 108), S. 67 – 72.

112 Selart (Anm. 108), S. 69 – 71.

5.12 Wigand von Marburg

Wigand[113] ist 1409 im *Marienburger Tresslerbuch* als Wappenherold des Hochmeisters[114] nachgewiesen; seine Herkunft wird teils nach Hessen, teils nach Slowenien (Maribor) verortet. Seine die Jahre 1311–1393 beschreibende Reimchronik soll etwa 1393/94 im Auftrag des Hochmeisters Konrad von Wallenrode entstanden sein. Als Quellen dienten u. a. der Canonicus Sambiensis und Hermann von Wartberge. Das Original ist bis auf wenige Fragmente verloren. Sein Umfang wird auf etwa 17000 Verse geschätzt, von denen jedoch nur 645 noch erhalten sind. Die Chronik wurde um 1464 in geraffter Form von Konrad Gesselen, Kaplan an der Thorner Johanniskirche, zusammen mit der Chronik des Nikolaus von Jeroschin für den polnischen Chronisten Jan (Johannes) Długosz ins Lateinische übertragen.

Die durchaus lebendige Darstellungsweise der Chronik orientiert sich am höfisch-ritterlichen Kampf- und Kriegsverständnis; Versuche zur spirituellen Unterfütterung wurden von Wigand anscheinend nicht unternommen. Wenn er auch im Auftrag des Hochmeisters gedichtet haben dürfte, so ist sein Werk doch an den Gattungsprinzipien der Herolddichtung orientiert und insofern nur am Rande als Deutschordensdichtung anzusprechen.

5.13 Laurentius Blumenau

Der unmittelbare Übergang von der Ordenschronik zur Landesgeschichte manifestiert sich an der um 1450 zu datierenden *Historia de ordine Theutonicorum Cruciferorum* („Geschichte des Deutschen Ordens der Kreuzherren“) des Humanisten und hochmeisterlichen Ratgebers Laurentius Blumenau (gest. 1484).[115] Dem Titel der Handschriften und dem formellen Aufbau zufolge könnte es sich

113 Toeppen (Anm. 2), S. 28–35; Theodor Hirsch: Zwei Fragmente der *Reimchronik* Wigands von Marburg. In: *Scriptores rerum Prussicarum* (Anm. 2), Bd. 4, S. 1–8; Boockmann (Anm. 2), S. 456–459; Carl August Lückerath: Wigand von Marburg. In: LMA 9 (1998), Sp. 94; Wenta (Anm. 37), S. 228 f.; Krzystof Kwiatkowsi: Die Selbstdarstellung des deutschen Ordens in der Chronik Wigands von Marburg. In: Selbstbild und Selbstverständnis (Anm. 58), S. 127–138; Mike Malm: [Art.] Wigand von Marburg. In: DLL MA 3 (2012), Sp. 482–484.

114 Die häufiger anzutreffende Bezeichnung „Herold des deutschen Ordens“ (z. B. bei Malm [Anm. 113], Sp. 482) ist ahistorisch.

115 Ediert in *Scriptores rerum Prussicarum* (Anm. 2), Bd. 4, S. 44–66. Zu Blumenau insgesamt vgl. Hartmut Boockmann: Laurentius Blumenau. Fürstlicher Rat, Jurist, Humanist (ca. 1415–1484). Göttingen 1965 (Göttinger Bausteine zur Geschichtswissenschaft 37); Boockmann (Anm. 2), S. 464; Arnold (Anm. 2), S. 24 f.

auch um eine Hochmeisterchronik handeln, aber letztlich treten die ordensgeschichtlichen Elemente gegenüber der Landesgeschichte in bemerkenswerter Weise zurück. So setzt Blumenau mit einer Vorgeschichte Preußens ein; der Deutsche Orden tritt erst dann in Erscheinung, als er sich aufmacht, das Preußenland zu unterwerfen. Weder seine Entstehung noch seine Aktivitäten in den Kreuzfahrerstaaten werden behandelt. So darf Blumenau als der Erste gelten, der sich nach humanistischer Manier an einer Frühgeschichte des Landes nach den antiken Quellen versucht. Seine Forschungsergebnisse auf diesem Gebiet sind allerdings mager. Er bringt nach Valerius Maximus den Prusias, König von Bythinien zur Zeit Hannibals,[116] als Namensgeber Preußens ins Spiel und verwischt die ethnischen Unterschiede zwischen Goten und Geten, und damit zwischen Skythen und Prusen – worin ihm dann Aeneas Silvius Piccolomini und alle anderen bis hin Johannes Voigt (1786–1863)[117] folgen.

5.14 *Geschichte von wegen eines Bundes*

Diese Schrift[118] ist eine bedeutende und zuverlässige Quelle zur Vorgeschichte des Dreizehnjährigen Städtekrieges (1454–1466) und zu den Kriegsereignissen des 6. Januars 1462. Sie wurde von einem anonymen Parteigänger des Ordens abgefasst, der sich offenbar während der Belagerung der Marienburg im Gefolge des Hochmeisters befand.[119] Einerseits wird die auf göttlichem Willen beruhende Legitimation des Ordens herausgestellt, andererseits die Rechtlosigkeit des Städtebundes, die Grausamkeit und Arroganz des polnischen Königs sowie der sich gegen den Orden erhebenden Söldner.

Die Chronik ist eine erzählende Aufbereitung von Aktenmaterial des Ordensarchivs; inwieweit eigene Erlebnisse oder briefliche Berichte einflossen, kann kaum entschieden werden. Die genaue Einarbeitung von landeskundlichen und prosopographischen Details lässt auf regionale (wohl: städtische)

---

116 Vgl. Boockmann (Anm. 115), S. 209.

117 Vgl. Karl Lohmeyer: [Art.] Voigt, Johannes. In: ADB 40 (1896), S. 205–210.

118 Ediert durch Max Toeppen in: *Scriptores rerum Prussicarum* (Anm. 2), Bd. 4, S. 71–211.

119 Toeppen (Anm. 2), S. 53–55; Ders. in: *Scriptores rerum Prussicarum* (Anm. 2), Bd. 4, S. 73; Päsler (Anm. 80), S. 292 f.; Marie-Luise Heckmann: Zwischen Anspruch und Wirklichkeit... Die Selbstsicht der Führungsgruppe des Deutschen Ordens beim Ausbruch des Dreizehnjährigen Krieges. In: Der Blick auf sich und die anderen. Selbst- und Fremdbild von Frauen und Männern in Mittelalter und früher Neuzeit. Festschrift für Klaus Arnold. Hrsg. von Jürgen Sarnowsky/Lucie Kuhse/Sünje Prühlen, Göttingen 2007 (Nova Mediaevalia 2), S. 237–263; Mike Malm: [Art.] *Geschichte von wegen eines Bundes*. In: DLL MA 3 (2012), Sp. 711–713.

Eliten als anvisiertes Publikum schließen. Das Textende ist nicht signifikant und nicht literarisch aufbereitet, sodass eher an eine unterbliebene Fortschreibung als an einen regelrechten Abschluss der historiographischen Arbeit zu denken ist. Handschriftliche Verbreitung scheint das Werk erst aufgrund des landesgeschichtlichen Interesses des 16. Jahrhunderts gefunden zu haben, etwa durch Kaspar Hennenberger, der sie eigenhändig abschrieb.[120]

5.15 Andreas Santberg: *Chronik vom Bund*

Unmittelbar der Kanzlei des Hochmeisters entfloss diese kurze, kenntnisreiche, aber natürlich durch und durch apologetische Schrift über die Vorgeschichte und die ersten Jahre des Dreizehnjährigen Kriegs.[121] Ihr Autor gehört zu den bedeutendsten Intellektuellen, die der Orden seit der ersten Hälfte des 15. Jahrhunderts um sich scharte. Eine Lehrtätigkeit Santbergs an der Universität Wien (1427) und die Verfasserschaft eines *Tractatus rhetorice* („Abhandlung über die Rhetorik") ist allerdings unsicher. Santberg wird in einem Brief aus dem Jahr 1443 als ehemaliger Sekretär und Schreiber des Hochmeisters Paul von Rusdorf und derzeitiger Pfarrer zu Strasburg bezeichnet;[122] unter Konrad von Erlichshausen stieg er zum Kaplan und Kanzler des Hochmeisters auf. Er blieb bis zur Übergabe der Burg an den polnischen König am 7.6.1457; vor der Wahl zum Bischof von Kulm verstarb er im September 1457.

5.16 Die *Ältere Hochmeisterchronik* und ihre Fortsetzungen

Wenige Jahre vor 1440 entstand mit der *Älteren Hochmeisterchronik*[123] eine Prosabearbeitung des Nikolaus von Jeroschin, die als Nebenquellen auch die

---

120 Max Toeppen in: *Scriptores rerum Prussicarum* (Anm. 2), Bd. 4, S. 72–75.

121 Die *Chronik vom Bund und Vereinigung wider Gewalt und Unrecht* des Hochmeisterkaplans Andreas Santberg zur Vorgeschichte des Dreizehnjährigen Krieges in Preußen (1450–1454), bearbeitet von Dieter Heckmann unter Mitwirkung von Marie-Luise Heckmann, Marburg 2007 (Einzelschriften der Historischen Kommission für Ost- und Westpreußische Landesforschung 27).

122 Zum Folgenden Arno Mentzel-Reuters: *Arma spiritualia*. Bibliotheken, Bücher und Bildung im Deutschen Orden, Wiesbaden 2003 (Beiträge zum Buch- und Bibliothekswesen 47), S. 196f.

123 Edition durch Max Toeppen in: *Scriptores rerum Prussicarum* (Anm. 2), Bd. 3, S. 519–709; Toeppen (Anm. 2), S. 42–53; Gundolf Keil: [Art.] Die *Ältere Hochmeisterchronik*. In: ^{2}VL 1 (1978), Sp. 286–288; knapper Nachtrag in: ^{2}VL 11 (2004), Sp. 81; Gisela Vollmann-Profe:

livländische Chronistik und die Hochmeisterliste einarbeitete sowie gelegentlich auf Archivalien des Ordensarchivs zurückgriff.[124] Sie setzt mit der Ordensgründung 1190 ein und endet 1433; bis zum Ende des 16. Jahrhunderts war sie stark verbreitet. Obschon die Anlehnung an Nikolaus von Jeroschin bis hin zu beibehaltenen Reimwörtern spürbar ist, verwandelt der anonyme Bearbeiter der *Älteren Hochmeisterchronik* den spirituellen und politischen Schwerpunkt der Ordenschronistik vom Heidenkampf-Motiv hin zur quasi-dynastischen Panegyrik. Die von Peter von Dusburg wortwörtlich an den Rand gedrängte Hochmeisterliste wird zum erzählerischen Strukturelement; die Hochmeister erscheinen in einer Folge von Landesfürsten.[125]

Es werden drei nicht zusammenhängende Fortsetzungen unterschieden: (1) eine knappe Vorgeschichte des Dreizehnjährigen Krieges (1454–1466) und der ersten Kampfhandlungen;[126] (2) knappe Notizen über die Kriegshändel mit den von Polen unterstützten Hussiten in den Jahren 1431–1440;[127] (3) eine ausführliche Ergänzung, einsetzend im 19. Amtsjahr des Hochmeisters Paul von Rusdorf (1441) bis zum Ende des Jahres 1479.[128] Die Handschriften nennen keine Verfasser. Die erste Fortsetzung wird aufgrund von inhaltlichen und überlieferungskritischen Erwägungen dem Ordensdiplomaten Georg von Egloffstein zugeschrieben.[129] Sie ergreift entschieden die Partei für den Orden. Die zweite

Die *Ältere Hochmeisterchronik*. Versuch der Rettung eines verkannten Werkes der preußischen Historiographie. In: Mittelalterliche Kultur und Literatur im Deutschordensstaat in Preussen (Anm. 40), S. 541–549; Volker Zapf: [Art.] *Ältere Hochmeisterchronik*. In: DLL MA 3 (2012), Sp. 707–710.

124 Toeppen setzt in den *Scriptores rerum Prussicarum* (Anm. 2), Bd. 3, S. 536 f. den methodischen Prinzipien seiner Zeit folgend den Anteil der mündlichen Tradition für die Berichte über die zweite Hälfte des 14. Jahrhunderts viel zu hoch an und romantisiert insgesamt die Bedeutung des Berichterstatters.

125 Arnold (Anm. 2), S. 23 f.: „Dem Orden wurde der Verfasser gerecht, indem er rein äußerlich seine Chronik nach den Regierungszeiten der Hochmeister einteilte. Doch sah er ihn nur noch als Landesherrn [...]. Der Geist, der uns aus Dusburg, Wartberge und teilweise noch Posilge anmutet, ist vergangen. Dies spürte der Schreiber selber, indem er die Zeiten Winrichs von Kniprode als die bedeutendsten herausstellte und über seine eigene Epoche den Stab brach."

126 *Scriptores rerum Prussicarum* (Anm. 2), Bd. 3, S. 637–700. Die hohe Zahl der Druckseiten ergibt sich aus dem Abdruck zahlreicher Archivalien im Kommentar.

127 *Scriptores rerum Prussicarum* (Anm. 2), Bd. 3, S. 700–702.

128 *Scriptores rerum Prussicarum* (Anm. 2), Bd. 3, S. 702–709.

129 Erich Weise: Georg von Egloffstein und der erste Fortsetzer der *Älteren Hochmeister-Chronik*. In: Preußenland und Deutscher Orden. Festschrift Kurt Forstreuter, Würzburg 1958 (Ostdeutsche Beiträge 9), S. 343–373, hier S. 346. Weises Argumentation hebt ohne weitere Nachforschungen auf eine unmittelbare Augenzeugenschaft des Autors bei den Verhandlungen 1452/53 vor dem Kaiser ab: „Diesen Augenzeugen möchte ich in der Person des Vogtes von

Fortsetzung wird einem Ordensbruder zugeschrieben, der zwar mit dem Hochmeister nicht immer einer Meinung ist, aber den Städten und dem polnischen König dennoch feindlich gegenübersteht.[130] Für die dritte Fortsetzung wird ein ermländischer Geistlicher angenommen, da in den Hochmeisterbiographien die Ereignisse in dieser Diözese besonders berücksichtigt werden.[131]

Wenn auch die Autorenzuschreibungen teilweise skeptisch zu beurteilen sind, verweisen sie dennoch zweifellos in das diplomatische Umfeld der Ordenszentrale und der Bistümer; es handelt sich um Apologien, die zum einen das Handeln dieser Eliten rechtfertigen und zum anderen künftige diplomatische Strategien beeinflussen sollen.

5.17 Heinrich Caper

Heinrich Schütz erwähnt einen Ordensbruder, Heinricus Caper († 1457), der eine zeitgeschichtliche Chronik verfasst habe. Von ihr fehlt jede Spur.[132] Der Hinweis auf eine *historia sui temporis* („Geschichte seiner Tage") verbietet es, ihn als Kompilator der gesamten *Älteren Hochmeisterchronik* aufzufassen. Theodor Hirsch wollte die Chronik aus anonymen Danziger Kompilationen des 16. Jahrhundert rekonstruieren.[133] Die Zuschreibung an Caper ist willkürlich.

Leipe, Georgs von Egloffstein, suchen", der dort ständig erwähnt werde. Dem folgen ohne Diskussion alle weiteren Darstellungen, etwa Udo Arnold: [Art.] Georg von Egloffstein. In: ²VL 2 (1980), Sp. 1198–1200; Mike Malm: [Art.] Georg von Egloffstein OT. In: DLL MA 3 (2012), Sp. 709–711.

130 Hieraus leitet Toeppen (*Scriptores rerum Prussicarum* [Anm. 2], Bd. 3, S. 538) vorschnell eine oberdeutsche Abstammung ab.

131 Toeppen (Anm. 2), S. 50 und *Scriptores rerum Prussicarum* (Anm. 2), Bd. 3, S. 538 wollen die erste Redaktion dieser Fortsetzung 1472 enden lassen. Diese Zahl wurde übernommen von Keil (Anm. 123), S. 287.

132 Heinrich Schütz: *Historia rerum Prussicarum*, Königsberg 1599, Bl. 6r: *Heinricus Caper, ein Ordens Herr, schreibt Historiam sui temporis, hat gelebet ein und neuntzig Jahr, ist gestorben Anno 1457*; wortgleich Stenzel Bornbach in seiner handschriftlichen Chronik, vgl. Udo Arnold: [Art.] *Danziger Ordenschronik*. In: ²VL 2 (1980), Sp. 44, und daher auch nicht als Capers Chronik anzusehen. Caper wird ohne Textzuweisung genannt bei Toeppen (Anm. 2), S. 55.

133 So Hirsch in *Scriptores rerum Prussicarum* (Anm. 2), Bd. 4, S. 364. Ob es sich bei der von Hirsch so benannten *Danziger Ordenschronik* hier noch um Ordens- und nicht bereits um städtische Historiographie handelt, ist nicht zu entscheiden. Vgl. Arnold (Anm. 132), Sp. 44.

5.18 Die *Jüngere Hochmeisterchronik*

Im letzten Jahrzehnt des 15. Jahrhunderts verfasste ein Ordenspriester aus der Ballei Utrecht eine eigenständige Chronik,[134] die nur durch die moderne Bezeichnung mit der *Älteren Hochmeisterchronik* in Verbindung gebracht wird. Neben Peter von Dusburg und Nikolaus von Jeroschin wurden die *Livländische Reimchronik* und Bartholomaeus Hoeneke als Vorlage benutzt, darüber hinaus die Universalchroniken des Vincenz von Beauvais und die *Historia orientalis* des Jacques de Vitry.[135] Die Chronik beginnt mit der Sintflut, referiert dann die biblische Geschichte Palästinas, leitet unter Erwähnung der Kreuzauffindung durch Helena und der Rückführung der Kreuzreliquie durch Kaiser Heraclius (630)[136] zu den Kreuzzügen über und schließt mit dem Zweiten Thorner Frieden (1466). Es schließt sich ein von allen preußischen Chroniken unabhängiger zweiter Teil an, der sich mit der Geschichte der Ballei Utrecht und ihrer Landkomturen befasst.[137] Es ist der sonst beispiellose Fall einer balleibezogenen Ordenshistoriographie.

Die Darstellung der Frühzeit des Ordens wird gegenüber Peter von Dusburg erweitert. Es wird somit ein anderes Fundament als in den vorangehenden Ordenschroniken gelegt: Der Orden wird dem Berg Sion und dem Heiligen Kreuz verpflichtet.[138] Unvermittelt schiebt der Chronist ein Register der dem Orden vor der preußischen Eroberung verliehenen Privilegien ein.[139] Auch wird die Rolle des Deutschmeisters in besonderer Weise hervorgehoben, die nicht der Vorstellung der preußischen Ordensleitung entsprochen haben kann.[140] Allerdings

---

134 Ediert von Theodor Hirsch in: *Scriptores rerum Prussicarum* (Anm. 2), Bd. 5, S. 43 – 152; Zum Werk siehe Toeppen (Anm. 2), S. 55 – 87; Udo Arnold: [Art.] *Jüngere Hochmeisterchronik*. In: ²VL 4 (1983), Sp. 922 – 923; Carl August Lückerath: [Art.] *Hochmeisterchronik*. In: LMA 5 (1991), Sp. 60; Päsler (Anm. 80), S. 301 f.

135 Zu den Quellen ausführlich Hirsch in: *Scriptores rerum Prussicarum* (Anm. 2), Bd. 5, S. 17 – 22.

136 *Scriptores rerum Prussicarum* (Anm. 2), Bd. 5, S. 48 f. Beide Ereignisse bilden die Grundlage des Festes der Kreuzerhöhung (*exaltacio crucis*) am 14. September.

137 Dieser zweite Teil ist nicht in den *Scriptores rerum Prussicarum* (Anm. 2) enthalten, sondern ediert in: Archieven der Ridderlijke Duitsche Orde, Balie von Utrecht. Hrsg. von J. J. de Geer tot Oudegein, Bd. 1, Utrecht 1871, S. 244 – 258.

138 Udo Arnold: Die *Jüngere Hochmeisterchronik*. In: Ritter und Priester. Acht Jahrhunderte Deutscher Orden in Nordwesteuropa. Hrsg. von Ders., Turnhout 1992, S. 244.

139 In der Edition durch Theodor Hirsch unsinnigerweise aus dem Text herausgenommen und als Anhang präsentiert, vgl. *Scriptores rerum Prussicarum* (Anm. 2), Bd. 5, S. 149 – 152.

140 Arnold (Anm. 138), S. 244; Ders.: Deutschordenshistoriographie im Deutschen Reich. In: Die Rolle der Ritterorden in der mittelalterlichen Kultur. Hrsg. von Zenon Hubert Nowak, Toruń 1985 (Ordines militares 3), S. 65 – 87, hier S. 78 – 81.

kommt es nicht zur Ausbildung eines Gegengewichts hinsichtlich der Festlegung auf Preußen. Zum Repertoire sämtlicher Handschriften der Chronik gehören Zeichnungen der – teilweise fiktiven – Hochmeisterwappen, die später auch in die Drucke der preußischen Landeschroniken eingehen.[141]

Die *Jüngere Hochmeisterchronik* wurde in mehreren Fassungen verbreitet. Die niederländische Fassung bestimmte die Wahrnehmung des Ordens im Reichsgebiet. Der Leidener Jurist und Historiker Antonius Matthaeus (1635–1710) gab 1708 den Text zusammen mit einer bis 1701 reichenden Fortsetzung in den Druck.[142] Auch in Livland und selbst im lutherischen Preußen wurde die Chronik verbreitet. 1528 – also wenige Jahre nach dem Abfall vom Orden – schufen die Brüder Adrian, Leo und Faustin von Waiblingen eine hochdeutsche Bearbeitung im Auftrag des Heinrich von Knorringen, Komtur der Ballei an der Etsch und im Gebirge.[143]

5.19 *Historia brevis magistrorum Ordinis Theutonici generalium*

Nur in einer einzigen Handschrift des 16. Jahrhunderts[144] überliefert wurde die – in Ermangelung eines historischen Titels – von Toeppen als *Historia brevis magistrorum ordinis Theutonici* („Kurze Geschichte der Hochmeister des Deutschen Ordens") betitelte und edierte Zusammenstellung.[145] Sie reicht von 1190 bis etwa 1500. Da der ermländische Bischof Lucas Watzenrode († 1512) als noch lebend erwähnt wird, muss sie vor 1512 entstanden sein. Sie wurde nach 1527 – also nach dem Ende des preußischen Ordensstaates – in eine historische Sammelhandschrift aufgenommen, die die kriegerischen und diplomatischen Ereignisse der Jahre 1520 bis 1527 behandelte. Der Verfasser darf dem Umfeld des samländischen Domkapitels zugerechnet werden. Er wertet vornehmlich Peter

---

141 Besonders eng an die *Jüngere Hochmeisterchronik* angelehnt ist Matthaeus Waissel: *Chronica Alter Preusscher Eifflendischer und Curlendischer Historien* [...]. *Aus alten geschriebenen Historien ordenlich verfasset und menniglich zu nutz in den Druck gegeben*, Königsberg 1599.

142 Maßgeblich wurde die 2. Auflage von 1738: *Veteris aevi analecta seu vetera aliquot monumenta quae hactenus nondum visa*. Hrsg. von Antonius Matthaeus, Bd. 5, Leiden 1738, S. 631–818. Da Matthaeus eine heute nicht mehr greifbare Handschrift heranzog, ist die Textfassung des Drucks von überlieferungsgeschichtlicher Bedeutung.

143 Vgl. Toeppen (Anm. 2), S. 89 f.; Hirsch in: *Scriptores rerum Prussicarum* (Anm. 2), Bd. 5, S. 15 f.

144 StB Königsberg S 27.2°, fol. 94r. Vgl. August Seraphim: Handschriften-Katalog der Stadtbibliothek Königsberg i. Pr., Königsberg 1909 (Mitteilungen aus der Stadtbibliothek zu Königsberg i. Pr. 1), S. 30. Der Text wird nicht genannt.

145 *Scriptores rerum Prussicarum* (Anm. 2), Bd. 4, S. 254–274; vgl. dazu Toeppen (Anm. 2), S. 87–89; Boockmann (Anm. 2), S. 468.

von Dusburg und die *Ältere Hochmeisterchronik* aus, insbesondere für Livland Hermann von Wartberge.[146] Für die jüngere Zeit sind die Quellen weniger eindeutig; das letzte Kapitel (ab 1471) weist sogar eine gewisse Selbständigkeit auf, indem es Details zum Sturz des samländischen Bischofs Dietrich von Cuba und, ganz unvermittelt, drei Epigramme und Epitaphien norditalienischer Humanisten[147] auf den Hochmeister Martin Truchsess († 1489) mitteilt. Damit wechselt die nüchterne Hochmeisterliste in einen humanistischen Gestus – falls die Epigramme überhaupt ursprünglich zur Chronik gehören und nicht etwa vom Kompilator der Sammelhandschrift angefügt wurden. Aber auch dann geben die drei Stücke einen sonst kaum möglichen Blick in die Humanistenkreise, mit denen sich vor allem die preußischen Bischöfe des frühen 16. Jahrhunderts umgaben, und denen wir mindestens diese eine späte Chronik verdanken.

5.20 Erasmus Stella

Der sächsische Humanist Erasmus Stella (1460 – 1521)[148] wirkte als Zwickauer Ratsherr und Arzt; er war aber auch ein professioneller Historiograph, dessen Lebenswerk die typischen Merkmale epigonaler Humanismusrezeption zeigt. Stella versuchte offenbar, in einer losen Folge von *Commentarii* den Herrschaftsbereich des Friedrich von Sachsen-Meißen, also seines Landesherrn, antiquarisch-historisch zu erschließen. Neben den *De Borussiae Antiquitatibus libri* („Preussische Antiquitäten“) hat Stella eine sächsische Chronik *Commentarii de rebus et populis orae inter Albim et Salam* („Erläuterung der Landschaften und Völker zwischen Elbe und Saale“) geschrieben und eine weitere Schrift *De rebus Saxoniae, Thuringiae, Libonotriae, Misnae et Lusatiae* („Über die Landschaften Sachsens, Thüringens, Libonotriens[149], Meißens und der Lausitz“), die er als Werk seines 1506 verstorbenen ärztlichen Lehrers Giovanni Garzo aus Bologna (und damit als seine eigene Quelle) ausgab.[150] Für die *Preußischen*

---

146 Die Kenntnis der lateinischen Chronik Peters von Dusburg ist durch einige wörtliche Zitate wie insbesondere durch Übernahme aus dessen Inzidenzien gesichert. Vgl. Max Toeppen in: *Scriptores rerum Prussicarum* (Anm. 2), Bd. 4, S. 255.

147 Jacobus Philomusus aus Piemont, Christoph Fungius (wohl eher: Funccius, d. i. Funck) und Hieronymus Tridentinus.

148 Zur Person siehe Theodor Hirsch in: *Scriptores rerum Prussicarum* (Anm. 2), Bd. 4, S. 275 – 282; Franz Xaver von Wegele: [Art.] Stella, Erasmus. In: ADB 36 (1893), S. 30 f.

149 Über Stellas Gleichsetzung der mythischen Libonothaner mit den Cheruskern vgl. Johann Heinrich Zedler: Grosses vollständiges Universal-Lexicon aller Wissenschafften und Künste 17 (1738), S. 418 f.

150 Vgl. *Scriptores rerum Prussicarum* (Anm. 2), Bd. 4, S. 276 f.

Antiquitäten verweist Stella in seinem Widmungs- und Huldigungsschreiben darauf, dass er „nicht aus eigenem Antrieb, sondern auf Veranlassung des ehrwürdigen Bischofs Hiob von Pomesanien“[151] schreibe. Sie ist damit eine Auftragsarbeit des Bischofs, der nicht nur dem Orden angehörte, sondern für den nicht im Lande weilenden Hochmeister die Regentschaft ausübte.

Die *Libri de Antiquitatibus Borrussiae duo* („Zwei Bücher preußischer Altertümer“), wie wir sie 1518 aus dem Druck des Johannes Froben Basel 1518 kennen,[152] sind nur die ersten Teile einer zehnbändigen *Preußenchronik*, deren weitere Teile Stella offenbar aus Verärgerung über die Ausgestaltung dieses Drucks zurückhielt. Im Dezember 1519 teilte er dem Humanisten Andreas Althamer mit, er habe acht weitere Bücher verfasst, die er nicht veröffentlichen werde.[153] Da somit der Hauptteil der *Preußischen Altertümer* verloren ist, kann über ihren Inhalt nichts mehr ausgesagt werden; die briefliche Äußerung Stellas über die Druckfassung lässt aber auch die erhaltenen ersten beiden Bücher problematisch erscheinen.

5.21 *Chronik der vier Orden von Jerusalem*[154]

Die heute im Deutschordenszentralarchiv Wien aufbewahrte einzige Handschrift dieser Chronik (Hs. 459)[155] stammte aus der neuzeitlichen Hochmeisterbibliothek im fränkischen Mergentheim, wo sie wohl auch entstanden ist. Die Anfänge

---

151 *Non tam mea sponte quam iussu venerandi antistis Jobi Pomesaniensis* (*Scriptores rerum Prussicarum* [Anm. 2], Bd. 4, S. 285); zu Hiob von Dobeneck vgl. Kurt Forstreuter: [Art.] Dobeneck, Hiob von. In: NDB 4 (1959), S. 4 f.

152 Vgl. *Scriptores rerum Prussicarum* (Anm. 2), Bd. 4, S. 275 – 298, hier S. 298. Da Hochmeister Friedrich 1510 starb, muss das Hauptwerk vorher entstanden sein.

153 Die Formulierung strotzt vor Sarkasmus: *octo perpetuis libris conscripsi, quos superioribus duobus comites destinavi; ab eorum tamen editione hactenus abstinui, vel quod primi illi commentarioli a typographis haut curiose fuerant excusi, vel quod morsibus quoque colubrinis omnino caruerunt* („acht fortlaufende Bücher habe ich geschrieben, die ich den beiden ersten als Anführer bestimmt habe, von ihrer Veröffentlichung habe ich jedoch bisher abgesehen, teils weil die ersten dieser Kommentare durch die Drucker überhaupt nicht in seltsamer Weise verfertigt wurden, teils auch, weil sie gänzlich ohne Schlangenbisse waren“); zitiert nach: *Scriptores rerum Prussicarum* (Anm. 2), Bd. 4, S. 281 Anm. 3.

154 Vgl. *Scriptores rerum Prussicarum* (Anm. 2), Bd. 6, S. 106 – 162. Die heute im Deutschordenszentralarchiv Wien aufbewahrte einzige Handschrift dieser Chronik (Hs. 459) stammte aus der neuzeitlichen Mergentheimer Hochmeisterbibliothek.

155 Franz Lackner: Katalog der Streubestände in Wien und Niederösterreich, Wien 2000 (Verzeichnisse der Handschriften österreichischer Bibliotheken, 5,1), S. 328 – 329; zum Werk: Udo Arnold: [Art.] *Chronik der vier Orden von Jerusalem*. In: ²VL 1 (1978), Sp. 1261 f.

des deutschen Ordens werden – noch deutlicher als in der *Jüngeren Hochmeisterchronik* – im Kontext der Kreuzfahrerstaaten und der anderen Ritterorden gesehen; die Gründung des Deutschen Ordens wird entgegen der auf Akkon verweisenden Tradition in Jerusalem angesetzt. Doch konzentriert sich der Autor für die späteren Jahrhunderte hauptsächlich auf Preußen. Die Berichterstattung reicht bis zum Jahr 1455.

5.22 Johannes Gerstenberger (*Wartzmann-Chronik*)

Die Handschrift Ms. 1284 der Danziger Akademiebibliothek wurde am 4.9.1554 von dem damals 16-jährigen Schreiber Johannes Rosenberg in der Schreibstube seines Praezeptors Christoph Falk im Königsberger Kneiphof vollendet (Kolophon fol. 204r). Der Auftraggeber der Abschrift, Christoph Falk, erwähnt die Chronik als Quelle seiner eigenen preußischen Historiographie als *Margenburgisch chronik, so der Gerstenberger sol geschrieben haben.*[156] Die Handschrift ist in einen Kopert gebunden, in dessen vorderen Spiegel Falk fast gleichlautend notierte: *Margenburger Cronica, so der Gerstenberger sol vor alters geschriben haben. Seint sonst etzliche Additiones hernach dazu kommen.*

Für Otto Günther, der 1903 die Handschrift katalogisierte, handelte es sich um „nichts anderes als die Preussische Chronik des Bartholomaeus Wartzmann in ihrer ersten Redaktion“[157]. Doch anders als die meisten Handschriften dieses breit überlieferten Komplexes schließt diese Chronik bereits mit der polnischen Belagerung Braunsbergs im Jahr 1520. Der Danziger Aufruhr von 1524 wird bereits in einem unabhängigen Nachtrag berichtet (fol. 215r – 226r). In diesem Zeitraum also muss die Fassung der Chronik, die hier vorliegt, entstanden sein.

Die kargen Informationen, die Christoph Falk überliefert, lassen darauf schließen, dass Gerstenberg als Kanzleischreiber die Chronik abfasste. Dass er Stellas Originalwerk benutzte, liegt auf der Hand; wie viel er davon übernahm, wie viel eigenständig abänderte, bleibt offen. Die Chronik setzt zum einen die im Orden seit Blumenau betriebene Tendenz fort: Ordensgeschichte und preußische Landesgeschichte sollen zu einer untrennbaren Einheit verwoben werden. Zum anderen ist sie im Zusammenhang mit dem ‚Reiterkrieg‘ zu sehen, also dem

---

156 Vgl. Christoph Falk: *Elbingisch-Preuszische Chronik. Lobspruch der Stadt Elbing* und Fragmente. Hrsg. von Max Toeppen, Leipzig 1879 (Die preussischen Geschichtsschreiber des 16. und 17. Jahrhunderts 4,1), S. 7.

157 Katalog der Handschriften der Danziger Stadtbibliothek. Teil 2, bearbeitet von Otto Günther, Danzig ^{2}1903 (Katalog der Danziger Stadtbibliothek 2,2), S. 215 f.

letzten Versuch der Ordensleitung, die Städte des königlichen Preußens wieder zurückzugewinnen. Es sollen die Entscheidungsträger dieser Städte von eben dieser Gleichung, Landesgeschichte = Ordensgeschichte, überzeugt werden. Wahrscheinlich wurde je ein Exemplar der Chronik an die Räte von Danzig, Elbing und Marienburg verschickt, vielleicht noch an weitere Städte. Doch endete der ‚Reiterkrieg' anders, als es der Hochmeister Albrecht von Brandenburg und seine Ratgeber erwartet hatten. Am Ende lief es darauf hinaus, dass in Preußen keine Geschichte des Deutschen Ordens mehr stattfand.

Lektürehinweise:

1. Nikolaus von Jeroschin 1993 (48); Nicolaus von Jeroschin 2010 (48); Petri de Dusburg 1984 [mit dt. Übersetzung] (37).
2. Boockmann 1987 (2); Geschichtsschreibung im mittelalterlichen Livland 2012 (3); Helm/Ziesemer 1951 (12) [in vieler Hinsicht überholt, aber nicht wirklich ersetzt]; Neue Studien zur Literatur im Deutschen Orden 2014 (50) [Abschnitt ‚Historiographie' (S. 177–306)]; Toeppen 1853 (2) [grundlegend].
2. Kwiatkowski 2005 (113); Mentzel-Reuters 2001 (2); Mentzel-Reuters 2011 (36); Mentzel-Reuters 2012 (3); Vollmann-Profe 2008 (123).

Peter Johanek

Das Gedächtnis der Stadt – Stadtchronistik im Mittelalter

1 Einleitung

„An Fastnacht oder um diese Zeit“, so schrieb der Soester Ratssekretär Petrus 1419 in eines jener Hefte, die später zu einem Stadtbuch zusammengebunden wurden, *in dem Vasthavende offt umb dey tijd galt ein mudde roggen und 28 eygere gelike vele geldes*[1]. Ganz ähnlich hielt man damals in Dortmund fest: *Do galt binnen Dortmunde ein scheppel roggen 8 d. ader 9 upt hoechste*[2]. Auch in Basel war Roggen der Wertmesser, 1465 vermerkte man dort, dass *uff fritag ante jubilate* [...] *hie zu Basel ein salm 2 s.d. mê denn 18 segk myt rogken an offenem mergkte* gegolten habe und überschrieb diese Nachricht mit *Inscribatur cronicis.*[3]

Wie der Wein geraten war, notierte der Würzburger Stadtschreiber Siegfried von Bacharach immer wieder, ob Überfluss war oder Mangel, ob der Wein billig war oder die Fässer.[4] Auch das Wetter, das die Ernten beeinflusste, fand Verzeichnung, wie wiederum in Basel 1471: *in dem monet mertzen hatt man schoen loub und truebel an den reben entspringen geseen.*[5] Selbstverständlich suchte man die Erinnerung an einschneidende Naturereignisse festzuhalten: Mit einem Bericht über das große Erdbeben eröffnete der Stadtschreiber Werner von Birkenhof das *Rote Buch* von Basel, das 1356 neu angelegt wurde, da das alte Stadtbuch in jener Katastrophe verbrannt war.[6] In Posen gedachte man 1501 der Überschwemmung *a dominica letare usque ad post octavas Corporis Christi* (vom 21. März bis 17. Juni) als die Warthe die Stadt unter Wasser setzte (*fluvius Wartha*

---

1 Auszüge aus den Soester Stadtbüchern. In: Die Chroniken der westfälischen und niederrheinischen Städte. Bd. 3: Soest. Duisburg. Hrsg. von Theodor Ilgen, Leipzig 1895, Nachdruck Göttingen 1969 (Chron.dt.St. 24), S. 1–155, hier S. 22.

2 Chronik des Dietrich Westhoff von 750–1550. In: Die Chroniken der westfälischen und niederrheinischen Städte. Bd. 1: Dortmund. Neuß. Hrsg. von Karl Lamprecht, Leipzig 1887, Nachdruck Göttingen 1969 (Chron.dt.St. 20), S. 147–462, hier S. 298.

3 Chronikalien der Ratsbücher von Basel 1356–1548. In: Basler Chroniken. Bd. 4. Bearbeitet von August Bernoulli, Leipzig 1890, S. 1–162, hier S. 66.

4 Die *Rats-Chronik* der Stadt Würzburg (XV. und XVI. Jahrhundert). Hrsg. von Wilhelm Engel, Würzburg 1950, S. 15 u.ö.

5 Chronikalien (Anm. 3), S. 68.

6 Chronikalien (Anm. 3), S. 3 f.

inundaverat).[7] Kriegszüge werden geschildert, an denen die Stadt beteiligt war, aufgeschrieben, wer an ihnen teilnahm und wer in ihnen umkam, wer die Verbündeten waren und wer die Gegner, wie der Konflikt beigelegt wurde, wie hoch die Kosten gewesen waren und manchmal auch, auf welche Weise man der Ereignisse und der Gefallenen gedachte.[8] Besuche von Herrschern, Fürsten und anderen Prominenten trug man in solche Ratsbücher ein, ebenso die Teilnehmer an herausragenden Festlichkeiten wie etwa die Turniergäste Herzog Ottos zu Göttingen 1376[9] und nicht ganz selten auch die Neuerrichtung öffentlicher Gebäude *gemeiner stadt zů nutz und trost*, wie in Basel 1438 den Baubeginn des Kornhauses.[10] Dieser Eintrag beispielsweise findet auch ein Echo in einem ganz anderen Genre, wenn beispielsweise Kunz Has aus Nürnberg 1494 einen Lobspruch auf den Baubeginn des neuen Kornhauses auf der Nürnberger Burg dichtet.[11] Noch manches andere könnte hinzugefügt werden, doch mag es damit sein Bewenden haben.[12]

Das ist der Stoff aus dem städtische Annalistik und Chronistik gewöhnlich geformt worden ist. Jedenfalls nimmt sie der Betrachter häufig in dieser Weise wahr. Ganz anderes hatte dagegen der Nördlinger Ratsherr Hans Mair im Sinn, als er kurz nach 1390 das *Buch von Troja* verfasste, einen Prosaroman und damit die *Historia destructionis Troiae* des Guido de Columnis *von latein in tütsch* wandte.[13] Hier erzählt er den Untergang der Idealstadt des Mittelalters auf eine Art und Weise, die auf die besondere Situation der mittelalterlichen Städte zugeschnitten war. Die Stadt erscheint als gefährdetes, den Angriffen ihrer Feinde ausgesetztes

---

7 Adolf Warschauer: Die Chronik der Stadtschreiber von Posen. In: Zeitschrift der Historischen Gesellschaft für die Provinz Posen 2 (1886), S. 185–233, 313–377; 393; 3 (1888), S. 1–51; 211–215; 297–339; 415–475, hier 2 (1886), S. 190f.

8 Vgl. etwa den Eintrag im Osnabrücker *Stades Boek* über die Schlacht auf dem Halerfeld 1308 und deren *memoria* (Das älteste Stadtbuch von Osnabrück. Das Legerbuch des Bürgermeisters Rudolf Hammacher zu Osnabrück. Hrsg. von Erich Fink, Osnabrück 1927, Nachdruck 1977 [Osnabrücker Geschichtsquellen 4], S. 88–90) oder im *Zwickauer Rechtsbuch* über die Gefallenen des Jahres 1306; siehe dazu unten S. 342 mit Anm. 27.

9 Urkundenbuch der Stadt Göttingen. Hrsg. von Karl Gustav Schmidt, Bd. 1, Hannover 1863, Nachdruck Aalen 1974, Nr. 281, S. 291f.

10 Chronikalien (Anm. 3), S. 405.

11 E. Matthias: Der Nürnberger Meister-Sänger Kunz Has. In: Mitteilungen des Vereins für Geschichte der Stadt Nürnberg 7 (1888), S. 169–232, hier S. 241f.

12 Vgl. allgemein zu solchen Einträgen Heinrich Schmidt: Die deutschen Städtechroniken als Spiegel des bürgerlichen Selbstverständnisses im Spätmittelalter, Göttingen 1958 (Schriftenreihe der Historischen Kommission bei der Bayerischen Akademie der Wissenschaften 3), S. 16–18.

13 Guido de Columnis: *Historia destructionis Troiae*. Hrsg. von Nathaniel Edward Griffin, Cambridge MA 1936; Hans Mair: Das *Buch von Troja*. Hrsg. von Hans-Josef Dreckmann, München 1970.

Gebilde. Troja fällt durch den Verrat des Antenor und des Aeneas, *die da all zeit in der stat mähtig und wol geborn warnd und wol gehabt von dem küng.* Damit taten sie *doch ein grosz mort und übel an dem küng und der stat gemeinlich.* Sie verletzten dadurch vor allem einen der zentralen Werte der mittelalterlichen Stadtgesellschaft, die *civium unitas*. Dieser Satz erhält dadurch sein besonderes Gewicht, weil er das Werk beschließt.[14]

Hans Mair schreibt nicht die Geschichte seiner Stadt Nördlingen, aber er gibt ein in der Geschichte verankertes Exempel für die Gefahr, in der jede Stadt schwebt, ob sie nun einen Stadtherrn hat oder nicht. Sie steht und fällt mit der Einmütigkeit ihrer Bürger, den inneren Frieden zu wahren und äußere Feinde abzuwehren. Parteiungen zerstören die Stadt, wie jedes andere Gemeinwesen auch, ganz so wie das Proömium der Goldenen Bulle Kaiser Karls IV. es festhielt: *Omne regnum in se ipsum divisum desolabitur* („das ganze Königreich wird untergehen, wenn es in sich selbst zerstritten ist").[15] Das findet seinen Widerhall – wiederum bezogen auf Troja – in der höfischen Epik, im *Trojanerkrieg* Konrads von Würzburg: *von teilen und von parten / ist selten nuz und êre komen.*[16] Damit sind zwei weitere zentrale Werte städtischer Gemeinschaften bezeichnet: der gemeine Nutzen[17] und der *honor* der Stadt.[18] Es sind diese drei Wertbegriffe – Einmütigkeit, gemeiner Nutz und städtische Ehre – die sich immer wieder als Dreh- und Angelpunkte städtischer Geschichtsschreibung erweisen.

In seinem *Buch von Troja* konstruiert Hans Mair auch nicht lediglich ein auf Didaxe zielendes Modell städtischer Lebensverhältnisse – Bedrohung von außen und innerstädtische Machtkämpfe –, sondern der Roman scheint auch konkrete Situationen der Nördlinger Lokalgeschichte evozieren zu können, seien diese nun historische Realität oder aus ‚Fürstenangst' und ‚Adelshass' gespeiste Imagina-

---

14 MAIR (Anm. 13), S. 202.

15 Die Goldene Bulle Kaiser Karls IV. vom Jahre 1356. Hrsg. von WOLFGANG D. FRITZ, Weimar 1972 (MGH Fontes iuris germanici antiqui in us. schol. XI), S. 44.

16 Der Trojanische Krieg von Konrad von Würzburg. Hrsg. von ADALBERT KELLER, Stuttgart 1858, V. 40 208 f.; vgl. dazu ELISABETH LIENERT: Der Trojanische Krieg in Basel. Interesse an Geschichte und Autonomie des Erzählens bei Konrad von Würzburg. In: Literarische Interessenbildung im Mittelalter. Hrsg. von JOACHIM HEINZLE, Stuttgart/Weimar 1993, S. 266–279, hier S. 271.

17 Vgl. nur Hermen Bote in Braunschweig im Prolog zu seinem *Schichtboik: Sunderliken to bedenckende unde vortosetten dat ghemeyne ghot*; Das *Schichtbuch*. In: Die Chroniken der niedersächsischen Städte. Braunschweig. Bd. 2. Hrsg. von LUDWIG HÄNSELMANN, Leipzig 1880 (Chron.dt.St. 16), S. 269–493, hier S. 299.

18 Vgl. nur die *Mühldorfer Annalen* zu 1387: *der chrieg dem gotzhaus ze Saltzpurch und auch der stat ze Muldorf mit grozzen eren verricht*; *Mühldorfer Annalen*. In: Die Chroniken der baierischen Städte. Regensburg. Landshut. Mühldorf. München. Hrsg. von KARL AUGUST VON MUFFAT, Leipzig 1878 (Chron.dt.St. 15), S. 367–387, hier S. 386.

tionen. Letzteres ist gerade für Nördlingen durch einen Zeitspruch aus dem Jahr 1442 belegt.[19] Und in der Tat gab es ja konkrete Fälle von innerstädtischem Verrat, der dem äußeren Feind das Eindringen in die Stadt ermöglichen sollte wie den Dardanern nach Troja. Die städtische Geschichtsschreibung hat dergleichen verzeichnet, wie etwa in Dortmund Dietrich Westhoff: Dort versuchte 1378 Dietrich von Dinslaken, der Bruder Engelberts von der Mark, mit seinen Verbündeten in die Stadt einzudringen, indem er Bewaffnete auf einem Wagen unter Heu versteckte und eine mit Adeligen des Umlands verschwägerte Bürgerin überredete, für die Öffnung eines der Stadttore zu sorgen.[20] Ebenso fanden sich 1472 in Metz Verräter aus der städtischen Oberschicht, die dem Herzog von Lothringen die Tore öffnen wollten.[21] Beide Versuche schlugen fehl, aber Begebenheiten wie diese und die Erinnerung an sie vermochten die Lebenswelt der mittelalterlichen Stadtgesellschaft in Analogie zum Schicksal der Idealstadt Troja in der fernen Vergangenheit zu setzen.[22]

Die kunstlosen ‚Chronikalien' der Stadt- und Ratsbücher und der *Trojaroman* Hans Mairs repräsentieren sehr verschiedenartige Versuche, Erinnerung an städtische Vergangenheit in Schriftlichkeit zu überführen. Zwischen beiden Verfahren ist viel Platz für andere Ansätze, und es wird noch die Rede davon sein müssen, in welchen Formen oder etwa Gattungen verschriftlichte Geschichtsüberlieferung der mittelalterlichen Städte sich darbietet und was als städtische Chronistik zu bezeichnen ist.

---

19 Vgl. Hanns Fischer: Der Überfall beim Nördlinger Scharlachrennen. Bemerkungen zu einem vergessenen Zeitspruch aus dem Jahre 1442. In: Festschrift für Klaus Ziegler. Hrsg. von Eckehard Catholy/Winfried Hellmann, Tübingen 1968, S. 61–76 sowie Rainer Meisch: Troja und die Reichsstadt Nördlingen. Studien zum *Buch von Troja* (1390/92) des Hans Mair, Wiesbaden 1994, S. 250–254.

20 Chronik des Dietrich Westhoff (Anm. 2), S. 238–242.

21 Philippe de Vigneulles (vgl. zu ihm unten S. 395) hat die Begebenheit ausführlich in seinem *Journal* geschildert: *Gedenkbuch* des Metzer Bürgers Philippe de Vigneulles aus den Jahren 1471 bis 1522 [franz. Text]. Hrsg. von Heinrich Michelant, Stuttgart 1852, Nachdruck Amsterdam 1968, S. 3–5; Das *Journal* des Philippe de Vigneulles. Aufzeichnungen eines Metzer Bürgers (1471–1522). Hrsg. und übers. von Waltraud Schuh/Eduard Schuh, Wadern/Mettmann 2005, S. 12–15.

22 Zur Verbreitung des Trojastoffes im Mittelalter vgl.: Die deutsche Trojaliteratur des Mittelalters und der Frühen Neuzeit. Materialien und Untersuchungen. Hrsg. von Horst Brunner, Wiesbaden 1990; zur Prägung des Geschichtsbildes: Gert Melville: Troja: Die integrative Wiege europäischer Mächte im ausgehenden Mittelalter. In: Europa 1500. Integrationsprozesse im Widerstreit. Staaten, Regionen, Personenverbände, Christenheit. Hrsg. von Ferdinand Seibt/Wilfried Eberhardt, Stuttgart 1987, S. 415–432; František Graus: Troja und trojanische Herkunftssage im Mittelalter. In: Kontinuität und Transformation der Antike im Mittelalter. Hrsg. von Willi Erzgräber, Sigmaringen 1989, S. 25–43.

2 Die Stadt als Erinnerungsgemeinschaft

Die europäische Stadt des Mittelalters, jenes Sozialgebilde, das sich während der Aufbruchsperiode vom 11. bis 13. Jahrhundert ausgeformt und fortan die politischen, sozialen und wirtschaftlichen Strukturen der Entwicklung Europas nachhaltig mitbestimmt hat, ist von MAX WEBER dem Typ der ,okzidentalen Stadt' zugeordnet worden. In WEBERS definitorischem Zugriff spielen der Verbandscharakter und die kommunale Verfassung eine grundlegende und zentrale Rolle. Das hat dazu geführt, in Kurzformeln bei der Beschreibung des Charakters der Stadt sehr häufig mit dem Begriff ,Gemeinschaft' zu arbeiten. Die Stadt wird gesehen als Friedensgemeinschaft, als Rechtsgemeinschaft, als Wehrgemeinschaft, als Sakralgemeinschaft, aber auch – und das ist hier einschlägig – als Erinnerungsgemeinschaft. Selbstverständlich überlappen sich diese Felder auf mannigfache Weise, doch es ist die Stadt als Erinnerungsgemeinschaft, die ein kollektives Gedächtnis ausbildet. Dieser Begriff ist während des letzten Vierteljahrhunderts derart ins Zentrum der Diskussion gerückt, dass jeder, der sich mit Historiographie, Chronistik und der mit ihnen zusammenhängenden Identitätsbildung beschäftigt, sich mit ihm auseinandersetzen muss. Das ist hier nicht in aller Ausführlichkeit zu entfalten, es ist lediglich an einige Punkte zu erinnern, die JAN ASSMANN, einer der Protagonisten der gegenwärtigen Diskussion zur Gedächtniskultur, im Rückgriff auf MAURICE HALBWACHS benannt hat, der diesen Begriff um die Jahrhundertwende von 1900 in die Diskussion einführte.[23] Für ASSMANN ergab sich, dass „Erinnerungsfiguren [...] durch einen bestimmten Raum substantiiert" werden wollen, der von den Gruppen, die das kollektive Gedächtnis tragen und weitergeben, rekonstruiert wird oder rekonstruiert sein kann, wie es HALBWACHS an dem klassischen Beispiel der christlichen Topographie des Heiligen Landes herausgearbeitet hat.[24] Es liegt auf der Hand, dass diese Perspektive gerade für die städtische Geschichtsschreibung von eminenter Bedeutung ist, vor allem, wenn man bedenkt, dass man den Grad der Identifikation der mittelalterlichen Stadtbürger mit ihrer Stadt offenbar außerordentlich hoch einzuschätzen hat. Zwar wechselte – besonders in den wirtschaftlichen Führungsgruppen – der Wohnort häufig, verbunden mit der Annahme des Bürgerrechts der fremden Stadt. Die Brüder Veckinghusen etwa sind ein bekanntes Beispiel dafür aus dem Hanseraum. Doch die große Zahl der Personennamen, die die Herkunftsstadt bezeichnen, wie etwa in Lübeck die Warendorp, die Bocholt, die Coesfeld, die van

23 JAN ASSMANN: Das kulturelle Gedächtnis. Schrift, Erinnerung und politische Identität in den frühen Hochkulturen, München ³2000. Auf die Nennung jeder weiteren Literatur wird hier verzichtet.

24 ASSMANN (Anm. 23), S. 39–41.

Bremen und andere, spricht eine deutliche Sprache.[25] Solche Namen bewahrten über Generationen die Erinnerung an das Herkommen der Familie. Es war der Herkunftsort, die Herkunftsstadt, die in der Fremde eine Person zu kennzeichnen pflegte. Selbst wenn ein Auswärtiger einen Familiennamen trug, benannt wurde er in der Regel zusätzlich oder allein nach seinem Heimat- oder Geburtsort: Nikolaus Cryfftz von Kues oder einfach Nicolaus de Cusa, Nikolaus Prunczlin von Dinkelsbühl, Johann Lange von Wetzlar oder Johann Steinwert von Soest. Trug sich ein Student im ausgehenden Mittelalter in die Matrikel einer Universität ein, so nannte er vor allem die Stadt, aus der er stammte, dann erst das Territorium. Die Stadt, in der er geboren war oder die ihn geformt hatte, war seine *patria.*[26] Ein Memorialeintrag in der Handschrift des *Zwickauer Rechtsbuches* umschreibt diese durch den Geburtsort begründete Gemeinschaft mit den Worten *de Zwigkau nati, generantes ac generati* („die in Zwickau Geborenen, von dort Stammenden und die dort Gezeugten").[27] In der Stadt oder dem Ort ihrer Herkunft errichteten nicht wenige eine zusätzliche liturgische *memoria*, auch wenn sie längst in einem anderen Gemeinwesen heimisch geworden waren.[28] Dort wiederum benannten sie gelegentlich, wie etwa in Basel, ihre Häuser mach ihrem Heimatort.[29] Das alles belegt den hohen Identifikationsgrad der Menschen mit ihrer Stadt und damit auch mit ihrer Erinnerungsgemeinschaft zur Genüge.

Es versteht sich, dass Identitätsstiftung dieser Art gefestigt und gestaltet wird durch ein kollektives Gedächtnis, das die auf den abgegrenzten Raum der Stadt bezogene geschichtliche Erinnerung in Gestalt von Geschichtsüberlieferung festhält und tradiert. In dieser Geschichtsüberlieferung, die sich in verschiedenartigen Medien vollzieht, spielen vor allem drei Felder eine dominante Rolle, die wiederum die bereits genannten zentralen Werte der Stadtgemeinschaft historisch

---

25 Dazu etwa: Lübeckische Geschichte. Hrsg. von Antjekatrin Grassmann, Lübeck ³1997, S. 172–174.

26 Vgl. Peter Johanek: Landesbewußtsein in Westfalen im Mittelalter. In: Spätmittelalterliches Landesbewußtsein in Deutschland. Hrsg. von Matthias Werner, Ostfildern 2005, S. 273f.

27 Codex diplomaticus Saxoniae II/21. Urkundenbuch der Stadt Zwickau I/1. Bearb. von Henning Steinführer, Peine 2014, Nr. 40, S. 76f.; vgl. auch oben Anm. 8.

28 Vgl. etwa Thomas Behrmann: *Warendorp.* Westfälische Auswanderer in Lübeck und dem Ostseeraum. In: Geschichte der Stadt Warendorf. Bd. 1. Hrsg. von Paul Leidinger, Warendorf 2000, S. 271–286, hier S. 280f. oder beispielsweise den Wiener Bürgermeister Andre Hiltprand ‚von Meran' († 1449), der als Stifterfigur an der Spitalkirche in Meran sein Gedächtnis erhielt; Peter Csendes/Ferdinand Opll: Wien. Geschichte einer Stadt. Bd. 1, Wien/Köln/Weimar 2001, S. 154; Richard Perger: Die Wiener Ratsbürger 1396–1526, Wien 1998, S. 211f.

29 Vgl. Die Aufzeichnungen Heinrich und Konrad Iselins und eines Unbekannten. In: Basler Chroniken, Bd. 7. Bearbeitet von August Bernoulli, Leipzig 1915, S. 3–17, hier S. 5; Des Dekans Nikolaus Briefers Chronik der Basler Bischöfe 741 bis 1529. In: Ebd., S. 359–435.

abzusichern und zu legitimieren vermögen. Es geht dabei um das ‚Herkommen', d.h. um die Ursprünge der Stadt und die Bewahrung dadurch geschaffener Kontinuitäten, weiter um *memoria*, liturgische wie auch säkulare, bezogen auf Personen und Ereignisse und schließlich um ‚Exempel', d.h. um Beispiele, Modelle, Lehrstücke als Erfahrungsspeicher für die Gestaltung bürgerlichen Lebens wie für Amts- und Verwaltungstätigkeit. In diesem Rekurs auf die Vergangenheit definieren die Gruppen, die das kollektive Gedächtnis tragen, „ihre Wesensart, ihre Eigenschaften und ihre Schwächen."[30] Sie entwerfen ein durch die Vergangenheit geformtes Selbstbild und halten als Zeitgenossen Erfahrungen fest, die einmal Vergangenheit sein werden. Wiederum im Anschluss an Halbwachs hat Assmann formuliert: „Die soziale Gruppe, die sich als Erinnerungsgemeinschaft konstituiert, bewahrt die Vergangenheit vor allem unter zwei Gesichtspunkten auf: der Eigenart und der Dauer. Bei dem Selbstbild, das sie von sich erstellt, wird die Differenz nach außen betont, die nach innen heruntergespielt".[31] Dem entsprechen die zentralen Werte der städtischen Gemeinschaft in besonderer Weise.

Nun ist die städtische Gemeinschaft durch verschiedene gesellschaftliche Gruppen und Personenkonfigurationen geprägt, die jeweils ein eigenes Selbstbildnis entwerfen, eigene Überlieferungen konstruieren und Abgrenzungen voneinander markieren. Patriziat und Stadtadel, Zünfte und Bruderschaften, geistliche Kommunitäten, Familien und Familienverbände oder auch der Rat oder der Stadtherr vermögen Vergangenheitsbilder zu entwerfen, die sich voneinander unterscheiden. Auf der anderen Seite jedoch bleibt die gemeinsame Schnittmenge außerordentlich hoch, so dass in der jeweiligen Stadt durchaus ein „Bewußtsein ihrer Identität durch die Zeit hindurch"[32] zu entstehen vermag, das ihrer Eigenart Kontur verleiht, sie nach außen gegenüber anderen Städten und vor allem von anderen politischen Kräften abzugrenzen vermag.

3 Der *entourage materiel* – städtische Gesellschaft und Stadtraum als Erinnerungslandschaft

Es war die Rede davon, dass Erinnerungsfiguren in einem bestimmten Raum substantiiert werden, und das muss auch heißen, dass der Stadtraum selbst zur Erinnerungslandschaft wird. Gemeint sind hier nun nicht die sozialen Raumkonstrukte, sondern in der Tat die reale städtische Topographie, der *entourage*

---

30 Maurice Halbwachs: Das Gedächtnis und seine sozialen Bedingungen, Frankfurt a. M. 1985; zitiert nach Assmann (Anm. 23), S. 40.

31 Assmann (Anm. 23), S. 40.

32 Halbwachs zit. nach Assmann (Anm. 23), S. 40.

materiel der städtischen Gesellschaft.[33] In sie wird die Erinnerung an städtische Vergangenheit in vielfältiger Form gleichsam eingeschrieben, es entstehen Erinnerungszeichen und Erinnerungsorte, *lieux de mémoire*, um den von PIERRE NORA geprägten Begriff zu gebrauchen. Der amerikanische Stadthistoriker CHRISTOPHER FRIEDRICHS hat diesen Stadtraum als eine öffentliche Arena bezeichnet,[34] ebenso wie CAROL SYMES ihn als *common stage* betrachtet.[35] Hier vollziehen sich in bestimmten topographischen Konstellationen nicht nur die Austragung innerstädtischer politischer Konflikte,[36] sondern auch das Ringen um Rang und Ehre gesellschaftlicher Gruppen oder potenter Einzelpersonen sowie die Darstellung des städtischen *honor* und *splendor* gegründet auf geschichtliche Erinnerungsorte. Damit entsteht eine überaus große Zahl solcher Erinnerungsorte, die den Stadtraum symbolisch besetzen. Sie verdeutlichen ein breites Spektrum städtischer Erinnerung vom ‚Herkommen' über die historische Begründung herrschaftlicher und kommunaler wie auch rechtlicher Strukturen und schließlich die *memoria* bedeutsamer Ereignisse und das Gedächtnis Verstorbener.[37] Selbstverständlich

---

33 Für die ganze Breite des Problemfeldes ‚Stadt und Raum' sei hier lediglich exemplarisch auf die theoretischen Impluse in dem Sammelband ‚Öffentliche Räume in Spätmittelalter und Früher Neuzeit'. Hrsg. von SUSANNE RAU/GERD SCHWERHOFF, Köln/Weimar/Wien 2004; darin besonders DIESELBEN: Öffentliche Räume in der Frühen Neuzeit. Überlegungen zu Leitbegriffen und Themen eines Forschungsfeldes, S. 11 – 52; zur Raumtheorie neuerdings auch grundsätzlich SUSANNE RAU: Räume – Konzepte, Wahrnehmungen, Nutzungen, Frankfurt a. M. 2013, S. 17 – 70.

34 CHRISTOPHER FRIEDRICHS: The Early Modern City 1450 – 1750, London/New York 1995, S. 137.

35 CAROL SYMES: A Common Stage. Theater and Public Life in Medieval Arras, Ithaca/New York 2007.

36 Vgl. zum Ablauf solcher Vorgänge grundlegend etwa: Chronik von 1368 bis 1406 mit Fortsetzung bis 1447. In: Die Chroniken der schwäbischen Städte. Augsburg. Bd. 1. Hrsg. von FERDINAND FRENSDORFF/MATTHIAS LEXER, Leipzig 1865, Nachdruck Göttingen 1965 (Chron.dt.St. 4), S. 3 – 125, hier S. 30f. und Chronik von der Gründung der Stadt Augsburg bis zum Jahr 1469. In: Ebd., S. 267 – 332, hier S. 309f.

37 Auf solche Zusammenhänge von bildlicher, dinglicher und liturgischer Geschichtsüberlieferung bei der Ausformung eines ‚Geschichtsbewusstseins' hat zuerst hingewiesen FRANTIŠEK GRAUS: Funktionen der spätmittelalterlichen Geschichtsschreibung. In: Geschichtsschreibung und Geschichtsbewußtsein im späten Mittelalter. Hrsg. von HANS PATZE, Sigmaringen 1987, S. 11 – 55, hier S. 35 – 37. Seinem Beispiel folgend habe ich dazu mehrere Arbeiten vorgelegt, auf welche die folgenden Abschnitte zurückgreifen und die sie – zugespitzt auf die städtischen Verhältnisse – zu ergänzen suchen: PETER JOHANEK: Geschichtsbild und Geschichtsschreibung in den sächsischen Städten zwischen Elbe und Weser im 15. und 16. Jahrhundert. In: Hanse –Städte – Bünde. Hrsg. von MATTHIAS PUHLE, Magdeburg 1996, S. 557 – 574; DERS.: Historiographie, Bild und Denkmal in der Geschichtsüberlieferung des Mittelalters. In: Die Geschichtsschreibung in Mitteleuropa. Projekte und Forschungsprobleme. Hrsg. von JAROSŁAW WENTA, Toruń 1999, S. 87 – 109; DERS.: Geschichtsüberlieferung und ihre Medien in der Gesellschaft des späten Mittelalters.

spielt das Herkommen eine große Rolle: Wenn etwa der Mainzer Eigelstein, der als Grab des Drusus galt, gleich von zwei Städten, nämlich Mainz und Augsburg, als das ihres Gründers in Anspruch genommen wurde oder man 1274 in Padua das Grab des Trojaners und Stadtgründers Antenor aufgefunden zu haben meinte, wenn in Augsburg die Fassadenausstattung von Peter Egens Haus den trojanischen Gründungsmythos Augsburgs abschilderte und in Lüneburg die dem welfischen Stadtherrn abgewonnene Säule verwahrt wurde, die Julius Caesar bei der Stadtgründung der Göttin Luna errichtet haben soll. Stadtherren der Vergangenheit und Gegenwart wurden kommemoriert. In Worms thronten in einem Gemälde Siegfried und Kriemhild an der Fassade der Münze, in Bern zierte Berthold V. von Zähringen einen städtischen Brunnen und im ‚Bärengraben' hielt man einen lebendigen Bären zur Erinnerung an jenes Exemplar, dessen Erlegung die Stadt ihren Namen verdankte. Der Skulpturenschmuck am Braunschweiger Altstadtrathaus und die Ausmalung des Lüneburger Rathauses zeigen die welfischen Privilegiengeber dieser Städte, in Mühlhausen in Thüringen nehmen auf einer Galerie am Querhaus über dem Südportal die Steinfiguren Kaiser Karls IV. und seiner Frau Elisabeth von Pommern gleichsam die Huldigung der Bürger der Reichstadt entgegen,[38] und im Dortmunder Rathaus mag das 1481 gemalte Bild *des*

In: Pragmatische Dimensionen mittelalterlicher Schriftkultur. Akten des Internationalen Kolloquiums 16.–19. Mai 1999. Hrsg. von Christel Meier u. a., München 2002, S. 339 – 357; Ders.: Inszenierte Vergangenheit. Vom Umgang mit geschichtlicher Überlieferung in den deutschen Städten des Mittelalters. In: Ferne Welten – Freie Stadt. Dortmund im Mittelalter. Hrsg. von Matthias Ohm/Thomas Schilp/Barbara Welzel, Bielefeld 2006, S. 39 – 48. Vgl. dazu auch Gudrun Gleba: Repräsentation, Kommunikation und öffentlicher Raum: Innerstädtische Herrschaftsbildung und Selbstdarstellung im Hoch- und Spätmittelalter. In: Bremisches Jahrbuch 77 (1998), S. 125 – 152; Dies.: Sehen, Hören, Schmecken: Identifikationsangebote am Beispiel norddeutscher Städte. In: Aspetti e componenti dell'identità urbana in Italia e Germania (secoli XII-XVI). Aspekte und Komponenten der städtischen Identität in Italien und Deutschland (12.–16. Jahrhundert). Hrsg. von Giorgio Chittolini/Peter Johanek, Bologna 2003, S. 135 – 154; dazu noch die Aufsatzsammlung: Visualisierung städtischer Ordnung. Zeichen – Abzeichen – Hoheitszeichen. In: Anzeiger des Germanischen Nationalmuseums und Berichte aus dem Forschungsinstitut für Realienkunde. Hrsg. von Hermann Maué, Nürnberg 1993, S. 7 – 252; Robert Jütte: Kommunale Erinnerungskultur und soziales Gedächtnis in der Frühen Neuzeit. Das Gedenken an Bürgeraufstände in Aachen, Frankfurt am Main und Köln. In: Köln als Kommunikationszentrum. Studien zur frühneuzeitlichen Stadtgeschichte. Hrsg. von Georg Mölich/Gerd Schwerhoff, Köln 2000, S. 453 – 472; neuestens etwa Marc von der Höh: Erinnerungskultur und frühe Kommune. Formen und Funktionen des Umgangs mit der Vergangenheit im hochmittelalterlichen Pisa (1050 – 1150), Berlin 2006 sowie Regula Schmid: Geschichte im Dienst der Stadt. Amtliche Historie und Politik im Spätmittelalter, Zürich 2009, insbesondere S. 147 – 197.

38 Vgl. Ernst Ullmann: Thüringen und Sachsen. In: Die Parler und der schöne Stil 1350 – 1400. Europäische Kunst unter den Luxemburgern. Ein Handbuch zur Ausstellung des Schnütgen-Museums in der Kunsthalle Köln. Bd. 2. Hrsg. von Anton Legner, Köln 1978, S. 560 f.

keisers und der keiserinnen in Erinnerung an den Besuch Karls IV. 1377 entstanden sein.[39] Auf den Ursprung des Karl dem Großen zugeschriebenen städtischen Rechts verwiesen die Rolandstatuen des niederdeutschen Raumes ebenso wie das Reiterstandbild Ottos des Großen vor dem Rathaus zu Magdeburg auf den Begründer des Magdeburger Rechts, das so viele Städte im Reich und in Ostmitteleuropa miteinander verband.

Auch die historische Verankerung der Stadt im Verlauf der Heils- und Universalgeschichte wie in den Ordnungen des Reiches vermochte man in dieser Weise zu präsentieren: etwa am Brunnen des Braunschweiger Altstadtmarktes, der die Propheten und die Evangelisten zeigt, in der Ausmalung des Versammlungssaales im Zunfthaus der Augsburger Weber, die Begebenheiten des Alten Testaments und des mittelalterlichen Alexanderromans mit Bildern vom Kaiser und den Kurfürsten, den Propheten und der griechischen Philosophen verband. Ähnliches gilt für die Darstellung der ‚Neun guten Helden' der Bibel, der Antike und des Christentums am ‚Schönen Brunnen' vor dem Rathaus in Nürnberg oder in den Innenräumen der Rathäuser in Köln und Lüneburg oder aber für die immer wieder anzutreffenden Darstellungen der Kurfürsten, so am Sockel des Magdeburger Reiterdenkmals, am Türzieher des Lübecker Rathauses, an der Fassade des Mainzer Kaufhauses oder – besonders eindrucksvoll – am Taufstein des Ulmer Münsters, wo damit verdeutlicht wurde, das jeder, der über diesem Becken das Sakrament empfing, gleichzeitig auch zum Bürger einer Stadt des Reiches wurde.[40]

Schließlich der *honor* und die Ehre der Stadt: Ihre Verwurzelung in der städtischen Vergangenheit dokumentiert sich am vielfältigsten im monumentalen und auch im performativen Schlachtengedenken.[41] Solches Schlachtengedenken steht immer wieder im Zentrum städtischer Erinnerung und *memoria*. In Lübeck gedachte man der Schlacht von Bornhöved, eines entscheidenden Ereignisses in der Geschichte des Nordens des Reichs und des gesamten Ostseeraumes, in dem 1227 die Dänen besiegt wurden und die Lübecker Bürger als Verbündete und Partner der norddeutschen Fürsten den Sieg miterfochten hatten. Dieser Schlacht

---

39 Chronik des Dietrich Westhoff (Anm. 2), S. 345.

40 Zu den hier genannten Denkmälern vgl. die Aufzählungen in: JOHANEK, Geschichtsbild, S. 559–564; DERS., Historiographie, S. 101–106; DERS., Inszenierte Vergangenheit, S. 41 f.; DERS., Geschichtsüberlieferung (alle Anm. 37); DERS. (Anm. 64) mit Nachweisen; dazu HARTMUT BOOCKMANN: Die Stadt im späten Mittelalter, München ^{3}1994, S. 231, Abb. 204; S. 133, Abb. 207–208; S. 164 f., Abb. 256; S. 296, Abb. 442; S. 345, Abb. 502.

41 Dazu grundsätzlich KLAUS GRAF: Schlachtengedenken in der Stadt. In: Stadt und Krieg. 25. Arbeitstagung in Böblingen. Hrsg. von BERNHARD KIRCHGÄSSNER/GÜNTER SCHOLZ, Sigmaringen 1989 (Stadt in der Geschichte 15), S. 83–104.

galt ein Bilderzyklus im Rathaus, daneben auch Armenspeisungen und liturgische Handlungen am Jahrestag des Treffens.[42] In Lüneburg zeigte man in der Kirche St. Johannis nicht nur die Stadtgründungsreliquie der Lunasäule, die die Bürger bei der Eroberung der herzoglichen Burg erbeutet hatten, sondern ließ auch die Überreichung des Absagebriefes an Herzog Magnus ins Tonnengewölbe der Rathauslaube malen, und die Fleischhauergilde bewahrte die Axt mit der Carsten Rodewalt den Pförtner und den Schlosshauptmann erschlagen hatte.[43] Wiederum ein Gemälde, um 1500 entstanden, bewahrte in Frankfurt am Main die Erinnerung an die Schlacht von Eschborn 1389 und damit an die vernichtende Niederlage der Stadt gegen den Pfalzgrafen, den Grafen von Hanau und die Herrn von Kronberg.[44] Des Weiteren hielten verschiedene bildliche Darstellungen und Gedächtnisorte in Köln das Gedächtnis an die Sage vom Löwenkampf des Bürgermeisters Grin wach, in der sich für die Kölner eine entscheidende Begebenheit der Begründung und Bewahrung ihrer Freiheit verdichtet hatte und sich mit dem Gedächtnis an die reale Schlacht von Worringen 1288 verbinden ließ.[45]

Auch die Heiligen dürfen in diesem Erinnerungsfeld des *honor* nicht fehlen, vor allem da sie nicht selten helfend in die Geschicke der Stadt eingegriffen hatten. Das kommt vielleicht am deutlichsten in Dortmund zum Ausdruck. Hier wollten, als Graf Wilhelm von Berg und seine Verbündeten im Juli 1377 die Stadt belagerten, viele gesehen haben, wie der heilige Reinoldus die Geschosse, die die feindlichen Wurfmaschinen in die Stadt schleuderten, wie ein Ballspieler in das feindliche Lager zurückschlug, wo sie großen Schaden anrichteten. Zu *einer ewiger gedechtnisse* errichtete man ein *steinen belde sanct Reinolt* [...] *up der muren an dem Windmollenberge negst der Westenporten*. Der Chronist Dietrich Westhoff, der über das Ereignis berichtet, sah die Figur noch 1538 stehen *mit einem utgerekten arm in manier als sloge it van sich*. Später, als er um 1550 seine Chronik nieder-

42 Dazu ausführlich Sascha Möbius: Das Gedächtnis der Reichsstadt. Unruhen und Kriege in der lübeckischen Chronistik und Erinnerungskultur des späten Mittelalters und der Frühen Neuzeit, Göttingen 2011.

43 Chronik des Ratsnotars Nicolaus Floreke 1369–1374. In: Die Chroniken der niedersächsischen Städte. Lüneburg. Hrsg. von Wilhelm Reinecke, Stuttgart 1931, Nachdruck Göttingen 1968 (Chron.dt.St. 36), S. 1–34, hier S. 15, Anm. 1 und 2.

44 Wolfgang Ronner: Das Assenheimer Bild von Frankfurts Niederlage 1389. Bemerkungen zur Wiederentdeckung eines vergessenen Gemäldes. In: Archiv für Frankfurts Geschichte und Kunst 61 (1987), S. 97–105; Fred Schwind: Die Niederlage von Kronberg/Eschborn. Städtische Selbstbehauptung im dynastischen Umfeld. In: Archiv für Frankfurts Geschichte und Kunst 63 (1997), S. 15–42.

45 Dazu Reiner Diekhoff: Grins Kampf mit dem Löwen und seine Bedeutung in der profanen Ikonographie der Stadt Köln. In: Der Name der Freiheit 1288–1988. Aspekte der Kölner Geschichte von Worringen bis heute. Hrsg. von Werner Schäfke, Köln 1988, S. 416–421.

schrieb, war sie verfallen.[46] Wie in Dortmund halfen die Heiligen auch anderwärts: St. Ursula vertrieb durch ihr Erscheinen die Belagerer unter Erzbischof Engelbert von Valkenburg, und auch St. Quirin in Neuss, St. Auctor in Braunschweig und St. Patroklus in Soest erwiesen sich als kriegerische Schutzpatrone.

Nicht nur die heiligen Schlachtenhelfer, sondern auch der Rang und die Zahl, die Schar der Heiligen, die in Reliquien und Patrozinien in einer Stadt präsent waren, mehrten den *honor* des Gemeinwesens. Das ist ein Phänomen, das bereits in die Zeit vor der Entwicklung zur kommunalen Stadt zurückweist, als die Stadtherren, insbesondere die Bischöfe der *civitates* und die Äbte der städtischen Klöster danach trachteten, Reliquien herausragender Heiliger zu erwerben, auf jede legale Art und, wenn es sein musste, durch Diebstahl.[47] Auf diese Weise soll der heilige Dionysius von Saint-Denis nach Regensburg gekommen sein. Jedenfalls behaupten das die Translationsberichte des 11. Jahrhunderts, und fortan wurde Regensburg, die *metropolis Bavariae* mit Athen (dem Geburtsort des Heiligen) und Paris auf eine Ranghöhe gehoben. Die frühbürgerliche Welt hat diese Sicht in ihren ältesten Identitätssymbolen übernommen, als sie auf den frühen Stadtsiegeln des 12. Jahrhunderts und auch später in die Abbreviatur des Stadtbildes mit Mauer, Türmen und Toren auch die Heiligen der Stadt integrierte. Noch ein Holzschnitt der *Koelhoffschen Cronica van der hilliger stat van Coellen* zeigt 1499 die lange Reihe der städtischen Kölner Heiligen auf der Stadtmauer bereit zur Abwehr der Truppen des Grafen von Kleve (Abb. 1).[48]

---

46 Chronik des Dietrich Westhoff (Anm. 2), S. 226f.; zu weiteren Beispielen für die Schlachtenhilfe Reinholds vgl. JOHANEK, Inszenierte Vergangenheit (Anm. 37), S. 46f.; zu den Stadtheiligen allgemein vgl. WILFRIED EHBRECHT: Die Stadt und ihre Heiligen. Aspekte und Problem nach Beispielen west- und norddeutscher Städte. In: Vestigia monasteriensia. Westfalen – Rheinland – Niederlande. Festschrift Wilhelm Janssen zum 60. Geburtstag. Hrsg. von ELLEN WIDDER/MARK MERSIOWSKY/PETER JOHANEK, Bielefeld 1995, S. 197 – 261; DERS.: Maria, Mauritius, Auctor und die Gemeinschaft der Heiligen des Bundes und der Städte. In: Manipulus florum. Festschrift Peter Johanek zum 60. Geburtstag. Hrsg. von ELLEN WIDDER/MARK MERSIOWSKY/MARIA THERESIA LEUKER, Münster 2000, S. 197 – 249; DERS.: Cyriak, Quirin, Reinold und ihre Konsorten. Der Ritterheilige als Schutz und Mitte von Bürgern und Einwohnern. In: Reinoldus und die Dortmunder Bürgergemeinde. Die mittelalterliche Stadt und ihr heiliger Patron. Hrsg. von THOMAS SCHILP/BEATE WEIFENBACH, Essen 2000, S. 11 – 23; 172 – 176.

47 ANDREAS KRAUS: *Civitas regia*. Das Bild Regensburgs in der deutschen Geschichtsschreibung des Mittelalters, Kallmünz 1972, S. 37 – 46; DERS.: Die *Translatio S. Dionysii Areopagitae* von St. Emmeram in Regensburg (Bayerische Akademie der Wissenschaften, Philosophisch-Historische Klasse. Sitzungsberichte 1972, Heft 4), München 1972; zum Phänomen des Reliquienraubes allgemein: PATRICK J. GEARY: *Furta sacra*. Thefts of Relics in the Central Middle Ages, Princeton, N.J. [2]1990; zu Diebstählen seitens der Städte S. 87 – 107.

48 *Koelhoffsche Chronik*, Köln 1499 [Wolfenbüttel, Herzog August Bibliothek, 131.2 Hist. 2° (2)], f. 223^{r}.

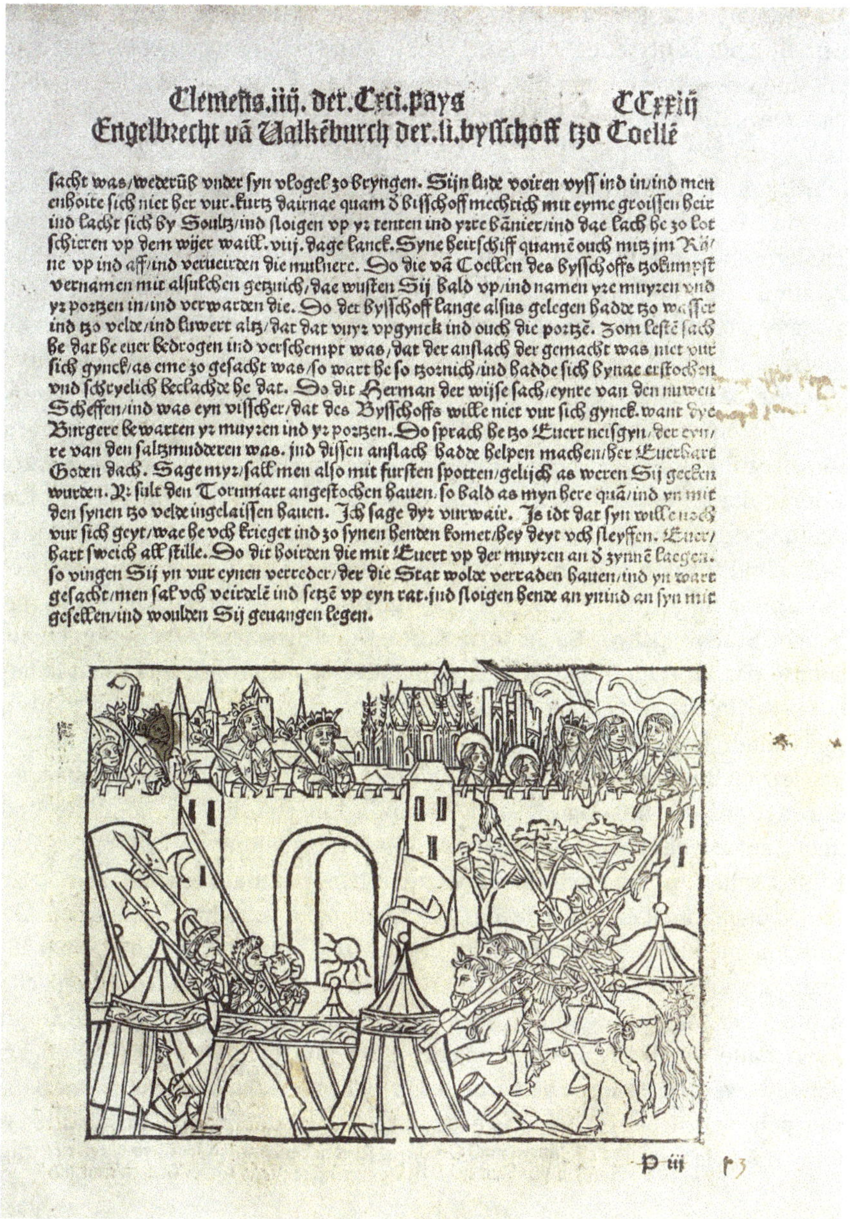

Clemens.iiij. der.Cxci.pays CCxxiij
Engelbrecht vã Valkẽburch der.li.byſſchoff tzo Coellẽ

ſacht was/wederũb vnder ſyn vlogel zo bryngen. Sijn lude voiren vyſſ ind in/ind men enhoite ſich niet her vur. kurtz dairnae quam d biſſchoff mechtich mit eyme groiſſen heir ind lacht ſich by Soultz/ind ſloigen vp yr tenten ind yre bãnier/ind dae lach he zo lot ſchieren vp dem wijer waill. viij. dage lanck. Syne heirſchiff quamẽ ouch mitz im Rijne vp ind aff/ind verueirden die mulnere. So die vã Coellen des byſſchoffs tzokumpſt vernamen mit alſulchen getzuich/dae wuſten Sij bald vp/ind namen yre muyren vnd yr portzen in/ind verwarden die. So der byſſchoff lange alſus gelegen hadde tzo waſſer ind tzo velde/ind lurwert altz/dat dat vuyr vpgynck ind ouch die portzẽ. Zom leſtẽ ſach he dat he euer bedrogen ind verſchempt was/dat der anſlach der gemacht was niet vur ſich gynck/as eme zo geſacht was/ſo wart he ſo tzornich/ind hadde ſich bynae erſtochen vnd ſchryelich beclachde he dat. So dit Herman der wijſe ſach/eynre van den nuwen Scheffen/ind was eyn viſſcher/dat des Byſſchoffs wille niet vur ſich gynck. want dye Burgere bewarten yr muyren ind yr portzen. So ſprach he tzo Euert neiſgyn/der eynre van den ſaltzmudderen was. ind diſſen anſlach hadde helpen machen/her Euerhart Goden dach. Sage myr/ſall men alſo mit furſten ſpotten/gelijch as weren Sij gecken wurden. Yr ſult den Tornnart angeſtochen hauen/ſo bald as myn here quã/ind yn mit den ſynen tzo velde ingelaiſſen hauen. Ich ſage dyr vurwair. Js idt dat ſyn wille noch vur ſich geyt/wae he vch krieget ind zo ſynen henden komet/hey deyt vch ſleyffen. Euerhart ſweich all ſtille. So dit hoirden die mit Euert vp der muyren an d zynnẽ laegen. ſo vingen Sij yn vur eynen verreder/der die Stat wolde verraden hauen/ind yn wart geſacht/men ſal vch veirdelẽ ind ſetzẽ vp eyn rat. ind ſloigen hende an yn ind an ſyn mit geſellen/ind woulden Sij geuangen legen.

P iij

Abb. 1: *Cronica van der hilliger stat van Coellen* (*Koelhoffsche Chronik*). Köln: Johann Koelhoff d.J. 23.VIII.1499. Wolfenbüttel, Herzog August Bibliothek, 131.2 Hist. 2°(2), f. 223r.

Das Titelblatt dieser Chronik charakterisiert die Stadt als *Sancta Colonia*, die mit dem Blut der Märtyrer gefärbt ist.[49] Damit wird sie der *Roma nobilis* zur Seite gestellt und erweist sich unter den Städten des Reichs als *eyn kroyn bouen allen steden schoyn*. Die Abbilder der Heiligen umgaben die Bürger der Städte während der beiden letzten Jahrhunderte des Mittelalters in immer größerer Fülle und Ausführlichkeit der Darstellung. An die Vergegenwärtigung der Heiligen im Bild schloss sich die *memoria* der Toten, der Familienmitglieder und Mitbürger in den Grabmälern und Gedenktafeln an, die in den Kirchen und Kirchhöfen errichtet wurden und so die alltägliche Umwelt der städtischen Bürger prägten. Ihnen galt auch immer wieder die liturgische *memoria*, die sicherlich auch Erinnerungen an ihr Leben und Wirken evozierte. Aus der Dichte dieses Memorialgeflechtes aber ragen Einzeldenkmäler heraus, die auf besondere Begebenheiten verweisen. Hierhin gehören etwa die Skulpturen, die den Ulmer Bürgermeister Ludwig Krafft als Münstergründer zeigen, oder Sühnesteine wie in Heidingsfeld bei Würzburg zur Erinnerung an einen Totschlag oder aber das Sühnekreuz von 1435 für die Hinrichtung des Bremer Bürgermeisters Johannes Vasmer an dessen Richtstätte, das Sühnebild für den 1455 in der Haft verstorbenen Lüneburger Bürgermeister Johann Springintgut, das Sühnedenkmal für den in der ‚Rostocker Veide' erschlagenen Stiftspropst von St. Jacobi in Rostock und die nachträgliche ehrenvolle Bestattung der 1408 im Verlauf der Auseinandersetzungen zwischen den österreichischen Herzögen Leopold und Ernst hingerichteten Wiener Ratsherren Konrad Vorlauf, Hans Rock und Konrad Rampersdorfer im Chor der Stefanskirche.

Die letzten Beispiele verweisen noch einmal auf ein zentrales Feld städtischer Erinnerung: auf die Austragung und Sühnung innerstädtischer Konflikte und Unruhen, auf Zwietracht der Bürger und Wiederherstellung der Eintracht. Das wird festgehalten in Sühnestiftungen wie den bereits genannten und in der Errichtung von Sühnekapellen wie der Auctorskapelle am Braunschweiger Altstadtrathaus nach der ‚Großen Schicht' von 1374/86 sowie der Stiftung einer Vikarie am Clemensaltar der Halberstädter Kirche St. Martini, die das liturgische Gedächtnis der 1425 während der Schicht des ‚Langen Matz' Hingerichteten zu besorgen hatte. Auch die Hinrichtungen selbst und die Plätze, an denen sie stattfanden, werden gelegentlich durch Objekte oder Zeichen kommemoriert. Hierher gehören die eisernen Käfige oder Körbe, in denen in Münster an St. Lamberti die Leichen der Täufer und in Einbeck die des Patriziers Heinrich Diek

49 *Koelhoffsche Chronik* (Anm. 48), f. 166^{r}. Das Titelblatt der Chronik (f. 1^{r}) zeigt das Kölner Wappen mit den Kronen der heiligen drei Könige, umgeben von Petrus, Severin, Maternus, Anno, Heribert, Agilolphus, Kunibert und Evergisel; erneut f. 167^{r}; vgl. auch PETER JOHANEK: Die Mauer und ihre Heiligen. In: Das Bild der Stadt in der Neuzeit. 1400–1800. Hrsg. von WOLFGANG BEHRINGER/BERND ROECK, München 1999, S. 26–38, hier S. 34f. mit Abb. 12.

am Diekturm vor dem Bensertor, der 1540 im Auftrag Heinrichs des Jüngeren von Braunschweig und der Papisten den großen Stadtbrand gelegt haben soll, ausgestellt wurden.[50] In Lüneburg markieren zwei Granitplatten auf dem Marktplatz die Stelle der Enthauptung zweier Anführer eines Aufstandes von 1456[51] und im südböhmischen Budweis ein mit einem Kreuz gekennzeichneter Stein im Pflaster des Ringplatzes, der ‚Irrstein', den Platz der Vollstreckung der Todesstrafe an zehn Verschwörern gegen den Rat im Jahr 1478.[52] Diese Objekte und Zeichen verdeutlichten, dass Gerechtigkeit geschehen und die gestörte Ordnung und Einigkeit wiederhergestellt worden war. Sie alle sind zu Trägern geschichtlicher Überlieferung geworden.

So entstand in den Städten des Mittelalters und der Frühen Neuzeit ein häufig sehr dichtes Ensemble dinglicher, monumentaler und bildlicher Erinnerungsmale, mit denen sich die Bürger und Einwohner in ihrer täglichen Lebenswelt konfrontiert sahen. Solche Ensembles präsentieren sich als Mosaik, dessen Teile zu ganz verschiedenen Zeiten entstanden sind oder doch entstanden sein können. Die Geschichte der Stadt lässt sich daraus ablesen wie aus einem Palimpsest.[53] In diesen Denkmalen ragt die Vergangenheit in die Gegenwart hinein, sie binden die städtische Gesellschaft an die Vergangenheit und geben damit der Identitätsfindung in der jeweiligen Gegenwart ein festes Fundament.

---

50 Die Nachweise seien hier summarisch zusammengefasst; siehe Joachim Gaus: *Dedicatio ecclesiae*. Zum Grundsteinlegungsrelief im Münster zu Ulm. In: 600 Jahre Ulmer Münster. Festschrift. Hrsg. von Eugen Specker/Reinhard Wortmann, Ulm 1977, Abb. 1, nach S. 64; Die Würzburger Inschriften bis 1525, bearb. von Karl Borchardt u. a., Wiesbaden 1988 (DI 27), S. 103 f., Nr. 205; Boockmann (Anm. 40), S. 166 f., Nr. 258, 260 u. 261; Bernd-Ulrich Hergemöller: *Uplop – Seditio*. Innerstädtische Unruhen des 14. und 15. Jahrhunderts im engeren Reichsgebiet, Hamburg 2012, S. 201, 85, 144; Csendes/Opll (Anm. 28), S. 147 – 150; Karl-Heinz Kirchhoff: Die ‚Wiedertäufer-Käfige' in Münster. Zur Geschichte der Eisenkörbe am Turm von St. Lamberti, Münster 1996; Horst Hülse/Claus Spörer: Geschichte der Stadt Einbeck. Bd. 1, Einbeck ²1991, S. 134 – 149 mit Abb. 47 – 49, S. 145.

51 Boockmann (Anm. 40), S. 168, Abb. 262.

52 Michal Tůma: České Budějovice in flagranti, České Budějovice 1994 [Foto auf unpaginierter Seite, Begleittext von Karel Pletzer, S. 39]; Eduard J. Richter: Budweiser Sagen und Geschichten, Korneuburg 1881, S. 24 – 30.

53 Vgl. dazu etwa Andreas Huyssen: Present Pasts. Urban Palimpsests and the Politics of Memory, Stanford 2003; auch (mit anderer Zielrichtung) Renate Banik-Schweitzer: Die Stadt lesen wie ein Palimpsest im Historischen Atlas von Wien. In: Jahrbuch des Vereins zur Geschichte der Stadt Wien 52/53 (1996/97), S. 33 – 51.

4 Performatives Erzählen im Stadtraum

Dieser *entourage materiel* als Darstellung oder Repräsentation einer lebendigen und verpflichtenden Vergangenheit[54] ist zunächst seiner Natur nach nonverbal und bleibt stumm. Damit diese Zeugnisse verständlich werden, bedarf es der Worte. Die Sozialanthropologin ELIZABETH TONKIN hat dieses Faktum folgendermaßen charakterisiert: „The representation (of the past) need not even be verbal, but as soon a representation is communicated or interrogated, words enter in".[55] Einer der frühen Geschichtstheoretiker, der Erlangener Professor für Theologie, Beredsamkeit und Dichtkunst, JOHANN MARTIN CHLADENIUS hat gerade in dieser engen Verbindung von Steinen, Bildern und Gebeinen, kurz in den Denkmälern, den Motor der Tradierung historischer Überlieferung gesehen: „Der eintzige Weg [historische Überlieferung für die Nachkommen lebendig zu erhalten,] ist wohl dieser, wenn etwas vorhanden ist, welches Kinder veranlaßet ihre Eltern nach der Ursach und Bedeutung zu fragen. Dergleichen Ding pfleget man ein Denkmahl zu nennen".[56] Der historische *entourage materiel* gibt demnach den Anstoß zum Sprechen über Vergangenheit und damit zu ihrer Vergegenwärtigung. CHLADENIUS, der Klassiker der Geschichtstheorie, stellt sich damit – wie die moderne Praxis der ‚Stolpersteine' im öffentlichen Raum der Stadt – in Gegensatz zu dem boshaften Diktum Robert Musils, dass Denkmäler unsichtbar seien und ihren Gegenstand „gleichsam mit einem Gedenkstein um den Hals ins Meer des Vergessens" stürzen.[57] Er setzt bemerkenswerterweise – wie schon seinem Beispiel zu entnehmen – auf Akte der Kommunikation. Dabei hält er in dieser Gegenposition zum Beispiel Zeremonien und Feste für besonders wirkungskräftig, die „wegen des damit verknüpften Vergnügens, von denen, die das Andenken davon haben, gerne wieder gefeyert werden. Bey dieser Gelegenheit die zarteste Jugend von der alten Geschichte unterrichtet und zugleich zu abermahliger Feyer zu seiner Zeyt präparirt und ermuntert wird".[58] Es versteht sich, dass sich hier eine Traditionslinie zu den gemeinschafts- und identitätsstiftenden Ritualen des Mittelalters ziehen lässt, zu den Stadtprozessionen mit Gedenkfunktion und der li-

---

54 Zu diesem Begriff vgl. das klassische Werk von FRANTIŠEK GRAUS: Lebendige Vergangenheit. Überlieferung im Mittelalter und in den Vorstellungen vom Mittelalter, Köln 1975.

55 ELIZABETH TONKIN: Narrating our Pasts. The Social Constructing of Oral History, Cambridge 1992, S. 2.

56 JOHAN MARTIN CHLADENIUS: Allgemeine Geschichtswissenschaft, worinnen der Grund zu einer neuen Einsicht in allen Arten der Gelahrtheit gelegt wird, Leipzig 1752, S. 195; vgl auch JOHANEK, Historiographie (Anm. 37), S. 92 f.

57 Robert Musil: Nachlass bei Lebzeiten, Hamburg 1962, S. 54–63.

58 CHLADENIUS (Anm. 56), S. 195; zit. nach JOHANEK, Historiographie (Anm. 37), S. 93.

turgischen *memoria* ganz besonders auf dem Feld des Schlachtengedenkens. Auch andere performative Akte wird man einbeziehen müssen, vor allem ist hier an geistliche und weltliche Spiele zu denken, die von den Bürgern der Städte oder einzelnen Stadtviertel selbst gestaltet und aufgeführt wurden. Dabei spielt wiederum die Welt der Heiligen, der Märtyrer und Mirakel eine gewichtige Rolle, in lateinischen und volkssprachigen Versionen. Neben Maria tritt besonders St. Nikolaus, der Kaufmannspatron, hervor, bereits im 12. Jahrhundert für Hildesheim und Regensburg bezeugt und kurz nach 1200 von Jehan Bodel in französischer Sprache auf die *common stage* der Stadt Arras gebracht.[59] Auch jene Spiele, die als performative Begleitung der Osterliturgie entstanden sind, dehnten sich nicht selten zu einer Darstellung der Heilsgeschichte von der Schöpfung und dem Sündenfall bis zur Auferstehung aus, und die eschatologischen Spiele um Antichrist und Weltgericht am Ende der irdischen Geschichte gehören ebenfalls hierher. Die Fastnacht und die Fastenzeit selbst scheinen eine besonders beliebte Zeit für derartige Spiele und die Darstellung historischer Figuren gewesen zu sein. Jedenfalls kennt man aus Nürnberg das Spiel von *Des Entkrists Vasnacht* aus dem 15. Jahrhundert, das ursprünglich wohl um 1350 in Zürich entstanden ist,[60] und Philippe de Vigneulles in Metz weiß zu berichten, dass in den Fasten des Jahres 1512 an verschiedenen Plätzen der Stadt einige Adelige, Kanoniker und Bürger eine Anzahl historischer Persönlichkeiten darstellten: Könige, Kaiser, Propheten, Sybillen, darunter Salomon, Agamemnon, Alexander, Priamos, Elias, Daniel, also jene Akteure der Geschichte, die auch als Skulpturenschmuck oder Malereien an den Brunnen und Fassaden wie in den Innenräumen der Rat- und Zunfthäuser zu finden waren. Dabei trugen sie Zeichen in der Hand, die auch durch Beischriften ihre Rolle erläuterten.[61]

Dieses ‚performative Erzählen' diente nicht lediglich katechetischen Zielen, zu denen auch die Hinführung zur Heilsgeschichte gehörte, sondern auch der Vermittlung profaner Stoffe mit gelegentlich historischen Konnotationen, die auch in praktische Politik umzusetzen waren.[62] Weltliche oder besser profane und ins-

---

59 Vgl. nur die Übersicht bei Hans-Jürgen Linke: Die geistlichen Spiele. In: Die deutsche Literatur im späten Mittelalter 1250 – 1370. Hrsg. von Ingeborg Glier, München 1987 (Geschichte der deutschen Literatur III/2), S. 115 – 233; Symes (Anm. 35), besonders S. 27 – 68.

60 Fastnachtspiele aus dem fünfzehnten Jahrhundert. Hrsg. von Adelbert von Keller, Stuttgart 1853 (Bibliothek des Litterarischen Vereins in Stuttgart 29), S. 593 – 608; dazu Linke (Anm. 59), S. 228.

61 *Gedenkbuch* (Anm. 21), S. 201; *Journal* (Anm. 21), S. 190.

62 Vgl. dazu die methodisch wichtigen Aufsätze von Hans-Jürgen Linke: Sozialisation und Vergesellschaftung im mittelalterlichen Drama und Theater. In: Das Theater des Mittelalters und der frühen Neuzeit als Ort und Medium sozialer und symbolischer Kommunikation. Hrsg. von Christel Meier/Heinz Meyer/Claudia Spanily, Münster 2004, S. 63 – 93 sowie Johanna Thali:

besondere historisch relevante Stoffe sind als Spiele in der mittelalterlichen Gesellschaft weit seltener bezeugt als geistliche, doch gibt es Hinweise, dass auch sie durch dieses Medium tradiert wurden. Die *Magdeburger Schöppenchronik* etwa hat festgehalten, dass die *kunstabelen, dat weren der rikesten borger kinder* zu Pfingsten aufführten, *als den Roland, den schildekenbom, tabelrunde und ander spel* und der dem Stadtpatriziat angehörende ‚Konstabel' Brun von Schönebeck hat 1280/81 als *vroeidich spel* einen *Gral* gemacht, in dem offensichtlich ebenfalls die Artuswelt vergegenwärtigt wurde. So sind in Magdeburg und vermutlich auch in anderen Städten des Hansebereichs die Stoffe der Rolands-, Karls- und Artusepik in Spiele umgesetzt worden.[63] In Worms, wo man an der Fassade der städtischen Münze Siegfried und Kriemhild als Stadtherren dargestellt sah, nutzte Kaiser Maximilian die Bekanntheit der bürgerlichen Rosengartenspiele, um sich bei seinem Einritt in die Stadt als Dietrich von Bern zu stilisieren, als Sieger im Rosengartenkampf, indem er auf seinem Haupt den gleichen Blumenkranz trug, den die gemalte Kriemhild in der Hand hielt. Das machte ihn zum Lehnsherrn des Nibelungenpaares und damit Worms zur reichsfreien Stadt. Die ferne Vergangenheit wurde in dieser Aktion lebendig und legitimierte die politischen Ambitionen der Bürger gegenüber dem bischöflichen Stadtherrn.[64]

Hier wird in beiden Fällen – wie etwa auch in den Berufungen auf den Trojastoff – auf fiktive Geschichte zurückgegriffen, die gleichwohl im Verständnis der Zeit als historische Realität gelten konnte. In solchen Fällen pflegen die Auffassungen der Literaturwissenschaftler auf der einen und der Historiker auf der anderen Seite auseinanderzutreten. Während die Literaturwissenschaftler die Fiktionalität zu betonen pflegen und auch, dass „das Spiel als Spiel kenntlich" gemacht wurde,[65] so neigen Historiker eher zu der Ansicht, dass das Publikum zum Teil, vielleicht sogar in seiner Überzahl, die fiktionalen Texte als reale Ge-

---

Text und Bild – Spiel und Politik. Überlegungen zum Verhältnis von Theater und Malerei am Beispiel Luzerns. In: Ebd., S. 171–203.

63 Die *Magdeburger Schöppenchronik*. In: Die Chroniken der niedersächsischen Städte. Magdeburg. Bd. 1. Hrsg. von Karl Janicke, Leipzig 1869, Nachdruck Göttingen 1962 (Chron.dt.St. 7), S. 1–508, hier S. 168f.; zu Brun von Schönebeck nur Ludwig Wolff: [Art.] Brun von Schönebeck. In: ²VL 1 (1978), Sp. 1056–1061; zur Artuswelt im städtischen Leben siehe auch Stephan Selzer: Artushöfe im Ostseeraum, Frankfurt a. M. 1996.

64 Dazu Peter Johanek: Nibelungenstädte. Mythische und historische Tradition in Worms und Soest. In: Städtische Mythen. Hrsg. von Bernhard Kirchgässner/Hans-Peter Becht, Ostfilden 2003, S. 29–54.

65 Vgl. z. B. Gerhard Wolf: Inszenierte Wirklichkeit und literarisierte Aufführung. Bedingungen und Funktion der ‚performance' in Spiel- und Chroniktexten des Spätmittelalters. In: ‚Aufführung' und ‚Schrift' in Mittelalter und früher Neuzeit. Hrsg. von Jan-Dirk Müller, Stuttgart/Weimar 1996, S. 381–405, hier S. 389.

schichte verstand, sozusagen ‚für bare Münze' nahm und sein Geschichtswissen und sein Geschichtsbild durch sie mitgeprägt wurde.[66]

Die städtischen Spiele boten der Bevölkerung in der öffentlichen Arena des städtischen Raums, auf der *common stage* ein Panorama der Heilsgeschichte, Heiligenlegenden und Epenstoffe und zogen damit einen Rahmen allgemeiner historischer Orientierung. Doch Spiel und Fest vermochten auch das Ambiente zu bieten, in dem es zur Evozierung spezifisch städtischer Erinnerung kam. So haben sich beispielsweise in der *Bremer Chronik* von Ghert Rinesberch, Herbord Schene und Johannes Hemeling Spuren eines Rollengedichts erhalten, von dem man annehmen darf, dass seine *rime* auch zur öffentlichen Darbietung gelangten.[67] Sie berichten in einer Wechselrede Karls des Großen mit dem ersten Bremer Bischof Willehad, an der sich auch St. Petrus und die heilige Maria beteiligen, von den Sachsenkriegen und den Freiheiten, die der Kaiser dem Bischof für dessen Stadt Bremen verlieh:

> [...] *desser sulven vrigheit breve*
> *besegelt van uns in rechter leve,*
> *de sint bewart in guder hude*
> *van deme rade und der stadt to gude.*[68]

Ein zweiter Teil erzählt von der Teilnahme der Bremer Bürger am ersten Kreuzzug unter der Führung von Gottfried von Bouillon, einem der ‚Neun guten Helden', wofür sie von Kaiser Heinrich V. neue Freiheiten erhielten und das Recht im Rat ‚Gold und Bunt', d. h. golddurchwirkte und pelzbesetzte Kleidung zu tragen, und das könne man beweisen *mit deme bilde / keiser vrigheit an Rolandes schilde.*[69] Die Verse des Rollengedichtes verbinden sich so mit Bildwerken des öffentlichen Raumes, eben der Rolandstatue und der Inschrift ihres Schildes, und sie selbst finden sich seit 1532 auch als Inschrift in der Oberen Halle des Rathauses zusammen mit Bildnissen Karls des Großen und Willehads.[70] Das Ineinandergreifen verschiedener Medien einschließlich der Chronistik wird hier besonders deutlich.

---

66 Vgl. etwa Peter Johanek: Die Wahrheit der mittelalterlichen Historiographen. In: Historisches und fiktionales Erzählen im Mittelalter. Hrsg. von Fritz Peter Knapp/Manuela Niesner, Berlin 2002, S. 9 – 25.

67 Die *Bremer Chronik von Rinesberch, Schene und Hemeling.* In: Die Chroniken der niedersächsischen Städte. Bremen. Hrsg. von Hermann Meinert, Bremen 1968 (Chron.dt.St. 37), S. 1 – 234; Klaus Wriedt: [Art.] Schene, Herbord. In: ²VL 8 (1992), Sp. 639 – 641.

68 *Bremer Chronik* (Anm. 67), S. 186.

69 *Bremer Chronik* (Anm. 67), S. 187.

70 *Bremer Chronik* (Anm. 67), hier S. 185 – 189, dazu Einleitung S. XXVIII f.; vgl. noch Johanek, Inszenierte Vergangenheit (Anm. 37), S. 42 [mit Verweisen auf die übrige Literatur].

Um Privilegien und Freiheiten ging es hier, und damit um die Verfassung der Stadt, überkommen aus alter Zeit, überliefert in der Schriftlichkeit der Urkunden. Und darum ging es nicht selten im Rahmen städtischer Feste. In den Erinnerungen Philippes de Vigneulles nimmt ein Fest des Metzer Stadtteils Pierre Bourderesse einen wichtigen Platz ein, das er 1513 organisierte und in dessen Zentrum die Erneuerung der *drois* und der *mairie* dieser Nachbarschaft stand, die 1203 erlassen bzw. eingerichtet worden waren.[71] Ganz Gleichartiges vollzog sich jährlich in den Schwörfeiern vieler Städte des Reichs, in denen die Privilegien oder Stadtrechtsbriefe verlesen und in einer Erneuerung des Bürgereides als Demonstration der im Ursprung der Stadt begründeten *coniuratio continua* beschworen wurden.[72]

5 *gemeine rede* – Oralität und innerstädtische Kommunikation

Es ist keine Frage, dass dieses performative Erzählen über Geschichte ebenso wie die visuelle Geschichtskultur der Erinnerungsobjekte und Memorialstätten, wie auch die historischen Exempel in der Predigt[73] sowie die Kommemoration der Heiligen im Bild und in liturgischer Feier ein Gespräch über die Vergangenheit in Gang setzen und auch im Gang zu halten vermochten. Es geht dabei um einen innerstädtischen Kommunikationsprozess, der unter den Bürgern allgemein oder auch in einzelnen Gruppen zur Ausformung von Geschichtsbildern und deren Verankerung im kollektiven Gedächtnis beitrug. Dabei wird gegenwärtig gerne in Anlehnung an Michel Foucault der Begriff ‚Diskurs' ins Spiel gebracht und diskutiert, ob er nicht den Begriff des kollektiven Gedächtnisses ersetzen solle.[74] Man darf aber vielleicht doch auch den mittelalterlichen Terminus der *confabulatio mutua* heranziehen, mit dem bereits die Klosterwelt des frühen Mittelalters solchen kommunikativen Austausch oder Betrachtung von Wissen und damit

---

71 Vgl. dazu *Gedenkbuch* (Anm. 21), S. 247 – 250; *Journal* (Anm. 21), S. 230.

72 Eberhard Isenmann: Die deutsche Stadt im Mittelalter 1150 – 1550, Köln/Wien ²2014, S. 212 f.; dazu noch Jeannette Rauschert: Herrschaft und Schrift. Strategien der Inszenierung und Funktionalisierung von Texten in Luzern und Bern am Ende des Mittelalters, Berlin/New York 2006, S. 99 – 129, mit Abb. 4 u. 5, S. 220 f.

73 Dazu vgl. Michael Menzel: Predigt und Geschichte. Historische Exempel in der geistlichen Rhetorik des Mittelalters, Köln/Wien 1998.

74 Benedikt Mauer: *Gemain Geschrey* und *teglich Reden*. Georg Kölderer – ein Augsburger Chronist des konfessionellen Zeitalters, Augsburg 2001, S. 10 f.; Klaus Graf: Exemplarische Geschichten. Thomas Lirers *Schwäbische Chronik* und die *Gmünder Kaiserchronik*, München 1987, S. 21.

dessen Vermittlung bezeichnete.[75] Lernprozesse, Informationsaustausch und Wissenserwerb vollziehen sich auch im säkularen Bereich in vergleichbaren Formen.

Orale Kommunikation oder eben Gespräche solcher Art sind durchaus auch für die Stadtgesellschaft bezeugt. Bereits der Minorit, der im 13. Jahrhundert die Weltchronik der *Flores temporum* niederschrieb, hatte konstatiert, dass diese dazu verhelfen sollte, die Heiligengestalten, die in der Predigt Erwähnung fanden, chronologisch präzise einzuordnen.[76] Am Ende des Mittelalters schlug der Verfasser des *Chronicon Sclavicum*, einer im Hanseraum entstandenen und in Lübeck 1485 gedruckten Adaptation der Chronik Helmolds von Bosau einen ähnlichen, aber in der profanen Welt zu begehenden Weg ein. Er schrieb sein Werk für Kleriker, hielt jedoch fest, dass Laien einen *certus modus convivendi* hätten, der es nicht tunlich erscheinen lasse, beim gemeinsamen Mahl von *seculares* und *sacerdotes* stets nur die Worte des Evangeliums im Munde zu führen. Damit nun der *simplex clericus* vor den Laien nicht als Taubstummer erscheinen müsse, habe er in seiner Chronik entsprechenden Stoff für Gespräche bereitgestellt.[77] Dergleichen Gesprächssituationen ergaben sich in verschiedenartigen sozialen Räumen. So berichtete 1556 der aus einem vornehmen Münchener Bürgergeschlecht stammende Kanoniker Dr. Christoph Ridler seinen Zechgenossen in der Ratstrinkstube ausführlich über die Herkunft seiner Familie, über deren Einwanderung in München und die Entwicklung des Konnubiums mit den führenden Familien der Stadt.[78] Ebenfalls in fröhlicher Runde sang man in der Herrenstube zu Rottweil Lieder zum städtischen Schlachtengedenken.[79] Der Helmstedter Benediktinermönch Henning Hagen, der 1491 im Auftrag des Rats eine Chronik der Stadt

---

75 Zum Beispiel Cassiodor: *Institutiones* I,10. Hrsg. von R. A. B. Mynors, Oxford 1937, S. 34f.; vgl. dazu Detlef Illmer: Erziehung und Wissensvermittlung im frühen Mittelalter. Ein Beitrag zur Entstehungsgeschichte der Schule, Kastellaun 1979, S. 58 – 60.

76 *Flores temporum auctore fratre ordinis Minorum*. Hrsg. von Oswald Holder-Egger. In: *Annales aevi Suevici* (Supplementa tomorum XVI et XVII). Gesta saec. XII. XIII. (Supplementa tomorum XX – XXIII). Hrsg. von Georg Waitz, Hannover 1879 (MGH SS 24), S. 228 – 250, hier S. 230 – 232.

77 *Chronicon Sclavicum quod vulgo dicitur parochi Suselensis*. Hrsg. von Ernst Adolph Theodor Laspeyres, Lübeck 1865, S. 370f.

78 Helmuth Stahleder: Beiträge zur Geschichte der Münchener Bürgergeschlechter im Mittelalter. Die Ridler. In: Oberbayerisches Archiv 116 (1992), S. 115f.

79 Ruth Elben: Das Patriziat der Reichsstadt Rottweil. Von den Anfängen bis zum Jahr 1550, Stuttgart 1964, S. 68; vgl. dazu Jörg Rogge: Geschlechtergesellschaften, Trinkstuben und Ehre. Bemerkungen zur Gruppenbildung und den Lebensordnungen in den Führungsschichten mittelalterlicher Städte. In: Geschlechtergesellschaften, Zunft- und Trinkstuben und Bruderschaften in spätmittelalterlichen und frühneuzeitlichen Städten. Hrsg. von Gerhard Fouquet/Matthias/Steinbrink/Gabriel Zeilinger, Ostfildern 2003, S. 99 – 127, hier S. 117f.

verfasste, mahnte die Ratsmänner, dass sie bei den regelmäßigen *collacien, wen man doch vnnutte clepperye hat vor dem schornsteene* lieber *mennich gud artikel* aus den Verträgen und Urkunden der Stadt zu Gehör bringen sollte, die er in seinem Werk verzeichnet hatte, damit die jungen Ratmannen Erfahrungen für künftige Zeiten gewinnen könnten.[80]

In den letzten Beispielen ging es um begrenzte, exklusive soziale Räume, um die Ratmannengemeinschaft oder die Trinkstubengesellschaften, die als besonders wichtige Kommunikationszentren der städtischen Gesellschaft gelten müssen.[81] Doch auch außerhalb dieser halben oder vollständigen *heimlichkeit* war historische Erinnerung fest im kollektiven Gedächtnis verankert oder wurde dort deutlich präsentiert. Dabei konnte der ‚Diskurs' handgreifliche Formen annehmen, wenn es um den *honor* der eigenen Stadt ging. Die *Bremer Chronik von Rinesberch, Schene und Hemeling* lässt im Jahr 1307 einen Bremer und einen Lübecker Bürger in einer *menen herberge* in Hamburg zusammentreffen. Als *enen dat beer ansloch* begannen sie über den Rang ihrer jeweiligen Heimatstädte zu streiten und der Bremer führte die von Karl dem Großen verliehenen Freiheiten und das Gold- und Bunt-Privileg[82] sowie noch eine ganze Reihe anderer Argumente ins Feld. Bei ihnen allein blieb es nicht, denn zwischendurch *grep* der Lübecker den Bremer *by dem halse*. Schließlich trug man die Angelegenheit gerichtlich vor dem Hamburger Rat aus und Hinrik Bersink aus Bremen obsiegte, indem er ein *Vidimus* über die Privilegien seiner Stadt vorlegte. Selbst wenn die ausführlich erzählte Geschichte von Johannes Hemeling fingiert worden sein sollte,[83] hielt man einen solchen Diskussionsverlauf durchaus für vorstellbar, vielleicht für nichts Ungewöhnliches in der realen Lebenswelt und wertete sicherlich Geschichtserinnerung als Triebkraft bei der Ausbildung städtischer Identitäten.

Es ist nicht zu bezweifeln, dass es in den verschiedenartigen Gesellungssituationen der städtischen Gesellschaft – sei es in der Familie, im Rat, in den Versammlungsorten der städtischen Einungen, Bruderschaften, Zünften, Gilden und Geschlechtergesellschaften wie auch in den *meenen herbergen* – zum Austausch persönlicher Erinnerungen, zu Konversation und Diskussion, kurz zum Reden über Geschichte und Politik kam, wobei man weit in die Vergangenheit zurückgriff und sich den zentralen Werten der Stadtgemeinschaft sowie deren Beispielfiguren widmete. Diese Gespräche mögen nicht selten an die Bildwerke

---

80 Edvin Bugge: Henning Hagens Stadtchronik von Helmstedt. In: Niederdeutsche Mitteilungen 2 (1946), S. 105 – 122; vgl. die Edition des Textes unter dem gleichen Titel: Hrsg. von Ders./Hans Wiswe. In: Ebd. 19/21 (1963/66), S. 113 – 280, hier S. 174.

81 Vgl. zu ihnen den Sammelband ‚Geschlechtergesellschaften' (Anm. 79).

82 Vgl. oben S. 355 mit Anm. 67.

83 *Bremer Chronik* (Anm. 70), S. 97 – 103; siehe dazu die Einleitung S. XXVIII – XXXV.

der Gebäude und andere Erinnerungsorte angeknüpft haben. Auch das Verlangen nach *schimpf* und *kurzweil*[84] und ganz allgemein die Lust am Erzählen haben dabei sicherlich eine Rolle gespielt, was etwa in der Schilderung von Helmbrechts Haube spürbar wird, auf der man sehen konnte, *wie troye wart besezzen*[85] und die noch um 1800 nachhallt in Frau Marthes Worten über den entzweigeschlagenen schönsten aller Krüge, auf dem die Übergabe der „gesamten niederländischen Provinzen" an den „span'schen Philipp" abgeschildert gewesen war: „Hier in der Mitte, mit der heilgen Mütze / Sah man den Erzbischof von Arras stehn; / Den hat der Teufel ganz und gar geholt."[86] Zeugnisse wie diese erinnern an Aussagen der modernen Medienwissenschaften über Kommunikation als Kultur, ja als wichtigstes und primäres Agens für Kultur und besonders an eine Aussage JAMES W. CAREYS: „Life is a conversation".[87] „Conversation" meint dort nicht lediglich ein Gespräch bei Tische oder auf Straße und Markt, sondern das Ergebnis der Begegnung zwischen menschlicher Intelligenz mit der Natur, mit Artefakten und mit anderen Menschen.

Gesprächs-, Konversations- und Diskussionskultur bilden die Grundlage für das, was die Quellen als *gemeine rede, teglich rede, gemain geschrey* oder *gemayn sag* bezeichnen.[88] So hat Hans Mair von Nördlingen es als ein *gemain red* bezeichnet, als allgemeine Meinung, dass jenseits Troja *ain insel in dem mer* läge, *die hiez Colcos*, und auf ihr das Goldene Vlies verwahrt werde.[89] Dr. Hans Rosenbusch, der Münchener Stadtschreiber wiederum, trug in das Saalbuch der Stadt von 1443 als *gemain sag* die Nachrichten über die Armagnakeneinfälle ein und tadelte König Friedrich III. und die Fürsten für ihre Untätigkeit in dieser Sache.[90] Mit solchen Termini wird durchaus so etwas wie ‚öffentliche Meinung' erfasst, die sich in Konsens oder Divergenz über Politik oder historische Fakten und Ereignisabläufe herausbildete. Bekanntlich hat JÜRGEN HABERMAS ein Modell der öffentli-

84 Dazu ROLF SPRANDEL: Kurzweil durch Geschichte. In: DERS.: Chronisten als Zeitzeugen, Köln/Weimar/Wien 1994, S. 207–216.

85 [Wernher der Gartenaere]: *Helmbrecht*. Hrsg. von FRIEDRICH PANZER/KURT RUH, Tübingen 1960, V. 40–53, S. 2f.

86 Heinrich von Kleist: Sämtliche Werke und Briefe. Bd. 1. Hrsg. von HEINRICH SEMBDNER, München ³1961, S. 200f., V. 646–674.

87 G. STUART ADAM: Foreword. In: JAMES W. CAREY: Communication as culture. Essays on Media and Society. Revisted Edition, Milton Park 2009, S. IX–XIII.

88 Vgl. dazu grundsätzlich ERNST SCHUBERT: *bauerngeschrey*. Zum Problem der öffentlichen Meinung im spätmittelalterlichen Franken. In: Jahrbuch für fränkische Landesforschung 34/35 (1975), S. 883–907; auch MAUER (Anm. 74), S. 39–69.

89 *Buch von Troja* (Anm. 13), S. 8.

90 FRIDOLIN SOLLEDER: München im Mittelalter, München 1938, S. 448.

chen Meinung entworfen,[91] das die Verwendung dieses Begriffs für die Vormoderne als anachronistisch erscheinen lässt. Dagegen hat in den letzten Jahren vor allem SYMES, auch in Auseinandersetzung mit HABERMAS, die Herausbildung einer städtischen „public sphere" herauszuarbeiten vermocht, wobei der Begriff der „notoriety" eine Rolle spielt. Es geht ihr dabei um das Verhalten einer im Wesentlichen von Oralität geprägten Stadtgesellschaft, die den Stadtraum für kommunikative Prozesse nutzte. SYMES hebt aber auch nachdrücklich das Gewicht der zunehmenden Schriftlichkeit und vor allem das Aufkommen des Buchdrucks für den von HABERMAS beschriebenen Strukturwandel hervor.[92]

An eben diesem Punkt hat auch bereits vor längerer Zeit ERICH KLEINSCHMIDT angesetzt, als er nach den Bedingungen der Lesekultur in den Kommunen der Frühen Neuzeit und ganz allgemein nach dem Gewicht von Schrifttexten in der innerstädtischen Kommunikation fragte. Während SYMES ihre Aufmerksamkeit auf die „soundscapes", auf die „crier", d.h. die Ausrufer und auf akustische Signale wie den Glockenschlag wandte, lenkte KLEINSCHMIDT die Aufmerksamkeit auf die öffentliche Schriftlichkeit des Rates im 16. Jahrhundert, auf die bei dem Ulmer Schustermeister und Chronisten Sebastian Fischer erwähnten *zedel uff dafflen geschlagen*, „mit deren Hilfe er die Einwohnerschaft, die *gmaind* [...] anzusprechen und zu beeinflussen suchte". Auch angesichts der reichen Flugschriftenliteratur der Zeit zog er den Schluss: „Hier [...] wird eine primär urbane, an den Schrifttext gebundene öffentliche Meinungsbildung sichtbar, die sich von der konventionellen, mündlich verbreiteten Form des *gemain geschray* grundsätzlich unterscheidet."[93]

---

91 JÜRGEN HABERMAS: Strukturwandel der Öffentlichkeit. Untersuchungen zu einer Kategorie der bürgerlichen Gesellschaft, Darmstadt/Neuwied 1962.

92 SYMES (Anm. 35), S. 1f. sowie bes. Kap. 3, S. 127–182; vgl. dazu DIES.: Out in the Open in Arras. Sightlines, Soundscapes and the Shaping of a Medieval Public Sphere. In: Cities, Texts and Social Networks 400–1500. Experiences and Perceptions of Medieval Urban Space. Hrsg. von CAROLINE GOODSON/ANNE E. LESTER/CAROL SYMES, Farnham 2010, S. 279–302; dazu auch RAU/SCHWERHOFF (Anm. 33), S. 17f.

93 ERICH KLEINSCHMIDT: Literatur und städtische Gemeinschaft. Aspekte einer literarischen Stadtkultur in der Frühen Neuzeit. In: Literatur in der Stadt. Bedingungen und Beispiele städtischer Literatur des 15. bis 17. Jahrhunderts. Hrsg. von HORST BRUNNER, Göppingen 1982, S. 73–93, hier S. 94; vgl. auch das Kapitel ‚Die Literarisierung der Städte' in ERICH KLEINSCHMIDT: Stadt und Literatur in der Frühen Neuzeit, Köln/Wien 1982, S. 101–107.

6 Die lesbare Stadt – Präsenz der Schrift im Stadtraum

Es liegt auf der Hand, dass sich damit auch die Frage nach dem Zusammenhang von schriftlicher Geschichtsüberlieferung, von Chronistik und Historiographie bei der Ausbildung von Geschichtsbildern und der Etablierung von Geschichtswissen in der Stadt stellt. Anzuknüpfen ist dabei an die Bemerkungen KLEINSCHMIDTS über die Präsenz der Schrift im Stadtraum, wie sie die *zedel* belegen, von denen Fischer berichtet.[94] Eine solche Präsenz reicht auf dem Felde der Geschichtsüberlieferung über Stadtraum und städtische Gemeinschaft weit zurück bis in die Anfänge des mittelalterlichen Städtewesens und im gewissen Sinne noch darüber hinaus. Gemeint ist die außerordentlich große Zahl öffentlich angebrachter Inschriften, die aus dem Mittelalter *in situ* oder doch im Original, in Nachzeichnung oder auch nur in Abschrift erhalten sind. Dieser große und vielgestaltige Quellenkomplex, der seit der Mitte des 20. Jahrhunderts durch ein Editionswerk der deutschen und österreichischen Akademien erschlossen wird,[95] ist bislang noch kaum und schon gar nicht systematisch für die Geschichte der städtischen Geschichtsschreibung ausgewertet worden.[96] Dabei vermag ein flüchtiger Blick auf das bereits zugängliche Material die beeindruckende Präsenz dieser Texte in der mittelalterlichen Stadt vor Augen zu führen, vor allem wenn man bedenkt, dass nur ein Teil des einst Vorhandenen erfassbar geblieben ist.

Die Inschriften berichten in großer Vielfalt direkt über historische Ereignisse, aber in weit größerer Zahl legen sie indirekt Zeugnis ab über die Vergangenheit und über den *honor* der Stadt wie über die Verdienste des Stadtregiments, des Rats oder auch des Stadtherrn. Es versteht sich, dass hier auch die städtische Freiheit und die sie begründenden Privilegien ins Spiel kommen. Die Inschrift auf dem Schild des Bremer Rolands macht das unmissverständlich klar: *Vryheit do ick je*

94 KLEINSCHMIDT, Stadt und Literatur (Anm. 93), S. 74.
95 Die deutschen Inschriften. Hrsg. von den Akademien der Wissenschaften in Berlin, Düsseldorf, Göttingen, Heidelberg, Leipzig, Mainz, München und der österreichischen Akademie der Wissenschaften in Wien, Stuttgart/Wiesbaden 1942 ff.; bislang liegen 89 Bände vor. In erweiterter Form sollen alle gedruckten Bände künftig auch online zugänglich gemacht werden (siehe http://www.inschriften.net/).
96 Eine gewichtige Ausnahme bietet REGULA SCHMID (Anm. 37), bes. S. 170 – 176; 214 – 219, die die Inschriften als „öffentliche Geschichtsschreibung“ bezeichnet hat; vgl. noch RENATE NEUMÜLLERS-KLAUSER: Inschriften als rechtsgeschichtliche Quellen. In: Zeitschrift der Savignystiftung für Rechtsgeschichte 53 (1967), S. 346 – 354 und neuerdings für den österreichischen Raum ANDREAS ZAJIC: Texts on Public Display. Strategies of Visualising Epigraphic Writing in Late Medieval Austrian Towns. In: Uses of the Written Word in Medieval Towns. Medieval Urban Literacy. Bd. 2. Hrsg. von MARCO MOSTERT/ANNA ADAMSKA, Turnhout 2014 (Utrecht Studies in Medieval Literacy 28), S. 389 – 426.

openbar, / de Karl und mennig vorst vorwar / desser stede gegeben hat.[97] Gerade auf diesem Feld setzt die Überlieferung der Inschriften früh ein, und die prominentesten Beispiele finden sich in salischer und staufischer Zeit mit den bekannten Diplomen Kaiser Heinrichs V. und Friedrichs I. von 1111 bzw. 1182 für Speyer,[98] Erzbischof Adalberts von Mainz für die Bürger seiner Kathedralstadt von 1135[99] sowie die Urkunde Friedrichs I. von 1184, die die Vergünstigungen Heinrichs IV. und Heinrichs V. für die Bürger von Worms bestätigte.[100] Auch Verfügungen für einzelne Gruppen oder wichtige Rechtsgeschäfte fanden in dieser Weise ihren öffentlichen Niederschlag zusätzlich zur Niederschrift auf dem Pergament. In Würzburg wurde 1212 die Ablösung der Messpfennige der Bürger durch eine Grundstücksschenkung urkundlich und inschriftlich festgehalten[101] und in Köln erneuerte Erzbischof Engelbert II. die alten Freiheiten der Juden für ewige Zeiten.[102] Alle diese Inschriften, außer der in Mainz, sind an oder in der Domkirche der genannten Städte angebracht gewesen, zum Teil an sehr prominenter Stelle, in Speyer an der Westfassade des Doms und in Mainz am Portal der Liebfrauenkirche, deren Gründung man Erzbischof Willigis zuschrieb. In Speyer war die öffentliche Anbringung im Urkundentext selbst angeordnet worden und auch Erzbischof Engelbert II. verfügte: *easdem libertates presenti lapidi insculptas ad perpetvam memoriam in publico aspectu permisimus collocari* („Wir erlauben, dass zur immerwährenden Erinnerung dieser Stein mit den eingemeißelten Freiheiten zum öffentlichen Anblick aufgestellt wird.").[103] Damit wurden zentrale Texte, die die Grundlinien der städtischen Lebensordnung bestimmten, *materialiter* in die

---

97 Theodor Goerlitz: Der Ursprung und die Bedeutung der Rolandsbilder, Weimar 1934, S. 44; vgl. auch die Inschrift an der Dortmunder Osterporte: *Non bene pro toto libertas venditur auro* („Unsere Freiheit werden wir für alles Gold der Welt nicht verkaufen"); Chronik des Dietrich Westhoff (Anm. 2), S. 186; dazu Johanek, Inszenierte Vergangenheit (Anm. 37), S. 408.

98 Wolfgang Müller: Urkundeninschriften des deutschen Mittelalters, Kallmünz 1975, Nr. 2 u. 10, S. 43 – 48 bzw. S. 67 – 69.

99 Müller (Anm. 98), Nr. 5, S. 52 – 61; vgl. dazu die Nachricht der *Chronik von alten Dingen der Stadt Mainz.* In: Die Chroniken der mittelrheinischen Städte. Mainz. Hrsg. von Karl Hegel, Leipzig 1881 (Chron.dt.St. 17), S. 1 – 352, hier S. 17, wo es heißt, die Urkunde sei *geschreben und ingegoßen an die messen dore zu unserfrawen of den greden tzu Mentze.* Nach dem Abbruch der Kirche 1804 wurden die Türen an das Marktportal des Domes versetzt.

100 Müller (Anm. 98), Nr. 11, S. 69 f.

101 Müller (Anm. 98), Nr. 24, S. 80 f.; Die Würzburger Inschriften bis 1525. Bearb. von Karl Borchardt u. a., Wiesbaden 1988 (DI 27), S. 19 f., Nr. 25.

102 Müller (Anm. 98), Nr. 31, S. 87 – 89.

103 Quellen zur Geschichte der Stadt Köln. Bd. 2. Hrsg. von Leonard Ennen/Gottfried Eckertz, Köln 1863, Nachdruck Aalen 1970, Nr. 495, S. 543; die Inschrift war bis 1867 in der Domschatzkammer eingemauert. Müller (Anm. 98, S. 88 f.) nimmt dies als ursprünglichen Anbringungsort an, doch entspricht dem nicht der Wortlaut der Urkunde.

Mitte der Stadtgemeinde gestellt und in diesen Fällen durch ihre Präsenz am sakralen Zentrum zusätzlich legitimiert. Die zentrale Bedeutung solcher Privilegien und der durch sie begründeten städtischen Freiheit spiegelt sich auch in den gelegentlichen Bemerkungen der chronikalischen Aufzeichnungen und Denkschriften, die die Konflikte der Bürgergemeinden mit ihren Stadtherren begleiteten. Da geht es in der kurzen Chronik, die der Lüneburger Ratsnotar Nikolaus Floreke über die Ursulanacht von 1371, als die Stadt den Angriff des Landesherrn zurückschlug, eben um *dhe privilegia:* Sie, die *hertoge Magnus dem rade noemen hadde*, sollte man *vernyen vnde verbeteren.* Und der Stadtschreiber Hinricus Kule verzeichnete nicht nur die Namen derer, die damals gefallen waren, sondern hielt auch fest, dass *de borgere do ere, lif vnd gud vnd der stad vriheit wereden.*[104] Es war dieser zentrale Wert, der sich den Nachkommen einprägen sollte, so wie es 1345 ein Statut der Stadt Braunschweig verkündete: *Wante van der gode goddes is Bruneswich en vri stad. Dit solen weten de na us tokomende sin.*[105] Und in ähnlicher Weise spricht 1488 auch der gelehrte Sigismund Meisterlin die Generationen zukünftiger Nürnberger an: *Nim war, wie die hochweisen ratsherren so hoch geacht haben die freiheit, die ire vordern gehabt haben, die nie verkauft ist worden.*[106]

Doch neben dieser öffentlichen Zurschaustellung von Urkunden und Privilegien finden sich auch Inschriften, die der Geschichtsschreibung zugerechnet werden dürfen. Nur selten geht es dabei um größere zusammenhängende Darstellungen, wie bei den mit Pergament bezogenen Holztafeln der Zeit um 1500, die im Osnabrücker Dom die Legende des heiligen Reiner und eine 660 Verse umfassende Reimchronik der Osnabrücker Bischöfe von den Anfängen bis Franz von Waldeck zur Lektüre boten.[107] Auch treten solche Texte relativ spät auf und gehören zumeist dem 16. und 17. Jahrhundert an, so eine Leinwandtafel aus der Marktkirche zu Hannover, die annalistische Notizen von 784 bis zu den Todes-

104 Chronik des Ratsnotars (Anm. 43), S. 13 f. bzw. S. 20.

105 Urkundenbuch der Stadt Braunschweig. Bd. 1. Hrsg. von Ludwig Hänselmann, Braunschweig/Hannover 1873, Nr. 30, S. 39; vgl. dazu Ernst Schubert: Geschichte Niedersachsens. Bd. II/1: Politik, Verfassung, Wirtschaft vom 9. bis zum ausgehenden 15. Jahrhundert, Hannover 1997, S. 837 f.

106 [Sigismund Meisterlin]: *Chronik der Reichsstadt Nürnberg.* In: Die Chroniken der fränkischen Städte. Nürnberg. Bd. 3. Hrsg. von Dietrich Kerler, Leipzig 1864, Nachdruck Göttingen 1961 (Chron.dt.St. 3), S. 166; die Aussage knüpft an einen Mauerbau zu Zeiten Karls IV. an, der die Stadt gegen die Burg abschirmen sollte.

107 Die Inschriften der Stadt Osnabrück. Bearb. von Sabine Wehking, Wiesbaden 1988 (DI 26), S. 53–55 bzw. S. 73 f., Nr. 49 u. 75; dort Hinweise auf weitere ähnliche Zeugnisse; zu solchen *Tabulae* vgl. allgemein Hartmut Boockmann: Über Schrifttafeln in spätmittelalterlichen deutschen Kirchen. In: Ders.: Wege ins Mittelalter. Hrsg. von Dieter Neitzert/Uwe Israel/Ernst Schubert, München 2000, S. 227–238.

daten der Herzöge Erich des Älteren (1540) und Erich des Jüngeren (1584) bietet und auch vermerkt, dass 1526 der erste *Breihan* in Hannover gebraut wurde und was damals das Getreide dort kostete.[108]

Viel häufiger sind es Einzelereignisse, die festgehalten werden zur unvergänglichen *memoria*. Selbstverständlich gehört das Schlachtengedenken dazu. In Solothurn hing über dem Hauptportal der Kirche eine Tafel in der der Rat eine Schilderung des Überfalls der Grafen von Kyburg im Jahr 1382 gab, eine Tat, deren Rechtswidrigkeit angeprangert wird und bei der auch innerstädtischer Verrat im Spiele war und durch die die *unitas civium* gestört worden war. Die Publizität des Textes wird noch verstärkt durch seine Einkleidung in Urkundenformeln und in die Form eines Gebetes.[109] Der inneren Zwietracht galt auch etwa eine Inschrift in der Straßburger Thomaskirche, die an das *Geschölle* zwischen den Mülheim und den Zorn erinnerte.[110] Katastrophen sind ebenfalls ein Gegenstand öffentlicher Aufzeichnung und in den sozusagen normalen Fällen oft nur knapp gehalten wie an einem Haus neben der Stiftskirche zu Wimpfen im Tal mit dem Datum vom 7. Januar 1521: *Nota inundacia maxima.*[111] Daneben aber stehen Fälle wie das ‚Katastrophengedenken' in Inschrift und Chronistik zum Baseler Erdbeben von 1356 und verschiedenen Hochwässern[112] oder man hält Erinnerung an Unerhörtes fest, das im kollektiven Gedächtnis der Stadt zum Katastrophenfall geformt wurde, wie das Verschwinden der Kinder von Hameln, das auf 1284 datiert wurde. Seit 1525 ist die Nachricht darüber in mehreren Inschriften, unter anderem am Rathaus und an einem Stadttor, in unterschiedlichem Wortlaut überliefert: *Anno 1284 am Dage Johannis et Pauli war der 26 Junii. Dorch einen piper mit allerlei farve bekledet gewesen CXXX kinder verledet, binnen Hamelen gebon*(!) *to calvarie bi den koppen verloren.*[113]

108 Die Inschriften der Stadt Hannover. Bearb. von Sabine Wehking, Wiesbaden 1993 (DI 36), S. 149, Nr. 224; eine Schrifttafel vom Ende des 16. Jahrhunderts mit knappem Datengerüst zur Stadtgeschichte Magdeburgs in den Jahren 1115 – 1566 hing in der dortigen Johanniskirche (Der selbständige Teil der magdeburgischen Chronik von Georg Butze. 1467 – 1551. In: Die Chroniken der niedersächsischen Städte. Magdeburg. Bd. 2. Hrsg. von Karl Janicke/Max Dittmar/Gustav Hertel, Leipzig 1899, Nachdruck Göttingen 1962 [Chron.dt.St. 27], S. 140).

109 Schmid (Anm. 37), S. 173.

110 [Jacob Twinger von Königshofen]: *Straßburger Chronik*. In: Die Chroniken der oberrheinischen Städte. Straßburg. Bd. 1. Hrsg. von Carl Hegel, Leipzig 1870 (Chron.dt.St. 8), S. 122; vgl. dazu Schmid (Anm. 37), S. 174.

111 Die Inschriften der Stadt Wimpfen am Neckar. Bearb. von Fritz Viktor Arens, Stuttgart 1958 (DI 4), S. 38, Nr. 102.

112 Schmid (Anm. 37), S. 184 – 187.

113 Die Inschriften der Stadt Hameln. Bearb. von Christine Wulf, Wiesbaden 1990 (DI 28), Nr. 40, 45, 76, 100, 107, 111; dazu die Einleitung S. XV u. XXIX f.; hier zit. S. 78 f., Nr. 107.

Weitaus die meisten Inschriften jedoch, die historische Erinnerung evozierten, dürften Bauinschriften gewesen sein, insbesondere jene, die an öffentlichen Bauten, bürgerlichen wie kirchlichen, angebracht waren. Manche von ihnen waren öffentlich nicht sichtbar, richteten sich gleichsam an Leser einer fernen Zukunft, wie jene Bleitafeln, die in Turmknäufen hinterlegt wurden, von denen sich in Halberstadt eine Nachricht über die Wiederherstellung des Nordwestturmes der Liebfrauenkirche aus dem Jahr 1399 erhalten hat.[114] Doch im allgemeinen wurden Inschriften dieser Art gut sichtbar angebracht, mit der Intention die Erinnerung an Bauzeit und Erbauer wachzuhalten. So sah es jedenfalls Conrad Justinger in seiner amtlichen Chronik von Bern um 1420: Herzog Berthold von Zähringen, *qui vicit burgundiones*, habe danach 1190 *in stein gehowen an der porten* zu Burgdorf eine Inschrift anbringen lassen, dass er sie *habe bawen lassen.*[115] Hier sucht der gründende Stadtherr seine Dominanz zu demonstrieren, ebenso wie dies 1464 Graf Sigmund von Schaunberg tat, als er in der Stadt Eferding ein neues Tor errichten ließ und in einer Inschrift verkündete, dass er dieses *gepaw* habe *lassen machen* [...] *zu gemainen nucz.*[116] Demgegenüber rückte der Stadtstaat Bern seine Rolle als Bauherr für Stadt und Kirche unübersehbar in den Vordergrund, als er die Inschrift zur Grundsteinlegung des Berner Münsters in ein ausführliches ikonographisches Programm am Hauptportal hineinstellte. Damit wird die „unauflösliche Verbindung hervorgehoben, welche die städtische Selbstdarstellung mit der religiösen Botschaft eingeht."[117] Conrad Justinger fand für diesen Sachverhalt die griffige Formulierung: *Got ist ze bern burger worden, wer mag wider got krigen.*[118]

Die verschiedenartigen Botschaften der Bauinschriften sollen hier nicht weiter verfolgt werden. Nicht selten dienen sie der Selbstdarstellung einzelner Personen, die ihre Verdienste ins rechte Licht zu rücken und ihren Status zu festigen suchten. Nur ein Aspekt muss uns hier noch beschäftigen, denn gelegentlich wird die Selbstdarstellung mit weiteren Nachrichten verbunden. Das zeigen beispielhaft drei Bauinschriften in Wertheim am Main. Im Jahr 1448 schenkte der Kölner Professor Konrad Wellin der Bibliothek der Wertheimer Pfarrkirche 63 Codices aus den verschiedensten Wissensgebieten. Das wurde in einer gemalten Inschrift im Obergeschoss eines Anbaus am nördlichen Teil des

---

114 Die Inschriften der Stadt Halberstadt. Bearb. von HANS FUHRMANN, Wiesbaden 2014 (DI 86), S. 36; eine weitere Platte mit Nachrichten über Renovierungsmaßnahmen von 1394 ist im selben Turm an unzugänglicher Stelle angebracht (S. 33 f., Nr. 20).

115 Conrad Justinger: *Berner Chronik.* Hrsg. von GOTTLIEB STUDER, Bern 1871, S. 6; siehe dazu SCHMID (Anm. 37), S. 172 f.

116 ZAJIC (Anm. 96), S. 406.

117 SCHMID (Anm. 37), S. 177.

118 Justinger (Anm. 115), S. 120; siehe dazu SCHMIDT (Anm. 12), S. 87.

Chores festgehalten und Wellin als *huius liberie inchoator* bezeichnet. Den Baubeginn dieses Bibliotheksbaues sowie auch des Chores kommemoriert eine Steintafel an der Nordwand der Kirche. Sie datiert ihn auf 1445 bzw. 1388 und hält noch fest, was damals ein *plaustrum* Wein und ein Malter Getreide gekostet habe. Die dritte Inschrift an der Marienkapelle vermeldet Düsteres: *Anno domini MCCCCXLVII ist hie zubrochen und vorstort worden ein iudenschule.* Hinzugefügt wird noch, dass damals der Bau der Kapelle begann, und wiederum werden die Wein- und Kornpreise verzeichnet.[119]

Mit diesem Ensemble epigraphischer Quellen kehrt man im Grunde zurück zu den Chronikalien, wie sie verstreut in die Rats- und Stadtbücher eingetragen wurden und die hier eingangs beschäftigt haben. Dieser Überlieferungskomplex mutet an wie eine exakte öffentliche Parallele zum Arkanum des administrativen Schriftguts der Stadtschreiber und Ratsnotare und darf wie dieses als eine Art Fingerabdruck der innerstädtischen Kommunikation über die städtische Vergangenheit betrachtet werden und fungiert gleichzeitig auch als Agens der *gemeinen rede.* Hier wird, und zwar im Wortsinn, das Wissen über die Vergangenheit, werden die Botschaften an die Zukunft in das bauliche Gehäuse der Stadt eingeschrieben. Die Stadt wird lesbar und in ihrer Geschichtlichkeit unmittelbar erfahrbar.

7 Stadtchronistik – Legitimierung von Geschichtsüberlieferung durch Schriftlichkeit

Hervorzuheben ist jedoch, dass die visuelle und orale Geschichtskultur durch Schriftlichkeit ergänzt, die Geschichtsüberlieferung durch die Schrift vermittelt und damit gleichsam beglaubigt wird. Kleinschmidt hat die Bedeutung dieses Sachverhalts hervorgehoben und damit eine Grunddichotomie bezeichnet, die die mittelalterliche Geschichtsschreibung selbst deutlich ausgesprochen hat. Jakob Twinger von Königshofen aus Straßburg kam in seiner Chronik auf die Überlieferung um Dietrich von Bern zu sprechen. Er zog zwar die Historizität Dietrichs nicht in Zweifel, auch nicht, dass er mit Theoderich gleichzusetzen war; aber manche der Erzählungen, *davon die geburen singent und sagent* – die Drachenkämpfe, den Streit mit dem Riesen Ecke, das Zwergenreich Laurins und den Rosengarten – das kommentierte er so: *do schribet kein meister in latine von, davon*

119 Die Inschriften des badischen Main- und Taubergrundes. Bearb. von Ernst Cucuel/Hermann Eckert, Stuttgart 1942 (DI 1), Nachdruck 1969, S. 19f., Nr. 9–11; zu Konrad Wellin vgl. Wilhelm Stoll: Die Kirchenbibliothek Wertheim, Würzburg 1984.

habe ich es für lügene[120]. Für Twinger bedeuteten Erzählungen, die nicht durch Historiographie in lateinischer Sprache abgesichert waren, reines *bauerngeschrey*, d. h. das Gerede von *illiterati*. Andere waren da vorsichtiger. Beneš von Hořovice, der Twingers Chronik ins Tschechische übersetzte, meinte nur dass ‚man' es für Lügen halte.[121] Auch Adam von Bremen räumte implizit ein, dass die Überlieferung der slawischen Völker des Ostseeraums trotz der *penuria scriptorum* nicht *pro fabulis* angesehen werden müssten, wie dies gewöhnlich geschehe. Die lateinische Sprache als Authentizitätsmerkmal spielt eine wichtige Rolle, aber das Hauptgewicht liegt doch auf der Forderung nach Schriftlichkeit der Überlieferung. Das wird deutlich in den bekannten und viel zitierten Versen der *Kaiserchronik* des 12. Jahrhunderts, die die Auflösung des grundlegenden Anachronismus der Dietrichüberlieferung fordern:[122] *Swer nu welle bewaeren / Daz Dieterich Ezzelen saehe / Der haize daz buoch vur tragen.* Zuverlässigkeit der Überlieferung, auch der *gemeinen rede* wird nur durch die Schrift verbürgt.

Das ist der Tenor einer seit dem 12. Jahrhundert viel verwendeten Arengentopik der Urkunden[123], die gelegentlich auch in die Chronistik eindringt, etwa in die anonyme *Lüneburger Chronik bis 1414: Wente me alle schichte unde handelinge de geschen zin nicht to male in dechtnisse hebben und beholden kann um gebrekes und afgandes willen der minschen, so is not, dat me de in scrifte bringe*, als Richtschnur für das Handeln der Nachkommen, aber auch *umme tydkortinge willen*, also zur Kurzweil und Unterhaltung.[124] Schriftlichkeit bedeutet die Rückbindung der oralen, bildlichen und dinglichen Geschichtsüberlieferung an ein zuverlässiges Medium, Schriftlichkeit bedeutet die Möglichkeit der Kontrolle und Korrektur der Überlieferung auch für eine immer noch weitgehend von Oralität geprägte Gesellschaft.[125] Damit avanciert das Buch, die Chronik, zum zentralen

---

120 Twinger von Königshofen (Anm. 110), S. 380; zuvor belegt Twinger die Erzählung von Dietrichs Höllenfahrt aus den Chroniken des Eusebius und Ekkehards von Aura.

121 Dazu Václav Bok: Zur Kenntnis der Dietrich-Sagen im mittelalterlichen Böhmen. In: *Durch aubenteuer muess man wagen vil.* Festschrift für Anton Schwob zum 60. Geburtstag. Hrsg. von Wernfried Hofmeister/Bernd Steinbauer, Innsbruck 1997, S. 27 – 35, hier S. 31 f.

122 *Deutsche Kaiserchronik.* Hrsg. von Edward Schröder (MGH Deutsche Chroniken I/1), Hannover 1895, V. 14176 – 14178.

123 Dazu zusammenfassend etwa Atsuko Iwanami: *Memoria et oblivio.* Die Entwicklung des Begriffs *memoria* in Bischofs- und Herrscherurkunden des Hochmittelalters, Berlin 2004.

124 Chronik des Ratsnotars (Anm. 43), S. 4; ähnlich auch die *Zerbster Ratschronik* aus der Mitte des 15. Jahrhunderts; vgl. Hermann Wäschke: Die *Zerbster Chronik*, Dessau 1907, S. 1.

125 Zu diesem Problem insgesamt siehe Hanna Vollrath: Das Mittelalter in der Typik oraler Gesellschaften. In: Historische Zeitschrift 233 (1981), S. 571 – 594; ganz besonders aber Dennis Howard Green: Medieval Listening and Reading. The Primary Reception of German Literature

Überlieferungsträger des Gedächtnisses der Stadt, der Erinnerung an ihre Geschichte.

Wohl nirgendwo anders findet dieses Faktum deutlicheren Ausdruck als in dem Dedikationsbild, das Konrad Bollstatter 1479 in Augsburg seiner Abschrift der deutschen Fassung von Sigismund Meisterlins *Chronographia Augustensium* vorangestellt hat.[126] Der Benediktinermönch von St. Ulrich und Afra hatte sie 1456 auf Anregung Sigismund Gossembrods in lateinischer Sprache fertiggestellt, übersetzte sie anschließend ins Deutsche und überreichte sie Anfang des folgenden Jahres (4.1.1457) dem Rat der Stadt. Diese Szene hält das Dedikationsbild fest (Abb. 2). Die Ratsherren sitzen in einer Stube um einen Tisch. Die einzelnen Personen sind durch ihre Wappen zu identifizieren, sie stellen eine „repräsentative Auswahl der wichtigsten politischen Köpfe Augsburgs“[127] in jener Zeit dar. Sigismund Gossembrod als Mentor des Verfassers steht vorn links und hält demonstrativ mit seiner rechten Hand das Augsburger Stadtwappen. Meisterlin – vorne rechts – reicht ihm knieend ein Buch – seine Chronik – entgegen, und Gossembrod weist mit der Linken zum Tisch auf dem bereits drei Bücher liegen. Ihnen soll die Chronik Meisterlins beigefügt werden.[128] In diesem Akt wird die Chronik Meisterlins ein Buch des Rates, gleichgestellt dem Rechtsbuch, den Rechnungsbüchern und allgemeinen Stadtbüchern. Sie wird Teil der Schriftlichkeit des Rates. Es sind diese Bücher, die gleichsam zu den Herrschaftszeichen des Rates gehören. Es waren diese Bücher, die bei Unruhen und Aufläufen dem Rat abgefordert wurden, so in Augsburg 1368 als *ain ganz folk gewapent auf den Perlaich* kam und verkündete, *si wölten ain zunft haben* und *si wölten der stat půch ein nehmen und prieff und der stat insigel und die schlüzzel zu der sturmgloggen.*[129] Sigismund Meisterlin legt also die Ergebnisse seiner gelehrten Arbeit in die Hände

800–1300, Cambridge 1994; bes. Kap. 9: Literacy, history and fiction, S. 237–269, hier S. 243 (zu Twinger und zur *Kaiserchronik*); vgl. auch Johanek (Anm. 66).

126 München, Bayerische Staatsbibliothek, cgm 213; vgl. dazu Dieter Weber: Geschichtsschreibung in Augsburg. Hektor Mülich und die städtische Chronistik des Spätmittelalters, Augsburg 1984, S. 44–46, 59–61 sowie Abb. 127; zu Meisterlin und der Überlieferung siehe Katharina Colberg: [Art.] Sigismund Meisterlin. In: ²VL 6 (1987), Sp. 356–366.

127 Weber (Anm. 126), S. 61.

128 Die von Hektor Mülich gefertigte Abschrift der deutschen Fassung von 1457 (Augsburg, Universitätsbibliothek, Cod. Halder 1) enthält ein ähnliches Dedikationsbild; vgl. Weber (Anm. 126), S. 59 und Abb. 73. Hier ist der Tisch selbst leer, doch liegen zu seinen Füßen ebenfalls drei Bücher auf dem Boden, deren Darstellung eine ähnliche Funktion wie die Bücher im Dedikationsbild (vgl. Abb. 2) des cgm 213 (Anm. 126) haben dürfte.

129 Chronik von 1368 bis 1406 (Anm. 36), S. 21.

Abb. 2: Konrad Bollstatter: Deutsche Bearbeitung der *Chronographia Augustensium* des Sigismund Meisterlin 1479. München, Bayerische Staatsbibliothek, Cgm 213, Bl. 12v: Dedikationsbild.

des Rats, wie ja auch ein Glied dieses Gremiums den Anstoß zu diesem Werk gegeben hatte.[130]

Eine grundsätzlich andere Position, jedoch im Endeffekt mit dem gleichen Ergebnis, umreißen die Intentionen Hartung Kammermeisters in Erfurt, der die städtische Politik und Verwaltung der Mitte des 15. Jahrhunderts als Ratsherr und Bürgermeister nachhaltig mitgestaltet hatte. Er ließ eine Abschrift der thüringischen Landeschronik Johannes Rothes herstellen und setzte sie mit Zentrierung auf Erfurt bis in seine Gegenwart fort. Am Ende der Chronik findet sich eine offenbar nach seinem Tode (1467) eingetragene Notiz, Kammermeister habe in seinem Testament verfügt, die Chronik solle fortan im Chor der Georgskirche zu Erfurt zugänglich sein. Kammermeister wünschte also eine allgemeine, gleichsam öffentliche Nutzung der Chronik. Doch die Kirchenältesten (*alterlute*) befürchteten, *es muchte der Kirchen darvon ein schade gescheen, wan manchirlei lute doruber gingen*, und so beschloss man, den Codex dem Rat zu übergeben.[131]

Diese Beispiele belegen zusammen mit einer großen Zahl der Zeugnisse der dinglichen, bildlichen und inschriftlichen Geschichtsüberlieferung, dass sich beim Rat das Wissen um die Vergangenheit der Stadt nicht nur verdichtete, sondern dass ihm auch ein bedeutendes Instrumentarium zur Verfügung stand, Geschichtsbilder zu konstruieren und zu formen, d. h. entscheidend in die *gemeine rede* einzugreifen. Das wird gerade noch einmal am Beispiel Augsburgs deutlich, als es dort im 15. Jahrhundert um die Ursprünge der Stadt, um ihr Herkommen ging. Peter Egen, einer der prominenten Bürger der Stadt, der nach den Worten des Augsburger Chronisten Burkhard Zink ein *burger mit unterschid und mit ainem geding*, also zu besonderen Bedingungen, sein wollte,[132] hatte sein Haus mit einer Fassadenmalerei schmücken lassen, die Szenen aus der städtischen Frühgeschichte zeigte. Offensichtlich spielte dabei die Trojanerabkunft eine Rolle. Das wird deutlich aus der kurzen Reimchronik in deutschen Versen, die *ein gewaltig man in der stat*, eben Peter Egen zwischen 1437 und 1442 bei dem Priester Küchlin in Auftrag gegeben hatte. Er macht Priamus, einen Enkel des Trojanerkönigs zum Gründer Augsburgs, ihn und seine Begleiter zu den Ahnen des Adels am Rhein und in Schwaben, er lässt auch die Varusschlacht bei Augsburg stattfinden und be-

---

130 Ein ähnliches Dedikationsbild aus Diebold Schillings *Luzerner Chronik* bei RAUSCHERT (Anm. 72), Abb. 3, S. 219.

131 Die Chronik Hartmut Cammermeisters. Hrsg. von ROBERT REICHE, Halle 1896, S. 220, Nr. 146; dort hat man offensichtlich, wie Nr. 147 – 149 belegen, zunächst den Versuch gemacht sie fortzusetzen.

132 Burkhard Zink: *Chronik*. In: Die Chroniken der schwäbischen Städte. Augsburg. Bd. 2. Hrsg. von FERDINAND FRENSDORFF, Leipzig 1866 (Chron.dt.St. 5), S. 198 f.

teuert zum Schluss, *das nichts gefelscht ist worden.*[133] Damit war eine Erzählung geschaffen, die ganz offenkundig belegte, dass Augsburg älter war als Rom.

Von Wichtigkeit ist, dass Peter Egen es für notwendig hielt, die Bildhistorien an seinem Haus durch ein ‚Buch' beglaubigen zu lassen. Das hier propagierte Herkommen Augsburgs scheint Akzeptanz gefunden zu haben, denn Sigismund Meisterlin bezeichnet diese Version als *ubique vulgata*, als die *erschollen mainung von den Troyer.*[134] Im frühhumanistischen Kreis um Sigismund Gossembrod dagegen stieß sie auf Widerstand, sicher aus politischen Gründen, in Ablehnung der Prätentionen Peter Egens, der mit dem Rat in Streit lag und von dem man fürchten mochte, dass er sich zum Stadttyrannen aufschwingen könne. Hier kam der gelehrte Benediktiner Meisterlin ins Spiel, der freimütig bekannte, er wolle diese Nachricht je nach dem Ergebnis seiner Forschungen entweder bestätigen oder vernichten (*annichilare*). Das letztere hat er dann getan. Nach seiner Darstellung war Augsburg eine Gründung von Autochthonen, dem Volk der Vindeliker; auch die Amazonen spielten in Augsburgs Urgeschichte eine Rolle, die Trojaner wurden eliminiert, und eine römische Stadt wurde Augsburg erst durch Drusus und zwar freiwillig.[135] Das alles kann hier nicht weiter interessieren, bedeutsam ist jedoch, dass die Divergenz im Geschichtsbild durch Schriftlichkeit aufgelöst wurde. Die gelehrte Untersuchung widerlegte die *erschollen mainung*, die durch die *Reimchronik* stimuliert worden war. Der Rat griff zu der Chronik Meisterlins und entschied sich für diese moderne Form der Schriftlichkeit von Geschichtsüberlieferung, die frühhumanistische Quellenarbeit für sich beanspruchte. Es ist symptomatisch, dass in der Medienvielfalt der städtischen Geschichtsüberlieferung nun der schriftlichen Tradierung der Vorrang zukommt. Sie mochte zwar vielen nicht unmittelbar zugänglich sein, aber sie durfte doch als letzte Berufungsinstanz gelten.

---

133 Die Reimchronik des Küchlin. In: Die Chroniken der schwäbischen Städte, Augsburg, Bd. 1 (Anm. 36), S. 333–356, hier S. 355, Z. 21.

134 Küchlin (Anm. 133), S. 335.

135 Vgl. dazu Weber (Anm. 126), S. 34–37; Peter Johanek: Geschichtsschreibung und Geschichtsüberlieferung in Augsburg am Ausgang des Mittelalters. In: Literarisches Leben in Augsburg während des 15. Jahrhunderts. Hrsg. von Johannes Janota/Werner Williams-Krapp, Tübingen 1995, S. 160–182.

8 Die ‚Chroniken der deutschen Städte' – Textcorpus und Forschung

Dies ist der allgemeine Hintergrund für den ungemein umfangreichen Bestand an historiographischen und chronikalischen Texten und Aufzeichnungen, der im Reich aus dem späteren Mittelalter überliefert ist. Er entzieht sich beim heutigen Stand der Forschung immer noch einer Quantifizierung, aber man wird dennoch der Formulierung ERNST SCHUBERTS zustimmen dürfen: „Die Stadt prägt im späten Mittelalter die deutsche Chronistik".[136] In der Tat machen die im urbanen Raum und für den urbanen Raum entstandenen historischen Texte sicherlich den Löwenanteil der spätmittelalterlichen Geschichtsschreibung im Heiligen Römischen Reich deutscher Nation aus. Der Reichtum ist schlichtweg überwältigend und erschwert eine Überschau.

Dabei hat man in der historischen Forschung des 19. Jahrhunderts, im Zeitalter des Sammelns, Sichtens und der Ordnung der Quellen, den Wert dieser Quellengruppe bald erkannt. Das hing nicht zuletzt damit zusammen, dass die ‚mittelalterliche Stadt' insbesondere die Reichsstädte, als Idealtyp der Bürgerfreiheit der Moderne betrachtet wurden – und ähnliches galt für die wirtschaftliche Tätigkeit, den *gewerbfleiß* und den Fernhandel, die gleichsam zu einer Präfiguration der wirtschaftlichen Expansion der eigenen Gegenwart gerieten.[137] Allerdings sind im Heroenzeitalter der Quellenedition die ‚Monumenta Germaniae Historica' der städtischen Historiographie, wie überhaupt dem Quellenstoff des späteren Mittelalters, ausgewichen; mit wenigen Ausnahmen sind Städtechroniken dort nicht ediert worden. Es war eine Initiative des bayerischen Königs Maximilians II., die 1858 zur Gründung einer ‚Commission für deutsche Geschichts- und Quellenforschung' bei der Bayerischen Akademie der Wissenschaften führte, aus der die noch heute bestehende ‚Historische Kommission' hervorging. Von Anfang an stand auf ihrem Programm eine Edition der deutschen Stadtchroniken des Mittelalters, und zum Leiter dieses Projekts wurde KARL HEGEL in Erlangen bestimmt, der sich mit seinen Arbeiten zum italienischen Städtewesen einen Namen gemacht hatte

---

136 ERNST SCHUBERT: Einführung in die Grundprobleme der deutschen Geschichte im Spätmittelalter, Darmstadt 1992, S. 40.

137 Vgl. dazu KLAUS SCHREINER: ‚Kommunebewegung' und ‚Zunftrevolution'. Zur Gegenwart der Stadt im historisch-politischen Denken des 19. Jahrhunderts. In: Stadtverfassung, Verfassungsstaat, Pressepolitik. Festschrift für Eberhard Naujoks. Hrsg. von FRANZ QUARTHAL/WILFRIED SETZLER, Sigmaringen 1980, S. 139 – 168; PETER JOHANEK: Mittelalterliche Stadt und bürgerliches Geschichtsbild im 19. Jahrhundert. In: Die Deutschen und ihr Mittelalter. Themen und Funktionen moderner Geschichtsbilder vom Mittelalter. Hrsg. von GERHARD ALTHOFF, Darmstadt 1992, S. 195 – 209.

und als bester Kenner der mittelalterlichen Stadtgeschichte galt. Er entwarf einen Editionsplan für die ‚Chroniken der deutschen Städte', den er mit großer Energie verwirklichte und förderte, sodass bei seinem Tod 1901 27 Bände vorlagen. Bis 1931 folgten noch weitere 9 Bände, dann kam die Reihe bis auf einen Nachzügler im Jahr 1968 zum Stillstand.[138]

HEGELS Editionsplan sah vor, in diese Sammlung „sämmtliche Städte des vormaligen deutschen Reichs" aufzunehmen, sich aber dabei auf die „eigentliche Blüthezeit" des Städtewesens zu beschränken und das hieß für ihn auf das 14. bis 16. Jahrhundert.[139] Den Anfang machte die Bearbeitung der reichhaltigen Nürnberger Überlieferung. HEGEL schuf geradezu ein „Paradigma Nürnberg".[140] Das hatte seinen Grund nicht nur darin, dass HEGEL an der Universität Erlangen wirkte, sondern dabei spielte vermutlich auch eine Rolle, dass er durch seine Ehe mit einer von Tucher sich mit der reichen historiographischen Tradition des Nürnberger Patriziats, den Gedenkbüchern, besonders verbunden fühlte. So eröffnete Ulman Stromers *Püchl von meim geslehet und von abentewr* die lange Reihe der Texte in den ‚Chroniken der deutschen Städte', und er selbst hat für seine eigene Familie eine Autobiographie verfasst, deren Titel ‚Gedenkbuch' auf diese Nürnberger Textsorte anspielt.[141] Auf solche Gedankengänge weist auch die Äußerung HEGELS hin, dass die ‚Chroniken der deutschen Städte' nicht „ausschließlich für die Fachgelehrten" bestimmt seien, sondern für ein allgemeines Publikum „namentlich für die Nachkommen jener ehrenfesten Stadtbürger des Mittelalters, von welchen und für welche die alten Chroniken ursprünglich geschrieben wurden". Er sah sich also durchaus in der Nachfolge der mittelalterlichen Geschichtsschreiber und in seinem Editionsunternehmen einen bedeutenden Faktor „unserer nationalen Geschichtsschreibung"[142]. Und auch dafür bildete Nürnberg den

---

138 Vgl. MARION KREIS: Karl Hegel – Geschichtswissenschaftliche Bedeutung und wissenschaftsgeschichtlicher Standort, Göttingen 2012; BRIGITTE SCHRÖDER: Die Initiative Max' II. zur Stadtgeschichtsforschung. In: *Civitatum Communitas.* Studien zum europäischen Städtewesen. Festschrift Heinz Stoob zum 65. Geburtstag. Hrsg. von HELMUT JÄGER u. a., Köln/Wien 1984, Tl. 1, S. 417 – 452; HELMUT NEUHAUS: Im Schatten des Vaters. Der Historiker Karl Hegel 1813 – 1901 und die Geschichtswissenschaft im 19. Jahrhundert. In: Historische Zeitschrift 286 (2008), S. 63 – 89.

139 KARL HEGEL erläutert die Grundlinien seines Editionsplans in der Einleitung zum ersten Band der Reihe (Die Chroniken der fränkischen Städte. Nürnberg. Bd. 1. Hrsg. von DERS., Leipzig 1862 [Chron.dt.St. 1], S. V-X, hier S. V).

140 So KREIS (Anm. 138), S. 187 – 214.

141 Dazu HELMUT NEUHAUS: Das ‚Gedenkbuch' Karl Hegels. In: DERS.: Erlanger Editionen. Grundlagenforschung durch Quelleneditionen. Berichte und Studien, Erlangen 2009, S. 427 – 440.

142 HEGEL (Anm. 139), S. VI.

geradezu perfekten Ausgangspunkt, wenn man bedenkt, welche außerordentlich große Rolle Nürnberg als „Ikone deutscher Größe"[143] vor allem seit der deutschen Romantik gespielt hat.[144] Das Ziel, das HEGEL 1859 ins Auge gefasst hatte, wurde – man möchte sagen selbstverständlich – nicht erreicht. Doch immerhin liegt seit über 80 Jahren ein umfangreicher Materialkomplex für die Chroniküberlieferung wichtiger Städte Oberdeutschlands, aber auch des Hanseraums einschließlich Westfalens und Kölns vor. Die Quellenreihe wies auch einen hohen Editionsstandard auf, der dem der ‚Monumenta Germaniae Historica' gleichkam. Doch wurden ihr von Anfang an Prinzipien der Anlage zugrundegelegt, die sich von denen der ‚Monumenta Germaniae Historica' grundlegend unterschieden. Diese Prinzipien sind auf die Bedürfnisse der Stadtgeschichtsforschung zugeschnitten, und sie stellen einen der großen Vorzüge dieser Reihe dar. Zwar haben die Editionen am Autorenprinzip und der Autonomie des Einzelwerks festgehalten, doch wurde in den Einleitungen jeweils eine Einführung in die Verfassungs- und Verwaltungsgeschichte der einzelnen Städte vorgelegt, die eine Einbettung der Texte in deren administrative Schriftlichkeit erlaubt. Auch wurden dazu in reichhaltigen Beilagen weitere Quellenstücke bereitgestellt, die die Funktion der historiographischen Texte plastischer hervortreten lassen. Weiterhin hat sich HEGEL von Anfang an um philologische Unterstützung bemüht, und auf den Rat MATTHIAS LEXERS erhielt fast jeder Band ein detailliertes Glossar. Das alles machte die Bände der ‚Chroniken der deutschen Städte' zu einem vorzüglichen Arbeitsinstrument.

Allerdings gab es auch Defizite. Die Bedeutung für die Geschichte der deutschen Nation, die HEGEL den Städtechroniken beimaß,[145] hat auch zu dem Entschluss geführt, nur deutschsprachige Texte aufzunehmen und lateinische weitgehend auszuschließen.[146] Weitere Sprachen, wie französisch, niederländisch oder tschechisch, hat HEGEL offenbar überhaupt nicht in Betracht gezogen. Damit

---

143 WERNER K. BLESSING: Nürnberg – Ein deutscher Mythos. In: Mythen in der Geschichte. Hrsg. von HELMUT ALTRICHTER/KLAUS HERBERS/HELMUT NEUHAUS, Freiburg i. Br. 2004, S. 371 – 395, hier S. 383.

144 Siehe dazu CARLA MEYER: Die Stadt als Thema. Nürnbergs Entdeckung in Texten um 1500, Ostfildern 2009 (Mittelalter-Forschungen 26), S. 9 – 26; DIES.: Zur Edition der Nürnberger Chroniken in den ‚Chroniken der deutschen Städte'. In: Mitteilungen des Vereins für Geschichte Nürnbergs 97 (2010), S. 1 – 29.

145 Siehe dazu KREIS (Anm. 138), S. 173 – 189.

146 Dennoch haben einige umfangreichere Texte in lateinischer Sprache Aufnahme gefunden, so z.B. die lateinische Fassung von Sigismund Meisterlins *Chronik der Reichsstadt Nürnberg* (Anm. 106) und das *Chronicon Moguntinum*. In: Die Chroniken der mittelrheinischen Städte. Mainz. Hrsg. von KARL HEGEL, Leipzig 1882 (Chron.dt.St. 18), S. 147 – 250.

blieben doch beträchtliche Teile der historiographischen Texte der Städte des Alten Reichs ausgeschlossen.[147]

Es wurde bereits erwähnt, dass das von HEGEL ursprünglich gesteckte Ziel der Edition aller Texte der städtischen Geschichtsschreibung im mittelalterlichen Reich nicht erreicht wurde und die Reihe ein Torso geblieben ist. Aber es kann auch keine Rede davon sein, dass nach dem Versickern der Editionstätigkeit im Rahmen der ‚Chroniken der deutschen Städte' die Publikation derartiger Texte aufgehört hätte. Das ist keineswegs der Fall, und schon früh gab es neben dieser Reihe umfangreiche Quellenpublikationen zur städtischen Chronistik wie etwa die stattliche Reihe der Baseler Chroniken.[148] Es waren und sind die historischen Kommissionen und Vereine, die diese Lücken zu füllen versuchen und in dieselbe Richtung gehen die Initiativen Einzelner. Als Ergebnis liegt auch hier eine enorme Fülle von Material vor, die das Volumen der ‚Chroniken der deutschen Städte' bei weitem übersteigt und kaum zu überschauen ist, da keine systematische Übersicht existiert und eine solche auch an dieser Stelle nicht einmal in Ansätzen gegeben werden kann. Das ist sicher der Grund dafür, dass in der Forschung immer noch das Corpus der ‚Chroniken der deutschen Städte' eine dominierende Stellung einnimmt, das gleichsam als die ‚Monumenta Germaniae Historica' der Stadtgeschichtsforschung betrachtet wird und so etwas wie einen Kanon solcher Texte darstellt.[149] Dies ist jedoch im Grunde ein unbefriedigender Zustand, der trotz der erfolgreichen lexikalischen Erschließungsarbeit der letzten Jahrzehnte keinen systematischen Zugriff auf diesen Quellenbestand erlaubt.[150]

Ungeachtet der großen Bedeutung der städtischen Geschichtsschreibung, die bereits das 19. Jahrhundert erkannt hatte, haben sich die Handbücher und Übersichtswerke der Geschichte der Geschichtsschreibung und der Quellenkunde ihr gegenüber merkwürdig distanziert verhalten. Zwar wurden die einzelnen Autoren und Texte behandelt, ebenso die Entstehungsumstände und der ‚Quellenwert' letzterer, doch zur städtischen Geschichtsschreibung als Phänomen insgesamt blieben die Autoren meist recht schweigsam. OTTOKAR LORENZ widmete

147 Vgl. dazu die Bemerkungen von ROBERT STEIN: Selbstverständnis oder Identität? Geschichtsschreibung als Quelle für die Identitätsforschung. In: *Memoria, Communitas, Civitas.* Mémoire et conscience urbaines en occident à la fin du moyen âge. Hrsg. von HANNO BRAND/PIERRE MONNET/MARTIAL STAUB, Ostfildern 2003 (Beihefte der Francia 55), S. 181–202, hier S. 183–187.

148 Basler Chroniken, 7 Bde. Hrsg. durch die Antiquarische Gesellschaft in Basel, Basel 1872–1904.

149 STEIN (Anm. 147), S. 185.

150 Repertorium fontium historiae medii aevi, 11 Bde. Hrsg. vom Istituto Storico Italiano per il Medio Evo, Rom 1962–2007; ²VL; EMC; DLL MA. Auf diese Werke wird in den Fußnoten in der Regel nicht verwiesen.

ihr zweieinhalb zusammenfassende Seiten, ALPHONS LHOTSKY äußert sich nicht zu ihr und ebenso findet sich kaum etwas bei RICHARD FELLER und EDGAR BONJOUR in ihrem zweibändigen Werk zur Geschichtsschreibung der Schweiz, obwohl im Gegensatz zu Österreich die Fülle der Chroniküberlieferung für die Schweizer Städte enorm ist.[151] HERBERT GRUNDMANN wiederum machte es in seinem einst einflussreichen Abriss mit etwas über einer Seite und gelegentlichen Bemerkungen zur Bettelsordens- und zur Landeschronistik kurz und bündig ab.[152] FRANZ-JOSEF SCHMALE schließlich hat die städtische Geschichtsschreibung in seiner Einführung in Funktion und Formen mittelalterlicher Geschichtsschreibung, die sich fast ausschließlich auf das frühe und hohe Mittelalter konzentriert, überhaupt nicht berührt.[153] Die germanistische Literaturwissenschaft hat sich, obwohl das Problemfeld ‚Stadt und Literatur' seit langem in ihr Blickfeld getreten war, gegenüber dieser Sonderform ebenfalls zurückhaltend gezeigt. INGEBORG GLIER hat zwar ein Panorama der deutschsprachigen Chronistik im 14. Jahrhundert entworfen und JOACHIM HEINZLE einige scharfsinnige Beobachtungen – verbunden mit Kritik an GRUNDMANN – beigesteuert, aber eine allgemeine ausführliche Absteckung des Feldes der Stadtgeschichtsschreibung findet sich trotz eines fruchtbaren Ansatzes in JOHANNES JANOTAS Behandlung der deutschen Geschichtsprosa des 14. Jahrhunderts nicht.[154]

Auch außerhalb der Handbücher ist die Beschäftigung mit dem Gesamtphänomen der Stadtgeschichtsschreibung lange nicht sehr intensiv gewesen und sie setzte erst sehr spät im 20. Jahrhundert ein. Erst in den letzten Jahrzehnten ist auf diesem Feld ein Wandel eingetreten und in viele Einzelstudien sind auch umfangreiche allgemeine Erörterungen zu Wesen und Entstehungsbedingungen

---

151 OTTOKAR LORENZ: Deutschlands Geschichtsquellen im Mittelalter seit der Mitte des 13. Jahrhunderts, 2 Bde., Berlin ³1886/87; ALPHONS LHOTSKY: Quellenkunde zur mittelalterlichen Geschichte Österreichs, Graz/Köln 1963; RICHARD FELLER/EDGAR BONJOUR: Geschichtsschreibung der Schweiz vom Spätmittelalter zur Neuzeit. Bd. 1, Basel/Stuttgart ²1979.

152 HERBERT GRUNDMANN: Geschichtsschreibung im Mittelalter, Göttingen ³1978, S. 47 f., 68, 70.

153 FRANZ-JOSEF SCHMALE: Funktion und Formen mittelalterliche Geschichtsschreibung. Eine Einführung, Darmstadt 1985.

154 Hier werden nur die neuesten Gesamtdarstellungen genannt: INGEBORG GLIER: Die deutsche Literatur im späten Mittelalter 1250 – 1370. Tl. 2: Reimpaargediche, Drama, Prosa (Geschichte der deutschen Literatur III/2), München 1987, S. 432 – 454; JOACHIM HEINZLE: Wandlungen und Neuansätze im 13. Jahrhundert (1220/23 – 1280/90), Tübingen ²1992 (Geschichte der deutschen Literatur von den Anfängen bis zum Beginn der Neuzeit II/2), S. 132 – 137; 170 – 173; JOHANNES JANOTA: Orientierung durch volkssprachliche Schriftlichkeit, Tübingen 2004 (Geschichte der deutschen Literatur von den Anfängen bis zum Beginn der Neuzeit III/1), S. 237 – 246; 391 – 404, bes. S. 391 – 399.

der Stadtchronistik und vor allem auch zu ihren Gattungsproblemen eingeflossen. Dabei ist es auch zu neuen Wertungen gekommen. Von LORENZ bis zu GRUNDMANN und SCHMALE überwiegt eine gewisse Abwertung der spätmittelalterlichen Geschichtsschreibung ganz allgemein und damit auch der Stadtgeschichtsschreibung.[155] LORENZ beispielsweise war der Meinung, dass „die kritische Forschung von den Schriftstellern der späteren Zeit" für die „Feststellung der thatsächlichen Verhältnisse [...] einen weit geringeren Gebrauch machen" könne als von den Quellen des frühen und hohen Mittelalters. Den Grund sah er darin, dass nun „selten Männer von hervorragender weltlicher oder geistlicher Stellung" als Geschichtsschreiber tätig wurden, vor allem bei der Aufzeichnung von Ereignissen ihrer eigenen Zeit, sondern „der niedere Ritterstand sowie die bürgerlichen Kreise der emporgekommenen Städte" und Angehörige der Bettelorden.[156] LORENZ ist es auch gewesen, der in der Entwicklung der spätmittelalterlichen Geschichtsschreibung eine übermächtige Verengung auf das Regionale und Lokale meinte konstatieren zu müssen und die ‚Dürre' der Bettelordenschronistik im Gefolge des Kompendiums der Weltchronik des Martin von Troppau beklagte, die die universalen Zusammenhänge „auf das dürreste *fundamentum fundamenti* reduzierte und die „in fast epidemischer Verbreitung, bald auch in die Volkssprachen übersetzt, jahrhundertelang den geschichtlichen Sinn eher erstickt als gefördert" hätten. Diese „Verengung" in Berichtshorizont und Publikumsbezug[157] ist vielfach als Rückzug in das ‚Kleine' und damit als Mangel empfunden worden. Allerdings sind die Urteile ambivalent. SCHMALE beispielsweise zog daraus den Schluss, Geschichtsschreibung sei dadurch für das intendierte Publikum „unmittelbarer relevant" geworden.[158] GRUNDMANN wiederum erkannte darin einen neuen Sinn „für das Eigene, Erlebte, Erfahrene"[159] und belegte das mit einem Zitat aus der Chronik des Augsburger Chronisten Wilhelm Rem (1462–1528–29), wonach *auch klain ding zu wissen ye zu zeitten auch zu nutz und guttem raichen mag.*[160] Er schloss daher seinen Abschnitt zur Stadtgeschichtsschreibung versöhnlich: „Darin liegt der Reiz und Wert wie die Grenze der bürgerlichen Chronistik des ausgehenden Mittelalters".[161]

---

155 Vgl. dazu SCHUBERT (Anm. 136), S. 38.
156 LORENZ (Anm. 151), S. 1 und 5.
157 LORENZ (Anm. 151), S. 2 f.; SCHMALE (Anm. 153), S. 150 f; GRUNDMANN (Anm. 152), S. 23 und 46.
158 SCHMALE (Anm. 153), S. 151.
159 GRUNDMANN (Anm. 152), S. 48.
160 Wilhelm Rem: *Cronica newer geschichten.* In: Die Chroniken der schwäbischen Städte. Augsburg. Bd. 5. Hrsg. von FRIEDRICH ROTH, Leipzig 1896 (Chron.dt.St. 25), S. 1–256, hier S. 1.
161 GRUNDMANN (Anm. 152), S. 48.

In den vier letzten Jahrzehnten hat die Beschäftigung mit der städtischen Geschichtsschreibung erkennbar zugenommen.[162] Fast scheint es als sei der Impetus zurückgekehrt, der die editorische Tätigkeit HEGELS und seiner Mitstreiter

162 Hier kann trotz der Vielzahl der bereits zitierten Titel nur eine Auswahl erwähnt werden: Zu den Lexika vgl. Anm. 150 sowie REGULA SCHMID: [Art.] Town Chronicles. In: EMC 2, S. 1432–1438; ALFRED WENDEHORST: [Art.] Stadtchronik. In: LMA 8 (1999), Sp. 14–16. An neueren Sammelbänden seien genannt: Geschichtsschreibung und Geschichtsbewusstsein (Anm. 37); *Memoria* (Anm. 147); PETER JOHANEK: Städtische Geschichtsschreibung im Spätmittelalter und in der Frühen Neuzeit, Köln/Weimar/Wien 2000; Spätmittelalterliche städtische Geschichtsschreibung in Köln und im Reich. Die *Kohlhoffsche Chronik* und ihr historisches Umfeld. Hrsg. von GEORG MÖLICH/UWE NEDDERMEYER/WOLFGANG SCHMITZ, Köln 2001; Geschichte schreiben. Ein Quellen- und Studienbuch zur Historiographie (ca. 1350–1750). Hrsg. von SUSANNE RAU/BIRGIT STUDT, Berlin 2010; EMANUEL SCHWAB: Einiges über das Wesen der Städtechronistik, mit besonderer Berücksichtigung der Sudetendeutschen. In: Archiv für Kulturgeschichte 18 (1928), S. 258–286; SCHMIDT (Anm. 12); BERNHARD MENKE: Geschichtsschreibung und Politik in deutschen Städten des Spätmittelalters. Die Entstehung deutscher Geschichtsprosa in Köln, Braunschweig, Lübeck, Mainz und Magdeburg. In: Jahrbuch des Kölnischen Geschichtsvereins 33 (1958), S. 1–84; 34/35 (1959/60), S. 85–194; FRANCIS R. H. DU BOULAY: The German Town Chronicles. In: The Writing of History in the Middle Ages. Essays presented to Richard William Southern. Hrsg. von R. H. C. DAVIES/J. M. WALLACE-HADRILL, Oxford 1981, S. 445–469; EDITH ENNEN: Geschichtsschreibung des städtischen Bürgertums in seinen historischen Wandlungen bis zur Gegenwart. In: Soest. Stadt – Territorium – Reich. Hrsg. von GERHARD KÖHN, Soest 1981, S. 9–34; SCHMID (Anm. 37); WOLFGANG EGGERT: Zu Fragen der städtischen Geschichtsschreibung in Deutschland während des späten Mittelalters. In: Jahrbuch für Geschichte des Feudalismus 9 (1985), S. 115–127; ROLF SPRANDEL: Geschichtsschreiber in Deutschland 1347–1517. In: Mentalitäten im Mittelalter. Hrsg. von FRANTIŠEK GRAUS, Sigmaringen 1987, S. 289–318; SCHUBERT (Anm. 136), S. 34–39; ELISABETH M. C. VAN HOUTS: Local and Regional Chronicles, Turnhout 1995 (Typologie des sources du moyen âge occidental 79), S. 25 f., 42–51; GÜNTHER LOTTES: Stadtchronistik und städtische Identität. Zur Erinnerungskultur der frühneuzeitlichen Stadt. In: Mitteilungen des Vereins für die Geschichte der Stadt Nürnberg 87 (2000), S. 47–58; AUGUSTO VASINA: Medieval urban historiography in Western Europe (1100–1500). In: Historiography in the Middle Ages. Hrsg. von DEBORAH MAUSKOPF DELIYANNIS, Leiden 2003, S. 317–352 [für Deutschland unergiebig]; JEAN-MARIE MOEGLIN: L'historiographie urbaine dans l'Empire. In: Écrire l'histoire à Metz au moyen âge. Hrsg. von MIREILLE CHAZON/GÉRARD NAUROY, Bern 2011, S. 373–405; ISENMANN (Anm. 72), S. 441–448. Einzelstudien, die auch ausführlicher auf allgemeine Probleme eingehen, bieten WEBER (Anm. 126); JOACHIM SCHNEIDER: Heinrich Deichsler und die Nürnberger Chronistik des 15. Jahrhunderts, Wiesbaden 1991; UTA GOERLITZ: Humanismus und Geschichtsschreibung am Mittelrhein. Das *Chronicon urbis et ecclesiae Moguntinensis* des Hermannus Piscator OSB, Tübingen 1999; GERHARD DIEHL: Exempla für eine sich wandelnde Welt. Studien zur norddeutschen Geschichtsschreibung im 15. und 16. Jahrhundert, Bielefeld 2000; HEIKO DROSTE: Schreiben über Lüneburg. Wandel von Funktion und Gebrauchssituation der Lüneburger Historiographie (1350–1639), Hannover 2000; OLIVER PLESSOW: Die umgeschriebene Geschichte. Spätmittelalterliche Historiographie zwischen Bistum und Stadt, Köln/Weimar/Wien 2006; MÖBIUS (Anm. 42); MEYER (Anm. 144).

gegen Ende des 19, Jahrhunderts angetrieben hatte. Er wurde damals genährt durch politische Motive, die Vorstellungen von mittelalterlicher Städtefreiheit und bürgerlichen Freiheitsrechten die Beschäftigung mit dieser Chronistik zur nationalen Aufgabe geraten ließ. Ganz sicher spielten aber auch die kulturgeschichtlichen Interessen jener Zeit eine Rolle, und kulturgeschichtliche Interessen haben auch in den positiven Äußerungen zur Stadtchronistik – vor allem bei GRUNDMANN – den Blick gelenkt. Man wird nicht fehlgehen, wenn man in der verstärkten Zuwendung der gegenwärtigen Mediävistik und Fühneuzeitforschung zu einer ‚Neuen Kulturgeschichte' die Antriebskraft für die vermehrte Beschäftigung mit dem Themenfeld erblickt. Jedenfalls entsprechen die positiven Gesamtbewertungen der heutigen Forschung der bereits zitierten Äußerung SCHUBERTS.[163] JANOTA etwa hat die „Verengung" des Blicks, die Beschränkung auf das Regionale und Lokale, das die ältere Forschung in der spätmittelalterlichen Geschichtsschreibung zu beobachten meinte, bei seiner Charakterisierung der deutschsprachigen Geschichtsprosa des 14. Jahrhunderts als das Ergebnis eines „Postulat [s] der Konkretion" gewertet, als „Konzentration auf den real erfahrbaren Lebensraum" gedeutet.[164] In der Tat geht es in der städtischen Geschichtsschreibung, sei es nun in einfachen Notaten, in Dossiers und Kollektaneen, in Annalenwerken oder gestalteter Historiographie, stets um die konkrete Lebenswelt der Stadt, um rechtliche und administrative Ordnungen, um die Bedrohung durch Katastrophen, um innere Unruhen und äußere Kriege, auch um die Wandlung des baulichen Körpers, des Gehäuses, das die Abläufe des Lebens bestimmt. Kurz: diese Texte spiegeln die „fabric of history"[165], wie sie von den den städtischen Lebensordnungen geprägt wird.

9 Stadtchronik im Wandel – Gattungen oder Textfelder?

Das vielgestaltige Textcorpus, das hier zur Verfügung steht, erweist sich als von immenser Größe, und es versteht sich, dass es sich einer knapp gehaltenen Analyse entzieht. Immerhin sind einige allgemeine Bemerkungen und Hinweise möglich, die diese Betrachtungen zum Gedächtnis der Stadt abschließen sollen. Zunächst ist festzuhalten, dass dieses Textcorpus während der Jahrhunderte des Spätmittelalters an Umfang ständig zunimmt und dieses Wachstum durch kräftige Schübe gekennzeichnet ist. Dieses Wachstum folgt dabei auch spürbar den all-

163 Vgl. oben S. 372 mit Anm. 136.
164 JANOTA (Anm. 154), S. 391.
165 Der Terminus ist entlehnt von PETER F. AINSWORTH: Froissart and the Fabric of History. Truth, Myth and Fiction in the Chroniques, Oxford 1990.

gemeinen Schüben der administrativen Schriftlichkeit, die auch die Städte erfasst, ja dort entscheidend vorangetrieben wird. Vor der Mitte des 13. Jahrhunderts sind kaum Ansätze zur historiographischen Tätigkeit im städtischen Milieu außerhalb des klerikalen Bereichs zu fassen, während dann im letzten Drittel schon einige große Leistungen entstehen.[166] Der Durchbruch zu einer deutschsprachigen Geschichtsprosa erfolgt ab der zweiten Hälfte des 14. Jahrhunderts; er ist durchaus im Gefolge des Aufkommens „neue[r] Typen des Geschäftsschriftgutes" zu sehen, wie sie HANS PATZE beschrieben hat,[167] allerdings mit einiger Verzögerung, gleichsam in einer Gewöhnungsphase. Seit dem fortschreitenden 15. Jahrhundert kommt es dann zur Entfaltung eines breiten Fächers historiographischer Schriftlichkeit in vielfältigen Darbietungsformen und vorangetrieben von einem breiten Spektrum an Trägern und Verfassern. Sigismund Meisterlin, eine der großen Gestalten der städtischen Historiographie, meinte zwar, die *Teutschen* seiner Zeit verachteten die Schriftlichkeit, *wann unser groß grobheit versagt uns gedechtnus der künftigen, die es gern für golt lieb hetten.*[168] Aber er, der Humanist, behauptete das nur, um die antiken Autoren der eigenen Zeit gegenüber herauszustreichen und er wusste wohl, dass er im Geflecht eines lebhaften schriftlichen Informationsaustausches stand.

Eine weitere ganz allgemeine Aussage lässt sich zur städtischen Geschichtsschreibung treffen. Sie ist in der Regel Gegenwartsgeschichtsschreibung oder stets auch Gegenwartschronistik. Selbst wenn sie weit in die Vergangenheit bis zu den Ursprüngen der Stadt zurückgreift, das Herkommen schildert, wird die Darstellung bis in die eigene Zeit des Verfassers geführt. Gegenwartschronistik ist demnach ein besonderes Signum städtischer Geschichtsschreibung, sie präsentiert sich zu einem ganz wesentlichen Teil als eine Geschichtsschreibung der Zeitzeugen.[169]

Selbstverständlich bildete die *gemayn sag* das Geflecht der Konversation oder des Diskurses ebenso gut wie die eigene Erinnerung oder die Familientradition die Basis der Gegenwartschronistik und der Erinnerung an Geschichte, die gerade erst

---

166 Zu diesen frühen Beispielen siehe unten S. 390–394.

167 Zur Entfaltung der administrativen Schriftlichkeit siehe HANS PATZE: Neue Typen des administrativen Schriftgutes im 14. Jahrhundert. In: Der deutsche Territorialstaat im 14. Jahrhundert. Hrsg. von DERS., Bd. 2, Sigmaringen 1971, S. 7–99; Writing and the Administration of Medieval Towns. Medieval Literacy. Bd. 1. Hrsg. von MARCO MOSTERT/ANNA ADAMSKA, Turnhout 2014 (Utrecht Studies in Medieval Literacy 27).

168 Meisterlin (Anm. 106), S. 166f.

169 Zum Phänomen der Gegenwartschronistik vgl. etwa JOSEFINE SCHMIDT: Studien zu Wesen und Technik der Gegenwartschronistik in der süddeutschen Historiographie des 13. und 14. Jahrhunderts, Diss. Heidelberg 1963; URSULA MORAW: Gegenwartschronistik in Deutschland im 15. und 16. Jahrhundert, Diss. Heidelberg 1966; ROLF SPRANDEL: Chronisten als Zeitzeugen, Köln 1994.

vergangen war und die über zwei oder drei Generationen zurückreicht. Doch mit fortschreitender Zeit und ganz besonders im Verlauf des 15. Jahrhunderts wird schriftliche Information zur Quellengrundlage für die Geschichte der eigenen Zeit. Konrad Stolle, ein Erfurter Kleriker berichtet in seinem *Memoriale*, dass er als Sechzehnjähriger 1446 im sächsischen Bruderkrieg *dy fur der dorffer umme her in des jungen hern landen* gesehen habe, und als er ein Jahr später zu Langensalza die Schule besuchte, *do gingk eine gemeine rede*, Herzog Wilhelm von Sachsen wolle mit dem Kriegsvolk, das er zur Unterstützung des Kölner Erzbischofs in der Soester Fehde gesammelt hatte, auf Erfurt ziehen.[170] Für das Jahr 1480 aber fügt er als Belege für die Auseinandersetzung des Mainzer Erzbischofs Diether von Isenburg mit seiner Stadt Erfurt um deren Rechte und Freiheiten verschiedene Dokumente in seine Darstellung ein, darunter eine Erwiderung des Erfurter Rates *uss gezogen von ören angeslagen czedeln*. Die Streitparteien publizierten demnach ihre Rechtsstandpunkte, ja sie versandten sie auch an die Kanzleien Unbeteiligter, wie in diesem Fall die Überlieferung belegt.[171] Es handelt sich hier auch um keinen Einzelfall, sondern um ein geläufiges Verfahren, und Vergleichbares gilt auch für andere Schriftstücke, Korrespondenzen, vor allem für Berichte über außergewöhnliche Begebenheiten, frühe Zeitungen oder politische Lieder. So wuchs den Chronisten schriftliches Material von großer Reichweite zu, das geeignet war, die Verengung des Blicks auf die eigene Stadt aufzubrechen, den die ältere Forschung der Stadtgeschichtsschreibung nachgesagt hat. Birgit Studt hat bereits vor längerer Zeit die Verwendung derartiger Materialien durch den Verfasser der *Speyerer Chronik* untersucht.[172] Ganz neuerdings hat sie das überlieferte Glanzstück eines solchen Dossiers analysiert, das im Kloster Murbach während des Abbatiats des Bartholomäus von Andlau angelegt wurde, teilweise in jener Zeit, in der sich Sigismund Meisterlin in diesem Kloster aufhielt (1463/64). Diese Colmarer Handschrift[173] enthält den schriftlichen Niederschlag eines „regional, vor allem

---

170 *Memoriale*. Thüringisch-erfurtische Chronik von Konrad Stolle. Hrsg. von Richard Thiele, Halle 1900, S. 238 und 249.

171 *Memoriale* (Anm. 170), S. 407 mit Anm. 1.

172 Birgit Studt: Neue Zeitungen und politische Propaganda. Die *Speyerer Chronik* als Spiegel des Nachrichtenwesens im 15. Jahrhundert. In: Zeitschrift für Geschichte des Oberrheins 143 (1995), S. 145 – 219; Dies.: Geplante Öffentlichkeiten – Propaganda. In: Politische Öffentlichkeit im Spätmittelalter. Hrsg. von Martin Kintzinger/Bernd Schneidmüller, Ostfildern 2011, S. 203 – 236; vgl. auch Rolf Sprandel: Chroniken als Träger von Briefzeitungen. In: Chronisten als Zeitzeugen (Anm. 169), S. 93 – 103.

173 Colmar, Bibliothèque Municipale, Cod. 45; beschrieben bei Pierre Schmitt: Manuscrits de la Bibliothèque de Colmar, Paris 1969, No. 563, S. 201 – 208; dazu Birgit Studt: Humanisten im Gespräch. Eine Murbacher Sammlung von Briefzeitungen als Ort historiographischer Information. In: Humanisten edieren. Gelehrte Praxis im Südwesten in Renaissance und Gegenwart. Hrsg. von

aber persönlich konstituierten Informationsnetzwerkes" um den Murbacher Abt Bartholomäus und den Basler Münsterkaplan und Universitätsnotar Johann Knebel, der auch eigene Sammlungen dieser Art anlegte[174] und es ist nicht uninteressant, dass sich einige der in der Murbacher Sammlung eingetragenen Stücke auch verstreut in den Basler Chroniken wiederfinden.[175] Auch der Nürnberger Chronist Heinrich Deichsler hat für seine historiographischen Arbeiten derartige Sammlungen angelegt. Konrad Stolle steht demnach mit seinem Verfahren der Insertion von Dokumenten und Zeitungen nicht allein, er folgt dem Trend der Zeit, der die Gegenwartschronistik zunehmend auf verfügbare schriftliche Überlieferung gründet. *Nuwe mere* über regionale und überregionale, ja europaweit bedeutsame Ereignisse wurden nunmehr nicht ausschließlich durch *gemeine sag* und *gemeine rede* bekannt, sondern sie verbreiten sich schriftlich *in abgeschrifft wise* über Netzwerke der Kanzleien sowie weitgespannte Freundeskreise und Gelehrten- und Humanistensodalitäten.[176] Höfe und Stadt spielen dabei eine gleichberechtigte Rolle, doch erweisen sich die Städte ganz offensichtlich als Nachrichtenzentren besonderer Intensität.[177] In jedem Fall verändert der neue Schub der administrativen Schriftlichkeit die Kommunikationssituation in der Verfügbarkeit der Quellengrundlagen der Gegenwartschronistik massiv, und die Städte stellen dabei eine enorme Triebkraft dar. Neben die Bücherwelt der Universal-, Reichs- und Fürstengeschichte, die den Grundstock für die Abhandlung der älteren Perioden der Geschichte darstellte, neben orale Überlieferung und Eigenerinnerung treten die Erzeugnisse eines verschriftlichten Kommunikationsnetzes und immer häufiger auch der Griff ins Archiv. Dabei werden die Schriftstücke nicht lediglich für die ausgeformte Geschichtserzählung ausgewertet, sondern als Volltext gleichsam vorgezeigt, sodass wiederum Chroniken von Kollektaneencharakter entstehen oder gar Archivinventaren ähneln wie die *Helmstädter Chronik* Henning Hagens.

Es ist demnach nicht zu übersehen, dass es während des 15. Jahrhunderts zu entscheidenden Wandlungen in der städtischen Geschichtsschreibung gekommen

---

Sabine Holtz/Albert Schirrmeister/Stefan Schlelein, Stuttgart 2014, S. 61–76, hier S. 68–76.

174 Studt (Anm. 173), S. 71.

175 Vgl. z. B. Basler Chroniken (Anm. 148), Bd. 2, Basel 1880, S. 130f., 139, 161, 169; Bd. 4, Basel 1880, S. 391–394.

176 Vgl. Studt (Anm. 173), S. 70. Das Wort *mär/mere* zur Bezeichnung von ‚Nachricht' erscheint häufig als Floskel: *da kam die mär*; vgl. etwa [Jörg Kazmair]: *Denkschrift über die Unruhen zu München in den Jahren 1397–1403*. In: Die Chroniken der baierischen Städte (Anm. 18), S. 463–552, hier S. 482 oder Rem (Anm. 160), S. 242; vgl. dort auch das Register S. 432.

177 Vgl. dazu etwa Lore Sporhan-Krempel: Nürnberg als Nachrichtenzentrum zwischen 1400 und 1700, Nürnberg 1968.

ist, vor allem zu einem enormen Wachstum des Volumens der Überlieferung und zu einer großen Differenzierung der Darbietungsformen, um den Begriff ‚Gattung' zu vermeiden. Das wirft die Frage auf, was eigentlich der städtischen Geschichtsschreibung zuzurechnen ist und es dürfte aufgefallen sein, dass hier ein sehr weiter Begriff dafür verwendet wurde, auf keinen Fall aber jener, durch den Chronik und Chronistik für gewöhnlich definiert werden. Es ist selbstverständlich einleuchtend, dass Michel Beheims *Buch von den Wienern*, das die Belagerung der kaiserlich/landesfürstlichen Burg durch die Wiener Bürger im Herbst 1462 beschreibt oder das Gedicht vom *Würzburger Städtekrieg* des Bernhard von Uissigheim, das in 2216 Versen den Konflikt der Stadt Würzburg mit ihrem Bischof Gerhard von Schwarzburg 1397 bis 1400 schildert, nicht zur städtischen Geschichtsschreibung zu zählen sind,[178] obwohl in beiden Werken typisch städtische Ereignisse behandelt werden. Sie gehören jedoch zur Fürsten- und Adelshistoriographie.

Doch um solche Grenz- und Sonderfälle kann es nicht gehen. Als instruktiver erweist sich ein Blick auf ein anderes Überschneidungsphänomen. Klaus Graf, dem die Forschung zur städtischen Geschichtsschreibung des Mittelalters grundlegende Einsichten verdankt, hat im Zuge seiner Untersuchungen der *Gmünder Kaiserchronik* auf zwei Handschriften hingewiesen, deren Entstehung und Zusammensetzung auf einen anonym bleibenden Stadtschreiber der Reichsstadt Aalen in Ostschwaben zurückgeht.[179] Hier werden Texte der Universal- und Heilsgeschichte oder der Reichsgeschichte, z. B. des *Compendium historiae in genealogia Christi*, der *Sächsischen Weltchronik* und der *Gmünder Kaiserchronik*, zusammengefügt und mittels Interpolationen und Fortsetzung auf die Geschichte der Reichsstadt Aalen fokussiert, wobei jetzt auch vom Herkommen der Stadt erzählt wird. Ein solches Verfahren ist ebenfalls der städtischen Geschichtsschreibung zuzuzählen, denn auch der Stadtchronist strebt nach der Verschränkung seines Stoffes mit der Universalgeschichte, die seiner Stadt einen Ort in der Chronographie der Heils- und Reichsgeschichte zuweist. Er befolgt damit ein Verfahren, das auch in der Landeschronistik zu beobachten ist.[180]

---

178 Vgl. nur Ulrich Müller: [Art.] Beheim, Michel. In: ^{2}VL 1 (1978), Sp. 672 – 680 bzw. Peter Johanek: [Art.] Bernhard von Uissigheim. In: Ebd. S. 774 – 776.

179 Augsburg, Stadtarchiv, Schätze 121; Göttingen, Niedersächsische Staats- und Universitätsbibliothek, Cod. Ms. Theol. 293; dazu Graf (Anm. 74), S. 192 – 202; Ders.: Eine Aalener Handschrift in der Universitätsbibliothek Göttingen. Ein Beitrag zur Geistesgeschichte der Reichsstadt Aalen im 15. Jahrhundert. In: Ostalb/einhorn. Vierteljahreshefte für Heimat und Kultur im Ostalbkreis 7 (1980), S. 162 – 166.

180 Vgl. dazu Peter Johanek: Weltchronistik und regionale Geschichtsschreibung im Spätmittelalter. In: Geschichtsschreibung und Geschichtsbewusstsein (Anm. 37), S. 287 – 330.

Jean Marie Moeglin hat bei der Frage nach einem besonderen „genre" der Stadtchronistik, das mit dem der Papst-, Kaiser- oder Fürstengeschichte vergleichbar wäre, bemerkt, dass die städtischen Historiographen vor einem grundsätzlichem Problem standen: Ein Herkommen habe sich zwar ohne Schwierigkeiten konstruieren lassen, aber es fehlte ein Leitfaden, ein „fil directeur", mit dem sich die legitimierende Basis der Geschichte der Stadt und deren Kontinuität bezeichnen ließ, nämlich eine durch Wahl oder Erbfolge etablierte Herrscherreihe. Die Lösung dieses Problems – so Moeglin – hätten die Chronisten in der Einbettung der städtischen Geschichte in größere Zusammenhänge verschiedener Art gefunden.[181] In der Tat haben die Geschichtsschreiber der Städte nicht deren eigene Ämterkontinuität zur Grundlage und zum Ordnungsprinzip ihrer Darstellung gemacht, etwa die Abfolge von Bürgermeistern, Ratsherren, Schöffen oder anderen Ämtern, wie sie in den Ratsbüchern von Gent bis Prag immer wieder verzeichnet wurde.[182] Aber nur sehr selten wurden solche Listen zum Ausgangspunkt für städtische Geschichtsschreibung, wie eben in Gent,[183] oder zum Gliederungsprinzip historischer Aufzeichnungen wie in der *Landshuter Ratschronik.*[184]

Die Beobachtung Moeglins führt für die Frage, was städtische Geschichtsschreibung eigentlich sei, zurück zu einer prägnanten Formulierung, die vor langer Zeit Heinrich Schmidt im Eingang seines bekannten Buches gefunden hat.[185] Diese „historiographischen Aufzeichnungen deutscher Stadtbürger des späten Mittelalters, vor allem des 15. Jahrhunderts", seien – so meinte er – zu verstehen „als aufgeschriebene Möglichkeiten eines Bewusstseins von der Welt."[186] Carla Meyer wiederum hat in ihrer großartigen Dissertation ‚Die Stadt als Thema' eben dieses Diktum Schmidts zum Ausgangspunkt ihrer eigenen Bemühungen genommen.[187] Es gelingt ihr dabei, die qualitativen Veränderungen in der Gestaltung von Geschichtsüberlieferung, wie sie auch hier wenigstens teilweise bereits angedeutet wurden und wie sie sich während des 15. Jahrhunderts vollzogen, als Grundlage für eine neue Ebene städtischer Selbstvergewisserung

---

181 Moeglin (Anm. 162), S. 401–405.

182 Anne-Laure van Bruaene: De Gentse memorieboeken als spiegel van stedelijk historisch bewustzijn (14de tot 16de eeuw), Gent 1998; *Liber vetustissimus antiquae civitatis Pragensis* 1310–1518. Hrsg. von Hana Pátková; Prag 2011.

183 Anne-Laure van Bruaene: S'imaginer le passé et le present: conscience historique et identité urbaine en Flandre à la fin du Moyen Âge. In: *Memoria* (Anm. 147), S. 167–180.

184 *Landshuter Rathschronik.* 1439–1504. In: Die Chroniken der baierischen Städte (Anm. 18), S. 245–366.

185 Schmidt (Anm. 12).

186 Schmidt (Anm. 12), S. 9.

187 Meyer, Stadt als Thema (Anm. 144), S. 29.

und als Basis für die Konstruktion einer städtischen Identität herauszuarbeiten. Das ist – wie MEYER einleuchtend darlegt – das Ergebnis eines intertextuellen Diskurses, genährt aus verschiedenen Textfeldern. Dabei weist sie dem Genre der Stadtbeschreibung eine besondere Bedeutung und der Chronik Sigismund Meisterlins eine Schlüsselrolle zu. Diese Chronik hat ihrer Meinung nach „erstmals ein systematisches und konzises Panorama der Nürnberger Vergangenheit"[188] entworfen. Erst dadurch wird die Stadt zum ‚Thema' der Geschichtsschreibung und zwar unter der Perspektive des Präsentismus, der nach FRANTIŠEK GRAUS das Signum spätmittelalterlicher Geschichtsschreibung darstellt.[189]

Man wird MEYER in ihrer Argumentation gerne folgen, aber es ist auch darauf zu insistieren, dass die Zeit vor dem fortschreitenden 15. Jahrhundert trotz der viel geringeren Zahl der Zeugnisse die Lebenswelt der Stadt und ihrer Bürger als eigenes Thema zu begreifen vermochte, auch wenn die Verdichtung der Bezüge, wie sie sich um 1500 konstatieren lässt, nicht gegeben ist. Dennoch: Stadt und Bürger wie deren Gemeinschaft als Rechts-, Sakral- und Wehrgemeinschaft werden als handelnde Kraft wahrgenommen und in Aufzeichnungen verschiedener Art erinnert, und sie werden Gegenstand eines Geflechts von Erinnerungszeichen im Stadtraum.

Stadt und Bürger erscheinen in der Geschichtsschreibung als Akteure im politischen Geschehen, sie erscheinen vor allem auch als Gegner oder Partner anderer politischer Kräfte und Akteure im Prozess der Territorialisierung, der die Geschichte des mittelalterlichen Reichs entscheidend bestimmt hat. Im damit zusammenhängenden Urbanisierungsschub, der vom 11. bis in die dreißiger Jahre des 14. Jahrhunderts anhielt, wandelt sich die Einwohnerschaft der Städte in einen Bürgerverband. Es handelt sich dabei um einen Verband, der sich nach außen in sozialer Struktur, Lebensweise und politischer Verfassung abgrenzt und von dort auch als solcher wahrgenommen wird. Er entwickelt im Innern eigene Wertvorstellungen, um die immer wieder gerungen wurde.[190] Im Zusammenhang damit hat sich um 1300 „eine lebendige und in ihrer Gestalt neuartige Geschichtsschreibung entwickelt",[191] die alte Darstellungsformen aufgreift und mit ihnen experimentiert, um die neue und in intensivem Wandel begriffene Lebenswelt zu erfassen, in die Welt einzuordnen, Erfahrungen für die Zukunft weiterzugeben oder den Gang der Dinge in der Entwicklung der eigenen Gegenwart zu beeinflussen und endlich, um die *memoria* der Geschehnisse und Personen zu bewahren, die dazu beigetragen hatten, den *honor* der Stadt zu erhalten und zu

---

188 MEYER, Stadt als Thema (Anm. 144), S. 29 – 37, hier S. 34.
189 GRAUS (Anm. 37), S. 11 – 56, hier S. 54 f.; vgl. dazu MEYER, Stadt als Thema (Anm. 144), S. 31.
190 Vgl. oben S. 339 mit Anm. 15-18 und SCHUBERT (Anm. 136), S. 97 – 154.
191 SCHUBERT (Anm. 136), S. 39.

mehren. In dieser Konstellation ist das ‚Thema' Stadt durchaus präsent, und es wird – wenigstens zum Teil – auch noch in Formen dargestellt, die sehr viel älter sind und ebenfalls die *civitas* und die *cives* in den Blick nahmen. So ist für die Definition von Stadtgeschichtsschreibung festzuhalten, dass sie eine Geschichtsschreibung zusammenfasst, die jeweils verschiedenen Stufen der mittelalterlichen Stadtentwicklung zuzuordnen ist.

Es dürfte bereits deutlich geworden sein, dass es wenig fruchtbar ist, die Werke und Aufzeichnungen der mittelalterlichen Stadtgeschichtsschreibung nach Genera und Gattungen zu ordnen, wie sie aus der antiken Rhetorik abzuleiten sind, etwa *chronica*, *annales* oder *historia*. Bereits LORENZ hat den Begriff „Städtechronik" als eine „Collectivbezeichnung für Denkmäler verschiedensten Charakters"[192] definiert und auch SCHMALE hielt es für schwierig, „jedes Werk eindeutig einem bestimmten Genus im Sinne einer formalen Norm zugehörig zu erweisen, die ein Historiograph zu erfüllen gesucht hätte".[193] Ebenso blieb er skeptisch gegenüber quellenkundlichen Typologien. Im Grunde handelt es sich gerade im Bereich der Stadtgeschichtsschreibung fast immer um Mischformen. Aussichtsreicher scheint es dagegen von grob umrissenen „Textfeldern"[194] und Darbietungsformen historischer Aufzeichnungen auszugehen, die in ihrer Funktion durch städtische Interessenbildung gesteuert werden.[195] Damit wird es möglich, Texte in die städtische Geschichtsschreibung miteinzubeziehen, die nicht – wie Chroniken, Annalen, Chronographie, Gesta oder Viten – zu den klassischen Genera der Historiographie und ihrer Mischformen gehören. Dazu sind vor allem das Städtelob und die Städtebeschreibung zu zählen, beide mit antiken Wurzeln und mit einer intensiven Erneuerung im ausgehenden 15. Jahrhundert.[196] Weiter sind zu nennen die Erzeugnisse der Familienüberlieferung, die Gedenk-, Familien- und Hausbücher[197] sowie schließlich all jenes Schriftgut, das

---

192 LORENZ (Anm. 151), S. 13.

193 SCHMALE (Anm. 153), S. 107.

194 Dieser Begriff verwendet MEYER, Stadt als Thema (Anm. 144), z.B. S. 34.

195 Vgl. dazu den Versuch von WILFRIED EHBRECHT: *Uppe dat sulck grot vorderfnisne jo nicht meer enscheghe*. Konsens und Konflikt als eine Leitfrage städtischer Historiographie, nicht nur im Hanseraum. In: Städtische Geschichtsschreibung (Anm. 162), S. 51 – 100, hier S. 75 – 93; vgl. dazu auch KLAUS WRIEDT: Bürgerliche Geschichtsschreibung im 15. und 16. Jahrhundert. Ansätze und Formen. In: Städtische Geschichtsschreibung (Anm. 162), S. 38 – 50.

196 Dazu grundsätzlich etwa KLAUS ARNOLD: Städtelob und Stadtbeschreibung im späteren Mittelalter und in der frühen Neuzeit. In: Städtische Geschichtsschreibung (Anm. 162), S. 247 – 268.

197 Hier sei lediglich auf einige neuere Arbeiten über diese umfangreiche Quellengruppe verwiesen: PIERRE MONNET: Les Rohrbach de Francfort. Pouvoirs, affaires et affaires et parenté à l'aube de la Renaissance allemande, Genf 1997; Haus- und Familienbücher in der städtischen

als historisches Orientierungswissen des Rates zu gelten hat, der seit dem ausgehenden 14. Jahrhundert zunehmend als Obrigkeit agierte. Dabei handelt es sich um die verstreuten Aufzeichnungen in Rats- und Stadtbüchern oder Rechtscodices, von denen hier eingangs die Rede war, um Ämterlisten, Privilegien, Stadtrechte, Rechenschaftsberichte über Verwaltung und Finanzen, um Weißbücher, Dossiers, Artikelbriefe und Relationen.

Dieses letztere überaus umfangreiche und vielgestaltige Schriftgut wurde von der städtischen Verwaltung hervorgebracht und von ihr sowohl als langfristig verfügbarer Erinnerungs- und Erfahrungsschatz genutzt, wie auch kurzfristig für die Gestaltung der aktuellen städtischen Politik. Texte dieser Art treten neben die Chroniken und Annalen, die dem Rat zur Verfügung standen, und werden für gewöhnlich mit diesen zusammen als die eigentliche Ratschronistik betrachtet, die auf die Bedürfnisse des Rats zugeschnitten und ausschließlich für seinen Gebrauch bestimmt ist.[198]

Es versteht sich, dass gerade diese Texte die Stadt selbst zum Thema machen, da sie – wenigstens idealiter – die Grundwerte der Gemeinschaft zum Gegenstand haben: den *gemeinen nutz*, die *unitas civium* und den *honor*. Der Rat machte von diesem historischen Wissensschatz differenzierten Gebrauch. Vieles mochte er als eine Art Arkanum betrachten, und auch die ausgeformten Chroniken waren in erster Linie für den Rat bestimmt, wie es etwa eine der Ratshandschriften der *Lübecker Stadtchronik* formuliert: *dat ander bock der croneken vor de brukinghe der erwerdighen, voerrichtliken , klocken wijsheyt des rades to Lubeke.*[199] Auch wenn solches historiographisches Schriftgut außerhalb des Kreises der Ratsmitglieder bekannt wurde, ist nicht zu bezweifeln, dass dem Rat ein großes Gewicht bei der Interpretation der städtischen Geschichte, ja im Grunde die Deutungshoheit zukam. Das Widmungsblatt der *Augsburger Chronik* Sigismund Meisterlins ver-

---

Gesellschaft des späten Mittelalters und Frühen Neuzeit. Hrsg. von Birgit Studt; Köln/Weimar/Wien 2007; Marc von der Höh: Historiografie zwischen Privatheit und Geheimnis – das Familienbuch der Overstolz. In: Geschichte schreiben (Anm. 162), S. 115 – 126; Meyer, Stadt als Thema (Anm. 144), S. 89 – 115; Matthias Kirchhoff: Gedächtnis in Nürnberger Texten des 15. Jahrhunderts. Gedenkbücher, Brüderbücher, Städtelob, Chroniken, Neustadt a. d. Aisch 2009; Karin Czaja: The Nurenberg Familienbücher. Archives of Family Identity. In: Uses of the Written Word (Anm. 96), S. 325 – 338.

198 Vgl. Klaus Wriedt: Geschichtsschreibung in den wendischen Hansestädten. In: Geschichtsschreibung und Geschichtsbewusstsein (Anm. 37), S. 401 – 426.

199 [Detmar von Lübeck]: Die Ratschronik von 1438 – 1483 [Dritte Fortsetzung der Detmar-Chronik, 2. Tl.]. Tl. 2: 1466 – 1482. In: Die Chroniken der niedersächsischen Städte. Lübeck. Bd. 5. Hrsg. von Friedrich Bruns, Leipzig 1911, Nachdruck Stuttgart 1968 (Cron.dt.St. 31), S. 269; vgl. dazu Wriedt (Anm. 195), S. 424 und 426.

deutlicht das nachdrücklich.[200] Es sei in diesem Zusammenhang auch daran erinnert, dass der Rat der Stadt Erfurt die Chronik Hartung Kammermeisters an sich nahm, die ihr Verfasser eigentlich ausdrücklich für den öffentlichen Gebrauch vorgesehen hatte.[201] Die Steuerung der historischen Unterfütterung städtischer ‚Identitätspolitik'[202] durch Geschichtsschreibung, Erinnerungsorte und Inschriften lag im Wesentlichen in der Hand des Rates, und daher kommt dem Textfeld der Ratschronistik und des pragmatischen Ratsschriftgutes von historischer Relevanz außerordentlich große Bedeutung zu.

Es erübrigt sich, noch einmal ausführlich auf die historische Interessenbildung einzugehen, die die Ausgestaltung der einzelnen Textfelder und die Schwerpunktsetzung in ihren Inhalten bestimmen. Sie wird von den städtischen Grundwerten und den Kategorien Konflikt und Konsens sowie der Wehrhaftigkeit gegen äußere Feinde geleitet. Lediglich auf einen Komplex der Interessenbildung muss nachdrücklich hingewiesen werden, auf einen Zug dieser Geschichtsschreibung, der in der bisherigen Forschung kaum Beachtung gefunden hat. Für gewöhnlich sieht man das in der Geschichtsschreibung gespiegelte Selbstverständnis der Städte geprägt von einer Stadt-Adel-Dichotomie und vor allem auch von Fürstenangst, ja von besonders nachdrücklicher Kritik an den Fürsten und „klar formuliertem antifürstlichem Denken".[203] Solche Tendenzen sind selbstverständlich nicht zu bestreiten, doch ihre Hervorhebung in der *communis opinio* ist doch wohl geleitet von einer etwas einseitigen Bevorzugung des in den ‚Chroniken der Deutschen Städte' vorliegenden Textcorpus, das in der erdrückenden Fülle aus den großen Reichsstädten und bedeutenden Autonomiestädten stammt.

Daneben stehen mannigfache Zeugnisse für Städte, die Fürsten und vor allem den eigenen Stadtherrn als Partner betrachten, dem gegenüber zwar Vorsicht geboten ist, mit dem man zumeist in ständigen Aushandlungsprozessen um politische und verfassungsrechtliche Spielräume begriffen ist, der aber doch grundsätzlich als Verbündeter, ja als bestimmende Kraft des städtischen Lebens

---

200 Vgl. oben Abb. 2.
201 Vgl. oben Anm. 131.
202 Vgl. dazu MEYER, Stadt als Thema (Anm. 144), S. 462–470.
203 KLAUS GRAF: *Der adel dem purger tragt haß*. Feindbilder und -konflikte zwischen städtischem Bürgertum und landsässigem Adel im späten Mittelalter. In: Adelige und bürgerliche Erinnerungskultur Erinnerungskultur des Spätmittelalters und der Frühen Neuzeit. Hrsg. von WERNER RÖSENER, Göttingen 2000 (Formen der Erinnerung 8), S. 191–204; DERS.: Feindbild und Vorbild. Bemerkungen zur städtischen Wahrnehmung des Adels. In: Zeitschrift für Geschichte des Oberrheins 141 (1993), S. 121–154; MEYER, Stadt als Thema (Anm. 144); SCHUBERT (Anm. 136), S. 41.

angesehen und akzeptiert wird. Das beginnt in Jans Enikels *Fürstenbuch* im 13. Jahrhundert, das die Wiener Bürger in engem Zusammenwirken mit ihrem Herzog zeigt.[204] Ebenso konstituieren die Inschriften in der Kirche St. Ulrici-Brüdern in Braunschweig ein Gedenken der Schlachten der Herzöge aus dem Welfenhause, in denen diese zusammen mit den Bürgern den Sieg errungen hatten.[205] Diese Nähe zwischen Stadtherrn und Bürgern demonstrieren auch die Memorabilien Jörg Kazmairs in München, der trotz aller dabei auftretenden Unstimmigkeiten und Konflikte den politischen Ausgleich mit den bayerischen Herzögen betrieb.[206] Die *Würzburger Ratschronik* schildert immer wieder die Kriegszüge, bei denen die Stadt gemeinsam mit ihrem Bischof agierte, verzeichnete seine Feste, die sie mit ihm feierte, auch wie er mit ihrer Hilfe zu Grabe getragen wurde mit etlicher *zal der wepner, von der statt darzu geordnet,*[207] und die sogenannten *Mühldorfer Annalen* beschreiben, dass im Streit Erzbischof Pilgrims von Salzburg mit den Herzögen von Bayern *sich des wischolf lant und leut und stet alz vast gewehrt hätten, aver dy stat zu Muldorff gieng der chrieg allermaist an.*[208] Der Stuttgarter Ratsherr Johannes Rinmann endlich hatte in seinen Aufzeichnungen zur Württembergischen Geschichte, die er für die Jahre 1481–1520 tätigte, neben den Bemerkungen zu Wetter, Preisen und Seuchen im Wesentlichen politische Interessen lediglich für die Einritte des Landesherrn in Stuttgart, wo man ihm als einen *rechtgebornen aignen herrn* empfing und den Eid leistete.[209]

Zu bedenken ist ferner, dass gelegentlich städtische Geschichtsschreiber auch in landesfürstlichem Dienst standen, wie Wigand Gerstenberg von Frankenberg,[210] Johannes Rothe von Eisenach oder Hartung Kammermeister.[211] Sie haben zum Teil neben der Chronik ihrer Stadt auch eine Landeschronik geschrieben, wie etwa Johannes Rothe, dessen Œuvre seinen Lesern in der Tat ihre ganze Welt er-

204 Vgl. unten S. 391 f.

205 Die Inschriften der Stadt Braunschweig bis 1528. Bearb. von ANDREA BOOCKMANN auf Grund einer Materialsammlung von DIETRICH MACK, Wiesbaden 1993 (DI 35), S. 70, Nr. 59.

206 Kazmair (Anm. 176), S. 411–552.

207 *Rats-Chronik* (Anm. 4), S. 41–53, Nr. 130, 141, 157.

208 *Mühldorfer Annalen* (Anm. 18), S. 386.

209 CHRISTOPH FRIEDRICH VON STÄLIN: Johannes Rinmann und sein Württembergisches Jahrbuch. In: Württembergische Jahrbücher 1856, S. 94–97; vgl. MICHAEL KLEIN: Zur württembergischen Landesgeschichtsschreibung vor dem Dreißigjährigen Krieg. In: Deutsche Landesgeschichtsschreibung im Zeitalter des Humanismus. Hrsg. von DIETER MERTENS u. a., Stuttgart 2001, S. 259–278, hier S. 277, Anm. 109.

210 Die Chroniken des Wigand Gerstenberg von Frankenberg. Hrsg. von HERMANN DIEMAR, Marburg 1909; Wigand Gerstenberg. Die Bilder aus seinen Chroniken. Hrsg. von URSULA BRAASCH-SCHWESMANN/AXEL HALLE, Marburg 2007.

211 Zu ihm vgl. oben S. 370 mit Anm. 131.

schloss.[212] Neben seinen Chroniken stehen noch ein *Eisenacher Rechtsbuch*, ein *Ritterspiegel* und Ratsgedichte, in denen er die Stadt als Organismus begreift und die aus den Grundwerten der Stadt abgeleiteten Eigenschaften beschreibt, die ein Ratsherr besitzen muss. Es sind gerade Historiographen dieser Art, die von der zum Kanon gewordenen Reihe der ‚Chroniken der Deutschen Städte' nicht erfasst und dadurch in der Wahrnehmung durch die Forschung an den Rand gedrängt worden sind. In den Werken und Aufzeichnungen dieser Geschichtsschreiber offenbart sich ein ganz anderes Bild vom Verhältnis von Stadt und Fürsten, als jenes, das mit dem Begriff ‚Fürstenangst' zu umreißen ist. Hier wird bereits ein Stück der Sozialisierung der Bürger in den werdenden Residenzstädten sichtbar, die sich um die Anwesenheit des Landesherrn in ihrer Stadt sorgten. Solche Sorge offenbart sich beispielsweise in der Äußerung Johannes Rinmanns zum Jahr 1481, wenn er nach der Erwähnung eines Turniers *zu Stuttgarten in der stat* konstatiert: *Da ritt der jung herr graf Eberhart hinweg vnd hat sidher nimme hie hausgehalten.*[213] Es ist an der Zeit, dass dieser wichtige Zug der Stadtgeschichtsschreibung des Mittelalters von der Forschung wahrgenommen und thematisiert wird.

10 Conclusio – Entwicklungslinien und Entfaltungsschritte

Nun wäre im Grunde das ganze Panorama der städtischen Geschichtsschreibung im Reich nach seinen einzelnen Perioden und in seiner regionalen Gliederung zu entfalten. Das kann hier nicht mehr geschehen, und es muss auf die knappe aber prägnante und kenntnisreiche Darstellung verwiesen werden, die Moeglin kürzlich vorgelegt hat.[214] Nur in ganz wenigen Bemerkungen sollen wenigstens einige Entwicklungslinien und Entfaltungsschritte angedeutet werden, die auch die bereits skizzierten Phasen der verschriftlichten Geschichtsüberlieferung mit Inhalt zu füllen vermögen.[215]

Wie beginnt es? In der lateinischen Geschichtsschreibung finden sich seit den Anfängen des 13. Jahrhunderts Ansätze, die Stadt zum Thema der Geschichtsschreibung zu machen, und zwar einmal in einem als *Interpositio de civitate Augusta* benannten Kapitel der Chronik des Burchard von Ursberg, das Nachrichten zum römischen Ursprung Augsburgs enthält und das die Überschrift als

---

212 Vgl. die Übersicht bei Volker Honemann: [Art.] Rothe, Johannes. In: ²VL 8 (1992), Sp. 277–285; siehe auch neuerdings Johannes Rothe: *Thüringische Landeschronik* und *Eisenacher Chronik*. Hrsg. von Sylvia Weigel, Berlin 2007.

213 Stälin (Anm. 209), S. 94.

214 Moeglin (Anm. 162).

215 Auf Literaturhinweise zu einzelnen Autoren und Werken wird hier weitgehend verzichtet.

eigenständigen Text ausweist.[216] Zum anderen hat SCHMALE in einem die Jahre 1226 – 1278 umfassenden, von HEINRICH BOOS[217] rekonstruierten Annalensatz erste Spuren „einer ausgesprochen bürgerlichen Geschichtsschreibung" auf deutschem Boden fassen zu können gemeint.[218] Das mag man auf sich beruhen lassen, ebenso wie den Vorschlag SCHUBERTS, die Colmarer Dominikanerchroniken in die städtische Geschichtsschreibung miteinzubeziehen.[219]

Die ersten großen Leistungen deutschsprachiger Stadtgeschichtsschreibung jedoch entstehen ebenfalls im 13. Jahrhundert, gegen sein Ende zu, in den siebziger Jahren, und zwar im Zusammenhang der deutschen Reimchronistik. Dabei handelt es sich einmal um die *Reimchronik der Stadt Köln* des Gottfried Hagen, der – um 1230 geboren – seit 1271 als Urkundenschreiber des Kölner Rates tätig gewesen ist.[220] Sie schildert die legendarischen Ursprünge der Stadt und dann im Wesentlichen in außerordentlicher Breite und mit großem Detailreichtum die seit dem Tod Kaiser Friedrichs II. tobenden Kämpfe der Stadt gegen den Erzbischof und dann zwischen Geschlechtern und Zünften. Sie enthält in geradezu paradigmatischer Weise das Vokabular der städtischen Wertvorstellungen von der *vrijheit* bis zur *unitas civium*, die unüberwindlich macht: [...] *want als lange Coelne eindreichtich is*, kann es nicht überwunden werden.[221] Die erste wirkliche deutsche Stadtchronik schlägt damit unüberhörbar den Grundton der Kategorie des inneren Konflikts an, der so viele Werke der städtischen Geschichtsschreibung kennzeichnet.

Auf der anderen Seite entstand, wohl ebenfalls in den siebziger Jahren, das *Fürstenbuch* Jans Enikels, der sich als *rechten Wienner* bezeichnet und zu erkennen gibt, dass er zur Gruppe der ‚Ritterbürger' mit Hausbesitz in der Stadt Wien gehört. Aus dieser Perspektive schreibt er die Geschichte des Landes Österreich und des Landes Steier und ihrer Fürsten, die die Wiener Bürger begünstigen, die zu ihnen und ihrem Hof enge Beziehungen unterhalten, sie gegen den Landesadel

---

216 Die Chronik des Propstes Burchard von Ursberg. Hrsg. von OSWALD HOLDER-EGGER/BERNHARD SIMSON, Hannover/Leipzig ²1916 (MGH Scr. rer. germ. In us. schol.), S. 50 – 52.

217 HEINRICH BOOS: *Monumenta Wormatiensia*. Annalen und Chroniken, Berlin 1853, S. 145 – 162.

218 FRANZ-JOSEF SCHMALE: Deutschlands Geschichtsquellen im Mittelalter. Vom Tode Kaiser Heinrichs IV. bis zum Ende des Interregnums. Bd. 1, Darmstadt 1976, S. 129.

219 SCHUBERT (Anm. 136), S. 39.

220 Gottfried Hagen: Reimchronik der Stadt Köln. Hrsg. von KURT GÄRTNER/ANDREA RAPP/DESIRÉ WALTER, Düsseldorf 2008; MANFRED GROTEN: Köln im 13. Jahrhundert. Gesellschaftlicher Wandel und Verfassungsentwicklung, Köln/Weimar/Wien ²1998 (Städteforschung. Reihe A: Darstellungen 36).

221 Hagen (Anm. 220), S. 30, V. 831.

unterstützen und an der für sie vorbildhaften höfischen Kultur teilhaben.[222] Wien steht im Mittelpunkt der Darstellung, mit der Erzählung seines Herkommens beginnt das Werk, und daher darf man dieses *Fürstenbuch* doch der Stadtgeschichtsschreibung zurechnen. Gottfried Hagen und Jans Enikel verkörpern Gegenpole in der Haltung des städtischen Geschichtsschreibers gegenüber dem Stadtherrn. Am Beginn der deutschsprachigen städtischen Geschichtsschreibung stehen sie gleichsam als Prototypen dieser Interessenbildung in der städtischen Gesellschaft, die die kollektive Erinnerung bestimmt.

Die großen Reimchroniken des 13. Jahrhunderts haben keine kontinuierliche Tradition in der Stadtgeschichtsschreibung ausgebildet, obwohl man gelegentlich immer wieder zu dieser Form griff, vor allem auch in Köln, wo im Ausgang des 14. Jahrhunderts wiederum ein Verfassungskonflikt im Gedicht von der *Weberschlacht* eine versifizierte Darstellung erfuhr.[223] Die Zukunft der Stadtgeschichtsschreibung aber lag in der deutschsprachigen Prosa, die zum ersten Mal im 13. Jahrhundert mit der *Sächsischen Weltchronik* in die Historiographie eingedrungen war und die ihrerseits auch als welt- und reichsgeschichtliche Folie für die vielgestaltige Stadtgeschichtsschreibung zu gelten hat.[224] Sie kann jedoch hier nicht beschäftigen.

Dagegen darf ein anderer Textkomplex nicht übergangen werden, der für die mittelalterliche Stadtgeschichtsschreibung von großer Bedeutung gewesen ist. Die Geschichte der *civitates* und ihrer Bischöfe, aber auch ihrer *cives* ist seit dem frühen Mittelalter von der Gattung der *Gesta episcoporum* gepflegt worden, gleichsam einer Stadtgeschichtsschreibung vor der Entstehung der kommunal verfassten Stadt.[225] Die Texte dieser Gattung müssen in der Tat als eine der frühen Formen der Stadtgeschichtsschreibung gelten. Das macht beispielsweise der Verfasser der *Gesta archiepiscoporum Magdeburgensium* des 12. Jahrhunderts unmissverständlich klar, wenn er im Prolog erklärt, die *sacrosancta Magdeburgensis ecclesia, sicut et civitas* sei in ihrem Herkommen von mächtigen Kaisern

---

222 Jansen Enikels Werke. Hrsg. von PHILIPP STRAUCH, Hannover 1900 (MGH Deutsche Chroniken 3), S. 599 – 679; OTTO BRUNNER: Das Wiener Bürgertum in Jans Enikels *Fürstenbuch*. In: DERS.: Neue Wege der Verfassungs- und Sozialgeschichte, Göttingen [2]1968, S. 242 – 265. URSULA LIEBERTZ-GRÜN: Das andere Mittelalter. Erzählte Geschichte und Geschichtskenntnis um 1300, München 1984, S. 71 – 100; HEINZLE (Anm. 154), S. 54 – 57.

223 *De weverslaicht*. In: Die Chroniken der niederrheinischen Städte. Köln. Bd. 1. Hrsg. von KARL HEGEL, Leipzig 1875 (Chron.dt.St. 12), S. 237 – 257.

224 Vgl. oben S. 383 und MENKE (Anm. 162).

225 REINHOLD KAISER: Die *Gesta episcoporum* als Genus der Geschichtsschreibung im frühen Mittelalter. In: Historiographie im frühen Mittelalter. Hrsg. von ANTON SCHARER/GEORG SCHEIBELREITER, Wien/München 1999, S. 459 – 480; MICHEL SOT: *Gesta episcoporum. Gesta abbatum*, Turnhout 1981.

geprägt, von Caesar gegründet, von Karl dem Großen dem Christentum zugeführt, und von Otto I. sei dann das Erzbistum errichtet worden. Die Geschichte dieser Erzbischöfe gelte es zu erzählen.[226] Dieses Modell der Bistums- und Stadtgeschichte ist wirkungsmächtig geblieben bis in die Anfänge der Frühen Neuzeit hinein, und es ist auch von den Stadtchronisten adaptiert worden, die es für städtische und bürgerliche Interessen zu perspektivieren vermochten. OLIVER PLESSOW hat diese Kontinuitäten und Wandlungen am Beispiel der Chroniküberlieferung des Bistums Münster prägnant herausgearbeitet und theoretisch untermauert.[227] Es kann kein Zweifel bestehen: In der frühen Zeit der *civitates* und noch im Hochmittelalter ist der Bischof mit den *Gesta episcoporum* der Hüter und Tradent der historischen Überlieferung und damit des historisch gegründeten Selbstverständnisses der Stadt. DIETER MERTENS hat bereits vor längerer Zeit in einer Analyse des so genannten *Ellenhard-Codex* aus Straßburg gezeigt, wie die Bürgerschaft dem Bischof die Sorge um die Bewahrung und Deutung des Wissens um die städtische Vergangenheit sozusagen aus der Hand nahm, wie sie dies auch mit der Bauleitung des Münsters, der Verwaltung des *frowen werk* („Frauenwerk") tat, das der Bürger Ellenhard seit 1284 leitete.[228] Dieser Codex enthält zusammen mit anderen Texten das *Bellum Waltherianum*, das den 1262 siegreich bestandenen Konflikt der Bürgerschaft mit dem Bischof Walter von Geroldseck schildert und das von jeher – seit LORENZ – als das „erste Beispiel einer echt bürgerlichen und städtischen Geschichtsschreibung in Deutschland" galt.[229] Das ist ein Text des Schlachtengedenkens, der die Emanzipation der Stadt aus bischöflicher Herrschaft kommemoriert und das allein wiegt schon schwer. Es ist jedoch die Gesamtheit der Texte dieser Handschrift, die das Bewusstsein spiegelt, das ein Straßburger Bürger von der ihm bekannten Welt, „in ihrer Ordnung und Gliederung, von ihrer Tiefe in Raum und Zeit" haben konnte, um noch einmal SCHMIDTS Formulierungen ins Gedächtnis zu rufen.[230] Angesichts dieser Textkonfiguration

226 *Gesta archiepiscoporum Magdeburgensium*. Hrsg. von WILHELM SCHUM. In: Supplementa tomorum I-XII, pars II. Supplementum tomi XIII. Hrsg. von GEORG WAITZ, Hannover 1883 (MGH Scriptores in folio 14), S. 361–486, hier S. 376; vgl. dazu STEPHAN FREUND: Die *Gesta archiepiscoporum Magdeburgensium*. In: Die Literatur in der Stadt. Magdeburg in Mittelalter und früher Neuzeit. Hrsg. von MICHAEL SCHILLING, Heidelberg 2012, S. 11–32.

227 PLESSOW (Anm. 162); ein Überblick über die spätmittelalterliche Bistumsgeschichtsschreibung findet sich bei MARKUS MÜLLER: Die spätmittelalterliche Bistumsgeschichtsschreibung. Überlieferung und Entwicklung, Köln/Weimar/Wien 1997 (Archiv für Kulturgeschichte. Beiheft 44).

228 DIETER MERTENS: Der Straßburger *Ellenhard-Codex* in St. Paul im Lavanttal. In: Geschichtsschreibung und Geschichtsbewusstsein (Anm. 37), S. 543–579.

229 LORENZ (Anm. 151), S. 27; weitere Urteile bei MERTENS (Anm. 228), S. 543 f.

230 SCHMIDT (Anm. 12), S. 9.

hat MERTENS mit Recht den Schluss gezogen, dieser Codex stehe am Anfang der städtischen Geschichtsschreibung Straßburgs und er sei nicht nur ihr *initium* sondern auch ihr *principium*,[231] d. h. die Einbindung stadtgeschichtlicher Aufzeichnungen in andere Texte und Modelle der Geschichtsschreibung.

In Straßburg wurden in der Folgezeit auch weitere Elemente in die städtische Geschichtsschreibung eingefügt, die die Konfiguration Ellenhards nuancierten und zugleich modernisierten. Fritsche Closener († 1390/96), Dombenefiziat und dem *Frauenwerk*, wo der *Ellenhard-Codex* verwahrt wurde, eng verbunden, und Jakob Twinger von Königshofen († 1420), der Kanoniker von St. Thomas, haben ihre Chroniken als Papst-, Kaiser- und Bistumsgeschichte konzipiert, wobei das *Bellum Waltherianum* in deutscher Übersetzung in die Chronik Twingers integriert wurde.[232] Damit griffen sie zu einem Modell der mendikantischen Weltgeschichtsschreibung, das in der Papst-Kaiser-Chronik des Martin von Troppau seinen erfolgreichsten Autor gefunden hatte. Sie schufen damit – so MOEGLIN[233] – auch ein erfolgreiches Modell für die Stadtgeschichtsschreibung, und keine andere Stadtchronik hat, wie die handschriftliche Überlieferung zeigt, die Grenzen der eigenen Stadt in ihrer Verbreitung so weit überschritten wie Twingers Chronik.

Damit sind die tastenden Anfänge der deutschen Stadtgeschichtsschreibung, die SCHUBERT hervorgehoben hat,[234] in Ansätzen gekennzeichnet. Zum Durchbruch kommt die deutschsprachige Geschichtsprosa erst während der zweiten Hälfte des 14. Jahrhunderts, mehr als ein Jahrhundert nach der *Sächsischen Weltchronik* und auch rund 100 Jahre nach dem ersten Versuch, deutsche Rechtstexte mit deutschsprachigen historischen Texten in den Magdeburger Rechtsbüchern zu verbinden. JANOTA hat ihre Anfangsphalanx benannt: die *Magdeburger Schöppenchronik*, die als bürgerliche Geschichtsschreibung neben die erzbischöflichen Gesta trat, die eben erwähnten Straßburger Chroniken Fritsche Closeners und Jakob Twingers, Johann von Guben in Zittau und Tileman Elhen von Wolfhagen in Limburg, beide ganz der Gegenwartschronistik verpflichtet und Ulman Stromer in Nürnberg mit seinem *püchl*.[235] Hinzuzufügen ist noch die frühe Lübecker Chronistik, die bereits weiter zurückreicht und mit dem

231 MERTENS (Anm. 228), S. 576.

232 Zu beiden nur KLAUS KIRCHERT: Städtische Geschichtsschreibung und Schulliteratur. Rezeptionsgeschichtliche Studien zum Werk von Fritsche Closener und Jakob Twinger von Königshofen, Wiesbaden 1993.

233 MOEGLIN (Anm. 162), S. 401–405.

234 SCHUBERT (Anm. 136), S. 41 f.

235 JANOTA (Anm. 154), S. 395–398.

Namen des Franziskaners Detmar verbunden ist.[236] Damit hat sich in den Städten des Reichs in allen seinen Regionen bis zur Wende zum 15. Jahrhundert eine literarisch geformte Geschichtsschreibung in deutscher Sprache etabliert, und auch in Metz existierte eine „Chronique des maîtres echevins“ in französischer Sprache.[237]

Nach diesen ‚Bahnbrechern‘ entfaltet sich während des 15. Jahrhunderts unter den bereits geschilderten Bedingungen der neuen Schriftlichkeitsentwicklung der ganze Reichtum der verschriftlichten Geschichtsüberlieferung und Chronistik der Städte im Reich. Sie ist hier nicht mehr zu schildern, aber es soll noch einmal ganz deutlich gemacht werden, dass die Verbreitung und Dichte dieser Geschichtsschreibung größer ist, als das Textcorpus der ‚Chroniken der deutschen Städte‘ es vermuten lässt. Es heben sich Spitzenautoren hervor, die fest in das literarische Leben ihrer Zeit eingebunden sind, wie etwa Hermen Bote in Braunschweig, dessen *Schichtbuch*[238] zwar keine Chronik darstellt, sondern eine für die städtische Politik bestimmte didaktische Summe aus den Verläufen der inneren Unruhen in der Vergangenheit der Stadt zieht. Daneben stehen der kaiserliche Notar Tilemann Elhen in seiner kleinen Stiftsstadt Limburg mit seinen weitgespannten Interessen, Johannes Rothe in Eisenach mit seinem vielgestaltigen Œuvre und gründlichen Kenntnissen der geistlichen Literatur und der reiche und unabhängige Metzer Kaufmann Philippe de Vigneulles der eine voluminöse Weltchronik schrieb, die immer wieder auf Metz zu sprechen kommt, so dass sie im Grunde eine „Chronique à l'honneur de la noble cité de Metz“[239] darstellt. Er verfasst daneben noch ein *Journal*, das die Geschichte seiner Stadt auf seine eigene Person bezog, wie dies auch Burkhard Zink im zweiten Teil seiner *Augsburger Chronik* tat und schließlich unternahm er noch eine Prosaauflösung der *Chanson de Garin le Loherain*, die die sagenhafte Vorzeit der Region als Folie der Stadtgeschichte bietet.[240] Endlich ist da schließlich noch der bereits oft genannte Sigismund Meisterlin, der seine Gelehrsamkeit an seine Augsburger und Nürnberger Chroniken wandte und den Anschluss an die humanistischen Bestrebungen seiner Zeit herstellte. Es ist ferner

---

236 Zu ihr und ihrer komplizierten Entstehungsgeschichte siehe WRIEDT (Anm. 198), der auch auf die Ende des 14. Jahrhunderts in lateinischer Sprache abgefasste *Nova chronica Wismariensis* hinweist (S. 412–414).

237 MONIQUE PAULMIER-FOUCART: Philippe de Vigneulles et sa Chronique à l'honneur de la noble cite. In: Écrire l'histoire (Anm. 162), S. 201–240, hier S. 205 f.

238 *Schichtbuch* (Anm. 17), S. 299–493.

239 PAULMIER-FOUCART (Anm. 237), S. 201.

240 Zu den Ausgaben des *Journal* siehe Anm. 21; dazu PAULMIER-FOUCART (Anm. 237); *La chanson de geste de Garin le Loherain* mise en prose par Philippe de Vigneulles de Metz, Paris 1901.

hervorzuheben, dass neben diesen herausragenden literarischen Leistungen auch Spitzenprodukte der Ausstattung und Illustration stehen, die der Stadtchronik in der Hand des Rates, aber auch im Besitz von Privatpersonen einen repräsentativen Charakter verleihen, der sie von den Gebrauchshandschriften abhebt.[241]

Es würde den Versuch lohnen, die Fülle der Texte geographisch zu gliedern, einzelne Regionen herauszuarbeiten, die in ihrer städtischen Geschichtsschreibung ähnliche Züge aufweisen. Da ist der Hansebereich, der offensichtlich am stärksten der Ratsbuchchronistik verbunden ist, da dort diese Textsorte der Stadtbücher ihre weiteste und dichteste Verbreitung gefunden hat. Gleichzeitig zeigen sich hier die Texte der historischen Überlieferung am nachhaltigsten geprägt von der Grundkategorie des Konflikts, von der Erfahrung innerstädtischer Unruhen. Der hessisch-thüringische Raum steht stark unter dem Einfluss des Œuvres von Johannes Rothe und findet in Erfurt ein besonders fruchtbares chronistisches Zentrum.[242] Oberdeutschland bildet eine klassische Landschaft der Stadtchronistik mit den Zentren Nürnberg und Augsburg ebenso der Oberrhein und die eidgenössischen Städte.[243] Andere Regionen haben auch in bedeutenden Städten kaum Geschichtsschreibung hervorgebracht, dazu gehören etwa Österreich, Steiermark und Kärnten, wo die Stadtchronistik erst im 16. Jahrhundert einsetzt. Die Eckpunkte der Verbreitung werden in etwa abgesteckt im Osten durch Danzig[244] und Breslau mit dem monumentalen Werk Peter Eschenloers,[245] im Westen durch Metz mit seiner ungeheuer reichen Überlieferung[246] und Lüttich, wo Jean d'Outremeuse die Geschichte seiner Stadt in der *Geste de Liège* auf eine

---

241 Dazu Norbert H. Ott: Zum Ausstattungsanspruch illustrierter Städtechroniken. Sigismund Meisterlin und die Schweizer Chronistik als Beispiele. In: *Poesis et pictura.* Studien zum Verhältnis von Text und Bild in Handschriften und alten Drucken. Festschrift für Dieter Wuttke zum 60. Geburtstag. Hrsg. von Stephan Füssel/Joachim Knape, Baden-Baden 1989, S. 77–106.

242 Dazu neuerdings Karl Heinemeyer: Quellen zur Geschichte Erfurts in Mittelalter und Früher Neuzeit. Zum Stand der Veröffentlichung. In: Mitteilungen des Vereins für die Geschichte der Stadt Erfurt 75, NF 22 (2014), S. 8–26.

243 Vgl. zu ihnen den Beitrag von Regula Schmid in diesem Band, sie treten daher hier in den Hintergrund.

244 Zur Geschichtsschreibung im Gebiet des Deutschen Ordens vgl. Udo Arnold: Geschichtsschreibung im Preußenland. In: Jahrbuch für Geschichte Mittel- und Ostdeutschlands 19 (1970), S. 74–126.

245 Peter Eschenloer: Geschichte der Stadt Breslau, 2 Bde. Hrsg. von Gunhild Roth, Münster 2003.

246 Vgl. Écrire l'histoire (Anm. 162).

trojanische und römische Vergangenheit gründete und bis in seine eigene Zeit fortführte.[247]

Damit stehen wir am Ende eines Versuchs den Ort der Geschichtsüberlieferung in ihren schriftlichen und nicht-schriftlichen Erscheinungsformen im Kommunikationssystem der Städte des mittelalterlichen Reichs zu erfassen und kenntlich zu machen. Nur zwei Fragen müssen noch kurz erörtert werden. Es dürfte deutlich geworden sein, wie hoch die Bedeutung des städtischen Rates für die Etablierung und Steuerung von Geschichtsüberlieferung und ihrer Verschriftlichung einzuschätzen ist. Das zeigt sich auch im Personenkreis der Autoren, die im Ganzen gesehen doch eine recht homogene Gruppe darstellen, auch wenn SCHUBERT die „sozialen Welten" hervorgehoben hat, die manchmal zwischen einzelnen von ihnen liegen.[248] Aber ein Merkmal eint sie doch alle, auch wenn sie vorgeben, nur für sich oder ihre Familie zu schreiben,[249] und das ist ihre Nähe zum Rat. Ob es sich nun um die Stadtschreiber handelt, denen ein sehr großer, wahrscheinlich der größte Anteil an der Abfassung dieser Geschichtsschreibung zukommt[250] oder um Ratsherren und Amtsträger – selbst nachgeordnete unter ihnen oder Aufsteiger wie Burkhard Zink und Heinrich Deichsler – oder um die sogar bis zum Ende des Mittelalters erstaunlich große Gruppe der Kleriker und Ordensleute – kaum einer unter ihnen allen, der keine Verbindung zum Rat oder zu dem Personenkreis gehabt hätte, der die Politik der Stadt bestimmte. So legten sie im Grunde alle die Ergebnisse ihrer historiographischen Arbeit in die Hände des Rates wie Sigismund Meisterlin auf dem Widmungsbild seiner *Augsburger Chronik*.[251]

Was hier behandelt wurde, war die Geschichtsschreibung der Städte im mittelalterlichen Reich, und nirgendwo sonst in Europa – außer in Italien, das hier keine Erwähnung gefunden hat und keine Erwähnung finden konnte – hat sie eine so reiche und vielfältige Entfaltung erfahren wie hier. Zwar hat es in letzter Zeit

---

247 SYLVAIN BALAU: Les sources de l'histoire de Liège au Moyen Âge, Brüssel 1903, S. 559–571; JOACHIM LEEKER: La legende de Troie au Moyen Âge, I. La legende d'une origine troyenne, ses implications politiques et ses étapes. In: jundelee/Person_JL/Publikation_JL/ANTIKEMI-Troie-Edit_neu.pdf.

248 SCHUBERT (Anm. 136), S. 40.

249 So z. B. der Kaufmann, Ratsherr und zeitweise Kämmerer Hans Porner in Braunschweig in seinem *Gedenkbuch*. In: Die Chroniken der niedersächsischen Städte. Braunschweig. Bd. 1. Hrsg. von LUDWIG HÄNSELMANN, Leipzig 1868 (Chron.dt.St. 6), S. 218–281.

250 Zu ihnen VOLKER HONEMANN: Die Stadtschreiber und die deutsche Literatur des Spätmittelalters und der frühen Neuzeit. In: Zur deutschen Literatur und Sprache des 14. Jahrhunderts. Dubliner Colloquium 1981. Hrsg. von WALTER HAUG/TIMOTHY R. JACKSON/JOHANNES JANOTA, Heidelberg 1983, S. 147–160.

251 Vgl. oben Abb. 2.

nicht an Versuchen gefehlt, auch für den Westen Europas, für Frankreich und England Chroniken und historische Aufzeichnungen in den Städten und durch ihre Bürger zu postulieren.[252] Doch bei näherem Hinsehen bleiben das Einzelfälle, auf keinen Fall existiert die Breite und Dichte wie sie für das Reich charakteristisch ist. Das heißt selbstverständlich nicht, dass es dort in den Städten kein Interesse für deren Geschichte und kein von ihr geprägtes Bewusstsein gegeben hat. Aber derartige Bestrebungen vollzogen sich in einem anders gearteten historiographischen Rahmen, der hier nicht beschäftigen kann.

Man wird nicht fehlgehen, wenn man den Grund für den Reichtum an städtische Geschichtsschreibung und deren Überlieferung mit der politischen Struktur des Reichs in Verbindung bringt, die zwar trotz der Urbanisierungswelle des Hochmittelalters vom 12. bis in die ersten Jahrzehnte des 14. Jahrhunderts immer noch eine Welt der Fürsten geblieben war, in der die Städte jedoch eine bedeutende politische Kraft darstellten. Sie agierten als kommunal verfasste Gemeinschaften, ganz gleichgültig ob es sich um Reichsstädte, so genannte Autonomiestädte oder Landstädte handelte, und sie agierten entlang der Leitlinie von Konsens und Konflikt: bei inneren Auseinandersetzungen, bei der Abwehr äußerer Feinde und in der Teilnahme an dem Ringen um Macht unter den territorialen Kräften im Reich. Solches Handeln, in größeren oder engeren Spielräumen, verlangte nach historischer Legitimierung. Das mag als eine reichlich summarische Erklärung anmuten, die weiterer Explikation bedürfte. Dem ist entgegenzuhalten, dass die Geschichte der städtischen Geschichtsschreibung des Mittelalters erst in Ansätzen geschrieben ist und hier nicht zu Ende geschrieben werden kann.

Lektürehinweise:
2. Friedrichs 1995 (34); Geschichte schreiben 2010 (162); Geschichtsschreibung und Geschichtsbewusstsein 1987 (37); Johanek 2000 (162); *Memoria* 2003 (147); Schubert 1992 (136).
3. Assmann ³2000 (23); Johanek 1999 (37); Johanek 2002 (66); Johanek 2003 (64); Johanek 2006 (37); Kleinschmidt 1982 (93); Schmid 2009 (37); Tonkin 1992 (55); Linke 2004 (62).

---

252 Juliane Kümmell: Alltagsweltliche Erfahrung und Formen volkssprachlicher Historiographie in den spätmittelalterlichen Städten Frankreichs. In: La litterature historiographique des origine à 1500. Bd. 1. Hrsg. von Hans Ulrich Gumbrecht/Ursula Link-Heer/Peter Michael Spangenberg, Heidelberg 1987 (Grundriss der romanischen Literaturen des Mittelalters XI/1), S. 735–254; Stein (Anm. 147).

Gerhard Wolf

Adlige Hauschroniken des Mittelalters und der Frühen Neuzeit

1 Vor- und Frühformen adliger Hauschroniken im 12. Jahrhundert

Die Entstehung literarischer Texte im mittelalterlichen Europa ist Ausdruck eines sich von der Autorität religiöser Denkmuster allmählich emanzipierenden, kulturellen Selbstbewusstsein der adligen Führungsschichten, das neben der Literatur auch in der bildenden Kunst, der Architektur oder in der Ausbildung eines spezifisch höfischen Zeremonialhandelns seinen Ausdruck findet und dessen politische Funktion in der Absicherung des eigenen Herrschaftsanspruchs durch repräsentativ wirkende kulturelle Leistungen besteht. Diese Entwicklung lässt sich zunächst im Frankreich der 2. Hälfte des 12. Jahrhunderts beobachten, sie strahlt relativ rasch in den deutschen Sprachraum aus, wo im Umkreis der Welfen und Staufer Ideen, Formen, Themen, Stile und Gattungen aus der Romania aufgegriffen und weiterentwickelt werden. Kulturtragende Schicht war eine Gruppe auch politisch bedeutender Adliger, die in erster Linie als Auftraggeber und Mäzene wirkten,[1] sich an der besonders prestigeträchtigen Gattung ‚Minnesang' aber auch mit eigenen Werken beteiligten. Obwohl nicht dokumentiert, geht man auch für die ersten volkssprachigen Chroniken des 12./13. Jahrhunderts von einem engen Bezug zu Höfen des Hochadels aus: Bei der anonymen *Kaiserchronik* vermutet man angesichts einer anfänglichen Parteinahme für dieses Geschlecht, dass die Welfen die Hand im Spiel hatten,[2] die *Weltchronik* Rudolfs von Ems ist König Konrad IV. gewidmet, die *Christherre-Chronik* entstand nachweisbar am Hof des Thüringer Landgrafen Heinrich des Erlauchten und die *Braunschweigische Reimchronik* am Hof der Braunschweiger Herzöge.[3]

1 Vgl. Joachim Bumke: Mäzene im Mittelalter. Die Gönner und Auftraggeber der höfischen Literatur in Deutschland. 1150 – 1300, München 1979, S. 463 – 478.

2 Bumke (Anm. 1), S. 79. Weil sich der Text nicht bruchlos einer der um die Mitte des 12. Jahrhunderts konkurrierenden Parteien zuordnen lässt, hat man sogar einen Autorwechsel vermutet (ebd., S. 83 f.).

3 Bei der vierten der großen Chroniken des 13. Jahrhunderts, der *Österreichischen* bzw. *Steierischen Reimchronik* des Ministerialen Ottokar aus der Gaal (von der Steiermark) lässt sich ein solches Abhängigkeitsverhältnis nicht nachweisen; Bumke (Anm. 1), S. 274.

Allerdings steht in diesen Chroniken – sieht man einmal von der *Braunschweigischen Reimchronik* ab[4] – nicht die Darstellung einer Dynastiegeschichte im Vordergrund, woraus geschlossen werden kann, dass Auftraggeber und Rezipienten dieser Werke andere Themen fokussiert sehen wollten als Herkunft und Entwicklung einer adligen Dynastie. Dazu gehörten politisch brisante Themen wie die *translatio imperii*, d.h. der Übergang der römischen Kaiserwürde auf die deutschen Kaiser, das Verhältnis von geistlicher und weltlicher Macht, von Kaiser und Fürsten oder der Kampf um die Vorherrschaft über das christliche Abendland. Dies entspricht den Beobachtungen zu den Themenschwerpunkten in der zeitgenössischen fiktionalen Literatur: So verhandelt der *Eneasroman* Heinrichs von Veldeke ebenfalls die Frage der *translatio imperii* im Kontext einer Ableitung der Deutschen von den Trojanern und bietet Lösungsmöglichkeiten für die offenbar dringende Frage nach der Legitimität von Eroberungen und der daraus entstehenden Problematik an.[5] Aber bezeichnenderweise wird bei Veldeke keine Verbindung von den Trojanern zu einem einzelnen Adelsgeschlecht hergestellt, wie dies für den ludowingischen Hof Hermanns von Thüringen, der als Auftraggeber für Veldekes *Eneasroman* genannt wird, naheliegend gewesen wäre.[6]

Aber es gibt auch ein prominentes Gegenbeispiel, welches zeigt, dass schon sehr früh das politische Potenzial einer dynastiezentrierten Vergangenheitskonstruktion erkannt worden ist: die *Historia Welforum*.[7] Entstanden ist dieses Werk, das man als ‚Gründungsdokument' der Gattung Hauschronik[8] im deutschsprachigen Raum ansehen kann, vermutlich um 1170 am Hof Welfs VI. in Ravensburg; es dokumentiert bereits eine zweite Stufe der Arbeit an der welfischen Familientradition, da es sich auf eine kurz nach 1126 entstandene *Genealogia Welforum*[9]

4 Vgl. dazu unten S. 405 f.

5 Beate Kellner: Ursprung und Kontinuität. Studien zum genealogischen Wissen im Mittelalter, München 2004, S. 179 f.

6 Kellner (Anm. 5), S. 185.

7 *Historia Welforum*. Lateinisch/Deutsch. Hrsg. und erläutert von Erich König, Stuttgart/Berlin 1938, Neudruck Sigmaringen 1978 (Schwäbische Chroniken der Stauferzeit 1) [http://digital.ub.uni-duesseldorf.de/content/structure/1764920; eingesehen: 30. 11. 2015]; Quellen zur Geschichte der Welfen und die Chronik Burchards von Ursberg. Lateinisch/Deutsch. Hrsg. von Matthias Becher, Darmstadt 2007 (Quellen zur deutschen Geschichte des Mittelalters 18b), S. 34–92.

8 Als adlige Hauschronik wird hier ein Werk definiert, in dem die Vergangenheit eines adligen Geschlechts überwiegend narrativ aufbereitet wird. Die Gattung grenzt sich damit ab von den Genealogien, die maßgeblich Lebensdaten der Familienmitglieder auflisten und verwandtschaftlichen Beziehungen darstellen, sowie von den bloßen Stammbäumen in graphischer Gestalt.

9 Quellen zur Geschichte der Welfen (Anm. 7), S. 24–27.

stützt, die die Geschlechterfolge der Dynastie bis zur Zeit Kaiser Ludwigs II. (846–879) nachzeichnet.[10] Der Berichtszeitraum der *Historia Welforum* endet 1167, nach 1191 wird im Kloster Steingaden eine Fortsetzung des Werks verfasst. Weder der Autor der *Historia* noch der der Fortsetzung sind namentlich bekannt.

Die *Historia* beginnt mit der Herleitung der Welfen von den Trojanern und Franken:[11] Da letztere ein unbändiger Freiheitswillen auszeichne, seien sie vor den aus dem Süden vordringenden Römern nach Norden ausgewichen, wo der Urahn des Geschlechts in Schwaben eine allodiale Herrschaft begründet und großzügige kirchliche Stiftungen errichtet habe. An diese Herkunftsableitung schließen sich onomasiologische Überlegungen zum Wort ‚Welf' sowie eine bis 1167 reichende fortlaufende Dynastiegeschichte an, in der deren herausragende Ereignisse erzählt, kommentiert und bewertet werden. Der Autor ist dabei sichtbar bemüht, eine abwechslungsreiche und interessante Geschichte der Welfen zu präsentieren, die sich darin signifikant von der Genealogie mit ihrer bloßen Aufzählung von Lebensdaten, Heiratsverbindungen und Nachkommen unterscheidet.[12]

Mit Trojaherkunft, primordialer Tat, Erfindung eines ‚Spitzenahns', Namenserklärung, Konstruktion einer ununterbrochenen genealogischen Linie, der Fokussierung auf das Verhältnis zum Reich, zur Kirche und auf zentrale Ereignisse zeichnet die *Historia* eine Grundstruktur adliger Hauschroniken vor, wie man sie noch im 16. Jahrhundert findet.[13] Zu dieser Struktur gehören noch weitere Fak-

---

10 München, Staatsbibliothek, Cod. Lat. 21563, fol. 41. Editionen: *Historia Welforum* (Anm. 7), S. 76–80 und Quellen zur Geschichte der Welfen (Anm. 7), S. 24–27.

11 Die Herleitung der Franken von den Trojanern lässt sich zum ersten Mal eindeutig in der wahrscheinlich in der 2. Hälfte des 7. Jahrhunderts entstandenen *Fredegar-Chronik* fassen, war aber sicher älteren Ursprungs, weil schon Gregor von Tours dagegen zu polemisieren scheint (vgl. Helmut Reimitz: Die Konkurrenz der Ursprünge in der fränkischen Historiographie. In: Die Suche nach den Ursprüngen. Von der Bedeutung des frühen Mittelalters. Hrsg. von Walter Pohl, Wien 2004 (Österreichische Akademie der Wissenschaften. Phil.-hist. Kl. Denkschriften 322. Forschungen zur Geschichte des Mittelalters 8), S. 191–209. Ziel der Trojaherkunft war es, „ein der römischen Gründungstradition gleichwertiges Bild der fränkischen Frühgeschichte zu zeichnen"; Kellner (Anm. 5), S. 262.

12 Zur Bedeutung der Genealogie siehe allg. Kilian Heck: [Art.] Genealogie. In: Höfe und Residenzen im spätmittelalterlichen Reich. Bd. 2: Bilder und Begriffe. Tlbd. 1: Begriffe. Hrsg. von Werner Paravicini, bearbeitet von Jan Hirschbiegel/Jörg Wettlaufer, 2 Tle., Ostfildern 2005 (Residenzenforschung XV/2), S. 265–273; vgl. auch Wolfgang Hasberg: Von der Genealogie zur Historiografie. Aspekte der Identitätsbildung am Beispiel der *Historia Welforum*. In: Verstehen und Vermitteln. FS Armin Reese. Hrsg. von Uwe Uffelmann/Manfred Seidenfuss, Idstein 2004, S. 165–204.

13 Hans-Werner Goetz (Geschichtsschreibung und Geschichtsbewußtsein im hohen Mittelalter, Berlin ²2008 [Orbis mediaevalis 1], S. 363–371) sieht als wesentliche Ziele der *Historia Welforum*,

toren: Ein in den Stand der Heiligkeit erhobenes Familienmitglied, das die göttliche Begünstigung des Geschlechts belegt,[14] ein Kriegsheld, der über jegliches menschliches Maß hinauswachsend für Dynastie oder das Reich kämpft und fällt, ein ‚Friedensfürst', der Witwen und Waisen schützend den Typus des gerechten und weisen Herrschers repräsentiert, ein Kreuzfahrer, der für den christlichen Glauben mit dem Leben einsteht, aber auch das schwarze ‚Familienschaf',[15] an dem die Rezipienten aus der eigenen Dynastie sich ihrer eigenen positiven Identität versichern können.[16] Unerlässlich sind ferner die genaue Auflistung der genealogischen Heiratsbeziehungen zu anderen Adelsgeschlechtern, sowie die freundschaftlichen oder feindlichen Beziehungen zu den eigenen Nachbarn, wobei mächtige Feinde durchaus die Ehre des Geschlechts erhöhen können.[17] Aus all diesen Kriterien ergibt sich ein „eigenes Gesicht der Familie",[18] das im Fall der *Historia Welforum* auch welfenkritische Passagen enthält, weil nur so jene fatalen familiären Handlungsmuster zum Vorschein kommen, aus denen dem Geschlecht im Lauf der Geschichte stets Schaden erwachsen ist.[19]

Dass die *Historia Welforum* ein Einzelfall ist und es für lange Zeit bleibt, gilt indessen nur für den deutschen, nicht jedoch für den europäischen Kontext.[20]

---

die Verteidigung der hochadligen Ursprünge, den Nachweis eines vorbildlichen Amtsverständnisses und die Formulierung eines Anspruchs auf Ebenbürtigkeit mit dem König.

14 Vgl. Alheydis Plassmann: Die Welfen-Origo, ein Einzelfall? In: Welf der IV. Schlüsselfigur einer Wendezeit. Regionale und europäische Perspektiven. Hrsg. von Dieter R. Bauer/Matthias Becher, München 2004 (Zeitschrift für Bayerische Landesgeschichte. Beiheft 24), S. 56 – 83, hier S. 66.

15 Zu diesem Typus vgl. Alheydis Plassmann: Norm und Devianz in hochmittelalterlichen Adelsfamilien West- und Mitteleuropas – Der Umgang mit ‚schwarzen Schafen' der Familie. In: Geschichtsvorstellungen. Bilder, Texte und Begriffe aus dem Mittelalter. FS Hans-Werner Goetz. Hrsg. von Steffen Patzold/Anja Rathmann-Lutz/Volker Scior, Wien/Köln/Weimar 2012, S. 431 – 459, besonders S. 452 – 456.

16 Plassmann (Anm. 14), S. 81 f.

17 Plassmann (Anm. 14), S. 79.

18 Plassmann (Anm. 14), S. 80.

19 Dies erklärt eher die welfenkritischen Aspekte des Textes als die These, ein stauferfreundlicher Mönch habe die *Historia* zur Welfenkritik benutzt. Vgl. dazu auch Goetz (Anm. 13, S. 371), der meint, es handele sich bei dem Text um „eine aus der Krise erwachsene Erinnerung an die schwäbischen Welfen", bei der sich dann jede Apologetik verboten hätte, weil die Rezipienten keinen Nutzen daraus ziehen konnten.

20 Noch Otto Gerhard Oexle (Adliges Selbstverständnis und seine Verknüpfung mit dem liturgischen Gedenken – das Beispiel der Welfen. In: Zeitschrift für die Geschichte des Oberrheins 134 [1986], S. 47 – 75) vertritt die Ansicht, die *Historia* sei „das erste Geschichtswerk des europäischen Mittelalters, in dem das adelige Haus als solches Gegenstand der Darstellung ist" (S. 50).

Nachdem schon PETER JOHANEK[21] auf zwei nur wenig später entstandene Texte, die aus dem Hennegau bzw. aus Flandern stammen, aufmerksam gemacht hat, wurde jüngst von ALHEYDIS PLASSMANN[22] nachgewiesen, dass es auch mindestens zwei weitere Vorläufer gab[23] – eine „*Flandria generosa* [...] genannte Quelle, die um 1164 zum Ruhme der Grafen von Flandern aufgezeichnet wurde" sowie „die Chronik der Grafen von Anjou [...], die in verschiedenen Rezensionen überliefert ist, deren letzte etwa von 1175 stammt."[24] PLASSMANN hat zwischen diesen beiden Chroniken und der *Historia Welforum* eine ganze Reihe von Koinzidenzen herausgearbeitet: „Allen ist gemeinsam, daß sie an Schnittpunkten der Familien- und Herrschaftsgeschichte entstanden sind, die eine Rückbesinnung und eine Kristallisation des Selbstverständnisses notwendig machten."[25] Dabei ging es nicht um den Nachweis adliger Herkunft an sich,[26] da dies beim Hochadel unnötig war, vielmehr sollte die Ebenbürtigkeit mit dem Königsgeschlecht nachgewiesen werden, wozu der Nachweis einer autonomen Eigenherrschaft erforderlich war.

---

21 PETER JOHANEK: [Art.] *Historia Welforum*. In: ²VL 4 (1983), S. 61 – 65, hier S. 63: Das *Chronicon Hanoniense* wurde um 1196 verfasst, die *Historia comitum Ghisnensium* („Chronik der Grafen von Guines") des Lambert von Ardres zu Beginn des 13. Jahrhunderts. Lambert behauptet, Balduins Sohn Arnold habe sich die Geschichten von Roland, König Arthur und Tristan und Isolde erzählen lassen; vgl. auch HANS PATZE: Adel- und Stifterchronik. Frühformen territorialer Geschichtsschreibung im hochmittelalterlichen Reich. In: Blätter für deutsche Landesgeschichte 100 (1964), S. 8 – 81; 101 (1965), S. 67 – 128, hier S. 86, Anm. 65a.

22 PLASSMANN (Anm. 14).

23 Vor PLASSMANN hat schon PATZE (Anm. 21, S. 15) darauf hingewiesen, dass die dynastiebezogene europäische Geschichtsschreibung bereits im 10. Jahrhundert in Flandern einsetzt. Er führt hierzu jedoch Werke an, die man eher den Ereignischroniken oder der Vitenliteratur zurechnen muss. Als ‚Initialzündung' für die dynastische Geschichtsschreibung sieht er die Ermordung Karls des Guten 1127 an, die drei Autoren veranlasste, die Gründe für den Mord aufzuzeichnen (S. 68).

24 PLASSMANN (Anm. 14), S. 59.

25 PLASSMANN (Anm. 14), S. 59. So entstand die *Flandria generosa* „nach mehreren unsicheren Sukzessionen und sollte wohl die Herrschaft Dietrichs vom Elsaß in Flandern legitimieren" (ebd.). Mit dem *Chronicon Hanoniense* wurde möglicherweise das angovinische Geschlecht an seine gräfliche Herkunft erinnert.

26 Anders GOETZ (Anm. 13), S. 363 – 365.

2 Adelsgeschichte als Gegenstand der Chronistik im 13. und 14. Jahrhundert

Obwohl die *Historia Welforum* in mehreren Handschriften überliefert und im deutschen Süden rezipiert wurde,[27] die flandrischen Chroniken aufgrund enger kultureller Verbindungen im Rhein-Maas-Gebiet[28] und die Anjou-Chronik am Hof Heinrichs des Löwen bekannt gewesen sein dürften,[29] fasste die Gattung der adligen Hauschronik im deutschen Sprachraum lange nicht Fuß. Die Gründe dafür sind standesspezifisch verschieden. Der hohe Adel förderte – wie bereits erwähnt[30] – Welt- und Universalchroniken, die seinem Repräsentationsbedürfnis mehr entsprachen und Themen behandelten, die im Fokus seines machtpolitischen Handelns standen. Dem niederen Adel fehlten nicht nur die für die Anfertigung einer Chronik notwendigen Urkunden,[31] ihm standen offenbar auch kaum Autoren zur Verfügung, die die notwendige Kompetenz besaßen. Vor allem aber hatte der niedere Adel bis weit ins 14. Jahrhundert noch gar keine eigene Standesidentität gefunden.[32] Wenn er kulturell mit dem Hochadel konkurrierte,

27 Die handschriftliche Überlieferung verzeichnet Mike Malm: [Art.] *Historia Welforum*. In: DLL MA 3 (2012), Sp. 120 – 123, hier Sp. 121; zur noch nicht genügend erforschten Rezeption siehe Klaus Graf: Reich und Land in der südwestdeutschen Historiographie um 1500. In: Deutsche Landesgeschichtsschreibung im Zeichen des Humanismus. Hrsg. von Franz Brendle u. a., Stuttgart 2001 (Contubernium 56), S. 201 – 211, hier S. 203, Anm. 43.

28 *Van der Masen tot op den Rijn*. Ein Handbuch zur Geschichte der volkssprachlichen mittelalterlichen Literatur im Raum von Rhein und Maas. Hrsg. von Helmut Tervooren, Berlin 2006, besonders S. 233 – 247, 255 – 284.

29 Plassmann (Anm. 14), S. 83.

30 Vgl. oben S. 399 f.

31 Die Unachtsamkeit seiner Adelsgenossen bei der Aufbewahrung ihrer Urkunden beklagt im 16. Jahrhundert noch der Autor der *Zimmerischen Chronik* (vgl. unten Anm. 136; 2. Bd., S. 375) Froben von Zimmern (Beat Rudolf Jenny: Graf Froben Christoph von Zimmern. Geschichtsschreiber, Erzähler, Landesherr. Ein Beitrag zur Geschichte des Humanismus in Schwaben, Lindau/Konstanz 1959, S. 130).

32 Vgl. zur These der ‚Erfindung' des Adels im Spätmittelalter Joseph Morsel: Die Erfindung des Adels. Zur Soziogenese des Adels am Ende des Mittelalters – das Beispiel Frankens. In: Nobilitas. Funktion und Repräsentation des Adels in Alteuropa. Hrsg. von Otto Gerhard Oexle/Werner Paravicini, Göttingen 1997 (Veröffentlichungen des Max-Planck-Instituts für Geschichte 133), S. 312 – 375. Morsel vertritt für den fränkischen Adel die These, er sei „erst im ausgehenden Mittelalter, nämlich nach 1400, entstanden. Das heißt: Es gab zuvor zwar eine Gesamtheit soziopolitisch dominierender Menschen, die – unregelmäßig, nicht eindeutig und nicht alle – als *nobiles* bezeichnet werden konnten, keinesfalls aber das soziale Gefüge bildeten, das man später ‚Adel' nannte" (S. 316). Als wesentliche Phänomene der Ausbildung des Adels sieht Morsel das ritterliche Turnier (S. 353 – 358), die Abgrenzung gegenüber den Städten und den „territorial orientierten Fürsten" (S. 369), da beide „die hergebrachten sozialen Verhältnisse in Frage stell-

dann geschah dies durch die Teilnahme am literarischen Spiel des Minnesangs oder durch mäzenatische Förderung poetischer Texte.[33]

Dieses Bild ändert sich auch nicht wesentlich, als um die Wende zum 14. Jahrhundert Chroniken entstanden, in denen regionale Begebenheiten wie die „politischen und sozialen Auseinandersetzungen zwischen Landesfürsten und Landadel, Hoch- und Niederadel, Land und Stadt, geistlichen oder fürstlichen Stadtherrn und Stadtbürgern"[34] aufgezeichnet wurden. Zur ästhetischen und repräsentativen Funktion treten nun konkrete pragmatische Absichten – eine Entwicklung, die nun schon auf die Hauschroniken vorausweist. Die Ziele dieser neuen Territorial- bzw. Regionalchroniken waren „die Verteidigung überkommener Rechtsansprüche, Rechtfertigung vor Verdacht, Warnung an kommende Geschlechter oder an die junge Generation, [Belehrung darüber,] wie man es nicht oder besser machen solle."[35] Die Texte berichten über herausragende Ereignisse eines Jahres, über Seuchen, Kriege, weltliche und kirchliche Feste, aber auch über alltägliche Begebenheiten. Mit dem Blick auf den adligen Mikrokosmos werden allmählich genealogisch bedeutsame Informationen über einzelne Adelsgeschlechter, ihre Fehden oder Heiratsallianzen integriert, sind allerdings nicht selbstständiger Gegenstand, sondern Teil der Geschichte des jeweiligen Territoriums.

Den Gattungsübergang von der Territorial- zur Hauschronik kennzeichnet am besten die im letzten Viertel des 13. Jahrhunderts verfasste *Braunschweigische Reimchronik*, die man „mit gleichem Recht als Zeugnis der Landesgeschichtsschreibung wie der adligen Haushistoriographie bezeichnen [kann]."[36] Obwohl nicht explizit genannt, ist Heinrich I. von Braunschweig († 1322) „wohl der hauptsächlichste literarische Gönner"[37] des Werkes gewesen, das Stadt- und Territorialgeschichte mit der Geschichte des sächsischen Welfenhauses ver-

---

ten". Die ‚Erfindung' des Adels verläuft über die „sozial-konstruktive Kraft der diskursiven Praktiken" (S. 375), wozu er auch gerade die gemeinsame *memoria* zählt, wie sie in den Hauschroniken gepflegt wird. Es ist zu überlegen, ob Morsels Beobachtungen auch auf andere Regionen übertragen werden können.

33 Bumke (Anm. 1), S. 265–283.

34 Helmut de Boor (†): Die deutsche Literatur im späten Mittelalter. 1250–1350. Tl. 1: Epik, Lyrik, Didaktik, geistliche und historische Dichtung, 5. Aufl., neu bearbeitet von Johannes Jannota, München 1997 (Geschichte der deutschen Literatur von den Anfängen bis zur Gegenwart III/1), S. 172.

35 Hans Rupprich: Die deutsche Literatur vom späten Mittelalter bis zum Barock. 1. Tl.: Das ausgehende Mittelalter. Humanismus und Renaissance. 1370–1520, München 1970 (Geschichte der deutschen Literatur von den Anfängen bis zur Gegenwart IV/1), S. 141.

36 Kellner (Anm. 5), S. 374f.

37 Bumke (Anm. 1), S. 221.

mischt.[38] Allerdings dominiert hier letztlich noch der territoriale Fokus gegenüber einem dynastischen, was daran sichtbar wird, dass die für eine Hauschronik unabdingbare schwäbische Vergangenheit der Welfen weitgehend ausgeblendet bleibt.[39]

Auch in anderen Territorialchroniken des 14. Jahrhunderts werden dynastische Elemente integriert, wenn dies der politischen Absicht des Auftraggebers entspricht. So stellt Ernst von Kirchberg im Auftrag Albrechts II. die Geschichte Mecklenburgs und seines Herrschergeschlechts mit dem Ziel zusammen, dessen Gleichrangigkeit mit dem dänischen Königshaus nachzuweisen. Dazu konstruiert er ein adäquates Herkommen der Fürsten, das die Einheit der slawischen Herrscherdynastie mit dem Land bestätigen soll. In der *Mecklenburgischen Reimchronik*[40] lässt sich noch eine weitere Tendenz beobachten, die für die Chronistik der Frühen Neuzeit von Belang sein wird: Da er mit den – vergleichsweise – üppig fließenden Quellen allein das gewünschte Ziel nicht erreichen kann, reichert er „seinen Stoff mit ausschweifenden Schilderungen von Schlachtgetümmel, Belagerungen und Turnieren [an]."[41] Ein weiteres Beispiel für die Vermischung von dynastischer Geschichte mit Landes- ja sogar Weltgeschichte ist schließlich Johannes Rothes *Thüringische Weltchronik*, die erst 1421 abgeschlossen wurde.[42]

---

38 Am Braunschweiger Welfenhof wurden auch lateinische Fürstenchroniken verfasst, die *Chronica principum Brunsvicensiums*, die *Chronica ducem de Brunswick* und die *Chronica principum Saxoniae.*

39 Patze (Anm. 21), S. 108.

40 Handschrift: Schwerin, Landeshauptarchiv, 1.12-1 Chroniken [http://ub-goobi-pr2.ub.uni-greifswald.de/viewer/resolver?urn=urn:nbn:de:gbv:9-g-518516]; Ausgabe: Die *Mecklenburgische Reimchronik* des Ernst von Kirchberg. Hrsg. von Christa Cordshagen/Roderich Schmidt, Köln 1997.

41 Hans Patze: Mäzene der Landesgeschichtsschreibung im späten Mittelalter. In: Geschichtsschreibung und Geschichtsbewusstsein im späten Mittelalter. Hrsg. von Ders., Sigmaringen 1987 (Vorträge und Forschungen 31), S. 331 – 370, hier S. 349.

42 Patze (Anm. 41), S. 366 f. Patze weist darauf hin, dass es auch in der polnischen Chronistik üblich war, die Geschichte des Landes mit der der herrschenden Dynastie eng zu verbinden und einen Spitzenahn zu erfinden.

3 Voraussetzungen und Vorformen adliger Hauschroniken

3.1 Frühe Zeugnisse adliger Hauschroniken im Spätmittelalter

Ein wesentlicher Grund für die historisch relativ späte Entwicklung der Gattung Hauschronik, die ja erst Ende des 15. Jahrhunderts richtig einsetzt, dürfte der im Spätmittelalter andauernde Territorialisierungsprozess gewesen sein, innerhalb dessen es für die meisten Adelsgeschlechter noch offen war, ob ihnen der Aufbau eines lebensfähigen Territoriums gelingen oder sie mediatisiert werden würden – für diesen konfliktträchtigen Prozess liefert gerade der deutsche Südwesten mit seinem bunten Flickenteppich kleinerer und kleinster Adelsterritorien eine Vielzahl von Beispielen.[43] Während der Niederadel um die Existenz kämpfte, trachtete der Hochadel danach, sich ideologisch und kulturell nach unten abzuschließen. Dazu konnte die Konstruktion eines möglichst spektakulären Herkommens und einer ehrfurchtgebietenden Geschlechtsgeschichte sicher einen wichtigen Beitrag leisten. Frühe Zeugnisse hierfür sind eine nicht mehr erhaltene *Habsburger Chronik* des Konstanzer Bischofs Heinrich II. von Klingenberg (um 1240 – 1306), die angeblich sogar noch ins 13. Jahrhundert zurückreichen soll,[44] oder die Chronik der westfälischen Grafen von der Mark des Levold von Northof (1279 – ca. 1359) aus dem Jahr 1358. Diese Chronik ist zwar eher annalistisch geprägt, erhält aber bereits narrative Partien sowie eine Fürstenlehre in Reimprosa mit praktischen Ratschlägen für den Aufbau eines Territorialstaates.[45] Auch die politisch ambitionierten Grafen von Schauenburg bedienten sich dieser Repräsentationsform: Um 1400 beauftragten Otto I. und sein Bruder Bernhard den Mindener Mönch Hermann von Lerbeck mit der Herstellung ihrer Hauschronik. Ende des 15. Jahrhunderts entstand wahrscheinlich im Umfeld des Klosters Frenswegen nahe der niederländischen Grenze die *Cronike van den greven van Benthem.*[46] Im östlichen Teil des Reiches begann im selben Jahrhundert mit der *Meißnischen Chronik* eine

---

43 Vgl. dazu unten S. 417.

44 Jakob Mennel berichtet von einer solchen Chronik, deren Existenz aber umstritten ist; vgl. Andreas Bihrer: [Art.] Heinrich von Klingenberg. In: EMC 1, S. 761.

45 Die Chronik der Grafen von der Mark von Levold Northof. Hrsg. von Fritz Zschaeck, Berlin 1929 (SS rer. Germ. N. S. 6) S. XXXIV [http://www.dmgh.de/de/fs1/object/display/bsb00000686_00034.html?sortIndex= 010%3A060%3A0006%3A010%3A00%3A00]; vgl. auch Norbert Kersken: Auf dem Weg zum Hofhistoriographen. Historiker an spätmittelalterlichen Fürstenhöfen. In: Mittelalterliche Fürstenhöfe und ihre Erinnerungskulturen. Hrsg v. Carola Fey/Steffen Krieb/Werner Rösener, Göttingen 2007 (Formen der Erinnerung 27); Mike Malm: [Art.] Levold von Northof. In: DLL MA 3 (2012), Sp. 420 – 423.

46 Vgl. dazu unten S. 441.

bis ins 16. Jahrhundert fortgesetzte Arbeit an der Hausgeschichte der Meißner Markgrafen.[47] Im Süden des Reiches sticht als frühestes Zeugnis die anonyme *Stuttgarter Stiftschronik* vom Hause Württemberg (3. Viertel des 15. Jahrhunderts) deswegen hervor, weil die kurze Prosachronik in der Volkssprache verfasst wurde, sich also nicht mehr nur an ein lateinkundiges und gelehrtes Publikum richtet.[48] Ob in Bayern tatsächlich – wie die Forschung[49] bislang annahm – ein sonst nicht näher fassbarer Benediktinermönch Wenzel Gruber zwischen 1468 und 1486 an einer Chronik des bayerischen Adelsgeschlechtes der Trenbach geschrieben hat, wird neuerdings in Zweifel gezogen, da es sich bei ihr auch um eine reine Quellenfiktion handeln könnte. Alleiniges Indiz für die Existenz der Gruberschen Chronik ist die ca. 1552 unter (maßgeblicher) Mitwirkung des Kremsmünsterer Gelehrten Johann Auer entstandenen *Trenbach-Chronik*[50], in der sie als Hauptquelle angegeben wird.[51]

3.2 Das ‚*Memoria*-Projekt' Kaiser Maximilians I.

Trotz dieser Vorläufer setzt der eigentliche Aufschwung der Gattung[52] erst um die Wende zum 16. Jahrhundert ein, und dieser lässt sich ohne Berücksichtigung der

---

47 Das Werk, welches noch deutliche Züge einer Hauschronik trägt, basiert auf dem *Chronicon Missnense* des Johannes Tylich; vgl. Brigitte Pfeil: [Art.] *Meißnische Chronik*. In: EMC 2, S. 1098.

48 Ausgabe: Christoph Friedrich von Stälin: Zu den *Annales Stuttgartiensis*. In: Württembergische Jahrbücher für Statistik und Landeskunde 1864 (1866), S. 251 – 261, hier S. 256 – 261; siehe auch Volker Zapf: [Art.] Stuttgarter Stiftschronik vom Hause Württemberg. In: DLL MA 3 (2012), Sp. 825 f.

49 Vgl. Frieder Schanze: [Art.] Gruber, Wenzel. In: ^{2}VL 3 (1981), Sp. 285 f.; Elena Di Venosa: [Art.] Gruber, Wenzel. In: EMC 1, S. 737; Mike Malm: [Art.] Gruber, Wenzel. In: DLL MA (2012), Sp. 992 f.

50 St. Pölten, Niederösterreichisches Landesarchiv, HS StA 0327 [http://www.noela.findbuch.net/php/view2.php?ar_id=3695&be_id=505&ve_id=4031149&count=; eingesehen: 30.11.2015]. Die „prachtvoll illuminierte Handschrift von 1590 [ist] die einzige bekannte Überlieferung der im Wesentlichen im dritten Viertel des 16. Jahrhunderts zusammengetragenen Familienchronik der bayerischen Adelsfamilie von Trenbach/Trenpeck" (Graf [Anm. 51]); ihr Auftraggeber war der Passauer Bischof Urban von Trenbach († 1598).

51 Klaus Graf: Fiktion und Geschichte. Die angebliche Chronik Wenzel Grubers, Greisenklage, Johann Hollands Turnierreime und eine Zweitüberlieferung von Jakob Püterichs Ehrenbrief in der *Trenbach-Chronik* (1590). In: Mittelalter. Interdisziplinäre Forschung und Rezeptionsgeschichte, 28. Februar 2015 [http://mittelalter.hypotheses.org/5283 (eingesehen: 26.3.2015)].

52 Rudolf Seigel: Zur Geschichtsschreibung beim schwäbischen Adel in der Zeit des Humanismus. Aus den Vorarbeiten zur Textausgabe der Hauschronik der Grafen von Zollern. In: Zeitschrift für Württembergische Landesgeschichte 40 (1981), S. 93 – 118, hier S. 94.

Wirkung des weitgespannten ‚*Memoria*-Projekts' Kaiser Maximilians I. (1459–1519) kaum erklären.[53] Getrieben von der Befürchtung, nach dem letzten *glockendon* seiner Totenmesse würden alle seine Taten der Vergessenheit anheim fallen,[54] betraute er eine ganze Schar von Künstlern und Gelehrten mit der Aufgabe, durch bildliche und literarische Darstellungen sowie den Aufbau antiquarischer Sammlungen, seine *gedechtnus* bei den Nachkommen zu erhalten.[55] Damit erhielt zwangsläufig die Person des Kaisers[56] Priorität vor der Geschichte des Reiches, der habsburgischen Territorien und selbst vor der seines eigenen *stammes*. Zuerst ließ Maximilian von dem Historiographen Josef Grünpeck eine lateinische Autobiographie anfertigen,[57] dann folgten *Weißkunig* und *Theuerdank*, in denen jeweils in verschlüsselter Form Jugend und erste Regierungszeit bzw. die Werbung um Maria von Burgund literarisch überhöht wurden. Die Bildwerke *Triumphzug* und *Ehrenpforte* verliehen Maximilians Hofstaat und seinen politischen Erfolgen einen geradezu mythischen Glanz. Für sein ‚Projekt' konnte Maximilian auf zahlreiche Humanisten (Jakob Mennel, Ladislaus Sunthaym, Johannes Stabius, Konrad Peutinger, Johannes Trithemius etc.) zurückgreifen, die systematische Quellenerkundungen vornahmen und damit gleichzeitig Methoden der Rekonstruktionen von Ahnenreihen verbreiteten. Die Konkurrenz zwischen den Gelehrten förderte Maximilian durch die Vergabe von Parallelaufträgen, die logische Konsequenz war, dass einige der habsburgischen Historiographen zu heute abenteuerlich erscheinenden Methoden griffen, um ihrer Arbeit eine möglichst spektakuläre Aura zu verschaffen: Trithemius[58] erfand zwei Chroniken, die

---

53 Vgl. dazu auch Klaus Graf: Fürstliche Erinnerungskultur. Eine Skizze zum neuen Modell des Gedenkens in Deutschland im 15. und 16. Jahrhundert. In: Les princes et l'histoire du XIVe au XVIIIe siècle. Hrsg. von Chantal Grell/Werner Paravicini/Jürgen Voss, Bonn 1998 (Pariser Historische Studien 47), S. 1–11.

54 [Maximilian I.]: *Der Weiß Kunig*. Eine Erzehlung von den Thaten Kaiser Maximilian des Ersten. Wien 1775, Neudruck Leipzig 2006, S. 69.

55 Vgl. dazu Jan-Dirk Müller: *Gedechtnus*. Literatur und Hofgesellschaft um Maximilian I., München 1982 (Forschungen zur Geschichte der älteren deutschen Literatur 2), insbesondere S. 80–96.

56 Maximilian stilisierte sich in seinem Ruhmeswerk als Aventiureritter, Feldherr und antiker Heros; Müller (Anm. 55), S. 264.

57 Müller (Anm. 55), S. 100–103.

58 Von Johannes Trithemius stammen u. a.: *Chronicon successionis ducum Bavariae et comitum Palatinorum*, ca. 1500–1506 [Übersetzung: Chronicon Des hochlöblichen hauß der Pfaltzgraffschafft bey Rhein / vnd Hertzogthum in Beyern, 1616 (Digitalisat: ULB Sachsen-Anhalt)]; *Compendium sive breviarium primi voluminis chronicarum sive annalium de origine regum et gentis Francorum*, ca. 1514; *De Origine Gentis Francorum compendium* [Ausgabe: An Abridged History of the Franks. Lat./Engl. Hrsg. von Martin Kuelbs (†)/Robert R. Sonkowsky, Dudweiler 1987 (Bibliotheca Germanica 4)].

des Meginfried und des Hunibald, um seine historischen Konstruktionen glaubhaft erscheinen zu lassen, Stabius wies die Herkunft der Habsburger von Noah nach. Dies rief naturgemäß die Kritik anderer Historiographen hervor, was zur weiteren diskursiven Entfaltung des ganzen Projekts unter den zeitgenössischen Gelehrten beitrug. Eine nachhaltige Wirkung hatte Mennels[59] Rückführung der Habsburger auf Hektor von Troja, wofür er sich auf die Herkommensfiktion der *Fredegar-Chronik*[60] stützte. Der Preis dafür bestand in der Aufgabe der bruchlosen Verbindung zwischen Territorium und Dynastie,[61] was aber zur Folge hatte, dass man nicht mehr von einer autochthonen Herrschaft sprechen konnte, sondern jetzt die Art und Weise der Landnahme erklären musste. Mennels Schreibstil wurde zum Vorbild späterer Hauschronisten, er war geprägt von einer Mischung quellenbasierter Darstellung und fiktiver Erzählung[62] – ein Stil, der Maximilian offenbar mehr zusagte als der historisch-kritische Diskurs anderer Hofhistoriographen.[63] Aber trotz aller Quellenfiktionen und Fälschungen setzte die maximilianische Historiographie auch (proto-)wissenschaftliche Maßstäbe. Nicht länger konnte nun eine Abkunft oder ein Heiratsbündnis in der Vergangenheit behauptet werden, ohne dass es quellenmäßig belegbar gewesen wäre.

Die unmittelbare Wirkung von Maximilians Arbeit an seiner *gedechtnus* lässt sich besonders gut am Beispiel des Augsburger Domherrn Matthäus Marschalk von Pappenheim (1458–1541) beobachten. Matthäus stammte „aus dem Biber-

---

59 Vgl. Alphons Lhotsky: Dr. Jacob Mennel. Ein Vorarlberger im Kreise Kaiser Maximilians I. In: Alemania 10 (1936), S. 1–15. Mennel war kein Einzelforscher, sondern konnte sich auf einen ganzen Stab von Mitarbeitern stützen. Ausgedehnte Reisen führten ihn zu Archiven, Bibliotheken und Klöstern in Deutschland, Italien, Frankreich und in den Niederlanden; vgl. Dieter Mertens: Geschichte und Dynastie. Zu Methode und Ziel der *Fürstlichen Chronik* Jakob Mennels. In: Historiographie am Oberrhein im späten Mittelalter und in der frühen Neuzeit. Hrsg. von Kurt Andermann, Sigmaringen 1988 (Oberrheinische Studien 7), S. 121–153, hier S. 125. Mennels genealogische Arbeit fand in der fünfbändigen *Fürstlichen Chronik Kaiser Maximilians Geburtsspiegel* ihren bedeutendsten Ausdruck.

60 Fredegarii et aliorum Chronica. Hrsg. von Bruno Krusch, Hannover 1888 (MGH Scriptores rerum Merovingicarum 2), S. 1–193, hier II, 4–6, S. 45 f.

61 Vgl. Mertens (Anm. 59), hier S. 135.

62 Mertens (Anm. 59, S. 128) weist zurecht darauf hin, dass die Inserierung der bildlichen Darstellungen (graphische Schemata, fiktive Personenbildnisse, Heraldik) nur in enger Zusammenarbeit mit dem Kaiser entstanden sein konnte.

63 Vgl. dazu auch Klaus Graf: Stil als Erinnerung. Retrospektive Tendenzen in der deutschen Kunst um 1500. In: Wege zur Renaissance. Beobachtungen zu den Anfängen neuzeitlicher Kunstauffassung im Rheinland und den Nachbargebieten um 1500. Hrsg. von Norbert Nussbaum/Claudia Euskirchen/Stephan Hoppe, Köln 2003, S. 19–29.

bacher Zweig der Marschälle von Pappenheim"[64] und hatte früh die typische Gelehrtenlaufbahn seiner Zeit eingeschlagen. Mit 14 Jahren wurde er an der Universität Heidelberg immatrikuliert und erwarb dort zwei Jahre später den Titel eines *Baccalaureus artium*; daran schloss sich ein Studium der Jurisprudenz zunächst in Ferrara, dann in Perugia an, wo er 1482 zum Dr. iur. can. promoviert wurde. Aus Italien zurückgekehrt, schlug er eine kirchliche Laufbahn ein und war ab 1493 Augsburger Domkanoniker. In diesem Amt verfasste er zahlreiche historiographische Arbeiten.[65] Bereits 1494 legte er die erste Fassung eines Augsburger Bischofskatalogs (1494) vor, den er später bis 1517 fortsetzte.[66] Ein Jahr später vollendete er eine Hauschronik der Pappenheimer.[67] Nach einer Einleitung mit drei Kapiteln Weltgeschichte führt er die Genealogie seines Geschlechts bis ins Mittelalter zurück. Detailliert erläutert er die Aufgabe der Pappenheimer, die am Königshof den sächsischen Erzmarschall zu vertreten hatten.[68] Integriert werden systematische Kapitel zur deutschen Geschichte oder zu der anderer Adelsgeschlechter; auch finden sich Beschreibungen zur Geographie und von einzelnen Städten. Didaktische Intentionen werden sichtbar, wenn etwa vor Besitzteilungen mit dem Merkvers gewarnt wird: *Wer abnimpt hie an gwalt und gůt / dem wirdt geringert Adels plůt.*[69] Obwohl Matthäus mitunter nur Daten überliefert, kann man

64 THOMAS SCHAUERTE: Matthäus von Pappenheim (1458–1541). Leben und Werk eines Augsburger Humanisten, Treuchtlingen/Berlin 2009 (Beiträge zur Kultur und Geschichte von Haus und ehemaliger Herrschaft Pappenheim 9); KLAUS GRAF: [Art.] Matthäus Marschalk von Pappenheim. In: VLHum 2 (2009–2013), Sp. 204–209, hier Sp. 204.

65 Einen aktuellen Überblick bietet SCHAUERTE (Anm. 64), S. 172–198. Aktuelle Forschungsergebnisse zum Werk Matthäus' finden sich bei KLAUS GRAF: Ein genealogischer Sammelband des Matthäus Marschalk von Pappenheim online. In: Archivalia [25.1.2013], URL: http://archiv.twoday.net/stories/235544398/comment (eingesehen: 13.9.2014).

66 GRAF (Anm. 64), Sp. 205.

67 Die *Pappenheim-Chronik* ist überliefert in einem Druck von 1554: Matthäus von Pappenheim: *De origine et familia illustrium dominorum* [...], Augsburg: Ulhard 1554. Neben dieser lateinischen Fassung erscheint gleichzeitig eine deutsche Fassung unter dem Titel: *Von dem vralten Stammen vnd herkommen der Herren von Calatin, yetzund zu vnnser Zeit die Edlen zu Bappenhaim, Biberbach, Wildenstain, vnd Elgaw, des hailigen Römischen Reichs Erbmarschalck* [...] *Anno 1495. Aber yetzt an vilen örtern durch auß gebessert, corrigiert, gemert, vnd inn das Teutsch tranßferiert, erstlich im truck außgegangen*, Augspurg: Ulhart 1554 [http://reader.digitale-sammlungen.de/de/fs1/object/display/bsb10624369_00005.html]; vgl. GRAF (Anm. 64), Sp. 206. Matthäus stützte sich auf eine Hauschronik seines Vorfahren Rudolf von Pappenheim († 1487); vgl. SCHAUERTE (Anm. 64), S. 172. – Auch dieses Werk war im deutschen Südwesten bekannt, so wird es im Quellenverzeichnis der *Zimmerischen Chronik* erwähnt; vgl. unten *Zimmerische Chronik* (Anm. 136), 4. Bd., S. 337–340.

68 Vgl. etwa *Von dem vralten Stammen* (Anm. 67), S. XLI f.

69 *Von dem vralten Stammen* (Anm. 67), S. XLV.

deutlich seine Absicht erkennen, dem Leser eine abwechslungsreiche Geschichte zu bieten, in der wundersame Begebenheiten[70] und literarische Reminiszenzen ebenfalls ihren Platz haben: So nennt er Dietrich von Bern als Gegner eines ebenso fiktiven *Hertzog Dieth der Bayrn Fürst*[71] oder zitiert ein angebliches Gedicht Wolframs von Eschenbach.[72] Als Familiencharakteristikum der Pappenheimer markiert Matthäus Unverwüstlichkeit und hohe Indolenz trotz desaströser Niederlagen. Letztere finden sich in vielen späteren Hauschroniken, weil sie die Glaubwürdigkeit erhöhen und die besondere Vitalität eines Geschlechts unter Beweis stellen.[73] Matthäus kompilierte außerdem um 1512 eine *Chronica Australis*,[74] möglicherweise hatte er über seinen Augsburger Consodalen Konrad Peutinger, den Maximilian mit der Redaktion des *Weißkunig* beauftragt hatte, „Anteil an den historiographischen Bestrebungen um den Kaiser“[75].

3.3 Die *Schwäbische Chronik* Thomas Lirers

Eine weitere Initialzündung für die südwestdeutsche Hauschronistik war ein Werk ganz anderen Zuschnitts: Bereits 1485/86 wurde bei Konrad Dickmut in Ulm unter dem Namen eines ansonsten nicht belegten Thomas Lirer ein Werk publiziert, das zwar allgemein als *Schwäbische Chronik* bezeichnet wird, aber kein historisches, sondern ein weitestgehend fiktionales Werk ist.[76] Wenn es dennoch von den Zeitgenossen als Chronik wahrgenommen wurde, dann deswegen, weil es sich an den Maßgaben anderer frühneuzeitlicher Chroniken orientiert, also die Existenz zuverlässiger Quellen und historische Wahrheit suggeriert.[77] Das Werk bietet keine

---

70 So besiegte ein angeblicher Vorfahr, Marcus Attilius Regulus Calatinus, eine Riesenschlange; *Von dem vralten Stammen* (Anm. 67), S. XVI.

71 *Von dem vralten Stammen* (Anm. 67), S. XXXII.

72 *Von dem vralten Stammen* (Anm. 67), S. XLVIII f.

73 Vgl. dazu GERHARD WOLF: Von der Chronik zum Weltbuch. Sinn und Anspruch südwestdeutscher Hauschroniken am Ausgang des Mittelalters, Berlin/New York 2002 (Quellen und Forschungen zur Literatur- und Kulturgeschichte. N.F. 18 [252]), insbesondere S. 274–310.

74 Vgl. SCHAUERTE (Anm. 64), S. 68 und S. 176–178.

75 SCHAUERTE (Anm. 64), S. 68 vgl. auch S. 79.

76 Thomas Lirer: *Schwäbische Chronik*. Mit einem Kommentar von PETER AMELUNG. Neudruck der Ausgabe Ulm 1486, Leipzig 1990; vgl. dazu KLAUS GRAF: Exemplarische Geschichten. Thomas Lirers *Schwäbische Chronik* und die *Gmünder Kaiserchronik*, München 1987 (Forschungen zur Geschichte der älteren deutschen Literatur 7).

77 Dies wurde bereits von Felix Fabri erkannt, der in seiner 1488/89 abgefassten *Historia Saevorum* meinte einzelne Angaben korrigieren zu müssen, weil sie nicht mit den Angaben in dem von ihm benutzten Urkunden übereinstimmten; vgl. dazu GRAF (Anm. 76), S. 48 f. Lirer verband seine

fortlaufende Geschichtserzählung, sondern nur einzelne historische Episoden. Am Beginn steht das Herkommen der Schwaben, die von einem fiktiven römischen Kaiser Curio abgeleitet werden, der – wegen seines Übertritts zum Christentum aus Rom vertrieben – nach Schwaben kam, wo er den letzten heidnischen Herzog besiegte und so zum Begründer des ersten christlichen schwäbischen Herzogtums wurde. Lirer sichert seinem Werk allgemeine Aufmerksamkeit, indem er diesen Curio zum Stammvater aller „bedeutenden schwäbischen Adelsgeschlechter des ausgehenden Mittelalters“[78] macht. Da viele von ihnen in der 2. Hälfte des 15. Jahrhunderts auf der Suche nach einer vorzeigbaren Herkunft waren, liefert Lirer den ‚Beleg‘. Warum er dabei die Geschichte einzelner Adelsgeschlechter (Montfort, Werdenberg, Heiligenberg) besonders herausgreift, konnte von der Forschung bislang nicht geklärt werden. Wichtig für die weitere Entwicklung der Gattung Hauschronik ist jedoch Lirers Methode, dem literarischen Fundus seiner Zeit Erzählungen zu entnehmen und sie durch Namensanverwandlungen mit der Geschichte schwäbischer Adelsgeschlechter in Verbindung zu bringen. So erzählt er etwa die Geschichte vom Grabtuch Christi, das ein Graf von Montfort als Geschenk vom Kaiser von China erhalten habe, weil er die Ehre der Kaiserin im Zweikampf erfolgreich verteidigte. Es ist unschwer zu vermuten, dass durch diese Reliquienlegende die Reputation der Montforter gesteigert werden sollte. Das gesamte letzte Viertel der *Schwäbischen Chronik* besteht aus der sogenannten *Elisa-Erzählung*, die gar nicht unmittelbar mit der schwäbischen Geschichte in Verbindung steht, aber den Reiz des Werkes für ein an historischen Erzählungen interessiertes Publikum erhöht.[79] Viele der in die Chronik inserierten Geschichten beziehen sich auf aktuelle zeitgenössische Probleme, wie etwa auf die soziale Unzufriedenheit der Bauern. Auch steckt in den Erzählungen eine indirekte normative Dimension, die *Elisa-Erzählung* ist etwa Beleg dafür, dass Standesschranken nicht überschritten werden dürfen und die Geschichte über die Wahl eines schwäbischen Herzogs durch den Adel könnte als Aufforderung zur Restitution des untergegangenen Herzogtums Schwaben gemeint sein. Die Mischung aus politisch-sozialen Andeutungen, Interpretamenten, Normenvermittlung und historischen Informationen dürfte ebenso ausschlaggebend für die intensive Rezeption der *Schwäbischen Chronik* gewesen sein wie die narrative Organisation des gesamten Textes „nach den Mustern fiktionalen Erzählens.“[80] Die *Schwäbische*

---

historischen Konstruktionen mit allgemein akzeptiertem Geschichtswissen, so dass das Ganze dann den Anschein von Wahrheit erhielt.

78 Amelung (Anm. 76), S. ‹18›.

79 Amelung (Anm. 76), S. ‹20›.

80 Graf (Anm. 76), S. 69.

Chronik kann somit gewissermaßen als das ‚populärwissenschaftliche' Pendant zu den Arbeiten der Habsburger Hofhistoriographen gesehen werden.

3.4 Rüxners *Turnierbuch*

Für die Entwicklung der adligen Hauschronistik ist aber noch ein weiteres Werk bedeutsam, das zwar nicht als Chronik konzipiert worden ist, aber ebenfalls dem Ziel diente, die neu entstandenen Bedürfnisse des Adels nach historischer Legitimation zu befriedigen: das 1530 erschienene *Turnierbuch* Georg Rüxners (Abb. 1).[81] Dessen Lebensdaten liegen weitgehend im Dunkeln und lassen sich nur aufgrund seiner eigenen Angaben sowie einiger weniger Fremdzeugnisse erschließen. Da er vermutlich um 1504 in Diensten Kaiser Maximilians I. stand, könnte er in den 1460/70er Jahren geboren worden sein.[82] 1519 sitzt er in Brandenburg im Gefängnis, zwischen 1524 und 1530 verfasst er eine Genealogie der Herzöge von Mecklenburg,[83] 1525/26 taucht er in Nürnberg auf. 1530 erscheint sein *Turnierbuch*, das Johann II. von Simmern gewidmet ist; danach fehlen jedwede sichere Lebenszeugnisse von ihm.[84]

Im *Turnierbuch* werden im Gegensatz zu Lirers *Schwäbischer Chronik* keine fabulösen Herkommensgeschichten geboten, die gewünschte Wirkung wird vielmehr durch bloße Nennung von Adligen als Teilnehmer (fiktiver) mittelalterlicher Turniere erzielt. Das *Turnierbuch* stellt so dort Quellenbelege zur Verfügung, wo es

---

81 Georg Rixner: *Turnierbuch*. Reprint der Prachtausgabe Simmern 1530. Eingeleitet von Willi Wagner, Solingen 1997.

82 Die aktuellen Forschungsergebnisse zu Rüxner finden sich bei Klaus Graf: Neues zu Jörg Rugen/Rüxner. In: Archivalia [15.2.2008], URL: http://archiv.twoday.net/stories/4993981 (eingesehen: 28.8.2014).

83 *Historischer Auszug von dem Herkommen und Wappen der Koenige und Herzoge in Mecklenburg* (Schwerin, Landeshauptarchiv, Altes Archiv, Chroniken Nr. 4) = Graf (Anm. 82), Nr. 10; Druck: Monumenta inedita rerum Germanicarum praecipue Cimbricarum et Megapolensium. Bd. 3. Hrsg. von Ernst Joachim von Westphalen, Leipzig 1743, S. 711–772; siehe dazu Klaus Arnold: *Georg Rixner genandt Hierosalem Eraldo vnnd kunig der wappen* und sein Buch über Genealogie und Wappen der Herzöge von Mecklenburg. In: Studien zur Geschichte des Mittelalters. FS Jürgen Petersohn. Hrsg. von Matthias Thumser u.a., Stuttgart 2000, S. 384–399, hier S. 390f.

84 Die Forschung hat Rüxner, der unter verschiedenen Namen auftrat, bislang wegen seines *Turnierbuchs* abschätzig und stiefmütterlich behandelt. Erst neuere Untersuchungen haben gezeigt, dass es von ihm eine Fülle genealogischer Arbeiten gibt; vgl. Klaus Graf: Herold mit vielen Namen. Neues zu Georg Rüxner alias Rugen alias Jerusalem alias Brandenburg alias ... In: Ritterwelten im Spätmittelalter. Höfisch-ritterliche Kultur der Reichen Herzöge von Bayern-Landshut. Hrsg. von Franz Niehoff, Landshut 2009 (Schriften aus den Museen der Stadt Landshut 29), S. 115–125 mit Abbildung S. 114.

bislang für die meisten Adelsgeschlechter nur historische weiße Flecken gab.[85] Diese mussten nicht nur deswegen beseitigt werden, weil man Macht- und Standesambitionen ideologisch absichern wollte, sondern im Kontext einer zunehmenden stratifikatorischen Ausdifferenzierung der Eliten der Nachweis einer langen Ahnenreihe Zugangsvoraussetzung für die klassischen adligen Versorgungsinstitutionen geworden war. So verlangte nach dem Bericht der *Zimmerischen Chronik*[86] eine der beliebtesten Versorgungsstätten für nachgeborene adlige Söhne, das Straßburger Domkapitel, von neuen Mitgliedern den Nachweis einer Adelszugehörigkeit von Vater und Mutter des Bewerbers bis ins 14. Glied.[87]

Rüxner behauptet, in seinem *Turnierbuch* alle großen Turniere zu beschreiben, die die vier Turniergesellschaften ‚Rheinstrom', ‚Schwaben', ‚Franken', ‚Bayern' in den Jahren 938 – 1487 veranstaltet haben. Von diesen 36 Turnieren sind die ersten 14 frei erfunden, erst für das „Regensburger Turnier von 1284 an kann Rüxner Glaubwürdigkeit beanspruchen."[88] Da die großen Turniere des Spätmittelalters und der Frühen Neuzeit immer mit einer ‚Wappenprobe'[89] durch den Turnierherold verbunden waren und nur teilnehmen durfte, wessen Geschlecht unzweifelhaft über mehrere Generationen adlig war, konnte dasjenige Geschlecht, welches bei Rüxner verzeichnet war, hiermit seine Adelszugehörigkeit nachweisen. Angesichts des ständischen Legitimationsdrucks auf der einen, der schwierigen Quellenlage auf der anderen Seite war die Zeit geradezu reif für ein Werk, welches Namen aus einer Zeit, aus der kaum Urkunden existierten, enthielt.

---

85 Heinz Krieg: Ritterliche Vergangenheitskonstruktion. Zu den Turnierbüchern des spätmittelalterlichen Adels. In: Geschichtsbilder und Gründungsmythen. Hrsg. von Hans-Joachim Gehrke, Würzburg 2001 (Identitäten und Alteritäten 7), S. 89 – 118. Rüxner arbeitete wahrscheinlich schon seit 1494 an diesem ‚Projekt'. Vor seinem *Turnierbuch* sind bereits mindestens fünf ähnliche Werke erschienen, die aber keine vergleichbare Resonanz erzielt haben; vgl. dazu Klaus Arnold: Der fränkische Adel, die *Turnierchronik* des Jörg Rugen (1494) und das *Turnierbuch* des Georg Rixner (1530). In: Nachdenken über fränkische Geschichte. Hrsg. von Erich Schneider, Neustadt/Aisch 2005 (Veröffentlichungen der Gesellschaft für Fränkische Geschichte. Reihe 9. 50), S. 129 – 153, hier S. 144.

86 *Zimmerische Chronik* (Anm. 136), 3. Bd., S. 129.

87 Vgl. dazu Heck (Anm. 12), S. 265 – 268.

88 Thomas Zotz: Adel, Bürgertum und Turnier in deutschen Städten vom 13. bis 15. Jahrhundert. In: Das ritterliche Turnier im Mittelalter. Beiträge zu einer vergleichenden Formen- und Verhaltensgeschichte des Rittertums. Hrsg. von Josef Fleckenstein), Göttingen 1985 (Veröffentlichungen des Max-Planck-Instituts für Geschichte 80), S. 450 – 499, hier S. 452, Anm. 12.

89 Vgl. dazu Richard Barber/Juliet Barker: Die Geschichte des Turniers, Düsseldorf/Zürich 2001, S. 229 – 235.

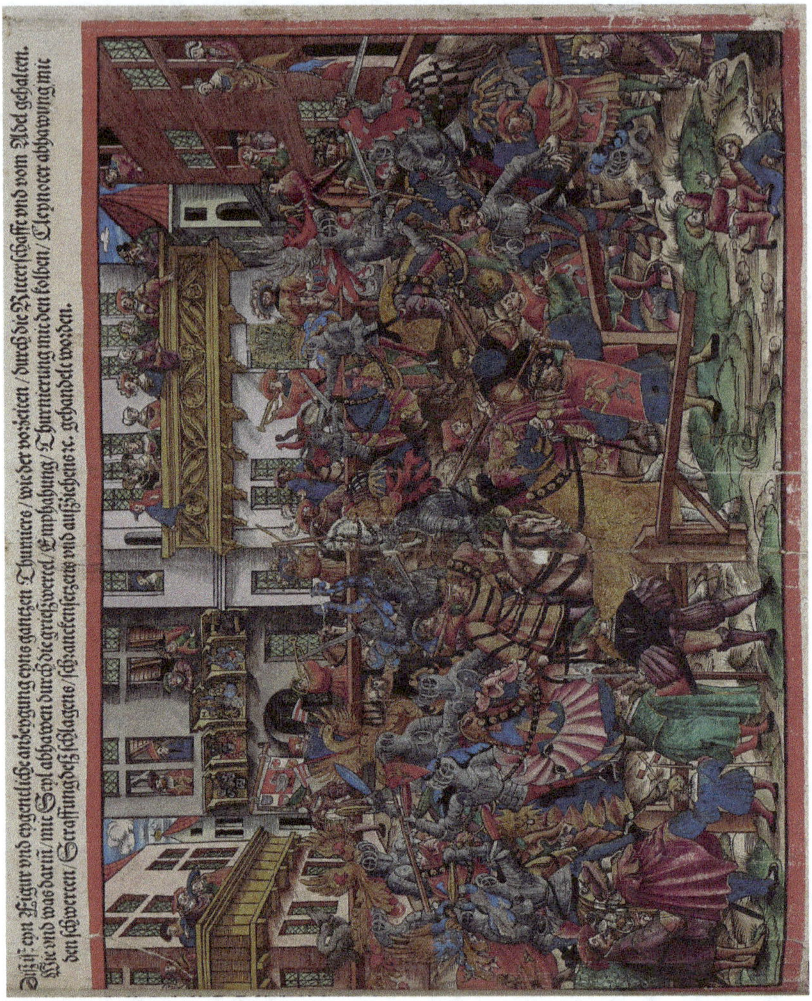

Abb. 1: Georg Rüxner: *Turnierbuch*, Simmern 1530. Karlsruhe, Badische Landesbibliothek, 42 C 39 RH, f. iiij.

4 Adlige Hauschroniken im deutschen Südwesten

Ein unübersehbarer Schwerpunkt der Gattung bildete sich in der 1. Hälfte des 16. Jahrhunderts im deutschen Südwesten. RUDOLF SEIGEL zählt bis zum Ende des Jahrhunderts 23 Chroniken oder vergleichbare Werke.[90] Anhand der auftraggebenden Geschlechter lässt sich leicht erkennen, dass es der politisch ambitionierte Adel war, der sich dieser ‚Herkommensmode' anschloss, insbesondere wenn er in Konkurrenz zu benachbarten Geschlechtern stand. Zu diesen politisch aktiven und kulturell interessierten Adligen zählen die Geroldsecker,[91] Montforter,[92] Werdenberger,[93] Zimmern[94] und Zollern,[95] die Truchsessen von Waldburg[96] oder die Fugger. Da es im Rahmen dieses Aufsatzes nicht möglich ist, die einzelnen Chroniken dieser Geschlechter ausführlich vorzustellen, beschränke ich mich auf vier verschiedene Typen, die eine je eigene Form der Verarbeitung adliger Familiengeschichte bieten.[97]

90 SEIGEL (Anm. 52) trennt allerdings nicht zwischen Genealogie, Chronik, Stammregister oder Kollektaneen. – Eine fast noch breitere Überlieferung adliger Hauschroniken gab es in den Niederlanden; vgl. MARIJKE CARASSO-KOK: Repertorium van verhalende historische bronnen uit de middeleeuwen. Heiligenlevens, annalen, kronieken en andere in Nederland geschreven verhalende bronnen, 's-Gravenhage 1981 (Bibliografische reeks van het Nederlands Historisch Genootschap 2).

91 CHRISTOPH BÜHLER: [Art.] Geroldseck. In: Höfe und Residenzen im spätmittelalterlichen Reich. Bd. 4: Grafen und Herren. Tlbd. 1. Hrsg. von WERNER PARAVICINI, bearb. von JAN HIRSCHBIEGEL/JÖRG WETTLAUFER, 2 Tle., Ostfildern 2012 (Residenzenforschung XV/4), S. 483–490.

92 IMMO EBERL: [Art.] Montfort. In: Höfe und Residenzen (Anm. 91), Tl. 2, S. 1002–1017.

93 ALOIS NIEDERSTÄTTER: [Art.] Werdenberg. In: Höfe und Residenzen (Anm. 91), Tl. 2, S. 1640–1645.

94 CLEMENS JOOS: [Art.] Zimmern. In: Höfe und Residenzen (Anm. 91), Tl. 2, S. 1766–1802.

95 VOLKER TRUGGENBERGER: [Art.] Hohenzollern. In: Höfe und Residenzen (Anm. 91), Tl. 1, S. 629–649.

96 Zur Geschichte des Hauses Waldburg zusammenfassend MARK HENGERER: [Art.] Waldburg. In: Höfe und Residenzen (Anm. 91), Tl. 2, S. 1584–1627.

97 Vgl. allg. dazu CLEMENS JOOS: Herkommen und Herrschaftsanspruch. Das Selbstverständnis von Grafen und Herren im Spiegel ihrer Chronistik. In: Grafen und Herren in Südwestdeutschland vom 12. bis ins 17. Jahrhundert. Hrsg. von KURT ANDERMANN/CLEMENS JOOS, Epfendorf 2006, S. 121–153, hier S. 123–125; KLAUS GRAF: Ursprung und Herkommen. Funktionen vormoderner Gründungserzählungen. In: Geschichtsbilder und Gründungsmythen (Anm. 85), S. 23–36.

4.1 Die *Chronik der Truchsessen von Waldburg*

Einen unmittelbaren Impuls für die Entstehung der adligen Hauschroniken im deutschen Südwesten und darüber hinaus gab die 1527 abgeschlossene *Chronik der Truchsessen von Waldburg* des Matthäus Marschalk von Pappenheim.[98] Auftraggeber war Georg III. von Waldburg (1488–1531), dessen selbstbewusste Territorialpolitik in einen handfesten Konflikt mit Herzog Ulrich von Württemberg gemündet war.[99] Den Höhepunkt von Georgs Erfolg bildete das Jahr 1525, als unter seiner maßgeblichen Leitung der Bauernaufstand im deutschen Südwesten niedergeschlagen wurde. Da Georg anstelle des vertriebenen Herzog Ulrichs im selben Jahr die Statthalterschaft im Herzogtum Württemberg erhalten hatte und 1526 von Karl V. zum Reichserbtruchsess ernannt worden war, kann angenommen werden, dass die Hauschronik der historisch-ideologischen Fundierung dieses neu erworbenen Status dienen sollte. Der ‚Bauernjörg', alles andere als ein ungebildeter Condottiere, dürfte am Hof seines Onkels Friedrich von Zollern, des Bischofs von Augsburg, mit Matthäus in Kontakt gekommen sein. Ein aus dem Jahr 1526 überlieferter Brief Georgs an Matthäus, in dem er ihn mit der Abschrift aller sein Geschlecht betreffenden Urkunden beauftragt, ist jedenfalls in einem so vertrauten Ton gehalten, dass man auf eine längere Freundschaft schließen kann.[100] Matthäus nahm diese Aufgabe an, beließ es aber nicht in der ihm von Georg zugedachten Rolle des bloßen Materialsammlers, sondern legte nach nur sechs Monaten eine eigenständige Chronik vor. Das meiste dürfte er von Georg III.

98 Zur handschriftlichen Überlieferung vgl. Wolf (Anm. 73), S. 59f. Ein Digitalisat der Handschrift Stuttgart, WLB, Cod. Don. 590 findet sich unter http://digital.wlb-stuttgart.de/purl/bsz352883766 (eingesehen: 5.5.2015). – In der Forschung wird die Chronik manchmal fälschlicherweise als *Pappenheim-Chronik* bezeichnet, was jedoch zu Verwechslungen mit der Chronik über die Pappenheimer führt. Schauerte (Anm. 64) schlägt den Titel *Waldburg-Chronik* (S. 105, Anm. 401) vor, wobei jedoch zu bemerken ist, dass der Truchsessentitel Namensbestandteil des Geschlechts geworden war und seine Angehörigen in der Chronik auch so benannt werden. Zum Autor vgl. oben S. 410f.

99 Die *Zimmerische Chronik* berichtet exemplarisch von einer ständischen Demütigung Georgs durch den Herzog, die der ihm nie verzieh: Anlässlich eines Streites um Fourage gab der Herzog Georg *was schregen beschaids und rupft ime in ainer gehe sein herkommen uf. Das verdroß her Jergen nit wenig, darumb stalt er auch von dannen*; *Zimmerische Chronik* (Anm. 136), 2. Bd., S. 252; vgl. auch Schauerte (Anm. 64), S. 110f.

100 Abdruck bei Wolf (Anm. 73), S. 439–457. – Anstatt der sonst obligatorischen Vorrede stellt Matthäus seinen Briefwechsel mit Georg über die Modalitäten der Chronikherstellung seinem Werk voran.

erhalten haben,[101] ansonsten stützte er sich auf Exzerpte aus städtischen, klösterlichen und adligen Archiven und Kanzleien sowie auf gedruckte Quellen. Wie sich einem Dankschreiben Georgs vom 2. Februar 1527 entnehmen lässt, war der mit dem Ergebnis sehr zufrieden.[102]

Für das unverzichtbare Herkommen stützt sich Matthäus nicht auf die Ableitung des Geschlechts von den Trojanern in der Tradition der *Fredegar-Chronik*, sondern bedient sich mit Lirer einer römischen Herkunftsfabel. Der Grund für die Verwendung Lirers dürfte sein, dass dort ein *Gebhart* als *Truchsåß von Waltpurg*[103] verzeichnet ist, dem der erste christliche schwäbische Herzog einen Eigenbesitz übergeben und das Truchsessenamt verliehen hatte. Angesichts der humanistischer Quellenkritik nicht genügenden Darstellung Lirers, verweist Matthäus auf einen Beleg im Haus des Deutschen Ordens zu Altshausen, der jedoch nicht erhalten ist.[104] Hier zeigt sich, wie prekär die Arbeit am Herkommen war, wenn die archivalischen Quellen nicht der Standesideologie des Auftraggebers entsprachen: Matthäus hatte den Weingartener Archivquellen entnommen, dass als Eigentümer des waldburgischen Stammsitzes auch die Grafen von Tanne belegt waren und die Waldburger von diesen abstammten.[105] Da aber Georg III. stolz auf seine niederadlige Herkunft war und ständische Mobilität generell ablehnte, flocht Matthäus den Hinweis ein, die Waldburger seien zwar nur Truchsessen gewesen, aber immer wie Grafen behandelt worden. Auf diese Weise wurde die Quellenlage mit den Interessen des Auftraggebers kompatibel.[106]

Der Hauptteil des Werkes besteht aus 24 Biographiekapiteln, in chronologischer Folge werden Leben und Taten der einzelnen Familienmitglieder beschrieben.[107] Umfang wie Inhalt der Biographien divergieren dabei erheblich.

---

101 Unberechenbare Zinsen. Bewahrtes Kulturerbe. Katalog zur Ausstellung der vom Land Baden-Württemberg erworbenen Handschriften der Fürstenbergischen Hofbibliothek. Hrsg. von Felix Heinzer, Stuttgart ²1994, S. 138.

102 Zum Briefwechsel insgesamt Wolf (Anm. 73), S. 51–59.

103 Lirer (Anm. 76), Bl. b 7^{b}.

104 Vgl. Schauerte (Anm. 64), S. 112.

105 Unter anderem mit Verweis auf diese Abstammung hatte 1463 eine Seitenlinie der Waldburger, die Sonnenberger, den Grafentitel erhalten; Wolf (Anm. 73), S. 64f.; Schauerte (Anm. 64), S. 111f.

106 Georg III. konnte sich in seiner Ablehnung des Aufstiegs der Sonnenberger bestätigt fühlen, weil 1511 der letzte Vertreter des Geschlechts von einem Grafen von Werdenberg ermordet wurde. Georg III. selbst erhielt 1525/26 den ehrenvollen Titel eines Reichserbtruchsessen; vgl. dazu auch Hengerer (Anm. 96), S. 1588, 1600.

107 Vor den Kapiteln finden sich fingierte Porträts, die möglicherweise von Hans Burgkmair d. Ä. (1473–1531) stammen; vgl. Max Geisberg: Hans Burgkmairs Illustrationen zur *Pappenheimschen Chronik*. In: Die deutsche Buchillustration in der 1. Hälfte des 16. Jahrhunderts, 2 Bde. Hrsg. von Ders., München 1930–1932, Bd. 2, Heft 8, S. 3–13; Heft 9, S. 3–16, Tafel 401–420.

„Während die Biographien über Georg III. und den ersten Truchsessen, Gebhart, mehrere Seiten umfassen, bestehen andere nur aus einer knappen Mitteilung, in Ausnahmefällen überhaupt nur aus einem Satz, in welchem der Name des betreffenden Truchsessen festgehalten wird."[108] Für die historisch nicht belegte Frühphase des Hauses erfindet Matthäus Truchsessen und macht deren Existenz plausibel, indem er sie mit bekannten historischen Ereignissen und Personen, insbesondere mit den deutschen Königen, in Verbindung bringt. Selbst als sich ab Mitte des 14. Jahrhunderts die Quellenlage bessert, ändert er an der Darstellung nichts; auch jetzt ist es ihm nicht um eine möglichst ununterbrochene Familiengeschichte zu tun, sondern er orientiert sich an den von Georg vorgegebenen Themen und seinen bislang verwendeten literarischen Narrativen: Neben dem niederadligen Standesstolz, dem Lob ständischer Immobilität entfaltet er erzählerisch aus der Dynastiegeschichte die Gründe für den Niedergang, für den er die durch falsche Heiraten verursachte Uneinigkeit zwischen den einzelnen Linien des Geschlechts verantwortlich macht,[109] sowie die Prämisse einer erfolgreichen Hauspolitik, die er in einer engen Bindung an das Reich sieht. Besonders betont wird die Notwendigkeit adliger Solidarität gegenüber den Bauern und äußeren Feinden, wobei dies erzählerisch dadurch erreicht wird, dass die Darstellung der Schlacht von Sempach (1386), bei der die Eidgenossen ein habsburgisches Ritterheer besiegten, umgedeutet wird zu einer Warnung vor der Rebellion der eigenen Untertanen. Dies ist offenbar auf die umstrittene Rolle Georgs III. im Bauernkrieg gemünzt, dessen erbarmungsloses Vorgehen vom Chronisten durch den Verweis auf die Folgen von Sempach indirekt legitimiert wird. Insgesamt entspricht diese relativ differenzierte Darstellung der Vergangenheit dem ausdrücklichen Wunsch Georgs, der keine Panegyrik oder eine Apologie der Familiengeschichte wünschte, sondern in der Chronik das *wol vnnd vbell hallten*[110] seiner Vorfahren festgehalten wissen wollte.

Matthäus stand hier freilich vor der Frage, wie er angesichts fehlender Quellen diese Forderung erfüllen sollte. Er löst das Problem mit Anleihen aus dem Motivvorrat der epischen Literatur und weist exemplarisch die Aventiure- und Minnefähigkeit der Truchsessen nach: Vor einer entscheidenden Schlacht lässt er in deutlicher Anlehnung an das David-Goliath-Motiv einen riesenhaften heidnischen Ritter einen Christen zum Zweikampf herausfordern. Toposgemäß wagt nur der Truchsess Otto den Kampf und erringt den Sieg, nachdem ihn eine Gräfin von Cilli zu ihrem Minneritter erklärt und mit den nötigen Waffen ausgestattet hat. Die ihm

108 Wolf (Anm. 73), S. 62.
109 Wolf (Anm. 73), S. 72.
110 Zitiert nach Wolf (Anm. 73), S. 56; vgl. Schauerte (Anm. 64), S. 110.

angebotene Hand der Gräfin muss Otto freilich ausschlagen, weil er bereits verlobt ist. An dieser Stelle wechselt die Erzählung überraschend in ein Brautwerbungsschema: Otto wirbt für seinen Bruder Johannes um die Hand der Gräfin, was aber nicht reibungslos vonstatten geht, da dieser bereits den geistlichen Stand angenommen hat und erst von Otto zu dessen Aufgabe überredet werden muss.[111] Die Geschichte demonstriert als Erfolgsmodell für die Zukunft des Geschlechts die innerfamiliäre Solidarität, hinter der individuelle Wünsche, ja selbst ein Ordensgelübde, zurückstehen müssen.[112] Auch die umfangreichste Einzelbiographie des Werkes, die des auftraggebenden Georg III., ist literarisch strukturiert. In ihr kulminiert die ganze Geschichte des Geschlechts, sie repräsentiert sowohl die truchsessischen Qualitäten, den bedingungslosen, aufopferungs- und leidvollen Einsatz für Adel und Reich, wie auch die daraus erwachsenen großen Sorgen und Nöte.[113]

Der *Chronik der Truchsessen von Waldburg* war ein überragender Erfolg beschieden, sie ist die am breitesten überlieferte südwestdeutsche Hauschronik,[114] allein sechs ihrer Handschriften sind auch mit kolorierten Bilderzyklen versehen.[115] Eine unmittelbare Konsequenz für Matthäus dürfte gewesen sein, dass ihn die Herren von Geroldseck mit der Abfassung einer Chronik über ihr Geschlecht beauftragten,[116] die er 1530 abschloss.

---

111 Die Heirat bringt soviel ein, dass man fünf verpfändete Städte auslösen kann; WOLF (Anm. 73), S. 74.

112 Innerhalb der Chronik lässt sich beobachten, wie der Bildungsdiskurs an Relevanz gewinnt: Matthäus erwähnt die gelehrte Bildung und die Fremdsprachenkenntnisse einzelner Familienmitglieder.

113 Georg III. wird hier geradezu als Opfer des Bauernkrieges stilisiert; vgl. WOLF (Anm. 73), S. 82 f.

114 Unberechenbare Zinsen (Anm. 101, S. 138); HEINZER vermutet, dass die sechs Prachthandschriften für Georg III. und seinen unmittelbaren Umkreis angefertigt worden sind. Die Chronik war so angelegt, dass sie über den Tod des Auftraggebers hinaus geführt werden konnte.

115 Zur Gesamtüberlieferung vgl. WOLF (Anm. 73), S. 59 f. Neben den vollständigen Handschriften gab es auch „größere Konvolute von kolorierten Einzelblättern aus der Holzschnittserie in Nürnberg, Braunschweig und Berlin“ (SCHAUERTE [Anm. 64], S. 186).

116 Siehe unten S. 435 f.

4.2 Sebastian Küngs Chronik der Grafen und Herzöge von Württemberg

Nicht eindeutig als Auftragswerk ist die Chronik des Hauses Württemberg[117] zu identifizieren, die von dem Stuttgarter Ratsherrn Sebastian Küng (ca. 1514–1561) stammt.[118] Als seine Quellen nennt er die *Schwäbische Chronik* Thomas Lirers, eine *Hirsauisch Chronic*, womit vermutlich das *Chronicon Hirsaugiensis* des Johannes Trithemius gemeint ist, ferner die Chronik des Johannes Nauclerus, das *Turnierbuch* Georg Rüxners, eine Reihe von römischen und humanistischen Autoren wie Julius Caesar, Flavius Blondus, Sabellicus oder Beatus Rhenanus;[119] benutzt, aber unerwähnt sind die Chronik Twingers von Königshofen oder das *Germaniae Chronicon* Sebastian Franks (1538). Inwieweit Küng Zugang zum herzoglichen Archiv hatte, lässt sich nicht sicher feststellen.[120]

Küng gliedert die Chronik in Kapitel, die durch kurze Überschriften gekennzeichnet sind und einen raschen Zugang zu zentralen Themen und den einzelnen Zeitabschnitten eröffnen. Textabsätze werden mitunter durch Zeichnungen, zumeist Wappen, die im Bezug zum jeweiligen Kapitelinhalt stehen, markiert. An eine *Vorred an den Gutherzigen Leser* schließen sich vier systematische Kapitel an, in denen das Herkommen der Grafen von Württemberg, die Herkunft des Namens, die Gründe für die politische Zersplitterung Württembergs und die ‚Biographie' des Spitzenahns behandelt werden. Danach folgt die Chronik in 22 Kapiteln der Geschichte der Württemberger, wobei regelmäßig sonstige regionale Ereignisse vermerkt sowie Exkurse zu anderen Adelsgeschlechtern eingefügt werden.[121] Minimalinhalt der einzelnen Kapitel sind die jeweiligen ‚Regentenbiographien' mit der Angabe der Herkunft, der Heirat(en) und der Nachkommenschaft. Meist wird die Herrschaft des betreffenden Regenten kurz charakterisiert, gegebenenfalls werden auch einzelne herausgehobene Ereignisse sorgfältiger behandelt. Die

---

117 Die Chronik des Stuttgarter Ratsherrn Sebastian Küng. Hrsg. von Ingrid Karin Sommer, Stuttgart 1971.

118 Das von Küng geschriebene Original der Chronik befindet sich heute in der Landesbibliothek Stuttgart (Cod. hist. fol. 78). Es umfasst insgesamt 218 Blätter, die bis Blatt 125^r Küngs eigene Handschrift enthalten, danach die seines Schreibers. Die Chronik wurde 1554 in ihrem Hauptteil abgeschlossen und ab 1557 durch Nachträge ergänzt. Die letzten Seiten (Bl. 159–163) stammen von einem Schreiber, der die Chronik nach Küngs Tod fortgesetzt hat. Die Handschrift enthält 94 von Küng selbst angefertigte Zeichnungen und Aquarelle, bei denen es sich zumeist um Wappendarstellungen handelt. – Die Abschriften der Chronik verzeichnet Sommer (Anm. 117), S. 249.

119 Die genauen Angaben bietet Sommer (Anm. 117), S. 7–11; nach ihr „zeigt Küng meist eine kritische Haltung" (S. 7) gegenüber seinen Quellen.

120 Vgl. dazu Sommer (Anm. 117), S. 10.

121 Ein weiteres Kapitel enthält Notizen eines von Küng offenbar unabhängigen Schreibers, der Nachträge bis zum Jahr 1561 eingetragen hat.

Biographie Eberhards III. des Milden (* nach 1362–16. Mai 1417), der die bedeutende Grafschaft Mömpelgard[122] durch Heiratsabrede für seinen Sohn erwarb, bietet Anlass für einen Exkurs über die Geschichte dieses linksrheinischen Gebiets.

Fehlende Quellen kompensiert Küng durch narrative Gestaltung. Als historische Leitmotive für die Geschichte der Württemberger werden Gerechtigkeit, Ritterlichkeit und Standhaftigkeit sowie eine Art ‚Erbfeindschaft' zum Papst und den Franzosen entwickelt. Dieses (krypto-)nationalistische Motiv ist auch Anlass für die Inserierung literarischer Erzählungen wie die der *Frauen von Weinsberg*, in der weibliche Treue als Essenz eines schwäbisch-deutschen ‚Nationalcharakters' postuliert wird, der sogar die antiken Vorbildern übertrifft.[123] Gewarnt wird implizit vor Aberglauben und innerfamiliärer Zwietracht, als Begründung für politisches Handeln werden mitunter psychologische Faktoren genannt.

Mit dem Übergang zur Frühen Neuzeit wandelt sich der Charakter der Chronik: Die Einträge zu den einzelnen Grafen werden angesichts der verbesserten Quellenlage nun deutlich länger und individuelle Charakterzüge der jeweiligen Herzöge beleuchtet, sodass vielschichtige und ambivalente Herrscherporträts entstehen: Als ausschlaggebend für die Erhebung Eberhards I. in den Herzogstand wird zwar einerseits dessen moralisch-ethische Vorbildlichkeit bezeichnet, aber Küng berichtet auch von dessen gelegentlicher Unberechenbarkeit, Unentschlossenheit und Arroganz,[124] problematisiert sogar seine Aufstiegsbestrebungen. Explizit kritisiert er Herzog Ulrichs Eingreifen in den Pfälzerkrieg (1462–1463), begrüßt sogar dessen Niederlage, weil er gegen die Küngsche Maxime der Nichteinmischung in fremde Angelegenheiten verstoßen hat. Küng sah sich nicht als *panegyricos* der Württemberger, sondern als ein der Wahrheit und seinen politischen und moralischen Maximen verpflichteter Historiker.

Methodologisch von besonderer Bedeutung ist die *Vorrede* Küngs, in der er sich mit dem Leser über gemeinsame Wertmaßstäbe verständigt, Schwierigkeiten des Chronisten bei der Arbeit beschreibt und vier Gründe für sein Unternehmen benennt: den allgemeinen Nutzen der Geschichte für jedermann, die mangelnde Objektivität der bisherigen Geschichtsschreiber und ihre Verfälschung der Geschichte sowie das Fehlen einer fortlaufenden Geschichte des Hauses Württemberg. Der eigentliche Anlass, die Erstellung einer Chronik der Grafen von Württemberg, wird also von vornherein im größeren Zusammenhang eines allgemeinen Erkenntnisgewinnes, der aus der Beschäftigung mit der Geschichte resultiert,

122 Küng (Anm. 117), S. 86.
123 Wolf (Anm. 73), S. 115.
124 Küng (Anm. 117), S. 97.

gesehen. Die topische Klage über den schlechten Zustand der deutschen Chronistik transformiert Küng in eine politische Kritik an den Fürsten, die für die Aufzeichnung von Geschichte eigentlich verantwortlich wären, die für das Gedeihen der Historiographie aber unbedingt notwendige öffentliche Sicherheit nicht zu garantieren in der Lage sind, weil sie ständig Fehden führen und deswegen überall Chaos herrscht.[125] Dessen ästhetische Folge wiederum ist die Konjunktur übelgereimter *liedlin*, womit Küng den Spagat zu einer Kritik an den Dichtern historischer Lieder versucht, die er als Konkurrenten der Chronisten im Kampf um die fürstliche Gunst sieht.[126]

In seinem Herkunftskapitel arbeitet Küng mit einem wissenschaftlich-logischen Ausschlussverfahren und verwirft zunächst die Theorien, wonach die Württemberger von den Franken, den Römern oder Etruskern abstammten. Dem setzt er seine Theorie entgegen, die Württemberger seien *rechte eingesessne Schwaben*[127] und gleich nach der Sintflut nach Süddeutschland eingewandert.[128] Implizit etabliert er hier einen raffinierten und schwer zu widerlegenden neuen Gründungsmythos, der auf der *Genesis* und der Vorstellung beruht, nach der Sintflut sei in Schwaben quasi eine herrschaftspolitische *tabula rasa* entstanden. Demnach seien die Grafen von Württemberg autochthone Herrscher,[129] da sie niemals von einem anderen Volk, auch nicht von den Römern, unterworfen worden waren.[130]

---

125 *Darum haben auch wenig leit in solchem rumorischen wesen ettwas ordenlichs zu stellen oder schreiben lust gehaptt, dieweil sie gesehen, daß beinach der greßer hauff sich nun uff kriegen und rumorn gelegt, darinnen sich erlustigt, wiewol onersetigt, – aber darneben der guten künsten wenig gedacht, auch kain kosten auff solche als auff ein unnütz ding gewendet* (Küng [Anm. 117], S. 23).

126 Küng wirft allerdings auch den Chronisten Parteilichkeit zugunsten ihrer Auftraggeber vor: [...] *so kinden die, so die geschichten diser zeit verzeichnen und auffmercken, woll so fein heuchlen als die alten immer gethon haben megen, sunderlich wan solche geschichtverzaichner an der großen herren hoff erhalten und mitt dem hofklaidt bedeckt werden* (Küng [Anm. 117], S. 24).

127 Küng (Anm. 117), S. 27.

128 Zum Narrativ der langen Wanderung vgl. Alheydis Plassmann: Das Wanderungsmotiv als Gründungsmythos in den frühmittelalterlichen *Origines gentis*. In: Gründungsmythen Europas im Mittelalter. Hrsg. von Michael Bernsen/Matthias Becher/Elke Brüggen, Bonn 2013 (Gründungsmythen Europas in Literatur, Musik und Kunst 6), S. 61 – 77.

129 Die dabei entstehende Problematik, dass sich die Württemberger Grafen soweit nicht zurückverfolgen lassen, behebt Küng, indem er die *rechten uralten Schwabenn* umstandslos mit den Württemberger Grafen in eins setzt; vgl. Küng (Anm. 117), S. 27.

130 Küng argumentiert hier diskursiv, wenn er selbst einen möglichen Einwand gegen diese Darstellung nennt, nämlich die durchaus naheliegende Vermutung, die Römer hätten sich für diesen unbewohnten Landstrich nicht interessiert. Er entkräftet dies mit einem Scheinzitat, wonach *Julius Caesar in suis comentariis* von *tausent derffer* der Schwaben berichtet hätte; Küng (Anm. 117), S. 28.

Welche Bedeutung der Nachweis einer autochthonen Herrschaft für Küng hat, zeigt sich an der Konstruktion des Spitzenahns in der Chronik, Emich von Groningen.[131] Küng muss hier eine höchst komplizierte Theorie entwickeln, denn nach der Quellenlage stammen die Württemberger von den Freiherren von Beutelsbach ab, was zwar weder Allodialbesitz noch Reichsunmittelbarkeit ausschließt, sie aber doch als ständische Aufsteiger erscheinen lässt. Hinzu kommt, dass sich die Württemberger erst im 12. Jahrhundert Grafen nannten.[132] Der Griff zu Rüxners *Turnierbuch* half hier unmittelbar nicht weiter, weil weder ein Württemberger noch ein Beutelsbacher im ersten Turnier (938) verzeichnet ist – allerdings wird dort ein *Emich von Grůningen* als Teilnehmer erwähnt.[133] Weil zu den inzwischen ausgestorbenen Grüningern eine verwandtschaftliche Beziehung bestanden hatte und diese im Mittelalter Reichsbannerträger gewesen waren, hatten die Württemberger immer Anspruch auf deren Gebiet und Titel erhoben. Küng behauptet nun, dieser Emich hätte unter Kaiser Heinrich I. die Reichsgrafschaft Groningen verwaltet. Eine solche Reichsgrafschaft gibt es nicht in Schwaben, aber sehr wohl in den Niederlanden, wo sie im 16. Jahrhundert unter Karl V. eine wirtschaftliche Blütezeit erlebte. Küng suggeriert hier dem Rezipienten indirekt, ein Geschlecht, deren Vorfahren eine derartig bedeutende Reichsgrafschaft verwaltet haben, müsse eindeutig dem Grafenstand entstammen. Dem Verdacht einer Zugehörigkeit der frühen Württemberger zum niederen Adel hatte Küng übrigens schon im zweiten Kapitel vorgebaut, wo er die Ständehierarchie auf den Kopf stellend behauptet, *die freiherrn* [*sein*] *über die graven geadelt und angesehen gewesen.*[134]

Küng verfolgt mit seinem Werk ein historisches Erkenntnisinteresse, es geht ihm weniger um eine breite Rezeption und deswegen sind auch literarische Elemente selten, wenngleich sich auch er literarischer Narrative, Motive und Stilmittel bedient.[135] Ist das Werk tatsächlich ohne Beauftragung durch die Württemberger Herzöge angefertigt worden, dann wäre es ein früher Beweis dafür, dass ein Bürger

---

131 Küng (Anm. 117), S. 31.

132 Küng (Anm. 117), S. 163, Anm. 61; vgl. Wolf (Anm. 73), S. 108.

133 Rixner (Anm. 81), bl. 37b.

134 Küng (Anm. 117), S. 29.

135 So auch Sommer (Anm. 117), S. 6. Ein Beispiel für Küngs gelegentliche Ironie ist die Diskussion der Etymologie des Namens Württemberg: *Hie sein abermals die klugling, so gern ettwas nuis dichten welten, gar gefochten, wie sie disem namen ain ethimologiam schepffen wellen, und sein ettlich, die sagen, es sei vor zeiten ein kaiser durch dise landtsart gezogen, und da er also imerdar ein berg auff, den andern ab hab ziehen miessen, hab er gesagt, in disem landt wirt ein berg nach dem andern; demnach sei das landt mitt disen drei wortlein, wirt ein berg, zusamengethon wirteinberg und volgendts wirtemberg daraus gemacht sein worden. Diser kaiser muß freilich nie in das Schweitzerland komen sein, dann sunst würde er dasselbig mitt disem namen getaufft haben* (Küng, [Anm. 117], S. 30).

regionale Identität durch die Chronik seines Fürstenhauses konstituieren wollte und dessen Geschichte als identitätsstiftend für das gesamte Land angesehen hat.

4.3 Die *Zimmerische Chronik*

Die mit weitem Abstand umfangreichste, vielfältigste und literarisch interessanteste adlige Hauschronik des deutschen Sprachraums ist die um die Mitte des 16. Jahrhunderts entstandene Chronik der Grafen von Zimmern (Stuttgart, WLB, Cod. Don. 580a und b [Abb. 2]),[136] eines Geschlechts, dessen marginale politische in einem signifikanten Gegensatz zu seiner kulturgeschichtlichen Bedeutung steht. Literarische Interessen lassen sich für die Zimmern bereits für die zweite Hälfte des 14. Jahrhunderts belegen, als sie Handschriften mittelalterlicher Epen, vielleicht auch eine Minnesanghandschrift[137] besitzen; ein Mitglied des Hauses gehörte dem Rottenburger ‚Musenhof' der Pfalzgräfin Mechthild an.[138] Im 16. Jahrhundert waren die Zimmern literarisch, künstlerisch und wissenschaftlich am produktivsten: Ihre Bibliothek umfasste über 100 Handschriften,[139] darunter neben lateinischen Texten auch Wolframs *Parzival*, Albrechts *Titurel*, Heinrichs von Veldeke *Eneas*, Wirnts von Grafenberg *Wigalois* sowie Kleinepik[140]. Gottfried Werner (1484–1554) ließ seine Burg Wildenstein mit Bildern aus der Heldenepik ausmalen,[141] sein Bruder, der Reichskammergerichtsrat Wilhelm Werner (1485–

136 Vollständige Editionen bieten: *Zimmerische Chronik.* Hrsg. von Karl August Barack, 4 Bde., Freiburg/Tübingen ²1881–1882 [op. cit.]; *Zimmerische Chronik.* Nach der von Karl Barack besorgten zweiten Ausgabe neu hrsg. von Paul Hermann, 4 Bde., Meersburg/Leipzig 1932. – Die einzig nahezu komplett erhaltene Hs. Cod. Don. 580b umfasst 1581 Seiten; zur Beschreibung der Handschriften vgl. Wolf (Anm. 73), S. 133–141.

137 Zur sog. Minnesanghandschrift X siehe Frieder Schanze: Zur Liederhandschrift X. In: Deutsche Handschriften 1100–1400. Oxforder Kolloquium 1985. Hrsg. von Volker Honemann/Nigel F. Palmer, Tübingen 1988, S. 316–329.

138 Zusammenfassend zum ‚Musenhof' Ulrich Gaier: Musenhof Rottenburg. Erzherzogin Mechthild – Eine emanzipierte Frau im 15. Jahrhundert. In: Schwabenspiegel. 1000–1800. Literatur vom Neckar bis zum Bodensee. Bd. 2: Aufsätze. Hrsg. von Ders./Monika Küble/Wolfgang Schürle, Ulm 2003, S. 105–116.

139 Gerhard Wolf: Die *Zimmerische Chronik* als literarischer Text. In: Mäzene, Sammler, Chronisten. Die Grafen von Zimmern und die Kultur des schwäbischen Adels. Hrsg. von Casimir Bumiller/Bernhard Rüth/Edwin Ernst Weber, Stuttgart 2012, S. 130–140, hier S. 134.

140 Vgl. hierzu Jacob Klingner: Gattungsinteresse und Familientradition. Zu einer wiederaufgefundenen Sammelhandschrift der Grafen von Zimmern (Lana XXIII D 33). In: Zeitschrift für deutsches Altertum und deutsche Literatur 137 (2008), S. 204–228.

141 Michael Curschmann/Burghart Wachinger: Der Berner und der Riese Sigenot auf Wildenstein. In: Beiträge zur Geschichte der deutschen Sprache und Literatur 116 (1994), S. 360–

1575), besaß eine bedeutende Kuriositätensammlung, der sogar der Kaiser einen Besuch abstattete; er legte ein *Vergänglichkeitsbuch* an, das den bekannten *Zimmerischen Totentanz* enthält,[142] sowie mehrere Kolektaneen. Sein historiographisches Hauptwerk ist die fünfbändige Chronik der Bistümer der Mainzer Kirchenprovinz.[143] Beider Neffe, Froben (1519 – 1567),[144] ist der Hauptautor der *Zimmerischen Chronik* und Erbauer des Schlosses in Meßkirch, eines der frühesten Übernahmezeugnisse der italienischen Renaissancebaukunst nördlich der Alpen. Schon die Zeitgenossen erkannten diese kulturellen Leistungen an, Wilhelm Werner und Froben wurden mit dem Ehrentitel *comites antquarii* bedacht.[145]

Frobens Arbeit an der Geschichte des Geschlechts reicht bis ins Jahr 1540 und steht im unmittelbaren Zusammenhang mit der Verleihung des Grafentitels. Da Standeserhöhungen im gesellschaftlichen Umfeld immer prekär waren, sahen die Zimmern es offenbar als erforderlich an, ihre Reputation durch eine Hauschronik ideologisch abzusichern. Mit einer solchen wurde der damals 21jährige Froben beauftragt, der eine kurze lateinische Hauschronik, den *Liber rerum Cimbriacarum* verfasste,[146] in dem er die Herkunft seines Hauses von dem germanischen Stamm der Kimbern ableitete und anschließend kurze Erläuterungen zu fiktiven und realen Vorfahren gab. Auf diesem Weg sollte die ununterbrochene Zugehörigkeit zum freien Adel als Voraussetzung für die Aufnahme in den Grafenstand belegt werden.[147]

In den 1550er Jahren, als Froben nach dem Tod seines Vaters und seines Onkels Gottfried Werner fast den gesamten zimmerischen Besitz auf sich vereinigte, begann er mit der Arbeit an einer deutschsprachigen Hauschronik. Er hatte dafür aufgrund seiner Studien in Frankreich, wo er auch Sleidan kennen gelernt

---

389. Möglicherweise sollte das Heldenepos eine Appellfunktion für den künftigen Erben, Froben, haben, der in den Augen seines Onkels eher ein ‚Stubenhocker' gewesen sein dürfte.

142 Das *Vergänglichkeitsbuch* bietet „die für Wilhelm Werner von Zimmern typische Verbindung aus feudaler Selbstdarstellung, religiösem Engagement und Vergänglichkeitsthematik" (Franz-Josef Holznagel: Selbstdarstellung und Montage im *Vergänglichkeitsbuch* des Grafen Wilhelm Werner von Zimmern [ca. 1550]. In: Zeitschrift für deutsches Altertum und deutsche Literatur 134 [2005], S. 143 – 182, hier S. 180).

143 Vgl. dazu Andreas Bihrer: Habitus und Praktiken eines gelehrten Adligen – Leben und Werk Graf Wilhelm Werners von Zimmern. In: Mäzene, Sammler, Chronisten (Anm. 139), S. 107 – 118, hier S. 112.

144 Eine ausführliche Biographie Frobens findet sich bei Jenny (Anm. 31), S. 66 – 121.

145 Jenny (Anm. 31), S. 47.

146 Wolf (Anm. 73), S. 140 f.

147 Da im 16. Jahrhundert sich die Einteilung des Adels in Hoch- und Niederadel bereits weitgehend durchgesetzt hatte, nimmt Froben bei der Inserierung einer Fundationsurkunde eine „gewaltsame[.] Zweiteilung der Zeugenliste" vor und verschiebt die Zimmern unter die Grafen (Jenny [Anm. 31], S. 152).

Abb. 2: Froben von Zimmern: *Zimmerische Chronik.* Stuttgart, WLB, Cod. Don. 580 b, S. 33.

haben dürfte,[148] zwar beste Voraussetzungen, aber dennoch ist es eine Ausnahme, dass ein adliger Territorialherr selber die eigene Hauschronik anfertigte. Froben benutzte umfangreiches Quellenmaterial, über das er im lückenhaften Literaturverzeichnis aber nur eingeschränkt Rechenschaft ablegt. In der Chronik selber finden sich nur wenige konkrete Quellenangaben. Neben dem zimmerischen Archiv und seiner umfangreichen Bibliothek stützte sich Froben auf die Informationen humanistischer Beiträger, deren wichtigster sein Onkel Wilhelm Werner war, der einen hohen Anteil am Zustandekommen der Hauschronik hatte.[149]

---

148 Auch dem Schweizer Chronisten Aegidius Tschudi ist Froben begegnet; vgl. JENNY (Anm. 31), S. 119; zu Tschudi allgemein: Aegidius Tschudi und seine Zeit. Hrsg. von KATHARINA KOLLER-WEISS/CHRISTIAN SIEBER, Basel 2002.

149 Froben ließ zunächst seine Chronik in eine Pergamenthandschrift (A: Stuttgart, WLB, Cod. Don. 581) schreiben, in die im Lauf der Zeit zahlreiche Ergänzungen eingetragen wurden. Irgendwann wurde die Handschrift A zu unübersichtlich oder genügte nicht mehr seinen repräsentativ-ästhetischen Ansprüchen. Froben ließ daraufhin unter Verwendung der Handschrift A als Vorlage eine (zweibändige) Papierhandschrift (B: Stuttgart, WLB, Cod. Don. 580a und b) abfassen, die mit seinem Tod abbrach. Während der Arbeit an B verfasste Froben erneut zahlreiche Nach-

Die *Zimmerische Chronik* ist in 209 Kapitel gegliedert, deren ausführliche Überschriften die wichtigsten Themen des jeweiligen Kapitels umreißen. Dabei steht der Name eines zimmerischen Dynasten meist am Anfang, sodass der Leser die Geschlechterfolge gut durch die Zeiten verfolgen kann. Einige wenige Kapitel sind in den Überschriften deutlich als Exkurse markiert, die der Geschichte anderer Adelsgeschlechter, seltener historischen Ereignissen gewidmet sind; gegen Ende der Chronik finden sich einzelne selbstständige ‚Schwankkapitel'.

Entsprechend der Anlage anderer Familienchroniken beginnt auch diese mit dem Herkommen des Geschlechts, das onomasiologisch von den aus Jütland stammenden Kimbern[150] und den ursprünglich am Schwarzen Meer beheimateten Kimmerern abgeleitet wird. Wichtig sind für Froben die langen Wanderzüge dieser Völker und insbesondere das Schicksal der Kimbern, die 107 v. Chr. bei Aquae Sextiae eine vernichtende Niederlage gegen die Römer erlitten hatten. Froben stellt die Verbindung zwischen Kimbern und Zimmern mit der Behauptung her, sein Geschlecht stamme von den wenigen Kimbern ab, die sich vor den Römern nach Schwaben gerettet hätten.[151] Mittels dieser Fiktion begründet Froben einen Mythos von der Unverwüstlichkeit des eigenen Geschlechts, der zum Narrativ wird, denn immer wieder zeigt der Chronist, dass die Zimmern sich selbst von schwersten Rückschläge erholen können.[152] Dies belegt etwa die Erzählung von der Achterklärung Johannes Werners d. Ä. (ca. 1454–1495) im Jahr 1488, eines Ereignisses, das die Zimmern als die Familienkatastrophe schlechthin empfunden haben. Auch andere aus früheren Hauschroniken bekannte Motive übernimmt Froben, ein zimmerischer Kreuzfahrer steht für die Heldenhaftigkeit, der angebliche Kontakt mit einer Meerfee verweist auf Beziehungen zu einer im Ungefähren belassenen supranaturalen Welt.[153] Zu den weiteren hervorgehobenen ‚Familienmerkmalen' gehören Loyalität gegenüber den Fürsten, Solidarität gegenüber

---

träge, die jetzt aber zumeist nicht in mehr direkt in B eingetragen, sondern auf fortlaufende Seiten geschrieben wurden. Da Froben hoffte, seine Nachkommen würden eine dritte (endgültige) Fassung der Hauschronik anfertigen und dann die Nachträge in den fortlaufenden Text inserieren, versah er sie mit einem genauen Zuordnungshinweis.

150 Als Urheber dieser Ableitung gilt der Colmarer Schultheiß Hieronymus Boner, der in seiner Plutarchübersetzung die *Freyen herrn von Zymbern* auf die *Cimbri* zurückführt (zit. nach Joos [Anm. 97], S. 140, Anm. 89).

151 Zur identitätsstiftenden Funktion von Wanderungen vgl. Plassmann (Anm. 128).

152 Zum Erzählmotiv von Verlust und Wiedererlangung vgl. auch Joos (Anm. 97), S. 147.

153 Vgl. dazu Wolf (Anm. 73), S. 173–177. Eine Ausgabe der *Melusine* befand sich in der zimmerischen Bibliothek. Zur Funktion derartiger mythischer Herleitungen vgl. Kellner (Anm. 5), S. 397–458, zur Attraktivität „transhumaner Erbschaften" Peter Sloterdijk: Die schrecklichen Kinder der Neuzeit. Über das anti-genealogische Experiment der Moderne, Berlin 2014, S. 370–390, hier S. 373.

den Standesgenossen, Tapferkeit im Krieg und ein deutlicher Hang zur Gelehrsamkeit.

Was waren die Motive für eine derartig monumentale Arbeit, die einen hohen Zeitaufwand erforderte? Das Motiv der Entfaltung einer repräsentativen Chronikgeschichte, das noch für die Abfassung des *Liber* alleinige Geltung hatte, tritt im Zuge der Chronikarbeit in den Hintergrund, weil Froben an einer Apologie der Dynastie kein Interesse hatte. Klar und deutlich beschreibt er die Fehlentscheidungen seiner Vorfahren, insbesondere die seines Vaters, Johannes Werner d. J. (ca. 1480 – 1548), mit dem er tief zerstritten war. Offiziell begründet wird dies mit der Wahrheitspflicht des Historikers. Einen ‚Adelsspiegel' für künftige Zimmerngenerationen will Froben aber auch nicht verfassen, da er aus der Geschichte eine nur geringe Lernfähigkeit der Menschen ableitet und folglich wenig von direkter Lehrunterweisung hält.[154] Froben setzt viel eher auf das Erschließen von Sinnzusammenhängen und eine Reflexionskompetenz, die aus literarischen Erzählungen bzw. der literarischen Aufbereitung der Vergangenheit gewonnen werden kann. Darin schließt er an die mittelalterliche *Integumentum*-Theorie an, nach der ‚fiktive' Geschichten einen Kern von Wahrheit enthalten, den der Rezipient auffinden muss. So gibt es vielfältige Erzählungen in der Chronik, die indirekt vor „innerfamiliäre[n] Streitigkeiten und Ausbeutung der eigenen Bevölkerung als Ursache für den Untergang eines Geschlechts" warnen.[155] In diesem Sinn ist auch Frobens Aufforderung an seine Nachkommen zu sehen, die Arbeit an der Chronik weiterzuführen und eigenständig die geschichtliche Wahrheit zu erforschen. Dies verlangt er in der Überzeugung, die Beschäftigung mit Geschichte in einem allumfassenden Sinn sei erkenntnisfördernd und man könne von der damit gewonnenen Bildung im ständischen Konkurrenzkampf profitieren.

Froben findet für das Anspruchsniveau einer Hauschronik eine einprägsame Formel: der Autor müsse den *sachen ein ansehen machen*, weil er sich nur so das Wohlwollen des Lesers erhalten kann.[156] Dieser Maxime folgt er, indem er aus den vorhandenen Urkunden, den Mitteilungen seiner Beiträger, der mündlichen Überlieferung sowie den Narrativen literarischer Texte schlüssige Erzählungen komponiert, woraus eine chronikspezifische, schwer zu durchdringende Vermischung aus Historie und Fiktion resultiert. Die hergestellten Kausal- und Kondi-

---

154 Jenny (Anm. 31), S. 173 f. Insofern unterscheidet sich die *Zimmerische Chronik* von einer diskursiven, aber letztlich normativen Ökonomie des (bürgerlichen) Hauses, wie sie Leon Battista Alberti in seiner Schrift *Della Famiglia* (1437 – 1441) entfaltet hat, in Anlage und Form zwar erheblich, wenngleich die Intention, der Fortbestand des eigenen Hauses, auch für Froben maßgeblich war.

155 Wolf (Anm. 139), S. 139.

156 *Zimmerische Chronik* (Anm. 136), 3. Bd., S. 24.

tionalbeziehungen zwischen den einzelnen Ereignissen dienen dabei dem Zweck, dass der Rezipient die Gründe für historische Geschehnisse und individuelle Verhaltensweisen selbst erkennt. Damit dieses Verfahren seine Wirkung nicht verfehlt, bedient sich Froben eingeführter Darstellungskonventionen: Um etwa seinen Vater gründlich zu desavouieren, stellt er ihn nach dem narrativen Muster eines ‚Unheilsherrscher'[157] dar, für das die Geschichtsbücher des Alten Testaments die Vorlage boten.

Je länger Froben an der Chronik arbeitete, umso mehr nimmt er umfangreiche literarische Plots auf, die er den zeitgenössischen Schwank- und Fazetiensammlungen entnimmt und an die Gegebenheiten seiner schwäbischen Umwelt anpasst. Dabei perspektiviert er das jeweilige Kernthema, indem er ähnliche Erzählungen, selbst wenn sie einen anderen Ausgang nehmen, aneinanderreiht und so den Eindruck der Offenheit von Situationen erzeugt.[158] Oft übernehmen die literarischen Passagen die Funktion, historische Ereignisse zu entschlüsseln bzw. zu kommentieren. Auf diese Weise gerät selbst der Aufstieg in den Grafenstand ins Zwielicht, da Froben die innerfamiliäre Kritik daran pointiert herausstreicht und Erzählungen einflicht, die das Neidmotiv zum Gegenstand haben. Da der Chronist generell nur selten explizit interpretiert oder autoritativ Stellung bezieht, verlangt die Chronik in ihrer intrikaten Form dem Rezipienten eine Interpretations- und Adaptationsleistung ab, von der sich ihr Autor mehr zu versprechen scheint als von normativen Ausdeutungen.

Nicht zuletzt erfüllt die Chronik mit ihrer Literarisierung der Vergangenheit und den zahlreichen inserierten Schwänken und Fazetien einen pragmatischen Aspekt. In der adligen Konversationskultur des 16. Jahrhunderts wird die Reputation des Einzelnen nicht unmaßgeblich davon bestimmt, wie gut und intelligent er seine Standesgenossen zu unterhalten weiß.[159] Auf die Notwendigkeit mit ab-

---

157 Zum Begriff siehe Hans G. Güterbock: Die historische Tradition und ihre literarische Gestaltung bei Babyloniern und Hethitern bis 1200. In: Zeitschrift für Assyriologie 42 (1934), S. 1–91, hier S. 75 f.

158 Auf diesem Weg gelangte die Nachricht über einen Schwarzkünstler namens Faust aus dem Breisgau in die *Zimmerische Chronik*. Froben erwähnt ihn in einer Reihe mit anderen ‚Teufelsbündnern' im Kontext der ‚Biographie' seines magiebegeisterten Großvaters Johannes Werner. Der Chronist steht derartigen Versuchen und Praktiken ambivalent gegenüber. Zwar lehnt er ‚schwarze Magie' eindeutig ab, allerdings rechtfertigt er die Befriedigung des menschlichen Wissensdrangs; vgl. auch Wolf (Anm. 73), S. 282–285.

159 Vgl. dazu Wolf (Anm. 73), S. 432 f.; Gerd Dicke: Fazetieren. Ein Konversationstyp der italienischen Renaissance und seine deutsche Rezeption im 15. und 16. Jahrhundert. In: Literatur und Wandmalerei. Bd. 2: Konventionalität und Konversation. Burgdorfer Colloquium 2001. Hrsg. von Eckart Conrad Lutz/Johanna Thali/René Wetzel, Tübingen 2005, S. 155–188, besonders S. 186–188; Rüdiger Schnell: Zur Geselligkeitskultur des männlichen Adels in Deutsch-

wechslungsreichen Erzählungen die Zeit zu verkürzen, verweist Froben mehrfach, er schafft mit seinem Werk zugleich einen Fundus für nachfolgende Generationen, damit diese in der adligen Gesellschaft bestehen können.

4.4 Die *Zollernchronik*

Hinsichtlich ihres Umfangs von ca. 50 Seiten zwar das genaue Gegenteil der 1581 Seiten umfassenden *Zimmerischen Chronik*, verfolgt die *Zollernchronik* doch den gleichen repräsentativen Zweck, den sie mittels ihrer ganzseitigen, prachtvollen Illustrationen erreicht. Im Auftrag Graf Karls I. zwischen 1569 und 1576 angefertigt, ist sie auch ein Beleg für die Varianz und ungebrochene Vitalität der Gattung in der 2. Hälfte des 16. Jahrhunderts. Wie andere Geschlechter auch hatten sich die Zollern für die Herstellung ihres Stammbaums zunächst der Dienste des selbstständigen Publizisten Basilius Herold (1514 – 1567) versichert,[160] eines Mannes, der sich mit historiographischen Auftragsarbeiten über Wasser hielt und in seinen letzten Lebensjahren im Umkreis Wilhelm Werners von Zimmern zu finden ist. Herolds Stammbaum ist zwar verloren, aber das Begleitschreiben an Karl I. erhalten.[161] Dieses bildete die Grundlage für die *Zollernchronik*, deren Autor anonym bleibt. Überliefert ist sie in drei Prachthandschriften,[162] von denen eine (Sigmaringen, Fürstlich Hohenzollernsche Hofbibliothek, Hs. 69) im Besitz der Familie verblieben ist,[163] eine zweite (heute: Los Angeles, Getty-Museum, 83.MP.154)[164] anlässlich einer Heirat das Haus Harrach erhielt und ein drittes Exemplar (Bayreuth, Universitätsbibliothek, Kanzleibibliothek, Ms. 40) offenbar an den Kurfürsten Johann Georg von Brandenburg in der Absicht verschenkt wurde, dass

land. Das Fallbeispiel *Zimmerische Chronik* (1554 – 1566). In: Konversationskultur in der Vormoderne. Geschlechter im geselligen Gespräch. Hrsg. von Ders., Köln/Weimar/Wien 2008, S. 441 – 471.

160 Felix Heinzer: Handschrift und Druck im Œuvre der Grafen Wilhelm Werner und Froben Christoph von Zimmern. In: Die Gleichzeitigkeit von Handschrift und Druck im 15. und 16. Jahrhundert. Symposium des Mediävistischen Arbeitskreises der Herzog-August-Bibliothek Wolfenbüttel. Hrsg. von Gerd Dicke/Klaus Grubmüller, Wiesbaden 2003 (Wolfenbütteler Mittelalter-Studien 16), S. 141 – 166; hier S. 144 f; zur Arbeit des Basilius Herold vgl. S. 147.

161 Seigel (Anm. 52), S. 113.

162 Zur Überlieferung der *Zollernchronik* vgl. Wolf (Anm. 73), S. 437 – 439.

163 Dazu immer noch Seigel (Anm. 52), S. 110 – 118, der nach wie vor eine Ausgabe der *Zollernchronik* plant.

164 Siehe dazu Anton von Euw/Joachim M. Plotzek: Die Handschriften der Sammlung Ludwig, 3. Bd., Köln 1982, S. 282 – 290.

dieser beim Kaiser für die Zollern die Genehmigung zur Führung des Titels ‚von Gottes Gnaden' und der Anrede ‚Hochgeborn' herausschlagen würde.[165]

Die Sigmaringer Handschrift „enthält auf den ersten vier Blättern eine Einleitung, und auf jedem der folgenden Blätter ist ein gewappneter Zollerngraf in einem von zwei Säulen getragenen Bogen dargestellt. Auf dem linken Kapitell steht jeweils das Zollernwappen und auf dem rechten das Wappen der Frau des Dargestellten. Über dem Wappen sind Helm und Helmzier angebracht. Die etwa 24 cm hohen kolorierten Federzeichnungen enthalten keine Signaturen. Unterhalb der Bilder findet sich ein durchschnittlich zehnzeiliger Text, in Reinkurrentschrift geschrieben, mit Angaben zur Biographie des Dargestellten."[166] Der Anonymus übernahm nur einige Daten und Quellenverweise von Herold, ließ aber dessen umständliche Argumentation weg und schrieb „nüchtern und sachlich im Stil eines Kanzleigutachtens"[167]. Die aufgrund der Zerstörung der Stammburg 1423 dürftige Datenlage soll offenbar durch den immensen bildkünstlerischen Aufwand kompensiert werden, mit dem dem Betrachter eine Tradition vorgaukelt wird, die alles andere als gesichert war. In den Bildlegenden werden einige wichtige Lebensdaten der betreffenden Zollerngrafen erwähnt und ihr politisches Verhalten oder auch ihr Charakter kurz bewertet. Allerdings wird der Text durch die räumliche Dominanz des Bildes fast zur Marginalie (Abb. 3).[168]

Die sieben Seiten umfassende Einleitung der *Zollernchronik* ist ganz an den wichtigsten Kernelementen einer adligen Hauschronik orientiert, die auch 100 Jahre nach Gattungsbeginn immer noch in Geltung sind: Der Nachweis einer bedeutsamen Abstammung (vom fränkischen König) und entsprechender Verwandtschaftsverhältnisse (Habsburger, Colonna, Markgrafen von Brandenburg) sichert die Zugehörigkeit zum Hochadel standesideologisch ab; die Verwandtschaft mit dem heiligen Meinhard und ihre Mitwirkung an der Christianisierung des Landes sowie ihre Klostergründungen bürgen für die (katholische) Religiosität der Zollern. Hinsichtlich der Bewertung der Taten einzelner Dynasten fällt auf, dass auch hier selbst in den kürzesten Bildlegenden Platz dafür ist, dynastieschädliches Verhalten einzelner Familienmitglieder zu kritisieren.[169] Auf diese Weise wird demonstriert, dass man eine kritische Distanz zur eigenen Vergan-

---

165 Rainer-Maria Kiel: Die Hauschronik der Grafen von Zollern. Eine Prachthandschrift im Bestand der Kanzleibibliothek Bayreuth. Beschreibung – Geschichte – Wirkung. In: Archiv für Geschichte von Oberfranken 68 (1988), S. 121–148, hier S. 134.

166 Seigel (Anm. 52), S. 115.

167 Seigel (Anm. 52), S. 116.

168 Diese Anordnung der Regentenbilder erinnert sehr an die *Truchsessenchronik*, die für die *Zollernchronik* insgesamt Vorbild gewesen sein kann.

169 Vgl. Wolf (Anm. 73), S. 450.

Abb. 3: Bayreuth, Universitätsbibliothek, Kanzleibibliothek Ms. 40, f. 19r: Friedrich IX. von Hohenzollern († 1377/79), genannt der Schwarzgraf.

genheit bewahrt, aus deren Fehlern gelernt hat und keine blinde Machtpolitik betreibt. Literaturästhetisch von Bedeutung ist, dass selbst in den kurzen Bildlegenden narrative Plots verwendet werden.[170]

5 Weitere adlige Hauschroniken des 16. Jahrhunderts aus dem deutschen Südwesten

Von den übrigen südwestdeutschen Hauschroniken seien hier noch vier weitere kurz genannt. Wie bereits erwähnt, verfasste Matthäus von Pappenheim 1530 *Vrsprung vnnd herkomen der Edelenn Herrn Vonn Geroltzeckh* (Karlsruhe, Generallandesarchiv, 65/239). Treibende Kraft scheint Gangolf II. (1484–1548) von Geroldseck gewesen zu sein,[171] der selbst zahlreiche Eintragungen in der Handschrift vorgenommen hat.[172] Nach Struktur und Inhalt entspricht die *Geroldsecker Chronik* dem Muster der *Chronik der Truchsessen von Waldburg*. An den Anfang setzt Matthäus einen Spitzenahn namens Gerold, der aus Rom stammen und mit Karl dem Großen und Papst Hadrian (I.) über die Alpen nach Deutschland gezogen sein soll. Dort habe er sich auf dem Bussen, unweit von Riedlingen, niedergelassen und Herzog zu Schwaben, Graf zu Bussen, genannt.[173] Als ‚Stammheilige' fungiert Karls zweite, als heilig erachtete Gattin Hildegard, zu der verwandtschaftliche Beziehungen bestanden haben sollen. In der Folgezeit treten die Geroldsecker als Förderer von Klöstern und Kirchen hervor, bewähren sich im Kampf gegen neidische Adlige und Städter und erleiden – wie die Zimmern – schwere Niederlagen, die sie aber erfolgreich überwinden. Auch literarische Texte sind eingearbeitet, „zum einen die Sage über den ‚Lützelharder' Hans von Geroldseck und seinen Besuch im Fegefeuer des heiligen Patrick, sodann die Erzählung von der Rettung der Besatzung auf der belagerten Geroldsecker Burg Schwanau, die dem Muster

170 Vgl. Wolf (Anm. 73), S. 451–455.

171 Die Geroldsecker sind seit dem 11. Jahrhundert in der Ortenau nachweisbar, ihnen gelang im 13. Jahrhundert der Aufbau eines größeren Territorialverbandes. Nach Hausteilungen kam es im 15. Jahrhundert zu einem Niedergang der einzelnen geroldseckischen Linien. Einen kurzen Wiederaufstieg brachte dann das 16. Jahrhundert. Es spricht viel dafür, dass „[m]ilitärischer Erfolg und administrativer Aufstieg [...] nach historiographischer Selbstvergewisserung [verlangten]" (Schauerte [Anm. 64], S. 115). Zur Geschichte der Geroldsecker vgl. Christoph Bühler: Die Herrschaft Geroldseck. Studien zu ihrer Entstehung, ihrer Zusammensetzung und zur Familiengeschichte der Geroldsecker im Mittelalter, Stuttgart 1981 (Veröffentlichung der Kommission für geschichtliche Landeskunde in Baden-Württemberg B 96); zur *Geroldsecker Chronik* insgesamt vgl. Joos (Anm. 97), besonders S. 135–150.

172 Schauerte (Anm. 64), S. 114–119, 188.

173 Joos (Anm. 97), S. 135.

der *Frauen von Weinsberg* folgt."[174] Die Chronik wurde sicher befreundeten adligen Geschlechtern zur Einsicht gegeben;[175] ihr eigentlicher Adressat aber war das Haus Habsburg, denn die Geroldsecker strebten die Aufnahme in den Grafenstand an und wollten mit der Chronik ihre hochadlige Herkunft belegen. Deswegen behauptet Matthäus „nichts Geringeres [...], als dass die Geroldsecker einst den Herzogsrang in Schwaben und einen Markgrafentitel in Österreich besessen hätten."[176] Als die erhoffte Wirkung ausblieb, ließ Gangolf von dem Historiographen Caspar Baldung 1538 ein Gutachten über den Wahrheitsgehalt der Chronik des Matthäus von Pappenheim erstellen (Karlsruhe, Generallandesarchiv, 111/269). Zwar fiel es positiv aus, aber genutzt hat es nichts. Gleichwohl belegt auch diese Hauschronik, dass die Gattung als probates Mittel im ständischen Konkurrenzkampf angesehen wurde.

Einen ganz anderen Typus adliger Erinnerungskultur repräsentieren die in der Württembergischen Landesbibliothek (Cod. fol. 618)[177] aufbewahrten familiengeschichtlichen Kollektaneen der Grafen von Montfort. Sie dürften in ihrem Grundstock auf den Grafen Georg III. von Montfort-Bregenz zurückgehen, der wohl zu Beginn der 1570er Jahre systematisch mit der Sammelarbeit zur Geschichte seines Geschlechts begonnen hat. Die daraus entstandene Papierhandschrift des Cod. fol. 618 (321 Bl.) dürfte dann zwischen 1574 und dem Ende des Jahrhunderts angefertigt worden sein, sie wurde „von einer einzigen Hand aus den verschiedenen Vorlagen zusammengeschrieben"[178]. In ihrer heutigen Form stellt sie „ein Sammelsurium [dar], bestehend aus annalistischen Aufzeichnungen [...], Auszügen aus Wappenbüchern, Turnierbüchern, Chroniken, Abschriften von Epitaphien, Notizen aus Anniversarienbüchern und schließlich zeitgenössischen Inventarien."[179] Auch wenn der Handschrift eine übergreifende narrativ-literarische Gestaltung fehlt und erzählende Partien nur in rudimentärer Form vorhanden sind, ist sie für unseren Zusammenhang interessant, weil sich in ihr quasi die Vorstufe einer Hauschronik abzeichnet: Georg III. ließ aus allen verfügbaren Quellen Material, welches irgendwie mit dem eigenen Haus und seiner Geschichte in Verbindung stand, zusammenstellen und korrespondierte dazu mit einschlägig

174 Schauerte (Anm. 64), S. 118.
175 Nach Jenny (Anm. 31) hat Froben von Zimmern die *Geroldsecker Chronik* „zu Rate gezogen" (S. 32).
176 Schauerte (Anm. 64), S. 117.
177 Wilhelm von Heyd: Die historischen Handschriften der Königlichen Öffentlichen Bibliothek zu Stuttgart. Bd. 1: Die Handschriften in Folio, Stuttgart 1891 (Die Handschriften der Königlichen Öffentlichen Bibliothek zu Stuttgart I/1), S. 263 f.
178 Jenny (Anm. 31), S. 203, Anm. 45. Heyd (Anm. 177) datiert den Codex auf 1600.
179 Jenny (Anm. 31), S. 33.

genealogisch ausgewiesenen Gelehrten, wie Jacob Ramingen, von dem er sich 1573 ein Gutachten über die Herkunft der Montforter erstellen ließ (Bl. 89).[180] Anlass für diese in jeder Hinsicht aufwendige Arbeit an der eigenen Vergangenheit dürfte nicht der memoriale Mehrwert gewesen sein, sondern vielmehr ein von Georg III. erhoffter konkreter politischer Nutzen. Georg konnte nämlich zu Beginn der 1570er Jahre davon ausgehen, dass die verwandte Linie der Montfort-Tetnang bald aussterben werden würde. Selbst um territoriale Expansion bemüht, wollte er beizeiten seine „Belehnungsansprüche"[181] auf die dann 1574 tatsächlich erloschene Linie genealogisch und historisch untermauern und in repräsentativer Form in die adlige Öffentlichkeit bringen. Er konnte dabei schon auf ältere genealogische Forschungen in seiner Familie zurückgreifen, da sich in dem Codex auch eine *Genealogia comitum de Montfort* (Bl. 128 – 131) befindet, die der angesehene Historiograph Wolfgang Lazius 1558 angefertigt hatte. Auf frühere chronikalische Aktivitäten seines Hauses verweisen auch ein *Verzeichnus Herkommens der Grafen von Montfort* (Bl. 41 – 47; 57 – 63) sowie die bereits erwähnten annalistischen Aufzeichnungen.[182] Selbst in dieser ‚Vorform' lässt sich in der Handschrift die bekannte Struktur einer Hauschronik erkennen, dem Herkommen folgen Berichte über Heiraten, Besitzteilungen und die wichtigsten Stationen der Besitzentwicklung.[183] Auch eine – allerdings völlig fiktive – Anbindung an einen Heiligen fehlt nicht, obwohl der heilige Johannes von Montfort-l'Amaury, der dafür herhalten musste, einem völlig anderen Geschlecht angehörte und keine Verwandtschaftsverhältnisse zu Montfort-Bregenz bestanden. Der Unterschied zu den anderen südwestdeutschen Hauschroniken besteht freilich darin, dass Georg III. oder seine Nachkommen keinen Chronisten fanden, der aus dem vorhandenen Material einen fortlaufenden Chroniktext hätte erstellen können. Stattdessen beließ man es dabei, das vorhandene Material von einem sorgfältigen Schreiber für einen Codex kopieren zu lassen.

Den hohen repräsentativen Wert, den eine Hauschronik im 16. Jahrhundert versprach, machte sich auch das Augsburger Patriziergeschlecht der Fugger zunutze, das in seinen Hauptlinien 1526 von Karl V. in den erblichen Grafenstand erhoben worden war. Ein solcher gesellschaftlicher Aufstieg war bislang einmalig und wurde vom alten Adel entsprechend kritisch gesehen.[184] Aus diesem Grund

180 Seigel (Anm. 52), S. 96, Anm. 16.
181 Seigel (Anm. 52), S. 96, Anm. 16.
182 Vgl. Heyd (Anm. 177), S. 264.
183 Jenny (Anm. 31), S. 33.
184 Gregor Rohmann: *Eines Ehrbaren Raths gehorsamer amptman.* Clemens Jäger und die Geschichtsschreibung des 16. Jahrhunderts, Augsburg 2001 (Veröffentlichung der Schwäbischen

ließ Hans Jakob Fugger von dem Augsburger Stadtschreiber Clemens Jäger ab 1545/46 das sogenannte *Fuggersche Ehrenbuch* erstellen, in dem die Familienmitglieder in einer Kurzbiographie vorgestellt werden sollten.[185] Von diesen Kurzbiographien sind allerdings nur die Vorarbeiten erhalten, nach GREGOR ROHMANN wandelte sich das *Fuggersche Ehrenbuch* „während seiner Entstehung vom narrativen Familienbuch zum reinen Porträtbuch."[186] „Diese Ahnengalerie in Buchform vermittelt in Habitus und Ausstattung der Figuren von Generation zu Generation den Aufstieg der Fugger",[187] die den Porträts beigegebenen Verse belegen die konservative Grundhaltung der Fugger und geben gleichzeitig Handlungsanleitungen für die Nachkommen. Der ‚Makel' der nicht-adligen Herkunft wird „nicht etwa durch eine fiktive Genealogie geleugnet oder verschwiegen. Sie wird durch die gezielte Stilisierung der Familiengeschichte als zwangsläufige Aufstiegsgeschichte gerade zum Angelpunkt der Legitimationsstrategie."[188] Um die Wende zu den 1560er Jahren entstand dann die sogenannte *Fuggerchronik*, die die Geschichte des Geschlechts breiter auserzählt und mehrfach überliefert ist.[189]

6 Adlige Hauschroniken aus dem übrigen deutschen Sprachraum

Die Tatsache, dass vor allem die adligen Hauschroniken im deutschen Süden erforscht worden sind, kann leicht zu der Fehlannahme verführen, die Adligen im restlichen Reich seien an diesem Sujet wenig interessiert gewesen. Obwohl ein Urteil über die regionale Verteilung von Hauschroniken erst möglich ist, wenn die mehrfach angemahnte systematische Sichtung des Materials erfolgt ist,[190] so sind

Forschungsgemeinschaft. Reihe 1: Studien zur Geschichte des bayerischen Schwaben 28), S. 268–271.

185 Außerdem ließen sich die Fugger von Jäger auch noch eine Geschichte der Habsburger, das sog. *Ehrenwerk*, erstellen, das in mehreren Prachthandschriften überliefert ist; vgl. dazu ROHMANN (Anm. 184), S. 274–282.

186 ROHMANN (Anm. 184), S. 268.

187 ROHMANN (Anm. 184), S. 269 f.

188 ROHMANN (Anm. 184), S. 270.

189 Welchen Anteil Clemens Jäger an der Abfassung der *Fuggerchronik* hat, ist umstritten; vgl. ROHMANN (Anm. 184), S. 273.

190 So STEFFEN KRIEB: Name, Stamm und Linien. Vergangenheitsbilder und Gegenwartsinteressen in Familienchroniken hessischer Adelsfamilien um 1600. In: Adel in Hessen. Herrschaft, Selbstverständnis und Lebensführung vom 15. bis ins 20. Jahrhundert. Hrsg. von ECKHART CONZE/ALEXANDER JENDORFF/HEIDE WUNDER, Marburg 2010 (Veröffentlichungen der Historischen Kommission für Hessen 70), S. 229–250. Nach KRIEB weiß man zwar „über die Landes- und

doch seit langem adlige Hauschroniken aus der Mitte,[191] dem Norden[192] und Nordwesten[193] des Reiches bekannt.

In Hessen verfasste vermutlich 1483 der Theologe Johannes Nuhn (1442–nach 1523) „anläßlich des Regierungsantritts des Landgrafen Wilhelm II." eine *Chronica und altes Herkommen der Landgrafen zu Thüringen und Hessen und Markgrafen zu Meißen.*[194] Auch Nuhn orientiert sich an den klassischen Mustern adliger Hauschroniken, er führt im ersten Teil seines Werkes (Kap. 1–30) zunächst die Herkunft wichtiger Adelsgeschlechter auf ihre angebliche römische und fränkische Vergangenheit zurück und bringt sie in Zusammenhang mit der Christianisierung bzw. der Stiftung von Kirchen und Klöstern. Der zweite, mit 177 Kapiteln wesentlich umfangreichere Teil ist dann der Geschichte des Geschlechts der regierenden Landgrafen gewidmet. Der Grund für diese Aufteilung liegt wohl darin, dass das Haus Hessen erst im 13. Jahrhundert nach dem Aussterben der bis dahin regierenden Ludowinger und einem langen Erbfolgekrieg die Herrschaft erobern konnte. Diesen ‚Makel' einer gewaltsamen Okkupation versucht die Chronik zu kaschieren, indem sie den Landgrafen „eine karolingische Herrschaft verschafft"[195]. Ähnlich wie Lirer oder Rüxner besorgt Nuhn den wichtigsten hessischen Adelsgeschlechtern eine respektable Vergangenheit, indem er sie als Nachkommen von 72 Rittern bezeichnet, die mit Caesar nach Hessen

---

Stadtchronistik recht gut Bescheid, [aber es ist] nicht einmal bekannt, wie viele Adelschroniken aus der Zeit vor 1800 überliefert sind" (S. 229 f.).

191 Vgl. Johannes Nuhn von Hersfeld: Die *Wallensteiner Chronik* mit Auszügen aus Nuhns *Chronologia*. Hrsg. von Otfried Krafft (Veröffentlichungen der Historischen Kommission für Hessen 7. Chroniken von Hessen und Waldeck 3), Marburg 2013, S. 7.

192 In Holstein sticht das zu den *equites originarii* zählende Geschlecht derer von Rantzau hervor, das im Rahmen seiner weitgespannten kulturellen Aktivitäten auch die Chronistik förderte. Am bekanntesten ist die *Holsteinische Chronica* des Andreas Engel; vgl. hierzu Lothar Noack: [Art.] Engel (Angelus), Andreas. In: Jürgen Splett/Lothar Noack: Bio-Bibliographien. Brandenburgische Gelehrte der Frühen Neuzeit. Mark Brandenburg mit Berlin-Cölln 1506–1640, Berlin 2009 (Veröffentlichungen zur brandenburgischen Kulturgeschichte der Frühen Neuzeit), S. 98–111, hier S. 100; einen Überblick bietet ferner Friedrich Bertheau: Zur Kritik der Schleswig-Holsteinischen Adelsgenealogien und Adelschroniken des sechzehnten Jahrhunderts. In: Zeitschrift der Gesellschaft für Schleswig-Holsteinische Geschichte 41 (1911), S. 128–187.

193 Vgl. unten S. 441.

194 [Johannes Nuhn]: *Chronica und altes Herkommen der Landtgrawen zu Döringen und Hessen und Marggraven zu Meißen.* In: Selecta juris et historiarum. Hrsg. von Heinrich Christian Senckenberg, 3. Bd., Frankfurt a. M. 1735; vgl. dazu Mathias Kälble: [Art.] Nuhn, Johannes. In: EMC 2, S. 1159 f.; Birgit Studt: Das Land und seine Fürsten. Zur Entstehung der landes- und dynastischen Geschichtsschreibung in Hessen und Thüringen. In: Nordhessen im Mittelalter. Probleme von Identität und überregionaler Integration. Hrsg. von Ingrid Baumgärtner/Wilfried Schiech, Marburg 2001, S. 171–196, hier S. 190.

195 Studt (Anm. 194), S. 191.

gekommen wären:[196] Dort seien sie dann diejenigen gewesen, die als Verwalter der von den Landgrafen gestifteten Institutionen, „als Mitglieder des Hofes oder als Vertreter des Landes, [...] im Zusammenwirken mit den Fürsten erfolgreich das Land nach innen und außen ausbauten."[197] Besonderes Augenmerk richtet er darauf, die Reichsunmittelbarkeit der Landgrafen aus der Geschichte zu belegen, ihre reichsgeschichtliche Bedeutung zu betonen und damit Ansprüche konkurrierender, benachbarter Fürsten abzuwehren. Nuhn will explizit mit seinem Werk die Nachkommen der Landgrafen belehren und deswegen scheut er auch nicht vor Kritik an politischen Fehlern zurück. Die Attraktivität seines Werkes gewährleistet er durch narrative Gestaltung und Anleihen bei der höfischen Literatur.[198] Es war gerade diese Kombination aus reichs-, ständepolitischen und genealogischen Inhalten und narrativer Konstruktion, die dem Werk einen wesentlich höheren Verbreitungsgrad sicherte, als es der ca. zehn Jahre später verfassten, wesentlich konziser geschriebenen hessischen Landeschronik des Wigand Gerstenberg (1457–1522) von 1493 beschieden war.[199]

Im Jahre 1523 verfasste Nuhn auch eine *Chronik der Herren von Wallenstein*, eines niederadligen Geschlechts, das bereits 1521 im Mannesstamm erloschen war.[200] Die nur fragmentarisch überlieferte Chronik ist daher ein frühes Zeugnis „der adligen Erinnerungskultur der Wallensteiner und ihrer Kognaten"[201]. Auffällig an der Chronik ist, dass der Text nicht nur zur traditionellen adligen Identitätsstiftung bzw. zur adligen Selbstvergewisserung beiträgt, sondern der Autor durch gezielte positive Charakterisierungen auf der einen und subtile Herabwürdigungen auf der anderen Seite in einen schwelenden Erbstreit eingreift und sich gleichzeitig darüber hinaus mit „grundsätzlichen politischen Problemen [der] Zeit"[202] auseinandersetzt.

---

196 Studt (Anm. 194), S. 194.
197 Studt (Anm. 194), S. 195.
198 Nuhn verarbeitet für seine Konstruktion auch literarische Stoffe wie den *Hug Scheppel* und den *Willehalm von Orlens*; Studt (Anm. 194), S. 191.
199 Zur hessischen Geschichtsschreibung in der Frühen Neuzeit vgl. allg. Thomas Fuchs: Traditionsstiftung und Erinnerungspolitik. Geschichtsschreibung in Hessen in der frühen Neuzeit. Kassel 2002 (Hessische Forschungen zur geschichtlichen Landes- und Volkskunde 40); Hessische Chroniken zur Landes- und Stadtgeschichte. Hrsg. von Gerhard Menk, Marburg 2003 (Beiträge zur hessischen Geschichte 17); zur Chronik Gerstenbergs vgl. Studt (Anm. 194), S. 184–189; Mike Malm: [Art.] Gerstenberg, Wigand (Bodenbender). In: DLL MA 3 (2012), Sp. 1018–1021; zur Einordnung als fürstlicher Haus-, nicht als Landeschronik Otto Volk: Wigand Gerstenberg, Landgraf Wilhelm III. von Hessen und Hans von Dörnberg. In: Wigand Gerstenberg von Frankenberg (1457–1522). Hrsg. von Ursula Braasch-Schwersmann, Marburg 2007 (Untersuchungen und Materialien zur Verfassungs- und Landesgeschichte 23), S. 13–23, hier S. 13 f.; Joachim Schneider: Die Chroniken des Wigand Gerstenberg im Kontext der zeitgenössischen Historiographie. In: Ebd., S. 105–122.
200 Siehe Anm. 191.
201 Johannes Nuhn von Hersfeld (Anm. 191), S. 5.
202 Johannes Nuhn von Hersfeld (Anm. 191), S. 56.

Aus dem Raum des heutigen Westfalens[203] sind in erster Linie die historiographischen und chronikalischen Aktivitäten der Grafen von Mark zu nennen. Wie bereits erwähnt, verfasste Levold von Northof 1358 über die Geschichte dieses Geschlechts die annalistisch geprägte *Chronica comitum de Marka*. Sein Werk, das Geschlechts- und Reichsgeschichte verbindet, wurde von späteren Chronisten herangezogen,[204] insbesondere von der reichhaltigen Dortmunder Stadtchronistik und dem niederrheinischen Hauschronisten, Gert van der Schüren († 1496),[205] der als Sekretär am Hof des Herzogtums Kleve arbeitete und 1471 im Auftrag seines Dienstherrn mit einer in niederdeutscher Sprache geschriebenen *Clevischen Chronik* begann.[206]

Die Sprache der anonymen *Cronike van den greven van Benthem*[207] weist einen stark niederländischen Einschlag auf.[208] In weiten Teilen stützt sich der vielleicht aus dem Umfeld des Klosters Frenswegen stammende Autor auf die lateinische Chronik Jan Bekes über die Bischöfe von Utrecht und die Grafen von Holland.[209] Dies alles legt die Vermutung nahe, dass die *Cronike van den greven van Benthem* inspiriert worden war von der breiten Tradition adliger Hauschroniken in den Niederlanden,[210] die in der 2. Hälfte des 15. Jahrhunderts eingesetzt hatte.[211]

---

203 Die Erforschung adliger Hauschroniken reicht hier sogar an den Beginn des 19. Jahrhunderts zurück; siehe Peter Florens Weddigen: Handbuch der historisch-geographischen Litteratur Westphalens, Dortmund 1801.

204 Weddigen (Anm. 203), S. 112 berichtet von einer anonymen *Reimchronik der Grafen von der Mark* (S. 112), die wesentlich auf Levold beruht und offenbar verloren gegangen ist; vgl. zu Levold oben Anm. 45.

205 Hiram Kümper: [Art.] Gert van der Schüren. In: EMC 1, S. 690; vgl. auch *Van der Masen* (Anm. 28), S. 280 – 284. Die *Clevische Chronik* hat durch das Schwanenrittermotiv einen gewissen Bekanntheitsgrad erlangt.

206 *Clevische Chronik*. Nach der Originalhandschrift des Gert van der Schuren nebst Vorgeschichte und Zusätzen von Turck [...]. Hrsg. von Robert Scholten, Kleve 1884.

207 Berlin, Staatsbibliothek, Ms. germ. quart 812, ff. 1r – 16; Edition: *Een cronike van den greven van Benthem*. Edition und Übersetzung einer spätmittelalterlichen Chronik über die Grafen von Bentheim. Hrsg. von Friedel Roolfs/Heike Riedel-Bierschwale/Volker Honemann, Bielefeld 2010 (Westfälische Beiträge zur niederdeutschen Philologie 12).

208 *Een cronike van den greven van Benthem* (Anm. 207), S. 14, 22.

209 *Een cronike van den greven van Benthem* (Anm. 207), S. 14 f.

210 Dies wird bestätigt durch einen Sammelband von 317 Blättern, der auf dem unmittelbar an der deutsch-niederländischen Grenze gelegenen Schloss Anholt aufbewahrt wird und eine Vielzahl von Chroniken, darunter auch solche der Häuser Geldern, von der Mark und Kleve, enthält; vgl. Aloys Meister: Niederdeutsche Chroniken aus dem XV. Jahrhundert. In: Annalen des Historischen Vereins für den Niederrhein, insbesondere das alte Erzbistum Köln 70 (1901), S. 43 – 63; siehe dazu *Van der Masen* (Anm. 28), S. 235 f.

211 Vgl. Carasso-Kok (Anm. 90).

Die bereits an anderer Stelle als Territorialchronik behandelte *Mecklenburgische Reimchronik*[212] Ernsts von Kirchberg aus dem 15. Jahrhundert kann in ihrem zweiten Teil als Chronik des Herzoghauses angesehen werden, denn die Darstellung orientiert sich an dessen Genealogie; wie in der *Zimmerischen Chronik* stehen die Namen der Familienmitglieder in den Kapitelüberschriften in Spitzenstellung und erleichtern so den Zugang zur Vergangenheit des Geschlechts. Anlass und Ziel der Chronik war vermutlich der Nachweis einer ununterbrochenen genealogischen Sukzession, was deswegen so wichtig war, weil nur so die Ansprüche Herzog Albrechts II. auf das dänische und schwedische Königtum untermauert werden konnten.[213]

Ein frühes Interesse für Hauschronistik lässt sich bei den Grafen von Schauenburg und Holstein identifizieren. Dieses ursprünglich bei Rinteln an der Weser beheimatete Geschlecht, das 1110 die Grafschaft Holstein erhalten hatte, spaltete sich in verschiedene miteinander konkurrierende Linien. Otto I. († 1404) und sein Bruder Bernhard (Domprobst zu Hamburg) beauftragten – wie bereits erwähnt – den Mindener Kleriker Hermann von Lerbeck mit dem *Chronicon comitum Schauwenburgensium*, das die Zeit von 1030 – 1400 umfasste und 1467 ins Deutsche übersetzt worden ist.[214] Das *Chronicon* beginnt mit einer Vorrede, in der der Anspruch formuliert wird, das Ansehen des regierenden Hauses zu bestätigen und zu erhöhen. Der historische Bericht setzt dann zwar mit Karl dem Großen ein, allerdings gibt es von ihm keine Verbindung zum Stammvater Adolf von Schauenburg, der die Grafschaft von Heinrich IV. erhalten hat. Im Kontext dieser ‚Gründungsgeschichte' findet sich mit dem Slawenmissionar Wizelin auch der obligatorische ‚Hausheilige', der sich hier jedoch nicht genealogisch integrieren lässt, weil er mit dem Geschlecht nicht verwandt war. Im Folgenden bedient sich Hermann eines narrativen Stils, gelegentlich lockert er den Text sogar durch Verse auf. Er erzählt offenbar erfundene Geschichten, wie die von der Sekte der Bach-

---

212 Ernst von Kirchberg: *Mecklenburgische Reimchronik.* Hrsg. von Christa Cordshagen/Roderich Schmidt, Weimar/Köln/Wien 1997. Die sehr sorgfältig gearbeitete und mit zahlreichen Miniaturen und rankenförmigen Initialen geschmückte Handschrift enthält in ihren ersten 112 Kapitel „eine freie Übersetzung der lateinisch verfaßten, bis zum Jahr 1171 reichenden Slawenchronik des Helmold von Bosau" (S. XIII).

213 Das brennende Interesse der Mecklenburger an einer Geschichte ihres Hauses wird auch dadurch belegt, dass sie Rüxner mit der Abfassung einer Genealogie beauftragten; vgl. oben S. 414 mit Anm. 83. Siehe zum politischen Hintergrund auch Klaus Arnold: Reichsherold und Reichsreform. Georg Rixner und die sogenannte ‚Reformation Kaiser Friedrichs III.'. In: Bericht des Historischen Vereins Bamberg 120 (1984), S. 91 – 110.

214 Hermann von Lerbeck: *Cronica comecie Holtsacie et in Schouwenbergh.* Hrsg. und übersetzt von Sascha Hohlt, Kiel 2012.

arden,[215] in deren Mittelpunkt ein Mann namens Bachardus steht, der, nachdem er sich als Teufelsdiener zu erkennen gegeben hat, von Wizelin zum Feuertod verurteilt wird, aber jedesmal dem brennenden Scheiterhaufen unverletzt entsteigt. Erst als Bischof und Volk drei Tage lang gefastet haben, kann er verbrannt werden. Bei der Schilderung von Kriegsereignissen werden Emotionen wie Angst, Wut, Gier, Rachsucht etc., aber auch ethische Werte wie Treue und Beständigkeit als handlungsinitiierende Motive genannt: So bricht Herzog Heinrich aus Rache einen Friedensvertrag[216] oder die Bürger Mindens retten Graf Otto II. von Schauenburg aus Dankbarkeit vor seinen übermächtigen Feinden.[217] In dieser Erzählung dominiert das Motiv der Abhängigkeit der Grafen von ihren Untertanen.

Als „die literarisch wohl bedeutendste deutsche Chronik des letzten Drittels des 16. Jahrhunderts“[218] gilt die *Mansfeldische Chronica* des Cyriakus Spangenberg (1528–1604), deren erster Teil 1572 in Eisleben gedruckt wurde. Mit Spangenberg haben wir einen Gelehrten und Theologen vor uns, der die Erstellung adliger Hauschroniken zunehmend zum Broterwerb nutzte und dann zum bevorzugten Chronisten des protestantischen Hochadels avancierte. Von ihm stammen auch eine 1590 in Erfurt gedruckte *Querfurtische Chronica*, eine *Hennebergische Chronica* (Druck: Straßburg 1599) und die 1602 fertiggestellte aber erst nach seinem Tod gedruckte *Chronica der Grafen von Holstein-Schaumburg*. Auftraggeber des letzteren Werkes war Graf Ernst von Holstein-Schaumburg, der damit die Taten seiner Vorfahren vor dem Vergessen bewahren wollte.[219] Dies belegt, dass auch zu Beginn des 17. Jahrhunderts das Motiv, welches den Aufschwung der adligen Hauschroniken an der Wende vom 15. zum 16. Jahrhundert so entscheidend befördert hat, noch immer nachwirkte.

---

215 Hermann von Lerbeck (Anm. 214), S. 74–77.

216 Vgl. etwa Hermann von Lerbeck (Anm. 214), S. 136 f. Interessant ist hierbei, dass in den verschiedenen Handschriften durch Zusätze und Änderungen derartige Tendenzen sogar ins Gegenteil verkehrt wurden. So wird in der Handschrift M die Handlungsweise des Herzog mit den ihm von seinem Gegner in der Gefangenschaft zugefügten Qualen legitimiert (vgl. S. 137, Anm. 4).

217 Vgl. etwa Hermann von Lerbeck (Anm. 214), S. 134–137.

218 Bernd Feicke: Chroniken des protestantischen Hochadels aus dem 16. Jahrhundert und ihr Autor Cyriakus Spangenberg. In: Beiträge zur Geschichte aus Stadt und Kreis Nordhausen 28 (2003), S. 16–26, hier S. 17.

219 Feicke (Anm. 218), S. 21 f.

7 Resümee

Versucht man ein kurzes Resümee der maßgeblichen Funktionen adliger Hauschroniken, sind vier Faktoren hervorzuheben:

1. Standespolitik

Folgt man der These, wonach der Adel erst nach 1400 ‚entstanden' ist bzw. sich ausdifferenziert hat,[220] dann sind die adligen Hauschroniken innerhalb dieses Prozesses ein zentrales Element, das der ideologischen Absicherung des eigenen Anspruchs dient. Denn „Herrschaft braucht Herkunft"[221] und diese wird erzeugt durch ein reputationsträchtiges Herkommen, die obligatorische Verbindung zum ‚Stammkaiser' Karl dem Großen, Familienheilige oder einen Familienmythos, der den Anschluss an das Numinose gewährleistet, sowie eine möglichst lückenlose Genealogie.

2. Machtpolitik

Hauschroniken greifen mit ihren erzählerischen Konstruktionen in aktuelle politische Diskussionen ein; genealogische Verbindungen werden konstruiert, um etwa gewünschte Bündnisse als historische Reanimation früherer verwandtschaftlicher Verhältnisse erscheinen zu lassen. Der Blick richtet sich dabei in erster Linie auf die unmittelbaren Nachbarn, die gleichzeitig potentielle Gegner wie Verbündete sind. Dabei fällt auf, dass man keineswegs sich nur auf agnatische Beziehungen stützt und kognatische Verbindungen gering achtet. Vor allem wird immer wieder aus der Geschichte eine enge Verbindung mit der Reichsgewalt abgeleitet, weil man sich angesichts des Territorialisierungsprozesses davon eine ideologische Absicherung gegenüber den Mediatisierungsbestrebungen der Landesfürsten erhofft. Aber auch geplante Expansionen können so als Wiederherstellung ‚guten alten Rechts' bzw. früherer Besitzverhältnisse dargestellt werden. Dabei muss entsprechend dem politischen Wandel die eigene Geschichte und Genealogie immer wieder umgeschrieben werden.

3. *Memoria* und Fürstenspiegel

Hauschroniken dienen der *memoria* des gesamten Geschlechts und zugleich sollen sie den Nachkommen eine dauerhafte Grundlage für eine erfolgreiche Hauspolitik vermitteln. Es ist vielen der Werke die Erwartung ihrer Autoren anzumerken, die Nachkommen des Geschlechts würden die politischen Lehren der Chroniken als Richtschnur für das eigene Handeln nehmen. Auch wenn die Chroniken dezidiert keine Fürstenspiegel sein wollen, ist der Oberton der Maxime

---

220 Vgl. MORSEL (Anm. 32).

221 JAN ASSMANN: Das kulturelle Gedächtnis. Schrift, Erinnerung und politische Identität in frühen Hochkulturen, München 1992, S. 71.

historia magistra vitae deutlich vernehmbar. Um dem gerecht zu werden, wird aus der Vergangenheit ein historisches Profil der Familie herauskristallisiert und damit der Rahmen abgesteckt, in dem sich die künftige Geschichte des Hauses abspielen soll. Wie bei Otto von Freising wird hier ‚Vergangenheitsgeschichte' potentiell zur ‚Zukunftsgeschichte'.

4. Repräsentation

Der deutsche Adel schöpft erst relativ spät das Potenzial aus, das die Konstruktion einer eigenen Vergangenheit sowie die ästhetische Aufarbeitung der Hausgeschichte für die Behauptung im adligen Konkurrenzkampf bietet. Die mit beträchtlichem finanziellen Aufwand verfassten Hauschroniken dienen nach Innen der Selbstvergewisserung und dem Selbstbewusstsein, nach Außen sind sie ein verschriftlichter Imponiergestus. Dazu verlässt man sich nicht allein auf Gelehrsamkeit, sondern bedient ästhetische Ansprüche durch künstlerisch anspruchsvolle und aufwendige Illustrationen, literarische Interessen durch narrative Gestaltung und Inserierung erzählerischer Sequenzen. Den Gattungshöhepunkt markiert ein Werk, das explizit den Anspruch eines Schlüssels zur Erkenntnis historischer Gesetzmäßigkeiten erhebt,[222] die *Zimmerische Chronik*.

Lektürehinweise:
2. Seigel 1981 (52).
3. Goetz 2008 (13); Graf 1987 (76); Joos 2006 (97); Kellner 2004 (5); Mäzene, Sammler, Chronisten 2012 (139); Morsel 1997 (32); Müller 1982 (55); Patze 1987 (41); Plassmann 2012 (15); Schnell 2008 (159); Wolf 2002 (73).

222 Froben geht mit Otto von Freising davon aus, dass Geschichte im Auf und Ab einer Wellenbewegung verläuft, ihr ein ‚Gesetz des Ganzen' (*lex totius*) zugrunde liegt und aus der Erkenntnis historischer Ursachen Prognosen ableitbar sind (Wolf [Anm. 73], S. 387 f.); vgl. dazu Otto Gerhard Oexle: Geschichtswissenschaft im Zeichen des Historismus. Studien zu Problemgeschichten der Moderne, Göttingen 1996 (Kritische Studien zur Geschichtswissenschaft 116), S. 219 f.; Peter Segl: *Felix potuit rerum cognoscere causas.* Bemerkungen zu den Vorstellungen Ottos von Freising vom Wesen des Menschen und den Gesetzen der Weltgeschichte. In: Geschichtsvorstellungen (Anm. 15), S. 178 – 202.

Thomas Martin Buck

Die *Konstanzer Konzilschronik* Ulrich Richentals

1 Schisma, Konziliarismus und Konzilien

Ähnlich wie das Basler Konzil (1431–1449) eine Fortsetzung des Konstanzer Konzils (1414–1418) sein sollte, war das Konstanzer zunächst eine Fortsetzung des Pisaner Konzils (1409).[1] Die wichtigste zeitgenössische Quelle, die diesen Zusammenhang ganz klar zum Ausdruck bringt, sind die *Gesta concilii Constantiensis* des französischen Kardinals Guillaume Fillastre d. Ä. (1347/48–1428). Seine Aufzeichnungen beginnen lapidar und nüchtern mit dem Satz: *Origo generalis concilii Constanciensis ex Pisano concilio cepit*[2]. Der Satz bedeutet, dass man die Geschichte des Constantiense nicht ohne seine Vorgeschichte verstehen kann. Diese reicht aber nicht nur bis zum Pisanum des Jahres 1409, sondern bis zu den Anfängen des Großen Abendländischen Schismas in das Jahr 1378 zurück.

In diesem Jahr waren, kurz nach der Rückkehr der römischen Kurie aus Avignon, wo die Päpste seit dem beginnenden 14. Jahrhundert residiert hatten (1309–1377), nacheinander von ein und demselben Kardinalskollegium zwei Päpste gewählt worden. Das daraus resultierende Große Abendländische Schisma (1378–1417) führte zu einer für die lateinische Christenheit schwierigen und – je länger es dauerte – unhaltbaren Situation, die als die größte Krise der christlichen Kirche vor Ausbruch der Reformation im frühen 16. Jahrhundert bezeichnet werden kann. Streng genommen standen sich in der Folgezeit nicht nur zwei Päpste, sondern sogar zwei Kirchen bzw. zwei Kurien gegenüber. Ganz Europa war in verschiedene Obödienzen geteilt. Man kann also durchaus, obwohl der Begriff

---

1 Zur Gesamtepoche Heribert Müller: Die kirchliche Krise des Spätmittelalters. Schisma, Konziliarismus und Konzilien, München 2012 (Enzyklopädie deutscher Geschichte 90), hier zu Konstanz S. 21–36 sowie Ders.: Das Ende des konziliaren Zeitalters (1440–1450). Versuch einer Bilanz. Hrsg. von Ders. unter Mitarbeit von Elisabeth Müller-Luckner, München 2012 (Schriften des Historischen Kollegs. Kolloquien 86); zum Konstanzer Konzil siehe Walter Brandmüller: Das Konzil von Konstanz 1414–1418. Bd. 1: Bis zur Abreise Sigismunds nach Narbonne, Paderborn u. a. ²1999 sowie Bd. 2: Bis zum Konzilsende, Paderborn u. a. 1997; zur Forschungsgeschichte siehe Ansgar Frenken: Die Erforschung des Konstanzer Konzils (1414–1418) in den letzten 100 Jahren, Paderborn 1995 (Annuarium Historiae Conciliorum 25).

2 Guillaume Fillastre: *Gesta concilii Constantiensis*. In: Acta concilii Constanciensis. Bd. 2: Konzilstagebücher, Sermones, Reform- und Verfassungsakten. Hrsg. in Verbindung mit Johannes Hollnsteiner von Heinrich Finke, Münster i. W. 1923, Neudruck 1981, S. 13–170, hier S. 13.

eigentlich für das 16. Jahrhundert reserviert ist, bereits für das 15. Jahrhundert von einer Kirchenspaltung sprechen.

Da auch in der Folgezeit keiner der Papstprätendenten von seinem Anspruch lassen wollte, der legitime Vertreter auf der *cathedra Petri* zu sein, verhärtete sich die Situation derart, dass das Konzil (*via concilii*) als Vertretung der Gesamtkirche bzw. der Gläubigen (*congregatio fidelium*) der einzige Ausweg aus der verfahrenen Situation zu sein schien. Da der erste Anlauf zur Lösung des Schismaproblems in Pisa 1409 scheiterte,[3] sollte Konstanz die Lösung bringen. Papst und König hatten sich 1413 in Como und Lodi auf Konstanz als Austragungsort der Synode geeinigt. Am 9. Dezember 1413 war die Konvokationsbulle von Baldassare Cossa bzw. Johannes XXIII. (1410 – 1415) ergangen. Sie lud alle Glieder der Christenheit zum Besuch der Synode am 1. November 1414 nach Konstanz ein. Ziel war es, die zerbrochene Einheit der abendländischen Christenheit wiederherzustellen und einen unbezweifelbaren Papst zu wählen, was mit der Erhebung Papst Martins V. am 11. November 1417 auch erfolgreich gelang.

Das Konstanzer Konzil, das am 5. November 1414 feierlich eröffnet wurde, hat schon bei den Zeitgenossen großes Interesse erregt, war es doch die bis dahin größte und längste Synode, die jemals getagt hatte. Außerdem fand sie nördlich der Alpen statt, was ein Novum war.[4] Nicht nur die zahlreichen spätmittelalterlichen Stadt- und Weltchroniken gehen deshalb auf das spektakuläre Ereignis ein,[5] auch die Konzilsteilnehmer selbst haben neben unzähligen Urkunden, Predigten, Traktaten, Briefen, Protokollen und Akten auch tagebuchähnliche Aufzeichnungen und Notizen hinterlassen. Sie wurden teilweise erst an der Wende vom 19. zum 20. Jahrhundert wissenschaftlich erschlossen und ediert.[6] Der Freiburger Historiker Heinrich Finke (1855 – 1938) hatte 1916 eine erste summarische Übersicht

3 Vgl. zum Pisaner Konzil Hélène Millet: Le concile de Pise. Qui travaillait à l'union de l'Église d'Occident en 1409?, Turnhout 2010.

4 Johannes Helmrath: Locus concilii. Die Ortswahl für Generalkonzilien vom IV. Lateranum bis Trient (Mit einem Votum des Johannes de Segovia). In: Annuarium Historiae Conciliorum 27/28 (1995/96) S. 593 – 662, hier S. 615.

5 Vgl. Wolfgang Müller: Der Widerschein des Konstanzer Konzils in den deutschen Städtechroniken. In: Das Konzil von Konstanz. Beiträge zu seiner Geschichte und Theologie. Hrsg. von August Franzen/Wolfgang Müller, Freiburg i. Br./Basel/Wien 1964, S. 447 – 456.

6 Hier sind vor allem die von Heinrich Finke zwischen 1896 und 1928 herausgebrachten vier Bände der *Acta concilii Constanciensis* zu nennen, die neues Quellenmaterial zum Constantiense erschlossen haben. Zu Fillastre, Cerretani und Turre vgl. Ansgar Frenken: Darstellende Quellen zum Konstanzer Konzil. Kritische Anmerkungen zum Genus der ‚Tagebücher Fillastres, Cerretanis und Turres' und ihres spezifischen Quellenwerts. In: Annuarium Historiae Conciliorum 42 (2010) S. 379 – 402.

über das Quellenmaterial des Konstanzer Konzils gegeben, soweit es in Archiven und Bibliotheken Europas auffindbar war.[7]

Hierbei handelt es sich nahezu durchweg um mehr oder weniger elaborierte lateinische Texte von Personen, die am Konzil und seinen vielfältigen Geschäften (*causa unionis*, *fidei* und *reformationis*) auf die eine oder andere Weise unmittelbar beteiligt waren. Was diese Quellen bieten, ist daher eine wichtige, aber teilweise tendenziöse Innensicht auf das Konzil, die zudem stark klerikal geprägt ist. Wir dürfen in diesem Zusammenhang ja nicht vergessen, dass ein Konzil eine primär kirchliche Versammlung mit einer vorgegebenen geistlich-liturgischen Grundordnung war. Die *Gesta* des französischen Kardinals Fillastre geben beispielsweise deutlich die Sicht der Kardinäle auf das Konzil wieder und sind auch sonst nicht frei von Einseitigkeiten, auf die schon die ältere Forschung zu Recht hingewiesen hat.[8]

Die um 1420 entstandene volkssprachliche Konzilschronik des Konstanzer Bürgers Ulrich Richental hebt sich von dieser Quellensorte deutlich ab. Nicht nur, dass sie wohl bewusst in der Volkssprache verfasst wurde, sie adressiert, veranlasst durch einen nicht unerheblich veränderten Berichtshorizont, der weniger auf die politische als vielmehr auf die Kultur- und Alltagsgeschichte der Stadt während des Konzils abhebt, auch andere Rezipienten. Denn sie bietet – und darin besteht ihr historiographischer Wert – anders als etwa die lateinischen Aktensammlungen eine (mit Ereignisbildern versehene) Außensicht auf das Konzil, und zwar durch einen teilnehmenden Beobachter, der selbst nicht Synodale, also nicht in die theologischen Geschäfte des Konzils involviert war, aber gleichwohl davon berichtete, weil er sich auf unterschiedlichen Wegen Zugang zum „Informations-

---

7 Heinrich Finke: Das Quellenmaterial zur Geschichte des Konstanzer Konzils. In: Zeitschrift für die Geschichte des Oberrheins 70 (1916), S. 253 – 275. Finke hat seine 1916 gegebene Übersicht in den folgenden Jahren komplettiert. Eine grundsätzliche Einführung in die Quellensituation des Konzils bietet der vierte und letzte Band seiner *Acta concilii Constanciensis*. Der hier gebotene Überblick unterscheidet zwischen Quellenveröffentlichungen, Konstanzer Konzilshandschriften und tatsächlich oder vermeintlich verlorenen Konzilsquellen. Vgl. *Acta concilii Constanciensis*. Bd. 4. Hrsg. in Verbindung mit Johannes Hollnsteiner und Hermann Heimpel von Heinrich Finke, Münster i. W. 1928, Neudruck 1982, S. IX – CIII; siehe zu den Quellen des Konstanzer Konzils auch: Das Konzil von Konstanz (Anm. 5), S. 471 – 476 (K. A. Fink) und S. 477 – 517 (C. M. D. Crowder).

8 Vgl. Heinrich Finke: Forschungen und Quellen zur Geschichte des Konstanzer Konzils, Paderborn 1889, hier S. 71, der betont, dass die Schrift Fillastres überall „den Charakter einer Apologie der Handlungen des Kardinalkollegiums" trage. Siehe hierzu auch Thomas Rathmann: Geschehen und Geschichten des Konstanzer Konzils. Chroniken, Briefe, Lieder und Sprüche als Konstituenten eines Ereignisses, München 2000 (Forschungen zur Geschichte der älteren deutschen Literatur 20), besonders S. 172 – 205.

und Distributionssystem des Konzils“[9] zu verschaffen wusste. Dass er damit ein singuläres historiographisches Genre, nämlich eine Konzilschronik schuf,[10] dürfte dem Verfasser kaum bewusst gewesen sein, ging es ihm doch vornehmlich darum, ein geschichtliches Ereignis von säkularer Bedeutung historiographisch aufzubereiten und zu bewahren, an dessen Konstitution er durch sein Werk nicht unwesentlich beteiligt war.[11]

2 Die *Konstanzer Konzilschronik* Ulrich Richentals und ihre Nachwirkung

Ulrich Richental (1360/65 – 1437) war kein Geschichtsschreiber im modernen Sinne des Wortes.[12] Er hat, streng genommen, auch keine Geschichte des Konstanzer

9 Thomas Rathmann: Beobachtung ohne Beobachter? Der schwierige Umgang mit dem historischen Ereignis am Beispiel des Konstanzer Konzils. In: Die Konzilien von Pisa (1409), Konstanz (1414 – 1418) und Basel (1431 – 1449). Institution und Personen. Hrsg. von Heribert Müller/Johannes Helmrath, Ostfildern 2007 (Vorträge und Forschungen 67), S. 95 – 106, hier S. 103.

10 Arno Borst (Lebensformen im Mittelalter, Frankfurt a. M./Berlin 1979, S. 328) stellt heraus, dass Richental „die einzige Konzilschronik des Mittelalters“ verfasst habe. Siehe auch Gisela Wacker: Ulrich Richentals Chronik des Konstanzer Konzils und ihre Funktionalisierung im 15. und 16. Jahrhundert. Aspekte zur Rekonstruktion der Urschrift und zu den Wirkungsabsichten der überlieferten Handschriften und Drucke, Diss. Tübingen 2001, S. 48 [http://tobias-lib.uni-tuebingen.de/volltexte/2002/520/].

11 Zur Gattungsfrage historiographischer Texte des 15. und 16. Jahrhunderts Gerhard Wolf: Von der Chronik zum Weltbuch. Sinn und Anspruch südwestdeutscher Hauschroniken am Ausgang des Mittelalters, Berlin/New York 2002 (Quellen und Forschungen zur Literatur- und Kulturgeschichte 252), S. 16f.

12 Zu Person und Werk Dieter Mertens: [Art.] Richental, Ulrich. In: ^{2}VL 8 (1992), Sp. 55 – 60; Thomas Martin Buck: [Art.] Ulrich Richental. In: EMC 2, S. 1277 und Volker Zapf: [Art.] Richental, Ulrich. In: DLL MA 3 (2012), Sp. 569 – 574; Thomas Martin Buck: Der Konzilschronist Ulrich Richental. Zur sozialen Logik eines spätmittelalterlichen Textes. In: 1414 – 1418. Weltereignis des Mittelalters. Das Konstanzer Konzil. Essays. Hrsg. von Karl-Heinz Braun u. a., Darmstadt 2013, S. 16 – 21. Zur Chronik und ihrer Überlieferung: Chronik des Konstanzer Konzils 1414 – 1418 von Ulrich Richental. Eingeleitet und herausgegeben von Thomas Martin Buck, Ostfildern ^{4}2014 (Konstanzer Geschichts- und Rechtsquellen 41), S. XIII-XXXV; Ders.: Zur Überlieferung der *Konstanzer Konzilschronik* Ulrich Richentals. In: Deutsches Archiv für Erforschung des Mittelalters 66 (2010) S. 93 – 108; zu den Bildhandschriften und Drucken jetzt Kristina Domanski: [Art.] Ulrich Richental, *Chronik des Konstanzer Konzils*. In: KdiH 3 (2011), S. 450 – 487. Monika Küble/Henry Gerlach: Augenzeuge des Konstanzer Konzils. Die Chronik des Ulrich Richental. Die Konstanzer Handschrift ins Neuhochdeutsche übersetzt. Mit einem Nachwort von Jürgen Klöckler, Darmstadt 2014; The Council of Constance. The Unification of the Church. [Ins Englische übersetzt von] Louise Ropes Loomis. Hrsg. von John Hine Mundy/

Konzils, sondern eine Geschichte der Stadt während des Konzils verfasst. Das zu betonen, ist deshalb wichtig, weil Richental und sein Werk häufig an einem Maßstab gemessen wurden, dem sie nicht entsprechen konnten und wollten.[13] Vor allem die ältere, noch stark historistisch orientierte Forschung ist hinsichtlich seines Werkes zu einem eher kritischen bzw. negativen Urteil gekommen.[14] Dabei wurde nicht nur übersehen, dass sich mittelalterliche Historiographie hinsichtlich ihrer Funktionen und Intentionen nicht einfachhin mit moderner Historiographie vergleichen lässt,[15] also andere Beurteilungsmaßstäbe anzulegen sind, sondern auch, dass die von Richental geschaffene illustrierte Konzilschronik im Umkreis spätmittelalterlicher Historiographie ganz ‚singulär' steht.[16] Das Nachfolgekonzil von Basel (1431–1449) hat beispielsweise kein Geschichtswerk hervorgebracht, das eine vergleichbare Breiten- und Nachwirkung erzielt hätte: „Konstanz hatte seinen Richental, Basel nicht."[17]

KENNERLY M. WOODY, New York/London 1961 (Records of Civilization. Sources and Studies 63), S. 84–199.

13 Stellvertretend für die ältere Literatur sei hier nur THEODOR VOGEL (Studien zu Richental's Konzilschronik, Freiburg i. Br. 1911) genannt, der es sich angelegen sein ließ, auf grobe „Unrichtigkeiten" des Chronisten hinzuweisen. Siehe auch OTTO FEGER: Die Konzilschronik des Ulrich Richental. In: Ulrich Richental. Das Konzil zu Konstanz. Bd. 2: Kommentar und Text. Hrsg. und bearb. von DERS., Starnberg/Konstanz 1964, S. 21–36, hier S. 27.

14 Dazu zählt auch der Konstanzer Archivar OTTO FEGER, der 1964 eine vorbildliche Faksimile-Ausgabe mit Textedition, Sachkommentar und Register der Konstanzer Handschrift der Chronik (Rosgartenmuseum, Hs. 1) vorlegte. Dass Richental nicht durchschaut habe, „was da vor seinen Augen geschah" und er infolgedessen eine „naive Erzählung", ja „ein ungenaues, oberflächliches Machwerk mit vielen farbigen Einzelheiten über Bagatellen" bot, hat noch BORST (Anm. 10), S. 325 f. betont.

15 Vgl. GERT MELVILLE: Wozu Geschichte schreiben? Stellung und Funktion der Historie im Mittelalter. In: Formen der Geschichtsschreibung. Hrsg. von REINHART KOSELLECK u. a., München 1982 (Theorie der Geschichte. Beiträge zur Historik 4), S. 86–146; FRANZ-JOSEF SCHMALE: Funktion und Formen mittelalterlicher Geschichtsschreibung. Eine Einführung. Mit einem Beitrag von HANS-WERNER GOETZ, Darmstadt ²1993; ANNA-DOROTHEE VON DEN BRINCKEN: Mittelalterliche Geschichtsschreibung. In: Aufriss der Historischen Wissenschaften. Hrsg. von MICHAEL MAURER, Stuttgart 2003 (Mündliche Überlieferung und Geschichtsschreibung 5), S. 188–280 sowie HANS-WERNER GOETZ: [Art.] Geschichtsschreibung/Geschichtsdenken. In: Enzyklopädie des Mittelalters. Bd. 1. Hrsg. von GERT MELVILLE/MARTIAL STAUB, Darmstadt 2008, S. 376–379.

16 WILHELM MATTHIESSEN: Ulrich Richentals Chronik des Konstanzer Konzils. Studien zur Behandlung eines universalen Großereignisses durch die bürgerliche Chronistik. In: Annuarium Historiae Conciliorum 17 (1985) S. 71–191, S. 323–455, hier S. 71 und S. 129.

17 JOHANNES HELMRATH/HERIBERT MÜLLER: Zur Einführung. In: Die Konzilien von Pisa (1409), Konstanz (1414–1418) und Basel (1431–1449). Institution und Personen. Hrsg. von HERIBERT MÜLLER/JOHANNES HELMRATH, Ostfildern 2007 (Vorträge und Forschungen 67), S. 9–29, hier S. 16.

Dass das Constantiense im Vergleich zum Basiliense bis heute das populärere und bekanntere Konzil geblieben ist, hat Konstanz nicht zuletzt Richental und seiner Chronik zu verdanken. Sein Werk hat im Hinblick auf die Rezeption des Konzils geradezu „geschichtsbildformend“[18] gewirkt, d. h. unser heutiges Bild vom Konzil ist ohne das ‚Bild‘, das Richental und sein chronikalisches Werk von ihm entworfen hat, gar nicht mehr zu denken. Das bedeutet freilich nicht, dass er die einzige und beste Quelle ist; es heißt nur, dass er die Vorstellung vom Konstanzer Konzilsgeschehen so nachhaltig geprägt, beeinflusst und (vor allem über die frühen Drucke von 1483, 1536 und 1575) popularisiert hat, dass keine moderne Darstellung zum Konzil vorstellbar ist, die nicht in irgendeiner Weise auf den Chronisten und sein Werk Bezug nähme.[19] Das ist nicht wenig für jemanden, dem man, wie das ODILO ENGELS formulierte, vorwarf, „dass die schwierige Materie die Erkenntnisfähigkeit des Autors einfach überforderte.“[20]

Die von Richental geschaffenen Bilder sind so präsent und allgegenwärtig, dass die Frage durchaus berechtigt ist, was aus dem Constantiense ohne Richental und die von ihm geschaffene Bild- und Imaginationswelt rezeptions- und wirkungsgeschichtlich geworden wäre. JOHANNES HELMRATH und HERIBERT MÜLLER haben diesbezüglich von einer „ikonische[n] Plastizität“[21] der Chronik gesprochen. Insofern darf als sicher gelten, dass unsere Vorstellung vom Konstanzer Konzil ohne den visuellen Vorstellungsraum, den uns der Chronist über sein illustriertes Werk eröffnet, vermutlich eine völlig andere wäre, wenn wir etwa nur die Ratsprotokolle,[22] die Akten oder die tagebuchähnlichen Aufzeichnungen der Synodalen besäßen. Das zu berücksichtigen, ist nicht die geringste Aufgabe, wenn

18 JOHANNES HELMRATH: Kommunikation auf den spätmittelalterlichen Konzilien. In: Die Bedeutung der Kommunikation für Wirtschaft und Gesellschaft. Referate der 12. Arbeitstagung der Gesellschaft für Sozial- und Wirtschaftsgeschichte vom 22.-25. 4. 1987 in Siegen. Hrsg. von HANS POHL, Stuttgart 1989, S. 116–172, hier S. 117; hierzu auch MATTHIESSEN (Anm. 16), S. 105.

19 Vgl. THOMAS MARTIN BUCK: Figuren, Bilder, Illustrationen. Zur piktoralen Literalität der Richental-Chronik. In: Scientia veritatis. Festschrift für Hubert Mordek zum 65. Geburtstag. Hrsg. von OLIVER MÜNSCH/THOMAS ZOTZ, Ostfildern 2004, S. 411–443 [mit Bildsynopse]; siehe hierzu auch RUDOLF KAUTZSCH: Die Handschriften von Ulrich Richentals Chronik des Konstanzer Konzils. In: Zeitschrift für die Geschichte des Oberrheins 48 (1894), S. 443–496 [mit Bildsynopse, S. 492–495]; WACKER (Anm. 10), Anhang 1 [mit Bildsynopse] und DOMANSKI (Anm. 12), S. 455–487.

20 ODILO ENGELS: Zur Konstanzer Konzilsproblematik in der nachkonziliaren Historiographie des 15. Jahrhunderts. In: Von Konstanz nach Trient. Beiträge zur Geschichte der Kirche von den Reformkonzilien bis zum Tridentinum. Hrsg. von REMIGIUS BÄUMER, Paderborn 1972, S. 233–259, hier S. 235.

21 HELMRATH/MÜLLER (Anm. 17), S. 16.

22 Zum Widerschein des Konzils in den Konstanzer Ratsprotokollen OTTO FEGER: Das Konstanzer Konzil und die Stadt Konstanz. In: Das Konzil von Konstanz (Anm. 5), S. 310–333, besonders S. 315–319.

man sich mit der von Richental geschaffenen Konzilschronik und ihrer bis heute anhaltenden Nachwirkung beschäftigt.

Fest steht jedenfalls, dass wir Richental, auch wenn er nicht ausdrücklich eine Geschichte des Konzils liefert, den größten Teil unseres Wissens über das äußere Konzilsgeschehen verdanken. Sein historiographisches Werk bleibt für das Verständnis des konziliaren Ereignisses bei aller Kritik, die zu Recht oder zu Unrecht an ihm geübt wurde, und bei allen Ungenauigkeiten, die sein Werk enthalten mag, zentral. Was das Verhältnis von Stadt und Konzil anbelangt, so ist die Chronik, worauf der Kirchenhistoriker WALTER BRANDMÜLLER hingewiesen hat,[23] nach wie vor die ergiebigste und wichtigste Quelle. Was die Chronik inhaltlich bietet, ist freilich eine retrospektive Sicht, die manches von dem, was zwischen 1414 und 1418 in Konstanz geschah, im Rückblick verklärt und idealisiert hat. Das gilt vor allem für die latent panegyrische Tendenz der Konstanzer Handschrift (Rosgartenmuseum, Hs. 1), die als einzige Chronikhandschrift noch heute am Konzilsort liegt.[24] Aber es ist, insgesamt gesehen, doch eine erstaunlich realistische und authentische Sicht auf das turbulente und teilweise dramatische Geschehen, das mit der Einberufung des Konzils am 9. Dezember 1413[25] über die Stadt an Rhein und Bodensee hereingebrochen war.[26]

3 Zur Person des Chronisten

Vor diesem Hintergrund erscheint es berechtigt, einige Worte über die Person des Chronisten zu verlieren, der durch sein Werk nicht unwesentlich zur Konstitution des historischen Ereignisses ‚Konstanzer Konzil' beigetragen hat.

Dass der Chronist in der älteren Literatur und teilweise bis heute häufig als „Ulrich von Richental" geführt wurde, bedeutet nicht, dass Richental Adeliger war, sondern dass seine Familie aus einem Ort namens ‚Richental' (heute Richenthal im Kanton Luzern) kam.[27] Das „von" ist als Herkunfts- und nicht als

---

23 BRANDMÜLLER (Anm. 1), Bd. 1, S. 129.

24 Erst jüngst erschien anlässlich des 600-Jahr-Jubiläums ein neues Faksimile: Ulrich Richental. Chronik des Konzils zu Konstanz 1414–1418. Faksimile der Konstanzer Handschrift. Mit einem kommentierten Beiheft von JÜRGEN KLÖCKLER, Darmstadt 2013. Der Band bietet allerdings keine Transkription, kein Register und kein Glossar, wie dies für die Ausgabe OTTO FEGERS von 1964 noch der Fall war.

25 Siehe die in den Chroniktext inserierte Konvokationsbulle; vgl. Chronik des Konstanzer Konzils (Anm. 12), S. 9–11 (cc. 15–16).

26 Zur Wahl des Konzilsortes HELMRATH (Anm. 4), S. 610–615.

27 Vgl. hier und im Folgenden KONRAD BEYERLE: Ulrich von Richental. In: Zeitschrift für die Geschichte des Oberrheins 53 (1899), S. 13–27, der sich intensiv mit der Überlieferung zu Ri-

Adelsbezeichnung zu verstehen,[28] zumal er im Eingang der Chronik nach der Aulendorfer bzw. New Yorker Version (New York Public Library, Spencer Collection, Nr. 32) selbst von sich sagt, dass er *burger und sesshaft ze Costentz was* (c. 1,1),[29] was darauf schließen lässt, dass er sich primär als Stadtbürger verstand, sein Werk mithin der „bürgerlichen Chronistik" zuzurechnen ist.[30] Gegen eine adelige Abkunft des Chronisten spricht auch der Wechsel des Siegels, den er nach 1416 vollzog.

Für das ausgehende 13. und beginnende 14. Jahrhundert ist bereits ein Konstanzer Domherr von St. Stephan belegt, der denselben Namen wie der Chronist führte. Er, der 1314 die Kirche des Dorfes Richental mit einer Stiftung bedachte,[31] dürfte um 1324 verstorben sein. Der Schmied Georg Richental, der um 1361 starb und vermutlich mit dem genannten Domherrn verwandt war, war der Großvater des Chronisten. Er gehörte nicht zum städtischen Patriziat, war aber mit Margaretha von Sünchingen, der Tochter des kaiserlichen Notars und Juristen Johannes von Sünchingen, verheiratet. Die Frau des Konstanzer Notars stammte aus der Familie der patrizischen Schnewiss. Vermutlich ist der Schmied Georg Richental, der durch seine Heirat Mitglied einer angesehenen Konstanzer Patrizierfamilie wurde, durch den Domherrn, dessen Neffe oder Großneffe er war, nach Konstanz gekommen und in der Stadt ansässig und heimisch geworden.

In jedem Fall ist Georg Richental der Vater des bedeutenden Stadtschreibers Johannes Richental, der von 1356 bis 1389 amtierte und seine herausgehobene Position wohl dem sozialen Aufstieg der Familie verdankte. An Johannes Richental hatte, wie Otto Feger betont, die Stadt Konstanz durch lange Jahrzehnte des späten 14. Jahrhunderts „einen tüchtigen Verwaltungsfachmann"[32]. Er hat das heute noch vorhandene älteste Ratsbuch der Stadt angelegt und in Konstanz im späten 14. Jahrhundert wohl auch eine neue Form der Kanzleiführung eingeführt. Im Zuge des dritten Zunftaufstandes 1389 verlor er zwar die herausgehobene Position, die er innehatte, schuf aber die Grundlage für das Vermögen seines Sohnes Ulrich, der das Konzil als Augenzeuge erlebte und daraufhin die Kon-

chental auseinandersetzt und auch einen Stammbaum seiner Familie liefert. Siehe zur Person Richentals auch Feger (Anm. 13), S. 22–25; Matthiessen (Anm. 16), S. 76–87; Mertens (Anm. 12), Sp. 55–60; Rathmann (Anm. 8), S. 212–217; Wacker (Anm. 10), S. 11–18 und jüngst Jürgen Klöckler (Anm. 24), S. 3–5.

28 Vgl. Matthiessen (Anm. 16), S. 80.

29 Die Chronik wird hier und im Folgenden nach der in Anm. 12 genannten Ausgabe und der dort vorfindlichen Kapitelzählung zitiert.

30 Vgl. den Titel der Dissertation von Matthiessen (Anm. 16).

31 Vgl. Matthiessen (Anm. 16), S. 76 f. mit den Anm. 12 und 13.

32 Feger (Anm. 22), S. 314; vgl. Ders. (Anm. 13), S. 22, 36 mit Anm. 7.

zilschronik wohl aus eigenen finanziellen Mitteln schuf. Das Obst- und Weingut an dem Hard, auf dem der Chronist *an Sant Johanns aubend des töffers* (c. 143), also am 24. Juni 1415, König Sigmund mit Gefolge einen *imbiß* bereiten ließ bzw. diesen bewirtete, wurde von ihm erworben. Auch das Haus zum Goldenen Bracken, das der Chronist mehrfach in seinem Werk als sein Eigentum bezeichnet (cc. 1,1, 71,1 u. ö.), war bereits in des Stadtschreibers Besitz. Da 1391 Konrad Sachs als Stadtschreiber amtierte, muss Johannes Richental zwischen 1389 und 1391 verstorben sein.

4 Richentals Stellung in der Konzilsstadt

Versucht man die Stellung und Lebensumstände seines Sohnes Ulrich Richental, vor allem aber dessen soziale wie berufliche Position in der Stadt zur Zeit des Konzils, näher zu bestimmen, so ist festzustellen, dass wir darüber nur sehr wenig wissen. Wir besitzen nur vereinzelte Notizen aus seinem Werk und anderen Archivalien wie etwa dem Konstanzer Ratsbuch, dem Supplikenregister Papst Clemens VII. (1378–1394) und vereinzelten Urkunden.[33] Er erscheint, wie Dieter Mertens herausgestellt hat, trotz des chronikalischen Werkes, das er nach dem Konzil *zesammen bracht*, also geschrieben und erstellt hat (c. 1,1), für die Zeit zwischen 1404 und 1435 „ohne Amt oder erkennbaren Beruf"[34]. Obwohl er nachweislich vielfach in die Geschäfte des Konzils involviert war und auch amtliche Aufträge (z. B. die Führung der päpstlichen Quartierkommission durch den Thurgau) entgegennahm (cc. 12,1 und 16), scheint er keine offizielle Stellung oder ein öffentliches Amt in Konstanz innegehabt zu haben.[35] Urkundlich lässt sich ein solches jedenfalls nicht belegen. Er war auch nicht Mitglied des Konstanzer Rates, dem einige Mitglieder der Familie Schnewiss vor 1389 angehörten.

Wollen wir mehr über seine Person wissen, müssen wir uns der Autorenhinweise bzw. der Selbstnennungen in den Handschriften bedienen, die einen Ich-Erzähler aufweisen. Michael Richard Buck (1832–1888) hat diese Hinweise im Vorwort der von ihm 1882 besorgten Edition der Chronik, die auf der ehemals Aulendorfer, heute New Yorker Handschrift basiert, erstmals zusammengestellt und ausgewertet.[36] Wer sich indes ein konkreteres Bild von dem Chronisten ma-

---

33 Vgl. Matthiessen (Anm. 16), S. 75 f.

34 Mertens (Anm. 12), Sp. 55.

35 Vgl. Matthiessen (Anm. 16), S. 359.

36 Ulrichs von Richental Chronik des Constanzer Concils 1414 bis 1418. Hrsg. von Michael Richard Buck, Tübingen 1882, Nachdruck Hildesheim 2008 (Bibliothek des Litterarischen Vereins in Stuttgart 158), S. 9–12.

chen will, der möge zu dem am Konstanzer Obermarkt gelegenen ‚Haus zum Hohen Hafen' gehen, wo er an der Außenfassade eine Abbildung des Chronisten aus dem Jahr 1906 von dem Stuttgarter Historienmaler Carl von Häberlin (1832–1911) findet, der auch die Wandbilder im Kreuzgang des ehemaligen Konstanzer Dominikanerklosters (und heutigem ‚Insel-Hotel') geschaffen hat.[37]

Man sieht dort – neben anderen Abbildungen zur älteren Geschichte der Stadt – den Konzilschronisten Ulrich Richental mit Brille auf einem Stuhl sitzend am Fenster seiner Schreibstube vor einem großen offenen Folianten, in den er wohl gerade seine berühmte Konzilschronik mit der Feder niederschreibt. Das Bild – wie überhaupt die gesamte historisierende Bemalung des Hauses, vor dem am 18. April 1417 die feierliche Belehnung des Burggrafen Friedrich VI. von Nürnberg aus dem Hause Hohenzollern mit der Markgrafschaft Brandenburg durch König Sigmund stattfand – entstammen dem Jahr 1906, sind also, was deren historische Authentizität anbelangt, methodisch mit einiger Vorsicht zu genießen.

Vorbild für die Ikonographie Richentals dürfte die Selbstdarstellung des Schweizer Chronisten Diebold Schilling d. Ä. (ca. 1445–1486) in einer spätmittelalterlichen Handschrift der Burgerbibliothek zu Bern (Mss. h.h. I, 16, S. 41) gewesen sein. Beide Geschichtsschreiber sind nämlich in ähnlicher Pose vor einem aufgeschlagenen Buch dargestellt. Sie tragen überdies eine nahezu identische rötliche Kopfbedeckung, was darauf schließen lässt, dass die Darstellung des Konstanzer Chronisten der des Schweizers nachempfunden ist. Regula Schmid, die das Bild Diebold Schillings in ihr Buch über ‚Amtliche Historie und Politik im Spätmittelalter' integriert hat, verlieh ihm die Bildlegende „Der Chronist an der Arbeit"[38].

Damit ist angedeutet, dass die Erstellung einer volkssprachlichen Chronik im Spätmittelalter durchaus *arebeit* in jenem mittelhochdeutschen Bedeutungssinne war, den wir heute nicht mehr kennen, nämlich „Not, Mühe, Mühsal". Ulrich Richental ist in seinem chronikalischen Werk ja nicht nur auf der Erzähl-, sondern auch auf der Handlungsebene präsent, hat also an dem, was er erzählt, selbst vielfach mitgewirkt, mitgestaltet und mitgearbeitet; er dürfte seine Konzilschronik, die vermutlich zwischen 1420 und 1430 ohne offiziellen Auftrag, wie Mat-

---

37 Vgl. Carl von Häberlin (1832–1911) und die Stuttgarter Historienmaler seiner Zeit. Katalog zur Ausstellung der Galerie der Stadt Esslingen, Villa Merkel, und des Rosgartenmuseums Konstanz. Hrsg. von Julius Fekete, Sigmaringen 1986, S. 13–60, hier S. 16; Peter Wilhelm Pech: Carl von Häberlin (1832–1911). Studien zu Leben und Werk eines Historienmalers und Akademieprofessors in Stuttgart in der zweiten Hälfte des 19. Jahrhunderts, Tübingen 1982, S. 319.
38 Regula Schmid: Geschichte im Dienst der Stadt. Amtliche Historie und Politik im Spätmittelalter, Zürich 2009, nach S. 48, Tafel 5.

THIESSEN[39] betont, zusammenhängend niedergeschrieben wurde, also durchaus in einer Schreibstube zusammengestellt und redigiert haben – wirklich entstanden ist sie dort aber eher nicht. Denn das Werk ist, wie dies THOMAS RATHMANN im Anschluss an eine Formulierung von HANS ROBERT JAUSS festgestellt hat, zwar *post eventum* zusammengestellt und bearbeitet worden, aber mit hoher Wahrscheinlichkeit *in eventu*, d. h. im Verlauf des Ereignisses selbst entstanden.[40]

Insofern geht das Konstanzer Fassadenbild des frühen 20. Jahrhunderts, das den Chronisten gewissermaßen als Privatgelehrten beim geruhsamen, aber konzentrierten Schreiben in seiner Stube zeigt, eher fehl. Denn Richental, das erhellt aus den in sein Werk eingestreuten Kommentaren und Bemerkungen, die sich etwa in der New Yorker, Prager (Národní Knihovna České Republiky, Cod. XVI A 17) und Wolfenbütteler Handschrift (Herzog August Bibliothek, Cod. Guelf. 61 Aug. 2) finden, war im vollen Sinne des Wortes ein ‚teilnehmender Beobachter'. Er dürfte alles andere als ein weltfremder ‚Stubengelehrter' gewesen sein. Richentals chronikalisches Werk, das geht aus dem vorangestellten Prooem, aus der Teilnehmerstatistik, aber auch aus der komplexen formalen Komposition hervor, ist nicht am ‚grünen Tisch', sondern mitten im Leben der pulsierenden Konzilsstadt entstanden.

5 *Das alles ich erfaren und zesammen bracht hab*

Dass die chronikalische Arbeit ganz konkret gemeint ist, also über das manuelle Schreiben hinausging, erhellt aus der Einleitung, die er seinem Werk in der ehemals Aulendorfer Handschrift vorangestellt hat. Es heißt dort programmatisch:

> *das alles ich Ůlrich Richental zesammen bracht hab, und es aigentlich von huß ze hus erfaren hab, wann ich burger und sesshaft ze Costentz was, zů dem Guldin bracken, und erkannt was, das mir gaistlich und och weltlich herren saiten, wes ich sy dann ye frǻget, und och der herren wǻpen, die es an die huser daselbs ze Costentz anschlůgent und ich erfragen kond.* (c. 1,1)

Demnach hat Richental das, was er in seiner Chronik bietet, während des Konzils mühsam auf den Straßen, Gassen und Plätzen der Stadt recherchiert, erfahren und erfragt.

Er hat nicht nur die Wappen, die an den Häusern als Zeichen für deren Inbesitznahme angeschlagen waren, abgezeichnet und in sein chronikalisches Werk

39 MATTHIESSEN (Anm. 16), S. 122, 128.
40 Vgl. RATHMANN (Anm. 8), S. 56.

integriert (cc. 326, 341 und 374), sondern auch *gaistlich und och weltlich herren* konsultiert und zu Rate gezogen, wobei zu berücksichtigen ist, dass das Wort *erfaren* hier noch einen ganz konkret-materiellen Sinn hat. Es bezeichnet nämlich eine empirisch-okulare Vorgehensweise, die nur das glaubt und für wahr nimmt, was man selbst vor Ort erfahren, überprüft, gesehen und verifiziert hat. Die lateinische Entsprechung lautet *inquisitio*, abgeleitet vom lateinischen Verb *inquirere*, das die konkrete Nachforschung vor Ort meint. Die Teilnehmerlisten, die den zweiten Teil seines Werkes ausmachen, sind beispielsweise im Rahmen einer solchen systematischen ‚Inquisition' zustande gekommen.[41]

Wie konkret diese *inquisitio* jeweils gemeint ist, geht aus einer eher beiläufigen Textstelle der Chronik hervor, wo es um den Marktpreis für Hasen geht. Richental bemerkt dazu in der von ihm erstellten Preisliste: *Daz gelob ich nit, dann ich hab es nit gesehen* (c. 60) – ein Satz, der für die historiographische Methode des Chronisten geradezu typisch ist. Richentals Historiographie ist in der Tat der Autopsie, dem eigenen Sehen, Hören und Wahrnehmen verpflichtet und auf die Erfassung der eigenen Gegenwart ausgerichtet. Was ihn trieb, war ein „zeitdokumentarisches Interesse"[42]. Er ging im Rahmen der ihm auferlegten Teilnehmerstatistik von Haus zu Haus, um bestimmte Informationen vor Ort einzuholen bzw. zu verifizieren. So betont er beispielsweise, dass er Herolde, also qualifizierte Fachleute für Heraldik bzw. Wappenkunde, im Zuge der von ihm durchgeführten Inquisition zu sich nach Hause geladen und befragt habe (c. 403).

Insofern ist es nicht ganz richtig, wenn Feger die Chronik als den „Bericht eines unbeteiligten und außerhalb der Dinge stehenden Privatmannes"[43] bezeichnet hat, zumal es eine ‚Privatheit' in unserem modernen Sinne im Spätmittelalter noch gar nicht gegeben hat. Hinzu kommt, dass der Rat der Stadt – das zeigt der ‚Verlust des Autors' in der offiziösen Konstanzer Handschrift mit verändertem Prooem und Psalmvorspruch[44] – von vornherein ein großes Interesse an der historiographischen Arbeit Richentals gehabt haben dürfte, sodass ein fließender Übergang von der ‚subjektiven' (mit Ich-Erzähler) zur ‚objektiven' Fassung

---

41 Vgl. Joseph Riegel: Die Teilnehmerlisten des Konstanzer Konzils. Ein Beitrag zur mittelalterlichen Statistik. Freiburg i. Br. 1916; vgl. hierzu Thomas Martin Buck: Die Riegelschen Teilnehmerlisten. Ein wissenschaftsgeschichtliches Detail der Konstanzer Konzilsforschung. In: Freiburger Diözesan-Archiv 118 (1998), S. 347–356.

42 Matthiessen (Anm. 16), S. 114.

43 Feger (Anm. 13), S. 21; siehe auch Rathmann (Anm. 8), S. 215.

44 Hierzu Thomas Martin Buck: Zur Überlieferungslage der Richental-Chronik. Ein textkritischer Vergleich der Aulendorfer und Konstanzer Handschrift. In: Konstanzer Arbeitskreis für mittelalterliche Geschichte. Protokoll über die Arbeitssitzung Nr. 370 (12. Juni 1999); Ders., Überlieferung der *Konstanzer Konzilschronik* (Anm. 12), S. 96.

(mit Er-Erzähler) nicht ausgeschlossen ist, wenn Richental an dem Transformationsprozess nicht überhaupt maßgeblich beteiligt war. MATTHIESSEN hat vermutet, dass der Chronist selbst mehrere Fassungen seiner Chronik hat herstellen lassen, wobei er als Mitarbeiter Illustratoren und Heraldiker benötigte.[45]

Der Altgermanist RATHMANN hat deshalb nicht ganz zu Unrecht vermutet, dass die Chronik nicht nur „vom Rat der Stadt angeregt und gestützt worden ist", sie sei vielmehr selbst zum „diskursiven Ereignis" geworden, „auf das sich die Zeitgenossen während des Konzils bezogen haben"[46], um überhaupt etwas von dem historischen Ereignis, das in ihrer Stadt stattfand, zu erfahren. Richentals Werk dürfte mithin weniger ‚privat' als vielmehr halb- oder teilöffentlich gewesen sein. Es lebt jedenfalls davon, dass er an dem Geschehen, das er beschreibt, unmittelbar beteiligt war und deshalb auch an entsprechende Informationen gelangte.

Die 25 Schiffe mit Heu aus dem Thurgau, Hegau und Rheintal, von denen Richental ebenfalls im Rahmen der in sein Werk inserierten Preisliste spricht, hat er ebenfalls selbst gesehen. Sie hatten an der Fisch- oder St. Konrads-Brücke im Konstanzer Hafen angelegt, die als Landungsplatz für Schiffe, die vom See und Rhein herkamen, diente: *Daz man nun daz merki, daz das war sy, so sach Ůlrich Richental und vil wirdiger lüt, daz uff ainen tag stůnd an der bruggen ze Costentz fünf und zwaintzig michler schiff mit höw* (c. 63,1).

6 Augenzeugenschaft und Historiographie

Wenn er etwas nicht durch persönlichen Augenschein überprüfen konnte, sagt er dies deutlich und legt damit zugleich die Grenzen seiner erfahrungsbasierten Historiographie offen: *Ich getorst sy nit schreiben, wann ich gantze warhait darumb nit erfinden kund* (c. 92). Es geht hier um die Tataren, die von Richental im Rahmen des von ihm erstellten Nationenkatalogs präsentiert werden. Über das zentralasiatische Volk konnte er offenbar nichts Genaues herausfinden. Er stützte sich deshalb auf Informationen aus zweiter Hand und machte dies dem Leser gegenüber auch deutlich. Es ist also nicht so, dass der Chronist nicht um die Voraussetzungen und Grenzen seiner historiographischen Methode wusste. Im Gegenteil, er scheute sich auch in anderem Zusammenhang nicht, sein Unwissen oder Nichtwissen offen zu bekennen.

---

45 Vgl. MATTHIESSEN (Anm. 16), S. 89, 122.
46 RATHMANN (Anm. 8), S. 56.

So berichtet er beispielsweise von dem Knecht Jörg des Freiherrn von Grimmenstein (Georg II. von Enne), den die Konstanzer Söldner, nachdem sie seiner auf dem Bodensee habhaft wurden, ertrinken ließen (c. 180). Ob sie dies absichtlich taten, weiß Richental nicht, weil er nicht dabei war, wie die Wolfenbütteler Handschrift an dieser Stelle schreibt. Was den Papststurz auf dem Arlberg (Abb. 1) anbelangt (c. 19), so berichtet der Chronist ebenfalls, dass es sich eher um ein Gerücht als um ein Faktum gehandelt haben muss.[47] Immer wieder betont der Chronist, dass mit der Erfahrbarkeit auch die Grenze seiner Darstellung bezeichnet ist.

Richental gibt also nicht nur nicht die ganze Wahrheit, er kann und will sie als stadtbürgerlicher Chronist vielfach gar nicht geben. Er weiß, seine Perspektive ist eingeschränkt, weil er vieles, was in den Konzilssitzungen geschah, nicht selbst gesehen und miterlebt hat, als Nicht-Synodale also auf Informationen von ‚Insidern' angewiesen blieb, die er sich nur über Mittelsmänner aus zweiter Hand und für Geld beschaffen konnte. Es ist insofern gewiss nicht falsch, wenn man vermutet, dass sein historiographisches Werk einen pragmatischen Hintergrund hat.

Der amerikanische Literaturwissenschaftler STEPHEN GREENBLATT hat diesen wichtigen Umstand erst unlängst noch einmal in seinem Buch ‚The Swerve' über die Entstehung des Renaissance-Humanismus ausdrücklich betont: „A citizen of Constance, Ulrich Richental was fascinated enough by what was going on around him to write a circumstantial chronicle of the events."[48] Aus den Notizen, die sich Richental bereits vor und während des Konzils gemacht haben dürfte, wurde eine volkssprachliche Chronik, die nach dem Konzil zusammengestellt, von Illustratoren professionell bebildert sowie mit Namen und Wappen versehen wurde. Die Textgenese der Chronik ist jedenfalls kaum abgeschieden in der Schreibstube erfolgt, wie es die moderne Historienmalerei von Häberlins suggeriert.

Die Textgenese ist vielmehr mit großer Wahrscheinlichkeit im Zusammenhang der systematischen Teilnehmerstatistik zu sehen, an deren Erstellung Richental nachweislich beteiligt war. Von dort stammt denn wohl auch der Terminus technicus *von hus ze hus*, der in der Chronik, nachdem er bereits leitmotivisch im Prooem genannt wird, auch am Schluss wieder begegnet:

> *Und also habend ir nun alle die, die zů dem hailgen concilium kommen sind, und uß welhen landen und mit wie vil personen und pfärden, als ich mich des verstan kond und erfaren hab von hus ze hus.* (vgl. cc. 1,1, 395, 406 und 518)

---

47 Vgl. THOMAS MARTIN BUCK: Text, Bild, Geschichte. Papst Johannes XXIII. wird auf dem Arlberg umgeworfen. In: Annuarium Historiae Conciliorum 30 (1998), S. 37 – 110.

48 STEPHEN GREENBLATT: The Swerve. How the World Became Modern, New York 2011, S. 162.

7 Von der Statistik zur Geschichtsschreibung

Die umfänglichen Teilnehmerlisten, die ungefähr ein Viertel des Gesamttextes ausmachen und tausende Teilnehmernamen enthalten, führen uns fraglos ins Zentrum dessen, was Richental mit seiner Chronik eigentlich schuf: eine in sich vielschichtige und komplexe Geschichtserzählung, die mit Text, Illustrationen, Teilnehmerlisten und Wappen aus vier Hauptteilen besteht. Sie zeigt, wie das Stefan Weinfurter, der die Chronik im Zusammenhang mit der spätmittelalterlichen Stadtgeschichtsschreibung auf ihre Gestaltungsprinzipien hin untersucht hat, „keine unmittelbare Berührung durch ältere historiographische Lehren und Schemata“[49]. Richental beruft sich jedenfalls nicht auf irgendwelche Vorgänger oder Vorbilder, was für das Argument spricht, dass das Werk tatsächlich einen pragmatischen Hintergrund hat, also im Verlauf des Konzils entstanden ist und erst danach redigiert und zusammengestellt wurde.

Dass Richental Sinn für die „Ökonomie des Konzils“ und „Interesse für Statistik“[50] hatte, wie dies bereits Rudolf Kautzsch feststellte, ist seit langem bekannt. Es drückt sich bereits in dem die formale Gesamtkonzeption des Werkes antizipierenden Prooem aus, das eine mehr oder weniger präzise formale Grobgliederung der verarbeiteten Stoffmasse bietet und mit der Teilnehmerstatistik schließt:

> *Hienach volgett, wie das concilium gelait ist worden gen Costentz, und wie es dar kam, und wie es anfieng, und was sachen sich also ze Costentz in dem concilium volgiengen und da beschach, und wie es zerging, und wie vil herren dar koment, sy wärind gaistlich oder sy wäremd weltlich, und mit wie vil personen.* (c. 1,1)

Die Chronik erzählt demnach zunächst die Vorgeschichte des Konzils, berichtet dann von der Ankunft des Konzils bzw. der Konzilsteilnehmer in der Stadt. Danach referiert der Chronist die Hauptereignisse, um schließlich aufzuzeigen, wie die Versammlung zu Ende geht und wer an der Synode teilgenommen hat. Im letzten Teil des Zitates sind die Teilnehmerverzeichnisse angesprochen, die allenthalben erstellt wurden und wohl auch im zeitgenössischen Konstanz kursierten. Das lässt

49 Stefan Weinfurter: Zum Gestaltungsprinzip der Chronik des Ulrich Richental. In: Freiburger Diözesan-Archiv 94 (1974), S. 517 – 531, hier S. 520; siehe hierzu auch Matthiessen (Anm. 16), S. 129.

50 Kautzsch (Anm. 19), S. 445.

sich der nahezu gleichzeitigen *Berner Chronik* Conrad Justingers (ca. 1365–1438) entnehmen, die in Kapitel 424 ebenfalls eine Teilnehmerstatistik bietet.[51]

Aller Wahrscheinlichkeit nach bezeichnen die Listen also den textgenetischen Anfang von Richentals Historiographie, d. h., ihm wurde klar, dass das Ereignis, an dessen Konstitution er maßgeblich beteiligt war, auch schriftlich festgehalten und erzählt werden muss, soll es für die Nachwelt bewahrt werden.[52] Dass er als Konzilshistoriograph zugleich Konstanzer Bürger und in der Stadt, in der das Konzil stattfand, ansässig, also bekannt und überdies sozial vernetzt war, hat ihm die Sache gewiss nicht unerheblich erleichtert, bedeutet aber nicht, dass alles möglich war. Die Zählung der heimlichen öffentlichen Frauen bzw. der Huren, wie sie Herzog Rudolf von Sachsen als Reichsmarschall wünschte und wie sie vor allem in der Wolfenbütteler Handschrift referiert wird, hat er gewiss auch deshalb abgelehnt, weil er damit auch Mitbürgerinnen hätte entlarven bzw. bloßstellen müssen, was er offenbar nicht wollte.[53]

Wohnhaft war der Chronist, wie er selbst mehrfach betont, im Haus zum Goldenen Bracken. Es handelte sich dabei um *daz huß vor Sant Steffan uff den Blatten* (c. 71,1). Das Gebäude befand sich in der Nähe der Stifts- und Stadtpfarrkirche St. Stephan, wo heute die Wessenbergstraße verläuft, also nahezu im Zentrum der Stadt. Einem Bischof der polnisch-litauischen Gesandtschaft diente es als Unterkunft (c. 71,1). Das Haus selbst existiert heute nicht mehr; es ist am

---

51 Vgl. Die *Berner-Chronik* des Conrad Justinger. Nebst vier Beilagen: 1) Cronica de Berno. 2) Conflictus Laupensis. 3) Die anonyme Stadtchronik oder der Königshofen-Justinger. 4) Anonymus Friburgensis. Hrsg. von Gottlieb Studer, Bern 1871, S. 243–253; siehe auch Kathrin Jost: Konrad Justinger (ca. 1365–1438). Chronist und Finanzmann in Berns großer Zeit, Ostfildern 2011 (Vorträge und Forschungen, Sonderband 56), S. 230–232.

52 Das wird in der Konstanzer Handschrift (Rosgartenmuseum, Hs. 1), ca. 1465, ganz deutlich, die das Prooem dahingehend verändert, dass ausdrücklich betont wird, *als das ettlich erber lüt von gedachtnusse wegen zusamen haben erfraget* (fol. 1r). Dass der Auftrag zur Erfassung von Konzilsteilnehmern Richental den Anstoß gab, nach dem Konzil eine Chronik zu schreiben, vermutet Matthiessen (Anm. 16), S. 158.

53 Chronik des Konstanzer Konzils (Anm. 12), S. 170 mit Anm. 1122 (c. 406): *Ouch můst ich schambarlich schrieben, darzů zwang mich min genädiger herr, hörzog Růdolff von Sachsen, der ze Costenz marschalck was, das ich erfaren můst, wie viel offner varender frŏwen zů Costenz wären. Unnd gab mir ainen zů, der gůt zů sollichen sachen was, Burgkharten von Haggelbach. Allso ritten wir von ainem frŏwenhus zů dem andern, die söllich frŏwen enthiellten, unnd fůnden inn ainem hus etwen 30, inn ainem minder, in dem andern mehr, ane die, die inn den ställen lägen unnd inn den badstůben. Unnd funden allso gemainer frŏwen by 700. Do wollt ich ir nit mehr sůchen. Do wir die zal für in brachten, do sprach er, wir solten im die haimlichen frŏwen auch erfaren. Do antwurt ich im, das sin gnad das thätt, ich war es nit mächtig ze tůnd. Ich würd villicht umb dis sach ertött, unnd mocht ouch finden, das ich nit gern hett. Do sprach min herr, ich hett recht. Unnd das bestůnd allso.* Siehe dazu auch Matthiessen (Anm. 16), S. 85 f., Mertens (Anm. 12), Sp. 55 und unten S. 466 f.

21. Juli 1547 zusammen mit anderen Häusern abgebrannt. Vermutlich ist der Text der Chronik dort nach dem Ende des Konzils zusammengestellt und redigiert worden. Der Chronist muss neben seinem Sinn für Statistik und Ökonomie in jedem Fall auch über eine gewisse Schreibfertigkeit sowie über Kenntnisse des Notariatsgeschäfts bzw. des Kanzleiwesens verfügt haben.

Da er der Sohn des Stadtschreibers war, dürfte er in diesem Zusammenhang von seinem Vater auch die historiographische Tätigkeit erlernt haben. Die Chronik zeigt jedenfalls, worauf MATTHIESSEN hinwies, „deutliche Parallelen zu der Führungsweise und den Inhalten von städtischen Büchern auf“[54]. Es ist weiterhin sehr wahrscheinlich, dass er, aus einer angesehenen stadtbürgerlichen Familie stammend, nicht ungebildet war oder doch zumindest die Kirchen- und Gelehrtensprache Latein beherrschte. Andernfalls wären die teilweise umfangreichen lateinischen Textpartien und Einschübe, die sich vor allem im zweiten statistischen Teil seiner Chronik allenthalben finden, nicht erklärbar. Die Kenntnis der lateinischen Sprache und sein Interesse für die kirchliche Liturgie haben wohl mit seiner Ausbildung zum Kleriker zu tun.

Der formale Aufbau seines Werkes orientiert sich überdies am Kirchenjahr und herausgehobenen liturgischen Feiern des Konzils, was ebenfalls auf einen geistlichen Hintergrund des Verfassers schließen lässt. Für die Diözesaneinteilung hat der Chronist das Strukturprinzip des *Provinciale Romanum* Dietrichs von Nieheim übernommen.[55] Die Schilderung performativer ritueller Akte des Konzils (Prozessionen, Umgänge, Einritte usw.) bilden, was vielfach bemerkt worden ist, geradezu Strukturelemente seines historiographischen Stils.[56] Man weiß, dass Richental eine Ausbildung zum Geistlichen genossen und die niederen Weihen empfangen haben muss. In einem an Papst Clemens VII. gerichteten Rotulus erscheint er 1380 jedenfalls als *clericus Constantiensis*. Er hatte sich bei der Kurie um ein Kanonikat bzw. eine Chorherrenpfründe an der Konstanzer Stiftskirche St. Johann beworben.

---

54 MATTHIESSEN (Anm. 16), S. 135.

55 Vgl. MATTHIESSEN (Anm. 16), S. 152 und S. 158 – 167; MERTENS (Anm. 12), Sp. 56; WACKER (Anm. 10), S. 16.

56 Vgl. ANDREA LÖTHER: Rituale im Bild. Prozessionsdarstellungen bei Albrecht Dürer, Gentile Bellini und in der Konzilschronik Ulrich Richentals. In: *Mundus in imagine*. Bildersprache und Lebenswelten im Mittelalter. Festgabe für Klaus Schreiner. Mit einem Geleitwort von REINHART KOSELLECK. Hrsg. von ANDREA LÖTHER u. a., München 1996, S. 99 – 123 sowie GERRIT JASPER SCHENK: Sehen und gesehen werden. Der Einzug König Sigismunds zum Konstanzer Konzil 1414 im Wandel von Wahrnehmung und Überlieferung (am Beispiel von Handschriften und Drucken der Richental-Chronik). In: Medien und Weltbilder im Wandel der Frühen Neuzeit. Hrsg. von FRANZ MAUELSHAGEN/BENEDIKT MAUER, Augsburg 2000 (Documenta Augustana 5), S. 71 – 106.

Eine solche Bewerbung war, worauf FEGER hingewiesen hat,[57] nur aussichtsreich, wenn man über gute Beziehungen verfügte, was bei Richental durch die Verwandtschaft mit dem Geschlecht des gelehrten Juristen von Sünchingen und der Patrizierfamilie Schnewiss durchaus der Fall war. Der Plan, die geistliche Laufbahn einzuschlagen, zerschlug sich jedoch, als die römische und nicht die avignonesische Obödienz 1385 in Konstanz obsiegte,[58] wodurch seine Anwartschaft hinfällig und seine geistliche Karriere offenbar beendet wurde. Dem Chronisten dürfte das religiös-liturgische Leben der Bischofs- und Domkapitelstadt, das er immer wieder ausführlich und präzise beschreibt, insofern bekannt und wohlvertraut gewesen sein.[59] Es ist auch anzunehmen, dass er über gute Kontakte zur Konstanzer Geistlichkeit verfügte, die es ihm erlaubten, während des Konzils an allerlei Informationen und Nachrichten heranzukommen, die für die Erstellung seines Geschichtswerkes von Bedeutung waren. Die Konvokationsbzw. Einberufungsbulle, die er zur Gänze in sein Werk integriert hat, dürfte ihm beispielsweise auf diese Weise zugänglich gemacht worden sein; für sie hat er einem Kurialen einen Gulden bezahlt (c. 16). Es ist überhaupt davon auszugehen, dass Richental für die Erstellung der Chronik nicht unerhebliche finanzielle Mittel aufgewandt hat (c. 437). Der Chronist war zwar vermutlich das, was wir heute als Privatier bezeichnen würden, also beruflich und finanziell unabhängig, hat seine Mittel aber nicht zuletzt auch für seine historiographische Arbeit eingesetzt, die in eine repräsentative Darstellung des Konzils münden sollte.

Dass sein Vermögen schwand, geht aus Eintragungen im Ratsbuch hervor, die zeigen, dass der Chronist, worauf GISELA WACKER hingewiesen hat, zwischen 1424 und 1434 einen „erhöhten Geldbedarf"[60] hatte. Das ist genau der Zeitraum, in dem die Chronik als zusammenhängende Geschichtserzählung entstanden sein dürfte. Sein Vermögen erreichte nach Ausweis der uns erhaltenen Konstanzer Steuerlisten 1418 seinen höchsten Stand und nahm dann kontinuierlich ab.[61] 1434 veräußerte er sogar das Landgut an dem Hard, das bereits sein Vater erworben hatte, an den reichen Konstanzer Bürger Ulrich Ehinger.

Das chronikalische Werk ist, wie er selbst sagt, arbeitsteilig entstanden: *Nun laß ich das ligen, biß gemålot wirt, als dann hienach bezaichet ist* (c. 258), d. h., der Chronist setzte vorerst mit dem Schreibprozess aus, bis die Illustratoren die Bilder und Wappen nach genauen Angaben in die hierfür vorgesehenen Lücken nach-

---

57 Vgl. FEGER (Anm. 13), S. 22 f.
58 Vgl. MERTENS (Anm. 12), Sp. 55.
59 Vgl. HELMUT MAURER: Das Konstanzer Konzil als städtisches Ereignis. In: Die Konzilien von Pisa (Anm. 9), S. 149 – 172, hier S. 168.
60 Vgl. WACKER (Anm. 10), S. 13.
61 Vgl. MATTHIESSEN (Anm. 16), S. 90 f.

getragen hatten. Die Maler haben die Chronik nicht umsonst illuminiert, sondern wurden von Richental bezahlt, wie überhaupt das gesamte Werk auf die Initiative Richentals hin initiiert und durchgeführt wurde: *wann ich doch daz zůbracht hab, on menglichs hilff und uff min kosten gemålet hab und den malern iren lon geben, on menglichs stür und hilff* (c. 437). An einer anderen Stelle sagt er ganz deutlich, dass er auch für Informationen bezahlt hat: *Et dedi precium de isto facto et ope illis, qui hoc sciebant*[62] (c. 361). Mitunter lud der Chronist auch Personen zu sich nach Hause, *die mir och diß sach seitend* (c. 403).

8 Der Chronist und seine Quellen

Richental hat es im Rahmen seiner historiographischen Tätigkeit aber nicht nur beim unsystematischen Abschreiben und Sammeln seines Stoffes belassen. Er muss darüber hinaus auch Zugang zu Material- und Quellensammlungen gehabt haben, die er für seine Belange auswerten bzw. ausschreiben konnte.[63] Die Konvokationsbulle beispielsweise hat er nicht nur abgeschrieben, sondern auch – vermutlich in einer originalen Ausfertigung – eingesehen und kopiert. Hier zeigt sich, dass Richental Zugang zu Akten und Dokumenten des Konzils hatte oder sich diesen, falls er verwehrt wurde, auf irgendeine Weise – auch unter Einsatz von Geldmitteln – zu verschaffen wusste. Eine diesbezügliche, ‚Archivalien' betreffende Sammeltätigkeit des Chronisten ist insofern keineswegs auszuschließen.

Das lateinische Buch, das Richental im Zusammenhang der Verurteilung Papst Johannes XXIII. erwähnt (cc. 138 und 241,2), dürfte zur Materialsammlung zu zählen sein. Hinsichtlich der Wahl Papst Martins V. bringt er deutlich zum Ausdruck, dass er vom Notar des Erzbischofs Nikolaus Tramba von Gnesen schriftlich fixierte Informationen zum Konklave erhalten habe (c. 257,1). Dass Richental in seinem Werk nicht nur mündliche, sondern auch schriftliche Quellen verarbeitete, geht ebenso aus einer persönlichen Notiz des systematischen Chronikteiles der Aulendorfer Handschrift hervor: *Aput Palestinos, sicut michi dictum est, et ut in libris papalibus inveni, quod deberent ibi esse sedes episcopales sicut sequitur* (c. 362), wobei mit den *libri papales* das *Provinciale Romanum* Dietrichs von

62 „Und ich bezahlte und entlohnte diejenigen, die mir in dieser Sache halfen, weil sie sich auskannten."

63 Vgl. Thomas Martin Buck: Fiktion und Realität. Zu den Textinserten der Richental-Chronik. In: Zeitschrift für die Geschichte des Oberrheins 149 (2001), S. 61–96, besonders S. 77–83; Ders.: Der Codex Salemitanus. Rekonstruktion einer verlorenen Richental-Handschrift. In: Quellen, Kritik, Interpretation. Festgabe zum 60. Geburtstag von Hubert Mordek. Hrsg. von Thomas Martin Buck, Frankfurt a. M. u.a. 1999, S. 247–278; Wacker (Anm. 10), S. 29–35.

Nieheim (ca. 1340–1418) gemeint ist.[64] Die Wolfenbütteler Handschrift hat die Passage in folgender Version bewahrt: *Zu den Palestinos unnd da umb inn den landen, als ich das funden hab inn den büchern unnd registern, so ainem baubst zugehörent, da sollten sin so vil bistum oder stül, als jetzt geschrieben wirt*[65]. Die Jan Hus und Hieronymus von Prag betreffenden Verhandlungen, die Richental in seiner Chronik referiert, sind sogar mit einem entsprechenden Quellenverweis versehen: *als man das alles in der latin findet* (c. 154), was auf entsprechende Akteneinsicht schließen lässt.

Ähnlich wie bei den Briefen einer byzantinischen Gesandtschaft, wo es heißt, *die brief findet man davor in latin* (c. 241,2), wird auch hier auf eine lateinische Text- bzw. Aktensammlung verwiesen, die dem Chronisten, wenngleich auch nur temporär, offenbar zur Verfügung stand, aber nicht mehr greifbar ist.[66] Dass es sie gab, geht aus einer Zürcher Handschrift der Zentralbibliothek (Ms A 80, foll. 52ʳ–54ʳ) hervor, wo sich die lateinischen Briefe, von denen Richental in seiner Chronik spricht, tatsächlich finden.[67] Im Zusammenhang mit der Anklage, die das Konzil gegen den flüchtigen Papst Johannes XXIII. 1415 erhob, ist weiterhin von einem *latinschen sexsternen* die Rede, in dem *vil böser arttikel und sachen* gegen den Konzilspapst niedergeschrieben waren (cc. 138). Der *Sexternio* muss zur Zeit der Niederschrift der Chronik also im Besitz Richentals gewesen sein oder ihm zumindest zeitweise vorgelegen haben.

In seinem Werk ist auch immer wieder von diplomatischen Aufgaben oder Missionen die Rede, die semi-offizieller Natur, also ohne direkten Auftrag gewesen sein müssen und kaum allein aus privaten Interessen zu erklären sind. So war er beispielsweise von Anfang an an den Vorbereitungen und Planungen für das Konzil beteiligt, ist vermutlich relativ bald von Eberhard von Nellenburg, Landgraf im Hegau und Rat König Sigmunds, über die in Como und Lodi getroffene Entscheidung, das Konzil nach Konstanz zu verlegen, informiert und auch entsprechend instruiert worden (c. 12,1). Er sollte im Auftrag des Landgrafen denn auch entsprechende logistische Vorbereitungen treffen bzw. Ein- und Ankäufe vornehmen. Später ist er sogar mit so genannten *exploratores*, d. h. Kundschaftern, im Auftrag des Rates durch den Thurgau geritten, um dessen Konzilsfähigkeit zusammen mit einer päpstlichen Quartierkommission zu untersuchen (cc. 11 und 16). Im Auftrag des Rates dürfte er auch die mehr als 50 Absagebriefe erstellt haben, die Herzog Friedrich IV. von Österreich nach seiner Flucht im Frühjahr 1415 nachge-

64 Vgl. Matthiessen (Anm. 16), S. 115 f., S. 152, 158.

65 Chronik des Konstanzer Konzils (Anm. 12), S. 156 mit Anm. 1034.

66 Vgl. Matthiessen (Anm. 16), S. 117 f.

67 Hierzu Buck (Anm. 63), S. 63–66; siehe hierzu bereits *Acta concilii Constanciensis*, Bd. 4 (Anm. 7), S. IX f.

sandt wurden (c. 121,2). Auch die Zählung der öffentlichen Frauen war mit einem offiziellen Auftrag Herzog Rudolfs einhergegangen, den er dann allerdings mit einem Begleiter, Burkhard von Haggelbach, ausführte (c. 406).[68]

Richental hat ferner an vielen wichtigen Ereignissen, von denen er in seiner Chronik berichtet, selbst mitgewirkt oder ist zumindest als Augenzeuge präsent gewesen. Zu zahlreichen hochgestellten Persönlichkeiten wie etwa König Sigmund, dem Herzog Friedrich IV. von Österreich, dem Herzog Rudolf von Sachsen, dem Pfalzgrafen bei Rhein oder dem Erzbischof von Gnesen hatte er persönlichen Kontakt. Der polnische Bischof Jakob Kurdwanowski von Plock wohnte in seinem Haus (c. 71,1). Herzog Friedrich IV. gab ihm, bevor er die Konzilsstadt trotz des Eides, den er Sigmund nach seiner Rückführung aus Schaffhausen geschworen hatte, am 30. März 1416 unerlaubt verließ, die Hand (c. 179,2). Jan Hus verschaffte er vor seiner Hinrichtung angeblich einen Priester (c. 156,1). Nach der Flucht des Hieronymus von Prag wurde Richental befragt, wohin er gegangen sein könnte (c. 152). König Sigmund und Königin Barbara von Cilli haben einmal sogar Richentals Konstanzer Landgut an dem Hard besucht, zu dem der Chronist sie und andere hochgestellte Persönlichkeiten eingeladen hatte (c. 143). Man muss insofern annehmen, dass Richental – wie man modern sagen würde – über gute Beziehungen verfügte bzw. in der konziliaren Gesellschaft sozial gut vernetzt war.

Er bekleidete im Konstanz der Konzilszeit zwar kein nachweisbares offizielles Amt, war aber offenbar doch ein gebildeter, hoch geachteter und zudem weit gereister Mann, der verschiedentlich um seinen Rat befragt und in das äußere Konzilsgeschehen einbezogen wurde. Wir dürfen weiterhin annehmen, dass er neben seiner bereits erwähnten geistlichen Ausbildung über kaufmännische und organisatorische Fähigkeiten verfügte. Zwischen 1424 und 1434 betrieb er nachweislich Immobilien- und Grundstücksgeschäfte. So besaß er etwa am Ziegelgraben ein weiteres Haus, in dem er jedoch nicht wohnte. Aus einer Urkunde geht darüber hinaus hervor, dass er im Jahr 1410 mit Anna Eglin verheiratet war, die seit 1438 an seiner Stelle im Steuerbuch der Stadt erscheint und 1445 verstorben ist.[69]

Man darf daher davon ausgehen, dass der Chronist um 1410 die geistliche Laufbahn bereits definitiv aufgegeben hatte. Seine Ehe blieb kinderlos. Der Chronist gehörte in finanzieller Hinsicht zwar nicht zur obersten Konstanzer Gesellschaftsschicht, war aber doch relativ vermögend, tätigte Handelsgeschäfte und besaß zahlreiche informelle Kontakte, die ihm nicht zuletzt bei der Abfassung der Chronik halfen. Wenn der Chronist um 1360 geboren wurde und 1437 verstarb, war er zur Zeit des Konzils etwa 50 bis 55 Jahre alt. Dass er in Böhmen gewesen sein

68 Vgl. dazu auch oben S. 462 mit Anm. 53.
69 Vgl. Matthiessen (Anm. 16), S. 86f.

muss, *in des Hussen globen* (c. 191), wie er bezeichnenderweise sagt, bekundet er, als er über Heinrich Chlum auf Latzembock, den Begleiter von Jan Hus, spricht. Das gepökelte Fleisch eines Büffels oder Wisents, das dem König aus Litauen nachgesandt worden war, habe er auch *in andern landen* gegessen (c. 204), was ebenfalls auf Mobilität und Reiseerfahrung schließen lässt.

Die orthodoxe Messe, die er in seiner Chronik erstmals in deutscher Sprache beschreibt, habe er ebenfalls *och vil anderswa gesehen* (c. 289). Richental hatte offenbar, worauf MATTHIESSEN und WACKER hingewiesen haben,[70] Reisen nach Ost- und Südosteuropa unternommen. Vermutlich beherrschte er sogar die entsprechenden Sprachen. Der Horizont des Chronisten war mithin keineswegs auf die Bodenseestadt und die nähere Region begrenzt. Auch war er nicht so unerfahren und naiv, wie in der älteren Literatur teilweise angenommen wurde.[71]

9 Narrative Gestaltung gemeinsamen Erlebens

Was die Prinzipien seiner historiographischen Arbeit anbelangt, war der Chronist neben allen schriftlichen Quellen und Dokumenten, die er nachweislich verwendet und verarbeitet hat, vornehmlich ein Augenmensch. Man kann deshalb auch von einer okularen Geschichtsauffassung sprechen.[72] Was er in seiner Chronik bietet, ist deshalb auch nicht primär Vergangenheits-, sondern Zeit- oder Gegenwartsgeschichte. Richental ging es in seinem Werk nicht zuletzt um die historiographische Gestaltung gemeinsamen Erlebens, d. h. um eine Erzählung, die so etwas wie eine nachholende kollektive Identität stiftet im Blick auf ein historisches Ereignis, das nicht nur vergangen war, sondern auch dem Vergessen anheim zu fallen drohte.

Wir dürfen davon ausgehen, dass sein persönlicher Anteil an der Konzilsvorbereitung und Konzilsorganisation in ihm schon früh ein starkes Gefühl für die stadtgeschichtliche Bedeutung dessen, was mit Konstanz vor und während des Konzils geschah, hat entstehen lassen. Der Chronist ist es denn auch gewesen, der das vergangene Geschehen maßgeblich historisiert, geformt und dargestellt hat. RATHMANN, der sich mehrfach intensiv mit dem Chronisten und seinem Werk auseinandergesetzt hat, betont denn auch, dass man sich Richental nicht als ‚passiven Zuschauer‘, sondern als Teilnehmer in dem Sinne vorstellen muss,

70 Vgl. MATTHIESSEN (Anm. 16), S. 86, 89 sowie WACKER (Anm. 10), S. 13.

71 Zum Vorwurf der Naivität vgl. RATHMANN (Anm. 8), S. 51 f.

72 Vgl. THOMAS MARTIN BUCK: Vergangenheit als Gegenwart. Zum Präsentismus im Geschichtsdenken des Mittelalters. In: Saeculum. Jahrbuch für Universalgeschichte 52 (2001), S. 217 – 244, besonders S. 236 – 238.

> dass er, – mit aller Vorsicht – ähnlich der Funktion von akkreditierten Journalisten heutiger Kongresse, in das Informationsgeflecht dieser großen Veranstaltung eingebunden war und somit schon im Verlauf des Konzils an dessen Darstellung gearbeitet hat [...].[73]

Die Chronik war also wahrscheinlich ein *work in progress*, dessen Hauptaufgabe es war, das kollektive Gedächtnis der Stadt an ein vergangenes säkulares Ereignis, das sich zwischen 1414 und 1418 in Konstanz ereignet hatte, für die Zukunft zu bewahren. Ob der Chronist die erste Fassung in amtlichem Auftrag schrieb, ist auf der Grundlage der uns vorliegenden Überlieferung eher unwahrscheinlich, aber nicht ausgeschlossen. Ein offizieller Auftrag lässt sich jedenfalls nicht nachweisen. Das Werk war nicht nur an die Stadt als Erinnerungsgemeinschaft gerichtet, die ihr Selbstverständnis zunehmend aus historischer Erfahrung bezieht – es war von vornherein auch multifunktional angelegt. Als Text-, Namen-, Bild- und Wappenbuch sollte es unterschiedliche zeitgenössische Bedürfnisse der städtischen und regionalen Konzilsmemoria befriedigen.

Richental hat zweifellos, das zeigen die teilweise umfänglichen Wappen- und Teilnehmerlisten, ein für seine Zeit repräsentatives Buch geschaffen. Wir dürfen auch annehmen, dass das Werk – im Hinblick auf einen bestimmten Adressatenkreis – bewusst in der Volkssprache, d. h. deutsch, abgefasst wurde, obwohl die Vorstudien – vor allem die Namenlisten sowie manche Urkunden und Akten – lateinisch gewesen sein dürften. Manches Textinsert ist im Laufe der Überlieferungsgeschichte überdies ins Deutsche übersetzt worden.[74] Die Chronik wurde auch nicht primär für die Konzilsteilnehmer im engeren Sinne geschrieben.

Die Synodalen waren jedenfalls kaum der intendierte Adressatenkreis, was auch daraus abzuleiten ist, dass das narrative Zentrum des Werkes nicht auf dem Konzil, sondern eher auf dem Verhältnis von Stadt und Konzil lag. Richental erzählt vieles, was die Synodalen kaum interessiert haben dürfte, weil sie es bereits genauer und besser wussten. Dagegen bleibt in der Chronik vieles vage oder ungenannt, was im Interesse der Synodalen lag, Richental aber nicht wissen konnte, weil er eine Außenperspektive einnahm. Wir dürfen deshalb vermuten, dass er für seinesgleichen schrieb, d. h. für die Bürger der Stadt Konstanz, ja für Stadtbürger überhaupt. Die Synodalen hatten die Stadt auch längst verlassen, als die Chronik in kompilierter Form vorlag.

Die Chronik stieß durchaus auf bürgerliches Interesse, wurde nachgefragt und war kommerziell erfolgreich. Dies geht daraus hervor, dass sich die neue Kunst des Buchdrucks relativ schnell des Werkes bemächtigte. In den Jahren 1483, 1536 und 1575 erschienen in Augsburg und Frankfurt am Main die ersten Drucke bei Anton

---

73 Rathmann (Anm. 9), S. 102 f.

74 Vgl. Buck (Anm. 63), S. 72–75.

Sorg, Heinrich Steyner und Paul Reffeler für Siegmund Feyerabend. Die Chronik bediente dabei nicht nur historiographische, sondern auch literarische Interessen, wobei ‚Fiktion' und ‚Realität' im Mittelalter noch nicht klar getrennt waren.[75] HUBERT HERKOMMER hat am Beispiel des Leidens und Sterbens von Jan Hus gezeigt, dass sowohl Ulrich Richental wie auch Peter von Mladoniowitz Wirklichkeit nicht abbilden, sondern im Hinblick auf die Bedeutung, die diese für sie hat, konstituieren.[76]

Historiographie bildet Vergangenheit nie vollständig ab, sondern konstruiert selbst erzählend Geschichte,[77] sie entwirft oder vermittelt also ein bestimmtes Bild von Geschichte, das mit der *causa scribendi* – dem Grund, warum etwas geschrieben und dargestellt wird – zu tun hat. Dieses ‚Bild' stimmt niemals vollständig mit der vergangenen historischen Wirklichkeit überein. Es sagt uns aber doch etwas darüber, wie diese Wirklichkeit durch einen bestimmten Autor zu einer bestimmten Zeit gesehen, rezipiert und historiographisch verarbeitet wurde. Hinzu kommen „Ansätze einer literarischen Geschichtsgestaltung", auf die MATTHIESSEN hingewiesen hat.[78] Es macht insofern wenig Sinn, das Werk eines mittelalterlichen Chronisten am Maßstab der modernen Geschichtsauffassung zu messen, die erst seit dem ausgehenden 18. Jahrhundert entstanden ist. Eine Bewertung muss vielmehr vor dem Hintergrund der Produktions-, Rezeptions- und Distributionsbedingungen mittelalterlicher Literatur erfolgen.

Von daher ist es unbefriedigend, mittelalterliche Historiographie „nur auf Faktizität zu befragen oder aber ihre Falsifität zu konstatieren"[79], wie das im 19. und 20. Jahrhundert noch häufig der Fall war. Im Zuge der linguistischen bzw. kulturalistischen Wende (*linguistic/cultural turn*) hat man darüber hinaus gelernt, dass Äußerungen – und dazu zählen auch historische Narrationen bzw. Erzählungen – ihre Bedeutung allererst im Rahmen umfassender sprachlicher und sozialer Bedeutungssysteme erhalten. Häufig ist nicht so wichtig, *was*, sondern *wie* etwas erzählt wird bzw. *welche Funktion* es im Erzählganzen hat. Der Sturz des Papstes auf seiner prodigiösen Anreise ist dafür ein bezeichnendes Beispiel, das

---

75 Vgl. FRANTIŠEK GRAUS: Funktionen der spätmittelalterlichen Geschichtsschreibung. In: Geschichtsschreibung und Geschichtsbewusstsein im späten Mittelalter. Hrsg. von HANS PATZE, Sigmaringen 1987 (Vorträge und Forschungen 31), S. 11 – 55, hier S. 17, 25 f.

76 Hus in Konstanz. Der Bericht des Peter von Mladoniowitz. Übersetzt, eingeleitet und erklärt von JOSEF BUJNOCH, Graz u. a. 1963 (Slavische Geschichtsschreiber 3); HUBERT HERKOMMER: Die Geschichte vom Leiden und Sterben des Jan Hus als Ereignis und Erzählung. In: Literatur und Laienbildung im Spätmittelalter und in der Reformationszeit. Symposion Wolfenbüttel 1981. Hrsg. von LUDGER GRENZMANN/KARL STACKMANN, Stuttgart 1984, S. 114 – 151.

77 Vgl. WOLF (Anm. 11), S. 8.

78 Vgl. MATTHIESSEN (Anm. 16), S. 323 – 336; siehe hierzu auch WOLF (Anm. 11), S. 1 – 23.

79 RATHMANN (Anm. 8), S. 218 f.

durch weitere ‚Anekdoten' und ‚Dialogisierungen', die Richental in seinen Text inseriert, ergänzt werden könnte.[80]

Zwischen den *res factae* und den *res fictae* wurde in der mittelalterlichen Historiographie bekanntlich nicht immer genau unterschieden. Das gilt auch für die Historiographie Richentals, die noch einem weiten vormodernen Geschichtsbegriff huldigt,[81] der die Grenzen zur literarischen Chronistik noch nicht exakt zieht. Der ausgeprägte Hang zum Erzählen deutet jedenfalls darauf hin, dass Richental mit seiner Chronik nicht nur historiographische, sondern auch literarische Interessen bediente. Zumindest der Arlbergsturz (c. 19; [Abb. 1]), die Geschichte von der feuerfesten Inful bei der Verbrennung von Hus (c. 156,2), das Vogelwunder nach der Papstwahl (c. 261) und die Schweiß- und Bahrprobe bei der Ermordung des Probstes Heinrich von Luzern (c. 272) lassen darauf schließen, dass Teile des Textes legendenhaft überformt sind und auf ein bestimmtes Publikum zielen. Ein besonders bezeichnendes Beispiel von literarischer Inszenierung ist die Rückführung Herzog Friedrichs IV. von Österreich von Schaffhausen nach Konstanz (c. 128), die man geradezu als Regieanweisung lesen kann.[82]

Die Annahme, historische Quellen spiegelten und referierten exakt die Ereignisse, auf die sie rekurrieren, hat die ältere Forschung im Falle Richentals dazu verführt, dem Chronisten vorzuwerfen, er habe, wie das Feger einmal formulierte, „nicht gerade ein Meisterwerk kritischer Geschichtsschreibung hervorgebracht"[83]. Die Frage, ob der Wert seiner Geschichtsschreibung tatsächlich dort liegt, wo ihn moderne Historiker lange gesucht haben, nämlich in einem möglichst exakten Bericht über Daten, Fakten und Ereignisse, wurde erst dann gestellt, als man erkannte, dass sich der Sinn von Historiographie nicht darin erschöpft, ein ‚objektives' Bild von vergangener Realität zu vermitteln, sondern diese im Medium der Sprache zu rekonstruieren bzw. zu konstruieren.[84]

Geschichte ist stets Deutung der Vergangenheit aus der Perspektive der Gegenwart. Keine Historiographie kann dem Anspruch gerecht werden, Vergangenheit, wie sie wirklich war, abbilden oder rekonstruieren zu können. Geschichte ist mithin nichts, das a priori, also unabhängig von einem Betrachter, existiert, sondern etwas, das als Vorstellungsgebilde im Prozess des Nachdenkens über Vergangenheit hervorgebracht bzw. konstituiert wird. Das gilt auch für mittelalterliche Geschichtsschreibung. Es wäre mithin verfehlt, von Richental ein getreues

---

80 Vgl. Matthiessen (Anm. 16), S. 323–339.

81 Vgl. Buck (Anm. 63), S. 63 f.; siehe auch Wolf (Anm. 11), S. 40–46.

82 Chronik des Konstanzer Konzils (Anm. 12), S. XVIII.

83 Feger (Anm. 13), S. 27.

84 Vgl. Gottfried Gabriel: Fakten oder Fiktionen? Zum Erkenntniswert der Geschichte. In: Historische Zeitschrift 297 (2013), S. 1–26, hier S. 4.

Abb. 1: Ulrich von Richental, *Chronik des Konstanzer Konzils*. Konstanz, Rosgartenmuseum, Hs. 1, f. 9ᵛ: Der Papststurz auf dem Arlberg.

Abbild der profangeschichtlichen und kirchenpolitischen Vorgänge auf dem Konzil oder gar eine komplette Konzilsgeschichte erwarten zu wollen.

Wir sollten uns deshalb hüten, wie das FRANTIŠEK GRAUS einmal formuliert hat, mittelalterliche Chronisten zu zensurieren „wie minderbegabte Schüler“[85]. Ihre Werke sind nicht nur als Träger und Vermittler historischer Daten, sondern als Niederschlag eines bestimmten historischen Bewusstseins zu lesen. Ihre Werke zeigen uns neben allen Informationen, die sie sonst bieten, auch, wie bestimmte Ereignisse im Zeitraum der Abfassung gesehen und verarbeitet wurden. Sie vermitteln uns alteritäre Weltsichten und Weltdeutungen, die nicht unbedingt mit unseren konvergieren müssen. Richental verstand sich jedenfalls nicht primär als Informations- und Faktenlieferant, sondern als Bewahrer und Überlieferer eines Ereignisses, das nicht zuletzt deshalb nicht vergessen wurde, weil er es maßgeblich historisiert hat.

Dass er mit seiner Historisierung bestimmte Intentionen und Interessen verband, steht außer Zweifel. Er bietet kein unvoreingenommenes Bild der Realität, sondern hat diese im Nachhinein unter bestimmten Gesichtspunkten perspektiviert. Richentals Chronik ist mithin weniger eine Quelle für das, was lange in ihr gesucht wurde, als vielmehr eine Quelle für das, was nicht in ihr gesucht wurde bzw. noch entdeckt werden kann. Der Konstanzer Archivar FEGER hat das zutreffend formuliert, wenn er sagt, dass wir von Richental vieles erfahren, „was wir aus allen anderen Quellen nicht erfahren würden, auch nicht aus den offiziellen Protokollbüchern der Stadt selbst“.[86] Das bedeutet aber: Seine Chronik mag uns, was moniert wurde, explizit nichts über das Dekret *Haec sancta* mitteilen,[87] aber sie erzählt uns vieles über das Leben und den Alltag in der Stadt während des Konzils, was wir nicht wüssten, wenn wir die Chronik nicht besäßen.

Es wäre deshalb falsch, von Richental eine politische Geschichte des Konzils zu erwarten, die alle Ereignisse minutiös und in der richtigen Chronologie verzeichnet. Das konnte und wollte er nicht bieten, da er am Konzil im engeren Sinne nicht beteiligt war. Was er dagegen bietet, ist eine Kultur- und Alltagsgeschichte der Stadt zur Zeit des Konzils. Hinzu kommt, dass Werke von der Art, wie sie Richental verfasst hat, im kulturellen Umfeld ihrer Zeit zu situieren sind. Man sollte daher nicht vergessen, dass alle Geschichtsschreibung in dem Kommunikationssystem, in dem sie entsteht, eine bestimmte soziale Funktion hat. Das historiographische Werk ist also aus seiner Isolierung zu lösen und in den Kontext seiner Zeit zu stellen. Das heißt aber auch, dass der Leser nicht nur das abstrakte ‚Werk‘, wie es uns die Editoren hinterlassen haben, sondern auch die teilweise disparate handschriftliche Überlieferung näher betrachtet.

---

85 GRAUS (Anm. 75), S. 13.

86 FEGER (Anm. 22), S. 320f.

87 So FEGER (Anm. 13), S. 27, obwohl man c. 126,1 der Chronik durchaus so lesen könnte; vgl. Chronik des Konstanzer Konzils (Anm. 12), S. 51 mit Anm. 307.

10 Der Chroniktext und seine soziale Logik

Der überlieferungsgeschichtliche Aspekt führt im Falle Richentals dahin, dass man erkennt, wie sein Werk schon früh funktionalisiert wurde; der jeweils überlieferte handschriftliche Text erfüllte mithin zu seiner Zeit jeweils eine ganz bestimmte Funktion. Teilweise hat man das Gefühl, der Chronist wollte mit seinem Werk die in seine Heimatstadt gesetzten hohen Erwartungen im Nachhinein bestätigen bzw. die Vergabe des Großereignisses nach Konstanz legitimieren. Das geht daraus hervor, dass die von ihm verfasste Chronik nahezu durchweg eine auf Harmonie und Ordnung zielende legitimatorische Tendenz zeigt.[88] Diese beweist den nicht unerheblichen Erwartungs- und Rechtfertigungsdruck, unter welchem das zeitgenössische Konstanz vor und während der Ausrichtung der Kirchenversammlung stand.

Der Stolz, etwas eigentlich Unmögliches geschafft zu haben, schlägt sich in der Chronik jedenfalls deutlich nieder. Eines sollte man dem Werk Richentals offenbar entnehmen können: Die Stadt hatte die ihr durch das Generalkonzil auferlegte Bewährungsprobe in jeder Hinsicht glänzend bestanden. Diese Tendenz ist unverkennbar und auch schon mehrfach hervorgehoben worden. Dass die umfangreichen Teilnehmerlisten nicht nur einem numerisch-statistischen Zweck dienen, sondern auch eine symbolische Bedeutung haben, mithin die Größe und Bedeutung des in Konstanz stattgehabten Konzils nachhaltig unterstreichen sollten, dürfte auf der Hand liegen.

Die verklärende oder idealisierende Sicht auf die Konzilsereignisse kommt vor allem in der Konstanzer Fassung der Chronik (und ihren Deszendenten) zum Ausdruck. Hier ist dem Werk zudem ein programmatischer Psalmvorspruch beigegeben, der deutlich verlangt, dass im Sinne eines Städtelobs (*laus urbium*) der Ruhm der Stadt, die das Konzil so erfolgreich ausgerichtet hat, in aller Welt verkündet werden soll. In Abwandlung des 18. Psalms heißt es: *In omnem terram exivit nomen Constancie, et divulgatum est nomen eius in universa terra.*[89] Hinzu kommt, dass im Prooem dieser Chronikversion die Verfasserschaft pluralisiert bzw. anonymisiert wird: Nicht mehr Richental, wie dies in der New Yorker Handschrift der Fall ist, sondern die *erber lüt* treten jetzt als Verfasser des historiographischen Werkes auf. Der Chroniktext wird objektiviert, d. h., das individuelle Erzähler- bzw. Autor-Ich wird im Sinne einer kollektiven städtischen Konzilsmemoria eliminiert.

In der Konstanzer Richental-Handschrift ist es nicht mehr eine Einzelperson, sondern die Stadt, repräsentiert durch die ‚ehrbaren Leute', die die Geschichte des

---

88 Vgl. MERTENS (Anm. 12), Sp. 58; aber auch WEINFURTER (Anm. 49), S. 524.

89 „Über die ganze Erde erging der Name von Konstanz, und dieser Name wurde auf der ganzen Welt verbreitet"; vgl. Konstanz, Rosgartenmuseum, Hs. 1, fol. 1*v.

Konzils erzählt. Die ältere Forschung hat diese Veränderung zwar bemerkt, aber für die Deutung der Chronik nicht zureichend fruchtbar gemacht, ist aus dem Erzählerwechsel doch zu schließen, dass die erhaltene Richental-Überlieferung nicht nur reicher, sondern auch vielgestaltiger und heterogener ist, als es die bisherige Forschung erkennen lässt. Dies gilt vor allem für die Frage nach der jeweiligen Textsorte und die Frage nach deren Funktion im Rezeptions- und Gesellschaftsgefüge der Zeit.

Gesetzt den Fall, es wäre nur die Konstanzer Handschrift erhalten, so besäßen wir, streng genommen, keine Richental-Chronik. Wir würden nicht einmal den Namen des Verfassers kennen, weil Richental in der Konstanzer Handschrift nicht explizit als Verfasser des chronikalischen Werkes auftritt. Es sind nur die *erber lüt*, die hier als Autoren genannt werden. Damit ist ein Funktionswandel des Werkes eingeleitet, der vor dem Hintergrund dessen, was man als *New Philology* bezeichnet, kaum ernst genug genommen werden kann. Das heißt nun im Umkehrschluss aber nicht, dass Richental nicht der Verfasser der Chronik war. Es heißt nur, dass die Chronik, wie wir sie heute in verschiedenen skriptographischen und typographischen Überlieferungen vorliegen haben, das Ergebnis eines differenzierten Produktions-, Rezeptions- und Distributionsprozesses ist, der sich nicht auf einen modernen Werk- und Autorbegriff reduzieren lässt.

Man wird diesen Prozess nur noch schwer eindeutig aufklären können, weil die erhaltene Überlieferung erst relativ spät, nämlich um 1460, einsetzt. Das Bezeugungsprofil des Textes stellt sich heute jedenfalls so dar, dass sich dieser bereits früh in verschiedene Versionen bzw. Fassungen ausdifferenziert hat. Hans Fromm sprach diesbezüglich von dem bereits kurz nach seiner Entstehung ‚unfesten' Text, der in verschiedenen schriftlichen Repräsentationen vorkommt.[90] Dass es Texte gab, die in den Augen ihrer Urheber ‚offen', d. h. frei für eine Umformung waren,[91] und dass die Autoren teilweise selbst an diesem Umformungsprozess beteiligt waren, hat auch Karl Stackmann betont.[92]

Man sollte daher, wenn man über Richental spricht, den Blick nicht nur auf das ‚Werk', sondern auch auf die heterogene Überlieferungssituation richten, die

---

90 Hans Fromm: Die mittelalterliche Handschrift und die Wissenschaften vom Mittelalter. In: Staatsbibliothek Preußischer Kulturbesitz. Mitteilungen. Jahrgang VIII/2 (1976), S. 35 – 62, hier S. 49; wiederabgedruckt in Ders.: Arbeiten zur deutschen Literatur des Mittelalters, Tübingen 1989, S. 349 – 366, hier S. 361.

91 Vgl. Jürgen Kühnel: Der ‚offene Text'. Beitrag zur Überlieferungsgeschichte volkssprachiger Texte des Mittelalters (Kurzfassung). In: Akten des V. Internationalen Germanisten-Kongresses, Cambridge 1975, Bern u. a. 1976 (Jahrbuch für Internationale Germanistik, Reihe A: Kongressberichte 2), S. 311 – 321, hier S. 314.

92 Karl Stackmann: Neue Philologie? In: Modernes Mittelalter. Neue Bilder einer populären Epoche. Hrsg. von Joachim Heinzle, Frankfurt a.M./Leipzig 1994, S. 398 – 427, hier S. 404 f.

lange Zeit nur selektiv zur Kenntnis genommen wurde. Zählt man spätere Abschriften und Drucke hinzu, so sind heute noch insgesamt 19 Textträger der Chronik erhalten, und zwar 16 Handschriften sowie drei Drucke. Der Zeitraum ihrer Entstehung erstreckt sich von ca. 1460 bis zum Ende des 17. Jahrhunderts. Die Lindauer Handschrift ist eine späte Abschrift des dritten Druckes der Chronik, den Paul Reffeler für Siegmund Feyerabend 1575 in Frankfurt am Main besorgt hatte.

Vier Richental-Codices stammen aus ehemaligem Klosterbesitz: die Wiener Handschrift aus Ochsenhausen bzw. Lambach in Oberösterreich, eine Stuttgarter Handschrift aus Weingarten, die Ettenheimer und St. Georgener Handschrift aus den Klöstern Ettenheim-Münster und St. Georgen im Schwarzwald. Die St. Galler Handschrift ist 1768 aus dem Besitz der Familie Tschudi in die Bestände der St. Galler Stiftsbibliothek übergegangen. Der Vorbesitzer war der Schweizer Geschichtsschreiber Aegidius Tschudi (1505 – 1572). Von einer Handschrift aus Salem und zwei Handschriften aus Ottobeuren wissen wir, dass sie verloren sind.

Betrachtet man diese Überlieferungssituation, so scheint es vor dem Hintergrund neuerer Forschungsergebnisse geboten, terminologisch eine Korrektur vorzunehmen, die zwar unscheinbar anmutet, aber gleichwohl wichtig ist. Sie hat mit dem Umstand zu tun, dass es, text- und überlieferungsgeschichtlich betrachtet, einigermaßen problematisch ist, in generalisierender Form von ‚Richental' und ‚seinem Werk' zu sprechen. Denn es gibt weder d e n Richental noch d i e Chronik. Genau genommen müsste man jeweils hinzufügen, was man meint, wenn man von Richental und seiner Chronik spricht. WACKER hat in ihrer Arbeit deshalb durchweg von ‚Konzilschroniken' im Plural gesprochen.[93] Denn die Überlieferung zeigt Anzeichen eines variablen Gebrauchstextes mit unterschiedlichen Funktionen in unterschiedlichen Nutzungszusammenhängen.

Der Text lässt sich jedenfalls nicht auf eine Version bzw. eine Fassung reduzieren. Er muss im Gegenteil in seiner Pluralität bzw. in seiner Varianz zur Kenntnis genommen werden. Gebrauchstexte, zu denen auch die Chronik zählte, verfügten über eine soziale Funktion, die sich im Laufe der Zeit durchaus wandeln konnte. Außerdem besitzen wir kein erhaltenes ‚Original' der Chronik bzw. müssen davon ausgehen, dass es ein solches in unserem modernen Sinne wohl gar nie gegeben hat. Keine der uns erhaltenen Handschriften ist jedenfalls als Autograph anzusprechen. Außerdem zeigen alle erhaltenen Überlieferungsträger Spuren einer redaktionellen Überarbeitung, die auf Kontaminationen verschiedener Überlieferungszweige schließen lassen.

---

93 WACKER (Anm. 10), S. 1, 3, 7 et passim.

Hinzu kommt, dass die Überlieferung auffällig spät einsetzt,[94] wenn man annimmt, dass die Chronik um 1420 entstanden ist.[95] Sie konzentriert sich im Wesentlichen auf das Jahrzehnt von 1460 bis 1470 und lässt schon früh, sofern man das angesichts einer verspäteten und abgeleiteten Überlieferungssituation überhaupt sagen kann, eine Aufteilung in unterschiedlich konzipierte Chronikfassungen bzw. -versionen erkennen, die eine Klassifikation der Handschriften und Drucke in drei relativ deutlich abgrenzbare Text- und Überlieferungsgruppen gestattet.[96] Das heißt nicht, dass Richental, wie die neuere Forschung bei ähnlichen Thesen gerne vorschnell annimmt, ein Mythos ist, der dekonstruiert werden müsse. Es heißt nur, dass wir über die Entstehungssituation des spätmittelalterlichen Textes wenig zu sagen vermögen und deshalb von dem Bezeugungsprofil, wie es uns heute vorliegt, ausgehen müssen.

Der methodische Vorbehalt betrifft also nicht die Existenz des Chronisten oder seine Verfasserschaft, sondern nimmt die komplexe Überlieferung in den Blick, die es gebietet, von einem Text in seiner historischen Fluktuation auszugehen. Daraus folgt, dass man über Richental und sein Werk künftig in vorsichtigerer und differenzierterer Form wird sprechen müssen, als dies bislang vielfach der Fall war. Texte werden stets aus bestimmten Gründen und unter bestimmten Umständen verfasst. Sie sind, wie man verallgemeinernd sagen kann, immer zeitgebundene Antworten auf gesellschaftliche Fragen oder Konstellationen und stehen damit in einem sozialen Diskurs- bzw. Kommunikationszusammenhang. Dieser ist stets einzubeziehen und zu rekonstruieren, wenn man sie angemessen verstehen und interpretieren will. Die amerikanische Mediävistin Gabrielle M. Spiegel spricht deshalb zu Recht von der „sozialen Logik“ eines Textes.[97] Entsprechend variabel wurden die Texte rezipiert, benutzt und verändert. Ganz deutlich wird dies bei der Richental-Chronik, die in drei Fassungen erhalten ist,[98]

---

94 Ein ähnliches Phänomen lässt sich für die *Historia Iherosolimitana* des Robertus Monachus konstatieren, der, was die erhaltene handschriftliche Überlieferung anbelangt, 1106/1107 eine sehr erfolgreiche Geschichte des ersten Kreuzzuges verfasste. Vgl. The Historia Iherosolimitana of Robert the Monk. Hrsg. von Damien Kempf/Marcus G. Bull, Woodbridge u. a. 2013, S. XII und LI.

95 Vgl. Chronik des Konstanzer Konzils (Anm. 12), S. 80 mit Anm. 528 (c. 191).

96 Vgl. Chronik des Konstanzer Konzils (Anm. 12), S. XXVII f.

97 Gabrielle M. Spiegel: History, Historicism, and the Social Logic of the Text in the Middle Ages. In: Speculum 65 (1990), S. 59 – 86; Dies.: Geschichte, Historizität und die soziale Logik von mittelalterlichen Texten. In: Geschichte schreiben in der Postmoderne. Beiträge zur aktuellen Diskussion. Hrsg. von Christoph Conrad/Martina Kessel, Stuttgart 1994, S. 161 – 202.

98 Nach den jeweiligen Leithandschriften aus New York (ehemals Aulendorf), Konstanz und Karlsruhe (ehemals St. Georgen im Schwarzwald) als Version A, K und G bezeichnet, wobei der Augsburger Frühdruck von 1483, der G folgt, eine wichtige Rolle insofern spielt, als er die teilweise fragmentarische Handschrift G komplettieren kann.

die sich nicht – im Sinne einer klassischen Edition LACHMANNscher Prägung – ineinander arbeiten lassen.

11 Zusammenfassung und Ausblick

Man darf also in Anbetracht der Überlieferungssituation der Konzilschronik von einer gewissen ‚Offenheit' ausgehen. Insofern sollte man nicht pauschalisierend von ‚Richental' sprechen, sondern stets hinzufügen, was man meint, wenn man ‚Richental' sagt. Das hat mit dem Umstand zu tun, dass sein Werk, soweit es uns überkommen ist, nicht nur in verschiedenen Handschriften und Drucken,[99] sondern auch in verschiedenen Textfassungen bzw. -versionen überliefert ist. Die Chronik ist insofern als eine Art offene Gebrauchsform zu werten, d. h. als eine „pragmatische Textsorte" und „nicht als sakrosankte Autorenleistung", wie das PETER JOHANEK in anderem Zusammenhang formuliert hat.[100] Richentals Werk hat sich, wie vor allem der Frühdruck zeigt, zu unterschiedlichen Zeiten unterschiedlichen Situationen angepasst.

Daraus folgt, dass es ‚den' Chronisten Richental eigentlich gar nicht gibt, jedenfalls nicht, wenn man den Blick auf alle Texte richtet, die von ihm und seiner Chronik erhalten sind. Denn es ist ein Unterschied, welche Handschrift man der jeweiligen Argumentation zugrunde legt. In der New Yorker und Prager Handschrift tritt uns der Verfasser etwa als Ich-Erzähler entgegen. In der Konstanzer Handschrift dagegen müssen wir einen ‚Verlust des Autors' konstatieren, da es, wie es im Prooem der Konstanzer Handschrift heißt, jetzt die *erber lüt* sind, die die Chronik *von gedachtnusse wegen* erstellt haben.

Der Text hat in dem Kommunikations- und Gebrauchszusammenhang, in dem er in der Konstanzer und Wiener Handschrift (Österreichische Nationalbibliothek, Cod. 3044) steht, eine dezidiert stadthistoriographische Intention und fungiert gewissermaßen als ‚Selbstgedächtnis' der Stadt. Die Aufgabe der Konstanzer Chronik war es offenbar, über gemeinsam erlebte Geschichte Gemeinschaft und Identität zu stiften, was in der New Yorker bzw. in der Prager Version so noch nicht der Fall war.

Die St. Georgener Handschrift und der dieser Konzeption folgende Erstdruck der Chronik durch den Augsburger Drucker Anton Sorg im Jahre 1483 führen sich zudem auf den Konstanzer Chronisten Gebhard Dacher (ca. 1425 – 1471) zurück.

---

99 Vgl. Chronik des Konstanzer Konzils (Anm. 12), S. LVIII f.

100 PETER JOHANEK: Weltchronistik und regionale Geschichtsschreibung im Spätmittelalter. In: Geschichtsschreibung und Geschichtsbewusstsein (Anm. 75), S. 287 – 330, hier S. 306.

Ihm kommt bei der Erneuerung, Umgestaltung und Rezeption der Chronik, wie sie in der zweiten Hälfte des 15. Jahrhunderts einsetzt, eine Schlüsselfunktion zu. Das geht etwa aus dem Eingang der 1464 entstandenen Prager Handschrift (Cod. XVI A 17) hervor, wo er deutlich sagt, dass er die Chronik, die von Richental verfasst worden sei, *ernüwert* habe. Dacher entstammte wie Richental dem Konstanzer Stadtbürgertum.[101] Er ließ die Chronik nicht nur mehrfach abschreiben, sondern auch für den zeitgenössischen Publikumsgeschmack redaktionell umarbeiten. Auf Dacher führen sich fünf Handschriften und der erste Druck der Chronik zurück. Der Text wird allerdings überarbeitet, neu arrangiert und für den Druck in eine für breitere Leserkreise leichter rezipierbare Form gebracht. Der Erstdruck reagierte offenkundig auf einen veränderten Lese- und Buchmarkt, wie er in der zweiten Hälfte des 15. Jahrhunderts im Gefolge der Erfindung des Buchdrucks entstanden war.

Man muss also, wenn man die erhaltene Gesamtüberlieferung betrachtet, eine Vor- und Nach-Dacher-Ära unterscheiden. In Anlehnung an Formulierungen von Greenblatt könnte man auch sagen: „He returned the chronicle to circulation".[102] Dacher führte mithin den Text, der um 1420 entstanden war, in der zweiten Jahrhunderthälfte seiner Erneuerung, Weiterverwendung und Weiterverarbeitung zu. Es liegt außerdem die Vermutung nahe, dass es Dacher war, der die Chronik zum Druck befördert und damit – in veränderter Form – einem neuen Lesepublikum zugänglich gemacht hat.[103]

Wer die Dichte der Überlieferung zwischen 1460 und 1475 verstehen will, kann ferner nicht umhin, in seine Überlegungen auch die historische Situation der Stadt in der Nachkonzilszeit einzubeziehen. Vermutlich ist die Überlieferung der Chronik in den 1460er Jahren nicht ganz ohne Grund forciert worden. Denn mit dem Ende des Konzils war die kirchen- wie reichsgeschichtlich herausgehobene Rolle der Stadt definitiv beendet. Die wirtschaftlichen Verhältnisse normalisierten bzw. verschlechterten sich wieder.

---

101 Zu seiner Person und seinem Werk Sandra Wolff: Die *Konstanzer Chronik* Gebhart Dachers. *By des Byschoffs zyten volgiengen disz nachgeschriben ding vnd sachen*. Codex Sangallensis 646. Edition und Kommentar, Ostfildern 2008 (Konstanzer Geschichts- und Rechtsquellen 40), S. 52–77.

102 Greenblatt (Anm. 48), S. 218.

103 Vgl. Peter Johanek: Historiographie und Buchdruck im ausgehenden 15. Jahrhundert. In: Historiographie am Oberrhein im späten Mittelalter und in der Frühen Neuzeit. Hrsg. von Kurt Andermann, Sigmaringen 1988 (Oberrheinische Studien 7), S. 89–120, hier S. 96; Dieter Mertens: Früher Buchdruck und Historiographie. Zur Rezeption historiographischer Literatur im Bürgertum des deutschen Spätmittelalters beim Übergang vom Schreiben zum Drucken. In: Studien zum städtischen Bildungswesen des späten Mittelalters und der Frühen Neuzeit. Hrsg. von Bernd Moeller/Hans Patze/Karl Stackmann, Göttingen 1983, S. 83–111, hier S. 99f.

Soziale Konflikte, die durch das Konzil befriedet worden waren, brachen wieder auf. Hinzu kam, dass die Stadt durch den Verlust des Thurgaus 1460 ihre Geltung als bedeutendes Handelszentrum verlor. Insofern erscheint es kaum verwunderlich, dass zwischen 1460 und 1470 die Mehrzahl der erhaltenen Richental-Handschriften entstand. Die Stadt bezog, nachdem sie ihre politisch wie wirtschaftlich herausragende Position weitgehend eingebüßt hatte, ihr Selbstverständnis offenbar mehr und mehr aus der geschichtlichen Erinnerung.[104] Die Chronik dürfte in diesem Zusammenhang nicht nur eine erinnerungsbewahrende, sondern auch eine gemeinschaftsstiftende und -sichernde Funktion gehabt haben.

Kurz, die pauschale Rede von ‚Richental' ist nicht unproblematisch. Denn jeder, der sich näher mit der komplexen Überlieferung der Konzilschronik befasst, sieht sich mehreren Textfassungen bzw. -versionen gegenüber, die im Gesellschaftsgefüge der Zeit jeweils eine andere Funktion bzw. Intention hatten und deshalb auch unterschiedlich beurteilt und interpretiert werden müssen. Die Erkenntnis, dass es sich bei der Chronik um einen textvariablen Gebrauchstext handelt, der im 15. und 16. Jahrhundert einer „Funktionalisierung"[105] unterlag, ist nicht neu, aber trotzdem noch nicht ausreichend ins Bewusstsein der Forschung eingedrungen.

Das hat gewiss auch mit der editorischen Ausgangssituation zu tun, die bis 2010 auf die immer wieder nachgedruckte Textausgabe von MICHAEL RICHARD BUCK fokussiert war, welche die komplexe Überlieferungssituation der Chronik, wie sie etwa in der Konstanzer, Wiener, Wolfenbütteler und in der St. Georgener Handschrift begegnet, noch nicht angemessen aufarbeiten konnte. Will man daher den Ansprüchen an eine historische Kulturwissenschaft vom Text gerecht werden, müsste die Diskussion um die Richental-Chronik ganz im Sinne einer *Material Philology* wieder stärker an den handschriftlichen ‚Spuren', die das Werk hinterlassen hat, ausgerichtet werden.

Lektürehinweise:
1. Chronik des Konstanzer Konzils 1414–1418 ^{4}2014 (12) [keine die politische Geschichte des Konzils referierende Quelle, aber zentral für alltags- und kulturgeschichtliche Fragen]; Die *Berner-Chronik* des Conrad Justinger 1871 (51); Fillastre 1923 (2); Hus in Konstanz 1963 (76); KÜBLE/GERLACH 2014 (12) [Übersetzung der Konstanzer Handschrift]; The Council of Constance 1961 (12) [Übersetzung der New Yorker Handschrift].
2. Chronik des Konstanzer Konzils 1414–1418 ^{4}2014 (12), S. XIII-XXXV.

104 Vgl. PETER JOHANEK: Einleitung. In: Städtische Geschichtsschreibung im Spätmittelalter und in der Frühen Neuzeit. Hrsg. von DERS., Köln u. a. 2000, S. VII–XIX, hier S. VII und S. XIV.
105 Vgl. WACKER (Anm. 10), S. 202–304.

3. Buck 2010 (12); Buck 2013 (12); Matthiessen 1985 (16) [grundlegend für das Verständnis von Person und Werk]; Rathmann 2000 (8) [anspruchsvoller Neuansatz, der die Chronik neu bewertet und von einem textuellen Charakter des konziliaren Ereignisses ausgeht]; Wacker 2001 (10) [kunsthistorische Arbeit, die stark auf die Illustrationen und die Funktionalisierung der Chronik abhebt].

Thomas Alexander Bauer

Die Darstellung der Landshuter Fürstenhochzeit von 1475 und des Landshuter Erbfolgekriegs (1504 – 1505) in zeitgenössischen Quellentexten

1 Historischer Hintergrund

Die Fürstenhochzeit von 1475 hat in der Stadtgeschichte Landshuts einen so wichtigen Stellenwert, dass diese Eheschließung seit 1903 in regelmäßigen Abständen in einem historischen Fest wiederbelebt wird – nach derzeitigem Modus alle vier Jahre.[1] In der Begeisterung, die von der Wiederentdeckung und Wiederaufführung dieses Ereignisses ausging, hat man es zu „eine[m] der größten höfischen Feste des Mittelalters"[2] stilisiert. Ob diese Einschätzung einer wissenschaftlichen Überprüfung standhält, ist eher fraglich. Doch zeigen solche Äußerungen den Stellenwert der Eheschließung von 1475 für die Stadt Landshut.

Tatsächlich ist die Hochzeit Georgs, des Sohnes von Herzog Ludwig IX. – genannt ‚der Reiche' –, in einigen Punkten durchaus bemerkenswert. So ist die Braut Hedwig die Tochter König Kasimirs IV. von Polen. In dieser äußerst hochrangigen Braut spiegelt sich die Bedeutung des damaligen Teilherzogtums Bayern-Landshut wider. Seit der Landesteilung von 1392 war das Land in Bayern-Landshut, Bayern-München, Bayern-Ingolstadt und Bayern-Straubing zerfallen.[3] Bayern-Landshut erlangte bereits unter dem Großvater des Bräutigams von 1475, Herzog Heinrich dem Reichen, relativ großen Einfluss. Herzog Ludwig der Reiche konnte die günstige Entwicklung Landshuts weiter ausbauen. Zudem starben die Straubinger und die Ingolstädter Linie der Wittelsbacher aus und deren Territorien fielen im ersten Fall hauptsächlich an Bayern-München, im letzteren Fall im Wesentlichen an Bayern-Landshut: „Um 1450 waren schon zwei Drittel des ge-

---

1 Alle wissenswerten Informationen zu dieser Veranstaltung sind auf der Website des Vereins ‚Die Förderer e.V.' zu finden: http://www.landshuter-hochzeit.de/ (eingesehen: 11.01.2013).

2 Josef Linnbrunner: Die Landshuter Hochzeit 1475, Landshut 1927, S. 1.

3 Vgl. Gerhard Tausche/Werner Ebermeier: Geschichte Landshuts, München 2003, S. 31; Siehe auch Peter Schmid: Der Landshuter Erbfolgekrieg. Ein Wendepunkt der bayerischen Geschichte. In: Der Landshuter Erbfolgekrieg. Hrsg. von Rudolf Ebneth/Peter Schmid, Regensburg 2004, S. 7 – 21, hier 10 f.

samten damaligen Bayern in Landshuter Hand."[4] Und so stellte sich dieses 1475 „territorial homogener und zusammenhängender als Bayern-München"[5] dar. Die Bedeutung von Bayern-Landshut zeigt sich selbstverständlich auch in dem Beinamen ‚der Reiche', den Herzog Heinrich, Ludwig und Georg erhielten.[6]

Bei der Hochzeit seines Sohnes war Herzog Ludwig, der 1452 selbst eine äußerst aufwendige Hochzeit mit Amalie, der Tochter des sächsischen Kurfürsten, gefeiert hatte,[7] selbstverständlich noch Regent in seinem einflussreichen Teilherzogtum. Doch bereits 1468 hatte er Georg als mitregierenden Herzog installiert und ihm einen Teil der Regierungsverantwortung abgetreten.[8]

Allerdings war die so prunkvoll begangene Hochzeit auch gleichzeitig einer der letzten Glanzpunkte Bayern-Landshuts, denn Herzog Georg verstarb 1503, ohne männliche Erben zu hinterlassen. Der Versuch, sein Territorium entgegen dem Wittelsbacher Hausvertrag auf seinen Schwiegersohn, Ruprecht von der Pfalz, zu übertragen, mündete in den Landshuter Erbfolgekrieg[9] (1504–1505), den König Maximilian I. im Kölner Schied vom 30. Juli 1505 mit der grundsätzlichen Anerkennung des Erbanspruchs der Münchner Linie beendete. Die Nachkommen des inzwischen zusammen mit seiner Gemahlin Elisabeth verstorbenen Pfalzgrafen Ruprecht erhielten unter Einbeziehung von Teilen des Landshuter Erbes die sogenannte ‚Junge Pfalz' mit der Hauptstadt Neunburg a. d. Donau. Maximilian „beanspruchte für sich die Silberminen in Kitzbühel, Kufstein und Rattenberg"[10], die einst so sehr zum Aufstieg Landshuts beigetragen hatten. Albrecht VI. von Bayern-München erließ „1506 das Primogeniturgesetz, demnach nur mehr der älteste Sohn das Herzogtum erben sollte. Für Bayern war somit das Zeitalter der ständigen Landesteilungen vorbei."[11] Für Landshut bedeutete dies aber, dass es „nicht länger Hauptstadt eines eigenen Herzogtums war."[12]

4 Walter Ziegler: Die Herzöge von Landshut. Die reichen Verlierer. In: Die Herrscher Bayerns. 25 historische Portraits von Tassilo III. bis Ludwig III. Hrsg. von Alois Schmid/Katharina Weigand, München 2001, S. 142–157, hier S. 133.

5 Tausche/Ebermeier (Anm. 3), S. 43.

6 Tausche/Ebermeier (Anm. 3), S. 44.

7 Tausche/Ebermeier (Anm. 3), S. 41.

8 Sigmund Riezler: Geschichte Baierns. Bd. 3, Gotha 1889 (Geschichte der europäischen Staaten. Geschichte Baierns 20), S. 445.

9 Der Landshuter Erbfolgekrieg wird ebenfalls in diesem Beitrag behandelt.

10 Tausche/Ebermeier (Anm. 3), S. 49.

11 Tausche/Ebermeier (Anm. 3), S. 49.

12 Tausche/Ebermeier (Anm. 3), S. 49.

2 Quellentexte zur Fürstenhochzeit von 1475

Damit eine Wiederbelebung der Landshuter Fürstenhochzeit von 1475 im frühen 20. Jahrhundert überhaupt möglich werden konnte, musste man natürlich entsprechende Kenntnis von diesem Ereignis haben. Zunächst scheint das Wissen um die Vorgänge des späten 15. Jahrhunderts äußerst spärlich gewesen zu sein. Immerhin bezeichnet einer der Pioniere auf dem Feld der Erforschung der Fürstenhochzeit, Sebastian Hiereth, die beiden Originale der mit Abstand umfangreichsten Quellen zur Vermählung Herzog Georgs mit Hedwig, die Berichte des Hans Seybolt und des Hans Oringen, noch im Jahr 1965 als „nicht mehr auffindbar.“[13] Zugänglich waren diese nur noch durch die im 18. Jahrhundert entstandenen Editionen von Lorenz Westenrieder[14] und Johann Joachim Müller[15]. Erst 1976 konnte Hiereth vermelden, dass das Original von Seybolts Text wiedergefunden werden konnte.[16] Im selben Jahr konnte ein weiterer Pionier der Festeforschung, Erich Stahleder, auch die Wiederentdeckung der zweiten großen Quelle des sogenannten Markgrafenschreibers Oringen vermelden.[17] Neben diesen beiden Schriften, die mit Sicherheit als die Hauptquellen der Fürstenhochzeit von 1475 bezeichnet werden können, gibt es noch einige kleinere Überlieferungsstellen in zeitgenössischen Chroniken Bayerns, wie in der Veit Arnpecks. Alle diese Quellen sollen im Folgenden beschrieben werden, doch muss zunächst diskutiert werden, ob sie aufgrund der teilweise recht unterschiedlichen Herangehensweisen ihrer Verfasser unter dem Begriff ‚Chronik‘ subsumiert werden dürfen. Hierzu ist anzumerken, dass der Gattungsbegriff ‚Chronik‘ im Spätmittelalter noch immer recht offen gebraucht wurde, schließlich gab es „keine

13 Sebastian Hiereth: Herzog Georgs Hochzeit im Jahre 1475. Eine Darstellung aus zeitgenössischen Quellen, Landshut 1965, S. 9.

14 Lorenz Westenrieder: Beyträge zur vaterländischen Historie, Geographie, Statistik und Landwirtschaft, samt einer Übersicht der schönen Literatur, München 1789 (Landshut in Wort und Bild 2).

15 Johann Joachim Müller: Entdecktes Staats-Cabinet: Darinnen so wohl das Jus Publicum, Feudale Und Ecclesiasticum, Nebst dem Ceremoniel- und Curialien-Wesen, Als auch die Kirchen- und Politische Historie, Samt der Genealogie- und Litteratur, Durch extraordinaire Nachrichten und mit beygefügten Diplomatibus, illustriret wird. Bd. 2, Jena 1714.

16 Sebastian Hiereth: Der wiederentdeckte Originalbericht des Klosterschreibers Hans Seybold über die Landshuter Fürstenhochzeit 1475 vom Jahre 1482. In: Verhandlungen des Historischen Vereins für Niederbayern 102 (1976), S. 115 – 120.

17 Erich Stahleder: Die Landshuter Hochzeit von 1475 nach dem wiederentdeckten Bericht des ‚Markgrafenschreibers‘. In: Beiträge zur Heimatkunde von Niederbayern. Bd. 3. Hrsg. von Hans Bleibrunner, Landshut/Passau 1976 (Neue Veröffentlichungen des Instituts für Ostbairische Heimatforschung 34), S. 144 – 171.

strenge Trennung zw[ischen] den Gattungen Ch[ronik], Annalen und Gesta“[18]. Die chronologische Struktur, die als gängiges Merkmal von Chroniken wohl als allgemein angenommen gewertet werden kann, ist für den größten Teil der im Folgenden behandelten Texte zutreffend. Wenngleich sich die umfangreichste Quelle auch in eine Gattung einordnen lässt, deren Entstehung ehemals wesentlich später angesetzt worden ist, in die der Festbeschreibung.[19]

2.1 Die Festbeschreibung des Hans Seybolt

Die Papierhandschrift im Format von etwa 28,5 x 20,5 cm mit der Signatur Cgm 331 in der Bayerischen Staatsbibliothek München enthält neben Abschriften – etwa der Rede Kaspar Schlichs vor dem böhmischen Landtag zur Wahl Albrechts V. zum König von Böhmen am 26. Dezember 1437 (1r–3v)[20] – auch zwei eigene Texte Seybolts: die Schilderung der Hochzeit des Königs Matthias Corvinus von Ungarn mit Beatrix von Neapel im Jahr 1476 (73r–84r) und die Beschreibung der Landshuter Fürstenhochzeit (89r–176r), an deren Ende sich der Verfasser selbst nennt:

> *Item die vorgeschriben Zwuo Hochtzeitt Nemlich des künigs mathias von vngern etc vnd Hertzog Jörigen von Bayrn etc Sind durch mich Hannsen Seyboltten von Höchstetten An der Tunaw gelegen Ettwen klosterschreiber Zu Säldental gewesenn* [...] *geschriben vnd Anno etc Octuagesimosecundo gefinirtt worden.*[21]

Die Herkunft des Chronisten aus Höchstädt an der Donau konnte trotz intensiver Nachforschungen ebenso wenig belegt werden wie seine Tätigkeit als Schreiber im noch heute bestehenden Kloster Seligenthal in Landshut – nach Angaben des dortigen Klosterarchivs ist kein Schreiber dieses Namens überliefert. Dennoch gibt es einen eigenständigen Hinweis darauf, dass die Angaben Seybolts der Wahrheit entsprechen. So findet sich in der Urkunde GU Rottenburg 802 des Bayerischen Hauptstaatsarchivs Seybolt als Siegelbittzeuge mit dem Hinweis: *Hanns Seywoltt ditzeitt klosterschreiber zue Säldntal.* Die Urkunde ist auf den 17. Dezember 1454 datiert. Dies passt zu den oben angeführten Angaben Seybolts am Ende von Cgm

---

18 Karl Schnith: [Art.] Begriff Chronik. In: LMA 2 (1983), Sp. 1957–1960, hier Sp. 1957.

19 Zwar wird der vorliegende Beitrag die Einordnung als Festbeschreibung kurz begründen, doch eine ausführliche Stellungnahme zu dieser Thematik findet sich bei Thomas Alexander Bauer: Feiern unter den Augen der Chronisten. Die Quellentexte zur Landshuter Fürstenhochzeit von 1475, München 2008.

20 Siehe dazu Karin Schneider: Die deutschen Handschriften der Bayerischen Staatsbibliothek München. Cgm 201–350. Bd. 2, Wiesbaden 1970, S. 344.

21 Cgm 331, 176v.

331: Er datiert die Handschrift auf das Jahr 1482, was mit den darin enthaltenen Wasserzeichen übereinstimmt[22] und betont, er sei Klosterschreiber *Ettwen* [...] *gewesenn*[23].

Überliefert ist auch der Name des Auftraggebers der Handschrift, die für den *Edeln vesten Thoman Juden von Brugkperg geschriben* worden ist.[24] Thomas Jud war wohl ein Angehöriger einer zum Christentum konvertierten jüdischen Familie und muss über einen gewissen Reichtum verfügt haben,[25] weil für ihn sonst die Anfertigung einer solch aufwendigen Handschrift kaum finanzierbar gewesen wäre. Seybolt betont die gute und unkomplizierte Art des Verhältnisses zwischen ihm und seinem Auftraggeber: Er sei *gar Redlich vnd vast wol belonett vnd darumb betzaltt*[26] worden.

Insgesamt lässt die Handschrift ein reges Interesse an Territorien östlich des Deutschen Kaiserreiches und den politischen Vorgängen dort erkennen: Es finden sich Quellen zu den Auseinandersetzungen mit den Hussiten, eine Chronik Ungarns und ähnliche Texte, die den Blick nach Osten lenken. Auch die Beschreibung der Landshuter Fürstenhochzeit passt in dieses Bild, schließlich stammt die Braut ja aus dem polnischen Königshaus. Es ist denkbar, dass die Eheschließung zwischen Herzog Georg und Hedwig zum Anlass einer Beschäftigung mit dieser Region genommen wurde. Der Kontext, in dem die Hochzeitsbeschreibung steht, macht eine Begründung des Engagements des Auftraggebers mit der „Identifizierung seines Interesses mit dem Ruhm des Herzogshauses [...] als Dank und Loyalitätserklärung"[27] recht fragwürdig. Möglich ist allerdings, dass die Handschrift ursprünglich als Geschenk des Auftraggebers für den Bräutigam oder dessen Vater gedacht war. Immerhin war Jud ein geladener Gast der Festlichkeiten, sein Name findet sich in einer entsprechenden Liste.[28]

Die Beschreibung der Landshuter Fürstenhochzeit von 1475 nimmt mit 87 Blättern die Hälfte des Umfangs der Handschrift Cgm 331 ein. Dieser relativ große Umfang erklärt sich dadurch, dass Seybolt auf verschiedenen Ebenen berichtet: Er berücksichtigt sowohl die juristischen Notwendigkeiten der Ehe-

---

22 Zu Fragen der Datierung der Handschrift siehe BAUER (Anm. 19), S. 17.

23 Cgm 331, 176v.

24 Cgm 331, 176v.

25 Sehr genau und ausführlich beschäftigt sich mit dem Stifter und seiner Familie PETER KÄSER: Thoman Jud von Bruckberg und die Seybolt-Handschrift zur Landshuter Hochzeit 1475. Eine Untersuchung zum Stifterbild mit den Wappen der Jud und Radlkofer. In: Verhandlungen des Historischen Vereins für Niederbayern 135 (2009), S. 129 – 141.

26 Cgm 331, 176v.

27 GEORG SPITZLBERGER: Die Juden im mittelalterlichen Landshut. In: Verhandlungen des Historischen Vereins für Niederbayern 110/111 (1984/1985), S. 233.

28 Siehe Cgm 331, 94r.

schließung, die den Kern des Festes bilden (Eheschließungsvertrag, Einholung der Braut, Trauung, Beilager und Morgengabe)[29], wie er auch von den klassischen Bestandteilen des Festes, dem Festmahl, Tanz und Ritterspielen und deren Hintergründe berichtet.

Um die Fülle und die Qualität der Aufzeichnungen Seybolts voll erfassen zu können, ist es notwendig, sich seinen Text in dem von ihm dargebotenen Ablauf anzusehen. Seine Darstellungen setzen ein mit der Schilderung der Vorbereitungen zur Hochzeit, in der folgende Gesichtspunkte – und noch einige andere mehr – beachtet und geradezu akribisch vorgestellt werden: Einladung der Gäste, Ausschmückung der Stadt, Aufbau der Tribünen, Bevorratung mit Lebensmitteln und Getränken, Bereitstellung der Unterkünfte und Organisation der Sicherheitsvorkehrungen gegen Brandausbrüche und Tumulte.[30] Die Beschreibung der Hochzeit selbst setzt recht unvermittelt mit den folgenden Worten ein, die gleichzeitig eine grobe Gliederung des gesamten Textes bieten:

> *Vermerckt ain ordnung wie es mit dem laden der fürsten vnd ander auff des durchläwchtigen Hochgebornen fürsten vnd Herrn Herrn Jörigen pfalltzgrafen bey Rein Hertzogen In Nydern vnd obernn Bayrn etc. Hochtzeit Auch darnach mit dem Annemen der durchlüchtigenn fürstin frawen Hedwigen geborene kuigin von Bolan pfaltzgräuin bey Rein Hertzogin in Nidern vnd Obernn Bayrn etc. seiner Gemahel, Vnd furtter ain ziehen auch zw lanndshuet Auff sollcher Hochtzeitt aller dinghalben gehallten vnd gehandelt ist volget Hernach.*[31]

Es schließen sich ausführliche Anmerkungen zum Prozedere der Einladungen an, so wird etwa das Schreiben, mit dem Kaiser Friedrich III., der dann ja auch tatsächlich als Gast in Landshut weilte, eingeladen werden sollte, wörtlich wiedergegeben. Darin findet sich eine genaue Anweisung an die Gesandten, wie sie sich in dieser Angelegenheit zu verhalten hatten: *Zw Erst seiner Kayserlich maiestat vnnser vndertanig gehorsam vnd willig dinst zu sagen vnd auff solhen Credentz brief seiner maiestat ertzeln.*[32] Es ist also offensichtlich, dass die Boten einen Kredenzbrief zu ihrer Legitimierung bei sich hatten, um sich als offizielle Mittelsmänner des Herzoghauses Bayern-Landshut auszuweisen.

Anschließend folgen genaueste Anweisungen an weitere Boten, in denen festgelegt wird, wie bestimmte, namentlich genannte Fürsten und andere Adlige geladen werden sollten. Am Ende dieses ersten Teils der Festbeschreibung steht

---

29 Eine ausführliche Darstellung des damals gültigen Eherechts und der Umsetzung bei der Hochzeit von 1475 in Landshut bietet das 5. Kapitel der Arbeit von Bauer (Anm. 19), S. 74–96.

30 Werner Meyer: Hirsebrei und Hellebarde. Auf den Spuren des mittelalterlichen Lebens in der Schweiz, Freiburg 1985, S. 267.

31 Cgm 331, 89r.

32 Cgm 331, 90r.

eine Liste der *Diener, Räte vnd landtsässen*, die Herzog Ludwig *geladen vnd In schrift geuordert* hatte.[33] Diese Gefolgschaft aus der Landbevölkerung des Herzogtums Bayern-Landshut wurde also zum Kommen verpflichtet, denn „eine besonders große Festgesellschaft trägt [...] zum Ansehen des Gastgebers bei“[34]. Um das Gefolge noch imposanter erscheinen zu lassen und es auch optisch von seiner Umgebung abzuheben, ist es in einheitlicher Bekleidung, in *Hertzog Jörigen Hofklayd zu der Hochtzeit geschickt worden.*[35] Die Farben dieser Bekleidung waren *halb prawn, halb Gra vnd weiss.*[36]

Der nächste große Abschnitt, der mit *Rays gein Wyttenbergk*[37] in roter Tinte überschrieben ist, beschäftigt sich mit der Einholung der Braut in Wittenberg. Wie in den Bestimmungen zur Verlobung und Einholung der Braut festgelegt, sollte sie dort *ad diem sancte Hedwygis*[38] durch Herzog Georg selbst oder rechtliche Vertreter abgeholt werden. Der Landshuter Herzogshof hatte sich entschlossen *Hertzog otto* und *Fraw margaretn gebornn von österreich Hertzogine zu Sachsen wittib*[39] – also Pfalzgraf Otto II. von Neumarkt-Mosbach und Kurfürstin Margarete von Sachsen[40] – in dieser Funktion auszusenden. An dieser Stelle folgt unmittelbar eine genaue Aufstellung der Personen, die an dieser Mission teilgenommen haben, sowie der Anzahl der Pferde, die sie jeweils mit sich führten;[41] genannt werden im Anschluss daran die Stationen der Reise mit der Angabe des jeweiligen Datums.[42]

Der äußerst gut über die Abläufe informierte Seybolt thematisiert auch das verspätete Ankommen der Braut in Wittenberg:

> *Vnd wiewol Inn der Abrede des Heyrats* [...] *beschlossen was, Das derselbig könig die benantten frawn Hedwig auf Sanndt Hedwigen tag als hienuorstet gein wittenberg anttwurtten soltt,*[43] *yedoch Hätt er Das ettlich täg verzogen vrsachenhalben, Das er gernn gehabtt, Das mein ge-*

---

33 Beide Zitate in Cgm 331, 92v.
34 Rosemarie Marquardt: Das höfische Fest im Spiegel der mittelhochdeutschen Dichtung (1140–1240), Göppingen 1985 (GAG 449), S. 172.
35 Cgm 331, 94v.
36 Cgm 331, 166r.
37 Cgm 331, 95r.
38 BayHStA, NK Nr. 34, 373r.
39 Beide Zitate finden sich in Cgm 331, 95r.
40 Siehe dazu Franz Machilek: Nürnberg und die Landshuter Fürstenhochzeit des Jahres 1475. Bd. 2. In: Hochfinanz, Wirtschaftsräume, Innovationen. Festschrift für Wolfgang von Stromer. Hrsg. von Uwe Bestmann u. a., Trier 1987, S. 641–677, hier S. 647.
41 Cgm 331, 95r–96v.
42 Cgm 331, 98r–98v.
43 Offensichtlich waren Seybolt auch die Heiratsverträge bekannt.

nediger Herr Hertzog Jörig Die genanten frawen Hedwigen sein Gemahel selbs persöndlich Zu wittenberg angenomen Hette.[44]

Diese Verspätung zieht eine Neuterminierung des gesamten Hochzeitsfestes auf *Sontag nach Martinj*[45] nach sich, was Seybolt mit einem Schreiben Herzog Ludwigs dokumentiert, das er wortwörtlich wiedergibt.

Danach wendet sich Seybolts Augenmerk den weiteren Vorgängen in Wittenberg zu, nämlich der Ankunft der Braut sowie deren stark durch juristische Belange dominierte Übergabe in die Munt Herzog Georgs. Diese vollzieht sich *mit einer zierlichen Rede In latein.*[46]

Im Anschluss daran beschreibt er die genaue Rückreiseroute. Für zusätzlichen Zeitverlust sorgt hier der Umweg über Nürnberg, auf den die polnischen Abgesandten wegen *sterbenshalben der pestilentz*[47] bestehen. Deshalb verzögert sich die Ankunft der Braut auch *bis auff Erichtag Nach martinj.*[48] Als nächstes schildert Seybolt den Empfang der Braut *bey Ehing ob lanndshutt*,[49] wobei die Teilnehmer exakt verzeichnet werden. Auffällig ist, dass der Bräutigam noch immer nicht in Erscheinung tritt. Hedwig wird – wie wir es heute bezeichnen würden – mit militärischen Ehren begrüßt: Etliche Fürsten schicken ihr *zewg*[50] in Richtung Eching aus. Darin einen Akt des Schutzes der Braut zu sehen, ist wohl nicht haltbar, wenn man bedenkt, dass ihr auf der ungleich weiteren und gefahrvolleren Reise von Wittenberg bis Eching wesentlich weniger Truppen zur Verfügung standen. Der offizielle und aufwendige Charakter wird noch durch eine Rede eines hohen kirchlichen Repräsentanten, des Bischofs von Eichstätt, unterstrichen.[51] Darauf folgt das *Emphahen Bey Sanndt Lazarus Im wismadtt*,[52] wo Hedwig zum ersten Mal ihren Bräutigam zu Gesicht bekommt. Noch vor dieser Zwischenüberschrift nennt der Schreiber die dort anwesenden Fürsten. Hier kann man also von einer „to-

44 Cgm 331, 98v.
45 Cgm 331, 99v. Dies entspricht dem 12. November 1475.
46 Cgm 331, 101r. Zum Begriff der ‚Munt' siehe KARL-HEINZ SPIESS: Unterwegs zu einem fremden Ehemann. Brautfahrt und Ehe in europäischen Fürstenhäusern des Spätmittelalters. In: Fremdheit und Reisen im Mittelalter. Hrsg. von IRENE ERFEN/KARL-HEINZ SPIESS, Stuttgart 1997, S. 17–36, hier S. 27: „Die Braut wurde förmlich übergeben, d. h. jetzt übernahm der künftige Ehemann die Verantwortung für die Sicherheit der Braut und die Unterbringung ihres Gefolges." Hier sind es natürlich die offiziell eingesetzten Vertreter.
47 Cgm 331, 102v.
48 Cgm 331, 102v. Das Datum ist der 14. November 1475.
49 Cgm 331, 103v.
50 Cgm 331, 104r. Gemeint sind damit offensichtlich gerüstete und bewaffnete Reiter.
51 Siehe Cgm 331, 104v.
52 Cgm 331, 105r. Dieser Bereich der Stadt wird heute als ‚Grieserwiese' bezeichnet.

pische[n] Segmentierung des ursprünglichen Eindrucksbildes“[53] sprechen, um den Blickwinkel eines einzelnen Augenzeugen zu verlassen und so eine strukturierte und vollständige Festbeschreibung zu erreichen. Seybolt bedient sich dieser „analytische[n] Methode“[54] jedoch nicht nur an dieser Stelle, sondern wendet dieses von Thomas Rahn als typisch bezeichnete Merkmal der Gattung Festbeschreibung[55] immer wieder an. Die Aussage Rahns, „der Konstituierungsprozeß der Textfamilie ‚Festbeschreibung‘ fällt in Deutschland in die zweite Hälfte des 16. Jahrhunderts“[56], muss aufgrund dieser Beobachtungen relativiert werden. In Seybolts Text, der mit seinem Entstehungsjahr 1482 etwa 100 Jahre vor der genannten Zeit anzusiedeln ist, sehen wir also eindeutig einen Vorläufer der sehr produktiven Gattung der Festbeschreibung.

Seyboldt überliefert sogar die Kleidung, die von Herzog Georg bei diesem Anlass getragen wird. Besonders werden deren kostbare Schmuckstücke betont: *ob den fünnfftzigk Tawsent guldin werdt geachtet*[57] wird sein Kopfschmuck, wozu noch einmal die Summe von 6000 Gulden tritt, die für ein *köstlich Häfftl*[58] genannt wird. Hier wird eine weitere Tendenz dieser Quelle sichtbar: Seybolt versucht stets, das Herzoghaus Bayern-Landshut als besonders wohlhabend und damit als besonders mächtig und einflussreich darzustellen, eine Eigenart, die noch an vielen weiteren Stellen begegnet.

Danach folgt die Darstellung der Trauung, die man neben allen anderen, rechtlich notwendigen Teilen der Eheschließung – wie Übergabe der Braut, Trauung, Vollzug der Ehe usw.[59] – zum sogenannten Festkern zählt. Die anderen Festteile wie Festmahl, Tanz[60] und Ähnliches sind universell bei jeder Art von Fest vertreten. Dem im Anschluss an die Trauung stattfindenten Festtanz schenkt Seybolt nur wenig Beachtung, ganz im Gegensatz zur Messe am folgenden Tag: Er nennt sehr viele Details wie die Ordnung beim Kirchgang, die Sitzordnung in der Kirche oder den genauen Ablauf.[61] Bezeichnend für den Aufbau und das System dieser Quelle ist die Tatsache, dass nur hochadlige Gäste der Zeremonie beiwohnen dürfen:

---

53 Thomas Rahn: Festbeschreibung. Funktion und Topik einer Textsorte am Beispiel der Beschreibung höfischer Hochzeiten (1568–1794), Tübingen 2006 (Frühe Neuzeit 108), S. 63.
54 Rahn (Anm. 53), S. 63.
55 Vgl. Rahn (Anm. 53), S. 63.
56 Rahn (Anm. 53), S. 95.
57 Cgm 331, 106r.
58 Cgm 331, 106r.
59 Siehe dazu Bauer (Anm. 19), S. 75–86 und S. 126–135.
60 Natürlich sind Tanzveranstaltungen nur bei als fröhlich einzustufenden Festgelegenheiten angezeigt. Bei Trauerfeiern etwa entfiele dieser Teil selbstverständlich.
61 Cgm 331, 107v–110r.

> *Item Es warn auch ettweuil wäppner geordnent vnd gestelltt bey allen kirchtürnn, Die nyemand von gemeinem volck dann allain fürsten prelatten Grauen Herrn fürstin Gräfin frawen vnd Junckfrawen zum adell gehörende Auch Ritter Edelleüt vnd hofgesind in die Kirchen liessen zu zeitt des Ampts, Auch da man die brawtt vnd Breittgam Inn der Kirchen zusamen vermähelltt, Es wurden auch Sneller die man auf vnd nider zoch für dass eindringen für ein yede Kirchtür gemachtt.*[62]

Seybolt besaß also offenbar auch hier einen sehr guten Einblick in ein Geschehen, das dem normalen Besucher, ja sogar dem niederen Adel, verborgen geblieben ist. Dies spricht einerseits dafür, dass ihm fundierte Informationsquellen wie offizielle Dokumente und Zeugenberichte zugänglich waren. Andererseits belegt dies seine Methode, das Festgeschehen analytisch und systematisch aufzuarbeiten, damit sich seine Beschreibung von der Perspektive des einzelnen Festbesuchers lösen kann.

Den Prunk, den Reichtum und damit die Machtfülle des Hauses Bayern-Landshut stellt der Schreiber an einer weiteren Stelle erneut dar, wenn es um die Kleidung des Bräutigams an diesem Tag geht. Neben seinen wertvollen Gewändern wird vor allem ein Kranz aus Edelsteinen und Perlen um seinen Hut erwähnt, *der ob den Hunndertt Tawsent guldin Durch die Abentewr werdt zu sein geacht wardt.*[63]

Der folgende Abschnitt über das Rennen *mit Scharppffen Spiessen*[64], das der Bräutigam an diesem Festtag abgehalten hat, soll eine wesentliche Herrschertugend zur Schau stellen. Hier nämlich dokumentiert Herzog Georg seinen Kampfesmut, seine ritterliche Tugend und seine Unerschrockenheit. Er wird damit als mächtiger und furchteinflößender Herrscher gezeichnet.

Ein weiterer Teil von Seybolts Festbeschreibung, der das Prestige der Landshuter Herrscher hervorheben und für die Zukunft aufbewahren soll, ist die Darstellung des Hochzeitsmahls. Zunächst wird die Sitzordnung an den Tischen der hochrangigen Herren[65] und Damen[66] mit allen denkbaren Details wiedergegeben. Dabei werden auch die adligen Personen genannt, die bestimmte Dienste wie das Vorlegen der Speisen oder das Einschenken der Getränke übernehmen durften. Seybolt überliefert ferner die Menüfolge mit über 30 Gängen.[67] Bei den Speisen fällt auf, dass sich hier viele Fleischgerichte finden, die als hochwertig einzustufen sind. Dies gilt im besonderen Maß für die Wildgerichte, denn solches

---

62 Cgm 331, 109v.
63 Cgm 331, 110r.
64 Cgm 331, 110r.
65 Cgm 331, 110v–112v.
66 Cgm 331, 112v–114r.
67 Cgm 331, 114v–115r.

Fleisch „galt selbst auf adligen Burgen als ausgesprochen seltene Delikatesse, obwohl die Jagd in der Adelsgesellschaft eine herausragende Bedeutung hatte.“[68] Auch eingefärbte Speisen, die einen außergewöhnlichen optischen Effekt gehabt haben dürften, finden sich in der Aufstellung: etwa *ain gemües mit der varib.*[69] Menübestandteile, denen eine bestimmte Form gegeben wurde – wie etwa das *Essen von lözellten mit ain Wigen*[70] – müssen wohl den so genannten Schauessen[71] zugeordnet werden, die ein Bankett besonders prestigeträchtig, repräsentativ und hochwertig werden ließen.

Kann schon dieses Wissen des Schreibers als exklusiv gelten, so wird es von dem folgenden noch übertroffen: Seybolt erörtert nämlich ausführlich die *Ordnung der Kuchen*[72] und die Organisation der *Zergadem*[73] – also der Vorratsräume. Darüber hinaus führt er erneut ein offizielles Schreiben an, in dem exemplarisch der *pfleger Zu Erding*[74] angewiesen wird, wann er wie viele Schlachttiere nach Landshut zu überantworten hat. Mit diesem Schreiben, das wieder Wort für Wort wiedergegeben wird, beweist Seybolt endgültig seinen hohen Informationsstand, den er eigentlich nur aufgrund eines Zugangs zu den Archiven der Landshuter Kanzlei haben konnte. Daraus könnte man sogar folgern, dass Seybolt um 1475 Stadtschreiber in Landshut war. Auch Hiereth nimmt bereits eine solch enge Bindung Seybolts zu dieser Institution an: „Er muß mit der herzoglichen Kanzlei in Verbindung gestanden haben, vielleicht hat er ihr auch zeitweise angehört.“[75]

Nach der Anweisung an die Pfleger des Rentmeisteramts Landshut wird auch das Ergebnis mitgeteilt: Es folgt eine exakte Aufstellung der überantworteten Lebensmittel und Schlachttiere, die nach *Genns*, *lemmer*, *Ayr*, *Hennen*, *Kelber* und

---

68 Gerhard Fouquet: Das Festmahl in den oberdeutschen Städten des Spätmittelalters. Zu Form, Funktion und Bedeutung öffentlichen Konsums. In: Archiv für Kulturgeschichte 74 (1992), S. 83–123, hier S. 95 f. Siehe dazu auch Manfred Lemmer/Eva-Luise Schultz: Die *lêre* von der *kocherie*. Von mittelalterlichem Kochen und Speisen, Leipzig 1969, S. 13; Massimo Montanari: Die Dreiständeordnung des Mittelalters im Spiegel der Ernährung. In: Mahl und Repräsentation. Der Kult ums Essen. Beiträge des internationalen Symposions in Salzburg 29. April bis 1. Mai 1999. Hrsg. von Lothar Kolmer/Christian Rohr, Paderborn u. a. 2000, S. 53–61, hier S. 61; Traudl Seifert/Ute Sametschek: Die Kochkunst in zwei Jahrtausenden, München 1977, S. 45.

69 Cgm 331, 115r.

70 Cgm 331, 115r.

71 Zum Begriff ‚Schauessen' siehe Doris Hecht-Aichholzer: *Ich will euch underweysen von der kuchen speysen.* Vom Essen und Trinken im Mittelalter. In: Um die Wurst. Essen und Trinken im Mittelalter. Hrsg. von Reinhard Pohanka, Wien 2005, S. 13–46, hier S. 34.

72 Cgm 331, 115r.

73 Cgm 331, 115v.

74 Cgm 331, 116v.

75 Hiereth (Anm. 13), S. 9.

Spensäw[76] aufgeschlüsselt ist. Auch die Herkunft der übrigen ‚Rohstoffe' wird unter den Punkten *Vischmaister*[77] und *Keller*[78] beschrieben. Seybolt äußert sich nach dem Abschnitt über das Festmahl auch über die Fütterung der Pferde, die die zahlreichen Gäste natürlich mit nach Landshut brachten:

> *Item Man hatt die fürsten fürstin Grauen vnnd herrn Auch all annder Gest, So auff der hochtzeitt gewesen sind Inn dem vorberuertten Newen Casten*[79] *an dreyen Römn So durch die mawr aus dem Casten an die gassen gemacht wurden gefuettertt Vnd der fuettermaister ist in der Höhe auf einer pünn aussertthalb des Castens vnd allweg eins yeden Herrn fuettermaister die weil man desselben Hernn lütte gefuettertt hatt Neben Im gestannden der gesagt hatt, was man ainem yedenn fuetter geben sol Solher vnder Richtung dann pännberger furrtter in den Casten hinein den fuetter messern angesagtt hatt.*[80]

Als Vorgabe dienten wohl – wie in dem eben zitierten Abschnitt angedeutet – Aufstellungen über die anwesenden Gäste und die jeweilige Anzahl ihrer Pferde. Diese verwendete Seybolt wohl als Vorlage für seine nun folgenden *Fuetterzettl.*[81] Die im Anschluss folgenden Listen, die jeweils nach den hochrangigen Gästen und deren Begleiter aufgeschlüsselt sind, sind eine unschätzbar wertvolle Quelle über die Zusammensetzung der Gästeschar bei der Hochzeit von 1475 in Landshut.[82]

In einem Abschnitt, der mit *Herbergen*[83] überschrieben ist, werden auch die Namen derer genannt, die ihre Pferde in privaten Ställen unterbringen mussten.

---

76 Zum Beispiel Cgm 331, 117r für *lanndaw.*

77 Cgm 331, 119r.

78 Cgm 331, 119r.

79 Dieser ‚neue Kasten' ist wegen einer genaueren Bezeichnung lokalisierbar: Danach handelt es sich um den *Newen Casten bey vnnsers lieben herrn kirchn* (119v). Siehe dazu Theo Herzog: Landshuter Häuserchronik, Neustadt a.d. Aisch 1957, Nr. 177. Es handelt sich laut Herzog bei diesem Sakralbau um das heutige Haus Nr. 176 am Dreifaltigkeitsplatz, an dessen Stelle stand „bis zu Anfang des 19. Jh. die Kirche zur Hl. Dreifaltigkeit oder Kirche zu Unserm Herrn im Krailand [zur Bezeichnung dieser Gegend der Stadt siehe Robert Löbl/Georg Spitzlberger/Kuno Weber: Landshut, Ottobrunn 1974, S. 15], ehemals Synagoge und von Herzog Ludwig d. R. nach Vertreibung der Juden 1450 zur katholischen Kirche umgebaut. 1805 wurde sie im Zuge der Säkularisation verkauft und bald danach abgebrochen." Der neue Kasten muss also das heute als Herzogskasten bezeichnete Gebäude an dem der Altstadt zugewandten Ende des Platzes sein. Zur historischen Bezeichnung ‚Krayland' für den Dreifaltigkeitsplatz siehe auch Hans-Peter Bauer: Landshuter Straßennamen. Herkunft, Bedeutung und Geschichte, Landshut 2002, S. 117 und S. 66f.

80 Cgm 331, 120r.

81 Cgm 331, 120r.

82 Leider harrt diese Fundgrube noch einer genauen Auswertung. Da eine solche nur mit erheblichem Aufwand zu leisten wäre, wird an dieser Stelle nicht genauer darauf eingegangen.

83 Cgm 331, 148r.

Auch in diesem Zusammenhang wird klar, dass Seybolt Zugang zu Dokumenten und Schriftstücken gehabt haben muss, die eine solch logistische Leistung erst möglich machten. Es bleibt die Frage, warum der Schreiber diese Details anführt. Wahrscheinlich liegt der Grund eben in dieser logistisch offenbar perfekt durchgeführten Maßnahme. Er will den Eindruck vermitteln, dass es sich beim Herzoghaus in Landshut um geübte und kompetente Gastgeber handelt, die es den Gästen an nichts fehlen lassen möchten. Dies bestätigt sich auch in den folgenden Abschnitten: Dort werden zunächst die Personen genannt, die die anwesenden Fürsten *mitt wein, prot, visch fleisch vnnd annder Roher Speysunng vnd liferung die Zeitt die Hochtzeitt aus Zuuersehen*[84] hatten. Und wenig später stellt Seybolt das Sicherheitskonzept für die Hochzeitsfeierlichkeiten vor, indem er die Besetzung der Stadt mit *wappnern*[85] nachzeichnet.

Mit der Überschrift *Vermercktt die Schanckung So den polonischen Zu lanndshutt durch mein genedigen Herrn Hertzog ludwigen etc. geschencktt worden ist*[86] beginnt ein großer Abschnitt, der im Wesentlichen der sogenannten Großen Rechnung[87] entspricht. Seybolt erwähnt diese Geschenke selbstverständlich nicht ohne Grund. Offenkundig will er die *milte*, also die Freigebigkeit, der Gastgeber darstellen, denn auch „die mittelalterlichen Fürstenspiegel zählen die *milte* [...] zu den vornehmsten Tugenden eines Herren und Herrschers“[88]. Der Topos der *milte* tritt damit gleichberechtigt neben den der Tapferkeit und Unerschrockenheit, dem der Bräutigam dadurch entspricht, dass er sich am Rennen, dem üblicherweise mit scharfen Lanzen durchgeführten Zweikampf, in vorbildlicher Weise beteiligt.

Die Seite 164v des Codex, die nach der Schenkungsliste folgt, ist unbeschrieben. Das ist deswegen von Belang, weil die Schenkungsliste mit kleineren Abweichungen auf den folgenden Seiten noch einmal angeführt wird.[89] Wie ist dies zu erklären? Es ist denkbar, dass Seybolt zunächst nur die Schenkungen aus der Großen Rechnung, die ihm vorgelegen haben muss, kopieren wollte, dann jedoch das Potential dieser Kostenaufstellung erkannte und sie deshalb jetzt komplett in seine Festbeschreibung übernahm. Diese Duplizität zeigt sich – wie

84 Cgm 331, 158v.
85 Cgm 331, 160r – 161v.
86 Cgm 331, 163v.
87 Diese hat sich etwa in der Handschrift Cgm 1953 erhalten. Sie beginnt mit folgenden Worten auf dem Umschlag: *Gemerckhten was Kostung von meins genedigen Herrn Hertzog Georgen von Bayrn etc. seiner furstlichen gnaden Hochzeit ganngen ist.* Bei diesem Geheft handelt es sich jedoch nicht um die originale Abrechnung von 1475, was aufgrund der äußeren Erscheinung durchaus denkbar scheint. Siehe hierzu Bauer (Anm. 19), S. 21 – 23. Da hier der Inhalt von Cgm 1953 bereits ausführlich behandelt ist, wird diese Quelle im Folgenden nicht mehr eigens thematisiert.
88 Hilkert Weddige: Mittelhochdeutsch. Eine Einführung, München ^{2}1998, S. 119.
89 Sie findet sich erneut auf 168r – 169r.

erwähnt – in der unbeschriebenen Seite, aber auch in der Formulierung, die zu Beginn des eigentlichen Anfangs der Kostenabrechnung steht: *Item am Anfangk.*[90]

Die ersten Posten der folgenden, kompletten Reiserechnung beziehen sich auf die Reisetätigkeiten, die notwendig waren, um den Ehevertrag zu schließen, denn dieser wurde in Radom/Polen verfertigt.[91] Wie umfangreich und kompliziert dabei die diplomatischen Vorgänge waren, zeigt der erste Eintrag, der beginnt mit den Worten *doctor Fridrich Brobst Zu Alltenötting Zerung gein polan der Heyratt halben Montag nach letare Anno etc. lxxiiij.*[92] Der erwähnte Gesandte war also schon im Frühjahr des Jahres 1474 unterwegs, um die geplante Hochzeit diplomatisch vorzubereiten und auszuhandeln. Danach folgen Ausgaben für Tuche, hier vor allem das *Hofgewanndt auf die Hochtzeitt ist die varib gewesen, Halb prawn, Halb Gra vnd Weiss,*[93] aber auch andere Stoffe wie *Samatt vnd Seyden.*[94] Daran schließt sich wiederum ein Abschnitt an, der die Geschenke an die Gäste aufzählt und worin sich auch die Liste der Beschenkten findet. Zusätzlich zur ersten Version wird die Entlohnung bestimmter Dienstleistungen erwähnt, zum Beispiel was den *Heroltt, Trummettern, pfeyffernn vnd anndern Spilleutten*[95] oder den *Hanndttwerckleuttenn*[96] gezahlt worden ist.

Unter der Überschrift *Kuchenn*[97] werden sämtliche Ausgaben für Lebensmittel und Ähnliches angeführt. Dabei sind exorbitante Mengen festzustellen: 333 Ochsen, 1130 Schafe, 194.045 Eier oder Hühner, *der Zall man nicht aigentlich ways.*[98] Dazu kommen Schmalz, Salz, Erbsen, Gerste, Stockfische, Heringe, Rosinen, Mandeln, Reis, Feigen und vieles andere mehr. Vollkommen unfassbar werden die jeweils genau angegebenen Mengen bei den Gewürzen, diesen „teuersten Untensilien im Küchenschrank"[99]: *ij Zennttn vij lb* Safran, *iij Zennttl. lxxxvj* Pfeffer oder *ij Zennttl. lxxxvj lb*[100] Ingwer, um nur einige Angaben zu nennen. Dazu kommen Zimt, Nelken und Muskatblüte in ähnlich horrenden Mengen. Genau hier wird das funktionale Potential dieser Abrechnung für Seybolt besonders gut

---

90 Cgm 331, 165r.
91 Das bestätigt die Heiratspublikationsurkunde: *Dat. In Radom dominico die Circumcisionis domini anno eiusdem millesimo quadringentesimo Septuagesimo quinto* (BayHStA, NK Nr. 34, 372v).
92 Cgm 331, 165r.
93 Cgm 331, 166r.
94 Cgm 331, 166v.
95 Cgm 331, 169r.
96 Cgm 331, 169v.
97 Cgm 331, 170r.
98 Cgm 331, 170a r.
99 Bridget Ann Henisch: Fast and Feast. Food in Medieval Society, o. O. 1985, S. 92.
100 Cgm 331, 172r.

sichtbar: Neben den überaus großzügigen Geschenken an die Gäste scheut der Gastgeber auch keine Ausgaben, was edelste Speisen und deren hochwertige Zutaten betrifft. Auch dies dient dem Schreiber als Beweis seiner *milte*.

Gleiches gilt für den Wein, von dem es zweierlei Arten gab, die separat aufgeführt werden: zum einen teuren Importwein wie *malmasyr*, *muschatell* oder *vernettscher*,[101] zum anderen den einfacheren und wohl aus der Gegend stammenden *Speis wein*.[102] Letzterer ist wohl gleichzusetzen mit dem *gemeinen wein*, den man *auf das gemein volck ausgespeist*[103] hat. Es ist zwar problematisch, die angegebenen Mengeneinheiten exakt auf heutige Maße und Gewichte zu übertragen, aber nach groben Schätzungen beläuft sich die Menge an Wein auf „gut und gern 420.000 Liter"[104].

Nach den Angaben über die Mengen und Ausgaben für die Fütterung der Pferde[105] folgt die Gesamtsumme der Abrechnung: 60.766 rheinische Gulden und 73 Pfennige.[106] Auch hier ist eine Umrechnung des Betrags in eine heute gebräuchliche Währung äußerst komplex, da sich der Unterschied zwischen Preis und Wert nicht konstant, sondern sehr dynamisch entwickelt. In der Literatur wird aber immer wieder ein Betrag von „heutzutage ungefähr 12,5 Millionen Euro"[107] genannt.

Mit der Benennung der Gesamtsumme endet die Parallelität zwischen Cgm 331 und Cgm 1953. Seybolt führt danach noch die Ausgaben und Einnahmen für das *Silber So auf meins genedigen Herrn Hertzog Jörigen Hochtzeitt verarbaitt worden ist*[108] an. Der Beginn des Abschnitts ist sehr vielsagend: *Item I c h hab von meinem genedigen Herrn empfangen.*[109] Es ist nämlich nicht anzunehmen, dass Seybolt mit der Verwaltung des herzoglichen Silbers betraut war. Deshalb ist es verständlich, dass er zum wiederholten Mal eine Abschrift eines offiziellen Dokuments aus den Archiven der Stadt in seinen Text integriert hat. Hier handelt es sich offensichtlich um die Abrechnung, die der entsprechende Verwalter nach der Hochzeit einge-

101 Cgm 331, 173r.
102 Cgm 331, 173v.
103 Beide Zitate Cgm 331, 119v.
104 Rudolf Knoll: Sauberg und Dreimännerwein. Eine ungewöhnliche Weinreise durch Bayern, Pfaffenhofen 1984, S. 11.
105 Es handelt sich um eine Menge von etwa 700 Tonnen Hafer; siehe dazu Bauer (Anm. 19), S. 173.
106 Cgm 331, 174v.
107 Michael Kühler: Landshut entdecken, Straubing 2005, S. 33. Siehe dazu auch Hiereth (Anm. 13), S. 142.
108 Cgm 331, 175r.
109 Cgm 331, 175r (Sperrdruck vom Verfasser ergänzt).

reicht hat, um den Ist-Zustand seiner Silbervorräte zu legitimieren und die Ausgaben zu dokumentieren.

Danach folgt der eingangs schon erwähnte Teil, in dem sich Seybolt selbst als Schreiber des Codex und als Autor der letzten beiden Beiträge zu erkennen gibt und darüber hinaus seinen Auftraggeber nennt.[110]

Am Ende der Handschrift findet sich ein Stifterbild (Abb. 1).[111] Darauf ist oben *von schwicz Ludwig Zwiger maller*[112] verzeichnet. In den oberen Ecken finden sich zwei Wappen.[113] Darunter ist eine Christusfigur zu erkennen, unter der eine Frauengestalt mit zwei Schoßhündchen kniet. Sie ist umgeben mit einem Spruchband: *O got biß gnedig mir arme sünderin.* Das Monogramm in der unteren linken Ecke lässt sich zu ‚ZL' auflösen, es sind also offensichtlich die Initialen des Malers.

Seybolt bedient sich zur Wiedergabe der Vorgänge aus einem reichen Arsenal an Textbausteinen. Er verwendet offizielle Schreiben aus der Kanzlei, um etwa die Einladungsvorgänge zu dokumentieren. An anderen Stellen benutzt er Listen, um die Fülle des eingesetzten Materials darzustellen. Den Zusammenhalt zwischen diesen eher technisch notwendigen Passagen stellt er mittels detailreicher Beschreibungen der Vorgänge und Handlungen während der Feierlichkeiten her.

2.2 Der Markgrafenschreiberbericht des Hans Oringen

Die Quelle mit dem zweitgrößten Umfang ist der so genannte Markgrafenschreiberbericht, der im Thüringischen Hauptstaatsarchiv in Weimar verwahrt wird.[114] Es handelt sich hierbei um ein paar wenige, schlecht gebundene Papierseiten, die durch eine Faltung des Materials an einigen Stellen Schäden davongetragen haben. Der Schreiber nennt sich Hans Oringen.[115] Doch auch in diesem Fall wissen wir nichts über die Person an sich. Die Bezeichnung als Markgrafenschreiber rührt daher, dass Oringen den Markgraf Albrecht Achilles von Brandenburg als *mein herr*[116] bezeichnet. Aufgrund der Zeitangaben, die der Schreiber gibt, liegt die Vermutung nahe, dass er im Gefolge des Markgrafen anzusiedeln ist. Einen Beweis

110 Cgm 331, 176v.
111 Cgm 331, 177r. Eine Abbildung findet sich zum Beispiel bei KÄSER (Anm. 25), S. 130.
112 Cgm 331, 177r.
113 Zu diesen Wappen äußert sich ausführlich KÄSER (Anm. 21).
114 Ernestinisches Gesamtarchiv, Reg. D (Sächsische Händel) Nr. 31. Im Folgenden mit Oringen (Anm. 114) und Seitenzahl bezeichnet. Eine sehr frühe Edition findet sich bei MÜLLER (Anm. 15).
115 Siehe Oringen (Anm. 114), 9r.
116 Zum Beispiel Oringen (Anm. 114), 6r.

Abb. 1: Hans Seybolt, *Landshuter Fürstenhochzeit.* München, Bayerische Staatsbibliothek, Cgm 331, 177r: Stifterbild mit den Wappen der Jud und Radlkofer.

könnten die oben behandelten Futterzettel in Cgm 331 liefern, doch leider wird Oringen darin nicht explizit erwähnt, sondern es findet sich lediglich der Eintrag: *Canntzley viij pferdt.*[117]

Der Auftraggeber des Schriftstücks ist offensichtlich Herzog Ernst von Sachsen, an den er sich wohl an folgender Stelle wendet: *Item allergenedigster herr, eß ist mir oft hart zu gestanden, So ich etliche dinck erfaren wolt vnd daß habe ich geren gethan vnd waß mir dar vnter zu gestanden ist, habe ich alles nicht geacht, Damit ich ewer furstenlichen gnaden die warheit mocht erfaren etc.*[118] Es kann also angenommen werden, dass Oringen „zwar im Gefolge des Markgrafen reiste, aber im Auftrag Herzog Ernsts von Sachsen schrieb"[119], was vor allem die Aufbewahrung „im 19. Jahrhundert im ‚Ernestinischen Gesamtarchiv zu Weimar'"[120] nahelegt. Schließlich war Markgraf Albrecht von Brandenburg Teilnehmer bei den Hochzeitsfeierlichkeiten, für ihn hätte es einer solchen Zusammenfassung nicht bedurft. Augenfällig ist auch die klare Trennung der Personen durch die unterschiedlichen Anreden *mein herr*, was offenkundig Markgraf Albrecht bezeichnet und *allergenedigster herr*, womit Herzog Ernst von Sachsen gemeint ist.

Oringen verwendet – ganz im Gegensatz zu Seybolt – die Ich-Form: *am montag als Ich dar kam.*[121] Auch wird hier streng chronologisch das Festgeschehen wiedergegeben, während in der Festbeschreibung systematisch vorgegangen wird: Oringen berichtet, was er bei seiner Ankunft in Landshut an besagtem Montag – es wird wohl der 13. November 1475 gewesen sein – zu sehen bekam. Dabei handelt es sich um eines der zahlreichen Rennen,[122] die bei dieser Veranstaltung eine große Rolle als gängige Festbestandteile spielten.

Auffällig bei Oringen ist die große Aufmerksamkeit, die er auf die Kleidung der adligen Gäste bei den unterschiedlichen Anlässen legt. Über den Bräutigam beim eben genannten Rennen sagt er:

> *Da reyt auff die pan herzog iorg vnd waß besniten er vnd das pfert jn prawnen samet vnd het vmb den hut gar einen kostenlichen krantz von kostenlichen heftlein vnd foren an dem hut einen schonen federpusch vnd an dem federpusch auch ein kostenlichs heftlein vnd vmb den hut ein schone seide pinten, hoch auff gemacht.*[123]

117 Cgm 331, 127r.
118 Oringen (Anm. 114), 9v.
119 STAHLEDER (Anm. 17), S. 149.
120 STAHLEDER (Anm. 17), S. 149.
121 Oringen (Anm. 114), 3r.
122 Zu diesem Begriff siehe BAUER (Anm. 19), S. 57.
123 Oringen (Anm. 114), 3r.

Diese Beschreibung passt sehr gut zu einer der wenigen Kleidungsbeschreibungen, die Seybolt liefert: Auch hier werden ein äußerst kostbares Heftlein, also eine Schmuckspange, und Reiherfedern sowie ein Kranz um den Hut erwähnt.[124] Doch anders als in Cgm 331 konzentriert sich die Aufmerksamkeit nicht allein auf die prunkvolle Kleidung Herzog Georgs, sondern es werden alle wichtigen Gäste in dieser Hinsicht durchleuchtet.

Nach diesem ersten Eindruck der Geschehnisse in Landshut begutachtet Oringen den Empfang der Braut in Eching, allerdings nennt er als nicht ortskundiger Schreiber diesen Ortsnamen nicht, sondern spricht von einem Empfang *jn dem velde.*[125] Auch hier wird die Kleidung ausführlich beschrieben, zum Beispiel:

> *Item deß keisers sun hette an einen kurzen rock, der waß samet vnd waß geteylt rot, weyß vnd grae. Der pfaltzgreff het an einen kurzen atlassen rock rot vnd vber den lincken arm gingen zwen strich weiß vnd swarz, herzog Cristoffel het an einen kurzen praünen seiden rock vnd der ein ermel gesticket mit pernlein, herzog hanns het an ein rote seydene schawben. Der jung von wirtenperg het an ein praunen kurzen seyden rock vnd einen grünen strich da durch.*[126]

Auch bei dem Empfang der Braut vor den Toren der Stadt liegt das Hauptaugenmerk auf der Kleidung aller Anwesenden von Bedeutung. Für den Bräutigam liefert Oringen einen plastischen Eindruck von dessen Festgewand: Einer der Ärmel ist mit dem Bild einer jungen Frau, die unter einer Eiche einen Löwen an einem Strick führt, und mit dem Spruch *Jn eren libet sie mir* bestickt.[127]

Sehr viel Wert legt Oringen darauf, die Abläufe der Begrüßung genau und ausführlich zu schildern. Dazu ein Beispiel: *Item der keiser ging jn der mitte vnd furt neben jm herzog iorgen, auff der andern seitten marckgraff albrecht, herzog ludwich, herzog Sigmund vnd die andern fursten, alle neben ein ander vnd entpfingen die konigein.*[128] Am Beginn derartiger Abschnitte ergeht er sich dann wieder in der detaillierten Beschreibung der Kleidung der jeweiligen Fürsten, was die flüssige Lektüre des Textes enorm erschwert und als ein Indiz dafür gewertet werden könnte, dass rezeptionsästhetische Kriterien für die Aufzeichnung nachrangig waren und der Verfasser anstatt einer narrativen Stringenz Vollständigkeit und eine Art repetitiver Repräsentation im Vordergrund stand.

---

124 Cgm 331, 110r.
125 Oringen (Anm. 114), 3r.
126 Oringen (Anm. 114), 3r.
127 Oringen (Anm. 114), 4r. Bei den Wiederaufführungen in der heutigen Zeit wird dieses Merkmal berücksichtigt, da der Darsteller Georgs eine solche Abbildung und denselben Spruch auf dem Kostüm trägt.
128 Oringen (Anm. 114), 4v.

Als Zusatzinformation, die wir bei Seybolt nicht erhalten, kann die Rede des Markgrafen von Brandenburg gelten, in der er betont, dass diese Eheschließung *ein besunder geschick wer von dem almechtigen got vnd ein nutz solt sein der Cristenheit vnd dem reich.*[129] Dies bezieht sich wohl auf die politische Dimension dieser Hochzeit. Mit der Verbindung Bayerns mit Polen erhoffte man sich eine Absicherung des Landes gegenüber der stetig anwachsenden Bedrohung durch das Osmanische Reich.

Im Anschluss daran folgt Oringen weiter der Chronologie des Festes: Nach der Trauung beschreibt er eine Tanzveranstaltung, berichtet über einzelne Tanzpaarungen und die Kleidung der Tänzer: *Item dar nach danzet der jung pfaltzgraff mit dem jungen freilein von sachsen vnd daß freilein het an einen schwarzen rock, daß halb teil ob der gurtel waß gesticket mit pernlein, aber der pfaltzgreff het an daß gewant, daß er deß tageß het an gehabt etc.*[130] Für das vor Zeugen stattfindende feierliche Geleit der Brautleute zum Beilager,[131] kann Oringen mit exklusivem Wissen aufwarten, was für ihn als auswärtigem Beobachter, der im Gegensatz zu Seybolt keine Verbindungen zur Kanzlei besaß, ungewöhnlich ist:[132] *Item man saget mir, daz pet were sere mit kosterlichen gulden stucken behenget vnd die deck auch deß gleichen die pfulen vnd kussn.*[133] Diese Bemerkung ist am linken Rand der entsprechenden Seite nachgetragen worden. Wahrscheinlich war Markgraf Albrecht bei dieser Zeremonie anwesend und konnte seinem Schreiber diese exklusiven Informationen liefern.

Ähnlich könnte die Sache bei dem folgenden Bericht über die Aushändigung der Morgengabe an die Braut gelegen haben. Hier war ebenfalls Markgraf Albrecht maßgeblich an diesem zur juristisch korrekten Eheschließung gehörenden Ritual beteiligt, der sein Wissen an Oringen weitergegeben haben dürfte:

---

129 Oringen (Anm. 114), 4v.

130 Oringen (Anm. 114), 5v.

131 Es wird manchmal angenommen, dass der Beischlaf bei solchen Gelegenheiten auch noch im ausgehenden 15. Jahrhundert ebenfalls vor Zeugen stattfand (siehe dazu Jörg Jochen Berns u. a.: Erdengötter. Fürst und Hofstaat in der Frühen Neuzeit im Spiegel von Marburger Bibliotheks- und Archivbeständen, Marburg 1997, S. 332). Wahrscheinlicher ist diese Variante: „Die Brautleute legten sich in das Bett, eine Decke wurde über sie geschlagen, worauf die Anwesenden den Raum verließen." (Karl-Heinz Spiess: Höfische Feste im Europa des 15. Jahrhunderts. In: Das europäische Mittelalter im Spannungsbogen des Vergleichs. Hrsg. von Michael Borgolte, Berlin 2001, S. 339 – 357, S. 346 f.).

132 Siehe dazu auch Thomas Bauer: Das Bild der Landshuter Fürstenhochzeit von 1475 in der zeitgenössischen Geschichtsschreibung. In: Johannes Cuspinianus (1473 – 1529). Ein Wiener Humanist und sein Werk im Kontext. Hrsg. von Christian Gastgeber/Elisabeth Klecker, Wien 2012, S. 19 – 34, hier S. 31.

133 Oringen (Anm. 114), 5v.

Mit dem ersten schencket der preutgam. Das thet von wegen deß preutgams mein her marckgraff albrecht vnd schenckt der konigein ein schechtelein dar jnn ein kostenlichs halspant vnd dar zu zehen dausent vngerischer gulden. Da redet marckgraff albrecht gar vil schoner rede von wegen deß preutgamß, wie daß sie die gabe solt auff nemen nicht fur ein morgen gabe, Sunder er gebe ir daß auß libe vnd auß freuntschafft, da durch solt sie auch erkennen sein libe vnd freuntschafft vnd wolt sie haben liep vnd wert als fur seinen lieben gemahel. Das alles vnd gar vil schoner rede thet marckgraff albrecht von wegen deß preutgams etc.[134]

Die Tatsache, dass sich Braut und Bräutigam erst am Tag ihrer Trauung zum ersten Mal sahen und diese Eheschließung eindeutig – wie im Mittelalter üblich – politischen und dynastischen Zwecken dienen sollte, wird hier auf etwas plumpe Weise mit impliziten Elementen einer künftigen Liebesbeziehung überformt.

Daran schließt sich – nach einigen weiteren Episoden über die Schenkungen der Fürsten an die Braut – der auch bei Seybolt ausführlich thematisierte Festgottesdienst an. Auch hier verzichtet Oringen natürlich nicht auf die aufwendigen, kaskadenartigen Beschreibungen der Kleidung.

Übergangslos folgen nun die Ausführungen über das Festmahl: *Item die praut saß zu disch an dem oberen ecke deß disch, neben ir die marckgreffin, dar nach herzog ludwichin vnd an dem andern ecke die alte frawe von sachsen.*[135] Auch hier kann der Markgrafenschreiber nicht mit dem wesentlich reicheren Wissensstand Seybolts konkurrieren. Wo dieser Sitzordnungen für sechs bzw. fünf Tische nennt, kann Oringen nur jeweils zwei für die adligen Damen und Herren wiedergeben. Dafür ergeht er sich mit ungleich größerer Genauigkeit in der Beschreibung der nach dem Mahl folgenden ritterlichen Zweikämpfen. Wo Seybolt sein Hauptaugenmerk auf die Tjoste des Bräutigams lenkt, um dessen Tapferkeit als zentrale Herrschertugend zu unterstreichen, finden sich bei Oringen konkrete Namen[136], Abläufe und – natürlich – Beschreibungen der Kleidung: *Item an dem donerstag nach essen kam wider auff die pan herzog cristoffel vnd waß besniten jn rot, weiß vnd swarz seyden er vnd das pfert.*[137]

Nach einer kaum enden wollenden Kaskade von Tjostpaarungen erwähnt Oringen eine Tanzveranstaltung am Abend desselben Tages (Donnerstag, 16. November 1475), die sich so bei Seybolt nicht findet:

Item zu nacht kam zu dem danz die pravt vnd die furstin mit ir vnd die praut het an einen rock von gutem damascha roter varb vnd zu den ermel gingen andere grosse ermel, daß waß ein

134 Oringen (Anm. 114), 5v.
135 Oringen (Anm. 114), 7r.
136 Zum Beispiel *heintz von waldenfels, hanns vom drat, ein parsperger vnd joß von luchaw* (Oringen [Anm. 114], 7r).
137 Oringen (Anm. 114), 7v.

gulde stuck vnd vorn gar grosse preiß waren pernlein vnd aber ein hoches goller auch pernlein vnd gar ein kostenlichs halspant vnd einen schonen krantz von heftlein vnd ein dün duch dar vber vnd der keiser danzt aber den ersten dantz mit der praüt.[138]

Auch hier setzt wieder eine längere Passage über die Tanzpaare und deren Bekleidung ein. Außergewöhnlich ist hier eine Art Schönheitswettbewerb, der anscheinend spontan begonnen wurde: *Item der keiser stund zu vorderst pey der schran, dar jnn die furstin stunden, vnd graff hawg von werdenberg vnd schatzten die fraven vnd junckfraven, wann sie fur jn hin musten danzen.*[139]

Für Freitag, 17. November, vermeldet Oringen ein geplantes Rennen, das jedoch nicht stattfindet, da sich die Kontrahenten misstrauen und *also besuchten sie ein ander auff der pan also lang, daß den tagk nichtz dar auß ward.*[140] Außerdem berichtet der Schreiber vom Aufbruch des Markgrafen Albrecht von Brandenburg, der in Mainburg die erste Reiseetappe beendete. Etwas ungewöhnlich ist die folgende Aussage für Samstag, 18. November: *Item die andern fursten bliben da vnd ich reit auch von dann, das ich nit weiß, wann die anderen ab zogen.*[141] Es wäre nämlich zu erwarten gewesen, dass Oringen mit dem Markgrafen am Vortag hätte abziehen müssen, da er ja dessen Gefolge angehörte. Eventuell wollte der Schreiber noch länger ausharren, damit er zusätzliche Informationen für seinen Auftraggeber sammeln konnte. Oringen nennt auch noch weitere Abreisende und teilweise deren Ziele. Dann vermeldet er für den eigentlich schon zuvor abgehandelten Freitag eine offensichtlich aufsehenerregende Begebenheit:

Item an dem freittag vmb mittetagk erhing sich herzogs ludwichs castner vnd amechtman zu dingelfingel zu nechst an der stat nahet bey dem stat thor, da die praut waß her ein gefaren, jn einem pavm garten an einen weichsel pavm an einen ast vnd hing also nider, daz er ruret zu vorderst mit den zehen auf die erden vnd man nant jn pangratz hoholtinger vnd waß erber vnd man saget, er hette tzwey slosser vnd het auch wol aufheben deß iarß bey vir oder funff hundert gulden vnd nymant west, waß jn dar zu bewegt hat, wann man saget, er solt dem herzog berechnung thün vnd het sich gehenckt an einen strick wol eines clein fingers dick vnd het jn vest an gestreckt.[142]

Hier wird impliziert, dass es bei der Abrechnung des Verwalters des Kastens in Dingolfing zu Unregelmäßigkeiten gekommen ist. Oringen erfüllt hier fast die Funktion eines modernen Klatschreporters der Regenbogenpresse. Offensichtlich will er diesen Vorfall seinem Auftraggeber nicht vorenthalten. Fraglich ist nur, ob

138 Oringen (Anm. 114), 8r.
139 Oringen (Anm. 114), 8v.
140 Oringen (Anm. 114), 8v.
141 Oringen (Anm. 114), 9r.
142 Oringen (Anm. 114), 9r.

der Suizid an sich die berichtenswerte ‚Sensation' war oder doch die angedeuteten Ungereimtheiten bei der Abrechnung.

Weiterhin berichtet der Schreiber von einem Versuch, Fakten über die Anzahl der gefütterten Pferde zu erhalten. Dies sollte ihm wohl dazu dienen, Umfang und Aufwand der Hochzeitsfeierlichkeiten zu taxieren und seinem Adressaten, Herzog Ernst von Sachsen, mitzuteilen. Allerdings ereilt ihn offensichtlich ein doppeltes Missgeschick: *vnd da ich gen wolt vnd wolt die warheyt erfaren der fueter zettel halben an her wilhelm von rechpergk*[143] *vnd da ich herwider kam vnd die weil hette man mir den zavm von dem pferd gestolen vnd solt eylentz reytten.*[144] Die Angaben über die gefütterten Pferde, die Oringen davor nennt, sind wohl nur grobe Schätzungen, da er die Zahlen mit *Item ward mir gesaget*[145] einleitet. Nach der Erwähnung seines Missgeschicks folgt die Nennung des Namens des Schreibers: *Hanns oringen.*[146] Deshalb liegt es nahe, dass an eben jener Stelle der eigentliche Haupttext endet. Allerdings folgen noch einige Ergänzungen über die Essensversorgung bei der Hochzeit und zum Aufenthalt der Gäste nach der Hochzeit, etwa: *Item deß geleichen thet der pischoff zu eystet vnd zwischen jngelstat vnd eystet hette er jm zu gericht ein gejeg mit einem hirsen.*[147] Daran schließt sich noch eine Liste der wichtigsten Gäste und eine Aufstellung, *wie die fusten gein kirchenn Gehen vnnd dor Jnne stehen sollenn etc.*[148] an. Auffällig bei diesem Teil ist, dass sich sowohl die Farbe der Tinte als auch die Handschrift von der vorhergehenden Beschreibung der Hochzeitsfeierlichkeiten unterscheiden. Man könnte mutmaßen, dass hier ein Schriftstück vorliegt, das Oringen als Originalquelle seinen Ausführungen beigegeben hat. Dafür spricht auch die unterschiedliche Art der Faltung dieses und des vorhergehenden Teils.

2.3 Veit Arnpecks *Bayerische Chronik*

Da Veit Arnpeck 1468 als „Kooperator der Pfarrkirche zu St. Martin in Landshut und 1471 Priester und Hausgenosse zu St. Jodok" und dann wieder am „27. Sep-

143 Im Vergleich zu Cgm 331 wird nicht ersichtlich, warum sich Oringen bei Wilhelm von Rechberg über die Fütterungen erkundigen wollte. Seybolt nennt nämlich in diesem Zusammenhang den Namen nicht, lediglich einige Schreiber, zu denen Wilhelm von Rechberg natürlich gehört haben könnte.

144 Oringen (Anm. 114), 9r.

145 Oringen (Anm. 114), 9r.

146 Oringen (Anm. 114), 9r.

147 Oringen (Anm. 114), 9v.

148 Oringen (Anm. 114), 10r.

tember 1487 [...] in einer Urkunde der ‚Priesterbruderschaft bei Hl. Geist zu Landshut' als Frühmesser und Benefiziat am Altar St. Johannes der Pfarrkirche zu St. Martin"[149] erwähnt wird, ist es naheliegend, ihn als Augenzeugen der Hochzeit von 1475 anzunehmen.[150] Arnpeck hat zwei Versionen seiner Chronik verfertigt: eine in lateinischer Sprache,[151] die 1495 noch in Arbeit war, und eine deutschsprachige,[152] die ab 1493 entstanden ist.[153] Dabei hat der Autor „seinen lat. Text wörtlich übersetzt, auf weite Strecken jedoch den Stoff stark gerafft, ihn andererseits aus weiteren bes. deutschsprachigen Quellen ergänzt."[154] Beide Versionen sind also offenbar mehr oder weniger parallel entstanden. In der deutschen sind allerdings die Ausführungen über die Hochzeitsfeierlichkeiten von 1475 etwas ausführlicher gehalten.

Unter der Überschrift *Hie yst zu merken von der hochzeit, di herzog Jorg in beybesen seines vateren herzog Ludbig gehabt mit Hadwig*[155] liefert Arnpeck recht detaillierte Informationen zum Geschehen. Zunächst nennt er alle ranghohen Gäste, dann beschreibt er das Hofkleid in den Farben Grau, Weiß und Braun, das auch Seybolt erwähnt.[156]

Für einige Verwirrung hat folgende Bemerkung Arnpecks zu den ritterlichen Zweikämpfen während der Hochzeitsfeierlichkeiten wegen ihrer vermeintlichen Widersprüchlichkeit gesorgt: *Item es ward nit turniert, auch wolt der kaiser kain gesellnstäch lassen haben, damit kain rumor erstünd. Item herzog Cristof von Bairen rannt mit ainem Polacken umb ain häftl für 100 gulden.*[157] Dieser scheinbare Widerspruch löst sich erst bei der genauen Betrachtung der Begrifflichkeit: Ein *turnier* und ein *gesellenstechen* sind eigene Festveranstaltungen, deren Kern jeweils ritterliche Zweikämpfe darstellen. Der Hochzeit in Landshut wäre durch ein *turnier* ein zusätzlicher Festkern hinzugefügt worden. Ein Rennen dagegen ist ein

149 Sebastian Hiereth: Zeitgenössische Quellen zur Landshuter Fürstenhochzeit 1475, Landshut 1959, S. 60.

150 Siehe dazu Kühler (Anm. 107), S. 33. Zur Biografie Arnpecks siehe Peter Johanek: [Art.] Arnpeck, Veit. In: ²VL 1 (1977), Sp. 493 – 498, hier Sp. 493 f.

151 Clm 2230.

152 Cgm 2817. Edition bei Georg Leidinger: Veit Arnpeck. Sämtliche Chroniken, München 1915.

153 Johanek (Anm. 150), Sp. 496.

154 Johanek (Anm. 150), Sp. 496.

155 Cgm 2817 (Anm. 152), 323r.

156 Siehe Cgm 331, 166r.

157 Cgm 2817 (Anm. 152), 324v.

ritterlicher Zweikampf, der als Festbestandteil – ähnlich wie eine Tanzveranstaltung oder ein Festmahl – durchgeführt wird.[158]

Da Arnpeck die Gesamtsumme der Abrechnung von 60.766 Gulden zu nennen weiß, liegt es nahe, dass er – ähnlich wie Seybolt, doch nicht in diesem Umfang – Zugang zu schriftlichen Unterlagen zur Hochzeit gehabt haben muss. Dies zeigt auch die eingangs schon erwähnte, recht ausführliche Gästeliste.

Der Chronist betont anschließend das *gepot von herzog Ludbigen*, dem Gastgeber, nämlich:

> *Das man acht tag in der stat Landshut, di weil di hochzeit weret, kain wirt solt weder gesten noch statleuten weder essen noch trinken geben umb gelt, sonder es solt jederman essen nemen und trinken von der küchen, di man het gemacht in der steckengassen pey der fleyschgassen.*[159]

Hier wird, wie dies auch schon bei Seybolt zu erkennen war, die *milte* Herzog Ludwigs betont, der nicht nur für die geladenen adligen Gäste sorgt, sondern auch dem Volk eine Teilnahme am außergewöhnlichen Festgeschehen ermöglicht. Die Darstellung dieser Herrschertugend sichert ihm einen erheblichen Prestigegewinn und konserviert diesen auch durch die Verschriftlichung durch den Chronisten Arnpeck. Die *milte* findet jedoch einen noch beeindruckenderen Ausdruck: *item es was verordnet pei dem weinstadl*[160] *zben gross pottich mit wein rot und weyss, und wer kam und begeret wein, dem gab man auf ain persona ain mass und ain hoflaybl zu paiden malen frü und spät.*[161] Wie Oringen gibt auch Arnpeck Zahlen über die von den hochadligen Gästen mitgeführten Pferde an, um den Aufwand des Festes taxieren zu können. Allerdings decken sich die Angaben nicht mit den Futterzetteln bei Seybolt. Es ist anzunehmen, dass Seybolts Einblicke hier sicher besser waren und so eher den Angaben von Cgm 331 Glauben geschenkt werden kann.

---

158 Näher mit dieser Thematik befassen sich Bauer (Anm. 19), S. 135–138, Ortwin Gamber (Ritterspiel und Turnierrüstung im Spätmittelalter. In: Das ritterliche Turnier im Mittelalter. Beiträge zu einer vergleichenden Formen- und Verhaltensgeschichte des Rittertums. Hrsg. von Josef Fleckenstein, Göttingen 1985, S. 513–531) und Wendelin Boeheim (Handbuch der Waffenkunde. Das Waffenwesen in seiner historischen Entwicklung vom Beginn des Mittelalters bis zum Ende des 18. Jahrhunderts, Graz 1966).

159 Beide Zitate Cgm 2817 (Anm. 152), 326r.

160 Ein Blick in die ‚Landshuter Häuserchronik' Herzogs (Anm. 79) zeigt, dass der städtische Weinstadel (Nr. 311) erst 1494 erbaut wurde. Arnpeck bezieht sich also offenbar auf ein anderes Gebäude. Wahrscheinlich ist der Herzogskasten am heutigen Dreifaltigkeitsplatz gemeint, in dem auch nach Seybolt (Cgm 331, 119v) der Wein für das gemeine Volk ausgeteilt wurde.

161 Cgm 2817 (Anm. 152), 326v.

Nach dieser Auflistung folgt eine weitere, die *die herren und grafen an des kaisers hof*[162] verzeichnet. Es handelt sich um das Gefolge Kaiser Friedrichs III. bei der Hochzeit in Landshut. Hier stimmt der Chronist mit Seybolts Angaben in den Futterzetteln überein.

Zusammenfassend ist also zu bemerken, dass Arnpeck innerhalb seiner Chronik, die die gesamte Geschichte Bayerns behandeln soll, der Landshuter Fürstenhochzeit von 1475 sehr viel Raum gibt. Zusätzlich ist auffällig, wie stark er die Freigebigkeit Herzog Ludwigs gegenüber seinen Untertanen betont.

2.4 Die *Bayerische Chronik* von Ulrich Füetrer

Ulrich Füetrer stammt wahrscheinlich aus Landshut, ab 1453 ist er als Maler in den Stadtkammerrechnungen Münchens nachzuweisen.[163] Seine *Bayerische Chronik* entsteht wohl in den Jahren 1473 – 1478. Sie ist in unterschiedlichen Handschriften der Bayerischen Staatsbibliothek erhalten: Cgm 43, Cgm 225, Cgm 565 (sogenannte Wessobrunner Fassung) und Cgm 1590[164].

Füetrer äußert sich in Cgm 43 und Cgm 225 über die Hochzeit Herzog Georgs nur mit wenigen Worten: *Item hertzog Jörgen ward verheyrat und zu gemahel geben des allerdurchleuchtigisten künigs tochter von Polandt frau Hedwig.*[165] Die Version Cgm 1590 birgt noch weitere Informationen, sie erwähnt ein Rennen Herzog Christophs des Starken von Bayern-München mit einem *fürsten aus der Littaw.*[166] Dabei betont Füetrer die Tapferkeit und Stärke dieses namentlich leider nicht fassbaren Adligen aus Litauen: *Der was so ain starck Man und guetter Renner, das man in Polan, noch in der Littaw seinen gleichen nit fand.*[167] Dessen ritterliche Fähigkeiten werden von Herzog Christoph dann jedoch noch überboten, da es ihm gelingt, den litauischen Kontrahenten im ritterlichen Zweikampf zu bezwingen. Später wurde dieser Triumph des bayerischen Herzogs mit allerlei Anekdoten überfrachtet. Einige Versionen sprechen sogar davon, dass der Litauer an den

162 Cgm 2817 (Anm. 152), 329v.

163 Siehe dazu Kurt Nyholm: [Art.] Ulrich Füetrer. In: ^{2}VL 2 (1980), Sp. 999 – 1007, hier Sp. 1000.

164 Nur die letztgenannte Fassung enthält den später thematisierten Eintrag zum Rennen Herzog Christophs des Starken von Bayern-München mit einem litauischen Adligen. Eine Edition der Chronik findet sich bei Reinhold Spiller: Ulrich Füetrer. Bayerische Chronik, München 1909 (Quellen und Erörterungen zur bayerischen und deutschen Geschichte. N. F. 2).

165 Cgm 43, S. 438 (in diese Handschrift wurde eine moderne, normale Seitenzählung eingetragen, die allerdings nicht immer logisch und konsequent ist); vgl. Cgm 225, 130v.

166 Cgm 1590, 193r.

167 Cgm 1590, 193r – 193v.

Verletzungen, die er bei diesem Rennen davongetragen hat, verstorben sei.[168] Weitere Informationen zu der Hochzeit von 1475 gibt Füetrer nicht wieder. Ein möglicher Grund dafür wird in der folgenden vergleichenden Analyse der beschriebenen Quellen aufgezeigt.

3 Vergleichende Analyse der behandelten Quellen

Die beschriebenen deutschsprachigen Quellen[169] lassen sich nach der Herkunft ihrer Verfasser in zwei Gruppen einteilen: Die eine Verfassergruppe ist in Landshut anzusiedeln, besitzt dort gute Verbindungen, die andere besteht nicht aus Bewohnern des Herzogtums Bayern-Landshut. Zur zweiten Gruppe ist eindeutig Oringen zu rechnen, der erst kurz vor der Trauung in Landshut eintrifft und mit den ersten adligen Gästen auch wieder abreist. Daher kann er keine genauen Ortsbezeichnungen im Landshuter Bereich geben und findet kaum Gelegenheit Hintergrundinformationen zu sammeln.

Auch Füetrer ist hier einzuordnen. Er ist im Herzogtum Bayern-München beheimatet, das in Konkurrenz zu Bayern-Landshut stand. Dies zeigt auch ganz deutlich sein Chronikeintrag zur Landshuter Fürstenhochzeit: Nur mit ganz knappen Worten gibt er die Tatsache der Vermählung von Herzog Georg und Prinzessin Hedwig bekannt, äußert sich aber weder zum Festverlauf, zu den illustren Gästen noch zum opulenten Hochzeitsmahl. Lediglich das Auftreten Herzog Christophs von Bayern-München bei den Rennen, die zum Anlass der Hochzeit stattfanden, wird mit einiger Aufmerksamkeit bedacht. Unter Betonung der großen Kampferfahrung eines litauischen Adligen wird Herzog Christophs Sieg geschildert. Füetrer nutzt also die Hochzeit des Verwandten aus Landshut, um die Tapferkeit und den Kampfesmut eines Vertreters ‚seines' Herzogtums darzustellen. Herzog Albrecht IV. von Bayern-München lässt so „seine erfolgreiche historiographische Propagierung, die Werke wie Ulrich Fuetrers *Bayerische Chronik* hervorbrachte",[170] wirken.

---

168 Dies geschieht etwa bei Alois Staudenraus: Chronik der Stadt Landshut in Bayern. Bd. 1, Landshut 1832, S. 179 – 182.

169 Unberücksichtigt müssen hier weitere, kleinere Quellentexte bleiben. Hingewiesen sei jedoch auf die Urkunden, die die juristischen Belange regeln, siehe dazu Bauer (Anm. 19), S. 27 f., und auf die *Chronik Polens* von Jan Długosz; Edition: Joannis Dlugossius: *Annales seu cronicae inclicti regni Poloniae*. Liber duodecimus 1462 – 1480, Krakau 2005.

170 Reinhard Stauber: Die Auseinandersetzung um das Landshuter Erbe als wittelsbachischer Hauskrieg. In: Von Wittelsbach zu Habsburg. Akten des Symposiums des Tiroler Landesarchivs

Im Unkehrschluss zeigt sich, wie wichtig die schriftliche Aufzeichnung solcher Großereignisse war: Damit wird das prestigeträchtige Festgeschehen konserviert. Ohne diese Konservierung steht ein Fest in der Gefahr, bald vergessen zu werden. Der dort entfaltete Prunk und die Repräsentation von Reichtum und Machtfülle der Gastgeber ist ja nur während der Dauer der Veranstaltung für die Anwesenden präsent. Eine weitere Verbreitung des Festgeschehens und damit des Prestiges der gastgebenden Fürsten ist nur durch die Verschriftlichung möglich.

Während Füetrer politisch-ideologisch orientiert ist und Ansehen und Ruhm der wenig geliebten Vettern seiner Münchner Herren keineswegs verbreiten will –, steht Oringen dem Festereignis wesentlich neutraler gegenüber, zumal er den Prestigegewinn seines Auftraggebers Herzog Ernst von Sachsen hier nicht befördern kann, da dieser bei der Hochzeit gar nicht anwesend ist. Lediglich Markgraf Albrecht Achilles von Brandenburg wird mit etwas mehr Aufmerksamkeit als andere bedacht. So merkt Oringen etwa bei dem oben erwähnten spontanen Schönheitswettbewerb anlässlich einer der Tanzveranstaltungen in Landshut an: *doch behilt mein herr der marckgraff den preiß mit seinen fraven vnd junckfraven ob den andernd.*[171] Ansonsten verteilt er seine Aufmerksamkeit ziemlich gerecht auf alle anwesenden Fürsten: Er beschreibt deren zum jeweiligen Anlass getragene Kleidung, nennt Tanzpaare und die Kontrahenten bei den zahlreich aufgeführten Rennen und schildert grob die Abläufe der Hochzeitsfeierlichkeiten. Offensichtlich wollte Herzog Ernst von Sachsen, der zwar geladener Gast war,[172] aber nicht in Landshut erschien, über dieses gesellschaftliche Ereigniss unterrichtet werden.

Die Erhöhung des Prestiges der Gastgeber oder des Herzogtums Bayern-Landshut als Ganzes spielen für Oringen dabei keine Rolle. Manchmal verhält er sich in dieser Hinsicht sogar kontraproduktiv, etwa wenn er Herzog Ludwig, den Bräutigamvater, als krank und gebrechlich darstellt: *man hübe herzog ludwich her ab von dem wagen vnd kont nicht gesten oder gehen vnd vier seiner diner musten jn vnter den armen tragen vnd furten mit sampt den andern fursten auch der konigein entgegen.*[173] Bei Oringen treten Braut und Bräutigam geradezu in den Hintergrund; die Hochzeit ist hier nur der beinahe beliebige Anlass für eine Zusammenkunft des Hochadels, der dann jedoch mit größtem Fleiß beobachtet und mit größter Ausführlichkeit beschrieben wird.

Innsbruck 15.–16. Oktober 2004. Hrsg. von CHRISTOPH HAIDACHER/RICHARD SCHOBER, Innsbruck 2005 (Veröffentlichungen des Tiroler Landesarchivs 12), S. 145 – 160, hier S. 152.

171 Oringen (Anm. 114), 8v.

172 Siehe hierzu Cgm 331, 89v.

173 Oringen (Anm. 114), 4v.

Interessant in diesem Zusammenhang ist auch die Übergabe der Hochzeitsgeschenke an das Brautpaar, da Oringen hier recht explizit ein Fehlverhalten Kaiser Friedrichs III. beschreibt:

> *Item dar nach schanckten die fursten alle vnd auch die stet an allein der keyser. Da begond mein herr marckgraff, mit jm zu reden, eß docht nicht, daß er nicht schencket. Es mecht jm ein grosse nach red. Also ging er doch hin weck ungeschencket vnd schicket doch hin wider graff hawgen von werdenperg vnd der schancket von wegen deß keisers ein hefftlein, das hette er geschatzet auff dausent gulden, doch die andern heren, die da warn, schatzet eß vmb funff oder sechs hundert gulden.*[174]

Der Kaiser will mit seiner Handlung jedoch wohl nicht seine Missbilligung der Heirat zum Ausdruck bringen, vielmehr war er ein „im Umgang mit Menschen aber wenig begabte[r] Herrscher" und hatte stets das Interesse „seine Einnahmen zu erhöhen"[175] und seine Ausgaben zu minimieren. Zusammenfassend kann man feststellen, dass Oringen – vielleicht mit der Ausnahme des Markgrafen Albrecht – nicht an einer Erhöhung des Prestiges einer Dynastie interessiert war und deswegen vergleichsweise neutral schrieb. Die Art seiner Darstellung lässt sich nur schwer einer Gattung zuordnen. Die überlieferten Blätter sind nur lose verbunden, es finden sich Ergänzungen am Rand und Streichungen. Dieser Zustand legt den Schluss nahe, dass es sich nur um Notizen handelte, die Oringen zu einer repräsentativeren Fassung umarbeiten wollte.

Bei den in Landshut ansässigen Verfassern verhält es sich vollkommen anders. Arnpeck etwa misst dem Ereignis von 1475 so viel Bedeutung zu, dass er einen überaus umfangreichen Eintrag über die Feierlichkeiten in Landshut in seine Chronik integriert. Das Anliegen, das er damit verfolgt, zeigt sich wohl am deutlichsten in seiner lateinischen Fassung: Dort betont er, das Fest sei mit *gaudio et pompa magnis*[176] vor sich gegangen. Arnpeck belegt diese Aussage im Anschluss recht ausführlich. Die zum Fest herbeigeeilten Fürsten sind von höchstem Rang (Kaiser, Kurfürsten usw.), was natürlich die Bedeutung des Ereignisses unterstreicht. Die besondere Freigebigkeit, die er nicht nur seinen hochadligen Gästen, sondern auch allen seinen Untertanen erweist, zeigt Herzog Ludwig als außergewöhnlichen Träger der Herschertugend der *milte*. Die Nennung der Gesamtkosten der Hochzeit und die Anzahl der gefütterten Pferde demonstrieren den Reichtum des Landshuter Herrscherhauses, aber auch seine Machtfülle, denn die

---

174 Oringen (Anm. 114), 6r.

175 Beide Zitate finden sich bei Heinrich Koller: [Art.] Friedrich III. In: LMA 4 (1989), Sp. 940–943, hier S. 942.

176 Clm 2230, 301r. Nicht ganz so feierlich nimmt sich Arnpecks deutsche Version in Cgm 2817 (Anm. 152), 320r, aus: *mit vil freuden und grosser costung.*

Organisation und der Ablauf funktionieren reibungslos. Arnpeck betreibt in seiner Eigenschaft als Landshuter Geistlicher also eindeutig die Erhöhung des Ansehens und des Prestiges der Herzöge Ludwig und Georg.

Dies trifft auch in besonderem Maße für Seybolt zu. Er führt die Vorbereitungen und die Durchführung der Hochzeit von 1475 in größtmöglicher Genauigkeit vor. Kein Bereich des Festes bleibt unerwähnt. Dabei arbeitet Seybolt immer wieder die perfekte Organisation im Hintergrund heraus: Er nennt Zahlen, Verfahrensweisen und Örtlichkeiten, die hierbei eine Rolle spielen. Dabei stützt er sich auf seine engen Kontakte zur Kanzlei, was ihm als einzigem der genannten Autoren die Wiedergabe offizieller Schreiben und Dokumente ermöglicht. Außerdem führt er detailreich und exakt die Bestandteile des Kerns einer korrekten Eheschließung, die juristischen Vereinbarungen, sowie die Festbestandteile (Mahl, Tanz, Rennen) vor. Zusätzlich betont er die Tapferkeit des Bräutigams als Herrschertugend durch seine Teilnahme an einer besonders gefährlichen Art des Rennens und unterstreicht mehrfach – etwa durch die Speisung des einfachen Volkes, die Schenkungen an die Gäste usw. – Ludwigs Herrschertugend der *milte*. Insgesamt werden die Hochzeit von 1475 und ihre Aufzeichnung durch Seybolt zu einem „Aspekt einer auf Eindruck und Prunk ausgerichteten Politik“[177].

Um dies alles gewährleisten zu können, verabschiedet sich Seybolt von der Methode, das Fest in chronologischer Weise zu beschreiben, wie es ein Augenzeuge tun würde. Vielmehr verwendet er eine Methode, die sich von der Perspektive des Einzelbeobachters löst und ein umfassendes, durch „topische Segmentierung“[178] geprägtes Bild der Hochzeit von 1475 liefert. Dieses ist nach RAHN das typische Merkmal der Gattung Festbeschreibung, deren „Konstituierungsprozeß [...] in Deutschland in die zweite Hälfte des 16. Jahrhunderts“[179] fällt. Seybolts Ausführungen müssen also eindeutig als Vorläufer dieser Art von Text gelten. Ferner ist festzuhalten, dass Seybolt die Landshuter Hochzeit von 1475 als mustergültiges Fest darstellt, dessen prestigeerhöhende Wirkung sich vollkommen auf die Landshuter Herzöge konzentriert. Es ist daher nicht verwunderlich, dass in der Festforschung von einem „Modell ‚Landshut‘“ die Rede ist, das den Kontrast zum „Modell ‚Brügge‘“[180] darstellt.

---

177 ZIEGLER (Anm. 4), S. 131.
178 RAHN (Anm. 53), S. 63.
179 RAHN (Anm. 53), S. 95.
180 Beide Zitate bei SPIESS (Anm. 131), S. 350. SPIESS unterscheidet mit diesen beiden Modellen eine typische Vermählungsfeier im Heiligen Römischen Reich und außerhalb dieses Territoriums, wobei er zeigt, dass die Art der Repräsentation aufgrund der unterschiedlichen politischen Strukturen jeweils anders bewerkstelligt werden musste.

Warum der Auftraggeber Thomas Jud so sehr an der Repräsentation des Herzogtums Bayern-Landshut interessiert war, ist mit reiner Bürgerloyalität dem Herrscher gegenüber wohl nicht abschließend zu beantworten. Die durchaus prächtige Gestaltung der Handschrift Cgm 331 könnte vermuten lassen, dass sie ursprünglich als Geschenk an das Herzogshaus gedacht war.

Inhaltlich nehmen Arnpeck und Seybolt also unter den beschriebenen Chronisten eine Sonderstellung ein, denn beide versuchen, durch Konservierung und Verbreitung des prestigeträchtigen Festes die Landshuter Herrscher propagandistisch zu unterstützen. Die übrigen Schreiber können als eher neutral bis „antilandshuterisch", was sich hier aber nicht durch Diskreditierung, sondern durch schlichtes Verschweigen vollzieht, eingestuft werden. Gattungsmäßig sind die Texte allerdings wieder anders zu gruppieren. Die Quellen von Arnpeck und Füetrer, die sich ja selbst so bezeichnen, sowie die Quelle Oringens können als Chroniken eingestuft werden. Sie sind dem strengen Ablauf der Ereignisse verpflichtet. Bei Arnpeck und Füetrer stellt die Hochzeit von 1475 nur eine Station in ihrem streng chronologisch aufgebauten Textgefüge dar, wobei der Umfang bei Ersterem verglichen mit anderen Einträgen einen recht beachtlichen Umfang einnimmt. Bei Oringen haben wir es dagegen nicht mit einer Chronik im üblichen Sinne zu tun, denn die Hochzeit steht nicht in einer Reihe mit anderen bemerkenswerten Ereignissen der Historie, sondern ist der einzige Gegenstand der Betrachtungen. Dennoch bleibt auch dieser Schreiber dem chronologischen Ablauf verpflichtet – hier innerhalb der Veranstaltung.

Seybolt dagegen vollführt einen Befreiungsschlag gegen das enge Korsett der Chronologie. Er löst sich in beachtenswerter Weise von der Betrachtung, die nur nach Abläufen fragt und bietet stattdessen ein umfangreiches Bild mit Informationen, die dem Beobachter und Augenzeugen der Landshuter Fürstenhochzeit verborgen bleiben müssen. Dies geht natürlich oft zulasten der Übersichtlichkeit. Auch gesellschaftliche Aspekte, die bei Oringen ja stark im Vordergrund stehen, treten hier eher zurück.

Stilistisch ähneln sich die Beiträge von Füetrer und Arnpeck, da beide eine Sprache verwenden, die als chroniktypisch bezeichnet werden kann. Vordergründig neutral versuchen beide, wichtige Ereignisse darzustellen, treffen jedoch dabei eine bewusste Auswahl, was genannt und verschwiegen werden soll, um so das Prestige ihrer Auftraggeber zu vergrößern.

Bei Seybolt dagegen scheint es Anleihen bei literarischen Texten zu geben. Betrachtet man etwa die Beschreibung der Hochzeit zwischen Erec und Enite in Hartmann von Aues *Erec*, so fallen dort ähnliche Motive auf. Die Gäste erhalten *brieve und wortzeichen,/daz im die vürsten kæmen* (V. 1895 f.); also ist auch hier die Anzahl und die gesellschaftliche Stellung der Anwesenden ein Gradmesser für die hohe Qualität des Festes. Auf diese Passage über die Einladungen folgt eine

Kaskade von namentlich genannten Gästen (V. 1902–2117), die mit den Futterzetteln Seybolts zu vergleichen ist. In beiden Fällen erhöht dies den Gastgeber, der auf diese Weise als so einflussreicher Herrscher dargestellt wird, dass zahlreiche hochkarätige Gäste seiner Einladung folgen. Die Beschreibung der kostbaren Kleidung (z. B. V. 1954–1960) erinnert stark an Oringen, der kaum jemals einen Gast nennt, ohne dessen Kleidung zu erwähnen.

Hartmann lässt sich – ganz wie Seybolt – über die ausführliche Bewirtung der Gäste (V. 2135–2145) und deren Unterhaltung (V. 2150–2165) aus. Auch das Motiv des Schenkens und der Freigebigkeit teilt er mit dem Landshuter Schreiber: *man gap dâ vil starke* (V. 2176). Auch der ritterliche Zweikampf ist ein Element des Festes in *Erec* (V. 2221–2235). Die Art des Auftrittes der Kontrahenten (z. B. V. 2339–2350) gleicht hier sehr der Vorstellung und Beschreibung der Vorgänge auf der Kampfbahn bei Oringen. Daraus ist ersichtlich, dass sowohl Seybolt als auch Oringen ihr Vorgehen bei der Darstellung der Landshuter Fürstenhochzeit teilweise nach literarischen Vorbildern konzipiert haben. Diese Vorbilder dienen Oringen dazu, seine Kaskaden von Personen und deren Kleidung zu gestalten. Seybolt richtet sein Augenmerk dagegen auf literarische Techniken, die ihm helfen können, das Ansehen des Gastgebers zu vergrößern.

4 Quellentexte zum Landshuter Erbfolgekrieg

Die Hochzeit Herzog Georgs des Reichen von Bayern-Landshut erfüllte ihren eigentlichen Zweck, die Sicherung der Dynastie, nicht. Die Braut starb im Jahr 1502,[181] ohne männliche Erben zu hinterlassen. Der am 1. Dezember 1503 verstorbene Georg[182] hatte dieser Situation bereits 1496 Rechnung getragen und „die niederbayerischen Lande der älteren Herzogtochter Elisabeth und ihrem künftigen pfälzischen Gemahl überschrieben."[183] Diese Regelung erweckte natürlich den Unmut der Münchner Linie der Wittelsbacher aber auch den König Maximilians I. Eine Verbindung von Bayern-Landshut und der Pfalz hätte eine Gefährdung seiner Macht zur Folge gehabt, da sie „einen territorialen Sperrriegel vor den Erblanden, die Behinderung der habsburgischen Reichspolitik sowie die Bedrohung der [...] Stellung des Hauses Österreich im Südwesten des Reichs"[184] mit sich gebracht

181 Stauber (Anm. 170), S. 147.
182 Stauber (Anm. 170), S. 148.
183 Stauber (Anm. 170), S. 146. Das Testament ist abgedruckt bei Franz von Krenner: Baierische Landtags-Handlungen in den Jahren 1429 bis 1513. Nieder- und Oberländische Landtäge, im vereinigten Landshut-Ingolstädter Landantheile. Bd. 14, München 1805, S. 63–85.
184 Stauber (Anm. 170), S. 146 f.

hätte. Dementsprechend kam es ab dem „17. April 1504, an dem Ruprecht und Elisabeth von den jeweiligen Stadtburgen aus Landshut und Burghausen besetzen ließen“[185], zu kriegerischen Auseinandersetzungen – dem sogenannten ‚Landshuter Erbfolgekrieg‘, der erst auf dem Kölner Reichstag von 1505 beigelegt wurde. Dort bekam die Münchner Linie das Landshuter Erbe jedoch nicht uneingeschränkt zugesprochen, sondern es wurde aufgeteilt: König Maximilian I. sicherte sich „die Gebiete [...] in Schwaben, Oberösterreich und im Tiroler Inntal“[186] und für die Enkel Herzog Georgs, Ottheinrich und Philipp, wurde das neue Fürstentum Pfalz-Neuburg eingerichtet.[187] Lediglich der Rest von Bayern-Landshut ging an Herzog Albrecht IV. „Dieses Datum einfach unter ‚Wiedervereinigung Altbayerns‘ abzubuchen“,[188] erscheint deshalb höchst problematisch.

Die vorher bereits behandelte Chronik Bayerns von Arnpeck (Cgm 2817) beinhaltet einen anonymen Nachtrag (359v–374v)[189], der sich auch mit dem Landshuter Erbfolgekrieg beschäftigt. Dort wird recht neutral über die Geschehnisse berichtet. Negativ äußert sich der Chronist und Nachfolger Arnpecks nur über die böhmischen Truppen, die auf Seiten Bayern-Landshuts und der Pfalz kämpften.[190]

Wesentlich ausführlicher ist die Quelle von „Albrechts Sekretär und Archivar Augustin Köllner“[191], die nicht mehr vollständig erhalten ist.[192] Darin sorgte der Chronist „für eine genau gearbeitete, freilich offiziöse Darstellung des Erbfolgekriegs aus Münchener Sicht.“[193] Dies zeigt sich schon zu Beginn in der Anrede *vnnser genediger Herr, Herzog Albrecht*,[194] die Köllner als Untergebenen des genannten Fürsten ausweist. Außerdem wird hier angemerkt, dass sich der Krieg *Zu scheinperlicher Erhaltung Götlicher gerechtigckhait umgewendt*[195] hätte. Der Ausgang der Auseinandersetzung wird also als von Gott gewollt und damit als gerecht

185 Stauber (Anm. 170), S. 149.
186 Stauber (Anm. 170), S. 157.
187 Siehe dazu Stauber (Anm. 170), S. 157.
188 Stauber (Anm. 170), S. 157.
189 Siehe dazu auch Karin Schneider: Die deutschen Handschriften der Bayerischen Staatsbibliothek München. Cgm 888–4000, Wiesbaden 1991 (Catalogus codicum manu scriptorum Bibliothecae Monacensis V,6), S. 358.
190 Cgm 2817 (Anm. 152), 374v.
191 Stauber (Anm. 170), S. 151.
192 Siehe dazu Stauber (Anm. 170), S. 151; Edition in Augustin Köllner: Der Landshuter Erbfolgekrieg nach dem Tode Georgs des Reichen, Landshut 1847. Das Original liegt nach Stauber im BayHStA, Kurbayern, Äußeres Archiv 1186.
193 Stauber (Anm. 170), S. 151.
194 Köllner (Anm. 192), S. 7.
195 Köllner (Anm. 192), S. 7.

ausgewiesen. In seiner weiteren Beschreibung verweist der Chronist auf die Eigenschaft Herzog Albrechts IV. *alß ain hochuerständiger vernunfftiger fürst*[196] und betont, dass er das Herzogtum Bayern-Landshut *durch Herzog Georgen todfal alß negsten agnatn vnd schwertlechenserben mit der Rö. Kö. Mt. Rechtspruch vnd vrtl zugesprochen*[197] bekommen hat. Der Verweis auf den König und dessen Urteil sowie die Betonung der Rechtmäßigkeit des Erbanspruches zeigt, wie Köllner eindeutig aus der Perspektive der ‚siegreichen' Münchner Linie der Wittelsbacher argumentiert. Der Chronist beschreibt im Folgenden die Geschehnisse und den Fortgang der Auseinandersetzungen recht detailreich, was jedoch an dieser Stelle nicht weiter verfolgt werden kann.

Mit noch größerer Genauigkeit geht Andreas Zayner vor, der sich in der Quelle selbst als *Statschreiber dieser loblichen Stat Ingolstat*[198] bezeichnet. Diese Papierhandschrift aus dem ersten Viertel des 16. Jahrhunderts[199] schlägt sich nicht nur eindeutig auf die Seite Herzog Albrechts IV., sondern führt einen regelrechten Propagandafeldzug gegen das Herzoghaus Bayern-Landshut, vor allem gegen Georgs Tochter Elisabeth und ihren Ehemann Ruprecht von der Pfalz. Dies ist an einer Vielzahl von Stellen erkennbar. Erstens bezichtigt Zayner die beiden, *die Böhmischen Ketzer vnd feind des Cristlichen glabens in das loblich Cristenlich Fürstenthumb eingefüret*[200] zu haben. Offensichtlich hatten sich die damit gemeinten und auch in der Fortführung von Arnpecks Chronik negativ bewerteten böhmischen Hilfstruppen nicht sehr nachsichtig verhalten, da sie auf ihren eigenen Vorteil bedacht waren und sich hauptsächlich „durch den Reichtum der Landshuter Herzöge anlocken ließen."[201]

Weiterhin bezichtigt Zayner die Allianz Landshut-Pfalz der *verreterey*[202] und diskreditiert zudem die Verbindung zwischen Elisabeth und Ruprecht. Kurfürst Philipp von der Pfalz war nämlich seit 1474 mit Margarete, einer Tochter Ludwigs des Reichen und damit Schwester von Herzog Georg verheiratet. Der Sohn dieser Verbindung, Ruprecht, heiratete nun eine Tochter Herzog Georgs. Das bringt Zayner dazu, diese Ehe *als ain Gemahelschafft, das wider die Natur, das geblüt,*

196 Köllner (Anm. 192), S. 10.
197 Köllner (Anm. 192), S. 10.
198 Cgm 1598, 6v; Edition bei Andreas Felix von Oefele: *Rerum Boicarum Scriptores*. Bd. 2, Augsburg 1763, S. 345 – 468.
199 Schneider (Anm. 189), S. 282.
200 Cgm 1598 (Anm. 198), 3r.
201 Schmid (Anm. 3), S. 10.
202 Cgm 1598 (Anm. 198), 3v.

auch Cristenlich ordnung vnd gesatz ist[203], zu bezeichnen. Er setzt also nicht erst bei der juristisch tatsächlich zweifelhaften Erbfolge, die Herzog Georg anstrebte, an, sondern erklärt bereits die Ehe zwischen Elisabeth und Ruprecht, die eine solche Erbregelung erst möglich machte, als illegitim.

Dann versucht Zayner naturgemäß auch, die Ansprüche Albrechts IV. zu untermauern und die der Allianz Landshut-Pfalz als juristisch unhaltbar abzutun: *Vnd also die frummen vnd loblichen landsfursten des lands die mergemelten Fürsten Hertzog Albrecht vnd Hertzog Wolfganng wider die nachfolgenden vertragbrief Irer vorfordern fursten von Bairn loblicher gedechtnuss Zuenterben.*[204] Auch wird hier immer wieder betont, dass Ruprechts und Herzog Georgs Vorgehen *wider Ir brieff vnd Sigil*[205] stehen.

Neben der juristischen bedient sich Zayner jedoch auch einer moralischen Argumentation. So sei die kriegerische Auseinandersetzung, die Elisabeth und Ruprecht provozieren, *verwunderlich vnd grawsam.*[206] Außerdem entspringe die Situation *onnot aus aigner boshait.*[207] Durch ihren Eigensinn wird *der Adler des hayligen Römischen Reichs seines gefiders also berupfft vnd seiner glider so ganz entsetzt,*[208] sie handeln also gegen die Einheit und den Frieden des Reichs. Besonders drastisch werden die Worte, wenn Zayner auf seine Landesherren zu sprechen kommt und betont, dass die Vertreter der Allianz Landshut-Pfalz

> *So Zu wider der gerechtigkait der zwaier fürsten Hertzogs Albrechten vnd Hertzog Wolfgangen gehandelt, Land vnd lewt verderbt, verbrent, ermort, verraten, verkaufft haben, vnd nit betracht die wort des gotlichen munds. So durch Matheum gesprochen werden: Selig seind die Barmhertzigen, wann Sy werden vberkomen die Barmhertzigkait.*[209]

Den beiden Separatisten und Aufrührern, gemeint sind Elisabeth und Ruprecht, wird also nicht nur jegliche rechtliche Legitimation entzogen, sondern ihr Handeln wird als sündhaft und gotteslästerlich dargestellt. Auch zeigt die Vorgehensweise dieser Quelle schon in eine bestimmte Richtung: Albrecht IV. wird es gelingen, sich als „Wiederbegründer der bayerischen Einheit zu stilisieren."[210] Das wird hier durch die Feststellung *Ain yedes Reich das in Imselbs Zertailt, das wurt*

---

203 Cgm 1598 (Anm. 198), 4r. Siehe dazu eine ähnliche Stelle (5v), wo auch die *Böhmischen ketzer* genannt werden.
204 Cgm 1598 (Anm. 198), 4r–4v.
205 Cgm 1598 (Anm. 198), 5v. In ähnlicher Weise wird dies auch bei 6v dargestellt.
206 Cgm 1598 (Anm. 198), 4v.
207 Cgm 1598 (Anm. 198), 5r.
208 Cgm 1598 (Anm. 198), 5v.
209 Cgm 1598 (Anm. 198), 6v.
210 Stauber (Anm. 170), S. 145.

zertrent vnd Zerstört[211] manifest. Nun wird plötzlich die seit Jahrhunderten bestehende Teilung des Herzogtums Bayern stark negativ bewertet. Dass dies nicht den Tatsachen entspricht, beweist der Aufstieg des Teilherzogtums Bayern-Landshut.

Im Zuge dieser Uminterpretation der Tatsachen und der Legitimation des neuen und einzigen Herrscherhauses in Bayern wird natürlich auch die Diskreditierung der ‚alten' Herrschaft Herzog Georgs des Reichen betrieben. Diese propagandistische Funktion der Quelle zeigt sich besonders deutlich gleich zu Beginn der Darstellung der Geschehnisse bei Georgs Tod und im folgenden Krieg: Als Herzog Georg in Ingolstadt ankommt, ist er bereits gezeichnet von *Inwendiger Kranckhait, villeicht aus seinem Zutrincken oder Rennen, vnd Stechen, als die Doctores gesagt haben, erwachsen.*[212] Hier schließt sich nun der Kreis zu Seybolt. Dieser hatte Herzog Georg bei der Beschreibung seiner Hochzeit als tapferen und mächtigen Herrscher darzustellen versucht, indem er das Rennen mit scharfen Spießen anführte. Hier bei Zayner wird ihm dies nun ins Negative verkehrt: Es wird impliziert, dass sein ausschweifendes Leben mit Trinken und ritterlichen Zweikämpfen zu seinem Tod beigetragen hat.

Diese Diskrepanz zwischen den Quellen zeigt einmal mehr, dass neben der kriegerischen Auseinandersetzung auf dem Schlachtfeld auch im ausgehenden Mittelalter ein Krieg der Worte stattfand und dass die Herrscher äußerst interessiert an positiver Darstellung ihrer Person und ihrer Machtfülle waren. Die historiographischen Aufzeichnungen stellen also ein wichtiges Instrument der Herrschaftssicherung dar.

Lektürehinweise:

1. Leidinger 1915 (152); Spiller 1909 (164); Stahleder 1976 (17).
2. Bauer 2008 (19); Hiereth 1959 (149).
3. Hiereth 1965 (13); Hiereth 1976 (16); Schmid 2004 (3); Ziegler 2001 (4).

211 Cgm 1598 (Anm. 198), 4v.
212 Cgm 1598 (Anm. 198), 8r.

Visualisierte Chronik

Tobias Tanneberger

Visualisierte Genealogie – Zur Wirkmächtigkeit und Plausibilität genealogischer Argumentation

„If men define situations as real, they are real in their consequences."[1]

In der adlig geprägten Kultur des Spätmittelalters waren Genealogien[2] bedeutende Grundlagen für die Pflege der *memoria* und für das damit untrennbar verknüpfte Selbstverständnis der jeweils aktuellen Herrscher. Sie waren zudem sowohl einflussreich bei der Erziehung und Prägung der Nachkommenschaft des Adels als auch elementare Argumentationsinstrumente in Konfliktsituationen, sei es beim Nachweis der Turnierfähigkeit oder der Eignung für ein Amt.[3] Genealogische Reihen bilden zudem nicht selten das vermeintlich verbürgte Grundgerüst für thematisch breitere Darstellungen, wie zum Beispiel im Bereich der beinahe unüberschaubaren Vielzahl an regionalgeschichtlichen Werken. Aber auch Welt- bzw. Universalchroniken strukturieren das dargebotene Wissen genealogisch oder durch Sukzessionslisten, welche ebenso nach ‚Generationen' gegliedert sind. Das vielleicht bekannteste, im Zuge seiner ausgeprägten Drucktradition[4] auf jeden Fall verbreiteteste derartige Werk ist das *Fasciculus Temporum*[5]. Im sogenannten

---

1 William Isaac Thomas/Dorothy Swaine: The Child in America. Behavior Problems and Programs, New York 1928, S. 572.

2 Eine begriffsgeschichtliche Darstellung sowie einen prägnanten Abriss zur Geschichte mittelalterlicher Genealogie bietet Eckhard Freise: [Art.] Genealogie. In: LMA 4 (1989), Sp. 1216–1221. Vor allem (aber nicht nur) für Germanisten ist Beate Kellners Habilitationsschrift (Ursprung und Kontinuität. Studien zum genealogischen Wissen im Mittelalter, München 2004) die zentrale Monographie. Vgl. dazu auch als aktuelle Publikation Tobias Tanneberger: Vom Paradies über Troja nach Brabant. Die *Genealogia principum Tungro-Brabantinorum* zwischen Fiktion und Akzeptanz, Berlin 2012.

3 Siehe dazu Idoneität – Genealogie – Legitimation. Begründung und Akzeptanz von dynastischer Herrschaft im Mittelalter. Hrsg. von Cristina Andenna/Gert Melville, Köln/Weimar/Wien 2014.

4 Zwischen 1472 und 1498 erschienen nicht weniger als 47 Druckausgaben; vgl. http://gesamtkatalogderwiegendrucke.de/docs/ROLEWER.htm (eingesehen: 12.07.2012).

5 Zur Gestaltung des Werkes siehe Gert Melville: Geschichte in graphischer Gestalt. Beobachtungen zu einer spätmittelalterlichen Darstellungsweise. In: Geschichtsschreibung und Geschichtsbewußtsein im späten Mittelalter. Hrsg. von Hans Patze, Sigmaringen 1987 (Vorträge und Forschungen 31), S. 57–154, hier S. 79–82. Den aktuellsten Beitrag zu Rolevinck insgesamt bietet: Andrea Worm: [Art.] Rolevinck, Werner. In: EMC 2, S. 1292 f.

„Ploetz des Spätmittelalters“[6] bilden – neben der Jahreszählung – die Genealogie Jesu Christi sowie anschließend die Abfolge der römischen Bischöfe und Päpste das zentrale Ordnungs- und Gestaltungselement. Synoptische Werke wie die Chronik des Hieronymus[7] (mit diversen Fortsetzungen[8]) oder die beeindruckende Weltchronik des Johannes de Vico[9] lassen gar den Eindruck entstehen, Geschichte sei generell nur wenig mehr als eine Nebeneinanderstellung von mitunter interagierenden Amts- und Blutslinien.[10] Im vorliegenden Beitrag soll die Frage beantwortet werden, wieso gerade diese Form der inhaltlichen Strukturierung so einflussreich war bzw. worin das besondere Potenzial solcher Darstellungen bestand. In diesem Kontext sollen Grundregeln bzw. Umstände für Glaubhaftigkeit und Glaubwürdigkeit im Mittelalter untersucht werden.

* * *

Das als Eingangszitat gewählte, nach William Isaac Thomas benannte *Thomas-Theorem* erklärt bereits einen Großteil des Potentials von geglückten Geschichtsdarstellungen: ‚Definiert man eine Situation als real, dann sind auch ihre Konsequenzen real.‘ In der Zusammenschau mit dem aktuell besonders in der Soziologie thematisierten Matthäus-Effekt (nach Mt 25, 29) wird die konkrete argumentative Leistungsfähigkeit einer genealogischen Abhandlung aber noch deutlicher. Besagter Effekt beschreibt nämlich, dass Erfolge mehr durch frühere Errungenschaften als durch aktuelle Leistungen erzielt werden.[11] Vor allem dort, wo es galt, sich gegenüber konkurrierenden Ansprüchen anderer Herrscherhäuser

---

6 Vgl. http://de.wikipedia.org/wiki/Werner_Rolevinck (eingesehen: 05.09.2014); Hugo Wolffgram: Neue Forschungen. In: Zeitschrift für vaterländische Geschichte und Altertumskunde 48 (1890), S. 135 und Ellen Widder: Westfalen und die Welt. In: Westfälische Zeitschrift 141 (1991), S. 94 sprechen vom „Ploetz des 15. und 16. Jahrhunderts“. Bernd Kirschbaum: Gerhard Kleinsorgen (1530–1591). Ein Geschichtsschreiber im Westfalen der Frühen Neuzeit. Das Werk und sein Autor, Norderstedt 2005, S. 106 nennt das Werk gar „Ploetz des Mittelalters“.

7 Eusebius Caesariensis: Werke. Bd. 7: Die Chronik des Hieronymus/Hieronymi chronicon. Hrsg. von Rudolf Helm, Berlin ^{3}1984.

8 Siehe z. B. Brüssel, Koninklijke Bibliotheek, cod. 14024–28, fol. 26–79.

9 Escorial, Bibliotheca del Monastero, Cod. 28 I 22 und Wien, Österreichische Nationalbibliothek, Cod. Vind. 325; vgl. Hanno Wijsman: Philippe le Beau et les livres – rencontre entre une époque et une personnalité. In: Books in Transition at the Time of Philip the Fair. Manuscripts and Printed Books in the Late Fifteenth and Early Sixteenth Century Low Countries. Hrsg. von Hanno Wijsman, Turnhout 2010 (Burgundica 15), S. 39.

10 Vgl. das sehr anschauliche Beispiel: Brüssel, Koninklijke Bibliotheek, cod. 2088–98, fol. 98–107: *Chronicon universale a S. Petro ad annum 1550.*

11 Mark Lutter: Soziale Strukturen des Erfolgs. Winner-take-all-Prozesse in der Kreativwirtschaft, Köln 2012 (MPIfG Discussion Paper 12/7), S. 11.

zu behaupten, leuchtet dies sofort ein. Dass Errungenschaften der Vergangenheit aber in Erfahrung gebracht, bekannt gemacht, von den relevanten Zielgruppen anerkannt und dem gewünschten Kandidaten angerechnet werden, ist allerdings nicht von vornherein gegeben. Ein grundlegendes Problem bestand außerdem darin, dass die meisten Adelshäuser erst sehr wenige Generationen Bestand hatten oder zumindest kaum Kenntnisse von ihren entfernteren Vorfahren besaßen. Genau hier lag die Aufgabe des mittelalterlichen Genealogen bzw. Historiographen.[12]

Zunächst ist festzuhalten, dass man im Mittelalter weit weniger kritisch mit den teilweise obskuren oder numinosen Herkunftsbehauptungen von Potentaten umgegangen zu sein scheint als beispielsweise in der römischen Antike, in der man sich der rhetorischen Überhöhung meist bewusst war.[13] Teilweise wurden genealogische Abhandlungen sogar kategorisch als wahrheitstragende Quelle für die Historiographie abgelehnt.[14] Auch im ausgehenden Spätmittelalter bzw. in der frühen Neuzeit[15] verfügten zumindest bestimmte Gelehrte über genug Hintergrundwissen und Reputation, um gar zu abenteuerliche Konstruktionen überzeugend – zum Beispiel bezüglich ihrer oftmals allzu schmalen Quellenbasis – kritisieren und in Frage stellen zu können.[16] In der Zwischenzeit aber scheinen Genealogien so gut wie unantastbar gewesen zu sein.[17] Diese Denk- und Darstellungsart war *per se* glaubwürdig und deshalb von hoher Prägekraft für die

---

12 Siehe hierzu auch den Beitrag von Gerhard Wolf zu den adligen Hauschroniken in diesem Band sowie Ders.: Von der Chronik zum Weltbuch. Sinn und Anspruch südwestdeutscher Hauschroniken am Ausgang des Mittelalters, Berlin/New York 2002 (Quellen und Forschungen zur Literatur- und Kulturgeschichte. N.F. 18), insbesondere S. 459–462.

13 Tanneberger (Anm. 2), S. 86–88.

14 Eine Reihe von Belegen (z.B. Livius, Cicero, Plutarch, Ascelapius von Myrlea und Polybios) liefert Timothy Peter Wiseman: Legendary Genealogies. In: Greece & Rome (2. Reihe) 21 (1974), S. 158f. Zu ergänzen ist die explizite Kritik in Aurelius Augustinus: Vom Gottesstaat (*De Civitate Dei*). Vollständige Ausgabe in einem Band. Übersetzt von Wilhelm Thimme, München ^{2}2011, Buch 3, Kap. 4 sowie Buch 18, Kap. 16.

15 Siehe Kilian Heck: Das Fundament der Machtbehauptung. Die Ahnentafel als genealogische Grundstruktur der Neuzeit. In: Genealogie und Genetik, Schnittstellen zwischen Biologie und Kulturgeschichte. Hrsg. von Sigrid Weigel, Berlin 2002, S. 45–56.

16 Beate Kellner/Linda Webers: Genealogische Entwürfe am Hof Kaiser Maximilians I. (am Beispiel von Jakob Mennels Fürstlicher Chronik). In: Genealogische Diskurse. Hrsg. von Wolfgang Haubrichs, Stuttgart/Weimar 2007 (Zeitschrift für Literaturwissenschaft und Linguistik 147), S. 122–149, besonders S. 138–143; vgl. Tanneberger (Anm. 2), S. 97–99; siehe auch Gert Melville: Die Bedeutung geschichtlicher Transzendenzräume und ihre Kritik. Zum Problem der Plausibilisierung dynastischer Geltungsbehauptungen. In: Transzendenz und die Konstitution von Ordnungen. Hrsg. von Hans Vorländer, Berlin 2013, S. 154–159.

17 Tanneberger (Anm. 2), S. 101.

Gegenwart. Ebenso bestimmte die (mittelalterliche) Gegenwart jedoch das Bild der in der Vergangenheit potentiell auffindbaren bzw. aufgefundenen Vorfahren.

Aus einer politisch-pragmatischen Perspektive bestand die Funktion genealogischer Werke – freilich nicht im heutigen Sinne einer Ahnenforschung, sondern als basales Konzept der Welt- und Geschichtsdeutung und eben auch der Erschließung der Vergangenheit – in der Darstellung einer aktuell bestehenden oder gewünschten Situation[18] als richtig, d.h. der natürlichen/göttlichen Ordnung entsprechend und daher zwangsläufig in ihrem Eintreten. Mittelalterliche Genealogie liefert eine Verankerung der Gegenwart (und Zukunft) in der Vergangenheit sowie gleichzeitig eine Erklärung, warum etwas ist, wie es ist. Genealogien stiften Kontinuität in einer dynastisch strukturierten Vorstellungswelt.

So ging es mit dem Denken der Zeit konform, wenn etwa ein aktueller Machtanspruch einer Dynastie aus deren Qualitäten und Erfolgen der Vergangenheit abgeleitet wurde.[19] Ebenso waren die besonderen Eigenschaften und Qualitäten eines dynastischen Vertreters in der Bezugnahme auf dessen Vorfahren und deren Taten erklärbar – gewissermaßen sogar vorhersagbar. Genau dieses Verständnis bildete die Grundlage für die Akzeptanz von Rückprojektionen eben dieser Merkmale auf (re)konstruierte[20] Vorfahren und somit die Verlängerung der Ahnenreihe in tiefere und damit prestigeträchtigere Schichten der Vergangenheit, die dadurch als Kapital für legitimierende Argumentationen erschlossen werden.

Die schiere Länge dieser im besten Falle lückenlos aufgezeigten Kette mag beeindruckend gewirkt haben. In legitimierenden Diskursen und Praktiken ist jedoch die Verknüpfung von Land, Volk und Dynastie von dominanter Bedeutung für deren potenzielle Wirkung.[21] Die besondere Leistung einer genealogischen Argumentation liegt im Evidentwerden der Untrennbarkeit von Blutslinie und

---

18 Hartmut Esser (Soziologie. Spezielle Grundlagen. Bd. 1: Situationslogik und Handeln, Frankfurt a. M. 2002, S. 65) beschreibt die Definition der Situation als eine schiere Notwendigkeit im Umgang des Menschen mit seiner begrenzten Rationalität und der Überfülle und Komplexität an Informationen.

19 Vgl. zum Matthäus-Effekt oben Lutter (Anm. 11).

20 Aus heutiger Sicht handelt es sich bei diesen Rekonstruktionen um historisch-genealogische Fiktionen oder Fälschungen; vgl. Gerd Althoff: Genealogische und andere Fiktionen in mittelalterlicher Historiographie. In: Inszenierte Herrschaft. Geschichtsschreibung und politisches Handeln im Mittelalter. Hrsg. von Ders., Darmstadt 2003, S. 25–51.

21 Kai Hering/Tobias Tanneberger: Unglaubliche Geschichten? Zur Plausibilisierung von Transzendenzbehauptungen. In: Jenseits der Geltung. Konkurrierende Transzendenzbehauptungen von der Antike bis zur Gegenwart. Hrsg. von Stephan Dreischer u.a., Berlin/Boston 2013, S. 212–232, besonders S. 212.

Amtsfolge.[22] An diesem Punkt wird offenbar, wieso das Genre der Genealogie erst im späten Mittelalter seine eigentliche Blüte erreichte. Die besagten Amtsfolgen bezogen sich auf adlige Herrschaften, die ab dem Hochmittelalter zunehmend in dynastischen Strukturen organisiert waren.[23] Erst vor dem Hintergrund der europaweiten Dynastisierung stellte sich die Frage, wie der Vorrang einzelner Geschlechter herausgestellt und den politisch relevanten Schichten überzeugend vermittelt werden konnte.[24] Das Mittel dazu war die Genealogie.

* * *

Es soll im Folgenden darum gehen, konkrete Plausibilisierungstechniken herauszuarbeiten, die bis dahin für den Diskurs unverfügbare Vergangenheit als Argumentationsressource verfügbar machen sollten, was gleichzeitig eine Unverfügbarstellung[25] dieser Vergangenheit für konkurrierende Ansprüche bedeutete. Den möglicherweise zunächst etwas gewagt wirkenden Ausgangspunkt bildet hierbei eine naturwissenschaftliche Perspektive auf historische Modelle bzw. auf Vorstellungswelten allgemein: STEPHEN HAWKINGS und LEONARD MLODINOWS Konzept des modellabhängigen Realismus:[26]

> Dabei gehen wir von der Überlegung aus, dass unsere Gehirne den Input von unseren Sinnesorganen interpretieren, indem sie ein Modell der Welt anfertigen. Wenn es einem solchen Modell gelingt, Ereignisse zu erklären, billigen wir in der Regel ihm sowie den Elementen und Konzepten, aus denen es besteht, den Status der Wirklichkeit oder absoluten Wahrheit zu. Doch es kann verschiedene Möglichkeiten zur Modellierung ein und derselben physikalischen Situation geben, wobei jeweils verschiedene Elemente und Konzepte verwendet werden. Wenn zwei solche phy-

---

22 Ich beziehe mich hier auf MELVILLES Überlegungen zur Kontamination einer Sukzessionsliste mit dem Blut einer bestimmten Dynastie. Vgl. GERT MELVILLE: Vorfahren und Vorgänger. Spätmittelalterliche Genealogien als dynastische Legitimation zur Herrschaft. In: Die Familie als sozialer und historischer Verband. Untersuchungen zum Spätmittelalter und zur frühen Neuzeit. Hrsg. von PETER-JOHANNES SCHULER, Sigmaringen 1987, S. 203 – 309, hier speziell S. 301, 303.

23 GEORGES DUBY: La société aux XIe et XIIe siècles dans la région mâconnaise, Paris 1953. S. 133 – 171; Jean-PIERRE POLY/ERIC BOURNAZEL/CAROLINE HIGGITT: The feudal transformation, New York/London 1991; CONSTANCE BRITTAIN BOUCHARD: Those of My Blood. Creating Noble Families in Medieval Francia, Philadelphia 2001, besonders S. 175 – 180.

24 HERING/TANNEBERGER (Anm. 21), S. 213.

25 HANS VORLÄNDER: Einleitung. Wie sich soziale und politische Ordnungen begründen und stabilisieren: Das Forschungsprogramm. In: Transzendenz und Gemeinsinn. Themen und Perspektiven des Dresdner Sonderforschungsbereichs 804. Hrsg. von DERS., Dresden 2010, S. 6 – 15, hier S. 10 f.

26 STEPHEN HAWKING/LEONARD MLODINOW: Der große Entwurf. Eine neue Erklärung des Universums, Gütersloh 2010. Den folgenden Ausführungen liegt zum großen Teil eine überarbeitete Version des siebten Kapitels der Monographie TANNEBERGERS (Anm. 2), S. 73 – 95 zugrunde.

> sikalischen Theorien oder Modelle dieselben Ereignisse exakt vorhersagen, lässt sich nicht behaupten, das eine sei realer als das andere, daher steht es uns frei, uns an das praktikablere zu halten.[27]

Auf den mittelalterlich-gelehrten Kontext bezogen besteht dieser Input aus Erfahrungen (mit zeitgenössischen Herrschern), zu einem Großteil aus der Lektüre von Historiographie im weitesten Sinne und dem hauptsächlich religiös geprägten ‚Weltwissen'. Dem Ansatz HAWKINGS und MLODINOWS folgend, wird also das geglaubt, was dem aus diesen Inputs verfertigten Modell oder *Imaginaire* zum einen nicht widerspricht und zum anderen aber eine Erklärleistung birgt. In einer tatsächlichen Konkurrenzsituation zwischen zwei genealogischen Entwürfen würde demnach die Argumentation die Oberhand gewinnen, die entweder den aktuell tatsächlichen Herrscher ‚vorhersagt' oder auf besonders einleuchtende Weise die Eignung des Herausforderers erklärt. Die Autoren benennen neben der im Zitat erwähnten Praxistauglichkeit auch Eleganz als ein Kriterium für ein gutes Modell.[28] Damit ist gemeint, dass eine Theorie, die als (vorläufig) wahr gelten soll, nicht zu viele Ereignisse als Ausnahmen unberücksichtigt lassen sollte oder aber Erklärungsschritte zu kompliziert werden lassen darf. All das trifft auch auf die Plausibilität einer genealogischen Konstruktion zu, die eine positive Wirkung erzielen soll.[29]

Dass diese Plausibilitäts-Wirksamkeits-Relation besonders historiographische Werke mit politischen Ambitionen betraf, leuchtet ein. Dem Vorwurf einer machtpolitischen Fiktion musste von vornherein aktiv entgegengetreten werden, wenn beispielsweise versucht wurde, die Ursprünge einer Dynastie in mythisch-transzendenter Vergangenheit zu verorten.

Wenden wir uns nun konkreten Techniken und Modi zur Steigerung von Glaubhaftigkeit zu. Hierbei soll zunächst die Frage der Intertextualität[30] oder konkreter die schlüssige Einordnung der ‚neuen' Geschichte in den Kosmos der bereits bestehenden Geschichten[31] behandelt werden. Nach knappen Beobachtungen zur

---

27 HAWKING/MLODINOW (Anm. 26), S. 13.

28 HAWKING/MLODINOW (Anm. 26), S. 50 – 52.

29 Zu diesem Aspekt siehe ergänzend die umfangreiche Literatur zu ‚Nachrichtenwerttheorien', z. B. MICHAELA MAIER/KARIN STENGEL/JOACHIM MARSCHALL: Nachrichtenwerttheorie, Baden-Baden 2010.

30 Gemeint ist die Bezugnahme einer Narration auf eine oder mehrere andere. Vgl. zur Diskussion um diesen in der Literaturwissenschaft umstrittenen Begriff MARINA MÜNKLER: Narrative Ambiguität. Die Faustbücher des 16. bis 18. Jahrhunderts, Göttingen 2011, S. 16 – 22.

31 Vgl. zu diesem Komplex ausführlich NORBERT KERSKEN: Mittelalterliche Geschichtsentwürfe in Alt- und Neueuropa. In: Die Geschichtsschreibung in Mitteleuropa. Projekte und Forschungsprobleme. Hrsg. von JAROSŁAW WENTA, Toruń 1999 (Subsidia historiographica 1), S. 111 – 143.

Beglaubigung durch Autoritäten[32] wendet sich die Darlegung dann in breiter diachroner Perspektive etymologischen Überlegungen und insbesondere ihrem Welterklärungspotential zu. Schließlich rücken typologische Verweise, die sich im Rahmen zweier wechselseitig verschränkter Transzendenzbehauptungen[33] als konstitutiv für die Glaubhaftigkeit genealogischer Argumente erweisen, aber auch als Rekurs auf die Gesetzmäßigkeiten der mittelalterlichen Vererbungslehre gelesen werden können, in den Fokus. Parallel werden zudem Fragen der kulturellen Kompatibilität, die ein weiteres Kriterium für Glaubhaftigkeit darstellt, besprochen.

Wollte ein mittelalterlicher Geschichtsschreiber die Authentizität seiner Darstellung nachweisen, so tat er dies zu allererst auf intertextueller Ebene. Der spezielle bzw. neue geschichtliche Stoff musste sich nachvollziehbar oder sogar rechnerisch überprüfbar in die bereits bekannte Weltgeschichte einfügen.[34] Dies konnte etwa durch Querverweise auf synchrone biblische Ereignisse der Heilsgeschichte oder andere als gesichert akzeptierte Begebenheiten, wie zum Beispiel die Geschichte Roms, Trojas[35] oder anderer berühmter Reiche geschehen. Eine auch dem modernen Menschen vertraute Methode stellt die Verortung von zentralen Schlüsselfiguren und -ereignissen in Datierungssystemen dar.[36]

Interessant ist hierbei, dass schon die Entscheidung für oder gegen ein bestimmtes System, d.h. konkret für einen zentralen Bezugs- oder Nullpunkt des Zeitstrahls – wie in der *Genealogia principum Tungro-Brabantinorum*[37] (vgl. Abb. 1)

---

32 Genaugenommen geht es hier eher um Glaubwürdigkeit als um Glaubhaftigkeit (Plausibilität).

33 Cristina Andenna/Gert Melville: Dynastie, Idoneität und Transzendenz. In: Transzendenz und Gemeinsinn. Themen und Perspektiven des Dresdner Sonderforschungsbereichs 804. Hrsg. von Hans Vorländer, Dresden 2010, S. 40–45, hier S. 43.

34 Siehe grundlegend dazu Gert Melville: Kompilation, Fiktion und Diskurs. Aspekte zur heuristischen Methode der mittelalterlichen Geschichtsschreiber. In: Historische Methode. Hrsg. von Christian Meier/Jörn Rüssen, München 1988 (Theorie der Geschichte. Beiträge zur Historik 5), S. 133–153.

35 An der Existenz Trojas wurde im Mittelalter weder in Literatur noch Historiographie gezweifelt. Vgl. ausführlich dazu Kellner (Anm. 2), S. 131–294; Marc-René Jung: Die Vermittlung historischen Wissens zum Trojanerkrieg im Mittelalter, Freiburg/Schweiz 2001 (Wolfgang Stammler Gastprofessur für Germanische Philologie, Vorträge 11), S. 10–34; Gert Melville: Troja. Die integrative Wiege europäischer Mächte im ausgehenden Mittelalter. In: Europa 1500. Integrationsprozesse im Widerstreit – Staaten, Regionen, Personenverbände, Christenheit. Hrsg. von Ferdinand Seibt/Winfried Eberhard, Stuttgart 1987, S. 415–432.

36 Siehe dazu Anna-Dorothee von den Brincken: *Hodie tot anni sunt.* Große Zeiträume im Geschichtsdenken der frühen und hohen Scholastik. In: *Mensura.* Maß, Zahl, Zahlensymbolik im Mittelalter. 1. Halbbd. Hrsg. von Albert Zimmermann, Berlin/New York 1983 (Miscellanea mediaevalia 16,1), S. 192–211, besonders S. 208–210.

37 Siehe zum Werk umfassend Tanneberger (Anm. 2).

die Datierung *a fundatione Tungris civitatis*[38] („nach der Gründung der Stadt Tongeren") – eine Aussage enthält. Denkt man beispielsweise an den ursprünglich aus der Plansprache des Militärs stammenden Ausdruck ‚Stunde Null'[39] im Bezug auf das Jahr 1945[40] oder auch die tatsächlich durchgeführte, politische Kalenderreform nach der französischen Revolution von 1789,[41] so wird dies deutlich. Ein weiteres Beispiel aus der jüngeren Vergangenheit ist die Umbenennung der Zeitrechnung nach Christi Geburt, wie sie unter anderem in den Geschichtsbüchern der DDR vorgenommen wurde. Hier sprach man von Ereignissen ‚vor unserer Zeitrechnung (v.u.Z.)' statt von Ereignissen ‚vor Christi Geburt'. Die Diskussion um eine entchristianisierte Benennung des geläufigen Datierungssystems ist keineswegs beendet.[42] Auf Pro und Contra der Debatte muss hier nicht eingegangen werden. Es sei jedoch – da es für die Argumentation dieses Beitrages von Nutzen ist – darauf hingewiesen, dass auch christlich geprägte Autoren, wenn es konkret um die Datierung der Geburt von Jesus Christus geht, den Ausdruck ‚unserer Zeitrechnung' verwenden, um ein Paradoxon und damit einen Plausibilitätsverlust zu vermeiden.

Mittelalterliche Chronisten bezogen ihre Zeitangaben u. a. auf die Erschaffung der Welt (*annus mundi*), Stadtgründungen wie diejenige von Rom (*ab urbe condita*) oder die Zerstörung Trojas (*anno a destructione Troye*) aber auch auf die Geburt Jesu Christi sowie Herrschafts- bzw. Pontifikatsjahre oder die in der Spätantike eingeführten Indiktionsjahre.

Durch die hohe Rationalität bei der Einordnung einzelner Ereignisse und Personen soll die Glaubwürdigkeit des Werkes in jedem Falle gestärkt werden, auch wenn diese Elemente für sich betrachtet als noch so nebulös, mystisch oder schlicht fragwürdig erscheinen mögen. Dies wird vor allem in besonders ambitionierten Werken deutlich, wie das Beispiel der bereits erwähnten *Genealogia principum Tungro-Brabantinorum* vom Anfang des 16. Jahrhunderts zeigt, welche eine bruchlose Linie von Adam im Paradies bis hin zu Philipp dem Schönen von Brabant († 1506) nachzeichnet, um so dessen Vorrang als Herzog von Brabant vor seinem Vater Maximilian († 1519) zu behaupten.

---

38 Vatikan, Biblioteca Apostolica Vaticana, Reg. lat. 947, fol. 21v, 22r, 22v und öfter.

39 Der Ausdruck bezeichnet allgemein die ausschlaggebende Uhrzeit, zu der eine neuartige Ereigniskette abzulaufen beginnt.

40 Christoph Klessmann: 1945 – welthistorische Zäsur und ‚Stunde Null' Version: 1.0. In: Docupedia-Zeitgeschichte, 15. Oktober 2010 (http://docupedia.de/zg/1945; eingesehen: 06.09.2014).

41 Michael Meinzer: Der französische Revolutionskalender (1792–1805). Planung, Durchführung und Scheitern einer politischen Zeitrechnung, München 1992, besonders S. 164.

42 Vgl. die heute gültige europäische Norm EN 28601 (ISO 8601), die keine Datierung nach oder vor Christi Geburt mehr vorsieht, mit der eigentlich seit September 2006 nicht mehr aktuellen DIN 1355–1.

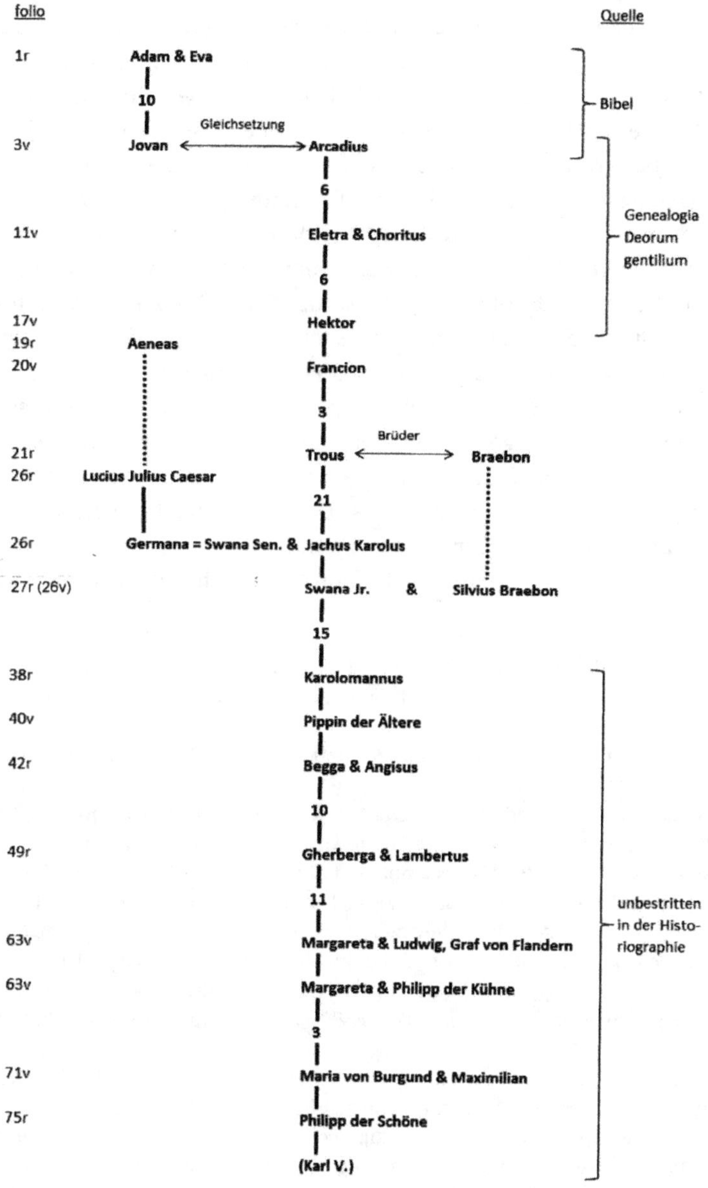

Abb. 1: Grundstruktur der *Genealogia principum Tungro-Brabantinorum* aus dem Codex Vaticanus Reginensis Latinus 947.[43]

43 Gepunktete Linien stehen für behauptete, jedoch im Codex nicht ausführlich dargestellte

Es ist augenfällig, dass Ereignisse der ‚dunkleren' Vergangenheit darin besonders sorgfältig, d. h. multipel, in die verschiedenen zur Verfügung stehenden Datierungssysteme eingebunden und zusätzlich zu einer Vielzahl von Herrschern in anderen Reichen in Bezug gesetzt werden. Etwa ab Caesars Gallien-Feldzug begnügt sich das Werk dann mit schlichten Jahresangaben (*anno dominice incarnationis*) sowie einfachen relativen Datierungen, die auf vorangegangene Herrscher verweisen.[44] Erklärbar wird dieser Sinneswandel dadurch, dass Caesar ein Zeitgenosse des brabantischen Schwanenritters ist, mit welchem die Geschichte der Region traditionell beginnt, wodurch die Quellenlage von nun an viel besser ist.[45] Durch die weit verbreitete Schwanrittersage, ihre Anknüpfung an Julius Caesar und die Verknüpfung beider mit einer Reihe von städtischen Gründungsgeschichten dürfte die Vergangenheit dem Schreiber und seinen Rezipienten von da an weniger nebulös erschienen sein.[46] Im vierten Jahrhundert betreten schließlich die Franken unter Priamus sowie später Marchomir und Pharamund die Bühne des Geschehens. Der spätmittelalterliche Historiograph kann diese Ereignisse in den einflussreichen Quellen zur fränkischen Geschichte verifizieren, wie der Fredegar-Chronik[47] und der sich auf diese Tradition stüt-

---

Abstammungen, wohingegen die Ziffern zwischen den durchgezogenen Linien die jeweilige Anzahl der im vorliegenden Schema nicht dargestellten Glieder der Ahnenreihe angeben (vgl. TANNEBERGER [Anm. 2], S. 38).

44 Siehe die ausführliche Liste der Datierungen und Verweise in TANNEBERGER (Anm. 2), S. 77–81.

45 Vgl. aus dem 15. Jahrhundert z.B. Heraut Beyeren: *Die Hollantsche cronike* (Brüssel, Koninklijke Bibliotheek, cod. 5753–59). *Die Korte kroniek van de graven van Vlanderen* (Utrecht, Stadtbibliothek, Nr. 56, S. 169–178) beginnt mit Julius Caesar. Die Bischofs und Herrscherlisten in Brüssel, Koninklijke Bibliotheek, cod. 7978–79, ab fol. 237v beginnen ebenfalls größtenteils um die Zeitenwende. Vgl. auch die zahlreichen Handschriften von späteren Werken: *Chronique de Brabant en flamand* (16. Jh., Brüssel, Koninklijke Bibliotheek, cod. 10247 und ebd., cod. 5700–3); *Chronique Liégeois de 1402* (16. Jh., Brüssel, Koninklijke Bibliotheek, cod. 3802–7); *Chronique de Liége jusqu'en 1280* (17. Jh.; Brüssel, Koninklijke Bibliotheek, cod. 10324).

46 Siehe dazu umfassend JAN FREDERIK DAVID BLÖTE: Das Aufkommen der Sage von Brabon Silvius, dem brabantischen Schwanritter, Amsterdam 1904 (Verhandelingen der Koinklijke Akademie van Wetenschappen te Amsterdam. Letterkunde. Nieuwe Reeks V/4); Nachdruck Wiesbaden 1967; sowie die aktuellere Forschung in TOM HAGE: Van Zwanen und Trojanen. Laatmiddeleeuwse origografie in Noord-Brabant. In: Cultuur in het laatmiddeleeuwse Noord-Brabant. Literatuur – boek-productie – historiografie. Hrsg. von ARNOUD-JAN A. BIJSTERVELD/JAN A. F. M. VAN OUDHEUSDEN/ROBERT STEIN, 's-Hertogenbosch 1998, S. 75–88 und WIM VAN ANROOIJ: Zwaanridder en Historiogrfie bij Hennen van Merchtenen. In: Spiegel der letteren 36 (1994), S. 279–306.

47 *Fredegarii et aliorum Chronica. Vitae sanctorum.* Hrsg. von BRUNO KRUSCH, Hannover 1888 (MGH Scriptores rerum Merovingicarum 2), S. 1–237. Vgl. auch den *Liber historiae Francorum*, der

zenden *Chronica nobilissimorum ducum Lotharingiae et Brabantiae ac regum Francorum* Edmond de Dynters.[48] Das heißt, dass ab dem Eintreffen der Franken am Rhein eine bereits etablierte Tradition als Bezugspunkt dienen kann. Das Plausibilitätsdefizit kann nun durch die beinahe durchgängig parallele Abhandlung brabantischer und fränkischer Geschichte ausgeglichen werden.[49]

Zusätzliche Erklärleistungen werden allgemein erwartet, wenn eine Argumentation vom Wissen der Rezipientenschaft abweicht oder mit dem Nichtvorhandensein von Vorwissen rechnen muss. Ein nicht zu unterschätzendes Merkmal dieser Einbindungs- oder Einordnungsformen des Stoffes in die Weltgeschichte bzw. den Lauf der Zeit ist daher ihre Visualisierbarkeit in Tabellen, Stammbäumen und Synopsen. Sichtbares ist tendenziell leichter zu vermitteln und eher glaubhaft zu machen.

Auf textimmanenter Ebene finden sich eine Reihe weiterer Plausibilisierungswerkzeuge. Zunächst ist an dieser Stelle die Berufung auf vermeintlich autorisiertes Wissen zu nennen, die auch ein Merkmal moderner Forschungsarbeiten ist. Es ist hierbei – im Gegensatz zur modernen Forschung – allerdings weniger üblich die tatsächlich verwendeten Werke als Quelle anzugeben. Oft finden sich stattdessen nur die aus diesen übernommenen Nachweise.

Den vielleicht im Mittelalter bedeutendsten Plausibilisierungsmodus stellen etymologische Argumentationen respektive (Pseudo-)Etymologisierungen dar. Die Absicht zu täuschen ist allerdings keinesfalls als sicher anzusehen. Es ist wahrscheinlicher, dass die vermeintlichen Konstrukteure derartiger weit ins Unbekannte ausgreifender Werke sich als Rekonstrukteure verstanden haben. Da ihnen jedoch weder moderne Textkritik noch historische Sprachwissenschaft[50] zu Diensten sein konnten, waren Fehler unvermeidlich.[51] Diese Probleme, die vor allem beim Übertragen von Inhalten von einer in eine andere Sprache auftreten, nennt die Linguistik ‚semantische Interferenz'. Es ist zu konstatieren, dass diese Plausibilisierungswerkzeuge nicht ausschließlich dazu dienen, andere zu überzeugen, sondern auch dem Versuch entspringen können, selbst zu verstehen. Um das ‚Verführungspotential' etymologischer Erklärungen zu verdeutlichen, sei an

---

mehr Informationen zu dieser Zeit bietet (ebd., S. 215 – 328). Siehe dazu Roger Collins: Die Fredegar-Chroniken, Hannover 2007 (MGH Studien und Texte 44).

48 Edmond de Dynter: *Chronica nobilissimorum ducum Lotharingiae et Brabantiae ac regum Francorum*. Hrsg. von Pierre Francois Xavier de Ram, 3 Bde., Brüssel 1854 – 1860.

49 Vgl. Vatikan, Biblioteca Apostolica Vaticana, Reg. lat. 947, fol. 34r – 48v.

50 Zum Aufkommen philologischer und historischer Textkritik ab der Mitte des 16. Jahrhunderts vgl. Quentin Skinner: The foundations of modern political thought. Bd. 1: The Renaissance, Cambridge 1994, S. 201 – 238.

51 Man denke an die sogenannten ‚falschen Freunde' beim Erlernen von Fremdsprachen.

dieser Stelle betont, dass die Verknüpfung von herausragenden, besonders potenten Persönlichkeiten mit der Gliederung geographischer oder herrschaftlicher Räume keineswegs eine nur im Mittelalter anzutreffende Denkfigur ist.[52] Die Vorstellung, dass Landstriche, Flüsse, Gebirge oder Städte nach Erstsiedlern, Gründern, Herrschern oder deren großen Taten benannt werden, zeigt sich vielmehr in einer Vielzahl von Quellen aus allen Epochen der dokumentierten Menschheitsgeschichte. Geläufige Beispiele finden sich in der Bibel, wo Personennamen oft Völkernamen prägen, welche dann auf deren Siedlungsgebiet übergehen. Auch ein Großteil des Genres der Volkssage erklärt Ortsnamen auf diese Weise. In der griechischen Gelehrtenwelt ist diese Tradition bereits seit dem achten vorchristlichen Jahrhundert greifbar, wo der Geschichtsschreiber Hesiod Völkerschaften wie zum Beispiel den Hellenen, Makedoniern und Graikoi eine Benennung nach Heroen zuschrieb.[53]

Bei den Reformen des Kleisthenes (508 und 507 v. Chr.), die den Einfluss des Adels zurückdrängen, aber auch Adel und restliche Bevölkerung zusammenführen sollten, wurde sogar bewusst auf den integrativen, Gemeinsinn stiftenden Effekt rekurriert, der durch eine Benennung von Regionen nach Heroen ausgelöst wird. Um den Bezug der Bevölkerung zur neuen Gliederung Athens herzustellen, wurden die zehn neu geschaffenen Phylen[54] nach bekannten Helden – den daher sogenannten Eponymen – benannt. Aristoteles, der über diese Reform berichtet, beschreibt zwei grundlegende Namensgebungspraktiken: die Benennung nach Gründer- oder Heldenfiguren und die Übernahme des Althergebrachten, wobei letzteres sich mittelbar durchaus ebenso auf einen *heros eponymos* zurückführen lassen kann.[55]

---

52 Kersken (Anm. 31), S. 125 f. sieht in der „Rückführung von geschichtlichen Gemeinschaften auf namengebende Ahnherren" eines der wichtigsten Elemente mittelalterlichen Abstammungsdenkens. Vgl. Frank Louis Borchardt: German Antiquity in Renaissance Myth, Baltimore 1971.

53 Hesiod: The Shield. Catalogue of Women. Other Fragments. Hrsg. und übersetzt von Glen W. Most, Cambridge, Mass./London 2007 (LCL 503), S. 42–47; weitere Beispiele in Übersicht bietet Martin L. West: The Hesiodic Catalogue of Women. Its Nature, Structure, and Origins, Oxford 1985, S. 53, 173.

54 Phylen sind Verwaltungseinheiten und Militärbezirke. Die von diesen zu stellenden Heeresverbände werden ebenfalls als Phylen bezeichnet.

55 Vgl. Aristoteles: The Athenian Constitution. Übersetzt von Sir Frederic G. Kenyon, Kap. 21. In: The Internet Classics Archive: http://classics.mit.edu/Aristotle/athenian_const.html; eingesehen: 08.05.2012.

In Platons *Kritias*,[56] in dem die Aufteilung der Erde unter den Göttern und insbesondere die Gliederung von Atlantis thematisiert werden, sind alle der erklärten Reichsnamen von ihren ersten Herrschern abgeleitet. Wie dominant – und damit plausibel – dieses Denken war, zeigt sich besonders am Beispiel des Eumelos, des Zwillingsbruders des Atlas: Eumelos wird als *heros eponymos* des Landes benannt, das in Richtung der Säulen des Herkules liegt und welches „jetzt das gadeirische heißt". Dieser Gegend „gab er auf Griechisch den Namen Eumelos, in der Landessprache aber Gadeiros, und just dieser Name dürfte diese Bezeichnung (des Gebiets) veranlasst haben".[57] Eine andere Wurzel für die Benennung außer nach dem Namen des ersten Herrschers scheint nicht denkbar für den Urzustand. Sogar der Umweg über eine Übersetzung des Eigennamens wird in Kauf genommen, um diesem Prinzip gerecht zu werden.[58]

In der römischen Antike pflegte man einen differenzierten und kritischen Umgang mit göttlich-übersinnlichen Gründungsmythen.[59] Dieser ist im Mittelalter jedoch nicht mehr nachweisbar. Euhemerismen[60] und auch sonstige Umdeutungen der Abkünfte von Nicht-Menschen im späten Mittelalter[61] dienten der Erhöhung der Glaubwürdigkeit der Text-Gattung der Genealogie und natürlich auch einer Anpassung an die christliche Weltanschauung. Diese Art der Auseinandersetzung führte nicht zu einem Zweifel an der Glaubwürdigkeit von genealogischen Herleitungen insgesamt, wie die hohe Anzahl und Vielfalt derartiger Werke belegt. Man kann also festhalten, dass ein überliefertes Herkunftsmodell mit neuen kulturellen Erfordernissen konfrontiert war und möglicherweise in

56 Platon: *Kritias*. Übersetzung und Kommentar. Hrsg. von Heinz-Günther Nesselrath (Platon Werke VIII, 4), Göttingen 2006.

57 Platon (Anm. 56), S. 20, 114b.

58 Weitere Beispiele bietet: Sabine Müller: Inventing traditions. Genealogie und Legitimation in hellenistischen Reichen. In: Genealogisches Bewusstsein als Legitimation. Inter- und intragenerationelle Auseinandersetzungen sowie die Bedeutung von Verwandtschaft bei Amtswechseln. Hrsg. von Hartwin Brandt/Katrin Köhler/Ulrike Siewert, Bamberg 2009, S. 61–82.

59 Vgl. dazu Wiseman (Anm. 14), S. 153–164.

60 Klaus von See: [Art.] Euhemerismus. In: LMA 4 (1989), Sp. 86–91.

61 Vgl. neben den euhemerisierten griechisch-römischen Göttern auch die Bedeutungsverschiebungen in der Schwanrittersage. Dazu ausführlich Blöte (Anm. 46). Vgl. auch den Eingangssatz der aus dem späten 15. Jahrhundert stammenden *Cronica de origine ducum Brabancia: Quoniam de ducibus Brabantiae multa fabulosa narrantur, scilicet quod cum cygno venerunt, propono meram aperire veritatem de eorum origine et successione. Nam ea quae de cygno dicuntur mendosa sunt.* (Brüssel, Koninklijke Bibliotheek, cod. II 2321, fol. 1; ebd., cod. 3802–7, fol. 250; ebd., cod. 17026, fol. 1).

Ermangelung einer Alternative, derartig erweitert oder geändert wurde, sodass es weiter als der Wahrheit entsprechend angesehen werden konnte.[62]

Verantwortlich für die Zementierung dieser Entwicklung ist in gewisser Weise Isidor von Sevilla († 636) und im speziellen der Erfolg seines umfangreichsten und einflussreichsten Werkes, den *Etymologiae*.[63] Das Defizitäre – und gleichzeitig die besondere Leistung – seines Werkes wird verständlich, wenn man bedenkt, dass ihn sechs Jahrhunderte, die insgesamt betrachtet durch intellektuellen Verfall[64] gekennzeichnet waren, von Plinius dem Älteren,[65] seinem Vorgänger im Bereich der Enzyklopädik, trennen. Nach Isidor vergehen wiederum zwei Jahrhunderte bis Hrabanus Maurus sich an einer erweiterten Neuausgabe der Enzyklopädie[66] versucht. Diese Distanz zur gelehrten Antike, die Ausnahmestellung des Werkes in seiner Zeit und nicht zuletzt die Autorität Isidors als letztem Kirchenvater erklären die enorme Prägekraft der *Etymologiae* auf das Mittelalter. Die Anzahl von mehr als 1000 heute noch erhaltenen Handschriften der immerhin 20 Bücher umfassenden und darum nur sehr aufwendig kopierbaren Etymologien Isidors spricht für sich.[67] Es soll hier genügen festzuhalten, dass dieses Werk zu den populärsten des Mittelalters überhaupt zählt und auch darüber hinaus vielfältig rezipiert wurde, wie die wiederholten Druckausgaben seit 1472 belegen.[68]

---

62 Sehr anregend zum Thema des Adaptionspotentials und zur Weiterentwicklung von Erklärungsmodellen: HAWKING/MLODINOW (Anm. 26), S. 50–53.

63 *Isidori Hispaliensis episcopi etymologiarum sive originum libri XX.* Hrsg. von WALLACE M. LINDSAY, 2 Bde., Oxford [5]1971; The Etymologies of Isidore of Seville. Übersetzt von STEPHEN A. BARNEY u. a., Cambridge 2006; Die Enzyklopädie des Isidor von Sevilla. Übersetzt und mit Anm. versehen von LENELOTTE MÖLLER, Wiesbaden 2008.

64 Es werden vor allem für den Zeitraum ab dem Untergang des weströmischen Reiches enorme Verlustraten (z. B. 90 % der griechisch-klassischen Literatur; vgl. MICHAEL H. HARRIS: A History of Libraries in the Western World, Lanham 1995, S. 51) angenommen; siehe auch LEIGHTON D. REYNOLDS/NIGEL G. WILSON: Scribes and Scholars. A Guide to the Transmission of Greek and Latin Literature, Oxford [3]1991, S. 79–92.

65 Pliny the Elder: Themes and Contexts. Hrsg. von ROY GIBSON/RUTH MORELLO, Leiden 2011.

66 MECHTHILD DREYER: Enzyklopädie und Wissensraum. *De rerum naturis* des Hrabanus Maurus. In: Archa Verbi 4 (2007), S. 127–141.

67 UDO KINDERMANN: Isidor von Sevilla (560–636 n. Chr.). In: Lateinische Lehrer Europas. Fünfzehn Portraits von Varro bis Erasmus von Rotterdam. Hrsg. von WOLFRAM AX, Köln 2005, S. 273–290, hier S. 278; vgl. auch REINHARD TENBERG: [Art.] Isidor von Sevilla. In: Biographisch-Bibliographisches Kirchenlexikon. Bd. 2, Herzberg 1990, Sp. 1374–1379 (http://www.uni-koeln.de/~ahz26/edition/oisidor.htm; eingesehen: 09.09.2014); siehe ferner: La réception d'Isidore de Séville durant le Moyen Âge tardif (XIIe-XVe s.). Hrsg. von JACQUES ELFASSI/BERNARD RIBÉMONT. In: Cahiers de recherches médiévales et humanistes 16 (2008) (=http://crm.revues.org/10712 (eingesehen: 17.09.2014).

68 Enzyklopädie (Anm. 63), S. 16: „Gedruckt wurde das Werk erstmals von G. Zainer in Augsburg 1472 und von J. Mentelin in Straßburg 1473, von K. Winters in Köln 1478, von J. Amerbach in Basel

Ob die jeweiligen Urheber konkreter Genealogien Zugriff auf Isidors Enzyklopädie hatten oder nicht, muss hier nicht beurteilt werden. Doch ihre Werke können als Beleg dafür gelten, dass diese ‚etymologische' Art zu denken im ausgehenden Mittelalter noch verbreitet war. Isidor von Sevilla hatte jedoch ein ganz anderes Verständnis von dem, was Etymologie ist und zu leisten vermag, als die heutige Sprachwissenschaft. Das Grundprinzip hierbei paraphrasiert UDO KINDERMANN wie folgt:

> Wenn Du in einem Wort etwas Wahres über das mit dem Wort bezeichnete Objekt erkennen willst, dann überprüfe den Ursprung des Objekts, oder seine Wirkung oder das Gegenteil davon darauf, ob Du sprachliche und/oder sachliche/inhaltliche Ähnlichkeiten zwischen Wort und Sache findest.[69]

Erkenntnisse die so – also über die Sprache – gewonnen wurden, standen höher und galten als tiefgründiger und wissenschaftlicher als solche, die sich auf anderem Wege erarbeiten ließen.[70] Dies sollte man vor Augen haben, wenn es darum geht, das argumentative Potential einer Genealogie, die sich mittels eines eponymen Spitzenahns[71] an ein Herrschaftsgebiet bindet, zu bewerten.

Ein weiteres, ungleich aufwendigeres Problem – abgesehen vom Auffinden eines geeigneten und potenten Spitzenahns – vor dem ein Verfasser einer Genealogie steht, ist die Konstruktion der Linie vom Anfang bis hin zum zeitgenössischen Herrscher bzw. Aspiranten auf die Macht. Diese Ahnenreihe gewinnt ihre Plausibilität vor allem durch typologische Verweise der einzelnen Glieder auf den oder die Spitzenahnen. Diese Verweisstrukturen können – wie bereits erwähnt – als argumentativer Kern einer Genealogie bezeichnet werden. Durch die Konstanz der guten Eigenschaften der Ahnen ließ sich nämlich deren Verwandtschaft untereinander und mit dem aktuellen Herrscher gemäß mittelalterlicher Verer-

---

1489, von P. Loslein in Venedig (1483), von B. Locatello in Venedig (1493), von G. Wolf und T. Kerver (1499)."

69 KINDERMANN (Anm. 67), S. 283 f.; vgl. auch Enzyklopädie (Anm. 63), S. 13: „Isidor sucht den Wörtern durch Definition, Analogie und Unterscheidung auf den Grund zu gehen. Er erklärt Wörter durch Ableitung, aus ihrem Gegenteil, aus dem Klang, nach dem Urheber der Sache sowie aus anderen Ursprüngen."

70 KINDERMANN (Anm. 67), S. 284.

71 Als ‚Spitzenahn' wird von der Forschung gemeinhin der Begründer oder die Begründerin einer bestimmten genealogischen Linie bezeichnet. Vgl. zu diesem Terminus KARL HAUCK: Haus- und sippengebundene Literatur. In: Mitteilungen des Instituts für Österreichische Geschichtsforschung 62 (1954), hier S. 126; vgl. auch PETER CZERWINSKI: Gegenwärtigkeit. Simultane Räume und zyklische Zeiten. Formen von Regeneration und Genealogie im Mittelalter, München 1993, S. 313–316.

bungslehre ‚beweisen' oder zumindest glaubwürdig machen. Gleichermaßen gelingt so die synergetische Verschmelzung zweier Arten von legitimationsstiftenden Transzendenzbehauptungen:

Die erste Form der Transzendenzbehauptung ist eine genealogisch exakt und lückenlos nachgewiesene und konsistent dargestellte Kontinuität eines Herrschergeschlechtes. Die korrekte, vollständige und – vom kulturellen Wissen der Rezipienten ausgehend – plausible Gesamtdarstellung der Ahnenreihe ist hier notwendige Bedingung für die Überzeugungskraft der aufgestellten Behauptung.[72] Der Durchgang durch die Stationen der Genealogie qualifiziert überdies das Geschlecht auf spezifische Art und Weise, da immer wieder Entscheidungen für (bzw. gegen) den einen oder anderen Zweig der Vorfahrenschaft getroffen werden müssen. Als Paradebeispiel kann die immer deutlicher werdende Bindung eines Geschlechtes an ein Volk und ein originäres Herrschaftsgebiet angesehen werden, womit gleichzeitig eine Negierung oder zumindest Unterdrückung anderer Herkunftsgeschichten einhergeht.[73] Diese Form der Transzendenzbehauptung kann man in Abgrenzung zur nachfolgend vorgestellten als ‚gebunden' bezeichnen.

Die zweite Art der Transzendenzbehauptung ist die ‚virtuelle' Ansippung an modellhafte Gestalten der Vergangenheit, d. h. die allegorische Gleichsetzung von Herrschaftsträgern mit Leitfiguren.[74] Dies kann zum einen durch die Herausstellung der Ähnlichkeit in bestimmten Tugenden evoziert werden, zum anderen aber durch die Bezeichnung eines Herrschers beispielsweise als ‚zweiter David'[75] oder auch die Charakterisierung einer Stadt als zweites Rom (Aachen) oder neues Troja (Xanten/Trier).[76] Auch die Praxis der Wahl eines Papstnamens, durch die sich ein

---

72 Vgl. ANDENNA/MELVILLE (Anm. 33), S. 43.

73 Siehe die auf diese Art der Transzendenzbehauptung fokussierte Darstellung in TOBIAS TANNEBERGER: Die historiographischen Konstruktionen in der *Genealogia principum Tungro-Brabantinorum* im Vergleich. In: Mémoires conflictuelles et mythes concurrents dans les pays bourguignons (ca. 1380 – 1580). Hrsg. von JEAN-MARIE CAUCHIES, Turnhout 2012 (Publications du Centre Européen d'Etudes Bourguignonnes [XIVe – XVIe s.] 52), S. 188 – 191. Vgl. auch grundlegend hierzu MELVILLE (Anm. 22).

74 Vgl. ANDENNA/MELVILLE (Anm. 33), S. 44.

75 Siehe dazu HUBERT HERKOMMER: Typus Christi – Typus Regis. König David als politische Legitimationsfigur. In: König David – biblische Schlüsselfigur und europäische Leitgestalt. 19. Kolloquium (2000) der Schweizerischen Akademie der Geistes-und Sozialwissenschaften. Hrsg. von WALTER DIETRICH/HUBERT HERKOMMER, Freiburg 2003, S. 383 – 436.

76 Vgl. INGO RUNDE: *Troia sive Xantum.* Zu der Entstehung einer (ost-)fränkischen Troiasage und ihrer Bedeutung für die Kontinuitätsproblematik im Xantener Raum. In: Mittelalter an Rhein und Maas. Beiträge zur Geschichte des Niederrheins, Festschrift Dieter Geuenich. Hrsg. von UWE LUDWIG/THOMAS SCHILP, Münster 2004 (Studien zur Geschichte und Kultur Nordwesteuropas 8), S. 9 – 25; ILSE HAARI-OBERG: Die Wirkungsgeschichte der Trierer Gründungssage vom 10. bis

neuer Pontifex gegebenenfalls in die Tradition eines Amtsvorgängers zu stellen vermochte,[77] und die besondere Pflege von Leitnamen in Dynastien sind in diese Kategorie des Über-sich-selbst-Hinausweisens (Transzendierens) zu zählen. Wichtiges Unterscheidungsmerkmal zur oben beschriebenen Art der Transzendenzbehauptung ist das Fehlen einer expliziten genealogischen Verbindung zwischen der Leitfigur und ihrer Verkörperung durch die Zeit. Eine Analogie dazu lässt sich im Genre der Heiligenvita erkennen, in dem sehr wohl auf bereits etablierte Heilige und auch Christus rekurriert, jedoch keine direkte oder gar verwandtschaftliche Beziehung zwischen diesen behauptet wird. Auf weltlicher Seite findet sich eine Entsprechung in der Panegyrik, aber auch in bildlichen oder figürlichen Darstellungen.

Im mittelalterlichen Denken sind diese beiden Modi der Legitimationsstiftung meist nicht voneinander zu trennen,[78] in der bereits angesprochenen *Genealogia principum Tungro-Brabantinorum* erscheinen sie jedoch nahezu idealtypisch gemäß der exklusiven Begründung von Eignung zur Herrschaft in Brabant verbunden. Die plausible Einreihung eines zum Beispiel trojanischen Helden in die Ahnenreihe einer Dynastie, also seine Inanspruchnahme und Verfügbarmachung für die Anreicherung des Blutes der tungrisch-brabantischen Sippe, entzieht diesen im selben Schritt auch anderen Dynastien. Diese nun nicht mehr ‚virtuelle' Ansippung wird zum einen durch die Wieder-Aufnahme von Leitnamen verdeutlicht. In der *Genealogia principum Tungro-Brabantinorum* (aber auch in zahlreichen anderen Werken) werden zunächst trojanische Namen aufgegriffen, um eine nicht bereits durch gesicherte, d. h. mit Autorität ausgestattete Quellen abgedeckte Zeit mit Vorfahren zu bevölkern. So finden wir die Priamus-Hektor-Sequenz[79] im zweiten Jahrhundert nach dem Fall Trojas wieder, Beinamen wie *Silvius* und *Eneas*[80] sogar noch im letzten Jahrhundert vor der Zeitenwende. Das Verständnis das diesem Vorgehen zugrunde liegt, wird später bei jenem *Priamus*,

---

15. Jahrhundert, Bern 1994 (Europäische Hochschulschriften. Reihe 3: Geschichte und ihre Hilfswissenschaften 607).

77 Die Verleihung eines neuen Namens am Pontifikatsbeginn wurde seit dem 10. Jahrhundert üblich. Siehe Friedrich Krämer: Über die Anfänge und Beweggründe der Papstnamenänderungen im Mittelalter. In: Römische Quartalschrift für christliche Altertumskunde und Kirchengeschichte 51 (1956), S. 148 – 188.

78 Vgl. dazu auch Kilian Heck/Bernhard Jahn: Einleitung. Genealogie in Mittelalter und Früher Neuzeit. Leistungen und Aporien einer Denkform. In: Genealogie als Denkform in Mittelalter und Früher Neuzeit. Hrsg. von Dies., Tübingen 2000, S. 1 – 13, hier S. 5 – 7.

79 Vatikan, Biblioteca Apostolica Vaticana, Reg. lat. 947, fol. 20v.

80 Siehe Vatikan, Biblioteca Apostolica Vaticana, Reg. lat. 947, fol.26v die Brüder Silvius Braebon und Eneas Braebon. Ihr Vater ist Braebon, ihr Onkel heißt Priamos. Vgl. ebd. fol. 30r (*Julius Braebon*) und fol. 30v (*Octavius Braebon*).

der seit Fredegar[81] den Beginn der fränkischen Ahnenreihe darstellt, explizit formuliert:

> *Iste Priamus dux Cycambrenorum genus et nomen trahens a Priamo rege magno, sub quo Troya eversa fuit tempore huius Marsiandi regnavit in Cycambria atque Pannonia.*[82]
>
> Dieser Priamus, Führer der Sikambrier, der Geschlecht und Namen vom mächtigen König Priamus herleitet, unter welchem Troja vernichtet worden war, regierte zur Zeit dieses Marsiandus in Sikambria und Pannonien.

Auch die Namen der römisch(-arkadischen) Julier, wie *Julius* und *Octavianus*[83] werden vereinnahmt. Etwa zur gleichen Zeit taucht auch der Name *Karolus* (*Karlus*) erstmals auf – und zwar als Beiname, der an die Tugend der Gerechtigkeit geknüpft ist.[84] Die Gleichnamigkeit von Herrschern kann hier als eine besondere Form der Zuschreibung von Ähnlichkeit und damit der Zuordnung zu einer Leitfigur gelten, wodurch der Name zum Typus wird.

Das Wieder-Auftreten der besonderen Tugenden oder Fähigkeiten der frühen Spitzenahnen in den späteren Gliedern der Ahnenkette macht nun nicht nur die Verwandtschaft all dieser Herrscherfiguren plausibel, sondern führt außerdem dazu, dass die Kette um weitere Spitzenahnen – im Sinne von Gründerfiguren – angereichert wird.[85] Auch *Karolus Hasba*,[86] einer der in der Quelle am spätesten datierten Herzöge unter den in der Forschung nicht als real akzeptierten, wird als *heros eponymos* (Haspengau) eingeführt. Gleichzeitig wird durch den Doppelnamen die Überleitung in den Höhepunkt der genealogischen Reihung angekündigt: das Aufgehen der Dynastie in den pippinidisch-karolingischen Hausmeiern, Königen und Kaisern ab dem Anfang des 7. Jahrhunderts.[87] Mit dem Haspengau ist ferner eine Region eingeführt, in der die Pippiniden später die Macht innehatten, was als weiterer Beleg für die Glaubwürdigkeit der dargestellten Abstammungslinie gelten konnte.

---

81 Siehe zum Autor Collins (Anm. 47).

82 Vatikan, Biblioteca Apostolica Vaticana, Reg. lat. 947, fol. 33ra.

83 Vgl. Vatikan, Biblioteca Apostolica Vaticana, Reg. lat. 947, fol. 27v *Octavianus Rex* und *Octavianus Imperator* als Zeitgenossen und Verwandte.

84 Vatikan, Biblioteca Apostolica Vaticana, Reg. lat. 947, fol. 26ra *Godfredus Karle cognominatus*; vgl. auch ebd. fol. 26ra *Jachus Karolus*; fol. 28r *Karolus*; fol. 34v *Karolus pulcher*; fol. 36r *Karolus cum parvo naso*; fol. 37r *Karolus Hasba*; fol. 38r *Karolomannus*.

85 Siehe zum „‚magischen' Wiederaufruf der Gründertat" in der mittelalterlichen Epik besonders Czerwinski (Anm. 71), S. 317 f.

86 Vatikan, Biblioteca Apostolica Vaticana, Reg. lat. 947, fol. 37r.

87 Vatikan, Biblioteca Apostolica Vaticana, Reg. lat. 947, fol. 40v – 48v.

Insgesamt zeigen die hier angeführten Beispiele, wie in Zeiträumen ohne zur Bezugnahme zwingende Alternativquellen das mittelalterliche Verständnis einer vererbungstechnisch konsistenten Ahnenreihe besonders deutlich herausgearbeitet werden konnte. Die Verwurzelung des Herrschergeschlechtes im Raum bzw. die Erschließung des Raumes durch die Dynastie prädestiniert diese außerdem für die Herrschaft in eben diesem Raum. Dass quasi nebenbei eine Reihe von Städten und Landschaften Ursprungssagen geliefert bekamen, ist ein Nebeneffekt, der für die positive Aufnahme eines derartigen Werkes sorgen konnte.[88]

* * *

In einer legitimierenden Argumentation wird nicht offenkundig ‚rückwärts' gedacht, auch wenn der mittelalterliche Genealoge seine Methode als re-konstruierend versteht, da sie ihm mittels Rückprojektion akzeptierter Gesetzmäßigkeiten (wie Vererbung und Namensgebung von Orten und Söhnen) die Verfügbarmachung von bis dahin unverfügbarer Vergangenheit ermöglicht. Dieses Denken – ob nun bewusst als Methode eingesetzt oder unbewusste Prägung des Vorstellbaren – ist anschlussfähig an die These des Politikwissenschaftlers PHILIP MANOW, der in Umkehrung des Ansatzes CARL SCHMITTS[89], die Ansicht vertritt, dass „jede Zeit mythische Überzeugungen hat, die ihrer politischen Ordnung entsprechen".[90]

Vordergründig verläuft die Argumentation jedoch so, dass Referenzen auf Leitfiguren in der weit entfernten Vergangenheit aufgefunden werden; diese Erstverweise können dabei direkte Erwähnungen bekannter Heroen als auch Vorfahren mit Eigenschaften sein, welche an besagte Helden erinnern. Diese Spitzenahnen prädisponieren ihrerseits spätere, in der Historiographie bereits etablierte Protagonisten, in denen sich das Erfolgsmodell – das Merkmalbündel, welches die Leitfigur charakterisiert – aktualisiert und bestätigt, sodass es im Fortschreiten der Geschichte nur noch schwer anfechtbar scheint.[91] Dieses Verständnis von der Welt ist moderner als man meinen möchte. In gewisser Weise erscheint es analog zu einem Theorem von René Descartes († 1650), dem Be-

88 Siehe dazu ausführlich TOBIAS TANNEBERGER: Land und Genealogie. Das Identifikations- und Legitimationspotential des Raumes in der *Genealogia principum Tungro-Brabantinorum*. In: Idoneität (Anm. 3).

89 CARL SCHMITT: Politische Theologie. Vier Kapitel zur Lehre von der Souveränität, Berlin ^{7}1996, S. 51 f.

90 Vgl. PHILIP MANOW: Im Schatten des Königs. Die politische Anatomie demokratischer Repräsentation, Frankfurt a. M. 2008, besonders S. 12 f.

91 Dies ist wiederum mit der Sichtweise SCHMITTS vergleichbar, welche besagt, dass der Mythos die politische Ordnung prägt; SCHMITT (Anm. 89), S. 41 – 55 und da konkret S. 51 f.

gründer des modernen frühneuzeitlichen Rationalismus, zu sein, der erstmals formulierte, dass man eine Voraussage über den Zustand eines Systems zu einer bestimmten späteren Zeit treffen kann, wenn man Anfangsbedingung und Regeln des Systems kennt. Das wiederum bedeutet im Umkehrschluss, dass man ein System mit Hilfe der Gesetze auch in die Vergangenheit zurückverfolgen kann.[92] Akzeptanz stellt sich dabei durch die beiden Formen der Transzendenzbehauptungen in ihrer wechselseitigen Verschränkung ein, nämlich über die suggerierte Evidenz der herausragenden Eigenschaften einerseits und ihrer Weitergabe in der Generationenfolge andererseits. Nicht zuletzt gewann eine Genealogie auch dadurch an Überzeugungskraft, dass der in ihr vorhergesagte und als besonders geeignet dargestellte Herrscher, die in ihn gesetzten Erwartungen erfüllte.

Lektürehinweise:
2. Althoff 2003 (20); Bouchard 2001 (23); von den Brincken 1983 (36); Heck 2002 (15); Kersken 1999 (31); Melville 1987 (5); Melville 1987 (22); Tanneberger 2012 (73).
3. Genealogie als Denkform 2000 (78); Hering/Tanneberger 2013 (21); Idoneität 2014 (3); Kellner 2004 (2); Melville 1988 (34); Tanneberger 2012 (2).

92 Hawking/Mlodinow (Anm. 26), S. 29f.

Europäische Chroniken

Sverre Bagge

Skandinavische Chroniken (1100 – 1500)

In Skandinavien nahm die Geschichtsschreibung im späten 11. und frühen 12. Jahrhundert ihren Anfang. Sie ist eindeutig auf den wachsenden europäischen Einfluss während der vergleichsweise spät einsetzenden Phase der Christianisierung zurückzuführen. Es deutet nichts darauf hin, dass derartige Werke oder überhaupt irgendwelche anderen längeren schriftlichen Texte bereits in vorchristlicher Zeit verfasst wurden, obwohl das Runenalphabet nachgewiesenermaßen bereits seit dem 2. Jahrhundert n.Chr. existierte. Ab dem 12. Jahrhundert wurden in den drei skandinavischen Königreichen sowie auf Island zahlreiche Werke verfasst, welche weitgehend mit der Entstehung dynastischer Königreiche in Zusammenhang stehen. Dies bedeutet, dass man zwei Hauptfaktoren berücksichtigen muss, um die skandinavische Geschichtsschreibung zu verstehen: ihre Beziehung zum Christentum, zur Monarchie bzw. zur jeweils herrschenden Dynastie.

1 Skandinavische Geschichtsschreibung im Überblick

Bei den ersten Schriften historischer Provenienz in Skandinavien handelt es sich um die Viten von Heiligen aus königlichem Haus. 1086 wurde König Knut von Dänemark vor dem Altar der Kathedrale von Odense von aufständischen Bauern ermordet und alsbald als Heiliger verehrt. Über sein Leben wurden drei Legenden geschrieben, von denen die wichtigste die von dem englischen Mönch oder Geistlichen Aelnoth von Odense im frühen 12. Jahrhundert verfasste *Gesta Swenomagni regis et filiorum eius et passio gloriosissimi Canuti regis et martyris* („Die Taten König Svends des Großen und seiner Söhne und die Leidensgeschichte Knuts, König und Märtyrer") ist. Das norwegische Pendant zum heiligen Knut ist Olav Haraldsson, der in der Schlacht von Stiklestad 1030 ebenfalls von den eigenen Leuten getötet und bald nach seinem Tod wie Knut als Märtyrer angesehen wurde. Olav Haraldsson gilt als derjenige Herrscher, dem die Christianisierung Norwegens zu verdanken ist, auch wenn er diese Ehre in den meisten Quellen mit seinem Vorgänger Olav Tryggvason (968 – 1000) teilen muss. In der offiziellen Heiligenlegende *Passio Olavi*, vermutlich in den 1170er Jahren von Erzbischof Eystein Erlendsson verfasst, wird Olav Haraldsson als Hauptmissionar des Landes und als Märtyrer bezeichnet. In der Folgezeit ist Olav in verschiedenen historischen Schriften eine zentrale Figur. Im Vergleich dazu ist die Legende von dem heiligen

König Schwedens, Erik Jedvardsson (angeblich † 1160), wesentlich später, vermutlich erst im späten 13. Jahrhundert, anzusiedeln.

Eine kontinuierliche Geschichtsschreibung entstand in den skandinavischen Ländern schon kurze Zeit nach den Heiligenviten. Die ältesten dieser Chroniken sind die um 1137/38 verfasste *Chronik von Roskilde* sowie die allerdings verloren gegangenen isländischen Chroniken zur Geschichte der norwegischen Könige und zur Besiedlung Islands – eine vermutlich auf Latein geschriebene lateinische Chronik von Sæmundr († 1133) und eine altnordische Chronik, die von Ari Þorgilsson inn fróði († 1148) stammt. Beide Werke dienten mit ziemlicher Sicherheit als Grundlage vieler späterer historischer Schriften. Demgegenüber ist Aris zwischen 1122 und 1133 verfasste Chronik über die Besiedlung Islands und seiner Geschichte bis ins Jahr 1118 erhalten geblieben.[1] Von der Mitte des 12. bis zur Mitte des 13. Jahrhunderts wurde in Dänemark, Island und Norwegen eine ganze Reihe historischer Schriften verfasst, die sich im Wesentlichen mit der Geschichte dieser drei Länder und ihrer Könige, aber auch mit der Vergangenheit anderer Länder Nordeuropas, befassen und die auf uns gekommen sind. Im Gegensatz dazu hat sich aus Schweden fast kein einziges historiographisches Werk aus der Zeit vor 1300 erhalten.

In Dänemark wurden alle historischen Werke[2] vor dem 15. Jahrhundert in lateinischer Sprache verfasst. Erste Berichte über die vorchristlichen Geschichte finden sich in der *Chronik von Lejre*, welche gewöhnlich auf die Zeit um 1170 datiert wird. Um 1185 schrieb Sven Aggesen eine Geschichte von Dänemark (*Brevis historia regum Dacie*),[3] die mit dem mythischen König Skjold beginnt und bis zu den Anfängen der Herrschaft König Knuts VI. (1182–1202) führt. Ihren Höhepunkt erreicht die dänische Geschichtsschreibung mit den *Gesta Danorum* des Saxo Grammaticus,[4] ein Werk, das in 16 Bücher gegliedert ist[5] und auf den Beginn des 13. Jahr-

1 Ari froði: *Islendingabók*. Hrsg. von Jakob Benediktsson, Reykjavík 1968 (Ísl. Fornr. 1); Ders.: *Íslendingabók – Kristni saga*. The Book of the Icelanders – The Story of the Conversation. Übersetzt von Siân Grønlie, London 2006 (Viking Society for Northern Research. Text Series 18).

2 Für eine allgemeine Einführung in die dänische Geschichtsschreibung des Mittelalters vgl. Lars Boje Mortensen: Højmiddelalderen 1100–1300. In: Dansk litteraturs historie. Bd. 1: 1100–1800, Kopenhagen 2007, S. 51–90; hier bes. S. 63–82.

3 Svend Aggesen: *Brevis Historia regum Dacie*. Hrsg. von Martin Clarentius Gertz, Kopenhagen 1917–1918 (Scriptores minores historiæ Danicæ medii ævi 1); The Works of Sven Aggesen. Twelfth-century Danish historien. Hrsg. und übersetzt von Eric Christiansen, London 1992 (Viking Society for Northern Research. Text Series 9).

4 Saxo Grammaticus: *Gesta Danorum. Danmarkshistorien*. Hrsg. von Karsten Friis-Jensen, übersetzt von Peter Zeeberg, Kopenhagen 2005; Saxo Grammaticus: The History of the Danes [Books I-IX.]. Bd. 1: English Text. Hrsg. von Hilda Ellis Davidson, übersetzt von Peter Fisher,

hunderts datiert wird. Saxo befasst sich hier mit der Geschichte des Landes von der Zeit des eponymen Herrschers Dan bis zum Jahr 1185. Im späteren 13. sowie im 14. Jahrhundert wurden in verschiedenen dänischen Klöstern zahlreiche Annalen und kürzere Werke, die einen Überblick über die wichtigsten Ereignisse im Land bieten, verfasst, allerdings ist keines dieser Werke mit dem Saxos vergleichbar. Die um 1200 entstandene *Historia de profectione Danorum in Ierosolymam* („Geschichte der dänischen Expedition nach Jerusalem") handelt vom dänisch-norwegischen Kreuzzug im Jahre 1191, dessen Ziel die Befreiung Jerusalems nach der arabischen Eroberung im Jahre 1187 war. Schwerpunkt dieses Werkes ist der frühe Abschnitt der Expedition, das Kreuzfahrergelübde der dänischen Adligen, ihr Zusammentreffen mit den norwegischen Kampfgefährten in Tønsberg und ihr Schiffbruch in der Nordsee, womit vor allem das im Namen Christi ertragene Leid demonstriert werden sollte. Aufgrund des Friedensabkommens von 1192 konnten sie nicht gegen die Moslems im Heiligen Land kämpfen und traten den Heimweg an, nachdem sie die heiligen Stätten gesehen hatten. Vermutlich kurz nach 1210 entstand der Klostergründungsbericht *De fundatione monasterii Vitæscholæ*. Er enthält die Entstehungsgeschichte des Klosters Vitskøl in Nordjütland, welches auf die Mönche im schwedischen Varnhem zurückgeht, die Mitte des 12. Jahrhunderts wegen ihrer Konflikte mit den schwedischen Königen nach Dänemark abwanderten. Das *Chronicon ecclesiae Ripensis* (ca. 1225 – 1230) befasst sich mit dem Bistum Ribe in Südjütland. Dieses Werk umfasst den Zeitraum von der Skandinavienmission des Erzbischofs von Hamburg und Bremen, Ansgar (801 – 865), im Jahr 826 und der Taufe des jütländischen Königs Harald Klaks, die im Juni des gleichen Jahres in Mainz stattfand, bis zum Jahr 1230 und konzentriert sich vorwiegend auf lokale Ereignisse. Das *Exordium monasterii Carae Insulae* („Die Chronik des *Øm*-Klosters") handelt von der Gründung und späteren Entwicklung der Zisterzienserabtei *Øm* in Ostjütland und beinhaltet einen Rechenschaftsbericht über den Konflikt des Klosters mit dem Bischof von Århus in den Jahren 1250 und 1260. Die *Annales Lundenses* gehen etwa auf das Jahr 1267 zurück; 1307 wurde eine revidierte

---

Cambridge 1979; Bd. 2: HILDA ELLIS DAVIDSON/PETER FISHER: Commentary, Cambridge 1980; Saxo Grammaticus: *Danorum Regum Heroumque Historia*. Books X-XVI. The text of the first edition with translation and commentary in three volumes, 3 Bde. Hrsg. von ERIC CHRISTIANSEN, Oxford 1980 – 1981; Saxo Grammaticus: Die ersten neun Bücher der dänischen Geschichte. Übersetzt und erläutert von HERMANN JANTZEN, Berlin 1900; PAUL HERRMANN: Erläuterungen zu den ersten neun Büchern der Dänischen Geschichte des Saxo Grammaticus. Bd. 1: Übersetzung, Leipzig 1901; Bd. 2: Kommentar. Die Heldensagen des Saxo Grammaticus, Leipzig 1922. Eine verkürzte und bearbeitete Übertragung ins Deutsche findet sich in Saxo Grammaticus: Nordische Mythen und Geschichte *Gesta Danorum*. Übersetzt, überarbeitet und kommentiert von HANS-JÜRGEN HUBE, Wiesbaden [3]2013.

5 In der modernen Ausgabe umfasst das Werk ca. 600 Seiten.

Fassung erstellt. Der Anfang des Werks basiert auf der Universalgeschichte Isidors, für die spätere Zeit zog man Beda heran, ab 1130 auch dänische Annalen, die man entweder im originalen Wortlaut in den Text eingefügte oder ihren Inhalt in die geschichtliche Darstellung einarbeitete. Die *Annales Ryenses* aus dem späten 13. Jahrhundert erzählen die dänische Geschichte von den Anfängen bis zur Ermordung König Erik Klippings im Jahr 1286. Die Quelle für die frühere Periode bis 1074 ist Saxo; im weiteren Verlauf greift der Text auf verschiedene andere Annalen zurück. Die *Annales Ripenses* entstehen im frühen 14. Jahrhundert und haben in der Kathedrale von Ribe in Südjütland ihren Ursprung. Ein Großteil des Materials ist aus anderen Annalen übernommen worden, speziell aus den *Annales Ryenses.* Das *Compendium Saxonis* (ca. 1342–1346) reduziert Saxos Originaltext auf ein Drittel. Die Kürzung, die belegt, dass der Bearbeiter den Originaltext Saxos sehr gut verstanden hat, war sehr erfolgreich: Da das *Compendium Saxonis* mit vier Manuskripten aus dem 15. Jahrhundert sowie sechs weiteren weitaus besser erhalten ist als der Originaltext Saxos, scheint es diesen sogar weitgehend ersetzt zu haben; das *Compendium* wurde auch ins Niederdeutsche übersetzt. Seine Fortsetzung findet es in der *Chronica Jutensis*, die die Zeit zwischen 1185 und 1342 behandelt. Diese Chronik lehnt sich an *die Annales Ryenses* an, enthält aber auch für die Zeit zwischen 1286 und 1342 von ihr unabhängige Darstellungen. Das *Chronicon Sialandie* gliedert sich in zwei Teile; der erste deckt die Zeit zwischen 1028 und 1307 ab, ist kurz und nach Jahren gegliedert, wohingegen der zweite Teil, der die Zeitspanne zwischen 1308 und 1363 umfasst, inhaltlich reichhaltiger und als Quelle für die Herrschaft König Waldemars IV. (1340–1375) von besonderer Bedeutung ist.

Das 13. Jahrhundert markiert in Norwegen und Island den Höhepunkt der volkssprachlichen Geschichtsschreibung; dies gilt besonders für Island, wo man sich vor allem mit der Geschichte Norwegens befasste.[6] Die *Sverris saga*[7] ist eine Biographie König Sverres von Norwegen (1150–1202; König ab 1177) und wurde in altnordischer Sprache geschrieben; von ihr sind vier mittelalterliche Manuskripte erhalten. Dem Prolog zufolge wurde der erste Teil dieses Werkes nicht nur in Sverres Auftrag, sondern sogar unter seiner eigenen Aufsicht vom isländischen Abt Karl Jónsson, vermutlich zwischen 1185 und 1188 geschrieben. Der zweite Teil entstand wahrscheinlich in der Zeit nach Sverres Tod und dem Jahr 1220; möglicherweise wurde er teilweise oder ganz von Karl verfasst, der 1213 starb. Der größte Teil der Forschungsdiskussion zur *Sverris saga* befasst sich mit der Frage, bis zu

---

6 Für eine allgemeine Einführung in die Geschichtsschreibung Islands vgl. JÓNAS KRISTJÁNSSON: Eddas and Sagas. Iceland's Medieval Literature, Reykjavik [4]2007.

7 *Sverris saga.* Hrsg. von GUSTAV INDREBØ, Kristiania 1920; *Sverrissaga.* The Saga of King Sverre of Norway. Hrsg. von JOHN SEPHTON, London 1899. Norwegische Königsgeschichten. Hrsg. von FELIX NIEDNER/GUSTAV NECKEL, Düsseldorf 1965 (Thule. Altnordische Dichtung und Prosa 18).

welchem Jahr der erste Teil reicht. Am verbreitesten ist heute die Meinung, dass er nur eine kurze Zeitspanne umfasst und möglicherweise schon im Jahr 1178 endet.

Ungefähr um die gleiche Zeit als die *Sverris saga* entstand, wurden auch Biographien über die beiden ‚Missionskönige' Olav Tryggvason und den heiligen Olav Haraldsson verfasst. Die Biographie Olav Tryggvasons wurde vom isländischen Mönch Oddr Snorrason ungefähr 1190 geschrieben, und zwar ursprünglich in lateinischer Sprache; überdauert hat jedoch nur eine altnordische Übersetzung. Die Biographie Olav Haraldssons datiert etwa aus dem Jahr 1200 und ist in einer Handschrift aus Norwegen erhalten, die möglicherweise auch dort geschrieben worden ist. Beide Biographien sind reich an historischem Material und bieten einige sehr lebendige Erzählungen; allerdings sind sie ziemlich locker strukturiert und hinterlassen daher einen recht chaotischen Eindruck.

Wesentlich charakteristischer als diese Einzelbiographien sind für das skandinavische Hochmittelalter Werke, die sich mit einer ganzen Reihe von Königen befassen. Allerdings ist der Unterschied zwischen beiden Genres nicht groß, denn die meisten Chroniken Norwegens bestehen im Grunde aus nichts anderem als aus einer Reihe von Biographien einzelner Könige. Die beiden ersten dieser Schriften sind die *Historia de antiquitate regum Norwagiensium* des Theodoricus Monachus[8] – entstanden zwischen 1177 und 1188, wahrscheinlich 1180 – und die annäherungsweise zeitgleiche, anonyme *Historia Norwegie*. Innerhalb der norwegischen Chroniken bilden sie eine Ausnahme, weil sie in lateinischer Sprache abgefasst wurden. Beide enthalten auch weiteres Material zu ihrem Gegenstand, so beginnt die *Historia Norwegie* mit einer relativ detaillierten geographischen Landesbeschreibung. Theodoricus Monachus hingegen berichtet vor allem über die Art und Weise der politischen Herrschaft der Könige, weniger über ihr Leben.

Die erste in der Volkssprache verfasste Chronik, in der die Herrschaft von mehr als einem König behandelt wird, ist das *Ágrip af Nóregs konunga sǫgum* („Abriss der Geschichte der Könige Norwegens"),[9] welches vermutlich um 1190 von einem Norweger aus dem Umfeld der Erzdiözese in Nidaros geschrieben worden ist. Die bestehende Version ist in einem unvollständigen Manuskript erhalten und deckt die Zeitspanne zwischen dem 9. Jahrhundert bis in die 1150er Jahre ab. Das *Ágrip* ist oft kurz und bündig, beinhaltet aber einige lebendige Geschichten und Zitate

---

8 Theodoricus Monachus: *Historia de antiquitate regum Norwagiensium*. Hrsg. von Gustav Storm, Kristiania 1880, Nachdruck Oslo 1973 (MHN. Latinske kildeskrifter til Norges historie i middelalderen), S. 1 – 68; Theodoricus Monachus: *Historia de antiquitate regum Norwagiensium*. An Account of the Ancient History of the Norwegian Kings. With an introduction by Peter Foote. Hrsg. von David McDougall/Ian McDougall, London 1998 (Viking Society for Northern Research. Text Series 11).

9 Der Titel des Werks ist nicht original, sondern stammt aus dem 17. Jahrhundert.

aus skaldischen Strophen. Das Werk hat große Ähnlichkeit mit dem des Theodoricus, belegen lässt sich aber auch ein direkter oder indirekter Einfluss der *Historia Norwegie*. Für die Forschungsdiskussion war das *Ágrip* nicht wegen seines historischen Inhalts von großem Interesse, es spielte aber eine bedeutende Rolle in der komplizierten Diskussion über die Beziehungsverhältnisse zwischen den frühesten norwegischen Chroniken.

Die anonyme *Morkinskinna* („Das verrottete Pergament")[10] ist in altnordischer Sprache verfasst und in nur einem Manuskript erhalten; Teile davon wurden jedoch in einige spätere Sammelwerke inseriert.[11] Der Text des erhaltenen Manuskripts umfasst den Zeitraum zwischen 1030 und 1157 und ist eindeutig in Island geschrieben worden, da er eine Reihe von Geschichten über Isländer enthält, welche dem norwegischen Königshof einen Besuch abstatten. Die meisten dieser Geschichten sind hier unikal überliefert, weswegen sie die ältere Forschung insgesamt oder teilweise als spätere Interpolationen betrachtet haben. Heute scheint jedoch Einvernehmen darüber zu herrschen, dass sie Teil der ursprünglichen Saga waren und deswegen inseriert wurden, um den Charakter der Könige und die Art ihres Umgangs mit ihren Untertanen zu illustrieren. Hinsichtlich der Einstellung der Sagas zum Königtum an sich gibt es in der Forschung unterschiedliche Interpretationen. Insbesondere gibt es unterschiedliche Deutungen hinsichtlich des Charakterporträts von König Harald Sigurdsson (1046–66), das Theodore M. Andersson weitgehend negativ, Ármann Jakobsson jedoch als überwiegend positiv bewertet.[12] Die *Morkinskinna* zeichnet sich durch eine lebendige Erzählweise aus und hat eine episodische Struktur, sie enthält zahlreiche skaldische Strophen. Chronologische Informationen finden sich hingegen in ihr nur wenige.

Die *Fagrskinna* („Das schöne Pergament") ist ebenfalls anonym überliefert und auf Altnordisch verfasst. Heute ist sie nur in verschiedenen Abschriften zweier mittelalterlicher Manuskripte erhalten, die beide 1728 beim großen Brand der Kopenhagener Bibliothek vernichtet worden sind. Die Saga deckt den Zeitraum von der Lebenszeit Halfdan Svartes („Halfdan der Schwarze"; ca. 810–860), dem Vater des ersten Herrschers von Gesamtnorwegen, bis zum Jahr 1177 ab. Sie wurde vermutlich um 1220 in Norwegen geschrieben, höchstwahrscheinlich in der Gegend von Trøndelag. Es ist nicht sicher, ob der Verfasser Norweger oder Isländer

10 *Morkinskinna*. Hrsg. von Ármann Jakobsson/Þórður Ingi Guðjónsson, 2 Bde., Reykjavík 2011; *Morkinskinna*. The Earliest Icelandic Chronicle of the Norwegian Kings (1030–1157). Übersetzt von Theodore Murdock Andersson/Kari Ellen Gade, Ithaca, N.Y. 2000 (Islandica 51).
11 Ármann Jakobsson: Staður í nýjum heimi. Konungasagan Morkinskinna, Reykjavik 2002.
12 Jakobsson (Anm. 11); Theodore M. Andersson: The Growth of the Medieval Icelandic Sagas (1180–1280), Ithaca, N.Y. 2006, 86–101.

war. Den hauptsächlichen Schwerpunkt des Werkes bilden die Taten der norwegischen Könige; eine Anzahl skaldischer Strophen wird zitiert oder es wird auf sie angespielt. Es gibt nur wenige Exkurse, wenige Erwähnungen religiöser oder übernatürlicher Ereignissen, und der Autor ist wenig geneigt die Könige zu kritisieren. Deswegen liegt die Annahme nicht fern, dass das Werk in Verbindung mit der königlichen Dynastie, vielleicht sogar im Auftrag eines ihrer Mitglieder, entstanden ist.

Die *Heimskringla* („Der Kreis der Welt")[13] ist die bekannteste Saga der altnordischen Könige und eines der Hauptwerke mittelalterlicher Geschichtsschreibung.[14] Benannt wurde das Werk nach den einleitenden Worten, *Kringla heimsins*, einer 1682 abgeschriebenen Handschrift, der der Prolog fehlt und die mit dem ersten Kapitel, der *Ynglingasaga*, beginnt. Die *Heimskringla* ist auf Altnordisch verfasst und erzählt in 16 einzelnen Sagas die Geschichte der norwegischen Königsdynastie. Sie beginnt mit deren angeblichem Gründer, dem heidnischen Gott Odin, der aber als menschliches Wesen dargestellt ist, und reicht bis zum Jahre 1177. Für gewöhnlich wird dieses um 1230 verfasste Werk Snorri Sturluson (1179 – 1241) zugeschrieben, einem der mächtigsten isländischen Magnaten, der aktiv an den seit den 1220er Jahren schwelenden inneren Konflikten auf Island teilgenommen hat, und zwar teils als Verbündeter des norwegischen Königs, teils aber auch als dessen Gegner. Die Saga des heiligen Olav, die ursprünglich als separates Werk verfasst worden war, bildet etwa ein Drittel der *Heimskringla*. Von der *Heimskringla* existieren zahlreiche, jedoch meist unvollständige Manuskripte, was auf die Popularität dieses Werkes im Mittelalter schließen lässt. Sie ist eine der letzten Königssagas und enthält Material aus viel früher verfassten Werken; zudem finden sich in ihr zahlreiche skaldische Strophen, die sowohl als Beleg für die Darstellung wie auch als literarische Ausschmückung dienen.

Die Werke Saxos und Snorris bilden den Höhepunkt historischer Literatur im mittelalterlichen Skandinavien. Die Zeit nach 1250 wird gewöhnlich sowohl quantitativ als auch qualitativ als Niedergang der Geschichtsschreibung betrachtet. Snorris Neffe, der Isländer Sturla Thordarson (1214 – 1284), war der Ver-

---

13 Snorri Sturluson: *Heimskringla*. Hrsg. von FINNUR JÓNSSON, 3 Bde., Kopenhagen 1893 – 1901 (Samfund til udgivelse af gammel nordisk litteratur 23.3); Snorri Sturluson: *Heimskringla*. History of the Kings of Norway. Übersetzt von LEE M. HOLLANDER, Austin 1964 (American-Scandinavian Foundation). Snorris Königsbuch (*Heimskringla*), 3 Bde. Übersetzt von FELIX NIEDNER, Düsseldorf/ Köln 1965 (Thule. Altnordische Dichtung und Prosa 14 – 16). Snorri Sturluson: Heimskringla. Sagen der nordischen Könige. Kommentiert von HANS-JÜRGEN HUBE, Wiesbaden 2006.

14 SVERRE BAGGE: Society and Politics in Snorri Sturluson's *Heimskringla*. Berkeley/Los Angeles/ Oxford 1991; DIANA WHALEY: *Heimskringla*. An Introduction, London 1991 (Viking Society for Northern Research. Text Series 8).

fasser zweier bedeutender Werke, der Saga von Håkon Håkonsson (*Hákonar saga Hákonarsonar*)[15], die kurz nach dem Tod des Königs im Jahr 1263 zwischen 1264 und 1265 geschrieben wurde, und der *Islendinga saga*, die aus den 1270er Jahren stammt. Sie ist als Teil der *Sturlunga saga* erhalten und berichtet von den internen Streitigkeiten im Island des 13. Jahrhunderts. Sturla ist auch Autor der Saga von König Magnus dem Gesetzesverbesserer, dem Sohn König Håkons. Dieses Werk ist nur fragmentarisch erhalten und ist die letzte der Königssagas. In der Folgezeit wurden verschiedene Königssagas neu überarbeitet – die meisten der Manuskripte stammen aus dem Spätmittelalter –, verschiedene Sammeltexte und Ergänzungen zu früheren Sagas wurden erstellt, aber keine weiteren Königsbiographien verfasst. In der ersten Hälfte des 14. Jahrhunderts entstanden jedoch verschiedene detaillierte Biographien über isländische Bischöfe; dazu zählen die Biographie des Bischof Arni von Skálholt (1268 – 1292), des Bischof Laurentius Kalvsson von Holar (1324 – 1331) und des Bischof Gudmundr Arason von Holar (1203 – 1237), der zwar sehr umstritten war, aber dennoch zur Heiligsprechung vorgeschlagen wurde.

Isländische Autoren schrieben auch über die Geschichte andere Länder: Die *Knytlinga saga,* Mitte des 13. Jahrhunderts vermutlich von Snorris Neffen Olav Kvitaskald verfasst, baut auf Saxos Werk auf, führt jedoch die Geschichte der dänischen Königsdynastie weiter bis zum Tod Knuts VI. 1202. Die *Orkneyinga saga* wurde vermutlich Ende des 12. Jahrhunderts von einem anonymen Autor geschrieben und handelt von der Geschichte der orkadischen Grafen ab der Zeit der Gründung der Grafschaft um 900 bis zur Gegenwart des Autors. Die noch erhaltene Version der *Orkneyinga saga* muss in Island geschrieben worden sein. Ein Großteil der Forschung geht davon aus, dass die Originalversion ebenfalls von einem Isländer verfasst wurde, aber auch eine orkadische Herkunft wird vermutet und ist nicht auszuschließen.

Vor diesem Hintergrund einer reichen historiographischen Tradition ist das Fehlen fast jeglicher Aufzeichnungen zur frühen schwedischen Geschichte umso erstaunlicher. Das einzige Werk dieser Art ist die *Guta saga* („Geschichte der Goten"),[16] die auf der vor der Ostküste des schwedischen Festlands gelegenen Insel Gotland entstanden sein dürfte.[17] Diese Saga ist in Form von Anhängen an verschiedene Gesetzessammlungen überliefert und datiert vor 1285, möglicherweise stammt sie schon von 1220. Überliefert ist die *Guta Saga* in einer in Gutnisch

---

15 Vgl. dazu unten S. 562 f.

16 *Guta lag och Guta Saga*. Jämte Ordbok. Hrsg. von Hugo Pipping, Kopenhagen 1905 – 1907 (Samfund til udgivelse af gammel nordisk litteratur Skrifter 33), S. 62 – 69.

17 Stephen Arthur Mitchell: On the Composition and Function of *Guta Saga*. In: Arkiv för nordisk filologi 99 (1984), S. 151 – 174.

geschriebenen Handschrift des 14. und einer deutschen des 15. Jahrhunderts. Sie besteht aus einem kurzen Bericht über die Geschichte der Insel, der beginnt mit der heidnischen Zeit und bis zur Etablierung des Christentums reicht. Nach der *Guta Saga* hätten die Gotländer das Christentum freiwillig angenommen und eine auf gegenseitiger Vorteilsnahme beruhende Übereinkunft mit dem schwedischen König abgeschlossen, nachdem dieser lange Zeit vergeblich versucht habe, Gotland zu erobern. Zudem könnten die Gotländer auf eine Respekt heischende Vergangenheit zurückblicken, weil die alten Goten von ihnen abstammen. Die *Guta Saga* weist also weitgehend dieselben Merkmale wie die oben genannten Werke auf, legt aber den Schwerpunkt auf die alte Geschichte des Volkes von Gotland und dessen Unabhängigkeit von äußeren Mächten. Da Gotland damals nur locker mit Schweden in Verbindung stand, erzählt dieses Werk nicht viel über das allgemeine Vergangenheitsbewusstsein der Schweden. Es mag noch andere, inzwischen verloren gegangene Werke gegeben haben, jedoch hatten solche Werke, wie auch die *Guta Saga*, wohl eher eine regionale als ein nationale Funktion, da die regionale Unabhängigkeit in Schweden sehr ausgeprägt war und ein vereintes Königreich wahrscheinlich nicht vor der Mitte des 13. Jahrhunderts entstanden ist.

2 Zur Forschungsgeschichte

Bis ins frühe 20. Jahrhundert bildeten die zahlreichen narrativen Quellen zur Geschichte Dänemarks und insbesondere Norwegens die Grundlage für die moderne Beschreibung der Frühgeschichte dieser Länder, gemäß dem Gedanken, dass sie eine zuverlässige mündliche Tradition überlieferten, die bis zu den Ereignissen selbst zurückreicht. Diese Meinung geriet in der 2. Hälfte des 19. Jahrhunderts allmählich ins Wanken, als man der aktiven Gestaltung der Sagaautoren mehr Bedeutung beimaß. Trotzdem erschütterte es die Welt der Gelehrten, als 1911 der schwedische Historiker Lauritz Weibull den Wahrheitsgehalt der in den Sagas enthaltenen Informationen über die Ereignisse des 10. und frühen 12. Jahrhunderts weitgehend verwarf. Weibull konnte sogar nachweisen, dass die späteren Versionen der Sagas auf Bearbeitungen oder Fehlinterpretationen von Informationen aus den früheren beruhten.[18] 1915 wandte sein jüngerer Bruder, Curt Weibull, dieselbe Methode auch auf die Überlieferung Saxos an.[19]

---

18 Lauritz Weibull: Kritiska undersökningar i Nordens historia omkring år 1000, Lund 1911.
19 Curt Weibull: [Kap.] Saxo Grammaticus. In: Ders.: Källkritik och historia. Norden under äldre medeltiden, Stockholm 1964 (Aldus-böckerna 108), S. 153 – 247.

Hauptziel der Brüder WEIBULL war, den Weg für eine wissenschaftlichere Annäherungsmethode zu ebnen, aber sie zeigten auch Interesse am Verständnis mittelalterlicher Geschichtsschreibung, wobei ihr Hauptaugenmerk – im Gegensatz zu dem ihrer Vorläufer – eher der Individualität der Autoren galt. Sie konzentrierten sich mehr auf die Handschriftenüberlieferung, weniger auf die mündliche Tradition. Dieser Standpunkt entsprach dem der zeitgenössischen Philologie. 1914 veröffentlichte der Isländer SIGURÐUR NORDAL eine detaillierte Untersuchung aller Texte, die sich mit dem heiligen Olav befassten. Sein Ziel bestand darin, die Verbindung dieser Texte untereinander aufzuzeigen.[20] In diesem wie auch in anderen Zusammenhängen hielt er sich streng an die Handschriften und verwarf alle Vorstellungen einer mündlichen Überlieferung, zumindest der Relevanz einer solchen Überlieferung. In der Folgezeit führte eine Reihe von Gelehrten NORDALS Werk fort, wobei sie zum Teil seine wichtigsten Ergebnisse übernahmen, zum Teil aber auch alternative Erklärungen für die Verknüpfung der Quellen untereinander vorschlugen.[21] In jüngerer Zeit lebt jedoch die Vorstellung einer mündlichen Überlieferung wieder auf. Dies führt zwar nur in begrenztem Maße zu einer Rückkehr des Glaubens an die Zuverlässigkeit der Sagas, hat jedoch das Verständnis der Entwicklung der Überlieferung stark verändert.[22]

Während in den Sagastudien seit dem frühen 20. Jahrhundert das Problem der Zuverlässigkeit des Textes im Vordergrund stand, war dieses Problem bei der Erforschung der dänischen Geschichtsschreibung weniger virulent. CURT WEIBULLS Schlussfolgerung zu Saxos Verbindung zu seinen Vorläufern wird allerdings inzwischen weitgehend akzeptiert, obwohl viele seiner Interpretationen recht kritisch betrachtet werden.[23] Dazu kommt noch, dass die Verbindungen der einzelnen Texte der Saxoüberlieferung zueinander sich als nicht so kompliziert erwiesen haben. Darüber hinaus stellt sich hier die Quellensituation anders dar, weil viele Vorlagen Saxos außerhalb Skandinaviens zu finden sind. Im Gegensatz dazu spielen die europäischen Vorlagen in den Sagastudien nur eine untergeordnete Rolle. Obwohl der neuere Trend seit den 1960er Jahren dahin geht, solche Vorlagen

---

20 SIGURÐUR NORDAL: Om Olaf den helliges saga. En kritisk undersøgelse, Kopenhagen 1914.

21 Zum Forschungsüberblick und zur -diskussion vgl. THEODORE MURDOCK ANDERSSON: Kings' Sagas (Konungasögur). In: Old Norse-Icelandic Literature. A Critical Guide. Hrsg. von CAROL J. CLOVER/JOHN LINDOW, Ithaca, N.Y. 1985 (Islandica 45), S. 197 – 238.

22 Siehe zuletzt GÍSLI SIGURÐSON: The Medieval Icelandic Saga and Oral Tradition. A Discourse on Method, Cambridge, Mass. 2004; THEODORE M. ANDERSSON: The Growth of the Medieval Icelandic Sagas (1180 – 1280), Ithaca, N.Y. 2006.

23 Siehe dazu GARSTEN BREENGAARD: Muren om Israels hus. Regnum og sacerdotium i Danmark 1050 – 1170, Kopenhagen 1982.

aufzuspüren und die Sagas als Bestandteil der europäischen Tradition zu betrachten, ist es jedoch noch niemandem gelungen, klare Vorlagen oder mehr als oberflächliche oder ganz unbedeutende Ähnlichkeiten nachzuweisen.[24] Sicherlich ist es möglich, bei einigen konkreten Episoden oder der Darstellung allgemeiner Bräuche Parallelen zu anderen Texten aufzuzeigen, aber es ist schwierig, zentrale Merkmale dieser Literatur auf ähnliche Weise wie die Parallelen, die bei Saxo nachgewiesen wurden, zu erklären.

3 Nationale Historie und Heilsgeschichte (Ari, Saxo, *Historia Norwegie*, Theodoricus Monachus)

Nach diesem kurzen Überblick über das Material aus dem 12. und 13. Jahrhundert und einiger Aspekte der Forschungsgeschichte wollen wir drei allgemeine Probleme auf Grundlage einiger dieser Werke besprechen: 1. Die Darstellung der fernen Vergangenheit und ihr Verhältnis zur Heilsgeschichte anhand der Berichte über die Christianisierung, 2. die Darstellung der jüngsten und zeitgenössischen Geschichte, wie sie in einigen Königsbiographien dargestellt wird, und 3. den Bezug zwischen lateinischer und volkssprachlicher Geschichtsschreibung.

Eine kontinuierliche Geschichtsschreibung der skandinavischen Völker begann – wie bereits erwähnt – erst nach der Hagiographie, hatte jedoch ein ähnliches Ziel. Die meisten der neuen Königreiche, die in der Folge der Ausdehnung des lateinischen Christentums im 10. und 11. Jahrhundert entstanden, entwickelten ihre eigene nationale Geschichtsschreibung, in welcher der Ursprung des jeweiligen Volkes oder der Dynastie das Hauptthema bildete.[25] Dies scheint nur natürlich, wenn man sich die radikalen Veränderungen vor Augen führt, die durch die Christianisierung ausgelöst wurden: die Bildung eines größeren Königreichs oder eines größeren Fürstentums und die Entstehung von schriftlicher Literatur, die Einführung der lateinischen Sprache und einer gelehrten Kultur mit langer Tradition. Der Anschluss an die christliche Gemeinschaft und die Übernahme ihrer Kultur mag als Wechsel von der heidnischen Dunkelheit ins christliche Licht gedeutet werden, aber diese Deutung impliziert zugleich, dass die ‚neuen' Völker Barbaren waren, welche die höher stehende Kultur der bereits existierenden christlichen Königreiche Europas übernehmen mussten. Die ‚nationale' Geschichtsschreibung, die in den ‚neuen' Ländern produziert wurde, könnte als

24 Das jüngste Beispiel ist PAUL WHITE: Non-native sources for the Scandinavian Kings' Sagas, New York/London 2005 (Studies in Medieval History and Culture 34).

25 NORBERT KERSKEN: Geschichtsschreibung im Europa der ‚nationes'. Nationalgeschichtliche Gesamtdarstellungen im Mittelalter, Köln 1995 (Münstersche historische Forschungen).

Antwort auf dieses Problem betrachtet werden. Denn wie sollten die zum christlichen Glauben bekehrten Völker sonst die neue Situation akzeptieren und die Chancen ergreifen, welche sich durch die gemeinsame christliche Kultur darbot, ohne sich dabei als minderwertig anzusehen? Wie sollten sie sich zu ihrer eigenen Vergangenheit verhalten und wie sollte diese Vergangenheit mit der gemeinsamen christlichen Heilsgeschichte, die mit dem Neuen Testament begann und über die Christianisierung des *Imperium Romanum* bis hin zur Bildung der gegenwärtigen christlichen Reiche führte, in Verbindung gebracht werden?

Das früheste Beispiel dieser Art historischer Schriften ist Aris Bericht über die Entdeckung und Besiedlung Islands und seiner Geschichte bis zum Jahr 1118. Sein wichtigster Beitrag zur Integration der Geschichte seines eigenen Landes in die christliche Heilsgeschichte besteht aus seiner Chronologie und seinem Bericht über die Christianisierung.[26] Wie spätere Sagaautoren verwendet Ari hauptsächlich eine relative Chronologie, die auf der Herrschaft des ersten norwegischen Königs, Harald Hårfagre („Schönhaar"), und auf der ersten Besiedlung Islands beruht. Er verknüpft diese Ereignisse jedoch an einigen ‚strategisch' entscheidenden Stellen mit der ‚absoluten' Chronologie, die mit der Geburt Christi beginnt: So besiedelten nach Ari die Norweger während der Herrschaft König Haralds die Insel. Sie wurde entdeckt, als Harald 16 Jahre alt war, und zwar in demselben Jahr 870, in dem angeblich König Edmund von Ostanglien (East Anglia) ermordet worden ist. Somit hat die Geschichte Islands ihre eigene Chronologie, die an einigen Stellen mit der Norwegens verknüpft ist, die wiederum mit der der christlichen Universalgeschichte verbunden ist. Auf diese Weise hebt Ari die innere Kohärenz der Geschichte Islands hervor, während er diese zugleich mit der Welt um ihn herum verknüpft.

Den ausführlichsten Bericht über die Vorgeschichte irgendeines skandinavischen Landes bieten die nach 1185 verfassten *Gesta Danorum* des Saxo Grammaticus, der in seinem Vorwort bemerkt, dass das dänische Volk eine lange und glorreiche Vergangenheit hat, die jedoch der Welt verborgen geblieben ist, weil niemand über sie in der einzig angebrachten Sprache, dem Lateinischen, geschrieben hat.[27] Deswegen habe – so rechtfertigt Saxo sein Werk – er es trotz seiner Inkompetenz und Unwürdigkeit als nötig erachtet, diese Aufgabe auf sich zu

---

26 ÓLAFIA EINARSDÓTTIR: Studier i kronologisk metode i tidlig islandsk historieskrivning, Stockholm 1964.

27 Dazu und zum Folgenden vgl. KARSTEN FRIIS-JENSEN: Saxo Grammaticus's Study of the Roman Historiographers and his Vision of History. In: Saxo Grammaticus: Tra storiografia e letteratura. Bevagna, 27 – 29 Settembre 1990. Hrsg. von CARLO SANTINI, Rom 1992, S. 61 – 81; INGE SKOVGAARD-PETERSEN: Da Tidernes Herre var nær. Studier i Saxos historiesyn, Kopenhagen 1987.

nehmen.[28] Saxos Quellen sind bis zu einem gewissen Grade poetische Werke der Antike oder mündliche Erzählungen, wobei er sich explizit auf isländische Quellen bezieht; aber er ordnet alles sehr frei an und hat womöglich sogar Teile seiner Erzählung einfach erfunden. Eine wichtige Inspirationsquelle für ihn war sein gründliches Studium der antiken römischen Historiker, seine beiden Lieblingsautoren waren Valerius Maximus und Justinus, aber er benutzte auch Orosius, Curtius Rufus und andere. Außerdem war er möglicherweise von Geoffrey von Monmouths *Historia regum Britanniae*, einem etwa 50 Jahre früher entstanden und damals sehr populären Werk über die Geschichte Englands, beeinflusst.

Saxos 16 Bücher können in Viererabschnitte aufgeteilt werden. Die Bücher I-IV umfassen die Zeit von den Anfängen bis zur Zeit kurz vor der Geburt Christi. Hier legt Saxo die Annahme nahe, die Geschichte Dänemarks würde auf die Zeit der Gründung Roms zurückgehen; von diesem Beginn der dänischen Geschichte hätten bis zur Gegenwart 77 Könige Dänemark regiert. Er behauptet, der erste König von Dänemark hätte 20 Generationen vor Christi Geburt gelebt. Dies war neben Dan dessen Bruder Angul. Diese Erzählung ist analog zur Namensgebung Roms gestaltet, das nach Romulus und nicht nach seinem Bruder Remus benannt wurde. Im zweiten Buch scheint der Bericht über den Verrat und den Tod König Rolvos Reminiszenzen an Vergils Beschreibung des Falls von Troja zu enthalten. Das fünfte Buch ist gänzlich der Herrschaft des bedeutenden Königs, Eroberers und Gesetzgebers, Frotho, gewidmet. Dessen Leben endet mit einer Zeit des Friedens, der 30 Jahre dauern sollte – eine deutliche Parallele zur zeitgleichen ‚Friedensherrschaft' des Augustus. In die Zeit Frothos fällt auch die Geburt Christi. Die nächsten drei Bücher decken die Zeit bis hin zu Karl dem Großen ab, als das Christentum die Grenzen Dänemarks erreichte; Saxo erwähnt hier zum ersten Mal das Römische Reich. Im achten Buch stehen das dänische und das karolingische Reich am Rande einer militärischen Konfrontation, als sich Karl der Große anschickt, Krieg gegen den dänischen König Gøtricus (Gudfred) zu führen, jedoch wird er im letzten Augenblick nach Rom zitiert. Die folgenden vier Bücher umfassen die Zeit der Christianisierung Dänemarks, wohingegen die letzten vier

---

28 *Quo euenit, ut paruitas mea, quamuis se predicte moli imparem animaduererat, supra uires niti quam iubenti resistere preoptaret, ne finitimis factorum traditione gaudentibus huius gentis opinio potius uetustatis obliuiis respersa quam literarum monumentis predicta uideretur*; Saxo (Anm. 4), Prologus 1.1 („Daher kam es, dass meine Wenigkeit sich entschloss, lieber über ihre Kräfte zu streben, als der Aufforderung nicht Folge zu leisten, wiewohl sie sich der erwähnten schweren Aufgabe nicht gewachsen fühlte: da die Nachbarn sich einer Überlieferung ihrer Thaten freuten, so sollte unser Volk in den Augen anderer nicht mit der Gleichgültigkeit gegen die Vorzeit befleckt dastehen, sondern begabt mit den Denkmälern einer schriftlichen Darstellung."); Herrmann (Anm. 4), Bd. 1, S. 1 f.

Bücher die Periode nach der Gründung einer skandinavischen Kirchenprovinz im Jahr 1104 behandeln. In der zweiten Hälfte der *Gesta Danorum* werden die Beziehungen Dänemarks zum Heiligen Römischen Reich zu einem wichtigen Thema. In der ersten Phase führt die Christianisierung zur Subordination unter eine ‚römische' Oberhoheit, d. h. konkret unter die der deutschen Erzdiözese Hamburg, während sich zur gleichen Zeit die Macht des dänischen Königs durch die Eroberung Englands enorm vergrößert. Die Befreiung von der ‚deutschen' Vorherrschaft durch die Gründung einer eigenen Kirchenprovinz wird am Ende des zwölften Buchs thematisiert. Jedoch ist die deutsche Bedrohung in den folgenden Büchern immer noch präsent, wenn Friedrich Barbarossa gegenüber König Waldemar I. den Anspruch auf Anerkennung der deutschen Lehenshoheit erhebt; allerdings versucht Saxo diesen Umstand soweit als möglich zu vertuschen. Er beendet sein Werk mit den Kreuzzügen ins Baltikum unter der Führung des Königs und seines eigenen Schutzherren, des Erzbischofs Absalon. Auf diese Weise verbindet Saxo die Geschichte Dänemarks mit der Heilsgeschichte und stellt gleichzeitig Dänemark als das nördliche Pendant des Römischen Reichs dar.

Ein ähnlicher Bericht zur frühen Geschichte Norwegens ist die *Historia Norwegie*,[29] die auf der *Ynglingatal* basiert, einem Gedicht, das vermutlich im Zeitalter der Wikinger verfasst wurde, den teilweise sagenhaften Stammbaum des skandinavischen Königsgeschlechts der Ynglinger enthält und in Snorri Sturlusons *Heimskringla* überliefert ist. Die gesamte genealogische Vorgeschichte umfasst 28 Generationen. Gemäß der üblichen Regel, eine Generation mit 30 Jahren anzusetzen, ergibt dies 840 Jahre, wodurch implizit der Ursprung der Dynastie in der Zeit um Christi Geburt angesiedelt wird, obwohl dies nirgends explizit erwähnt ist. Der Stammbaum wird bis zu Harald Schönhaar fortgesetzt, dem ersten Herrscher über ganz Norwegen. Später liefert Snorris *Heimskringla* einen ausführlicheren, aber weitgehend ähnlichen Bericht über die frühe Geschichte der Dynastie, unter Verwendung zahlreicher Zitate aus der *Ynglingatal*. Wie bereits erwähnt wird bei Snorri der Gott Odin zum Begründer der Dynastie, allerdings erscheint er nicht als ein übernatürliches Wesen, sondern als ein König, der nach dem Tod von seinem Volk als Gott verehrt wurde. Dieser König Odin lebte zu einer Zeit, als die Römer den Mittelmeerraum eroberten und war überzeugt, ein eigenes Reich im Norden, d. h. in Russland, dann in Schweden und letztlich in Norwegen, errichten zu müssen. So gelingt es Snorri – wie auch Saxo – eine Geschichte zu konstruieren, die parallel zu der der Römer verläuft und gleichzeitig die Unabhängigkeit der Königsdynastie von deren Reich abzusichern. Sein Motiv hierfür war vermutlich

---

29 *Historia Norwegie*. Hrsg. von Inger Ekrem/Lars Boje Mortensen, übersetzt ins Englische von Peter Fisher, Kopenhagen 2003.

weniger ein politisches, wie es bei Saxo anzunehmen ist; Norwegen war für die deutschen Könige viel zu weit abgelegen, um eine echte Bedrohung zu sein. Kulturell gesehen mag jedoch vielleicht der Wunsch bestanden haben, eher die einheimische Tradition zu betonen als einen Ursprung in der klassisch römischen Vergangenheit zu suchen. Snorri beutet jedoch diese Geschichte nicht dafür aus, die Tugenden der alten Norweger zu preisen. Im Gegenteil dazu befassen sich seine Geschichten von den alten Königen schwerpunktmäßig mit deren Tod und sind oft bizarr, da viele von ihnen auf seltsame und oft schändliche Weise zu Tode kommen. Darüber hinaus beschäftigt er sich mit der Königsdynastie, nicht mit dem Volk, welches erst in einer späten Phase in Erscheinung tritt, als die Königsdynastie Schweden den Rücken kehrt, um nach Norwegen zu gehen. Der Grund hierfür ist vielleicht der, dass Snorri einen größeren Abstand zur nationalen Ideologie hatte als Saxo, obgleich es auch in seinen späteren Werken klare Hinweise für eine solche Ideologie gibt. Deshalb war er auch durch den Mangel an Quellen mehr beeinträchtigt als Saxo, dem man unterstellen kann, dass er beträchtliche Teile seiner Erzählung erfunden hat, obwohl einige seiner Geschichten auch bei seinen Vorläufern anzutreffen sind.

Theodoricus Monachus, Autor der zweiten lateinischen Geschichte Norwegens, geht noch einen Schritt weiter als die vorangehenden Autoren, indem er die Geschichte seines Landes mit der Universalgeschichte in Verbindung bringt. Er sieht davon ab, die königliche Dynastie weiter zurückzuverfolgen als bis zu Harald Schönhaar, da er keine zuverlässigen Beweise für diese frühe Periode findet. Er benutzt Exkurse, um die Geschichte Norwegens typologisch mit der universalen Heilsgeschichte in Zusammenhang zu bringen.[30] Fast die Hälfte davon konzentriert sich ungefähr auf die Zeit der Christianisierung. Damit verfolgt er die Absicht, dieses Ereignis in einer kosmischen Perspektive anzusiedeln und die Christianisierung Norwegens als einen Meilenstein im großen Kampf zwischen Gott und den dunklen Mächten darzustellen. Die meisten anderen Exkurse weisen auf das Ende der Welt, gemäß der biblischen Prophezeiung des Evangeliums, dass dieses vor dem jüngsten Tag überall auf der ganzen Welt verkündet sein wird. Da Norwegen am äußersten Ende der Welt liegt, scheint diese Prophezeiung jetzt in Erfüllung gegangen zu sein.

Die Darstellung der Christianisierung stellt eine noch größere Herausforderung dar als die Beziehung zum Heiligen Römischen Reich. Im Falle Dänemarks konnte die Bedeutung fremder Missionare kaum bestritten werden: Das entscheidende Ereignis in der Geschichte der Christianisierung war das sagenhafte

30 Sverre Bagge: Theodoricus Monachus – Clerical Historiography in twelfth-century Norway. In: Scandinavian Journal of History 14 (1989), S. 113 – 133, hier S. 116 – 119.

Streitgespräch des deutschen Klerikers und späteren Bischofs Poppo von Schleswig mit dem dänischen König Harald Blauzahn, in dessen Verlauf Harald durch das Gottesurteil der Eisenprobe von der Wahrheit des Christentums überzeugt wurde.[31] Damit war das Christentum nicht nur von einem Fremden, sondern dazu noch von einem Vertreter des römischen Kaisers, der jetzt in Deutschland residierte, eingeführt worden. Jedoch hat nach Saxo dieses Ereignis seinen Hintergrund darin, dass die Dänen schon zuvor den Versuch unternommen hatten, den wahren Gott zu finden. Auf Geheiß König Gorms war Thorkel zu einer Expedition zum nördlichen Rand der Welt aufgebrochen, wo er in Lebensgefahr geriet, als er den Gott des Universums beschwor. Er wird gerettet und geht daraufhin ins deutsche Reich, das kurz zuvor zum Christentum übergetreten ist. Dort erfährt er dann die Grundelemente der christlichen Lehre.[32]

Saxos norwegische und isländische Pendants hatten es einfacher. Sie konnten auf einer mündlichen Überlieferung, die vermutlich auf einer historischen Grundlage basierte, aufbauen, wonach es die einheimischen Könige waren, die Norwegen christianisierten. Die historische Quellen nennen zwei dieser Könige, Olav Tryggvason (995 – 1000) und den heiligen Olav Haraldsson (1015 – 1030), die mittels Predigten, Gebeten und Bündnissen mit den mächtigsten Männern des Landes sowie mit Gewalt gegenüber denjenigen, die trotzdem widerspenstig blieben, die Norweger zur Annahme des Christentums bewegten. Welche Form der Christianisierung in dem jeweiligen Werk besonders betont wird, hängt von der übergeordneten Ideologie ab, die ihm zugrunde liegt.

Ganz besonders deutlich wird eine autonome Form der Christianisierung in Hinblick auf Island hervorgehoben. Nach Ari war der Übertritt der Isländer zum Christentum Folge einer Entscheidung im ‚Althing', der Versammlung aller freien und volljährigen männlichen Inselbewohner, die im Jahre 1000 getroffen worden war.[33] Zu dieser Zeit waren bereits mehrere führende Persönlichkeiten zum Christentum übergetreten, andere dagegen sträubten sich mit aller Macht. Als die beiden Parteien auf dem ‚Althing' versuchten eine Einigung zu erreichen, kamen sie schließlich zu dem Ergebnis, die Entscheidung einem höchst angesehenen Mann zu überlassen, dem Heiden Thorgeir Thorkellsson. Nach reiflichem Abwägen kam Thorgeir zu dem Schluss, dass es die einzige Möglichkeit zur Vermeidung einer tiefen Spaltung der Gesellschaft sei, das Christentum anzunehmen; allerdings sollten dabei den Heiden einige Zugeständnisse eingeräumt werden. Der Religionswechsel war demnach eine pragmatische Entscheidung mit dem

31 Saxo (Anm. 4), X.11.3 – 4.
32 Saxo (Anm. 4), VIII.14.2 – 15.10.
33 Ari froði (Anm. 1), Kap. VII.

Hauptziel die Einigkeit des Volkes zu wahren. Es waren also weder Wunder noch religiöse Diskussionen im Spiel. Die Isländer trafen diese Entscheidung selbst und die Art, in der sie dies taten, überwand die Spaltung und festigte die Einheit des Volkes.

4 Königsbiographien – Von der Hagiographie zur politischen Geschichtsschreibung

Eine klare Unterscheidung zwischen Geschichtsschreibung und Biographie, die man in der klassischen Antike finden kann, verschwimmt im Mittelalter. Die ‚nationale' Geschichtsschreibung zeichnet sich weitgehend durch eine Aneinanderreihung von Viten der einzelnen Herrscher aus, wobei zwischen deren öffentlichen und privaten Leben nahezu kein Unterschied gemacht wurde. Die Untersuchung einer Auswahl königlicher Biographien ist deshalb ein geeigneter Weg, einige charakteristische Merkmale der skandinavischen Geschichtsschreibung herauszuarbeiten, einschließlich der Verknüpfung zwischen religiösen und weltlichen Aspekten. Es empfiehlt sich bei der Darstellung mit den heiliggesprochenen Königen zu beginnen und die Entwicklung von der im liturgischen Rahmen erzählten Legende bis zur historischen Biographie zu verfolgen.

In Dänemark wurden die ersten Schritte in diese Richtung bereits in Aelnoths Bericht über Knut den Heiligen gemacht, unbeschadet der Tatsache, dass die Erzählung über ihn alle Merkmale beinhaltet, die man im Allgemeinen mit Hagiographie, biblischer Sprache, Erzählungen von Helden und ihren vielen Tugenden sowie ihrer Bereitschaft ihr Leben aufs Spiel zu setzen, verknüpft. Jedoch beschäftigt sich Aelnoths Werk nicht nur mit der Herrschaft Knuts, sondern auch mit der seiner Vorgänger und Nachfolger. Dabei liefert er auch ein paar Informationen über politische Konflikte, in die Knut verwickelt war, einschließlich seines geplanten Kriegszuges gegen England, welcher zum Ziel hatte, das englische Volk in seinem Widerstand gegen die Normannen zu unterstützen und es von deren Tyrannei zu befreien. Aelnoth selbst war vermutlich ein exilierter Engländer.

Diese Tendenzen werden bei Saxo noch erheblich weiter entwickelt, der einen im Wesentlichen weltlich geprägten Bericht über Knuts Herrschaft bietet, obwohl er ihn als gottesfürchtigen Mann und Unterstützer der Kirche beschreibt:[34] Knut ist bei Saxo vor allem ein Kriegsheld, der um seiner eigenen Ehre willen kämpft. Aufgrund seines kriegerischen Charakters hat er schon als Jugendlicher Helden-

34 Weibull (Anm. 19), S. 210 – 213.

taten vollbracht und sollte deshalb anstelle seines – laut Saxo trägen und feigen – Bruders Harald Hen Nachfolger seines Vaters werden. Als Knut bei der Wahl zum König durchfällt, entschuldigt ihn Saxo fast dafür, nicht mit Waffengewalt gegen seinen Bruder vorgegangen zu sein. Später verurteilt Saxo zwar Knuts Mörder mit aller Strenge, aber er tut dies nicht, weil es sich um einen Königsmord handelt, sondern weil Knut etwas Besseres verdient habe. Der Grund, weshalb das Volk gegen ihn rebelliert, ist nicht in seiner Frömmigkeit zu suchen, vielmehr darin, dass die Menschen ihr Leben nicht in einer Expedition nach England aufs Spiel setzen wollten, einem Kriegszug, den Knut angeblich plante, um dem müßiggängerischen und dekadenten Leben in England ein Ende zu bereiten. Als jedoch Knuts Ende naht, findet eine radikale Wende in der Darstellung statt: Knut wird vom Helden zum Heiligen. Wie schon in älteren Hagiographien beschrieben, legt er sich vor den Altar der von ihm gegründeten St.-Albans-Kirche in Odense nieder, streckt dabei die Arme in der Form eines Kreuzes aus und nimmt unterwürfig seinen Tod an.

Im Falle Olavs II. Haraldsson des Heiligen wird der erste vorsichtige Schritt weg von der Hagiographie des Theodoricus Monacus unternommen. Während die *Passio Olavi* noch kaum etwas über Olavs Leben hergibt, enthält Theodoricus' Bericht zahlreiche Einzelheiten über dessen Herrschaft: Erzählt wird von seiner Machtergreifung in Norwegen, seiner Verbannung, seiner Rückkehr und seinem Tod in der Schlacht von Stiklestad; erwähnt werden außerdem die Namen mehrerer seiner Gegner und Anhänger. Ideologisch betrachtet ist Theodoricus' Werk jedoch ebenfalls so stark hagiographisch geprägt wie die *Passio Olavi* – zwischen dem heiligen und dem weltlichen Herrscher besteht kein Unterschied: Auch für Theodoricus ist Olav also Zeit seines Lebens ein Heiliger.

Eine entsprechende Differenzierung findet sich erstmalig in der *Óláfs saga hins Helga*[35] („Legendarische Saga"), die zwei gegensätzliche Charakterisierungen Olavs[36] aufweist, eine negative und eine positive. Laut der ersteren war Olav arrogant, tyrannisch und gemein, stolz und jähzornig – mithin ganz ein weltlicher Herrscher. In der letzteren wird er aber auch als mildtätig, bescheiden, freundlich und gesellig, kurzum: als ein guter Herrscher, beschrieben, der das Gesetz Gottes sowie das aller wohlmeinenden Menschen befolgt. Obwohl der Autor hinzufügt, dass die letztere Beschreibung die richtige sei, wirft er in seiner Erzählung beiläufig mehrere negative Schlaglichter auf Olav. Der junge Olav verhält sich seinem Stiefvater gegenüber arrogant und startet zum eigenen Vergnügen Wikingerex-

35 Óláfs *saga hins Helga*. Die *Legendarische Saga* über Olaf den Heiligen (Hs. Delagard. saml. nr. 8 II). Hrsg. und übersetzt von Anne Heinrichs u. a., Heidelberg 1982.

36 Sverre Bagge: Warrior, King and Saint – The Medieval Histories about St. Óláfr Haraldsson. In: Journal of English and Germania Philology 109 (2010), S. 281 – 321.

peditionen. Der Autor unternimmt keinen Versuch, seine gewalttätigen Aktivitäten zu verbergen, obwohl diese bereits in dieser Phase mit Enthaltsamkeit und Frömmigkeit durchsetzt sind. Olavs Vorbereitungen auf seinen Märtyrertod in der Schlacht von Stiklestad sind durchmischt mit Aggressionen gegen seine Feinde und zynischen Kommentaren zu deren Tod.

Snorri schwächt einige der drastischsten Erscheinungen der Frömmigkeit wie auch der Arroganz ab. Das Wichtigste dabei ist, dass Snorri in beträchtlichem Maß die Widersprüche mit Hilfe seiner Chronologie löst, und zwar dadurch, dass er drei aufeinanderfolgende Porträts von Olav erstellt: Olav als Wikinger, als König und als Heiliger.[37] Aber auch wenn er Olav gegen Ende seines Lebens nachdrücklicher als einen Heiligen porträtiert als dies der Autor der *Legendarischen Saga* tut, findet sich derselbe Wandlungsprozess während der Beschreibung der Schlacht von Stiklestad wie er in Saxos Bericht über den Tod Knuts vorkommt: Nachdem Olav anfangs beherzt gekämpft hat, lehnt er sich später, als er zum ersten Mal verwundet wird, zurück und nimmt den Tod als wahrer Märtyrer an.

Für seine Geschichte der Herrschaft Olavs ordnet Snorri sein umfangreiches Material,[38] das er aus mündlichen und schriftlichen Quellen gewonnen hat, zu einer zusammenhängenden Erzählung, die sich strikt an der Chronologie und einer detaillierten Auflistung von Olavs Aktivitäten orientiert. Dabei führt er eine alles übergreifende Unterscheidung ein zwischen Olavs ersten zehn Jahren, die recht erfolgreich verliefen, und den letzten fünf Jahren, die sich zunehmend schwieriger gestalteten und zu seiner Verbannung sowie schließlich nach seiner Rückkehr 1030 zu seinem Tod in der Schlacht von Stiklestad führten. Besonders in letzterem Teil gelingt es Snorri, die verschiedenen Episoden in einen Handlungsstrang zu integrieren. Er zeigt, wie Olav, vor allem dank seiner Arroganz, immer mehr mit den norwegischen Magnaten aneinandergerät, bis es schließlich für ihn unmöglich wurde, im Land zu bleiben. Snorris größte Herausforderung – und größter Erfolg – auf diesem Gebiet ist sein Bericht über Olavs Verhältnis zu seinen Feinden und sein klägliches Ende.[39] Snorri ist der einzige Autor, der die Geschichte aus der Perspektive von Olavs Feinden betrachtet. Indem er ihre Motive in den Fokus rückt bzw. sogar Geschichten konstruiert, um ihnen Motive zu verschaffen, ist er in der Lage, ein komplexeres Verständnis von Olavs Untergang zu schaffen als dies seine Vorgänger vermochten. Dadurch, dass er die Konflikte teils als normalen Machtkampf zwischen bedeutenden Männern und teils als Rachefeldzug beschreibt, ist es ihm möglich, die Aktionen beider Parteien zu erklären.

---

37 Bagge (Anm. 14), S. 181 – 206.
38 In modernen Ausgaben füllt das Werk ca. 250 Druckseiten.
39 Bagge (Anm. 14), S. 34 – 43, 66 – 70.

Zugleich zeichnet er ein Porträt Olavs, welches eine modifizierte Version der negativen Charakterisierung der *Legendarischen Saga* darstellt.

Die *Sverris saga*, die wichtigste Quelle über das Leben des norwegischen Königs Sverre (ca. 1151–1202), beginnt mit einem Bericht über dessen Jugend, die er als vermeintlicher Sohn eines Handwerkers auf den Färöerinseln verbringt, bis er schließlich entdeckt, dass er ein Königssohn ist und daraufhin den Kampf um den Thron beginnt. Zunächst führt er Krieg gegen den herrschenden König Magnus, der besiegt und 1184 getötet wird, danach gegen eine Reihe von Thronprätendenten, die sich während der restlichen Jahren seiner Herrschaft gegen ihn erhoben.[40] Der Beginn der Saga ist ungewöhnlich, da er die Geschichte aus Sverres Perspektive erzählt, wobei er seine Träume und die allmähliche Entdeckung seiner Herkunft und seiner Berufung im Leben in den Mittelpunkt rückt, und zwar auf eine Weise, die an die Vita eines Heiligen erinnert. Wichtig dabei ist jedoch, dass es sich nicht um die Geschichte eines Wandels vom Handwerkersohn zum König handelt, sondern erklärt wird Sverres Unzufriedenheit mit seinem Leben als Sohn eines Handwerkers und später als Priester aufgrund der Tatsache, dass er der Sohn eines Königs ist und deshalb über einen Charakter verfügt, der ihn zu einer höheren Lebensform qualifiziert. Im zweiten, umfassenderen Teil der Saga liegt der Schwerpunkt auf äußeren Ereignissen. Die Saga folgt einer strengen Chronologie und ist gespickt mit Details über Schlachten und Feldzüge. Sie bietet ein faszinierendes Bild von Taktiken und Strategien und den Voraussetzungen für politische Führung in der damaligen Gesellschaft, in der Sverre stets das Vertrauen seiner Mannen gewinnen muss, um seine Pläne ausführen zu können. Der Autor zeigt, wie er dies erreicht, indem er ihm eine Reihe von Reden zuschreibt, von denen viele rhetorische Meisterwerke sind. Grobe Appelle an die Gier seiner Männer verknüpft er auf verblüffende Weise mit ernsten religiösen Betrachtungen, Ironie und Humor. Das so entstandene Porträt Sverres ist das bei weitem lebendigste und subtilste von allen Königsporträts in altnordischen Sagas.

Sturla Thordarsons *Hákonar saga Hákonarsonar*[41] kann in gewisser Hinsicht mit dem von Beryl Smalley geprägten Begriff „Geschichte des staatlichen Verwaltungsdienstes“[42] umrissen werden. Im Gegensatz zu den anderen Sagas spiegelt diese ein mehr bürokratisch orientiertes Umfeld wieder und richtet ihren Fokus auf die Staatsregierung. Diese Saga ist eine wahre Fundgrube an detail-

---

40 Sverre Bagge: From Gang Leader to the Lord's Anointed. Kingship in *Sverris saga* and *Hákonar saga Hákonarsonar*, Odense 1996 (The Viking Collection 8).

41 Edition: *Hákonar saga*. Hrsg. von Þorleifur Hauksson/Sverrir Jakobsson/Tor Ulset, 2 Bde., Reykjavík 2013; vgl. auch *Hákonar saga*. Hrsg. von Guðbrandur Vigfusson, London 1857, Nachdruck Nendeln 1964.

42 Beryl Smalley: Historians in the Middle Ages, London 1974, S. 107–119.

lierten Informationen für spätere Geschichtsschreiber, wird jedoch häufig im Vergleich mit früheren Sagas als langweilig betrachtet, da es ihr an dramatischen Konfrontationen fehlt. Insbesondere der Protagonist Håkon IV. Håkonsson wird als blasse Figur, aber als guter Christ und König dargestellt. Er wird aber nur selten als aktiver Herrscher oder in seinen Beziehungen zu anderen Menschen gezeigt. Eine Erklärung hierfür ist vermutlich das größere Ansehen des königlichen Amtes in jener Zeit und der stärkere Einfluss der christlichen Ideologie des *rex iustus*. Im Unterschied zu seinen Vorgängern wetteifert Håkon weder mit anderen führenden Persönlichkeiten noch bringt er seinen Charme oder seine Eloquenz ins Spiel, um Anhänger zu gewinnen. Er regiert in seiner Eigenschaft als Mitglied der Dynastie und als Erwählter Gottes, gewissermaßen als dessen irdischer Stellvertreter.

5 Lateinische und volkssprachliche Historiographie

Während in Dänemark bis ins späte Mittelalter Latein die Sprache der Geschichtsschreibung war, ist der größte Teil aller Schriften in Norwegen und Island in der Volkssprache verfasst worden. Dieser Unterschied beschränkt sich nicht nur auf die Geschichtsschreibung. Dasselbe gilt auch für administrative Schreiben und für die meisten anderen Genres, und zwar in einem noch höheren Ausmaß als im Rest Europas, wo die Volkssprache ab dem 12. Jahrhundert immer wichtiger wurde. Wie bedeutsam ist dieser Unterschied zwischen Latein und Volkssprache? Haben wir es nur mit zwei verschiedenen Sprachen zu tun, in denen im Grunde die gleichen Ideen zum Ausdruck gebracht werden oder haben wir es mit zwei verschiedenen Kulturen zu tun?

Die auf Latein verfasste Historiographie Skandinaviens ist Teil des Wiederaufblühens der Geschichtsschreibung im Zuge der Renaissance des 12. Jahrhunderts. Stilistisch betrachtet weist sie einige beträchtliche Varianten auf, wie das auch im restlichen Europa der Fall ist, und zwar von Saxos hochkomplexem rhetorischen Latein der ‚Silbernen Latinität', das sich Valerius Maximus zum Vorbild nahm, bis hin zum *sermo humilis* in Theodoricus' Erzählung. Stilistisch zwischen diesen beiden Polen sind die *Historia Norwegie* und Theodoricus' Exkurse anzusiedeln. Sowohl Saxo als auch Theodoricus waren gelehrte Historiker, aber ihre Einstellung zur Geschichte war sehr unterschiedlich. Saxos Hauptvorbilder sind die römischen Historiker[43] und seine Perspektive ist weitgehend eine weltliche. Sein Schwerpunkt liegt auf den Heldentaten und den militärischen Erfolgen der Könige, jedoch schließt er auch theologische Überlegungen mit ein,

43 Friis-Jensen (Anm. 27), S. 61 – 81.

was – wie wir bereits gesehen haben – charakteristisch ist für den Aufbau seines Werkes. Auch bei Theodoricus zeigt sich deutlich der Einfluss antiker Quellen mit zahlreichen Anspielungen und Zitaten von Autoren wie Sallust, Lucan, Vergil, Horaz und Plinius. Aber seine Deutung der Geschichte ist hauptsächlich theologisch ausgerichtet. Dies wird besonders deutlich in seinen Exkursen, die darauf abzielen, typologische Parallelen zwischen der Geschichte Norwegens und der allgemeinen Heilsgeschichte aufzuzeigen. Die *Historia Norwegie* strebt einen ‚klassischeren' Stil an als das Werk des Theodoricus. Die detaillierte geographische Einleitung ist ebenfalls von Vorbildern der römischen Klassik beeinflusst, aber auch hier weist der erhaltene fragmentarische Teil der Erzählung einen theologischen Einfluss auf.

Der Terminus ‚Saga', der sogar in die deutsche Sprache Einzug gehalten hat, verdunkelt die Ähnlichkeit zwischen der Geschichtsschreibung in der altnordischen Volkssprache und den zeitgenössischen europäischen Geschichten oder Chroniken. Zugegebenermaßen bezieht sich der Begriff selbst nicht ausschließlich auf die Historiographie. Buchstäblich bedeutet er das, was er aussagt und kann sich deshalb auf jegliche Art von Erzählung beziehen, gleichgültig ob sie schriftlich vorliegt oder mündlich tradiert ist, ob kurz oder lang. Er wird von der modernen Wissenschaft sowohl für die isländischen Familiensagas wie für die Königssagas gebraucht, und darüber hinaus auch für zahlreiche phantastische Geschichten über Ereignisse, die sich in lang vergangenen Zeiten oder an fernen Orten abgespielt haben. Verfasst wurden diese Geschichten, die sog. *fornaldarsögur* („Vorzeitsagas") vorwiegend im Spätmittelalter. Unklar ist jedoch, ob die Zeitgenossen einen Unterschied zwischen den ‚historischen' Sagas – wie den Königssagas – und den ‚fiktiven' Sagas machten, was aber im Wesentlichen dasselbe Problem darstellt wie die Unterscheidung zwischen historischer und literarischer Erzählung im zeitgenössischen Europa. Trotz der vielen Ähnlichkeiten kann man aber auch ein paar Merkmale feststellen, die für die Königssagas im Vergleich zu den Familiensagas spezifisch sind. Oft haben Königssagas einen Prolog, der die Zuverlässigkeit der gelieferten Information erörtert. Sie folgen einer mehr oder weniger genauen Chronologie, die durch die Regierungszeit der Könige vorgegeben ist. Und sie beinhalten in Übereinstimmung mit den europäischen Vorbildern klare Charakterisierungen der Könige und wichtiger Persönlichkeiten sowie erfundene Reden. Deshalb sind die Königssagas in gleicher Weise Geschichte wie die anderen Werke, die im vorliegenden Band besprochen werden, und der Terminus ‚Saga' kann durch die Begriffe ‚Historie' oder ‚Chronik' ersetzt werden.

Trotz des gemeinsamen Ursprungs der Sagas in der europäischen lateinischen Historiographie bestehen auch signifikante Unterschiede zwischen den beiden Traditionen. Dies lässt sich illustrieren, wenn man die Art vergleicht, in der ihre zwei größten Vertreter, Saxo und Snorri, ein und dieselbe Geschichte darstellen, nämlich eine Anekdote über den heiligen Olav, der sich selbst dafür bestraft, am heiligen Sonntag versehentlich Rinde von einem trockenen Zweig abgeschält zu haben, indem er diese in seiner Hand verbrennt.[44] Snorri macht aus dieser Geschichte eine ganze Szene. Er beschreibt wie Olav, tief in Gedanken versunken, die Zeit um sich herum vergisst und ein Diener ihn daran mit den Worten erinnert: „Morgen ist Montag, mein Herr". Daraufhin lässt sich der König eine Kerze bringen und verbrennt die Rindenspäne in seiner Hand. Snorri beendet diese Szene mit einem knappen Kommentar über Olavs Bereitschaft das Richtige zu tun. Bei Saxo hingegen gibt es hierfür keine eigene Szene. Es gibt keinen Diener und keinen Wortwechsel, sondern nur soviel von der Geschichte was nötig ist, um den moralischen Standpunkt klar zu machen, der dann mit viel größerer Detailtreue ausgearbeitet wird als dies bei Snorri der Fall ist. Da Olav von der Bestrafung der Sünder in der Hölle überzeugt ist, will er lieber eine geraume Zeit auf dieser Erde leiden als ständig in der Hölle zu schmoren. Er geht auch darauf ein, wie wichtig es ist, ein gutes Vorbild zu sein und lehnt es deshalb ab, seinen aus Unachtsamkeit begangenen Fehler zu entschuldigen. Saxo erzählt die Geschichte in seinem komplizierten rhetorischen Latein und zwar auf eine Weise, die einerseits auf den römischen Helden Mucius Scaevola anspielt, der seine Hand im Feuer verbrannte, um seinen Feinden die Tugenden der Römer zu verdeutlichen, und anderseits auf Matthäus 5, 28 – 30, wo empfohlen wird die Hand abzuhacken, wenn sie zu sündigem Handeln verführt.

Die *Heimskringla* gilt als klassische Sagaerzählung. Sie ist insofern objektiv, als der Autor neutral bleibt und sich kommentierender Bemerkungen enthält; sie kann als ausgesprochen bildhaft bezeichnet werden aufgrund ihrer lebendigen Beschreibung von Personen und Ereignissen und zugleich als dramatisch, da sie die Figuren durch kurze und äußerst bedeutungsschwere Dialoge miteinander in eine spannungsvolle Beziehung bringt; dabei ist der Ton ruhig und die Sache wird mit einem gewissen Understatement erzählt, was das dramatische Element noch unterstreicht. In den Sagas wird die direkte Rede bevorzugt, im Unterschied zur klassisch lateinischen Prosa, in der die indirekte Rede überwiegt. Somit sind die handelnden Personen wie im Drama auf der Bühne präsent, ohne dass die ‚Regie' des Autors sichtbar wäre. In der lateinischen Tradition ist dies völlig anders: Der Autor ist stets präsent, sei es mit Kommentaren oder Interpretationen oder in Form direkter Charakterisierungen, wie bei Saxo, oder mit typologischen Interpretationen in Form von Exkursen, wie bei Theodoricus, der weniger dramatisiert und weniger Visualisierungsversuche unternimmt. Trotz der beachtlichen Ähnlich-

44 SMALLEY (Anm. 42), S. 107 – 119.

keiten zwischen Saxos Bericht über den heiligen Knut und Snorris Bericht über den heiligen Olav gibt es in der Erzählperspektive der Autoren Unterschiede. Saxo ist ein Schwarz-Weiß-Maler, ständig kommentiert er die Tugenden seiner Helden und die Laster seiner Feinde. Snorri hingegen hält sich im Hintergrund und lässt die Ereignisse für sich sprechen.

Die Ursprünge des Sagastils sind seit jeher ein strittiges Thema. Der *sermo humilis* des Evangeliums und die Viten einiger Heiliger waren möglicherweise Quelle der Inspiration. Populäre Geschichten sind es vielleicht genauso oder sogar noch mehr, obwohl wir es nicht mit mündlichen Erzählungen, die direkt nach ihrer Entstehung verschriftlicht wurden, zu tun haben. Das lässt sich nachweisen, wenn man die allmähliche Entwicklung des in der Saga verwendeten Stils, hauptsächlich unter dem Aspekt des Rückzugs des Autors, zurückverfolgt: Während der Autor in den frühen Sagas noch sehr präsent ist, rückt er dann mehr und mehr in den Hintergrund.

Volkssprachliche Literatur wird für gewöhnlich mit dem Laienstand in Verbindung gebracht, und obwohl man sowohl Kleriker als auch Laien unter den bekannten Autoren historischer Schriften findet, bildete vermutlich auch der Laienstand den Großteil des Publikums. Das bedeutendste literarische Milieu in Norwegen war am königlichen Hof zu finden. In Island waren es wahrscheinlich die Häuser der wichtigsten Magnaten, die eine ähnliche Rolle spielten; hinzukommt, dass isländische Autoren vornehmlich für ein königliches oder höfisches Publikum schrieben. Dies weist unmittelbar auf zwei Merkmale hin, die für die Schriften in der Volkssprache spezifisch sind: Sie sind zum einen weniger gelehrt und zum anderen weltlicher orientiert als die lateinischen Schriften. Dies kann freilich nicht darüber hinwegtäuschen, dass die große Mehrheit altnordischer Texte zur geistlichen Literatur zu zählen ist und aus Heiligenviten, Predigten und Bibelübersetzungen besteht, wobei die Texte weitgehend, wenn auch nicht ausschließlich, eher erbaulicher als theologischer Natur sind. Einige der historiographischen Texte gehören derselben Kategorie an wie das *Ágrip*, das als eine Art popularisierte Version zweier früherer lateinischer Schriften betrachtet werden kann. Die *Legendarische Saga* enthält zum Teil die gleichen Merkmale, ist jedoch weniger religiös orientiert, als dies ihr Titel, der im 19. Jahrhundert entstanden ist, vermuten lässt. Die wichtigsten Königssagas, wie die *Heimskringla* und die *Sverris saga*, stellen jedoch etwas anderes dar: Sie sind von weltlicher Natur, aber nicht deswegen, weil sie areligiös oder häretisch sind, sondern weil sie sich mit politischen und militärischen Ereignissen befassen. Sie beschreiben diese Ereignisse gemäß der mehr oder weniger großen Kunstfertigkeit der Autoren, und zwar insgesamt besser als Autoren, die dem Klerus entstammen. Die *Heimskringla* beinhaltet Hagiographie und bezieht sich gelegentlich auf die Heilsgeschichte, ein zentrales Merkmal der *Sverris saga* ist Sverres Berufung durch Gott. Aber die meisten der beschriebenen Ereignisse haben eine weltliche Erklärung: So wird etwa der heilige Olav in der *Heimskringla* besiegt, weil er zu viele Feinde zugleich herausfordert, Sverre hingegen gewinnt, weil seine Strategie und seine Taktik besser sind als die seiner Feinde.

Weder das ‚Verschwinden' des Autors noch die Dramatisierung der Erzählung machen die Sagas volkstümlicher oder lassen sie weniger gelehrt erscheinen als zeitgenössische lateinische Werke. Die meisten Sagas folgen einer genaueren Chronologie als Saxos Werk. Zwar geben sowohl Saxo wie auch Theodoricus Kommentare zu ihren Quellen, aber Snorris Diskussion der Überlieferungslage in seinen Prologen zur *Heimskringla* und der *Olav des heiligen saga* („Saga von Olav dem Heiligen") ist weit ausgefeilter – insbesondere sein Kommentar zur skaldischen Poesie, in der er das wichtigste Kriterium für die Authentizität und Stabilität der Tradition nennt: So hätten die Skalden ihre Geschichte in Gegenwart des Königs und seiner Männer vorgetragen und obgleich sie natürlich keine ‚objektiven' Erzähler waren – ihre Aufgabe war es ja, ihre Herren zu preisen –, haben sie vermutlich diesen keine Taten zugeschrieben, die sie nicht begangen haben, da ihnen dies eher Tadel als Lob eingebracht hätte. Folglich sollte man – nach Snorri – ihre Tatsacheninformation im Gegensatz zu den Lobpreisungen und dem rhetorischen Zierrat als wahrheitsgetreu betrachten. Snorris Schlussfolgerungen lassen sicherlich Raum für Diskussionen, und in der Praxis unterscheidet sich seine Haltung gegenüber seinen Quellen natürlich grundlegend von der moderner Historiker. Vor dem Hintergrund mittelalterlicher Literatur sind seine Beobachtungen nichts desto weniger bemerkenswert. Ein wichtiges Indiz für die Stabilität der Tradition ist im Übrigen die Metrik der Gedichte, aufgrund derer man sagen kann, dass sie wohl von der ursprünglichen Komposition an bis in die Gegenwart Snorris unverändert überliefert worden sind.

Der Unterschied zwischen Latein und Volkssprache ist folglich nicht nur eine Frage der Verwendung unterschiedlicher Medien für eine im Wesentlichen gleiche Botschaft, sondern eine Frage der unterschiedlichen historischen Überlieferung. Höchstwahrscheinlich hatten die Verfasser von Sagas gewisse Kenntnisse der lateinischen historiographischen Überlieferung und verwendeten diese bis zu einem gewissen Grad auch als Vorbild, sie entwickelten jedoch ihren eigenen Erzählstil und ihre eigene Art der Ereignisanalyse, wobei sie sich dafür höchstwahrscheinlich auf ihre praktische Erfahrung stützen. Sowohl in den Königssagas als auch in den Familiensagas formulierten die Isländer ihre Überlegungen über die Spielregeln der jeweiligen zeitgenössischen Politik, Regeln, die sich nicht grundlegend von denen in anderen Gesellschaften unterschieden, wo sie gelegentlich auch zum Ausdruck kamen, jedoch weniger ausführlich.[45]

6 Spätere Entwicklungen: Schwedische Chroniken in Reimform

Die große Wiederbelebung der skandinavischen Historiographie im späten Mittelalter ging von Schweden aus, und zwar in Form der Reimchronik. Während historische oder andere Erzählungen vorher in Prosa verfasst wurden – selbst französische Verse wurden auf altnordisch in Prosa übersetzt – verwendete man für die spätmittelalterlichen schwedischen Chroniken die Versform. Dies geht vermutlich auf deutsche Vorbilder zurück.[46] Vom literarischen Standpunkt aus betrachtet ist das erste, und nach Meinung der meisten Gelehrten auch das beste Werk dieses Genres, die *Erikskrönikan*,[47] die zwischen 1322 und 1332 verfasst wurde. Eine Reihe weiterer solcher Chroniken entstanden von den 1430er Jahren an; sie decken eine kontinuierliche Geschichte Schwedens von etwa 1250 bis in die 1520er Jahre ab.

Der Prolog zur *Erikskrönikan* scheint ein Echo auf die kontinentaleuropäische *Origo gentis*-Tradition zu enthalten. Nach der Lobpreisung Gottes als Erschaffer der ganzen Welt führt der Autor Schweden als Teil des nördlichen Teils der Welt und als Land ausgezeichneter Ritter ein, in dem auch einst Dietrich von Bern lebte. Dann springt der Bericht bis zur Mitte des 13. Jahrhunderts und erzählt die Geschichte Schwedens bis 1319/20 weiter. Etwa drei Viertel des Werkes befassen sich mit der Herrschaft König Birger Magnussons (1290 – 1319); den Schwerpunkt bildet hier die Auseinandersetzung, die 1304 zwischen Birger Magnusson und seinen zwei jüngeren Brüdern, Herzog Erik Magnusson und Herzog Waldemar Magnusson, beginnt. Zwei dramatische Ereignisse kennzeichnen den erzählerischen Höhepunkt: 1. Das ‚Håtuna Spiel' von 1306, als die beiden Herzöge ihren Bruder auf seinem Gut Håtuna gefangen nehmen und ihn dazu zwingen, sein Königreich mit ihnen zu teilen, 2. die Revanche Birger Magnussons elf Jahre später, der seine Brüder eingeladen hatte, Weihnachten mit ihm auf seiner Burg in Nyköping zu feiern, sie sehr höflich und gastfreundlich empfängt, um dann, mitten in der

45 BAGGE (Anm. 14), S. 240 – 251.

46 SVEN-BERTIL JANSSON: Medeltidens rimkrönikor, Nyköping 1971 (Studia Litterarum Upsaliensia 8).

47 *Erikskrönikan*. Hrsg. von SVEN-BERTIL JANSSON, Stockholm 1992; *Erikskrönika*. Première chronique rimée suédoise (première moitié du XIVe siècle). Hrsg. von CORINNE PÉNEAU, Paris 2005.

Nacht, mit bewaffneten Männern in ihr Zimmer einzudringen und die Unheil verkündenden Worte an sie zu richten: *Minnes ider nakot aff Håtuna lek?* („Erinnert ihr euch an das Håtuna Spiel?"). Dann lässt er sie ins Gefängnis werfen und verhungern. Der Autor der Chronik vergleicht Birger Magnussons Verrat an seinen Brüdern mit dem Verrat Judas' an Christus. Er beendet sein Werk mit der Beschreibung von Birger Magnussons Niedergang und wie er durch Eriks dreijährigen Sohn Magnus ersetzt wird, für den er den Segenswunsch formuliert: *Wil Gud innan himmelrike / han ma wel werde faders like* („Möge Gott im Himmel dafür sorgen, dass er seinem Vater ähnelt.").

Die *Erikskrönikan* unterscheidet sich merklich aufgrund ihres aristokratischen Charakters von den Sagas. Während sich in der Saga die Aristokratie im Wesentlichen aus Magnaten zusammensetzt, die aus dem Volk kommen, nimmt in der *Erikskrönikan* diesen Platz eine privilegierte Klasse ein, deren Ideologie und deren Wertvorstellungen hier deutlich mit Schwerpunktthemen wie äußerer Pomp, Prachtentfaltung, Tapferkeit und Ritterlichkeit zum Ausdruck gebracht werden. Dies Form reagiert auf die gesellschaftliche Entwicklung in Schweden wie auch im übrigen Skandinavien. Auf der anderen Seite hat die *Erikskrönikan* wenig gemein mit den ‚bürokratischen Elementen' der späten Sagas und stellt somit eine Rückkehr zur klassischen Saga dar. Krieg und dramatische Ereignisse werden direkt und lebendig geschildert, obwohl der Autor, im Gegensatz zu den Sagas, häufig mit deutlichen Kommentaren aufwartet. Und die Herzöge sind nicht nur tapfere Helden, sondern zugleich auch scharfsinnige Politiker. Der Autor begeistert sich an ihrer Klugheit, ihren Schachzug gegen Birger Magnusson komplett geheim zu halten, sodass sie ihn auf Håtuna völlig überraschend gefangen nehmen können.

Über die Geschichte der folgenden 100 Jahre gibt es in Schweden nur zwei historische Schriften. Der *Libellus de Magno Erici rege* (*Qualiter regnavit rex Magnus*),[48] der ca. 1370 verfasst wurde, ist ein Pamphlet über den damals entthronten König. Es handelt sich um denselben König, dessen Zukunft in *Erikskrönikan* gepriesen wurde. Diese Schmähschrift ist im Kreis der Aristokraten, die 1363 – 1364 gegen ihn rebellierten, angesiedelt. Die *Chronica Visbycensis* (815 – 1444)[49] wurde im Hause der Franziskaner in Visby verfasst. Sie ist weitgehend annalistisch und bietet ein relativ detailliertes Bild der politischen Geschichte des baltischen Gebiets für die Zeit von 1316 – 1412.

---

48 Olle Ferm: [Art.] *Libellus de Magno Erici rege* [*Qualiter regnavit rex Magnus*]. In: EMC 2, S. 1023.

49 Olle Ferm: [Art.] *Chronica Visbycensis*. In: EMC 1, S. 446.

Die Tradition der *Erikskrönikan* in Reimform wurde in der ersten Hälfte des 15. Jahrhunderts fortgesetzt und beginnt mit der *Engelbrektskrönikan*. Diese Chronik wurde gegen Ende der 1430er Jahre verfasst und besteht aus 2700 Versen. Sie ist nach ihrem Protagonisten Engelbrekt Engelbrektsson († 1436) benannt, einem Vertreter des niederen Adels, der 1434 einen Großteil der Aristokratie und das Volk zusammenbrachte, um gegen den König der Union, Erik von Pommern, zu rebellieren. Diese Chronik ist von der *Erikskrönikan* beeinflusst, richtete sich aber an ein breiteres Publikum und ist inhaltlich weniger ausgefeilt und stilistisch weniger an den Maßstäben des Hofes orientiert. Sie entstand im engeren Umfeld des königlichen Rates. Ihr Autor Johan Fredebern, ein Mann des niederen Adels, war Ratsschreiber. *Engelbrektskrönikan* ist heute nicht mehr als eigenes Werk erhalten, sondern nur noch als Teil der *Karlskrönikan*. Die Verbindung zwischen diesen beiden Chroniken sowie die Rekonstruktion der letzteren ist Thema intensiver Diskussionen. Allerdings scheint inzwischen Einigkeit über die Existenz einer eigenständigen Chronik des Engelbrekt zu herrschen, die kurz nach seinem Tod zusammengestellt wurde.[50]

Die *Karlskrönikan* entstand um 1450 und rühmt die Taten Karl Knutsson Bondes, der 1448 zum König von Schweden gewählt worden war und dann seinen Anspruch auf den Thron gegen König Christian I., der Dänemark und Norwegen regierte, verteidigten musste. Wie bereits oben erwähnt, enthält der erste Teil die *Engelbrektskrönikan*, und zwar in einer etwas überarbeiteten Form. Sie wurde veröffentlicht, um die Rolle Karls in der 1430er Rebellion in den Vordergrund zu rücken und beschreibt ihn vor allem als Nachfolger Engelbrekts. Die Chronik beginnt 1389, dem Jahr der Vereinigung mit Dänemark, und wird fortgesetzt bis zur Zeit ihrer Abfassung. Die dänischen Könige werden verunglimpft und Karl als Held geschildert, der für die Freiheit Schwedens kämpft. Die anderen Chroniken, nämlich die *Lilla Rimkrönikan* („Die kleine Reimchronik") und die *Prosaiska krönikan* („Die Prosachronik"), stammen vermutlich aus demselben Milieu. Sie beinhalten Biographien der schwedischen Könige von den Anfängen bis hin zur Krönung Karl Knutssons 1448. Die *Lilla Rimkrönikan* lässt die Könige in der Ich-Perspektive zu Wort kommen. Beide Chroniken erzählen außerdem die von Jordanes abgeleitete Geschichte der Abwanderung der Goten aus Schweden, was Teil der schwedischen Propaganda in dieser und in der darauffolgenden Zeit wird.

Etwa um dieselbe Zeit entstand eine weitere Chronik in Versen, die *Förbindelsesdikten* („Verbindungsgedicht"), die die *Erikskrönikan* mit den späteren Chroniken verknüpft und somit eine fortlaufende Geschichte Schwedens für die

---

50 Hermann Schück: *Engelbrektskrönikan*. Tillkomsten och författaren, Stockholm 1994 (Kungl. Vitterhets historie och antikvitets akademiens handlingar. Historiska serien 22).

Zeit von 1250 bis 1450 bietet. Die *Sturekrönikan* handelt von Karls Nachfolger Sten Sture dem Älteren, der Schweden von 1470 bis zu seinem Tode 1503 regierte, jedoch mit einer vierjährigen Unterbrechung (1497 – 1501), als die Union mit Dänemark erneuert worden war. Sten hatte nie den Thron beansprucht, benutzte aber den Titel Protektor des Königreichs. Die Chronik ist in zwei Teile gegliedert: Im ersten und längeren Teil, der den Zeitraum um 1487 abdeckt, ist Sten der Held, der das Land von den Dänen befreit. Es geht um seine Erfolge, vor allem seinen Sieg über die Dänen bei Brunkeberg außerhalb Stockholms im Jahre 1471. Der zweite Teil, dessen Entstehung wohl im Kreis um Erzbischof Jacob Ulvsson (1470 – 1514) anzusiedeln ist, betrachtet Sten kritisch. Diese Chronik muss wohl nach 1496 verfasst worden sein. Auf die *Sturekrönikan* folgt die *Yngsta Rimkrönikan* („Die jüngste Chronik in Reimen"). Sie beinhaltet Erzählmaterial aus den vorausgehenden Chroniken und eine neue Fortsetzung bis 1520. Wie die *Lilla Rimkrönikan* ist auch diese Chronik in der 1. Person Singular verfasst: Die Herrscher kommen mit Berichten über ihre Regierungen zu Wort.

Zusätzlich zu diesen volkssprachlichen Chroniken gab es auch einige lateinische historiographische Werke. Dazu gehört das *Diarium Vadstenense* („Erinnerungsbuch der Vadstenerabtei"), welches in einer der bedeutendsten religiösen Institutionen des mittelalterlichen Schwedens verfasst wurde, in dem von der heiligen Birgitta (1303 – 1373) gegründeten Kloster zu Vadstena. Es handelt sich um eine annalistische Arbeit, die meistenteils zeitlich parallel zu den Ereignissen geschrieben wurde und die Zeitspanne von 1344 – 1545 umfasst. Das *Diarium* besteht aus kurzen Berichten, beinhaltet aber darüber hinaus eine fortlaufende Erzählung zu den Ereignissen der Jahre 1463 – 1467. Der Schwerpunkt liegt auf dem Konflikt zwischen Karl Knutsson und Christian I. von Dänemark.

Noch wichtiger ist die *Chronica regni Gothorum* von Ericus Olai, Domherr in Uppsala (1486), der seit der Gründung der Universität von Uppsala 1477 dort Theologie lehrte.[51] Das Werk war vermutlich für die geistliche Leserschaft seiner Kathedrale bestimmt und ist Schwedens erste nationale Geschichte in lateinischer Prosa. Sie behandelt die Geschichte Schwedens von Christi Geburt bis zur Lebenszeit Ericus Olais und konzentriert sich vor allem auf die Abfolge der Könige und Bischöfe, die von Uppsala aus regierten. Als Quellen dienten Ericus Olai das *Compendium Saxonis* und Werke in Reimform in der Landessprache. Die Chronik weist ähnliche politische Ideen auf wie die zeitgenössischen Werke, die auf die Sture-Tradition zurückgehen, jedoch sind in ihr die Rolle der Kirche und des Klerus prominenter hervorgehoben. Ericus Olai schenkt außerdem den schwedischen

---

51 Biörn Tjällen: Church and nation: The discourse on authority in Ericus Olai's *Chronica Gothorum* (c. 1471), Stockholm 2007.

Ursprüngen der Goten große Aufmerksamkeit, was einer der Hauptgründe für das Interesse an dieser Arbeit nach der Reformation ist.

Die schwedischen Chroniken aus dem frühen 15. und dem frühen 16. Jahrhundert folgen der Tradition der *Erikskrönikan:* Sie sind in Versform geschrieben, haben jedoch einen weniger aristokratischen und dafür mehr volksnahen Charakter. Explizit politischer orientiert feiern sie ihre schwedischen Helden, verunglimpfen die Dänen und machen sich für die Freiheit und Unabhängigkeit Schwedens stark. Obwohl ihre Länge und die beschränkte Anzahl an überlieferten Manuskripten bezweifeln lassen, ob sie direkt als Propagandaschriften benutzt wurden, sollten sie dennoch im Kontext des Propagandakrieges der gegen die Union mit Dänemark eingestellten Partei gesehen werden, weil sie eine Fundgrube für entsprechende Argumente in öffentlichen Diskussionen boten, während einzelne Passagen möglicherweise für Vorträge oder Gesänge verwendet wurden.

Von den beiden anderen Ländern sind nur wenige historische Schriften aus dieser Zeit erhalten: Die *Danske Rimkrønike* („Dänische Reimchronik"), zwischen 1460 und 1474 entstanden, ist vermutlich von der schwedischen *Lilla Rimkrønikan* beeinflusst und lässt verschiedene Könige über ihre Herrschaft und sogar von ihrem Tod berichten. Das Material ist vorwiegend aus früheren dänischen Chroniken abgeleitet. Während der Reformationszeit verfasste schließlich der Karmeliter, Schulmeister und katholische Reformer Poul Helgesen (auch: Paulus Helie) zwei historische Schriften, in denen er sich auf zeitgenössische Probleme bezieht. In der *Compendiosa et succincta regum Daniae historia* aus den 1520er Jahren verteidigt er die Kirche und die nordische Union. Die spätere *Skibby Chronik*, die im 17. Jahrhundert in der Kirche von Skibby aufgefunden worden war, beschreibt die dänische Reformation aus katholischer Sicht; bei der Darstellung der Ereignisse im Jahr 1534 bricht der Text inmitten eines Satzes ab.

7 Historiographie und Gesellschaft

Die historische Literatur in Skandinavien weist über die Zeit gesehen beträchtliche Unterschiede auf. Die dänische und norwegisch-isländische Geschichtsschreibung erreicht ihren Höhepunkt mit dem Werk Saxos im 12. Jahrhundert und dem Werk Snorris in der ersten Hälfte des 13. Jahrhunderts. Nur die schwedische Historiographie hatte erst im Spätmittelalter bzw. der Frühen Neuzeit ihre Blütezeit, und zwar mit einer Reihe von Chroniken, die im 15. Jahrhundert entstanden. Trotz der Tatsache, dass viele Werke möglicherweise verloren gingen und historische Schriften bis zu einem gewissen Maß immer durch die individuellen Vorlieben ihrer Autoren gekennzeichnet sind, kann man annehmen, dass der Verbreitung dieser Schriften ein allgemeines Muster zugrunde liegt. Das augenfälligste ist das *origo-gentis*-Motiv, das Bedürfnis die Ursprünge des eigenen Volkes und insbesondere der Dynastie zurückzuverfolgen.[52] Eine derartige dynastische Historiographie war vor allem während der frühen Phase der Konsolidierung der Dynastie wichtig, verlor jedoch an Bedeutung, als die Dynastie etabliert war. Dies geschah im späten 12. Jahrhundert in Dänemark und etwa um die Mitte des 13. Jahrhunderts in Norwegen. Saxo ist ein erbitterter, aber keineswegs kritikloser Verfechter der herrschenden Dynastie und der Interessen Dänemarks gegenüber dem Heiligen Römischen Reich und den slawischen Völkern, welche in der 2. Hälfte des 12. Jahrhunderts Ziel dänischer Kreuzzüge waren. Er stand auch mit der herrschenden Dynastie in enger Verbindung, teils aufgrund von verwandtschaftlicher Beziehung, teils über seinen Förderer, den Erzbischof von Lund.

Die Kontinuität der Dynastie ist auch in den Sagas ein bedeutendes Merkmal, jedoch ist die Verbindung der Autoren mit der Dynastie weniger eng. Zugegebenermaßen wurden einige Werke direkt von norwegischen Königen in Auftrag gegeben – wie der erste Teil der *Sverris saga* von König Sverre selbst – und auch der Rest dieser Saga ist Sverre und seiner Partei günstig gestimmt. Dennoch sollte diese Saga vermutlich eher als ein Monument eines großen Helden denn als königliche Propaganda betrachtet werden. Trotz ihrer zurückhaltenderen und sachlicheren Form ist die *Hákonar saga* stärker ideologisch ausgerichtet, indem sie Hákon als Vorbild für eine gute und gerechte Herrschaft präsentiert. Die längeren Sagas, die von Königen aus der Vergangenheit berichten, *Heimskringla*, die etwas frühere *Morkinskinna* und die *Fagrskinna* bringen allesamt den norwegischen Patriotismus zum Ausdruck, scheinen sich jedoch in ihrer Haltung zur norwegischen Monarchie zu unterscheiden. Die *Fagrskinna* mag wohl vom norwegischen König in Auftrag gegeben worden sein und bietet eine Sicht auf die Vergangenheit, die der des zeitgenössischen Königtums ähnlich ist. Die beiden anderen Sagas dagegen zeigen die Einstellung der isländischen Magnaten, die von ihrem Bündnis mit dem norwegischen König profitieren wollten, ohne dabei ihre Unabhängigkeit zu verlieren. Dies trifft insbesondere auf die *Heimskringla* zu, deren Autor selbst ein isländischer Magnat war. Hier muss hinzugefügt werden, dass die Isländer selbst persönlich daran interessiert waren, die norwegische Dynastie zu verherrlichen: Sie stammten von Norwegen ab, sie verknüpften ihre eigene Geschichte mit der Norwegens, wie Aris Chronologie belegt. Und da sie den norwegischen Königen kurz- oder langfristiger zu Diensten waren, kamen sie zu Reichtum und zu Ehrenämtern wie zu dem eines isländischen Magnaten. Vom König in Auftrag gegeben oder nicht: Die isländischen Magnaten hatten gute Gründe die norwegische Dynastie zu unterstützen, wenn auch nicht kritiklos. Der

52 Kersken (Anm. 25), S. 788 f.

spezielle Stil dieser Sagas, der die Interessen des Einzelnen in den Mittelpunkt rückt und die Bedeutung des Wettkampfs, in dem der Beste siegt, hervorhebt, war mehr auf eine konkurrenzorientierte Gesellschaft vor der Mitte des 13. Jahrhunderts ausgerichtet als auf eine Gesellschaft, in der eine geordnete Hierarchie herrschte, wie dies in der Folgezeit der Fall war. Hinzu kommt, dass in Zeiten von Konflikten vermutlich mehr Anlässe bestehen, historische Schriften zu verfassen, als in Zeiten des Friedens.

Schweden hebt sich von diesem Hintergrund als Ausnahmefall ab. Da die Konsolidierung der schwedischen Monarchie erst spät stattfand, finden sich in der *Erikskrönikan* einige Übereinstimmungen mit den frühen historiographischen Werken in den anderen Ländern Skandinaviens, zumindest was den Bezug auf die schwedische Frühgeschichte und die Taten und den Ruf der Schweden betrifft. Die Chronik befasst sich hauptsächlich mit der Dynastie, die von Herzog Birger Magnusson von Bjälbo (1210–1266) abstammt, der um 1250 der eigentliche Herrscher Schwedens war und dessen Nachfahren nach seinem Tode Könige wurden. Natürlich boten außerdem die dramatischen Ereignisse des frühen 14. Jahrhunderts einen starken Anreiz Geschichte niederzuschreiben, obwohl zuzugestehen ist, dass auch das Spätmittelalter reich an dramatischen Ereignissen war, die keinen Eingang in die Geschichtsschreibung fanden. Die *Erikskrönika* ist auch Ausdruck der Ideologie der aufkommenden Aristokratie. Auch in den späteren schwedischen Chroniken, die im unruhigen 15. Jahrhundert entstanden sind, ist der ideologische Aspekt relevant. In jener Zeit leistete Schweden Widerstand gegen die Kalmarer Union, die 1397 zwischen den drei skandinavischen Königreichen Dänemark, Schweden und Norwegen vereinbart worden war. Vor allem Schweden war es, das sich gegen die von Dänemark dominierte Union wandte[53] und daher sind die schwedischen Chroniken des 15. Jahrhunderts das deutlichste Beispiel innerhalb Skandinaviens für eine Instrumentalisierung der Historiographie als Propagandamittel.

8 Zusammenfassung

Die historiographische Literatur im Skandinavien des Mittelalters ist zwar nicht sonderlich breit gefächert, besitzt jedoch eine große Vielfalt; manche Werke sind auch von hoher literarischer und inhaltlicher Qualität. Die lateinische Tradition

---

53 In Schweden war sich der Hochadel über die Frage der Kalmarer Union uneins, allerdings kam dort ein heftiger Widerstand von Kleinadel, den anderen, gering bemittelten Landbesitzern, den Bürgern sowie den Betreibern und Arbeitern der Bergwerke aus Dalarna im Norden.

umfasst sowohl religiöse als auch weltliche Werke wie Saxos *Gesta Danorum* als bedeutendstem Beispiel. Die Überlieferung in der Volkssprache, die sich in Island und in gewissem Maße auch in Norwegen herausbildete, weist einige Ähnlichkeiten mit fiktionalen Erzählungen auf, enthält jedoch zugleich gelehrte Elemente, allen voran eine strenge Chronologie. Die literarischen Idealvorstellungen unterscheiden sich grundlegend von denen der lateinischen Tradition, und zwar insofern, als sie an Visualisierungen und der Darstellung dramatischer Szenen ausgerichtet sind, der Autor aber in den Hintergrund rückt. Hinter der ‚Bühne' jedoch gelingen den Autoren äußerst geschickte Kompositionen, sie verknüpfen die Episoden zu einem folgerichtigen Plot, der politische Interessen und politisches Handeln hervorhebt. Eine höfische, aristokratische Historiographie in Versform in der Landessprache entwickelte sich schließlich im frühen 14. Jahrhundert in Schweden. Dies entsprach dem wachsenden Wunsch der Aristokratie nach Abgrenzung von den anderen sozialen Gruppen und nach Exklusivität. Außerdem nahmen sie Kontakte mit vergleichbaren sozialen Milieus im Ausland, speziell in Deutschland auf, das im Zusammenhang mit der Mobilisierung des Volkes gegen die Dänen immer beliebter wurde. Der Kontrast zwischen dem frühzeitigen Aufblühen der Historiographie in den meisten skandinavischen Ländern im 12. und frühen 13. Jahrhundert sowie das späte Auftreten der Geschichtsschreibung in Schweden ist augenfällig, lässt sich jedoch damit erklären, dass sich die Monarchie in Schweden erst spät konsolidierte. Es scheint also ein Zusammenhang zu bestehen zwischen der Abfassung historischer Schriften, der Bildung von Staaten und Dynastien sowie dem Versuch, die nationale Vergangenheit mit der Universalgeschichte in Verbindung zu bringen.

Aus dem Englischen übersetzt von Silvia Edel

Lektürehinweise:

1. Ari froði 2006 (1); *Historia Norwegie* 2003 (29); *Morkinskinna* 2000 (10); Norwegische Königsgeschichten 1965 (7); Óláfs *saga hins Helga* 1982 (35); Saxo Grammaticus 1900 (4); Saxo Grammaticus ^{3}2013 (4); Snorris Königsbuch (*Heimskringla*) 1965 (13); Snorri Sturluson 2006 (13); Svend Aggesen 1992 (3).
2. Kersken 1995 (25); Kristjánsson ^{4}2007 (6).
3. Andersson 2006 (12); Bagge 1991 (14); Bagge 1996 (40); Bagge 2010 (36).

Geert H. M. Claassens

Niederländische Chronistik im Mittelalter

1 Einleitung

Innerhalb der niederländischen Chronistik des Mittelalters hat die lateinische Sprache eine herausragende Bedeutung: Nimmt man der Einfachheit halber die *Annales Egmondenses* aus dem 12. Jahrhundert als Anfang und die *Chronica nobilissimorum ducum Lotharingiae et Brabantiae* von 1442 als ungefähren Endpunkt, dann gibt es in diesem Zeitraum eine geradezu unübersehbare Fülle von chronikalischen Texten in lateinischer Sprache.[1] Aber auch wenn wir den Blick nur auf die volkssprachlichen Chroniken richten, dann haben wir eine reich schattierte Sammlung von Texten vor uns. Es wäre nun verlockend, die volkssprachliche Tradition in chronologischer Reihenfolge aufzulisten, weil sich in einer solchen Aufstellung mögliche intertextuelle Beziehungen am leichtesten beschreiben ließen. Aber es sind nicht nur die problematischen Datierungen der mittelalterlichen Texte, die hier Sand ins Getriebe streuen, auch der Umstand, dass viele der Chroniken eine spezifisch städtische, regionale oder universale Perspektive haben, ist ein Argument dafür, in der nachfolgenden Übersicht die Texte anders zu ordnen. Eine erschöpfende Aufstellung ist dabei nicht beabsichtigt, vielmehr ist es hier das Ziel auf der Basis der wichtigsten Chroniken ein Bild von der mittelalterlichen Chronistik in den Niederlanden zu skizzieren. Dabei ist das Interesse nicht nur auf die handschriftliche Überlieferung und die gegenseitigen Einflüsse gerichtet, sondern auch auf den aktuellen Forschungsstand.

Die ‚großen Drei' der mittelniederländischen Chroniken, Jacob van Maerlants *Spiegel historiael*, die *Rijmkroniek van Holland* und Jan van Boendales *Brabantsche*

1 Wenngleich in Details veraltet ist für eine breitere Übersicht der niederländischen Chronistik des Mittelalters immer noch Jan Romein (Geschiedenis van de Noord-Nederlandsche geschiedschrijving in de middeleeuwen, Haarlem 1932) von Bedeutung; ein wichtiges Nachschlagewerk zu den Quellen bietet Marijke Carasso-Kok: Repertorium van verhalende historische bronnen uit de middeleeuwen. Heiligenlevens, annalen, kronieken en andere in Nederland geschreven verhalende bronnen, 's-Gravenhage 1981 (Bibliografische reeks van het Nederlands Historisch Genootschap 2). Von unschätzbarem Wert für die Untersuchung der mittelniederländischen Geschichtsschreibung ist die Datenbank ‚Narrative Sources' (http://www.narrative-sources.be/), die eine Liste der narrativen Quellen aus den Niederlanden des Mittelalters bietet und von der ich für dieses Einleitungskapitel dankbar Gebrauch gemacht habe. Zu den *Annales Egmondenses* vgl. Marijke Gumbert-Hepp: [Art.] *Annales Egmondenses*. In: EMC 1, S. 63 f. und zur *Chronica nobilissimorum ducum Lotharingiae et Brabantiae* unten Anm. 71.

yeesten, die unten ausführlicher vorgestellt werden,[2] haben – auch wenn es zahlreiche Querverbindungen zwischen ihnen gibt – alle ihre eigenen Merkmale und ihre eigene Perspektive, da es sich um eine Weltchronik und zwei regional ausgerichtete Chroniken handelt. Aber bevor wir diese Texte näher unter die Lupe nehmen wollen, will ich kurz eine Anzahl von Chroniken Revue passieren lassen – nicht um des unerreichbaren Ziels der Vollständigkeit halber, sondern um ein etwas breiteres Spektrum von dem zu skizzieren, was die mittelniederländische Chronistik außerhalb dieser drei Werke, die die folgende Darstellung dominieren, zu bieten hat.

Zwischen 1288 und 1291 schrieb der Brabanter Jan van Heelu in fast 9000 Versen die Geschichte der Schlacht von Worringen (5. Juni 1288). Das Werk ist nicht nur auf dieses eine Ereignis begrenzt, weil es auch die Vorgeschichte der Schlacht behandelt. Deswegen sollte man es auch besser als die Geschichte des Herzog Johann I. von Brabant († 1294) bezeichnen. Hinsichtlich des literarischen Stils steht das Werk in enger Verbindung mit dem mittelalterlichen Ritterepos.

Johannes de Beka verfasste die lateinische Chronik der Bischöfe von Utrecht und der Grafen von Holland(-Zeeland); sie beginnt mit St. Willibrord († 739) dem ersten Bischof von Utrecht und reicht bis ins Jahr 1346. Die Chronik wurde um 1395 ins Mittelniederländische übersetzt und bekam den Titel *Croniken van den stichte van Utrecht ende van Hollant*. Diese Regionalchronik stützt sich stark auf die *Rijmkroniek van Holland* und andere Texte; bis ins 15. Jahrhundert wurden sowohl in der lateinischen wie auch in den volkssprachlichen Fassungen noch einige Ergänzungen vorgenommen.

Eine andere Regionalchronik, die *Rijmkroniek van Vlaanderen*, ist nur in einer einzigen Handschrift überliefert. Diese anonyme Chronik, die in verschiedenen Phasen entstanden ist, beschreibt die Geschichte der Grafschaft Flandern von deren Begründung 792 durch den historisch nicht eindeutig belegten Liederik van Harelbeke bis ins Jahr 1405, als Johann Ohnefurcht (1371–1419) Herzog von Burgund war.

Von Claes Heynenzoon (ca. 1345–1414), auch bekannt als Heraut Beyeren, kennen wir ein Diptychon, das aus einer Weltchronik und einer regionalen Chronik, der *Hollantsche cronike*, besteht. Der Autor gilt als der wichtigste Chronist im Holland des 15. Jahrhunderts. Die Weltchronik ist als der ‚Vorspann' für die Regionalchronik anzusehen.

Mehr oder minder in der gleichen Zeit wie Claes Heynenzoon schrieb der Brabanter Beamte Hennen van Merchtenen († ca. 1418) seine *Cronike van Brabant*. In etwa 4500 Versen zeichnet er die Geschichte der Herzöge von Brabant, beginnend mit ihrer Herkunft aus Troja und weiter bis in die Zeit von Herzog Anton von Burgund (1384–1415), dem der Text auch gewidmet ist.

---

2 Siehe unten S. 579–605.

Um 1440 entstand das sogenannte *Goudse kroniekje*, ein Werk, das die Geschichte Hollands, Zeelands, Frieslands und Utrechts seit der Zerstörung von Troja bis zum Tod Jacobäas von Bayern (Jacoba van Beieren) im Jahr 1436 erzählt. Die 14 bekannten Handschriften weisen Abweichungen auf und enthalten unterschiedliche Fortsetzungen des ursprünglichen Textes. Der Text wurde 1478 durch Geeraert Leeu te Gouda gedruckt und gehört zu den frühesten Druckwerken in niederländischer Sprache.

Basierend auf einer lateinischen Chronik, der sogenannten *Flandria generosa C*, verfasste der aus Brügge stammende Rhetoriker Anthonis de Roovere († 1482) zusammen mit zwei anderen Autoren eine Geschichte Flanderns vom Jahr 621 bis 1482; von dieser sogenannten *Excellente cronike van Vlaenderen* sind besonders prächtig illustrierte Handschriften erhalten geblieben. Der Text ist die Grundlage für eine Ausgabe des berühmte Antwerpener Druckers Wilhelm Vorsterman aus dem Jahr 1531.

Eine Kombination von Welt- und Regionalchronik finden wir auch in der *Kattendijkse kroniek* von ca. 1494. Die unikale Handschrift dieser *Historie of die chronicke van Hollant, van Zeelant ende Vrieslant ende vanden Stichte van Uutrecht ende veel landen diemen hier na nomen sal* scheint als Vorlage für eine Druckausgabe hergestellt worden zu sein, die jedoch nie erschienen ist. Auch diese Chronik beginnt mit der Geschichte Trojas, aber sie enthält zusätzlich eine vollständige Genealogie der Grafen von Holland; ferner wird die Aufmerksamkeit des Rezipienten auf Figuren wie Alexander den Großen oder König Artus gerichtet.

Diese kurze Übersicht ließe sich leicht mit weiteren Regionalchroniken auffüllen, aber auch mit Stadtchroniken, Adels- oder Klosterchroniken, die hier außerhalb der Betrachtung bleiben müssen, die jedoch deutlich machen könnten, dass die volkssprachliche Geschichtsschreibung in den mittelalterlichen Niederlanden umfangreich und vielseitig war. Wie auch andernorts in Europa bedeutete das Aufkommen des Buchdrucks keinen Bruch in der chronikalischen Tradition: viele Texte aus dem Zeitalter der Handschrift wurden nun auch im Druck verbreitet, teilweise allerdings in einer modifizierten Form.

2 Die ganze Geschichte vom Anfang der Welt – Jacob van Maerlants *Spiegel historiael* (1283–1288)

Erst gegen Ende seiner ausgefüllten Karriere als Schriftsteller begann der Flame Jacob van Maerlant[3] (ca. 1230 – ca. 1290) mit dem, was letztendlich sein *magnum*

3 Die wichtigste Übersicht zu Maerlants Leben und Schaffen bietet zweifellos Frits P. van Oostrom: Maerlants wereld, Amsterdam 1996. Abgesehen davon ist auch der ältere Text von Jan te Winkel (Maerlant's werken beschouwd als spiegel van de 13de eeuw, Gent/'s-Gravenhage ²1892, Neudruck Utrecht 1979) noch immer lesenswert.

opus werden sollte. Irgendwann am Anfang der 80er Jahre des 13. Jahrhunderts legte er eine ehrgeizige Weltchronik auf den Tisch: In vier *partien* („Teilen") wollte er in paarweis gereimten Vierhebern die ganze Geschichte von der Schöpfung der Welt bis zu seiner eigenen Gegenwart erzählen. Man darf vielleicht sagen, dass Maerlant hier über seinen eigenen Ehrgeiz gestolpert ist, denn obwohl er von 1283 bis 1288 an seinem *Spiegel historiael* gearbeitet hat, gelang es ihm nicht, sein Werk zu vollenden. Von den vier *partien*, die er geplant hatte, schrieb er wenig mehr als zwei; er vollendete die erste und die dritte *partie* und verfasste von der vierten die ersten drei Bücher, wobei er bis zum Jahr 1113 kam. Warum er an diesem Punkt aufgehört hat, ist nicht ganz klar, naturgemäß könnte sein fortgeschrittenes Alter eine Rolle gespielt haben.

Noch mehr Fragen wirft die Tatsache auf, dass Maerlant die zweite *partie* übersprang und sie letztendlich überhaupt nicht mehr schrieb. Warum hat er die zweite *partie* links liegen lassen, wodurch eine Lücke von 300 Jahren, die die Zeit von 54 bis 367 n. Chr. betrifft, in seiner historischen Darstellung entstand? War der Grund, dass er kein vollständiges Exemplar seiner Hauptquelle, des *Speculum historiale* Vincenz' von Beauvais,[4] besaß, sein Auftraggeber kein wirkliches Interesse an den unzählbaren Heiligen, die in diesem Teil der Chronik zu behandeln gewesen wären, hatte oder dies Maerlant selber nicht interessierte?

Ein jüngerer Zeitgenosse, Philip Utenbroeke, verfasste die fehlende zweite *partie* und Maerlants selbst ernannter Nachfolger, Lodewijc van Velthem, vollendete nicht nur die vierte *partie*, sondern fügte dem *Spiegel historiael* noch eine fünfte *partie* hinzu. Zusammen mit diesen Ergänzungen beschreibt das Werk in ca. 184.000 Versen, von denen Maerlant etwa 90.000 geschrieben hat, die Periode von der Schöpfung bis zum Jahr 1316.

Obwohl wir annehmen, dass Maerlant während der Arbeit am *Spiegel historiael* wieder im Süden der Niederlande wohnte – um das Jahr 1270 ist er wahrscheinlich von der südwest-holländischen Insel Voorne zurückgekehrt nach Damme bei Brügge – schrieb er seine Chronik wohl für den holländischen Adel. Der Auftrag im Prolog des ersten Buches der ersten *partie* lässt keine Missverständnisse zu:

Grave Florens, coninc Willems sone,
Ontfaet dit werc! Ghi waert de ghone,
Die mi dit dede anevaen.
Ghenoughet u, wildijt ontfaen
Danckelike, so bem ics vro,
Ende ic houts mi gepayt also.

4 Siehe unten S. 582.

God geve u leven sonder blame!
Ic beghine in ons Heren name.[5]

Graf Floris, Sohn König Wilhelms, / empfangt dieses Werk! Ihr seid derjenige gewesen, / der mich damit beauftragt habt. / Gefällt es Euch und wollt Ihr es gnädig / entgegennehmen, dann bin ich froh / und damit ausreichend bezahlt. / Gott schenke Euch ein Leben ohne Schande! / Nun beginne ich im Namen unseres Herrn.

Der Text war demnach Graf Floris V. von Holland († 1296) gewidmet, Sohn und Nachfolger Graf Wilhelms II. († 1256). Aus den Versen könnte man sogar den Schluss ziehen, dass Floris um die Anfertigung der Chronik gebeten hatte – aber zwingend ist diese Schlussfolgerung keineswegs.

Falls die Primärrezipienten, die Maerlant vor Augen hatte, sich tatsächlich am Hof des holländischen Grafen befanden, sagt dies natürlich nichts darüber aus, dass er nicht eine viel weiträumigere Verbreitung seines Werkes angestrebt hätte. Eine solche hat der *Spiegel historiael* in der Tat erfahren: Es sind noch drei vollständige Manuskripte erhalten, darunter eine mit 45 prachtvollen Miniaturen und 19 historisierte Initialen (Den Haag, Koninklijke Bibliotheek, KA XX [Abb. 1]).[6] Daneben gibt es drei Sammelhandschriften, in denen ein oder mehrere Teile der Chronik aufgenommen wurden. Darüber hinaus gibt es noch mehr als 250 Fragmente, die zusammen 56 Handschriften repräsentieren – wobei es sich hier zweifelsfrei nicht um Handschriften handelt, die den vollständigen *Spiegel historiael* enthielten.[7] Aber neben diesen ausschließlich quantitativen Indikatoren gibt es auch noch andere Anzeichen für die breite Rezeption des Textes. So ist zum Beispiel bekannt, dass dem Pastor der Sint Janskirche in Brügge im Jahr 1460 ein Exemplar der Chronik gehört; neben vier Brevierhandschriften ist es das einzige Buch, das er besitzt. Auch der Genter Bürger Willem van den Pitte hatte im 14. Jahrhundert einen *Spieghel ystoriaelle.*[8] Wie weit die Chronik verbreitet ist, zeigt sich anhand von zwei Nürnberger Handschriften, die eine vollständige mittel-

---

5 Jacob van Maerlant: *Spiegel historiael*, met de fragmenten der later toegevoegde gedeelten, bewerkt door Philip Utenbroeke en Lodewijc van Velthem. Hrsg. von Matthijs de Vries/Eelco Verwijs, 3 Bde., Leiden 1863–1879, Bd. 1, S. 16, V. 93–100.

6 Vgl. Jozef Janssens/Martine Meuwese: Jacob van Maerlant – *Spiegel Historiael*. De miniaturen uit het handschrift Den Haag, Koninklijke Bibliotheek, KA XX, Leuven 1997.

7 Für eine hervorragende Beschreibung der handschriftlichen Überlieferung des *Spiegel historiael* siehe Jos A. A. M. Biemans: Onsen Speghele Ystoriale in Vlaemsche. Codicologisch onderzoek naar de overlevering van de *Spiegel historiael* van Jacob van Maerlant, Philip Utenbroeke en Lodewijk van Velthem, met een beschrijving van de handschriften en fragmenten, 2 Bde., Leuven 1997.

8 Siehe Frits P. van Oostrom: Maerlant voor stad en burgerij. In: Ders.: Aanvaard dit werk. Over Middelnederlandse auteurs en hun publiek, Amsterdam 1992, S. 217–233.

hochdeutschen Prosaübersetzung der von Maerlant angefangenen und von Velthem vollendeten vierten *partie* enthalten.[9]

Maerlants Hauptquelle war das *Speculum historiale* Vincenz' von Beauvais († ca. 1264), eines gelehrten Dominikaners, der im Auftrag König Ludwigs IX. von Frankreich († 1270) schrieb.[10] Von seiner Hauptquelle übernahm Maerlant auf jeden Fall sein wichtigstes Strukturierungsprinzip, die Einteilung des Textes in *partien, boeken* und *kapittels*. In Kombination mit der *tafel*, dem Inhaltsverzeichnis, erleichtert er dem Leser die ‚Navigation' innerhalb des Textes. Unbeschadet dessen ist der *Spiegel historiael* sicherlich keine geradlinige Übersetzung des *Speculum historiale*. So sei hier nur erwähnt, dass Maerlant zusätzliches Material aus vielen anderen Texten verarbeitet hat, unter anderem aus der *Vulgata*, der *Secreta secretorum,* aus *De Hormesta Mundi* des Orosius, aus Jordanes' *De origine et rebus gestis Getarum*, aus dem *Liber de Moribus* und dem *De quattor virtutibus* des Martin von Braga; dazu bediente er sich als Quelle der *Historia Romana* des Paulus Diaconus, der *Historia regum Britanniae* des Geoffrey von Monmouth und den Kreuzzugchroniken des Albert von Aachen und eventuell auch des Wilhelm von Tyrus. Ob Maerlant diese Werke von Anfang bis Ende gelesen hat, ist jedoch fraglich; gut möglich ist, dass er viele der genannten Texte nur ausschnittsweise, etwa aus Florilegien kannte. Einen kuriosen Fall von Intertextualität stellt das Verhältnis von Maerlants *Spiegel* zur *Rijmkroniek van Holland* dar. Es scheint ziemlich sicher, dass Maerlant eine frühe, zwischen 1280 und 1282 entstandene, anonyme Version der *Rijmkroniek* für seine Weltchronik benutzt hat. Der spätere Fortsetzer der *Rijmkroniek,* Melis Stoke, hat dann wiederum den *Spiegel historiael* als Quelle für seine Version der *Rijmkroniek van Holland* verwendet.[11]

Dass Maerlant sich selbst als Vermittler zwischen der gelehrten Tradition der *latinitas* und den *illiterati* sah, die gezwungenermaßen die Volkssprache verwenden mussten, zeigen verschiedene seiner Werke: *Der naturen bloeme* (ca. 1266 geschrieben; 16.670 Verse) geht zurück auf den *Liber de natura rerum* des Thomas von Cantimpré; sein Fürstenspiegel, die *Heimelijkheid der heimelijkheden* (ca. 1266; 2158 Verse) ist eine Bearbeitung der *Secreta secretorum* des Philippus Tripolitanus;

---

9 Zu dieser Übersetzung siehe Nigel Palmer: Eine deutsche Übersetzung von der *Vierten Partie* des *Spiegel historiael*. In: De nieuwe taalgids 69 (1976), S. 102 – 110.

10 Dieser sehr eingängige und kurze Titel verbirgt die Tatsache, dass Vincenz' *Speculum historiale* nur Teil eines aus vier Teilen bestehenden Werkes, des *Speculum maius*, war und er nicht alles selbst geschrieben hat, sondern ein ganzes Team von Schreibern leitete.

11 Zum Verhältnis von Maerlant und Melis Stoke siehe Wim van Anrooij: De verhouding tussen Melis Stoke en Jacob van Maerlant. In: Tijdschrift voor Nederlandse Taal- en Letterkunde 108 (1992), S. 156 – 167.

Abb. 1: Jacob von Maerlant, *Spiegel historiael*. Den Haag, Koninklijke bibliotheek, KA XX, Fol. 255 R°: Eroberung Jerusalems durch die Kreuzfahrer.

seine *Scolastica* ist eine verkürzte Bearbeitung der *Historia scholastica* des Petrus Comestor, der Maerlant noch eine Bearbeitung von Flavius Josephus‘ *De bello iudaico* hinzufügte.

Aber an dieser Stelle möchten wir uns kurz mit der Frage beschäftigen, wie Maerlant sein Material bearbeitet hat und welche Absichten er dabei gehabt hat; wir tun dies anhand seiner Mohammedbiografie im *Spiegel historiael.*[12] Im achten Buch der dritten *partie* des *Spiegel historiael* widmet Maerlant die Kapitel 13 bis 18 vollständig den Themen Mohammed und Islam, wobei jedoch der Auftakt seiner Darlegung schon am Ende des 12. Kapitels steht. Dort erklärt er das Aufkommen der Sarazenen als politische und militärische Größe im Nahen Osten dadurch, dass er ihr Auftreten verknüpft mit dem Niedergang des byzantinischen Kaiserreichs unter Kaiser Heraclius († 641). Daraus lässt sich schließen, dass Maerlant die Siege der Sarazenen gegen die Byzantiner als göttliche Strafe für die Häresie des Heraclius betrachtet und der Rezipient die Sarazenen als Teil einer von Gott entworfenen Heilsgeschichte begreifen soll. Er gibt damit aber auch die Richtung für seine weitere Darlegung vor: Mohammed gehört zum falschen Teil der Welt, er zählt zu den Feinden.[13] Dass Maerlant keinen positiven Blick auf Mohammed und den Islam werfen konnte, ist selbstverständlich; die Frage ist aber, wie er diese Sichtweise inszeniert.

Maerlants eigentliche Biographie von Mohammed beginnt dann – wie bereits erwähnt – im 13. Kapitel. Er setzt bezeichnenderweise mit der Erwähnung von Mohammeds ursprünglichem Beruf als Kaufmann ein und berichtet dann bis zum 17. Kapitel die Lebensgeschichte Mohammeds: seine Abstammung, die Herkunft seiner ‚religiösen‘ Einsichten, wer ihn beeinflusst hat und wie er das arabische

---

12 Siehe dazu ausführlicher Geert H. M. Claassens: Jacob van Maerlant on Muhammad and Islam. In: Medieval Christian Perceptions of Islam. Hrsg. von John V. Tolan, New York/London 1996, S. 211–242; vgl. auch David Vermeiren: Oriëntalisme in de Middeleeuwen. De representatie van Mohammed in Jacob van Maerlants *Spiegel historiael.* In: Queeste 17 (2010), S. 159–180.

13 Maerlants Blick auf den Islam ist mit dem *Speculum historiale* als direkter Quelle tief in der klerikalen Tradition verwurzelt. Vincenz verwendete für diesen Teil seines *Speculums* die *Historia ecclesiastica* Hugos von Fleury, in die wiederum Teile der berühmten byzantinischen *Chronographia* des Theophanes aufgenommen sind. Vincenz stützte sich auch auf das *Corpus Cluniacensis,* einer Sammlung arabischer Texte in lateinischer Übersetzung, die im 12. Jahrhundert im Auftrag von Petrus Venerabilis († 1156) verfasst worden ist. Diese Sammung umfasst die erste lateinische Übersetzung des Korans, sowie eine Übersetzung des *Risalat 'Abdillah ibn-Isma'il al-Hashimi ila 'Abd-al Masih' ibn-Ishaq al-Kindi wa-Risalat al-Kindi ila al-Hashimi,* eine Verteidigung des Christentums, dem Autor al-Kindi zugeschrieben, aber wahrscheinlicher von einem Anonymus aus dem 10. Jahrhundert verfasst (siehe James Kritzeck: Peter the Venerable and Islam, Princeton, N.J. 1964, S. 101–107). Dieser Text, von Petrus von Toledo und Petrus von Poitiers übersetzt und im Lateinischen *Epistola Saraceni* und *Rescriptum Christiani* überschrieben, bildet mit der Koranübersetzung die Basis für die Islamkenntnis der Gelehrten des hohen Mittelalters.

Volk für seine Überzeugungen gewinnen konnte. Im 18. Kapitel, das den Titel *Van Mahumets wet* trägt und Mohammeds ‚Religion', dem Islam, gewidmet ist, bringt Maerlant eine Art Florilegium der islamischen Doktrin, wie er sie aus dem *Speculum historiale* Vincenz' kannte. Die Ankündigung des Folgenden sagt im Grunde schon alles:

Een deel hort van sire wet,
Die biden duvel was geset,
Sonder redene ende genaden,
Vul van dorperlike daden.[14]

Nun hört etwas von seiner Religion, / die der Teufel gestiftet hat, / und die keine Vernunft und göttliche Gnade kennt, / aber voll von schändlichen Taten ist.

Obwohl Maerlant Mohammeds Prophetentum nirgendwo durch Einflüsse des Teufels zu erklären versucht, behauptet er doch, dass Mohammeds Glaubensvorschriften, wie sie im Koran festgelegt worden sind, vom Teufel aufgesetzt wurden und deswegen weder *redene* (*ratio*/*logos*) noch *genade* („göttliche Gnade") besitzen.[15]

Der erste von Maerlant behandelte Punkt der islamischen Lehre ist die Beschneidung. Maerlant behauptet, Mohammed habe die Beschneidung nur eingeführt, um eine legitime Abstammung von Abraham vorweisen zu können; aber er entkräftet diese Behauptung umgehend, indem er hinzufügt, Mohammed sei ein uneheliches Kind gewesen, weil er ein Nachkomme von Ismael sei, der selbst als uneheliches Kind aus der Verbindung Abrahams mit einer Konkubine hervorgegangen sei. Die Vorschrift über die Beschneidung habe er dann in sein *bouc Alcorean* aufgenommen,

Daer alle sine gebode in staen,
Ende seide al openbare,
Dat sine wet so heilich ware,
Dat no duvel no mensce vulbrochte,
Datmen sulke wet ghewrochte.[16]

in dem alle seine Gebote stehen / und in dem er ganz offen behauptete, / seine Gebote wären so heilig, dass weder Teufel noch Mensch im Stande gewesen wären, / derartige Gebote aufzustellen.

---

14 Jacob van Maerlant (Anm. 5) III, viii, 18, V. 1–4.
15 Siehe dazu Norman Daniel: Islam and the West. The Making of an Image, Edinburgh ²1962, S. 69 f.
16 Jacob van Maerlant (Anm. 5) III, viii, 18, V. 15–20.

Dass Mohammed für den Koran einen göttlichen Ursprung beansprucht, indem er ihm einen menschlichen oder auch teuflischen Ursprung abspricht, wird von Maerlant zuerst nicht kommentiert; er fügt nur hinzu, Mohammed habe behauptet, sein Koran sei so heilig, dass ein Berg sich vor ihm verbeugen würde. Mohammed habe außerdem behauptet, sein Name sei – noch bevor die Welt erschaffen wurde! – auf Gottes Thron geschrieben gewesen, ein Anspruch auf eine göttliche Mission, die von Vincenz von Beauvais mit einer aufwendig ausgearbeiteten scholastischen Argumentation bestritten wird.[17] Maerlant ist an dieser Stelle kurz und knapp, wenn er lakonisch feststellt, dies sei mit Sicherheit eine Erfindung.

Dann kommt er zur Besprechung der im Koran festgelegten Vorschriften für das Fasten, das hier als eine einfache Nachahmung der christlichen Praxis dargestellt wird, und zu den Regeln für die Gebets- und Reinigungszeiten. Das Verbot, Schweinefleisch zu verzehren, ist nach Maerlant durch Mohammed von den Juden übernommen worden. Damit kehrt Maerlant implizit zurück zur Kritik an dem nicht originären Charakter der islamischen Lehre: Indem Mohammed lediglich Glaubenssätze aus der jüdischen und christlichen Religion kombinierte, habe er eine ‚Religion' kreiert, die weder streng ist, noch einen göttlichen Ursprung hat.

Auch die islamische Ehepraxis wird besprochen. Bemerkenswert ist, dass Maerlant hier – in Anlehnung an seine Quelle – eine ziemlich zutreffende Darstellung bietet:

Ende hi gaf orlof elken man,
Alse hi wilde, dochtem goet dan,
Dat hi van sinen wive sciede:
Maer datmen dien man verbiede,
Dat hire hem niet kere weder an,
Eer soe neemt enen anderen man.[18]

Und er erlaubte jedem Mann, / ganz nach seinem Belieben und wenn es ihm richtig erschien, / sich von seiner Frau zu trennen. Aber man verbot dem Mann, / sich wieder einer anderen Frau zuzuwenden, / bevor seine vorherige einen anderen Mann genommen hat.

Maerlant fügt hier (wie auch Vincenz) keine einzige kritische Bemerkung hinzu, obwohl diese Kodifikation der Ehe deutlich gegen die christlichen Vorschriften verstößt. Hat er sich hier vielleicht zurückgehalten, weil die geltende Ehemoral auch vom europäischen Hochadel nicht so genau genommen wurde? Polygamie,

---

17 Da eine vollständige moderne Edition noch nicht vorliegt, habe ich die Ausgabe des 17. Jahrhunderts verwendet; Vincentius Bellovacensis: *Speculum historiale.* Hrsg. von BALTAZAR BELLER, Douai 1624, Neudruck Graz 1965, S. 916.

18 Jacob van Maerlant (Anm. 5) III, viii, 18, V. 39–44.

erlaubt im Islam, kam unter dem europäischen Adel wahrscheinlich kaum vor, aber die große Zahl an unehelichen adeligen Kindern spricht hier für sich. Auch die vielfältig vorkommenden Aufhebungen adeliger Ehen, zum Beispiel wegen eines zu hohen Grades der Blutsverwandtschaft, nehmen der europäischen Ehepraxis ihren Glanz. Wollte Maerlant hier andeuten, dass es unter seinem Publikum viele Leser gab, die sich hier ebenso schuldig machten?

Dem islamischen Paradies spricht Maerlant jede spirituelle Qualitäten ab, obwohl eine solche von den in der kirchlichen Tradition stehenden, lateinisch schreibenden Gelehrten durchaus anerkannt wurde.[19] Die Vorstellung vom Paradies, die Mohammed im Koran gegeben habe, sieht laut Maerlant vielmehr folgendermaßen aus: *Dans niet dan eten en drinken / Ende euwelike in luxurie stinken.*[20] Die vier Zeilen, die Maerlant insgesamt für das islamische Paradies aufwendet, stehen im krassen Gegensatz zu den zwei vollen Kapiteln im *Speculum historiale.*[21] Die islamische Hölle wiederum soll nach Maerlant vor allem dazu dienen, die Ungläubigen zu bestrafen: Es herrsche dort ewige Hitze, und das einzige, was die Bewohner zu essen bekämen, sei eine bittere Speise, die vom Baum *Assatum* stamme. An dieser Stelle zeigt sich wieder kurz der ‚Wissenschaftler' Maerlant. In seinem ‚*Der naturen bloeme*' hat er sich ausführlich mit Flora und Fauna beschäftigt, aber diesen Baum kannte er aus keiner seiner Schriften, was ihn zu dem Schluss bringt, dass es sich bei ihm wohl um eine Erfindung Mohammeds handeln müsse.

Bevor er mit einer Art Übergangsformel zur Geschichte des Byzantinischen Kaiserreiches zurückkehrt, beschließt Maerlant seine Ausführungen über Mohammed und den Islam mit einer letzten Invektive:

Met deser truffen, met derren ghile,
Ghinc hi omme toter wile,
Dat hi starf sonder gelove,
Ende met morde ende met rove
Versament hadde een groot diet,
Want hi elken gebruken liet.
Dese duvel scorde jammerlike,
In sijn incomen Eraclius rike,
Alsic indie ystorie hier naer,
U seggen sal al openbaer.[22]

19 Siehe Daniel (Anm. 15), S. 148–152.

20 Jacob van Maerlant (Anm. 5) III, viii, 18, V. 47–48. „Das ist nichts anderes als essen und trinken, / und ewig in Wollust stinken."

21 Vincentius Bellovacensis (Anm. 17), S. 921–922.

22 Jacob van Maerlant (Anm. 5) III, viii, 18, V. 57–66.

Mit diesen Betrug und diesen Lügen / lief er herum bis zu dem Augenblick, / als er ohne jeden Glauben starb; / er hat mit Mord und Raub / eine große Schar von Leuten zusammengebracht, / denn er erlaubte jedem zu morden und zu rauben. / Dieser Teufel verwüstete auf beklagenswerte Weise / das Reich des Heraclius, als er dort hinkam, / wie ich es euch in dieser Geschichte / gleich offenbaren werde.

Auffällig ist, dass er in seinen zusammenfassenden Worten Mohammed als Teufel bezeichnet. Ich bezweifle aber, ob er hier tatsächlich eine Identifikation des Propheten mit dem Satan gemeint hat, eher scheint das Wort hier als Andeutung von Mohammeds Bösartigkeit verwendet zu werden, die auch aus den vorangehenden Versen deutlich hervortritt.

Maerlants Darstellung Mohammeds und des Islams ist in hohem Maße traditionell. Wie in den behandelten Passagen bietet er auch bei der weiteren Beschreibung Mohammeds und des Islams nirgendwo wesentlich neue Informationen, sondern folgt fast ausschließlich Vincenz von Beauvais. Das sollte uns nicht überraschen: Schon im Prolog des *Spiegel historiael* verkündet er offen, dass er Vincenz als Quelle wähle wegen dessen Wahrhaftigkeit und Gelehrsamkeit.[23] Dass aber Maerlant seine eigenen Fähigkeiten und Kenntnisse auch nicht ungenutzt lassen wollte, zeigt sich etwa in seinem Kommentar zum Baum *Assatum* und an der wiederholten Aufnahme von Daten aus anderen Quellen in verschiedenen Teilen des *Spiegel historiael*. Ebenso ist die von ihm gebotene Übersetzung der aus dem *Speculum historiale* übernommenen Passagen keinesfalls eine sklavische Nachahmung seiner Vorlage. Man kann vielmehr feststellen, dass in Maerlants Übersetzungs- und Bearbeitungstechnik zwei Aspekte dominieren: Zum einen kürzt er die Darstellung Vincenz' erheblich, zum anderen ordnet er die Informationen, die er in seiner Quelle findet, neu an. Dabei ist die Kürzung für ihn kein Selbstzweck, sondern inhaltlich motiviert. Denn eigentlich übernimmt er nichts von den ‚wissenschaftlichen' Argumenten, die Vincenz seiner Darstellung unterlegt. Wo Vincenz beispielsweise über die Hintergründe für die erste lateinische Koran-Übersetzung spricht,[24] hüllt sich Maerlant in Stillschweigen. Außerdem webt Maerlant auch keine scholastisch formulierte (theologische) Argumentation in seine Darstellung ein. So widmet Vincenz einer weit ausgreifenden *refutatio* des Korans nicht weniger als drei Kapitel, in denen er zum Beispiel nicht nur auf die Entstehungsgeschichte des Korans eingeht, sondern auch dessen stilistische und kompositorische Aspekte beleuchtet.

23 Jacob van Maerlant (Anm. 5) I, i, Prolog, V. 19 – 32. An einer etwas späteren Stelle im Prolog nennt er Vincenz mit Namen als Autor seiner Quelle (ebd., V. 65 – 66).
24 Vincenz von Beauvais (Anm. 17), S. 913.

Maerlant dagegen stützt seine Ablehnung des Koran nicht auf Argumente. Ein Grund könnte sein, dass er ein wichtiges, traditionelles Argument gegen den Koran – nämlich, dass der Koran ein metrischer, reimender Text, die Bibel dagegen (zum größten Teil) in Prosa geschrieben ist – nicht verwenden kann, weil er selbst einen Verstext verfasst hat – eine Idiosynkrasie vieler profaner mittelniederländischer Texte, auch wenn diese einen diskursiven Charakter haben.

Die neue Anordnung der in der Quelle gebotenen Informationen ist eine Folge davon, dass Maerlant versucht, einen narrativen Text zu verfassen. Er konzentriert sich ganz auf Mohammeds Biographie und die daraus hervorgehende (teils implizite) Argumentation gegen den Islam. Ein Beispiel: Vincenz erzählt die Geschichte des syrisch-nestorianischen Mönchs Sergius Bahīrā – der Mohammed bei der Formulierung seiner religiösen Vorschriften beeinflusst haben soll, wobei für Vincenz die Sergius-Episode nur Teil seiner *refutatio* des Korans ist. Maerlant hingegen, der die Sergius-Episode im zweiten der sechs Kapitel, die er Mohammed und dem Islam widmet, bringt, macht zwar deutlich, dass Sergius einen großen Einfluss auf die Entstehung des Korans gehabt habe, aber sein primäres Augenmerk ist darauf gerichtet, die Sergius-Episode in die biographische Skizze Mohammeds zu integrieren – die Maerlant aus den bei Vincenz hier und da verstreuten Mohammed-Passagen kompiliert hat.

Anhand dieser Bearbeitungsmethode wird deutlich, dass Maerlant eine durchgängige Erzählung ‚komponieren' will, eine Geschichte, die Überzeugungskraft besitzt, lehrreich ist, wahrheitsgemäß, basierend auf einer zuverlässigen Quelle, aber nicht akademisch. Maerlants Bestrebung, einen narrativen Text zu bieten, wird auch daran sichtbar, dass er an verschiedenen Stellen indirekte in direkte Rede umwandelt.

Der Auftritt von sprechenden Personen, ein Stilmittel, das schon aus der römischen Historiographie bekannt ist, trägt in hohem Maße zur Verlebendigung der Darstellung bei. Die polemische Tendenz der Abhandlung resultiert bei Maerlant aus den beschriebenen Tatsachen, nicht aus einem spitzfindigen Kommentar über diese Fakten. Damit hätte sein Publikum wahrscheinlich ohnehin nichts anfangen können. Dieses Publikum, kultivierte Adelige, die zu den *illiterati* gehören, verlangt nach einer verständlichen und klaren Erzählung. Wie in seiner Bearbeitung der *Historia scolastica* des Petrus Comestor und – *mutatis mutandis* – in seinem Werk *Alexanders geesten* passt Maerlant auch hier seine literarische Strategie dem Weltbild und Erwartungshorizont seines Publikums an, das offenbar viel eher Texte in der Landessprache mit epischem Charakter als streng diskursive Texte in lateinischer Sprache gewohnt ist.[25]

25 Zur Quellenbenutzung und zu den Bearbeitungsmethoden in diesen beiden Texten siehe Petra

Maerlant betrachtet sich als Historiker: Es gibt zahlreiche Stellen in seinem Werk, an denen er seine Besorgnis im Hinblick auf die historische Zuverlässigkeit seiner Bücher zum Ausdruck bringt. Man kann sogar behaupten, dass er historische Quellenkritik betreibt; er vergleicht expressis verbis seine Quellen miteinander und benennt die Argumente für seine Wahl. Dass er dabei manchmal von seinen eigenen Prinzipien geschlagen wird, ergibt sich aus den Kapiteln seines *Spiegel historiael*, die König Artus gewidmet sind: Am Ende seiner ‚Schriftstellerkarriere' ist Maerlant zu der Überzeugung gekommen, dass König Artus zwar eine historische Figur gewesen sein muss, dass aber doch viele der Geschichten, die über ihn und die Ritter der Tafelrunde erzählt wurden, reine Märchen waren.[26] Aber wenn er beschreiben will, wie König Artus gegen die Römer in den Krieg zog, verlässt er seine Hauptquelle und greift auf die *Historia regum Britanniae* des Geoffrey von Monmouth zurück. Maerlant war sich nicht bewusst, dass Geoffrey ein ‚Arthurianischer Betrüger' war: Für ihn war dessen *Historia* vertrauenswürdig, weil sie auf Latein und nicht auf Französisch verfasst war.[27]

Obwohl Maerlants Weltchronik lange Zeit wie ein Berg aus der historiographischen Landschaft der mittelalterlichen Niederlande aufragte, sollte dies nicht für immer und ewig so bleiben: Aus einem Druck von Claes de Grave (Antwerpen 1515) wird vielmehr deutlich, dass Maerlants *Spiegel historiael* im frühen 16. Jahrhundert zum ‚veralteten Modell' geworden war.[28]

3 Regional und amtlich – *die Rijmkroniek van Holland* (1280–1314)

Maerlant ließ seine Chronik auf den Chroniken anderer Autoren basieren – was er schon deshalb tun musste, weil er nicht mehr dazu gekommen ist, über die Geschehnisse seiner eigenen Zeit zu schreiben. Das ist anders in der *Rijmkroniek van Holland*. Darin wird zwar auch die ‚alte Geschichte' der Grafschaft Holland be-

---

BERENDRECHT: Maerlants *Scolastica* en zijn directe bron. In: Tijdschrift voor Nederlandse Taal- en Letterkunde 108 (1992), S. 2–31; GEERT H. M. CLAASSENS: Alexander de Grote in het Heilige Land. Kruistochtverwijzingen in een historische roman van Jacob van Maerlant. In: Millennium 5 (1991), S. 130–146.

26 Zu Maerlants Schwierigkeiten mit der Fiktionalität der Artusepik siehe GEERT H. M. CLAASSENS/ DAVID F. JOHNSON: King Arthur in the Medieval Low Countries. An Introduction. In: King Arthur in the Medieval Low Countries. Hrsg. von DERS., Leuven 2000 (Medievalia Lovaniensia I/28) S. 1–34, hier S. 1–4.

27 WILLEM P. GERRITSEN: Jacob van Maerlant and Geoffrey of Monmouth. In: An Arthurian Tapestry. Essays in memory of Lewis Thorpe. Hrsg. von KENNETH VARTY, Glasgow 1981, S. 368–388.

28 Siehe VAN OOSTROM (Anm. 8), S. 230.

schrieben, aber der größte Teil der mehr als 14.000 Verse handelt über die Geschichte, die zur damaligen Zeit als ‚zeitgenössisch' betrachtet wurde.[29]

Die *Rijmkroniek* hat eine komplexe, in mehreren Stadien erfolgte Entstehungsgeschichte, welche sich in einer relativ großen handschriftlichen Überlieferung widerspiegelt. Drei Handschriften, die einen vollständigen Text überliefern, dazu noch einige Fragmente, sind bewahrt geblieben.[30] Diese handschriftliche Überlieferung repräsentiert aber zwei verschiedene Versionen der *Rijmkroniek*.[31] Handschrift A (Den Haag, Koninklijke Bibliotheek, 128 E3) umfasst die jüngste Version der Chronik, während die Fragmente Br (Brüssel, Koninklijke Bibliotheek, IV 398, 6) und G (Gent, Universitätsbibliothek, 1649) nur ganz kleine Teile dieser Version wiedergeben. Die älteste Version ist in den Handschriften B (Den Haag, Koninklijke Bibliotheek, 128 E4) und C (Den Haag, Koninklijke Bibliotheek, 128 E5) aufgezeichnet; auch Fragment L (Leiden, Universitätsbibliothek, Ltk 183) repräsentiert diese Version. Aber die Komplexität der Genese geht doch ein wenig weiter als die reine Feststellung dieser beiden Versionen: Es hat sich nämlich herausgestellt, dass die *Rijmkroniek van Holland* von zwei unterschiedlichen Autoren verfasst wurde, aber die beiden genannten Versionen können nicht mit diesen zwei Autoren in Zusammenhang gebracht werden.

In älteren Literaturgeschichten der niederländischen Literatur stoßen wir bei der Behandlung der *Rijmkroniek van Holland* oft auf den Namen Melis Stoke, Schreiber im Dienst der gräflichen Kanzlei, der als Autor der Chronik gilt, aber inzwischen ist es *communis opinio*, dass nicht Stoke allein für die Entstehung der Chronik verantwortlich ist. Dass man in Buch III, Vers 579, einen Bruch im Text feststellen kann, wurde in der Vergangenheit schon öfters konstatiert, aber erst Jan Burgers hat in seiner Dissertation überzeugend gezeigt, dass dieser Bruch mit der doppelten Autorenschaft der Chronik zu verbinden ist. Er hat den ersten mit dem zweiten Teil nicht nur aus einem stilistischen Blickwinkel, sondern auch aus inhaltlicher Perspektive verglichen. Im stilistischen Teil dieser Untersuchung wurden die Wahl des Vokabulars, die Verwendung von Ausdrücken, Reimtechnik, Syntax, Benutzung von Lombarden und Paragraphenzeichen, Wiederholungen und Ausschweifung gegenüber

---

29 Die jüngste und umfassendste Studie zur *Rijmkroniek* stammt von Jan W. J. Burgers: De Rijmkroniek van Holland en zijn auteurs. Historiografie in Holland door de Anonymus (1280–1282) en door de grafelijke klerk Melis Stoke (begin veertiende eeuw), Hilversum 1999 (Hollandse Studiën 35). Von Burgers stammt auch eine hervorragende neue Edition des Textes: *Rijmkroniek van Holland* (366–1305). Hrsg. von Ders., Den Haag 2004.

30 Eine ausführliche Beschreibung der handschriftlichen Überlieferung findet man bei Burgers, De Rijmkroniek van Holland en zijn auteurs (Anm. 29), S. 319–374.

31 Wichtig sind auch einige sehr frühe Editionen des Werkes, gerade weil diese Editionen auf handschriftlichem Material, das inzwischen als verloren gelten muss, basieren. Siehe dazu Burgers, De Rijmkroniek van Holland en zijn auteurs (Anm. 29), S. 350 und 359–360.

einer knappen Ausdrucksweise unter die Lupe genommen. Der Vergleich ergab überzeugende Hinweise auf eine doppelte Autorenschaft. Dies wurde noch unterstützt durch eine Untersuchung der moralischen Standpunkte und der Art, wie in den beiden Teilen eine Beziehung zwischen Autor und Publikum aufgebaut wird. BURGERS' Schlussfolgerung war, dass der erste Teil, der sich bis Buch III, Vers 579 erstreckt und de facto eine Übersetzung des *Chronicon Egmundanum* bietet (also die Geschichte bis zum Jahr 1205 beschreibt),[32] nicht von Stoke geschrieben wurde, sondern von einem anonymen Chronisten. Der zweite Teil, fast drei Viertel des ganzen Textes, ist aber sehr wohl von Stokes Hand.

Die Datierung der *Rijmkroniek* ist selbstverständlich eng verbunden mit ihrer schrittweisen Entstehung und der doppelten Autorschaft.[33] Der erste Teil, geschrieben vom Anonymus, umfasst die Zeit vom Jahre 366 bis zum Jahr 1205 und wurde Graf Floris V. von Holland gewidmet. Dieser wurde im Jahr 1256 offiziell Graf von Holland, stand aber bis zum Jahr 1266 unter Vormundschaft. Seine eigentliche Regierungsperiode dauerte von 1266 bis 1296, dem Jahr, in dem er ermordet wurde. Es liegt auf der Hand anzunehmen, dass der erste Teil der *Rijmkroniek* in dieser Zeit geschrieben wurde, aber aufgrund der historischen Referenzen in diesem Teil kann man die Datierung noch ein wenig präzisieren. In *Rijmkroniek*, Buch II, Verse 1243 – 1252, finden wir einen Verweis auf Ottokar II. von Böhmen, der am 26. August 1278 auf dem Marchfeld bei Wien vom deutschen König Rudolf von Habsburg besiegt wurde und dabei zu Tode kam. Im gleichen Abschnitt finden wir einen Verweis auf König Alfons X., genannt der Weise, von Kastilien, der vermuten lässt, dass der König zur Abfassungszeit noch lebte. Alfons X. regierte von 1252 bis zu seinem Tode am 4. April 1284. Das macht eine Datierung des vom Anonymus verfassten Teils zwischen August 1278 (Tod Ottokars II. von Böhmen) und April 1284 sehr plausibel.

Die Arbeit Melis Stokes kann viel besser zeitlich eingeordnet werden, nicht zuletzt durch die Tatsache, dass wir eine von ihm verfasste Sammlung von 39 Urkunden kennen sowie zwei Aufzeichnungen in einem Kopialbuch. Sein Lebenslauf kann ab dem Jahr 1296 verfolgt werden: Bis 1296 war er Schreiber im Dienst der Stadt Dordrecht und danach ist er bis 1305 im Dienst der Grafen von Holland nachweisbar.[34] Wann genau Stoke begonnen hat, die *Rijmkroniek* fortzusetzen, bleibt unklar, aber es gibt einen guten Grund, anzunehmen, dass er seine Fortsetzung in zwei Phasen ge-

32 Das *Chronicon Egmundanum* basiert hauptsächlich auf den etwas älteren *Annales Egmondenses* und ist eine der wichtigsten Quellen für die alte Geschichte der Grafschaft Holland und die gräfliche Dynastie. Siehe dazu JAN W. J. BURGERS: Geschiedschrijving in Holland tot omstreeks 1300. In: Jaarboek voor Middeleeuwse Geschiedenis 3 (2000), S. 92 – 130.

33 Eine ausführliche Behandlung der Datierungsproblematik bietet BURGERS, De Rijmkroniek van Holland en zijn auteurs (Anm. 29), S. 117 – 155.

34 Siehe BURGERS, De Rijmkroniek van Holland en zijn auteurs (Anm. 29), S. 21 – 45.

schrieben hat. Vor allem seine geänderte Sichtweise auf den Grafen Johann II. von Holland (1299–1304) und seine Bewertung dieser Person macht es sehr plausibel, dass Stoke schon im Jahr 1304 an seiner Fortsetzung gearbeitet, seine Arbeit aber nach 1304 neu aufgenommen hat. Aber das Bild wird noch komplexer, weil die überlieferten Handschriften zeigen, dass Stoke den Text in einer späteren Phase nochmals überarbeitet hat. Die vollständige Beschreibung des genauen Vorgangs und die Argumentation würden den Rahmen dieses Beitrags sprengen, aber ich zitiere gern die überzeugende Schlussfolgerung BURGERS':

> Tussen 1280 en 1282 heeft een onbekende dichter in opdracht van graaf Floris V een Nederlandse bewerking gemaakt van het *Chronicon Egmundanum*. Vervolgens heeft de grafelijke klerk Melis Stoke in de jaren 1301–1302, onder graaf Jan II, die *Rijmkroniek* gecontinueerd, welke *continuatie* tot najaar 1301 heeft gelopen. In of kort na 1305 heeft Stoke daar nogmaals een vervolg op geschreven, nu in opdracht van graaf Willem III. Daarmee was de versie BC van de *Rijmkroniek* ontstaan. Later heeft Stoke de hele kroniek nog eens gereviseerd, wat resulteerde in versie A. Dit kan zijn gebeurd direct na het schrijven van de eerste versie, dus kort na 1305, maar het is waarschijnlijker dat Stoke de *Rijmkroniek* omwerkte na 1308, mogelijk in de jaren 1311–1314.[35]

> Zwischen 1280 und 1282 hat ein unbekannter Dichter im Auftrag des Grafen Floris V. eine niederländische Bearbeitung des *Chronicum Egmundanum* angefertigt. Anschließend hat der gräfliche Schreiber Melis Stoke in den Jahren 1301–1302, unter der Herrschaft des Grafen Johann II., die *Rijmkroniek* fortgesetzt, eine Fortsetzung, die bis zum Jahre 1301 reichte. In oder kurz nach 1305 hat Stoke noch eine weitere Fortsetzung geschrieben, jetzt im Auftrag des Grafen Wilhelm III. Dadurch ist die Version BC der *Rijmkroniek* entstanden. Später hat Stoke die ganze *Rijmkroniek* revidiert, was zu Version A geführt hat. Diese Revision könnte direkt nach der Abfassung der ersten Version, also kurz nach 1305, angefertigt worden sein, es ist aber wahrscheinlicher, dass Stoke die *Rijmkroniek* nach 1308, möglicherweise in den Jahren 1311–1314, überarbeitet hat.

Ein wichtiger Unterschied zwischen dem Anonymus und Melis Stoke zeigt sich in dem bearbeiteten Material.[36] Das ist nicht nur eine Frage ihrer persönlichen Wahl, es hat auch mit der von ihnen beschriebenen Periode zu tun: Der Anonymus beschrieb, wie gesagt, die Geschichte bis zum Jahr 1205, Melis Stoke konzentrierte sich *grosso modo* auf das 13. Jahrhundert. Für den Anonymus ist das *Chronicum Egmundanum* mit Abstand die wichtigste Quelle, die aber durch Material aus verschiedenen anderen Texten ergänzt wird: durch die *Historiae adversus paganos* des Paulus Orosius (oder vielleicht auch durch die *Historia Romana* des Paulus Diaconus), die anonyme *Vita Vulframni*, die Fortsetzung des Anselm von Gembloux zur *Chronica* des Sigebert von Gembloux, die erweiterte Version der *Genealogia ducum Brabantiae*, die Weltchronik (*Chronicon pontificum et imperatorum*) Martins von Troppau, Version B der *Flandria*

---

35 BURGERS, De Rijmkroniek van Holland en zijn auteurs (Anm. 29), S. 155.

36 Ausführlich zur Quellenbenutzung äußert sich BURGERS, De Rijmkroniek van Holland en zijn auteurs (Anm. 29), S. 156–233.

generosa (eine lateinische ‚Geschichte von Flandern'). BURGERS weist auch auf mögliche Anleihen aus dem verloren gegangenen *Egmondse Kalendarium* (Egmond/Nordholland), dem *Speculum historiale* des Vincenz von Beauvais, der *Historia Orientalis* Jakobs von Vitry, der *Gesta regis Ricardi primi*, einem Brief in Versform von Hadewijch und einem nicht näher bestimmten *lapidaris* hin.

Bei Melis Stoke sieht die Quellenlage ganz anders aus. Er konnte ja in hohem Maße auf seine eigenen Kenntnisse und die anderer zurückgreifen, weil der von ihm verfasste Textteil sich viel mehr auf die jüngere und zeitgenössische Geschichte bezog. Wo er auf Quellentexte zurückgreifen musste, benutzte er den *Spiegel historiael* von Jacob van Maerlant, das *Chronicon* des Straßburger Bürger Ellenhard,[37] die *Chronique dite de Baudouin d'Avesnes* aus dem Henegau, das *Egmondse Kalendarium*, das *Chronicon Egmundanum* sowie ein paar andere nicht näher identifizierbare Quellen.

Urkundenmaterial wurde von Stoke zwar verwendet, aber es scheint, dass er die Texte nicht vor sich liegen hatte. Neben dieser Verwendung von Informanten und schriftlichen historiographischen Quellen für die historischen Daten möchte BURGERS im Textteil von Stoke auch noch Verbindungen zu einigen Texten sehen, die nicht zur Tradition der Chronik gehören (aber eventuell schon einen historiographischen Anspruch haben), unter anderen die *Synonyma* des Isidor von Sevilla, die *Vulgata*, Maerlants *Istory van Troyen*, *Alexanders geesten*, *Merlijn*, *Der kerken claghe* und *Vanden lande van Oversee*, den *Karel ende Elegast* und *Van den vos Reinaerde*. Man könnte diskutieren, ob die genannten Werke Maerlants zur Historiographie gehören oder nicht, aber die Anspielungen und Anleihen in der *Rijmkroniek* zeigen unmissverständlich, wie wichtig Maerlant als Autor gewesen ist. Es bleibt auch die Frage, ob Anspielungen beispielsweise auf *Karel ende Elegast* tatsächlich eine intertextuelle Verbindung beweisen oder ob hier doch eher nur eine Verwendung epischer Topen vorliegt, die eine solche Verbindung nur suggerieren. Wie dem auch sei: Es zeigt sich auf jeden Fall, dass Melis Stoke bei der Verfassung seines Werkes eine andere Zielsetzung hatte als der Anonymus.

Wie gesagt: Der vom Anonymus verfasste Text besteht zu einem großen Teil aus einer genauen und korrekten mittelniederländischen Übersetzung des *Chronicon Egmundanum*, aber seine Arbeitsweise bestand nicht darin, eine bloße wörtliche Übersetzung des Textes zu erstellen. Er hat Fakten aus dem *Chronicon* weggelassen, die er als weniger relevant betrachtete, aber es war sicherlich nicht sein Ziel, nur eine gekürzte Version der Chronik in der Landessprache zu liefern. Sein Text umfasst ja auch Ergänzungen zu dem Material des *Chronicon*, die er in erster Linie seinen lateinischen Quellen entnommen hat. Sein Plan war es, eine zuverlässige Geschichte der

37 Zu Ausgaben und Forschungsliteratur siehe http://www.geschichtsquellen.de/repOpus_02087.html (eingesehen: 9.12.2015).

holländischen gräflichen Dynastie zu erstellen, inklusive einer historischen Legitimation der gräflichen Ansprüche auf Westfriesland – Verherrlichung und Politik gehen hier deutlich Hand in Hand.[38]

Der von Melis Stoke bearbeitete Teil ist keine durchgehende Übersetzung seiner Hauptquelle mit eventuellen Ergänzungen aus anderen Quellen, sondern vielmehr eine eigene Komposition, in der verschiedenartiges Quellenmaterial mit mündlich überlieferten Erzählungen und eigenen Wahrnehmungen kombiniert wird. Das macht es – wie BURGERS zurecht bemerkt[39] – sehr schwierig herauszufinden, auf welche Weise genau Stoke sein Quellenmaterial bearbeitet hat. Allerdings spiegelt die Art, wie Stoke die ganze *Rijmkroniek* (wie in den Handschriften B und C überliefert) überarbeitet und eine eigene, neue Fassung kreiert hat (überliefert in Handschrift A), seine Absichten recht gut wider. Die Eingriffe haben vor allem einen stilistischen und redaktionellen Charakter, aber hin und wieder durch Auslassungen oder Ergänzungen auch inhaltliche Folgen. Stoke scheint dabei als Ziel eine Verlebendigung der Geschichte vor Augen zu haben, er möchte den Text für sein Publikum attraktiver gestalten. Ein Beispiel ist der Fund des Leichnams Wilhelms II. durch seinen Sohn Floris V. im Jahr 1282 in Westfriesland.[40] In der Version BC umfasst die Erzählung sieben Zeilen, in Version A sind es nicht weniger als vierzig.

---

38 Einen umfassenden Überblick mit einigen illustrativen Beispielen bietet BURGERS, De Rijmkroniek van Holland en zijn auteurs (Anm. 29), S. 234–257.

39 Siehe dazu BURGERS, De Rijmkroniek van Holland en zijn auteurs (Anm. 29), S. 257.

40 Die Textfragmente sind unter stillschweigender Anpassung der Interpunktion und einiger weniger Worttrennungen entnommen aus BURGERS, De Rijmkroniek van Holland en zijn auteurs (Anm. 29), S. 266 f.

Version BC	Version A
Oec wart daer ghevanghen mede Een out Vriese, ende wart ghegheven Op die zake daer sijn leven, Dat hi wijsde des coninx graf. Die grave ne wouder niet sceden af, Eer hi den vader dede ontgraven; Dat hi prijsde vor vele haven.[41]	*Die coninc hadde XXVII jare Begraven gheweest te Hoechhoutwoude; Dat ne wiste jonc noich oude Dan si viere, ende niet mere, Waer begraven was de here. Daer of was bleven dene doot; Dander dre dor lives noot Waren ghelopen inde kerke, Anders ne waren pape noch clerke. Die tue sloeghen de boeven doot, Die derde bat ghenaden groot Ende riep: 'Edel gravekijn, Laet mi behouden tleven mijn! Ic salt doen, du moghest prisen, Den coninc, dinen vader, wisen.' Van deen woerde wart hi verblijt, Ende gaf hem op sijn lijf tier tijt. Doe sprac de Vrese te hem waert: 'In dit huys achter den haert So suldi den coninc vinden; Dat wil ic mi in verbinden Ende mijn lijf setten te pande!' Doe namen si spaden inde hande Ende dolven II mans diep. Die onder stont opwaert hi riep: 'Hier ligghen grote balken onder!' Die Vriese sprac: 'Dan es gheen wonder; Heftse op, al wort u te pine, Daer leit de coninc in een scrine.' Teerste dat si ter scrine quamen Ende tghebeente daer vernamen, Spraken si: 'Grave, edel here, Nu seit blide vorwaert mere; Wi hebben uwen vader vonden.' Die grave sprac in corten stonden: 'Des moete God ghelovet zijn!' Thoeft nam hi inde handen sijn*

41 „Auch wurde dort [im Kampf von Hoogwoud] ein Friese gefangen genommen, dessen Leben man schonte unter der Voraussetzung, dass er das Grab des Königs [Wilhelms II.] zeigte. Der Graf wollte nicht fortgehen, bis er seinen Vater ausgegraben hatte; das fand er wichtiger als großen Reichtum.“

Version BC	Version A
	Ende dancte Gode ende onser Vrouwen; *'Dat ic so vele dus mach scouwen* *Vanden vader die mi ghewan.'* [42]

Die hinzugefügten direkten Reden, die Verfolgung bis in die Kirche, die ausführliche Suche nach dem Leichnam, die Grabungsarbeiten, inklusive der Barriere der Balken und dann erst der Fund des Sargs, schlussendlich die fast theatralische Geste von Floris V., wenn er den Schädel seines Vaters in den Händen hält (wen erinnert dies nicht an Hamlet?) – im Vergleich zur ersten Fassung in BC hat die Fassung in A stark an dramatischer Kraft zugelegt: Das Publikum kann sich den Handlungsablauf viel besser vergegenwärtigen und auch die Emotionen der Personen treten viel deutlicher hervor. Auffällig ist allerdings, dass Stoke die Fassung in A nicht konsequent und konsistent in diesem Sinne bearbeitet hat. Am Anfang des Textes begegnen wir – wie oben gezeigt – Änderungen nach den ersten 2200 Versen allerdings nicht mehr. Stoke beschränkt sich ab dann auf kleinere Eingriffe und Streichungen, die einen anderen Gedanken hinter der Bearbeitung verraten: Erst möchte er den Text lebendiger machen, aber danach – bei der Annäherung an die eigene Zeit? – fängt er an, Abschnitte, die politisch zu empfindlich zu sein scheinen, auszulassen: über die Flamen, den seeländischen Adel, Mitglieder des Hofes.[43]

42 „27 Jahre lang lag der König in Hoogwoud begraben, aber niemand, weder jung noch alt, wusste, wo er lag, außer diesen vier. Von denen ist einer umgekommen, die übrigen drei sind in eine Kirche geflohen, um ihr Leben zu retten; dort gab es keine Priester oder Geistlichen. Die Soldaten töteten zwei von ihnen, der dritte bat um Gnade und rief: ‚Edles Gräflein, lass mich leben! Dann werde ich Ihnen – das werden Sie zu schätzen wissen – Ihren Vater, den König zeigen.' Diese Wörter erfreuten ihn [Graf Floris V.] und er schonte sein Leben. Dann sagte der Friese zu ihm: ‚In diesem Haus, hinter dem Herd, werden Sie den König finden; das garantiere ich und dafür stehe ich mit meinem Leben!' Dann nahm man den Spaten in die Hand und grub zwei Manneslängen tief. Derjenige, der unten stand, rief nach oben: ‚Hier unten gibt es große Balken!' Der Friese sagte: ‚Das verwundert mich nicht. Nimm sie weg, auch wenn es Mühe kostet – da drunten liegt der König in einem Sarg.' Als sie den Sarg erreicht hatten und die Gebeine liegen sahen, sagten sie: ‚Edler Herr Graf, freut Euch, wir haben Euren Vater gefunden.' Darauf sagte der Graf: ‚Lobt Gott dafür.' Er nahm den Schädel in seine Hände, dankte Gott und unserer Lieben Frau und sprach: ‚Oh, dass ich dieses Stück von meinem Vater, der mich gezeugt hat, noch sehen darf!'"

43 Siehe Burgers, De Rijmkroniek van Holland en zijn auteurs (Anm. 29), S. 270.

4 Brabantischer Ruhm – Jans van Boendale *Brabantsche yeesten* (1316 – ca. 1350)

Die dritte Chronik, die hier besprochen werden soll, führt uns ins Herzogtum Brabant, zu Beginn des 14. Jahrhunderts. Dort begegnen wir in Antwerpen dem Stadtschreiber Jan van Boendale (ca. 1280 – ca. 1351), einem produktiven Autor, der sich selbst ausdrücklich in die Tradition von Jacob van Maerlant stellt. Boendales Schaffen ist weniger umfangreich als das seines Lehrmeisters und auch weniger abwechslungsreich, aber es ist immer noch imposant und verdient zweifellos unsere Aufmerksamkeit, vor allem, da er im großen Lehrgedicht *Der leken spiegel* (1325 – 1330; ca. 20.000 Verse) die älteste Poetik im Niederländischen verfasst hat. In Buch III, Kapitel 15 gibt Boendale mit dem Titel *Hoe dichters dichten sullen ende wat si hantieren sullen* („Wie Dichter dichten sollten und was sie tun sollten") seine Sicht des literarischen Betriebs wieder. Es handelt sich jedoch nicht um eine literaturtechnische Abhandlung, sondern um die Stellungnahme eines selbstbewussten Autors, der seine kulturelle Verantwortung sehr ernst nimmt und seine Ansichten über Themen wie den Wahrheitsanspruch mancher literarischer Werke oder die Beziehung zwischen Genre und Fiktionalität pointiert zum Ausdruck bringt.[44]

Boendale hat seine literarische Laufbahn mit einer Chronik begonnen, den *Brabantsche yeesten*, einer Reimchronik, die ursprünglich die Geschichte des herzoglichen Hauses Brabant von ca. 600 bis ca. 1316 umfasste und im Auftrag des Schulzen und Schöffen von Antwerpen, Willem van Bornecolve, geschrieben worden ist. Die handschriftliche Überlieferung der Chronik ist kompliziert, zeigt aber vor allem, dass der Text eine gewisse Popularität besaß. Nicht alle Textzeugen haben die ganze Chronik überliefert, aber es gibt auch einige, die mehr enthalten als nur Texte von Boendale. Die Handschrift 17012 – 013 aus der Königlichen Bibliothek in Brüssel (auch bekannt als Korsendonk- oder Vlamincx-Handschrift) datiert auf ca. 1470 und enthält in ungefähr 46.000 Versen die vollständigen *Brabantsche yeesten*, inklusive der *Voortzetting*, der langen Fortsetzung des sogenannten ‚Voortzetter'.[45] Die Handschrift aus der Universitätsbibliothek in Leiden, Ltk. 1019 (auch Kluit-Handschrift genannt) ist älter und stammt von ca. 1400; sie enthält die ersten vier Bücher der *Brabantsche yeesten*. Das Layout in zwei

---

44 Siehe dazu WILLEM P. GERRITSEN: De dichter en de leugenaars. De oudste poetica in het Nederlands. In: De nieuwe taalgids 85 (1992), S. 2 – 13; DERS. u. a.: A fourtheenth-century vernacular poetics – Jan van Boendale's ‚How Writers Should Write' (with a Modern English translation of the text by ERIK KOOPER). In: Medieval Dutch Literature in its European Context. Hrsg. von ERIK KOOPER, Cambridge 1994 (Cambridge Studies in Medieval Literature 21), S. 245 – 260.

45 Vgl. unten S. 605 f.

Kolumnen – der Text von Boendale wurde in der linken Kolumne abgeschrieben, die rechte war für Notizen reserviert – lässt vermuten, dass die Handschrift für historiographische Studien benutzt wurde. Die Handschrift 19.607 aus der Königlichen Bibliothek in Brüssel wurde am 15. Mai 1444 vom Kopisten Henricus van den Damme im Auftrag des Stadtrates von Brüssel fertiggestellt. Die Handschrift enthält die *Brabantsche yeesten* und die *Voortzetting*, zu denen noch Stücke aus Lodewijc van Velthems Fortsetzung des *Spiegel historiael* von Maerlant hinzugefügt worden sind, insgesamt ungefähr 56.000 Verse. Die Handschrift 15.282 aus der Stadtbibliothek von Antwerpen (Hs. Tongerlo) enthält auch den vollständigen Text von Boendale mit der *Voortzetting*, wiederum mit Ergänzungen aus Velthems *Spiegel-historiael*-Fortsetzung, aber auch mit Passagen aus der *Yeeste van de slag bij Woeringen* von Jan van Heelu. Die Handschrift 15.282 wird auf 1432 datiert. Ganz außergewöhnlich ist die Handschrift IV 684 – 85 aus der Königlichen Bibliothek in Brüssel aus dem 15. Jahrhundert: In den zwei Bänden sind nur die Bücher IV und V der *Brabantsche yeesten* überliefert, aber die insgesamt nur noch 63 Blätter (wahrscheinlich waren es einmal mehr) enthalten zusätzlich 73 prächtige Miniaturen. Fragmentarisch überliefert sind die *Brabantsche yeesten* noch in den Handschriften 19.576 und 22.480 aus der Königlichen Bibliothek in Brüssel, in Act 4 aus dem Norfolk Record Office in Norwich und in Series nova 216 aus der Österreichischen Nationalbibliothek in Wien, womit sich eine Gesamtzahl der Textzeugen von neun ergibt. Das Fragment 19.576 aus Brüssel und das Fragment aus Norwich sind auf jeden Fall noch ins 14. Jahrhundert zu datieren.

Sowohl die Struktur als auch große Teile des Inhalts der Chronik basieren auf dem *Spiegel historiael* von Jacob van Maerlant. Dieser hatte in seiner Chronik gezeigt, dass die Geschichte von Brabant sich in vier Perioden unterteilen lässt, in welchen jeweils sechs Fürsten auftreten.[46] Boendale verwendet dies als Basis für die Strukturierung seines Textes. Er übernimmt die vier Perioden mit den jeweiligen sechs Fürsten von Maerlant (von Karlmann bis Karl den Großen, von Karl dem Großen bis Karl von Lothringen, von Karl von Lothringen bis Gottfried I., dem Bärtigen und von Gottfried I. bis Johann I.),[47] gibt ihnen allerdings einen ganz eigenen Inhalt und fügt eine fünfte hinzu, nämlich die Regierungszeit Johanns I. Die fünf Perioden, die jeweils ein Buch umfassen, unterscheiden sich, wie Boendale am Anfang des ersten Buches erwähnt, hinsichtlich des Status der (Vorfahren der) Herzöge von Brabant als Landesherren.[48] Im ersten Buch werden

46 Maerlant (Anm. 5) III, vii, 57, V. 89 – 102. Vgl. dazu auch Jan van Boendale: *Van den derden Eduwaert*. Hrsg. von Jo G. Heymans, Nijmegen 1983, S. 41.

47 Jan van Boendale (Anm. 46), S. 41.

48 De *Brabantsche yeesten* of rymkronyk van Braband door Jan de Klerk, van Antwerpen. Hrsg. von Jan Frans Willems, 2 Bde., Brüssel 1839 – 1843, Bd. 1, S. 4, V. 63 – 104. Vgl. dazu auch Robert Stein: Jan

die Ratsherren der merowingischen Könige, die eine starke territoriale Anbindung an Brabant haben, besprochen (ca. 600 bis 768), im zweiten Buch geht es um die Könige und Kaiser des (West-)Fränkischen Reiches (bis 992), das dritte Buch handelt von den Grafen des Gebiets um Leuven und Brüssel (bis ca. 1120), das vierte Buch lässt die Herzöge von Niederlothringen (später von Niederlothringen und Brabant; bis 1288) hervortreten, das fünfte Buch hat die ‚dreifachen' Herzöge von Niederlothringen, Brabant und Limburg zum Gegenstand (bis 1316).[49] Als Boendale, ungefähr im Jahre 1316 oder 17 mit dem fünften Buch, das damals 900 Verse umfasste, seine Arbeit vorläufig beendet hatte, war er bei der Geschichte Brabants bis zu Herzog Johann III. gekommen. In den Jahren bis 1347 erweiterte er dann das fünfte Buch allmählich um 3866 Verse, in denen er die Geschichte der Herzöge von Brabant bis ins Jahr 1347 weiterführte. Bei der Annäherung an die eigene Zeit formulierte er origineller und begann, Ereignisse, die er selber miterlebt hatte oder von Augenzeugen erfahren hatte, aufzuzeichnen. Dadurch ist dieser Teil der *Brabantsche yeesten* historiographisch viel interessanter als der Teil, in dem Boendale auf schriftliche Quellen zurückgegriffen hat.

In den ersten drei Büchern seiner Reimchronik zog Boendale oft Maerlants *Spiegel* heran,[50] allerdings tat er dies auf eine sehr selektive Art und Weise.[51] Da er eine brabantische Genealogie verfassen wollte, benutzte er nur die Abschnitte dieser Weltchronik, die sich auf die brabantischen Herzöge und ihre Vorfahren bezogen. Nach Robert Stein beruhen mehr als neunzig Prozent des Inhalts der ersten drei Bücher der *Brabantsche yeesten* auf dem *Spiegel historiael*.[52] Nach Jan te Winkel hat Boendale sogar 6470 der 9730 Verse direkt aus Maerlants Weltchronik übernommen.[53] Obwohl Boendale tatsächlich viele Verse wörtlich aus dem *Spiegel historiael* übernommen und andere überarbeitet hat, kann man die ersten drei Bücher der *Brabantsche yeesten* nicht lediglich als eine Neuauflage des *Spiegel historiael* auffassen. Neuere Studien zeigen, dass Boendale seiner Quelle nicht sklavisch folgt, sondern seinem Text, den er ausdrücklich als eine Fortset-

---

van Boendales Brabantsche Yeesten – antithese of synthese? In: Bijdragen en mededelingen betreffende de geschiedenis der Nederlanden 106 (1991), S. 185 – 197, hier S. 186; Jan te Winkel: De Ontwikkelingsgang der Nederlandsche Letterkunde. Geschiedenis der Nederlandsche Letterkunde van Middeleeuwen en Rederijkerstijd, 2 Bde., Haarlem ²1922, Neudruck Utrecht/Leeuwarden 1973, Bd. 1, S. 6.

49 Robert Stein: Politiek en historiografie. Het ontstaansmilieu van Brabantse kronieken in de eerste helft van de vijftiende eeuw, Leuven 1994 (Miscellanea Neerlandica 10), S. 8; Jan van Boendale (Anm. 46), S. 40 f.

50 *Brabantsche yeesten* (Anm. 48), Bd. 1, S. XIX.

51 Stein (Anm. 48), S. 190 f.

52 Stein (Anm. 48), S. 191.

53 Te Winkel (Anm. 48), Bd. 2, S. 6; siehe auch Stein (Anm. 48), S. 191.

zung der offiziellen brabantischen Historiographie sieht, einen ganz eigenen Charakter gibt. Jo G. Heymans merkt an, dass Boendale ganz zielgerichtet, mit großer Sachkunde und einem deutlichen Raffinement die historischen Ereignisse aus der Weltchronik überall in seinen Text eingearbeitet und mit den Grundprinzipien und Auffassungen der offiziellen Historiographie Brabants verknüpft hat.[54] Für das vierte und fünfte Buch (bis zum Vers 185) hat Boendale laut Willems die *Yeeste van de slag bij Woeringen* von Jan van Heelu und nicht näher zu bestimmendes lateinisches Quellenmaterial verwendet.[55] Heymans hat als lateinische Quelle die *Chronica de origine ducum Brabantiae* identifiziert, die Boendale quasi wörtlich übersetzt hat.[56] Er lässt fast nichts aus und verwirft nirgends den Inhalt der Chronik, aber nimmt ziemlich viele Ergänzungen vor, die sich hauptsächlich auf Kriege beziehen.[57] Möglicherweise hat er Daten aus der Biographie Karls des Großen von Sigebert von Gembloux und aus der *Rijmkroniek van de Grimbergse oorlog* („Reimchronik vom Grimberger Krieg") verwendet, wofür es jedoch keine sicheren Zeugnisse gibt.[58] In einer späteren Bearbeitung der *Brabantsche yeesten*[59] hat Boendale auch Material aus einer Fortsetzung des *Spiegel historiael* von Lodewijc van Velthem entnommen.[60] Für das fünfte Buch (ab Vers 186) sind uns keine Quellen bekannt; dieser Teil beruht größtenteils auf eigenen Erlebnissen oder auf Berichten anderer Augenzeugen.[61]

Lange hat man angenommen, dass Boendale seine Chronik in zwei Teilen geschrieben hat, aber eingehende Prüfungen der handschriftlichen Überlieferung haben mittlerweile ergeben, dass er verschiedene Fassungen des Textes angefertigt hat, wobei es sich nicht so sehr um komplette Umarbeitungen des Gesamttextes handelt, als vielmehr um Aktualisierungen. Stein unterscheidet fünf Fassungen:[62]

- ca. 1316: Jan van Boendale schreibt im Auftrag von Willem van Bornecolve eine erste Fassung der *Brabantsche yeesten:* Buch I – V, 900 Verse. Er verwendet

54 Jan van Boendale (Anm. 46), S. 42.

55 Jan van Boendale (Anm. 46), S. 42.

56 *Brabantsche yeesten* (Anm. 48), Bd. 1, S. XIX.

57 Jan van Boendale (Anm. 46), S. 33; vgl. auch A. L. H. Hage: Sonder favele, sonder lieghen. Onderzoek naar vorm en functie van de Middelnederlandse rijmkroniek als historiografisch genre, Groningen 1989, S. 208; Robert Stein: Wanneer schreef Jan van Boendale zijn *Brabantsche Yeesten?* In: *Tijdschrift voor Nederlandse Taal- en Letterkunde* 106 (1990), S. 262 – 280, hier S. 263.

58 Stein (Anm. 48), S. 193.

59 Siehe unten S. 602.

60 De *Brabantsche yeesten* of rymkronyk van Braband (Anm. 48), Bd. 1, S. XIX und Te Winkel (Anm. 48), Bd. 2, S. 6, Anm. 5.

61 Stein (Anm. 57), S. 274 f., 263.

62 Stein (Anm. 57), S. 263.

dazu den *Spiegel historiael* Maerlants und die *Chronica de origine ducum Brabantiae*.

- 1318: Boendale schreibt eine zweite Fassung; er fügt 403 Verse an seine Chronik an, in denen er einige rezente Kriege beschreibt; er rundet seine Chronik mit einer Panegyrik auf Johann III. und Maria von Evreux ab.
- ca. 1324: eine dritte Fassung der *Brabantsche yeesten* entsteht, indem Boendale dem fünften Buch seiner Chronik wiederum einige Verse hinzufügt. Möglicherweise hat er in dieser Periode (wahrscheinlich zwischen 1322 und 1324) auch das vierte Buch der *Brabantsche yeesten* mit Abschnitten aus der *Voortzetting van de Spiegel historiael* von Lodewijk van Velthem erweitert.
- ca. 1335: Jan van Boendale schreibt die vierte Fassung der *Brabantsche yeesten*. Hier bilden der Streit um Valkenburg und der Koalitionskrieg von 1332–1334 das Thema. Vermutlich hat Boendale den ersten Teil dieser Ergänzung ca. 1330 geschrieben.
- ca. 1348: die fünfte und letzte Fassung der *Brabantsche yeesten*. Boendale beschließt die Chronik mit Abschnitten über den Hundertjährigen Krieg und über die innenpolitische Situation in Brabant.

Die Chronik hat Boendale also einen großen Teil seines Lebens als Autor beschäftigt. Wie Maerlant wollte Boendale belehrend unterrichten und verfolgte dabei seine eigenen ‚Steckenpferde': Wenn wir sein Gesamtwerk überblicken, fällt sofort auf, dass es von zwei Themen dominiert wird: Geschichtsschreibung und (profane) Ethik. Es sind zwei Themen, die eigentlich immer miteinander verknüpft sind, auch wenn sie in manchen Werken von Boendale stärker nach vorn treten als in anderen.

Historiographie ist sicher der Ausgangspunkt in den *Brabantsche yeesten* und im viel jüngeren *Van den derden Eduwaert*.[63] Im ersten Werk gibt er eine allgemeine Geschichte von Brabant wieder, im zweiten beschreibt er eine rezente Episode aus der Geschichte von Brabant. Dies bedeutet natürlich nicht, dass Boendale Geschichte aus dem gleichen Blickwinkel wie ein Historiker des 20. Jahrhunderts verfasst. Ihm geht es nicht um die Beschreibung von historischen Fakten und Ereignissen an sich, sondern seine Historiographie beschreibt die Vergangenheit als eine Schule für die Gegenwart; was sich vielleicht noch mehr in seinen anderen

---

63 *Van den derden Eduwaert* (kurz nach 1340) beschreibt in 2018 Versen das Auftreten des englischen Königs Eduard III. († 1377) auf der Bühne der kontinentaleuropäischen Politik. Das Buch ist jedoch nicht nur als ein Lobgesang auf diesen König, den Boendale wahrscheinlich persönlich gekannt hat (vgl. H. S. Lucas: Edward III and the poet chronicler John Boendale. In: Speculum 12 [1937], S. 367–369), gemeint. Er wollte zweifellos auch den brabantischen Herzog Johann III., der mit Eduard am Anfang des Hundertjährigen Krieges im Jahr 1337 verbündet war, verherrlichen.

Werken mit historischen Rahmen zeigt, die – soweit dies überhaupt noch möglich ist – noch stärker von unserer modernen Vorstellung für Geschichtsschreibung abweichen.[64]

Was ist nun die historiographische Stellung Boendales? Betrachten wir beispielsweise den Anfang des ersten Buches von *Der leken spiegel.* Dort lesen wir, warum Gott die Welt erschuf,

Maer om dat hi hem woude
Sine ghifte ende sine vroude
Gheven ende tonen mildelike,
Beide hier ende in hemelrike.[65]

weil er uns / seine Gaben und sein Heil / auf gnädige Weise schenken und offenbaren wollte – / hier auf Erden wie auch im Himmelreich.

Die Schöpfung sollte aber nicht wieder zum Nichts zurückkehren, und Gott lässt die Geschichte, nicht die Zeit, beginnen, damit die Schöpfung ihn ehrt. Hiermit ist eine deutlich heilsgeschichtliche Perspektive gegeben: Boendale versteht die Geschichte als eine allmähliche Erfüllung von Gottes Plan, den kein Mensch wirklich kennt oder versteht. Aber der Mensch fügt sich nicht immer ohne Weiteres den Plänen Gottes, wofür der Sündenfall als ein Beispiel mit symbolischer Beweiskraft genannt werden kann. Und so ist für Boendale der Kern dessen, was sich in der Zeit und Geschichte abspielt, der Kampf zwischen Gut und Böse, der Widerspruch zwischen der Kenntnis der richtigen, von Gott gegebenen Gesetze und den mannigfachen Verstößen gegen sie in der menschlichen Gesellschaft.[66] Diese heilsgeschichtliche Perspektive ist auch in anderen Werken von Boendale deutlich präsent und damit bekommt sein Werk unvermeidlich einen moralisch-didaktischen Zug:[67] Geschichte und Ethik sind unlöslich miteinander verknüpft. Die Vergangenheit funktioniert als Bühne, auf der das menschliche Verhalten sich als ‚didaktische Unterweisung' für Gegenwart und Zukunft präsentiert. Aus der Ver-

---

64 DIRK KINABLE: Lekenethiek in Boendales *Jans teesteye.* In: Wat is wijsheid? Lekenethiek in de Middelnederlandse letterkunde. Hrsg. von JORIS REYNAERT u. a., Amsterdam 1994, S. 181 – 198 und 411 – 415.

65 *Der leken spieghel.* Leerdicht van den jare 1330, door Jan Boendale, gezegd Jan de Clerc, schepenklerk te Antwerpen. Hrsg. von MATTHIJS DE VRIES, 3 Bde., Leiden 1844 – 1847, Bd. 1, S. 13, V. 7 – 10.

66 JAN DAVIDSE: Denken over de geschiedenis in veertiende-eeuws Brabant. Jan van Boendales *Der Leken Spieghel.* In: In de schaduw van de eeuwigheid. Tien studies over religie en samenleving in laatmiddeleeuws Nederland aangeboden aan prof. dr. A. H. Bredero. Hrsg. von N. LETTINCK/J. J. VAN MOOLENBROEK, Utrecht 1986, S. 11 – 27 und 258 f.

67 Ausführlicher dazu KINABLE (Anm. 64).

gangenheit schöpft er sein Veranschaulichungsmaterial anhand dessen er seinem Publikum eine bessere Lebensführung vermitteln und es auf die Ewigkeit vorbereiten will.

Nun liegt eine ethische Perspektive der mittelalterlichen Literatur überhaupt nicht fern, aber Boendale setzt seine eigenen Akzente. Wenn wir davon ausgehen, dass er mit seinem Werk eine ‚Ethik für Laien' – d. h. eine Kodifikation der Verhaltensregel für Nichtgelehrte, insbesondere Nichtkleriker – verbreiten wollte, heißt dies nicht, dass er sich explizit gegen die Kirche und ihre moralischen Vorschriften positionieren wollte. Auf einer festen christlichen Grundlage zeigt er eine Gesamtheit an Normen und Werten, die sich auf das Leben in der Welt konzentrieren: in der Stadt mit ihren Bauern und Bürgern, Kaufleuten und Handwerkern. Auch Boendale richtet sich letztendlich auf die Ewigkeit; auch für ihn gilt, dass Gott letzten Endes die Norm für alles menschliche Handeln ist, aber er wendet sich dabei nicht von der Realität im Diesseits ab. Und seine Sicht auf die Realität wird deutlich bestimmt von seiner eigenen gesellschaftlichen Position.

Jan van Boendale schrieb seine Bücher während seiner Arbeit als Stadtsekretär von Antwerpen, er stand sozusagen mitten in der Politik seiner Zeit. Und die brabantische Politik des frühen 14. Jahrhunderts spielte sich in einem Spannungsfeld zwischen den verschiedenen Ständen ab: Jeder gesellschaftliche Stand hatte seine eigenen Interessen, die oft im Widerspruch zu dem der anderen Stände stand. Wenn zum Beispiel der Herzog von Brabant Krieg führt, war dies für die Handelsbeziehungen zwischen den Städten nicht förderlich und konnte nicht in deren Interesse sein. Der Kirche wirft Boendale exzessive Machtausübung vor, die seiner Meinung nach in Gegensatz zum Charakter der alten, apostolischen Kirche steht. Er bezieht hier deutlich eine Zwischenposition: Seine Richtschnur für das menschliche Handeln im Licht der Ewigkeit ist und bleibt Gott, aber hier auf Erden ist es das *ghemeyn oirbaer* („Gemeinwohl") – zwei Richtlinien, die keinesfalls miteinander in Konflikt treten müssen. In seinem Werk versucht er sein Publikum von der Notwendigkeit zu überzeugen, die eigenen Interessen dem *ghemeyn oirbaer* unterzuordnen. Dabei ignoriert Boendale Standesgrenzen: Jeder – Bürger, Kleriker, Adliger – gehört zu diesem *ghemeyn oirbaer* und jeder ist auf ihn verpflichtet, sogar ein erhabener und mächtiger Mann wie der Herzog.[68] Das *ghemeyn oirbaer* ist demnach der Ausgangspunkt für Boendales Sozialkritik. Jeder, der gegen das Gemeinwohl handelt, kann mit einer Rüge rechnen. Indem er diejenigen, die in seiner eigenen Zeit gegen das Gemeinwohl verstoßen, auf die negativen

68 Siehe dazu Piet Avonds: *Ghemeyn Oirbaer.* Volkssoevereiniteit en politieke ethiek in Brabant in de veertiende eeuw. In: Wat is wijsheid? (Anm. 64), S. 164 – 180 und 405 – 411.

Konsequenzen solcher Fehltritte in vergangenen Zeiten hinweist, verknüpft er in seinem eigenen Werk Vergangenheit und Gegenwart miteinander.

Boendale war nicht nur Parteigänger für die Städte (und dabei denken wir vor allem an Antwerpen), wie sich in der positiven, wenn auch nicht unkritischen Darstellung des herzoglichen Hauses von Brabant zeigt. Wenn er die Abstammung der Herzöge bis zu den trojanischen Helden zurückführt, bearbeitet er zwar ein gängiges mittelalterliches Thema, aber er verteidigt gleichzeitig auch die historischen Interessen der Dynastie und damit auch die des Herzogtums Brabant. Gegenüber der Kirche ist er manchmal so kritisch, dass man ihm geradezu als antiklerikal einschätzen könnte. In den Konflikten zwischen Kaiser und Papst ergreift er Partei für den Kaiser, mit dem Antwerpen als Markgrafschaft ein spezielles Band verbindet. Er bezieht jedoch keine antireligiöse Position: Kritik an der Kirche und am Klerus resultieren bei Boendale aus einer allgemeinen kritischen Haltung gegenüber menschlichem Verhalten – Auswüchse bekämpft er in allen Ständen.

Dass Boendale sich in seinem Werk nicht explizit mit einem Stand identifiziert, geht deutlich auch aus seinen Widmungen hervor: Manchmal adressiert er sein Werk an die Stadt, manchmal an den Hof, manchmal auch an mehrere Personen.[69] In seiner ethischen Zielsetzung ist sein Werk für alle relevant, auch wenn er manchmal (wie in *Der leken spiegel*) den Klerus ausschließt, da dieser seine Absichten schon verinnerlicht haben sollte.

Die Geschichte der *Brabantsche yeesten* wäre nicht vollständig, wenn wir hier nicht auch kurz unsere Aufmerksamkeit auf die bereits erwähnte Fortsetzung dieses Werkes – besser bekannt als die *Voortzetting* – richten würden. In den vierziger Jahren des 15. Jahrhunderts, vielleicht kurz nach 1441, schloss der Fortsetzer – der möglicherweise als Weinken van Cotthem († 1457), Schreiber und später Kaplan am Hof von Brabant,[70] identifiziert werden kann – sein eigenes siebtes Buch ab und hatte damit die *Brabantsche yeesten* um zwei Bücher erweitert. Sein sechstes Buch behandelt in 11.982 Versen die Regierungszeit des Herzogs Johann III. von Brabant (1312–1355) sowie die seiner Tochter Johanna (1355–1406) und seines Schwiegersohnes Wenzel I. (1337–1383), des ersten Herzogs von Luxemburg. Das siebte und letzte Buch, das 18.186 Verse umfasst, beschreibt nacheinander die Regierungszeiten Antons von Burgund (1406–1415),

69 Siehe dazu Dirk Kinable: De opdrachten in Boendales *Jans teesteye* en *Der leken spiegel* als receptiegegeven. In: Ingenti spiritu. Hulde-album opgedragen aan Prof. Dr. W. P. F. de Geest, ter gelegenheid van zijn zestigste verjaardag. Hrsg. von M. de Clercq u. a., Brüssel 1989, S. 131–163.

70 Remco Sleiderink: [Rez.] Robert Stein (Anm. 49). In: Spiegel der letteren 37 (1995), S. 65–68; Remco Sleiderink: *De stem van de meester*. De hertogen van Brabant en hun rol in het literaire leven (1106–1430), Amsterdam 2003; S. 153–155.

Johanns IV. von Brabant (1415–1427), Philipps von Saint-Pol (1427–1430) und Philipps des Guten (bis 1441). Mit dieser Erweiterung um 30.168 Verse ist die *Voortzetting* fast doppelt so lang wie die fünf Bücher der *Brabantsche yeesten* Jans van Boendale.

In wenigstens zwei Hinsichten ist die Fortsetzung sehr interessant. So haben die Forschungen STEINs gezeigt, dass die Rolle des Dichters beim Zustandekommen der *Voortzetting* nicht zu hoch angeschlagen werden darf, da das Werk das Ergebnis einer Zusammenarbeit zwischen dem Dichter sowie Edmond de Dynter und Petrus de Thymo ist,[71] zweier herzoglicher Sekretäre, die die Politik in Brabant hautnah miterlebt haben. Der Fortsetzer brachte lediglich die Angaben der anderen in Reime, so dass sein inhaltlicher Beitrag eher gering war.[72] Seine Arbeitsweise kann man außerdem sehr gut an einer Handschrift,[73] die man als Autograph des sechsten Buches der *Voortzetting* betrachten kann, nachvollziehen.[74]

5 Schlussbetrachtung

Maerlant war zwar nicht der erste, der eine Chronik im mittelniederländischer Sprache schrieb, aber wir können dennoch behaupten, dass er am Anfang der mittelniederländischen Chronistik ein beeindruckendes Monument geschaffen hat, seinen *Spiegel historiael*. Den Einfluss dieses Werkes kann man kaum überschätzen, was die überlieferten Handschriften, die Fortsetzungen, eine Übersetzung und die evidente Fortwirkung in Texten anderer Historiographen belegen. Für die *Rijmkroniek van Holland* in der Fassung des Melis Stoke gilt dies viel weniger, ebenso für die *Brabantsche yeesten* von Jan van Boendale – die beide Maerlant verpflichtet sind. Obwohl alle drei eine zuverlässige Aufzeichnung der Vergangenheit beabsichtigten, verfolgten die drei Autoren nicht die gleiche Absicht. Maerlant wollte mit seinem *Spiegel historiael*, wie auch mit seinen anderen historischen Werken, den *Alexanders geesten* und der *Istorye van Troyen*, hauptsächlich einen Fürstenspiegel verfassen. Er sah seine Aufgabe darin, Floris V. von Holland zu lehren, wie ein Fürst leben und

---

71 Von Edmond de Dynter stammt auch die monumentale Chronik der Herzöge von Lothringen und Brabant (Edmond de Dynter: *Chronica nobilissimorum ducum Lotharingiae et Brabantiae ac regum Francorum*. Hrsg. von PIERRE FRANCOIS XAVIER DE RAM, 3 Bde., Brüssel 1854–1860), von Petrus de Thymo eine *Brabantiae historia diplomatica* („Diplomatische Geschichte von Brabant"); http://www.geschichtsquellen.de/repPers_100957951.html (eingesehen: 9.12.2015).

72 STEIN (Anm. 49), S. 2.

73 Brüssel, Königliche Bibliothek, 17017.

74 Hervorragend erforscht wurde diese Handschrift von ASTRID HOUTHUYS: Middeleeuws kladwerk. De autograaf van de Brabantsche yeesten, boek VI (vijftiende eeuw), Hilversum 2009.

regieren solle, indem er Beispiele historischer Fürsten zeigte, denen man nachfolgen konnte oder die man sich lieber nicht zum Vorbild nehmen sollte. In der *Rijmkroniek van Holland* bekommen wir vor allem dynastisch-genealogische Geschichte geboten, die mitbestimmt wird von den politischen Ambitionen des holländischen Hofes. In den *Brabantsche yeesten* kombiniert Boendale politische Themen mit einem (laien-)ethischen Zweck: Geschichte und Grandezza des herzogliches Hauses von Brabant, inklusive seiner politischen Ambitionen (der sog. ‚Lothringische Traum'), wird vor dem Hintergrund eines sich entfaltenden ‚Brabantischen Nationalismus' geschildert. Aber die Lektionen der Vergangenheit gelten nicht nur für die großen Herrscher, vielmehr kann jeder daraus lernen, wie man seinen Lebenswandel ändern soll, um am Jüngsten Tag in den Himmel zu kommen. Es ist sicher bemerkenswert, wie Boendale in seiner Chronik und in seinen anderen Werken eine städtische Perspektive mit der Sichtweise seiner (hoch-)adligen Auftraggeber kombiniert. Bei den beiden anderen Chroniken ist die Publikumsorientierung dagegen viel deutlicher auf den Adel ausgerichtet.

Was die drei Chroniken gemeinsam haben, ist die Wahl der Versform. Das ist ein auffälliger Charakterzug vieler profaner mittelniederländischer Texte und gilt nicht nur für Werke mit historischem Inhalt. Im Mittelniederländischen dominiert die Verwendung der Versform viel länger als zum Beispiel im französischen Sprachgebiet, wo es mit *La Conquete de Constantinople* des Geoffroi de Villehardouin bereits am Anfang des 13. Jahrhunderts ein frühes Beispiel für Prosachronistik gibt.[75] Warum die Versform in der mittelniederländischen Literatur so lange dominant bleibt, ist noch immer unklar, aber es liegt auf der Hand, dass der Bildungsgrad des angesprochenen Publikums eine wichtige Rolle gespielt hat. Wie sehr die behandelten Autoren den Erwartungen ihres Publikums Rechenschaft trugen, zeigt sich vor allem in den formalen und stilistischen Entscheidungen, die sie trafen: Auf eigene Art und Weise arbeiten Maerlant, Stoke und Boendale an einer Historiographie, die in hohem Maße narrativ ist und an die volkssprachliche Epik anschließt, die ein wichtiger Teil des adligen literarischen Kanons ist. Wahrheitstreue und Zuverlässigkeit sind für Maerlant vielleicht wichtiger als für Stoke, aber vor allem soll die Geschichte der Vergangenheit eine lebendige Lektion für Gegenwart und Zukunft sein.

Aus dem Niederländischen übersetzt von Marijke Ottink und Josine Schrickx

75 Ein weiteres Beispiel für die frühe Verwendung der Prosa ist der im frühen 13. Jahrhundert entstandene *Lancelot en prose* bzw. Vulgata-Zyklus; siehe *Lancelot*, roman en prose du XIIIe siècle. Hrsg. von Alexandre Micha, 9 Bde., Genf 1978–1983.

Lektürehinweise:
1. *Brabantsche yeesten* 1839 – 1843 (48); Jacob van Maerlant 1863 – 1879 (5); *Rijmkroniek van Holland* 2004 (29).
2. Carasso-Kok 1981 (1).
3. Burgers 1999 (29); Gerritsen 1992 (44); Gerritsen u. a. 1994 (44); Hage 1989 (57); Stein 1994 (49).

Graeme Dunphy

Die mittelalterliche Chronikliteratur in Irland, England, Wales und Schottland

Die historiographische Tradition auf den britischen und irischen Inseln setzt wahrscheinlich schon im 5. Jahrhundert ein und entwickelt sich mit unterschiedlicher Intensität. Zunächst wird sie in der Zeit vor Beda von irischen Autoren dominiert, während ab dem 8. Jahrhundert verstärkt die britannisch-angelsächsischen Gebiete in den Vordergrund rücken. Erst mit der normannischen Eroberung im 11. Jahrhundert wird in England eine größere Anzahl von Chroniken geschrieben. Eine eigene schottische Geschichtsschreibung ist spätestens ab dem 12. Jahrhundert zu verzeichnen.[1]

1 Geschichtsschreibung in Irland

Die gesamteuropäische Tradition der Klosterannalistik entstand zwischen dem 5. und 7. Jahrhundert in Irland; von dort aus gelang dieser Texttyp im 8. Jahrhundert zunächst nach England und dann wahrscheinlich ins fränkische Reich. Als verbindende Glieder sieht man häufig Alcuin und die angelsächsische Mission, aber auch irische Wandermönche waren am Hofe Karls des Großen tätig; spätestens im 9. Jahrhundert ist dann die Gattung der Klosterannalen in Südeuropa ‚angekommen'. Hier ist eine generische Vorbemerkung notwendig: Die Wissenschaft hat lange dazu geneigt, Annalen und Chroniken als hermetisch getrennte Gattungen, angeblich sogar mit einem jeweils verschiedenem Ursprung zu betrachten. Diese Ansicht ist im Lichte der neuesten Forschung nicht mehr haltbar. Vielmehr sind Annalen eine Anpassung der historiographischen Tradition Eusebius' und Isidors an die Bedürfnisse der irischen Klöster, eine Variante, die in ihren formellen Zügen nur tendenziell von anderen Strängen der Geschichtsschreibung zu unterscheiden ist. Folglich sieht man Annalen heute zwar nach wie

---

1 Die wichtigsten Nachschlagewerke für die Chronistik der britischen Inseln sind EMC; HWE; DNB; ODNB. Profunde Überblicke bieten Antonia Gransden: Historical writing in England, 2 Bde., London/New York, 1974–1982 und Edward Donald Kennedy: Chronicles and other Historical Writings, New Haven, CT 1989 (A Manual of the Writings in Middle English 1050–1500. 8); mit 200 Seiten Bibliographie. Wohl die bedeutendste vergleichende Studie in deutscher Sprache stammt von Norbert Kersken: Geschichtsschreibung im Europa der *nationes*. Nationalgeschichtliche Gesamtdarstellungen im Mittelalter, Köln/Weimar 1995 [zu England S. 126–367, zu Schottland S. 368–398].

vor als eine erkennbar milieugebundene Textgruppe, jedoch als Untergattung der Chronik und somit als Hauptbeitrag Irlands zur europäischen Chronistik.[2]

Die überlieferten irischen Annalen sind eine Textgruppe beträchtlichen Umfangs mit einer teilweise recht homogenen Gestaltung. Sie enthalten zunächst die Welt- und Heilsgeschichte nach dem Muster der spätantiken christlichen Weltchroniken, ab dem 5. Jahrhundert bieten sie jährliche Berichte für irische und schottisch-gälische Geschichte, ab dem 8. Jahrhundert verschwindet weitgehend das schottische Element und ab dem 10. Jahrhundert wird ihr Interessenbereich langsam säkularer, mit zunehmend individuellen Inhalten eines jeden Textzeugnisses. Die ältesten überlieferten Versionen enden im 14. Jahrhundert, andere werden bis ins 17. Jahrhundert fortgeführt. Zunächst werden die Annalen in Latein geschrieben, aber schon von Anfang an erscheinen irische Formen von Ortsnamen und langsam werden irischsprachige Einträge häufiger, bis der Text spätestens ab dem 10. Jahrhundert ganz in die Volkssprache übergeht. Wie in der europäischen monastisch-annalistischen Tradition üblich, besteht der Text aus jährlichen Einträgen, wobei eine Jahreszahl am linken Rand den Bericht einführt und Berichte verschiedener Länge beinahe jedes Jahr repräsentieren. Spezifisch irisch ist jedoch die chronographische Methode, die *Kalendae Ianuarii* zu identifizieren, so dass beispielsweise die Angabe *Kł.i* zeigt, dass im so bezeichneten Jahr der 1. Januar ein Sonntag war. Nur in Irland werden *Kalendae* in dieser Form zur Strukturierung einer Chronik eingesetzt.[3]

Der sich in verschiedenen Varianten wiederholende Stoff deutet auf eine sehr lange Kompilationstradition hin. Obwohl die ältesten erhaltenen Handschriften aus dem hohen Mittelalter stammen, lassen sich frühere Phasen der Textentwicklung relativ präzise rekonstruieren. Es gilt jetzt als sicher, dass irische Mönche spätestens im 7., vielleicht schon im 5. Jahrhundert jährliche Berichte verfassten, welche sie als laufende Fortsetzung einer Adaptation einer patristischen Weltchronik führten. Nach Daniel P. Mc Carthy wurden die ersten jährlichen Nachträge in Kildare (425 – 490), Meath (490 – 533) und Louth (533 – 550) verfasst.[4] Etwa um das Jahr 562 habe Columba dann eine revidierte Fassung dieser Chronik

2 Vgl. dazu Graeme Dunphy: [Art.] Annals. In: EMC 1, S. 45 – 52; David Dumville: What is a Chronicle? In: The Medieval Chronicle 1 (2002), S. 1 – 27; Daniel P. Mc Carthy: The Irish Annals. Their Genesis, Evolution and History, Dublin 2008, S. 2 f.; Nicholas Evans: The Present and the Past in Medieval Irish Chronicles, Woodbridge/Rochester, N.Y. 2010.

3 Mc Carthy (Anm. 2), S. 8.

4 Mc Carthy (Anm. 2), S. 167. Mc Carthy vertritt die Ansicht, dass die patristische Quelle eine verlorene Chronik von Rufinus von Aquileia (Italien, ca. 345 – 412) gewesen sein könnte – eine Meinung die allerdings keinen Konsens gefunden hat, weil wörtliche Übereinstimmungen mit Isidor vorhanden sind.

auf die Insel Iona, die an der zum irisch-gälischen Kulturgebiet gehörenden Westküste Schottlands liegt, gebracht, wo daraus die sogenannte *Iona Chronicle* entstanden ist, die der weitgehend rekonstruierbare Urtext aller irischen Annalistik war, der bis 740 mit Berichten über die irischen, schottischen und piktischen Ereignisse fortgeführt wurde.[5] Um 727 reformierte Ecgberht die Chronik, indem er einige von der römischen Orthodoxie abweichenden Textteile tilgte, darunter Informationen über die Gründung irischer Klöster und die Streitigkeiten über die Festlegung von Ostern. Kopien der *Iona Chronicle* gelangten nach Irland und bildeten dort die Grundlage für die vier Textgruppen der irischen Klosterannalistik:[6] a) Clonmacnoise-Gruppe, b) Cuana-Gruppe, c) Connacht-Gruppe sowie d) Regnal-Canon-Gruppe.

Die Hauptzeugnisse der (a) Clonmacnoise-Gruppe sind die *Annals of Tigernach*, das *Chronicon Scottorum* und die *Annals of Roscrea*, welche auf einen gemeinsamen Grundtext des 8. bis 13. Jahrhunderts, die nicht erhaltene, aber rekonstruierbare *Clonmacnoise Chronicle* zurückgehen und deswegen nach dieser benannt werden.[7] Der überlieferte Text der *Annals of Tigernach* (Oxford, Bodleian, Rawl. B. 502 & B. 488) stammt aus dem 14. Jahrhundert und wurde wie der ältere Grundtext im Kloster Clonmacnoise in Mittelirland verfasst. Obwohl die anderen beiden Chroniken dieser Gruppe erst aus dem 17. Jahrhundert überliefert sind, zeugen die vierzehn Handschriften des *Chronicon Scottorum* (Mittellateinisch *Scotti* bezieht sich auf das gälische Sprachgebiet, also hauptsächlich auf Irland, und nur sekundär auf Teile des heutigen Schottlands) von einem regen Leserinteresse in der frühen Neuzeit.

Die Texte der (b) Cuana-Gruppe gehen auf eine verlorene Chronik zurück, welche die erhaltenen Werke mit dem Titel *Liber Cuana* identifizieren. Das wichtigste Zeugnis sind hier die *Annals of Ulster* (Dublin, Trinity College, Ms. 1282, 15.–16. Jh.), so genannt, weil sie viel über die Uí-Néill-Familie berichten, die in

---

5 Mc Carthy (Anm. 2), S. 150; Edward Donald Kennedy: [Art.] *Iona Chronicle*. In: EMC 1, S. 878f. Nach einer demnächst erscheinenden Kritik von Richard Burgess an Mc Carthy wurden die ersten irischen Berichte auf Iona jedoch entweder nachträglich verfasst oder erst später mit der patristischen Quelle verbunden.

6 Laut einer älteren These wurde jedoch in Irland der einheitliche Text einer *Iona Chronicle* bis in das 10. Jahrhundert weitergeführt und erst danach erfolgte die Trennung in vier Gruppen. In der Forschung besteht allerdings über die Existenz dieser hypothetischen *Chronicle of Ireland* kein Konsens mehr. Dafür votiert Kathleen Hughes: Early Christian Ireland: Introduction to the Sources, Ithaca, N.Y. 1972, S. 101, 106; dagegen Mc Carthy (Anm. 2); siehe dazu auch Nollaig Ó Muraíle: [Art.] *Chronicle of Ireland*. In: EMC 1, S. 352.

7 Für ein Stemma siehe Mc Carthy (Anm. 2), S. 314.

vornormannischer Zeit in Ulster herrschte.[8] Dieses Werk gilt wegen seiner konservativen Orthographie als eine besondere Fundgrube für sprachwissenschaftliche Untersuchungen. Es ist aber auch oft als eins der historisch zuverlässigsten Werke der irischen Annalistik betrachtet worden, weshalb gerade die *Annals of Ulster* für die Rekonstruktion der frühen Phasen der inseleuropäischen Geschichte herangezogen wurden. Ebenso zu der Cuana-Gruppe gehören die *Annals of Inisfallen*, eine Hauptquelle für die mittelalterliche Geschichte von Munster, sowie die kleineren *Annals of Boyle*, die bei den Prämonstratensern von Loch Cé und eben nicht bei den Zisterziensern von Boyle entstanden sind.

Die zwei westirischen Chroniken der (c) Connacht-Gruppe, die *Annals of Connacht* und die *Annals of Loch Cé*, enthalten wesentliche säkulare Zusätze, die manchmal als *Chronicle of Connacht* bezeichnet worden sind, und Beispiele für Annalen darstellen, die nicht im Kloster, sondern im Umfeld führender Familien beheimatet sind.

Die vierte Gruppe, die (d) Regnal-Canon-Gruppe, unterscheidet sich dadurch, dass die alte *Kalendae*-Chronologie durch ein chronographisches Gerüst von irischen Königslisten ersetzt wird. Die erhaltene Version der *Annals of Clonmacnoise*, auch *Mageoghagan's Book* genannt, ist eine englische Übersetzung des 17. Jahrhunderts, welche eine im 15. Jahrhundert abgeschlossene lateinisch-gälische Textgestalt wiedergibt. Viel interessanter sind jedoch die *Annals of the Four Masters* oder *Annála Ríoghachta Éireann.*[9] Diese irischsprachige Kompilation wurde in den Jahren 1632–1636 vom Franziskaner Mícheál Ó Cléirigh und seinen Mitarbeitern (es waren mehr als vier ‚Meister') in Donegal und im belgischen Löwen zusammengestellt, und zwar als gezielter Versuch, dem englisch-puritanischen Ansturm unter Cromwell auf die katholisch-gälische Kultur Irlands entgegen zu wirken.

Ebenfalls zur Tradition der ältesten irischen Annalen gehören eine Reihe von kleineren annalistischen Werken und Fragmenten wie etwa die *Annals of Lecan*, die Annalen im *Leabhar Meic Cárthaigh Riabhaigh* („Mac Carthaigs Buch"), die *Fragmentary Annals of Ireland* und die *Mionannála*, die nicht ohne weiteres in die Taxonomie der vier Gruppen einzuteilen sind, sowie mehrere kleinere Werke, die in Zusammenhang mit den Annalen überliefert sind. Die altirischen *Sex aetates mundi*, die einen kurzen historiographisch durchstrukturierten Überblick über die

8 *The Annals of Ulster* (to A. D. 1131). Hrsg. von Sean Mac Airt/Gearóid Mac Niocaill, Dublin 1983; *The Chronicle of Ireland.* Hrsg. und übersetzt von Thomas M. Charles-Edwards, Liverpool 2006.

9 *Annals of the Kingdom of Ireland by the Four Masters.* Hrsg. von John O'Donovan, 7 Bde., Dublin 1848–1851; Nollaig Ó Muraíle: The Autograph Manuscripts of the annals of the Four Masters. In: Celtica 19 (1987), S. 75–95.

Weltgeschichte anstreben, erscheinen zusammen mit den *Annals of Tigernach* in Rawlinson B 502.[10] Der *Cogad Gáedel re Gallaib* („Krieg der Gälen mit den Fremden“) und *Do fhlaithiusaib Hérenn* („Von den Herrschergeschlechtern Irlands“) sind propagandistische Traktate des 11. und 12. Jahrhunderts, die annalistische Quellen enthalten.

Von diesen ältesten irischen Annalen sind die nach der Eroberung der Insel durch die Normannen (1164) entstandenen anglonormannischen Klosterannalen zu unterscheiden, selbst wenn die beiden Kulturkreise nicht immer deutlich zu trennen sind. Auffällig für diese Klosterannalen ist, dass die Einträge selbst für das hohe und späte Mittelalter in Latein verfasst sind, und die Textgestalt Gemeinsamkeiten mit englischen Annalen aufweist. Anstatt auf die einheimische irische Tradition zurückzugreifen, bedienen sich die Annalisten in hohem Maße der zisterziensischen Tradition – für die spätere Zeit bieten sie aber unabhängige Einsichten. Zu diesem Komplex gehören die teilweise von Uighistín Mag Ráidhin verfassten *Annals of all Saints' Island on Lough Ree*, die *Annals of Christ Church, Dublin*, die *Annals of St. Mary's, Dublin*, die *Annals of New Ross*, die *Chronicle of Kilkenny* oder vor allem die wichtigen *Annals of Multyfarnham.*[11]

Drei große Gestalten der späteren anglo-irischen Geschichtsschreibung sind noch zu erwähnen: Der Franziskaner Johannes Clyn von Kilkenny (bl. 1333 – 1349) verfasste das *Annalium Hiberniae chronicon, ad annum MCCCXLIX*, das wegen seiner Beschreibung der Pestepidemie von 1348 berühmt ist, deren Opfer der Autor möglicherweise selbst geworden ist. Clyn interessiert sich vor allem für die Geschichte des südöstlichen Leinster, er beschreibt mit großer Aufmerksamkeit militärische Einzelheiten sowie die verschiedenen politischen und sozialen Unruhen der Zeit. Er kritisiert Untreue und Verrat auf englischer und irischer Seite gleichermaßen. Fast zeitgleich verfasst der Dominikaner John Pembridge (bl. 1333 – 1347) seine auf Dublin konzentrierten *Annales Hibernie ab anno Christi 1162 usque ad annum 1370*, eine Hauptquelle für die irische Kampagne Edward Bruces (1316) sowie für die Hexenprozesse in Kilkenny (1324). Ob Thomas Case (produktiv um 1427) Autor oder Kopist seiner Annalen war, ist ungewiss, aber auf jeden Fall bieten sie wichtiges Material aus einer Quelle, die Clyn und Pembridge nicht bekannt war.

Bei einer Auswertung des irischen Beitrags zur europäischen Chronistik darf der für die irische Spiritualität so wichtige Peregrinus nicht außer Acht gelassen werden. Wandernde Iren übten manchmal einen gewaltigen Einfluss auf das

---

10 The Irish *Sex aetates mundi*. Hrsg. und übersetzt von Dáibhí Ó Cróinín, Dublin 1983.

11 *Annales de Monte Fernandi*. Hrsg. von Aquilla Smith, Dublin 1842, Neudruck Whitefish, M.T. 2010; Bernadette Williams: [Art.] *Annals of Multyfarnham*. In: EMC 1, S. 75.

geistige Leben des Kontinents, vor allem des fränkischen Reiches, aus. Zu den Zeugnissen dieser Bewegung in der mittelhochdeutschen Geschichtsschreibung gehört der Versbericht *Karl der Große und die schottischen Heiligen*, eine Klostergründungsgeschichte mehrerer irischer Niederlassungen. Der Mainzer Ire Marianus Scotus (Máel Brigte) verfasste eine der innovativsten Weltchroniken des 11. Jahrhunderts. Das Regensburger Schottenstift war Verfassungsort der immens einflussreichen *Imago mundi* von Honorius Augustodunensis, denkbar auch der deutschen *Kaiserchronik*. In Wien verfassten die irischen Benediktiner die *Annales Scotorum Vindobonensium* und unterstützten Jans den Enikel bei seinen Recherchen. Und Richard Lescot (Richardus Scotus), ein Mönch in Saint-Denis bei Paris mit vermutlich iro-schottischer Abstammung, erstellte im 14. Jahrhundert eine Version der *Grandes chroniques de France* und eine Genealogie des französischen Königshauses.

2 Britannische und englische Geschichtsschreibung

Am Anfang der britannischen Historiographie steht der Mönch Gildas, dessen kurzes *De excidio et conquestu Britanniae* ein einzigartiges Fenster auf die Geschichte Englands von dem Abzug der Römer bis zum Einfall der Angelsachsen eröffnet.[12] Gildas wurde vermutlich im späten 5. oder am Anfang des 6. Jahrhunderts im walisischsprachigen Königtum Strathclyde geboren und galt als einer der großen Gelehrten der keltischen Kirche. Er schrieb zu einem Zeitpunkt, zu dem die Erfolge der germanischen Eindringlinge durch die Siege des Ambrosius Aurelianus vorläufig eingedämmt wurden. Gildas' predigtartiger Text sieht die Angelsachsen als Strafe Gottes und warnt vor Unsittlichkeit, ist aber wenig optimistisch, dass die Briten die notwendige Frömmigkeit erreichen können, um den Untergang ihrer Kultur abzuwenden.[13]

Ein seltsamer Text des 7. Jahrhunderts ist der beinahe enzyklopädische *Laterculus Malalianus* (spätlateinisch *laterculus* [‚Liste‘]), auch nach dem Aufbewahrungsort der Handschrift (Biblioteca apostolica Vaticana, Pal. lat. 277) *Chronicon Palatinum* genannt, der mit einem historischen Teil beginnt, der sich eng an die griechische *Chronographia* des Johannes Malalas anlehnt.[14] Eine hellenisti-

---

12 Gildas: The Ruin of Britain and Other Works. Hrsg. und übersetzt von Michael Winterbottom, London 1978; HWE 1, S. 1–5; Edward Donald Kennedy: [Art.] Gildas. In: EMC 1, S. 706f.

13 Die Literaturwissenschaft schätzt Gildas als früheste Quelle für manche Begebenheiten der Artustradition; Artus selbst erwähnt er allerdings nicht.

14 *Laterculus imperatorum Romanorum malalianus ad a.* DLXXIII. In: Chronica minora saec. IV, V, VI, VII. Bd. 3. Hrsg. von Theodor Mommsen, Berlin 1898 (MGH AA 13), S. 424–437; Jean

sche Färbung des etwas unbeholfenen Lateins sowie eine Vorliebe für byzantinische Quellen deuten auf einen Autor griechischer Herkunft hin, möglicherweise den Erzbischof von Canterbury Theodorus von Tarsus (602–690). Obwohl das Werk (als einziges Geschichtswerk vor Beda) im angelsächsischen Gebiet entstand, ist ein spezifisch englischer Zusammenhang nur selten zu erkennen, sehr wohl allerdings in der Konstruktion eines negativen ethnischen Bildes der Gälen.

Die überragende Gestalt der frühen inseleuropäischen Historiographie ist Beda (ca. 673–735), Mönch, Exeget, Chronograph und Universalgelehrter am später benediktinischen Kloster von Jarrow in Northumbria.[15] Durch seine Bibelkommentare und theoretischen Schriften galt er im ganzen lateinischen Abendland als der wichtigste Theologe zwischen Isidor und den Scholastikern, was seinen historischen Werken eine immense Autorität verlieh. Beda verfasste zwei groß angelegte philosophische Untersuchungen über die Natur der Zeit (*De temporibus* und *De temporum ratione*) mit jeweils einem universalchronologischen Anhang (*Chronica minora* bzw. *Chronica maiora*), dazu eine sehr beliebte Geschichte der englischen Kirche (*Historia ecclesiastica gentis Anglorum*) sowie eine Klosterchronik von Jarrow (*Historia abbatum*).[16]

Ausgangspunkt für Bedas chronologische Arbeiten ist eine Theorie von Zeit als Vorbedingung für materielle Existenz. Der Schöpfungsakt Gottes verläuft nach dem Tagesschema; ein chronologischer Rahmen umgibt die Heilsgeschichte bis

---

Stevenson: The *Laterculus Malalianus* and the School of Archbishop Theodore, Cambridge u. a. 1995; Stefan Albrecht: [Art.] *Laterculus Malalianus*. In: EMC 2, S. 997.

15 HWE 1, S. 13–28; Thomas O'Loughlin: [Art.] Bede. In: EMC 1, S. 156–159.

16 Beda Venerabilis: *Opera didascalica*. Bd. 1: *De orthographia. De arte metrica et de schematibus et tropis. De natura rerum.* Hrsg. von C. W. Jones u. a., Turnhout 1975 (Corpus Christianorum. Series Latina 123C), S. 579–611 [enthält *De temporibus*]; Ders.: *Opera didascalica*. Bd. 2: *De temporum ratione*. Hrsg. von C. W. Jones, Turnhout 1977 (Corpus Christianorum. Series Latina 123B), S. 239–544; Bede: The Reckoning of Time. Hrsg. von Faith Willis, Liverpool 1999 [mit englischer Übersetzung von *De temporum ratione*]; Bede's *Ecclesiastical History of the English People*. Hrsg. von Bertram Colgrave/Roger A. B. Mynors, Oxford 1969 [mit englischer Übersetzung]; The Old English Version of Bede's *Ecclesiastical History of the English People*. Hrsg. und übersetzt von Thomas Miller, London 1890–1898 (Publications of the Early English Text Society. Original Series 95, 96, 110, 111); Venerabilis Baedae *Historiam ecclesiasticam gentis Anglorum, Historiam abbatum, Epistolam ad Ecgberctum una cum Historia abbatum auctore anonymo*. Bd. 1. Hrsg. von Carolus Plummer, London/New York 1896, S. 364–387 [*Historia abbatum*]; The Age of Bede. Hrsg. und übersetzt von David H. Farmer, Harmondsworth 1983, S. 187–210 [Übersetzung der *Historia abbatum*]; *De tempore rationis*. In: Bedae *Chronica maiora ad a. DCCXXV eiusdam Cronica minora ad DCCIII*. Hrsg. von Mommsen (Anm. 14), S. 247–317. Deutsche Übersetzungen: Beda der Ehrwürdige: *Kirchengeschichte des Englischen Volkes*, 2 Bde. Übersetzt von Günther Spitzbart, Darmstadt 1982; Beda Venerabilis: Leben der Äbte des Klosters Wearmouth-Jarrow. Übersetzt von Stephanus Hilpisch, Wien 1930 [Übersetzung der *Historia abbatum*].

zur Geburt Jesu („*ubi venit plenitudo tempori*"; Gal. 4.4). So verbindet der Zeitbegriff seine Exegese mit seinem Denken über alle Aspekte menschlichen Daseins.[17] Die *Tempora-Traktate* sind somit das Fundament von Bedas Lebenswerk, setzen sie sich doch mit mannigfaltigen Aspekten des Themas auseinander: mit der Beziehung zwischen Himmelskörpern und Zeiten, Gezeiten und Rhythmen der Natur; mit der Chronologie menschlicher Zeit und biblischen Geschehens; mit den aus der Geschichte zu gewinnenden Erkenntnissen göttlicher Vorsorge und mit sich daraus ergebenden praktischen Problemen wie etwa der Festlegung von kirchlichen Feiertagen. Auch vor Beda hatten sich schon Theologen mit solchen Fragen auseinandergesetzt – man denke nur an die philosophischen Überlegungen des Augustinus –, aber das integrierte Zeitdenken war neu.

Einen ersten relativ kurzen Vorschlag in diese Richtung machte zu Beginn des 8. Jahrhunderts Beda in seinem Werk *De temporibus*. Neun Kapitel über die Zeitmessung schickt er voraus, darauf folgen fünf über die Festlegung von Ostern und sieben über die Geschehnisse der Vergangenheit. Dieser letzte Teil des Werkes, oft *Chronica minora* genannt, beginnt mit einer Auslegung der sechs Weltalter und bietet dann nach diesem Schema eine sechsteilige Bearbeitung des Chronikteils von Isidors *Origines*, welchen er unter Heranziehung von vorwiegend patristischen Quellen ausbaut und bis 702 weiterführt. Ein möglicher Einfluss der irischen Geschichtsschreibung ist zwar kontrovers diskutiert worden, aber es spricht viel dafür, dass Beda sich hauptsächlich an kontinentalen Vorbildern orientierte. Allerdings hatte er Zugang zu Informationen, die sonst nur in der *Iona Chronicle* überliefert sind, und hinsichtlich der britannischen Geschichte war wahrscheinlich Gildas eine seiner Quellen.

Etwa 20 Jahre später verfasste Beda das unvergleichbar ausführlichere *De temporum ratione*, das das frühere Werk strukturell nachahmt, dessen Gedankengut aber in jedem Punkt neu ist. Im Chronikteil (Kap. 66), oft *Chronica maiora* oder *De sex aetatibus mundi* genannt, hat sich Beda von Isidor gelöst und berücksichtigt beinah jede damals zugängliche chronologische Schrift. Hier werden Probleme der biblischen Chronologie diskutiert und die Ergebnisse hinterlassen Spuren in der späteren Geschichtsschreibung ganz Westeuropas. Da Beda mit einer lateinischen Übersetzung des hebräischen Pentateuchs arbeitete, kam er auf ganz andere Zahlen als die bisherigen Chronisten, die ihre Chronologie über Eusebius aus der *Septuaginta* herleiteten. So entwickelt Beda eine Datierung *anno mundi*, in der die Geburt Christi auf das Jahr 3952 fällt, im Gegensatz zur herkömmlichen Kalkulation des Eusebius, wonach Jesus 5198 geboren wurde. Damit verwirft Beda ebenfalls die in der byzantinischen Welt bevorzugte Runde-Zahl-

---

17 O'Loughlin (Anm. 15), S. 157.

Alternative des Julius Africanus, der die Geburt Christi AM 5500 ansetzte. Die europäische Chronistik des darauffolgenden halben Jahrtausends lässt sich danach einteilen, ob sie in diesem Punkt Eusebius, Julius Africanus oder Beda folgt.

Bedas *Historia ecclesiastica* war vor allem in England ein hoch geschätzter Text, wie eine altenglische Übersetzung des 9. Jahrhunderts belegt. Das Werk beginnt mit der Eroberung Britanniens durch Julius Caesar und erfasst vor allem die Christianisierung des Landes bis 731. Programmatisch ist wohl die Darstellung der angelsächsischen *gens* als Kirchengemeinde, wobei die Verbreitung christlicher Missionen und die progressive Anglisierung des Landes parallel verlaufen. Keltisches Christentum wird anerkannt, jedoch manchmal mit Misstrauen betrachtet. Vor allem der Streit mit der irischen Tradition bezüglich des Ostertermins ist für Beda – im Hinblick auf die Stellung der Zeit in seinem Denken verständlicherweise – von großer Bedeutung. Deswegen nimmt der Bericht von der Disputation von Strenaeshalc (vermutlich Whitby), auf der sich Northumbrien im Jahre 644 für den römischen Usus entschied, eine zentrale Stellung ein. Innovativ ist in der *Historia ecclesiastica* vor allem der Gebrauch der Datierung *anno domini*; diese geht zurück auf die von Dionysius Exiguus entwickelte Inkarnationsära, die hier zum ersten Mal konsequent in einem narrativen Geschichtswerk Verwendung findet. Auch mit der retrospektiven Inkarnationsära (Datierung vor Christi Geburt), die eigentlich erst ab Ende des 13. Jahrhunderts bekannt ist, wird hier ein tentativer Versuch gemacht: Caesar habe Britannien *ante vero incarnationis Dominicae tempus anno sexagesimo* besucht.[18]

Unser ältester Geschichtstext aus dem heutigen Wales ist die *Historia Brittonum* (829/30), ein kurzer Überblick über britannische und englische Geschichte, die in 35 vollständigen Handschriften und 9 Rezensionen sowie in einer irischen Übersetzung (*Lebor Bretnach*) überliefert ist.[19] Der Autor, der traditionell aber wohl fälschlicherweise Nennius genannt wurde, bearbeitete Beda, englische und

18 Graeme Dunphy/Frank Shaw: [Art.] Chronology and Chronometry. In: EMC 1, S. 457–466, hier S. 463. Siehe auch Peter Verbist: Duelling with the past. Medieval Authors and the Problem of the Christian Era c. 990–1135, Turnhout 2010; Hans Maier: Die christliche Zeitrechnung, Freiburg i. Br./Basel/Wien 2000 (Herder-Spektrum 4933); Anna-Dorothee von den Brincken: Beobachtungen zum Aufkommen der retrospektiven Inkarnationsära. In: Archiv für Diplomatik, Schriftgeschichte, Siegel- und Wappenkunde 25 (1979) S. 1–20.

19 Nennius: British History and The Welsh Annals. Hrsg. und übersetzt von John Morris, London 1980 (Arthurian Sources 3) [nach der Handschrift British Library, Harley 3859]; *The Historia Brittonum.* Bd. 3: The Vatican Recension. Hrsg. von David N. Dumville, Cambridge u.a. 1985 (nach Paris, Bibliothèque nationale de France, Cod lat 9768 / Vatikan, Biblioteca Apostolica Vaticana, reg. lat. 1964); *The Historia Brittonum.* The Sawley and Durham Recensions. Hrsg. von Ders., Cambridge 1988. *The Historia Brittonum.* Bd. 2: The Chartres Recension. Hrsg. von Ders., Cambridge 1988; *Lebor Bretnach.* Hrsg. von A. G. van Hamel, Baile Atha Cliath 1932.

walisische Königslisten und vor allem mündliche Überlieferung, um zu einer walisischen Perspektive der Inselgeschichte zu gelangen. Als erster bietet er die später so beliebten *origo gentes*-Stoffe, sowohl die irischen (Abstammung von der Ägypterin Scota) als auch die britannischen (Abstammung vom Trojaner Brutus), als erster das Leben des heiligen Patrick und als erster den Namen Artus und dessen zwölf Schlachten. Die Mirabilien werden aufgelistet und die Ankunft der Sachsen unter Hengist und Horsa wird aus britannischer Sicht berichtet.

Klosterannalen sind aus England und Wales von der Zeit vor der normannischen Eroberung nur sehr spärlich überliefert; man geht davon aus, dass vieles bei den dänischen Überfällen auf die intellektuellen Zentren Nordostenglands im 9. und 10. Jahrhundert verloren ging. Wohl die frühesten sind die *Frankish Annals of Lindesfarne and Kent* (8. Jahrhundert),[20] die zur Untergattung der Osterannalen zählen: annalistische Kurznotizen, die am Rande einer Ostertabelle nachträglich hinzugefügt werden. Da die Tabelle selbst dazu dient, das Datum des Ostersonntags in jedem Jahr über mehrere Jahrhunderte hinweg aufzulisten, stehen die Jahreszahlen links in einer Spalte und bieten somit ein vorgefertigtes Raster für die Arbeit des Annalisten. Die ältere These, wonach alle Klosterannalen generisch von der Urform der Osterannalen abgeleitet wurden, gilt als nicht mehr haltbar. Osterannalen kommen in Irland gar nicht vor, vermehren sich in England relativ spät und sind wahrscheinlich erst nach der Verbreitung von Bedas Ostertabellen denkbar. Außerdem sind die Entwicklung der frühesten Annalistik in Irland aus der patristischen Chroniktradition sowie ihre Kontinuität mit klassischen Formen der Fasti und Consularia inzwischen viel besser verstanden. Festzuhalten ist, dass Osterannalen eine pragmatisch sehr zielgerichtete und auf keinen Fall primitive Kleinform der Ordensgeschichtsschreibung darstellen.

Der einzige größere erhaltene vornormannische Text im Bereich der Klosterannalen sind die *Northern Annals* (früher auch *Gesta Northanhumbrorum* genannt), eigentlich zwei Werke, die zusammengefügt und integriert in einer späteren Kompilation überliefert sind. Das erste listet die königliche und bischöfliche Nachfolge in Northumbrien von 732 bis 802 auf, das zweite berichtet von den Wikingerkriegen zwischen 888 und 957. Auch die walisischen *Annales Cambriae* (11.–13. Jahrhundert) enthalten Textsequenzen, die wohl aus älteren ab den 790er Jahren in St. Davids geführten Annalen stammen. Die *Annals of St. Neots* (auch *East Anglian Chronicle* genannt) wurden möglicherweise schon 1020 begonnen. Für das Land Bedas ist diese Liste enttäuschend.

20 Joanna Story: The *Frankish Annals of Lindisfarne and Kent.* In: Anglo-Saxon England 34 (2005), S. 59–109.

Möglicherweise als Kompensation für den Verlust der lateinischen Geschichtsquellen wurde ab dem späten 9. Jahrhundert in altenglischer Sprache die *Anglo-Saxon Chronicle* verfasst, was im Zusammenhang mit der neuen volkssprachigen Schriftlichkeit von Alfreds England zu verstehen ist.[21] Dieser Textkomplex – es handelt sich um sieben Handschriften und ein Fragment – kann man am besten als eine Gruppe von verwandten Chroniken mit einem gemeinsamen Kern betrachten, die teilweise bis in das 12. Jahrhundert weiter entwickelt wurde. Die Fassungen werden mit den Siglen A–H gekennzeichnet, wobei für manche auch andere Titel geläufig sind: A = *Parker Chronicle*; D = *Worcester Chronicle*; E = *Peterburgh Chronicle*; die *Abbingdon Chronicle* ist Conners Rekonstruktion des Archetypus von B/C.[22] Der Kerntext, der anscheinend noch in der Regierungszeit Alfreds (871–899) und im Umfeld des Hofes abgeschlossen wurde, läuft von der Geburt Christi bis 892. Er stützt sich für die Frühzeit auf Bedas *Historia ecclesiastica* sowie verschiedene Annalen und Genealogien und geht dann in eine ausführlichere Chronologie von Alfreds Auseinandersetzungen mit den Wikingern über. Vermutlich um 892 wurde der Kerntext dann kopiert und in ganz England verbreitet, wonach die verschiedenen Fassungen dann unabhängig voneinander und mit stark regionalen Färbungen in Klöstern weitergeführt wurden. Die *Peterburgh*-Fassung E wurde noch weit in die mittelenglische Zeit (bis 1154) nachgetragen und enthält wenig schmeichelhafte Bemerkungen über die Klosterführung, woraus man schließen könnte, dass die normannischen Äbte kein Englisch lesen konnten. Dies erklärt auch die Fassung F, eine aus E abgeleitete zweisprachige lateinisch-englische Version.

Die einzige substantielle lateinische Chronik des angelsächsischen Englands nach Beda ist das *Chronicon* von Æthelweard, welche die Geschichte von der Schöpfung bis 975 frei nach Bedas Kirchengeschichte und einer verlorenen Fassung der *Anglo-Saxon Chronicle* berichtet.[23] Die Erzählweise alterniert zwischen den annalistischen Einträgen der *Chronicle* und der kontinuierlichen Prosa von Beda. Die Sprache ist geschmückt, oft gewagt und manchmal unlesbar. Æthelweards Hauptanliegen besteht darin, seine eigene Abstammung und die seiner Kusine Matilda, Äbtissin von Essen, vom angelsächsischen Königshaus zu belegen.

---

21 The *Anglo-Saxon Chronicle*. A Collaborative Edition. Hrsg. von Daniel N. Dumville u.a., Cambridge 1995 ff.; Kennedy (Anm. 1), S. 2603–2610.

22 *The Abingdon Chronicle*. A.D. 956–1066. Hrsg. von Patrick W. Conner, Cambridge 1996.

23 *The Chronicle of Æthelweard*. Hrsg. von Alistair Campbail, London 1962 [mit englischer Übersetzung].

3 Höfische Geschichtsschreibung in England und Wales

3.1 Normannische Geschichtsschreibung

Seit der Eroberung von 1066 breitet sich die historiographische Tradition Englands plötzlich immens aus. Man kann nur schwerlich sagen, inwiefern diese Tatsache rein auf die Überlieferungssituation zurückzuführen ist – vieles aus der ‚Preconquest'-Zeit ist sicherlich verloren –, doch die neuen Herrscherkreise lieferten anscheinend einen besonders fruchtbaren Boden für Geschichtsschreibung, vielleicht deshalb, weil Legitimationsfragen, die durch eine Aufarbeitung und Deutung der Vergangenheit am befriedigendsten zu bewältigen sind, für sie besonders dringend waren. Unter der Rubrik ‚höfische Geschichtsschreibung' behandeln wir zuerst eine Kleinform der Chronik, die aus angelsächsischer Zeit nicht überliefert ist, nämlich die vielen kurzen Werke, welche die Zeitgeschichte der regierenden Königshäuser dokumentieren.

Die Geschichtsschreibung der normannischen Herrschaft Englands hebt mit Berichten über den Eroberungszug an. Der *Wandteppich von Bayeux*, der als visuelle Chronik und zwar als die eindrucksvollste des europäischen Mittelalters überhaupt bezeichnet werden kann, dokumentiert ikonographisch die Ereignisse dieser eindringlichsten aller Diskontinuitäten der englischen Geschichte.[24] Auf dem Schlachtfeld bei Hastings errichtete Wilhelm I. der Eroberer (1066–1087) eine Abtei, die im Laufe der folgenden Jahrhunderte eine Reihe von anonymen königstreuen Geschichtstexten produzierte. So stammt zum Beispiel die *Brevis relatio de Guillelmo nobilissimo comite Normannorum*, eine kurze Geschichte Englands und der Normandie aus normannischer Sicht ab 1035 und weiter bis 1106, vermutlich von einem Benediktiner der Battle Abbey.

Wohl der erste namentlich bekannte Geschichtsschreiber der normannischen Herrschaft war Eadmer von Canterbury (ca. 1060 – nach 1128). Dieser Benediktiner und Sekretär zweier Erzbischöfe verfasste neben etwa 20 Werken in anderen Gattungen auch ein Leben des Theologen Anselm von Canterbury und eine *Historia Novorum*, welche als Begleittext der *Vita S. Anselm* dienen sollte: Während die Vita aus dem ‚privaten Leben' des Anselm berichtet, stellt die *Historia* seine politischen Aktivitäten dar.[25] Dementsprechend ist die *Historia* eine Geschichte der politischen Begebenheiten Canterburys von der Amtszeit von Anselms Vorgänger

24 Photographische Reproduktion: Wilson David Mackenzie: The *Bayeux Tapestry*, London 1985; Shirley Ann Brown: The *Bayeux Tapestry*. History and bibliography, Woodbridge 1988; Gale R. Owen-Crocker: [Art.] *Bayeux Tapestry*. In: EMC 1, S. 150–152.

25 Eadmer of Canterbury: *Historia novorum in Anglia*. Hrsg. von Martin Rule, London 1884 (Rolls Series 81); Paul Antony Hayward: [Art.] Eadmer of Canterbury. In: EMC 1, S. 553.

Lanfranc bis zu der seines Nachfolgers Ralphs d'Escures, sie bietet somit eine erzbischöfliche Perspektive auf die Regierungszeiten Wilhelms II. (1087–1100) und Heinrichs I. (1100–1135).

Die Regierungszeit des Königs Stephan (1135–1154) scheint mehrere Chronisten des 12. Jahrhunderts besonders interessiert zu haben, wohl deshalb, weil die Erbfolge so kontrovers war: Stephans Anspruch auf den Thron machte ihm seine Kusine Mathilde, Tochter Heinrichs I., stets streitig, und am Ende musste er die Nachfolge von Mathildes Sohn Heinrich II. akzeptieren. Diese instabile Lage beschreibt vor allem die *Gesta Stephani* (1148/53?), unsere wichtigste Quelle für diese Zeit. Mehrere Chronisten, darunter der aus dem Zisterzienserkloster Rievaulx stammende Ælred von Rievaulx (1110–1167) in seinem ersten Werk,[26] stellen die Schlacht bei Standart Hill (‚Standartenschlacht') in den Mittelpunkt ihrer Texte, bei der 1138 ein schottischer Angriff unter Mathildes Onkel, David I., erfolgreich abgewehrt wurde. Der Augustiner-Prior Richard von Hexham († vor 1167) verfasste neben einer Klosterchronik das *De gestis regis Stephani et de bello standardii*, eine Chronik der Jahre 1135–1139, die auch ein Gedicht über die Schlacht von Hugh Sottewain wiedergibt. Und noch gegen Ende des Jahrhunderts hat sein vermutlicher Nachfolger Johann von Hexham dieselben Konflikte hervorgehoben.

3.2 Geschichtsschreibung unter der Herrschaft des Hauses Anjou-Plantagenet

Kurz vor der Krönung Heinrichs II. (1154–1189) verfasste Ælred von Rievaulx – vielleicht als Versuch, sich persönlich nach dem Ende der Herrschaft Stephans neu zu positionieren – als zweites historiographisches Werk die *Genealogia regum Anglorum*, welche Heinrichs Linie auf Woden zurückführt. Dieser Text antizipiert die spätere Tradition der genealogischen Chroniken, ist aber ungewöhnlich in der Hervorhebung weiblicher Vorbilder im königlichen Stammbaum. Andere wichtige Werke aus dieser Zeit sind die *Gesta Henrici II*, welche die Aktivitäten Heinrichs II. und seines Sohnes Richards I. von 1169 bis 1192 mit Schwerpunkt auf der Machtkonsolidation, auf den Beziehungen mit der Kirche und auf den Ereignissen auf dem Kontinent verfolgt, sowie die kurze anglonormannische Verschronik des Jordan Fantosme über Heinrichs Auseinandersetzungen mit den Schotten und den Aufständischen in East Anglia.[27] Heinrichs Irland-Politik ist das Thema der etwas

---

26 Kersken (Anm. 1), S. 212–222.

27 [Jordan Fantosme]: *Chronicle*. Hrsg. von R. C. Johnston, Oxford 1981 [mit englischer Übersetzung]; Philip E. Bennett: La Chronique de Jordan Fantosme. L'épique et public lettré au XIIe

später und vermutlich in Wales geschriebenen *Geste des Engleis en Irlande*. Der von Heinrich befohlene Mord am Erzbischof von Canterbury, Thomas Becket, war jedoch das Geschehnis, das zeitgenössische Geschichtsschreiber anscheinend mehr als alle anderen Begebenheiten in Heinrichs Lebens beschäftigte, weil dies von den Chronisten, die zwar dem König verpflichtet, jedoch meistens Angehörige des Klerus waren, doch als ein infamer Eingriff in das Gleichgewicht der geistlichen und weltlichen Mächte empfunden wurde. Johannes von Salisbury (1115/20 – 1180), ein Freund Beckets in Canterbury und später Bischof von Chartres, gehört zu denen, die Heinrich kritisch und aus kirchlicher Sicht betrachten, vor allem in seiner *Historia Pontificalis* und seiner *Vita* Beckets. Weitere Berichte über Becket verfassten Edward Grim, Wilhelm von Canterbury, William Fitzstephen, Herbert von Bosham, Alan von Tewkesbury, Guernes de Ponte-Sainte-Maxence und andere. Der Einfluss dieser Schriften auf die kontinentalen Klosterchroniken (z. B. *Annales Egmondenses*) war beträchtlich.

Der wichtigste Chronist der Regierungszeit Richards I. ‚Löwenherz' (1189 – 1199) war der Benediktinermönch Richard von Devizes (bl. ca. 1150 – 1200) aus Winchester, dessen *Chronicon de tempore regis Richardi primi* sich hauptsächlich auf die ersten beiden Jahre konzentriert, als Richard I. noch selbst England regierte. Den Großteil seiner Regierungszeit war Richard jedoch aufgrund seiner Teilnahme am dritten Kreuzzug und seiner Gefangenschaft nicht in England anwesend. Kreuzzugschroniken sind in England insgesamt selten, die wenigen Vertreter beschäftigen sich mit dem dritten Kreuzzug und mit dem Schicksal Richards I. Dazu gehören das anglonormannische *Crusade and Death of Richard I* sowie das *Itinerarium Peregrinorum et Gesta Ricardi*. Die damit eng verwandte *Estoire de la guerre sainte* von Ambroise aus der Normandie könnte im Auftrag der englischen Krone verfasst worden sein.[28] Eine Reihe von anderen Chronisten nimmt den Kreuzzug als Nebenthema auf: Roger von Howden, Ralph von Diceto, Ralph von Coggeshall und Wilhelm von Newburgh.[29]

In der ersten Hälfte des 13. Jahrhunderts sind Chroniken, die den Regierungszeiten einzelner Herrscher gewidmet sind, weniger häufig. Die unglückliche Regierungszeit von Richards Bruder Johann Ohneland (1199 – 1216) wird zwar in den allgemeinen Chroniken beschrieben, etwa in der *Barnwell Chronicle* (nach 1250), welche den Aufstand der Barone befürwortet, aber kein zeitgenössischer Geschichtsschreiber hat die Regentschaft Johanns in den Mittelpunkt eines Werkes gestellt. In der langen Regierungszeit seines Neffen Heinrich III. (1216 – 1272)

---

siècle. In: Cahiers de civilisation médiévale 40 (1997), S. 37 – 56; Marianne Ailes: [Art.] Fantosme, Jordan. In: EMC 1, S. 610 f.

28 Marianne Ailes: [Art.] Ambroise of Normandy. In: EMC 1, S. 34 f.

29 Susan B. Edgington: [Art.] Crusading Chronicles. In: EMC 1, S. 499 f.

finden wir immerhin William Rishanger, der zwischen 1259 und 1312 mehrere kurze Chroniken schrieb, die die politischen und militärischen Ereignisse der Zeit Heinrichs III. und Eduards I. zum Gegenstand hatten.[30] Zwar besteht einiger Zweifel, ob die früheren Werke wirklich von Rishanger stammen und sogar ob sie wirklich eigenständige Werke sind, doch sein *Chronicon de duobis bellis*, wenn auch von unsicherer Originalität, gilt als wichtige Quelle für den zweiten Baronenkrieg (1264–1267). Hier ist zudem das anonyme *Opus Chronicorum* zu erwähnen, dass die Geschichte Englands in den Jahren 1259–1296 beschreibt.

Unter Eduard I. (1272–1307) erlebt die Beschreibung der Zeitgeschichte einen Aufschwung, wohl zum Teil wegen Eduards verbürgtem Interesse an legitimierenden Präzedenzfällen, welches der Geschichtsschreibung einen hohen Stellenwert verlieh. Für Eduard verfasste Rishanger seine wichtigsten Werke: die *Gesta Edwardi Primi* und die fragmentarisch überlieferten *Annales regis Edwardi primi*. Möglicherweise ebenfalls von Rishanger sind die *Annales regni Scotiae* (1291–1292) und die *Annales Angliae et Scotiae* (1292–1300), welche das Augenmerk auf die Konflikte lenken, die die ersten drei Eduards über 70 Jahre hinweg beschäftigten: Eduards I. Eroberung Südschottlands und die darauf folgenden schottischen Unabhängigkeitskriege. Die *Chronicle of Huntingdon* wurde 1291 im Auftrag Eduards I. verfasst, als er verlangte, dass die englischen Klöster unter beträchtlichem Zeitdruck die historischen Daten in ihren Bibliotheken über die Beziehungen der englischen und schottischen Königshäuser kompilierten; die Chronik behauptet, die Schotten hätten ihr Land erst seit 456 bewohnt. Das anonyme *Progress of King Edward I in His Invasion of Scotland* berichtet dann von Eduards eigenen schottischen Kriegen.

Seinen Sohn Eduard II. (1307–1327) feiern beispielsweise die *Vita Edwardi secundi*, die *Chronicle of the Civil Wars of Edward II*, die anglonormannische *Pipewell Chronicle* sowie Johannes' de Trokelowe *Annales* für die Jahre 1307–1323 (mit einer Fortsetzung Henry Blanefords bis 1324). Als eine Art politischer Retrospektive verfasste der Dominikaner Nicholas Trevet[31] in den frühen 1320er Jahren seine *Annales Sex Regum Angliae*, eine politische Geschichte der Plantagenet-Könige von den Wirren unter Stephan bis zum Tode Eduards I. Auf Trevets Weltchroniken kommen wir zurück.

---

30 Chronica et annales. Hrsg. von H. T. Riley, London 1865 (Rolls Series 28.2); *Chronicon de Willelmi de Rishanger de duobus bellis apud Lewes et Evesham commissies*. Hrsg. von Ders., London 1876 (Rolls Series 28.7) S. 491–565; Kelly De Vries: [Art.] Rishanger, William. In: EMC 2, S. 1282–1283.

31 *Annales Sex Regum Angliae*. Hrsg. von Thomas Hog, London 1845; Lisa M. Ruch: [Art.] Trevet, Nicholas. In: EMC 2, S. 1445 f.

Die Regierungszeiten Eduards I. und II. sind als der Höhepunkt der genealogischen Chronistik der anglonormannischen Epoche anzusehen. Die Untergattung der genealogischen Chronistik ist dadurch charakterisiert, dass die Verfasser den Stammbaum des regierenden Herrschers bis zu legendären Vorfahren zurückverfolgen und tabellarisch darstellen. Die einzelnen graphisch ausgelegten Textzeugen sind oft in Form von Schriftrollen erhalten. Überliefert sind 29 Handschriften – jede bildet zumindest teilweise ein neues Werk –; etwa die Hälfte der Handschriften ist mit Zeichnungen der Könige illustriert. Stammbäume sind in englischen Chroniken schon seit Beda zu finden, aber die spezifisch spätmittelalterliche Form der genealogischen Chronik wurde im 11. Jahrhundert in Frankreich entwickelt. Die englischen Entwürfe beeinflusste vor allem Peter von Poitiers.[32]

Ein für diese zwei Könige nicht unwichtiger Textkomplex basiert auf Richard von Durham (möglicherweise mit Richard von Slickburn, † nach 1302, gleichzusetzen), der kurz vor der Jahrhundertwende eine Chronik nordenglischer Angelegenheiten des 13. Jahrhunderts beendete, welche die monastischen Orden kritisch betrachtet, mit den Armen sympathisiert und heidnische Praktiken unter der Landbevölkerung bemängelt. Für die anglo-schottischen Kriege des 13. Jahrhunderts gilt Richard als zuverlässiger Augenzeuge. Um 1343 – 1346 verfasste Thomas Otterbourne (der erste von zwei anscheinend nicht verwandten englischen Chronisten dieses Namens) eine militärische Ereignisse breit behandelnde Fortsetzung, die das Scheitern Eduards II. beklagt. Weder Richards noch Otterbournes Fassung ist selbstständig überliefert, aber beide wurden um 1350 weitgehend in die *Chronicle of Lanercost* aufgenommen.

Eduard III. (1327 – 1377) ist beispielsweise Thema der *Historia [anonymi] Eduardi Tertii* und der etwas späteren englischsprachigen *End of King Edward II and of his Death.*[33] Vier politische Chronisten dieser Zeit sind von besonderer Bedeutung. Die trockenen und oft zynischen Berichte des Diplomaten Adam Murimuth (um 1274 – 1347) behandeln die drei Könige, denen er von 1303 bis zu seinem Tode diente. Er kritisiert die Finanzpolitik Eduards III., befürwortet jedoch dessen Anspruch auf den französischen Thron, den Auslöser des Hundertjährigen Krieges. Wenige Jahre später berichtet Robert von Avesbury († nach 1359) von den ersten drei Jahrzehnten der Regierungszeit Eduards, wobei er besonderes Gewicht auf die militärischen Auseinandersetzungen legt. Ein weiteres Werk mit Schwerpunkt auf den Anfängen von Eduards französischem Konflikt in den Jahren 1346 –

---

32 Broken Lines. Genealogical Literature in Medieval Britain and France. Hrsg. von Raluca Radulescu/Edward Donald Kennedy, Turnhout 2008.

33 Thea Summerfield: [Art.] *End of King Edward III and of his death.* In: EMC 1, S. 576.

1365 (in einer Handschrift bis 1367) ist das *Chronicon anonymi Cantuariensis.*[34] Trotz der Anonymität des Autors kann eine Verbindung mit Rochester geltend gemacht werden. Möglicherweise diente der Autor, bei dem es sich vielleicht um einen weltlichen Kanoniker handelte, in dieser frühen Kriegsphase der englischen Krone bei den Verhandlungen mit Frankreich. Und Geoffrey le Baker verfasste um 1350 ein *Chronicon Angliae temporibus Edwardi II et Edwardi III* mit interessanten Ansichten: Eduard II. wurde bei Bannockburn besiegt, weil seine Soldaten betrunken waren; Eduard III. wurde zum Konflikt mit Frankreich gezwungen, weil Philipp von Valois Anspruch auf den Titel *iudex et imperator* von England erhob.[35] Geoffrey le Baker war zudem Autor einer Weltchronik, die allerdings nur von geringer Bedeutung ist.[36]

Ein interessantes Werk dieser Zeit ist die Chronik des sogenannten Chandos Herald (bl. 1363 – 1383), eines Herolds im Dienst von Eduards III. Sohn Eduard von Woodstock, dem ‚Schwarzen Prinz'. Sein in französischen oktosyllabischen Reimpaaren verfasstes Leben seines Herrn ist natürlich in Verbindung mit der Erwartung an dessen Thronfolge zu verstehen; Eduard von Woodstock verstarb allerdings ein Jahr vor seinem Vater. Chandos Herald gehört zusammen mit Claes Heynenzoon (Heraut Beyeren), Gilles Le Bouvier (Héraut Berry), Robert Glover, Nicaise Ladam und Wigand von Marburg zu einer kleinen Gruppe von europäischen Wappenkönigen, die ihren privilegierten Zugang zu geheimen Beratungen und Kriegsvorbereitungen sowie ihre intimen Kenntnisse heraldischer Traditionen benutzten, um Zeitchroniken zu schreiben.[37]

Richard II. (1377 – 1399), Sohn des Schwarzen Prinzen, stand vor allem mit dem Parlament in Konflikt und erlebte auch den Bauernaufstand von 1381. Diese Begebenheiten werden beispielsweise in der *Westminster Chronicle* thematisiert, wohl das Werk zweier Benediktiner mit privilegiertem Zugang zu den parlamentarischen Archiven, die den Berichtszeitraum 1381 – 1394 lebhaft darstellen und besonders kluge Einsichten in die Einstellungen und Ideologien ihrer Gesellschaft bieten.[38] Thomas Favent († 1404) verfasste eine kurze Chronik der königsfeindlichen Parlamente von 1386 – 1388 mit dem Titel *Historia siue narracio de modo et*

---

34 Johannes de Radingia: *Chronica Johannis de Reading et Anonymi Cantuariensis.* 1346 – 1367. Hrsg. von James Tait, Manchester 1914; Edward Donald Kennedy: [Art.] *Chronicon anonymi Cantuariensis.* In: EMC 1, S. 297.

35 *Chronicon Galfridi le Baker de Swynebroke.* Hrsg. von Edward Maunde Thompson, Oxford 1889.

36 Andrea Ruddick: [Art.] Geoffrey le Baker [Walter of Swinbroke]. In: EMC 1, S. 680.

37 Siehe Peter Ainsworth: [Art.] Heraldry. In: EMC 1, S. 773 – 775.

38 The *Westminster Chronicle* 1381 – 94. Hrsg. von L. C. Hector/B. F. Harvey, New York 1982; Sarah L. Peverley: [Art.] *Westminster Chronicle.* In: EMC 2, S. 1501.

forma mirabilis parliamenti, die als Frühform des politischen Tractatus betrachtet worden ist. Favent parodiert die vom Parlament hingerichteten Vertrauten des Königs und beschreibt, wie der junge König von korrupten Elementen verführt worden war.

Richard II. wurde von seinem Vetter Heinrich IV. abgesetzt und dem Hungertod ausgeliefert. Die Umstände dieser Machtergreifung boten Zeitchronisten den Stoff für eine heikle Kontroverse zu der Frage, inwieweit diese Machtergreifung rechtens war. Mehrere Berichte über Richards Regierungszeit wurden erst nach dessen Tod verfasst und beschreiben den Übergang zum Hause Lancaster mit deutlichen Sympathien für die eine oder die andere Seite. Ein interessantes Zeugnis dieses Zwiespalts ist der dritte Teil der *Dieulacres Chronicle*, eines Kompositums aus einer National-, einer Kloster- und einer Zeitchronik. Diese Zeitchronik, eine annalistische Geschichte der Könige von 1337 bis 1403, ist das Werk zweier Zisterzienser entgegengesetzter politischer Meinung. Der um 1400 schreibende Klosterbruder, ein militanter Anhänger Richards II., beklagt die Absetzung des unschuldigen Richards, der drei Jahre später schreibende Befürworter der Lancastrianer erklärt dagegen, der von ihm fortgesetzte Text sei fehlerhaft, was er als Zeit- und Augenzeuge bestätigen könne. Die in Frankreich verfasste *Chronicque de la traison et mort de Richart Deux roy d'Engleterre* beklagt den Verrat an Richard und ersucht die Hilfe des französischen Adels gegen Heinrich.[39] Die *Annales Ricardi Secundi et Henrici quarti*, der ausführlichste Bericht von Richards Absetzung, sind dagegen ausgesprochen lancasterfreundlich, geben ganze Urkunden auf Latein und Englisch wieder und berufen sich auf Prophezeiungen von Richards Fall, um die Rechtmäßigkeit des Staatsstreiches darzulegen.[40] Die *Historia Vitae et Regni Ricardi Secundi* ist dagegen weniger streitbar.[41] Die bekannteste Gestalt, die sich hier betätigte, war John Gower (ca. 1330 – 1408), ein Freund von Chaucer und einer der überragenden englischen Dichter seiner Zeit, der literarische Werke in drei Sprachen verfasste. Seine relativ kurze lateinische Verschronik, die *Cronica Tripertita*, benutzt in den ersten beiden Teilen einen heraldischen Symbolismus (Richard II. = die Sonne; Richard Arundel = das Pferd; Gloucester = der Schwan; Warwick = der Bär), um die Konfliktparteien zu charakterisieren; im dritten Teil beschreibt er Richards Absetzung.

---

39 Peter Noble: [Art.] *Chronicque de la traison et mort de Richart Deux roy d'Engleterre*. In: EMC 1, S. 438.

40 Michael Twolmey: [Art.] *Annales Ricardi Secundi et Henrici quarti*. In: EMC 1, S. 82.

41 *Historia vitae et regni Ricardi Secundi*. Hrsg. von George B. Stow, Philadelphia 1977.

3.3 Geschichtsschreibung zur Zeit der Lancasterkönige

In der Zeit der Lancasterkönige Heinrich IV. (Bolingbroke, 1399–1419) Heinrich V. (1413–1422) und Heinrich VI. (1422–1461 und 1470–1471) wird der Fluss der zeitgenössischen Kleinchroniken wieder langsamer. Die frühen Jahre dieser Dynastie behandelt beispielsweise die *Northern Chronicle*, eine zisterziensische Darstellung bis 1430. Das sogenannte *Chronicon Angliae de regnis Henrici IV, Henrici V, Henrici VI* besteht in Wirklichkeit aus drei kurzen Chroniken verschiedener Autorenschaft, welche vielleicht William Worcester zu einer Sequenz kompiliert hat; seltsamerweise steht die Chronik von Heinrich IV., welche auch von Richard II. handelt, am Ende. Der moderne Titel stammt von Giles, dessen unbefriedigende Ausgabe die Teilchroniken chronologisch umordnet und die Passagen über Richard weglässt.[42]

Von den drei Lancasterkönigen wurde vor allem Heinrich V. mit vielen chronikartigen Berichten bedacht: Nach Eduard dem Bekenner (1042–1066) widmeten ihm mehr Biographen ihre Aufmerksamkeit als irgendeinem anderen König des englischen Mittelalters, darunter wenigstens sieben Werke von Bedeutung. Das wichtigste, die *Gesta Henrici Quinti*, wurde schon 1416/17 in Zusammenhang mit Heinrichs zweiter Frankreichkampagne verfasst. Thomas Elmhams *Liber metricus de Henrico Quinto* (um 1418) dagegen legt den Schwerpunkt auf Heinrichs Frömmigkeit und den Konflikt mit den Lollarden. Der Italiener Titus Livius Frulovisi verfasste nach Heinrichs Tod und im Auftrag von dessen Bruder eine humanistische Vita, die in einer schön illustrierten Handschrift Heinrich VI. vorgelegt wurde.

Für die Anfänge der Regierungszeit Heinrichs VI. wird vor allem John Lydgate (um 1370–um 1449) als historische Quelle herangezogen. Lydgate war möglicherweise der produktivste englischsprachige Verfasser des 15. Jahrhunderts, dessen Corpus eine breite Palette von Werken verschiedener Gattungen umfasst, darunter einige, die als Chroniken bezeichnet werden könnten. Die *Verses on the Kings of England* wurden 1426 gleichzeitig mit dem propagandistischen *Title and Pedigree of Henry VI* verfasst, um das schon im ersten Lebensjahr gekrönte Kind vor Machtansprüchen anderer zu schützen und seinen Anspruch auf den französischen Thron im noch fortlaufenden Hundertjährigen Krieg erneut geltend zu machen.[43] Der zweite Name, der in dieser Zeit zu verzeichnen ist, ist der Karmelit

---

42 *Chronicon Angliae (Incerti Scriptoris) de regnis trium regum Lancastrensium Henrici IV, Henrici V, et Henrici VI.* Hrsg. von John Allen Giles, London 1848.

43 Linne R. Mooney: Lydgate's *Kings of England* and Another Verse Chronicle of the Kings. In: Viator 20 (1989), S. 255–289.

Roger von St. Albans, der eine genealogische Chronik bis Heinrich VI. zusammenstellte, um dessen Abstammung von Brutus zu zeigen.

3.4 Geschichtsschreibung zur Zeit der Herrschaft des Hauses York

Im Laufe der Rosenkriege wurde Heinrich VI. 1461 vom Haus York abgesetzt. Die frühe Regierungszeit Eduards IV. (1461–1470 und 1471–1483) behandelt die *Warkworth Chronicle* mit Blick vor allem auf die Geschichte Nordenglands von 1461–1470. Heinrich VI. gelang jedoch 1470 eine kurzlebige Rückkehr an die Macht. Die *Chronicle of the Rebellion in Lincolnshire* handelt von den Ereignissen im März 1470 aus Yorker Sicht und beschimpft wegen seiner „subtile and fals conspiracie" den Rebellenführer Warwick, der im Oktober Heinrich aus dem Londoner Tower befreite.[44] Die *Historie of the Arrival of King Edward IV* beschreibt, wie Eduard im folgenden Jahr endgültig die Macht ergriff. Zwei wichtige genealogische Chroniken aus dieser Zeit sind die *Chronicle from Rollo to Edward IV* und die *Genealogical Chronicle of the Kings of England*, letztere basierend auf der Arbeit des Roger von St. Albans, der zwar als Propagandist vom Haus York beauftragt war, aber mit dem Haus Lancaster sympathisierte.

Das Ende des Hauses York besteht aus den zwei sehr kurzen Regierungszeiten Eduards V. (April bis Juni 1483) und Richards III. (1483–1485). Die Begebenheit, die die Nachwelt vor allem faszinierte, war das Schicksal des 13-jährigen Eduards und seines Bruders, der vermutlich von Richard ermordeten ‚Prinzen im Tower'. Der italienische Reisende Dominic Mancini schilderte 1483 die Ereignisse in seinem *De occupatione Regni Anglie per Ricardum Tertium Libellus* mit scharfer Kritik gegen diejenigen, die Richard für einen ehrlichen Mann hielten. Diese Deutung übernahm die spätere Geschichtsschreibung der Tudor-Zeit, sie findet sich bei Thomas More und in Shakespeares Historiendrama *Richard III.*

Ein interessantes Zeugnis aus Richards Zeit ist das *Beauchamp Pagent*[45], eine mit 53 beeindruckenden Linienzeichnungen illustrierte Familienchronik (Abb. 1), die vor allem das Leben von Richard Beauchamp, Graf von Warwick (1382–1439), behandelt. Das Werk wurde um 1483/1484 von dessen Tochter Anne Beauchamp in Auftrag gegeben, als deren Tochter Anne Neville gemeinsam mit ihrem Gatten Richard III. gekrönt wurde. So wird die Legitimität des Königshauses nicht nur

44 Keith Dockray: Three Chronicles of the Reign of Edward IV, Gloucester u. a. 1988; Sarah Peverly: [Art.] *Chronicle of the Rebellion in Lincolnshire*. In: EMC 1, S. 404.

45 The *Beauchamp Pageant*. Hrsg. von Alexandra Sinclair, Donington 2003; Caroline E. Eckhardt: [Art.] *Beauchamp Pagent*. In: EMC 1, S. 152–154 [mit zwei Illustrationen].

Abb. 1: *Beauchamp Pagent.* London, The British Library Board, Cotton Julius E. IV, art. 6, f. 20 v. Richard Beauchamp, Graf. An der Spitze seines Heeres verfolgt Richard Beauchamp, Graf von Warwick, flüchtende französische Truppen. Der Graf trägt auf seinem Helm eine Straußenfeder. Im unteren Bildteil stehen englische Schützen mit ihren überlegenen, kampfentscheidenden Langbögen französischen Armbrustschützen gegenüber.

durch die königliche Nachfolge, sondern auch durch die weibliche Linie unterstrichen.

3.5 Exkurs zur Geschichtsschreibung der frühen Tudorzeit

Die Chroniken aus der Tudorzeit sind nicht mehr im strengen Sinn als mittelalterlich zu bewerten, aber zwei Geschichtsschreibern am Hof Heinrichs VII. (1485–1509) gebührt hier doch eine Erwähnung. John Rous (1411/20–1492) verfasste neben anderen Werken – etwa einer verlorenen Abhandlung über Riesen – genealogische Schriftrollen in Latein und Englisch sowie eine *Historia regum Angliae*. Rous begann seine Arbeit unter den letzten Herrschern des Hauses York, wechselte jedoch nach 1485 die Seite und schrieb für Heinrich VII. Die englische Rolle existiert noch in ihrer ursprünglichen Form, als Legitimierung Richards III., doch das Lob Richards wurde spätestens 1492 aus der lateinischen Rolle getilgt, wobei Eduard IV. und Richard III. ganz aus der königlichen Genealogie verschwinden. Auch die für Eduard IV. vorbereitete *Historia* wurde 1486 im Sinne Heinrichs VII. abgeändert.

Das kulturelle Leben des Hofes war zu dieser Zeit von einer Gruppe europäischer Humanisten geprägt. Einer von diesen war der Franzose Bernard André aus Toulouse (ca. 1455–1522), Heinrichs *poeta laureatus* und Tutor des Kronprinzen Arthur. Als 1489 der französische Chronist Robert Gaguin Verse gegen Heinrich VII. veröffentlichte, gehörte André zu denjenigen, die ihn verteidigten. Um 1500 begann er ein chronikalisches Werk *De vita atque gestis Henrici Septimi historia*, eine Mischung aus Panegyrikus und annalistischer Prosa, welches Heinrichs Bedeutung als König hervorhebt, der durch Gewalt, Politik und Heirat die rivalisierenden Parteien York und Lancaster zusammenbrachte und die Rosenkriege endlich zu den Akten legte.

4 Nationale und universale Geschichtsschreibung

Bei dem Versuch, Ordnung in die verwirrende Masse von mehr als 300 normannischen Chronisten zu bringen, kann es nützlich sein, die eben besprochenen thematisch enger fokussierten Chroniken von ehrgeizigeren Werken mit eher universellem Anspruch zu trennen. Eine strikte kategoriale Trennung ist aber kaum durchführbar, denn letztere entstanden häufig in einem politischen Zusammenhang und enthalten ebenfalls Passagen zur Zeitgeschichte. Ebenso kann nicht hermetisch zwischen universaler und nationaler Geschichtsschreibung getrennt werden, doch ist zu beobachten, wie aus dem älteren Muster der christlichen Weltchronik mit ihrem heilsgeschichtlichen Anspruch, wie wir sie von Beda kennen, nach und nach Werke entstehen, die man als Landeschroniken mit weltgeschichtlicher Aspiration bezeichnen könnte.

4.1 Anfänge der normannischen Gesamtdarstellungen bis 1150

Der normannische Eroberungszug bedeutete für die englische Geschichte eine grundsätzliche Diskontinuität, die dem neuen Herrscher die traditionellen Legitimationsmechanismen verschloss. Es dauerte einige Jahrzehnte, bis diesen Part die Historiographie übernahm. Ab ungefähr 1120 finden wir neue Versuche einer Gesamtdarstellung entweder der englischen Geschichte oder der Weltgeschichte, die auf verschiedene Art und Weise den Bruch heilen sollte.

Wohl die erste große Persönlichkeit der englischen Geschichtsschreibung nach der normannischen Eroberung war Wilhelm von Malmesbury (ca. 1095 – ca. 1142),[46] Autor einer Reihe von groß angelegten Geschichtswerken, die im Auftrag der Königin Heinrichs I. sowohl englische Quellen (Gildas, Beda, die *Historia Brittonum*) als auch kontinentale (Sueton, Wilhelm von Jumièges, *Wilhelm von Poitiers*) aufarbeiten. Von besonderer Bedeutung sind seine *Gesta Regum Anglorum* und deren Fortsetzung, die *Historia Novella*, die er vermutlich in den 1120er Jahren verfasste. Die Gesta folgen der Geschichte der Insel von Julius Caesar bis 1120 in fünf Büchern: 1. Römische Besatzung und sächsische Königtümer; 2. Westsachsen bis 1066; 3. Die normannische Eroberung; 4. – 5. Normannisches England und der erste Kreuzzug. Wilhelms *Gesta Pontificum Anglorum* beschreibt die Kirchengeschichte Englands bis 1125 ebenfalls in fünf Büchern, die zwar geographisch geordnet, aber trotzdem als ekklesiastisches Pendant zur Königsgeschichte zu betrachten sind. Zusammen bieten diese Werke eine holistische Betrachtung der englischen Vergangenheit, welche – ohne pronormannisch zu sein – den Übergang glätten und so relativieren. Dass das Augenmerk immer wieder in längeren Exkursen auf zeitgleiches Geschehen auf dem Kontinent gelenkt wird, erlaubt das Einbeziehen der Geschichte der Normandie, die so mit der Geschichte Englands zusammenfließt. Doch zu einer Zeit, wo die Spannungen zwischen Normannen und Angelsachsen noch brisant waren, bemühte Wilhelm sich um Neutralität in der Betrachtung historischer Ereignisse; er selbst war, so scheint es, Sohn eines Normannen und einer Engländerin. Seine Bedeutung

---

46 William of Malmesbury: *Gesta Regum Anglorum*. Hrsg. von Roger A. B. Mynors/Rodney M. Thomson/Michael Winterbottom, Oxford 1998 [mit englischer Übersetzung]; Kersken (Anm. 1), S. 170 – 184.

als bahnbrechender Geschichtsgestalter ist nicht zu unterschätzen. Er arbeitete sorgfältig und für seine Zeit relativ kritisch, sammelte Material aus unzähligen Quellen, ordnete es nach einem originellen Plan und erzeugte somit das autoritative nationale Narrativ seiner Zeit.

Ein wenig später, vielleicht ab den 1130er Jahren, hat Wilhelms älterer Zeitgenosse Heinrich von Huntingdon (ca. 1080 – 1160) seine *Historia Anglorum* in lateinischer Prosa mit Versabschnitten verfasst.[47] Auch Heinrich beginnt mit Caesars Eroberung und folgt den Königshäusern bis zur eigenen Gegenwart. Zuerst war das Werk in sieben Büchern eingeteilt, doch bei immer neuen Überarbeitungen wuchs es erheblich, vor allem im Bereich der jüngeren Geschichte und der dänischen Kriege. Von insgesamt zwölf Büchern in der letzten Fassung handeln fünf von der vornormannischen Zeit, wobei die wichtigen Stationen nach der Römerzeit die angelsächsische Landnahme, die Christianisierung Englands, das angelsächsische Königreich und die dänischen Kriege darstellen. Es folgen dann fünf Bücher, die jetzt die normannische Zeit (damals knapp 80 Jahre) auf ähnliche Weise darstellen: die normannische Landnahme, das normannische Königreich, normannische Briefe und Schriften, Wunder Gottes in England und aktuelle Geschehnisse. So wird eine Parallelität zwischen der englischen Geschichte vor und nach dem Bruch von 1066 erzeugt. Die letzten beiden Bücher enthalten Epigramme zu Themen wie Wahrheit, Liebe und Spott. Auch Heinrich gilt als enorm belesener Chronist, wobei er sogar eine breitere Palette an kontinentalen Quellen benutzt als Wilhelm, darunter Paulus Diaconus und Marianus Scotus. Die 73 überlieferten Handschriften zeugen von einer regen Rezeption: Genauso wie Wilhelm war Heinrich für die Historiographie der darauffolgenden Jahrhunderte maßgebend.

Im Kielwasser Wilhelms und Heinrichs folgten in kürzester Zeit einige weniger bekannte Werke, die durchaus von Interesse sind. Johannes von Worcester († nach 1141) verfasste zwei heute noch erhaltene Werke: die eng nach Marianus Scotus konzipierte *Chronica chronicarum* (früher einem Florence von Worcester zugeschrieben[48]) und die im vermutlichen Autographen (Dublin, Trinity College, ms. 503) überlieferte *Chronicula* sowie wahrscheinlich eine verlorene Weltchronik, die als Quelle der *Coventry Chronicle* (12. – 13. Jahrhundert) diente.[49] Johanns

47 Henry, Archdeacon of Huntingdon: *Historia Anglorum*. The History of the English People. Hrsg. von Diana Greenway, Oxford 1996 [mit englischer Übersetzung]; Kersken (Anm. 1) S. 184 – 198; HWE 1, S. 193 – 201; Jane Beal: [Art.] Henry of Huntingdon. In: EMC 1, S. 769 f.

48 So noch 1976 im Art. ‚Florentinus Wigorniensis'. In: Repertorium fontium historiae medii aevi, 11 Bde., Rom 1962 – 2007, Bd. 4, S. 472 f.

49 *The Chronicle of John of Worcester.* Hrsg. von Ralph R. Darlington/Patrick McGurk/Jennifer Bray, Oxford 1995 – 1998 [mit unvollständiger Übersetzung]; Johannes Wigorniensis: The

Bedeutung liegt vorwiegend darin, die chronologischen Ideen des Marianus in England verbreitet zu haben.

Die *Cronica imperfecta* ist nur in Fragmenten erhalten, die man erst Anfang des 20. Jahrhunderts in Einbänden von Büchern entdeckte, die im 17. Jahrhundert in Oxford gedruckt worden waren. Verfasst in Canterbury zwischen 1110 und 1140 reicht der erhaltene Teil dieser Universalchronik von der Schöpfung bis zum Jahr 516, wobei Beda, die *Historia Brittonum* und der *Anglo-Saxon Chronicle* herangezogen wurden. Der Werktitel erscheint im Text am Anfang des christlichen Zeitalters, was vielleicht darauf hindeutet, dass der Schreiber erkannte, dass das Werk unvollendet war.

Zu erwähnen ist noch ein anonymes Werk aus Durham mit dem Titel *De primo Saxonum adventu*, das wohl um 1138 entstanden ist. Es handelt sich um den Versuch, die Sukzessionslinien der frühen Könige von der Ankunft der Sachsen, Angeln und Jüten präziser zu klären, als dies Wilhelm und Heinrich gelungen war. Und die *Historia Saxonum sive Anglorum post obitum Bedae* berichtet annalistisch von den Jahren 734–1148 ebenfalls mit besonderer Betonung der Geschichte Nordenglands.[50]

4.2 Die *Brut*-Tradition im 12. Jahrhundert

Bei Wilhelm von Malmesbury, Heinrich von Huntingdon und deren Nachfolgern fällt jedoch auf, dass die vornormannische Zeit überwiegend oder gänzlich angelsächsisch geprägt ist. Die alte britannische Geschichte wird – ob mangels Quellen oder mangels ernsthaften Interesses – weitgehend außer Acht gelassen. Wilhelm hatte jedoch die Hoffnung geäußert, dass die Entdeckung neuer Quellen zu einem vollständigeren Artusbild führen könnte.[51] Diese Hoffnung wurde, so schien es, mit der dritten herausragenden Nationalchronik der Normannenzeit erfüllt.

Geoffrey von Monmouth (ca. 1100–1154) ist sicherlich der kontroverseste der englischen Geschichtsschreiber des früheren 12. Jahrhunderts. Seine *Historia regum Britanniae* versucht als erstes normannisches Werk der präangelsächsischen Geschichte Tribut zu zollen und die Ursprünge der Ureinheimischen parallel zu kontinentalen *Origo gentes*-Motiven auf die trojanische Heldengeschichte zu-

Winchcombe and Coventry Chronicles. Hitherto Unnoticed Witnesses to the Work of John of Worcester. Hrsg. von Paul Antony Hayward, Temple 2010.

50 *Chronica magistri Rogeri de Houedene*. Hrsg. von William Stubbs, London 1868 (Rolls Series 51); HWE 1, S. 225 f.

51 Zur literarischen Gestalt des König Artus in den Chroniken siehe Edward Donald Kennedy: [Art.] Arthurian Material. In: EMC 1, S. 114–118.

rückzuführen. Dies gelinge ihm, weil er das gefunden haben will, was schon Wilhelm suchte: ein „sehr altes Buch", eine altwalisische Chronik nämlich, die die Lücken in der Überlieferung auszufüllen vermochte. Diese kostbare Quelle war allerdings eine Fiktion Geoffreys und die darauf basierenden Berichte sind frei erfunden. Geoffrey beginnt also mit der trojanischen Gründung Britanniens und bietet als vermeintliche Übersetzung seiner Quelle eine fantastische Aneinanderreihung von Begebenheiten eigener Erfindung und Geschichten aus Gildas, Beda, der *Historia Brittonum*, Vergil und den Legenden, die er mit dem letzten britannischen König Cadwallader (689) beendet. So führt eine ungebrochene Linie legitimer Herrscher von Brutus, dem angeblichen Urenkel des Trojaners Aeneas, bis ins 7. Jahrhundert, wobei die römische Präsenz in England mit Vertrag anstatt Eroberung erklärt wird. Die Übergänge von den Briten zu den Angelsachsen und zur normannischen Herrschaft werden dann in einer Art *translatio imperii* behandelt.[52] Auf diese Weise wird die Grundlage für eine englische Identität mit kymrischen Wurzeln und unter normannischer Führung gelegt.

Geoffreys *Historia regum Britanniae* wird von der modernen Literaturwissenschaft oft herangezogen und erfreut sich allgemeiner Wertschätzung, bietet sie doch die indirekte Quelle für Shakespeares *Cymbeline* und *King Lear* sowie für Spensers *Faerie Queene*, und sie enthält die erste literarische Manifestation der Artussage, die über noch unerschlossene Wege zur Grundlage des französischen Artusromans im 12. Jahrhundert wurde. Als Geschichtsquelle wurde sie schon kurz nach ihrer Entstehung von den Chronisten des 12. Jahrhunderts mit Skepsis betrachtet. Und trotzdem hat man ihn gern gelesen und seine Stoffe immer wieder neu verwertet. Wenigstens 219 Handschriften sind überliefert, dazu eine Kurzfassung, die *Historia compendiosa de regibus Britonum* (13./14. Jahrhundert); eine lateinische Versfassung, die *Gesta regum Britannie* (um 1235–1254); und eine Übersetzung ins Mittelenglische, die *History of the Kings of Britain* (14. Jahrhundert). Wichtig ist hier Wace (ca. 1105–ca. 1175), dessen metrischer *Roman de Brut* – im Grunde genommen ebenfalls eine Übersetzung der *Historia regum Britanniae* – Geoffrey eine weite Verbreitung in französischer Sprache sicherte.[53] Auch der sogenannte *Royal Brut* (12. Jahrhundert) ist eine anglonormannische Versübertragung von Geoffrey.

Für die schnelle Aufnahme von Geoffreys Ansatz zeugen Alfred von Beverley (bl. 1134–1154) in seiner *Historia de gestis regalibus regum Britanniae*[54] sowie

---

52 R. William Leckie: The Passage of Dominion, Toronto 1981.
53 Wace's *Roman de Brut*. A History of the British. Hrsg. und übersetzt von Judith Weiss, Exeter 1999.
54 Kersken (Anm. 1), S. 205–212.

Geoffrey Gaimars *L'Estoire de Engleis* (um 1136/37),[55] die Geoffreys Frühgeschichte mit eher konventionellen Quellen wie Heinrich von Huntingdon verbinden, um den Bogen von Troja bis in die Gegenwart zu spannen. Bei Gaimar fällt sofort der Gebrauch der normannischen Volkssprache sowie der Versform auf, beides Innovationen in einer englisch-normannischen Chronik. Ursprünglich verfasste Gaimar ein größeres Werk von Troja bis Wilhelm II., doch nur die angelsächsische Geschichte ist erhalten. Der verschollene Brut-Teil war sicherlich eine Übersetzung von Geoffrey von Monmouth und der angelsächsische Teil übersetzt aus der *Anglo-Saxon Chronicle*, doch Gaimar behauptet, andere Quellen zu bearbeiten, darunter Geoffreys „sehr altes Buch" – und so wird Geoffreys Täuschung voller Begeisterung fortgesetzt.

Geoffrey wurde so zum Begründer einer spezifisch englischen Brut-Tradition die eine Brücke von der Weltchronik zu den früheren Nationalchroniken schlägt und gleichzeitig viele Gemeinsamkeiten mit dem höfischen Roman aufweist. Es handelt sich bei einem Brut um ein Geschichtswerk, das mittels der Gründungsgeschichte Britanniens durch den trojanischen Held Brutus vom trojanischen Krieg bis zum zeitgenössischen England reicht, obwohl nicht jedes Textzeugnis diese ganze Breite aufzeigt. Hauptwerke dieses Typs sind die verschiedenen Fassungen des *Prose Brut*, die im 13. Jahrhundert in anglonormannischer Sprache einsetzen, im 14. dann auf Englisch und im 15. in Latein erschienen.[56] Aus den insgesamt 52 englischen und (je nach Definition) 175–180 anglonormannischen *Prosa-Brut*-Handschriften, die überliefert sind, lässt sich schließen, dass diese Texte offenbar die beliebtesten Geschichtswerke im mittelalterlichen England gewesen sind. Die *Brenhinedd y Saesson* und *Brut y Tywysogyon* (12.–13. Jahrhundert) sind seltene Vertreter dieser Gruppe in walisischer Sprache.

Eine viel besprochene Brut-Chronik des späten 11. oder vielleicht des frühen 12. Jahrhunderts und dabei eine der bedeutendsten Dichtungen des englischen Mittelalters ist die frühmittelenglische *Hystoria Brutonum* von Laȝamon (auch Layaman oder Lawman; bl. 1189–1236?), einem Priester aus Worcestershire.[57] Hauptquelle ist Wace, den Laȝamon weitgehend übersetzte. Dieser teils alliterierende, teils reimende Bericht über die altbritannischen Könige in 16.000 Versen

---

55 Geffrai Gaimar: *Estoire des Engleis. History of the English.* Hrsg. und übersetzt von Ian Short, Oxford 2009; Kersken (Anm. 1), S. 199–205.

56 Julia Marvin: [Art.] *Prose Brut*, Anglo-Norman. In: EMC 2, S. 1238f.; Elizabeth Bryan: [Art.] *Prose Brut*, English. In: EMC 2, S. 1239f.; Edward Donald Kennedy/Peter Larkin: [Art.] *Prose Brut*, Latin. In: EMC 2, S. 1240f.

57 Laȝamon: *Brut.* Hrsg. von George L. Brook/Roy F. Leslie, 2 Bde., London/New York/Toronto 1963/1978 (Publications of the Early English Text Society. Original Series 250, 277); Kennedy (Anm. 1), S. 2611–2617. Der Name Laȝamon ist mit [x] zu sprechen.

widmet ein Viertel seines Inhalts der ersten Artuserzählung in englischer Sprache. Trotz einer gewissen Ambivalenz[58] scheint Laȝamon eine angelsächsische und damit antinormannische Haltung einzunehmen. In England kommt die Versform im Vergleich zu den deutschen und niederländischen Traditionen relativ selten in Chroniken vor, aber wenn schon, dann eher in Brut-Chroniken.[59] Verschroniken anglonormannischer Sprache erschienen im 12. und 13., in englischer und (äußerst selten) lateinischer Sprache erst ab dem 14. Jahrhundert. Als mittelenglischer Verschronist des 12. Jahrhunderts ist Laȝamon hier eine Ausnahme; als möglicherweise einziger Verfasser des europäischen Mittelalters überhaupt, der Elemente des alten germanischen Stabreims in die Geschichtsschreibung übertrug, ist er wegen seiner Sprache und Metrik von besonderer Bedeutung.

Die frühe Übertragung des Brut-Stoffes in andere Formen bezeugt Gerald von Wales (ca. 1146 – 1220), der trotz Abstammung von einem anglonormannischen Adelsgeschlecht und von walisischen Königen eine unbefriedigende Laufbahn in der Kirche erlebte. Er schrieb mehrere Werke mit der Hoffnung auf Beförderung, darunter berühmte ethnographische Beschreibungen von Wales und Irland mit historischen Einschüben, welche das künstlerische Gemüt der Waliser mit einer weniger schmeichelhaften Sicht auf die Iren kontrastieren. Obwohl er Geoffrey von Monmouth ambivalent betrachtet, bietet er ganz in Geoffreys Sinne eine Mischung aus Zeitgeschichte und z. B. Wahrsagungen Merlins. Die Kurzchronik *English Conquest of Ireland* (15. Jahrhundert) ist eine Bearbeitung historischer Stoffe aus Gerald in hiberno-englischer Sprache.

4.3 Nationale und universale Chronistik im späten 12. Jahrhundert

Nach Geoffrey von Monmouth beobachtet man einen kontinuierlichen Zwiespalt bei den englischen Nationalchronisten hinsichtlich der Frage, ob sie der Brut-Tradition Folge leisten oder nicht. Wilhelm von Newburgh (1136 – ca. 1198) gehört zu den ersten, die sich dezidiert gegen das fantasievolle Geschichtsbild Geoffreys wandten, dieses sogar mit herber Kritik bestraften und die Fortsetzung der Richtung Wilhelms von Malmesbury und Heinrichs von Huntingdon verlangten. Als Kanonikus des Augustinerpriorats zu Newburgh in Yorkshire verfasste Wilhelm gegen Ende des Jahrhunderts die *Historia Rerum Anglicarum*, eine Geschichte Englands seit der Eroberung, die wegen ihres kritischen Abstands bei heutigen Historikern hoch geschätzt wird. Der erste Teil berichtet etwas kursorisch

58 James Noble: Laȝamon's ambivalence. In: Speculum 65 (1990), S. 537 – 63.
59 Graeme Dunphy: [Art.] Verse and prose. In: EMC 2, S. 1473 – 1476.

von Wilhelm I. bis Heinrich I., dafür widmet er ganze 29 Kapitel der Regierungszeit Stephans und behandelt auch die zweite Hälfte seines eigenen Jahrhunderts großzügig. Die *Annals of Stanley* und die *Chronicle of Furness* sind im Grunde genommen Wilhelms Text mit einer Fortsetzung.

Vielleicht der produktivste Chronist des späteren 12. Jahrhunderts mit sechs historiographischen Werke war Ralph von Diceto (1120/30 – ca. 1200). Sein Frühwerk *Abbreviationes Chronicorum* ist eine Sammlung universalchronistischen Wissens von der Schöpfung bis 1147, welches er aber nicht durchgehend chronologisch, sondern auch thematisch einteilt. So bietet Ralph beispielsweise eine Chronologie zur Kirchengeschichte, eine zur Königsweihe und eine wichtige zu den Beziehungen zwischen England und der Normandie. Obwohl seine *Ymagines Historiarum* als separates Werk konzipiert sind, decken sie die Jahre 1148 – 1200 ab und sind somit im gewissen Sinne eine fortsetzende Studie.

Autor zweier Chroniken mit universalem Anspruch war Ralph Niger (ca. 1140 – 1199?). Seine *Chronica universalis*, auch *Chronicle I* genannt, deckt die Geschichte von der Schöpfung bis in die 1190er Jahre ab. Ungewöhnlich ist die Einteilung der Weltgeschichte in vier Bücher mit Zäsuren bei der Gründung Konstantinopels (um 330), der Schlacht bei Tours (732) und dem Amtsantritt von Papst Paschalis II. (1099). Ralphs *Chronicle II* entspricht nicht der Vollform der Weltchronik, da sie erst mit der Geburt Christi beginnt, hat aber ebenfalls die Weltgeschichte im Blick; trotz des alten Titels *Chronica Anglica* beschäftigt sie sich nicht sonderlich mit englischen Angelegenheiten. Da sie nicht immer chronologisch oder systematisch angelegt ist und schon 1178 endet, ist sie ein weniger befriedigendes Werk als die *Chronica universalis*, war aber besonders beliebt, vielleicht weil sie gemeinsam mit Ralph von Coggeshall überliefert worden ist. Interessant in diesem Werk ist die lange Schmährede gegen Heinrich II. – Ralph Niger war Anhänger von Thomas Becket gewesen.

4.4 Nationale und universale Chronistik des 13. Jahrhunderts

Am Anfang des 13. Jahrhunderts stehen nur zwei kleinere Werke dieser Kategorie. Rogers von Howden *Chronica* der englischen Geschichte von 732 bis 1201 wurde um 1200 verfasst, ist aber weitgehend abgeschrieben und wichtig nur für zwei kürzere Zeiträume, in denen seine Quelle uns unbekannt ist.[60] Er zeugt eher für die Rezeption Heinrichs von Huntingdon um diese Zeit. Ähnliches gilt für die *Excerpta*

---

60 *Chronica magistri Rogeri de Houedene*. Hrsg. von William Stubbs, London 1868 (Rolls Series 51).

ex historia Anglorum in Oxford, Bodleian, Douce Ms 287, eine um 1200 zusammengetragene Synopse der Geschichte des angelsächsischen Englands. Spektakuläre und unerklärbare Denkmäler, wie der Steinkreis zu Stonehenge, werden aufgelistet; britannische Geschichte ist weniger präsent.[61] Hinzu kommt die Landes- und Kreuzzugschronik Ralphs von Coggeshall mit Berichtsraum 1066–1224. Doch die einzige wichtige Weltchronik eines Engländers in diesen Jahrzehnten ist die *Otia imperialia* (um 1211) des Gervasius von Tilbury, die allerdings in Südfrankreich verfasst wurde und keinen Bezug zu England zeigt.[62] Diese enzyklopädische Sammlung allerlei Wissenswerten für den „Genuss des Kaisers" beinhaltet auch eine Weltchronik; damit wird die Sammlung zum Typ der *imagines mundi* gezählt.[63] Ansonsten war das erste Drittel des Jahrhunderts weder hinsichtlich der Welt- noch der Zeitgeschichtsschreibung sonderlich produktiv.

Doch in dieser Zeit entwickelte sich als geistiges Zentrum die Abtei St. Albans in Hertfordshire, die ab den 1230er Jahre eine Reihe von teilweise überragenden Geschichtsschreibern hervorbrachte.[64] Der erste, Roger von Wendover († 1236), verfasste dort seine *Flores historiarum*, eine Chronik biblischer und englischer Geschichte von der Schöpfung bis 1235, bei der kirchliche und monastische Angelegenheiten besonders im Mittelpunkt stehen.[65] Die Beliebtheit der *Flores* beweisen eine Reihe von späteren Texten, die davon inspiriert sind, etwa die *Annales Ecclesiae Roffensis*, die *Annales Paulini* oder die *Annales Sancti Pauli Londoniensis* (alle 14. Jahrhundert), doch ist der Wert des Textes für moderne Historiker wegen Rogers Leichtgläubigkeit und seines unkritischen Umgangs mit Quellen stark beeinträchtigt.

Ganz anders verhält es sich mit seinem jüngeren Hausgenossen Matthäus von Paris (ca. 1200–ca. 1259), einem der produktivsten Chronisten seiner Zeit. Vor allem ist Matthäus riesige *Chronica majora* bekannt, eine Universalchronik bis

---

61 Ausgabe als Anhang in: A Chronicle of English History from the Earliest Period to A.D. 1274 by Henry of Silegrave. Hrsg. von CHARLES HOOK, London 1849, S. 135–54; EDWARD DONALD KENNEDY: [Art.] *Excerpta ex historia Anglorum*. In: EMC 1, S. 601.

62 Gervase of Tilbury: *Otia Imperialia*. Recreation for an Emperor. Hrsg. von JAMES W. BINNS/ SHELAGH E. BANKS, Oxford 2002; Mathias Herweg: [Art.] Gervase of Tilbury. In: EMC 1, S. 692.

63 Mit diesem Begriff („Weltbilder") bezeichnet man enzyklopädische Werke, wie das des Honorius Augustodunensis, in denen der historiographische und chronikalische Aspekt etwa ganz fehlt oder nur noch von marginaler Bedeutung ist; vgl. zur Typologie ANNA-DOROTHEE VON DEN BRINCKEN: Studien zur lateinischen Weltchronistik bis in das Zeitalter Ottos von Freising, Düsseldorf 1957, S. 211–216.

64 HWE 1, S. 356–379.

65 Roger de Wendover: The *Flowers of History* from the year of Our Lord 1154, and the first year of Henry the Second, King of the English. Hrsg. von HENRY G. HEWLETT, London 1886 (Rolls Series 84); KERSKEN (Anm. 1), S. 239–248.

1259, an der er fast zwanzig Jahre lang arbeitete.[66] Eine Hauptquelle ist eben Roger von Wendover, doch erlebt Rogers Text hier eine kritische Überarbeitung. Außerdem werden nicht nur historische Informationen, sondern auch enzyklopädisches Wissen über Natur, Kunst und Architektur zusammengetragen. Das Autograph der *Chronica majora* füllt drei beeindruckende Bände (Cambridge, Corpus Christi College, Ms. 26 & Ms. 16; London, British Library, Royal 14.C.vii) mit von Matthäus eigenhändig gezeichneten Illustrationen (Abb. 2). Während er noch an der *Chronica majora* arbeitete, hat Matthäus daraus eine kleinere Weltchronik bis 1249 in zwei Büchern exzerpiert, die verwirrenderweise denselben Titel wie Rogers Werk erhalten hat: *Flores historiarum*. John Bever († ca. 1311), Robert von Reading († 1317), Johannes von Reading († 1368/9) und Thomas Walshingham (ca. 1340–1422) schrieben Fortsetzungen der *Flores historiarum* des Matthäus und die *St. Albans Chronicles* sind wiederum zwei Fortsetzungen von Walshingham. Zudem verfasste Matthäus eine Geschichte seines Hauses, mehrere Heiligenviten und möglicherweise die *Abbreviatio chronicorum*, eine Kurzfassung seiner *Chronica majora*. Kurzfassungen von Matthäus' Chroniken fertigte Johannes de Wallingforda, der in St. Albans tätig war und Matthäus kannte und malte.

Während die St. Albans Schule von Geoffrey von Monmouth nur bedingt Gebrauch machte, erfreute sich die Tradition der Brut-Chronik in der zweiten Hälfte des Jahrhunderts weiterhin großer Beliebtheit. Der fragmentarisch überlieferte *Harley Brut* ist eine anglonormannische Versfassung von Geoffrey, an der auffällt, dass die Vorlage mittels direkter Rede verlebendigt wird, Elemente des Artusstoffes eingefügt und eher von walisischen Interessen geprägte Passagen unterdrückt worden sind.[67] Die *Compilatio de gestis Britonum et Anglorum*, die man nur mit Vorsicht Peter von Ickham († 1295) zuschreiben will, stellt die Geschichte von Brutus bis Eduard I. mit besonderem Interesse für die Biographien von Königen dar. Eine Geschichte von Brutus bis Knut dem Großen, in die viele Heiligenviten interpoliert sind und die in Johann von Wallingfords Autograph (British Library, Cotton Julius D.vii) überliefert ist, wurde aber nicht von ihm verfasst. Die *Verse Chronicle of Early British Kings*, eine Reimchronik in anglonormannischer Sprache, begann laut eines frühen Incipits als Brut-Chronik, von der aber nur spätere Teile erhalten sind. Die Chronik Walters von Coventry (um 1293) erzählt im

---

66 [Matthäus von Paris]: *Chronica Majora*. Hrsg. von Henry Richards Luard, 7 Bde., London 1872–1883 (Rerum Britannicarum medii aevi Scriptores. Rolls Series 57); Matthäus nimmt in sein Werk die Vita des König Artus auf (S. 233-242), dessen Tod er auf das Jahr 542 datiert. Zur *Chronica* vgl. Kersken (Anm. 1), S. 239–248. Aus deutscher Sicht ist auch von Interesse die Arbeit von Hans-Eberhard Hilpert: Kaiser- und Papstbriefe in den *Chronica majora* des Matthaeus Paris, Stuttgart 1981.

67 Raluca Radulescu: [Art.] *Harley Brut*. In: EMC 1, S. 755.

Abb. 2: Matthäus von Paris, *Historia Anglorum, Chronica majora, Part III; Continuation of Chronica maiora*. London, The British Library Board, Royal 14 C. VII, f. 9r: Vier englische Könige mit Modellen ihrer geistlichen Stiftungen; oben: Heinrich II. mit Waltham Abbey und Richard I. Löwenherz mit der Kirche von St. Thomas von Canterbury; unten: Johann Ohneland mit der Zisterzienserabtei von Beaulieu und Heinrich III. mit der Abtei von Westminster.

ersten Teil von Brutus bis Eduard I. und liefert dann in einem zweiten Anlauf eine detailliertere Chronik der Jahre 1002–1225.

Es ist das Verdienst Roberts von Gloucester (vor 1260 – nach 1300), dass er als erster eine ausgearbeitete universale Reimchronik britannischer und englischer Geschichte in mittelenglischer Sprache verfasste.[68] Die frühen Teile folgen Heinrich von Huntingdon, Wilhelm von Malmesbury, der *Anglo-Saxon Chronicle* und Ælred von Rievaulx, mit biblischer Geschichte und den üblichen Brut-Legenden; für die normannische Zeit ist die Darstellung eher originell und zuverlässig. Das Werk existiert in zwei Fassungen (ca. 10.000 bzw. ca. 12.000 Verse), die sich vor allem darin unterscheiden, dass sie ab dem Tod Heinrichs I. (1135) völlig verschiedene Berichte haben – beides historisch wertvolle Quellen. Man geht davon aus, die längere Fassung ist von Robert, während die kürzere daraus entstand, dass ein Schreiber einen unvollständigen Text beenden wollte.[69] Außerdem sind zwei Prosafassungen des 15. Jahrhunderts überliefert. Dagegen ist die sogenannte *Prose Chronicle in College of Arms Arundel 58* in Wirklichkeit eine Versfassung mit Prosaeinschüben, die etwa dem Artusstoff entnommen sind.

Bei einigen Landeschroniken des späteren 13. Jahrhunderts wird jedoch die britannische Geschichte zugunsten der angelsächsischen Perspektive nach wie vor vernachlässigt. Obwohl diese Werke die Zeitgeschichte im größeren Zusammenhang behandeln, sind sie sehr derivativ und interessant eigentlich nur für ihre jüngste Vergangenheit. Zum Beispiel die *Norwich Chronicle*, die von der Schöpfung bis 1290 sehr unoriginell berichtet, bietet für Teile des 13. Jahrhunderts bedeutsame und unabhängige Stoffe; im 14. Jahrhundert wurde sie von Bartholomew Cotton fortgesetzt. Die *Chronica* Johannes' von Oxnead, die von Alfred dem Großen (9. Jahrhundert) bis Eduard I. berichtet und die 1293 abrupt abbricht, ist wichtig nur für ein paar unabhängige Stellen über Johanns Heimat in Norfolk. Obwohl die *Barnwell Chronicle* mit ihrem Berichtsverlauf vor der Geburt Christi bis 1232 erst in der zweiten Hälfte des Jahrhunderts verfasst wurde, ist sie vor allem für die Regierung König Johanns von Bedeutung, die sie von der Seite seiner fürstlichen Gegner und mit einiger psychologischen Raffinesse beschreibt. Eine kleine Chronik der 1270er Jahre ist das *Chronicon Angliae* Heinrichs von Silegrave, das von der ersten ‚germanischen' (also angelsächsischen) Siedlung bis zum Tode Heinrichs III. (1272) berichtet und dabei besonderes Interesse für die Geschichte der Diözese Canterbury sowie für das monastische Leben in Wales und Schottland entwickelt.[70]

68 The *Metrical Chronicle* of Robert of Gloucester. Hrsg. von William A. Wright, London 1887 (Rolls Series 86).

69 Sarah L. Peverly: [Art.] Robert of Gloucester. In: EMC 2, S. 1284f.

70 Chronicle (Anm. 61); HWE 1, S. 404f.; HWE 8, S. 422.

Zwei Augustinern des ausgehenden 13. Jahrhunderts reicht es für eine Chronik von England bei der normannischen Eroberung zu beginnen: Thomas Wykes (1222–ca. 1291) und Walter von Guisborough (bl. 1290–1305). Beide sind stark kompilatorisch. Bei Wykes ist nur die unabhängige Sektion für 1258–1278 mit ihrer royalistischen Parteinahme im Bericht zumdem Krieg der Barone – und dies ist ungewöhnlich für einen monastischen Betrachter – von historischem Wert.

4.5 Nationale und universale Chronistik des 14. Jahrhunderts

Im 14. Jahrhundert steigt die Anzahl englischer Geschichtswerke mit dem Anspruch eine nationale oder universale Darstellung zu bieten. Ganz am Anfang steht die *Chronicle of Bury St. Edmunds*, lateinische Annalen von der Schöpfung bis 1301 in drei Teilen, der erste von Johannes de Tayster verfasst.[71] Möglicherweise in diesen Jahren verfasste ein Nordengländer den *Cursor mundi*, der biblisches Geschehen unter Heranziehen von Petrus Comestor und Hermann de Valenciennes in 29.555 mittelenglischen Reimversen, eingeteilt nach den *aetates mundi*, bearbeitet.[72] Es besteht ohnehin eine enge Beziehung zwischen Bibelerzählung und Chronistik, da die Bibel die Hauptstoffe der vorchristlichen Geschichte liefert, weshalb eine solche Gesamtdarstellung biblischer Geschichte im Grunde genommen die erste Hälfte einer Weltchronik ist.

Eine Reihe von kleinen Brut-Chroniken erschien im ersten Jahrzehnt: die *Short Latin Chronicle of Durham Abbey* (um 1303) mit einem Brut-Text, der Walter von Coventry sehr nahe steht;[73] die *Short English Metrical Chronicle* (um 1307), eine fragmentarisch überlieferte Brut-Chronik in mittelenglischen Versen; der *Brut Abregé* (um 1307); *Le Petit Bruit* des Rauf de Boun (um 1309), die letzten beiden in anglonormannischer Prosa. Zwei anglonormannische Werke mit ähnlichen Titeln – beide in der Brut-Tradition – entstanden um den Anfang des Jahrhunderts: der *Livere de Reis de Britannie* und der *Livere de Reis d'Engleterre.* Das erste Werk behandelt vorrangig den Stoff aus der präangelsächsischen Zeit und ist zweiteilig aufgebaut; der erste behandelt die Zeit von Brutus bis zum Untergang der britannischen Herrschaft, der zweite reicht von der Gründung der fünf englischen Königtümer bis zu Eduard I. Der *Livere de Reis d'Engleterre* enthält dagegen eher

---

71 The *Chronicle of Bury St Edmunds* 1212–1301. Hrsg. von ANTONIA GRANSDEN, London 1964.
72 *Cursor Mundi.* Hrsg. von RICHARD MORRIS, 7 Bde., London 1874–1893 (Publications of the Early English Text Society. Original Series 57, 59, 62, 66, 68, 99, 101); The Southern Version of the *Cursor Mundi.* Hrsg. von SARAH M. HORRALL u. a., 5 Bde., Ottawa 1978–2000; BRIAN MURDOCH: [Art.] *Cursor mundi.* In: EMC 1, S. 500.
73 ARTHUR G. RIGG: A Book of British Kings 1200 BC–1399 AD, Toronto 2000.

eine Pro-Forma-Darstellung des Britannischen – was offensichtlich als Mangel empfunden wurde, denn in einer Handschrift wird ihm der Brutus-Stoff aus dem *Livere de Reis de Britannie* vorangestellt – und konzentriert sich umso stärker auf die englischen und normannischen Könige. In dem längeren Bericht über Richard I. geht er sogar zum Vers über. Um 1310 – 1330 verfasste John Pike eine lateinische Chronik, die *Suppletio historiae regum Anglie*, welche dem *Livere de Reis d'Engleterre* inhaltlich sehr nahe steht; eine lateinische Übersetzung des *Livere de Reis de Britannie* ist ihm zugeschrieben.

Die volkssprachige Chronistik der ersten Hälfte des 14. Jahrhunderts ist jedoch vor allem von drei großen Verswerken in der Brut-Tradition dominiert: den Chroniken von Pierre de Langtoft (bl. 1300 – 10), Ps.-Thomas Castleford und Robert Mannyng von Brunne (ca. 1275 – ca. 1338). Langtofts 9500 Verse umfassender anglonormannischer Text, den er selbst als *lesçon* oder *sermoun* bezeichnet, beginnt mit einer Epitome Geoffreys von Monmouth, baut die darauffolgende Geschichte mit sorgfältig gewählten Heiligenvitae, Artusgeschichten und Legenden der englischen Könige aus und warnt vor englische Uneinigkeit, die zu Niederlagen gegen Schottland führen könnte.[74] Das mittelenglische *Boke of Brut* (um 1327), das früher Thomas Castleford zugeschrieben wurde, erzählt in beinah 39.500 Versen die britannische und englische Geschichte. Sie setzt eigentlich mit der Geschichte der Trojaner an, bietet aber ungewöhnlicherweise einen Bericht über die vortrojanischen Bewohner der Insel, wie wir es auch aus dem kurzen anglonormannischen Gedicht *Des Grantz Geanz* (um 1333) kennen.[75] Mannyngs Chronik besteht aus ca. 24.000 mittelenglischen Versen und wurde 1338 abgeschlossen.[76] Der erste Teil, von Noah über Brutus bis Cadwallader berichtend, basiert auf Waces *Roman de Brut*, während der zweite Teil mit angelsächsischer Geschichte aus Pierre de Langtoft schöpft, doch stets Pierres Missbilligung der Sarazenen und der Schotten mäßigt.

Der Dominikaner Nicholas Trevet († 1334) begegnet uns als Verfasser einer Geschichte von sechs englischen Königen. Außerdem schrieb er zwei Weltchroniken, die lateinische *Historia ab origine mundi ad Christum natum* und die *Anglo-Norman Cronicles*.[77] Das lateinische Werk ist nach dem Schema der Menschenalter

---

74 The *Chronicle* of Pierre de Langtoft. Hrsg. von THOMAS WRIGHT, London 1886 (Rolls Series 47); THEA SUMMERFIELD: [Art.] PIERRE DE LANGTOFT. In: EMC 2, S. 1216 f.

75 Castleford's Chronicle or the *Boke of Brut*. Hrsg. von CAROLINE D. ECKHARDT, Oxford u. a. 1996 (Publications of the Early English Text Society. Original Series 305); SARAH L. PEVERLEY: [Art.] Thomas Castleford's *Chronicle*. In: EMC 2, S. 1425 f.

76 Robert Mannyng of Brunne: The *Chronicle*. Hrsg. von IDELLE SULLENS, Bringhamton 1996.

77 The *Anglo-Norman Chronicle* of Nicholas Trivet. Hrsg. von ALEXANDER RUTHERFORD, London 1933; Nicholas Trevet's *Chronicle*. An Early Fifteenth-Century Translation. Hrsg. von WILLIAM V.

organisiert, die ja seit Fulgentius (Nordafrika, 6. Jahrhundert) mit den Weltaltern thematisch verknüpft werden können. Dass dies jedoch zum zentralen Strukturprinzip einer Weltchronik wird, findet sich äußerst selten; man kann Trevet hier vielleicht mit dem Italiener Lorenzo de Monacis vergleichen, aber in England ist er einzigartig. Allerdings sind nur die ersten fünf Menschenalter vertreten, da das Werk allein von der Schöpfung bis zur Geburt Christi berichtet. Trevets volkssprachige Chronik ist ein ganz anderes Werk mit weniger Gelehrsamkeit und mehr moralisch-didaktischem Inhalt. Nach der Inkarnation fährt sie bis zum Todesjahr des Autors mit einem deutlichen Schwerpunkt auf England fort.

Zu den innovativsten Werken dieser Zeit zählt die *Scala mundi* (vielleicht 1330 – 1340?), ein besonders wichtiges Beispiel einer diagrammatischen Chronik.[78] Inhaltlich stellt sie eine Art Hybride zwischen genealogischer und annalistischer Ausrichtung dar, wobei in einer Spalte ganz links die Jahreszahlen von der Schöpfung bis ins 17. Jahrhundert aufgelistet sind, ein Jahr pro Zeile und 50 pro Seite, und weiter rechts Informationen teils in Spalten teils in Stammbäumen eingefügt sind. Die Abstammung Christi von Adam bildet eine der Hauptlinien, mit Königsgenealogien und Verzeichnissen von Hohepriestern und Richtern links und rechts. Der Einfluss Martins von Troppau und Peters von Poitiers auf die graphische Anlage ist kaum zu übersehen.

Um 1340 verfasste ein Zisterzienser eine lange Chronik der Jahre 588 – 1199, die oft mit dem Namen John Brompton in Verbindung gebracht wurde.[79] Als Abt von Jervaulx hat Brompton gut hundert Jahre später eine Handschrift der Chronik erworben und wurde deshalb lange für den Autor gehalten. Die Chronik gilt heute als ehrgeiziger Versuch einer englischen Geschichte im 14. Jahrhundert, doch mangels einer modernen Ausgabe ist sie kaum untersucht worden. Als Erweiterung der *Historia* Geoffreys von Monmouth konzipiert, konzentriert sich der Anonymus genauso wie Geoffrey auf die Taten von Königen. Interessant ist ein starkes Interesse für Nordengland – auch eine schottische Königsgenealogie wird interpoliert –, aber ebenfalls für Ostanglien. Das Werk ist ferner als Quelle für sächsische Gesetze von Bedeutung.

Die überragende Gestalt der englischen Chronistik des 14. Jahrhunderts war der Benediktiner Ranulf Higden († 1363/64) von der Abtei St. Werburgh in Chester,

Whitehead, Harvard 1961; An Edition of Houghton Library fMS Eng 938. The fifteenth Century Middle English Translation of Nicholas Trevet's *Anglo-Norman Les Cronicles.* Hrsg. von Christine M. Rose, Tufts 1985.

78 Eine Ausgabe fehlt noch. Andrea Worm: [Art.] *Scala mundi.* In: EMC 2, S. 1331 – 1333 (Abb. auch S. 530 f.).

79 *Historiae Anglicanae scriptores X et vetustis manuscriptis nunc primùm in lucem editi.* Hrsg. von Robert Twysden, 9 Bde., London 1652, Sp. 721 – 1284; HWE 2, S. 56 – 57.

Verfasser des in wenigstens 118 Handschriften überlieferten *Polychronicons.*[80] Das erste der sieben Bücher bietet eine Geographie der Welt, die anderen die Geschehnisse der sechs Weltalter vom Sündenfall bis zum Jüngsten Gericht unter besonderer Berücksichtigung heilsgeschichtlicher Elemente und mit Betonung der besonderen Rolle Englands und Chesters. Was Higden mit den früheren großen Chronisten wie Wilhelm von Malmesbury, Heinrich von Huntingdon und Matthäus von Paris verbindet und ihn von weniger bekannten unterscheidet, ist die enorme Belesenheit eines Gelehrten, der nie nur einer Quelle folgt: Als Gewährsmänner zitiert Higden mit Namen über 200 Geschichtstexte. Ob dies zu seinem Erfolg führte oder seine Begabung, das Material zu bewerten – fest steht, dass sein *Polychronicon* aus zeitgenössischer Sicht als eindeutig wichtigstes englisches Geschichtswerk seiner Zeit galt. Dabei bietet es dem modernen Historiker recht wenig konkrete Inhalte zu Geschehnissen, die nicht schon in früheren Texten vorhanden waren.

Eine innovative Verzierung im *Polychronicon* ist ein Akrostichon, wobei die Anfangsbuchstaben der Kapitel des ersten Buches eine Autorangabe bilden: *Presentem cronicam compilavit Frater Ranulphus Cestrensis monachus.* Akrosticha sind in Chroniken relativ ungewöhnlich und kommen mit wenigen Ausnahmen nur in Deutschland und England vor. Diese Modeerscheinung beginnt in deutschen Chroniken mit Rudolf von Ems und verbreitet sich sicherlich unter seinem Einfluss, jedoch geht man davon aus, dass Higden unabhängig davon auf die Idee gekommen ist und die späteren englischen Chronikakrosticha auf ihn zurückgehen. Dies würde erklären, dass Akrosticha in Deutschland vorwiegend in Verschroniken erscheinen, in England jedoch in Prosachroniken. Zu den englischen Chronisten, die mit Akrosticha arbeiten, zählen Thomas Gray von Heton (ca. 1272–1363), Thomas Elmham (1364–ca. 1427), Henry Knighton († ca. 1396) und John Strecche (bl. 1407–1425).[81]

Die Verbreitung von Higdens Chronik erfolgte unter anderem dank mehrerer mittelenglischen Übersetzungen, vor allem der von John Trevisa (1326–1412; angefertigt ca. 1385–1387), die vielleicht die von der Wissenschaft am ausführlichsten studierte Chronikübersetzung überhaupt ist.[82] Trevisas *Polychronicon* wurde 1482 als eine der ersten gedruckten Chroniken Englands von William Caxton aufgelegt. Eine Fortsetzung von Higden bis 1381 verfasste John Malverne

80 *Polychronicon Ranulphi Higden Monachi Cestrenses.* Together with the English Translations of John Trevisa and of an Unknown Writer of the Fifteenth Century. Hrsg. von Churchill Babington/Joseph Rawson Lumby, 9 Bde., London 1865–1886 (Rolls Series 41), Neudruck Cambridge 2012; Kersken (Anm. 1), S. 282–296.

81 Graeme Dunphy: [Art.] Acrostics. In: EMC 1, S. 8–10.

82 Regula Schmid: [Art.] Translation of Chronicles. In: EMC 2, S. 1440–1444.

(† 1414), eine für die Jahre 1377–1412 Adam von Usk (ca. 1350–1430), eine für 1377–1469 John Herryson († 1473). Auch die sogenannte *Wigmore Abbey Chronicle II* in Dublin, Trinity College, E.2.25 (14. Jahrhundert) ist trotz ihres Namens eine Higden-Fortsetzung und die *Whalley Chronicle* (um 1430) ist eine auf Higden und dessen Fortsetzungen basierende Kompilation.

Das *Polychronicon* war enorm einflussreich sowohl in England als auch auf dem Kontinent. Von seiner schnellen Aufnahme zeugt die Tatsache, dass es schon zu Higdens Lebzeiten als Hauptquelle für andere Werke benutzt wurde, etwa von Johannes von Tynemouth, dessen lange *Historia aurea* (um 1350) die Weltgeschichte bis 1347 in 23 Büchern einordnet und vor allem für seine Informationen über Eduard III. geschätzt wird. Auch das *Eulogium historiarum sive temporis*, eine längere Chronik von der Schöpfung bis 1366, basiert grundsätzlich auf Higden.[83]

Vier Universalchroniken der zweiten Hälfte des Jahrhunderts gebührt eine kurze Erwähnung. Das *Chronicon Angliae Petroburgense* entstand im Benediktinerkloster zu Peterborough und beginnt mit der Stiftung des Klosters in 654, doch anders als das etwas frühere *Chronicon Petroburgense* ist es weniger eine Kloster- als eine Landeschronik, mit annalistischen Berichten über England, die englische Kirche, Könige und Päpste bis 1368. Richard von Cirencester (oder Richard von Westminster, 1338?–1400) verfasste zu einem unbekannten Zeitpunkt eine Chronik des angelsächsischen Englands 447–1066 mit dem Titel *Speculum historiale de gestis regum Angliae*.[84] Ralph Marham († 1389) verfasste ein ausgedehntes, aber nur teilweise überliefertes Werk mit Titel *Manipulus Chronicorum ab Mundi initio usque ad sua tempora*.[85] Nach den sechs *aetates* aufgebaut ist das Werk durch ein komplexes System von Rubriken in *distinctiones* und *capitula* weiter eingeteilt und enthält auch genealogisches sowie enzyklopädisches Wissen. Die *Anonimalle Chronicle*, eine anglonormannische Kompilation von Yorker Benediktinern, gibt eine Weltgeschichte von Noah bis zum Bauernaufstand von 1381.

Eine Besonderheit der Zeitrechnung enthält die in den 1380er Jahre begonnene *Chronica quedam brevis* von John Somer († 1409).[86] Dieser Franziskaner und Astrologe Richards II. ist vor allem für das *Calendarium* bekannt, welches er für

---

83 *Eulogium historiarum sivi temporis*. Hrsg. von Frank S. Haydn, London 1858–1863 (Rolls Series 9), Neudruck Burlington 2008.

84 *Speculum historiale de gestis regum Angliae*. Hrsg. von John Mayor, London 1863–1869 (Rolls Series 30).

85 John Friedman: [Art.] Radulphus de Marham. In: EMC 2, S. 1250.

86 The *Chronicle* of John Somer, OFM. In: Camden Micellany 34. Chronology, Conquest and Conflict in Medieval England. Hrsg. von Jeremy Catto/Linne Mooney, London 1997 (Camden Fifth Series 10), S. 197–285.

Richards Mutter verfasste. Seine annalistische Chronik ist in drei lunisolaren Großzyklen von jeweils 532 Jahren strukturiert, schließt sich also auf sehr interessante Weise der Tradition der Osterkalkulation an und reicht dementsprechend in die Zukunft: Die Berichtszeit hebt im Jahre 64 v. Chr. an und führt bis 1532, wobei Platz für die noch zu erlebenden Jahre offen gelassen wurde. Dass bei den einzelnen Jahresberichten der Chronist auch Informationen über 19-jährige Meton-Zyklen, über Dominicalbuchstaben und über Ostern angibt, untermauert das Gesamtkonzept.

Eine ungewöhnliche Papstchronik aus den Kreisen des kontroversen Theologen und Vorläufers der Reformation Johannes Wyclif ist die im späten 14. Jahrhundert verfasste *Lollard Chronicle of the Papacy.* Dieser Bericht von den Päpsten Alexander und Sixtus (2. Jahrhundert) bis zu Clemens VI. (fälschlicherweise als 1304 angegeben) ist anscheinend ein Versuch, Rom die Souveränität über die weltlichen Mächte streitig zu machen und ist somit in Zusammenhang mit Wyclifs *De potestate pape* zu lesen.

Auch zum 14. Jahrhundert zählend, aber mangels eingehender Forschung noch nicht näher datierbar, ist die *Prose Chronicle of Early British Kings*, ein anglonormannisches Prosawerk von Osbrith, König von Northumbrien, bis Eduard I., das in einer Handschrift von Geoffrey von Monmouth überliefert ist und eine Verwandtschaft mit dem anglonormannischen Prosa-Brut aufzeigt;[87] ebenso verhält es sich mit der *Metrical History of the Kings of England* sowie mit ihrem Begleittext, der *Historia Britonum abbreviate.*[88]

4.6 Nationale und universale Chronistik des 15. Jahrhunderts

Die Brut-Tradition hatte im 15. Jahrhundert immer noch ihre Anhänger. Um die Jahrhundertwende entstand das *Chronicon de Origine et Rebus Gestis Britanniae et Angliae,* eine lateinische Nationalchronik von Brutus bis Richard I. in fünf Büchern. Das *Chronicon regum Angliae* des späteren der beiden Chronisten mit dem Namen Thomas Otterbourne ist eine um 1420 verfasste Brut-Chronik mit einer längeren Beschreibung der Regierungszeiten Richards II., Heinrichs IV. und Heinrichs V. vor allem unter Berücksichtigung von Thomas Walsingham. Auch die nach 1437 entstandenen *New Croniclys* [...] *of the Gestys of the Kynges of England* ist eine Übersetzung einer lateinischen Brut-Chronik.[89] Richard Fox, einer der letzten

87 Richard Moll: [Art.] *Prose Chronicle of Early British Kings*. In: EMC 2, S. 1242.
88 Zur Ausgabe der *Metrical History* siehe Rigg (Anm. 73).
89 Kennedy (Anm. 1), S. 2638–2640.

Historiker der St. Albans-Schule, verfasste um 1448 eine Chronik von Alfred (872) bis zur Belagerung von Rouen (1419), die unter anderem dem englischen Prosa-Brut über weiten Strecken folgt.[90] Darüber hinaus beginnt die *Compilatio de gestis Britonum et Anglorum* (1471), eine ausgebaute Fassung des gleichbetitelten Werkes des 13. Jahrhunderts, ebenfalls mit diesem Stoff. Diese lateinische Nationalchronik mit englischsprachigen Interpolationen endet mit einem wichtigen zeitgenössischen Bericht über Heinrich VI. und Eduard IV., der im 19. Jahrhundert exzerpiert und unter dem irreführenden Titel ‚*Brief Latin Chronicle of 1429 – 71*' veröffentlicht wurde.[91]

Der Augustiner John Capgrave (1396 – 1464) verfasste insgesamt 41 Bücher, darunter Bibelkommentare und Heiligenviten, und gehört somit zu den bedeutenden englischen Autoren seiner Zeit. Neben seiner biographischen Sammlung *Liber de Illustribus Henricis* tritt er als Historiker hauptsächlich durch seine *Abbreuiacion of Chronicles* auf.[92] Diese ist mehr als die reine Kompilation, die ihr Titel nahelegt. Maßgeblich auf Martin von Troppau und Thomas Walsingham gestützt, verleiht sie den Begebenheiten stets eine moralisierende Botschaft. Innerhalb des Werkes, das von der Schöpfung bis zum Jahr 1417 berichtet, wird besonders der Aspekt der Vorsehung in der Geschichte betont.

Aufgrund seines bewegten Lebenslaufes sticht unter den Chronisten dieser Zeit besonders John Hardyng (ca. 1378 – ca. 1465) hervor, der im Auftrag Heinrichs V. in Schottland spionierte und später für Heinrich VI. Dokumente fälschte, um die englische Hegemonie auf den britischen Inseln zu rechtfertigen. Er fertigte 1457 die erste Fassung seiner lateinischen Verschronik an, die genauso aus Ritterromanen wie aus Geoffrey von Monmouth und der Brut-Tradition schöpft.[93] Die Handschrift ist aufgrund einer Karte von Schottland und eines reich bebilderten „Pedigree" Eduards III. berühmt. Die Einsichten des Autors zu den Rosenkriegen sind teilweise sehr wertvoll und von großem Interesse sind seine Ratschläge an Heinrich VI., der sich im Interesse der Stabilität des Königreichs härter gegen die Grafen hätte durchsetzen sollen. Dass eine zweite Fassung schon vor der Machtergreifung Eduards IV. dem Haus York gewidmet wurde, zeigt, dass diese Hoffnung enttäuscht wurde.

---

90 Kennedy (Anm. 1), S. 2640f.

91 James Gairdner: Three Fifteenth-Century Chronicles with historical memoranda by John Stowe, London 1880, S. 164 – 185.

92 John Capgrave's *Abbreuiacion of Chronicles*. Hrsg. von Peter J. Lucas, Oxford u.a. 1983 (Publications of the Early English Text Society. Original Series 285).

93 The *Chronicle* of John Hardyng. Hrsg. von Henry Ellis, London 1812. Neue Ausgaben beider Fassungen sind von Sarah L. Peverley in Vorbereitung; siehe auch Dies.: [Art.] Hardyng, John. In: EMC 1, S. 751 – 754.

Eine neue Phase in der Geschichte der Geschichtsschreibung stellt die Einführung des Buchdrucks dar. Die erste englische Presse wurde 1476 von William Caxton eingerichtet, der schon 1480 seine *Chronicles of Englond* als erste englischsprachige Nationalchronik eigens für den Druck zusammengestellte. Eine bereits 1482 veranstaltete zweite Auflage zeugt von der regen Rezeption des Werkes. Wie neueste Forschungserkenntnisse nahelegen, hat Caxton diese Kompilation aus einem Prosa-Brut, einer Chronik der Geschichte Londons und dem *Fasciculus temporum* des Kölners Werner Rolevincks selbst angefertigt.[94] Nach Caxton kommen langsam andere Verleger ins Spiel, wie zum Beispiel der sogenannte „Schoolmaster Printer" von St. Albans, der um 1483 den *Fructus temporum* oder *Fruyt of the Times* druckte; da auch diese englischsprachige Weltchronik maßgeblich auf Rolevinck und einem Prosa-Brut basiert, ist sie gelegentlich mit Caxtons Werk verwechselt worden, doch handelt es sich um voneinander unabhängige Kompositionen.

Man hat konstatiert, dass der Beginn der Moderne in der europäischen Nationalgeschichtsschreibung an dem Punkt anzusetzen ist, wo Autoren aus intellektuellem Interesse nicht nur die Geschichte des eigenen Volkes, sondern auch die anderer Völker verfassten.[95] *The New Chronicles of England and France* von Robert Fabyan († 1513) sind ein Beispiel dafür. Das Werk ist in sieben Bücher gegliedert, die innovativ mit den sieben Freuden Marias, der Schutzheiligen des Werkes, verknüpft sind. Während die fünf Bücher zur Zeit vor 1066 konventionell die britannische und englische Geschichte wiedergeben, alternieren die späteren Teile zwischen England und Frankreich, um Parallelen in den Schicksalen der beiden Völker aufzuzeigen.[96] Umgekehrt stammt eine humanistisch beeinflusste Geschichte Englands, die *Anglica historia* von einem Verfasser nicht-englischer Herkunft, dem Italiener Polydore Vergil (ca. 1470 – 1555). Vergils intensive kritische Auseinandersetzung mit Geoffrey von Monmouth und der gesamten Brut-Tradition führten nicht nur dazu, dass er sich davon distanzierte, sondern auch zu einer Aufwertung von Gildas. Vergil äußert zudem ernsthafte und begründete Zweifel an der Historizität der Person des König Artus.

94 LISTER M. MATHESON: Printer and Scribe – Caxton, the Polychronicon, and the *Brut*. In: Speculum 60 (1985), S. 593 – 614.

95 NORBERT KERSKEN: High and Late Medieval National Historiography in Deborah Delyannis, Historiography in the Middle Ages, Leiden 2003, S. 181 – 215.

96 Robert Fabyan: The New Chronicles of England and France. Hrsg. von HENRY ELLIS, London 1811.

5 Ordens- und Diözesangeschichtsschreibung im normannischen England

Die lateinische Klosterannalistik und Ordenschronistik, die vermutlich schon in der Zeit vor 1066 viel weiter verbreitet war, als die überlieferten Dokumente belegen, blühte im normannischen England erst recht auf.[97] Obwohl diese Werke oft auch über politische Geschichte berichten oder universalchronikalische Elemente enthalten, weshalb eine generische Unterscheidung nicht präzise möglich ist, lassen sie sich als milieugebundene Textgruppe zusammenfassen. Der Form nach sind sie häufig annalistisch, d. h. in kurzen Jahresberichten aufgebaut, oder aber sie bauen auf Biographien und Gründungsgeschichten eine Erzählung auf. Gemeinsam haben sie die Eigenschaft, die Interessen der jeweiligen geistlichen Gemeinschaft in den Vordergrund zu stellen, welche sie nicht selten in der allgemeinen National- und Weltgeschichte kontextualisieren. Bei der Diözesangeschichtsschreibung verhält es sich ähnlich: Hier werden die Interessen von Bischöfen und Domgemeinschaften vertreten. Manche dieser Werke (z. B. *Chronicles of Gloucester Abbey*) sind in Kopialbüchern überliefert und haben so eine besondere rechtliche Bedeutung. Die verwendete Sprache ist bis in die frühe Neuzeit fast immer das Lateinische.

5.1 Benediktiner

Die Benediktiner waren in England wie in ganz Westeuropa der weitaus am häufigsten vertretene geistliche Orden und dementsprechend in der Geschichtsschreibung besonders produktiv. Die Benediktinergründung zu St. Albans war der Entstehungsort einer ganzen Reihe chronikalischer Werke; ebenso produktiv war die Chronistik in den Benediktinerabteien von Bury St. Edmunds und Durham Priory. Die Benediktiner zählen zu den frühen Ordenskoryphäen gerne Beda, obwohl es fragwürdig ist, ob man zu Bedas Zeiten überhaupt schon von einem Benediktinerorden sprechen kann. Zudem gehörten viele der im vorhergehenden Abschnitt besprochenen späteren Weltchronisten benediktinischen Häusern an, z. B. Wilhelm von Malmesbury, Eadamer von Canterbury, Matthäus von Paris, Ranulf Higden und viele andere mehr. Von den benediktinischen Werken, die sich spezifisch als Ordenchronistik oder Klosterannalen bezeichnen lassen, können hier nur einige Hauptbeispiele aufgelistet werden, geordnet nach dem Jahrhun-

97 Siehe z. B. Dom David Knowles: The Monastic Order in England. A history of its development from the times of St. Dunstan to the Fourth Lataran Council 940 – 1216, Cambridge 1963.

dert, in dem die Texte begonnen wurden: 11. Jahrhundert: *Annales Anglosaxonici breves*, Symeon von Durham; 12. Jahrhundert: *Chronicon abbatiae Rameseiensis, Chronicle of Battle Abbey I* (2. Teil), *Chronicles of Gloucester Abbey*, Geoffrey von Coldingham, *Historia ecclesie Abbendonensis*, Hugh Candidus, Iocelinus de Brakelonda, *Liber Eliensis, Winchcombe Chronicle*; 13. Jahrhundert: Adam von Domerham, *Annals of Burton, Annals of Chester, Annals of Chichester, Annales Sancti Edmundi, Canterbury Cathedral Chronicle, Chronicle of Battle Abbey II, Chronicon de electione Hugonis abbatis, Chronica minor Sancti Benedicti de Hulmo, Chronicon Petroburgense, Dover Chronicle, Hyde Annals, Reading Annals*, Robert von Swaffham, *Tewkesbury Annals*, Thomas von Marlborough,[98] *Winchester Annals;* 14. Jahrhundert: *Chronicon Aedis Christi, Cronica Buriensis,*[99] *Chronicon monasterii de Abingdon 1218–1304*, John of Canterbury, *St. Benet at Holme Annals, Liber monasterii de Hyda*, William Thorne, Walter von Whittlesey, *Worcester Annals*; 15. Jahrhundert: *Annals of Sherborne Abbey, Chronicon Vilodunense, Croyland Chronicle*, Thomas Croftis, *Ely Chronicle*, John Flete, Thomas Rudborne, John Stone, *Walden Annals, Waltham Annals*, Wilhelm von Glastonbury.

Hierzu gehören auch die Benediktinerhäuser, die zur Cluny-Reformbewegung zählen. Chroniken der Cluny-Benediktiner sind: 12. Jahrhundert: *Annals of Lewes, Chronicon S. Andreae in Antona Sempentrionalis*; 13. Jahrhundert: *Delapré Chronicle*; 15. Jahrhundert: *Bermondsey Annals*.

Aus diesen Listen Einzelzeugnisse herauszugreifen, ist zwangsläufig willkürlich, aber zwei Werke sind wegen ihres Gebrauchs der Volkssprache extra zu erwähnen. Die *Annales Anglosaxonici breves* (früher unbefriedigenderweise als Fassung I der *Anglo-Saxon Chronicle* bezeichnet) sind ein seltenes Beispiel für zweisprachige Osterannalen; ca. 1073 auf Altenglisch begonnen, wechselten sie ab 1109 ins Latein und zeigen dabei interessanterweise einen Wandel von angelsächsischer zur anglonormannischer Paläographie. Eine Sonderstellung hat das *Chronicon Vilodunense* (auch *Foundation of Wilton Priory* genannt), weil es auf Mittelenglisch verfasst worden ist.

Von den namentlich bekannten Chronisten in dieser Gruppe ist Symeon von Durham († 1128) die mit Abstand bedeutendste Figur. Er verfasste einen sehr einflussreichen *Libellus* über die Geschichte der Kirche in Durham und beteiligte sich maßgeblich an dem großen kompilatorischen Werk, der *Historia Regum Anglorium et Dacrum*. Unter seiner Aufsicht entstanden zudem die *Annales Lindisfarnenses et Dunelmenses* sowie die Annalen in Durham, Cathedral Library, Ms.

---

98 *Chronicon abbatiae de Evesham ad annum 1418*. Hrsg. von William D. Macray, London 1863 (Rolls Series 29); Paul Antony Hayward: [Art.] Thomas of Marlborough. In: EMC 2, S. 1427.
99 Die *Cronica Buriensis* stammt zwar ebenfalls aus Bury, ist aber nicht mit der Universalchronik *Chronicle of Bury St. Edmunds* zu verwechseln.

B IV 22.[100] Der um 1215 gestorbene Geoffrey von Coldingham gehörte in denselben Kreis. Er war Mitglied einer südschottischen Tochterniederlassung der Durhamer Benediktiner und seine in acht vollständigen Handschriften überlieferte Chronik verbindet englische, nicht schottische Königsgeschichte mit der Geschichte der Bischöfe von Durham.

Die Verwurzelung eines Werkes im Orden kann manchmal viel grundlegender sein, als der Inhalt ahnen ließe. Die *Chronica* von Gervase von Canterbury (ca. 1145 – 1210)[101] beschäftigt sich vor allem mit dem politischen Geschehen seines Jahrhunderts, doch die Entstehungssituation liegt in einem Rechtsstreit seiner Gemeinde, des benediktinischen Domstifts zu Canterbury, mit dem Erzbischof Baldwin. Der ab 1188 verfasste Text hebt 1135 mit dem Tod Heinrichs I. an, folgt der königlichen Geschichte Englands unter Rückgriff auf die Werke Heinrichs von Huntingdon und Johannes' von Worcester, wird dann aber mehr und mehr zu einer Spezialgeschichte der Konflikte in Canterbury. Die *Chronica* wurde in ihrer Zeit wenig rezipiert, wird allerdings heute vor allem deshalb häufig diskutiert, weil Gervase in einer Vorrede den Versuch einer generischen Unterscheidung zwischen *chronica* und *historia* macht. Diese ist jedoch mit Vorsicht zu genießen: Das scheinbare Spiel mit Definitionen ist in Wirklichkeit ein raffinierter Bescheidenheitstopos, wobei er nicht zu den Chronisten gezählt werden will, da diese ein politisches Ziel verfolgen und die Öffentlichkeit ansprechen, während er nur für seine „Familie“ (seine Ordensbrüder?) schreibe, und um seine Seele von *otiositas* zu bewahren. In Wirklichkeit schreibt er sehr wohl für ein breiteres Publikum und um die Ansprüche seines Hauses zu untermauern.

5.2 ‚Kleinere‘ Orden

Unter dem Begriff Augustiner verbergen sich zwei völlig verschiedene Gruppierungen: die Augustinerchorherren, die in Italien im 11., in England ab dem 12. Jahrhundert auftreten; und der erst im 13. Jahrhundert gegründete Orden der Augustinereremiten (*Ordo Eremitarum Sancti Augustini*). Die augustinische Geschichtsschreibung des englischen Mittelalters gehört fast ausschließlich zu der ersten Gruppe, den ‚Canons Regular‘. Allein die oben besprochenen John Capgrave, Ralph Marham und Bernard André waren Mitglieder des Eremitenordens, auch John de Foxton schrieb in deren Auftrag. Dagegen sind über dreißig englische

100 Graeme Dunphy: [Art.] *Annales Lindisfarnenses et Dunelmenses*. In: EMC 1, S. 71; Abb. S. 49.
101 The Historical Works of Gervase of Canterbury. Hrsg. von William Stubbs, London u. a. 1879 – 1880 (Rolls Series 73); Kersken (Anm. 1), S. 222 – 225; Paul Antony Hayward: [Art.] Gervase of Canterbury. In: EMC 1, S. 691 f.

Chroniken von Chorherren überliefert. Als Verfasser von politischen Geschichtswerken und von Weltchroniken haben wir Henry Knighton, Richard von Hexham, Johannes von Hexham, Pierre de Langtoft, John Strecche, Walter von Guisborough, Wilhelm von Newburgh, Thomas Wykes und die *Wigmore Abbey Chronicle II* schon erwähnt. Zu den anonymen Chroniken von Augustinerchorherren zählen: 12. Jahrhundert: *Annals of Plympton, Annals of St. Osyth's, Merton Annals, Waltham Chronicle*; 13. Jahrhundert: *Chronicles of Llanthony Priory, Dunstable Annals, Osney Chronicle, Southwark Annals, Wigmore Abbey Chronicle I*; 14. Jahrhundert: *Bridlington Chronicle*; 15. Jahrhundert: *Waltham Annals, Wigmore Abbey Chronicle III.*

Der 1098 gegründete Zisterzienserorden fasste in England schon im November 1128 mit der Stiftung von Waverley Abbey in Surrey Fuß. Unter der Rubrik „politische und höfische Geschichtsschreibung“ besprachen wir schon Ælred von Rievaulx, die *Dieulacres Chronicle* und die *Northern Chronicle.* Die wichtigsten Ordens- und Stiftsgeschichten sind:

12. Jahrhundert: *Annals of Coggeshall, Annals of Rievaulx, Chronicon de Jervaulx, Historia fundationis Bellalandae,* Hugo de Kyrkestal (*Narratio de Fundatione Fontanis Monasterii*), *Waverley Annals*; 13. Jahrhundert: *Annals of Dore Abbey, Annals of Hailes, Annals of Margam*; 14. Jahrhundert: *Annals of Croxden Abbey, Chronicon monasterii de Hailes, Chronicle of Tintern Abbey,* Thomas Burton; 15. Jahrhundert: *Chronicle of Louth Park Abbey,* John Greenwell, *Kirkstall Abbey Chronicle I, Kirkstall Abbey Chronicle II.*

Die zwei um 1300 gegründeten Bettelorden, die Franziskaner und die Dominikaner, distanzierten sich bewusst vom traditionellen Klosterleben, weshalb sie trotz einer lebhaften Chroniktradition äußerst selten Stiftsannalen im klassischen Sinne produzierten.[102] Ordenschroniken sind häufiger, vor allem wenn man etwa die Vitae des Gründers Franz von Assisi dazu zählt, aber auch hier bieten die englischen Provinzen weniger als die kontinentalen: nur Thomas von Eccleston (bl. 1232–1259) hat mit seinem *Tractatus de adventu fratrum minorum in Angliam* ein bedeutendes Werk dieser Art verfasst. Generell sind jedoch die Geschichtsschreiber dieser Orden im politischen Bereich aktiver. Auch bei den Prämonstratensern ist die Tradition in England viel spärlicher als etwa in Frankreich oder den Niederlanden: nur die eng verwandten *Barlings* und *Hagneby Chronicles* (13.–14. Jahrhundert)[103] sowie die *Alnwick Chronicle* (14. Jahrhundert) können dem

102 Graeme Dunphy: [Art.] Dominican Chronicle Tradition. In: EMC 1, S. 542–545; Ders.: [Art.] Franciscan Chronicle Tradition. In: EMC 1, S. 633–636.

103 *Chronicles of the Reigns of Edward I and Edward II.* Hrsg. von William Stubbs, London 1882–1883 (Rolls Series 76); Julia Marvin: [Art.] *Barlings and Hagneby Chronicles.* In: EMC 1, S. 143.

Prämonstratenserorden zugerechnet werden.[104] Die Geschichte des Karmeliterordens zeichnet Nicholas Cantilupe auf, und eine Sammelhandschrift des aus York stammenden Karmeliter Roger von Poppleton ist wichtig für die Überlieferung mehrerer Chroniken, die außerhalb dieses Ordens verfasst wurden.

5.3 Diözesangeschichtsschreibung

Die Historiker der Diözesan- oder Bistumsgeschichte sind nicht wirklich von den Ordenschronisten zu trennen, da die historiographisch sehr aktiven Benediktiner von Durham Priory der Durhamer Kathedrale zuzuordnen sind und die sogenannte *Canterbury Cathedral Chronicle*, ein französischsprachiger Bericht, der bis 1078 reicht, eher den Blick auf die Benediktinerabtei St. Augustinus in Canterbury zu lenken scheint. Auf jeden Fall liegen Bischofskataloge und Domgeschichten der Klostergeschichtsschreibung sehr nah. Hier ragen Canterbury und York als Sitz der zwei englischen Erzbischöfe hervor. Wegen der zentralen Stellung des Erzbischofs von Canterbury am Londoner Hof wurden die wichtigsten Texte bereits besprochen, darunter auch die Texte, die im Zusammenhang mit dem Mord an Thomas Becket stehen, sowie die Schriften von Eadmer und Gervase von Canterbury sowie Ralph von Diceto. Zu Ralphs umfangreichen historiographischen Oeuvre gehören seine *Annales de Dorobernensibus archiepiscopis ab Augustino ad Hubertum* aus den 1190er Jahren.[105]

Eine Reihe interessanter Kleinchroniken behandelt die Geschichte des Yorker Münsters.[106] Um 1127 verfasste Hugh Sottewain seine *Historia ecclesiae Eboracensis*, eine wichtige Quelle für den Streit zwischen York und Canterbury über die Forderung Lanfranks von Bec, des Erzbischofs von Canterbury, der eine schriftliche Bestätigung des Gehorsams der nördlichen Provinz gegenüber der südlichen wollte. Die anonyme *Chronica pontificum ecclesiae Eboracensis* und die teilweise darauf basierende *Chronica de archiepiscopis Eboracensibus*, beide um 1150 entstanden, sind im selben politischen Spannungsfeld zu verorten. Wo letztere einen äußerst derivaten Text bietet, enthält erstere eine bewusst konzipierte Geschichtsdarstellung mit dem Ziel, eine Emanzipierung Yorks von den Führungsansprüchen Canterburys historisch vorzubereiten. Unter dem Titel *Chronica metrica ecclesiae Eboracensis* sind zwei lateinische Verschroniken des 14. bzw. des

---

104 William Dickson: *Chronica monasterii de Alnewyke*. In: Archaeologia Aeliana 3 (1844), S. 33–46; Lucia Sinisi: [Art.] *Chronica monasterii de Alnewyke*. In: EMC 1, S. 373.

105 Mit dem ‚Erzbischof von Dover‘ ist der Erzbischof von Canterbury gemeint.

106 Historians of the Church of York and its Archbishops. Hrsg. von James Raine, New York 1886 (Rolls Series 71,2).

15. Jahrhunderts überliefert, welche als Vorgeschichte die Entwicklung der Stadt von der legendären Gründung durch Ebracus etwa 1200 v. Chr. bis zur Etablierung der christlichen Religion enthält und dann als Hauptgegenstand die Geschichte des Bistums berichtet. Beide Werke waren offenbar für die öffentliche Bildung gedacht, denn sie wurden in Form von hölzernen *tabulae* an die Wände der Kathedrale angebracht. Eine weitere Chronik, die auf einer *tabula* im Presbyterium des Domes bis in die Reformationszeit hing, wurde als letztes Kapitel des enzyklopädischen *Liber Cosmographia* von John de Foxton (1408) überliefert.[107] Diese kleine genealogische Weltgeschichte zeigt einerseits den starken Einfluss Peters von Poitiers, andererseits eine deutliche Betonung der Stellung Yorks im politischen Geschehen.

Zu der Geschichtsschreibung der kleineren Bistümer gehören beispielsweise die *Annales Cicestrenses*, kurze Annalen von der Geburt Johannes des Täufers bis 1164 aus dem Dom zu Chichester; die *Historia Roffensis*, eine biographische Chronik der Jahre 1319 – 1352, die den Bischof von Rochester Hamo Hythe (1315 – 1330) in den Brennpunkt der Geschichte setzt; die *Lichfield Chronicle* mit Berichtsjahren 349 – 1388 und die *Chronicle of the See of Lindisfarne*, eine recht unbedeutende Bischofschronik des 14. oder 15. Jahrhunderts. Für Glastonbury haben wir Wilhelms von Malmesbury *De Antiquitate Glastonie Ecclesie*, Adams von Domerham *Historia de Rebus Glastoniensibus* und Johannes' von Glastonbury *Cronica sive Antiquitates Glastoniensis Ecclesie*. Für Durham sind neben dem schon besprochenen Symeon von Durham vor allem John Wessington, William Chambre und Robert Graystanes zu nennen. Werke wie die *Gesta Pontificum Angliae* (14. Jahrhundert) oder eine Annalensammlung, die gelegentlich dem Brut-Chronisten John Pike zugeschrieben wird, befassen sich übergreifend mit der Geschichte der englischen *Diözes*en.

6 Städtische Geschichtsschreibung in England

Mit fortschreitender Bildung der städtischen Oberschichten ist ab dem 13. Jahrhundert in ganz Nordeuropa – ab dem 11. in Italien – eine neue bürgerliche Geschichtsschreibung zu verzeichnen.[108] Chroniken, die städtische Geschichte und Themen behandeln, sind oft als offizielle Dokumentationen der Arbeit eines Stadtrates, häufig im Zusammenhang mit Stadtbüchern und Urkundensammlungen, überliefert. Oder aber sie sind die privaten Aufzeichnungen von Patriziern,

---

107 John de Foxton's *Liber Cosmographiae* 1408. Hrsg. von John B. Friedman, Leiden u. a. 1989.
108 Regula Schmid: [Art.] Town Chronicles. In: EMC 2, S. 1432 – 1438.

Ratsmitgliedern, Kaufleuten oder Klerikern. Ausnahmslos vertreten sie die Ansichten privilegierter Kreise.

Wegen der zentralisierten Machtstruktur Englands weist London bei weitem mehr Textzeugen als alle anderen englischen Städte auf.[109] Die am frühesten belegte Londoner Stadtchronik ist die *Cronica maiorum et vicecomitum Londoniarum* in dem 1274 zusammengestellten *Liber de Antiquis Legibus*, möglicherweise die Leistung von Arnold FitzThedmar (geb. 1202), dem Leiter des städtischen Archivs.[110] Sie enthält schon die Elemente, die später zu den Standardzutaten einer Londoner Chronik wurden: Listen von Bürgermeistern und Sheriffs der Stadt, Abschriften von Urkunden sowie vom gesamten Briefwechsel zwischen Stadtrat und König. Ebenfalls relativ früh sind die *Annales Londonienses* für 1194–1293 mit Fortsetzung bis 1316 und die anglonormannischen *Chroniques de Londres* für die Jahre 1259–1343. Diese drei zusammen mit annotierten Bürgermeisterverzeichnissen wie etwa im *Liber Custumarum* (1321) gelten als Prototypen für alle späteren Chroniken der Stadt.

Die ersten Londoner Chroniken in englischer Sprache entstanden im späten 14. Jahrhundert. Diese annalistischen Schriften beginnen häufig 1189 mit der Thronbesteigung Richards I., in dessen Zeit die städtische Verwaltung anscheinend einen Neubeginn erlebte. Die jährlichen Berichte beginnen jeweils am 29. Oktober, dem Stichtag der Bürgermeisterwahl, verzeichnen unter anderem Wetterbedingungen und Lebensmittelpreise und zeigen großes Interesse für Zeremonielles, wie etwa 1392 den feierlichen Einmarsch Heinrichs V. bei seiner Rückkehr nach der Schlacht bei Agincourt. Insgesamt sind 44 Handschriften erhalten, die im Großen und Ganzen als eigenständige Werke zu betrachten sind. Die meisten wurden für den privaten Gebrauch beziehungsweise professionell für den Verkauf an Privatpersonen angefertigt. Autorennamen sind in den seltensten Fällen überliefert und meistens dann, wenn die Chronik in ein persönliches „Commonplace Book" (Florilegiensammlung) eingetragen wurde. Dagegen hat die *Great Chronicle of London* (früher Robert Fabyan zugeschrieben) einen eher amtlichen Status.[111] Hier wäre auch John Benet, Pfarrer von Harlington nahe London, zu erwähnen, dessen lange Chronik von Adam bis 1462 zwar eher eine Welt- als ein Stadtchronik ist, jedoch ein starkes Interesse für die Geschichte

109 Mary-Rose McLaren: The London Chronicles of the Fifteenth Century. A Revolution in English Writing, Cambridge 2002; Raluca Radulescu: [Art.] London Chronicles. In: EMC 2, S. 1042f.

110 Richard Arnold: The Customs of London otherwise called *Arnold's Chronicle*. Hrsg. von Francis Douce, London 1811.

111 *The Great Chronicle of London*. Hrsg. von Arthur Thomas/Isobel D. Thornley, London 1938.

Londons zeigt und – typisch städtisch – für ein „Commonplace Book“ verfasst wurde.[112]

Die *Bristowe Chronicle*, eine Stadtchronik von Bristol, wurde vom Stadtschreiber Robert Ricart (Amtszeit 1478/9 – 1503/6) begonnen, und dann von anderen bis 1698 fortgeführt.[113] Dieses Buch, „to be called and named the Maire of Bristowe is Register, or ellis the Maire is Kalender“, wurde im Auftrag des Bürgermeisters konzipiert, um die Abfolge der städtischen Amtsträger seit der Regentschaft Heinrichs III., ihre Aufgaben, Amtseide, die von ihnen überlieferten Urkunden und Verträge festzuhalten, wobei alles in den Kontext der allgemeinen englischen Geschichte gestellt wird. Auch für Coventry ist ein ähnlicher Texttyp belegt: Die *Coventry Annals* sind eine Gruppe von mittelenglischen Texten, die vor allem für die Rosenkriege von Bedeutung sind, und deren politische Ausrichtung geprägt ist von der Sympathie für das Haus York.

Die zwei englischen Universitätsstädte Oxford und Cambridge haben zwar keine eigene Stadtchronistik, ihre Geschichte wird aber häufig in den Biographien von Chronisten erwähnt. Von der Geschichte der beiden Bildungsstätten handeln einige wenige Chroniken. Nicholas Cantilupe, der auch als Autor von zwei fantasievollen Chroniken des Karmeliterordens hervortritt, verfasste kurz vor 1423 eine *Historiola*, in der er das höhere Alter Cambridges gegenüber den (völlig korrekten) Behauptungen der historischen Priorität Oxfords bei Higden und anderen betont. Cantilupes Fiktion erreicht einen Höhepunkt, als er ein von König Artus höchstpersönlich erlassenes Privileg für die Cambridger Hochschule inseriert. Die *Historiola* erregte einiges Aufsehen und erhielt von Cantilupes jüngeren Zeitgenossen John Lydgate (ca. 1370 – ca. 1449) eine Versfassung.

7 Geschichtsschreibung in Schottland

Geschichtsschreibung im Gebiet des heutigen Schottland[114] lässt sich punktuell ab dem sechsten Jahrhundert erkennen, sowohl auf den gälisch geprägten Inseln, die eine kleine aber nicht ganz unbedeutende Rolle in der frühen Geschichte der irischen Annalistik spielen (*Iona Chronicle, Chronicle of Ireland*), als auch im ursprünglich britannisch, später englisch geprägten Süden, der als Heimat von

---

112 John Benet's *Chronicle* for the years 1400 – 1462. In: Camden Camden Miscellany, 24. Hrsg. von Gerald L. Harriss/M. A. Harriss, London 1972 (Camden Fourth Series 9), S. 151 – 233.

113 Robert Ricart: The Maire of Bristowe is Kalendar. Hrsg. von Lucy T. Smith, London 1872; Caroline E. Eckhardt: [Art.] *Bristow Chronicle*. In: EMC 1, S. 217.

114 Allgemein zur schottischen Geschichtsschreibung siehe Kennedy (Anm. 1), S. 2679 – 2700; Kersken (Anm. 1), S. 368 – 393.

Gildas in Frage kommt. Doch die Entwicklung einer eigenen schottischen Chronistik erfolgt erst nach der Bildung eines vereinigten Schottlands, die vom 9. bis zum 11. Jahrhundert dauerte. WILLIAM F. SKENE[115] hat postuliert, dass die aus dem 14. Jahrhundert überlieferten schottisch-piktischen Königslisten auf mündliche Überlieferungen des 10. Jahrhunderts zurückgehen; ansonsten steht ein einziges Werk für die Geschichtsschreibung dieser Zeit. Dieses wichtigste Zeugnis der Vereinigung des Landes, die *Chronicle of the Kings of Alba*[116] (auch *Scottish Chronicle, Pictish Chronicle* und *Poppleton Annals* genannt), verzeichnet die politische Geschichte von der Niederlage der Pikten gegen Kenneth MacAlpin (Cináed mac Ailpín, † 858) ca. 840 bis zum Tode Kenneths II. (Cináed mac Maíl Coluim, r. 971–995). Der Grundtext wurde vermutlich im späteren 9. und im 10. Jahrhundert zeitnah zu den berichteten Ereignissen verfasst, er wurde jedoch im 12./13. Jahrhundert ediert und mit anderen Werken kompiliert. Erst im 14. Jahrhundert wurde diese Kompilation in York in die einzig erhaltene Handschrift (Paris, Bibliothèque nationale de France, lat. 4126) kopiert, sodass die Vertrauenswürdigkeit der Berichte über MacAlpin noch kontrovers ist. Die in einem gälisch gefärbten Latein gehaltene Chronik – eine Übersetzung aus einem gälischen Urtext ist nicht auszuschließen – handelt hauptsächlich von den Auseinandersetzungen zwischen Pikten und Gälen, von skandinavischen Überfällen in Schottland und von schottischen Überfällen in England.

Ab dem 12. Jahrhundert unter dem sogenannten Haus Dunkeld bildet die Chronistik in Schottland zum ersten Mal eine kontinuierliche Tradition aus. Die *Cronica de origine antiquorum Pictorum* und die *Cronica regum Scotorum Trecenti Quatuordecim Annorum* (ebenfalls in Bibliothèque nationale de France, lat. 4126 überliefert)[117] sind vielleicht die frühesten dieser Werke. Die *Cronica de origine* basiert auf Isidor und der *Historia Brittonum*, während die *Cronica regum Scotorum* für die Frühzeit aus der *Chronicle of the Kings of Alba* schöpft und die Geschichte dann relativ unabhängig bis 1165 weiterführt. Sie ist übrigens der erste Text, der eine schottische *origo gentis* vom antiken Held Albanact ableitet.

Die *Chronicle of Holyrood* und die *Chronicle of Melrose Abbey* sind neben Geoffrey von Coldingham die einzigen schottischen Klosterchroniken, die aus dem früheren 12. Jahrhundert überliefert sind. Der augustinische Text aus Holyrood (Edinburgh) berichtet Landes- und Kirchengeschichte von Julius Caesar bis zum Tod Bedas nach dessen *Historia ecclesiastica*, dann weiter bis 1189 aus schotti-

115 WILLIAM F. SKENE: Chronicles of the Picts, Chronicles of the Scots, and Other Early Memorials of Scottish History, Edinburgh 1867.

116 Alba ist der gälische Name für Schottland und wird dreisilbig gesprochen [ˈalapə].

117 SKENE hat die drei Chroniken dieser Handschrift, so als wären sie ein einziges Werk, unter dem Titel *The Pictish Chronicle* ediert.

scher Perspektive im annalistischen Stil. Das Werk der Melroser Zisterzienser ist als Muster der jährlich nachgetragenen Klosterannalen studiert worden.[118] Der 1173/74 verfasste Kerntext benutzt die Chronik Hugos von St. Victor für die ältere Geschichte und annalistische Berichte in der Tradition von Symeon von Durham für die Zeit von Jesus bis zum Tode Beckets; eine Lacuna zwischen 249 und 731 wurde allerdings schon 1208 von einem Leser kommentiert. Die Chronik wurde dann etwa über 90 Jahren hinweg von mehr als 40 Schreibern mit jährlichen Einträgen fortgesetzt. Der laufende Text ist ein wichtiges Zeugnis für schottische Geschichte, aber der Kerntext beruht auf Quellen, die kein schottisches Material hergeben. Um dies zu kompensieren, wurde die Handschrift mit einer Kopie des *Chronicon Elegiacum* ergänzt, einer mehrfach überlieferten lateinischen Verschronik von MacAlpin bis Alexander III. (ca. 1270).

Eine Reihe von kleineren Chroniken aus dem späten 13. und dem 14. Jahrhundert (der Zeit der Unabhängigkeitskriege) hat verwirrend ähnliche Titel: *Chronicle of the Scots* bezeichnet vier verschiedene Texte, *Chronicle of the Picts and Scots* zwei (einmal auf Latein, einmal Anglonormannisch), welche von der *Chronicle of the Scots and Picts* zu unterscheiden sind; hinzu kommen mehrere lateinische, gälische und anglonormannische Königsverzeichnisse. Zu den wichtigeren Werken dieser Zeit gehört die zisterziensische *Chronicle of Man and the Isles* (British Library, Cotton Julius A.vii), das einzige mittelalterliche Geschichtswerk von der Insel Man, die 1266 von norwegischer in schottische Herrschaft überging, dann 1334 unter die englische Krone kam. Die Chronik richtet sich nach allen drei Kulturblöcken: Sie beginnt mit dem englischen König Cnut (1015), bezieht einen Großteil ihrer Materialien von der *Chronicle of Melrose Abbey*, sympathisiert jedoch mit dem norwegischen König Olaf, dem Gründer des Klosters bei Rushen, wo der Text entstand.

Drei überragende Figuren prägen die schottische Geschichtsschreibung des 14. Jahrhunderts: John Fordun († ca. 1363), John Barbour (ca. 1330 – 1395) und Andrew von Wyntoun (14./15. Jh.). Fordun verfasste seine *Chronica gentis Scotorum* angeblich, weil Eduard I. von England die Chroniken der schottischen Klöster vernichtet hatte. In fünf Büchern zieht diese Chronik eine kontinuierliche Linie von einer mediterranen *origo* bis 1153 und ist somit der älteste erhaltene Bericht, der eine solche groß angelegte Geschichte Schottlands aus kleineren Quellen zusammenstellt. Der Archidiakon von Aberdeen, John Barbour, behandelt die Zeit der Unabhängigkeitskriege in *The Bruce*, dem ersten Geschichtswerk in Mittelschottisch.[119] Diese Reimchronik in 13.700 Versen zeigt den Einfluss des französischen Chronisten

118 Dauvit Broun: Creating and Maintaining a Year-by-Year Chronicle. The Evidence of the *Chronicle of Melrose*. In: The Medieval Chronicle 6 (2009), S. 141 – 152.

119 Kennedy (Anm. 1), S. 2681 – 2686.

Jean le Bel sowie des höfischen Romans und wird deshalb häufig zusammen mit dem späteren *Wallace* von Blind Harry (oder Hary, 1440–1492/4) besprochen. Barbour hatte in England, Paris und Orléans studiert und stellt mit seiner Gelehrtheit ganz neue Ansprüche, deren Einfluss bei späteren Chronisten deutlich bemerkbar ist. Die *Orygynale Cronykil of Scotland* von Andrew von Wyntoun, ebenfalls in der Volkssprache, erzählt von der Erschaffung der Engel bis zum Jahr 1408 und ist somit die erste Chronik, die schottische Geschichte in die christliche Weltchronistik integriert.[120] Sie rezipiert sowohl Fordun und Barbour wie auch die Standardtexte der Zeit: Orosius, Petrus Comestor, Martin von Troppau und die Bibel.

Ein zentrales Zeugnis des 15. und frühen 16. Jahrhunderts ist die Handschrift des Edinburger Notars John Asloan (Edinburgh, National Library of Scotland, Ms. 16500), die gleich fünf anonyme mittelschottische Chroniken überliefert. Am wichtigsten als Geschichtsquelle ist die *Auchinleck Chronicle*, die einzige zeitgenössische Quelle für die Regierungszeit von Jakob II. (1430–1460), mit der berühmten Beschreibung des von Jakob persönlich begangenen Mordes am Earl von Douglas. Ganz anders ist die kurze Weltchronik *Sex Werkdays and Agis*, die wie schon im Titel angedeutet, die Verbindung zwischen den Schöpfungstagen und den Weltaltern hervorhebt, beim sechsten Alter allerdings den chronologischen Geschichtsverlauf zugunsten einer moralisierenden typologischen Deutung unterordnet, und so eine besonders hübsche und kompakte Darstellung der abendländischen Geschichtstheologie bietet. Drei Werke in dieser Handschrift zeugen besonders prägnant von den schwierigen Beziehungen zu England. Die *Scottis Originale* ist wieder eine schottische Geschichte in der *origo gentes*-Tradition, während die *Ynglis Chronicle* eine Geschichte Englands aus schottischer Sicht darstellt. Gemeinsam haben sie das genealogische Motiv, dass der englische Heinrich II. direkt vom Teufel abstamme, aber nur die *Scottis Originale* enthält einen bitteren Angriff auf den unmoralischen ‚Hurensohn' Artus, der den Thron des rechtmäßigen Königs, des Schotten Mordred, usurpiert und so England eine falsche Legitimität verliehen habe. Auch das fünfte Geschichtswerk dieser Handschrift, die *Scottis Cornikle* oder *Brevis cronica Scottorum*, ist als antienglische Propaganda zu verstehen.

Auch andere Chroniken aus dieser Zeit heben die Beziehungen zu England hervor. Die volkssprachige *Short Chronicle of 1482* (British Library, Royal 17.D.xx) ist weniger propagandistisch und schildert die Rosenkriege aus schottischer Sicht. Umgekehrt sind die etwas frühere *Scottish Chronicle* (Oxford, Bodleian, Rawlinson D.329, Anfang 14. Jh.) und die *Progress of King Edward I in His Invasion of Scotland* (British Library, Cotton Domitian, xviii) – beides anglonormannisch, letzteres mit mittelenglischer Version – englische Darstellungen schottischer Angelegenheiten. In lateinischer

---

120 KENNEDY (Anm. 1), S. 2686–2690.

Sprache will die *Gesta Scotorum contra Anglicos* (ca. 1370) die behauptete Tributpflicht der Schotten historisch untermauern. Eine weitere englische Chronik von Schottland wurde vom Londoner John Shirley ins Mittelenglische übersetzt: *The cronycle of the dethe of James Stewarde*.[121] Und die *Vraie Cronicque d'Escosce* ist eine altfranzösische Chronik von Schottland, die anscheinend 1464 als Informationsquelle für französische Diplomaten bei der Vorbereitung der Verhandlungen mit England verfasst wurde. Sie berichtet relativ neutral von anglo-schottischen Beziehungen, betont jedoch die schottisch-französische Allianz aus französischer Sicht.

Ein Mammutwerk der 1440er Jahre ist das *Scotichronicon* von Walter Bower (1385–1449), Abt von Inchcolm und anerkannter Berater von Jakob I.[122] Bower integriert die gesamte Chronik von Fordun und galt lange nur als Fortsetzer, doch sein Zugang zu königlichen Archiven ließ eine sehr bedeutsame Weiterentwicklung von Forduns Arbeit zu. Wie Higden in England versuchte Bower, Begebenheiten der Geschichte im breiteren geschichtlichen Zusammenhang zu verankern, kontextualisiert deshalb schottische Angelegenheiten mit der gesamteuropäischen Politik. Mit den ausführlichen Worten aus der Bibel und aus Vincenz von Beauvais will er die Allgemeinbildung seiner Leser festigen. Der anonyme *Liber extravagans* erscheint in drei Handschriften als Zusatz zum *Scotichronion*. Zwei weitere anonyme Kleinchroniken sind als Zusammenfassungen des *Scotichronicon* identifiziert worden: der *Liber Pluscardensis* und die *Nomina omnium regum Scotorum*. Auch weitere Kurzfassungen von Bowers Werk sind bekannt.[123]

Als erster humanistischer Geschichtsschreiber Schottlands ist wohl John Mair (oder Major, 1467–1550) zu bezeichnen, Universitätslehrer an der Sorbonne und später in Glasgow und St. Andrews.[124] Seine *Historia Maioris Britanniae tam Angliae quam Scotiae* („Geschichte von Großbritannien [...]" oder „Mairs Geschichte von Britannien [...]"?) erschien 1521 in Paris im Druck. Mair versucht als erster englische und schot-

121 Lister Matheson: Death and Dissent. Two Fifteenth-century Chronicles, Woodbridge 1999; Kennedy (Anm. 1), S. 2690 f.

122 Gualterus Bowerus: *Scotichronicon*. Hrsg. von Donald E. R. Watt, 9 Bde., Aberdeen 1987–1998 [mit englischer Übersetzung]; Sally Mapstone: The *Scotichroncon's* First Readers. In: Church, Chronicle and Learning in Medieval and Early Renaissance Scotland. Hrsg. von Barbara E. Crawford, Edinburgh 1999, S. 31–55; Stephanie Thorson: [Art.] Bower, Walter. In: EMC 1, S. 196 f.

123 Short prose Scottish Chronicles. Hrsg. von Dan Embree/Edward Donald Kennedy/Kathleen Daly, Woodbridge 2012.

124 Vgl. zu John Major: A History of Greater Britain as well England as Scotland. Hrsg. von Archibald D. Constable, Edinburgh 1892; Alexander Broadie: The Circle of John Mair. Logic and Logicians in Pre-Reformation Scotland, Oxford 1985; James H. Burns: The True Law of Kingship. Concepts of monarchy in early-modern Scotland, Oxford 1996, S. 19–92; Edward Donald Kennedy: [Art.] Mair, John. In: EMC 2, S. 1060.

tische Geschichte als Ganzes darzustellen, verwirft die *origo gentes*-Legenden beider Länder und plädiert für ein brüderliches Zusammenleben beider Nationen unter einer vereinten Monarchie, was in der Tat 1603 geschah. Doch entsprachen seine Ansichten wohl nicht dem Geschmack der Zeit, denn sein Werk wurde von dem phantasiereichen Geschichtsbuch des Hector Boece (1465? – 1536) völlig vom Markt verdrängt.[125] Obwohl Boece ebenfalls ein in Paris ausgebildeter Humanist und ein Freund des Erasmus war, sind seine *Scotorum Historiae* zwar in einem humanistischen Latein verfasst, inhaltlich jedoch eher von nationalistischer Schwärmerei als vom humanistischen Geist geprägt. Unter den originellen Fiktionen, mit denen er seine Darstellung ausschmückte, ist eine Reihe von 44 frühen schottischen Königen, die hier zum ersten Mal erscheinen, sowie für das 11. Jahrhundert die Figuren von Banquo und Fleance, welche später von Shakespeare für seinen *MacBeth* so erfolgreich aufgegriffen worden sind. Die *St. Andrews Chronicle* ist eine Epitome von Boece, die als Fortsetzung zu Andrew von Wyntoun verwendet wurde.

Lektürehinweise:
1. Beda der Ehrwürdige 1982 (16); Beda Venerabilis 1930 (16); Bede's *Ecclesiastical History of the English People* 1969 (16); Gaimar 2009 (55); Gildas 1978 (12); Henry, Archdeacon of Huntingdon 1996 (47); Jordan Fantosme 1997 (27); Nennius 1980 (19); The Age of Bede 1983 (16); *The Chronicle of Æthelweard* 1962 (23); *The Chronicle of Ireland* 2006 (8); *The Chronicle of John of Worcester* 1998 (49); The Irish *Sex aetates mundi* 1983 (10); William of Malmesbury 1998 (46).
2. Dumville 2002 (2); Gransden 1974 – 1982 (1); Kennedy 1989 (1); Kersken 1995 (1).
3. Broken Lines 2008 (32); Brown 1988 (24).

125 Robert W. Chambers/Edith C. Batho/H. Winifred Husbands: The Chronicles of Scotland. Compiled by Hector Boece. Translated into Scots by John Bellenden, Edinburgh/London 1938 – 1941; Andrew Breeze: [Art.] Boece, Hector [Hector Boethius Deidodanus]. In: EMC 1, S. 187.

Brigitte Burrichter

Die französischsprachige Geschichtsschreibung

Die Geschichte der mittelalterlichen französischsprachigen Geschichtsschreibung[1] beginnt im 12. Jahrhundert und reicht bis ins 15. Jahrhundert, ihr Gegenstand sind sowohl die zeitgenössische Ereignisgeschichte als auch die Darstellung der Vergangenheit. Neben Chroniken[2] entstehen auch andere Formen des schriftlich konzipierten historischen Berichts, wie etwa Viten[3] und die Beschreibung historischer Begebenheiten durch Zeitzeugen in sog. Ereignischroniken.[4] Ferner gibt es Heldenlieder (Chansons de geste), die vorrangig für die mündliche Tradierung konzipiert sind.[5] Die Grenzen zwischen den verschiedenen schriftlichen Formen wurden im Mittelalter nicht streng gezogen und nur selten reflektiert,[6] die Übergänge sind fließend, auch die Bezeichnung eines Textes etwa als *estoire* oder *roman*[7] lässt keine sicheren Rückschlüsse auf die

---

1 Der vorliegende Artikel handelt schwerpunktmäßig von den historiographischen Werken in den verschiedenen Varianten des Altfranzösischen; lateinische und provençalische Texte werden aber vergleichend und ergänzend mit betrachtet. Zur volkssprachlichen Geschichtsschreibung: Grundriss der romanischen Literaturen des Mittelalters. La littérature historiographique des origines à 1500. Partie historique 1 – 3. Hrsg. von HANS ULRICH GUMBRECHT/URSULA LINK-HEER/PETER-MICHAEL SPANGENBERG, Heidelberg 1986 – 1987 (GRLMA XI/1 – 3), auf die sich die folgende Darstellung unter anderem stützt. Für aktuelle Informationen zu allen angeführten Autoren und Werken sei verwiesen auf die EMC. Dort findet sich auch die wichtigste Forschungsliteratur zu den einzelnen Autoren. Einen ersten Überblick über besonders prominente Werke (Villehardouin, Jean de Joinville, Froissart, Commynes u. a.) verschafft PAUL J. ARCHAMBAULT, Seven French chroniclers. Witnesses to History, Syracuse, N.Y. 1974.

2 Darunter seien Texte verstanden, die schriftlich konzipiert sind, in historiographischer Intention verfasst sind (auch wenn sie nicht immer den heutigen Ansprüchen genügen) und zudem einen längeren Zeitraum umfassen.

3 Zumal wenn es sich um das Leben von Königen handelt, sind biographische Texte auch historische Quellen, siehe unten S. 685 – 687.

4 Siehe besonders unten S. 675 – 680.

5 Insbesondere der Erste Kreuzzug wurde in der Volkssprache in der Form von Chansons de geste dargestellt, siehe unten S. 673 – 676.

6 Ein frühes und bekanntes Beispiel für die Reflexion über die Genera im anglonormannischen Bereich ist die Definition von Gervase von Canterbury zur Unterscheidung von *chronica* und *historia*. Siehe dazu GRAEME DUNPHY: [Art.] Chronicles (terminology). In: EMC 1, S. 274 – 282; zu Gervase ebd., S. 276 f. Eine Unterscheidung hinsichtlich der Vertrauenswürdigkeit nimmt Wace vor; siehe dazu unten S. 668 – 671.

7 Siehe unten Anm. 20.

Form zu.[8] Mit Blick auf die Vielzahl der Texte werden einige für die Entwicklung der volkssprachlichen Geschichtsschreibung besonders typische Werke im Folgenden exemplarisch behandelt.[9] Die Darstellung folgt dabei zwei Prinzipien: Die historische Narration in der Volkssprache ändert sich im Verlauf des Mittelalters signifikant, die frühen Formen des 12. und 13. Jahrhunderts unterscheiden sich deutlich von denjenigen späterer Jahrhunderte, in welchen die volkssprachliche Historiographie alle Formen der lateinischen übernehmen kann. Diese zeitliche Gliederung ist daher der regionalen oder generischen übergeordnet.

Hinsichtlich der geographischen Ausdehnung ist die französischsprachige Geschichtsschreibung im Mittelalter nicht auf das Gebiet der heutigen frankophonen Gebiete Europas beschränkt. Mit der Eroberung Englands durch Wilhelm den Eroberer wurde das Anglonormannische, also die normannische Variante des Altfranzösischen, zur Sprache des Adels in England und dort auch früh zur Schriftsprache. Unter Heinrich II. Plantagenêt und seinen Söhnen, zwischen 1154 und dem Anfang des 13. Jahrhunderts, umfasste das anglonormannische Herrschaftsgebiet, das sog. Angevinische Reich,[10] neben dem Königreich England große Teile des heutigen Westfrankreichs. Geschichtsdarstellungen aus dem anglonormannischen Bereich betreffen daher die Geschichte Nordfrankreichs und Englands, sie werden im Folgenden ebenfalls betrachtet.

Die volkssprachliche Geschichtsschreibung entwickelte sich im anglonormannischen Herrschaftsgebiet und im französischen Königreich sehr un-

---

8 Vgl. die Ausführungen zur Bezeichnung mittelalterlicher historiographischer Werke bei Heinz Hofmann: Artikulationsformen historischen Wissens in der lateinischen Historiographie des hohen und späten Mittelalters. In: La littérature historiographique des origines à 1500 (Anm. 1), Bd. 2, S. 367–687, besonders S. 370–373. Hofmanns Befunde betreffen die lateinische Geschichtsschreibung, sie gelten aber auch für die volkssprachliche.

9 Die Einschätzung eines Textes als ‚historischer Bericht' stützt sich primär auf inhaltliche, nicht auf funktionale Aspekte. Der funktionale Aspekt war eine zentrale Prämisse für die Einordnung eines Textes als ‚historiographische Narration' im 11. Band des Grundrisses der romanischen Literaturen des Mittelalters (Anm. 1), vgl. Jörn Rüsen: Annäherung. Funktionstypologie der historiographischen Narration. In: La littérature historiographique des origines à 1500 (Anm. 1), Bd. 1, S. 40–49 sowie das Nachwort zum 11. Band des GRLMA: Hans-Ulrich Gumbrecht/ Ursula Link-Heer/Peter Michael Spangenberg: Zur Gestalt der romanischen Historiographie des Mittelalters. Zwischen neuen Einsichten und neuen Fragen. In: La littérature historiographique des origines à 1500 (Anm. 1), S. 1133–1152.

10 Die im Deutschen übliche Bezeichnung ‚Reich' ist als Bezeichnung für den angevinischen Einflussbereich irreführend. In seiner Funktion als Herzog der Normandie und des Anjou war die Vorherrschaft des jeweiligen englischen Königs in diesen Gebieten weitgehend anerkannt, im französischen Südwesten galt sie nur nominell, hier fühlten sich die jeweiligen Territorialherren unabhängig. Für die Besitzungen auf dem Festland war der englische König (als Herzog oder Graf der einzelnen Territorien) Vasall des französischen Königs.

terschiedlich: Der Höhepunkt der anglonormannischen Geschichtsschreibung liegt im 12. Jahrhundert, im französischen Königreich setzt erst im 13. Jahrhundert eine nennenswerte Geschichtsschreibung in der Volkssprache ein.

Im anglonormannischen Reich entstehen im 12. Jahrhundert Übertragungen lateinischer und angelsächsischer Werke, die über die Geschichte der bretonischen und angelsächsischen Zeit berichten, und daran anschließende Chroniken der normannischen Zeit, für die es nur zum Teil lateinische Vorlagen gibt. Die Verfasser dieser Werke orientieren sich an der lateinischen Geschichtsschreibung und reflektieren dabei die Bedürfnisse eines volkssprachlichen, des Latein nicht kundigen Publikums ebenso wie die Anforderungen an eine – aus der Sicht der Verfasser – vertrauenswürdige historiographische Darstellung.

Ganz anders verläuft die Entwicklung im französischen Kernland. Hier gibt es im 12. Jahrhundert ausschließlich die Chansons de geste als Form volkssprachlicher historiographischer Überlieferung. Sie werden zum Medium für Berichte über die verschiedenen Kreuzzüge des 12. Jahrhunderts.[11] Erst im 13. Jahrhundert entstehen andere, auch an lateinischen Vorlagen orientierte Formen der volkssprachlichen Geschichtsdarstellung.

1 Die anglonormannische Geschichtsschreibung im 12. Jahrhundert – Geoffroy Gaimar, Wace, Benoît de Saint-Maure

Die volkssprachliche Geschichtsschreibung der anglonormannischen Zeit (1066–1204) setzte mit Chroniken ein, die auf drei unterschiedliche Quellen zurückgreifen. In der Normandie entstanden am Anfang des 12. Jahrhunderts mehrere lateinische Chroniken, die – eingebettet in Kirchen- oder Universalgeschichte – insbesondere die normannische Eroberung Englands und die Anfänge des anglonormannischen Reichs behandeln (z. B. Ordericus Vitalis).[12] In England wurden

11 Siehe dazu unten S. 674–676.

12 Ordericus beendete seine *Historia Ecclesiastica* 1142; Editionen: *Orderici Vitalis angligenae, coenobii Uticensis monachi. Historiae ecclesiasticae libri tredecim*. Hrsg. von Auguste le Prévost, 5 Bde. Paris 1838–1855; The *Ecclesiastical History* of Orderic Vitalis. Hrsg. von Marjorie Chibn all, 6 Bde., Oxford 1968–1998. Ordericus stützt sich für die normannische Zeit vor allem auf zwei Quellen aus der Eroberungszeit, Wilhelms von Jumiège *Gesta Normannorum ducum* (beendet 1070; Guillaume de Jumièges: *Gesta Normannorum ducum*. Hrsg. von Jean Marx, Rouen 1914) sowie Wilhelms von Poitiers *Gesta Guillelmi II ducs Normannorum* (1070–1077; *Gesta Guillelmi ducis Normannorum et Regis anglorum/Histoire de Guillaume, Duc des Normands et Roi des Anglais*. Hrsg. von Raymonde Foreville, Paris 1952). Eine Weiterführung bis 1170 unternimmt Robert

am Anfang des 12. Jahrhunderts – wohl als Reaktion auf die normannische Eroberung – Darstellungen der englischen Geschichte verfasst (z. B. die 1127 von Wilhelm von Malmesbury verfassten *Gesta Regum Anglorum*).[13] Zudem gab es in England eine bis ins 9. Jahrhundert zurückreichende Tradition der volkssprachlichen Annalen, etwa in Form der verschiedenen Fassungen der *Anglo-Saxon Chronicle* („Angelsächsische Chronik"). Die wohl wichtigste Quelle der frühen französischsprachigen Chroniken ist ein Werk mit historiographischem Anspruch, dem allerdings schon Zeitgenossen die Glaubwürdigkeit absprachen: Geoffreys von Monmouth *Historia Regum Britanniae* (1136). Während der Zeit der Anarchie im anglonormannischen Reich nach dem Tod Heinrichs I. (1135) schrieb Geoffrey, Bischof von Monmouth, eine Geschichte der Briten, die mit Brutus, dem Urenkel des Aeneas, beginnt und bis zum Ende der britischen Herrschaft im 7. Jahrhundert reicht. Kernstück und Höhepunkt dieser Geschichte ist die Zeit des Königs Artus, mit dem Geoffrey demonstriert, wie machtvoll ein einiges Reich unter einem allgemein akzeptierten Herrscher sein kann. Nach heutigen Maßstäben besitzt das Werk keinerlei historiographischen Wert, für die Entwicklung einer volkssprachlichen Geschichtsschreibung war es aber zentral. Die beiden wichtigsten Vertreter der anglonormannischen Historiographie, Geoffroy Gaimar und Wace, greifen darauf zurück. Ihre Werke stehen im Kontext des Interesses, das die in Folge der Eroberung von 1066 nach England gekommene normannische Oberschicht für die Geschichte ihres neuen Herrschaftsbereiches hatte. Während die gebildeten Könige und ihr unmittelbares Umfeld dieses Interesse mit den lateinischen Geschichtsdarstellungen stillen konnten, veranlassten hohe Adelige, insbesondere weiblichen Geschlechts, erstmals Übertragungen historiographischer Werke in ihre Volkssprache, das Anglonormannische.

Gemeinsam ist diesen beiden frühen Autoren volkssprachlicher Historiographie, dass sie ihre Werke in gebundener Rede schreiben, überwiegend im gereimten Achtsilber. Seit dem Beginn des 11. Jahrhunderts ist dies das Versmaß für volkssprachliche, schriftlich konzipierte Literatur von Verfassern, die sich an der lateinischen Literatur orientieren. Ihre Texte unterscheiden sich damit schon auf der formalen Ebene von den mündlich tradierten Heldenliedern, die im assonierenden Zehn- oder Zwölfsilber gehalten sind.

---

von Torigni: *Chronique de Robert de Torigni, abbé du Mont-Saint-Michel.* Hrsg. von Léopold Delisle, 2 Bde., Rouen 1872/1873.

13 William of Malmesbury: *Gesta Regum Anglorum.* Hrsg. von William Stubbs, London 1887 (Rerum britannicarum medii ævi scriptores. Rolls Series 90); Ders.: *Gesta Regum Anglorum.* Bd. 1. Hrsg. und übersetzt von Roger A. B. Mynors/Rodney M. Thomson/Michael Winterbottom, Oxford 2006; Bd. 2: Allgemeine Einführung und Kommentar von Rodney M. Thomson, Oxford 2003 (Oxford Medieval Texts).

Die älteste Chronik in Altfranzösisch, von der wir Kenntnis haben, ist die *Estoire des Bretuns* des Geoffroy Gaimar aus dem Jahr 1138/39. Gaimars Geschichte der Briten ist nicht erhalten, er berichtet aber kurz im Vorwort zu seiner unmittelbar danach verfassten (erhaltenen) *Estoire des Engleis*[14] über das Werk. Beide Chroniken entstanden im Auftrag von Constance FitzGilbert, der Frau eines hohen normannischen Adligen aus Lincolnshire.[15] Constance ließ sich von Gaimar neben anderen Werken die Geschichte der Briten aus Geoffrey von Monmouths *Historia Regum Britanniae* und die sich anschließende Geschichte der Angelsachsen vor allem aus der *Anglo-Saxon Chronicle* ins anglonormannische Altfranzösisch übertragen. Dazu kommen andere, z. T. wohl auch eher volkstümliche Quellen. Die *Estoire des Engleis* beginnt im späten 6. Jahrhundert und führt bis ins Jahr 1100. Im Epilog verweist Gaimar auf Themen, die in ‚offiziellen', lateinischen Chroniken nicht vorkommen: das, was man modern als Kulturgeschichte bezeichnen könnte – Feste, Unterhaltungen, Mode.[16] An der *Estoire des Engleis* lässt sich beobachten, wie Gaimar diese Bereiche in seinen Bericht einbringt. Er übersetzt über lange Strecken die *Anglo-Saxon Chronicle*, fügt aber immer wieder erzählende Texte aus anderen Quellen ein, in denen im höfischen Kontext angesiedelte Liebesgeschichten erzählt werden. So verbindet er den Anspruch des Historiographen mit den Erwartungen eines nicht lateinkundigen Publikums.[17] Im Unterschied zu den Texten der zweiten Jahrhunderthälfte stehen Gaimars Übertragungen nicht in einem offiziellen Kontext, sondern wurden wohl für den privaten Gebrauch geschrieben.[18]

---

14 Geoffroy Gaimar: *Estoire des Engleis/History of the English*. Altfranzösisch/Englisch. Hrsg. und übersetzt von Ian Short, Oxford 2009; vgl. zu Geoffrey Gaimar die Einleitung, besonders S. IX – XXII.

15 In England hatte sich nach der normannischen Eroberung Französisch als Sprache der neuen Machthaber zur ‚Hochsprache' entwickelt, die als Schriftsprache neben das Lateinische trat. Zudem hatte die normannische Oberschicht ein vergleichsweise hohes Bildungsideal, sodass es selbstverständlich erscheint, dass eine Adelige sich Sachtexte übersetzen ließ.

16 Geoffrey Gaimar (Anm. 14), V. 6495 – 6518; vgl. auch den Kommentar von Ian Short zur Stelle, ebd., S. 457 f.

17 Vgl. dazu Peter Damian-Grint: The New Historians of the Twelfth-Century Renaissance. Inventing Vernacular Authority, Woodbridge 1999, S. 49 – 53 und Brigitte Burrichter: Wahrheit und Fiktion. Der Status der Fiktionalität in der Artusliteratur des 12. Jahrhunderts, München 1996 (Beihefte zu Poetica 21), hier S. 64 – 75.

18 Dafür spricht auch die geringe Zahl von erhaltenen Manuskripten: vier Manuskripte für die *Estoire des Engleis*, keines für die *Estoire des Bretuns*.

Knapp zwanzig Jahre später zeigt Wace mit seinem *Roman de Brut* (1155)[19] meisterhaft, wie eine volkssprachliche Chronik aussehen kann. Die Bezeichnung als *roman* weist den Text als volkssprachliche Bearbeitung eines lateinischen Textes aus, die ihre lateinische Vorlage nicht nur in eine andere Sprache, sondern auch für ein anderes Publikum überträgt.[20] Der *Roman de Brut* erzählt, ebenfalls nach der Vorlage Geoffreys von Monmouth, die Geschichte der Bretonen angefangen von deren Stammvater Brutus, Urenkel des Aeneas, über den Gipfel- und Scheitelpunkt ihrer Herrschaft, der in der Regierungszeit des Königs Artus erreicht wird, bis zum Untergang ihres Reiches im Zuge der Völkerwanderung. Die frühe Geschichte wird, wie in der *Historia Regum Britanniae*, im Stil einer einfachen Chronik berichtet: Die Könige werden kurz genannt, gelegentlich werden wichtige Ereignisse berichtet. Erst mit der Generation vor Artus ändert sich dies, nun wird der Text sehr ausführlich und bereitet den Höhepunkt der Geschichte vor. Artus selbst wird als Friedenskönig inszeniert, sodass sich die vielen Ausführungen zur ‚Kulturgeschichte' harmonisch in den historischen Bericht einfügen: Artus macht seinen Hof zum Zentrum der ritterlichen Welt, weil er nicht nur militärisch erfolgreich ist, sondern mit der *Table Ronde* ein Instrument schafft, um die Streitigkeiten der großen Barone einzudämmen. Den inneren Frieden an seinem Hof nutzt er dafür, diesen zum Vorbild für Verhaltensweisen, Mode, Bildung etc. zu machen. Kein Ritter kann sich für gut halten, der nicht eine Zeit lang am Artushof war. Wace hat dabei ein ausgeprägtes Bewusstsein für die Grenzen des historiographischen Diskurses. Er verweist ausdrücklich auf die vielen Geschichten, die über König Artus und seine Ritter im Umlauf und nicht historisch abgesichert sind. Diese Geschichten, so betont er ausdrücklich, fallen in die Zuständigkeit der Spielleute und Geschichtenerzähler. Bei ihnen geht es weniger um den Anspruch historischer Exaktheit als vielmehr darum, gute und unterhaltsame Geschichten zu erzählen. In einem historischen Bericht wie dem seinen haben diese Geschichten aber keinen Platz, der Historiker kann über die Friedenszeiten nichts berichten, weil sie keine überprüfbaren Spuren hinterlassen haben.[21]

---

19 Wace: *Roman de Brut*. A history of the British. Text and Translation. Hrsg. und übersetzt von Judith Weiss, Exeter 1999. Vgl. zu Wace insgesamt Françoise Hazel Marie Le Saux: A Companion to Wace. Cambridge, 2010.

20 Der Begriff *roman* ist noch bis ins 13. Jahrhundert hinein der Fachterminus für die volkssprachliche Bearbeitung einer lateinischen Vorlage oder für einen in der Volkssprache verfassten Text ungeachtet des Inhalts. Chrétien de Troyes verwendet den Begriff *roman* in den 1170er Jahren erstmals in einer Bedeutung, die der heutigen entspricht.

21 Vgl. zur Wace-Diskussion der verschiedenen Stoffe Brigitte Burrichter: Fiktionalität in französischen Artustexten. In: Historische Narratologie. Mediävistische Perspektiven. Hrsg. von Harald Haferland/Matthias Meyer, Berlin 2010 (Trends in Medieval Philology 19), S. 263–279.

Waces *Roman de Brut* ist für die volkssprachliche Chronik ebenso wichtig wie für die volkssprachliche erzählende Literatur: Der Geschichtsschreibung weist er die (aus heutiger Sicht freilich weit gefassten) Grenzen dessen auf, was Gegenstand eines historiographischen Werks ist, der erzählenden Literatur gibt er nicht nur die historische Zeit vor, sondern mit dem Friedenskönig Artus auch den idealen König der Ritterwelt. Sein Werk war ausgesprochen erfolgreich und weit verbreitet, bis heute sind 32 Handschriften erhalten. Besonders interessant sind Sammelhandschriften, in denen seit dem 13. Jahrhundert Waces *Roman de Brut* mit Chroniken, aber auch mit Werken, die nach modernem Verständnis der Romangattung zuzurechnen sind, kombiniert wird. Das interessanteste Beispiel ist wohl die Handschrift H, in der auf Waces Verweis auf die Grenzen des historiographischen Diskurses die Artusromane Chrétiens de Troyes folgen; im Anschluss an die Romane wird Waces Bericht weitergeführt. Der Schreiber verbucht alles unter Geschichtsdarstellung, wie ernsthaft diese Zuschreibung gemeint ist, lässt sich nicht beurteilen.[22] Zwar wurde vermutlich König Artus durchaus als historischer König angesehen, die *matière de Bretagne*,[23] also die Geschichten, die sich um seinen Hof ranken, galten aber als fiktiv – ganz so, wie es schon Wace erklärt hatte.[24] Als im frühen 13. Jahrhundert mit den großen Zyklen (vor allem dem Lancelot-Graal-Zyklus der 1220er Jahre) nicht mehr nur einzelne Abenteuer, sondern die Geschichte der Artuswelt erzählt wird, passen die Erzähler die Artuserzählung im letzten Teil, der *Mort le roi Artu*, nahtlos in das bei Wace vorgegebene Ende des Artusreiches ein.

Der historische Wert von Waces Geschichte der Briten ist nicht größer als der seiner Vorlage, wichtig sind aber zwei Aspekte: Der entstehenden volkssprachlichen Literatur bietet seine Artusgeschichte den Rahmen, innerhalb dessen sie ihre Erzählungen ansiedeln kann. Gleichzeitig legt er als Erster ein historiographisches

---

22 Vgl. Burrichter (Anm. 17), S. 132.

23 Vom ausgehenden 12. Jahrhundert ist die erste Einteilung der volkssprachlichen Literatur anhand ihrer Stoffe (der *matieres*) überliefert: Demnach ist die *matiere de Bretaigne vain et plaisant* („erfunden und unterhaltend"), die von Rom *sage et de san aprenant* (gemeint sind die Antikenromane, die „weise und lehrreich" sind) und die von Frankreich *voir chascun jor apparant* (gemeint sind die Chansons de geste, die „wahr sind, wie es sich jeden Tag zeigt"). Die Einteilung stammt aus dem Prolog einer Chanson de geste von Jean Bodel (*Chanson des Saisnes*, um 1200); zitiert nach Ulrich Mölk: Französische Literarästhetik des 12. und 13. Jahrhunderts, Tübingen 1969 (Sammlung romanischer Übungstexte 57), S. 6 f.

24 Vgl. dazu Burrichter (Anm. 21), S. 268 – 270. Ähnlich verhält es sich auch bei den Verfassern von Werken zur englischen Geschichte, wie etwa bei Wilhelm von Malmesbury und seiner *Gesta Regum Anglorum* von 1121 (Anm. 13): Hier wird die Historizität von Artus zwar nicht angezweifelt, aber die mündlich tradierten Geschichten über ihn werden als unzuverlässig zurückgewiesen; vgl. Burrichter (Anm. 17), S. 32 f.

Werk in der Volkssprache vor, das wie die lateinische Geschichtsschreibung Reflexionen über die Gattung und ihre Grenzen enthält und damit nicht nur formal eine neue Gattung der historischen Überlieferung eröffnet. Das Werk ist wohl anlässlich der Krönung Heinrichs II. Plantagenêt (1154) entstanden, eine Widmung an seine Frau, Königin Elenore von Aquitanien (ca. 1122–1204) ist nicht sicher belegt.

Waces *Roman de Brut* steht damit am Anfang der Regierungszeit Heinrichs II., der sehr bald seinen Hof zu einem intellektuellen Zentrum macht. Dort sind mehrere namhafte Gelehrte tätig, die auch historische Werke in Latein verfassen.[25] Heinrich hat aber offensichtlich auch den Wert einer schriftlichen, eher der lateinischen Geschichtsschreibung als der mündlichen Tradierung entsprechenden Geschichtsdarstellung in der Volkssprache gesehen. Er beauftragte Wace im Anschluss an den *Roman de Brut* damit, die Geschichte der Normannen in der Volkssprache zu schreiben. Der *Roman de Rou* beginnt mit dem Stammvater der Normannen, dem Anführer Rollo, der 911 das Gebiet um die Seinemündung als Lehen bekommen hat, und reicht bis ins Jahr 1106, als sich König Heinrich I. als Herzog der Normandie durchsetzt. Der *Roman de Rou* ist ungefähr zwischen 1160 und 1174 entstanden. Er umfasst vier Teile: Der erste Teil ist die *Chronique Ascendante*, die von Heinrich II. aus dessen Genealogie bis zu Rollo zurückführt, die folgenden drei Teile berichten dann die Geschichte der Normannen von ihrem ersten Herzog, Rollo, aus.

Wace stützt sich auf die zahlreichen lateinischen Chroniken und Berichte, in denen die Geschichte der Normannen seit Rollo überliefert ist. Wie im *Roman de Brut* gibt es auch hier immer wieder Reflexionen über die Tätigkeit des Historiographen. Der Historiograph bewahrt die Geschichte vor dem Vergessen, damit sie aber auch im Gedächtnis der Allgemeinheit bleibt, muss sie vorgetragen werden:

> *Pur remembrer des ancesurs*
> *les feiz e les dites e les murs,*
> *les felunie des feluns*
> *e les barnages des baruns,*
> *deit l'um les livres e les gestes*
> *e les estoires lire as festes.*[26]

> Um an die Taten, die Reden und die Gebräuche der Vorfahren zu erinnern, die Niedertracht der Verräter und die edlen Taten der Barone, muss man die Bücher und die Taten und die Geschichten bei Festen vorlesen.

---

25 Die bekanntesten sind Walter Map (ca. 1140–1208/1210), Giraldus Cambrensis (1146–1223) und Johannes von Salisbury (ca. 1115–1180).

26 Wace: *Le Roman de Rou*. Hrsg. von A. J. Holden, 3 Bde., Paris 1970–1974, Bd. 1, V. 1–6.

Diese Äußerung impliziert zweierlei: Es gibt erstens verschiedene Arten der Geschichtsschreibung (*livre*, *geste* und *estoire*), die sich allerdings aus den erhaltenen Texten nicht eindeutig rekonstruieren lassen und zweitens den mündlichen Vortrag vor einem größeren Publikum, der die Verwendung der Volkssprache bedingt. Das intendierte Publikum und die Form – alle Chroniken sind in gebundener Rede geschrieben – nähern die volkssprachlichen Chroniken den übrigen literarischen Genera an, die von der Vergangenheit erzählen: den Romanen und den Chansons de geste. Die Abgrenzung von der unterhaltenden narrativen Literatur wird im *Roman de Brut* anhand inhaltlicher Kriterien deutlich, für die Abgrenzung von der Chanson de geste greift Wace nun im *Roman de Rou* auf das Kriterium der Überprüfbarkeit (in schriftlichen, d. h. lateinischen Quellen) zurück. Dieses Kriterium grenzt die volkssprachliche Geschichtsschreibung von der mündlichen Geschichtsüberlieferung der Chansons de geste ab:

> *A jugleours oï en m'effance chanter*
> *que Guillaume fist jadiz Osmont essorber,*
> *et au conte Riouf les deuz oilz crever,* [...]
> *ne sai noient de ceu, n'en puiz noient trover,*
> *quant je n'en ai garant n'en voil noient conter.*[27]
>
> Von Spielleuten habe ich in meiner Kindheit singen hören, dass Guillaume einst Osmont umgebracht hat, und dem Grafen Riouf die Augen ausgestochen hat, [...] ich weiß nichts von denen, kann nichts über sie finden, wenn ich keine Sicherheit über sie habe, will ich auch nichts über sie erzählen.

Der König entzieht Wace den Auftrag zur Chronik der Normannen, als dieser bei Heinrich I. (1100 – 1135) angekommen ist, und beauftragt damit stattdessen Benoît de Saint-Maure, dessen Buch aber ebenfalls – ohne Angabe von Gründen – mit Heinrich I. endet. Der Hintergrund für diesen Wechsel des Chronisten dürfte darin liegen, dass Wace sich dem König und den Großen der normannischen Geschichte gegenüber eher kritisch verhält.

Anders als der *Roman de Rou* ist Benoîts *Chronique des ducs de Normandie*[28] stark panegyrisch geprägt. Sie entsteht um 1175 und erzählt die Geschichte der normannischen Herrscher von ihren skandinavischen Ursprüngen bis zu Heinrich I. Benoîts Quellen sind die lateinischen Chroniken der Normannen, aber auch Waces Werk.

---

27 Wace (Anm. 26), V. 1361 – 1367.

28 Benoît de Sainte-Maure: *Chronique des ducs de Normandie*. Hrsg. von Carin Fahlin, 4 Bde., Uppsala 1951 – 1979.

Die volkssprachliche Chronik, die zur Regierungszeit Heinrichs II. Plantagenêt entstand, ist ein wesentlicher Teil der normannischen ‚Propaganda'.[29] Mit Jordan Fantosmes Chronik über die Jahre 1173 und 1174 liegt auch ein volkssprachlicher Bericht über zeitgenössische Ereignisse vor, die sich, wenn auch verhaltender, in diese ‚Propaganda' einfügt. Im Zentrum dieser Chronik, die den Aufstand der Söhne Heinrichs II. gegen ihren Vater und den daraus resultierenden Krieg gegen Schottland zum Thema hat, steht König Heinrich II., [*l*]*e plus hunurable et le plus conquerant / Que fust en nule terre puis le tens Moysant*[30] („der ehrenvollste und siegreichste, den es auf Erden seit der Zeit Mose gegeben hat"). Im Gegensatz zu Wace und Benoît verweist Fantosme immer wieder darauf, dass der Lauf der Geschichte in Gottes Hand liege,[31] ein Aspekt, der in den anderen anglonormannischen Chroniken nicht prominent ist. Formal steht Fantosmes Werk der Chanson de geste nahe, Laissen und Assonanzen, aber auch gelegentliche Publikumsanreden im Stil der Chanson de geste unterscheiden sie deutlich von den anderen Reimchroniken.[32] Das komplexe, an der lateinischen Metrik geschulte Metrum beweist allerdings Fantosmes Absicht, ein formal anspruchsvolles Werk zu schaffen, das zudem inhaltlich sorgfältig komponiert ist.[33]

Die volkssprachlichen Geschichtsdarstellungen aus dem Umfeld des Königshofes zeugen somit alle vom Bestreben ihrer Verfasser, Werke zu schaffen, die gleichberechtigt neben der vielfältigen lateinischen Literatur am angevinischen Hof bestehen können.

2 Volkssprachliche Geschichtsschreibung im französischen Königreich – Die Anfänge

Die französischen Könige des 12. und frühen 13. Jahrhunderts, Ludwig VI. und Philipp II. August, zeigten keine Bestrebungen, die Geschichte ihrer Herrschaft in schriftlichen Texten in der Volkssprache verbreiten zu lassen; über ihre Herr-

---

29 Ich folge hier Martin Aurell (L'Empire des Plantagenêt. 1154–1224, Paris 2003, S. 95–183, besonders S. 148–183), der die „Idéologie des Plantagenêt" detailliert untersucht hat.

30 [Jordan Fantosme]: *Chronique de la guerre entre les Anglois et les Ecossois en 1173 et 1174.* Altfranzösisch/Englisch. Hrsg. und übersetzt von Ronald Carlyle Johnston, Oxford 1981, V. 111 f.

31 Vgl. Ronald Carlyle Johnston im Vorwort seiner Ausgabe (Anm. 30), S. XVI.

32 Etwa gleich am Textanfang, wo es heißt: *Oëz veraie estoirë: Que Deus vos beneïe!* („Hört eine wahre Geschichte, Gott möge Euch segnen!"); Jordan Fantosme (Anm. 30), V. 1.

33 Vgl. dazu Johnston im Vorwort seiner Ausgabe (Anm. 30), S. XX–XLIII. Johnston nimmt die gebildete Elite am Hof als mögliches Publikum an (vgl. S. XXIII).

schaftszeiten gibt es nur lateinische Geschichtswerke. Beide Könige beauftragten Chronisten damit, die wichtigen Ereignisse der jeweiligen Regierungszeit festzuhalten und in lateinischen Lebensbeschreibungen darzulegen. Volkssprachliche Berichte über die jüngste Vergangenheit liegen aber in Chansons de geste vor, die von den Kreuzzügen erzählen und die wohl von heimgekehrten Kreuzzugsteilnehmern verfasst und später überarbeitet worden sind. Erst in der zweiten Hälfte des 13. Jahrhunderts entstanden auch am französischen Hof schriftlich konzipierte Geschichtswerke, die Laien zugänglich waren. Es wurden lateinische Königsviten für das Französische adaptiert oder direkt auf Französisch geschrieben; auch Chroniken werden jetzt in der Volkssprache verfasst. Wie im angevinischen Reich der zweiten Hälfte des 12. Jahrhunderts wurde nun auch in Frankreich die Geschichtsschreibung als Bereich angesehen, der nicht allein den Gelehrten zugänglich sein sollte. Ein wichtiger Aspekt ist sicher auch, dass einerseits die Chanson de geste, die bisher das Medium volkssprachlicher Geschichtstradierung war, zunehmend an Glaubwürdigkeit verlor und andererseits das Publikum für schriftlich konzipierte Literatur im 13. Jahrhundert signifikant zunahm.

2.1 Die Berichte über die Kreuzzüge ins Heilige Land

Die überlieferte volkssprachliche Geschichtsschreibung in Frankreich begann im ausgehenden 12. Jahrhundert mit Kreuzzugsberichten. Zwar wurden vermutlich zu allen Kreuzzügen neben lateinischen Chroniken[34] auch volkssprachliche Darstellungen verfasst, im 12. Jahrhundert handelte es sich aber wohl vor allem um Chansons de geste, die für die mündliche Tradierung konzipiert waren und nicht erhalten sind.[35] An den verschiedenen Kreuzzugsdarstellungen lässt sich die Entwicklung der volkssprachlichen Geschichtsschreibung in Frankreich vom 12. zum 13. Jahrhundert verfolgen.

Die Ereignisse des Ersten Kreuzzugs sind nur in lateinischen Texten überliefert. Der älteste Text, der die Ereignisse bis 1099 enthält, ist die anonyme *Gesta Francorum et aliorum Hierosolimitanorum*, die ca. 1100 geschrieben wurde.[36]

---

34 Vgl. zur lateinischen Überlieferung über die Kreuzzüge den Überblick von Hofmann (Anm. 8), S. 496–518. Eine knappe Übersicht über die wichtigsten Chroniken bietet Susan B. Edington: [Art.] Cruisading Chronicles. In: EMC 1, S. 499 f.

35 Von den beiden ersten Kreuzzügen sind keine Lieder in der frühen Fassung überliefert; die Chansons de geste über den Ersten Kreuzzug sind nur in späteren Überarbeitungen erhalten (siehe unten S. 674 f.).

36 Vgl. dazu Beata Spieralska: [Art.] *Gesta Francorum et aliorum Hierosolimitanorum*. In: EMC 1, S. 697.

Fulcher von Chartres, Kaplan Balduins von Boulogne (des späteren Königs von Jerusalem), und Raimund von Aguilers, Kaplan Raimunds IV. von Saint-Gilles, schrieben ebenfalls Chroniken aus der Sicht von Kreuzzugsteilnehmern, wenn auch Fulcher seine *Historia Hierosolymitana* (verfasst 1101–1127) mit Materialien aus anderen Quellen ergänzte. Robert der Mönch war Zeuge der Kreuzzugsrede von Papst Urban, nahm aber nicht am Kreuzzug teil. Seine Kreuzzugschronik basiert weitgehend auf der *Gesta Francorum.*[37]

In der Volkssprache sind die Ereignisse des Ersten Kreuzzugs und der Eroberung Jerusalems in Liedern erinnert worden, die wohl unmittelbar im Anschluss an den Ersten Kreuzzug im ersten Jahrzehnt des 12. Jahrhunderts entstanden, aber nicht überliefert sind. Sie liegen uns nur in einer Überarbeitung aus dem späten 12. Jahrhundert vor, die ursprüngliche Form lässt sich nur annäherungsweise rekonstruieren. Graindor de Douai, der in den 1180er Jahren einen Zyklus über den Ersten Kreuzzug und das lateinische Königreich Jerusalem zusammenstellte, überarbeitete und ergänzte sie mit Material aus den lateinischen Berichten über diesen Kreuzzug.[38] Sein Zyklus ist das erste volkssprachliche Geschichtswerk aus dem französischen Königreich, das ein zurückliegendes Ereignis mit Hilfe von Quellen erzählt, also ein den anglonormannischen Reimchroniken entsprechendes Verfahren verwendet. Die *Chanson d'Antioche* beschreibt den Kreuzzug von der Rede Papst Urbans und den Predigten Peters des Einsiedlers (Pierre l'Ermite) bis zur Einnahme Antiochias durch die Kreuzfahrer, die *Chanson de Jerusalem* die Eroberung Jerusalems durch die Kreuzfahrer bis zur Ernennung Gottfrieds von Bouillon zum Herrn von Jerusalem. Graindors Bearbeitung zeigt die typischen Merkmale einer Chanson de geste: Er verwendet nicht nur die Form (Laissen und Assonanzen), sondern bedient sich auch häufiger und emphatischer Publikumsanreden:

> *Or entendés baron,* que *Diex vos face aiue!*
> *Cançon molt bien rimee, de bons vers entessue.*
> *Beneoite soit France et de Diu absolue!*

37 Vgl. Hofmann (Anm. 8), S. 496–507.

38 Die Existenz dieser alten Lieder ist umstritten, aber nicht ausgeschlossen. Graindor verweist auf ‚Richard den Pilger' als Verfasser seiner Vorlage. Graindor kennt die lateinischen Kreuzzugstexte, keiner davon kommt aber als direkte Vorlage des Zyklus in Frage. Vgl. zu Graindor und Richard Suzanne Duparc-Quioc in: *La Chanson d'Antioche.* Étude critique. Hrsg. von Suzanne Duparc-Quioc, Paris 1978 (Documents relatifs à l'histoire des croisades XI/2), S. 99–205, besonders S. 143–147; zum Zyklus insgesamt vgl. Dies.: *Le Cycle de la croisade*, Paris 1955.

Car tante bone gens en sont de li issue
Ki conquisent la terre sor la gent mescreüe.[39]

Nun hört, ihr Herren – Gott möge euch beistehen! – ein sehr gut gereimtes Lied, aus guten Versen gemacht. Gesegnet sei Frankreich und von Gott erlöst! Denn so viele gute Leute sind aus ihm fortgegangen, die das Land von dem ungläubigen Volk zurückeroberten.

Zudem passt er die alten Lieder formal und inhaltlich an die Erwartung seiner Zeit an volkssprachliche Texte an, die von Zyklenbildung und aufwendiger narrativer Ausgestaltung geprägt sind. Die einzelnen Teile des Zyklus[40] sind durchaus sorgfältig komponiert, allerdings bleibt Graindor (anders als Fantosme) dem Stil der Chanson de geste treu. Die *Chanson d'Antioche* enthält aber durchaus historisch belastbare Informationen über den Ersten Kreuzzug, die auch in den lateinischen Chroniken überliefert sind, und berichtet immer wieder nicht nur über die adligen Heerführer,[41] sondern auch über die untergeordneten Kämpfer, das Fußvolk und deren Leiden. Besonders eindrücklich und realistisch ist die Beschreibung der Hungersnot während der Belagerung von Antiochia, die die Lebensmittelpreise in die Höhe trieb und riskante Nachschubmanöver provozierte.[42]

Die *Chanson de Jerusalem* stimmt in den Fakten ebenfalls weitgehend mit den lateinischen Chroniken überein, gestaltet die Erzählung aber dem bedeutungsvollen Gegenstand entsprechend aus: So greifen im entscheidenden Kampf um die Stadt die Heiligen Georg und Mauritius mit einem Heer von 30.000 Kämpfern ein. Der Heilige Georg versichert dem Heerführer Gottfried von Bouillon seine Hilfe:

Dist Sains Jorges au roi: „Amis esperonés!
Cist vos vienent aidier, or verons que ferez;
Se vos estes preudom, ja le nos mostrerrés."
Lors broce le ceval, poingant s'en est tornés;
Tos ses bons compaignons en a o lui menés
E li rois Godefrois est après ax alés.[43]

39 *La Chanson d'Antioche.* Édition du texte d'après la version ancienne. Hrsg. von Suzanne Duparc-Quioc, Paris 1976 (Documents relatifs à l'histoire des croisades XI/1), V. 1983–1987.

40 Neben der *Chanson d'Antioche* gehören dazu die *Chanson de Jérusalem* und *Les Chétifs*; letztere ist allerdings nicht historiographischer Natur.

41 Immer wieder werden, insbesondere bei Kampfbeschreibungen, die einzelnen berühmten Teilnehmer in einer eigenen Laisse gezeigt, etwa Gottfried von Bouillon, Boemundus von Sizilien und Kalabrien oder Tankred von Tarent. Die in der *Chanson* namentlich erwähnten Kreuzzugsteilnehmer stimmen mit den Listen in lateinischen Quellen überein.

42 *La Chanson d'Antioche* (Anm. 39), V. 3478–3519.

43 *La Conquête de Jerusalem.* Hrsg. von Nigel R. Thorp, Tuscaloosa/London 1992, V. 5982–5987. Auch in der letzten Schlacht greifen die Heiligen mit ihren himmlischen Heerscharen ins Kampfgeschehen ein (V. 9376–9385).

> Sankt Georg sagt zum König [Gottfried von Bouillon]: „Freund, gebt die Sporen! Sie kommen Euch zu Hilfe, wir werden sehen, was Ihr macht; wenn Ihr tapfer seid, dann zeigt es uns jetzt.“ Dann gibt er seinem Pferd die Sporen und reitet im Galopp weg; er hat alle seine guten Begleiter mitgenommen und König Gottfried ist hinter ihnen her geritten.

Die Heiden werden in ihrem Reichtum und ihrer falschen Religion gezeigt, nach der Niederlage vor Jerusalem kommt Satan in ihr Lager, um ihnen Mut zu machen.[44]

Die Vorstellung, dass die Kreuzfahrer als Pilger ins Heilige Land ziehen und mit ihren Eroberungen der heiligen Stätten Gottes Willen erfüllen, durchzieht alle Teile des Zyklus: *Deus vult* – „Gott will [es]“ – war der Schlachtruf des Ersten Kreuzzugs,[45] und entsprechend sicher sind sich die Kreuzfahrer in ihrem Unternehmen. Der ganze Zyklus ist sichtlich darauf angelegt, den Kreuzzug als epochale Aufgabe der christlichen Ritter zu bestätigen und den historisch auch durch andere Texte belegten Stoff in eine Form zu bringen, die ihn den anderen Chanson-de-geste-Zyklen der Zeit angleicht.

Im Unterschied zum Ersten Kreuzzug nahmen am Zweiten und Dritten Kreuzzug Könige teil, am zweiten Ludwig VII., am dritten neben dem deutschen Kaiser aus dem französischen Sprachraum Philipp August von Frankreich und Richard I. (Löwenherz) von England. Alle drei wurden von ihren Hofchronisten begleitet, sodass es von diesen Kreuzzügen jeweils offizielle Berichte in lateinischer Sprache gibt. Allerdings haben diese Kreuzzüge nicht mehr das historiographische Echo des ersten, zumal beide aus französischer und anglonormannischer Sicht wenig erfolgreich waren. Odo von Deuil, der Ludwig VII. als dessen Kaplan auf dem Zweiten Kreuzzug begleitete, gibt in seiner *Profectione Ludovici VII in Orientem* einen recht genauen Bericht des Unternehmens, volkssprachliche Texte über den Zweiten Kreuzzug sind aber nicht überliefert.

---

44 Satan betont, dass ihm die Herrschaft über die Erde zukomme, während Gott nur für den Himmel zuständig sei: *Damledex gart son ciel; la terre ai à bailler* (V. 6178, „Der Herrgott behalte seinen Himmel; mir ist die Erde überlassen“). Daher gebe er denen, die auf seiner Seite sind, alle Reichtümer der Erde (V. 6175–6195).

45 Robert der Mönch, der beim Kreuzzugsaufruf des Papstes Urban II. anwesend war, überliefert diesen Ausruf als Antwort der Zuhörer auf die Rede. Edition: *The Historia Iherosolimitana of Robert the Monk.* Hrsg. von Damien Kempf, Rochester 2013, S. 7: *Hec et id genus plurima ubi papa Urbanus urbano sermone peroravit, ita omnium qui aderant affectus in unum conciliavit, ut adclamarent: ‚Deus vult! Deus vult!‘* („Als Papst Urban dies und noch mehr in dieser Weise auf eloquente Weise gesagt hatte, waren alle Anwesenden so ergriffen, dass sie sich alle einig waren und riefen: ‚Gott will [es]! Gott will [es]!‘“). Und wenig später ergänzt der Papst: *Cum in hostem fiet bellicosi impetus congressio, erit universis haec ex parte Dei una vociferato: ‚Deus vult! Deus vult!‘* („Wenn ihr gemeinsam den Feind angreift, sei dies euer Schlachtruf, der von Gott kommt: ‚Gott will [es]! Gott will [es]!‘“).

Ähnlich verhält es sich mit dem Dritten Kreuzzug. Die kurze Teilnahme Philipp Augusts wird von dessen ‚Hofchronisten' Rigord[46] in der Lebensbeschreibung des Königs berichtet. Über die Beteiligung Richards I. liegt ein *Itinerarium Peregrinorum et Gesta Regis Ricardi* aus dem frühen 13. Jahrhundert vor, das vermutlich auf das Itinerarium eines Kreuzzugteilnehmers zurückgeht,[47] aber auch eine volkssprachliche Quelle verwendet, die anglonormannisch geschriebene *Estoire de la Guerre Sainte.*[48]

Dieser Bericht von Ambroise d'Evreux, einem Teilnehmer im Gefolge Richards I. von England, ist wohl die verlässlichste volkssprachliche Quelle über Richards Beteiligung am Kreuzzug. Ambroise orientiert sich formal an den Verschroniken und schreibt als Erster Ereignisgeschichte im gepaarten Achtsilber, dem Leseverss der Zeit. Auch sprachlich orientiert er sich an der erzählenden Literatur und den Verschroniken, es gibt etwa keine Publikumsanreden im Stil der Chanson de geste. Ambroise ist ein großer Bewunderer seines Königs, Richard steht als Held im Zentrum der *Estoire de la Guerre Sainte.* Die Erzählung folgt häufig seinem Blickwinkel, so etwa bei der Fahrt nach Akkon:

Al matin vit Candalion
Li preuz reis, li quor de lion,
Et trespassa Casel Imbert.
Lors si vit Acre a descovert [...].[49]

Am Morgen erblickte der edle König, das Löwenherz, Escandelion und fuhr an Casel Imbert vorbei. Dann sah er Akkon frei vor sich [...].

Richard ist der herausragende Heerführer der Christen, und diesen Eindruck erreicht Ambroise auch damit, dass er dessen besonderes Lob seinen Gegnern in den Mund legt. Nach einer schweren Niederlage rechtfertigen sich die muslimischen Emire ihrem Sultan gegenüber mit dem unbesiegbaren König:

A toz les besoinz *est il trovez*
Com bon chevaler esprovez.

---

46 Rigord, Mönch in Saint-Denis, bezeichnete sich selber als *regis Francorum cronographus* (vgl. *Gesta Philippi Augusti.* Hrsg. von Élisabeth Carpentier/Georges Pon/Yves Chauvin, Paris 2006, S. 110).

47 Vgl. Hofmann (Anm. 8), S. 512.

48 Vgl. zur Überlieferung insgesamt Marianne Ailes: Introduction. In: The History of the Holy War. Ambroises *Estoire de la Guerre Sainte.* Bd. 2. Übersetzt von Marianne Ailes mit Erläuterungen von Dies./Malcolm Barber, Woodbridge 2003, S. 1–25, hier S. 16–20.

49 The History of the Holy War. Ambroises *Estoire de la Guerre Sainte.* Bd. 1. Hrsg. von Marianne Ailes/Malcolm Barber, Woodbridge 2003,V. 2305–2308.

C'est cist qui des noz feit esart;
Si l'apelent ,Melec Richard',
E tel melec deit tenir terre
E aveir e despendre e conquere.[50]

Er ist immer da, wo er gebraucht wird, als ein guter und erprobter Ritter. Er ist es, der die Unsrigen niedermetzelt; sie nennen ihn ,*Melec Richard*', und ein solcher *melec* muss das Land beherrschen, Besitz haben und verteilen und erobern.

Die *Estoire de la Guerre Sainte* wird so zum Bericht über den Kreuzzug Richards I.,[51] die Kämpfe werden ganz aus anglonormannischer Perspektive dargestellt. Für diesen Aspekt des Dritten Kreuzzugs ist Ambroise als Zeuge auch aus moderner historiographischer Sicht wertvoll.

Das literarische Paradigma ändert sich mit der Wende zum 13. Jahrhundert. Die Chansons de geste verlieren ihre Funktion als glaubhafte Geschichtsüberlieferung in der Volkssprache. An ihre Stelle treten Berichte von Kreuzzugsteilnehmern oder Chroniken in gereimten Achtsilbern oder in Prosa. Der politisch sehr umstrittene Vierte Kreuzzug wird als erster in der Volkssprache in einer Form überliefert, die sich weder an der Chanson de geste noch an den Reimchroniken orientiert. Dieser Vierte Kreuzzug, der 1204 mit der Eroberung Konstantinopels endete, ist im bekanntesten Kreuzzugsbericht, in der Chronik Gottfrieds von Villehardouin, tradiert. Dieser Bericht stellt in der volkssprachlichen Geschichtsschreibung Frankreichs ein Novum dar.

Gottfried von Villehardouin war als Marschall der Champagne einer der Initiatoren und Führer des Vierten Kreuzzugs gewesen. Sein Bericht,[52] vermutlich zwischen 1207 und 1213 geschrieben, beginnt mit den Verhandlungen innerhalb Frankreichs sowie mit den Venezianern im Vorfeld des Kreuzzugs. Dann berichtet Villehardouin von den einzelnen militärischen Etappen und beschreibt schließlich die Einnahme Konstantinopels aus der Sicht der Anführer des eigenen Heeres. Er schildert nicht nur die Schwierigkeiten mit den jeweiligen Gegnern, sondern insbesondere auch die mit den eigenen Verbündeten, die ihren Verpflichtungen

50 The History of the Holy War (Anm. 49), V. 6820 – 6825.

51 Vgl. Ailes (Anm. 48), S. XVI.

52 Geoffroy de Villehardouin: *La Conquête de Constantinople.* In: Historiens et chroniqueurs du Moyen Age. Robert de Clari, Villehardouin, Joinville, Froissart, Commynes. Hrsg. von Albert Pauphilet, Paris 1952 (Bibliothèque de la Pléiade), S. 83 – 194. Auszugsweise übersetzt in: Chroniken des Vierten Kreuzzugs. Die Augenzeugenberichte von Geoffroy de Villehardouin und Robert de Clari. Hrsg. und übersetzt von Gerhard E. Sollbach, Pfaffenweiler 1998, S. 20 – 81; Biographische Angaben und kurze Charakterisierungen der Berichte finden sich in den jeweiligen Vorbemerkungen der Ausgaben zu Villehardouin, S. 85 – 87 in der französischen und S. 9 – 14 in der deutschen Ausgabe; zu Robert de Clari S. 3 – 5 bzw. S. 14 – 17.

nicht nachkamen und so die prekäre finanzielle Lage der Kreuzfahrer, die umfangreiche Verpflichtungen den Venezianern gegenüber eingegangen waren, verschärften.

Villehardouin geht sehr ausführlich auf die Vorbereitungen zum Kreuzzug ein: von den Predigten Foulques' de Neuilly (Fulko von Neuilly) über die Verhandlungen mit den Venezianern bis zur Bereitstellung der Schiffe. Er ist als hochrangiger Politiker in diese Vorbereitungen involviert, er schließt auch den Vertrag mit den Venezianern. Als ein Jahr später der Kreuzzug startet (1202), finden sich viel weniger Ritter in Venedig ein als geplant, die Kreuzfahrer können ihre finanziellen Verpflichtungen nicht erfüllen. Die genaue Schilderung der Vorbereitungen, die im Wortbruch derjenigen Kreuzritter enden, die nicht nach Venedig gekommen waren, dienen Villehardouin als Begründung für den ungeplanten Verlauf des Kreuzzugs:[53]

> *Ha! come granz domages fu, quant li autre qui alèrent aus autres porz ne vindrent illuec! Bien fust la crestientez hauciée et la terre des Turcs abaissiée! Mult orent bien attendues totes lor convenances li Venicien, et plus assez; et il semonstrent li comtes et li barons les lor à tenir, et que li avoirs lors fust renduz* [...].[54]

> Ah! Was für ein großes Unglück war es, daß die anderen, die zu anderen Häfen gingen, nicht dahin kamen! Dadurch wäre die Christenheit sehr erhöht und das Land der Türken niedergeworfen worden! Die Venezianer hatten in vollem Umfang ihre Verpflichtungen erfüllt, und noch darüber hinaus. Und sie mahnten die Grafen und Barone, ihre Verpflichtungen einzuhalten und ihnen das Geld zu übergeben [...].[55]

Statt direkt nach Syrien zu fahren, müssen die Kreuzfahrer das Angebot der Venezianer, zur Schuldentilgung die Stadt Zara, das heutige Zadar an der kroatischen Küste, für Venedig zu erobern, annehmen. Ebenfalls noch in Venedig verpflichtet der Sohn des rechtmäßigen Kaisers von Byzanz die Kreuzfahrer darauf, seinem Vater gegen den Usurpator Alexios III. zu helfen. Villehardouin beschreibt diese beiden Forderungen, die letztlich zum Scheitern des Kreuzzugs führen, sehr genau, ebenso die Spaltung des Heeres in zwei Lager; er spricht von den Grafen und Baronen auf der einen und „denjenigen, die das Heer auflösen wollten" auf der anderen Seite.[56] Letztere provozieren vor Zara die Eroberung der Stadt, indem sie eine sich abzeichnende friedliche Lösung torpedieren, obwohl ein Abt, der auf der Seite der Grafen und Barone steht, ausdrücklich und im Namen des Papstes den

---

53 Einen knappen Abriss der tieferliegenden Gründe gibt SOLLBACH (Anm. 52), S. 12 f. in der Einleitung zu seiner Übersetzung.

54 Villehardouin (Anm. 52; PAUPHILET), S. 98.

55 Villehardouin (Anm. 52; SOLLBACH), S. 32.

56 Villehardouin (Anm. 52), S. 99 (PAUPHILET) bzw. S. 33 (SOLLBACH).

Angriff auf die christliche Stadt verbietet.[57] Solche Zwangslagen behindern das Unternehmen immer wieder, am deutlichsten in Konstantinopel.

Die Rechtfertigung für die Eroberung von Konstantinopel findet Villehardouin im Verhalten der Griechen, die in seiner Darstellung durchweg als Verräter und unzuverlässige Bündnispartner erscheinen. Er geht ausführlich auf die innenpolitischen Streitigkeiten in Konstantinopel und die Versuche der Kreuzritter ein, Kontrolle über die Stadt zu bekommen. Die Auseinandersetzung zwischen den beiden Kaisern Konstantinopels (Isaak II. und Alexios III.) bietet den Anlass, die Stadt zu belagern, bis Alexios III. flieht und Isaak II. und dessen Sohn, Alexios IV., eingesetzt werden können. Zunehmende Konflikte mit Alexios IV. und ein Staatsstreich, in dessen Folge der neue Herrscher, Alexios V. Murzuphlos die Kreuzfahrer angreift, geben den Anlass, Konstantinopel zu erobern und zu plündern. Villehardouin ist sichtlich bemüht, diese Aktion zu rechtfertigen; nach seiner Darstellung hatte Alexios V. den abgesetzten Alexios IV. umbringen lassen:

> *Mais meutres ne puet estre celez. Clerement fu seu prochainement des Grieus et des François que li meurtres ere si faiz com vos avez oï retraire. Lors pristrent li baron de l'ost et li dux de Venise un parlement; et si furent li evesques et toz li clergiez. A ce accorda toz li clergiez (et cil qui avoient le commandement de l'Apostoile le mostrèrent as barons et as pelerins) que cil qui tel meurtre faisoit, n'avoit droit en terre tenir; et tout cil qui estoient consentant, estoient parçonier del meurtre ; et outre tot ce, que il s'estoient sostrait de l'obedience de Rome.*[58]

> Doch Mord kann nicht verborgen bleiben. Den Griechen und den Franzosen wurde bald klar, daß der Mord so begangen worden war, wie ihr es erzählen gehört habt. Daraufhin hielten die Barone des Heeres und der Herzog von Venedig eine Beratung ab. Und dabei waren auch die Bischöfe und die gesamte Geistlichkeit. Und darüber war sich die gesamte Geistlichkeit einig und diejenigen, die vom Papst den Auftrag erhalten hatten – und sie zeigten ihn den Baronen und den Kreuzfahrern –, daß derjenige, der einen solchen Mord beging, kein Recht habe, das Land zu besitzen, und daß alle diejenigen, die das billigten, Mordgehilfen seien, und daß sie sich außerdem dem Gehorsam Roms entzogen hätten.[59]

Zudem verweist Villehardouin immer wieder in einem weiteren Akt der Rechtfertigung der widerrechtlichen Eroberung Konstantinopels darauf, dass die Kreuzfahrer stets mit der Hilfe Gottes siegreich waren. Nach dem Sieg ist Villehardouin maßgeblich an der Inthronisation Balduins von Flandern als Kaiser des neugegründeten Lateinischen Kaiserreichs beteiligt und schildert die Aufteilung des Reiches sowie die verschiedenen Eroberungszüge. Als die Kreuzfahrer 1206/1207 unter Druck geraten und zunehmend Land verlieren, stellt er dies als Folge

57 Villehardouin berichtet von der erfolgreichen Initiative der Barone, beim Papst Verständnis für ihre Zwangslage und Vergebung zu erlangen.

58 Villehardouin (Anm. 52; Pauphilet), S. 132.

59 Villehardouin (Anm. 52; Sollbach), S. 70.

der Unterzahl dar. Nach der Gefangenname des Kaisers 1205 übernimmt Villehardouin die Verantwortung, bis Heinrich, Balduins Bruder, zum Statthalter (und später zum Kaiser) bestimmt wird. Villehardouin nennt sich selber, wie auch schon gelegentlich an früheren Stellen, mit Namen und Titel: *Et quant ce vit Joffrois li marechaus de Champaigne* [...], [*l*]*ors manda Joffrois de Ville-Hardoin, le marechaus de Champaigne et de Romenie* [...][60] („Als das Geoffroy, der Marschall der Champagne, sah [...], da schickte Geoffroy von Villehardouin, der Marschall der Champagne und Rumäniens [...]"[61]). Sein Bericht endet 1207 mit dem Tod Bonifatius' von Montferrat, dessen Vasall er geworden war.

Villehardouins Chronik ist spürbar das Werk eines der Verantwortlichen, der die Unternehmung des Vierten Kreuzzugs in einem möglichst günstigen Licht darstellen will. Alle seine Beschreibungen lassen den Blick und das umfassende Wissen des einflussreichen Politikers erkennen. Er zählt die Hauptakteure meist namentlich auf, ist in alle Entscheidungen eingebunden und in alle Verhandlungen eingeweiht. Er kennt die großen Zusammenhänge der europäischen Politik – etwa die Rolle, die der deutsche Kaiser im Streit um Konstantinopel spielen sollte – und betont immer wieder die Zwänge, denen die Kreuzfahrer ausgesetzt sind. Auch nach dem Sieg der Kreuzritter, der in der Plünderung Konstantinopels endet, bleibt er seiner Rolle als über den Dingen stehender und auf Gerechtigkeit sinnender Politiker treu, wenn er von den Versuchen einer gerechten Beuteverteilung berichtet. Die sich daran anschließenden Kämpfe um Griechenland stellt er als unermüdliches Bemühen des lateinischen Kaiserreichs dar, sich gegen eine feindliche Übermacht zu behaupten, sich selber zeichnet er dabei als entscheidende politische Figur.

Formal stellt die Chronik eine Neuerung in der französischsprachigen Geschichtsschreibung dar: Es handelt sich um die erste Chronik, die in Prosa verfasst ist.[62] Der Stil ist einfach und nahe an der mündlichen Sprache. Villehardouin ging es nicht darum, ein anspruchsvolles Werk über den Kreuzzug zu verfassen, er intendiert keine Verherrlichung der Kreuzfahrer, wie sie die volkssprachlichen Berichte über den Ersten Kreuzzug oder auch Ambroise d'Evreux unternehmen, er erklärt in einer sachlichen und schlichten Sprache den Verlauf der Unternehmung.

Es gibt weitere Berichte über den Vierten Kreuzzug, von denen insbesondere die Schilderung Roberts de Clari eine interessante Perspektive bietet. Robert de Clari, ein einfacher Ritter, beschreibt die Eroberung von Zara und Konstantinopel

---

60 Villehardouin (Anm. 52; PAUPHILET), S. 163. An dieser Stelle finden sich weitere derartige Satzanfänge.

61 Übersetzung von Verf., da dieser Teil von SOLLBACH nicht mehr behandelt worden ist.

62 Der Wechsel von der gebundenen Rede in die Prosa in der erzählenden Literatur findet ebenfalls um 1200 statt; es handelt sich um einen Paradigmenwechsel, der nahezu die gesamte volkssprachliche Literatur erfasst.

aus der Sicht eines Teilnehmers, der nicht zur Führungsgruppe der Kreuzfahrer gehört, sein Einblick in die Motive der Verantwortlichen und in die größeren Zusammenhänge ist daher beschränkt,[63] seine Angaben sind manchmal ungenau. Aber sein Bericht ergänzt den Villehardouins um Details, die dem großen Adligen unwichtig sind. Villehardouin beschreibt z. B. die Abfahrt der Kreuzfahrer aus Venedig aus der Sicht des militärischen Führers:

> *Adonc furent departies les nefs et li uissier par les barons. Ha! Dieu, tant bon destrier i ot mis!* [...] *et ce fu as octaves de la feste saint Remi en l'an de l'incarnation Jesu-Crist mil deus cenz anz et deus. Einsi partirent del port de Venise com vos avez oï.*[64]
>
> Dann wurden die Transportschiffe und die Lastschiffe unter die Barone aufgeteilt. Ah! Mein Gott, was für herrliche Schlachtrösser wurden da hineingebracht! [Es folgt die Aufzählung der Ladung; Anmerkung von Verf.] Und das geschah in der Oktav des Festes des heiligen Remigius im Jahr der Fleischwerdung Jesu Christi eintausendzweihundert und zwei. Sie verließen den Hafen von Venedig wie ihr gehört habt.[65]

Robert de Clari äußert sich nur knapp zu den Schiffen des eigenen Heeres und beschreibt dann die fremden Schiffe der Venezianer, die Villehardouin nicht erwähnt:

> [C]*hascuns des hauz hommes avoit sa nef à lui et à sa gent, et son uissier à ses chevaux mener. Et li Dux de Venice avoit avec lui cinquante galies tout à son coust. La galie où ens il estoit ert toute vermeille, et s avoit un paveillon tendu par desus d'ele d'un vermeil samit; si avoit quatre buisines d'argent devant lui qui buisinoient, et timbres qui grant joie demenoient.*[66]
>
> Jeder der großen Herren hatte sein Transportschiff für sich und für seine Leute und auch sein Lastschiff, um seine Pferde mitzuführen. Der Herzog von Venedig führte auf seine eigenen Kosten fünfzig Galeeren mit sich. Die Galeere, auf der er war, war hellrot mit jenem darüber gespannten Zelt aus hellroter Seide. Vor sich hatte er vier [...] Trompeter mit silbernen Trompeten, die erschallten, und Trommelschläger, die einen sehr fröhlichen Lärm machten.[67]

Robert de Claris Bericht gibt Einblick in die Wahrnehmung der einfachen Kreuzzugsteilnehmer, denen die Absichten der Führung nicht immer klar waren und die sich offensichtlich ihre eigenen Erklärungen schufen.[68]

---

63 Robert de Clari: *La Conquête de Constantinople*. In: Historiens et chroniqueurs du Moyen Age (Anm. 52), S. 1 – 81; auszugsweise übersetzt in: Chroniken des Vierten Kreuzzugs (Anm. 52), S. 82 – 137.

64 Villehardouin (Anm. 52; Pauphilet), S. 101.

65 Villehardouin (Anm. 52; Sollbach), S. 36 f.

66 Robert de Clari (Anm. 52; Pauphilet), S. 15.

67 Robert de Clari (Anm. 52; Sollbach), S. 91.

68 Vgl. dazu Sollbach in: Chroniken des Vierten Kreuzzugs (Anm. 52), S. 16 f.

2.2 Die Albigenserkreuzzüge

Aus dem frühen 13. Jahrhundert gibt es auch Berichte über Kreuzzüge innerhalb Frankreichs. Diese Kreuzzüge, 1208 von Papst Innozenz III. ausgerufen, richten sich zunächst gegen die Albigenser und Katharer, spätestens nach dem Tod des Papstes 1216 geht es aber vorrangig um die Vorherrschaft in der Grafschaft Toulouse. Hauptakteur der ‚Kreuzfahrer' ist in dieser zweiten Phase Simon IV. de Montfort. Über die Jahre 1208 bis 1218, dem Todesjahr Simons IV., gibt es mit der okzitanischen *Canso de la Crozada* einen langen, historisch glaubwürdigen Bericht. Die *Canso* besteht aus zwei ganz unterschiedlichen Teilen. Der erste Teil stammt von einem Priester, Guilhelm de Tudela, der auf Seiten der Kreuzfahrer stand, der zweite von einem anonymen Gegner des Kreuzzugs aus politischen (nicht aus religiösen) Gründen.[69]

Guilhelm de Tudela lebte zur Zeit des Kreuzzugs (1209–1229) in Südwestfrankreich, sein Bericht umfasst die Ereignisse von 1209 bis 1212 und ist wohl 1212 entstanden.[70] Er steht klar auf der Seite der Kirche und verurteilt die Häretiker, allerdings klagt er auch die Grausamkeit der Bestrafungsaktionen an. Die Belagerung von Béziers endet mit der Massakrierung seiner Bewohner, Guilhelm beschreibt das folgendermaßen:

Per so son a Bezers destruit e mal mis
Que trastotz los aucisdron: No lo podo far pis.
E totz sels aucizian qu'el mostrier se sont mis,
Que no·ls pot gandir crotz, autar ni cruzifis;
E los clercs aucizian li fols ribautz mendics
E femnas e efans, c'anc no cug us n'ichis.
Dieus recepia las armas, si·l platz, en paradis![71]

Deshalb wurden die Einwohner von Béziers massakriert, sie haben alle umgebracht, etwas Schlimmeres konnten sie ihnen nicht antun. Sie haben auch alle umgebracht, die in die Kirche geflüchtet waren, nichts konnte ihnen helfen, weder Kreuz noch Altar noch Kruzifix;

---

69 Der anonyme Verfasser war ebenfalls ein Verfechter der katholischen Sache, verteidigte aber die Unabhängigkeit von Toulouse gegen Simon de Monfort. Vgl. zum Text insgesamt Vorwort und Einführung in: *La Chanson de la Croisade Albigeoise*. Hrsg. von Henri Gougaud, Vorwort von Georges Duby, Einführung von Michel Zink, Paris 1992; siehe auch Janet Shirley: The Songs of the Cathar Wars. A History of the Albigensian Crusade. William of Tudela and an Anonymos Successor. Übersetzt von Dies., Aldeshot, VT 1996.

70 Vgl. zu ihm und seinem Werk auch die Einführung von Zink (Anm. 69), S. 18–20 und S. 22 f.

71 *La Chanson de la Croisade Albigeoise* (Anm. 69), Laisse 21, V. 12–18.

> diese liederlichen und schmarotzenden Strolche[72] töteten Priester, Frauen und Kinder, soweit ich weiß, ist keiner entkommen. Gott nehme ihre Seelen, wenn es ihm gefällt, in sein Paradies auf!

Solche Stellen gibt es mehrfach im Text, Guilhelm sieht zwar die Verantwortung für den grausamen Krieg bei den Häretikern, prangert aber auch Exzesse der Kreuzfahrer an, deren Vorgehen er aber nie grundsätzlich in Frage stellt. Sein anonymer Fortsetzer schreibt unter anderen Vorzeichen. Er ist ein Gefolgsmann der Grafen von Toulouse, die, obwohl katholisch und zeitweise aktiv am Kreuzzug beteiligt, von Simon de Montfort entmachtet wurden. Die Häretiker spielen in seinem Bericht, der vermutlich 1218/1219 verfasst wurde und die Jahre 1214 – 1219 umfasst, keine Rolle mehr, ganz so wie in der realen Politik der Zeit. Sein Feind ist einzig und allein Simon de Montfort, an dem er kein gutes Haar lässt.[73] Beide Teile sind unterschiedlich ausgerichtet, liefern aber jeweils eine glaubwürdige Darstellung der Ereignisse.

Am Anfang des 13. Jahrhunderts entstehen also mit den Kreuzzügen erste volkssprachliche Geschichtswerke außerhalb des anglonormannischen Bereichs, ab der Jahrhundertmitte werden sie dann zahlreicher, ihre Formen vielfältiger.

3 Französischsprachige Geschichtsschreibung im 13. und 14. Jahrhundert

Die zunehmende Verwendung der Volkssprache in der Geschichtsschreibung spiegelt die Rolle der Volkssprache und der politischen Gruppen, die nicht des Lateinischen mächtig sind, wider. Adelige und Bürger zeigten Interesse an Geschichte oder sind die intendierten Rezipienten für Werke, die auch im Sinne der politischen Meinungsbildung eingesetzt wurden. Dies galt für die Selbstdarstellung der Herrschenden ebenso wie für Interessengruppen, etwa im Hundertjährigen Krieg.

Am Anfang des 13. Jahrhunderts entstanden, wohl im Auftrag des Adligen Robert VII. von Béthune, Chroniken der Könige von England und Frankreich (Anonyme de Béthune: *Histoire des Ducs de Normandie et des rois d'Angleterre* und *Chronique des rois de France*), die die Geschichte der Königshäuser bis etwa 1220 enthalten. Diese Chroniken stehen den Königshäusern kritisch gegenüber, sie

---

72 Guilhelm schreibt die Gräuel dem Fußvolk des Kreuzfahrerheeres zu, das die Ritter vertreiben. Allerdings haben nach Guilhelms Bericht die Ritter die Parole ausgegeben, niemanden überleben zu lassen; *La Chanson de la Croisade Albigeoise* (Anm. 69), Laisse 21, V. 1 – 8.

73 Vgl. zum anonymen Verfasser und seinem Werk die Einführung von Zink (Anm. 69), S. 20 – 24.

repräsentieren die Sichtweise der um Unabhängigkeit bemühten Adligen. Im ersten Teil der *Histoire des Ducs de Normandie et des rois d'Angleterre* wird die Geschichte der Normannen und dann der englischen Könige relativ knapp erzählt. Das ändert sich, als die Chronik bei der Zeitgeschichte ankommt. Am Anfang des 13. Jahrhunderts gerät Flandern in den Dauerkonflikt zwischen dem englischen und dem französischen König und wird nun neben England zum zweiten großen Thema: *Por chou que il m'estuet conter de ii estores, de celi d'Engletierre et de celi de Flandres, ne vous puis-jou pas toutes les choses conter en ordre* („Weil ich nun zwei Geschichten erzählen muss, nämlich sowohl diejenige von England, als auch die von Flandern, kann ich Euch nicht alles in der richtigen Reihenfolge erzählen.").[74] Hier nimmt der Berichterstatter nun sehr deutlich die Perspektive der flämischen Adligen ein: Der Versuch des französischen Königs, Flandern unter seine Herrschaft zu bringen, indem er vom flämischen Grafen den Vasalleneid erzwingt, wird als Unrecht dargestellt, der Graf als schwach, die Adligen (nicht der Graf) bitten den englischen König um Hilfe. Sie sind es, allen voran der vermutliche Auftraggeber, Robert VII. von Béthune, die sich aktiv für Flandern einsetzen.[75] Als sich schließlich der Graf von Flandern gegen den französischen König zur Wehr setzt und es zu militärischen Auseinandersetzungen kommt, berichtet die Chronik immer wieder vom großen Kampfeinsatz der Adligen. Erst als erneut der Konflikt zwischen Frankreich und England zum bestimmenden Thema wird, treten die Adligen im Bericht wieder zurück.

Ab der Mitte des 13. Jahrhunderts nutzten neben den genannten Interessensgruppen dann aber auch die französischen Herrscher die Möglichkeiten, die eine Geschichtsschreibung für ein breiteres Publikum bietet, und veranlassten selber volkssprachliche Königschroniken.

3.1 Königsviten

Lebensbeschreibungen von Königen wurden in der Regel auf Lateinisch verfasst, erst um die Mitte des 13. Jahrhunderts änderte sich dies. Im 13. Jahrhundert entwickelte sich zunehmend ein Publikum für volkssprachliche Geschichtswerke, die an der lateinischen Historiographie orientiert sind. Die Darstellung der Geschichte und insbesondere auch der moralische Nutzen der Geschichte fanden das Interesse von neuen, gebildeten, aber nicht klerikalen Gruppierungen in den Städten

---

74 *Histoire des Ducs de Normandie et des Rois d'Angleterre.* [...] suivie de la Relation du Tournoi, de Ham par Sarrazin, Trouvère du XIII siècle. Hrsg. von FRANCIQUE MICHEL, Paris 1840, hier S. 127.
75 Vgl. *Histoire des Ducs* (Anm. 74), S. 127 – 142.

und an den Höfen.[76] Erste volkssprachliche Königschroniken entstanden am Beginn des 13. Jahrhunderts, etwa die beiden Chroniken des Anonyme de Béthune oder auch die *Chronique rimée* von Philippe Mousket.[77]

Am Beginn des 14. Jahrhunderts verfasst Jean de Joinville mit seiner *Histoire de Saint Louis* die erste eigenständige französische Königsvita. Jean, geboren um 1244, war Marschall der Champagne und ein enger Vertrauter seines Königs, Ludwigs IX. (1226 – 1270). Seine Vita des Königs (1309) steht im Kontext der Heiligsprechung Ludwigs im Jahr 1297, er schrieb sie auf Bitten der Königin Johanna von Navarra. Das Werk basiert auf den Erinnerungen Jeans, der den König u. a. beim Kreuzzug nach Ägypten (1248 – 1254) begleitete. Die Darstellung des Kreuzzugs nimmt breiten Raum ein, wie bei Villehardouin ist es auch hier der Bericht eines Augenzeugen aus dem innersten Führungszirkel. Er beschreibt detailliert die militärischen Aktionen, aber auch die Krankheiten im Heer und die Gefangenschaft des Königs und seiner engen Gefolgsleute, unter denen auch Jean selbst ist. Die Intention des Werks ist aber nicht vorrangig die eines Chronisten, Jean schreibt auf Bitten der verwitweten Königin und ihm geht es besonders darum, den König als zukünftigen Heiligen darzustellen. Daher ist die Darstellung des Königs ganz auf den Nachweis seines gottgefälligen Lebens ausgerichtet: Der gesamte erste Teil besteht aus anekdotenhaften Erzählungen, die das beispielhafte Verhalten des Königs zeigen oder Unterweisungen des Königs an Vertraute für eine gottgefällige Lebensführung enthalten.[78] Auch im zweiten Teil, der nach Jeans eigenen Angaben im Widmungsbrief den Kreuzzügen gewidmet ist, finden sich lange Passagen über das vorbildliche Leben des Königs.

Ab dem 14. Jahrhundert werden die volkssprachlichen Lebensbeschreibungen der Könige zahlreicher. Als Beispiel sei hier die Vita Karls V. von Frankreich erwähnt, die Christine de Pizan im Auftrag Philipps von Burgund schrieb. 1404 vollendete sie das *Livre des fais et bonnes meurs du sage roy Charles V* („Buch über

---

76 Vgl. dazu etwa Gabrielle M. Spiegel: The Chronicle Tradition of Saint-Denis. A Survey, Brookline, M.A./Leiden 1978, S. 72 – 74; Dies.: Social Change and Literary Language. In: The Journal of Medieval and Renaissance Studies 17 (1987), S. 129 – 148.

77 Sie entstand in den 1240er Jahren; vgl. Caroline Bouillot: Au carrefour de l'épopée et de la chronique. À propos de l'épisode de Bouvines dans la Chronique rimée de Philippe Mousket. In: Palimpsestes épiques. Récritures et interférences génériques. Hrsg. von Dominique Boutet/Camille Esmain-Sarrazin, Paris 2006, S. 217 – 233.

78 Vgl. z. B. den Einleitungssatz zum 8. Kapitel: *Li sainz roys se esforça de tout son pouvoir, par ses paroles, de moy faire croire fermement en la loi crestienne que Dieus nous a donnée, aussi comme vous orrez ci-après* („Der heilige König bemühte sich mit aller Macht, mich durch seine Worte fest an das christliche Gesetz glauben zu machen, das Gott uns gegeben hat, so wie Ihr es im Folgenden hören werdet".); Jean de Joinville: *Histoire de Saint Louis*. In: Historiens et chroniqueurs du Moyen Age (Anm. 52), S. 201 – 366, hier S. 209.

die Taten und die guten Sitten des weisen Königs Karl V.").[79] Auch Viten englischer Könige werden im 14. Jahrhundert noch auf Französisch verfasst, etwa die des ‚Schwarzen Prinzen' (i.e. Eduard von Woodstock) des sogenannten Chandos Herald (bl. 1363–1383)[80] oder die Chronik der Jahre 1326 bis 1361 Jean le Bels, die er selber *Vraye hystoire du proeu et gentil roy Edowart* („Wahre Geschichte des tapferen und edlen Königs Eduard [III.]") nennt.[81] Beide Autoren stammen aus Nordfrankreich und begleiteten ihre Herren auf deren Kriegszügen. Sie berichten aus erster Hand und sie schreiben in ihrer Muttersprache, die im 14. Jahrhundert noch immer auch die Sprache des englischen Hofes ist.

3.2 *Les Grandes Chroniques de France*

Unter diesem Titel, der erst im 15. Jahrhundert gebräuchlich wurde, werden verschiedene Versionen der volkssprachlichen Geschichte der französischen Könige zusammengefasst, die ihren Ursprung im 13. Jahrhundert in der Abtei von Saint-Denis haben.[82] Die Kirche der Abtei von Saint-Denis war seit der Merowingerzeit die Grablege der französischen Könige. Seit der Mitte des 12. Jahrhunderts begann die Abtei, vor allem unter Abt Suger, damit, lateinische historiographische Texte zur Geschichte der französischen Könige zu sammeln, und verstärkte damit ihre Bedeutung für das Königtum. Im 13. und 14. Jahrhundert wurde die Abtei so zum Zentrum der lateinischsprachigen Geschichtsschreibung Frankreichs und Ludwig IX. beauftragte schließlich das Kloster auch damit, Werke aus dieser Sammlung in die Volkssprache zu übersetzen. Dieser Auftrag fügte sich in das Bemühen des Königs ein, das französische Königtum mit den großen Herrschern der Vergangenheit zu verbinden: dem ersten (mythischen) König, der ein Nachfahre Hektors war, den Merowingern, Karl dem Großen und den Kapetingern. Ein weiteres sichtbares Zeichen dafür ist die Umbettung der Könige in Saint-Denis mit der

---

79 Vgl. Françoise Hazel Marie Le Saux: [Art.] Christine de Pizan. In: EMC 2, S. 274.

80 Vgl. Diana B. Tyson: La Vie du Prince Noir by Chandos Herald. Tübingen 1975 (Beihefte zur Zeitschrift für romanische Philologie 147); zu Chandos Herald und seinem Werk ebd., S. 14–34.

81 Vgl. Godfried Croenen: [Art.] Jean le Bel. In: EMC 2, S. 913f.

82 Die folgende Darstellung basiert auf Bernard Guenée: Les *Grandes Chroniques de France*. Le Roman aux roys. 1274–1518. In: Les lieux de mémoire. Hrsg. von Pierre Nora, 3 Bde., Paris 1997, Bd. 1, S. 739–758 sowie auf Bernard Guenée: Histoire d'un succès. In: Les *Grandes Chroniques de France*. Réproduction intégrale en facsimilé des miniature de Fouquet. Manuscrit 6465 de la Bibliothèque Nationale de Paris. Hrsg. von François Avril/Marie-Thérèse Gousset/Bernard Guenée, Paris 1987, S. 83–183; Vgl. auch Spiegel (Anm. 76) und Anne D. Hedeman: The Royal Image. Illustrations of the *Grandes Chroniques de France*. 1274–1422, Berkeley/Los Angeles/Oxford 1991 (California Studies in the History of Art 28).

Absicht, durch die neue Anordnung die genealogischen Verbindungen zu unterstreichen. 1274 überreicht Abt Matthäus eine von dem Mönch Primat angefertigte Übertragung lateinischer Königsviten Ludwigs Sohn, Philipp III. (Abb. 1). Primats Quellen sind die verschiedenen lateinischen Geschichtswerke, die das Königsbild ihrer jeweiligen Entstehungszeit vermitteln. Seine volkssprachliche Königsgeschichte, die mit der Ankunft der Trojaner in Frankreich beginnt, adaptiert sie zu einer Geschichte des französischen Königtums, wie sie sein Auftraggeber erwartete. Er schafft aus den heterogenen Quellen ein recht homogenes Werk, wie es sonst auch unter den lateinischen Geschichtswerken kein zweites gibt. In den folgenden Jahrhunderten wird diese Königsgeschichte bis in die jeweilige Gegenwart fortgeschrieben und umgearbeitet, sodass heute ganz verschiedene Versionen der Chronik existieren.

Abb. 1: *Chroniques de Saint-Denis.* Paris, Bibliothèque de Sainte-Geneviève, Ms. 782, fol. 326v [Manuskript von 1274]: Primat übergibt sein Buch Philipp III., Abt Matthäus hält seine Hand über ihn. Das Bild wird von den Mönchen von Saint-Denis dominiert.

Gemeinsam ist diesen Versionen, dass sie zum größten Teil in Saint-Denis geschrieben wurden und die politische Auffassung der Könige widerspiegeln. Die Mönche von Saint-Denis übernahmen mit der Abfassung der *Grandes Chroniques* die Funktion einer offiziellen Geschichtsschreibung, die erst im 15. Jahrhundert an den Königshof selbst verlagert wird. 1437 wird Jean Chartier, ein Mönch aus Saint-

Denis, zum ersten *historiographe du roi.*[83] Der französische Hof ist der erste in Europa, der damit der Geschichtsschreibung einen offiziellen Status gibt, die anderen Höfe folgen diesem Beispiel nach.[84]

Gemeinsam ist den meisten Fassungen der *Grande Chronique* auch, dass sie oft aufwendig illuminiert sind, es sind sichtlich Ausgaben für ein besonderes Publikum. Die Provenienz dieser Manuskripte lässt den Schluss zu, dass sie vor allem im Hochadel zirkulierten.[85] Erst im 15. Jahrhundert gaben Pariser Verleger eine einfachere und damit erschwingliche Fassung heraus, die einem breiteren Publikum zugänglich war und sich auch außerhalb des Adels nachweisen lässt, 1477 gibt es den ersten Druck.

Die Bildprogramme variieren. Die Version Primats unterstreicht in den Miniaturen die Vorbildfunktion der guten Könige und damit die Exempelfunktion der Geschichte, die Primat im Prolog ankündigt. Weitere wichtige Aspekte sind die Genealogie der Könige und die Kontinuität ihrer Abfolge[86] sowie das Wirken Gottes für Frankreich. Die Bedeutung von Saint-Denis unterstreicht das Widmungsbild (Abb. 1), in dem Abt und Mönche die Szene dominieren.

Die letzte große Ausgabe entstand für Karl VII. in den 1450er Jahren. Karl war die Rückeroberung Frankreichs von den Engländern und 1453 der Abschluss des Hundertjährigen Krieges gelungen, mithilfe der Geschichtsschreibung unterstrich er die neugewonnene Macht des Königs. In diesem Kontext entsteht eine neue Fassung der *Grandes Chroniques*, die von Jean Fouquet prachtvoll illuminiert wird. Die großen Könige der Vergangenheit werden dargestellt und so die genealogische Kontinuität betont. Ein weiteres wichtiges Thema ist das Verhältnis zu England und die Vorherrschaft des französischen Königs auf dem Kontinent (Abb. 2), die in mehreren Bildern thematisiert wird.[87]

Die *Grandes Chroniques* als Geschichtswerk für ein hochadliges und seit dem späten 14. Jahrhundert auch für ein vermögendes Publikum außerhalb des Adels

---

83 Rigord, der Historiograph Philipp II. August, nannte sich zwar selbst ‚Chronograph des Königs' (vgl. Anm. 46), es ist aber nicht belegt, dass er diesen Titel offiziell trug.

84 Bernard Guenée: Histoire et culture historique dans l'Occident médiéval, Paris 1980, S. 337–346.

85 Guenée, Histoire d'un succès (Anm. 82), S. 121–138.

86 Im Prolog nennt Primat den Zweifel an der Herkunft der französischen Könige als ersten Grund: *Pour ce que pluseurs genz doutoient de la genealogie des rois de France* [...] *enprist il cest ouvre à fere* („Weil manche Leute an der Genealogie der französischen Könige zweifeln [...], habe ich dieses Werk begonnen."); *Les Grandes Chroniques de France*, Prolog, Ms. 782 der Bibliothèque de Sainte-Geneviève, fol. 1r; zitiert nach *Gallica* http://gallica.bnf.fr/ark:/12148/btv1b60012814/f5.image.

87 Vgl. Eric Inglis: Image and Illustration in Jean Fouquet's *Grandes Chroniques de France.* In: French Historical Studies 26 (2003), S. 185–224, hier S. 211–215.

Abb. 2: *Grandes Chroniques de France.* Paris, BnF fr. 6465, fol. 301^{v}, Illustration von Jean Fouquet (um 1455): Vasalleneid Eduards I. gegenüber Philipp dem Schönen (1286).

spiegeln die mythische, christliche und genealogische Auffassung des französischen Königtums wider, das der Sicht der mittelalterlichen Könige entsprach und das dann im 16. Jahrhundert veraltet war. Damit endet auch die Bedeutung der *Grandes Chroniques* als offizielle Geschichtsdarstellung.[88]

3.3 Weltchroniken

Neben den *Grandes Chroniques* gab es zunehmend Chroniken ganz unterschiedlicher Art. Vereinzelt wurden Übertragungen lateinischer Chroniken angefertigt, häufiger sind aber volkssprachliche Kompilationen verschiedener, meist lateinischer Werke. Bereits um 1280 entsteht im Hennegau eine Weltchronik, die auf lateinischen Quellen basiert und für die jüngere Vergangenheit des unbekannten Verfassers auf Frankreich, England, Flandern und den Hennegau fokussiert ist.[89] Die bekannteste dieser Kompilationen ist das *Manuel d'histoire Philippe VI de Valois*, das in zwei Versionen zwischen 1326 und 1330 entstanden ist.[90] Es handelt sich um eine Weltchronik, die mit der Erschaffung der Welt beginnt und bis in die Entstehungszeit des Werks (1326–1328) fortgeführt wird. Basis des Werks ist vor allem das *Speculum historiale* Vincents von Beauvais, für die Zeit nach 1250 ist keine Quelle nachweisbar. Das *Manuel d'histoire* besteht überwiegend aus kurzen Kapiteln, die mit erklärenden Überschriften versehen sind. Das Ms. BnF fr. 19477 enthält z. B. ein ausführliches, alphabetisch geordnetes Inhaltsverzeichnis und verweist zusätzlich zu den Überschriften in Marginalien auf wichtige Themen. Gelegentlich stehen in den Marginalien auch Hinweise auf die thematische Zugehörigkeit der Textpassage, etwa ‚Bibel' oder ‚Chronik'. Dadurch ist das *Manuel d'histoire* leicht zu handhaben, Auszüge daraus wurden sowohl in andere volkssprachliche Texte eingefügt als auch ins Lateinische übersetzt.

Die Kompilation von volkssprachlichen Weltchroniken aus lateinischen Vorlagen, die bis in die eigene Zeit weitergeführt werden, ist im 13. und 14. Jahrhundert häufiger zu finden, so z. B. in der *Chronique abrégée* Guillaumes de Nangis (Ende des 13. Jahrhunderts). Ursprünglich als lateinische Königschronik, die mit der

---

88 Vgl. Pierre Nora in der kurzen Einleitung zum Kapitel über die Geschichtswerke in: Les lieux de mémoire (Anm. 82), Bd. 1, S. 737.

89 Vgl. Godfried Croenen: [Art.] *Chronique dite de Baudouin d'Avesne* (Chronicle attributed to Baudouin d'Avesnes). In: EMC 1, S. 305.

90 Das Werk ist bislang nicht ediert; vgl. Laurent Brun: [Art.] *Manuel d'histoire de Philippes VI de Valois*. In: EMC 2, S. 1067 f. Ein Manuskript der zweiten Fassung (BnF fr. 19477) von ca. 1330 ist digitalisiert: http://gallica.bnf.fr/ark:/12148/btv1b8452816p/f1.image.r=Manuel%20d%27histoire%20de%20Philippe%20VI%20de%20Valois.langDE.

Geschichte Trojas beginnt, verfasst, übersetzte sie Guillaume später selber ins Französische.[91] Im 14. Jahrhundert findet sich auch außerhalb von Königshöfen und Klöstern die Kompilation von Weltchroniken, die um die Geschichte der eigenen Stadt ergänzt und bis in die eigene Gegenwart fortgeführt werden. Als Beispiel sei der *Myreur des Histors* von Jean d'Outremeuse († 1400) vom Ende des 14. Jahrhunderts genannt. Jean, Schreiber am bischöflichen Gericht in Lüttich, kompiliert eine Vielzahl von Quellen einschließlich eigener Werke zu einer Weltgeschichte seit der Sintflut. Vermutlich führte er die Chronik bis in seine Gegenwart fort, das von ihm angekündigte letzte Buch ist aber nicht erhalten. Jean legt großen Wert auf den Nachweis historischer Glaubwürdigkeit. Im Prolog und auch gelegentlich im Verlauf des Werks führt er eine lange Liste von Quellen an, von den Standardwerken der römischen Geschichtsschreibung über lokale Chroniken bis zu frei erfundenen. Der *Myreur* enthält Geschichten der unterschiedlichsten Art: die biblische Geschichte, die antike Geschichte einschließlich zahlreicher Legenden, Inhalte aus Chansons de geste und Romanen,[92] Legenden, Exempeln, Reiseberichten und wohl manches mündlich Überlieferte oder von Jean frei Erfundene.[93] Es gelingt ihm in der Regel sehr gut, die disparaten Quellen und Inhalte zu einem homogenen Text zusammenzufügen. Vor allem für die Geschichte vor der Karolingerzeit bemüht sich Jean d'Outremeuse, die ganze Weltgeschichte darzustellen, wenn auch schon früh der Moselraum prominent vertreten ist.[94] Für die jüngere Geschichte konzentriert er sich stärker auf das Bistum Lüttich.

An der Geschichte des Moselraums lässt sich der *Myreur* exemplarisch charakterisieren. Die Erzählung setzt ein mit der Besiedlung der Welt nach der Sintflut, wobei dieser Erzählstrang damit endet, dass ein direkter Nachkomme von Noahs Sohn Japhet im Jahr 58 nach Abrahams Geburt Trier als erste Stadt nördlich der Alpen gründet.[95] Die Geschichte fährt dann mit Franco, dem Sohn Hektors von Troja, fort, der nach dem Fall Trojas Herrscher über Gallien wird. Seine Nach-

---

91 Vgl. Daniel Williman: [Art.] Guillaume de Nangis. In: EMC 1, S. 743 f.

92 Vgl. Dominique Boutet: Le Myreur des histors de Jean d'Outremeuse et la récriture des traditions arthuriennes et mérovingiennes. In: Le Moyen Âge par le Moyen Âge, même. Réception, relectures et réécritures des textes médiévaux dans la littérature française des XIVe et XVe siècles. Hrsg. von Laurent Brun/Silvèrre Menegaldo, Paris 2012. S. 39 – 52, hier S. 40.

93 Die Geschichte der Zeit Karls des Großen basiert etwa zum großen Teil auf Jeans eigener Chanson de geste *Ogier le Danois*.

94 Gleich im ersten Satz kündigt er die Geschichte des Bistums Lüttich an: *Ch'est li promier libre des croniques de pays del evesqueit de Liege* („Dies ist das erste Buch der Chroniken der Diözese Lüttich"); Jean des Prés dit d'Outremeuse: *Ly myreur des histors*. Hrsg. von Adolphe Borgnet/Stanislas Bormans, 7 Bde., Brüssel 1864 – 1887, Bd. 1, S. 1.

95 Jean des Prés (Anm. 94), S. 13 – 18.

kommen gründen viele Städte,[96] darunter auch die von Jean d'Outremeuse favorisierte Stadt Tongre, von der aus und in deren Nähe viel später dann Lüttich entsteht.[97] Jean legt großen Wert auf genaue Datierungen und greift dabei auf die unterschiedlichsten Zählweisen zurück. Wichtige Ereignisse, wie die Gründung der Stadt Tongre, weist er nach mehreren kalendarischen Möglichkeiten nach:

> *Tongre fut commenchié à fondeir [...] l'an del origination del monde V^{m} C et XVII, qui fut li an del delueve Noé II^{m} VIII^{c} LXV, et li an del nativiteit Abraham mil IX^{c} et XXXIIII ans, et l'an del nativiteit Ysaac M VIII^{c} et XXXV, et l'an del nativiteit Jacob M VII^{c} LXXIII, et l'an del nativiteit Joseph M VI^{c} IIIIxx et V, et l'an de la destruction de la grant Troie M IIII^{xx} et XVIII, et l'an del coronation le roy David IX^{c} XCIII, et le dereine année de cent et LXXII olimpiade, et l'an del coronation Romulus sicom emperere VI^{c} et LXIII, et l'an del edification de la citeit de Romme VIc et XXXIII, et l'an del transmigration de Babylone V^{c} et VII le XIIIe jour de moi de fevrier, qui astoit le derain mois de l'an. Adont fut Tongres commenchié à edifier.*[98]

> Tongre wurde gegründet [...] im Jahr 5117 nach der Gründung der Welt, das war das Jahr 2865 nach der Sintflut und das Jahr 1933 nach der Geburt Abrahams und das Jahr 1835 nach der Geburt Isaaks und das Jahr 1773 nach der Geburt Jakobs und das Jahr 1645 nach der Geburt Josefs und das Jahr 1098 nach der Zerstörung des großen Troja und das Jahr 993 nach der Krönung König Davids und das letzte Jahr der 172. Olympiade und das Jahr 663 nach der Kaiserkrönung des Romulus und das Jahr 633 nach der Gründung Roms und das Jahr 507 nach der Ausweisung [der Juden] nach Babylon am 13. Tag des Februar, der der letzte Monat des Jahres war. Da also begann man mit der Errichtung von Tongre.

Die überschießenden Datierungen geben dem Werk den Anstrich großer Gelehrsamkeit und historischer Genauigkeit, sie sind ganz offensichtlich für Jean und sein Publikum ein wesentliches Kennzeichen historiographischer Werke. Tongre wird ab nun zu einem der geographischen Fixpunkte der Geschichte, seine Entwicklung wird über die Jahrhunderte hinweg verfolgt. Tongres Bedeutung wird immer wieder betont:

> *Et fut de toute Allemagne, hault et basse, la principaul citeit et capitaine, et compteit une des trois plus grant citeit de monde et la plus belle des trois: ç'astoit Romme, Cartaige et Tongre. Romme fu li plus grant, Cartaige fut la plus année, et Tongre fut la plus noble.*[99]

---

96 Die Aufzählung vieler französischer Städte, die dem *Myreur* zufolge in diese ‚Gründungsphase' fallen, bietet Platz für viele Stadtgründungslegenden.

97 Die reale Stadt Tongre, das heutige Tongeren, ist eine römische Gründung. Es wurde von den Hunnen zerstört, was dem *Myreur* (Anm. 94, Bd. 2, S. 122) zufolge erklärt, dass es schon zu Jeans Zeit keine Spur mehr von der alten Pracht gab.

98 Jean des Prés (Anm. 94), S. 188f.

99 Jean des Prés (Anm. 94), S. 190. Die Geschichte Tongres hat Jean nach eigenem Bekunden von Plinius: *Chis Plinius fut chis qui esript à Wespasianus le libre de natures, une tres-belle hystoire. Chu fut chis qui escript le hystoire de Tongre, de Tongris, le premier roy, jusque al IIIIe année que sains*

Es war die bedeutendste und größte Stadt in ganz Deutschland, Ober- wie Niederdeutschland, und zählte zu den drei größten Städten der Welt und war die schönste der drei: Es handelt sich um Rom, Karthago und Tongre. Rom war die größte, Karthago die älteste und Tongre die edelste.

Die Geschichte Galliens und Tongres wird nahtlos in die ‚große' Weltgeschichte eingefügt, meistens bietet die Gleichzeitigkeit von Ereignissen den Anlass. Ein letztes Beispiel soll dies illustrieren:

Item, l'an VI del incarnation, en mois d'avrilh, le XIIIe jour, mourut Franco, ly dus de Galle; si regnat son fils apres luy, qui oit nom Troilus, lyqueis regnat XXIX ans. Item, en cel an meismes, le IXe jour de may, qui asoit en mardit, avient que Jhesus ly enfes, awec luy Johans-Baptist et plusieurs aultres jovenes enfans, aloit joweir aux champs.[100]

Ebenso, im Jahr 6 nach der Fleischwerdung Christi, im Monat April, am 13. Tag, starb Franco, der Graf Galliens; nach ihm regierte sein Sohn, der Troilus hieß und der 29 Jahre lang regierte. Ebenso, in dem selben Jahr, am 9. Tag des Mai, der ein Dienstag war, geschah es, dass das Kind Jesus mit Johannes dem Täufer und mehreren anderen Kindern auf die Felder zum Spielen ging.

Die große Leistung Jeans d'Outremeuse besteht darin, dass er es geschafft hat, eine gewaltige Kompilation unterschiedlichster Inhalte zu einer recht homogenen Erzählung zusammenzufügen, die ihren im Prolog angeführten Zweck, mit Geschichte zu unterhalten, sicher erfüllte.[101] Ihm gelingt es, die Stadtgeschichte Lüttichs in den großen weltgeschichtlichen Kontext einzubetten und durch die Erfindung der ‚großen' Vorgängerin Tongres mit einer ruhmreichen Vergangenheit auszustatten.

Der historische Wert dieser und ähnlicher Chroniken ist nach heutigen Maßstäben zu vernachlässigen; für ein städtisches, nicht lateinkundiges Publi-

---

Materne y vint; et li fins de ses croniques finat l'an del incarnation C et XIIII („Jener Plinius war derjenige, der für Vespasian das Buch der Natur geschrieben hat – eine sehr schöne Geschichte. Er war es, der die Geschichte von Tongre schrieb, von Tongris, dem ersten König bis ins vierte Jahr nach der Ankunft des heiligen Maternus; und seine Chronik endet im Jahr des Herrn 114."). Die wirkliche Quelle für die Geschichte von Tongre war wohl die *Geste de Liège*, die Jean d'Outremeuse einige Jahre vor dem *Myreur* geschrieben hatte.

100 Jean des Prés (Anm. 94), S. 364.

101 Jean betont am Beginn seines Werks, er schreibe, weil viele Leute alte Geschichten mögen (Anm. 94, S. 1): [*M*]*aintes gens oirent volontirs racompteir en prendant solas et delectation en oyr parleir, racompteir, reciteir ou pronunchier anchienes histors, croniques ou auctoritais et chozes anchienement passées et avenues le temps chi-devant.* („Viele Leute hören gerne, wenn erzählt wird, und finden Vergnügen und Erholung, wenn sie von alten Geschichten, Chroniken und Autoritäten sprechen, erzählen, rezitieren oder sagen hören und von Dingen, die früher, vor unserer Zeit passiert und geschehen sind.").

kum[102] war es sicher ein Geschichtswerk, das dessen Bedürfnis nach Kenntnis der Vergangenheit entsprach und die vielen Erzählungen, die kursierten, in eine feste Ordnung brachte und durch ihre historische Einbettung legitimierte. Werke wie der *Myreur des Histors* vermitteln dem Laienpublikum zudem die großen Autoren der Antike (hier etwa in den Erklärungen zu Plinius oder den Geschichten über Vergil), wenn auch in einer wenig orthodoxen Form. In einem immer weiter ausdifferenzierten literarischen System übernehmen sie die Funktion, die im ausgehenden 12. Jahrhundert den Antikenromanen und der Chanson de geste zugewiesen worden waren: Belehrung nicht nur im moralischen Bereich und Vermittlung der ‚wahren' Geschichte.

3.4 Ereignischroniken zum Hundertjährigen Krieg – Jean Froissart

Der Hundertjährige Krieg zwischen England und Frankreich (1337–1453) gibt den Anlass für zahlreiche historiographische Werke. Die Situation im 14. Jahrhundert in Nordfrankreich, das besonders unter den Auseinandersetzungen zwischen Frankreich und England litt, wird in mehreren Werken dargestellt, die in der Regel Informationen aus unterschiedlichen Quellen mit Augenzeugenwissen kombinieren. Dazu zählen etwa die *Chronique normande du XIV siècle* (über die Jahre 1369–1372), die *Petite Chronique de Normandie* (1342–1389) oder die *Chronique rimée des troubles de Flandres en 1379–80.*[103]

Im Kontext des Hundertjährigen Krieges ist auch das bekannteste Geschichtswerk des französischen Mittelalters entstanden, die *Chroniques* von Jean Froissart, in denen er die Auseinandersetzungen zwischen England und Frankreich in den Jahren von 1327 bis 1400 festgehalten hat.

Jean Froissart wurde 1333 in Valenciennes in der Grafschaft Hennegau geboren, 1361 ging er nach England und gehörte bald zum Umfeld der Königin Philippa von Hennegau. Hier begann er Berichte über zeitgenössische Ereignisse zu verfassen. Er unternahm Reisen innerhalb von England, nach Schottland und Italien. Überall war er bemüht, Zeitzeugen zu treffen und zu befragen, um so wichtige historische Ereignisse festzuhalten. Die Gunst der Königin eröffnete ihm den Zugang zum Hochadel. Nach Philippas Tod 1369 kehrte er in den Hennegau zurück und fand neue Mäzene, wie Guy II. de Châtillon († 1397), dessen Kaplan er

102 Jean (Anm. 94, S. 1) nennt als sein intendiertes Publikum die *signour et aultres gens qui de latien n'on nulle cognissanche* („Herren und andere Leute, die keinerlei Latein können").
103 Zu den drei Chroniken gibt es jeweils einen kurzen Eintrag in der EMC.

wurde, aber auch andere hohe Adlige.[104] Seit 1370 sammelte er seine bisherigen Texte unter dem Titel *Chroniques*,[105] die schließlich vier Bände umfassten. Zeitlich berichten die *Chroniques* von den Anfängen und den ersten Phasen des Hundertjährigen Krieges. Froissart beginnt mit der Regierungszeit Eduards II. von England, dessen Ambitionen schließlich zum Hundertjährigen Krieg führen, sie schließen mit Ereignissen der letzten Jahre des 14. Jahrhunderts. Die Kriege in Schottland und die Auseinandersetzungen im Umfeld des Hundertjährigen Krieges in Nordfrankreich stehen im Zentrum der *Chroniques*, Froissart berichtet aber auch über Ereignisse im restlichen (heutigen) Frankreich, in Italien, Spanien, Deutschland und Burgund, Ländern, die mit den politischen Verhältnissen in England und Frankreich in Beziehung stehen. 1388 unternahm Froissart eine Reise nach Südwestfrankreich und widmete dann einen Teil des dritten Bandes den dortigen Ereignissen. Mit dem Wiederaufflammen des Krieges zwischen England und Frankreich kehrt der Bericht wieder dorthin zurück.

Froissart berichtet über wichtige gesellschaftliche und politische Ereignisse – Krönung und Tod von Königen, Papstwahlen, Hochzeiten im Hochadel, große Feste – sein Hauptthema sind aber militärische und kriegerische Vorfälle. Neben den großen Schlachten interessiert er sich auch für die Aktionen einzelner großer Herren, die als Ritter gegen Rivalen kämpfen oder Städte erobern. Auch die Bauernaufstände des 14. Jahrhunderts finden sich in den *Chroniques*, behandelt werden sie allerdings vornehmlich aus der Perspektive des Adels. Der Dritte Stand, Bürger und Bauern, kommen ansonsten höchstens als Opfer von Überfällen in sein Blickfeld.

Froissart kündigt im Prolog des ersten Bandes seine Intention an:

> *Affin que li grant fait d'armes qui par les guerres de Franche ot d'Engleterre sont avenu, soient notablement registré et mis en mémore perpétuel, par quoy li bon y puissent prendre exemple, je me voil ensonnier de les mettre en prose.* [...] *Or ay-je che livre et ceste histoire* [de Jean le Bel] *augmentée par juste enqueste que j'en ay fait en travaillant par le monde et en demandant as*

104 Im Prolog des 4. Buches gibt Froissart einen Rückblick auf seine Mäzene; vgl. *Œuvres de Froissart*, 25 Bde. Hrsg. von Baron Kervin de Lettenhove, Brüssel 1867 – 1877, Bd. 2: *Chroniques de France*, Neudruck Osnabrück 1967. Zitiert nach Gallica (http://gallica.bnf.fr/ark:/12148/bpt6k38935n/f5.image). Die *Chroniques* Froissarts sind auszugsweise abgedruckt in: Historiens et chroniqueurs du Moyen Age (Anm. 52; S. 373 – 944); die entsprechende Stelle ist dort auf S. 601 zu finden.

105 Vgl. zur Biographie Froissarts und zur Entstehungsgeschichte der *Chroniques:* Peter Ainsworth: [Art.] Froissart, Jean. In: EMC 1, S. 642 – 645; zum Charakter der *Chroniques* Michael Schwarze: Generische Wahrheit. Höfischer Polylog im Werk Jean Froissarts, Stuttgart 2003; siehe besonders Kapitel 4: „Die *Chroniques:* Zeitgeschichte zwischen identitätsstiftender Belehrung und diskurssprengender Kontingenz", S. 191 – 311 (mit weiterführender Literatur).

vaillans hommes, chevaliers et escuyers, qui les ont aidiet à acroistre, la vérité des avenues, et ossi a aucuns rois d'armes et leurs marechaus, tant en Franche comme en Engleterre.[106]

Damit die großen Waffentaten, die durch den Krieg Frankreichs gegen England geschehen sind, ehrenvoll aufgezeichnet und dauerhaft in der Erinnerung bleiben, an denen sich die Guten ein Beispiel nehmen können, will ich mich daran machen, sie in Prosa zu setzen. [...] Ich habe dieses Buch und diese Geschichte [die Chronik von Jean le Bel] durch eine richtige Untersuchung erweitert, die ich unternommen habe, indem ich in der Welt gereist bin und tapfere Männer, Ritter und Knappen, die ihnen geholfen haben, nach der Wahrheit der Ereignisse gefragt habe, und ebenso Wappenkönige und ihre Marschälle, sowohl in Frankreich wie in England.

Froissart tritt also nicht als Augenzeuge auf, sondern als Historiker, der die Zeitgeschichte durch Befragung von Zeitzeugen schreibt. Der Schwerpunkt seiner Darstellung liegt, wie im Prolog angekündigt, auf den Kämpfen, daneben berichtet er aber auch über Aufstände, Verhandlungen und Feste. Sein Bericht ist allerdings keine Chronik im heutigen Sinne, denn Froissart erzählt Geschichte, indem er einzelne Erzählungen historischer Ereignisse aneinanderreiht. Ein gutes Beispiel ist eine Episode im Kampf um Calais: Calais gehört seit 1347 der englischen Krone, ab dieser Zeit herrscht ein Waffenstillstand zwischen England und Frankreich, den die Adligen der Region allerdings nicht einhalten. 1349 nimmt der englische König inkognito an einem Kampf um die Stadt teil. Er sucht sich in der Schlacht den stärksten der französischen Ritter, besiegt ihn und schenkt seinem Gegner in Anerkennung seiner Leistung die Freiheit. Froissart erzählt diese Episode detailreich und spannend, den Höhepunkt, die Belohnung des tapferen Franzosen durch den englischen König, gibt er in wörtlicher Rede wieder.[107] An dieser und an vielen vergleichbaren Szenen wird deutlich, dass Froissart nicht nur getreu berichten, sondern vor allem unterhalten will. Zahlreich sind auch die Erzählungen über Ritter, die – nicht selten durch List – Städte erobern, um sie dann gewinnbringend zu verkaufen.

Der Prolog des dritten Buchs gibt einen besonders deutlichen Einblick in Froissarts Konzeption seiner Chronik. Er begründet seine Auswahl der Ereignisse und betont noch einmal seine Absichten:

Je me suis pour les guerres de Flandre qui moult durèrent, longuement tenu à parler des besoignes des lointaines marches ; mais les prochains, quant à présent, m'ont esté si fresches, si nouvelles et si enclines à ma plaisance, que pour ce les ay mises arrière. Mais pour tant ne séjourneraient pas les vaillans hommes qui se désiroient à avanchier, ens ou roiaulme de Castille

106 Siehe den ‚Prologue' in: *Œuvres de Froissart* (Anm. 104), Bd. 2, S. 1–14.
107 *Œuvres de Froissart* (Anm. 104), Bd. 5, S. 229–251. Der Text findet sich auch in Froissart (Anm. 104), S. 375–385.

et de Portingal, et aussi bien en Gascogne, en Rouergue, en Quersin, en Lymousin, en Thoulousain et en Bigorre ; mais visoient et subtilloient tous les jours, les ungs sur les autres, comment ils se peussent trouver en party de fait d'armes, prendre et embler villes, chasteaulx et fortresses. Et pour tant, je, sire Jehan Froissart, qui me suis entremis de croniquier et mettre par ordre ceste présente histoire à la requeste, contemplation et plaisance de hault prince et renommé messire Guy de Chastillon [...] *consideray en moy-meismes que pas n'estoit taillié, en long temps, que grans faits d'armes advenissent ès marches de Picardie et du pays de Flandres puisque paix y avoit, et grandement me desplaisssoit à estre oiseus, car bien sçay que ou temps advenir, quant je serai mort et pourry, ceste noble et haulte histoire sera en grand cours, et y prendront tous les nobles et vaillans hommes plaisance et augmentation de bien.*[108]

Ich habe wegen der Kriege in Flandern, die lange dauerten, lange nicht von den Angelegenheiten der entfernteren Gegenden gesprochen; aber die naheliegenden [Gegenden] waren mir, bis jetzt, so frisch, so voller Neuigkeiten und haben mir so gefallen, dass ich dafür die anderen zurückgestellt habe. Aber deshalb haben sich die tapferen Männer, die vorankommen wollten, nicht ausgeruht, weder in den Königreichen von Kastilien und Portugal, noch in der Gascogne, der Rouergue, im Quersin, im Limousin, im Toulousin und in der Bigorre; sondern sie haben sich beobachtet und versuchten jeden Tag, der eine über den anderen herauszufinden, wie sie sich in einem Waffengang treffen, Städte, Schlösser und Burgen einnehmen und erstürmen könnten. Und deshalb habe ich, Sir Jean Froissart, der ich es unternommen habe, die Ereignisse aufzuzeichnen und in eine richtige Ordnung zu bringen, auf Bitten, zur Betrachtung und Unterhaltung des hohen Prinzen und berühmten Herren Guy de Châtillon[109] [...] mir überlegt, dass lange schon keine Kämpfe mehr stattgefunden haben in der Picardie und in Flandern, weil dort Frieden herrschte, und es missfiel mir sehr, tatenlos zu sein, denn ich weiß wohl, dass in der Zukunft, wenn ich tot und verwest sein werde, diese edle und große Geschichte in hohem Kurs stehen wird und alle edlen und tapferen Männer daran Gefallen finden und daraus Profit schlagen werden.

Die Wahl und die Reihenfolge der berichteten Ereignisse hängen in erster Linie davon ab, was Froissart interessiert. Die Kriege in Flandern betreffen seinen Gönner und sein Land direkt, sie sind so reich an kriegerischen Zusammenstößen, dass sie anderes überlagern. Froissart betont hier zum wiederholten Mal, dass ihn genau diese Themen interessieren und er sogar Freude an ihnen empfindet. Nach dem Frieden von 1386 gibt es keine solchen Ereignisse mehr, deshalb wendet er sich nun den anderen Regionen zu, dem französischen Südwesten, aber auch Spanien und Portugal. Hier geht es nicht vorrangig um die großen Auseinandersetzungen, sondern um gegenseitige Provokationen und nicht selten um regelrechtes Raubrittertum. Die intendierten Leser seines Werks sind die hohen Herren seiner Zeit und der Zukunft, die selber Kriege führen und kämpfen.

Froissart tritt in den beiden ersten Bänden lediglich als Erzähler auf, der den Leser gelegentlich anspricht und das Erzählen selber kommentiert, etwa, wenn er

108 *Œuvres de Froissart* (Anm. 104), Bd. 11, S. 1 f.
109 Guy de Châtillon war der Mäzen Froissarts.

das Thema wechselt: *[J]e me suy longuement tenu à parler dou fait de l'Église: si m'y voel retourner, car la matère le requiert* („Ich habe lange nicht von den Angelegenheiten der Kirche gesprochen, aber jetzt will ich darauf zurückkommen, denn mein Stoff verlangt es.").[110] Dies ändert sich im dritten Band. 1388 unternimmt er eine Reise in den Béarn im Südwesten Frankreichs, während dieser Reise unterhält er sich mit seinen jeweiligen Begleitern und notiert, was er erfährt. Dabei spricht er nun von sich selbst in der 1. Person und berichtet von seinem Vorgehen:

> *Je, sire Jehan Froissart, fay narration de ces besoignes pour la cause de ce que quant je fuys en la conté de Fois et de Bierne, je passay parmy la conté de Bigorre. Si enquis et demandy de toutes nouvelles passées desquelles je n'estoie point encoires infourmé, et me fut dit que* [...].[111]
>
> Ich, Sire Jean Froissart, erzähle diese Begebenheiten, weil ich, als ich in der Grafschaft Foix und Berne war, durch die Grafschaft Bigorre kam. Da forschte und fragte ich nach allen Vorfällen, über die ich noch nicht unterrichtet war, und mir wurde gesagt, dass [...].

Häufig rahmt dabei die Erzählung der Reise selbst die Geschichten, die nun oft auch als wörtliche Berichte der Reisebegleiter gestaltet werden. Meistens sind die bereisten Orte Auslöser der Geschichten, direkte Nachfragen Froissarts verstärken den Eindruck der mündlichen Erzählsituation. Neben Überfällen und Kämpfen berichtet Froissart über andere Begebenheiten wie Krankheiten oder tragische Todesfälle. Die Beschreibung der Reise in den Béarn gibt vermutlich einen guten Eindruck in die Arbeitsweise Froissarts, der stets Zugang zu einflussreichen Kreisen hat und jede Gelegenheit nutzt, sich mit kompetenten Gesprächspartnern zu unterhalten. Immer wieder erkundigt er sich nach besonderen Vorfällen im Land, militärischen Aktionen ebenso wie sonstigen Vorkommnissen. Er begnügt sich dann in seinem Bericht damit, jeweils den Standpunkt seines Informanten wiederzugeben und versucht nicht etwa, die Sichtweise der Gegenpartei zu berücksichtigen.

Froissarts Werk war weit verbreitet, es sind fast 160 Handschriften erhalten. Viele davon sind illustriert, einige prachtvolle Manuskripte aus dem Besitz hoher Adliger datieren aus dem frühen 15. Jahrhundert. Möglicherweise hat Froissart selbst für die Abschriften, die er seinen Mäzenen überreichte, ein Bildprogramm

---

110 *Œuvres de Froissart* (Anm. 104), Bd. 9, S. 143. Zitiert nach http://gallica.bnf.fr/ark:/12148/bpt6k38930x.r= froissart+lettenhove+9.langDE.swf.

111 *Œuvres de Froissart* (Anm. 104), Bd. 11, S. 19. Zitiert nach http://gallica.bnf.fr/ark:/12148/bpt6k38932 m.r=froissart++chroniques+lettenhove.langDE.swf); vgl. Froissart (Anm. 104), S. 484.

vorgesehen.[112] In den frühen Manuskripten des ersten Buchs der Chronik sind alle großen Schlachten (Abb. 3) illustriert; abgesehen von diesen Miniaturen gibt es ansonsten nur noch die Darstellung einer Widmungsszene. Das Hauptaugenmerk der Chronik auf das Militärische wird so durch das Bildprogramm noch unterstrichen.

Abb. 3: Jean Froissart, *Chroniques*. Paris, BnF fr. 2643, fol. 165^v, Illustration von Loyset Liédet (um 1475): Schlacht von Crécy (1346).

Froissarts Chronik wurde von Enguerrand de Monstrelet bis ins Jahr 1444 weitergeschrieben. Enguerrand war Vogt von Cambrai und vertrat eine pro-burgundische Sicht, was sich daraus erklären lässt, dass Burgund seit dem Beginn des

112 Vgl. Godfried Croenen: [Art.] Froissart illustration cycles. In: EMC 1, S. 645–650, besonders S. 647 f.; Croenen diskutiert die Wahrscheinlichkeit, dass die Illustration des ersten Buches tatsächlich auf Froissart zurückgeht.

15. Jahrhunderts aktiv am Krieg teilnahm. Im zweiten Buch berichtet er über das Auftreten von Jeanne d'Arc.[113]

4 Geschichtsschreibung am burgundischen Hof – Philippe de Commynes

Burgund trat mit der Verleihung des Herzogtums an Philipp den Kühnen aus dem Haus Valois (1363) und dessen kluger Politik, die ihm durch die Heirat mit Margarete von Flandern eine erhebliche Besitzausdehnung eingebracht hatte, in die europäische Geschichte der Zeit ein. Bis zum Ende des Herzogtums 1475 bestimmte Burgund die Geschicke Europas entscheidend mit. Die burgundischen Herzöge maßen von Beginn ihrer Herrschaft an der Geschichtsschreibung große Bedeutung bei, sammelten mittelalterliche Handschriften und gaben Geschichtswerke in Auftrag. Ihr Ziel war es dabei, sich auch durch ihre Geschichte auf den politischen Bühnen Europas angemessen zu präsentieren. So beauftragte etwa Philipp der Kühne (1363–1404) Christine de Pizan damit, die Geschichte seines Bruders, des Königs Karl V. von Frankreich, zu schreiben.[114]

Die Fortsetzung der Froissartschen Chronik durch Enguerrand de Monstrelet ist ein gutes Beispiel für die burgundischen Intentionen. Enguerrand stand im Dienst Philipps des Guten (1419–1467), der die Historiographie in Dienst nahm, um seine Ebenbürtigkeit mit den Herrscherhäusern von Deutschland und Frankreich nachzuweisen. Enguerrand ist folglich bemüht, die Position Burgunds im Hundertjährigen Krieg herauszustreichen. Unter Philipp dem Guten entstanden zudem Übertragungen historischer Werke oder Neubearbeitungen, insbesondere durch Jean Wauquelin. Zu nennen wären etwa eine neue Übertragung der *Historia Regum Britanniae* des Geoffrey von Monmouth[115] und die *Chroniques de Hainaut*, die auf den *Annales historiae illustrium principum Hannoniae* von Jacques de Guise (Ende 14. Jahrhundert) basieren, in denen der trojanische Ursprung der burgundischen Herzöge konstruiert wird. 1447 beauftragte Philipp der Gute Jean Wauquelin damit, ein Epos über den burgundischen Nationalhelden Girart de Roussillon zu schreiben und dieses durch die Einarbeitung verschiedener lateinischer

---

113 *Les Chroniques d'Enguerrand de Monstrelet*. Hrsg. von JEAN ALEXANDRE BUCHON, 8 Bde., Paris 1826–1827; zu Jeanne d'Arc siehe Bd. 5, S. 216–240, S. 289–294 (Festnahme) und S. 353–359 (Verurteilung). Im letzten Teil gibt Enguerrand den Wortlaut der Anklageschrift wieder. Siehe: http://gallica.bnf.fr/ark:/12148/bpt6k83217 m.r=enguerrand.langDE.swf); vgl. HANNO WIJSMAN: [Art.] Enguerrand de Monstrelet. In: EMC 1, S. 578.

114 Vgl. oben S. 686 f. und Anm. 79.

115 Siehe oben S. 666.

Quellen zu einer Gesamtgeschichte des Hauses Burgund zu erweitern. Die prächtigen, illuminierten Manuskripte seiner Werke unterstreichen deren Bedeutung in den Augen des Herzogs.[116]

1455 bestimmte Philipp der Gute Georges Chastelain zum Hofchronisten und beauftragte ihn unter anderem mit einer Chronik aller Ereignisse am burgundischen Hof. Philipps Sohn und Nachfolger, Karl der Kühne (1467–1477), forderte von ihm und erhielt eine *Declaration de tous les haultz faictz et glorieuses adventures du duc Philippe de Bourgogne, celluy qui se nomme le grand duc et le grand lyon* („Erklärung aller großen Taten und ruhmreichen Abenteuer des Herzogs Philipp von Burgund, der sich großer Herzog und großer Löwe nennt)."[117] Diese und zahlreiche andere Werke vermitteln ein Bild der burgundischen Herzöge, das deren Vorstellungen entsprach.

Der bis heute bekannteste Autor aus dem burgundischen Umfeld, der ein Werk mit (auch) chronikalischem Inhalt verfasst hat, ist Philippe de Commynes. Commynes wurde um 1447 in Flandern geboren, sein Vater stand in burgundischen Diensten. Als junger Mann trat er in den Dienst des burgundischen Thronfolgers, des späteren Karls des Kühnen. Er wurde zum engen Vertrauten Karls und wirkte bei allen politischen Entscheidungen beratend mit. 1472 verließ er den burgundischen Hof ohne Ankündigung und trat zu Karls Gegner, Ludwig XI. von Frankreich, über, dessen Vertrauen er rasch gewann und dessen Berater er wurde. Nach Ludwigs Tod 1483 fiel er in Ungnade, erst nach dem Amtsantritt Karls VIII. war er wieder diplomatisch tätig.[118]

Ende der 1480er Jahre schrieb Commynes auf Bitten des Erzbischofs von Vienne seine Erinnerungen an den verstorbenen König Ludwig XI. nieder:

> *Monseigneur l'archevesque de Vienne, pour satisfaire à la requeste qu'il vous a plu me faire de vous escrire et mettre par mémoire ce que j'ay sçu et connu des faits du feu roy Louis onziesme, à*

---

116 Vgl. Maureen Boulton: [Art.] Wauquelin, Jean. In: EMC 2, S. 1496.

117 Vgl. zur burgundischen Geschichtsschreibung allgemein den Sammelband: La littérature à la cour de Bourgogne. Actualités et perspectives de recherche. Hrsg. von Claude Thiry/Tania Van Hemelryck, Montreal 2006 (Le moyen français 57/58). Zur auszugsweisen Edition der *Déclaration* siehe Claude Thiry: George Chastelain, premier indiciaire des ducs de Bourgogne. In: Splendeurs de la cour de Bourgogne. Récits et chroniques. Hrsg. von Danielle Régnier-Bohler, Paris 1995, S. 749–763; vgl. die Einführung ebd. S. 737–748; siehe dazu außerdem Guenée (Anm. 84), S. 332–335.

118 Siehe zu Commynes die Einleitung zu dem Band Philippe de Commynes: *Memoiren*. Europa in der Krise zwischen Mittelalter und Neuzeit. Hrsg. und übersetzt von Fritz Ernst, Stuttgart 1972, S. IX–XXXVII.

qui Dieu fasse pardon, nostre maistre et bienfaicteur, et prince digne de très-excellente mémoire, je l'ay fait le plus près de la vérité que j'ay pu et sçu avoir la souvenance.[119]

Herr Erzbischof von Vienne, es hat Euch gefallen, mich zu bitten, ich möge Euch in einer Aufzeichnung niederschreiben, was ich von den Taten des Königs Ludwig XI., dem Gott gnädig sei, unsres Herrn und Wohltäters, eines Fürsten, würdig des besten Andenkens, erlebt und erfahren habe. Ich bin dieser Bitte nachgekommen, so wahrheitsgemäß wie es meinem Vermögen und meiner Erinnerung entspricht.[120]

Commynes schrieb mithin keine Biographie des Königs, sondern referiert seine Erlebnisse mit und persönlichen Erinnerungen an Karl den Kühnen, Ludwig XI. und zahlreiche andere hohe Politiker der Zeit, denen er im Lauf seines Lebens begegnet ist. Konsequenterweise nennt er sein Werk auch *mémoires* und grenzt es damit ausdrücklich von der Geschichtsschreibung ab:

Je me suis oublié, en parlant de ces matières précédentes, de parler du roy Edouard d'Angleterre : car ces trois seigneurs ont vescu d'un temps grands: c'est assavoir nostre roy, le roy d'Angleterre et le duc de Bourgogne. Je ne vous garde point l'ordre d'escrire que font les hystoriens,[121] *ny nomme les annés, ny proprement le temps que les choses sont advenues, ny ne vous allègue riens des hystoires passées pour exemple (car vous en sçavez assez, et seroit parler latin devant les cordeliers) mais seulement vous dis grossement ce que j'ay vu et sçu, ou ouÿ dire aux princes que je vous nomme.*[122]

Bei der Schilderung der vorangegangenen Dinge habe ich vergessen, von König Eduard von England zu sprechen; denn diese drei Herren waren zur selben Zeit groß: unser König, der Herzog von Burgund und König Eduard. Ich halte nicht die Reihenfolge der Darstellung ein, wie es die Geschichtsschreiber machen,[123] noch führe ich Jahre oder die genaue Zeit auf, in der die Dinge geschehen sind, noch ziehe ich euch vergangene Geschichten als Beispiel heran; denn davon wisst Ihr genug, und das hieße ja vor Mönchen lateinisch reden; ich sage Euch nur im ganzen, was ich gesehen und erfahren habe oder von den Fürsten, die ich Euch nenne, vom Hörensagen weiß.[124]

Commynes betont, dass ihm die Einschätzung der Ereignisse wichtiger als die Chronologie ist. Politische Klugheit und strategisches Denken sind die Eigenschaften, die einen guten Herrscher auszeichnen, und außer Ludwig XI. erfüllte keiner Commynes Ansprüche. In einem langen Exkurs reflektiert er über die Macht der Könige, über deren Verhältnis zu ihren Untertanen und über Gottes Eingreifen

119 Commynes: *Mémoires.* In: Historiens et chroniqueurs du Moyen Age (Anm. 52), S. 949–1448, hier S. 949.
120 Zitiert nach der deutschen Übersetzung von Ernst (Anm. 118), S. 1.
121 Hervorhebung von Verf.
122 Commynes (Anm. 119), S. 1068.
123 Hervorhebung von Verf.
124 Zitiert nach der deutschen Übersetzung von Ernst (Anm. 118), S. 100.

in den Lauf der Welt.[125] Solche Reflexionen und die politische Analyse der Auseinandersetzungen in Frankreich nach dem Hundertjährigen Krieg, deren Augenzeuge er war, unterscheiden Commynes von den Historiographen seiner Zeit, wenn seine Memoiren auch eine Fülle von historischen Informationen enthalten und daher heute oft der Geschichtsschreibung zugerechnet werden.

5 Resümee

Die französischsprachige Geschichtsschreibung des Mittelalters folgt in ihrer Entwicklung derjenigen der volkssprachlichen Literatur und der zunehmenden Bedeutung der Volkssprache in Kultur und Politik insgesamt. Sie entsteht mit den Werken Geoffroy Gaimars und Waces für den anglonormannischen Hochadel, wie auch die erzählende Literatur ihren Anfang im 12. Jahrhundert im anglonormannischen Bereich nimmt. Die Geschichtsschreibung orientiert sich, anders als die Geschichtsüberlieferung der Chanson de geste, an lateinischen Vorbildern. Im 13. Jahrhundert werden in Frankreich Literatur und Historiographie zunehmend außerhalb der großen Höfe in Auftrag gegeben, beides richtet sich nicht mehr nur an die Eliten. Die Laien, und damit die Volkssprache, gewinnen in immer mehr Bereichen Bedeutung und sie interessieren sich zunehmend für geschichtliche Themen. Kreuzzugsteilnehmer beschreiben ihre Erfahrungen und ihre Sicht der Dinge, adelige Auftraggeber interessieren sich für Weltgeschichte, aber auch besonders für die Geschichte von Königen oder die Biographie eines Königs. Geographisch bilden Nordfrankreich, Flandern und noch bis ins 14. Jahrhundert England den Schwerpunkt der volkssprachlichen Geschichtsschreibung. Stadtgeschichten werden seit dem späten 14. Jahrhundert verfasst, oft sind dies Kompilationen aus den unterschiedlichsten Quellen, die die Geschichte der jeweiligen Stadt in die Weltgeschichte einfügen. Sie belegen das Bestreben der Bürger und des Stadtpatriziats, sich Geschichte zum Zwecke der Unterhaltung, aber sicher auch als Ausweis der Bedeutung ihrer Stadt verfügbar zu machen. Die Spanne der volkssprachlichen Geschichtswerke reicht im 13. und 14. Jahrhundert von den prachtvollen, durch ihre Herkunft aus der lateinischen Historiographie von Saint-Denis legitimierten *Grandes Chroniques de France* und den nicht minder prächtigen burgundischen Handschriften über Werke der Zeit- und Ereignisgeschichte bis hin zu Kompilationen, die außerhalb gelehrter Zirkel entstehen und die von einem sehr weitgefassten Geschichtsverständnis zeugen.

---

125 Commynes (Anm. 119), S. 1219–1236.

Geschichtsschreibung in der Volkssprache, die hauptsächlich in Frankreich, England und Burgund entsteht, ist von Anfang an eng mit den Interessen der Mächtigen verknüpft und steht – meistens – im Dienst der Politik. Ihre zunehmende Bedeutung spiegelt die Rolle, die Adelige und Bürger, die nicht des Lateinischen mächtig sind, in der Politik spielen. Auch Werke, die nicht im Umfeld der Machtzentren entstanden sind, wie etwa städtische Chroniken, wollen qua Geschichte die Bedeutung ihrer Stadt belegen. Große Anlässe für volkssprachliche Werke zur Ereignisgeschichte sind die Kreuzzüge und der Hundertjährige Krieg.

Die Werke, die im Lauf des Mittelalters entstanden sind, spiegeln die Interessen und Erwartungen der Schreiber wie des Publikums. Die Mächtigen erwarten von der Historiographie eine glanzvolle Genealogie und die Unterstützung des eigenen politischen Standpunkts, die mit der volkssprachlichen Darstellung auch dem nicht lateinkundigen Publikum zugänglich werden. Die prachtvollen Manuskripte der *Grandes Chroniques de France* oder der burgundischen Geschichtswerke sollen im Hochadel die Rolle des Königtums oder die Pracht des Burgundischen Hofes sinnfällig vor Augen führen und absichern. Das städtische Publikum erwartet Unterhaltung und Belehrung und findet sie in bunten Kompilationen voller Geschichten. Den Schreibern liegt daran, ihren Standpunkt in das Werk einzubringen. Die Mönche von Saint-Denis zeigen in der Geschichte der französischen Könige die Bedeutung ihrer Abtei und gestalten die *Grandes Chroniques* so, dass sie dem König, für den die unterschiedlichen Fassungen je angefertigt werden, Beispiele guten königlichen Verhaltens vorführen. Verfasser von Kreuzzugsberichten rechtfertigen ihr Handeln oder das ihrer Institution. Seit dem 14. Jahrhundert berufen sich zunehmend auch die laikalen Verfasser auf die belehrende Funktion der Geschichte.

Geschichtsschreibung in der Volkssprache bedeutet auch, dass die jeweiligen Werke den Rezeptionsgewohnheiten des Publikums angepasst werden, die sich im Mittelalter stark verändern. Die frühen Geschichtswerke wenden sich an ein Publikum, das an mündlichen Vortrag oder an Vorlesen gewöhnt ist, sie orientieren sich an der Form des Romans oder der Chanson de geste. Mit der Wende zum 13. Jahrhundert verliert im französischen Kulturraum der Vers seine Glaubwürdigkeit, für ‚wahre' Geschichten wird nur noch die Prosa akzeptiert. Daran hält sich auch die Geschichtsschreibung, die von nun an fast ausschließlich Prosa verwendet und primär für Leser konzipiert ist.

Lektürehinweise:
1. Chroniken des Vierten Kreuzzugs 1998 (52); Fantosme 1981 (30); Geoffroy Gaimar 2009 (14); Philippe de Commynes 1972 (118); Shirley 1996 (69); The History of the Holy War 2003 (48); Wace 1999 (19).
2. Archambault 1974 (1); Guenée 1980 (84).

3. Aurell 2003 (29); Burrichter 1996 (17); Burrichter 2010 (21); Gumbrecht/Link-Heer/Spangenberg 1986 (9); Hedeman 1991 (82); Hofmann 1987 (8); Schwarze 2003 (105).

Cristian Bratu

Chroniken im mittelalterlichen Italien – Ein Überblick

In seiner ‚Storia dell'Italia medievale' schreibt OVIDIO CAPITANI, dass eine Geschichte der mittelalterlichen italienischen Geschichtsschreibung leider nicht existiere („una storia della storiografia nell'Italia medievale non esiste") und noch zu schreiben sei.[1] Obwohl der hier vorgelegte Beitrag diese recht große Lücke schon allein aus Platzgründen nicht schließen kann, versucht er dennoch einen brauchbaren zusammenfassenden Überblick über die historiographischen Texte Italiens, die während des Mittelalters verfasst wurden, zu bieten.[2]

Dazu sind einige Vorüberlegungen dringend notwendig. Erstens ist es eine bekannte Tatsache, dass Italien bis 1861 kein vereinigtes Land gewesen ist – die Region Venetien trat erst 1866 dem Königreich von Italien bei und Rom inklusive des ehemaligen Papststaates (das *Patrimonium Sancti Petri*) erst 1870.[3] Somit wäre es aus einer politischen Perspektive problematisch von ‚italienischer' Chronistik bzw. Geschichtsschreibung im Mittelalter zu sprechen. Als Folge seiner politischen Zersplitterung gibt es tatsächlich keine ‚italienische' Chronistik *per se* während der

1 OVIDIO CAPITANI: La storia dell'Italia medievale, Rom 1986, S. 473.

2 Obwohl eine vollständige und übersichtliche Geschichte der italienischen Historiographie Italiens noch geschrieben werden muss, gibt es eine Reihe wichtiger Studien über italienische Geschichtswerke, Chroniken und Annalen. Als Ergänzung zur bahnbrechenden ‚Encyclopedia of the Medieval Chronicle' (im Folgenden zitiert als EMC), die Artikel über eine Reihe historiographischer italienischer Texte enthält, sollten wir auch folgende Arbeiten erwähnen: FRANCESCO COGNASSO: Questioni di storia medioevale, Mailand 1946; OVIDIO CAPITANI: Nuove questioni di storia medioevale, Mailand 1964; La storiografia altomedievale. 10 – 16 aprile 1969, 2 Bde. Hrsg. vom Centro italiano di studi sull'alto medioevo, Spoleto 1970 (Settimane di studio del Centro italiano di studi sull'alto medioevo 17). Die modernen Ausgaben der Primärquellen, zusammen mit den Handschrifteninformationen, sind – sofern verfügbar – in den beiden Bänden der EMC aufgelistet. Viele Primärtexte wurden von LUDOVICO ANTONIO MURATORI in den *Rerum italicarum scriptores ab anno aerae christianae 500 ad annum 1500* (Mailand 1723 – 1738) veröffentlicht, einige der Texte auch in den MGH. Die meisten der in unserem Beitrag erwähnten Texte sind im *Repertorium Fontium Historiae Medii Aevi* erwähnt. Deshalb listen wir in diesen Anmerkungen nur die Sekundärquellen auf.

3 Einen Überblick über die italienische Geschichte bietet CHRISTOPHER DUGGAN: A Concise History of Italy, Cambridge 1984 u. ö. Für einen detaillierteren Überblick über die mittelalterliche Geschichte Italiens vgl.: CAPITANI (Anm. 1); Italy in the Early Middle Ages. 476 – 1000. Hrsg. von CRISTINA LA ROCCA, Oxford 2002; Italy in the Central Middle Ages. 1000 – 1300. Hrsg. von DAVID ABULAFIA, Oxford 2004; JOHN NAJEMY: Italy in the Age of the Renaissance. 1300 – 1550, Oxford 2005.

Zeit des Mittelalters. Es wäre in diesem Sinne treffender von florentinischer, venezianischer oder mailändischer Chronistik zu sprechen. Jedoch sollten wir auch bedenken, dass trotz dieser Zersplitterung eine gewisse literarische Vorstellung von ‚Italien' im Mittelalter auf der Halbinsel existierte. Darüber hinaus waren Regional- und Stadtchroniken, beispielsweise aus Florenz oder Venedig, oft nicht gleichgültig gegenüber den Ereignissen auf dem Rest der Halbinsel und den umliegenden Inseln. Folglich kann man mit einer gewissen Berechtigung schon von einer ‚italienischen Historiographie' sprechen, auch wenn es sich eher um eine moderne als um eine mittelalterliche Vorstellung handelt.

Zweitens ist bekannt, dass hinsichtlich der Periodisierung des Mittelalters viele Forscher den Beginn der Renaissance in Italien viel früher ansetzen als im Rest Europas. Traditionell (und selbstverständlich einigermaßen willkürlich) fällt der ‚Herbst des Mittelalters' in den meisten westlichen Ländern Europas in das späte 15. Jahrhundert. Für Italien hingegen stellen die 1350er für viele Historiker das Ende des Mittelalters dar. Ohne diese Epochenschwelle zwischen Mittelalter und Renaissance in Frage zu stellen, ist es nichtsdestotrotz offensichtlich, dass viele chronikalische Texte des 14. und 15. Jahrhunderts Ähnlichkeiten mit älteren Chroniken aufweisen. Aus diesem und anderen Gründen werden wir hier chronikalische Texte vom 5. bis zum 16. Jahrhundert behandeln.

1 Von der antiken zur mittelalterlichen Geschichtsschreibung

Der Begriff ‚Chronik' leitet sich von dem griechischen Adjektiv *chonikós* („chronologisch") ab, das sich wiederum vom Substantiv *chrónos* („Zeit") herleitet. Diodor Siculus, ein griechischer Geschichtsschreiber aus Sizilien im ersten vorchristlichen Jahrhundert, war der erste, der seine große Universalgeschichte, die *Bibliotheca historica*, als eine *chronikè syntaxis* bzw. „chronologische Zusammenstellung"[4] bezeichnete. Der Begriff ‚Chronik' wurde im Lateinischen später von Plinius d. Ä. (1. Jahrhundert n. Chr.) und Aulus Gellius (2. Jahrhundert n. Chr.) gebraucht. Es ist jedoch wichtig, im Hinterkopf zu behalten, dass römische Historiker diesen Begriff nicht für ihre eigenen Arbeiten verwendeten. Erst später, mit dem Aufkommen der christlichen Geschichtsschreibung, wurde der Begriff Chronik häufiger benutzt.[5]

4 In dieser Hinsicht verdanke ich viel einem Artikel von Graeme Dunphy: [Art.] Chronicles (terminology). In: EMC 1, S. 274–284.

5 Zur antiken und frühchristlichen Geschichtsschreibung vgl. Arnaldo Momigliano: The Classical Foundations of Modern Historiography, Berkeley/Los Angeles 1990; A Companion to Greek and Roman Historiography. Hrsg. von John Marincola, Malden, Mass. 2007; L'historio-

In seiner Übersetzung des *Chronicon* des Eusebius von Caesarea (263–339) gebraucht Hieronymus (ca. 347–420) die Wendung *chronici canones* („chronologische Aufstellungen"). Später wird Prosper von Aquitanien Hieronymus zusammenfassen und seine Arbeit als *epitome de chronicis* bzw. Zusammenfassung von Chroniken bezeichnen. Augustinus und Rufinus benutzten ebenfalls den Begriff ‚Chronik', der damit ein gebräuchlicher Terminus zur Bezeichnung historiographischer Texte wurde. Der im Süden der italienischen Halbinsel, in Scylletium, geborene römische Staatsmann und Autor Cassiodor (ca. 485–ca. 570/580) war einer der ersten Autoren, der eine Definition von Chroniken bietet: *Chronica vero, quae sunt imagines historiarum brevissimaeque commemorationes temporum*[6] („Chroniken aber sind Bilder der Geschichte und kürzeste Ausführungen über die Vergangenheit"). Cassiodors Betonung der Kürze von Chroniken ist grundlegend für diese neue Gattung und wird die Richtung für ihre weitere Entwicklung festlegen. Spätere Historiker, wie Sicard von Cremona (1155–1215) und Gervasius von Canterbury (ca. 1141–1210), werden ebenso chronologische Narration und Kürze als die bestimmenden Merkmale von Chroniken herausstellen – im Gegensatz zur Historiographie, die zu größerer Ausführlichkeit neigt und stärker analytisch ausgerichtet ist. Demnach waren, zumindest in der Theorie, mittelalterliche Chroniken tendenziell fokussierter auf die Chronologie und auch kürzer als andere Geschichtswerke.[7] Im Gegensatz zu den Annalen waren sie jedoch wesentlich ausführlicher, reicher an narrativen Einzelheiten und besaßen einen weiteren historischen und geographischen Bezugsraum. Annalen hingegen hielten kaum mehr als Jahr und Monat eines spezifischen Ereignisses, das sich in einem bestimmten Kloster, einer Stadt, einer Region oder einem Land abgespielt hatte, fest.[8] In der Praxis jedoch war die Grenze zwischen mittelalterlicher Chronistik und Geschichtsschreibung fließend, da die Autoren einfach stärker mit dem ‚Geschichte schreiben' beschäftigt waren, als sich viel um die Einheitlichkeit einer Gattung zu kümmern. Darum werden wir in diesem Beitrag die Vielfalt

---

graphie de l'Eglise des premiers siècles. Hrsg. von Bernard Pouderon/Yves-Marie Duval, Paris 2011; Greek and Roman Historiography in Late Antiquity. Hrsg. von Gabriele Marasco, Leiden 2003.

6 Cassidor, Institutiones I,17,2.

7 Zur Terminologie und Definition vgl. auch Herbert Grundmann: Geschichtsschreibung im Mittelalter, Göttingen 1965; David Dumville: What is a Chronicle? In: The Medieval Chronicle II. Hrsg. von Erik Kooper, Amsterdam 2002, S. 1–27.

8 Vgl. den Abschnitt „The term Annals in classical and medieval usage" in: Dunphy (Anm. 4), S. 277 f.; Ders.: Annals. In: EMC 1, S. 45–52. Zu Annalen und Chroniken als Gattungen vgl. auch Reginald L. Poole: Chronicles and Annals. A Brief Outline of their Origin and Growth, Oxford 1926; M. R. P. McGuire: [Art.] Annals and Chronicles. In: NCE 1, S. 551–556.

historischer Texte, inklusive der Annalen, berücksichtigen, auch wenn wir uns natürlich vorwiegend mit Chroniken beschäftigen.[9]

Wie bereits erwähnt, waren viele frühe Chronisten Christen und einige von ihnen lebten selbst auf der italienischen Halbinsel oder standen in einem persönlichen bzw. intellektuellen Austausch mit ihr. Ein solcher Fall war zum Beispiel Hippolyt von Rom (ca. 170 – 235), der im östlichen Mittelmeerraum geboren wurde und als Presbyter der römischen Kirche eine Reihe theologischer Texte (*Refutatio omnium heresiarum, Syntagma*) und ein *Chronicon* verfasste. In ihr bediente sich Hippolyt der biblischen Zeitrechnung und berichtete von den Ereignissen bis ins Jahr 235. Sextus Julius Africanus (ca. 160 – 240), der von sich selbst behauptete, in Jerusalem geboren zu sein, verbrachte Teile seines Lebens in Rom und anderen Orten des Römischen Imperiums. Er verband in seinen *Chronographiae* die hellenistische Tradition der Universalgeschichtsschreibung mit der christlichen Heilsgeschichte, was für mittelalterliche Historiker viele Jahrhunderte lang zum Vorbild werden sollte.[10] Die *Chronographiae* behandeln die Geschichte der Welt von der Schöpfung bis zum Jahr 221 unter Beibehaltung der hellenistischen Zeitrechnung – basierend auf den Olympiaden. Heinrich Gelzer nannte ihn vermutlich zurecht „den Vater der christlichen Chronographie“.[11] Eine ähnliche Vermischung von hellenistischer und christlicher Zeitrechnung findet sich in den Arbeiten vieler anderer Historiker dieser Zeit wie etwa bei Eusebius von Caesarea (ca. 260 – 339), der die meiste Zeit seines Lebens in Palästina und dem östlichen Mittelmeerraum verbrachte, oder auch bei Hieronymus (ca. 347 – 419/20), der in Dalmatien geboren worden war und mehrere Jahre in Rom verbrachte, wo er auch getauft wurde. Hieronymus hatte eine Kopie der *Canones* des Eusebius in Antiochia gefunden und diese ins Lateinische übersetzt. Die *Canones* waren auch die Basis für die eigene Universalgeschichte des Hieronymus, das *Chronicon*, das um 380 in Konstantinopel entstand. Im 5. Jahrhundert setzten andere Historiker, wie Prosper von Aquitanien, Hydatius, Marcellinus Comes und Cassiodor, die Geschichtsschreibung von Eusebius und Hieronymus fort. Richard Burgess hat

---

9 Dunphy (Anm. 4, S. 275) arbeitet heraus, dass das griechische Wort *chronikè* lange Zeit als Adjektiv in Gebrauch blieb, oft in Verbindung mit dem Wort *historia*, wie in der Formel *chronikè historia* („chronologische Geschichte“) zu sehen ist. Möglicherweise wurden beide Begriffe im Mittelalter von lateinisch sprechenden Gelehrten synonym gebraucht. Es gab allerdings von Anfang an eine Überschneidung zwischen den Begriffen ‚Geschichte‘, ‚Chronik‘ oder ‚chronologischer Geschichte/Erzählung‘.

10 Zur Gattung der Universal- oder Weltgeschichten vgl. Graeme Dunphy: [Art.] World Chronicles. In: EMC 2, S. 1527 – 1532.

11 Heinrich Gelzer: Sextus Iulius Africanus und die byzantinische Chronographie, 2 Bde., Leipzig 1880 – 1885, Nachdruck Hildesheim 1978.

sicherlich recht damit, dass „[a]ll medieval chronicles can [...] trace their lineage back directly or indirectly to Jerome and, through him, to Eusebius."[12]

Einer der Fortsetzer des Eusebius, Cassiodor, ist ein perfektes Beispiel für den Übergang der antiken Welt ins Mittelalter. Geboren im Süden der Halbinsel, nahe der Stadt Catanzaro in Kalabrien, begann Cassiodor sein öffentliches Leben als Ratgeber des Statthalters von Sizilien – seines eigenen Vaters. Im frühen 6. Jahrhundert wurde er Konsul und dann ein höherer Verwaltungsbeamter (*magister officiorum*) unter dem ostgotischen König Theoderich dem Großen. Um 518 fing Cassiodor mit der Arbeit an seiner *Chronica* an, die eine *consularia*, eine Liste der Konsuln[13] ist, die er zu Ehren des römisch-westgotischen Konsuls Eutharich, des Schwiegersohns des Theoderichs, schrieb. Was könnte den Übergang ins Mittelalter besser repräsentieren als dieser italo-römische Historiker, der eine Chronik zu Ehren eines ‚barbarischen' Konsuls verfasst? Cassiodors *Chronica* beginnt mit der Geschichte Adams, setzt fort mit der der Assyrer und der römischen Könige und bringt dann eine Liste der Konsuln. Sie ist hauptsächlich inspiriert von den Werken des Livius, des Hieronymus, des Prospers von Aquitanien und der *Consularia Italica*, einer in der ostgotischen Hauptstadt Ravenna zusammengestellten Liste.[14] Cassiodor hat zwischen der Mitte der 520er und der 530er Jahre eine mehrbändige *Historia Gothorum* kompiliert, die heute allerdings verloren ist. Er stieg in der Hierarchie des gotischen Hofes schnell auf und wurde später für das ostgotische Italien Prätorianerpräfekt, eine Position, die der eines heutigen Premierministers entspricht. Nach Ausbruch der Gotenkriege Mitte der 530er Jahre ging Cassiodor nach Konstantinopel,[15] kehrte dann wieder nach Italien zurück und gründete um 554 das Kloster Vivarium, in dem eine beeindruckende Biblio-

---

12 Richard Burgess: [Art.] Jerome [Eusebius Sophronius Hieronymus]. In: EMC 2, S. 915–916. Vgl. auch Richard Burgess: Studies in Eusebian and Post-Eusebian Chronography, Stuttgart 1999.

13 In der antiken und mittelalterlichen Welt gab es zwei Arten von Konsulatslisten, die *fasti* und die *consularia:* „By *fasti*, we mean lists of consuls (with or without other officials), which may contain some historical entries noted under specific years. [...] *Consularia* are those *fasti* that contain a large number of historical entries, usually appearing annually or almost so" (Richard W. Burgess: [Art.] Consularia and fasti. In: EMC 1, S. 486).

14 Eine weitere *consularia* aus derselben Zeit ist die *Consularia Ravennatia* aus dem 5. Jahrhundert, die von Ereignissen zwischen 411–454 berichtet. Erwähnt werden sollte auch die *Consularia Constantinopolitana*, die vermutlich ebenfalls in Italien entstanden ist und eine Auflistung der Konsuln zwischen 509 v.Chr. und 468 bietet. Vgl. Richard W. Burgess: [Art.] Consularia Constantinopolitana. In: EMC 1, S. 487; Ders.: [Art.] Consularia Italica. In: EMC 1, S. 487–488; Ders.: [Art.] Consularia Ravennatia. In: EMC 1, S. 488.

15 Die Gotenkriege sind auch das Hauptthema eines Abschnitts der in griechischer Sprache geschriebenen *Historien* Prokops von Caesarea.

thek entstand, die später in alle Winde verstreut wurde. Cassiodor ist eine exemplarische Figur für diese Zeit des Übergangs in der Geschichte Italiens: Er genoss eine römische Erziehung, arbeitete aber für einen gotischen Hof; er tat sein Bestes, um römische und griechische Bücher in seinem Kloster in Vivarium zu bewahren, in einer Zeit, als Kultur nicht das Hauptziel der Großen war; seine historischen Schriften, die *consularia* und die verlorene *Historia Gothorum*, überbrücken den Spalt zwischen der Geschichtsschreibung des antiken römischen Reichs und den beiden Mächten, die im Frühmittelalter in Italien dominierten, das ostgotische und das byzantinische Reich.

Eine weitere wichtige Figur in dieser Übergangsperiode ist der Historiker Jordanes. Er scheint gotischer oder alanischer Abstammung gewesen zu sein und begann seine berufliche Karriere als *notarius* eines Mitglieds der gotischen Königsfamilie. Wie Cassiodor verbrachte er einige Jahre in Konstantinopel und nach seiner Rückkehr entschied er sich, in Vivarium zu leben, eben jenem Kloster, das von Cassiodor gegründet worden war. Zwei Werke des Jordanes sind erhalten geblieben: Das erste, *De summa temporum vel origine actibusque gentis Romanorum*, auch bekannt als *Historia Romana*, ist eine Weltchronik, die von der Erschaffung Adams über die Gründung Roms durch Aeneas, die Herrschaft Kaiser Justinians bis zur bulgarischen und slawischen Invasion von 547 reicht. Sein anderes Hauptwerk, die *Getica*,[16] wurde im Auftrag eines gewissen Castalius verfasst, der wusste, dass Jordanes eine Kopie von Cassiodors *Historia Gothorum* besaß. Obwohl in der *Getica* reichlich Ungenauigkeiten vorhanden sind,[17] ist sie nichtsdestoweniger ein wichtiges Dokument, da sie – zusammen mit Cassiodors *Historia Gothorum* – die Entstehung eines neuen Zentrums historiographischer Aktivitäten auf der italienischen Halbinsel markiert und gleichzeitig die Geschichte eines Volkes, in diesem Fall der Goten, zum Gegenstand hat.[18]

Dieses doppelte Interesse an der Geschichte Roms wie des eigenen Volkes ist auch für die Schriften des Paulus Diaconus (ca. 720 – 799) ausschlaggebend gewesen. Paulus entstammte einer langobardischen Familie, die in der Nähe von Forum Julii (Cividale, in Friaul) Land besaß.[19] Paulus wurde sehr wahrscheinlich am Hof des Langobardenkönigs Ratchis in Pavia erzogen; die Tochter des Königs,

---

16 Jordanes: Die Gotengeschichte. Übersetzt, eingeleitet und erläutert von LENELOTTE MÖLLER, Wiesbaden 2012.

17 Beispielsweise schreibt Jordanes die Taten der Geten, einem thrakischen Stamm, der im Gebiet des heutigen Rumänien und Bulgarien wohnte, fälschlicherweise den Goten zu.

18 Vgl. auch ARNE S. CHRISTENSEN: Cassiodorus, Jordanes, and the History of the Goths. Studies in a Migration Myth, Kopenhagen 2002.

19 Der langobardische Name des Paulus Diaconus war Warnefried bzw. Barnefridus in seiner latinisierten Form.

Adalperga, war seine Schülerin. Sie war es auch, die ihn bat, eine Fortsetzung des *Breviarium ab urbe condita* des Flavius Eutropius († nach 390) zu schreiben. Paulus' Fortsetzung, verfasst vermutlich zwischen 766 und 773, ist heute als *Historia Romana* bekannt. In den 780er Jahren reiste Paulus nach Aachen an den Hof Karls des Großen. Er scheint dort einige Texte für höfische Auftraggeber verfasst zu haben.[20] Nach seiner Rückkehr (786 oder 787) schrieb er einen Text, den er als eine Fortsetzung seiner *Historia Romana* verstand und der heute als *Historia Langobardorum* bekannt ist.[21] Ob Paulus diese Geschichte der Langobarden ebenfalls im Auftrag Adalpergas bzw. ihres Beneventer Hofes verfasste oder ob das Werk für Karl den Großen bestimmt war, wird nach wie vor diskutiert. Es ist sehr wahrscheinlich, dass Paulus diesen Text schrieb, nachdem er in das vom Vater des Benediktinerordens, Benedikt von Nursia, gegründete Kloster von Montecassino eingetreten war, wo er den Rest seines Lebens verbrachte. Die *Historia Langobardorum* ist ein grundlegender Text, der die Geschichte der Langobarden von ihren mythischen Ursprüngen bis zum Tod König Liutprands im Jahr 743 abdeckt. Paulus stützte sich dabei auf sein persönliches Wissen und auf eine Reihe von Texten, wie die *Origo gentis Langobardorum*, den *Liber pontificalis*, die (verlorenen) Annalen von Benevent sowie die Schriften Bedas, Gregors von Tours und Isidors von Sevilla.[22]

Die Geschichte der Langobarden bildet auch das Hauptthema für zwei weitere Historiker des 9. Jahrhunderts. Andreas von Bergamo, ein Priester aus der Diözese von Bergamo, schrieb eine *Historia Langobardorum*, die die Geschichte der Langobardenkönige, die karolingischen Herrscher Italiens und die Kriegszüge Ludwigs II. (825–875), des ältesten Sohnes Kaiser Lothar I., nach Süditalien behandelt. Der erste Teil seiner *Historia* (bis König Liutprand) ist vor allem eine Zusammenfassung von Paulus' Diaconus Werk. Der Rest seiner (unvollendeten) *Historia* reicht bis ins Jahr 877. Eine kurze, gleichwohl interessante Geschichte ist die *Ystoriola* bzw. *Historia Langobardorum Beneventum degentium*, die von einem Benediktinermönch, Erchempert von Montecassino, verfasst wurde. Sie war zunächst auf die Geschichte des Herzogtums Benevents und seines Niedergangs fokussiert und wendet sich dann der Entstehung des Fürstentums von Salerno zu. Fulvio Delle Donne weist zurecht darauf hin, dass diese Geschichte, die auch als *Langobardia minor* bekannt ist, eines der ganz wenigen Zeugnisse ist, in denen

---

20 Deborah Deliyannis: [Art.] Paul the Deacon [Paulus Diaconus]. In: EMC 2, S. 1190–1192.
21 Paulus Diaconus: Historia Langobardorum. Lateinisch/Deutsch. Hrsg. und übers. von Wolfgang F. Schwarz, Darmstadt 2009.
22 Vgl. auch Walter Goffart: The Narrators of Barbarian History (AD 550–800) – Jordanes, Gregory of Tours, Bede, and Paul the Deacon, Princeton, N.J. 1988; Paolo Diacono: Uno scrittore fra tradizione longobarda e rinnovamento carolingio. Hrsg. von Paolo Chiesa, Udine 2000.

über die von den Langobarden kontrollierten Gebiete im Süden Italiens berichtet wird.[23]

PAOLO CAMMAROSANO spricht hinsichtlich der Mehrzahl aller Texte, die im Italien des 11. Jahrhunderts entstanden sind, von einer ‚Hegemonie der kirchlichen Tradition'.[24] Sie sind zumeist von Leuten verfasst worden, die auf die eine oder andere Weise mit der Kirche verbunden waren, und dies gilt mit wenigen Ausnahmen ebenso für die historiographischen Texte. Viele dieser Texte waren christlicher Provenienz und passten in die Rahmenstruktur einer christlichen Universalgeschichte; andere waren ‚nationale' Geschichten, die mehr oder weniger in die christliche Universalgeschichte integriert waren. Einige wurden von identifizierbaren Personen (Cassiodor, Paulus Diaconus, etc.) verfasst; in anderen Fällen, wie dem *Liber pontificalis*, haben wir es mit Texten zu tun, die von anonymen Verwaltungsbeamten geschrieben wurden.

Der *Liber pontificalis* ist ein wichtiges Dokument, das chronologische Aufzeichnungen über die römischen Päpste von den 530er Jahren bis zum Ende der 880er enthält. Die Autoren dieser Aufzeichnungen waren vermutlich Kleriker im Dienste der päpstlichen Verwaltung.[25] Obwohl die ersten Aufzeichnungen auf die 530er Jahre zu datieren sind, wurde der Text eine Weile aufgegeben, dann um das 7. Jahrhundert wieder aufgegriffen und die Niederschriften aktualisiert. Von diesem Augenblick an wurde der *Liber*, der auch bekannt ist als *Liber episcopalis in quo continentur acta beatorum pontificum Urbis Romae* und später als *Gesta* oder *Chronica pontificum* bezeichnet wurde, regelmäßig mit Aufzeichnungen zu jedem Papst bis ins 9. Jahrhundert immer auf dem neuesten Stand gehalten. Da es sich um ein Produkt der päpstlichen Bürokratie handelte, wurde der *Liber* als besonders wertvoll erachtet; während der Karolingerzeit war er weit verbreitet.[26] Historiker wie Beda und Martin von Troppau stützten sich auf den *Liber* und nahmen Teile davon in ihre eigenen historiographischen Schriften auf. Der *Liber* inspirierte darüber hinaus eine Reihe anderer Autoren, *Gesta episcoporum et abbatum* zu produzieren. Eine erwähnenswerte Imitation des *Liber* ist etwa der *Liber pontificalis ecclesiae ravennatis*, der von Agnellus von Ravenna in den 830er und 840er Jahren verfasst, die Geschichte der Bischöfe von Ravenna beschreibt.

---

23 FULVIO DELLE DONNE: [Art.] Erchempert. In: EMC 1, S. 582–583.

24 PAOLO CAMMAROSANO: Struttura e geografia delle fonti scritte, Rom 1991. Siehe dazu insbesondere das 1. Kapitel „L'egemonia della tradizione ecclesiastica dall'alto medioevo all'XI secolo".

25 Hrabanus Maurus und später Martin von Troppau haben allerdings die Autorschaft am ersten Teil, der die Geschichte der Päpste bis zum 4. Jahrhundert enthält, Hieronymus zugeschrieben.

26 Atti del colloquio internazionale Il Liber Pontificalis e la storia materiale Roma. 21–22 febbraio 2002. Hrsg. von HERMAN GEERTMAN, Rom 2003.

Zwar dominierte die kirchliche Historiographie auch noch gegen Ende des 1. Jahrtausends, aber wir können einen stetigen Aufstieg einer städtischen Geschichtsschreibung beobachten, der besonders nach dem Jahr 1000 evident wurde. Diese lokale und regionale Geschichtsschreibung steht manchmal mit einem Kloster in Verbindung, aber dies ist keine zwingende Voraussetzung. Natürlich werden auch in den Universalchroniken, den kirchlichen und überregionalen Chroniken immer auch lokale Ereignisse fokussiert,[27] aber dies konnte eine Lokalchronistik nicht ersetzen und deshalb nehmen entsprechende Werke nach dem 10. Jahrhundert immer weiter zu.

Natürlich gab es auch weiterhin Stammesgeschichtsschreibung und Universal- bzw. Weltchroniken. Zum Beispiel verfasste Landulf Sagax um die Jahrtausendwende eine Fortsetzung der *Historia Romana* des Paulus Diaconus, die er mit Zusätzen aus Orosius, Epiphanius scholasticus und anderen Autoren versah. Um 1080 stellte Benzo, Bischof von Alba (in Piemont), einen semi-historiographischen Text zusammen, den er Kaiser Heinrich IV. widmete und mit *Ad Heinricum IV imperatorem libri VII* betitelte. Amatus von Montecassino (im 11. Jahrhundert Bischof von Paestum nahe Salerno und später Benediktinermönch in Montecassino) schrieb eine Geschichte der normannischen Eroberung Süditaliens, die sog. *Historia Normannorum*. Leider ist diese Arbeit verloren gegangen und nur in einer französischen Übersetzung des 14. Jahrhunderts überliefert, der *Ystoire de li Normant*.

Einige Chroniken haben einen doppelten Fokus und verbinden lokale Chronistik mit Stammesgeschichtsschreibung. Die *Cronicae Sancti Benedicti Casinensis* aus dem 9. Jahrhundert z. B. konzentrierten sich in erster Linie auf die Geschichte des Klosters von Montecassino (obwohl der erste Teil der Chronik die Geschichte Süditaliens vom 6. bis zum 9. Jahrhundert behandelt). Im letzten Teil dieser Chronik ließ sich der anonyme Autor von Paulus Diaconus *Historia Langobardorum* inspirieren. Die Chronik endet mit einer Liste der Äbte von Montecassino sowie der in Süditalien regierenden Herrscher bis zum Ende des 9. Jahrhunderts.[28] Arnulfs von Mailand *Liber gestorum recentium*, verfasst im 11. Jahrhundert, nimmt die italienischen Könige, aber auch die Taten der Erzbischöfe von Mailand ebenso wie die Lokalgeschichte Mailands in den Blick.

Aber die Regional- bzw. Lokalchronistik säkularer oder klerikaler Provenienz ist am Ende des ersten und zu Beginn des zweiten Millenniums endgültig im Aufwind. Diesen Trend bestätigen die monastischen Chroniken und Kopialbücher,

---

27 So behandeln die norditalienischen Universalchroniken auch die Geschichte der Ostgoten und der langobardischen ‚Königreiche' im Norden und in der Mitte Italiens.

28 Luigi Andrea Berto: [Art.] Cronicae Sancti Benedicti Casinensis. In: EMC 1, S. 415.

die naturgemäß einen lokalen Fokus besaßen.[29] Angesichts der großen Zahl von Abteien, Klöstern, Kirchen und Kathedralen ist es verständlich, dass wir eine große Zahl von kirchlichen Kopialbüchern aus ganz Europa besitzen. Ein Beispiel dafür ist das *Chronicon Casauriense* von Johannes Berardi, das über 2000 Dokumente über das Benediktinerkloster St. Clement in Casauria (in den Abruzzen) enthält. Es beinhaltet die Quelle, die die Gründung des Klosters ca. 872 belegt, eine auf das 9. Jahrhundert datierende Besitzbeschreibung ebenso wie den eigentlichen historiographischen Teil, der von Berardi im 12. Jahrhundert verfasst wurde.[30]

Ein Beispiel für säkulare Lokalgeschichtsschreibung ist das *Chronicon comitum Capuae* (auch *Catalogus comitum Capuae* genannt) aus dem 10. Jahrhundert. Wie der Titel verrät, beschäftigt sich diese Chronik mit den Grafen von Capua (Kampanien) und speziell mit der Dynastie des Landulf von Capua (815–1000). Die Chronik wurde im Kloster St. Benedikt in Capua geschrieben, sehr wahrscheinlich vom Abt Johannes I. Ein weiteres Beispiel stellt das anonym verfasste *Chronicon salernitanum* aus dem 10. Jahrhundert dar, das sich mit dem Fürstentum von Salerno beschäftigt und das dem Abt Radoald von Salerno zugeschrieben wird. Landulf von Mailand, auch bekannt als Landulf der Ältere, erzählt in den *Mediolanensis historiae libri quatuor* aus dem 11. Jahrhundert die Geschichte Mailands und seiner Kirche vom Jahr 374 bis 1085. Landulf von San Paolo (Landulf der Jüngere) schrieb ebenfalls eine Geschichte Mailands, die sog. *Historia Mediolanensis*, die jedoch sehr viel persönlicher ist und stärker auf die eigene Familie, besonders seinen Onkel Liutprand, fokussiert ist als die Geschichte Landulfs des Älteren. Diese beiden letztgenannten Historien antizipieren bereits den Aufstieg städtischer Geschichtsschreibung in Italien nach dem 12. Jahrhundert.[31]

---

29 Kopialbücher (Kartularien) sind Handschriften, die Informationen und Dokumente enthalten, die die Gründung, den rechtlichen und ökonomischen Status, Hinweise auf die Versorgung, den Güterbesitz, finanzielle An- und Verkäufe betreffen. Außerdem enthalten sie die Liste der Mitglieder oder Leiter der jeweiligen Institution der ihnen verliehenen Ehren etc.

30 Vgl. auch Graeme Dunphy: [Art.] Cartulary Chronicles and Legal Texts. In: EMC 1, S. 256–259.

31 Siehe dazu unten S. 721–732.

2 Chronistik zwischen dem Spätmittelalter und der Renaissance (12.–16. Jahrhundert)

2.1 Kontinuität und Transformation(en)

Die Zeit zwischen dem 12. und dem 16. Jahrhundert ist sowohl durch Kontinuität als auch durch eine Reihe von Veränderungen gekennzeichnet. Die etablierte und allgemein anerkannte Gattung der Weltchroniken wird fortgesetzt, auch wenn die Lokal- und Regionalchronistik einen rasanten Aufstieg nahm. Latein bleibt in Italien nach wie vor die Sprache mit dem höchsten Prestige für die meisten Chronisten. Allerdings werden die Lokalchroniken, die wichtige Ereignisse aus Mailand, Pisa, Venedig, Neapel bzw. Sizilien aufzeichnen, nicht mehr in Latein geschrieben. In solchen Fällen erschien der Gebrauch des lokalen Dialekts vielmehr die logische Wahl, und auf diesem Weg wurden die Dialekte zusehends als legitimes Mittel der literarischen bzw. chronikalischen Vermittlung angesehen. Besonders in Nord- und Zentralitalien, wo Städte zunehmend ihre Unabhängigkeit vom Heiligen Römischen Reich anstrebten bzw. betonten, bemerken wir einen Anstieg der städtischen Chroniken. Im Gegensatz dazu findet in Süditalien ein Einigungsprozess statt, zunächst vorangetrieben von den normannischen Eroberern im 11. Jahrhundert, dann fortgesetzt von den Hohenstaufen im 12. und 13. Jahrhundert, den Anjou (13. Jahrhundert) und den Aragon (hauptsächlich seit dem 14. Jahrhundert). Zugleich steht diese Periode des Übergangs vom Mittelalter zur Renaissance unter der Ägide der humanistischen Geschichtsschreibung, die ihre Inspiration antiken römischen Vorlagen verdankt. Eine neue Art von Chronisten, die ihre Identität anders als die früher anonym schreibenden mittelalterlichen Mönche nicht mehr verbargen, sondern selbstbewusster und selbstbestimmter waren, tritt zu dieser Zeit auf den Plan.

2.2 Kirchliche Chronistik

Wie bereits erwähnt, gehörte der *Liber pontificalis* zu den Werken, an denen während des gesamten Mittelalters weiter geschrieben wurde. So setzten Kardinal Boso, Neffe Papst Hadrians IV., und andere Schreiber den *Liber pontificalis* fort, der damit die Geschichte des Papsttums bis zu Papst Pius II. (1458–1464) abdeckte. Der quasi offizielle *Liber pontificalis* regte wiederum eine Reihe von unabhängigen Versionen der Geschichte des Papsttums an, sowohl außerhalb – etwa im 12. Jahrhundert in Nordfrankreich die des Petrus Guillermus – als auch innerhalb Italiens. Im 13. Jahrhundert verfasste Gilbertus Romanus ein *Chronicon pontificum et imperatorum romanorum*, in dem er alle Päpste und Kaiser von

Christus bis in die 1220er Jahre auflistete. In seiner Chronik bietet Gilbertus jeweils eine kurze Beschreibung jedes Papstes und Kaisers; sein Text wurde selbst Quelle der Inspiration für andere Geschichtsschreiber, wie Martin von Troppau.[32] In den fünfziger Jahren des 14. Jahrhunderts schließlich schrieb Marco Battagli (Marcus de Battaglis), ein in Rimini geborener Neffe von Gozzio Battagli, dem zukünftigen Patriarchen von Konstantinopel, eine Universalchronik auf Latein, die die Zeit von der Schöpfung bis in seine Gegenwart behandelt. Für seine Chronik nutzte Battagli Isidor von Sevilla, Martin von Troppau[33] und Riccobaldo von Ferrara, den Autor des *Pomerium Ravennatis ecclesiae*, als Quellen. Für die jüngere Geschichte fügte Battagli eigene Informationen und Erinnerungen hinzu.[34]

Das 13. Jahrhundert erlebte Gründung und Aufstieg zweier wichtiger Mönchsorden, der Franziskaner (*Ordo fratrum minorum*) und der Dominikaner (*Ordo praedicatorum*), die schnell mit eigenen chronikalischen und historiographischen Projekten begannen.[35] Pietro da Fossombrone, der in der Mark Ascona geboren worden war und um 1270 in den Franziskanerorden eintrat, schrieb um 1325 eine *Historia septem tribulationum ordinis minorum*, welche auch bekannt ist als *Liber chronicarum sive tribulationum ordinis minorum*. Die *Historia* ist sowohl eine Geschichte des Franziskanerordens wie auch eine Apologie seines spiritualistischen Zweiges. Franziskanische Geschichtsschreibung, die entweder die Geschichte des Ordens selbst oder andere säkulare historische Ereignisse fokussierte, erblühte in ganz Europa und blieb während des Mittelalters eine Hauptquelle für historische Informationen. Einige italienische Franziskaner wurden zu wichtigen Informationsquellen über ferne Länder: Giovanni da Pian del Carpine (12. Jahrhundert) reiste ebenso wie Odorico da Pordenone (14. Jahrhundert) ins Reich der Mongolen. Odorico verfasste darüber eine *Relatio de mirabilibus orientalium Tatarorum*, ein Buch, das als so wichtig angesehen wurde, dass es später ins Französische, Deutsche und Italienische übersetzt wurde. Giovanni de Marignolli, der ebenfalls im 14. Jahrhundert zu den Mongolen reiste, verfasste im Auftrag Kaiser Karl IV. das *Chronicon Bohemorum*. Andere wie Benzo von Alessandria und Paulinus von Venedig schrieben im 14. Jahrhundert Universalchro-

---

32 Cristian Bratu: [Art.] Gilbertus Romanus. In: EMC 1, S. 706.

33 Battagli nannte seine Chronik sogar die *Marcha*, um auf Martins Werk, die sog. *Martiniana*, anzuspielen.

34 Marie Bláhová: [Art.] Marco Battagli of Rimini [Marcus de Battaglis]. In: EMC 1, S. 147 f.

35 Natürlich schrieben Franziskaner und Dominkaner nicht ausschließlich über die Geschichte ihrer eigenen Orden. Der Franziskaner Thomas von Pavia aus dem 13. Jahrhundert beispielsweise verfasste eine *Gesta imperatorum et pontificum*, während Salimbene de Adam eine *Chronica* schrieb, die sich auf den Konflikt zwischen dem Papsttum und dem Heiligen Römischen Reich konzentrierte.

niken. Von Johannes de Utino ist die *Compilatio nova super tota Biblia* überliefert, die einen schematischen Überblick zur biblischen Geschichte bietet.[36]

Auch Dominikanermönche schufen in ganz Europa eine beeindruckende Zahl frischer Werke. Zu ihnen gehört Ptolemäus von Lucca, einer der wichtigen Historiker des Ordens, der 1309 nach Avignon kam, wo er Mitglied im Haushalt des späteren Kardinals Wilhelm von Bayonne wurde. Ihm widmete er den ersten Entwurf seiner *Historia ecclesiastica*, die vollendete Version lehnt sich dann stark an den *Liber pontificalis* an. Die *Historia* ist eigentlich eine Welt- und Kirchengeschichte,[37] die von Christus bis Papst Clemens V. reicht und in der er verschiedene Quellen kompilierte; dabei bediente er sich etwa aus den Werken des Paulus Diaconus und des Vincent von Beauvais.[38] Giovanni Colonna (ca. 1298–1343), ein Mitglied der berüchtigten römischen Familie der Colonna und Mitglied des Dominikanerordens, verfasste einen *Liber de viris illustribus* mit 330 Kurzbiographien berühmter Männer sowie eine Weltgeschichte von der Schöpfung bis 1250, das sog. *Mare historiarum*, in dem er Material von klassischen und mittelalterlichen Autoren (Seneca, Hieronymus, Augustinus, Vincenz von Beauvais, Martin von Troppau etc.) verarbeitete. Auch im 15. Jahrhundert schrieben Dominikaner Chroniken: Aus dieser Zeit ist vor allem Antoninus von Florenz (ca. 1389–1459) zu nennen, der später Erzbischof von Florenz wurde und Autor einer Weltchronik ist. Während seiner Amtszeit als Erzbischof schrieb er Moraltraktate, die sog. *Summa moralis*, welchen er einen fünften, historischen Teil, bekannt als *Chronicon sive summa historialis*, hinzufügte. In seiner Weltchronik konzentrierte er sich auf die Geschichte des Papsttums und am Ende auf die Geschichte des Dominikaner- und des Franziskanerordens. Filippo Barbieri, ein Dominikaner im Syrakus des 15. Jahrhunderts, schrieb eine *Cronica summorum pontificum et imperatorum*, von der er behauptete, sie sei die Fortsetzung einer Chronik des Riccobaldo von Ferrara. Ebenso verfasste er eine *Virorum illustrium cronica*, die von der Schöpfung bis zum Jahr 1469 reicht und vermutlich von Ferdinand II. von Aragon oder seiner Gattin Isabella I. von Kastilien in Auftrag gegeben worden

---

36 Andrea Worm: [Art.] Ioannes de Utino [Giovanni Longo, da Udine; de Mortilano]. In: EMC 1, S. 876–878. Für einen exzellenten Überblick über die franziskanische Geschichtsschreibung siehe Graeme Dunphy: [Art.] Franciscan Chronicle Tradition. In: EMC 1, S. 633–636. Vgl. auch John Fleming: An Introduction to the Franciscan Literature of the Middle Ages, Chicago 1977; Bert Roest: Reading the Book of History: Intellectual Contexts and Educational Functions of Franciscan Historiography. 1226–ca. 1350, Groningen 1996.

37 Eusebius von Caesarea: Die Kirchengeschichte, 3 Bde, Berlin 1999.

38 Ottavio Clavuot: [Art.] Ptolemy of Lucca [Tholomeus Lucensis, Bartolomeo Fiadoni]. In: EMC 2, S. 1245 f. Es sollte erwähnt werden, dass Ptolemäus auch eine Geschichte Luccas von 1063 bis 1303 verfasste, die sog. *Annales*, ebenso eine heute verlorene *Historia tripartita*.

war.[39] Ein anderer wichtiger Name für diesen Orden ist Girolamo Albertucci de' Borselli, der 1457 den Dominikanern beitrat und 1494 zum Generalinquisitor von Bologna ernannt wurde. Zwischen 1493 und 1496 schrieb Albertucci eine Geschichte seines Ordens, die *Cronica magistrorum generalium ordinis fratrum Praedicatorum*. Vor dieser Chronik hatte er jedoch bereits zuvor eine Chronik Bolognas, die *Cronica gestorum ac factorum memorabilium civitatis Bononiae*, geschrieben, die von der Gründung der Stadt bis 1497 reicht. Viele Dominikaner und Franziskaner schrieben neben kirchlichen Chroniken auch säkulare Werke wie dies bei Jacobus de Voragine, einem Dominikanermönch und späteren Erzbischof von Genua, der Fall ist. Von ihm, der in der Literatur vor allem durch seine *Legenda aurea* bekannt ist, stammt eine von der angeblichen Gründung durch den mythischen König Janus bis ins Jahr 1297 reichende Stadtchronik von Genua, die *Chronica civitatis Januensis ab origine Urbis usque ad annum MCCXCVII.*[40]

Zusätzlich zu diesen großen Werken besitzen wir eine Fülle kirchlicher Chroniken, die sich mit der Geschichte einzelner Kirchen, Abteien und Klöster befassten. Ein Beispiel ist das *Chronicorum liber Sancti Bartholomaei de Carpineto*, geschrieben in den 1190er Jahren von einem Benediktinermönch namens Alexander (Monachus), der im Kloster von Carpineto della Nora (in der Region Pescara) lebte und arbeitete. Das *Chronicon abbatiae Fructuariensis* aus dem 13. Jahrhundert ist praktisch ein Katalog, der die Äbte der cluniazensischen Abtei von Fruttuaria in Piemont auflistet. Die Chronik wurde später als Geschichte der Abtei bis ins 15. Jahrhundert fortgesetzt. Im 14. Jahrhundert ist die *Chronica antiqua conventus Sanctae Catharinae de Pisis* ein bemerkenswertes Beispiel, das sich mit dem Dominikanerkonvent St. Katharina in Pisa beschäftigt. Domenico da Peccioli begann diese Chronik um 1350 und Simone da Cascina setzte sie bis 1410 fort.

Obwohl der Großteil der mittelalterlichen Historiker männlich war, gibt es auch eine gewisse Anzahl weiblicher Autoren. Ein Beispiel aus dem 15. Jahrhundert ist die dominikanische Nonne Bartolomea Riccoboni, die in den Konvent Corpus Domini in Venedig eintrat. 1415 begann sie eine *Cronaca del Corpus Domini* im venezianischen Dialekt zu verfassen, die sich mit der Geschichte ihres Konvents beschäftigt. Später schrieb sie auch eine *Necrologia del Corpus Domini*, die an die 50 Biographien von Frauen beinhaltet, die in dem Konvent gestorben sind.[41] Solche Chroniken sind wunderbare Beispiele sowohl für klerikale Geschichtsschreibung als auch für Lokalgeschichte – wir werden auf diesen Typ der Historiographie im folgenden Kapitel zu sprechen kommen.

---

39 Roberto Pesce: [Art.] Filippo Barbieri. In: EMC 1, S. 141 f.

40 Vgl. auch Graeme Dunphy: [Art.] Dominican Chronicle Tradition. In: EMC 1, S. 542–545.

41 Cristian Bratu: [Art.] Bartolomea Riccoboni. In: EMC 2, S. 1274 f.

2.3 Lokalchronistik

Im 11. und 12. Jahrhundert erlebte Norditalien die Entstehung und den Aufstieg einer neuen sozial-politischen Struktur, des Stadtstaates. Diese Stadtstaaten entwickelten im Laufe der Zeit eine bemerkenswerte bürgerliche, grundsätzlich urbane Kultur, zu der es im übrigen Europa, wo Städte meist Teil größerer adliger Herrschaften waren, kaum Parallelen gibt. Obwohl Norditalien größtenteils zum Heiligen Römischen Reich gehörte, entwickelten viele italienische Städte vor dem Hintergrund des Investiturstreits zwischen Papst und Kaiser die Vorstellung der Unabhängigkeit von einem Feudalherren. Mailand stand an der Spitze des Kampfes gegen den Kaiser und wurde einer der Anführer der Lombardischen Liga, zu der später andere lombardische und nicht-lombardische Städte wie Piacenza, Cremona, Bergamo, Bologna, Padua, Vicenza, Venedig und Verona gehörten. Die Lombardische Liga wurde so mächtig, dass sie die römischen Kaiser mehrfach besiegte, der bekannteste Sieg dürfte die Schlacht von Legnano 1176 sein. Obwohl das Phänomen der Kommunen in Norditalien besonders ausgeprägt war, finden wir es ebenso in Zentral- (Florenz, Siena, Pisa, Lucca, Ancona) und Süditalien (Salerno, Amalfi, Bari, Neapel). Später wurden einige dieser Städte Fürstentümer, die das *contado* besaßen, das heißt die ländlichen Gebiete um die größeren Städte beherrschten, wie etwa im Falle Mailands. Andere, wie die Seerepublik Venedig, besaßen ebenfalls das *contado*, behielten aber die republikanische Regierungsform bei. Im Süden gingen viele der ehemaligen Stadtstaaten im normannischen Königreich Sizilien auf. Die Chronistik, die in diesen Städten entstand, ist sehr reichhaltig und sowohl bezüglich der Quantität wie auch der Qualität beeindruckend.[42]

Ein frühes Beispiel für eine solche kommunale Chronistik ist das *Chronicon Bononiense* (ca. 1162–1299), das die Namen der Großen (Konsuln und Bürgermeister oder *podestà*) Bolognas vom 12. und 13. Jahrhundert enthält. Ein anderes frühes Beispiel ist das *Chronicon Altinate* (12.–13. Jahrhundert), das Aeneas' Ankunft in Italien beschreibt und eine kurze Geschichte der Halbinsel bietet, eine

42 Leider sind die folgenden Seiten dazu verurteilt, unvollständig zu sein, da sie unmöglich Raum für die reiche Lokalgeschichtsschreibung überall auf der Halbinsel bieten können. Aufgrund des beschränkten Platzes werden wir nur einige wenige italienische Städte und einige wenige ihrer Chroniken bzw. Chronisten behandeln. Für weitere Informationen über Stadtchroniken vgl. Graeme Dunphy: [Art.] Town Chronicles. In: EMC 2, S. 1432–1438; Elisabeth M. C. van Houts: Local and Regional Chronicles, Turnhout 1995 (Typologie des sources du moyen âge occidental 74); Augusto Vasina: Medieval Urban Historiography in Western Europe (110–1500). In: Historiography in the Middle Ages. Hrsg. von Deborah Deliyannis, Leiden 2003, S. 317–351.

Liste der römischen Kaiser und Päpste, der Patriarchen von Aquileia und Grado[43] sowie eine Liste der Bischöfe von Torcello. Viele Stadtchroniken, wie auch die eben genannten, sind anonym verfasst. Die meiste Zeit wurden solche Texte von anonymen Notaren oder kommunalen Beamten geschrieben. In anderen Fällen kennen wir den Namen eines Schreibers oder eines Auftraggebers. Dies ist der Fall bei den Genueser Annalen, den *Annales Ianuenses*. Wir wissen, dass im 12. Jahrhundert, um 1100, der genuesische Politiker Caffaro von Caschifellone mit der Abfassung begann und seine Arbeit bis 1162 fortsetzte. 1152 erklärte die Stadt seine Annalen zur offiziellen Geschichte Genuas. Andere Autoren wie Oberto Cancelliere, Ottobonus Scriba, Ogerio Pane, Iacopo Doria und andere setzten Caffaros Werk bis ins 13. Jahrhundert fort.[44] Wir wissen jedoch nicht, wer im 13. Jahrhundert die *Chronica Ianuensis* verfasste, die eine anonym verfasste Ergänzung zur Genueser Chronik des Jacobus de Voragine zu sein scheint.[45]

Im Laufe der Zeit entwickelten alle großen und mittleren Städte Italiens eine reiche Stadtchronistiktradition, wobei ohne Zweifel Florenz hier die reichhaltigste Tradition im Italien des Mittelalters hervorgebracht hat. Die Entwicklung der humanistischen Kursive in Florenz, die eng mit dem Namen des Florentiner Bürgers Niccolò Niccoli (1365–1437) verbunden ist, beförderte entscheidend die schrittweise Durchsetzung des florentinischen Dialekts als Sprache der Bildungseliten in Italien. Aus dem 13. Jahrhundert besitzen wir beispielsweise zwei anonym überlieferte, in der Volkssprache verfasste Chroniken der Geschichte Florenz'. Die *Cronica fiorentina compilata nel secolo XIII* wurde lange Zeit Brunetto Latini zugeschrieben, aber heutzutage zweifelt man, dass er tatsächlich der Autor ist. Der erste Teil der *Cronica* enthält eine Zusammenfassung des *Chronicon* Martins von Troppau; der zweite Teil benutzt mit der *Gesta florentinorum* in Zusammenhang stehendes Material, während der letzte Teil sich mit den Ereignissen bis 1297 beschäftigt. Es gibt außerdem eine *Cronachetta antica di Firenze*, die sich auf die Zeit zwischen dem frühen 12. und dem späten 13. Jahrhundert konzentriert. Einige Abschnitte der *Cronachetta* weisen manche Ähnlichkeiten zu anderen Chroniken, die sich auf die *Gesta florentinorum* stützten, auf – einen Text, der heute verloren ist und nur in einer Reihe von Fragmenten in Texten anderer Autoren wie Ptolemäus von Lucca, Paolino Pieri (Autor der *Cronica delle cose d'Italia*), Simone della Tossa und Giovanni Villani überliefert ist oder weil er in

43 Das *Chronicon gradense* wird für ein Fragment des *Chronicon altinate* gehalten.

44 Elena Bellomo: [Art.] Annales Ianuenses. In: EMC 1, S. 68.

45 Vincenzo Promis: *Cronica Ianuensis*. In: Atti della Società Ligure di Storia patria 10 (1876), S. 495–511. Zur genuesischer Geschichtsschreibung vgl. auch Frank Schweppenstette: Die Politik der Erinnerung. Studien zur Stadtgeschichtsschreibung Genuas im 12. Jahrhundert, Frankfurt a.M. 2003.

andere anonyme Texte wie die *Cronachetta* Eingang gefunden hat. Solche anonymen Chroniken wurden in Florenz bis zum Ende des Mittelalters verfasst. Ein spätmittelalterliches Beispiel für eine solche Chronik ist die *Cronica volgare di anonimo fiorentino*, die die Jahre 1385–1409 behandelt und die Niccolò Machiavelli als Quelle für seine eigene *Istorie fiorentine* gedient haben mag.[46]

Während viele Stadtchroniken von ansässigen Notaren oder mit der Kirche verbundenen Schreibern verfasst worden sind, produzierten Laien ebenfalls eine große Zahl an Chroniken, besonders in der zweiten Hälfte des 13. Jahrhunderts. Einige von ihnen waren stark in die öffentlichen Angelegenheiten involviert, besetzten verschiedene Machtpositionen und versuchten mit ihren Chroniken, die unter ihrem eigenen Namen herausgegeben wurden oder von Schreibern oder anderen Auftragnehmern abgefasst wurden, ihre eigenen Meinungen zu verbreiten oder die Meinungen der Partei, die sie unterstützten. Aus Florenz gibt es viele Beispiele von Laien, die Chronisten wurden. Dino Compagni (ca. 1255–1324) zum Beispiel stammte aus einer wohlhabenden Florentiner Kaufmannsfamilie, die die Weißen Guelfen unterstützte. 1282 wurde er regierender Konsul und blieb für 17 Jahre im Amt; 1293 diente er auch als *gonfaloniere* der Justiz. Im Zuge der Niederlage der Weißen Guelfen 1301 wurde er aus den öffentlichen Ämtern entfernt und suchte für den Rest seines Lebens Zuflucht im Schreiben. Er verfasste eine Reihe von Gedichten (*Rime*, *Intelligenza*), ebenso eine *Cronica delle cose occorrenti ne' tempi suoi*, die sich auf die Zeit zwischen 1280 und 1312 konzentriert.[47] Compagni kritisierte die Schwarzen Guelfen harsch in seinem Text, der tatsächlich bis ins 15. Jahrhundert aus Angst vor Racheakten gegen seine Familie und Nachkommen unveröffentlicht blieb.[48]

Wie Compagni wurde auch Giovanni Villani (ca. 1276–1348) in eine reiche Kaufmannsfamilie hineingeboren. Seine *Cronica* folgt jedoch dem Modell der lateinischen Weltchronik,[49] obwohl er in Volkssprache schrieb. Sechs der zwölf Bücher der *Cronica* beschäftigen sich mit der antiken Geschichte von Florenz,

---

46 Colette Gros: [Art.] Cronica fiorentina compilata nel secolo XIII. In: EMC 1, S. 336; Dies.: [Art.] Cronachetta antica di Firenze. In: EMC 1, S. 298; Dies.: [Art.] Gesta florentinorum. In: EMC 1, S. 696; Dies.: [Art.] Cronica volgare di anonimo fiorentino. In: EMC 1, S. 447; Niccolò Machiavelli: Geschichte von Florenz. Übersetzt von Alfred von Reumont, Zürich 1987.

47 Dino Compagni: Cronica. Hrsg. von Gino Luzzatto. Turin 1968; Dino Compagni's Chronicle of Florence. Übersetzt von Daniel E. Bornstein. Philadelphia 1986; Chronik des Dino Compagni von den Dingen, die zu seiner Zeit geschehen sind. Übersetzt und eingeleitet von Ida Schwartz, Jena 1914.

48 Pier Giorgio Ricci: Compagni e la prosa storica del '300. In: Orientamenti culturali: letteratura italiana. I minori, 4 Bde., Mailand 1969, Bd. 1, S. 201–216.

49 Aus der Chronik des Giovanni Villani. Hrsg. und übersetzt von Walter Friedensburg, Leipzig, 1883 (Die Geschichtschreiber der Deutschen Vorzeit, 14. Jahrhundert 2).

wobei Passagen aus Livius, Orosius, Paulus Diaconus, Martin von Troppau und aus anderen Quellen entnommen sind. Die letzten sechs Bücher erzählen von der jüngsten Vergangenheit. Anders als viele Chronisten, die beinah ausschließlich an militärischer und politischer Geschichte interessiert waren, befasste sich Villani mit der Wirtschafts-, Finanz-, Bevölkerungs- und Sozialgeschichte von Florenz. Nach Villanis Pesttod 1348 wurde sein Werk von seinem Bruder Matteo und schließlich von seinem Neffen Filippo, dem Sohn Matteos, fortgeführt.[50] Es ist sehr wahrscheinlich, dass Ricordano Malispini größere Abschnitte aus Giovanni Villanis Geschichte übernommen hat und in seine eigene *Storia fiorentina* einbaute. An sie hängte er Ausschnitte des *Libro Fiesolano*, der volkssprachlichen Fassung der *Chronica de origine civitatis Florentie* aus dem späten 13. und frühen 14. Jahrhundert, über die antike Geschichte und die mythischen Ursprünge von Florenz an. Marchionne di Coppo Stefani (ca. 1336 – 1385) ist ein weiteres Beispiel für diese bürgerlichen florentinischen Chronisten, die mitten im öffentlichen Leben der Stadt standen. Marchionne, ein aktives Mitglied des Stadtrates, schrieb eine *Cronaca fiorentina*, die kurz die Schöpfung der Welt abhandelt und sich dann mit der Geschichte von Florenz seit seiner Gründung bis 1384 beschäftigt.[51]

Das 14. und 15. Jahrhundert erlebte auch die Zeit des Aufstiegs der humanistischen Geschichtsschreibung. Obwohl er in Arezzo geboren wurde, zog Leonardo Bruni (ca. 1370 – 1444) 1384 nach Florenz, wo er bald Mitglied einer humanistischen Gruppierung wurde. 1416 wurde er Bürgermeister von Florenz und diente von 1427 bis zu seinem Tod der Stadt als Kanzler. Bruni, den Hans Baron „the most important representative of the ‚civic humanism' of the early Renaissance,"[52] nennt, verfasste eine beeindruckende Zahl von Texten. Unter diesen hochbedeutsamen historiographischen Werken sind sein *De primo bello punico*, *De bello Italico adversus Gothos* und *De temporibus suis*. Er schrieb auch eine Geschichte von Florenz, die *Historiarum Florentini populi libri XII*. In diesem Buch verteidigt Bruni die republikanischen Ideale der Stadt, die aus seiner Sicht eine perfekte Kombination römischer und etruskischer Werte und Kultur darstellen. Anders als andere mittelalterliche Historiker nimmt er auch die Rolle des *popolo* in der Geschichte von Florenz in den Blick. Seine *Historia* wurde vom Stadtrat als ‚offizielle' Stadtgeschichte anerkannt und sie wurde von anderen Autoren als der Fortsetzung für Wert befunden. Poggio Bracciolini (ca. 1380 – 1459) war ein wei-

---

50 Vgl. Franca Ragone: Giovanni Villani e i suoi continuatori, Rom 1998; Paula Clarke: The Villani Chronicles. In Chronicling History: Chroniclers and Historians in Medieval and Renaissance Italy. Hrsg. von Sharon Dale u. a., University Park, Pa. 2007, S. 113 – 143.

51 Eine Reihe weiterer Kaufleute oder Patrizier, wie Giovanni di Pagolo Morelli, verfassten historiographische Texte und Memoiren, die ihr Leben im spätmittelalterlichen Florenz behandeln.

52 Vgl. dazu Hans Baron: In Search of Florentine Civic Humanism, 2 Bde., Princeton, N.J. 1988.

terer bedeutender humanistischer Historiker dieser Zeit. Wie Bruni pflegte er Umgang mit der humanistischen Gemeinschaft, die sich um Coluccio Salutati gesammelt hatte. 1453 wurde Poggio Kanzler und Geschichtsschreiber der Republik von Florenz. Seine *Historia Florentini populi* erzählt die Geschichte der Stadt bis zum 15. Jahrhundert mit besonderem Gewicht auf der Zeit zwischen der zweiten Hälfte des 14. und der ersten Hälfte des 15. Jahrhunderts.[53]

Andere Historiker wie Domenico di Buoninsegni waren Kaufleute und standen im Kontakt mit humanistischen Kreisen, in diesem Fall mit Ermolao Barbaro (Hermolaus Barbarus) und Niccolò Niccoli. Buoninsegni verfasste eine *Istoria fiorentina* in der Volkssprache, die die Geschichte der Stadt bis 1460 behandelt und in der er sich auf andere Autoren wie Villani, Bruni und Coppo Stefani stützte. Wohlhabende Patrizier und Mitglieder prominenter Familien setzten in Florenz die Geschichtsschreibung ihrer Stadt bis zum Ende des Mittelalters und darüber hinaus fort. Beispielsweise schrieb der reiche Giovanni Cavalcanti die *Istorie fiorentine* über die Jahre 1420 – 1440, als er wegen seiner Weigerung Steuern zu zahlen im Gefängnis saß; später verfasste er die *Seconde istorie* über die Zeit von 1441 – 1447. Der Kaufmann Bartolomeo Cerretani (ca. 1475 – 1524) schrieb 1500 eine Denkschrift (*Ricordi*) und später, zwischen 1512 und 1514, den historiographischen Text mit dem Titel *Storie fiorentine*, der die Geschichte Florenz' von seinen Ursprüngen bis 1512 behandelt.

Schließlich sollten wir noch zwei wichtige Historiker des Spätmittelalters erwähnen (oder der Renaissance aus italienischer Perspektive): Machiavelli und Guicciardini. Machiavelli schrieb seine *Istorie fiorentine* zwischen 1521 und 1524 im Auftrag des Kardinals Giulio de Medici (dem späteren Papst Clemens VII.). Das erste Buch behandelt die frühe Geschichte der Stadt, während der letzte Teil die Geschichte Florenz' unter den Medici bis zum Tod Lorenzos de' Medici 1492 betrachtet. Wie andere mittelalterliche und frühneuzeitliche Historiker bezog er seine Gedanken aus anderen Quellen wie Flavio Biondo, Giovanni Villani und Giovanni Cavalcanti. Wie andere humanistische Historiker behandelt Machiavelli individuelle Persönlichkeiten, ihre Taten und Reden sowie ihre *virtù* („Tugend").[54] Machiavellis Freund, Francesco Guicciardini, war Politiker, Autor und Humanist, der bei Marsilio Ficino studierte. Er fungierte als florentinischer Diplomat am spanischen Hof und später, als Giovanni de Medici Papst Leo X. wurde, trat er in den Dienst des Papstes. Er verfasste eine beachtliche Anzahl Bücher, darunter

---

53 Über Poggio Bracciolini und andere Historiker des 15. Jahrhunderts vgl. D. J. Wilcox: The Development of Florentine Humanist Historiography in the Fifteenth Century, Cambridge, Mass. 1969 (S. 130 – 176 zu Bracciolini).

54 Dagmar Bruss: [Art.] Niccolò Machiavelli. In: EMC 2, S. 1056. Vgl. auch Gian Mario Anselmi: Ricerche sul Machiavelli storico, Pisa 1979.

einige historiographische Werke wie *Storie fiorentine* (1509), eine zweite Geschichte von Florenz, die *Le cose fiorentine* (geschrieben 1528–1531), und schließlich eine *Storia d'Italia* (1537–1540).[55]

Andere toskanische Städte hielten ihre Geschichte ebenfalls in Annalen und Chroniken fest. Das *Chronicon Pisanum* aus dem 12. Jahrhundert erzählt die Geschichte Pisas zwischen 688 und 1136. Exzerpte dieser Erzählung wurden von Bernardo Maragone in seine eigenen *Annales Pisani* integriert. Zusätzlich zu diesen lateinischen Chroniken besitzen wir einige Texte in der Volkssprache wie die *Cronichetta Pisana* aus dem 13. Jahrhundert (eine ‚Miniaturchronik' von nur 61 Zeilen), die *Cronaca Pisana* aus dem 14. Jahrhundert, die bis zum Jahr 1310 reicht, sowie die *Cronaca Pisana del secolo XIV.* Die kurze *Cronichetta Lucchese* aus dem späten 13. oder frühen 14. Jahrhundert ist eine volkssprachliche Chronik Luccas, die über die Jahre 752–1304 berichtet. Wir sollten an dieser Stelle auch die interessante *Cronica dei fatti d'Arezzo* erwähnen, die von Bartolomeo di ser Gorello im 15. Jahrhundert in Versen verfasst wurde. Sie beginnt mit einer ‚Traumsequenz', wie viele fiktionale Texte dieser Zeit.[56] Im spätmittelalterlichen Siena gibt es eine Reihe volkssprachlicher Geschichtswerke wie die *Cronica Sanese*, die dem Kaufmann-Schreiber Andrea Dei zugeschrieben wird und die *Cronaca Senese* (oder *Cronaca Senese detta la maggiore*), die vermutlich von Agnolo di Tura verfasst worden ist. Donato di Neris' *Cronache* und eine weitere bürgerliche *Cronaca Senese*, die vermutlich von Paolo di Tommaso Montauri verfasst wurde, berichten über die Jahre 1170–1351 und 1381–1432.

Venedig und die umgebende Region Venetien brachten ebenfalls eine nennenswerte Zahl chronikalischer Texte hervor. Bereits aus dem 10.–11. Jahrhundert besitzen wir ein *Chronicon Venetum* (oder *Istoria Veneticorum*), das vermutlich

---

55 Für einen Vergleich von Machiavelli und Guicciardini siehe Felix Gilbert: Machiavelli and Guicciardini: Politics and History in Sixteenth-Century Florence, New York 1984. Natürlich stellen die auf den vorigen Seiten genannten florentinischen Geschichtswerke nur einen kleinen Teil aller noch vorhandenen historiographischen Texte dieses Themas dar. Es gibt zahllose andere Schreiber, die historiographische oder quasihistoriographische Erzählungen über dieses Thema verfassten, so der Kaufmann Guido Filippo dell'Antella (13. Jahrhundert), die Notare Naddo da Montecatini und Nofri di ser Piero delle Riformagioni, Jacopo di Alamanno Salviati, Paolino Pieri, der Patrizier Luca di Totto da Panzano, der Familienchronist Donato Velluti (14. Jahrhundert), die Kaufleute Gregorio Dati, Piero di Marco Parenti und Gino di Neri Capponi, der Dichter Angelo Poliziano, der Dominikaner Giovanni di Carlo dei Berlinghieri, der Politiker Matthaeus Palmerius, die Humanisten Iacopo da Volterra Gherardi und Bartolomeo della Scala, der Apotheker Luca Landucci (15. Jahrhundert) sowie Simone Filipepi (Sandro Botticellis Bruder) und Giovanni Cambi (16. Jahrhundert).

56 Laura Morreale: [Art.] Bartolomeo di ser Gorello. In: EMC 1, S. 146.

Johannes Diaconus aus Venedig[57] verfasst hat, der als Botschafter des Dogen Pietro Orseolo II. am Hof des römischen Kaisers Otto III. wirkte. Im 13. Jahrhundert schrieb Martin da Canal seine *Estoires de Venise* in Französisch, der Sprache der norditalienischen Bildungselite (wir werden später auf da Canal zurückkommen). Aus dem 13. Jahrhundert besitzen wir zwei weitere lateinische Texte, der bedeutendste ist die *Historia ducum Venetiarum*, die die Zeit des Dogen Ordellafo Falier (frühes 12. Jahrhundert) bis zum Fall des Dogen Pietro Ziani 1228 abdeckt. Wir besitzen aus dem späten 13. Jahrhundert schließlich eine lateinische Chronik des Marcus Venetus. Dieses Werk beginnt als Weltchronik mit der Schöpfung und führt bis ins Jahr 1250; anschließend konzentriert sie sich auf die Geschichte Venedigs.

Wie in Florenz, wo Politiker sowohl ‚Geschichte schrieben' wie sie auch aufzeichneten, gab es auch in Venedig eine Reihe politischer Entscheidungsträger, die ausführlich über öffentliche Angelegenheiten berichteten. Dies ist der Fall bei Andrea Dandolo (1306 – 1354), der aus einer adeligen venezianischen Familie stammte und von 1343 bis zu seinem Tod Doge der Stadt war.[58] Dandolo war zudem quasi Humanist, er korrespondierte mit Petrarca und engagierte sich als Förderer und Patron der Künste. Zusammen mit Mitgliedern seiner Kanzlei verfasste er eine *Chronica per extensum descripta* („Chronik die alles in Gänze erzählt"), in der er die Geschichte Venedigs von 48 bis 1280 aufzeichnete.[59] Dandolos Kanzler, Benintendi Ravagnani, fertigte eine Überarbeitung und Fortsetzung dieses Werkes an. Ravagnani freundete sich mit Petrarca an, den er während dessen Besuch in der Lagunenstadt 1354 persönlich kennen gelernt hatte und mit dem er rege korrespondierte. Der Titel seines Geschichtswerkes, das hauptsächlich lokale Geschichte und lokale adelige Familien, Kirchen und Relikte behandelt, lautet *Cronica venetiarum*. Der nächste Kanzler nach Ravagnanis Tod, Raffaino Caresini (ca. 1314 – 1390), schrieb eine kurze Chronik über die Geschichte Venedigs zwischen 1343 und 1388. In gewissem Sinne ist diese Chronik ebenfalls eine Fortsetzung von Dandolos Werk.[60] Außerdem ist eine volkssprachliche *Cronica veneta*

57 John Melville-Jones: [Art.] John the Deacon of Venice [Iohannes diaconus Venetus]. In: EMC 2, S. 944.

58 Für die Mitte des 14. Jahrhunderts sollten wir auch die anonymen Chroniken erwähnen, die als *A latina* und *A volgare* bekannt sind, von denen Teile in viele andere Chroniken, die später in diesem Abschnitt erwähnt werden, eingeflossen sind.

59 Vgl. Girolamo Arnaldi: Andrea Dandolo doge-cronista. In: La storiografia veneziana fino al secolo XVI: Aspetti e problemi. Hrsg. von Agostino Pertusi, Florenz 1970, S. 127 – 268. Wir wissen auch, dass der Autor der anonymen *Chronica Venetiarum* (14. Jahrhundert) aus Andrea Dandolos Werk geschöpft hat, so wie aus dem *Chronicon Altinate* und der *Historia ducum Venetiarum*.

60 Vgl. Antonio Carile: La cronachistica veneziana (secoli XIII – XVI) di fronte alla spartizione della Romania nel 1204, Florenz 1969, S. 45 – 63,

dall'origine della città al 1373 überliefert, für deren Autor ein gewisser Enrico Dandolo gehalten wurde, der eventuell mit dem Dogen verwandt gewesen war. Jüngere Untersuchungen haben jedoch überzeugend dargelegt, dass Enrico Dandolo nicht der Autor dieses Textes gewesen sein kann.[61]

Selbstverständlich waren Dogen und hochrangige Beamte nicht die einzigen Geschichtsschreiber in Venedig. Zorzi Dolfin (ca. 1396 – 1458) beispielsweise war ein venezianischer Diplomat, der eine *Cronica de la nobel cita de Venetia e de la sua provintia et de destretto* in Volkssprache verfasste. Diese Chronik beginnt mit der Passion Christi und berichtet bis in die 1400er Jahre, einschließlich der Herrschaft des Dogen Francesco Foscari. Zorzi Dolfins Sohn, Pietro, der ebenfalls Kaufmann und Politiker war, setzte das Werk seines Vaters bis 1506 fort. Für seine *Annali Veneti* griff er auf Andrea Dandolo, Raffaino Caresini und Antonio Morosini zurück. Ein weiterer großer patrizischer Historiker dieser Zeit war Marin Sanudo, Sohn des Senators Leonardo Sanudo. Er schrieb eine Reihe von Büchern, darunter ein *Itinerario per la Terraferma veneziana*, in dem er seine noch in Jugendjahren durchgeführten Reisen auf dem Venedig gegenüberliegenden Festland beschrieb. Außerdem verfasste er die *Commentari della guerra di Ferrara*, für die er Caesars *Commentarii* als Vorbild heranzog und ein Buch über die Italienexpedition Karls VIII. von Frankreich (*La spedizione di Carlo VIII in Italia*). Sanudo schrieb auch eine kurze Chronik Venedigs (*Cronichetta, seu La città di Venezia*), die er später überarbeitete und in eine ausführlichere Erzählung umwandelte, die sog. *De origine, situ et magistratibus Urbis Venetae.* Darüber hinaus verfasste er Viten über die Dogen Venedigs, die sog. *Vite dei Dogi*, in denen er die Biographien der Dogen, angefangen mit Paoluccio Anafesto (697) und endend mit Agostino Barbarigo (1494), beschrieb.

Wie in Florenz und anderen italienischen Städten schrieben auch venezianische Notare Geschichtswerke über ihre Heimatstadt. Ein solcher Notar und Historiker war Lorenzo de Monacis, der Mitte des 14. Jahrhundert geboren wurde, in der venezianischen Kanzlei tätig war und ein *Chronicon de rebus Venetis*, das auch bekannt ist als *De gestis, moribus et nobilitate civitiatis Venetiarum*, bekannt ist; geschrieben hat er es in der ersten Hälfte des 15. Jahrhunderts. De Monacis ließ in sein Werk Informationen aus anderen Quellen wie Johannes Diaconus, Andrea Dandolo, Martin da Canal sowie auch einige griechische Quellen, hauptsächlich die Werke des Niketas Choniates und des Georgios Akropolites, einfließen. Im 15. Jahrhundert ist Gian Giacomo Caroldo, Autor der *Historie venete dal principio*

---

61 *Cronica di Venexia* detta di Enrico Dandolo. Origini – 1362. Hrsg. von ROBERTO PESCE, Venedig 2010.

della città fino all'anno 1382, die er 1532 fertigstellte, ein weiteres Beispiel eines Notars, der gleichzeitig Historiker war.[62]

Natürlich gab es auch in Venedig humanistische Geschichtsschreibung gelehrter Autoren. Flavio Biondo (ca. 1392–1463), der in Forlì geboren war und als *scriptor litterarum Apostolicarum* in Rom wirkte, verfasste eine historische Topographie der italienischen Halbinsel (*Italia illustrata*) sowie eine Geschichte Venedigs (*Historia Venetorum*). Unglücklicherweise brachte er letztere nie zu einem Ende. Dass Biondo über die Geschichte Venedigs schrieb, ist insofern bemerkenswert, weil er selber keinen engeren persönlichen Bezug zur Lagunenstadt hatte. Demgegenüber stammte Bernardo Giustinian (ca. 1408–1489) aus einer vornehmen venezianischen Familie; seine humanistische Ausbildung erhielt er unter Leitung von Francesco Filelfo und Georgius Trapezuntius (Georg von Trebizond). Er bekleidete verschiedene Positionen in der venezianischen Regierung und war auch als Botschafter der Stadt tätig. Er verfasste eine Geschichte über die Ursprünge Venedigs (*De origine Urbis Venetiarum*), die die Zeit 421–809 behandelt, gefolgt von einer Geschichte des heiligen Markus (*De divi Marci evangelistae vita, translatione et sepulturae loco*).[63] Wie Biondo war Marcantonio Coccio, der auch als Sabellico bzw. Marcus Antonius Sabellicus bekannt war, kein Venezianer. Er wurde 1436 nahe Rom geboren worauf sein Spitzname Sabellico („Sabiner") hinweist. 1472 zog er nach Friaul, wo er *De vetustate Aquileiae et Foriiulii libri VI* verfasste. Zwischen 1484 und 1485 lebte er in Verona, wo er *Rerum Venetarum ab urbe condita libri XXIII* schrieb. In diesem wollte Sabellico Livius imitieren und verband von Paulus Diaconus, Andrea Dandolo und Flavio Biondo übernommene Elemente.[64] Einer von Sabellicos Schülern, der aus einer wohlhabenden Familie stammende Andrea Navagero (1483–1529), verfasste ebenfalls eine Geschichte Venedigs, die sog. *Storia della repubblica veneziana*.

Ein Abschnitt über die venezianische Geschichtsschreibung wäre ohne die Nennung des in Venedig geborenen Humanisten Pietro Bembo (1470–1547), der bei großen Gelehrten wie Lascaris und Pomponazzo studierte, nicht vollständig. 1512 reiste er nach Rom und kurz darauf wurde er zum Sekretär Papst Leos X. ernannt. 1520/1521 zog er sich vorübergehend aus dem öffentlichen Leben nach Padua zurück und 1529/1530 wurde er offizieller Geschichtsschreiber der Republik Venedig; später wurde er auch der Bibliothekar von San Marco. Als er 1538 zum Kardinal ernannt nach Rom gezogen war, überarbeitete er viele seiner früheren

62 Es überrascht wenig, dass er sich ebenfalls stark auf Andrea Dandolos Chronik stützt.

63 P. H. Labalme: Bernardo Giustiniani. A Venetian of the Quattrocento, Rom 1969.

64 Vgl. Felix Gilbert: Biondo, Sabellico, and the Beginnings of Venetian Official Historiography. In: Florilegium Historiale. Essays Presented to Wallace Ferguson. Hrsg. von J. G. Rowe u. a., Toronto 1971, S. 275–293.

Werke einschließlich seiner Geschichte Venedigs (*Rerum Veneticarum Libri XII)*, die den Zeitraum von 1487–1513 behandelte. Diese Geschichte Venedigs veröffentlichte er 1551 auf Latein und übersetzte sie später selbst ins Italienische.[65]

Aus der Region Venetien sollte noch der *Liber regiminum Padue* erwähnt werden. Diese anonyme Chronik befasst sich mit der Geschichte Paduas zwischen 1174 und 1399. Rolandino von Padua verfasste im 13. Jahrhundert den *Liber chronicarum sive Memoriale temporum de factis in Marchia et prope ad Marchiam Tarvisinam libri XII*, in dem er die Geschichte der Mark Treviso behandelt.

Die andere große Stadt Norditaliens, Mailand, hatte bereits vor dem 12. Jahrhundert Chroniken und andere historische Werke in großer Zahl hervorgebracht. Bereits im 5. Jahrhundert hatte Paulinus von Mailand, der Sekretär des Hl. Ambrosius eine Lebensgeschichte (*Vita Ambrosii*), des Mailänder Bischofs geschrieben. Wie bereits oben erwähnt haben sich auch Arnulf und Landulf von Mailand sowie Landulf von San Paolo als Chronisten betätigt.[66] Kirchliche Chroniken, die sich mit Mailand beschäftigen, wurden während des gesamten Mittelalters weiter geschrieben. So hat beispielsweise Goffredo da Bussero (ca. 1220–1311), einen *Liber notitiae sanctorum Mediolani* verfasst. Außerdem besitzen wir seit dem 13. Jahrhundert zwei wichtige lateinische Texte, den *Liber de gestis in civitate Mediolanensi* des Stefanardo da Vimercate, ein Werk, das die Jahre 1259–1277 behandelt und den Mailänder Erzbischof Ottone Visconti (1207–1295), der die Macht der Visconti in Mailand und der Lombardei begründete, feiert sowie Bonvesin da la Rivas Buch über die ‚Wunder Mailands' (*De magnalibus Mediolani*). Im 14. Jahrhundert schrieb Johannes von Cermenate, ein mailändischer *syndicus* und Notar, eine *Historia*, die die Jahre 1307–1314 in Mailand behandelt und die pro-ghibellinische und pro-viscontinische Ausrichtung des Autors widerspiegelt. Der erste Teil behandelt die Geschichte des Potals seit Noahs Enkel Tubal, die späteren Kapitel erzählen die jüngere Geschichte der lombardischen Stadt. Aus dem 15. Jahrhundert besitzen wir eine Reihe von Texten, die sich primär mit der Geschichte der Sforza beschäftigen, die weiter unten in einem eigenen Abschnitt behandelt werden.[67] Neben den Geschichtsschreibern der Sforza gibt es auch Historiker, die sich mit der Geschichte der Stadt Mailand beschäftigen, wie Donato Bossi, ein mailändischer Notar (ca. 1436–1500), der ein *Gestorum dictorumque memorabilium ab orbis initio usque ad eiu tempora liber* verfasste. Das Buch ist zwar Gian Galeazzo Sforza gewidmet, aber es behandelt die Geschichte der Stadt

---

65 Zusätzlich zu diesen großen venezianischen Historikern sollten wir auch Niccolò Trevisan, Agostino degli Agostini und Gasparo Zancaruolo erwähnen; vgl. La storiografia veneziana fino al secolo XVI. Hrsg. von Agostino Pertusi, Florenz 1970.

66 Siehe oben S. 715 f.

67 Siehe dazu unten S. 733 f.

von der Schöpfung bis 1492.[68] Tatsächlich ist die Geschichte Mailands zu dieser Zeit stark mit der Geschichte ihrer Herrscher verknüpft. Ein Beispiel für eine solche Verbindung aus städtischer und herzoglicher Geschichtsschreibung ist die *Storia di Milano* des Giovan Pietro Cagnol, die dem Prinzen Maria Sforza Visconti gewidmet ist. Das Geschichtswerk beginnt während der Zeit Kaiser Konstantins, verändert sich aber im Laufe des Erzählfortschritts zu einer Geschichte der Familien Visconti und Sforza. Die auf Italienisch geschriebene *Patria Historia* des Bernardino Corio aus dem frühen 16. Jahrhundert beginnt ebenfalls als Geschichte Mailands und verwandelt sich dann schrittweise in eine Chronik der Sforza.[69]

Mailand war nicht die einzige lombardische Stadt mit eigenen Stadtchroniken. Aus Cremona besitzen wir beispielsweise ein lateinisches *Chronicon Cremonense* aus dem 14. Jahrhundert, das die Jahre 1310 – 1317 behandelt, und eine volkssprachliche *Cronaca di Cremona* aus dem 15. Jahrhundert, die sich mit der Zeit 1399 – 1442 beschäftigt. In Mantua verfasste Bonamente Aliprandi (ca. 1350 – 1417), Dantes Vorbild folgend, eine sehr originelle *Cronica de Mantua* in Terzetten. Wie andere Historiker vor ihm bezog Aliprandi seine Informationen aus Martin von Troppau und älteren Chroniken Mantuas. Um dieselbe Zeit schrieb Giovanni de Mussi (Johannes de Mussis)[70] ein *Chronicon Placentinum* über die Geschichte Piacenzas von der Schöpfung bis 1402.[71] Später benutzte und überarbeitete Giovanni Agazzari einige von Mussis Erzählungen in seiner eigenen *Chronica civitatis Placentiae.*

Tatsächlich besaßen viele andere italienische Städte, einschließlich mittelgroßer und kleiner Städte, ihre eigenen Chroniken. Im 13. Jahrhundert verfasste wahrscheinlich auf Grundlage eines verlorenen Textes Ogerio Alfieris eine *Chronica civitatis astensis*, in der die Geschichte der piemonteser Stadt Asti zwischen 1079 und 1294 erzählt wird. Aus Parma, das in der heutigen Region Emilia-Romagna liegt, besitzen wir das *Chronicon Parmense* aus dem 14. Jahrhundert, das die Geschichte der Stadt von ihrer Gründung bis in die 1300er Jahre zusammenfasst. Ein wenig südlicher, in Modena, verfasste Bonifacius de Morano eine *Chronica circularis*, auch bekannt unter dem Namen *Nomina potestatum et re-*

---

68 Bossi verfasste auch eine Geschichte über das Leben von Francesco Sforza, die *Vita Francisci Sforziae.*

69 Aus dem späten 15. Jahrhundert besitzen wir auch eine anonyme *Cronica di Milano* in Volkssprache. Sie wurde verfasst von einem Schreiber der Minoriten von Monza, bedient sich einer Reihe von Florentiner Quellen wie Poggio Bracciolini und Leonardo Bruni und erzählt die Geschichte Mailands von der Gründung bis 1487.

70 Peter Damian-Grint: [Art.] Iohannes de Mussis [Giovanni de' Mussi]. In: EMC 1, S. 875.

71 An dieser Stelle soll auch das pro-ghibellinische *Chronicon Placentinum* erwähnt werden, das die Jahre 1154 – 1284 behandelt.

ctorum civitatis Mutinae, die die Geschichte Modenas zwischen 1109 und 1347 berichtet. Bonifacius' Zeitgenosse und Freund, Giovanni da Bazzano, stellte ebenfalls ein *Chronicon Mutinense* zusammen, das die Jahre 1002–1363 abdeckt.[72] Aus dem nahe gelegenen Bologna gibt es ein *Chronicon Bononiense*, bekannt auch unter dem Namen *Cronaca Lolliniana*, und die Jahre 1162–1299 behandelt. Am anderen Ende des Mittelalters schrieb der Dominikaner Girolamo Albertucci de' Borselli eine *Cronica gestorum ac factorum memorabilium civitatis Bononiae*, in die er Informationen aus anderen Texten einarbeitete, beispielsweise aus der *Cronaca Varignana*, der *Cronache Bolognetti* und dem *Memoriale* des Matthaeus de Griffonibus.[73] Weiter im Süden, in Perugia (Umbrien), haben wir die *Annali e cronaca di Perugia* (über die Jahre 1191–1336) aus dem 14. Jahrhundert, die im regionalen Dialekt geschrieben sind. Die Annalen beginnen mit einer Liste der örtlichen *podestà* und anderer lokaler Beamter. An einigen Stellen berichtet der Text auch von Ereignissen, die jenseits der Grenzen Perugias stattfanden, etwa im Konflikt zwischen Guelfen und Ghibellinen im Norden Italiens. Ebenfalls in Zentralitalien, in den Abruzzen, schrieb Buccio di Ranallo eine Chronik über L'Aquila in italienischen Versen (1249 Quartette und 21 Sonette), die die Geschichte der Stadt von 1253 bis 1362 erzählt.[74] Sein Werk wurde später von Antonio di Buccio (ca. 1350–1425) fortgesetzt, der *Delle cose dell'Aquila* schrieb. Eine Sammlung von Texten über die Geschichte Neapels bietet die *Cronaca di Partenope*, die man auf die Zeit zwischen der Mitte des 14. und der Mitte des 15. Jahrhunderts datiert. Der Text setzt sich aus Abschnitten zusammen, die zu unterschiedlichen Zeiten verfasst und überarbeitet wurden und die die Geschichte Neapels von der Römerzeit bis 1382 behandelt.[75] Aus Amalfi in Kampanien besitzen wir eine Chronik aus dem 12.–13. Jahrhundert, die *Chronica Amalphitanorum*, die eine Liste der Herrscher von Amalfi und eine Liste der Bischöfe enthält und über für die Bewohner der Gegend wichtige Ereignisse berichtet. Für Sizilien besitzen wir u. a., eine kurze lateinische Chronik aus dem 14. Jahrhundert, die sog. *Cronachetta sicula del secolo XIV*, die über die Ereignisse zwischen 1364 und 1374 berichtet, und das *Chronicon Siculum* über die Jahre 820–1343. Letzteres behandelt sowohl regionale als auch dynastische Geschichte. Wie bereits ausgeführt, behandeln viele Stadtchroniken Lokalgeschichte, während sie die regionale oder dynastische Geschichte im Auge haben. Dies trifft auch auf die vermutlich im

72 Peter Damian-Grint: [Art.] Giovanni da Bazzano. In: EMC 1, S. 710.

73 Peter Damian-Grint: [Art.] Girolamo Albertucci de' Borselli. In: EMC 1, S. 25.

74 Pierluigi Terenzi: [Art.] Buccio di Ranallo. In: EMC 1, S. 220.

75 Laura Morreale: [Art.] Cronaca di Partenope. In: EMC 1, S. 386. Diese Chronik wurde als Quelle von Giacomo Notar (‚Notar Jacob') für seine *Cronica di Napoli*, geschrieben in der Volkssprache Kampaniens, benutzt.

späten 14. Jahrhundert entstandene *Cronica brevis composite de et super factis insule Sicilie* zu, die die Geschichte Siziliens und der dort herrschenden Dynastien bis 1396 erzählt.

2.4 Fürstliche und königliche Chroniken

Obwohl sich die kommunale Chronistik nach dem 12. Jahrhundert im Aufwind befand, benutzten aber auch die Fürsten, Prinzen und Könige weiterhin Chroniken als Werkzeug zur Verherrlichung ihrer eigenen Person oder Dynastie. In einigen Fällen ist es schwierig, zwischen kommunaler, regionaler oder fürstlicher Chronistik zu unterscheiden. Bei vielen dieser Chroniken sind die Geschichte der Stadt und ihrer Herrscher untrennbar miteinander verbunden. Einige Chroniken, die im Folgenden erwähnt werden, wurden von gekrönten Häuptern selbst in Auftrag gegeben, wohingegen wir es in anderen Fällen mit Texten zu tun hatten, die von ganz unterschiedlichen Autoren aus ganz verschiedenen Gründen – aus finanziellen, sozialen oder schlicht aus Bewunderung für die von ihnen beschriebenen Charaktere – verfasst wurden.

Für Mailand beispielsweise besitzen wir eine Reihe Chroniken, die sowohl Lokalgeschichte behandeln als auch die Geschichte der mächtigen Familie Sforza. Der Humanist Francesco Filelfo (ca. 1398–1481) schrieb ein episches Gedicht im Stil Vergils, das sog. *Sforziad* (*Sfortiades*) zu Ehren des Francesco I. Sforza. Lodrisio Crivelli, ein in Mailand geborener Doktor des kanonischen Rechts, verfasste eine Biographie dieses *condottiere* unter dem Titel *De vita rebusque Francisci Sfortiae*. Ausführlich berichteten auch die Brüder Simonetta über das Leben in Mailand unter den Sforza. Der eine der beiden, Cicco Simonetta, wurde von Francesco Sforza zum Leiter seiner Kanzlei ernannt. In seinen *Diari* („Tagebüchern"), die die Jahre 1473–1479 umfassen, hält Cicco Simonetta die wichtigsten politischen Ereignisse in der Lombardei sowie in Italien fest und bietet ein detailreiches Bild der Verhältnisse am fürstlichen Hof. Sein Bruder, Giovanni, war als fürstlicher Sekretär tätig und verfasste die *Commentarii de rebus gestis Franscici Sfortiae*. Später schrieb er ein *Compendio de la historia sforzesca* in der Volkssprache.[76] Andere Historiker, die für die Sforza schrieben, sind Giorgio Merula (ca. 1413–1494), der von Ludovico Sforza den Auftrag erhielt eine lateinische Chronik über die Visconti, (*Antiquitates vicecomitum*) zu schreiben und Tristano Calco, ca. 1412–1515, der den Sforza als Archivar in Pavia diente und Ludovico die *Nuptiae Mediolanensium*

76 Vgl. Gary Ianziti: Humanistic Historiography under the Sforza. Politics and Propaganda in Fifteenth-Century Milan, Oxford 1988.

ducum widmete, ein Buch in dem er die Hochzeit des Prinzen von Mailand und Este (*Nuptiae Mediolanensium et Estensium principum*) beschreibt. Da er mit Bartolomeo Calco, einem von Ludovico Sforzas Sekretären, verwandt war, wurde Tristano ausgewählt, nach Merulas Tod dessen Arbeit fortzuführen. Dies endete dann damit, dass er Merulas Chronik zu einer Geschichte (*Historia patriae Mediolanensis*) umarbeitete.[77]

In einigen Fällen schrieben auch die Gegner einer bestimmten Dynastie oder der gerade herrschenden Familien eigene Chroniken. Zum Beispiel verfasste der Notar Riccobaldo von Ferrara, das in der heutigen Emilia-Romagna liegt, im 14. Jahrhundert die *Chronica parva Ferrarensis*, die die Geschichte Ferraras von der Römerzeit bis 1264, dem Todesjahr Azzo d'Estes, behandelt. Riccobaldo war zuvor aufgrund seiner Feindseligkeit gegenüber der Familie Este, die Ferrara von den 1240er Jahren bis zum Ende des 16. Jahrhunderts beherrschte, ins Exil verbannt worden. Im Gegenzug wurde das *Chronicon Estense* geschrieben, bei dessen Autor es sich vielleicht um einen Notar, der für die Kanzlei der Este tätig war, handelte. Dieser Text aus dem 14. Jahrhundert beginnt als Universalgeschichte, die Ferrara in den Blick nimmt und mit dem Jahr 328 beginnt. Ab den 1280er Jahren stellt der Text die Taten und den Ruhm der Familie Este in den Vordergrund. Im 15. Jahrhundert schrieb ein anderer Notar der Este, Ugo Caleffini, ein Tagebuch über das Leben am Hof zwischen 1471 und 1494. Später vervollständigte er dieses Tagebuch mit einer gereimten Geschichte seiner Arbeitgeber, bekannt als *Cronica in rima di casa d'Este*.

Der Süden Italiens brachte ebenfalls eine beeindruckende Zahl von Werken hervor, die sich mit der Geschichte einzelner Fürstenhäuser befassten. Zwischen dem 12. und 16. Jahrhundert wurden Neapel, Palermo und andere Städte im Mezzogiorno und auf Sizilien wichtige intellektuelle Zentren. Bereits während der normannischen Zeit wurde der Süden für Gelehrte interessant, die sich mit Geschichtsschreibung befassten. Im 12. Jahrhundert schrieb beispielsweise der Abt des Benediktinerklosters San Salvatore bei Telese in Kampanien eine *Ystoria Rogerii Regis, Sicilie Calabrie atque Apulie*, die sowohl eine Biographie des normannischen Grafen Roger II. von Sizilien als auch einen Rechtfertigungsversuch der Eroberung der südlichen Halbinsel in den späten 1120er und frühen 1130er Jahren darstellt, die zur Schaffung des Königreichs Sizilien geführt hat.

Ein wichtiger Text des 13. Jahrhunderts ist die *Historia de rebus gestis Frederici II imperatoris eiusque filiorum Conradi et Manfredi Apuliae et Siciliae regum ab*

77 Tristano Calco verfasste auch ein Werk über den Mailänder Magistrat mit dem Titel *De magistratibus Mediolanensibus libri tres*; vgl. dazu Cristian Bratu: [Art.] Tristano Calco. In: EMC 1, S. 239 – 240.

anno MCCX usque ad MCCLVIII[78], auch bekannt als *Historia* oder *Cronaca di Jamsilla*, da die Autorschaft daran irrtümlicherweise Nicola de Jamsilla zugeschrieben worden war, der der Besitzer, aber ziemlich sicher nicht der Verfasser des Textes gewesen ist. Die *Historia* ist sehr wahrscheinlich das Produkt eines Notars Manfreds, vermutlich Goffredos von Cosenza, da der Text ein extrem positives Bild von Manfred zeichnet und dessen Konflikt mit dem Papst zum Inhalt hat.

Gegen Ende des 13. Jahrhunderts schrieb Bartolomeo von Neocastro, ein sizilianischer Rechtsgelehrter, der in Diensten der Dynastie von Aragon stand, die *Historia Sicula* („Geschichte Siziliens"), die die Geschichte der Insel vom Tod Friedrichs II. von Hohenstaufen (1250), über die Rebellion gegen Karl I. von Anjou (auch bekannt als Sizilianische Vesper) 1282 bis 1293 erzählt. Die *Historia* entwirft ein überaus schmeichelndes Bild Jakobs II. von Aragon und kann als aragonische Propaganda verstanden werden. Es wurde vermutet, dass Bartolomeo seine Chronik zuerst in Versen verfasst und später in Prosa umgearbeitet hat.

Schon sehr früh beschäftigte der Hof von Aragon eine Reihe Intellektueller, die er für die Legitimierung, Festigung und Unterstützung der Herrschaft über das Königreich Sizilien einsetzte; im 15. und 16. Jahrhundert standen dann sehr viele Humanisten in seinen Diensten. Dazu gehört etwa Antonio Beccadelli (1394–1471), der auch als Panormita bekannt ist. Dieser hatte, bevor er 1434 in den Dienst Alfons V. des Großmütigen eintrat, in Florenz, Padua und Bologna studiert; er verkehrte in humanistischen Zirkeln, zu denen auch Poggio Bracciolini und Lorenzo Valla gehörten. 1432 wurde er in Anerkennung seiner teilweise sehr frivolen Epigramme (*Hermaphroditus*) in Parma von Kaiser Sigismund zum *poeta laureatus* gekrönt.[79] Nachdem er nach Neapel gegangen war, gründete er die Akademie *Porticus Antoniana*, die später als *Pontaniana* bekannt wurde, zu Ehren von Beccadellis Nachfolger Giovanni Pontano. 1455 schrieb Beccadelli *De dictis et factis Alphonsi regis Aragonum*, einen Text, der einen Lebensabschnitt Alfons V. behandelt und diesen als idealen König darstellt. Der lateinische Text wurde später in den 1480er Jahren von Jordi de Centelles als *Dels fets e dits del gran rey Alfonso* ins Katalanische und im 16. Jahrhundert von Juan de Molina und Antonio Rodríguez Dávalos ins Kastilische (*Libro de los dichos y hechos del rey Don Alfonso*) übersetzt. 1469 schrieb Beccadelli ein *Liber rerum gestarum Ferdinandi regis*, das

---

78 Der Titel stammt von dem bedeutenden italienischen Historiker Ludovico Antonio Muratori aus dem 18. Jahrhundert. Der Titel Muratoris ist ein wenig irreführend, da sich der Text eigentlich auf König Manfred von Sizilien, den Sohn Friedrichs II. von Hohenstaufen, konzentriert.

79 Vgl. Rolf Hartkamp: Pontano zwischen Catull und Panormita. Das Jugendwerk *Pruritus*. In: Pontano und Catull. Hrsg. von Thomas Baier, Tübingen 2003, S. 219–234, hier S. 220.

das Leben des jungen Ferdinands, des späteren Ferdinands I. von Neapel, behandelt.[80]

Der bereits erwähnte Giovanni Pontano (1429 – 1503) war wie Beccadelli in die Dienste Alfons V. eingetreten und anschließend für die aragonische Kanzlei sowie als Diplomat und Erzieher Alfons, des Herzogs von Kalabrien, tätig.[81] 1458 wurde er Berater Ferdinands I. von Neapel, des Sohns Alfons V. und 1466 dessen Sekretär. Den Höhepunkt seiner Laufbahn erreichte er 1487 als er zum Staatssekretär ernannt wurde. Sein wichtigstes Werk aus den 1490er Jahren ist *De bello Neapolitano*, ein lateinischer Text, der vom Konflikt zwischen Ferdinand von Aragon und Johann II. von Anjou um den Thron Neapels berichtet.[82] Lorenzo Bonincontri (ca. 1410 – 1491), ein toskanischer Exilant am Hofe Alfons V., war ein Freund Pontanos. Bonincontri schrieb eine astrologische Abhandlung (*De rebus coelestibus*) und einen historiographischen Text, die *Annales* (beendet um 1480), die die Geschichte Italiens vom 10. bis 15. Jahrhundert enthalten.[83] Pontanos Werk wurde später von Giovanni Albino, dem Erzieher und politischen Ratgeber Ferdinands II. und Alfons' II. von Aragon, fortgeführt mit *De gestis regum Neapolitanorum ab Aragonia*, worin die Zeit 1478 – 1496 behandelt wird.

Jedoch genossen nicht alle Humanisten die Gunst des aragonischen Hofes im selben Ausmaß. Der interessanteste Fall ist in dieser Hinsicht der Humanist Lorenzo Valla, der durch seinen Nachweis dafür berühmt wurde, dass es sich bei der Konstantinischen Schenkung um eine Fälschung handelte. Mitte der 1440er verfasste Valla eine *Gesta Ferdinandi regis Aragonum*, der die Herrschaft Ferdinands I. von Aragon, des Vaters Alfons V., und die Geschichte Neapels zwischen 1410 und 1416 beschreibt. Obwohl Valla vorhatte, eine Fortsetzung zu schreiben, gab er dieses Projekt später auf, worauf sich der aragonische Hof an Antonio Beccadelli und Bartolomeo Facio wandte. Letzterer verfasste *De rebus gestis ab Alphonso I Neapolitarum rege commentariorum libri X*, ein Werk, in dem er Valla kritisierte, was ihm eine kritische Replik durch Valla im *Antidotum in Facium* einbrachte.

---

80 Fulvio Delle Donne/David Garrido Valls: [Art.] Antonio Beccadelli. In: EMC 1, S. 155 – 156.

81 Zu Pontano vgl. oben den Sammelband ‚Pontano und Catull' (Anm. 79).

82 Fulvio Delle Donne: [Art.] Giovanni Pontano. In: EMC 2, S. 1227; Giacomo Ferraù: Il tessitore di Antequera: Storiografia umanistica meridionale, Rom 2001. Liliana Monti Sabia: Pontano e la storia. Dal De bello Neapolitano all'Actius, Rom 1995. Francesco Tateo: I miti della storiografia umanistica, Rom 1990; Ders.: La storiografia umanistica nel mezzogiorno d'Italia. In: La storiografia umanistica. Hrsg. von Anita Di Stefano u. a., 2 Bde., Messina 1992, Bd. 2, S. 501 – 548.

83 Es ist erwähnenswert, dass Pandolfo Collenuccio sein *Compendio de le storie rel regno di Napoli* in der Volkssprache für Ercole d'Este, den Herzog von Ferrara, schrieb, der am Hof Alfons V. in Neapel aufwuchs.

Andere Intellektuelle wie Felino Maria Sandei (ca. 1444–1503) schlugen sich auf die Seite des Papsttums und verhielten sich gegenüber Aragon kritisch. Sandei war Professor des kanonischen Rechts in Pisa und Bischof von Penne-Atri gewesen, bevor er 1499 Bischof von Lucca wurde. Sein historiographisches Hauptwerk, *De regibus Siciliae et Apuliae epitome* (1495), ist eine Geschichte des Mezzogiorno von Kaiser Justinian bis ins 15. Jahrhundert. In diesem Text verteidigt Sandei die Rechte des Papstes an Süditalien. Der Text selbst schöpft aus verschiedenen Quellen wie Flavio Biondo, Poggio Bracciolini, Matthaeus Palmerius und Leonardo Bruni.[84]

Trotz dieser Kritik ist es offensichtlich, dass das Haus Aragon ein sehr ehrgeiziges Programm königlicher Geschichtsschreibung schuf, unterstützte und am Laufen hielt – vielleicht eines der wertvollsten historiographischen Projekte des Mittelalters hinsichtlich seiner Quantität und Qualität.

3 Fremde in Italien, Italiener in der Fremde, italienische Schriften in fremden Sprachen

Wie das Vorhergehende gezeigt hat, ist die Produktion chronikalischer und historiographischer Texte im mittelalterlichen und frühneuzeitlichen Italien hinsichtlich der ethnischen, geographischen und sprachlichen Vielfalt facettenreich und beeindruckend. Dabei haben wir uns bislang nur mit jenen Texten befasst, die von Autoren geschrieben wurden, die in Italien geboren wurden bzw. dort die meiste Zeit ihres Lebens verbrachten. Italien zog aber auch aufgrund des pulsierenden religiösen Lebens, der monastischen Einrichtungen, der Rolle Roms sowie der kosmopolitischen Ausrichtung seiner weltlichen und kirchlichen Elite viele Fremde aus ganz Europa an. Ein Beispiel dafür aus dem 12. Jahrhundert ist der Historiker Gottfried von Viterbo, der vermutlich einer deutschen Familie entstammte, die von Kaiser Friedrich I. Barbarossa in Anerkennung für ihre Verdienste ein Privileg für ihr Allod in der nordwestlich von Rom, in der heutigen Region Lazio, gelegenen Stadt Viterbo erhalten hatte. Wir wissen, dass Gottfried sein Studium um 1133 in Bamberg begann und später Notar am kaiserlichen Hof Friedrichs I. Barbarossa und dann Heinrichs VI. wurde. Als kaiserlicher Notar

84 Giacomo Ferraù: La concezione storiografica del Valla. I Gesta ferdinandi regis Aragonum. In: Lorenzo Valla e l'Umanesimo italiano. Atti del Convegno Internazionale di studi umanistici (Parma, 18–19 ottobre 1984). Hrsg. von Ottavio Besomi/Mariangela Regoliosi, Padua 1986 (Medioevo e umanesimo 59), S. 265–310. Pompeo Giannantonio: Lorenzo Valla, filologo e storiografo dell'Umanesimo, Neapel 1978; Andrés Soria: Los humanistas de la corte de Alfonso el Magnánimo, Granada 1956.

bereiste Gottfried ganz Europa und begleitete Friedrich auch während seiner Italienzüge. Er lebte eine Weile auf der Halbinsel, einige Zeugnisse erwähnen ihn auch als einen *canonicus* in Pisa und Lucca, und schrieb hier verschiedene historiographische Texte, beginnend mit dem *Speculum regum* (1183), einer versifizierten Weltgeschichte, die von Troja über Rom, die Franken und Karl den Großen bis zur Gegenwart führt. Später überarbeitete er das unvollendet gebliebene *Speculum* und arbeitete es zum *Memoria seculorum seu liber memorialis* um. Auch diesen Text überarbeitete er erweiternd, indem er etwa Informationen aus verschiedenen Quellen wie aus Ottos von Freising *Chronik* hinzufügte. Dieser ‚neue' Text war bekannt als *Liber universalis* („Weltgeschichte"), der zuerst Heinrich VI., dann Papst Gregor VIII. gewidmet wurde; später erneut überarbeitet wurde er in *Pantheon* umbenannt. Diese Weltchronik kann als sein historisches Hauptwerk angesehen werden, er benutzte einige Abschnitte daraus und auch Teile aus Ottos von Freising *Gesta Frederici I imperatoris* für seine *Gesta Frederici*, die hauptsächlich die Ereignisse in Italien zwischen 1155 und 1180 behandeln. Gottfrieds letzte historiographische Arbeit stellen die *Gesta Heinrici VI* dar, die das Leben Heinrichs VI. und die italienische Geschichte zwischen 1189 und 1198 zum Gegenstand haben.[85]

Erwähnenswert sind an dieser Stelle auch jene italienischen Gelehrten, die im Ausland lebten und Geschichtswerke über die Orte verfassten, wo sie sich niedergelassen hatten oder die sie durchreisten. Bereits erwähnt haben wir Giovanni da Pian del Carpine, Odorico da Pordenone und Giovanni de Marignolli mit ihren Berichten über den Fernen Osten bzw. Böhmen.[86] Vom frühen 12. Jahrhundert an führten die Kreuzzüge einige Italiener ins Heilige Land. Ein Beispiel ist Thadeus von Neapel, der nach Outremer reiste und dort lebte. 1291, zurück in Messina (Sizilien), schrieb er eine *Ystoria de desolatione et conculcatione civitatis Acconensis et tocius Terre Sancte*, die einen Augenzeugenbericht der Eroberung Akkons durch die Muslime darstellt. In seinem Text erwähnt Thadeus, dass viele Pisaner und Venezianer in Akkon lebten – und er macht sogar die Streitigkeiten zwischen ihnen für den Fall der Kreuzfahrerfestung verantwortlich. Thadeus' Stil und Erzählung sind ziemlich komplex, da sie zahlreiche Bezüge zu Horaz, Augustinus, Hieronymus, Orosius und andere *auctores* enthalten.

Filippo Buonaccorsi, ein im 15. Jahrhundert geborener toskanischer Humanist, verbrachte viele Jahre in Polen, wo ihm König Kasimir IV. Jagiellon Asyl

85 Simone Finkele: [Art.] Gottfried of Viterbo. In: EMC 2, S. 722–724. Vgl. auch Maria Dorninger: Gottfried von Viterbo. Ein Autor in der Umgebung der frühen Staufer, Stuttgart 1997.
86 Siehe dazu oben S. 718.

gewährte, nachdem Buonaccorsi in ein fehlgeschlagenes Mordkomplott gegen Papst Paul II. verstrickt gewesen war. Sein historiographisches Werk beinhaltet eine *Vita et mores Sbignei cardinalis*, in der er die mythischen Ursprünge Polens bespricht, und eine *Historia de rege Vladislao, seu clade Varnensi*. Ein weiterer Humanist des 15. Jahrhunderts, Ludovico Carbone, schrieb einen quasihistoriographischen *Dialogus de laudibus rebusque gestis Matthiae*, in dem der Autor und der Bischof von Pécs die Taten und Verdienste Johann Hunyadis und seines Sohnes, Matthias Corvinus, des in Siebenbürgen geborenen Königs von Ungarn, diskutieren.[87] Ebenfalls im 15. Jahrhundert lebte und wirkte Giovanni di Candida, der aus Avellino in Kampanien stammt, eine Zeit seines Lebens in Frankreich. Er war am französischen Hof als Botschafter und Historiker aktiv, wo er eine *Historia Francorum abbreviate a Troiana urbe usque ad Carolum VIII*, eine *Chronica regum Sicilie* und ein französisches Geschichtswerk *Des roys et royaume de Cecille* („Über die Könige und das Königreich von Sizilien"), in dem er Karls VIII. Anspruch auf das Königreich Neapel zu legitimieren versuchte, schrieb.[88]

Giovanni di Candida ist nur einer von vielen Italienern, die historiographische Texte in Altfranzösisch schrieben, das von vielen Intellektuellen auf der Halbinsel als Sprache der Hochkultur benutzt wurde. Im 13. Jahrhundert verfasste der venezianische Historiker Martin da Canal eine Geschichte Venedigs auf Französisch, die *Estoires de Venise*. Er begründete die Wahl der Sprache damit, dass Französisch überall auf der Welt bekannt sei und verstanden werde; außerdem könne man ihr besser zuhören und sie auch besser lesen als alle anderen, wobei er jedoch nicht erwähnte, dass auch viele venezianische Urkunden und Texte ebenfalls in französischer Sprache abgefasst waren.[89] An dieser Stelle sei auch Philippe von Novara erwähnt, der in der Provinz Novara in Piemont geboren wurde und verschiedene Texte auf Französisch verfasste. Sein Geschichtswerk, in das zahlreiche Lebensbeschreibungen integriert sind, behandelt den Krieg zwischen den Ybelins, einer wichtigen Familie aus Zypern und Kaiser Friedrich II.[90]

Viele weitere Italiener unternahmen ausgedehnte Reisen, nur um später in ihre Heimatländer zurückzukehren. Dies trifft auf viele Kaufleute und Seefahrer zu, die Reiseberichte verfassten, die auch historiographische (und manchmal pseudo-historiographische) Passagen enthalten. Das bekannteste Beispiel ist

87 Elod Nemerkenyi: [Art.] Ludovico Carbone. In: EMC 1, S. 247.

88 Roberto Pesce: [Art.] Giovanni di Candida. In: EMC 1, S. 241.

89 Luigi Andrea Berto: [Art.] Martin da Canal. In: EMC 2, S. 1084.

90 Charles Kohler: Philippe de Novare. Mémoires 1218–1243, Paris 1913. Zusätzlich zu diesem historiographischen Text schrieb er auch einen Rechtstext, den *Livre en forme de plait* und ein Moraltraktat (*Les quatre âges de l'homme*).

ohne Zweifel Marco Polos Reisebericht,[91] der seine Reise durch Zentral- und Südostpersien, China und Indonesien beschreibt. Der Text wurde im 13. Jahrhundert in Französisch verfasst (*Le divisament du monde* oder *Livre des merveilles du monde*), sehr wahrscheinlich von Rustichello da Pisa. Im 15. Jahrhundert trat ein weiterer Venezianer, Alvise da Ca' da Mosto, in den Dienst des Prinzen Heinrich des Seefahrers ein. 1455 bereiste er Madeira, die Kanaren, den Senegal und Gambia, im Jahr darauf die Kapverdischen Inseln und weitere Regionen Westafrikas. Er beschrieb diese beiden Fahrten in seinen *Navigazioni atlantiche*, die später in viele Sprachen, einschließlich Latein, Englisch, Deutsch, Italienisch und Portugiesisch übersetzt wurden.[92]

4 Resümee

Eine vollständige Geschichte der italienischen Geschichtsschreibung, die ein komplettes Bild der während des Mittelalters auf der Halbinsel geschriebenen historiographischen Texte bieten wollte, würde mehrere Bände mit jeweils Hunderten von Seiten füllen. In diesem Beitrag konnten unmöglich Tausende von Texten, die über mehrere Jahrhunderte hinweg in Italien während des Mittelalters und der Renaissance entstanden sind, zusammengefasst werden. Stattdessen versuchte der vorliegende Beitrag einen knappen und präzisen Überblick über die spätantike und frühe mittelalterliche Historiographie der Halbinsel zu bieten. Diese Zeit war grundlegend für die weitere italienische Chronistik und Geschichtsschreibung, da sich in ihr die drei Zentren herauskristallisierten, die für die Produktion von Chronik und Geschichtsschreibung produktiv waren: die Kirche, die Stadt und die Dynastie. Neben den bedeutendsten Texten dieser Zeit haben wir auch einige weniger bekannte Chroniken behandelt, um nach sorgfältiger Abwägung ein genaueres Bild der Geschichtsschreibung dieser Periode zu bieten. Wir haben uns bemüht, alle größeren Gebiete Italiens zu berücksichtigen, einschließlich der Werke aus seinen bedeutendsten Städten, ebenso der einiger mittelgroßer und kleinerer Städte. Der Überblick hat gezeigt, dass – wie bereits eingangs erwähnt – die Geschichte der mittelalterlichen Historiographie und Chronistik Italiens erst noch geschrieben werden muss. Wie einschüchternd ein solches Projekt aufgrund der Materialfülle

---

91 Marco Polo: Die Wunder der Welt. Übersetzt von Else Guignard, Frankfurt a. M. 2003.
92 Benjamin Kohl: [Art.] Alvise Cadamosto. In: EMC 1, S. 237 f. Ein weiterer interessanter venezianischer Reisender war Ambrogio Contarini, der seiner Heimatstadt als persischer Botschafter diente. 1477 verfasste er einen *Viazo al Re de Persia,* in dem er von seiner Reise nach Persien berichtet, die ihn durch Polen und über das Schwarze Meer führte.

und dessen Vielfalt auch erscheinen mag, so sollte doch eine vollständige Geschichte der italienischen Chronistik des Mittelalters auf Dauer nicht ungeschrieben bleiben.

Aus dem Englischen übersetzt von Nadine Hufnagel

Lektürehinweise:
2. DUGGAN 1984 (3); FLEMING 1977 (36); GRUNDMANN 2002 (7); VAN HOUTS 2003 (42); Italy in the Age of the Renaissance 2005 (3); Italy in the Central Middle Ages 2004 (3); VASINA 2003 (42).
3. BARON 1988 (52); CHRISTENSEN 2002 (18); GILBERT 1971 (64); GILBERT 1984 (55); GOFFART 2000 (22); MOMIGLIANO 1990 (5); ROEST 1996 (36).

Heidi R. Krauss-Sánchez

Mater Hispania – Legitimation und Differenzerfahrung als Grundlage eines ‚Spanienbildes' in den mittelalterlichen Chroniken der Iberischen Halbinsel

1 Einleitung

Das Feld der mittelalterlichen Chroniken der Iberischen Halbinsel ist sehr facettenreich. Die verschiedenen Chroniken spiegeln die realen historischen Begebenheiten der Halbinsel durch die mittelalterlichen Jahrhunderte hindurch.[1] Unterschiedliche Königreiche und zahlreiche Invasoren prägten nicht nur die mittelalterliche Geschichte. Sie machten Spanien zu dem, was es heute ist. Diese zahlreichen Kontakte mit dem ‚Fremden' führten zu Differenzerfahrungen und zur Wahrnehmung der ‚Einheit' des ‚Eigenen' gegenüber dem Fremden.[2] Zu dieser gesellte sich eine historische Differenzerfahrung: Die Beobachtung und Bewertung der Vergangenheit bildete die Grundlage für die politische Legitimierung der Königsherrschaft und zur Erklärung historischer Ereignisse. Beide Varianten des Umgangs mit der Differenz dienten der Erschließung der eigenen Lebenswelt und trugen maßgeblich zur Bildung einer kulturellen Identität bei. Fremdheit ist hierbei eine Größe, die weder inhaltlich noch terminologisch einheitlich definiert

1 Zur Einführung in die spanische Geschichte des Mittelalters empfehle ich vor allem folgende Auswahl spanischer Darstellungen zu dieser Thematik: José Ángel García De Cortázar: La época medieval. Historia de España, Alfaguara 1973; Luis Suárez Fernández: Historia de España antigua y media, Madrid 1975. Julio Valdeón Baruque: La Reconquista, Madrid 2006. Angus Mac Kay: La España de la Edad Media, desde la frontera hasta el imperio (1000–1500), Madrid 1985; Enrique Cantera Montenegro: Aspectos de la vida cotidiana de los judíos en la España medieval, Madrid 1998; Rachel Arié: España musulmana (siglos VIII–XV), Barcelona 1981 (Historia de España 3). Von den deutschsprachigen Werken zur Geschichte der Iberischen Halbinsel im Mittelalter empfiehlt sich Manuel Koch: Ethnische Identität im Entstehungsprozess des spanischen Westgotenreiches, Berlin/Boston 2011; Ludwig Vones: Geschichte der Iberischen Halbinsel im Mittelalter (711–1480). Reiche, Kronen, Regionen, Sigmaringen 1993; Klaus Herbers: Geschichte Spaniens im Mittelalter. Vom Westgotenreich bis zum Ende des 15. Jahrhunderts, Stuttgart 2006.

2 Das Vertraute und das Fremde. Differenzerfahrung und Fremdverstehen im Interkulturalitätsdiskurs. Hrsg. von Sylke Bartmann/Oliver Immel, Bielefeld 2011.

werden kann. Dies bedingt sich aus der Tatsache, dass das Fremde am Eigenen bemessen wird, „also zum einen in subjektiver Perspektive und zum anderen an der ganz persönlichen Bewertung des Fremden vor dem Hintergrund des eigenen identitätsstiftenden Umfelds".[3] In der jüngeren Fremdeforschung wird der Fremdheit ein primär räumlicher Aspekt eingeräumt, der im vorliegenden Fall allerdings nicht gegeben ist.[4] Es handelt sich bei den in den Chroniken dargestellten Fremdheitserfahrungen wohl eher um eine strukturelle Fremdheit, im Sinne von BERNHARD WADENFELS, die etwas bezeichnet, was außerhalb einer bestimmten Ordnung liegt.[5] Diese „strukturelle Fremdheit" erfährt durch die Einbettung in den theologischen Diskurs, der auch dem historiographischen Diskurs im Mittelalter innewohnt, unterschiedliche Ausprägungen. Es stellt sich also die Frage nach der „eigenen Welt", der Welt, die der göttlichen Ordnung im Mittelalter unterworfen ist, und nach der Rolle, die das Fremde in dieser göttlichen Ordnung einnehmen soll (bis hin zur Konversion oder Verbannung). Eine vollständige Darstellung der mittelalterlichen spanischen Geschichte kann hier nicht erbracht werden, vielmehr sollen bestimmte Ereignisse, die sich vor allem aus der Differenzerfahrung mit dem ‚Anderen' ergaben, beleuchtet werden. Diese Ereignisse prägten nicht nur kulturelle Eigenheiten der verschiedenen spanischen Regionen, sondern auch das Konzept ‚Spanien'.

Behandelt wird in diesem Beitrag ein geographisch eingegrenzter Raum, die Iberische Halbinsel, der für die dort ‚Fremden' später zu etwas ‚Eigenem' wurde; ob man dabei von Hispania, al-Andalus, Sefarad oder Spanien spricht, ist hier nebensächlich. Die *Mater Hispania* wurde zu einem identitätsstiftenden Umfeld für die verschiedensten Völker und diese Selbstverortung vollzog sich auch auf unterschiedlichen Ebenen, wie später noch zu sehen sein wird. Interessant ist vor allem, ob und wie ‚Spanien' als eine kulturelle Einheit wahrgenommen wurde und wie sich dies in Chroniken des Mittelalters auf der Iberischen Halbinsel darstellt. Es ist natürlich fraglich, ob ein derartiges Konzept bereits existierte. Die für diese Arbeit verwendeten Chroniken aus verschiedenen Jahrhunderten und von verschiedenen Autoren zeigen allerdings, dass sich durch die Zeiten und Regionen bestimmte Vorstellungen fassen lassen, die der Idee von Spanien als einer kul-

---

3 DAVID FRAEDORFF: Der barbarische Norden, Berlin 2005, S. 14.

4 Vgl. JULIA STAGL: Grade der Fremdheit. In: Furcht und Faszination. Facetten der Fremdheit. Hrsg. von HERFRIED MÜNKLER, Berlin 1997 (Studien und Materialien der Interdisziplinären Arbeitsgruppe ‚Die Herausforderung durch das Fremde' der Berlin-Brandenburgischen Akademie der Wissenschaften), S. 85 – 114.

5 Vgl. BERNHARD WADENFELS: Grundmotive einer Phänomenologie des Fremden, Frankfurt a. M. 2006; DERS.: Das Eigene und das Fremde. In: Deutsche Zeitschrift für Philosophie 53 (1995), S. 611 – 620.

turellen Einheit nahekommen. Selbstverständlich kann hier diese komplexe Entwicklung nur schlaglichtartig beleuchtet werden.

Die Iberische Halbinsel ist seit der Antike gekennzeichnet durch das Eindringen verschiedener Völker (Kelten, Phönizier, Griechen, Römer, Vandalen, Sueben, Alanen, Goten, Araber usw.). Es erscheint daher am sinnvollsten einen kurzen Einblick in die spanische Geschichte anhand einiger Chroniken zu bieten, die diese Zeiten und ihre Ereignisse abbilden. Dabei soll nicht auf bestimmte Eigenarten der Chroniken oder deren Verwendungszweck eingegangen werden, außer, wenn dies für das Verständnis und die Fragestellung notwendig ist. Wer sich weiter mit diesen Texten beschäftigen will, sollte nicht vergessen, dass alle diese Chroniken beeinflusst werden von den Lebensumständen des Autors, von seiner Meinung und Wahrnehmung der Ereignisse und durch seine Auftraggeber. Die meisten Chroniken des spanischen Mittelalters sind der ‚verschriftlichte Wille' der politischen Mächte in Form eines historischen Textes. Im Zentrum der Texte stehen jeweils die jeweiligen Herrscher – so etwa in der *Crónica de Alfonso III de León*[6] aus dem 9./10. Jahrhundert oder in der *Chronica Adefonsi Imperatoris* aus dem 12. Jahrhundert[7] – und die „politische und moralische Einheit der dominierenden Volksgruppen"[8]. Erst, wenn man diese Faktoren mitberücksichtigt, kann man zu einem tieferen Verständnis der Chroniken gelangen und deren Inhalt für den heutigen Leser erfahrbar machen.

Gerade die verschiedenen Eroberungen und unterschiedlichen dominierenden Volksgruppen, denen die Iberische Halbinsel ausgesetzt war, haben ihr einen einzigartigen Charakter verliehen, der sich über die Jahrhunderte bis in die Gegenwart erhalten hat. Dazu gehören auch die ‚Spanienbilder', die sich im Mittelalter herausbildeten, sich bei den verschiedenen ‚Volksgruppen' in unterschiedlicher Ausprägung zeigten und die schon im Mittelalter häufig den Rückgriff auf eine glorreiche Vergangenheit suchten. Für die mittelalterlichen Herrscher diente das ‚eigene Spanienbild' aber vor allem der Legitimation ihrer Herrschaft; es wurde gleichzeitig dazu instrumentalisiert, die Vorherrschaft über die anderen Teilreiche auf der Iberischen Halbinsel zu gewinnen. Dieses Phänomen lässt sich in allen mittelalterlichen Königreichen auf der Iberischen Halbinsel beobachten und ist letztendlich für die heutige regionale Identität von Navarra, Kastilien, León, Aragón, Portugal etc. sowie für die aktuellen Autonomiebestrebungen mitverantwortlich.

---

6 John Wreglesworth: [Art.] *Crónica de Alfonso III de León.* In: EMC 1, S. 289.

7 Emma Falque Rey: [Art.] *Chronica Adefonsi Imperatoris.* In: EMC 1, S. 287.

8 Maurizio Tuliani: La idea de Reconquista en un manuscrito de la Crónica General de Alfonso X el Sabio. In: Studia historica. Historia medieval 12 (1994), S. 3–23, hier S. 3.

Hier stellt sich nun die Frage, wie sich das ‚Spanienbild' in den Chroniken herausbildete und ob sich anhand dieses ‚Spanienbildes' eine ‚spanische Identität' entwickelte.

Chroniken[9] gab es auf der Iberischen Halbinsel zahlreiche. Hierbei lassen sich für die Iberische Halbinsel dieselben Texttypen (Universalchroniken[10], Stadtchroniken[11], Klosterchroniken[12] etc.) unterscheiden, die auch in anderen europäischen Regionen im Mittelalter anzutreffen sind. Die vielfältigen Sprachen, in denen die einzelnen Chroniken überliefert worden sind, bedeuten für die Erforschung der spanischen Chroniken allerdings besondere Herausforderungen, denn neben den obligatorischen lateinischen Chroniken finden sich Chroniken in Galicisch, Katalanisch, Kastilisch, Arabisch etc.

Für die Forschung kann das Mittelalter auf der Iberischen Halbinsel durch zwei einschneidende Ereignisse klar markiert werden: Den Anfang bildet das Jahr 409 n. Chr. mit dem Beginn der germanischen Eroberung,[13] das Ende das Jahr 1492

---

9 Einen Überblick über die Terminologie bietet Graeme Dunphy: [Art.] Chronicles. In: EMC 1, S. 274–282.

10 Graeme Dunphy: [Art.] World Chronicles. In: EMC 1, S. 1527–1532. Einige wichtige Autoren der Iberischen Halbinsel sind Johannes von Biclaro, Isidor von Sevilla, Rodrigo Jiménez de Rada, Lucas von Tuy, Yoseph ben Tzadiq von Arevalo, Abraham bar Hiyya von Barcelona. Weitere wichtige Werke sind *General Estoria* (kastilisch) und *Flos mundi* (katalanischen Ursprungs).

11 Vgl. etwa die die Stadtgeschichte Valencias des Ibn ʿAlqāmā; vgl. Heidi R. Krauss-Sánchez: [Art.] Ibn ʿAlqāmā, ʿAbd Allāh Muḥammad ibn al-Khālaf. In: EMC 1, S. 827.

12 Wie z. B. die *Crónicas anónimas de Sahagún* aus dem 12. und 14. Jahrhundert: Heidi R. Krauss-Sánchez: [Art.] Crónicas anónimas de Sahagún. In: EMC 1, S. 293 f.. Ein wichtiges und sehr bekanntes Werk ist auch die *Historia Compostelana* aus dem 12. Jahrhundert. Im Zentrum der Betrachtung steht hier allerdings die Person des Erzbischofs (Diego Gelmírez). Emma Falque Rey: [Art.] Historia Compostellana. In: EMC 1, S. 792. Ein weiteres Beispiel aus Katalonien sind die *Chronicones Rivipullenses*; vgl. dazu David Valls Garrido: [Art.] *Chronicones Rivipullenses*. In: EMC 1, S. 409 f.

13 In den Quellen und folglich auch in der Forschungsliteratur werden die Ereignisse unterschiedlich datiert. Folgt man dem *Chronicon* von Hydatius, so beginnt die germanische Invasion im Jahre *Alani, et Wandali, et Suevi Hispanias ingressi aera CCCCXLVII, alii quarto kalendas, alii tertius idus Octobris memorant die, tertia feria, Honorio VIII et Theodosio Arcadii filio III consulibus.* Englische Übersetzung nach Richard W. Burgess: The *Chronicle* of Hydatius and the *Consularia Constantinopolitana*. Two contemporary accounts of the final years of the Roman Empire, Oxford 1993, S. 81: „The Alans, Vandals and Sueves entered Spain in (the year) 447 (of the Spanish) aera. Some record 28 September, others 12 October, but it was a Tuesday, in the year when the consuls were Honorius for the eigth time and Theodosius the son of Arcadius for the third time." Hydatius folgte bei seinen Angaben der Zeitrechnung der ‚Spanischen Ära'. Das Anfangsjahr dieser Zählung ist das Jahr 38 v. Chr., welches mit der Befriedung der Provinz Hispania durch die Römer erklärt wird. Im Königreich Navarra war diese Zeitrechnung bis ins 15. Jahrhundert in Gebrauch; siehe Idatius Aquaeflaviensis Episcopus: *Chronicum*. In: PL 51, cc. 0873–0890; vgl. auch Stephen

mit der christlichen Eroberung des maurischen Granada. Geographisch ist die Iberische Halbinsel im Mittelalter in eine Vielzahl unterschiedlicher Regionen mit unterschiedlichen Kulturen geteilt, deren Grenzen sich im Laufe des Mittelalters permanent änderten. Zeitlich werden klassischerweise vier große Phasen unterschieden, die dann in weitere Phasen unterteilt und differenziert werden können: Die erste Phase reicht von den germanischen Einfällen bis zum Beginn der muslimischen Invasion auf der Iberischen Halbinsel im Jahr 711. Die zweite Phase wird vor allem durch die muslimischen Invasoren bestimmt (ca. 711–1031) und geht fließend über in die dritte Phase, in der die christlichen Königreiche an Gewicht gewannen und welche besser als Reconquista bekannt ist (ca. 1031 – Ende 13. Jahrhundert). Was danach folgte, die vierte Phase, bis zur Eroberung Granadas (1492), war die Konsolidierung Spaniens und Portugals als Nationalstaaten.[14] Es ist nicht möglich diese Phasen zeitlich exakt voneinander zu trennen, denn es handelt sich nicht um homogene, zeitlich abgrenzbare Phasen. Die Unterteilung in vier Phasen soll vorrangig der folgenden Erläuterung einiger Chroniken dienen.

2 Die Phase der germanischen Invasionen

Im Jahr 410 wurde Rom von den Westgoten geplündert.[15] Etwa zu derselben Zeit (409) wanderte ein Verband germanischer Stämme, bestehend aus Vandalen, Sueben und Alanen, auf die Iberische Halbinsel ein. Die Folge war, dass Rom die Kontrolle über die bis dahin römische Provinz Hispania verlor. Nach zahlreichen Schlachten und Machtkämpfen setzten sich die Westgoten durch und ab 460 waren sie der einflussreichste germanische Stamm auf der Iberischen Halbinsel. Ein weiterer wichtiger Schritt der Machtsicherung der Westgoten war die Tatsache, dass sie vom Arianismus zum Katholizismus übertraten. Rekkared I. (586–601) nahm die neue Religion im Jahre 588 an, was 589 im Dritten Konzil von Toledo bestätigt wurde.[16] Der religiöse Gegensatz zwischen der Bevölkerung, die hauptsächlich katholisch war, und den herrschenden Westgoten, die Arianer waren,

---

Muhlberger: The Fifth-Century Chroniclers. Prosper, Hydatius, and the Gallic Chronicler of 452, Leeds 1990; Pablo C. Díaz Martínez: El reino suevo (411–585), Madrid 2011, S. 52f.

14 Jeannine Quillet: Etat et nation aux XIVe et XVe siècles. Remarques doctrinales. In: D'une cité l'autre. Problèmes de philosophie politique médiévale. Hrsg. von Dies., Paris 2001.

15 Arnold H. M. Jones: The Later Roman Empire (284–602), 4 Bde., Oxford 1964, Bd. 1, S. 183–186.

16 Edward A. Thompson: The Goths in Spain, Oxford 1969, S. 94–101; vgl. Wolfram Herwig: Die Goten. Von den Anfängen bis zur Mitte des sechsten Jahrhunderts, München 2001.

sollte durch diesen Schritt aufgehoben werden, der das Ende des Arianismus im Westgotenreich besiegelte.[17]

In dieser Zeit entstand die *Historia de regibus Gothorum, Vandalorum et Suevorum* Isidors von Sevilla (560 – 636),[18] die mit einem Prolog beginnt, in dem *Hispania* als die ‚glückliche Mutter von Fürsten und Völkern' bezeichnet wird: *Omnium terrarum, quaeque sunt ab occiduo usque ad Indos, pulcherrima es, o sacra, semperque felix principum, gentiumque mater Hispania.*[19] Mit seiner *Laus Spaniae* bezieht er sich auf die Iberische Halbinsel in ihrer Gesamtheit und dezidiert auf die Vielfalt der Völker, die dort lebten. Diese Vielfalt wurde also von Isidor nicht nur bewusst wahrgenommen, sondern er hat in seiner *Historia* gezielt Differenzerfahrungen festgehalten. Aber diese Differenz war nicht Ausgangspunkt für Kritik und Diskriminierung der auf die Iberische Halbinsel eingewanderten Völker. Isidors Ziel war es vielmehr, eine positive Darstellung der Westgoten in seinem Werk zu liefern und davon ausgehend die Einheit Spaniens zu beschwören. Diese Strategie lag nahe, da der Einfall der germanischen Stämme teils mit der Apokalypse gleichgesetzt wurde, wie dies etwa im Falle von Hydatius (ca. 400 – 469) geschehen ist.[20]

---

17 Vgl. Dietrich Claude: Adel, Kirche und Königtum im Westgotenreich, Sigmaringen 1971.

18 Hans-Joachim Diesner: Isidor von Sevilla und das westgotische Spanien, Berlin 1977. Thomas O'Loughlin: [Art.] Isidore of Seville. In: EMC 1, S. 880 – 883, hier S. 882: „The Historia [regum] Gothorum Vandalorum, Sueborum, sometimes listed by its incipit Laus Spaniae, is a chronicle of the deeds of the Spanish rulers in the late 6th and 7th century. It is the first chronicle that is specifically focussed on the Visigoths, and is our only source for Iberian history in the period 589 – 632."

19 *Historia (de regibus) Gothorum, Vandalorum, Suevorum.* In: Scriptores Auctores antiquissimi. Bd. 11: Chronica minora saec. IV. V. VI. VII. (II). Hrsg. von Theodor Mommsen, Berlin 1894, S. 241 – 390, hier S. 267; Cristóbal Rodríguez Alonso: Las Historias de godos, vándalos y suevos de Isidoro de Sevilla, León 1975. Englische Übersetzung von Kenneth Bexter Wolf: Conquerors and chroniclers of early medieval Spain, Translated Texts for Historians 9 (1990), Liverpool, S. 81: „Of all the lands from the west to the Indies, you, Spain, O sacred and always fortunate mother of princes and peoples, are the most beautiful."

20 *Debacchantibus per Hispanias barbaris, et saeviente nihilominus pestilentiae malo, opes et conditam in urbibus substantiam tyrannicus exactor diripit, et miles exhaurit* [Ms. *milites*]: *fames dira grassatur, adeo ut humanae carnes ab humano genere vi famis fuerint devoratae: matres quoque necatis vel coctis per se natorum suorum sint pastae corporibus. Bestiae occisorum gladio, fame, pestilentia, cadaveribus assuetae, quosque hominum fortiores interimunt, eorumque carnibus pastae passim in humani generis efferantur interitum. Et ita quatuor plagis ferri, famis, pestilentiae, bestiarum, ubique in toto orbe saevientibus, predictae a Domino per prophetas suos annuntiationes implentur* (Idatius, Chronicon, c. 876 – 877); zit. nach: The chronicle of Hydatius. Hrsg. von Richard W. Burgess, Oxford 1993; vgl. dazu Ders.: [Art.] Hydatius. In: EMC 1, S. 819; siehe Burgess (Anm. 13), S. 83: „As the barbarians ran wild through Spain and the deadly pestilence continued on its savage course, the wealth and goods stored in the cities were plundered by the

Die Verwendung des Begriffes *Hispania* in den Werken Isidors von Sevilla und Julians von Toledo kann durchaus als Anfangspunkt einer ‚Vorstellung von Spanien' gesehen werden, als ein erstes ‚Spanienbild', welches eine geographische und kulturelle Einheit herausstellen will. Der Einheitsgedanke ist vor allem für die *Laus Spaniae* des Isidor von Sevilla nachzuweisen: Bei der Verwendung des Begriffes *Hispania* in dem Prolog zu seiner Historia handelt es sich nicht um eine rein geographische Verwendung. Isidor lobt *Hispania* als schönstes aller Länder und setzt es in Beziehung zur Herrschaft der Westgoten, den legitimen Herrschern über *Hispania*.

Selbstverständlich ist die Absicht des Autors nicht nur das Lob der natürlichen Ressourcen des beherrschten Territoriums sondern eine Rechtfertigung der Herrschaft der Westgoten. Um dies zu erreichen, werden die Vorzüge des Landes in Beziehung zum göttlichen Willen gesetzt, mit dem die Goten die Herrschaft über das ‚gelobte Land' übernehmen sollen. Wie Alexander Pierre Bronisch feststellt, handelt es sich hierbei um eine „Sakralisierung der Iberischen Halbinsel, die mit der Sakralisierung des gotischen Volkes einhergeht und dieses zum *populus Dei* erhebt"[21]. Trotz dieser Herrschaftslegitimation zeigt Isidor eine Liebe zur ‚Hispanischen Heimat'. Gelobt wird das Land und die Monarchie wird mit dem göttlichen und dem ‚gelobten Land' in Verbindung gebracht; sie profitiert somit von dem Land, in dem die positiven Eigenschaften, die dem Land zugeschrieben werden, auf die Westgoten übergehen.[22] Im Unterschied zu späteren Chroniken findet man bei Isidor keinen Rückgriff auf eine gemeinsame glorreiche Vergangenheit. Dieser Umstand lässt sich dadurch erklären, dass es bis dato keine Geschichtsschreibung bei den germanischen Stämmen gab.[23] Auch bietet Isidor

---

tyrannical tax-collector and consumed by the soldiers. A famine ran riot, so dire that driven by hunger human beings devoured human flesh; mothers too feasted upon the bodies of their own children whom they had killed and cooked with their own hands; wild beasts, habituated to feeding on the bodies of those slain by sword, famine or pestilence, killed all the braver individuals and feasting on their flesh everywhere became brutally set upon the destruction of the human race. And thus with the four plagues of sword, famine, pestilence and wild beasts raging everywhere throughout the world, the annunciations foretold by the Lord through his prophets came to fulfilment."

21 Alexander Pierre Bronisch: El concepto de España en la historiografía visigoda y asturiana. In: Norba. Revista de Historia 19 (2006), S. 9–42, hier S. 14.

22 Vgl. hierzu auch die Interpretation von Andrew Merill: History and Geography in Late Antiquity, Cambridge 2005, S. 174–187.

23 Eine der wichtigsten Quellen für die gotische Geschichte ist die *Getica* von Jordanes. Diese ist allerdings aus (ost)römischer Sicht verfasst und kann daher nicht als eigenständige gotische Geschichte gewertet werden; Iordanis de origine actibusque Getarum. Hrsg. von Francesco Giunta/Antonino Grillone, Rom 1991. Jordanes: Die Gotengeschichte. Übersetzt, eingeleitet und erläutert von Lenelotte Möller, Wiesbaden 2012. Weitere Chronisten, die über die germanischen

keinen Ausblick in die Zukunft. Der sich bei Isidor zeigende ‚Patriotismus' geht einher mit der Ausbreitung der Westgoten auf der Iberischen Halbinsel. Hierdurch begann ein Prozess der Identifikation des westgotischen Volkes mit dem beherrschten Raum. Diese Idee wird wieder in den späteren Chroniken auftauchen: teils als Rückgriff auf die glorreiche westgotische Vergangenheit, teils als Klage über den territorialen Verlust nach dem Einfall der arabischen Stämme.

Eine religiöse Idee wird auch in der *Historia Wambae Regis* des Julian von Toledo formuliert,[24] einem Werk, das die wichtigste Quelle der Regierungszeit (672–680) des westgotischen Königs Wamba († zw. 681–683) darstellt. Sowohl der König als auch die gotischen Krieger werden zu Gott in Beziehung gesetzt und so auf eine sakrale Ebene gehoben.[25] Dieses transzendentale Element bleibt allerdings auf den König und seine Krieger beschränkt, eine Sakralisierung des Landes, wie im Fall von Isidor von Sevilla, gibt es nicht. Das Lob Spaniens dient hier also exklusiv der Herrschaftslegitimation. Den Begriff *Hispania* verwendet Julian ausschließlich geographisch.[26]

3 Von der muslimischen Invasion bis zum Ende des Kalifats von Córdoba[27]

Im Jahr 711 schlug ein arabisches Heer unter der Führung des Feldherrn Tariq (ca. 670–720) den westgotischen König Roderich († 711) in der Schlacht am Guadalete.[28] Dies war der Beginn der arabischen Herrschaft auf der Iberischen Halbinsel. Frühe arabische Chroniken aus dieser Zeit legen ihren Fokus auf die

Stämme geschrieben haben, nennt Walter Goffart: The narrators of babarian history (AD 550–800). Jordanes, Gregory of Tours, Bede and Paul the Deacon, Princeton, N.J. 1988.

24 Sancti Iuliani Toletanae sedis episcopi historia Wambae regis. Hrsg. von Walter Levison. In: Passiones vitaeque sanctorum aevi Merovingici 3, Hannover 1910 (MGH SS rer. Mer. 5), S. 486–535; wieder abgedruckt in: Sancti Iuliani Toletanae sedis episcopi opera 1. Hrsg. von Jocelyn N. Hillgarth, Turnhout 1976, S. 213–256 (CCL 115). Thomas O'Loughlin: [Art.] Julian of Toledo. In: EMC 2, S. 951.

25 Bronisch (Anm. 21), S. 18.

26 Bronisch (Anm. 21), S. 19.

27 Einen Überblick über die arabische Geschichtsschreibung bieten Heidi R. Krauss-Sánchez/Paulina López Pita: [Art.] Islamic Historiography. In: EMC 1, S. 883–888. Im Folgenden werden die Begriffe ‚muslimisch' und ‚arabisch' synonym verwendet.

28 Dietrich Claude: Untersuchungen zum Untergang des Westgotenreiches (711–725). In: Historisches Jahrbuch 108 (1988), S. 329–358; Petro Chalmeta: Invasión e islamización. La sumisión de Hispania y la formación de Al-Andalus, Madrid 1994; Fred McGraw Donner: The Early Islamic Conquests, Princeton, N.J. 1981; Roger Collins: The Arab Conquest of Spain, Oxford 1989.

Ereignisse der Eroberung, so auch das Werk *Taʿrīkh ifitāh al-Andalus* („Geschichte der Eroberung von al-Andalus") von Ibn al-Qūṭīya († 977).[29] Der Vormarsch der arabischen Truppen erfolgte recht schnell; innerhalb weniger Jahre wurden die großen Städte erobert; lediglich ein schmaler Streifen im Norden der Halbinsel wurde nicht unterworfen. Die Araber gaben ihrem neugewonnenen Herrschaftsgebiet den Namen al-Andalus, das als Provinz bis 756 zum Kalifat von Damaskus gehörte.[30] Danach kam es zu zahlreichen Machtkämpfen unter den verschiedenen arabischen Gruppen auf der Iberischen Halbinsel. Einen ersten Einigungsversuch stellte das Emirat von Córdoba dar, welches sich im Jahre 773 von Damaskus lossagte.[31] Aber die Einigungsbestrebungen von Abd al-Rahman I. (731–788) führten nicht zu dem gewünschten Erfolg, da er und seine Nachfolger nicht nur gegen die Christen im Norden kämpfen, sondern auch mit inneren Unruhen fertig werden mussten.

Erst Abd al-Rahman III. (912–961)[32] gelang es, für das arabische Territorium eine gewisse politische Einheit herbeizuführen, diesmal unter dem Kalifat von Córdoba. Dabei erstickte er nicht nur interne Revolten im Keim, sondern er errang auch Siege über die Christen im Norden. Unter Abd al-Rahman III. erreichte das muslimische Spanien seinen historischen Höhepunkt und auch seine Nachfolger konnten die Einheit und Machtstellung bewahren. Besondere Berühmtheit erlangte unter Hisham II. (965–1013) der Wesir Almanzor (939–1002),[33] der 997 sogar Santiago de Compostela eroberte.[34] Nach dessen Tod im Jahr 1002 begannen jedoch die inneren Machtkämpfe im Kalifat von Córdoba erneut und besiegelten letztendlich auch dessen Ende.[35] Offiziell bestand es zwar bis ins Jahr 1031, doch der letzte Kalif Hisham III. († 1036) hatte de facto keine Macht mehr. Das Kalifat

---

29 Cristina Álvarez Millán: [Art.] Ibn al-Qūṭīya. In: EMC 1, S. 827.

30 Zuerst belegt ist der Name ‚al-Andalus' durch Münzinschriften der muslimischen Eroberer um das Jahr 715. Die Etymologie des Wortes ist in der Forschung umstritten. Vgl. Heinz Halm: Al-Andalus und Gothica Sors. In: Der Islam 66 (1989), S. 252–263.

31 Évariste Levi-Provençal: Histoire de l'Espagne Musulmane (710–912), Paris 1950; André Clot: Das maurische Spanien, Düsseldorf 2004.

32 Vgl. seine Autoproklamation in: Una crónica anónima de Abd-al-Rahman III al-Nasir. Hrsg. von Évariste Levi-Provençal/Emilio García Gómez, Madrid 1950, S. 152–153.

33 Ana Maria Echevarría Arsuaga: Almanzor. Un califa en la sombra, Madrid 2011; Joaquín Vallvé Bermejo: El Califato de Córdoba, Madrid 1992.

34 Zu den Umständen dieses Feldzuges siehe María Isabel Pérez de Tudela y Velasco: Guerra, violencia y terror. La destrucción de Santiago de Compostela por Almanzor hace mil años. In: En la España Medieval 21 (1998), S. 9–28.

35 Évariste Levi-Provençal: España musulmana hasta la caída del Califato de Córdoba (711–1031), Madrid 1957; Claudio Sánchez Albornoz: La España musulmana según los autores islamitas y cristianos medievales, Barcelona 1946.

zerfiel anschließend in 30 kleine Königreiche, die sogenannten Taifa-Königreiche. Über diese berichtet die *Crónica anónima de los Reyes de Taifa* aus dem 12. Jahrhundert. Der Autor dieses Werkes stellt die positiven und negativen Seiten der Herrscher der Königreiche Almería, Arcos, Morón, Silves, Santa María del Algarve, Huelva, Saltes, Niebla, Valencia, Játiva, Murcia, Albarracín, Carmona, Ronda und Sevilla dar, wobei jedoch die negativen Seiten überwiegen. Dabei wird deutlich, dass zwischen den Herrschern der Taifa-Königreiche Uneinigkeit bestand und sie sich auch gegenseitig angriffen.[36] Diese Uneinigkeit machten sich die christlichen Herrscher zunutze und drangen in den arabischen Süden der Halbinsel vor.

Das 11. und 12. Jahrhundert war ein Goldenes Zeitalter für die arabische Historiographie in al-Andalus und brachte bedeutende Chronisten hervor, wie Ibn Hayyān[37] (ca. 988 – 1076) mit seinen Werken *Muqtabis* und *al-Matīn*, Ibn Bassām[38] (gest. 1147/8) mit *al-Dhakīra* und Ibn Hazm[39] (994 – 1064), der eine Vielzahl von Werken verfasste. Dabei waren einschneidende historische Ereignisse häufig der Auslöser für die Verschriftlichung der Ereignisse und deren Bewertung. Eine der entscheidendsten Schlachten des spanischen Mittelalters war die Schlacht von Las Navas de Tolosa im Jahr 1212.[40] Diese Schlacht wurde durch eine christliche Streitmacht gewonnen, die sich aus mehreren spanisch-christlichen Königreichen zusammensetzte. Auf spanischer Seite kämpfte Alfons VIII. von Kastilien (1158 –

36 Ein Beispiel aus dem Königreich Morón: *Al-Muʿtadid no cesó de hacer incursiones contra él, invadir su país e incendiar sus aldeas hasta que lo sitió en Morón; así pues lo asedió firme y reciamente y le apretó su cuello. Entonces* [Manād b. Muhammad] *le envió una misiva con una petición de paz bajo la condición de que, a propósito de todo aquello, abdicaría y saldría hacia Sevilla con su familia y sus bienes incólume. Al-Muʿtadid entonces, le respondió favorablemente a aquello y se lo aceptó; como consecuencia* [Manād] *salió hacia Sevilla y le entregó la fortaleza*; zit. nach *Crónica anónima de los Reyes de Taifas*. Hrsg. von Felipe Maillo Salgado, Madrid 1991, S. 31 („Al-Mutadid hörte nicht auf, Streifzüge gegen ihn [Manad] zu unternehmen, in sein Land einzumarschieren und seine Dörfer anzuzünden, bis er ihn in Morón umzingelte. So belagerte er ihn standhaft und drückte ihm fest den Hals zu. Manad schickte ihm daraufhin eine Nachricht mit der Bitte um Frieden. Er würde abdanken und das Land Richtung Sevilla verlassen unter der Bedingung, dass er, seine Familie und seine Habe unversehrt blieben. Dies akzeptierte Al-Mutadid und als Konsequenz brach Manad nach Sevilla auf und übergab Al-Mutadid die Festung."); vgl. dazu Felipe Maillo Salgado: [Art.] *Crónica anónima de los Reyes de Taifas*. In: EMC 1, S. 293. Eine weitere Quelle für die Herrschaft der Almoraviden und Almohaden ist das *Al-Bayan* von Ibn Idhārī; Ders.: [Art.] Ibn ʿIdhārī. In: EMC 1, S. 834. Von den Taifa-Königreichen bis hin zu den Almoraviden berichtet auch das Werk von Ibn Kardabūs; vgl. Felipe Maíllo Salgado: [Art.] Ibn Kardabūs. In: EMC 1, S. 835.

37 Heidi R. Krauss-Sánchez/Paulina López Pita: [Art.] Ibn Hayyān. In: EMC 1, S. 832.

38 Heidi R. Krauss-Sánchez: [Art.] Ibn Bassām. In: EMC 1, S. 829.

39 Heidi R. Krauss-Sánchez: [Art.] Ibn Hazm. In: EMC 1, S. 832 f.

40 Carlos Vara: Las Navas de Tolosa, Buenos Aires 2012.

1214) neben Pedro II. von Aragón (1196 – 1213) und Sancho VII. von Navarra (1194 – 1234).[41] Auf arabischer Seite stand das Heer des Almohaden-Kalifen al-Nasir (1199 – 1213) mit andalusischen und nordafrikanischen Kriegern. Die Schlacht von Las Navas de Tolosa wird sowohl von christlichen als auch von arabischen Chronisten erzählt und bewertet.[42] Auf arabischer Seite (Ibn Abi-Zar[43] und Al-Hymyarī[44]) wurde es als Desaster, Zeichen der Schwäche der Almohaden und in der Folge als Auslöser des Untergangs des Almohaden-Reiches gewertet.[45] Ibn Abi-Zar geht sogar noch weiter, wenn er die Niederlage von Las Navas de Tolosa für den Untergang des Almohaden-Reiches verantwortlich macht und sie als Auslöser für den Zerfall al-Andalus' bewertet.[46] Im Vordergrund der Schilderungen stehen bei ihm die territorialen Verluste, der Machtverlust und die Kriegsopfer. Nach der Schlacht von Las Navas de Tolosa gab es keinen arabischen Herrscher mehr, der es mit den christlichen Gegnern hätte aufnehmen können und in Folge dessen nahmen politischer Zerfall und Machtverlust zu.[47]

---

41 Welcher Herrscher die wichtigste Rolle in der Schlacht spielte, wird von den jeweiligen Regionalchroniken immer zu Gunsten ihres Monarchen dargestellt. So z. B. Pedro II. von Aragón in den *Gesta Comitum Barcinonensium et Reges Aragonensium.* In: Chroniques catalanes. Bd. 2. Hrsg. von Louis Barrau-Dihigo/Jaume Massó Torrents, Barcelona 1925.

42 So auf christlicher Seite der Erzbischof Rodrigo Jiménez de Rada und auf arabischer Seite der Chronist Ibn Abi Zar; vgl. Rodrigo Ximénez de Rada (el Toledano): *Rerum in Hispania Gestarum* oder *De rebus Hispaniae*, cap IX. Edition: Hispaniae illustratae. Bd. 2. Hrsg. von Andrés Schott, Frankfurt 1603, S. 25 – 148; Ibn Abi Zar: *Rawd al qirtas.* Kommentiert und ins Spanische übersetzt von Huici de Miranda, Valencia 1964. Al-Himyarī wertet in seinem Werk *Rawd al-Mitar* diese Schlacht als schlimmste Niederlage der Almohaden: *Fue esta derrota el primer desfallecimiento de los almohades y no se repuso la gente del Magrib después de esto* („Diese Niederlage war der erste ‚Ohnmachtsanfall' der Almohaden, von der sie sich danach nicht mehr erholten."); siehe Évariste Levi-Provençal: La Peninsule Iberique au Moyen Age, Leiden 1938, S. 16 f., 164; vgl. auch Ambrosio Huici Miranda: Las grandes batallas de la Reconquista durante las invasiones africanas (almorávides, almohades y benimerines), Madrid 1956, S. 315 f.

43 Man weiß wenig über das Leben dieses Autors, der im 14. Jahrhundert eine Geschichte Marokkos in arabischer Sprache schrieb (*Rawḍ al-Qirṭās*), die viele Details zur Herrschaft der Almoraviden und Almohaden auf der Iberischen Halbinsel enthält.

44 Sein geographisches Werk (15. Jahrhundert) in arabischer Sprache ist eine wichtige Quelle für die Geschichte von al-Andalus im Mittelalter.

45 Ibn Abi Zar (Anm. 42), S. 537 und Al-Himyarī: *Kītab ar-Rawd al mi'ṭār fī habar al-aktār.* Ins Spanische übersetzt von María Pilar Maestro González, Valencia 1963, S. 279 f.; vgl. dazu Francisco García Fitz: Las Navas de Tolosa, ¿un punto de inflexión en las dinámicas históricas peninsulares? In: Actas de la Semana de estudios medievales XXXVII, Estella (19 – 23 Juli 2010), Pamplona 2011, S. 47 – 84, hier S. 52.

46 Ibn Abi Zar (Anm. 42), S. 467 f.

47 Vgl. García Fitz (Anm. 45), S. 54 f. Genauso wird es von dem christlichen Chronisten Jiménez de Rada und später in der *Primera Crónica General* von Alfons X. gewertet.

Für die christlichen Herrscher, die auf die glorreichen Sieger dieser Schlacht folgten, wurde ‚Las Navas de Tolosa' zu einem historischen Ereignis, welches in ihrer Herrschaftslegitimation nicht fehlen durfte, weswegen sich die Rückbindung auf dieses Ereignis und seine christlichen Helden in zahlreichen historischen Werken des Mittelalters findet.[48] Tragen die Schilderungen der Schlacht auch nichts Entscheidendes zur Konstruktion eines ‚Spanienbilds' bei, so sind sie doch interessant im Hinblick auf die machtpolitische Ausdifferenzierung der christlichen Herrscher der Iberischen Halbinsel. Der Rückbezug auf die Schlacht wurde als Herrschaftslegitimation herangezogen, um die eigene Vormachtstellung zu festigen.

Wie beschrieben die Chronisten der Siegerseite die feindlichen arabischen Herrscher? Die hispano-christlichen Chronisten gingen nicht immer so hart mit dem Kalifen ins Gericht, wie es andere zeitgenössische europäische Chroniken tun. So wird der Feind neben den negativen Bezeichnungen auch mit positiven Adjektiven (z.B. *vir strenuus et bellicosus*; [„ein tapferer und kriegserfahrener Mann"]) charakterisiert.[49] Mit dem Lob des Gegners werden aber vor allem die positiven Eigenschaften der christlichen Herrscher hervorgehoben; es wird gezeigt, dass hier nicht irgendwelche schwachen arabischen Herrscher besiegt worden waren, sondern hier stehen sich nach Ansicht des Chronisten ‚Siegertypen' gegenüber. In der *Crónica Latina* wird der Almohaden-Herrscher allerdings auch weniger schmeichelhaft und mit unehrenhaften Attributen charakterisiert: Er verwirkt sein Herrscherrecht durch Übermut, Feigheit und Untreue gegenüber seinen Untertanen, weil er sie im Stich lässt. Die negativen Eigenschaften, die auch andere Chroniken nennen, bilden das eindeutige Gegenbild zu einem ‚guten Herrscher' und sollen die Differenzen zwischen den christlichen und den arabischen Herrschern deutlich herausstreichen.[50] Ein guter Herrscher ist ein gerechter Herrscher. Er übt nicht nur Gerechtigkeit aus, sondern handelt in allen Dingen dem Recht gemäß.[51] Eine solche Charakterisierung bleibt im Fall der *Crónica Latina* den christlichen Herrschern vorbehalten.

Nach der Schlacht verschwanden die Taifa-Königreiche sukzessive aufgrund der Expansionspolitik der christlichen Königreiche. In der zweiten Hälfte des

---

48 La reconquista y el proceso de diferenciación política (1035 – 1217). Hrsg. von Miguel Ángel Ladero Quesada/José Mattoso (Historia de España von Menéndez Pidal 9), Madrid 1998.

49 *Crónica Latina de los Reyes de Castilla.* Hrsg. von Luis Charlo Brea, Cádiz 1984, S. 24.

50 Vgl. Martin Alvira Cabrer: La imagen de Miramamolín al-Nasir (1199 – 1213) en las fuentes cristianas del siglo XIII. In: Anuario de Estudios Medievales 26 (1996), S. 1003 – 1028, hier S. 1023 f.

51 Franz-Reiner Erkens: Herrschersakralität im Mittelalter. Von den Anfängen bis zum Investiturstreit, Stuttgart 2006, S. 92.

13. Jahrhunderts blieb nur noch das Nasriden-Königreich von Granada übrig, das sich noch bis zu seiner Eroberung durch die katholischen Könige im Jahr 1492 halten konnte. Die wichtigste Quelle für das Nasridenreich im 13. Jahrhundert ist ohne Zweifel das Werk *Al-Ihāta fi akhbār Garnāta* des Autors Ibn al-Khatīb[52] (1313–1374), in dem die historischen und biographischen Daten der maßgeblichen Persönlichkeiten Granadas enthalten sind.

Doch welches ‚Spanienbild' vermitteln diese Chroniken? In der von einem Christen in der Region Murcia verfassten *Crónica mozárabe*, einem Werk, das sich auf die Ereignisse der arabischen Eroberung konzentriert, wurde Spanien nicht nur durch die einfallenden Araber, sondern wegen seiner inneren Zerrissenheit besiegt.[53] Die ‚Erniedrigung Spaniens' hat aus Sicht dieses Chronisten also nicht nur einen externen, sondern auch einen internen Grund.

Ganz anders stellt sich naheliegenderweise die Situation in den sehr zahlreich überlieferten arabischen Chroniken aus al-Andalus dar. Da die Eroberer zu dem Land keine emotionale Bindung besaßen und es als Kampfplatz und potentielle Kriegsbeute wahrnahmen, dominieren in den Chroniken der frühen Zeit militärische Vorgehensweisen und geographische Beschreibungen.[54] Selbst in späteren Werken beschränkt sich der Blick noch auf die Invasion der Iberischen Halbinsel. In der Chronik *Kitab Ar-Rawd al-Mi'tar* von Al-Himyarī (13./14. Jahrhundert) werden die Gründe für den Einfall auf die Halbinsel genannt und die Schönheit des Landes der Schwäche seiner Einwohner gegenübergestellt.[55] Dieser Dicho-

52 Jesús Viguera: [Art.] Ibn al-Khatīb. In: EMC 1, S. 826.

53 „En este tiempo, en la era 749 [711 de la era cristiana], año cuarto del imperio de Justiniano [...], mientras devastaban España los ya mencionados expedicionarios y ésta se sentía duramente agredida no sólo por la ira del enemigo extranjero, sino también por sus luchas intestinas [...]" („Zu dieser Zeit, im Jahre 749 [711 der christlichen Zeitrechnung], im vierten Jahr der Herrschaft des Justinian, fühlte sich [Spanien] hart bedrängt, nicht nur durch den Zorn der fremden Feinde, sondern auch durch innere Kämpfe, die tobten, als die schon erwähnten Krieger Spanien verwüsteten."); *Crónica mozárabe de 754*. Hrsg. und übersetzt von José Eduardo López Pereira, Zaragoza 1980 (Textos Medievales 58), S. 70 f. Auf die internen Machtrangeleien verweist auch die *Crónica Albeldense*; siehe Crónicas asturianas. *Crónica de Alfonso III* (Rotense y ‚A. Sebastián') – *Crónica Albeldense* (y *Profética*). Hrsg. von Juan Gil Fernández, übersetzt von José Luis Moralejo und mit Studien von Juan I. Ruiz de la Peña, Oviedo 1985 (Publicaciones del Departamento de Historia Medieval 11), hier S. 256–257.

54 Vgl. hierzu: Inicio de la invasión árabe de España. Fuentes documentales. Hrsg. von Wenceslao Segura González. In: Al-Qantir. Monografías y Documentos sobre la Historia de Tarifa 10 (2010); Online-Version [pdf] : http://www.alqantir.com/1.html (eingesehen: 16.12.2014).

55 „Siguiendo esta costumbre, sucedió que Julián, el gobernador de Ceuta a cargo de Rodrigo, le envió a la corte una hija: [Viene la leyenda de La Cava]. En cuanto a Julián, al llegar a Ceuta, se preparó, suspendiendo los demás asuntos, a juntarse con Musa b. Nusair, y lo encontró efecti-

tomie, Schönheit des Landes – Schwäche der Einwohner, folgen auch spätere Autoren. Das ‚Bild', welches noch lange nach 711 in den arabischen Chroniken von

vamente en Ifrikiya. Le persuadió de emprender la conquista de al-Andalus, le describió la belleza de este país, sus ventajas y superioridad y le mostró de qué forma la debilidad de los habitantes haría fácil la conquista." („Laut dieser Überlieferung geschah es, dass Julian, der von Rodrigo als Statthalter von Ceuta eingesetzt wurde, ihm eine Tochter an seinen Hof schickte [Darauf folgt die Legende der La Cava]. Als Julian in Ceuta ankam, traf er Vorbereitungen um sich mit Musa b. Nusair zu treffen. Er traf [Musa] in Ifrikiya. Er überredete ihn die Eroberung von al-Andalus in Angriff zu nehmen und beschrieb ihm die Schönheit des Landes, seine Vorteile und Überlegenheit und zeigte ihm den Weg, wie er sich die Schwäche der Einwohner von al-Andalus für die Eroberung zunutze machen könnte."); Al-Himyari (Anm. 45), S. 23f. Ein ähnliches Bild zeichnet auch Al-Maqqarī in einer Chronik, die zwar erst aus dem 16./17. Jahrhundert stammt, aber auf vielen älteren Chroniken fußt und daher für die frühe Geschichte von al-Andalus immer wieder herangezogen wird: „Tan pronto como Ilyán se encontró seguro en África fue a la ciudad de Cairwán, donde el gobernador árabe tenía entonces su corte, y por sus encendidas descripciones de la fertilidad, la riqueza, y la extensión de la isla de Andalus, representando a sus habitantes divididos y debilitados por divisiones internas, y debilitados por sus lujuriosos hábitos y un larga paz, convenció a Músa, como nosotros presentemente relataremos, a enviar con él algunas tropas bajo el mando de uno de sus libertos beréberes, que, con la rapidez del halcón saltó sobre su presa, sometiendo el conjunto del reino, y añadiendo nuevos y extensos dominios a los ya sometidos al dominio del islam." („Kaum war Julian sicher in Afrika angekommen, ging er in die Stadt Cairwán, wo der arabische Statthalter seinen Hof hatte. Er überzeugte Musa, durch seine flammenden Beschreibungen der Fruchtbarkeit, des Reichtums und der Größe von al-Andalus, ihm einige Truppen mitzugeben. Die Einwohner von al-Andalus stellte er als gespalten und schwach dar aufgrund der internen Zwistigkeiten, geschwächt durch ihr Leben in Luxus und durch einen langen Frieden. Diese Truppen standen unter dem Befehl eines freigelassenen Berberkriegers, der mit der Geschwindigkeit des Falken über seine Beute herfiel. Er unterwarf die Gesamtheit des Reiches und fügte neue und große Herrschaftgebiete zu denen hinzu, die dem Haus des Islam bereits unterworfen worden waren."); an anderer Stelle: „Tan pronto como Ilyán, el señor de Ceuta, llegó seguro a sus dominios, fue a ver al amir Músa Ibn Nosseyr, y le propuso la conquista de Andalus, que describió como un país de gran excelencia y bendición; le dijo que era una tierra abundante en producciones de todas las especies, rica en grano de todo tipo, llena de agua famosa por su frescura y claridad; además procedió después a darle una imagen de sus habitantes, de los que afirmó estar debilitados por la larga paz y desprovistos de armas." („Kaum war Julian, der Herr von Ceuta, sicher im [arabischen] Herrschaftsgebiet angekommen, stattete er dem Emir Musa Ibn Nosseyr einen Besuch ab. Er unterbreitete ihm den Vorschlag al-Andalus zu erobern. Er beschrieb al-Andalus als ein gesegnetes und in jeder Hinsicht vortreffliches Land. Er sagte, dass das Land reich sei an jeder Art von Gewürzen und Getreide. Das Land hätte Wasser im Überfluss, das berühmt für seine Frische und Klarheit sei. Danach vermittelte er ein Bild der Einwohner [von al-Andalus]. Er versicherte, diese seien geschwächt durch einen langen Frieden und hätten daher keine Waffen."); zit. nach: The history of the Mohammedan dynasties in Spain, extracted from the Nafhut-t-tíb min Ghosni-l-Andalusi-Ratitíb wa Taríkh Lisánu-d-din Ibni-l-khattib, by Ahmed Ibn Mohammed Al-Makkarí. Bd. 2. Hrsg. von Pascual de Gayangos, London 1840, S. 259–271); vgl. zu diesem Werk auch allgemein die Neuausgabe Al-Maqqarī: *Nafh al-tīb min gusn al-Andalus al-ratīb.* Hrsg. von Ihsān Abbās, 8 Bde., Beirut 1968.

Spanien gezeichnet wird, ist also das Bild der Eroberer, die ihren Erfolg mit Blick auf die wirtschaftlichen Vorzüge und Vorteile des Landes feiern. Ein anderes Bild findet sich hingegen an den Höfen der verschiedenen arabischen Königreiche auf der Iberischen Halbinsel. Die jeweiligen Hofchronisten sollten vor allem die Taten der Kalifen schildern und deren Herrschaft legitimieren, die Chroniken waren somit ein Instrument politischer Propaganda. Besonders viele historiographische Werke entstanden während der Blütezeit des Kalifats von Córdoba im 10./ 11. Jahrhundert. Auch später blieb der Blick der Chronisten auf die politischen Begebenheiten der Zeit und ihrer Erfordernisse beschränkt, wie es am Beispiel der Chronik der Almohaden-Dynastie des Ibn Sāhib al-Salāt deutlich wird.[56] Die meisten Chroniken dieser Zeit sind Abbild der offiziellen Sichtweise der Dynastien, die in al-Andalus herrschten. Sie berichten verstärkt über die „politischen, religiösen und kulturellen Ereignisse, die mit der herrschenden Macht in Verbindung gebracht werden können und dies alles aus der Perspektive der Rechtfertigung und der politischen Propaganda der jeweiligen Dynastie“[57].

4 Die spanischen Juden unter islamischer Herrschaft

Neben den muslimischen Eroberern waren die spanischen Juden[58] der zweite religiöse Widerpart der Christen. Obwohl die jüdische Gemeinschaft bei weitem keine so große Gefahr für die Christen darstellte wie die Muslime, wurden sie aufgrund der Verfolgung und Hinrichtung Jesu Christi bekämpft. Ihre Diskriminierung begann schon zu Zeiten der Westgoten, als unter Rekkared I. (586–601) und König Sisebut (612–621) zunächst antijüdische Gesetze erlassen wurden, auf deren Basis es dann unter der Herrschaft von Egica (687–702) zu unmittelbaren Verfolgungen kam.[59] Die bereits vorhandene Aversion gegenüber den Juden wurde später noch durch den Vorwurf verstärkt, die Juden hätten den Muslimen bei der Eroberung der Iberischen Halbinsel geholfen.

---

56 Heidi R. Krauss-Sánchez: [Art.] Ibn Sāhib al-Salāt. In: EMC 1, S. 838.

57 María Jesús Viguera Molins: Fuentes de Al-Andalus (siglos XI. y XII) I. Crónicas y obras geográficas. In: Codex aquilarensis. Cuadernos de investigación del Monasterio de Santa María la Real 13 (1998), S. 9–32, hier S. 32 [Der Aufsatz bietet Einblick in weitere Quellen dieser Zeit].

58 María antonia Bel Bravo: Sefarad. Los judíos de España, Madrid 2001. Haim Beinart: Los judíos en España, Madrid 1992; Rafael Cansinos Assens: Los judíos en Sefarad, Madrid 2012; Yitzhak Baer: A history of the Jews in christian Spain, 2 Bde., Philadelphia 1961; Yom tov Assis: The Jews of Spain. From Settlement to Expulsion, Jerusalem 1988.

59 Vgl. Enrique Cantera Montenegro: La imagen del judío en la España medieval. In: Espacio, Tiempo y Forma. Serie III. Historia Medieval 11 (1998), S. 11–38, hier S. 14 f.

Zwischen dem 8. und 12. Jahrhundert standen die meisten jüdischen Gemeinden der Iberischen Halbinsel unter arabischer Herrschaft, da sich ihre Gemeinden in al-Andalus befanden. Auffälligerweise wurde in den jüdischen Texten al-Andalus und seine Geschichte selbst allerdings kaum behandelt – ein Umstand, der bisher nicht zufriedenstellend geklärt worden ist. Zieht man in Betracht, dass die christlichen Chronisten in einer Phase der politischen Konsolidierung und aus einem klar abgegrenzten Herrschaftsbereich heraus schrieben, liegt es nahe, das geschichtliche Desinteresse der hebräischen Gelehrten daraus zu erklären, dass genau diese beiden Faktoren bei ihnen fehlten: Bei ihnen konnte weder von einer politischen Konsolidierung die Rede sein, noch besaßen sie ein einheitliches Territorium.[60] Jüdische Werke, wie Abraham ibn Dauds[61] (Kastilien, ca. 1110–1180) *Sefer ha-Qabbalah* und Abraham bar Hiyyas[62] (Barcelona/Katalonien, † ca. 1136) *Megillat ha-Megalleh*, sind historiographische Ausnahmen.

Die wenigen historiographischen Quellen folgen alle einem sehr ähnlichen Schema: Vergangene und gegenwärtige Ereignisse werden eingebettet in die „heilige Geschichte des von Gott auserwählten Volkes."[63] Das Interesse am ‚Anderen' ist marginal und primärer Gegenstand ist auch nicht eine authentische Schilderung der historischen Begebenheiten. Vielmehr dienen diese Texte der Unterweisung des Lesers, der aus dem Gelesenen eine Lehre ziehen sollte. Nach Mariano Gaspar Remiro, der die wichtigsten Themen der hebräischen Chronistik in seinem Aufsatz ‚Los cronistas Hispano-Judíos' zusammenfassend behandelt, ging es den Autoren hauptsächlich um die „Erinnerung an ihre Tradition, die Chronologie der großen Ereignisse ihrer antiken Geschichte, der kontinuierlichen Darstellung der alten Könige, Richter und Propheten und letztendlich auch um das Schicksal, welches sie in den verschiedenen Reichen ereilte."[64]

Dies ändert sich Mitte des 12. Jahrhunderts, als sich die spanischen Juden gezwungen sahen, al-Andalus in Richtung der christlichen Königreiche zu verlassen. Ab diesem Zeitpunkt wird al-Andalus Teil des historischen, kollektiven Gedächtnisses der jüdischen Gemeinden, an dem man festhalten will.[65] Tief ins

60 Vgl. Enrique Cantera Montenegro: La historiografía hispano-hebrea. In: Espacio, Tiempo y Forma. Serie III: Historia Medieval 15 (2002), S. 11–75, hier S. 15.

61 Judit Targarona: [Art.] Abraham ibn Daud. In: EMC 1, S. 5–6.

62 Fontaine: [Art.] Abraham bar Hiyya of Barcelona. In: EMC 1, S. 4.

63 Cantera Montenegro (Anm. 60), S. 16.

64 Mariano Gaspar Remiro: Los cronistas Hispano-Judíos. In: Revista del Centro de Estudios Históricos de Granada y su reino 10 (1920), S. 30–108.

65 Zur Diskussion des ‚kollektiven Gedächtnisses' im Zusammenhang mit der jüdischen Geschichte in Spanien vgl. etwa Maurice Halbwachs: Cadres sociaux de la mémoire, Paris 1925; Patrick J. Geary: Phantoms of Remembrance. Memory and Oblivion at the End of the First Millenium, Princeton, N.J.1994; Kerwin lee Klein: On the Emergence of Memory in Historical

historische Gedächtnis ‚eingebrannt' hatte sich vor allem das Ereignis, welches letztendlich zur Vertreibung aus dem ‚gelobten Land' al-Andalus führte: der Moment, als 1148 die Almohaden die Almoraviden besiegten und in al-Andalus an die Macht kamen.[66] Resultat des traumatischen Erlebnisses der Vertreibung ist eine nostalgische Verklärung der verschwundenen jüdischen Kultur in al-Andalus in den hebräischen Chroniken, wobei die Einzigartigkeit der jüdischen Gelehrten und Poeten besonders betont wird.[67]

Im Rahmen dieses Themas von besonderer Bedeutung ist ein Gedicht des aus Granada stammenden Moses ibn Esra (1055–1138). In Granada war die jüdische Gemeinde bereits im Jahr 1090, als die Almoraviden die Stadt eroberten, vernichtet worden,[68] Moses ibn Esra aber war die Flucht in den christlichen Teil Spaniens gelungen. In einem seiner zahlreichen Klagelieder, dem *Poema de los dos exilios*, heißt es: *Después de haberse ajado, ha sentido placer la madre / de la separación* [...] (v. 3–4).[69] Für Moses ibn Esra, der diese Zeilen in seinem bis an sein Lebensende währenden Exil schrieb, steht die ‚Mutter', die sich im Laufe der Zeit mit der Trennung abgefunden zu haben scheint, für seine Heimat, aus der er vertrieben worden war. Ob er damit al-Andalus in seiner Gesamtheit oder nur seine Heimatstadt Granada meint, kann nicht zufriedenstellend geklärt werden. Der Ausdruck *madre* ist aber sicher ein Zeichen der Verbundenheit des Exilanten zu seiner Heimat.

Es ist nicht verwunderlich, dass die jüdische Chronistik die letztendliche Vertreibung der Juden aus ganz Spanien und Portugal besonders herausgreift, da dies einen Wendepunkt in ihrer Geschichte bedeutete. Für die jüdischen Chronisten war dieses Ereignis aber nicht nur erinnerungswürdig, vielmehr musste es der Nachwelt erläutert werden. Nach der Vertreibung aus Spanien im Jahre 1492

Discourse. In: Representations 69 (2000), S. 127–150; Yosef Hayim Yerushalmi: Zakhor. Jewish History and Jewish Memory, Seattle 1982; Robert Chazan: Representations of Events in the Middle Ages. In: Essays in Jewish Historiography. In Memoriam Arnaldo Dante Momigliano 1908–1987. Hrsg. von Ada Rapoport-Albert, Middletown 1988, S. 40–55.

66 Vgl. hierzu folgende Chroniken: Abraham Ibn Daud: The book of Tradition (Sefer ha-Qabbalah). Hrsg. und ins Englische übersetzt von Gerard Daniel Cohen, Philadelphia 1967 sowie Salomo Ibn Verga: Ševeṭ Yehudah. Hrsg. von Azriel Shohat, Jerusalem 1946.

67 Vgl. Esperanza Alfonso: La Representación de Al-Andalus en fuentes judías. In: Norba. Revista de Historia 19 (2006), S. 61–72, hier S. 67.

68 Menahem Mansoor: Jewish history and thought. An introduction, Hoboken 1991, S. 243–246.

69 Ángeles Navarro Peiro: Mosé ibn Ezrá: el poema de los dos exilios. In: Sefarad 61 (2001), S. 381–393, hier S. 383 („Nachdem sie alt geworden war, hat die Mutter Freude über die Trennung empfunden.").

wurde die Erinnerung an Sefarad[70] ein wichtiges Element in den historischen Werken und Gedichten, und dies nicht nur deswegen, weil man auf seine spanischen Wurzeln stolz war. Es ging auch darum, sich in und mit den Texten vom aschkenasischen Judentum abzugrenzen und so eine Vormachtstellung vor anderen Juden in der Diaspora zu erlangen. Dies dürfte ein wichtiger Grund dafür sein, dass sich am Ende des 15. Jahrhunderts nach einer langen ‚Pause' unter den vertriebenen spanischen und portugiesischen Juden erstmals wieder Autoren historischer Werke finden.[71] Darauf wird noch zurückzukommen sein.[72]

5 Die christlichen Königreiche und die Reconquista

Nachdem das Kalifat von Córdoba um 1031 zerfallen und al-Andalus in die Taifa-Königreiche, die keine gemeinsame Linie gegen die christlichen Herrscher bildeten, zersplittert war, begannen die christlichen Könige auf arabisches Gebiet vorzudringen. Der Gedanke einer Befreiung Spaniens war dabei aber nicht das Hauptziel. Es ging um viel profanere Absichten, nämlich die territoriale Erweiterung der christlichen Königreiche und um Beute. Das Ringen der christlichen Herrscher um die Vormachtstellung, das sich nicht nur gegen die muslimischen Reiche richtete, sondern auch vor den christlichen Nachbarn nicht Halt machte, findet in verschiedenen Werken dieser Zeit ihren Niederschlag. Exemplarisch soll dies hier an den Chroniken von Lucas de Tuy[73] († 1249), Jiménez de Rada[74] (1170–1247), Alfons X. von Kastilien[75] (1221–1284) und Jakob I. von Aragón[76] (1208–1276) gezeigt werden.

Lucas, Bischof von Tuy, schrieb sein *Chronicon mundi* (1236)[77] im Königreich León, im Auftrag der Königin Berenguela II. (1180–1246). Das Werk beginnt mit der Erschaffung der Welt und endet im Jahr 1236 mit der Eroberung der Stadt

---

70 Sefarad ist im modernen Hebräisch die Bezeichnung für Spanien. Als sefardische Juden bezeichnet man heute die Nachfahren der Juden, die im 15.–16. Jahrhundert aus Spanien und Portugal vertrieben worden sind.

71 Von Flavius Josephus bis ins 15. Jahrhundert ist das Desinteresse der jüdischen Gemeinden an der Vergangenheitsgeschichte sehr stark ausgeprägt und dementsprechend gibt es kaum Chroniken oder andere historiographische Texte.

72 Vgl. unten S. 767–770.

73 Emma Falque Rey: [Art.] Lucas of Túy. In: EMC 1, S. 1049.

74 Lucy Pick: [Art.] Jiménez de Rada, Rodrigo. In: EMC 1, S. 919f.

75 Francisco Bautista: [Art.] Alfonso X of Castile and León. In: EMC 1, S. 30.

76 Ernest Belenguer Cebrià: Jaime I. y su reinado, Lérida 2008.

77 Lucae Tudensis: Opera omnia 1. Hrsg. von Emma Falque Rey, Turnhout 2003 (Corpus Christianorum. Continuatio Medievalis 74).

Córdoba durch Ferdinand III. von Kastilien (1199–1252). Die im *Chronicon mundi* erzählte Geschichte hat eine klare Ausrichtung auf León und Lucas macht aus seiner anti-kastilischen Haltung keinen Hehl. Das Werk folgt in seiner Komposition einer genealogischen Konzeption, wie sie von Isidor von Sevilla in die Geschichtsschreibung eingeführt worden ist und auf die keine Chronik verzichten konnte, die einem herrschenden Geschlecht als Legitimationsgrundlage dienen sollte. Anstelle einer Gliederung nach Zeitabschnitten wird die Geschichte nach der Abfolge einzelner Reiche gegliedert, wobei dieses System – angefangen von den biblischen Königen über die Römer und Goten bis hin zu den Königen Leóns – konsequent beibehalten wird. Ziel dieser Konzeption ist es, Unabhängigkeit und Vormachtstellung der Könige Leóns gegenüber den anderen christlichen Königen zu begründen. Dies war notwendig geworden, weil es dem Kastilier, Ferdinand I. (1018–1065), 1037 in der Schlacht von Tamarón gelungen war, den König von León zu besiegen, beide Königreiche zu vereinigen und damit im christlichen Spanien eine hegemoniale Stellung einzunehmen. Auch wenn die Einheit von León und Kastilien 1157 wieder auseinanderbrach, bestanden kastilische Ansprüche auf León fort, denen die leónesische Seite mit dem Hinweis auf die illegitime Vereinigung der beiden Reiche im Jahre 1037 begegnete.

Auch Lucas von Tuy setzt in seinem Werk ein Spanienlob an den Anfang;[78] es folgt in der Grundlinie dem Lob, welches Isidor sechs Jahrhunderte zuvor verfasst hatte. Wie Isidor ordnet Lucas die Vergangenheit des Landes in einen heilsgeschichtlichen Zusammenhang ein, aber im Unterschied zu jenem steht bei ihm der leónesische Patriotismus im Vordergrund; der erzählerische Schwerpunkt liegt bei Lucas auf dem Handeln einzelner bedeutender Persönlichkeiten und auf der glorreichen Vergangenheit des Königreichs León.

Während Isidor keine Rückgriffe auf die historischen Vorgänger der Westgoten macht, bezieht sich Lucas von Tuy in seinem Werk dezidiert auf diese, um so das asturisch-leónesische Königreich in eine legitime Traditionslinie zu stellen. Im Unterschied zu Isidor operiert Lucas in seiner Chronik stärker mit den Erinnerungsfiguren der christlichen Religionsgeschichte, denn von der betonten Würdigung zahlreicher Heiliger, Märtyrer und natürlich des Apostels Jakobus verspricht er sich eine Stärkung des leónesischen Selbstbewusstseins und zugleich eine religiöse Aufwertung des Königreiches. Für die Legitimation der Vormachtstellung Leóns werden zudem lokale Heilige herangezogen. Darüber hinaus bezieht Lucas im Rahmen seiner Legitimationsstrategie auch römische Kaiser und

78 Vgl. Patrick Henriet: Sanctissima patria: points et thèmes communs aux trois œuvres de Lucas de Tuy. In: Cahiers de Linguistique et de Civilisation Hispaniques Médiévales 24 (2001), S. 249–77.

berühmte Römer wie Seneca ein. Historische Vorgänger, religiöse Elemente und die Erwähnung berühmter Männer sollen die historische, politische, religiöse und kulturelle Einheit Spaniens herausstellen. Dabei wird erneut das Bild des ‚auserwählten Volkes' herangezogen und die Einheit Spaniens unter der Vorherrschaft Leóns postuliert. Literaturgeschichtlich bedeutsam ist das *Chronicon mundi*, weil es literarische Quellen wie die Erzählung von Bernardo del Carpio als historisches Material verarbeitet.

Ein weiterer Bischof, Rodrigo Jiménez de Rada,[79] verfasste seine *Historia de rebus Hispaniae* (1243 – 1246) im Auftrag von König Ferdinand III. in Toledo. Auch bei Rodrigo findet sich zu Beginn des Werkes ein Spanienlob, in dem er wie Isidor und Lucas das Land und seine zahlreichen Ressourcen rühmt. Sein Werk unterscheidet sich von dem seines Vorgängers allerdings in einem entscheidenden Punkt: Er macht den Verlust Spaniens durch die Mauren zum zentralen Thema. Dabei spielt die Differenzerfahrung zwischen dem eigenen Volk und den arabischen Eroberern eine entscheidende Rolle. Dem Feind werden negative Eigenschaften zugewiesen, um ihn von den eigenen Leuten abzugrenzen. Dies erreicht Rodrigo auch durch die Verwendung der Personalpronomen ‚wir' und ‚sie'. Sein Rückgriff auf die Westgoten erfolgt ebenfalls im Sinne einer Herrschaftslegitimation, aber er sieht sie als Vorfahren aller Königreiche der Iberischen Halbinsel. Allerdings sind diese Königreiche nicht völlig gleichberechtigt, vielmehr kommt Kastilien die Vorreiterrolle bei der Befreiung Spaniens von den Arabern zu. Diese Haltung ist nicht überraschend, genauso wenig wie die Konzentration auf den Kampf gegen die maurischen Reiche. Denn zur Zeit Ferdinands III. war Córdoba bereits erobert und Sevilla stand kurz vor dem Fall. Rodrigo wollte also nicht nur eine Legitimation für die Vorherrschaft des kastilischen Königshauses, sondern gleichzeitig eine Legitimationsgrundlage für die Reconquista[80] liefern, die für alle christlichen Königreiche eine gleich große Relevanz haben sollte.

---

79 Jóse Ramón Castro Álava: Don Rodrigo Ximénez de Rada, Pamplona 1980; Francisco Javier Pérez de Rada: El arzobispo don Rodrigo Giménez de Rada, Madrid 2002; Lucy Pick: Conflict and Coexistence. Archbishop Rodrigo and the Muslims and Jews of Medieval Spain, Ann Arbor 2004; *Roderici Ximenii de Rada opera omnia*. Hrsg. von Juan Fernandez Valerde, Turnhout 1992/93.

80 Unter Reconquista versteht man allgemein die Rückeroberung der Iberischen Halbinsel von den muslimischen Eroberern; der Begriff wurde stets kontrovers diskutiert. Als Zeitraum setzt man die Jahre von 718 – 1492 an, wobei die christliche Rebellion in Asturien im Jahre 718 (Schlacht von Covadonga) den Anfangs- und die Eroberung Granadas 1492 den Endpunkt bilden; vgl. hierzu Derek William Lomax: The Reconquest of Spain, London 1978; Klaus Herbers: Geschichte Spaniens im Mittelalter. Vom Westgotenreich bis zum Ende des 15. Jahrhunderts, Stuttgart 2006; Ludwig Vones: Geschichte der Iberischen Halbinsel im Mittelalter (711 – 1480), Sigmaringen 1993. Die ältesten Chroniken, die von der Reconquista berichten, wurden in der

Aus der zweiten Hälfte des 13. Jahrhunderts stammt die *Estoria de España* (*Primera Crónica General*). Als Autor wird Alfons X. von Kastilien angegeben, der aber in Wirklichkeit nur als Auftraggeber fungierte. Verfasst wurde das Werk von einer Gruppe von Gelehrten. Es enthält eine umfangreiche Geschichte Spaniens von den Ursprüngen bis in die Regierungszeit Ferdinands III. und hat einen äußerst nationalistischen Charakter.[81] Während in den vorherigen Chroniken die Begriffe *Hispania* bzw. *España* teils im Singular, teils im Plural verwendet wurden, wird im Prolog der *Estoria* nun der Singularform der Vorzug gegeben.[82] Dies kann als Indiz dafür bewertet werden, dass hier ein historiographisches Werk in den Dienst des einen Landes mit seiner gemeinsamen Geschichte gestellt werden soll.

Die Geschichte des Landes, die mit den Ureinwohnern beginnt, erfährt durch die verschiedenen Invasionen Brüche, die allerdings sehr unterschiedlich bewertet werden. Dies zeigt insbesondere ein Vergleich der Eroberung Spaniens durch die Westgoten und die Araber. Die Westgoten waren im Laufe der Zeit zum integralen Bestandteil der spanischen Geschichte geworden, ihre Vergangenheit vermischte sich mit der der spanischen Dynastien und konnte als Legitimationsgrundlage herangezogen werden; sie fügten sich in das historische Kontinuum ein und wurden allenfalls indirekt als fremde Eroberer gesehen, weil die „eigene historiographische Tradition ein Bild der Vergangenheit gefördert hatte, welches zu dieser Zeit bereits einen nicht umkehrbaren Teil der kollektiven Identität bildete."[83] Demgegenüber war der Einfall der Araber auf die Halbinsel ein tatsächlicher Bruch, von ihnen grenzt sich der Verfasser der *Estoria* daher deutlich ab. Allein ihre Herkunft aus Afrika wird dabei als geographisches Distinktionsmerkmal gewertet.[84] Auch in diesem Werk klingen die politischen Ambitionen Alfons X. deutlich an: Auf der einen Seite wird seine Herrschaft und seine Vormachtstellung gegenüber den anderen spanischen christlichen Königreichen legitimiert, auf der

---

Regierungszeit von Alfons III. von Asturien (866 – 911) verfasst (*Crónica Albeldense* um 881, *Crónica profética* um 883 und die *Crónica de Alfonso III. de León* um 911).

81 Ramon Menéndez Pidal: Primera crónica general: estoria de España que mandó componer Alfonso el Sabio y se continuaba bajo Sancho IV en 1289, Madrid 1906; Mariano Campa: La Estoria de España de Alfonso X. Estudio y edición de la versión crítica desde Fruela II. hasta la muerte de Fernando II, Málaga 2009; Diego Catalán: La Estoria de España de Alfonso X. Creación y evolución, Madrid 1992; Inés Fernández-Ordoñez: [Art.] Estoria de Espanna. In: EMC 1, S. 587 f.

82 Dies gilt nicht für den restlichen Text der *Estoria*; vgl. José Antonio Maravall: El concepto de España en la Edad Media, Madrid 1997, S. 69; ebenso Luis Fernández Gallardo: De Lucas de Tuy a Alfonso el Sabio. Idea de la Historia y proyecto historiográfico. In: Revista de poética medieval 12 (2004), S. 53 – 119, hier S. 83.

83 Fernández Gallardo (Anm. 82), S. 87.

84 Fernández Gallardo (Anm. 82), S. 88.

anderen Seite die Reconquista gerechtfertigt. Die Einheit des Reiches wird durch seine gemeinsamen historischen Wurzeln bestätigt.

Geschrieben wurde das 1284 fertiggestellte Werk in kastilischer Sprache, was als eine gezielte sprachpolitische Entscheidung anzusehen ist. Das Kastilische sollte nicht nur die sprachliche Einheit des Königreiches untermauern, sondern mit der Verwendung dieser Sprache sollte auch die kulturelle Einheit des Reiches, welches auch Regionen wie Galicien im Norden und Andalusien im Süden umfasste, in denen teils andere Sprachen verwendet wurden, befördert werden.

Wie in der *Estoria de España* wird in der *General Estoria*[85] Alfons X. als Autor angegeben, er ist aber lediglich der Auftraggeber eines anonym gebliebenen Verfassers. Das Werk ist eine Universalgeschichte in kastilischer Sprache, die nach dem Tod des Monarchen im Jahre 1284 nicht fortgeführt wurde und daher unvollendet geblieben ist. Die *General Estoria* weist in ihrer Konzeption und Zielsetzung weitere Parallelen zur *Estoria de España* auf: Die Geschichte wird zu einem moralischen Diskurs, sie dient als Exempel für politische Maximen, die durch die Autorität des Königs legitimiert werden. Die Vorstellung Alfons' war, dass jede ‚Volksgruppe' und jedes Individuum seines Reiches einen Teil zum kollektiven Gedächtnis beisteuert und aus deren unterschiedlichen Ideen und Ansichten eine Einheit entsteht. Eine solche Politik der Herstellung von Einheit aus der Vielfalt verfolgte Alfons X. auch mit seinen juristischen Werken.

Eine politisch-ideologische Konzeption liegt auch einer Chronik zugrunde, die am Hof Jakobs I. von Aragón,[86] des Schwiegervaters Alfons' X., entstand. In diesem in katalanischer Sprache verfassten *Llibre dels fets*, das von der Regierungszeit Jakobs I. berichtet, findet sich ebenfalls ein ausgeprägtes ‚Spanienbild'.[87] Spanien wird hier als Land gezeichnet, das sich in einer extremen Notlage befindet und gerettet werden muss.[88] Bei dieser Rettung sollen Gott und König zentrale Rollen

---

85 Daniel Eisenberg: The *General Estoria*. Sources and Source Treatment. In: Zeitschrift für Romanische Philologie 89 (1973), S. 206 – 227; Alfonso X el Sabio, *General Estoria*. Bd. 1. Hrsg. von Antonio García Solalinde, Madrid 1930.

86 José Luis Villacañas: Jaume I. el conquistador, Madrid 2003. Ernest Belenguer: Jaime I. y su reinado, Madrid 2008.

87 *Llibre dels fets del rei en Jaume*. Hrsg. von Jordi Bruguera, 2 Bde., Barcelona 1991.

88 *Car creem per cert que nuyl han no.ns poria en mal notar açò, car nós ho fem, la primera cosa per Déu; la segona, per salvar Espanya; la terça, que nós e vós hajam tan bon preu e tan gran nom, que per nós e per vós ès salvada Espanya; Llibre dels fets* (Anm. 87), Bd. 2, S. 296 („No man, i assure you, can think ill of me for asking what I do ask of you, for certainly I do it for good motives; firstly for God's sake; secondly, to save Spain; thirdly, that I and you may hereafter deserve this great praise and honour of saving Spain from the Saracens"); The Chronicle of James I, King of Aragon, Surnamed the Conqueror. Übersetzt von John Forster, 2 Bde., London 1883; Nachdruck [mit

einnehmen. Spanien wird in dieser Chronik zwar als eine Einheit begriffen, aber dennoch werden die einzelnen Königreiche als politisch voneinander getrennt betrachtet, mit der Folge, dass Katalonien das beste unter den spanischen Königreichen ist.[89] Spanien wird letztlich als ein Zusammenschluss verschiedener gleichberechtigter Königreiche angesehen, auch wenn Jakob I. eine gewisse Vormachtstellung beanspruchen kann.[90] Genau wie Alfons X. versucht Jakob I. mit dem Werk seine Herrschaftsansprüche zu legitimieren, seine Vormachtstellung vor den anderen spanischen Königreichen zu rechtfertigen und die Reconquista zu begründen.

6 Das Ende des Mittelalters und die Herrschaft der Katholischen Könige[91]

Das 15. Jahrhundert bietet eine Vielzahl von Chroniken, die sich der Rolle des Herrschers stärker widmen als die vorhergehenden Werke. Unter der Regierung Juans II. (1406 – 1454) finden sich die Chronisten Pedro Carrillo de Huete[92] (1380 – 1455) und Alonso de Cartagena[93] (ca. 1385 – 1456). In Juans Regierungszeit wurde

einer historischen Einleitung und Erläuterungen von Pascual De Gayangos] Cambridge, Ontario 2000, S. 178 [www.yorku.ca/inpar/jaume_forster.pdf; eingesehen am 28.12.2015]

89 *E fe que devem a Déu, pus aquels de Cathalunya, que és lo meylor regne d'Espanya e.l pus honrat e.l pus noble* (*Llibre dels fets* [Anm. 87], Bd. 2, S. 296: And by my faith in God, since the people of Catalonia, which is the better sovereignty, and the most honourable, and the most noble [...]"); The Chronicle (Anm. 88), S. 178.

90 *E dix-nos que molt havíem bon cor e bona voluntad, cant volíem servir a Déus; e dixnos que ell havia gran volentat que.ns servís ab tot ço que ell pogués haver de l'Espital en los.V. regnes de Espanya.* (*Llibre dels fets* [Anm. 87], Bd. 2, S. 340 ; „And he said to me that my intentions were certainly laudable, and my courage good, since I was determined to serve God; that he wished to help me with all he could get from the Hospital in the five kingdoms of Spain.") James I, Chronicle, S. 205. Vgl. Esteban Sarasa Sánchez: España en las crónicas de la corona de Aragón. In: Norba. Revista de Historia 19 (2006), S. 95 – 103, hier S. 100.

91 Den Titel ‚Katholische Könige' erhielt das Herrscherehepaar Ferdinand II. von Aragón und Isabella I. von Kastilien, die über Kastilien (1474 – 1504) und Aragón (1479 – 1516) herrschten, von Papst Alexander VI. (1431 – 1503); nachzulesen in den Papstbullen *Inter caetera* vom 4. Mai 1492 und in der Bulle *Si convenit* vom 19. Dezember 1496. Die Beschreibung einer Inschriftenzeile auf dem Grab von Papst Innozenz VIII. (1434 – 1492) deutet allerdings darauf hin, dass er den Herrschern diesen Titel, vermutlich nach der Eroberung Granadas, verliehen hat; vgl. *Regi Hispaniarum Catholici nomine imposito.* In: John George Keysler: Travels through Germany, Bohemia, Hungary, Switzerland, Italy and Lorrain. Bd. 2, London 1757.

92 Christina García Moya: [Art.] Carrillo de Huete, Pedro. In: EMC 1, S. 251.

93 Juan-Carlos Conde: [Art.] Cartagena, Alonso de. In: EMC 1, S. 251 f.

auch ein erster Hofchronist offiziell ernannt, Juan de Mena (1411–1456).[94] Die Etablierung des neuen Hofamtes bedeutete für die Chronisten nicht nur ein gewisses Ansehen, es brachte ihnen auch finanzielle Sicherheit. Gleichzeitig war damit natürlich die Aufwertung der Geschichte und der Geschichtsschreibung insgesamt verbunden, da nun ein Spezialist tätig war, der die Ereignisse am Hof festhielt. Dabei ging es nicht nur darum, die aktuellen Taten des gegenwärtigen Herrschers festzuhalten. Die Erinnerung an die Taten seiner Vorgänger sollte einerseits ein Koordinatensystem ergeben, innerhalb dessen seine Legitimität gestärkt wurde, andererseits ihm als Exempel für sein eigenes Handeln dienen, damit er, wie seine Vorgänger als guter König in die Geschichte eingehen könnte.[95] Implizit werden die Chroniken zu Instrumenten der Erziehung künftiger Könige.

Am Ausgang des Mittelalters zeigt die Vielzahl der Chronisten am Hof der *Reyes Católicos*, Königin Isabella I. von Kastilien (1451–1504) und König Ferdinand II. von Aragón (1452–1516), deutlich, dass Geschichte im 15. Jahrhundert richtig in Mode gekommen und eine ‚offizielle' Geschichtsschreibung enorm wichtig geworden war. Die Chronisten hatten zuvorderst die Aufgabe, die politische Macht der Könige zu fördern, und zu diesem Zweck wurden sie offiziell zu Hofchronisten ernannt. Der wohl berühmteste unter ihnen war Fernando del Pulgar (ca. 1430–1492). Seine *Crónica de los señores Reyes Católicos don Fernando y doña Isabel de Castilla y de Aragón*, die *Anales breves de los Reyes Católicos* von Lorenzo Galíndez de Carvajal (1472–1528), die *Historia de la Reina Isabel* von Gonzalo de Ayora (1466–1538) oder die *Crónica de los Reyes Católicos* von Diego de Valera (1412–1488)[96] waren zwar, wie schon in den Zeiten davor, ein Mittel der herrschaftkonstituierenden Propaganda, aber jetzt wurden Chroniken nicht mehr nur als Instrumente genutzt, um die Taten der beiden Monarchen und ihrer Vorfahren zu schildern, sondern um andere Herrscher zu diskreditieren, wie dies in der *Crónica anónima de Enrique IV*[97] zu beobachten ist. In ihr wird die kastilische Sprache als sprachlich-literarisches Mittel eingesetzt, um die Superiorität des Kastilischen gegenüber den anderen spanischen Sprachen herauszustellen. Im Hinblick auf die Frage nach ihrem ‚Spanienbild' sind die am Hof der Katho-

94 Florence Street: La vida de Juan de Mena. In: Bulletin hispanique 55 (1953), S. 149–173.
95 Vgl. Pedro Hernández Martínez: La memoria de la historia oficial: Crónicas y cronistas en la España de los Reyes Católicos. In: Revista EPCCM 15 (2013), S. 235–268, hier S. 240.
96 Vgl. Marcelino Cardalliaquet Quirant: Cronistas, Apologistas y Biógrafos de la Reina Isabel de Castilla. In: Revista de Estudios Extremeños 60 (2004), S. 1019–1037.
97 Aengus Ward: [Art.] *Crónica anónima de Enrique IV*. In: EMC 1, S. 292 f. Objektiver über diesen Monarchen informiert die *Crónica de Enrique IV* von Diego Enríquez de Castillo; siehe Fernando Gómez Redondo: [Art.] Enríquez de Castillo, Pedro. In: EMC 1, S. 579.

lischen Könige entstandenen Chroniken nicht sehr ergiebig, da sie weitgehend auf die regierenden Könige fokussiert sind.

7 Der Auszug aus dem ‚Gelobten Land'

Als Isabella I. von Kastilien und Ferdinand II. von Aragón 1492 das Expulsionsedikt[98] verkünden ließen, war dies ein Schock für die jüdischen Gemeinden auf der Iberischen Halbinsel. Wie schwer die Trennung vom Land ihrer Vorväter fiel, zeigt das Buch *Sefer ha-Qabbalah* des Abraham ben Salomón de Torrutiel[99] (*1482), das als Fortsetzung des gleichnamigen Werkes von Abraham ibn Daud gedacht war. Abraham ben Salomón de Torrutiel, der als Zehnjähriger mit seiner Familie nach Fez geflohen war, stellte seine Chronik im Jahre 1510 fertig. Deren drittes Buch befasst sich mit den spanischen Regenten, beginnend mit Ferdinand I. von Kastilien-León (1037–1065). Die Beschreibungen sind sehr realistisch und emotional gehalten, z. B. wenn die Verzweiflung der jüdischen Gemeinden nach der Verkündung des Expulsionsediktes geschildert wird.[100] Die Vertreibung aller Juden

---

98 Das Expulsionsedikt, auch bekannt unter den Namen Edikt von Granada bzw. Alhambra-Edikt, wurde am 31. März 1492 von Isabella I. von Kastilien und Ferdinand II. von Aragón erlassen und im April verkündet. Es besagte, dass alle Juden die Königreiche Kastilien und Aragón bis zum 31. Juli 1492 verlassen müssten, wenn sie nicht den katholischen Glauben annähmen. Englische Übersetzung des Dokuments bei Edward Peters: Jewish History and Gentile Memory. The Expulsion of 1492. In: Jewish History 9 (1995), S. 9–34.

99 Eva Haverkamp: [Art.] Abraham ben Solomon of Torrutiel. In: EMC 1, S. 4–5.

100 „Se inflamó la ira de Adonay contra su pueblo y fueron expulsados de las ciudades de Castilla por el rey don Hernando y el consejo de su malvada mujer que era Isabel, la perversa, y por la opinión de sus consejeros; en el primer mes, que es el mes de Nisán, se trocó la alegría en aflicción y gemido. Salió el pregonero por todo el reino de Sefarad que estaba bajo su gobierno y un mensajero leyó con fuerza: 'A vosotros, judíos, que habitáis en todo mi reino se os ordena que salgáis de mi país en el plazo de tres meses y toda persona que se oponga, todo el que desobedezca mi edicto, una sola cláusula, será ajusticiado'. En todo lugar en el que la palabra del rey y su mandato se dio a conocer, el dolor fue grande para los judíos, ayuno y lágrimas, gritos, cilicio y ceniza ponen sobre si para muchos de ellos, en el mismo día primero de Pesah en lugar de Aggadah hubo llanto amargo, ruina a cambio de las massot y hierbas amargas. Lloró el pueblo aquella noche y hubo una gran angustia. Desde Pesah hasta la fiesta de las Cabañuelas, salió todo el ejército de Adonay del país de Sefarad, el ejército a quienes tocó Elohim su corazón, abandonaron sus posesiones, dejaron su tierra y pusieron las miradas ávidas para buscar la palabra de Adonay y a David, su rey, por mar y tierra, de todo corazón y espíritu dispuesto. Algunos de ellos marcharon a la tierra del ciervo (Israel) [...], a Grecia y a Turquía. La mayoría penetraron en el reino de Portugal, que estaba bajo el poder del rey don Juan, hijo del rey don Alonso". („Es entzündete sich der Zorn des Herrn gegen sein Volk und sie wurden aus den Städten Kastiliens durch König Ferdinand und durch den Rat seiner boshaften Frau, welche Isabella war, die Verdorbene, und

aus ihrem Land Sefarad wird erklärt mit dem Zorn Gottes auf sein Volk, aber zugleich lässt Abraham ben Salomón kein gutes Haar an den Katholischen Königen, deren Politik die Freude des jüdischen Volkes in Trübsinn und Wehklagen verwandelte und ihm Tränen und Bitterkeit brachte.

Erklärungen für diese Strafe Gottes sind unterschiedlicher Natur und finden sich in zahlreichen jüdischen Schriften: Konvertierung der Juden zum Christentum, Neid der Bevölkerung auf ihre Reichtümer, die Sünden der Vorfahren etc. Ein solches Ereignis verstehbar zu machen und das Handeln des ‚Anderen' zu reflektieren, gehört in den eschatologischen Rahmen, in dem sich die jüdische Geschichte bewegt. Sie unterläuft in den verschiedenen Epochen eine Abfolge von Sünde, Bestrafung, Klage und Befreiung. Der Sünde muss sich der Rezipient der Chronik erst bewusst werden, sie muss den nachfolgenden Generationen erklärt werden. Die ‚Phase' der Klage, die nach Sünde und Bestrafung folgt, hilft bei der Vergangenheitsbewältigung; in ihr soll man sich bewusst machen, dass man von Gott bestraft wird. Jede einzelne Phase ist für die endgültige Befreiung des Volkes unbedingt notwendig.[101]

Die sefardischen Juden behielten in der Diaspora die Traditionen ihrer Vorgänger bei, wobei die Sprache ein Vehikel zur Bewahrung der kulturellen Identität der Volksgruppe war. Wenn die Sprache der spanischen Juden des 15. Jahrhunderts sich im Laufe der Zeit auch weiterentwickelt hat, so zeigte sie doch immer noch charakteristische Merkmale des mittelalterlichen Kastilisch. Nach Joseph Pérez

---

durch die Meinung ihrer Berater, vertrieben. Im ersten Monat, welches der Monat Nisan ist, wandelte sich die Freude in Trübsal und Wehklagen. Der öffentliche Ausrufer durchwanderte das ganze Königreich Sefarad, welches unter seiner Verwaltung war und ein Botschafter verlas mit kräftiger Stimme: „Euch, Juden, die ihr in meinem gesamten Reich wohnt, wird befohlen, dass ihr mein Land innerhalb von drei Monaten verlassen sollt. Alle, die sich meinem Edikt, oder nur einer Vorschrift des Ediktes, widersetzen werden hingerichtet werden." Überall, wo das Wort des Königs verkündet wurde und sein Befehl publik gemacht wurde, war der Schmerz für die Juden groß. Hungern und Tränen, Schreie, Buße und Asche kommen über viele von ihnen. Am selben Tag, dem ersten Tag von Pessah, gab es anstelle von Erzählungen bitteres Wehklagen, Niedergang anstelle von Massot und bitteren Kräutern. Das Volk weinte in jener Nacht und es herrschte eine große Angst. Von Pessah bis Sukkot, verließ das gesamte Heer des Herrn das Land Seferad. Das Heer, dessen Herzen der Herr berührt hatte, musste seine Besitztümer verlassen. Sie verließen das Land und richteten ihren Blick darauf, das Wort des Herrn zu suchen und David, ihren König, über Meer und Land, von ganzem Herzen und mit entschlossenem Geist. Einige von ihnen gingen nach Israel, andere nach Griechenland und in die Türkei. Der Großteil ging in das Königreich Portugal, welches unter der Herrschaft des Königs Juan, dem Sohn von König Alonso, stand."); *Dos crónicas hispanohebreas del siglo XV.* Hrsg. und übersetzt von Yolanda Moreno Koch, mit einer Einleitung von Ron Barkai, Barcelona 1992, S. 104 f.

101 Vgl. María Antonia Bel Bravo: 1492 visto por los cronistas hispano-judíos. In: Chronica Nova 16 (1998), S. 9–37, hier S. 34 f.

haben die sefardischen Juden nie das Land ihrer Väter vergessen und ihre Erinnerung beinhaltet sowohl den Groll über die desaströsen Ereignisse des Jahres 1492, wie auch die Sehnsucht nach dem verlorenen Vaterland.[102] Ein Beispiel hierfür ist das Gedicht *A España* des sefardischen Dichters Abraham Kapon (1853–1930):

> A ti, España bienquerida, nosotros madre te llamamos y,
> mientras toda nuestra vida, tu dulce lengua no dejamos.
> Aunque tú nos desterraste como madrastra de tu seno,
> no estancamos de amarte como santísimo terreno,
> en que dejaron nuestros padres a sus parientes enterrados
> y las cenizas de millares de sus amados.
> Por ti nosotros conservamos amor filial, país glorioso,
> por consiguente te mandamos nuestro saludo glorioso.[103]

---

102 Joseph Pérez: Los judíos en España, Madrid 2009, S. 13: „Los judíos que vivían en ella eran tantos y ocupaban a veces puestos tan importantes en la vida económica y cultural que su salida forzosa significó un trauma para ellos, al tener que abandonar una patria a la que tanto querían, a la par que a la nación que se separó de ellos y trató de justificarlo de un modo u otro. Durante siglos, muchos de aquellos desterrados conservaron, respecto de España, sentimientos ambiguos: por una parte, el resentimiento normal contra una madrastra que renegó de ellos; por otra parte, la nostalgia por una patria que, conforme pasaba el tiempo, se les antojaba cada día más llena de méritos y ventajas; fueron así los mismos sefardíes los primeros en idealizar la ‚Edad de Oro' del judaismo medieval y en forjar el mito de una España en la que las tres religiones del Libro habrían vivido en buena armonía, mito que se fue fortaleciendo con las canciones, los cuentos, las tradiciones, muchas veces anteriores a 1492, que se transmitían de generación en generación con la lengua que hablaran los abuelos, aquel judeo-español que se ha conservado hasta la actualidad, admirable testimonio de fidelidad a España a pesar de todos los sufrimientos que supuso la marcha al exilio." („Die Juden, die in Spanien lebten, waren zahlreich und sie besetzten wichtige Positionen im wirtschaftlichen und kulturellen Leben. Der erzwungene Aufbruch aus Spanien bedeutet ein Trauma für sie, denn sie mussten das Heimatland verlassen, welches sie so sehr liebten, und gleichzeitig entfernte sich diese Heimat von ihnen und versuchte diesen Bruch irgendwie zu rechtfertigen. Durch viele Jahrhunderte hindurch haben die Vertriebenen gespaltene Gefühle gegenüber Spanien gehabt: Einerseits der Groll gegen eine Stiefmutter, die sie verleugnete, andererseits die Sehnsucht nach einem Vaterland, welches ihnen, je weiter die Zeit voranschritt, voller Vorzüge erschien. Es waren die sephardischen Juden selbst, die das ‚Goldene Zeitalter' des mittelalterlichen Judentums idealisierten und den Mythos eines Spaniens schmiedeten, in dem die drei Buchreligionen in Harmonie lebten. Dieser Mythos wurde mit der Zeit verstärkt durch Lieder, Geschichten und Überlieferungen, oft sogar vor 1492,und von Generation zu Generation in der Sprache der Großväter weitergegeben. Es handelte sich hierbei um jenes *judeo-español*, welches sich bis in die Gegenwart erhalten hat. Ein bemerkenswertes Zeugnis der Treue zu Spanien trotz aller Leiden und Schmerzen, welche der Gang ins Exil verursacht hat.").

103 Zit. nach Daniel Rozenberg: La España contemporánea y la cuestión judía, Madrid 2010, S. 35. Der Abgleich mit der von ihm zitierten Rede des Rabbiners Salomon Gaón führte zur Er-

Dich, geliebtes Spanien, nennen wir Mutter und unser ganzes Leben lang haben wir nicht aufgehört, deine süße Sprache zu sprechen. Obwohl du uns verbannt hast, wie eine Stiefmutter von ihrer Brust, haben wir nie aufgehört dich als heiligstes Land zu lieben. In ihm haben unsere Eltern ihre begrabenen Verwandten hinterlassen und die Asche von tausenden Menschen, die sie liebten. Für dich, herrliches Land, erhalten wir unsere kindliche Liebe aufrecht und schicken dir folglich unseren erhabenen Gruß.

8 Schlussbemerkung

Wenn die Pilger in der Kathedrale von Santiago de Compostela heutzutage die Hymne zu Ehren des Apostels Jakobus anstimmen, so fällt dem Zuhörer auf, dass der Text ihn nicht als Schutzpatron des ‚einen Spaniens', sondern als *Patrón de las Españas* betitelt.[104] Die Verwendung des Plurals soll alle Territorien einbeziehen, die zu Spanien gehörten und gehören, und allen Regionen gerecht werden. Aber anhand der in diesem Beitrag vorgestellten Quellen war auch zu sehen, dass Begriffe wie *Hispania* oder *Sefarad* nicht exklusiv für ein geographisch abgrenzbares Territorium stehen. Es entstanden im Mittelalter vielmehr mehrere ‚Spanienbilder', die entweder notwendig geworden waren, um eine bestehende Ordnung zu rechtfertigen, oder die durch einschneidende Ereignisse ausgelöst worden waren. Auch diese Ereignisse fanden ihren Platz in der ‚göttlichen Ordnung' der jeweiligen ‚Gruppe', denn sie wurden als ‚Willen des Herrn' interpretiert, wie es etwa besonders deutlich bei den jüdischen Texten zu sehen ist. Alle Bilder haben als Ausgangspunkt ihrer Entstehung den geographischen Raum gemeinsam, der Heimat und ‚Mutterland' aller betrachteten Quellen ist. Die Differenzierung von ‚Eigenem' und ‚Fremdem' tritt in den Hintergrund, auch wenn sie in der sozialen Welt eine gewisse Ordnung schafft, die sich aus kulturell bedingten Unterschieden zwischen den einzelnen Gruppen ergibt. Fremd heißt für die Iberische Halbinsel im Mittelalter wohl eher ‚nicht zugehörig zu einer Gruppe', auch wenn sie alle die gleiche ‚Mutter' hatten.[105]

---

gänzung der letzten beiden Verse. Das Gedicht ist ursprünglich in Ladino, der sephardischen Sprache, verfasst.

104 Der Text stammt von Dr. Juan Barcia Caballero (1852–1926). Er war Professor in Granada und Santiago de Compostela und dem Regionalismus Galiziens sehr verbunden. Am 31. Dezember 1919 wurde diese Hymne zum ersten Mal gesungen; seitdem ist sie das Schlusslied bei den Pilgermessen in der Kathedrale.

105 Der Begriff *Mater Hispania* hält sich bis in die Moderne; vgl. Pablo Fernández Albaladejo: Mater Hispania. La construcción de España como patria durante la Edad Moderna. In: España. Nación y Constitución y otros estudios sobre Extremadura. Jornadas de Historia en Llerena 12 (21

Hauptintention der Chroniken ist vor allem die Herrschaftslegitimation, die bereits in der Zeit der Westgoten zu fassen ist und sich wie ein roter Faden durch die Chroniken zieht. Ein weiterer zentraler Aspekt der Chroniken ist ihr Beitrag zur Konstitution einer gesamtspanischen Identität, die die kulturellen und politischen Differenzen der einzelnen Regionen zum Verschwinden bringen will. Dieser Prozess ist zur Regierungszeit der Katholischen Könige bei weitem noch nicht abgeschlossen.

Einschneidende Ereignisse, wie die Schlacht von Las Navas de Tolosa oder die Vertreibung der Juden aus Spanien, machten die Geschichtsschreibung zu einem Instrument der Erinnerung und der Reflexion über die Gründe für diese Ereignisse.

Die kulturelle Identität des spanischen Volkes befindet sich zum Teil auch heute noch in einem Transformationsprozess. Die hier betrachteten historischen Schriften zeigen verschiedene Etappen der Identitätskonstitution und der Wahrnehmung von Einheit und Differenz. So werden religiöse Motive auf allen Ebenen herangezogen und letztlich zur Rechtfertigung von Machtpolitik, insbesondere natürlich der Reconquista herangezogen. Ein abgeschlossenes ‚Spanienbild' hat es zu keiner Zeit gegeben. Das Bild hat sich im Laufe der Zeit und in den verschiedenen Regionen und Kulturen stets gewandelt und erklärt sich vor allem aus den Differenzerfahrungen, die durch die jeweiligen historischen Ereignisse verstärkt worden sind.

Lektürehinweise:

1. Abraham Ibn Daud 1967 (66); Jordanes 2012 (23); The chronicle of James I 2000 (88).
2. Baruque 2006 (1); De Cortázar 1973 (1); Herbers 2006 (1); Herwig 2001 (16); Koch 2011 (1); Vones 1993 (1).
3. Assis 1988 (58); Baer 1961 (58); Claude 1971 (17); Das Vertraute und das Fremde 2011 (2); Fraedorff 2005 (3).

---

y 22 de octubre de 2011. Llerena). Hrsg. von Félix Iñesta Mena/Francisco Mateos Ascacíbar, Llerena 2012, S. 9–21.

Ryszard Grzesik[1]

Mittelalterliche Chronistik in Ostmitteleuropa

1 Raum, Zeit, Gegenstand

Mit dem Begriff Ostmitteleuropa wird jene geographische Region bezeichnet, die sich östlich des deutschen Sprachraums von der Ostsee bis an die Donau erstreckt und die heutigen Staaten Polen, Tschechien, die Slowakei und Ungarn umfasst. Die im Mittelalter auf diesem Gebiet liegenden Länder waren mit der Ausnahme Böhmens immer vom Heiligen Römischen Reich unabhängig, aber dennoch waren die Beziehungen zum großen Nachbarn im Westen stets ein zentraler politischer Faktor, der zahlreiche innere Konflikte hervorrief. Die Politik der jeweiligen Herrscher gegenüber dem Reich war sehr unterschiedlich, einige, wie die böhmischen Herzöge, Władysław I. Herman in Polen oder Andreas I. und Salomon in Ungarn repräsentieren eine Politik der friedlichen Kooperation, andere wie Bolesław I. der Tapfere, Bolesław II. der Kühne, Bolesław III. Schiefmund in Polen und Béla I., Géza I. und der heilige Ladislaus in Ungarn bewahrten mit Erfolg ihre vollständige Souveränität gegenüber dem Reich. Gemeinsames Charakteristikum Ostmitteleuropas ist die – allerdings relativ späte – Annahme des lateinischen Christentums und die Übernahme karolingischer ‚Organisationsstrukturen' von Herrschaft, die in Großmähren und Böhmen im 9., in Polen und Ungarn im 10. Jahrhundert erfolgte. Angesichts dessen und aufgrund der verspäteten Entwicklung selbständiger Herrschaftsgebiete erscheinen Chroniken in diesen Ländern später als im karolingischem Europa, und zwar ca. 100 – 150 Jahre nach der Christianisierung. Verglichen mit den im nachkarolingischen Europa entstandenen Geschichtswerken ist ihre Zahl relativ gering. Wie überall wurden diese frühen Texte in lateinischer Sprache geschrieben; volkssprachliche Chroniken in Deutsch und Tschechisch tauchen erst im Spätmittelalter in Böhmen und Ungarn auf; in Ungarisch und Polnisch geschriebene Chroniken sogar erst im 16. Jahrhundert.

Auftraggeber der frühen Chroniken dieser Regionen war wie in anderen Teilen Europas die Elite der Feudalgesellschaft. Ihr Gegenstand waren daher die Begründung der jeweiligen Herrschaft und die Herkunft des Volksstammes (*origo*

1 Ich danke Frau Dr. Danuta Zydorek vom Historischen Institut der Adam Mickiewicz Universität in Poznań sowie Herrn Dr. László Veszprémy vom Militärgeschichtlichen Institut in Budapest für ihre fachliche Unterstützung sowie Frau Mgr. Barbara Grunwald-Hajdasz für die freundliche Sprachkorrektur.

gentis), die Herkunftsmythen und die für das jeweilige Herrschaftsgebiet konstituierenden Ideen und Vorstellungen, die den Kern eines historischen Bewusstseins bei der Rezeptionsgemeinschaft bilden sollten. Im Spätmittelalter kamen dann Kirchen- und Klosterchroniken hinzu, ebenso Stadt- und Familienchroniken sowie die Aufzeichnungen von Privatpersonen in Tagebüchern und Autobiographien.

Unter den ostmitteleuropäischen Chroniken des Hochmittelalters lassen sich verschiedene Texttypen voneinander abgrenzen. Als Gesta werden jene Texte bezeichnet, die – in der römischen Tradition stehend – die Taten einzelner oder mehrerer bedeutender historischer Persönlichkeiten (z. B. *Gesta ducum sive principum Polonorum*) oder eines Volksstammes (z. B. *Gesta Ungarorum*) schildern. Die Gesta konzentrieren sich ganz auf die Erzählung, wobei die Chronologie als Gerüst Verwendung findet und die rhetorischen und narrativen Mittel eindeutig dominieren. In den Gesta kommen chronologische Daten entweder gar nicht oder nur rudimentär vor. Man stößt aber auch auf ‚klassische' Chroniken, deren Erzählung um die Chronologie organisiert wird, wie die Cosmas' oder die *Ofener Chronik*. Einen weiteren Texttyp bilden die Annalen, die nur sehr kurze Notizen zu einzelnen Jahren oder Ereignissen enthalten. Hierzu gehören z. B. die *Annales capituli Cracoviensis*, die in ihrer heutigen Gestalt nach 1266 entstanden sind und den verlorenen Text der Annalen des polnischen Hofes, der sogenannten *Annales regni Poloniae deperditi* enthalten; ferner die *Annales Bohemici*, die die Jahre 1140 – 1278 und 1245 – 1283 behandeln und zur Cosmas-Fortsetzung gezählt werden sowie die *Annales Posonienses*, die die einzigen erhaltenen ungarischen Annalen sind und Berichte über die Jahre 997 – 1203 enthalten. Die Annalen wurden im Lauf der Zeit immer umfangreicher und näherten sich im Hoch- und Spätmittelalter der Chronikform an. Chronikalische Partien, mit denen ein kollektives historisches Bewusstsein aufgebaut werden sollte, findet man auch in den im Mittelalter dominanten Hagiographien und später in den Biographien einzelner Herrscher. Man denke hier beispielsweise an die polnischen hagiographischen Schriften über Adalbert von Prag und Stanislaus von Krakau, an die Lebensbeschreibungen der 1267 heilig gesprochenen Herzogin Hedwig von Schlesien und der böhmischen Prinzessin Agnes von Böhmen (1211 – 1282; 1989 kanonisiert), an die Hagiographie um Wenzel, Stephan und Ladislaus sowie an die Autobiographie Karls IV. (*Vita Caroli Quarti*). Neben Gesta und Annalistik bildet die Hagiographie eine wichtige Entwicklungsstufe der Gattung, die bei der Betrachtung der mittelalterlichen Chronistik in Ostmitteleuropa nicht außer Acht gelassen werden darf.[2]

---

2 Vgl. dazu NORBERT KERSKEN: Geschichtsschreibung im Europa der *nationes*. Nationalgeschichtliche Gesamtdarstellungen im Mittelalter, Köln/Weimar/Wien 1995 (Münstersche Histo-

2 Großmähren

Mit dem Begriff Großmähren[3] bezeichnet man die im 9. Jahrhundert entstehende erste große westslawische Reichsgründung. Sie gehörte zum Gürtel slawischer Herzogtümer, die nach dem Niedergang des Awarischen Kanats am östlichen Rande des Fränkischen Reiches entstanden.[4] Die weniger als 100 Jahre dauernde Geschichte Großmährens war wesentlich bestimmt von seinem Verhältnis zum Ostfrankenreich (*Regnum francorum orientalium*), aus dem später das *Heilige Römische Reich* hervorging. Wie alle Länder Ostmitteleuropas strebte auch Großmähren nach der vollen Souveränität. Dazu diente der Aufbau einer Kirchenstruktur, die im Rahmen der lateinischen Westkirche verbleiben, aber von der fränkischen Kirche unabhängig sein sollte. Deshalb lud man 863 die byzantinischen Priester Konstantin, der später den Namen Kyrill annahm, und Method nach Großmähren ein, wo sie die bayerischen Missionare ersetzen sollten. Die beiden ‚Slawenmissionare' Kyrill und Method schufen slawische Übersetzungen wichtiger Bücher der Bibel sowie eine slawische, von Papst Hadrian II. anerkannte Liturgie. Beide wurden zu Begründern der ersten slawischen Literatursprache, dem ‚Altkirchenslawischen'. Chroniken aus der Zeit des Großmährischen Reiches sind zwar nicht bekannt, aber die altkirchenslawische Hagiographie in Form der Lebensbeschreibungen von Kyrill und Method (die sog. *Pannonischen Legenden*) spiegelt die Konflikte um die slawische Liturgie in dieser Zeit wider. Zudem finden sich Reste einer mündlichen großmährischen Überlieferung in den Chroniken aus

---

rische Forschungen 8); dort findet sich auch eine umfangreiche Bibliographie zum Gegenstand; János M. Bak/Ryszard Grzesik/Ivan Jurković: Medieval Narrative Sources. A Chronological Guide, Budapest 2000; zu den einzelnen Chroniken mit weiterer Bibliographie siehe auch die betreffenden Artikel in der EMC.

3 Seit den 70er Jahren des 20. Jahrhunderts gibt es in der Historiographie eine Diskussion über die geographische Lage Großmährens. Der ungarisch-amerikanische Forscher Imre Boba (Moravia's History Reconsidered. A Reinterpretation of Medieval Sources, Den Haag 1971) versuchte nachzuweisen, dass sich das Großmährische Gebiet nicht um die durch Mähren fließende March (Morava) konzentrierte, sondern um die (südliche) Morava, die in Serbien in die Donau mündet. Martin Eggers (Das ‚Grossmährische Reich'. Realität oder Fiktion. Eine Neuinterpretation der Quellen zur Geschichte des mittleren Donauraumes im 9. Jahrhundert, Stuttgart 1995) sah das Zentrum des großmährischen Reiches in Südpannonien, in der Gegend um die *Urbs Morisena*, dem späteren Csanád (jetzt Cenad in Rumänien). Diese beiden Ansätze erklären nicht, warum sich das ostfränkische Reich derart in die inneren Verhältnisse des großmährischen Reiches einmischte und übergehen auch die reichen archäologischen Funde (Wallanlagen, Sakralbauten und Kunstgegenstände), die man in Mähren und in der westlichen Slowakei entdeckt hatte. Vgl. dazu Idzi Panic: Ostatnie lata Wielkich Moraw, Katowice 2000.

4 Die *Fränkischen Reichsannalen* verzeichnen für das Jahr 822 die Anwesenheit mährischer Boten auf dem Frankfurter Reichstag.

Böhmen, Ungarn, dem südslawischen Gebiet und dem Rus.[5] Ungarische Chroniken bewahren die Erinnerung an Herzog Svatopluk I., den mächtigsten großmährischen Herrscher; so berichtet etwa die Chronik des Priesters von Duklja über Svatopluks Organisationstätigkeit als Staats- und Kirchengründer.[6] In tschechischen und russischen Chroniken werden Kyrills und Methods kirchliche und kulturelle Aktivitäten überliefert. Hinter dem dort erwähnten überaus mächtigen ‚einheimischen' Herzog verbirgt sich ebenfalls Svatopluk I.

3 Böhmen

Charakteristisches Zeichen der böhmischen Historiographie[7] ist die Entwicklung einer dynastischen Legende, in der der Anfang der Landesherrschaft und die Christianisierung Böhmens beschrieben wird. Die böhmische Geschichtsschreibung setzt ein mit der *Vita et Passio sancti Wenceslai et sancte Ludmile avie eius*, in der die Anfänge der Dynastie der Přemysliden legendarisch überhöht werden. Autor dieser Lebensbeschreibung des heiligen Wenzel, des böhmischen Schutzpatrons (ermordet 929 oder 935), ist ein ansonsten unbekannter Christian, weshalb das Werk auch unter dem Titel *Legenda Christiani* bekannt ist. Zur Frage der Abfassungszeit gibt es zwei Haupthypothesen: Eine Forschungsrichtung nimmt als Entstehungszeit das Ende des 14. Jahrhunderts an und sieht das Werk im Kontext der vorhussitischen intellektuellen Strömungen; nach der zweiten Theorie entstand der Text bereits Ende des 10. Jahrhunderts. Als Beleg dieser These dient die Behauptung des Verfassers in der Vorrede, das Werk seinem

5 Exzerpte aus den Quellen zu Großmähren sowie von späteren Texten, in denen die großmährische Tradition im Original oder in tschechischer Übersetzung erhalten geblieben ist, bietet die Ausgabe: *Magnae Moraviae fontes historici.* Hrsg. von Lubomír Havlík u. a., 5 Bde., Brno 1966 – 1977. Bis heute gibt es keine detaillierte Analyse dieser Thematik. Einen Versuch aus der Perspektive der ungarischen Chroniken unternimmt Ryszard Grzesik: Did Two Models of the Memory about the Domestic Origins Exist in the Hungarian Medieval Chronicles? In: Culture of Memory in East Central Europe in the Late Middle Ages and the Early Modern Period. Conference proceedings Ciążeń, 12. – 14. 3. 2008. Hrsg. von Rafał Wójcik, Poznań 2008, S. 139 – 147.

6 Miliana Kaimakamova: [Art.] Chronikle of the Priest of Duklja. In: EMC 1, S. 398 f.

7 Alle böhmischen Chroniken wurden im letzten Drittel des 19. und im ersten Drittel des 20. Jahrhunderts in der Reihe *Fontes rerum Bohemicarum* (Hrsg. von Josef Emler u. a., 8 Bde, Praha 1873 – 1932) veröffentlicht. Sie sind im Internet auf der Webseite des Zentrums für mediävistische Studien (Centrum medievistických studií) der Tschechischen Akademie der Wissenschaften (http://147.231.53.91/src/index.php?s=v&cat=11) einsehbar. Zusätzlich wurde 1978 herausgegeben: *Legenda Christiani.* Vita et passio sancti Wenceslai et sancte Ludmile ave eius. Hrsg. von Jaroslav Ludvíkovský, Praha 1978; vgl. František Graus: [Art.] Chronik, Teil M: Ostmitteleuropa und Baltikum, Teil 1: Böhmen. In: LMA 2 (1983), Sp. 2005 – 2006.

Neffen, dem heiligen Adalbert (956–997), Bischof von Prag seit 982, zu widmen. Es ist nicht ausgeschlossen, dass der Verfasser mit dem Mönch Strachkvas, einem Bruder des böhmischen Herzogs Bolesłav II., identisch ist. Auch wenn es um die Autorschaft des Mönches Strachkvas noch eine Reihe offener Fragen gibt, so ist sich die Forschung jedoch hinsichtlich der Entstehungszeit der Vita heute weitgehend darüber einig, dass es sich nicht um eine Fälschung des 14. Jahrhunderts handelt, sondern dass das Werk tatsächlich im 10. Jahrhundert entstanden ist. Der Beginn des Werkes besteht aus einer historiographischen Konstruktion der Anfänge der böhmischen Geschichte, wobei der Verfasser mit der Missionierung Kyrills und Methods in Mähren einsetzt. Zuerst stellt er Svatopluk I. als schlechten Herrscher dar, der teils Gott und teils dem Teufel diente. Als Grund wird sein Befehl angegeben, seinen Vorgänger zu ermorden. Über die Böhmen heißt es, dass sie damals weder Recht, Herrschaft und Städte besaßen und wie die Tiere lebten. Während einer Pestepidemie suchten sie bei einer Prophetin Hilfe, die ihnen riet eine Hauptstadt (das heutige Prag) zu gründen und einen Mann, namens Přemysl, der gerade dabei war einen Acker zu pflügen, zum Herzog zu weihen. Er heiratete die Prophetin und gründete die Dynastie und das Reich. Einer seiner Nachkommen war Bořivoj I. (* zwischen 852 und 855 – † 888/889), der von einem Rivalen ins Großmährische Reich vertrieben wurde und dort Untertan König Svatopluks I. wurde. Als er sich bei einem Gastmahl nicht an den Tisch mit den Christen setzen durfte, sondern mit den Heiden auf dem Fußboden Platz nehmen musste, ließ er sich vom Erzbischof Method taufen und kehrte zusammen mit dem Priester Kaich nach Böhmen zurück. In Levý Hradec, das am linken Moldauufer nördlich von Prag liegt, gründete er die erste christliche Kirche Böhmens, die dem heiligen Clemens geweiht wurde. Dann nahm er den Kampf gegen seinen Widersacher Strojmir auf, der von den Deutschen unterstützt wurde und der seine tschechische Muttersprache abgelegt hatte. Bořivoj siegte und stiftete zu Ehren der heiligen Jungfrau eine Marienkirche in Prag. Später erzählt Christian aus dem Leben Ludmilas, der Frau Bořivojs, sowie aus dem ihres Enkels, des heiligen Wenzel.[8]

Der Prager Dekan Cosmas (ca. 1045–12.10.1125) ist der erste sicher fassbare böhmische Chronist.[9] Er studierte in Prag und bei Magister Franco in Lüttich (ca. 1015–ca. 1086), einem berühmten Mathematiker und Lütticher Domschul-

8 Zur *Legenda Christiani* siehe beispielsweise Jaroslav Ludvíkovský: Great Moravia Tradition in the 10th Century Bohemia and *Legenda Christiani*. In: Magna Moravia. Sborník k 1100. výročí příchodu byzantské mise na Moravu. Commentationes ad memoriam missionis Byzantinae ante XI saecula in Moraviam adventus editae, Praha 1965, S. 525–566 [mit umfangreichem Überblick zur älteren Literatur]; Agnieszka Kuźmiuk-Ciekanowska: Święty i historia. Dynastia Przemyślidów i jej bohaterowie w dziele mnicha Krystiana, Kraków 2007.

9 Lisa Wolverton: [Art.] Cosmas of Prague. In: EMC 1, S. 494f.

leiter; sein Werk, die *Chronica Boemorum*, schrieb er in den letzten Jahren seines Lebens, wahrscheinlich nach 1119. Die *Chronica Boemorum* erzählt in strikt chronologischer Ordnung die Geschichte Böhmens, beginnend mit der Ankunft des eponymen Heros des böhmischen Volkes, Boemus. Cosmas gliedert sein Material in drei Bücher, wobei die fragmentarischen Kapitel 59–62 des dritten Buches, die den Thronstreit zwischen Soběslav I. und Otto II. dem Schwarzen enthalten (1125), als Beginn eines vierten Buches gedacht sein könnten, dessen Niederschrift jedoch durch den Tod des Verfassers unterbrochen worden ist. Das erste Buch erzählt die Vorgeschichte Böhmens, die Bücher II und III sind der Zeitgeschichte seit 1034 gewidmet. Cosmas war hochgebildet, er kannte antike Autoren, wie Boethius, Horaz, Vergil, Sallust, Livius, Lucan und Ovid, sowie die Chronik Reginos von Prüm und nahm auch mündliche Überlieferung, Annalen, die Hagiographie des heiligen Wenzels und des heiligen Adalberts sowie Archivdokumente in sein Werk auf. Obgleich die Chronologie gelegentlich fehlerhaft ist, schuf Cosmas mit diesem Werk die kanonische Gründungserzählung über die Anfänge der Přemyslidendynastie, die im Vergleich zu Christian einige neue Elemente enthält. So erzählt er über Boemus, dass er mit seinem Volk in einem unbesiedelten Bergtal, unterhalb des Berges Říp siedelte. Diese Gegend wurde von Boemus der Name ‚Boemia' verliehen. Die ersten Einwohner lebten glücklich ohne Eigentum und Recht zusammen, erst als Privateigentum entstand, begann der Streit. Deshalb brauchte man Richter, die sich in der Rechtsprechung auskannten. Der berühmteste von ihnen war Krok, der drei Töchter hatte, die zu Prophetinnen und Lehrerinnen des Volkes wurden: Kazi, Tetka und Libuše. Die letztere wurde nach Kroks Tod als seine Nachfolgerin zur Richterin. Als jemand gegen eines ihrer Urteile protestierte, riet Libuše, das Volk solle einen Herzog wählen; dies würde allerdings bedeuten, dass sie für immer auf ihre Freiheit verzichteten. Daraufhin wählten sie einen Mann, der gerade seinen Acker pflügte, Přemysl.

Die weitere Erzählung ähnelt sehr der *Legenda Christiani*, allerdings unterscheidet sich Cosmas darin von ihr, dass in jener ein Leben ohne Recht als übel dargestellt wird, er dies jedoch als Vorteil betrachtet.[10] Nach Stephan Albrecht

---

10 Die Chronik Cosmas' wurde 1921 in einer neuen Reihe der MGH SS von Bertold Bretholz publiziert. Jetzt sind die Ausgaben in den *Fontes rerum Bohemicarum* (Anm. 7) und in den MGH SS auch im Internet verfügbar; siehe dazu die Webseite des Zentrums der Mediävistischen Studien der Tschechischen Akademie der Wissenschaften (Centrum Medievistických Studií AV ČR): http://147.231.53.91/src/index.php?s=v&cat=11 bzw. der MGH SS http://www.dmgh.de/de/fs1/search/query.html?sort=score&order=desc&subSeries Title_str=&hl=false&fulltext=Kosmas&person_str={Bretholz%2C%20Bertold}. Es existieren zahlreiche Übersetzungen von Cosmas' Werk, darunter auch eine in deutscher Sprache: Cosmas von Prag: *Die Chronik Böhmens*. Hrsg. von Alexander Heine u. a., Essen 1987.

wendet sich Cosmas „in den ersten Kapiteln seiner Chronik gegen den Staat an sich“ und setzt einen „augustinisch-gregorianischen Ansatz“ dagegen.[11] Erhalten ist seine Chronik in 15 Handschriften, von denen vier noch aus dem 13. Jahrhundert stammen.

Bereits im 12. Jahrhundert wurde die Chronik Cosmas' von anderen Historiographen benutzt und fortgesetzt, weshalb die weiteren Chroniken des 12. und 13. Jahrhunderts, die mit der Cosmaschen Chronik beginnen und den Text bis in die Zeit des Verfassers fortsetzen, in der modernen Forschung als Fortsetzer des Cosmas bezeichnet werden. Zu den ersten Fortsetzern gehören zwei Chroniken aus dem 12. Jahrhundert. Die erste stammt von einem anonymen zeitgenössischen Autor, der vermutlich ein Vyšehrader Kanoniker war und deswegen in der Geschichtswissenschaft als Canonicus Wissegradensis bezeichnet wird. Der Autor behandelt die Regierungszeit Soběslavs I. (1125–1140), den er als idealen Herrscher vorstellt; das böhmische Volk wird bei ihm als die Familie des heiligen Wenzels bezeichnet. Insgesamt gesehen ist das Werk, das in fünf Handschriften aus dem 14.–16. Jahrhundert überliefert ist,[12] ein wichtiger Beleg für das hohe Nationalbewusstsein der böhmischen Eliten.

Ein zweites Beispiel für die ersten Fortsetzungen der Cosmas-Chronik ist die *Chronik des Sázava-Klosters*, die nach 1173 geschrieben worden ist. Der Verfasser ergänzt die Erzählung des Cosmas mit den Nachrichten aus der Geschichte von Sázava. Dazu gehören der Bericht über die legendäre Klosterstiftung, die während einer herzoglichen Jagdpartie erfolgt sein soll, sowie ein Verzeichnis der Sázavaer Äbte, das allerdings erst mit dem Jahr 1097 einsetzt, als die dortigen Benediktiner endlich den lateinischen Ritus annahmen. Über die Ereignisse der Jahre 1126–1162 wird in annalistischer Weise unterrichtet. Verfasser war ein namentlich nicht bekannter Mönch aus Sázava, der die mündliche mit der schriftlichen Klostertradition verband. Sein Werk ist nur in zwei frühen Handschriften des 12. und 13. Jahrhunderts erhalten.[13]

Zu den von der Geschichtswissenschaft einer zweiten Phase der Cosmas-Fortsetzung zugeordneten Texten gehören die *Annales Gradicenses et Opatovi-*

---

11 Stephan Albrecht: Von der Anarchie zum Staat. Einige Überlegungen zu Cosmas von Prag. In: Der Wandel um 1000. Beiträge der Sektion zur slawischen Frühgeschichte der 18. Jahrestagung des Mittel- und Ostdeutschen Verbandes für Altertumsforschung in Greifswald, 23.–27. März 2009. Hrsg. von Felix Biermann/Thomas Kersting/Anne Klammt, Langenweißbach 2010, S. 177–189, hier S. 187. Von den zahlreichen Studien zu Cosmas siehe vor allem Dušan Třeštík: Kosmova Kronika. Studie k počátkům českého dějepisectví a politického myšlení, Praha 1968 [mit deutscher Zusammenfassung].

12 Marie Bláhová: [Art.] *Continuatio Cosmae* I. In: EMC 1, S. 489 f.

13 Marie Bláhová: [Art.] *Chronicon monachi Sazaviensis*. In: EMC 1, S. 371 f.

censes, die nicht nur auf der Chronik des Cosmas, sondern auch auf der des Canonicus Wissegradensis basieren. Sie beginnen mit der Weltgeschichte von Alexander dem Großen bis zum Jahr 999, wobei hier die Weltchronik Ekkehards von Aura zu Grunde liegt, dann folgt die Geschichte Böhmens und Mährens in den Jahren 1000 bis 1140 nach Cosmas und dem Vyšehrader Kanoniker. Im Gegensatz zu diesen sind in den Annalen auch die geschichtlichen Ereignisse von zwei Benediktinerklöster, Hradisko in Mähren und Opatovice in Böhmen, eingefügt. Erhalten sind die Annalen nur in einer Opatovicer Handschrift aus dem 12. Jahrhundert, die jetzt in Wien aufbewahrt wird.[14]

Zu den zweiten Cosmas-Fortsetzungen gehört auch eine annalistische Kompilation aus dem Ende des 13. Jahrhunderts, die die Jahre 1140 – 1283 umfasst und Ende des 13. Jahrhunderts von einem unbekannten Kanoniker des Prager Kapitels geschrieben wurde. Sie berichtet über die Ereignisse des 13. Jahrhunderts, insbesondere über die Zeit Ottokars II., der von 1253 – 1278 als König herrschte, und ist in vier Handschriften erhalten. Auch sie wurde von späteren Chronisten ausgewertet.[15]

Um das Jahr 1314 entstand der erste historiographische Text in tschechischer Volkssprache, die Reimchronik eines anonymen Autors, in dem Václav Hajek von Libočany in seiner 1551 veröffentlichten Chronik einen Altbunzlauer Kanoniker namens Dalimil Mezeřický sehen wollte. Doch da dieser Dalimil als fiktive Person gilt, wird der Text als *Dalimil-Chronik* bzw. *Chronik des sogenannten Dalimil* bezeichnet.[16] Das Werk des Anonymus stellt in 103 Kapiteln und 4500 Versen die gesamte Geschichte Böhmens von der ‚Lebenszeit' des Eponymos Čech[17] bis zum Tod Wenzels III. im Jahr 1306 dar; Fortsetzungen ergänzen die Ereignisse bis 1320. Für die Frühgeschichte Böhmens bis ins Jahr 1125 stimmt die Darstellung weitgehend mit der des Cosmas überein. Aufgrund der politischen Tendenz der Chronik glaubt man, dass der Autor aus dem niederen oder mittleren Adel stammt oder mit ihm eng verbunden war, auf jeden Fall ist das Werk aus der Perspektive des tschechischen Adels geschrieben, der sich häufig von den deutschen Neuankömmlingen in seinen Rechten bedroht sah. An einigen Stellen ist der Hass des Chronisten gegenüber den Deutschen deutlich sichtbar. Mit sichtbarem Vergnügen schreibt er über die siegreichen Kämpfe der böhmischen Herzöge gegen die

---

14 Marie Bláhová: [Art.] *Annales Gradicenses et Opatovicenses*. In: EMC 1, S. 66f.

15 Marie Bláhová: [Art.] Continuatio Cosmae II. In: EMC 1, S. 490f.

16 Eine philologische Edition der Chronik des sog. Dalimil bietet: Staročeská kronika tak řečeného Dalimila. Vydání textu a veškerého textového materiálu. Hrsg. von Jiří Daňhelka u. a., Teil 1 – 2, Praha 1988.

17 Čech ist die tschechische Übersetzung des lateinischen Namens Bo(h)emus.

deutschen Herrscher; die Deutschen werden immer negativ charakterisiert, eine Freundschaft mit ihnen wird sogar als Sünde bezeichnet.

Für die nationale Identität ist von Bedeutung, dass die *Dalimil-Chronik* den Gedanken einer direkten Nachkommenschaft des böhmischen Königreiches von Großmähren, die sog. *translatio regni*, formuliert. Dies spiegelt das Streben der tschechischen Elite wider, die Herrschaft über die gesamte mittelosteuropäische Region, das heutige Polen und Ungarn, zu erringen und unterstreicht, dass die königliche Krone, die die böhmischen Herrscher erst seit etwa 100 Jahren trugen, ihre Wurzeln tief in der Geschichte hat. Als Quelle benutzte der Autor die Chronik des Cosmas mit seinen Fortsetzern sowie die Wenzel-Hagiographie.

Die *Dalimil-Chronik* war sehr populär, acht Handschriften und sechs Fragmente, darunter auch prächtig illustrierte, sind bis heute erhalten geblieben. Schon zwischen 1342–1346 hat ein vermutlich aus dem Prager Kloster des ‚Ordens der Kreuzritter mit dem Roten Stern' stammender Mönch, eine deutsche Reimübersetzung angefertigt. Eine zweite, in drei Handschriften überlieferte deutsche Übersetzung erschien fast ein Jahrhundert später – in den 20er oder 30er Jahren des 15. Jahrhunderts – in Prosa, und neuerdings wurde auch ein Fragment einer lateinischen Übersetzung in Paris entdeckt, die wohl in den 30er Jahren des 14. Jahrhunderts in Norditalien entstanden ist. Diese Handschrift wurde von der Regierung der Tschechischen Republik gekauft und ist jetzt in der Prager Nationalbibliothek aufbewahrt.[18]

Eine Blütezeit der böhmischen Historiographie war das 14. Jahrhundert, insbesondere die Zeit Karls IV. (1316–1378), der 1346 zum König und 1355 zum Kaiser gekrönt wurde. Unter den monastischen Chroniken ist das *Chronicon Aulae Regiae* (*Zbraslavská kronika*; „Königsaaler Chronik")[19] hervorzuheben, die von den Äbten Otto von Thüringen und Peter von Zittau zwischen 1305 und 1338 verfasst wurde und die Geschichte des Klostergründers Wenzel II. (1278–1305) überliefert. Von Peter stammen die Ereignisse aus den letzten Lebensjahren Wenzels sowie aus den ersten Jahren der neuen luxemburgischen Dynastie, die 1310 auf den böhmischen Thron kam. Die Chronik ist die wichtigste Quelle zu dieser Zeit, sie enthält umfassende Beschreibungen der diplomatischen Verhandlungen zwi-

18 Vgl. auch Marie Bláhová: Staročeská Kronika tak řečeného Dalimila v kontextu středověké historiografie latinského okruhu a její pramenná hodnota. Historický komentář. Rejstřík, Praha 1995 [als 3. Bd. der Dalimil-Ausgabe; mit deutscher Zusammenfassung]; Dies.: [Art.] Dalimil. In: EMC 1, S. 504 f. [S. 505: die letzte Entdeckung der lateinischen Übersetzung].

19 Die *Königsaaler Chronik*. Übersetzt von Joseph Bujnoch/Stefan Albrecht, Frankfurt a. M. 2014; vgl. auch *Chronicon Aulae regiae* – Die Königsaaler Chronik. Eine Bestandsaufnahme. Hrsg. von Stefan Albrecht, Frankfurt a. M. 2013 (Forschungen zu Geschichte und Kultur der Böhmischen Länder 1).

schen Kaiser Heinrich VII., der aus dem Haus Limburg-Luxemburg kam, und den Repräsentanten der böhmischen Stände über die Krönung von Heinrichs Sohn Johann zum böhmischen König. Der Chronist, der persönlich an den Ereignissen teilnahm, nutzte eigene Erinnerungen sowie schriftliche Berichte seiner Mitbrüder und Freunde.[20] Die Chronik ist in ein Vorwort sowie drei Bücher mit 179 Kapitel gegliedert; sie wurde auch von späteren Chronisten benutzt.[21]

Karl IV. beauftragte den Florentiner Franziskaner Giovanni de Marignolli (ca. 1290 – 1358/59) mit einer Universalchronik, in der die Geschichte Böhmens mit der allgemeinen Weltgeschichte verbunden werden sollte. Anlass waren die weit ausgreifenden politischen Pläne Karls IV., der damit auch seine böhmische Herrschaft zu legitimieren suchte. Karl war nur mütterlicherseits Přemyslide, doch wohl gerade deshalb bestrebt zu beweisen, dass er ganz in der Tradition der Přemysliden stand und auch seine Reichspolitik unter diesem Aspekt verstanden wissen wollte. Marignolli schrieb die Chronik nach 1355 in Prag, ohne sich jedoch eingehend mit der Geschichte Böhmens zu befassen. Sein Werk beruht ganz auf der Chronik des Cosmas und dessen Fortsetzer. Eigens erwähnt er seine Reise (1339 – 1353) als Legat des Papstes Benedikt XII. zum Khan der Goldenen Horde nach Peking und Südindien. Eine große Resonanz scheint Marginollis Versuch, die Geschichte Böhmens mit der des Reiches bzw. der gesamten Welt zu verbinden, nicht beschieden gewesen zu sein. Die in drei Bücher gegliederte Chronik ist nur in einer einzigen Handschrift erhalten geblieben; eine zweite Handschrift enthält nur die Universalgeschichte und den Reisebericht, wogegen die Geschichte Böhmens fehlt.[22] Auch ein zweiter Versuch der Verbindung der böhmischen Geschichte mit der Universalgeschichte, der von Neplach von Opatowitz zwischen 1360 – 1365 unternommen wurde, blieb ähnlich erfolglos. Er benutzt meistens die Chronik Martins von Troppau, ältere böhmische Chroniken, Legenden und mündliche Überlieferung, begeht aber viele chronologische Fehler. Seine Chronik enthält nur pure annalistische Fakten, der jeweilige historische Kontext bleibt unberücksichtigt. Sie ist nur in einer Handschrift erhalten.[23]

Eine wesentlich nachhaltigere Wirkung erzielte die *Chronicon Bohemiae* des Přibik Pulkava von Radenín, der meist nur Pulkava genannt wurde.[24] Er verfügte über eine hervorragende Bildung, war zunächst Rektor der Pfarrschule beim heiligen Egidius in Prag (1373 – 1377) und dann Pfarrer in Chudenice, obwohl er nicht zum Priester geweiht war. Dort starb er zwischen September 1378 und

---

20 Marie Bláhová: [Art.] *Chronicon Aulae Regiae*. In: EMC 1, S. 302.
21 Marie Bláhová: [Art.] *Chronicon Aulae Regiae*. In: EMC 1, S. 301 f.
22 Marie Bláhová: [Art.] John of Marignolli. In: EMC 2, S. 934 f.
23 Marie Bláhová: [Art.] Neplach of Opatovice. In: EMC 2, S. 1139 f.
24 Marie Bláhová/Václav Bok: [Art.] Pulkava of Radenín, Přibik. In: EMC 2, S. 1246 f.

September 1380. Seine Chronik entstand – wahrscheinlich auf Veranlassung und nach Anweisungen Karls IV. – in den Jahren 1364–1374 und wurde mehrmals überarbeitet, wovon heute noch sechs in ihrer Gestalt stark voneinander abweichende Fassungen zeugen: Die Varianten differieren bei der Aufteilung der Kapitel sowie dem Ende der Erzählung im Jahr 1307 (richtig: 1308) oder 1323. Der letzten Redaktion wurde eine Darstellung der brandenburgischen Geschichte angefügt, die auf einer unbekannten brandenburgischen Chronik beruht. Dies könnte mit den Plänen Karls IV. in Verbindung stehen, sich die Mark Brandenburg einzuverleiben. Ziel dieser Politik Karls IV., die er im Vertrag von Fürstenwalde 1373 erfolgreich zum Abschluss brachte, war es, seine Hausmacht mit der brandenburgischen Kurwürde entscheidend zu stärken und durch die Kontrolle über den Elbe-, Oder- und Ostseehandel wirtschaftlich abzusichern.[25] Grundlage des *Chronicon Bohemiae* war wiederum die Chronik des Cosmas; herangezogen wurden aber auch die *Dalimil-Chronik*, das hagiographische Schrifttum zum Leben des heiligen Wenzels und des heiligen Adalbert sowie weitere Chroniken und Urkunden. Pulkava betont die *translatio regni* von Großmähren zu Böhmen und gibt auch die Přemysl-Legende in der Gestalt der Cosmas-Chronik wieder. Neu ist die Ethnogenese der Böhmen, die, wie alle anderen europäischen Völker, aus dem *agro Sennar* (d.h. aus Babylonien) stammen und nach der Zerstörung des Turmbau von Babels über Griechenland und den Balkan nach Böhmen gekommen sein sollen. Die Landnahme der neuen Heimat erfolgte aufgrund von Gottes (tschechisch: „Boh“) Gebot, weshalb das Volk sich nach dem göttlichen Namen als Bohemi bezeichnete. Hier erscheint auch ein Bruder des Boemus, der Lech genannt wird. Er überschritt die Sudeten und siedelte auf der vor dem Gebirge liegenden Ebene, die man als *Pole* („Feld“) bezeichnete. Deshalb begann man die Menschen, die Lech über die Sudeten gefolgt waren, *Polacy* („Polen“) zu nennen.

Pulkava pocht auf das Recht des böhmischen Adels zur freien Wahl eines Herrschers, die nicht der Zustimmung des deutschen Königs bedarf. Seine Chronik war relativ weit verbreitet, von den sechs lateinischen Varianten sind insgesamt 21 Handschriften bekannt. Noch im 14. Jahrhundert, wahrscheinlich aber erst nach dem Tod Karls IV., entstand eine Übersetzung ins Tschechische, von der 14 Handschriften erhalten sind. Pulkavas Chronik wurde in Schlesien und Bayern ins Deutsche übertragen; erhalten ist allerdings nur noch eine Handschrift, da der Breslauer Codex während des 2. Weltkrieges vernichtet wurde. Die Chronisten des Spätmittelalters und der Frühen Neuzeit bezogen sich ausführlich auf Pulkavas

25 Wolfgang Ribbe: [Art.] Brandenburg, Mark. In: LMA 2 (1983), Sp. 556f.; Gabrielle Annas: [Art.] Brandenburg, margravate of. In: The Oxford Dictionary of the Middle Ages. Bd. 1. Hrsg. von Robert E. Bjork, Oxford 2010, S. 288.

Text und werteten ihn breit aus. Es war dies die letzte mittelalterliche böhmische Chronik, die die gesamte Geschichte des Landes umfasste.[26]

Spätere Werke, die in der Hussitenzeit auf Lateinisch und Tschechisch geschrieben wurden, konzentrierten sich auf die Zeitgeschichte und heben Einzelereignisse hervor. Wichtig zu erwähnen ist die lateinische Chronik des Laurentius von Březová (Vavřinec z Březové; Lorenz von Brösau), der die politische Mitte der hussitischen Bewegung, die sogenannten Utraquisten, repräsentiert. Laurentius war Zeitzeuge der geschichtlichen Ereignisse, seine Chronik umfasst die Ereignisse zwischen 1414, als man in Böhmen mit der Kommunion *sub utraque species* begann, und der Schlacht bei Kuttenberg (Kutná Hora) zwischen Taboriten und dem Kreuzzugsheer Kaiser Sigismunds im Dezember 1421. Zwei Redaktionen der Chronik sind bis heute erhalten, die erste nur fragmentarisch im lateinischen Original und in einer tschechischen Übersetzung, die zweite in drei Handschriften.[27] Die Chronik wurde unter anderem im zweiten Teil des *Chronicon universitatis Pragensis* („Chronik der Prager Universität") zugrunde gelegt, in dem die Ereignisse in Böhmen von 1414 bis 1421 im antihussitischen Sinn beschrieben werden.[28] Die katholische Seite repräsentiert auch die lateinische Chronik des Bartošek von Drahonice. Dieses in einer Handschrift erhaltene Werk wurde nach 1426 verfasst und behandelt die Jahre 1419–1443. Wertvoller sind die beiden Berichte des Augenzeugen Peter von Mladoňovice, der als Sekretär der tschechischen Delegation am Konstanzer Konzil teilnahm und – wahrscheinlich zur offiziellen Unterrichtung der Prager Universität über den Prozess und die Hinrichtung Jan Hus' – eine *Relatio de magistri Joannis Hus causa in Constantiensi consilio acta* schrieb. Die *Relatio* wurden möglicherweise von Peter selbst kurze Zeit später ins Tschechische und 1529 von Nikolaus Krompach ins Deutsche übersetzt.[29] Der zweite von Peter stammende Bericht ist die *Narratio de M. Hiernymo Pragensi*, die unter Hinzufügung der Mitteilungen eines weiteren, allerdings anonym bleibenden Augenzeugen, den Prozess des Hieronymus von Prag und seine Hinrichtung am 30. 5. 1416 in Konstanz schildert.

---

26 Der Aufmerksamkeit wert sind die Kommentare Marie Bláhovás (Kroniky doby Karla IV., Praha 1987) zu den Chroniken des 14. Jahrhunderts.

27 Marie Bláhová: [Art.] Laurentius of Březová. In: EMC 2, S. 1000 f.

28 Marie Bláhová: [Art.] *Chronicon universitatis Pragensis*. In: EMC 1, S. 441.

29 Marie Bláhová: [Art.] Peter of Mladoňovice. In: EMC 2, S. 1204 f.

4 Polen

Im Vergleich zu Böhmen sind deutlich weniger Chroniken aus Polen erhalten. Sie sind zunächst ausschließlich in lateinischer Sprache verfasst, stehen jedoch durchgängig auf einem sehr hohen sprachlichen und literarischen Niveau.[30] Die erste volkssprachige polnische Chronik, Marcin Bielskis *Kronika wszytkiego świata* („Die Chronik der ganzen Welt"), erschien erst im Jahr 1551. Die polnischen Chroniken befassen sich zumeist mit der gesamten Geschichte des Landes; Chroniken über zeitgenössische Ereignisse entstanden erst im 14. und 15. Jahrhundert. Signifikant für die polnische Geschichtsschreibung des Mittelalters ist die Existenz zahlreicher Jahrbücher und annalistischer Kompilationen, die ihre Wurzeln noch in der karolingischen Annalistik haben und durch ostfränkische bzw. deutsche Vermittlung in Polen eingeführt worden sind. Erhalten sind die polnischen Annalen in hoch- und spätmittelalterlichen Handschriften, meistens jedoch nur als Abschriften verlorener Kompilationen, die zunächst am polnischen Königshof angefertigt wurden und in der Forschung als *Annales regni Poloniae deperditi* bezeichnet werden. Die ältesten erhaltenen Jahrbücher sind die nach 1136 verfassten *Annales veteres*; sie behandeln den Zeitraum von 948 bis zum 10. Oktober 1136 und sind eine Abschrift der *Annales regni Poloniae deperditi*. Danach nahm sich das Krakauer Domkapitel der Annalen an: So wurde nach 1266 mit der Abfassung der von den Anfängen der polnischen Geschichte bis zum 27. September 1331 reichenden *Annales Capituli Cracoviensis* begonnen; sie setzen ein mit Adams Erschaffung und erzählen die Zeit bis 625 nach Isidors von Sevilla *Etymologiae*. Für die Zeit von 735 bis 1331 werden ältere Annalen als Quellen herangezogen, wobei die Ereignisse ab 1266 fortlaufend eingetragen wurden.[31] Von den *Annales Capituli Cracoviensis* wurden in der 2. Hälfte des 13. Jahrhunderts

---

30 Die polnischen Chroniken, Jahrbücher und hagiographischen Werke wurden in zwei Serien der ‚Monumenta Poloniae Historica' (MPH) ediert. Die ältere Serie, die in den Jahren 1864–1893 in Lemberg und Krakau nach den Regeln der ‚Monumenta Germaniae Historica' publiziert wurde, ist jetzt generell veraltet. Die neue Serie wird seit dem Jahr 1946 veröffentlicht, aber ist bei weitem noch nicht beendet. Die alte Serie von MPH ist jetzt in digitaler Form auf der Webseite der Kujawsko-Pomorska Biblioteka Cyfrowa (Kujawisch-Pomerellische Digitalbibliothek) auffindbar: http://kpbc.umk.pl/dlibra/publication?id=9073&from=&dirids=1&tab=1&lp=1&QI=9C9991FC03CA7E939AB239ED0833572C-56 (eingesehen: 10.9.2014). Zur Literatur siehe Gerard Labuda: Chronik, Teil M: Ostmitteleuropa und Baltikum, 2. Teil: Polen. In: LMA 2 (1983), Sp. 2006–2008. Für deutschsprachige Leser ist vielleicht noch die alte Monographie von Heinrich Zeissberg (Die polnische Geschichtsschreibung des Mittelalters, Leipzig 1873) benutzbar. Auf Polnisch (mit französischen Resume): Jan Dąbrowski: Dawne dziejopisarstwo polskie (do roku 1480), Wrocław/Warszawa/Kraków 1964.

31 Marek Derwich: [Art.] *Annales capituli Cracoviensis*. In: EMC 1, S. 58 f.

Abschriften für die Bettelorden hergestellt, die sich in die regionalen Zweige einer schlesischen, einer klein- und einer großpolnischen Tradition aufgliedern lassen[32].

Auch für die polnische Geschichtsschreibung ist die Hagiographie von besonderer Bedeutung. So sind die Legenden um den Krakauer Bischof Stanislaus, der 1079 getötet und 1253 kanonisiert wurde, eng mit der Idee eines einzigen polnischen Gesamtkönigtums verknüpft. Die beiden Lebensbeschreibungen des Bischofs, die in elf Handschriften überlieferte *Vita minor* und die *Vita maior*, von der noch 20 Manuskripte erhalten sind, wurden um 1252 bzw. zwischen 1257–1262 verfasst, in einer Zeit, in der sich Polen in immer mehr dynastische Herzogtümer aufteilte, die ständig gegeneinander kämpften. In den beiden Viten wird die Ansicht vertreten, dass das Fehlen eines gekrönten polnischen Herrschers, der die Integrität des Staates hätte symbolisieren können, die Strafe sei für den König Bolesław II. dem Kühnen zugeschriebenen Mord an Bischof Stanislaus. Beide Viten haben wesentlichen Anteil an der Bildung eines polnischen historischen Bewusstseins. Sie berichten wohlwollend über die mächtigen polnischen Herrscher, insbesondere über Bolesław I. den Tapferen, trösten die Polen über den Verlust der Einheit und machen ihnen Hoffnung auf die Wiedergeburt eines einheitlichen Königtums: Polen werde genauso wiedervereinigt werden, wie der zerteilte Körper Stanislaus' zusammenwachsen werde.[33]

Das früheste erhaltene Geschichtswerk Polens ist die *Cronica et gesta ducum sive principum Polonorum*,[34] die am Hof Bolesław III., genannt der Schiefmund, vermutlich in den Jahren 1114–1117 entstanden ist und von einem unbekannten Mönch aus der Romania verfasst worden sein soll. Martin Cromer (poln. Marcin Kromer; 1512–1589), der spätere Fürstbischof von Ermland, nennt diesen Autor in seiner bis zum Tod König Sigismunds I. reichenden polnischen Geschichte[35] „Gallus", weshalb er seither in der Forschung als ‚Gallus Anonymus' bezeichnet wird. Zu seiner Herkunft gibt es drei Theorien, die seine Geburtsregion entweder in Nordfrankreich, Flandern oder Wallonien, in Südfrankreich oder der Provence

---

32 Wojciech Drelicharz: Annalistyka małopolska XIII–XV wieku. Kierunki rozwoju wielkich roczników kompilowanych. Kraków 2003 (mit englischer Zusammenfassung); Ders.: Richtungen in der Entwicklung der kleinpolnischen Annalistik im 13.–15. Jahrhundert In: Die Geschichtsschreibung in Mitteleuropa. Projekte und Forschungsprobleme. Hrsg. von Jarosław Wenta, Toruń 1998, S. 53–72. Bis heute ist aktuell: Gerard Labuda: Główne linie rozwoju rocznikarstwa polskiego w wiekach średnich. In: Kwartalnik Historyczny 78 (1971), S. 804–839.

33 Wojciech Drelicharz: Idea zjednoczenia królestwa w średniowiecznym dziejopisarstwie polskim, Kraków 2012.

34 Darius von Guttner Sporzyński: [Art.] Gallus Anonymus. In: EMC 2, S. 659f.

35 Martin Cromer: *De origine et rebus gestis Polonorum*, Basel 1555.

bzw. in Italien verorten. Für die letztere These spricht sich nachdrücklich Tomasz Jasiński aus, nach dessen Ansicht Gallus aus Venedig stammt und mit dem Verfasser der *Translatio sancti Nicolai* vom Anfang des 12. Jahrhunderts identisch ist.[36] Die *Cronica* ist in drei Bücher gegliedert, blieb unvollendet und ist, die Taten Bolesławs III. in den Vordergrund stellend, dem Gesta-Typ zuzurechnen, zumal auch fast alle chronologischen Daten fehlen. Das erste Buch befasst sich mit der polnischen Vor- und Frühgeschichte, wobei der Autor auch die Anfänge der Piastendynastie darstellt. Er bedient sich dazu der großpolnischen dynastischen Legende, die die Anfänge dieses Geschlechts in deutlicher Analogie zum böhmischen Přemysl auf einen herzoglichen Ackerbauern namens Piast zurückführt, der bei Gnesen lebte und am Hof Herzog Popiels diente. Die sog. ‚Gnesener Legende' berichtet von zwei Wanderern, die nicht zum herzoglichen Gastmahl zugelassen worden waren und daraufhin zu Piast kamen, wo sie gastfreundlich aufgenommen wurden. Von dieser Zeit an wurde Piast immer reicher, wogegen Popiel seine ganzen Errungenschaften verlor und schließlich in seinem Turm von Mäusen gefressen wurde. An seiner Stelle wurde Piast zum Herzog gewählt. Dann stellt der Chronist kurz und konventionell die Nachkommen Piasts vor: Ziemowit, Lestko und Ziemomysł. Eine wichtigere Rolle spielt im weiteren Chronikverlauf nur Mieszko I., der Polen zum Christentum bekehrt hat; der eigentliche Held des ersten Buches aber ist Mieszkos Sohn, Bolesław I. der Tapfere.[37]

Das in Reimprosa verfasste Werk[38] belegt das hohe Bildungsniveau des Chronisten, der Sallust kennt und aus dessen *De bello Iugurthino* – bezeichnet als *Iugurtinum volumen* – zitiert. Andere heidnisch-römische bzw. christlich-römische Schriftsteller zieht er ebenso heran wie Einhards Lebensbeschreibung Karls des Großen, die Chroniken Widukinds und Reginos von Prüm, die polnische Annalistik, die Hagiographie des heiligen Adalberts sowie orale Überlieferungen. Erhalten ist die *Cronica et gesta ducum sive principum Polonorum* in drei Handschriften aus dem 14. bis 15. Jahrhundert. Von dem zeitlich nächsten Chronisten, Vinzent Kadłubek, zwar verwendet, geriet sie jedoch bald weitgehend in Vergessenheit. Nur Peter von Peitschen benutzt sie noch am Ende des 14. Jahrhun-

36 Tomasz Jasiński: O pochodzeniu Galla, Kraków 2008.

37 Jacek Banaszkiewicz: Podanie o Piaście i Popielu. Studium porównawcze nad wczesnośredniowiecznymi tradycjami dynastycznymi, Warszawa 1986; Ders.: Die Mäusethurmsage. The Simbolism of Anihilation of an Evil Ruler. In: Acta Poloniae Historica 51 (1985), S. 5–32.

38 Feliks Pohorecki: Rytmika kroniki Galla-Anonima. In: Roczniki Historyczne 5 (1929), S. 105–169; 6 (1930), S. 12–75.

derts für seine *Chronik der polnischen Herzöge*. Erst die kritische Historiographie der Neuzeit entdeckte das Werk des Gallus Anonymus wieder.[39]

Vinzent Kadłubek (ca. 1160 – 8.3.1223),[40] der Verfasser der *Chronica Polonorum*,[41] war der erste bekannte Pole mit einer Universitätsausbildung. Er studierte in Paris oder Bologna, vielleicht auch in beiden Städten, arbeitete dann in der Kanzlei Kasimirs II. des Gerechten, des jüngsten Sohns Bolesławs III. In den Jahren 1207–1217 war er Bischof von Krakau, nach dem Amtsverzicht trat er in das Zisterzienserkloster Jędrzejów ein, wo er starb. Seine Chronik schrieb er um die Wende vom 12. zum 13. Jahrhundert, vielleicht nach 1205. Sie ist in vier Bücher gegliedert, wobei die ersten drei Bücher als Dialog zwischen Bischof Matthäus von Krakau und Erzbischof Johann (Janik) II. von Gnesen strukturiert sind; am Ende des 3. Buches wird beider Tod angedeutet. Der Dialog ist weitgehend so konzipiert, dass Matthäus die Fakten der polnischen Geschichte darlegt und Johann sie im Geist klassischer Bildung kommentiert, wobei er Beispiele aus der antiken Literatur heranzieht. Das vierte Buch ist als fortlaufende Erzählung des Chronisten gestaltet, der sich hier als jemand einführt, der als Kind bei der Diskussion der Bischöfe zugegen war, beiden die Tintenfässer trug und für das richtige Licht sorgte. Auch dieses Buch enthält dialogisierte Einschübe sowie einen in 58 trochäischen Strophen abgefassten Streit zwischen Maeror, Iocunditas und Libertas.[42] Die pragmatische Inszenierung dieses Streites steht einem Theaterstück nahe.

Die *Chronica Polonorum*, in ausdrucksstarkem Latein verfasst, bedient sich zahlreicher rhetorischer Ornamente (*colores rhetorici*), insbesondere einer reichen Metaphernsprache; eingefügt werden auch Gedichte und Reden. Die Kenntnis des

---

39 Der Gallus Anonymus wurde auch in moderne Sprachen übersetzt. Für deutsche Leser ist am besten geeignet: Gallus Anonymus: Chronik und Taten der Herzöge und Fürsten von Polen. Hrsg. und übersetzt von Joseph Bujnoch, Graz 1978 (Slavische Geschichtsschreiber 10); eine englische Übersetzung bietet *Gesta principum Polonorum*. The Deeds of the Princes of the Poles. Hrsg. von Paul W. Knoll/Frank Schaer, mit einem Vorwort von Thomas N. Bisson, Budapest/New York 2003. Die neuesten Monographien zum Gallus Anonymus stammen von Dániel Bagi (Królowie węgierscy w Kronice Galla Anonima, Kraków 2008; polnische Fassung einer ungarischer Ausgabe, die im EMC übersehen wurde) und von Edward Skibiński (Przemiany władzy. Narracyjna koncepcja Anonima tzw. Galla i jej podstawy, Poznań 2009). Im Juni 2014 fand eine Galluskonferenz statt, deren Ergebnisse 2015/2016 erscheinen sollen.

40 Ryszard Grzesik: [Art.] Kadłubek, Wincenty. In: EMC 2, S. 955 f.; vgl. dazu auch die Ergebnisse der Kadłubeker Tagung im Jahr 1973 (Studia Źródłoznawcze 20 [1976], S. 3 – 132) und Onus Athlanteum. Studia nad Kroniką biskupa Wincentego. Hrsg. von Andrzej Dąbrówka/Witold Wojtowicz, Warszawa 2009 [mit ausführlicher Bibliographie].

41 Magistri Vincentii dicti Kadłubek *Chronica Polonorum*. Hrsg. von Marian Plezia, Krakau 1996 (MPH N.S. 11).

42 *Chronica Polonorum* (Anm. 41), IV,20.

nordfranzösischen Schreibstils, der typisch ist für die humanistische Schule von Chartres, ist unübersehbar; ferner finden sich Anklänge an den Neuplatonismus, was für dieses Milieu ebenfalls typisch ist, sowie an die Vagantendichtung. Gerne verwendet Kadłubek auch griechische Wörter und bildet, zuweilen etwas manieriert, auch griechische Neologismen. Häufig stellt er Analogien zwischen der polnischen und der antiken Geschichte her, was auf eine profunde Kenntnis der antiken Historiographie schließen lässt. Besonders ausführlich zieht er Justins *Epitome Historiae Philippicae* des Pompeius Trogus heran. Er kennt Boethius, Cicero, Horaz, Macrobius, Ovid, Plinius, Plutarch, Vergil und viele andere antike Gelehrte und Künstler, von denen er Lykophron, Zeuxis von Heraklea, Kallisthenes u. a. nennt. Diese Quellen waren Teil jeder gelehrten Ausbildung im Frankreich des 12. Jahrhunderts. Ebenso benutzt er die Schriften der sog. Renaissance des 12. Jahrhunderts; er dürfte Johannes von Salisbury persönlich gekannt haben, wie auch den innerhalb der Schule von Chartres populären neuplatonischen Philosophen Makrobius. Er kennt ferner die Schriften von Alanus ab Insulis, Wilhelm von Conches, vielleicht auch von Bernhard von Clairvaux. Mit der Kodifizierung des römischen Rechts durch Justinian war er bestens vertraut. Deutliche Bezüge bestehen zu zeitgenössischen englischen Autoren wie Geoffrey von Monmouth, Gerald von Wales, Walter Map, Alexander Neckam sowie zum Werk des dänischen Chronisten Saxo Grammaticus. Man kann sogar annehmen, dass alle diese Schriftsteller miteinander um die brillanteste literarische Darstellung wetteiferten.

Kadłubeks Chronik kann man als einen historisch-politisch-philosophischen Traktat über das Wesen des Reiches verstehen. Vor allem in der Diskussion zwischen den beiden Bischöfen wird die Organisation des beherrschten Territoriums als soziales Gebilde behandelt, wobei signifikant ist, dass in der Sicht des Autors das Recht gleichermaßen für die Bürger (*civites*) wie für den Herrscher gilt, weshalb das Land auch als *res publica*, als gemeinsame Sache aller in ihm Lebenden, bezeichnet wird. Historiographisch ist bemerkenswert, dass Kadłubek die Anfänge Polens nicht mit Gnesen, wie der Gallus Anonymus, sondern mit Krakau verbindet, was sich als Widerspiegelung der damaligen Lage Polens verstehen lässt, als Krakau bereits Herrschaftszentrum war und heftig um die Vorrangstellung in Polen kämpfte. Die ‚Gnesener Legende‘[43] des Gallus Anonymus wurde von Kadłubek dabei so in sein eigenes Werk integriert und seiner Aussageintention angepasst, dass Gnesen nicht mehr als Ursprung der Reichsbildung, sondern nur als deren Vorstufe erscheint.[44]

---

43 Zum Inhalt der ‚Gnesener Legende‘ vgl. oben S. 787.

44 Vgl. die umfangreiche Einleitung zur polnischen Übersetzung der Chronik von Brygida Kürbis: Mistrz Wincenty (tzw. Kadłubek). Kronika polska, Wrocław/Warszawa/Kraków 1992, S. III – CXXXII.

Kadłubeks Werk ist eines der bemerkenswertesten Zeugnisse der Chronikgattung im mittelalterlichen Europa. Obwohl seine lateinische Sprache vor allem wegen des rhetorischen Anspruchs schwer verständlich war, genoss es hohes Ansehen und eine weite Verbreitung, wovon die bis heute erhaltenen 29 Handschriften zeugen; im 19. Jahrhundert kannte man sogar noch 40 Handschriften. Im 15. Jahrhundert diente die Chronik als Handbuch der Rhetorik für die Studenten der Krakauer Universität: 15 der 29 heute bekannten Handschriften stammen aus dem Universitätsmilieu und sind mit einem Kommentar Johanns von Dąbrówka, Professor der Rhetorik und Rektor der Krakauer Universität in der 2. Hälfte des 15. Jahrhunderts, versehen.[45]

Als Polen nach dem Tod Bolesławs III. unter den vier Söhnen aufgeteilt wurde und sich in der Folge eine Reihe von Teilherzogtümern entwickelte, passte sich auch die zeitgenössische Chronistik den neuen Machtverhältnissen an. Die in den einzelnen Herzogtümern entstehenden Chroniken verfolgten zumeist das Ziel, die Rolle des eigenen Teilherzogtums in der gesamtpolnischen Geschichte hervorzuheben und die Rechte des jeweiligen regionalen Zweigs der Piastendynastie auf den gesamtpolnischen Thron nachzuweisen. Erzählt wird deshalb immer die polnische Geschichte von ihrem Beginn an bis zur Abfassungszeit der Chronik. Zu dieser Textgruppe gehört die sogenannte *Polnisch-schlesische Chronik* (*Chronica Polonorum*), die vielleicht von Engelbert, Abt des Zisterzienserklosters Leubus, um 1285 geschrieben wurde. Engelbert wurde später Abt in weiteren Zisterzienserklostern Polens (Mogiła, Byszewo, Ląd) und gehörte dem politischen Kreis des Breslauer und Krakauer Herzogs Heinrich IV. Probus an. Die *Chronica Polonorum* besteht aus zwei Teilen. Der erste erzählt im Geist des Vinzent Kadłubek die polnische Geschichte von den legendären Anfänge der Lechiten (d. h. Polen) bis 1285, der zweite beschreibt die innenpolitische Geschichte Schlesiens als eines Teil Polens von 1139 bis 1278.[46]

Eine Nicholas Dzierzwa zugeschriebene *Chronica Polonorum* (verfasst 1307–1309 oder nach 1314) entstand im Krakauer Minoritenmilieu und erzählt die Geschichte Polens von den legendären Anfängen bis zum Tod des Krakauer Herzogs Leszek II. des Schwarzen († 1288). Dzierzwa ist der einzige polnische Chronist, der die Anfänge Polens mit der alttestamentarischen Völkertafel (Gen 10,2; 1. Chr 1,5) verbindet und die Polen, wie andere Völker Europas auch, von den Jafetiden ableitet. Die weitere polnische Geschichte gibt er fast wörtlich nach Kadłubek

45 Jacek Soszyński: [Art.] Dąbrówka, Jan. In: EMC 1, S. 502. Im Juni 2013 fand eine Dąbrówka-Tagung statt, deren Ergebnisse gegenwärtig im Druck sind.
46 Wojciech Mrozowicz: [Art.] *Chronica Polonorum*. In: EMC 1, S. 395.

wieder. Die Schlusskapitel haben eine annalistische Struktur und verwenden einige heute unbekannte franziskanische Annalen.[47]

Die sog. *Großpolnische Chronik*,[48] früher als *Kronika Boguchwała i Godysława Paska* („Chronik des Boguchwał und Godyslaus Pasconis") bezeichnet, erzählt die polnische Geschichte von ihren legendenhaften Anfängen bis zum Jahr 1273 aus einer großpolnischen Perspektive. Die Chronik, die eine komplizierte und uneinheitliche Struktur hat und anonym überliefert ist, stellt die Anfänge Polens nach der Krakauer Legende dar, die von Kadłubek übernommen wurde – die von Gallus Anonymus stammende ‚Gnesener Legende' kannte der Verfasser nicht. Für das 13. Jahrhundert verwendet die Chronik eine annalistische Form, die großpolnischen Herzöge werden als legitime Erben der ersten Piasten dargestellt. Hauptquelle dieses Teiles waren die *Annales capituli Posnaniensis* („Jahrbücher des Posener Kapitels"), die von dem Posener Bischof Bogufał II. (1242–1253) in Auftrag gegeben worden und die heute nur noch in fragmentarischen Abschriften erhalten sind. In der *Großpolnischen Chronik* findet sich eine Erzählung Bogufałs über seine Vision der Vereinigung Polens, die er 1249 hatte und über die er in der ersten Person Singular schreibt (*ego Boguphalus episcopus Posnaniensis*). Aus der Feder des Posener Kustos Godzisławs Baszko stammen die Fragmente *der Großpolnischen Chronik*, die die Ereignisse aus der 2. Hälfte des 13. Jahrhunderts betreffen; in ihnen findet der damals herrschende großpolnische Fürst und spätere polnische König, Przemysł II., Erwähnung. Baszko benutzte ebenfalls die erste Person Singular (*ego Basco custos Posnaniensis*). Die Entstehungszeit dieser Passagen kann auf eine kurze Zeitspanne der Herrschaft Przemysłs, nämlich zwischen Juni 1295 und Februar 1296 datiert werden, worauf beispielsweise die Formulierung *de Premislo rege hodie regnante* hinweist. Überliefert ist die *Großpolnische Chronik* jedoch nur in der großen historiographischen Quellenkompilation, die Johann (Janko, Janek, Jan) von Czarnków († 1386) angelegt hat und die

---

47 Jacek Banaszkiewicz: Kronika Dzierzwy. XIV-wieczne Kompendium Historii ojczystej, Wrocław/Warszawa/Kraków 1979; Ryszard Grzesik: [Art.] *Chronica Polonorum auctoris incerti dicti Dzierzwa*. In: EMC 1, S. 395 f. Der Chroniktext wurde in drei Teilen und in verschiedenen Bänden der MPH publiziert: *Mierzwy kronika* [Chronik des Mierzwa]. Hrsg. von August Bielowski, Lwów 1872 (MPH 2), S. 145–190; *Mierzwy dopełnienie* [Mierzwas Ergänzung, Abdruck parallel zu Kadłubeks Text]. In: Ebd., S. 191–453; *Rocznik franciszkański krakowski [Jahrbuch der Krakauer Franziskaner]* Hrsg. von August Bielowski, Lwów 1878 (MPH 3), S. 46–52. Auf ähnliche Weise wurde Johanns von Czarnków Chronik mit dem Text der *Chronik des Krakauer Doms* über Kasimir den Großen herausgegeben (als 3. Kapitel): *Kronika Jana z Czarnkowa*. Hrsg. von Jan Szlachtowski, Lwów 1872 (MPH 2), S. 623–631. Eine Neuausgabe von Dzierzwas Werk liegt jetzt vor mit dem Band: Chronica Dzirsvae. Hrsg. von Krzysztof Pawłowski, Kraków 2013 (MPH N.S. 15).

48 Marek Derwich: [Art.] *Chronica Poloniae maioris*. In: EMC 1, S. 394; vgl. dazu auch die Arbeiten von Drelicharz (Anm. 32 und 33).

heute unter dem Titel *Chronica longa seu magna Polonorum seu Lechitarum* geführt wird.[49] In ihr sind neben der *Großpolnischen Chronik* auch eine *Chronik der Jahre 1333–1341*, die sog. Chronik des Johann von Czarnków,[50] die *Chronik des Krakauer Doms* und einige Reihen annalistischer Notizen vom 12. bis zum 14. Jahrhundert enthalten. Abfassungszeit und Autorschaft der *Großpolnischen Chronik* ist deshalb in der Forschung heftig umstritten, wobei es zwei verschiedene Datierungsansätze gibt: 1) Sie wurde ursprünglich für König Przemysł II. am Ende des 13. Jahrhunderts geschrieben und dann vielleicht von Johann von Czarnków interpoliert. 2) Johann war im 14. Jahrhundert der Verfasser der gesamten Chronik – eine Meinung, der sich gegenwärtig die Mehrheit der Forscher anschließt.[51] Janusz Bieniak verband beide Positionen, seiner Meinung nach überarbeitete Johann eine ältere Fassung der Chronik aus der Zeit von Przemysł II. gänzlich, die danach verschwand.[52]

Johann von Czarnków war Unterkanzler in den letzten Lebensjahren König Kasimirs I. des Großen († 1370) und ein großer Gegner der angevinischen Sukzession auf dem polnischen Thron.[53] Von Johann ist eine zeitgenössische Chronik, die sog. *Chronik des Johann von Czarnków*, überliefert, die die Geschehnisse der Jahre 1370–1384 umfasst und seine persönlichen Ansichten repräsentiert. In gewisser Weise hat sie den Charakter eines Stammbuches, des ersten in der polnischen Literatur. Johann ist wahrscheinlich auch der Verfasser eines kurzen chronikalischen Textes über die Jahre 1333–1341, die ebenfalls in der *Chronica longa* überliefert ist und von den modernen Herausgebern als erstes und zweites Kapitel seiner eindeutig ihm zuzuordnenden Chronik publiziert wurde.[54] Als drittes Kapitel wurde fälschlicherweise das Fragment eines anderen historischen Werkes publiziert, das aber nicht von Johann stammt, nämlich einer *Chronik des Krakauer Doms*. Diese kurz nach dem Ende ihrer Berichtszeit geschriebene Chronik umfasst die Jahre 1202–1377 und berichtet über die Krakauer Herrscher

---

49 Marek Derwich: [Art.] *Chronica longa seu magna Polonorum seu Lechitarum*. In: EMC 1, S. 362 f.

50 Vgl. unten Anm. 54.

51 Brygida Kürbisówna (Kronika wielkopolska, Poznań 1952) datiert die Chronik auf die Zeit vor 1295 und die Interpolationen auf das 14. Jahrhundert; vgl. Dies.: Dziejopisarstwo wielkopolskie XIII i XIV wieku, Warszawa/Poznań 1959 und zuletzt Edward Skibiński: Dzierzwa i Kronikarz wielkopolski. Powrót problemu. In: Scriptura custos memoriae. Prace historyczne. Hrsg. von Danuta Zydorek, Poznań 2001, S. 225–232.

52 Janusz Bieniak: Jan (Janek) von Czarnków. Unvollendete polnische Chronik aus dem 14. Jahrhundert. Quaestiones Medii Aevi Novae 14 (2009), S. 123–183.

53 Kasimir I. war ohne männlichen Nachfolger gestorben, nach dem Vertrag mit seinem Schwager, dem ungarischen König Karl I. von Anjou, wurde dessen Sohn Ludwig der Große sein Nachfolger auf dem polnischen Thron.

54 Marek Derwich: [Art.] Janko of Czarnków. In: EMC 2, S. 904.

von Leszek dem Weißen bis zu Ludwig dem Großen.[55] Im 14. Jahrhundert verfasste in Westpommern der Stargarder Augustiner Augustin (auch: Angelus de Stargardia),[56] einen politischen Traktat, das sog. *Protocollum*, der ganz auf Kadłubeks Version der polnischen Geschichte basiert, obwohl es die Unabhängigkeit Pommerns von Polen beweisen sollte.

Im 15. Jahrhundert entstand nur eine einzige Chronik, die die ganze polnische Geschichte umfasste, die *Annales seu Cronicae inclyti Regni Poloniae* („Jahrbücher oder Chroniken des berühmten Polnischen Königtums") des Jan Długosz (1415–19.5.1480),[57] der zunächst Sekretär des Krakauer Bischofs Zbigniew Oleśnicki war und danach für König Kasimir IV. diplomatisch tätig wurde. Nach seiner Ablehnung der Wahl zum Erzbischof von Prag 1480 wählte man ihn zum Erzbischof von Lemberg; allerdings konnte er dieses Amt nicht mehr antreten. An seiner Chronik arbeitete er ab ca. 1455 bis zum Jahr seines Todes. Das zwölf Bände umfassende Werk ist laut Auskunft des Autors von ihm persönlich abgeschlossen worden. Da der Autograph bis zu den Ereignissen des Jahres 1406 teilweise erhalten ist, kann man seine Arbeitsmethode gut beobachten: Er schrieb parallel die Früh- und Zeitgeschichte, wobei er die Zäsur im Jahre 1406 ansetzte. Nach der Niederschrift fügte er dann interlinear, in Marginalnoten am Rand oder auf separaten Zetteln, Informationen, die er nachträglich aus neuen Quellen gewonnen hatte, in den Autographen ein. Unlesbar gewordene Zettel wurden von ihm selber oder von dem mit ihm arbeitenden Kopisten neu geschrieben und in das Manuskript anstelle der alten eingefügt. Diese Methode der nachträglichen Einfügung neuer Quellen und Informationen führte zwangsläufig dazu, dass die ursprünglich gewählten Kapitelüberschriften nicht immer dem Inhalt des jeweiligen Kapitels entsprachen. Festzuhalten ist, dass der Umfang seiner Quellenforschung im Vergleich zu anderen mittelalterlichen Chronisten ungewöhnlich breit angelegt war. Długosz zog auch Chroniken und Urkunden benachbarter Länder heran und fügte deren Geschichte ebenfalls in sein Werk mit ein, um so die polnische Geschichte in ihrem europäischen Kontext sichtbar zu machen. Damit schuf er ein Werk, das in der mittelalterlichen Geschichtsschreibung seiner Zeit einmalig war. Es ist die erste komplexe Beschreibung der Geschichte Mitteleuropas.

---

55 Diese Chronik wurde als *Rocznik kujawski* [*Kujawische Jahrbücher*] hrsg. von August Bielowski, Lwów 1878 (MPH 3), S. 204–212 und als drittes Kapitel der Chronik Johanns von Czarnków (Anm. 47) herausgegeben; vgl. dazu: Jacek Soszyński: [Art.] *Chronicon Cracoviensis*. In: EMC 1, S. 322.

56 Marek Derwich: [Art.] Augustine of Stargard. In: EMC 1, S. 127 f.

57 Piotr Dymmel: [Art.] Długosz, Jan. In: EMC 1, S. 539 f. Die Chronik wurde neu herausgegeben von Jan Dąbrowski u. a. (*Ioannis Dlugossii Annales seu Cronicae incliti Regni Poloniae*, Varsovie 1964–2005). Parallel dazu wurde eine polnische Übersetzung veröffentlicht.

Als leitendes Kriterium für seine Auswahl der geschichtlichen Fakten bezeichnete Długosz den Begriff der historischen Wahrheit. Gleichzeitig will er aber neben der Darstellung einer unverfälschten polnischen Geschichte den Lesern auch gute und böse Beispiele für geschichtliches Handeln geben, um ihnen so pragmatische Anweisungen für das eigene Verhalten zu vermitteln. Sein Latein ist reich an langen rhetorischen Perioden, aber dennoch in der Begrifflichkeit und der Aussage sehr präzis. Wie alle anderen Historiographen seiner Zeit kannte er nicht die Kategorie des historischen Wandels, weshalb für ihn die vergangene Welt dieselbe Form besitzt wie die seiner eigenen Zeit. Aus diesem Grund fühlte er sich legitimiert, dort, wo die Quellen über Ereignisse schweigen, die aber nach seiner Ansicht stattgefunden haben müssen, fiktive Figuren oder Ereignisse einzusetzen. Es ist bemerkenswert, dass sein Werk am Beginn eine umfangreiche Chorographie des behandelten Raumes enthält, die zugleich die erste geographische Charakteristik Polens darstellt. Neben dem Autographen sind etwa 60 Handschriften aus dem 15.–18. Jahrhundert erhalten. Eine erste, allerdings zensierte und gekürzte Druckausgabe erschien erst 1615, eine vollständige in den Jahren 1711–1712; Długosz' Werk war bis zum 19. Jahrhundert ein Muster für gute historische Arbeit.

5 Ungarn

Charakteristisch für die mittelalterliche Geschichtsschreibung Ungarns[58] ist der fast vollkommene Mangel an Annalen bzw. Jahrbüchern. Bekannt sind nur die *Annales Posonienses* („Preßburger Jahrbücher") vom Anfang des 13. Jahrhunderts, die in einer einzigen Handschrift überliefert sind.[59] Wie in den Nachbarländern spielt auch in Ungarn die Hagiographie bei der Entwicklung einer politischen Identität und der Verbreitung politischer Ideen eine herausragende Rolle. In

58 Die kanonische Ausgabe der mittelalterlichen Chroniken Ungarns ist: *Scriptores rerum Hungaricarum*. Bd. 1–2, Budapest 1937–1938, Neudruck 1999. Zur allgemeinen Literatur siehe Thomas von Bogyay: [Art.] Chronik, Teil M: Ostmitteleuropa und Baltikum, Teil 3: Ungarn. In: LMA 2 (1983), Sp. 2008. Von den detaillierteren Studien vgl. die bis heute aktuelle Analyse von Bálint Hóman: A Szent László-kori Gesta Ungarorum és a XII–XIII. századi leszármazói, Budapest 1925; vgl. auch Carille Aylmer Macartney: The Medieval Hungarian Historians. A Critical and Analytical Guide, London 1953; ältere Literatur findet sich bei Henrik Marczali: Ungarns Geschichtsquellen im Zeitalter der Árpáden, Berlin 1882.

59 Lesław Spychała: [Art.] *Annales Posonienses (Annals of Bratislava)*. In: EMC 1, S. 80; Adrien Quéret-Podesta: The Historical Conscience in the Annales Posonienses and in the Historical Notes of the Pray Codex and Their Place in the Hungarian Medieval Historiography. In: Culture of Memory in East Central Europe in the Late Middle Ages and the Early Modern Period. Conference proceedings Ciążeń, March 12–14, 2008. Hrsg. von Rafał Wójcik, Poznań 2008, S. 139–159.

diesem Zusammenhang seien hier nur die hagiographischen Texte um den heiligen Stephan (997–1038), den ersten ungarischen König, der 1000 gekrönt und 1083 kanonisiert wurde, hervorgehoben. Zu ihm sind drei Viten erhalten, eine *Legenda maior* (ca. 1083), eine *Legenda minor* (ca. 1100) sowie die Vita Bischof Hartwichs von Györ aus den Jahren 1112–1115, in der die beiden früheren Texte zusammengefügt sind und so eine kanonische Beschreibung des Lebens des Heiligen entstanden ist. Auf den Anfang des 12. Jahrhunderts zu datieren, ist die Legende des heiligen Emmerich, Stephans Sohn († 1031). Etwa 100 Jahre später wurde die Legende vom heiligen Ladislaus (1077–1095; kanonisiert 1192) verschriftlicht; im 14. Jahrhundert entstand eine Legende vom heiligen Gerhard, dem Bischof von Csanád (heute: Cenad in Rumänien). Die älteste Vita und der älteste ungarische Text überhaupt ist die über Andreas Svorad und seinen Schüler Benedikt, beide Eremiten vom Berg Zobor, dem Hausberg der westslowakischen Stadt Nitra/Neutra. Niedergeschrieben wurde sie von Maurus von Pannonhalma, dem Bischof von Fünfkirchen, etwa zwischen 1064–1070.

Eine Besonderheit der ungarischen Geschichtsschreibung ist das relativ späte Einsetzen der Überlieferung. Die älteste Handschrift stammt vom Anfang des 13. Jahrhunderts. Schon seit ca. 200 Jahren diskutiert die Forschung die Existenz einer Urquelle, die als *Ungarische Nationalchronik*, *Urgesta* (*Ungarorum*) oder *Gesta Ungarorum* (*deperdita*) bezeichnet wird.[60] Die Entstehung dieser ‚Urchronik' wurde auf die 2. Hälfte des 11. bzw. den Anfang des 12. Jahrhunderts datiert, wobei sich die Mehrheit der Forscher für die spätere Datierung entschieden hat. Möglicherweise hatte diese ‚Urchronik' die Form annalistischer Aufzeichnungen, vielleicht aber auch eine narrative Form. Wahrscheinlich enthielt sie die Geschichte der ursprünglichen Heimat der Ungarn in Skythien bzw. in der *Magna Hungaria*; vermutlich berichtete sie vom Zug der Ungarn nach Pannonien, der Landnahme sowie von der ungarischen Geschichte bis zum Tod des heiligen Stephan; eventuell wurden auch der spätere Bürgerkrieg zwischen Andreas I. von Ungarn (1015–1060) und seinem Sohn Salomon auf der einen und Andreas' Bruder Béla I. und dessen Söhnen Géza I. und Ladislaus des Heiligen auf der anderen Seite sowie die Beziehungen zum Heiligen Römischen Reich behandelt. Offenbar ist die ‚Urchronik' mehrmals bearbeitet und ergänzt worden, wobei die älteren Varianten immer vernichtet wurden. Allerdings vermutet die Forschung, dass diese verlorenen Varianten in einigen heute noch existierenden Chroniken Eingang gefunden haben. Die Zahl der Varianten und die Zeit ihrer Entstehung sind noch immer umstritten, aber sie wurden alle auf Lateinisch geschrieben und nur eine im 14. Jahrhundert ins Deutsche übersetzt.

---

60 Ryszard Grzesik: [Art.] *Gesta Ungarorum deperdita*. In: EMC 1, S. 701 f.

Eine mustergültige Analyse der schwierigen Quellenlage hat Bálint Hóman vorgelegt, der eine Vielzahl von Nachrichten aus Ungarn in der Chronik Alberichs von Trois-Fontaines gefunden hat, die er mit entsprechenden Fragmenten in verschiedenen ungarischen Chroniken verglich. Der französische Chronist erwähnt übrigens explizit *codices quidam*, was auf erzählende Quellen schließen lässt. Auch in anderen nicht-ungarischen sowie in späteren ungarischen Chroniken hat Hóman Hinweise auf die Frühgeschichte Ungarns gefunden. In der Chronik des Odo de Diogilo[61] oder in den gleich zu behandelnden *Gesta Hungarorum*[62] eines anonymen Notars wird Ungarn als *pascua Romanorum* („Weideland der Römer") bezeichnet.

Die älteste erhaltene ungarische Chronik sind die *Gesta Hungarorum*[63] eines anonymen Notars König Bélas, die lediglich in einer Abschrift aus dem 13. Jahrhundert vorliegen. Da der Verfasser nur seine Tätigkeit als Notar für einen schon verstorbenen König Béla erwähnt, ist unklar, um welchen Träger dieses Namens es sich handelt. Heute identifiziert die Forschung Béla III. (1172–1196) mit diesem König und datiert die Chronik auf die Zeit um 1200. Allerdings hat man jüngst eine um ein Vierteljahrhundert spätere Abfassungszeit ins Spiel gebracht und den Text an den Hof des Herzogs von Siebenbürgen, Béla IV., verlegt.[64] In der Forschung umstritten ist bereits der mit den Worten *P. dictus magister* beginnende Chronikanfang, der von einigen Historikern als Namensabkürzung interpretiert wird. Der Verfasser wäre dann eine der in dieser Zeit zahlreichen Personen, deren Name mit dem Buchstaben ‚P' beginnt. Andere interpretieren „P." nur als Abkürzung für *praedictus* („obengenannter"), wobei das Abkürzungszeichen fehle. Dieser These liegt die Annahme zugrunde, dass das Manuskript fehlerhaft und ein vor den

---

61 Vgl. zu Odo de Diogilo Jerzy Pysiak: [Art.] Odo of Deuil. In: EMC 2, S. 1162f.

62 Eine lateinische Zusammenfassung verfasste József Deér. Iosephus Deér: Quis fuerit fons primigenius Gestorum Chronicorumque Hungaricorum medii aevi ex saeculo XI-o oriundus at post deperditus. In: *Scriptores rerum Hungaricarum* 1 (Anm. 58), S. 1–11; zur Analyse des Werks siehe Hóman (Anm. 58).

63 László Veszrémy: [Art.] Anonymus Belae regis notarius. In: EMC 1, S. 102.

64 Martin Homza: Uhorsko-poľská kronika. Nedocenený prameň k dejinám strednej Európy, Bratislava 2009, S. 24–27; vgl. auch László Veszprémy: Introduction. In: Anonymus and Master Roger. Anonymi Bele regis notarii Gesta Hungarorum. Anonymus, Notary of King Béla, The Deeds of the Hungarians. Hrsg. von Martyn Rady/László Veszprémy/Magistri Rogerii Epistola in miserabile Carmen super destructione regni Hungarie per Tartaros facta. Master Roger's Epistle to the Sorrowful Lament upon the Destruction of the Kingdom of Hungary by the Tatars. Hrsg. von János M. Bak/Martyn Rady, Budapest/New York 2010 (Central European Medieval Texts), S. XXII [letzte lateinisch-englische Ausgabe zusammen mit dem *Carmen miserabile super destructione regni Hungarie per Tartaros facta*]. Eine deutsch-lateinische Ausgabe der Chronik des anonymen Notars bietet der Band: Die *Gesta Hungarorum* des anonymen Notars. Die älteste Darstellung der ungarischen Geschichte. Hrsg. von Gabriel Silagi, Sigmaringen 1991.

Anfang gesetzter Titel, in dem auf den Verfasser hingewiesen worden wäre, verloren gegangen sei.

Die Chronik erzählt schwerpunktmäßig von der Geschichte der ungarischen Landnahme, präsentiert die Heldentaten Herzog Arpads und seiner Männer, die als die Stammväter der ungarischen Herrscher gelten. Sie ist damit eine typische *Gesta ducum*, in der nur die siegreichen Schlachten beschrieben werden. Längst hat man erkannt, dass sie letztlich ohne jeden historischen Quellenwert für die Zeit der Landnahme ist und vor allem als literarisches Werk bewertet werden sollte. Allerdings spiegelt sich in ihr das Bewusstsein der ungarischen Aristokratie an der Wende vom 12. zum 13. Jahrhundert wider, die gegenüber den regierenden Herzögen einen Anspruch auf Mitherrschaft erhob. Bemerkenswert ist die sprachliche Fähigkeit des Chronisten, der viele Namen sprachgeschichtlich etymologisierte und die ungarischen Endungen der Personennamen verwendete, wie etwa die ungarische Dativform „Edumennek" („dem Edumen"). Der Autor stützt sich auf mündliche Überlieferungen, etwa zur Tradition der adeligen Geschlechter, auf Mythen und Erzählungen über die ungarische Landnahme oder auf die Überreste der großmährischen Tradition, die wir schon oben erwähnten.[65] Die *Gesta Hungarorum*, die erst 1767 ediert worden sind, zählen nicht zum Hauptstrom der ungarischen Geschichtsschreibung, die von den verlorenen *Gesta Ungarorum* repräsentiert wird. Der Verfasser der *Gesta Hungarorum* kannte und benutzte sie, aber polemisierte auch gegen sie. Er bietet die Geschichte der ungarischen Landnahme als Heldenepos und unterscheidet sich damit von anderen Chronisten. Auch die sog. *Ungarisch-polnische Chronik*[66], die in fünf polnischen Handschriften überliefert ist, gehört nicht zum Hauptstrom der ungarischen Geschichtsschreibung. Sie ist ebenfalls hier zu berücksichtigen, da sie die Geschichte Ungarns von den Anfängen der Landnahme im ‚östlichen Ungarn' bis zur Zeit des heiligen Ladislaus zum Inhalt hat und die Rolle der ungarisch-polnischen Allianz besonders hervorhebt. Sie erzählt von der Reichsgründung des angeblichen Königs Aquila/Attila, von der Bekehrung der Ungarn durch den heiligen Adalbert, von der innenpolitischen Ordnung des Reiches unter dem ersten gekrönten ungarischen König, dem heiligen Stephan, sowie von dem danach ausbrechenden Bürgerkrieg, als die angeblichen Stephanssöhne mit polnischer Hilfe die Deut-

65 Siehe oben S. 776 mit Anm. 5.

66 Ryszard Grzesik: [Art.] *Chronicon Hungarico-Polonicum*. In: EMC 1, S. 348 f.; Ders.: Kronika węgiersko-polska. Z dziejów polsko-węgierskich kontaktów kulturalnych w średniowieczu, Poznań 1999; Ders.: Die Ungarisch-Polnische Chronik – ein Blick des ungarischen Hofes auf die eigene Vergangenheit. In: Die Hofgeschichtsschreibung im mittelalterlichen Europa. Projekte und Forschungsprobleme. Hrsg. von Rudolf Schieffer/Jarosław Wenta unter redaktioneller Mitwirkung von Martina Giese, Toruń 2006, S. 119–128; Homza (Anm 63).

schen, die das Land beherrschten, erfolgreich vertrieben. Die letzten Passagen berichten von den Krönungen der ungarischen Könige durch den polnischen Herzog (!) sowie von der Heiligsprechung König Stephans I. im Jahr 1083, die aufgrund der Bemühungen Ladislaus' I. des Heiligen erfolgte. Entstanden sein dürfte die Chronik vermutlich an der Wende von den 20er zu den 30er Jahren des 13. Jahrhunderts am slawonischen Hof Kolomans, eines Sohns Andreas' II. und Bruder Bélas IV.; MARTIN HOMZAS Vermutung, dass sie am Zipser Hof Kolomans verfasst worden ist, kann nicht akzeptiert werden, weil damals Zips noch kein entwickeltes Kulturzentrum war, hingegen der Chronist auffallend gut mit der slawonisch-kroatischen Geographie vertraut ist. Der anonyme Chronist kannte neben der Legende Hartwichs auch die verlorene *Urgesta* sowie eine unbekannte polnische Chronik über die polnisch-ungarischen Beziehungen, die vielleicht für Salomea, Kolomans Ehefrau, zu Anfang des 13. Jahrhunderts in Krakau niedergeschrieben worden war.[67] Der Inhalt dieser *Ungarisch-polnischen Chronik* ist weitgehend fabulös, doch im Gegensatz zu ihrer Rezeption in Ungarn hatte sie in Polen eine große Wirkung. Dort finden sich seit der 2. Hälfte des 13. Jahrhunderts Spuren ihrer Benutzung in einer Reihe narrativer Quellen, etwa in der *Vita maior sancti Stanislai*, in verschiedenen Annalen sowie in den Chroniken Peters von Peitschen und des Jan Długosz.

Die erste uns bekannte Chronik aus der *Urgesta*-Tradition, die die Hauptrichtung der ungarischen Geschichtsschreibung repräsentiert, liegt mit den *Gesta Hungarorum* Simons von Kéza vor.[68] Es handelt sich dabei um eine Abschrift der verlorenen *Urgesta* in einer von Magister Ákos um 1270 bearbeiteten Version.[69] Simon war Hofkaplan Ladislaus' IV. des Kumanen. Er schrieb sein Werk in den

---

67 RYSZARD GRZESIK: Some New remarks on the Hungarian-Polish Chronicle. In: The Medieval Chronicle 9 (2014), S. 189 – 203.

68 LÁSZLÓ VESZPRÉMY: [Art.] Simon of Kéza. In: EMC 2, S. 1362f.; Simonis de Kéza: *Gesta Hungarorum*. Simon of Kéza: The Deeds of the Hungarians. Hrsg. von LÁSZLÓ VESZPRÉMY/FRANK SCHAER, with a study of JENŐ SZŰCS, Budapest/New York 1999 (Central European Medieval Texts); siehe dazu auch die Studien von JENŐ SZŰCS: Theoretical Elements in Master Simon of Kéza's Gesta Hungarorum (1282 – 1285). In: Ebd., S. XXIX – CII; dieses Kapitel ist als Separatdruck unter dem o. g. Titel 1975 in Budapest erschienen, der ungarische Originaltext unter dem Titel: Társadalomelmélet, politikai teória és történetszemlélet Kézai Simon Gesta Hungarorumában. In: Századok 107 (1973), S. 569 – 643, 823 – 878, die deutsche Fassung: JENŐ SZŰCS: Theoretische Elemente in Meister Simon von Kézas *Gesta Hungarorum* (1282 – 1285). Beiträge zur Herausgestaltung des ‚europäischen Synchronismus' der Ideenstrukturen. In: DERS.: Nation und Geschichte. Studien, Gyoma 1981, S. 263 – 328.

69 Dazu siehe ELEMER MÁLYUSZ: Az V. István-kori gesta, Budapest 1971. Ákos war damals Kanzler der ungarischen Königin Maria Laskaris von Nicäa (1206 – 1270) und Kaplan des Dominikanerinnerklosters auf der heutigen Budapester Margariteninsel.

Jahren 1282–1285 und fügte eine von ihm selbstständig gestaltete Geschichte der Hunnen an, die sog. *Historia Hunnorum*. Zum ersten Mal wird in seiner Chronik die These der Abstammung der Ungarn von den Hunnen und der Arpaden von Attila vertreten. Nach Simons Meinung haben Ungarn und Hunnen die gleiche Abstammung und sind so eng miteinander verwandt, dass beide Namen geradezu synonym (*Huni sive Hungari*)[70] verwendet wurden. Wenn Simon berichtet, dass zuerst die Hunnen nach Pannonien gekommen sind, diese dann wieder nach Osten zurückkehrten und zehn Jahre später die Ungarn kamen, dann handelt es sich bei ihm im Grunde um ein und dasselbe Volk. Simon greift bei seiner Darstellung der ersten Besetzung Pannoniens durch die Hunnen reichlich auf ältere Quellen zurück – auf Jordanes, das Werk des Paulus Diaconus sowie auf die Fragmenten der verlorenen *Gesta Ungarorum* –, wohingegen seine Geschichte der ‚zweiten', tatsächlichen Ankunft der Ungarn wesentlich spärlicher ausfällt und auch anders dargestellt wird als in der Chronik des anonymen Notars. Simon betont nämlich ausdrücklich, dass Arpad gegen den (fiktiven) polnischen König Svatopluk gekämpft habe, den der anonyme Notar nicht kannte. Auch die Herrschaftsstruktur der Ungarn hat bei Simon einen anderen Charakter als in der Chronik des anonymen Notars: Die Macht verteilt sich auf einen Bund von 108 Adelsgeschlechtern, Ungarn wird also nicht nur von wenigen mächtigen Dynastien beherrscht. Simon wiederholt bei der ‚zweiten' Landnahme die Beschreibungen der ungarischen Feldzüge gegen Westeuropa, die er schon in seiner *Historia Hunnorum* beschrieb. Er stellt die Ereignisse des 11. Jahrhunderts und die Zeitgeschichte detaillierter dar, wogegen die Geschichte des 12. und des größten Teils des 13. Jahrhunderts nur sehr kurz beschrieben werden. Die Chronik endet mit einer Liste ungarischer Geschlechter fremder Abstammung, die den Titel *De nobilibus advenis* trägt. Simon erläutert auch die einzelnen Adelsstände, zu denen auch die *udvornici* („Ministerialen") und *iobagiones castri* („Burgdienstleute") gezählt werden. Man vermutet, dass Simon den niederen Adel repräsentierte und dessen Position im Kampf gegen die Dominanz des Hochadels unterstützte. Im 18. Jahrhundert war eine einzige, heute verschollene mittelalterliche Handschrift dieser Chronik bekannt, die der damalige Herausgeber ALEXANDER HORÁNYI seiner Edition zugrunde legte.[71]

---

70 Simonis de Kéza (Anm. 68), S. 14. Simon behauptet weiter, die Menschen beider Völker würden sich nach ihrer Gestalt und Hautfarbe gleichen und nur ein wenig aufgrund der Sprache von einander unterscheiden – ähnlich wie Sachsen und Thüringer (*statura et colore Hunis similes tantummodo parum differunt in loquela, sicut Saxones et Turingi;* ebd.).

71 Neben der damaligen Edition sind noch Abschriften der Handschrift erhalten, die unter anderem von Gábor Hevenessy gemacht wurde. Die Handschrift wurde 1782 von Dániel Cornides in einem Brief beschrieben; vgl. *Scriptores rerum Hungaricarum* 1 (Anm. 58), S. 131–132.

Von den *Gesta Hungarorum* in der Fassung Ákos' (ca. 1270) entstand um 1330, in der Zeit Karls I. Robert von Anjou (König 1310 – 1342), in einem Franziskanerkloster Ofens eine Neubearbeitung. Die sog. ‚Chronikkomposition des 14. Jahrhunderts'[72] wurde zur Grundlage für viele weitere, noch heute erhaltene Chroniken des 14. und 15. Jahrhunderts. Diese lassen sich in zwei Haupttextfamilien aufteilen. Zur ersten Textfamilie gehört die *Chronica Hungarorum*, die 1473 als erste ungarische Inkunabel überhaupt von Andreas Hess in Ofen gedruckt wurde und dementsprechend als *Ofener Chronik* bezeichnet wird. Sie erzählt die Geschichte der Hunnen und Ungarn bis 1468. Der Teil bis zum Tod Karls I. (1342) stützt sich auf dem Text der Chronikkomposition des 14. Jahrhunderts, der Text bis zum Tod Ludwigs des Großen (1386) benutzt die Chronik Johanns von Küküllő; für die Folgezeit besteht der Text nur aus annalistischen Notizen über die ungarischen Herrscher.[73]

Aus kodikologischer Sicht ist die sog. *Bilderchronik* (*Chronicon pictum*)[74] interessanter, die in einem der prächtigsten Manuskripte des Mittelalters vorliegt, das um 1370 für Katherina († 1377), Tochter Ludwigs des Großen und Verlobte Ludwigs von Valois (1372 – 1407), eines Sohnes des französischen Königs Karls V., angefertigt wurde und mit 23 Miniaturen und 96 Initialen verziert worden war (Abb. 1). Verfasser der Chronik ist wahrscheinlich Mark Kálti, königlicher Archivar und Kanoniker in Stuhlweißenburg. Anders als die *Ofener Chronik* enthält sie detaillierte Beschreibungen des Bürgerkriegs der 2. Hälfte des 11. Jahrhunderts sowie der Herrschaft Kolomans des Buchkundigen (ca. 1070 – 3.2.1116, herrschte seit 1095). Man nimmt an, dass sie ebenfalls aus älteren Fassungen der verlorenen *Urgesta* schöpft. Bemerkenswert ist auch eine deutsche Übersetzung der Chronikkomposition, die bis zum Jahr 1333 reicht und von Heinrich von Mügeln,[75] Verfasser von Minneliedern zur Zeit Ludwigs des Großen, Karls IV. und Rudolfs IV. von Habsburg stammt. Heinrich hat das Werk mit dem Titel *Die Vngerische Coronica* zwischen 1358 und 1361 angefertigt. Mügelns Text basiert auf einer Redaktion der *Bilderchronik*, er enthält jedoch Berichte über vier Ereignisse, die nicht in der *Bilderchronik* verzeichnet sind und sich Mitte des 12. Jahrhunderts, als Géza II. und Stephan II. über Ungarn herrschten, ereignet hatten. Erhalten sind hier die

---

72 Dieser Begriff wurde von Sándor (Alexander) Domanovszky geprägt.

73 Lesław Spychała: [Art.] *Chronicon Budense*. In: EMC 1, S. 313 f.

74 László Veszprémy: [Art.] *Chronicon pictum*. In: EMC 1, S. 391; vgl. Daniel Bagi: Problematik der ältesten Schichten der ungarischen Chronikkomposition des 14. Jahrhundert im Lichte der ungarischen Geschichtsforschung der letzten Jahrzehnte – einige ausgewählte Problemstellen. In: Quaestiones Medii Aevi Novae 12 (2007), S. 105 – 128.

75 Karl Stackmann: [Art.] Heinrich von Mügeln. In: ²VL 3 (1981) Sp. 815 – 827 u. 11 (2004) Sp. 633; Carsten Kottmann: [Art.] Heinrich von Mügeln. In: EMC 1, S. 761.

Abb. 1: *Chronicon pictum.* Budapest, Országos Széchény Könyvtar, cod. lat. 404: Niederlage Gyulas von Siebenbürgen und Porträt des heiligen Königs Stephan.

einzigen Nachrichten über die ungarisch-byzantinischen Beziehungen in den Jahren 1152–1167. Mügeln kannte sicherlich eine der Fortsetzungen der verlorenen *Gesta Ungarorum* aus der Zeit Gézas II. und Stephans III. Um die Mitte des 15. Jahrhunderts benutzte noch der anonyme Autor der deutschsprachigen *Georgenberger Chronik (Spišskosobotská kronika)*, die sich vorwiegend auf die Geschichte der Zipser Sachsen konzentrierte, die *Urgesta* als Quelle.

Einige Nachrichten über die ungarische Geschichte enthält auch die lateinische Weltchronik *Compilatio nova super tota Biblia* oder *Summa de aetatibus* des Italieners Johannes de Utino († 1366), der in seinem Bericht über die ungarischen Könige (*De regibus Hungarie*) kurze Informationen zu allen Herrschern, angefangen vom Fürsten Géza († 995, recte: 997) bis zur Wahl Matthias Corvinus' 1458 enthält. Angeblich ist dieser Bericht ein Nachtrag eines ungarischen Verfassers zur Weltchronik des Johannes de Utino. Das im 14. und 15. Jahrhundert weit verbreitete Werk ist auch ins Deutsche übersetzt worden.[76]

Die Chronik des Johann von Thurocz (János Thuroczy, ca. 1435–1488/1489)[77] von 1488 ist eine Synthese aus den beiden erwähnten Chronikredaktionen, wobei die Herrschaftszeit Ludwigs des Großen (bis in die 60er Jahre des 14. Jahrhunderts) auf der Grundlage der oben bereits erwähnten Chronik Johanns von Küküllő[78] dargestellt ist, die selbst nur in einer Ofener Inkunabel von 1473, der *Dubnicer Chronik* aus dem 15. Jahrhundert und eben in der Bearbeitung Johanns von Thurocz überliefert ist. Johann von Küküllő war zunächst Notar und Kaplan Ludwigs des Großen und danach Archidiakon in Küküllő (jetzt: Tîrnava in Rumänien); Johann von Thurocz überliefert die beste Fassung seiner Chronik und erwähnt seinen Namen. Der Abschnitt über den in der Chronik Johanns von Küküllő nicht mehr berücksichtigten Zeitraum scheint von Johann von Thurocz selbst zu stammen, der, als Jurist am Hof des Matthias Corvinus wirkend, als der erste weltliche Chronist Ungarns gilt. Seine Chronik besteht aus vier Teilen mit eigenen Einleitungen: 1. Von der Zeit Attilas bis zum Tod Karls I. Robert von Anjou im Jahr

---

76 Andrea Worm: [Art.] Iohannes de Utino. In: EMC 1, S. 876–878; zur deutschen Überlieferung siehe Norbert H. Ott: [Art.] Johannes de Utino. In: ²VL 4 (1983), Sp. 785–788 und ²VL 11 (2004), Sp. 801–803. Es existiert keine Gesamtausgabe der Chronik, nur der ungarische Teil in der lateinischen Fassung wurde publiziert: Ioannis De Utino: *Brevis narratio de regibus Hungariae.* In: Analecta monumentorum Hungariae historicorum litterariorum maximum inedita. Hrsg. von Franciscus Toldy, Pesthini 1862, S. 75–86; siehe auch http://www.handschriftencensus.de/Werke/1118 (eingesehen: 24.7.2013).

77 Lilla Kopár: [Art.] Thuróczy, János. In: EMC 2, 1429 f. Das Werk wurde im 16. Jahrhundert ins Deutsche übersetzt und gedruckt. Johannes [de Thurocz]: *Der Hungern Chronica inhaltend wie sy anfengklich ins land kommen seind, mit Anzaigung aller irer Künig* [...], *angefangen von irem ersten Künig Athila biß auff Künig Ludwig* [...], Augsburg 1536.

78 Lesław Spychała: [Art.] Küküllei, János. In: EMC 2, S. 983.

1342 (Kap. 1–129); 2. Die Chronik des König Ludwigs (Kap. 130–185) nach der Chronik Johanns von Küküllő, wobei Johann von Thurocz nicht berücksichtigt, dass sein Gewährsmann in der ersten Person schreibt; 3. Die Chronik der Königin Marie, der Tochter Ludwigs des Großen, und König Karls II.[79] (Kap. 186–194), wobei Johann den Bericht über die Jahre 1382–1385 selbst verfasst haben dürfte; 4. Die Chronik der Herrschaft Sigismunds von Luxemburg bis zu Matthias Corvinus (Kap. 195–262). Mit dieser Chronik, die 1488 in Brünn (Brno) gedruckt wurde,[80] endet die mittelalterliche Geschichtsschreibung in Ungarn. Die für die Bibliothek des Matthias Corvinus angefertigte und 1558 gedruckte Chronik des Pietro Ransano sowie die des Antonio Bonfinis, die 1488–1502 verfasst und 1543 gedruckt wurde, werden schon der rhetorisch orientierten Geschichtsschreibung der Renaissance zugerechnet, auch wenn sie noch maßgeblich auf dem Werk Johanns von Thurocz basieren. Pietro Ransano (1428–1492), ein italienischer Humanist, der bereits eine 60bändige Weltgeschichte verfasst hatte, hielt sich 1488–1490 in Ungarn auf, wo er seine *Epithoma rerum Hungarorum* schrieb, die der 61. Band seiner Weltgeschichte werden sollten und dem König Matthias Corvinus gewidmet waren. Die geographische Beschreibung Ungarns ist der wertvollste Teil des Werkes. Ransano schrieb die ungarische Geschichte in 35 Kapiteln, wobei er sich im Wesentlichen auf die Chronik Johanns von Thurocz stützte und sie um einige Heiligenlegenden ergänzte.[81] Ransanos Werk wurde von Antonio Bonfini (1427/1434–1502) benutzt, der 1488 von Corvinus beauftragt worden war, eine ungarische Geschichte mit dem Ziel der Verherrlichung seiner Herrschaft anzufertigen. Bonfini beginnt seine *Rerum Ungaricarum decades* mit einer Beschreibung der ungarischen Geographie, danach folgen in fünf Büchern, die er *decades* nennt, zunächst die drei Bände einer eng an die Chronik Johanns von Thurocz angelehnten Geschichte des ungarischen Reiches. Die vierte Dekade ist der Regierungszeit Matthias Corvinus' gewidmet, die letzte, fünfte Dekade behandelt die

---

79 Karl II. von Ungarn stammte aus dem neapolitanischen Hause Anjou und war seit 1382 als Karl III. König von Neapel. Nachdem er sich in Ungarn gegen Marie durchgesetzt hatte und am 31. 12. 1385 zum ungarischen König gekrönt worden war, wurde er bereits sechs Wochen später ermordet; vgl. Salvatore Fodale: [Art.] Karl III. von Anjou-Durazzo. In: LMA 5 (1990), Sp. 985–986.

80 Johanns Chronik wurde von Elisabeth Galántai und Gyula Kristó herausgegeben und mit ausführlichen Kommentaren versehen von Elemér Mályusz und Gyula Kristó: Johannes de Thurocz: *Chronica Hungarorum*. Bd. 1: Textus. Hrsg. von Elisabeth Galántai/Julius Kristó, Budapest 1985; Bd. 2: Commentarii, Teil 1: Ab initiis usque ad annum 1301; Teil 2: Ab anno 1301 ad annum 1487, composuit Elemér Mályusz adiuvante Julius Kristó, Budapest 1988. Diese lateinische Ausgabe ist wichtig auch für die Erforschung der verlorenen *Urgesta*.

81 Stanisław A. Sroka: [Art.] Ransanus, Pietro. In: EMC 2, S. 1256f.

Regierungszeit Ladislaus' II. aus dem Geschlecht der Jagiellonen; sie bricht nach der Erkrankung des Chronisten mit dem Jahr 1496 abrupt ab.[82]

Die erste Chronik in der ungarischen Volkssprache erscheint erst 1575 in Klausenburg/Cluj/Kolozsvár. Es handelt sich dabei um die *Krónika a magyaroknak dolgairól* (*Chronica a Magyaroknac dolgairól*; „Chronik über die Taten von Magyaren") Gaspár Heltáis, der ein Siebenbürger Sachse mit der Muttersprache Deutsch war. In seiner in ungarischer Sprache verfassten Chronik stellt er die Geschichte Ungarns nach Bonfinis Werk dar, die das 16. Jahrhundert beschreibenden Passagen stammen von ihm selbst.[83]

Lektürehinweise:
1. Cosmas von Prag 1987 (10); Gallus Anonymus 1978 (39); *Königsaaler Chronik* 2014 (19).
2. Bak/Grzesik/Jurković 2000 (2); Kersken 1995 (2).
3. Grzesik 2008 (5).

82 Stanisław A. Sroka: [Art.] Bonfini, Antonio. In: EMC 1, S. 189.

83 Jenő Sólyom: Helth, Caspar. In: NDB 8, S. 508; Steven Bela Vardy: Modern Hungarian Historiography, New York 1976, S. 14. Ausgabe: Heltái Gáspár: Magyar krónika. Hrsg. von Béla Varjas, Budapest 1943. Der Text in Internet in eine Serie: Magyar Elektronikus Könyvtár (Ungarische Elektronische Bibliothek): http://mek.oszk.hu/06400/06417/html/heltaiga0070001.html (25.7.2013).

Márta Font

Die Chronistik der Ostslawen

1 Eigenschaften und Probleme der ostslawischen Chronistik

Obgleich die ostslawischen Chroniken im Unterschied zur übrigen zeitgenössischen Geschichtsschreibung einige Besonderheiten aufweisen, gehören sie doch unbestreitbar in den kulturellen Umkreis der mittelalterlichen christlichen Kultur und werden daher im Folgenden – unter Berücksichtigung ihrer spezifischen Eigenschaften – als Teilbereich der gesamten Historiographe des christlich geprägten Mittelalters behandelt.

1.1 Terminologie

Die hier zu diskutierenden Werke als ‚ostslawische' statt wie bislang als ‚altrussische' Chroniken zu bezeichnen, ist wohlbegründet. Die Verwendung des Begriffs ‚altrussisch' wurde einerseits dadurch legitimiert, dass vor dem 14. Jahrhundert von einer Differenzierung der Ostlawen noch nicht die Rede sein kann, da in jener Epoche diejenigen sprachlich-kulturellen Unterscheidungsmerkmale, die die ostslawischen Sprachen und Völker definieren, erst im Entstehen begriffen sind.[1] Zum anderen legt im sprachhistorischen Kontext der Terminus ‚altrussisch' nahe, dass noch eine einheitliche Sprache existierte, die sich erst seit dem 14. Jahrhundert dialektal aufspaltete und ausdifferenzierte. Doch wird diese Ansicht von der Sprachwissenschaft nicht mehr geteilt, da regional-dialektale Unterschiede schließlich immer existierten.[2] Deshalb ist, worauf HANS ROTHE hingewiesen hat, die Benutzung des Terminus ‚altrussisch' in Bezug auf die hier besprochene Literatur wenig sinnvoll, ja unbegründet.[3] Mit der Integrierung der Chroniktexte in die übergeordnete Kategorie der gesamten Literatur der Ostslawen geraten auch

1 АНТОН И. ГЕНСЬОРСКИЙ: Галицько-Волинський Лiтопис, Київ 1958 [ANTON I. HENSORSKIJ: Galicko-Volynskij Litopis, Kiew 1958], S. 101; ANDREAS KAPPELER: Kleine Geschichte der Ukraine, München 1994, S. 24; MÁRTA FONT: Oroszország, Ukrajna, Rus'. Fejezetek a keleti szlávok korai történetéből [Russland, Ukraine, Rus'. Aus der frühen Geschichte des Ostslawentums], Budapest 1998, S. 141–144.

2 АНДРЕЙ А. ЗАЛИЗНЯК: Древнерусский диалект, Москва [ANDREI A. ZALIZNIAK: Altrussischer Dialekt, Moskau] 1995.

3 HANS ROTHE: Was ist die ‚altrussische Literatur'?, Wiesbaden 2000 (Nordrhein-Westfälische Akademie der Wissenschaften. Vorträge G 362).

die politischen Entwicklungen und Veränderungen der Epoche in den Blick, sowohl, was die zeitliche Erstreckung der Kiewer Rus' betrifft als auch hinsichtlich der durch bestimmte *termini technici* definierten Kategorien wie z. B. Fürstentum und Teilfürstentum. Die Chronistik nämlich überwölbt diese instabilen, zumindest nicht eindeutig bestimmbaren Phasen der historischen Entwicklung.

Die gesamte in den ostslawischen Gebieten entstandene Literatur – die Chronistik eingeschlossen – weist mehrere Eigenheiten auf, die sie vom west- und mitteleuropäischen Schrifttum unterscheiden. Die gängigste kategoriale Definition der kulturellen Spezifika der slawischen Welt stammt von RICCARDO PICCHIO.[4] Er unterscheidet zwischen *Slavia Latina* (*Romana, Catholica, Occidentalis*) und *Slavia Orthodoxa* (*Byzantina, Graeca, Orientalis*), wobei *Slavia Orthodoxa* die Zugehörigkeit zur christlichen Welt von Byzanz bezeichnet und auf das weitgehende Fehlen der im mittelalterlichen Europa sonst nahezu überall benutzten lateinischen Sprache verweist und der mit deren Gebrauch verbundenen Definitionsmerkmale der *Slavia Latina*. Zum Kreis der *Slavia Orthodoxa* gehören neben den Ostslawen die auf dem östlichen Balkan lebenden Bulgaren und Serben, wobei letztere erst nach den Ostslawen, erstere jedoch schon vor diesen in den kulturellen Einflussbereich von Byzanz gerieten. Die ostslawische Literatur wurde daher von der älteren Schriftkultur der vor den Ostslawen christianisierten Bulgaren beeinflusst,[5] vor allem durch die sog. Übersetzungsliteratur aus dem für die *Slavia Orthodoxa* prägenden Griechischen und dem in mehreren Varianten auftretenden Altkirchenslawischen. Die griechischen Texte – vorwiegend Juristisches und Liturgisches – und die kirchenslawischen Chroniken wurden im Verlauf dieses Rezeptionsvorgangs jedoch in der Regel nicht als Gesamttexte übersetzt; vielmehr wurden nur Passagen von hohem Wahrheits- und Identifikationsanspruch herausgelöst und kompilatorisch miteinander verschränkt. Die Kenntnis der griechischen Originale lässt sich in diesen von späteren Chronisten verwendeten und bearbeiteten Kompilationselementen vielfach nachweisen. Das Slawische der frühesten dieser Übersetzungen ist ein südlicher Dialekt, das sog. Altslawisch, der, vermittelt über den liturgischen Gebrauch des Kirchenslawischen, auch in regionalen Varianten verfügbar war. In schriftlicher Form tauchen die Dialekte der gesprochenen Sprache – altrussisch oder ostslawisch – vor allem

4 RICCARDO PICCHIO: Slavia Orthodoxa – литература и язык, Москва [Literatur und Sprache, Moskau] 2003, S. 3–82, 112–116.

5 PICCHIO (Anm. 4), S. 397; HENRIK BIRNBAUM: The Balkan Slavic Component of the Medieval Russian Culture. In: Medieval Russian Culture I. Hrsg. von S. MICHAEL FLIER/B. DANIEL ROWLAND, Los Angeles/London 1984, S. 3–30.

in den nicht für liturgische Zwecke produzierten Texten auf. Die Autoren waren Kleriker, die ihre Bildung auf dem Athos erworben oder erweitert hatten.[6]

Als *terminus post quem* der ostslawischen Geschichtsschreibung[7] gilt die Übernahme des Christentums, ein Ereignis, das traditionell auf 988/989 datiert wird, wenn dies auch nur ein erster Schritt war. Die endgültige Christianisierung der Rus' dauerte wesentlich länger: Vor allem die eher späte Gründung der meisten Bistümer erst im 12. Jahrhundert[8] legt eine relativ langsame Verbreitung der christlichen Lehre nahe. So lassen sich die frühesten historiographischen Schriften nicht vor der Mitte des 11. Jahrhunderts datieren, während die älteste Chronik erst im zweiten Jahrzehnt des 12. Jahrhunderts wohl in einem der Klöster im Umland von Kiew entstand. Im Laufe des 12. Jahrhundert treten auch weitere territoriale Zentren mit Chroniken hervor. Um die Mitte des 13. Jahrhunderts bricht die Kiewer Geschichtsschreibung zwar ab, doch in den übrigen von Ostslawen bewohnten Gebieten werden im Mittelalter entstandene Chroniken bis ins 17. Jahrhundert tradiert und bearbeitet, so dass man ab dem 15. Jahrhundert von der Moskauer Chronistik sprechen kann, die später russisch genannt wird.

Die Abgrenzung der einzelnen historiographischen Gattungen gegeneinander fällt für den Bereich der ostslawischen Literatur schwer. In Territorien, in denen die lateinische Sprache verwendet wurde, lassen sich *annales*, *cronica* und *gesta* unterscheiden, häufig in Codices zusammen mit Texten anderen Inhalts überliefert. Für alle diese Gattungen wird traditionell der sehr komplexe Terminus *letopis'* (летопись) verwendet, dessen wörtliche Bedeutung zwar dem lateinischen *annales* entspricht, der inhaltlich aber sowohl *cronica* als auch *gesta* umfasst. Als *letopis'* werden jedoch auch die einzelnen Codices bezeichnet, die unterschiedliche historische Aufzeichnungen – im Folgenden unter dem Begriff Chronik zusammengefasst – überliefern, außerdem diejenigen Abschnitte innerhalb eines Codex, die zwar nicht selbstständig tradiert sind, sich aber gleichwohl als eigenständige Teile identifizieren lassen. Für Varianten in einer vergleichenden Textanalyse benutzt die Chronikforschung wie üblich den Begriff *redactio*, während Textfassungen mit allein sprachlichen Unterscheidungen als *izvod* bezeichnet werden. Die in die tradierten Texte eingefügten, zuvor jedoch vermutlich eigenständig existierenden Textteile heißen *svod*. Da allen diesen Begriffen nur

6 Picchio (Anm. 4), S. 363–428.

7 Zur Schriftkultur der Ostslawen siehe Simon Franklin: Writing, Society and Culture in Early Rus', c. 950–1300, Cambridge 2002.

8 Andrzej Poppe: Christian Russia in the Making, Ashgate 2007 (Variorum Collected Studies 867), S. 311–392; Ярослав Н. Щапов: Государство и церковь Древней Руси X-XIII вв., Москва [Jaroslav N. Ščapov: Staat und Kirche in der Alten Rus', Moskau] 1989, S. 33–56; Font (Anm. 1), S. 91–98.

unbefriedigende lateinische Entsprechungen gegenüberstehen, wird im Folgenden der slawische Wortgebrauch ohne nähere Erläuterungen beibehalten; bei deutlicher inhaltlicher Nähe wird die Bezeichnung *cronica* („Chronik“) verwendet.

1.2 Chronologie

Die ostslawische Literatur übernahm die Zeitrechnung von Byzanz, was zwei wesentliche Folgen hatte: Zum einen lässt die byzantinische Geschichtsaufzeichnung die christliche Welt nicht mit Christi Geburt, sondern mit der Schöpfung beginnen, weshalb der Berichtszeitraum um 5508 Jahre länger ist als in mancher westlichen, mit Christus einsetzenden Chronik; die russische Chronistik folgte dieser Praxis bis zu den Reformen Peters des Großen. Zum anderen fing in Byzanz das Jahr mit dem Monat September an, was die Chronisten der Rus’ vor das Problem stellte, diese Zeitenfolge in irgend einer Weise mit dem bei den Ostslawen üblichen Jahresanfang im März abstimmen zu müssen. Dazu boten sich zwei Möglichkeiten an, nämlich die Chronologie der Ereignisse entweder dem vorausgehenden März (Ultramärz-Datierung) oder dem März des Folgejahres (März-Datierung) anzupassen. Da die Chronisten beide Methoden der Zeitrechnung nebeneinander benutzten, bildete sich keine verbindliche Regel heraus. Die in den Chroniken tradierten Daten sind daher kein untrüglicher Beweis der wirklichen Chronologie, und dies nicht nur wegen der durch die 5508- oder 5509-Jahre-Zählung abweichenden Jahreszahlen und der durch den März-Jahresanfang veranlassten Verschiebungen, sondern vor allem auch als Folge der freien Behandlung der Texte durch spätere Bearbeiter. Die Verwendung des März- oder des Ultramärz-Jahresanfangs lässt zwar Rückschlüsse zu auf unterschiedliche Vorlagen- und Quellensituationen (*redactio*, *svod*), doch ist es für die je konkreten Codices schwierig nachzuweisen, ob Veränderungen und Abweichungen quellenbedingt sind oder erst während der Zusammenstellung der Codices geschahen, eine Frage, die die Forschung seit dem Beginn des 20. Jahrhunderts beschäftigt. Als erster betonte N. V. Stepanov[9] 1905 die Notwendigkeit systematischer chronologischer Untersuchungen, die er jedoch selbst nie einlöste. Um die Mitte des 20. Jahrhunderts untersuchte Nikolai Berežkov[10] die beiden März-Jahresanfänge

9 Н. В. Степанов: Таблицы для решения летописных задач на время. In: Известия Отделения Русского Языка и Словесности (= ИОРЯС). т. 13 кн. 2 (1905) [N. V. Stepanov: Tabellen zur Entscheidung der zeitlichen Probleme der Chroniken. In: Mitteilungen der Abteilung für russische Sprache und Literatur 13 (1905)], S. 83 – 102.

10 Николай Г. Бережков: Хронология русского летописания, Москва [Nikolai G. Berežkov: Chronologie der russischen Geschichtsschreibung, Moskau] 1963.

früher Texte auf der Grundlage des sog. Gesamtdatums, also solcher Zeitbestimmungen, bei denen der Chronist Tag, Monat und Jahr angab und dazu noch den dazugehörigen Wochentag oder den jeweiligen kirchlichen Feiertag erwähnte. Apollon G. Kuzmins Forschungen widmeten sich der Bedeutung und Verwendung der *indictio*,[11] während jüngst S. V. Zyb das Problem der Zeitrechnung in einer grundlegenden Monographie erörterte.

In Zybs Analyse spielt der Zyklus des Kirchenjahres, vorrangig für den Passions- und Osterzeitraum, auf den schon die früheste Chronik *Povest' vremennych let* (PVL) mehrfach verweist, eine wichtige Rolle. Zyb verglich dabei die Zeitangaben in der PVL mit denen der Chronik des Jan Długosz[12] und fasste seine Ergebnisse in 20 Tabellen zusammen, wobei auffällig ist, dass beide Chroniken den Abweichungen von 5508 oder 5509 Jahren nicht streng folgen. In mehreren Fällen weichen die liturgischen Fixpunkte vom byzantinischen Gebrauch ab und zeigen bulgarischen Einfluss. Grundsätzlich überwiegen die Differenzen 5508–5509, doch kommen auch Abweichungen von 5504 und 5511 Jahren vor.

2 Die älteste Chronik: *Povest' vremennych let* (PVL)

2.1 Die Entdeckung des Textes und die Probleme der Edition

Es ist Definitionsmerkmal und zugleich Grundproblem der ostslawischen Geschichtsschreibung, dass die überlieferten Chroniken nur als mehrfach verschränkte Kompilationen von an verschiedenen Orten und zu verschiedenen Zeiten verfassten Quellentexten vorliegen. Die älteste Handschrift überhaupt, der Codex *Lavrentievskaia Letopis'* (L), der auch die früheste bekannte Chronik enthält, nach der ersten Textzeile als *Povest' vremennych let* („Geschichte der vergangenen Jahre"; abgekürzt PVL) betitelt, stammt aus dem Jahre 1377; alle übrigen Manuskripte entstanden erst zwischen dem 15. und 17. Jahrhundert. Die PVL selbst ist das Ergebnis einer Rekonstruktion, die sich auf die Texte mehrerer Chroniken stützt. Ihr Überlieferungszeuge wurde in der zweiten Hälfte des 18. Jahrhun-

11 Аполлон Г. Кузьмин: Индикты Начальной летописи. К вопросу об авторе Повести временных лет. In: Славяне и Русь, Москва [Apollon G. Kuzmin: Indiktionen der Ersten Chronik. Zur Frage des Verfassers der Povest' vremennych let. In: Die Slawen und die Rus', Moskau] 1968, S. 305–313; Ders.: Начальные этапы русского летописания, Москва [Ders.: Die Anfangsetappen der russischen Chronistik, Moskau] 1977; С. В. Цыб: Древнерусское времяисчисление в ‚Повести временных лет', Москва [S. V. Zyb: Altrussische Zeitrechnung in der ‚Povest' vremennych let', Moskau] 2011.

12 Zyb (Anm. 11), S. 290–293, Tabelle 14.

derts von dem an der Akademie der Wissenschaften in St. Petersburg wirkenden deutschen Forscher August Ludwig Schlözer (1735–1809) veröffentlicht. Schlözer beschäftigte sich zwischen 1760 und 1765 an der St. Petersburger Akademie systematisch mit der Sammlung und Beschreibung alter Handschriften und publizierte in diesem Zusammenhang den für die älteste Chronik gehaltenen Text in deutscher[13] und später in russischer Sprache. Nach Schlözers Ausgabe wurde als Verfasser der Chronik ein gewisser Nestor angenommen, weshalb in der Forschung der Folgejahre der Text auch unter dem Titel *Nestorchronik* kursierte.[14] Doch da dieser angebliche Verfassername nur in einer einzigen Handschrift der PVL überliefert ist, erscheint es fraglich, ob es sich dabei um den Autor handelt. Angemessener scheint der nach der Anfangszeile *Povest' vremennych let* gewählte Titel.

Nach Jahrzehnten intensiver literatur- wie sprachwissenschaftlicher Forschung hat Aleksej A. Šahmatov Anfang des 20. Jahrhunderts auf der Grundlage mehrerer Handschriften den Text der PVL rekonstruiert.[15] Šahmatov begann seine wissenschaftliche Laufbahn in den 1880er Jahren als Linguist und begründete mit der vergleichenden Analyse[16] von Handschriften jene textkritische Methode, deren Frucht schließlich die Rekonstruktion des Textes der *Povest' vremennych let* war. Bis heute kommt die Wissenschaft an Šahmatovs Ergebnissen – nicht nur die PVL, sondern die Chronikforschung überhaupt betreffend – nicht vorbei, selbst wenn sie nicht von allen Forschern akzeptiert und bereits von Zeitgenossen wie Mihail Priselkov und Sergej Boguslavskij kritisiert wurden.[17]

---

13 August L. Schlözer: Russische Annalen, Göttingen 1802–1805; zur Forschungsgeschichte siehe Rothe (Anm. 3), S. 12–16.

14 Weitere Ausgaben: *Chronica Nestoris*. Textum russico-slovenicum. Hrsg. von Fr. Miklosich, Wien 1860; Nestorův letopis ruský. Hrsg. von Karel Jaromir Erben, Praha 1867.

15 Алексей А. Шахматов: Повесть временных лет. Петроград [Aleksej A. Šahmatov: Povest' vremennych let, Petrograd] 1916; Zur textkritischen Methode Šahmatovs siehe Марта Фонт: Основатель критического подхода к летописанию. А. А. Шахматов [Márta Font: Der Begründer der quellenkritischen Chronikforschung. A. A. Šahmatov]. In: Историк и мир – мир историка в России и Центрально-восточной Европе. Historians and the World – The World of Historians in Russia and Central and Eastern Europe. Hrsg. von Gyula Szvák u. a., Budapest 2012, S. 39–50.

16 Алексей А. Шахматов: Общерусские летописные своды XV-XVI вв, Санкт-Петербург [Aleksej A. Šahmatov: Gesamtrussische Chronikkompilationen XV.–XVI. Jahrhundert, Sankt Petersburg] 1890; Алексей А. Шахматов: Разыскания о древнейших русских летописных сводах, Санкт-Петербург [Aleksej A. Šahmatov: Forschungen zu den ältesten russischen Chroniken, Sankt Petersburg] 1908.

17 М. Д. Приселков: История русского летописания XI-XV вв, Ленинград [M. D. Priselkov: Geschichte der Chronistik. XI.-XV. Jahrhundert, Leningrad] 1996 (Nachdruck der Ausgabe 1940); С. А. Бугославский: Текстология Древней Руси. Повесть временных лет, Москва [S. A.

DIMITRIJ S. LIHAČEV, der in den vierziger Jahren des 20. Jahrhunderts gleichfalls mit ebenso umfangreichen wie grundlegenden textkritischen Arbeiten hervorgetreten ist, schloss sich ŠAHMATOVS Argumentation vollständig an und gab 1950, basierend auf ŠAHMATOVS Ergebnissen und eigenen Untersuchungen, eine bilinguale (originale und russische) Edition der PVL, gestützt auf den Codex L (*Lavrentievskaia Letopis*) und mit ausführlichen Kommentaren versehen, heraus.[18] Auf LIHAČEVS Text, von der Forschung als kritische Edition behandelt und 1996 mit neuem Kommentar wiederveröffentlicht,[19] basieren auch die späteren russischen Editionen.[20] Außer der PVL selbst wurden auch die übrigen Inhalte der Codices, die diesen Text enthalten, mit Ergänzungen und begleitenden Untersuchungen neu ediert.[21] Diese Editionsprojekte belegen ein neu erwachtes Interesse an der ostslawischen Chronikliteratur, das durch die in den 1990er Jahren gestartete Publikationsreihe PSRL unterstrichen wird, die allen voran BORIS M. KLOSS, nach LIHAČEV der am meisten anerkannte Experte der Chronikforschung, betreut hat. Rezensionen des 1997 publizierten ersten Bands dieser Reihe jedoch bemängeln, dass die Neuedition zwar um zahlreiche neue Indizes und Aufsätze erweitert wurde, ihr Text aber nichts anderes ist als ein Reprint der alten Ausgabe, eine neu erarbeitete kritische Ausgabe also nach wie vor dringend erforderlich ist.

BUGOSLAVSKIJ: Textologie der alten Rus'. Povest' vremennych let, Moskau] 2006 [Nachdruck der Ausgabe 1939].

18 Повесть временных лет. Под ред. АДРИАНОВОЙ-ПЕРЕТЦ, ВАРВАРА П. т. I: Текст и перевод. Подготовка текста и перевод ЛИХАЧЕВА, ДМИТРИЯ С.; т. II: Примечания, статьи, комментарии Д. С. ЛИХАЧЕВА/Б. А. РОМАНОВА, Москва [Povest' vremennych let. Hrsg. von VARVARA ADRIANOVA-PERETC. Bd. I: Text und Übersetzung. Textbearbeitung und Übersetzung von DMITRIJ S. LIHAČEV. Bd. II: Anmerkungen, Mitteilungen, Kommentare von D. S. LIHAČEV/B. A. ROMANOV, Moskau] 1950; im Folgenden zitiert als PVL 1950.

19 Ein weiterer Nachdruck der PVL 1950 (Anm. 18) mit Ergänzungen des Kommentars erschien 1999.

20 Siehe z. B.: Памятники литературы Древней Руси X – начала XII. вв. сост. Д. С. ЛИХАЧЕВ/ Л. А. ДМИТРИЕВ, Москва. [Denkmäler der Literatur der Alten Rus'. X. Jahrhundert – Anfang des XII. Jahrhunderts. Zusammengestellt von D. S. LIHAČEV/L. A. DMITRIEV, Moskau] 1978, S. 22 – 278 [Text], S. 417 – 450 [Kommentar]; im Folgenden zitiert als PLDR 1978.

21 Полное Собрание Русских Летописей. т. I.: Москва [Polnoe Sobranie russkich letopisej 1, Moskau] Hrsg. von BORIS M. KLOSS, Moskau ^{2}2001 [PSRL = Gesamtausgabe der russischen Chroniken]. Die neue Einleitung wurde von B. M. KLOSS, die lexikologische Bearbeitung von O. V. TVOROGOV erstellt. Neueste Edition des *Codex Ipatiev* mit neuer Einleitung und Index in: PSRL 2, Moskau ^{2}2001 [Einleitung von B. M. KLOSS, Indices von L. L. MURAVIEVA].

2.2 Die Struktur der *Povest' vremennych let* und ihr Weg in die späteren Codices

ŠAHMATOVs zu Beginn des 20. Jahrhunderts aufgestellte Hypothese von der PVL als eigenständigem Text[22] wurde von der Forschung der Folgejahre ausdrücklich akzeptiert, und auch heute kommt man, was das Grundwissen über diese Chronik angeht, an den Untersuchungen ŠAHMATOVs und LIHAČEVs nicht vorbei: Beide Forscher gingen von drei Redaktionen aus den Jahren 1112/1113, 1116 und 1118 aus, als deren Vorstufen klösterliche Mitteilungen vermutet wurden, nämlich die (im russischen Wortgebrauch) *svod* der auf 1039 datierten sogenannten ‚Ältesten Kompilation' und der Kompilationen des Kiewer Höhlenklosters von 1073 und 1093. Im Zusammenhang mit der Entdeckung der Chronik stieß ŠAHMATOV auf den Namen Nestor, den er, obgleich nur in einer einzigen Handschrift überliefert,[23] für den Autor der ersten Redaktion und einen Mönch des Höhlenklosters hielt. Die zweite Redaktion schrieb er Sylvester, dem Abt von Vydubič, zu. Der Nachweis dieser beiden Fassungen gründet auf der Untersuchung des Textes des *Lavrentiev-Codex* (L). Eine dritte, auf dem *Ipatiev*-Codex beruhende Redaktion wird einem unbekannten Autor zugeschrieben.

Der Einfluss der byzantinischen Schriftkultur auf die Literatur der Kiewer Rus' ist seit langem bekannt,[24] weshalb es naheliegt, dass auch in der PVL Spuren der

---

22 PLDR 1978 (Anm. 20); Povest' vremennych let („Die *Nestorchronik*"). Übersetzt von LUDOLF MÜLLER, München 2000 (Forum Slavicum 56); NORBERT KERSKEN: Geschichtsschreibung im Europa der *nationes*. Nationalgeschichtliche Gesamtdarstellungen im Mittelalter, Münster 1995 (Münstersche historische Forschungen 8); J. FRANCIS THOMSON: The Reception of Byzantine Culture in Medieval Russia, Ashgate 1999.

23 Д. С. ЛИХАЧЕВ: Русские летописи и их культурно-историческое значение, Москва [D. S. LIHAČEV: Russische Chroniken und ihre historisch-kulturelle Bedeutung, Moskau] 1947; Д. С. ЛИХАЧЕВ: Великое наследие, Москва [D. S. LIHAČEV: Das große Erbe, Moskau] 1975, S. 22–110; PRISELKOV (Anm. 17); zur Textkritik siehe LUDOLF MÜLLER: Handbuch zur *Nestorchronik*. Bd. I/1–4, München 1977–1986; DONALD OSTROWSKI: Textual Criticism in the Povest' vremennych let. Some Theoretical Considerations. In: Harvard Ukrainian Studies 5 (1981), S. 11–32.

24 В. М. ИСТРИН: Хроника Георгия Амартола в древнерусском переводе. Текст, перевод, словарь. Ч. 1–2, Петроград-Ленинград [V. M. ISTRIN: Die Chronik des Georgios Hamartolos in altrussischer Übersetzung. Text, Übersetzung, Wörterbuch. Teil 1–2, Petrograd-Leningrad] 1920–1930; О. В. ТВОРОГОВ: Древнерусские хронографы, Ленинград [O. V. TVOROGOV: Altrussische Chronographen, Leningrad] 1975; GERHARD PODSKALSKY: Christentum und theologische Literatur in der Kiewer Rus' (988–1237), München 1982, S. 210f.; САЙМОН ФРАНКЛИН: О ‚философах' и ‚философии' в Киевской Руси [SIMON FRANKLIN: Über die ‚Philosophen' und die ‚Philosophie' in der Kiewer Rus']. In: Byzantinoslavica 53 (1992), S. 74–86; ЕВГЕНИЙ Г. ВОДОЛАЗКИН: Хроника Георгия Амартола в новонайденных списках [EVGENIJ G. VODOLAZKIN: Die Chronik des Georgios Hamartolos in den neugefundenen Handschriften]. In: Труды

Geschichtsschreibung von Byzanz zu entdecken sind. Fraglos haben die PVL-Verfasser die Kompilation des *Chronógraf po velikomu izložéniju* gekannt und benutzt, in der die Weltchronik des Georgios Hamartolos eine wichtige Rolle spielt.[25] Auch die für das Wirtschaftsleben der Rus' wichtige Sammlung von Handelsregeln und -gesetzen ist auf eine byzantinische Quelle zurückzuführen: ein die Jahre 907, 912 und 944 betreffender Vertrag zwischen Byzanz und der Rus', der laut Jana Malingoudi während der Entstehungsphase im 12. Jahrhundert in die PVL eingefügt wurde. Das in diesem Vertrag enthaltene *Gesetz von Rus'* (Закон Русский) stützt sich auf das Wikingisch-Waräger Gewohnheitsrecht.[26] Zu vermuten, aber nicht zu beweisen ist, dass die Aufzeichnungen in der ersten nach Übernahme des Christentums errichteten sog. Zehntkirche oder in der nach 1036 von Jaroslav dem Weisen erbauten Sophienkirche (Софийский собор) zusammengestellt wurden. Durch mehrere in der *Povest' vremennych let* überlieferte Informationen, z. B. die Klostergründungsgeschichte oder das Wirken und die Verehrung des Abts Feodosij (Theodosios), kann die These untermauert werden, dass in der zweiten Hälfte des 11. Jahrhunderts Mönche des Kiewer Höhlenklosters an der Abfassung beteiligt waren. Gänzlich unbekannt hingegen ist der Verfasser der ebenfalls in die PVL aufgenommenen Legende der 1072 kanonisierten Heiligen Boris und Gleb, die vermutlich in der ersten Kompilationsphase anfangs des 12. Jahrhunderts mit der Geschichte des Martyriums der Heiligen 1015 zusammengefügt wurde.[27] Mit Textpassagen und Themenbereichen, die zu Beginn des 12. Jahrhunderts noch nicht verschriftlicht waren, floss vermutlich auch Erzählgut aus mündlicher Überlieferung in die PVL ein. Zu den Beispielen einer *oral history* gehören wohl auch die Mythen über die Wanderung der Slawen und über die

---

Отдела Древнерусской Литературы (= ТОДРЛ [TODRL]) [Mitteilungen der Abteilung für altrussische Literatur] 45 (1992), S. 322–332; Хроника Георгия Амартола. Русский текст, комментарии, указатели. Hrsg. Von В. Матвеенко/Л. Щеголева, Москва [Die Chronik des Georgios Hamartolos. Russische Übersetzung, Kommentare, Index. Hrsg. von V. Matveenko/L. Ščegoleva, Moskau] 2000; Е. Г. Водолазкин: Всемирная история в литературе Древней Руси (на материале хронологического и палейного повествования XI–XV веков), Санкт Петербург [E. G. Vodolazkin: Die Weltgeschichte in der Literatur der alten Rus' (aufgrund der Chronographen und Paleja. XI.–XV. Jahrhundert), Sankt Petersburg] 2008.

25 Tvorogov (Anm. 24); О. В. Творогов: Повесть временных лет и Хронограф по великому изложению [O. V. Tvogorov: Povest' vremennych let und der Chronograph nach der großen Darstellung]. In: ТОДРЛ (Anm. 24) 28 (1974), S. 99–113; Vodolazkin (Anm. 24).

26 Jana Malingoudi: Die russisch-byzantinischen Verträge aus diplomatischer Sicht, Thessaloniki 1994; Martina Stein-Wilkeshuis: Legal Prescription on Manslaughter and Injury in a Viking Age Treaty between Constantinople and Northern Merchants. In: Scandinavian Justice History 19 (1994), S. 1–16.

27 Gail Lenhoff: The Martyred Princes Boris and Gleb. A Socio-Cultural Study of Cult and the Text, Columbus, Ohio 1989.

Berufung der Waräger, die als *bylina* bekannten Heldenlieder, Geschichten über die Ahnen der Herrscherfamilie sowie mündlich tradierte ‚Familienchroniken' in der Art der *Ermahnung des Vladimir Monomach*[28] (*Поучение Владимира Мономаха*).

Ihrer Struktur nach gehört die PVL zu den *annales* insofern, als nach dem undatierten einleitenden Teil sämtliche Ereignisse fortlaufend Jahr für Jahr geführt werden. Dabei ist von besonderem Interesse, was und wie viel der Verfasser am Anfang des 12. Jahrhunderts über die einzelnen Jahre zu berichten hatte.[29] Nur in neun Fällen – das sind drei Prozent der datierten 265 Jahre – werden die Jahreszahlen nicht kontinuierlich aufgelistet. Der Umstand, dass der Kompilator, abgesehen von den fünf Fällen am Textende der ersten und zweiten Redaktion zwischen zeitlichem Schluss der Chronik und ihrer Abfassung, lediglich viermal ein Jahr übersprang, muss wohl als bloßes Versehen gewertet werden. Die Chronik der dritten Redaktion enthält auch Informationen zu den Jahren 1110 – 1116. Insgesamt 105 Mal – das heißt in 40 Prozent der Fälle – konnte der Chronist den aufgelisteten Jahreszahlen kein Ereignis zuordnen. Kurzabschnitte mit weniger als 500 Schriftzeichen – an 27 Stellen sogar kürzer als 100 – sind äußerst heterogen. Die ausgefallenen Jahreszahlen, die ohne zugehörige Textabschnitte gebliebenen Jahre und die Minimalmeldungen – in der Regel nur die Auflistung einer Geburt, eines Todesfalls oder eines militärischen Ereignisses – machen zusammen 74 Prozent aller Berichtsjahre aus. Jahreszahlen ohne zugehörige Sachinformationen – in 18 von 105 Fällen – finden sich seltener im Zeitraum nach der Jahrtausendwende, während die Kurzinformationen – in 51 von 82 Fällen – dort zunehmen. Zu Anfang des 12. Jahrhunderts konnte man sich also an die Regierungszeiten Vladimirs und Jaroslavs des Weisen weit besser erinnern als an die Jahre davor.

---

28 Иштван Феринц: ‚Поучение' Владимира Мономаха и ‚Поучени' короля Иштвана (Стефана) Святого [István Ferincz: ‚Ermahnung' des Fürsten Vladimir Monomach und des Königs István (Stephan) des Heiligen]. In: Вестник Российского Университета Дружбы [Beiträge der russischen Universität Družba] 1999/4, S. 53 – 59; Márta Font: Im Spannungsfeld der christlichen Großmächte, Herne 2008, S. 50, 57 – 59.

29 Márta Font: A Povest' vremennych let szerkezete és hitelessége [Die Struktur und Glaubwürdigkeit der PVL]. In: Aktualitások a magyar középkorkutatásban [Aktuelles aus der ungarischen Geschichtsforschung]. Hrsg. von Márta Font/Tamás Fedeles/Gergely Kiss, Pécs 2010, S. 307 – 325; Márta Font: The Structure an Authenticity of the PVL. In: Studia Slavica Hungariae 58 (2013), S. 345 – 364.

Besondere Aufmerksamkeit verdienen jene siebzehn Jahre zwischen 912–1111 – in sieben Prozent der Jahre –, die mehr als die Hälfte, nämlich 57 Prozent, des gesamten Chroniktexts ausmachen.[30]

Jahr	Zeichen	Ereignis	Quelle
912	11373	Verträge zwischen Byzanz und der Rus' (Fürst Oleg), Details des Gewohnheitsrechts der Rus' (Закон Русский)	schriftliche byzantinische Quellen
945	15204	(1) Vertrag mit dem Kaiser von Byzanz, Bote Fürst Igors – (2) Rache Olgas	(1) schriftliche byzantinische Quelle – (2) dynastische Tradition
955	5188	(1) Besuch Olgas in Byzanz – (2) Olga als Christin	(1) byzantinische Quelle (2) dynastische Tradition
971	6779	Vertrag zwischen Fürst Sviatoslav und Byzanz	schriftliche byzantinische Quelle
980	8509	Vladimir I. (der Große) erlangt die Herrschaft in Kiew	dynastische Tradition
986	31176	‚Glaubenswahl' Vladimirs	theologische Stellungnahme der Orthodoxie zum Judentum, zur römischen Kirche und zum Islam
988	17790	Vladimirs I. Taufe	lokaler Heiligenkult auf der Krim, dynastische Traditionen
1015	14337	Martyrien der Heiligen Boris und Gleb	Legendentext
1068	7359	Angriff der Kumanen (Polovcer) auf Kiew als Strafe Gottes (Abb. 1)	Kampf zwischen Christen und Heiden
1070	9518	Sieg über die Kumanen, Entmachtung der heidnischen Magier	Kampf zwischen Christen und Heiden
1074	19544	Tod des Feodosij, Abt des Höhlenklosters	Aufzeichnungen aus dem Kiewer Höhlenkloster
1078	6166	Angriff der Kumanen, Fürst Vsevolod	Panegyrikon des Vaters des regierenden Fürsten
1091	6509	Kanonisation Feodosijs	Aufzeichnungen aus dem Kiewer Höhlenkloster
1093	13027	Tod Vsevolods und Panegyrikon seiner Taten und Siege über die Kumanen	Panegyrikon des Vaters des regierenden Fürsten
1096	20920	(1) Machtkämpfe des Kiewer Fürsten Sviatopolk und Vladimir Monomachs – (2) *Ermahnung des Vladimir Monomach* – (3) Brief Vladimirs an Fürst Oleg	Taten des regierenden Fürsten

30 Da es hier nur auf die Umfangrelationen ankommt, wurde der Textumfang nach den Zeichen der ungarischen Übersetzung (im Druck) berechnet. Zur ersten Chronik der Kiewer Rus' siehe jetzt: Régmúlt idők elbeszélése. A Kijevi Rusz első krónikája [Povest' vremennych let. Die erste Chronik der Kiewer Rus']. Hrsg. von László Balogh/Szilvia Kovács, übers. von István Ferincz, Budapest 2015 (Magyar őstörténeti könyvtár 30).

Jahr	Zeichen	Ereignis	Quelle
1097	22337	Beschreibung des Streits zwischen Sviatopolk und Vladimir Monomach als Führer ihrer Gruppen	Taten des regierenden Fürsten
1111	10393	siegreicher Kampf Sviatopolks und Vladimir Monomachs gegen die Kumanen auf Veranlassung Vladimirs	Taten des regierenden Fürsten

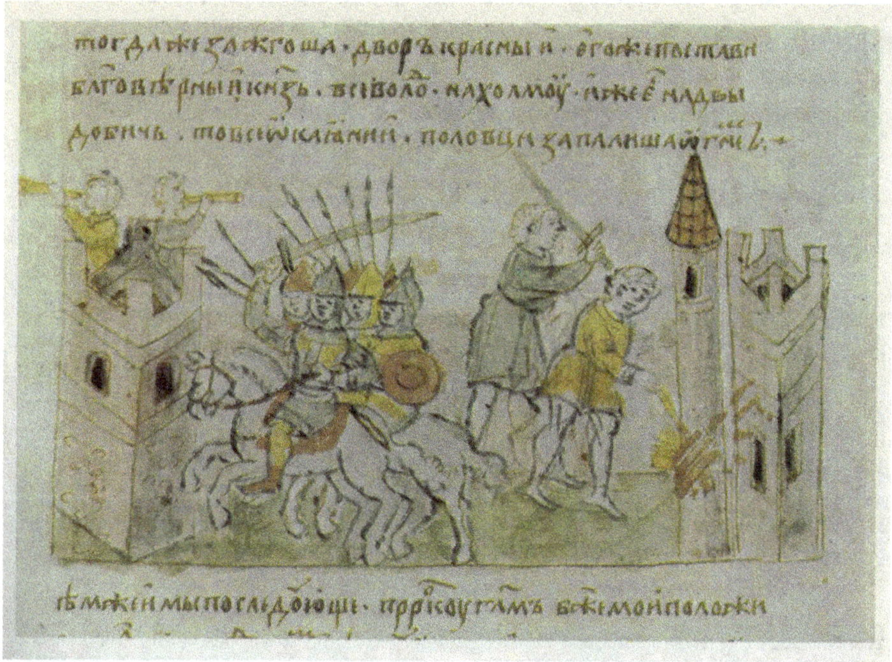

Abb. 1: *Radziwiłł-Chronik.* St. Petersburg, Bibliothek der Russischen Akademie der Wissenschaften, 34.5.30: Überfall der Kumanen (Polovcer) auf Kiev (1096).

Die Berichte über sieben dieser 17 Jahre stützen sich ausschließlich auf byzantinische Quellen. Prägend ist die Wirkung von Vorlagen oder Vorbildern aus Byzanz auch bei der Schilderung der Martyrien der Heiligen Boris und Gleb, bei der Heiligsprechung Feodosijs sowie bei der Darlegung der Unterschiede zwischen Christen und Heiden. Überaus reich sind zudem die mit dem Jahr 1078 beginnenden Informationen über die Kiewer Fürsten, Vsevolod, Sviatopolk und Vladimir Monomach.

Die Einleitung der PVL ordnet die im Text mitgeteilten Ereignisse nicht in annalistischer Struktur den einzelnen Jahren zu, sondern gruppiert sie eher thematisch. Neben Erzählungen aus dem Alten Testament sind dies vor allem der byzantinischen Chronistik entnommene slawische und Waräger-Herkunftsmythen sowie Geschichten über die Gebräuche und Gewohnheiten der Kumanen. Etwa 35 Prozent des 15500 Schriftzeichen umfassenden Textes sind Übernahmen aus Vorlagen, davon gut 65 Prozent Mythen und Traditionen.

Ereignis bzw. Geschichte **(Kursiv = Übernahme einer schriftlichen Vorlage)**	**Zeichen**
Einleitung: Woher stammt die Rus'?	171
Die Sintflut. Noahs Söhne	1399
Zusatz über die Traditionen der slawischen Stämme	876
Die Babylonische Sprachverwirrung	976
Ergänzung mit Informationen über die Slawen	75
Ansiedlung der Slawen an der Donau	687
Ansiedlung der Slawen am Dniepr	645
Der Weg von den Warägern zu den Griechen	1103
Die Mission des Apostels Andreas in Kiew	1347
Herkunftsmythen der Ostslawen:	1391
Kij, Šček und Choriv	
Kij als Fährmann auf dem Dniepr	
Die Donauslawen und die nomadischen Völker (Awaren)	1121
Aufzählung der westslawischen Stämme	1058
Verschiedene Gebräuche der ostslawischen Stämme	1306
Gedanken über die Funktion des Rechts (Georgios Hamartolos)	1786
Über die Gewohnheiten der Kumanen	427
Steuerpflicht der Chasaren	1188

Der Anfang der mit dem Jahr 852 einsetzenden chronologischen Darstellung zeigt ebenfalls Verbindungen mit Byzanz: Auf dieses Jahr datiert der Chronist die Kontaktaufnahme zwischen der Rus' und Byzanz, und zwar nach einer byzantinischen Quelle. Die Verknüpfung der – fiktiven – Zeitspannen der jeweiligen Regierungszeiten der Fürsten mit dem *indictio*-Modell der byzantinischen Zeitrechnung und biblischen Angaben verweist auf die Mitwirkung eines Mönchschronisten aus der Rus'. Im Bericht über das Jahr 1051 markiert die Gründung des Höhlenklosters den Beginn eines neuen Zeitabschnitts, an dessen Ende – und als dessen Ziel – das Lebenswerk Feodosijs steht.[31] Der Beginn der im Höhlenkloster entstandenen chronikalischen Aufzeichnungen ist daher vermutlich auf das Ende des 11. Jahrhunderts zu datieren, obgleich die in der Fachliteratur diskutierte

31 Vgl. dazu die Berichte über die Jahre 1074 und 1091.

Aufteilung auf zwei *svod* – zu zwei verschiedenen Zeitpunkten entstandene Zusammenfassungen – umstritten ist.

Anfangs betrafen die im Kiewer Höhlenkloster entstandenen chronikalischen Aufzeichnungen wohl nur innerklösterliche Ereignisse, die später durch Berichte über die Christianisierung der Rus' und damit zusammenhängende Missionsgeschichten ergänzt wurden. Da nicht der Kiewer Großfürst Stifter des Höhlenklosters war, steht auch nicht die fürstliche Dynastie im Zentrum des Chronisteninteresses. Vielmehr bildet die Perspektive der Metropoliten den Ausgangspunkt der Berichte, zumal 1051 der aus lokalem Geschlecht stammende Ilarion[32] von Jaroslav dem Weisen ins Metropolitenamt eingesetzt worden war, dessen Wirken, obgleich schriftlich nicht belegt, vermutlich mit Jaroslavs Tod 1054 endete. Drei Söhne Jaroslavs beerbten ihren Vater als Großfürsten: Iziaslav (1054–1073, 1076–1078), Sviatoslav (1073–1076) und Vsevolod (1078–1093), die alle drei als Klostergründer hervortraten. Doch in der Chronistik spielt ausschließlich das von Vsevolod gegründete Kloster Vydubič eine Rolle, dessen späterer Abt Sylvester unter der Herrschaft von Vsevolods Sohn, des Kiewer Großfürsten Vladimir Monomach (1113–1125),[33] die Kompilation der zweiten Redaktion der PVL zusammenstellte.

Vladimir Monomach selbst könnte durchaus der Initiator eines solchen historiographischen Werks gewesen, das schließlich dezidiert seine persönliche Herrschaft und die deutliche Positionierung gegenüber seinen Gegnern – den Fürsten aus dem anderen Zweig der Familie – betont. Es scheint kein Zufall zu sein, dass wir über kaum einen Herrscher besser und ausführlicher informiert sind als über Vladimir Monomach; selbst das Jahr seiner Geburt 1053 wird in der *Povest' vremennych let* erwähnt. Und auch die besondere Aufmerksamkeit, die die Chronik seinem gleichnamigen Vorgänger – und Urgroßvater – zuteil werden lässt, der maßgeblich an der Einführung des Christentums beteiligt war, hat programmatischen Charakter. Mit seinem Großvater Jaroslav dem Weisen verbinden Vladimir Monomach die besondere Beziehung zu Byzanz, die Gesetzgebung und die Kämpfe gegen die Heiden: die Petschenegen bei Jaroslav, die Kumanen bei Vladimir.

---

32 Ludolf Müller: Zum Problem des hierarchischen Status und der jurisdiktionellen Abhängigkeit der russischen Kirche vor 1039, Köln-Braunsfeld 1959 (Osteuropa und der deutsche Osten III/6).

33 Zur Geschichte der Rus' siehe Hartmut Rüss: Das Reich von Kiev. In: Handbuch der Geschichte Russlands. Bd. 1. Hrsg. von Manfred Hellmann, Stuttgart 1981, S. 200–429, hier S. 283–349: Simon Franklin/Jonathan Shepard: The Emergence of Rus' 750–1200, London/New York 1996, S. 245–277; Font (Anm. 1), S. 41–52.

Die Ergänzungen, mit der Abt Sylvester seine – zweite – Redaktion der PVL erweiterte, bezogen sich vor allem auf die Herrscherfamilie des Vladimir Monomach: In seiner Person wurde alles, was die Dynastie der Fürsten von Kiew repräsentierte, gebündelt.[34] Vladimir erhielt seinen Beinamen nach seiner aus der byzantinischen Familie Monomachos stammenden Mutter, deren übriger Name jedoch nicht überliefert ist. Die Eheschließung dieser Prinzessin aus Byzanz mit dem Kiewer Fürsten Vsevolod lässt sich in die 1040er Jahre datieren. Jaroslav der Weise, sein Vater, schloss nach dem Krieg von 1043 drei Jahre (1046) später Frieden mit Kaiser Konstantin Monomachos (1042–1055). Vladimirs Großmutter, die Frau Jaroslavs des Weisen, war die Tochter des schwedischen Königs Olaf Skötkonung (ca. 955–1022), Ingigerd (Irina). Und Vladimir Monomachs Gattin, Gita, war die Tochter des englischen Königs Harald II., Sohn des knapp zwei Jahre (1065/66) regierenden Earls Godwin von Wessex. Vladimir Monomach war über längere Zeit Fürst von Rostov, wo er über eine gemischte slawische und finnisch-ugrische Bevölkerung herrschte.[35] Als Fürst von Pereiaslavl' erwarb er sich später Verdienste in der Verteidigung der Grenze gegen die Kumanen, was eines der wichtigsten politischen Ereignisse an der Wende vom 11. zum 12. Jahrhundert war.

In der Person des Vladimir Monomach – und prägend auch für seine Nachfolger – hat Sylvester, der Abt des Klosters Vydubič, mit der Verknüpfung mehrerer

---

34 Zu den Familienbeziehungen vgl. Ludolf Müller: Helden und Heilige aus russischer Frühzeit, München 1984; F. E. Wozniak: Byzantium, the Pechenegs, and the Rus': The Limitations of a Great Power's Influence on Its Clients in the 10th Century Eurasian Steppe. In: Archivum Eurasiae Medii Aevi 4 (1984), S. 299–316; Andrzej Poppe: Politik und Heiligenverehrung in der Kiever Rus'. Der apostelgleiche Herrscher und seine Söhne. In: Politik und Heiligenverehrung im Hochmittelalter. Hrsg. von Jürgen Petersohn, Sigmaringen 1994, S. 403–42; Omeljan Pritsak: On the Chronology of Ólafr Tryggvason and Volodimer the Great – The Saga's Relativ Chronology as a Historical Source. In: Harvard Ukrainian Studies 16 (1992), S. 9–36; Сергей Филиппов: Христианская святость и языческая магия в летописном сказании о княгине Ольге [Sergej Filippov: Christliches Heiligtum und heidnische Magie in der Chronik-Erzählung über die Fürstin Olga]. In: Studia Slavica Hungariae 46 (2001), S. 73–94; В. В. Мильков: ‚Гармоничное' взаимодействие языческой и христианской традиции [V. V. Mil'kov: ‚Harmonische' Wechselwirkung der heidnischen und christlichen Traditionen]. In: Древняя Русь. Пересечение традиций, Москва [Die Alte Rus'. Die Kreuzung der Traditionen, Moskau] 1997, S. 310–324; А. Л. Никитин: Основания русской истории, Москва [A. L. Nikitin: Die Grundlagen der russischen Geschichte, Moskau] 2001.

35 П. В. Третьяков: Финноугры, балты и славяне на Днепре и Волге, Москва [P. V. Tretiakov: Finnougrier, Balten und Slawen an Dniepr und Wolga, Moskau] 1966; Ласло Клима: Финно-угорские народы в России в Средние века, 859–1118 гг. Финно-угры и самоеды на страницах Повести временых лет [László Klima: Finno-ugrische Nationen in Russland 859–1118. Finno-Urgrier und Samojeden auf den Seiten der PVL]. In: Славянский альманах [Slawischer Almanach] 2006, Москва [Moskau] 2007, S. 43–60.

Geschichts- und Texttraditionen eine dynastische Legitimationsfigur geschaffen. Für die Vergangenheit manifestierte sich in den Fürsten Rurik, Oleg und Igor die Verbindung mit den Wikinger-Warägern, deren Geschichten die skandinavische mit der – wie dies die sogenannten ‚Verträge' zeigen – byzantinischen Tradition verschränken. Ein besonderer Stellenwert in dieser Situation kommt der heiligen Olga von Kiew zu, da ihre Regentschaft mit konkreten Angaben aus byzantinischen Quellen, etwa des Konstantin Porphyogennetos *De ceremoniis*,[36] belegt werden kann. So parallelisierte der Chronist Olgas Handeln mit dem der Großmutter von Jaroslavs des Weisen Gattin, Sigurda der Hochmütigen: So, wie sie als Witwe eine Mesalliance ablehnte, handelte Olga gegenüber der Gesandtschaft der Drevlianen, die ihren Mann getötet hatten.[37] In der herausragenden Würdigung der Person und der Taten des Fürsten Vladimir I. – seine byzantinische Ehe und die enge militärische Kooperation mit den Warägern – verkörpert sich die neue dynastische Legitimation.[38]

Mag auch jener in nur einer Handschrift erwähnte Nestor als Chronist des Kiewer Höhlenklosters möglicherweise Initiator der Erstfassung gewesen sein, so verdanken sich die Deutungsangebote und der ideologische Horizont der PVL in ihrer zweiten Redaktion ohne Zweifel dem geistigen Profil des Abts Sylvester. Die dritte Redaktion, gegen Ende des 12. Jahrhunderts ebenfalls im Kloster Vydubič entstanden, ist das Ergebnis einer Kompilation.[39] In allen Ländern Ostmitteleuropas entwickelte sich zeitgleich in den ersten Jahrzehnten des 12. Jahrhunderts eine dynastische Geschichtsschreibung, deren Anspruch es war, Legitimationsmodelle des jeweiligen Herrschaftssystems zu liefern.[40]

---

36 Александр В. Назаренко: Когда же княгиня Ольга ездила в Константинополь? [Aleksandr V. Nazarenko: Wann ist die Fürstin Olga nach Konstantinopel gereist?]. In: Византийский Временник [Vizantijskij Vremennik] 50 (1989), S. 66 – 83; Ders.: Еще раз о дате поездки княгини Ольги в Константинополь: источниковедческие заметки [Noch einmal über die Reise von Fürstin Olga nach Konstantinopel: quellenkundliche Anmerkungen]. In: Древнейшие государства Восточной Европы, Москва [Die ältesten Staaten Osteuropas, Moskau] 1992/1993, S. 153 – 168.

37 Milkov (Anm. 34), S. 310 – 324.

38 Jukka Korpela: Prince, Saint and Apostle, Wiesbaden 2001.

39 Márta Font: A kijevi évkönyv mint magyar történeti forrás [Die Kiewer Chronik als Quelle der ungarischen Geschichte]. In: Történelmi Szemle 33 (1991), S. 70 – 83; Dies.: Árpád-házi királyok és Rurikida fejedelmek [Arpadenkönige und Rurikida-Fürsten], Szeged 2005 (Szegedi középkortörténeti könyvtár [Szegeder mittelalterliche Bibliothek] 21), S. 52.

40 Марта Фонт: Первые хронисты и летописцы среднеевропейского средневековья [Márta Font: Die ersten Chronisten Ostmitteleuropas im Mittelalter]. In: Studia Slavica Hungariae 48 (2003), S. 71 – 80; Dies. (Anm. 28), S. 28 – 37; Franklin/Shepard (Anm. 33), S. 245 – 277; К. А. Соловьев: Эволюция форм легитимации государственной власти в древней и средневековой Руси IX – первой половине XIV вв [K. A. Soloviev: Evolution der Form der Legitimation

2.3 Konzeptionelle Probleme der *Povest' vremennych let*

Erst durch SCHLÖZERS Edition der PVL wurden Details über die Anfänge der Rus' allgemein bekannt, speziell auch solche über die ‚Berufung der Waräger'. Mehr oder minder textgestützte Herkunfts- und Abstammungstheorien ließen nicht lange auf sich warten: die Normannen-Theorie,[41] die die sog. Slavofil-Zapadnik-Debatte des 19. Jahrhunderts beherrschte, und das durch sie provozierte Gegenstück, die Antinormannen-Theorie, die hauptsächlich für die sowjetischen Historiker verbindlich war und deren Spuren sich immer noch in der gegenwärtigen Geschichtsforschung finden. In der heutigen russischen Fachliteratur werden beide Theorien diskutiert.

Die Forschung zur PVL ist international aufgestellt: Die Übersetzungen des Textes in zahlreiche Sprachen dienten als Basis weiterer Untersuchungen; das Interesse der deutschen Slawistik galt – neben Übersetzung und Kommentar – vor allem linguistischen Fragestellungen.[42] Die jüngsten Veröffentlichungen, so eine dreibändige Edition mit allen Textvarianten der Harvard University Press[43] von 2003 und die textgeschichtliche Studie ANDREJ L. NIKITINS[44] von 2006, erörtern text-, editions- und überlieferungsgeschichtliche Probleme. In zahlreichen Aufsätzen wurden inhaltliche sowie sprachlich-lexikalische Probleme der PVL diskutiert.[45]

---

staatlicher Macht in der alten und mittelalterlichen Rus']. In: Международный исторический журнал [Internationale historische Zeitschrift] 20 (2002), S. 1–59; http://history.machaon.ru/all/number_01/diskussi/1_print/index.html (eingesehen: 09.12.2015); DÁNIEL BAGI: Gallus Anonymus és Magyarország [Gallus Anonymus und Ungarn], Budapest 2005, S. 224–229; SERHII PLOKHY: The Origin of the Slavic Nations. Premodern Identities in Russia, Ukraine, and Belarus, Cambridge 2006, S. 21–29.

41 Ungarische Zusammenfassung der Problemlage und der Fachliteratur: A normann kérdés az orosz történetben. I.: Források. szerk. [Die Geschichte der Normannenfrage in der russischen Geschichte. Bd. I.: Die Quellen]. Hrsg. von SÁNDOR SZILI, Budapest 2009.

42 Die deutsche Ausgabe ist keine kritische Edition, sondern folgt dem Text der ältesten Handschrift (L). Auf neuerem Stand in Bezug auf sprachliche und stilistische Fragen sind die Zusatzbände; vgl. MÜLLER (Anm. 23).

43 The Povest' vremennykh lět. An Interlinear Collation and Paradosis. Bd. 1–3. Hrsg. von DONALD OSTROWSKI, in Verbindung mit DAVID J. BIRNBAUM/HORACE G. LUNT, Cambridge, Mass. 2003.

44 А. Л. Никитин: Текстология русских летописей X начала XIV вв. вып. I.: Киевопечерское летописание до 1112 в, Москва [A. L. NIKITIN: Textologie der russischen Chroniken XI. Jahrhundert-Anfang XIV. Jahrhundert. Teil I: Chronistik des Kiewer Höhlenklosters bis 1112, Moskau] 2006.

45 Н. К. Никольский: Повестъ временных лет, как источник начального периода русской письменности и культуры. К вопросу о древнейшем русском летописании. Вып. I.

Trotz mehrerer neuer Untersuchungen stützt sich die sprachlich-stilistische Textrekonstruktion noch immer auf die Arbeiten ŠAHMATOVs und LIHAČEVs. Auch die Diskussion über die Anzahl der Redaktionen und ihre möglichen Verfasser ist noch nicht beendet. Noch immer wird, wie zuletzt von M. C. ALEŠKOVSKIJ,[46] die Autorschaft Sylvesters in Frage gestellt. Die überwiegende Mehrzahl der Forscher der letzten Jahrzehnte nimmt sowohl seine Autorenrolle als auch die Existenz einer dritten Redaktion als sicher an.[47]

Die Erforschung der PVL hat in ganz besonderer Weise die Kenntnisse über die Kiewer Rus' erweitert und deren historische Bewertung vorangetrieben.[48] So wurden mehrere in der Chronik überlieferte Herkunftssagen, die in vielen Kulturen eine zentrale Rolle spielen für die Definition des Selbstverständnisses einer Gemeinschaft und deren Bild von der eigenen Geschichte, zum Gegenstand aktueller Forschungen. Herkunftssagen sind Teil des Wissens einer schriftlosen Gesellschaft, das von Generation zu Generation weitergetragen und erst spät vom Literarisierungsprozess erfasst wird, was auch die Existenz mehrerer Varianten einzelner Geschichten erklärt. So ist auch der Topos, nach dem eine soziale Gruppe (Volk, Volksanteil) ihre Herkunft auf ein Brüderpaar zurückführt, ein allgemeines Wandermotiv. Auch die noch in vorchristlichen Kulturen entstande-

---

Ленинград [N. K. NIKOL'SKIJ: Povest' vremennych let als Quelle der ersten Periode der russischen Schriftlichkeit und Kultur. Teil I, Leningrad] 1930; В. Н. ЛАРИН: Лекции по истории русского литературного языка (X-середина XVIII вв.), Москва [V. N. LARIN: Vorträge über die russische Literatursprache (X. Jahrhunderts – Mitte XVIII. Jahrhundert, Moskau] 1975; О. В. ТВОРОГОВ: Лексический состав Повести временных лет, Киев [O. V. TVOROGOV: Lexika der Povest' vremennych let, Kiew] 1984; ILIANA TSCHEKOVA: Genese und kommunikative Funktion der altrussischen *Nestorchronik*. In: The Medieval Chronicle 2. Hrsg. von ERIK KOOPER, Amsterdam/New York 2002, S. 250–267; FRANKLIN (Anm. 7); ALEXANDER SITZMANN: Nordgermanisch-ostslavische Sprachkontakte in der Kiever Rus' bis zum Tode Jaroslavs des Weisen, Wien 2003 (Wiener Studien zur Skandinavistik 6).

46 МАРК Х. АЛЕШКОВСКИЙ: Первая редакция Повести временных лет [MARK H. ALEŠKOVSKIJ: Erste Redaktion der Povest' vremennych let]. In: Археографический ежегодник за [Jahrbuch für Archivwesen] 1967, S. 13–40; vgl. dazu auch die Diskussion bei NIKITIN (Anm. 44), S. 9.

47 АЛЕКСЕЙ А. ГИППИУС: К проблеме редакций. ПВЛ. 1–2 [ALEKSEJ A. GIPPIUS: Zum Problem der Redaktionen der PVL. Teil 1–2]. In: Славяноведение 2007/5, S. 20–44, 2008/2, S. 3–24.

48 Siehe Г. А. ХАБУРГАЕВ: Этнонимия ‚Повести временных лет'. В связи с задачами реконструкции восточнославянского глоттогенеза, Москва [G. A. HABURGAEV: Ethnonyme in der PVL. Im Zusammenhang mit den Aufgaben der Glottogenesie, Moskau] 1979; BORIS M. KLOSS: Einleitung. In: PSRL 1 (Anm. 21), S. G-L; NIKITIN (Anm. 34); DIETGER LANGER: Vladimir der Heilige. Eine Erinnerungsfigur der russischen Geschichtsdichtung des 18. Jahrhunderts, Frankfurt a. M. 2003 (Trierer Abhandlungen zur Slavistik 5); В. В. ФОМИН: Варяги и Варяжская Русь: К итогам дискуссии по варяжскому вопросу, Москва [V. V. FOMIN: Waräger und Rus' der Waräger. Zu den Quellen der Waräger-Frage, Moskau] 2005.

nen und mündlich tradierten Geschichten wurden – als Vergangenheit des eigenen Volkes vor der Christianisierung[49] – erst von christlichen Chronisten schriftlich fixiert. Daher ist es nicht verwunderlich, wenn sich in den Chronik-Abschnitten über die heidnische Vergangenheit Verweise auf die spätere Christianisierung finden und die Herkunftsgeschichte in der Annahme des Christentums gipfelt.[50] So fungieren diese auf die Übernahme des Christentums zustrebenden Herkunftssagen, als oral tradierte in verschiedene Varianten aufgespalten, als eine Art zweiter *origo gentis*, mit der der Chronist seine Gemeinschaft in die Reihe der biblischen Völker integrierte.

Unter den vorchristlichen Herkunftssagen ist die der ‚Berufung der Waräger' die älteste:[51] Die Waräger-Brüder Rurik, Sineus und Truvor erwarben laut *Povest' vremennych let* im Jahre 862 die Herrschaft über die Umgebung von Nowgorod, Beloozero und Izborsk, während ihre Gefolgsleute in anderen Zentren – Polock, Rostov und Murom – siedelten. Von diesen mythischen Personen stammen die Fürsten der Rus' ab: Igor war laut PVL der Nachfolger des mythischen Helden Rurik, während Oleg Mitglied seiner Gefolgschaft war; beide sind auch aus anderen Quellen bekannt. Letztlich ist diese mythische Herkunftssage die der gesamten Dynastie, da Fürst Vladimir I., unter dem die Christianisierung stattfand, linearer Nachkomme von Igor war und sich alle späteren Zweige der Fürstenfamilie auf Vladimir zurückführten. Der Dynastiename Rurikiden aber tauchte erst später am Hof der Fürsten von Moskau auf. Unter den Geschichten der heidnischen Fürsten ragen jene besonders hervor, die in irgend einer Weise mit Vladimir Monomach zusammenhingen, der während der Abfassungszeit der PVL regierte.

49 Vgl. Márta Font: Keresztény krónikások – pogány hagyomány. A szemléletbeli ellentmondás feloldásának típusai a középkori történetírásban közép-európai kitekintéssel [Christliche Chronisten – heidnische Tradition. Typen der Auflösung der Antagonismen in der mittelalterlichen Geschichsschreibung, mit einem Blick auf Mitteleuropa]. In: Memoria rerum. Tanulmányok Bán Péter tiszteletére [Memoria rerum. Festschrift für Péter Bán]. Hrsg. von Teréz Oborni/László A. Varga, Eger 2008, S. 179–196.

50 Kersken (Anm. 22), S. 852–856.

51 Елена А. Мельникова/В. Я. Петрухин: Легенда о ‚призвании варягов' [Elena A. Mel'nikova/V. Ja. Petruhin: Der Mythos von der ‚Berufung der Waräger']. In: E. A. Мельникова: Древняя Русь и Скандинавия. Избранные труды, Москва [E. A. Mel'nikova: Die Alte Rus' und Skandinavien. Ausgewählte Aufsätze, Moskau] 2011, S. 172–189. Die Geschichte stammt nach Petruhin aus einer in der Umgebung Novgorods beheimateten Tradition; vgl. В. Я. Петрухин: Древняя Русь – этнический аспект становления государственности [V. Ja. Petruhin: Die Alte Rus' – Ethnischer Aspekt der russischen Staatlichkeit]. In: 1150 лет российской государтвенности. Изд. Тамара Ю. Красовицкая и Валерий А. Тишков, Москва [1150 Jahre russische Staatlichkeit. Hrsg. von Tamara Ju. Krasovickaia/Valerij A. Tiškov, Moskau] 2012, S. 9–59, hier S. 21.

In einer anderen Herkunftssage spielen ebenfalls drei Brüder, Kij, Šček und Choriv mit ihrer Schwester Lybed', eine Rolle. Es ist dies der Ursprungsmythos von Kiew: Kij-ev ist die Stadt von Kij, Ščekovica und Chorevica sind Hügel um Kiew, Lybed' ist ein rechtsseitiger Nebenfluss des Dniepr. Die PVL erwähnt jedoch keinen Nachkommen dieser Ortsnamengeber, sondern vermerkt nur ihre Zugehörigkeit zum Stamm der Pol(j)anen. Vermutlich ist diese auf die Ortsnamenetymologie gestützte Herkunftsgeschichte im Kontext der Entstehung der PVL relativ neu: Kaiser Konstantin Porphyrogennetos erwähnt um die Mitte des 10. Jahrhunderts den Stamm Polian nicht.[52] Nach einer anderen Tradition war Kij ein Fährmann an einer Furt am Dniepr, der der dort entstandenen Siedlung seinen Namen gab. Der Topos der Abstammung von drei Brüdern nimmt die biblische Sintflutgeschichte auf, nach der alle Nationen von Noahs Söhnen Sem, Ham und Jafet abstammen, ja alle geographischen und dynastischen Bezüge unter dieser Vorstellung subsumiert sind. So ist es wohl auch kein Zufall, dass der Chronikautor seine Darstellung ebenfalls mit dieser biblischen Geschichte beginnt.

Als Herkunftssage jünger ist die Geschichte über die Urheimat und die Wanderung der Slawen. Der PVL-Chronist verlegt die slawische Urheimat an die Donau, wo zu seiner Zeit bereits Bulgaren und Ungarn leben. Archäologische Funde sprechen gegen diese Vorstellung; vielmehr liegt danach die slawische Urheimat, einige Abweichungen eingerechnet, zwischen den Karpaten und der Ostsee bzw. der Weichsel und dem Dniepr.[53] Der in der PVL vertretenen Donauthese ist die Slawistik des 19. Jahrhunderts – vor Anwendung der Quellenkritik – gefolgt, und noch in jüngster Vergangenheit (1985) vertrat der russische Liguist O. N. Trubačev aufgrund von Gewässernamen slawischen Ursprungs im Karpatenbecken,[54] aber ohne Berücksichtigung der archäologischen und schriftlichen Befunde,[55] diese These. Die russische Forschung wies Trubačevs Vorstellungen grundsätzlich zurück, und V. J. Petruhin bemerkte in seiner Kritik, dass der mittelalterliche Chronist bei seiner Lokalisierung dem Wirken Kyrills und Methods gefolgt war.[56] Für den PVL-Chronisten stand die Herausbildung einer slawischen Schriftlichkeit im Zentrum, wozu er die in bulgarisch-slawischen Versionen überlieferte Biographie Kyrills und Methods heranzog. Wohl aus byzantinischen Quellen bezog er Informationen über Kämpfe der Ungarn mit den im Karpaten-

52 Об управлении империей [*De administrando imperio* des Konstantin Porphyrogennetos]. Hrsg. von Gennadij G. Litavrin u. a., Москва [Moskau] 1989, S. 45, 51 [Kap. 9].

53 Font (Anm. 1), S. 7–9, 178.

54 O. N. Trubačev: Linguistics and Ethnogenesis of the Slavs. The Ancient Slavs as Evidences by Etymology and Onomastics. In: Journal of Indo-European Studies 13 (1985), S. 1f., 203–256.

55 Florin Curta: The Making of the Slavs, Cambridge 2001.

56 Petruhin (Anm. 51), S. 11.

becken bereits früher angesiedelten Mährern sowie über einige Ungarneinfälle in Byzanz. Letztlich geriet die Fiktion der slawischen Urheimat an der Donau im Gefolge der Christianisierung in die Chronik, taucht aber im Bereich der Sprachwissenschaft sporadisch immer wieder auf.[57]

Die Erzählung von der Taufe der Rus' lässt sich als christliche, in zwei Versionen tradierte *origo gentis* interpretieren. Die erste ist die sog. *Missionslegende*. Bei Großfürst Vladimir I. eintreffende Boten berichten über die religiöse Praxis der umliegenden Völker: die muslimischen Wolga-Bulgaren, die jüdischen Chasaren und die westlichen Nachbarn der Rus', die das lateinische Christentum übernommen hatten. Die Fürsten der Rus' aber wollten sich von all diesen unterscheiden und folgten daher der Lehre der Kirche von Byzanz. Die zweite ist die sog. *Legende von Chersones*, die als reales Element die Belagerung der griechischen Kolonie auf der Krim durch Fürst Vladimir nach dessen Eheschließung mit der Tochter des byzantinischen Kaisers beinhaltet. In der Darstellung des PVL-Chronisten überkreuzen sich wesentliche Elemente der Realhistorie mit Aspekten der *Legende des heiligen Stephan von Surož*, der auf der Krim verehrt wurde. Hinter dem Eingeständnis des Chronisten, nicht genau zu wissen, an welchem Ort – Chersones, Vasiliev oder Kiew – die Taufe des Fürsten Vladimir stattgefunden hatte, verbirgt sich der Topos von der Verblendung des Heiden, der erst mit der Taufe seine Sehkraft wieder zurückgewinnt.[58]

3 Die regionale Chronistik

Die seit dem 15. Jahrhundert entstandenen Chronikhandschriften enthalten in steigender Zahl solche Kompilationen, die mit einer der Varianten der PVL beginnen, dann aber mit höchst unterschiedlichen Zusammenfügungen verschiedener Texte fortfahren. Dabei lassen sich nach den jeweiligen lokalen und territorialen Traditionen der Fortsetzungen drei größere Gruppen unterscheiden. Die erste umfasst die Geschichtsschreibung von Nowgorod, zu der auch der Zweig der Pskover Chroniken gehört. Die zweite Gruppe besteht aus Handschriften der *Ipatiev*-Codexfamilie mit der Geschichte der südlichen und südwestlichen Rus', die dritte wird durch Manuskripte repräsentiert, die die auf Moskau zielende Geschichte von Vladimir-Susdal tradieren. Dass alle diese Kompilationen durch

57 Vgl. die neueste Zusammenfassung und Kritik von Валентин Гешев: Дунавска прародина? [Valentin Gešev: Urheimat an der Donau?]. In: Славянска Филология [Slawische Philologie] 25 (2013), S. 5–23.

58 Vladimir Vodoff: Naissance de la chrétienté Russe, Paris 1988, S. 62–81; Font (Anm. 1), S. 34–39; Poppe (Anm. 8), S. 488–504.

die PVL eingeleitet werden, ist Indiz für das Selbstverständnis aller Territorialherrscher als Erben der Kiewer Rus'. Erst an der Wende vom 15. zum. 16. Jahrhundert wurden die Moskauer Fürsten zur identifikationsstiftenden Macht. Bereits im 14. Jahrhundert bahnte sich diese Entwicklung an, als mit der Übertragung des Titels des Großfürsten von Vladimir-Susdal auf Moskau und mit dem neuen Sitz des Kiewer Metropoliten in dieser Stadt beide Traditionslinien in Moskau weitergepflegt wurden. Im Zug der territorialen Expansion verschmolz und vereinheitlichte sich die bis dahin unterschiedliche Chronistik der verschiedenen Herrschaftsgebiete. Eindrücklichstes Beispiel dafür ist, dass der nach der Eroberung Nowgorods 1478 entstandene Moskauer *svod* von 1479 die Traditionen der gesamten Rus' integrierte.

3.1 Nowgorod und Pskov

Die in mehreren Handschriften (*spisok*) überlieferte *Erste Chronik von Nowgorod*[59] entstand an der Wende vom 13. zum 14. Jahrhundert. Die ältere Variante ist in nur im *Synodal'nij*-Codex aus der Mitte des 14. Jahrhunderts überliefert, die jüngere, Mitte des 15. Jahrhunderts bearbeitet, in sieben Manuskripten, deren zwei – die Codices *Akademičeskij* und *Komissionnyj* – von der Forschung als maßgebliche Überlieferungsträger beurteilt werden. Zentral für diese früheste Chronik von Nowgorod ist zum einen die textgetreue Bewahrung der PVL, zum anderen die Tradierung der im Jahr 1016 einsetzenden und bis 1352 fortgesetzten *Russkaia Pravda* („Erweiterte Pravda").[60] Im *Akademičeskij*-Codex lassen sich für die Textabschnitte bis 1243 und danach zwei Hauptschreiber unterscheiden; für die Niederschrift der Ereignisse der letzten zwanzig Jahre hingegen sind vier verschiedene Hände zuständig. Der im *Akademičeskij*-Codex und im *Komissionnyj*-Codex mit dem Jahr 854 beginnende Text der PVL stimmt im Wesentlichen mit dem des *Synodal'nij*-Codex überein. Es muss, was jedoch nicht immer befriedigend

---

59 С. Н. Азбелев: *Устная история в памятниках Новгорода и Новгородской земли*, Санкт-Петербург [S. N. Azbelev: Mündliche Geschichte in den Denkmälern der Stadt Nowgorod und des Nowgoroder Gebiets, Sankt Petersburg] 2007; Alexander G. Bobrov: [Art.] Novgorodian Chronicles of the Fifteenth Century. In: EMC 2, S. 1157 – 1159; Андрей Л. Никитин: Текстология русских летописей XI-начала XIV вв. Вып. 4. Новгородское летописание XII первой половины XIV в, Москва (Andrej L. Nikitin: Textologie der russischen Geschichtsschreibung. XI. Jahrhundert-Anfang XIV. Jahrhundert. Teil 4: Geschichtsschreibung der Stadt Nowgorod. XII.–1. Hälfte XIV. Jahrhundert, Moskau] 2011.

60 Александр А. Зимин: Правда Русская, Москва [Aleksandr A. Zimin: Pravda Russkaia, Moskau] 1999, S. 133 – 150.

gelingt, differenziert werden zwischen den Kompilatoren der Chronik und ihren Verfassern, die nach ALEKSEJ GIPPIUS[61] wohl am Hof des Erzbischofs von Nowgorod tätig waren, eine Vermutung, die sich unter anderem durch den Bericht über die Eroberung von Konstantinopel 1204 untermauern lässt, der als Ergebnis des Informationsaustauschs zwischen dem erzbischöflichen Zentrum und dem Patriarchat bis nach Nowgorod gelangen konnte.

Das bis ins Jahr 1234 reichende Werk signalisiert das tiefgreifende Interesse seiner Autoren und seines Publikums an den Ereignissen in allen Regionen der Rus'. Für die Geschichte des 12. Jahrhunderts bediente sich die *Erste Chronik von Nowgorod* der *Kievskaia Letopis* (KL), einer Ende dieses Zeitraums entstandenen Chronik von Kiew, sowie der Geschichtsschreibung von Vladimir-Susdal. Beide Texte informieren ausführlich über die Geschichte ihrer Regionen, aber nur sehr spärlich über Nowgoroder Ereignisse. Nachdem Vladimir-Susdal unter mongolisch-tatarische Herrschaft gelangt war und die südwestlichen Regionen unter polnisch-litauischer Oberhoheit standen, engte sich die Geschichtsschreibung von Nowgorod auf Berichte lokaler Ereignisse ein, dabei bis ins 15. Jahrhundert annalistisch strukturiert. Anhand von Textvarianten der nur unikal überlieferten sog. *Karazim-Chronik* lässt sich die Entstehung zweier größerer Kompilationen im Laufe des 15. Jahrhunderts – um 1411 und um 1428 – nachweisen, und zwar im Umkreis des erzbischöflichen Sitzes, wohl an der Sophienkirche.[62]

Die wenig erforschten, zu Beginn des 17. Jahrhunderts entstandenen Geschichtskompendien – die sog. *Zweite* und *Dritte Chronik von Nowgorod*[63] – sind wegen ihrer späten Entstehungszeit wohl kaum mehr Varianten des Erstwerks. Besser bekannt sind die beiden Werke aus dem 15. Jahrhundert: die sog. *Vierte Chronik von Nowgorod* – eine im Umkreis des Erzbischofs Euthymius II. zusammengefügte Kompilation – und die *Fünfte Chronik*, 1446/1447 im Kloster Panteleimon verfasst. Wie bei der *Ersten Chronik* ist auch für diese beiden Versionen der annalistische Charakter und der Rückzug auf lokale Ereignisse kennzeichnend.

Letztes und von allen übrigen historiographischen Werken des 15. Jahrhunderts abweichendes Beispiel der Geschichtsschreibung Nowgorods ist die zwischen 1447 und 1469 verfasste *Chronik des Avraamka*, die sich nicht ausschließlich auf lokale Ereignisse beschränkt und zugleich über die strenge annalistische Form

---

61 АЛЕКСЕЙ А. ГИППИУС: Новгород и Ладога в Повести временных лет [ALEKSEJ A. GIPPIUS: Nowgorod und Lagoda in der Povest' vremennych let]. In: У истоков русской государственности. Отв. ред. Е. Н. НОСОВ/А. Е. МУСИН, Санкт-Петербург [Am Ursprung der russischen Staatlichkeit. Hrsg. von E. N. NOSOV/A. E. MUSIN, Sankt Petersburg] 2007, S. 213 – 220.

62 АЛЕКСАНДР Г. БОБРОВ: Новгородские летописи XV века, Москва [ALEKSANDR G. BOBROV: Nowgoroder Chroniken aus dem XV. Jahrhundert, Moskau] 2001.

63 LIHAČEV (Anm. 23), S. 444f.

hinausweist. Nach einer Handschrift aus Wilna wird sie auch als *Wilna-Chronik* bezeichnet. Avraamka, der namentlich bezeugte Autor, schrieb den Text nach eigenen Angaben im Auftrag des Bischofs Iosif von Smolensk. Trotz dieser Auftraggeberschaft und der lokalen Zuordnung ist der Text jedoch eher der Nowgoroder Chronistik zuzuordnen, da Avraamka seinen Text hauptsächlich nach der *Vierten Chronik von Nowgorod* kompilierte, als Abschluss des Werks aber, da Smolensk zur Abfassungszeit unter litauischer Herrschaft stand, ausführlich über die Fürsten von Litauen berichtete.[64]

Mit der Eroberung Nowgorods 1478 durch Ivan III. (1462–1505) und dem Verlust der Selbständigkeit endet auch die Nowgoroder Historiographie. Im 17. Jahrhundert flossen Teile der Nowgorod-Chroniken in die sog. *Ustjug-Chronik* ein, die aber nicht mehr Teil der Geschichtsschreibung von Nowgorod ist.[65]

Verglichen mit Nowgorod ist die Chronistik von Pskov eher marginal. Zwar weist die Geschichte beider Städte durchaus Parallelen auf, doch entstand in Pskov nie ein bedeutendes kirchliches Zentrum, was traditionell Voraussetzung für das Entstehen einer frühen Historiographie war. Die Schriftkultur der Stadt hat mit den bedeutenden Sammlungen von Rechts- und Gerichtsurkunden[66] ein tendenziell weltliches Profil. Auch verlief die historische Entwicklung der Stadt anders: Mitte des 13. Jahrhunderts fiel Pskov von Nowgorod ab, geriet dann in die litauische Interessensphäre und wurde 1510 Moskau unterstellt. Die Chronikkompilationen Pskovs, wie die Nowgorods hauptsächlich auf lokale Ereignisse beschränkt, setzen, in 24 Handschriften überliefert,[67] in den sechziger Jahren des 15. Jahrhunderts ein.

3.2 Kiew und Halitsch-Wolhynien (Halič-Volhynien)

Eine eigene Gruppe regionaler Geschichtsschreibung bilden die in den südlichen und südwestlichen Gebieten der Rus' entstandenen Chroniken,[68] die in den Handschriften der sog. *Ipatiev*-Familie (IP) überliefert sind. Die älteste Handschrift der *Ipatiev-Chronik* (= Codex *Ipatiev*) stammt vom Anfang des 15., der Codex

---

64 Lihačev (Anm. 23), S. 465–467.

65 Ксения Н. Сербина: Устюжское летописание XVI–XVIII вв, Ленинград [Ksenia N. Serbina: Die Chroniken von Ustiug aus dem XVI.–XVIII. Jahrhundert, Leningrad] 1985.

66 Günter Baranowski: Die Rechtsurkunde von Pskov, Frankfurt a. M. 2008.

67 Lihačev (Anm. 23), S. 460–465.

68 Márta Font: Geschichtsschreibung des 13. Jahrhunderts an der Grenze zweier Kulturen. Das Königreich Ungarn und das Fürstentum Halitsch-Wolhynien, Mainz/Stuttgart 2005 (Akademie der Wissenschaften und Literatur. Abhandlungen der Geistes- und sozialwissenschaftlichen Klasse 3).

Hlebnikov (H) vom Beginn des 16. Jahrhunderts; beide tradieren einen im frühen 14. Jahrhundert kompilierten Text. Alle späteren Handschriften sind Kopien des Codex *Hlebnikov:* Codex *Pogodin* (P) stammt aus der zweiten Hälfte, Codex *Jermolaev* (J) vom Ende des 16. Jahrhunderts. Der im Codex *Pogodin* tradierte Text findet sich wieder im Codex *Gustini* (G) und in lateinischer Schrift in einer Krakauer Handschrift aus dem 18. Jahrhundert wieder. Beide Handschriften spiegeln die kulturelle Wirkung der südwestlichen Rus' unter polnisch-litauischer Oberhoheit, das Krakauer Manuskript sprachlich, der Codex *Gustini*, dessen Schreiber auch die in Latein verfasste *Polnische Chronik* des Jan Długosz kannte, inhaltlich. Alle Handschriften der Codexfamilie *Ipatiev* beginnen mit der PVL, in die für das 12. Jahrhundert das sogenannte *Kievskaia Letopis'* (KL) und für das 13. die sog. *Letopis' von Halič-Volhynien* (HVL) inseriert sind. Der Text endet mit den Ereignissen am Ende des 13. Jahrhunderts, das heißt die Chronistik der südwestlichen Rus' bricht hier ab; auch die Handschriften des 15. und 16. Jahrhunderts enthalten keine späteren Zusätze.

Die *Kievskaia Letopis'* (KL), die die Geschichte des Zeitraums zwischen 1118 und 1199 referiert, ist kein eigenständig überliefertes Werk, sondern nur Teil des aus dem Anfang des 15. Jahrhunderts stammenden Codex *Ipatiev*,[69] dessen Bezeichnung sowohl auf den Entstehungsort der Chronik verweist als auch darauf, dass die Ereignisse in Kiew im Zentrum stehen. Verfasser wie Kompilator des gegen 1198/1199 zusammengestellten KL war Moisej (Moses), Abt (*igumen*) des Klosters von Vydubič[70] bei Kiew. Von ihm selbst stammen wohl die Passagen über die Kiewer Fürsten und deren wichtige Herrscherrollen in der zweiten Hälfte des 12. Jahrhunderts. Obgleich Mojsej seine Aufmerksamkeit auf Kiew konzentrierte,[71] hat sein Text doch kein lokales Übergewicht, wofür die detaillierten Berichte über Halitsch, Tschernigow (Černigov) und Pereiaslavl'-Russkij[72] sowie über die Taten der dort regierenden Fürsten sprechen. Besonders die Informationen über Ha-

69 Lihačev (Anm. 23); Priselkov (Anm. 17), S. 48 – 55; И. П. Еремин: Киевская летопись как памятник литературы [I. P. Eremin: Die Kiever Chronik als Literaturdenkmal]. In: ТОДРЛ (Anm. 24) 7 (1949), S. 67 – 97.

70 Priselkov, Eremin und Lihačov halten das Familienkloster Vydubiči vom Zweig Monomachs für den Ort der Zusammenstellung der *Kievskaja Letopis* (KL): Priselkov (Anm. 17), S. 48; Lihačev (Anm. 23), S. 432; Eremin (Anm. 69). Nach Šahmatov könnte sie auch am Bischofssitz in Pereiaslavl' geschrieben worden sein: А. А. Шахматов: Обозрение русских летописных сводов, Москва/Ленинград [A. A. Šahmatov: Überblick über die russischen Chronik-Kompilationen, Moskau/Leningrad] 1938, S. 17 – 19. Eine dritte Hypothese formulierte Валентин Т. Пашуто: Очерки по истории Галицко-Волынской Руси, Москва [Valentin T. Pašuto: Studien zur Geschichte der Halič-Volhynischen Rus', Moskau] 1950, S. 21.

71 Lihačev (Anm. 23), S. 173 – 288; Berežkov (Anm. 10), S. 124 – 211.

72 Vgl zum Namen Pereiaslavl'-Russkij S. 831.

litsch sind so ausführlich, dass IGOR EREMIN bereits vermutet hatte, Grundlage der Chronik des Mojsej sei die Geschichte von Halitsch, der erst später Passagen über Kiew hinzugefügt worden seien,[73] eine These, die sich in der Forschung jedoch nicht durchsetzte. Die *Kievskaia Letopis'* wurde wie die PVL Bestandteil zahlreicher späterer Kompilationen, wenn auch nicht im gleichen Umfang und mit gleicher Häufigkeit.

Als dritten Bestandteil enthalten die Handschriften der *Ipatiev*-Familie die *Letopis' von Halič-Volhynien* (HVL), eine Geschichte der einzelnen Fürstentümer, nach Vorgabe des Textes von 1205 bis 1292 reichend, de facto aber bereits 1289 endend. Obwohl grob annalistisch gegliedert, ist ein Spezifikum dieses Textes sein Gesta-Charakter, weshalb die Chronologie ziemlich frei behandelt wurde. Dass spätere Handschriften der IP-Familie den Abschnitt über das 13. Jahrhundert nicht annalistisch gliedern,[74] ist sicher ein Indiz für die kompilatorische Struktur der IP und ihrer Ableitung aus dem *svod* vom Anfang des 14. Jahrhunderts.

Die *Letopis' von Halič-Volhynien* (HVL) selbst besteht aus mehreren Teilen (*svod*), die von verschiedenen Verfassern stammen und an unterschiedlichen Orten entstanden sind, wobei es hinsichtlich der Anzahl und der Entstehungszeit der verschiedenen *svod* sehr differierende Meinungen gibt. VALENTIN T. PAŠUTO etwa sieht die Grenzlinien zwischen den einzelnen *svod* in den Jahren 1238, 1246, 1263, 1269 und 1289, während der Sprachhistoriker ANTON HENSORSKIJ mit 1234, 1266, 1285/1286 und 1289 je neue Autoren beginnen lässt. Bis heute ist diese Debatte nicht abgeschlossen. Als gesichert aber gilt, dass sich der Text in die beiden Erzählungen über Halitsch und über Wolhynien aufspaltet,[75] wobei die sechziger Jahre des 13. Jahrhunderts die Grenzlinie zwischen beiden Teilen markieren[76] und die Gesta des Fürsten Daniel Romanowitsch im Zentrum des ersten Teils steht. Statt des von den meisten russischen Autoren verwendeten Begriffs *žitie* – lateinisch *vita* –, der eher auf Legendarisches verweist, ist der Biographie Daniils jedoch der Begriff ‚Gesta' angemessener.

---

73 EREMIN (Anm. 69); И. П. ЕРЕМИН: Волынская летопись 1289 – 1290 вв. [I. P. EREMIN: Die Volhynische Chronik von 1289 – 1290. In: ТОДРЛ (Anm. 24) 8 (1957), S. 102 – 117, hier S. 113 f.
74 BEREŽKOV (Anm. 10), S. 37 f.
75 МИХАИЛ Д. ПРИСЕЛЬКОВ: Летописание Западной Украины и Белоруссии, Ленинград 1941 (Ученые записки ЛГУ No. 67. Серия исторических наук) [MIHAIL D. PRISELKOV: Chronik der Westukraine und Weissrusslands, Leningrad 1941 (Wissenschaftliche Mitteilungen der Universität Leningrad 67. Reihe Geschichtswissenschaften)], S. 5 – 24; EREMIN (Anm. 73), S. 102 – 117.
76 МАРТА ФОНТ: ‚Житие' Даниила Романовича [MÁRTA FONT: Gesta des Fürsten Daniel Romanowitsch] In: Княжя доба. вип 2, Львів [Fürstliche Zeit 2, Lviv] 2008, S. 98 – 108.

Der Chronist, der die *Letopis' von Halič* zusammenstellte, bezog seine Informationen über den Tod Philipps von Schwaben und die heilige Elisabeth[77] wohl aus westlichen Quellen, am ehesten aus *vitae* oder anderen historiographischen Texten der lateinischen Literatur. Die Benutzung von Fremdwörtern westlichen Ursprungs würde die These untermauern.[78] Der Einfluss des Westens, der im südwestlichen Teil der Kiewer Rus' durchaus vorhanden war, wird wohl auch die Geschichtsschreibung betroffen haben, und die „typische Literaturgattung der südöstlichen Rus'" ist als Kontrast dazu zu erklären.[79]

Die *Letopis' von Halič* (HVL) ist ein kulturgeschichtlich höchst bedeutsames Kunstwerk.[80] Stiluntersuchungen haben ergeben, dass ihr Verfasser den byzantinischen *Chronógraf po velikomu izloženiju*,[81] die ebenfalls byzantinische Chronik des Johannes Malalas, den *Jüdischen Krieg* des Flavius Josephus und die in Romanform gegossene Biographie Alexanders des Großen gekannt haben muss und in der kirchlichen Literatur bewandert war.[82] Die sprachliche Bedeutung des Textes besteht darin, dass ihr den südwestlichen Territorien zugehöriger Dialekt zusammen mit den allgemein slawischen Elementen im Zusammenhang steht mit dem Entstehungsprozess der sich in dieser Zeit herausbildenden ukrainischen Sprache.

3.3 Vladimir-Susdal und Tver/Moskau

In den Zentren der nordöstlichen Territorien entstanden im 12. Jahrhundert nur zwei Chroniken, die eine in Pereiaslavl'-Zalesskij (Pereiaslavl' über dem Wald, auch Perieaslavl'-Susdal, zu unterscheiden vom südlichen Pereiaslavl'-Russkij), die andere in Vladimir-Susdal (nicht zu verwechseln mit Vladimir in Wolhynien), beide mit Berichten über lokale Ereignisse an der Wende vom 12. zum 13. Jahrhundert. Die *Chronik von Pereiaslavl'-Zalesskij* ist auf den Anfang des 13. Jahrhunderts zu datieren, der sie tradierende Codex aber stammt aus dem 15. Jahrhundert. Der Editor des 19. Jahrhunderts benannte die Chronik, deren Originaltitel eigentlich mit „Der Chronist des russischen Zaren" zu übersetzen ist, in *Chronik*

---

77 PSRL (Anm. 21), Bd. II: Ipatievskaia Letopis'. Hrsg. von Boris M. Kloss, Moskau ²2001, S. 723.
78 Hensorskij (Anm. 1), S. 83 f.
79 Lihačev (Anm. 23), S. 267.
80 Mária Fonalka: A Halics-Volhíniai Évlönyv művelődéstörténeti vonatkozásai [Die kulturgeschichtlichen Aspekte der Chronik von Halitsch-Wolhynien], Debrecen 2001; Jitka Komendová: Středověka Rus a vnější svět [Die mittelalterliche Rus' und ihre Umgebung], Olomouc 2002.
81 Priselkov (Anm. 17), S. 55; vgl. dazu auch Tvogorov (Anm. 25).
82 Lihačev (Anm. 23), S. 258; Pašuto (Anm. 70), S. 89, 105–130.

von Pereiaslavl'-Susdal um,[83] da im Zentrum die Figur des Fürsten dieses Territoriums steht. Der Text behandelt die Ereignisse bis zum Jahre 1241. Sein Anfang stimmt mit der PVL überein, dann folgt das Werk der *Radziwiłł-Chronik* (auch *Königsberger Chronik*),[84] die ebenfalls mit dem Beginn des 13. Jahrhunderts abschließt. Die Chronik ist in zwei Handschriften des 15. Jahrhunderts erhalten, die in St. Petersburg (Bibliothek der Russischen Akademie der Wissenschaften, 34.5.30) und in Moskau (Bibliothek der Geistlichen Akademie) aufbewahrt werden. Die Petersburger Handschrift enthält 613 farbige Miniaturen und ist die einzige ostslawische Chronikhandschrift mit Illustrationen (Abb. 1). Beide Manuskripte wurden im litauischen Kulturbereich geschrieben.

In Moskau datiert der Handschriftenbestand mit den meisten Chroniktexten aus dem 15. und 16. Jahrhundert. Ältestes Manuskript der Gruppe ist der 1377 kompilierte *Codex Lavrentiev*[85] (L), der außer der PVL mehrere *svod* der Geschichtsschreibung von Vladimir-Susdal zu den Jahren 1177, 1212, 1239 und 1263 enthält,[86] wobei der letzte, von 1284 bis 1305 reichende Abschnitt Ähnlichkeiten mit der Chronistik von Tver aufweist. Die *svod* bilden den Schluss der Erzählungen über die einzelnen Fürsten und berichten z. B. über die Ermordung Andrei Bogoliubskijs, über Aleksandr Nevskij, die Situation nach dem Tod von Vsevolod,[87] und die Verheerung des Gebietes durch die Tataren 1238. Vor allem im Abschnitt über die zweite Hälfte des 13. Jahrhunderts ist die Technik der Zusammenfügung verschiedener tradierter Passagen gut zu erkennen, da der Kompilator über die Zeiträume von 1263 – 1284 und 1287 – 1294 selbst nichts beigetragen hatte.

Die *Troickaia-Chronik* („Dreifaltigkeitschronik") vom Beginn des 15. Jahrhunderts ist mit der *Lavrentiev-Chronik* nahe verwandt und setzt sie fort, endend mit dem Jahr 1408. Ihr Autor ist in der Umgebung des Metropoliten von Kiew zu suchen, der seine Residenz in Moskau ausbaute. Die Handschrift wurde beim Brand von Moskau 1812 vernichtet, ihren Text hat Michail Priselkov anhand der

---

83 Юрий Лимонов: Летописание Владимиро-Суздальской Руси, Москва [Jurij Limonov: Geschichtsschreibung der Vladimir-Susdaler Rus', Moskau] 1967, S. 156 – 167; Ders.: Владимиро-Суздалькая Русь, Ленинград [Ders.: Vladimir-Susdaler Rus', Leningrad] 1987.

84 Lihačev (Anm. 23), S. 433 – 437; Oleksiy Tolochko: [Art.] *Radziwiłł-Chronicle* [*Königsberg Chronicle*]. In: EMC 2, S. 1251. Deutsche Übersetzung: Die Rauchspur der Tauben. *Radziwiłł-Chronik*. Hrsg. von Helmut Grasshoff/Dietrich Freydank, Leipzig/Weimar 1986.

85 Lihačev (Anm. 23), S. 429 – 431.

86 Андрей Л. Никитин: Текстология русских летописей XI-начала XIV вв. вып 2. Южнорусское и Владимиро-Суздальское летопсание XII в, Москва [Andrej L Nikitin: Textologie der russischen Chroniken. XI.-Anfang XIV. Jahrhundert. Bd. 2: Südrussische und Vladimir-Susdalische Chroniken des XII. Jahrhunderts, Moskau] 2007, S. 7 – 22.

87 Анна Ф. Литвина/Федор Б. Успенский: Траектории традиции, Москва [Anna F. Litvina/Fedor B. Uspenskij: Die Flugbahn der Traditionen, Moskau] 2010, S. 138 – 151.

Lavrentiev- und der *Simeonov-Chronik* rekonstruiert,[88] wobei er sich auch auf Karamzins ‚Die Geschichte des russischen Staates' stützte, die er in bestimmten Teilen die Chronik exzerpiert hatte. Der Anfang des 16. Jahrhunderts verfassten *Simeonov-Chronik* fehlt der Beginn; sie setzt erst mit dem Jahr 1177 ein, folgt bis 1305 im Großen und Ganzen der *Lavrentiev-Chronik* und schließt sich für das 15. Jahrhundert der Moskauer *svod* von 1479 an.[89]

Im Laufe des 15. Jahrhunderts errang Moskau allmählich die Vorherrschaft in der Rus'. Im Zusammenhang mit diesem Konsolidierungsprozess entstanden zwischen 1470 und 1490 mehrere Chronikfassungen, die alle dezidiert die Tendenz vertraten, den Anspruch auf die Führungsrolle Moskaus dadurch zu untermauern, dass sich in der ‚Sammlung der russischen Länder' die historische Tradition erfüllt habe und zu ihrem logischen Abschluss gekommen sei. Diese Geschichtsschreibung wurde sowohl vom Fürstenhof als auch im Umkreis des Metropoliten gefördert. Die frühesten dieser Kompilationen entstanden unmittelbar im Kontext der siegreichen Feldzüge gegen Nowgorod: Die Schlacht von 1471 fand ihren literarischen Niederschlag schon ein Jahr später, der entscheidende Sieg von 1478 wurde bereits 1479 verschriftlicht. Die Chroniken stützen sich größtenteils auf die *Chronik von Nowgorod*, deren gegen Moskau gerichtete Tendenz jedoch getilgt wurde. Überliefert sind ihre Fassungen als *Erste* und *Zweite Sofijskaia-Chronik*, als Moskauer *svod* von 1479 und als *Nikanor-Chronik* und *Vologda-Perm-Chronik*. Im 16. Jahrhundert setzt sich diese tendenziell gleichgerichtete Historiographie mit der *Voskresenskaia-Chronik* fort, ein Prozess, der im 17. Jahrhundert im monumentalen Projekt des Patriarchenhofs mit der *Nikonovskaia-Chronik* seinen Gipfel erreichte.[90] Die Tendenzen der Umarbeitung der Chronistik Nowgorods zur Moskauer Geschichtsschreibung lässt sich im Vergleich mit den Nowgoroder Vorlagen detailliert nachweisen. Kaum bekannt hingegen ist die Chronistik von Tver (*Tverskoj sbornik*).[91]

---

88 Михаил Присельков: Троицкая летопись: реконструкция текста, Москва [Mihail Priselkov: Troickaia Letopis'. Textrekonstruktion, Moskau] ²2002.

89 Lihačev (Anm. 23), S. 469–471.

90 Ольга Н. Киянова: Поздние летописи в истории литературного языка. Конец XVI-начало XVIII вв, Санкт-Петербург [Olga N. Kiianova: Späte Chroniken in der Geschichte der literarischen Sprache. Ende XVI. Jahrhundert – Anfang XVIII. Jahrhundert, Sankt Petersburg] 2010, S. 31–74; Lihačev (Anm. 23), S. 475–479.

91 Ekkehard Klug: Das Fürstentum Tver' 1247–1485, Berlin 1985 (Osteuropa-Institut an der Freien Universität Berlin. Historische Veröffentlichungen 37), S. 24–33. Eine Übersetzung des Werkes ins Russische erfolgte 1994.

4 Probleme der Forschung

Das Grundproblem der ostslawischen Chronistik ist überlieferungs- und textgeschichtlicher Art und betrifft das Verhältnis der Codices zueinander und die Struktur der kompilierten Texte. Im Laufe ihrer Tradierung wurden die Chroniktexte mehrfach so stark bearbeitet, dass Verfasserfragen, solche des Entstehungsortes und ihrer Authentizität nicht immer hinreichend oder befriedigend beantwortet werden können. Als ein Ergebnis der Forschung wird die PVL heute als eigenständiger, autonomer Text behandelt, obgleich noch immer kein Konsens hinsichtlich der Varianten und Redaktionen erreicht worden ist. Weniger kompliziert ist die Lage bei den Nowgoroder Chroniken und den sog. südlichen Codexgruppen (KL: *Kievskaia Letopis'*, HVL: *Letopis' von Halič-Volhynien*), auch wenn die Definition des Anteils der einzelnen *svod* noch immer nicht gänzlich problemlos ist. Was die literarhistorische Einordnung und Bewertung der Texte angeht, so liefert die hermeneutische Methode, die sich allerdings in der russischen Forschung nur in geringem Maße durchgesetzt hat,[92] einen erfolgversprechenden Ansatz. Die Feststellung der historischen Authentizität der Chronikberichte wird allerdings dadurch erschwert, dass die Archive keine vor dem 14. Jahrhundert entstandenen Quellen aufbewahren, die eventuelle Parallelstellen überliefern würden. Die Existenz fürstlicher Archive oder früher Urkunden des 11.–13. Jahrhunderts, die manche Forscher postulieren,[93] gehört eher in das Reich der Phantasie.

Die überwiegende Zahl der Überlieferungszeugen der Geschichtsschreibung der Rus' stammt aus dem 15. Jahrhundert, wenn auch die fast ausschließlich als Kompilationen auftretenden Chroniken ältere Textfassungen bewahren. Weiterhin im Hauptinteresse der Forschung wird die Entstehungsgeschichte der auf die PVL folgenden Zeitstrecken und Passagen und deren Textfiliation bleiben, auch wenn eindeutige oder gar endgültige Lösungen dabei kaum zu erwarten sein dürften.

Aus dem Ungarischen übersetzt von Gábor Barabás

Lektürehinweise:

1. Aus dem alten Russland. Epen, Chroniken und Gedichten. Hrsg. von SERGE A. ZENKOVSKY, München/Wien 1968. [Tl. 1.: Die Literatur der Kiewer Ära. 11.–13. Jahrhundert; Tl. 2: Die Epigonen

---

92 Siehe ИГОРЬ Н. ДАНИЛЕВСКИЙ: Русские земли глазами современников и потомков (XII – XIV вв), Москва [IGOR N. DANILEVSKIJ: Das russische Gebiet in den Augen der Zeitgenossen und ihrer Nachfolger (XII. – XIV. Jahrhundert), Moskau] 2001.

93 ВЕРА Ю. ФРАНЧУК: Киевская летопись, Киев [VERA JU. FRANČUK: Die Kiewer Chronik, Kiew] 1986, S. 137 – 155, 158 – 181.

der Kiewer Schule. 13.–14. Jahrhundert]; Die erste *Novgoroder Chronik* nach ihrer ältesten Redaktion (Synodalhandschrift) 1016 – 1333/1352. Edition des altrussischen Textes und Faksimile der Handschrift im Nachdruck. Hrsg. von JOACHIM DIETZE, Leipzig 1971; LUDOLF MÜLLER: Das Lied von der Heerfahrt Igors, München 1989 (Quellen und Studien zur russischen Geistesgeschichte 8); DERS.: Die Taufe Russlands, München 1987. (Quellen und Studien zur russischen Geistesgeschichte 6); DERS.: Helden und Heilige aus russischen Frühzeit. Dreißig Erzählungen aus der altrussischen *Nestorchronik*, München 1983 (Quellen und Studien zur russischen Geistesgeschichte 3); *Nestorchronik* 2000 (22); *Radziwiłł-Chronik* (84); Russische Heiligenlegenden. Hrsg. von ERNST BENZ, Zürich 1987.

2. BIRNBAUM 1984 (5); FONT 2005 (68); FRANKLIN 2002 (7); Handbuch der Geschichte Russlands 1981 (33); KAPPELER 1994 (1); KERSKEN 1995 (22); MÜLLER 1977 – 1986 (23); ROTHE 2000 (3); RÜSS 1981 (33); The Cambridge History of Russia. Bd. 1: From Early Rus' to 1689. Hrsg. von MAUREN PERRIE, Cambridge 2006.

3. MÁRTA FONT: Völker – Kultur – Beziehungen. Zur Entstehung der Regionen in der Mitte des mittelalterlichen Europa, Hamburg 2013 [bes. S. 177 – 219.]; UWE HALBACH: Der russische Fürstenhof vor dem 16. Jahrhundert, Stuttgart 1985; PODSKALSKY 1982 (24); GÜNTHER STÖKL: Russische Geschichte, Stuttgart [5]1990; Tausend Jahre christliches Russland. 988 – 1988. Hrsg. von GERHARD BIRKFELLER, Köln/Weimar/Wien 1993.

Sergei Mariev

Byzantinische Chronistik

1 Einleitung

Laut KARL KRUMBACHER, dem Verfasser der ‚Geschichte der byzantinischen Litteratur', die ihre Bedeutung für die Byzantinistik auch mehr als 100 Jahre nach dem Erscheinen der zweiten Auflage 1897 in vielen Bereichen immer noch nicht eingebüßt hat, könne das Spezifikum der byzantinischen Chronistik aus ihrem Unterschied zur Historiographie heraus bestimmt werden. Dem Begründer der deutschen Byzantinistik zufolge erstrecke sich der Unterschied der beiden wichtigsten Gattungen der historiographischen Literatur der Byzantiner nicht nur auf Stoff und Form, sondern auch auf die soziale Herkunft der Verfasser und auf den Leserkreis, für den die Werke der jeweiligen Gattung bestimmt waren. Während die Geschichtswerke, so KRUMBACHER, vorwiegend die Zeitgeschichte behandeln, den klassischen Vorbildern wie Herodot, Thukydides oder Polybios folgen, „altertümliche und puristische Diktion"[1] verwenden und sich an den „auserlesenen Kreis der Gebildeten, des Hofs, der höheren Geistlichkeit und Beamten"[2] wenden würden, aus dem auch die Verfasser dieser Werke stammen, stünde die Chronistik „um Stockwerke tiefer"[3]. Ihr Stoff sei die Weltgeschichte, die sie von der Schöpfung bis auf die Zeit des Verfassers oder einen kurz vorhergehenden Abschnitt herunterführen würde. Die Absicht ihrer Verfasser sei „volkstümlich, spießbürgerlich" gewesen. Ferner bestünde sie in der „naiven Aufzählung einer möglichst ausgiebigen Summe von geschichtlichen Einzelheiten". Mit besonderer Aufmerksamkeit würden dabei „Teuerungen, Seuchen, Kometen und sonstige Wunderzeichen, Erdbeben und die Angelegenheiten der Rennbahn behandelt". Die Chronisten würden sich an die große Masse des Volks, in erster Linie an „die Tausende schwachgebildeter, aber nach frommer Belehrung über den Gang der Weltbegebenheiten begieriger Klosterbewohner" wenden, aus deren Mitte auch die Verfasser der Chroniken stammten.[4]

1 Vgl. KARL KRUMBACHER: Geschichte der byzantinischen Litteratur. Von Justinian bis zum Ende des oströmischen Reiches (527 – 1453), München ^{2}1897, S. 219.

2 KRUMBACHER (Anm. 1), S. 219.

3 HANS-GEORG BECK: Zur byzantinischen ‚Mönchschronik'. In: Speculum historiale. Geschichte im Spiegel von Geschichtsschreibung und Geschichtsdeutung. Johannes Spörl aus Anlass seines sechzigsten Geburtstages dargebracht. Hrsg. von CLEMENS BAUER/LAETITIA BOEHM/MAX MÜLLER, Freiburg 1965, S. 188 – 197, hier S. 188.

4 Vgl. KRUMBACHER (Anm. 1), S. 226 – 230, 319 – 323.

Gegen KRUMBACHERS Differenzierung von Chronistik und Historiographie im Hinblick auf die soziale Herkunft ihrer respektiven Verfasser und Leser richtet sich in erster Linie der epochale Aufsatz von HANS-GEORG BECK ‚Zur byzantinischen Mönchschronik'[5]. BECK weist mit Nachdruck darauf hin, dass von den 21 Verfassern verschiedener Chroniken, Rezensionen und Kontinuationen, auf die sich KRUMBACHERS Unterscheidung bezog, „nicht einmal [ein] Drittel – insgesamt sechs – zweifelsfrei Mönche waren". Ferner zeigt er, dass „nicht weniger als fünf Namen derer, die sicher keine Mönche waren," in die hohen und höchsten Hofkreise führen, „also genau in jene Schicht, wo man im allgemeinen die ‚Historiographie' im engeren Sinne beheimatet", und dass drei der Mönche, Georgios Synkellos, Patriarch Nikephoros und Johannes Zonaras, wenigstens früher zu diesem Amtsadel gehört haben. Die Widerlegung der von KRUMBACHER vorgeschlagenen ‚Soziologie' der Chronistik ist indes nur ein Ergebnis dieser Untersuchung. Ein weiteres, nicht minder wichtiges Resultat besteht in der Herauslösung dieser Gattung aus ihrem Gegensatz zur Historiographie, der seit KRUMBACHER für ihre Definition als wesentlich galt: „Es besteht auch kein triftiger Grund, diese einheitliche Chronistik in Kontrast zur sogenannten Historiographie zu sehen." Obwohl BECK eine ganze Reihe der von KRUMBACHER hervorgehobenen Unterschiede zwischen den beiden Gattungen – z. B. die Konzentration auf Zeichen und Wunder, Himmelserscheinungen und ‚Kuriositäten' oder das Interesse für die theologischen Fragestellungen – einer gründlichen Revision unterzieht und zeigt, dass sie keineswegs das Spezifikum der Chronistik ausmachen, hält er an der These der Einheitlichkeit dieser Gattung fest, die er vor allem in dem „annalistischen Element" und in dem Umstand erblickt, dass sich die Chroniken „teilweise souverän" über die Anforderungen der „sogenannten Reinsprache", des „rhetorischen Schmuck[s]", der Einarbeitung „klassische[r] Reminiszenzen" und der „Anlehnung an klassische Vorbilder der Historiographie" hinwegsetzen.[6]

Neben der von KRUMBACHER vorgeschlagenen und von BECK korrigierten Definition der Chronistik stellt eine weitere, von HERBERT HUNGER formulierte These die Weichen für die wissenschaftliche Auseinandersetzung mit dieser Gattung im ausgehenden 20. Jahrhundert. In seinem monumentalen Werk ‚Die hochsprachliche profane Literatur der Byzantiner' hat HUNGER den Versuch unternommen, die Gattung Chronistik mit dem Begriff ‚Trivialliteratur' zu definieren:

> Triviale Motivwahl, Sprache und Handlungsführung, schablonenhafte Zeichnung von Figuren und Umwelt und leichte Lesbarkeit zeichnen dieses Genos aus. Werke der Trivialliteratur wollen in erster Linie Unterhaltung für ein ‚breites' Publikum bieten. Sie richten sich in

5 BECK (Anm. 3).
6 BECK (Anm. 3), S. 196f.

> der Regel nach dem Weltbild und der Weltanschauung des durchschnittlichen Zeitgenossen. Aus diesen zunächst ziemlich weit gefassten Merkmalen lassen sich verschiedene nähere Charakteristika zwanglos ableiten. Der Unterhaltung dient eine bunte Menge von Informationen – im Fall der Chroniken aus dem historischen Bereich –, die durch eine Reihe von Sensationsnachrichten und durch die Beimengung von *Sex and Crime* eine gewisse Würze erhalten.[7]

Die Problematik dieser Herangehensweise liegt auf der Hand: Nicht nur basiert der auch in der modernen Literaturwissenschaft nicht unumstrittene Begriff ‚Trivialliteratur' auf soziologischen Hypothesen über unterschiedliche gesellschaftliche Schichten und deren literarischen Geschmack, die für Byzanz nachweislich fehl am Platz sind. Viel problematischer noch erscheint die Tatsache, dass HUNGER einen bei weitem unwesentlichen Aspekt einiger Texte aus dieser Gattung willkürlich zu ihrem Spezifikum erklärt und die eigentliche Problematik, nämlich die schwierige Abgrenzung der Chronistik von den benachbarten Gattungen der Historiographie und Kirchengeschichte, nur oberflächlich tangiert. Folglich muss diese These HUNGERS als ein grober Anachronismus von äußerst geringem hermeneutischen Wert ad acta gelegt werden.

Betrachtet man alle Texte aus der byzantinischen Zeit, die üblicherweise als Chroniken behandelt werden – die wichtigsten davon werden hier vorgestellt –, so stellt man fest, dass kaum eine Definition allen diesen Texten gerecht zu werden vermag. Die Chronistik könnte daher als eine der am schwersten zu definierenden Gattungen der byzantinischen Literatur gelten, vor allem dann, wenn man ihre Darstellung auf die Werke ab Johannes Malalas beschränkt und die frühe ‚formative' Periode (hauptsächlich Julius Africanus und Eusebius) außer Acht lässt.[8] Jedoch gerade in dieser früheren Zeit entsteht die christliche Weltchronik mit ihrer auf die gesamte Weltgeschichte ausgelegten Struktur, die die Gattung ‚Chronistik in Byzanz' im Wesentlichen charakterisiert.

2 Frühphase

Es empfiehlt sich, die Vorstellung der wichtigsten byzantinischen Chroniken bereits im 3. Jahrhundert n.Chr. mit dem Werk des [Sextus][9] Julius Africanus zu

7 HERBERT HUNGER: Die hochsprachliche profane Literatur der Byzantiner. Bd. 1, München 1978, S. 257–278 [„Chroniken als Trivialliteratur"], hier S. 257.

8 Sowohl der hier viel zitierte Aufsatz von BECK (Anm. 5) als auch das der Chronistik gewidmete Kapitel bei HUNGER (Anm. 7) beginnen die Behandlung dieser Gattung mit Johannes Malalas.

9 Die Tradition, die ihm den Namen ‚Sextus' zuspricht, ist spät und unzuverlässig (*Suda* α 4647 spricht von *Ἀφρικανός, ὁ Σέκτος*, das zu *Σέξτος* emendiert wurde).

beginnen, den HEINRICH GELZER zu Recht als den „Begründer[.] der christlichen Chronographie“[10] bezeichnet hat. Einerseits knüpft seine Chronik (*Chronographiae*)[11], die mit der Schöpfung beginnt[12] und bis zum dritten Regierungsjahr Kaiser Elagabals, d. h. bis 221/22, gereicht haben muss,[13] an die reiche Tradition der hellenistischen Geschichtsschreibung an,[14] indem sie zum Teil dieselben historiographischen Probleme anspricht, die bereits die hellenistischen Universalhistoriker beschäftigten – wie etwa das Problem der Darstellung der Ereignisse aus der Zeit vor dem Trojanischen Krieg (diese geschichtliche Periode wurde als *ἄδηλος χρόνος* („dunkle Zeit“) bekannt[15] –, sich auf dieselben Themen konzentriert, die schon das Interesse der hellenistischen Historiker fesselten,[16] oder dieselben wissenschaftlichen Methoden verwendeten, die von den hellenistischen Historikern ausgearbeitet worden waren, wie z. B. die Zählung der Jahre nach den Olympiaden.[17] Andererseits interpretiert die Chronik des Julius Africanus die Geschichte aus der christlichen Perspektive: Die Erschaffung Adams markiert für Julius Africanus den Anfang der Geschichte und konstituiert die Grundlage seines

---

10 HEINRICH GELZER: Sextus Julius Africanus und die byzantinische Chronographie, 2 Tle., Leipzig 1898, o. S. [im Vorwort].

11 Sextus Iulius Africanus: *Chronographiae*. The extant fragments. Hrsg. von MARTIN WALLRAFF mit englischer Übersetzung von WILLIAM ADLER, Berlin 2007 (GCS NF 15). Wichtige Literatur: Julius Africanus und die christliche Weltchronik. Hrsg. von MARTIN WALLRAFF, Berlin 2006 (Texte und Untersuchungen zur Geschichte der altchristlichen Literatur 157); WILLIAM ADLER: Sextus Julius Africanus and the Roman Near East in the Third Century. In: Journal of Theological Studies 55/2 (2004), S. 520–550; GELZER (Anm. 10).

12 Vgl. dazu das Fragment 14a (Anm. 11).

13 Obwohl das letzte erhaltene Fragment seiner Chronik (F93; Anm. 11) sich mit dem Tod und der Auferstehung Christi befasst, kann ihr Ende doch aufgrund einer Reihe unabhängiger Textzeugen und Datierungsformen bestimmt werden, vgl. IULIUS AFRICANUS (Anm. 11), S. XVII.

14 Vgl. RICHARD W. BURGESS: Apologetic and Chronography. The Antecedents of Julius Africanus. In: Julius Africanus und die christliche Weltchronik (Anm. 11), S. 17–42.

15 Damit wird der Umstand bezeichnet, dass die Ereignisse vor dem Trojanischen Krieg von den griechischen und hellenistischen Geschichtsschreibern oft als diejenige historische Periode angesehen werden, über die sichere Kenntnisse unmöglich sind; vgl. WILLIAM ADLER: Time Immemorial: Archaic History and Its Sources in Christian Chronography from Julius Africanus to George Syncellus, Washington D.C. 1989 (Dumbarton Oaks Studies 26), insbesondere S. 15–18.

16 Dazu gehört das Interesse an den Erfindungen (*heuremata*; vgl. F24, 32–37; Anm. 11), die als große Errungenschaften der Zivilisation aufgefasst wurden, oder an der Figur des Erfinders; eine Gestalt, die in den Listen der Erfinder nicht fehlen durfte ist Faunos-Hermes, der Erfinder der Goldgewinnung.

17 Die Gleichsetzung der Datierung, d. h. beginnend bei Adam und nach den Olympiaden, ist in folgenden Fragmenten bezeugt: F54d, F89 und F93 (Anm. 11).

chronologischen Systems (Jahr 1).[18] Die gesamte Weltgeschichte wird in sechs Chiliaden (= Weltwochen) aufgeteilt, drei bis zu Phaleks Tod, der ins Jahr 3000 ab Adam (*ἀπὸ Ἀδάμ*) gesetzt wird[19] „und drei bis zur Vollendung aller Dinge“[20]. Die Geburt Christi im Jahr 5500 steht bei Julius Africanus im Mittelpunkt des letzten Jahrtausends.

Der wichtigste Vertreter dieser frühen formativen Periode der byzantinischen Chronistik ist jedoch Eusebius von Caesarea. Seine Chronik,[21] die kurz nach 325 auf Griechisch verfasst wurde, aber hauptsächlich in armenischen und lateinischen Fassungen erhalten ist, hat vieles mit dem Werk seines Vorgängers Julius Africanus gemein. Auch sein Werk knüpft an die vielfältige Tradition der hellenistischen Geschichtsschreibung an und stellt die Geschichte der Welt aus einer christlichen Perspektive dar. Jedoch trennt eine ganze Reihe wichtiger Unterschiede dieses Werk von dem seines Vorgängers, sodass die Frage nach der Originalität des Eusebius auf dem Gebiet der Chronographie positiv beantwortet werden kann.[22] Eusebius machte sowohl vom Werk des Julius Africanus als auch von dessen Quellen (z. B. Manetho) Gebrauch, um eine umfassende Darstellung

18 Zur Unterscheidung zwischen Adamsjahren und Weltjahren siehe GELZER (Anm. 10), Tl. 1, S. 35: „Africanus' historischer Sinn zeigt sich darin, dass er nicht von der Kosmogonie, sondern von Adam datiert; denn die Historie ist die Geschichte der Menschheit, die Erzählung von der Weltschöpfung dagegen ist zwar nicht ungeschichtlich, aber vorgeschichtlich.“

19 Vgl. dazu das Fragment F94 (Anm. 11).

20 Vgl. GELZER (Anm. 10), Tl. 1, S. 24. Zur Endzeiterwartung in Byzanz um das Jahr 500 n. Chr. vgl. WOLFRAM BRANDES: Anastasios *ὁ δίκορος*. Endzeiterwartung und Kaiserkritik in Byzanz um 500 n. Chr. In: Byzantinische Zeitschrift 90 (1997), S. 24 – 63.

21 Die Chronik des Hieronymus. Hrsg. von RUDOLF HELM, Leipzig 1913 – 26 (GCS 24 und 34) [Ausgabe der Hieronymus-Version]; Anecdota Graeca e codd. manuscriptis bibliothecae regiae Parisiensis. Bd. 2. Hrsg. von JOHN ANTHONY CRAMER, Oxonii 1839, S. 118 – 63 [griechische Fragmente]; Eusebi Chronicorum libri duo. Hrsg. von ALFRED SCHOENE, Berolini 1866 [griechisch, syrisch und armenisch]. Übersetzung: Eusebius: Die Chronik. Aus dem Armenischen übers. mit textkritischem Commentar. Hrsg. von JOSEF KARST, Leipzig 1911 (GCS 20). Eusebius von Caesarea: *Kirchengeschichte*. Hrsg. und eingeleitet von HEINRICH KRAFT, übersetzt von PHILIPP HAEUSER, München ²1981. Wichtige Literatur: RICHARD W. BURGESS: Studies in Eusebian and post-Eusebian chronography, Stuttgart 1999, S. 21 – 109; WILLIAM ADLER: Eusebius' Chronicle and its Legacy. In: Eusebius, Christianity, and Judaism. Hrsg. von HAROLD W. ATTRIDGE/GOHEI HATA, Leiden u. a. 1992, S. 467 – 491; ALDEN A. MOSSHAMMER: The Chronicle of Eusebius and Greek Chronographic Tradition, Lewisburg 1979.

22 Zu dieser Frage vgl. BRIAN CROKE: The Originality of Eusebius' Chronicle. In: American Journal of Philology 103 (1982), S. 195 – 200; ARNALDO MOMIGLIANO: Pagan and Christian Historiography in the Fourth Century A.D. In: The Conflict between Paganism and Christianity in the Fourth Century. Hrsg. von ARNALDO MOMIGLIANO, Oxford 1963, S. 79 – 99; ADOLF BAUER: Ursprung und Fortwirken der christlichen Weltchronik, Graz 1910, S. 12 ff.; ALFRED SCHÖNE: Die Weltchronik des Eusebius in ihrer Bearbeitung durch Hieronymus, Berlin 1900.

der Weltgeschichte, die bei ihm mit Abraham beginnt, zu kompilieren. Seine Chronik besteht aus zwei Teilen: Der erste Teil, die *Chronographia*, enthält vor allem eine Sammlung ausführlicher Zitate aus verschiedenen historischen Quellen, die die Geschichte und vor allem die Chronologie der verschiedenen Reiche im Mittelmeerraum betreffen. Der Hauptteil, die *Chronici Canones* (*χρονικοὶ κανόνες*), enthält dagegen eine Synthese des im ersten Teil präsentierten historischen Materials in tabellarischer Form. In diesem Punkt liegt auch die größte Innovation des Eusebius gegenüber seinen Vorgängern, die auch von ihm sehr selbstbewusst hervorgehoben wird. Die Tabellen bieten dem Leser eine synchronistische Übersicht über die Zeit und den Raum der Weltgeschichte. Im Anfangsteil nehmen sie bis zu neun Spalten (= neun Reiche) ein, die zunächst nebeneinander auf Doppelseiten (bis zum zweiten Jahr des Darios, 521 v.Chr., dann auf Einzelseiten) angeordnet waren. Eine Spalte wird solange fortgeführt, wie das jeweilige Reich existierte; der Beginn einer neuen Spalte entspricht der Erscheinung einer neuen Macht in der Weltgeschichte. Im weiteren Verlauf der Darstellung reduziert sich die Anzahl der Spalten auf eine (= die Römer). Die Darstellung wird bis zum Jahr 325 fortgeführt. Dieses komplizierte Format erschwerte die Überlieferung dieses Werks, weil die Tabellen mit den in ihnen enthaltenen Angaben sich nur schwer reproduzieren ließen. Man kann mit größter Wahrscheinlichkeit annehmen, dass ein unversehrter griechischer Text der *Canones* das Ende des 4. Jahrhunderts nicht überdauert hat. Das Format als solches, d. h. die tabellarische ‚Außen'-Form, fand im byzantinischen Osten keine Nachahmer oder Fortsetzer. Das Bestreben des Eusebius, für jedes historische Ereignis einen Platz in der Weltgeschichte zu finden, die ihren Anfang – gleich ob mit der Schöpfung, mit Adam oder mit Abraham – nimmt und ihrem Ende zustrebt, legt ein bestimmtes Verständnis von Geschichte offen, das letztlich in einer heilsgeschichtlichen Ökonomie gegründet ist.[23] Erst auf diesem breiten theologischen und kulturgeschichtlichem Horizont frühbyzantinischer Zeit, der sich im Werk des Eusebius manifestiert, wird das Spezifikum dieser entstehenden Gattung, der historiographischen Literatur der Byzantiner, in ihren Ansätzen verständlich.

Eine der ersten byzantinischen Chroniken im eigentlichen Wortsinn ist die nur fragmentarisch erhaltene Chronik eines gewissen Johannes von Antiochien.[24] Die

23 Vgl. Dorothee König-Ockenfels: Christliche Deutung der Weltgeschichte bei Euseb von Cäsarea. In: Saeculum 27 (1976), S. 348–365.

24 Ioannis Antiocheni fragmenta quae supersunt omnia. Hrsg. von Sergei Mariev, Berlin 2008 (Corpus Fontium Historiae Byzantinae 47); Ioannis Antiocheni Fragmenta ex Historia chronica. Hrsg. von Umberto Roberto, Berlin/New York 2005 (Texte und Untersuchungen zur Geschichte der altchristlichen Literatur 154); vgl. dazu vor allem Sergei Mariev: Über das Verhältnis von Cod. paris. gr. 1630 zu den Traditionen des Johannes Malalas und des Johannes von Antiochien. In:

Eingangspartien dieses Werkes exzerpieren Julius Africanus. Diese Tatsache ist als Bewusstsein der Zugehörigkeit zur chronographischen Tradition, als eine Art Hommage an die frühere Tradition zu deuten und gerade deswegen als Hinweis darauf zu verstehen, dass Johannes von Antiochien sich in erster Linie als Chronist und nicht als Historiker betrachtete. Im restlichen Teil der Chronik löst sich ihr Verfasser von den typischen Interessen und Fragestellungen der hellenistischen und frühchristlichen Chronistik (Synchronisation, Apologetik) im Stil eines Julius Africanus oder Eusebius und verfasst eine historische Kompilation, die aus mehr oder weniger wörtlichen Zitaten namhafter römischer und spätantiker Historiker besteht und deren Schwerpunkt wahrscheinlich auf der Darstellung der römischen Geschichte liegt. Über die Komposition der Chronik kann jedoch sehr wenig Zuverlässiges gesagt werden, weil man nicht sicher sein kann, ob die wenigen Fragmente, die erhalten sind, die Struktur der Originalfassung oder eher die Interessen der Exzerptoren aus dem Kreis des Konstantin VII. Porphyrogennetos wiedergeben.

Jede wissenschaftliche Darstellung dieses Werks muss mit einem Hinweis darauf versehen werden, dass alle Urteile darüber und noch um so mehr alle Angaben über die Abfassungszeit und die Person des Autors sich auf die Evidenz des Corpus der Fragmente gründen und daher wesentlich von den Entscheidungen abhängen, die zur Zusammensetzung dieses Corpus geführt haben.[25] In Bezug auf die Zusammensetzung des Corpus hat sich eine Forschungskontroverse ergeben, auf die hier näher eingegangen werden soll, weil sich an ihr sehr gut die Schwierigkeiten ablesen lassen, mit denen man hier zu kämpfen hat: Die beiden modernen Editionen der Fragmente von Sergei Mariev und Umberto Roberto erweisen sich aufgrund der unterschiedlichen Hypothesen und Arbeitsmethoden ihrer Herausgeber als miteinander gänzlich inkompatibel. Die Edition von Mariev präsentiert die gesicherten Ergebnisse der Forschungstradition, die in ihren An-

Jahrbuch der Österreichischen Byzantinistik 59 (2009), S. 177–190; Ders.: Neues zur Johanneischen Frage? In: Byzantinische Zeitschrift 99/2 (2006), S. 535–549; Panagiotis Sotiroudis: Untersuchungen zum Geschichtswerk des Johannes von Antiocheia, Thessaloniki 1989.

25 Die wichtigsten Forschungsmeinungen zur Zusammensetzung des Corpus des Johannes von Antiochien werden dargestellt von Sergei Mariev: John of Antioch reloaded – a tutorial. In: Die Weltchronik des Johannes Malalas: Autor – Werk – Überlieferung. Hrsg. von Mischa Meier/Christine Radtki/Fabian Schulz, Stuttgart 2015 (Malalas-Studien 1), S. 253–266; Ders., Neues zur Johanneischen Frage? (Anm. 24), S. 535 f.; Ders., Verhältnis (Anm. 24), S. 178 f. Eine alternative Darstellung von Roberto wird in der Einleitung zu dessen Edition (Anm. 24) präsentiert, seine editorischen Entscheidungen wurden ausführlich in Mariev 2006 kritisiert. Robertos Kritik an Marievs Edition findet sich in Umberto Roberto: Research prospects on John of Antioch (notes on the edition by Sergei Mariev). In: Jahrbuch der Österreichischen Byzantinistik 60 (2011), S. 115–128.

sätzen auf die philologische Arbeit der deutschen Quellenforschung des 19. Jahrhunderts zurückgeht. Das Resultat ist ein kompaktes Corpus des Johannes von Antiochien, das nur die Fragmente enthält, die aufgrund philologischer Kriterien dem Autor mit Sicherheit zugewiesen werden können. Laut MARIEV handelt es sich um eine Chronik, die bis zur Regierungszeit des Anastasios I. (518) reicht. Die Hauptmasse der Fragmente wird aus Exzerpten gewonnen, die im Umkreis des Kaisers Konstantin VII. Porhyrogennetos entstanden sind, nämlich die sogenannten *Excerpta de insidiis* und *Excerpta de virtutibus et vitiis*. Die Frage nach der Provenienz der restlichen Fragmente, die in der Edition nicht enthalten sind, aber in der Vergangenheit oft in Verbindung mit dem Namen des Johannes von Antiochien gebracht wurden, muss in Bezug auf die einzelnen Fragmente unterschiedlich beantwortet werden.

Für ROBERTO hingegen ist die Entstehungszeit der Chronik das 7. Jahrhundert. Sowohl das Textcorpus als auch die Einleitung seiner Edition bieten mehr Material, da er auch die Fragmente des Ps. Johannes von Antiochien aufnimmt.[26] Es handelt sich jedoch meistens um Hypothesen des Herausgebers, die zwar mit dem von ihm zusammengesetzten Corpus in keinem Widerspruch stehen, aber auch durch keine anderen Quellen verifiziert werden können. An einem Beispiel kann diese Tendenz, die in der Edition von ROBERTO allgegenwärtig ist,[27] besonders deutlich illustriert werden: Ein längerer Aufenthalt des Verfassers der Chronik in der byzantinischen Hauptstadt und sogar die Benutzung der kaiserlichen Bibliothek vor Ort wird deswegen als gesichert betrachtet und zum wiederholten Male mit Nachdruck betont,[28] weil die Vielfalt der in der Chronik verarbeiteten Quellen diesen Schluss nahelegt. Obwohl dieser Schluss in der Tat sehr plausibel klingt, muss man seinen Erkenntniswert als äußerst gering ansehen, da ja sonst überhaupt keine Informationen über die Person des Johannes von Antiochien vorliegen. Sogar sein in einigen wenigen Handschriften undeutlich überlieferter Name, ein gewisser Johannes aus der Stadt Antiochien, hebt nur scheinbar die Anonymität dieser Figur auf.

Die Chronistik der frühbyzantinistischen Zeit, die wegen des fragmentarischen Erhaltungszustandes der Chronik des Johannes von Antiochien nur in Umrissen greifbar ist, kann jedoch am Beispiel eines besser erhaltenen Werkes dieser Gattung, der *Chronographia* des Johannes Malalas,[29] untersucht werden.

---

26 Eine Übersicht über die wichtigsten Textträger der beiden Corpora findet sich in MARIEV: Neues zur Johanneischen Frage? (Anm. 24) und in den Einleitungen der jeweiligen Editionen.

27 Weitere Beispiele bei MARIEV: Neues zur Johanneischen Frage? (Anm. 24).

28 Zuletzt in ROBERTO (Anm. 25).

29 Ausgabe: Ioannis Malalae *Chronographia*. Hrsg. von JOHANNES THURN, Berlin 2000 (Corpus Fontium Historiae Byzantinae 35). Übersetzung: Johannes Malalas: Weltchronik. Hrsg. von DERS.

Das Ziel der *Chronographia* ist ein doppeltes: Einerseits stellt sie in den Büchern 1–9, allerdings mittels einer komplizierten und nicht immer fehlerfreien, bei Adam beginnenden Chronologie,[30] die biblische Geschichte aus christlicher Sicht dar, was die Zugehörigkeit dieses Werks zur christlichen chronographischen Tradition im Sinne eines Julius Africanus oder Eusebius beweist.[31] Andererseits besteht ihr Ziel darin, die Ereignisse aus der Regierungszeit der römischen Kaiser von Augustus (Buch 9) bis Justinian (Buch 18) zu schildern. In diesem Teil der Chronik werden die Ereignisse um die Figur des jeweiligen Kaisers arrangiert, wobei aber auch hier die chronologischen Verweise und Synchronismen häufig sind. Der Anfang des griechischen Textes des Johannes Malalas fehlt in der Hauptüberlieferung des Werkes, der Oxforder Handschrift Baroccianus 182. Die ältere Edition von LUDWIG AUGUST DINDORF[32] suchte diesen Verlust durch ein Fragment aus einer Chronik des Georgios Monachos zu kompensieren. Die aktuelle Edition von JOHANNES THURN verwendet dagegen cod. Paris. suppl. 682 und cod. Vatopedin. 290, die einst zur selben Handschrift gehört haben, und zieht zusätzlich cod. Paris. 1630, ff. 234r – 239v und cod. Paris. 1336, ff. 143 – 151 heran. Aus der Tatsache, dass Cod. Paris. gr. 1630 bisweilen auch für die Rekonstruktion des Corpus des Johannes von Antiochien herangezogen wird, ergibt sich das komplizierte Problem der Beziehung der beiden Chronisten zueinander.[33]

Mit dem konventionellen Namen *Chronicon Paschale* wird eine Weltchronik bezeichnet, die in der ersten Hälfte des 7. Jahrhunderts vermutlich in der byzantinischen Hauptstadt entstanden ist.[34] Ihr Name, *Osterchronik*, erklärt sich aus dem Interesse Ihres Verfassers an der komplexen Problematik der Berechnung des

---

u. a., Stuttgart 2009 (Bibliothek der griechischen Literatur 69); ELIZABETH JEFFREYS: The Chronicle of John Malalas, Melbourne 1986 (Byzantina Australiensia 4). Wichtige Literatur: Studies in John Malalas. Hrsg. von ELIZABETH JEFFREYS/BRIAN CROKE/ROGER SCOTT, Sydney 1990 (Byzantina Australiensa 6); Recherches sur la Chronique de Jean Malalas. Hrsg. von JOËLLE BEAUCAMP, Paris 2004; ALEXANDER SCHENK VON STAUFFENBERG: Die römische Kaisergeschichte bei Malalas, Stuttgart 1931.

30 Die chronologische Struktur des Werks wird ausführlich dargestellt von ELIZABETH JEFFREYS: Chronological Structures in Malalas' Chronicle. In: Studies in John Malalas (Anm. 29), S. 111 – 166.

31 Ausführlich wird diese Frage behandelt in BRIAN CROKE: The Early Development of Byzantine Chronicles. In: Studies in John Malalas (Anm. 29), S. 27 – 38.

32 Ioannis Malalae chronographia. Hrsg. von LUDWIG AUGUST DINDORF, Bonn 1831 (CSHB).

33 Zu den Lösungsvorschlägen vgl. MARIEV, Verhältnis (Anm. 24).

34 Ausgabe: *Chronicon Paschale*. Hrsg. von LUDWIG AUGUST DINDORF, Bonn 1832 (CSHB); *Chronicon Paschale* 284 – 628 AD. Übers. und eingeleitet von MARY und MICHAEL WHITBY, Liverpool 1989 (Translated texts for Historians 7). Wichtige Literatur: JOËLLE BEAUCAMP u. a.: Temps et histoire I. Le prologue de la Chronique Pascale. In: Travaux et Mémoires 7 (1979), S. 223 – 302.

Osterzyklus.[35] Dieser Frage sind die einleitenden Partien gewidmet, die vor dem eigentlichen Beginn der Chronik überliefert sind. Obwohl der Zusammenhang dieser Erläuterungen über die verschiedenen Methoden der Berechnung des Osterzyklus mit dem eigentlichen Text der Chronik von GIOVANNI MERCATI angezweifelt wurde,[36] lässt sich das Interesse des Verfassers an ähnlichen Fragen auch im Text der Chronik beobachten[37] – die Zugehörigkeit der beiden Texte zueinander kann mithin als gesichert angesehen werden. Das *Chronicon Paschale* ist indes keine wissenschaftliche Abhandlung über die Probleme der Chronologie, sondern eine Weltchronik im eigentlichen Sinn des Wortes, die mit der Erschaffung Adams beginnt und bis in das Jahr 630 gereicht haben muss. Dieser Umfang lässt sich anhand der einleitenden Bemerkungen ihres Verfassers feststellen.[38] Allerdings bricht die einzige Handschrift, Cod. vat. gr. 1941, die den Text der Chronik überliefert, im Jahr 627 ab. Das Jahr 630 mit dem feierlichen Einzug des Kaisers Herakleios in Jerusalem nach dem Sieg über die Perser war jedoch für die Byzantiner von epochaler Bedeutung und es besteht kein triftiger Grund für die Annahme, dass der anonyme Verfasser seine Absicht, die Chronik bis ins 20. Regierungsjahr des Kaisers Herakleios, also bis ins Jahr 630, fortzuführen, nicht erfüllte und kurz davor seine Darstellung abbrach.[39] Über den Verfasser der Chronik ist wenig bekannt. GELZER äußert die Vermutung, dass er im Kreis des Patriarchen Sergios (18. Apr. 610 – 9. Dez. 638) zu suchen sei.[40] Das Interesse dieses Patriarchen für die Historiographie im weiteren Sinn des Wortes und seine Patronage des Historikers Theophylaktos Simokates im Besonderen wurde in der wissenschaftlichen Literatur auch sonst bemerkt.[41] Für die Hypothese GELZERS spricht jedoch in erster Linie das ausgeprägte Interesse des Verfassers an kirchlichen Angelegenheiten. Durch das Fehlen weiterer Informationen muss diese Vermutung jedoch nach wie vor lediglich als eine plausible Hypothese betrachtet werden. Das Material wird in der Chronik annalistisch geordnet und sorgfältig datiert. Die Informationen werden nach Konsulats- und Regierungsjahren, Indiktionen, Olympiaden und bisweilen auch nach lokalen Ären (z. B. ‚Antiochische

---

35 Zu diesem Problem vgl. das monumentale Werk von ALDEN A. MOSSHAMMER: The Easter Computus and the Origins of the Christian Era, Oxford 2008.

36 GIOVANNI MERCATI: A Study of the *Paschal Chronicle*. In: The Journal of Theological Studies 7 (1905/1906), S. 397–412.

37 Vgl. z. B. den Eintrag für das Jahr 344 im *Chronicon Paschale* 1832(Anm. 34), S. 534 f.

38 Vgl. *Chronicon Paschale* 1832 (Anm. 34), S. 32.

39 Alternativen sind die Jahre 628 und 629; vgl. dazu *Chronicon Paschale* 1989 (Anm. 34), S. 190 f.

40 GELZER (Anm. 10), Tl. 2, S. 138.

41 Vgl. MICHAEL WHITBY: The emperor Maurice and his Historian. Theophylact Simocatta on Persian and Balkan Warfare, Oxford 1988, S. 32 f.

Ära') datiert. Einzelne Einträge variieren in der Länge zwischen einer Zeile und mehreren Seiten.[42] Der Verfasser zeigt ein ausgeprägtes Interesse für chronologische Probleme. Wirft man einen Blick auf die Beschaffenheit der Informationen, die dem Chronisten aufbewahrungswürdig erscheinen, so kann man ein ausgeprägtes Interesse für Nachrichten über das Leben in der byzantinischen Hauptstadt feststellen, wie z. B. Baumaßnahmen, Unruhen, Naturkatastrophen, eintreffende Gesandtschaften, aber auch kirchliche Angelegenheiten oder Nachrichten über die kaiserliche Familie. Die kirchlichen Angelegenheiten nehmen indes einen prominenten Platz in der Darstellung ein: Neben Berichten über Heilige, Märtyrer und Reliquien erfährt der Leser von den liturgischen Entwicklungen in der Hauptstadt oder wird über Bischöfe informiert, die bei der Synode von 360 anwesend waren. Merkwürdigerweise fehlen Informationen über militärische Operationen fernab von der byzantinischen Hauptstadt, die zu Lebzeiten des Verfassers stattgefunden haben, wie Berichte über die Feldzüge des Kaisers gegen die Perser. Aber auch die Auszüge aus Johannes Malalas über die Feldzüge gegen die Perser 363 fallen eher dürftig aus. Erwartungsgemäß fehlen dagegen nicht die bedeutenden Ereignisse der hebräischen und christlichen Geschichte in den entsprechenden Sektionen der Chronik. Doch das Interesse des Verfassers und somit der Leser, für die die Chronik bestimmt war, kreist eindeutig um die byzantinische Hauptstadt. Ein einheitlicher Stil oder eine Vereinheitlichung der benutzten Quellen in sprachlicher Hinsicht zählen nicht zu den Prioritäten dieses Chronisten: Das sprachliche Niveau des Textes gibt zum größten Teil die Sprache der benutzten Quellen wieder. Die *Osterchronik* kennt und benutzt unter anderem Johannes Malalas, die *Ἐκκλησιαστικὴ ἱστορία* („Kirchengeschichte") des Eusebius von Caesarea und das Traktat des Kosmas Indikopleustes über die christliche Topographie. Verallgemeinernd kann man feststellen, dass die *Osterchronik* viele gemeinsame Eigenschaften mit anderen – bereits vorgestellten – chronographischen Werken aus der frühbyzantinischen Zeit aufweist, und diese alle (mit der Ausnahme von Johannes von Antiochien) gut kennt und benutzt. Das gleiche kann jedoch nicht vom Nachleben der *Osterchronik* selbst behauptet werden: Ihr Einfluss auf die nachfolgende byzantinische Chronistik blieb minimal. Weder Nikephoros noch Theophanes haben die *Osterchronik* für die Darstellung der Ereignisse des frühen 7. Jahrhunderts herangezogen. Es wird vermutet, dass nur wenige Kopien dieses Werks, wenn sie überhaupt in Umlauf gebracht wurden, existierten und dass die älteste Handschrift, Cod. vat. gr. 1942, aus dem einzigen Exemplar des

---

42 Vgl. den ausführlichen Bericht über die Belagerung von Nisibis im Jahr 350 im *Chronicon Paschale* 1832 (Anm. 34), S. 536 f.

Werks, das in der Bibliothek des Patriarchats aufbewahrt wurde, im 10. Jahrhundert abgeschrieben worden ist.[43]

Mit dem Namen des Patriarchen Nikephoros sind zwei Werke verbunden: Die *ἱστορία σύντομος* („kurze Geschichte"), auch *Breviarium* genannt, und das *χρονογραφικὸν σύντομον.*[44] Die Entstehungsgeschichte des *Breviariums* wirft viele Fragen auf, die sich aus der Tatsache ergeben, dass es in zwei Fassungen überliefert ist, V (= Vaticanus gr. 977) und L (= London, Britisch Library, Add. 19390), deren Beziehung zueinander nicht restlos geklärt werden kann. Die Vermutung von Lajos Orosz, dass L ein erster Entwurf des Nikephoros sei, der bis zum Jahr 713 reicht, und dass Nikephoros dann eine überarbeitete Version seines Werkes hergestellt habe, die ein höheres sprachliches Niveau anstrebte, weitere Quellen heranzog und uns in der Handschrift V überliefert ist, wurde von Paul Speck als unhaltbar zurückgewiesen.[45] Für die Geschichte der byzantinischen Chronistik im engeren Sinn des Wortes spielt das *Breviarium* aber eher eine geringere Rolle. Denn obwohl das *Breviarium* für die Zeit ab 668 aus denselben Quellen schöpft wie die Chronik des Theophanes, d. h. der bedeutendsten Chronik aus der mittelbyzantinischen Zeit, ist es die Intention des Nikephoros, eine Fortsetzung des Geschichtswerks des Theophylaktos Simokates zu verfassen und keine Chronik. Die bewusste Wahl des entsprechenden *stylistic registers* wie auch der konsequente Verzicht auf einen komplexen chronologischen Apparat – so enthält das Werk bis zum Jahre 641 nur fünf chronologische Hinweise – ist ein deutliches Zeichen dafür, dass der Verfasser über genaue Vorstellungen in Bezug auf den Unterschied der beiden historiographischen Gattungen verfügte, und das Ziel verfolgte, die Informationen, die er unter anderem der chronographischen Literatur entnahm, als Geschichtswerk zu stilisieren.[46] Das *χρονογραφικὸν σύντομον* (ein ‚chronologisches Verzeichnis', wie es Krumbacher nennt) gehört dagegen eindeutig in den Bereich der Chronistik. Es handelt sich um eine kurze Sammlung von chronologischen Tabellen, die mit der Darstellung der Chronologie des Alten Testaments von Adam bis zur Babylonischen Gefangenschaft beginnen und mit einer Liste der

43 Vgl. *Chronicon Paschale* 1989 (Anm. 34), S. XIV.

44 Ausgabe und Übersetzung: Nikephoros: Nikephoros, Patriarch of Constantinople. Short History. Hrsg. von Cyril Mango u. a., Washington D.C. 1990 (Corpus Fontium Historiae Byzantinae 13) [*Breviarium*]; Nicephori archiepiscopi Constantinopolitani: Opuscula historica. Hrsg. von Carl de Boor, Leipzig 1880, S. 80 – 135. [Chronologisches Verzeichnis]; vgl. dazu insbesondere Paul Speck: Das geteilte Dossier. Beobachtungen zu den Nachrichten über die Regierung der Kaiser Herakleios und die seiner Söhne bei Theophanes und Nikephoros. Bonn 1988 (Poikila Byzantina 9); Wolfram Brandes: [Rez.]. In: Byzantinische Zeitschrift 86/87 (1993/94), S. 113 – 118.

45 Lajos Orosz: The London manuscript of Nikephoros' Breviarium, Budapest 1948; Speck (Anm. 44), insbesondere S. 195 – 197.

46 Nikephoros (Anm. 44), S. 6 f.

kanonischen Bücher und der Apokryphen des Alten und Neuen Testaments enden.

Das chronographische Werk des Georgios Synkellos entstand in Konstantinopel zwischen 808 und 810.[47] Sein Verfasser Georgios, ein *synkellos*[48] des Patriarchen Tarasios (784–806), verfolgte das Ziel, eine Universalchronik, die in seine eigene Zeit hinein reichen sollte, zu schreiben. Er konnte jedoch seine Arbeit nicht beenden und führt die Chronik nur bis ins Jahr 285 n.Chr., in die Regierungszeit Diokletians, weiter; die Fortsetzung wurde von seinem Freund Theophanes übernommen.[49] Dennoch verdient es seine Chronik, als außerordentliche Leistung im Bereich der Chronistik bewertet zu werden. Georgios' Arbeit wurde von einem genuinen Interesse für die fundamentalen Fragen der christlichen Chronographie geleitet. Bei der Behandlung der Zeit vor Abraham kann sein Interesse für die Frage nach der Dauer des Aufenthalts Adams im Paradies[50] oder für die chronologischen Unstimmigkeiten im Buch *Genesis* hervorgehoben werden; bei der Betrachtung der Unstimmigkeiten im Buch *Genesis* weist er mit Nachdruck auf die Unterschiede zwischen dem griechischen Text der *Septuaginta* und dem hebräischen Original hin und gibt ersterer den Vorzug.[51] Ebenfalls groß ist sein Interesse für die Zeit zwischen Abraham und der Babylonischen Gefangenschaft. Der traditionelle Synchronismus zwischen Moses und Ogygos, eine der fundamentalen Fragen der Chronistik überhaupt, die auf die Debatten über das relative Alter der griechischen und jüdischen Zivilisation zurückgeht und mit der das Problem der Überlegenheit der jeweiligen Kultur impliziert ist, wird von Georgios erneut einer Untersuchung unterzogen. Auch die Chronologie des Abschnitts, der bis zur Zeitenwende reicht, wird von ihm akribisch untersucht. Hierin liegt sein zentrales chronologisches Anliegen, nämlich der Nachweis, dass Christi Geburt *anno mundi* 5501 und seine Auferstehung *anno mundi* 5534, jeweils am 25. März,

---

47 Ausgabe und Übersetzung: Georgius Syncellus: Ecloga Chronographica. Hrsg. von ALDEN A. MOSSHAMMER, Leipzig 1984; The Chronography of George Synkellos – A Byzantine chronicle of universal history from the creation. Hrsg. von WILLIAM ADLER, Oxford 2002 [englische Übersetzung]. Wichtige Literatur: ADLER (Anm. 15), S. 132–158; IHOR ŠEVČENKO: The search for the Past in Byzantium around the year 800. In: Dumbarton Oaks Papers 46 (1992), S. 279–293.

48 Ein *Synkellos* (wörtl: „Zimmergenosse") des Patriarchen hatte keinen festgelegten Aufgabenbereich; die Bedeutung dieser Position ist jedoch aus dem Umstand ersichtlich, dass die *Synkelloi* mindestens seit Basileios I. vom Kaiser selbst ernannt wurden, die entsprechende Zeremonie wird von Konstantin Porphyrogennetos im *Zeremonienbuch* beschrieben. Vgl. IHOR ŠEVČENKO: An early tenth-century inscription from Galakrenai with echoes from Nonnos and the Palatine Anthology. In: Dumbarton Oaks Papers 41 (1987), S. 461–468, hier S. 463f.

49 Vgl. dazu unten S. 851–853.

50 Georgius Syncellus (Anm. 47), 3.19–5.25.

51 Georgius Syncellus (Anm. 47), 20.7–25; 130.30–131.16.

stattgefunden haben.[52] Der letzte Abschnitt seines Werks, d. h. die Zeit von der Auferstehung bis Diokletian, vermittelt dagegen den Eindruck, als könne er in dieser Periode kein kontroverses Thema mehr entdecken. Die Darstellung dieser späteren Zeit ist eine Zusammenfassung der imperialen Geschichte, die dem Typus der Chronik ähnelt, die aus den erhaltenen Fragmenten eines Johannes von Antiochien bekannt ist. Verallgemeinernd kann man sein chronologisches Werk als einen Dialog mit den wichtigsten und originellsten Vertretern dieser Gattung, Julius Africanus und Eusebius, sowie mit den alexandrinischen Kritikern des Letzteren, Panodors und Annianos, charakterisieren. Georgios' Kritik richtet sich dabei in erster Linie gegen Eusebius, den er nicht nur sachlich korrigiert, sondern auch mehrmals polemisch angreift. So behauptet er z. B., die Autorität des Evangelisten Lukas sei viel größer, als die der ganzen Schar von *Eusebioi* (*μυρίων Εὐσεβίων*).[53] Auch Julius Africanus wird von Georgios in vielerlei Hinsicht korrigiert. Der polemische Ton in diesen Passagen ist jedoch weniger deutlich; an einer Stelle bittet Georgios Julius Africanus sogar um Verzeihung (*συγγνώτω μοι*) für eine Korrektur, die ihm erforderlich erscheint.[54] Eine fundierte Bewertung der Beziehung des Georgios zu seinen wichtigsten Vorgängern und Quellen ist indes dadurch erschwert, dass die meisten von ihnen zum größten Teil nur aus Georgios Synkellos selbst bekannt sind. Viele Kritiker haben daher Georgios' komplette Abhängigkeit – auch im negativen, nicht nur im quellenkritischen Sinn dieses Wortes – bescheinigt: Gelzer vertrat die Ansicht, dass die Kritik, die Georgios an Eusebius richtet, vollständig Panodoros und Annianos entnommen sei.[55] Diese Ansicht ist jedoch heute aufgrund neuerer Forschungen überholt.[56] Es besteht kein Zweifel, dass Georgios das Material aus den Chroniken seiner Vorgänger nicht mechanisch exzerpiert, sondern umgeformt und kritisch angepasst hat. Dies geschah in der Absicht, die Autorität dieser Quellen zu hinterfragen und viele wichtige chronologische Probleme neu zu behandeln, da sie, wie Georgios glaubte, von seinen Vorgängern nur auf eine unzureichende Weise gelöst worden waren.

---

52 Eine übersichtliche Darstellung dieser Problematik als auch der Alternativmodelle aus der byzantinischen Zeit ist nach wie vor Vernance Grumel: La chronologie, Paris 1958 (Bibliothèque byzantine. Traité d'études byzantines 1), S. 56 – 72.

53 Georgius Syncellus (Anm. 47), 197.27 – 30.

54 Georgius Syncellus (Anm. 47), 79.9 – 10.

55 Gelzer (Anm. 10), Tl. 2, S. 193 – 196.

56 Vgl. The Chronography of George Synkellos, (Anm. 47), S. LX-LXIX.

3 Mittelbyzantinische Zeit

Die Fortsetzung der Chronik des Georgios Synkellos wurde von Theophanes (Homologetes) verfasst,[57] jedoch ist die Bestimmung seiner Rolle bei der Kompilation der bedeutendsten Chronik der mittelbyzantinischen Zeit Gegenstand einer wissenschaftlichen Debatte, die durch einen Aufsatz von CYRIL MANGO eröffnet worden ist.[58] Einerseits lässt das von Theophanes verfasste Prooimion vermuten, dass er Material von Georgios Synkellos übernommen hat. MANGO weist nämlich darauf hin, dass der Ausdruck *ἀφορμὰς παρέσχε*[59] aus dem Prooimion nicht in dem Sinn verstanden werden soll, dass Synkellos seinen ‚Nachfolger' Theophanes dazu ermutigte, den Rest der Chronik zu vollenden, sondern dass dieser Ausdruck sich womöglich auf das Material bezieht, das Georgios Synkellos Theophanes zur Verfügung stellte, um jenem die Vollendung der Chronik zu ermöglichen.[60] Der Charakter und Umfang des zur Verfügung gestellten Materials wird jedoch im Prooimion nicht näher spezifiziert. Andererseits zeigt der Aufsatz von MANGO sehr überzeugend, dass das Bild, das die hagiographischen Quellen von Theophanes zeichnen[61] – auch wenn man sie mit der gebotenen Vorsicht auswertet und die ‚fromme' Perspektive mitberücksichtigt, aus der das Leben des Heiligen dargestellt wird –, und sonstige biographische Informationen, die aus diesen Quellen ge-

57 Theophanis *Chronographia*. Hrsg. von CAROLUS DE BOOR, 2 Bde., Leipzig 1883–85; Übersetzungen bieten LEOPOLD BREYER: Bilderstreit und Arabersturm in Byzanz. Das 8. Jahrhundert (717–813) aus der Weltchronik des Theophanes, Graz 1964 (Byzantinische Geschichtsschreiber 6); The Chronicle of Theophanes Confessor. Byzantine and Near Eastern history. AD 284–813. Hrsg. von CYRIL MANGO/ROGER SCOTT/GEOFFREY GREATREX, Oxford 1997; vgl. hierzu WOLFRAM BRANDES: [Rez.]. In: Byzantinische Zeitschrift 91 (1998), S. 549–561. Wichtige Literatur zu Theophanes findet sich bei CYRIL MANGO: Who wrote the chronicle of Theophanes? In: Zbornik radova Vizantološkog Instituta 18 (1978), S. 9–17; ILSE ROCHOW: Byzanz im 8. Jahrhundert in der Sicht des Theophanes. Quellenkritisch-historischer Kommentar zu den Jahren 715–813, Berlin 1991 (Berliner Byzantinische Arbeiten 57); PAUL SPECK: Der ‚zweite' Theophanes. Eine These zur Chronographie des Theophanes. In: Varia 5, Bonn 1994 (Poikila Byzantina 13), S. 431–483; JAKOV LJUBARSKIJ: New trends in the study of Byzantine historiography. In: Dumbarton Oaks Papers 47 (1993), S. 131–138.

58 MANGO (Anm. 57).

59 Hier entweder „ermutigte", „anspornte" oder „Material zur Verfügung stellte".

60 Vgl. MANGO (Anm. 57), S. 10: „My suggestion that it [d. h. das Wort *ἀφορμαί*] refers to ‚incipits' (literally ‚starting points') stands in need of correction: ‚materials' is a more appropriate rendering."

61 Es sind hauptsächlich zwei Quellen: Der Panegyrikos of Theophanes (Theodore Studites/Theophanes: Le panégyrique de S. Théophane le Confesseur par s. Théodore Stoudite [BHG 1792b]. Édition critique du texte intégral. In: Analecta Bollandiana 111 [1993], S. 259–290) und die von Methodios verfasste Vita des heiligen Theophanes.

wonnen werden können, nur mit großer Schwierigkeit oder überhaupt nicht auf den Verfasser der Chronik passen. Eine genauere Diskussion der zahlreichen relevanten Details im Licht unterschiedlicher Hypothesen kann hier aus Platzgründen nicht unternommen werden. Es sei nur kurz auf die Möglichkeit einer Auslegung der relevanten Informationen hingewiesen, die SPECK unternommen hat. Ihm zufolge sind die Inkongruenzen so groß, dass man zwei Personen mit Namen Theophanes voneinander unterscheiden müsse: Der Verfasser der Chronik sei mit dem Theophanes Homologetes aus der Hagiographie nicht identisch.[62] Obwohl die Arbeit von SPECK die gesamte Problematik der Autorschaft des Theophanes auf den Punkt bringt, haben seine Schlussfolgerungen bezüglich der zwei Personen mit Namen Theophanes keinen breiteren Konsens in der Theophanes-Forschung gefunden.[63]

Die Bereiche, auf die sich die Beobachtungen und Hypothesen MANGOS stützen, können hier nur kurz umrissen werden: Nicht nur passen die Angaben über die Bildung des Theophanes aus den hagiographischen Quellen kaum auf einen Verfasser einer umfangreichen gelehrten Chronik; auch die Analyse der biographischen Angaben über das Leben des Theophanes führt zum Ergebnis, dass die Chronik während einer kurzen Zeitspanne von drei Jahren entstanden sein muss, was angesichts ihres Umfangs hochgradig unwahrscheinlich ist.[64] Ferner ist die Autorschaft des Theophanes mit einigen Ich-Aussagen im Text der Chronik inkompatibel. So berichtet der Verfasser – oder der Scholiast, was in diesem Fall für die Interpretation nicht unerheblich ist – z. B. davon, dass er sich an einen bestimmten harschen Winter in Konstantinopel erinnern kann: Es erschienen damals große Eisschollen vor der byzantinischen Hauptstadt und eine Gruppe von kleinen Kindern, unter denen auch der Erzähler dieser Passage war, durfte darauf spielen.[65] Theophanes war im Jahr 763/4 vier Jahre alt und daher sei es sehr unwahrscheinlich gewesen – bemerkt MANGO, dass „he would have been allowed such hazardous play."[66]

Die Rubriken (oder Kanones), die den Text der Chronik gliedern, bieten ausführliche chronologische Informationen. Eine typische Rubrik in der Chronik enthält folgende Angaben: Schöpfungsjahr und Jahr der Fleischwerdung Christi (*Annus mundi* minus 5500), Regierungsjahr des römischen Kaisers und des persischen Königs, der ab dem Ende des Perserreichs durch die arabischen Kalifen

62 SPECK (Anm. 57).

63 Vgl. The Chronicle of Theophanes (Anm. 57), S. LII sowie (Anm. 44).

64 Vgl. MANGO (Anm. 57), S. 10 f.

65 Theophanis *Chronographia* (Anm. 57); Theophanes 434, 23–25; vgl. The Chronicle of Theophanes (Anm. 57), S. 601.

66 The Chronicle of Theophanes (Anm. 57), S. LVIII.

ersetzt wird sowie Bischöfe in Rom, Konstantinopel, Jerusalem, Alexandria und Antiochia. Diskrepanzen zwischen den Angaben in der Rubrik und im darauffolgenden Text kommen sehr häufig vor[67] und können als ein Hinweis darauf gelesen werden, dass das aus unterschiedlichen Quellen kompilierte Material keiner Schlussrevision unterzogen wurde, was die Hypothese von MANGO, Theophanes habe fremdes Material ‚geerbt' und nur unzureichend bearbeitet, stützen würde. Auch anhand gewisser politischer Tendenzen bei der Bewertung der zeitgenössischen Ereignisse – wie dem ausgeprägten Hass gegenüber Kaiser Nikephoros – lässt sich die Autorschaft des Georgios Synkellos vermuten. Der Versuch, die Rolle des Theophanes bei der Kompilation des Textes zu bestimmen, ist indes kein steriles Unternehmen, das über die Zirkularität der Anwendung der aus dem Text gewonnenen Beobachtungen auf den Text selbst nicht hinaus zu gehen vermag. Vielmehr ist die Frage vor allem in einer Hinsicht für die Theophanes-Forschung wichtig. Eine Besonderheit der Chronik ist nämlich das Interesse am Orient; die Benutzung eines oder mehrerer syrischer Quellen gilt als gesichert,[68] die Einzelheiten sind jedoch in der Forschung heftig umstritten.[69]

Das Interesse dieses Chronisten für die persische und arabische Geschichte sowie die Bekanntschaft mit den syrischen Quellen wird durch die Annahme leichter verständlich, dass dieses Material dem Verfasser der Chronik von Georgios Synkellos zur Verfügung gestellt worden ist, der längere Zeit in Palästina verbracht haben muss. Andernfalls wäre es erforderlich, die Vorstellungen darüber, welche Quellen im frühen 9. Jahrhundert in Konstantinopel zugänglich waren, gründlich zu revidieren.

Die Chroniken des Georgios Synkellos und des Theophanes zählen zu den wichtigsten Vertretern dieser historiographischen Gattung aus der mittelbyzantinischen Zeit, sie müssen aber gleichzeitig auch als die letzten Chroniken des von Julius Africanus und Eusebius inaugurierten Typs gelten: Die späteren Chronisten interessieren sich zunehmend weniger für die Fragen der Chronographie und die Tradition der christlichen Weltchronik wird von ihnen immer mehr als ein festgelegtes Format, als eine äußere Form betrachtet, die mit anderen Inhalten ‚gefüllt' werden kann. So finden sich bei Georgios Monachos Dialoge mit den Häretikern oder bei Konstantinos Manasses erotische Liebesgeschichten.

Zu den beliebtesten und meistgelesenen Chroniken aus dieser Zeit zählte in Byzanz ohne Zweifel die Chronik des Georgios Monachos, der in einigen Hand-

---

67 Für Beispiele vgl.: The Chronicle of Theophanes (Anm. 57), S. LXII.

68 Erste Hinweise bei EDMUND WRIGHT BROOKS: The Sources of Theophanes and the Syriac Chroniclers. In: Byzantinische Zeitschrift 15 (1906), S. 578–587.

69 Eine kurze Übersicht über die Problematik in: The Chronicle of Theophanes (Anm. 57), S. LXXXII.

schriften und in der älteren Literatur mit dem Beinahmen Hamartolos, d. h. der Sünder, belegt wird.[70] Ihre Popularität kann man einerseits an der Breite der Überlieferung mit mehr als 30 Handschriften erkennen, andererseits an der Tatsache, dass die Chronik von fast allen nach ihm kommenden Chronisten benutzt[71] und bereits im Laufe des 10. und dann im 11. Jahrhundert in die slawische und georgische Sprache übersetzt wurde. Das wissenschaftliche Interesse an dieser Chronik konzentrierte sich im Laufe des 19. und des früheren 20. Jahrhunderts hauptsächlich auf quellen- und textkritische Aspekte; die wichtigsten Ergebnisse sind die Edition Carolus de Boors und die revidierte Edition von Peter Wirth. Eine Analyse dieses Werks aus der Sicht eines Literaturhistorikers fehlte lange Zeit.[72] Die Byzantinistik gab sich längere Zeit mit der Vorstellung zufrieden, bei Georgios Monachos handele es sich um einen ‚typischen' Vertreter der sogenannten ‚Mönchschronik', obwohl diese Klassifizierung seit der Arbeit Becks von 1965 als unzureichend und daher überholt zu betrachten ist. Die Tatsache, dass diese Chronik von einem Mönch verfasst wurde, über den eigentlich nichts bekannt ist als das, was sich nicht aus dem Text selbst erschließen lässt, erfuhr im Laufe der Zeit ganz unterschiedliche Bewertungen. Krumbacher etwa suchte mit dem Hinweis auf diese Tatsache, die Chronik gegen die „Entrüstung" mancher Kritiker „über die niedrige Denkart" des byzantinischen Chronisten zu verteidigen:

> Wenn wir das Werk des Georgios in gerechter Weise als eine mittelalterliche Mönchschronik auffassen, so erblicken wir in ihm ein kulturhistorisch wichtiges Abbild des Geistes, der Bestrebungen und der literarischen Mittel, über welche im neunten Jahrhundert das byzantinische Kloster gebot.[73]

Hunger kommt hingegen für die ‚Mönchschronik' zu einem negativen Urteil. In erster Linie sieht er in diesem Werk „eine Kampfansage des für breite, wenig gebildete Kreise schreibenden christlichen Mönchs an die aus der heidnischen Antike stammende literarische Kunstform der Historiographie."[74] Die heftige Kritik, die diese Chronik an den Ikonoklasten übt, kommentiert Hunger mit den Worten, dass man ja wisse, „[w]es Geistes Kind Georgios ist und was man in seiner

---

70 Ausgaben: Georgii Monachi Chronicon. Hrsg. von Carolus de Boor, 2 Bde., Leipzig 1904; korrigiert und neu hrsg. von Peter Wirth, Stuttgart 1978; vgl. dazu vor allem Dimitry E. Afinogenov: *Композиция Хроники Георгия Амартола* („Der Aufbau der Chronik des Georgios Hamartolos"). In: Vizantijskij Vremennik 52 (1991), S. 102 – 112.

71 Vgl. Georgii Monachi Chronicon (Anm. 70), Bd. 1, S. LXX: *cumque* [...] *omnes fere posteriores chronographi inde hauserint.*

72 Vgl. Afinogenov (Anm. 70).

73 Krumbacher (Anm. 4), S. 353 f.

74 Hunger (Anm. 7), Bd. 1, S. 347 f.

Chronik zu erwarten hat"[75]. Dieses Urteil wirkt bis in die 2007 erschienene ‚Kleine Geschichte der byzantinischen Literatur' von JAN ROSENQVIST.[76]

Die Chronik des Georgios Monachos ist indes nicht nur eines der meistgelesenen Werke dieser Gattung in Byzanz, ihre Struktur repräsentiert auch den Bruch mit der von Julius Africanus und Eusebius inaugurierten chronographischen Tradition. Wie die Analyse DIMITRY AFINOGENOVS zeigt, geht bereits aus dem Prooimion des Werks, das hohe Selbstbewusstsein ihres Autors hervor, mit der er der gesamten heidnischen und christlichen Tradition gegenüber tritt: Er nennt keinen einzigen seiner Vorgänger beim Namen, sondern teilt sie in zwei Gruppen: die heidnischen Schriftsteller (*τῶν ἔξω φιλόλογοι καὶ λογογράφοι ἱστορικοί τε καὶ ποιηταὶ καὶ χρονογράφοι*) und ihm zeitlich näherstehende „verehrungswürdige Männer" (*νέων καὶ πολὺ μεταγενεστέρων καὶ σεμνοπρεπῶν ἀνδρῶν*). Er wirft den heidnischen Schriftstellern vor, sie seien schwer verständlich (*οὐκ εὔληπτά τε καὶ εὐκατάληπτα*), und definiert seine eigene Aufgabe als Chronist mit Hilfe einer langen Liste von sinnverwandten Begriffen, die sich in zwei Gruppen unterteilen lassen: Die eine bezieht sich auf die Auswahl des Materials, die andere auf dessen Organisation. Aber auch die von Georgios vorgenommene Strukturierung des Materials unterscheidet seine Chronik von den bis jetzt dargestellten. Im Prooimion erklärt er zunächst, er habe das Material *ἐν τάξει τμημάτων*, d.h. in der „Ordnung der Abschnitte", aufgeteilt und erörtert diese *τάξις τμημάτων* anschließend noch näher.

Im ersten Abschnitt wird die Weltgeschichte von Adam bis zu Alexander dem Großen dargestellt, wobei die eher chaotisch als strukturiert dargestellte antike Geschichte den Hauptgegenstand bildet. Die prominente Rolle, die der Chronist der Figur Alexanders zuweist und mit der dieser Abschnitt endet, hat in der früheren byzantinischen Chronistik keine Vorbilder. Im zweiten Abschnitt beginnt Georgios erneut mit Adam und erzählt die Geschichte der Juden bis zur Babylonischen Gefangenschaft. Die Tatsache, dass die heidnische und jüdische Geschichte in zwei getrennten und parallel zueinanderstehenden Abschnitten erzählt werden, sind für die Rekonstruktion der Sicht dieser Chronik auf die Struktur der Weltgeschichte von großem Interesse. Der dritte Abschnitt der Chronik umfasst die Ereignisse von Nebukadnezar bis Julius Caesar. Die jüdische Geschichte wird strukturiert dargestellt und auch die heidnische Geschichte bekommt deutlichere Konturen als es im ersten Abschnitt der Chronik der Fall war. Der vierte Abschnitt beginnt entweder mit Julius Caesar oder mit Augustus und reicht bis Konstantin

75 HUNGER (Anm. 7), Bd. 1, S. 347 f.

76 JAN OLOF ROSENQVIST: Die byzantinische Literatur vom 6. Jahrhundert bis zum Fall Konstantinopels 1453, Berlin 2007, S. 69 f.

dem Großen. Die Frage, ob dieser vierte Abschnitt aus Sicht des Georgios Monachos mit Julius Caesar oder mit Augustus beginnt, ist nicht leicht zu beantworten. Einerseits legt Georgios den Anfang dieses Abschnitts im Prooimion mit Julius Caesar fest. Andererseits unterscheidet Georgios im Text jedoch zwischen den *ἡγεμόνες* („Anführer") und den byzantinischen Kaisern (*καθολικοὺς βασιλέας*) und bezeichnet die mit der Regierung des Augustus beginnende historische Periode als *ἡ τετάρτη βασιλεία* („das vierte Reich"), das er explizit mit dem vierten Tier aus der Vision Daniels gleichsetzt.[77] Mit Recht bezeichnet also GERHARD PODSKALSKY Georgios Monachos als den ersten byzantinischen Chronisten, der das Römische Reich als „viertes und letztes Weltreich betrachtet."[78] Gegenstand dieses vierten Abschnitts bilden die heidnische und die christliche Geschichte, die jedoch, wie AFINOGENOV feststellte, noch nicht interagieren, da die Ereignisse der christlichen Geschichte (Martyrien, Häresien etc.) in keinen expliziten Zusammenhang mit den Ereignissen der Geschichte des Römischen Reichs gebracht werden. Der letzte Abschnitt der Chronik behandelt die Ereignisse von Konstantin dem Großen bis zur Regierungszeit Michaels III. Kaiser Konstantin wird als christlicher Kaiser eingeführt; die Ereignisse aus der Regierungszeit Konstantins vor seiner ‚Bekehrung' werden erzähltechnisch vor die Darstellung seines Regierungsantritts verschoben, sodass beim Leser der Eindruck entsteht, als ob Konstantin die Herrschaft erst als Christ übernommen hätte.[79] Die Chronik des Georgios Monachos orientiert sich also an dem Paradigma der Abfolge der Weltreiche und gibt implizit die Weltwochenkonzeption der Weltgeschichte auf.

Eine der beliebtesten Chroniken der byzantinischen Zeit war die *Logothetenchronik.*[80] Über ihren Verfasser Symeon ist wenig bekannt; allerdings wird er häufig genannt und zwar zusammen mit dem Titel *magistros* und mit der Amtsbezeichnung *logothetes* (*μάγιστρος καὶ λογοθέτης*), was auf eine höhere Stellung im kaiserlichen Beamtenapparat hinweist. Eine frühere Gleichsetzung dieses Symeons mit dem Symeon Metaphrastes wird in der neueren Forschung abgelehnt.[81]

---

77 Georgii Monachi Chronicon (Anm. 70), Bd. 1, S. 294, Z. 15–18.

78 GERHARD PODSKALSKY: Byzantinische Reichseschatologie. Die Periodisierung der Weltgeschichte in den vier Grossreichen (Daniel 2 und 7) und dem tausendjährigen Friedensreiche (Apok. 20). Eine motivgeschichtliche Untersuchung, München 1972 (Münchner Universitätsschriften 9), S. 58f.

79 Diese Beobachtung stammt aus AFINOGENOV (Anm. 70), S. 111.

80 Symeonis Magistri et Logothetae Chronicon. Hrsg. von STAFFAN WAHLGREN, Berlin 2006 (Corpus Fontium Historiae Byzantinae 44/1). Wichtige Literatur: ATHANASIOS MARKOPOULOS: *Ἡ χρονογραφία τοῦ Ψευδοσυμεὼν καὶ οἱ πηγές της*, Ioannina 1978; ALEXANDRA SOTIROUDIS: Zur handschriftlichen Überlieferung des ‚Georgius Continuatus' (Redaktion A), Thessaloniki 1989.

81 Vgl. WAHLGREN (Anm. 80), S. 3*.

Eine Analyse der *Logothetenchronik* muss auf der Grundlage der Rekonstruktion der Überlieferungsprozesse erfolgen, die für die Gattung insgesamt und für die Chroniken aus dieser Zeit insbesondere kennzeichnend sind. Einerseits schöpft ein byzantinischer Chronist sein Material mehr oder weniger wörtlich aus der ihm zur Verfügung stehenden Literatur. Andererseits, und vor allem dann, wenn seine Kompilation sich großer Beliebtheit erfreut, wird sein Text einem intensiven Prozess der Bearbeitung ausgesetzt, mit der Folge, dass der Text ständig ergänzt und modifiziert wird. Die weitgehend nicht geschlossene Überlieferung der byzantinischen Chronistik ist also der wichtigste Faktor, der sowohl bei der Gestaltung einer textkritischen Edition einer Chronik als auch bei der Darstellung des Werks und ihres ‚Autors' berücksichtigt werden muss.[82] Überspitzt formuliert ist die in einer textkritischen Edition präsentierte Version nur ein Moment, nur ein vorübergehendes Stadium des Überlieferungsprozesses, dem der Herausgeber fast genau so viel Bedeutung beimessen müsste wie der vorhergehenden und der nachfolgenden Tradition – was oft eine unmögliche Aufgabe ist. Im Gegensatz dazu wird in einer textkritischen Edition im klassischen Sinne eine rekonstruierte ‚Originalfassung' der späteren Tradition gegenüber privilegiert behandelt. Im Falle der *Logothetenchronik* bedeutet dies konkret: Der Ausgangspunkt des zu fixierenden Überlieferungsprozesses bildet eine Epitome, die von der Schöpfung der Welt bis Justinian II. reicht. Die Fortsetzung der Chronik bis zum Jahr 842 wäre dann erst die ‚eigentliche' Chronik des Symeon Logothetes. Er geht von drei Hauptteilen dieser ‚eigentlichen' Chronik aus: 842–886 (Michael III. und Basileios I.), 886–913 (Leo VI. und Alexandros) und 913–948. Der von Wahlgren edierte Text ‚fixiert' die Version der Chronik, die nach Mitte Juli des Jahres 948 fertiggestellt wurde. Es handelt sich bei diesem Datum um das letzte Ereignis, mit dem eine Fassung der Chronik endet, nämlich mit der Beerdigung des Romanos Lakapenos, der wahrscheinlich am 15. Juli 948 starb. Der ‚unabdingbare' Terminus ante quem für diese Chronik ist das Jahr 1013, d. h. das im Kolophon zum Cod. Paris. gr. 1711 überlieferte Jahr der Fertigstellung der Handschrift. Der weitere Überlieferungsprozess kann anhand von mehr als 40 Handschriften bis in die Zeit der Renaissance verfolgt werden.

Die Chronik (*Synopsis historion*) des Georgios Kedrenos, dessen Biographie unbekannt ist, soll hier nur kurz erwähnt werden.[83] Es handelt sich um eine

---

82 In Bezug auf die *Logothetenchronik* wird diese Frage vor allem gestellt von Staffan Wahlgren: Original und Archetypus. Zu Zustandekommen und Transformation einer byzantinischen Weltchronik (Pseudo-Polydeukes/Symeon Logothetes). In: Byzantinische Zeitschrift 96 (2003), S. 269–277.

83 Als Ausgabe derzeit immer noch heranzuziehen Georgios Kedrenos: *Historiarum compendium.* Hrsg. von Immanuel Bekker, Bonn 1838 (CSHB), 299, S. 6–19. Eine Neuausgabe des Kedrenos

Weltchronik, die von der Schöpfung bis ins Jahr 1057 reicht. Von allen Chronisten der byzantinischen Zeit hat Georgios Kedrenos seine Vorlagen am wenigsten überarbeitet, sodass sein Werk sprachlich und stilistisch streckenweise äußerst heterogen wirkt.[84] Die wichtigsten Quellen sind: Ps. Symeon Magistros, Theophanes, Georgios Monachos; ab 811 schreibt er die Chronik (*Synopsis historiarum*)[85] des Johannes Skylitzes ab.[86]

Das historiographische Werk des Johannes Zonaras trägt den Titel *ἐπιτομὴ ἱστοριῶν*.[87] Der Verfasser, der zwischen Ende des 11. bis Mitte des 12. Jahrhunderts lebte, war ein Befehlshaber der kaiserlichen Leibgarde (*δρουγγάριος τῆς βίγλης*) sowie erster kaiserlicher Sekretär (*πρωτοασηκρῆτις*) und gehörte somit zu den höchsten Schichten der byzantinischen Gesellschaft. Später wurde er Mönch auf Hagia Glykeria, eine der Prinzeninseln, und verfasste dort seine *Epitome historiarum*, die mit der Schöpfung beginnen und bis ins Jahr 1118, in dem Kaiser Alexios I. Komnenos starb und Johannes Komnenos den Thron bestieg, reichen. Die beiden genannten Tatsachen, dass er als Mönch ein Werk verfasst, das noch dazu mit der Schöpfung beginnt, sind in den Augen vieler Byzantinisten ausreichend, um Johannes Zonaras als Chronisten zu bezeichnen.[88] Jedoch kann der von ihm verfasste Text keineswegs als eine ‚typische' Chronik bezeichnet werden; dieses ‚Etikett' wurde mit Recht in der Forschung bereits in Frage gestellt.[89] Im

---

wird von Riccardo Maisano vorbereitet; vgl. dazu Riccardo Maisano: Sulla tradizione manoscritta di Giorgio Cedreno. In: Rivista di Studi Bizantini e Neoellenici 14–16 (1977–79), S. 179–201; Ders.: Note su Giorgio Cedreno e la tradizione storiografica bizantina. In: Rivista di Studi Bizantini e Slavi 3 (1983), S. 237–254.

84 Albrecht Berger: Georgios Kedrenos, Konstantinos von Rhodos und die Sieben Weltwunder. In: Millennium 1 (2004), S. 233–242.

85 *Synopsis Historiarum*. Hrsg. von Ioannes Thurn, Berlin/New York 1973 (Corpus Fontium Historiae Byzantinae 5).

86 Deshalb konnte die Edition des Kedrenos von 1838 (vgl. Anm. 83) als Ersatz für die bis zur Ausgabe Thurns unveröffentlichte Chronik des Skylitzes (Anm. 85) benutzt werden.

87 *Epitome historiarum*. Hrsg. von Moritz Pinder/Theodor Büttner-Wobst, 3 Bde., Berlin 1841–97 (CSHB); Übersetzung: Militärs und Höflinge im Ringen um das Kaisertum. Byzantinische Geschichte 969 bis 1118 nach der Chronik des Johannes Zonaras. Übersetzt, eingeleitet und erklärt von Erich Trapp, Graz 1986 (Byzantinische Geschichtsschreiber 16). Wichtige Literatur: Konrat Ziegler: [Art.] Zonaras. In: Paulys Realencyclopädie der classischen Altertumswissenschaft 10 A (1972), S. 718–732; Dimitry E. Afinogenov: Some Observations on Genres of Byzantine Historiography. In: Byzantion 62 (1992), S. 13–33; Pietro Luigi M. Leone: La tradizione manoscritta dell'Epitome historiarum di Giovanni Zonaras. In: Syndesmos, Studi in onore di Rosario Anastasi II, Catania 1994, S. 221–262.

88 So Krumbacher (Anm. 4) und Hunger (Anm. 7).

89 Vgl. Afinogenov (Anm. 87).

Prooimion zu seinem Werk[90] distanziert sich Johannes sowohl von den typischen Vertretern der Historiographie[91] als auch von den Vertretern der Chronistik.[92] Ersteren wirft er vor, sie hätten geschrieben, um ihr rhetorisches Können zur Schau zu stellen (*πρὸς ἐπίδειξιν*); ihre Werke enthielten zu viele Abschweifungen und zu viel rhetorischen Schmuck (*παρεκβατικώτερον ἢ καὶ ῥητορικώτερον κεχρημένοις τῷ λόγῳ*). Letzteren wirft er vor, dass sie die Darstellung von *ἦθος, φύσις* und *προαίρεσις* („Ethos, Physis und Prohairesis") der eigenen Protagonisten vernachlässigten, eine zu einfache oder schmucklose Diktion (*ἀφελεστέρᾳ λίαν τῇ φράσει*) verwendeten und dass ihre Bücher voll von Solözismen und Barbarismen wären, was dazu führe, dass die gebildeten Leser (*τοὺς λόγοις ὡμιληκότας*) sich davon abwenden würden.

Zonaras beginnt sein Werk zwar mit der Schöpfung, er orientiert sich jedoch in den Passagen, die die Schöpfung betreffen, nicht an den früheren Chroniken, sondern exzerpiert die *Antiquitates Judaicae* („Jüdischen Altertümer") des Flavius Josephus. Weiteres Material kommt sowohl aus den Chroniken (Johannes Malalas, Georgios Monachos) als auch von den Kirchenhistorikern (z.B. Theodoretos) und aus der historiographischen Literatur (Xenophon, Herodot, Plutarch, Arrian). Die Bemühung des Verfassers, sein Material in stilistischer Hinsicht zu bearbeiten, wurde von mehreren modernen Kritikern notiert, die auch die Selbstständigkeit des Zonaras im Umgang mit seinen Quellen betonen.[93] Zonaras Werk erfreute sich in Byzanz größter Beliebtheit, was man einerseits an der großen Anzahl der erhaltenen Handschriften und andererseits an der Tatsache, dass er von den späteren Chronisten (Manasses, Glykas, Ephraim) ausgeschrieben wurde, erkennen kann.

Eine Sonderstellung unter den byzantinischen Chronisten nimmt Konstantinos Manasses (ca. 1130 – ca. 1187) mit seiner *Σύνοψις χρονική* (*Synopsis chronike*)[94]

---

90 Vgl. Iordanis Grigoriadis: A study of the Prooimion of Zonaras' Chronicle in Relation to other 12th-century historical prooimia. In: Byzantinische Zeitschrift 91/2 (1998), S. 327 – 344.

91 *Epitome historiarum* (Anm. 87), Bd. 1, S. 2 – 8.

92 Dass die angeführten Stellen aus dem Prooimion des Zonaras sich sowohl gegen die Historiographie als auch gegen die Chronistik richten, hat Riccardo Maisano: Il problema della forma letteraria nei proemi storiografici bizantini. In: Byzantinische Zeitschrift 78/2 (1985), S. 329 – 343, hier S. 338, nachgewiesen; Afinogenov (Anm. 87) hat gezeigt, dass die Kritik an der Chronistik besonders gut auf Georgios Monachos passt, was vermuten lässt, dass Zonaras damit in erster Linie auf jenen zielte.

93 Vgl. Krumbacher (Anm. 4), S. 371.

94 Constantinus Manasses: *Breviarium chronicum*. Hrsg. von Odysseus Lampsides, Athen 1996 (Corpus Fontium Historiae Byzantinae 36). Wichtige Literatur hierzu Diether Roderich Reinsch: Historia ancilla litterarum. Zum literarischen Geschmack der Komnenenzeit. In: Pour une ‚nouvelle' histoire de la littérature byzantine: problèmes, méthodes, approches, propositions (actes du

ein, einem Werk, das die Weltgeschichte von der Schöpfung bis zum Ende der Regierungszeit des Nikephoros Botaneiates behandelt. Der eindeutig der Chronikgattung zuzurechnende Text ist für einen Literaturhistoriker, der ihn unter Berücksichtigung der literarischen Tendenzen in der Mitte des 12. Jahrhunderts in Byzanz anlaysiert, von weit größerem Interesse als für einen Historiker, der ihn in Bezug auf seine „historische Substanz“ mit vollem Recht als „äußerst dürftig“ bewerten muss.[95] Dieses Werk wurde, wie es aus der Widmung an die Sebastokratorissa Irene Komnene hervorgeht, in ihrem Auftrag geschrieben. Bereits die für eine byzantinische Chronik ungewöhnliche Versform[96] rückt sie in die Nähe der zeitgenössischen byzantinischen Romane, deren überwiegende Zahl in Versform und nicht in Prosa verfasst wurde. Die Chronik ist in einer gepflegten Dichtersprache geschrieben und verwendet ein sehr reiches Vokabular. Der Text lebt auf weiten Strecken von intrikaten intertextuellen Bezügen, die einen gebildeten Leser voraussetzen, der sowohl die chronographische Tradition kennt als auch über solide Kenntnisse der klassischen Literatur verfügt; nur einem solchen Leser konnte das anspruchsvolle Spiel, zu dem der Verfasser ihn auffordert, Vergnügen bereiten. Ein Beispiel: Die Trennung von Land und Wasser am dritten Schöpfungstag wird von Manasses mit dem Vorgang der Käseherstellung verglichen, bei dem man „süße Milch“ durch Feigensaft gerinnen und zu Käse werden lässt, um anschließend „ein großes Rad zu formen.“[97] Der ungewöhnliche Vergleich, den die Darstellung eines Ereignisses enthält, das allen Lesern der byzantinischen Chroniken bekannt gewesen sein dürfte, ist zugleich ein intertextueller Bezug zu einer Szene am Ende des fünften Buches der *Ilias*, in der Paieon den von Diomedes verwundeten Apoll so schnell heilt, „wie wenn Feigensaft weiße, flüssige Milch rasch gerinnen lässt, die sich beim Umrühren schnell in Käse verwandelt.“[98] Die Vorliebe für die Ekphrasis ist ein weiteres Merkmal dieser Chronik, das die literarischen Interessen ihres Verfassers und die der potentiellen Leser offenbart.[99] In die unmittelbare Nähe des Romans wird die Chronik auch durch das ausgeprägte Interesse für erotische Motive gerückt, das sie an den Tag legt. Manasses entdeckt

---

Colloque International Philologique, Nicosie – Chypre, 25 – 28 mai 2000). Hrsg. von Paolo Odorico/Panagiotis Agapitos, Paris 2002, S. 81 – 94; Karl Praechter: Eine vulgärgriechische Paraphrase der Chronik des Konstantinos Manasses. In: Byzantinische Zeitschrift 4 (1895), S. 272 – 313.

95 Hunger (Anm. 7), Bd. 1, S. 419.

96 Die Chronik umfasst etwas mehr als 6600 Verse. Aus der byzantinischen Zeit ist nur eine weitere Verschronik bekannt, die des Ephraim von Ainos (siehe dazu unten S. 862 f.); eine literarische Verbindung der beiden Werke besteht jedoch nicht.

97 Constantinus Manasses (Anm. 94), S. 55 f.

98 *Homeri Ilias* 5,902 f.

99 Für Beispiele der Ekphrasis in der Chronik vgl. Reinsch (Anm. 94), S. 85 f.

das erotische Potenzial fast überall, wo er seinen literarischen Blick hinwendet. Sogar bei den traditionellen Episoden, die seit den frühbyzantinischen Chroniken einen festen Bestandteil der Chronistik bilden, lässt Manasses sich die Gelegenheit nicht entgehen, etwas ‚Pikantes' beizusteuern. Zum Beispiel heiratete bei ihm Ninos seine Mutter Semiramis *ἐξ ἐρωτομανίας* („aus rasender Liebe").[100] Auch hat er eine Vorliebe für bestimmte mythologische Figuren wie Paris, Helena, Achill oder Polyxene, deren erotische Facetten er breit auserzählt. Hinzu kommt die Darstellung von sexuellen Abenteuern berühmter Römer wie Caesar, Augustus oder Nero bzw. der Episoden aus der byzantinischen Geschichte, die sich erotisch deuten lassen (Theodora und Johannes I. Tzimiskes, Eudokia und Romanos IV. Diogenes). Sicherlich hat Diether Roderich Reinsch recht, wenn er feststellt, dass der Anteil des Erotischen bei Manasses deutlich über das in Chroniken Übliche hinausgeht.[101] Wie weit sich diese Chronik von dem traditionellen Anliegen der christlichen Chronistik entfernt hat, dessen eigentliches Ziel es einst war, die Gesamtheit der Weltgeschichte aus christlicher Perspektive darzustellen, zeigt unter anderem das mangelnde Interesse für die Chronologie. Im ursprünglichen Text der Chronik fehlen die chronologischen Angaben fast vollständig, sodass – wie Odysseus Lampsides feststellt – spätere Kopisten, die ihren Text für Leser, die solche Angaben in einer Chronik erwarteten, vorbereiten mussten, diese mehr schlecht als recht nachträglich ergänzten.[102] Auch die Darstellung der Mechanismen des historischen Geschehens weichen bei Manasses von der übrigen chronographischen Tradition ab. Die vier Reiche eines Georgios Monachos oder die Weltwoche eines Julius Africanus fehlen bei ihm vollständig. Obwohl Gott immer wieder in die Geschichte eingreift, wird der Tyche und dem Rad des Schicksals ein relativ breiter Raum bei der Erklärung des historischen Geschehens eingeräumt.

Die Chronik des Manasses wurde in Byzanz häufig kopiert und gelesen, wovon fast 100 Handschriften als auch eine vulgärgriechische Paraphrase zeugen. Für die Darstellung der byzantinischen Chronistik insgesamt ist diese Chronik ein prominentes Beispiel für die ‚Literarisierung' der Gattung. Die Form einer christlichen Weltchronik – durch die lange Tradition ‚geheiligt' – wurde von Manasses als ein Ausgangspunkt genommen, um ein vielschichtiges literarisches Werk zu verfassen oder genauer: um ein subtiles literarisches Spiel zu orchestrieren, in der Absicht, die gebildeten Leserinnen (insbesondere Sebastokratorissa Irene) und Leser aus der Mitte des 12. Jahrhunderts zu amüsieren.

100 Constantinus Manasses (Anm. 94), S. 554.

101 Reinsch (Anm. 94), S. 88.

102 Vgl. Constantinus Manasses (Anm. 94), S. LXXI f.

4 Spätbyzantinische Zeit

Die Darstellung der byzantinischen Chronistik bliebe unvollständig, wenn nicht wenigstens ansatzweise noch drei spätere Chroniken Berücksichtigung finden würden. Eine Erwähnung verdient die Universalchronik des Michael Glykas,[103] die von der Schöpfung bis zur Regierungszeit des Kaisers Alexios I. Komnenos (1118) reicht und dem Sohn ihres Verfassers gewidmet war. Glykas benutzte Georgios Monachos, Johannes Skylitzes und Konstantinos Manasses und verfasste eine ‚traditionelle' Universalchronik, die aus vier Teilen besteht: Der erste Teil, der fast die Hälfte des gesamten Werks einnimmt, ist der Schöpfung gewidmet. Die theologischen Kenntnisse und Interessen ihres Verfassers kommen in diesem Teil deutlich zum Vorschein. Der zweite Teil behandelt die alttestamentarische Geschichte. Danach kommt die Darstellung der römischen Kaiser von Julius Caesar bis zu Konstantin dem Großen. Die byzantinischen Kaiser werden nur summarisch dargestellt. Mehr als 30 Handschriften, die den Text der Chronik überliefern, bezeugen das große Interesse an der Chronik des Glykas in Byzanz.

Die Weltchronik des Theodoros Skutariotes, des Metropoliten von Kyzikos (1277–1283), mit dem Titel *Sunopsis chronike* (*Σύνοψις χρονική*)[104] berichtet über die Ereignisse von Adam bis 1261. Der synoptisch verfasste Abschnitt dieser Chronik beschreibt die Ereignisse von Adam bis Nikephoros III. (1078–1081). Der daran anschließende, in der Berichterstattung deutlich ausführlichere Teil reicht von Alexios I. (1081–1118) bis zur Rückeroberung Konstantinopels (1261). Theodoros hat diese Kompilation wohl nach 1283 fertiggestellt.

Aus dem frühen 14. Jahrhundert stammt eine Verschronik des Ephraim von Ainos,[105] die römische und byzantinische Kaiser behandelt. Von ihrem Verfasser ist wenig bekannt. Wahrscheinlich begann sie mit Julius Caesar oder mit Augustus. Der unvollständig überlieferte Text setzt bei Gaius Caligula an und behandelt in ca. 9588 jambischen Trimetern die Zeit bis zur Rückeroberung Konstantinopels

---

103 Michaelis Glycae: *Annales*. Hrsg. von Immanuel Bekker, Bonn 1836 (CSHB); vgl. dazu Apostolos Karpozelos: *Βυζαντινοί ιστορικοί και χρονογράφοι*. Bd. 3, o. O. 2009, S. 585–624; Karl Krumbacher: Michael Glykas. Eine Skizze seiner Biographie und seiner litterarischen Thätigkeit nebst einem unedierten Gedichte und Briefe desselben, München 1894.

104 *Σύνοψις χρονική*. Hrsg. von Kōnstantinos N. Sathas. In: Bibliotheca graeca medii aevi 7 (1894), S. 1–556; Theodori Scutariotae Chronica. Hrsg. von Raimondo Tocci, Berlin 2015 (Corpus Fontium Historiae Byzantinae 46); vgl. dazu Raimondo Tocci: Zu Genese und Kompositionsvorgang der Synopsis Chronike des Theodoros Skutariotes. In: Byzantinische Zeitschrift 98/2 (2005), S. 551–568.

105 Ephraem Aenii Historia Chronica. Hrsg. von Odysseus Lampsides, Athen 1990 (Corpus Fontium Historiae Byzantinae 27); vgl. dazu Odysseus Lampsides: Beiträge zum byzantinischen Chronisten Ephraem und zu seiner Chronik, Athen 1971.

durch Michael VIII. Palaiologos am 15. August 1261. Die Kaiser vor Konstantin dem Großen werden mit ca. 300 Zeilen pro Kaiser nur kursorisch behandelt; danach wird die Darstellung zunehmend ausführlicher. Ein relativ großer Abschnitt der Chronik wird der ersten ikonoklastischen Periode (726–787) gewidmet. Diese Tatsache führte zu der Vermutung, dass der Verfasser womöglich dem Klerus angehörte. Die Chronik ist in einer gelehrten Sprache verfasst; die Metrik ist zum größten Teil korrekt.[106] Zu ihren wichtigsten Quellen zählen: Johannes Zonaras, Niketas Choniates und Georgios Akropolites. Die Benutzung der einzigen anderen byzantinischen Verschronik, der des Konstantinos Manasses, kann nicht nachgewiesen werden.

Zum Schluss sei nun noch auf die ‚Kurzchroniken' bzw. ‚Kleinchroniken' (*βραχέα χρονικά*) aus Byzanz hingewiesen.[107] Mit diesem Begriff wird in der Byzantinistik eine Abfolge meist knapper historischer Notizen bezeichnet, die in ihrer vollständigsten Anordnung als charakteristisches Kennzeichen eine Datierung nach Jahr, Indiktion, Monat und Tag enthalten. Diese Kleinchroniken dürfen nicht mit den *Chronica Minora*[108], d.h. mit der Fülle der in der Spätantike entstandenen chronographischen Texte, verwechselt werden. Die Notizen der Kleinchroniken sind in den meisten Fällen ohne grammatikalisch-syntaktische Verbindung aneinandergereiht. Ferner lassen sich die Kurzchroniken von anderen kurzen historischen Schilderungen aller Art durch das fehlende erzählerische Moment abgrenzen.[109] Die bloßen Herrscherlisten, deren einzelne Notizen keine Daten enthalten, gehören ebenfalls nicht zu dieser Textsorte. In der Masse der Kleinchroniken lassen sich nach Ihrem Inhalt sechs große Gruppen unterscheiden: 1. Reichschroniken, die die Ereignisse im gesamten byzantinischen Reich behandeln; 2. Kaiserchroniken; 3. Regional- und Stadtchroniken; 4. Chroniken türkischer Eroberungen; 5. Einzelchroniken, die z. B. persönliche Aufzeichnungen über eigene Unternehmungen oder familiäre Ereignisse festhalten; 6. Chronikfragmente.

Lektürehinweise:

1. Eusebius 1911 und ²1981 (21); Sextus Iulius Africanus 2007 (11); Johannes Zonaras 1986 (87).
2. Hunger 1978 (7); Krumbacher ²1897 (1).

---

106 Vgl. Odysseus Lampsides: Beitrag zur ‚akustischen' Metrik in der Chronik von Ephraem. In: Byzantion 35 (1965), S. 482–494.

107 Die gültige Ausgabe bietet Peter Schreiner: Die byzantinischen Kleinchroniken, 3 Bde., Wien 1975–1979 (Corpus Fontium Historiae Byzantinae 12); vgl. Ders.: Studien zu den *βραχέα χρονικά*, München 1967 (Miscellanea Byzantina Monacensia 6).

108 Vgl. *Chronica minora*. Hrsg von Karl Frick, Leipzig 1892.

109 Reine Herrscherlisten, die nur wenige Notizen enthalten, zählt man nicht zu der Gattung der Kleinchroniken.

3. Adler 1992 (21); Beaucamp 1979 (34); Beck 1965 (3); Burgess 1999 (21); Julius Africanus und die christliche Weltchronik 2006 (11); Mango 1978 (57); Mosshammer 1979 (21); Studies in John Malalas 1990 (29).

Arabische und indo-persische Chroniken

Kurt Franz

Arabische Chronistik

1 Einleitung

Die Geschichtsschreibung arabischer Sprache[1] darf unter den Literaturen der Welt als eine der beständigsten und fruchtbarsten gelten. Dem ursprünglichen und auch späterhin vorrangigen Anliegen nach will sie die Begebenheiten überliefern, welche die Geschicke der Gemeinschaft der Muslime bestimmt haben, beginnend mit der Prophetie Mohammeds (610 n. Chr.?) und dem Aufbau des ersten islamischen Gemeinwesens (ab 622 = Jahr 1 der Hedschra). Die Überlieferung wurde zunächst mündlich weitergegeben, war narrativ und dabei vielgestaltig. Im Mittelpunkt stand das beispielgebende Leben Mohammeds sowie die bereits von Schismen geprägte Zeit der Eroberungen unter seinen ersten vier Nachfolgern (11–40/632–661). Die berichteten Ereignisse sollten das Heilswirken Gottes in der Welt bezeugen und ließen sich von den Parteiungen zugunsten der jeweiligen Legiti-

1 Grundlegend FRANZ ROSENTHAL: A History of Muslim Historiography, Leiden ²1968; CHASE F. ROBINSON: Islamic Historiography, Cambridge 2003 (Themes in Islamic History). Kürzere Überblicke bieten CLAUDE CAHEN: L'historiographie arabe. Des origines au VIIᵉ s. H. In: Arabica 33 (1986), S. 133–198; englisch: History and Historians. In: The Cambridge History of Arabic Literature. Bd. [3]: Religion, Learning and Science in the ʿAbbasid Period. Hrsg. von M. J. L. YOUNG/JOHN D. LATHAM/ROBERT B. SERJEANT, Cambridge 1990, S. 188–233, 534f.; HERIBERT BUSSE: Arabische Historiographie und Geographie. In: Grundriß der Arabischen Philologie. Bd. 2: Literaturwissenschaft. Hrsg. von HELMUT GÄTJE, Wiesbaden 1987, S. 264–297; LUDWIG AMMANN: Kommentiertes Literaturverzeichnis zu Zeitvorstellungen und geschichtlichem Denken in der islamischen Welt. In: Die Welt des Islams. N.S. 37 (1997), S. 28–87; DERS.: Geschichtsdenken und Geschichtsschreibung von Muslimen im Mittelalter. In: Die Vielfalt der Kulturen. Hrsg. von JÖRN RÜSEN/MICHAEL GOTTLOB/ACHIM MITTAG, Frankfurt a. M. 1998 (Erinnerung, Geschichte, Identität 4), S. 191–216; die Artikel zum Lemma Taʾrīkh in EI² (Anm. 4–7, 245, 266); LI GUO: History Writing. In: The New Cambridge History of Islam. Bd. 4: Islamic Cultures and Societies to the End of the Eighteenth Century. Hrsg. von ROBERT IRWIN, Cambridge 2010, S. 444–457; HEIDI R. KRAUSS-SÁNCHEZ/PAULINA LÓPEZ-PITA: [Art.] Islamic Historiography. In: EMC 1, S. 883–888; CHASE F. ROBINSON: Arabic and Persian Historical Writing, Eighth through the Tenth Centuries. In: The Oxford History of Historical Writing. Bd. 2: 400–1400. Hrsg. von SARAH FOOT/CHASE F. ROBINSON, Oxford 2012, S. 238–266; KONRAD HIRSCHLER: Islam. The Arabic and Persian Traditions. Eleventh–Fifteenth Centuries. In: Ebd., S. 267–286. Aufsatzsammlungen: Historians of the Middle East. Hrsg. von BERNARD LEWIS/PETER M. HOLT, London 1962 (Historical Writings on the Peoples of Asia 4); The Historiography of Islamic Egypt (c. 950–1800). Hrsg. von HUGH KENNEDY, Leiden 2001 (The Medieval Mediterranean 31). Literatur zu einzelnen Überlieferern und Schriftstellern nennt Anm. 28.

mitätsdoktrin auslegen, ohne dass bereits Auffassungen von ‚Geschichte' als eigens zu betrachtendes Sujet vorgetragen wurden.

Diejenige schriftliche Geschichtsliteratur hingegen, die im Folgenden als arabische Chronistik angesprochen wird, entstand ab dem 2./8. Jahrhundert. Sie löste sich von älteren Darstellungsweisen, von denen sie Elemente beibehielt, und breitete sich über die von den Arabern eingenommenen Länder von Mesopotamien und der Levante bis auf die Iberische Halbinsel, ins subsaharische Afrika und nach Iran aus, später auch in den Indischen Ozean. Wo das Arabische Verkehrs- oder Gelehrtensprache war, entstanden Chroniken, und wo es diesen Rang behielt, ist die arabische Chronistik zumeist bis ins 19. Jahrhundert produktiv geblieben. Außerdem begünstigten der Nimbus dieser Sprache als Idiom des Korans und ihre Funktion als *lingua franca* islamischer Wissenschaft, dass auch Muslime, die keine Araber waren und eine andere Muttersprache hatten, sich des Arabischen bedienten, um Chroniken zu verfassen. Darunter waren Perser[2] und Türken,[3] vor allem aber Angehörige afrikanischer Völker vom heutigen Mauretanien bis zu den Komoren.[4] Ebenso trugen Angehörige weiterer Bekenntnisse, deren Mutter- oder Zweitsprache das Arabische war, zu diesem Schrifttum bei, nämlich koptische, melkitische, nestorianische und jakobitische Christen. Indem das Feld der arabischen Chronistik weder streng ethnisch oder religiös noch geographisch, sondern sprachlich bestimmt ist, gilt es den Beitrag der Minderheiten und anderen Völker zu berücksichtigen. Darüber hinaus sei bemerkt, dass die arabische chronikale Tradition die Geschichtsschreibung in anderen Islamsprachen beeinflusst hat, und zwar insbesondere die persische[5] und durch sie auch die türkische[6] und malaiische.[7]

---

2 Zum Beispiel Miskawaih: *Taǧārib al-umam wa-ʿawāqib al-himam*. In: The Eclipse of the ʿAbbasid Caliphate. Original Chronicles of the Fourth Islamic Century. Hrsg., übersetzt und erläutert von Henry Frederick Amedroz/David Samuel Margoliouth, 7 Bde., Oxford 1920 – 1921, Bd. 1 – 3: Text; Bd. 4 – 6: Übers., Bd. 7: Register.

3 Siehe z. B. Hatice Arslan-Sözüdoğru: Müneccimbaşı als Historiker. Arabische Historiographie bei einem osmanischen Universalgelehrten des 17. Jahrhunderts. *Ǧāmiʿ ad-duwal* (Teiledition 982/1574 – 1082/1672), Berlin 2009 (Islamkundliche Untersuchungen 289); vgl. auch Anm. 253.

4 Siehe John O. Hunwick: [Art.] Taʾrīkh. II. Historical Writing. 5. In West and Central Africa. In: EI^2 10 (2000), S. 297 – 299; Greville S. P. Freeman-Grenville: [Art.] Taʾrīkh. II. Historical Writing. 6. In East Africa. In: Ebd., S. 299 – 301.

5 Siehe in diesem Band den Artikel von Stephan Conermann sowie zuvor Marilyn Robinson Waldman: Toward a Theory of Historical Narrative. A Case-Study in Perso-Islamicate Historiography, Columbus, Ohio 1980; Julie Scott Meisami: Persian Historiography to the End of the Twelfth Century, Edinburgh 1999 (Islamic Surveys); Ann K. S. Lambton: [Art.] Taʾrīkh. II. Historical Writing. 2. In Persian. In: EI^2 10 (2000), S. 286 – 290; Dies.: [Art.] Historiography. In: Encyclopædia Iranica. Hrsg. von Ehsan Yarshater u. a., Bd. 12, New York 2004, S. 323 – 411.

Im Folgenden werden die Eigenheiten und die Entwicklung der arabischen Chronistik, ausgehend von den Bedingungen der frühislamischen Gelehrsamkeit, anhand ihrer Themen und Textsorten dargestellt. Sie haben einander vielfach bedingt und wurden vergleichsweise gründlich untersucht; auch kann gerade ihre Kenntnis Lesern von Nutzen sein, die sich vergleichend mit diesem Schrifttum befassen oder sich ihm erst zu nähern beginnen. Dabei sollen auch Fragen der Standortbindung und Werkstatt der Chronisten sowie der Funktion und literarischen Wirkung ihrer Werke wiederkehren.

Angesichts des einführenden Zwecks dieses Artikels mögen zwei Eingrenzungen Verständnis finden. Statt Vollständigkeit anzustreben, werden herausragende, weil für eine bestimmte Textsorte prägende und repräsentative Werke exemplarisch vorgestellt. Außerdem kommt die im arabischen Nordafrika und auf der Iberischen Halbinsel entstandene Geschichtsliteratur lediglich am Rande zur Sprache,[8] weil sie gegenüber den stilbildenden Werken des arabischen Ostens kaum Sonderwege beschritt. Was die zeitliche Spanne betrifft, so gilt das Augenmerk besonders der frühen Periode des Islams als der Entstehungszeit der arabischen Geschichtsschreibung und ihrer Grundformen (Kap. 2–6) sowie der mittleren Periode, die von Prozessen der Differenzierung einerseits und Vermischung andererseits gekennzeichnet ist (Kap. 7–9). Im Anschluss daran werden die wichtigsten Vertreter der christlich-arabischen Chronistik angesprochen (Kap. 10) sowie ausgewählte Werke der spätislamischen Literatur einschließlich solcher aus Nordafrika und subsaharischen Ländern (Kap. 11). Den Schluss bilden Bemerkungen zu Problemen und Perspektiven der Forschung (Kap. 12).

Vorausgeschickt sei noch ein Wort zu der soeben getroffenen Periodisierung. Da das europäische Konzept eines zwischen Antike und Neuzeit stehenden Mittelalters sich nicht ohne arge Verzerrungen auf den Vorderen Orient übertragen ließe, wird hier eine in der Islamwissenschaft übliche, aus der politischen Entwicklung der Region abgeleitete Einteilung in drei Phasen angenommen. Die Zeit von den Tagen Mohammeds bis ans Ende der Autonomie des ʿAbbāsidenkalifats (334/945) wird als frühislamisch bezeichnet; die sogenannte mittelislamische Zeit

---

6 Siehe Historians of the Ottoman Empire. Hrsg. von Cemal Kafadar/Hakan Karateke/Cornell Fleischer, https://ottomanhistorians.uchicago.edu, 2003 ff. Zuvor Franz Babinger: Die Geschichtsschreiber der Osmanen und ihre Werke, Leipzig 1927; Mustafa Fayda: [Art.] Tarih. In: Türkiye Diyanet Vakfı İslâm Ansiklopedisi. Bd. 40, Istanbul 2011, S. 30–36; Christine Woodhead: [Art.] Taʾrīkh. II. Historical Writing. 3. In Ottoman and Modern Turkish. In: EI^2 10 (2000), S. 290–295; siehe auch unten Anm. 254.

7 Siehe Ian Proudfoot: [Art.] Taʾrīkh. II. Historical Writing. 7. In Indonesia and Malaysia. In: EI^2 10 (2000), S. 301–302.

8 Vgl. dazu aber den Beitrag von Heidi R. Krauss-Sánchez in diesem Band.

reicht von da bis ans Ende des Mamlūkensultanats (923/1517); als spätislamisch gilt die osmanische Zeit.

2 Umwelt und frühislamische Prägung

So erfreulich es unter kulturvergleichenden Gesichtspunkten wäre, wenn sich die Genese der arabischen Chronistik auch anhand etwaiger Abhängigkeit von literarischen Traditionen der Spätantike behandeln ließe, ist doch die von FRANZ ROSENTHAL formulierte gegenteilige Auffassung gewiss zu Recht weithin akzeptiert: Obwohl das sassanidische und das byzantinische Reich historische Literaturen mit besonderen Gattungen wie dem Fürstenspiegel und mit speziellen Gliederungsverfahren wie der Annalistik aufwiesen, welche später auch bei den Arabern vorkamen, sind weder tatsächliche Übernahmen noch direkte Beeinflussung mit Sicherheit anzunehmen, ebenso wenig wie die indische, chinesische oder später die lateinische Geschichtsschreibung Widerhall fanden.[9] Insbesondere ist zu bemerken, dass die ab dem 2./8. Jahrhundert unternommene große Anstrengung der Araber, Klassiker der griechischen und römischen Wissenschaften in die eigene Sprache zu übertragen, die Geschichtsschreibung vollständig ausgespart hat.[10] Bezeichnenderweise rechnet die Wissenschaftslehre des aus Ostiran gebürtigen Literaten Muḥammad al-Ḫwārazmī (schrieb 366 – 387/976 – 997), möglicherweise selber Urheber einer Chronik nach Jahren, die Geschichte (*al-aḫbār*) nicht der griechischen oder sonst einer Wissenstradition der Alten zu, sondern den originären arabisch-islamischen Wissenschaften.[11] In der Tat lässt die Umwelt des im Entstehen begriffenen Islams in Mekka und Yaṯrib[12] sowie auf

9 ROSENTHAL (Anm. 1), S. 18 – 24, 75 – 77, 91 f.; BERTOLD SPULER: Islamische und abendländische Geschichtsschreibung. Eine Grundsatz-Betrachtung. In: Saeculum 6 (1955), S. 125 – 137, hier S. 125 – 129. Spätantike Wurzeln reklamiert hingegen ABDESSELAM CHEDDADI: Les Arabes et l'appropriation de l'histoire. Émergences et prémiers développements de l'historiographie musulmane jusqu'au IIe/VIIIe siècle, Paris 2004 (La Bibliothèque arabe).

10 Die einzige dem Verfasser bekannte Ausnahme bildet Orosius: *Kitāb Hurūšiyūš* (Traducción árabe de las *Historiae adversus Paganos* de Orosio). Hrsg. von MAYTE PENELAS, Madrid 2001 (Fuentes arábico-hispañas 26); vgl. GIORGIO LEVI DELLA VIDA: La traduzione araba della storie di Orosio. In: Miscellanea Giovanni Galbiati. Bd. 3, Mailand 1951 (Fontes Ambrosiani 27), S. 187 – 203; Neudruck in: Al-Andalus 19 (1954), S. 257 – 293; FRANZ ROSENTHAL: Das Fortleben der Antike im Islam, Zürich 1965 (Die Bibliothek des Morgenlandes), S. 265, vgl. S. 24 f.

11 Muḥammad al-Ḫwārazmī: *Mafātīḥ al-ʿulūm*. Hrsg. von GERLOF VAN VLOTEN, neu hrsg. von MUḤAMMAD KAMĀLADDĪN AL-ADHAMĪ, Kairo 1349/1930, S. 4 f.; vgl. ROSENTHAL (Anm. 1), S. 31 – 40, 73.

12 Yaṯrib ist der vorislamische Name des heutigen Medina.

der ferneren Arabischen Halbinsel geschichtliches Denken nur sporadisch erkennen. Das ist bemerkenswert, denn das alte Arabien wurde in weiten Teilen von staatenbildenden, über städtische Zentren verfügenden Kulturen eingenommen, die sich mit den mediterran-vorderorientalischen Zivilisationen austauschten und einen Platz auf der von Byzanz, Persien und Abessinien dominierten politischen Bühne beanspruchten. Dass dabei auch Kulturtechniken dieser Umwelt aufgenommen wurden, zeigt etwa die vor allem aus dem 6. Jahrhundert n. Chr. stammende bauliche Hinterlassenschaft des Königreichs der Naṣriden (älter: Lachmiden) in ihrer Hauptstadt al-Ḥīra im Irak, einer Schnittstelle zum Sassanidenreich, dessen Vasallen sie waren.[13]

Ungeachtet solcher Einflüsse war die Literatur Arabiens jedoch stofflich nahezu ahistorisch. Vornehmstes Ausdrucksmittel war die Versdichtung: Werke namentlich bekannter Autoren, die ganz für den Vortrag geschaffen waren und speziell im wichtigen Fall der *qaṣīda* („Kasside") eine Abfolge feststehender Motive variierten. Dabei geht es insbesondere um die unwiederbringlichen besseren Tage des Lebens, versinnbildlicht in dem von der entschwundenen Geliebten verlassenen Lagerplatz. Dort angekommen, gedenkt der Liebende ihrer mit nostalgischer Wehmut, um sodann seinen Stamm zu rühmen, durchwirkt mit Selbstlob oder Panegyrik.[14] Das in diesen Oden idealisierte entrückte Früher lässt konkreten, gar datierbaren Ereignissen keinen Raum. Wie alle vor- und frühislamische Literatur außer dem Koran wurden die Dichtungen, entstanden nach dem Jahr 500, lange nur mündlich weitergereicht. Ab dem ausgehenden 2./8. Jahrhundert haben Sammler individuelle poetische Œuvres als *dīwān* („Archiv") verschriftlicht, wobei vor allem die Dichtungskommentare immanente historische Bezüge herausgeschält haben. Ähnlich spät wurde auch das vorislamische orale Prosaerbe fixiert. Zu diesem lieferten die epischen „Schlachtentage der Araber" (*aiyām al-ʿArab*) den größten Beitrag. Zugleich mit den Dichtungen entstanden, erzählen sie, vorgetragen von *ruwāh* („Überlieferer"), von politisch-militärischen Auseinandersetzungen zwischen tribal definierten sozialen Gruppen, wobei auch äußere Mächte einmal Erwähnung finden. Damit kommen sie historisierenden Auffassungen am nächsten. Von eigentlicher Historiographie trennt sie neben dem engen Blick auf die je eigene Stammesgruppe vor allem die Eingrenzung der

13 D. Talbot Rice: The Oxford Excavations at Hira, 1931. In: Antiquity 6 (1932), S. 276 – 291; vgl. Isabel Toral-Niehoff: Al-Ḥīra. Eine arabische Kulturmetropole im spätantiken Kontext, Leiden 2014 (Islamic History and Civilization 104). Zum Fehlen eines vorislamischen Geschichtsbewusstseins Abd al-Aziz Duri: The Rise of Historical Writing among the Arabs, Princeton, N.J. 1983 (Modern Classics in Near Eastern Studies), S. 12 – 20 [zuerst arabisch, Beirut 1960].

14 Renate Jacobi: Studien zur Poetik der altarabischen Qasida, Wiesbaden 1971.

Handlungszeit auf bestimmte akute Auseinandersetzungen und deren unmittelbare Vorbedingungen.[15] Die eigentliche Schriftlichkeit der alten Araber hat sich allerdings ohnehin abseits der Literatur ausgedrückt, und zwar in Petroglyphen. Zehntausende davon wurden seit dem 1. Jahrhundert n. Chr. auf der Arabischen Halbinsel und im syrischen Raum in der freien Landschaft in Stein geritzt. Sie bestehen fast ausschließlich in augenblicklichen Selbstzeugnissen, Personennamen und Abstammungsbezügen, die jeden Zeitbezug vermissen lassen.[16]

Zur Nichtbeachtung historischer Zusammenhänge trug der Umstand bei, dass die vorislamischen Araber keine eigene absolute Zeitrechnung hatten und andere sich nicht einbürgern konnten. Üblich waren lediglich einzelne relative Datierungen, angestoßen von einem herausragenden Naturvorfall, einem ‚Schlachtentag' oder anderen politischen Großereignissen. Man sprach beispielweise nach dem Einfall des Aksumiten Abrəhā (Abraha), der Elefanten mitführte, vom „Jahr des Elefanten" (*ʿām al-fīl*). Hier ist bezeichnend, dass dieses, obwohl es später als vermeintliches Geburtsjahr Mohammeds zu einigem Nachruhm kam, sich nicht mit Gewissheit datieren lässt.[17]

Im Gegensatz zum Großteil der Araber, welche lokalen Götterkulten anhingen, verfügten die vielerorts ansässigen jüdischen und christlichen Gemeinden kraft der geschichtlichen Bücher unter ihren heiligen Schriften über historisches Bewusstsein. Was davon aber den Weg in den Koran fand, kam dort als mahnendes Exempel und Zeugnis göttlichen Wirkens an, war also enthistorisiert.[18] Dem Anspruch nach von Gott geoffenbarte Heilsbotschaft, fordert der Koran (*qurʾān:* „Rezitation") in den Suren der frühen, mekkanischen Zeit mit ekstatischer Ein-

15 Werner Caskel: ʿAijām al-ʿArab. Studien zur altarabischen Epik. In: Islamica 3.5 (1930), S. 1–99; Egbert Meyer: Der historische Gehalt der Aiyām al-ʿArab, Wiesbaden 1970 (Schriften der Max Freiherr von Oppenheim-Stiftung 7).

16 Michael C. A. Macdonald: Ancient Arabia and the Written Word. In: The Development of Arabic as a Written Language (Supplement to the Proceedings of the Seminar for Arabian Studies 40). Hrsg. von Ders., Oxford 2010, S. 5–28.

17 Lawrence I. Conrad: Abraha and Muhammad. Some Observations Apropos of Chronology and Literary *Topoi* in the Early Arabic Historical Tradition. In: Bulletin of the School of Oriental and African Studies 50 (1987), S. 225–240, hier besonders S. 225, 228 f., 235 f.

18 Vergleiche etwa die Erzählung von Joseph, Sohn Jakobs, als Sklave einer ägyptischen Herrin in Gen. 39,7–18 und Sure 12,23–34 Zu Mohammeds Auffassung von Heilsgeschichte siehe Franz Rosenthal: The Influence of the Biblical Tradition on Muslim Historiography. In: Historians of the Middle East (Anm. 1), , S. 35–45, hier S. 3540; Simeon Evstatiev: Der Koran als Voraussetzung für die Entstehung der mittelalterlichen islamischen Chronik. In The Medieval Chronicle. Bd. 1: Proceedings of the 1st International Conference, Driebergen/Utrecht, 13–16 July 1996. Hrsg. von Erik S. Kooper, Amsterdam 1999 (Costerus. N.S. 120), S. 116–123.

dringlichkeit zur Abkehr vom polytheistischen Väterglauben auf.[19] Später, von Yaṯrib/Medina aus, wird die Vergangenheit Arabiens gar als Zeit der „Unwissenheit“ (*ǧāhilīya*) geschmäht (Sure 3,154 u. ö.). Ebenfalls in antitraditionalistischer Absicht knüpft der Koran stattdessen an die Propheten des Alten Testaments an (darunter auch arabische wie namentlich Hūd/Eber und Ṣāliḥ/Jethro), als deren „Beglaubiger“ oder „Siegel“ (*ḫātam an-nabīyīn*) Mohammed auftritt (Sure 33,40); zudem werden die polytheistischen Araber unzählige Male mit dem ihnen fremden Motiv des Gottesgerichts am Jüngsten Tag konfrontiert (Sure 80,38/40 u. ö.). Dergestalt zeugt der Koran weniger von historischem Denken als vielmehr von der Absicht einer überzeitlich ausgerichteten Sinnstiftung. Der Koran als das einzige zeitgenössische[20] arabische Zeugnis der Jahre zwischen Mohammeds erstem Auftreten als Gottesgesandter und seinem Tod 11/632 ist schon von den frühislamischen Geschichtsschreibern als historische Quelle begriffen worden, doch solcher Textgebrauch war allein sekundär.

Ebenso wenig haben die zeitnahen Überlieferungen von den Anfangsjahren und die fernere Literatur des ersten Jahrhunderts der Hedschra wie von selbst Bewusstsein für geschichtliche Abläufe gestiftet. Die zweitälteste Quelle nach dem Koran ist der Hadith (genauer: *ḥadīṯ an-nabīy*), die Überlieferung von Taten und Aussprüchen Mohammeds. Er war für die arabische Geschichtsschreibung wegweisend. Dieses zunächst noch ganz disperse Korpus diente als Richtschnur gottgefälliger Lebensführung und später auch als Referenzsammlung der Rechtsprechung. In beiderlei Hinsicht entspricht es dem Hadith, nicht zu veralten. Bestehend aus kleinsten, meist nur wenige Zeilen zählenden erzählerischen Einheiten, den einzelnen Hadithen („Erzählungen“), stellte dieses Gut schon kurz

---

19 Gleichwohl knüpfte Mohammed auch an das Bestehende an. Das Alte im Neuen seiner Verkündung betont Albrecht Noth: Früher Islam. In: Geschichte der arabischen Welt. Begr. von Ulrich Haarmann, hrsg. von Heinz Halm, München [4]2001, S. 11 – 100, 637 – 646, 680 – 683.

20 Ausweislich Radiokarbondatierung stammt das zu den ältesten bekannten Textzeugen zählende Tübinger Koranfragment Ma VI 165 am wahrscheinlichsten aus den 660er Jahren (649 – 675). Zwei Blätter der Hs. Birmingham, Cadbury Research Library, Ms. 1572a, gehen jüngster Meldung zufolge gar auf die Zeit bis 645 zurück. Aus der Lebenszeit Mohammeds ist sonst nur die oft sogenannte ‚Verfassung von Medina‘ überliefert, die nach anderthalb Jahrhunderten von Ibn Isḥāq (gest. 150/767) aufgezeichnet wurde: *Kitāb Sīrat rasūl Allāh*. Das Leben Muhammed's nach Muhammed Ibn Ishâk, bearbeitet von Abd el-Malik Ibn Hischâm. Hrsg. von Ferdinand Wüstenfeld, 3 Tle., Göttingen 1858 – 1860, Bd. 1/1, S. 341 – 344; deutsch: Das Leben Mohammed's nach Mohammed Ibn Ishâk, bearbeitet von Abd el-Malik Ibn Hischâm. Übers. von Gustav Weil, 2 Bde., Stuttgart 1864, Bd. 1, S. 250 – 253; englisch: The Life of Muhammad. A Translation of Isḥāq's *Sīrat Rasūl Allāh*. Übers. von Alfred Guillaume, London 1955, S. 231 – 333; vgl. Michael Lecker: The ‚Constitution of Medina‘. Muḥammad's First Legal Document, Princeton, N.J. 2004 (Studies in Late Antiquity and Early Islam 23), S. 32 – 39.

nach Mohammeds Tod eine eigene Textsorte dar.[21] Es zu bewahren und weiterzugeben war die Aufgabe einer wachsenden und sich professionalisierenden Gruppe von Spezialisten, den *muḥaddiṯūn* („Hadithgelehrte“, Traditionarier). Dieser Umstand drückt sich in der Zweiteilung eines jeden Hadiths aus: Am Anfang steht der *isnād* („Stützung“), nämlich die Kette der identifizierten Traditionarier, welche die betreffende Erzählung beglaubigen, vollständig und vom dem jüngsten zum ältesten Glied aufsteigend. Ein Beispiel aus der Chronik aṭ-Ṭabarīs:

> Es berichtete Ḥišām b. Muḥammad [al-Kalbī] auf Autorität von Abū Miḫnaf al-Azdī. Der sagte: Es erzählte mir Saʿd Abū l-Muǧāhid aṭ-Ṭāʾī auf Autorität von al-Muḥill b. Ḫalīfa aṭ-Ṭāʾī. Der sagte:…[22]

Sprachlich wird hier suggeriert, der jüngste Beglaubiger habe dem Urheber der vorliegenden Sammlung die Kunde von Angesicht zu Angesicht mündlich übermittelt (*qāla*; „er sagte“). In Wirklichkeit ist jener (Ibn al-Kalbī, gest. 204/819 oder 206/821) durch ein Jahrhundert von dem Sammler (aṭ-Ṭabarī, gest. 310/923) getrennt. Die Nachricht war also schriftlich weitergegeben worden; der Fiktion der Oralität tat das jedoch keinen Abbruch. Erst im Anschluss an den *isnād* setzt der *matn* („Hauptsache“) ein, nämlich der Text selbst. Indem die Überliefererketten unvermeidlich mit der Zeit anwuchsen, fiel das Beiwerk häufig länger aus als die eigentliche Mitteilung. Da außerdem im Parteienstreit der Frühzeit Hadithe in großer Zahl zu politischen Zwecken verfälscht oder gar erfunden worden waren, sahen sich bereits die Gelehrten des ersten Jahrhunderts außerstande, den Überlieferungsstoff einer regelgeleiteten Kritik zu unterziehen. Stattdessen wurde die Bewertung eines Hadiths an Kriterien der Beglaubigung geknüpft, insbesondere die Bonität der Traditionarier und die Stichhaltigkeit ihrer Verkettung. So kam im Mittelpunkt der Hadithwissenschaft die Traditionarierkritik zu stehen. Indem dieser Wissenschaft alsbald die Funktion einer Leitdisziplin für weitere arabisch-

---

21 Gegen ältere skeptische Auffassungen ist es gelungen, die Textgeschichte des Hadith bis in die ersten Jahrzehnte nach der Handlungszeit aufzudecken. Gregor Schoeler: Charakter und Authentie der muslimischen Überlieferung über das Leben Mohammeds, Berlin 1996 (Studien zur Sprache, Geschichte und Kultur des islamischen Orients. N.F. 14).

22 Kette der Autoritäten einer Überlieferung vom Waffenstillstand zwischen dem Kalifen ʿAlī b. Abī Ṭālib und seinem Herausforderer Muʿāwiya, der bald darauf das Umaiyadenkalifat gründete. Aṭ-Ṭabarī: *Annales*. Hrsg. von Michael Jan de Goeje u. a., 3 Folgen in 13 Bdn. nebst 2 Suppl., Leiden 1879 – 1901; hier Folge 3, S. 3274; englisch: The History of al-Ṭabarī (*Taʾrīkh al-rusul waʾl-mulūk*). Hrsg. von Ehsan Yar-Shater, 40 Bde., Albany, N.Y. 1985 – 2007 [Bd. 39: separat verfasster prosopographischer Anhang über Prophetengefährten und Nachfolger; Bd. 40: Register], hier Bd. 17: The First Civil War. Hrsg. von Gerald R. Hawting, ebd. 1996, S. 21. Deutsche Teilübersetzungen nennt Anm. 81.

islamische Wissenschaften zufiel, wurde das *isnād–matn*-Schema vielfach nachempfunden. Auch bei den frühen Geschichtsschreibern war die Autorität des Mitgeteilten weithin an den Gebrauch des *isnād* gebunden, mithin mehr an äußere Form und Überlieferungsumstände als an sachlichen Gehalt.

Neben und nach dem Hadith bildeten sich weitere Textsorten aus, die gleichfalls von den späteren Chronisten ausgewertet werden sollten, ohne dass sie selbst schon auf einem Konzept von Geschichte gefußt hätten. Ebenso normativ ausgerichtet und zeitlos gültig wie die Prophetenhadithe waren Nachrichten von den Feldzügen Mohammeds (*maġāzī*)[23] sowie Erzählungen von den vorislamischen Propheten (*qiṣaṣ al-anbiyā'*), zumal denen des Volkes Israel und überhaupt Vorislamisch-Jüdischem (*isrā'īlīyāt*).[24] Den letzteren beiden entlieh der Islam heilsgeschichtliche Legitimität, denn da die Araber ihre vorderorientalische Umwelt in kürzester Zeit besiegt hatten, war die noch junge Religion ein Minderheitenphänomen, das nach innen wie nach außen spiritueller Rechtfertigung bedurfte. Entsprechend nahmen die Überlieferer die Legenden für bare Münze. Der zunächst religiös und sodann auch juristisch inspirierten Überlieferungstätigkeit der Muslime ist erst mit der Zeit ein historiographischer Zweig gewachsen.

3 Historisches Denken und erste Chroniken

Die bisher angeführten Textsorten bestanden aus in sich geschlossenen Einzelüberlieferungen. Diese behielten ihren partikularen Charakter auch bei, als im 2./8. Jahrhundert, ausgehend von Medina, gelehrte Sammler begannen, das frühislamische Erzählgut, das bereits schriftlich notiert war, zu ordnen, sei es gemäß dem *isnād* (*musnad*-Prinzip) oder nach einem Sachthema (*muṣannaf*-Prinzip).[25] Ab dem folgenden Jahrhundert wurde es in Gestalt abschließend redigierter Bücher in Umlauf gebracht.[26] Dieser Übergang wurde dadurch begüns-

23 Eponymisch hierfür ist das al-Wāqidī (gest. 207/823) zugeschriebene *Kitāb al-Maġāzī*. Hrsg. von Marsden Jones, 3 Bde., London 1966; Ausz. deutsch: Muhammed in Medina. Übers. von Julius Wellhausen, Berlin 1882.

24 Letztere wurden namentlich von Wahb b. Munabbih (gest. 110/728 oder 114/732) gesammelt. Fragmentarisch überliefert etwa bei Ibn Qutaiba (gest. 276/889): *al-Ma'ārif*. Hrsg. von Ṯarwat 'Ukāša, Kairo 1379/1960; Ders.: *'Uyūn al-aḫbār*. Hrsg. von as-Saiyid 'Abdallāh aṣ-Ṣādiq, Kairo 1346/1927.

25 Fuat Sezgin: Geschichte des arabischen Schrifttums. Bd. 1, Leiden 1967, S. 237 – 242, besonders S. 241 f.; Gautier H. A. Juynboll: [Art.] Muṣannaf. In: EI^2 7 (1993), S. 662 f.

26 Gregor Schoeler: Die Frage der schriftlichen oder mündlichen Überlieferung der Wissenschaften im frühen Islam. In: Der Islam 62 (1985), S. 201 – 230; Ders.: Schreiben und Veröffentlichen. Zur Verwendung und Funktion der Schrift in den ersten islamischen Jahrhunderten. In:

tigt, dass der Beschreibstoff Pergament allmählich durch das neuartige, kostengünstigere Papier abgelöst wurde, infolgedessen der bürgerliche Beruf des Kopisten (*nassāḫ*, *warrāq*) aufkam und ein Markt für Bücher sich zu bilden begann. In den nun entstehenden Hadithwerken waren Einzelüberlieferungen zu Sachkapiteln (Sing. *kitāb*) zusammengestellt, innerhalb deren sie sich allerdings additiv aneinanderreihten. Weil Hadithe rechtserheblich waren, entsprach kapitelweise Ordnung dem Bedürfnis des erstarkenden Juristenstandes nach systematischem Zugriff auf ein Materialkorpus, das anders wegen seines enormen Umfangs nur schwer zu überblicken war. Der gleiche Ordnungs- und Verschriftlichungsprozess brachte bei anderen Textsorten zunehmend Auffassungen von Zeitlichkeit zur Geltung und führte zur Entstehung der Chronistik. Ein sicheres Urteil darüber wird durch den Umstand erschwert, dass – wie auf allen Feldern der arabischen Literatur – viele der ältesten Bücher verloren sind und uns entweder allein dem (zugeschriebenen) ‚Titel' nach oder allenfalls durch Teilüberlieferung in Sammelwerken späterer Jahrhunderte bekannt sind und aufwendigste Analyse erfordern.

Als erste derartige Textsorte wurde unter den Muslimen die *sīra* bedeutsam, die ‚Lebensgeschichte' Mohammeds, welche aber ebenso sehr seine Gefährten (*aṣḥāb*, *ṣaḥāba*) und ihre Verdienste würdigt. Dabei handelt es sich um eine Gesamterzählung, die in der Sache auf dem Hadith und mehr noch den *maġāzī* beruht, sich aber einer großen Form bedient und die Gelehrten vor die neue Aufgabe der Komposition und Gestaltgebung stellte. Aus Sammlern wurden Überlieferer, Verfasser oder kurz Bearbeiter.[27] Die älteste Erzählung dieser Art wird ʿUrwa b. az-Zubair (gest. 93/711–2 oder 94/712–3) zugeschrieben, einem Angehörigen der ersten auf die Prophetengefährten folgenden Generation und Begründer der medinensischen Traditionarierlinie.[28] Er war noch den Idealen des

Der Islam 69 (1992), S. 1–43. Unter den sechs wichtigsten, bis ins frühe 4./10. Jahrhundert entstandenen Hadithsammlungen genießt die von al-Buḫārī (gest. 256/870) besondere Hochachtung: *Le recueil des traditions Mahométanes.* Hrsg. von Ludolf Krehl/Theodor Willem Juynboll, 4 Bde., Leiden 1862–1908; englisch: The Translation of the Meanings of Ṣaḥīḥ Al-Bukhārī. Arabic/English. Hrsg. und übers. von Muḥammad Muḥsin Khān, Medina 1391/1971; Ausz. deutsch: Nachrichten von Taten und Aussprüchen des Propheten Muhammad. Übers. von Dieter Ferchl, Stuttgart 1991.

27 Schoeler (Anm. 21), S. 51, 169; Ders., Frage (Anm. 26), S. 215, 222, 224 f.; Ders.: Theorien zu den Quellen der den Isnād verwendenden kompilatorischen Werke der arabisch-islamischen Wissenschaften. In: Ibn an-Nadīm und die mittelalterliche arabische Literatur. Hrsg. von Stefan Leder, Wiesbaden 1996, S. 118–126, hier S. 120, 123 f.

28 Biobibliographische Artikel zu den im Folgenden genannten Überlieferern und Schriftstellern finden sich in EI² sowie EI³ (hrsg. von Gudrun Krämer/Denis Matringe/John Nawas/Everett Rowson, Leiden 2007 ff.), den Quellenrepertorien von Carl Brockelmann (Geschichte der

Memorierens und des persönlichen Vortrags verpflichtet und dürfte den Schriftgebrauch – nach dem von GREGOR SCHOELER dargelegten Vorbild der Hadithgelehrsamkeit – auf mnemotechnische Skripte in Form von Kladden beschränkt haben; sein Material fügte er zwar schon zu längeren Berichten zusammen, diese bot er allerdings situativ unterschiedlich dar. ʿUrwa soll eigene Niederschriften vernichtet haben, damit nichts Geschriebenes neben den Koran trete – jedoch offenkundig nicht diejenigen zu *maġāzī* und *sīra*, denn Teile davon gingen in die fernere Überlieferung ein.[29]

Die Implikationen der großen Form zeigen sich an dem erhaltenen Werk des ebenfalls aus Medina gebürtigen Ibn Isḥāq (gest. 150/767?), welches bald für die *sīra* schlechthin genommen wurde; es hat in der Redaktion des Ibn Hišām (gest. 218/833 oder 213/828) überdauert.[30] Die Erzählung, eine im Druck über tausendseitige Monographie, ist zwar im Stil des Hadiths in Sachkapitel unterteilt. Deren Überschriften beginnen in loser Folge mit wechselnden Bezeichnungen wie insbesondere *amr* ... („Die Angelegenheit von ..."), *qiṣṣa* („Erzählung"), *ḫabar* („Nachricht"), *ḏikr* („Gedenken, Wiedergabe") und *ḥadīṯ* (hier: „Erzählung"), welche offenbar untereinander austauschbar sind. Entscheidend aber ist, dass die bis dato alleinstehenden Überlieferungen nun vom Metathema des Lebenslaufes

arabischen Litteratur. Zweite, den Supplementbänden angepaßte Auflage, 2 Bde., Leiden 1943/1949, 3 Suppl., ebd. 1937–42) und FUAT SEZGIN (Anm. 25; bis ca. 430/1039 reichend), der Enyclopedia of Arabic Literature (hrsg. von JULIE SCOTT MEISAMI/PAUL STARKEY, 2 Bde., London 1998), den Verfasserlexika von ʿUMAR RIḌĀ KAḤḤĀLA (*Muʿǧam al-muʾallifīn. Tarāǧim muṣannifī l-kutub al-ʿarabīya*, 15 Bde., Damaskus 1376–1381/1957–1961) und ŠĀKIR MUṢṬAFĀ (*at-Tārīḫ al-ʿarabī wal-muʾarriḫūn. Dirāsa fī taṭauwur ʿilm at-tārīḫ wa-maʿrifat riǧālihī fī l-islām*, 4 Bde., Beirut 1978–1993) sowie bei JOHANNES KARAYANNOPULOS/GÜNTER WEISS (Quellenkunde zur Geschichte von Byzanz [324–1453], Wiesbaden 1982 [Schriften zur Geistesgeschichte des östlichen Europa 14]) und in der EMC. Von wissenschaftshistorischem Interesse sind JOSEPH VON HAMMER-PURGSTALL: Literaturgeschichte der Araber. Von ihrem Beginne bis zu Ende des zwölften Jahrhunderts der Ḥidschret, 7 Bde., Wien 1850–1856, Bd. 2, S. 222–225; Bd. 3, S. 397–405; Bd. 4, 450–468; Bd. 5, S. 507–538; Bd. 6, S. 563–583; Bd. 7, S. 683–729; FERDINAND WÜSTENFELD: Die Geschichtsschreiber der Araber und ihre Werke. In: Abhandlungen der Königlichen Gesellschaft der Wissenschaften zu Göttingen. Historisch-philologische Classe 28 (1881 [1882]); 29 (1882).

29 Vgl. SCHOELER (Anm. 21), S. 28–37 und passim; ANDREAS GÖRKE/GREGOR SCHOELER: Die ältesten Berichte über das Leben Muḥammads. Das Korpus *ʿUrwa ibn az-Zubair*, Princeton, N.J. 2008 (Studies in Late Antiquity and Early Islam 24), zusammenfassend S. 266f., 270f. Zur volkstümlichen, von den Gelehrten diskreditierten Überlieferung RUDI PARET: Die legendäre Maghāzi-Literatur. Arabische Dichtungen über die muslimischen Kriegszüge zu Mohammeds Zeit, Tübingen 1930.

30 Ibn Isḥāq (Anm. 20); vgl. GORDON DARNELL NEWBY: The Making of the Last Prophet. A Reconstruction of the Earliest Biography of Muhammad, Columbia, SC 1989.

überwölbt werden, die Erzählung dabei chronologisch linear voranschreitet und dies auch durch zahlreiche Ereignisdatierungen gemäß der Hedschra-Ära bekräftigt wird. Ibn Isḥāqs *sīra* und nach ihm eine Vielzahl derartiger Werke bieten somit einen narrativen Gesamttext, der sich bestens zu fortlaufender Lektüre eignet und dabei – anders als die Hadithsammlungen – das Leben Mohammeds als etwas Abgeschlossenes und Vergangenes begreifbar macht, mithin historisiert.

Ein allgemeineres arabisch-islamisches Bewusstsein von Geschichtlichkeit entstand indes erst aufgrund der Arbeit derjenigen Traditionarier, die sich mit Themen befassten, welche Mohammed überdauerten, nämlich mit den militärischen Ruhmestaten seiner Gefolgsleute und ihrer Nachfolger. So wurde der Prophetenhadith fortgeschrieben durch Erzählungen von den Taten und Aussprüchen seiner gleichfalls für beispielgebend erachteten Gefährten (*ḥadīṯ/āṯār aṣ-ṣaḥāba*), wie sie in gültiger späterer Form etwa bei al-Buḫārī (gest. 256/870) nachzulesen sind.[31] Aus der ersten Generation von Nachgeborenen führen spätere arabische Historiker besonders den Traditionarier, Juristen und zeitweiligen Statthalter von Medina Abān b. ʿUṯmān b. ʿAffān (gest. zwischen 101/719 und 105/723) an. Während ein ihm zugeschriebenes *kitāb* (hier noch: „Schriftstück") mit *maġāzī*-Nachrichten ihm den größten Nachruhm bescherte, sind mittelbar auch etliche seiner Nachrichten von den ersten vier Rechtgeleiteten Kalifen und jenen der Umaiyadendynastie bekannt. Anders als die bereits Genannten ging er also über die Lebenszeit Mohammeds hinaus und zu dem weiter, was später *taʾrīḫ al-ḫulafāʾ* („Geschichte der Kalifen") heißen sollte.[32]

War aber das Todesjahr 11/632 erst einmal überschritten, musste sich der Gegenstandsbereich der Überlieferer-Verfasser mit wachsendem zeitlichem Abstand von der Frühzeit stetig um neue Zeiträume, Akteure, Handlungsorte und Gegenstände erweitern. Nun begann man, nachprophetische Einzelüberlieferungen zu monothematischen Sammlungen zusammenzuziehen. Die einzelnen Stücke waren in der Regel kurz wie Hadithe und gehorchten zumindest anfangs noch dem *isnād–matn*-Schema; die Sammlungen erhielten entweder vom Urheber oder den Rezipienten einen eindeutigen Sachtitel, der als generischen Bestandteil vielfach die Mehrzahl des Wortes *ḫabar*, nämlich *aḫbār* („Nachrichten"), enthielt. Die Gegenstände wurden in dem Maß immer differenzierter, wie die Herrschaft der Araber sich institutionalisierte und komplizierte. Unter den Vorzeichen des Umaiyadenkalifats (ab 41/661), eines arabischen Erbkönigtums, in dessen Zeit sich die schismatischen Urkonflikte der arabisch-islamischen Gesellschaft auf Dauer

---

31 Al-Buḫārī (Anm. 26), Bd. 2, Abschn. 62: *Kitāb Faḍāʾil aṣḥāb an-nabīy*; englisch: Bd. 5, Abschn. 57.

32 Khalil Athamina: [Art.] Abān b. ʿUthmān b. ʿAffān. In: EI[3] 3/2007, S. 1–3.

vertieften, sowie des ʿAbbāsidenkalifats (ab 132/750), welches die Verwandlung in ein multiethnisches islamisches Reich brachte, zogen insbesondere dynastische Kämpfe, höfische Händel, das Militär- und Steuerwesen, städtisches Leben, die Teilhabe nichtarabischer Bevölkerungsgruppen sowie innere Unruhen und äußere Bedrohungen die Aufmerksamkeit auf sich. Dies waren offenkundig weltliche Angelegenheiten, die sich mit der Botschaft des Korans bloß obenhin oder gar nur kontrastiv, als menschliche Abirrungen, in Verbindung bringen ließen. Die arabischen Historiker der ersten Jahrhunderte taten indes ihr Möglichstes, sie heilsgeschichtlich zu rahmen.[33]

Stellvertretend für die frühen *aḫbār*-Sammler sei zunächst Abū Miḫnaf (gest. 157/773–4) genannt, der aus al-Kūfa stammte, einer der irakischen Städte, die Medina den Rang als Zentrum der Wissenschaften abliefen, und zudem eine Bastion der Schia. Drei mittelalterliche und ein neuzeitliches arabisches Bücherverzeichnis führen 22, 28, 34 bzw. 35 seiner *kutub* („Schriftstücke") an, die sich auf insgesamt 60 Stück addieren[34] und meist nicht im Original erhalten sind. Es handelte sich dabei ausweislich der Titel vor allem um monothematische Sammlungen zu einzelnen Personen, Schlachten oder anderen abgezirkelten Gegenständen. Abū Miḫnaf wird darum als Begründer der arabischen monographischen Geschichtsschreibung gesehen. Ein solches Werk ist *Maqtal al-Ḥusain b. ʿAlī* („Die Ermordung al-Ḥusain b. ʿAlīs"), ein prominenter Vertreter der kleinen, bis ins 4./10. Jahrhundert bestehenden Gruppe von Werken, welche das die Schia beseelende Martyrium des Sohnes des Kalifen ʿAlī b. Abī Ṭālib und seiner Getreuen in der Schlacht von Kerbala 61/680 erzählen; Abū Miḫnaf zugeschrieben, liegt es in der Fassung seines Schülers Ibn al-Kalbī vor.[35] Aus derselben Zeit stammt eine weitere der ältesten bekannten schiitischen Geschichtsmonographien, *Waqʿat Ṣiffīn* („Die Schlacht von Ṣiffīn") aus der Feder des irakischen Parfümverkäufers

33 Vgl. HUGH KENNEDY: Caliphs and Their Chroniclers in the Middle Abbasid Period (Third/Ninth Century). In: Texts, Documents and Artefacts. Islamic Studies in Honour of D. S. Richards. Hrsg. von CHASE F. ROBINSON, Leiden 2003 (Islamic History and Civilization 45), S. 17–35.

34 Vorwort zu *Maqtal al-imām al-Ḥusain b. ʿAlī bi-riwāyat Abī Miḫnaf.* Hrsg. von KĀMIL SALMĀN AL-ǦUBBŪRĪ, Beirut 2000, S. 21–24. Einige Ausgaben sitzen einer ihm zugeschriebenen Fälschung auf.

35 Pseudo-Abū Miḫnaf: *Maqtal* (Anm. 34); deutsch: Der Tod des Ḥusein ben ʿAlí und die Rache. Ein historischer Roman aus dem Arabischen. Übers. von FERDINAND WÜSTENFELD. In: Abhandlungen der Königlichen Gesellschaft der Wissenschaften zu Göttingen. Historisch-philologische Classe 30 (1883), H. 1–3; vgl. URSULA SEZGIN: Abū Miḫnaf. Ein Beitrag zur Historiographie der umaiyadischen Zeit, Leiden 1971, S. 116–123; ROBINSON (Anm. 1), S. 28, 34. Im Folgenden entfällt bei der Nennung von Buchtiteln im Text der generische Bestandteil *Kitāb* („Buch"), soweit dies den Titel nicht entstellt.

Naṣr b. Muzāḥim (gest. 212/827), welche die Waffengänge zwischen ʿAlī b. Abī Ṭālib und seinem Herausforderer Muʿāwiya im Jahr 37/657 darstellt.[36]

Die Überlieferung von Mohammeds *maġāzī* fand eine Fortsetzung in den Nachrichten von den nach seinem Tod einsetzenden Eroberungen außerarabischer Gebiete (*futūḥ*, *futūḥāt*), so in *Futūḥ aš-Šām* („Die Eroberung Syriens") von al-Azdī (gest. nach 190/805),[37] dem *Kitāb al-Futūḥ* („Das Buch der Eroberungen") von Ibn Aʿṯam (schrieb 204/819 – 820?),[38] in *Futūḥ Miṣr wal-Maġrib* („Die Eroberungen Ägyptens und des Westens") von Ibn ʿAbdalḥakam (gest. 257/870)[39] und *Futūḥ al-buldān* („Die Eroberung der Länder") von al-Balāḏurī (gest. 279/892).[40] Der Übergang zur Buchform war mit den letzteren bereits vollzogen. Von anderen frühen *aḫbār*-Sammlern wie al-Haiṯam b. ʿAdī (gest. 207/822) aus al-Kūfa im Irak, der auch schon eine Chronik nach Jahren zusammengestellt haben soll, ist der Nachwelt hingegen anstelle von Originalen nur das Korpus der mit seinem Namen verbundenen Überlieferungen in späteren Sammelwerken bekannt.[41]

An der Frage der Historizität der *futūḥ* wie der frühen *aḫbār* überhaupt entzündete sich in den späten 1960er Jahren die neuere wissenschaftliche Histo-

---

36 Naṣr b. Muzāḥim: *Waqʿat Ṣiffīn*. Hrsg. von ʿAbdassalām Muḥammad Hārūn, Kairo 1365/1946; vgl. Carl Brockelmann: Naṣr ibn Muzāḥim, der älteste Geschichtsschreiber der Schia. In: Zeitschrift für Semitistik und verwandte Gebiete 4 (1926), S. 1 – 23.

37 Al-Azdī: The Fotooh al-Shám Being an Account of the Moslem Conquest of Syria. Hrsg. von William Nassau Lees, Kalkutta 1854 (Bibliotheca Indica 16). Möglicherweise stellte schon Abū Miḫnaf ein solches Werk zusammen; jedenfalls fällt die Verdichtung dieser *aḫbār* ins zweite Viertel des 1. Jahrhunderts der Hedschra (ab den 740er Jahren); vgl. Jens J. Scheiner: Die Eroberung von Damaskus. Quellenkritische Untersuchung zur Historiographie in klassisch-islamischer Zeit, Leiden 2010 (Islamic History and Civilization 76), zusammenfassend S. 478 f. Zu *Aḫbār*, *ansāb*, *siyar* und *taʾrīḫ* im Überblick siehe Gernot Rotter: Formen der frühen arabischen Geschichtsschreibung. In: Deutsche Orientalistik am Beispiel Tübingens. Arabistische und islamkundliche Studien. Red. von Ders., Tübingen 1974 (Wissenschaftlich-publizistische Buchreihe des Instituts für Auslandsbeziehungen Stuttgart 9), S. 63 – 71.

38 Ibn Aʿṯam: *Kitāb al-Futūḥ*. Hrsg. von Muḥammad ʿAbdalmuʿīd Ḫān u. a., 8 Bde., Haiderabad 1388 – 1395/1968 – 1975 (*as-Silsila al-ǧadīda min maṭbūʿāt Dāʾirat al-maʿārif al-ʿuṯmānīya* 9.12).

39 Ibn ʿAbdalḥakam: Conquête de l'Afrique du Nord et de l'Espagne (*Futûh' Ifrîqya wa'l-Andalus*). Hrsg. und übers. von Albert Gateau, Algier ²1947 [1948] (Bibliothèque arabe-française 2); vgl. Robert Brunschvig: Ibn ʿAbdalḥakam et la conquête de l'Afrique du Nord par les Arabes. In: Annales de l'Institut d'études orientales [Algier] 6 (1942 – 1947), S. 108 – 155.

40 Al-Balāḏurī: *Liber expugnationis regionum*. Hrsg. von Michael Jan de Goeje, Leiden 1866; englisch: The Origins of the Islamic State [...]. Übers. von Philip Khûri Hitti/Francis Clark Murgotten, 2 Bde., New York 1916/1924 (Studies in History, Economics and Public Law 68).

41 Siehe Stefan Leder: Authorship and Transmission in Unauthored Literature. The akhbār Attributed to al-Haytham ibn ʿAdī. In: Oriens 31 (1988), S. 67 – 81; Ders.: Das Korpus al-Haiṯam ibn ʿAdī (gest. 207/822). Herkunft, Überlieferung, Gestalt früher Texte der aḫbār-Literatur, Frankfurt a. M. 1991 (Frankfurter wissenschaftliche Beiträge. Kulturwissenschaftliche Reihe 20).

riographiekritik. ALBRECHT NOTH erkannte, dass konkret erscheinende Ereignisse vielfach nur die austauschbaren Anlässe sind, um wiederkehrende Themen wie Eroberung, Parteienstreit, Verwaltung, Kalifenviten, Genealogie usw. abzuhandeln, wobei die Darstellung wesentlich von literarischen Topoi sekundärer Art bestimmt ist. Vermittels dieser Topoi wurde das alte Material in früher ʿabbāsidischer Zeit tiefgreifend umgearbeitet, um ein identitätsstiftendes sunnitisch-islamisches Geschichtsbild zu erzeugen; dieses diente der Abgrenzung gegen das polytheistische alte Arabien, sowie gegen Juden- und Christentum, der Entkräftung konkurrierender islamischer Legitimitätsdoktrinen und der rückblickenden Abwertung der nationalarabischen Umaiyadenmonarchie.[42] Dass die ‚ʿabbāsidische Brille' das Ergebnis einer kollektiven Geschichtspolitik war, zeigt auch, dass sich mit dem späten 2./8. Jahrhundert endgültig ein ausgeprägtes Geschichtsbewusstsein gebildet hatte und dem ein fachlich besonderer Umgang mit der Tätigkeit der Geschichtsüberlieferung entsprach. Von der Warte der westlichen Wissenschaft aus gesehen, stellt die Zeit des Propheten und der ersten Kalifendynastie folglich ein langes nahezu dunkles Jahrhundert dar, zu dessen historischer Betrachtung Überlieferungskritik und narratologische Analyse unabdingbar sind.[43]

Der Form nach handelt es sich bei den *aḫbār*, wie beim Hadith, um voneinander isolierte Stücke narrativer Kurzprosa, die anfangs ebenfalls dem *isnād-matn*-Schema gehorchten.[44] Beide legen zunächst ein Geschichtsbewusstsein in Stücken nahe. Es sind aber vor allem die Unterschiede gegenüber dem Hadith und das besondere Potential der *aḫbār* bemerkenswert. Vor allem hatten sie profane Geschehnisse zum Gegenstand. Dabei drängte es sich auf, den zeitlichen Ablauf, der sich etwa aus der Kausalfolge der Eroberung eines Landes von der Invasion bis zum Triumph ergab, genauer zu beachten. Die Einzelerzählungen konnten innerhalb einer Sammlung zu thematischen Abschnitten gruppiert werden, die durch die Begriffe *ḫabar, kitāb, qiṣṣa, ḏikr* usw. als eigenständig ausgewiesen wurden; in und teils auch zwischen diesen größeren Einheiten herrschte strikte

---

42 Siehe besonders ALBRECHT NOTH: Der Charakter der ersten großen Sammlungen von Nachrichten zur frühen Kalifenzeit. In: Der Islam 47 (1971), S. 168 – 199; DERS.: Quellenkritische Studien zu Themen, Formen und Tendenzen frühislamischer Geschichtsüberlieferung. Teil 1: Themen und Formen [mehr nicht ersch.], Bonn 1973 (Bonner Orientalistische Studien. N.S. 25), hier S. 101 – 154; 2. Aufl. englisch in Verb. mit LAWRENCE I. CONRAD: The Early Arabic Historical Tradition. A Source-critical Study, Princeton, N.J. 1994 (Studies in Late Antiquity and Early Islam 3), hier S. 109 – 172.

43 Siehe zur Rekonstruktion der Anfänge NOTH (Anm. 19); DURI (Anm. 13); FRED M. DONNER: Narratives of Islamic Origins. The Beginnings of Islamic Historical Writing, Princeton, N.J. 1998 (Studies in Antiquity and Early Islam; ROBINSON (Anm. 1), S. 3 – 38; CHEDDADI (Anm. 9).

44 ROSENTHAL (Anm. 1), S. 66 – 69.

chronologische Verkettung, ersichtlich etwa am steten Gebrauch des satzeinleitenden Adverbs *ṯumma* („Sodann ..."). Beispielsweise in den anonymen *Aḫbār ad-daula al-ʿabbāsīya* („Nachrichten von der Dynastie der ʿAbbāsiden"; spätes 4./10. Jh.)[45] finden sich auch häufig – wie schon bei den *maġāzī* – Kalenderdaten nach der Hedschra-Ära eingestreut. Die *aḫbar*-Literatur bildet darum bereits eine frühe chronikale Form der arabischen Geschichtsüberlieferung. Häufiger als andere Formen streut sie Dichtungszitate ein.

Angesichts der rückblickenden Kennzeichnung einer *aḫbar*-Literatur darf nicht übersehen werden, dass die arabische Geschichtsüberlieferung jener Zeit (und selbst später noch) keinen deutlichen Gattungsbegriffen unterlag. Die Mehrzahl der Sammler-Bearbeiter waren Religionsgelehrte und besonders in Hadith- und Rechtswissenschaft ausgewiesen; darüber hinaus gingen sie vielfältigen literarischen Interessen einschließlich Dichtung und Sprachwissenschaft nach. Kein einschlägiger Schriftsteller war ganz auf geschichtliche Stoffe spezialisiert oder hatte sich gar als Historiker professionalisiert. In funktionaler Hinsicht lassen sich gleichwohl Unterscheidungen treffen. *Sīra*- und *aḫbār*-Literatur stellen Traditionsquellen dar, die eigens zu dem Zweck hervorgebracht wurden, das Wissen um immer weiter in die Vergangenheit rückende Ereignisse zu überliefern (was freilich nicht ausschließt, dass sie auch gegenwärtigen, zumal politischen Interessen dienstbar waren).

Etliche andere Literatur lässt sich zwar historisch auswerten, hat aber der Absicht nach vorrangig andere Funktionen erfüllt. So dienten beispielsweise Sammlungen von Biographien der Prophetengefährten und -nachfolger deren Nachkommen dazu, ihr eigenes soziales Prestige kraft Abstammung zu untermauern. Derartige Werke wurden oft *ṭabaqāt* („Stufen, Klassen") überschrieben, weil sie die Biographien der Übersicht halber nach Alterskohorten gruppierten. Solche Sammlungen halfen außerdem den sich herausbildenden Rechtsschulen, sich durch wissenschaftliche Filiationsreihen, die bis in die Frühzeit reichten, Legitimität und Autorität beizulegen. Nutzbringend war die *ṭabaqa*-Einteilung auch in der Spezialliteratur zu den Traditionariern (*riǧāl*), indem sie deren Zeitstellung und mithin auch Abhängigkeitsverhältnisse kenntlich machte.[46] Die

45 *Aḫbār ad-daula al-ʿabbāsīya wa-fīhā Aḫbār al-ʿAbbās wa-waladihī*. Hrsg. von ʿAbdalʿazīz ad-Dūrī/ʿAbdalǦabbār al-Muṭṭalibī, Beirut 1971.

46 Vgl. Gerhard Conrad: Das Kitāb al-Ṭabaqāt des Abū Zurʿa al-Dimašqī (–281 H.). Anmerkungen zu einem unbekannten frühen *riǧāl*-Werk. In: Die Welt des Orients 20/21 (1989/90), S. 167–226; allgemein: Ibrahim Hafsi: Recherches sur le genre „*Ṭabaqāt*" dans la littérature arabe. In: Arabica 23 (1976), S. 227–265; 24 (1977), S. 1–41, 150–186; R. Kevin Jacques: Arabic Islamic Prosopography. The *Tabaqat* Genre. In: Prosopography Approaches and Appli-

Werktitel waren oft schlicht, etwa im Fall des *Kitāb aṭ-Ṭabaqāt* des Basrensers Ḫalīfa b. Ḫaiyāṭ (gest. 240/854), das zuoberst nach Herkunfts- und Wirkungsstätten gliedert und darunter jeweils nach Altersklasse.[47] Wegen seiner kolossalen Materialfülle wichtig wurde das *Kitāb aṭ-Ṭabaqāt al-kabīr* („Das große Buch der Generationen") des in Bagdad wirkenden Ibn Saʿd (gest. 230/845);[48] eine jüngere Textausgabe zählt 5554 Artikel zu Männern.[49] Auch hier ist, nach Überlieferungen zu Mohammed, der Hauptteil geographisch eingeteilt, wobei die Prophetennachfolger – zunehmend auf Rechtsgelehrte konzentriert – bis zur achten *ṭabaqa* verzeichnet werden. Die abschließende Darstellung von ungefähr 600 bedeutenden Frauen ist weder geographisch noch chronologisch, sondern thematisch und vor allem nach Stammeszugehörigkeit geordnet. Auch aṭ-Ṭabarī schuf ein einschlägiges Werk, ausgewiesen als Ergänzungsband zu seiner Chronik, von der noch zu sprechen sein wird.[50] Sammlungen von Biographien bedeutender Persönlichkeiten wurden bald auch für einzelne Bildungs- und Erwerbsgruppen veranstaltet, wobei Rechtsgelehrte, Ärzte und hohe Würdenträger ihresgleichen am ausgiebigsten dokumentierten. Diese ebenfalls *ṭabaqāt* oder häufig auch *siyar* („Viten") genannten Sammlungen waren der Traditionsbildung und Selbstbehauptung bedeutender Berufsstände verpflichtet. Wie die vorgenannten *ṭabaqāt* stellen sie Artikelwerke dar, in denen Geschichte als Gelehrtengeschichte auftritt. Die enge historiographische Ambition dieser Literatur wird unterstrichen von dem Umstand, dass kein Chronist sich bemüßigt sah, eigens Historikerviten zu sammeln.

Indes führen zumindest zwei Linien weiter zur Geschichtsschreibung. Zum einen widmen sich einige *siyar*-Werke dezidiert der politischen und Verwaltungsgeschichte, beispielsweise das *Kitāb al-Wuzarāʾ wal-kuttāb* („Das Buch der Wesire und Hofsekretäre") von al-Ǧahšiyārī (gest. 331/942), das zugleich der Großgruppe der unterhaltenden Bildungsliteratur (*adab*) und im Speziellen der

cations. A Handbook. Hrsg. von K. S. B. Keats-Rohan, Oxford 2007 (Prosopographia et Genealogica 7), S. 387–414; vgl. Robinson (Anm. 1), S. 72–74.

47 Ḫalīfa b. Ḫaiyāṭ: *Kitāb aṭ-Ṭabaqāt. Riwāyat Abī ʿUmrān Mūsā b. Zakariyā at-Tustarī.* Hrsg. von Akram Ḍiyāʾ al-ʿUmarī, 2 Bde., Bagdad 1387/1967.

48 Ibn Saʿd az-Zuhrī: *Kitāb aṭ-Ṭabaqāt al-kabīr.* Biographien Muhammads, seiner Gefährten und der späteren Träger des Islams bis zum Jahre 230 der Flucht. Hrsg. von Eduard Sachau, 9 Bde., Leiden 1904–1940.

49 Ibn Saʿd: *Ṭabaqāt al-kabīr*, 11 Bde., Kairo 1421/2001.

50 Aṭ-Ṭabarī: *Ḏail al-muḏaiyal min taʾrīḫ aṣ-ṣaḥāba wat-tābiʿīn* („Die Ergänzung des Ergänzten aus der Geschichte der Prophetengefährten und Nachfolger"); Teilausgabe in: *Taʾrīḫ ar-rusul wal-mulūk.* Hrsg. von Muḥammad Abū l-Faḍl Ibrāhīm, Bd. 11, Kairo 1387/1967, S. 491–705; englisch: The History of al-Ṭabarī (Anm. 22), Bd. 39 (1998).

Sekretärsliteratur (*adab al-kuttāb*) angehört.[51] Zum anderen sind etliche Chroniken personalgeschichtlich gegliedert und führen passend das Wort *siyar* im Titel. So heißt das zentrale Geschichtswerk der koptischen Christen, nachdem es im 5./ 11. Jahrhundert arabisiert wurde, *Siyar al-ābāʾ al-baṭārika* („Viten der Patriarchen [von Alexandria]").[52]

Eine dritte Textsorte neben *ṭabaqāt* und *siyar*, die eine personalisierte Geschichtsauffassung zum formalen Gliederungskriterium erhebt, bildet die *ansāb*- oder genealogische Literatur. Sie wurde als eng mit der Geschichtsschreibung und Biographie verbunden gesehen. Im Bücherverzeichnis des Ibn an-Nadīm (schrieb 377/987), dem *Fihrist* („Register"), bilden *aḫbār*, *siyar* und *ansāb* ein gemeinsames Kapitel und werden nicht unterschieden.[53] Die Genealogie befasst sich mit den Abstammungslinien der arabischen Stämme und ihren durch nomadische Migration und die arabischen Eroberungszüge veränderten Siedlungsgebieten. Dabei führt sie mündliche Stammesüberlieferung, antiquarische Kenntnisse der

51 Al-Ǧahšiyārī: *Das Kitāb al-wuzarāʾ wal-kuttāb des Abū ʿAbdallāh Muḥammad Ibn ʿAbdūs al-Ǧahšiyārī.* Hrsg. von HANS VON MŽIK, Facs., Leipzig 1926 (Bibliothek arabischer Historiker und Geographen 1); ergänzende Fragmente: *Nuṣūṣ ḍāʾiʿa min kitāb al-Wuzarāʾ wal-kuttāb.* Hrsg. von MĪḪĀʾĪL ʿAUWĀD, Beirut 1384/1964; deutsch: Das Buch der Wesire und Staatssekretäre. Anfänge und Umaiyadenzeit. Übers. von JOSEF LATZ, Walldorf/Hessen 1958 (Beiträge zur Sprach- und Kulturgeschichte des Orients 11); Ausz. arabisch und deutsch bei ALFRED VON KREMER: Ueber das Budget der Einnahmen unter der Regierung des Hârûn Alrašîd nach einer neu aufgefundenen Urkunde. In: Verhandlungen des VII. Internationalen Orientalisten-Congresses, gehalten in Wien im Jahre 1886. Bd. [1]: Semitische Section, Wien 1888, S. 1–18, hier S. 4–12, Taf. I-III; DOMINIQUE SOURDEL: La valeur littéraire et documentaire du ‚Livre des Vizirs' d'al-Ǧahšiyārī. In: Arabica 2 (1955), S. 193–210.

52 *Siyar al-ābāʾ al-baṭārika*, koptisches Kollektivwerk, nach 400 begonnen, später dem Ibn al-Muqaffaʿ (Severus von Hierapolis Magna, um 955–987) zugeschrieben und (mit Titelvarianten) auf arabisch fortgeführt. Teilausgabe: History of the Patriarchs of the Coptic Church of Alexandria. Hrsg. und übers. von BASIL T. A. EVETTS. In: Patrologia Orientalis 1 (1907), S. 104–214, 384–518; 5 (1910), S. 1–215; 10 (1915), S. 360–551; Fortsetzung: History of the Patriarchs of the Egyptian Church, Known as the History of the Holy Church. Hrsg. und übers. von OSWALD H. E. BURMESTER u. a., Bde. 2–4 in 8 Tln., Kairo 1943–1974 (Publications de la Société d'archéologie copte [3–5], 11–15). Eine kritische Ausgabe ist in Vorbereitung; vgl. die Website des International Copto-Arabic Historiography Project, http://www.uclouvain.be/443718.html, und die dort nachgewiesenen Veröffentlichungen inbesondere von JOHANNES DEN HEIJER; an erster Stelle DERS.: Mawhūb Ibn Manṣūr Ibn Mufarriǧ et l'historiographie copto-arabe. Étude sur la composition de l'Histoire des patriarches d'Alexandrie, Leuven 1989 (Corpus scriptorum Christianorum orientalium 513. Subsidia 83).

53 Ibn an-Nadīm: *Kitāb al-Fihrist.* Hrsg. von GUSTAV FLÜGEL, 2 Bde., Leipzig 1871/1872, Bd. 1, Kap. III.1, S. 89–115, hier S. 89; englisch: The Fihrist of Ibn al-Nadīm. A Tenth Century Survey of Muslim Culture. Übers. von BAYARD DODGE, 2 Bde., New York 1970 (Records of Civilization. Sources and Studies 83), Bd. 1, S. 192–252, hier S. 192.

Geographie Arabiens aus der Dichtung und das historische Bücherwissen städtischer Gelehrter zusammen. Ausgehend von bezeugten Individuen der jüngeren Zeit werden dabei Stammbäume bis in die Zeit vor dem Islam aufgestellt, wobei auch die Ahnen der ältesten Stufen gleichermaßen als historische Personen galten. Unkritische Verarbeitung durch spätere arabische Genealogen und Geschichtsschreiber führte zu vermeintlichen Gewissheiten, von denen sich noch die frühe moderne Wissenschaft hat täuschen lassen; es konnte dann aber gezeigt werden, dass die ‚Ahnherren' Figuren legendärer Art sind, die tribale Gruppen und Föderationen in idealisierten Abstammungsverhältnissen vorstellen. Im Hintergrund der *ansāb*-Werke steht nicht zuletzt das Bemühen, genealogische Ordnungssysteme zu konstruieren, um das in ständiger Transformation begriffene und politisch stets kontingente Stammeswesen in wissenschaftlicher wie administrativer Hinsicht fassbar zu machen. Wichtigste Vertreterin dieser Literatur ist wegen ihrer frühen Entstehung und prägenden Wirkung die *Ǧamharat an-nasab* („Sammlung der Genealogie") des obengenannten Hišām b. al-Kalbī, Überlieferer und literarischer Antiquar in al-Kūfa, erhalten in der Fassung Muḥammad b. Ḥabībs (gest. 245/859).[54] Die *ansāb*-Literatur kam danach nie zum Erliegen. Einzelne Autoren konnten wesentlich zur Regionalgeschichte beitragen, so etwa Aḥmad b. ʿAbdallāh al-Asadī (frühes 7./13. Jh.), genannt *an-Nassāba* („der Genealoge"), durch seinen (auszugsweise überlieferten) *Dīwān al-ʿArab wa-ǧauharat al-adab wa-īḍāḥ an-nasab* („Archiv der Araber und Juwel der Bildung und der Erläuterung der Genealogie").[55] Besonders in mamlūkischer Zeit sollte sie – wie auch die *ṭabaqāt/siyar*-Literatur – wieder zu Ehren kommen.

Schließlich lassen sich Werke, die teils mit *aḫbār*, teils mit *taʾrīḫ* überschrieben sind, unter dem Sammelbegriff der Kalifen- oder Reichschronik zusammenfassen. Schon genannt wurden die *Aḫbār ad-daula al-ʿabbāsīya* (spätes 4./10. Jh.). Verloren und allenfalls durch einzelne Überlieferungen bezeugt sind ältere ʿAbbāsidengeschichten aus der Feder von al-Haiṯam b. ʿAdī (gest. 207/822), *Kitāb ad-Daula* („Das Buch der Dynastie"), al-Madāʾinī (gest. 235/850), *Kitāb ad-Daula* und *Aḫbār al-ḫulafāʾ al-kabīr* („Große Geschichte der Kalifen"), Ibn Mihrān an-Naṭṭāḥ (gest. 252/866), *Kitāb ad-Daula*, und Ibn ʿAbdalḥamīd al-Kātib (gest. 287/900), *Aḫbār ḫulafāʾ Banī l-ʿAbbās* („Nachrichten von den Kalifen des

54 Ibn al-Kalbī: *Ǧamharat an-nasab*. Das genealogische Werk des Hišām ibn Muḥammad al-Kalbī. Hrsg. von Werner Caskel in Verb. mit Gert Strenziok, 2 Bde., Leiden 1966; vgl. Meir J. Kister/Martin Plessner: Notes on Caskel's Ǧamharat an-nasab. In: Oriens 25/26 (1977), S. 48–68.

55 Zu seiner Bedeutung für die Geschichte Nordsyriens siehe Marius Canard: Quelques observations sur l'introduction géographique de la Bughyat at'-t'alab de Kamâl ad-dîn ibn al-ʿAdîm d'Alep. In: Annales de l'Institut d'études orientales [Algier] 15 (1957), S. 41–53, hier S. 43.

Hauses al-ʿAbbās").[56] Weitere politische Chroniken verfolgen ein regionales Interesse und stellen damit Vorläufer der später häufig auftretenden Landeschroniken dar,[57] so einige länderspezifische *futūḥ*-Sammlungen wie das oben angeführte Ägypten- und Nordafrikabuch von Ibn ʿAbdalḥakam oder die Geschichte der Patriarchen von Alexandria von Saʿīd b. al-Baṭrīq (Eutychios, gest. 328/940).[58]

4 Geschichte nach Jahren

Die Spezialisierung der Chronistik arabischer Sprache setzte ein, als gelehrte Überlieferer begannen, die chronologische Anordnung ihres Materials zur bestimmenden äußeren Form der Werke zu erheben. In der Tat besteht das arabische Äquivalent des Begriffs ‚Chronistik' in dem Verbalnomen *taʾrīḫ* (gesprochen: taʔˈri:χ). Das Wort meinte zunächst das Datieren eines Sachverhalts.[59] Aufs Büchermachen angewendet, nahm es ab der Mitte des 2./8. Jahrhunderts die Bedeutung „Gliederung nach Daten", genauer: „nach Jahren" (*taʾrīḫ ʿalā s-sinīn*), an.[60] Alsbald bezeichnete es zum einen eine bestimmte Textsorte, welche diesem Organisationsprinzip folgte, zum anderen – durch Übertragung – ihren solchermaßen angeordneten Stoff, den historischen Berichtsgegenstand selbst. Der Chronist trat dabei als *muʾarriḫ* (muˈʔarriχ) auf, d. h. „Datierer (von Ereignissen)". Die älteren Gliederungsprinzipien begannen zurückzutreten, während *taʾrīḫ* zu einem wie selbstverständlichen Merkmal nahezu jeder Form von Geschichtsschreibung aufstieg. Infolgedessen musste die differentielle Funktion des Begriffs gegenüber den anderen Prinzipien verblassen. Schon im 4./10. Jahrhundert kam kein Geschichtswerk mehr ohne chronologisierende Techniken aus, und so begann *taʾrīḫ* weniger eine bestimmte Textsorte als vielmehr die Wissenschaft an sich sowie das arabische historische Schrifttum insgesamt zu bezeichnen. Das schloss Werke mit *ḫabar*-Titeln ein, so etwa das unvollständig erhaltene anonyme kalifal-annalistische Werk *al-ʿUyūn wal-ḥadāʾiq fī aḫbār al-ḥaqāʾiq* („Die Quellen und Gärten, betreffend die Geschichte der wahren Begebenheiten") aus dem 5.–6./11.–12. Jahrhundert.[61] Immer seltener konnte *aḫbār* im ursprünglichen technischen

---

56 Sezgin (Anm. 25), Bd. 1, S. 309 f., 321 f.

57 Vgl. unten S. 909. 911 f., 917–919, 939–946.

58 Vgl. unten S. 935.

59 Zur frühesten Datierungspraxis zusammenfassend Sezgin (Anm. 25), Bd. 1, S. 255 f.

60 Sezgin (Anm. 25), S. 307; Rosenthal (Anm. 1), S. 73.

61 Pars tertia operis *Kitâbo 'l-Oyun wa 'l-hadâïk fi akhbâri 'l-hakâïk*. Hrsg. von Michael Jan de Goeje/Pieter de Jong. In: Fragmenta historicorum Arabicorum. Bd. 1. Hrsg. von de Goeje, Leiden

Sinn für persönlich beglaubigte Einzelüberlieferungen („Nachrichten") gebraucht werden; indem das Wort aber dennoch – als Reminiszenz – beibehalten wurde, geriet es allmählich zum Abstraktum ‚Geschichtsschreibung', synonym zu *ta'rīḫ*. Die Bezeichnung der Vergangenheit blieb indes dem Begriff *ta'rīḫ* vorbehalten. Die Verallgemeinerung von *ta'rīḫ* hat sich bis in die Gegenwart gefestigt, und so kann der Begriff im heutigen Sprachgebrauch Datum, Geschichte oder Geschichtsbuch bedeuten. Die Geschichtswissenschaft heißt *'ilm* (Wissenschaft) *at-ta'rīḫ*, und mithin ist jedweder Historiker ein *mu'arriḫ*; ihr vormaliger nahöstlicher Standesverband war die „Union der arabischen *mu'arriḫūn*",[62] ein weiterer Verband des Namens ist in Kairo aktiv.[63]

Der Übergang von *ta'rīḫ* zu einer Art literarischem Gattungsbegriff fällt in die Mitte des 2./8. Jahrhundert, als das Wort erstmals im Titel einer Überlieferungssammlung erschien, dem *Kitāb at-Ta'rīḫ* von 'Awāna b. al-Ḥakam (gest. 147/764 oder 153/770) aus al-Kūfa.[64] Diese hat sich aber nicht erhalten, wie überhaupt das Zeitalter des Umaiyadenkalifats von Damaskus (41–132/661–750) fast gar nicht aus zeitgenössischen Quellen, sondern aus den feindseligen und darum nicht vertrauenswürdigen Darstellungen seitens 'abbāsidenzeitlicher Schriftsteller bekannt ist. Das *Kitāb at-Ta'rīḫ wal-maġāzī* („Das Buch der Chronik und der Feldzüge") des in Medina ausgebildeten und in Bagdad als Richter tätigen al-Wāqidī (gest. 207/822) fällt bereits in diese Zeit. Noch beschränkt sich die Chronik auf das Leben Mohammeds. Die Kapitel werden anhand von Mohammeds Feldzügen gebildet, auf oberer Ebene also örtlich-sachlich mit einer nur relativen Chronologie. Der Anspruch auf *ta'rīḫ* wird im Inneren der Kapitel realisiert, wo die Ereignisse nach Tag und Kalendermonat und außerdem nach einer fortlaufenden Zählung der Monate seit der Hedschra gegeben werden – unter Auslassung einer möglichen Annalistik. Auch das wenige Jahre später entstandene *at-Ta'rīḫ al-kabīr* („Die große Chronik") von al-Buḫārī gebraucht das Wort *ta'rīḫ* noch im engeren Sinn, handelt sich hier doch um einen Vertreter der *riǧāl*-Literatur, die sich bemüht, die Traditionarier zu bewerten, und sie dazu zeitlich anordnen muss.[65]

1869; Fortsetzung: *Kitāb al-'Uyūn wal-ḥadā'iq fī aḫbār al-ḥaqā'iq*. Chronique anonyme. Tome IV: 256/870–350/961. Hrsg. von Omar Saïdi, Damaskus 1972/1973.

62 Der ‚Ittihād al-mu'arriḫīn al-'arab' gab ab 1975 in Bagdad die Zeitschrift ‚Maǧallat al-mu'arriḫ al-'arabī' / The Journal of Arab Historians' (u. ä.) heraus, von der zuletzt Heft 60 (2001) nachgewiesen ist.

63 Der an der Universität Kairo angesiedelte ‚Ittihād al-mu'arriḫīn al-'arab bil-Qāhira' veröffentlicht seit 1993 die ‚Maǧallat al-mu'arriḫ al-'arabiī (al-Qāhira, Miṣr) / Bulletin of the Arab Historians Society'; http://arabhistoryso.net/Magazin.aspx.

64 Ibn an-Nadīm (Anm. 53), Bd. 1, S. 91; englisch: Bd. 1, S. 197; vgl. Sezgin (Anm. 25), Bd. 1, S. 307 f.; Rosenthal (Anm. 1), S. 71–73.

65 Al-Buḫārī: *Kitāb at-Ta'rīḫ al-kabīr*, 5 Bde. in 10 Tln., Haiderabad 1360–1384/1941–1970.

Erhalten sind von demselben auch zwei gestaffelte Kurzfassungen, *at-Taʾrīḫ al-awsaṭ* („Die mittlere Chronik") und *at-Taʾrīḫ aṣ-ṣaġīr* („Die kleine Chronik").[66]

Eine Ausweitung der chronologischen Methode auf das Feld der allgemeineren Geschichte findet sich bald darauf in dem schlicht *at-Taʾrīḫ* genannten Werk. Erst in den 1960er Jahren entdeckt, ist es die älteste bis dato auf uns gekommene vollständige Chronik eines ausgedehnteren Berichtszeitraums. Ihr Verfasser Ḫalīfa b. Ḫaiyāṭ (gest. 240/854) aus Basra war Sohn eines Traditionariers und selbst ebenfalls ein einflussreicher Überlieferer.[67] Das Buch zeichnet sich durch einleitende Reflexion des Begriffs *taʾrīḫ* und der Bedeutung historischen Denkens von den alten Völkern bis in islamische Zeit aus. Der Stoff setzt mit Mohammed ein und führt bis ins achte Jahr vor dem Tod des Verfassers. Bemerkenswert sind die Anwendung der *isnād*-Methode, die ausschließlich annalistische Gliederung und besonders das häufige Vorkommen von Personenlisten aus verschiedenen Anlässen – die Gefallenen einer Schlacht, die in einem Jahr verstorbenen bedeutenden Persönlichkeiten oder, am Schluss des Todesjahres eines Kalifen, seine Statthalter und Richter.[68] Gerade solche Namenssammlungen, speziell jene, die das Dabeigewesensein von Individuen bei wichtigen Ereignissen dokumentieren (woraus ihre Familien materielle und Geltungsansprüche ableiten konnten), machen den archaischen, noch nicht um narrativen Fluss bemühten Charakter der frühesten Chronistik aus. Sie bergen außerdem den Keim zweier späterer Entwicklungen: Politisierung durch Gliederung nach Regentschaften sowie Biographisierung durch jahrgangsweise Nekrologe. In perspektivischer Hinsicht fallen bei Ḫalīfa b. Ḫaiyāṭ besonders die vergleichsweise sachliche Behandlung der Umaiyaden und die sonst ebenfalls selten anzutreffende Verzeichnung von Geschehnissen in den nichtislamischen Nachbarländern auf.

Dass die Araber bereits kurz nach Mohammeds Ableben über eine eigene Chronographie verfügten, die rasch das Verwaltungs- und Rechtswesen sowie den Briefverkehr erfasste, kann auch literarisch nicht hoch genug veranschlagt werden. Das alte Arabien kannte allein relative Datierungen, und die Zeitrechnungen

---

66 Al-Buḫārī: *Kitāb at-Taʾrīḫ al-ausaṭ*. Hrsg. von Muḥammad b. Ibrāhīm al-Luḥaidān, 2 Bde., Riad 1418/1998; Ders.: *Kitāb at-Taʾrīḫ aṣ-ṣaġīr*. Hrsg. von Maḥmūd Ibrāhīm Zāyid, 2 Bde., Aleppo 1976/1977.

67 Ḫalīfa b. Ḫaiyāṭ: *Taʾrīḫ. Riwāyat Baqī b. Maḫlad*. Hrsg. von Akram Ḍiyāʾ al-ʿUmarī, Nadschaf 1386 – 1387/1967 – 1968; vgl. Josef Schacht: The Kitab al-Tarih of Ḫalīfa b. Ḫayyāṭ. In: Arabica 16 (1969), S. 79 – 81.

68 Zum Beispiel Ḫalīfa b. Ḫaiyāṭ (Anm. 67), Bd. 1, S. 91 f.: prototypische Liste der Statthalter des ersten Kalifen, Abū Bakr (reg. 11 – 13/632 – 634); S. 231 – 245: Liste der 63/684 bei al-Ḥarra Gefallenen.

der umgebenden Zivilisationen des Altertums waren vielfach problematisch.[69] „In der Tat brachte die Hiğra die erste kongruente und kontinuierliche Zeitrechnung, die über ein weites Gebiet ausschließlich geherrscht hat."[70]

Die islamische Zeitrechnung wurde rückwirkend eingeführt. Sie bezieht sich auf die *hiğra* (Mohammeds „Ablassen" von Mekka und Auswanderung nach Yaṯrib/Medina) als den Auftakt zur Gründung der ersten Gemeinde. Die Einführung durch Mohammeds zweiten Nachfolger, ʿUmar b. al-Ḫaṭṭāb (reg. 13 – 23/634 – 644), erfolgte, je nach Überlieferung, im 16., 17. oder 18. Jahr der Hedschra (637, 638 oder 639 n. Chr.).[71] Die beiden ältesten dergestalt datierten Ereignisse sind Mohammeds Ankunft in Qubāʾ bei Yaṯrib/Medina am „Montag, 12. Rabīʿ al-Auwal" des Jahres 1[72] (gemeinhin mit dem 24. September 622 gleichgesetzt) und das vier Tage darauf, am 16. Rabīʿ al-Auwal (28. September), dort gehaltene erste Freitagsgebet in der Geschichte des Islams[73] – mit einer merkwürdigen kalendarischen Unsicherheit.[74] Das eigentliche Bezugsdatum, die Hedschra als der Auszug aus Mekka, war selbst nicht datiert und musste aus dem Kontext erschlossen werden (8./20.). Eine weiter hinaufreichende, negative Zeitrechnung wurde unterlassen, wohl weil es gedanklich nicht in Frage kam, die alte, zu überwindende Zeit durch eine Chronologie zu würdigen. Daten vor 16 – 18/637 – 639 sind also rekonstruiert und problematisch. Infolgedessen blieb aber auch die Chronologie von Mohammeds Wirken in Mekka ab dem ersten Koranvortrag (610?) im Ungefähren, was Streit unter den Gelehrten entfachte. Daraus folgt, dass die mekkanischen Jahre gewissermaßen – nämlich im Sinne der Hedschra-Zeitrechnung und Gründung der Gemeinde – als ‚vorislamisch' zu verstehen sind. Das gilt sogar für die ersten knapp 70 Tage des Jahres 1, denn die Hedschra ereignete sich im dritten Monat des altarabischen Kalenderjahres, und weil dessen Monatsfolge im Islam beibehalten wurde, war das rechnerisch anzunehmende Epochendatum, der erste Tag jenes Jahres (Freitag, 1. al-Muḥarram 1/16. Juli 622), schon um so viele Tage

---

69 Adolf Grohmann: I. Arabische Chronologie. II. Arabische Papyruskunde, Leiden 1966 (Handbuch der Orientalistik I, Ergänzungsbd. 2.1), S. 3 – 9.

70 Rosenthal (Anm. 10), S. 42, vgl. S. 43; vgl. Evstatiev (Anm. 18).

71 Aṭ-Ṭabarī (Anm. 22), Folge 1, S. 1250 – 1255; englisch: Bd. 6 (1988). Übers. von W. Montgomery Watt/Michael V. McDonald, S. 157 – 161.

72 Aṭ-Ṭabarī (Anm. 22), Folge 1, S. 1242; englisch: Bd. 6 (Anm. 71), S. 150.

73 Aṭ-Ṭabarī (Anm. 22), Folge 1, S. 1256 f.; englisch: Bd. 7 (1987). Übers. von W. Montgomery Watt/Michael V. McDonald, S. 1 f.

74 Bei beiden Daten passt der Wochentag nicht zum Kalendertag, denn dem heutigen Standardkalender zufolge (Anm. 75) würde rechnerisch der Ankunftstag (12./24.) ein Freitag und der Tag des Freitagsgebets (16./28.) ein Dienstag gewesen sein. Eine Diskrepanz von vier Tagen ist auch für die früheste Zeit ganz unüblich und inakzeptabel.

verstrichen.[75] Vorbehalte gegen rückwirkende Zeitrechnung zeigen sich etwa in al-Wāqidīs *Taʾrīḫ:* Wie oben bemerkt, wird eine relative Chronologie auf Werkebene durch die Abfolge der *maġāzī*-Kapitel hergestellt; Tag und Kalendermonat sowie eine fortlaufende Zählung der seit der Hedschra vergangenen Monate kommen interlinear dazu, während das Jahr unerwähnt bleibt.

Für die Chronistik war die Existenz der Hedschra-Zeitrechnung von unschätzbarem Wert. Indem der altararabische solare Naturkalender durch einen strikt lunaren Kalender ersetzt wurde, der innerhalb von dreißig Jahren einmal durch die Jahreszeiten wandert, konnte triumphal mit der alten Zeit gebrochen werden. Datierungen neuen Stils bezogen sich auf die Gründung der Gemeinschaft der Gläubigen und markierten die Etappen eines heilsgeschichtlichen Zeitstrahls, der linear der verheißenen Endzeit zustrebte.[76] Einordnung in die Hedschra-Chronologie war wie kein anderes Mittel geeignet, jedem Berichtsgegenstand eine eindeutige Zeitlichkeit und Erinnerbarkeit zu verleihen und den Geschichtsstoff an sich in einem gewissen Maß zu heiligen. Den Chronisten war damit ein so einfacher und umfassender wie würdiger Ordnungsgesichtspunkt an die Hand gegeben, der es ermöglichte, der Verkettung von Ereignissen weltanschaulich und formal gerecht zu werden.

Gleichwohl trieben Datierungsschwierigkeiten und die häufige Divergenz paralleler Überlieferungen manchen Chronisten um. Weil der Beginn eines neuen Monats in der historischen Praxis, d. h. außerhalb der astronomischen Wissenschaft, durch individuelle lokale Beobachtung des Nachthimmels ermittelt wurde und weil komplizierte Interkalationsregeln erschwerend hinzukamen, konnten einander widersprechende Datierungen zusammentreffen, zu deren Bewertung dem Verfasser die Mittel der Kritik fehlten. Moderne wissenschaftliche Hilfsmittel[77] legen den alten islamischen astronomischen Kalender zugrunde, wissend,

---

75 Vgl. Adolf Grohmann: Einführung und Chrestomathie zur arabischen Papyruskunde. Bd. 1 [mehr nicht ersch.], Prag ²1954 (Monografie Archivu Orientalního 13.1), S. 220; Ders. (Anm. 69), S. 10 f. Der ursprüngliche, astronomisch begründete Kalender der Muslime lässt als Äquivalent des Epochendatums einen Donnerstag annehmen (15. Juli); er wurde in später osmanischer Zeit durch eine bis heute gültige bürgerliche Variante verdrängt, welche einen Freitag annimmt (16. Juli).

76 Vgl. Bernd Radtke: Weltgeschichte und Weltbeschreibung im mittelalterlichen Islam, Beirut 1992 (Beiruter Texte und Studien 51), S. 163.

77 Einen Konvertierungsrechner unter Verwendung des Epochendatums 16. Juli 622 bietet die von der Universität Zürich gehostete Website ‚Conversion of Islamic and Christian Dates', http://www.oriold.uzh.ch/static/hegira.html. Breiter angelegt und darum weiterhin wichtig ist das Werk von Ferdinand Wüstenfeld/Eduard Mahler: Wüstenfeld-Mahler'sche Vergleichungstabellen zur muslimischen und iranischen Zeitrechnung mit Tafeln zur Umrechnung orient-christlicher Ären. Bearbeitet von Bertold Spuler, Wiesbaden ³1961.

dass überlieferte Angaben nach dem Naturkalender aus eigenem Recht oft davon abweichen. Treten also in einer Quelle konkurrierende Kalenderdaten auf, empfiehlt sich stets dasjenige als zuverlässig, welches zum Wochentag passt, so dieser angegeben ist.[78] Eine weitere Komplikation rührt daher, dass nach hebräisch-arabischer Auffassung (Gen 1,5) ein Kalendertag mit der Abenddämmerung beginnt, was von der historischen Datierungspraxis zwar sehr oft, aber nicht immer übergangen wird. Eine alte Kalendervariante setzt bei gleichem Kalendertag den Wochentag um einen später an; diese Variante ist in spätosmanischer Zeit sowie auch in der modernen Wissenschaft bestimmend geworden.[79] Das wiederum bedingt, dass Datierungen in Chroniken, die um einen Kalendertag zu früh auszufallen scheinen und keinen Wochentag als Korrektiv bei sich haben, historisch doch zutreffend sein können. Bei der Ermittlung des Monatstages ist außerdem zu beachten, dass üblicherweise alle Tage ab dem sechzehnten vom Monatsende her rückwärts gezählt werden und es mithin darauf ankommt, ob er 29 oder 30 Tage zählt (und etwa ein Schaltmonat vorliegt); erst in mittelislamischer Zeit kommt daneben auch stetig aufsteigende Zählung vor. Diese vielfältigen möglichen Unstimmigkeiten waren von den Chronisten kaum je ganz auszuräumen und mahnen heute zu umsichtigem Gebrauch elektronischer Kalenderrechner.[80]

5 Universalchroniken

Schon an Ḫalīfa b. Ḫaiyāṭs Werk wird deutlich, dass die Verselbständigung der arabischen Chronistik zum einen in sachlicher Hinsicht an der Hinwendung zur politischen Geschichte, zum anderen an der Anwendung der Annalistik liegt. Beide Momente zeigen sich sodann in voller Blüte, Komplexität und Tragweite im Werk von aṭ-Ṭabarī (gest. 310/923), dem Urheber des monumentalen *Taʾrīḫ ar-rusul wal-mulūk* („Chronik der Gottesgesandten und Könige"), welches die heilsgeschichtlich gerahmte Universalgeschichtsschreibung begründete und in mehrerer

78 Bertold Spuler: Con amore oder: Einige Bemerkungen zur islamischen Zeitrechnung. In: Der Islam 38 (1963), S. 154–160, hier S. 154.

79 Joachim Mayr: Probleme der islamischen Zeitrechnung. In: Mitteilungen zur osmanischen Geschichte 2 (1923–1926), S. 269–304, hier S. 282 f.; Grohmann, Einführung (Anm. 75), S. 220.

80 Siehe Anm. 77. Zur Datierungspraxis der Chronisten Kurt Franz: Kompilation in arabischen Chroniken. Die Überlieferung vom Aufstand der Zanǧ zwischen Geschichtlichkeit und Intertextualität vom 9. bis ins 15. Jahrhundert, Berlin 2004 (Studien zur Geschichte und Kultur des islamischen Orients. N.F. 15), S. 182–194.

Hinsicht von überragender Bedeutung für die Entwicklung der gesamten arabischen Historiographie war.[81] Aṭ-Ṭabarī vertritt in klassischer Weise den Typus des historisierenden Religionsgelehrten und befand sich an seiner Wirkungsstätte Bagdad im Mittelpunkt der islamischen Wissenschaften seiner Epoche. Sein Werk bildet Summa und Scheitelpunkt der frühen arabischen Historiographie und ist so unablässig von den Nachfolgern als Paradigma gehandelt worden, dass sich daran nachhaltig charakteristische Formen und Verfahrensweisen aufzeigen lassen, gleichwie sie schon vor und neben ihm bestanden. Aṭ-Ṭabarī stand zu Lebzeiten als Traditionarier und Rechtsgelehrter in höchstem Ansehen und war sogar imstande, eine eigene (kurzlebige) Rechtsschule zu gründen. Zugleich hielt er sich, wie viele, doch nicht alle Religionsgelehrte, vom politischen Geschehen und staatlichen Ämtern fern, um eine unabhängige Warte einzunehmen. In seinem Werk verband er dabei die grundsätzliche Legitimierung des ʿabbāsidischen Staatswesens mit einer distanzierten Haltung gegen Hof und Regierung.[82] Den *Taʾrīḫ* (Abb. 1)verfasste er als Komplement seines, etwas früher abgeschlossenen, gewaltigen Korankommentars; nach erfolgter systematischer Behandlung der Gottesbotschaft sollte nunmehr dargestellt werden, wie diese sich im Vollzug der menschlichen Entwicklung bewahrheitet habe.

Den ersten Werkteil bildet die Vorgeschichte des Islams. Er reicht zunächst von der Erschaffung der Welt bis zur Sintflut (Bd. 1 der englischen Gesamtübersetzung), um sodann die Propheten, Patriarchen und Könige des Judentums vorzustellen (Bde. 2, 3) sowie überhaupt die Reiche der Alten (4, 5). Stifter der narrativen, durch Kapitelgliederung kenntlich gemachten Einheiten sind die handelnden Figuren, ob biblische Vätergestalt oder historischer König. Bei aller Betonung des Wirkens Gottes in der Welt zeigt sich schon bei der Schilderung jener ältesten Äonen – etwa durch Überschriften wie diese: „Bericht von den

---

81 Aṭ-Ṭabarī (Anm. 22); Ausz. deutsch: Geschichte der Perser und Araber zur Zeit der Sassaniden. Aus der arabischen Chronik des Tabari. Übers. von THEODOR NÖLDEKE, Leiden 1879; Das Kalifat von al-Maʾmūn. Aus den Annalen von aṭ-Tabarī. Übers. von HANS FERDINAND UHRIG, Frankfurt a. M. 1988; vgl. Al-Ṭabarī. A Medieval Muslim Historian and His Work. Hrsg. von HUGH KENNEDY, Princeton, N.J. 2008 (Studies in Late Antiquity and Early Islam 15); STEPHAN CONERMANN/ BARBARA EISENBÜRGER: Narrative Strukuren in aṭ-Ṭabarīs (gest. 923) *Taʾrīḫ ar-rusul wal-mulūk wal-ḫulafāʾ*. In: Modi des Erzählens in nicht-abendländischen Texten. Hrsg. von STEPHAN CONERMANN, Berlin 2009 (Narratio Aliena? 2), S. 209 – 256; BOAZ SHOSHAN: Poetics of Islamic Historiography. Deconstructing Ṭabarī's History, Leiden 2004 (Islamic History and Civilization 53).

82 Zur Biographie FRANZ ROSENTHAL: General Introduction. In: The History of al-Ṭabarī (Anm. 22), Bd. 1 (1989), S. 1 – 154, hier S. 10 – 80; ferner: Al-Ṭabarī. A Medieval Muslim Historian (Anm. 81).

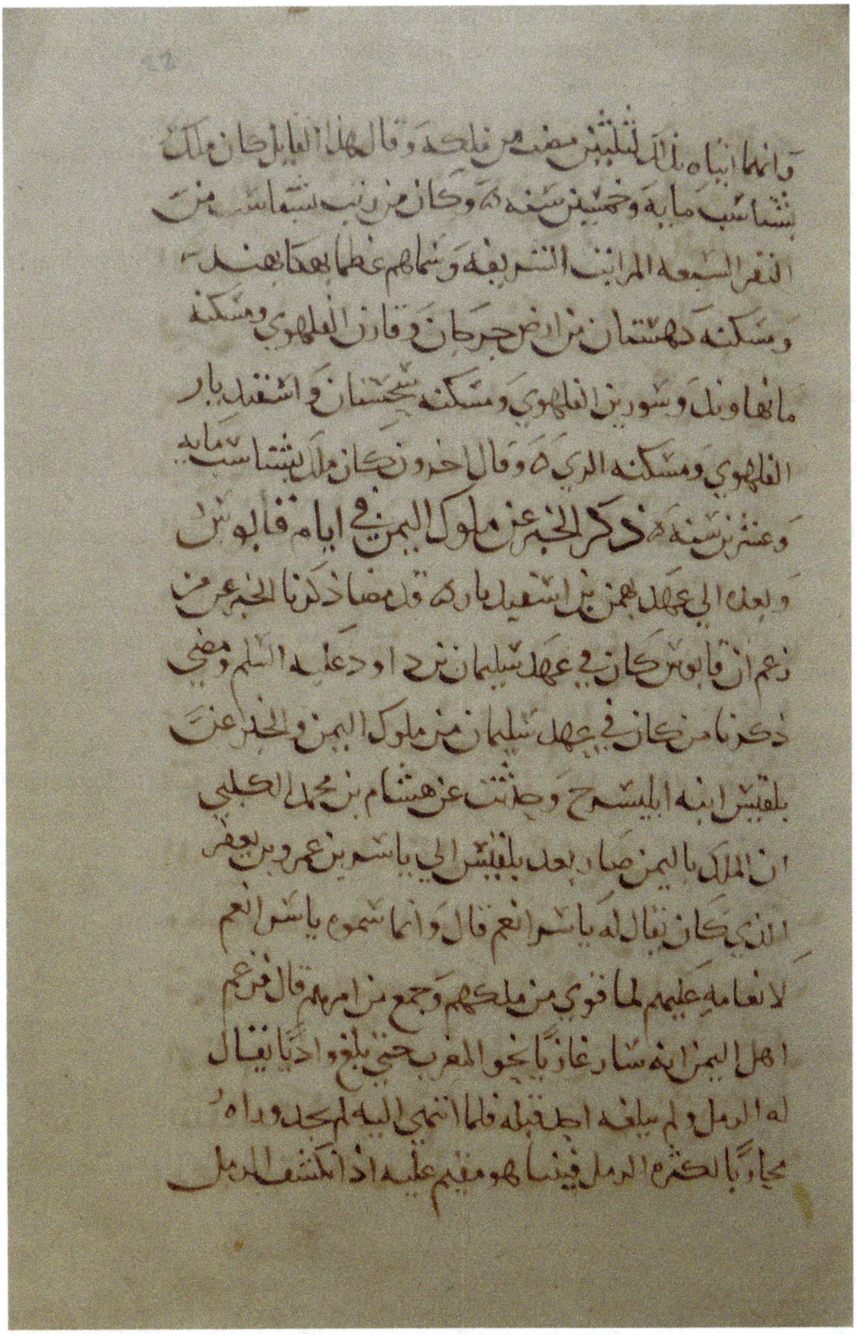

Abb. 1: Aṭ-Ṭabarī, *Ta'rīḫ*. Tübingen, Universitätsbibliothek, Ma VI 2, fol. 22r [7./13. Jh.].

Ereignissen, die sich von Noah bis Abraham zutrugen“[83] – eine Auffassung von Geschichtlichkeit, die personal und handlungsbezogen ist. Beginnend mit dem Assyrer Nebukadnezar II. (4), so recht aber mit den ‚Königen der Perser‘, den Sassaniden (5), setzt dynastische Gliederung ein. Die Herrscherfolge erlaubt zum einen, die Geschichtsmächtigkeit der Akteure im Zeichen zeitlicher Folgerichtigkeit zu entfalten, zum anderen wird die Erzählung teleologisch ausgerichtet: Wie die heilsgeschichtliche Abfolge der Propheten in Mohammed gipfelt, führt die Dynastiengeschichte auf die in aṭ-Ṭabarīs Tagen herrschende ʿAbbāsidendynastie hin.

Dieser Vorlauf aus der Tiefe der vorislamischen Zeit heraus charakterisiert die arabische Universalchronistik. Zwar haben die betreffenden Abschnitte meist nur einen geringen, gar verschwindend kleinen Anteil an den Werken, doch auch der notdürftigste Brückenschlag von der Schöpfungsgeschichte über einige *isrāʾīlīyāt* hin zu Mohammed unterfüttert den Anspruch auf weltgeschichtliche Legitimierung und unumschränkte Geltung des Islams. Andere Ausprägungen der Chronistik wie die Reichs- und Lokalchroniken entbehren dieser Tiefe, wohl weil sie sie dank den Universalchroniken für vorausgesetzt erachten können.

Mit Mohammeds Wirken (6–9) hebt der Hauptteil an, die eigene,[84] von der letztgültigen göttlichen Offenbarung gewissermaßen geheiligte Geschichte der Muslime. Sie setzt sich fort in der Geschichte des islamischen Gemeinwesens unter den vier Rechtgeleiteten Kalifen (10–17) sowie den rückblickend verächtlichgemachten Umaiyadenkalifen (18–26), um sodann durch das Obsiegen der ʿabbāsidischen Revolution (27, 28) in die letzte Phase einzutreten, die unmittelbare Vorgeschichte der Gegenwart (29–38). Aṭ-Ṭabarīs epochale Leistung ist es, die Überlieferung aus den beiden ersten Jahrhunderten des Islams, die noch überwiegend in *ḫabar*-Form vorlag und nicht durchweg verschriftlich war, gesichtet und in ebenso autoritativer wie umfangreicher Auswahl zu einem einzigen durchkomponierten Werk zusammengeführt zu haben – mit stilbildenden Folgen. Mit diesem *Taʾrīḫ* war die Schwelle zwischen der kleinteiligen Form der herkömmlichen Überlieferungssammlungen und der großen Form des Autorenwerks auch im Bereich der Geschichte vollends überschritten. Ebenso markiert aṭ-Ṭabarī in besonders augenfälliger Weise – eben weil er sich der eigentlich alten Aufgabe der Sammlung verschrieben hatte – den Übergang vom Sammler-Bearbeiter, der lediglich ein Glied in der Kette sein will und doch die Überlieferung nur umso

83 *Ḏikr al-aḥdāṯ al-latī kānat baina Nūḥ wa-Ibrāhīm Ḫalīl ar-Raḥīm ʿalaihimā as-salām*. Aṭ-Ṭabarī (Anm. 22), Folge 1, S. 231; englisch: Bd. 2. Übers. von William M. Brinner, 1987, S. 28–47.
84 Zunächst als Angelegenheit der Araber verstanden, war sie infolge von demographischem Wandel und Konversion zur Zeit aṭ-Ṭabarīs bereits die Geschichte der „Gläubigen“ (*muʾminūn*), vulgo Muslime.

fester an sich und eine persönliche Weitergabe bindet, zum Autor: einem Schriftsteller, der einerseits individueller Urheber eines Werks in dessen bestimmter Gestalt ist und bleibt – Nachfolger bezeichnen es wie im Sinne von ‚Werkherrschaft' stets nur als *Taʾrīḫ aṭ-Ṭabarī* – und andererseits dadurch erst die Voraussetzung schafft, dass das Werk unabhängig von seiner Beglaubigung vervielfältigt werden und zirkulieren kann. Während nahezu alle der von ihm ausgewerteten *kutub* („Schriftstücke") später verschollen gingen, weist die Handschriftenlage[85] dieses *kitāb*, ein veritables „Buch", als Vertreter eines Erfolgstyps aus.

Aṭ-Ṭabarīs Chronik wurde bald nach der Fertigstellung zur nachgerade kanonischen Quelle für den Berichtszeitraum – von der Schöpfung bis ins Jahr 302/915 – und genoss als ideales Modell einer arabischen Wissenschaft (*ʿilm*) von der Geschichte auf Dauer höchste Wertschätzung. Dem hat eine Art von unerschütterlichem Klassizismus Vorschub geleistet, welcher etwa auch in der Dichtung und der unterhaltenden Bildungsliteratur (*adab*) Autoren dieser Zeitstufe zum Maß der Dinge erhebt. Die prägende Wirkung der Komposition liegt insbesondere an zwei Kennzeichen der äußeren Form des Hauptteils. Zum einen wird mit dem Auftreten Mohammeds schlagartig das *isnād–matn*-Schema eingeführt und vom Autor mit der Strenge des Hadithwissenschaftlers beibehalten, und zwar weit über den Gegenstandsbereich von *ḥadīṯ*, *sīra* und *aḫbār* hinaus bis zum Schluss in der Gegenwart des Autors. Die Übertragung dieser Methode aus dem Bereich des Hadith und der *aḫbār* zur Frühzeit drückt die Arbeitsweise des Verfassers aus, bringt aber zugleich eine gewisse Heiligung des Geschichtsstoffes mit sich. Zu vielen Ereignissen führt er mehrere parallele Nachrichten an, deren Texte teils geringfügig, teils erheblich voneinander abweichen oder sich sachlich decken und nur durch die Überliefererkette unterscheiden. Er stellt dabei den *isnād* so sehr über den *matn*, dass er sich bei widersprüchlicher Nachrichtenlage einer eigenen Meinung enthält. Pate gestanden haben wohl die Schwierigkeiten der Darstellung Mohammeds, beispielsweise in der Frage, ob sein Haar dunkel oder ergraut oder aber gefärbt gewesen sei; hierzu werden auf zwei Druckseiten sieben kontroverse Einzelüberlieferungen geboten, doch kein Wort der Abwägung.[86] Auch bei immer größerer Annäherung an die Gegenwart bleibt der Autor dem Gestus des neutralen Sammlers treu. Lediglich sublime Bewertung etwa durch die Art der Reihung ist spürbar, etwa wenn weniger Vertrauenswürdiges hintansteht. Allein wenn an letzter Stelle eine Überlieferung statt von einer Namenskette von einem

---

85 Siehe SEZGIN (Anm. 25), Bd. 1, S. 325.

86 Aṭ-Ṭabarī (Anm. 22), Folge 1, S. 1792f.; englisch: Bd. 9. Übers. von ISMAIL K. POONAWALA, 1990, S. 160f.

adversativ tönenden *qīla* („ferner aber wurde gesagt") oder *qālū* („sie aber sagten") eröffnet wird, wird Distanzierung zu verstehen gegeben.[87] Je näher indes die erzählte Zeit der Erzählzeit rückt, desto weniger ist die am Hadith geschulte *isnād*-Methode dem Stoff angemessen. So hat die Darstellung des dritten islamischen Jahrhunderts, die Zeit des ʿAbbāsidenkalifats (29 ff.), zwar noch großes Gewicht, doch es treten zahlreiche wichtige Chronisten neben ihn. Der Versuch schließlich, auch Zeitgeschichte zu schreiben – angelegentlich des Auftretens der revolutionären Siebenerschia (38),[88] scheint vor allem einem Wunsch nach Vollständigkeit zu entspringen. Erst seine Fortsetzer legten dazu schlüssige Ansätze vor.

Die ausführliche Besprechung aṭ-Ṭabarīs möchte nicht den Anschein erwecken, die Textsorte der Universalgeschichte habe in seiner – oder irgendeiner – Zeit quantitativ vorgeherrscht. Im Gegenteil dürften während der frühen Kalifate wesentlich mehr thematisch gebundene Monographien und später, unter den Sultanaten, mehr dynastische, Landes- und Lokalchroniken verfasst worden sein. Auch unter den großen Chroniken der Zeit aṭ-Ṭabarīs sind schon viele thematisch enger gefasste Werke zu finden, namentlich etwa *al-Aḫbār aṭ-ṭiwāl* („Die ausführlichen Nachrichten") des vielseitig bewanderten Iraners ad-Dīnawarī (gest. um 281/894): eine einbändige Geschichte bis ins Jahr 227/842, die zwar in universalistischem Stil mit der Erschaffung der Welt und den *isrāʾīlīyāt* beginnt, sich aber vor allem bei der Geschichte Irans aufhält, um lediglich nebenbei auch die arabische Geschichte abzuhandeln.[89] Dennoch ist es aṭ-Ṭabarī, der über die eigene Textsorte hinaus tiefe Spuren in der arabischen Historiographie hinterlassen hat, speziell in Fragen des *isnād* und der Annalistik.

Die Wirkung der ostentativen Verwendung des *isnād* ist zwiespältig. Aṭ-Ṭabarīs Nachfolgern galt sie als vorbildlich, und es spricht alles dafür, dass sie dauerhaft zu einem Wahrhaftigkeitsethos der Chronisten beigetragen hat, das sich auf Wissenschaftlichkeit und dabei insbesondere auf Praktiken des Quellenbelegs stützt. Zur Kehrseite gehört, dass das Vorbild für unerreichbar galt und kein Schriftsteller ihm wirksam nachstrebte. Insbesondere im Hinblick auf die beiden ersten Jahrhunderte des Islams wurde keine vergleichbare Anstrengung mehr unternommen. Außerdem begannen der *isnād* und Verfahren wie die Parallel-

---

87 Zum Beispiel hinsichtlich des Datums der Ermordung ʿAlī b. Abī Ṭālibs. Aṭ-Ṭabarī (Anm. 22), Folge 1, S. 3456; englisch: Bd. 17, S. 213.

88 Vgl. Kurt Franz: Qarmaṭen und Zanǧ. Das Andere als Societas malorum. In: Fremde, Feinde und Kurioses. Innen- und Außenansichten unseres muslimischen Nachbarn. Hrsg. von Benjamin Jokisch/Ulrich Rebstock/Lawrence I. Conrad, Berlin 2009 (Studien zur Geschichte und Kultur des islamischen Orients. N.F. 24), S. 213–250.

89 Ad-Dīnawarī: *al-Aḫbār aṭ-ṭiwāl*. Hrsg. von ʿAbdalmunʿim ʿĀmir/Ǧamāladdīn aš-Šaiyāl, Kairo 1960 (Turāṯunā).

darstellung mit dem 4./10. Jahrhundert aus der Geschichtsschreibung zu verschwinden. Ihren Platz nahm oft ein anonymer oder Pseudo-*isnād* wie etwa *qīla*, *qālū* und *qāla an-nās* („die Überlieferer sagten") ein, vor allem aber Verweise auf Bücher – sofern sich ein Autor nicht ohnehin auf Quellenangaben in den Proömia beschränkte oder gar ganz auf Nachweise verzichtete.[90] In dieser Hinsicht stellt der *Ta'rīḫ* nicht nur den Höhepunkt der frühen Chronistik, sondern auch einen Schlussstrich dar. Rasch wurde der Verweis auf diesen Autor – etwa durch *qāla Abū Ǧa'far* („Abū Ǧa'far [aṭ-Ṭabarī] sagte") – zum Unterpfand eines weit zurückreichenden Bücherwissens und Gütesiegel von Wissenschaftlichkeit, das die Beiziehung der alten *kutub* erübrigte. Ironischerweise behielten die Nachfolger der Nachfolger aṭ-Ṭabarīs derartige Verweise auf ihn bei und unterschlugen mithin die intermediären Werke.[91]

Bei aṭ-Ṭabarī ist auch das zweite Merkmal der entfalteten arabischen Chronistik, die konsequente Anwendung der Annalistik, aufs Anschaulichste gegeben. Sie bildet ab dem Bericht vom Jahre 1 der Hedschra den beherrschenden Gliederungsgesichtspunkt. Auch im Inneren der Jahreskapitel ist die Bezeichnung von Monat, Wochen- und Kalendertag allgegenwärtig, und die häufige Mitteilung von Datierungsvarianten zeigt, dass die zeitliche Fixierung von Ereignissen ein dringendes Anliegen war. Annalistik und taggenaue Datierung wurden auch von den späteren Chronisten nie mehr vernachlässigt, ja bei mamlūkenzeitlichen Autoren wie Ibn Taġrībirdī (gest. 874/1470) kommt sogar noch die Tageszeit hinzu. So sehr die Annalistik die äußere Form von aṭ-Ṭabarīs *Ta'rīḫ* und überhaupt der meisten Chroniken bestimmt, tritt sie doch nie in reiner Form auf, sondern verbindet sich mit anderen Ordnungskriterien. Der islamhistorische Teil des *Ta'rīḫ* zeigt, wie vier Ordnungsebenen ineinander verschachtelt sind. Die Handschriften weisen sie durch wechselnde formale Mittel aus, darunter hervorgehobene, mitunter rubrizierte Überschriften und eingeschossener Weißraum, nicht aber Beginn auf neuer Seite.

Zuoberst dienen die Herrschaftsperioden der Kalifen als Jahre bis Jahrzehnte umschließende Großkapitel, die zugleich politisch und personal sind. Die erste solche Überschrift begegnet bei dem zweiten Umaiyadenkalifen Yazīd b. Mu'āwiya (reg. 60–64/680–683),[92] hernach wird das Prinzip nicht mehr variiert. Dass die vier Rechtgeleiteten Kalifate, beginnend mit dem des Abū Bakr b. Ṣiddīq (reg. 11–13/632–634), anders behandelt werden, mag an ihrem nicht dynastischen Charakter liegen; Yazīds Vater, dem Dynastiegründer Mu'āwiya, wird eine solche

90 Franz (Anm. 80), S. 163 f., 166.
91 Vgl. dazu unten S. 928 sowie Franz (Anm. 80), S. 155 f., 169.
92 Aṭ-Ṭabari (Anm. 22), Folge 2, S. 216.

gliedernde Überschrift wohl der politischen Missgunst wegen vorenthalten. Mit dem Tod von Mohammeds viertem Nachfolger, ʿAlī b. Abī Ṭālib (reg. 35–40/656–661), wird erstmals auch das Ende einer Regentschaft signalisiert: Das Kapitel auf sein Todesjahr schließt – auf sieben Druckseiten – mit Angaben zur Regierungsdauer, äußeren Erscheinung, Stammbaum, Frauen und Kindern, Statthaltern in den Provinzen und Merkmalen seiner Lebensführung.[93] Wie oben bemerkt, sind Ansätze dazu schon ein halbes Jahrhundert zuvor bei Ḫalīfa b. Ḫaiyāṭ gegeben, wenn er jede Regentschaft mit einer Liste der Würdenträger beendet. Rapporte dieser Art werden im Fortgang des Werks zu einem zunehmend standardisierten Berichtsteil, der einerseits die Bedeutung der kalifalen gegenüber der annalistischen Gliederung stärkt, andererseits durch die Komputation der Regierungsperiode ein chronographisches Element wiederkehren lässt. Noch nicht bei aṭ-Ṭabarī, aber bei späteren Autoren, die auf den Zerfall des ʿAbbāsidenreiches in Regionalfürstentümer zurückblicken, treten auch Dynastien als gliedernde Einheiten auf.

Feiner als die politische Gliederung ist zweitens die Annalistik, die fast immer ununterbrochen fortläuft. Zu den typischen Kennzeichen eines Jahreskapitels gehört ein abschließender Bericht von der Pilgerfahrt nach Mekka unter Nennung des vom Herrscher ernannten Karawanenleiters und gegebenenfalls besonderer Vorkommnisse. Nur die schmalsten Chroniken überspringen manchmal ein Jahr. Gleichzeitig ordnen auch die umfangreichsten Werke Nachrichten aus verschiedenen islamischen Ländern und ferneren Weltgegenden in das betreffende Jahreskapitel ein, gleichsam die Universalität des islamischen Geltungsanspruchs unterstreichend. Erst in der späteren mittelislamischen und der spätislamischen Phase lassen einzelne Autoren von der Annalistik ab. Einen besonderen Fall bildet das *Kitāb al-ʿIbar* („Das Buch der Beispiele“) von Ibn Ḫaldūn.[94]

Auf dritter Stufe unterhalb der politischen (kalifalen) und der chronologischen (annalistischen) Ordnung bietet aṭ-Ṭabarīs Werk sachlich bestimmte Unterkapitel. Das Handschriftenbeispiel in Abbildung 1 zeigt in Zeile 7 einen solchen Sachtitel mit der typischen Eröffnungsformel *Ḏikr al-ḫabar ʿan ...* („Wiedergabe der Nachricht[en] von ...“).[95] Hervorgehoben ist der Titel nur durch die ein wenig fettere Schreibung des ersten Buchstabens von *Ḏikr* (ذ) sowie, an sich leicht zu übersehen, das rechts davon stehende pikförmige Zeichen für den Schluss des Vorhergehenden (sonst des Öfteren ungefähr so: ○, ⊙). Von Prachthandschriften

93 Aṭ-Ṭabarī (Anm. 22), Folge 2, S. 3469–3476; englisch: Bd. 17, S. 227–232.
94 Siehe unten S. 930 f.
95 Aṭ-Ṭabarī (Anm. 22), Folge 1, S. 683, Z. 9; englisch: Bd. 4 (1987). Übers. von MOSHE PERLMAN, S. 78.

einmal abgesehen, ist eine derart zurückhaltende Markierung von kleineren, bis einige Seiten langen Sinnabschnitten in Chronikhandschriften durchaus typisch.

Zuunterst teilt sich der Text, viertens, entweder in Überlieferungseinheiten, die dem *isnād–matn*-Schema gehorchen oder aber, wenn kein Überlieferer zu nennen steht, in Sinneinheiten, die von der chronologischen Kennzeichnung *wa-fīhā* ... („Im selben Jahr ...") eingeleitet werden. In den Handschriften wird dieser Ausdruck oft mit gelängtem Grundstrich geschrieben (وفيـــــــها), um einen Weißraum entstehen zu lassen, der den neuen Abschnitt auch visuell markiert.

Neben diesen Gliederungsmöglichkeiten hält die arabische Chronistik weitere bereit, mit denen sich auch noch komplexere Ordnungen herstellen ließen und unterschiedliche Zwecke in geeignete Form gebracht werden konnten, wie Beispiele zeigen werden. Ob sich zeitgenössische Leser in den Chroniken, zumal den dickleibigeren, mit Leichtigkeit zurechtfanden, sei dahingestellt. Die ersten einheimischen Druckausgaben, im 19. Jahrhundert in Kairo, Bombay und anderswo in islamischen Ländern entstandene Lithographien, sind jedenfalls noch ganz den Handschriften verpflichtet und bieten kaum gegliederte Texte. Dagegen sieht es die westliche, in der Tradition der Humanisten stehende Editionstätigkeit als ihre Aufgabe an, durch druckgraphische Mittel, redaktionelle Hervorhebungen oder gar interpolierte Zwischentitel Übersichtlichkeit herzustellen.

Außer der am Hadith geschulten Chronistik im Stile aṭ-Ṭabarīs sind im 3./9. bis 5./11. Jahrhundert zahlreiche Chroniken entstanden, die weltanschaulich, thematisch und formal andere Wege beschritten.[96] Der Historiker TARIF KHALIDI hat mit großer Resonanz das arabische Geschichtsdenken mit vier divergenten Bezugssystemen in Verbindung gebracht: Geschichte im Rahmen der religiösen Tradition (*ḥadīṯ*), der unterhaltenden Bildungsliteratur (*adab*), der Weisheit und Urteilskraft (*ḥikma*) und schließlich der Politik (*siyāsa*).[97] Die erstere illustrieren die obengenannten Ibn Isḥāq, al-Wāqidī, Ibn Saʿd, al-Balāḏuri und aṭ-Ṭabarī sowie der *Taʾrīḫ* von al-Yaʿqūbī (gest. nach 292/905).[98] Letzterer ist eine Universalgeschichte, die von der Erschaffung der Welt (verloren) über Adam bis ins Jahr 259/873 reicht und den vorislamischen Völkern sowie denen des Nordens, Chinas, Nordafrikas und des subsaharischen Afrikas breiten Raum gibt. Sie ist wegen dieses größtmöglichen Horizonts auch die erste arabische ‚*Imago-mundi*-Chronik' genannt worden; im islamhistorischen Teil ist sie durch Verzicht auf den *isnād* und

96 Zur Quellenkunde bis ins 5./11. Jahrhundert HUGH KENNEDY: The Prophet and the Age of the Caliphates. The Islamic Near East from the Sixth to the Eleventh Century, Harlow ²2004 (A History of the Near East), S. 346 – 371; ROBINSON (Anm. 1), S. 39 f. und passim.

97 TARIF KHALIDI: Arabic Historical Thought in the Classical Period, Cambridge 1994 (Cambridge Studies in Islamic Civilization).

98 Zu dieser Gruppe KHALIDI (Anm. 97), S. 17 – 82.

eine kalifale statt annalistische Ordnung gekennzeichnet.[99] Bereits diese Versammlung von *sīra*, *aḫbār*, *futūḥ* und *taʾrīḫ* unterschiedlichster Prägung verdeutlicht, dass KHALIDIS Augenmerk den Denkweisen gilt, aber schwerlich literarische Werkgruppen umreißt.

Als Vertreter des *adab*-inspirierten Geschichtsdenkens[100] benennt er vor allem zwei Heroen der frühislamischen Belles Lettres. Zum einen den tausendfältigen Literaten und Freigeist al-Ǧāḥiẓ (gest. 255/868) aus Basra, der allerdings nie im Sinn hatte, irgendeine Art von chronikaler Darstellung hervorzubringen. Zum anderen den persischstämmigen Religionsgelehrten und Sammler Ibn Qutaiba (gest. 276/889) aus al-Kūfa. Dieser brachte zwei einflussreiche Kompendien in Verkehr, die mit historischen Nachrichten gespickt sind, aber keinem Zeitstrahl folgen. Die *ʿUyūn al-aḫbār* („Die erlesenen Nachrichten“) bringen in zehn Kapiteln Wissenswertes zu ausgewählten Themen, darunter Kriegsführung, Freundschaft und Frauen.[101] Das Buch *al-Maʿārif* („Die Kenntnisse“) stellt zunächst ein herkömmliches *ṭabaqāt*-Werk dar, das aber im letzten Drittel ergänzt wird um kurze Nachrichten zu Genealogen und *aḫbār*-Überlieferern, Grammatikern, Dichtungsüberlieferern und anderen Gelehrten, den *futūḥ*, Sondergruppen des Islams und schließlich zur Personen-und Dynastiegeschichte der antiken Königreiche, insbesondere Äthiopiens, al-Ḥīras und der Perser.[102] Beide Werke bieten einen bunten Strauß an Bildungswissen dar, das oft auch historische Bewandtnis hat; Hilfe zur Kenntnis der Chronistik leisten sie aber allenfalls in der Hinsicht, dass sie die Diffusion historischen Wissens und die Durchlässigkeit der Textsorten illustrieren.

Typische Merkmale der *adab*-Literatur wie das Interesse an außerislamischen Kulturen oder Sachverhalten, die heute als kulturgeographisch bezeichnet würden, sind dagegen bei einem Schriftsteller anzutreffen, den KHALIDI als Repräsentant des Geschichtsdenkens in Bezug auf *ḥikma*, d. h. Weisheit und Urteilskraft, vorstellt, nämlich bei aṭ-Ṭabarīs jüngerem Zeitgenossen al-Masʿūdī (gest. 345/956). Aus Bagdad stammend und viele Jahre in Asien und Afrika auf Reisen, lebte er als Privatgelehrter in Antiochia, Damaskus und Kairo. Seine *Murūǧ aḏ-ḏahab wa-maʿādin al-ǧauhar* („Die Goldwiesen und Edelsteinminen“) bieten

---

99 Al-Yaʿqūbī: Ibn Wādhih qui dicitur al-Jaʿqubī *historiae*. Hrsg. von MARTIJN THEODOOR HOUTSMA, 2 Bde., Leiden 1883; Ausz. französisch: L'histoire des prophètes d'aprés al-Yaʿqubi. D'Adam à Jésus. Übers. von ANDRÉ FERRÉ, Rom 2000 (Études arabes 96); vgl. RADTKE (Anm. 76), S. 11.

100 KHALIDI (Anm. 97), S. 17 – 130.

101 Ibn Qutaiba: *Kitāb ʿUyūn al-aḫbār*, 4 Bde., Kairo 1348 – 1348/1925 – 1930; vgl. GÉRARD LECOMTE: Ibn Qutayba (mort en 276/889). L'homme, son œuvre, ses idées, Damaskus 1965.

102 Ibn Qutaiba: *al-Maʿārif* (Anm. 24).

eine Art Kulturgeschichte der Ökumene, in der unterschiedlichste Wissensbereiche zusammenfinden: die Geschichte von der Erschaffung der Welt bis zu Mohammed, physikalische und hydrographische Erdbeschreibung sowie die Geschichte der vorislamischen Reiche (Bd. 1 der hier verwendeten Ausgabe); Kulturen des alten Arabiens, die Zeitrechnungen der Völker und ihre religiösen Stätten sowie eine Komputation der Weltzeit vom Ursprung bis zu Mohammed (Bd. 2); das Leben des Propheten und der ersten Kalifen sowie die frühen Bürgerkriege (3); politische Geschichte des Umaiyaden- und des ʿAbbāsidenkalifats sowie eine Fortführung der allgemeinen Komputation bis ins Jahr 336/947 (4, 5).[103] Die Wissbegier gegenüber den kulturellen Erscheinungen der außerislamischen Welt ist offenkundig und lässt die *Murūǧ* mit gleichem Recht unter den Vorzeichen des *adab* betrachten, auch wenn die Person al-Masʿūdīs denkbar weit von der dafür so wichtigen Figur eines Staatssekretärs entfernt ist.

Die islamhistorischen Abschnitte des Werks sind dreifach gegliedert: in politische Hauptteile nach Dynastien sowie in politische Kapitel nach Herrschern; die annalistische Binnengliederung der Kapitel erfolgt dabei ausschließlich interlinear. Infolgedessen geben die Herrscherkapitel den wichtigsten Gliederungsgesichtspunkt ab, was jeweils einen länger andauernden narrativen Fluss begünstigt. Der *isnād* ist weitgehend abgetan, dafür sind Einschübe aus der Dichtung häufig. Sie gestalteten die Lektüre, so muss man annehmen, kurzweilig – ein weiterer Aspekt, der die Nähe zum *adab* zeigt. Al-Masʿūdīs Werk war das Erzeugnis einer an weltoffene Geisteshaltungen und Kontroversen gewöhnten Zeit und wurde nicht zuletzt darum berühmt. Unmittelbare Nachahmer hat es nicht gefunden, doch viele Spätere, darunter Ibn Ḫaldūn, haben sich inspirieren lassen. Besonders der Verbindung von Geographie und Geschichte, die schon von den mit der vorislamischen Arabischen Halbinsel befassten Autoren bekannt war, hat al-Masʿūdī einen bleibenden Dienst erwiesen.

Wie an al-Buḫārī zu sehen war, hat auch bei al-Masʿūdī der große Umfang des Materials zu einer Kaskade unterschiedlich dimensionierter Arbeiten geführt: Zum einen liegt den *Murūǧ* ein größeres *al-Kitāb al-ausaṭ* („Das mittlere Buch")

103 Al-Masʿūdī: *Murūǧ aḏ-ḏahab wa-maʿādin al-ǧauhar.* Nach der Ausg. von Charles Barbier de Meynard/Abel Pavet de Courteille neu hrsg. von Charles Pellat, 7 Bde., Beirut 1965 – 1979 (Manšūrāt al-ǧāmiʿ al-lubnānīya. Qism ad-dirāsāt at-tāriḫīya 11); französisch: Les prairies d'or. Nach der Übers. von Barbier/Pavet neu durchges. von Charles Pellat, Paris 1962 – 1997 (Collection d'ouvrages orientaux); Ausz. deutsch: Bis zu den Grenzen der Erde. Auszüge aus dem „Buch der Goldwäschen". Übers. von Gernot Rotter, Tübingen 1978 (Bibliothek Arabischer Klassiker 3); vgl. Tarif Khalidi: Islamic Historiography. The Histories of al-Masʿūdī, Albany, N.Y. 1975; Ahmad Shboul: Al-Masʿūdī and His World. A Muslim Humanist and His Interest in Non-Muslims, London 1978.

zugrunde, das wiederum einen Auszug aus den noch umfangreicheren *Aḫbār az-zamān* … („Geschichte der Zeitläufte …") geboten haben soll; beide sind verloren.[104] Zum anderen hat der Verfasser selbst sein Werk epitomisiert. Dieses Kondensat, das *Kitāb at-Tanbīh wal-išrāf* („Das Buch der Anmerkung und Überarbeitung"), ist erhalten geblieben. Ein Viertel der Seiten nehmen Kosmographie und die Beschreibung des Erdkreises ein, bevor eine Herrschergeschichte von Adam bis in die Tage des Autors anhebt. Wie schon die Vorlage lässt sich das Werk also teils der Geographie, teils der Geschichtsschreibung zuschlagen.[105] Offensichtlich hatte der Verfasser bei keinem der erhaltenen Werke im Sinn, Gattungsspezifika zu erfüllen. In seiner Nachfolge steht al-Muṭahhar b. Ṭāhir al-Maqdisī (schrieb um 355/966). Sein in Bust (Ostiran) verfasster *Kitāb al-Badʾ wat-taʾrīḫ* („Das Buch der Schöpfung und der Geschichte") bietet eine universale, philosophisch grundierte Kultur- und Politikgeschichte von ähnlichem Aufbau und Umfang wie die *Murūǧ*, ist aber anders als diese dauerhaft verkannt worden.[106]

Ebenso wenig können die weiteren von Khalidi angeführten Zeugen eines *ḥikma*-inspirierten Geschichtsdenkens die Entwicklung der chronikalen Literatur erhellen.[107] Ihre Schriften behandeln epistemologische Aspekte des Überlieferungswesens, die Frage der Möglichkeit der *aḫbār*-Kritik und das Verhältnis von Geschichtsschreibung und Philosophie. Eine veritable Chronik hat jedoch nur einer der von ihm Genannten verfasst: nämlich Miskawaih (gest. 421/1030), der weiter unten behandelt wird.[108] Schließlich spricht Khalidi von Geschichtsdenken in Bezug auf *siyāsa*, eine Erscheinung des 5./11. bis 9./15. Jahrhunderts, die darum ebenfalls dort zur Sprache kommt.[109]

---

104 Zu ihnen Khalidi (Anm. 103), S. 154 f.

105 Al-Masʿūdī: *Kitâb al-tanbîh wa'l-ischrâf.* Hrsg. von Michael Jan de Goeje, Leiden 1894 (Bibliotheca geographorum Arabicorum 8); französisch: Le livre de l'avertissement et de la révision. Übers. von Bernard Carra de Vaux, Paris 1896 (Collection d'ouvrages orientaux 3).

106 Al-Maqdisī: *Le livre de la création et de l'histoire* attribué à Abou-Zeid Ahmed Ben Sahl El-Balkhi. Hrsg. und übers. von Clément Huart, 6 Bde., Paris 1899 – 1919 (Publications de l'École des langues orientales vivantes. 4e série 16 – 18, 21 – 23).

107 Khalidi (Anm. 97), S. 131 – 181.

108 Vgl. unten S. 909 f.

109 Vgl. unten S. 912 und Khalidi (Anm. 97), S. 182 – 231.

6 Fortsetzungen und Kurzfassungen

Die Auffassung von aṭ-Ṭabarīs *Taʾrīḫ* als Standardwerk von unerreichbarer Güte bewirkte, dass einige seiner Nachfolger die erneute Bearbeitung jenes Berichtszeitraums für lässlich, eine Fortsetzung in seinem Stile dagegen für vordringlich erachteten. Daraus sowie in einem anderen Fall aus einer Familienüberlieferung (siehe unten zur Linie von aṣ-Ṣābiʾ) entstand der Texttyp des *ḏail*, der arabischen Continuatio. Dass ein Grundwerk, seine Fortsetzungen, alsdann die Fortsetzungen der Fortsetzungen usw. eine lange und lückenlose literarische Kette bilden konnten, bescherte der Universalchronistik mittelbar einen Grad an Kontinuität und Benutzbarkeit, der sonst, in Ermangelung institutioneller Förderung der Geschichtsschreibung, schwerlich erreicht worden wäre.

Im Fall des *Taʾrīḫ* gestaltet sich die Verkettung nach Titel, Berichtszeitraum und Entstehungsort wie folgt:[110]

aṭ-Ṭabarī (gest. 310/923), *Taʾrīḫ ar-rusul wal-mulūk:*	Schöpfung bis 302/915	Bagdad
ʿArīb (gest. um 370/980), [*Ṣilat Taʾrīḫ aṭ-Ṭabarī*]:[111]	291 – 320/903 – 932	Cordoba
al-Farġānī d. Ä. (gest. 362/973), *aṣ-Ṣila/al-Muḏaiyal:*[112]	302 – 360/915 – 971	Damaskus
Ṯābit b. Sinān (gest. 365/975), [*Taʾrīḫ*]:[113]	302 – 365/915 – 975	Bagdad
Miskawaih (gest. 421/1030), *Taǧārib al-umam:*[114]	Sintflut bis 369/980	Bagdad
al-Farġānī d. J. (gest. 398/1007), *Ṣilat aṣ-Ṣila:*[115]	360/971 – ?	Kairo
Hilāl aṣ-Ṣābiʾ (gest. 448/1056), *Kitāb at-taʾrīḫ:*[116]	? – 447?/1055?	Bagdad
Ġars an-Niʿma (gest. 480/1088), *ʿUyūn at-tawārīḫ:*[117]	448 – 479/1056 – 1087	Bagdad
al-Hamaḏānī (gest. 521/1127), *Takmilat:*[118]	295 – 512/908 – 1119	Bagdad

---

110 Ibn al-Qifṭī (gest. 646/1248), zusammengefasst durch al-Zauzanī (schrieb 647/1249): *Taʾrīḫ al-ḥukamāʾ*. Hrsg. von Julius Lippert, Leipzig 1903, S. 110 f.; englisch in: Rosenthal (Anm. 1), S. 81 – 84; vgl. auch ebd., S. 488 f. Ergänzungen K. F.

111 ʿArīb b. Saʿd: *Tabarî continuatus*. Hrsg. von Michael Jan de Goeje, Leiden 1897.

112 Verloren. Vgl. Rosenthal (Anm. 1), S. 82, Anm. 1.

113 Fast ganz verloren. Siehe Anm. 143.

114 Siehe Anm. 2.

115 Verloren. Vgl. Rosenthal (Anm. 1), S. 82, Anm. 1.

116 Siehe Anm. 142.

117 Siehe Anm. 145.

118 Al-Hamaḏānī: *Takmilat Taʾrīḫ aṭ-Ṭabarī*. In: *Ḏuyūl Taʾrīḫ aṭ-Ṭabarī*. Hrsg. von Muḥammad Abū l-Faḍl Ibrāhīm, Kairo 1387/1967 (Ḏaḫāʾir al-ʿArab 30.11: *Taʾrīḫ ar-rusul wal-mulūk* 11), S. 185 – 489. Auch *Aḫbār as-siyar at-tāliya ʿalā Taǧārib al-umam al-ḫāliya* genannt laut as-Saḫāwī (gest. 902/1497): *al-Iʿlān bit-taubīḫ li-man ḏamma min ahl at-tawārīḫ*, Damaskus 1349 h. (1930), S. 145; englisch: Rosenthal (Anm. 1), S. 489.

Ibn az-Zāġūnī (gest. 527/1133):[119]	512–527/1119–1132	Bagdad
Ṣadaqa al-Ḥaddād (gest. 573/1177–8):[120]	527–570/1132–1175	Bagdad
Ibn al-Ǧauzī (gest. 597/1201), *al-Muntaẓam fī ta'rīḫ al-mulūk wal-umam:*[121]	257–574/871–1179	Bagdad
Ibn al-Qādisī (gest. 632/1235):[122]	580–616/1184–1219	Bagdad
Naǧmaddīn Aiyūb (gest. 647/1249):[123]	637–647/1240–1249	Kairo

Dabei ist die Abfolge Ṯābit – Miskawaih – Hilāl – Ġars an-Niʿma mit Ausnahme Miskawaihs verwandtschaftlich begründet und geht auf Ṯābit b. Qurra aṣ-Ṣābi' (gest. 288/901) zurück, der zeitlich noch vor aṭ-Ṭabarī steht; es handelt sich somit um die Überkreuzung zweier Überlieferungsstränge. Im Allgemeinen weisen sich Fortsetzungswerke gerne durch einen generischen Titelbestandteil wie *ṣila* („Anhang"), *tatimma* („Vervollständigung"), *takmila* („Vervollkommnung"), *muḏaiyal* („Ergänzung") oder, besonders häufig, *ḏail* (dito) aus. Die Unterordnung unter das Grundwerk zeigt sich ferner im weitgehenden Verzicht auf geschwungene und gereimte Titel.

Neben dem Phänomen der Continuatio trat dasjenige der Epitome auf, speziell bei dickleibigen Werken, die nur unter sehr großem Aufwand zur Gänze kopiert werden konnten. So erhielt aṭ-Ṭabarīs Chronik eine Kurzfassung in persischer Sprache durch den Wesir Balʿamī (gest. 363/974).[124] Am Beispiel von al-Masʿūdī (gest. 345/956) war schon zu sehen, dass ein Autor sein Werk selbst ausziehen konnte, und das gleich mehrfach, um die Zirkulation zu begünstigen. Kurzfassungen bedienten sich ebenfalls meistens nüchterner Titel. Besonders oft sind sie durch das Wort *muḫtaṣar* („Abriss") gekennzeichnet, welches zunächst von Rechtskompendien bekannt war. Ein *muḫtaṣar* konnte aber auch ein Kompendium sein, das nicht aus einer bestimmten Vorlage schöpfte. Dabei ist nicht zuletzt topischer Begriffsgebrauch festzustellen, wenn nämlich Kürze und Fundiertheit

119 Verloren. Vgl. ROSENTHAL (Anm. 1), S. 82 f., Anm. 5; MAHMOOD UL-HASAN: Ibn Al-Athir, an Arab Historian. A Critical Analysis of His *Tarikh-al-Kamil* and *Tarikh-al-Atabeca*, New Delhi 2005, S. 141.

120 Verloren. Vgl. ROSENTHAL (Anm. 1), S. 83, Anm. 1; UL-HASAN (Anm. 119), S. 141 f.

121 Siehe dazu Anm. 183.

122 Fragmente bei Abū Šāma (Anm. 197); vgl. ROSENTHAL (Anm. 1), S. 83, Anm. 3.

123 Verloren. Vgl. as-Saḫāwī (Anm. 118), S. 145; englisch: ROSENTHAL (Anm. 1), S. 489. Der Autor ist der aiyūbidische Sultan von Ägypten al-Malik aṣ-Ṣāliḥ Naǧmaddīn Aiyūb (reg. 637–647/1240–1249).

124 Balʿamī: *Tārīḫ-nāma-yi Ṭabarī*. Hrsg. von MUḤAMMAD RAUŠAN, 3 Bde., Teheran 1373 h.š./1994; französisch: Chronique d'Abou Djafar Mohammed ben Djarir ben Yazid Tabari, traduite sur la version persane d'Abou Ali Mohammed Belʿami. Übers. von HERMANN ZOTENBERG, 4 Bde., Paris 1867–1874; vgl. ANDREW C. S. PEACOCK: Mediaeval Islamic Historiography and Political Legitimacy. Balʿamī's Tārīkhnāma, London 2007 (Routledge Studies in the History of Iran and Turkey).

versprochen werden, obwohl das betreffende Werk doch voluminös ist, beispielsweise die mehrbändige Universalchronik *al-Muḫtaṣar fī aḫbār al-bašar* („Abriss der Menschheitsgeschichte") von Abū l-Fidā' (gest. 732/1331).[125] *Muḫtaṣar* und *ḏail* konnten sich ergänzen; so kondensierte der Damaszener Rechtsgelehrte al-Yūnīnī (gest. 726/1325) in seinem *Muḫtaṣar Mir'āt az-zamān* die Universalchronik *Mir'āt az-zamān* („Der Spiegel der Zeiten") von Ibn al-Ǧauzīs Enkel Sibṭ Ibn al-Ǧauzī (gest. 654/1256), einem ḥanafitischen Prediger und Funktionär unter drei aiyūbidischen Sultanen,[126] und schrieb sie bis an sein Lebensende fort.[127] Mitunter scheinen derartige Titel auch nur honoris causa gewählt worden zu sein, so etwa von dem koptischen Chronisten al-Makīn (gest. 672/1273), dessen islamhistorische Abschnitte auch als *Muḫtaṣar Ta'rīḫ aṭ-Ṭabarī* firmieren.[128]

Die Verkettung von Chroniken durch jahrgenau anschließende Fortsetzungen ist ein verbreitetes Phänomen, das schon hinsichtlich aṭ-Ṭabarīs und der koptischen Patriarchen-Geschichtsschreibung bemerkt wurde und lange fortbestand. Die Ausgangswerke der längsten Ketten waren jedoch Universalchroniken aus frühislamischer Zeit. Diese Textsorte kam in mittelislamischer Zeit nahezu zum Erliegen. Die Ursache ist in politischen und religionspolitischen Umbrüchen zu sehen, die im folgenden Kapitel angesprochen werden.

Die frühislamische Zeit war außerdem maßgeblich dafür, welchen Rang die Geschichtsschreibung unter den arabisch-islamischen Wissenschaften einnahm. Das höchste Ansehen genossen die auf die göttliche Offenbarung und das religiöse Gesetz bezogenen Wissenschaften, doch gab es weder einen allgemein anerkannten umfassenden Kanon der Wissenschaften noch eine verbindliche

---

125 Abū l-Fidā': *Ta'rīḫ al-Malik al-Mu'aiyad Ismā'īl Abī l-Fidā'*, 4 Bde., Konstantinopel 1286/1869 – 1970; Ausz. englisch: The Memoirs of a Syrian Prince. Abū'l-Fidā', Sultan of Ḥamāh (672 – 732/1273 – 1331). Übers. von PETER M. HOLT, Wiesbaden 1983 (Freiburger Islamstudien 9).

126 Sibṭ Ibn al-Ǧauzī: *Mir'āt az-zamān fī ta'rīḫ al-a'yān*; zahlreiche nicht zu ersetzende kritische Teilausgaben; Gesamtausgabe hrsg. von KĀMIL SALMĀN AL-ǦUBBŪRĪ, 15 Bde. nebst Bd. 23, Register, Beirut 1434/2013.

127 Al-Yūnīnī: *Ḏail* (oder: *Muḫtaṣar*) *Mir'āt az-zamān*, teilweise unveröffentlicht; die Geschichte von der Erschaffung der Welt unter anderem in der bis 471/1079 reichenden Hs. Istanbul, Topkapı Sarayı Müzesi Kütüphanesi, Ahmet III, 2931, 3 Bde. Teilausgabe der Continuatio: *Ḏail Mir'āt az-zamān*, 4 Bde., Haiderabad 1374 – 1380/1954 – 1961 (as-Silsila al-ǧadīda min maṭbū'āt Dā'irat al-ma'ārif al-'uṯmānīya 8); auch enthalten in der Ausgabe von Sibṭ Ibn al-Ǧauzīs *Mir'āt* (Anm. 126), Bde. 16 – 22 nebst Bd. 23, Register; Fortsetzung in: ANTRANIG MELKONIAN: Die Jahre 1287 – 1291 in der Chronik al-Yūnīnīs, Freiburg i. Br. 1978, S. 40 – 188 [Übers.], S. *1 – 301* [Text]; LI GUO: Early Mamluk Syrian Historiography. Al-Yunīnī's *Dhayl Mir'āt al-zamān*, 2 Bde., Leiden 1998 (Islamic History and Civilization. Studies and Texts 21), Bd. 1, S. 97 – 207 [Übers.]; Bd. 2, S. 1 – 263 [Text]; *Ḏail Mir'āt az-zamān fī ta'rīḫ al-a'yān. Tārīḫ as-sanawāt 697 – 711 h./1297 – 1312 m.* Hrsg. von ḤAMZA AḤMAD 'ABBĀS, 3 Bde., Abu Dhabi 2007 (Iṣdārāt al-maǧma' aṯ-ṯaqāfī).

128 Siehe Anm. 238.

Systematik auch nur in Teilbereichen, welche etwa in Analogie zu den abendländischen *artes liberales* zu sehen wäre. Was einzelne Autoren an Wissenschaftslehren aufstellten, war individuell; vier prominente seien hier angeführt.[129] Das Buch Muḥammad al-Ḫwārazmīs (schrieb 366–387/976–997) lässt im ersten seiner zwei Hauptteile, über die arabisch-islamischen Wissenschaften, die Geschichte (*aḫbār*) als letztes von sechs Kapiteln erscheinen, das auch dem Rang nach an letzter Stelle steht.[130] In der kollektiven Enzyklopädie der basrischen Iḫwān aṣ-Ṣafāʾ („Lautere Brüder"; 2. Hälfte 4./10. Jh.) bildet sie in der ersten von drei Fächergruppen, den propädeutischen Wissenschaften, zusammen mit der Prosopographie (*ʿilm as-siyar wal-aḫbār*) an neunter Stelle ebenfalls den Schluss.[131] Bei dem politischen Philosophen al-Farābī (gest. 339/950) aus Turkestan, der die längste Zeit in Bagdad lebte, fehlt sie,[132] ebenso in der Wissenschaftslehre von Ibn Ḫaldūn (gest. 808/1406).[133] Hingegen maß der vielseitig gelehrte Iberer Ibn Ḥazm (gest. 456/1064) ihr hohen Rang zu, indem er eine über alle Völker (*umam*) der Geschichte hinweg gleichbleibende Systematik der Wissenschaften postuliert, worin die Geschichtswissenschaft (*ʿilm al-aḫbār*) – und zwar die je eigene Geschichte eines Volkes – hinter der Wissenschaft vom Religionsgesetz, aber vor Philologie, Astronomie, Arithmetik, Medizin und Philosophie die zweite Stelle einnimmt.[134]

Der vergleichsweise geringe Stellenwert der Geschichtsschreibung drückt sich auch darin aus, dass Chronist (*muʾarriḫ*) kein Beruf war. Die meisten Verfasser verdienten ihren Lebensunterhalt anderweitig, insbesondere als Religionsgelehrte (*ʿulamāʾ*). Aṭ-Ṭabarī etwa hielt als freischaffende Lehrautorität in Bagdad eine

---

129 Nach ROSENTHAL (Anm. 10), S. 80–86; vgl. RADTKE (Anm. 76), S. 145–159.

130 Al-Ḫwārazmī (Anm. 11), S. 4 f.

131 *Rasāʾil Iḫwān aṣ-Ṣafāʾ wa-ḫiffān al-wafāʾ*. Hrsg. von ḪAIRADDĪN AZ-ZIRIKLĪ, 4 Bde., Kairo 1347/1928, Bd. 1, S. 202; vgl. GODEFROID DE CALLATAŸ: The Classification of Knowledge in the *Rasāʾil Ikhwān al-Ṣafāʾ*. In: The Ikhwān al-Ṣafāʾ and Their *Rasāʾil*. An Introduction. Hrsg. von NADER EL-BIZRI, Oxford 2008, S. 58–82.

132 Vgl. al-Farābī: *Iḥṣāʾ al-ʿulūm*; Catálogo de las ciencias. Hrsg. und übers. von ÁNGEL GONZÁLEZ PALENCIA, Madrid ²1953, S. 7 f.; spanisch: S. 3.

133 Ibn Ḫaldūn: *Kitāb al-ʿIbar wa-dīwān al-mubtadaʾ wal-ḫabar fī aiyām al-ʿArab wal-ʿAǧam wal-Barbar wa-man ʿāṣarahum min ḏawī s-sulṭān al-akbar.* Hrsg. von IBRĀHĪM ŠABBŪḤ u. a., Tunis 2006 ff., Bd. 1: *al-Muqaddima*. Hrsg. von DERS./IḤSĀN ʿABBĀS, Tl. 2, 2007, Kap. IV; englisch: The Muqaddimah. An Introduction to History. Übers. von FRANZ ROSENTHAL, 3 Bde., London ²1967, hier von Bd. 2, S. 409, bis ans Ende von Bd. 3. Ferner Werkbände 6 und 7 französisch: Histoire des Berbères et des dynasties musulmanes de l'Afrique septentrionale. Übers. von WILLIAM MACGUCKIN DE SLANE, 4 Bde., Paris ²1925–1956; siehe auch Anm. 191; vgl. ALLEN JAMES FROMHERZ: Ibn Khaldun. Life and Times, Edinburgh 2010.

134 Ibn Ḥazm: *Marātib al-ʿulūm*. In: *Rasāʾil Ibn Ḥazm al-Andalusī*. Hrsg. von IḤSĀN ʿABBĀS, 4 Bde., Kairo 1980–1987, Bd. 4, S. 61–90, hier S. 78–80.

gewisse Distanz zum ʿabbāsidischen Hof, und die Überlieferung will es, dass er keine öffentlichen Ämter annahm; er scheint zudem ledig geblieben zu sein. Seine monumentale Chronik schrieb er wohl zu dem Zweck, seinem etwas früher vollendeten, ebenfalls gewaltigen Korankommentar eine historische Rahmung zu verleihen. Viele andere Chronisten waren Beamte, zumal höfische Kanzleisekretäre (*kuttāb*), einige gingen einem bürgerlichen Beruf nach. So wurde Historiographie in aller Regel als ergänzende Tätigkeit ausgeübt und brachte dem Verfasser allenfalls ein Zubrot ein. Es stellt sich dabei die Frage, ob eine Hofchronistik bestand. Noch das ʿAbbāsidenkalifat kannte keine institutionalisierte Abhängigkeit von Historikern vom Hof. Erst mit dem Sultanat der Aiyūbiden begann die Zeit, in der Herrscherbiographien in Auftrag gegeben wurden.[135] Aufs Ganze gesehen bildeten jedoch offiziöse Werke die Ausnahme, vielmehr herrschte die freie Autoren-Historiographie vor. Hofchroniken als serielle Auftragsarbeiten bilden vor allem ein Phänomen der fortgeschrittenen Osmanenzeit, beginnend mit dem *Tārīḫ* des Naʿīmā (gest. 1128/1716).[136]

Mit zunehmender Entfaltung der arabischen Geschichtsschreibung während der frühislamischen Zeit machte sich ein Wandel der Werktitel bemerkbar. Waren Schriften anfänglich zumeist nüchtern nach Textsorte oder Gegenstand benannt („Das Buch der Generationen"; „Chronik von Mekka"), kamen vor allem im Zuge der Anerkennung der Buchform und der Herausbildung der Bildungsliteratur (*adab*) komplexere und schwungvollere Titel auf. Vielfach traten nun kombinierte Titel auf: zuerst ein oft ganz sachfremder oder hintergründiger Schmucktitel (‚Leitphrase'), auf den, meistens vermittels *fī* („betreffend"), ein Sachtitel (‚Themaphrase') folgt.[137] Besonderer Beliebtheit erfreuten sich im Schmucktitel Worte für Gärten, Weiden, Quellen, Blumen, Edelsteine und Geschmeide, welche Empfindungen von Schönheit, Fruchtbarkeit und Wohlleben oder sonst etwas Sinnhaftem wecken konnten. Autoren bedienten sich außerdem gerne der Reimprosa (*saǧʿ*). Beispielsweise reimen bei Ibn Wāṣils Werken *Naẓm ad-durar fī l-ḥawādiṯ*

---

135 Vgl. unten S. 923 – 925.

136 Naʿīmā: *Tārīḫ-i Naʿīmā. Ravżat el-Ḥüseyn fī ḫulāṣat-ı aḫbār el-ḫāfiḳeyn* („Der Garten Ḥusains. Eine Zusammenfassung der Nachrichten von Ost und West"), 3. Druck, 6 Bde., Istanbul 1280 – 1283 h. (1863 – 1866); englisch: Annals of the Turkish Empire from 1591 to 1659. Übers. von Charles Fraser, London 1832 (Oriental Translation Fund); vgl. Gül Şen: Kompilation als Handwerk des Historiographen. Zur Narrativität in Naʿīmās (gest. 1716) Hofchronik *Tārīḫ-i Naʿīmā*. In: Innovation oder Plagiat? Kompilationstechniken in der Vormoderne. Hrsg. von Stephan Conermann, Berlin 2015 (Narratio Aliena? 4), S. 167 – 216; vgl. dazu auch unten S. 948.

137 Arne A. Ambros: Beobachtungen zu Aufbau und Funktionen der gereimten klassisch-arabischen Buchtitel. In: Wiener Zeitschrift für die Kunde des Morgenlandes 80 (1990), S. 13 – 57, hier S. 13.

was-siyar und *Mufarriǧ al-kurūb fī aḫbār Banī Aiyūb*[138] die Paare *durar–siyar* und *kurūb–Aiyūb*. Auch Mehrfachreime waren probat, so in al-Asadīs Genealogie *Dīwān al-ʿArab wa-ǧauharat al-adab wa-īḍāḥ an-nasab* der Dreischritt *ʿArab–adab–nasab*. Zur Illustration sei der vollständige, gereimte Titel von Sibṭ Ibn al-Ǧauzīs Universalgeschichte *Mirʾāt az-zamān fī taʾrīḫ al-aʿyān* frei wie folgt übertragen: „Der Spiegel der Zeit. Zur Chronik der Großen Leut'".[139] Gefälliger Klang, gute Memorierbarkeit und die werbende Versprechung eines hohen Stils gingen dabei Hand in Hand. Unbeschadet des geringen wissenschaftssystematischen Ranges der Geschichtsschreibung sollten derartige Titel das Flair der Werke erhöhen und nicht nur Leser, sondern auch die Käufer von Handschriften und nicht zuletzt nachgeborene Historikerkollegen einnehmen.

7 Mittelislamische Regionalisierung

Mit dem 4./10. Jahrhundert verfügten die arabischen Geschichtsschreiber über ein vielfältiges Repertoire an Textsorten, Themen und Gliederungsverfahren, zudem hatte sich der Gebrauch des *isnād* erübrigt und standen die Tore zu den benachbarten literarischen Feldern der Biographie, Prosopographie, Genealogie und Geographie weit offen. Geschichte war weiterhin mehr die vergleichsweise gering bewertete Angelegenheit von Enthusiasten denn ein Beruf, der durch Institute wie das eines Hofchronisten oder stete Chronographie seitens der religiösen Einrichtungen gefordert und gefördert worden wäre. Keine amtliche oder religiöse Instanz wollte regulieren, wie Geschichte zu schreiben wäre, und so waren der individuellen Gestaltung kaum Schranken gesetzt. Dass sich dennoch einige allgemeine Entwicklungen abzeichnen, ist gemeinsam erlebten politischen Umbrüchen geschuldet. Das ʿabbāsidische Kalifat geriet 334/945 unter die Kuratel einer Dynastie aus der kaspischen Region, der Būyiden, die der Zwölferschia anhing und alsbald in der Tradition des iranischen Großkönigtums herrschte. Währenddessen zerfiel das Reich in autonome Regionalherrschaften. Zudem wurde die religiöse Komponente des alten Großreichs, die durch den unumschränkten Hoheitsanspruch des Kalifen verbürgte Geltung des sunnitischen Islams, erschüttert, als 358/969 die Fāṭimiden in Ägypten ein siebenerschiitisches Gegenkalifat errichteten. Während zwei Jahrhunderten war der Nahe Osten von Schisma, Kriegsgefahr, Kleinstaaterei, zudem von byzantinischen Invasionen, später den Kreuzzügen und überhaupt dem Primat von Machtpolitik und Militär

138 Siehe unten S. 926 f.

139 Siehe Anm. 126.

geprägt. Angesichts des politischen und weltanschaulichen Partikularismus schwand die sinnstiftend-einigende Funktion der Universalgeschichtsschreibung. Die literarische Antwort auf die Veränderungen lag in der Hinwendung zu zeitgemäßeren Sujets – islamische Geschichte, Landes- und Stadtgeschichte, biographische Geschichte, Zeitgeschichte und Memoiren – sowie in Neuerungen durch die Rekombination der bestehenden Textsorten. Die Produktivität war dabei unvermindert hoch und auch große Formen und Werkumfänge blieben nicht aus.[140]

Noch am engsten an der frühislamischen Chronistik orientiert sind Islam- oder Reichschroniken, Werke also, die weitgehend auf universalgeschichtliche Rahmung verzichten – selbst wenn hochfahrende Buchtitel das suggerieren – und sich geographisch auf die Länder des Islams oder ein einzelnes Herrschaftsgebiet beschränken. Ein besonders prägnantes Werk dieser Art hat der aus Raiy (Teheran) stammende Sekretär, Philosoph und Historiker Miskawaih (gest. 421/1030) in Bagdad verfasst. Unter dem sprechenden Titel *Taǧārib al-umam wa-ʿawāqib al-himam* („Die Erfahrungen der Völker und Erfolge der Bestrebungen")[141] bietet sich hier eine didaktische Politikgeschichte dar, die gute wie schlechte Regierungsführung als profane Herrschaftspraxis beschreibt. Besonders deutlich wird das am Zerfall der ʿabbāsidischen Reichseinheit und der von Bruderkämpfen zerrütteten Regentschaft der būyidischen Großemire aufgezeigt. Von einem Fürstenspiegel trennt es das Fehlen der Verherrlichung der Macht; einerseits empirisch nüchtern, wirkt der Verfasser andererseits an einem Narrativ des Niedergangs. Obwohl Miskawaih zu den Nachfolgern aṭ-Ṭabarīs zählt, ist auch das weltgeschichtliche Moment des Werks von eigener Art, denn er trägt die bemerkenswert kritische

140 Zur Quellenkunde der fāṭimidischen Ära und der Kreuzfahrerzeit siehe Claude Cahen: La Syrie du nord à l'époque des croisades et la principauté franque d'Antioche, Paris 1940 (Bibliothèque orientale 1), S. 33–93; Medieval Muslim Historians and the Franks in the Levant. Hrsg. von Alex Mallett, Leiden 2014 (The Muslim World in the Age of the Crusades 2); zur Quellenkunde der aiyūbidischen und mamlūkischen Zeit bzw. zu Teilen davon Ulrich Haarmann: Quellenstudien zur frühen Mamlukenzeit, Freiburg i. Br. ²1970 (Islamkundliche Untersuchungen 1); Donald P. Little: Historiography of the Ayyūbid and Mamlūk Epochs. In: The Cambridge History of Egypt. Bd. 1: Islamic Egypt, 640–1517. Hrsg. von Carl F. Petry, Cambridge 1998, S. 412–444; Sami G. Massoud: The Chronicles and Annalistic Sources of the Early Mamluk Circassian Period, Leiden 2007 (Islamic History and Civilization 67); ferner ausgewählte Aufsätze von Donald P. Little: History and Historiography of the Mamlūks, London 1986 (Variorum Collected Studies Series 240).

141 Miskawaih (Anm. 2); vgl. Muhammad Sabir Khan: Miskawaih and Arabic Historiography. In: Journal of the American Oriental Society 89 (1969), S. 710–730; Mohammed Arkoun: L'humanisme arabe au IVᵉ/Xᵉ siècle. Miskawayh (320/326–421) = (932/936–1030), philosophe et historien, Paris ²1982 (Études musulmanes 12).

Einstellung vor, dass sich über die frühesten Abschnitte der Menschheitsentwicklung nichts Gewisses sagen lasse, woraus er die noch erstaunlichere Konsequenz zieht, Kosmologie und alte Prophetengeschichte einfach auszusparen. Mit der Sintflut einsetzend, nimmt die Erzählung ab dem legendären persischen König Huschang (*Aušahang*) ihren besonderen Charakter an. Erst ab dem Jahr 99/717 geht das Werk annalistisch vor, um schließlich auf eine irakisch-iranische Būyidenchronik hinauszulaufen. Dabei bietet es eine lineare, weder vom *isnād* noch von Parallelüberlieferungen unterbrochene Erzählung, die sich vorzüglich liest, weil sie, jenseits der Urkonflikte des frühen Islams, den Kausalnexus der Ereignisse verdeutlicht – was westliche Stimmen in der arabischen Chronistik sonst sehr vermissen. Das Buch unternimmt keine aktuelle Zeitgeschichtsschreibung, sondern schließt mit dem Jahr 369/980.

Im selben Jahr endet auch die offiziöse Būyidengeschichte *at-Tāǧī fī aḫbār ad-daula ad-dailamīya* („Das Bekrönende, betreffend die Dynastie von Dailam") des Sekretärs Ibrāhīm b. Hilāl aṣ-Ṣābi᾽ (gest. 384/994).[142] Er war der Spross einer aus der nordsyrischen Religionsgemeinschaft der Ṣābier hervorgehenden Familie von Sekretären und Historikern. Zu dieser Familie steht Miskawaih zweifach in Beziehung. Die *Taǧārib* ergänzen die größtenteils verlorene Chronik von Ibrāhīms Onkel zweiten Grades, Ṯābit b. Sinān b. Ṯābit b. Qurra aṣ-Ṣābi᾽ (gest. 365/975).[143] Am Anfang dieser Historikerlinie steht Ṯābits Großvater Ṯābit d. Ä.b. Qurra aṣ-Ṣābi᾽ (Thebit, gest. 288/901), der eine ebenfalls verlorene Biographie des Kalifen al-Muʿtaḍid (reg. 279–289/892–902) schrieb, welche zugleich die erste als Auftragsarbeit entstandene Reichschronik gewesen sein dürfte. Sie wurde von Ṯābit d. J. fortgesetzt, der dabei ans Ende von aṭ-Ṭabarīs *Ta᾽rīḫ* anschloss (302–365/915–975). An Ṯābit knüpfte, wie gesagt, Miskawaih an. Der Urgroßneffe von Ṯābit d. J. schließlich, der Sekretär und Kanzleichef Hilāl b. al-Muḥassin aṣ-Ṣābi᾽ (gest. 448/1056), ließ den *Taǧārib* einen sehr umfangreichen *Ta᾽rīḫ* nachfolgen. Dieses zweite Buch reichte zumindest bis 422/1031, wahrscheinlicher aber bis 447/1055 oder ins Todesjahr des Verfassers, erhalten sind aber die nur den achten Teil bildenden Jahreskapitel 389–393/999–1003.[144] Miskawaihs Affiliation an die Familientra-

142 Hilāl aṣ-Ṣābi᾽: *Kitāb al-Muntazaʿ min al-ǧuz᾽ al-auwal min al-kitāb al-maʿrūf bit-Tāǧī fī aḫbār ad-daula ad-dailamīya.* In: Arabic Texts Concerning the History of the Zaydī Imāms of Ṭabaristān, Daylamān and Gīlān. Hrsg. von Wilferd Madelung, Beirut 1987 (Beiruter Texte und Studien 28), S. 7–51; vgl. Mohammad Sabir Khan: Studies in the *Kitāb al-Tāǧī* Epitome of al-Ṣābī. In: Arabica 17 (1970), S. 151–160; 18 (1971), S. 194–201.

143 Erhalten ist von Ṯābit b. Sinān: *Ta᾽rīḫ aḫbār al-Qarāmiṭa.* In: *Aḫbār al-Qarāmiṭa fī l-Aḥsā᾽ – aš-Šām – al-ʿIrāq – al-Yaman.* Hrsg. von Suhail Zakkār, Damaskus 1400/1980, S. 3–70.

144 Hilāl aṣ-Ṣābi᾽: *Ta᾽rīḫ.* In: Eclipse (Anm. 2), Bd. 3, S. 333–460 [arabisch]; Bd. 6, S. 359–489 [englisch]. Von ihm stammt auch *Tuḥfat al-umarā᾽ fī ta᾽rīḫ al-wuzarā᾽* („Das köstliche Geschenk der

dition wurde also bestätigt. Die Reihe endet mit Hilāls Sohn Ġars an-Niʿma (gest. 480/1088) und dessen bis 479/1087 reichenden, in Bagdad entstandenen *ʿUyūn at-tawārīḫ* („Die erlesenen Geschichten").[145] So hat die Kette der Chronisten über sieben Generationen verteilt, fünf Glieder: Ṯābit d. Ä. (parallel zu aṭ-Ṭabarī) – Ṯābit d. J. – Miskawaih (parallel zu Ibrāhīm) – Hilāl – Ġars an-Niʿma. Gleichzeitig mit Hilāl, aber außerhalb der Familientradition wurden die *Taǧārib* zudem durch eine Kurzfassung der daran anschließenden Teile von Hilāls *Taʾrīḫ* aus der Feder des ʿAbbāsidenwesirs ar-Rūḏrāwarī (gest. 488/1095) bis 389/999 (erhalten bis 393/1003) fortgesetzt.[146]

Konzentrierte sich Miskawaih in der Tat auf die Länder des Būyidenreichs, gingen andere soweit, auch dem Anspruch und Titel nach die Geschichte nur eines Landes zu schreiben. Das bot sich besonders im Falle Ägyptens an, eines Landes, das in islamischer Zeit stets ungeteilt war. Der aus Ḥarrān in Nordsyrien stammende, in fāṭimidischen Diensten stehende Sekretär al-Musabbiḥī (gest. 420/1029) schrieb die *Aḫbār Miṣr* („Geschichte Ägyptens"), von denen nur ein Vierzigstel erhalten ist, welches ob seiner diaristischen Ausführlichkeit allerdings von erstem Rang für die beiden darin behandelten Jahre (414–415/1023–1025) ist.[147] Das ebenfalls *Aḫbār Miṣr* genannte und gleichfalls nur bruchstückweise bekannte Werk von Ibn Muyassar (gest. 677/1278) zu den Jahren 489–553/1096–1158 lässt sich als Fortsetzung lesen.[148] Es scheint, dass beide Werke eine Chronik des Fāṭimidenkalifats von Ägypten bezweckten, ohne die Vorgeschichte des Landes auszuführen. Stellvertretend für die mamlūkenzeitlichen Reichschroniken, die neben Ägypten auch Syrien erfassen und in aller Regel bis in die Gegenwart des

---

Emire, betreffend die Chronik der Wesire"). In: The Historical Remains of Hilâl al-Sâbi. First Part of His Kitab al-Wuzara (Gotha Ms. 1756) and Fragment of His History, 389–393 A. H. (B. M. Ms. add. 19360). Hrsg. von Henry Frederick Amedroz, Leiden 1904, S. 1–364.

145 Ġars an-Niʿma: *ʿUyūn at-tawārīḫ*; 448/1056 einsetzendes Fragment überliefert durch Sibṭ Ibn al-Ǧauzī: *Mir'âtü'z-zeman fî Tarihi'l-âyan*. Hrsg. von Ali Sevim, Ankara 1968 (Ankara Üniversitesi. Dil ve Tarih-Coğrafya Fakültesi yayınları 178); ebenso in der Gesamtausgabe der *Mirʾāh* (Anm. 126).

146 Ar-Rūḏrāwarī: *Ḏail Kitāb Taǧārib al-umam* [Fragment mit den Jahren 369–389/980–999]. In: Eclipse (Anm. 2), Bd. 3, S. 1–332 [arabisch]; Bd. 6, S. 1–358 [englisch].

147 Al-Musabbiḥī: *al-Ǧuzʾ al-arbaʿūn min Aḫbār Miṣr.* Hrsg. und übers. von Aiman Fuʾād Saiyid/ Thierry Bianquis/Ḥusain Naṣṣār, Kairo 1978–1984 (Textes arabes et études islamiques 13); deutsch: Auszüge aus der Chronik des Musabbiḥī. In: Carl Heinrich Becker: Beiträge zur Geschichte Ägyptens. Bd. 1 [mehr nicht ersch.], Straßburg 1903, S. 59–80.

148 Ibn Muyassar: *al-Muntaqā min Aḫbār Miṣr li-bn Muyassar Tāǧaddīn Muḥammad b. ʿAlī b. Yūsuf b. Ġalab Rāġib. Intiqāh Taqīyaddīn Aḥmad b. ʿAlī al-Maqrīzī.* Hrsg. von Aiman Fuʾād Saiyid, Kairo 1981 (Textes arabes et études islamiques 17); Ausz. arabisch und französisch: *Muntaḫabāt min Taʾrīḫ Ibn Muyassar.* Extraits d'Ibn Moyesser. In: Receuil des historiens des croisades. Historiens orientaux. Bd. 3, Paris 1884, S. 457–473.

Autors führen, kann *Zubdat al-fikra fī ta'rīḫ al-hiǧra* („Der Rahm des Nachdenkens, betreffend die Chronik seit der Hedschra") stehen, verfasst von dem mamlūkischen Emir Baibars al-Manṣūrī (gest. 725/1325). Indem dieses (erst in Teilen veröffentlichte) Werk mit Mohammed anhebt, reiht es sich scheinbar unter die Universalchroniken ein; das Hauptaugenmerk liegt freilich ganz auf der jüngeren islamischen Geschichte Ägyptens.[149] Vom selben Autor stammen auch eine (fragmentarisch bekannte) Kurzfassung der *Zubda*, betitelt *Muḫtār al-aḫbār* („Geschichte in Auswahl"),[150] sowie *at-Tuḥfa al-mulūkīya fī d-daula at-turkīya* („Das königliche Geschenk, betreffend die Regierung der Türken") zur Geschichte der Aiyūbiden und frühen Mamlūken.[151]

Obwohl die Ṣābi'-Linie durch mehrere Fortsetzungswerke chronographisch an aṭ-Ṭabarī anschließt, wird doch eine andere Konzeption von Geschichtsschreibung verfolgt, welche entscheidend auf *siyāsa* („Politik") ausgerichtet ist. Khalidi nahm *siyāsa* als Chiffre für das letzte der vier von ihm beschriebenen Referenzsysteme des arabischen Geschichtsdenkens: Historiker dieser Gruppe betrieben nicht mehr die Interpretation einer die Gegenwart prägenden Vergangenheit, sondern maßen den Ereignissen ihrer eigenen Zeit mindestens ebenso große Bedeutung zu.[152] Damit trugen sie nicht zuletzt der Herausforderung der islamischen Weltsicht durch Kreuzfahrer und Mongolen Rechnung. Die Zeitgeschichtsschreibung, die aṭ-Ṭabarī nicht geglückt war, wird nun mit historischem Selbstbewusstsein in den Vordergrund gerückt. Anders als die Bezüge auf *ḥadīṯ*, *ḥikma* und *adab* bedingt die politische Auffassung von Geschichte keine bestimmten Formelemente mehr, sondern umfasst Vertreter der unterschiedlichsten Textsorten.

Das eigentliche Schwergewicht der mamlūkischen Geschichtsschreibung ist al-Maqrīzī (gest. 845/1442). Sein mehrbändiges Annalenwerk *as-Sulūk li-ma'rifat duwal al-mulūk* („Wegleitungen zur Kenntnis der Herrscherdynastien") wurde durch eine frühe vollständige Textausgabe zur wichtigsten Quelle der modernen

---

149 Baibars al-Manṣūrī: *Zubdat al-Fikra fī Ta'rīkh al-Hijra.* History of the Early Mamluk Period. Hrsg. von Donald S. Richards, Beirut 1998 (Bibliotheca Islamica 42); Ausz. deutsch für die Jahre 693 – 698/1293 – 1299 in Shah Morad Elham: Kitbuġā und Lāǧīn. Studien zur Mamluken-Geschichte nach Baibars al-Manṣūrī und an-Nuwairī, Freiburg i. Br. 1977 (Islamkundliche Untersuchungen 46), S. 83 – 140.

150 Baibars al-Manṣūrī: *Muḫtār al-aḫbār. Ta'rīḫ ad-daula al-aiyūbīya wa-daulat al-Mamālīk al-baḥrīya ḥattā sanat 702 h.* Hrsg. von 'Abdalḥāmid Ṣāliḥ Ḥamdān, Kairo 1413/1993. Es bestehen Zweifel an der Identität dieses Textes.

151 Baibars al-Manṣūrī: *Kitāb at-Tuḥfa al-mulūkīya fī d-daula at-turkīya. Ta'rīḫ daulat al-mamālīk al-baḥrīya fī l-fatra min 648 ilā 711 hiǧrīya.* Hrsg. von 'Abdalḥamīd Ṣāliḥ Ḥamdān, Kairo 1407/1987.

152 Khalidi (Anm. 97), S. 182 – 231.

Forschung,[153] während andere, mitunter verlässlichere Chroniken wie etwa die Ibn Wāṣils lange nur zu Teilen im Druck vorlagen. Die *Sulūk* widmen dem Vorabend des Islams, den ersten Kalifaten sowie den Dynastien der Būyiden und Seldschuken jeweils einige Seiten; doch sein eigentliches Thema, die Geschichte Ägyptens und Syriens unter den Aiyūbiden und Mamlūken, findet das Werk erst mit dem ersten Herrscherkapitel (Saladin) und dem Einsetzen der Annalistik (568/1172–3). Vor diesem Werk hatte al-Maqrīzī schon eine Fāṭimidenchronik verfasst (*Itti'āẓ al-ḥunafā' bi-aḫbār al-a'imma al-fāṭimīyīn al-ḫulafā'*; „Die Ermahnung der Rechtgläubigen durch Nachrichten von den fāṭimidischen Imamen und Kalifen"),[154] ferner stammt auch eine einbändige Geschichte des Islams von ʿAlī bis zum letzten ʿAbbāsiden al-Mustaʿṣim von ihm (*ad-Durar al-muḍī'a fī ta'rīḫ ad-duwal al-islāmīya*; „Die schimmernden Perlen, betreffend die Geschichte der islamischen Dynastien").[155] Jenseits der Chronistik, aber hier doch nicht zu vergessen, ist al-Maqrīzīs Topographie Kairos und der Hauptorte Ägyptens, welche nicht nur die umfangreichste und bedeutendste Städtebeschreibung der arabischen Literatur darstellt, sondern auch zahllose historische Abschnitte enthält, genannt *al-Mawāʿiẓ wal-iʿtibār bi-ḏikr al-ḫiṭaṭ wal-āṯār* („Maßregeln und Betrachtungen eingedenk der Stätten und Denkmäler") oder kurz *al-Ḫiṭaṭ*.[156] Die große Chronik, *Sulūk*, fand mehrere Fortsetzungen. An erster Stelle stehen die

---

153 Al-Maqrīzī: *Kitāb as-Sulūk li-maʿrifat duwal al-mulūk*. Hrsg. von Muḥammad Muṣṭafā Ziyāda/Saʿīd ʿAbdalfattāḥ ʿĀšūr, 4 Bde. in 12 Tln., Kairo 1934–1973; Ausz. englisch: A History of the Ayyūbid Sultans of Egypt. Übers. von Ronald J. C. Broadhurst, Boston 1980 (Library of Classical Arabic Literature 5); Fortsetzung: Histoire d'Égypte. Übers. von Edgar Blochet. In: Revue de l'Orient latin 6 (1898), S. 435–489; 8 (1900–1901), S. 165–212, 501–553; 9 (1902), S. 6–163, 466–530; 10 (1903–1904), S. 248–371; 11 (1905–1908), S. 192–239; Fortsetzung: Histoire des sultans Mamlouks de l'Égypte. Übers. von Étienne Quatremère, 2 Bde. in 4 Tln., Paris 1837–1845 (Oriental Translation Fund [49]); vgl. die an unterschiedlichen Orten veröffentlichte Artikelfolge ‚Maqriziana' von Frédéric Bauden.

154 Al-Maqrīzī: *Kitāb Ittiʿāẓ al-ḥunafā' bi-aḫbār al-a'imma al-fāṭimīyīn al-ḫulafā'*. Hrsg. von Ǧamāladdīn aš-Šaiyāl/Muḥammad Ḥilmī Muḥammad Aḥmad, 3 Bde., Kairo 1387–1393/1967–1973 (Laǧnat iḥyā' at-turāṯ al-islāmī 12).

155 Al-Maqrīzī: *ad-Durar al-muḍī'a fī ta'rīḫ ad-duwal al-islāmīya*, Cambridge University Library, Qq. 2.

156 Al-Maqrīzī: *al-Mawāʿiẓ wal-iʿtibār fī ḏikr al-ḫiṭaṭ wal-āṯār*. Hrsg. von Aiman Fu'ād Saiyid, 4 Bde. in 5 Tln. nebst Reg.bd., London 1422–1425/2002–2004 (Mu'assasat al-Furqān lit-turāṯ al-islāmī 63, 68, 73–75, 92); Ausz. französisch: „Kitâb al-mawâʿiḍh wa'liʿtibâr bidhikr al khiṭaṭ wa'lâthâr". Description topographique et historique de l'Égypte. Übers. von Paul Casanova, Bde. 3–4[.1], Kairo 1906–1920 (Mémoires de l'Institut français de l'archéologie orientale du Caire 3/4); Les marchés du Caire. Übers. von André Raymond/Gaston Wiet, Kairo 1979 (Textes arabes et études islamiques 14); vgl. Nasser Rabbat: Was al-Maqrīzī's *Khiṭaṭ* a Khaldūnian History? In: Der Islam 89 (2012), S. 84–106.

beiden umfangreichen Annalenwerke von Ibn Taġrībirdī (gest. 874/1470), *Ḥawādiṯ ad-duhūr fī madā l-aiyām waš-šuhūr* („Begebenheiten des Zeitalters im Lauf der Tage und Monate") für 845 – 874/1441 – 1469[157] und *an-Nuǧūm az-zāhira fī mulūk Miṣr wal-Qāhira* („Die leuchtenden Sterne unter den Königen von Ägypten und Kairo") für 20 – 872/641 – 1468, in denen die Präzision der Datierung vielfach noch auf die Uhrzeit der Ereignisse ausgedehnt wird.[158] Die *Nuǧūm* warten dabei mit der Besonderheit auf, dass die Annalistik in den Kapitelüberschriften nach den Jahren der jeweiligen Regentschaft zählt und der fortlaufende Bezug auf die Hedschra an zweiter Stelle steht. Derselbe Autor schuf noch eine dritte, kürzere Chronik, *Maurid al-laṭāfa fī man waliya aṣ-ṣaltana wal-ḫilāfa* („Der Quell der Güte, betreffend die Inhaber des Sultanats und Kalifats") für die Zeit von Mohammed bis 872/1468.[159] Unmittelbar an die *Sulūk* anschließend schrieb außerdem der ägyptische Traditionarier as-Saḫāwī (gest. 902/1497) die Chronik *at-Tibr al-masbūk fī ḏail as-Sulūk* („Das gegossene Gold, betreffend die Ergänzung der ‚Wegleitungen'"), welche die Jahre 845 – 857/1441 – 1453 behandelt und besonderes Augenmerk auf den Hedschas richtet; außerdem setzte er in *aḏ-Ḏail at-tāmm ʿalā Duwal al-islām* („Die vollkommene Ergänzung der ‚Dynastien des Islams'") aḏ-Ḏahabī für die Jahre 745 – 901/1344 – 1496 fort.[160]

Daneben ist das vielbändige Annalenwerk des Religionsgelehrten al-ʿAinī (gest. 855/1451), gebürtig aus ʿAintāb (Gaziantep), zu nennen. Sein *ʿIqd al-ǧumān fī*

---

157 Ibn Taġrībirdī: History of Egypt. Extracts from Abû 'l-Maḥâsin ibn Taghrî Birdî's Chronicle Entitled *Ḥawâdith ad-Duhûr fî Maḍâ 'l-Ayyâm wash-Shuhûr* (845 – 854 A.H./1441 – 1450 A.D.). Hrsg. von William Popper, 4 Bde., Berkeley, Calif. 1930 – 1942 (University of California Publications in Semitic Philology 8); englisch: History of Egypt. An Extract from Abū 'l-Maḥāsin Ibn Taghrī Birdī's Chronicle *Ḥawādith ad-Duhūr fī Maḍā 'l-Ayyām wash-Shuhūr* (845 – 854 A.H., A.D. 1441 – 1450). Übers. von Walter J. Fischel, New Haven, Conn. 1965 (An Essay of the American Oriental Society 5).

158 Ibn Taġrībirdī: *Kitāb an-Nuǧūm az-zāhira fī mulūk Miṣr wal-Qāhira*. Bde. 1 – 12, Kairo 1348 – 1375/1929 – 1956; Bde. 13 – 16. Hrsg. von Fahīm Muḥammad Šaltūt/Ǧamāladdīn aš-Šaiyāl u. a., ebd. 1390 – 1392/1970 – 1972 (Turāṯunā); Ausz. englisch: History of Egypt, 1382 – 1469 A.D. Übers. von William Popper, 8 Bde., Berkeley, Calif. 1954 – 1963 (University of California Publications in Semitic Philology 13, 14, 17 – 19, 22 – 24).

159 Ibn Taġrībirdī: *Maurid al-laṭāfa fī man waliya aṣ-ṣaltana wal-ḫilāfa*. Hrsg. von Nabīl Muḥammad Abdalʿazīz Aḥmad, 2 Bde., Kairo 1997.

160 As-Saḫāwī: *at-Tibr al-masbūk fī ḏail as-sulūk*. Hrsg. von Labība Ibrāhīm Muṣṭafā, 4 Bde., Kairo 1423 – 1428/2002 – 2007; Ders.: *aḏ-Ḏail at-tāmm ʿalā Duwal al-islām*. Hrsg. von Ḥasan Ismāʿīl Murūwa/Muḥammad al-Arnāʾūṭ, 3 Bde., Kuweit/Beirut 1413/1992; davon eine von as-Saḫāwī selbst angefertigte Kurzfassung in Aḥmad ʿAbdallāh al-Ḥassō: Shams al-Dīn al-Sakhāwī as a Historian of the 9th/15th Century. With an Edition of That Section of His Chronicles (*Wajīz al-kalām*) Covering the Period 800 – 849/1397 – 1445, Diss. St. Andrews 1972 [http://research-repository.st-andrews.ac.uk/handle/10023/2581, S. *1 – 244*; eingesehen: 21. 11. 2015].

ta'rīḫ ahl az-zamān („Das Perlenhalsband, betreffend die Geschichte der Zeitgenossen") wird zwar von einem Schöpfungsbericht und Vorislamischem eröffnet, doch das ändert nichts am Charakter einer Landeschronik Ägyptens. Nach dem Vorbild Ibn al-Ğauzīs und Sibṭ Ibn al-Ğauzīs[161] bestehen die Jahreskapitel aus *ḥawādit* („Begebenheiten") und *tarāğim* („Lebensgeschichten").[162] Unter den erhaltenen Mamlūkenchroniken sind des Weiteren eine anonyme Kompilation aus einem akephalen Werk und einem des Mamlūkenemirs Baktāš al-Fāḫirī (gest. 745/1344)[163] sowie ganz besonders die unvollendete, gleichwohl mehrbändige Chronik des ägyptischen Historikers Ibn al-Furāt (gest. 807/1405). Die erhaltenen Teile dieses eigentlich universalhistorisch gemeinten *Ta'rīḫ ad-duwal wal-mulūk* („Geschichte der Dynastien und Herrscher") behandeln die Reiche der Fāṭimiden, Aiyūbiden und Mamlūken zwischen 500/1107 und (nach Lücken) 799/1397.[164] Auch in mamlūkischer Zeit finden sich Fortsetzungschroniken, beispielsweise die Ergänzung von Abū Šāmas Saladin-Vita durch den Damaszener Traditionarier al-

---

161 Dazu siehe unten S. 920 f.

162 Al-ʿAinī: *ʿIqd al-ğumān fī ta'rīḫ ahl az-zamān* [Jahre 132–562/749–1167]. Paris, Bibliothèque nationale de France, Ms. arabe 5761 (*Ta'rīḫ daulat Banī l-ʿAbbās waṭ-Ṭūlūnīyīn wal-Fāṭimīyīn*); Ausz.: *ʿIqd al-ğumān fī ta'rīḫ ahl az-zamān*. Bd. 1: *al-ʿAṣr al-aiyūbī*. Tl. 1: 565–578 h/1168–1182 m [mehr nicht ersch.]. Hrsg. von Maḥmūd Rizq Maḥmūd, Kairo 1423/2003; Jahre 624–673/1226–1275: *Muntaḫabāt min kitāb ʿIqd al-ğumān*. Extraits du livre intitulé Le collier de perles. Hrsg. und übers. von Édouard Dulaurier. In: Receuil des historiens des croisades. Historiens orientaux. Bd. 2.1, Paris 1887, S. 181–271; Jahre 648–707/1250–1308: *ʿIqd al-ğumān fī ta'rīḫ ahl az-zamān. ʿAṣr salāṭīn al-Mamālīk*. Hrsg. von Muḥammad Muḥammad Amīn, 4 Bde., Kairo 1407–1412/1987–1992; Jahre 815–850/1412–1446 in: *ʿIqd al-ğumān fī ta'rīḫ ahl az-zamān*. Hrsg. von ʿAbdarrāziq aṭ-Ṭanṭāwī al-Qarmūṭ, 2 Bde., Kairo 1406–1409/1985–1989; vgl. Nobutaka Nakamachi: Al-ʿAynī's Chronicles as a Source for the Baḥrī Mamlūk Period. In: Orient [Tokio] 40 (2005), S. 140–171.

163 Beiträge zur Geschichte der Mamlūkensultane in den Jahren 690–741 der Hiğra nach arabischen Handschriften. Hrsg. von Karl Vilhelm Zetterstéen, Leiden 1919, S. 1–145 [Anonymus], 145–249 [Baktāš al-Fāḫirī].

164 Ibn al-Furāt: *Ta'rīḫ ad-duwal wal-mulūk*; zahlreiche Teilausgaben und -übersetzungen der Bde. 1–4.1 durch Hassan Al-Schamma (d. i. Ḥasan Muḥammad aš-Šammāʿ), Karl-Franz Lacina, Ahmed el-Shamy, Abbas H. Aldahir; Fortsetzung: *Ta'rīḫ Ibn al-Furāt*. Hrsg. von Qusṭanṭīn Zuraiq/Nağlā ʿIzzaddīn, Bde. 7–9, Beirut 1936–1942 (al-Ğāmiʿa al-amīrikānīya fī Bairūt. Manšūrāt kullīyat al-ʿulūm wal-ādāb. Silsilat al-ʿulūm aš-šarqīya 9, 10, 14, 17); Ausz. arabisch und englisch für 641–676/1244–1277: Ayyubids, Mamlukes and Crusaders. Selections from the *Tārīkh al-Duwal waʾl-Mulūk* of Ibn al-Furāt. Hrsg. und übers. von Ursula und Malcolm Cameron Lyons in Verb. mit Jonathan S. C. Riley-Smith, Cambridge 1971. Nicht überliefert: 568–584/1172–1189, 697–788/1297–1387, außerdem Veröffentlichungslücken.

Birzālī (gest. 739/1339) bis ins Jahr 736/1335–6 unter dem Titel *al-Muqtafā ʿalā kitāb ar-Rauḍatain* („Nachfolger des ‚Buches der beiden Gärten'").[165]

Im Osten war es der politische Gegenspieler der Fāṭimiden, das Seldschukensultanat, welcher eine vergleichbare Reichschronistik nach sich zog, die aber überwiegend persisch- oder turksprachig ist. Als arabischer, von außen auf die Seldschuken schauender Titel sei das Werk des Aiyūbidensekretärs al-Kātib al-Iṣfahānī (gest. 597/1201) *Nuṣrat al-fatra wa-ʿuṣrat al-fiṭra* („Der Sieg über die Mattheit und die Zuflucht des Naturells") genannt, das in einer Kurzfassung des nicht näher bekannten al-Bundārī (gest. nach 639/1241–2) vorliegt, *Zubdat an-Nuṣra wa-nuḫbat al-ʿUṣra* („Der Rahm des ‚Sieges' und die Auswahl aus der ‚Zuflucht'"), 623/1226 dem Aiyūbiden al-Muʿaẓẓam gewidmet und in Sinneinheiten unterteilt.[166] Dass Arabisch aber auch im Osten selbst als Sprache der Geschichtsschreibung noch produktiv war, zeigt die Chronik der kaspischen Landschaft Ṭabaristān von al-Yazdādī (gest. nach 403/1013) *Uqūd as-siḥr wa-qalāʾid ad-durar* („Die betörenden Halsketten und perlenen Halsbänder"). Im Original verloren, hat sie in der persischen Übersetzung durch Ibn-i Isfandiyār (schrieb 613/1216–7) als *Tārīḫ-i Ṭabaristān* überdauert.[167]

Mit Ausnahme dieser Fremddarstellung sind die Landeschroniken annalistisch gegliedert, einige zusätzlich anhand der Herrscherfolge, und unterscheiden sich weder hinsichtlich des Formenrepertoirs noch dem Zweck nach von der entfalteten Chronistik der frühislamischen Zeit. Es liegt stattdessen am Gegenstand, ob ein Werk der Landes-, Reichs- oder Islamchronistik zuzuordnen ist. Die Unterscheidung ist sogar des Öfteren müßig, wenn nämlich vorislamische Abschnitte und solche, die der gegenwärtigen Herrschaft vorangehen oder außerhalb ihrer spielen, nur geringfügige Dreingaben darstellen. Selbst die Kalifengeschichte alten Typs wurde noch lange gepflegt, nachdem die amtierenden Herrscher längst kurdisch- oder turkstämmige Sultane oder mongolische Ilchane waren. Das zeigt zum einen das Buch *al-Faḫrī fī l-ādāb as-sulṭānīya wad-duwal al-islāmīya* („Das Ehrenvolle [oder: Das Faḫrsche], betreffend die Ethik der Fürsten und ‚Dynastien

---

165 Al-Birzālī: *al-Muqtafā ʿalā kitāb ar-Rauḍatain al-maʿrūf bi-Tārīḫ al-Birzālī*. Hrsg. von ʿUMAR ʿABDASSALĀM TADMURĪ, 4 Bde., Beirut 1427/2006.

166 Al-Bundārī: *Histoire des Seldjoucides de l'Irâq* [...] d'après Imâd ad-dîn al Kâtib al-Isfahânî. Hrsg. von MARTIJN THEODOOR HOUTSMA, Leiden ²1902 (Recueil de textes relativs à l'histoire des Seldjoucides 2).

167 Ibn-i Isfandiyār: *Tārīḫ-i Ṭabaristān*. Hrsg. von ʿABBĀS IQBĀL, 3 Bde., Teheran 1320 h.š./1941; englisch mit Ergänzung von dritter Hand bis ca. 750/1349: An Abridged Translation of the History of Ṭabaristán Compiled about A. H. 613 (A. D. 1216) by Muḥammad b. al-Ḥasan b. Isfandiyár. Übers. von EDWARD GRANVILLE BROWNE, Leiden 1905 (E. J. W. Gibb Memorial Series 2). Weitere Beispiele bringt ELTON L. DANIEL: [Art.] Historiography. III. Early Islamic Period. In: Encyclopædia Iranica (Anm. 5), Bd. 12, S. 330–349.

des Islams'"), eine dynastisch-prosopographische Geschichte der Kalifen und ihrer Wesire bis zum Untergang des ʿAbbāsidendynastie von Bagdad im Jahre 656/1258, die Ibn aṭ-Ṭiqṭaqā (schrieb 701/1302), Adelsmarschall der irakischen Schiiten, 701/1302 in Mossul für den Statthalter der Mongolen Faḫraddīn ʿĪsā b. Ibrāhīm verfasste,[168] zum anderen der *Taʾrīḫ al-ḫulafāʾ* („Geschichte der Kalifen") von dem Kairiner Universalgelehrten as-Suyūṭī (gest. 911/1505), welcher sich auch noch auf die Mamlūkensultane bis 903/1497 erstreckt.[169] As-Suyūṭī, der sich infolge von Konflikten mit der religiösen Gelehrtenschaft wie auch der weltlichen Macht aus dem öffentlichen Leben zurückgezogen hatte, hatte sich als Erneuerer des Islams in seinem Säkulum proklamiert und genoss wahrhafte Berühmtheit im gesamten Vorderen Orient. Sein *Taʾrīḫ* fand nicht nur zu seiner Zeit große Verbreitung, sondern erlebt bis heute immer neue Druckauflagen; zu seinem wissenschaftlichen Wert steht das aber nicht im Verhältnis. Ergiebiger ist sein *Ḥusn al-muḥāḍara fī aḫbār Miṣr wal-Qāhira* („Der vorzügliche Vortrag, betreffend die Geschichte Ägyptens und Kairos"), eine vielseitige, teils thematisch und teils topographisch angelegte Sammlung zu Ägyptens Geschichte, Berühmtheiten, Bauwerken und Landesnatur.[170]

Weil durch die Provinzialisierung der Herrschaft die Hauptstädte kraft des Herrschersitzes und ihrer Gelehrtenschaft eine überragende Stellung einnahmen, fallen vielfach Landes- und Stadtchronik in eins. Ältere Werke, die ausweislich des Titels in die Sparte der Stadtgeschichte zu fallen scheinen, befassten sich in erster Linie mit der Personalgeschichte der örtlichen Prophetengefährten und Traditionarier und dem Lobpreis der vortrefflichen Eigenschaften (*faḍāʾil*) dieser Stadt – beispielsweise *Taʾrīḫ al-Madīna* („Chronik von Medina") von Abū Zaid ʿUmar b. Šabbā (gest. 264/877)[171] und *Taʾrīḫ ar-Raqqa* („Chronik von Rakka") von

---

168 Ibn aṭ-Ṭiqṭaqā: *Al-Fakhrî.* Histoire du khalifat et du vizirat depuis leurs origines jusqu'à la chute du khalifat ʿAbbâside de Baghdâdh (11 – 656 de l'hégire = 632 – 1258 de notre ère) avec les prolégomènes sur les principes du gouvernement. Hrsg. von Hartwig Derenbourg, Paris 1895 (Bibliothèque de l'École des hautes études. Sciences philologiques et historiques 105); französisch: Al-Fakhrî [...]. Übers. von Émile Amar, Paris 1910 (Archives marocaines 16); englisch: Al Fakhri. On the Systems of Government and the Moslem Dynasties. Übers. von Charles E. J. Whitting, London 1947.

169 As-Suyūṭī: *Taʾrīḫ al-ḫulafāʾ*. Hrsg. von Muḥammad Muḥyīddīn ʿAbdalḥamīd, Kairo 1371/1952; englisch: History of the Caliphs. Übers. von Henry Sullivan Jarrett, Kalkutta 1881 (Bibliotheca Indica 87); vgl. Elizabeth M. Sartain: Jalāl al-Dīn al-Suyūṭī. Biography and Background, Cambridge 1975 (Oriental Publications 23).

170 As-Suyūṭī: *Ḥusn al-muḥāḍara fī aḫbār Miṣr wal-Qāhira*. Hrsg. von Muḥammad Abū l-Faḍl Ibrāhīm, 2 Bde., Kairo 1387 – 1388/1967 – 1968.

171 Ibn Šabba: *Taʾrīḫ al-Madīna al-Munauwara*. Hrsg. von Fahīm Muḥammad Šaltūt, 4 Bde., Mekka 1399/1979.

al-Qušairī (gest. 334/945–6).[172] Eine allgemeine und politische Landeschronik ist dagegen der *Ta'rīḫ Maiyāfāriqīn wa-Āmid* von Ibn al-Azraq al-Fāriqī (schrieb nach 572/1176), der Südostanatolien mit den heute Silvan und Diyarbakır heißenden Städten behandelt.[173] Erst unter den Bedingungen der mittelislamischen Zeit wurden Landes- und Stadtchronik im engeren Sinne verwirklicht. So behandelt beispielsweise der *Ḏail Ta'rīḫ Dimašq* („Ergänzung der Chronik von Damaskus") des Kanzleichefs Ibn al-Qalānisī (gest. 555/1160) die Stadt Damaskus und ihr zentralsyrisches Umland.[174] Er ist die arabische Hauptquelle zur frühen Kreuzfahrerzeit. Das Pendant für die Stadt Aleppo und Nordsyrien ist die mehrbändige annalistische Chronik *Zubdat al-ḥalab fī ta'rīḫ Ḥalab* („Der Rahm der Milch, betreffend die Geschichte von Aleppo") des Sekretärs und Richters Ibn al-ʿAdīm (gest. 660/1262). Sie umfasst zur Einleitung eine dezidierte Geographie dieses Landesteils und geht außerdem mitunter in die Genealogie über.[175] Die Regionalisierung der Geschichtsschreibung bezeichnet wie kein zweites Phänomen die Entwicklung dieser Literatur in der ersten Phase der mittelislamischen Zeit, welche, politisch gesprochen, im Osten im Zeichen der Būyiden, Seldschuken und etlicher Kleinfürstentümer, in Ägypten aber im Zeichen der Fāṭimiden stand (und bis zum Regierungsantritt Saladins 564/1169 währte).

Eine Sonderstellung in der Landes- und Stadtchronistik nimmt Mekka ein. Der Kaaba wegen das wichtigste Pilgerziel des Islams, war sie auch ein wichtiger Marktort für Handelsgüter und Ideen; zudem bedingte die Frage, welcher Beherrscher eines der nördlichen Nachbarländer die Rolle des Oberherren und Er-

---

172 Al-Qušairī: *Ta'rīḫ ar-Raqqa wa-man nazalahā min aṣḥāb rasūl Allāh ṣallā llāh ʿalaihī wa-salam wat-tābiʿīn wal-fuqahā' wal-muḥaddiṯīn.* Hrsg. von Ibrāhīm Ṣāliḥ, Damaskus 1419/1998.

173 Ibn al-Azraq al-Fāriqī: *Ta'rīḫ al-Fāriqī. Ad-daula al-marwānīya.* Hrsg. von Badawī ʿAbdallaṭīf ʿAwad, Kairo 1379/1959; Ausz.: A Muslim Principality in Crusader Times. The Early Artuqid State. Hrsg. und übers. von Carole Hillenbrand, Istanbul 1990 (Uitgaven van het Nederlands Historisch-Archeologisch Instituut te Istanbul 66).

174 Ibn al-Qalānisī: *History of Damascus*, 363–555 a.h. [...] Being a Contribution of Hilâl al-Sâbi. Hrsg. von Henry Frederick Amedroz, Leiden 1908; Ausz. englisch: The Damascus Chronicle of the Crusades. Übers. von Hamilton A. R. Gibb, London 1932 (University of London Historical Series 5); Ausz. französisch: Damas de 1075 à 1154. Traduction annotée d'un fragment de l'Histoire de Damas d'Ibn al-Qalānisī. Übers. von Roger Le Tourneau, Damaskus 1952.

175 Ibn al-ʿAdīm: *Zubdat al-ḥalab fī ta'rīḫ Ḥalab.* Hrsg. von Sāmī ad-Dahhān, 3 Bde., Damaskus 1370–1386/1951–1967; Ausz. französisch: Extrait de la chronique d'Alep. Hrsg. und übers. von Charles Barbier de Meynard. In: Receuil des historiens des croisades. Historiens orientaux. Bd. 3, Paris 1884, S. 578–690; Fortsetzung: L'histoire d'Alep. Übers. von Edgar Blochet. In: Revue de l'Orient latin 3 (1895), S. 509–565; 4 (1896), S. 145–235; 5 (1897), S. 37–107; 6 (1898), S. 1–49; Ausz. französisch für die Jahre 488–569/1095–1174: Ausz. aus dem Werk Kamâl ad-dîns: „Die Sahne der Geschichte Halebs". Übers. von Silvestre de Sacy. In: Beiträge zur Geschichte der Kreuzzüge. Bd. 1. Hrsg. von Reinhold Röhricht, Berlin 1874, S. 209–338.

nährers Mekkas einnehme, die besondere symbolisch-politische Bedeutung der Stadt. Es existiert eine bis ins frühe 3./9. Jahrhundert zurückgehende Reihe erhaltener Chroniken Mekkas. Zumeist mit *aḫbār* überschrieben, vermerken sie außer den lokalen Geschehnissen auch diejenigen, die sich an den Karawanenwegen ereigneten, und berichten – allerdings in geringerem Maße – von Begebenheiten in den Ausgangsländern der Karawanen. Sie sind zumeist durch Sachkapitel zur städtischen Topographie, zum Baubestand der heiligen Stätten (Medina eingeschlossen), zum Ritenvollzug und anderem mehr organisiert. FERDINAND WÜSTENFELD hat ausgewählte Werke zusammengestellt – von denen allein das des osmanenzeitlichen Religionsgelehrten und Richters an-Nahrawālī (gest. 990/1582) eine Herrscherchronologie einflicht – und eine Synthese erstellt.[176] Bereits in der 2. Hälfte des 2./8. Jahrhunderts hat Muḥammad b. al-Ḥasan b. Zabāla (schrieb 199/814) eine (verlorene) Geschichte Medinas verfasst.[177]

8 Mittelislamische Biographisierung

Der vorgenannte Ibn al-ʿAdīm pflegte größtes Interesse an Personengeschichte. Dass seine Chronik nicht auch prosopographischer Art ist, liegt daran, dass er zuvor schon eine offenbar vierzigbändige Biographiensammlung (*Buġyat aṭ-ṭalab fī taʾrīḫ Ḥalab*, „Das Wunschziel des Studiums, betreffend die Geschichte Aleppos“) verfasst hatte.[178] Auch sie versteht sich, wie der Titel sagt, als Beitrag zur Chronistik. Für diese außerchronikale Verwendung des Begriffs *taʾrīḫ* bestand ein leuchtendes Vorbild, der *Taʾrīḫ Baġdād* von al-Ḫaṭīb al-Baġdādī (gest. 463/1071), ein vielbändiges biographisches Lexikon der berühmten Söhne Bagdads (7831

176 Die Chroniken der Stadt Mekka. Hrsg. von FERDINAND WÜSTENFELD, 4 Bde., Leipzig 1858–1861. Enthalten sind al-Azraqī (schrieb 227/837): *Kitāb Aḫbār Makka* (Bd. 1); al-Fākihī (schrieb 272–275/885–889): *Kitāb al-Muntaqā fī aḫbār Umm al-Qurā wa-hiya muntaḫabāt min Taʾrīḫ Makka* (Bd. 2, S. 1–54); al-Fāsī (gest. 832/1429): *Šifāʾ al-ġarām bi-aḫbār al-balad al-ḥarām* (ebd., S. 55–324); Ibn Ẓuhaira (schrieb 949/1542–3, Zusätze noch 960/1553): *Min kitāb al-Ǧāmiʿ al-laṭīf fī faḍāʾil Makka wa-bināʾ al-Bait aš-Šarīf* (ebd., S. 325–344); an-Nahrawālī (gest. 990/1582): *Kitāb al-Iʿlām bi-aʿlām Bait Allāh al-ḥarām* (Bd. 3); FERDINAND WÜSTENFELD: Geschichte der Stadt Mekka (Bd. 4).

177 BROCKELMANN (Anm. 28), Bd. 2, S. 143; SEZGIN (Anm. 25), Bd. 1, 343 f.

178 Ibn al-ʿAdīm: *Buġyat aṭ-ṭalab fī taʾrīḫ Ḥalab*. Hrsg. von SUHAIL ZAKKĀR, 12 Bde., Beirut 1408/1988; vgl. DAVID W. MORRAY: An Ayyubid Notable and His World. Ibn al-ʿAdīm and Aleppo as Portrayed in His Biographical Dictionary of People Associated with the City, Leiden 1994 (Islamic History and Civilization 5).

Artikel).[179] Ihm hatte schon ein Jahrhundert zuvor ein Damaszener nachgeeifert, um, wie im Wettstreit mit Bagdad, den Rang seiner Stadt zu rühmen: Ibn ʿAsākir (gest. 571/1176), Urheber des im jüngsten Druck vierundsiebzigbändigen *Taʾrīḫ madīnat Dimašq* (10226 Artikel).[180] Wie viele Chroniken fanden auch die großen Biographiensammlungen ihre Epitomatoren und Fortsetzer.

Es darf an dieser Stelle nicht unbemerkt bleiben, dass arabische Schriftsteller biographische Lexika in so großer Zahl und Genauigkeit wie wohl keine andere Literatur der Welt hervorgebracht haben. Mehr als die Chroniken bilden diese prosopographischen Archive das Spezifikum der entfalteten arabischen Schriftproduktion, wobei Gelehrte (*ʿulamāʾ*) und insbesondere Religionsgelehrte (*fuqahāʾ*) im Mittelpunkt stehen. Für die historische Forschung sind sie von größtem Nutzen, weil auch andere Berufsstände erfasst werden, darunter, ab dem 7./13. Jahrhundert, die politisch-militärische Elite Ägyptens und Syriens, die mamlūkischen Emire. Dass Gelehrtengeschichte und politische Geschichte ineinander übergehen, ist schon im 19. Jahrhundert erkannt worden[181] und bietet der islamischen Geschichtsforschung eine wichtige Vertiefungsperspektive.[182] Ebenso verschwimmen die Übergänge zur Geographie und Stadtgeschichte. Weil folglich ausgesprochen viele Werke historisch relevant sind und es der erklärten Absicht nach auch sein wollen, ohne sich jedoch der Chronistik zurechnen zu lassen, beschränkt sich das Folgende auf Vertreter der Chronistik im engeren Sinne.

---

179 Al-Ḫaṭīb al-Baġdādī: *Taʾrīḫ Baġdād au Madīnat as-Salām*, 14 Bde., Kairo/Bagdad 1348–9/1931, Nachdruck Beirut 1975.

180 Ibn ʿAsākir: *Taʾrīḫ madīnat Dimašq wa-ḏikr faḍlihā wa-tasmīyat man ḥallahā min al-amāṯil au iǧtāza bi-nawāḥīhā min wāridīhā wa-ahlihā*. Hrsg. von Muḥibbaddīn ʿUmar b. Ġarāma al-ʿAmrawī u. a., 74 Bde. nebst 6 Registerbden., Beirut 1415–1421/1995–2000; vgl. James E. Lindsay: Ibn ʿAsākir and Early Islamic Hisoriography, Princeton, N.J. 2001 (Studies in Late Antiquity and Early Islam 20).

181 Wüstenfeld (Anm. 28), S. II.

182 Paul Auchterlonie: Arabic Biographical Dictionaries. A Summary Guide and Bibliography, Durham 1987 (Middle East Library Committee Research Guides 2); M. J. L. Young: Arabic Biographical Writing. In: The Cambridge History of Arabic Literature. Bd. [3]: Religion, Learning and Science in the ʿAbbasid Period. Hrsg. von Ders./John D. Latham/Robert B. Serjeant, Cambridge 1990, S. 168–187, 534; Wadād al-Qāḍī: Biographical Dictionaries. Inner Structure and Cultural Significance. In: The Book in the Islamic World. The Written Word and Communication in the Middle East. Hrsg. von George N. Atiyeh, Albany, N.Y. 1995, S. 93–122; Bushra Hamad: History and Biography. In: Arabica 45 (1998), S. 215–232; Michael Cooperson: Classical Arabic Biography. A Literary-Historical Approach. In: Understanding Near Eastern Literatures. A Spectrum of Interdisciplinary Approaches. Hrsg. von Verena Klemm/Beatrice Gruendler, Wiesbaden 2000 (literaturen im kontext 1), S. 177–187; Michael Cooperson: Classical Arabic Biography. The Heirs of the Prophets in the Age of al-Maʾmūn, Cambridge 2000 (Cambridge Studies in Islamic Civilization).

Zwingender noch als zuvor lässt dabei die in mittelislamischer Zeit festzustellende Zunahme der Literaturproduktion und dabei gerade der Geschichtsschreibung nur exemplarische Darstellung zu.

Auch bei den großen, in der Reichstradition gründenden Formen der Chronistik bildet die Biographisierung die zweite wichtige Neuerung neben der Regionalisierung, konzeptionell wie methodisch. Wegweisend wurde der in Bagdad wirkende, vielseitig gelehrte ḥanbalitische Prediger Ibn al-Ǧauzī (gest. 597/1201). Seine bis 574/1179 reichende Universalchronik *al-Kitāb al-muntaẓam fī tawārīḫ al-mulūk wal-umam* („Das wohlgeordnete Buch, betreffend die Geschichten der Könige und Völker") vereinbart auf innovative Weise annalistische und biographische Gliederungsgesichtspunkte, indem am Schluss jedes Jahreskapitels ausführliche und originelle Nekrologe auf die im betreffenden Jahr verstorbenen Gelehrten und Mächtigen stehen. Stets lautet die Eröffnungsformel *ḏikr man tuwuffiya fī haḏihī s-sana min al-akābir* („Gedenken der Großen, die in diesem Jahr starben"); die Regierungsperioden der Kalifen gereichen nicht mehr zur Gliederung, vielmehr ist jedem Kalifen ein Kapitel (*bāb*) unter dem Jahr seines Antritts gewidmet.[183] Das Werk nimmt dadurch Handbuchcharakter an und öffnet sich neuen Formen der Nutzung seitens der Leserschaft. Unter den Schriftstellern, die dieses Verfahren aufgegriffen haben, waren sein Enkel Sibṭ Ibn al-Ǧauzī und insbesondere aḏ-Ḏahabī (gest. 748/1348). Er war der Meistertraditionarier seiner Zeit, stammte aber aus einfachen Verhältnissen und hatte den Beruf des Goldschmieds erlernt. Die Doppelstruktur ist bereits im Titel seines monumentalen *Ta'rīḫ al-islām wa-wafayāt al-mašāhīr wal-aʿlām* („Chronik des Islams und Hinschiede der Berühmten und Gelehrten") ausgestellt.[184] Darin werden die Ära und das Personal der islamischen Geschichte in 70 *ṭabqaqāt* zu je 10 Jahren eingeteilt. Am Anfang steht die nach Sachkapiteln geordnete *sīra* Mohammeds. Die erste Dekade (Jahre 1–11 der Hedschra) gilt den *maġāzī*, die zweite bis vierte den Rechtgeleiteten Kalifen (11–40 d.H.); die Dekaden 5 bis 70 der ferneren Geschichte (41–700 d.H.). Die annalistische Darstellung ist äußerst knapp, der Nekrolog überwiegt. Das Werk wurde auch *at-Ta'rīḫ al-kabīr* („Die große Chronik") genannt, weil er selbst mehrere, selbst noch mehrbändige prosopographische Teilsammlungen daraus zusammenstellte, ein (verlorenes) Kompendium der Annalistik, *al-Mutawassiṭ* („Das Mittlere"), sowie schließlich eine Kurzfassung dessen unter dem

183 Ibn al-Ǧauzī: *al-Muntaẓam fī tawārīḫ al-mulūk wal-umam*. Hrsg. von SUHAIL ZAKKĀR, 13 Bde., Beirut 1415–1416/1995–1996; vgl. JOSEPH DE SOMOGYI: The *Kitâb al-muntaẓam* of Ibn al-Jauzī. In: The Journal of the Royal Asiatic Society of Great Britain and Ireland 1932, S. 49–76.

184 Aḏ-Ḏahabī: *Ta'rīḫ al-islām wa-wafayāt al-mašāhīr wal-aʿlām*. Hrsg. von ʿUMAR ʿABDASSALĀM TADMURĪ, 52 Bde., nebst Bd. 53 [Anhang für 701–746/1301–1346], Beirut 1407–1424/1987–2004.

Titel *Duwal al-islām fī t-taʾrīḫ* („Die ‚Dynastien des Islams' in der Geschichte"), auch *at-Taʾrīḫ aṣ-ṣaġīr* („Die kleine Chronik") genannt, die nur noch stichwortartig auf einige wenige Ereignisse je Jahr hinweist.[185] Diese Werke wurden wenigstens sechsmal fortgesetzt, darunter durch *Waǧīz al-kalām fī ḏ-ḏail ʿalā Duwal al-islām* („Kompendium, betreffend die Ergänzung der ‚Dynastien des Islams'") von as-Saḫāwī für die Jahre 745 – 898/1344 – 1493.[186] Für den wissenschaftlichen Benutzer ist mit aḏ-Ḏahabīs großem Werk die Schwelle zur Prosopographie auch insofern überschritten, als ein bestimmtes Ereignis nicht mehr zuverlässig unter dem betreffenden Jahr nachgeschlagen werden kann, sondern verdachtsweise einer historischen Person zugeordnet und dann unter deren Todesjahr, so bekannt, aufgesucht werden muss.

Der gesteigerten Bedeutung der *ṭabaqa* als dezimal gefasstes ‚Jahrzehnt' entspricht die Einführung des Konzepts *qarn* oder „Jahrhundert". Es dient vor allem den Prosopographen dazu, ihre Sammlungen handlich zu halten, etwa indem as-Saḫāwī in *aḍ-Ḍauʾ al-lāmiʿ li-ahl qarn at-tāsiʿ* („Der funkelnde Glanz von Personen des neunten Jahrhunderts")[187] die Gelehrtenschaft seines, des 9./15. Jahrhunderts überblickt. Hierin drückt sich eine Hochschätzung der jüngeren und Zeitgeschichte aus, die nicht mehr der Autorisierung durch eine Vorgeschichte bedarf, die wahlweise von Adam, Mohammed oder den Anfängen der gegenwärtigen Herrschaftsgewalt her zu erzählen wäre. Es ist wohl nicht falsch, darin auch den Ausdruck großen Selbstbewusstseins der Zeitgenossen gegenüber der frühen Geschichte des Islams, und der Landeskinder gegenüber dem ausgedehnteren Horizont der alten Großreiche zu sehen.

Eine weitere Veränderung erfuhr die Chronistik durch Zeitgeschichten, die aus dezidiert persönlichem Blickwinkel verfasst wurden und – eine Neuerung – zur Autobiographie tendieren. Die prägnantesten Beispiele geben der kreuzfahrer- und aiyūbidenzeitliche Usāma b. Munqiḏ (gest. 584/1188), ein militärischer Emir aus der mittelsyrischen Lokaldynastie von Šaizar, der das *Kitāb al-Iʿtibār* („Das Buch der Belehrung durch Beispiele") verfasste,[188] und sein literarischer, auch

---

185 Aḏ-Ḏahabī: *Kitāb Duwal al-islām fī t-taʾrīḫ*, 2 Bde., Haiderabad ²1364 – 1365/1944 – 1945; Ausz. französisch: *Kitāb duwal al-islām* (Les dynasties de l'islam). Traduction annoté des années 447/1055 – 6 à 656/1258. Übers. von Arlette Nègre, Damaskus 1979.
vgl. Joseph de Somogyi: Ein arabisches Kompendium der Weltgeschichte. Das *Kitāb duwal al-islām* des aḏ-Ḏahabī. In: Islamica 5 (1932), S. 334 – 353.

186 As-Saḫāwī: *Waǧīz al-kalām fī ḏ-ḏail ʿalā Duwal al-islām*. Hrsg. von Baššār ʿAuwād Maʿrūf, 4 Bde., Beirut 1995.

187 As-Saḫāwī: *aḍ-Ḍauʾ al-lāmiʿ li-ahl qarn at-tāsiʿ*. Hrsg. von Ḥusāmaddīn al-Qudsī, 12 Bde., Kairo 1353 – 1355/1934 – 1936.

188 Usāma b. Munqiḏ: Ousâma Ibn Mounḳidh. Un émir syrien au premier siècle des croisades (1095 – 1188). Bd. 2: *Kitâb al-Iʿtibâr.* Texte arabe de l'autobiographie d'Ousâma. Hrsg. von

geographisch nahestehender Nachfahre, der schon genannte Abū l-Fidāʾ (gest. 732/1331), Verfasser eines universalgeschichtlichen *Muḫtaṣar.*[189] Beide Werke schildern die politischen und militärischen Entwicklungen ihrer Zeit aus erster Hand und mit intimer Kenntnis deren Hintergründe, wobei die Verfasser gerne unterstreichen, wo sie als Akteure am Geschehen teilhatten. Usāmas Memoiren kommen in einem formal ungegliederten Fluss daher und sind mitunter im Ton launisch, während Abū l-Fidāʿ sich an die Annalistik und das Nüchternheitsethos der Chronisten hält. Ein eigentümliches Werk ist auch die Damaszener zeitgenössische Stadtchronik des einer Gelehrtenfamilie angehörenden Ibn Ṣaṣrā (schrieb 799/1397). *Al-Durra al-muḍīʾa fī d-daula al-Ẓāhirīya* („Die schimmernde Perle, betreffend die Dynastie von aẓ-Ẓāhir [Baibars]") beschreibt für die Jahre ab 786/1384, besonders aber 791–799/1389–1397, das Orts- und Provinzgeschehen aufs eindringlichste, und zwar in einem umgangssprachlich gefärbten und ebenfalls von keinerlei Gliederung unterbrochenen Erzählstrom.[190] Als historisches Zeugnis gemeint ist ferner der bis 807/1405 reichende Lebensbericht des Ibn Ḫaldun (gest. 808/1406), überschrieben *at-Taʿrīf* („Unterrichtung") und aufgebaut in Sachkapiteln.[191] Es scheint, als hätte der Reichsgedanke, solange die Mamlūkenherrschaft bestand, eine solch individuelle Perspektive zumindest in der Chronistik nicht begünstigt. Bedeutende Selbstzeugnisse in historiographischem Gewand, nämlich als diaristische Chronik, bietet jedenfalls, Ibn Ṣaṣrā nicht unähnlich, erst die Literatur der allerspätesten mamlūkischen und frühen osmanischen Zeit.[192]

Ausdruck der Biographisierung sind auch die monographischen Herrscherviten, die in der Aiyūbiden- und Mamlūkenzeit als Sultanschroniken entstanden. Sie wurden nicht von spezialisierten Historikern verfasst, wie das Beispiel der beiden

---

Hartwig Derenbourg, Paris 1886; Bd. 1: Ders.: Vie d'Ousâma, Paris 1893 (Publications de l'École des langues orientales vivantes. 2e série 12.1–2); englisch: An Arab-Syrian Gentleman and Warrior in the Period of the Crusades. Memoirs of Usāmah ibn-Munqidh (*Kitāb al-Iʿtibār*). Übers. von Philipp K. Hitti, New York 1929 (Records of Civilization. Sources and Studies 10); deutsch: Die Erlebnisse des syrischen Ritters Usāma ibn Munqiḏ. Unterhaltsames und Belehrendes aus der Zeit der Kreuzzüge. Übers. von Holger Preissler, Leipzig 1981.

189 Siehe Anm. 125.

190 Ibn Ṣaṣrā: *A Chronicle of Damascus*, 1389–1397. The Unique Bodleian Library Manuscript of *al-Durra al-Muḍīʾa fī l-Dawla al-Ẓāhirīya* (Laud or. MS 112). Hrsg. und übers. von William M. Brinner, 2 Bde., Berkeley, Calif. 1963.

191 Ibn Ḫaldūn (Anm. 133), Bd. 14: *at-Taʿrīf bi-bn Ḫaldūn wa-riḥlatihī ġarban wa-šarqan*. Hrsg. von Ibrāhīm Šabbūḥ, 2006; französisch: Le voyage d'Occident et d'Orient. Ibn Khaldûn. Autobiographie. Übers. von Abdesselam Cheddadi, Paris 1980 (La Bibliothèque arabe. Collection Les Classiques); vgl. Fromherz (Anm. 133).

192 Siehe dazu unten S. 939–941.

prominentesten und am ausführlichsten beschriebenen Herrscher zeigt. Dem Dynastiegründer Saladin, d. i. Ṣalāhaddīn Yūsuf b. al-Aiyūb (reg. 564–589/1169–1193), wurden mindestens drei Biographien gewidmet. (1) Bahā'addīn b. Šaddād (gest. 632/1234), ein Rechtsgelehrter kurdischen Ursprungs, verfasste in Damaskus oder Aleppo *an-Nawādir as-sulṭānīya wal-maḥāsin al-yūsufīya* („Die seltenen Vorzüge des Sultans und die Verdienste Yūsufs"), nüchtern und detailreich.[193] (2) Von al-Kātib al-Iṣfahānī (gest. 597/1201), Gelehrter aus Isfahan und Leiter von Saladins Kanzlei, stammen *al-Barq aš-Šāmī* („Der syrische Blitz"), dessen erhaltene Fragmente auch autobiographische Züge aufweisen[194] und wovon eine nahezu wortgetreue Kurzfassung durch al-Bundārī (gest. nach 639/1241–2)[195] vorliegt, sowie *al-Fatḥ al-quṣṣī fī l-fatḥ al-qudsī* („Ciceronische Beredtheit, betreffend die Eroberung von Jerusalem").[196] Wegen seines höchst artifiziellen Stils ist der historische Wert lange verkannt worden. (3) Abū Šāma (gest. 665/1268) schließlich, Damaszener Religionsgelehrter und Medrese-Dozent, verfasste das *Kitāb ar-Rauḍatain fī aḫbār ad-daulatain an-nūrīya waṣ-ṣalāḥīya* („Das Buch der beiden Gärten, betreffend die Geschichte der Reiche Nūraddīns und Ṣalāhaddīns"), worin er im Stil eines Fürstenspiegels die Reiche Saladins und seines Vorgängers in Syrien ab 541/1147 und bis ins 13. Jahrhundert behandelt, von ihm selbst epitomisiert als *ʿUyūn ar-Rauḍatain* („Erlesenes aus ‚Die beiden Gärten'").[197] Ergänzend sei auf den verlorenen *Ta'rīḫ* aus

---

193 Bahā'addīn Ibn Šaddād: *an-Nawādir as-sulṭānīya wal-maḥāsin al-yūsufīya au Sīrat Ṣalāḥaddīn*. Hrsg. von Ǧamāladdīn aš-Šaiyāl, Kairo 1964 (Turāṯunā); englisch: The Rare and Excellent History of Saladin or *al-Nawādir al-Ṣulṭaniyya wa'l-Maḥāsin al-Yūsufiyya*. Übers. von Donald S. Richards, Aldershot 2001 (Crusade Texts in Translation 7).

194 Al-Kātib al-Iṣfahānī: *al-Barq aš- Šāmī. Al-ǧuz' al-ḫāmis* [d. i. fünfter Teil]. Hrsg. von Fāliḥ Ṣāliḥ Ḥusain, Amman 1996; das Jahr 573/1177–8 deutsch in: Lutz Richter-Bernburg: Der syrische Blitz. Saladins Sekretär zwischen Selbstdarstellung und Geschichtsschreibung, Beirut 1998 (Beiruter Texte und Studien 52), S. 257–382.

195 Al-Bundārī: *Sanā l-Barq aš- Šāmī, 562 h./1166 m.–583 h./1187 m. Iḫtiṣār al-Fatḥ b. ʿAlī al-Bundārī min kitāb al-Barq aš- Šāmī lil-ʿImād al-Kātib al-Iṣfahānī*. Hrsg. von Fatḥīya an-Nabrāwī, Kairo 1979.

196 Al-Kātib al-Iṣfahānī: *Conquête de la Syrie et de la Palestine* par Ṣalâḥ ed-dîn. Bd. 1 [mehr nicht ersch.]. Hrsg. von Carlo de Landberg, Leiden 1888; französisch: Conquête de la Syrie et de la Palestine par Saladin (*al-Fatḥ al-qussî fî l-fatḥ al-qudsî*). Übers. von Henri Massé, Paris 1972 (Documents relatifs à l'histoire des croisades 10); vgl. Jörg Krämer: Der Sturz des Königreichs Jerusalem (583/1187) in der Darstellung des ʿImād ad-Dīn al-Kātib al-Iṣfahānī, Wiesbaden 1952; Hamilton A. R. Gibb: Al-Barq al-Shāmī. The History of Saladin by the Kātib al-Iṣfahānī. In: Wiener Zeitschrift für die Kunde des Morgenlandes 52 (1955), S. 93–115; Lutz Richter-Bernburg: ʿImād al-Dīn al-Iṣfahānī. In: Medieval Muslim Historians (Anm. 140), S. 29–51.

197 Abū Šāma: *Kitāb ar-Rauḍatain fī aḫbār ad-daulatain an-nūrīya waṣ-ṣalāḥīya*. Hrsg. von Ibrāhīm az-Zabīq, 5 Bde., Beirut 1418/1997; Ausz. deutsch: Zweiter Teil des „Buches der beiden Gärten", enthaltend die Mittheilungen über die Dynasteien Nûr und Ṣalâḥ. In: Arabische Quel-

der Feder von Saladins Privatsekretär al-Qāḍī al-Fāḍil (gest. 596/1199) hingewiesen, der einer Sultansvita nahegekommen sein dürfte.[198] Eine solche Literatur ad personam hatte keiner der sunnitischen Kalifen angeregt (und Fāṭimidenbiographien gaben kein Vorbild ab, sofern sie überhaupt zur Kenntnis genommen wurden).[199]

Nach dem Vorbild der Saladin-Bücher sind dagegen in der Mamlūkenzeit die meisten Sultane, die wenigstens einige Jahre regierten, Gegenstand einer monographischen Darstellung geworden. Besondere Aufmerksamkeit widerfuhr al-Malik aẓ-Ẓāhir Baibars I. (reg. 658 – 676/1260 – 77), der überragenden Figur der ersten Folge von Mamlūkenherrschern.[200] Drei Biographien sind zu nennen: (1) ʿIzzaddīn Ibn Šaddād (gest. 684/1285), zuerst Sekretär im aiyūbidischen Aleppo und alsdann in Baibars' Diensten, verfasste einen *Taʾrīḫ al-Malik aẓ-Ẓāhir.*[201] (2) Baibars' Kanzleichef Ibn ʿAbdaẓẓāhir (gest. 692/1292) schrieb in dessen Auftrag und las ihm das Werk *ar-Rauḍ az-zāhir fī sīrat al-Malik aẓ-Ẓāhir* („Der prächtige Garten, betreffend die Vita al-Malik aẓ-Ẓāhirs") vor, damit er es autorisiere; die Prosopographie ist also eine amtliche.[202] (3) Eine Kurzfassung *Ḥusn al-manāqib as-sirrīya al-muntazaʿa min as-Sīra aẓ-ẓāhirīya* („Die Vortrefflichkeit der verborgenen Tugenden, entnommen der Ẓāhirschen Vita") stellte sein Neffe Šāfiʿ b. ʿAlī

lenbeiträge zur Geschichte der Kreuzzüge. Bd. 1: Zur Geschichte Ṣalâḥ ad-dîn's [mehr nicht ersch.]. Hrsg. von Ernst Peter Goergens/Reinhold Röhricht, Berlin 1879, S. 1 – 230; französisch: Livre des deux jardins. Historie des deux règnes, celui de Nour ed-Dîn et celui de Salah ed-Dîn. Hrsg. und übers. von Charles Barbier de Meynard. In: Recueil des historiens des croisades. Historiens orientaux, Bde. 4, 5, Paris 1898/1906; vgl. Hirschler (Anm. 207).

198 Siehe Robinson (Anm. 1), S. 182; Adolph H. Helbig: Al-Qāḍī al-Fāḍil, der Wezīr Saladin's. Eine Biographie, Leipzig 1908.

199 Die *Sīrat* (oder: *Maʿālim*) *al-imām al-Mahdī* von al-Qāḍī an-Nuʿmān (gest. 363/974) sowie die *Sīrat Ǧauhar* und *Sīrat al-Muʿizz* von Ibn Zūlāq (gest. 386/996) sind nur fragmentarisch überliefert. Im Yemen verfasste Ǧaʿfar b. Manṣūr al-Yaman (gest. um 362/972) die an sich verlorene, aber rekonstruierbare Biographie seines (Groß-?)Vaters, die *Sīrat Ibn Ḥaušab*; vgl. Heinz Halm: Die *Sīrat Ibn Ḥaušab*. Die ismailitische *daʿwa* im Jemen und die Fatimiden. In: Die Welt des Orients 12 (1981), S. 107 – 135. Erhalten ist die Biographie des ersten zaiditischen Imams des Jemen von al-ʿAbbāsi al-ʿAlawī (4./10. Jh.): *Sīrat al-Hādī ilālḥaqq Yaḥyā b. al-Ḥusain*. Hrsg. von Suhail Zakkār, Beirut 1972.

200 Peter M. Holt: Three Biographies of al-Ẓāhir Baibars. In: Medieval Historical Writing in the Christian and Islamic Worlds. Hrsg. von David O. Morgan, London 1982, S. 19 – 29.

201 ʿIzzaddīn Ibn Šaddād: *Taʾrīḫ al-Malik aẓ-Ẓāhir*. Hrsg. von Aḥmad Ḥuṭaiṭ, Beirut 1983 (Bibliotheca Islamica 31).

202 Ibn ʿAbdaẓẓāhir: *ar-Rauḍ az-zāhir fī sīrat al-Malik aẓ-Ẓāhir*. Hrsg. von ʿAbdalʿazīz b. ʿAbdallāh al-Ḫuwaiṭir, Riad 1396/1976; englisch: The Extant Part of the Manuscript of 'Al-Rawḍ al-Ẓāhir fi Sīrat al-Malik al-Ẓāhir'. In: Syedah Fatima Sadeque: Baybars I of Egypt, London/Dacca 1956, S. 75 – 239.

(gest. 730/1330) her.[203] Dass diese Schriften sämtlich, wie schon im Fall Saladins, überhöhende Züge aufweisen, bedarf eigentlich nicht der Erwähnung. Umso mehr ist festzuhalten, dass die Autoren das Maß variierten und der Wahrhaftigkeitsforderung der chronikalen Tradition verpflichtet blieben. So hat gerade Ibn ʿAbdaẓẓāhirs Auftragsarbeit höchsten Wert als historische Quelle. Die eigentlich panegyrische Verherrlichung war kürzer gefassten sogenannten Widmungsschriften vorbehalten,[204] und legendäre Verklärung blieb die alleinige Domäne der romanhaften, heute sogenannten ‚volkstümlichen Sīra' (*sīra šaʿbīya*), in diesem Fall der *Sīrat aẓ-Ẓāhir Baibars* (wohl ab dem 7./15. Jh.).[205] Was die Frage der Hofchronistik betrifft, so darf der Umstand, dass etliche Sultansbiographen sich ihrer Nähe zum Herrscher halber als Hofchronisten ansprechen lassen, nicht darüber hinwegtäuschen, dass ein wirkliches Biographen- oder Chronistenamt fehlte – und dies an einem Hof, der auf spezialisierte Ämter geradezu versessen war. Auch im Vergleich zur seriellen Hofchronistik der Osmanen[206] sind sowohl die Viten wie auch die allgemeinen Chroniken noch als individuelle Autorenwerke zu verstehen.

Zur Veranschaulichung eines Hofchronisten kann das Beispiel des Logikers und Historikers Ibn Wāṣil (gest. 697/1298) dienen. In Kairo wirkend, widmete er dem Sultan aṣ-Ṣāliḥ Aiyūb seinen *at-Taʾrīḫ aṣ-Ṣāliḥī* („Die Ṣāliḥsche Chronik"), welche mit der Schöpfung anhebt und mit dem Regierungsantritt Aiyūbs 637/1240 endet.[207] Seine verlorene zweite (wohl daran anschließende) Chronik, *at-Taʾrīḫ al-kabīr* („Die große Chronik") oder *Naẓm ad-durar fī l-ḥawādiṯ was-siyar* („Die Reihung der Perlen, betreffend die Begebenheiten und Viten"), war Aiyūbs Nachfolger Tūrānšāh gewidmet.[208] Die dritte und größte Chronik, *Mufarriǧ al-*

---

203 Šāfiʿ b. ʿAlī: *Kitāb Ḥusn al-manāqib as-sirrīya al-muntazaʿa min as-Sīra aẓ-ẓāhirīya*. Hrsg. von ʿAbdalʿazīz b. ʿAbdallāh al-Ḫuwaiṭir, Riad 1396/1976.

204 Otfried Weintritt: Formen spätmittelalterlicher islamischer Geschichtsdarstellung. Untersuchungen zu an-Nuwairī al-Iskandarānīs Kitāb al-ilmām und verwandten zeitgenössischen Texten, Beirut 1992 (Beiruter Texte und Studien 45).

205 Vgl. Thomas Herzog: Geschichte und Imaginaire. Entstehung, Überlieferung und Bedeutung der *Sīrat* Baibars in ihrem sozio-politischen Kontext, Wiesbaden 2006 (Diskurse der Arabistik 8).

206 Vgl. Şen (Anm. 136).

207 Forschungsbibliothek Gotha, Ms. orient. A 1558. Das Kapitel auf das Jahr 635/1237 – 8 ist veröffentlicht in Claude Cahen: Sur le *Taʾrīkh Ṣāliḥī* d'Ibn Wāṣil. Notes et extraits. In: Studies in Islamic History and Civilization in Honour of Professor David Ayalon. Hrsg. von Moshe Sharon, Jerusalem/Leiden 1986, S. 507 – 516; vgl. zu Ibn Wāṣil und Abū Šāma Konrad Hirschler: Medieval Arabic Historiography. Authors as Actors, London 2006 (SOAS/Routledge Studies on the Middle East 5).

208 Siehe Mohamed Rahim: Die Chronik des ibn Wāṣil. Ǧamāl ad-Dīn Muḥammad ibn Wāṣil, *Mufarriǧ al-Kurūb fī Aḫbār Banī Ayyūb*. Kritische Edition des letzten Teils (646/1248 – 659/1261)

kurūb fī aḫbār Banī Aiyūb („Der Zerstreuer der Ängste, betreffend die Geschichte der Aiyūbiden"), ist eine ebenfalls mit der Schöpfung anhebende Universalchronik, die bis ins Jahr 659/1261 (Nachträge bis 661/1263) reicht und so auch den Sturz der Aiyūbiden in den meisten Provinzen sowie das erste Jahrzehnt der Mamlūkenherrschaft erfasst.[209] Er hat sie in seiner Heimatstadt Ḥamāḥ (Hama) verfasst, die damals das Residuum einer spätaiyūbidischen Herrschaft war, ohne sie allerdings dem Fürsten zu widmen; das mag als Anzeichen einer gewissen Unabhängigkeit gelten.

9 Neue Universalchronistik und Enzyklopädik

Nach mehr als zwei Jahrhunderten begann die arabische Universalchronistik im späten 6./12. Jahrhundert eine Fortsetzung zu finden. Sie blühte in der ersten Hälfte des 7./13. Jahrhunderts, hielt bis ins frühe 10./16. Jahrhundert an und kehrt vereinzelt noch bis ins 19. Jahrhundert wieder.[210] Diese Renaissance dieser alten Textsorte stellt neben den neuartigen Entwicklungen der Regionalisierung, Biographisierung und Rekombination der äußeren Formen das vierte wesentliche Merkmal der mittelislamischen arabischen Geschichtsschreibung dar. Der *Muntaẓam* von Ibn al-Ǧauzī (gest. 597/1201) ist schon angeführt worden, weil er der biographischen Wende der Chronistik Bahn brach; gleichzeitig stellte er sich aber, wie um die Auffälligkeit der Neuerung zu dämpfen, durch die Erzählung der Vorgeschichte seit der Erschaffung der Welt in die universalhistorische Traditionslinie. Auch seine Verwendung des *isnād* – die zu jener Zeit schon altertümelnd gewirkt haben dürfte – unterstreicht den Rückbezug auf die heilsgeschichtlich ausgerichtete Geschichtsliteratur. Zudem zeigt der Umfang – je nach Ausgabe 10 bis 18 Bände – seinen Willen zur großen Form alten Stils.

Die Glanzleistung der frühen neuen Weltgeschichtsschreibung bildet das in Qaṣr Ḥarb bei Mossul verfertigte Werk *al-Kāmil fī t-ta'rīḫ* („Die vollkommene Chronik") von Ibn al-Aṯīr (gest. 630/1233), Sekretär der zengidischen Atabegen von Mossul.[211] Diese stellte er freundlich dar und widmete ihnen auch eine kleine

---

mit Kommentar. Untergang der Ayyubiden und Beginn der Mamlukenherrschaft, Wiesbaden 2010 (Arabische Studien 6), S. XVII.

209 Ibn Wāṣil: *Mufarriǧ al-kurūb fī aḫbār Banī Aiyūb.* Hrsg. von Ǧamāladdīn aš-Šaiyāl/Sa'īd 'Abdalfattāḥ 'Āšūr/Ḥasanain Muḥammad Rabī', 5 Bde., Kairo 1953–1977; Fortsetzung: Rahim (Anm. 208).

210 Siehe auch unten S. 940, 943–946.

211 Ibn al-Aṯīr: *Chronicon quod Perfectissimum inscribitur.* Hrsg. von Carl Johan Tornberg, 14 Bde. nebst Suppl., Uppsala 1851–1853, Leiden 1862–1876; Ausz. englisch: The Annals of the

Chronik ihrer Herrschaft im Gebiet von Mossul, *at-Ta'rīḫ al-bāhir fī d-daula al-atābakīya* („Die prächtige Chronik, betreffend die Dynastie der Atabegen").[212] Wenn auch die Bedeutung dieses kleinen Staatswesens im vorderorientalischen Vergleich nicht überschätzt werden darf, war es doch nominell den Aiyūbiden untertan. In der Tat schrieb Ibn al-Aṯīr den *Kāmil* mit einem Blick für die Größe des Aiyūbidenreiches und generell die großen Züge der Geschichte. Er schließt dabei einerseits aufs engste an aṭ-Ṭabarī an, was Gegenstände und Gliederung betrifft, und stützt sich auch textlich während des gesamten von jenem behandelten Zeitraums vor allem auf diese eine Vorlage. Andererseits hebt er sich entscheidend davon ab, indem er parallele Überlieferungen harmonisiert, folglich den *isnād* entfallen lässt und die augenfällig heterogenen Überlieferungseinheiten zu einer flüssigen Großerzählung fügt. In einer der ersten Einzelstudien zur arabischen Historiographiegeschichte hat Carl Brockelmann die Leistung Ibn al-Aṯīrs gewürdigt, die darin bestehe, das Erbe der frühislamisch-‚klassischen' Geschichtsschreibung, welche im Lauf von mehr als drei Jahrhunderten sprachlich, sachlich und dem Hadith-Gestus nach veraltet und teils wohl auch unverständlich geworden war, durch narrative Umgestaltung den veränderten Bildungs- und Lesegewohnheiten anzupassen, damit sie aufs Neue verfügbar sei.[213] Das ist dem Autor vorzüglich gelungen.

Ibn al-Aṯīrs *Kāmil* fand große Verbreitung und intensive Nutzung. Nahezu alle nach ihm kommenden Chronisten bedienten sich des *Kāmil*, wenn es galt, für weitere Universalchroniken frühislamische Überlieferungen zu kompilieren. Wie der Verfasser dieses Artikels an anderer Stelle gezeigt hat,[214] ging indessen der Erfolg so weit, dass aṭ-Ṭabarīs *Ta'rīḫ* kaum noch im Original gelesen, sondern vom *Kāmil* ersetzt wurde. Ähnliches trifft auf Ibn al-Ǧauzīs *Muntaẓam* und später die *Mir'āh* seines Enkels Sibṭ Ibn al-Ǧauzī (gest. 654/1256) zu. Weil aber diesen intermediären Überlieferungsgliedern nicht die gleiche Dignität und Anciennität wie aṭ-Ṭabarī zukam, wurden sie ironischerweise Opfer ihrer Dienstbarkeit, indem nämlich die meisten späteren Autoren die Vermittlung etwa durch den *Kāmil*

Saljuq Turks. Selections from *al-Kamil fi'l-Ta'rikh*. Übers. von Donald S. Richards, London 2002 (Studies in the History of Iran and Turkey. 1000 – 1700 AD); Fortsetzung: The Chronicle of Ibn al-Athīr for the Crusading Period from al-Kāmil fī'l-Ta'rīkh. Übers. von Ders., 3 Bde., Aldershot 2006 – 2008 (Crusade Texts in Translation 13, 15, 17).

212 Ibn al-Aṯīr: *Ta'rīḫ ad-daula al-atābakīya mulūk al-Mauṣil*. Histoire des Atabecs de Mosul par Ibn el-Athîr. Hrsg. und übers. von William McGuckin de Slane. In: Receuil des historiens des croisades. Historiens orientaux. Bd. 2.2, Paris 1876.

213 Carl Brockelmann: Das Verhältnis von Ibn-el-Aṯīrs *Kâmil fit-ta'rīḫ* zu Ṭabaris *Aḫbâr errusul wal mulûk*, Straßburg 1890.

214 Franz (Anm. 80), S. 141 – 146, 156 f., 162, 166 – 169.

unterschlugen und sich direkt auf aṭ-Ṭabarī beriefen, wenn sie behaupteten: *qāla Abū Ǧaʿfar* („Abū Ǧaʿfar [aṭ-Ṭabarī] sagte"). Einer *pia fraus* nicht unähnlich wurde somit die Leserschaft zwar nicht über den Ursprung von Überlieferungen, aber doch über den Weg und das Alter der unmittelbar vorliegenden Quelle getäuscht.

Die Wiederbelebung der Universalchronistik und erst recht ihre anhaltende Konjunktur in Ägypten und Syrien fanden vor dem Hintergrund wiedererstehender Reichsperspektiven statt. Ibn al-Ǧauzī, der in Bagdad in der Glanzzeit des spät-ʿabbāsidischen Kalifats schrieb, und wenig später Ibn al-Aṯīr, im Fürstentum von Mossul, trugen ungeachtet der Provinzialität dieser Kleinreiche konzeptionell wieder den alten, uneingeschränkten Geltungsanspruch des sunnitischen Islams als politisches Postulat vor – das fāṭimidisch-schiitische Gegenkalifat war 564/1169 von Saladin beendet worden. Erst recht in diesem Sinne konnten Autoren schreiben, die im Aiyūbiden- und im Mamlūkensultanat beheimatet waren, die beide (ab 583/1187) Ägypten mit dem historischen größeren Syrien zu einem sunnitischen Reich vereinten; dieses erstreckte sich zunächst auch über den Jemen und Nordmesopotamien, sowie die libysche Barqa und den nördlichen Sudan, stand nominell dem Hedschas vor und dominierte für einige Zeit auch Kilikien und Südanatolien. Besonders die mamlūkenzeitlichen Schriftsteller standen unter dem Eindruck der Rückkehr einer islamischen Macht auf die politische Bühne der alten Welt neben Kreuzfahrern und italischen Handelsstaaten, Ilchanat und Goldener Horde. Richteten die Stadt-, Landes- und Reichschroniken den Blick auf das Eigene, platzierten die Universalchroniken es nun wieder in der Ökumene.

Im späten 7./13. Jahrhundert entstanden die beiden einschlägigen Werke von Ibn Wāṣil (gest. 697/1298), *at-Taʾrīḫ aṣ-Ṣāliḥī* und der ungleich umfangreichere *Mufarriǧ*. Drei weitere Universalchroniken dieser Zeitstufe, die von christlichen Autoren stammen – al-Makīn b. al-ʿAmīd (*al-Maǧmūʿ al-mubārak*) nebst der Fortsetzung durch Ibn Abī l-Faḍāʾil (*an-Nahǧ as-sadīd wad-durr al-farīd fī mā baʿda taʾrīḫ Ibn al-ʿAmīd*), Bar ʿEḇrāyā (*Taʾrīḫ muḫtaṣar ad-duwal* als Auskoppelung aus dem syrischsprachigen Werk *Kṯāḇā ḏ-Maktḇānūṯ zaḇnē*) und Ibn ar-Rāhib (*Kitāb at-Tawārīḫ*) – kommen im folgenden Kapitel näher zur Sprache. Auch Verkettung durch Fortsetzungswerke, die selbst nicht mehr bei der Urgeschichte der Menschheit beginnen, tritt wieder auf. So wurde Ibn al-Ǧauzīs Chronik verkürzt und weitergeführt von Sibṭ Ibn al-Ǧauzīs *Mirʾāh*,[215] wovon wiederum der *Muḫtaṣar* von al-Yūnīnī[216] und später der *ʿIqd* von al-ʿAinī abhängig sind.

215 Siehe Anm. 126.
216 Siehe Anm. 127.

Stellvertretend für die Universalchronisten des 8./14. Jahrhunderts sei zunächst nochmals auf Abū l-Fidā' (gest. 732/1331) hingewiesen, spätaiyūbidischer Fürst von Hama unter der Oberhoheit der Mamlūken, Politiker, Militär und Gelehrter. Neben seiner Geographie bringt auch der mehrbändige *Muḫtaṣar*, welcher vorislamische Geschichte umfasst, jedoch keine Kosmologie, den weiten Horizont eines muslimischen Herrschers nach dem Ende der fränkischen wie auch der mongolischen Bedrohung zum Ausdruck.[217] Von diesem bis 729/1328 reichenden Werk stellte Zainaddīn b. al-Wardī (gest. 749/1349) eine Kurzfassung und Fortsetzung bis 749/1349 her, *Tatimmat al-Muḫtaṣar fī aḫbār al-bašar* („Vervollständigung des ‚Abrisses der Menschheitsgeschichte'"),[218] welche schließlich von Ibn aš-Šiḥna (gest. 890/1485), in seinem *Rauḍ al-manāẓir fī ʿilm al-awāʾil wal-awāḫir* („Die Wiese der Warten, betreffend das Wissen um die ersten und die letzten Dinge") erneut komprimiert und, wiederum mit Adam beginnend, bis 806/1404 fortgesetzt wird.[219] Zwei Universalchroniken stammen von dem mamlūkenstämmigen Damaszener Funktionär Ibn ad-Dawādārī (gest. nach 736/1335). Die längere, *Kanz ad-durar wa-ǧāmiʿ al-ġurar* („Der Perlenschatz und Hort der vortrefflichsten [Begebenheiten]"), wird im Fortgang zusehends auf Ägypten eingeengt und lässt die geschichtliche Entwicklung auf die Herrschaft an-Nāṣir Muḥammads als Krönung zulaufen;[220] die einbändige Kurzfassung, *Durar al-tīǧān* („Die Perlen in den Kronen"), ist auszugsweise veröffentlicht.[221] Ein Schüler aḏ-Ḏahabīs, der Damaszener Rechtsgelehrte und Traditionarier Ibn Kaṯīr (gest. 774/1373), verfasste die mehrbändige Universalchronik *al-Bidāya wan-nihāya* („Der Anfang und das Ende"). Abweichend von der *ṭabaqa*-Gliederung seines Lehrers und überhaupt dem Biographisierungstrend der Zeit, schreitet sein Werk in altem Stil annalistisch-dynastisch voran und fällt der Anteil des allgemeinen Berichts an den Jahreskapiteln wieder größer aus.[222]

---

217 Siehe Anm. 125.

218 Zainaddīn b. al-Wardī: *Tatimmat al-Muḫtaṣar fī aḫbār al-bašar* (*Taʾrīḫ Ibn al-Wardī*). Hrsg. von Aḥmad Rifʿat al-Badrāwī, 2 Bde., Beirut 1389/1970.

219 Ibn aš-Šiḥnā: *Rauḍat al-manāẓir fī ʿilm al-awāʾil wal-awāḫir*. Hrsg. von Saiyid Muḥammad Muhannā, Beirut 1417/1997.

220 Ibn ad-Dawādārī: *Kanz ad-durar wa-ǧāmiʿ al-ġurar*; Gesamtausg.: Die Chronik des Ibn ad-Dawādārī, 9 Bde., Kairo/Wiesbaden/Freiburg i. Br. 1960–1998 (Quellen zur Geschichte des islamischen Ägyptens 1).

221 Ibn ad-Dawādārī: *Durar al-tīǧān*; Ausz. in: Gunhild Graf: Die Epitome der Universalchronik Ibn ad-Dawādārīs im Verhältnis zur Langfassung. Eine quellenkritische Studie zur Geschichte der ägyptischen Mamluken, Berlin 1990 (Islamkundliche Untersuchungen 129), S. 122–238 [Übers.], S. *1–105* [Text].

222 Ibn Kaṯīr: *al-Bidāya wan-nihāya*, 14 Bde., Kairo 1351–1358/1932–1939.

An der Schwelle zum 9./15. Jahrhundert entstand sodann das mehrbändige universalgeschichtliche *Kitāb al-ʿIbar* des Staatsmannes, Richters und Geschichtssystematikers Ibn Ḫaldūn (gest. 808/1406), der der Masʿūdī seiner Zeit sein wollte.[223] In Tunis in eine Familie ehemaliger andalusischer Würdenträger geboren, schrieb er die Geschichte des arabischen Westens und – durch Umzug bedingt – auch des Ostens und blickte nach Audienzen bei Timur Lenk außerdem auf das mongolische Asien. Den *ʿIbar* legte er eine geschichtstheoretisch inspirierte Systematik von vier Klassen (*ṭabaqāt*) arabischer und arabisierter Bevölkerungen in der vorderorientalisch-arabischen Großregion zugrunde. Dabei sieht der Werkplan drei *kutub* oder Bücher im Sinne von Hauptteilen vor: I. *Fī ṭabīʿat al-ʿumrān fī l-ḫalīqa* („Über die Wirkung der Zivilisation auf die Geschöpfe") (die berühmte *Muqaddima* oder „Einleitung" in Werkband 1), II. *Fī aḫbār al-ʿarab wa-aǧyālihim wa-duwalihim munḏu mabdaʾ al-ḫalīqa ilā l-ʿahd* („Über die Geschichte der Araber") (mit drei Klassen von Arabern, Werkbände 2–5) und III. *Fī aḫbār al-Barbar wal-umma aṯ-ṯāniya min ahl al-maġrib* („Über die Geschichte der Berber") (vierte Klasse, Werkbände 6 und 7). Daraus folgt im Bereich der Chronik (2–7) eine neuartige, komplexe Anordnung des Materials: zuoberst die *ṭabaqāt*; darunter die Einteilung der Großregion in eine östliche und eine westliche Sphäre; diese wiederum gliedern sich in Gemeinwesen und Dynastien; die Kapitel im Kleinen sind sachlicher Art und bergen schließlich eine interlineare Annalistik. Damit nicht genug, erweisen sich in der Durchführung faktisch vier große geographisch-politische Themenblöcke als bestimmend: (A) vorislamische Dynastien und die Kalifate bis in die ʿAbbāsidenzeit in den Bänden 2 und 3; (B) die nachfolgenden regionalen Herrschaften des Westens und Teilen des Ostens, sofern iranischen Ursprungs, in ihrer ungefähren Reihenfolge in Band 4; (C) desgleichen für die türkisch- und mongolischstämmigen Herrschaften im Osten in Band 5; (D) Herrschaften insbesondere beduinischen und berberischen, allgemein ruralen Ursprungs im Osten und Westen in den Bänden 6 und 7. Diese Vierteilung ist die bestimmende, weil sie eine Verzweigung der Chronologie bedingt: Bis ins ausgehende 3./9. Jahrhundert besteht eine einheitliche, alle lokalen Geschehnisse erfassende chronologischer Folge (ausgenommen die B zugeordneten Gemeinwesen in al-Andalus); mit der Trennung in Ost und West teilt sich auch die Chronologie, und auch die nomadisch/ruralen Herrschaften folgen einer eigenen ungefähren Chronologie. So fächert sich eine zunächst gemeinsame Geschichte (A) in drei Teilchroniken mit parallelen Zeitreihen (B–D) auf. Datierungen erfahren Leser selbst innerhalb der Darstellung eines Herrscherhauses und Reiches (*daula*) fast ausschließlich aus dem Fließtext. Ob eine so eigentümliche, von in-

---

223 Siehe Anm. 133.

dividueller Theorie getriebene Werkanlage unter den Chronisten hätte Schule machen können sei dahingestellt. Jedenfalls ist die überwältigende moderne Rezeption Ibn Ḫaldūns – welche vor allem der als Schlüsseltext der arabischen Geistesgeschichte verstandenen *Muqaddima* gilt – erst seiner Entdeckung durch europäische Gelehrte des 19. Jahrhunderts entsprungen. Von den bedeutendsten Chronisten des ferneren 9./15. Jahrhunderts – al-Maqrīzī, al-ʿAinī, Ibn Taġrībirdī und as-Saḫāwī – ist im übrigen zu sagen, dass der Zuschnitt ihrer Werke weniger universal- als vielmehr regionalhistorisch war.

Eine Sondergruppe der Chronistik bilden diejenigen, die nicht zum Zweck selbständiger Verbreitung, sondern als Bestandteile von Enzyklopädien verfasst wurden. Die Herstellung von Enzyklopädien und Lexika charakterisiert die Entwicklung der mittelislamischen Literatur über alle Textsorten hinweg in besonderem Maß. Sie korrespondiert mit der politischen Festigung des Mamlūkenreichs im Inneren und dem Ausbleiben militärischer Bedrohungen Ägyptens, dem Anwachsen des Medresenwesens und der Absenkung der Schwellen des Zugangs zu Bildungsgütern. Eigentlich jede Art von Literatur wurde in größerem Umfang und von Autoren unterschiedlicherer sozialer Herkunft produziert als zuvor und fand mehr Leser und Benutzer. Diese Entwicklung begünstigte die Konsolidierung bestehenden Wissens mit dem Anspruch auf Vollständigkeit, und literarische Vorläufer wie insbesondere Dichtungs- oder *adab*-Anthologien und biographische Handbücher der frühislamischen Zeit wiesen den Weg. Nun wurde auch streng historisches, chronikales Material in Sammlungen eingepasst.

Der in Bagdad wirkende Gelehrte und Literat Ibn Abī l-Ḥadīd (gest. 656/1258) ist der Urheber einer Enzyklopädie schiitischen Wissens und schiitischer Weltsicht. Der Titel *Šarḥ Nahǧ al-balāġa* („Kommentar zu ‚Der Weg der Redekunst'") bezieht sich auf die von aš-Šarīf ar-Raḍī (gest. 406/1016) erstellte Sammlung von Reden, Predigten, Briefen und Aussprüchen des Kalifen ʿAlī b. Abī Ṭālib, den die Schiiten als den ersten Imam verehren. Jene Sammlung tritt bei ihnen neben (oder über) den Prophetenhadith und fungiert bis heute zur Selbstlegitimierung gegenüber dem sunnitischen Islam.[224] Dazu gehört notwendigerweise ein Geschichtsbild, welches im *Šarḥ* in Ausführungen zur Überlieferung von ʿAlī dargelegt wird und ohne chronologischen Gesamtplan bis zu Dschingis Khan reicht. Die Themen werden als Sachkapitel gebracht, von denen sich einige zu einem Buch im Buch auswachsen, so etwa hinsichtlich des Aufstands der Zanǧ. Zur

---

224 Ibn Abī l-Ḥadīd: *Šarḥ Nahǧ al-balāġa*. Hrsg. von Muḥammad Abū l-Faḍl Ibrāhīm, 20 Bde., Kairo ²1378–1384/1959–1964, Nachdruck nebst Reg.bd. Beirut 1407/1987, Bd. 8, S. 126–214; Ausz. arabisch und englisch: Les invasions mongoles en Orient, vécues par un savant médiéval arabe. Extrait du Sharḥ nahj al-balâgha. Hrsg. und übers. von Moktar Djebli, Paris 1995.

Abgrenzung gegen andere Sondergruppen des Islams oder missliebige gewordene Schia-nahe Bewegungen dienen historisch-häresiographische Darstellungen etwa der Ḫāriğiten, Ġulāh und Zanğ, wobei der Autor den Gegenständen vielfach aufwendige und gewissenhafte Darstellung angedeihen lässt. Auch Themen der allgemeinen Geschichte wie die mongolischen Eroberungen finden Platz.[225]

Es scheint, dass alle Enzyklopädien Abschnitte zur Geschichte für unabdingbar hielten. Gegenstand, Form und Umfang am Gesamtwerk variieren sehr; neben quasi-monographischen Darstellungsweisen kommen auch längere chronikale, gar annalistische Gesamtdarstellungen vor. Ein in historiographischer Hinsicht herausragender Vertreter dieser umfangreichen Literatur ist auch der Kairiner Šihābaddīn an-Nuwairī (gest. 733/1333) – dessen im Original wohl 31 Bände umfassende Wissenschaftsenzyklopädie *Nihāyat al-arab fī funūn al-adab* („Das höchste Ziel in den Sparten der Bildung") in der Hauptsache eine dynastisch-geographisch gegliederte Chronik mit etlichen parallelen Zeitreihen bis ins Jahr 730/1330 darstellt.[226]

In der späteren mittelislamischen Zeit wurde die arabische Geschichtsschreibung erstmals theoretisch reflektiert. Jahrhundertelang hatten Autoren kaum tiefer geschürft, als in den Proömia Kollegenlob und -schelte zu üben – wobei Unbescheidenheit überwiegt – und zweckorientiert die Anlage ihres Werks darzulegen. Derartige Abschnitte sind zudem meist sehr knapp gehalten, von Ibn Ḫaldūns *Muqadimma* einmal abgesehen.[227] Ein besonderer, das ‚Fach' des Historikers begründender Diskurs über Theorie, Grundlagen, Aufgaben und Verfahrensweisen scheint nicht vor dem 8./14. Jahrhundert begonnen zu haben. ROSENTHAL hat drei einschlägige Abhandlungen versammelt: al-Īğī (gest. 756/1355), *Tuḥfat al-faqīr ilā ṣāḥib as-sarīr* („Das Geschenk des Armen an den Herrn des Throns"), al-Kāfiyağī (gest. 879/1474), *al-Muḫtaṣar fī ʿilm at-taʾrīḫ* („Abriss der Wissenschaft von der Geschichte"), und, besonders ausführlich, as-Saḫāwī (gest. 902/1497), *al-Iʿlān bit-taubīḫ li-man ḏamma min ahl at-tawārīḫ* („Die offene Anklage gegen die feindseligen Kritiker der Geschichtsschreiber"), ergänzt um

---

225 Siehe Anm. 224.

226 An-Nuwairī: *Nihāyat al-arab fī funūn al-adab*. Bde. 1 – 18. Hrsg. von AḤMAD ZAKĪ BĀŠĀ u. a., Kairo 1342 – 1374/1923 – 1955; Bde. 19 – 33, ebd. 1395 – [1419]/1975 – 1998; Ausz. französisch: Conquête de l'Afrique septentrionale par les musulmans et histoire de ce pays sous les émirs arabes. In: Ibn Ḫaldūn: Histoire des Berbères (Anm. 133), Bd. 1, S. 314 – 447; vgl. MOUNIRA CHAPOUTOT-REMADI: An-Nuwayrî, encyclopédiste et chroniqueur de l'époque mamlûke. In: Les Africains. Hrsg. von CHARLES ANDRÉ JULIEN u. a., Bd. 10, Paris 1978, S. 313 – 339; REUVEN AMITAI: Al-Nuwayrī as a Historian of the Mongols. In: The Historiography of Islamic Egypt (Anm. 1), S. 23 – 36.

227 Ibn Ḫaldūn (Anm. 133), Bd. 1, Vorwort und Einleitung des Verfassers; englisch: Bd. 1, S. 6 – 68.

Ausführungen des osmanisch-türkischen Autors Ṭāšköprüzāde (gest. 935/1529).[228] Hinzu kommt unter anderem eine Passage von Ibn ad-Dawādārī (gest. nach 736/1335) in seiner Chronik *Kanz ad-durar wa-ǧāmiʿ al-ġurar.*[229]

Als letztes Phänomen der späteren mittelislamischen Zeit seien sprachlich-stilistische Änderungen bemerkt. Neben dem an klassischen Modellen geschulten Hocharabisch machte sich der wachsende Einfluss gesprochener, dialektal unterschiedlicher Idiome in der Schriftsprache als sogenanntes Mittelarabisch bemerkbar. Gleichzeitig wurden immer mehr Werke durch fiktionale Stoffe ausgestaltet und entfernten sich vom üblicherweise ereignisgesättigten Duktus der Chroniken. Diese als ‚Literarisierung' angesprochene Entwicklung brachte Schwankungen der Stilhöhe mit sich und erweiterte die Ausdrucksmöglichkeiten, indem sich die Unterscheidung zwischen Geschichtsschreibung, autobiographischen Beobachtungen, *adab*-Werk und Roman verwischte.[230] Beispielhaft untersucht ist die ausgemalte Schilderung der Besetzung von Alexandria durch den zyprischen König Peter von Lusignan von an-Nuwairī al-Iskandarānī (gest. nach 776/1394).[231] Solche Werke sprachen auch eine weniger gebildete Leserschaft an und trugen dazu bei, die Schwelle der Autorschaft zu senken.

10 Werke christlicher Verfasser

So ertragreich die Historiographie muslimischer Autoren war, liegen doch auch christliche Geschichtswerke in arabischer Sprache vor.[232] Ein anonymer assyrisch-orthodoxer (nestorianischer) Christ (3.–5./9.–11. Jh.) verfasste eine Chronik seiner Kirche im Iran in syrischer Sprache. Sie wurde (im 5./11. Jh.?) ins Arabische übersetzt, wovon sich Teile mit den Jahren 251–422 und 484–650 erhalten haben.

228 Sämtlich in ROSENTHAL (Anm. 1), S. 201–535.

229 Ibn ad-Dawādārī (Anm. 221), Bd. 7: Der Bericht über die Ayyubiden. Hrsg. von SAʿĪD ʿABD AL-FATTĀḤ ʿĀŠŪR, 1391/1972, S. 217 f; vgl. RADTKE (Anm. 76), S. 145–147, 153.

230 ULRICH HAARMANN: Auflösung und Bewahrung der klassischen Formen arabischer Geschichtsschreibung in der Zeit der Mamluken, in: Zeitschrift der Deutschen Morgenländischen Gesellschaft 121 (1971), S. 46–60; RADTKE (Anm. 76), S. 185–195.

231 An-Nuwairī al-Iskandarānī: *Kitāb al-Ilmām bil-iʿlām fīmā ǧarat bihī al-aḥkām wal-umūr al-maqḍīya fī wāqiʿat al-Iskandarīya.* Hrsg. von ʿAZĪZ SURYĀL ʿAṬĪYA, 3 Bde., Haiderabad 1968–1976 (Maṭbūʿāt Dāʾirat al-maʿārif al-ʿuṯmānīya. N.S. 9.13); vgl. WEINTRITT (Anm. 204); JO VAN STEENBERGEN: The Alexandrian Crusade (1365) and the Mamlūk Sources. Reassessment of the *Kitāb al-Ilmām* of an-Nuwayrī al-Iskandarānī (d. A.D. 1372). In: East and West in the Crusader States. Context – Contacts – Confrontations. Bd. 3. Hrsg. von KRIJNIE N. CIGGAAR/ADELBERT DAVIDS/HERMAN G. TEULE, Leuven 2003 (Orientalia Lovaniensia analecta 125), S. 123–137.

232 Siehe auch RADTKE (Anm. 76), S. 133–138.

Nach dem Fundort einer der beiden Handschriften in der heutigen Südosttürkei wird sie als Chronik von Siirt (arab. Siʿird) bezeichnet.[233] Bis ins 4./10. Jahrhundert waren die christlichen Denominationen, die zuvor Ägypten, die Levante und Mesopotamien dominiert hatten, nahezu überall zu einer Minderheitenerscheinung geworden. Verkehrssprache war das Arabische, und die alten Landessprachen verloren an öffentlicher Geltung, was ihre Produktivität als Literatursprachen einschränkte. Die Forschung hat keine gravierenden Unterschiede zur Chronistik der Muslime festgestellt, vielmehr wird die vielfach weitreichende Übereinstimmung hinsichtlich Thematik, Form und historiographischem Ethos unterstrichen.[234] Wie oben erwähnt, ging die kollektive Schreibung der koptischen Patriarchengeschichte (*Siyar al-ābāʾ al-baṭārika*) ab dem 5./11. Jahrhundert auf Arabisch vonstatten. Es war überhaupt das Arabische das bevorzugte Medium christlicher Schriftsteller, um politische Chroniken zu verfassen. Die erste christliche Chronik arabischer Sprache ist das *Kitab al-ʿUnwān* („Das Buch des Zeichens“) des griechisch-orthodoxen (melkitischen) Bischofs Maḥbūb b. Qusṭanṭīn al-Manbiǧī (Agapius von Mabbug, schrieb 330/942). Es handelt sich um eine annalistische Universalgeschichte, die sich von der Erschaffung der Welt zumindest bis ins Jahr 330/942 erstreckt haben muss, deren erhaltener Text aber mit dem Jahr 160/777 (1084 der Seleukidenära) abbricht; sie bringt auch viel Geographisches.[235] Kurz darauf schuf der griechisch-orthodoxe Patriarch von Alexandria Saʿīd b. al-Biṭrīq (Eutychios, gest. 328/940) dort und in Antiochia eine die Patriarchengeschichte ins Zentrum rückende Universalchronik, die bis 326/938 reicht und als *Taʾrīḫ* oder *Naẓm al-ǧawāhir* („Die Anordnung der Edelsteine“) bekannt wurde.[236] Sie wurde von dem antiochenischen griechisch-orthodoxen Yaḥyā b. Saʿīd al-

---

233 Anonymus: *Histoire nestorienne* (*Chronique de Séert*). Hrsg. von ADDAÏ SCHER und übers. von PIERRE DIB/JEAN-BAPTISTE PÉRIER. In: Patrologia Orientalis 4 (1908), S. 211–313; 5 (1910), S. 217–344; 7 (1911), S. 93–203; 13 (1919), S. 433–639; vgl. PHILIP WOOD: The *Chronicle of Seert*. Christian Historical Imagination in Late Antique Iraq, Oxford 2013.

234 Zum Beispiel CLAUDE CAHEN: al-Makīn ibn al-ʿAmīd et l'historiographie musulmane. Un cas d'interpénétration confessionelle. In: Orientalia Hispanica sive Studia F. M. Pareja octogenario dicata. Hrsg. von J. M. BARRAL. Bd. 1: Arabica-Islamica. Pars prior, Leiden 1974, S. 158–167.

235 Al-Manbiǧī: *Kitab al-ʿUnvan*. Histoire universelle. Hrsg. und übers. von ALEXANDRE VASILIEV. In: Patrologia Orientalis 5 (1909), S. 557–692; 7 (1911), S. 457–591; 8 (1912), S. 397–550; 11 (1915), S. 5–144.

236 Saʿīd b. al-Biṭrīq: *Annales*. Hrsg. von LOUIS CHEIKHO, 2 Bde., Paris/Leipzig 1906–1909 (Corpus scriptorum Christianorum orientalium 50, 51 / Scriptores Arabici 6, 7); italienisch: Gli Annali. Übers. von BARTOLOEMEO PIRONE, Kairo 1987 (Studia orientalia Christiana. Monographiae 1); Teilübers. deutsch in: Das Annalenwerk des Eutychios von Alexandrien. Ausgewählte Geschichten und Legenden, kompiliert von Saʿīd ibn Baṭrīq um 935 A.D. Hrsg. und übers. von MICHAEL BREYDY, 2 Bde., Löwen 1985 (Corpus scriptorum Christianorum orientalium 471, 472 / Scriptores Arabici 44, 45).

Anṭākī (gest. nach 425/1034 oder 458/1066) durch einen *Ḏail* („Ergänzung") fortgesetzt, der auch *Ṣilat Taʾrīḫ Ūtīḫā* („Anhang zur Chronik des Eutychios") heißt und zumindest bis ins Jahr 425/1034 erhalten ist.[237]

Ab dem übernächsten Jahrhundert brachten auch andere christliche Denominationen Chroniken arabischer Sprache hervor. Der in Kairo und später Damaskus lebende syrisch-orthodoxe (jakobitische) Christ al-Makīn b. al-ʿAmīd (Elmacin, gest. 672/1273) verfasste eine bis 658/1260 reichende Universalchronik, überschrieben *al-Maǧmūʿ al-mubārak* („Die gesegnete Sammlung"). Der hauptsächliche, der islamischen Geschichte gewidmete Werkteil heißt auch *Taʾrīḫ al-muslimīn* („Chronik der Gläubigen") oder *Muḫtaṣar Taʾrīḫ aṭ-Ṭabarī* („Abriss der Chronik des Ṭabarī").[238] Dass von dem (ungedruckten) vorislamischen Teil auch eine mit dem syrischen Alphabet notierte Fassung existiert,[239] zeigt die Rezeption auf christlicher Seite; gleichwohl unterscheidet sich das Werk formal und sachlich kaum von zeitgenössischen islamischen Chroniken. Nicht-ekklesiastische Geschichtsschreibung wurde auch in Ägypten betrieben. So schuf der koptisch-orthodoxe Polyhistor Ibn ar-Rāhib (gest. 689–694/1290–1295 o. sp.), bereits ein Vertreter des arabischen Enzyklopädismus, ein *Kitāb at-Tawārīḫ*. Dessen erster Teil befasst sich von astronomischer Warte aus mit Fragen der Zeitrechnung (*tawārīḫ* als „Datierungen"), der kürzere zweite Teil, der bis ins Jahr 655/1257 (973 der Märtyrerära/6750 der koptischen Weltära) führt, bietet eine Weltgeschichte, eine Geschichte des Islams und des Kalifats, eine des koptischen Patriarchats von Alexandria und schließlich eine der ökumenischen Konzile

237 Yaḥyā b. Saʿīd al-Anṭākī: *Histoire de Yahya-ibn-Saʿïd d'Antioche, continuateur de Saʿïd-ibn-Bitriq.* Hrsg. und übers. von Ignace G. Kratchkovsky/Alexandre Vasiliev. In: Patrologia Orientalis 18 (1924), S. 699–833; 23 (1932), S. 347–520; Schlussteil hrsg. von Ignace G. Kratchkovsky und übers. von Françoise Micheau/Gérard Troupeau, ebd. 47 (1995–1997), S. 371–559; vgl. John Harper Forsyth: The Byzantine-Arab Chronicle (938–1034) of Yaḥyā b. Saʿīd al-Anṭākī, 2 Bde. [Mikrofilm], Ann Arbor, MI 1980.

238 Al-Makīn: *Taʾrīḫ al-muslimīn min ṣāḥib šarīʿat al-islām Abī l-Qāsim Muḥammad ilā d-daula al-atābakīya*, id est Historia saracenica [...]. Hrsg. und übers. von Thomas Erpenius, postum durch Jakob Golius, Leiden 1625; englisch: The Saracenical Historie contayning the Acts of the Muslims from Muhammed to the Reigne of Atabaceus in the Succession of nine and fortie Emperors. Übers. von Samuel Purchas. In: Purchas His Pilgrimage or Relation of the World and the Religions Observed in all Ages and Places Discovered, from the Creation to the Present [...]. Hrsg. von Ders., London [4]1626, S. 1009–1047; Schlussteil: La ‚Chronique des Ayyoubides' d'al-Makīn b. al-ʿAmīd. Hrsg. von Claude Cahen. In: Bulletin d'études orientales 15 (1955–1957 [1958]), S. 109–184, hier S. 127–177; französisch: Chronique des Ayyoubides (602–658/1205–6–1259–60). Übers. von Anne-Marie Eddé/Françoise Micheau, Paris 1994 (Documents relatifs à l'histoire des croisades 16).

239 Al-Makīn: *Kitāb Maǧmūʿ mubārak.* Forschungsbibliothek Gotha, Ms. orient. A. 1557.

(*tawārīḫ* als „Geschichten").[240] Der anfängliche weitgespannte Horizont verhindert nicht die Engführung auf die politische Geschichte Ägyptens und Syriens, der Länder also, die das Reich der Mamlūken ausmachen. Im darauffolgenden Jahrhundert wurde al-Makīns Werk von seinem Großneffen Ibn Abī l-Faḍāʾil (schrieb 759/1358) unter dem Titel *an-Nahǧ as-sadīd wad-durr al-farīd fī mā baʿda taʾrīḫ Ibn al-ʿAmīd* („Der rechte Weg und die einzigartige Perle, betreffend die Zeit nach der Chronik Ibn al-ʿAmīds") um die Jahre bis 741/1341 sowie Nachträge bis an sein Lebensende ergänzt.[241] Wie zuvor stehen Ägypten und Syrien im Mittelpunkt des Interesses. Neu gegenüber dem Vorgängerwerk ist dagegen – zeittypisch – die Einführung eines Abschnitts mit kurzen Nekrologen am Ende jedes Jahreskapitels.

Das 7./13. Jahrhundert war auch die Zeit, in der die an Chroniken nicht arme Literatur syrischer Sprache einmal zu einem arabischen Produkt führte. Bar ʿEḇrāyā, arabisiert Ibn al-ʿIbrī (Bar Hebräus, gest. 685/1286), war Metropolit der syrisch-orthodoxen Kirche und verfasste eine syrischsprachige Universalchronik, welche die sogenannte Chronik von Zuqnīn des Pseudo-Dionysios Telmaḥrāyā (Tell-Maḥré) bis 685/1285 weiterführt. Vom weltgeschichtlichen Teils des Werks (*Kṯāḇā ḏ-Maktḇānūṯ zaḇnē*, „Chronographie")[242] stellte er in Marāġa (Iran) auf die Bitte von Glaubensgenossen, die des Syrischen nicht mächtig waren, eine arabische Fassung her: *Taʾrīḫ muḫtaṣar ad-duwal* („Kurzgefasste Chronik der Dynastien"). In zehn gezählte dynastische Kapitel eingeteilt, vom Anbeginn der Welt und den Stammvätern (1.) bis zu den Mongolen 683/1284 (10.), war sie sachlich vielfach reduziert, andernteils aber verändert oder erweitert und gab jedenfalls ein eigenständiges Werk ab.[243]

---

240 Ibn ar-Rāhib: *Kitāb at-Tawārīḫ*. Staatsbibliothek zu Berlin, Preußischer Kulturbesitz, Mf. 434; zweiter Werkteil: Chronicon orientale. Hrsg. und übers. von Louis Cheikho, 2 Bde., Paris/Leipzig 1903 (Corpus scriptorum Christianorum orientalium 45, 46 / Scriptores Arabici 1, 2); vgl. Adel Y. Sidarus: Ibn ar-Rāhibs Leben und Werk, Freiburg i. Br. 1975; Otto Neugebauer: Abu Shaker's *Chronography*. A Treatise of the 13th Century on Chronological, Calendrical, and Astronomical Matters, Written by a Christian Arab, Preserved in Ethiopic. A Summary, Wien 1988 (Sitzungsberichte der Österreichischen Akademie der Wissenschaften. Philosophisch-historische Klasse 498).

241 Ibn Abī l-Faḍāʾil: *Histoire des sultans Mamlouks*. Hrsg. und übers. von Edgar Blochet. In: Patrologia Orientalis 12 (1916), S. 345 – 550; 14 (1920), S. 375 – 672; 20 (1928), S. 3 – 270; Fortsetzung: Ägypten und Syrien zwischen 1317 und 1341 in der Chronik des Mufaḍḍal b. Abī l-Faḍāʾil. Hrsg. und übers. von Samira Kortantamer, Freiburg i. Br. 1973 (Islamkundliche Untersuchungen 23), S. 47 – 281, 341 – 458.

242 Siehe Anton Baumstark: Geschichte der syrischen Literatur mit Ausschluß der christlich-palästinensischen Texte, Bonn 1922, S. 313 – 320; Ignatius Ortiz de Urbina: Patrologia syriaca, Rom ^{2}1965, S. 207 – 209, § 163.

243 Ibn al-ʿIbrī: *Taʾrīḫ muḫtaṣar ad-duwal*. Hrsg. von Anṭūn Ṣāliḥānī, Beirut 1890; deutsch: Des Gregorius Abulfaradsch kurze Geschichte der Dynastien oder Auszug der allgemeinen Weltge-

11 Zu spätislamischen Chroniken

Quellenkunden zur arabischen Literatur enden aus pragmatischen Gründen gerne mit dem politischen Schwellenjahr 1517 – abschließende Einverleibung des arabischen Vorderen Orients in das Osmanische Reich –, was in literarischer Hinsicht bekanntermaßen unbefriedigend ist.[244] Diese Schwelle wird auch hier skizzenhaft überschritten, jedoch aus dem glücklichen Grund, dass in jüngerer Zeit Forschungen vorgelegt wurden, die guten Überblick erlauben.[245]

Infolge der Eroberung Syriens und Ägyptens durch das Osmanische Reich, abgeschlossen 923/1517, sowie des mittleren Zweistromlandes 941/1534 hielt im Nahen Osten das Türkische als Sprache der neuen Elite Einzug. Während Arabisch die Umgangs- und auch erste Wissenschaftssprache der Region blieb, wandelte sich die Literaturproduktion unter dem Eindruck der politischen Provinzialisierung und dem Einfluss der blühenden und vielfach innovativen osmanisch-türkischen Schriftkultur. Zwar entstanden weiterhin viele *adab*-Schriften und ein umfangreiches religiöses Schrifttum – der aus Herat stammende, in Mekka wirkende Rechtsgelehrte ʿAlī al-Qārī (gest. 1014/1605) verfasste über 120 Titel in arabischer und persischer Sprache –,[246] doch einige Zweige der arabischen Literatur verkümmerten. Neben der Geographie büßte die Geschichtsschreibung ihre in der Mamlūkenzeit bewiesene große Produktivität ein; die Biographie kam ganz zum Erliegen. Dies zu erklären ist nicht mehr Aufgabe des vorliegenden Aufsatzes, und zwar nicht zuletzt, weil erst allmählich die ältere westliche Forschung überwunden wird, welche die einheimische Produktion jener Jahrhunderte unter kulturpuristischen, arabisch-klassizistischen Vorzeichen auffasste und ein Niedergangsparadigma vertrat. Die neuere Diskussion einer ‚Frühen

schichte, besonders der Geschichte der Chalifen und Mongolen. Übers. von GEORG LORENZ BAUER, 2 Bde., Leipzig 1783 – 1785; vgl. SUSANNE REGINA TODT: Die syrische und die arabische Weltgeschichte des Bar Hebräus – ein Vergleich. In: Der Islam 65 (1987), S. 60 – 80; DOROTHEA WELTECKE: A Renaissance in Historiography? Patriarch Michael, the Anonymous Chronicle ad a. 1234, and Bar ʿEbrōyō. In: The Syriac Renaissance. Hrsg. von HERMAN TEULE/CARMEN FOTESCU TAUWINKL u. a., Leuven 2010 (Eastern Christian Studies 9), S. 95 – 112.

244 ROSENTHAL (Anm. 1), S. 7 f.

245 Siehe Anm. 6 und 248.

246 Zu ihm in Bälde PATRICK FRANKE: Mullā ʿAlī al-Qārī. Textproduktion und Gedankenwelt eines mekkanischen Religionsgelehrten der islamischen Jahrtausendwende, Wiesbaden (Diskurse der Arabistik) [im Druck]; bereits DERS.: Querverweis als Selbstzeugnis. Individualität und Intertextualität in den Schriften des mekkanischen Gelehrten Mullā ʿAlī al-Qārī (gest. 1014/1606). In: Zwischen Alltag und Schriftkultur. Horizonte des Individuellen in der arabischen Literatur des 17. und 18. Jahrhunderts. Hrsg. von STEPHAN REICHMUTH/FLORIAN SCHWARZ, Beirut 2008 (Beiruter Texte und Studien 110), S. 131 – 163.

Neuzeit' auch im Nahen Osten ist im Begriff, jene Vorbehalte zu zerstreuen. Das internetbasierte biobibliographische Projekt ‚Historians of the Ottoman Empire' hat sich zum Ziel gesetzt, unter anderem auch alle in Frage kommenden arabischen Autoren zu erfassen,[247] und OTFRIED WEINTRITT hat eine Typologie und neue Gesamtdarstellung der osmanenzeitlichen Geschichtsschreibung der Araber vorgelegt, die zur Versachlichung beiträgt, indem sie die Entwicklung der chronikalen Formen offenlegt: von der großen Universalchronik über die Islamgeschichte mittleren Zuschnitts zur kleinen Form der Sulṭān-Pāṣā-Chronik.[248]

So hat ‚1517' keine augenblickliche Zäsur bedeutet. Ibn Iyās (gest. um 930/1524), Spross einer Mamlūkenfamilie und wohl Privatgelehrter, widmete sich überwiegend der Geschichtsschreibung und wurde zum Chronisten von Ägyptens Übergang zur osmanischen Zeit. Sein mehrbändiges Werk *Badāʾiʿ az-zuhūr fī waqāʾiʿ ad-duhūr* („Die wunderbaren Blumen, betreffend die Geschehnisse ferner Zeiten") bietet nach einem Abriss der ägyptischen Geschichte seit den Pharaonen eine im Fortgang immer ausführlicher werdende, zuletzt taggenaue Darstellung der Mamlūkenzeit bis 928/1522, die zugleich mit auffallend regem Interesse das Hofleben und Alltagsbegebenheiten in Kairo schildert. Unterhalb der Annalistik ist der Stoff erstaunlicherweise in Monatskapitel eingeteilt, wobei die Regierungsantritte von Sultanen nur noch ein Unterkapitel des betreffenden Monats rechtfertigen. Im Urteil der Wissenschaft hat das schon früh rezipierte Werk erst Hochschätzung erfahren, ist dann aber angesichts der individuellen Perspektive und des teils umgangssprachlichen Stils mehr als literarisierende Erzählung denn ‚echte' Chronik verstanden und abgewertet worden; heute gilt es als ausnehmend ergiebiges Zeitdokument (besonders ab 872/1467) und Quelle zur Sozialgeschichte.[249] Ein Jahrhundert darauf schuf ein anderer Ägypter, Ibn Abī s-Surūr (gest. um

247 Siehe Anm. 6; vgl. [Art.] MICHAEL WINTER: Taʾrīkh. II. Historical Writing. 1. In the Arab World. (c) The Period 1500 to 1800. In: EI² 12 (2004), S. 795–799.

248 OTFRIED WEINTRITT: Arabische Geschichtsschreibung in den arabischen Provinzen des Osmanischen Reiches (16.–18. Jahrhundert), Schenefeld 2008 (Bonner Islamstudien 14).

249 Ibn Iyās: *Badāʾiʿ az-zuhūr fī waqāʾiʿ ad-duhūr*; Gesamtausgabe: Die Chronik des Ibn-Ijās. Hrsg. von MOHAMED MOSTAFA u. a., 5 Bde. nebst Registerbdn., Leipzig 1931–1936/Istanbul 1945/Wiesbaden 1960–1975/Stuttgart 1984–1986/Beirut 1992–2012 (Bibliotheca Islamica 5); Ausz. französisch: Extrait de l'histoire de l'Égypte. Übers. von R. C. DEVONSHIRE. In: Bulletin de l'Institut français d'archéologie orientale 25 (1926), S. 113–145; ferner: Histoire des Mamlouks circassiens. Tome II (872–906). Übers. von GASTON WIET, Kairo 1945 (Textes et traductions d'auteurs orientaux 6); Fortsetzung: Journal d'un bourgeois du Caire. Chronique d'Ibn Iyâs. Übers. von DERS., 2 Bde., Paris 1955–1960 (Bibliothèque générale de l'École pratique des hautes études, VIᵉ section); Ausz. deutsch: Alltagsnotizen eines ägyptischen Bürgers. Übers. von ANNEMARIE SCHIMMEL, Stuttgart 1985 (Bibliothek Arabischer Klassiker 13); vgl. MICHAEL WINTER: Ibn Iyās Muḥammad b. Aḥmad. In: Historians of the Ottoman Empire (Anm. 6); AXEL HAVEMANN: The

1060/1650), eine Vielzahl chronikaler Werke. Am bedeutendsten ist die einbändige Universalgeschichte mit dem eng an klassische Vorbilder anknüpfenden Titel *ʿUyūn al-aḫbār wa-nuzhat al-abṣār* („Die erlesenen Nachrichten und wonnigen Einsichten").[250] Andere seiner Werke behandeln die ägyptische Landesgeschichte oder das Osmanische Reich.[251] Nicht lange danach entstand die einbändige, auf die Osmanenzeit hinführende Universalgeschichte von Aḥmad al-Baġdādī (gest. 1102/1690), ebenfalls klassizistisch überschrieben: *ʿUyūn aḫbar al-aʿyān mimman maḍā fī sālif al-ʿuṣūr wal-azmān* („Die erlesenen Nachrichten von den Großen unter denen, die in früheren Zeiten und Ären dahingingen").[252]

Chroniken von weitem chronologischem und geographischem Horizont, wie sie zuvor auf dem Hintergrund der imperialen Geltung Ägypten-Syriens geblüht hatten, kommen danach im Nahen Osten selten vor, und die biographische Literatur arabischer Sprache brach sogar vollständig ein, wohingegen das Osmanisch-Türkische literarisch sehr produktiv war. Osmanische Chronisten – die eng verbundene Biographik kann hier nicht zur Sprache kommen – schrieben natürlicherweise in ihrer eigenen Sprache. Gleichwohl liegt die von der Schöpfung bis ins Jahr 1083/1672 reichende mehrbändige Universalchronik *Ǧāmiʿ ad-duwal* („Sämtliche Dynastien") von Müneccimbāşı (gest. 1113/1702), der nach Ägypten verbannt wurde und später in Mekka und Medina lebte, auf Arabisch vor.[253] Zu nennen ist auch *Miftāḥ lis-saʿāda wa-miṣbāḥ as-siyāda fī mauḍūʿāt al-ʿulūm* („Der Schlüssel zur Glückseligkeit und Leuchte der Regierung, betreffend die Gegenstände der Wissenschaften"), eine mehrbändige arabische Enzyklopädie der

---

Chronicle of Ibn Iyās as a Source for Social and Cultural History from Below. In: Towards a Cultural History of the Mamluk Era. Hrsg. von Mahmoud Haddad u. a., Beirut 2010 (Beiruter Texte und Studien 118), S. 87 – 98.

250 Ibn Abī s-Surūr: *ʿUyūn al-aḫbār wa-nuzhat al-abṣār.* Staatsbibliothek zu Berlin – Preußischer Kulturbesitz, Mss. or. Wetzstein II 351, 380; vgl. Abdul-Karim Rafeq: Ibn Abi ʾl-Surūr and His Works. In: Bulletin of the School of Oriental and African Studies 38 (1975), S. 24 – 31; Weintritt (Anm. 248), S. 50 – 67.

251 Weintritt (Anm. 248), S. 101 – 112, 136 – 144, 150 – 154.

252 Al-Baġdādī: *ʿUyūn aḫbar al-aʿyān mimman maḍā fī sālif al-ʿuṣūr wal-azmān.* Staatsbibliothek zu Berlin – Preußischer Kulturbesitz, Ms. Petermann I 264; vgl. Weintritt (Anm. 248), S. 68 – 80.

253 Müneccimbāşı: *Ǧāmiʿ ad-duwal*; Ausz.: Camiüʾd-düvel. Osmanlı tarihi (1299 – 1481). Hrsg. und übers. von Ahmed Ağırakça, Istanbul 1995 (İnsan yayınları 111 / Tarih dizisi 1); Ausz. englisch: The History of Sharvān and al-Bāb. Übers. von Vladimir F. Minorsky. In: Ders.: A History of Sharvān and Darband in the 10th – 11th Centuries, Cambridge 1958, S. 22 – 56; vgl. Anm. 3.

Wissenschaften des Religionsgelehrten und Professors Ṭāşköprüzāde (gest. 968/1561), die auch die Geschichtsschreibung abhandelt.[254]

In den arabischen Provinzen fand die einheimische Chronistik unterschiedliche Fortsetzungen. Vor allem handelt es sich noch um Stadt- und Landeschroniken.[255] Ibn Ṭūlūn (gest. 953/1546) schrieb eine taggenaue, 884/1480 einsetzende Chronik von Damaskus, *Mufākahat al-ḫillān fī ḥawādiṯ az-zamān* („Das Ergötzen der Vertrauten, betreffend die Begebenheiten dieser Tage"),[256] und stellte eigens die ersten Jahrzehnte der osmanischen Statthalterschaft dar, *Iʿlām al-warā bi-man wulliya nāʾiban min al-Atrāk bi-Dimašq aš-Šām al-kubrā* („Unterrichtung der Sterblichen über die von den Türken zu Statthaltern von Damaskus im Großen Syrien Ernannten").[257] Ibn Zunbul (gest. nach 982/1574; 11./17. Jh.?) verfasste in Kairo das Buch *Infiṣāl al-awān wa-ittiṣāl daulat Banī ʿUṯmān* („Der Zerfall des Zeitlichen [d. i. das Mamlūkenreich] und die Vereinigung mit dem Reich der Osmanen"), welches wegen seiner fiktionalen Anteile auch als historischer Roman bezeichnet wurde.[258]

Eine anonyme Chronik Ägyptens unter dem Titel *Zubdat iḫtiṣār taʿrīf mulūk Miṣr al-Maḥrūsa* „Der Rahm der kurzgefassten Unterrichtung über die Könige des behüteten Ägyptens") entstand im 11./17. Jahrhundert wohl in Kairo; eine weitere Darstellung Ägyptens, vom Typ der Sulṭān-Pāṣā-Chronik und bis 1123/1711 rei-

---

254 Ṭāšköprüzāde: *Miftāḥ lis-saʿāda wa-miṣbāḥ as-siyāda fī mauḍūʿāt al-ʿulūm*. Hrsg. von Kāmil Kāmil Bakrī/ʿAbdalwahhāb Abū n-Nūr, 4 Bde., Kairo 1968, S. 251–270, 283–285; dieser Abschnitt englisch in: Rosenthal (Anm. 1), S. 530–535. Weitere osmanische Chroniken in arabischer Sprache nennt Sara Nur Yıldız: [Art.] Historiography. XIV. The Ottoman Empire. In: Encyclopædia Iranica (Anm. 5), Bd. 12, S. 403–411, hier S. 406, 408.

255 Siehe zu den nachfolgend genannten Werken außer der Literatur in Anm. 6 noch Weintritt (Anm. 248).

256 Ibn Ṭūlūn: *Mufākahat al-ḫillān fī ḥawādiṯ az-zamān (Taʾrīḫ Miṣr waš-Šām)*. Hrsg. von Muḥammad Muṣṭafā, 2 Bde., Kairo 1381–1384/1962–1964 (Turāṯunā); vgl. Stephan Conermann: Ibn Ṭūlūn (d. 955/1548). Life and Works. In: Mamlūk Studies Review 8 (2004), S. 115–139.

257 Ibn Ṭūlūn: *Iʿlām al-warā bi-man wulliya nāʾiban min al-Atrāk bi-Dimašq al-kubrā*. Hrsg. von Muḥammad Aḥmad Duhmān, Damaskus 1383/1964 (Maṭbūʿāt mudīrīyat iḥyāʾ at-turāṯ al-qadīm 8); französisch: Histoire des gouverneurs turcs de Damas. In: Les gouverneurs de Damas sous les Mamlouks et les premiers Ottomans (658–1156/1260–1744). Traduction des annales d'Ibn Ṭūlūn et d'Ibn Ǧumʿa [schrieb 1156/1744]. Übers. von Henri Laoust, Damaskus 1952, S. 1–168.

258 Ibn Zunbul: *Āḫirat al-Mamālīk. Wāqiʿat as-sulṭān al-Ġaurī maʿa Salīm al-ʿUṯmānī*. Hrsg. von ʿAbdalmunʿim ʿĀmir, Kairo 1962 (Kutub ṯaqafīya 153); vgl. Robert Irwin: Ibn Zunbul and the Romance of History. In: Writing and Representation in Medieval Islam. Muslim Horizons. Hrsg. von Julia Bray, London 2006 (Routledge Studies in Middle Eastern Literatures), S. 3–15.

chend, ist nur fragmentarisch erhalten.[259] Von einem weiteren Ägypter, ad-Damurdāšī (12./18. Jh.), Angehöriger der türkisch-mamlūkischen Militär- und Herrschaftselite, stammt *ad-Durra al-muṣāna fī aḫbār al-Kināna* („Die wohlbehütete Perle, betreffend die Geschichte der Kināna"), eine Landesgeschichte von 1099/1688 bis 1169/1755.[260] Dieses Werk bildet mit drei anderen Chroniken derselben Zeitstellung, thematischen Ausrichtung und lebensweltlichen Rahmung die sogenannte Damurdāšī-Gruppe; auch der noch zu nennende al-Ǧabartī wird in dieser Linie gesehen.[261] In Damaskus bediente sich der Religionsgelehrte Ibn Kannān (gest. 1153/1740) des Formats des Diariums, das schon durch Ibn Ṭauq (915/1509) bekannt war,[262] um das Buch *al-Ḥawādiṯ al-yaumīya min taʾrīḫ aḥada ʿašara wa-alf wa-mīya* („Die täglichen Begebenheiten seit dem Jahr 1111") zu schreiben.[263] Ebenso verfuhr am gleichen Ort der Barbier Ibn Budairī (schrieb 1175/1762), der eine Stadtchronik schuf, die später als *Ḥawādiṯ Dimašq aš-Šām al-yaumīya min sanat 1154 ilā sanat 1176* („Die Begebenheiten im syrischen Damaskus vom Jahr 1152 bis ins Jahr 1176") bekannt wurde.[264] Ebenfalls in Damaskus schuf der griechisch-orthodoxe Christ Mīḫāʾīl Buraik (gest. nach 1196/1782) gleich drei Chroniken: *Taʾrīḫ aš-Šām* („Chronik von Damaskus"), *Ḫulāṣat al-wāfiya fī taʿrīf baṭārikat Anṭākiya* („Die Essenz der Fülle, betreffend die Unterrichtung über die Patriarchen von Antiochia") und *Ǧāmiʿ tawārīḫ az-zamān wa-zahrat aʿāǧīb al-kaun wal-awān* („Gesammelte Geschichten der Vergangenheit und die Blume der Wunderdinge von Dasein und Zeit"), eine Frühgeschichte der Welt von Adam bis

---

259 *Zubdat iḫtiṣār taʿrīf mulūk Miṣr al-Maḥrūsa* und ein Pariser Fragment finden sich in Yusoff Kamaruzaman: The History of Ottoman Egypt in the 17th Century. Some Unpublished Sources, Diss. Edinburgh 1995.

260 Ad-Damurdāšī: *Kitāb ad-Durra al-muṣāna fī aḫbār al-Kināna* [...]. Hrsg. von ʿAbdarraḥīm ʿAbdarraḥmān ʿAbdarraḥīm, Kairo 1989 (Textes arabes et études islamiques 28); englisch: Al-Damurdashi's Chronicle of Egypt 1688 – 1755. Übers. von Daniel Crecelius/ʿAbd al-Wahhab Bakr, Leiden 1991 (Arab History and Civilization 2).

261 Jane Hathaway: Tale of Two Factions. Myth, Memory, and Identity in Ottoman Egypt and Yemen. Albany, N.Y. 2003 (SUNY Series in the Social and Economic History of the Middle East), S. 18.

262 Ibn Ṭauq: *at-Taʿlīq. Yaumīyāt Šihābaddīn Aḥmad b. Ṭauq. Muḏḏakirāt kutibat bi-Dimašq fī awāḫir al-ʿahd al-mamlūkī, 885 – 908/1480 – 1502.* Hrsg. von Jaʿfar al-Muhajer, 4 Bde., Damaskus 2000; vgl. Torsten Wollina: Zwanzig Jahre Alltag. Lebens-, Welt- und Selbstbild im Journal des Aḥmad Ibn Ṭawq, Göttingen 2014 (Mamluk Studies 8).

263 Ibn Kannān: *Yaumīyāt šāmīya wa-huwa at-tārīḫ al-musammā bil-Ḥawādiṯ al-yaumīya min tārīḫ aḥada ʿašara wa-alf wa-mīya. Ṣafaḥāt nādira min tārīḫ Dimašq fī l-ʿaṣr al-ʿuṯmānī baina sanat 1111 h. wa-sanat 1153 h.* Hrsg. von Akram Aḥmad al-ʿUlabī, Damaskus 1994.

264 Ibn Budairī: *Ḥawādiṯ Dimašq al-yaumīya 1154 – 1175 h, 1741 – 1762 m.* Hrsg. von Aḥmad ʿIzzat ʿAbdalkarīm, 2. Aufl. mit einer Untersuchung von Muḥammad Ǧamīl Sulṭān, Damaskus 1997.

Jesus.[265] Zuletzt sei der vor allem in Damaskus tätige Mīḫāʾīl Mišāqā (gest. 1306/1888) vom Berg Libanon genannt, ein katholischer, zum Protestantismus konvertierter Arzt und Literat, der viele Berufe ausübte. Er schrieb eine Geschichte Syriens und besonders Libanons von 1165–1290/1752–1873 unter dem Titel *al-Ğawāb ʿalā qtirāḥ al-aḥbāb* („Die Erwiderung auf den Vorschlag der Liebsten"); außerdem haben Ähnlichkeiten mit der im Jahr 1197/1782 beginnenden Geschichte Syriens eines gewissen ‚Mīḫāʾīl aus Damaskus' Anlass zu der Vermutung gegeben, dass jener *Taʿrīf ḥawādiṯ ğarat biš-Šām wa-sawāḥil barr as-Šām wal-Ğabal* („Unterrichtung über Begebenheiten in Syrien, an den Küsten des Landes und im Gebirge") ebenfalls sein Werk ist.[266]

Offensichtlich ging mit dem nach 923/1517 überwiegend provinziellen Augenmaß der Schriftsteller die Vorrangstellung der mittleren und kleinen Formen einher. Die Schriften bleiben übersichtlich, indem sie sich auf die Zeitgeschichte konzentrieren und etwaige ältere Abschnitte kurz abhandeln. Damaskus war dabei noch der schriftstellerisch fruchtbarste Ort des arabischen Ostens. Hier war es auch, dass ab dem ausgehenden 11./17. Jahrhundert die prosopographische Literatur wieder erstarkte. Davon ging eine Anregung auf den ägyptischen Religionsgelehrten und autodidaktischen Historiker al-Ğabartī (gest. 1241/1825–6) aus. Sein Werk *ʿAğāʾib al-āṯār fī t-tarāğim wal-aḫbār* („Die wundersamen Hinterlassenschaften, betreffend die Lebensgeschichten und Nachrichten") stellt einen ganz erstaunlichen momentanen Höhenflug der Biographie und Chronistik dar – und blieb ein Solitär. Wie der Titel besagt, genießt die Biographie den Vorzug des Verfassers, denn in der annalistischen Anlage erfahren, zur Gegenwart hin, die am Ende jedes Jahreskapitels gebotenen Biographien (Nekrologe) starken Zuwachs. Al-Ğabartī hat dabei aber doch einen geradezu aus der Zeit fallenden chronikalen Werkteil geschaffen (1099–1237/1688–1821). Aus der Folge der chronikalen Segmente ragt die hellsichtige Darstellung der Besetzung Ägyptens durch Napoleon Bonaparte in den Jahren 1798–1801 noch einmal besonders weit heraus. Angesichts des seitdem immer mächtiger gewordenen Einflusses Europas auf die gesamte Region ist die einheimische Sicht der eigenen Stellung in der Welt

---

265 Mīḫāʾīl Buraik: *Taʾrīḫ aš-Šām*. Hrsg. von Aḥmad Ġassān Sabānū, Damaskus 1402/1982 (Silsilat dirāsāt wa-waṯāʾiq tārīḫ Dimašq aš-Šām 3); Ders.: *al-Ḥaqāʾiq al-wafīya fī tārīḫ baṭārikat al-kanīsa al-anṭākīya*. Hrsg. von Nāʾila Taqīyaddīn Qāʾidbaih, Beirut 2006; Ders.: *Ğāmiʿ at-tawārīḫ* [...]. Damaskus, Nationalbibliothek, Ms. 5453.

266 Mīḫāʾīl Mišāqā: *Kitāb Mašhad al-ʿiyān bi-ḥawādiṯ Sūriya wa-Lubnān*. Hrsg. von Mulḥim Ḫalīl ʿAbdū/Andrāwus Ḥannā Šaḫāšīrī, Kairo 1908; englisch: Murder, Mayhem, Pillage, and Plunder. The History of Lebanon in the 18th and 19th Centuries. Übers. von Wheeler M. Thackston Jr., New York 1988; Ders.: *Taʾrīḫ ḥawādiṯ aš-Šām wa-Lubnān min sanat 1197 ilā sanat 1257 hiğrīya (1782–1841 masīḥīya)*. Hrsg. von Lūwis Maʿlūf, Beirut 1912.

und im Gang der Geschichte tief erschüttert worden, und so ist das Buch treffend als der ‚Schwanengesang' der herkömmlichen arabischen Historiographie bezeichnet worden.[267]

In Nordafrika und zumal Marokko[268] hingegen überlebte die Biographie und ging auch noch die seit Ibn al-Ǧauzī bekannte Verbindung mit der Chronistik ein. Das zeigen etwa der aus Tilimsān/Tlemcen (Algerien) stammende, vor allem in Marokko tätige al-Maqqarī (gest. 1401/1632), der unter dem Titel *Nafḥ aṭ-ṭīb min ġuṣn al-Andalus ar-raṭīb* („Der Duft des besten vom zarten Zweige Andalusiens") eine umfangreiche Staats- und Gelehrtengeschichte der arabisch-islamischen Iberischen Halbinsel verfasste,[269] sowie der in Marrakesch wirkende Religionsgelehrte Muḥammad aṣ-Ṣaġīr al-Ifrānī (gest. 1156/1743 oder 1157/1745) mit seiner Geschichte der marokkanischen Saʿdier-Dynastie (916 – 1069/1510 – 1659), genannt *Nuzhat al-ḥādī bi-aḫbār mulūk al-qarn al-ḥādī* („Die Erfrischung des Kameltreibers, betreffend die Nachrichten von den Königen des elften Jahrhunderts").[270]

In anderen Gebieten der Erde sind aus unterschiedlichen Gründen weiterhin Chroniken in arabischer Sprache verfasst worden, und zwar nicht zuletzt dort,

267 Shmuel Moreh: [Rez.] ʿAbd-al-Raḥmān al-Jabartī's History of Egypt [siehe im Anschluss]. In: Die Welt des Islams. N.S. 37 (1997), S. 235 – 242, hier S. 236. Al-Ǧabartī: *an-Naṣṣ al-kāmil li-kitāb ʿAǧāʾib al-āṯār fī t-tarāǧim wal-aḫbār.* Hrsg. von Šamūʾīl Mūrīh, 5 Bde., Jerusalem 2013 (The Max Schloessinger Memorial Series. Texts 9); Ausz. deutsch: Bonaparte in Ägypten. Übers. von Arnold Hottinger, Zürich 1983; Ausz. englisch: ʿAbd-al-Raḥmān al-Jabartī's History of Egypt. Hrsg. von Thomas Philip/Moshe Perlman, übers. von Dies. u. a., 4 Bde. nebst Guide, Stuttgart 1994; vgl. Shmuel Moreh: The Egyptian Historian ʿAbd al-Raḥmān al-Jabartī. His Life, Works, Autographs, Manuscripts and the Historical Sources of ʿAjāʾib al-Athār, Oxford 2014 (Journal of Semitic Studies Supplement 32). Zwei kürzere Chroniken al-Ǧabartīs erschienen als: Al-Jabartī's Chronicle of the First Seven Months of the French Occupation of Egypt, Muḥarram – Rajab 1213, 15 June – December 1798 / *Tārīkh muddat al-Faransīs bi-Miṣr.* Hrsg. und übers. von Shmuel Moreh, Leiden 1975 und als *Muẓhir at-taqdīs bi-zawāl daulat al-Faransīs.* Hrsg. von Aḥmad Zākī ʿAṭīya, Kairo 1961.

268 Ahmed Farouk/Chantal de La Véronne: [Art.] Taʾrīkh. II. Historical Writing. 1. In the Arab World. (e) North Africa. B. The Post-1450 Period. In: EI² 12 (2004), S. 805 – 807.

269 Al-Maqqarī: *Nafḥ aṭ-ṭīb min ġuṣn al-Andalus ar-raṭīb.* Hrsg. von Iḥsān ʿAbbās, 8 Bde., Beirut 1388/1968. Ein Teil des Werks ist der Biographie des Wesirs Ibn al-Ḫaṭīb gewidmet; vgl. Ralf Elger: Adab and Historical Memory. The Andalusian Poet-politician Ibn al-Khaṭīb as Presented in Aḥmad al-Maqqarī (986/1577 – 1041/1632) *Nafḥ aṭ-ṭīb.* In: Die Welt des Islams. N.S. 42 (2002), S. 289 – 306.

270 Muḥammad aṣ-Ṣaġīr al-Ifrānī: *Nozhet-Elhâdi.* Histoire de la dynastie Saadienne au Maroc (1151 – 1610). Hrsg. und übers. von Octave Houdas, 2 Bde., Paris 1888 – 1889 (Publications de l'École des langues orientales vivantes. 3ᵉ série, 2, 3). Zu ihm Évariste Lévi-Provençal: Les historiens des Chorfa. Essai sur la littérature historique et biographique au Maroc du XVIᵉ au XXᵉ siècle, Paris 1922, S. 112 – 131.

wo ihr als Medium der Gelehrten und Kaufleute eine wichtige Funktion für den überregionalen politischen, kulturellen und Handelskontakt zukam, welche trotz der wachsenden Geltung europäischer Mächte fortbestand. Das gilt etwa für die Literaturen Ostafrikas, dessen Islamisierung infolge der persisch-arabischen Seefahrt vor das Jahr 1000 zurückreicht (‚Swahili' von arab. *sawāhil*, „Küsten"). Die älteste bekannte Chronik der Region wurde um 1505 teils auf Portugiesisch,[271] teils auf Arabisch verfasst: *as-Sunna al-kilāwīya* („Die Überlieferung von Kilwa") oder *Kitāb as-Sulwa fī aḫbār Kilwa* („Das Buch der Tröstung, betreffend die Nachrichten von Kilwa").[272] Sie behandelt die (teils legendären) persischen und arabischen Einwanderungen des Mittelalters, die daraus entspringende Šīrāzī-Dynastie von Kilwa Kisiwani in Tansania und die weitere Entwicklung bis ins 10./16. Jahrhundert. Auch die fernere Swahili-Geschichtsschreibung steht im Zeichen von *aḫbār, ta'rīḫ* und *ansāb.*[273] Ein wichtiges spätes Zeugnis des arabisch-islamischen Einflusses ist das *Kitāb az-Zunūǧ* („Buch der Zanǧ"), das im ausgehenden 19. Jahrhundert am Horn von Afrika entstand, einem Teil der Machtsphäre des Sultanats von Oman, welches die Arabische Halbinsel mit Zanzibar verband und von Großbritannien als Vormacht im Indischen Ozean bestätigt worden war. Ein unbekannter somalischer Autor bietet darin eine Chronik Ostafrikas seit der Šīrāzī-Einwanderung mit natürlichem Schwerpunkt auf der jüngeren Zeit und vielen zeitbezogenen Spitzen.[274] Ebenso verfährt die um das Jahr 1866 auf den Komorischen Inseln von ʿUmar b. Abī Bakr aš-Šīrāzī verfasste Chronik *Kitāb Aḥādīṯ al-māḍī fī ǧazīrat al-Angazīǧa wa-Hinzwānī wal-Mayūta wal-Mwālī* („Buch der Erzählungen von der Vergangenheit, betreffend die Inseln Njazidja, Nzwani, Mayotte und Mwali").[275] Sie beginnt mit eben derselben Tradition von einer ursprünglichen persisch-arabischen Ansiedlung, um dann fast unmittelbar zu den

---

271 In: João de Barros: *Ásia.* Dos feitos quê os Portogueses fizeram no descobrimento e conquista dos mares et terras do Oriente, 3 Bde., Lissabon 1552–1563, Bd. 1 [1552], 8. Buch, 6. Kap., fol. 97v–98v.

272 *As-Sunna al-kilāwīya*; englisch: The History of Kilwa. Edited from an Arabic MS. Übers. von S. Arthur Strong. In: Journal of the Royal Asiatic Society 1895, S. 385–430, hier S. 405–430.

273 A. J. H. Prins: On Swahili Historiography. In: Journal of the East African Swahili Committee 28 (1958), S. 26–40; Jack D. Rollins: A History of Swahili Prose. Part One: From Earliest Times to the End of the Nineteenth Century [mehr nicht ersch.], Leiden 1983, S. 27–46.

274 *Il libro degli Zengi.* Hrsg. und übers. von Enrico Cerulli. In: Ders.: Somalia. Scritti vari editi ed inediti, 3 Bde., Rom 1957–1964, Bd. 1, S. 229–357; vgl. Reinhard Klein-Arendt: „Und die Araber bauten Mogadishu ..." Das Kitab al-Zanuj. Eine ostafrikanische Chronik als moralische, politische und juristische Streitschrift, Marburg 2004.

275 *Kitāb Aḥādīṯ al-māḍī fī ǧazīrat al-Angazīǧa wa-Hinzwānī wal-Mayūta wal-Mawālī*; deutsch: Gernot Rotter: Muslimische Inseln vor Ostafrika. Eine Komoren-Chronik des 19. Jahrhunderts, Beirut 1976 (Beiruter Texte und Studien 18), S. 21–95.

neuzeitlichen Ereignissen zu kommen. Auch die islamische Geschichte der Malediven ist Gegenstand einer Chronik geworden; der Bericht von Ḥasan Tāğaddīn (gest. 1139/1727) reicht von den vorislamischen Propheten bis 1133/1720 und wurde von zwei Nachfahren um die Jahre bis 1243/1827–28 ergänzt.[276]

Erwähnt seien schließlich noch die von mehreren Händen zusammengetragene Geschichte der südlichen Nilländer im Zeitraum 910–1288/1504–1871, die sogenannte Chronik der Funğ,[277] und ein Geschichtswerk aus dem heutigen Nigeria, die sogenannte Chronik von Kano, eine vom 4./10. Jahrhundert bis ins Jahr 1892 reichende Stadtgeschichte.[278]

12 Schlussbemerkungen

Trotz der beeindruckenden Menge und Diversität erhaltener Chroniken weist die Quellenlage große Lücken auf. Weil Autorschaft in erster Linie in den Brennpunkten der Gelehrsamkeit gedieh sowie dort, wo Höfe und Gouverneurssitze den Berufsstand der Sekretäre bedingten, ist das Geschehen in und um die großen Siedlungs- und Machtzentren, je nach politischer Konjunktur also Bagdad, Damaskus, Aleppo und Kairo, am besten ausgeleuchtet. Fragmentiert ist dagegen das Bild vieler Provinzen, abgelegener Landschaften wie besonders auf der Arabischen Halbinsel und überhaupt der ländlichen Gebiete. Die Lückenhaftigkeit folgt aber auch aus dem Verlust eines unabsehbar großen Teils der Handschriften, zu dem der Mangel an stabilen und kontinuierlich sammelnden Institutionen, wie sie etwa im lateinischen Europa in Gestalt von fürstlichen, Kirchen- und Klosterbibliotheken bestanden, beigetragen hat. Schließlich sind die Handschriftenbestände der Bibliotheken und privaten Besitzer in den arabischen Ländern noch nicht vollständig gehoben und dokumentiert; abträgliche politische Umstände, insbesondere die Furcht privater und monastischer Besitzer vor staatlicher Ent-

---

276 Ḥasan Tāğaddīn (gest. 1139/1727): *Taʾrīḫ islām Dībā Maḥal*; The Islamic History of the Maldive Islands. With Supplementary Chapters by Muḥammad Muḥibb al-Dīn & Ibrāhīm Sirāj al-Dīn. Hrsg. von Hikoichi Yajima, 2 Bde., Tokio 1982–1984 (Studia culturae Islamicae 16, 22).
277 *Taʾrīḫ mulūk as-Sūdān*. Hrsg. von Makkī Šubaika, Khartum 1947 (Matbūʿāt kullīyat Gordon at-taḏkārīya bil-Ḫarṭūm. Taʾrīḫ 1); englisch: The Sudan of the Three Niles. The Funj Chronicle 910–1288/1504–1871. Übers. von Peter M. Holt, Leiden 1999 (Islamic History and Civilization 26).
278 *The Kano Chronicle*. In: Sudanese Memoirs. Being Mainly Translations of a Number of Arabic Manuscripts Relating to the Central and Western Sudan. Hrsg. von Herbert R. Palmer, 3 Bde., Lagos 1928, Bd. 3, S. 92–132; vgl. John O. Hunwick: Not yet t h e Kano Chronicle. King-lists with and without Narrative Elaboration from Nineteenth-century Kano. In: Sudanic Africa 4 (1993), S. 95–130.

eignung von Handschriften sowie jüngst bürgerkriegsbedingte Verluste, wirken zusätzlich hemmend.

Auch die philologische Sicherung der bekannten Texte ist nicht mit dem von der Alten Geschichte und europäischen Mediävistik erreichten Stand zu vergleichen. Viele Chroniken liegen in einer einzigen Ausgabe vor, die zudem oft aus dem 19., dem 18. oder durchaus auch einmal, wie manche Humanistenausgabe, aus dem frühen 17. Jahrhundert stammt.[279] Dass auch inakzeptable Leistungen darunter sind, versteht sich. Forscher kommen deshalb nicht umhin, qualitativ sehr unterschiedliche Ausgaben und Handschriften nebeneinanderzulegen. Umso gravierender ist, dass die Herausgabe unveröffentlichter arabischer Chroniken in den westlichen Ländern nahezu zum Erliegen gekommen ist – der jüngst erschienene Schlussteil von Ibn Wāṣils *Mufarriǧ* sticht als seltene und obendrein beispielhaft gelungene Ausnahme hervor.[280] Im Nahen Osten werden unvermindert alte und neue Textausgaben aufgelegt, neben guten wie einem *Ta'rīḫ Ṣafad*[281] und exzellenten wie der zum Abschluss kommenden kollektiven Gesamtausgabe von Ibn Ḫaldūns *'Ibar*[282] fallen aber viele in kommerzieller Absicht und dabei handwerklich anspruchslos gefertigte Bücher auf. Wichtige ‚neue' Quellen sind also rar und Übersetzungen fehlen ebenso häufig wie Einzelstudien. Zudem hat die ungenügende Buchhandels- und Bibliothekssituation in den Ländern der Region zur Folge, dass sich nahöstliche und westliche Forscher zunehmend in unverbundenen Zitierwelten bewegen.

Gleichzeitig entwickelt sich die historiographiegeschichtliche Forschung weiter und wendet sich zusätzlich zu den fortbestehenden Aufgaben der Quellenkunde immer stärker auch systematischen und interdisziplinären Fragen zu. Selbst bei raschem Blick auf die Vielfalt der Fragestellungen lassen sich, selbstredend unvollständig und ohne die Absicht einer Rangfolge, zumindest fünf Entwicklungsrichtungen erkennen.

Weiterhin von größtem Interesse ist das Verhältnis von Faktum und Fiktion. Den methodischen Rahmen bieten narratologische Ansätze im Wirkungsfeld des Dekonstruktivismus, den Anlass zumeist Figuren und Ereigniskomplexe des frühen Islams. Angesichts der in jener Zeit ausnehmend starken religiös-politischen Aufladung jeder Darstellung mit Parteiinteressen lassen sich geschichtspolitische Erzählstrategien und Fabelkompositionen nachweisen, die die Faktizität der Texte

279 Nicht ersetzt, glücklicherweise aber immer noch brauchbar ist etwa die Leidener Ausgabe von al-Makīns *Ta'rīḫ al-muslimīn* von 1625 (Anm. 238).
280 Ibn Wāṣil (Anm. 208).
281 Al-'Uṯmānī (schrieb 774–778/1372–76): *Ta'rīḫ Ṣafad*. Hrsg. von SUHAIL ZAKKĀR, Damaskus 2008.
282 Ibn Ḫaldūn (Anm. 133).

in den Hintergrund zu stellen scheinen. Als Funktionen des Erzählens werden wiederholt kulturell-religiöse Sinn- und Identitätsstiftung sowie Legitimation der jeweils bestehenden Herrschaft festgestellt. Überraschender und wichtiger noch ist indes die vertiefte Kenntnis der kulturellen, Schriftsteller und Leser verbindenden Codes zu bestimmten Zeiten.[283]

Zur Konkretisierung tragen Studien zur Literatursoziologie bei, die auf die Standortbindung und Zeitlichkeit der Autoren zielen und so den Sitz der Werke im Leben erhärten können. Dabei kommen unweigerlich die Gelehrtenwelt mit ihren intellektuellen Diskursen, aber auch Ein- und Ausschlussmechanismen zur Sprache. Nach der einen Seite werden Autorenpersönlichkeiten als handlungsmächtige Makler von Geschichtsentwürfen greifbar, nach der anderen eröffnen sich Übergänge zur Sozialgeschichte der Städte. Auch die Kontextualisierung von Historikern in zeitgenössischen Konflikten, etwa angesichts der Kreuzzüge, gehört hierher.[284]

Große Aufmerksamkeit erntet die Werkstatt der Historiker. Untersucht wurden in jüngster Zeit die Verfahrensweisen, Begriffe und Wirkungen des Kompilierens und deren konstitutive Rolle für die Intertextualität der arabischen Geschichtsschreibung. Das Überlieferungsschicksal von Nachrichten ist Teil der Diskussion – im Unterschied zum westlichen Plagiatsbegriff – des Selbstverständnisses der Historiker gegenüber den Vorgängern und allgemeiner eines disziplinären Ethos der Historiker. Die hier gefundenen Belege für ein geteiltes Wahrhaftigkeitsethos, das während der mittelislamischen Phase sowohl freie Interpolation als auch Fälschung untersagt und somit die analytische Bedeutung von Standortbindungen relativiert, weisen auf einen wesentlichen Unterschied zur frühislamischen Literatur hin. Weitere jüngst beleuchtete Aspekte der Werkstatt sind die Kombination von Chronistik und Biographik, diaristische Darstellungsweisen und die von den Autoren getroffenen Periodisierungen.[285]

---

283 Tayeb El-Hibri: Reinterpreting Islamic Historiography. Hārūn al-Rashīd and the Narrative of the ʿAbbāsid Caliphate, Cambridge 1999 (Cambridge Studies in Islamic Civilization); Shoshan (Anm. 81); Scheiner (Anm. 37); Matthias Vogt: Figures de califes entre histoire et fiction. Al-Walīd b. Yazīd et al-Amīn dans la représentation de l'historiographie arabe de l'époque ʿabbāside, Beirut 2006 (Beiruter Texte und Studien 106). Etwas älter, ohne angestaubt zu sein, ist Reinhard Eisener: Zwischen Faktum und Fiktion. Eine Studie zum Umayyadenkalifen Sulaimān b. ʿAbdalmalik und seinem Bild in den Quellen, Wiesbaden 1987.

284 Hirschler (Anm. 207); Mallett (Anm. 140).

285 Franz (Anm. 80); Les méthodes de travail des historiens en Islam. Hrsg. von Frédéric Bauden (Sonderheft von: Quaderni di studi arabi. N.S. 4, 2009 [2010]); Arabic Pasts. Histories and Historiography. Hrsg. von Konrad Hirschler/Sarah Bowen Savant (Sonderheft von: Der Islam 91.1, 2014); Şen (Anm. 136). Die intensivsten Einzeluntersuchungen betreffen derzeit al-Maqrīzī, dem die bislang vierzehnteilige, an wechselnden Orten erscheinende Artikelfolge ‚Maqriziana' von

Eng verbunden mit dem Kompilationswesen ist die Rezeptionsgeschichte, deren Vorteil es ist, sich nicht in der mitunter einengenden zeitgenössischen Kontextualisierung zu erschöpfen. Besonders aufschlussreich sind Fragen nach gesellschaftlichen und fachgebundenen Lesepraktiken, der analytischen Figur des Lesers und dem unterschiedlichen Zuschnitt historischer Geschichtshorizonte.[286]

Sodann ist es die in der zweiten Hälfte der mittelislamischen Zeit einsetzende Durchmischung von Chronistik und Biographik mit ihrer schieren Menge an oftmals sehr umfangreichen Werken, welche der Geschichts- und der Historiographieforschung ein immenses Arbeitsfeld bieten, das noch kaum recht ins Auge gefasst wurde. Dabei überwiegt die, bei aller Problematik von Klassifizierungen, überwiegend biographisch ausgerichtete Literatur das eigentlich historiographische Schrifttum mit einiger Deutlichkeit.

Der fließende Übergang zwischen ihnen und der fliegende Wechsel vieler Autoren zwischen diesen und anderen Sparten legen den Gedanken an eine weitere, künftige Entwicklung nahe: die Untersuchung dessen, was in zeitgenössischen Begriffen über die Textsorten hinweg als historisch verstanden wurde. Schon lange vor der gewissen Entgrenzung der Textsorten war arabisches Geschichtsdenken auch in der Geographie, Genealogie, Häresiographie, Dichtung und in Dichtungskommentaren, ja in nahezu allen wissenschaftlich-literarischen Domänen zuhause, an die man denken mag. Die Forschung allerdings hat in dem Maße, wie sie sich auf die frühen Jahrhunderte konzentrierte, als ein prägnantes historiographisches Forminventar im Wachsen und Blühen begriffen war, die späteren Rekombinations- und Öffnungserscheinungen nur unzureichend zu erfassen vermocht. Zu keiner Zeit war der literarische Ort von Historizität zur Gänze an fachhistorische Zuständigkeiten gebunden, ebenso wie die historischen Schriftsteller fast nie ausschließlich Historiker waren. Gerade Geographie und Genealogie sind beliebte Themen vieler gewesen, die üblicherweise in erster Linie als Chronisten bekannt sind. Zudem nahmen beide Wissensgebiete in aiyūbidischer und mamlūkischer Zeit einen Neuaufschwung, dessen Übereinstimmung mit der Wiederbelebung der Universalchronistik, so die Vermutung, kein Zufall war, sondern einem allgemeineren Wandel des Geschichtsdenkens entspricht. Die möglichst genaue und verständige Kenntnis der arabischen Chronistik kann ein Schlüssel sein, um die Wandlungen eines kulturspezifisch sich weit darüber hinaus erstreckenden Geschichtsdenkens aufzuschließen.

Frédéric Bauden sowie die von ihm herausgegebene Buchreihe ‚Bibliotheca Maqriziana' (Leiden 2014 ff.) gilt.

286 Franz (Anm. 80); Konrad Hirschler: The Written Word in the Medieval Arabic Lands. A Social and Cultural History of Reading Practices, Edinburgh 2012.

Lektürehinweise:
1. Abū l-Fidā' [Holt] 1983 (125); Ibn Abī l-Faḍā'il [Blochet] 1916–1928 u. [Kortantamer] 1973 (241); Ibn Ḫaldūn [MacGuckin de Slane] 1925–1956 (133); Ibn Isḥāq [Guillaume] 1955 (20); Ibn Iyās [Wiet] 1945, 1955–1960 u. [Schimmel] 1985 (249); al-Makīn [Erpenius] 1625 (238); al-Maqrīzī [Broadhurst] 1980 u. [Blochet] 1898–1908 u. [Quatremère] 1837–1845 (153); al-Mas'ūdī [Barbier de Meynard/Pavet de Courteille] 1962–1997 (103); Miskawaih [Margoliouth] 1921 (2); aṭ-Ṭabarī [Yar-Shater] 1985–2007 (22).
2. Ammann 1997 u. 1998 (1); Arabic Pasts 2014 (285); Aziz al-Azmeh: Histoire et narration dans l'historiographie arabe. In: Annales. Économies, sociétés, civilisations 41 (1986), S. 411–431; Busse 1987 (1); Cahen 1986 (1); Guo 2010 (1); Historiography of Islamic Egypt 2001 (1); Khalidi 1994 (97); Robinson 2003 (1); Rosenthal 1968 (1); Spuler 1955 (9).
3. Cheddadi 2004 (9); Donner 1998 (43); Franz 2004 (80); El-Hibri 1999 (283); Hirschler 2006 (207); Little 1998 (140); Massoud 2007 (140); Noth 1973 u. 1994 (42); Rotter 1974 (103); Shoshan 2004 (81); Weintritt 1992 (204).

Stephan Conermann

Indo-Persische Chronistik

1 Einleitung

In diesem Handbuchartikel werden verschiedene Gattungen der indo-persischen Historiographie vorgestellt. Angesichts des umfangreichen und größtenteils unerschlossenen Materials kann dies allerdings nur in Form einer Bündelung der verschiedenen historiographischen Ansätze geleistet werden.[1] Die Zahl der noch nicht edierten Schriften ist zu groß und die Vorarbeiten zu diesem Thema sind zu sporadisch, als dass man zu mehr als einem ersten Überblick und zu gänzlich vorläufigen Aussagen kommen könnte.[2] Jegliche Aufgliederung der persischen Quellen in Untergruppen ist nicht ganz unproblematisch, da sie von der jeweiligen Fragestellung des Bearbeiters abhängt. Berücksichtigt man etwa als vornehmliches Kriterium einer solchen Einteilung die Autorintention bzw. den Zweck der Schrift, ergeben sich für das vormoderne persische Schrifttum folgende Quellengruppen: Geschichtsschreibung, Hagiographie, Rechtsquellen (darunter auch Urkunden), theologische Schriften und sonstige Werke des Wissenschaftsbetriebes, Briefe oder (fiktive) Dichtungen.

Obgleich die persische Historiographie schon früh das Interesse der Forscher auf sich gezogen hat, ist es bisher nicht wirklich gelungen, die Unterschiede und Merkmale der Schriften hinreichend zu definieren. Dies ist jedoch nicht übermäßig verwunderlich, denn obwohl die Autoren selbst wie auch andere Gelehrte sich der verschiedenen formalen Möglichkeiten, dem Leser Geschichte zu präsentieren, durchaus bewusst sind, lassen sie sich darüber theoretisch kaum einmal aus. Diesbezügliche Äußerungen, die auf uns gekommen sind, besitzen nur allgemeingültigen Charakter und eignen sich nicht für eine Kategorisierung. Es ist daher nicht davon auszugehen, dass die vormodernen muslimischen Historiker von Khurasan bis Indien über eine allgemein als verbindlich anerkannte Lehre der

---

1 Dieser Beitrag ist eine gekürzte und etwas modifizierte Fassung einiger Kapitel aus STEPHAN CONERMANN: Historiographie als Sinnstiftung. Indo-persische Geschichtsschreibung während der Mogulzeit (932 – 1118/1526 – 1707), Wiesbaden 2002. Die Wiedergabe von einzelnen Passagen erfolgt mit freundlicher Genehmigung des Ludwig-Reichert-Verlags, Wiesbaden.

2 Einen Überblick über die gesamte persische Chronistik bietet nun: Persian Historiography. Hrsg. von CHARLES MELVILLE, London 2012 (A History of Persian Literature 10). Zur indo-persischen Historiographie siehe darin das Kapitel von STEPHEN F. DALE (S. 565 – 611). Neue Ansätze bietet auch: Writing the Mughal World. Studies on Culture and Politics. Hrsg. von MUZAFFAR ALAM/ SANJAY SUBRAHMANYAM, New York 2011.

historischen Gattungen verfügen. Im Unterschied etwa zu den Traktaten über Kanzleikünste, Kriegstaktiken oder über die *shari'a*-konforme Bodenbesteuerung gibt es keine eigenständige persischsprachige Abhandlung über Geschichtsschreibung. Insofern mag es auch nicht sonderlich bemerkenswert erscheinen, dass wir zwar bei der näheren Betrachtung der relevanten persischen und indopersischen Texte historiograpische ‚Genres' prinzipiell konstruieren können, deren Grenzen jedoch von den Autoren selbst nicht strikt eingehalten werden. Man darf bei einer solchen Einteilung eben nicht vergessen, dass erst die modernen Forscher diese Gruppen definieren, die Zeitgenossen eine solche Kategorisierung indes nicht kennen.

2 Historiker des Delhisultanat

Der früheste persischsprachige Historiker des muslimischen Indiens ist der aus Nishapur stammende Sadr ad-Din Muhammad b. Hasan Nizami († nach 1229),[3] der sich nach der Beendigung seiner Ausbildung zum Gelehrten nach Ghazna (heute: Ghazni in Zentralafghanistan) begab. Da er zu dieser Zeit bereits einen gewissen Ruf als glänzender Stilist hat, nimmt man ihn am dortigen Ghuridenhof gnädig auf. Die Ghuriden, aus der Region Ghur in Afghanistan stammend, dehnten am Ende des 12. Jahrhunderts ihr Reich immer weiter nach Osten aus, besiegten 1192 in der Schlacht von Tarain die Hindufürsten und in der Folge brachte der Ghuridensultan Mu'izz ad-Din Muhammad b. Sams (1192–1206) ganz Nordindien unter seine Kontrolle. Das Ghuridenreich zerfiel aber bereits 1206 in Einzelherrschaften, zu denen auch das Sultanat von Delhi zählte, in das Nizami zog und dort auf die Aufforderung Qutb ad-Din Aibaks (1206–1210) im Jahr 1206 mit der Abfassung eines Berichts über die Eroberungen Mu'izz ad-Dins auf dem indischen Subkontinent begann. So entsteht mit seinem *Taj al-ma'athir fi't-ta'rikh* die erste offizielle Geschichte des Delhisultanates.[4] Das Werk setzt ein mit der Einnahme Ajmers 1191 und endet in den meisten Handschriften mit der Ernennung Nasir ad-Din Mahmuds (1246–1265), des Sohnes Iltutmishs (1210–1235), zum Statthalter von Lahore im Jahr 1217. Hasan Nizami benutzt die Geschichtsschreibung weniger zur

3 Zu Leben und Werk siehe Charles A. Storey: Persian Literature. A Bio-Biographical Survey. Bd. 1: Qur'ānic Literature. History and Biography. Tl. 1: Qur'ānic Literature. History, London 1927–1939; Neudruck London 1970, S. 493–495 und Khaliq A. Nizami: On History and Historians of Medieval India, New Delhi 1983, S. 55–70.

4 Hasan Nizami: *Taj al-ma'athir fi't-ta'rikh*, Ms. BM, Add. 7623 = Charles Rieu: Catalogue of the Persian Manuscripts in the British Museum, 3 Bde. nebst Supplementband, London 1879–1895, Bd. 1, S. 239 f.

Darstellung sozialer oder gesellschaftlicher Phänomene, sondern allein zur Schilderung der politischen Ereignisse. Dabei will der Autor ursprünglich über die Glanztaten Muʿizz ad-Dins und Aibaks schreiben und auf diese Weise seinen Teil zur Legitimierung ihrer Herrschaft in Indien beitragen. Wie sehr sich der *Taj al-maʾathir fiʾt-taʾrikh* insgesamt um diese beiden Machthaber dreht, zeigt vor allem die konzeptionelle Ratlosigkeit Hasan Nizamis angesichts des plötzlichen Todes Aibaks. Zwar führt er seine Chronik weiter, doch sind seine Ausführungen zu Iltutmish, dem späteren Herrscher in Delhi (und nicht mehr in Lahore), unverbindlich und entbehren der stilistischen Kohärenz der anderen Teile. Diese zögerliche Haltung kann man beispielsweise daran erkennen, dass er seiner Chronik einfach einen panegyrischen Anhang über die Taten Iltutmishs beifügt, ohne diesen Teil also in seinen *Taj al-maʾathir fiʾt-taʾrikh* eingearbeitet zu haben. Dass Hasan Nizami ansonsten sehr bedacht zu Werke geht, zeigt sich in seinem wohlüberlegten Umgang mit den ihm zur Verfügung stehenden rhetorischen Mitteln. Zur Verdeutlichung der guten Eigenschaften seiner beiden Hauptthelden innerhalb des feindlichen und ungläubigen Umfeldes setzt er immer wieder Anekdoten, Metaphern, Synonyme, Vergleiche oder eigene Verse und Zitate persischer und arabischer Dichter ein. Nicht umsonst sieht man später in Hasan Nizami *Taj al-maʾathir fiʾt-taʾrikh* ein treffliches und nachahmenswertes Geschichtswerk.

Ebenfalls ghuridische Wurzeln besitzt auch der nächste Chronist: Nach eigenen Angaben wird Minhaj ad-Din al-Juzjani († nach 1259), der auch unter seinem Beinamen Minhaj-i Siraj bekannt ist, 1193 am herrscherlichen Hofe des von 1163–1202 regierenden Ghuriden Ghiyath ad-Din Muhammad Ibn Sam in Firuzkuh geboren.[5] 1226/27 begibt er sich zur Residenz Nasir ad-Din Mahmud Qabachas in Uchch, um dort als Lehrer an der *madrasa-yi Firuzi* genannten Unterrichtsstätte zu wirken. Als die Stadt jedoch zwei Jahre später von Iltutmish eingenommen wird, wechselt Minhaj ad-Din die Fronten und schließt sich dem Eroberer an. In der Folgezeit dient er seinem neuen Patron und dessen Nachfolgern als Oberkadi. Das Datum seines Todes ist nicht bekannt, doch scheint er während der Regierungszeit Bal(a)bans (1265–1287) verstorben zu sein. Seine bekannteste Arbeit ist die im Ruhestand 1259/60 verfasste und Nasir ad-Din Mahmud gewidmete Chronik *Ta-*

---

5 Zu Leben und Werk siehe Storey (Anm. 3), S. 68–70 sowie Ders.: Persian Literature. A Bio-Biographical Survey. Bd 1: Qurʾānic Literature. History and Biography. Tl. 2: Biography, London 1927–1939, Neudruck London 1970, S. 1229 f.; Ders.: Persidskaja literature – bio-bibliografičeskij obzor. Tl. 1: Koraničeskaja literatura, vseobšaja istorija, istoroja prorokov i rannij Islam (Persian Literature. A Bio-Biographical Survey. Tl. 1: Qurʾānic Literature. History and Biography). Ins Russische übersetzt und überarbeitet von Ju. E. Bregel, Moskau 1972, S. 294–298; Ders.: Persidskaja literatura – bio-bibliografičeskij obzor. Tl. 3: Ukazateli. Addenda. Hrsg. von Yu. E. Borshchevsky, Moskau 1972, S. 1394; vgl. auch Nizami (Anm. 3), S. 71–93.

baqat-i Nasiri.[6] Das von späteren Historikern gepriesene Werk ist angelegt, angesichts des Unterganges der Ghuriden und der aus Zentralasien über die *umma* (Gesamtgemeinde aller Muslime) hereinbrechenden, das Ende der Welt ankündigenden Mongolen die Erinnerung an die glorreiche Vergangenheit zu bewahren. Letztlich geht es Minhaj ad-Din al-Juzjani um die Fortschreibung der Geschichte der Ghuriden, deren Nachfolger in Nordindien allen Bedrohungen zum Trotz ein neues großartiges islamisches Reich gegründet hätten. Mittel zum Zweck ist die Einbindung der Geschichte des Islams in Südasien in eine *historia universalis.* Nach einem kurzen Abriss der ‚Weltgeschichte' von Adam bis zu den Rechtgeleiteten Kalifen folgt die Darstellung einzelner Dynastien (*tabaqat*). An dem Punkt, an dem Minhaj ad-Din alJuzjani zu Nasir ad-Din Mahmud kommt, geht er in eine annalistische Darstellungsweise über. Der Autor präsentiert dem Leser die von ihm ausgewählten Berichte nicht vor dem Hintergrund übergeordneter politischer Ereignisse, sondern als isolierte Vorkommnisse während der Regierungszeit einzelner Herrscher. Geschichte ist für Minhaj ad-Din al-Juzjani somit kein einheitliches Ganzes, sondern zerfällt in dynastische Einheiten, die unabhängig voneinander betrachtet werden. Letztlich bestimmt der (fehlbare) menschliche Wille eines individuellen Herrschers das historische Geschehen.

Ein sehr dezidiertes Geschichtsbewusstsein hat auch Ziya ad-Din Barani (ca. 1285–1357),[7] der aus einem Geschlecht stammt, das sich in der Führungsschicht des Sultans etablierte. Barani erhält eine hervorragende Ausbildung und gehört der kulturellen Elite des Sultanates an. Zu seinen Freunden zählen nach eigenen Angaben die zu jener Zeit berühmten und hochverehrten Dichter Amir Hasan Sijzi (1275–1336) und Amir Khusrau Dihlavi (1253–1325). 1334/35 wird er von Muhammad Ibn Tughluq (1325–1351) bei Hofe aufgenommen. Er dient dem Sultan bis zu dessen Tode in Sind als Vertrauter. Danach unterstützt er den Versuch von Khvaja Jahan Ayaz, den minderjährigen Sohn von Muhammad Ibn Tughluq, Mahmud, auf den Thron in Delhi zu setzen. In Sind ruft man jedoch unterdessen Firuz zum Herrscher aus, der bald darauf in Delhi eintrifft und Khvaja Jahan und seine Gefolgsleute stürzt. Viele von ihnen werden zum Tode verurteilt, und Barani verdankt sein Leben wohl nur der Intervention des neuen Herrschers Firuz Shah (1351–1388). Er verliert jedoch seine frühere Position sowie all sein Hab und Gut und verbringt offensichtlich einige Zeit im Gefängnis. In dieser ver-

---

6 Minhaj ad-Din al-Juzjani: *Tabaqat-i Nasiri.* Bd. 1. Hrsg. von William N. Lees, Calcutta 1864; Minhaj ad-Din al-Juzjani: *Tabaqat-i Nasiri.* Bd. 2. Hrsg. von ʿAbd al-Hayy Habibi, Kabul 1964.
7 Zu ihm siehe Peter Hardy: Historians of Medieval India. Studies in Indo-Muslim Historical Writing, London 1960, S. 20–40 und Mohammad Habib: The Life and Thought of Ziauddin. In: Politics and Socity during the Early Medieval Period. Collected Works of Prof. Mohammad Habib. Hrsg. von Khaliq A. Nizami, 2 Bde., New Delhi 1974, Bd. 2, S. 286–366.

zweifelten Situation schreibt er 1355 seinen *Ta'rikh-i Firuzshahi*, eine Geschichte des Delhisultanates von Bal(a)ban bis in das vierte Jahr der Regierung Firuz Shahs.[8] Er überarbeitet sein Werk noch einmal, und zwei Jahre später, kurz vor seinem Tode 1357, erscheint die revidierte Version.

Barani, der sich selbst als Nachfolger Minhaj ad-Din al-Juzjanis sieht, verfasst letztlich eine Chronik der Herrscher einer Dynastie in einem Land. Er bietet dem Leser Berichte individueller Herrscher von Bal(a)ban bis Firuz Shah, wobei jedes Kapitel mit einer Liste der Notabeln beginnt und mit Baranis eigener Einschätzung des jeweiligen Sultans und dessen Regierungszeit endet. Doch auch bei Barani ändert sich die Form der Darstellung, als er zu seiner Hauptperson, also Firuz Shah, kommt. Der Bericht über seine Herrschaft ist in elf Teile gegliedert, die jeweils bestimmte Aspekte dieser Epoche herausheben. Für Barani bedeutet Geschichte nicht den bloßen Ereignisablauf, sondern seiner Ansicht nach soll die Vergangenheit dazu dienen, Lehren für die Gegenwart und Zukunft zu entwickeln. Ereignisse formen einen Zusammenhang, den der Historiker herausfinden und darstellen muss. Bevor er daher seine Chronik anfängt, sucht er nach den Gründen für die Schwäche des Sultanates in den 30 Jahren vor der Thronbesteigung Bal(a)bans. Jede Herrschaft dient Barani als Folie der nächsten und kann als in sich schlüssiges Moralstück verstanden werden. Da Barani auch sehr an administrativen Dingen gelegen ist und deren Entwicklung in der Zeit zu verfolgen sucht, stehen die von ihm dargebotenen Berichte nicht für sich, sondern beziehen sich aufeinander. Zum besseren Verständnis für Baranis Geschichtsverständnis mag man seinen Fürstenspiegel *Fatava-yi Jahandari* lesen.[9] Barani beschreibt darin ausführlich, wie sich das theokratische Kalifat der ersten Nachfolger Mohammeds allmählich in einen weltlich orientierten Herrschaftsverband verwandelt habe. Hier steht die allgemein verbreitete Idee des Verfalls der *umma* mit fortschreitendem Abstand zur islamischen Urgesellschaft Pate. Da man diesen Zustand nicht wieder erreichen kann, müsse man die Herrscher als von Gott gewollt und eingesetzt anerkennen, wobei von Barani Mahmud von Ghazna als nachahmenswertes Vorbild gepriesen und dargestellt wird. Allein die Umstände zwängen die muslimischen Machthaber dazu, zur Aufrechterhaltung und Durchsetzung ihrer Herrschaft gottlose und tyrannische, ja sogar unislamische, ‚altiranische' Praktiken anzuwenden.

8 Barani: *Ta'rikh-i Firuzshahi*. Hrsg. von Muhammad Hidayat Husain, Calcutta 1862.
9 Barani: *Fatava-yi Jahandari*. Hrsg. von Afsar S. Khan, Lahore 1972.

Lassen sich zu Baranis Werdegang wenigstens einige Aussagen machen, so wissen wir über das Leben Shams ad-Din Siraj ʿAfifs († um 1399) nicht viel.[10] Obgleich er aus einer Familie stammt, deren männliche Mitglieder in der Administration des Delhisultanates tätig sind, ist es unklar, ob er selbst auch irgendeinen offiziellen Posten innehat. Nach dem Einfall Timurs († 1405) in Indien 1398/99 verfasst er seinen *Taʾrikh-i Firuzshahi*, der aber nur ein Teil eines umfangreicheren Geschichtswerkes über die guten Eigenschaften der Sultane Ghiyath ad-Din Tughluq (1320–1325), Muhammad b. Tughluq und Firuz Shah sowie über die Einnahme Delhis durch die Truppen Timurs zu sein scheint.[11] Die Kapitel, die von den ersten beiden Sultanen handeln, und ein Abschnitt der Beschreibung Firuz Shahs sind nicht erhalten. Der britische Historiker Peter Hardy ordnet ʿAfifs *Taʾrikh-i Firuzshahi* der *manaqib*-Literatur zu, d. h. der Gattung Bücher, in denen versucht wird, durch das Verfassen lobrednerischer Biographien frommer Menschen Beispiele für künftige Generationen zu geben.[12] ʿAfifs Hauptziel sei es, Firuz Shah, den er mit Alexander dem Großen vergleicht, in so günstigem Licht wie möglich zu zeigen, um dadurch die Vorstellung eines Goldenen Zeitalters des Delhisultanates vor der Zerstörung der Hauptstadt durch Timur entstehen zu lassen. Letztlich haben wir es mit dem Topos des perfekten Herrschers zu tun, dessen Andenken angesichts der Kalamitäten zur Zeit der Abfassung des Werkes hochgehalten wird. Dabei sind weder gesellschaftliche oder historische Entwicklungen zu erkennen, noch geht es dem Autor um eine sachgerechte Wiedergabe der Wirklichkeit. Alle Handlungen Firuz Shahs sind per se gut, den Muslimen in seinem Reich geht es blendend, die Wirtschaft floriert, die Preise sind niedrig. Innerhalb eines wohlgesetzten Rahmens scheint sich Episode an Episode zu reihen, ohne dass ein chronologischer oder historischer Zusammenhang angestrebt wird. Man sollte dabei jedoch nicht vergessen, dass ʿAfif mit seinem Werk und seiner literaturästhetischen Auffassung den damaligen Zeitgeist und Geschmack repräsentiert.

Ebenso wie über ʿAfif sind auch über Yahya b. Ahmad as-Sirhindi († nach 1434), den Autor der zu großen Teilen vor 1428 verfassten Chronik *Taʾrikh-i Mubarakshahi*, nur äußerst spärliche Informationen verfügbar.[13] Er schreibt, dass er schon am Hofe in Delhi in Lohn und Brot gestanden habe, als er mit der Abfassung

---

10 Siehe zu ihm Klara Z. Ašrafjan: 'Tarich-i Firuz-Šachi' Afifa kak istoričeskij istočnik k istorii Indii vtoroj poloviny XIVv. In: Učene zapiski Instituta Vostokovedenija 18 (1957), S. 407–444 und Hardy (Anm. 7), S. 40–56.

11 ʿAfif: *Taʾrikh-i Firuzshahi*. Hrsg. von Muhammad Hidayat Husain, Calcutta 1891.

12 Siehe zu ihm Hardy (Anm. 7), S. 54–55.

13 As-Sirhindi: *Taʾrikh-i Mubarakshahi*. Hrsg. von Muhammad Hidayat Husain, Calcutta 1931. Zu ihm siehe auch Hardy (Anm. 7), S. 56–67.

seines Geschichtsbuches begann. Die Motivation für dieses Unterfangen scheint as-Sirhindis Wunsch gewesen zu sein, mit der fertigen Chronik die Gunst des Herrschers Sayyid Mubarak Shah (1421–1434) zu erlangen. Das Werk ist also allein geschrieben worden, um sich die Patronage eines regierenden Machthabers zu sichern. Geschichtsschreibung sieht as-Sirhindi somit als geeignetes Mittel zum Zweck. In seinem Bemühen, den Islam in Nordindien im Allgemeinen und die Regierung seines Helden im Besonderen so legitim und ruhmreich wie möglich darzustellen, stellt as-Sirhindi aus früheren Chroniken historisches Material über die Zeit des Ghuridenherrschers Muhammad b. Sam bis zur Regierung Firuz Shahs zusammen und ergänzt diesen Abriss um die Schilderung derjenigen Ereignisse, über die er aus eigener Erfahrung berichten kann. As-Sirhindi erweist sich dabei keineswegs als bloßer Kopist, sondern folgt eigenen Selektionskriterien. Ihm geht es darum, ohne weitere Ausschmückungen und ohne erkennbare Verbindung untereinander die Taten der Sultane und Heerführer chronologisch wiederzugeben. Immer wieder scheint jedoch eine fatalistische Grundeinstellung des Autors durch das nackte Tatsachengerüst. Da weltlicher Glanz nur allzu vergänglich ist, erübrigt sich der Versuch, eine organische Einheit der Geschichte zu schreiben. Geschichte bleibt trotz aller individuellen – und damit für die Ewigkeit anrechenbaren – Erfolge eine Abfolge politischer und militärischer Höhepunkte.

Ein ganz anderes Interesse an Geschichte hat der 1253 in einer kleinen Stadt im heutigen Uttar Pradesh geborene Amir Khusrau Dihlavi, der zu den bekanntesten indo-persischen Dichtern überhaupt gehört.[14] Er ist türkischer Abstammung und steht zuerst in Diensten einiger Verwandter Bal(a)bans, bis er schließlich an den Hof nach Delhi kommt und dort von Jalal ad-Din Khalji, der ob seines dichterischen Talentes große Stücke auf ihn hält, eine jährliche Apanage ausgezahlt bekommt. Diese Regelung wird auch von den nachfolgenden Sultanen fortgeführt. Bei allen Herrschern steht Amir Khusrau, der inzwischen ein Schüler des berühmten Mystikers Nizam ad-Din Auliya' (1238–1325) ist, in hohem Ansehen. Er stirbt schließlich kurz nach dem Regierungsantritt Muhammad Ibn Tughluqs im Jahre 1325 und wird zu Füßen von Nizam ad-Din Auliya' beigesetzt. Von seinem umfangreichen Werk sind fünf Gedichtsammlungen, Adaptionen klassischer persischer Stoffe und eine Reihe historischer Poeme auf uns gekommen.

Das einzige Prosawerk Amir Khusraus (*Khaza'in al-futuh*) beginnt mit einer kurzen Skizze der Weltgeschichte aus indo-islamischer Sicht, geht dann über zu der Beschreibung der guten Taten des Sultans ʿAla' ad-Din Khalji und schließt mit

14 Siehe zu Leben und Werk MOHAMMAD HABIB: Life and Works of Hazrat Amir Khusrau of Dihli, Bombay 1927 und SUNIL SHARMA: Amir Khusraw. Poets of Sultans and Sufis, Oxford 2005.

einer knappen Entschuldigung für etwaige Fehler seitens des Autors.[15] Das wohlkonstruierte Werk ist gespickt mit rhetorischen Figuren, Andeutungen und Anspielungen. Anhand des *Khaza'in al-futuh* kann man sehen, wie eng die darstellerischen Grenzen bei der Beschreibung des gleichzeitig als Brotherr fungierenden Herrschers gesteckt waren. Erwartet wurde von einem Poeten – ungleich mehr als von einem Historiker – eine demütig präsentierte, anekdotenhafte Ausmalung der rühmenswerten Taten des Sultans, zu denen etwa auch die Unterdrückung der Hindus gehörte, die im Gedächtnis der Nachwelt eine Erhöhung dieser Figur beinahe ins Göttliche gewährleisten sollte. Letztlich ist Amir Khusrau mehr Poet als Historiker. Insofern unternimmt er auch keine systematische Studie der Vergangenheit. Er hat es sich vielmehr zum Ziel gesetzt, einzelne Episoden aus dem Leben der Sultane dichterisch umzugestalten, um sie so unsterblich und unvergänglich zu machen.

Sehr viel konkreter sind die Ambitionen eines Mannes, dessen wahren Namen wir zwar nicht kennen, doch der unter dem Pseudonym ʿIsami im 14. und 15. Jahrhundert unter den Muslimen Südasiens große Bewunderung hervorruft.[16] Der Grund für diese allgemeine Anerkennung sind seine in der Zeit vom Dezember 1349 bis zum Mai 1350 verfassten *Futuh as-salatin.*[17] Dieses einzigartige Epos soll nach ʿIsamis eigenen Aussagen ein *Shah-nama* seiner eigenen Epoche sein. Aus diesem Grunde setzt es auch mit der idealisierten Darstellung der Herrschaft des Patrones seines großen Vorbildes Firdausi († 1020), Mahmud von Ghazna († 1030), ein. Im Anschluss daran beschreibt und legitimiert der Verfasser in über 11.000 Versen, die alle im *mutaqarib*, dem Versmaß des *Shah-namas*, geschrieben sind, die Geschichte der muslimischen Herrscher in Indien. Hinter der künstlerischen Absicht steht auch ein ganz persönliches Ziel: ʿIsami will mit seinen *Futuh as-salatin* die Gunst des Begründers des von Delhi unabhängigen Bahmaniden-Sultanates (1347–1528), ʿAlaʾ ad-Din Hasan Bahman Shah (1347–1358), erlangen. Der Autor war nämlich zuvor zusammen mit seinem Großvater auf Geheiß Muhammad b. Tughluqs von Delhi nach Daulatabad umgesiedelt worden. Sein Begleiter erlag den Anstrengungen dieser Reise, und bei ʿIsami hinterließ der erzwungene Umzug einen lebenslangen Hass auf den Sultan. Mit Hilfe seiner *Futuh as-salatin* gedachte er daher, dem Delhisultanat für immer zu entfliehen. Mit einem Werk wie den *Futuj as-salatin* war es für ʿIsami in der Tat leicht, die Aufmerksamkeit ʿAlaʾ ad-Din Hasan Bahman Shahs auf sich zu lenken und auf diese Weise als Künstler einen Namen und finanzielle Sicherheit zu erlangen.

15 Amir Khusrau: *Khaza'in al-futuh*. Hrsg. von Muhammad W. Mirza, Calcutta 1953.
16 Siehe zu ihm Hardy (Anm. 7), S. 94–110 und Nizami (Anm. 3), S. 107–123.
17 ʿIsami: *Futuh as-salatin*. Hrsg. von A.S. Usha, Madras 1948.

In seinem Epos liefert uns ʿIsami nach einem kurzen Abschnitt über die altiranischen Heroen einen Abriss der ghaznavidischen und ghuridischen Eroberungen in Indien und der glanzvollen Geschichte des Delhisultanates bis 1349. Die Darstellung folgt den Regierungszeiten der Herrscher, wobei ʿIsami seine Abneigung gegenüber Muhammad b. Tughluq deutlich zum Ausdruck bringt. Plötzlich schlägt der Ton, der bis zur Herrschaft dieses Sultans sachlich und nüchtern war, ins Aggressive und Anschuldigende um. Im Zentrum der *Futuh as-salatin* stehen – wie gesagt – die Leistungen der Muslime in Nordindien. In Erzählungen, die in die chronologischen Bericht eingefügt sind, stellt ʿIsami den Wagemut und die Weisheit, Frömmigkeit und Freigebigkeit der Herrscher heraus. Um eine für den Leser interessante Geschichte wiederzugeben, wird – wie so oft – ein Faktengerüst bunt mit häufig unzusammenhängenden und undatierten Episoden ausgeschmückt. Die Vergangenheit dient innerhalb islamischer Normen als Schauplatz der Auseinandersetzung von Gut und Böse, wobei in vielen Fällen allgemeingültige Moralia eingeschoben werden und zur Erklärung merkwürdiger Sachverhalte bisweilen sogar Magie herhalten muss. ʿIsami folgt seinen Autoritäten nicht blindlings, sondern schafft ein eigenes, originelles Werk. Dem Leser suggeriert er, dass seine Figuren nach gewissen moralischen Stereotypen agieren. Ihre Handlungen folgen den gängigen Vorstellungen guten oder schlechten Verhaltens und sind weder die Konsequenzen historischer Konstellationen noch allgemein aus der Vergangenheit abzuleiten. Besonders hebt ʿIsami allerdings die Position der Notabeln im Delhisultanat hervor. Er behandelt sie als eigenständige Einheit mit großem Einfluss auf die Politik.

Die von einem unbekannten Autor verfasste Lebensbeschreibung Firuz Shahs (*Sirat-i Firuzshahi*) gehört zu den wichtigsten zeitgenössischen Quellen jener Epoche.[18] Im ersten dieses vier Kapitel umfassenden und auf Geheiß des Herrschers wohl um 1370 angefertigten Werkes schildert der Autor einige wichtige positive Ereignisse aus dessen Regierungszeit, genauer: aus den Jahren von der Thronbesteigung im Jahre 1351 bis zu seinem Feldzug nach Gujarat eine Generation später. Im zweiten Abschnitt berichtet der Anonymus von den guten Charaktereigenschaften des Herrschers, aber auch von Vögeln und anderen Tieren ist die Rede. Der dritte Teil behandelt landwirtschaftliche Anbautechniken, und im letzten Kapitel kommt die Sprache auf Astronomie, Observatorien und Kriegsgerät. Das Büchlein ist in prunkvoller, formvollendeter Prosa geschrieben, wobei der Autor zur Verdeutlichung seiner Argumente an vielen Stellen Metaphern, Verse

---

18 Eine Teilausgabe und -übersetzung des *Sirat-i Firuzshani* findet sich bei Nirod B. Roy: Jajnagar Expedition of Sultan Firuz Shah. In: Journal of the Royal Asiatic Society of Bengal. Letters 8 (1942), S. 57–98.

oder allgemeine wohlklingende Formulierungen einfügt. Im Mittelpunkt des ersten Teiles des Berichtes steht die militärische Expedition des Sultans nach Jajnagar/Orissa. Um das Licht des eigenen Herrschers in noch stärkerem Glanze leuchten zu lassen, werden die Träger der indigenen Kultur zu unzivilisierten (bösen) Ungläubigen transformiert, die man durchaus massakrieren dürfe. Ihre intellektuellen Fähigkeiten seien dunkel, genauso wie ihre Hautfarbe, die an die der (ebenfalls minderwertigen) Sudanesen erinnere.

Da Firuz Shah sehr an Literatur interessiert ist, entstehen unter seiner Obhut eine Reihe hagiographischer, rechtstheoretischer, medizinischer und historischer Werke. Darüberhinaus gibt der Herrscher in Auftrag, einige ihm interessant erscheinende, auf Sanskrit abgefasste Bücher über Astronomie und Mathematik ins Persische zu übersetzen. Auch ist Firuz Shah selbst literarisch tätig. So verfasst er einen kurzen *historia universalis*-Bericht (*Futuhat-i Firuzshahi*), in welchem er der Nachwelt Rechenschaft über seine Herrschaft abzulegen gedenkt.[19] Diese selbstverfassten Äußerungen lässt er offenbar an den Wänden des Kushk-i Shikar, in der Kuppel des Kushk-i Nazul und am Minarett eines Steinhauses einmeißeln. Manuskripte dieses Werkes sind sehr selten. Anhand der *Futuhat-i Firuzshahi* kann man sehen, wie ein Herrscher seinen Rechenschaftsbericht aufbaut und welche Rolle dabei das normative muslimische ‚Historische Denken' spielt. Typisch dafür sind die Vorstellungen von den Eigenschaften, über die ein wahrhafter Sultan in Delhi verfügen muss: Er soll für die Neubelebung der zerrütteten Religion sorgen, die nichtsunnitischen Parteien verbieten, die Anwendung des islamischen Gesetzes gewährleisten, die Ungläubigen ausrotten und selbst gerecht, fromm und großzügig sein. An diesen althergebrachten Kriterien will Firuz Shah seine Regierungszeit gemessen wissen und legt zum Beweis seines rechten Handelns diesen *historia universalis*-Bericht vor.

3 Historiker der Mogulzeit

3.1 Reichschronisten

Während der Mogulzeit gibt es eine Reihe von Hofgeschichtsschreibern, deren Aufgabe darin besteht, eine vom Herrscher sanktionierte Darstellung seiner Regierungszeit zu liefern. Babur (1483 – 1530), der Begründer des Mogulreiches, hat selbst noch keinen offiziellen Bericht seines Einmarsches in Indien anfertigen

19 Firuz Shah: *Futuhat-i Firuzshahi.* Hrsg. von Nirod B. Roy. In: Journal of the Royal Asiatic Society of Bengal. Letters 7 (1941), S. 357 – 367; siehe dazu auch Nizami (Anm. 3), S. 205 – 211.

lassen. Zum einen stirbt er bereits vier Jahre danach und zum anderen legt er mit seinen Memoiren eine offizielle Interpretation seiner eigenen Herrschaft vor. Die erste Reichschronik entsteht daher erst unter Humayun (1555 – 1556, regierte 1530 – 1540). Als charakteristisch für dessen turbulente und durchaus nicht geradlinige ‚Karriere' mag auch angesehen werden, dass er mit Khvandamir (ca. 1475 – 1535/36) einen Außenseiter mit dieser Aufgabe betraut.[20] Erst 1528 ist der ursprünglich aus Herat stammende Khvandamir nach Indien an den Hof Baburs gekommen. Nach dem Tode des Herrschers behält dessen Nachfolger Humayun Khvandamir an seinem Hof. Auf Humayuns Bitten hin schreibt Khvandamir das *Humayun-nama*, wofür ihm der Herrscher den Titel eines ‚Hofchronisten' (*amir-i akhbar*) verleiht.[21]

Der nächste Reichschronist ist der 1551 in Nagaur in Rajasthan geborene Abu l-Fazl ʿAllami († 1602).[22] Ab seinem 12. Lebensjahr wächst er in der damaligen Hauptstadt Agra auf, wo er sich dem Studium insbesondere der arabischen und griechischen Philosophie widmet und sich darüber hinaus intensiv mit dem Sufismus zu beschäftigen beginnt. Unterdessen sieht sich sein Vater, der weithin bekannte Scheich Mubarak († 1592), Angriffen von Seiten der höfischen Religionsgelehrten ausgesetzt. Sie stoßen sich vor allem an seiner mit fortschreitendem Alter zunehmenden Toleranz gegenüber anderen Religionsgruppen und werfen ihm aus diesem Grunde seine Kontakte zur Mahdavi-Bewegung vor. Erst als Akbar (1556 – 1605) den Bruch mit den Religionsgelehrten wagt, gelangt Mubarak mit seinen beiden Söhnen Abu l-Fazl und Faizi († 1595) an den herrscherlichen Hof. Die geschilderten Ereignisse prägen die Persönlichkeit Abu l-Fazl. So widmet er nicht nur einen großen Teil seiner Autobiographie der Beschreibung dieses Lebensabschnittes, sondern entscheidet sich auch dafür, fortan die in seinen Augen unerträgliche Engstirnigkeit der Religionsgelehrten mit allen Mitteln zu bekämpfen. Eine günstige Gelegenheit ergibt sich durch seine Aufnahme in Akbars Hofzirkel Mitte der 1570er Jahre. In den nächsten beiden Jahrzehnten agiert Abu l-

---

20 Zu Leben und Werk siehe Storey (Anm. 3), S. 101 – 109 bzw. Ders., Persian Literature (Anm. 5), S. 1237 – 1238 sowie Ders., Persidskaja literatura 1 (Anm. 5), S. 379 – 393 bzw. Ders., Persidskaja literatura 3 (Anm. 5), S. 1399 und Dara N. Marshall: Mughals in India. A Bibliographical Survey of Manuscripts, London 1967, Nr. 324(i) bzw. Ders.: Mughals in India. A Bibliographical Survey. Supplement, Delhi 1996, S. 95; Khvandamir: *Humayun-nama*. Hrsg. von Muhammad Hidayat Husain, Calcutta 1940.

21 Khvandamir (Anm. 20), S. 60.

22 Zu ihm siehe neben Storey (Anm. 3), S. 541 – 555 bzw. Ders., Persian Literature (Anm. 5), S. 1313 – 1316 und Khaliq A. Nizami: Socio-Religious Outlook of Abu'l-Fazl, Aligarh 1972; Harbans Mukhia: Historians and Historiography during the Reign of Akbar, New Delhi 1976, S. 41 – 88 und Numan A. Siddiqi: Shaikh Abul Fazl. In: Historians of Medieval India. Hrsg. von Mohibbul Hasan, New Delhi 1968, S. 123 – 141.

Fazl als intimer Vertrauter des Mogulherrschers, der dessen synkretistische religiöse und philosophische Ansätze gegenüber der einflussreichen konservativen Führungsschicht durchzusetzen versucht. Mit seiner Reichschronik, die er auf Geheiß Akbars im Jahre 1589/90 beginnt, will er zum einen ein die Zeiten überdauerndes Monument der Rechtschaffenheit und Genialität des Pad(i)shahs schaffen und zum anderen die Religionspolitik seines Herren legitimiern.[23] Abu l-Fazls ursprüngliche Absicht ist es, insgesamt vier Bände über jeweils 30 Jahre zu verfassen, da er davon ausgeht, dass der Herrscher 120 Jahre alt werden würde. Ein fünfter Band soll dann auf die Einzelheiten der Reichsverwaltung eingehen. Dieses letzte Werk, das heute gemeinhin als dritter Band des *Akbar-nama* angesehen wird, trägt einen eigenen Titel: *A'in-i Akbari*. Das *Akbar-nama* ist anfangs konsequent in Herrschaftszeiten eingeteilt, die somit jeweils die übergeordnete narrative Einheit bilden. Innerhalb eines solchen Abschnittes ist dann wiederum jedes Ereignis eine eigene, rhetorisch durchgestaltete Geschichte. Mit dem Beginn der Herrschaft Akbars wechselt Abu l-Fazl zu einer annalistischen Darstellung, wobei er innerhalb jedes Regierungsjahres die Chronologie strikt einhält. Um dies zu erreichen, unterbricht Abu l-Fazl gewöhnlich sogar den Erzählfluss, um dann an zeitlich korrekter Stelle fortzufahren. Auch das in fünf Bücher unterteilte *A'in-i Akbari* sei an dieser Stelle kurz vorgestellt: Das erste Buch beschreibt die Administration der Herrschaft, d. h. die verschiedenen Ministerien und Ämter, die unter Kontrolle des Herrschers stehende Mine, die Lebensmittelpreise und die zum Hof gehörigen Manufakturen. Darüber hinaus finden wir Anmerkungen zur Kalligraphie und Malerei, den Waffenbeständen des Heeres und zu den königlichen Ställen. Schließlich erfährt der Leser sogar noch einiges über die Kosten von Baumaterialien und die Löhne der Arbeiter. In dem zweiten Buch des *A'in-i Akbari* geht es zuerst um die Organisation der Armee. Behandelt werden die verschiedenen Einheiten und die Bezahlung der Soldaten. Ein Unterkapitel beschäftigt sich mit den Versorgungslehen und Pfründen, ein anderes mit Heiratsangelegenheiten und ein drittes mit Fragen der Erziehung. Zu guter Letzt gibt uns der Verfasser eine Liste mit den Inhabern hoher administrativer Ränge sowie eine Bio-Bibliographie der Heiligen, Gelehrten, Poeten und Musiker der Akbarzeit. Das dritte Buch des *A'in-i Akbari* setzt ein mit einer historischen Abhandlung über etwa zwanzig unterschiedliche Zeitrechnungen. Daran schließt sich eine ausführliche Erörterung der Voraussetzungen an, die jemand mitbringen muss, um ein administratives Amt übernehmen zu können. Des Weiteren werden die vier zur Be-

23 Abu l-Fazl ʿAllami: *Akbar-nama*. Hrsg. von Kabir ad-Din Ahmad ʿAli/Muhammad ʿAbd ar-Rahim, 3 Bde., Calcutta 1873 – 1886 (Akbar-nama) bzw. Ders.: The Aín i Akbari. Übersetzt von Henry Blochmann, 2 Bde., Calcutta 1867 – 1877.

steuerung freigegebenen Formen von Ländereien genannt und dem Leser in diesem Zusammenhang ausführliche Steuertabellen präsentiert. Dieser Teil des *A'in-i Akbari* schließt mit einem Bericht über die Geographie, Geschichte und wirtschaftliche Lage der einzelnen Provinzen des Mogulreiches. Das vorletzte Buch des *A'in-i Akbari* befasst sich mit der Geschichte, den Ritualen und den wissenschaftlichen Leistungen der Hindus. Bevor dann das Werk mit einer kurzen Autobiographie und einem Schlusswort Abu l-Fazls endet, können wir uns in einem Schlussakt noch an den gesammelten weisen Aussprüchen Akbars erfreuen.

Die Ernennung zum Hofchronisten bringt sowohl Prestige als auch finanzielle Entlohnung mit sich. Insofern mag es auch nicht verwundern, dass es immer wieder zu Konkurrenzkämpfen und Rivalitäten zwischen den führenden Literaten am Hofe kommt. Eine beliebte Art, die Aufmerksamkeit des Pad(i)shahs auf sich zu lenken, besteht natürlich darin, diesem eine devote, panegyrische, möglichst ‚blumig' geschriebene Arbeit über seine Erfolge oder die seiner Söhne (Feldzüge etc.) vorzulegen. Diese Taktik hat bisweilen Erfolg, doch ist dies noch keine Garantie dafür, dass der Machthaber einem die begehrte Position des Hofhistorikers anvertraut. Als Beispiel für die Intrigen, die manchmal um die Besetzung des Amtes eines Reichschronisten angezettelt werden, mag die Anfangsphase der Regierung Shah Jahans (1628–1658) dienen: Dabei ist es noch nicht einmal möglich, die genaue Reihenfolge der Autoren zu rekonstruieren, die in die Abfassung der ersten fünf Jahre der Herrschaft Shah Jahans involviert sind. Einer Quelle nach wird als einer der ersten ʿAbd al-Khaziq Hakim Khushhal († 1656/57) mit dieser Aufgabe betraut, in der Folgezeit allerdings aufgrund des Komplottes einiger neidvoller Zeitgenossen wieder fallengelassen. Ein ähnliches Schicksal erwartet Mulla ʿAbd al-Latif Gujarati († 1639/40). Im 7. und 8. Regierungsjahr (1634–36) stehen dann zwei andere Autoren direkt mit dem Amt des Hofhistoriographen in Verbindung. Zuerst fällt diese Ehre Mirza Jalal ad-Din Tabatabaʾi († nach 1636) zu, einem Perser also, der von Isfahan kommt und 1634 in Indien eintrifft. Ein Teil seines Werkes, nämlich die Schilderung der Ereignisse vom 5. bis zum 8. Regierungsjahr (1631–1635) hat als Manuskript unter dem Titel *Padishahnama* überlebt.[24] In seinem *ʿAmal-i Salih* berichtet uns der spätere Historiker Muhammad Salih Kanbu, dass auch Tabatabaʾi schließlich bei dem Pad(i)shah verleumdet wird und die Reichschronik daher nicht weiterführen darf. Nachdem Shah Jahan auch Tabatabaʾi fallengelassen hat, überträgt er 1636 das Amt des Reichschronisten dem gebürtigen Perser Mirza Muhammad Amin Qazvini († nach

24 Zu Leben und Werk siehe Storey (Anm. 3), S. 565–566; Jalal ad-Din Tabatabaʾi: *Padishahnama*, Ms. BM Or. 173 = Rieu (Anm. 4), Bd. 1, S. 258 f.

1646/47).[25] Er soll eine Geschichte der ersten zehn Regierungsjahre Shah Jahans verfassen und gleichzeitig Material für das nächste Dezennium sammeln. Nach einer Idee des Pad(i)shahs wird das *Padishah-nama* genannte Werk mit einem Vorwort über sein Leben vor der Thronbesteigung und einem Schlusswort über die zeitgenössischen Scheichs, Gelehrten, Ärzte und Poeten versehen. Dem Vorwort des *Padishah-nama* ist zu entnehmen, dass Shah Jahan auch mit dem Stil der bisherigen Reichschronisten unzufrieden ist. Er fordert eine Geschichtsschreibung in einer eleganten, aber zugleich lesbaren Schreibweise. Jede Zeile, die Qazvini schreibt, wird aus diesem Grund von dem Herrscher oder einem seiner Vertrauten gegengelesen. Einmal akzeptiert, darf der Text nicht mehr verändert werden. Typisch für die Arbeitsweise der Reichschronisten der Mogulzeit ist, dass Qazvini bis zum 9. Regierungsjahr Tabataba'is *Padishah-nama* beinahe wortwörtlich übernimmt und erst dann mit einer eigenen Darstellung beginnt. Letzten Endes bleibt ihm jedoch nicht mehr sehr viel Zeit für seine Chronik. Zum Verhängnis wird auch Qazvini eine Intrige ihm feindlich gesonnener Kollegen. Einige seiner Kritiker am Hofe suggerieren dem Herrscher, dass der Gelehrte ʿAbd al-Hamid Lahauri († 1654/55) ein versierterer Schriftsteller sei, der den Anforderungen eines Reichschronisten besser genüge. Muhammad Amin Qazvinis Absetzung erfolgt wohl im 11. Regierungsjahr Shah Jahans (1637/38).

Kurz zuvor hat Shah Jahan eine für die Chronistik bedeutsame Änderung eingeführt: Statt mit der seit Akbar üblichen solaren Zeitrechnung fortzufahren, soll nun das Regierungsjahr nach dem Mondkalender berechnet werden, den man in dieser Zeit allein für die islamischen Rituale benutzt hatte.[26] Für diese Änderung wird in den Quellen kein Grund genannt. Vielleicht ist es ein Zugeständnis Shah Jahans an die Religionsgelehrten, die die Solarzeit von jeher als unislamisch ablehnten. Seit Abu l-Fazl ʿAllami schreiben alle Reichschronisten ihre Werke auf einer Jahr-für-Jahr-Basis, die dem persischen Sonnenkalender entspricht. Jedes Regierungsjahr setzt mit dem Neujahrsfest ein, eine Praxis, die auch von Shah Jahan während seiner ersten Zeit als Pad(i)shah fortgesetzt wird. Der Erlass Shah Jahans bedeutet somit auch, dass Muhammad Amin Qazvinis erster Band vollständig überarbeitet und die Chronologie dem Mondkalender angepasst werden muss. Zu diesem Zweck lässt Shah Jahan in seinem 12. Regierungsjahr – wie bereits angedeutet – den arrivierten Historiker ʿAbd al-Hamid Lahauri herbeiholen, den man damals als den führenden Meister des vielbewunderten, von Abu l-

25 Zu Leben und Werk siehe Storey (Anm. 3), S. 123 bzw. Ders., Persian Literature (Anm. 5), S. 1242 sowie Ders., Persidskaja literatura 1 (Anm. 5), S. 425–426 und Marshall, Mughals in India (Anm. 20), Nr. 614(i) bzw. Ders., Supplement (Anm. 20), S. 102.

26 Siehe Uprenda N. Day: The Mughal Government. AD 1556–1707, New Delhi 1970, S. 25–28.

Fazl mit seinem *Akbar-nama* begründeten Prosastils ansieht.[27] Auch ʿAbd al-Hamid Lahauris Arbeit unterliegt einer strengen Kontrolle: In jeder Phase der Niederschrift wird der Text geprüft und muss von einem hohen Beamten genehmigt werden. Anschließend liest man das Werk dem Herrscher laut vor, woraufhin dieser dann für gewöhnlich noch so manchen Verbesserungsvorschlag macht. Den zweiten Band der Chronik vollendet ʿAbd al-Hamid Lahauri offenbar kurz vor der Mitte des 20. Regierungsjahres (1646/47). Trotz seines fortgeschrittenen Alters macht sich Lahauri noch an die Abfassung des dritten Bandes. Bevor er jedoch die letzten vier Jahre des dritten Teiles seines Werkes zu Papier bringen kann, verstirbt ʿAbd al-Hamid Lahauri am 9. September 1654.

Ohne weitere Einwände seitens der übrigen Gelehrten fällt die Aufgabe des Hofchronisten nun seinem Schüler Muhammad Varith († 1680) zu, der als Berichterstatter in Diensten des Herrschers steht. Muhammad Varith liefert pünktlich: Das 30. Regierungsjahr Shah Jahans endet am 16. März 1657, und nach knapp neun Monaten ist der dritte und letzte Band der offiziellen Hofchronik fertiggestellt und wird in die Hofbibliothek verbracht.[28] Für seine zügige Arbeit erntet der Autor großen Ruhm und lebt von den herrscherlichen Belohnungen, bis er im Jahre 1680 von einem wohl geisteskranken Schüler ermordet wird.

Insgesamt hat die offizielle Darstellung der Regierung Shah Jahans mit seinen etwa 2500 Druckseiten einen Umfang angenommen, der selbst den Zeitgenossen als des Guten zuviel erscheint. Aus diesem Grund entschließt sich der Bibliothekar Muhammad Tahir ‚Ashna' ʿInayat Khan († 1666/67) dazu, eine lesbarere Kurzfassung des *Padshah-nama* anzufertigen.[29] Dieses Werk ist somit kein auf herrscherliches Geheiß zu Papier gebrachtes Geschichtswerk im engeren Sinne, doch erfüllt es als stark gekürzte Version der Hofchronik die gleiche Funktion und wird aus diesem Grund hier behandelt. Das Werk tituliert er *Mulakhkhas* („Kurzversion"). Erst in der Folgezeit wird das Buch als *Shah-Jahan-nama* bekannt.[30] Wann ʿInayat Khan seine Chronik beendet, ist den Quellen nicht zu entnehmen. Er selbst schreibt, dass er für ihre Abfassung nur kurze Zeit brauchte. Zumindest geht aus dem Kolophon hervor, dass Shah Jahan zu dieser Zeit noch lebte.

27 Siehe zu ihm Storey (Anm. 3), S. 574–577.

28 Die ersten beiden Bände sind ediert: ʿAbd al-Hamid Lahauri/Muhammad Varith: *Padshah-nama*, 2 Bde. Hrsg. von Kabir ad-Din Ahmad ʿAli/Muhammad ʿAbd ar-Rahim, Calcutta 1866–1872 (Bibiotheca Indica); Bd. 3 befindet sich in der Bibliothek des Britischen Museums: Ms BM, Add. 6556 = Rieu (Anm. 4), Bd. 1, S. 260 f.

29 Zu Leben und Werk siehe Storey (Anm. 3), S. 577 f.

30 ʿInayat Khan: *Mulakhkhas* oder *Shah-Jahan-nama*, MS BM, Or. 175 = Rieu (Anm. 4), Bd. 1, S. 260 f.

Am 7. September 1657 erkrankt der Herrscher jedoch so schwer, dass er am 18. Juni 1658 stirbt. Wir wissen, dass ʿInayat Khan und sein Vater während der Herrschaft Aurangzibs (1658 – 1707) in Ungnade fallen. Sie werden jedoch bis zu ihrem Lebensende mit einer stattlichen Pension bedacht.

Der letzte Reichschronist der Mogulzeit heißt Muhammad Kazim († 1681).[31] Er ist der Sohn des uns bereits bekannten Muhammad Amin Qazvinis, also jenes Mannes, der in seinem *Padishah-nama* im Auftrag Shah Jahans dessen ersten zehn Regierungsjahre abgehandelt hat. Nach Aurangzibs Machtübernahme übt Muhammad Kazim am Hof den Beruf eines Sekretärs aus. In seiner Einleitung berichtet er uns, dass die Kunde seines gepflegten Stiles dem Herrscher zu Ohren gekommen sei und ihn somit aus der Anonymität und Bedeutungslosigkeit herausgeführt habe. Der Pad(i)shah befiehlt ihm, sämtliche Informationen über die außergewöhnlichen Ereignisse, Eroberungen und Feldzüge zu sammeln, die sich während seiner Regierungszeit zutrugen. Anschließend soll er die Berichte zu einer Chronik zusammenfügen. Ihm wird Zugang zum Reichsarchiv und Einsicht in die offiziellen Schreiben der höfischen Berichterstatter in den Provinzen und anderer hoher Würdenträger gewährt; auch wird ihm die Erlaubnis erteilt, die höfischen Amtsinhaber und Notabeln zu befragen, falls ihm die entsprechenden Informationen nicht genügen. Auch bietet sich der Herrscher selbst als Informant an. Aurangzib erbittet sich aber aus, dass Muhammad Kazim ihm regelmäßig vorliest, was er geschrieben habe. Bei dieser Gelegenheit segnet der Machthaber den Text ab oder trägt dem Chronisten auf, noch hier und da Korrekturen vorzunehmen. Über die Rolle, die die Position von Muhammad Kazims Vater am Hofe bei seiner Ernennung zum Hofchronisten gespielt haben mag, wissen wir ebenso wenig wie über seine Lebensumstände. Kenntnis haben wir nur davon, dass Muhammad Kazim den ersten Teil seines Geschichtswerkes (*ʿAlamgir-nama*) über das erste Dezennium der Herrschaft Aurangzibs (bis Januar 1668) bereits niedergeschrieben und dem Herrscher vorgelegt hat,[32] als sich der Pad(i)shah plötzlich entschließt, die Fortsetzung des Werkes zu untersagen und künftig auf das Amt des Hofchronisten ganz zu verzichten. Für diese Handlungsweise wird ein religiöser Grund genannt. Es käme – so soll Aurangzib gesagt haben – allein auf die innere Frömmigkeit eines Herrschers an, was der Zurschaustellung seiner weltlichen Erfolge in Form einer Chronik aber widerspräche. Muhammad Kazim darf allerdings weiter am Hof tätig bleiben. 1677/78 ernennt Aurangzib ihn zum

31 Zu Leben und Werk siehe STOREY (Anm. 3), S. 585 – 587 bzw. DERS., Persian Literature (Anm. 5), S. 1317.

32 Muhammad Kazim: *ʿAlamgir-nama*. Hrsg. von KHADIM HUSAIN/ʿABD AL-HAYY, 2 Bde., Calcutta 1865 – 1873.

Aufseher über die herrscherlichen Finanzangelegenheiten. Der Autor der letzten offiziellen Reichschronik segnet im Jahre 1679 in Delhi das Zeitliche.

Mit dem Tod Muhammad Kazims geht somit die Ära der Hofgeschichtsschreibung zu Ende. Dennoch macht es Sinn, auch noch Muhammad Saqi († 1724), der später den Beinamen Musta'idd Khan erhält, dieser Kategorie von Historikern hinzuzurechnen.[33] Muhammad Saqi wird um das Jahr 1650 in Ahmadnagar geboren. Aufgezogen wird er von Muhammad Bakhtavar, dem Autor des weiter unten noch zu behandelnden *Mir'at al-ʿalam* („Weltspiegel"). Nachdem Muhammad Saqi das dienstfähige Alter erreicht hat, steht er seinem Ziehvater als Sekretär und Steuerverwalter zur Seite. Darüber hinaus hilft er ihm bis zuletzt bei der Kompilation seiner Universalchronik. Nach dem Ableben Muhammad Bakhtavars bekleidet Muhammad Saqi, der somit von Haus aus ein großes Interesse an historischen Dingen hat, verschiedene Posten am Hofe des Herrschers. Während der Regierungszeit Shah ʿAlam Bahadurs (1707–1712) wird er Sekretär des Ministers ʿInayat Allah Khan († 1726/27). Dieser hält den Abbruch der Tradition der Reichschroniken für unerträglich und für ein Herrscherhaus untragbar. Er bittet daher Muhammad Saqi, eine Geschichte der letzten 40 Regierungsjahre Aurangzibs zu verfassen, die dieser 1710 mit seinem *Ma'athir-i ʿAlamgiri* (Abb. 1) vorlegt.[34]

3.2 Regionalchronisten

Offizielle Chroniken entstehen natürlich nicht nur am Hofe der Pad(i)shahs, sondern auch im Auftrage lokaler muslimischer Machthaber oder mächtiger Statthalter. Ein gutes Beispiel für ein solches Geschichtswerk ist die Arbeit Firishtas († nach 1623/24).[35] Firishta studiert in Ahmadnagar zusammen mit dem Prinzen Miran Husain Nizam Shah. Firishtas Vater ist zu jener Zeit der Erzieher des Thronnachfolgers. In der Folgezeit steht Firishta als Oberst der Wache in Diensten Murtaza Burhan ad-Din Nizam Shahs (1565–1588). In Ahmadnagar kommt ihm auch zum ersten Mal der Gedanke, eine Geschichte der islamischen Herrscher und Heiligen in Indien zu schreiben. Da es ihm dort jedoch nicht möglich ist, die für ein solches Vorhaben nötigen historischen Werke zu bekommen, behält er diesen Plan zwar bei, verschiebt seine Durchführung aber auf günstigere Zeiten. Zum Abfassen seiner Chronik wird er dann offensichtlich von Ibrahim ʿAdil Shah II. (1579–1626),

33 Zu Leben und Werk siehe Storey (Anm. 3), S. 592–594 bzw. Ders., Persian Literature (Anm. 5), S. 1318.

34 Musta'idd Khan: *Ma'athir-i ʿAlamgiri*. Hrsg. von Kabir ad-Din Ahmad ʿAli, Calcutta 1871.

35 Siehe zu ihm Storey (Anm. 3), S. 442–450.

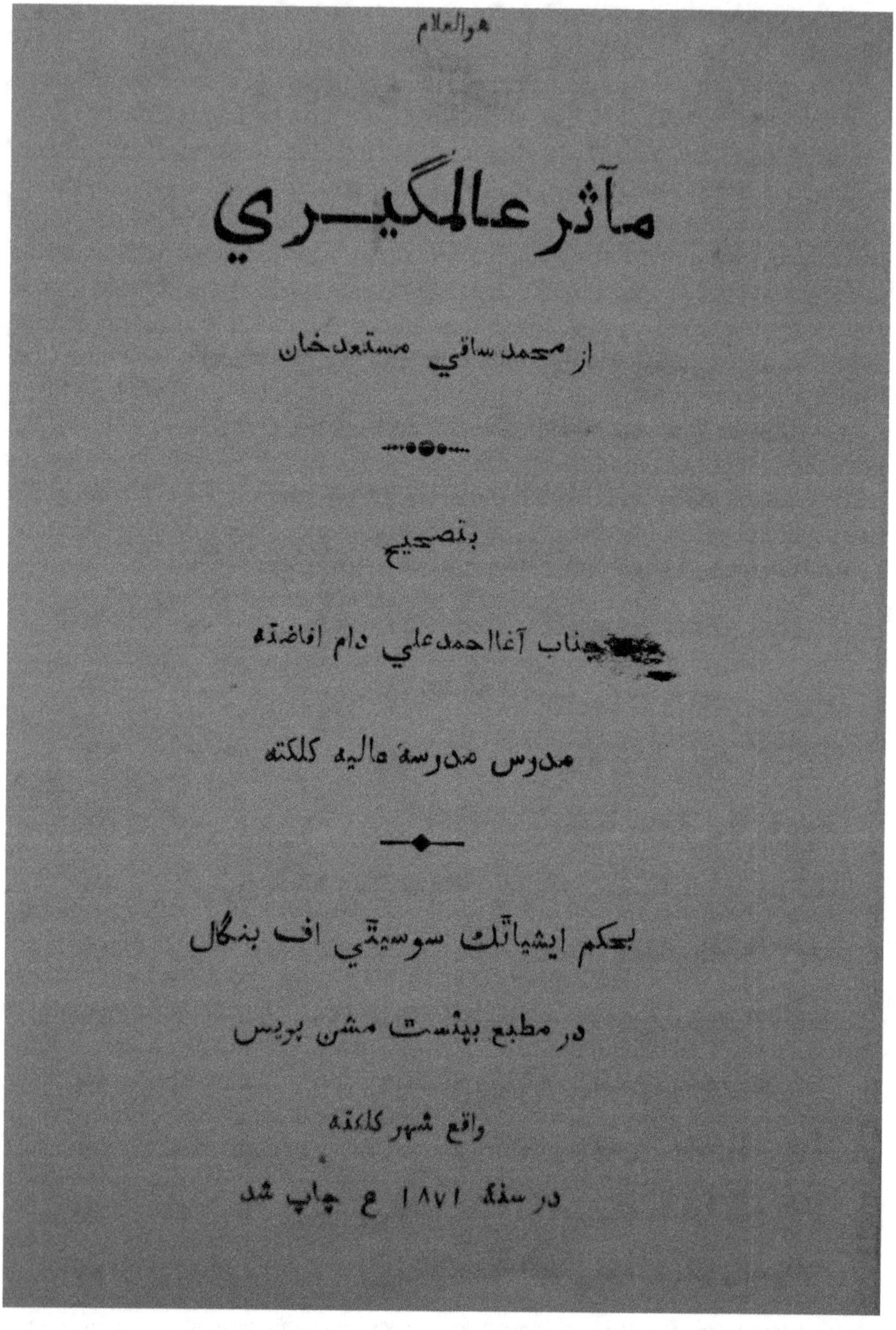
هو العلام

مآثر عالمگیري

از محمد ساقي مستعد خان

بتصحیح

جناب آغا احمد علي دام افاضته

مدرس مدرسهٔ عالیه کلکته

بحکم ایشیاتك سوسیتي اف بنگال

در مطبع بپتست مشن پریس

واقع شهر کلکته

در سنه ۱۸۷۱ ع چاپ شد

Abb. 1: Muhammad Saqis, *Ma'athir-i ʿAlamgiri*: Deckblatt.

dem Herrscher in Bijapur, ermuntert. Der Herrscher wünscht die Anfertigung eines Werkes, das eine Verbesserung gegenüber Nizam ad-Din Ahmads *Tabaqat-i Akbari* darstelle, die seiner Meinung nach insbesondere bezüglich der Ereignisse auf dem Dekkhan gänzlich unzureichend ist. Entstanden ist schließlich der umfangreiche *Gulshan-i Ibrahimi*, welcher in einer zweiten, auf das Jahr 1609/10 datierten Fassung den Titel *Tarikh-i Nauras-nama* trägt.[36] In diesem Werk behandelt Firishta die Geschichte des Islams seit der Zeit Sebüktigins, des Begründers der Gazvaniden-Dynastie. Der Chronik sind ein Vor- und ein Nachwort beifügt, in denen der Verfasser dem Leser eine kurze Übersichtsdarstellung des nichtislamischen Indiens präsentiert und diesen darüber hinaus über die indische Geographie und Zeitrechnung sowie über die religiösen Eigenheiten der Inder informiert.

Als zweites Beispiel für regionale Hofgeschichtsschreiber dient uns ein Chronist, der sein Werk auf Geheiß eines einflussreichen Gouverneurs verfasst. Der aus Iran stammende ʿAbd al-Baqi Nahavandi († nach 1637) schreibt für Khan-i Khanan ʿAbd ar-Rahim b. Bairam Khan (1556 – 1626) ein Werk über sein Leben.[37] Durch die geschickte Vermischung der anerkannten Genres sprengt das Werk allerdings den Rahmen eines bloßen Lebenslaufes. In dem Vorwort geht es neben den obligatorischen Lobpreisungen Gottes vor allem um die Vorfahren ʿAbd ar-Rahims. Es folgt das erste Kapitel mit den zu erwartenden Berichten über die Jugend ʿAbd Rahim Khans und das Leben seines Vaters Bairam Khan. Doch dann verlässt der Autor den eingeschlagenen Weg und präsentiert dem Leser eine ausführliche Darstellung der muslimischen Dynastien in Indien – einschließlich der Regionalherrscher in Bengalen, Jaunpur, Malva, Kashmir und Multan. Der erste Teil endet mit der Regierungszeit Jahangirs (1605 – 1627). Teil 2 der *Maʾathir-i ʿAlamgiri* behandelt zuerst ʿAbd ar-Rahims ‚Karriere' und seine militärischen Unternehmungen. Auch hier bleibt es aber nicht bei den biographischen Angaben, sondern der Band schließt mit einer Geschichte der Sultane von Gujarat, Sind, Khandis und auf dem Dekkhan. Teil 3 gibt dem Leser dann eine Übersicht über die von ʿAbd ar-Rahim errichteten, reparierten und gestifteten Moscheen, Unterrichtsstätten, Bäder und sonstigen öffentlichen Anlagen. Der letzte Teil des Bu-

36 Firishta: *Gulshan-i Ibrahimi.* Hrsg. von John Briggs/Munshi Mir Kheirat Ali Khan Mushtak, 2 Bde., Bombay/Poona 1831/32.

37 Zu Leben und Werk siehe Storey (Anm. 3), S. 552 – 553 und Eva Orthmann: ʿAbd or-Raḥīm Ḫān-e Ḫānān (964 – 1036/1556 – 1627. Staatsmann und Mäzen), Berlin 1996 (Islamkundliche Untersuchungen 206), S. 12 – 20; ʿAbd al-Baqi Nahavandi: *Maʾathir-i Rahimi.* Hrsg. von Muhammad Hidayat Husain, 3 Bde., Calcutta 1910 – 1927. Siehe auch Corinne Lefevre: The Court of ʿAbd-ur-Raḥīm Khān-i Khānān as a Bridge between Iranian and Indian Cultural Traditions. In: Culture and Circulation. Literatures in Motion in Early Modern India. Hrsg. von Thomas de Bruijn, Leiden 2014, S. 75 – 106.

ches ist schließlich einer Beschreibung der Werdegänge von ʿAbd ar-Rahims Kindern gewidmet. Damit, so sollte man meinen, sei das Werk vollbracht. Aber in seinem Schlusswort zieht ʿAbd al-Baqi Nahavandi noch einmal alle Register seines Könnens und legt uns ein 1600 (!) Druckseiten langes Exposé über bekannte und berühmte muslimische Persönlichkeiten vor.

Natürlich sind Regionalchroniken keine mogulzeitliche Erfindung, sondern auch dieses Genre hat innerhalb der persischen Geschichtsschreibung eine lange Tradition. Neu allerdings ist zum einen die Quantität der Geschichtswerke, die sich ausschließlich der Dynastie einer bestimmten Gegend widmen. So kennen wir eine ganze Reihe von Werken über Sind, Kashmir, Jaunpur, Orissa, Gujarat, Malva, Bengalen, Ahmadnagar, Bijapur, Golkonda, Haidarabad, Gvalior, den Panjab und den Dekkhan. Zum anderen entstanden die meisten dieser Schriften erst nach der Eingliederung der jeweiligen Regionen in das Mogulreich. Es wird sozusagen aus der Rückschau über die Geschichte der entmachteten muslimischen Lokaldynastien berichtet. Da an dieser Stelle keine – durchaus reizvolle – Gesamtanalyse dieses Schrifttums geleistet werden kann, soll wenigstens auf einige repräsentative Werke und ihre Autoren hingewiesen werden.

(1) Bengalen und Orissa. ʿAlaʾ ad-Din ‚Ghaibi' Mirza Nathan Shitab Khans († 1641/42) *Baharistan-i Ghaibi.*[38] Über den Autor selbst wissen wir so gut wie nichts. Jahangir hat seinen Vater ʿAli Ihtimam Khan († 1611/12) als Heeres- und Flottenkommandeur nach Bengalen beordert. Dort wächst auch sein Sohn auf, der später in der Provinzverwaltung der Mogulherrscher in Bengalen tätig ist und an einigen Feldzügen gegen die Stämme an den Grenzen der Provinz teilnimmt. Der Nachwelt hinterlässt er eine Geschichte Bengalens und Orissas zur Zeit Jahangirs. Von dieser Regionalchronik ist nur eine einzige Handschrift – offenbar der Autograph – erhalten, die sich in der Pariser Bibliotheque Nationale befindet.

(2) Sind. Muhammad Maʿsum ‚Namis' († kurz nach 1606/07) *Taʾrikh-i Maʿsumi* bzw. *Taʾrikh-i Sind.*[39] Der Autor entstammt einer ehrwürdigen Familie aus Tirmidh, die zu seiner Geburt jedoch bereits seit zwei oder drei Generationen in Qandahar ansässig ist. Sein Vater begibt sich nach Bhakkar, wo er von dem dortigen Herrscher Sultan Mamud herzlich aufgenommen wird und den Posten eines *shaikh al-islam* erhält. Muhammad Maʿsum verbringt somit seine Jugendzeit in Bhakkar,

---

38 Zu Leben und Werk siehe STOREY (Anm. 3), S. 714 bzw. DERS., Persian Literature (Anm. 5), S. 1329. Mirza Nathan Shitab Khan: *Baharistan-i Ghaibi.* Ms; vgl. EDGAR BLOCHET: Catalogue des mansucrits persans de la Bibliothèque Nationale, 4 Bde., Paris 1905 – 1934, Bd. 1, S. 617.

39 Siehe zu ihm STOREY (Anm. 3), S. 651 – 653 bzw. DERS., Persian Literature (Anm. 5), S. 1324 sowie DERS., Persidskaja literatura 1 (Anm. 5), S. 425 – 426 und MARSHALL, Mughals in India (Anm. 20), Nr. 1365 bzw. DERS., Supplement (Anm. 20), S. 117; Muhammad Maʿsum ‚Nami': *Taʾrikh-i Maʿsumi.* Hrsg. von UMAR M. DAUPOTA, Poona 1938.

bevor er sich nach dem Tod seines Vaters (1583) auf den Weg nach Gujarat macht. Über den Scheich Ishaq Faruqi kommt er an den Hof des dortigen Statthalters. Dieser ist zu jener Zeit kein Geringerer als der Historiker Nizam ad-Din Ahmad. Schnell freunden sich die beiden an, wobei Muhammad Ma'sum Nizam ad-Din Ahmad angeblich bei der Abfassung der *Tabaqat-i Akbari* geholfen haben soll. Später tritt Muhammad Ma'sum in die Dienste Akbars. Er scheint das Vertrauen des Herrschers gewonnen zu haben, denn dieser schickt ihn 1603/04 als Gesandten an den Hof des Safaviden Shah 'Abbas. Nach seiner Rückkehr verleiht ihm Jahangir den Ehrentitel *amin al-mulk*. Schließlich kehrt Muhammad Ma'sum 1606/07 nach Bhakkar zurück, wo er kurz darauf das Zeitliche segnet. Muhammad Ma'sum ist ein vielseitiger Gelehrter, der nicht nur unter seinem Künstlernamen ‚Nami' zahlreiche Gedichte verfasst, sondern auch ein medizinisches Werk hinterlässt und sich darüber hinaus als Kalligraph und Baumeister einen Namen macht. In unserem Zusammenhang interessant ist jedoch sein *Ta'rikh-i Ma'sumi* bzw. *Ta'rikh-i Sind* – eine in vier Teile gegliederte Geschichte der Provinz Sind von der muslimischen Eroberung bis etwa 1600.

(3) Gujarat. Mir Abu Turab Vali († 1595/96) entspringt einer hochgestellten Shirazer Familie.[40] Nach einer wechselhaften Karriere endet er schließlich am Hofe des Statthalters von Gujarat. In den letzten Jahren seines Lebens verfasst er eine zweiteilige Geschichte der Provinz (*Ta'rikh-i Gujarat*), die von der Regierung Bahadur Shahs (1526–1536) bis zur Einnahme Ahmadabads durch Muzaffar Shah III. (1561–1573 und 1583) im Jahre 1583 reicht. Der erste Teil handelt von den Auseinandersetzungen zwischen Bahadur Shah und Humayun sowie von den politischen Ereignissen unter den Nachfolgern Bahadur Shahs. Der zweite Teil ist dann der Eroberung dieser Provinz durch Akbar und den sich daran anschließenden Begebenheiten gewidmet. Er endet im Jahre 1583 mit der Ankunft I'timad Khans und unseres Autors vor den Toren Ahmadabads, das von Muzaffar Shah III. und seinen Leuten gehalten wird.

Während des Feldzuges gegen Muzaffar Shah III. im Jahre 1591 befindet sich Sikandar b. Muhammad Manjhu († nach 1617/18) in der Entourage Mirza 'Aziz Kuka Khan-i A'zams, des damaligen Statthalters von Gujarat.[41] Um 1610 steht er bereits in Diensten Jahangirs. Dieser erwähnt in seinen Memoiren, dass er Sikandar b. Muhammad Manjhu im Jahre 1617 in Ahmadabad besucht habe. Seiner Meinung

40 Zu ihm siehe Shah Navaz Khan: *Ma'athir al-umara'*. Hrsg. von Mirza Ashraf 'Ali, 3 Bde., Calcutta 1887–1895, Bd. 3, S. 280–285; Mir Abu Turab Vali: *Ta'rikh-i Gujarat*. Hrsg. von E. Denison Ross, Calcutta 1909.

41 Siehe zu ihm Storey (Anm. 3), S. 728–729 bzw. Ders., Persian Literature (Anm. 5), S. 1329 sowie Marshall, Mughals in India (Anm. 20), Nr. 1725 bzw. Ders., Supplement (Anm. 20), S. 123.

nach ist Sikandar, der insgesamt acht oder neun Jahre für ihn tätig war, nun ein versierter Historiker. Diesen Ruf erwirbt sich Sikandar vor allem durch seine Regionalgeschichte, die von ihm zusammengestellt wird, als er noch in Diensten des Mogulherrschers steht. Sein 1611 oder 1613 beendetes *Mir'at-i Sikandari* ist eine Chronik der muslimischen Herrscher Gujarats von Zafar Khan († 1403) bis zum Tod Sultan Muzaffar Shahs III. im Jahre 1591.[42]

Es kann also konstatiert werden, dass auch die mogulzeitliche Regionalchronik eine wohletablierte Gattung des indo-persischen historiographischen Schrifttums ist. Die Form lehnt sich an die der Dynastiegeschichten an, indem der Bericht chronologisch nach den Regierungszeiten der jeweiligen Herrscher aufgebaut ist. Dies bildet den Rahmen der Arbeiten und lässt gleichzeitig Raum für eine individuelle literarische Gestaltung. Die meisten Regionalhistoriker verfassen aus eigenem Antrieb einen historischen Abriss der ihnen wichtig erscheinenden Region. Alle diese Geschichtsschreiber haben in der einen oder anderen Form eine persönliche Bindung an die Gegend, mit der sie sich befassen.

4 Historiker aus eigenem Antrieb

Außer den Reichschronisten, die von den jeweiligen Herrschern mit der Abfassung einer offiziellen Darstellung der Geschichte ihrer Regierungszeit betraut werden, gibt es noch eine Reihe von Gelehrten, die sich aus verschiedenen Beweggründen ohne Auftrag daranmachen, eine Chronik zu Papier zu bringen. Eines der einflussreichsten historiographischen Werke, auf das sich alle späteren Chronisten stützen, wenn es in ihren Chroniken darum geht, die Zeit bis zur Regierung Akbars darzustellen, sind Nizam ad-Din Ahmads († 1594) *Tabaqat-i Akbari*.[43] Dabei ist Nizam ad-Din Ahmad in erster Linie ein hoher Verwaltungsbeamter im Umfeld des Hofes, der erst in fortgeschrittenem Alter damit beginnt, seine administrativen und politischen Lebenserfahrungen in Form einer Geschichte der Muslime in Indien niederzuschreiben. Zeit seines Lebens mischt sich Nizam ad-Din Ahmad nicht in die von Akbar initiierten religiösen Diskussionen ein. Da er aber seit seiner Jugendzeit ein Interesse für Geschichte hat, beschließt er, eine umfangreiche Chronik der islamischen Herrschaft in Indien zu verfassen. So entstehen die *Ta-*

---

42 Sikandar b. Muhammad Manjhu: *Mir'at-i Sikandari*. Hrsg. von Satish Chandra Misra/Muhammad Lutf ar-Rahman, Baroda 1961.

43 Siehe zu ihm Storey (Anm. 3), S. 433–435 bzw. Ders., Persian Literature (Anm. 5), S. 1309 sowie Mukhia (Anm. 22), S. 132–153.

baqat-i Akbari.[44] In chronologischer Reihenfolge präsentiert Nizam ad-Din Ahmad dem Leser die historischen Begebenheiten von der Zeit Sebüktigins (977–997) bis in das 38. Regierungsjahr Akbars (1593/94).

Eine ganz andere Form der Geschichtsschreibung, nämlich eine Gegendarstellung zu der von Abu l-Fazl ʿAllami im Auftrage Akbars abgefassten offiziellen Reichschronik hat uns ʿAbd al-Qadir Badaʾuni († 1597/98) hinterlassen.[45] Badaʾuni steht als orthodoxer Muslim den synkretistischen Praktiken Akbars überaus kritisch gegenüber. Binnen kurzem verliert er für immer das Vertrauen des Herrschers. Seine Situation bei Hofe wird in zunehmendem Maße schwierig, so dass er mit dem Gedanken spielt zu fliehen. Letztlich bleibt er jedoch aus finanziellen Gründen. Dies ist vor allem deshalb möglich, weil Akbar ihn nicht vollkommen fallen lässt, sondern ihn nur aus den politischen Debatten heraushält und mit Übersetzungsarbeiten betraut. Nur widerwillig scheint Badaʾuni der herrscherlichen Order Folge zu leisten. Insgeheim beginnt er, eine Chronik zu schreiben, die seine persönliche Sichtweise der Verhältnisse am Hof wiedergibt. Darüber hinaus versucht er, sich so wenig wie möglich in der Umgebung Akbars aufzuhalten. Seine häufige Abwesenheit führt freilich dazu, dass der Herrscher ihm alle finanziellen Zuwendungen entzieht. Badaʾuni kehrt daraufhin nach Agra zurück, doch es ist zu spät. Akbar ist bereits nach Kashmir aufgebrochen. Badaʾuni ist verzweifelt, zumal auch ein Bittschreiben, das Faizi an den Herrscher richtet, nicht den gewünschten Erfolg hat. Isoliert und vereinsamt stirbt Badaʾuni schließlich zwischen 1595/96 und 1615. Badaʾunis Nachruhm gründet sich hauptsächlich auf seine 1590 begonnene Chronik *Muntakhab at-tavarikh*, eine Darstellung der Geschichte Indiens von der Zeit Sebüktigins bis zum Jahre 1595/96.[46] Der *Muntakhab at-tavarikh* kann zu Lebzeiten des Autors nicht veröffentlicht werden, da er kritische Bemerkungen über Akbars Religionspolitik enthält.

Über das Leben Muʿtamad Khans († 1639/40) besitzen wir nur sehr wenige Informationen.[47] Im Gegensatz zu Abu l-Fazl ʿAllami gehören seine Ahnen allerdings nicht dem Hochadel des Mogulreiches an, sondern er entstammt einer der weniger bedeutenden persischen Familien des Landes. Dennoch schafft er es, sich im Laufe der Zeit nach oben zu arbeiten. Wie so häufig in jener Zeit geht eine

---

44 Nizam ad-Din Ahmad: *Tabaqat-i Akbari.* Hrsg. von Brajendranath De, 3 Bde., Calcutta 1913–1941.

45 Siehe zu ihm Storey (Anm. 3), S. 435–440 bzw. Ders., Persian Literature (Anm. 5), S. 1309 sowie Mukhia (Anm. 22), S. 89–111 und Fauzia Z. Abbas: Abdul Qadir Badauni as a Man and Historiographer, New Delhi 1997.

46 ʿAbd al-Qadir Badaʾuni: *Muntakhab at-tavarikh.* Hrsg. von Kabir ad-Din Ahmad ʿAli/William. N. Lees, 3 Bde., Calcutta 1865–1869.

47 Siehe zu ihm Storey (Anm. 3), S. 560–565 bzw. Ders., Persian Literature (Anm. 5), S. 1316.

Laufbahn in der Moguladministration einher mit literarischen Ambitionen: Nachdem er eine Zeit lang als Zahlmeister der dem Herrscher direkt unterstellten Reiter fungiert, nimmt ihn der Prinz Khurram, also der spätere Shah Jahan, als Armeezahlmeister mit sich auf den Dekkhan. Dort scheint er seine Aufgabe sehr gut zu erledigen, denn im zweiten Regierungsjahr Shah Jahans wird er zum stellvertretenden Zahlmeister des Reiches und im 10. Regierungsjahr (1637/38) sogar zum *mir-bakhshi* ernannt. In dieser Stellung macht er sich daran, eine dreibändige Chronik der Mogulherrscher zu verfassen. Vollendet hat Muʿtamad Khan seinen *Iqbal-nama-yi Jahangiri* im Jahre 1619/20 in Kashmir;[48] mit ihm erwirbt er sich den Ruf eines profilierten Historikers. Insofern ist es auch kein Wunder, dass Jahangir ihn, wie weiter oben bereits berichtet, zwei Jahre später darum bittet, seine eigenen Erinnerungen fortzuschreiben.

Über Kamgar Husainis († 1640/41) Motive, eine Chronik des Lebens Jahangirs zu verfassen, schweigen sich unsere Quellen aus. Sein Werk *Maʾathir-i Jahangiri* schließt er 1630 ab.[49] Es enthält eine Darstellung der Jugend und der Regierungszeit Jahangirs. Auch aus dem Leben Muhammad Salih Kanbu Lahauris († um 1674/75) ist wenig bekannt.[50] Auf uns gekommen ist allein, dass er ein Protegé Shaikh ʿInayat Allah Kanbus († 1671) ist, den er seinen ‚älteren Bruder' nennt. Muhammad Salih Kanbus bis 1659/60 niedergeschriebene Chronik *ʿAmal-i Salih* ist eine detaillierte Geschichte Shah Jahans.[51] Die in diesem Werk enthaltenen Kenntnisse der Verwaltung und der diplomatischen Korrespondenz deuten darauf hin, dass sein Autor direkten Zugang zu den herrscherlichen Archiven hat. Obgleich die eigentliche Chronik zwei Jahre nach der Einkerkerung Shah Jahans in der Festung Agras (1657) vollendet wird, finden sich im Epilog nicht nur Einzelheiten über dessen Tod am 31. Januar 1666, sondern auch Schilderungen von Ereignissen, die bis in das Jahr 1670/71 reichen. Da Muhammad Salih Kanbu 1659/60 in Lahore eine Moschee errichten lässt, kann man davon ausgehen, dass er auch dort begraben wurde.

Im Dienste der Mogulherrscher stehen nicht nur Muslime, sondern auch eine große Anzahl Hindus. Die meisten sind als Verwaltungsbeamte tätig, doch gibt es darüber hinaus auch eine Reihe Gelehrter. Eine Geschichte Aurangzibs bis zu

---

48 Muʿtamad Khan: *Iqbal-nama-yi Jahangir.* Hrsg. von Kabir ad-Din Ahmad ʿAli/ʿAbd al-Hayy, Calcutta 1865 [Teil 3] bzw. Lucknow 1870 [Teile 1–3].

49 Siehe zu ihm Storey (Anm. 3), S. 563 bzw. Ders., Persian Literature (Anm. 5), S. 1316 sowie Azra Alavi: Introduction. In: Kamgar Husaini: *Maʾathir-i Jahangiri.* Hrsg. von Azra Alavi, Delhi 1978, S. 4–65.

50 Siehe zu ihm Storey (Anm. 3), S. 578–581 bzw. Ders., Persian Literature (Anm. 5), S. 1317.

51 Muhammad Salih Kanbu: *ʿAmal-i Salih.* Hrsg von Ghulam Yazdani, 3 Bde., Calcutta 1912–1946.

dessen 34. Regierungsjahr (1690/91) hat uns der in Pattan wohnhafte Nagar-Brahmane Isar Das († nach 1690/91) hinterlassen.[52] Seine Darstellung beruht überwiegend auf eigenen Beobachtungen oder auf den Erzählungen einiger weniger Zeitzeugen.[53] Als letzter ‚unabhängiger' Chronist sei Muhammad Hashim Nizam al-Mulk († um 1731/32), der später den Ehrentitel Khafi Khan erhielt, angeführt. Der Nachwelt bekannt geworden ist Khafi Khan als Autor einer *Muntakhab al-lubab* genannten Chronik der timuridischen Herrscher auf dem Subkontinent.[54]

5 Weitere Formen indo-persischer Geschichtsschreibung

5.1 Weltchroniken

Die ganze Breite der persischen historiograpischen Tradition findet sich in der mogulzeitlichen *historia universalis* wieder. Die Autoren sind sich ihres kulturellen Erbes wohl bewusst. Sie kennen nicht nur die islamischen Weltchroniken, sondern auch die regional- und dynastiegeschichtlichen Arbeiten ihrer Vorgänger und benutzen sie ausgiebig bei der Abfassung ihrer eigenen Universalgeschichten. Die Autoren der sogenannten Weltchroniken wollen die gesamte Geschichte von den Anfängen bis zur Gegenwart erfassen, allerdings in dem typisch mittelalterlichen Verständnis von Universalgeschichte, das nicht unserer ‚Weltgeschichte' entspricht. Während der Mogulzeit kommt in den meisten Fällen der Inhalt dieser Arbeiten der Beschreibung der östlichen islamischen *umma* gleich. Wesentliche Ziele der Weltchronistik sind einmal die lineare Zeiterzählung und die Herausarbeitung zeitlicher Bezüge der Ereignisse und Regierungszeiten verschiedener Reiche mittels (anfangs) einer synoptischen Darstellung oder (schon bald) vereinheitlichter Datierungspläne im Rahmen der Hedschra, dem Auszug Mohammeds aus Mekka. Zum anderen zielen Weltchroniken darauf ab, die Gegenwart in den linearen Geschichtsablauf einzuordnen. Sie betrachten die Vergangenheit also gleichsam als Vorgeschichte der Gegenwart. Zu den quellenkritischen Problemen der Weltchroniken zählen die Ermittlung des chronologischen Systems, der Vorlagen, der handschriftlichen Überlieferung sowie der Intention des Autors. Für die Mogulzeit gilt leider, dass noch keine (!) der zahlreichen Universalchroniken ediert oder näher untersucht worden ist. Dabei eignen sich Weltchroniken,

52 Siehe zu ihm Storey (Anm. 3), S. 587 – 588 bzw. Ders., Persian Literature (Anm. 5), S. 1318.

53 Isar-Das Nagar: *Futuhat-i ʻA lamgiri*, Ms BM 23.884 = Rieu (Anm. 4), Bd. 1, S. 269f.

54 Siehe zu ihm Storey (Anm. 3), S. 460 – 470 bzw. Ders., Persian Literature (Anm. 5), S. 1310. Khafi Khan: *Muntakhab al-lubab*. Hrsg. von Kabir ad-Din Ahmad ʻAli, Calcutta 1869 – 1925.

die zur Ereignisgeschichte in der Regel nur in den zeitgenössischen Partien beitragen, in hervorragender Weise zur Erforschung des Geschichtsdenkens ihrer Autoren, und zwar sowohl der Geschichtstheologie wie auch des konkreten Vergangenheitbildes.[55] Sie spiegeln die Vorstellungen der Autoren in Bezug auf das Thema nicht zuletzt auch gegenüber fremden Kulturen und Gesellschaften wider und bieten dank der unabdingbaren Kompilationstechnik Einblicke in die Arbeitsweise und die Absichten vormoderner Autoren.

Ibrahim b. Jarir († nach 1550/51) vollendet um 1550/51 eine konzise *historia universalis*, die unter dem Namen *Ta'rikh-i Ibrahimi* bekannt ist und bis in das Jahr 1549 oder 1550 reicht.[56] In ganz typischer Weise geht hier die Geschichte der Welt erst in eine Darstellung der muslimischen Länder über, bevor sie sich auf die Darstellung des Islams in Indien konzentriert.

Wie groß der Spielraum für den einzelnen Autor innerhalb des Genres sein konnte, zeigt ein Vergleich Tahir Muhammad Sabzavaris († nach 1606/07) *Rauzat at-tahirin*[57] mit Muhammad Bakhtavar Khans († nach 1685) *Mir'at al-ʿalam.*[58] Während Tahir Muhammad Sabzavari von 1602/03 bis 1606/07 seine Universalchronik für Akbar verfasst, schreibt Muhammad Bakhtavar Khan im Vorwort zu seinem Werk, dass er sich seit seiner Jugend für Geschichte begeistert habe. Da es ihm, so fährt er fort, auf seinen vielen Reisen häufig an Büchern und Chroniken gemangelt habe, habe er sich oftmals gewünscht, selbst ein Kompendium zur Weltgeschichte zu verfassen. Diesen Plan kann er jedoch erst nach der Inthronisation seines Herren Aurangzib realisieren. In seinem Schlusswort fügt er hinzu, dass es ihm bei der Beschreibung der Herrschaft Aurangzibs aufgrund seiner Nähe zum Machthaber wider Erwarten gelungen sei, seiner Hauptquelle, nämlich

55 Die Parallelen zur europäischen mittelalterlichen Universalgeschichte sind auffällig. Vgl. HANS-WERNER GOETZ: Das Geschichtsbild Ottos von Freising. Ein Beitrag zur historischen Vorstellungswelt und zur Geschichte des 12. Jahrhunderts, Köln/Wien 1984 und DERS.: Geschichtsschreibung und Geschichtsbewußtsein im hohen Mittelalter, Berlin ²2008 (Orbis mediaevalis 1).

56 Zu Leben, Werk und Handschriften siehe STOREY (Anm. 3), S. 113 bzw. DERS., Persian Literature (Anm. 5), S. 1239 sowie DERS., Persidskaja literatura 1 (Anm. 5), S. 403 und MARSHALL, Mughals in India (Anm. 20), Nr. 681.

57 Zu Leben und Werk siehe STOREY (Anm. 3), S. 122–123 bzw. DERS., Persian Literature (Anm. 5), S. 1241 sowie DERS., Persidskaja literatura 1 (Anm. 5), S. 423–425 und MARSHALL, Mughals in India (Anm. 20), Nr. 1768(i) bzw. DERS., Supplement (Anm. 20), S. 124. Siehe nun auch MUZAFFAR ALAM/SANJAY SUBRAHMANYAM: The Mughals Look Beyond the Winds. In: Writing the Mughal World (Anm. 2), S. 88–122.

58 Zu Leben und Werk siehe STOREY (Anm. 3), S. 131–134 und 517 bzw. DERS., Persian Literature (Anm. 5), S. 1012 und 1243 sowie SAJIDA S. ALVI: Introduction. In: Muhammad Bakhtavar Khan: *Mir'at al-ʿalam.* Hrsg. von SAJIDA S. ALVI, 2 Bde., Lahore 1979, S. 13–66.

Muhammad Kazims *Jahangir-nama*, viele wichtige Details hinzuzufügen. Beide Werke stimmen formal überein. Natürlich wäre auch hier ein genauer Vergleich notwendig, um die inhaltlichen und arbeitstechnischen Unterschiede herauszuarbeiten. Festzuhalten bleibt, dass sowohl Tahir Muhammad Sabzavaris *Rauzat at-tahirin* als auch Muhammad Bakhtavar Khans *Mir'at al-ʿalam* in erster Linie Kompilationen anderer Werke sind. Offen ist allerdings, ob sich beide Autoren auf dieselben Schriften gestützt haben.

Zwei Universalhistoriker der Mogulzeit liefern am Beginn ihrer Werke längere Quellenangaben. Es lohnt sich daher, beide etwas näher zu betrachten: Muhammad Baqir Afsar († nach 1657/58)[59] gehört zum Gefolge des Prinzen Murad Bakhsh während dessen Statthalterschaft in der Provinz Gujarat (1654–1656/57). An Murad Bakhshs Hof in Ahamadabad erstellt er eine bis zum Regierungsantritt Shah Jahans im Jahre 1628 reichende Universalchronik (*Afsah al-akhbar*). Erstrebt Muhammad Baqir Afsar die Patronage des Prinzen, so widmet der in Attock ansässige Muhammad Yusuf b. Rahmat Allah Ataki († nach 1646)[60] seinen *Muntakhab at-tavarikh* dem Herrscher selbst. Insgeheim hofft er, dieser würde ihn so großzügig belohnen, dass er sich den Rest seines Lebens frommen Andachtsübungen hingeben könnte. Ataki betont in seinem bis 1646/47 niedergeschriebenen *Muntakhab at-tavarikh*, dass er für seine Schrift keinen Anspruch auf Originalität erhebe, sondern allein die ihm vorliegenden Geschichtsbücher zusammengefasst habe. Darunter seien folgende Werke gewesen:[61]

- Hamd Allah al-Mustaufi al-Qazvinis *Ta'rih-i guzida*
- Muhammad b. ʿAli ash-Shabankara'is *Majmaʿ al-ansab fi t-tavarikh*
- Banakatis *Ta'rikh-i Banatiki*
- Mirkhvands *Rauzat as-Safa'*
- Khvandamirs *Habib as-Siyar*
- Ahmad Gaffaris *Nigaristan*
- Muslih ad-Din al-Laris *Mir'at al-advar va mirqat al-akhbar*
- Abu l-Fazl ʿAllamis *Akbar-nama*
- Nizam ad-Din Ahmads *Tabaqat-i Akbari*
- Balʿamis Übersetzung von Tabari (Ta'rikh-i Balʿami).

---

59 Zu Leben, Werk und Handschriften siehe Storey (Anm. 3), S. 130 sowie Ders., Persidskaja literatura 1 (Anm. 5), S. 436 und Marshall, Mughals in India (Anm. 20), Nr. 133.

60 Zu Leben, Werk und Handschriften siehe Storey (Anm. 3), S. 127 sowie Ders., Persidskaja literatura 1 (Anm. 5), S. 431–432 und Marshall, Mughals in India (Anm. 20), Nr. 1280(i) bzw. Ders., Supplement (Anm. 20), S. 115.

61 Muhammad Yusuf b. Rahmat Allah Ataki: *Muntakhab at-tavarikh*, BM Add. 16695 = Rieu (Anm. 4), Bd. 1, S. 122–124.

Auch unser zweiter Mann, Muhammad Baqir Afsah, nennt in seinem *Ahsah al-akhbar* seine Vorlagen:[62]

- Für die Geschichte der Propheten, Muhhammads, der Kalifen und der zwölf Imame sowie der vorislamischen Herrscher in Iran Haidar b. ʿAli Razis 1618/19 vollendeten *Taʾrikh-i Haidari*
- Für den Bericht über Husain und die Märtyrer von Kerbala Husain Kasifis *Rauzat ash-shuhadaʾ*
- Für die Wiedergabe der Biographie Chinkiz Khans und die seiner Nachfolger Mirkhvands *Rauzat as-Safaʾ*
- Für die Zeit Timurs und die seiner Nachfolger Iran und Turan das Werk Sharaf ad-Din ʿAli Yazdis *Zafar-nama*
- Für die Herrschaft Mahmud Ghaznavis und die seiner Nachfolger in Indien Nizam ad-Din Ahmads *Tabaqat-i Akbari*
- Für die Regierung Baburs, Humayuns und Akbars Abu l-Fazl ʿAllamis *Akbar-nama*
- Für die Herrschaft Jahangirs Muʿtamad Khans *Iqbal-nama-yi Jahangiri*
- Für die Darstellung der Safaviden Iskandar Big Munshis *Taʾrikh-i ʿalam-arai.*

Schließlich sollen auch die Quellen nicht ungenannt bleiben, die Hasan Big Khaki († 1613) in seinem *Muntakhab* (oder *Ahsan*) *at-tavarikh* aufzählt.[63] Hasan Big Khaki kommt erst während der Regierungszeit Akbars an den Mogulhof. 1598/99 schickt man ihn als *bakhshi* nach Gujarat und 1610/11 ernennt Jahangir ihn zum Statthalter von Bihar. Er stirbt schließlich in Patna im Jahre 1613. Für seine 1610/11 vollendete Universalchronik nennt er folgende Autoritäten:

- Baihaqis *Taʾrikh-i Baihaqi*
- Minhaj ad-Din al-Juzjanis *Tabaqat-i Nasiri*
- Juvainis *Taʾrikh-i Jahan-gusha*
- Rashid ad-Dins *Jamiʿ attavarikh*
- Baranis *Taʾrikh-i Firuzshahi*
- Mirkhvands *Rauzat as-Safaʾ*
- Khvandamirs *Habib as-Siyar*
- Mirza Haidar Dughlats *Taʾrikh-i Rashidi*
- Abu l-Fazl ʿAllamis *Akbar-nama*
- Nizam ad-Din Ahmads *Tabaqat-i Akbari.*

---

62 Muhammad Baqir Afsah: *Ahsah al-akhbar*, BM Or. 138 = Rieu (Anm. 4), Bd. 1, S. 121f.
63 Zu Leben, Werk und Handschriften siehe Storey (Anm. 3), S. 123 bzw. Ders., Persian Literature (Anm. 5), S. 1241 sowie Ders., Persidskaja literatura 1 (Anm. 5), S. 425–426 und Marshall, Mughals in India (Anm. 20), Nr. 614(i) bzw. Ders., Supplement (Anm. 20), S. 102.

Aus den vorangegangenen Beispielen geht somit ebenfalls hervor, dass den mogulzeitlichen Historikern bei ihrer Arbeit das ganze Spektrum des persischen und indo-persischen historiographischen Schrifttums zur Verfügung steht. Es bleibt allerdings ein Desiderat, die Abhängigkeit der muslimisch-indischen Weltgeschichten aus dem 16. und 17. Jahrhundert von ihren Quellen im Einzelnen zu untersuchen. Erst wenn diese Arbeit geleistet ist, wird es möglich sein, grundlegende Aussagen über Unterschiede und Gemeinsamkeiten der Werke zu treffen. Außer den bisher erwähnten Weltgeschichten gibt es noch eine Reihe von weiteren interessanten Universalchroniken aus der Mogulzeit, auf die an dieser Stelle jedoch nicht näher eingegangen werden kann.[64]

5.2 Memoirenliteratur

Der Mogulherrscher Jahangir († 1627) verfasst mit seinen *Tuzuk-i Jahangiri* eine Art Autobiographie,[65] die hinsichtlich ihrer künstlerischen Gestaltung nicht hinter

64 (1) Zu der anlässlich der Jahrtausendwende (d. h. Jahr 1000 der Hedschra) von Akbar initiierten Chronik *Ta'rikh-i Alfi* siehe STOREY (Anm. 3), S. 118 – 121 bzw. DERS., Persian Literature (Anm. 5), S. 1240 – 1241 sowie DERS., Persidskaja literatura 1 (Anm. 5), S. 414 – 422 und MARSHALL, Mughals in India (Anm. 20), Nr. 53(viii) sowie Saiyid Athar Abbas Rizvi: *Tarikh-i Alfi*. In: HASAN (Anm. 22), S. 113 – 122; (2) zu Muhammad Amin b. Daulat Muhammads († 1644/45) *Anfa al-akhbar* siehe STOREY (Anm. 3), S. 125 bzw. DERS., Persian Literature (Anm. 5), S. 1241 sowie DERS., Persidskaja literatura 1 (Anm. 5), S. 428 – 429 und MARSHALL, Mughals in India (Anm. 20), Nr. 1114 bzw. DERS., Supplement (Anm. 20), S. 112; (3) zu Mirza Muhammad Sadiq Isfahanis († 1651) *Subh-i Sadiq* siehe STOREY (Anm. 3), S. 125 – 126 bzw. DERS., Persian Literature (Anm. 5), S. 1241 – 1242 sowie DERS., Persidskaja literatura 1 (Anm. 5), S. 429 – 431 und MARSHALL, Mughals in India (Anm. 20), Nr. 1616(i) bzw. DERS., Supplement (Anm. 20), S. 120; (4) zu Ahmad Big Khan al-Isfahanis *Tiraz al-akhbar* siehe STOREY (Anm. 3), S. 123 bzw. DERS., Persian Literature (Anm. 5), S. 1241 sowie DERS., Persidskaja literatura 1 (Anm. 5), S. 425 – 426 und MARSHALL, Mughals in India (Anm. 20), Nr. 614(i) bzw. DERS., Supplement (Anm. 20), S. 102 und (5) zu Ahmad b. Bahbals († nach 1614): *Ma'din-i akhbar-i Ahmadi* siehe STOREY (Anm. 3), S. 124 sowie DERS., Persidskaja literatura 1 (Anm. 5), S. 426 – 427 und MARSHALL, Mughals in India (Anm. 20), Nr. 1768(i) bzw. DERS., Supplement (Anm. 20), S. 124.

65 Jahangir: *Tuzuk-i Jahangiri*. Hrsg. von SAYYID AHMAD KHAN, Ghazipur/Aligarh 1864; Ders.: *Tuzuk-i Jahangiri*. Hrsg. von MUHAMMAD HASHIM, Teheran 1980/81. Siehe dazu nun auch CORINNE LEFEVRE: Une autobiographie à la mode moghole – les Mémoires de l'empereur Jahāngīr (r. 1605 – 1627). In: Autobiographies souveraines. Hrsg. von PIERRE MONNET, Paris 2012, S. 119 – 158 und CORINNE LEFEVRE: Recovering a Missing Voice from Mughal India. The Imperial Discourse of Jahāngīr (r. 1605 – 1627) in his Memoirs. In: Journal of the Economic and Social History of the Orient 50 (2007), S. 452 – 489.

den ihm als Vorbild dienenden Erinnerungen Baburs (1483 – 1530) zurücksteht.[66] Letztlich schreibt Jahangir (Abb. 2) keine wirkliche Lebensbeichte, sondern eher einen kontinuierlichen Bericht über die Zeit seiner Regierung und die ihn beeindruckenden Erlebnisse. Die erste Version der *Tuzuk-i Jahangiri* reicht von Jahangirs Thronbesteigung bis zum Ende seines 12. Regierungsjahres (1617). Nach Vollendung dieser Zeitspanne befiehlt der Pad(i)shah die Anfertigung von Kopien, die gebunden und an Verwandte und hochrangige Offizielle verteilt werden. Die eigenhändigen Aufzeichnungen Jahangirs gehen bis zum Ende seines 17. Regierungsjahres (1622). Aufgrund seines sich verschlechternden Gesundheitszustandes betraut er mit der Fortsetzung der *Tuzuk-i Jahangiri* den Historiker Muʿtamad Khan. Dieser setzt den Bericht bis zum Beginn des 19. Regierungsjahres Jahangirs (1624) fort.

Eine Besonderheit der mogulzeitlichen Hofgeschichtsschreibung stellen die vier folgenden historiographischen Werke dar: Aus der Einleitung zum *Akbarnama* erfahren wir, dass, als Abu l-Fazl ʿAllami auf Geheiß Akbars beginnt, dessen Herrschaftsgeschichte zu verfassen, enorme Anstrengungen unternommen werden, das für ein solches Unterfangen nötige Material zu sammeln. Unter anderem werden die Mitglieder der herrscherlichen Familie und die Dienerschaft, die noch unter Akbars Vorgängern dienten, aufgefordert, einen Bericht über jene verstorbenen Machthaber niederzuschreiben. Vier dieser Werke sind auf uns gekommen. Wir haben es hier weder mit professionellen Historikern und deren Chroniken zu tun, noch mit ausgebildeten Gelehrten, sondern mit mehr oder minder begabten Dilettanten. Da die vier Autoren vornehmlich über die politischen Ereignisse berichten sollen, die sie als Augenzeugen miterlebten, haben ihre Darstellungen alle autobiographischen Charakter.

Der erste dieser ‚Erlebnisberichte' stammt von Gul-Badan Bigum († 1603), einer Tochter Baburs (mit Dil-dar Bigum). Gul-Badan Bigum kommt um 1523 in Khurasan zur Welt.[67] Bis zu ihrer Übersiedlung nach Agra sechs Jahre später übernimmt ihre Erziehung Maham Bigum, die Mutter Humayuns. Gul-Badan Bigum bleibt in Baburs Regierungssitz bis 1540, dann wird sie zusammen mit anderen Hofdamen nach Kabul zurückgeschickt. Gul-Badan Bigum heiratet Khizr Khvaja Chaghaty, Oberemir unter Humayun. 1574 begibt sie sich auf Pilgerfahrt nach Mekka. Sie bleibt dort dreieinhalb Jahre und kehrt schließlich 1582 auf zum

66 So ist auch das *Babur-nama* ursprünglich türkisch geschrieben, doch wurden innerhalb kurzer Zeit zahlreiche persische Übersetzungen angefertigt, die das Werk in Indien weithin bekannt machten; vgl. CONERMANN (Anm. 1), S. 90 – 91.

67 Zu ihr siehe STOREY (Anm. 3), S. 538 – 539 sowie ANNETTE S. BEVERIDGE: Introduction. In: Gul-Badan Begum. *Humayun-nama*. Hrsg. von ANNETTE S. BEVERIDGE, London 1902, S. 1 – 79 und RUMER GODDEN: Gulbadan. Portrait of a Rose Princess at the Mughal Court, London 1980.

Abb. 2: Bichitr († nach 1650): Jahangir mit einem Globus in seinen Händen. Smithsonian Arthur M. Sackler Gallery.

Teil abenteuerliche Weise nach Indien zurück. Da sie gute Persisch- und Türkischkenntnisse besitzt, bittet Akbar sie nach ihrer Ankunft, ihre Memoiren niederzuschreiben. So entsteht das *Humayun-nama* bzw. die *Ahval-i Humayun Pad(i)shah*.

ʿAbbas Khan Sarvani († bald nach 1586) verfasst seinen *Taʾrikh-i Sher-Shah* auf Anordnung Akbars wohl kurz nach 1579.[68] Größtenteils scheint die Chronik dem 1572 von Scheich Rizq Allah Mushtaqi († 1581) geschriebenen *Vaqiʿat-i mushtaqi* zu folgen.[69] Genau lässt sich dies aber nicht sagen, da unglücklicherweise keine vollständige Abschrift des *Taʾrikh-i Sher-Shah* erhalten geblieben ist. Der überlieferte Teil handelt allein vom Leben Sher Shahs, wobei auch hier die beiden letzten Teile, die sich mit den Nachkommen des Herrschers befasst haben, fehlen.

Der dritte ‚ernannte Autobiograph' – Jauhar († nach 1586/87) – steht zwei Jahrzehnte als herrscherlicher ‚Wasserkrughalter' in Diensten Humayuns.[70] Über das Leben Jauhars haben wir nur die allerdürftigsten Informationen. Er gehört zum engsten Kreis des Herrschers, der ihn 1554/55 zum Steuereintreiber erst von Haibatpur und dann von Tatar Khan Ludis Dörfern ernannte. Später bezeichnet sich Jauhar selbst als Schatzmeister der Regierung im Punjab und Multan. Auf Geheiß Akbars beginnt Jauhar 1586/87 mit der Niederschrift seiner *Tazkirat al-vaqiʿat.*[71] Angesichts ihres für den Geschmack der Zeit überaus schlechten Stils bittet man Ilah-dad Faizi Sirhindi, das Manuskript in die einem Geschichtsbuch angemessene Form zu bringen. Faizi präsentiert diese überarbeitete Version, die er *Humayun-Shahi* nennt, Akbar im Juni 1590.

Der letzte Verfasser eines der vier erhaltenen Erinnerungsbücher ist Bayazid Bayat († nach 1591/92).[72] Bayazid Bayat gehört einem türkischen Stamm an und wächst in Tabriz auf. Unter Akbar dient Bayazid Bayat erst als Statthalter von Chunar, bevor er sich entschließt, zusammen mit seiner Familie die Wallfahrt nach Mekka anzutreten. Nach einem mehrjährigen Aufenthalt in dieser Stadt und einer abenteuerlichen Rückreise nach Indien an den Hof Akbars wird Bayazid Bayat schließlich von Abu l-Fazl ʿAllami damit beauftragt, seine Erinnerungen nieder-

---

68 Zu ihm siehe Storey (Anm. 3), S. 513 – 525 und Mukhia (Anm. 22), S. 160 – 165.

69 ʿAbbas Khan Sarvani: *Taʾrikh-i Sher-Shah.* Hrsg. von Syed M. Imad ad-Din, Dacca 1964.

70 Siehe zu ihm und seinem Bericht Nader Purnaqchéband: Strategien der Kontingenzbewältigung. Der Mogulherrscher Humāyūn (r. 1530 – 1540 und 1555 – 1556) dargestellt in der *Tazkirat al-wāqiʿāt* seines Leibdieners Jauhar Āftābčī, Hamburg 2007.

71 Jauhar: *Tazkirat al-vaqiʿat*, Ms. BM, Add. 16.711 = Rieu (Anm. 4), Bd. 1, S. 246.

72 Zu ihm siehe neben Storey (Anm. 3), S. 537 – 538 bzw. Ders., Persian Literature (Anm. 5), S. 1313 auch Annette S. Beveridge: The Memoirs of Bayazid (Bajazet) Biyat. In: Journal of the Asiatic Society of Bengal 67 (1898), S. 296 – 316; B. P. Saxena: Baizid Biyat and his Work – 'Mukhtassar'. In: Journal of Indian History 4 (1926), S. 43 – 60 sowie Mukhia (Anm. 22), S. 155 – 160.

zuschreiben. Bayazid Bayat hat nach seiner Ankunft in Fathpur Sikri verschiedene Posten – zuletzt den des Küchenchefs – in der Mogulverwaltung inne. Er beginnt mit der Abfassung des Werkes in Lahore um 1591 und beendet es anscheinend 1591/92. Da er halbseitig gelähmt ist, diktiert er seinen Bericht einem von Abu l-Fazl ernannten Schreiber. Er benutzt keine Notizen, so dass das Werk insgesamt recht uneinheitlich wirkt. Die *Tazkira-yi Humayun va Akbar* fangen mit der Flucht Humayuns nach Persien im Jahr 1542 an und enden 1591.[73] Sie vermittelt einen Überblick über die Zeit Humayuns und Akbars, doch streicht der Autor vor allem seine eigene Bedeutung heraus.

Interessant sind in diesem Zusammenhang schließlich auch Asad Big Qazvinis († 1620/21 oder 1631/32) *Halat-i Asad Big* bzw. *Ahval-i Asad Big.*[74] In diesem Memoirenwerk berichtet uns der Autor über die Ereignisse aus seinem Leben, die sich zwischen der Ermordung Abu 1-Fazls im Jahre 1602 und dem Tode Akbars bzw. der Inthronisation Jahangirs 1605 zugetragen haben. Der Kopist der im Britischen Museum aufbewahrten Handschrift berichtet über die Karriere und letzten Lebensjahre unseres Autors in einer Nachbemerkung zu seinem Text Folgendes:

> Der Verfasser dieses Werkes, Asad Big aus Qazvin, ist weithin bekannt für seine Freundlichkeit, seinen Großmut, seine Freigebigkeit und seine große kaufmännische Erfahrung. Als er zuerst nach Indien kam, verbrachte er 17 Jahre in Diensten des Scheichs Abu 1-Fazl b. Mubarak Shah. Nach dem Tod Scheich Abu 1-Fazls wurde er auf einen administrativen Posten am Hof Seiner Majestät Akbar berufen. In dieser Stellung erhielt er so viele glänzende Stellungen und Positionen, dass er zu Reichtum und Ehre kam. Nach kurzer Zeit endete die Epoche und Ära Akbars, und die Herrschaft Jahangirs begann. Gleich zu Beginn ließ man ihn nicht mehr bei Hofe vor. Dennoch blieb er ein treuer und ergebener Diener des Reiches. Am Ende der Regierung [Jahangirs] wurde er mit dem Titel ‚Pishrau Khan' geehrt. Er starb zu Beginn der Herrschaft Shah Jahans im Jahre 1041 [= 1631/32].[75]

Asad Big Qazvinis *Halat-i Asad Big* verdiente eine eigene Studie, die neben einer kritischen Textedition das Werk in den Kontext der mogulzeitlichen autobiographischen Literatur stellt.[76]

73 Bayazid Bayat: *Tazkira-yi Humayun va Akbar*. Hrsg. von MUHAMMAD HIDAYAT HUSAIN, Calcutta 1941.

74 Siehe zu ihm STOREY (Anm. 3), S. 131 – 134 bzw. DERS., Persian Literature (Anm. 5), S. 1021 und 1243 sowie DERS., Persidskaja literatura 1 (Anm. 5), S. 440 – 443 und MARSHALL, Mughals in India (Anm. 20), Nr. 324(i) bzw. DERS., Supplement (Anm. 20), S. 95.

75 Asad Big Qazvini: *Halat-i Asad Big*, Ms. BM Or. 1999 = RIEU (Anm. 4), Bd. 3, S. 979 f., fol. 30b.

76 Siehe nun MASHITA HIROYUKI: A Historiographical Study of the so-called Aḥwāl-i Asad Bīg. In: Zinbun. Memoirs of the Research Institute for Humanistic Studies, Kyoto 36/1 (2003), S. 51 – 103 und MUZAFFAR ALAM/SANJAY SUBRAHMANYAM: On the End of Akbari Dispansation. In: Writing the Mughal World (Anm. 2), S. 123 – 164.

6 Fazit

Insgesamt gesehen kann man somit festhalten: Obgleich dieser Beitrag auf Grund der wenigen bisher geleisteten Vorarbeiten eher darstellenden Charakter hat und nur Forschungsperspektiven skizzieren möchte, konnte gezeigt werden, dass die indo-persischsprachige Historiographie gattungsgeschichtlich eine lange Kontinuität vorweisen kann. Weltgeschichte, Regionalchronik, Reichschronik, Dynastiegeschichte und das historische Epos können sich recht früh etablieren und einen eigenen Formenkatalog entwickeln. Alle Genres werden während der Mogulzeit von den Historikern aufgegriffen und fortgeführt. Dabei kommt es – vor allem bei der Reichschronik – zu gewissen Modifizierungen, doch nur die Herrschervita und die Memoirenwerke können, wenn man möchte, als neue Gattungen angesehen werden. Der größte Teil des mogulzeitlichen Materials harrt jedoch noch immer seiner Bearbeitung. Wenn erst einmal mehr Werke erschlossen sind, werden wir auch mehr über die sprachliche und inhaltliche Gestaltung der einzelnen Genres erfahren. Erst dann mag man sich auch der Frage nach den Gründen der verblüffenden Übereinstimmung mit den vormodernen europäischen historiographischen *genera* annehmen.

Für die Produktion von indo-persischsprachigen historiographischen Werken spielt der Hof des Herrschers eine große Rolle. Den Machthabern legen die Chronisten ihre Werke vor, um bei Anerkennung eine Apanage oder zumindest eine einmalige Belohnung zu erhalten. Insofern ist es nicht verwunderlich, dass sie ihre Arbeiten nicht nur dem Potentaten widmen, sondern alles daransetzen, ihren potentiellen Patron in einem überaus günstigen Lichte erscheinen zu lassen und seine Herrschaft ‚historisch' zu legitimieren. Die Chroniken werden somit oftmals aus pragmatischen Interessen heraus geschrieben. Man bedient sich der Vergangenheit, um mit deren interessengeleiteter Darstellung bestimmte Ziele und Absichten zu erreichen, auch wenn diese Absicht im Einzelfall nicht immer leicht nachzuweisen ist. Letztlich soll der Gegenwart der ‚Spiegel der Vergangenheit' vorgehalten werden, um auf diese Weise bildhaft zugleich die Zukunft sichtbar zu machen. Indem die Chronisten verbindliche Präzedenzfälle verwenden, wird die Geschichte selbst – neben Koran und anderen Autoritäten – zum Argument. Die Verfasser haben nicht die Absicht, die Vergangenheit zu rekonstruieren und sich mit dem Phänomen der Macht oder der Formung des menschlichen Charakters zu beschäftigen, sondern sie benutzen ihre Werke insbesondere zur Belehrung der Herrschenden. Anhand der Erzählungen aus der Vergangenheit sollen die Aufgaben der Sultane illustriert werden: Muslimische Regenten hätten in erster Linie für die Aufrechterhaltung der Ordnung zu sorgen, religiöse Institutionen zu fördern und die Verbreitung des Islams außerhalb der eigenen Grenzen voranzutreiben. Dieser Form des Vergangenheitsbewusstseins ist ein Verständnis für die strukturelle Andersartigkeit und Eigenständigkeit der Epochen fremd. Man betont vielmehr bewusst die unmittelbare Vergleichbarkeit und setzt sie bei der Deutung von Ereignissen voraus, wobei es den Autoren letztlich um eine universale Wahrheit ging. Die Erklärung eines solchen Denkens liegt in der (theologischen) Deutungsfähigkeit der historischen Ereignisse, die sich nicht zufällig, sondern nach Gottes Willen gerade so und nicht anders zugetragen haben. Das machte den Wert der Vergangenheit aus, die sich dadurch auf die Gegenwart und heilsgeschichtlich gesehen auch auf die Zukunft beziehen ließ.[77] Die Geschichtsschreibung erhält durch diese Vergegenwärtigung der Vergangenheit einen Sinn und gibt außerdem dem Geschichtsbewusstsein eine feste, auf die eigene (muslimische) Gesellschaft fixierte Ordnung. Zwar ist nicht alles in der Vergangenheit gut gewesen, doch man deutet bestimmte Personen und Ereignisse im Rahmen der eigenen Werturteile, die man für zeitlos gültig hält.

Die Höfe der Samaniden, Seldschuken, Gaznaviden, Il-Khane, Timuriden und die der Herrscher des Delhisultanates und des Mogulreiches entwickeln sich zu Zentren der Gelehrsamkeit und sind Anlaufstellen für jeden, der als persischsprachiger Literat oder Historiker zu Ruhm und Ansehen gelangen will. Weiteren Einfluss auf die historiographische Produktion hat natürlich der Umstand, dass alle Historiker Muslime sind, die die islamischen Grundanschauungen verinnerlicht haben. Die Geschichtsschreibung ist für sie weniger eine Wissenschaftsdisziplin – alle Versuche einer derartigen Einordnung gehen daher fehl – als vielmehr eine übergeordnete Betrachtungsweise. ‚Geschichte' impliziert immer auch ‚Heilsgeschichte', wobei sich die Chronistik in der Regel als faktische Eruierung des Heilsplanes versteht. Vor diesem Hintergrund kann die frühe persische Historiographie – nach den Aussagen der Prologe – vielfältige Funktionen wahrnehmen. Sie dient der Kenntnis des göttlichen Wirkens oder der Welt- und Geschichtsdeutung, der Erinnerung als Verhinderung des Vergessens oder dem Lob der eigenen Institutionen und ihrer Träger. Am Beispiel einzelner Amtsträger, Ereignisse oder der Geschichte schlechthin nimmt sie politische oder moralische Vorbild- oder Abschreckungsfunktion wahr und hat folglich einen praktischen Nutzen. Geschichtsschreibung will – in didaktischer, theologischer, moralischer und memorialer Absicht – in der Regel belehren, auch wenn daneben ihr Unterhaltungswert betont wird. Die höfischen Konventionen und der höfische Geschmack bestimmen weitgehend die literarische Gestaltung der Chroniken. Letztlich geht es, wie gesagt, nicht um eine ‚objektive' Berichterstattung oder um

77 Eine komparatistische Perspektive verfolgt: Wozu Geschichte? Historisches Denken in vormodernen historiographischen Texten. Ein transkultureller Vergleich. Hrsg. von Stephan Conermann, Berlin (in Vorbereitung).

das Aufzeigen irgendwelcher historischen Entwicklungslinien, sondern man benutzt ein Faktengerüst zum Beweis eigener rhetorischer Ausgestaltungsmöglichkeiten. Die Basisdaten entnimmt man – oft wortwörtlich und ohne Verweis – den Werken früherer Historiker, den Aussagen von Zeitzeugen, den eigenen Erlebnissen und – wenn möglich – den Archiven. Um das Einzelereignis lässt man dann Legenden, Mythen und vor allem lehrreiche und beispielhafte Anekdoten ranken. Zur allgemeinen Erbauung und zur Verdeutlichung der vorgebrachten Argumente werden darüber hinaus an passender Stelle neben koranischen Suren eigene Verse oder Zitate bedeutender Dichter eingestreut.

Viele Chronisten verfügen aufgrund ihrer Tätigkeit innerhalb des Administrationsgefüges einzelner Dynastien über Praxiserfahrung, die sich häufig in der Behandlung bestimmter, die Verwaltung betreffender Themen niederschlägt. Die überwiegende Zahl der Autoren gehört der jeweiligen Herrschaftselite an, was dazu führt, dass ihre Weltsicht ebenfalls elitäre Züge trug. So finden wir in den wenigsten Chroniken Berichte über die Lebensverhältnisse des einfachen Volkes. Die meisten Erzählungen von ‚blühenden muslimischen Landschaften', florierender Wirtschaft und unbeschreiblichem Wohlstand dürfen nur topisch aufgefasst werden. Die Geschichtsschreibung ist amts- und institutionsgebunden und aus dem Interesse der jeweils eigenen Institution verfasst. Das ergibt sich rein äußerlich aus dem Auftrag und den Adressaten, aber ebenso aus dem Thema, der Gattung, der Struktur und der Tendenz der Werke. Die herkömmliche Einteilung nach historiographischen Genres eignet sich zwar nur bedingt zur Unterscheidung eines ausdifferenzierten Geschichtsbewusstseins, doch belegt der damit oft verbundene Berichtsgegenstand zumindest den institutionellen Charakter.

Die Einordnung regionaler oder lokaler Chroniken in die größeren historischen Zusammenhänge ergibt sich in aller Regel aus den Bezügen zu der Geschichte der eigenen Herrschaftsinstitution. Umgekehrt fügen die Chronisten Nachrichten über die eigene Geschichte in übergreifende Werke ein. Die iranische Geschichte beispielsweise ist normalerweise in eine *historia universalis* eingebettet, die mit der Schöpfung beginnt, mit den altiranischen Herrschern, den Propheten, Mohammed, den Kalifen fortfährt und schließlich über die iranischen oder muslimisch-indischen Dynastien bis in die Gegenwart gelangt. Es handelt sich eigentlich – mit Ausnahme von Rashid ad-Dins *Jamiʿ at-tavarikh* – nicht um wirkliche Weltgeschichten, da sich mit dem Aufkommen des Islams die Sichtweise des Textes verengt und alle nichtmuslimischen Völker von der Betrachtung ausgeschlossen werden. Einige – aber bei weitem nicht alle – Chroniken werden ab einem gewissen Punkt annalistisch, doch selbst dann können viele Einzelberichte diesen Rahmen sprengen und von länger andauernden Ereignissen handeln.

Nach den mongolischen Eroberungen ist eine vermehrte Produktion von Universalchroniken festzustellen. Dies mag mit den Weltherrschaftsansprüchen der Zentralasiaten zusammenhängen, kann jedoch auch als eigene Form der Gegenwartsbewältigung interpretiert werden. Nicht selten haben Geschichtsschreiber versucht, ein aus dem Empfinden eines allgemeinen Niederganges und der aktuellen Bedrohung der eigenen Gesellschaft geschürtes Krisenbewusstsein mit Hilfe historiographischer Werke zu bewältigen. Insgesamt gesehen besitzen die indo-persischen Geschichtsschreiber ein ausgeprägtes Vergangenheitsbewusstsein, auch wenn das Geschehen vornehmlich in bestimmten Traditionslinien – nämlich entlang der Heilsgeschichte bzw. bestimmter Institutionen – verfolgt wird und man sich der Vergangenheit nicht um ihrer selbst willen erinnert. Gerade die Frage nach der Herkunft der eigenen Dynastie spielt bei der Legitimierung der Herrschaftsverhältnisse eine zentrale Rolle. Die Historiographie muss die – aus unserer Sicht oft mythischen – Ursprünge der gegenwärtigen Entwicklung aufdecken und sie bis in die eigene Zeit verfolgen. Erst dadurch schafft sie ein Kontinuum über die Epochen hinweg von den Anfängen bis zur Gegenwart und – heilsgeschichtlich – in die Zukunft. Das Epochenverständnis der persischen Chronisten unterscheidet sich allerdings grundlegend von unserem und richtet sich entweder nach heilsgeschichtlichen Einschnitten (Mohammeds Auszug nach Medina) oder nach politischen Kriterien (Herrschaftswechsel, Blüte, Niedergang). Zugespitzt kann man daher sagen, dass die Geschichtsschreiber zwar einen Sinn für die Vergangenheit besitzen, allerdings nur für eine ganz bestimmte: Geschichte ist letzten Endes nur als Heilsgeschichte denkbar, in deren Rahmen sich Wandel als historische Kontinuität vollziehen mochte. Die indo-persischen Historiographen haben durchaus ein Bewusstsein sowohl von der Geschichtlichkeit wie von der Geschichtswürdigkeit einzelner Vorgänge. Sie unterscheiden zum einen sehr wohl – wenn auch nach anderen Kriterien als wir – zwischen Historischem und Fiktivem. Zum anderen wissen sie im Hinblick auf die eigenen Belange auszuwählen und entwickeln ein Gespür für die gegenwarts- und zukunftsprägende Wirkung der deutungsfähigen Ereignisse der Vergangenheit. Die Geschichtsschreibung ist aus diesem Grunde auch kein kontinuierliches Fortsetzungswerk. Die Autoren legen vielmehr ihren ganzen Ehrgeiz daran, dank veränderter Bedürfnisse aus denselben alten Quellen ständig neue und neuartige Werke zu kompilieren und neue Deutungen zu vermitteln.

Lektürehinweise:
1. Badā'ūnī, Montak̲ab al-tawārīk̲, 3 Bde. Bd. 1: Übers. von G. S. A. Ranking, Calcutta 1898. Bd. 2: Übers. von W. H. Lowe, Calcutta 1884. Band 3: Übers. von Wolseley Haig, Calcutta 1925; Neudruck Patna 1973; Henry M. Elliot/John Dowson: The History of India as Told by their own Historians. Muhammada Period, 8 Bde, London 1867–1877 [Online: https://archive.org/details/cu31924024066593]; The Akbarnama of Abu'l Fazl. Hrsg. und übers. von H. Beveridge, 3 Bde,

Calcutta 1907–1939 [Online: http://persian.packhum.org/persian/main?url=pf%3Ffile%3D00701020%26ct%3D0]; The History of Humāyūn (Humāyūn-nāma) by Gul-Badan Begam (Princess Rose-body). Hrsg. und übers. von ANNETTE S. BEVERIDGE, London 1902 [Online: https://archive.org/details/historyofhumayun00gulbrich]; The Jahangirnama: memoirs of Jahangir, Emperor of India. Hrsg. und übers. von WHEELER M. THACKSTON, New York u. a. 1999.

2. CONERMANN 2002 (1); STEPHAN CONERMANN: Das Mogulreich. Geschichte und Kultur des muslimischen Indien, München 2006; NIZAM 1983 (3): Persian Historiography 2012 (2).

3. PURNAQCHÉBAND 2007 (70) [Exemplarische Analyse und Übersetzung eines historiographischen Textes]; Writing the Mughal World. Studies on Culture and Politics. Hrsg. von MUZAFFAR ALAM/SANJAY SUBRAHMANYAM, New York 2012 [Vertiefende Einzelstudien und eine sehr gute Einleitung zum Thema].

Anhang

Abkürzungsverzeichnis

Archive und Bibliotheken

BayHStA	Bayerisches Hauptstaatsarchiv, München
BnF	Bibliothèque nationale de France
GLA	Generallandesarchiv Karlsruhe
WLB	Württembergische Landesbibliothek, Stuttgart
CFHB	Corpus Fontium Historiae Byzantinae
CSHB	Corpus Scriptorum Historiae Byzantinae

Literatur

ADB	Allgemeine Deutsche Biographie. Hrsg. durch die Historische Commission bei der Königlichen Akademie der Wissenschaften, 55 Bde., Leipzig 1875–1912, Nachdruck 1967–1971.
Chron.dt.St.	Die Chroniken der deutschen Städte. Hrsg. von der Historischen Kommission bei der Bayerischen Akademie der Wissenschaften, 37 Bde., Leipzig u. a. 1862–1968, Nachdruck der Bde. 1–36, Göttingen 1961–1968.
DI	Die deutschen Inschriften. Hrsg. von den Akademien der Wissenschaften in Berlin, Düsseldorf, Göttingen, Heidelberg, Leipzig, Mainz, München und der österreichischen Akademie der Wissenschaften in Wien, Stuttgart/Wiesbaden 1942 ff.; siehe dazu auch die im Entstehen begriffene digitale Version http://www.inschriften.net/.
DLL MA	Deutsches Literatur-Lexikon. Das Mittelalter. Autoren und Werke nach Themenkreisen und Gattungen. Hrsg. von WOLFGANG ACHNITZ, 7 Bde., Berlin/New York/Boston 2011–2015.
DNB	Dictionary of National Biography. Hrsg. von LESLIE STEPHEN und SIDNEY LEE, 63 Bde., Oxford 1885–1900.
EI^2	The Encyclopaedia of Islam. New Edition. Hrsg. von E. VAN DONZEL u. a., 12 Bde., Leiden 1960–2004.
EI^3	The Encyclopaedia of Islam Three. Hrsg. von KATE FLEET u. a., Leiden 2007 ff.
EM	Enzyklopädie des Märchens. Handwörterbuch zur historischen und vergleichenden Erzählforschung. Hrsg. von KURT RANKE/ROLF WILHELM BREDNICH/HERMANN BAUSINGER, Berlin/New York 1977 ff.

EMC	The Encyclopedia of the Medieval Chronicle. Hrsg. von GRAEME DUNPHY, 2 Bde., Leiden/Boston 2010.
FSGA	Ausgewählte Quellen zur deutschen Geschichte des Mittelalters. Freiherr vom Stein-Gedächtnisausgabe Freiherr-vom-Stein-Gedächtnisausgabe, Darmstadt 1955 ff.
GRLMA	Grundriss der romanischen Literaturen des Mittelalters. Hrsg. von HANS ROBERT JAUSS u. a., 11 Bde., Heidelberg 1972–1993.
HdA	Handwörterbuch des deutschen Aberglaubens. Hrsg. von HANNS BÄCHTOLD-STRÄUBLI u. a., 10 Bde., Berlin/Leipzig 1927–1942 (Handwörterbücher zur deutschen Volkskunde, Abt. 1).
[1]HRG	Handwörterbuch zur deutschen Rechtsgeschichte. Hrsg. von ADALBERT ERLER u. a., 5 Bde., Berlin 1964–1998.
[2]HRG	Handwörterbuch zur deutschen Rechtsgeschichte. Hrsg. von ALBRECHT CORDES u. a. ; Berlin 2004 ff.
HWE	ANTONIA GRANSDEN: Historical Writing in England. Bd. 1: C. 550 to 1307, London 1974; Bd. 2: C. 1307 to the Early Sixteenth Century, London 1982
KdiH	Katalog der deutschsprachigen illustrierten Handschriften des Mittelalters. Begonnen von HELLA FRÜHMORGEN-VOSS, fortgeführt von NORBERT H. OTT u. a., bisher 5 Bde., München 1991 ff.
LaG	Lexikon der antiken Gestalten in den deutschen Texten des Mittelalters. Hrsg. von MANFRED KERN/ALFRED EBENBAUER, Berlin/New York 2003.
LCL	The Loeb Classical Library
Lexer	MATHIAS LEXER: Mittelhochdeutsches Wörterbuch, Nachdruck der Ausgabe Leipzig 1872–1878 mit einer Einleitung von KURT GÄRTNER, 3 Bde., Stuttgart 1992. Onlineversion: http://germazope.uni-trier.de/Projects/WBB/woerterbuecher/bmz/wbgui?lemid=BA00001.
LMA	Lexikon des Mittelalters. Hrsg. von ROBERT-HENRI BAUTIER u. a., Bd. 1–7, München/Zürich 1980–1995; Bd. 8–10, München 1997–1999.
LThK	Lexikon für Theologie und Kirche. 3., völlig neu bearb. Auflage. Hrsg. von WALTER KASPER u. a., 11 Bde., Freiburg i. Br. u. a. 1993–2001.
MGH	Monumenta Germaniae Historica. Hrsg. von GEORG HEINRICH PERTZ u. a., Hannover u. a. 1826 ff.
MPH	Monumenta Poloniae Historica. Hrsg. von AUGUST BIELOWSKI u. a., 6 Bde., Bd. 1.–3, Lwów 1864–1878, Bd. 4.–6, Kraków 1884–1893.
NCE	New Catholic Encyclopedia. Hrsg. von WILLIAM J. MC DONALD u. a., 15 Bde. u. 4 Ergbde., New York u. a. 1967–1996.

NDB	Neue deutsche Biographie. Hrsg. von der Bayerischen Akademie der Wissenschaften. Bisher 25 Bde., Berlin 1953 ff.
N.F.	Neue Folge.
N.S.	Nova series.
ODB	The Oxford Dictionary of Byzantium. Hrsg. von ALEXANDER KAZHDAN, 3 Bde, Oxford/New York 1991.
ODNB	Oxford Dictionary of National Biography. Hrsg. von H. C. G. MATTHEW und BRIAN HARRISON, 60 Bde., Oxford 2004.
PL	Patrologia Latina. Patrologiae cursus completus. Series Latina. Hrsg. von JACQUES PAUL MIGNE , 221 Bde., Paris 1844–1864.
PLDR	Памятники литературы Древней Руси X – начала XII. вв. сост. Д. С. ЛИХАЧЕВ/Л. А. ДМИТРИЕВ, Москва. [Denkmäler der Literatur der Alten Rus'. X. Jahrhundert-Anfang des XII. Jahrhunderts. Zusammengestellt von D. S. LIHAČEV/L. A. DMITRIEV, Moskau] 1978.
PVL	Повесть временных лет. Под ред. АДРИАНОВОЙ-ПЕРЕТЦ, ВАРВАРА П. т. I: Текст и перевод. Подготовка текста и перевод ЛИХАЧЕВА, ДМИТРИЯ С.; т. II: Примечания, статьи, комментарии Д. С. ЛИХАЧЕВА/Б. А. РОМАНОВА, Москва [Povest' vremennych let. Hrsg. von VARVARA ADRIANOVA-PERETC. Bd. I: Text und Übersetzung. Textbearbeitung und Übersetzung von DMITRIJ S. LIHAČEV. Bd. II: Anmerkungen, Mitteilungen, Kommentare von D. S. LIHAČEV/B. A. ROMANOV, Moskau] 1950.
Rep.font.	Repertorium Fontium Historiae Medii Aevi. Hrsg. vom Istituto Storico Italiano per il Medio Evo, 11 Bde., Rom 1962–2007.
RGA	Reallexikon der Germanischen Altertumskunde. Hrsg. von HERBERT JANKUHN u. a., 37 Bde., Berlin/New York [2]1968/73–2008; seit 1986 zahlreiche Ergbde.
RGG	Religion in Geschichte und Gegenwart. Handwörterbuch für Theologie und Religionswissenschaft. Hrsg. von HANS DIETER BETZ u. a., 8 Bde. und Register, Tübingen [4]1998–2007.
RL	Reallexikon der deutschen Literaturwissenschaft. Neubearb. des Leallexikons der deutschen Literaturgeschichte, 3 Bde. Hrsg. von KLAUS WEIMAR/KLAUS FRICKE/JAN-DIRK MÜLLER, Berlin/New York 1997–2003.
TPMA	Thesaurus proverbiorum medii aevi. Lexikon der Sprichwörter des romanisch-germanischen Mittelalters. Hrsg. vom Kuratorium Singer der SAGW, Berlin/New York 1995 ff.
TRE	Theologische Realenzyklopädie. In Gemeinschaft mit HORST ROBERT BALZ u. a. hrsg. von GERHARD KRAUSE/GERHARD MÜLLER (ab

Band 13 nur GERHARD MÜLLER), 36 Bde., Berlin/New York 1977–2004.

^{1}VL Die deutsche Literatur des Mittelalters. Verfasserlexikon. Hrsg. von WOLFGANG STAMMLER (ab Bd. 3 von KARL LANGOSCH), 5 Bde., Berlin/Leipzig 1933–1955.

^{2}VL Die deutsche Literatur des Mittelalters. Verfasserlexikon. 2. völlig neu bearbeitete Auflage. Hrsg. von KURT RUH (ab Bd. 9 BURGHART WACHINGER) u. a., 14. Bde., Berlin/New York 1977–2008.

VLHum Deutscher Humanismus 1480–1520. Verfasserlexikon. Hrsg. von FRANZ JOSEF WORSTBROCK, Berlin/New York 2005 ff.

Personen- und Werkregister

'Abbas Khan Sarvani 982
– *Ta'rikh-i Sher-Shah* 982
'Abbāsiden 869, 879, 882, 885, 887, 894, 896, 898, 901, 907, 911, 913, 917, 931
Abbingdon Chronicle → *Anglo-Saxon Chronicle*
Abbreviatio chronicorum → Matthäus von Paris
'Abd ar-Rahim b. Bairam Khan 969
Abd al-Rahman I., Emir von Cordoba 751
Abd al-Rahman III., Kalif von Cordoba 751
Abraham 78, 86, 100, 114, 151, 585, 692 f., 842, 849, 894
Abraham bar Hiyya 746, 758
– *Megillat ha-Megalleh* 758
Abraham ben Salomón de Torrutiel 767
– *Sefer ha-Qabbalah* 767
Abraham ibn Daud 758 f., 767, 771
– *Sefer ha-Qabbalah* 758, 767
Absalon, Erzbischof von Lund 73, 556
Abu l-Fazl 'Allami 961, 964, 973, 977, 980
– *Akbar-nama* 962, 965, 977 f., 980
Abū l-Fidā' 905, 923, 930, 949
– *al-Muḫtaṣar fī aḫbār al-bašar* 905, 930
Abū Miḫnaf 874, 879 f.
– *Maqtal al-Ḥusain b. 'Alī* → Ibn al-Kalbī
Abū Šāma 915, 924
– *Kitāb ar-Rauḍatain* 924
Abū Zaid 'Umar b. Šabbā 917
– *Ta'rīḫ al-Madīna* 917
Adalbert, hl. 72, 314, 774, 777 f., 783, 787, 797
Adalbert, Erzbischof von Mainz 362
Adalbert, Abt von Weißenburg (Elsass) 79
Adalbert von Babenberg 257
Adalperga, Tochter Ratchis' 712 f.
Adam von Bremen 41, 219, 367
Adam von Domerham 651, 655
– *Historia de Rebus Glastoniensibus* 655
Adam von Usk 646
Adelger (Adelgerus), sagenhafter bairischer Herzog 141, 250, 253
Adelheid von Honstein, Gattin Albrechts II. zu Mecklenburg 214
Adolf von Nassau, deutscher König 113
Adrian von Bubenberg, Bürgermeister von Bern 275
Aelnoth von Odense 543
– *Gesta Swenomagni* 543
Ælred van Rievaulx 621, 641
– *Genealogia regum Anglorum* 621
Aeneas, sagenhafter Stammvater der Römer 56, 101, 147, 339, 634, 666, 668, 712, 721
Æthelweard 619
– *Chronicon* 619
'Afif → Shams ad-Din Siraj
Agamemnon, Anführer der Griechen im Trojanischen Krieg 353
Agapius von Mabbug → Maḥbūb b. Qusṭanṭīn al-Manbiǧī
Agazzari, Giovanni 731
– *Chronica civitatis Placentiae* 731
Aggesen, Sven 544
– *Brevis historia regum Dacie* 544
Agilolfinger 249, 251
Agnellus von Ravenna 714
– *Liber pontificalis ecclesiae ravennatis* 714
Agnes von Böhmen, hl. 774
Agnolo di Tura 726
– *Cronaca Senese (detta la maggiore)* 726
al-'Ainī 914 f., 929, 932
– *'Iqd al-ǧumān fī ta'rīḫ ahl az-zamān* 914 f.
A'in-i Akbari → Abu l-Fazl 'Allami
Aiyūbiden 907, 912 f., 915 f., 923, 925, 927–930
Akbar, Großmogul von Indien 961–965, 971–973, 976–983
Ákos, Magister → *Urgesta*
Akropolites, Georgios 728, 863
Alan von Tewkesbury 622
Alanus ab Insulis 789
Alberich von Trois-Fontaines 796
Albert von Aachen (van Aken) 582
Albert von Stade 91, 100, 103, 174
– *Weltchronik* (*Annales Stadenses*) 91, 174

Albertucci de' Borselli, Girolamo 720, 732
– *Cronica gestorum ac factorum memorabilium civitatis Bononiae* 720, 732
– *Cronica magistrorum generalium ordinis fratrum Praedicatorum* 720
Albertus Monachus 119
Albigenser 683
Albino, Giovanni 736
– *De gestis regum Neapolitanorum ab Aragonia* 736
Albrecht von Brandenburg, Hochmeister des Deutschen Ordens 323, 336
– Albrecht I. von Habsburg, deutscher König 234
– Albrecht IV. der Weise, Herzog von Bayern-München 509, 515, 517
– Albrecht I. der Große, Herzog zu Braunschweig-Lüneburg 201, 212
– Albrecht II., Herzog zu Mecklenburg 214–217, 220, 223
– Albrecht II. der Weise oder Lahme, Herzog von Österreich 236
– Albrecht III., Herzog von Österreich 257
– Albrecht V., Herzog von Österreich 486
– Albrecht Achilles von Brandenburg, Markgraf von Ansbach 498, 500, 504, 510
– Albrecht von Babenberg → Adalbert von Babenberg
Albrecht von Bonstetten 242, 275, 287, 298, 300
– *Beschreibung der Burgunderkriege* 287
Albrecht von Scharfenberg 184, 195, 426
– *Jüngerer Titurel* 184, 195, 246, 426
Alcuin, Flaccus 609
Aleksandr Nevskij, hl., russischer Großfürst 832
Alexander I., Papst 647
Alexander III., Papst 659
Alexander der Große 29, 86, 132, 147 149, 155, 184, 192, 196, 208, 222, 353, 579, 780, 831, 855, 956
Alexander Severus → Severus Alexander
Alexander (Monachus) 720
– *Chronicorum liber Sancti Bartholomaei de Carpineto* 720
Alexander und Anteloye 188
Alexandros, byzantinischer Kaiser 857
Alexios I. Komnenos, byzantinischer Kaiser 858, 862
Alexios III., byzantinischer Kaiser 679 f.
Alexios IV., byzantinischer Kaiser 680
Alexios V. Murzuphlos, byzantinischer Kaiser 680
Alfieri, Ogerio 731
– *Chronica civitatis astensis* 731
Alfons II., König von Aragon 736
Alfons V. der Großmütige, König von Aragon, Sizilien und Neapel 735 f.
Alfons III. der Große, König von Asturien 763
Alfons VIII., König von Kastilien 752
Alfons X. der Weise, König von Kastilien 592, 753, 760, 763–765
Alfons, Herzog von Kalabrien 736
Alfred der Große, König der Angelsachsen 61 f., 619, 641, 648, 731
Alfred von Beverley 634
– *Historia de gestis regalibus regum Britanniae* 634
Aliprandi, Bonamente 731
– *Cronica de Mantua* 731
Almanzor, Wesir von Cordoba 751
Almohaden 752–754, 757, 759
Almoraviden 752 f., 759
Alnpeke, Dittleb von 309
Alnwick Chronicle 653
Alte Ee 184
Ältere Hochmeisterchronik 304, 328–331, 333
Amalie von Sachsen, Herzogin von Bayern-Landshut 484
Amatus von Montecassino 715
– *Historia Normannorum* 715
Amazonen 66, 86, 371
Ambroise (d'Evreux) 622, 677 f., 681
– *Estoire de la guerre sainte* 622, 677 f.
Amir Hasan Sijzi 954
Amir Khusrau Dihlavi 954, 957
– *Khaza'in al-futuh* 957 f.
Almohaden 752–754, 757, 759
Almoraviden 752 f., 759
Ammianus Marcellinus 53

André, Bernard 630, 652
– *De vita atque gestis Henrici Septimi historia* 630
Andrea Dandolo → Dandolo, Andrea
Andreas Svorad, hl. 795
Andreas I., König von Ungarn 773, 795
Andreas Roll von Bonstetten → Roll von Bonstetten, Andreas
Andreas von Bergamo 713
– *Historia Langobardorum* 713
Andreas von Regensburg 115, 244 f., 249–251
– *Chronica de principibus terrae Bavarorum* 244
– *Chronica summorum pontificum et imperatorum* 115
– *Chronik von den Fürsten in Bayern* 244
Andrei Bogoliubskij, Großfürst von Vladimir-Susdal 832
Andrew von Wyntoun 659 f., 662
– *Orygynale Cronykil of Scotland* 660
Angelsachsen 60, 97, 614, 631, 634, 667
Angelus de Stargardia 213, 793
– *Protocollum* 213, 793
Anglo-Saxon Chronicle 619, 633, 635, 641, 651, 666 f.
– *Abbingdon Chronicle* 619
– *Parker Chronicle* 619
– *Peterburgh Chronicle* 619
– *Worcester Chronicle* 619
Angul, sagenhafter König von Dänemark 555
Annales Angliae et Scotiae 623
Annales Anglosaxonici breves 651
Annales Bohemici 774
Annals of Boyle 612
Annals of Burton 651
Annales Cambriae 618
Annales capituli Cracoviensis 774, 785
Annales capituli Posnaniensis 791
Annals of Chester 651
Annals of Chichester 651
Annals of Christ Church 613
Annales Cicestrenses 655
Annals of Clonmacnoise/Mageoghagan's Book 611 f.
Annals of Coggeshall 653
Annals of Connacht 612
Annals of Croxden Abbey 653
Annals of Dore Abbey 653
Annales Ecclesiae Roffensis 638
Annales Egmondenses 577, 592, 622
Annals of the Four Masters/Annála Ríoghachta Éireann 612
Annales Gradicenses et Opatovicenses 780
Annals of Hailes 653
Annales Hildesheimenses 81
Annals of Inisfallen 612
Annals of Lecan 612
Annals of Lewes 651
Annales Lindisfarnenses et Dunelmenses 651 f.
Annals of Loch Cé 612
Annales Londonienses 656
Annales Magdeburgenses 87
Annals of Margam 653
Annales Mellicenses 85, 102
Annals of Multyfarnham 613
Annals of New Ross 613
Annales Paulini 638
Annali e cronaca di Perugia 732
Annals of Plympton 653
Annales Posonienses 774, 794
Annales regni Poloniae deperditi 774, 785
Annales regni Scotiae 623
Annales Resinburgenses 324
Annales Ricardi Secundi et Henrici quarti 626
Annals of Rievaulx 653
Annals of Roscrea 611
Annales Sancti Edmundi 651
Annales Sancti Pauli Londoniensis 638
Annals of St. Mary's, Dublin 613
Annals of St. Neots 618
Annals of St. Osyth's 653
Annales Scotorum Vindobonensium 614
Annals of Sherborne Abbey 651
Annals of Stanley 637
Annals of Tigernach 611, 613
Annals of Ulster 611 f.
Annales veteres 785
Annales Vindobonenses 234
Annianos von Alexandria 850
Anno II., Erzbischof von Köln 130–135

Annolied 129–136, 138, 140, 142, 147 f., 154, 172, 196
Anonimalle Chronicle 646
Anonyme de Béthune 684, 686
– *Chronique des rois de France* 684
– *Histoire des Ducs de Normandie et des rois d'Angleterre* 684 f.
Anonymus, Autor der *Rijmkroniek van Holland* 577 f., 590 f.
Anonymus Leobiensis 116, 237
Anselm von Gembloux 593
Ansgar, Erzbischof von Hamburg und Bremen 545
Anshelm, Valerius 290, 292 f., 299
– *Berner Chronik* 290, 293
– *Catalogus Annorum* 293, 300
Antenor 339, 345
Anthonis de Roovere 579
– *Excellente cronike van Vlaenderen* 579
Anton von Burgund 578, 605
Antoninus von Florenz 246, 719
– *Chronicon sive summa historialis* 719
– *Summa moralis* 719
Antonio di Buccio 732
– *Delle cose dell'Aquila* 732
Apollodorus von Athen 13
Araber 745, 751, 755, 762 f., 868, 870–873, 875, 877 f., 885, 888, 892, 894, 931, 939, 945
ʿArīb b. Saʿd 903
– *Ṣilat Taʾrīḫ aṭ-Ṭabarī* 903
Arni, Bischof von Skálholt 550
Arnold (Priester) 140
– *Von der Siebenzahl* 140
Arnold von Lübeck 213
Arnold von Melchthal, sagenhafter Mitbegründer der Eidgenossenschaft 295
Arnpeck, Veit 241, 246 f., 255 f., 263, f., 505–508, 511–513, 515
– *Bayerische Chronik* 246, 254–256, 261, 264
– *Chronica Baioariorum* 246
Arnulf von Mailand 715
– *Liber gestorum recentium* 715
Arpad, Begründer der Arpadendynastie 797–799
Artus, sagenhafter König 195 f., 208, 354, 579, 590, 618, 633, 639, 649, 657, 660, 666, 668 f.
Asad Big Qazvini 983
– *Halat-i Asad* 983
al-Asadī, Aḥmad b. ʿAbdallāh 885, 908
– *Dīwān al-ʿArab* 885, 908
Asloan, John, Notar aus Edinburgh 660
Ataki, Muhammad Yusuf b. Rahmat Allah 977
– *Muntakhab at-tavarikh* 977
Athalarich, König der Ostgoten 53
Attila, König der Hunnen 53, 190, 797, 799, 802
Auchinleck Chronicle 660
Auctor, hl., Schutzpatron von Braunschweig 211, 348
Auer, Johann 408
– *Trenbach-Chronik* 408
Augsburger Chronik 387, 395, 397
Augustiner 244, 621, 636, 642, 648, 652 f., 793
Augustinus, hl. 13, 61, 94, 151, 616, 709, 719, 738
Augustinus von Stargard → Angelus de Stargardia
Augustus, römischer Kaiser 74, 80, 107, 208, 555, 845, 855 f., 861 f.
Aurangzib, Großmugul von Indien 966 f., 974, 976
Aventin(us), Johann(es) 19, 33 f.
– *Annales ducum Boiariae* 19
– *Baierische Chronik* 19
Ayora, Gonzalo de 766
al-Azdī 874, 880
– *Futūḥ aš-Šām* 880

Babenberger 166, 231, 235–237, 240 f., 257–259
Babur, Gründer des Mogulreiches 960 f., 978, 980
Bacharach, Siegfried von 337
Badaʾuni, ʿAbd al-Qadir 973
– *Muntakhab at-tavarikh* 973
al-Baġdādī, Aḥmad 940
– *ʿUyūn aḫbar al-aʿyān mimman maḍā* 940

Bahā'addīn b. Šaddād 924
– *an-Nawādir as-sulṭānīya wal-maḥāsin al-yūsufīya* 924
Bahadur Shah, Sultan von Gujarat 971
Bahīrā, Sergius 589
Bahman Shah, 'Ala' ad-Din, Gründer des Bahmaniden-Sultanats 958
Baibars al-Manṣūrī 911 f.
– *Muḫtār al-aḫbār* (Kurzfassung der *Zubda*) 912
– *at-Tuḥfa al-mulūkīya fī d-daula at-turkīya* 912
– *Zubdat al-fikra fī ta'rīḫ al-hiǧra* 911
Bal(a)ban, Sultan von Delhi 953, 955, 957
al-Balāḏurī 880
– *Futūḥ al-buldān* 880
Balduin I., Kaiser des Lateinischen Reiches 680 f.
Balduin von Boulogne, König von Jerusalem 674
Baldung, Caspar 436
Bar 'Eḇrāyā (Bar Hebraeus), Gregorius 929, 937
– *Ta'rīḫ muḫtaṣar ad-duwal* 929, 937
Barani, Ziya ad-Din 955 f., 978
– *Fatava-yi Jahandari* 955
– *Ta'rikh-i Firuzshahi* 955 f.
Barbara von Cilli, Gattin Kaiser Sigismunds 467
Barbara von Praroman, Gattin Rudolfs von Erlach 282
Barbaro, Ermolao 725
Barbieri, Filippo 719
– *Cronica summorum pontificum et imperatorum* 719
– *Virorum illustrium cronica* 719
Barbour, John 659 f.
– *The Bruce* 659 f.
Barlings and Hagneby Chronicles 653
Barnwell Chronicle 622, 641
Bartholomäus von Andlau, Abt von Murbach 381
Bartolomeo von Neocastro 735
– *Historia Sicula* 735
Bartolomeo di ser Gorello 726
– *Cronica dei fatti d'Arezzo* 726
Bartošek von Drahonice 784
Basileios I., byzantinischer Kaiser 849, 857
Basilius Herold → Herold, Johannes
Basina (Basena), Gattin Childerichs I. 57
Baszko Godzisławs, Posener Kustos → *Großpolnische Chronik*
Battagli, Gozzio 718
Battagli, Marco 718
Bavarus, sagenhafter Stammvater der Baiern 249, 253–256
Bayazid Bayat 982 f.
– *Tazkira-yi Humayun va Akbar* 983
Beatrix von Aragon, Gattin Matthias Corvinus' 486
Beatus Rhenanus 422
Beauchamp Pagent 628 f.
Beccadelli, Antonio 735 f.
– *De dictis et factis Alphonsi regis Aragonum* 735
– *Hermaphroditus* 735
– *Liber rerum gestarum Ferdinandi regis* 735
Beda Venerabilis 48, 60 f., 63, 615, 662
– *Chronica maiora/De sex aetatibus mundi* 615 f.
– *Chronica minora* 615 f.
– *De temporibus* 615 f.
– *De temporum ratione* 615 f.
– *Historia abbatum* 615
– *Historia ecclesiastica gentis Anglorum* 60, 63, 615
Beheim, Michael 383
– *Buch von den Wienern* 383
Bekes, Jan 441
Béla I., König von Ungarn 773, 795
Béla III., König von Ungarn 796
Béla IV., König von Ungarn 796, 798
Bellum Waltherianum 393 f.
Bembo, Pietro 729
Benedikt von Nursia, hl. 713
Benedikt XII., Papst 306, 316, 782
Benedikt, Eremit vom Berg Zabor 795
Benediktiner 84, 87, 89, 91, 93, 100, 274, 357, 368, 371, 408, 614, 620, 622, 625, 644, 646 f., 650–654, 713, 715 f., 720, 734, 739, 779 f.
Beneš von Hořovice 367
Benet, John 656

Benoît de Saint-Maure 665, 671
– *Chronique des ducs de Normandie* 671
Benzo, Bischof von Alba 715
Benzo von Alessandria 718
Berardi, Johannes → Johannes Berardi
Berber 931
Bermondsey Annals 651
Bernard Gui, französischer Dominikaner 116
Bernhard von Clairvaux, hl. 789
Bernhard von Schauenburg, Dompropst zu Hamburg 407, 442
Bernhard von Uissigheim 383
– *Würzburger Städtekrieg* 383
Berthold von Buchegg, Bischof von Straßburg 120, 322
Berthold V., Herzog von Zähringen 345, 365
Berthold von Reichenau 84
Bever, John 639
Bibel
– *Septuaginta* 83, 616, 849
– *Vulgata* 29, 153 f., 158, 164, 168, 174, 185, 582, 594
– *Genesis* 153, 424, 790, 849, 891
– *Richter* 185
– *Buch der Könige* 3, 185, 188
– *1 & 2. Chronik* 3
– *Esra* 184
– *Jesaja* 204
– *Daniel* 131, 154 f., 856
– *1. & 2. Makkabäer* 184
– *Matthäus* 134, 522, 565
Bielski, Marcin 785
– *Kronika wszytkiego świata* 785
Bilderchronik → *Chronicon pictum*
Biondo, Flavio 725, 729, 737
– *Historia Venetorum* 729
– *Italia illustrata* 729
Birger Magnusson von Bjälbo, schwedischer Reichsverweser 574
Birgitta von Schweden, hl. 571
al-Birzālī 915 f.
– *al-Muqtafā ʿalā kitāb ar-Rauḍatain* 916
Blaneford, Henry 623
Blind Har(r)y 660
– *Wallace* 660
Blondus, Flavius → Biondo, Flavio
Blumenau, Laurentius 304, 326 f., 335
– *Historia de ordine Theutonicorum Cruciferorum* 326 f.
Bodel, Jehan (Jean) 353, 669
Boece, Hector 662
– *St. Andrews Chronicle* 662
– *Scotorum Historiae* 662
Boemus, sagenhafter Stammvater der Böhmen 71, 778, 783
Boethius 129, 778 f.
– *Consolatio Philosophiae* 129
Bogufał II., Bischof von Posen 791
Boke of Brut 643
Bolesław I. der Tapfere, König von Polen 773, 786 f.
Bolesław II. der Kühne, König von Polen 773, 786
Bolesław III. Schiefmund, Herzog von Polen 773, 787, 790
Bollstatter, Konrad 368 f.
Bonaiuti, Baldassarre → Marchionne di Coppo Stefani
Bonfini, Antonio 803 f.
– *Rerum Ungaricarum* 803 f.
Bonifacius de Morano 731
– *Chronica circularis* 731
Bonifatius I., Markgraf von Montferrat 681
Bonincontri, Lorenzo 736
– *Annales* 736
– *De rebus coelestibus* 736
Bonvesin da la Riva 730
– *De magnalibus Mediolani* 730
Bořivoj I., böhmischer Fürst 777
Boso, Kardinal 717
Bossi, Donato 730 f.
– *Gestorum dictorumque memorabilium ab orbis initio usque ad eiu tempora liber* 730 f.
Bote, Hermen 339, 395
– *Schichtbuch* 395
Bote, Konrad 222
– *Cronecken der Sassen* 222
Bower, Walter 661
– *Scotichronicon* 661
Bracciolini → Poggio Bracciolini
Brandan 160

Braunschweigische Reimchronik 197–204, 206–208, 211, 213 f., 222–224, 399 f., 405
Bremer Chronik 355, 358
Brenhinedd y Saesson 635
Brennwald, Heinrich 290, 300
Břetislav I., Herzog von Böhmen 72
Břetislav II., Herzog von Böhmen 73
Brevis relatio de Guillelmo nobilissimo comite Normannorum 620
Bridlington Chronicle 653
Brief Latin Chronicle of 1429–71 648
Bristowe Chronicle 657
Brompton, John 644
Brun von Schönebeck 354
Brunetto Latini 722
Bruni, Leonardo 724 f., 731, 737
– *De bello Italico adversus Gothos* 724
– *De primo bello punico* 724
– *De temporibus suis* 724
– *Historiarum Florentini populi libri XII* 724
Brut Abregé 642
Brut y Tywysogyon 635
Buccio di Ranallo 732
Buch von Akkon 307
al-Buḫārī 876, 878, 887 f., 901
– *at-Ta'rīḫ alawsaṭ* 888
– *at-Ta'rīḫ al-kabīr* 887
– *at-Ta'rīḫ aṣ-ṣaġīr* 888
Bullinger, Heinrich 290, 293
al-Bundārī 916, 924
– *Zubdat an-Nuṣra wa-nuḫbat al-ʿUṣra* 916
Buonaccorsi, Filippo 738 f.
– *Historia de rege Vladislao, seu clade Varnensi* 739
– *Vita et mores Sbignei cardinalis* 739
Buoninsegni, Domenico di 725
– *Istoria fiorentina* 725
Buraik, Mīḫā'īl 942
– *Ǧāmiʿ tawārīḫ az-zamān* 942
– *Ḫulāṣat al-wāfiya fī taʿrīf baṭārikat Anṭākiya* 942
– *Ta'rīḫ aš-Šām* 942
Burchard von Ursberg 92, 100, 102, 390 f., 400
Burgmann, Nikolaus 106
– *Historia imperatorum et regum Romanorum Spirae sepultorum* 106
Burkhard von Haggelbach 462, 467
Burton, Thomas 653
Būyiden 908–911, 913, 918

Ca' da Mosto (Cadamosto), Alvise da 740
– *Navigazioni atlantiche* 740
Caesar, Gaius Julius 131, 135–138, 142, 147, 155, 171 f., 184, 219, 250 f., 253, 260, 345, 393, 422, 439, 530, 617, 631 f., 658, 855 f., 861 f.
– *Commentarii* 728
– *De bello Gallico* 171
Caesarius von Heisterbach 312
Caffaro von Caschifellone 722
– *Annales Ianuenses* 722
Cagnol, Giovan Pietro 731
– *Storia di Milano* 731
Calco, Bartolomeo 734
– *Historia patriae Mediolanensis* 734
Calco, Tristano 734
– *Nuptiae Mediolanensium ducum* 734
Caleffini, Ugo 734
– *Cronica in rima di casa d'Este* 734
Caligula, römischer Kaiser 862
Candida, Giovanni di 739
– *Chronica regum Sicilie* 739
– *Des roys et royaume de Cecille* 739
– *Historia Francorum abbreviate a Troiana urbe usque ad Carolum VIII* 739
Canonicus Sambiensis 304, 319, 323, 326
Canonicus Wissegradensis 779 f.
Canterbury Cathedral Chronicle 651, 654
Cantilupe, Nicholas 654, 657
– *Historiola* 657
Caper, Heinrich 330
Capgrave, John 648, 652
– *Abbreuiacion of Chronicles* 648
– *Liber de Illustribus Henricis* 648
Carbone, Ludovico 739
– *Dialogus de laudibus rebusque gestis Matthiae* 739
Caresini, Raffaino, venezianischer Kanzler 727 f.
Carmen de bello Saxonico 28

Caroldo, Gian Giacomo 728
– *Historie venete dal principio della città fino all'anno 1382* 728 f.
Cassiodor 32, 51–57, 139, 357, 709–714
– *Chronica* 711, 714
– *Historia Gothorum (Getica)* 51, 711 f.
– *Historia tripartita* 139
Castalius 712
Catalogus comitum Capuae → *Chronicon comitum Capuae*
Cavalcanti, Giovanni 725
– *Istorie fiorentine* 725
– *Seconde istorie* 725
Caxton, William 645, 649
– *Chronicles of Englond* 649
Centelles, Jordi de 735
– *Dels fets e dits del gran rey Alfonso* 735
Cerretani, Bartolomeo 725
– *Ricordi* 725
– *Storie fiorentine* 725
Chambre, William 655
Chandos Herald 625, 687
Chanson de Garin le Loherain 395
Chartier, Jean 688 f.
Chastelain, Georges 702
– *Declaration* 702
Childerich I., König der Franken 57 f.
Chlodwig I., König der Franken 55
Chrétien de Troyes 195 f., 668 f.
– *Yvain* 196
Christherre-Chronik 145, 169, 173, 177–179, 184 f., 187 f., 199, 399
Christian I., König von Dänemark 570 f.
Christian 776 f.
– *Vita et Passio sancti Wenceslai (Legenda Christiani)* 776–778
Christine de Pizan 686 f., 701
– *Livre des fais et bonnes meurs du sage roy Charles V* 686
Christoph der Starke, Herzog von Bayern-München 508 f.
Chronik von den 95 Herrschaften 120, 237–242, 244, 252, 255, 257–264
Chronicon abbatiae Fructuariensis 720
Chronicon abbatiae Rameseiensis 651
Chronica Adefonsi Imperatoris 745
Chronica Aedis Christi 651
Crónica Albeldense 755, 763
Crónica de Alfonso III de León 745, 763
Chronicon Altinate 721 f., 727
Chronica Amalphitanorum 732
Chronicon Angliae de regnis Henrici IV, Henrici V, Henrici VI 627
Chronicon Angliae Petroburgense 646
Crónica anónima de Enrique IV 766
Crónica anónima de los Reyes de Taifa 752
Chronicon anonymi Cantuariensis 625
Cronachetta antica di Firenze 722 f.
Chronica de archiepiscopis Eboracensibus 654
Chronicon Aulae Regiae 781 f.
Chronik des Avraamka 827
Chronicle of Battle Abbey 651
Chronicle of Battle Abbey II 651
Chronique dite de Baudouin d'Avesnes 594
Cronica de Berno 272
Cronache Bolognetti 732
Chronicon Bononiense 721, 732
Cronica brevis composite de et super factis insule Sicilie 733
Cronica Buriensis 651
Chronicle of Bury St. Edmunds 642, 651
Chronicle of the Civil Wars of Edward II 623
Chronicon comitum Capuae 716
Chronicle of Connacht 612
Cronaca di Cremona 731
Chronicon Cremonense 731
Chronicon Egmundanum 592–594
Chronicon de electione Hugonis abbatis 651
Chronicon Elegiacum 659
Chronicon Estense 734
Cronica fiorentina compilata nel secolo XIII 722 f.
Chronicle of Furness 637
Cronica et gesta ducum sive principum Polonorum → Gallus Anonymus
Chronicles of Gloucester Abbey 650 f.
Cronike van den greven van Benthem 407, 441
Chroniques de Hainaut 701
Chronicle of Holyrood 658
Chronicle of Huntingdon 623
Cronica imperfecta 633
Chronicle of Ireland 611 f., 657, 662

Chronicon de Jervaulx 653
Chronicle of Kilkenny 613
Chronicle of the Kings of Alba 658
Chronik des Krakauer Doms 791 f.
Chronicle of Lanercost 624
Crónica Latina de los Reyes de Castilla 754
Chronicles of Llanthony Priory 653
Chroniques de Londres 656
Chronica longa 792
Chronicle of Louth Park Abbey 653
Cronichetta Lucchese 726
Cronica maiorum et vicecomitum Londoniarum 656
Chronicle of Man and the Isles 659
Chronicle of Melrose Abbey 658 f.
Chronica metrica ecclesiae Eboracensis 654
Chronica minor Sancti Benedicti de Hulmo 651
Chronicon monasterii de Abingdon 651
Chronicon monasterii de Hailes 653
Crónica mozárabe 755
Chronica nobilissimorum ducum Lotharingiae et Brabantiae 531, 577
Chronique normande du XIV siècle 695
Cronica de origine antiquorum Pictorum 658
Chronica de origine civitatis Florentie 724
Chronica de origine ducum Brabantiae 601 f.
Chronicon de Origine et Rebus Gestis Britanniae et Angliae 647
Chronicon Palatinum → *Laterculus Malalianus*
Chronicon Parmense 731
Cronaca di Partenope 732
Chronica parva Ferrarensis → Riccobaldo von Ferrara
Chronicon Paschale 845 f.
Chronicon Petroburgense 646, 651
Chronicle of the Picts and Scots 659
Chronicon pictum 89, 800 f.
Cronichetta Pisana 726
Cronaca Pisana del secolo XIV 726
Chronicon Pisanum 726
Chronik der polnischen Herzöge 788
Chronica Polonorum auctoris incerti dicti Dzierzwa 790
Chronica pontificum ecclesiae Eboracensis 654
Chronik des Priesters von Duklja 776
Crónica profética 763
Chronicle of the Rebellion in Lincolnshire 628
Cronica regum Scotorum Trecenti Quatuordecim Annorum 658
Chronik der Reichsstadt Nürnberg 363, 374
Chronique rimée des troubles de Flandres en 1379–80 695
Chronique des rois de France → Anonyme de Béthune
Chronicle from Rollo to Edward IV 628
Chronicon salernitanum 716
Chronicon Sancti Andreae in Antona Sempentrionalis 651
Cronicae Sancti Benedicti Casinensis 715
Chronica Sancti Pantaleonis 88
Chronik des Sázava-Klosters 779
Chronicon Sclavicum 357
Chronicle of the Scots 658 f.
Chronicle of the Scots and Picts 659
Chronicon Scottorum 611
Chronicle of the See of Lindisfarne 655
Cronachetta sicula del secolo XIV 732
Chronicon Siculum 732
Chronicle of Tintern Abbey 653
Chronicque de la traison et mort de Richart Deux roy d'Engleterre 626
Chronicon universitatis Pragensis 784
Chronicon Urspergense → Frutolf von Michelsberg
Cronaca Varignana 732
Chronik der vier Orden von Jerusalem 334 f.
Chronicon Vilodunense 651
Chronica Visbycensis 569
Cronica volgare di anonimo fiorentino 723
Chronicon Wirziburgense 82, 85
Chronographia Augustensium 368 f.
Cicero, Marcus Tullius 4, 523, 789, 924
Claes de Grave, Antwerpener Drucker 590
Claes Heynenzoon → Heynenzoon, Claes
Clemens (Kliment von Ohrid), hl. 777
Clemens V., Papst 719
Clemens VI., Papst 647
Clemens VII., Papst 455, 463, 725

Clonmacnoise Chronicle 611
Closener, Fritsche 115, 394
– *Straßburger Chronik* 394
Clyn von Kilkenny, Johannes 613
– *Annalium Hiberniae chronicon, ad annum MCCCXLIX* 613
Coccio, Marcantonio → Sabellicus
Coelestin III., Papst 322
Cogad Gáedel re Gallaib 613
Colonna, römisches Geschlecht 251, 260 f., 433, 719
Colonna, Giovanni 719
– *Liber de viris illustribus* 719
– *Mare historiarum* 719
Colonna, Landolfo (Landulf) 116
Columnis, Guido de 338
Compagni, Dino 723
– *Cronica delle cose occorrenti ne' tempi suoi* 723
Compendium historiae in genealogia Christi 383
Compilatio de gestis Britonum et Anglorum 639, 648
Conlatinus, römischer Konsul 138
Constantinus → Konstantin der Große
Consularia Italica 711
Continuatio praedicatorum Vindobonensium 234
Corio, Bernardino 731
– *Patria Historia* 731
Cosmas von Prag 70, 73, 779, 804
– *Chronica Boemorum* 70, 73, 778
Cotthem, Weinken van 605
Coventry Annals 657
Coventry Chronicle 632 f.
Crescentia, hl. 141, 148
Crivelli, Lodrisio 733
– *De vita rebusque Francisci Sfortiae* 733
Croftis, Thomas 651
Croyland Chronicle 651
Crusade and Death of Richard I 622
Cudrefin, Freiburger Notarsfamilie 284
Cursor mundi 642
Cysat, Renwart 293
Dacher, Gebhard 478 f.
aḏ-Ḏahabī 914, 921 f., 930
– *Ta'rīḫ al-islām wa-wafayāt al-mašāhīr wal-a'lām* 921
Dalimil-Chronik 780 f., 783
ad-Damurdāšī 942
– *ad-Durra al-muṣāna fī aḫbār al-Kināna* 942
Dan, sagenhafter dänischer König 74, 545, 555
Dandolo, Andrea, Doge 727–729
– *Chronica per extensum descripta* 727
Dandolo, Enrico, Doge 728
– *Cronica veneta dall'origine della città al 1373* 728
Daniel, Prophet 131, 152, 155, 353, 856
Daniel Romanowitsch, Fürst der Rus 830
Dante Alighieri 731
Darius, altpersischer König 208
Dávalos, Antonio Rodríguez 735
– *Libro de los dichos y hechos del rey Don Alfonso* 735
David, jüdischer König 114, 150 f., 156 f., 166, 420, 536, 693, 768
De Heinrico 129
Dei, Andrea 726
– *Cronica Sanese* 726
Deichsler, Heinrich 382, 397
Delapré Chronicle 651
Denkschrift über die Unruhen zu München → Kazmair, Jörg
De primo Saxonum adventu 633
Des Entkrists Vasnacht 353
Des Grantz Geanz 643
Detmar, Lübecker Franziskaner 395
Diarium Vadstenense 571
Diek, Heinrich, Einbecker Patrizier 350 f.
Diether von Isenburg, Erzbischof von Mainz 381
Dietrich von Altenburg, Hochmeister des Deutschen Ordens 314
Dietrich von Cuba, Bischof des Samlandes 333
Dietrich von Bern 142, 194, 354, 366, 412, 568
Dietrich von Dinslaken 340

Dietrich von Nieheim 106, 463, 466
– *Provinciale Romanum* 463, 465
– *Viridarium imperatorum et regum Romanorum* 106
Dietrichs Flucht 194
Dieulacres Chronicle 626, 653
ad-Dīnawarī 896
– *al-Aḫbār aṭ-ṭiwāl* 896
Diodor Siculus 12, 708
Diokletian, römischer Kaiser 849f.
Dionysios von Halikarnassos 12
Dionysius von Paris, hl. 348
Dionysius Exiguus 617
Dittleb von Alnpeke → Alnpeke, Dittleb von
Dittlinger, Heinrich 279–281, 287
Długosz, Jan 326, 509, 793f., 798, 809, 829
– *Annales seu Cronicae inclyti Regni Poloniae* 793
Do fhlaithiusaib Hérenn 613
Dolfin, Pietro 728
– *Cronica de la nobel cita de Venetia e de la sua provintia et de destretto* 728
Dolfin, Zorzi 728
– *Annali Veneti* 728
– *Cronica de la nobel cita de Venetia e de la sua provintia et de destretto* 728
Domenico da Peccioli 720
– *Chronica antiqua conventus Sanctae Catharinae de Pisis* 720
Dominikaner 111, 114, 116, 234, 310, 391, 456, 582, 613, 623, 643, 653, 718–720, 726, 732
Donato di Neris 726
– *Cronache* 726
Doria, Iacopo 722
Dover Chronicle 651
Dritte Chronik von Nowgorod 827
Drusus, römischer Heerführer 345, 371
Dschingis Khan, mongolischer Heerführer 932
Dubnicer Chronik 802
Duchesne (Du Chesne), André 85
– *Chronicon Duchesne* 85
Dudo von Saint-Quentin 70, 73, 75
Dunstable Annals 653
Dzierzwa, Nikolaus → *Chronica Polonorum auctoris incerti*

Eadmer von Canterbury 620, 654
– *Historia Novorum* 620
– *Vita S. Anselm* 620
East Anglian Chronicle → *Annals of St. Neots*
Ebendorfer, Thomas 115, 237f., 240 f., 259–264
– *Cronica Austriae* 238, 259, 261
Eberhard I., Herzog von Württemberg 423
Eberhard VII. von Nellenburg, Landgraf im Hegau 466
Ebran von Wildenberg, Hans 245f., 249, 251–253, 263f.
– *Chronik von den Fürsten aus Bayern* 245
Ecgberht 611
Edlibach, Gerold 286, 290
Edmond de Dynter 531, 606
– *Chronica nobilissimorum ducum Lotharingiae et Brabantiae ac regum Francorum* 531, 606
Edmund der Märtyrer, König von Ostanglien 554
Eduard der Bekenner, König von England 627
Eduard I., König von England 623f., 639, 641f., 647, 659, 690
Eduard II., König von England 623–625, 696
Eduard III., König von England 602, 624f., 646, 648, 687
Eduard IV., König von England 628, 630, 648, 703
Eduard V., König von England 628
Eduard von Woodstock (gen. der Schwarze Prinz), Fürst von Wales 625, 687
Edwin, König von Northumbria 61
Egen, Peter, Augsburger Bürger 370f.
Eglin, Anna 467
Egmondse Kalendarium 594
Ehinger, Ulrich 464
Eisenacher Rechtsbuch 390
Eisenhard, Michael 119
Ekkehard von Aura 86–89, 91–94, 174, 367, 780

Elenore von Aquitanien, französische u. englische Königin 670
Elhen von Wolfhagen, Tileman 394 f.
Elias, Prophet 353
Elisabeth, hl. 319, 831
Elisabeth, Herzogin von Bayern-Landshut 484, 514–517
Elisabeth von Pommern, Gattin Karls IV. 345
Ellenhard 393 f., 594
Ellenhard-Codex 393 f., 594
Elmham, Thomas 627, 645
– *Liber metricus de Henrico Quinto* 627
Ely Chronicle 651
Emich von Groningen 425
Emmerich, hl. 795
End of King Edward III and of his Death 624
Eneas Silvius Piccolomini → Piccolomini, Aeneas Silvius
Enfances Ogier 196
Engelbert II., Erzbischof von Köln 348, 362
Engelbert, Zisterzienserabt 790
Engelbert III., Graf von der Mark 340
Engelbert von Admont 106
– *De ortu, progressu et fine imperii Romani* 106
English Conquest of Ireland 636
Enguerrand de Monstrelet 700 f.
Enikel → Jans Enikel (von Wien)
Enrico Dandolo → Dandolo, Enrico
Ephraim von Ainos 859 f., 862
Epiphanius scholasticus 715
– *Epitome gestorum Prussie* 319
Erchempert von Montecassino 713
– *Ystoriola* 713
Erich I. der Ältere, Herzog zu Braunschweig-Lüneburg 364
Erich II. der Jüngere, Herzog zu Braunschweig-Lüneburg 364
Ericus Olai 571
– *Chronica regni Gothorum* 571
Erik V. Klipping, König von Dänemark 546
Erik von Pommern, König der Kalamarer Union 570
Erik IX. Jedvardsson, König von Schweden 544
Erik Magnusson, Herzog von Schweden 568
Erkembert, Abt von Corvey 87
Ermanarich, König der Ostgoten 53
Ernst der Eiserne, Herzog von Innerösterreich 350
Ernst, Herzog von Sachsen 500, 505, 510
Ernst, Graf von Holstein-Schaumburg 443
Ernst von Kirchberg 199, 212–216, 219 f., 224, 406, 442
– *Mecklenburgische Reimchronik* 197, 199, 201, 203, 212–214, 217, 219–222, 224, 406, 442
Erste Chronik von Nowgorod 826 f.
Erste Sofijskaia-Chronik 833
Erzählung der Schlacht von Laupen 272
Eschenloer, Peter 396
Estoria de España 763 f.
Etterlin, Egloff, Luzerner Stadtschreiber 298
Etterlin, Petermann 287 f., 291, 297 f.
– *Eidgenössische Chronik* 271, 276, 279, 287 f.
– *Kronica von der loblichen Eydtgnoschaft* 297
Euagrios Scholastikos 40
Eudokia, Gattin Kaiser Konstantinos X. 861
Eulogium historiarum sive temporis 646
Eusebius von Caesarea 13, 31, 40, 89, 92, 106, 367, 609, 616 f., 709 f., 711, 719, 839, 841–843,845, 847, 850, 853, 855
– *Chronographia* (*Chronicon*, *Ἐκκλησιαστική ἱστορία*) 8, 13, 40, 709 f., 719, 841 f., 847
Eutharich, römisch-westgotischer Konsul 711
Euthymius II., Erzbischof von Nowgorod 827
Eutropius 713
– *Breviarium ab urbe condita* 713
Eutychios → Sa'īd b. al-Biṭrīq
Excerpta ex historia Anglorum 638
Excerpta de insidiis 844
Excerpta de virtutibus et vitiis 844
Eystein Erlendsson, Erzbischof von Nidaros 543
– *Passio Olavi* 543, 560
Ezzolied 133

Fabius Pictor, Quintus 5
Fabyan, Robert 649, 656
– *The New Chronicles of England and France* 649, 656
Facio, Bartolomeo 736
– *De rebus gestis ab Alphonso I Neapolitarum rege commentariorum libri X* 736
Faizi 961, 973, 982
– *Humayun-Shahi* 961, 973, 982
Falier, Ordellafo, Doge 727
Falk, Christoph 335
Fantosme, Jordan 621, 672, 675
Faramund 58
Fatimiden 908, 911, 913, 915 f., 918, 925, 929
Faustinianlegende 138 f.
Favent, Thomas 625 f.
– *Historia siue narracio de modo et forma mirabilis parliamenti* 626
Feer, Ludwig, Luzerner Stadtschreiber 291
– *Chronik des Schwabenkriegs* 291
Felix, hl. 272
Ferdinand II., König von Aragon 719, 736, 765–767
Ferdinand III., König von León-Kastilien 761–763
Ferdinand I., König von León-Kastilien 761, 767
Ferdinand I., König von Neapel 736
Fernando del Pulgar 766
– *Crónica de los señores Reyes Católicos* 766
Feyerabend, Siegmund 470, 476
Ficino, Marsilio 725
Fierabras 196
Filelfo, Francesco 729, 733
– *Sforziad* 733
Fillastre, Guillaume der Ältere 447, 449
– *Gesta concilii Constantiensis* 447, 449
Firdausi 958
Firishta 967, 969
– *Tarikh-i Nauras-nama* 969
Firuz Shah, Sultan von Delhi 954–957, 959 f.
– *Futuhat-i Firuzshahi* 960
Fischer, Sebastian 360 f.
Fistenport, Johannes 119
FitzGilbert, Constance 667
Fitzstephen, William 662
FitzThedmar, Arnold, Londoner Archivar 656
Flandria generosa 403, 579, 594
Flavius Blondus → Biondo, Flavio
Flavius Josephus → Josephus Flavius
Flete, John 651
Floreke, Nikolaus, Lüneburger Ratsnotar 347, 363
Flores temporum 107, 112 f., 115, 117–120, 123, 357
Floris V., Graf von Holland 581, 592 f., 595, 597, 606
Fordun, John 613, 659–661
– *Chronica gentis Scotorum* 659
Foresti, Giacomo Filippo → Jakob Philipp von Bergamo
Foscari, Francesco, Doge 728
Foulques de Neuilly, französischer Kreuzzugsprediger 679
Fouquet, Jean 689 f.
Fox, Richard 647
Fragmentary Annals of Ireland 612
Francesco I. Sforza, Herzog von Mailand 733
Franco, Sohn Hektors von Troja 692, 694
Franco von Lüttich, Leiter der Lütticher Domschule 777
Frank, Sebastian 422
– *Germaniae Chronicon* 422
Frankfurter, Der → *Theologia deutsch*
Frankish Annals of Lindesfarne and Kent 618
Franz von Waldeck, Bischof von Osnabrück 363
Franz I., König von Frankreich 300
Franziskaner 91, 100, 112 f., 174, 395, 569, 612 f., 646, 653, 718–720, 782, 800; → Minoriten
Frauenlob 140
Frauen von Weinsberg 423, 436
Frechulf, Bischof von Lisieux 32
Fredebern, Johan 570
– *Engelbrektskrönikan* 570
Fredegar 54, 56–58, 538
– *Chronik* 12, 56, 401, 410, 419, 530 f.
Frey, Kaspar 268, 274 f., 290, 294

Fricker, Thüring 276 f., 281, 285
– *Twingherrenstreit* 276 f., 281, 285
Friedrich von Pernstein, Bischof von Riga 310
Friedrich I. Barbarossa, Kaiser 118, 252, 362, 556, 735, 737 f.
Friedrich II., Kaiser 88, 90, 119, 137, 166, 182, 188, 218, 391, 739
Friedrich III., Kaiser 115, 238, 240–242, 261 f., 268, 278, 299, 359, 488, 508, 511
Friedrich IV., Herzog von Österreich 277, 466 f., 471
Friedrich IX., Graf von Hohenzollern 434
Friedrich VII., Graf von Toggenburg 276
Friedrich VI., Burggraf von Nürnberg 456
Fries, Hans 285
Froben Christoph, Graf von Zimmern 15 f., 404, 427–432, 436, 445
– *Liber rerum Cimbriacarum* 427
– *Zimmerische Chronik* 15 f., 404, 411, 415, 418, 426–432, 442, 445
Froissart, Jean 15, 663, 695–701
– *Chroniques* 695–701
Frotho I., sagenhafter König von Dänemark 555
Fructus temporum/Fruyt of the Times 649
Frulovisi, Titus Livius 627
Fründ, Hans 276, 280 f., 290
Frutolf von Michelsberg 86 f., 91, 94, 99–101, 174, 176
– *Chronica* 86 f., 91, 93, 100, 174, 176
Füetrer, Ulrich 20, 34, 245 f., 253–258, 263, 508–510, 513
– *Bayerische Chronik* 20, 34, 242, 245 f., 254–256, 261, 264, 505, 508 f.
Fugger, Hans Jakob 417, 437 f.
Fuggerchronik 438
Fulcher von Chartres 674
– *Historia Hierosolymitana* 674
Fulko von Neuilly → Foulques de Neuilly
Fünfte Chronik von Nowgorod 827, 833
Fürst, Walter, Urner Bauernführer 295
Futuh as-salatin → Isami

al-Ǧabartī 942–944
– *ʿAǧāʾib al-āṯār fī t-tarāǧim wal-aḫbār* 943
Gaguin, Robert 292, 630
– *De origine et gestis Francorum compendium* 292
al-Ǧahšiyārī 883 f.
– *Kitāb al-Wuzarāʾ wal-kuttāb* 883 f.
Gaimar, Geoffroy 635, 665–667, 704
– *Estoire des Bretuns* 667
– *Estoire des Engleis* 635, 667
Galeazzo Sforza, Gian 730
Galíndez de Carvajal, Lorenzo 766
– *Anales breves de los Reyes Católicos* 766
Gallus Anonymus 72 f., 786, 788–789, 791, 821
– *Cronica et gesta ducum sive principum Polonorum* 786 f.
Galvanus Flamma 117
Gangolf II. von Geroldseck 435 f.
Ġars an-Niʿma 904, 911
– *ʿUyūn at-tawārīḫ* 904, 911
Gaultier d'Arras 189
– *Eracle* 189
Gellius, Aulus 13, 708
Genealogia ducum Brabantiae 593
Genealogia principum Tungro-Brabantinorum 527–529, 537
Genealogia Welforum 400 f.
Genealogical Chronicle of the Kings of England 628
General Estoria 746
Geoffrey le Baker 625
– *Chronicon Angliae temporibus Edwardi II et Edwardi III* 625
Geoffrey von Coldingham 651 f., 658
Geoffrey von Monmouth 195, 555, 582, 590, 633–636., 639, 643 f., 647–649, 666–668, 701, 789
– *Historia regum Britanniae* 195, 555, 582, 590, 633 f., 644, 666–668, 701
Geoffroi de Villehardouin 607
– *La Conquete de Constantinople* 607
Georg der Reiche, Herzog von Bayern-Landshut 245, 483–485, 487, 489–492, 501, 508 f., 512, 514–518
Georg III., Graf von Montfort-Bregenz 436 f.
Georg III., Truchsess von Waldburg-Zeil 418–421
Georg von Egloffstein 329 f.

Georg II. von Enne, Freiherr von Grimmenstein 460
Georgenberger Chronik 802
Georgios Hamartolos 812f., 817, 845, 853–856, 858f., 861f.
Georgios Monachos → Georgios Hamartolos
Georgios Synkellos 38, 838, 849–851, 853
Georgius Trapezuntius 729
Gerald von Wales 636, 789
Gerhard von Csanád, hl. 795
Gerhard von Schwarzburg, Bischof von Würzburg 383
Geroldseck, Herren von 393, 417, 421, 435f.
Gerstenberg (von Frankenberg), Wigand 225, 389, 440
Gerstenberger, Johannes 335
Gert van der Schüren 441
– *Clevischen Chronik* 441
Gertrud die Jüngere von Braunschweig, Markgräfin von Meißen 211
Gerung von Blauenstein, Nikolaus 119
Gervasius von Canterbury 14–16, 19, 22, 709
– *Chronica* 14f.
Gervasius von Tilbury 150, 638
– *Otia imperialia* 638
Geschichte der Stadt Breslau 396
Geschichte von wegen eines Bundes 327
Gesselen, Konrad 326
Gessler, Hermann, sagenhafter Reichsvogt in Schwyz u. Uri 297
Gesta archiepiscoporum Magdeburgensium 392f.
Gesta ducum sive principum Polonorum 774
Geste des Engleis en Irlande 622
Gesta florentinorum 722f.
Gesta Francorum et aliorum Hierosolimitanorum 18, 28, 673
Gesta Henrici II 621
Gesta Henrici Quinti 627
Gesta Hungarorum 796–798
Geste de Liège 396, 694
Gesta pontificum Angliae 655
Gesta regis Ricardi primi 594
Gesta regum Britannie 634
Gesta Romanorum 183, 186
Gesta Scotorum contra Anglicos 661
Gesta Stephani 621
Gesta Treverorum 130
Gesta Ungarorum 774, 794f., 797, 799, 802
Géza, Großfürst von Ungarn 802
Géza I., König von Ungarn 773, 795
Géza II., König von Ungarn 800, 802
Ghaznaviden 955, 958f.
Ghiyath ad-Din Muhammad Ibn Sam, Ghuridensultan 953
Ghiyath ad-Din Tughluq, Sultan von Delhi 956
Ghuriden 952–954, 957, 959
Gilbertus Romanus 111, 717f.
– *Chronicon pontificum et imperatorum romanorum* 111, 717
– *Gesta Ferdinandi regis Aragonum* 736f.
Gildas 614, 616, 631, 634, 649, 658
– *De excidio et conquestu Britanniae* 614
Gilles le Bouvier (Héraut Berry) 625
Giovanni da Bazzano 732
– *Chronicon Mutinense* 732
Giovanni de Mussi → Johannes de Mussis
Giovanni da Pian del Carpine 718, 738
Girart de Roussillon 701
Giustinian, Bernardo 729
– *De divi Marci evangelistae vita, translatione et sepulturae loco* 729
– *De origine Urbis Venetiarum* 729
– *Rerum Venetarum ab urbe condita libri XXIII* 729
Glarean(us), Henricus (Heinrich Loriti) 270, 300
– *Helvetiae Descriptio* 270, 300
Glover, Robert 625
Glykas, Michael 859, 862
Gmünder Kaiserchronik 356, 383, 412
Gobelin(us) Person 114f.
– *Cosmidromus* 114
Godwin, Graf von Wessex 819
Goffredo da Bussero 730
– *Liber notitiae sanctorum Mediolani* 730
Goffredo von Cosenza, Notar König Manfreds 735
Golein, Jean 120
Gorm der Alte, erster König von Dänemark (?) 558

Gossembrod, Sigismund 368, 371
– Gottfried von Bouillon, König von Jerusalem 355, 674–676
Gottfried I. der Bärtige, Herzog von Niederlothringen 599
Gottfried von Straßburg 152, 196
Gottfried von Villehardouin 678
Gottfried von Viterbo 17, 22, 96, 150, 154, 737 f.
– *Gesta Frederici* 738
– *Gesta Heinrici VI* 17, 738
– *Liber universalis* 738
– *Memoria seculorum seu liber memorialis* 738
– *Pantheon* 17, 96, 154, 738
– *Speculum Regum* 738
Gottfried Werner, Graf von Zimmern 426 f.
Göttweiger Trojanerkrieg → *Trojanerkrieg, Göttweiger*
Goudse kroniekje 579
Gower, John 626
– *Cronica Tripertita* 626
Gozbert, Abt von Hersfeld 80
Graindor (Gandor) de Douai 674 f.
– *Chanson d'Antioche* 674 f.
– *Chanson de Jerusalem* 674 f.
Grandes Chroniques de France 614, 687, 689 f., 704 f.
Grave, Claes de → Claes de Grave
Gray von Heton, Thomas 645
Graystanes, Robert 655
Great Chronicle of London 656
Greenwell, John 653
Gregor I. der Große, Papst 60–62, 174
Gregor VII., Papst 82, 136
Gregor VIII., Papst 738
Gregor X., Papst 166
Gregor von Tours 10, 48, 54 f., 58, 401, 713
– *Historiarum libri decem* 54 f.
– *Libri historiarum decem* 55
Gregorianer 98
Greierz, Hans 284
Greierz, Klara, geb. Cudrefin 284
Griffonibus, Matthaeus de 732
– *Memoriale* 732
Grim, Edward 622
Großpolnische Chronik 791 f.
Gruber, Wenzel 408
Grünpeck, Josef 409
Gudfred (Gøtricus, Gøtrik, Godfred), König von Dänemark 555
Gudmundr Arason, Bischof von Holar 550
Guernes de Ponte-Sainte-Maxence 622
Guicciardini, Francesco 30, 725 f.
– *Le cose fiorentine* 726
– *Storie fiorentine* 726
– *Storia d'Italia* 51, 726
Guilhelm de Tudela 683
– *Canso de la Crozada* 683
Guillaume de Nangis 691 f.
– *Chronique abrégée* 691
Guilleaume d'Orange 196
Gul-Badan Bigum, Shahzadi 980, 982
– *Humayun-nama* 982
Gundacker von Judenburg 186, 192 f.
– *Christi Hort* 186, 192 f.
Gundelfingen, Heinrich 242, 269, 287
– *Amoenitates urbis Lucernensis carminae descriptae* 269, 287
Guntchramn (Guntram I.), König der Merowinger 67
Gunther von Pairis 28
– *Ligurinus* 28
Guy II. de Châtillon, Graf von Bloes, Bunoes u. Soissons 695

Häberlin, Carl von, Stuttgarter Historienmaler 456
Habsburger 58, 111, 113, 230–234, 236–238, 240–244, 248, 251 f., 256–264, 268, 275, 277–279, 295–297, 299, 409 f., 414, 420, 433, 436, 438, 514, 592, 800
Hadewijch 594
Hadrian I., Papst 435
Hadrian II., Papst 775
Hadrian IV., Papst 717
Hadrian, römischer Kaiser 184, 188
Hagen, Gottfried 391 f.
Hagen, Henning, Helmstedter Benediktinermönch 357 f., 382
– *Helmstädter Chronik* 382
Hagneby Chronicles 653

Håkon IV. Håkonsson, König von Norwegen 563
Halfdan Svartes, König von Norwegen 548
al-Hamaḏānī 903
– *Takmilat Taʾrīḫ aṭ-Ṭabarī* 903
Harald Hen, König von Dänemark 560
Harald I. Blauzahn, König von Dänemark 558
– Harald II., König von England 819
Harald Klak, König in Jütland 545
– Harald Sigurdsson (Harald III. der Harte), König von Norwegen 548
Harald I. Hårfagre, König von Norwegen 554, 556 f.
Hardyng, John 648
Harley Brut 639
Hartmann von Heldrungen, Hochmeister des Deutschen Ordens 320
Hartmann von Aue 25, 196, 513 f.
Hartwich, Bischof von Györ 795, 798
Has, Kunz 338
Hasan, ʿAlaʾ ad-Din Bahman Shah 958
Hasan Big Khaki 978
– *Muntakhab at-tavarikh* 978
Hasan Nizami 952 f.
– *Taj al-maʾathir fiʾt-taʾrikh* 952 f.
Hatmut, Äbtissin von Gandersheim 207
Hatto I., Erzbischof von Mainz 68
Haug, Graf von Werdenberg 504
Hedwig Jagiellonica (von Burghausen) 483, 485, 487–490, 508 f.
Hedwig von Andechs (Hedwig von Schlesien), hl. 774
Heimo von Bamberg 97
Heinrich II. von Klingenberg, Bischof von Konstanz 407
– *Habsburger Chronik* 407
Heinrich I., König des Ostfrankenreichs 69
Heinrich I., Kaiser 425
Heinrich IV., Kaiser 72, 82, 136, 362, 442, 715
Heinrich V., Kaiser 87, 355, 362, 656
Heinrich VI., Kaiser 161, 322, 737 f.
Heinrich VII., Kaiser 117 f., 782
Heinrich I., König von England 621, 631, 637, 641, 652, 666, 670 f.
Heinrich II. Plantagenêt, König von England 621 f., 637, 640, 660, 664, 670, 672
Heinrich III., König von England 622 f., 640 f., 657
Heinrich IV., König von England 626 f., 647
Heinrich V., König von England 627, 647 f., 656
Heinrich VI., König von England 627 f., 648
Heinrich VII., König von England 630
Heinrich von Flandern, Kaiser des Lateinischen Reiches 681
Heinrich der Seefahrer, Infant von Portugal 740
Heinrich der Löwe, Herzog von Bayern u. Sachsen 87, 100, 215, 404
Heinrich X. der Stolze, Herzog von Bayern u. Sachsen 204, 211
Heinrich XVI. der Reiche, Herzog von Bayern-Landshut 483 f.
Heinrich II., der Löwe, Fürst von Mecklenburg 214
Heinrich V., Herzog zu Mecklenburg 223
Heinrich IV. der Gerechte, Seniorherzog von Polen 790
Heinrich III. der Erlauchte, Landgraf von Thüringen 184, 399
Heinrich, Graf von Northeim 211
Heinrich Chlum auf Latzembock 468
Heinrich von Beringen 186
– *Schachzabelbuch* 186
Heinrich von Herford 114
– *Liber de rebus memorabilioribus sive chronicon* 114
Heinrich von Hesler 186, 192 f., 304, 310, 314 f.
– *Apokalypsenkommentar* 314 f.
– *Evangelium Nicodemi* 186, 192 f.
Heinrich von Huntingdon 51, 62, 632 f., 635–637, 641, 645, 652
– *Historia Anglorum* 62, 632, 640
Heinrich der Lettenpriester (Heinrich von Lettland) 306, 309
– *Chronicon Livoniae* 304, 309
Heinrich von Luzern 471
Heinrich von Mügeln 800
– *Vngerische Coronica* 800

Heinrich von München 145, 169, 177–179, 181–192, 194–197, 199, 221
– *Weltchronik* 145, 169, 177–179, 181–192, 194–197, 199, 221
Heinrich von Neustadt 186
– *Gottes Zukunft* 186
Heinrich von Silegrave 641
– *Chronicon Angliae* 641
Heinrich Taube von Selbach 118
Heinrich von Veldeke 190, 400, 426
– *Eneasroman* 400, 426
Hektor von Troja 242, 260, 410, 537, 687, 692
Helgesen, Poul 572
– *Compendiosa et succincta regum Daniae historia* 572
Helmbrecht (Helmbrechts Haube) → Wernher der Gartenaere
Helmold von Bosau 41, 174, 213, 219, 357, 442
– *Chronica Slavorum* 213, 219
Hemeling, Johannes 355, 358
– *Bremer Chronik* 355, 358
Hemmerli, Felix 278
– *De nobilitate et rusticitate dialogus* 278
– *Processus iudicarius* 278
Hengist, sagenhafter Anführer der Angelsachsen 61, 618
Hennen van Merchtenen 530, 578
– *Cronike van Brabant* 578
Heraclius → Herakleios
Herakleios, oströmischer bzw. byzantinischer Kaiser 124, 138, 189, 331, 584, 588, 846
Heraut Beyeren → Heynenzoon, Claes
Herbert von Bosham 622
Hermann von Salza, Hochmeister des Deutschen Ordens 320
Hermann, Abt von Niederaltaich 93, 103, 243
Hermann von Salm, deutscher Gegenkönig 130
Hermann von Lerbeck 407, 442 f.
– *Chronicon comitum Schauwenburgensium* 442
Hermann (der Lahme) von Reichenau 83–85, 99, 319
Hermann de Valenciennes 642
Hermann von Wartberge 304, 325 f., 333
– *Chronicon Livoniae* 304, 325
Hermannus Gygas 118
Herodot 4 f., 10, 12, 39, 837, 859
Herold, Johannes Basilius 432 f.
Herryson, John 432 f.
Hersfelder Annalen (*Hersfelder Weltchronik*) 80, 100
Hersfelder Weltchronik → *Hersfelder Annalen*
Herzog Ernst 160, 246
Hesiod 532
Hess, Andreas, Ofener Drucker 800
Heynenzoon, Claes (Heraut Beyeren) 530, 578, 625
– *Hollantsche cronike* 530, 578
Hieronymus, hl. 8, 13, 31, 78, 81, 86, 89, 92, 97, 100, 132, 153 f., 522, 709–711, 719, 738
– *Danielkommentar* 132
Hieronymus von Prag 466 f., 784
Higden, Ranulf 644–646, 650, 657, 661
– *Polychronicon* 645 f.
Hilāl aṣ-Ṣābiʾ 910
– *at-Tāǧī fī aḫbār ad-daula ad-dailamīya* 910
– *Tuḥfat al-umarāʾ fi taʾrīḫ al-wuzarāʾ* 910
Hildebrandslied 129
al-Himyarī 753, 755
– *Kitab Ar-Rawd al-Miʿtar* 755
Hiob von Dobeneck, Bischof von Pomesanien 334
Hippolyt von Rom 710
– *Chronicon* 710
– *Refutatio omnium heresiarum* 710
– *Syntagma* 710
Hišām b. al-Kalbī 874, 885
– *Ǧamharat an-nasab* 885
Historie of the Arrival of King Edward IV 628
Historia brevis magistrorum Ordinis Theutonici generalium 320, 332
Historia Britonum abbreviate 647
Historia Brittonum 61, 617, 631, 633 f., 658
Historia compendiosa de regibus Britonum 634

Historia destructionis Troiae 338
Histoire des Ducs de Normandie et des rois d'Angleterre → Anonyme de Béthune
Historia ducum Venetiarum 727
Historia ecclesie Abbendonensis 651
Historia Eduardi Tertii 624
Historia fundationis Bellalandae 653
Historie of die chronicke van Hollant 579
Historie of the Kings of Britain 634
Historia Maioris Britanniae tam Angliae quam Scotiae 661
Historia de preliis 132
Historia de rebus gestis Frederici II 734
Historia Regum Anglorium et Dacrum → Symeon von Durham
Historia Roffensis 655
Historia Saxonum sive Anglorum post obitum Bedae 633
Historia Vitae et Regni Ricardi Secundi 626
Historia Welforum 15, 400–404
Hoeneke, Bartholomaeus 302, 305, 317 f., 331
Hofmeyer, Werner, Luzerner Stadtschreiber 273
Homer 860
– *Ilias* 860
– *Höngger Bericht* 277
Honorius Augustodunensis 24, 89, 96–100, 154, 160, 168, 614, 638
– *Imago mundi* 24, 89, 99, 160 f., 168, 614
– *Summa totius de omnimoda historia* 98
Horaz 564, 738, 778, 789
Horsa, sagenhafter Anführer der Angelsachsen 61, 618
Huber, Ulrich, Notar 274
Hugh Candidus 651
Hugh Sottewain 621, 654
– *Historia ecclesiae Eboracensis* 654
Hugo de Kyrkestal 653
– *Narratio de Fundatione Fontanis Monasterii* 653
Hugo von St. Viktor 28 f., 110, 315, 659
– *Didascalicon de studio legendi* 29
Humayun, indischer Großmogul 961, 971, 978, 980, 982 f.
Hus, Jan 466–468, 470, 784
Huseneck, Rudolf 298
Hydatius, Bischof von Aquae Flaviae 89, 710, 746 f., 748
Hyde Annals 651
al-Hymyarī 753

Ibn ʿAbdalḥakam 880, 886
– *Futūḥ Miṣr wal-Maġrib* 880
Ibn ʿAbdaẓẓāhir 925 f.
– *ar-Rauḍ az-zāhir fī sīrat al-Malik aẓ-Ẓāhir* 925
Ibn Abī l-Faḍāʾil 929, 937
– *an-Nahǧ as-sadīd wad-durr al-farīd fī mā baʿda taʾrīḫ Ibn al-ʿAmīd* 929, 937
Ibn Abī s-Surūr 939 f.
– *ʿUyūn al-aḫbār wa-nuzhat al-abṣār* 940
Ibn Abi-Zar 753
Ibn al-ʿAdīm 918 f.
– *Zubdat al-ḥalab fī taʾrīḫ Ḥalab* 918
Ibn Aʿṯam 880
– *Kitāb al-Futūḥ* 880
Ibn al-Aṯīr 927–929
– *al-Kāmil fī t-taʾrīḫ* 927
– *at-Taʾrīḫ al-bāhir fī d-daula al-atābakīya* 928
Ibn Bassām 752
– *al-Dhakīra* 752
Ibn Budairī 942
– *Ḥawādiṯ Dimašq aš-Šām alyaumīya min sanat 1154 ilā sanat 1176* 942
Ibn ad-Dawādārī 930, 934
– *Durar al-tīǧān* 930
– *Kanz ad-durar wa-ǧāmiʿ al-ġurar* 930, 934
Ibn al-Furāt 915
– *Taʾrīḫ ad-duwal wal-mulūk* 915
Ibn al-Ǧauzī 905, 915, 921, 928 f., 944
– *al-Kitāb al-muntaẓam fī tawārīḫ al-mulūk wal-umam* 921
Ibn Ḫaldūn 898, 901, 906, 923, 931–933, 947
– *Kitāb al-ʿIbar* 898, 931
Ibn Hayyān 752
– *al-Matīn* 752
– *Muqtabis* 752
Ibn Hazm 752, 906
Ibn Iyās 939
– *Badāʾiʿ az-zuhūr fī waqāʾiʿ ad-duhūr* 939

Ibn al-Kalbī 874, 879, 885
– *Maqtal al-Ḥusain b. ʿAlī* 879
Ibn Kannān 942
– *al-Ḥawādiṯ* 942
Ibn Kaṯīr 930
– *al-Bidāya wan-nihāya* 930
Ibn al-Khatīb 755
– *Al-Ihāta fi akhbār Garnāta* 755
Ibn al-Qalānisī 918
– *Ḏail Taʾrīḫ* 918
Ibn Qutaiba 875, 900
– *al-Maʿārif* 875, 900
– *ʿUyūn al-aḫbār* 875, 900
Ibn al-Qūṭīya 751
– *Taʿrīkh ifitāh al-Andalus* 751
Ibn Saʿd 883, 899
– *Kitāb aṭ-Ṭabaqāt al-kabīr* 883
Ibn Sāhib al-Salāt 757
Ibn Ṣaṣrā 923
– *Al-Durra al-muḍīʾa fī ʾl-dawla al-Ẓāhiriyya* 923
Ibn aš-Šiḥna 930
– *Rauḍ al-manāẓir fī ʿilm al-awāʾil wal-awāḫir* 930
Ibn Taġrībirdī 897, 914, 932
– *Ḥawādiṯ ad-duhūr fī madā l-aiyām waš-šuhūr* 914
– *Maurid al-laṭāfa fī man waliya aṣ-ṣaltana wal-ḫilāf* 914
– *an-Nuǧūm az-zāhira fī mulūk Miṣr wal-Qāhira* 914
Ibn aṭ-Ṭiqṭaqā 917
– *al-Faḫrī fī l-ādāb as-sulṭānīya wad-duwal al-islāmīya* 916
Ibn Ṭūlūn 941
– *Iʿlām al-warā* 941
– *Mufākahat al-ḫillān fī ḥawādiṯ az-zamān* 941
Ibn Wāṣil 907, 913, 926, 929, 947
– *Mufarriǧ al-kurūb fī aḫbār Banī Aiyūb* 907, 926 f.
– *at-Taʾrīḫ al-kabīr* 926
– *at-Taʾrīḫ aṣ-Ṣāliḥ* 926, 929
Ibn Zunbul 941
– *Infiṣāl al-awān wa-ittiṣāl daulat Banī ʿUṯmān* 941
Ibrahim ʿAdil Shah II. 967
Ibrahim b. Jarir 976
– *Taʾrikh-i Ibrahimi* 976
al-Īǧī 933
– *Tuḥfat al-faqīr ilā ṣāḥib as-sarīr* 933
Igor, Fürst von Kiew 815, 820, 823
Iltutmish, Statthalter von Lahore 952 f.
ʿInayat Khan 965 f.
– *Shah-Jahan-nama* 965
Innozenz III., Papst 683
Iocelinus de Brakelonda 651
Iona Chronicle 611, 616, 657
Iosif, Erzbischof von Smolensk 828
Irene Komnene, byzantinische Kaiserin 860 f.
Isaak II., byzantinischer Kaiser 680
Isabella I., König von Kastilien 719, 765–767
ʿIsami 958 f.
– *Futuh as-salatin* 958 f.
Isar Das 975
Isidor von Sevilla 11, 13, 15, 32, 58 f., 75, 78, 154, 534 f., 594, 713, 718, 746, 748–750, 761, 785
– *Etymologiae* 15, 534
– *Historia de regibus Gothorum, Vandalorum et Suevorum* 748
– *Synonyma* 594
Ismael, Abrahams erstgeborener Sohn 585
Itinerarium Peregrinorum et Gesta Regis Ricardi 677
Ivan III. der Große, Großfürst von Moskau 828
Iziaslav I. Großfürst von Kiew 818

Jacobus de Voragine 720, 722
– *Chronica civitatis Januensis ab origine Urbis usque ad annum MCCXCVII* 720
– *Legenda aurea* 720
Jacques de Guise 701
– *Annales historiae illustrium principum Hanoniae* 701
Jacques de Vitry → Jakob von Vitry
Jäger, Clemens 437 f.
– *Fuggersches Ehrenbuch* 438
Jahangir, Großmogul von Indien 969–971, 974, 977–980, 983
– *Tuzuk-i Jahangiri* 979 f.

Jakob Kurdwanowski, Bischof von Plock → Kurdwanowski
Jakob I., König von Aragon 675, 760
Jakob Philipp von Bergamo 246
Jakob von Vitry 331, 594
– *Historia Orientalis* 331, 594
Jan (Johann) II., Graf von Holland 593
Jan van Boendale 577, 598–604, 606
– *Brabantsche yeesten* 578, 598–602, 605–608
– *Der leken spiegel* 598, 603, 605
– *Van den derden Eduwaert* 599, 602
Jan van Heelu 578, 599, 601
– *Yeeste van de slag bij Woeringen* 599, 601
– Jans (der) Enikel (von Wien) 140, 146f., 162–174, 177–179, 184f., 188, 199, 201f., 221, 235, 237, 255, 257, 389, 391f., 614
– *Fürstenbuch* 163, 168, 235, 237, 255, 257, 389, 391f.
– *Weltchronik* 140, 146, 163–172, 184, 185, 188
Jaroslav der Weise, Großfürst von Kiew 819
Jauhar 982
– *Tazkirat al-vaqiʿat* 982
Jean le Bels 687
– *Vraye hystoire du proeu et gentil roy Edowart* 687
Jean de Joinville 663, 686
– *Histoire de Saint Louis* 686
Jean d' Outremeuse 396, 692f.
– *Myreur des Histors* 692, 695
Jesus Christus 131, 151, 155, 192, 528, 537, 569, 616, 659, 682, 694, 718f., 757, 808, 943
Jiménez de Rada , Rodrigo 111, 746, 753, 760, 762
– *Chronicon pontificum et imperatorum* 111
– *Historia de rebus Hispaniae* 762
Johann II., Erzbischof von Gnesen 788
– Johann von Luxemburg, König von Böhmen 782
– Johann I., Herzog von Brabant 578, 599
Johann III., Herzog von Brabant 600, 602, 605
Johann IV., Herzog von Brabant 606
Johann Ohnefurcht, Herzog von Burgund 578
Johann von Czarnków 791–793
– *Chronica longa seu magna Polonorum seu Lechitarum* 792
– *Chronik der Jahre 1333–1341* 792
– *Chronik des Johann von Czarnków* 792
Johann von Dąbrówka 790
Johann von Guben 394
Johann von Küküllő 800, 802f.
Johann von Posilge 324f.
Johann von Reddin 324
Johann von Thurocz 802f.
Johann von Utino 29, 719, 802
– *De regibus Hungarie* 802
Johann von Viktring 236–238, 240, 257
– *Liber certarum historiarum* 236, 257
Johann von Würzburg 260
– *Wilhelm von Österreich* 260
Johanna, ‚Päpstin' 111, 169
Johanna von Brabant, Herzogin von Brabant u. Limburg 605
Johannes der Täufer 206. 665, 694
Johannes XXIII. (Baldassare Cossa), Gegenpapst 448, 465f.
Johannes I. Monachus, Bischof von Pomesanien 323
Johannes IV. Christiani von Lessen, Bischof von Pomesanien 323
Johannes von Schwanden, Abt von Einsiedeln 274
Johannes I., Abt von St. Benedikt in Capua 716
Johannes I. Tzimiskes, byzantinischer Kaiser 861
Johannes II. Komnenos, byzantinischer Kaiser 858
Johannes von Antiochien 842–845, 847, 850
Johannes de Beke 441, 578
– *Croniken van den stichte van Utrecht ende van Hollant* 578
Johannes Berardi 716
– *Chronicon Casauriense* 716
Johannes von Cermenate 730
– *Historia* 734

Johannes Diaconus 727 f.
– *Chronicon Venetum* 726
Johannes de Fordun → Fordun, John
Johannes de Foxton 652, 655
– *Liber Cosmographia* 655
Johannes von Glastonbury 655
– *Cronica sive Antiquitates Glastoniensis Ecclesie* 655
Johannes von Hexham 653
Johannes Malalas 614, 831, 839, 842–845, 847, 859
– *Chronographia* 614, 831, 839, 842–845, 847, 859
Johannes von Marignola 718, 738, 782
– *Chronicon Bohemorum* 718
Johannes von Montfort-l'Amaury 437
Johannes de Mussis 731
– *Chronicon Placentinum* 731
Johannes von Oxnead 641
– *Chronica* 641
Johannes von Reading 639
Johannes Ruffus 111
– *Liber de Istoriis* 111
Johannes von Salisbury 622, 670, 789
– *Historia Pontificalis* 622
– *Vita Sancti Thomae* 622
Johannes Scottus Eriugena 132, 134
Johannes de Tayster 642
Johannes de Trokelowe 623
– *Annales* 623
Johannes von Tynemouth 646
– *Historia aurea* 646
Johannes de Utino 29, 719, 802
– *Compilatio nova super tota Biblia* 719, 802
Johannes de Vico 522
Johannes de Wallingforda 639
Johannes Werner d. Ä., Freiherr von Zimmern 431
Johannes Werner d. J., Graf von Zimmern 430
Johannes von Winterthur 119
Johannes von Worcester 632
– *Chronica chronicarum* 632
– *Chronicula* 632
John of Canterbury 651
Jordanes 48, 49, 51
– *Getica* 51–53, 712
– *Historia Romana* 712
Josephus Flavius 174, 584, 760, 831, 859
– *Antiquitates Judaicae* 859
– *De bello iudaico* 584
Juan II., König von Kastilien u. Aragon 765
Jud, Thomas 487, 519
– Julian, byzantinischer Kaiser 189
Julian von Toledo 749 f.
– *Historia Wambae Regis* 750
Julius Africanus, Sextus (?) 6 f., 31, 617, 710, 839–841, 843, 850, 853, 855, 861, 864
– *Χρονογραφίαι, Chronographiae* 6 f., 31
Jüngere Hochmeisterchronik 308, 320 f., 331 f., 335
Jüngere Livländische Reimchronik 305, 317 f.
Justin 555, 789
– *Epitome Historiae Philippicae* 789
Justinger, Conrad 272 f., 279–281, 285, 297, 365, 462
– *Berner Chronik* 272 f., 279–282, 285, 290, 293 f., 297, 365, 462
Justinian I., oströmischer Kaiser 51, 138, 551, 712, 737, 789, 845
Justinian II., byzantinischer Kaiser 857

Kadłubek, Vinzent 787–791, 793
– *Chronica Polonorum* 72 f., 788, 790
al-Kāfiyağī 933
– *al-Muḫtaṣar fī ʿilm at-taʾrīḫ* 933
Kaiserchronik 130, 132 f., 136–143, 147, 154, 156, 164, 166, 168 f., 172–174, 176, 185, 189, 194, 196, 250, 367, 399, 614
Kallisthenes von Olynth 789
Kálti, Mark, königlicher Archivar u. Kanoniker in Stuhlweißenburg 800
Kamgar Husaini 974
– *Maʾathir-i Jahangiri* 974
Kammermeister, Hartung, Erfurter Bürgermeister 370, 388 f.
Karl von Trier, Hochmeister des Deutschen Ordens 311
Karl Jónsson, Abt in Island 546

Karl der Große, Kaiser 139, 149, 166, 194, 205, 555
– Karl III. der Dicke, Kaiser 188
– Karl IV., Kaiser 216, 718, 774, 782
– *Vita Caroli Quarti* 774
Karl V., König von Frankreich 701
Karl VII., König von Frankreich 689
Karl VIII., König von Frankreich 702, 728, 732
Karl VIII. Karl Knutsson Bondes, König von Schweden und Norwegen 570 f.
Karl I. von Anjou, König von Sizilien 735, 792
Karl I. Robert von Anjou, König von Ungarn 800, 802
Karl II., König von Ungarn 803
Karl der Kühne, Herzog von Burgund 702
Karl von Lothringen, Herzog von Niederlothringen 599
Karl I., Graf von Hohenzollern 432
Karl der Große und die schottischen Heiligen 614
Karel ende Elegast 594
Karlmann I., König der Franken 599
Karlmeinet 176
Karolinger 11, 79 f., 129, 236, 248, 256, 261, 263 f., 692, 714
Kasimir I. der Große, König von Polen 792
Kasimir IV. Andreas, König von Polen 483, 738, 793
Kasimir II. der Gerechte, Seniorherzog von Polen 788
Katharer 683
Katherina, Tochter Ludwigs d. Gr. 800
al-Kātib al-Iṣfahānī 916, 924
– *al-Barq aš-Šāmī* 924
– *al-Fatḥ al-quṣṣī fī l-fatḥ al-qudsī* 924
– *Nuṣrat al-fatra wa-ʿuṣrat al-fiṭra* 916
Kattendijkse kroniek 579
Kazmair, Jörg 382, 389
– *Denkschrift über die Unruhen zu München* 382
Kedrenos, Georgios 857 f.
– *Synopsis historion* 857
Khafi Khan (Muhammad Hashim Nizam al-Mulk) 975
– *Muntakhab al-lubab* 975
Khan-i Khanan ʿAbd ar-Rahim b. Bairam Khan 969
Khvandamir 961, 977 f.
– *Humayun-nama* 961
Kirkstall Abbey Chronicle I 653
Kirkstall Abbey Chronicle II 653
Kitāb as-Sulwa fī aḫbār Kilwa 945
Kitāb az-Zunūğ 945
Klio, Muse 23, 33, 54, 179
Knebel, Johann, Baseler Münsterkaplan u. Universitätsnotar 382
Knighton, Henry 645, 653
Knut IV. der Heilige, König von Dänemark 543, 559 f., 566, 639
Knut VI., König von Dänemark 544, 550
Köbel, Jakob 119
Koelhoff der Jüngere, Johann 348
Koelhoffsche Cronica van der hilliger stat van Coellen 348
Kölner Königschronik 88
Koloman der Buchkundige, König von Ungarn 800
Koloman, Fürst von Halicz 798
Königsberger Chronik → *Radziwiłł-Chronik*
Königsberger Weltchronik 116
Königsfeldener Chronik 237
Konrad von Erlichshausen, Hochmeister des Deutschen Ordens 328
Konrad von Luppurg, Abt von Scheyern 243
– *Chronicon Schyrense* 243
Konrad III., deutscher König 95, 137, 147
Konrad IV., deutscher König 149, 150–152, 155, 158 f., 161, 184, 399
Konrad von Winterstetten, Reichsschenk 149
Konrad (Pfaffe) 196
– *Rolandslied* 139, 140, 196, 246
Konrad von Heimesfurt 186, 192 f.
– *Urstende* 186, 192, 193, 194
Konrad von Würzburg 177 f., 185 f., 188, 236, 339
– *Trojanerkrieg* 185–188, 339
Konstantin der Große, römischer Kaiser 8, 166, 731, 855 f., 862 f.,
Konstantin IV., byzantinischer Kaiser 80
Konstantin IX. Monomachos, byzantinischer Kaiser 891

Konstantin VII. Porphyrogennetos, byzantinischer Kaiser 843
Konstantinos Manasses → Manasses, Konstantinos
Konstanzer Weltchronik 120
Koran 584–586, 588 f., 868, 871–873, 877, 879, 889, 892, 907, 984, 986
Kosmas Indikopleustes 847
Krafft, Ludwig, Ulmer Bürgermeister 350
Krantz, Albert 214, 222
– *Wandalia* 222
Kraus, Johannes 119
Kreuzfahrt Landgraf Ludwigs des Frommen 309
Krompach, Nikolaus 784
Krónika a magyaroknak dolgairól 804
Kronika Boguchwała i Godysława Paska 791
Kronike von Pruzinlant 303, 314
Küchlin, Augsburger Priester 370
Kule, Hinricus, Stadtschreiber von Lüneburg 363
Küng, Sebastian 422–426
– *Chronik der Grafen von Württemberg* 423
Kuno von Siegburg, Bischof von Regensburg 132
Kurdwanowski, Jakob, Bischof von Plock 467
Kurze preußische Reimchronik 319 f.
Kyrill, Slawenmissionar 775, 776, 777, 824

Ladam, Nicaise 652
Ladislaus Postumus, König von Böhmen und Ungarn 238
Ladislaus I. der Heilige, König von Ungarn 773 f., 795, 797 f.
Ladislaus IV. der Kumane, König von Ungarn 798
Lahauri, ʿAbd al-Hamid 964 f.
– *Padishah-nama* 964 f.
Lambrecht (Pfaffe) 156, 196
– *Alexander* 196
Lampert von Hersfeld 19, 82, 84, 93, 102, 132
– *Annalen* 82, 84, 132
Landshuter Ratschronik 384
Landulf von Capua 716
Landulf von Mailand 716, 730
– *Mediolanensis historiae libri quatuor* 716
Landulf Sagax 715
– *Ad Heinricum IV imperatorem libri VII* 715
Landulf von San Paolo 716, 730
– *Historia Mediolanensis* 716
Langtoft, Pierre de 643, 653
Laterculus Malalianus 614 f.
Laurentius Kalvsson, Bischof von Holar 550
Laurentius von Březová 784
Lavrentiev-Codex 812
Lawman → Laȝamon
Layaman → Laȝamon
Laȝamon 635 f.
– *Hystoria Brutonum* 635
Lazius, Wolfgang 33, 437
– *Genealogia comitum de Montfort* 437
Leabhar Meic Cárthaigh Riabhaigh/Mac Carthaigs Buch 612
Lebor Bretnach, irische Übersetzung der → *Historia Brittonum* 617
Leeu te Gouda, Geeraert, Buchdrucker 579
Legenda Christiani → Christian
Legenda maior 795
Legenda minor 795
Lenz, Johann (Hans) 285, 290 f.
– *Reimchronik des Schwabenkriegs* 290
Leo III., Papst 139
Leo X., Papst 300, 725, 729
Leo VI., byzantinischer Kaiser 857
Leopold III., Herzog von Österreich 277 f.,
Leopold IV., Herzog von Österreich 350
Leopold III. von Babenberg, Markgraf 95
Lescot, Richard (Richardus Scottus) 614
L'Estoire de Engleis 635
Leszek I. der Weiße, Seniorherzog von Polen 793
Leszek II. der Schwarze, Seniorherzog von Polen 790
Levold von Northof 407, 441
– *Chronica comitum de Marka* 441
Libellus de Magno Erici rege 569
Liber de Antiquis Legibus 656
Liber Cuana 611
Liber Custumarum 656
Liber Eliensis 651
Liber extravagans 661

Libro Fiesolano 724
Liber historiae Francorum 54, 57, 530 f.
Liber monasterii de Hyda 651
Liber Pluscardensis 661
Liber pontificalis 105, 713 f., 717, 719
Liber regiminum Padue 730
Libuše, sagenhafte Stammmutter der Přemysliden 71, 72, 778
Lichfield Chronicle 655
Lirer, Thomas 298, 419, 439
– *Elisa-Erzählung* 413
– *Schwäbische Chronik* 16, 356, 400, 412–414, 422
Liutprand, Mailänder Priester u. Patarener 716
Liutprand, König der Langobarden 64, 65, 67, 713
Livere de Reis de Britannie 642 f.
Livere de Reis d'Engleterre 642 f.
Livius, Titus 6, 19, 711, 724, 729, 778
Livländische Reimchronik 302–306, 308–310, 317, 331
Llibre dels fets 764 f.
Lodewijk van Velthem 581, 602
Logothetenchronik 856 f.
Lohengrin 176, 246
Lollard Chronicle of the Papacy 647
Lorenzo de' Medici 725
Lorenzo de Monacis 644, 728
– *Chronicon de rebus Venetis* 728
Lorenzo Valla → Valla, Lorenzo
Loriti, Heinrich → Glarean
Lothar I., Kaiser 713
Lübecker Stadtchronik 387
Lucan 132, 172, 174, 564, 778
Lucas, Bischof von Tuy 760–762
– *Chronicon mundi* 760–762
Lucius, römischer Kaiser 195
Lucretia 138 f., 141
Ludmila von Böhmen, hl. 777
Ludolf von Sachsen, Graf 206
Ludovico Sforza 733 f.
Ludwig I. der Fromme, Kaiser 184, 188, 309
Ludwig II., Kaiser 401, 713
Ludwig II. der Deutsche, König des Ostfrankenreiches 272
Ludwig I., König von Bayern 34
Ludwig VI., König von Frankreich 672
Ludwig VII., König von Frankreich 676
Ludwig IX., König von Frankreich 582, 686–688
Ludwig XI., König von Frankreich 279, 702, 703
Ludwig XII., König von Frankreich 294
Ludwig I. der Große, König von Ungarn, Kroatien u. Polen 793, 800, 802 f.
Ludwig II. der Strenge, Herzog von Bayern 244
Ludwig IX. der Reiche, Herzog von Bayern-Landshut 483 f., 489 f., 494, 507–512, 516
Ludwig von Valois, Herzog von Orleans 800
Ludwigslied 129
Lüneburger Chronik bis 1414 367
Luther von Braunschweig, Hochmeister des Deutschen Ordens 315
Luxemburger 230, 605, 781 f., 803
Lydgate, John 627, 657
– *Title and Pedigree of Henry VI* 627
– *Verses on the Kings of England* 627
Lykofron von Chalkis 789

Machiavelli, Niccolò 723, 725 f.
– *Istorie fiorentine* 723, 725
Maerlant, Jacob 577, 579 f., 584 f., 594, 598 f., 602, 606 f.
– *Alexanders geesten* 589, 594, 606
– *Der kerken claghe* 594
– *Der naturen bloeme* 582, 587
– *Heimelijkheid der Heimelijkheden* 582
– *Istory van Troyen* 594, 606
– *Merlijn* 594
– *Scolastica* 584, 589
– *Spiegel historiael* 577, 579–584, 588, 590, 594, 599–602, 606
– *Vanden lande van Oversee* 594
Mag Ráidhin 613
– *Annals of all Saints' Island on Lough Ree* 613
Magdeburger Schöppenchronik 354, 394
Magister Ákos → *Urgesta*
Magnus II. Eriksson, König von Schweden 569

Magnus II. Torquatus, Herzog zu Braunschweig-Lüneburg 347, 362
Maḥbūb b. Qusṭanṭīnal-Manbiǧī 935
– *Kitab al-ʿUnwān* 935
Mahmud von Ghazna, Herrscher aus der Ghanznawidendynastie 955, 958
Mair, Hans 338–340, 359
– *Buch von Troja* 338–340, 359
Mair (Major), John 661
al-Makīn b. al-ʿAmīd 929, 936 f.
– *al-Maǧmūʿ al-mubārak* 929, 936
– *Taʾrīḫ al-muslimīn* 936
Makrobius Ambrosius Theodosius, spätantiker Philosoph 789
Malalas → Johannes Malalas
Malispini, Ricordano 724
– *Storia fiorentina* 724
Malverne, John 645
Mamerot, Sébastian 116
Mamlūken 870, 897, 911–913, 915, 917, 920, 923, 925, 927, 929 f., 932, 937–939, 941
Manasses, Konstantinos 853, 859 f
Mancini, Dominic 628
– *De occupatione Regni Anglie per Ricardum Tertium Libellus* 628
Manfred, sizilianischer König 111, 735
Mannyng von Brune, Robert 643
Manuel d'histoire de Philippe VI de Valois 691
Map, Walter 670, 789
al-Maqqarī 756, 944
– *Nafḥ aṭ-ṭīb min ġuṣn al-Andalus ar-raṭīb* 944
al-Maqrīzī 912 f., 932
– *as-Sulūk li-maʿrifat duwal al-mulūk* 912
Maragone, Bernardo 726
– *Annales Pisani* 726
Marc Aurel, römischer Kaiser 195
Marcellinus Comes 710
Marchionne di Coppo Stefani 724
– *Cronaca fiorentina* 724
Marcus de Battaglis → Battagli, Marco
Marcus Venetus 727
Margarete von Bayern 516
Margarete von Flandern 701
Margarete von Sachsen 489
Marham, Ralph 646, 652
– *Manipulus Chronicorum ab Mundi initio usque ad sua temora* 646
Maria von Evreux, Gattin Herzog Johanns III. 602
Marianus Scot(t)us (Máel Brigte) 96, 614, 632
Marienburger Tresslerbuch 326
Marienwerder, Johannes 323
Marignolli, Giovanni de → Johannes von Marignola
Marschalk, Nikolaus 222 f.
– *Annales Herulorum ac Vandalorum* 222
Martin IV., Papst 111
Martin V., Papst 448, 465
Martin Truchsess von Wetzhausen, Hochmeister des Deutschen Ordens 333
Martin von Braga 582
– *De quattor virtutibus* 582
– *Liber de Moribus* 582
Martin da Canal 727 f., 739
– *Estoires de Venise* 727, 739
Martin von Troppau 111–113, 115–117, 120–125, 202, 377, 394, 593, 644, 648, 660, 714, 718 f., 722, 724, 731, 782
– *Chronicon pontificum et imperatorum* 111, 121, 593
al-Masʿūdī 900 f., 904
– *Kitāb at-Tanbīh wal-išrāf* 902
– *Murūǧ aḏ-ḏahab wa-maʿādin al-ǧauhar* 900 f.
Mathilde, Tochter Heinrichs I. 621
Mathilde, Tochter Ottos des Großen 68
Mattathias, Stammvater der Hasmonäer 184
Matthaeus de Griffonibus → Griffonibus
Matthaeus Palmerius 726, 737
Matthaeus von Vendôme (Matthaeus Vindocinensis) 274
– *Tobias* 274
Matthäus Marschalk von Pappenheim 410 f., 418
– *Chronica Australis* 412
– *Chronik der Truchsessen von Waldburg* 418, 421, 435
– *Vrsprung vnnd herkomen der Edelenn Herrn Vonn Geroltzeckh* 435 f.

Matthäus von Paris 638–640, 645, 650
– *Abbreviatio chronicorum* 639
– *Chronica majora* 638–640
– *Flores historiarum* 639
Matthias Corvinus, König von Ungarn 486, 739, 802f.
Matthias von Neuenburg 119
Mauritius, hl. 69, 675
Maurus von Pannonhalma 795
Maximilian I., Kaiser 31, 242, 260f., 263, 268, 299f., 354, 408–410, 412, 414, 484, 514f., 528
– *Ehrenpforte* 409
– *Theuerdank* 409
– *Triumphzug* 409
– *Weißkunig* 409, 412
Maximilian II., König von Bayern 372
Mechthild von der Pfalz 426
Meinradslegende 298
Meißnische Chronik 407f.
Meisterlin, Sigismund 363, 368, 371, 380f., 385, 387, 395, 397
– *Augsburger Chronik* 387, 397
Mennel, Jacob 242, 260, 409f.
– *Fürstliche Chronik* 58, 242, 410, 523
Merowech, fränkischer Herrscher 57
Merowinger 11, 55, 57, 81, 176, 230, 260, 600, 687
Merton Annals 653
Merula, Giorgio 733f.
– *Antiquitates vicecomitum* 733
Method, Slawenmissionar 775–777, 793, 824
Metrical History of the Kings of England 647
Michael der Große, syrischer Patriarch 38
Michael III., byzantinischer Kaiser 856f.
Michael VIII. Palaiologos, byzantinischer Kaiser 863
Mieszko I., Herzog von Polen 857
Miliolus, Albertus 116
– *Liber de temporibus* 116
Minhaj ad-Din al-Juzjani (Minhaj-i-Siray) 953–955, 978
– *Tabaqat-i Nasiri* 954, 978
Minoriten 112f., 118, 310, 790
Mionannála 612
Mir Abu Turab Vali 971
Miskawaih 902, 904, 909–911
– *Taǧārib al-umam wa-ʿawāqib al-himam* 909
Mohammed, Prophet 584–589, 867, 869, 872–876, 878, 880, 883, 887–889, 894f., 898, 901, 912, 914, 921f., 955, 975, 986f.
Molina, Juan de 735
– *Libro de los dichos y hechos del rey Don Alfonso* 735
Mönch, Johannes → Johannes I. Monachus
Montfort (Vorarlberg), Grafen von 413, 417, 436f.
Montfort-l'Amaury (Frankreich), Grafen von 437, 683f.
More, Thomas 628
Morosini, Antonio 728
Mort le roi Artu 669
Moses ibn Esra 759
Mousket, Philipp 686
– *Chronique rimée* 686
Mubarak Shah → Sayyid Mubarak Shah
Muhammad Amin Qazini → Qazvini
Muhammad Bakhtavar Khan 976f.
– *Mir'at al-ʿalam* 976f.
Muhammad Baqir Afsar 977
– *Afsah al-akhbar* 977
Muhammad Hashim Nizam al-Mulk 975
Muhammad Ibn Tughluq, Sultan von Dehli 957
Muhammad Kazim 966f., 977
– *ʿAlamgir-nama* 966
Muhammad Maʿsum ‚Nami' 970f.
Muḥammad aṣ-Ṣaġīr al-Ifrānī 944
– *Nuzhat al-ḥādī bi-aḫbār mulūk al-qarn al-ḥādī* 944
Muhammad Salih Kanbu 963, 974
– *ʿAmal-i Salih* 963, 974
Muhammad Saqi 967f.
– *Ma'athir-i ʿAlamgiri* 967–969
Muhammad Yusuf b. Rahmat Allah Ataki → Ataki
Mühldorfer Annalen 339, 389
Muʿizz ad-Din Muhammad b. Sam, Ghuridensultan 952f.
Mulakhkhas → ʿInayat Khan

Mülner, Eberhard, Zürcher Schultheiß 271
Murimuth, Adam 624
Murtaza Burhan ad-Din Nizam Shah, Sultan von Ahmadnagar 967
al-Musabbihī 911
– *Aḫbār Miṣr* 911
Musil, Robert 352
Musta'idd Khan 967
al-Muṭahhar b. Ṭāhir al-Maqdisī 902
– *Kitāb al-Bad' wat-ta'rīḫ* 902
Muʿtamad Khan 973 f., 978, 980
Muzaffar Shah III., Sultan von Gujarat 971 f.

Nahavandi, ʿAbd al-Baqi 969 f.
– *Ma'athir-i Rahimi* 969
an-Nahrawālī 919
– *Kitāb al-Iʿlām bi-aʿlām Bait Allāh al-ḥarām* 919
Narratio de primordiis ordinis Theutonici 304–306
al-Nasir 753 f.
Nasir ad-Din Mahmud 952–954
Naṣr b. Muzāḥim 880
– *Waqʿat Ṣiffīn* 879 f.
Nasriden 755, 871
Nathan Shitab Khan 970
Nauclerus (Vergenhans), Johannes 269, 293, 422
Navagero, Andrea 729
– *Storia della repubblica veneziana* 729
Nebukadnezar, babylonischer König 855, 894
Neckam, Alexander 789
Neplach von Opatowitz 782
Nero, römischer Kaiser 861
Nestor 810, 812, 820
– *Nestorchronik* 810
Neue Ee 184, 188, 194
New Croniclys of the Gestys of the Kynges of England 647
Nibelungenlied 194
Niccoli, Niccolò 298, 722, 725
Nicola de Jamsilla 735
Nikanor-Chronik 833
Nikephoros I., Patriarch von Konstantinopel 838, 847 f.
– *Breviarium (Historia syntomos)* 848
– *Chronologisches Verzeichnis* 848
Nikephoros III. Botaneiates, byzantinischer Kaiser 860, 862
Niketas Choniates 728, 863
Niklaus von Flüe, Schweizer Mystiker 270
Niklaus von Wyle 287
– *Translatzen* 287
Nikolaus, hl. 353
Nikolaus IV., Papst 113
Nikolaus von Jeroschin 302, 304 f., 309, 312, 314–316, 318–321, 326, 328 f., 331
Nimrod, sagenhafter Begründer des babylonischen Reiches 88
Nizam ad-Din Ahmad 969, 971–973, 977 f.
– *Tabaqat-i Akbari* 969, 971–973, 977 f.
Nizam ad-Din Auliya' 957
Noah 59, 114, 151, 160, 169, 250, 410, 643, 646, 692, 730, 817, 824, 894
Nomina omnium regum Scotorum 661
Norix, sagenhafter Eroberer von Noricum 249 f., 253, 256
Normannen 74, 559, 613, 631, 633, 670 f., 685, 821
Northern Annals 618
Northern Chronicle 627, 653
Norwich Chronicle 641
Notker der Deutsche 129, 136
– *Consolatio Philosophiae* → Boethius
Nuhn, Johannes 439 f.
– *Chronica und altes Herkommen der Landgrafen zu Thüringen und Hessen und Markgrafen zu Meißen* 439

Oberrheinische Chronik 322
Oberto Cancelliere 722
Oddr Snorrason, isländischer Mönch 547
Odilo 251
Odorico da Pordenone 718, 738
– *Relatio de mirabilibus orientalium Tatarorum* 718
Odo von Deuil (Odo de Diogilo) 676
– *Profectione Ludovici VII in Orientem* 676
Ofener Chronik 774, 800
Oktavian → Augustus
Olaf Skötkonung, König von Schweden 819
Óláfs saga hins Helga 560, 575
Olai, Ericus → Ericus Olai

Olav I. Tryggvason, König von Norwegen 543, 547, 558
Olav II. Haraldsson der Heilige, König von Norwegen 543, 547, 549, 552, 558, 560–562, 565–567
Olav Kvitaskald 550
– *Knytlinga saga* 550
Oleg, Fürst von Kiew 820, 823
Olésnickì, Zbigniew, Bischof von Krakau 793
Olga von Kiew, Regentin der Kiewer Rus 820
Opus Chronicorum 623
Ordericus Vitalis 665
– *Historia Ecclesiastica* 665
Origo gentis Langobardorum 65 f., 713
Oringen, Hans 485, 498, 500 f., 507, 509 f., 513 f.
Orosius, Paulus 8 f., 37, 106, 113, 174, 555, 582, 593, 660, 715, 724, 738
– *De Hormesta Mundi* 582
– *Historiae adversus paganos* 8 f., 593
Osmanen 502, 870, 891, 907, 919, 923, 926, 934, 938–941
Osney Chronicle 653
Otte 140, 186, 189
– *Eraclius* 140, 148, 186, 189
Otterbourne, Thomas (der Frühere) 624
Otterbourne, Thomas (der Spätere) 647
– *Chronicon regum Angliae* 647
Ottheinrich, Pfalzgraf von Pfalz-Neuburg 515
Otto von Freising, Bischof 15, 17, 30, 78, 86, 93–96, 100, 102, 110, 146, 148, 155, 178, 257, 445, 638, 738, 976
– *Chronica sive Historia de duabus civitatibus* 94, 110, 738
– *Gesta Frederici I imperatoris* 738
Otto von Thüringen, Abt von Königsaal 781
Otto von St. Blasien, Mönch 96
Otto I. der Große, Kaiser 68–70, 207, 215, 230, 346, 393
Otto III., Kaiser 727
Otto IV., Kaiser 166
Otto I., Herzog von Bayern 230
Otto I. (gen. der Quade), Herzog von Braunschweig-Göttingen 338
Otto II. der Schwarze, Herzog von Olmütz und Brünn 778
Otto I., der Erlauchte, Herzog von Sachsen 69, 207
Otto II., Pfalzgraf von Neumarkt-Mosbach 489
Otto I., Graf von Schauenburg 407, 442
Otto II., Graf von Schauenburg 443
Otto II. von Liechtenstein 235
Ottobonus Scriba 722
Ottokar II. Přemysl, König von Böhmen 231, 236, 259, 592, 780
Ottokar aus der Gaal 199, 235 f., 238, 240, 255, 307, 399
– *Steirische Reimchronik* 199, 235, 237, 240, 255, 257, 307
Ottokar von Steiermark → Ottokar aus der Gaal
Ovid 139, 778, 789
– *Fasti* 139

Palmerius, Matthaeus → Matthaeus Palmerius
Pane, Ogerio 722
Pannonische Legenden 775
Panodoros von Alexandrien 850
Paolo di Tommaso Montauri 726
– *Cronaca senese* 726
Paoluccio Anafesto, Doge 728
Pappenheim, Marschälle von 16, 410–412, 418, 435 f.
Parker Chronicle → *Anglo-Saxon Chronicle*
Passio Quirini 248–250, 257
Passional 183 f., 186
Patroklus, hl., Schutzpatron von Soest 348
Paul II., Papst 739
Paul von Rusdorf, Hochmeister des Deutschen Ordens 328 f.
Paulinus Minorita → Paulinus von Venedig
Paulinus von Mailand 730
– *Vita Ambrosii* 9, 730
Paulinus von Venedig 106, 718
– *Chronologia magna* 106
Paulus Diaconus 10, 27, 48, 62, 64–67, 73, 75, 81, 582, 593, 632, 712–715, 719, 724, 729, 799
– *Gesta archiepiscoporum Mettensium* 65

– *Historia Langobardorum* 10, 62, 64 f., 67, 713, 715
– *Historia Romana* 64, 81, 582, 593, 713, 715
Pedro II., König von Aragon 753
Pembridge, John de 613
– *Annales Hibernie ab anno Christi 1162 usque ad annum 1370* 613
Peter von Zittau, Abt von Königssal 781
Peter der Große, russischer Zar 808
Peter von Dusburg 301–304, 306–308, 310–314, 316, 320, 329, 331, 333
– *Chronica Terrae Prussiae* 303, 308, 311
Peter der Einsiedler (Pierre l'Eremit) 674
Peter von Ickham 639
Peter von Mladoňovice 470, 784
– *Narratio de M. Hiernymo Pragensi* 784
– *Relatio de magistri Joannis Hus causa in Constantiensi consilio acta* 784
Peter von Molsheim 285, 290
– *Freiburger Chronik der Burgunderkriege* 285
Peter von Peitschen 787, 798
Petite Chronique de Normandie 695
Petrarca 727
Petrus, Soester Ratssekretär 337
Petrus de Blarririvo 292
Petrus (Peter) Comestor 30, 154, 168, 174, 185, 584, 589, 642, 660
– *Historia scholastica* 29 f., 153 f., 184 f., 584
Petrus Guillermus, Bibliothekar 717
Petrus de Herenthals 114
– *Compendium Chronicorum de imperatoribus et pontificibus Romanorum* 114
Petrus de Thymo 606
Petschenegen 818
Peutinger, Konrad 409, 412
Pfaffe Konrad → Konrad (Pfaffe)
Philipp, Bruder (der Karthäuser) 186, 188, 192, 194
– *Marienleben* 186, 188, 192–194
Philipp (von Schwaben), deutscher König 831
Philipp II. August, König von Frankreich 672, 676 f., 689
Philipp III., König von Frankreich 688
Philipp IV. der Schöne, König von Frankreich 690 f.
Philipp VI., König von Frankreich 625, 691
Philipp der Aufrichtige, Kurfürst von der Pfalz 516
Philipp von Saint-Pol, Herzog von Brabant und Limburg 606
Philipp I. der Schöne, Herzog von Burgund 528
Philipp II. der Kühne, Herzog von Burgund 686, 701
Philipp III. der Gute, Herzog von Burgund 606, 701 f.
Philipp der Streitbare, Herzog von Pfalz-Neuburg 515
Philipp von Novara 739
Philippa von Hennegau 695
Philippe de Commynes 663, 701–704
– *Mémoires* 702–704
Philippe de Vigneulles 340, 353, 356, 395
– *Journal* 395
Philippus Tripolitanus (Philipp von Tripoli) 582
– *Secretum secretorum* 582
Physiologus 160
Piast, sagenhafter Stammvater der Piasten 72, 787, 791
Piccolomini, Aeneas Silvius 237, 240 f., 246, 255 f., 261 f., 327
– *Europa* 246, 255
– *Historia Austrialis* 240, 262
– *Historia Bohemica* 246
Pieri, Paolino 722
– *Cronica delle cose d'Italia* 722
Pierre de Blarru (Petrus de Blarririvo) 292
– *Beschreibung der Burgunderkriege* 292
Pierre l'Ermite → Peter der Einsiedler
Pietro da Fossombrone 718
– *Historia septem tribulationum ordinis minorum* 718
Pietro Orseolo II., Doge 727
Pietro Ziani, Doge 727
Pike, John 643, 655
– *Suppletio historiae regum Anglie* 643
Pilatus, römischer Statthalter 192
Pilgrim II., Erzbischof von Salzburg 389
Pipewell Chronicle 623

Platon 198, 533
– *Kritias* 533
Plinius der Ältere 10, 13, 148, 160, 534, 564, 695, 708, 789
– *Historia naturalis* 160
Plutarch 789, 859
Poggio Bracciolini 724 f., 731, 735, 737
– *Historia Florentini populi* 725
Pöhlder Annalen 89, 174
Pöhlder Weltchronik 89
Polistorie del Eglise de Christ de Caunterbyre → John of Canterbury
Polnisch-schlesische Chronik 790
Polo, Marco 740
Polybios 5 f., 837
Pompeius, römischer Staatsmann 131
Pompeius Trogus 789
Pontano, Giovanni 735 f.
– *De bello Neapolitano* 736
Popiel, sagenhafter polnischer Herrscher 787
Poppo, Bischof von Schleswig 558
Posilge → Johann von Posilge
Povest' vremennych let 809–815, 818, 821–823, 827
Prämonstratenser 100, 612, 653 f., 692
Přemysl, sagenhafter Stammvater der Přemysliden 71 f., 777 f., 783, 787
Priamos, sagenhafter König von Troja 353
Priamus, sagenhafter Gründer Augsburgs 370, 530, 537 f.
Přibik → Pulkava von Radenín
Pribislaus, Fürst der Abodriten 216, 218 f.
Priester Arnold → Arnold (Priester)
Primat, Mönch von Saint-Denis 688 f.
Progress of King Edward I in His Invasion of Scotland 623, 660
Prosakaiserchronik 137
Prose Brut 635
Prose Chronicle in College of Arms Arundel 641
Prose Chronicle of Early British Kings 647
Prosper von Aquitanien 709–711
Prusen 312, 327
Przemysł II., König von Polen 791 f.
Ps.-Symeon Magistros 858
Ptolemäus von Lucca 719, 722
– *Historia ecclesiastica* 719
Pulkava von Radenín, Přibik 782
– *Chronicon Bohemiae* 782 f.
PVL 809–814, 817–834

al-Qušairī 917 f.
– *Ta'rīḫ ar-Raqqa* 917
Qazvin, Muhammad Amin 963 f., 966
– *Padishah-nama* 966
Quirinus von Neuss, hl. 348
Quirinus von Tegernsee, hl. 248 f.

Radoald, Abt von Salerno 716
Radziwiłł-Chronik 816, 832, 835
Raffaino Caresini → Caresini, Raffaino
Raimund IV. von Saint-Gilles, Markgraf der Provence 674
Ralph von Coggeshall 622, 637 f.
Ralph von Diceto 622, 637, 654
– *Abbreviationes Chronicorum* 637
– *Annales de Dorobernensibus archiepiscopis ab Augustino ad Hubertum* 654
– *Ymagines Historiarum* 637
Ralph Marham 646, 652
Ralph Niger 637
– *Chronica Anglica/Chronicle II* 637
– *Chronica universalis/Chronicle I* 637
Rampersdorfer, Konrad, Wiener Ratsherr 350
Ransano, Pietro 803
– *Epithoma rerum Hungarorum* 803
Ratchis, König der Langobarden 64, 712
Rauf de Boun 642
– *Le Petit Bruit* 642
Ravagnani, Benintendi, venezianischer Kanzler 727
– *Cronica venetiarum* 727
Reading Annals 651
Reffeler, Paul 470, 476
Reginhard von Siegburg 132
Regino von Prüm 79, 778, 787
Regula, hl. 272
Reichenauer Kaiserchronik 82 f.
Reimchronik der Stadt Köln 391
Reinaerde → *Van den vos Reinaerde*

Reinoldus, hl., Stadtpatron von Dortmund 347
Rekkared I., König der Westgoten 59, 747, 757
Rem, Wilhem 377
René II., Herzog von Lothringen 292
Renner, Johannes, Bremer Notar 305, 317 f.
Ricart, Robert 657
Riccobaldo von Ferrara 116, 718 f., 734
– *Chronica parva Ferrarensis* 734
– *Compilatio Chronologica* 116
– *Pomerium Ravennatis ecclesiae* 718
Riccoboni, Bartolomea 720
– *Cronaca del Corpus Domini* 720
– *Necrologia del Corpus Domini* 720
Richard I., König von England 621 f., 640, 643, 647, 656, 676 – 678
Richard III., König von England 628, 630
Richard von Cirencester 646
– *Speculum historiale de gentis regum Angliae* 646
Richard von Devizes 622
– *Chronicon de tempore regis Richardi primi* 622
Richard von Durham 624
Richard von Hexham 621, 653
– *De gestis regis Stephani et de bello standardii* 621
Richard von Slickburn → Richard von Durham
Richard von Westminster → Richard von Cirencester
Richardus Scottus → Lescot, Richard
Richental, Georg, Großvater Ulrich Richentals 454
Richental, Johannes, Konstanzer Stadtschreiber 454 f.
Richental, Ulrich 447 – 481
Ridler, Christoph, Münchner Chorherr 357
Rigord, Mönch von Saint-Denis 677, 689
Rijmkroniek van de Grimbergse oorlog 601
Rijmkroniek van Holland → Anonymus, Autor der *Rijmkroniek van Holland*; Stoke
Rijmkroniek van Vlaanderen 578
Rinesberch, Ghert 355, 358
– *Bremer Chronik* 355, 358
Rinmann, Johannes 389 f.
Rishanger, William 623
– *Annales regis Edwardi primi* 623
– *Chronicon de duobis bellis* 623
– *Gesta Edwardi Primi* 623
Rizq Allah Mushtaqi 982
– *Vaqiʿat-i mushtaqi* 982
Robert der Mönch → Robert von Reims
Robert VII. von Béthune 684 f.
Robert von Auxerre 110
– *Compendia chronici* 110
Robert von Avesbury 624
Robert de Clari 678, 681 f.
Robert von Gloucester 641
Robert von Reading 639
Robert von Reims 477, 674, 676
– *Gesta Francorum* 674
Robert von Swaffham 651
Rock, Hans, Wiener Ratsherr 350
Roderich, König der Westgoten 750
Rodewalt, Carsten, Lüneburger Fleischhauer 347
Roger von Howden 622, 637
– *Chronica* 637
Roger von Poppleton, Yorker Karmeliter 654
Roger von St. Albans 628
Roger von Wendover 638 f.
– *Flores historiarum* 638 f.
Rolandino von Padua 730
– *Liber chronicarum* 730
Rolevinck, Werner 116, 521 f., 649
– *Fasciculus temporum* 116, 521, 649
Roll von Bonstetten, Andreas, Freiherr von Uster 275, 285
Rollo, Wikinger 628, 670
Romanos IV. Diogenes, byzantinischer Kaiser 861
Romanos Lakapenos, byzantinischer Kaiser 857
Romulus, sagenhafter Gründer Roms 137, 555, 693
Rosenbusch, Hans, Münchener Stadtschreiber 359
Rothe, Johannes 370, 389 f., 395 f., 406
– *Eisenacher Rechtsbuch* 390
– *Ritterspiegel* 390
– *Thüringische Weltchronik* 406

Rous, John 630
– *Historia regum Angliae* 630
Royal Brut 634
Rudborne, Thomas 651
Rudolf I., deutscher König 111, 113, 231, 259–261, 592
Rudolf von Rheinfelden, deutscher Gegenkönig 130
Rudolf IV., Herzog von Österreich 238, 800
Rudolf III., Herzog von Sachsen-Wittenberg 462, 467
Rudolf von Erlach, Berner Ritter 271, 282, 285
Rudolf von Ems 145–164, 166–171, 173 f., 176–179, 184–186, 188, 199, 399, 645
– *Alexander* 149 f., 153, 156
– *Weltchronik* 147–150, 156–161, 199
– *Willehalm von Orlens* 149 f., 159, 440
Rudolf von Fulda 10, 70
– *Translatio S. Alexandri* 70
Rudolf von Radegg 274
– *Cappella Heremitana* 274
Rufinus von Aquilea 13
Ruprecht (der Tugendhafte) von der Pfalz 484, 516–517
Rurik, sagenhafter warägischer Fürst 820, 823
Russ, Melchior der Ältere 286, 297 f.
– *Cronica* 297
Russkaia Pravda 826
Russow, Balthasar 318
Rustichello da Pisa 740
– *Le divisament du monde* 740
Rüxner, Georg 414 f., 422, 425, 439
– *Turnierbuch* 414–416, 422, 425

Sabellicus 422, 729
– *De vetustate Aquileiae et Foriiulii libri VI* 729
Sachs, Konrad 455
Sächsische Weltchronik 116, 120, 137, 140, 145 f., 173–178, 185, 190, 194, 202, 213, 221, 383, 392, 394
Sack, Hermann 119
as-Saḫāwī 914, 922, 932 f.
– *aḏ-Ḏail at-tāmm ʿalā Duwal al-islām* 914
– *aḍ-Ḍauʾ al-lāmiʿ li-ahl qarn at-tāsiʿ* 922
– *al-Iʿlān bit-taubīḫ li-man ḏamma min ahl at-tawārīḫ* 933
– *at-Tibr al-masbūk fī ḏail as-Sulūk* 914
– *Waǧīz al-kalām fī ḏ-ḏail ʿalā Duwal al-islām* 922
Saʿīd b. al-Biṭrīq 935
– *Naẓm al-ǧawāhir* 935
Saint Albans Chronicles → Walshingham, Thomas
Saint Andrews Chronicle → Boece, Hector
Saint Benet at Holme Annals 651
Saladin, Sultan von Ägypten und Syrien 166 f., 913, 915, 918, 924–926, 929
Sallust 6, 19, 277, 564, 778, 787
– *De bello Iugurthino* 787
Salomea, Gattin Kolomans, Fürst von Halicz 798
Salomo(n), biblischer König 150, 157 f., 166, 353
Salomon, König von Ungarn 773, 795
Sancho VII., König von Navarra 753
Sandei, Felina Maria 737
– *De regibus Siciliae et Apuliae epitome* 737
Sankt Veit 140
Santberg, Andreas 328
– *Chronik vom Bund* 328
Sanudo, Leonardo, venezianischer Senator 728
Sanudo, Marin 728
– *Commentari della guerra di Ferrara* 728
– *Cronichetta, seu La città di Venezia* 728
– *De origine, situ et magistratibus Urbis Venetae* 728
– *Itinerario per la Terraferma veneziana* 728
– *La spedizione di Carlo VIII in Italia* 728
– *Vite dei Dogi* 728
Sarazenen 97, 584, 643
Sassaniden 871, 894
Saxo Grammaticus 73–75, 544 f., 551, 554, 575, 789
– *Gesta Danorum* 27, 73 f., 544 f., 556, 575
Sayyid Mubarak Shah 957
Scala mundi 644
Schauenburg, Grafen von 407, 442 f.

Schedel, Hartmann 33, 145, 151, 160, 169, 221, 246, 255, 269, 292, 298
– *Liber chronicarum* 221
– *Weltchronik* 145, 246, 255, 292
Schene, Herbord 355, 358
– *Bremer Chronik* 355, 358
Scheyerner Fürstentafel 244, 251, 256
Schilling, Diebold der Ältere 279–282, 285–287, 456
– *Amtliche Chronik der Stadt Bern* 281
– *Große Burgunderchronik* 282, 285
– *Kleine Burgunderchronik* 281, 285
Schilling, Diebold der Jüngere 287–289
– *Luzerner Chronik* 287–289, 370
Schilling, Johannes 286 f.
Schlich, Kaspar 486
Schodoler, Werner 279
Schradin, Niklaus 274 f., 286–288, 290, 291, 298
– *Chronik des Schwabenkriegs* 291
Schriber, Hans 296
– *Weißes Buch von Sarnen* 296
Schwabenspiegel 137, 139, 141
Schwäbische Weltchronik 82, 84 f.
Schwinkhart, Ludwig 294
– *Chronik der Mailänderkriege* 294
Scottis Cornikle/Brevis cronica Scottorum 660
Scottis Originale 660
Scottish Chronicle 658, 660 f.
Sebüktigin, Begründer der Gazvanidendynastie 969, 973
Secretum secretorum (Ps.-Aristoteles) → Philippus Tripolitanus
Seifrit 188
– *Alexander* 188
Seldschuken 913, 916, 918, 985
Seleukiden 2, 935
Seneca 719, 762
Sentlinger, Heinz 181 f., 184, 190, 194
Septimius Severus, römischer Kaiser 251
Sergios I., Patriarch von Konstantinopel 846
Sergius Bahīrā → Bahīrā, Sergius
Severus Alexander, römischer Kaiser 6
Sex aetates mundi 612
Sex Werkdays and Agis 660
Seybolt, Hans 485–503, 505–508, 512–514, 518
Sforza, italienische Adelsdynastie 730 f., 733 f.
Shah ʿAlam Bahadur, Großmogul von Indien 967
Shah Jahan, Großmogul von Indien 963 f., 974, 977, 983
Shakespeare, William 628, 634, 662
– *Cymbeline* 634
– *King Lear* 634
– *MacBeth* 662
– *Richard III* 628
Shams ad-Din Siraj ʿAfif 956
– *Taʾrikh-i Firuzshahi* 956
Shirley, John 661
– *The cronycle of the dethe of James Stewarde* 661
Short Chronicle of 1482 660
Short English Metrical Chronicle 642
Short Latin Chronicle of Durham Abbey 642
Sibṭ Ibn al-Ǧauzī , Yūsuf ibn Qizughlī 905, 908, 915, 921, 928 f.
– *Mirʾāt az-zamān* 905, 908
Sicard von Cremona 709
Siegmund, Herzog von Österreich 279, 501
Sigebert von Gembloux 14, 96–98, 100, 593, 601
– *Chronica* 96–98, 593
Sigfrid von Balnhausen 114
– *Compendium historiarum* 114
Sigismund (Sigmund), Kaiser 277, 455 f., 466 f., 735, 784, 786, 803
Sigismund I., König von Polen 786
Sigmund, Graf von Schaunberg 365
Sikandar b. Muhammad Manjhu 971 f.
– *Mirʾat-i Sikandari* 972
Simler, Josias 270
Simon von Kéza 798 f.
– *Gesta Hungarorum* 798, 800
Simon IV. de Montfort, Graf von Toulouse 683 f.
Simone da Cascina 720
– *Chronica antiqua conventus Sanctae Catharinae de Pisis* 720
Simone della Tossa 722

Simonetta, Cicco 733
- *Commentarii de rebus gestis Franscici Sfortiae* 733
- *Compendio de la historia sforzesca* 733
- *Diari* 733
Sineus, sagenhafter warägischer Fürst 823
Sirat-i Firuzshahi 959
aš-Šīrāzī, ʿUmar b. Abī Bakr 945
- *Kitāb Aḥādīṯ* 945
as-Sirhindi 956 f.
- *Ta'rikh-i Mubarakshahi* 956
Sisebut, westgotischer König 757
Sixtus von Tannberg 246
Siyar al-ābā' al-baṭārika 884, 935
Skjold, sagenhafter dänischer König 544
Skutariotes, Theodoros 862
- *Sunopsis chronike* 862
Skylitzes, Johannes 858, 862
Sleidan, Johannes 427
Snorri Sturluson 549 f., 556 f., 561, 565–567, 572
- *Heimskringla* 549 f., 556 f., 567
- *Olav des helligen saga* 549, 567
Soběslav I., Herzog von Böhmen 778
Sokrates Scholastikos 40
Somer, John 646
- *Calendarium* 646 f
- *Chronica quedam brevis* 646
Southwark Annals 653
Sozomenos, Salamanes Hermeias 40
Spangenberg, Cyriakus 443
- *Chronica der Grafen von Holstein-Schaumburg* 443
- *Hennebergische Chronica* 443
- *Mansfeldische Chronica* 443
- *Querfurtische Chronica* 443
Spenser, Edmund 634
- *Faerie Queene* 634
Speyerer Chronik 381
Spies, Johannes 119
Springintgut, Johann, Lüneburger Bürgermeister 350
Stabius, Johannes 409 f.
Stanislaus von Krakau, hl., Bischof von Krakau 774
Stauffacher, Werner, sagenhafter Mitbegründer der Eidhenossenschaft 295
Stebler, Michael (gen. Graf), Zürcher Stadtschreiber 272
Stefanardo da Vimercate 730
- *Liber de gestis in civitate Mediolanensi* 730
Steinhöwel, Heinrich 119
Stella, Erasmus 333 f., 344
- *Commentarii de rebus et populis* 333
- *De Borussiae Antiquitatibus libri* 333
Sten Sture I. der Ältere, schwedischer Reichsverweser 571
Stephan, König von England 621, 623, 637
Stephan I. der Heilige, König von Ungarn 774, 795, 797 f., 801
Stephan II., König von Ungarn 800
Stephan III., König von Ungarn 802
Sterner, Ludwig 297
- *Lied von der Entstehung der Eidgenossenschaft* 297
Stoke, Melis 582, 591 f., 606 f.
- *Rijmkroniek van Holland* 577, 582, 590 f., 606 f.
Stolle, Konrad 381 f.
- *Memoriale* 381
Stone, John 651
Strachkvas, Mönch → Christian
Strecche, John 645, 653
Stricker 184, 186 f., 246
- *Karl* 184–189, 246
Strojmir, böhmischer Adliger 777
Stromer, Ulman 373, 394
- *Püchl von meim geslehet und von abentewr* 373
Stumpf, Johannes 16, 269 f., 293, 300
- *Gemeiner loblicher Eydgnoschafft Stetten Landen vnd Völckeren Chronik wirdiger thaten beschreybung* 269
Sturla Thordarson 549, 562
- *Hákonar saga Hákonarsonar* 550, 562
- *Islendinga saga* 550
Stüssi, Rudolf 272
Stuttgarter Stiftschronik 408
Sueton 9, 27, 631
- *De viris illustribus* 10
Suger, Abt von St. Denis 687
as-Sunna al-kilāwīya 945
Sunthaym, Ladislaus 409

as-Suyūṭī 917
– *Ḥusn al-muḥāḍara fī aḫbār Miṣr wal-Qāhira* 917
– *Ta'rīḫ al-ḫulafā'* 917
Svatopluk I., König von Mähren 776 f.
Sverre Sigurdsson, König von Norwegen 546, 562, 566 f., 573
Sviatoslav II., Großfürst von Kiew 818
Svorad → Andreas Svorad
Sylvester, Abt von Vydubič 812, 818–820, 822
Symeon von Durham 651, 655, 659
Libellus 651
Historia Regum Anglorium et Dacrum 651
Symeon Metaphrastes → *Logothetenchronik*

aṭ-Ṭabarī 38, 874, 883, 889, 891–900, 903–906, 909–912, 928 f., 936
– *Ta'rīḫ ar-rusul wal-mulūk* 883, 891 f., 903
Tabataba'i, Mirza Jalal ad-Din 963 f.
– *Padishah-nama* 963 f., 966
Tacitus 6, 10
Tahir Muhammad Sabzavari 976 f.
– *Rauzat at-tahirin* 976 f.
Tarasios, Patriarch von Konstantinopel 849
Tariq, arabischer Feldherr 750
Ṭāşköprüzāde 933, 941
Tassilo III., agilolfingischer Herzog 230, 251
Tell, Wilhelm, sagenhafter Mitbegründer der Eidgenossenschaft 295, 297
Templerorden 317, 322
Thadeus von Neapel 738
– *Ystoria de desolatione et conculcatione civitatis Acconensis et tocius Terre Sancte* 738
Theoderich der Große, König der Ostgoten 52 f., 129, 194, 366, 711
Theodo(n) I., agilolfingischer Herzog (?) 249–251
Theodora, Gattin Johannes' I. Tzimiskes 861
Theodoretos 859
Theodoricus Monachus 547, 553, 557
– *Historia de antiquitate regum Norwagiensium* 547
Theologia deutsch 315
Theophanes (Homologetos) 38, 847–853, 858
Theophylaktos Simokates 846, 848
Theuerdank → Maximilian I.
Tholomäus von Lucca 105 f.
– *Historia ecclesiastica* 105 f.
Thomas Castleford's Chronicle 643
Thomas Tuscus → Thomas von Padua
Thomas von Cantimpré 582
– *Liber de natura rerum* 582
Thomas von Eccleston 653
– *Tractatus de adventu fratrum minorum in Angliam* 653
Thomas von Marlborough 651
Thomas von Padua (Tuscus, Papiensis) 111
– *Chronicon pontificum et imperatorum* 111
Thorkel, sagenhafter Führer einer Nordlandexpedition 558
Thorne, William 651
Thukydides 4 f., 39
Thüringische Landeschronik 370, 390
Timur (Tamerlan), mongolischer Heerführer 931, 956, 978, 985
Tommaso Montauri, Paolo di 726
– *Cronaca senese* 726
Trajan, römischer Kaiser 138
Translatio sancti Nicolai 787
Trevet, Nicholas 623, 643 f.
– *Anglo-Norman Cronicles* 643
– *Annales Sex Regum Angliae* 623
– *Historia ab origine mundi ad Christum natum* 643
Trevisa, John 645
– *Polychronicon* 645
Trierer Sylvester 140
Trithemius, Johannes 409, 422
– *Chronicon Hirsaugiensis* 422
Troickaia-Chronik 832
Trojanerkrieg, Göttweiger 185
Truchsessen von Waldburg 417–421, 433, 435
Trutwin 113
– *Esslinger Annalen* 113
Truvor, sagenhafter warägischer Fürst 823
Tschachtlan, Benedicht (Benedikt) 279–281, 287
Tschudi, Aegidius 33, 293, 300, 428, 476
Tummal Chronik 2
Turmair, Johann Georg → Aventinus

Twinger von Königshofen, Jacob 19, 115, 140, 273, 364, 366 f., 394, 422
– *Straßburger Chronik* 364, 394

Ulrich von Jungingen, Hochmeister des Deutschen Ordens 321
Ulrich, Priester des Deutschen Ordens 306, 316
Ulrich, Herzog von Württemberg 418
Ulrich von Etzenbach 183, 186, 188
– *Alexandreis* 183, 186, 188
Ulrich von Richental → Richental, Ulrich
Ulrich von Türheim 149, 157, 185, 189
– *Rennewart* 157, 189
Ulrich von dem Türlin 185, 189
– *Arabel* 189
Ulvsson, Jacob 571
Umaiyaden 874, 878, 881, 887 f., 894, 897, 901
Ungarische Nationalchronik → *Urgesta*
Ungarisch-polnische Chronik 797 f.
Unrest, Jakob 241, 263
– *Kärntner Chronik* 241
– *Österreichische Chronik* 241
Urban II., Papst 674, 676
Urgesta 795, 798, 800, 802
Usāma b. Munqiḏ 922 f.
– *Kitāb al-Iʿtibār* 922 f.
Utenbroeke, Philip 580 f.
Ute, Gattin Ludolfs von Sachsen 206
al-ʿUyūn wal-ḥadāʾiq fī aḫbār al-ḥaqāʾiq 886 f.

Vadian, Joachim 293, 300
Valentinian I., römischer Kaiser 58
Valera, Diego de 766
Crónica de los Reyes Católicos 766
Valerius Maximus 327, 555, 563
Valla, Lorenzo 735–737
– *Antidotum in Facium* 736
Van den vos Reinaerde 594
Vandalen 58 f., 97, 745, 747
Vasmer, Johannes, Bremer Bürgermeister 350
Vergenhans → Nauclerus
Vergil 555, 564, 634, 695, 733, 778, 789
– *Aeneis* 132
Vergil, Polydore 649
– *Anglica historia* 649
Verse Chronicle of Early British Kings 639
Verzeichnus Herkommens der Grafen von Montfort 437
Vierte Chronik von Nowgorod 827 f.
Villani, Filippo 724
Villani, Giovanni 722–725
– *Cronica* 723 f.
Villani, Matteo 724
Vincenz von Beauvais 114, 125, 331, 582–589, 594, 661, 719
– *Speculum historiale* 14, 29, 114, 125, 200, 580, 582, 584–588, 594, 691, 837
Vintler, Franz 182
Vintler, Leopold 181
Vintler, Niklaus 182
Visconti, italienische Adelsfamilie 730 f., 733
Vita Altmanni 249
Vita Annonis 132
Vita Edwardi secundi 623
Vita maior sancti Stanislai 786, 798
Vita minor sancti Stanislai 786
Vita et Passio sancti Wenceslai et sancte Ludmile avie eius 776
Vita Vulframni 593
Vita Wilfridi 61
Vitus, hl. 69
Vladimir I. der Große, Kiewer Großfürst 814, 820, 823, 825
Vladimir II. Monomach, Kiewer Großfürst 814–816, 818 f., 823
Vologda-Perm-Chronik 833
Vorlauf, Konrad, Bürgermeister von Wien 350
Vorsterman, Willem, Antwerpener Drucker 579
Vraie Cronicque d'Escosce 661
Vratislav II., König von Böhmen 72 f.
Vsevolod I., Großfürst von Kiew 816, 818 f., 832
Vulgata → *Bibel*

Wace 196, 634 f., 643, 663, 666–672, 704
– *Roman de Brut* 634, 643, 668–671
– *Roman de Rou* 670 f.

Waldemar I. der Große, König von Dänemark 556
Waldemar IV., König von Dänemark 546
Waldemar Magnusson, Herzog von Schweden 568
Walden Annals 651
Waldmann, Hans 277, 286
Walshingham, Thomas 639
– *Flores historiarum* 639
– *St. Albans Chronicles* 639
Walter von Geroldseck, Bischof von Straßburg 393
Walter von Coventry 639, 642
Walter von Guisborough 642, 653
Walter von Whittlesey 651
Waltham Annals 651, 653
Waltham Chronicle 653
Wamba, König der Westgoten 750
al-Wāqidī 875, 887, 890, 899
– *Kitāb at-Ta'rīḫ wal-maġāzī* 887
Waräger 813 f., 817, 820–823
Warkworth Chronicle 628
Wartzmann, Bartholomaeus → Gerstenberger, Johannes
Wassemberg, Eberhard 34
Watzenrode, Lucas, Fürstbischof des Ermlandes 332
Wauquelin, Jean 701
Waverley Annals 653
Weber, Veit 285
Weberschlacht 392
Weidner Chronik 2
Weihenstephaner Chronik 120
Wellin, Konrad, Kölner Professor 365 f.
Wenzel von Böhmen, hl. 73, 774, 776–779, 781, 783
Wenzel II., König von Böhmen 781
Wenzel III., König von Böhmen 780
Wenzel I., Herzog von Luxemburg 605
Werner von Orseln, Hochmeister des Deutschen Ordens 310 f., 313
Werner von Birkenhof 337
– *Rotes Buch* 337
Wernher der Gartenaere 359
– *Helmbrecht* (Helmbrechts Haube) 359
Wessington, John 655
Westgoten 97, 747–750, 757, 761–763, 771
Westhoff, Dietrich 337, 340, 346–348
Westminster Chronicle 625
Whalley Chronicle 646
Whitby-Vita 60 f.
Widukind von Corvey 67–70
– *Res gestae Saxonicae* 67 f.
Wigand von Marburg 302, 304, 326, 625
Wigmore Abbey Chronicle I 653
Wigmore Abbey Chronicle II 646, 653
Wigmore Abbey Chronicle III 653
Wikinger 556, 561, 619, 820
Wilhelm von Bayonne, Kardinal 719
Wilhelm I. der Eroberer, König von England 149, 620, 637, 664
Wilhelm II., König von England 621, 635
Wilhelm III. der Tapfere, Herzog von Sachsen 381
Wilhelm II., Landgraf von Hessen 439
Wilhelm II., Graf von Berg 347
Wilhelm II., Graf von Holland 581
Wilhelm Werner, Graf von Zimmern 40 f., 426–428, 432
– *Chronik des Erzstiftes Mainz und seiner zwölf Suffraganbistümer* 40 f.
– *Zimmerischer Totentanz* 427
Wilhelm von Canterbury 622
Wilhelm von Conches 789
Wilhelm von Glastonbury 651
Wilhelm von Jumièges 631, 665
Wilhelm von Malmesbury 25, 51, 62, 631–634, 636 f., 641, 645, 650, 655, 666, 669
– *De Antiquitate Glastonie Ecclesie* 655
– *Gesta pontificum Anglorum* 631
– *Gesta regum Anglorum* 62, 631, 666, 669
– *Historia Novella* 631
Wilhelm von Newburgh 622, 636, 653
– *Historia Rerum Anglicarum* 636
Wilhelm von Poitiers 631, 665
Wilhelm von Tyrus 582
Willehad, Bremer Bischof 355
Willem van Bornecolve, Antwerpener Schultheiß 598, 601
Willem van den Pitte 581
Willibrord, hl., Bischof von Utrecht 578
Williram von Ebersberg 131
Winchcombe Chronicle 651

Winchester Annals 651
Wintergerst, Erhard 115
Wirnt von Grafenberg 426
– *Wigalois* 426
Wittelsbacher 33, 230–234, 243–245, 248, 251, 262–264, 483 f., 514–516
Władysław I. Herman, Herzog von Polen 773
Wolfgang von Bayern, Bruder Albrechts IV. von Bayern-München 517
Wolfram von Eschenbach 140, 185, 189, 195 f., 236, 315, 412
– *Parzival* 140, 147, 208, 426
– *Willehalm* 140, 189, 194
Worcester Annals 651
Worcester Chronicle → *Anglo-Saxon Chronicle*
Würzburger Ratschronik 389
Wyclif, Johannes 647
– *De potestate pape* 647
Wykes, Thomas 642, 653
Wyntoun → Andrew von Wyntoun

Xenophon 4, 12, 859

Yaḥyā b. Sa'īd al-Anṭākī 935 f.
– *Kitāb aḏ-Ḏail* 935 f.
al-Yazdādī 916
– *Uqūd as-siḥr wa-qalā'id ad-durar* 916
Ynglis Chronicle 660
Ystoria Rogerii Regis, Sicilie Calabrie atque Apulie 734
al-Yūnīnī 905, 929
– *Muḫtaṣar Mir'āt az-zamān* 905

Zainaddīn b. al-Wardī 930
– *Tatimmat al-Muḫtaṣar fī aḫbār al-bašar* 930
Zbraslavská kronika → *Chronicon Aulae Regiae*
Zeuxis von Heraklea 789
Ziani, Pietro → Pietro Ziani
Zimmerische Chronik → Froben Christoph, Graf von Zimmern
Zimmern, Grafen von 15, 40 f., 417, 426–430, 432, 435
Zink, Burkhard 370, 395, 397
– *Augsburger Chronik* 395
Zisterzienser 100, 216, 236, 545, 612, 621, 626, 644, 653, 659, 788, 790
Zollern, Grafen von 417 f., 432–434, 456
Zonaras, Johannes 838, 858 f., 863
Zürcher Schwabenkriegschronik 290
Zweite Chronik von Nowgorod 827
Zweite Sofijskaia-Chronik 833
Zwickauer Rechtsbuch 338, 342
Zwiger, Ludwig 498

Sachregister

Abschrift 1, 8, 19, 85, 106, 117, 122, 124–126, 276, 294, 307, 313, 335, 361, 368, 370, 418, 422, 436, 476, 486, 497, 548, 656, 699, 785 f., 791, 796, 798 f., 982
Abstammungsgeschichte 260 f.
Adelsspiegel 430
Aetates-Schema → *sex aetates*
Aggregatepik 140
aiyām-al-ʿArab- (Schlachtentage-)Literatur 871
Allegorie 30, 153, 209, 316, 526
Alliteration 159, 209
Allodial 401, 425, 737
Alter Zürichkrieg → Zürichkrieg, Alter
altrussisch 805 f., 809, 812 f., 822, 835
Ambivalenz 4, 72, 199, 377, 423, 636
Amtsfolge 525
Anekdoten, anekdotenhaft 4, 36, 89, 109, 166, 186, 235, 288, 471, 508, 953, 986
Anordnung 125, 198, 312, 433, 589, 688, 863, 886, 931, 935, 982
Ansippung 50, 204, 214, 220, 248, 258, 536 f.
Antichrist 129, 353
Antikenepik, -roman 139, 147, 195 f., 186, 190, 194–196, 669, 695
Apokalypse 314, 748
Arianer, Arianismus 59, 747 f.
Artusepik, -roman, -welt 139 f., 196, 354, 590
Aufstieg 5, 69, 171, 208, 233, 419, 431, 435, 437 f., 454, 484, 518, 715–718, 721, 724
Augenzeuge 66, 200, 202, 276 f., 291, 298, 310 f., 329, 454, 459, 467, 491, 506, 512 f., 600 f., 624, 626, 686, 695, 697, 704, 738, 784, 980
Authentizität 367, 456, 527, 567, 834
Autobiographie 27, 373, 409, 774, 922, 961, 963, 979

Basler Konzil 447, 451
Befreiungstradition 296 f.
Bescheidenheitstopos 652
Besitzvermerk 123
Bettelorden 118, 122, 267, 377, 653, 786
Bibelepik, -dichtung 140, 147, 164, 186 f.
Bilderzyklus 244, 347
Bildmuster 288
Bildungsliteratur 883, 895, 899, 907
Biographie 27, 40, 189, 270, 419–423, 431, 433, 438, 546 f., 550, 559, 570, 584, 589, 601, 639, 650, 657, 696, 703 f., 719 f., 728, 733 f., 774, 824, 830 f., 857, 862, 882–884, 892, 908, 910, 924 f., 938, 943 f., 956, 978
Bischofskataloge 40 f., 126, 411, 654
Bistum 8, 20, 24, 41, 72, 77, 95, 115, 132, 218, 255, 284, 301, 310, 319, 323, 325, 330, 393, 427, 466, 545, 655, 692, 807
bîwege 155, 167
Blutslinie 522, 524
Brautwerbung 166, 208, 421
brevitas 152, 157 f.
Bruderschaft 343, 358, 506
Buchdruck 286, 292, 360, 469, 479, 579, 649
Bürgereid 356
Bürgertum 114, 234, 246, 479
Burgunderkriege 279–281, 285 f., 288, 292, 298
Byzanz, byzantinisch 10, 31, 35, 38 f., 42, 97, 109, 466, 584, 587, 615 f., 679, 712, 775, 802, 806, 808 f., 812 f., 815–820, 824 f., 831, 837–845, 841, 847 f., 850–863, 870 f., 877, 908

causa scribendi 52, 152, 470
Christentum 8, 59, 74, 83, 95, 134, 346, 393, 413, 487, 543, 551, 553, 555, 558, 617, 768, 773, 787, 807, 813, 818, 823, 825, 881
Christianisierung 51, 61 f., 74, 238, 241, 257, 433, 439, 543, 553–558, 617, 632, 773, 776, 807, 818, 823, 825

ḏail → Fortsetzungschronik
Danielstraum 131, 856

Dedikationsbild 288, 291, 368–370
descriptio 161, 170, 270
Dialog 147, 170, 278, 290, 471, 558, 565, 739, 788, 850, 853
Diaspora 760, 768
Domkapitel 18, 40 f., 304, 309, 312 f., 319, 323, 332, 415, 464, 785
Druck 33, 116, 119, 130, 290, 298, 332, 334, 396, 452, 463, 469, 476–479, 521, 534, 579, 590, 649, 661, 680, 689, 913, 917, 965, 970

Ebenbürtigkeit 154, 224, 402 f., 701
Ehre (städtische) 111, 162, 206, 218, 281, 291, 339, 344, 346, 402, 413, 490, 543, 559, 573, 711, 716, 733, 735, 770, 777, 885, 963, 971, 973, 983
Eigenherrschaft 403
Ekphrasis 860
Elite 11, 231, 237, 264, 284, 297, 302, 328, 330, 415, 672, 704, 737, 773, 779, 781, 920, 938, 954
Emotion 316, 443, 597, 755, 767
emplotment 24, 157
Enzyklopädie, enzyklopädisch 6, 99, 148, 153, 160, 162, 169 f., 171, 178, 221, 271, 534 f., 614, 638 f., 646, 655, 906, 927, 932 f., 936, 940
Enzyklopädisierung 170
Episode 135, 138, 140 f., 157, 164, 171, 208, 220, 413, 503, 553, 561, 575, 589, 602, 697, 861, 956, 958 f.
Eponym, Eponymos, Eponymenliste 1, 56, 74, 157, 249, 532 f., 535, 538, 545, 778, 780
Erbe 172, 204, 237, 268, 276, 427, 484, 514 f., 791, 826, 928, 975
Erbrecht 227
Ereignislieder 291
Er-Erzähler 459
Erinnerungsfigur, -objekt, -ort 341, 343 f., 347, 351, 356, 385, 387 f., 761, 982
Erinnerungsgemeinschaft 260, 341–343, 469, 480
Erinnerungskultur 223, 229, 347, 378, 388, 407, 409, 436, 440
Eroberungsliteratur 880, 886, 900, 957–960, 982
Erzählen 23, 140–142, 145, 147, 149, 156 f., 160, 162, 199, 356, 359, 393, 413, 471, 698, 948
Erzähler, Erzählerrolle 150, 156 f., 161, 169 f., 201 f., 204, 207, 209–211, 213, 320, 474, 479, 567, 668 f., 698, 852
Erzählfreude 141
Erzählperspektive 566
Eschatologie 7, 32
ethnisch 247 f., 250, 258, 327, 615, 737, 868, 879
Ethnogenese 48, 247 f., 256, 783
Etymologie, Etymologisierung 11, 209, 212, 219, 223, 250, 425, 534 f., 751, 824, 527, 531, 797
Euhemerismus 162, 533
Exempel 109, 113, 138 f., 339, 343, 356, 420, 493, 689, 692, 712, 764, 766, 872, 921
Expansion 36, 372, 437, 444, 754, 826
Expulsionsedikt 767

Fabel 22, 34, 166, 261, 419
Faktenkompendium 99
Faktizität 16, 470, 947
Fama 223
Fastenzeit 353
Fauna 587
Fazetie 431
Fest 208, 236, 286, 308, 324, 331, 338, 355 f., 363 f., 389, 405, 485–495, 500–503, 506–514, 667, 670, 682, 696 f.
Festbeschreibung 486, 488, 491 f., 495, 500, 512
Fiktion, Fiktionalität 4, 23–26, 28, 34, 89, 147, 152, 169, 195, 199, 212, 214, 220, 237, 253, 263, 354, 400, 408, 410, 412 f., 429 f., 470, 526, 575, 598, 634, 657, 662, 726, 794, 825, 874, 934, 941, 947, 951, 987
Flora 587
Fokussierung 36, 173, 302, 401
Fortsetzungschronik (*ḏail*) 903–905, 914, 918, 922, 936
Frauendienst 208

Freiheitswillen 401
Fremdheit 41, 160, 162, 342, 743 f., 770
Friedensfürst 402
Friedensgemeinschaft 232, 341
Fürstenspiegel 138, 245, 444, 495, 582, 606, 870, 909, 924, 955
futūḥ → Eroberungsliteratur

Gebrauchsform, -text 476, 478, 480
gedechtnus 380, 409 f., 517
Gefangenschaft, Babylonische 151, 848 f., 855
Gelehrtenlaufbahn 411
gemeiner nutz 339
Genealogie, genealogisch 11 f., 57 f., 166, 176, 195, 204, 206, 212, 219, 222, 224, 228, 243–245, 247, 253, 400 f., 411, 414, 417, 438 f., 442, 444, 521–540, 579, 600, 614, 619, 630, 644, 670, 689, 705, 881, 884 f., 908, 918, 949
Geographie, geographisch 35, 52, 59, 98 f., 110, 123, 145, 148, 153 f., 160–162, 168, 178, 247, 255, 292, 396, 411, 441, 485, 532, 547, 564, 631, 645, 664, 693, 704, 709, 737, 744, 747, 749 f., 753, 755, 763, 770, 773, 775, 794, 798, 803, 824, 868, 883, 885, 900–902, 908 f., 918, 920, 923, 930 f., 933, 935, 938, 940, 949, 963, 969
Gericht 119, 203, 220, 227, 277, 505, 645, 692, 828
Geschichtstheologie 164, 660, 976
Geschichtswerke (regionale) 5, 7, 13 f., 24, 30, 42, 47, 49, 91, 109, 111, 115, 124, 126, 224, 279, 300, 464, 631, 635, 642, 653, 673, 684 f., 688, 691, 701, 704 f., 707, 709, 726–728, 738, 773, 837, 934, 956, 966, 970
Geschlechterfolge 401, 429
Glaubhaftigkeit, Glaubwürdigkeit 522, 526 f.
Goldene Horde 782, 929
Gönner 148, 153, 158 f., 161, 178, 182, 405, 698
Gotenkriege 65, 711
Götterkult 872
Grabtuch Christi 413
Gründungserzählung, -dokument 7, 172, 211, 225–265, 268, 285, 288, 293, 295, 298, 345, 417, 424, 442, 530, 533, 635, 650, 655, 778

Hagiographie 98, 553, 559 f., 566, 774 f., 778, 781, 783–787, 794 f., 851 f., 951, 960
Hanseraum 341, 357, 374, 386
Häresiographie, Häretiker 195, 315, 516 f., 566, 584, 586, 683 f., 853, 933
Hausbuch 39, 386
Hausheilige 442
Hedschra (*hiğra*) 873, 878, 880, 882, 887, 889 f., 890, 897, 912, 914, 975
Heiligenvita 132, 174, 248, 537, 544, 566, 639, 643, 648
Heilsbotschaft 872
Heilsgeschichte, heilsgeschichtlich 7, 9 f., 20, 29 f., 36, 54 f., 59–62, 74, 91, 98, 100, 102, 105, 123, 125 f., 131, 136, 142, 150, 153, 155 f., 164, 166, 178, 186, 189, 195, 200, 226, 261, 316, 353, 355, 383, 527, 553 f., 556 f., 564, 566, 584, 603, 610, 615, 631, 645, 710, 761, 842, 872, 875, 879, 894 f., 927, 985, 987
Heilsplan 7, 29, 79, 985
Heiratsallianz 405
Heldenepos 427, 797
Heldensage 129, 133, 142, 194
Hellenismus 4 f., 10, 166, 614, 710, 840 f., 843
Herkunft 10–12, 33, 47–61, 65, 71–74, 86, 107, 109, 112, 130, 138, 163, 176, 182, 196, 210, 214 f., 219, 246–248, 250, 255, 257, 259–261, 287, 292, 296, 311, 326, 341 f., 357, 400–403, 410, 413, 419, 422, 427, 436–439, 444, 453, 486, 494, 509, 523 f., 550, 562, 578, 584, 615, 649, 689, 704, 763, 773, 786, 821–823, 837 f., 880, 883, 932, 987
Herkunftsmythen, -sagen, -behauptungen 11, 132, 234, 247 f., 263, 536, 774, 817, 822, 824
heros eponymos → Eponym, Eponymos

Herrschaftslegitimation, -kompetenz 11, 33, 50, 201, 208, 210–212, 216, 222 f., 233, 749 f., 754, 762, 771
Herrscherbilder 88
Himmelserscheinungen 838
Historienbibel 29, 221
Historizität 189, 366, 649, 669, 880, 949
Hölle 565, 587
Humanismus, humanistisch, Humanist 19, 30 f., 96, 222, 228, 240, 246 f., 255, 261–264, 269, 274, 287, 292 f., 297–299, 304 f., 326 f., 333 f., 371, 380, 395, 408 f., 419, 422, 428, 460, 627 f., 649, 661 f., 717, 724–729, 733–739, 789, 803, 899
Humanistensodalität 382
Hunnen 53, 97, 693, 799 f.

Ich-Erzähler 455, 458, 478
Ideal, Idealisierung 72, 139, 158, 163, 208 f., 226, 338, 340, 372, 453, 474, 537, 575, 667, 779, 871, 885, 958
Idealstadt 338, 340
Identität 9, 11, 27, 33, 48–50, 55, 57, 59, 69 f., 72 f., 123, 136, 224–227, 241, 303, 341, 343, 348, 358, 388, 402, 404, 426, 468, 634, 717, 743, 745 f., 763, 768, 771, 781, 794
Identitätsstiftung 9, 33, 49 f., 55, 57 f., 65, 67, 70, 73, 109, 142 f., 226, 232, 247, 341 f., 426, 429, 440, 478, 696, 744, 881, 948
Ikonoklasmus 854, 863
Ilchanat 916, 929
Illustration 28, 182, 187, 229, 286–288, 396, 432, 445, 461, 481, 639, 832, 908
Imponiergestus 445
Individuum 170, 764, 885, 888
Inkunabel 116, 800, 802
Inschrift, Inschriftentafel 4 f., 355, 361–366, 370, 388 f., 751, 765
Intertextualität 526, 582, 891, 948
Ironie 425, 562
Islam 32, 36 f., 584 f., 587–589, 756, 869 f., 875, 885, 889, 892, 894, 896, 900, 908–910, 913 f., 916–918, 921 f., 929, 932 f., 936, 939, 945, 947, 954, 957, 969, 976, 984, 986
isnād (Überliefererkette) 874 f., 888, 895–897, 899, 901, 908, 910, 927 f.
isnād-matn-Schema 875, 878, 881, 888, 895, 899

Jüngstes Gericht, Jüngster Tag 220, 226, 557, 607, 645, 873
Juristen, juristisch 111, 122, 278, 303, 310, 332, 454, 464, 487, 490, 502, 509, 512, 517, 764, 806, 875 f.

Kaisertum 78 f., 83, 95, 107, 122, 124, 136, 139, 171, 259
Kalif, Kalifat 750 f., 757, 760, 852, 869, 874, 878 f., 885, 888, 894, 896 f., 901, 907 f., 910 f., 913, 917, 921, 925, 929, 931 f., 936, 954 f., 986; → Rechtgeleitete Kalifen
Kalokagathie 208
Katastrophe 9, 337, 364, 379, 429, 847
Katholizismus, katholisch 31, 55, 59, 433, 572, 612, 683 f., 747, 755, 765, 767 f., 771, 784, 943
Kausalzusammenhang 4 f., 7, 17, 23, 31, 430, 881, 910
Ketzer → Häresiographie
Kirchengeschichte 8, 24, 40, 61 f., 91, 619, 631, 637, 658, 719, 839, 847
Kloster 18, 20, 24, 34, 40, 60, 77, 79 f., 84–89, 92, 97–100, 113 f., 122 f., 130, 142, 168, 210, 216, 218 f., 223, 226, 229, 236, 242–247, 256 f., 270, 272, 274 f., 293, 298, 348, 356, 381, 401, 407, 410, 419, 433, 435, 439, 441, 456, 476, 486 f., 545, 571, 609–612, 614 f., 619, 621, 623, 626, 646, 653, 659, 687, 692, 709, 711–713, 715 f., 720, 734, 781, 788, 790, 800, 807, 812 f., 817–820, 827, 829, 837, 854, 946
Klosterannalen 229, 234, 256 f., 262, 609, 611, 613, 618, 650, 659
Klosterchronistik 24, 41, 132, 579, 615, 621 f., 646, 658, 746, 774
Klostergeschichtsschreibung 8, 229, 270, 654

Komik 170 f.
Komödie 24, 48, 52
Kompilation, Kompilator 80, 87, 102, 145, 179, 181, 184–190, 193–196, 221, 234, 241, 330, 333, 612, 618, 642, 646, 648 f., 651, 658, 691 f., 694, 704 f., 780, 785, 806, 809, 812 f., 814, 818, 820, 825, 829–834, 843, 851, 853, 857, 862, 915, 949, 967, 976 f.
Komputistik 32, 83, 86, 97, 99, 898, 901
Königsheil, -weihe, -würde 53, 130, 215, 260, 637
Konstantinische Schenkung 110, 736
Konstanzer Konzil 244, 447–453, 458, 462–464, 466, 471–473, 477 f., 480, 784
Konzil von Toledo 747
kosmopolitisch 737
Kreuzauffindung, -reliquie 189, 308, 331
Kreuzzug 137, 310, 331, 355, 477, 545, 556, 573, 622, 631, 663, 665, 673–684, 686, 704 f., 738, 784, 908, 948
Kreuzzugschroniken 18, 24, 582, 622, 638, 672–682
Krieg, Kriegsdarstellung 4, 53, 95, 171, 195, 268, 275 f., 284 f., 288, 290 f., 294, 299, 319, 325–329, 338 f., 379, 389, 405, 430, 443, 515, 518, 555, 559–562, 569, 590, 601 f., 604, 613, 623 f., 627, 632, 635, 642 f., 672, 684, 687, 689, 695–698, 701, 704 f., 713, 739, 750, 755, 819, 840, 900, 908, 952
Kunst, -werk 37, 60, 158, 282, 399, 427, 433, 445, 469, 639, 727

Landesbewusstsein 233, 235 f.
Landesgeschichtsschreibung 19, 93, 198, 222, 243, 268 f., 299, 389, 404 f.
Landnahme 11, 62, 247–250, 306, 410, 632, 783, 795, 797, 799
laus urbium 211, 474
Legende 36, 66, 113, 137, 139, 141 f., 147–149, 164, 169, 174, 222, 297, 308, 363, 413, 474, 543, 559, 634, 641, 643, 662, 692, 720, 756, 776, 778, 782 f., 786 f., 789, 791, 795, 798, 813, 825, 875, 935, 986
Legitimation, legitimatorisch 224–227, 230, 232 f., 257, 265, 308, 310, 325, 327, 414 f., 438, 517 f., 537, 595, 620, 631, 739, 743, 745, 761–763, 767, 820, 948
Lehre 95, 98, 167, 444, 461, 558, 585 f., 758, 807, 825, 951, 955
Leitmotiv, -thema 88, 159, 423, 460
letopis 807, 809–811, 827, 829–831, 834
Liebe 81, 166, 291, 358, 494, 503, 607, 632, 749, 770, 861, 871
Liebesgeschichten, -roman 166, 749, 853
Lied 130–136, 273, 285, 291, 297, 357, 381, 424, 673–675, 769

Magie 161, 431, 538, 959
Mailänderkriege 268, 294
Märtyrer, Martyrium 9, 27, 350, 353, 543, 561, 761, 813, 847, 879, 978
material philology 480
Mäzen 149, 159, 198, 399, 406, 426 f., 445, 695 f., 698 f., 969
Mediatisierung 159, 407, 444
Memoiren 704, 724, 909, 923, 961, 971, 979, 982–984
memoria 25, 36, 149 f., 158 f., 216, 223 f., 272 f., 306 f., 338, 342–344, 346, 350, 353, 356, 362, 364, 367, 381, 385, 405, 409, 437, 444, 469, 474, 521, 730, 738, 759, 985
milte 203, 210, 212, 495, 497, 507, 511 f.
Minne 139, 156–158, 166, 170, 212, 420, 426, 800
Minnesang 399, 405, 426
Mission, Missionierung 61, 134, 205, 303, 466, 557, 609, 615, 617, 775, 818, 825
Mittelmeer 36, 311, 556, 710, 842
Mobilität, ständische 113 f., 419, 468
Modellierung, literarische 199
Moderne 109, 372, 649, 770
Mönchschronik 838, 854
Mongolen 718, 912, 916 f., 930 f., 937, 954, 987
Moraltraktat 719, 739
Mystik 84, 315, 528, 957
mythisch 5, 198, 219, 247, 250, 263, 295, 333, 409, 429, 526, 539, 544, 687, 691, 713, 720, 724, 739, 823, 987

Mythologie 12, 145, 861
Mythos 7 f., 11, 219, 248 f., 251, 263, 345, 374, 424, 429, 444, 477, 539, 769, 824

Narration 470, 526, 664, 709
Narrativ, Narrativierung 1 f., 14–17, 19 f., 26 f., 30 f., 33, 141, 147, 149, 153, 159 f., 164, 166, 169, 172, 177, 179, 255, 400, 407, 413, 420, 423–425, 429–431, 435 f., 438, 440, 442, 445, 468 f., 501, 551, 589, 607, 617, 632, 671, 675, 709, 774, 795, 798, 867, 878, 881, 888, 892, 901, 909, 928, 947, 962
Nation, Nationalismus 372, 374, 423, 459, 553, 607, 662, 747, 824
Nekrolog 888, 921, 937, 943
Niedere Vereinigung 279, 286
Niedergang 420, 435, 549, 569, 584, 713, 768, 775, 909, 938, 987
Nilfluthöhe 1

Ökumene 160, 901, 929
Olympiade 3, 83, 693, 710, 840, 846
Ordnungsmuster 26, 226
Orient 1, 36 f., 39, 43, 160, 171, 853, 869, 915, 917, 938
Origo, Origo gentis 10 f., 47–51, 54, 56 f., 60, 67, 69, 72–75, 132, 247 f., 256, 261, 263 f., 447, 568, 573, 618, 633, 658–660, 662, 773, 823, 825
Orthodoxie 611, 815
Osterliturgie 353
Ostertermin, -tabelle 21, 617 f.
Oströmisches Reich 35, 52, 99, 107, 138
Ostsee, -handel 91, 302, 307, 346, 367, 773, 783, 824

Papier 181 f., 436, 486, 498, 783, 876
Papstkatalog 24, 91
Papsttum 98, 107, 109, 122, 124, 717–719, 737
Patriarch 38, 78, 80, 718, 722, 827, 833, 838, 846, 848 f., 884, 886, 892, 905, 936, 942
Patriziat 343, 354, 373, 454, 704
Pergament 141, 182, 281, 362 f., 548, 876
Pest 490, 613, 724, 748, 777
Phantasiewappen 239
Pisaner Konzil 447
Plagiatsbegriff 948
Polygamie 586
polytheistisch 873, 881
Predigt 113, 134, 356 f., 448, 558, 566, 614, 674, 679, 932
Privatgelehrter 457, 900, 939
Privatheit, privat 284, 396, 458 f., 466, 494, 559, 620, 655 f., 667, 946
Propaganda , 194, 260, 264, 278, 570–574, 660, 672, 735, 757, 766
Prophet, Prophetentum 152, 155, 204, 346, 353, 585, 588, 749, 758, 777 f., 873, 875–877, 881–883, 892, 894, 901, 910, 917, 932, 946, 978, 986
Prophetenbiographie (*sīra*) 876–878, 882, 895, 900, 921, 925 f.
Prosaroman 338
Prosimetrum 75, 96
Publikumsanrede 672, 674, 677

Quellenkritik, -wert 5, 30 f., 34, 200, 307, 309, 313, 375, 419, 590, 797, 824

Ratsbücher 338, 340, 384
Raumprogramm 306
Realität 18, 160, 264, 288, 339, 354, 470 f., 473, 604
Rechtgeleitete Kalifen 878, 894, 897, 921, 954
Rechtsgemeinschaft 341
Rechtssammlung 139
Reconquista 747, 760, 762, 764 f., 771
Reformation 31, 268, 294, 447, 572, 647, 655, 661
Regionalisierung 908, 918, 921, 927
Reichsbannerträger 425
Reichserbtruchsess 418 f.
Reichsgrafschaft 425
Reichsunmittelbarkeit 216, 425, 440
Reim, gereimt 41, 130, 137, 146, 174, 185, 198, 221, 235, 291, 309, 314, 318, 424, 571, 580, 606, 666, 678, 734, 904, 908
Reimprosa 407, 787, 907
Renaissance 16, 30, 460, 708, 717, 724 f., 740, 803, 857

Renaissance des 12. Jahrhunderts 563, 789
Repräsentation 33, 158, 215, 226, 302, 345, 352, 404, 407, 445, 475, 493, 501, 510, 512 f.
Rezipienten 4, 10, 111, 142, 146, 203 f., 208 f., 219, 223, 271, 276, 400, 402, 425, 430 f., 449, 530 f., 536, 579, 581, 584, 684, 768, 878
Römisches Reich 86, 94 f., 136, 555, 775, 856; → Weströmisches bzw. Oströmisches Reich
Rosengartenspiele 354

Saga 546–554, 560–567, 569, 573 f.
Sage 53, 137, 139, 141 f., 347, 435
Sakralgemeinschaft 341
Sakralisierung 749 f.
Sammelhandschrift 126, 141, 196, 332 f., 581, 654, 669
Satire 24, 48
Schicksal 34, 70, 236, 299, 340, 429, 622, 628, 649, 758, 861, 963
Schisma 447, 908
Schlachtengedenken 272 f., 346, 353, 357, 364, 371, 393
Scholastik 95, 149
Schönheit 755 f., 907
Schöpfung 7 f., 10, 20, 114 f., 131, 146, 151 f., 158, 160, 163, 166, 202, 226, 317, 325, 353, 580, 603, 619, 633, 637 f., 641 f., 644, 646, 648, 710, 718 f., 724, 727, 731, 808, 837, 840, 842, 857–860, 862, 895, 902 f., 926 f., 940, 986
Schwabenkrieg 274 f., 290 f., 294, 300
Schwank 169, 429, 431
Schwertleite 208
Sekretärsliteratur 884
Selbstdarstellung 306, 365, 427, 456, 684
series temporum 21, 146, 169
sex aetates 114, 151, 154 f., 157, 173, 612, 642, 646
Sintflut 238, 258, 331, 424, 692 f., 817, 824, 892, 910
sīra → Prophetenbiographie
Spielmannsdichtung, -epen 139 f.
Spitzenahn 11, 34, 261, 401, 406, 422, 425, 435, 535, 538 f.
Spott 262, 632
Stabreim 636
Stadtadel 343
Stadtbuchchronistik 273
Städtelob 269, 287, 386 f., 474
Stadtgeschichte 115, 373, 393, 395, 483, 694, 704, 724, 909, 917, 920, 946
Stadtstaat 365, 721
Stammbaum 12, 204, 223, 432, 531, 556, 621, 624, 644, 885, 898
Stammheilige 435
Stammtafel 88, 90
Standesideologie 419
Steuerwesen, -tabellen 464, 467, 725, 879, 963, 967, 982
Stift 77, 80 f., 85, 206, 462 f.
story 23, 172
Streitgespräch → Dialog
Sukzession 112, 403, 442, 521, 633, 792
Sultan, Sultanat 677, 870, 896, 905–907, 914, 916, 924–926, 929, 939, 945, 952, 954–960, 969 f., 972, 984 f.
svod 807 f., 812, 818, 826, 830, 832–834
Sympathielenkung 626, 657
Synchronismus, synchronistisch 842 f., 845, 849

Tabellen (chronologische, synoptische) 83, 86, 91, 174, 531, 842, 848
Tabellenhandschriften 100 f., 112, 126, 531, 842
Taifa-Königreiche 752, 754, 760
Territorialisierungsprozess 385, 407, 444
Teufel 167, 317, 359, 443, 585, 588, 660, 777
Topographie 299, 341, 343, 729, 847, 913, 919
Topos 52, 495, 822, 824 f., 956
Totenklage 201, 207, 209, 223
Tragödie 24
translatio (*imperii, regni*) 86, 89, 95, 102, 107, 114, 131, 138, 162, 205, 211, 218, 348, 400, 634, 781, 783
Treue 34, 423, 443, 607, 769, 983
Troja 13, 56–58, 101, 114, 147, 155, 162, 185, 194, 196, 242, 248, 256, 339 f., 359,

410, 527 f., 536–538, 555, 578 f., 635, 692 f., 738
Tropologie 30
Turmbau von Babel 154, 783
Typologie, typologisch 24, 139, 386, 527, 535, 557, 564 f., 638, 660, 939

Überliefererkette → *isnād*
Überlieferungsgeschichte, überlieferungsgeschichtlich 153, 177, 332, 469, 474, 476, 821
Ultramärz-Datierung 808
Unheil 431, 569
Universalgeschichte 4 f., 7, 102 f., 110, 113, 346, 383, 546, 554, 557, 575, 665, 708, 710, 714, 734, 764, 782, 896, 899, 908, 935, 940, 975 f.
Ursprungsgeschichte, -mythos 11, 72 f., 135, 161, 219 f., 225, 247 f., 250, 257, 280, 294, 296, 343, 356, 370, 380, 390 f., 526, 539, 553, 556 f., 572 f., 633, 671, 701, 713, 724, 729, 739, 795, 824

Völkerwanderung 11, 668
Volkssprache 17, 114, 120, 143, 145, 147, 202, 229, 244, 264, 268, 292, 304, 314, 377, 408, 449, 469, 547, 563 f., 566 f., 575, 582, 610, 635, 651, 660, 663–666, 668, 670–674, 678, 684, 687, 704 f., 722 f., 725 f., 728, 731–733, 736, 780, 804
Vorfahren 53, 161, 204, 223, 225, 228, 251, 260, 282, 411, 420, 425, 427, 430, 443, 523–525, 537, 539, 599 f., 624, 670, 762, 766, 768, 969
Vormoderne 15, 225, 264, 301, 360, 471, 951, 976, 984

Wahrhaftigkeit, Wahrhaftigkeitsethos 48, 198, 221, 588, 896, 926, 948
Wappengedicht 269
Wappenprobe 415
Wehrgemeinschaft 341, 385
Weltalter 80, 91, 99 f., 109, 113 f., 138, 146, 150 f., 154 f., 163, 167, 174, 178, 184, 187 f., 206, 222, 616, 644 f., 660, 901
Weltbild 37 f., 178, 589, 638, 839
Weltende 94, 102, 119, 129
Weltgericht 353
Weltgeschichte 7 f., 54, 78 f., 87, 94–96, 99 f., 102, 110, 115, 131 f., 134, 152, 164, 168, 200, 206, 221, 226, 229, 238, 247, 250, 252, 262, 293, 297, 406, 411, 527, 531, 613, 631, 637, 646, 650, 655, 692, 694, 704, 710, 719, 738, 780, 782, 803, 837, 839, 841 f., 855 f., 860 f., 936, 954, 957, 975 f., 979, 984, 986
Weltreich 78 f., 88, 91, 95, 98, 102, 106, 131, 138, 146, 154, 167, 172 f., 220, 222, 856
Weltwochenkonzeption 841, 856
Weströmisches Reich 107, 138, 142
Wissen 14, 105 f., 158, 162 f., 174, 215, 223, 370, 453, 493, 502, 531, 536, 637, 639, 646, 681, 713, 822, 900, 930, 932
Wundervölker 160

Zeitenwende 12, 537, 849
Zeitleiste 112, 154
Zeitrechnung 9, 216, 218, 528, 646, 710, 746, 755, 808 f., 817, 872, 888–890, 901, 936, 962, 964, 969
Zufall 275, 818, 824, 949
Zunft 280, 343, 346, 353, 358, 391, 454
Zürichkrieg, Alter 268, 272, 275 f., 278, 280, 290
Zusammengehörigkeitsgefühl 48 f., 55, 60
Zweikampf 413, 420, 495, 503, 506–508, 514, 518
Zyklenbildung 669, 674–676

www.ingramcontent.com/pod-product-compliance
Lightning Source LLC
Chambersburg PA
CBHW070751300426
44111CB00014B/2375